MÉMOIRES
SUR
LA LANGUE CELTIQUE,
CONTENANT,

1°. L'HISTOIRE de cette Langue, & une indication des sources où l'on peut la trouver aujourd'hui.

2°. UNE description étymologique des Villes, Rivières, Montagnes, Forêts, Curiosités naturelles des Gaules ; de la meilleure partie de l'Espagne & de l'Italie ; de la Grande Bretagne, dont les Gaulois ont été les premiers Habitans.

3°. UN Dictionnaire Celtique renfermant tous les termes de cette Langue.

Par M. BULLET, Premier Professeur Royal & Doyen de la Faculté de Théologie de l'Université de Besançon, de l'Académie des Sciences, Belles Lettres & Arts de la même Ville.

TROIS VOLUMES IN-FOLIO.

PROPOSÉS PAR SOUSCRIPTION.

A BESANÇON,
Chez CL. JOS. DACLIN, Imprimeur du Roi, de l'Académie, &c.

M. DCC. LIII.
AVEC APPROBATION ET PRIVILÉGE DU ROI.

MÉMOIRES
SUR
LA LANGUE CELTIQUE.

LA Langue Celtique est celle qu'ont parlé les premiers Habitans des Gaules. Plusieurs Sçavans depuis le renouvellement des Lettres, ont travaillé à la recherche de cette Langue. Ils sentoient toute l'importance d'une pareille découverte ; ils voyoient que l'on n'auroit jamais une connoissance exacte des antiquités de notre Nation, tandis qu'on en ignoreroit le langage. Une chose piquoit encore leur curiosité : ils désiroient sçavoir la raison des noms que portent nos Villes, nos Rivières, nos Montagnes, & ils jugeoient avec vérité que la Langue Gauloise pouvoit seule leur donner sur ce point les lumières qu'ils souhaitoient : Voilà ce qui animoit ces grands Hommes à la recherche du langage de nos premiers peres; voilà ce qui leur en faisoit si ardemment désirer la découverte.

Mais soit qu'ils ayent été peu maîtres de leur loifir & diftraits par d'autres études, foit qu'ils ayent manqué des fecours néceffaires, aucun d'eux n'a trouvé la Langue primitive de nos ancêtres ; du moins le Public fe croit en droit de le penfer, parce qu'on n'a point encore donné un langage qui dévelopât fûrement les étymologies des noms impofés à nos Habitations, à nos Fleuves, à nos Forêts.

On préfente aux Gens de Lettres cette Langue qu'ils défirent depuis fi longtemps, & dont ils efperent tirer de fi grands avantages.

Le deffein de la première partie de cet Ouvrage eft proprement l'Hiftoire du Celtique ou Gaulois. On fuit ce langage dans toutes fes révolutions, on en rapporte l'origine, on en marque les progrès, on en fixe la durée, on indique les monumens où il fubfifte encore ; mais avant que d'entrer en matière, on montre d'abord que la confufion des Langues arrivée à Babel ne fut qu'une diverfité de dialectes. L'Auteur décide la fameufe difpute fur le premier langage, d'une manière à fatisfaire toutes les Parties conteſtantes ; il fait voir que les mots de cette première Langue ſubſiſtent encore dans le Celtique & dans les autres dialectes qui en furent formés, avec des altérations ſi legéres, qu'elles ne peuvent empêcher les Sçavans de les reconnoître : Il examine enſuite les cauſes phyſiques de la variété des langages ; il montre par une induction ſoûtenue & par des exemples pris chez tous les Peuples, que la diverſité des climats contribue beaucoup à la variété des Langues : Il fait remarquer que le mélange des Nations, la ſuite des ſiécles, y cauſent toujours du changement.

Suivant lui, la Terre s'eſt peuplée par une progreſſion inſenſible, les noms des Habitations ont été pris de leur ſituation ; ainſi on voit toujours dans le langage des premiers Habitans d'un Pays, pourquoi un Bourg, une Ville, un Village, ont reçu le nom qui les diſtingue.

Les Gaulois étant venus avant tous les autres dans cette vaſte contrée que nous habitons, de-là s'étant répandus dans la meilleure partie de l'Eſpagne & de l'Italie, dans la Grande Bretagne, alors déſertes, c'eſt dans le Celtique feul qu'on peut trouver les vraies étymologies des Montagnes, des Rivières, des Cités dont ces belles Régions font remplies.

Dans le fyftême de l'Auteur, les Gaulois s'étant rencontrés avec les Grecs vers le milieu de l'Italie, ils s'y réünirent, & ne formerent dans ce canton qu'une fociété, qui fut appellée le Peuple Latin. Les langages de ces deux Nations fe mêlerent; de ce mélange naquit la Langue Latine, qui n'eft effectivement compofée que de termes Grecs & Gaulois. Ce n'eft point ici une de ces conjectures qu'un Auteur épris de fon fyftême hazarde fans preuve, c'eft une vérité que le Dictionnaire Celtique, dans lequel on fera remarquer les racines des mots Latins, mettra dans la dernière évidence.

Les Gaulois conferverent leur premier langage, non feulement jufqu'à la venue des Romains, mais encore lorfqu'ils furent devenus leurs Sujets. Quoique l'Auteur n'ait rien avancé dans tout fon Ouvrage fans des preuves folides, il apporte un foin tout particulier à démontrer cette propofition, parce qu'elle eft contraire à l'opinion commune;

il parcourt fucceffivement les fiécles où les Gaules firent partie de l'Empire, & fait voir par des autorités inconteftables la Langue Celtique vivante en tous ces temps. On l'apperçoit pareillement fubfiftante fous les deux premières races de nos Rois. Enfin, on indique le temps où elle fut changée chez le gros de la Nation; on défigne les endroits où elle eft encore en ufage, du moins en partie; on marque les monumens, qui réunis, nous la rendent toute entière.

La feconde partie de ces Mémoires donne un nouveau dégré d'évidence aux raifons dont l'Auteur a appuyé jufqu'ici fon fyftème: c'eft une preuve de fait de fa vérité. Il rend, par le moyen de la Langue Celtique, la raifon des noms que portent nos Villes, nos Fleuves, nos Forêts; il préfente des étymologies fi juftes, fi faciles, fi naturelles, qu'elles frapent ceux qui les entendent, & les forcent à cet acquiefcement, qui eft l'hommage que l'efprit rend toujours à la vérité clairement connue. Dans cette defcription étymologique entrent non feulement les Gaules dans toute l'étendue qu'elles avoient du temps des Romains, mais encore la principale partie de l'Espagne & de l'Italie, la Grande Bretagne, dont les Gaulois ont été les premiers Habitans.

Le dernier & le plus confidérable morceau de ces Mémoires eft le Dictionnaire Celtique. On y verra l'Hébreu, le Syriaque, le Chaldéen, l'Arabe, le Perfan, le Tartare, le Malaye, le Malabare, le Siamois, le Peguan, le Javanois, le Tonquinois, le Chinois, le Japonois, le Chingulais ou Ceylanois, la Langue de Borneo, le Molucquois, l'Arménien, le Georgien, le Mingrélien, le Circaffien, le Turc, le Cophte ou ancien Égyptien, l'Éthiopien, le Maure, la Langue des Jalophes, la Langue de Nigritie, la Langue de Guinée, la Langue de Congo, la Langue des Caffres, la Langue des Hottentots, la Langue de Mozambique, la Langue de Quiloa, la Langue de Madagafcar, le Caraïbe, le Bréfilien, le Mexicain, le Pérouan, la Langue des Galibis ou Peuple de la Cayenne, le Canadois, l'Etrufque ou ancien Tofcan, le Theuton, le Gothique ou Runique, l'ancien Saxon, le Lombard, le Grec de tous les dialectes, le Latin de tous les âges, l'Albanois, l'Irlandois, le Lappon, le Suédois, le Danois, le Norvégien, le Groenlandois, le Finlandois, l'Islandois, le Sibérien, l'Allemand, le Frison, le Flamand, l'Anglois, le Bohémien, le Prussien, le Vandale, le Polonois, le Lithuanien, le Livonien, le Moscovite, le Hongrois, le Dalmatien, le Bulgare ou Servien, le Valaque, le Moldave, le Transylvain, l'Écossois qui se parle dans les Montagnes, l'Espagnol, l'Italien, les restes de l'ancien Indien, de l'ancien Persan, du Parthe, du Méde, du Scythe, du Thrace, du Phrygien, du Phénicien, du Punique ou Carthaginois, du Lybien, de l'ancien Espagnol, du Ligurien, de l'Ombrien, de l'Osque, du Sabin, du Volsque, du Marse, du Samnite, de l'Etrusque ou ancien Toscan, comparés avec le Celtique. La ressemblance qu'on appercevra entre toutes ces Langues, quant aux termes primitifs, fera connoître aisément que ces mots ont la même source, que tous les Peuples les ont reçus d'un pere commun; ce qui forme une démonstration sensible que tous les hommes ont la même origine, ainsi que nous l'apprennent les Livres saints.

Il faut ajoûter qu'il n'y a personne qui

ne défire fçavoir la fignification du nom impofé à fa Patrie, à la Rivière dont elle eft arrofée, aux Montagnes, aux Forêts qui l'avoifinent. Il trouvera dans ce Dictionnaire de quoi fe fatisfaire pleinement.

L'Auteur a eu foin de faire remarquer dans le Celtique les racines de ces expreffions de la moyenne & baffe Latinité, qui forment le Gloffaire de Ducange. Il a développé le fens de ces vieux mots françois qui fe trouvent dans les anciens titres, & qu'une longue fuite d'années a tellement fait oublier, qu'ils font inintelligibles aujourd'hui. Il a répandu le même jour fur nos Chroniques & nos Hiftoires des âges les plus reculés. Il a fait voir que les Patois des différentes Provinces du Royaume tiroient leur origine du Celtique pour la plus grande partie de leurs expreffions : mais ce qui doit piquer davantage la curiofité de la Nation, il a été attentif à montrer dans la même fource la plûpart des termes dont nous nous fervons aujourd'hui.

Une utilité, ou, fi l'on veut, un amufement que procurera encore le Dictionnaire Celtique, eft la connoiffance des furnoms que nous portons : On découvrira sans doute avec quelque plaisir la signification de ces mots, qu'on a cru jusqu'ici n'en avoir aucune.

On terminera cet Ouvrage par le Recueil des termes qui ont conservé le même sens chez tous les Peuples. Ces mots sont sûrement la Langue primitive du genre humain, la Langue d'Adam.

CONDITIONS PROPOSÉES AUX SOUSCRIPTEURS.

CE Dictionnaire sera imprimé sur le même papier que le présent Projet, & avec un caractère de Cicero neuf à gros œil. Il aura trois volumes *in-folio*, qui contiendront environ huit cens cinquante pages.

On ne sera admis à souscrire que jusqu'au premier juillet 1753, & l'on payera en souscrivant . . . . 17 liv.
En juin 1754, en recevant le premier volume . 12.
En juin 1755 . . . . . le second volume . 8
En juin 1756 . . . . . le troisième volume . 8

TOTAL . . . . . 45 liv.

Les Souscripteurs sont priés de retirer les volumes à mesure qu'ils paroîtront, & tout l'Ouvrage un an après la livraison du dernier volume ; faute de quoi ils perdront les avances qu'ils auront faites : c'est une clause expresse des conditions proposées.

Ceux qui n'auront pas souscrit, payeront les volumes à raison de vingt-quatre livres en feuilles, ce qui formera la somme de . . 72 liv.

Les Souscripteurs sont avertis, qu'outre les 45 livres auxquelles le prix de cet Ouvrage est porté, ils seront obligés de payer le port de chaque volume à ceux qui le leur fourniront.

MÉMOIRES
SUR
LA LANGUE CELTIQUE,
CONTENANT,

1°. L'Histoire de cette Langue, & une indication des sources où l'on peut la trouver aujourd'hui.

2°. Une description étymologique des Villes, Rivières, Montagnes, Forêts, Curiosités naturelles des Gaules; de la meilleure partie de l'Espagne & de l'Italie; de la Grande Bretagne, dont les Gaulois ont été les premiers Habitans.

3°. Un Dictionnaire Celtique renfermant tous les termes de cette Langue.

Par M. BULLET, Premier Professeur Royal & Doyen de la Faculté de Théologie de l'Université de Besançon, de l'Académie des Sciences, Belles-Lettres & Arts de la même Ville.

TOME PREMIER.

A BESANÇON,
Chez Cl. Jos. Daclin, Imprimeur ordinaire du Roi, de l'Académie, &c.

M. DCC. LIV.
AVEC APPROBATION ET PRIVILÉGE DU ROI.

A MONSEIGNEUR
LE DUC DE TALLARD,
PAIR DE FRANCE,
CHEVALIER DES ORDRES DU ROI,
GOUVERNEUR DU COMTÉ DE BOURGOGNE
ET DE LA CITADELLE DE BESANÇON, &c.

ONSEIGNEUR,

Le Sanctuaire que Vous venez d'élever aux Muses dans la Capitale de cette Province, sera pour Vous un nouveau titre à l'immortalité. Votre Nom déja gravé dans tous nos cœurs, & connu dans l'Europe entière par la gloire de cette longue suite de Héros qui Vous l'ont transmis; cet illustre Nom, MONSEIGNEUR, acquiert un nouvel éclat par vos qualités personnelles, & par la protection distinguée dont Vous honorez les beaux Arts. Associé par votre choix à l'Académie que Vous avez formée, comblé de vos graces & de vos bienfaits, je Vous devois, & l'hommage de mes travaux, & le tribut de ma reconnoissance. Agréez donc, MONSEIGNEUR, l'Ouvrage que j'ai l'honneur de Vous présenter ; il aura du moins le mérite d'être une des premières productions de la Société Littéraire, dont Vous êtes le Fondateur. Puisse-t'il paroître digne de Vous & de cette Compagnie.

Je suis avec un profond respect,

MONSEIGNEUR,

Votre très-humble & très-obéissant Serviteur,
BULLET.

PRÉFACE.

La Langue Celtique est celle qu'ont parlé les premiers Habitans des Gaules. Plusieurs Sçavans, depuis le renouvellement des Lettres, ont travaillé à la recherche de cette Langue. Ils sentoient toute l'importance d'une pareille découverte ; ils voyoient que l'on n'auroit jamais une connoissance exacte des antiquités de notre Nation, tandis qu'on en ignoreroit le langage. Une chose piquoit encore leur curiosité : ils désiroient sçavoir la raison des noms que portent nos Villes, nos Rivières, nos Montagnes, & ils jugeoient avec vérité que la Langue Gauloise pouvoit seule leur donner sur ce point les lumières qu'ils souhaitoient : Voilà ce qui animoit ces grands Hommes à la recherche du langage de nos premiers peres ; voilà ce qui leur en faisoit si ardemment désirer la découverte.

Mais soit qu'ils eussent été peu maîtres de leur loisir, & distraits par d'autres études, soit qu'ils eussent manqué des secours nécessaires, aucun d'eux n'a trouvé la Langue primitive de nos ancêtres ; du moins le Public se croit en droit de le penser, parce qu'on n'a point encore donné un langage qui dévelopât sûrement les étymologies des noms imposés à nos Habitations, à nos Fleuves, à nos Forêts.

On présente aux Gens de Lettres cette Langue qu'ils désirent depuis si longtemps, & dont ils espérent tirer de si grands avantages.

Le dessein de la première partie de cet Ouvrage est proprement l'Histoire du Celtique ou Gaulois. On suit ce langage dans toutes ses révolutions, on en rapporte l'origine, on en marque les progrès, on en fixe la durée, on indique les monumens où il subsiste encore ; mais avant que d'entrer en matière, on montre d'abord que la confusion des Langues arrivée à Babel ne fut qu'une diversité de Dialectes. L'Auteur décide la fameuse dispute sur le premier langage, d'une manière à satisfaire toutes les Parties contestantes ; il fait voir que les mots de cette première Langue subsistent encore dans le Celtique & dans les autres Dialectes qui en furent formés, avec des altérations si legéres, qu'elles ne peuvent empêcher les Sçavans de les reconnoître : Il examine ensuite les causes physiques de la variété des langages ; il montre par une induction soutenue, & par des exemples pris chez tous les Peuples, que la diversité des climats contribue beaucoup à la variété des Langues : Il fait remarquer que le mélange des Nations, la suite des siécles, y causent toujours du changement.

Suivant lui, la Terre s'est peuplée par une progression insensible, les noms des Habitations ont été pris de leur situation ; ainsi on voit toujours dans le langage des premiers Habitans d'un Pays, pourquoi un Bourg, une Ville, un Village, ont reçu le nom qui les distingue.

Les Gaulois étant venus avant tous les autres dans cette vaste Contrée que nous habitons, de-là s'étant répandus dans la meilleure partie de l'Espagne & de l'Italie, dans la Grande Bretagne, alors désertes, c'est dans le Celtique seul qu'on peut trouver les vraies étymologies des Montagnes, des Rivières, des Cités dont ces belles Régions sont remplies.

Dans le système de l'Auteur, les Gaulois s'étant rencontrés avec les Grecs vers le milieu de l'Italie, ils s'y réünirent, & ne formerent dans ce canton qu'une société, qui fut appellée le Peuple Latin. Les langages de ces deux Nations se mêlerent ; de ce mélange naquit la Langue Latine, qui n'est effectivement composée que de termes Grecs & Gaulois. Ce n'est point ici une de ces conjectures qu'un Auteur épris de son système hazarde sans preuve, c'est une vérité que le Dictionnaire Celtique, dans lequel on fera remarquer les racines des mots Latins, mettra dans la dernière évidence.

Les Gaulois conserverent leur premier langage, non seulement jusqu'à la venue des Romains, mais encore lorsqu'ils furent devenus leurs Sujets. Quoique l'Auteur n'ait rien avancé dans tout son Ouvrage sans des preuves solides, il apporte un soin tout particulier à démontrer cette proposition, parce qu'elle est contraire à l'opinion commune ; il parcourt successivement les siécles où les Gaules firent partie de l'Empire, & prouve par des autorités incontestables la Langue Celtique vivante en tous ces temps. On la voit pareillement en usage sous les deux premières races de nos Rois. Enfin, on indique le temps où elle fut changée chez le gros de la Nation ; on désigne les endroits où elle est encore en usage, du moins en partie ; on marque les monumens, qui réünis, nous la rendent toute entière.

La seconde partie de ces Mémoires donne un nouveau dégré d'évidence aux raisons dont l'Auteur a appuyé jusqu'ici son système : c'est une preuve de fait de sa vérité. Il rend, par le moyen de la Langue Celtique, la raison des noms que portent nos Villes, nos Fleuves, nos Forêts ; il présente des étymologies si justes, si faciles, si naturelles, qu'elles frapent ceux qui les entendent, & les forcent à cet acquiescement, qui est l'hommage que l'esprit rend toujours à la vérité clairement connue. Dans cette description étymologique entrent non seulement les Gaules dans toute l'étendue qu'elles avoient du temps des Romains, mais encore

PRÉFACE.

la principale partie de l'Espagne & de l'Italie, la Grande Bretagne, dont les Gaulois ont été les premiers Habitans.

Le dernier & le plus considérable morceau de ces Mémoires est le Dictionnaire Celtique. On y verra l'Hébreu, le Syriaque, le Chaldéen, l'Arabe, le Persan, le Tartare, le Malaye, le Malabare, le Siamois, le Peguan, le Javanois, le Tonquinois, le Chinois, le Japonois, le Chingulais ou Ceylanois, la Langue de Borneo, le Molucquois, l'Arménien, le Georgien, le Mingrélien, le Circassien, le Turc, le Cophte ou ancien Égyptien, l'Éthiopien, le Maure, la Langue des Jalophes, la Langue de Nigritie, la Langue de Guinée, la Langue de Congo, la Langue des Caffres, la Langue des Hottentots, la Langue de Mozambique, la Langue de Quiloa, la Langue de Madagascar, le Caraïbe, le Brésilien, le Mexicain, le Pérouan, la Langue des Galibis ou Peuple de la Cayenne, le Canadois, l'Étrusque ou ancien Toscan, le Theuton, le Gothique ou Runique, l'ancien Saxon, le Lombard, le Grec de tous les Dialectes, le Latin de tous les âges, l'Albanois, le Lappon, le Suédois, le Danois, le Norvégien, le Groenlandois, le Finlandois, l'Islandois, le Sibérien, l'Allemand, le Frison, le Flamand, l'Anglois, le Bohémien, le Prussien, le Vandale, le Polonois, le Lithuanien, le Livonien, le Moscovite, le Hongrois, le Dalmatien, le Bulgare ou Servien, le Valaque, le Moldave, le Transylvain, l'Espagnol, l'Italien, les restes de l'ancien Indien, de l'ancien Persan, du Parthe, du Méde, du Scythe, du Thrace, du Phrygien, du Phénicien, du Punique ou Carthaginois, du Lybien, de l'ancien Espagnol, du Ligurien, de l'Ombrien, de l'Osque, du Sabin, du Volsque, du Marse, du Samnite, de l'Étrusque ou ancien Toscan, comparés avec le Celtique. La ressemblance qu'on appercevra entre toutes ces Langues, quant aux termes primitifs, fera connoître aisément que ces mots ont la même source, que tous les Peuples les ont reçus d'un pere commun; ce qui forme une démonstration sensible que tous les hommes ont la même origine, ainsi que nous l'apprennent les Livres saints.

Il faut ajoûter qu'il n'y a personne qui ne désire sçavoir la signification du nom imposé à sa Patrie, à la Rivière dont elle est arrosée, aux Montagnes, aux Forêts qui l'avoisinent. Il trouvera dans ce Dictionnaire de quoi se satisfaire pleinement.

L'Auteur a eu soin de faire remarquer dans le Celtique les racines de ces expressions de la moyenne & basse Latinité, qui forment le Glossaire de Ducange. Il a dévelopé le sens de ces vieux mots françois qui se trouvent dans les anciens titres, & qu'une longue suite d'années a tellement fait oublier, qu'ils sont inintelligibles aujourd'hui. Il a répandu le même jour sur nos Chroniques & nos Histoires des âges les plus reculés. Il a fait voir que les Patois des différentes Provinces du Royaume tiroient

PRÉFACE.

leur origine du Celtique pour la plus grande partie de leurs expressions : mais ce qui doit piquer davantage la curiosité de la Nation, il a été attentif à montrer dans la même source la plûpart des termes dont nous nous servons aujourd'hui.

Une utilité, ou, si l'on veut, un amusement que procurera encore le Dictionnaire Celtique, est la connoissance des surnoms que nous portons : On découvrira sans doute avec quelque plaisir la signification de ces mots, qu'on a cru jusqu'ici n'en avoir aucune.

On terminera cet Ouvrage par le Recueil des termes qui ont conservé le même sens chez tous les Peuples. Ces mots sont sûrement la Langue primitive du genre humain, la Langue d'Adam.

En lisant la description étymologique, on sera peut-être surpris de trouver un si grand nombre de mots synonimes ; mais tous sont dans le Dictionnaire, tous sont puisés dans les sources où nous avons prouvé que l'on devoit chercher la Langue Celtique. L'Arabe nous fournit un exemple d'une pareille, & même d'une plus grande abondance : On peut en cette Langue désigner un lion par cinq cens termes, un serpent par deux cens, le miel par quatre-vingt, & une épée par plus de mille.

Valton, Proleg. 14, §. 6.

Pour donner à ce Volume la grosseur promise par le *Prospectus*, il auroit fallu y placer la première lettre du Dictionnaire ; mais on a cru que cela le partageroit trop, & qu'il seroit mieux de faire les Tomes suivans plus forts.

MÉMOIRES
SUR
LA LANGUE CELTIQUE.

PREMIÈRE PARTIE,

Qui contient l'Histoire de cette Langue, & qui indique les sources où l'on peut la trouver aujourd'hui.

CHAPITRE PREMIER.

La confusion des Langues, arrivée à Babel, ne fut qu'une diversité de Dialectes. Preuves de ce sentiment.

ES hommes parloient une même Langue, lorsqu'ils conçurent le dessein de bâtir la Tour de Babel. Cette entreprise déplut au Seigneur, il la renversa en confondant leur langage. Dès lors les familles qui composoient le genre humain ne s'entendant plus les unes les autres, se séparerent, formerent des sociétés diverses, & habiterent des endroits différens.

Qu'on ne croye pas que dans la confusion arrivée à Babel, la Langue commune ait été anéantie, & que Dieu en ait créé de nouvelles qui n'eussent aucune ressemblance avec cette première. Penser ainsi, ce seroit grossir le miracle sans nécessité.

Cette confusion ne fut qu'une diversité de Dialectes, la Langue primitive se conserva : seulement elle prit des terminaisons & des prononciations différentes dans les diverses familles, qui, pour cette raison, ne s'entendirent plus.

En effet, pour rompre l'intelligence & l'union parmi les hommes, pour les engager à se séparer, il suffisoit d'introduire parmi eux plusieurs Dialectes de la même Langue. Les François, les Espagnols, les Italiens sont étrangers les uns aux autres; & ne s'entendent point, quoique leurs langages soient, pour la plus grande partie, composés des mêmes termes latins. La manière particulière dont chacune de ces Nations prononce les mêmes mots, les terminaisons différentes que ces Peuples donnent aux mêmes paroles, suffisent pour les leur rendre méconnoissables : Lorsque le François dit *Homme*, l'Italien *Huomo*, l'Espagnol *Hombre*, ils ne s'entendent point, en proférant tous le même terme latin *Homo*.

Mais qu'est-il besoin de recourir à ces conjectures, puisque nous avons une preuve de fait, que Dieu ne produisit à Babel qu'un changement de Dialectes ? Les Langues anciennes ont souffert bien des altérations par la diversité des climats, par le mélange des Peuples, par la suite des siécles ; cependant elles conservent encore aujourd'hui un air de ressemblance, qui montre une origine commune : Elles renferment plusieurs termes qui ont la même signification, & qui ne différent que par de legères variétés. Ces Langues sont dans l'Asie, l'Hébreu, le Syriaque, le Chaldéen, l'Arabe, l'Indien, le Chinois, le Tar-

A

MÉMOIRES

tare, le vieux Perfan : Celles de l'Afrique font le Cophte, l'Éthiopien, le Punique Dialecte de l'Hébreu : Celles de l'Europe font le Celtique, le Theuton qui eft l'ancien *Germain*, à peu de chofe près, l'Efclavon, l'Irlandois, l'Écoffois qui fe parle dans les montagnes. Dans la plûpart de ces Langues, les mots qui défignent les chofes les plus communes, qui fignifient les objets qui furent d'abord préfens à la vuë des hommes, font abfolument les mêmes. J'en apporte ici quelques exemples ; (*a*) on en verra un plus grand nombre dans mon Dictionnaire.

(*a*) *Dun* fignifie ce qui eft haut, ce qui eft élevé, foit au propre, foit au figuré dans toutes les Langues. *Dun*, montagne, colline, élévation en ancien Gaulois, (felon Clitophon : Il avoit la même fignification dans l'ancien Breton, au rapport de Béde. *Dun* en Gallois, montagne, colline, éminence, élevé, Seigneur. *Dun* en Ecoffois, montagne, colline, élévation. *Dun* en Irlandois, colline. *Dun* en Breton, colline. *Don* en Breton, diftingué, éminent. *Dun* en Bafque, élévation. *Don* en Bafque, Souverain, Roi, Monarque, le plus haut, le plus élevé dans l'Etat. *Dun* en ancien Saxon, montagne, colline. *Dun* en Vandale, deffus, la partie la plus élevée. *Don* en Anglois, montagne. *Down* en Anglois, colline. *Downes* en Anglois, en Flamand, *Thinai* en Grec, (1) *Duna* en Italien, *Dunes* en François, éminences, élévations de fable au bord de la mer. *Dunfen* en Allemand & en Flamand, groffir, s'enfler, s'élever. *Duynen* en Frifon, groffir, s'enfler, s'élever. *Dun* dans la Baffe Saxe, colline, montagne ; & *Dunen*, groffir, s'enfler, s'élever. *Thunden* en ancien Saxon, groffi, enflé, élevé. *Domb* en Hongrois, tertre, colline. *Dounos* en Grec colline (os terminaifon.) *Dunaftes* en Grec, Seigneur, Prince. *Dum* en Efclavon, Seigneur. *Dun* en Frifon, élévation de fable. *Domh* en Hébreu, élevé. *Thom* en Hébreu, cime, fommet. *Adon* en Hébreu, Seigneur. *Don*, *Adon*, en Phénicien, Seigneur. *Doun* en Arabe, deffus, la partie fupérieure, noble, excellent. *Tun* en Arabe, colline, élévation. *Ton* en Egyptien, montagne. *Docn* en ancien Perfan, lieu élevé. *Dun* en Perfan, puiffant, conftitué en autorité, placé au-deffus des autres. *Domo* en Syriaque, Juge, homme conftitué en autorité, placé au-deffus des autres. *Dun* en Hébreu, juger, avoir la fouveraine autorité, être à la tête de l'État. *Doma* en Suédois & en Danois, juger, être élevé au-deffus des autres pour terminer avec autorité leurs différends. *Donjam* en Gothique, juger, être élevé au-deffus des autres pour terminer avec autorité leurs différends. *Dom* en ancien Saxon, *Duomo* en Theuton, *Domes* en Anglois, jugement, décifion portée par celui ou ceux qui font élevés au-deffus des autres pour terminer leurs différends avec autorité. *Dan* en Hébreu & en Chaldéen, celui qui eft à la tête de l'État, qui occupe le rang le plus élevé dans l'État. *Dan*, nom d'une Dignité éminente chez les Perfans. *Din* en Hébreu, hauteur, élévation. (ƒ) *Don* en Arabe, noble, excellent, qui eft au plus haut dégré. *Doma* en Samaritain, le principal, le meilleur, qui eft au plus haut dégré. *Doma* en Géorgien, appartement du deffus. *Dung*, haut, en Tonquinois. *Dinh*, fommet, en Tonquinois. *Dong* en Tonquinois, marque de Dignité, en Tonquinois. *Dun*, grenier, deffus de maifon, en Tonquinois. *Duen* en ancien Indien, Roi. *Deun* en Malaye, Seigneur. *Dini*, haut, en Malaye. *Thin* dans la Langue des Manilles, montagne. *Tumen* en Chinois, haut. *Toni* en Japonois, éminence. *Ton*, principal, qui eft au plus haut dégré. *Tono*, Prince, Souverain. *Tunde*, fupérieur, dans la même Langue. *Domac*, dans la Langue de l'Ifle de Madagafcar, la maifon du Seigneur qui eft plus élevée que les autres. *Tunene*, en Langue du Congo, grand. *Taino*, dans l'Ifle Efpagnole, noble. *Dun* en Turc, haut, (ainfi qu'on le voit par *nxun*, haut, le z pour le d, & par *Cadun*, Dame, Maîtreffe.) *Duna* en Italien, pâturage fur le haut d'une montagne. *Don*, Seigneur en Efpagnol. *Davno* en Dalmatien ; *Dawno* en Bohémien ; *Daunay* en Efclavon, grandement, longuement. *Donec* en Latin ufité, *Donicum* en ancien Latin, particule qui marque la hauteur, la grandeur, l'étendue. *Dum*, particule latine de même fignification. *Tumeo*, en latin, j'enfle, je groffis, je m'éleve. *Tumultus* en latin, tertre, élévation. *Dominus* en latin, Maître, Seigneur, Souverain. *Dominor*, je commande.
Dome en François, ouvrage d'architecture qui s'éleve au-deffus d'un bâtiment. On appelle *Dunges* ou *Danges* deux éminences qui font près de Sublaine en Anjou. *Tom-*

be, *Tombel* dans le Diocèfe de Noyon, fignifie élévation. *Dunette* en François, eft l'étage le plus élevé de la poupe du vaiffeau. *Donjon* en François, la partie la plus élevée d'un Château bâti à l'antique. *Donjon* fe dit auffi en notre Langue de la partie la plus élevée d'un bâtiment particulier. *Done* en vieux François, Demoifelle, fille noble. *Bedon*, dans le langage populaire, fignifie un homme qui a un gros ventre, un ventre élevé. *Dondon*, fe dit parmi le peuple d'une groffe femme.
Maifon, demeure, habitation, logement, s'appelle *Beth* en Hébreu, *Betha* en Chaldéen, *Baitho* ou *Bitho* en Syriaque, *Beith* en Arabe, *Beit* en Turc, *Beti* en Ethyopien, *Bat* en Perfan, *Beth* en Phénicien, *Bajit* en Sarrafin. *Byth* en Chaldéen, Palais. *Obit* en Bohémien, habitation. *Bet* en Bafque, habitation, maifon. *Bwth* ou *Both*, *Bod*, en Gallois, maifon, habitation. (1) *Buth*, *Boot* en Ecoffois, maifon. *Botan* en Irlandois, maifon. *Beit* en ancien Germain, maifon, demeure, (puifque *Beiten* en cette Langue fignifie demeurer.) *Butel*, *Bude*, demeure, en ancien Germain. *Bod* en Breton, habitation, maifon. *Bod* en Theuton, maifon. *Boede* en Flamand, maifon. *Boede*, *Bode* en ancien Saxon, maifon. *Budo*, *Bauda* en Polonois, édifice, habitation. *Buda* en Servien & Lufatien, habitation. *Bydo* en Gallois, demeure (puifque *Abydo* fignifie demeurer en cette Langue.) *Byad*, *Bygd* en Iflandois, habitation. *Beduque* en Patois de Franche-Comté, petit logement, cabane ("ug diminutif) *Bord* en Theuton, maifon. *Bord* en ancien Saxon, maifon. *Bord* en Anglois, maifon. *Bord* en Danois, maifon. *Borda* en Bafque, maifon de campagne. *Borde* en vieux François, maifon, métairie. *Bord* en Breton, maifon. *Bord* en Hongrois, maifon. *Bordo* en Languedocien, maifon. *Caborde* en Patois de Befançon, une petite loge de pierres fans mortier que l'on fait dans les vignes.
Car ou *Cer*, pron. *Ker*, *Kir*, ou *Cir*, *Cor*, ou *Cour*, ou *Cur*, (car les voyelles font indifférentes, comme on l'a déja obfervé,) fignifie dans toutes les Langues, enceinte, ce qui eft enclos, ce qui eft enfermé. *Car*, Ville, en Scythe. *Car*, Ville, en Gallois. *Car*, Ville, en Breton. *Shar*, prononcez *Char*, Ville, en Perfan. *Sar*, Ville, en Turc & en Perfan (l's eft le c adoucis.) *Azara*, Forterefle en Arabe. *Karth* en Hébreu, Ville. *Karth* en Punique, Ville. *Kartha* en Chaldéen, Ville. *Kartha*, *Karita* en Syriaque, Ville. *Caerten* en ancien Saxon, Ville. *Catair* prononcez *Cahair*, en Irlandois, Ville. *Carica*, Forterefle en Chaldéen. *Kara*, enclos, en Grec. *Charak* en Grec, rempart, fortification. *Cara* en Chinois, demeure. *Saru*, demeure, en Arabe. *Sarai* en Perfan, grande maifon. *Kar*, maifon, en Japonois. *Karavi* en Georgien, cabane. *Akaragh*, métairie, en Arménien. *Karios*, domicile, en Brafilien. *Karia* en Bafque & en Efpagnol, grange, métairie, (on dit *Alcarria*, mais *al* eft paragogique.) *Pucara* en Perouan, Forterefle. *Carfchy* en Tartare, Palais. *Carrage* en Latin, enceinte de Camp. *Carrino* en Italien, retranchement. *Caer* en Breton, Ville, métairie. *Caer* en Gallois, Ville, Forterefle, mur, muraille, maifon. *Caeor* en Gallois, étable. *Cer* en Gallois, treillis, claye. *Cerca* en Portugais & en Efpagnol, enclos. *Cerchio* en Italien, entouré. *Cer* en Breton, enfermer. *Cerra*, *Serra* en Breton, enfermer. *Cern* en Breton, enceinte, clos. *Cerne* en François, enceinte. *Cerna* en Breton, ceindre, entourer. *Sher*, *Scher*, Ville, en Turc. *Sairi*, Camp, en Cophte, ou ancien Egyptien. *Keri*, Ville, en Hébreu. *Kerah* en Hébreu, enclos. *Kerac* en Syriaque, Forterefle. *Scoher* en Perfan, Ville. *Seram* en Malaye, grande fale. *Cern* en Arménien, en Parthe, en Méde & en ancien Perfan, Ville. *Kerettes* en Hongrois, rempart, fortification. *Schuer* en Allemand, grange, métairie. Nous appellons encore en notre Langue *Serre*, un endroit où l'on renferme les orange *s*.
Kir, Ville, en Breton. *Kir* en Hébreu, mur. *Kiriah*,

(1) Les lettres de même organe fe changent facilement l'une en l'autre ; c'eft ce qu'enfeignent les Grammairiens, que l'ufage de toutes les Nations confirme, ce que notre propre expérience nous fait connoître. B, P, V, font lettres du même organe, fçavoir, des lévres. De la vient que certaines Peuples mettent le B, pour le P, d'autres le B pour le V. On en verra plufieurs exemples dans mon Dictionnaire. En effet il n'eft rien de fi aifé qu'un pareil changement. Le V fe forme par un mouvement des lévres affez doux, le P par un mouvement plus marqué du même organe, & le B par un mouvement plus fort que ces deux premiers ; enforte que nous nous furprenons nous-mêmes quelquefois prononçant une de ces lettres pour l'autre, parce que nous n'apportons pas affez d'atten-

tion, ou un foin fuffifant pour bien proférer les mots que nous employons. Le D & le T font lettres du même organe ; fçavoir, de la langue. La première fe forme par un mouvement plus fort ; la feconde par un mouvement plus doux. A mefure que les Nations ont adouci leurs mœurs, elles ont préféré les fons doux aux plus mâles. Ainfi les orientaux prononcent Beth en Veth ; les Grecs le Delta en Tau ; les Allemans prefque de nos jours viennent de changer le B en P, & le D en T, ils difent aujourd'hui *ich pin*, pour *ich bin*, &c. pour *der*.
(2) Les voyelles ne font pas de l'effence du mot ; c'eft pourquoi elles fe mettent indifféremment l'une pour l'autre, fur tout dans les anciennes Langues.

SUR LA LANGUE CELTIQUE.

Ces exemples font une démonftration fenfible, que tous les hommes ont une origine commune, ainfi que nous l'apprennent les Livres faints. Et comment ces Peuples, féparés les uns des autres par des efpaces immenfes, privés fi longtemps de tout commerce, n'ayant entre eux aucune communication, fi peu conformes en tout le refte, auroient-ils pu convenir enfemble de fe fervir des mêmes termes pour défigner les mêmes chofes? Il faut de néceffité que ces Nations les ayent tirés d'une même fource, qu'elles les ayent reçus d'un Pere commun.

CHAPITRE SECOND.

DIFFICULTÉS que l'on peut former contre le fentiment que l'on vient d'établir. Réponfes à ces difficultés.

IL eft vrai que l'Hiftorien Sacré dit, qu'après la confufion de Babel, les familles, qui formoient le genre humain, eurent des langages différens. Mais qui ne fçait que les Livres faints appellent ainfi les divers Dialectes d'une même Langue. Les Prophétes annoncent aux Juifs qu'en punition de leurs crimes, ils feront tranfportés dans une Terre étrangère, dont ils n'entendront pas le langage. En exécution de ces menaces, ce Peuple eft conduit captif en Chaldée. Qu'on ouvre les Livres facrés écrits en Hébreu, & les Paraphrafes Chaldéennes qui en ont été faites, on fe convaincra au premier coup d'œil que l'Hébreu & le Chaldéen ne font que des Dialectes d'une même Langue.

Mais fi les anciennes Langues font des Dialectes de la première, pourquoi, dira-t'on, prennent-elles fouvent les mêmes mots dans un fens différent, & quelquefois contraire? Le même terme fignifie en Hébreu, profond, & en Arabe, élevé.

Ces difficultés difparoîtront bientôt, fi l'on obferve que le langage ufité parmi les hommes avant la confufion de Babel, n'étoit, fuivant toute apparence, compofé que de trois ou quatre cens mots. Les Chinois, dont la Monarchie fut formée peu après la difperfion du genre humain, fe font toujours fervis des mêmes termes qu'ils employent aujourd'hui (ils ne font qu'au nombre de 326.) Ce Peuple fage, pour qui l'antiquité & l'uniformité de conduite a tant de charmes, n'altéra jamais fon langage. Qu'a fait cette Nation lorfqu'elle a inventé de nouveaux arts, ou perfectionné les anciens, & qu'elle s'eft ainfi trouvée dans la néceffité d'établir de nouveaux fons pour exprimer fes découvertes? Au lieu de créer de nouvelles expreffions, elle a mieux aimé donner un autre ton à fes anciens termes, pour leur faire fignifier par cette différence les chofes qu'elle avoit inventées. Ainfi les mots ont toujours été les mêmes à la Chine, jamais on n'en a introduit de nouveaux; dans le befoin on a multiplié la fignification des anciens par la différence des tons dont on les a prononcés. La Langue Hébraïque n'a qu'environ cinq cens termes primitifs. Je fçais qu'on lui donne communément un plus grand nombre de racines; mais fi on veut les examiner avec foin, on verra que plufieurs de ces racines font ou dérivées de quelques autres plus fimples, ou poftérieures à la difperfion du genre humain, puifqu'elles font allufion à des arts, à des fciences, à des ufages, à des coûtumes qui n'ont été connues que longtemps après que les hommes fe furent répandus dans les différentes parties de la Terre.

On voit par ces exemples que la Langue primitive avoit bien peu de mots. Dans cette difette d'expreffions, on fut obligé d'employer le même terme pour fignifier plufieurs chofes. Voilà pourquoi dans les anciens langages un mot marque divers objets; & quoique les Langues dont on fe fert aujourd'hui foient infiniment plus riches que les premières, il s'y trouve néanmoins un grand nombre de termes qui ont plufieurs fignifications, parce que les expreffions n'égalent point, n'égaleront même jamais la multitude des chofes qu'on peut défigner.

Qu'eft-il donc arrivé à la confufion de Babel? Une famille, en confervant les termes primitifs de la manière dont je l'ai expliqué, n'en aura pas confervé tous les fens que d'autres familles auront retenus; nous voyons quelque chofe de femblable dans les Dialectes qui fe font formés du latin. Combien y a-t-il de mots dans cette Langue devenus françois, qui n'ont pas parmi nous toutes les fignifications qu'ils avoient

Ville, en Hébreu. *Kiriah, Kirvah, Kiruta*, Ville, en Chaldéen. *Kiriah* en Arabe, Ville, métairie. *Kirt* en Syriaque, Ville. *Kir* en Arabe, demeure. *Sjiro*, prononcez *Chiro*, en Japonois. *Ctriha, Kirtha*, Ville, en Punique. *Ciardac*, cabane, en Arménien. *Syret*, cachette, en ancien Saxon. *Sir* ou *Serr* dans la Thrace & dans la Cappadoce étoient, au rapport de Varron & de Pline, des endroits où l'on cachoit le blé. *Ghirquia* en Bafque, circuit, enceinte. *Circus* en Latin, enceinte, circuit.

Cor en Gallois, enclos, clos, habitation, demeure. *Koer*, maifon, en Breton. *Cordd* en Gallois, maifon, enclos, enceinte. *Korh* en Hébreu, maifon. *Kor*, Ville, en Syriaque. *Achor* en Perfan, enclos, étable. *Achor* en Tartare, enclos, étable. *Couria* en Tartare, logemens, habitations. *Korongo* en Hongrois, circuit, enceinte. *Kaert* en Flamand, grange, métairie. *Chortos* en Grec, enclos. *Chorion* en Grec, enceinte. *Corte* en Efpagnol, cour & la cour. *Corte* en Italien, la cour. *Cortille*, dans la même Langue, cour. *Courte* en Anglois, cour. *Chor*, maifon, en Bafque. *Corral*, cour, en Efpagnol. *Coirir*, maifon, en Irlandois. *Soura*, maifon, en Galibi. *Gourtza* en Breton, (2) enceindre, entourer, environner. *Gortea* en Bafque, cour, la cour, métairie. *Gord, Gorod* en Efclavon, Ville. *Gour,*

Gor, Gur en Hébreu, habitation. *Horda* en Tartare, (3) la cour. *Horde* en Tartare, habitation. *Horda* en Mogol, Château royal. *Hordu*, Camp, en Turc. *Horde*, *Hurde*, enclos, en Theuton. *Horde* en Flamand, enclos. *Hurdl* en Anglois, enclos. *Heort*, maifon, en ancien Saxon. *Hordel* en vieux François, clayes. *Hortus*, felon Sextus Pomponius, fignifioit chez les anciens Latins une métairie, une maifon de Campagne. De *Cor, Cort*, enceinte, enclos, habitation, font venus ces termes de la baffe latinité, *cors, cortis, cortille, curi, curtis, curtile*, &c. qui fignifient une cour, une enceinte, une métairie, une grange, une habitation, un logement, un enclos, la Cour d'un Prince. *Cour* eft encore parmi nous le Palais du Roi. En Picardie & en Baffigny ce mot défigne le Château, la maifon du Seigneur. *Cour* eft aufli une enceinte de murs. *Courtil* eft une petite cour, une baffe cour, un petit jardin fermé. *Kuri*, Ville, en Syriaque. *Knria*, Ville, en Chaldéen. *Curin* métairie, en Hébreu de Rabbins. *Kurh* en Perfan, Ville *Cura*, cellier, en Japonois. *Kurta* en Turc, Palais du Prince. *Echuros* en Grec, fortifié, entouré de murailles. *Gurth* en Theuton, (2) maifon. *Curia* en latin, le Palais, la Cour, le Barreau.

(1) L'H fe met pour le C & le G. *Voyez* la differtation fur le changement des lettres.

chez les Romains, tandis que ces mêmes mots retiennent & conservent dans l'Espagnol & l'Italien ces significations que nous avons perdues? *Pius* en latin signifie pieux, bon, doux, honnête. Nous n'en avons retenu que le premier sens. Par le terme *virtus*, les Romains désignoient la vertu, la valeur, le courage, la force, la puissance, la propriété, la perfection, la qualité. De ce mot dans la basse latinité, s'est formé *virtuosus*, dont nous avons fait vertueux, les Espagnols & les Italiens *virtuoso*. Vertueux parmi nous marque seulement un homme qui pratique la vertu : Chez les Espagnols, il désigne outre cela un homme fort & puissant ; en Italien il signifie un homme qui pratique la vertu, & un homme qui excelle en quelque science, ou en quelque art. C'est ainsi qu'en réünissant les trois Dialectes de la Langue Latine, on retrouve toutes les significations du terme qu'ils ont emprunté d'elle, & qu'aucun d'eux n'a conservées en entier.

La difficulté qui se tire de ce que dans les anciens langages le même mot a des sens opposés, ne paroît pas si facile à résoudre que celle que je viens d'éclaircir. Si les anciennes Langues ne sont que la primitive avec des inflexions & des terminaisons différentes, pourquoi cette contrariété de significations dans les termes qu'elles en ont conservés ? Peut-on penser que l'on ait jamais voulu dans aucun langage se servir de la même expression pour marquer les deux opposés, haut & profond, par exemple? De combien d'erreurs un pareil usage n'auroit-il pas été la source ? Les hommes qui parlent pour se faire entendre se seroient-ils contredits jusqu'au point d'employer des mots aussi propres à cacher leurs idées, qu'à les faire connoître ? Auroient-ils blessé la raison jusqu'à se servir de termes qui expriment également le contraire de ce qu'ils pensent, & ce qu'ils ont véritablement dans l'esprit ?

On prouve fort bien par ce discours qu'il est ridicule de donner aux mêmes mots des significations opposées ; mais d'en conclure que cela ne s'est pas fait, la conséquence n'est pas juste pour qui connoit l'homme. Quelque déraisonnable qu'il soit d'attacher des sens contraires aux mêmes termes, quelque difficulté qu'il en dût naître dans le commerce de la vie, quelque obscurité que cela dût répandre dans le langage, quelque erreur qu'il en ait dû suivre, je démontrerai que les hommes l'ont fait. Il n'y a pas même une seule langue vivante ou morte qui ne fournisse des exemples de cette surprenante irrégularité. (*b*)

(*b*) En Hébreu *gib*, *gab*, hauteur, élévation, fosse, creux. *Kedescah*, sainte, prostituée. *Anus*, infirme, foible, fort, vigoureux. *Barach*, bénir, maudire. *Chesed*, bienfait, outrage. *Scabar*, vendre, acheter. *Aon*, force, puissance, foiblesse, néant. *Tsahir*, grand, petit. *Min*, particule, affirmative & négative. *Tsedikah*, Justice, signifie quelquefois miséricorde dans l'Ecriture. (*V*. le Ps. 142. v. 1.) *Hitnacher*, il se fit connoître, il ne se fit pas connoître. *Jasaph*, cesser, continuer. *Tsahak*, rire, badiner, se jouer avec quelqu'un, se battre. *Hhalah*, devenir grand, être anéanti. *Lo*, Particule, affirmative & négative. *Pharatz*, partager, & par conséquent diminuer, & augmenter. *Lakah*, donner, recevoir. *Behhheber*, en deça, au delà. *Halal*, être illustre, honoré, plein de gloire, comblé de louanges être sans gloire, sans honneur. *Scatham*, fermer, ouvrir. *Chata* ou *Hhata*, pécher, expier son péché. *Sebad*, faire du bien, détruire. *Phanach*, regarder, éloigner des regards, empêcher qu'on ne regarde. *Sakal*, lapider, écarter les pierres. *Asaph*, ajoûter, ôter. *Bara*, créer, faire, détruire.

En Arabe, *Rakass*, il a été mu en haut, il a été mu en bas. *Tacham*, abysme, creux profond, montagne. *Gafar*, petit fleuve, grand fleuve. *Vasal*, grande quantité d'eau, petite quantité d'eau. *Gavs*, hauteur, profondeur. *Farabh*, monter une montagne, descendre une montagne. *Rahv*, terrein élevé, terrein bas où les eaux s'amassent. *Doun*, dessous, vil, méprisable, dessus, noble, excellent.

En Chaldéen, *Gelima*, colline, vallée. *Berach*, bénir, maudire.

En Syriaque, *Rogol*, pied, faîte de montagne.

En Persan, *Barh*, édifice élevé, maison soûterraine. *Daik*, grand légume, petit légume. *Rag*, pied de montagne, faîte de montagne. *Nagal*, haut, profond.

En Malaye, *Rindang*, rôtir, avoir froid. *Ringi*, au-dessus, en pente.

En Chinois, *Tien*, Terre, Ciel. *Mo*, haut, profond. *Chan*, montagne, vallée. *Yuen*, abysme profond, ciel.

En Cophte, *Magis*, davantage, plus, à peine.

En Langue de Congo, *Cati*, *Caticua*, plus, moins.

En Ethiopien, *Saza*, affliger, être affligé.

En Perouan, *Huaca* signifie toutes les choses qui surpassent en excellence en beauté celles de leur espéce, & les choses difformes, monstrueuses, qui donnent de l'horreur et de l'effroi.

En Grec, *Paraiteomai*, demander, désirer, hair, avoir de l'aversion. *Bathos*, haut, profond. *Buthos*, haut, profond. *Epitimao*, punir, récompenser. *Keleuo*, prier, commander. *Osios*, saint, profane. *Agios*, chose sainte, chose profane, ce qui est digne d'honneur, ce qui est digne de mépris. *Palin lego*, *Palin ado*, répéter ce que l'on a déjà dit, dire le contraire de ce que l'on a dit. *Thoon*, éclatant, lumineux, ténébreux, obscur. *Chonos*, terre, élévation, abysme, creux profond. *Me*, non, oui. *Xeinodokos*, celui qui accorde l'hospitalité, & celui qui la reçoit. *Epi*, dessus, dessous. *Pharmakon*, remède, poison. *Dikaso*, absoudre, condamner. *Upago*, soustraire, fournir. *Biaeo*, faire violence, & la souffrir. *Argos*, paresseux, vite. *Tio*, punit, récompenser. *Diakrino*, douter, juger. *Apecho*, obtenir la récompense, écarter la récompense. *Alterios*, saint, sacré, détestable, pécheur. *Deile*, matin, soir. *Thopto*, respecter, se moquer. *Prasso*, faire, patir. *Parasallo*, comparer, préférer. *Kata*, particule d'union & d'opposition. *Epi*, particule d'union & d'opposition. *Apeile*, menace, promesse. *Patho*, pâtir, faire. *Para*, au-dessus, au-dessous. *Torhazo*, outrager de paroles, flater. *Arden*, hautement, à fond. *Anaskeuazo*, rétablir, détruire. *Paratereo*, observer, négliger d'observer. *A*, prive & augmente. *Thambeo*, causer de l'étonnement, être étonné. *Tacha*, peut-être, sûrement. *Antupos*, semblable, contraire. *Euages*, saint, scélérat. *Upoptes*, qui soupçonne, qui est soupçonné. *Oukoun*, donc, non donc.

En Latin, *Altus*, haut, profond. *Mature*, lentement, promptement. *Maturus*, posé, prudent, prompt. *Sacer*, saint, scélérat, exécrable. *Elevare*, exhausser, rabaisser. *Minari*, promettre, menacer. *Lavus*, heureux, malheureux. *Oscus*, saint, obscène. *Jubeo*, commander, prier. *Æstus*, chaleur, froidure. *Hospes*, celui qui reçoit dans sa maison, & celui qui y est reçu. *Deprecari*, demander, désirer, craindre, avoir de l'aversion. *Procul*, près, loin. *Obesus*, rongé, miné par des cavités, gras, réplet. *Deterrere*, effrayer, causer de la frayeur, dissiper la frayeur. *Inculta terra*, terre inculte, terre cultivée. *Desavio*, cesser d'être cruel, être excessivement cruel. *Squalens*, sale, crasseux, éclatant, brillant. *Alumna*, la nourrice & celle qu'elle nourrit. *Aspernor*, mépriser, être méprisé. *Ultus*, qui a vengé, qui a été vengé. *Summus*, haut, bas. *In*, contre, en faveur. *Imprecari*, faire des vœux, donner des malédictions. *Fingere*, faire effectivement, faire semblant de faire. *Depauperare*, rendre pauvre, faire cesser la pauvreté. *Recanto*, répéter ce que l'on a dit, dire le contraire de ce que l'on a dit. *Pergo*, passer sous silence, omettre, continuer de parler. *Pius*, bon, juste. *Remuneror*, récompenser, être récompensé. *Fabula*, récit feint, récit véritable. *Refervio*, refroidir, rebouillir. *Vegrandis*, fort grand, petit.

En Gothique, *Dinn*, haut, profond.

En Turc, *Derm*, haut, profond.

En Esclavon, *Dubina*, hauteur, profondeur. *Propas*, hauteur, profondeur. *Bezadna*, hauteur, profondeur. *Kraja*, haut, bas.

En Gallois, *Rhieni*, ancêtres, postérité. *Anwer*, pardon, indignation. *Rhag*, petit, très, fort marque du superlatif. *Gor*, dessus, haut, dessous, petit. *Ias*, chaleur, bouillonnement d'une liqueur par le feu, violence du froid. *Dyhedd*, paix, guerre. *Dilwfr*, qui n'est pas lâche, qui n'est pas paresseux, lâche, paresseux. *Dim*, rien, quelque chose. *Gynnen*, il y a déjà longtemps, il n'y a pas longtemps. *Llinogr*, tiéde, gelé, glacé. *Llwyd*, brun, noirâtre, blanc, blanchi de vieillesse. *Swrth*, paresseux, lâche, soudain, sur le champ. *Tan*, feu, eau. *Ben*, fin, commencement. *Rennu*, partager, être partagé. *Caredig*, aimant, aimé. *Blino*, fatiguer, être fatigué. *Brawychu*,

SUR LA LANGUE CELTIQUE.

Si l'on me demande comment on pouvoit s'entendre en parlant de la sorte, je vais donner mes conjectures. Les hommes s'apperçurent sans doute bientôt des équivoques & des erreurs que produisoient parmi eux ces mots à sens contraire, ils chercherent à les prévenir. Sentant la difficulté qu'il y a de supprimer une expression que l'usage autorise, & de lui en substituer une autre, ils conserverent ces termes de signification opposée, & se contenterent d'en déterminer le sens par quelque signe. Les Chinois prononcent ces mots sur des tons différens pour varier leurs significations. Les Galibis, Peuple de l'Amérique méridionale, ajoûtent une négation après l'adjectif quand ils le prennent dans un sens opposé. Si un Homme de cette Nation veut exprimer que son voisin est mauvais, il dira que son voisin est bon non. Ces divers sens étoient marqués chez les Hébreux par des prononciations variées : tantôt ils inseroient différentes voyelles dans ces mots : d'autres fois ils proféroient plus lentement ou plus rapidement la même voyelle ; enfin ils prononçoient plus doucement ou plus fortement la même consonne. (Cette manière de prononcer, très-ancienne chez les Juifs, fut écrite & figurée par des points au cinquième siécle de Jesus-Christ par les Massorethes.) Les Grecs employerent les esprits & les accens pour prévenir les équivoques de ces expressions ambiguës. Quelquefois, sans rien changer au terme, ni à sa prononciation, son sens aura été fixé par ce qui le précédoit, ou ce qui le suivoit dans le discours. Souvent sa signification aura été déterminée par le sujet dont on parloit. Ainsi quand nous lisons au quatrième livre des Rois que Naboth fut condamné à mort pour avoir *Barach*, Dieu & le Roi, on conçoit aisément que le mot hébreu *Barach*, qui signifie également bénir & maudire, se prend en cet endroit au second sens, puisqu'on ne punit pas de mort ceux qui bénissent le Seigneur & leur Prince. De même lorsque les Gaulois parlant d'une montagne lui donnoient l'épithéte de *Don*, qui désigne haut & profond, il étoit clair que ce terme dans cette occasion signifioit élevée, puisqu'il ne peut venir dans l'esprit à personne qu'on dise d'une montagne qu'elle est profonde.

Voyage de la France equinoxiale par Biet.

CHAPITRE TROISIÈME.

QUELLE est la première Langue ? Le Celtique est un des Dialectes de la première Langue. Cette première Langue étoit fort pauvre.

APRÉS ce qu'on vient de dire, on ne sera plus surpris de voir les habiles gens si divisés au sujet de la première Langue. L'Hébreu, le Chaldéen, le Syriaque, l'Arabe, le Chinois, le Cophte, l'Arménien, le Grec, le Celtique, le Suédois, le Flamand se disputent l'honneur de l'être, & chacun de ces langages a trouvé des Partisans qui ont étalé bien de l'érudition pour lui assurer cet avantage. Tous ces Sçavans ont raison, & il en est ainsi dans la plûpart des disputes. Chacune des anciennes Langues, par les termes primitifs qu'elle contient, fournit, lorsqu'on l'examine seule, un motif suffisant de la croire la première. Il faut les envisager toutes pour en porter un jugement plus sûr. Quand on les considére ensemble, on reconnoît sans peine qu'une n'est pas plus ancienne que l'autre ; qu'elles sont toutes la première Langue déguisée & cachée sous des inflexions ou des terminaisons particulières, & pour tout dire en un mot, qu'elles sont toutes des Dialectes de la primitive.

Lorsque je dis que les anciennes Langues sont des Dialectes de la première, je le répete, je ne les envisage que dans quatre ou cinq cens mots d'une ou de deux syllabes, qui dans les expressions dont elles étoient composées immédiatement après la confusion de Babel. La Langue Chinoise conserve encore à présent sa première simplicité ; elle n'a jamais eu que trois cens vingt-six termes monosyllabes. Je viens d'indiquer la conduite que ce Peuple a tenue lorsqu'il a eu besoin de nouveaux sons. L'Hébreu, le Chaldéen, le Syriaque ont seulement quatre ou cinq cens racines qui leur viennent de la première Langue : il en est de même des autres anciens langages. Le plus grand nombre des mots qui les composent est, ou dérivé de ces racines primitives, ou inventé depuis la dispersion du genre humain. Car les hommes s'étant répandus sur la face de la Terre, leur nombre s'étant accru considérablement, les familles étant devenues des Nations, on inventa les sciences, on perfectionna les arts parmi ces différens Peuples. Il fallut alors ajoûter des termes nouveaux au langage pour exprimer les choses nouvelles qui se présentoient, les découvertes qui se faisoient, les arts qui se formoient. Ces mots créés depuis la séparation du

épouvanter, être épouvanté. *Boddi*, plonger, être plongé. *Cilio*, fuïr, faire fuïr. *Cleisio*, faire une contusion & la souffrir. *Clauara*, attiédir, rendre tiéde, être tiède. *Cloffi*, faire ou rendre boiteux, être boiteux. *Cynne*, allumer, être allumé. *Gwarwar*, se moquer, être moqué. *Torri*, briser, être brisé. *Byddaru*, étonner, être étonné. *Cannu*, blanchir, être blanchi. *Colli*, perdre, être perdu. *Dysgu*, enseigner, être enseigné. *Echwynn*, prêter, emprunter. *Erioed*, toujours, jamais.

En Breton, *Doun*, haut, profond. *Penn*, fondement, sommet. *Ben*, haut, bas. *Lein*, le haut, le bas. *Riva*, causer le froid, souffrir le froid. *Distenn*, ce qui est étendu, ce qui n'est pas étendu. *Leiza*, humecter, être humecté. *Truezus*, qui a de la pitié, qui fait pitié. *Abaff* timide, brutal. *Both*, tertre, trou en terre. *Dessailha*, tarder, presser. *Ver*, grand, petit. *Disaczun*, sans goût, fade, insipide. *Diougani*, promettre, menacer. *Dismeganez*, honte, impudence.

En Basque, *Berònz*, en haut, en bas. *Gaindiro*, *Gaintiro*, hautement, profondément. *Arouz*, de ce côté ci, de ce côté là. *Harza*, prendre, être pris. *Casteze*, fendre, être fendu.

En Allemand, *Barmhertzig*, qui a de la pitié, qui fait pitié. *Fast*, presque, beaucoup.
En Anglois, *To Lett*, permettre, empêcher.
En Espagnol, *Hondo*, haut, profond. *Cascar*, fendre, être fendu.
En Italien, *Piaggia*, plaine, montée. *Barone*, grand Seigneur, gueux.
En François, *Hôte*, celui qui reçoit & qui est reçû. *Pitoyable*, qui a pitié, qui fait pitié. *Happelourde*, celui qui trompe par une fausse apparence, & celui qui est ainsi trompé. *Haut*, élevé, profond ; nous disons une haute montagne, la haute mer ; un précipice bien haut, une rivière bien haute. *Aucunement*, en nulle façon, en quelque façon. *Copie*, original, copie. *Apprendre*, enseigner, être enseigné. *Fatiguer*, causer de la fatigue, être fatigué. *Brûler*, mettre au feu, être brûlé. *Sécher*, faire sécher, être séché. *Etouffer*, suffoquer, être suffoqué. *Sentir mauvais*, donner de la mauvaise odeur, & en être incommodé. *Sans prix*, chose inestimable pour sa valeur, chose de néant. *Blason*, dans Marot & nos anciens Ecrivains, signifie censure & louange. *Viander*, en vieux François, manger & fienter.

genre humain, font, comme ils le doivent être, différens dans les langages divers, tandis que ceux qui désignent les objets qui se sont d'abord présentés à la vuë, sont les mêmes, à quelque variété près, parce qu'ils viennent d'une même source, à sçavoir de la Langue primitive. Je dis à quelque variété près, parce que non seulement il faut s'attendre d'y trouver celle que produisit la main du Seigneur à Babel; on y doit encore découvrir celle que la diversité des climats, le mélange des Peuples & la suite des siécles y ont apportée.

CHAPITRE QUATRIÈME.

La diversité des climats contribue à la variété des Langues.

LA diversité des climats produit la différence du tempérament, & donne par conséquent des organes plus ou moins déliés. De là naît la variété de prononciation du même mot; de là vient la différence des façons d'exprimer ce qu'on pense. Un Peuple délicat aimera les voyelles, parce qu'elles sont faciles à prononcer, & douces à l'oreille: Des hommes d'un tempérament plus fort goûteront davantage les consonnes dont le son est plus mâle, ils mettront des aspirations fréquentes dans le discours, ils prononceront d'un ton plus rempli. Une Nation spirituelle & vive abrégera les expressions, cadencera ses paroles: Une autre plus pesante les allongera, & les finira languissamment. Un Peuple qui aura une imagination brillante, sous-entendra beaucoup de termes, parce qu'il conçoit à demi mot: Un autre qui l'aura plus froide, voudra qu'on exprime tout. Les uns souhaitent que dans le discours tout soit placé dans l'ordre naturel, parce qu'ils ont l'esprit juste: Les autres sont plus frapés des inversions, parce qu'ils ne peuvent se résoudre à voir l'objet piéce à piéce, s'il est permis de parler ainsi, mais le veulent saisir tout à la fois. Ceux là craignant l'application, n'admettent que la construction qui suit l'ordre des choses: Ceux-ci choqués de cette monotonie de style, & appréhendant l'ennui inséparable de l'uniformité, se plaisent aux tours variés & différens. Dans les Pays chauds, une imagination ardente découvre aisément la plus petite ressemblance qu'une chose peut avoir avec une autre. Elle voit d'abord, par exemple, le rapport qui se trouve entre un homme cruel & une bête féroce; & pour faire connoître qu'elle apperçoit cette ressemblance, elle donne à cet homme le nom de tigre: voilà l'origine du langage figuré & métaphorique. Dans les Pays froids, où l'imagination n'a pas une vivacité pareille, on se sert de termes propres pour exprimer chaque chose, ou appelle tout par son nom. Des hommes à qui les ardeurs du soleil donnent un tempérament tout de feu, sont en proye aux passions les plus violentes; Combien ne sont pas vives & profondes les impressions que les objets font sur des sujets pareils? L'expression suit toujours le sentiment, & le sentiment chez les personnes qui ressentent des passions véhémentes, est toujours au-dessus de la vérité, de là ces hyperboles excessives des Orientaux; ils appellent Dieux leurs Rois, parce que l'éclat & la majesté de ces Princes fait sur ces cœurs timides l'impression qu'y causeroit la présence de Dieu même: Les personnes qu'ils aiment sont pour eux le soleil, la lune, les étoiles, parce que dans l'yvresse de leur ardeur, ils se égalent à tout ce que la nature peut avoir de plus beau. D'autres au contraire sous un climat froid ou tempéré, éprouvant des passions plus soumises & moins tumultueuses, ne voyent dans les objets que les objets mêmes, & s'expriment toujours avec justesse. Une Nation jouissant d'un ciel pur & serein, possédant une terre riche & féconde, porte la joye dans son cœur; dès lors elle n'apperçoit rien dans la nature que d'agréable, tout se peint en beau dans son esprit: voilà ce qui lui donne des expressions riantes & des termes fleuris. Des Peuples au contraire ensevelis d'épaisses ténèbres comme les Cimmériens, ou engourdis par les frimats comme les Lapons, tout occupés des besoins de la vie, sont inaccessibles au plaisir; le froid du Pays glace en quelque façon leur cœur, de là un langage pauvre, simple, sec, dénué de graces, privé d'ornemens. La disposition de quelques-uns des organes de la parole, rend à certains hommes la prononciation de quelques lettres impossible, ou simplement difficile, c'en est assez pour ne les point employer dans leur langage; une disposition contraire introduira certaines lettres dans presque tous les mots dont on se servira. Un coup d'œil sur les différentes Langues de l'Univers confirmera ce que j'avance.

<small>Mémoires du P. Le Comte, t. 1.</small> Les Chinois manquent de beaucoup des sons que nous exprimons par nos lettres; ainsi ils ne prononcent point A, B, D, O, R, X, Z, de la manière nous faisons en France; & quand on les force à les proférer, ils y changent toujours quelque chose, & se servent des sons qui, dans leur Langue, en approchent le plus, sans pouvoir presque jamais les exprimer exactement.

<small>Diction. Anamitique, ou Tonquinois.</small> Les Tonquinois ont une espéce de B, de D, d'O & d'U qui leur sont propres. Chez eux, comme parmi les Chinois, la diversité du ton donne une signification différente au même mot.

<small>Description de Siam par Loubére.</small> Les Siamois ne connoissent point notre U voyelle. Dans les syllabes qui finissent par une consonne, ils n'achevent pas de la prononcer, ils ne peuvent former une aspirate à la fin d'une syllabe, fût-elle au milieu d'un mot. A l'exemple des Chinois, ils ont introduit beaucoup d'accens dans leur langage, ils chantent presque en parlant. Ils ont trente-sept consonnes & un grand nombre de voyelles.

<small>Dictionnaire Malaye.</small> Dans la Langue de Malabar, on ne trouve ni B, ni F, ni G simple; (ce Peuple a une N prononcée du nez qui ne se rencontre dans aucun autre langage que je connoisse,) dit Thevenot.

La Langue Chaldaïque allonge ses mots, & sinit pour la plus grande partie en A. Les Syriens goûtent particuliérement l'O. L'A & l'N sont les terminaisons favorites des Arabes, qui d'ailleurs manquent de P. Parmi les Hébreux, les Éphraïmites ne pouvoient prononcer le scin qu'en sin, comme nous voyons parmi nous des personnes qui ne peuvent prononcer cheval, & qui disent seval.

<small>Description du Cap de bonne Espérance.</small> Le Cophte ou ancien Égyptien n'a point d'V consonne. Les Éthiopiens aiment à finir leurs mots en A & en F. Voici ce que M. Kolbe rapporte du langage des Hottentots, chez qui il a passé plusieurs années: (La prononciation de cette Langue dépend de certains chocs, de certains froissemens peu naturels de la langue contre le palais, de certaines vibrations & inflexions si étranges, qu'il est presque impossible de

SUR LA LANGUE CELTIQUE

les imiter. Elle est sur tout remarquable, en ce qu'elle tient beaucoup du bégayement, & qu'à entendre parler les Hottentots, on les prendroit volontiers pour un Peuple de bégues.)

La Langue générale du Pérou manque des lettres B, D, F, G, I, X. Il n'y a point de syllabes où il se trouve deux consonnes, dont une soit liquide, l'autre muette, comme Bra, Cra, Pla, Pra, Ella, Ello. Garcilasso, hist. des Incas.

On ne trouve ni B, ni F, ni M, ni P dans la Langue des Hurons, & point d'F ni d'U consonne dans celle des Algonkins.

Dans le Grec, le Dialecte Attique contracte non seulement les syllabes d'un même mot, mais unit encore des termes différens; & en les joignant, les abrége. L'Ionien au contraire étend les expressions, divise les voyelles liées ensemble pour les prononcer féparément, aime le bâillement dans ses paroles. Le Dorien met l'A en place de toutes les autres voyelles. L'Éolien rejette l'esprit rude, & ne veut que le doux. Je passe plusieurs autres diversités de ces Dialectes.

Les Peuples du Nord se servent beaucoup du gosier dans leurs discours: voilà ce qui a rempli leur langage d'un si grand nombre d'aspirates. Dans l'Esclavon, si répandu en Europe, on fait beaucoup usage des dents, de là ces Cz, Pz, Tz, S, X, Z dont il est tout semé.

La Langue Françoise a un E mûet & un U qui ne sont pas usités chez les Nations voisines.

Les Espagnols n'ont point de G, Q, U consonne. Ils ont cinq consonnes qui leur sont particulières, figurées par ces caractères ll, ñ, ç, ch, x. Cette dernière lettre, de même que l'I consonne, se prononce parmi eux comme notre qu dans que; ils ne connoissent point d'aspirates, car quoique l'h se trouve dans plusieurs termes de leur langage, ils n'aspirent jamais.

L'Italien aime les voyelles; il ne reçoit point le K, le W, l'X. Il rejette toute aspiration, employe par goût les diminutifs dont il a même plusieurs dégrés, ce qui lui est propre.

La multiplication des consonnes, les aspirations fréquentes plaisent aux Allemands.

L'Anglois qui, de même que l'Allemand, est un Dialecte du Theuton, est plus doux; il retranche plusieurs des consonnes que les Allemands placent dans leurs mots; il affoiblit les aspirations, & ne les prononce pas d'une manière si marquée.

La Langue Françoise est douce & grave, l'Espagnole pompeuse, l'Italienne molle & délicate, l'Allemande mâle, l'Angloise forte & fastueuse; chacun de ses Peuples ayant imprimé à son langage son génie & son caractère.

Dans le François, l'Espagnol & l'Italien, la construction est naturelle & claire, l'Allemand veut des inversions; & en séparant les prépositions des verbes composés, les plaçant même quelquefois fort loin du verbe il forme des phrases bien obscures. L'Anglois demande des inversions comme l'Allemand.

Les François en parlant se servent plus de la langue que des autres organes; les Espagnols employent davantage le palais; les Allemands le gosier, dont les Italiens, à l'exception des Toscans, ne font aucun usage; les Anglois parlent beaucoup des lévres, & sifflent un peu.

Ce ne sont pas seulement des Nations différentes qui forment divers Dialectes d'une même Langue: Dans un Royaume il en est autant que de Provinces, & même dans une Province souvent ils égalent le nombre des Villes, & quelquefois celui des Villages. Qu'on observe avec soin le langage de deux Paysans de la même contrée, dont les habitations seront distantes de trois ou quatre lieues, on reconnoîtra que leur façon de prononcer le même mot n'est pas semblable; ensorte que lorsqu'ils parlent entre eux, ils sont obligés d'apporter une attention particulière pour s'entendre.

CHAPITRE CINQUIÈME.

Le mélange des Peuples & la suite des siécles causent des altérations dans les Langues.

SI la diversité des climats produit des Langues différentes dans les diverses Régions, le mélange des Peuples, & indépendamment de ce mélange, la suite des siécles cause de grandes altérations dans le langage de chaque Pays. Le Grec & le Latin ont été cultivés avec soin par les Nations les plus spirituelles & les plus polies de l'Univers. Un grand nombre d'excellens ouvrages écrits en ces Langues sembloit leur assurer l'immortalité; cependant elles n'ont pu échaper aux outrages du temps. Les mauvaises prononciations qu'une fausse délicatesse introduisit dans la première, les constructions vicieuses dont se remplit la seconde, les termes étrangers que l'une & l'autre adoptèrent, les ont rendues méconnoissables. On n'a pour s'en convaincre qu'à ouvrir les Glossaires du sçavant M. Ducange. Qui doute que les autres Langues ne doivent éprouver le même sort? En est-il aucune qui puisse se promettre une durée que le Grec & le Latin n'ont pu obtenir?

J'ai crû devoir indiquer tout de suite les différentes sources des altérations arrivées dans les Langues. Il faut voir à présent comment après la confusion de Babel les hommes se répandirent dans toutes les parties de la Terre, & comment se forma la Nation Gauloise dont nous recherchons ici le langage.

CHAPITRE SIXIÈME.

La Terre s'est peuplée par une progression insensible. Les noms des habitations ont été pris de leurs situations. Réponses aux difficultés que l'on propose contre cette opinion.

LEs différentes familles qui composoient le genre humain, & qui s'étoient séparées après la confusion de Babel, étant grossies, se trouverent trop à l'étroit dans les lieux où elles s'étoient fixées d'abord. Qu'arrivoit-il? Diverses branches de ces familles quittoient l'habitation commune qui ne pouvoit plus les contenir, elles s'avançoient dans le Pays du côté qui n'étoit pas encore peuplé, elles s'arrêtoient, l'une près d'un bois, l'autre au bord d'une rivière, la troisième sur une montagne, &c. Lorsque ces gens retournoient dans la demeure qu'ils avoient quittée pour revoir leurs parens, leurs amis, & qu'on leur demandoit où ils étoient établis ? ils répondoient : près du bois, au bord de la rivière, sur la montagne. Ainsi ces nouvelles habitations n'étoient connues que sous les noms de près du bois, du bord de la rivière, de la montagne. Voilà pourquoi lorsqu'on sçait la Langue qu'ont parlé les premiers Habitants d'un Pays, on doit par le nom d'une Ville, d'un Bourg, d'un Village, connoître sa situation. On doit pareillement connoître par les noms des montagnes, des forêts, des rivières, leur figure, leur nature, leur qualité, puisque c'est de là qu'on a pris les noms qui les désignent.

Je sçais que la première Ville du monde bâtie par Caïn, ne tira point son nom de sa situation, elle porta celui du fils aîné de ce méchant homme ; mais il faut observer que cette Ville ne fut point une société formée par une progression insensible comme les autres habitations. Ce fut un lieu de défense où Caïn rassembla au tour de soi tous ses descendans épars, pour se soustraire à la vengeance que son crime lui faisoit craindre si justement.

On dira peut-être que les noms étant donnés aux habitations diverses conformément à leurs situations, il s'en devoit trouver bien des semblables ; ressemblance qui ne pouvoit manquer de causer beaucoup de confusion. Cette difficulté n'est d'aucune force pour qui sçait se transporter dans ces temps éloignés, pour qui ne veut pas juger de ces siécles là par les nôtres. Ces premiers Habitants, dont nous suivons les démarches, ne connoissoient que leur voisinage. Dans un si petit espace, il est rare qu'il se rencontre deux situations absolument les mêmes, vû l'étonnante variété qui règne dans la nature. S'il se trouvoit des situations pareilles qui dussent naturellement occasionner des noms semblables, on évitoit la confusion en rangeant différemment les mêmes mots, ou en employant des synonimes ; (c) car dans les anciennes Langues il y a un très-grand nombre de termes pour exprimer les choses les plus communes, & qui se sont d'abord présentées à la vûe des hommes.

Mais quoi ! n'est-il donc point de nom qui ne désigne la situation du lieu qui le porte ? Je réponds que le nom ne marque pas toujours la situation présente, mais qu'il ne manque jamais d'indiquer l'ancienne. Il est arrivé des changemens considérables dans l'Univers. (d) De vastes forêts sont aujourd'hui des campagnes couvertes de riches moissons. Les marais désséchés ont fait place à de gras pâturages. Les rivières ont changé leurs lits. La mer même n'a pas toujours respecté ses bornes. Des Villes qui en étoient autrefois fort éloignées, bordent aujourd'hui son rivage. D'autres qui, comme Ravenne, étoient des Ports très-fréquentés, sont à présent au milieu des terres. Qu'on ne rejette donc pas une étymologie précisément, parce qu'elle ne s'accorde point avec l'état présent, si par les anciens monumens, ou par la qualité du terroir, on voit qu'elle a pu être juste autrefois.

Il est évident qu'il n'est question ici que des anciennes habitations ; car je ne parle point de quelques Villes bâties par des Princes dont elles ont retenu le nom, ou de celles que les Romains obligerent d'en recevoir un nouveau après les avoir soumises à leur Empire, ou de celles enfin, qui s'étant formées depuis l'établissement du Christianisme, sont connues sous le nom de quelque Saint. Les habitations de ces trois espèces ne sont pas en grand nombre, & il n'est pas difficile de les distinguer des anciennes.

Je suppose, mais je n'adopte pas ce qu'on croit communément, que les Romains après avoir subjugué les Nations, faisoient des changemens dans les noms de leurs Villes & des Lieux circonvoisins. Cette opinion, quoique universelle, n'en est pas moins fausse. A-t'on réfléchi sur la difficulté qui se rencontre à faire changer le nom qu'un Peuple est accoûtumé de donner à quelque chose ? D'ailleurs on verra dans la description étymologique des Gaules qui suivra cet ouvrage, que ces noms prétendus latins désignent si naturellement en Celtique la situation, la qualité des lieux qui les portent, qu'on ne pourra s'empêcher de les reconnoître pour Gaulois, malgré la terminaison que les Romains attacherent à ces mots, pour qu'ils ne blessassent pas l'analogie de leur Langue. Après avoir éclairci ces difficultés, il faut reprendre la narration qu'elles ont interrompue.

Les branches qui avoient quitté la famille commune, parce qu'elles y étoient trop resserrées, furent bientôt pour la même raison abandonnées de quelques-uns de ceux qui les composoient. Ainsi de proche en proche, & par une progression insensible, se peupla l'Univers.

On voit à présent pourquoi toutes les anciennes Nations se disoient nées de la Terre, ou dans la Terre qu'elles occupoient. (e) Les branches de la famille commune qui la quittoient, s'en éloignoient le moins qu'il leur étoit possible. Les liens du sang & de l'amitié, le besoin, souvent plus fort chez les hommes que

---

(c) On verra plusieurs exemples de l'une & de l'autre de ces manières dans la description étymologique des Gaules.

(d) Vidi ego quòd fuerat quondam solidissima tellus
Esse fretum, vidi factas ex æquore terras.

Quodque fuit campus, vallem decursus aquarum
Fecit & eluvie mons est deductus in æquor:
Eque paludosa siccis humus aret arenis,
Quæque sitim tulerant stagnata paludibus hument
Hic fontes natura novos emisit : at illic
Clausit & antiquis tàm multa tremoribus orbis
Flumina prosiliunt, aut exceca residunt.

Fluctibus ambitæ fuerant, Antissa Pharosque
Et Phœnissa Tyros, quarum nunc insula nulla est.
Leucada continuam veteres habuere Coloni,
Nunc freta circumeunt.

En Dauphiné, dans le Pays qu'on nomme le Chanfeaux, quelquefois deux Villages situés sur deux montagnes différentes, & qui ne se pouvoient voir, parce que d'autres montagnes plus hautes étoient entre deux, ont commencé tout d'un coup à se voir par l'affaissement des montagnes interposées.

(e) Les Gaulois se disoient nés de Dit (Dit ou Tit en Celtique signifie la Terre.) César tout rempli de la Religion Romaine, dans laquelle Pluton étoit appellé Dis Ditis, a cru que ce Peuple se prétendoit descendu de Pluton, Divinité qui leur étoit encore inconnue dans ce temps là. Nos Voyageurs tombent tous les jours dans de semblables erreurs. Ils rapportent à nos mœurs, à nos usages, à notre Religion tout ce qu'ils voyent, tout ce qu'ils entendent dans les Pays étrangers, qui peut y avoir quelque ressemblance. Ceux qui ont parcouru l'Afrique ayant remarqué certains Peuples qui offrent des sacrifices à un être mal faisant, & dont ils appréhendent la colère, n'ont point manqué d'écrire que ces Nations adorent le Diable, comme si ces hommes, enveloppés des plus épaisses ténèbres, connoissoient ce que la Foi nous apprend de la distinction que l'obéissance & la révolte a mise parmi les Anges.

SUR LA LANGUE CELTIQUE.

ces liaisons, les empêchoient de s'écarter beaucoup. Une distance si peu considérable étoit comptée pour rien. Cette petite séparation n'empêchoit pas les enfans de se regarder comme étant toujours dans le même Pays qu'avoient habité leurs peres.

Mais, dira-t'on, l'histoire ancienne nous montre plusieurs Villes fondées par des Colonies Phéniciennes & Grecques. Nous lisons que des Nations entières, peu contentes des premiers établissemens qu'elles avoient faits, alloient à main armée en chercher de meilleurs. On voit des Peuples devenus trop nombreux pour subsister dans les contrées peu fertiles, qui leur étoient d'abord échûes, envoyer des essaims de jeunes gens chercher des habitations dans de plus heureux climats. Comment concilier tout cela avec le système qui veut que le monde se soit peuplé par une progression insensible?

Très-aisément. Toutes ces peuplades faites par des Colonies, tous ces mouvemens des Nations sont bien postérieurs au temps dont nous parlons ici. L'Italie & l'Espagne n'étoient sûrement pas sans Habitans, lorsque les Phéniciens & les Grecs vinrent y former des établissemens, puisque les Historiens, qui nous ont conservé la mémoire des Colonies que ces Peuples fondèrent dans ces Régions, nous apprennent aussi qu'ils contractèrent des liaisons, des sociétés avec les hommes qu'ils y trouvèrent: hommes que ces mêmes Écrivains nomment *Aborigènes*, c'est-à-dire nés du Pays, ou nés dans le Pays, & n'ayant point d'origine étrangère. Les transmigrations des Peuples appartiennent à des temps encore moins reculés que ceux où s'établirent les Colonies Phéniciennes & Grecques.

CHAPITRE SEPTIÈME.

LES descendans de Japhet peuplent l'Europe. Les Gaulois sont bientôt une Nation nombreuse forcée de se répandre en Bretagne, en Espagne, en Italie. Origine de la Langue Latine.

LES familles issues de Japhet ayant peuplé les parties les plus occidentales de l'Asie, entrèrent en Europe. Les unes se jetterent du côté du Nord, d'autres suivirent le Danube: Leur postérité continuant de remonter vers la source de ce fleuve, arriva ensuite au bord du Rhin, le passa, & de là se répandit jusqu'aux Alpes & aux Pyrénées.

Les descendans de Japhet établis en Europe, ne furent d'abord regardés que comme un seul Peuple. Leur Langue étoit, à peu de chose près, la même; leurs usages, leurs mœurs assez semblables; il n'y avoit guères entre eux de variété que celle que le différence des climats introduit toujours; c'est pourquoi ils furent connus dans ces premiers temps sous le nom commun de Celtoscythes. Dans la suite devenus plus nombreux, ils formèrent des Nations diverses qui portèrent des noms particuliers. Ceux qui habitoient ce vaste Pays que l'Océan, la Méditerranée, le Rhin, les Alpes & les Pyrénées bornent, furent appelés Gaulois & Celtes. Ce Peuple prit de si prodigieux accroissemens dans un petit nombre de siècles, que les fertiles contrées qu'il occupoit ne purent plus le contenir. Les uns passent dans cette grande Isle si voisine du continent: ils l'appellent Bretagne. D'autres franchissant les Pyrénées forment en Espagne des établissemens. (*f*) Les Alpes même ne peuvent fermer l'Italie aux Gaulois; ils y entrent, ils occupent d'abord la partie de cette Région qui est au pied des montagnes, s'étendent ensuite de proche en proche dans la riche contrée. Les Grecs dans le même temps abordent à l'extrémité orientale de ce Pays, & y fondent des Colonies. Les deux Nations augmentent à l'envi leurs établissemens, se réunirent dans le Latium, (*g*) & ne formèrent dans ce canton qu'une société qui fut nommée le Peuple Latin. Les langages de ces deux Nations se mêlerent; de ce mélange naquit la Langue Latine, qui n'est effectivement composée que de termes Grecs & Gaulois. (*h*)

L'on m'opposera que Tite-Live & Plutarque ne font entrer les Gaulois en Italie pour la première fois que sous le règne de Tarquin l'ancien. Mais il faut entendre ces Auteurs de l'entrée des Gaulois en troupe & à main armée; car on ne peut douter que plusieurs particuliers de cette Nation n'ayent passé les Alpes bien avant l'irruption dont parlent ces Historiens. (*i*)

Comme mon dessein n'est pas d'écrire l'histoire des Gaulois, mais de rechercher la Langue qui étoit en usage parmi eux, je passe sous silence tout ce que les anciens Auteurs nous ont appris des lumières

---

(*f*) Strabon, *liv.* 4, assure sur la foi d'Ephorus, qu'autrefois les Celtes ont occupé toutes les Provinces d'Espagne jusqu'à Cadix.

(*g*) Denys d'Halicarnasse a bien connu le génie & la nature de la Langue Romaine, lorsqu'il a dit (sur la fin de son premier livre) qu'elle n'étoit ni entièrement barbare, ni entièrement grecque, mais mêlée de l'une & de l'autre. Quintilien, *l.* 1. *c.* 5, observe que la Langue Latine étoit remplie de termes barbares. On sçait que les Grecs & les Romains, par un sot orgueil, appelloient les autres Nations barbares. L'V ignoré des Grecs, très-commun parmi les Gaulois, est fort en usage dans la Langue Latine.

(*h*) Zenodote de Trezene, cité par Denys d'Halicarnasse au second livre de ses Antiquités Romaines, dit que les Umbriens (ils descendoient des Gaulois: *voyez* la note suivante,) étant venus s'établir près du Tybre, prirent le nom de Sabins. Ce dernier Auteur, dans l'endroit que nous venons d'indiquer, nous apprend que les Lacédémoniens avoient envoyé une Colonie dans le Pays de ces Sabins au temps que Lycurgue gouvernoit le Royaume de Sparte pour son neveu c. d. plus de cent années avant la fondation de Rome. On voit par là que mon système sur l'origine du Latin est appuyé, non seulement sur la qualité des termes dont cette Langue est formée, mais encore sur le témoignage des anciens Auteurs.

(*i*) Selon Pline & Florus, les Umbriens étoient les plus anciens Peuples de l'Italie. (*Umbrorum gens antiquissima Italiæ existimatur.*) Plin. *l.* 3, *c.* 14. (*Umbri antiquissimus Italiæ Populus.*) Flor. *l.* 1, *c.* 17. Ils occupoient déjà beaucoup de terres en Italie, lorsque les Pélasgiens vinrent de Grèce dans ce Pays vers l'an 1500 du monde, 800 ans avant la fondation de Rome. (*Habitabant tunc Umbri, & alios multos Italiæ agros; eraque ea Gens multum antiqua & ampla.*) Dionys. Halic. *l.* 1. Or ces Umbriens étoient descendus des Gaulois. Solin l'atteste sur la foi de Bocchus Historien Carthaginois. (*Bocchus absolvit Gallorum veterum propaginem Umbros esse.*) Sol. 8. Auguste dans Sempronius, au livre de la division de l'Italie, assure la même chose. (*Umbri prima veterum Gallorum proles.*) Servius sur le livre 12ème. de l'Enéyde, cite un autre garant de cette vérité. (*Umbros Gallorum veterum propaginem esse.*) Marcus Antonius refert.) Caton, aussi illustre par son érudition que par sa vertu, appelle les Gaulois (*Primogenitores Umbrorum.*) Saint Isidore de Seville, *l.* 9 de ses origines, & Tzetzès dans ses notes sur Lycophron, s'expliquent dans les mêmes termes. Les Aborigènes, selon Justin, furent les

B

de leurs Sages, (k) de la valeur de leurs Généraux, de la magnificence de leurs Rois, des conquêtes de leurs Colonies. Je dirai seulement que ce Peuple, qui avoit mis Rome aux fers, devint par ses divisions la proye de ces mêmes Romains qu'il avoit vaincus. Jusqu'à ce temps les Gaulois n'avoient point connu de Maîtres. Trop nombreux & trop puissans pour souffrir des invasions, ils n'avoient jamais vu d'étrangers établis parmi eux; ce qui ne permet pas de douter qu'ils n'ayent jusqu'alors conservé leur première Langue, sans autre changement que ces altérations que le temps introduit, toujours legeres chez une Nation qui, comme la Gauloise, ne se mêle point, & n'a pas de commerce au déhors.

CHAPITRE HUITIÈME.

LES Gaulois qui avoient conservé leur première Langue jusqu'à la venue des Romains dans leur Pays, ne la perdirent point, & ne prirent point l'usage du Latin lorsqu'ils furent sujets de la République.

ON croit communément que les Gaulois quitterent leur ancien langage lorsqu'ils furent subjugués. L'opinion généralement reçue veut que le Latin soit devenu la Langue vulgaire des Gaules, après que les Romains en eurent fait la conquête. Rome, dit-on, autant par vanité que par politique, mettoit les Nations qu'elle avoit soumises dans la nécessité de parler comme elle; ainsi les Gaulois furent sans doute forcés de recevoir en même temps le langage & les loix de leurs Vainqueurs.

Il faut penser bien différemment sur ce sujet. Les Romains introduisirent à la vérité la Langue Latine dans les Gaules, mais sans anéantir la Celtique. La Langue Romaine fut la Langue de l'État; seule elle fut employée dans les Loix des Empereurs, dans les Ordonnances des Proconsuls, dans les Sentences des Tribunaux; mais la Celtique continua d'être dans les Gaules la Langue de la société & du commerce. Un petit nombre de Gaulois, sans oublier leur langage, apprit aussi celui de ses Maîtres par des vues d'ambition & d'intérêt; mais le gros de la Nation conserva l'usage de sa Langue naturelle, & n'en parla point d'autre.

Je demande d'abord si l'on a bien réfléchi sur ce qu'il en coûte aux hommes pour changer d'anciennes habitudes? En est-il donc de plus forte que celle de notre Langue naturelle? Aussi vieille en nous que nous-mêmes, dès le berceau nous commençons à la bégayer; à chaque moment nous en faisons usage, soit en parlant, soit en écoutant, soit en lisant. Nous rappellons-nous les idées des choses ! les sons divers dont nous nous servons pour les exprimer, se présentent à nous au même instant. Quel travail ne faut-il pas pour effacer une pareille habitude, & pour en contracter une nouvelle? Que n'en coûte-t-il pas aux enfans pour apprendre la Langue Latine, quoiqu'ils soient dans un âge où la mémoire tendre & flexible reçoit sans peine toutes sortes d'impressions? Et après avoir passé bien des années pour en acquerir la connoissance, en est-il aucun qui en ait l'usage aussi familier que celui de sa Langue naturelle? N'est-ce pas toujours en celle-ci qu'ils s'expriment lorsqu'ils parlent sans préméditation? Comment donc veut-on qu'une Nation très-nombreuse ait tout à coup quitté son langage primitif pour se servir d'un étranger? Comment concevoir qu'une multitude infinie de paysans, d'artisans, de femmes, de vieillards ait cessé de s'exprimer comme ils l'avoient toujours fait, & se soit donné toutes les peines inséparables de l'acquisition d'une nouvelle Langue?

On dira sans doute que ce changement ne se fit pas tout à coup, ou par une étude suivie, mais d'une manière insensible, par l'usage, dans le cours de trois ou quatre générations. Les Gaulois, mêlés avec les Romains répandus dans leur Pays, apprirent peu à peu la Langue de leurs Maîtres, & oublierent la leur. L'envie de plaire aux Vainqueurs, la nécessité de converser avec eux, l'obligation d'en suivre, & par conséquent d'en entendre les ordres, le désir de s'avancer dans les emplois de l'État, auront porté les Gaulois à ce changement.

Il est vrai que le mélange des Peuples produit des altérations dans les Langues. Qu'une Nation victorieuse s'établisse dans un Pays, si elle est plus nombreuse que la vaincue, elle verra après un certain temps son langage universellement reçu. Si les deux Nations sont égales en nombre, il se formera une nouvelle Langue du mélange des deux autres. Mais si la Nation conquérante est en plus petit nombre que la Nation soumise, celle-ci conservera son langage.

Voilà précisément ce qui est arrivé dans les Gaules. Les Romains n'y furent jamais qu'en très-petit nombre. Le Roi Agrippa, dans l'éloquent discours qu'il fit aux Juifs pour les empêcher de se soulever contre Néron, leur fait remarquer avec quelle soumission tous les Peuples de l'Univers portent le joug de Rome; (les Gaulois, leur dit-il, obéissent à douze cens Soldats de cette Nation, quoique ce nombre n'égale presque pas celui de leurs Villes) (l) Qu'étoit-ce que douze cens Romains dans un vaste Pays peuplé de plus de douze millions d'Habitans, & où l'on comptoit près de douze cens Villes? Conçoit-on qu'un si petit nombre d'étrangers, dispersés en différens endroits de cette grande Région, ait pu mettre les Nationaux dans le besoin de quitter leur Langue, & d'en apprendre une nouvelle pour converser avec eux? Les Gaulois commerçoient bien plus fréquemment ensemble qu'avec les Romains, & par conséquent ils avoient bien plus d'occasions d'entretenir leur langage, qu'ils n'en avoient d'en prendre un étranger. Le plus grand nombre même entre

La Thrace fourmille d'une si prodigieuse quantité d'hommes, qu'à la réserve du Pays des Celtes, il n'y a point au monde de si peuplé. Pausanias in *Atticis*. Les Gaules renferment trois cens cinq Peuples, selon Joseph, & quatre cens, selon Appien, dont le plus foible met soixante mille hommes sur pied & le plus puissant deux cens mille. Joseph. de Bell. Jud t. 2. c. 16 Appian. de Bell. civil, l. 2. p. 323.

premiers Habitans de l'Italie (*Primi qui tenuerunt Sedes Italia suere Aborigenes.*) Et Caton dans les fragmens assure, que ces Aborigenes descendoient des Umbriens (*Aborigenes proles Umbrorum.*) Timagenes dans Ammien Marcellin, l. 15. c. 9. dit que les Aborigenes étoient Gaulois. (*Timagenes & diligentiâ Græcus & Linguâ, hæc quæ diù sunt ignorata, collegit ex multiplicibus libris; cujus sidem secuti, obscuritate dimotâ, eadem distinctè docebimus & apertè. Aborigines primos in his Regionibus, quidam visos esse firmarunt; Celtas nomine Regis amabilis, & matris ejus vocabulo Galatas*

dictos. Itâ enim Gallos sermo Græcus appellat.) Les Sabins étoient des Umbriens, qui, en changeant de demeure, avoient pris un autre nom. *Voyez* la note précédente.

(k) Appellés Druides, parce qu'ils employoient le gui de chêne dans toutes leurs Cérémonies religieuses. *Drus* en Gaulois signifie chêne.

(l) ὑπό χιλίοις καὶ διακοσίοις στρατιώταις δουλεύουσιν γαλάται ὧν ὀλίγον δεῖν ἔχουσι πόλιν. Josephus, *lib.* 2 *de Bello Jud.* c. 16.

SUR LA LANGUE CELTIQUE.

eux, les gens de la Campagne, la plûpart des Habitans des Villes ne parloient jamais avec les Romains, Comment donc auroient-ils été forcés par le besoin de la société d'apprendre leur Langue ?

Je sçais que sous les Princes successeurs des premiers Césars, il y eut dans les Gaules un plus grand nombre de Romains, qu'il n'y en avoit eu du temps de Néron. Je n'ignore pas qu'outre les Troupes préposées à la garde du Pays, Rome y établit quelques Colonies. Mais il faut convenir qu'en tous les temps les Romains furent bien inférieurs en nombre aux Naturels du Pays. Qu'on grossisse tant qu'on voudra les Colonies que l'Empire avoit envoyées dans cette Région; qu'on augmente à son gré les Troupes qu'il y entretenoit, elles n'égaleront jamais la centième partie des Gaulois.

On sentira mieux la vérité de ce que je dis, si on jette les yeux sur ce qui se passe de nos jours. Il y a plus de cent années que l'Alsace est réünie à la Monarchie Françoise. Comme cette Province est frontière, il y a toujours un grand nombre de Troupes de notre Nation dans ses différentes Villes. La seule Garnison de Strasbourg est ordinairement de dix à douze mille hommes. Je ne parle point de quantité de François qui se sont établis dans ce Pays depuis la conquête. Cependant les Alsatiens conservent toujours, même à Strasbourg, leur Langue naturelle; plusieurs apprennent la Françoise, mais entre eux ils ne parlent qu'Allemand.

Il y a trois cens ans que le Duché de Bretagne est uni à la France, sans que depuis tant d'années les Bretons Bretonans ayent quitté leur langage particulier, quoiqu'il y ait parmi eux, à proportion de l'étendue de leur Province, bien plus de François qu'il n'y avoit de Romains dans les Gaules.

Le Pays de Galles fait depuis cinq à six cens ans partie de la Monarchie d'Angleterre. Ce Peuple, subjugué par les Anglois, a toujours conservé sa Langue, & n'a jamais pris la leur, quoique les Vainqueurs se soient répandus parmi eux, quoiqu'eux-mêmes ayent entretenu depuis ce temps là beaucoup de liaison, de société, de commerce avec la Nation dominante.

Ce seroit même en vain que des Conquerans, inférieurs en nombre aux Habitans naturels, employeroient la force & l'autorité pour abolir la Langue des vaincus, & mettre la leur en usage. Guillaume le Conquerant crut que pour s'assurer de l'Angleterre, il devoit abolir la Langue de ce Royaume, & introduire la Françoise en sa place. Il se flatoit que tous ses Sujets n'ayant plus qu'un même langage, ne se regarderoient plus que comme une seule & même Nation. Il espéroit qu'avec la Langue des François, les Anglois en prendroient aussi les sentimens, & deviendroient ainsi plus affectionnés à sa Personne. Pour cela il fit mettre en François toutes les Loix du Pays, il voulut qu'on ne plaidât qu'en François dans tous les Tribunaux; il ne permit point qu'on se servit d'autre Langue dans les écoles, afin que les enfans l'apprissent dès l'âge le plus tendre; mais comme les Anglois étoient bien supérieurs en nombre aux Normands, tous les efforts de ce Prince furent inutiles, & n'aboutirent qu'à jetter dans la Langue Angloise une très-petite quantité de mots françois.

Mais on ne trouvera point d'exemple plus frapant de l'attachement des Peuples à leur langage naturel, que dans l'histoire du Perou. A mesure que les Yncas soumettoient à leur empire un Royaume, une Province, ils obligeoient leurs nouveaux Sujets d'apprendre la Langue du Cuzco. Pour faire exécuter leurs ordres, ces Princes envoyoient des Indiens natifs de la Ville Impériale qui enseignoient la Langue de la Cour dans les États conquis. On donnoit à ces Maîtres des maisons, des héritages considérables dans ces Régions nouvellement subjuguées, afin que s'y fixant avec leurs familles, ils y perpétuassent leurs enseignemens. A la facilité d'apprendre cette Langue, les Yncas joignirent les encouragemens. Les Dignités de l'État se donnoient à ceux qui la parloient mieux. Quel fut le fruit de tant de soins ? Toutes les Nations qui formoient cette grande Monarchie, apprirent & parlerent la Langue de leurs Souverains dans le commerce public, tant que dura leur empire. Mais les Espagnols ayant fait la conquête du Perou, les Peuples de ce vaste État, délivrés de la crainte de leurs premiers Maîtres, oublierent la Langue Perouane; chaque Province reprit son jargon particulier, que les ordres des Yncas avoient empêché de paroître, mais qu'ils n'avoient pu anéantir.

Tel est donc le cours ordinaire des choses; lorsque deux Nations sont mêlées, le langage du Peuple qui l'emporte en nombre, subsiste toujours dans le Pays, y est toujours en usage. L'histoire nous apprend que la chose se passa ainsi dans les Gaules après la conquête des Romains. Strabon qui écrivoit sous Tibere, dit que les Peuples d'Aquitaine avoient un langage différent des autres Gaulois. *L.* 4. Preuve certaine que ni les uns ni les autres ne parloient latin. Tacite, dans la vie d'Agricola, observe que la Langue des Gaulois différe peu de celle des Bretons. Diodore de Sicile, Festus, Pline, Pomponius Mela, Pausanias, Plutarque, qui tous ont vécu dans les premier & second siécles, parlent de la Langue Celtique comme d'une Langue en usage de leur temps.

Dans les Actes des Saints Martyrs de Lyon, qui souffrirent l'an 177 de J. C. on observe que le Diacre Sancte ne répondoit qu'en latin à tous les interrogats qu'on lui formoit. On remarque pareillement que l'écriteau que l'on mit devant Saint Attale étoit en latin. Feroit-on de pareilles observations si le Latin avoit été l'unique & la commune Langue des Gaules ? Remarqueroit-on aujourd'hui dans une procédure que l'Accusé a parlé françois, qu'on a attaché devant lui un écriteau en françois.

Saint Irénée dans sa Préface demande que l'on ne s'attende pas à trouver dans son ouvrage les fleurs & les agrémens de la Langue Grecque, parce que demeurant parmi les Celtes, il est obligé de faire usage d'un langage barbare. (*ll*)

Ulpien, Jurisconsulte fameux, qui vivoit au commencement du troisième siécle, décide *FF. L.* 31, *Lege Fideicommissa*, que les fidéicommis peuvent être laissés non seulement en Latin ou en Grec, mais aussi en Punique, en Gaulois, ou en toute autre Langue vulgaire. Lampride raconte dans la Vie d'Alexandre, que cet Empereur traversant les Gaules pour aller combattre les Allemands, une femme Druide cria en Langue Gauloise : *Retournes-t'en, ne te flates pas de la victoire, & ne te fiet pas à tes Soldats.*

(*ll*) ου'κ ἐπιζητήσεις δε παρ' ἡμῶν των ἐκ χίλτοις διατριβόντων, και περι βαρβαρον διαλεκτον το πλειστον ἀσχολουμενων, λόγων τέχνην.

On voit dans Aulu Gelle que les termes celtiques excitoient le mépris & la rifée des Romains *post deindè, quasi nescio quid Tuscè aut Gallicè dixisset riserunt omnes*. L. 11, C. 7. Pacat dans son Panégyrique de Théodose, dit que la Langue des Gaulois est dure, choquante & sans politesse ; *incultum Transalpini sermonis horrorem*.

Saint Jérôme dans la Préface du second livre de son Commentaire sur l'Épitre aux Galates, qu'il écrivoit environ l'an 392, dit que les Galates, outre la Langue Grecque, en avoient une propre fort semblable à celle que l'on parloit à Treves. (*m*) Personne n'ignore que Treves étoit une des principales Villes des Gaules. Sévére Sulpice Prêtre, qui vivoit au cinquième siécle, introduit dans le premier de ses Dialogues un des Interlocuteurs, qui dit à l'autre : (Parlez Celtique, ou Gaulois si vous l'aimez mieux, pourvu que vous nous entreteniez de Saint Martin.) (*n*) Et dans le second, celui qui raconte la Vie de Saint Martin, dit que (ce Serviteur de Dieu s'asseyoit ordinairement sur un petit siége semblable à ceux dont se servent les Paysans & les Esclaves, que nous, Gaulois rustiques, nous appellons Tripets, & que ceux qui parlent élégamment, ou du moins vous qui venez de Gréce, appelleriez un trepied.) (*o*) Ausone, dans son ouvrage sur les Villes, écrit, que la Gaule Narbonnoise étoit remplie de Peuples différens en langage & en habillemens. (*p*) Sidonius Apollinaris, qui a vu finir l'Empire Romain dans les Gaules, écrit en ces termes à son Compatriote Ecdicius : [Notre Pays vous a l'obligation du goût que les personnes de qualité ont pris pour les lettres, & du talent qu'elles ont acquis d'écrire purement, soit en vers, soit en prose, après s'être défaites des mots & des phrases grossières de la Langue Celtique.] (*q*) On parloit donc encore Celtique dans les Gaules, lorsque les Romains cesserent d'en être les Maîtres ; marque évidente qu'on s'étoit toujours servi de cette Langue sous leur domination.

CHAPITRE NEUVIÈME.

Il ne fut pas particulier aux Gaulois de retenir leur langage sous la Domination Romaine, les autres Peuples soumis à l'Empire montrerent le même attachement.

ON ne doit pas penser que les Gaulois ayent seuls conservé leur Langue sous la Domination Romaine. Il en arriva de même chez les autres Peuples, tous conserverent leur langage naturel ; & cela d'autant plus facilement, que les Romains ne les forçoient point à le quitter. Nous lisons dans le 40ème livre de Tite-Live, que 140 ans avant les Empereurs, les Habitans de la Ville de Cumes, éloignée de Rome de 30 lieues seulement, & qui étoit depuis longtemps sous la Domination de la République, présenterent une requête au Sénat, pour qu'il leur fût permis de se servir publiquement de la Langue Latine, ce qui leur fut accordé comme une faveur. Le Grec, selon Ciceron, dans son oraison pour le Poëte Archias, est d'usage parmi toutes les Nations ; mais le Latin est resserré dans des bornes très-étroites. (*r*)

Veut-on un plus grand détail sur ce sujet ? L'Hébreu étoit la Langue vulgaire de la Palestine du temps de Jesus-Christ & des Apôtres, quoiqu'elle fut alors Province Romaine. Nous en avons la preuve dans différens mots de ce divin Sauveur que les Évangélistes nous ont conservés, tels qu'ils les avoient prononcés. Saint Paul, *act.* 22, parle en Hébreu aux Juifs irrités contre lui. Saint Mathieu écrivit son Évangile en Hébreu en faveur des Juifs de la Palestine qui avoient embrassé la Religion chrétienne.

Dans la Syrie, sous les Empereurs, on parloit communément Syriaque. La Liturgie composée dès les premiers siécles de l'Église en cette Langue, à l'usage de cette Nation, en fait foi. Saint Jérôme, dans la Vie de Sainte Paule, Cyrille de Scythople qui écrivoit au sixième siécle la vie de Saint Euthyme, assurent qu'on se servoit de la Langue Syriaque dans les Églises de Syrie.

Les Villages de cette Province parloient une Langue que Saint Jean Chrysostome appelle barbare, T. 2, 651. T. 4, 26, 692, 696. Saint Basile dans sa seconde Homélie sur l'Hexameron, dit que les Syriens avoient une Langue particulière.

La Mésopotamie, la Cappadoce, le Pont, l'Asie proprement dite, la Phrygie, la Pamphylie, la Lybie Cyrénaique, l'Isle de Créte avoient chacune un langage particulier sous l'Empire Romain, ainsi que nous le lisons au *ch.* 2ème des Actes des Apôtres. Il est fait mention de la Langue Lycaonienne au 14ème *ch.* du même livre.

Les Cariens avoient un langage propre du temps de Strabon. *L.* 14. Les Galates, selon le témoignage de Saint Jerôme rapporté plus haut, outre la Langue Grecque, en avoient une particulière fort semblable à celle que l'on parloit à Treves.

Les Toscans si voisins de Rome, devenus sitôt ses Sujets, conservoient encore leur langage du temps d'Aulu Gelle, qui vivoit dans le second siécle de l'Empire. J'ai rappo ché ces paroles au chapitre précédent.

(*m*) *Galatas, excepto sermone Graco, quo omnis oriens loquitur, propriam Linguam eamdem penè habere, quàm Trevitos.*

(*n*) *Tu verò Celticè, vel si mavis Gallicè loquere, dummodò jam Martinum loquaris*. Le nom de Celtes, après avoir été commun à tous les Gaulois, devint particulier à une partie d'entre eux. De même le langage qu'on parloit dans les Gaules fut d'abord indifféremment appellé Celtique ou Gaulois. Ensuite on nomma Celtique la Langue qui fut en usage parmi ceux des Gaulois à qui on attribua spécialement le nom de Celtes. Cette Langue étoit un Dialecte de la Gauloise.

(*o*) *Sedebat Sanctus Martinus in sellula rusticana, ut est in usibus Servulorum, quas nos, rustici Galli, tripetias,*

vos verò Scholastici, aut certè tu, qui de Gratia venis, tripodas nuncupatis. Tri, en Gaulois trois, ped ou pet pied. Tripet est une selle à trois pieds, dont les gens de la Campagne se servent beaucoup, encore aujourd'hui, & que la plûpart d'entre eux appellent *Tripet*.

(*p*) *Quis memoret portusque tuos, montesque lacusque*
Quis Populos varios discrimine vestis & oris.

(*q*) *Tuaque persona quondam debitum quod Celtici sermonis squamas depositura nobilitas, nunc oratorio stylo, nunc camænalibus modis imbuatur.*

(*r*) *Græca leguntur in omnibus gentibus, Latina suis finibus exiguis sanè continentur.*

SUR LA LANGUE CELTIQUE.

Les Égyptiens conferverent leur ancien langage : on le voit par le *chap.* 2ème. des Actes des Apôtres. Nous lifons dans la Vie de Saint Antoine, écrite par S. Athanafe, qu'il fut déterminé à embraffer la vie folitaire par un paffage de l'Évangile qu'il entendit lire à l'Églife en Égyptien ; car ce Saint ne fçavoit que fa Langue naturelle. Saint Jean Chryfoftome, *hom.* 1 fur Saint Jean, Theodoret, *de curandis græc. affect.* parlent de la Langue Égyptienne comme fubfiftante de leur temps. Enfin ce qui met la chofe hors de tout doute, c'eft le grand nombre de livres très-anciens, eccléfiaftiques & profanes, écrits en cette Langue, que l'on conferve dans la Bibliothéque Vaticane, & dans les principales Bibliothéques d'Égypte, dont le fçavant Pere Kirker nous a donné le catalogue.

La Langue Grecque fut toujours en ufage dans la Grece, & dans plufieurs Pays voifins, même après qu'ils furent devenus Provinces Romaines. Les ouvrages de Strabon, de Dion, de Ptoloméc, de Plutarque, de Saint Ignace, de Saint Juftin, d'Eufebe & d'une infinité d'autres, ne permettent pas d'en douter.

Prodromus Cop ticus. Supple mentum Prodro mi Coptici.

L'Afrique, foumife aux Romains, ne quitta point fon ancien langage. Ulpien, que nous avons déja cité, met le Punique au nombre des Langues vivantes de fon temps. Aurelius Victor écrit, que quoique l'Empereur Sévère fçût le Latin, il parloit cependant avec plus de facilité le Punique, qui étoit le langage naturel de Leptis fa Patrie, Ville de la Province d'Afrique. Spartien raconte dans la Vie de cet Empereur, que fa fœur, née à Leptis comme lui, étant venue le voir lorfqu'il fut monté fur le throne, il ne put l'entendre fans rougir, parce qu'elle parloit fort mal la Langue Latine. Saint Jérôme dit que les Africains avoient un peu changé la Langue des Phéniciens. Saint Auguftin parle du Punique comme d'un langage ufité en Afrique, dans l'explication commencée de l'Épître aux Romains, & dans fon 24ème. Sermon fur les paroles de l'Apôtre. Il en rapporte quelques expreffions en divers endroits de fes ouvrages. Il fait mention d'une verfion du Pfeautier faite en cette Langue, à la fin de fon Commentaire fur le Pfeaume 118. Enfin dans fa lettre 48ème, il fe plaint de ce que faute de fçavoir la Langue Punique, on ne pouvoit répandre l'Évangile dans l'Afrique auffi facilement qu'on l'eût fait fans cela. Leon l'Africain affure qu'encore à préfent dans cette partie de l'Afrique qui fut foumife aux Romains, le gros des Habitans parle l'ancienne Langue Africaine.

Pref. in 2. lib. com. in Ep. ad Gal.
Enar. in Pf. ferm. 36, de verb. dom c. 4. quæft. in lib. jud c. 13. Tract. 15 in joan.
Defcrip. de l'Afriq. L. 1, ch. 8.

L'Efpagne ne perdit point fa Langue lorfqu'elle devint partie de l'Empire Romain. Ciceron dit que les Efpagnols & les Carthaginois feroient ridicules s'ils entreprenoient de parler dans le Sénat fans Interprête. (f) Strabon, *liv.* 3, nous apprend qu'il y avoit de fon temps divers langages en Efpagne. Tacite, au 4ème. livre de fes Annales, écrit qu'un Payfan Efpagnol ayant affaffiné le Préteur Lucius Pifon, fut mis à la torture pour être forcé à déclarer fes complices ; il ne voulut jamais les faire connoître, mais cria, même à haute voix, en fa Langue naturelle, au milieu des tourmens, que les complices n'avoient rien à craindre, qu'il ne les nommeroit jamais. (t) L'Efpagne en perdant fa liberté avoit donc conferver fon langage ; ainfi lorfque Strabon écrit que l'on parloit Latin dans la Beti que, il ne faut pas fe figurer que le Latin ait éteint l'Efpagnol dans cette contrée, mais feulement penfer que les Habitans de cette Province, pour la facilité du commerce avec les Colonies Romaines, qui & étoient en grand nombre, joignoient la Langue Latine à celle qui leur étoit naturelle.

Les Peuples de la Grande Bretagne, devenus Romains, continuerent à fe fervir de leur ancien langage. Tacite reconnoit que leur Langue eft peu différente de celle des Gaulois. Sur la fin du quatrième fiécle, lorfque l'Empire Romain fut attaqué, comme de concert, par un grand nombre de Peuples du Nord, les Pictes fe jetterent de nouveau fur la Grande Bretagne, dont ils avoient déja été repouffés plu fieurs fois. Les Bretons, dans un fi preffant befoin, abandonnés des Romains, trop occupés dans les autres parties de l'Empire pour courir à leurs fecours, fe choifirent des Chefs fous lefquels ils firent pendant longtemps la guerre aux Pictes avec des fuccès différens, quelquefois vaincus, fouvent vain queurs, mais jamais délivrés de ces ennemis acharnés que leurs défaites fembloient multiplier, que leurs pertes animoient davantage, & qui, revenant fans ceffe à la charge, forcerent les Bretons d'appeller à leur défenfe les Saxons Anglois. Ces étrangers, après avoir défendu la Grande Bretagne contre les Pictes, s'en emparerent eux-mêmes, & obligerent les anciens Habitans à fe retirer, pour la plus grande partie, dans le Pays de Galles, qui leur fournit dans fes forêts & parmi fes rochers un afyle inacceffible à leurs ennemis. Après y avoir paffé huit fiécles en liberté, ou dans une foible dépendance des Rois d'Angleterre, ils furent enfin fubjugués par Édouard I. Ils parlent encore aujourd'hui le même lan gage qu'ils parloient dans le temps qu'Édouard les dompta. Comme depuis leur retraite dans le Pays de Galles ils ne s'étoient mêlés avec aucun Peuple, qu'ils n'avoient point eu de commerce avec leurs voifins, on ne peut douter que la Langue dont ils fe fervoient fous Édouard, ne fût celle qu'ils avoient portée dans cette contrée lorfqu'ils allerent s'y établir. Daviez Gallois nous apprend que les Loix de fon Pays défendoient féverement aux Bardes, qui étoient les Sçavans de la Nation, de ne rien innover dans le langage ; on leur accordoit même des récompenfes pour conferver l'ancienne Langue avec fidélité. *A qua novitate nos femper adeò abhorruimus, ut Legibus cautum fuerit, nè Bardi vocum novitati operam darent, fed vetuftæ Linguæ cuftodes etiam conftitutis præmiis defignarentur.* Les Bretons avoient donc dans le cinquième fiécle un langage différent du Latin, que l'on voit aifément ne pouvoir être que leur Langue primitive qu'ils avoient retenue fous les Romains. Ils l'ont toujours confervé depuis, non pas à la vérité fans quelque changement ; mais il eft fi leger, que malgré le grand nombre de fiécles qui fe font écoulés depuis ces anciens temps, un homme qui poffede paffablement la Langue, peut, au rapport de Lilio Gyraldi Gallois, qui écrivoit il y a fix cens ans, entendre des piéces de profe & de poëfie faites plus de dix fiécles avant le temps où il vivoit. Le Pere de Roftrenen dit dans fon

In vitâ Agr.

Præf. in Gram.

(f) *Tanquàm fi Pœni, aut Hifpani in Senatu noftro fine Interprete loquerentur.* L. 2, *de div.*

(t) *Iifdem Confulibus facinus atrox in citeriore Hifpania admiffum, à quodam agrefte Nationis Termeftinæ. Is Præ torem Provinciæ Pifonem pace incuriofum, ex improvifo in itinere adortus, uno vulnere ad mortem adfecit..... & repertus, cum tormentis edere confcios adigeretur, voce magnâ, fermone patrio, fruftrà fe interrogari clamitavit, adfifterent focii, adfpectarent, nullam vim tantam doloris fore, ut ve ritatem elicerct.*

Dictionnaire Breton, qu'il a vu des livres en cette Langue écrits dans le cinquième siécle depuis la naissance de Jésus-Christ. Je ne veux ni garantir ni contester toute l'antiquité que ces Auteurs donnent aux livres dont ils parlent ; mais je crois qu'on ne peut prudemment douter qu'ils ne soient anciens.

Une partie des Bretons d'Angleterre se cantonna dans la Province de Cornouaille, qui étant environnée de la mer de trois côtés, & fermée par une rivière de l'autre, leur parut une retraite sûre contre les Saxons. Effectivement ils y restèrent libres jusqu'au neuvième siécle qu'ils furent assujettis par Egbert Roi d'Angleterre ; mais quoiqu'ils ayent été soumis plutôt que les Gallois, ils ont conservé leur Langue naturelle, de même qu'eux, jusqu'à ces derniers siécles.

Tacite dans sa Germanie, nous apprend que la Pannonie conserva son langage, après qu'elle eut été conquise par les Romains.

Dubravius, Évêque d'Olmutz, dit dans son histoire de Bohême, que Saint Jerôme traduisit le vieux & le nouveau Testament en Illyrien. On se sert dans la Dalmatie d'une Liturgie, dont cette Nation fait Saint Jerôme Auteur. Ce qu'il y a de certain, c'est que ce grand Docteur avoit une Langue naturelle différente de la Latine, qui ne pouvoit être que l'Illyrienne : ce qui montre que du temps de ce Saint les Illyriens avoient un langage particulier.

CHAPITRE DIXIÈME.

On fait voir la foiblesse des preuves de l'opinion commune, qui veut que les Peuples ayent quitté leur Langue naturelle, & pris l'usage du Latin lorsqu'ils étoient soumis aux Romains.

IL paroît bien prouvé que les Peuples sous la Domination Romaine conservoient leur ancien langage ; on ne voit pas même que la chose ait pu être autrement. Comment donc est-il arrivé qu'on ait cru universellement le contraire ? Qu'est-ce qui a pu donner lieu à cette erreur commune ? Deux ou trois passages des anciens Auteurs, que je vais rapporter, & dont je développerai le sens.

Strabon, liv. 3ème. & 4ème., dit qu'on parloit latin dans les Gaules & en Espagne. Valere Maxime, liv. 2ème., ch. 2me, écrit que dans tous les endroits soumis à l'Empire Romain, la Langue Latine étoit en usage, & la naturelle effacée par l'oubli. (u) Plutarque dans ses Questions Platoniques, assure que de son temps presque tous parloient latin. Apulée observe que la Langue Latine étoit usitée en Afrique ; ce qui se prouve encore par les sermons de Saint Cyprien & de Saint Augustin faits en cette Langue à leur Peuple. Enfin ce dernier au chap. 7ème. du liv. 19ème. de la Cité de Dieu, écrit que Rome a voulu donner à tous les Peuples qu'elle avoit subjugués sa Langue & ses Loix. (x)

Que l'on examine avec soin les témoignages de ces Auteurs, & on ne les trouvera point contraires à mon sentiment. On parloit latin dans les Gaules & en Espagne, au rapport de Strabon, cela veut dire que plusieurs Gaulois, plusieurs Espagnols apprenoient cette Langue, soit pour faire leur cour à leurs nouveaux Maîtres, soit pour commercer plus facilement dans tout l'Empire Romain, où le Latin étoit universellement répandu. On ne doutera point que ce ne soit là le sens de Strabon, si l'on se rappelle que, selon le même Auteur, les Gaulois & les Espagnols conservoient leur ancien langage. Il est vrai qu'au 3ème. livre il raconte que les Habitans de la Bétique avoient tellement pris les mœurs & les usages des Romains, qu'ils avoient oublié leur propre Langue. Mais je soupçonne de l'exagération dans ses paroles ; & quand elles seroient vraies à la lettre, elles me seroient plutôt favorables que contraires ; car ne faut-il pas que cet évènement ait été singulier & fort extraordinaire, pour avoir été remarqué par Strabon ?

Valere Maxime est connu pour n'être pas fort exact ; mais quand il n'y auroit rien à reprendre dans ses autres récits, il s'est sûrement trompé, lorsqu'il dit que les Peuples soumis aux Romains oublioient leur Langue naturelle par défaut d'usage ; on a vu des preuves évidentes du contraire.

Plutarque écrit que presque tous de son temps parloient latin, mais sans cesser de se servir de leur langage naturel. Son propre exemple en est la preuve ; il a composé tous ses ouvrages en Grec, ce qu'il n'eût sûrement pas fait, si cette Langue eût été anéantie de son temps.

Saint Cyprien & Saint Augustin prêchoient à leur Peuple en latin, parce que Carthage & Hippone, dont ils étoient Évêques, étoient deux Colonies Romaines, où par conséquent la Langue Latine étoit vulgaire. Il n'en étoit pas ainsi dans les autres Villes d'Afrique peuplées par des Naturels du Pays, qui, comme je l'ai fait voir, parloient Punique.

Suivant Apulée, la Langue Latine étoit d'usage en Afrique ; parce qu'outre les Colonies Romaines, où elle étoit commune, plusieurs des anciens Habitans l'avoient apprise, ou pour plaire aux Vainqueurs, ou pour la facilité du commerce, ou pour s'avancer dans les Dignités de l'État.

Saint Augustin assure que Rome a voulu donner à toutes les Nations qu'elle a subjuguées sa Langue & ses Loix, parce que tous ces Peuples étoient soumis aux Loix Romaines, toujours conçues en latin. Ainsi Rome, en ne donnant des ordres à ses Sujets qu'en sa Langue, l'avoit étendue aussi loin que son Empire.

(u) *Ubicumque Romanum diffundebatur Imperium, hic & latinæ vocis honor vigeret, & quadam desuetudine nativa abolerentur.*

(x) *Imperiosa Civitas non solùm jugum, verùm etiam Linguam suam domitis Gentibus imponere voluit.*

SUR LA LANGUE CELTIQUE. 15

CHAPITRE ONZIÈME.

Les Gaulois ne perdirent pas leur Langue naturelle, lorsque les Peuples du Nord s'établirent parmi eux.

Examinons à présent si les Gaulois, qui avoient conservé leur Langue sous la Domination Romaine, ne la perdirent point lorsqu'ils changerent de Maîtres au cinquième siécle. Pour le faire avec exactitude, il faut retracer en peu de mots la manière dont se fit l'établissement des Nations du Nord dans les Gaules.

Depuis longtemps les Peuples de Germanie & de Scythie, que l'orgueil romain appelloit Barbares, (*y*) parce qu'ils avoient des usages différens, cherchoient à se placer au-deçà du Rhin. Ils y réüssirent enfin au commencement du cinquième siécle, temps où l'Empire, affoibli par le grand nombre de guerres civiles dont il avoit été agité, ne se trouva plus assez puissant pour repousser les efforts de ces Peuples. Les Francs, partagés en plusieurs Tribus, s'établirent dans la seconde Belgique. (*z*) Les Visigoths conquirent d'abord la seconde Aquitaine, (*aa*) & quelques Cités voisines, s'aggrandirent dans la suite par la négociation & par les armes. Les Bourguignons s'emparerent d'une partie de la première Germanie, (*bb*) de la Province Séquanoise, (*cc*) étendirent ensuite leurs quartiers dans la première Lyonnoise, (*dd*) dans la Viennoise, (*ee*) & même dans la première Aquitaine. (*ff*) Les Allemands se cantonnerent dans l'Helvetie, (*gg*) & dans une partie de la première Germanie. (*hh*) Les Provinces Armoryques, (*ii*) ne trouvant plus dans les Romains que des Maîtres durs qui les accabloient d'impôts, & des Défenseurs trop foibles pour les garantir des incursions des Peuples du Nord, se souleverent; ensorte qu'il restoit seulement aux Romains dans les Gaules, sous les derniers Empereurs d'Occident, quelques petites contrées, où les soldats, préposés à la garde de cette belle partie de l'Empire, s'étoient retirés, lorsqu'ils avoient été forcés d'en abandonner le reste aux Nations qui étoient venues s'y établir.

Tel étoit l'état des Gaules, lorsque Clovis, par la mort de Childeric son Pere arrivée en 481, devint Roi des Saliens, qui étoit une des Tribus des Francs établie à Tournay, & dans quelques endroits voisins. Cette Tribu n'étoit composée que de quatre à cinq mille combattans. Je dois la preuve de ce fait, parce qu'il est d'une conséquence infinie pour l'ouvrage que j'écris ; mais je crois que l'occasion de la faire s'offrira plus naturellement dans la suite. Voyons pour le présent comment avec un si petit nombre d'hommes Clovis commença & forma une des plus puissantes Monarchies.

Clovis régnoit depuis cinq ans, lorsqu'il déclara la guerre à Syagrius. Quelqu'en fût le prétexte, l'envie de s'aggrandir en fut sûrement le motif. Syagrius commandoit pour les Romains dans le Soissonnois. Voyant l'Empire anéanti en Occident par la conquête qu'Odoacre Roi des Herules avoit faite de Rome & de l'Italie, il prit le titre de Roi dans la Province, dont le commandement lui avoit été confié. Clovis le défit en bataille rangée ; cette victoire fut suivie de la réduction du Soissonnois.

Peu de temps après cette conquête, une partie des Contrées des Gaules qui étoient restées jusques là dans l'obéissance des Romains, se trouvant sans Maîtres, se donnerent à Clovis. La valeur de Prince, l'espérance qu'il donnoit d'embrasser la Religion Chrétienne depuis son mariage avec Clotilde, le besoin que ces Provinces avoient d'un Défenseur qui les mît à couvert des Armes des Bourguignons & des Visigoths, que l'Arianisme qu'ils professoient rendoit odieux, l'impuissance où elles se trouvoient de défendre leur liberté contre un jeune Prince victorieux & entreprenant, devenu leur voisin par la conquête du Soissonnois, les engagerent à cette démarche. Clovis étendit par ce moyen sa Domination jusqu'à la Seine.

En 496, les Allemands vinrent ravager le Cambresis occupé par la Tribu des Francs Ripuaires, dont Sigebert étoit Roi. Ce Prince appella Clovis à son secours pour repousser ses ennemis. Clovis l'ayant joint, ils donnerent bataille aux Allemands qui se retiroient avec leur butin. Les Francs alloient être défaits, lorsque Clovis, invoquant le vrai Dieu que Clotilde le pressoit d'adorer depuis si longtemps, lui promit de se faire Chrétien, s'il le rendoit victorieux de ses ennemis. A peine eut-il fait cette promesse, qu'on vit changer le sort du combat, les Allemands plierent ; & leur Roi ayant été tué, la plûpart d'entre eux se soumirent à Clovis. Ce Prince, après les avoir resserrés dans leurs anciennes habitations, les reçut au nombre de ses Sujets, & accrut ainsi sa Monarchie de la basse Alsace, & d'une partie de la Suisse. Clovis accomplit son vœu la même année, & fut baptisé par Saint Remy avec un grand nombre de ses Soldats.

Le Baptême de ce Prince augmenta ses États plus que n'auroient fait toutes ses conquêtes. Les Armoryques, qu'il avoit jusques là vainement tenté de dompter par les armes, s'associerent en 497 avec les Francs devenus Chrétiens, & ne firent plus qu'un Peuple avec eux. Les Troupes Romaines préposées à la garde des Gaules, que les conquêtes des Peuples du Nord & la défection des Gaulois avoient resser-

(*y*) Les Peuples du Nord prirent eux-mêmes dans la suite le nom de Barbares. Ils avoient illustré ce nom par tant de victoires, qu'ils n'étoient plus honteux de le porter.
(*z*) Le Brabant, le Tournaisis, le Cambresis.
(*aa*) La Guyenne & le Languedoc.
(*bb*) La Haute Alsace.
(*cc*) La Franche-Comté & une partie de la Suisse.
(*dd*) Le Lyonnois.
(*ee*) Le Dauphiné.
(*ff*) L'Auvergne.
(*gg*) La Suisse.
(*hh*) La Basse Alsace.

(*ii*) Les Provinces Armoryques étoient les deux Aquitaines, la seconde, la troisième, la quatrième Lyonnoises, une partie de la seconde Belgique: ce sont à présent le Berry, l'Auvergne, le Rouergue, l'Albigeois, le Quercy, le Limosin, le Givaudan, le Velay, le Bourdelois, l'Agenois, l'Angoumois, la Saintonge, le Poitou, le Périgord, la Normandie, la Touraine, le Maine, l'Anjou, la Bretagne, la Beauce, l'Orléanois, la Champagne, l'Auxerrois, la Picardie, l'Artois, l'Isle de France. Plusieurs de ces contrées ne furent appellées Armoryques que par leur union avec les Provinces qui avoient reçu ce nom de leur situation. *Voyez* la note 5.

rées dans quelques petits cantons, ne pouvant, enfuite de l'union des Armoryques avec les Francs, retourner à Rome; & ne voulant pas fe joindre aux Bourguignons ou aux Vifigoths, parce qu'ils étoient Ariens; ces Troupes, dis-je, prirent le parti d'entrer dans la fociété des Francs & des Armoryques. (*kk*) On voit aifément à quel dégré de puiffance durent élever Clovis, la réünion de tant de Provinces, & l'acquifition d'une Milice excellente.

Comme les heureux fuccès, loin d'éteindre l'ambition, l'augmentent toujours, Clovis, devenu fi puiffant par l'union des Armoryques & de la Milice Romaine, forma le deffein de foumettre toutes les Gaules à fa domination. Il attaqua les Vifigoths. Les ayant défaits, & tué leur Roi en 507 à la bataille de Vouglé, il s'empara de tout ce qu'ils poffédoient dans les Gaules, à l'exception d'une partie de la Province que nous appellons aujourd'hui Languedoc.

Clovis en 509 fit périr les Rois des autres Tribus des Francs, & engagea chacune d'elles à le choifir pour fon Souverain. Ces Princes avoient-ils donné à Clovis jufte fujet de les traiter ainfi, comme Gregoire de Tours femble l'infinuer? ou furent-ils les victimes de l'ambition de ce Monarque, comme on le croit communément? c'eft ce que je ne déciderai point. Quoiqu'il en foit, toute la Nation des Francs fe trouva par ce moyen réünie fous un même Maître, & le Royaume de Clovis n'eut point d'autres bornes dès les Pyrénées que l'embouchure du Rhin.

Clovis mourut en 511, fes quatre fils partagerent fes États, qu'ils augmenterent par la conquête des Royaumes de Turinge & de Bourgogne. Ainfi les Gaules en 534 furent entièrement foumifes aux Francs, à la réferve de quelques Villes de Languedoc que les Vifigoths avoient confervées.

On voit par ce récit, tiré des plus fûrs monumens de notre hiftoire, que la Monarchie Françoife dans les Gaules, au commencement du fixième fiécle, étoit compofée de quatre Nations; des Francs Greg. de Tours & les autres Auteurs de ce temps appellent toujours les Gaulois, Romains. qui étoient le Peuple dominant; des Gaulois qu'on appelloit alors communément Romains, parce qu'ils avoient fait longtemps partie de l'Empire. (Ils étoient alors affociés aux Francs, & ne compofoient qu'une Nation avec eux;) des Bourguignons & des Allemands qui avoient été fubjugués. Je ne place point les Vifigoths parmi les Peuples qui formoient la Monarchie Françoife, parce que Procope nous apprend, *liv.* 1er., *ch.* 13^{em}. de la guerre des Goths, que ceux qui échaperent aux armes de Clovis, abandonnerent les Gaules, emmenant avec eux leurs femmes, leurs enfans, & fe retirerent en Espagne.

Je crois que toutes les Tribus des Francs réünies par Clovis fous un même Maître, faifoient une Nation d'environ 30000 hommes. On approuvera ma penfée, fi l'on fait réflexion que la Tribu des Saliens, qui étoit une des principales, ne comprenoit au plus que quatre à cinq mille combattans. Que l'on donne, fi l'on veut, le même nombre d'hommes à chacune des cinq ou fix autres Tribus des Francs, dont l'hiftoire fait mention, cela compofera un Peuple d'environ 30000 combattans.

J'ai promis de prouver que la Tribu des Saliens, dont Clovis fut d'abord Roi, ne comptoit que quatre à cinq mille Soldats: Je vais fatisfaire à mon engagement d'une manière qui ne laiffera rien à défirer fur ce fujet.

Hincmar a compofé la Vie de Saint Remy, partie fur une ancienne Vie de ce Saint citée par Gregoire de Tours, partie fur d'autres monumens d'une antiquité prefque égale; il dit dans cet ouvrage que Clovis fut baptifé avec tout fon Peuple. Tous les Sujets, ou du moins la plus grande partie des Sujets de Clovis, (car c'eft la fignification la plus bornée que l'on puiffe donner à ces paroles,) furent donc baptifés avec ce Prince. (*ll*) Il répéta la même chofe dans la harangue qu'il fit à l'affemblée de Metz, dont je rapporterai bientôt les paroles. Lifez encore d'autres preuves d'un même fait dans la note. (*mm*)

(*kk*) Je crois devoir rapporter ici les propres paroles de Procope, dont je tire ces faits, tant parce que fon récit a befoin de quelques éclairciffemens, que parce que ces évènemens font d'une grande importance. (Les Germains (3) qui étoient voifins des Arboryques, entreprirent de foumettre ces Peuples, qui avoient changé l'ancienne forme de leur Gouvernement: & pour cela ils commencerent à piller leur Pays, enfuite ils leur firent la guerre en forme. Mais les Arboryques fe défendirent avec courage, & montrerent dans toute cette guerre beaucoup de valeur & d'attachement à l'Empire Romain. (4) Les Germains voyant qu'ils ne pouvoient les foumettre, leur propoferent de s'unir à eux pour ne faire plus que le même Peuple. Les Arboryques (5) qui n'avoient point voulu être leurs fujets, devinrent volontiers leurs alliés, parce qu'ils étoient Chrétiens comme eux. *Ainfi* ces deux Peuples s'étant réünis pour former une feule & même Nation, devinrent par cette union tout très-puiffans. Les Troupes Romaines, chargées de la garde des Gaules, qui fe trouvoient confinées à l'extrémité de ce Pays, ne pouvant plus retourner à Rome, & ne voulant pas fe donner aux Peuples Ariens leurs ennemis, pafferent au fervice des Germains & des Arboryques, & leur remirent les contrées qu'elles avoient confervées jufqu'alors aux Romains.)

Αρβορυχοι ... οῦς διὰ γερμανοὶ κατηκόους σφίσιν εθέλοντες, ἐπε ὁμόρους ὄντας, και πολιτείαν ἣν εἶχον παλαι καταβαλλοντες ποιήσασθαι, ἐλέξουντο, τε και πανδημεὶ πολεμήσεις.

(3) Il appelle ainfi les Francs, parce qu'ils étoient originaires de la Germanie.
(4) Procope regardoit toujours ces Peuples comme fujets aux Romains, parce qu'ils ne s'étoient point encore donné de Maître depuis leur révolte, & qu'ils n'avoient pu être forcés d'obéir à aucune des Nations qui s'étoient établies dans les Gaules.
(5) Il ne faut pas croire que les Arboryques de Procope foient différens des Armoryques; car outre qu'on ne trouve dans aucun Noël, ni dans aucun Écrivain, un Peuple Arboryque voifin des Francs,

τες, επ᾽ αυτους ἰέναι. Αρβορυχοι δε ἀρετῆς τε και εὐνοιαν ἐς Ρωμαίους ἐνδειξαμενοι, ἀνδρες ἀγαθοι, ἐν τῳ πολέμῳ ἐγένοντο. Και επεὶ βιαζεσθαι αυτους γερμανοι ουχ οἷοι τε ησαν, εταιριζεσθαι τε ηξίουν, και αλληλοις κηδεσθαι γιγνεσθαι. Ἄ δε Αρβορυχοι ουδ᾽ ἀκούσιοι ενεδέχοντο, χριστιανοι γαρ ἀμφότεροι οντες ετύγχανον. οὑτω τε ἐς ἕνα λαὸν ξυναχθέντες, δυναμεως επὶ μέγα εχώρησαν. Και στρατιῶται δε Ρωμαίων, ἕτεροι ες Γαλλων τας ἐσχατίας φυλακης ἕνεκα ετέταχτο. Οἱ δὴ ουτε ἐς Ρωμην οπως ὑπανίξουσιν εχοντες, οὐ μεν οὐτε προσχωρεῖν Αρειανοῖς ουσι τοις πολεμίοις βουλομενοι, σφας τε αυτους ξυν τοις σημείοις και χωραν, ἣν πάλαι Ρωμαίοις εφυλαττον, Αρβορύχοις τε και Γερμανοῖς εδοσαν.

(*ll*) *Baptifatus autem Rex cum gente integra. In vita S. Rem.*

(*mm*) Dans la Vie de Saint Arnulfe Martyr, il eft dit de Clovis, *quo baptifato cum omni Francorum Collegio.* On lit dans la Vie de Saint Faron Évêque de Meaux, écrite, à ce que l'on croit, par Hildegaire Évêque de la même Ville, fous Charles le Chauve, que Saint Remy baptifa Clovis avec tous fes Sujets. *Clodoveus, qui primus Rex Francorum Chriftiana Militia cognitor extitit, ... quem Sanctus Remigius undâ Sacri Baptifmatis Cultorem Sanctae Fidei Trinitatis effecit, cunctumque Regnum ejus, novum populum baptifando, Chrifto & Sanctae Dei Ecclefiae*

Le nom d'Arboryque eft le même que celui d'Armoryque, parce qu'en Gaulois l'M & l'V fe mettent l'un pour l'autre. A. Mor. & A. Jor fignifient également en Celtique, le Pays rès de la mer, ainfi on aura appellé ces Peuples indifféremment Atvoryques & A. m. yques. Ils auront été connus fous le premier nom par Procope, qui n'aura pas eu la peine de confulter qu'A bo ryques, parce que dans la Langue Grecque il n'y a point d'V confonne, ce qui oblige ils les Écrivains de cette Nation à fubftituer le B dans les mots où l'V confonne fe trouveit.

SUR LA LANGUE CELTIQUE.

On ne peut, à la vuë de tous ces témoignages, douter que Clovis n'ait été baptifé avec tout fon Peuple, ou tout au moins la plus grande partie. Confultons à préfent les Auteurs qui nous ont confervé l'hiftoire de ce Baptême, pour apprendre quel fut le nombre des Francs qui reçurent ce Sacrement avec ce Prince.

Gregoire de Tours, qui vivoit peu après ce grand évènement, nous apprend que Clovis fut baptifé avec plus de trois mille hommes de fon armée. (*nn*) L'Auteur des Geftes des Francs, *chap.* 15eme, (*oo*) la très-ancienne Chronique de Moiffac, (*pp*) s'expriment de même que Gregoire de Tours. Hincmar, dans une harangue qu'il fit à l'affemblée qui fe tenoit à Metz, dit aux Prélats & aux Seigneurs qui la compofoient, pour les engager à couronner Charles le Chauve comme Roi du Royaume de Lothaire, que l'Empereur Louis le Débonnaire, Pere de ce Prince, eft defcendu de Clovis cet illuftre Roi des Francs, qui fut converti par Saint Remy, & baptifé par ce même Saint avec trois mille de fes Sujets, fans compter les femmes & les enfans. (*qq*) Ce Prélat répéte dans la Vie de Saint Remy (*rr*) ce qu'il avoit dit dans cette affemblée touchant le nombre de ceux qui furent baptifés avec Clovis.

Dans le fecond volume du nouveau recueil des Hiftoriens des Gaules & de France.

Tous ces Auteurs ne nous donnent pas une grande idée de la puiffance de ce Prince à fon avènement au thrône. Ils nous repréfentent les fujets naturels de ce Roi comme un petit Peuple plus diftingué par fa valeur que par fon nombre. La Loi Salique, rédigée par ordre des enfans de Clovis, eft fur cela parfaitement d'accord avec ces anciens Écrivains. On y lit dans le préambule, que la Nation des Francs-Saliens, même lorfqu'elle étoit peu nombreufe, avoit fecoué par fon courage le joug des Romains. (*ff*) Je ne crains pas, après toutes ces autorités, que l'on m'accufe d'avoir diminué le nombre des Francs, lorfque je n'ai donné à ce Peuple qu'environ trente mille combattans.

Les Bourguignons, avant que de paffer le Rhin, étoient une Nation puiffante & nombreufe; mais ils reçurent tant d'échecs en différens temps, que lorfqu'ils entrerent fur les Terres de l'Empire, ils étoient réduits, felon Socrate, à trois mille combattans. On ne doit pas être furpris qu'étant en fi petite quantité, ils fe foient établis dans les Gaules. Les Romains, preffés de toutes parts, ne pouvoient faire face de tous côtés. D'ailleurs les Bourguignons furent reçus à bras ouverts (*tt*) par les Naturels du Pays qui les avoient invité de venir s'y placer, parce que fe voyant abandonnés des Romains, ils comptoient trouver en eux des Défenfeurs.

Hift. Eccl. l. 7, ch. 30.

Les Allemands avoient vu périr la moitié de leurs combattans à la journée de Tolbiac. De ceux qui échaperent au fer de Clovis, une partie fe réfugia dans les Pays dépendans de Théodoric Roi d'Italie, qui les reçut fort humainement. Ceux qui voulurent refter dans la partie des Gaules qu'ils avoient occupée, reconnurent Clovis pour leur Souverain. Caffiodore & Gregoire de Tours nous apprennent ces faits. On peut par ce récit conjecturer que le nombre des Allemands qui demeurerent dans les Gaules ne fut pas confidérable; car il ne faut pas que la qualification d'innombrable que Caffiodore donne à la Nation Allemande, avant fa défaite, nous en impofe. On fçait que rien n'eft moins déterminé que le fens de ce mot chez les Écrivains, & qu'il eft employé pour défigner des nombres bien différens. Quelquefois un Hiftorien appellera innombrable une affemblée de dix mille hommes : un autre donnera cette épithéte à une armée de cent ou deux cens mille Soldats. Ce feroit faire monter bien haut la Nation Allemande vaincue par Clovis, fi nous la mettions à vingt mille hommes avant fa déroute : voici fur quoi je fonde ma conjecture. Les Saliens & les Ripuaires, qui fe déterminerent à l'attaquer, compofoient au plus une armée de dix mille hommes. Auroient-ils ofé livrer bataille à ce Peuple, que l'hiftoire nous repréfente comme brave & belliqueux, s'il leur avoit été infiniment fupérieur en nombre? Ne faut-il pas même bien du courage & de fa valeur pour entreprendre de combattre une armée à laquelle on fe fent inférieurs de moitié?

Les Gaulois furpaffoient de beaucoup les Nations étrangères établies parmi eux. Ce que Jules Céfar nous apprend des Helvétiens, nous pourra donner quelque idée du nombre des anciens Habitans des Gaules. Dans l'Helvétie, qui ne faifoit pas la trentième partie de cette Région, il comptoit trois cens mille hommes. Il ne faut pas croire que cette Province ait été plus peuplée que les autres à proportion de fon étendue. Nous avons vu plus haut qu'il y avoit près de douze cens Villes dans les Gaules, & il n'y en avoit que douze dans l'Helvétie. Ainfi lorfque Céfar raconte que les Helvétiens quitterent leur Pays, parce qu'ils s'y trouvoient trop ferrés, il faut entendre par ces paroles, que ce Pays montueux & peu fertile n'étoit pas fuffifant pour fournir à leur fubfiftance, quoiqu'il fût affez vafte pour leur habitation ; car la Saintonge, où ce Peuple vouloit aller s'établir, n'eft pas fi étenduë que l'Helvétie, mais elle eft une des plus fertiles Contrées des Gaules. Nous avons donc raifon de croire que le refte des Gaules étoit auffi peuplé, & même plus peuplé que l'Helvétie ; nous pouvons par conféquent fixer le nombre

---

regeneravit.) Adon dans fa Chronique, (*Clodoveus, qui primus Rex Francorum Chriftianus factus eft, à Beato Remigio Rhemorum Epifcopo inftructus & baptifatus cum Populo fuo.*) Herman le Raccourcy dans fa Chronique fur l'an 495. (*Ludowicus Rex Francorum, feu Clodoveus, inftante Hrodhilde conjuge fuâ, à Sancto Remigio Remenfi Archiepifcopo Fide Chrifti imbutus, cum Gente fua baptifatur.*) La Chronique de Verdun imprimée au troifième tome du nouveau recueil des Hiftoriens des Gaules & de France, parle de Clovis en ces termes : (*Rex credidit, & cum exercitu baptifatus eft.*) Sigebert de Gemblours, dans fa Chronique fur l'an 494, écrit que Clovis ayant été baptifé par Remy Evêque de Rheims, attira par fon exemple & par fes ordres le Peuple des Francs à la Foi de Jefus-Chrift. (*Baptifatus à Remigio Epifcopo Rhemorum, exemplo & edicto fuo perduxit ad Fidem Chrifti Populum Francorum.*

(*nn*) *Igitur Rex Chlodoveus..... baptifatus eft.... de exercitu verò ejus baptifati funt amplius tria millia.* Lib. 2, *hift. Franc. c.* 31.

(*oo*) *Baptifantur de exercitu ejus amplius quàm tria millia virorum,* c. 15.

(*pp*) *Hic Clodoveus primus Rex Chriftianus ex Regibus Francorum, baptifataque de Populo ejus amplius quàm tria millia.*

(*qq*) *Quia fancti memoriâ Pater fuus Dominus Hludovicus Pius Imperator Auguftus ; ex progenie Hludovici Regis Francorum inclyti, per Beati Remigii Francorum Apoftoli praedicationem cum integra Gente converfi & cum tribus millibus Francorum, exceptis parvulis & mulieribus,... baptifati. Apud Baluz. cap. t.* 2, *pag.* 220.

(*rr*) *Baptifantur autem de exercitu ejus tria millia virorum, exceptis parvulis & mulieribus.*

(*ff*) *Hæc eft enim Gens, quæ dum effet parvo numero, fortis viribus Romanorum jugum,* &c.

(*tt*) *Burgundiones.... per legatos invitati à Romanis, vel Gallis. Inter excerpta Fredegarii ex Chronico Eufebii Hyeronimo Interprete,* au fecond volume du nouveau recueil des Hiftoriens des Gaules & de la France.

C

de ſes Habitans, du temps de Céſar, à huit ou neuf millions. On connoîtra que je n'outre rien, ſi l'on lit avec quelque attention les Commentaires de ce grand Capitaine. Quelle multitude d'hommes les Gaulois n'oppoſerent-ils pas aux Romains pour défendre leur liberté, qu'ils ne perdirent que par leurs fatales diviſions?

On croira peut-être que les Gaules, dans les longues guerres dont elles furent le théatre au cinquième ſiécle, virent périr un grand nombre de leurs Habitans. Peut-être penſera-t'on que les Peuples du Nord n'y formerent des établiſſemens qu'en chaſſant les Naturels du Pays: Ce ſeroit bien peu connoître nos anciens Hiſtoriens, ſi l'on en jugeoit ainſi. Il y eut, à la vérité, ſur les Frontières quelques Villes détruites par les Nations de la Germanie; mais dans l'intérieur du Pays, les Gaulois furent, pour ainſi dire, ſimplement ſpectateurs des combats de ces Peuples avec les Romains. Les choſes s'y paſſerent à peu près comme elles ſe paſſent dans nos guerres préſentes, dont la fureur & les coups ne tombent que ſur les Soldats, ſans ſe faire ſentir aux Habitans des Régions qui en ſont le théatre. Les Nations du Nord ne cherchoient que des établiſſemens. Elles en trouvoient ſans être obligées de chaſſer les Naturels du Pays, avec leſquels elles s'aſſocioient & s'incorporoient, pour ainſi dire. Ces Peuples ſe mettoient en poſſeſſion des bénéfices militaires dont avoient joui les Soldats Romains prépoſés à la garde des Gaules; ils s'emparoient encore du Domaine des Empereurs, qui étoit très-conſidérable; ils avoient par ce moyen des Terres ſuffiſantes pour leur petit nombre: ſi elles n'étoient pas en aſſez grande quantité, les anciens Habitans partageoient ordinairement de bon gré leurs héritages avec ces nouveaux, qu'ils regardoient comme leurs Défenſeurs pour l'avenir. Marius d'Avanche nous apprend dans ſa Chronique que les Bourguignons & les Gaulois en uſerent ainſi entre eux.

On ne ſera pas ſurpris ſi dans le dénombrement des Nations qui habitoient les Gaules au cinquième ſiécle, je n'ai point parlé d'une poignée de Teifales établis dans le Poitou, & d'une peuplade de Saxons placés dans deux ou trois Villes des côtes de la Province que nous appellons aujourd'hui Normandie. Les uns & les autres étoient en trop petit nombre, pour mériter d'être mis en rang avec les quatre Peuples principaux.

Mais le ſilence que j'ai gardé ſur les Bretons, ne manquera pas de ſurprendre ceux qui croyent qu'une grande partie de cette Nation vint s'établir au cinquième ſiécle dans une des Provinces Armoriques; & qu'ayant ſubjugué les Naturels du Pays, elle forma un État indépendant de nos Rois, qui fut appellé Royaume de Bretagne, du nom de ſes Fondateurs.

Je conviens que ſur la fin du cinquième ſiécle, ou au commencement du ſixième, quelques Bretons vinrent dans cette Province des Armoriques, que nous appellons Bretagne, chercher un aſyle contre la fureur des Saxons. Mais il ſuffit de rapporter ce que Gildas, Auteur Breton & Contemporain, raconte de ce paſſage, pour être bientôt convaincu que ce Peuple n'étoit pas alors en état de faire des conquêtes, ſur tout dans une Monarchie auſſi puiſſante qu'étoit le Royaume de France ſous Clovis & ſes enfans: Voici comme cet Écrivain repréſente la ſituation de ſes compatriotes vaincus & pourſuivis ſans relâche par les Anglois. Quelques-uns des malheureux reſtes de cette Nation étoient maſſacrés en tas dans les montagnes, où ils avoient cru trouver une retraite; d'autres, forcés par la faim, alloient s'offrir aux fers de leurs ennemis, & ſe ſauvoient de la mort par un honteux eſclavage, ſi cependant le vainqueur vouloit bien à ce prix leur donner la vie, ce qui étoit regardé comme une grande grace. Les autres s'enfuyoient dans les Pays ſitués de là la mer, pouſſant des hurlemens, & s'appliquant les paroles du Pſalmiſte qu'ils avoient toujours à la bouche: [Vous nous avez expoſés comme des brebis qu'on mene à la boucherie, & vous nous avez diſperſés parmi les Nations.] Les autres, quoiqu'enfermés par la mer, par de hautes montagnes, par des rochers eſcarpés, par d'épaiſſes forêts, paſſoient leurs jours parmi la Patrie parmi les allarmes & des craintes continuelles. (uu)

Reconnoit-on à ces traits des Conquérans, qui, les armes à la main, viennent s'emparer d'un Pays qui eſt ſous la domination d'une puiſſante République, ou qui fait partie de la Monarchie d'un grand Prince? N'y voit-on pas au contraire d'infortunés fuyards qui cherchent un aſyle, & qui s'eſtiment heureux de jouir du ſort des Habitans de la Contrée où ils trouvent une retraite? Si les Bretons ſont venus dans une des Armoriques, avant que ces Provinces ſe fuſſent aſſociées avec les Francs, ils en auront trouvé les Habitans armés, & défendans contre les Romains leur liberté, qu'ils n'auront ſûrement pas laiſſé ravir à un petit nombre d'étrangers chaſſés de leur Patrie par leurs défaites & leurs malheurs. Si les Bretons ont paſſé la mer après que les Provinces Armoriques furent devenues partie de la Monarchie de Clovis, conçoit-on qu'ils ayent oſé commettre la plus légère hoſtilité dans les États d'un ſi grand Prince? Ne ſe ſeroient-ils pas trouvés heureux d'augmenter le nombre de ſes Sujets, eux qui venoient d'échaper à l'eſclavage? Et c'eſt ce que nous apprend Gregoire de Tours, qui vivoit dans un temps ſi proche de cet événement. Les Bretons, dit-il, ont toujours été ſoumis aux François après la mort du Roi Clovis, & leurs Chefs n'ont point été nommés Rois, mais Comtes. (xx) Cet Auteur ne veut pas dire que les Bretons ne furent aſſujettis aux Monarques des Francs qu'après la mort de Clovis; il veut ſeulement montrer que même depuis le décès de ce grand Prince, les Bretons ont continué d'être ſoumis à nos Souverains. On conviendra que c'eſt là le ſens de cet Hiſtorien, lorſqu'on fera attention que les Peres du premier Concile d'Orleans tenu en 511, parmi leſquels étoient Melaine Évêque de Rennes, Modeſte Évêque de Vannes, Épiphane Évêque de Nantes, écrivirent une lettre à Clovis, dans laquelle ils l'appellent leur Seigneur, & reconnoiſſent qu'ils ſe ſont aſſemblés par ſes ordres: Preuve certaine que ce Monarque comptoit les Bretons parmi ſes Sujets.

Tom. 2, conc. Hard.

(uu) *Nonnulli miſerarum reliquiarum in montibus deprehenſi acervatim jugulabantur; alii fame confecti accedentes, manus hoſtibus dabant in ævum ſervituri: ſi tamen non continuò trucidarentur, quòd altiſſima gratia ſtabat loco; alii tranſmarinas petebant Regiones cum ululatu magno, ſeu celeuſmatis vice, hoc modo ſub velorum ſinibus cantantes: (dediſti nos tanquàm oves eſcarum, & in gentibus diſperſiſti nos.) Alii montanis collibus, minacibus præruptis vallatis & denſiſſimis ſaltibus, marinisque rupibus, vitam ſuſpecta ſemper mente credentes, in Patria licèt trepidi perſtabant.*

(xx) *Nam ſemper Britanni ſub Francorum poteſtate, poſt obitum Regis Clodovei fuerunt, & Comites non Reges fuerunt.* L. 4, ch. 4, hiſt. Franc.

SUR LA LANGUE CELTIQUE.

Il est vrai qu'après avoir vu un Gouverneur de Bretagne, nommé Vitur, reconnoître que Childebert I, qu'il appelle son Seigneur & son Roi, lui a confié le Gouvernement de ce Pays, nous trouvons peu de temps après dans cette Province des Comtes, (ils sont même appellés Rois par quelques Écrivains,) qui se succédent les uns aux autres, non par la volonté du Roi, mais par le droit du Sang, qui ont souvent les armes à la main contre nos Souverains, & qui sont comptés parmi les ennemis dont nos Monarques ont tant de fois triomphé. D'où il faut conclure qu'un Gouverneur de Bretagne, manquant à la fidélité qu'il devoit à son Prince, aura profité de quelque conjoncture fâcheuse, pour rendre son Gouvernement héréditaire, & l'établir en Principauté à charge d'hommage, comme nous voyons que dans la Décadence de la Maison Carlienne, les Commandans des Provinces s'en rendirent les Maîtres, sous le titre de Comte ou de Duc, à la même condition.

Vie de Saint Paul de Léon.

Mais quand les Bretons, dès le cinquième siécle, auroient formé dans une des Armoriques un État indépendant de nos Rois, comme ils ne différoient des Gaulois ni de mœurs, ni de langage, je n'ai point dû les mettre au nombre des Peuples qui pouvoient, par leur commerce avec les Gaulois, en altérer la Langue. C'étoit, pour ainsi dire, un accroissement de l'ancienne Nation, plutôt qu'une Nation nouvelle. La Langue des Gaulois & des Bretons n'étoit presque pas différente du temps de Tacite ; ils avoient les uns & les autres conservé leur langage naturel sous la Domination Romaine, comme je l'ai prouvé. Ces deux Peuples avoient donc au cinquième siécle la même Langue, à quelques legéres différences près. Ces Nations ayant les mœurs semblables & le même langage, se mêlerent aisément & ne formerent qu'un Peuple. Les Bretons d'Angleterre, qui sont les Gallois, ont conservé jusqu'à nos jours la Langue qu'ils parloient au cinquième siécle, ainsi qu'on l'a vu plus haut. Les Bretons de France parlent aujourd'hui le même langage que les Gallois. On n'a pour s'en convaincre qu'à ouvrir le Dictionnaire Gallois de Daviès, & le Dictionnaire Breton du Pere de Rostrenen.

Il suit évidemment de tout ce que nous venons de dire, que la Langue Gauloise ou Celtique est encore aujourd'hui en usage dans le Pays de Galles & la petite Bretagne. On remarque même encore à présent dans la Langue des Bretons Anglois & des Bretons François les petites variétés qu'on y observoit déja du temps de Tacite. Ceux-là étant plus septentrionaux, ont une prononciation plus gutturale, & donnent des inflexions plus rudes aux mêmes mots que ceux-ci ; mais cette légère diversité n'empêche point qu'ils ne s'entendent les uns les autres. L'Auteur des délices de l'Angleterre, après avoir dit que, selon le témoignage de Gyrald (*yy*) Écrivain Gallois du douzième siécle, les Habitans de la Cornouaille & ceux de la petite Bretagne ont un langage qui approche fort l'un de l'autre, & qui a tant de rapport avec celui des Gallois, que ceux-ci le peuvent presque tout entendre, il continue en ces termes : [J'ajoûterai ici, pour confirmer ce qu'on vient de lire, qu'un sçavant homme, natif de Basse Bretagne, m'a assuré, que quand les Matelots Gallois & Bas Bretons se rencontrent, ils s'entendent assez pour pouvoir s'entretenir sans interprete ; & je sçais de bonne part qu'un habile homme du Pays de Galles, qui possède bien la Langue de son Pays, étant allé dans la Basse Bretagne après la Paix de Ryswick pour y faire quelque négociation, on l'entendit communément par tout, & en certains endroits même on le prenoit pour un homme du Pays, mais de quelque quartier éloigné, à cause de la différence de son Dialecte.] M. de la Martiniere dans son Dictionnaire géographique au mot *Celtes*, rapporte un trait singulier dont il a été le témoin, & qui confirme puissamment ce qu'on a dit jusqu'ici : voici ses termes. On pourroit demander en quel lieu on peut retrouver des restes de la Langue Celtique. On prétend qu'elle s'est conservée dans la Bretagne Province de France, au Pays de Galles en Angleterre, & dans la Biscaye en Espagne. Leur Langue est la même, ou plutôt ce sont trois Dialectes d'une même Langue ; ce qui se prouve, parce qu'avec un peu d'attention, ces trois Peuples se peuvent entendre. Je l'ai éprouvé moi-même un jour que j'avois chez moi un Gentilhomme Bas Breton, un Voyageur du Pays de Galles & un Biscayen, chacun d'eux croyoit sa Langue inintelligible à tout autre qu'à ses compatriotes : ils en firent l'essai, & furent surpris de pouvoir s'entendre & se parler les uns aux autres.

Voilà donc la Langue Gauloise subsistante encore aujourd'hui dans une partie de l'Angleterre, & dans une Province de France : Voyons quelle fut sa fortune dans les autres Contrées du Royaume, depuis que les Peuples du Nord s'y furent établis.

On a pu voir par le dénombrement que nous avons fait des quatre Nations des Gaules, que les anciens Habitans surpassoient infiniment en nombre les nouveaux. Il y avoit près de deux cens Gaulois pour un Barbare. Ces quatre Peuples habitoient le même Pays, composoient la même Monarchie, sans se mêler ni se confondre. Chacun d'eux avoit ses Loix particulières, ses usages propres, ses habits différens. Le Franc suivoit les Loix Saliques & Ripuaires, (*zz*) le Gaulois le Droit Romain, le Bourguignon la Loi Gombette, l'Allemand sa Loi Nationale rédigée par l'ordre de Dagobert. C'est le portrait que nous font de l'Empire François tous les anciens monumens. Je les cite dans la note. (*aaa*)

(*yy*) *Cornubienses verò & Armoricani Britonum Lingua utuntur ferè persimili ; Cambris tamen propter originem & convenientiam in multis adhuc, & ferè cunctis intelligibili.* Cambriæ descriptio.

(*zz*) *Franci duas habent Leges in pluribus locis valdè diversas.* Eginh. V. *Car. mag. c.* 29.

(*aaa*) Clotaire fils de Clovis, après avoir réuni en sa personne tous les partages de ses freres, se trouvant seul Roi de ce vaste État, publia un Edit adressé à tous ses Officiers, pour leur servir de régle dans l'administration de la Justice. A l'article IV, il est ordonné que toutes les contestations que les Romains (on a vu que c'étoit le nom qu'on donnoit aux Gaulois) auront les uns avec les autres, seront décidées suivant les Loix Romaines. *Inter Romanos negocia causarum Romanis Legibus præcipimus terminari.* Le dernier article de cette Ordonnance est conçu en ces termes : ,, Tous les Juges auront soin de garder ce Réglement : ils ne ,, rendront aucune Sentence, & ils ne feront rien qui puisse

* *Cap.* de Baluze, t. I.

,, donner atteinte à ce qu'il statue touchant le Droit Romain, ,, ni qui soit contraire aux Loix nationales des autres Peu- ,, ples qui nous sont soumis. *Providant ergò strenuitas universorum Judicum, ut præceptionem hanc sub omni observatione custodiant ; nec quidquàm aliud agere aut judicare ; quam ut hac præceptio secundùm Legum Romanarum seriem continet , vel secus quam quarumdam Gentium Populus ; juxtà antiqui Juris constitutionem olim vixisse dignoscitur , sub aliqua temeritate præsumant.*

On trouve dans les Formules de Marculphe des modéles de tous les actes & contrats qui se passent dans la société civile. Plusieurs de ces Formules sont dressées suivant les Loix nationales des Barbares établis dans les Gaules ; d'autres sont rédigées conformément au Droit Romain pour les anciens Habitans. Parmi ces Formules, on trouve le modéle des Provisions que le Roi donnoit aux Seigneurs qu'il envoyoit commander dans les Provinces. En qualité de Duc, de Comte ou de Patrice : Voici comme le Prince y parle à

MÉMOIRES

Les usages de ces Nations n'étoient pas moins différens que leurs Loix. Les Peuples du Nord portoient leurs cheveux longs, les Gaulois les portoient courts; leurs habits étoient aussi peu semblables, comme on le peut voir dans les collections des Antiquités Romaines & Françoises du Pere de Montfaucon. Ces Nations étoient si éloignées de se mêler, qu'en quelque endroit des Gaules que naquît un enfant, il n'étoit point de la Nation au milieu de laquelle il étoit né, mais de celle dont son pere étoit originaire. Le fils d'un Bourguignon, par exemple, né dans une des Provinces Armoriques où il n'y avoit que des Gaulois, n'auroit pas été réputé Gaulois, mais Bourguignon. Nous voyons dans l'Empire Ottoman quelque chose de semblable à ce qui se passoit alors dans les Gaules. Les Turcs, les Grecs, les Arméniens, les Syriens, les Égyptiens, les Juifs habitent ensemble les Pays de cette vaste Monarchie sans se mêler.

On conçoit aisément que des Peuples qui conservoient avec tant de soin leurs Loix particulières, leurs mœurs, leurs habillemens, leurs usages, qui évitoient si soigneusement de se confondre, n'ont pas dû changer leur langage. S'ils s'étoient mêlés, la Langue de la Nation supérieure en nombre auroit prévalu, & les Barbares auroient parlé Gaulois. Mais comme ils demeurerent distingués les uns des autres, chaque Peuple aura conservé son langage. On juge bien qu'une Mere Bourguignone, un Pere Bourguignon apprenoient à leurs enfans la Langue qu'ils parloient. C'est aussi ce que nous apprennent les Auteurs qui ont écrit dans les différens siécles de notre Monarchie. Ils font mention d'une Langue commune dans les Gaulois; tantôt ils la nomment Romaine, parce que les Gaulois qui en faisoient usage étoient alors appellés Romains; quelquefois Vulgaire, parce qu'elle étoit la Langue ordinaire de cette vaste Région; d'autres fois Laïque ou Rustique, parce que les Laïques, & sur-tout les gens de la Campagne, n'en parloient point d'autre. On lira les témoignages de ces Écrivains dans le Chapitre suivant.

CHAPITRE DOUZIÈME.

LES Gaulois continuent de se servir de leur Langue naturelle sous la première Race de nos Rois. Ils ont alors quelque intelligence du Latin.

L'AUTEUR de l'histoire du martyre de Saint Maurice parle du langage Gaulois. (bbb) Nous lisons dans la Vie de Saint Faron, que Clotaire II, qui régnoit au commencement du septième siécle, ayant battu les Saxons, on fit un chant public à sa louange dans le goût & à l'usage des Rustiques, qui étoit à la bouche de tout le monde. *Carmen publicum juxtà Rusticitatem per omnium penè volitabat ora ità canentium, fœmineæque choros indè plaudendo componebant.* Cet Écrivain rapporte ensuite deux couplets de ce chant que je transcris ici.

De Clotario est canere Rege Francorum,
Qui ivit pugnare cum Gente Saxonum,
Quam graviter provenisset missis Saxonum,
Si non fuisset inclitus Faro de Gente Burgundionum.

Quando veniunt in terram Francorum
Faro ubi erat Princeps, missi Saxonum
Instinctu Dei transeunt per Urbem Meldorum,
Nè interficiantur à Rege Francorum.

Hoc enim Rustico carmine, ajoûte cet Auteur, *placuit ostendere quantùm ab omnibus celeberrimus haberetur.* On se tromperoit beaucoup, si l'on vouloit inférer de ce récit que les Gaulois, du temps de Clotaire, avoient enfin changé leur ancienne Langue contre le mauvais Latin qu'on employe dans ce chant; car peut-on raisonnablement penser que cette Nation, qui avoit si soigneusement conservé son langage sous le joug des Romains pendant 500 ans, l'eût perdu dans l'espace d'un siécle par son union avec les François, qui lui étoient si inférieurs en nombre, & à qui la Langue Latine étoit également étrangère. On peut donc seulement conclure de ce fait, que les Gaulois commençoient alors à avoir quelque connoissance du Latin, sans cesser pour cela de parler Celtique.

Marginal notes:

L'Anonyme, qui au sixième siécle écrivit la Vie de Saint Romain, parle de la Langue Gauloise. On rapportera ses termes au chapitre quatorzième.

L'Abbé de Luxeuil, qui a écrit les miracles de Saint Valbert, troisième Abbé de cette illustre Abbaye, en rapporte un qui fut opéré dans la contrée que les Paysans sont en usage d'appeller Varasque: *in Pago rusticorum usu, Varascum nuncupato.*

---

celui à qui il confère cette Dignité. *Ergò dùm fidem & utilitatem tuam videmus habere compertam, ideò tibi actionem Ducatus, Comitatus, Patriciatus in Pago illo quem tuus Antecessor usque adhuc videtur egisse, tibi ad agendum, regendumque commissimus, ità ut semper ergà regimine nostro fidem inlibatam custodias, & omnis Populus ibidem commanentes; tàm Franci, Romani, Burgundiones, quàm reliquas Nationes sub tuo regimine & gubernatione degant & moderentur, & eos recto tramite secundùm Legem & Consuetudinem eorum regas.* La même police s'observoit encore sous la seconde Race. *Imperator Carolus,* dit la Chronique de Moissac, *congregavit Duces, Comites & reliquos Christianos Populos cum Legislatoribus, & fecit omnes Leges in Regno suo, legi & tradi unicuique hominum Legem suam, & emendari ubicumque fuit, & emendatam scribere.* Agobard Archevêque de Lyon, dans un Mémoire qu'il présenta à Louis le Débonnaire, pour l'engager à abroger la Loi Gombette, parle ainsi à ce Prince: *Cupio per pietatem vestram nosse, si non huic tantæ divinæ operationis unitati aliquid obsistat, tanta diversitas Legum, quanta non solùm in singulis Regionibus aut Civitatibus, sed etiam in multis domibus habetur. Nam plerumque contingit, ut simul cant aut sedeant quinque homines, & nullus eorum communem Legem cum altero habeat exteriùs in rebus transitoriis, cum interius in rebus perennibus unâ Christi Lege teneantur.* Les Rois à leur avènement à la Couronne promettoient avec serment à tous ces Peuples qui composoient leur Monarchie, de les laisser vivre suivant leurs Loix particulières, ainsi qu'avoient fait leurs Prédécesseurs. *Et Legem ut prædiximus unicuique competentem, sicut Antecessores sui à tempore Antecessorum nostrorum habuerunt in omni dignitate & ordine, nos adjuvante Domino servabimus perdonamus.* Ce sont les termes du serment que fit Charles le Chauve à son couronnement.

(bbb) *Agaunum Accola interpretatione Gallici sermonis, Saxum dicunt.*

SUR LA LANGUE CELTIQUE.

Tout avoit en effet contribué & contribuoit encore à inspirer à cette Nation le désir de sçavoir la Langue Latine, parce que tout se réünissoit pour lui en donner une haute idée, tout concouroit à la lui rendre nécessaire, Les Loix des Empereurs Romains, qui faisoient le Droit commun du Peuple Gaulois, les Ordonnances des Rois Francs, héritiers de la Majesté de l'Empire dans les Gaules, étoient conçuës en cette Langue. Marseille, Arles, Lyon, Autun, Besançon, Toulouse, Narbonne, Bordeaux avoient des écoles pour l'enseigner; écoles qui formerent des Orateurs, dont Rome même admira l'éloquence. On couronnoit dans des assemblées solemnelles ceux de la Nation qui possédoient mieux les graces & les délicatesses du Latin. Les Gaulois, devenus Citoyens Romains avant la fin du premier siécle, crurent ne pouvoir ignorer avec bienséance le langage d'un État dont ils partageoient les honneurs. On n'écrivoit rien en Celtique ; tous les actes publics se passoient en Latin, même après la chute de l'Empire en Occident. C'étoit la Langue des Tribunaux, des contrats, des livres, des lettres & du commerce pour la plus grande partie de l'Europe. La Religion, qui rend vénérable tout ce qu'elle employe, l'avoit adoptée ; ainsi tout s'étoit réüni & se réünissoit encore, pour donner au commun des Gaulois l'envie & la facilité de l'apprendre.

Il y a deux parties dans les Langues ; les mots & leur arrangement. Cette seconde est la plus difficile, comme le sçavent tous ceux qui ont fait ces études. Il est rare qu'on posséde parfaitement le tour & le génie d'un langage étranger. La construction Latine est non seulement très-différente de la Celtique, elle lui est encore fort opposée. Celle-là veut des inversions ; celle-ci suit l'ordre naturel des choses. Les Gaulois artisans & rustiques apprirent un certain nombre de mots Latins à force de les entendre, & d'autant plus aisément, que plusieurs de ces termes étoient originairement Celtiques. Il ne faut pour cela qu'un peu de mémoire, dont les plus simples & les plus grossiers ne sont jamais entièrement dépourvus. Mais l'arrangement, le tour de phrase, la construction du Latin demandoient une attention, des connoissances, des réflexions, dont le commun du Peuple n'est pas capable. Que fit-on pour mettre cette Langue à la portée des moins habiles ? On arrangea les mots Latins suivant le tour du Celtique, qui est plus naturel, plus facile en lui-même, & qui leur étoit plus familier.

Ce Latin, construit à la Gauloise, étoit appelé du Latin à la façon Rustique, au goût Rustique. Quand on y ajoûtoit quelque mesure, & qu'après un certain nombre de syllabes on mettoit des rimes, cela s'appelloit des vers à la Rustique, *carmen Rusticum*. (ccc) Saint Ouen, dans la Vie de Saint Éloy, parle aussi de ce Latin accommodé au goût Rustique : voici comme il s'exprime dans la Préface. *Lectorem obsecro ut utilitatem nostri sermonis, non usquequaque despiciat, quia etsi utcumque eloquenter possit oratio promi, ità stylum placuit corrigere, ut nec simplicibus quibusque Grammaticorum sectando fumos displiceat, nec Scholasticos etiam nimiâ contentus Rusticitate offendat.*

Au reste, ce n'est point par engagement du systême que j'ai avancé que la Langue Celtique étoit toujours en usage parmi le commun des Gaulois, après même qu'ils eurent acquis quelque connoissance de la Latine. Qui ne sçait combien les hommes fuyent le travail & la peine ? Et n'éprouvons-nous pas nous-mêmes qu'il ne nous coûte rien pour parler notre Langue naturelle, tandis qu'il faut de l'attention, des soins, quelques efforts pour se servir d'une étrangère acquise par l'étude ?

Ainsi croire que le commun des Gaulois préféra dans le commerce de la société le Celtique au Latin, c'est penser qu'ils ont fait ce que tous les hommes auroient fait en pareil cas. Mais outre ce raisonnement, qui est décisif, tous les Auteurs qui nous restent de ces temps là, nous montrent dans les Gaules un langage distingué, & du Latin exact, & du Latin grossier dont nous venons de parler ; langage qu'ils nomment Rustique, Vulgaire, & ne peut être que le Gaulois ; car les Peuples du Nord établis dans les Gaules, ne s'occupant que de la chasse & de la guerre, n'ont jamais été appelés Rustiques. On donnoit ce nom à ceux des Naturels du Pays qui cultivoient les terres : Ainsi la Langue Rustique ou des Rustiques étoit celle des anciens Habitans, & par conséquent la Celtique.

Et qu'on ne soit point surpris de voir des Paysans entendre deux Langues ! On voit par la 19ème Homélie de Saint Jean Chrysostome au Peuple d'Antioche, que les Paysans des environs de cette Ville, qui ne parloient point Grec, pouvoient l'entendre. Il se passe quelque chose de semblable parmi nous ; certaines Provinces du Royaume, ont des jargons fort différens du langage commun. Les Habitans de ces contrées, outre leur patois auquel ils sont accoûtumés, entendent le François, sur tout lorsqu'il est d'une construction simple, facile & approchante du tour de phrase qui leur est familier.

On attend sans doute les témoignages des Auteurs que je viens d'annoncer, il ne me sera pas difficile de les produire.

Saint Éloy, dans sa première Homélie, parle d'un langage qu'il appelle Rustique, *Ruralis*.

La Vie de Saint Sylvin, Évêque Régionnaire des Gaules au septième siécle, fut écrite par son Disciple Antenor, partie en Langue Rustique, partie en mauvais Latin. (ddd) Bollandus 17. Feb.

Le Latin à la Rustique étoit certainement du mauvais Latin ; ainsi puisqu'on nous parle ici d'un langage Rustique du mauvais Latin, il faut entendre par ce langage Rustique une Langue différente du Latin, & ce ne peut être que le Celtique. Antenor entreprit d'écrire la Vie de son Maître, consultant plus sûr ce point son inclination que ses forces. Il est dit dans le Prologue que nous avons cité, qu'il étoit peu instruit dans les lettres, c'est-à-dire qu'il sçavoit peu de Latin ; ainsi qu'il construisit mal les termes de cette Langue qu'il employa, & ignorant souvent les expressions Latines qui étoient nécessaires pour rendre ses pensées, il se servit, à leur défaut, de mots Rustiques, & composa de cette sorte la Vie de Saint Sylvin, partie en Rustique, partie en mauvais Latin.

Le Religieux qui a écrit l'histoire de la translation de Saint Germain faite sous le Règne de Pepin, parle d'un pauvre garçon sourd & muet, qui fut guéri à cette cérémonie, qui apprit dans la suite non seulement la Langue Rustique, mais encore les lettres, c'est-à-dire le Latin, lorsqu'il fut fait Clerc : *Undè*

(ccc) Il paroît par ce passage que la rime étoit un des principaux agrémens de la Poësie Gauloise. Nous ne la devons donc point aux Barbares qui s'établirent dans l'Empire, comme on le croit communément.

(ddd) *Præfata Abbatissa eam (vitam) investigans in corruptis membranis, jamque nimiâ vetustate ex parte deletis, quam sæpius relegens animadvertis, partim Rusticè, partim vitiosè compositam, ferè juxta normam litteralis artis.*

factum est, ut tàm auditu, quàm locutione in brevi, non solùm ipsam Rusticam Linguam perfectè loqueretur, sed etiam Litteras, in ipsa Ecclesia Clericus effectus discere cœpit.

Charlemagne, dans ses Capitulaires, *chap.* 161eme, veut que ses Sujets envoyent leurs enfans à l'école, afin qu'instruits du Symbole & de l'Oraison Dominicale, ils puissent enseigner les autres à la maison. Celui qui ne pourra faire autrement, apprendra du moins le Symbole & l'Oraison Dominicale en sa Langue. Et au *chap.* 185ème, il veut que les Pasteurs instruisent leurs Peuples dans la Langue qui est en usage parmi eux. (*eee*)

Saint Gerard écrit que Saint Adelard ou Alard, qui vivoit du temps de Charlemagne, parloit parfaitement ces trois Langues, la Vulgaire, ou Romaine, la Teutonique & la Latine.

Pascase Radbert, dans la Vie du même Saint, dit qu'il parloit la Langue Vulgaire, c'est-à-dire la Romaine, si parfaitement, qu'on eût cru qu'il ne sçavoit que celle-là. (*fff*)

Nithard, au *liv.* 3ème. de son histoire, appelle aussi Romaine la Langue Gauloise.

Dans le Concile de Mayence, tenu en 813 par l'ordre de Charlemagne, il est ordonné au 25ème. Canon, que tous les Dimanches & Fêtes on prêche au Peuple la parole de Dieu dans la Langue qu'il entend. Et au 45ème. le Concile commande aux Prêtres d'enseigner avec soin aux Peuples le Symbole & l'Oraison Dominicale. Il ajoûte que les Fidéles doivent envoyer leurs enfans à l'école, soit dans les Monastéres, soit chez les Prêtres, pour qu'ils apprennent la Foi Catholique & l'Oraison Dominicale, afin qu'étant instruits, ils puissent l'enseigner aux autres à la maison; & que celui qui ne pourra faire autrement, apprenne du moins cela en sa Langue. (*ggg*)

Le Concile de Tours, célébré pareillement en 813, & par ordre du même Prince, statue dans le 17ème. Canon, que chaque Évêque aura des Homélies propres à instruire les Peuples dont ils sont Pasteurs. Il veut de plus qu'on ait soin de faire traduire ces Homélies en Langues Rustique, Romaine ou en Tudesque, afin que tous puissent plus facilement les entendre. (*hhh*)

On voit par ce Canon qu'il y avoit dans les Gaules deux Langues d'usage commun dans la société. La Teutonne ou Tudesque pour les Francs, les Bourguignons, les Allemands tous originaires de Germanie. La Romaine, ou Romaine Rustique pour les Gaulois. Il paroît encore par les paroles de ce même Canon, qu'au neuvième siécle les Gaulois entendoient communément le Latin simple & grossier dont on se servoit alors, puisque le Concile n'ordonne qu'on traduise les Homélies des Évêques en Langue Vulgaire, que pour qu'on les entendît plus facilement.

Le Concile de Mayence, tenu en 847, renouvelle dans son second Canon le 17ème. du Concile de Tours que nous venons de citer.

Enfin il nous reste un grand nombre d'anciens monumens, depuis Clovis jusqu'à François I, Histoires Chroniques, Vies de Saints, Chartes, Testamens, &c. Presque toutes ces piéces sont écrites en un Latin semé d'expressions inconnues aux Auteurs du siécle d'Auguste. L'illustre M. Ducange nous a donné un Dictionnaire pour expliquer ces termes, qui forment la moyenne & la basse latinité: les Sçavans Bénédictins de la Congrégation de Saint Maur l'ont augmenté de moitié; presque tous les termes qui composent cet ouvrage sont Celtiques. J'en fournirai la preuve complette dans mon Dictionnaire, où, examinant ces mots par ordre alphabétique, je ferai voir que ce sont des expressions Gauloises auxquelles on a donné une terminaison latine: Marque certaine que la Langue Celtique n'étoit pas éteinte dans tous ces siécles; car s'avise-t'on d'emprunter des expressions d'une Langue entièrement effacée du souvenir des hommes? J'ajoûte que sur la fin du dixième siécle, les surnoms commencerent à être en usage. Les Gentilshommes ajoûterent les premiers à leur nom celui de leur Terre. On donna à ceux qui n'étoient pas Nobles des surnoms pris du lieu de leur naissance, de leur âge, de leur métier, de quelque qualité personnelle, de quelque imperfection, de l'état de leur fortune, &c. Ces surnoms furent sûrement pris d'une Langue usitée parmi le Peuple; ils ont paru jusqu'ici inintelligibles: ce sont des expressions Celtiques, dont on trouvera la signification dans mon Dictionnaire. Il est donc évident que le Gaulois étoit encore, sur la fin du dixième siécle, une Langue d'usage dans la Nation, quoique presque tous ceux qui la composoient sçussent jargonner un mauvais Latin, dont ils affectoient de se servir en public par préférence à leur langage naturel.

CHAPITRE TREIZIÈME.

Les Gaulois sous Charlemagne commencent à parler Latin: Ils l'altérent en le parlant.

EN 842, Charles le Chauve, & Louis Roi de Germanie son frere, firent entre eux un Traité d'alliance, qu'ils confirmerent l'un & l'autre par serment. Charles le prononça en Tudesque, qui étoit la Langue de Louis & de ses Sujets. Louis le prononça en Langue Romain, qui étoit connu du plus grand nombre des Sujets de Charles. Le Peuple de Charles fit aussi son serment en Langue Romaine, qui étoit

---

(*eee*) *Filios suos donent ad scholam, ut domi alios docere valeant: qui verò aliter non potuerit, vel in sua Lingua hoc discat.* Ch. 161. *Nullus sit Presbyter, qui in Ecclesia publicè non doceat, Linguâ quam Auditores intelligant.* Ch. 185.

(*fff*) *Qui si Vulgari, id est, Romanâ Linguâ loqueretur, omnium aliarum putaretur inscius; si verò Theutonicâ, cuiebat perfectissimè; si Latinâ, in nullâ omninò absolutius, S. Ger. qui si Vulgari, id est, Romanâ Linguâ loqueretur, omnium aliarum putaretur inscius.* Pas. Radb.

(*ggg*) *Nunquam desit diebus Dominicis, aut Festivitatibus qui ve bum Dei prædicet, juxta quod intelligere vulgus possit.* Ch. 25. *Symbolum.... & Orationem Dominicam discere semper admoneant Sacerdotes Populum Christianum...... præterea dignum est, ut filios suos donent ad scholam, sive ad Monasteria, sive foras Presbyteris, ut fidem Catholicam rectè discant, & Orationem Dominicam, ut domi alios edocere valeant; & qui aliter non potuerit, vel in sua Lingua hoc discat.* Ch. 45.

(*hhh*) *Visum est unanimitati nostræ, ut quilibet Episcopus habeat Homilias continentes necessarias admonitiones, quibus subjecti erudiantur...... & ut easdem Homilias quisque apertè transferre studeat in Rusticam Romanam Linguam, aut Theotiscam, quo facilius cuncti possint intelligere quæ dicuntur.* C. 17.

SUR LA LANGUE CELTIQUE. 23

celle qu'il parloit ordinairement en public. Je transcris ici ces deux actes, comme ils se lisent dans Nithard au *liv.* 3ème de son histoire, parce que ce sont les plus anciens monumens qui nous restent de la Langue Françoise.

SERMENT DE LOUIS.

Pro Deo amur, & pro Christian Poblo, & nostro commun saluament, dist di avant, in quant Deus sauir & podir me dunat, si saluarai io cist meon fradre Karlo, & in adjudha ; & in cadhuna cosa, si com, om per droit son fradre saluar, dist in o quid il mi altre si fazet, & ab Ludher nul plaid nunquam prindray, qui meon vol cist meon fradre Karlo in damno sit.

TRADUCTION DE CE SERMENT À LA LETTRE.

Pour l'amour de Dieu, & pour le Peuple Chrétien, & notre commune sûreté désormais ; autant que Dieu m'en donnera le sçavoir & le pouvoir, je deffendrai celui mien frere Charles, & par secours, & par toute autre chose, ainsi comme par droit on doit deffendre son frere, en ce que lui me feroit (c'est-à-dire, comme il le feroit à mon égard,) & je ne ferai avec Lothaire aucune convention, qui, suivant ma volonté, soit dommageable à ce mien frere Charles.

SERMENT DU PEUPLE DE CHARLES.

Si Lodhuvigs sagrament que son fadre Karlo jurat, conservat, & Karlus meos Sendra de suo part non los tanit, si io returnar non lo poïs, ne io ne neuls cui eo returnar inxt poïs in nulla adjngha contra Lodhuvignun li iver.

TRADUCTION LITTÉRALE DE CE SERMENT.

Si Louis (le) serment que son frere Charles jure, conserve, & Charles mon Maître de sa part ne le tient, si je retourner ne le peux, ni moi ni aucun autre retourner ne le peut, en nulle aide contre Louis avec lui iray.

Telle étoit la Langue vulgaire des Gaulois au neuvième siécle. C'étoit un mélange de Latin, de Celtique & de Tudesque. Pour le faire mieux sentir, j'indiquerai ici la Langue d'où chacun des mots qui composent ces piéces est tiré.

Pro Deo, Latin, *Pro Dei.*

Amur, Gaulois. La Langue Latine n'a pas tiré ce terme du Grec, elle l'a donc pris du Celtique. D'ailleurs il fait encore aujourd'hui partie d'un adverbe Breton. *Abalamour, palamour*, pour l'amour. Le mot *abal, bal* ou *pal*, qui signifie but, fin, n'étant sûrement pas emprunté du Latin, on a lieu de croire que celui qui lui est si intimement joint, ne l'est pas non plus. J'ajoute qu'on trouve dans le Breton & le Gallois plusieurs anciens termes, qui sont la racine du mot *aimé, amour. Amuyn* en Breton, assister, prêter secours, défendre. *Amorch*, attrait. *Ami* en Gallois, fréquent. *Am*, excellent, bon, ce qu'on aime par conséquent.

Et pro Christian, Latin, *& pro Christiano.*

Poblo, Gaulois. *Pobl* en Breton & en Gallois signifie Peuple.

Et nostro, Latin, *& nostra.*

Commun, Gaulois. *Commun* en Basque commun. *Coumun, Cumun* en Breton, commun. *Cwm* en Gallois, ensemble *Wn* un.

Saluament, Gaulois. *Ment* en Breton signifie la quantité, la qualité, la manière d'être de quelque chose. Ce mot avoit le même sens chez tous les Gaulois, puisqu'ils ont traduit *quomodo* par *comment.* (On écrivoit anciennement *quoment.*) *Mene*, dans l'ancien jargon de quelques Provinces du Royaume, veut dire encore aujourd'hui espéce, qualité. Nos adverbes françois n'ont pas pris leur terminaison des Latins, qui est ordinairement en *ter, fortiter, dulciter, &c.* Mais il est évident qu'ils l'ont prise de ce terme Celtique *ment.* On a joint l'adjectif avec ce mot, & on a ainsi rempli toute la signification de l'adverbe. *Fortement* désigne d'une manière forte. *Lâchement*, d'une manière lâche. *Brusquement*, d'une manière brusque. On a aussi formé de ce terme des noms verbaux. *Tempérament*, manière dont le corps est tempéré. *Saluament*, manière dont on pourra être sauvé ou délivré de quelque peine ; car *sale* en Breton signifie sauf.

Dist di avant, Gaulois. *Diaguent* ou *Diauent* en Breton, signifie avant.

In quant Deus, Latin. *In quantum Deus.*

Savir, Gaulois. *Savant* en Breton, sçavant. *Syw* en Gallois, sçavant, habile.

Podir, Gaulois, pouvoir. *Pybyr, pyvyr* en Gallois, fort, robuste, puissant. *Baud, paud, pod* en Breton, puissant.

Me peut venir du Gaulois, ainsi que du Latin ; car *me* en Breton signifie moi.

Dunat Latin, *donat.*

Si, Latin, de *Sic.*

Salvarai Gaulois. Notre futur françois qui se termine en *ray*, n'est pas formé du futur latin *bo* ou *am* ; mais il est évidemment fait du Breton. Dans cette Langue *a ray* signifie je feray. (Faire est parmi eux un verbe auxiliaire, de même qu'être & avoir, ils en font beaucoup d'usage ;) de sorte que pour rendre le sens de *salvabo*, les Gaulois ont dit *salvaray*, je feray sauf. La première personne du plurier du présent de l'indicatif se termine en *ons* dans notre Langue. Cette terminaison n'a aucune ressemblance avec la terminaison Latine en *mus* ; mais elle a un rapport évident avec la terminaison Bretonne *omp* ou *om. Efuomp*, buvons. *Vennomp*, voulons.

Io Latin, *ego.*

Cist Latin. D'*iste* avec un *c.* au commencement, comme d'*ills* on fit *cil.*

Meon fradre Latin, *meus frater.*

Karlo, Teuton ou Tudesque. *Karl* en cette Langue signifioit un homme brave & vaillant ; c'est de ce mot que s'est formé le nom propre de Charles.
Adjudha Latin, *adjuvare*.
Cadhuna Gaulois, de là est venu *chacun*.
Cosa Gaulois. *Achos*, *chos* en Gallois, cause, sujet.
Si Latin, de *sic*.
Com Latin, syncope de *quomodò*.
Om Celtique. *On* homme.
Per. Latin.
Droit, Gaulois. *Droed* en Breton, droit.
Son, Latin *suus*.
Dist, Gaulois, à moins qu'on ne veuille qu'il vienne du Latin *debet*.
In o, Latin, *in hoc*.
Quid il mi altre si fazet, Latin. *Quid ille mihi alterum sic faceret*.
Ab, Latin.
Ludher, Teuton. *Lud* ou *Lod*, en cette Langue signifioit Peuple, & *Her*, Seigneur. De ces deux mots s'est formé le nom de Lothaire.
Nul, Latin, *nullus*.
Plaid, Gaulois. *Plaid* en Gallois, parti.
Nunquàm, Latin.
Prindray, Gaulois. Apprendre est formé de prendre. Apprenti en Gallois se nomme *Prentis* ; ainsi en Gallois, *prent*, *prend* signifioit prendre.
Qui, Latin.
Vol, Latin, *velle*.
In damno sit, Latin.
Lodhuvigs, Theuton. *Lod*, Peuple. *Huvig*, qui se prononçoit *Houig*, élevé. Ainsi *Lodhuvig* signifie l'élevé, ou le plus haut du Peuple.
Sagrament, Latin, *Sacramentum*.
Jurat, *conservat*, Latin.
Et, Latin.
Meos, Latin, *meus*.
Sendra. Je crois que ce mot est Gaulois, & qu'il désigne celui a qui on obéit. *Senti* ou *Sendi* en Breton signifie obéir. Ensorte que *Sender* ou *Sendra* veut dire *obediendus* ; c'est pourquoi j'ai traduit ce mot par Maître.
Part, Gaulois. *Parth* en Breton, part. *Parth* en Gallois, part.
Non los tanit, Latin, *non illud tenet*.
Returnar, Gaulois. Voyez le Dictionnaire Breton intitulé *Catholicon Armoricum*.
Poïs, Latin, *possum*.
Neuls, Latin, *nullus*.
Contra, Latin.
Nun, Latin, *non*.
Li, Latin, d'*illi*, d'où est venu lui.
Iver, Latin, *ivero*.

Dans cette Langue, composée des trois qui étoient en usage dans la Monarchie Françoise, le plus grand nombre des mots est tiré du Latin. La Langue Latine, comme je l'ai remarqué, étoit depuis neuf siécles dans les Gaules la Langue du culte public, des Loix, des Tribunaux, des contrats, des livres, des lettres même que les Particuliers s'écrivoient. (*iii*) Les Rois Francs voulurent en conserver l'usage dans leurs Ordonnances, & dans tous les actes publics, croyant qu'il étoit de leur grandeur de se servir de la Langue de l'Empire Romain. Tous les Gaulois qui composoient quelques ouvrages écrivoient en cette Langue, s'y figurant plus de grace & plus de beauté que dans leur Langue naturelle, affectant peut-être aussi par vanité de s'en servir. Ainsi les Gaulois entendant toujours du Latin, en comprirent d'abord quelques termes, ensuite un plus grand nombre. (*kkk*) Ils entendoient déja cette Langue sur la fin du sixiéme siécle, lorsqu'elle étoit travestie à la Gauloise, c'est-à-dire lorsqu'elle étoit dépoüillée de ses inversions, & construite selon le tour Celtique. Ils se perfectionnerent de plus en plus dans la connoissance de cette Langue ; & la voyant en honneur, ils essayerent de la parler ; ils la parlerent effectivement, mais avec tout le désordre, avec toutes les irrégularités qu'on doit attendre de gens qui se servent d'un langage qu'ils n'ont point appris par régle, d'un langage dont le tour est fort opposé à celui de leur Langue naturelle. Non seulement ils donnerent un tour Celtique aux mots Latins qu'ils employoient ; mais encore en parlant cette Langue, ils n'observerent ni ses genres, ni ses nombres, ni ses cas, ni ses temps. Ils défigurerent plusieurs de ses termes, en ajoûtant ou supprimant, ou changeant quelques lettres. Ils ôterent les terminaisons de certaines expressions ; ils mêlerent à ces expressions Latines, ainsi altérées pour la plûpart, des mots Gaulois & Tudesques. C'est ainsi que nos Paysans, accoûtumés à leur jargon, estropient le François lorsqu'ils veulent le parler. C'est ainsi que, lorsque nous adoptons quelques termes Allemands ou Italiens, il en coûte toujours à ces mots quelques-unes de leurs lettres pour entrer dans notre Langue.

Il y eut cependant dans les Campagnes quelques Cantons où l'on conserva la Langue Celtique, quant

(*iii*) On voit parmi les ouvrages d'Alcuin plusieurs lettres de ce Sçavant écrites en Latin à des Dames.
(*kkk*) On lit dans la Vie de Saint Bernard, qu'un Religieux de Clairvaux, qui ne sçavoit point de Latin, apprit passa- blement cette Langue, en chantant chaque jour l'Office divin avec ses Freres. On voit encore de pareils exemples, ou fort approchans, dans les Monastéres de Religieuses.

à sa

SUR LA LANGUE CELTIQUE.

à fa plus grande partie ; les Payfans qui habitent les endroits les plus écartés, ayant moins de commerce avec les Villes, retiennent bien plus conftamment les anciennes mœurs & l'ancien langage. C'eft par cette raifon que dans la haute Auvergne, dans les montagnes du Dauphiné, on trouve encore de nos jours un grand nombre de termes Celtiques.

Je crois que ce fut fous Charlemagne que les Gaulois, qui entendoient paffablement un Latin fimple & facile, commencerent à le jargonner ; trois raifons me déterminent à penfer ainfi. La première eft que Charlemagne fit une eftime particulière de la Langue Latine : Perfonne n'ignore que le goût du Prince décide de celui des fujets. D'abord les Courtifans le prennent ; de la Cour il fe communique à la Ville ; de la Ville il paffe à la Campagne. La feconde fe prend de ce que Charlemagne attira dans fon Empire plufieurs Sçavans étrangers, qui, méprifant la Langue Gauloife, parce qu'elle leur étoit inconnue, la regardant même comme Barbare, ne faifoient cas que de la Latine. Chacun fçait qu'on ne veut être méprifable par aucun côté, & que c'eft avec peine qu'on fe fert d'une Langue qui nous fait regarder comme ruftiques & groffiers. Ma troifième raifon fe tire des piéces même que je viens de rapporter. Nous voyons dans ces fermens, faits par les petits-fils de Charlemagne & leurs Sujets, quelques termes latins avec une legére altération, le plus grand nombre fans aucun changement, ce qui prouve un ufage tout récent de ce langage ; car s'il eût été employé depuis quelque temps, ces mots euffent perdu leur terminaifon latine, leur fon tout latin, comme ils le firent dans la fuite.

Les Gaulois ne fe contenterent pas de parler un mauvais Latin fous les defcendans de Charlemagne. Ce langage, tout corrompu qu'il étoit, fut parmi eux la Langue d'honneur. Le Celtique, dont ils confervoient la connoiffance, n'étoit qu'un langage de rebut abandonné aux Payfans, aux gens de métier, dont les perfonnes de quelque rang n'ofoient faire ufage, à peu près comme font aujourd'hui les Patois parmi nous. Les chofes durerent ainfi jufqu'à l'onzième ou douzième fiécle. Alors la Nation oubliant de plus en plus le Gaulois, ne fe fervit que de ce mauvais Latin qu'elle fçavoit, & dont elle formoit une nouvelle Langue, en le traveftiffant toujours de plus en plus, ainfi qu'on le verra dans peu.

Les Francs, nous avons tout lieu de penfer la même chofe des Bourguignons & des Allemands établis dans la Monarchie, continuerent l'ufage du Theuton fous les deux premières Races de nos Rois. Les témoignages de Fortunat, de Charlemagne, des Auteurs de la Vie de Saint Adelard, des Conciles de Tours & de Mayence que j'ai cités, ne permettent pas d'en douter. Saint Éloy, originaire de Limoges, apprit le Theuton à la Cour des Rois Clotaire & Dagobert. Charlemagne, felon Éginhart, parloit le Latin auffi bien que fa Langue propre : *Latinam Linguam ità didicit, ut aquà illà ac Patriâ Linguâ orare effet folitus.* On voit par le même Auteur que ces mots *Patriâ Linguâ*, doivent s'entendre de la Langue propre des Francs, qui étoit la Theutone, puifqu'il dit ailleurs que cet Empereur portoit l'habillement propre à fa Nation, c'eft-à-dire l'habillement des Francs : *veftitu proprio, id eft, Francico utebatur.* Le même Prince, au rapport de cet Hiftorien, donna des noms dans fon langage naturel à tous les mois de l'année, que les Francs avant cela défignoient par des termes partie Latins, partie Barbares ; ces noms impofés par Charlemagne font évidemment Theutons.

L'Auteur de la Vie de Louis le Débonnaire, raconte que ce Prince étant à l'extrémité, prononça de toutes fes forces ces mots, *Hutz, hutz,* qui font Theutons, ils fignifient *dehors, dehors.*

Charles le Chauve prononça en Langue Tudefque le ferment dont il confirma le Traité d'alliance qu'il avoit fait avec fon frere Louis Roi de Germanie.

Flodoard, dans fa Chronique à l'année 948, raconte qu'après qu'on eut lu au Concile d'Engelheim, où fe trouvoient le Roi Louis d'Outremer & l'Empereur Othon I, certains actes en Latin, on les traduifit en Tudefque à caufe des Rois qui étoient préfens : *Poft litterarum recitationum, earum propter Reges, juxtà Theotifcam Linguam interpretatio facta fuit.*

La divifion & la foibleffe des derniers Princes de la Maifon Carlienne, occafionnerent dans la Monarchie une révolution qui lui fit entièrement changer de face. Les Gouverneurs des Provinces s'en rendirent les Maîtres ; & pour fe fortifier dans leur ufurpation par des complices, ils permirent aux Seigneurs de s'ériger des efpéces de Souverainetés dans leurs Terres moyennant l'hommage, ils les laifferent s'emparer du droit de rendre la Juftice à leurs fujets, & de les accabler par les redevances les plus odieufes. Ces ufurpateurs ne voulurent point connoître d'autres régles que leur volonté : Ainfi tombèrent les Loix Nationales des différens Peuples qui compofoient la Monarchie ; ainfi cefferent leurs ufages & leurs coûtumes particulières. Dès lors tous ces Peuples fe confondirent & fe mélerent, ils ne firent plus qu'une même Nation, ils parlerent la même Langue. Ce fut celle qui venoit de fe former parmi les Gaulois au neuvième fiécle : Trois chofes me le perfuadent. Premièrement, nous n'entendons plus parler de la Langue Tudefque en France depuis l'onzième fiécle. En fecond lieu, les Francs, les Bourguignons & les Allemands étant bien inférieurs en nombre aux anciens Habitans des Gaules, dès que les Nations fe font confondues, la Langue de celle qui étoit plus nombreufe a dû prévaloir. Enfin Alberon Évêque de Metz publia l'an 940 une Lettre paftorale en Langue Vulgaire ; nous voyons par un paffage qui en eft rapporté dans Borel, que c'eft le même langage que celui dans lequel font conçus les Sermens que nous avons rapportés plus haut (lll)

Ce fut dans ce temps, que ce Latin, déja travefti à la Celtique quant au tour, & qui avoit déja reçu quelque altération dans fes termes, fouffrit encore un plus grand changement dans fes mots. On fupprima leur terminaifon en *us,* en *as,* en *um,* en *a,* en *en,* &c. on fit nom de *nomen.* On finit la plûpart de ces mots, dépouillés de leur terminaifon par notre *e* muet, on dit Temple pour *Templum.* On abrégea plufieurs expreffions ; on changea *perdere* en perdre, *juvenes* en jones, enfuite en junes, puis en jeunes. *Petrus* fe prononça d'abord comme Petr, enfuite pere ; (Cette prononciation fe conferve

---

(lll) *Bonnis fergens & feaules enjote ti ; car pour cen que tu as eftett feaules fus petites cofes, je taufuferay fus grandes cofes, entre en la joye de ton Signour.* C'eft-à-dire, bon ferviteur & fidéle réjouis-toi ; parce que tu as été fidéle dans peu de chofe, je t'éleverai fur beaucoup, entre dans la joye de ton Seigneur.

encore en Bretagne, en Dauphiné, à Chartres, à Auxerre & par tout le Royaume, dans ses diminutifs & ses dérivés, Perrette, Perrichon, Perrin. En Rouergue on dit Peyre) enfin Pierre. La première altération que souffrit *facere*, fut fachere & fazere par des *e* muets ; ensuite on supprima le premier *e*, & on dit fazre, après on prononça fâre ; (il est encore usité dans plusieurs Provinces du Royaume parmi les gens de la Campagne, dont le langage varie moins que dans les Villes ;) enfin on a dit faire. On voit par là que c'est au dixième siécle qu'il faut placer la première formation de la Langue Françoise que nous parlons aujourd'hui : C'est proprement là l'époque de sa naissance ; les ébauches que nous en avons vûes dans le siécle précédent, sont trop grossières & ont trop peu d'analogie avec elle pour mériter ce nom.

Quoique cette Langue nouvelle fût la Langue d'usage de toute la Nation Françoise, elle n'étoit cependant point employée dans les actes publics qui se faisoient toujours en Latin. Par une bizarrerie, qui surprendroit si l'on étoit moins accoûtumé à en voir parmi les hommes, on avoit honte de se servir dans les assemblées, dans les livres, dans les lettres même (*mmm*) du langage dont on faisoit usage en particulier. On employoit alors, pour se communiquer ses pensées, une Langue qui n'étoit point entendue par ceux qui la mettoient en usage. (*nnn*) On faisoit violence à la pente que nous avons de nous exprimer dans notre Langue maternelle. Mais comme tout ce qui est forcé ne dure pas, & que les inclinations naturelles recouvrent peu à peu leurs droits, dès le dixième siécle on osa parler François dans des actes publics.

T. 6, Conc. Hard.
Alberon, Évêque de Metz, publia l'an 940 une Lettre Pastorale en cette Langue, ainsi que nous l'avons dit. Au Concile de Mouson, tenu en 995 sous Hugues Capet, Aimon, Évêque de Verdun, harangua en François : *Aimo Episcopus surrexit, & Gallicè concionatus est*. On reprocha dans ce même Concile à Arnoul, Archevêque de Rheims, d'avoir fait des Traités avec Charles de Lorraine, qui étoient écrits en Langue Vulgaire, *Addebant etiam de pactis & constitutis in vulgari Linguâ cum eodem habitis*.

On trouve dans la Bibliothéque du Roi les Pseaumes traduits en François dans l'onzième siécle. Nous voyons dans le même temps une autre traduction en Langue Françoise. L'histoire de l'invention & des miracles de Saint Wlframme, Archevêque de Sens, qui a été écrite par un Religieux de l'Abbaye de Saint Wandrille en Normandie sous Guillaume le Conquérant, parle d'un certain Thibaud de Vernon, Chanoine de la Cathédrale de Rouen, qui avoit recouvré la vûe par les mérites de Saint Wlframme, & qui avoit traduit assez élégamment les Vies de plusieurs Saints de Latin en Langue Vulgaire, qui même avoit mis ces Vies en Cantiques à l'usage du Peuple. (*ooo*)

Marbode, Évêque de Rennes, écrivit dans le même siécle en vers Latins un traité des Pierres précieuses, dont on fit une traduction en François aussitôt qu'il parut. Ce qui donne lieu de le croire ainsi, c'est qu'elle est écrite de la même main que l'original dans un manuscrit de Saint Victor, que le Pere Beaugendre, Éditeur des ouvrages d'Hildebert & de Marbode, juge avoir au moins six cens ans d'antiquité.

On ne se contenta pas dans ce siécle de traduire des Ouvrages Latins en Langue Vulgaire, on osa même en composer. Ce fut alors, selon M. Huet, qu'on commença à écrire des histoires fabuleuses en ce langage, qui s'appellant, comme nous l'avons vu plus haut, Romain ou Roman, donna le nom de Roman aux histoires fabuleuses écrites en cette Langue ; nom qu'on a continué de donner à toutes les histoires pleines de fictions, en quelque langage qu'elles soient composées. Il y a des Sçavans qui reculent l'origine de nos Romans jusqu'au dixième siécle, d'autres la placent au douzième.

Le préjugé contre notre Langue se dissipoit peu à peu ; nos Rois ne la crurent pas indigne d'être employée dans leurs Ordonnances. Loysel, dans ses Mémoires de Beauvais, cite une Charte Françoise de Louis le Gros. Au premier tome des Ordonnances de nos Souverains, on lit un Édit de Saint Louis dans la même Langue. On laissa dès l'onzième siécle entrer cette Langue dans les assemblées ecclésiastiques. L'Auteur de la Vie de Saint Hildebert, fait Évêque du Mans l'an 1097, ensuite Archevêque de Tours, dit que lorsqu'il prêchoit, le Peuple l'écoutoit avec beaucoup de dévotion à la vérité ; mais que lorsqu'il prêchoit aux Clercs, ils l'écoutoient encore avec plus d'empressement, parce qu'il s'exprimoit mieux, & avec plus de facilité en Latin. *Cùm in Ecclesia loqueretur, Populus quidem verba ejus devotissimè audiebat ; sed studiosiùs audiebatur à Clericis, quoniam Latinâ Linguâ expeditius, quodam modò atque vivaciùs loquebatur*. Ce Saint instruisoit donc son Peuple en Langue Vulgaire, puisqu'il lui parloit une Langue différente de la Latine. L'Ordinaire de Nevelon, Évêque de Soissons, au douzième siécle, nous apprend qu'alors on lisoit dans quelques Églises l'Épitre de la Messe en Latin & en François. (*ppp*) Dans le même temps s'introduisit l'usage des Épitres farcies ; après avoir chanté quelques mots de l'Épitre de la Messe en Latin, on en faisoit une grande paraphrase en François. Dom Martene, dans son Recueil des anciens Rits de l'Église, liv. 1.er, ch. 3ieme, a. 2ème, a rapporté une de ces Épitres, qui est tirée d'un Missel de Saint Gatien de Tours, qui a environ six cens ans d'antiquité.

Dans l'Ordre de Cîteaux, on lisoit tous les Dimanches un chapitre de la Régle aux Freres Lays en

(*mmm*) Saint Hildebert, Archevêque de Tours dans l'onzième siécle, écrit à des femmes de toutes conditions, même à une Sœur Converse, & à une simple Recluse en Langue Latine. Saint Bernard adresse plusieurs de ses lettres, composées en Latin, à des femmes de tout état.

(*nnn*) Ceux qui dressoient ces actes en Latin, avoient soin de les expliquer en François aux Parties intéressées. On lit dans une enquête de l'an 1440, tirée des Archives de l'Abbaye de Cassan, que les articles en ont été expliqués en Langue Laïque, & à intelligible voix. *Articuli Linguâ Laicâ, & intelligibili voce expositi*. Dans le Recueil des Chartes de Saint Flour, on en lit une de l'an 1180, qui porte : *Renuntiantes super hoc dictæ partes certæ de facto & de jure. Certiorata Linguâ Romanâ cuilibet exceptioni doli*. Dans une Sentence arbitrale de l'an 1400, *quam quidem Sententiam... Joannes Rigaldi ibidem coram dictis partibus, altâ & intelligibili voce, vulgariter, id est, in Romancio prælegit*.

(*ooo*) *Hic multorum gesta Sanctorum ; sed & Sancti Vandregesili à suâ Latinitate transtulit, atque in communis Linguæ usum, satis facundè resudit : ac sic ad quamdam Tinnuli, Rythmi similitudinem urbanas, ex illis cantilenas edidit*.

(*ppp*) *Epistolam debent cantare tres Subdiaconi induti solemnibus indumentis* : Entendes tuit à cest sermon.

SUR LA LANGUE CELTIQUE. 27

Langue Vulgaire. Saint Bernard ajoûtoit à cette lecture une instruction dans la même Langue; il n'en employoit point d'autre lorsqu'il alloit annoncer la parole de Dieu au Peuple du voisinage de Clervaux. Il se servit de son langage naturel, lorsqu'il alla prêcher la Croisade en Allemagne. On veut, dans la fondation du Collége de l'Ordre de Cîteaux à Toulouse, que les Religieux qui résideront dans ce Collége, puissent prêcher la parole de Dieu au Clergé & au Peuple en Langue Latine & en Langue Laïque. (*qqq*) Les Statuts de Nantes ordonnent à tous les Curés d'expliquer une fois par mois au Peuple en Langue Romance, à l'issue de la Messe un jour de Dimanche, la Constitution qui commence par ces mots : *Quoniam intelleximus*. (*rrr*)

Pref. de Mabillon sur le tom. 5 des œuv. de Saint Bernard.

Villehardouin, au commencement du treizième siécle, écrivit en Langue Vulgaire l'histoire de la prise de Constantinople par les François; Joinville peu après la Vie de Saint Louis, & depuis ce temps elle fut employée par un grand nombre d'Écrivains dans les relations ou histoires qu'ils composerent.

Enfin, François I acheva de la mettre en honneur, lorsqu'il voulut qu'elle fût la Langue des Loix, des Tribunaux, & de tous les actes de la société.

CHAPITRE QUATORZIÈME.

QUELLES sont les sources où l'on trouvera la Langue Celtique.

PAR l'histoire de la Langue Gauloise que je viens de tracer, on apperçoit aisément dans quelles sources il faut la chercher.

Premièrement, dans les anciens Auteurs Grecs & Latins, qui nous ont conservé quelques mots Gaulois dans leurs ouvrages.

Secondement, dans la Langue des Bretons & des Gallois, que j'ai prouvé être la Celtique. Ils y ont à la vérité mêlé quelques mots nouveaux, mais ils sont aisés à reconnoître.

Troisièmement, nous avons plusieurs histoires, Vies de Saints, Annales, Chartes, contrats, dès le quatrième siécle jusqu'au seizième. Tous, ou presque tous ces monumens, sont en Latin; mais, heureusement pour nous, il s'y trouve grand nombre de mots Gaulois. Quelquefois les Auteurs de ces actes, pour se faire mieux entendre de ceux en faveur de qui ils écrivoient, après avoir rapporté le mot Latin, l'expliquent par le mot Celtique avec une terminaison Latine; ainsi ils disent *Boscum Caduum, sivè Layam, domum sivè Cayum*; d'autres fois ils ne font que terminer en Latin le mot Celtique, en observant, ou que c'est un terme des Anciens : *Quem locum Contadisconem, ob utriusque fluenii unionem dixère Veteres*; ou que c'est un mot Gaulois & ancien : (*sss*) *Aganus Gallico, priscoque sermone . . . . . . petra esse dignoscitur*; ou que c'est une expression vulgaire : *Vestitum lineum, quod Camisium vulgò vocant*; ou que c'est un terme rustique : *Prætereo quòd in ipsa Festivitate B. Remigii, follem me verbo Rustico appellasti*; ou que c'est un terme Romain : *Duo paria Palmariarum quæ ità Romanicè nuncupantur*; ou que c'est une expression du Pays : *Navibus magnis quas nostrates Bargas vocant*. Enfin ces Écrivains se contentent souvent de joindre une terminaison Latine au mot Celtique : *Ego doxo, & ad ignem, & ad alia necessaria omnes arbores Lemniarum mearum præter Chaisnum & Fraxinum*. Il n'est pas difficile de connoître les termes Gaulois qui sont dans cette phrase; *Lemnia & Chaisnus* ne sont sûrement pas Latins; ils ne sont pas Theutons, puisque dans cette Langue une forêt est appellée *Wood*, & un chêne *Eiche*; il faut donc qu'ils soient Celtiques, puisqu'il n'y a jamais eu que ces trois Langues en usage dans les Gaules.

Greg. Tur. in V S Rom Ann. in V S Rom Ann Bertin ad ann. 962, & 1. Ann. de Mab. 257 Conf. Clun. f. 2, c. 36. Ann. Bert. ad ann. 876.

Il nous reste plusieurs ouvrages écrits dans les onzième, douzième, &c. siécles dans ce langage qui se forma en France des Langues Latine, Celtique & Theutone sous nos Rois de la seconde Race. On ne se trompera pas, en reconnoissant pour Gaulois les termes que l'on verra n'être pas d'origine Latine ou Theutone.

Quatrièmement, les différens Patois, sur tout des Gens de la Campagne, & particulièrement de ceux qui habitent les montagnes & les endroits les plus éloignés des Villes, ont conservé un grand nombre de mots Celtiques.

Cinquièmement, on cherchera aussi avec succès des termes Gaulois dans la Langue des Basques. Ce petit Peuple, défendu par le Pays qu'il habite, a bien rarement connu d'autres Maîtres que ses Princes naturels. N'ayant jamais été mêlé avec aucune autre Nation, il a conservé sa Langue primitive, qui est un Dialecte de la Celtique. Le paralléle que je ferai dans mon Dictionnaire du Basque avec le Breton & le Gallois, montrera d'une manière sensible, que le premier de ces idiomes est, de même que les deux autres, un Dialecte de la Langue Gauloise.

Cantabrum in. dostum juga fer- re nostra. Ho.

Sixièmement, le langage des Écossois Montagnards, celui des Irlandois, qui sont originairement des Dialectes de la Langue des Bretons, seront aussi très-utiles pour découvrir des termes Gaulois.

J'ai puisé dans les sources que je viens d'indiquer tous les termes du Dictionnaire que je donne; ainsi on ne pourra douter qu'ils ne soient Celtiques. On sera entièrement confirmé dans ce sentiment, lorsqu'avec son secours on donnera la raison des noms des Habitations, des Fleuves, des Montagnes des Gaules, noms qui se sont conservés dans tous les temps, & qui sont sûrement Celtiques, comme je l'ai fait voir ailleurs.

(*qqq*) *Clero & Populo Latinis verbis & Laïca verba,* on lit ainsi dans ce titre, *vel Lingua verbum Dei proponere valeant, & etiam prædicare.*

(*rrr*) *Monemus Curatos. . . . . ut quolibet mense die Dominicâ qualibet. . . . . publicent, & in Romancio exponant Constitutionem Apostolicam suscipientem, quoniam intelleximus.* T. 4, Anecdot. Marténne.

(*sss*) Il ne faut pas conclure de là que le Gaulois n'étoit plus en usage. Tous nos Ecrivains observeront que *cheminer* est un ancien terme. N'est-il pas cependant d'usage chez tous les Paysans & les Artisans qui font le gros de la Nation. Les gens de lettres se piquoient alors d'écrire, & peut-être de parler entre eux en Latin, ils regardoient le Celtique rélégué chez le Peuple comme une Langue surannée & hors d'usage.

D ij

Je ne me suis pas borné à la description étymologique des Gaules dans toute l'étendue qu'elles avoient du temps des Romains. Les Gaulois ayant passé dans la grande Bretagne, ayant peuplé une partie de l'Espagne & de l'Italie, ainsi qu'on l'a prouvé plus haut, je ne remplirois pas l'objet de mon ouvrage, si je ne faisois voir que les Villes de ces Régions, qu'ils ont habitées les premiers, portent des noms Celtiques, & qu'on n'en peut donner des étymologies justes, naturelles & faciles, qu'en cette Langue. C'est ce que j'exécute dans ma seconde Partie, qui par là devient une preuve de fait de la vérité de mon système, & le porte au dégré d'évidence qu'on peut raisonnablement désirer dans un pareil sujet.

Fin de la première Partie.

MÉMOIRES CELTIQUES.

SECONDE PARTIE,

Qui comprend la description étymologique des Gaules, dans toute l'étendue qu'elles avoient du temps des Romains, de la Grande Bretagne, de la meilleure partie de l'Italie & de l'Espagne, dont les Gaulois ont été les premiers Habitans.

Il faut que je compte, autant que je le fais, sur le goût du vrai, qui forme le caractére de notre siécle, pour oser rendre publique cette description. Et de quel œil, dans l'âge qui nous a précédé, tant de Villes se seroient-elles vuës enlever ces pompeuses chiméres, dont elles cherchoient à réhausser l'éclat de leur origine. L'une rapportoit son établissement à César, & se figuroit que la gloire de son Fondateur rejaillissoit sur elle. L'autre se disoit bâtie par une légion victorieuse, & ses Citoyens croyoient sentir couler dans leurs veines le sang de ces Romains Maîtres du monde. Dire à des personnes ainsi prévenues que leur habitation devoit ses commencemens à une famille Gauloise, & son nom à sa situation, c'eût été bien moins les persuader que les aigrir. Mais, graces à l'Esprit Philosophe qui règne aujourd'hui parmi nous, j'ose espérer qu'on fera plus de cas de la simple vérité, que de ces honneurs imaginaires. Je me flate que, contens de l'illustration réelle de compter les sages & vaillans Gaulois pour nos Fondateurs & nos Peres, nous ne désirerons pas d'avoir pour ayeux des étrangers, qui ne les ont surpassés qu'en ruse & en adresse. (*a*)

DISSERTATION PRÉLIMINAIRE

Sur le changement des lettres, & sur les altérations que souffrent les mots, sur tout lorsqu'ils entrent en composition.

Les lettres sont voyelles ou consonnes. Les premières se forment par la seule ouverture de la bouche. Les secondes ont besoin, outre cela, du concours de quelques-unes de ses parties, comme des dents, des lévres, de la langue, du palais, du gosier.

Les consonnes formées par le secours des dents, sont R, S, Z.
Celles des lévres, B, M, P, V.
Celles de la langue, D, L, N, T.
Celles du palais, C, K, Q, G, J.
Nous n'avons qu'une gutturale dans notre langue, c'est l'H.

Tous les Grammairiens conviennent que les lettres qui ont la même partie de la bouche, ou le même organe pour principe, se mettent aisément l'une pour l'autre. Comme elles se forment par la même espèce de mouvement ; comme leur variété ne vient que du plus ou moins de force de ce mouvement, rien n'est plus facile qu'un changement pareil. Le V se forme par un mouvement de lévres assez doux ; le P par le même mouvement un peu plus marqué ; un mouvement plus fort que ces deux premiers produit un B. On voit par la legére différence qui se trouve entre ces mouvemens, combien il est aisé de les confondre, & de former ainsi une de ces lettres pour une autre.

Ce ne sont pas seulement les lettres d'un même organe qui se substituent ainsi, il en arrive autant à celles qui appartiennent à des organes différens, quand leur son a quelque affinité. La conversion de

---

(*a*) Salluste I, de la Guerre de Catilina, *s*. 53, reconnoit que les Gaulois ont été supérieurs aux Romains en faits d'armes, comme les Grecs les ont surpassés en éloquence. *Facundiâ Græcos, gloriâ Belli Gallos antè Romanos fuisse.*

ces lettres est si naturelle, que nous la faisons souvent sans le vouloir. Combien de fois ne prononçons-nous pas un P, un V pour un B, une N pour une M ? Il ne faut donc point être surpris de voir de pareils changemens se faire dans les diverses Contrées d'un Pays, on ne doit point être frapé d'entendre le même mot prononcé de plusieurs manières différentes dans une Province. Un homme aura toutes les parties qui concourent à la formation de la parole, libres & déliées, il prononcera bien, & transmettra à ses descendans sa façon de parler exacte. Quelque organe du langage se trouvera pesant & mal formé dans un autre ; cette pesanteur ou indisposition le mettra dans l'impuissance, ou seulement dans la difficulté de proférer certaines lettres, qui demandent des mouvemens plus forts ou plus vîtes ; il n'en faut pas davantage pour que cet homme change, sans même trop s'en appercevoir, ces lettres en celles qui, ayant beaucoup de ressemblance avec elles, sont plus faciles à prononcer. Ses enfans, à qui son exemple aura communiqué son défaut, le perpétueront ; cette famille, devenue par la suite des temps un Village, une Bourgade, une Ville, conservera la même façon de parler. Voilà comment les prononciations diverses s'introduisent, & passent d'âge en âge. Voilà comment un même mot prend des formes si différentes.

Si quelqu'un est curieux de connoître par lui-même ces sortes de métamorphoses, il n'a qu'à parcourir les Villages d'une Province l'espace de quelques lieues, il y verra le même terme prendre tant de figures différentes, souffrir tant d'altérations, qu'il n'est plus reconnoissable aux personnes qui ne réfléchissent pas : Qu'on en juge par les façons diverses, dont le mot *eau* se prononce dans les différens cantons du Comté de Bourgogne. On y dit *ague, aigue, egue, ege, aige, ait, age, igue, ave, eve, ive, ieve, ove, eave, eau, iau, ia, iave, iove, euve* : Quand on réfléchit, on voit le même terme dans toutes ces prononciations ; mais combien n'est-il pas différent de lui-même ? Combien d'altérations & de déguisemens ne souffre-t-il pas ?

Il est inconcevable, dira-t-on, qu'*eau* vienne d'*agua* ; je conviens que l'on ne conçoit pas qu'il en soit immédiatement formé, aussi n'ai-je garde de le prétendre ainsi ; mais il n'est point difficile de comprendre qu'*eau* sort d'*agua* par une certaine suite de changemens. D'*agua*, on aura d'abord fait *ave, d'ave av, d'av au, d'au eau* : Il n'y a rien en cela d'extraordinaire ; comme il n'est point surprenant que les Négres tirent leur origine d'un Pere Blanc par une longue suite de générations, qui s'étant établies successivement de près en près en des climats toujours de plus en plus voisins de la ligne, auront ainsi peu à peu, & par une gradation insensible, perdu leur blancheur originaire, & acquis cette noirceur qui nous surprend.

Veut-on des exemples plus généralement connus que celui que j'ai tiré de notre Province ? Il me sera facile d'en produire.

En France, le mot *exemple*, dans la Langue commune de la Nation, se prononce *exxemple*, les Auvergnacs disent *ecsemple*, les Comtois *egsemple*, les Dauphinois *exemple*, les Languedociens *essemple*, les Gascons *exsemble*, les Picards *escample*, &c. Étienne vient sûrement de *Stephanus*. Combien d'altérations n'a pas dû souffrir ce dernier terme pour produire le premier. Le Dictionnaire de Trevoux fait ainsi la généalogie de ce mot. (On a dit *Estephane, Estphane, Esphene, Esteerne, Estienne, Etienne*.) Je le formerois ainsi à la vuë des anciens titres *Stephan, Stevan, Estevan, Etevan, Eteven, Etivan, Etian, Etiane, Etiene, Étienne.*

Ceux qui voudront voir des changemens de termes encore plus surprenans, & cependant aussi incontestables, n'ont qu'à consulter le Dictionnaire Hagiologique de M. l'Abbé Chastelain, ils y verront Saint *Agilus* transformé en Saint Y, Saint *Adauctus* en Saint Chauct, Saint *Anemundus* en Saint Chaumont, Saint *Austregisilus* en Saint Outrille, Sainte *Baldechildis* en Sainte Beauteur, Saint *Baldomerus* en Saint Galmier, Saint *Ægidius* en Saint Gilles. On appelle *Javotte* à Paris une petite fille qui porte le nom de Geneviève.

Ce n'est pas seulement parmi nous qu'on trouve des changemens si frapans, il en est d'aussi extraordinaires dans toutes les Nations. Qui reconnoîtroit le mot de *Jacobus* dans les termes de *Xaime* & *Diego*, dont les Espagnols se servent pour rendre ce nom en leur Langue ? Qui se rappelleroit le mot de *Stephanus* dans le terme de *Stie*, que les Boulenois d'Italie employent pour exprimer ce nom parmi eux.

Les personnes qui n'ont jamais étudié les Langues, qui ne les ont point suivies dans leurs révolutions, qui en ignorent les vicissitudes, qui ne connoissent pas l'analogie de plusieurs lettres entre elles, & la facilité avec laquelle elles peuvent être substituées l'une à l'autre, sont fort surprises lorsqu'on leur présente les diverses formes sur lesquelles un mot a été, ou est encore en usage ; lorsqu'on leur fait voir les divers changemens qu'un terme a soufferts. Elles sont tentées de regarder tout cela comme des idées de Grammairiens, ou des visions d'Étymologistes : c'est pour ces personnes que j'ai développé les principes de ces changemens. Je crois avoir prouvé évidemment la possibilité, l'existence, la facilité même de ces altérations ; & pour porter sur cet article la conviction au plus haut point, j'en appelle à l'expérience de mes Lecteurs. Prononcent-ils, écrivent-ils de la même manière qu'ont écrit & prononcé nos Peres ?. Disent-ils, comme ils leur ont entendu, *amandre, obmis, un vieil homme* ? Qui parleroit ainsi aujourd'hui, ne seroit-il pas étranger parmi nous ? Il faut donc s'accoutumer à voir sans surprise les conversions des lettres, les changemens des mots, puisqu'il n'est rien de si naturel, de si facile & de si ordinaire que ces sortes d'altérations.

Je vais à présent, en suivant l'ordre alphabétique, indiquer les changemens de chaque lettre usitée dans la Langue Celtique.

EXEMPLES

Des divers changemens des lettres & des mots usités dans la Langue Celtique.

A

A, placé ou omis indifféremment au commencement du mot.

ADAMMEG, *Dammeg*, énigme. *Achor, Corr*, petit. *Abwyd, Bwyd*, nourriture. *Agwrd, Gwrd*, vaillant. *Achrwm, Crwm*, courbe. *Achul, Cul*, maigre. *Aman, Man*, ici. L'*A* est un des articles Celtiques que l'on place ou que l'on omet indifféremment à la tête du mot. L'*A* est de même placé ou omis indifféremment au commencement du mot dans le Grec, le Latin, le François, l'Espagnol, l'Italien.

A, placé ou omis indifféremment au milieu du mot.

GARAW, *Garw*, rapide. *Ciliad, Cilyd*, qui s'enfuit. *Dinaoni, Dinoui*, verser. *Dreucq, Dreucq*, yvraye. *Jau, Ju*, jeune. *Leach, Lech*, lieu. L'Espagnol & l'Italien insèrent quelquefois l'*A* dans ses termes.

A & E mis l'un pour l'autre.

ABAN, *Eban*, guerre. *Adar, Ader*, oiseau. *Edat, Edeu*, fil. *Agori, Egori*, ouvrir. *Carvan, Carven*, gencive. *Malen, Melan*, fer. *Moan, Moen*, menu. En Basque, *Ance, Ence*, manière. *Astel, Estel*, dévidoir. Le même changement est usité dans l'Hébreu, le Persan, le Grec, le Latin, le François, l'Italien, l'Anglois. Les Gallois, en formant le pluriel, changent l'*a* en *e* : *Paladr*, tronc d'arbre, *pl. Pelydr*.

Dans les anciennes Langues, les consonnes seules étoient de l'essence des termes : c'est ce qui se voit encore dans les Langues orientales, où il n'y a que les consonnes qui s'écrivent, & où les voyelles se mettent indifféremment l'une pour l'autre.

A, E, Eo mis l'un pour l'autre.

DEMATACH, *Dematech*, *Dematech*, bonjour.

A, changé en Ei.

Les Gallois, en formant le pluriel, changent l'*a* en *ei* : *Nant*, rivière, *Neint*, rivières. *Rag, Rig*, Roy. *Mistag, Mestig*, festin. *Salvidignez, Silvidignez*, salut. Le même usage se voit dans le Latin, le François, l'Italien.

A & O mis l'un pour l'autre.

CAWAD, *Cawod*, pluye. *Ceubal, Ceubol*, barque. *Ejan, Ejon*, bœuf. *Aman, Amonen*, beurre. *Mam, Mom*, mere. *Mancq, Moncq*, manchot. *Mane, Mon*, montagne. *Unan, Unon*, un. *Mar, Mor*, mer. *Cywaeth, Cywoeth*, richesses. *Talbos, Talwas*, bouclier. L'*A* & l'*O* se mettoient très-souvent, & presque indifféremment l'un pour l'autre dans les ouvrages écrits en François, il y a trois ou quatre cens ans. Il est encore libre parmi nous de dire *amelette*, ou *omelette*. L'*A* & l'*O* se substituent réciproquement dans les Langues Orientales, & dans celles du Nord. Les Joniens changeoient souvent l'*A* en *O*. Ces lettres se mettent l'une pour l'autre en Japonois.

A & U mis l'un pour l'autre.

MANE, *Mun*, montagne. *Dibas, Dibus*, amuser.

A & Y mis l'un pour l'autre.

YSGAFALA, *Ysgyfala*, sûr. *Achenawg, Tchenawg*, pauvre. *Rafael, Rhyfel*, guerre. *Arall, Trall*, autre. Les Gallois, en formant le pluriel, changent l'*a* en *y*. *Paladr*, tronc d'arbre, *pl. Pelydr*.

Æ & A mis l'un pour l'autre.

ÆFFER, *Affer*, affaire.

Æ & E mis l'un pour l'autre.

BALAEN, *Balen*, fer. *Cywaeth*, *Cyweth*, richesses. *Rafael, Rhyfel*, guerre.

Ae & Ea mis l'un pour l'autre.

LAEZ, *Leaz*, laict.

Ae & Ai mis l'un pour l'autre.

BALAEN, *Balain*, fer. *Taeliwr*, Tailleur ; *Tailha*, tailler.

Ai & A mis l'un pour l'autre.

BALAIN, *Belan*, fer. *Cain, Can*, blanc. *Cainge, Cangen*, rameau. *Cadlais, Cadlas*, sol. *Craig, Crag*, roc. *Ubain, Uban*, se lamenter.

Ai & Ae mis l'un pour l'autre.

Voyez Ae & Ai mis l'un pour l'autre.

Ai & E mis l'un pour l'autre.

LAIS, *Lef*, voix.

Ao & A mis l'un pour l'autre.

QICHAON, *Qichan*, près. *Caon, Can*, canal. *Foar, For*, foire.

Aou, Au, Eu mis l'un pour l'autre.

MAOUD, *Maud, Meud*, mouton. Les anciens Gallois, dit Daviés, écrivoient *eu* pour *au* ; & une partie des Gallois a retenu cet usage.

Au & O mis l'un pour l'autre.

AUBLICH, *Oblich*, obligation. *Augued, Og*, herce. *Aud, Ot*, rivage. *Aur, Or*, or. De même en Latin, François, Italien.

Au & Ou mis l'un pour l'autre.

AUR, *Our*, or. *Haul, Houl*, soleil.

Au & U mis l'un pour l'autre.

EAUCQ, *Eucq*, saumon.

Au, Eu, Oa, Oue, *mis l'un pour l'autre.*
AULED, Euled, Oaled, Oueled, foyer.

Aw & A *mis l'un pour l'autre.*
TLAWD, Tlad, pauvre.

Aw & E *mis l'un pour l'autre.*
BASGAWD, Basged, corbeille. Dianlawd, abondant, Amledd, abondance.

Aw & O *mis l'un pour l'autre.*
ANSAWD, Ansod, état. Athraw, Athro, Précepteur. Cammawn, Cammon, combat. Callawr, Caller, chaudière. Mawl, Moliant, louange.

Aw & W *mis l'un pour l'autre.*
LAWGAIR, Lw, ferment.

Ain *changé en* A.
DE Crainchat, nous avons fait cracher.

B

B, *placé ou omis indifféremment au commencement du mot.*
BLAEN, Laen, sommet. Bliant, Liant, Lliain, suaire. Breg, Reg, rupture. Bryn, Rhyn, colline.

B, *ôté du milieu du mot.*
EMBRYS, & Emrys, Ambroise.

B & C *mis l'un pour l'autre.*
BEN, Cen, teste. Bro, Cro, terre.

B & D *mis l'un pour l'autre.*
BRIL, Dryl, piéce, lambeau. Les anciens Latins prononçoient le *b* initial en *du* : ils disoient *duelom* pour *bellum*, *duonorum* pour *bonorum*.

B & F *mis l'un pour l'autre.*
LES Gallois changent le B en F dans la composition & la construction. Les Bretons mettent une de ces lettres pour l'autre, même dans l'état absolu. Ainsi ils disent indifféremment Brav, Frav, leste, propre en habits ; & de Brwd ou Broud, qui en Gallois signifie chaud, bouillant, au propre & au figuré, ils font Frouden, ardeur, passion, boutade, fougue. Ces lettres se substituent mutuellement en Grec, en Latin, en François, en Italien, en Allemand, en ancien Saxon, en Japonois.

B & G *mis l'un pour l'autre.*
BELL, Gell, guerre. Burzun, Gurzun, navette de Tixerand. Bol, Gol, teste. Bynnag, Gynnag, quiconque. Les Éoliens changeoient le B en G.

B & M *mis l'un pour l'autre.*
BENDT, Mendt, menthe. Benn, Menn, chariot. Bucellat, Mucellat, mugir. Balen, Malen, fer. Bann, Mann, marque. Bagad, Magad, multitude. Both, Moth, élévation. Baeddu, Maeddu, battre. En Basque, le B & l'M se substituent mutuellement. Sunt autem B & M in Vasconicis nominibus cognata litteræ, & sæpe invicem commutantur. Oihenart, notitia utriusque Vasconia. En Écossois le même changement est usité. Bwch, Mwch, en cette Langue signifie également un lieu bas. La conversion du B en M est usitée dans le Grec, le Latin, l'Espagnol. Les Arabes l'ont aussi adoptée, ils appellent la Mecque indifféremment Becca & Mecca. Les Indiens appellent également une espèce de canne, Bambu & Mambu.

B & N *mis l'un & l'autre.*
BANT, Nant, vallée. Benn, Nenn, elevé. Ber, Ner, Seigneur. Byth, Nyth, demeure.

B & P *mis l'un pour l'autre.*
BLIANT, Pliant, suaire. Blisg, Plisg, coque. Boed, Poed, soit. Sembl, Sempl, foible, exténué. Ben, Pen, tête. Berth, Perth, propre, beau, bien mis. Ber, Per, lance. Biau, Piau, verbe qui marque la possession. Cambr, Campr, chambre. Scrab, Scrap, larcin fait avec adresse. Dans quelques Provinces du Royaume le B se change encore à présent en P. On voit la même conversion dans le Grec, le Latin, le Theuton, l'Allemand, le Persan, l'Espagnol, l'Italien.

B & S *mis l'un pour l'autre.*
BODDI, Soddi, plonger. Bydd, Sydd, est.

B & U *mis l'un pour l'autre.*
LES substantifs Bretons changent communément le B initial en V consonne, après les articles *ar*, *an* & *ur*, & en plusieurs autres cas. Boestl, boëte. Ar Voestl, la boëte. Boul, boule, Ur Voul, une boule. Banell, venelle, *an Vanell*. Les Gallois & les Bretons mettent ces lettres l'une pour l'autre, même dans l'état absolu. Abon, Avon, rivière. Bely, Vely, autorité, pouvoir. Ber, Ver, grand. Ces lettres se substituent réciproquement. En Basque, Bat, Vat, un. En Irlandois, Abon, Avon, rivière. Le même changement est d'usage en Hébreu, en Grec, en Latin, en Persan, en ancien Allemand, en Allemand moderne, en Espagnol, en Italien, en Japonois. Dans quelques Provinces du Royaume on prononce le B en V, & l'V en B.

B & W *mis l'un pour l'autre.*
PENBAR, Penwar, chevestre. licol.

B & Z *mis l'un pour l'autre.*
TOUBYER, Touzyer, nappe.

C

C, *placé ou ômis indifféremment au commencement du mot.*
CLIQED, Lieqed, locquet. Clai, Llaid, boue. Crys, Rys, fort. Croesaw, Rhoesaw, congratulation. En Basque, Cara, Ara, vers. Cabia, Abia, caverne, *Voyez* le G, qui est la même lettre que le C, placé ou ômis indifféremment au commencement du mot.

C, *ôté du milieu du mot.*
SCORNEIN, Sornein, gêler. Du Celtique Lacz, nous avons fait las. Ce retranchement se fait aussi en Latin & en Italien.

C & Ch

SUR LA LANGUE CELTIQUE.

C & Ch mis l'un pour l'autre.

Les Gallois changent le C en Ch dans la composition & la construction. Le C, après *ur*, ou *ar*, se change en Ch guttural généralement dans les substantifs masculins Bretons. *Can*, canal. *ar Chan*, le canal. *ur Chan*, un canal. Les Bretons mettent même indifféremment ces deux Lettres. *Coucq*, *Choucq*, col. *Caign*, *Chain*, charogne. *Carra*, *Charreia*, enfermer. Plutarque dit qu'en Grec le K & l'X forment le même son, à quelque différence de force près seulement. Le même changement se fait en François & en Italien.

C & D mis l'un pour l'autre.

Cleyzenn, *Dleyzenn*, pêne de serrure.

C & F mis l'un pour l'autre.

Voyez Q, qui est la même lettre que le C, mis pour l'F.

C & G mis l'un pour l'autre.

Les Gallois & les Bretons, dans la composition & la construction, changent le C en G. Bien plus, ces derniers changent le C initial de tous les substantifs féminins en G, après les articles *ar* & *ur*. *Cador*, chaise. *ar Gador*, la chaise. *ur Gador*, une chaise. Ils changent encore le C en G, après les mots terminés en *a*, *e*, *ou*, *au*. Enfin ces deux Peuples ont vu tant d'affinité entre ces lettres, qu'ils les ont mises l'une pour l'autre, même dans l'état absolu. *Ifcavu*, *Ifgavu*, sureau. *Clan*, *Glan*, bord de rivière. *Calb*, *Galb*, un homme gros & gras. *Can*, *Gan*, blanc. *Cafeg*, *Gazec*, jument. *Cauno*, *Gauno*, tête. *Con*, *Gon*, rocher. La même substitution se trouve dans le Basque, ils disent indifféremment *Corrize*, *Gorrize*, rougir. On voit le même changement dans le Grec, le Japonois, l'Italien, le François. Quelquefois cependant le C ne se change point en G dans le Gallois. *V. Cadeno.*

C & H mis l'un pour l'autre.

Can, *Han*, blanc. *Coed*, *Hoed*, bois. *Coh*, *Hoh*, vieux. *Cleued*, *Hleued*, ouïe. *Cloh*, *Hloh*, cloche. *Clom*, *Hlom*, nœud. *Clomdy*, *Hlomdy*, colombier. *Clos*, *Hlos*, enclos. *Caret*, *Haret*, aimé. *Clé*, *Hlé*, élévation de terre au tour des champs. Il est à propos de rapporter ici la remarque du Pere Lobineau dans son Glossaire, sur ces mots *Hlotaire*, *Hlovis*, qui sont les mêmes que ceux de Clotaire, Clovis. Comme on écrit ces noms diversement, il est bon de remarquer ici que cette diversité n'est venue que de la différente prononciation. Ceux qui ne pouvoient prononcer la gutturale par où ces deux mots commencent, substituoient un C à la place ; mais ceux qui étoient accoutumés à la prononcer l'écrivoient aussi. La prononciation de la gutturale devant l'L, est restée dans quelques cantons du Diocèse de Saint Malo, où les Paysans disent une *Hlef*, une *Hloche*, un *Hloistre*. La prononciation de la gutturale, qui est la plus ancienne, s'est encore conservée dans le Diocèse de Vannes. Les Vannetois disent, *Hoed*, *Haer*, *Hoh*, pour *Coed*, *Caer*, *Coh*.

C & I mis l'un pour l'autre.

Bacqol, *Bajoll*, ganaches.

Le C, le K, le Q mis l'un pour l'autre.

Ces lettres ont dans le Celtique, comme dans toutes les autres Langues, le même son & la même valeur. *Car*, *Kar*, *Qar*, parent. *Can*, *Kan*, *Qan*, beau. *Corn*, *Korn*, *Qorn*, corne. *Cae*, *Kat*, *Qae*, clôture. *Carell*, *Karell*, *Qarell*, querelle. *Ci*, *Ki*, *Qi*, chien. *Caer*, *Kaer*, *Qaer*, Ville. *Colen*, *Kolen*, *Qolen*, petit d'un animal. *Carr*, *Karr*, *Qarr*, chariot. *Caouen*, *Kaouen*, *Qaouen*, chat huant. *Cig*, *Kig*, *Qig*, viande. *Carvu*, *Karvu*, *Qarvu*, cerf.

C & N mis l'un pour l'autre.

Coabren, *Noabren*, nuage.

C & S mis l'un pour l'autre.

Caru, *Saru*, rude. *Can*, *San*, canal. *Cer*, *Ser*, enfermer. *Cui*, *Sui*, eau. *Car*, *Sar*, élevé. *Coun*, *Sonch*, souvenir. *Cengl*, *Sengl*, ceinture. Baxter, sçavant dans la Langue Galloise, fait une remarque dont voici la place : Il dit que dans ce langage le même mot, suivant les différens Dialectes, prenoit au commencement un C, un G, une S, ou les omettoit. *Aru*, *Caru*, *Garu*, *Saru*, étoient un seul terme différemment prononcé. En Basque, *Cabal*, *Sabal*, large. *Capata*, *Sapata*, soulier. Le Grec, le Latin, l'Espagnol souffrent le même changement.

C & T mis l'un pour l'autre.

Brych, *Bryth* tache, diverse couleur. *Maudtenn* pour *Maudcenn*, peau de mouton.

C & Z mis l'un pour l'autre.

Ceddu, *Zezu*, moutarde. *Certen*, *Zerten*, certain. *Guenaouecq*, *Guenaouez*, homme qui a une grande bouche.

Ch ôté du commencement du mot.

Une partie des Gallois suppriment cette lettre lorsqu'elle est initiale, & disent *Warae* pour *Chvvarae*, *Chvvaran*, *Waran*, jeu. *Ched*, *Ed*, voler.

Ch ôté du milieu du mot.

Luicha, *Luya*, luire.

Ch ôté de la fin du mot.

Sounch, *Coun*, souvenir. Groin en François vient de *Grouinch*, Celtique.

Ch & C mis l'un pour l'autre.

Voyez C & Ch mis l'un pour l'autre.

Ch & G mis l'un pour l'autre.

Ych, *Igen*, bœuf. *Trachvures*, *Tragvures*, chaleur excessive.

Ch & H mis l'un pour l'autre.

Chuanad, *Huanad*, soupir. *Choar*, *Hoar*, sœur. *Choari*, *Hoari*, jouer, rire, se divertir. *Choalenn*, *Hoalenn*, sel. *Choanenn*, *Hoanenn*, puce. *Choandt*, *Hoandt*, souhait. *Chuerv*, *Huerv*, amer. *Buoch*, *Buoh*, vache. *Cheuh*, *Huch*, odeur. *Luicha*, *Luhein*, luire.

Ch & J mis l'un pour l'autre.

Bacholl, *Bajoll*, ganaches. *Chadenn*, *Jadenn*, chaîne. Du Celtique *Choari*, nous avons fait jouer.

Ch & S mis l'un pour l'autre.

Dour Chach, *Dour Sach*, eau dormante. *Amorch*, *Emors*, attrait. *Chonch*, *Sonch*, pensée. *Cherrein*, *Serrein*, fermer. *Chelaou*, *Selaou*, écouter. *Chug*, *Sug*, suc. *Ach*, *As*, eau. *Chilpa*, *Silpa*, japper. *Chilip*, *Silip*, moineau. *March*, *Mars*, frontières.

E

MÉMOIRES

Ch changé en T.

FINCHA, *Finta*, feindre.
Le mot François *métier* vient du Celtique *mecher*.

D

D placé ou omis indifféremment au commencement du mot.

ON voit dans Baxter que le D étoit un des articles chez les Gaulois, & que plusieurs Peuples de cette Nation l'ajoûtoient au commencement des termes, tandis que d'autres l'omettoient. Je confirme cette remarque par des exemples. *Dor*, *Or*, porte. *Dur*, *Ur*, eau. *Don*, *On*, montagne. *Dethol*, *Ethol*, choisir. *Dab*, *Dav*, *Ab*, *Av*, eau, *Danson*, *Anson*, envoyer.

D ôté du milieu du mot.

SOUILHADUR, *Souilheur*, souillure. *Aldourn*, *Avurn*, poignet. *Rhoddi*, *Rhoi*, donner. On disoit en vieux François *Aoré* pour adoré. On a fait *croire*, ou de *Cridi* Celtique, ou de *Credere* Latin. De *Padell* Celtique, on a fait d'abord *paesle*, ensuite *poesle*.

D inseré au milieu du mot.

MAWN, *Mawden*, gazon. Poids vient de *Poes* Celtique.

D ajoûté à la fin du mot.

AR, *Ard*, haut, élevé. *Ar*, *Ard*, labourer. O, *Od*, si. Le D dans la Langue Osque, qui est l'ancienne Langue de Rome, s'ajoûtoit à la fin de tous les mots qui finissoient par une voyelle. On disoit *ead* pour *ea*, *extrad* pour *extra*, *pradad* pour *prada*, *privatod* pour *privato*.

D & F mis l'un pour l'autre.

DYDDIAU, *Difiau*, Jeudi. *Peryd*, *Peryf*, Roi. *Tvvrd*, *Tvvrf*, tonnerre. *Edryd*, *Edrif*, parenté, lignée. *Rhyderig*, *Rhyserig*, truye en chaleur.

D & G mis l'un pour l'autre.

DOE, *Goe*, Dieu. *Eurevd*, mariage. *Evrvgi*, se marier. *Prad*, pré, au plurier *Prageou*. *Fled*, couchette, au plurier *Flegeou*. En quelques endroits du Royaume, les Paysans disent *Gwyen* pour Dieu. A Cahors on a fait *Gery* de *Desiderius*. Ce changement est connu chez les Espagnols & les Italiens.

D & H mis l'un pour l'autre.

DOR, *Hor*, porte. *Badailhereh*, *Badaildereah*, bâillement.

D & L mis l'un pour l'autre.

LES anciens Latins, dont la Langue vient en grande partie de la Celtique, disoient, au rapport de Festus, *Dacrima*, *impelimenta*, &c. pour *lacrima*, *impedimenta*, qu'on a employés dans la suite. Ce qui montre que parmi eux ces lettres se substituoient mutuellement. Dans notre Langue nous avons fait Cigale de *Cicada*. Chez les Italiens on voit le même changement. En Celtique, *Du*, *Lu*, noir. *Dvv*, *Lvv*, eau. *Daf*, *Laf*, main. *Dann*, *Lam*, forêt. *Den*, *Len*, élévation. *Modeslou*, *Moleslou*, rêve fâcheux.

D & N mis l'un pour l'autre.

EN Breton, *Daoulin*, *Naoulin*, genoux. *Diou Rengenn*, *Niou Rengenn*, les rênes d'une bride. *Nioufconarn*, les oreilles. Daviés nous apprend que dans le Gallois le D se change en N en composition & en construction. Ce changement se fait aussi dans l'état absolu; car on dit indifféremment dans cette Langue, *Den*, *Nen*, sommet. *Dan*, *Nan*, rivière. *Dan*, *Nan*, vallée, profond. *Dor*, *Nor*, porte : les Basques aiment ce changement. Ils disent *Noa*, je sors, *Doa*, il sort. *Dud*, j'ai, *Nuen*, j'avois.

D & R mis l'un pour l'autre.

SPEZAD, *Spezar*, groseille. *Had*, *Har*, semence. *Neud*, *Neur*, oui. *Oëd*, *Oër*, froidure. *Caleded*, *Caleder*, dureté. *Noazded*, *Noazder*, nudité. *Ledanded*, *Ledander*, largeur. *Ergyd*, *Ergyr*, jet. *Ysgud*, *Ysgur*, impétueux. *Od*, *Or*, élevé. *Deved*, *Dever*, brebis. *Amlded*, *Amlder*, abondance. *Rousded*, *Rousder*, hâle du visage. *Jusded*, *Jusder*, justesse. *Founsded*, *Founsder*, abondance. *Gvvneuthvr*, *Gvvneuthud*, faire. *Od*, *Or*, si. En Basque, *Amodiva*, *Amoriva*, amour.

D changé en S en composition dans le Breton.

DIDANVEZ, *Disanvez*, pauvre. *Disantet* pour *Didantet*, sans dent. *Disienn* pour *Didienn*, sans crême. *Disena* pour *Didena*, sevrer. *Disourn* pour *Didourn*, qui n'a pas de mains.

D & T mis l'un pour l'autre.

TONDR, *Tontr*, oncle. *Daulein*, *Taulein*, se déjetter. *Barcud*, *Barcut*, milan. *Dranoeth*, *Tranoeth*, demain. *Dra*, *Tra*, outre. *Do*, *To*, toit. *Drvvy*, *Trvvy*, par. *Drem*, *Trem*, aspect. *Davvr*, *Tavvr*, importe. *Dour*, *Tour*, eau. *Dun*, *Tun*, colline. *Sud*, *Sut*, manière. *Gaindiro*, *Gainiro* en Basque, hautement. Ce changement est en usage dans toutes les Langues.

D changé en W.

DIOD, boisson. *Diowty*, pour dire *Diodty*, cabaret, maison où l'on boit.

D changé en Z.

APRÈS les mots terminés en *a*, *e*, *ou*, *au*, les Bretons changent le D en Z. *Da Zoue*, ton Dieu, pour *Da Doue*. *Da Zour*, ton eau, pour *Da Dour*. *E Zoue*, son Dieu, pour *E Doue*. Ils mettent aussi hors de ces cas ces deux lettres l'une pour l'autre. *Brondua*, *Bronzua*, meurtrir. *Ceddu*, *Zezu*, moutarde. Le même changement est en usage dans le Grec & dans le Latin.

E

E placé ou omis indifféremment au commencement du mot.

ECHEL, *Chel*, ais. D'*Egryn* nous avons fait crainte. *Ener*, *Nar*, Prince. De là étoit venu l'usage qu'observe M. de la Monnoye, d'ajoûter un E dans l'ancien François aux mots qui commençoient par une S, ou par un T. On disoit *Espere* pour *Spere*, ou *Sphere*. On dit encore en Bourguignon *Etoi* pour *Toit*. Les Gascons prononcent *Estrasbourg* pour *Strasbourg*. Ainsi de *Streh* Celtique, nous avons formé estroit, & de *Strapadenn*, estrapade. Plutarque nous apprend que les Athéniens goûtoient fort cette addition.

E, ôté du milieu du mot.

CAER, Car, beau. Dager, Dagr, poignard. Monet, Mont, aller. Boden, Bodn, ventre. Dele, Dle, dette. Llefenau, Llefnau, reins. Derv, Drvs, chêne. Dared, Dard, dard. Qanibelen, Qanublen, nuée. Daeraoni, Daraoni, pleurer. Digloera, Diglora, éclorre. Tel étoit aussi, selon Plutarque, l'usage des Ioniens.

E & A mis l'un pour l'autre.

TESTENY, Testany, témoignage. Serra, Sarra, enfermer. Luern, Loarn, renard. Salo, Selv, guéri. Voyez A & E mis l'un pour l'autre. De Trece Celtique nous avons fait trace. Cette substitution est usitée en Grec, en Latin, en François, en Anglois, en Espagnol, en Italien.

E & I mis l'un pour l'autre.

BES, Bis, doigt. Esell, Isell, membre. Mel, Mil, miel. Termen, Termin, terme. Mestig, Mistag, festin. Den, Din, élévation. Pen, Pin, montagne. Ber, Bir, lance. Enis, Inis, isle. Mecher, Micher, métier. Melin, Milin, moulin. Gleb, Glib, Glub, humide. De même en Hébreu, en Persan, en Grec, en Latin, en Espagnol, en Italien, en Japonois. Nous avons fait dans notre Langue saison, de Saeson, Celtique.

E & O mis l'un pour l'autre.

MEN, Mon, montagne. Lignelenn, Lignolenn, ligneul. Goalern, Goalorn, vent de Galerne. Lech, Loc, lieu. Qelin, Qolin, petit d'un animal. Den, Don, élévation. Aven, Avon, rivière. Edrybed, Edrybod, histoire. Mer, Mor, mer. Amenen, Amonen, beurre. Choant, Cheant, désir. Cette substitution s'observe dans le Grec, le Latin, le François, l'Espagnol, l'Italien, le Japonois.

E, U & W mis l'un pour l'autre.

OSGED, Osgud, bassin. Burzud, Berzud, merveille. Munuser, Menuser, Menuisier. Musur, Mesur, mesure. Den, Dun, élévation. Men, Mun, montagne. Beoch, Buoch, vache. Guneh, Gunub, froment. Pisgen, Pisgvun, tilleul. Gleb, Glib, Glub, humide.

E & Y mis l'un pour l'autre.

EMENYN, Ymenin, beurre. Emennyd, Ymennyd, cerveau. Etevvyn, Ytevvyn, tison. Llesenthin, Llyserthin, lâche, paresseux. Unben, Unbyn, Prince. Ardynmyr, Ardynmer, temperature. Osged, Osgyd, bassin. Les Gallois, en formant le plurier, changent l'E en Y. Castell, Château, pl. Cestyll.

E & Z mis l'un pour l'autre.

LAERONCY, Lazroncy, larcin.

E & Aë mis l'un pour l'autre.

ARMEL, Armaël, armel, nom d'homme.

E & Ai mis l'un pour l'autre.

LEF, Lais, voix. De Travell Celtique, nous avons fait travail.

E & Ee mis l'un pour l'autre.

PELL, Peel, loin.

E & Ei mis l'un pour l'autre.

REZ, Reiz, Loi. Penta, Peinta, peindre. Crezdeiz, Creizdez, midi. Meidr, Medr, mesure. Feiz, Fez, foi. De melior Latin, s'est formé meilleur, & d'Ampeich Celtique, empêcher.

E & Eu mis l'un pour l'autre.

HEUBEULYA, Hebelein, pouliner. Merbl, Meurbl, meuble. Pel, Peul, pieu. Rhesedd, Rheusedd, richesses. Amezecq, Amezeucq, voisin. Blendecq, Blendeucq, enfariné. Bled, Bleud, farine. Brer, Breur, frere. Enred, Eureud, épousailles. Foennecq, Foenneucq, pré. Ainsi de Broder, Froter Celtiques, nous avons fait brodeur, froteur.

E, changé en Ie.

DE Pedd Celtique, pied en François: de Lepus Latin, liévre, on a d'abord dit lévre, qui se conserve encore dans levraut, levrier, ensuite liévre.

E & Œ mis l'un pour l'autre.

GREG, Hrœg, femme. Brenn, Brœnn, jonc. Ahoé, Ahœ, le repos des bêtes à midi.

E & Oi Oy, mis l'un pour l'autre.

MEL, Moil, Moyl, montagne. De Cen, Per, Red, Armell, Pecq, Tes, Celtiques, coin, poire, roide, armoire, poix, toise en François.

E, Ou, Oue, mis l'un pour l'autre.

Voyez, Ou, Oue, E mis l'un pour l'autre.

Ea & Ae mis l'un pour l'autre.

LEAZ, Laez, laict.

Ei & J, Y mis l'un pour l'autre.

FEINTA, Finta, feindre. Breih, Brih, tacheté. Leizen, Lizen, plie, poisson. Leyen, Lyen, toile.

Ei changé en Oi.

DE Feiz Celtique, foi en notre Langue.

Eo & A mis l'un pour l'autre.

ADEO, Ada, adieu.

Eu, Au, Oa, Ouë mis l'un pour l'autre.

EULED, Auled, Oaled, Ouëled, foyer.

Eu, E mis l'un pour l'autre.

Voyez E & Eu mis l'un pour l'autre.

Eu & Oi mis l'un pour l'autre.

DEVEIN, Doi, pondre. De Peutrin Celtique, poitrine en François.

Eu, Ou, O mis l'un pour l'autre.

ADEUCQ, Adoucq, Adocq, durant. Deheu, Dehou, le côté droit. Amezeucq, Amezocq, voisin. Buzeucq, Buzocq, qui a failli de se noyer. Fermeur, Fermour, fermier, locataire d'une maison toute entière.

Eu & U mis l'un pour l'autre.

BEUZOCQ, Buzocq, qui a failli de se noyer. Euzil, Uzil, suye.

F

F, *placée ou omise indifféremment au commencement du mot.*

FYNNON, Ynnon, fontaine.

F, *placée ou omise indifféremment au milieu du mot.*

DWN, Dvvfn, profond. Cvvert, Cvvfert, couvercle. Niful, Niul, nuage. Afvvch, Avvch, pointe. Afvvyn, Avvyn, bride. Anoddyn, Anoddfyn, abyfme. Wfn, Wn, haut. Lvvfr, Lvvr, lâche. Rhvfon, Rhuon, Soldat. Rhued, Rheufed, richeſſes. Goffell, Goeil, forge. Difvvyn, Divvyn, compenſation. Loffan, Loan, courroye.

F, *ôtée de la fin du mot.*

PALF, Pal, paume. Pravvf, Pravv, preuve. Dibri, Dibrif, manger. Efa, Efaff, boire. Un Dialecte du Breton termine ſes infinitifs par *f.*

F & B *mis l'un pour l'autre.*

GAFFRAN, Gabran, bouc. Brav, Frav, leſte, propre en habits. Bruud, Frvud, vite, prompt.

F & D *mis l'un pour l'autre.*

RHIF, nombre. Afrided pour Afrifed, innombrable.

F & H *miſes l'une pour l'autre.*

FALL, gâté, corrompu. Halogi, corrompre. Les Gaſcons diſent Hon pour Fon, fontaine. Hay pour Fay, hêtre. Hougere pour fougere. Hang pour Fang, boue. Prehon pour profond. Les Eſpagnols prononcent Hermoſa pour Formoſa.

F & M *miſes l'une pour l'autre.*

MORF, Morm, morve. Fal, Mal, comme. Fall, Mall, mauvais.

F & N *miſes l'une pour l'autre.*

GOF, Gon, Maréchal. Dibrif, Dibrin, manger. Gouaf, Gouan, hyver. Stardaf, Stardan, affermir.

De même en Japonois.

F *finale & O mis l'un pour l'autre en Breton.*

SCAFF, Scao, ſureau. Faff, Fao, fèves. Receff, Receo, recevoir. Berff, Bero, bouillant. Derf, Dero, chêne. Caff, Cao, cave. Goaff, Goao, lance.

F & P *mis l'un pour l'autre.*

FYN, Pin, fontaine. Phrad ou Frad, Prad, pré. Daremfredi, Darempredi, fréquenter. Llorf, Llorp, jambe. Feneſtr, Peneſtr, fenêtre. Rien de ſi facile qu'un pareil changement en toute Langue, puiſque l'F n'eſt qu'un P aſpiré. Cette converſion eſt commune dans le Latin & le Grec.

F & Q *mis l'un pour l'autre.*

CONNIFFL, Conniql, lapin.

F & R *miſes l'une pour l'autre.*

OFN, Orn, crainte. Faig, Faer, place.

F & S *miſes l'une pour l'autre.*

LEF, Lais, voix. Diddoſi, boucher. Diddos, bouché.

F & V, W *mis l'un pour l'autre.*

MALF, Malv, mauve. Flynt, Vlynt, pierre à feu. Erſenn, Ervenn, ſillon. Braf, Brav, leſte. Faffen, Faven, fève. Fetepans, Vetepans, guet-à-pens. Abſolf, Abſolvi, abſoudre. Morf, Morv, morve. Palf, Palv, paume. Alaf, Alaw, richeſſes. Cyfoeth, Cyvvaeth, richeſſes. Meufedd, Mevvedd, richeſſes. Vſel, Vvvel, feu. Cyngaf, Cingavv, bardane. Berf, Berv, bouillant. Priſcien nous apprend que chez les anciens Latins, l'F avoit le même ſon que l'V. En Allemand, Vogel ſe prononce comme Fogel. L'F ſe prononce comme V aujourd'hui chez les Gallois; & Daviès remarque que dans tous les temps on a mis indifféremment l'F pour l'V, & l'V pour l'F.

F & Z *mis l'un pour l'autre.*

EFFEN, Ezn, oiſeau. Efflen, Ezlen, peuplier.

G

G, *placé ou omis indifféremment au commencement du mot.*

Les Gallois ôtent le G ou Gw, (ce ne ſont pas différentes lettres, mais diverſes manières d'écrire la même) initial en compoſition & en conſtruction. Ils ſuppriment même cette lettre dans l'état abſolu. Ga, Allt, montée. Garu, Aru, rapide. Galon, Alon, ennemis. Gadavv, Adavv, abandonner. Gelor, Elor, cercueil. Glas, Las, verd. Goer, Oer, froid. Gorian, Orian, cris. Gvvyrd, Ir, verd. Coffon, Offon, petit ſon. Goachat, Ouachat, croaſſer. Quelquefois en ſupprimant le G de Gw, on a conſervé le W, que tantôt on a prononcé comme un V conſonne, d'autres fois comme Ou.

G, *placé ou omis au milieu du mot.*

STRAIGHT, Straibt, vallée. Yenigenn, Yenyenn, froidure. Megis, Meis, comme. Blegid, Bleid, partie. Daoulin pour Daouglin, genoux. Impligein, Implein, employer. Doen, Douguen, porter. Darn, Dargn, partie. Darna, Dargna, entamer. Daſpun, Daſpugn, aſſembler. Brein, Breign, pourri.

G, *ajouté ou omis indifféremment à la fin du mot.*

Au, Aug, eau. Helig, Heli, ſaule. Rei, Rein, Reign, donner. Bras, Braiſg, grand. Bro, Brog, Contrée, Pays.

G, *ôté de la fin du mot.*

DE Plig Celtique, pli en François.

G & B *mis l'un pour l'autre.*

GUISPEDEN, Biſpeden, biſcuit. Gurzun, Burzun, navette de Tixerand. Gvveſtſil, Beſtſil, bête. Voyez B & G mis l'un pour l'autre.

G & C *mis l'un pour l'autre.*

GARU, Caru, rude. Voyez le C & le G mis l'un pour l'autre. Le G fut ignoré à Rome pendant les cinq premiers ſiécles. Depuis la fondation de cette Ville, on ſe ſervoit du C en place de cette lettre : on diſoit Leciones pour Legiones.

SUR LA LANGUE CELTIQUE.

G, changé en Ch, & G & Ch *mis l'un pour l'autre*.

Le G initial est changé parmi les Bretons en Ch dans plusieurs substantifs féminins, & après les mots terminés en *a, e, au, ou. Tyvvyllvvg, Tyvvyllvvch*, ténébres, obscurité, en Gallois.

G & D *mis l'un pour l'autre*.

Guenoguenn, *Guenodenn*, sentier, *Sug, Sud*, suc. *Wraig, Wraid*, femme. *Tswigw, Tswidw*, mésange.

G & F *mis l'un pour l'autre*.

Gloyw, *Floyvv*, limpide, clair.

G & H *mis l'un pour l'autre*.

Guen, *Hen*, arbre. Cette conversion est très-commune en Espagnol.

G & J *mis l'un pour l'autre*.

Gardd, *Jardd*, jardin. *Digauch, Dijauch*, impropre. *Gaved, Javed*, machoire. *Gars, Jars*, le mâle de l'oye. *Geol, Jol*, prison. *Clugyar, Clujar*, perdrix. *Dougeapl, Doujapl*, domptable. Ce changement est usité en Japonois.

G & M *mis l'un pour l'autre*.

Guenodenn, *Menodenn*, sentier. *Guerch, Merch*, fille. *Guisperen, Mesperen*, neffle.

G & Q *mis l'un & l'autre*.

Qement All, *e Guement All*, d'autant. *Disiple, Disqibl*, Disciple.

G & S *mis l'un pour l'autre*.

Garu, *Saru*, rude. *Trybeguecg, Tribesecg*, qui a trois pointes. *Guell, Sell*, voir. *Gui, Sui*, eau. Voyez C & S mis l'un pour l'autre.

G *changé en* V.

Plusieurs substantifs féminins changent dans le Breton le G initial en V. *Goalenn*, gaule, *Ar Voalenn*. *Goaz*, ruisseau, *Ar Voaz*. Le même changement se fait dans les verbes lorsqu'ils sont en construction. *Goelchi*, *Voelchi*, laver. Le changement du G en V est usité en Grec, en Latin, en Saxon, en Allemand, en Arménien.

G & Y *mis l'un pour l'autre*.

Gueun, *Yeun*, marécage. *Clugiar*, *Cluyar*, perdrix. *Legar*, *Leyer*, Leger, nom d'homme.

H

H, placée ou omise indifféremment au commencement du mot.

Anal, *Hanal*, haleine. *Insa, Hinsa*, tirer en haut. *Onest, Honest*, honnête. *Ostalliry, Hostalliry*, hôtellerie. *And, Hand*, raye de champ. *Allout, Hallout*, pouvoir. *Oll, Hol*, tout. *Ar, Har*, sur. Aulu-Gelle dit que les anciens Latins mettoient l'H dans la plupart des mots pour les rendre plus forts, & d'un son plus mâle : Ce qu'ils faisoient encore, ajoûte-t'il, pour imiter les Athéniens qui en usoient ainsi. Je ne sçaurois croire que cette imitation entra pour quelque chose dans l'usage des anciens Latins ; ils ne connoissoient point, ou ils ne connoissoient pas assez les Athéniens pour en faire leur modéle. Je penserois plutôt que l'usage, dont parle cet Auteur, venoit des Celtes, de qui les Latins descendoient, comme je l'ai fait voir ailleurs. Il est vrai qu'il y avoit des Grecs en Italie, & que, de leur mélange avec les Celtes, se forma le Peuple Latin ; mais ces Grecs étoient Lacédémoniens, & n'étoient point originaires d'Athènes. L'usage de placer l'H devant les termes qui commencent par une voyelle, se voit dans le François & l'Espagnol.

H & C *mis l'un pour l'autre*.

Voyez C & H mis l'un pour l'autre. Les Theutons changeoient l'H en C, ou Ch. Ils disoient indifféremment *Hilperic, Kilperic, Chilperic*. En Illyrien l'H & le K se substituent mutuellement. *Hladenaz, Kladenaz*, fontaine.

H & D *mis l'un pour l'autre*.

Badailhereh, *Badaildereah*, bâillement. *Dor, Hor*, porte.

H & F *mises l'une pour l'autre*.

Voyez F & H mises l'une pour l'autre.

H & G *mis l'un pour l'autre*.

Voyez G & H, C & H mis l'un pour l'autre.

Dans l'Hébreu, l'Ain, qui est la plus forte aspiration, se prononce en G. On dit *Gomorrha, Gaza* pour *Hhhomorrha, Hhhaza*. Il paroît que les Arabes ont originairement pris l'Ain & le Gain pour le même son. J'en juge ainsi, parce que ces deux lettres sont formées de la même manière. Les Grecs disoient indifféremment *Gear, Hear*, le Printemps. Dans l'Esclavon, le G & l'H se changent réciproquement. *Bog, Boh*, Dieu. Le Sçavant M. Maillart, dans son Commentaire sur la Coûtume d'Artois, observe que l'H se prononçoit anciennement comme K ou G.

H & J *mis l'un pour l'autre*.

Dihun, *Dijun*, déjeûner.

H & M *mis l'un pour l'autre*.

Hwch, *Houch, Moch*, cochon. *Hald, Mall*, pourri. *Hail*, l'action de verser à boire. *Mail*, vase, coupe, bouteille. *Hvvy, Mvvy*, plus grand. *Hacnai*, cheval. On a aussi dit *Macnai*, ainsi qu'il paroît par maquignon.

H & Q *mis l'un pour l'autre*.

Hae, *Qae*, haye. *Hergat, Quergat*, coquillages. Voyez C & H, C, K, Q, mis l'un pour l'autre.

H, & S, *mises l'une pour l'autre*.

Crampoehen, *Crampoesen*, crespe, mets. *Hel, Sel*, sel. *Hidl, Hixl, Sixl*, couloir. *Hil, Sil*, postérité. *Houl, Soul*, soleil. *Creih, Creiz*, milieu. V. H & Z mis l'un pour l'autre.

H & T *mis l'un pour l'autre*.

Cyntorf, *Cinhorf*, troupe. *Haern, Taern*, assurer.

H, U, V *mis l'un pour l'autre*.

Qehezl, *Qevell*, nouvelle. *Huelen, Vuelen*, absynthe. *Amprehan, Amprevan, Amprehan*, insecte.

H & Z *mis l'un pour l'autre.*

BAHAILHEREH, Bazailherez, bâillement. Ehom, Ezom, besoin. Morhetenn, Morzeunn, armures des cuisses. Gouzanv, Gouhanvein, endurer. Strib, Stryz, resserré. Creiz, Creih, milieu. Qaez, Qaeh, misérable. Berhud, Berzud, merveille.

J

J, *placé ou omis indifféremment au milieu du mot.*

SIOMGAR, Somgar, fâcheux. Balain, Belan, fer. Ubain, Uban, se lamenter. Cain, Can, blanc. Craig, Crag, roc. Cainge, Cangen, rameau. Cadlais, Cadlas, sol. Braisg, Bras, gros. Daspugn, Daspuign, assembler. Erein, Eren, lier. Canatan, Caniattan, accorder.

J & A *mis l'un pour l'autre.*

Voyez A & J mis l'un pour l'autre.

J & E *mis l'un pour l'autre.*

Voyez E & J mis l'un pour l'autre.

J & O *mis l'un pour l'autre.*

CAMDEN, très-sçavant en Gallois, nous apprend qu'en cette Langue ces deux voyelles se substituent mutuellement. En effet, ce Peuple dit indifféremment Bichan, Bochan, petit.

J & U *mis l'un pour l'autre.*

HORRUPL, Orripl, beaucoup. Qanibelen, Qanublen, nuée. Gunih, Gunuh, froment. Naid, Nawd, refuge. Dijun, Dujun, déjeûner. La substitution mutuelle de ces deux voyelles est usitée dans le Basque, le François, l'Espagnol, l'Italien.

J & Y *mis l'un pour l'autre.*

CILIAD, Cilyd, qui s'enfuit. Dinas, Dynas, Ville. Cluyar, Cluyar, perdrix.

J & Ei *mis l'un pour l'autre.*

Voyez Ei & J mis l'un pour l'autre.

J *changé en* Oi.

Mois, de Miz Celtique.

Ja & Y *mis l'un pour l'autre.*

CILIAD, Cilyd, qui s'enfuit.

In, *changé en* E.

D'INGAL Intourdy, Celtiques, on a fait égal, étourdi.

J *consonne &* Ch, *mis l'un pour l'autre.*

Voyez Ch & J mis l'un pour l'autre.

J *consonne &* G *mis l'un pour l'autre.*

Voyez G & J mis l'un pour l'autre.

J *consonne &* I *voyelle mis l'un pour l'autre.*

DAIAR, Daiar, terre.

J *consonne &* S *mis l'un pour l'autre.*

Juzn, Suzn, jus. Julyan, Sulyan, Julien. Dijonnch, Disounch, oubli.

J *consonne &* U *mis l'un pour l'autre.*

CLAJAR, Clauar, tiéde.

L

L, *placée ou omise indifféremment au commencement du mot.*

LOCHES, Oches, ou Og, caverne. Al est un des articles Celtiques que les Gaulois ajoûtoient ou retranchoient suivant leur goût. D'Al on a fait aisément L, de là notre article François, Le.

L, *placée ou omise indifféremment au milieu du mot.*

GWYD, Gvvyllt, sauvage. Trompla, Trompein, tromper.

L, *placée ou omise indifféremment à la fin du mot.*

GUEDA, Guedal, être aux aguets.

L & D *mis l'un pour l'autre.*

CAERMARDYN, Ville de Merlin, selon Gyraldi. Voyez D & L mis l'un pour l'autre.

L & N *mises l'une pour l'autre.*

BRIZELLA, Brizenna, moucheter. Faltasy, Fantasy, opinion. Foulina, Founila, entonner. Chantell, Chantenn, chanteau. Pradell, Pradenn, pré. Lignolenn, Nignolenn, ligneul. Velym, Venym, venin. Marl, Marn, marne. Moyl, Mel, Men, montagne, élévation. Achalenn, Achanenn, d'ici. Galvidel, Galviden, huchée. Lusqel, Lusqen, bercer.

En vieux François on disoit indifféremment Laquai & Naquet ; encore aujourd'hui le Peuple à Paris, & dans plusieurs endroits du Royaume, dit Nentilles pour Lentilles. Cette conversion est usitée en Grec & en Latin.

L & R *mises l'une pour l'autre.*

ARGOULOU, Argourou, dot. Ascle, Ascre, sein. Blonnecg, Bronnecg, oing. Bulbuen, Burbuen, pustule. Dialben, Diarben, précéder. Poulchen, Pourchen, mêche de chandelle. Pryedelez, Pryederez, mariage. Del, Der, insolent. Maenol, Maenor, métairie. Latlud, Latrud, rapt. Cobal, Cobar, Gabare. Flippa, Frippa, ravir subtilement. Molu, Moru, morue. Musul, Musur, mesure. Sabl, Sabr, sable. Sousl, Sousr, soufre. En Basque, l'L & l'R sont des lettres de même valeur, Arambrea, Alambrea, airain en Basque. Les Bourguignons disent Cier pour Ciel, Mier, pour Miel. Ce changement est connu parmi nous, ainsi que chez les Italiens & les Espagnols. Dans le Patois de Lyon, on met l'R pour l'L, on dit Ser pour Sel.

L & S *mises l'une pour l'autre.*

DIAL, Dias, vengeance. Llosgvvn, Llolgvvn, queue. Pill, Pis, abondant.

L & T *mis l'un pour l'autre.*

FRINGOLI, Fringoti, fredonner. Lusqel, Lusqet, bercer.

SUR LA LANGUE CELTIQUE.

L changée en U.
DE *Falch*, *Sailh*, *Salf*, *Fol* Celtiques, nous avons fait faux, faut, sauf, fou.

L changée en Au.
DE *Mantell*, *Scabell* Celtiques, manteau, escabeau.

M

M placée ou omise indifféremment au commencement du mot.
Mon, *On*, montagne. *Mevedd*, *Evedd*, richesses. *Machlud*, *Achlud*, l'action de se cacher. *Memor*, *Evor*, mémoire.

M insérée dans le mot.
Abaff, *Ambaff*, timide. *Abyener*, *Ambyenter*, Gardien établi par Justice. *Bobancz*, *Bombancz*, bombance. *Embat*, *Ebat*, divertissement.

M & B mis l'un pour l'autre.
Meguin, *Beguin*, soufflet de Forge. *Malisenn*, *Balisenn*, valise. *Moueh*, *Boueh*, voix. *Mendem*, *Bendem*, vendanges. *Orbid*, *Ormid*, grimace. Voyez B & M mis l'un pour l'autre. Cette substitution se trouve dans le Grec, le Latin, le François, l'Italien.

M changée en F.
LES Gallois en composition & en construction changent l'M en F. Les Bretons mettent ces deux lettres indifféremment l'une pour l'autre. *Morf*, *Morm*, morve de cheval. *Fa*, *Ma*, bon. Les Gallois les imitent, *Mal*, *Fal*, comme.

M & G mis l'un pour l'autre.
Voyez G & M mis l'un pour l'autre.

M & N mises l'une pour l'autre.
Amgroaz, *Angroaz*, grattecul. *Guimily*, *Guinily*, hirondelle. *Saufmecg*, *Saufnecg*, Langue de Saxe. *Achrvvm*, *Crvvn*, courbe. *Diamlavvd*, *Dianlavvd*, abondant. *Tvvym*, *Thin*, chaud, ardent. *Duem*, *Danys*, dain. *Timad*, ou *Dimad*, avec vîtesse, *Dinvad*, impétueux. *Solenn*, *Solem*, sérieux. *Emvell*, *Envell*, entrevuë. *Tarjan*, *Tarjam*, targe. *Cant*, cent. *Kemat*, centaine. *Solem*, *Solen*, sérieux. *Nuzeva* pour *Muzeva*, buvoter. Ce changement se voit dans le Grec, l'Hébreu, le François, l'Espagnol, l'Italien.

M & S mises l'une pour l'autre.
Mud, *Sud*, muet.

M & U mis l'un pour l'autre.
CAMDEN, après Giraldi, nous apprend que cette substitution réciproque est fort usitée chez les Gallois, & que ce Peuple met indifféremment l'M & l'U. Les Bretons, dans les substantifs féminins, changent l'M initiale après les articles *ar* & *ur* en U. *Magueres*, nourrice. *ur Vagueres*, une nourrice. *Mâl*, malle. *Ar Vàl*, la malle. Ils mettent même indifféremment hors de ce cas ces deux lettres l'une pour l'autre. *Lim*, *Livn*, *Liü*, lime. Après les mots terminés en *a*, *e*, *au*, *ou*, ils changent l'M en V.

M & Z mis l'un pour l'autre.
Armel, *Arzel*, Armel, nom d'homme.

N

N placée ou omise indifféremment au commencement du mot.
Nef, *Ef*, Ciel. *Ner*, *Her*, Seigneur. *Nycha*, *Tcha*, voilà. Les Bretons appellent un Normand, *Ormand*. En Basque, *Noa*, je sors, *Oa*, tu sors.

N placée ou omise indifféremment au milieu du mot.
Bunt, *But*, but. *Dronlancz*, *Droulacz*, adversité. *Clenvel*, *Clevel*, tomber malade. *Gand*, *Gad*, avec. *Chenver*, *Chever*, le bois qui entre dans le soc de la charrue. *Buntellat*, *Bucellat*, mugir. *Mintard*, *Mitard*, froidure burlesquement. *Mintin*, *Mitin*, matin. *Deg*, *Deng*, dix. *Dianvaes*, *Diavaes*, le dehors. *Evezyad*, *Evezyand*, surveillant. *Qign*, *Qingn*, gâteau. *Myaoui*, *Myannein*, miauler. *Suspéd*, *Suspendt*, soupçon. De même en Grec, en Latin, en Italien. Nous avons fait manger de *Maga* Celtique.

N ôtée à la fin du mot.
Lloerga, *Llorgan*, lune brillante. *Hymn*, *Hym*, Hymne. *Man*, *Ma*, ici. *Rancu*, *Rancun*, rancune. *Rei*, *Rein*, donner. *Cridi*, *Criden*, croire. *Dar*, *Darn*, partie, piéce. *Dibri*, *Dibrin*, manger. *Disolei*, *Disolein*, montrer. *Efa*, *Efan*, boire. *Goña*, *Gouan*, hyver. *Groa*, *Groan*, sable.

N & C mis l'un pour l'autre.
Noabren, *Coabren*, nuage.

N & D mis l'un pour l'autre.
Voyez D & N mis l'un pour l'autre.

N & F mises l'une pour l'autre.
Gouan, *Gouaf*, hyver. *Gon*, *Gof*, Maréchal. *Dibrin*, *Dibrif*, manger. *Stardaf*, *Stardan*, affermir.

N & Gn mis l'un pour l'autre.
Igin, *Igign*, engin. *Espern*, *Espergn*, épargner. *Brein*, *Breign*, pourri. *Sin*, *Sign*, signal. *Tavan*, *Tavargn*, taverne. *Lein*, *Leign*, cime. *Linnenn*, *Lignenn*, ligne.

N & L mises l'une pour l'autre.
Voyez L & N mises l'une pour l'autre.

N & M mises l'une pour l'autre.
Voyez M changée en N.

N & P mis l'un pour l'autre.
Nant, *Pant*, vallée. *Pech*, *Nech*, éminence. *Penn*, *Nenn*, sommet.

N & R mises l'une pour l'autre.
Jon, *Jor*, Seigneur. *Dian*, *Diar*, après. *Hon*, *Hor*, nous. *En*, *Er*, le. De même en Latin & en François.

N & U mis l'un pour l'autre.
Tavanteguez, *Tavauteguez*, pauvreté. Ser-

gonnerés, *Sergouneres*, babillarde. *Pen*, *Peu*, élévation. *Congoul*, *Congoul*, cuculle. *Tronczell*, *Tronczell*, trousseau. *Sontil*, *Somtil*, subtil. *Gonella*, *Gouella*, pleurer. *Esçennat*, *Esçennat*, scier. *Antron*, *Autron*, Maître. *Argouron*, *Argouron*, dot. *Poncin*, *Poucin*, poulet. *Rontenn*, *Routenn*, rou..e. *Roncin*, *Roucin*, souci, plante. *Contell*, *Contell*, coûteau. Ce changement plaît aux Basques. Le François met souvent l'U pour l'N.

N & W *mis l'un pour l'autre.*
DAN, *Davu*, gendre.

N & Z *mis l'un pour l'autre.*
COENVI, *Coezvi*, enfler.

O

O *placé ou omis indifféremment au milieu du mot.*
PAUT, *Paout*, abondamment. *Aval*, *Aoüal*, pomme. *Colom*, *Colm*, pigeon. *Rhodl*, *Rhodol*, rame. *Goreilittio*, *Greiliddiavu*, être à charge. *Colvenn*, *Colovenn*, ruche. *Drouyn*, *Druyn*, havresac de chaudronnier. *Gab*, *Goab*, plaisanterie.

O & A *mis l'un pour l'autre.*
Voyez l'A & l'O mis l'un pour l'autre.

O & E *mis l'un pour l'autre.*
Voyez E & O mis l'un pour l'autre.

O & F *mis l'un pour l'autre.*
Voyez F & O mis l'un pour l'autre.

O & J *mis l'un pour l'autre.*
Voyez J & O mis l'un pour l'autre.

O, & U *mis l'un pour l'autre.*
PEOCH, *Peuch*, paix. *Loarn*, *Luern*, renard. *Goap*, *Guap*, plaisanterie. *Mor*, *Mur*, mer. *Tor*, *Tur*, eau. *Compaignon*, *Compaignun*, compagnon. Cette conversion est usitée dans la plûpart des Langues. *Srot*, *Srut*, en Irlandois, *ruisseau*.

O, V & W *mis l'un pour l'autre.*
HAO, *Hau*, meur. *Leshavo*, *Leshavv*, surnom. *Scao*, *Scav*, sureau. *Garo*, *Garv*, âpre, rude. *Oerches*, *Verches*, Vierge. *Qarv*, *Qaro*, cerf. *Dylvvf*, *Dylofyn*, floccon.

O & Y *mis l'un pour l'autre.*
ONN, *Ynn*, fresne. *Catorsa*, *Catyrsa*, troupe. *Bron*, *Bryn*, colline.

O *changé en* Oa.
CROASSER, de *Crozal*, Celtique.

O & Oe *mis l'un pour l'autre.*
GORO, *Goerein*, traire. *Cador*, *Cadoer*, chaise.

O, *changé en* Oeu.
CŒUR, de *Cor*.

O, *changé en* Oi.
SOIN de *Sonch*; on écrivoit autrefois soing.

O, *changé en* Ui.
NUICT de *Nos*, Celtique.

Oa, *changé en* A.
CACHER de *Coacha*, Celtique.

Oa, Au, Eu, Oue *mis l'un pour l'autre.*
Voyez Au, Eu, Oa, Oue mis l'un pour l'autre.

Oa *changé en* Oi.
CHOIX de *Choas*, Celtique.

Oe, Oue, E *mis l'un pour l'autre.*
BROEN, *Brenn*, *Brouen*, jonc.

Oe *changé en* Oi.
POINT de *Poent*, Celtique.

Oë *changé en* Oie.
JOIE de *Joë*, Celtique.

Oë & Ou *mis l'un pour l'autre.*
POEL, *Poul*, marais. *Énoëi*, *Énoui*, ennuyer.

Oe & U *mis l'un pour l'autre.*
MOEL, *Mul*, chauve.

Oe *changé en* Ui.
ENNUYER, d'*Énoei*, Celtique.

O & Ou *mis l'un pour l'autre.*
CONNAR, *Counnar*, rage. *Contam*, *Countam*, petite gale sur le bord des lèvres. *Congez*, *Coungez*, congé. *Cantol*, *Cantoul*, chandelle. *Coldre*, *Couldre*, bourlet de bœuf. *Crom*, *Croum*, courbe. *Croezr*, *Crouezr*, crible.

O, *changé en* Y.
Les Gallois en formant le pluriel, changent l'O en Y. *Ffordd*, chemin, pl. *Ffyrdd*.

Ou, & E & Eu *mis l'un pour l'autre.*
LOUSOU, *Lesou*, légumes. *Nesaour*, *Nesaer*, voisin. *Crenner*, *Crennour*, rogneur. *Dibuner*, *Dibunour*, dévideur. *Dibilher*, *Dibilhour*, émondeur. *Dourner*, *Dournour*, batteur de bled. *Qemer*, *Qoumer*, prendre.

Ou *changé en* O.
RAISON de *Résoun*, Celtique.

Ou, U, V *mis l'un pour l'autre.*
OUREG, *Vreg*, femme. *Craouat*, *Cravat*, gratter. *Craignous*, *Craignus*, Hargneux.

Oai *changé en* Ai.
CAILLE de *Coailh*, Celtique.

Oue & E *mis l'un pour l'autre.*
LOUE, *Le*, veau.

Oue & Ue *mis l'un pour l'autre.*
LOUE, *Lue*, veau.

Oui & Oë *mis l'un pour l'autre.*
POUIS, *Poës*, poids.

Oui *changé en* Oi.
GROIN de *Grouinch*, Celtique.

P

P *placé ou omis indifféremment au commencement du mot.*

P o n, *On*, élévation. *Pin*, *Yn*, fontaine.

P & B *mis l'un pour l'autre.*

Les Bretons changent le P en B, après les mots terminés en *a*, *e*, *an*, *ou*. Les Gallois & les Bretons changent le P en B en composition & en construction. Ces derniers changent le P initial des substantifs féminins en B, après les articles *ar* & *ur*. *Pall*, pesle. *Ar Ball*, la pesle. *Ur Ball*, une pesle. Enfin les uns & les autres ont mis ces lettres l'une pour l'autre, même dans l'état absolu. *Voyez* B & P mis l'un pour l'autre.

P & F *mis l'un pour l'autre.*

Les Gallois changent le P en Ph ou F en composition & en construction. Ils mettent même ces deux lettres l'une pour l'autre dans l'état absolu, Les Bretons font de même. *Voyez* F & P mis l'un pour l'autre. Les Arabes n'ont point de P. En place de cette lettre, ils se servent du Ph. Il n'y avoit point originairement de P dans l'Hébreu, mais seulement un Ph. Cela se prouve, parce que le Pe Hébreu se doit toujours prononcer Ph, à moins qu'on n'en change le son par un point ajouté.

P *changé en* M.

Les Gallois changent le P en Mh en composition & en construction.

P & Q *mis l'un pour l'autre.*

Spond, *Sqond*, allarme. *Guispon*, *Guisquon*, guipon.

P & V *mis l'un pour l'autre.*

Per, *Ver*, grand. *Dispilh*, *Divilh*, suspendu. *Pin*, *Vin*, beau.

Q

Q, C, K *mis l'un pour l'autre.*

Voyez C, K, Q mis l'un pour l'autre. Ces trois lettres ont la même valeur & le même son. Ainsi il en faut pour tout juger de même.

Q & F *mis l'un pour l'autre.*

Conniql, *Connist*, lapin.

Q & G *ou* Gu *mis l'un pour l'autre.*

Voyez G & Q mis l'un pour l'autre.

Q & T *mis l'un pour l'autre.*

Foesq, *Foet*, mol.

R

R *ou* Rh *placée ou omise indifféremment au commencement du mot.*

Rhuch, *Hug*, tunique. *Rhiniog*, *Hiniog*, porte. *Rhugl Groen*, *Hugl Groen*, sistre.

R *placée ou omise indifféremment au milieu du mot.*

Arhoalch, *Ahoalch*, assez. *Argaza*, *Argarzi*, exciter. *Carpen*, *Carpren*, carpe. *Diadran*, *Diardran*, derrière. *Diroesta*, *Diroestra*, débrouiller. *Dismanta*, *Dismantra*, disperser. *Tartesen*, *Tatesen*, tarte. *Sourbouilha*, *Soubouilha*, salir. *Losguvrn*, *Losguvn*, queue. *Faryein*, *Fayein*, tromper. *Marpr*, *Mapr*, marbre. *Helgerth*, *Aelgeth*, menton. *Meurbl*, *Meubl*, meuble. *Sourcy*, *Soucy*, soin. *Jardrin*, *Jardin*, jardin. *Freon*, *Feon*, bonshommes, fleur. *Tarcha*, *Taicha*, tâcher. La rue aux Ours à Paris, est la rue aux Oües, Oyes en vieux François ; on a inséré l'R.

R *transposée dans le mot.*

Druhonny, *Duryonny*, graisse. *Berman*, *Breman*, maintenant. *Lander*, *Landre*, Landier. *Cancr*. *Cranq*, cancre.

R *placée ou omise indifféremment à la fin du mot.*

Dwr, *Dvv*, eau. *Martr*, *Mart*, martre. *Gist*, *Gistr*, cidre. *Qere*, *Qerer*, Cordonnier.

R & D *mis l'un pour l'autre.*

Voyez D & R mis l'un pour l'autre.

R & L *mises l'une pour l'autre.*

Pe Gours, *Pe Gouls*, quand. *Claustre*, *Claustle* gageure. *Bursin*, *Bulsun*, navette, outil de Tixerand. *Martr*, *Maltr*, marte. *Voyez* L & R mises l'une pour l'autre.

R & S *mises l'une pour l'autre.*

Echoeder, *Echoedes*, alouette. Chez les anciens Romains, l'R se changeoit souvent en S ; ils disoient *melios* pour *melior*.

R & T *mis l'un pour l'autre.*

Tir, *Tit*, terre. *Effer*, *Effet*, buveur. *Dibreder*, *Dibredet*, homme sans souci. *Stur*, *Stut*, gouvernail.

R & Z *mis l'un pour l'autre.*

Goer, *Goez*, ruisseau.

S

S *placée ou omise indifféremment au commencement du mot.*

Stan, *Tan*, Pays, Région, Contrée. *Scoacha*, *Coacha*, cacher. *Scarinecg*, *Carinecg*, qui a de grandes jambes. *Scoulm*, *Coulm*, nœud. *Scrimpa*, *Grimpa*, grimper. *Spurgea*, *Purgea*, purger. *Scarzerez*, *Carzerez*, larcin. *Got*, *Sgot*, forêt. *Steuzi*, *Teuzi*, éteindre. *Scibolés*, *Cibolés*, ciboules. *Scarza*, *Carza*, nétoyer. *Scod*, *Cod*, bois. *Scotz*, *Coz*, cosson verd.

S *placée ou omise indifféremment au milieu du mot.*

Esell, *Ell*, membre.

S & C *mis l'un pour l'autre.*
Voyez C & S mis l'un pour l'autre.

S & Ch *mis l'un pour l'autre.*
Voyez Ch & S mis l'un pour l'autre.

S & D *mis l'un pour l'autre.*
Voyez D & S mis l'un pour l'autre.

S & F *mises l'une pour l'autre.*
Voyez F & S mises l'une pour l'autre.

S & Fn *mises l'une pour l'autre.*
RHES, *Rhefn*, ordre.

S & G *mis l'un pour l'autre.*
Voyez G & S mis l'un pour l'autre.

S & J *mis l'un pour l'autre.*
Voyez J & S mis l'un pour l'autre.

S & T *mis l'un pour l'autre.*
TROEDLAS, *Troedlath*, marche-pied. Nuit de *Nos* Celtique. Baxter dit qu'un Dialecte Gaulois mettoit le T, un autre l'S au commencement des noms.

T

T, placé ou omis indifféremment au commencement des mots.

LE T & le D étant lettres de même valeur, & se mettant l'un pour l'autre, les Bretons & les Gallois plaçoient ou omettoient le T indifféremment à la tête des mots, comme le D. *Ter*, *Er*, terre. De *Tras* parenté, nous avons fait race. De *Tres* affaire, les Latins ont fait *Res. Tuchen*, éminence. *Uch*, élevé.

T placé ou omis indifféremment au milieu du mot.

GRONDAL, *Grondtal*, gronder. *Mital*, *Meal*, mineral. *Cyntor*, *Cynnor*, jambage de porte. *Contronnen*, *Couronnen*, pourrie d'une vilaine maladie. *Divava*, *Divauta*, dégourdir les mains.

T placé ou omis indifféremment à la fin du mot.

CANT, *Can*, cent. *Med*, *Medt*, pouce. *Enqa*, *Enqat*, fermer. *Can*, *Cant*, courbure, blancheur. *Gan*, *Gant*, avec.

T & B mis l'un pour l'autre.
ARAITH, *Areb*, discours.

T changé en D, & T & D mis l'un pour l'autre.
LES Gallois en composition & en construction changent le T initial en D. Les Bretons après les articles *un* & *an*, changent le T initial en D dans les substantifs féminins, & après les mots terminés en *a*, *e*, *an*, *on*. *Tomder*, chaleur. *An Domder*, la chaleur. Ils changent aussi le T final devant une voyelle en D. Enfin ces deux Peuples mettent ces lettres l'une pour l'autre, même dans l'état absolu. *Voyez* D & T mis l'un pour l'autre.

T & H mis l'un pour l'autre.
CYNTORF, *Cynhorf*, première troupe. *Tor*, *Hor*, porte.

T changé en Nh.
LES Gallois changent le T en Nh en construction & en composition.

T & R mis l'un pour l'autre.
TIT, *Tir*, terre.

T & S mis l'un pour l'autre.
Voyez S & T mis l'un pour l'autre.

T changé en Z.
LES Bretons changent quelquefois le T en Z. *Tad*, pere. *Va Zad*, mon pere. *Breton*, Breton. *Prezonecq*, le Breton.

V

V ôté du milieu du mot.
JODT, joue. *Dijodt*, les deux joues, pour *Divjodt*. *Frenn*, narine. *Difrenn*, les deux narines, pour *Divfrenn*. *Évit*, *Eit*, pour, *Govell*, *Goel*, forge. *Morous* de *Morv*, pour *Morvous*, morveux.

V & B mis l'un pour l'autre.
Voyez B & V mis l'un pour l'autre.

V & F mis l'un pour l'autre.
Voyez F & V mis l'un pour l'autre.

V & G ou Gu mis l'un pour l'autre.
Voyez G & V mis l'un pour l'autre.

V & M mis l'un pour l'autre.
Voyez M & V mis l'un pour l'autre.

V & O mis l'un pour l'autre.
UR *Verches*, ur *Oërches*, une Vierge. *Qarv*, *Qaro*, cerf. *Voyez* O & V mis l'un pour l'autre.

V & U mis l'un pour l'autre.
UR *Uern*, ur *Vern*, un mat. *Malv*, *Malu*, mauve. *Irvinen*, *Iruinen*, navet. *Diover*, *Dioüer*, privation. *Mevel*, *Meüel*, valet. *Levad*, *Leuad*, lune.

V & Z mis l'un pour l'autre.
LOVRI, *Lozri*, devenir ladre.

V & Ou mis l'un pour l'autre.
CRAVAT, *Craouat*, gratter. *Onerg*, *Verg*, femme.

W

W & E mis l'un pour l'autre.
PISGWN, *Pisgen*, tilleul.

W changé en Eu.
TAILLEUR de *Taelivvr* Celtique.

W & F mis l'un pour l'autre.
CAWOD, *Cafod*, pluye. *Savv*, *Saf*, station. *Savur*, *Safr*, faveur.

W & O mis l'un pour l'autre.
DYLWF, *Dylofyn*, floccon.

SUR LA LANGUE CELTIQUE.

W y & O *mis l'un pour l'autre.*
ABWY, *Abo*, cadavre.

W & Th *mis l'un pour l'autre.*
RHIW, *Rhith*, espèce, forte.

W & U *mis l'un pour l'autre.*
GARW, *Garu*, rapide.

W & Y *mis l'un pour l'autre.*
DWPR, *Dyfr*, eau. DVVRN, *Dyrn*, poing. DRVVG, *Dryg*, méchant. TRVVM, *Trym*, pesant. TVVF, *Tyfiad*, accroissement. COTTVVM, *Cottym*, cotton. Les Gallois en formant le pluriel, changent le W en Y. BWCH, bouc, *pl.* BYCH, boucs.

U

U *placé ou omis indifféremment au milieu du mot.*
LOUCH, *Loch*, lac. TOUR, *Tur*, eau. LLOUN, *Llun*, lune. SOURD, *Sordt*, sourd, espèce de serpent. AOUN, *Aon*, crainte. BRAS, *Braus*, grand. CALON, *Caloun*, cœur. Evit, *Eit*, pour. TENLUEDD, *Teluedd*, paix. LOUAN, *Loan*, courroye.

U & A *mis l'un pour l'autre.*
Voyez A & U *mis l'un pour l'autre.*

U & E *mis l'un pour l'autre.*
Voyez E & U *mis l'un pour l'autre.*

U & Eu *mis l'un pour l'autre.*
BUZOCQ, *Beuzocq*, qui a failli de se noyer.

U & F *mis l'un pour l'autre.*
EUN, *Effn*, oiseau.

U & J *mis l'un pour l'autre.*
Voyez J & U *mis l'un pour l'autre.* Le changement de l'U en J se remarque dans le Grec, le Latin, l'Allemand, le Japonois.

U & O *mis l'un pour l'autre.*
Voyez O & U *mis l'un pour l'autre.*

U & V *mis l'un pour l'autre.*
Voyez U & V *mis l'un pour l'autre.*

U & W *mis l'un pour l'autre.*
GARU, *Garvv*, rapide.

U & Y *mis l'un pour l'autre.*
OSGUD, *Osgyd*, bassin. TUR, *Tyr*, eau. UMNHEDD, *Yminhedd*, supplier. SULVV, *Sylvv*, vûe. ALUSON, *Alyson*, aumône.

U & Eu *mis l'un pour l'autre.*
DURUL, *Deureul*, lancer. Les Gascons & les Bourguignons prononcent encore l'U en Eu.

Ue & E *mis l'un pour l'autre.*
LUE, *Le*, veau.

Y

Y *placé ou omis indifféremment au milieu du mot.*
YMYNHEDD, *Umnhedd*, supplier. GVVYDBVVYL, *Gvvydbvvl*, jeu. DYUNO, *Duno*, s'accorder.

Y & A *mis l'un pour l'autre.*
Voyez A & Y *mis l'un pour l'autre.*

Y & E *mis l'un pour l'autre.*
Voyez E & Y *mis l'un pour l'autre.*

Y & J *mis l'un pour l'autre.*
Voyez J & Y *mis l'un pour l'autre.*

Y & O *mis l'un pour l'autre.*
Voyez O & Y *mis l'un pour l'autre.*

Y & W *mis l'un pour l'autre.*
Voyez W & Y *mis l'un pour l'autre.*

Y & U *mis l'un pour l'autre.*
Voyez U & Y *mis l'un pour l'autre.*

Z

Z *placé ou omis indifféremment au milieu du mot.*
PABAOUR, *Pabaouzr*, chardonneret. HEZRE, *Here*, octobre. CAER, *Caezr*, beau. HUZEL, *Huel*, suye. SEZIZA, *Sesya*, saisir. GOZVO, *Goro*, traire. FAZYA, *Fayen*, tromper. BEZVENN, *Bevenn*, lizière. BEZR, *Berr*, petit. DIZR, *Dir*, acier. LAZR, *Laezr*, larron. DEZVI, *Devi*, pondre. SIZL, *Sil*, couloire. CAEZRELL, *Caerell*, belette. SEUL, *Seuzl*, talon.

Z *placé ou ôté indifféremment à la fin du mot.*
BLEIZ, *Bley*, loup. RUZ, *Ru*, rouge. GOEZ, *Goë*, sauvage. GOAZ, *Goa*, oye. AZROUEZ, *Azroue*, seing naturel. BERGEZ, *Berge*, verger. DAR, *Darz*, évier. GOUE, *Gouez*, sauvage.

Z & C *mis l'un pour l'autre.*
Voyez C & Z *mis l'un pour l'autre.*

Z & D *mis l'un pour l'autre.*
Voyez D & Z *mis l'un pour l'autre.*

Z & E *mis l'un pour l'autre.*
LAZRONCY, *Laëroncy*, larcin.

Z & F *mis l'un pour l'autre.*
EZN, *Effn*, oiseau.

Z & H *mis l'un pour l'autre.*
Voyez H & Z *mis l'un pour l'autre.*

Z & S *mis l'un pour l'autre.*
MOIS, de *Miz* Celtique.

Z & T *mis l'un pour l'autre.*
Voyez T & Z *mis l'un pour l'autre.*

Z & V *mis l'un pour l'autre.*
LOZRI, *Lovri*, devenir ladre.

MÉMOIRES

On a pu remarquer dans cette Table Alphabétique toutes les espèces de changemens que les Grammairiens reconnoissent dans les mots. On a vu dans quelques-uns une lettre ajoûtée au commencement, c'est ce qui s'appelle *Prothése*. Dans d'autres on retranche quelque caractére à la fin, c'est ce qu'on nomme *Apocope*. Ceux-ci reçoivent une addition au milieu, voilà l'*Épenthése*. Ceux-là y souffrent un retranchement, telle est la *Syncope*. Certains termes conservant les mêmes lettres, en changent l'ordre; c'est alors *Transposition*. Quelques-uns sont allongés à la fin, cette augmentation est nommée *Hyperthése*. Pour qu'on connoisse mieux le génie de la Langue Celtique, & qu'on puisse plus aisément découvrir les étymologies des noms Gaulois, j'estime utile de fournir encore quelques exemples de toutes ces sortes d'altérations.

APHÉRÉSE.

W Y pour *Gvvyneth*, chasseur. *Ir* pour *Gvvyrd*, verd. *Meid* pour *Nemeid*, pourvu. *Wyd* pour *Ebrvvyd*, vîte. *On* d'*Avon*, rivière. *Gui i*, eau. Ainsi, selon Plaute, les Habitans de Preneste disoient *Conia* pour *Ciconia*.

APOCOPE.

Feiz, *Fez*, *Fé*, foi. *Man*, *Ma*, ici. *Dare*, *Da*, hazard. *Ruz*, *Ru*, rouge. *Led*, *Ledander*, largeur. *Ebach*, *Eb*, port de mer. *Pryssoed*, *Pryss*, *Prys*, arbrisseaux, lieu planté d'arbrisseaux. *Dirdrais*, *Dirdra*, grande oppression. *Doldir*, *Dol*, lieu bas rempli de pâturages. *Dyrnsol* pour *Dvvrnsollach*, gands. *Eirias*, *Eiriasdan*, incendie. *Fser* pour *Fserdod*, froidure. *Helm* pour *Hel-Mvvd*, casque, couverture de tête. *Lloerga* pour *Lloergan*, lune brillante. *Rhvvyl* pour *Rhvvy-Lis*, Cour de Roi. *Tan* de *Tanlvvyth*, bucher. *Carp* pour *Carpann*, morceau de drap. *Cloig* pour *Cloigvvig*, fermeture de bois. *Cochl* pour *Coach-Ol*, manteau. *Amanen*, *Aman*, beurre. *Grouan*, *Grouanen*, sable. *Ma*, *Mad*, bon, *L*, *Lyth*, petit. En François *Parasol* pour pare à soleil. Chez les anciens Latins, *Uls* pour *ultrà*. *Gau* dans Ausonne pour *Gaudium*.

ÉPENTHÉSE.

Annudd, *Anhudded*, voile. *Bras*, *Braiss*, gros. *Cryr*, *Crehyr*, héron. *Cvvlm*, *Cvvlvvm*, lien. *Peren*, *Peranen*, poire. *Curun*, *Cudurun*, tonnerre. *Druny*, *Druhony*, graisse. *Trogen*, *Torrogen*, tiquet. Les Latins ont dit *Induperator* pour *Imperator*, *Indupedior* pour *impedior*.

HYPERTHÉSE.

Lech, *Lechen*, pierre. *Red*, *Redus*, courant. *Pint*, *Pinter*, pinçon. *Aeh*, *Achen*, famille. *Bach*, *Bachan*, petit. *Bvv*, *Bvvbach*, épouvantail. *Col*, *Colyn*, pointe. *Anvvybod*, *Anvvybodaeth*, ignorance. *Avven*, *Avvenyd*, enthousiasme. *Balleg*, *Ballegrvvyd*, nasse, filet. *Barcut*, *Barcuttan*, Milan. *Bedd*, *Beddravvd*, sépulchre. *Bore*, *Boregvvaith*, matin. *Brig*, *Brigyn*, rameau. *Cad*, *Cadvvem*, combat. *Calch*, *Calchdoed*, armé. *Cap*, *Cappan*, chapeau. *Cam*, *Camvvry*, injure. *Cuh*, *Cuhadell*, cacher. *Dere*, *Dereadeguez*, bienséance. *Carn*, *Carnedd*, levée. *Cethr*, *Cethren*, clou. *Cerdd*, *Cerddvvriaeth*, musique. *Cledd*, *Cleddan*, épée. *Cod*, *Coden*, poche. *Coed*, *Coedvvig*, bois. *Cors*, *Corsvvrynen*, roseau. *Eppil*, *Eppiled*, postérité. *Evvyn*, *Evvingant*, écume. *Fsos*, *Ffossvvn*, épée. *Corr*, *Corrigan*, nain. *Creh*, *Crehensen*, tertre. *Cren*, *Crencres*, tremble. *Gallu*, *Gallued*, valeur. *Hil*, *Hilrogaeth*, postérité. *Rhyd*, *Rhydle*, gué. *Caloun*, *Calounen*, milieu. *Derein*, *Dereincin*, traîner. *Eonn*, *Eonnen*, écume. *Grouan*, *Grouanenn*, gros sable. *Coll*, *Collidiguez*, perte.

MÉTATHÉSE OU TRANSPOSITION.

Ewybr, *Ebrvvyd*, vîte. *Gavvyn*, *Gvvain*, gaine. *Rissl*, *Rhilg*, écorce. *Systyd*, *Sylsyd*, mouvoir. *Trychni*, *Trychined*, malheur. *Ardavvlr*, *Ardalvvr*, Prince. *Blagur*, *Bagluryn*, verge. *Cadno*, *Cando*, renard. *Entyrch*, *Entrych*, sommet. *Cyngrvvyst*, *Cynglvvyst*, gage. *Trempa*, *Tempra*, tremper. *Foulina*, *Founilla*, entonner. *Pern*, *Pren*, achat. *Cakz*, *Sclacz*, beaucoup. *Marvel*, *Malver*, mortel. *Alan*, *Anal*, haleine. *Amledd*, *Amlder*, abondance. *Duronny*, *Druhonny*, graisse. *Dail*, *Dial*, je venge. *Craig*, *Careg*, rocher. *Sclaffa*, *Squalsa*, se fendre. *Ethni*, *Ethineb*, brûler. *Vvvel*, *Vlvv*, étincelle. *Maes*, *Meas*, campagne. *Syvvydvv*, *Ysvvydvv*, mézange. *Termud*, *Tremud*, taciturne. *Dyrmyg*, *Tremyg*, outrage, mépris. *Llasvvyr* pour *Psallvvyr*, Pseautier.

PROTHÉSE.

Lost, *Belost*, croupion. *Dress*, *Maerdress*, grange. *Oer*, *Addoer*, froid. *Gvvrd*, *Agvvrd*, vaillant. *Gol*, *Amygoll*, dommage. *Du*, *Arddu*, noir. *Goed*, *Argoed*, bois. *Dammeg*, *Adammeg*, énygme. *Oed*, *Addoed*, temps réglé. *Ol*, *Diol*, trace. *Bydd*, *Dybyd*, sera. *Hedd*, *Dyedd*, paix. *Laith*, *Dylaith*, mort. *Cil*, *Encil*, suite. *Garm*, *Ysgarm*, cri. *Mvvg*, *Ysmvvecan*, fumée. *Tref*, *Ystref*, domicile. *Llasrvvyn*, *Ffrvvynen*, jonc. *Adfail*, *Fail*, ruine. *Disgethrin*, *Thrin*, difficile, rude, chagrin. *Sel*, *Insel*, sceau.

La Langue Illyrienne fait un fréquent usage de la Prothése. *Pegnati*, *Propegnati*, élever. *Kraina*, *Pokraina*, rivage. *Pojtti*, *Napojtti*, abreuver. Dans le Grec, on trouve souvent des prépositions placées au commencement du mot, qui n'ajoûtent rien à sa signification. ετικλεττω, κλεπτω, je vole. βοηθεω, επιβοηθεω, je donne du secours. . . . . Les Albanois aiment préposer l'M à leurs termes.

SYNCOPE.

Pere pour *Pe arre*. *Kreun* pour *Kaer reun*, habitation du marais. *Dimen* de *Di hymen*, mariage. *Enal*, *Eneval*, animal. *Aezer*, *Azr*, couleuvre. *Latenn*, *Laitenn*, petit pont. *Leh* pour *Leach*, *Lech*, habitation. *Goazyen-Vor*, *Goazen-Vor*, *Goas-Vor*, bras de mer. *Leydecq* pour *Lechidecq*, lieu plein de limon. *Assu*, *Au*, foye. *Broenn*, *Brenn*, jonc. *Avel*, *Ael*, vent. *Loue*, *Lue*, *Le*, veau. *Trebuclo* pour

SUR LA LANGUE CELTIQUE.

Tref y Claudh, Ville du fossé. *Yzar Lierre*, terrestre, pour *Ilio an Douar*. *Cvvrvvn*, *Crvvn*, courbe. *Duno* pour *Dynno*, s'accorder. *Ebran* pour *Ebol van*, nourriture de cheval. *Gvvep*, *Gvvp*, bec. *Henydd* pour *Henefydd*, Sénateur. *Llyfdyn*, *Llyfin*, Ville de la Cour, pour *Llys dinas*. *Morio* pour *Mordvvyo*, naviger. *Tfgolp* pour *Tfgolper*, pieu pointu. *Af d'Avalf*, hyver. *Llygeirian* pour *Lligad-erian*, vaciet. *Wermod* pour *Wervv-modur*, fébrifuge. *Edling* pour *Etifed Ling*, héritier royal. *Taouaer* pour *Taouancq Haer*, jeune héritier. *Balaznen*, *Balan*, geneft. *Sqevend*, *Sqend*, poumons. *Eit*, *Evit*, pour. *Pevarearn*, *Peran*, le quart. *Récufi*, *Réufi*, refuser. *Pinvidicq*, *Pinzivicq*, *Pinvicq*, riche. *Gouzout*, *Gout*, fçavoir. *Trvvy*, *Try*, percer. *Hanvefquen*, *Hefquen*, vache fans lait. Baxter affure qu'*Il* eft la syncope ou contraction d'*Uibel*.

Les Bretons ont fait *Gicquel* de *Judicael*, & *Queraife* de *Kai er mais*, fors dehors.

En Bafque, *Sola*, *Seula* de *Subola*.

En François, *Climuffette* de *Clignemuffette*. *Becfi* pour *Becquetefigue*.

En Latin on difoit autrefois *Scindidi*, enfuite on a dit *Scidi* par syncope. *Mi* pour *Mihi*.

Les Allemands disent *Im fac* pour *In den fac*.

Dans les Langues Orientales, les termes souffrent de grands retranchemens, sur tout lorsqu'ils entrent en compofition. D'*Ab rom hammon*, on a fait Abraham en Hébreu. En Perfan on dit *San-Cala* pour *Hafan-Cala*, Château d'Hafan. En Arabe, *Abdallah* pour *Hbhabad Allah*, serviteur de Dieu.

Les hommes paffent infenfiblement & aifément à ce qui eft plus facile ; ils fuyent naturellement la peine, ils cherchent à abréger le travail. Ainfi les mots durs dans une Langue s'adouciffent dans la fuite des temps ; on accourcit les longs, sur tout lorsqu'on en forme des termes compofés, qui n'ayant été inventés que pour abréger le difcours, n'ont pas dû conferver dans leur entier les expreffions qu'ils renferment. Toutes les Langues peuvent fournir autant d'exemples de cette vérité que la Celtique.

Les Gaulois pouffoient même fi loin le goût pour la briéveté du difcours, qu'ils omettoient ou fous-entendoient quelquefois dans la compofition un mot néceffaire, & même le terme principal. Ainfi ils difoient fimplement *Eirias* pour *Eirias-dan*, incendie, omettant *Dan*, feu, qui eft le terme principal de ce mot compofé. De même ils fe fervoient du mot *Cvvlis* pour *og Cvvlis*, cataracte, fous-entendant l'expreffion *Og*, œil, que l'on voit bien être néceffaire, puifque *Cvvlis* feul ne fignifie que ce qui cache, ce qui couvre. Ils difoient *Bavvd* pour *Bavvdfys*, pouce, (à la lettre doigt fort,) omettant *Bys*, *Fys*, doigt qui eft effentiel. *Voyez* dans le Dictionnaire, au mot *Blavvrvvyn*, un exemple plus frapant d'une pareille omiffion.

On ne laiffe pas que de trouver des Pleonafmes dans le Celtique, peut-être les Gaulois les employerent-ils dans les commencemens, pour donner une plus forte idée de l'objet par cette répétition de terme. *Coedvvig*, forêt. *Coed* & *Wig* fignifient féparément la même chofe. Il en eft de même de *Carchar*, prifon. *Eppil*, fils. *Pegor*, nain. *Penrhyn*, promontoire. *Pentvvr*, monceau. *Rheffyn*, corde. *Tacclau*, ornemens. *Tudlath*, perche. *Arnodd*, deffus.

DESCRIPTION ÉTYMOLOGIQUE DES GAULES.

ES Gaulois qui, en s'établissant les premiers dans les Gaules, donnerent leur nom à cette vaste Contrée, se trouvent appellés indifféremment par les Anciens *Celta*, *Kelta*, *Galata*, *Galli*. (C'est le même terme, le C, le G, le K se substituant mutuellement, de même que les voyelles A & E.) Strabon dit que ce Peuple fut ainsi nommé par honneur δια την ετικρατειαν. En effet il doit son nom à sa bravoure. *Gallu*, *Galluèd*, *Galluet*, *Galloued* en Gallois & en Breton, *valeur. Gall*, *Kelt* en Breton, *un fameux Guerrier*, *un vaillant homme*. *Galon* en Breton, *Calon* en Gallois, *cœur*. En Écossois, Montagnard qui est un Dialecte du Celtique, on appelle un Gaulois *Gallouid*, *Gald*, *Galt*; c'est le même mot que *Gallu*, *Galluèd*. Ainsi Celtes, Keltes, Galates, Gaulois, signifient des hommes vaillans, une Nation brave. Les Gaulois ont bien soûtenu dans tous les temps, (*a*) & soûtiennent aujourd'hui, mieux que jamais, un nom si illustre.

LES PRINCIPALES RIVIÈRES DES GAULES.

LA SEINE.

SEQUANA dans César, *Secoanus* dans Étienne de Byzance. *Segona*, *Sigona*, *Secana*, *Sienna* dans les Auteurs du moyen âge, est un grand fleuve, *maximum flumen*. Cés. *liv.* 7. Strabon dit qu'elle arrose beaucoup de Pays par ses détours. Elle forme en effet un grand nombre de sinuosités considérables, sur tout depuis Paris jusqu'à son embouchure. *Quan* ou *Squan*, tortueuse. L'S se préposoit en Celtique. De ce nom se sont formés tous les autres, par les différentes altérations qui arrivent toujours aux termes dans la suite des temps.

LA LOIRE.

LIGER dans César, *Leigera* dans Strabon, *Legros*, *Ligros* dans Dion, *Ligeira* dans Ptolomée. Les eaux de ce fleuve sont vertes & froides. *Cærula Lympha Liger*. Silius. *Qua tua rura lavat vitreâ Liger algidus undâ*. Fortunat. *Li*, eau. *Guer*, *Gner*, verte. *Li*, eau. *Goer*, froide. Loire est le même terme que *Liger*. Dans le Celtique, le G se place ou s'omet indifféremment au commencement du mot. Ainsi on a dit également *Guer*, *Uer*, *Wer*, *Oner*, verd; & *Goer*, *Oer*, froid. *Ouer* ou *Oer* ajoûté à *Li*, eau, aura fait *Liouer*, ou *Lioer* par contraction *Louer*, ou *Loer*, d'où s'est formé Loire. On sçait que chez les Latins *Cærulus* signifioit bleu & verd de mer.

Je crois que les Gaulois aimoient à se servir d'un terme de double signification dans l'imposition des noms, lorsque les deux sens convenoient. L'esprit éprouve un vrai plaisir à découvrir dans une même expression deux significations également justes. Ainsi ils auront employé le mot *Ger*, qui peut également désigner *verd* & *froid*, plutôt qu'un autre terme qui n'auroit signifié qu'une de ces deux qualités, parce que toutes les deux se rencontroient dans les eaux du fleuve qu'ils vouloient nommer. Les Hébreux avoient le même goût, étoient dans le même usage. Moyse dit que Dieu avoit planté un jardin de délices *Mikkedem*, ce mot désigne également *dès le commencement*, & *à l'Orient*. Ces deux sens sont véritables.

On peut encore donner une autre étymologie du nom de ce fleuve. La Loire est un grand torrent qui cause quelquefois bien du ravage par ses débordemens. Si ce fleuve enrichit les Provinces qu'il parcourt, il les désole assez fréquemment par ses inondations excessives, causées par le peu de profondeur de son lit, & par la quantité d'eaux que lui fournit la fonte des neiges des montagnes du Velay & du Forez qu'il traverse. L'on a été obligé d'élever de fortes chaussées & turcies pour en arrêter les malheureuses suites; il ne laisse pas de les briser souvent. *Ligr*, *Liger* de *Llygru*, corrompre, gâter, ravager, détruire.

LE RHONE.

RHODANUS, dans Pline & les autres anciens Auteurs, est le fleuve le plus considérable du Royaume.

(*a*) Caton, *liv.* 2 des Origines, dit que les Gaulois excellent dans l'art militaire & l'éloquence. (*Plerumque Gallia duas res industriosissimè persequitur, rem militarem & argutè loqui.*) Saint Jérôme dans son livre contre Vi- gilance, dit que la Gaule a toujours eu un grand nombre d'hommes très-vaillans & très-éloquens. (*Gallia . . . . . viris semper fortissimis & eloquentissimis abundavit.*)

& un des plus impétueux de l'Europe. Son cours est si rapide, que ses eaux sont écumantes. *Rhodanus velox.* Claudien. *Rhodanusque celer.* Silius.

> *Qua Rhodanus raptum velocibus undis*
> *in mare fert Ararim.* Lucain.
> *Aggeribus caput Alpinis & rupe nivali*
> *Prosilit in Celtas, ingentemque extrahit amnem*
> *Spumanti Rhodanus proscindens gurgite campos,*
> *At propere in pontum late ruit incitus alveo*
> *Auget opes stanti similis, tacitoque liquore*
> *Mixtus Arar, quem gurgitibus complexus anhelis*
> *Cunctantem immergit Pelago, raptumque per arva*
> *Ferre vetat patrium, vicina ad littora nomen.* Silius.

> *Rhodano torrentior amplo.* Fortunat.

Rho, particule augmentative. *Dan*, vîte. Rhône est une crase de *Rhodanus*.

LA GARONNE.

GARU, rapide. *Aon*, très, *Garuaon*, *Garun*, *Garon*, très-rapide. La rapidité de ce fleuve est connue de tout le monde.

> *Pernicior unda Garumna.* Claudien.

Elle est mieux appellée *Garuna* par Ptolomée, ou *Garrunna* dans les Tables de Peutinger.

LE RHIN.

VOICI la description que nous en donne M. de la Martiniere dans son Dictionnaire Géographique. Ce fleuve est très-rapide, fort profond, & son fond est d'un gros gravier mêlé de cailloux. Il est fort bizarre dans ses débordemens ; car pour-lors il emporte souvent des Isles entières, en forme des nouvelles où il n'y en a point eu, fait changer la figure des anciens bords, déracine des arbres, qu'il transporte dans le courant de la navigation, & change même souvent son lit ; ce qui fait beaucoup de peine aux Bâteliers, parce qu'ils sont obligés d'apprendre tous les ans le chemin qu'ils doivent tenir. En un mot, la navigation du Rhin est très-difficile ; car, outre ce que je viens de dire, l'on ne peut point établir un chemin le long des bords de ce fleuve, pour tirer les bateaux en remontant avec des chevaux, à cause de la quantité de coupures que font les bras qui forment les isles, ce qui interrompt à tout moment la communication de l'un à l'autre. Ces difficultés font que l'on voit rarement arriver des marchandises de Francfort & de Bâle par les bateaux, les Marchands aimant mieux payer plus chérement le port par terre, que de courir les risques de la navigation. De tout cela on doit conclure que le Rhin n'est d'autre utilité à l'Alsace, que de la défendre en temps de guerre contre l'invasion des ennemis, qui ne peuvent passer ce fleuve qu'avec de grandes difficultés, tant à cause de sa rapidité, que par la quantité d'isles couvertes de bois & de broussailles, & très-pénibles à pénétrer. Je ne dois pas passer ici sous silence que ce fleuve roule de l'or dans son sable. Aussitôt que les débordemens sont cessés, les Habitans des Isles, ou ceux dont la demeure n'est pas éloignée du Rhin, s'occupent à ramasser cet or qui est très-fin ; & quoique cette occupation ne soit pas capable de les enrichir, elle ne laisse pas que de contribuer beaucoup à la subsistance de ces pauvres gens. Ce sont les Seigneurs souverains & limitrophes qui leur afferment ce droit, comme aussi celui de la pêche du poisson qui est abondant dans ce fleuve. Dans une certaine saison de l'année, on prend à Bâle des saumons, qui y montent de la mer ; ce qui paroît surprenant, attendu le grand éloignement de l'Ocean. Il avoit dit plus haut que ce fleuve après avoir été forcé de se diviser contre le Fort de Skenk, où une moitié de lui-même prend le nom de Wahal, se partage encore au-dessus d'Arnheim, où une autre partie des eaux qui lui restent entre dans un canal que Drusus fit dresser autrefois, & conduire proche du lieu que l'on appelle aujourd'hui Doesburg, pour faire communiquer en cet endroit là les eaux du Rhin avec celles de l'Issel, jusqu'à ce qu'elles soient effectivement tombées dans cette rivière. A sept ou huit lieues au-dessous d'Arnheim, le Rhin se partage encore à la petite Ville de Duerstede, où sa branche principale prend le nom de Leck, & la petite traîne encore celui de Rhin. Il passe à Utrecht, où il se divise pour la quatrième fois. Une partie prend le nom de Weck, & le ruisseau qu'on nomme toujours le Rhein passe à Worden, & se perd dans deux ou trois canaux, à deux lieues au-dessou. de Leyde, sans pouvoir se porter jusqu'à la mer.

Tacite, au vingtième livre de ses Annales, avoit déja parlé du Rhin en ces termes. (*Rhenus in alveo communi, haud modicas Insulas circumveniens, apud principium agri batavii, velut in duos amnes dividitur, servatque nomen & violentiam cursûs, quâ Germaniam prævehitur.*)

César, liv. 4ème. le décrit ainsi. *Rhenus.......... citatus fertur, & ubi Oceano appropinquat in plures diffluit partes, multisque ingentibus insulis effectis............ multisque Capitibus in Oceanum influit.*

Virgile donne à ce fleuve l'épithète de *Bicornis*, L. VIII. Æn. v. 727 ; & Claudien celle de *Bifidus* de Bello Getico, v. 336. *Renn*, partagé de *Ranna*, partager.

LA MEUSE.

SUR LA LANGUE CELTIQUE.

LA MEUSE.

Mosa, dans César, grand fleuve qui roule ses eaux avec vîtesse. La Meuse, dit Guichardin, entre dans la mer avec telle hâte & rapidité, qu'elle retient son cours, & conserve la douceur de son eau un grand espace de chemin, ce qui redonde à un grand profit & commodité, en tant qu'outre les autres poissons, les éturgeons prennent leur chemin par elle pour sentir en mer cette eau douce ; & y prenant un singulier plaisir, suivant icelle, si avant au Pays, qu'enfin conduits jusqu'aux lieux où l'eau est fort basse, ils servent de proie aux pêcheurs voisins. . . . . Le Pô, le Tibre, le Rhône, la Garonne & plusieurs autres rivières, qui ont la course violente & soudaine, entrent si avant en mer, lorsqu'elles s'y engoulphent, qu'elles font le même effet à conduire les éturgeons, comme fait la Meuse, mais non en si grande quantité, d'autant qu'elles n'entrent pas si avant. Je me suis servi de la vieille traduction de cet Auteur. *Moch* ou *Mos* vîte, se hâtant.

On suivra dans cette description l'ordre présent des Provinces du Royaume. Dans chaque Province, on parlera d'abord des rivières qui y prennent leur source, ou qui les arrosent : de sa Capitale : ensuite des Villes & endroits remarquables qu'elle contient, par ordre alphabétique.

L'ISLE DE FRANCE.

L'IVETTE

Petite Rivière. *Ivv*, Rivière. *Ivet*, diminutif.

LA JUINE

Junna. Ses eaux sont fort froides. *Guien*, *Guin*, *Juin*, froide.

L'ORGE

Urbia, se partage en deux bras pendant un très-long espace. *Wr*, rivière. *Bi*, deux, qui se divise.

PARIS.

LUTECIA *Parisiorum*, dans César. *Leucotecia* dans Strabon & Ptolomée. Le premier de ces Auteurs dit que cette Ville étoit située dans une Isle de la Seine, environnée de marais profonds, difficiles à traverser, qui communiquoient à ce fleuve. *Labienus. . . . . . cum quatuor legionibus Luteciam proficiscitur, id est, oppidum Parisiorum positum in Insulâ fluminis Sequana. Cujus adventu ab hostibus cognito, magna ex finitimis Civitatibus copia convenerunt. Summa Imperii traditur Camulogeno Aulerco, qui propè confectus etate ; tamen propter singularem scientiam rei militaris, ad eum est honorem evocatus. Is cum animadvertisset, perpetuam esse paludem, quæ influeret in Sequanam, atque illum omnem locum magnopere impediret, hic consedit, nostrosque transitu prohibere instituit. Labienus primò vineas agere, cratibus atque aggere paludem explere, atque iter munire conabatur. Postquam id difficilius consieri animadvertit, silentio è castris tertiâ vigiliâ egressus, eodem quo venerat itinere Metiosedum pervenit.*

Lutèce, aujourd'hui Paris, fut donc d'abord renfermée dans cette Isle de la Seine que nous appellons à présent la Cité ; ainsi cette Ville étoit au milieu de ce fleuve & des marais qui le bordent en cet endroit. Voilà précisément la situation que nous présente son nom. *Luh*, *Lug* ou *Luc*, signifie rivière & marais. *Touez*, parmi, au milieu. *T*, habitation. *Luhtouezy*, *Luhtuezy*, *Luhtezy*, habitation au milieu de la rivière & des marais. *Loucotecy* est le même mot. (Les anciens prononçoient l'*u* en *ou*.) Voyez la Loire. On peut encore donner une étymologie bien naturelle de Lutèce. *Luh*, rivière. *Dac* en composition. *Dec* ou *Tec*, coupée. Lutèce étoit dans une Isle, formée par la coupure de la rivière. Voyez Décize en Nivernois.

Lutèce prit dans la suite le nom de Paris des Parisiens, dont elle étoit la Capitale. Ce Peuple occupoit les deux bords de la Seine ; & profitant de l'avantage de sa situation, il faisoit un grand commerce par eau. On verra la preuve de ce que j'avance dans la sçavante dissertation de M. Bonamy, intitulée, RECHERCHES SUR LA CÉLÉBRITÉ DE LA VILLE DE PARIS AVANT LES RAVAGES DES NORMANDS. *Par*, espèce de navire. *Gvvys*, en composition *Ys*, hommes. *Parys*, hommes de vaisseaux : ou *Gvvys*, on sçait, il est sçu. *Parys*, gens sçavans, gens habiles dans la navigation. Ce commerce par eau, qui a continué parmi les Parisiens jusqu'à la troisième Race de nos Rois, a donné lieu à la Ville de Paris de prendre un navire pour ses armes. On appelle les Parisiens *Badaux* ; ce terme n'est point un sobriquet injurieux, ne signifie point *sot*, *stupide*, comme on l'a cru jusqu'ici, mais il marque l'application de ce Peuple à la navigation. *Badavur*, matelots, bateliers.

ARGENTEUIL.

ARGENTOLIUM, *Argenteolum*, *Argentoilum*, dans les anciens monumens. Il y a aux environs de ce Bourg quantité de carrières de plâtre, dont on fait commerce ; on en enlève beaucoup dans de grands bateaux par la Seine pour la Normandie. *Ar*, pierre. *Gan*, blanche. *Tol*, qui se coupe.

ATIES.

ATTEIÆ, sur la rivière d'Orge, dans un endroit où elle est partagée en deux bras. *Advvy* ou *Atvvy*, *Atty*, partage. Æ d'*Ai*, rivière.

G

MÉMOIRES

BEAUVAIS.

BELLOVACUM étoit la Capitale des Bellovaques, qui lui ont donné leur nom. Ce Peuple, dans les anciens Auteurs, est appellé *Bellovaci*, *Bellovacui*, *Bellovaqui*, *Bellouaci*, *Bellouagi*, *Beleuagi*, *Beleuati*, *Belvagi*, *Bellonaci*. César nous apprend que les Beauvaisins étoient les plus belliqueux & les plus puissans des Belges, qu'ils avoient offert soixante mille hommes d'élite pour défendre la liberté commune, qu'ils en pouvoient bien mettre sur pied cent mille, qu'on avoit une très-haute opinion de leur valeur dans les Gaules. *Plurimùm inter Belgas Bellovacos & virtute, & auctoritate & hominum numero valere: hos posse conficere armata millia centum.* Et plus bas : *Quod erat Civitas magna, & inter Belgas auctoritate, ac hominum multitudine præstabat, & in Gallia maximam habebat opinionem virtutis.* C'est à cette valeur, qui distinguoit les Bellovaques dans une Nation de Braves, qu'ils doivent leur nom. *Bely* ou *Belvv*, *Belov*, valeur. *Gvvys*, homme. *Bellouagi*, hommes de valeur. La bravoure ne s'est pas perdue chez les Beauvaisins, elle s'est même perpétuée dans les deux sexes. Personne n'ignore le courage que les femmes de Beauvais montrerent pour défendre leur Ville contre Charles le Hardi, Duc de Bourgogne, qui l'assiégeoit avec une armée de quatre-vingt mille hommes.

BELLEVILLE.

ANCIENNEMENT *Savegia*, *Saveya*, *Savia*, Maison Royale sur une montagne dans une des plus agréables situations des environs de Paris. *Sav*, montagne. *Gai* ou *Gay*, agréable.

BONEUIL.

BONOGILUM, sur une petite rivière dans un endroit où elle est partagée. *Bon*, qui se partage. *Gill*, ruisseau, petite rivière. Il y a encore un autre Boneuil *Bonogilum*, situé sur un ruisseau, auprès d'un partage de la Marne.

BRETIGNY.

SUR la rivière d'Orge, dans un fond arrosé de plusieurs petits ruisseaux & fontaines, près d'un grand étang, à présent mis en pré. *Britiniacum* dans les Chartes. De *Bry*, terre grasse, aquatique. *Tin*, fond. *Ac*, habitation. *Britinac*, habitation, située dans un fond où le sol est aquatique.

BRIE-COMTE-ROBERT.

BRAIA *Comitis Roberti*. *Bray*, *Bry*, signifie une terre grasse, fangeuse ; tel est le terroir de cette petite Ville.

BRUIERES-LE-CHATEL, OU BRIERES-LE-CHATEAU.

BRUERIÆ a tiré son nom des Bruyeres voisines. *Brug*, *Brui*, Bruyeres.

CHANTILLY.

CANTILLIACUM. L'ancien Château est assis sur une roche au milieu de plusieurs grosses sources qui remplissent un fossé. *Cant*, grand nombre, quantité. *Liex*, eau, fontaine.

CHATEAU-LANDON.

CASTRUM *Nantonis*, *Castrum Landonum*, *Castrum Landonense*. Son plus ancien nom est *Castrum Nantonis*. Cette Ville est située sur une montagne au bord du Fusin. *Nant*, rivière. *Ton*, montagne. Landon pour Nanton est venu du changement si facile de l'N en L, & du T en D.

CHAUMONT.

SUR une montagne près d'un bois. *Chod*, bois. *Mon*, montagne.

CHELLES.

CALA, ancien Palais de nos Rois, auprès duquel on fonda une Abbaye célébre ; il étoit placé sur une hauteur. *Cal*, hauteur, éminence.

CHOISY.

CAUCIACUM dans les anciennes Chartes, entre les forêts de Cuisse & de Légue. *Cau*, forêt. *Zy* de *Dy*, deux. *As* d'*auc*, habitation. *Cauciac*, habitation entre deux forêts.

CLERMONT.

SUR une hauteur près de la rivière de Bresche. *Cler*, rivière. *Mon*, élévation, hauteur.

CLICHY.

CLIPPIACUM *in Alneto* dans les anciens monumens, est sur une montagne qui jouit d'une vue charmante. *Clip*, faîte, sommet, élévation. *Iacvvm*, château.

COMPIEGNE.

COMPENDIUM, situé partie sur une éminence, partie sur la pente de cette hauteur, au bord de l'Oise, une demi-lieue au-dessous du confluant des rivières d'Oise & d'Aisne. La situation de cette Ville est agréable. Les promenades sont charmantes, & ont de très-belles vues. Il y a de très-beaux jardins. Le Pays

SUR LA LANGUE CELTIQUE.

qui environne Compiegne est découvert ; les montagnes en sont éloignées ; les campagnes fertiles en toutes sortes de grains ; les bois, les collines chargées de vignes ; les Villages, la rivière qui entrecoupe cette belle plaine, forment un paysage ravissant. Tant d'agrémens réünis ont procuré à cette Ville l'avantage d'être le séjour de nos Rois dès les commencemens de la Monarchie. *Compen*, belle. *Ty*, en composition *Dy*, habitation. La forêt de Compiegne s'appelloit anciennement *Sylva Cotia*. *Cot*, forêt. Ce nom appellatif étoit devenu le nom propre de ce bois, ainsi qu'il est arrivé à beaucoup d'autres. De *Cotia*, on fit *Cuise*, quand notre Langue commença à se former.

CONDÉ.

VILLAGE au confluent de l'Aisne & de la Vesle. *Cond*, confluent.

CONDE.

VILLAGE près de Paris, au confluent de la Marne & d'une petite rivière.

CORBEIL.

CORBOILUM, *Corbolium*, Corbuel, Corboil dans quelques Auteurs, au confluent de la Seine & de la Juine, est environné de marais. *Cor*, embouchure. *Boël* de *Poël*, marais. *Cor* signifie aussi au milieu. *Voyez* la Loire.

COUCY.

CODICIACUM, situé sur la cime d'une montagne. *Cod*, montagne. *Siad*, cime. *Coucy* est une contraction de *Codiciac*.

COURTENAY.

CURTINIACUM, sur le ruisseau de Clairy, près d'une forêt. *Cur*, *Cour* de *Couer*, ruisseau. *Ten*, *Tin*, forêt. *Ac*, habitation.

CREIL.

CREDELIUM sur l'Oise, paroît avoir tiré son nom de quelque enceinte de clayes. (*Voyez*. Versailles.) *Cradell* en composition, *Credel*, claye. *Credellig*, enceint de clayes.

CRESPI.

CRISPEIUM, *Crispiacum*, dans une Presqu'isle entre deux ruisseaux, au pied d'une colline, sur laquelle on voit les ruines de son ancien Château. *Creib*, entre, milieu. *Is*, eau, ruisseau. *Pi* ou *Pei* colline. *Creibispi* par crase, *Crispi*, colline entre deux ruisseaux.

SAINT DENIS.

CATOLOCUM anciennement, est situé sur la petite rivière de la Croulde, qui s'y joint avec le Morderet autre petite rivière, & sortant de la Ville, va se joindre avec le Moleret & le Rouillon déja chargés de plusieurs petits ruisseaux, & se perdent assez près de là dans la Seine. *Cat*, multitude, *Lvvch*, prononcez *Loch*, rivière, ruisseau.

DOURDAN.

SUR l'Orge près d'une forêt qui en a pris le nom. *Dour*, rivière. *Dan*, forêt.

DREUX.

DUROCASSES, *Duroasses*, dans l'Itinéraire d'Antonin & les Tables de Peutinger. *Droca*, *Drocea*, dans les Auteurs de l'onzième & du douzième siécle, est situé au pied d'une montagne, sur laquelle l'on voit les ruines d'un Château sur la petite rivière de Blaise. Cette Ville, qui étoit autrefois très-forte, a soûtenu plusieurs siéges. *Devur*, *Duur*, forte. *Cals*, beaucoup, très. *Durcass*, très-forte.

DUGNY.

BOURG au confluent de deux petites rivières. *Dun*, confluent, *Y* rivières.

ÉTAMPES.

STAMPÆ sur la Juine, & un ruisseau qui s'y jette, elle est environnée de grandes & fertiles prairies, où l'on nourrit une grande quantité de moutons, dont la laine fait le principal commerce de cette Ville. *Stancq*, abondantes, fertiles. *Baes*, *Paes*, prairies: ou *Stam*, *Estame*, tricotage.

FERRIERES.

BOURG près d'un étang. *Fer*, étang. *Ar*, en composition *Er*, près.

FONTAINEBLEAU.

FONS *Bliaudi*, *Fons Blaudi*, *Fons Bleaudi*, *Fons Blaandi*, *Castrum de Blaudiaco*, dans les anciens monumens. Voici la description qu'en fait le Cardinal Bentivoglio dans une de ses lettres. (Fontaine. Bleau est un vaste Palais, digne d'un aussi grand Roi que l'est celui de France. Et quoique ce soient plusieurs corps de bâtimens joints les uns aux autres en divers temps, sans ordre ni symétrie, ce qui forme une masse confuse d'édifices de différente architecture, cette confusion a néanmoins un air de grandeur & de majesté qui surprend. La situation du lieu est enfoncée, & n'a nul agrément, sur tout dans la saison où la campagne & les bois sont dépouillés de leur verdure. Une grande forêt lui sert

G ij

d'enceinte, & aux environs du Château ce font des collines couronnées de rochers, qui ne produifent rien, ni pour les néceſſités de la vie, ni pour le plaiſir des yeux. Comme il s'y trouve une infinité de bêtes fauves, le Prince y vient prendre le divertiſſement de la chaſſe, & donne par ſa préſence à cette demeure un relief qu'elle n'a point d'elle-même. On y voit des jardins fort propres & très-bien entendus; & outre la grande fontaine, qui, par la beauté de ſes eaux, a donné le nom au lieu, * il y en a un grand nombre d'autres qui embelliſſent extraordinairement ce charmant ſéjour.) Ces rochers ſont pleins de cavernes, de trous, qui, fourniſſant aux loups de ſûres retraites, donnent lieu à ces animaux de s'y multiplier beaucoup. Il n'y a pas longtemps que le Roi fut obligé d'en faire tuer un grand nombre, parce qu'ils enlevoient chaque jour de ſes chiens de chaſſe. Voilà d'où eſt venu le nom de la fontaine. *Bley*, loup. *Avud*, retraite. *Fons Bleaudi*, fontaine de la retraite du loup.

* Il ſe trompe ſur ce point.

GASTINOIS.

PETIT Pays ainſi nommé des mauvaiſes terres qui s'y trouvent. *Gaſt* ou *Gaſtin*, mauvaiſe. Les Habitans du Pays appellent gaſtines les terres ſablonneuſes, non pas parce qu'elles ſont ſablonneuſes, mais parce qu'elles ſont mauvaiſes.

GERBEROY.

GERBOREDUM ſur une haute montagne, au pied de laquelle paſſe le Terrin. *Ger*, élevée. *Ber*, *Bor*, montagne. *Red*, rivière.

GOUHELE ou GOHELE.

PETIT Pays de l'Iſle de France, le plus abondant en excellens fromens de tous les environs. *Guvell*, ou *Goel*, le meilleur.

GONESSE.

GONESSA a pris ſon nom de ſon bon blé. *Gon*, bon. *Ed*, *es* en compoſition, blé.

GOURNAY.

GORNACUM, Château ſur la Marne, que de fortes murailles & un torrent profond qui l'environnoit, rendoient preſque imprenable, au rapport de l'Abbé Suger. *Gwr* ou *Gor*, fort. *Naid*, aſyle, place de retraite. Guillaume le Breton parle d'un autre Gournay placé ſur les Frontières du Beauvoiſis, qu'il dit être un endroit peuplé, riche, ceint d'une triple muraille.

ILLEU.

PETIT lieu peu éloigné de Creſpy, auprès duquel eſt un gouffre qui a dix pieds de diamétre, dans lequel tombe en bouillonnant toutes les eaux des torrens cauſés par les plus violentes pluyes ſans le remplir. *Hidl*, *Hill*, couloir. *W*, *eu*, eau.

JUVIGNY.

JUVINIACUM dans les anciens monumens; ce Village eſt ſur le penchant d'une montagne garnie de vignes. Il y avoit une Maiſon royale autrefois. *Voyez* Joigny en Bourgogne.

LAGNY.

LATINIACUM, ſur la Marne. Il y a dans cette Ville une fontaine d'autant plus admirable, qu'elle eſt ſur un lieu éminent. *Laith*, *Lat*, eau. *Din*, *Tin*, élevée. *Ac*, habitation. *Latiniac*, habitation où il y a de l'eau ſur un lieu élevé.

LAON.

LUGDUNUM, Laudunum, Leudunum, Lugdunum Clavatum, Lugdunum Cloatum, Laudunum Cloatum. Bibrax, ſur le ſommet d'une montagne de roc, qui ſe partage en deux branches ou bras. *Lech*, *Loc*, roc. *Dun*, montagne. *Clavv* ou *Clavann*, bras. *Tu*, deux. *Lugdunum Clavatum*, montagne de roc à deux bras. *Bi*, montagne. *Brag*, briſée, de là *Bibrax*. La montagne de roc ſur laquelle eſt Laon, eſt eſcarpée de tous côtés. *Lech*, *Loch*, roc. *Tunn* en compoſition *Dunn*, coupé, eſcarpé. *V.* la Loire.

LITANOBRIGA.

ÉTOIT près de Noyon, dans des marais qu'y forme l'Oiſe. Cette rivière ſe partage dans le même endroit. *Lait*, *Laithan*, marais. *Brig*, partage, briſure. *A*, rivière.

LIVRI.

LIVERIACUM, dans une forêt d'Aulnes. *Lai*, *Li*, forêt. *Vern*, *Ver*, aulnes.

MAGNY.

NOM appellatif d'habitation devenu propre de cette Ville. On verra pluſieurs exemples ſemblables dans le cours de cette deſcription.

MANTE.

MEDUNTA ſur la Seine, qui s'y coupant, y forme pluſieurs Iſles. *Med*, coupée. *On*, rivière. *Ty*, habitation. Mante eſt une craſe de *Medunta*.

MARLY.

MARLEIUM, près d'un marécage, à l'extrémité d'une forêt. *Mar*, marécage. *Lai* en compoſition, *Lei*, forêt.

SUR LA LANGUE CELTIQUE.

MELUN.

MELODUNUM, dans César, *Mecledonenſe* & *Miglidunenſe Caſtrum*, dans Grégoire de Tours ; *Mecledo* dans une lettre de l'Évêque Leon au Roi Childebert, fils du Grand Clovis ; *Milidunum*, *Milido* du temps des Romains. Cette Ville étoit bâtie dans une Iſle que forme la Seine en ſe partageant, où il n'y a plus à préſent que le Château. *Mer*, eau, rivière. *Lodenn*, *Lodunn*, partage. *Merlodunn*, *Meclodnn*, partage de la rivière. Melun eſt une contraction de *Meledum*.

METIOSEDUM.

LES Sçavans ſont partagés ſur l'endroit où il faut placer cette Ville. Sans vouloir décider la queſtion, je dirai qu'à s'en tenir à l'étymologie, il faut la mettre dans une Iſle formée par le partage d'une rivière. *Médi* ou *Meti*, couper. *Iw* prononcez *Io*, rivière. *Cad* en compoſition, *Ced* ou *Sed*, place, ſol, lieu.

MEUDON.

MOLDUNUM, Bourg ſur une montagne ſéche & pelée, devenu fameux par le magnifique Château qu'on y a bâti. *Moel*, *Mol*, pelée. *Dun*, montagne.

MEULAN.

MELLENTUM, au bord de la Seine, au pied d'une côte où elle eſt bâtie en amphithéatre. *Moyl*, montagne, côte. *Lliant* en compoſition, *Llient*, *Llent*, rivière.

MONTFOR L'AMAURY.

CE n'eſt point Montfort, *Mons Fortis*, comme on l'a penſé juſqu'ici, puiſqu'il y a pluſieurs lieux de ce nom qui n'ont point été fortifiés. *Mon*, montagne. *For* de *Vor*, ſur. Montfort eſt ſur une colline ou montagne.

MONTLHERY.

ON croit communément que ce Bourg tire ſon nom d'un *Lethericus* qui le bâtit. Ces étymologies priſes du nom des Fondateurs des Villes, étoient la reſſource des Écrivains qui ignoroient le Celtique. Falloit-il donner la raiſon pourquoi la Capitale du Royaume s'appelloit Lucotéce ou Lutéce & Paris, elle étoit bientôt trouvée. Cette Ville avoit reçu le premier de ces noms de Lucus fils de Barde, à qui elle devoit ſon origine ; & le ſecond de Paris, fils de Rhemus, qui l'avoit aggrandie, tous deux Souverains des Gaules dans les temps voiſins du Déluge. Langres, *Lingona*, étoit ainſi appellé du Roi Lingon, de qui elle tenoit ſes commencemens, *&c*. Cette route étoit commode, & épargnoit bien du travail & des recherches ; par malheur il n'y manque que la vérité. Ces Fondateurs de Villes qui leur donnoient leur nom, ſont des perſonnages imaginaires, ils n'ont jamais exiſté que dans la tête de nos vieux Romanciers. Montlezry doit ſon nom à ſa ſituation, de même que les autres habitations anciennes. Ce Bourg eſt ſur une colline, près d'un ruiſſeau. *Mon*, montagne, colline. *Lez*, près. *Ri*, ruiſſeau. Je ſçais que Montlhery dans pluſieurs Chartes, & dans les Hiſtoriens du douzième & du treizième ſiécle eſt appellé *Mons Letherici*, *Mons Leherii*, *Mons Lethericus*, *Mons Lihericus* ; mais loin que ces dénominaiſons détruiſent ma conjecture, elles lui prêtent un nouvel appui, parce que les unes faiſant de *Lethericus* le régime de *Mons*, les autres le mettant comme adjectif à ce terme, cette variété montre que l'origine du nom de ce Bourg n'étoit pas ſûrement connue de ces Écrivains. D'ailleurs il eſt bien croyable que ceux d'entr'eux qui ſe ſont ſervis des termes *Lethericus*, *Leherics*, *Libericus* adjectivement, n'ont pas cru qu'ils fuſſent un nom d'homme ; car on ne rend point en Latin les noms de lieu de cette ſorte. On ne traduira pas Philippe-Ville par *Philippa-Urbs*, Charlemont par *Mont Carolus*.

MONTMARTRE.

MONSMERCORE dans Frédegaire, a été ainſi nommé d'un petit trou aſſez profond, qui ſe trouve aujourd'hui ſous l'Égliſe ſoûterraine de Montmartre. *Mer*, creux, trou. *Corr*, petit. *Mon*, mont.

MONTMORENCY.

SUR une petite montagne, ſur laquelle il y a un grand étang ou petit lac, qu'une rivière peu conſidérable traverſe. *Mon*, mont. *Mor*, lac, étang. *Ren*, ruiſſeau, rivière. *Cy*, *Zy*, habitation. Montmorency, habitation ſur la montagne, où il y a un étang à rivière, ou traverſé par une rivière.

MORET.

MURRITUM, *Moretum*, touche la forêt de Fontainebleau qui eſt très-étendue. *Mavur*, *Mor*, grande. *Hoed* ou *Hoet*, *Hoit*, *Het*, *Hit*, forêt. *Moret*, grande forêt.

LA MORLAYE.

MORLACA dans les anciens monumens. Il y avoit en ce lieu une Maiſon Royale. Ce Village eſt au bord de la forêt de Senlis, la petite rivière d'Aiſe y paſſe, & rend le lieu fort agréable. *Mor*, rivière. *Lag* ou *Lay*, forêt.

NANTERRE.

NEMPTODORUM, près de la Seine, dans un endroit où elle eſt partagée en deux bras. *Nant*, rivière. *Torr* en compoſition *Dorr*, partage. On a dit *Nent* en compoſition pour *Nant* : On a inféré un P, ces inſertions de lettres ne ſont pas rares ; & la ſeconde N ſe fera changée en M devant le P, ainſi qu'il eſt d'uſage.

NEMOURS.

ANCIENNEMENT *Nemox*, puis *Nemoux*, ensuite *Nemours*, a commencé par un Château bâti dans une Isle que forme le Loing en se coupant. *Nem*, coupée. *Ox*, rivière.

NOYON.

NOVIOMUS, *Noviomagus*, sur une pente douce, au bord de la rivière de Verse. *Nov* de *Naou*, pente, *Ivv*, *Iou*, eau, rivière. Le mot de *Mag* ajoûté dans *Noviomagus*, & syncopé dans *Noviomus*, signifie habitation. Noyon est une crase de *Noviom*.

PACY OU PASSY.

PACIACUM, sur un côteau au bord de la Seine. *Pech* ou *Pach*, élévation, côteau. *Voyez* Passy, en Normandie.

POISSY.

PINCIACUM, sur la pente d'une colline, à l'extrémité de la forêt de Saint Germain. *Pen*, *Pin*, montagne, colline, élévation. *Say*, *Sy*, forêt. *Ac*, habitation. *Pinciac*, habitation de la colline à l'extrémité de la forêt.

PONTOISE.

BRIVA, *ISARA*, est sur l'Oise. *Briva*, Ville. *Isara*, Oise. *Briva Isara*, Ville de l'Oise.

QUEUX.

CAUDA, ancien Château, aujourd'hui Village entre deux forêts. *Caud*, bois. *Da* de *Dau*, deux.

SACLAS.

SALIOCLITÆ, dans l'Itinéraire d'Antonin. *Salyou*, maisons. *Clit*, fermées de clayes. *Clit*, claye. *Voyez* Versailles.

SAINT CLOUD.

ANCIENNEMENT Nogent, *Novigentum*, sur la pente d'un tertre, au confluent de la Seine & d'une petite rivière. *Naou*, *Nov*, pente. *Gant*, en composition *Gent*, confluent. *Novgent*, *Novigent*, pente du confluent, pente près du confluent.

SAINT GERMAIN EN LAYE.

DANS une forêt. *Lay*, forêt.

SAUX.

BOURG sur une élévation. *Sav*, élévation, éminence.

SENLIS.

SUR une éminence, au pied de laquelle passe la petite rivière de Nonnette. *Sen*, élévation. *Lis*, eau, rivière.

SOISSONS.

CETTE Ville a pris son nom des Soissonnois, *Suvessones*, dont elle étoit la Capitale. J'écris *Suvessones* plutôt que *Suessones*, parce que Jerôme Surita assure que d'anciens manuscrits lisent ainsi ; leçon qui d'ailleurs représente mieux l'étymologie du nom. *Chvvai*, prononcé *Sva*, legers. *Con* ou *Son*, marque du superlatif. *Svvason*, très-legers. C'est ainsi que Lucain caractérise ce Peuple : *Longisque Leves Suessones in armis*. Ceux qui se rappelleront que la legéreté à la course est une des principales qualités qu'Homere donne à Achille son Héros, connoîtront combien le nom des Soissonnois étoit honorable chez les anciens.

SURESNE.

SURISNÆ, tout au bord de la Seine, vis-à-vis une Isle assez grande qu'elle forme. *Cvvr*, *Sur*, bord de rivière. *Enes*, *Tnys*, Isle.

TILLARD.

BOURG du Beauvoisis, situé dans une Campagne fertile en grains. *Tit*, terre, *lard*, abondante.

LA TOUR DU LAY PRIEURÉ.

SUR une élévation, environné de quelques petits bois. *Lay*, forêt.

VANVRES.

VENVA, dans une Charte du douzième siécle, renommé pour son excellent beure. *Men*, ou *Ven*, beure. *Ma* ou *Va*, bon.

VERSAILLES.

VERSALIÆ, près d'une grande forêt, qui étoit apparemment autrefois fermée de clayes ou de palissades, pour que les bêtes fauves n'en sortissent pas. *Bersa* ou *Versa*, claye, palissade. *Laiq* ou *Lia*, forêt. Bersaillin, Village de Franche-Comté, est dans une grande forêt. On verra dans Ducange que l'on enfermoit autrefois ainsi les forêts.

VILLEPREUX ou VILLEPEREUX.

EST appelé dans les anciens monumens *Villaperu*, *Villa pirorum*, *Villa puerorum*, *Villa petrosa*. Il

SUR LA LANGUE CELTIQUE.

est dans un terrein Pierreux. *Vil* est un terme Celtique qui signifie habitation. *Per*, pierre. De *Per* on a fait *Pir*, *Puer*.

VINCENNES.

Tous les anciens monumens l'appellent *Vicena*. L'N a été inferée depuis quelques siécles pour la facilité de la prononciation ; Bois dans lequel il y a un étang. *Wydd* en composition, *Vu*, bois, *San* en composition, *Sen*, étang.

LA PICARDIE.
AVIGNON
Petite Rivière. *Aven*, *Avin*, Rivière. *On*, diminutif.

L'ESCAUT
Scaldis, son lit & ses bords sont fangeux, il y croit beaucoup de joncs. *Heskau*, jonc, que les Latins auront traduit *Scal*. *Is*, rivière, qui prenoit un D dans certain Dialecte. *Scaldis*, rivière des joncs, abondante en joncs.

L'OISE
Isara, *Æsia*, a un cours fort lent. *Oës*, lenteur. *Oësus*, lent, oisif, paresseux, *I*, eau, rivière. *Oesi*, rivière lente. *Is*, eau, rivière. *Ar*, lente.

LA SOMME
Samara dans les plus anciens Auteurs, *Sumina* dans Grégoire de Tours, *Somena* dans Fortunat, *Somona*, *Somma*, *Summa* dans les Ecrivains plus récens, se répand beaucoup, s'arrête à former un grand nombre de marais. *Mar*, *Smar*, morte, croupissante. L'S se prépose en Celtique. *Somm*, *Somen*, *Samon*, *Sumin*, qui s'arrête.

AMIENS.
Est situé sur la Somme. Cette Ville s'appelloit anciennement *Samarobriva*. *Samara*, Somme. *Briva*, Ville. Elle a pris le nom du Peuple *Ambiani*, dont elle étoit la Capitale. La Notice de l'Empire parle ainsi de ce Peuple : *Equites Cataphractarii Ambianenses*, les Cavaliers Ambians armés de pied en cap. *Cataphractarii* ne fait que traduire en Latin le mot Celtique *Ambyen*, couvert. Tacite raconte que dans la révolution des Gaules, on équipa des hommes, selon la coûtume du Pays, d'une armure de fer, appellée crupellaire, qui étant toute d'une piéce, rend les soldats impénétrables aux coups, mais aussi les met hors d'état d'en donner. *Crupellar*, couvert de fer.

ACHERY.
Au bord de l'Oise, dans un endroit où elle est coupée en deux bras. *Ach*, rivière. *Ry*, division, partage.

ALBIGNY.
Gros Bourg partagé en deux par deux petites montagnes. *Albin*, petite montagne. *Ny*, deux.

ANCRE.
Sur un tertre. *Han*, habitation. *Cre*, *Creh*, éminence.

ARDRES.
Arda, doit son nom aux pâturages dont il est environné. *Arda*, pâturage.

BOULOGNE.
Bononia, sur & au pied d'une colline, à l'embouchure de la Liane dans l'Occean. *Bon*, embouchure. *On*, rivière. Voici encore une autre étymologie. Les anciens regardoient les Morins comme des hommes placés à l'extrémité de la Terre : *ultimi hominum Morini*, dit Pline. Gessoriac ou Boulogne étoit un Port de mer de ce Peuple, où l'on s'embarquoit pour la Grande Bretagne. Charlemagne, au rapport d'Eginhart, fit réparer le phare qu'il y avoit eu anciennement. *Gues*, bord. *Sor*, feu. *Gessor*, feu du rivage, Fanal. *Bonvum* ou *Bonom*, *Bonon*, la dernière partie, le dernier endroit, l'extrémité. *Bononia*, Ville placée à l'extrémité de la Terre. Le nom de *Portus Iccius* signifie la même chose ; ainsi il y a bien lieu de croire que ce Port est Boulogne. *Porth*, Port. *Iczu* en composition *Iczi*, extrémité, fin. La rivière qui passe à Boulogne s'appelle Liane. *Lliant*, coulant d'eau, rivière.

BRAY.
Petit Pays situé aux Frontières de la Normandie & de la Picardie. Il y a plusieurs montagnes dont les terres sont fort marécageuses. *Brai*, boue, terre fangeuse, marais.

BRAY.
Bourg sur un tertre environné de marécages. *Brai*, terre fangeuse, marais.

MÉMOIRES

CALAIS.
CALESIUM, doit son nom à son bon Port. *Cale*, Port. *Ed* en composition *Es*, bon.

CHAUNY.
Au confluent de l'Oise & d'une petite rivière, vis-à-vis une Isle que forme l'Oise en cet endroit. *Con*, *Chon*, jonction, *Y*, Isle.

CONDE.
VILLAGE, a un confluent. *Cond*, confluent.

CONDRAIN.
CONTRAGINUM, Ville considérable autrefois, au confluent de l'Oise & d'une petite rivière. *Cont*, confluent. *Rhag*, auprès. *Ain*, habitation.

CONTE.
VILLAGE au confluent de la Canche & d'une petite rivière. *Cont*, confluent.

CONTY.
Au confluent de la Selle & d'une petite rivière. *Cont*, confluent. *Ty*, habitation. *Conty*, habitation du confluent.

LE CROTOY.
SUR une colline qui s'avance en pointe dans la Somme à son embouchure. *Cr* de *Creh*, colline. *Og*, pointe. *Touer*, *Douer*, eau, rivière : Ou *Cro*, marais. *Touez*, milieu. Cette Ville est environnée de marais.

DOURIER.
Au bord de l'Authie. *Dour*, rivière. *Ar*, *Er*, près.

DOURLENS.
Au bord de la rivière d'Authie, qui, en se coupant, forme deux Isles. *Dorr*, coupure. *Lliant* en composition *Lliens*, rivière.

DOURS.
A l'embouchure d'une petite rivière dans la Somme. *Dor* ou *Dour*, embouchure.

ESTAPLES.
STAPULÆ, à l'embouchure de la Canche dans l'Océan, qui forme un petit lac en s'y jettant. *Staer*, *Star*, rivière. *Pul*, lac. *Starpul*, rivière, lac.

LA FERE.
FARA, FERA, au confluent de l'Oise & de la Serre dans un marais. *Fer*, confluent. *Fer*, étang, marais. *Fer*, Château, Forteresse, Place forte. La Fere est appellée *Castrum*, Château, Forteresse dans Frodoard. *Voyez* la Loire.

FIENNES.
FIELNÆ, à la source d'une rivière, au pied des montagnes. *Ffynn*, *Fyenn*, source. *Ai*, rivière. *Ai* se prononçoit en *Ae*.

GUINES.
GISNÆ, dans des marais. *Guin* de *Gueun*, marais.

GUISE.
GUISIA, *Goisia*, Château très-fort, près duquel s'est formée une Ville. *Gvvych* ou *Gsvvys*, ou *Goys*, fort.

HAN.
EST dans une Isle que forme la Baine en se jettant dans la Somme. *An*, Isle, d'*Anes*.

MARLE.
DOIT son nom à son terroir gras. *Marle*, terre grasse.

MONTHULIN.
SUR une colline de roc. *Mont*, colline. *Ulynt*, *Ulyn*, rocher.

MERLOW.
MELLOTUM, dans un fond si aquatique, qu'on y a quelquefois vu de trois pieds d'eau. *Melled*, *Mellot*, marécageux, aquatique.

MERU.
MERUACUM, *Merudium*, Bourg près de la source d'un ruisseau. *Merus*, ruisseau.

MONTREUIL

SUR LA LANGUE CELTIQUE.

MONTREUIL.

MONSTROLIUM, est sur une élévation au bord de la Canche qui y coule au Nord, & qui y reçoit vis-à-vis cette Ville une petite rivière. A côté de Montreuil au levant, il y a une autre petite rivière qui se jette aussi dans la Canche. *Mon*, élévation. *Tro*, autour. *Liv*, rivières.

MORINI.

Nom ancien du Peuple qui habitoit le Boulenois & la Flandre Maritime. Les anciens Auteurs nous disent que ce nom signifie en Celtique ceux qui habitent les bords de la mer. On verra effectivement dans notre Dictionnaire que *Mor* signifie mer, *In* de *Min*, bord. L'M initiale se perd en composition.

NESLE.

NIGELLA, sur un ruisseau. *Nes*, *Nis*, près. *Gill*, ruisseau.

ORIGNY.

Au bord d'un bras de l'Oise, qui se partageant encore, y forme une Isle. *Aw*, ou *O*, rivière. *Ren*, *Rin*, partage. *Y*, Isle.

OUTRAU.

Bourg sur une montagne dans une Presqu'isle, lorsque la mer est pleine. *Wd*, *Oud*, *Out*, élévation. *Tro*, autour. *Aw*, eau. *Outreau*, montagne environnée d'eau.

OYE.

Le terroir d'Oye est fertile en herbages. *Vaes*, *Ves*, *Oies*. Le V, comme le remarque fort bien M. Renaudot dans son Mémoire sur la Langue Grecque, s'est prononcé par les anciens en *Oi*, en *Ou*, en *B*, en *F*. A Ornans en Franche-Comté une prairie s'appelle une Oie.

PEQUIGNY.

PINKENI, *Pinkeniacum* dans les anciens monumens. Picquigny au seizième siécle, a un Château sur une colline pointue. *Pin*, colline. *Ken*, *Cen*, aigue, pointue. *Y*, habitation. *Pinkeny*, habitation de la colline pointue.

PÉRONNE.

Au bord de la Somme, c'est une place forte surnommée la Pucelle, parce qu'elle n'a jamais été prise. Elle est dans une situation très-avantageuse entre des marais, qui, avec ses fortifications, en font la plus forte place de la Province. *Perh*, forte. *Aon*, marque du superlatif. *Perhaon*, *Perrone*, très-forte: ou *Perronn* marécageuse, environnée de marais. *De Per*, *De Fer*, marais.

LE PONTHIEU.

PONTIVUS *Pagus*, est un Pays bas, plat, fort gras, fort fertile en grains, fruits & pâturages. *Pont*, Pays bas, Pays plat. *Tiv*, gras, fertile.

RENTY.

RENTYCA, sur l'Aa. *Ren*, *Rin*, rivière. *Tyc*, habitation. *Rentye*, habitation de la rivière.

RIBEMONT.

RIBEMONS, sur une montagne au bord de l'Oise. *Ribl*, *Rib*, rivage, bord. *Mon*, montagne. *Ribémon*, montagne du bord. Monstrelet l'appelle quelquefois Riblemont, d'un nom qui marque mieux son étymologie. Cette Ville est quelquefois appellée *Ribodimons*, par un Pléonasme assez familier aux Gaulois. *Rib*, bord. *Od*, bord.

ROYE.

Sur l'Auregne, qui dans cet endroit s'élargit beaucoup, & forme un petit lac. *Rhonca* ou *Rhonga*, *Rhoga*, large, qui s'étend : on sous-entend, Rivière.

RUE.

RAUGA, sur une petite rivière ou ruisseau qui le borde dans sa longueur, & entre deux ruisseaux à ses côtés. *Ru*, ruisseau.

SANTERRE.

Contrée de Picardie fort fertile. *San*, bonne. *Ter*, terre.

LE TARDENOIS.

Partie de la Picardie, où il y a beaucoup de forêts de chêne. *Tar*, chêne. *Den*, forêt.

THIERACHE.

THEORASCIA, est une Contrée très-abondante en blé & en bonnes prairies. Il y a beaucoup de flaques d'eau, d'eaux croupissantes. *Tevv*, prononcez *Teo*, fréquente, beaucoup. *Rascia*, eau croupissante.

H

VERBERIE.

Vurembria, fur le bord de l'Oife, au pied d'une montagne. Il y a une fontaine d'eaux minerales froides, qui participent d'un fel femblable au fel commun. *Vur* ou *Vuren*, de *Mur* ou *Muren*, eau falée. *Bru*, *Bri*, fource, fontaine.

VEROMANDUI.

Ce Peuple qui habitoit cette partie de la Picardie, que nous appellons encore le Vermandois, avoit pris fon nom des longues lances ou piques qu'il portoit. *Ber* ou *Ver*, lance. *Mend*, grande. Les ufages fe perpétuent affez parmi les Peuples. Les Picards ont continué à fe fervir de ces longues piques, & en ont tiré leur nom moderne. (Les gens de pied de Picardie, plus volontiers que les autres Nations, ufoient de ces longues piques, & de-là eft venu le nom de Picardie,) dit le Préfident Fauchet. Picard eft un terme Celtique, qui fignifie longue pique. *Pic*, pique. *Ard*, longue.

VERVINS.

Verbinum, fur une hauteur, au bord de la Serre. *Ver*, hauteur. *Min*, *Bin*, bord de rivière.

VIS.

Ville. De *Wyck*, nom appellatif d'habitation devenu propre de celle-ci.

YEUX.

Village au bord de la Somme. *Iw*, jeu, eau, rivière.

LA CHAMPAGNE.

Campania, tire fon nom de fes vaftes plaines. *Campen*, lieu plain, uni.

L'AISNE ou L'ESNE.

Axona dans Céfar. *Auxounnos* dans Dion. *Auxenna*, *Auxuenna* dans les Auteurs du quatrième fiécle. *Aufona* dans Hugues de Fleury. *Auxonna* dans Guillaume le Breton. *Aches* ou *Achefon*, *Achefen*, rivière. Le nom appellatif de rivière eft devenu le nom propre de celle-ci. Vous en verrez encore bien des exemples.

L'AUBE.

Alba, *Albula*, ainfi nommée de la blancheur de fon fable. *Alb*, blanc. *Wl*, lieu, lit.

L'AUGE

Rivière. *Aug*, eau, rivière. *Voyez* l'Aifne.

LA MARNE.

Matrona dans Céfar & dans Aufone. Le lit de cette rivière eft renfermé par des terres baffes & fablonneufes pour la plûpart, ce qui la rend fort trouble dans les grandes eaux, & caufe plufieurs débordemens. *Métou*, *Met*, parmi. *Treh*, fable. *On*, rivière. *Métrehon*, *Métron*, *Matron*, rivière qui coule parmi les fables, ou rivière dont les eaux font mêlées de fables.

LE MORIN

A fa fource dans un lac. *Mavvr*, lac. *In*, fource. *Mavvrin*, rivière qui prend fa fource dans un lac : ou *Mor*, nom appellatif de rivière. *In*, diminutif.

L'ORVANNE.

Arvenna dans Aimoin. D'*Arven*, nom appellatif de rivière, devenu propre de celle-ci. Fredegaire nomme cette rivière *Aroena*. On changeoit facilement l'U en O.

LA VANNE

A pris fon nom d'*Aven*, rivière, dont il eft un apocope.

LA VESLE.

Vitola, *Vitula*, *Vidola*, *Vidula*, eft pleine de marais & d'eaux croupiffantes. *Wi*, eau, rivière. *Dal*, *Dol*, qui s'arrête, *De Dala*, s'arrêter.

TROYES.

Trecæ, *Trica* a été ainfi appellé des Tricaffes dont elle étoit la Ville. *Tric*, fort. *Cals*, cas, très. *Tricaffes*, très-forts. Les Tricaffes faifoient partie de ces braves Senonois qui prirent Rome.

SUR LA LANGUE CELTIQUE.

ANGLURE.

ANGLURA sur l'Aube qui s'y partage en deux bras. Angell, prononcez Anguell, bras. Ur, rivière.

ARC.

ARCÆ sur l'Aujon. Arga, Arca, clos, lieu fermé.

ARCIS.

ARCIACA, petite Ville sur une colline au bord de l'Aube. Ar, colline. Ach, eau, rivière.

AVENAY.

AVENIACUM, Avenaium sur la Marne. Aven, rivière. Ai, habitation ; ou Nes, près.

AY.

SUR la Marne. Ai, ou Ay, rivière.

BAR-SUR-AUBE.

SUR l'Aube au pied d'une montagne, sur laquelle il étoit autrefois situé, du moins en partie, puisqu'on y voit les vestiges d'un Château, selon les uns, d'une Ville, selon les autres, tant ils sont considérables. Bar, montagne.

LE BASSIGNY.

BACINIACENSIS Pagus, est une partie considérable de la Champagne. Cette contrée est très-fertile sur tout en blé, dont le grain est plus gros, & fait du pain plus beau que les autres fromens. Bas, abondant. Cin, beau & blanc. Yd, blé.

BRINON.

BRIENNO, Bourg au bord de l'Armançon, & au milieu duquel il y a un étang. Bri, mare, étang. An en composition En, rivière.

BOURBONNE.

VERVONA dans Aimoin, tire son nom de ses fontaines chaudes. Ver, Ber, fort chaud. Vona, fontaine.

BRAY.

SUR la Seine près d'un marais. Bray, terre fangeuse, terre marécageuse.

BRONCOURT.

SUR une élévation. Bron, élévation. Court, habitation.

CHALONS.

CATALAUNI doit son nom au Peuple Catuellani, dont elle étoit la Ville. Cad ou Cat, guerre. Gvvell, en composition Wel, Uel, meilleurs. An, hommes. Catvellan, les meilleurs hommes de guerre. On joignoit quelquefois à un si beau nom une épithéte, qui ne faisoit pas moins d'honneur à ce Peuple. On l'appelloit Durocatuellani, Durocatalauni. Devvr signifie fort, brave, courageux.

CHATEAU-VILAIN.

VILLE qui entoure un Château construit sur un tertre de roc, uni & spacieux. Bilen, Vilen, roc. Voyez Châteauvilain en Franche-Comté.

CHAUMONT.

SUR une montagne autrefois couverte de bois, puisque Bergier nous apprend que les Comtes de Champagne y alloient souvent prendre le divertissement de la chasse. Chod, forêt. Mon, montagne.

CLERMONT.

SUR une montagne de roc. Clegr, Cler, roc. Mon, montagne.

CONDÉ.

VILLAGES au confluent de l'Aisne & de la Vesle ; au confluent de l'Aisne & de la Suipe ; au confluent de l'Aisne & d'une petite rivière ; au confluent de l'Aisne & d'un ruisseau. Condat, confluent.

COUBLANS.

VILLAGE, a un confluent. Cvvpl ou Cvvbl, prononcez Coubl, jonction.

DONCHERY.

DONCHERIUM, environné de hauteurs de toutes parts. Don, hauteur. Cherri, enfermer. Donchery enfermé de hauteurs.

MÉMOIRES

DORMELLE.

DOROMELLUM dans nos anciens Historiens, est sur une éminence au bord de la rivière d'Orvanne. *Dor*, rivière. *Moyl*, éminence.

ÉPERNAI.

SPARNACUM, qualifié dans les anciens monumens *Castrum*. De *Sparla* ou *Sparna*, fermer. *Ac*, lieu. Sparnac, lieu fermé, Château.

FISMES.

FINES dans l'Itineraire d'Æthicus, est située près de l'embouchure de la Nore dans la Vesle. *Pin*, *Fin*, embouchure de rivière.

GRENANT.

VILLAGE au bord d'une petite rivière. *Ger*, *Gre* par transposition, près. *Nant*, rivière, ruisseau.

JOIGNY.

JOVINIACUM, au bord de l'Yonne, sur la descente d'un côteau qui la rend d'assiette naturellement forte. Le territoire produit de bons blés; mais il est sur tout fertile en bons vins, qui font son principal commerce. *Gouin*, *Jovin*, vin. *Ac*, lieu, habitation, Pays. *Joviniac*, habitation, lieu, Pays de vin, ou abondant en vin.

JOINVILLE.

JOVEVILLA sur la Marne. *Jvv*, prononcez *Jou*, rivière. *Vil*, habitation.

LANGRES.

ANDEMANTUNUM sur le sommet d'une montagne de roc. *Hend*, *Hand*, sommet. *Man*, pierre, roc. *Tun*, élevé. Cette Ville prit dans la suite le nom du Peuple *Lingones*, dont elle étoit la Capitale. Lucain donne aux Langrois l'épithéte de Belliqueux, & dit que leurs armes étoient peintes. *Pugnaces pictis, cohibebant Lingonas armis*. *Cvvn*, prononcez *Con*, en composition *Gon*, armes défensives. *Llyn*, colorées.

LINCHAMP.

ÉTOIT autrefois un Château seul sans aucun autre Habitant, plus fort par la difficulté de son abord, hors de tout passage de communication, que par la bonté de ses Fortifications. L'air est si épais en cet endroit, qu'on n'y voit presque jamais le soleil, & il y a du brouillard toute l'année. Il n'y croit rien du tout pour la vie, & l'on ne pourroit y demeurer longtemps en santé. Les hommes vivoient sans commercer, & de ce qu'ils alloient chercher, ou qu'on leur apportoit d'ailleurs: Il étoit situé à peu de distance de Rocroy vers la Meuse; & comme c'est l'extrémité de la France de ce côté là, il semble aussi que ce soit le bout du monde. Il y a eu cependant longtemps des Gouverneurs de ce Château; mais il falloit changer souvent de Commandant & de Garnison, autrement le mauvais air les rendant toujours malades, ils y mouroient en peu de temps. On a été obligé d'abandonner le terrein, après avoir démoli le Château. *Llyn*, contagieuse, pestilente. *Cham*, demeure.

MASLAY.

MASOLACUM. Il y avoit anciennement une Maison Royale. Ce Bourg est tout entouré de la rivière de Vanne, qui en fait une véritable Isle. *Ma*, habitation. *Col* ou *Sol*, enfermée. *Ac*, rivière.

MÉSIERE.

MARCERIÆ, dans une Presqu'isle ou contour en fer de cheval que fait la Meuse, ensorte qu'il est enfermé d'eau de tous côtés, hors un petit espace. *Mag*, Ville. *Serr*, enfermée. *I*, rivière.

MÉRUAN.

BOURG. Le terrein des environs est marécageux & inaccessible en hyver. *Méru*, marais. *Am*, autour.

MORIMOND.

FAMEUSE Abbaye située dans un terrein où il y a plusieurs sources. *Mavvr*, beaucoup, plusieurs. *Mon*, sources, fontaines.

MOUSON.

MOSOMAGUS sur la Meuse, en partie dans une Isle qu'elle forme. *Mos*, Meuse. *Mag*, habitation. *Mous*, *Mos*, Meuse. *Hom*, habitation.

NANGIS.

SUR une petite rivière. *Nan*, rivière. *Gvvyc* ou *Gys*, habitation.

NOGENT.

NOVIGENTUM, sur la pente d'une colline, à la chute d'une petite rivière. *No*, *Nov* de *Naou*, pente. *Gwen*, embouchure. *Ty*, habitation. *Novguenty*, habitation de la pente, près de l'embouchure.

SUR LA LANGUE CELTIQUE.

POULLANGI.

VILLAGE dans un fond. Il y a un ruisseau. *Poul*, *Poulan*, fond, creux. *Gvvi* en composition. *Gi*, eau.

RETEL.

AU bord de l'Aisne sur la pente d'une colline. *Re*, *Red*, rivière. *Tal*, *Tel*, pente de colline.

RHEIMS.

DUROCORTORUM, sur la Vesle dans une plaine environnée de montagnes, à deux ou trois lieues de distance, sur le penchant desquelles il croit d'excellent vin. Elle étoit la Capitale du Peuple Remi dont elle a pris le nom. Ce peuple se distinguoit par sa force : *Optimus excusso Leucus*, *Remusque lacerto*, dit Lucain. *Tur* ou *Dur*, tour, enceinte. *Corr*, petites. *Trum* ou *Torum*, montagnes. *Rym*, *Rem*, fort.

SEDAN.

SEDANUM. *Dan*, ou *Sdan*, forêt. L'S s'ajoûte au commencement. Sedan touchoit encore il n'y a qu'un siécle au bois de Querimont, & n'étoit pas éloigné d'un autre. Les armes de cette Ville désignent son ancien état. C'est un sanglier au pied d'un chêne chargé de glands.

SENS.

LES Senons ou Senonois, dont Sens étoit la Capitale, & de qui cette Ville a emprunté le nom sous lequel elle est aujourd'hui connue, étoient, au rapport de César, un Peuple qui avoit beaucoup d'autorité dans les Gaules ; Florus en parle ainsi. Les Gaulois Senonois, Nation d'un naturel farouche, grossière dans ses manières, fut si terrible, & par la taille énorme de ceux qui la composoient, & par la grandeur des armes dont ils se servoient, qu'elle sembloit née pour la perte des hommes & la ruine des Villes. *Galli Senones, gens natura ferox, moribus incondita, ad hoc ipsâ corporum mole, perindè armis ingentibus, adeò omni genere terribilis fuit, ut planè nata ad hominum interitum, urbium stragem videretur.* On voit dans ce portrait combien les Romains, qui n'estimoient qu'eux-mêmes, travestissoient les grandes qualités des autres Peuples en défauts. Florus appelle férocité la valeur des Gaulois, rusticité la simplicité de leurs mœurs que le luxe n'avoit point corrompues. C'est de leur stature avantageuse que les Senons ou Senonois ont tiré leur nom. *Sen*, grand. *Senaon*, *Senon*, les plus grands.

SÉZANE.

APPELLÉE autrefois Sédane, est dans les forêts : c'est le même nom que Sedan. *Sdan* ou *Szan*, (car le D & le Z se substituent mutuellement,) forêt.

TONNERE.

TORNODORUS dans Grégoire de Tours. Aldrevald, Moine de Fleury, dit dans son livre des miracles de Saint Benoît, que *Tornodorus* étoit un Château de la Bourgogne, sur la pente d'une montagne au bord de l'Armanson. *Castrum in Burgundia partibus, in latere montis, suprà fluvium Hormensionem.* Dans un des Fauxbourgs de cette Ville, on voit sortir au pied d'un rocher une fontaine si abondante, qu'à 20 toises de là on la passe sur un pont de pierre de deux arches, & qu'au-dessous de ce pont elle fait tourner des moulins fort considérables. *Tor*, Château. *Nod*, marque. *Dor*, source. *Tornoddor*, Château près d'une source remarquable.

VERTUS.

VIRTUDUM, dans un beau & fertile Pays. *Berth*, beau & bon. *Tud*, sol, terre. L'V & le B se mettant l'un pour l'autre, de *Berthud*, on a fait *Vertud* : Ou *Berh*, fortifiée, *Tod* ou *Tud*, habitation. *Virtudum* est nommé Château dans les anciens monumens.

VITRY-LE-BRULÉ.

VICTORIACUM, sur le Sault. Le Pays des environs est un des plus agréables du Royaume, rien n'y manque aux plaisirs de la vie. *Bitora*, *Vitora*, excellente. *Ac*, contrée.

LA BRIE,

Briegius vel Brigensis Pagus, est ainsi appellée de sa terre fangeuse. *Bray* & *Bry*, terre fangeuse.

MEAUX.

JATINUM Meldorum, sur la Marne dans un endroit où elle se partage. *Iad*, eau, rivière. *Tvvn* en composition *Tyn*, divisée. *Mald* ou *Meld*, hardis. *Meldi Liberi*, dit Pline, parlant de ce Peuple, ce qui marque sa bravoure.

CLAYE.

BOURG, a tiré son nom de quelque habitation fermée de claye. *Cled*.

MÉMOIRES

COURTACON.

Près d'un grand étang. *Court* ou *Cowrt*, qui ne remue point. *Ach* ou *Achon*, eau.

DORMANS.

Dormanum, au pied d'une montagne, à l'embouchure d'une rivière dans la Marne. *Dor*, embouchure. *Man*, montagne. *Dorman*, embouchure près de la montagne.

GALEVESE.

Petite Contrée, que quelques-uns appellent Brie pouilleuse & Brie galeuse. *Goall, Gall*, mauvaise. *Maes* en composition *Vaes*, campagne.

JOUARRE.

Jodrum, *Jotrum*. L'Abbaye de Jouarre est sur une petite éminence, à l'embouchure du petit Morin dans la Marne. Au bas de cette éminence est le Bourg de Jouarre. *Godrum, Gotrum, Jodrum, Jotrum*, petite éminence. *Go* particule diminutive. *Trum, Drum*, éminence.

MONTARLAU.

Nommé *Arelaus Villa* dans Fredegaire, est près d'un étang. *Ar*, près. *Lvvch* ou *Lvvs*, étang.

MONTEREAU-FAUT-YONNE.

Condate, dans les Cartes de Peutinger, & dans l'Itineraire d'Æthicus, au confluent de la Seine & de l'Yonne. *Condate*, confluent. Depuis le douzième siécle, nous voyons ce lieu appellé *Monasteriolum*, à cause d'un petit Monastére qui y étoit. De *Monasteriolum* s'est formé Monstereau, ensuite Montereau. *Faut* de *Fall*, défaut, manquement. *Faut-Yonne*, manquement de l'Yonne, endroit où l'Yonne cesse, où l'Yonne finit.

MONTIGNY-LE-ROY.

Sur un petit mont. *Mont*, mont. *In*, particule diminutive. *Y*, habitation. *Montini, Montigny*, habitation de la petite montagne.

NANTEUIL.

L'Auteur qui a écrit les miracles de Saint Vaubert, Abbé de Luxeuil, dit que ce Serviteur de Dieu naquit dans un Village fameux, qu'on appelloit anciennement Nant. *In Pago Meldensi famosi vicus est nominis, prisco nomine Nant vocatus*. Ce Village est Nanteuil au bord de la Marne. *Nant*, rivière.

PROVINS.

Pruvinum, *Provinum, Provignum, Pruvenum Castrum* dans les anciens monumens. Provins ne fut d'abord composé que de la Ville haute, qui étoit une place forte. Les Comtes de Champagne trouverent ce Château si à leur gré, qu'ils y bâtirent un Palais où ils venoient souvent avec toute leur Cour. *Bro, Pro*, Forteresse. *Gvvynn* en composition, *Wynn*, agréable.

ROSAY.

Rosetum, petite Ville située dans une plaine fertile en grains. *Rhos*, campagne. *Et*, blé.

VER.

Vernum. Il y avoit anciennement une Maison Royale. Ce Village est dans un Pays aquatique. Il touche à deux grandes forêts; les étangs commencent à y former une chaîne de piéces d'eau. *Vern*, aulnes. On sçait que ces arbres croissent dans les terreins humides.

LA BOURGOGNE.

L'ARMANÇON.

Hormensio dans les anciens monumens, rivière qui a dans son lit des rochers rouges. *Or*, rivière. *Maen*, pierres, rocs. *Coh*, rouges.

L'AROUX.

Hesrus, Isrus dans les anciens monumens, rivière rapide, & qui n'est pas navigable, à cause des rochers dont son lit est plein. *Hesrus*, rapide. De ce mot s'est formé *Ezrous*, ensuite *Érous*, enfin *Arous, Aroux*.

LA BAISE.

Besua, est une rivière dès sa source. *Bedvv, Besvv*, rivière.

L'YONNE.

Icauna, rivière qui prend sa source dans le Morvant. Ses eaux ne sont pas si claires que celles de la Seine. Les vallées d'Yonne forment une des Contrées du Nivernois ; elles sont situées le long de ce qu'on appelle la vallée d'Yonne, dans l'endroit où cette rivière sépare l'Évêché de Nevers de celui d'Autun. Cette Contrée est très-abondante en blé & en vin. Il y a plusieurs Villes dont les plus considérables sont Clamecy, Vezelay, Corbigny. *Isc*, eau, rivière. *Con*, vallée. *Iscon*, *Icon* ou *Icaun*, rivière des vallées.

L'OUSCHE.

Oscara. Cette rivière serpente beaucoup. *Osgo*, oblique. *Re*, rivière. *Osgore*, *Oscore*, rivière tortueuse.

LE SUZON

Prend sa source dans une vallée profonde, qu'on appelle le Val-Suzon. *Svv*, rivière. *Son*, vallée: ou *Svv*, eau, rivière. *Suson*, petite rivière.

TILLE.

Tillus, féconde en truites excellentes, qui sont tachetées de rouge non-seulement sur la peau, mais encore sur la chair. *Tluh*, truite. *Tlus*, truiteuse.

DIJON.

D*ivio*, *Dibio*, au confluent de l'Ousche & du Suzon. *Div*, deux. *Ivv*, prononcez *Io*, rivière. Le B & l'U se mettent indifféremment l'un pour l'autre.

ALISE.

Alexia, *Alesia*. César, livre 7ème, chapitre 12ème, nous décrit ainsi cette Ville, qui n'est plus qu'un Village de même nom ; (elle étoit bâtie sur la faîte d'une haute montagne . . . . . au pied de laquelle couloient deux rivières qui la baignoient des deux côtés. *Ipsum erat oppidum in colle summo, admodum edito loco. . . . cujus collis radices duo duabus ex partibus flumina subluebant.*) Cette montagne est de roc, les deux rivières sont le Loze & l'Ozerain, qui se jettent à peu de distance de là dans la Brenne. *Al*, montagne. *Lech*, roc. *Dy* en composition, *Sy*, deux. *A*, rivières.

AMBARRI.

A*ncien* Peuple de cette Province, qui paroît avoir pris son nom des lances qu'il portoit. *Bar*, lance. *An*, devant le B *Am*, est un article & une particule augmentative.

ARC.

A*rcæ*, sur la Tille. *Arga* ou *Arca*, clos, lieu fermé : ou *Ark*, habitation.

ARCENANT.

V*illage* sur une petite rivière. *Ark*, habitation. *Nant*, rivière.

ARCI.

V*illage* sur le bord de la petite rivière de Cure. A cinq cens pas de cet endroit, il y a des grottes remarquables. Au-dessus de ces grottes sont des terres labourables, qui n'ont pas plus de huit ou dix pieds de sol. Il paroît que ces grottes ou cavités ont été faites en tirant de la pierre ; elles ont une entrée étroite, & environ trois cens toises de profondeur ou de long. Il y a des ceintres qui forment plusieurs voûtes, du haut desquelles il tombe une eau crystaline, qui se convertit en pierre fort brillante & très-dure, & forme des pointes ou culs de lampe fort grossieurs, & qui descendent en bas, les unes plus, les autres moins, avec une diversité admirable. Entre ces congélations, qui représentent une infinité de choses surprenantes; l'on en remarque sur tout une : Ce sont cinq ou six tuyaux de cinq à six pieds de haut, & de huit à dix pouces de diamètre, creux par dedans, & arrangés d'alignement l'un près de l'autre, sans se toucher pourtant. Quand on frape ces tuyaux avec un bâton, ils rendent des sons différens & fort agréables, & c'est pour cela qu'on les appelle les orgues. On trouve à vingt ou trente toises de l'entrée un petit lac, qui a cinq toises de large sur quinze ou vingt de longueur, & duquel l'eau est très-claire. Selon toutes les apparences, il est formé par la partie de l'eau la plus legère, qui tombe sans cesse goute à goute du haut des voûtes, qui en des endroits paroissent avoir vingt pieds de hauteur, en d'autres vingt-cinq, & en d'autres trente. L'élévation, la largeur & la longueur de cette voûte toute de pierres, font écho ou retentissement fort agréable, qui fait durer longtemps le bruit des pierres qu'on entend rouler bien loin dans la profondeur obscure de cette caverne. Il y a un endroit de cette grotte où l'on trouve une espèce de sable. La nature y a formé un plafond d'une terre fort unie, couleur de caffé, & où paroissent mille chiffres bizarres qui font un effet fort agréable, de même que quelques figures de pierres mal formées par les goutes d'eau. On appelle cet endroit LA SALE DU BAL, OU LA SALE DE MONSIEUR LE PRINCE. Piganiol de la Force, Desc. de la France. *Har*, belle. *Cil*, caverne.

Piganiol que je copie se trompe, ces cavernes sont naturelles.

ARNAY-LE-DUC.

S*ur* une élévation. *Arn*, élevé, élévation.

MÉMOIRES

AVALON.

ABALO, *Avalo*, sur le Cousin, entre deux collines, l'une chargée de vignes, l'autre couverte de bois. Cette Ville doit son nom à des pommiers. *Aval*, pomme. *Avalenn*, pommier.

AVOT.

VILLAGE situé entre deux montagnes. Il n'y a qu'un ruisseau; mais par les pluyes c'est un torrent, à cause de la situation du lieu. *Abot*, *Avot*, fond.

AUSSONE.

AUSSONIA, près d'une grande prairie fort grasse & fort arrosée, bordée par la Saône. *Aug* ou *Aus*, prairie bordée de rivière ou de ruisseau, prairie bien arrosée. *On* terminaison, ou *On* habitation : Ou *Aud*, en composition *Aus*, bord. Aussone, bord de la Saône : Ou simplement *Achefon*, *Auchefon*, rivière. Voyez l'Aisne.

AUTUME.

VILLAGE entre Seurre & Châlons, situé sur un tertre de terre, presque tout entouré de bois. Il y a beaucoup d'étangs dans son territoire, qui y attirent une multitude étonnante d'oiseaux de rivière. On y voit des pluviers, des plongeons, des poules d'eau, des railles en quantité; mais il y a particulièrement un si grand nombre de canards sauvages, que pendant l'hyver sur tout on voit des étangs fort longs, presque tout couverts de ces oiseaux. *Hot*, bois. *Tom*, beaucoup, ou *Om*, d'*Am*, entouré.

AUTUN.

EST bâti sur le penchant d'une colline assez rapide, dont la rivière d'Aroux baigne le pied. Il est commandé à l'orient & au midi par trois grandes montagnes qui le couvrent, & dont celle qui est au midi a les plus belles sources du monde. Son nom ancien est *Dun*, montagne, colline. Placé sur une colline, au pied de trois grandes montagnes, on sent combien ce nom lui convenoit. Lorsqu'Autun eut passé sous la Domination Romaine, cette Ville, pour plaire à Auguste, ajoûta le nom de ce Prince au sien, & s'appella *Augustodunum*. *Um* est une terminaison latine.

Autun étoit la Capitale des Héduens *Hedui*, un des principaux Peuples des Gaules. Suivant en cela l'exemple d'un grand nombre de Villes des Gaules, elle prit le nom de son Peuple au quatrième siécle. *Hed*, casque. *Uh*, élevé. *Heduhi*, ceux qui portent des casques élevés. C'est ce que Lucain a exprimé dans ce vers d'une manière hyperbolique à son ordinaire.

Heduos fratres Cœlo capita alta ferentes.

On voit dans les antiquités du Pere de Montfaucon un soldat Gaulois avec toutes ses armes offensives & défensives. Il a un casque remarquable, sur lequel il y a une aigrette fort élevée. Je jugerois par ce dernier trait que c'est un Héduen.

M. Samson veut qu'Autun soit l'ancienne Bibracte. M. de Valois place cette Ville à Beuvray, Bourg à trois lieues d'Autun. La preuve étymologique est pour le premier. *Bi*, montagnes. *Brac*, grandes. *Te* de *Teir*, trois.

Une de ces trois grandes montagnes qui touchent Autun, s'appelle Montcenis. Elle a un étang ou petit lac à son sommet. *Mont*, mont. *Cen*, sommet. *Is*, eau. Montcenis, montagne, à la cime de laquelle il y a de l'eau. Il y a pareillement un lac au sommet du Montcenis des Alpes.

Le Souverain Magistrat des Héduens s'appelloit Vergobret. *Qui Summo Magistratu præerat (quem Vergobretum appellant Ædui, qui creatur annuus, & vita necisque in suos habet potestatem.)* *Verg*, Magistrat. *Braidd*, *Braitt*, Souverain.

AUXERRE.

AUTOSIDORUM, *Autessudorum*, *Autessiodorum*, *Autisodorum*, *Autesiodorum*, *Autissiodorum*, *Autesiodorum*, *Autissiodorum*, *Autisiodorum*, *Autisiodorum*, *Autissiodorum*, *Autiosiderum*, *Altasiodorum*, *Altissiodorum*, *Auticiodorum*, *Utissiodorum* dans Ammien, Marcellin, les Notices, l'Itineraire d'Æthicus, les Tables de Peutinger, & les Auteurs qui écrivoient sous la première Race de nos Rois. Ceux qui ont vécu sous les Carlovingiens l'appellent *Alcedronum*, *Alciodorum*, *Alciodrum*, *Altiodrum*, *Altiodorum*, *Alcedorum*, *Altissiodorum*. Cette Ville est située au bord de l'Yonne, en partie sur une petite montagne qu'on découvre de tous côtés; l'air en est pur, l'aspect agréable. *Aut*, bord. *Is*, rivière. *Iodrum* de *Godrum*, petite montagne. *Autissiodorum*, *Autissiodorum*, petite montagne au bord de la rivière. On a inséré l'o & l'e dans *drum*, le premier pour rendre le mot plus coulant & plus sonore; le second parce qu'il se place naturellement entre d & r. L'*au* est souvent changé en *al*, de là *Altissiodorum*. Auxerre est nommé *Autricum* dans Constance. *Aut*, bord. *Ric*, rivière.

On voit à Druy, Village à quelques lieues d'Auxerre, de belles & d'abondantes fontaines. *Dru*, abondant. *Y*, source, fontaine.

BAR-SUR-SEINE.

AU pied d'une montagne sur la Seine. *Bar*, montagne.

BAUGÉ.

BALGIACUM, sur une hauteur. *Bal*, hauteur. *Gvvyc*, habitation.

BAZOIS.

PETIT Pays, composé de plusieurs vallées. Elles abondent en pâturages, bois & mines de terre. *Bas*, vallées. *Oes*, pâturages.

BEAUNE

SUR LA LANGUE CELTIQUE.

BEAUNE.

BELNA doit son nom à deux grosses & abondantes sources, dont l'une répand ses eaux dans la Ville comme une rivière, & l'autre remplit les fossés. *Bel*, sources. *Na* de *Naou*, deux.

BEUVRAY.

ÉTOIT un endroit considérable, situé sur le sommet d'une montagne. Il est ruiné à présent; il s'est formé un Bourg au pied de la montagne qui en a conservé le nom. *Beu*, montagne. *Vrai* de *Brai*, de *Braidd*, extrêmité, sommet.

BONNET.

VILLAGE près d'une montagne. *Bon*, montagne. *At*, en composition *Et*, près.

BOURBON-LANCY.

SUR la croupe d'une montagne, a son Château bâti sur un rocher, au pied duquel sort une fontaine chaude. *Ber*, *Bor*, *Bour*, chaude. *Bon*, fontaine.

BRANNOVICES ou BRANNOVII.

PEUPLE de cette Province. *Bran* signifie montagne & bois. *Wys*, hommes.

BROVAILLE.

BOURG situé près de marécages. *Brou*, marécage. *Al*, près.

CHALON.

CABILONUM, Cabilo, Cabyllinon dans Strabon. *Caballinon* dans Ptolomée. *Capilunum*, *Cavilunum* dans Æthicus. *Cabillio* dans les Tables de Peutinger, sur le bord de la Saône dans une plaine très-belle & très-abondante. La fertilité du territoire & du Bailliage de cette Ville ne peut être plus grande en grains, vins, foins, pâturages, fruits, & généralement en tout ce qu'un bon Pays peut rapporter. Cette Ville a fait un très-grand commerce dès le temps le plus reculé. César dit que les Romains s'y arrêtoient pour y commercer. On voit par une ancienne inscription, que le Commandant de la Flotte Romaine sur la Saône y demeuroit, comme à l'endroit où cette Flotte se trouvoit ordinairement. Eumenius parle du port de Châlon. Tous ces monumens nous font voir qu'il y avoit toujours à Châlon un grand nombre de bateaux, soit de guerre, soit marchands. *Caupill* ou *Caubill*, bateau. *Hafn* ou *Havn*, port. *Caubil-Havn*, port de bâteaux.

CHANBERTIN.

CHAN, côteau. *Berth*, beau. *In* de *Win*, vin. Chanbertin, côteau du beau vin. Le vin de ce Village a la couleur du rubis, & charme les yeux par son éclat.

CISTEAUX.

CISTERCIUM. On appelloit ainsi une forêt, dans laquelle Saint Robert fonda avec Saint Étienne un Monastére devenu chef d'un grand Ordre. *Venerunt ad quamdam sylvam, Cistercium ab Incolis nuncupatam.* Ce sont les paroles de l'Auteur de la Vie de Saint Robert, qui écrivoit au douzième siécle. Il y a plusieurs étangs dans cette forêt. *Cil*, forêt. *Star*, étang.

CLERMAIN.

VILLAGE sur la rivière de Grosne, fermé de montagnes de toutes parts, excepté au Nord. *Cler*, rivière. *Main*, montagnes.

CLERMONT.

DANS un fond entouré de montagnes sur la petite Rivière d'Argentaille. *Cler*, rivière. *Mont*, montagnes.

CLERVAUX.

GUILLAUME, dans la Vie de Saint Bernard, dont il a été Contemporain, décrit ainsi ce lieu. *Erat Claravallis inter opaca sylvarum & vicinorum hinc indè montium angustias locus in territorio Lingonensi, non longè à fluvio Alba, antiqua spelunca latronum: quæ antiquitus dicebatur vallis absynthialis, seu propter abundantis ibi absynthii copiam, seu ob amaritiem doloris ibi incidentium in latrones.* Clerval placé entre d'épaisses forêts, & resserré de toutes parts par les montagnes voisines, près de la rivière d'Aube dans le Diocèse de Langres, étoit une ancienne retraite de voleurs. On l'appelloit anciennement Vallée d'absynthe, soit parce qu'il y en croît en abondance, soit à cause de l'amertume de la douleur de ceux qui tomboient en cet endroit entre les mains des voleurs. Dire que cette vallée a été nommée Clairvaux, parce qu'il est difficile d'en trouver une ailleurs qui soit mieux éclairée du soleil par sa situation, c'est démentir la description qu'en fait Guillaume, qui nous la représente entre d'épaisses forêts, & resserrée de toutes parts par les montagnes; situation qui sûrement ne permet pas au soleil de répandre sur elle ses rayons avec plus d'abondance que dans les autres. Il est donc bien plus naturel de croire qu'elle a été ainsi nommée de l'Aube dont elle est près. *Cler*, rivière. *Val*, vallée. Voyez Clermont dans l'Isle de France.

CLUNY.

CLUNIACUM. Dans un vallon entre deux montagnes sur la Grosne. *Clunn*, vallée. *I*, rivière.

COUCHES.

BOURG sur une élévation. *Cuch*, *Couch*, élévation.

COULANGE.

COLANGIA, nom appellatif d'habitation, devenu propre de celle-ci.

CRECEY.

AU bas d'un côteau sur la roche, au bord de la Tille. *Craig* ou *Craic*, roc. *Ei*, eau, rivière.

CREVAN.

A l'embouchure de la rivière de Cure ou Core dans l'Yonne. Cette Ville est appellée *Chora* dans Ammien. *Cor*, embouchure.

CUSEAU.

CUSELLUM, près d'une petite grotte. *Cuz*, caverne. *Cuzel*, diminutif.

DIGOIN.

DENECONTIUM. Au confluent de la Loire & de l'Aroux. *Din*, ou *Den*, habitation. *Conti*, en composition *Gonti*, confluent.

DUESME.

DUSMA, sur la Seine dans un vallon fort étroit. *Dwfn*, profond.

ÉBAR.

BOURG, à l'embouchure de la Vouge dans la Saône. *Ébar* transposition d'*Aber*, embouchure.

ÉPOISSES.

SPINCIA. Il y avoit anciennement une Maison Royale. Ce Bourg est à trois lieues de Semur dans une vallée qui passe pour la plus abondante de la Province, particulièrement en froment. *Pin*, *Spin*, riche. *Si*, contrée.

FLAVIGNY.

SUR un sommet de montagne qui est de roc. *Fal*, *Fla*, par une transposition fort commune, sommet. *Vaen*, roc : Ou de *Flam*, *Flav*, grande quantité. *Viniz*, vignes. Flavigny est sur une montagne entourée de plusieurs autres, toutes chargées de vignes.

FLEURIÉ.

VILLAGE sur un petit ruisseau nommé Corber. *Fleu*, ruisseau. *Rez*, près. *Cor*, petit. *Ber*, coulant d'eau.

MAILLY-LE-CHATEAU.

CETTE Ville est située sur des roches & éminences. *Maly*, roc. *Mal*, élévation, éminence.

MANDUBII.

ANCIEN Peuple de cette Province. On peut tirer l'étymologie de son nom, ou des grands arcs, ou des arcs d'acier dont il se servoit. *Mend*, *Mand*, grand. *Bw* en composition *By*, arc. *Man*, hommes. *Dur*, acier. *By*, arc. Hommes qui ont des arcs d'acier.

MASCON.

MATISCO, *Matasco*, La Notice de l'Empire nous apprend qu'il y avoit une fabrique de flèches. *Math*, forge, de *Mathu*, forger. *Tacel*, flèche. Pour adoucir ce mot, on a prononcé le premier C en S, & on a dit *Matasc*, *Matisc*, en supprimant l'L finale.

MIREBEAU.

MIREBELLUM, Bourg arrosé par un ruisseau d'eau chaude qui y attire une prodigieuse quantité de canards sauvages en hyver. *Mer*, *Mir*, eau. *Boyl*, chaude.

MOLESME.

MOLISMUM, Abbaye placée parmi des marais dans de grands bois. *Mor*, marais. *Lemn*, forêt.

MONTBAR.

MONS BARRUS, sur une colline qui est une Presqu'isle de la Brenne. Cette rivière lui sert d'un large fossé, & le roc escarpé de muraille. *Mon*, courbure de rivière. *Bar*, élévation. *Voyez* aussi Montbarrey en Franche-Comté.

MOSSON.

DANS un fond entre deux montagnes. *Mus*, *Musson* ou *Mosson*, caché.

NOLAY.

DANS un vallon arrosé. *Nol* signifie précisément cette situation.

SUR LA LANGUE CELTIQUE. 67

NOYERS.

NUCERIÆ, fur la rivière du Serin qui l'environne presque toute entière. *Nuv*, rivière. *Kaer*, enceinte.

NUYS.

NUCIUM, dans une plaine au pied d'une montagne fur un ruisseau. *Naou* par crase, *Nou*, *Nu*, pied de montagne. *Cuvi*, *Ci*, eau, ruisseau.

LA PERRIERE.

VILLAGE près d'un grand étang. *Per*, étang. *Hir*, grand.

POISOT.

VILLAGE sur une montagne. *Poich*, *Pois*, montagne.

PONTALIE.

PONTILIACUM. La Saône s'y partage. Une partie de la Ville est située entre les deux bras, & l'autre à un des bords. *Pont*, pont. *Tyll*, coupure, séparation. *Ac*, eau, rivière.

POSCHEY.

VILLAGE sur une élévation. *Putch*, *Poech*, élévation.

PREMEAU.

Il y a une fontaine minerale dont l'eau est tiéde. *Ber*, *Per*, *Pre*, chaude. *Mor*, *Mo*, eau. *Premeau*, eau chaude.

LA PUISAIE.

PETIT Pays plein de montagnes & de bois. *Puy*, montagne. *Say*, forêt.

LA ROCHEPOT.

VILLAGE au pied d'une roche élevée, sur laquelle est son Château. *Roch*, roche. *Pod* ou *Pot*, élevé.

ROMANAY.

BOURG près d'un petit ruisseau. *Ro*, ruisseau. *Man*, petit. *Ay*, habitation.

SAINT JEAN DE LAUNE.

LADONA, *Latona*, sur le bord de la Saône environnée de belles & grandes prairies. *Ladd*, foin, herbe. *Ladon*, abondant en foins, abondant en herbes.

SAULIEU.

SEDOLOCUM, *Sidolocum*, environné de bois de tous côtés. *Ced*, bois. *Loches*, cachette. *Loch*, caché. *Cedloch*, caché dans les bois.

SAUMAISE.

BOURG sur le penchant d'une montagne. Il y a une petite rivière. *Comba* ou *Somba*, penchant de montagne. *Aich* ou *Ais*, rivière. *Sombais*, *Somais*.

SEMUR.

SINEMURUS, sur un roc rouge, dont l'Armançon lave le pied. *Cynne*, rouge. *Mur*, roc.

SERLEY.

SUR une élévation. Il y a un petit ruisseau. *Ser*, élévation. *Ley*, ruisseau.

SERMAIZEY.

AU bas d'une montagne. *Ser*, montagne. *Mat*, *Mazey*, habitation.

SERMESSE.

SUR une élévation. *Ser*, élévation. *Mas*, *Mes*, habitation.

SOMBERNON.

BOURG situé sur la montagne la plus élevée de la Province. *Suum*, cime. *Bern*, élevé. *Aon*, marque du superlatif. *Sombernon*, la cime la plus élevée.

TAISEY.

VILLAGE sur une éminence. Il y a deux petites rivières. *Tavu* en composition, *Tay*, deux. *Suvy* en composition, *Syy*, *Sy*, rivières.

TALLAN.

VILLE forte autrefois, située sur la cime d'une montagne. *Tal*, *Talan*, élévation. *Tal*, *Talan*, Forteresse.

I ij

TALLAND.

VILLAGE au pied d'une Montagne. Il y a un ruisseau & un pont de pierre sur la Grosne. *Tal*, pied de montagne. *Lliant*, coulant d'eau.

TALENAY.

DANS une Isle que forme la Vigeanne avant que de se jetter dans la Saône. Il y a une petite éminence. *Tal*, élévation, éminence. *Enés*, Isle.

TOURNUS.

TINURTIUM, étoit un magasin de bled pour les Camps du temps des Romains, *Horreum Castrense*. *Tuin* par crase *Tin*, réserve, magasin. *Curt*, en composition *Urt*, Camp.

TOUZY.

VILLAGE près d'Auxerre, doit son nom aux chênes verds. *Taous*, chênes verds.

TURLEY.

VILLAGE près d'un ruisseau. *Tur*, ruisseau. *Lez*, près.

VERDUN.

AU confluent de la Saône & du Doubs, près d'une vaste prairie. *Wyrdd*, *Wyrddon*, herbu. *Voyez* Verdun en Lorraine, Vierzon en Berry.

VERGY.

VERCIACUM, *Vergeium*, *Verziacum*, *Varginiacum*, *Virgeium*, *Virzeium* dans les anciens monumens latins. *Vergé*, *Vergié*, *Vergier*, *Vergy* dans les françois. Ce Château étoit construit sur le sommet d'une haute montagne. Il étoit par tout environné de roc, & n'avoit qu'une avenue extrêmement difficile. Il passoit pour une des plus fortes places du Royaume. Le Pape Alexandre III s'étant réfugié en France, & craignant l'armée de Fréderic I qui approchoit de la Frontière de Bourgogne, le Roi Louis VII offrit à Sa Sainteté le Château de Vergy pour lui servir de retraite assurée, à cause que c'étoit une Forteresse imprenable, dit un Auteur du temps. *Berh*, *Berz*, *Berg*, *Verh*, *Verg*, *Verz*, *Virg*, *Virz*, lieu fortifié, place forte.

VEZELAY.

VIZELIACUS, sur la cime d'une haute montagne. *Uzell*, montagne. *Avvch*, pointe, sommet. *Uzellac*, *Vizelac*.

VITTEAUX.

SUR la Braine. Outre cette rivière, il passe à Vitteaux un ruisseau qui vient de Massigny, & cause de grands dommages après les pluyes, ce qui contraint les Habitans de faire des digues pour les opposer à ce torrent. *Wyd*, ou *Wyt*, mal, dommage. *Aw*, eau. *Wytavv*, eau qui cause du dommage : Ou, si l'on veut, *Wi*, eau, rivière. *Tausst*, près.

UXELLES.

CHATEAU bâti sur une montagne. *Uchel* ou *Usel*, élevé.

LA BRESSE.

Terre fangeuse, toute remplie de marais & d'étangs. *Brai*, terre fangeuse. *Zy*, habitation. Les Habitans de cette Province s'appelloient anciennement *Segusii*. Ce nom signifie la même chose que celui qu'ils portent à présent. *Sag*, *Seg*, dormante, croupissante. *W*, eau. *Zy*, habitation. *Segusii*, ceux qui habitent un Pays plein d'eaux croupissantes.

BOURG.

BWRG, Bourg. Nom appellatif qui est devenu propre à ce lieu. *Voyez* Magny dans l'Isle de France, & Vic en Bigorre.

LOUHAN.

DANS un terrein humide & marécageux, environné de trois rivières. *Luh*, *Louh*, eau, rivière. *Am*, autour. *Louham*, entouré de rivières.

LE BUGEY.

AULES.

Rivière voisine de Nantua, qui sort d'un abysme. *D'Oeled*, abysme.

SUR LA LANGUE CELTIQUE.

BELLEY.

Belica. Cette Ville est dans un terrein environné de collines. *Belic*, bassin. Nous appellons encore bassin une plaine environnée de montagnes, dont la figure approche de la rondeur.

AMBOURNAY.

Ambroniacum. Au pied d'une montagne. *An*, article. *Bron*, montagne.

ÉPONE.

Epona, aujourd'hui Yene dans le Bugey, étoit anciennement une Ville considérable, ainsi qu'on le voit par plusieurs restes d'antiquité qu'on y a découverts, & particuliérement par cette inscription *Epone Deæ*. Ce n'étoit que des Villes distinguées que l'on divinisoit. *Epo*, chevaux. *Voyez* Mandeure en Franche-Comté, & Yvrée en Piémont. On tint à Épone un Concile sous le Règne de Saint Sigismond.

NANTUA.

Nantuadis, *Nantoidis*. Il est parlé du Monastére Nantuadis dans une Ordonnance de Louis le Débonnaire. La Chronique de Saint Benigne dit que Charles le Chauve fut enterré dans le Monastére bâti au lieu appellé *Nantoidis*, de la multitude des eaux qui s'y rassemblent. La Ville de Nantua est à l'extrémité d'un lac qui est traversé par une riviére. *Nant*, eau. *Guad*, *Gued*, qui perdent le G en composition, abondamment, abondance.

YSERNORE.

L'Auteur de la Vie de Saint Oyan parle ainsi de ce lieu: *Sanctus Engendus ortus est, haud longè à vico, cui vetusta paganitas ob celebritatem, clausuramque fortissimam superstitiosi Templi, Gallicâ Linguâ Ysarnodori, id est, ferrei ostii indidit nomen.* Ce Bourg doit son nom à la porte de fer d'un Temple fameux que les Gaulois Payens y avoient bâti. On voit encore les restes de cet édifice près de ce Bourg. *Ysarn*, fer. *Dor*, porte.

LE PAYS DE GEZ.

La Ville de Gez, & tout ce Pays semblent n'être qu'un verger. Ce ne sont que des arbres. *Guez* ou *Gez*, arbres.

LE PAYS DE DOMBES.

Est un Pays fangeux. *Tom* ou *Dom*, boue, fange.

TREVOUX.

Trivoltium, sur la montée d'une colline. *Treb*, *Trib*, *Triv*, habitation. *Allt*, *Olt*, montée.

CHALAMONT.

Sur une montagne près de deux grands étangs. *Cal* en composition *Chal*, montagne. *Amon*, étang. *Ty*, deux.

LE LYONNOIS.

LYON.

Lugdunum dans Pline, Tacite, &c. *Lougdounon* dans Dion; *Lugodunum* dans le livre des fleuves attribué à Plutarque; *Lugudunum* dans d'anciennes inscriptions; *Lygdunum* dans un Rescrit de l'Empereur Constance, au confluent du Rhône & de la Saône, une des plus belles & des plus considérables Villes de l'Europe par sa situation, par sa grandeur & par ses richesses. Je l'appellerois volontiers le Perou de la France, puisque par ses manufactures & l'industrie de ses Habitans, elle fait entrer des trésors immenses dans le Royaume. Jules César Scaliger a relevé les avantages de Lyon dans ces beaux vers.

> *Fulmineis Rhodanus quâ se fugat incitiùs undis,*
> *Quâque pigro dubitat flumine mitis Arar*
> *Lugdunum jacet, antiquo novus Orbis in Orbe,*
> *Lugdunumve vetus Orbis in Orbe novo*
> *Quòd nolis, alibi quaras: hic quare quod optas,*
> *Aut hîc, aut nusquàm vincere vota potes.*

Lucius Munatius Plancus conduisit une Colonie Romaine à Lyon, ainsi qu'on le voit dans une inscription que Gruter rapporte; mais bien loin d'inférer de là qu'il fût le Fondateur de cette Ville, on en doit conclure tout le contraire. J'ajoûte que Dion, parlant de cet évènement, fait entendre bien clairement que Lyon étoit bâti avant la Colonie de Plancus: voici ses paroles. (Le Sénat commanda à Lepidus & à Plancus de fonder une Colonie des Habitans de Vienne, Ville de la Gaule Narbonnoife, qui avoient été chaffés par les Allobroges, & s'étoient habitués anciennement entre les rivières du Rhône & de la Saône, à l'endroit même où elles s'affemblent. C'est pourquoi eux s'arrêterent là, & fonderent la Ville qui s'appelloit alors *Lougoudounon*, & s'appelle maintenant *Lougdounon*. En effet, *Lugdun* est un nom Celtique, non feulement dans la dernière fyllabe, comme tout le monde en convient, mais encore dans la première. *Lug*, eau, rivière. *Dun*, union, jonction. *Lugdun*, union, jonction de rivières. Gregoire de Tours nous apprend que l'efpace qui est entre le Rhône & la Saône à la jonction de ces fleuves s'appelloit *Atanacum*, aujourd'hui *Ainay*. *Atanes*, Prefqu'ifle.

La montagne qui est vis-à-vis le confluent s'appelle Forviere. *Forch*, confluent. *Vere*, *Viere*, hauteur, montagne.

TARARE.

Taratrum, Bourg au pied d'une montagne, à quelques lieues de Lyon, fort rude & fort difficile à paffer. *Tar*, rude. *Trum*, montagne. Ce Bourg a donné le nom à la montagne.

A un quart de lieue de Lyon, on voit l'Ifle Barbe dans la Saône, *Infula Barbara*. Cette Ifle a vers le Nord un grand rocher fort élevé, qui, par l'obftacle qu'il met en ce lieu au libre cours de la rivière, a contribué à la formation du refte de l'Ifle par les fables & les terres qui s'y font arrêtés. *Ber* ou *Bar*, pierre, roc. *Barr*, barre, qui barre.

BRESLE.

Dans un fond entouré de montagnes. *Bre*, montagne. *Lez*, bord, bordé.

LE FOREZ.

MONTBRISON.

Mons Bruso, *Mons Brufonis*, *Mons Brifonis* dans les anciens monumens, eft fur la Vecize au pied d'une petite montagne, fur laquelle eft fon Château. *Mon*, mont. *Brus*, *Bris*, petit. *On* d'*Aon*, rivière. *Voyez* Montlhery dans l'Ifle de France.

AMBIERLE.

Bourg fur un côteau environné de hautes montagnes du côté de l'Orient. *Am*, environné. *Ber*, montagnes. *Lle*, lieu.

FEURS.

Forum fur la Loire, à la chute d'une petite rivière. *Forch*, *For*, confluent.

ROANNE.

Sur la Loire à la chute d'une petite rivière. *Ro*, rivière. *Gan*, *Gen*, en compofition, *An*, *En*, embouchure. *Roan*, embouchure de rivière.

SALS.

Il y a dans cette Ville un puits d'eau minerale, fitué au pied d'un côteau qu'on appelle Donzy, (*Don*, côteau. *Svvm* en compofition *Sym*, fource.) L'eau en eft claire, limpide, & s'éleve par bouillons. On s'en fert avec fuccès pour les affections cutanées. *Sailh*, *Sal*, qui faute, qui bondit. *Sao*, *S*, fource.

BEAUJOLOIS.

BEAUJEU.

Bellus Jocus, *Beljocus*, a commencé par un Château fitué fur la montagne, au pied de laquelle cette Ville eft placée. *Bel*, montagne. *Joch*, deffus: Ou *Bel*, château. *Joch*, beau. Un ancien Auteur dit que ce Château, par fa beauté, *fui nobilitate*, furpaffoit tous les Châteaux voifins.

L'AUVERGNE.

Arvernia tire fon nom des *Arverni*, *Arbennoi* dans Plutarque. *Ar*, particule qui marque l'excellence. *Baran* en compofition, *Beren*, par crafe *Bern*, foldats. L'U & le B fe mettent l'un pour l'autre. Étienne le Géographe dit que c'étoit la plus belliqueufe Nation des Gaules.

LA DOURE.

Dour, eau, rivière. On fera peut-être furpris de voir quelques rivières appellées du nom générique d'eau, de rivière. Pourquoi, dira-t'on, ne les pas diftinguer? Mais il faut faire attention que les premières habitations fe faifant de proche en proche par une ou deux familles, qui n'avoient de relation qu'avec les Peuplades voifines, elles ne s'étudioient pas toujours à donner un nom propre à la rivière qu'elles rencontroient, parce qu'il n'y en avoit point d'autres dans leur petit canton.

LA SIOULE.

Rivière de la Basse Auvergne. *Sioul* signifie paisible, douce, sans bruit.

LES MONTAGNES DE CANTAL

Sont si élevées, qu'elles sont toujours couvertes de neige. *Tal*, élevé. *Can*, blanc.

LE MONT D OR.

Ausone l'appelle *Duranius*. Il est ainsi nommé à cause du grand nombre de sources qui s'y trouvent. *Dvvran* (*de Dvvyre*) rempli de sources.

LE PUY DU DOME.

Montagne fort élevée, la plus haute de l'Auvergne, que pour cette raison on a caractérisé par son élévation. *Puy*, montagne. *Don*, élevée. De *Don* on a fait *Dom*. On aura d'abord dit *Puy Don*, ensuite *Puy Dom*, enfin *Puy du Dome*, lorsque la Langue Celtique n'étant plus d'usage, on eût perdu la signification de ce nom.

LE PUY DE MARDOGNE.

Podium Merdonia dans les anciens monumens, montagne où il y a des grottes ou cavernes considérables. *Mer*, grandes. *Tonn* en composition *Donn*, fractures, crevasses, ouvertures.

CLERMONT.

Cette Ville porta d'abord le nom de *Nemetum*, *Nemossus*. Les anciens employent indifféremment l'un & l'autre de ces termes, ce qui fait voir qu'ils sont synonimes. *Nemet* signifie Temple en Celtique. Gregoire de Tours, *l*. 1er, *ch*. 30ème, nous donne la description du fameux Temple qui avoit fait ainsi nommer cette Ville. (Chrocus, vénant dans la Ville des Auvergnacs, brûla, démolit & renversa ce Temple que les Gaulois appellent *Vasso* en leur Langue. Il étoit d'une structure admirable. Il avoit un mur double bâti en dehors de grandes pierres de taille, & en dedans de petites pierres. Ce mur avoit trente pieds d'épaisseur. Le dedans étoit orné de marbres & de mosaïques. Ce Temple étoit pavé de marbre, & le toit étoit de plomb. *Veniens verò Chrocus Arvernos, delubrum illud; quod Gallicâ Linguâ Vasso Galata vocant incendit, diruit atque subvertit. Miro enim opere factum fuit, atque firmatum, cujus paries duplex erat. Ab intus erat de minuto lapide; à foris verò quadris sculptis fabricatum fuit. Habuit enim paries ille crassitudinem pedes triginta. Intrinsecus verò marmore ac musivo variatum erat. Pavimentum quoque ædis marmore stratum, desuper verò plumbo tectum.*) *Vas* en Celtique signifie fort, nom qui convenoit parfaitement à un édifice dont les murailles étoient d'une force si extraordinaire.

Après la conquête des Gaules par les Romains, les Auvergnacs, soit par reconnoissance, soit par flatterie, ajoûterent le nom d'Auguste à leur Ville; c'est ce qui fait que les Auteurs l'appellent *Augustonemetum*. Au quatrième siécle elle prit le nom de son Peuple. Gregoire de Tours l'appelle *Arvernos* dans le passage que nous en avons cité. Vers le huitième siécle, on la trouve nommée *Clarmons*, *Clarusmons*, d'où est venu celui de Clermont.

Cette Ville est située sur une petite éminence où il y a plusieurs sources. Dans les fossés de la Ville, il y a une fontaine d'eaux minerales, nommée la fontaine de Saint Pierre, les eaux en sont froides, aigrettes & vineuses. *Cler*, source. *Mon*, éminence, élévation.

Entre toutes les fontaines qui sortent des environs de Clermont, & en particulier dans le Bourg de Saint Allire, la principale & la plus célèbre est celle qui a fait le pont dont tant d'Auteurs ont parlé. Le Pere Kircker en a donné une description, qui auroit été plus exacte s'il avoit pu l'examiner lui-même. C'est une espèce de rocher qui s'est formé par les différentes couches que cette eau y a faites pendant une longue suite d'années. Ce rocher est solide, massif & sans aucun vuide ou ouverture en arche pendant une soixantaine de pas, jusqu'à ce qu'il trouve un petit ruisseau appelé Tiretaine, qui est assez fort pour se conserver un passage libre. Alors la source qui coule sur un terrein plus élevé que le lit du ruisseau, a bien continué de déposer sa matière pierreuse; mais il a fallu que cette matière se déterminât à s'arranger en espèce de voûte, pour que la Tiretaine puisse passer librement dessous. Cette contrainte, cette nécessité imposée à ce dépôt pierreux, de prendre la forme d'une arche, n'a pu durer qu'autant que le ruisseau a de largeur. Au-delà la source a repris sa chute naturelle, & alors il a fait un massif qui tient lieu de pile. La singularité de ces operations a plu aux Habitans; & ç'a été pour les voir continuer qu'ils imaginerent de détourner le ruisseau de son ancien lit, & de le faire passer au-delà de la pile. La source a commencé à former une seconde arche par la même méchanique que je viens d'expliquer, c'est-à-dire parce que le ruisseau a conservé son passage en cet endroit, comme il l'avoit fait à l'autre. De cette manière, il se seroit élevé autant d'espèces d'arches & de piles qu'on auroit voulu. Mais les Bénédictins de Saint Allire ont craint que cette masse pierreuse ne servît qu'à donner une entrée chez eux à toutes sortes de gens; ils ont détourné cette source, & l'ont partagée en plusieurs branches pour diminuer sa vertu. Ils y ont réussi, & elle ne fait plus qu'incruster legèrement les corps sur lesquels elle tombe perpendiculairement, & non pas ceux sur lesquels elle coule dans son cours ordinaire.

Au reste, l'eau de cette source ainsi pétrifiante, n'est point mortelle à ceux qui en boivent, comme le Pere Kircker l'a avancé; l'expérience fait voir tous les jours le contraire. Tout le Bourg de Saint Allire ne se sert que de l'eau de ces sources.

L'Auteur anonyme du Nécrologe de Saint Allire a parlé de cette fontaine.

Juxtà & fons Salsus pontem lapidescit in altum.

Cette fontaine, que le public appelle aujourd'hui Sause, se nommoit *Salsu* dans le temps que cet Auteur a écrit. *Cal, Sal*, dur. *Su*, eau. *Salsu*, eau durcissante.

A B E I N.

LA fontaine d'Abein, près d'Issoire dans les montagnes, donne des bains extrêmement chauds, dans lesquels plusieurs personnes tourmentées de goute, lépre, rogne, douleurs de nerfs & autres diverses maladies trouvent leur guérison. *Ab*, eau. *Innes*, chaude. *Abynnes, Abain*, eau chaude.

A C H E R E.

PRÉS du mont de Cosme, est un lieu nommé l'Achere, où est une fontaine qui est glacée pendant les plus grandes chaleurs de l'année; & lorsque l'hiver est plus violent, elle dégele, elle est chaude, & il en sort des fumées & des exhalaisons comme d'une fournaise. *Ach*, eau. *Eres*, admirable, surprenante, prodigieuse. *Achere*, eau prodigieuse, eau surprenante.

A C H O N.

PRÉS d'une petite rivière. *Achon* diminutif d'*Ach*, rivière.

A I G U E   P E R S E.

A trois ou quatre cens pas de cette Ville, il y a une fontaine dont les eaux suffoquent les animaux qui en boivent, selon les gens du Pays; & les oiseaux qui en goutent, meurent un moment après. Elle a encore cela de surprenant, qu'elle bout & fait du bruit comme l'eau qu'on jette sur de la chaux; & cependant quoique ses bouillons soient grands & impétueux, elle est froide au toucher, elle est sans saveur, du moins fort sensible. *Aigue*, eau. *Berh* ou *Berz*, ou *Perz*, bouillante. *Aigue Perz*, eau bouillante.

A L E G R E,   A L I G R E.

VILLE située au pied d'une montagne, où est un fort Château qui la commande. Sur le sommet de cette haute montagne, est un grand lac qu'on dit être un gouffre. *A*, eau. *Licger* ou *Liger*, attirante.

A M B E R T.

VILLE toute environnée de montagnes. *Am*, tout autour, environné. *Ber*, montagnes.

A R T H O N E.

PETITE Ville sur une colline. *Ar*, sur. *Ton*, colline.

A U R I L L A C.

AURELIACUM, située dans une vallée fertile, au bord de la Jordane. Son Château, qui est dans l'enclos de ses murailles, est bâti sur un rocher si élevé qu'il peut commander à toute la Ville. *Or*, rivière. *Lech, Lach*, rocher. *Orlach*, rocher de la rivière.

A U Z A N C E.

PETITE Ville environnée d'étangs. *Avv*, étang. *Can, San*, entouré.

B E A U M O N T.

SUR une hauteur. *Bel*, habitation. *Mon*, hauteur, élévation. *Bel* s'est prononcé en beau.

B E S S E.

CETTE petite Ville est située dans une contrée fertile en pâturages. C'est de là que viennent les fromages d'Auvergne. *Besse*, pâturages.

B R A G E A C.

BRAJACUM, situé sur un affreux rocher, dont la cime est très-élevée. *Brag*, haute. *Avvch*, par crase *Ac*, cime.

B R I O U D E.

SUR l'Allier. C'est un lieu très-ancien; son nom Latin est *Brivas*, qui étoit déja fort célébre par le Tombeau de Saint Julien Martyr dans le cinquième siécle, du temps de Sidonius Apollinaris, qui en fait mention dans ces vers.

Hinc te suscipiet benigna Brivas,
Sancti que fovet ossa Juliani.

C'est là que l'Empereur Avitus, qui étoit Auvergnac, fut enterré. *Briva*, Ville. *As* rivière: ou *Brivas* de *Prifas, Prifasson*, rivière.

BURON

SUR LA LANGUE CELTIQUE.

BURON.

CHATEAU sur la pointe d'un rocher escarpé. *Bron*, roc. *Bron*, Forteresse, Château.

CARLAT.

SUR un roc élevé, large & plat. *Car*, roc. *Lad*, *Lat*, large.

COUDE.

VILLAGE près du confluent de l'Allier & d'une petite rivière. *Cud*, *Coud*, confluent.

COURNON.

CRONO, *Chrono*, *Cromo* dans Gregoire de Tours, à l'embouchure d'une petite rivière dans la Loire. De *Cravvn*, assemblage, jonction.

LE CRET.

BOURG situé sur une éminence. *Cret*, éminence.

CROCQ.

VILLE située sur une montagne fort élevée. De *Crech* ou *Cruc*.

ÉNESAT.

DANS une Isle de rivière. *Énes*, Isle. *Ad*, *At*, habitation.

GAUDE.

VILLAGE où il y a des eaux qui sont très-limpides, d'une saveur un peu acide, vineuse, & qui produit sur la langue un sentiment de sécheresse. De *Cavvd*, *Gavvd*, ardeur, sécheresse.

GERGOVIA.

VILLE d'Auvergne que César décrit en ces termes : *Urbs posita in altissimo monte omnes aditus difficiles habebat*. Elle est située sur une fort haute montagne, dont toutes les avenues sont difficiles. *Guere*, *Ger*, lieu élevé, hauteur. *Garvv* ou *Garg*, en composition *Gerg*, rude à monter. *Ob*, en composition *Ov*, montagne.

ISSOIRE.

ICCIODORUM, à la pointe que forme la Couse en se jettant dans l'Allier. *Iczn*, en composition *Iczi*, pointe. *Dor*, embouchure. Issoire est formé de ce mot par contraction.

LA LIMAGNE.

LEMANE, *Lemmane*, *Limane* dans Gregoire de Tours, Pays charmant, extrêmement fertile, qui fait partie de la Basse Auvergne. Il est placé entre la Doure & l'Allier, & contient près de quinze lieues ; on y fauche trois fois les prés, & l'on y nourrit une quantité excessive de bestiaux. *Leman*, bon sol, sol fertile.

LIVRADOIS.

PETIT Pays de la Basse Auvergne, autrefois tout inondé par les eaux. *Livad*, inondation : On a inféré l'R.

MENAT.

BOURG situé dans la montagne de Nuit sur la rivière de Sioule, moitié côteaux & rochers, moitié vallons. Il y a une belle prairie qui appartient au Seigneur, & de bons pacages. *Mennad* ou *Mennat*, cens de brebis ou de chevreaux.

MONTFERRAND.

S'APPELLOIT au douzième siécle Montferré. C'étoit un Château si fort, que Philippe Auguste ne put le prendre que par le feu, qui ne put toutefois brûler la grosse tour *inexpugnable*. C'est l'expression d'un ancien Historien. *Berh* ou *Ferh*, fort, fortifié. *Voyez* Montferrand en Franche-Comté.

MONTPENSIER.

MONPENCERIUS, élevé sur la Plateforme d'un rocher escarpé qu'il occupe toute entière. *Man*, *Mon*, pierre, roc. *Pencé*, brisé, coupé.

MURAT.

MURATUM, près de l'Alagnon, au pied d'un rocher, sur lequel étoit son Château. *Mur*, roc. *Tun*, élevé.

OUCIS.

CREUX ou abysme, rond à son ouverture, dont on n'a point pu découvrir le fond. *Ol*, rond. *Siglen*, *Sigl*, abysme. *Oisigl*, *Olsil*, *Ousil*, abysme rond.

PARDINES.

VILLAGE situé sur la cime d'une montagne, qui s'abysma avec la montagne sur laquelle il étoit placé en 1733. *Par*, sommet. *Din*, montagne.

K

MÉMOIRES
LE PUIT DE PEGE.

Dans un endroit entre Clermont, Montferrand & Riom, qui est appellé le Puit de Pege, il y a une si grande quantité de bitume, ou espéce de poix, & il sort de terre avec telle abondance, que les chemins en sont quelquefois impraticables. *Peg*, poix.

RENDAN.

Bourg sur une éminence ayant de grandes forêts de deux côtés. *Rhyn*, *Ren*, éminence. *Dan*, forêt.

RIOM.

Ricomagus, sur une petite rivière. Le territoire de cette Ville est fort agréable & fort fertile, on l'appelle le jardin ou le parterre de l'Auvergne. *Ric*, abondant. *Mag*, habitation. *Ryeomag*, abondante habitation. *Riom* est la syncope de ce mot.

THIER ou THIERN.

Thiernum, sur la pente d'un côteau. *Tyern*, élévation.

VIC.

Plusieurs habitations portent ce nom en Auvergne, qui d'appellatif est devenu propre à ces lieux. *Vic*, habitation.

USSON.

Uxo, sur une montagne de roc de difficile accès. *Uchs*, *Us*, élevé. *Con*, roc. *Sonn*, rude à monter. *Usson*, roc élevé, rude à monter. *Voyez* la Loire & Autun.

LA MARCHE.

A eu ce nom, parce qu'elle a été longtemps la Frontière du Domaine de nos Rois du côté de la Guyenne, qui étoit sous une autre Domination. *Mars*, *March*, Frontières.

GUERET.

Warecus. D'*Havrecq* ou *Varecq*, jachere, terre en friche. Tel étoit apparemment le sol où l'on fonda cette Ville.

AUBUSSON.

Est placé le long de la rivière de Creuse, dans un fond bordé de rochers & de montagnes. *Aud*, bord, bordé. *Bu*, montagnes. *Con*, rocs. D'Aubusson on a fait en Latin *Albucio*.

AHUN.

Sur une montagne dont la Creuse baigne le pied. *Aon*, élévation.

BENEVENT.

Bourg, sur une colline au pied de laquelle coule une petite rivière. *Ben*, colline. *Aven*, en composition *Éven*, rivière.

FAUX.

Bourg, près duquel il y a une forêt de hêtres. *Fau*, hêtre.

FELLESIN.

Petite Ville, à un quart de lieue de laquelle on trouve des eaux minérales, très-propres pour faire passer les fièvres quartes. *Fall*, en composition *Fell*, foible, languissant, malade. *Llés*, utilité. *Llesin*, utile.

MANSAT.

Village en Pays de montagnes. *Man*, montagne. *Sat*, grand nombre.

LE DAUPHINÉ.
L'ACHASE.

Rivière. *Aches*, rivière. *Voyez* la Doure en Auvergne.

L'AIGUE.

Rivière. *Aigue*, *Fg*, eau, rivière.

SUR LA LANGUE CELTIQUE.

LE DRAC.

Torrent impétueux, plutôt que rivière. Les ravages qu'il cause dans les campagnes, dont il emporte les terres, & qu'il dépouille de leurs moissons, sont bien représentés dans ces beaux vers de M. de Boissieu.

> *Quâ Dracus Effrano per inania jugera cursu.*
> *Exultat segetum spoliis, Isaraque frementes.*
> *In latus urget aquas.*

Dera, les furies, le diable, le mal. *Der*, furieux, mauvais. *Aches*, *Ac*, rivière. *Derac*, *Drac*, rivière mauvaise, rivière furieuse.

LA DROME.

Sort d'un terrain fort élevé ; & sautant de rocher en rocher, coule avec vîtesse. *Trum*, *Trom*, *Drom*, vîte.

LA DURANCE.

Cette rivière est si rapide, qu'on ne la peut traverser qu'en bâteau, & que même on n'a jamais pu y faire de pont au-dessous de Sisteron ; outre qu'elle est extrêmement dommageable à ceux qui ont des biens en ces quartiers là par ses fréquentes inondations, & aussi parce qu'elle change souvent son lit dans la plaine. Ce sont les termes de Coulon, Rivières de France, 2.ème part. pag. 275. De là est venu ce proverbe.

> Le Parlement, le Gouverneur, la Durance :
> Ces trois ont gâté la Provence.

Il y a longtemps que cette rivière est décriée. Voici en quels termes en parle Tite-Live, *liv.* 21.ème, *ch.* 32.ème, lorsqu'il décrit le passage d'Annibal. Il arriva au bord de la Durance. Cette rivière vient aussi des Alpes ; & de toutes celles de France, c'est la plus difficile à passer ; car quoiqu'elle ait beaucoup d'eau, elle ne porte pas néanmoins de bâteaux, parce qu'elle n'est retenue par aucune digue qui la resserre dans son lit, & coule en plusieurs canaux qui ne sont pas toujours les mêmes. Elle forme de nouveaux gués & de nouveaux gouffres, & pour cette raison il n'y a point de passage fixe & sûr pour les gens à pied ; & comme elle roule des pierres & du gravier, il n'y a rien de ferme ni de sûr pour ceux qui y entrent. Elle étoit alors accrue par les pluyes, & causa bien du désordre à ceux qui y entrerent. *Druentia Alpinus amnis longè omnium Galliæ fluminum difficillimus transitu est. Nam cùm aqua vim vehat ingestam, non tamen navium patiens est, quia nullis coercitus ripis pluribus simul, neque iisdem alveis fluens, nova semper vada, novosque gurgites faciens, ad hæc saxa glareosa volvens, nihil stabilis nec tuti ingredienti præbet.*

Silius Italicus, *liv.* 3.ème, *v.* 468.ème *& suiv.* en parle de même, mais en Poëte. Il lui fait rouler à grand bruit des arbres déracinés, & des morceaux entraînés de la montagne qu'elle a rongée.

> *Turbidus hic truncis saxisque Druentia lactum,*
> *Ductoris vastavit iter. Namque Alpibus ortus*
> *Avulsas ornos, & adesi fragmina montis*
> *Cum sonitu volvens fertur latrantibus undis,*
> *Et vada translato mutat fallacia cursu.*
> *Non pediti fidus, patulis non puppibus æquus,*
> *Et tunc imbre recens fuso, correpta sub armis*
> *Corpora multa virum spumanti vertice torquens,*
> *Immersit fundo laceris deformia membris.*

On voit assez que Silius n'a fait que mettre en vers la description de Tite-Live. Il semble pourtant que les Romains trouverent ensuite le moyen de rendre cette rivière navigable, car dans la Notice de l'Empire on trouve *Præfecti classis Braccariorum Ebruduni Sapaudiæ*. Cette flote ne sçauroit être cherchée ailleurs que sur la Durance qui passe à *Ebrodunum*, aujourd'hui Embrun. On trouve aussi une ancienne inscription dans le Recueil de Gruter.

> PATRONO NAVTAR DRUENTI
> CORUM ET UTRICLARIORUM.

Ausone a fait mention de cette rivière en ces termes :

> *Te Druna, te sparsis incerta Druentia ripis*
> *Alpinique colent fluvii.*

Druant, mauvaise.

LE GUYER ou GUER.

Guerus. Naît dans les montagnes voisines de la grande Chartreuse, d'où tombant avec un très-grand bruit, il roule ses eaux comme les torrens ou les fleuves débordés. *Gar* ou *Garu*, rapide.

L'ISERE.

Isara. Sa rapidité est telle, que lorsqu'elle se jette dans le Rhône, dont les eaux roulent avec tant de vîtesse, elle fend ce fleuve par le milieu, & conserve ses vagues lutantes contre celles du Rhône sans se mêler, l'espace d'une petite demi-lieue, ce qui se connoit par la différente couleur des eaux de ces deux rivières. L'Isere est fort tortueuse, c'est pourquoi on la désigne à Grenoble sous le nom d'un serpent. Les Habitans de cette Ville disent qu'un serpent & un Dragon détruiront Grenoble, faisant allusion à l'Isere & au Drac, dont ils croyent que les débordemens renverseront quelques jours leur Patrie. Les eaux de l'Isere sont de couleur de fer. *Isarn*, fer. *Isar*, rivière de couleur de fer.

LEZ.

Rivière. De *Lex* nom appellatif de rivière, devenu propre de celle-ci.

L'ORON & LA VEUZE.

Ces deux rivières qui passent, l'une à Morvas, l'autre à Beaurepaire dans le Viennois, se perdent dans les sables, & reparoissent quelque temps après ; toutes les deux ont quelque chose de périodique dans le cours de leurs eaux. Pendant sept ans elles sont fort basses, & les sept années suivantes si grosses, qu'elles se répandent dans toutes les terres voisines. C'est par ce débordement qu'imitant en petit le Nil, elles font la richesse du Pays, parce qu'on se sert de cette eau ainsi débordée pour en arroser tous les environs. *Or*, temps fixe, temps réglé. *Rhon*, coulante. *Oron*, rivière qui coule pendant un certain temps, & qui se perd ensuite. *Beuzi*, *Venzi*, se submerger. *Veuze*, rivière qui se submerge, qui se perd.

LA ROMANCHE.

Petite Rivière. *Ro*, rivière. *Man*, petite.

LE LAC D'ALLOZ.

Sur la montagne de même nom. Ce Lac est rempli de truites ; il peut avoir une lieue de circonférence. *A*, eau, lac. *Dluz*, *Dloz*, truite. *Adloz*, qui changeant naturellement son D en L, à cause de celle qui suit, fait *Alloz*, lac de truites.

LE LAC DE PARADREUX.

Ce lac est bordé de hautes montagnes. *Par*, montagne. *Treuz*, en composition *Dreuz*, autour.

LE LAC DE PELADRU ou PALADRU.

Il étoit autrefois environné d'une épaisse forêt de chênes, ce qui en reste encore le fait voir. Ce sont les paroles de Chorier. *Poel*, *Pel*, lac, marais. *Dru*, chêne.

LE LAC DE PELHOTIER.

Gervais de Tilsburg dit qu'au milieu de ce Lac il y avoit une espèce de croute, sur laquelle étoit un pré. Quand on vouloit le faucher, on le tiroit au bord avec des filets ; étoit-il fauché, on le relâchoit, & il alloit se replacer de lui-même au milieu de l'eau. La merveille est fort diminuée depuis le temps auquel cet Auteur vivoit. Ce n'est aujourd'hui qu'un assemblage d'herbes & de roseaux, auxquelles il s'est amassé quelque limon, qui s'est lié avec l'écume de l'eau ; le tout a fait un petit tissu qui flotte. *Poel*, *Pel*, lac. *Yaut*, *Aut*, herbe. *Er*, dessus. *Pelauter*, *Pelotier*, lac sur lequel il y a de l'herbe.

LE MONT BRESIER.

Vomit souvent des flammes. *Ber*, *Bre*, ardente. *Sier*, *Ser*, montagne. *Bresier*, montagne ardente.

LE MONT GENÉVRE.

A son sommet blanc toute l'année, à cause des neiges qui le couvrent. *Guen*, blanche. *Bre*, montagne. *Genebre*, *Genevre*, montagne dont le sommet est blanc.

SUR LA LANGUE CELTIQUE.

LE MONT DE LANZ.
A un lac fur fon fommet. *Len*, *Lan*, lac. *S* de *Svvm*, fommet.

LE MONT OREL.
Il y a des eaux qui font fpécifiques contre la fiévre tierce. *Or*, eau. *Help*, fecours. *Orel*, eau fecourable.

LE MONT PILA.
Pilat, au neuvième fiécle, montagne fort élevée & fort étendue; on y trouve quantité de fleurs, & une infinité de fimples propres pour la Médecine. Au fommet de cette montagne, eft une belle fontaine qui fert de fource à un affez gros ruiffeau appellé Gier, lequel va fe jetter dans le Rhône à quelques lieues de là, après avoir arrofé un très-beau Pays. *Pig*, *Pi*, fommet. *Laith*, *Lat*, eau. *Pilat*, fommet où il y a de l'eau. *Voyez* le Mont Pilate en Suiffe.

MONTAGNE DE SAHUSE.
Elle eft près du Lac de Pelhotier. *Sah*, dormante. *W*, eau. *Sahuff*, lac.

LA BALME.
Une des merveilles du Dauphiné, eft une fameufe grotte fur le bord du Rhône. Elle eft très-vafte & très-profonde. Les eaux qui tombent goute à goute de la cime du rocher, y forment par leur congelation mille figures différentes. On voit couler du haut de la voûte plufieurs fontaines dans des baffins que la nature a formés pour les recevoir. Après qu'on a marché environ mille pas dans cette Balme, on trouve un lac d'une lieue de longueur, fur lequel François I fit porter deux bâteaux. *Balme*, *Baume*, grotte, caverne.

LA BAUME NIBAUD.
Caverne fort profonde dans le fein d'un rocher, qui eft la retraite chaque nuit d'un nombre infini d'oifeaux, & de plus de deux mille brebis : c'eft ce qui y produit du falpétre excellent. *Baume*, caverne. *Nubod*, *Nibod*, fort noire, fort obfcure.

LA BAUME NOIRE.
On appelle ainfi une caverne qui exhale une vapeur humide, qui eft d'autant plus fenfible, qu'on y entre plus avant. De cette vapeur fe forment toutes les eaux du Pays de Royans au Jugement du Peuple. *Baume*, caverne. *Ner*, eau.

GIVRET.
Fontaine dont les eaux fortent fouvent fumantes de leur fource, & couvertes d'une épaiffe vapeur. *Gvvi*, en compofition *Gi*, eau. *Vre*, ardente.

LA FOREST DE LENS, jadis LAM.
Lam, forêt. *Voyez* Magny dans l'Ifle de France, la Doure & Vic en Auvergne.

GRENOBLE.
CULARO fur l'Ifere, ferré, enfermé de toutes parts de hautes montagnes. *Cular*, ferré, refferré.

AMBRUN.
EBRODUNUM, fitué au fommet d'une montagne de roc inacceffible de deux côtés, au bord de la Durance, à l'endroit où elle reçoit une petite rivière. *Ébre*, *Éber*, *Aber*, embouchure. *Dun*, montagne. Ambrun fyncope d'*Ébrodun*.

ASPRES.
CASTRUM de *Afperis*, petite Ville fituée entre des montagnes fur le bord d'une rivière. *As*, rivière. *Per*, montagnes.

BRIANÇON.
BRIGANTION dans Ptolomée; *Brigantio* dans Æthicus, fitué fur un roc fort élevé, efcarpé, pelé & blanc. *Brig*, coupé, brifé. *Gan*, blanc. *Con*, roc. Briggançon, Briançon, roc blanc, coupé, efcarpé.
A quelques lieues de Briançon, on voit une roche percée par le milieu. Cette ouverture s'appelle *Pertuis-Roftan*. Pertuis eft un vieux mot Gaulois qui fignifie ouverture. *Roch*, *Ros*, roc. *Ton*, *Tan*, coupé. Pertuis-Roftan, l'ouverture de la roche coupée.

CATURIGES.
ANCIEN Peuple de cette Province. *Cad*, en compofition *Cat*, combat. *Ric*, en compofition *Rig*, puiffans. *Caturiges*, puiffans dans le combat, bons guerriers. Ils livrerent plufieurs batailles à Céfar.

CONDRIEU.

CONDRIACUM. On difoit encore il n'y a pas longtemps Coindrieu, eft au bord du Rhône; il eft renommé par fes bons vins. *Gouin*, *Couin*, *Coin*, vin. *Trach*, en compofition *Drach*, excellent.

CORPS.

SUR une éminence. *Cor*, élevée. *Peus*, *Ps*, habitation. *Corps*, habitation élevée.

CRÉMIEU.

CRIMIACUM. SUR une hauteur. *Crim*, faîte. *Ac*, habitation.

CREST.

CRISTA, fur la Drome. Cette Ville a un Château qui a été la réfidence des Comtes de Valentinois; de forte qu'Aimar, qui tenoit le parti du Comte de Touloufe dans la guerre des Albigeois, munit cette place, qui étoit la plus importante de fon État, comme dit Pierre de Vaux de Cernay, qui l'appelle *Caftrum nobiliffimum*, *fortiffimum*, *militibus & fervientibus benè munitum*. Cet Hiftorien nous apprend que cette même place foûtint un grand fiége contre le Comte de Montfort, Général des Croifés. Il la nomme toujours *Crefta*. *Cré*, lieu fortifié. *Stam*, particule augmentative. *Creftam*, *Crefta*, lieu très-fort.

DIE.

DIA, *Dria*, *Dea*, à la jonction de la Drome & d'une petite rivière. *Dy*, deux. *A*, eau, rivière.

GAP.

CIVITAS *Vapincenfium*, *Vapincum*, a pris fon nom des Vapincenfes dont elle étoit la Ville. Ce Peuple fe diftinguoit apparemment par fes belles armes. *Wapin*, armes. *Cain*, belles.

LIVRON.

SUR une hauteur de roc, dont la Drome arrofe le pied. *Li*, eau, rivière. *Bron*, rocher.

MANTAILLE.

CHATEAU nommé *Mantala* dans les Actes du Concile qui y fut tenu en 879, dans lequel Bofon prit le titre de Roi de Bourgogne; il fut enfuite une Maifon de chaffe des anciens Dauphins. Il eft placé dans un vallon fort étroit à mi-côteau; il étoit autrefois environné de bois de tous côtés, il n'en refte plus que quelques mafures. *Mantel*, couvert, caché. On voit combien ce nom étoit convenable.

MANTHE.

MANTHULA dans tous les anciens titres, Village fitué partie fur la pente d'un petit côteau, partie dans la plaine au bord de la petite rivière de Veuze, dont les fources font fi voifines, que lorfque les eaux font abondantes, elles fe répandent jufques dans les maifons. Il y a un Prieuré dans ce Village. *Man*, fource. *Tol* ou *Tul*, endroit placé au pied d'un côteau, au bord d'une rivière.

MORNAS.

A fon Château fur un roc coupé & fort élevé. *Mur*, *Mor*, roc. *Naf*, *Nas*, coupé.

NION.

NEOMAGUS, au pied d'une montagne ou rocher élevé. *Naou* ou *Néou*, bas, pied de montagne. *Mag*, habitation.

LA TOUR DU PIN.

JE tranfcris les paroles de Chorier: (Le Château où habitoit à fept lieues de Vienne l'illuftre Famille de la Tour, a été nommé la Tour du Pin; auffi étoit-il bâti fur une des plus agréables éminences du Dauphiné, accompagné d'un Bourg.... Mais depuis quelques fiécles on l'a porté fur le penchant de cette éminence, dont il occupoit la cime.) Voilà une habitation qui change de place, fans perdre le nom que fa première fituation lui avoit donné, ce que je prie le Lecteur de remarquer. *Pin*, cime.

PUYMORE.

Sur une montagne de roc. *Puy*, montagne. *Mor*, *Mur*, roc.

ROMANS.

A été bâti au huitième fiécle dans un endroit qui étoit alors un défert tout en bois, buiffons & épines. *Rofs*, bruyeres. *Man*, habitation.

ROQUEMORE.

AU bord du Rhône, vis-à-vis deux grands rochers qui font au milieu de ce fleuve. *Roch*, roc. *Mavur*, grand. *Roquemore*, grands rocs.

SASSENAGE.

CASSENATICUM, lieu célèbre par fes fameufes cuves, l'une des merveilles de Dauphiné, & par les excellens fromages qu'on y fait. On trouve à Saffenage des pierres précieuses blanches, ou d'un gris obscur, de la grosseur d'une lentille, qui sont propres à faire sortir des yeux les ordures qui peuvent y entrer. *Cas* de *Cafuu*, fromage. *Sen*, bon. *Tyic*, habitation.

SERAVINE.

VILLAGE près des montagnes, & au bord d'une petite rivière. *Ser*, montagne. *Aven*, *Avin*, rivière.

SERRES.

SERRÆ, Ville située dans les montagnes. *Serr*, montagne.

SERRIERES.

SERRERIÆ, Bourg sur le Rhône au bas d'une montagne. *Serr*, montagne. *Ri*, rivière.

TALARD.

PRÈS de la Durance. *Dale* ou *Tale*, rivière. *Ar*, près.

TAIN ou TIN.

FAMEUX par les bons vins, appellés vins de l'Hermitage, à cause d'un Hermitage qui est au-dessus de sa côte. *Ta*, bon. *Wyn*, *Ouyn*, vin. *Taouyn*, *Tain*, bon vin: Ou *Tain*, rivière. Il est au bord du Rhône.

VALENCE.

VALENTIA. On divise cette Ville en deux parties, situées l'une & l'autre au bord du Rhône. La basse est arrosée d'un nombre de sources. *Bal*, *Val*, sources. *Len*, pleine. *Ty*, habitation. *Valenty*, habitation remplie de sources.

VIENNE.

VIENNA, dans un sol plein d'inégalités de roc, serrée d'un côté par des montagnes de roc, & de l'autre par le Rhône. Théodulphe, Evêque d'Orléans, a fort bien exprimé la situation de cette Ville en ces vers:

Saxosam petimus constructam in valle Viennam,
Quam scopuli hinc inde arctant, hinc premit amnis hians.

Viaen en Celtique signifie précisément *Saxosa*, qu'on ne peut bien rendre en François que par le mot Barbare *rocqueuse*.

LA PROVENCE.
L'ARGENT.

Fluvius argenteus dans les anciens; ses eaux sont extrêmement pures, claires & transparentes. *Argant*, belle.

LA SORGUE.

Cette fontaine qui forme, dès qu'elle est hors de terre, une rivière capable de porter bâteau, sort d'un antre profond, au pied d'un rocher d'une très-grande hauteur, coupé à plomb comme un mur. Cet antre paroît avoir cent pieds de large, & environ autant de profondeur. On peut dire que c'est une double caverne, dont l'extérieur a plus de soixante pieds de hauteur, sous l'arc qui en forme l'entrée, & l'intérieur n'en a pas tout-à-fait la moitié. C'est de cette seconde que sort cette abondante fontaine sans jets, sans bouillons: On ne voit qu'une nappe d'eau, dont la crue est imperceptible, & qui ne laisse pas de fournir sans cesse & sans s'épuiser une quantité prodigieuse d'une très-belle eau, claire, nette, pure. La superficie de cette eau paroît noire; ce qui vient de sa grande profondeur, & de l'obscurité qui règne dans ce lieu. Il ne paroît aucun mouvement sur la surface, aucune agitation, aucun jet, pas le moindre bouillon. Ce n'est qu'à quelques pas, hors de la première caverne, que l'eau trouvant une pente considérable, se précipite avec force entre des rochers, écume & fait du bruit, jusqu'à ce qu'étant arrivée à un endroit plus uni & plus propre, elle coule tranquillement & se partage en plusieurs bras, qui se réünissent, & vont se jetter dans le Rhône.

Après la description exacte qu'on vient de donner de la Sorgue, on lira encore avec plaisir celle que Bocace en a faite dans son livre des fontaines.

Sorgia fons nobilissimus est; nam è specu quadam abditissima Saxei montis tantâ aquarum erumpit abundantiâ, ut abyssi putes aperiri fontes, mitiùs tamen anni tempestate quâdam exundans; & cum clarissima aqua sit, & amœna gustui, illicò facta fluvius, optimorum piscium ferax eft, producens in fundo fui herbam adeò bobus fapidam, ut diverfis ad illam carpendam fub undis capitibus affiduè pafcentes ferè ad fuffocationem ufquè detineant: inde inter afperrimas cautes effluens parvo contentus curfu in Rhodanum mergitur. Celebris quidem & antiquorum præconio, & aquarum copia, & pifcium atque herbarum fertilitate eft. Sao, fource. Rec ou Reg, rivière. Soreg, Sorg, fource qui eft une rivière : Ou Sao, fource. Rhag, en compofition Rheg, principale : Ou Sao, fource. Reg, reine. Sorg, la reine des fources.

LA VANNE.

Rivière. *Ven* apocope d'*Aven*, nom appellatif de rivière, devenu propre de celle-ci. *Voyez* la Vanne en Champagne.

LE VAR.

Eft rapide. *Gar, Var,* rapide.

LEGNY.

Lac. *Lenn,* lac.

LE MONT VENTOUX.

Sa cime eft toujours couverte de neiges. *Ven,* blanche. *Topp,* cime. *Ventopp,* cime blanche.

AIX.

AQUÆ SEXTIÆ, doit fon nom à fes eaux chaudes & froides, qui engagerent Caius Sextius Calvinus Proconful à la bâtir.

ALBICI.

ANCIEN Peuple qui habitoit les montagnes au-deffus de Marfeille. *Alb,* montagne. *Ic,* habitation, Habitans.

APT.

APTA, *Abta* pour *Avta,* au bord de la rivière de Calavon. *Ab, Av & Ap,* par le changement réciproque du B en P, rivière. *Ty,* habitation. Le B & l'V fe mettent auffi l'un pour l'autre.

ARLES.

ARELATE, *Arelatum* dans les Auteurs du haut Empire ; *Arelas* dans Euménius, Aufone, Prudence & Orofe, fur le Rhône dans des marais. *Ar,* près. *Laith,* marais.

AUBAGNE.

ALBANIA, fur la rivière de Vanne. *Arben, Alben, Alban,* rivière. *Voyez* l'Albane en Savoye.

AVATICI.

PEUPLE qui occupoit les bords de l'étang de Berre. *Ant, Avat,* bord. *Ifc,* eau, étang.

AVIGNON.

AVENIO, près du confluent du Rhône & de la Sorgue. *Aven,* rivière. *Avenon* plurier d'*Aven.*

BARGEMON.

SUR une colline couverte de vignes & d'oliviers, entourée de montagnes. *Berg,* colline. *Am,* autour. *Mon,* montagnes.

BARJOLS.

BARJOLIUM. Les ruiffeaux qui arrofent le territoire de cette Ville, le rendent un des plus abondans de la Provence. *Bar,* près. *Riol,* ruiffeaux.

LA SAINTE BAUME.

C'EST une profonde caverne, où l'on dit que Sainte Marie-Magdelaine a fini fes jours. *Baume,* caverne.

BAUX.

BALTIUM. Sur un roc. *Balz,* rocher.

BERRE.

BERRA. Ville fituée fur un grand étang d'eau falée, qu'on appelle l'étang ou la mer de Berre. Cet étang peut avoir cinq lieues de long, & trois lieues de large ; il eft navigable par tout. Les étrangers viennent charger du fel dans la Ville de Berre. L'air de ce lieu eft fort mal fain, mais le terroir eft fort agréable & très-abondant. *Ber,* fel. *Berra,* falé. On fous-entend étang.

BREGANÇON.

PERGANTIUM. Château très-fort fur un rocher dans une Ifle. C'eft la même étymologie que Briançon en Dauphiné.

BRIGNOLE

SUR LA LANGUE CELTIQUE.

BRIGNOLE.

BRINONIA. Il croît d'excellentes Prunes dans le territoire de cette Ville. *Prun*, *Brun*, *Brin* en composition, prunes. *On*, bonnes.

BOUC.

SUR une élévation. *Buch*, élévation.

BOUC.

FORT situé dans une Isle qui est à l'entrée du port de Martigues, & au dégorgement de l'étang de Berre dans la Méditerranée. *Boch*, *Bouc*, embouchure.

LA CAMARGUE.

ISLE très-abondante de Provence, enfermée entre les deux bras du Rhône à ses embouchures. Elle est traversée par plusieurs petits bras & canaux du Rhône, & le milieu en est occupé par des marais causés par le débordement de la mer, qui, aussi bien que le Rhône, font souvent changer cette Isle de figure. Il n'y a aucun endroit du Royaume dont la fertilité égale celle de cette Isle. Cette terre, outre les blés qu'elle produit, nourrit une quantité infinie de bestiaux gros & menus. *Cal*, très. *Marg*, grasse.

CARPENTRAS.

CARPENTORACTE, a pris son nom de ses belles fontaines. *Car*, belles. *Pen*, fontaines. *Trecht*, *Tracht*, Ville. *Carpentracht*, *Carpentoracht*, Ville des belles fontaines.

CASSIS.

PETITE Ville au pied d'une hauteur de tuf, à travers laquelle on a percé un chemin pour aller au Port-Mion, appellé dans l'Itineraire d'Antonin *Port-Emines*. Ce Port est profond, mais trop étroit, étant serré de deux côtés par des montagnes, & par un Cap. *Caleb* ou *Cals*, *Cass*, tuf. *Uch* ou *Us Ys*, élévation. *Am*, en composition *Em*, autour, environné. *Myn*, montagnes. *Nech* ou *Nes*, Cap.

CAVAILLON.

CABELLIO, Caballio, étoit situé anciennement sur une élévation où l'on en voit encore les ruines; elle a été rebâtie dans la plaine. *Cab*, habitation. *Bell*, élevée.

CAVARES.

ANCIEN Peuple de cette Province, apparemment ainsi nommé des grandes lances qu'il portoit. *Cat*, grande. *Bar*, *Var*, lance.

LA CRAU.

EST un terrein situé dans la Provence, entre le Rhône & l'étang de Berre; il commence à quelques lieues d'Arles, & s'étend tout le long de la mer. Cette campagne a de tout temps été couverte de pierres; les anciens Poëtes ont feint que c'est l'endroit où Hercule s'est battu contre des Géans; les armes vinrent à lui manquer, Jupiter son pere lui envoya une pluye de pierres pour s'en servir contre ses ennemis. Ce qu'il y a d'étonnant, c'est que ce terrein, tout pierreux qu'il soit, nourrit & engraisse une infinité de moutons, qui ont l'instinct de ranger les pierres pour profiter des herbes très-favoureuses qui sont dessous. L'on en peut voir une explication bien détaillée dans la Chorographie de Provence d'Honoré Bouche. Les vins que l'on y recueille sont les meilleurs de la Provence; il y croît même de la graine d'écarlate, qui étoit ci-devant une récolte précieuse, avant que les Marchands se fussent entêtés de la cochenille qu'ils vont chercher bien loin, & avec tant de périls. Il y a aux environs plusieurs marais salans. *Crau*, pierre.

CRUYS.

VILLAGE du Diocèse de Sisteron. Il y a dans son territoire un grand abysme, où l'on dit que l'on jettoit autrefois les femmes adultéres. Cet abysme est rempli d'oiseaux nocturnes qui s'y retirent pendant le jour. *Creu*, *Cru*, creux. *Ys* d'*Ysilum*, chauve-souris, oiseau de nuit.

CUSE.

VILLAGE caché dans une gorge de montagnes. *Cus*, caché.

DIGNE.

DINIA, au pied des montagnes. Il y a une fontaine d'eaux minerales chaudes, piquantes, & qui sentent la boue. Elles participent de beaucoup de souffre & de sel alkali. Elles purgent par les selles. Elles sont bonnes à boire & à s'y baigner. M. Gassendi a remarqué dans la Vie de son ami M. Peiresc, qu'il tombe des montagnes d'où sortent les eaux de cette fontaine des serpens qui n'ont point de venin, & dont les enfans se jouent. A peu de distance de là, on trouve des serpens qui, comme tous les autres, mordent & sont dangereux. Cette Ville étoit anciennement renommée pour ses bains chauds. Son territoire rapporte de très-excellens fruits que l'on débite en Italie, en Allemagne & par toute la France. *Dan* ou *Din*, eau. *Ias*, chaude.

DRAGUIGNAN.

LA rivière de Pis passe au milieu de cette Ville, qui est environnée de campagnes fertiles, où il croît en abondance des vins fort agréables, mais si forts, qu'on ne peut les boire sans y mettre la moitié d'eau. *Dera*, *Dra*, violent. *Gvvin*, vin. *An*, lieu.

DROMON.

VILLAGE de Provence. On voit auprès de ce lieu un rocher qui est coupé pour abréger un chemin. *Tro*, *Dro*, coupé. *Man*, *Mon*, pierre. *Dromon*, pierre coupée.

FERRIERE.

BOURG à une embouchure. *Fer*, confluent. *Ar*, *Er*, près. *Ferrer*, *Ferriere*, près du confluent.

FOULQUES.

VILLAGE au bord du Rhône, vis-à-vis l'endroit où ce fleuve se partage. *Fulc*, partage.

FREJUS.

FORUM-JULII. César ajoûta son nom à celui de cette Ville; elle avoit du temps de cet Empereur un Port, qui n'est plus aujourd'hui qu'une plage marécageuse. Deux petites rivières, le Béal & le Rairan, passent auprès de ses murs, se vont jetter ensuite dans la rivière d'Argens, qui se décharge dans la Méditerranée, à un quart de lieue de cette Ville. *For*, confluent.

GARDANE.

VILLE sur une élévation plaine au-dessus. C'est le terroir des bons melons & des bons fruits. Son territoire n'est qu'un jardin. *Garden*, jardin.

GLANDÉVE.

GLANDEVA, Glanata. Cette Ville étoit située au bord du Var; mais les débordemens de cette rivière l'ayant minée, les Habitans la rebâtirent à quelque distance de cette rivière, en lui conservant le même nom. *Glan*, rivage. *Ad*, en composition *At*, habitation. *Teu*, *Dev*, habitation. Voyez la Tour du Pin en Dauphiné.

GRASSE.

GRASSA, est une Ville bien peuplée & fort riche, située à quatre lieues de la mer dans un Pays extrêmement fertile. Elle est bâtie sur une colline d'où l'on découvre le plus beau Pays de Provence. Le commerce y consiste tout entier en fruits, oranges, citrons, figues & raisins secs. *Gras*, abondante, fertile: Ou *Grach*, *Gras*, colline.

GREOUX.

GRESILIUM, Griselium, Bourg dans le Diocèse de Vence. Il y a une fontaine d'eau minerale très-salutaire pour plusieurs maladies. Il paroît que ces eaux minerales ont été connues des Romains par une inscription qu'on y a trouvée, dédiée aux Nymphes du lieu. *Nymphis Griselicis*. *Gresjn*, douleur, maladie. *Lix*, eau. *Gresslix*, eau des maladies, eau qui guérit les maladies.

GRIMAUD.

VILLE située près d'un Golfe, auquel elle donne son nom. Ce Golfe est aussi appelé *Sinus Gambricius*, *Gambricitanus*. *Crvvm* ou *Grvvm*, en composition *Grym*, courbé. *Aud*, rivage. *Camber* ou *Gamber*, *Gambre*, courbe, courbure. Le terme *Sinus*, qui fait un Pléonasme, fut ajoûté par ceux qui ignoroient le Celtique.

HYERES.

CETTE Ville est sur la pente d'un haut rocher; elle avoit autrefois un Port de mer. Le Port s'est comblé, la mer s'étant retirée de plus de deux mille pas. Son terroir est délicieux par la beauté & l'excellence de ce qu'il produit. Ses environs sont le plus beau Pays de l'Univers pour l'excellence & la beauté des arbres & des fruits; les orangers y croissent en pleine terre; toute la campagne est couverte de fleurs odoriferantes, qui répandent dans les airs le plus doux parfum. Voici la description que Bachaumont & la Chapelle font de cette belle Contrée.

Nous n'avions trouvé jusques-là que des orangers de médiocre grandeur, & dans des jardins. L'envie d'en voir de gros comme des chênes, & dans le milieu des campagnes, nous fit aller jusqu'à Hiéres. Que ce lieu nous plût! qu'il est charmant! & quel séjour seroit-ce que Paris sous un si beau climat!

> Que c'est avec plaisir, qu'aux mois,
> Si fâcheux en France, & si froids,
> On est contraint de chercher de l'ombre
> Des orangers, qu'en mille endroits
> On y voit, sans rang, & sans nombre,
> Former des forêts & des bois.
> Là, jamais les plus grands hivers
> N'ont pu leur déclarer la guerre:
> Cet heureux coin de l'Univers
> Les a toujours beaux, toujours verds;
> Toujours fleuris en pleine terre.

Cette Ville est nommée *Area* dans un monument du douzième siécle. *Ar*, sur. *Reh*, rocher: Ou

SUR LA LANGUE CELTIQUE.

Ar, haut. *Reh*, rocher : Ou enfin *Ar*, odeur. *Ed* en composition *Ez*, agréable.

Les Isles qui sont vis-à-vis cette Ville en ont pris le nom ; elles sont au nombre de trois. L'on trouve dans ces Isles de toutes les espèces de plantes médicinales les plus recherchées dans l'Espagne, dans l'Italie, dans la Gréce, & même dans l'Égypte.

L'ISLE D'IF.

Ce n'étoit autrefois qu'un plan d'Ifs dont elle a gardé le nom. *Iw* ou *If*, if.

LAMBESC.

Ville fort jolie. L'air y est pur, le terroir agréable & abondant. *Lan*, belle. *Peues*, en composition *Beues*, *Bes*, habitation.

L'ISLE DE LERINS.

Lirinum, appellée aujourd'hui de Saint Honorat, parce que ce Saint y fonda une Abbaye fameuse, après avoir chassé les serpens dont cette Isle étoit remplie. *L* de *Lyes*, abondance, quantité, grand nombre. *Aer*, serpent. *In*, Isle. *Larin*, Isle où il y a grand nombre de serpens.

LORGUES.

Leonicæ, au bord de la rivière d'Argent. *Le* de *Lez*, près. *On*, d'*Aon*, rivière. *Ic*, habitation.

MAILLANE.

Près d'un étang. *Mala*, étang. *Nes*, près.

MANOSQUE.

Manuesca, est située dans une vallée charmante, arrosée de plusieurs fontaines. *Manee*, *Manoe*, plein de fontaines, où il y a des fontaines.

MARSEILLE.

Massilia. Je crois que Marseille a eu les Gaulois pour Fondateurs, & que les Phocéens n'ont fait que l'aggrandir. L'étymologie naturelle que la Langue Celtique fournit du nom de cette Ville, tandis que le Grec n'en présente point, me fait penser ainsi. *Mad*, en composition *Mas*, bon. *Cil*, Port. Marseille est un des meilleurs Ports du Royaume.

MARTIGUES.

Dans une Isle formée par les deux embouchures de la mer, ou étang de Berre dans la Méditerranée. *Mar*, étang, lac. *Ty*, *Dy*, deux. *Guen*, embouchures. *Martigues*, deux embouchures ou dégorgemens de la mer.

MÉRUI.

Chateau près d'une carrière de pierre rouge, tachetée de blanc. *Mar*, en composition *Mer*, pierre. *Ruiz*, rouge.

MIRAMAS.

Bourg sur un rocher d'où sortent plusieurs belles sources & petits ruisseaux. *Mir*, eau. *Amaz*, amas, grande quantité.

OLIOULS.

Osiula. Rien de si charmant que les environs de ce Bourg. La terre y est tapissée par une charmante verdure émaillée de fleurs, couverte d'orangers, de citronniers, de figuiers, de grenadiers, d'oliviers, ensorte qu'on ne parle que des beaux jardins d'Oliouls. *Aus* ou *Os*, contrée. *Joli* ou *Iuli*, belle.

ORANGE.

Arausio, située dans une belle plaine, arrosée de plusieurs petites rivières, dont celle d'Eigues porte presque aux portes d'Orange les denrées que ses Habitans font venir des Provinces voisines ; cette rivière n'en étant éloignée que d'un petit quart de lieue. Outre cela, la petite rivière de Maine lave les murs de la Ville. *Rhos*, campagne bien arrosée. *A*, article ou particule superflue.

ORGON.

Cette Ville est située sur un roc. *Or*, sur. *Gon*, roc.

PENNES.

Au pied des montagnes. *Penn*, montagne.

PEYRESC.

Bourg. Il y a dans l'étendue de sa Paroisse une caverne, d'où sort tous les soirs un petit vent, qui augmente jusqu'à minuit, & diminue depuis minuit jusqu'au lever du soleil, qu'il tombe tout à fait. L'on dit aussi qu'il y a dans la même caverne des pierres molles comme de la boue, qui, dès qu'elles sont élevées, deviennent de très-durs cailloux. *Per*, pierre. *Goacq*, qui en composition perd le G is tial, & change l'A en É, molle. *Péroecq*, *Peyresc*, parce que les Provençaux aiment à inserer l'S ? pierres molles.

PORTCROS.

Est une des Isles d'Hyeres; elle est montagneuse, couverte de bois en plusieurs endroits. Le Château qui en a pris le nom est situé sur la pointe d'un rocher, & en défend le Port. *Porth*, *Port*, *Crau*, roc. *Port-Crau*, port du rocher.

SAINT REMI.

Anciennement *Glanum*, entre des étangs. *Glan*, bord de rivière, bord d'étang.

RIEZ.

Pline la nomme *Alebece-Reiorum*. Cette Ville est située sur l'Auvestre dans une belle plaine abondante en vins excellens, & en toutes sortes de fruits. *Alaf*, *Alef*, riche. *Vaes*, *Baes*, campagne. *Alebaes*, riche campagne. *Re*, rivière. *T*, habitation. *Reii*, ceux qui sont placés sur la rivière.

ROQUEVER.

Village situé entre deux grands rocs. *Roch*, roc. *Ver*, grand.

SALON.

Salona. Sur un roc ou petite montagne escarpée, qui s'éleve dans cette Ville, est un vieux Château fortifié à l'antique. *Cal*, roc. *Lluumm*, prononcez *Lom*, pelé.

SCLANS.

Village au Diocèse de Fréjus. Dans son territoire il y a un rocher d'un quart de lieue de circonférence. On y voit une caverne, dont la porte & l'intérieur sont un chef-d'œuvre de la nature pour les mesures & la proportion, on l'appelle la Baume-Raynarde. Les Bergers des environs s'y retirent avec leurs troupeaux, ils trouvent des armoires naturelles dans l'intérieur de ce roc, où ils conservent leur nourriture. Il y a aussi une fontaine de très-bonne eau. *Glan* ou *Clan*, belle. *S de Sil*, caverne. L'S initiale s'ajoûte souvent dans le Celtique; ainsi *Sclan* n'est peut-être que *Glan* ou *Clan*, la belle, en sous-entendant grotte. Il y a bien des exemples de pareilles prétéritions.

SENEZ.

Sanitium. Entre des montagnes. *San*, montagnes. *Nyth*, habitation : Ou *San*, montagnes. *Ty*, habitation.

SEYNE.

Sezena, ou *Sedena*. Cette Ville est située dans les montagnes aux Frontières du Dauphiné. *Sel*, habitation. *Den*, *Zen*, montagne. *Selden*, *Seden*, habitation des montagnes.

SISTERON.

Secustero. La Durance est très-rapide, & presque toujours débordée. Elle n'a qu'un Pont de pierres qui est à Sisteron où elle est resserrée entre deux rochers. *Ceg*, gorge. *Ster*, rivière.

SORP.

Nom d'une fontaine dans le Diocèse de Riez, territoire de Baudun. Cette fontaine est si considérable, si abondante, que dans sa source même on la divise en dix canaux, qui, à leur sortie, font moudre dix moulins différens. On l'appelle dans les titres latins *Sorpius*, *Sorpium*, ce qui nous apprend qu'on l'appelloit autrefois *Sorpi*. *Sao*, source. *Re*, beaucoup. *Pil*, abondante. *Saorepil*, *Saorpi*, *Sorpi*, *Sorp*, source bien abondante.

TARASCON.

Tarasco, au bord du Rhône. Il y a près de cette Ville une caverne souterraine, qui a donné le nom à cette Ville; on appelle encore aujourd'hui cette caverne *Tarasque*. *Tracon*, caverne souterraine. De *Tracon* on a fait *Trascon*, *Tarascon*.

TOULON.

Telo, Tolo. Cette Ville est dans une situation admirable, exposée au midi, & couverte au septentrion par des montagnes élevées jusqu'aux nues, qui rendent son Port un des plus grands & des plus sûrs qui soient au monde. . . . . . Son Port est un des plus beaux de l'Europe. On entre d'abord dans une grande rade la plus sûre qu'il y ait. . . . . . Le Port est à l'extrémité de cette rade. . . . . . Au fond de ce Golfe est la Ville, laquelle embrasse le Port. Piganiol de la Force, Description de la France. La rade & le Port de Toulon sont fermés par un Golfe tortueux, fort grand. *Tol*, courbure, sinuosité. Cette Ville peut aussi avoir pris son nom de *Dol* ou *Tol*, terrein bas au pied des montagnes, au bord de la mer.

VAISON.

Vasio, autrefois la Capitale des Vocontiens, a été une des plus grandes Villes des Gaules. Elle étoit dans une plaine & dans une belle situation, comme on le voit par ses ruines, qui s'étendent l'espace d'une lieue. On a tenu deux Conciles en cette Ville au sixième siécle. Ensuite cette Ville a été ruinée par les Barbares. A la place de l'ancienne Ville de Vaison, on a bâti la nouvelle sur une montagne. Vous voyez ici une Ville qui change de place sans changer de nom. Lisez les articles de la Tour du Pin en Dauphiné, & de Glandéve en Provence. *Vais*, campagne. *On*, bonne. *Vaison*, *Vaison*, *Vasio*, bonne campagne, campagne fertile.

VENCE.

Vincium est une ancienne Ville. Ptolomée en fait mention. Sa situation est agréable. *Win*, belle. *Zj*, habitation. *Vinzy*, belle habitation.

VOCONTII.

Ancien Peuple de cette Province, ainsi nommé des belles & fertiles campagnes qu'il habitoit. *Vots*, campagnes. *Con*, bonnes. *Ty*, habitation, Habitans.

LE LANGUEDOC.
L'ACHASSE.

D'*Aches*, nom appellatif de rivière, devenu propre de celle-ci.

L'ALLIER.

Elaver a sa source dans le Gevaudan. Cette rivière est sujette à d'extrêmes crues d'eau vers le mois de juillet, à cause de la fonte des neiges d'Auvergne, ce qui rend ses bords très-mal assurés. Elle porte avec elle une terre legère, qui fait des accroissemens en certains lieux, & la rapidité de son cours fait qu'elle en diminue d'autres, dont elle change totalement la disposition ; de sorte que sa rive est une situation bien plus avantageuse qu'elle n'est agréable. On la nomme dans le Pays *Chambonage*, c'est-à-dire apparement, qui abonne les terres. Ce sont les paroles de l'Auteur du Dictionnaire universel de la France. *Elavv*, biens, richesses. *Élavver*, qui enrichit, qui abonne, qui fertilise.

L'ARIEG.

Aregia. Rivière renommée par son sable d'or, dont la pêche est affermée. Les paillettes d'or qui se trouvent dans son sable, sont, à ce qu'on prétend, d'un or plus beau que celui des autres rivières qui en portent. *Aur*, or. *Aureg*, *Areg*, où il y a de l'or.

L'AUDE.

Atax. Rivière dont l'eau est si bonne à boire, qu'on la préfére à celle des fontaines. *A*, article. *Ta*, bonne. *Aches*, *Achs*, eau. *Atachs*, *Atax*, la bonne eau.

LE GARDON.

Autrefois Gard, est très-rapide. *Gar*, rapide. *D*, de. *Dom*, en composition, pour *Tom*, beaucoup.

LE LERS.

Je transcris ce que M. de la Martiniere dit du Lers & de Belefte qui est la source de cette rivière. Belefte, Fontaine de France, au Languedoc, au Comté de Foix, & près du Bourg de Beleftat, dans la plaine de Mazeres. C'est pour cela que Coulon, (Rivières de France, 1ère part. pag. 480,) l'appelle la fontaine de Belleftar. Voici ce qu'il en dit: Les Philosophes qui ont employé leurs maximes & leurs plus belles vérités en la recherche des choses naturelles, sont fort empêchés à rendre raison d'un miracle continuel qui se voit tous les jours dans la fontaine de Belleftat, d'où le Lers tire son origine ; & les Astrologues, qui se persuadent qu'il n'est rien sur la terre capable d'occuper leurs esprits, & qui n'ont des yeux que pour considérer les astres, y peuvent remarquer une horloge plus réglée & plus juste que tous les cadrans du soleil ; car cette vive source coule douze fois, & tarit douze fois en vingt-quatre heures, par des intervalles si égaux & si accordés, que vous prendriez le ruisseau de cette fontaine pour une espèce de clepsydre ou d'horloge d'eau que la nature a fabriquée pour mesurer le temps de ses plus importantes occupations. La description qu'en fait du Bartas mérite d'être rapportée en ce lieu.

> Mais tout ce que j'ai dit en merveilles n'approche
> Aux merveilles du Lers, quand il sort de sa roche.
> . . . . . . contemplant la fontaine,

Qui lave de ſes flots de Mazeres la plaine,
Et née à Belleſtat, non loin des monts de Foix,
Le Peuple Toloſain certes pourvoit de bois,
Chaque jour que Phœbus parfaiſant ſa carrière
Sur les deux horizons reconduit la lumière :
Son eau porte radeaux durant quatre ou cinq mois :
Vingt & quatre fois naît, meurt vingt & quatre fois
A ſec on peut paſſer demi-heure ſa ſource,
Et demi-heure après on ne peut de ſa courſe
Soûtenir la roideur ; car ſon flot écumeux
Naiſſant tâche égaler les fleuves plus fameux,
Flot docte à bien compter, qui, guidé par nature,
Le temps ſi ſûrement ſans horloge meſure.

M. Baudrand écrit Beleſte le nom de cette fontaine, & ajoûte : On dit qu'elle a un flux & reflux toutes les heures du jour, depuis la fin de juillet juſqu'au commencement de juin. Le dénombrement de la France nomme *Beleſta* de 375 feux, au Diocèſe de Mirepoix, généralité de Touloufe ; c'eſt le même lieu. *Lerch* ou *Lers*, ordre, ſuite. *Lers*, rivière qui régulièrement, qui, en ſuivant un ordre réglé, coule & tarit. *Bel*, ſource, fontaine. *Stat*, *Eſtat*, à la Languedocienne, qui s'arrête.

S O R.

De *Svvr*, prononcez *Sor*, nom appellatif de rivière, devenu propre de celle-ci.

L E T A R N.

Tarnis. Qui ſort des Cevennes, coule parmi les rochers ſcabreux avec un ſi grand bruit, qu'il cauſe de l'horreur & de l'effroi à ceux qui l'entendent. *Tarn*, craſe de *Taran*, tonnerre.

L A T R O V E Y R E.

Sidonius l'appelle *Flavus Triobris*, parce que ſes eaux ſont troubles & chargées de terre. *Tyr*, par tranſpoſition *Try*, eau. *Brych*, *Brys*, trouble, jaune. *Voyez* le Tibre.

L' É T A N G D E T H A U.

Nommé *Taurus* dans Avienus, & *Laterra* dans Pline, eſt un grand lac qui ſe dégorge dans le Golfe de Lyon par le Grau de Palavas, ou paſſage de Maguelonne, & par le Port de Cette. *Dy*, *Ty*, deux. *Or*, embouchure. *Tor*, deux embouchures. *Laith*, *Lat*, étang. *Er*, grand.

V E N E.

Rivière qui a pris ſon nom d'*Aven*, nom appellatif de rivière dont il eſt une apocope. *Voyez* Vanne en Champagne.

H É L A N.

Montagne du Gevaudan, dont parle Gregoire de Tours au livre de la gloire des Conſeſſeurs, *ch.* 2ème (*Mons erat in Gabalitano territorio cognomento Helanus, lacum habens magnum.*) *Hel*, grand. *Lenn* ou *Lann*, lac.

L A M O N T A G N E N O I R E.

Il y a pluſieurs ſources d'eau, même conſidérables. *Ner*, eau. De *Ner* on a fait noire, ainſi la montagne *Ner* c'eſt la montagne d'eau, la montagne abondante en eau.

L E S C E V E N N E S.

Feſtus Avienus dit que ce nom ſignifie montagne au dos, c'eſt-à-dire à la cime élevée. *Nominis porrò valor mons dorſa celſus.* *Cefn*, dos, cime. *Ven*, élevée. Les Cevennes ſont fort hautes.

G A U R E.

Forêt immenſe. *Gau*, forêt. *Re*, particule qui marque la grande étendue.

T O U L O U S E.

Tolosa, eſt ſitué au milieu d'une belle plaine très-fertile, au bord de la Garonne. *Dol* ou *Tol*, plaine au bord d'une rivière. *Tolog* ou *Tolos*, qui eſt ſitué dans cette plaine.

ALAIS.

ALESIA, au pied des monts, presque entouré du Gardon, a un Fort sur une éminence de roc. *Al*, roc. *Les*, bord, bordé. *I*, eau, rivière.

ALBY.

A pris son nom des Albigenses ou Albigeois dont elle étoit la Ville. Il est parlé dans la Notice de l'Empire, & dans une ancienne inscription des Cavaliers Albigeois tous couverts de fer. *Al*, tout. *Buch*, *Buchen*, en composition *Bychen* ou *Bygen*, couvert. *Albigen*, tout couvert. *Voyez* Amiens.

ALETH.

ALECTUM, près d'une source d'eau chaude nommée le Tuberon. *A*, près. *Laith* ou *Laic*, eau. *Tom*, chaude. *Tw*, eau. *Bero*, chaude.

ANDANCE.

ANDAIA. Ville située au pied d'une montagne sur le confluent de la Dome & du Rhône. *And*, confluent. *Ai*, habitation.

ANDUZE.

SUR une rivière au pied de deux collines. *Aon*, *An*, rivière. *Du*, deux. *Uch*, *Us*, élévation, colline. *Anduze*, rivière. *Deux*, collines.

ANIANE.

ANIANA. Au pied des montagnes, près d'une petite rivière. *Annwn*, pied de montagne, endroit bas.

ANNONAY.

ANNONÆUM, *Annoniacum*, sur la Deume qui y reçoit une petite rivière, dans un fond au bas d'une chaîne de montagnes. *Annwn* ou *Announ*, profonde. *Ai*, habitation. D'*Ai* on a fait *At*. On disoit *Musai*.

ARAMON.

VILLE au bord du Rhône. *Ar*, près. *Amon*, rivière.

ARECOMICI.

DE *Are* abondance, grande quantité. *Comma*, fouler des draps. *Wys*, hommes. *Arecomices*, ceux qui foulent, qui font beaucoup de draps. Nous voyons dans la plus haute antiquité des manufactures de draps dans le Languedoc.

AUBENAS.

ALBENACIUM, sur une colline élevée. *Al*, élevée. *Ben*, colline. *Auc*, *Ac*, habitation.

BAGNOLS.

SUR le penchant d'un côteau, dans un Pays délicieux & rempli de belles sources, qui lui ont donné le nom qu'elle porte. *Ban*, source. *Banol*, *sourceuse*, si l'on pouvoit ainsi parler, abondante en sources : Ou *Ban*, sources, *Oll*, toute. *Banoll*, toute de sources, toute remplie de sources.

BALARUC.

FAMEUX par ses eaux chaudes, qui forment un ruisseau fumant, qui va se jetter dans l'étang de Thau. *Boyl*, chaud. *Ru*, ruisseau.

BANE.

BOURG sur une montagne. *Ban*, montagne.

BARAVE.

PETITE Ville près de la rivière de Véne. *Bar*, près. *Aw*, rivière.

BARRE.

BOURG sur une montagne. *Bar*, montagne.

BEAUCAIRE.

BELICADRUM. Dans les Auteurs qui ont écrit la guerre des Albigeois, étoit un Château ou Forteresse bâtie sur un rocher. Ce Château est démoli depuis plus d'un siécle. Au pied du roc sur lequel il étoit placé, il s'est formé une petite Ville fameuse par sa foire. *Bel*, roc. *Caer*, fort, fortifié.

BEZIERS.

SON ancien nom est *Bliterra*. Cette Ville est située sur une colline, au pied de laquelle coule la rivière d'Orbe. Le séjour de cette Ville est des plus agréables ; on peut dire sans exagération que les environs de Béziers sont les plus beaux de la France. La terrasse qui est au devant de la Cathédrale, est un coup d'œil enchanté, & s'étend dans un vallon dans lequel passe l'Orbe ; ce vallon s'éleve insensiblement, & forme un amphithéatre couvert d'oliviers & de vignobles. L'Évêché est une maison jolie & régulière, dont les vûes sont aussi parfaitement belles. Le terroir de ce Diocèse est un des plus fertiles de la Province; il produit du très-bon vin, du blé en abondance, & beaucoup d'huile. La charmante situation de Béziers a donné lieu de dire, que si Dieu vouloit choisir un séjour sur la terre, il n'en prendroit point d'autre que Béziers, ce que l'on a exprimé par ce vers latin.

Si Deus in terris, vellet habitare Biterris.

Voici comme le Pere Vannier en décrit la fertilité & les agrémens.

> . . . . *ab albis*
> *Optima sunt quæ vina fluunt Apiana racemis:*
> *Dulcis in ore sapor, vivaxque in pectore virtus.*
> *Non humus hanc omnis feliciter educat uvam*
> *Quæ genus & nomen servet: frigentibus agris*
> *Humentique solo, mollitum obleta saporem*
> *Exoritur: favet huic regio Biterensis, & orbis*
> *Jam canit extremus quos Frontiniana racemos*
> *Præla domant: miti Baccho mitissimus aër*
> *Dulciaque arva placent: atqui Biterensibus oris*
> *Cali seu faciem species terraque, virûmque*
> *Ingenium, nihil est toto clementius orbe.*
> *Hinc vetus est vulgi dictum, si rursus olympi*
> *Affectet superas humana superbia sedes,*
> *Providisse Deos Biteram, donisque vicissim*
> *Ornavisse suis. Dat Jupiter aëra purum,*
> *Sol lætas sine nube dies; nascentibus ultro*
> *Terra parens toto se floribus induit anno.*
> *Non satis est oleis Campos vertisse Minervam,*
> *Jussit inexhaustos oleum quoque currere fontes,*
> *Ipse suas animos hominum formavit ad artes*
> *Delius; & si quid sapiunt mea carmina vatem,*
> *Hanc mihi cara dedit cum sanguine patria laudem.*

Blith, agréable. *Er*, terre, contrée.

BRESCOU.

SELON M. de Marca Brescon, petite Isle qui a un Fort sur un rocher. Elle forme un petit détroit ou bras de mer. *Brech*, *Bres*, bras, *Con*, roc. *Brescon*, roc du détroit ou bras de mer.

CARCASSONE.

CARCASUM dans Pline. La Cité, qui est l'ancienne Ville, est sur la cime d'une montagne de roc escarpé en plusieurs endroits. *Carrec*, par crase, *Carre*, roc. *Sum*, cime.

CARENTOMAGUS.

NOM d'une Ville voisine du Languedoc, vient de *Carant*, en composition *Carent*, parens. *Mag*, Ville. *Carentomag*, la Ville des parens. Cette Ville étoit toute composée de gens issus d'une même famille. Il y a en Franche-Comté des Villages, dont tous les Habitans portent le même nom; preuve certaine qu'ils sortent d'une même souche. M. Astruc, dans son histoire de Languedoc, dit qu'il a vu dans les Pirénées un Village appellé *Nebias*, du Diocèse de Mirepoix, de cent ou cent cinquante feux, dont tous les Habitans, hommes & femmes avoient le même nom, étoient tous parens, & descendoient tous d'un seul & même Paysan, qui s'étoit allé établir, il y avoit un peu plus de deux cens ans, dans cet endroit, & qui l'avoit mis en culture. *Carentam*, *Charenton*, peuvent avoir la même étymologie, de même que Charentenay Village de Franche-Comté. *Carent*, *Naid*, habitation. *Ham*, *Hom*, habitation.

CASTELNAUDARI.

CASTELLUM *Novum Arii*, sur une petite éminence de roc. *Arri*, roc.

CASTRES.

CASTRA dans Pierre du Val de Cernay, est située dans une plaine agréable, bornée de tous côtés par des montagnes très-fertiles en grains, en vins & en bois. L'Agout sépare la Ville en deux, & la petite rivière appellée Durenque passe auprès de ses murs, & va former un confluent à une des extrémités de la Ville. *Cad*, en composition *Cas*, jonction. *Ster*, par une transposition facile *Stre*, rivières. *Casstre*, jonction de rivières, confluent.

CETTE.

LE Port de Cette ou Shet sur le grand étang de Thau. *Sahet Dour*, *Shet Dour*, eau dormante; on a sous-entendu *Dour*. Il y a bien des exemples de ces Ellypses dans toutes les Langues. Les anciens appelloient le Cap de Cette, *Mons Setius*.

CLAVAS

SUR LA LANGUE CELTIQUE.

CLAVAS.

CLAVASTRUM, dans une gorge de montagnes fort resserrée de tous côtés par des rochers escarpés. *Clav*, gorge. *Astrus*, embarrassée.

CLERMONT.

SUR un côteau, au pied duquel coule la rivière de Lergue. Le ruisseau Ydromiel, qui coule au pied du côteau où elle est bâtie, sert à laver les laines, les draps & les chapeaux que l'on fabrique en cette Ville. *Cler*, rivière, ruisseau. *Mon*, élévation.

CONS.

BOURG, à la chûte d'une petite rivière dans le Rhône. *Con*, union, jonction, confluent. *Sy*, *S*, habitation. *Cons*, habitation du confluent.

ESPERASA.

VILLAGE où il y a des eaux chaudes. *Ber* ou *Per*, chaude. *As*, eau. L'S s'ajoûte au commencement du mot, que les Languedociens font précéder de l'E. *Voyez* Fons-Estorbes.

FONS-ESTORBES.

FONTAINE célébre, du Diocèse de Mirepoix. Cette fontaine après avoir coulé avec une extrême abondance pendant neuf ou dix mois comme un torrent, ne coule plus que par intervalle depuis la fin d'août jusqu'au commencement de novembre. *Stor*, *Stoer*, rivière, coulant d'eau. *Bes*, *Pes*, *Peues*, cessant, qui s'arrête. *Storbes*, rivière, coulant d'eau qui s'arrête. Dans le Languedoc & la Guyenne on ajoûte l'E aux termes qui commencent par une S; on dit *Estrasbourg* pour *Strasbourg*, ainsi on a dit *Estorbes* pour *Storbes*. *Fon*, fontaine, source.

FOIX.

FUXUM. Il n'y avoit anciennement que le Château situé sur une éminence de roc. *Puech*, *Puch*, ou *Fuch*, éminence. *Con*, roc.

FRONTIGNAN.

FRONTINIACUM. Au pied de collines où croît d'excellent vin muscat. *Fron*, collines. *Ta*, bon. *Win*, *Ouin*, vin. *Frontaouin*, par crase, *Frontin*, collines d'excellent vin. *Voyez* Tain en Dauphiné.

GABALI.

ANCIEN Peuple qui habitoit le Gevaudan. Ce Pays (je copie le Dictionnaire Universel de la France,) est couvert de montagnes, ce qui a toujours obligé les Peuples à aller chercher à gagner de l'argent ailleurs, comme en Espagne où ils étoient nommés *Gavatcho*, au lieu de Gabales. Ce sobriquet est resté dans l'Espagne aux François, qui y vont travailler aux ouvrages pénibles; ceux qui restent dans le Pays s'occupent utilement à faire des cadis, des serges & plusieurs autres petites étoffes qui les font vivre. Le commerce que l'on en fait s'étend loin hors du Royaume, & l'on veut même qu'il produise plus de deux millions, tant il est vrai qu'il n'est point de Pays, si inculte qu'il puisse être, où l'on ne puisse vivre, l'industrie & l'œconomie des Habitans suppléant à tout. *Gabal*, défaut, disette, besoin, pauvreté.

GABIAN.

VILLAGE du Diocèse de Béziers. Il y a une fontaine d'eau minerale, près de laquelle est un rocher, d'où découle une huile ou pétrol noir, que l'on appelle huile de Gabian. Cette huile est propre pour guérir plusieurs sortes de maladies. *Galb*, *Gab*, grasse. *Yen*, *Yan*, source. *Gabyan*, source grasse.

GAILLAC.

GAILLACUM. Dans un terrein fertile en bons vins. *Galha*, gras, fertile. *Ac*, terrein, contrée.

GANGES.

PRÈS d'un confluent. *Gan*, confluent. *Ges*, près.

SAINT JEAN DE GARDONENQUE.

GARDONENCA. C'est le nom d'un vallon près de la source du Gardon occidental, ou Gardon d'Andeuse, qui donne le nom à une petite Ville du Diocèse d'Alais appellée Saint Jean de Gardonenque. Le nom de ce vallon vient du nom de la rivière de Gardon, & de *Nans*, en composition *Neni*, vallon.

HÉLEUTHERI.

ANCIEN Peuple de cette Province, apparemment ainsi appellé de ce qu'ils excelloient à la chasse. *Hel*, chasse. *Uther*, excellens.

HELVII ou ALBENSES.

PEUPLE du Vivarais. Lucain dit qu'ils étoient blancs. *Alb* ou *Alv*: Ou en composition *Elv*, blancs. *Wys*, hommes. *En*, hommes.

Gens habitat cana pendentes rupe Gebennas.

M

MÉMOIRES

ISSEL.

BOURG sur une élévation. *Uffel*, élévation. L'U se prononçoit en Y.

LATTE.

LATARA, sur l'étang de Thau. *Laith*, *Lat*, étang. *Ar*, près.

LAVAUR.

VAURUM. Au pied d'une roche, sur laquelle est son Château. *Vor*, roc.

LEUCATE.

PRÉS d'un étang, dans une langue de terre, qui sépare cet étang de la mer, laquelle langue de terre se termine par un cap. *Lu*, étang. *Cad* ou *Cat*, promontoire, cap.

LIMOUX.

LIMOSUM. Au bord de l'Aude. *Liz*, bord. *Mos*, eau, rivière.

LIVIERE.

VILLAGE dans le Diocèse de Narbonne. Il y a dans le territoire de ce Village cinq abysmes d'eau nommés *Ælials* ou *Œlials*, dont les bouillons forment un petit canal qui se joint à la Robine. La terre des environs de ces gouffres tremble sous les pieds de ceux qui ont la curiosité de les aller voir. Ces abysmes sont très-poissonneux. *Gœled*, *Œled*, *Œl*, abysme. *Ias*, bouillonnement. *Œlias*, abysme bouillonnant. Les Languedociens ont inféré l'L dans *Ias* pour rendre le mot plus sonnant, ce qui est fort de leur goût. *Li*, eau. *Gyrès*, en composition *Wres*, bouillonnement.

LODÉVE.

A pris son nom des *Leutevani* dont elle étoit la Ville. *Leud* ou *Leut*, libres, francs. *Man* ou *Vast*, hommes.

LOSÉRE.

LESURA dans Pline, montagne que cet Auteur dit être fameuse par son bon fromage. *Lles*, bon. *Sur*, fromage.

LUNEL.

LUNELLUM, près d'un marais. *Luh*, lac, marais. *Nes*, près. *Leh*, habitation. *Lunel*, habitation près d'un marais.

MAGUELONE.

MAGALONA. Elle étoit située dans une Isle de l'étang, auquel elle donnoit son nom. *Mag*, habitation. *Lyn* ou *Lwn*, *Loun*, étang.

MAILLAC.

FONTAINE d'eau minerale. *Mal*, mineral. *Ac*, eau.

MARVEJOLS.

MAROLOGIUM, dans un vallon arrosé de la rivière de Colange. *Mar*, rivière. *Or*, bord. *Log*, habitation.

MAS.

IL y a en Languedoc & en Guyenne plusieurs lieux qui portent le nom de *Mas*, de *Mag*, habitation.

MAS-GARNIER.

CHATEAU très-fort, situé sur une haute montagne, dont parle Pierre du Val de Cernay. *Mach*, *Mas*, Forteresse.

MAUGIOVILLE.

MELGORIUM, auprès de l'étang de Thau, entre deux petites rivières. *Mel*, milieu. *Gower*, *Gor*, ruisseau, petite rivière: Ou *Mel*, étang.

MENDE.

MEMMATE, sur une montagne de roc. Il n'y avoit encore point d'habitation sur cette montagne, lorsque Saint Privat se retira dans une caverne qui y est. Les fontaines de Mende sont ce qu'il y a de plus beau. Elle a deux ponts sur le Lot. *Mam*, en composition *Mem*, fontaines. *Mat*, bonnes.

MILHAU.

AMILIANUM, *Amilhanum*. Elle fait un commerce considérable de laines. *Aml*, quantité, abondance. *Lan*, laine. *Amllanum*, *Amllianum*, habitation où il y a abondance de laines. Milhau est la syncope d'*Amllianum*. Voyez Milhaud en Rouergue.

MIREPOIX.

MIRAPICE, *Mirapicis*, *Mirapeis*, est dans un terrein tout entouré de montagnes au bord du Lers. *Miret*, enfermer, entourer. *Pic*, montagne.

SUR LA LANGUE CELTIQUE.

MONFRIN.

Sur une élévation, entre le Rhône & le Gardon, presque au confluent de ces deux rivières. *Mon*, élévation. *Fer*, presque. *In*, Isle.

MONTPELLIER.

L'Auteur du livre intitulé *Gesta Dei per Francos*, & les vieilles Chartes, l'appellent *Monspissterius*, *Monspellerius*. Dans d'autres monumens, il est nommé *Monspelerius*, *Monspuellaris*, *Monspuellarum*, *Monspessulanus*. Ce n'étoit qu'un Village au dixième siécle, qui est devenu une Ville considérable par l'entière ruine de Maguelone. Montpellier est situé sur une montagne près de la rivière Lez. Le cours appellé la place des Ormeaux, est près de la porte de la Sonnerie où sont des marais, & un peu d'ombrage sous les arbres qui bordent la petite rivière de Merdançon. Ce lieu est assez agréable pour se promener, & il y en a peu d'autres, les environs de la Ville étant couverts de sablons & de terre séche. *Mon*, mont. *Poel*, *Pel*, marais. *Ar*, *Er*, près. *Montpeler*, *Montpelier*, montagne près des marais. En inserant l'S dans *Pel*, on a fait *Pesl*, de *Pesl*, *Pisl*.

NARBONNE.

Narbo, est à deux lieues de la mer près d'un grand lac, qui formoit autrefois un Port où les vaisseaux abordoient, & qui donnoit aux Habitans de Narbonne la facilité de faire un très-grand commerce en toutes les Provinces qui sont sur la mer Méditerranée jusqu'en Égypte; mais il y a longtemps que ce Port a été bouché, la mer s'étant retirée de ces côtes, où les navires ne peuvent plus aborder à cause des bas fonds. Narbonne avoit été bâtie sur l'Aude: on a depuis détourné le cours de cette rivière. Cette Ville a été si considérable, qu'elle a donné son nom à une grande partie des Gaules dont elle étoit la Capitale. Sidonius fait l'éloge de cette Ville dans la piéce de vers qu'il a intitulée *Narbo*. Il dit entr'autres qu'elle étoit célébre.

Civibus, ambitu, tabernis,
Portis, porticibus, foro, theatro,
Delubris, Capitoliis, monetis,
Thermis, arcubus, horreis, macellis,
Pratis, fontibus, insulis, salinis,
Stagnis, flumine, merce, ponte, ponto.

Les Écrivains du moyen âge nomment quelquefois cette Ville *Narbona*, au lieu de *Narbo*. Ils suivent Ammien Marcellin, qui l'a ainsi appellée d'un nom qui approche encore plus du Celtique que l'autre. *Arvon*, *Arbon*, rivière & lac. Il désignoit ainsi l'un & l'autre. *Voyez* la Loire.

NISMES.

Nemausus, a pris son nom d'un Temple : *Nemos* en Celtique ayant cette signification.

Il reste encore dans cette Ville, ce sont les paroles de Piganiol dans sa Description de la France, quelques anciens Temples, qui donnent une grande idée de la puissance de ceux qui les ont fait bâtir, & de l'état où les arts étoient alors. Celui qu'on croit avoir été dédié à la Déesse Diane, ou même, selon quelques-uns, à la Déesse Vesta, est d'une structure très-belle & très-industrieuse. Il est entièrement bâti de grosses pierres, sans ciment, ni mortier, avec plusieurs niches dans les intercolomnes. Il est de dix-neuf toises de long, de sept & demi de large, & de six de hauteur dans œuvre. Il a seize colomnes d'ordre corinthien, qui supportent une corniche sur laquelle repose la voûte, avec des arcs doubles. Ce qu'on appelle vulgairement la maison quarrée, paroît avoir aussi été un Temple. . . . . Cette maison n'a aucune fenêtre qui n'ait été faite après coup. Selon qu'elle a été construite d'abord, elle ne pouvoit avoir de jour que par la porte, qui étoit à la vérité fort grande à proportion du reste. Elle est enrichie en dehors de trente colomnes canelées de l'ordre corinthien. Le plan de tout l'édifice est de douze toises de long, & de six de large; il a autant d'élévation. Les ornemens de la corniche & de la frise sont fort beaux; mais les ornemens des chapiteaux corinthiens ont paru inimitables aux plus habiles Architectes & Sculpteurs, qui sont allés exprès de Rome ou de Paris pour examiner ce beau morceau d'antiquité.

On croit, ce semble avec fondement, que la Cathédrale de Nismes est le Temple même qui avoit été dédié à Auguste, de qui elle avoit reçu beaucoup de bienfaits. Il est vrai qu'on trouve au-dessous de son fronton en bas relief l'histoire de notre Religion, depuis la création du monde jusqu'à J. C. mais on prétend que cela est postiche, & fait après coup. En effet, on y voyoit autrefois la coupe d'un grand arc, avec un pavé à la mosaïque, qui a été recouvert par le moderne, & deux têtes de taureaux de marbre issans sur la petite porte du septentrion. Il n'y a pas de doute que ces têtes de taureaux ne soient des marques de la Religion Payenne. L'on voit encore à cet édifice une figure couronnée, tenant deux bâtons à la main, & près d'elle deux taureaux élevés par deux griffons, avec une autre figure ailée, un Autel, & un sacrificateur tenant une patére à la main qu'il offre en libation, & tout proche un autre personnage qui tient un bélier.

L'Auteur du Dictionnaire universel de la France s'explique ainsi sur les Temples de Nismes.

Le premier des ouvrages antiques de cette Ville est la maison quarrée, bâtie dans l'étendue de treize toises, & quatre pieds de longueur, & de cinq toises & cinq pieds dans sa largeur; sa hauteur est de six toises un pied & trois pouces. Les deux grandes faces sont ornées chacune d'onze colomnes qui s'élevent jusqu'à la corniche; les deux autres faces sont inégales. Le vieux Mansart prétendoit que cet édifice étoit le plus parfait morceau d'architecture du monde; il y avoit pris les plus belles idées de son art. En effet, on convient généralement que ce Temple, Capitole ou Basilique (car on ignore quel étoit son usage) est une piéce achevée.

Le second est le Temple de Plautine, femme de Trajan, qui fut bâti & dédié par l'Empereur Adrien à l'honneur de sa bienfaitrice. Il est d'une structure toute différente des autres Temples de l'antiquité, mais il n'en est pas moins magnifique ; l'ordre d'architecture est partie corinthien, & partie composé ou italique. La longueur du bâtiment est de onze toises cinq pieds & trois pouces ; la largeur de dix toises, & la hauteur de six toises deux pieds six pouces. Il y a une fontaine près de ce Temple qui l'a fait appeller longtemps le Temple de la Fontaine. D'autres croyent qu'il étoit dédié à Diane.

On voit par ce que je viens de rapporter, qu'on ne sçait point en quel temps ces Temples ont été bâtis. On ignore pareillement si ce sont les Gaulois ou les Romains qui ont élevé ces superbes édifices. Ainsi on ne peut décider si Nismes doit son nom à quelques-uns de ces Temples, ou si elle l'a pris de quelqu'autre plus ancien, qui ayant été détruit par les ans, aura été remplacé par un de ceux que nous voyons aujourd'hui. *Voyez* Clermont, *Vernemetis* en Guyenne, *Vernometum* en Angleterre.

Près de Nismes, au pied d'une colline, il y a une fontaine fort claire, qui en sortant fait une nappe d'eau. Elle est si abondante qu'elle forme un ruisseau. Ausone l'a célébrée en ces termes.

Vitrea non luce Nemausus, purior,

Cette fontaine étoit autrefois dans la Ville, il n'y a que cette source à Nismes. On peut fort naturellement en tirer l'étymologie du nom de ce lieu. *Nam*, en composition *Nem*, principale, excellente, remarquable, distinguée. *Sao*, source.

OZON.

VILLAGE où il y a une fontaine de bitume noir. *Oel*, *Ol*, huile, graisse. *Dwn*, *Don*, en composition *Zon*, noire. *Voyez* le Madon en Lorraine.

PECAIS.

CE Bourg, qui a un bon Fort pour sa défense, & pour celle de ses Salines, est considérable par la grande quantité de sel qu'on y fait. *Pec*, sel. *Aid* ou *Ais*, abondance.

PENNE.

SUR une éminence. *Penn*, éminence.

PÉRAULT.

VILLAGE de France dans le Languedoc, à une lieue de la Ville de Montpellier. Près de ce Village, il y a un fossé, où l'eau qui se ramasse quand il pleut bouillonne continuellement, & conserve sa froideur ordinaire. On appelle ce fossé en langage du Pays *Lou-Boulidou de Pérault*. En été ce fossé se desséche ; & quand on y met de l'eau de fontaine, elle bout dans l'instant. D'ailleurs quand il pleut ; à trente pas à droite & à gauche de ce fossé, on voit bouillir dans les orniéres du chemin l'eau qui y croupit. On a observé que l'eau de ce fossé se chargeoit d'un acide volatil, qui lui est communiqué par une vapeur qui sort de plusieurs crevasses qui sont dans le fond de ce fossé ; ce qui est prouvé par la couleur rouge que cette eau communique à la teinture de fleurs de Mauves, & par toutes les expériences qu'on peut faire sur cette matière. Les gens du Pays s'y baignent en été pour des douleurs de rhumatisme, & s'en trouvent fort bien. Quand le fossé est sec, & qu'on met l'oreille sur les crevasses, on entend un bruit considérable des eaux jaillissantes ; & c'est le vent qui en sort qui fait bouillir l'eau, & qui lui porte l'acide volatil dont elle est chargée. *Ber*, *Per*, bouillonnant. *Hôlli*, trou, crevasse, ouverture.

PEZENAS.

SUR la petite rivière de Peyne, qui se jette un peu au-dessous dans l'Éraut. C'est une Ville fort ancienne, puisque Pline en fait mention en deux endroits de son histoire naturelle : il la nomme *Piscena*. Il loue (liv. 8ème, ch. 8ème) la laine des environs, la teinture qu'on lui donnoit, & les étoffes qu'on en faisoit, qui duroient plus que les autres. Pezenas, dit Madame du Noyer, est à mon gré la plus jolie petite Ville du monde. Les dehors en sont charmans, ce ne sont que prairies coupées par de petits ruisseaux, des jardins enchantés, & ce séjour me paroît fort agréable. Pezenas, dit un autre voyageur, est sur une hauteur dans une plaine fertile ; c'est une des plus agréables Villes de Languedoc par son heureuse situation, par ses avenues, par ses promenades du dedans & du dehors, par ses places publiques ornées de fontaines avec de grands bassins. *Pais*, robes. *Cen*, belles, bonnes : Ou *Peues*, en composition *Peyes*, séjour, habitation. *Cen*, beau, belle. *Piscen*, beau séjour, belle habitation.

POLIGNAC.

PODONIUM, *Podomniacum*, *Poliniacum*, situé sur une roche vaste & élevée. *Pau*, roc. *Don*, élevé. *Pau*, roc. *Lein*, le haut.

POZERE.

MONTAGNE qui fournit des vipéres excellentes pour la thériaque. *Pod*, *Poz*, en composition, montagne. *Aer*, serpent en général. *Pozere*, montagne des vipéres.

PRIVAS.

SUR une montagne entre deux rivières. *Prifason*, *Prifas*, *Privas*, fleuve, rivière.

SUR LA LANGUE CELTIQUE.

LE PUY.

PODIUM, appellé *Anicium* par les anciens, est sur le doux penchant d'une montagne de roc, qui est escarpée en façon d'une muraille, du côté qu'elle est la plus haute. *Puy*, *Pod*, montagne. *Ar*, *A*, roc. *Nech*, *Nich*, élevé.

RASEZ.

PETIT Pays fort fertile en bon blé. Ce n'est qu'un champ plain; uni, sans la moindre inégalité. Il est nommé dans les anciens monumens *Reddensis Pagus* de *Reda* Ville, dont parle Théodulphe d'Orléans, qui en étoit la Capitale. *Re*, abondance, grande quantité. *Ed*, blé. *Da*, bon. *Ai*, habitation, contrée.

RENNES.

VILLAGE où il y a des bains chauds fort renommés. *Trennains*, bains chauds.

SAUVE.

SUR une montagne. *Sav*, élévation, montagne.

SIMORE.

PETITE Ville, près de laquelle il y a des mines de turquoises. La roche qui les fournit est blanchâtre; mais ces pierres étant recuites au feu, elles prennent un bleu turquin. *Sin*, blanc, beau. *Mor*, roc.

SOMMIERES.

SUMIDRIUM dans les anciens monumens, sur un tertre au pied des montagnes. *Cwm*, *Swm*, vallée, pied de montagnes. *Godrum* ou *Jodrum*, petite élévation, tertre. *Voyez* Jouarre dans la Brie.

SOUSTANCION.

SEXTATIO, Sextantio, Sostantio, Ville ruinée qui étoit à une petite demi-lieue de Montpellier, environnée de montagnes âpres & rudes. *Sych*, *sech*, enceinte. *Ten*, *Tan*, rudes. *Ton*, montagnes. Théodulphe Parænesi, *ad Judic. v. 132*, décrit ainsi cette Ville.

Indè Nemausiacas sensim properamus ad arces
Quo spatiosa Urbs est, resque operosa satis;
Hinc Madalona habuit lævam, Sextantio dextram:
Hic scabris podiis cingitur, illa Mari.

TABE.

MONTAGNE dans le Comté de Foix, au pied de laquelle se trouve une source très-considérable, qui a son flux & son reflux comme la mer. *T* de *Tw*, eau. *Ebe*, le reflux. *Tebe*, *Tabe*, eau qui a un reflux.

TECTOSAGES.

TECC, ornemens. *To*, ordre. *Sag*, saye. *Tectosag*, saye où il y a des ornemens placés avec ordre. Les Gaulois portoient des sayes où il y avoit des rayes de différentes couleurs, où il y avoit des rayes d'or. *Virgatis lucent sagulis*, dit Virgile. *Auro virgata vestes*, dit Silius. Peut-être que cette mode avoit commencé par les Tectosages, ou que ce Peuple faisoit plus d'usage de ces sayes que les autres.

TERMES.

TERMINI, Thermæ, ancien Château extrêmement fort, situé sur la cime d'une montagne très-élevée, environnée de profonds abysmes, dans lesquels il y avoit de l'eau coulante. *Terrwyn* ou *Termyn*, fort.

TOMIERES.

TOMERIÆ, aujourd'hui Saint Pons, est situé dans un vallon entouré de hautes montagnes très-fécondes en carrières & en beaux marbres. Cette Ville est près d'une source si considérable, que tout en naissant elle forme une petite rivière. *Tomer*, abondante. *Y*, source.

TOURNON.

TURNO, au bord du Rhône, sur la pente d'une montagne. *Tur*, rivière. *Nao*, *No*, pente de montagne.

VALABREGUE.

DANS une Isle que forme le Rhône en se partageant. *Bala* ou *Vala*, Village. *Breg*, partage, division. On sous-entend *de rivière*.

VALS.

BOURG, au fond d'une vallée environnée de côteaux abondans en blés & en vignes. Il y a cinq fontaines différentes d'eaux minerales, toutes très-estimées, toutes froides. Les noms de ces fontaines sont: La Marie, dont l'eau est aigrelette, & purge par les urines; on l'ordonne pour la chaleur des reins, & la gravelle.

La Marquife, dont l'eau eft plus falée qu'acide ; elle a à peu près les mêmes qualités que la Marie.
La Saint Jean, c'eft la moins acide ; elle paffe pour être meilleure pour la poitrine.
La Camufe, dont l'eau approche de la qualité de celle de la Marquife, elle eft un peu plus falée.
Et la Dominique, dont l'eau eft plus défagréable que celle des autres, & plus pefante à l'eftomach. On ne donne de l'eau de cette derniere qu'aux perfonnes robuftes, parce qu'elle n'agit que par les vomiffemens ; elle eft propre pour ceux qui ont des fiévres intermittentes, la jauniffe ou les entrailles embarraffées. Toutes ces eaux font fréquentes dans les mois de juin, de juillet & d'août. *Bal*, *Val*, mineral. *S*, de *Sw*, eau : Ou *Bal*, *Val*, piquante. Les eaux de Vals font fort piquantes.

VELLAUNI.

Ancien Peuple du Languedoc, ainfi nommé apparemment de fes bonnes lames. *Well* de *Gwell*, meilleures. *Lann*, lames. Le G initial fe perd.

VIVIERS.

Vivarium, fur & au pied d'un grand roc. *Byw* ou *Viw*, vif. *Ar*, roc.

VOLCÆ ou VOLGÆ.

Peuple puiffant & brave, dit Tite-live, qui, au rapport de Strabon, habitoit une contrée, dans laquelle Pomponius Mela dit que les Villes étoient rares, à caufe du grand nombre d'étangs qu'il y avoit. *Bwl*, prononcez *Bol*, *Vol*, étang.

UZEZ.

Ucetia, près d'une colline, fur laquelle eft la fontaine qui fourniffoit des eaux fi abondantes à l'aqueduc du pont du Gard. *Uchedd*, fommet. *Y*, fource. *Ucheddy*, *Uchetty*, *Ucety*, fource qui eft au-deffus de la colline.

YOUSET.

Village qui a dans fon territoire une fontaine d'eau minerale de même nom. Les eaux de cette fontaine font chargées de foufre, elles ont une odeur & un gout fort défagréables, elles opérent médiocrement par les felles, & affez bien par les urines, elles font fondre quelquefois aux malades de gros graviers & de petites pierres. On l'ordonne ordinairement pour les oppillations, les vieilles dyffenteries, les fiévres intermittentes, les maux de poitrine, l'afthme, la phthifie. Elle fait quelquefois vomir dans les commencemens que l'on en boit. *Iach* ou *Iachet*, *Iafet*, falutaire. On fous-entend fource.

LE ROUSSILLON.

Est une belle plaine entourée de montagnes de trois côtés, & de la mer au levant. Le terroir y eft très-fertile, & produit quantité de grains, de vin & de fourage. Les terres font fi graffes, que l'on y fait récolte de grains en quelque endroit jufqu'à trois fois l'année. Les oliviers & les orangers y font à profufion. On y nourrit quantité de moutons, dont la chair eft excellente. On y engraiffe auffi des boeufs. Ce Pays eft arrofé de plufieurs rivières & ruiffeaux. Les anciens Peuples de cette Province s'appelloient *Sardones*, comme nous l'apprenons de Pline & de Pomponius Mela. Leur Capitale étoit la Ville de *Rufcino*, dont le nom ayant été corrompu en *Roffilio*, *Rouffilio*, fe communiqua enfuite à toute cette contrée. Cette Ville fut ruinée par les Sarrafins au huitième fiécle ; elle étoit prefque au milieu de la plaine. *Sarri*, enfermer. *Don*, montagne. *Zy*, habitation. *Sardons*, ceux qui habitent un Pays enfermé par les montagnes. *Rhos*, plaine arrofée, plaine graffe. *Cen*, *Cin*, enceinte, environnée. *Non*, montagne. *Rofcino*, *Rufcino*, plaine arrofée, environnée de montagnes.

LE TET.

Telis, eft fort rapide. *Del* ou *Tel*, mauvais.

LES PYRÉNÉES.

Montagnes aux Frontières de la France & de l'Efpagne, dont elles font la féparation. Elles ont toujours été réputées les bornes de ces deux Etats. *Mons ille*, dit Strabon, *continetur ab Auftro versùs Boream porrectus Galliam ab Hifpania dirimit*. Ce que Silius Italicus exprime dans ces vers.

> *Pyrene Celfa nimbofi verticis arce*
> *Divifos Celtis longè profpectat Iberos,*
> *Atque æterna tenet magnis divortia terris.*

Ces montagnes font effroyablement hautes & fi ferrées, qu'elles laiffent à peine cinq routes étroites pour passer de France en Espagne. On n'y peut même aller qu'à pied, ou avec des mulets accoûtumés à grimper sur ces hauteurs ; toutes ces montagnes sont coupées par un grand nombre de vallées, & couvertes de hautes forêts, la plupart de Pins. Un ancien Géographe a écrit que les Pyrénées sont chargées d'arbres du côté de l'Espagne, & qu'on n'en trouve point du côté de la France. Mais il étoit mal instruit ; car outre que cela ne se trouve pas ainsi aujourd'hui, les anciens Écrivains qui ont parlé de ces monts nous les représentent comme des forêts. Cornelius-Nepos, César, Tite-Live les nomment *Pyrenæus Saltus* ; & Silius Italicus, qui a décrit avec tant d'exactitude les lieux dont il fait mention dans son Poëme, s'explique ainsi sur les Pyrénées.

At Pyrenai frondosa Cacumina montis
Turbata Pœnus terrarum pace petebat.

Pi, montagnes. *Ran*, en composition *Ren*, partage, séparation.

LE CANIGOU.

Est la montagne la plus haute des Pyrénées, à sept lieues de Perpignan. Son sommet est couvert de neiges dans toutes les saisons de l'année. *Can*, blanc. *Gwddf*, prononcez *Gouddf*, tête, sommet. *Cangou*, *Canigou*, sommet blanc.

PERPIGNAN.

Perpiniacum, est bâti partie dans la plaine, partie sur une colline de roc. La Citadelle est sur la hauteur, & commande la Ville. Le Tet baigne les murailles de Perpignan, & y reçoit la Basse, petite rivière. *Per*, pierre, *Pin*, élévation, colline. *Ac*, rivière. *Nant*, rivière.

CERET.

Au pied des Pyrénées. *Ser* ou *Cer*, montagnes. *At*, en composition *Et*, près.

COLIOURE.

Caucoliberum. Son port est un petit bassin formé dans le roc, & environné de rochers. *Caucell* ou *Caucoll*, petit bassin. *Ber*, pierre, roc.

ELNE.

Illiberis anciennement. Cette Ville n'est plus à présent qu'un Village. Elle tiroit son nom des Cormiers, qui en Celtique s'appellent *Illiber*.

PRADES.

Doit son nom à ses belles prairies, que le Tet arrose. *Prad*, prairie.

SALCES.

Salsulæ, près d'une fontaine salée, si abondante qu'elle produiroit une rivière considérable, si elle ne se jettoit presque à sa source dans le lac de Salces. *Sal*, sel. *Sao*, source. *Lez*, près. *Salsuol*, *Salsoul*, *Salsul*, près d'une source salée.

LA GUYENNE.

Cette Province est plus abondante en fontaines & en rivières qu'aucune autre du Royaume. C'est de là qu'elle a pris le nom de Guyenne qu'elle porte aujourd'hui, & celui d'Aquitaine qu'elle avoit autrefois. *Gvve*, terre. *Yen*, source. *Gvvyen*, terre de sources, terre abondante en sources. *Ach*, eau. *Tan*, Pays. *Achtan*, *Aquitan*, Pays d'eau, Pays abondant en eau.

L'ADOUR.

Aturus, a sa source dans les montagnes de Bigorre, d'où il coule comme un torrent à travers les rochers. Il agite, il fait tourner les pierres qui sont dans son lit, & change souvent de rivages.

Insanumque ruens per saxa rotantia latè
In mare purpureum tabellicus ibit Aturrus.

Ar, *A*, pierre. *Tor*, *Tur*, tournante. *Atuvr*, rivière qui fait tourner les pierres qui sont dans son lit.

AVANCE.

Rivière. D'*Aven*, nom appellatif de rivière, devenu propre de celle-ci.

LA BAISE.

Balifa. Rivière tranquille & dormante. *Bala*, étang. *Balicg*, *Balis*, qui dort comme un étang. En latin *ſtagnans*.

LA DORDONNE.

Dordonia. Rivière profonde, & qui roule beaucoup d'eau. *Dor*, eau, rivière. *Don*, profonde. Elle eſt appellée *Duranonia* par Gregoire de Tours. *Dur*, eau, rivière. *Annvvn*, ou *Announ*, profonde. *Durannoun*, rivière profonde. Auſone par ſyncope la nomme *Duranius*, Duran.

LE GERS.

Ægircius. Voici la deſcription qu'en fait Fortunat.

Laus tibi fortè minor fuerat generoſè Garumna,
  Si non exiguas alter haberet aquas.
Lubricat hic quoniam tennato Ægircius hauſtu,
  Præſert divitias paupere fronte tuas.
Deniquè diſſimilem ſi comparet ullus utrumque,
  Hic ubi ſit rivus tu, puto, Nilus eris.
Te famulans intrat, ſed hunc tua regna refrenant,
  Gallicus Euphrates tu fluis, iſte latet.
Nam quantum Oceanum tumidis tu curſibus auges,
  Ille tuas tantùm creſcere præſtat aquas.
Torrida præſertim cum terris incubat æſtas,
  Ac ſitiente ſolo triſtis anhelat ager.
Cum Titan radiis feruentibus exarat arva,
  Et calor igniſero vomere findit humum,
Languidus arentes fugiens vix explicat unda,
  Et cum piſce ſimùl palpitat ipſe ſimùl.
Flumine ſubducto vacuatus lambit arenas,
  Sedibus in propriis exul oberrat aquis.
In limo migrante lacu conſumitur amnis,
  Terraque fit ſterilis, quo fuit unda rapax.
Deficiunt vaſto ſolatia cuncta rigore,
  Nomine cum proprio triſtis & ager eget.
Fortè viator iter gradiens non invenit hauſtus.
  Undè alios recreet, qui ſitit ipſe ſibi.
Se cupit infundi fluvio, ſi porrigit undas.
  Si tamen eſt fluvius qui madefactat humum;
Gurgitis impreſſas lambens rota ſignat arenas,
  Atque reſudantes orbita ſiſtit aquas.
Si venias equitando viam ſub tempore Cancri,
  Vix tamen inſidians ungula mergit, equi.
Vidimus exiguum de limo ſurgere piſcem,
  Qui retinente luto naufragus erat humo.
Nec fluvius nec campus adeſt, nec terra, nec unda,
  Piſcibus in mediis nullus arare poteſt.
Sola palude natans querulos dat rana ſuſurros,
  Piſcibus excluſis advena regnat aquis.
At ſi fortè fluat tennis de nubibus imber,
  Vix pluit in terris, jam tumet iſto minax
Ingentes animos parva de nube reſumit;
  Fit ſubitò pelagus, qui fuit antè lacus.
Turbidus incedens undis eget ipſe lavari,
  Semper inæqualis, qui nihil, aut ſatis eſt.

SUR LA LANGUE CELTIQUE.

Non ripis contentus, agit compendia curfus.
  Quod de monte bibit per fata plena vomit,
Vertice torrentis rapitur quafi morte tyranni,
  Indignatus iter munera vaftat agri.
Difcurrit feges in fluvio, ftat pifcis in agro,
  Ordine perverfo meffe natante jacet.
Qua fuerant ovibus, donantur pafcua ramis ;
  Prata tenent pifces, & trahit unda pecus.
Obtinet expulfos ftabulum campeftre filuros,
  Plus capitur terris, quàm modò pifcis aquis.
Sarcula quos foderent agros mala retia mifcent,
  Figitur hic hamus, quo ftetit antè palus.
Sors una eft pifcis, ficcent, aut flumina crefcant,
  Nunc refidet limo, nunc jacet exul agro.
Sed cur trifté diu loquimur de gurgite parvo ?
  Uritur & verbis, nec recreatur aquis,
Sufficiat flagrare fibi, cur addo vapores,
  Atque bis aftium crefcere tempus ago ?
Unica fed tandem damus hæc folatia lacu,
  Quod tribuit pifces evacuatus aquis.

On voit par la defcription de Fortunat, que le Gers eft moins une rivière qu'un torrent formé par les moindres pluyes pour défoler fes rivages. *Eg*, eau, rivière. *Gyrch*, impétuofité. *Égyre*, rivière qui coule avec impétuofité, rivière impétueufe.

LA FOREST DE BACONE.

Dans l'Armagnac. Duchefne dit que cette forêt étoit couverte d'une feuillée fi épaiffe & fi touffue, avant qu'on l'eût éclaircie, que non feulement le foleil en fa plus grande chaleur, mais le jour même n'y pouvoit pénétrer. *Bachu*, cacher. *Huan*, foleil. *Bachuan, Bachun, Bacone,* qui cache le foleil.

BORDEAUX.

BURDIGALA. Paulin dans fa lettre à Aufone l'appelle le brillant Bordeaux, *nitentem Burdigalam.* Il parle de fon vafte Port dans un autre de fes ouvrages ; & Aufone qui en étoit, compte cette Ville parmi les principales de l'Empire ; il dit qu'elle eft fameufe par fes vins, fes fleuves, fon Sénat ; le grand nombre, la politeffe, le génie de fes Habitans.

Burdigalam infignem Baccho, fluviifque, virifque
Moribus, ingeniifque hominum, procerumque Senatu.

Cette Ville eft au bord de la Garonne, fi large en cet endroit, qu'elle donne à Bordeaux un Port capable de contenir plus de deux mille vaiffeaux. Le bord de ce fleuve y a la forme d'un croiffant, ou d'un arc bandé. Bachaumont & la Chapelle ont chanté Bordeaux en ces termes,

  Nous vimes au milieu des eaux,
  Devant nous paroître Bordeaux ;
  Dont le Port en croiffant refferre,
  Plus de barques & de vaiffeaux
  Qu'aucun autre Port de la Terre.

Sans mentir, la rivière étoit alors fi couverte, que notre felouque eut bien de la peine à trouver une place pour aborder. La foire, qui fe devoit tenir dans peu de jours, avoit attiré cette grande quantité de navires & de Marchands, quafi de toutes fortes de Nations, pour charger les vins de ce Pays,

  Car ce fâcheux & rude Port
  En cette faifon a la gloire
  De donner tous les ans à boire
  Prefque à tous les Peuples du Nord.

Bwar, en compofition *Bwer*, *Bwr*, qui eft en forme d'arc. *Dy*, grand. *Cai*, en compofition *Gal*, Port. La fontaine qu'on appelle Duge donne une fi grande quantité d'eau, qu'elle forme un ruiffeau fort utile aux Tanneurs qui demeurent dans le Fauxbourg où il paffe. Aufone a célébré cette fontaine par ces vers,

  Salve Fons, ignoto ortu, facer, alme, perennis ;
  Vitree, glauce, profunde, fonore, illimis, opace,

Salve Urbis genius, medio potabilis hauftu
Divona Celtarum Linguâ, fons addite Divis.

Di, Dieu. *Von*, fontaine.
Je crois que *Duge* est un synonime de *Divona*. *Du*, Dieux. *Gen*, *Ge*, source, fontaine. *Duge*, fontaine des Dieux. Les anciens donnoient quelquefois deux & même plusieurs noms synonimes à une Ville, une Rivière, &c. *Voyez* Metz.

A A S.

AUTREMENT appellée fontaine des Arquebusades. C'est une source d'eau vive dans le Béarn, qui passe pour excellente pour la guérison des coups de feu. *A*, eau. *Afgen*, *As*, blessure. *Aas*, eau des blessures : Ou *A*, eau, *Iach*, salutaire. *Aiach*, *Aias*, *Aas*, eau salutaire.

A C Q S.

CETTE Ville a pris son nom de ses eaux chaudes & minerales. La fontaine qui est au milieu de la Ville sort d'un grand bassin, avec abondance d'eau si chaude, qu'il est impossible d'y plonger la main : avec un tel bouillonnement & si grosse fumée ou vapeur, qu'il semble qu'il y ait du feu cessous. Son eau a le gout de soufre. Outre cette source, il y en a encore d'autres chaudes & minerales, dont les boues sont souveraines pour la guérison des rhumatismes. Cette Ville étoit connue du temps des Romains sous le nom d'*Aquæ Tarbelicæ*. *Tarth*, *Tar*, vapeur, exhalaison. *Boyl*, chaude. *Aquæ Tarbelicæ*, eaux chaudes & fumantes.

A G E N.

AGENNUM. Cette Ville est grande, belle & fort peuplée. La beauté de sa situation, & la fertilité de son terrein l'ont rendue souvent l'objet de l'avidité des Barbares. Elle a pris son nom d'une ouverture ou caverne, *Hiatum Speluncæ*, dit l'Auteur de la Vie de Saint Capraise, qui est dans une colline ou montagne, au pied de laquelle elle est située. *Agen*, ouverture, fissure, trou : Ou *A*, terre, terrein, Pays. *Gen*, beau. Fortunat de Poitiers, *l. 1er, carm.* rapporte qu'il y avoit près de cette Ville un lieu appellé *Vernemetis*, & remarque que ce mot signifie en Gaulois ou Celtique, grand Temple.

Nomine Vernemetis voluit vocitare vetuftas,
Quod quasi fanum ingens Gallica Lingua profert.

Ver, grand. *Nemet*, Temple.

A I G U I L L O N.

AGUILLONIUM, *Aiguillonium*, au confluent du Lot & de la Garonne dans une vallée très-fertile. *Ag*, confluent. *Gwi*, eau, rivière. *Lunn*, vallée.

A I R E.

CIVITAS *Aturensium*. *Atura* a pris son nom des Aturains dont elle étoit la Ville. *A*, augmentatif. *Dewr* ou *Tewr*, vaillans, braves. *An*, hommes.

L' A R M A G N A C.

ARMANIACENSIS *Comitatus*, Pays fort rempli de montagnes. *Ar*, terre, terrein. *Man*, montagne. *Manac*, montagneux.

A U C H.

SITUÉ sur une élévation de la forme d'un pain de sucre. Cette Ville est placée au sommet, & tout au tour de cette hauteur, dont le pied est lavé par la petite rivière de Gers. Cette Ville portoit anciennement le nom de *Climberrum*; elle prit ensuite celui d'*Aufci*, du Peuple dont elle étoit la Capitale. Pomponius-Mela dit que ce Peuple étoit le plus illustre de l'Aquitaine. *Od*, en composition *Os*, excellent, qui est au-dessus des autres. *Gwys*, hommes : Ou *Awch*, *Aus*, force, vigueur. *Gwys*, hommes : *Aufgwys*, *Aufgi*, *Aufci*, hommes illustres, Peuple distingué : Ou hommes forts & vaillans : *Climberrum* de *Colyn*, par crase *Clyn*, pointe, sommet. *Ber*, montagne.

B A G N E R E S.

ON y voit quelques inscriptions, qui font juger qu'on y adoroit une Divinité nommée Aghon, dont on ne trouve le nom en aucun autre endroit. Cette Ville est située dans la vallée de Campan, sur le bord de l'Adour, à quatre lieues au midi de Tarbes, & fort renommée par ses bains d'eaux médicinales, connues des anciens Romains, qui appelloient ce lieu, *Vicus Aquensis*. Il y a deux fontaines, l'une d'eaux chaudes, l'autre de froides ; il y en a plusieurs autres dans le voisinage. Toutes ces eaux sont sans saveur, & n'impriment aucune couleur aux métaux : On en fait usage dans le printemps & dans l'automne. Aghon étoit la fontaine divinisée. *Ag*, eau. *On*, bonne. *Aghon*, bonne eau.

B A R É G E.

IL est fameux par ses bains. On y en voit quatre, qui sont de quatre différens dégrés de chaleur. Le premier s'appelle le grand bain, & consiste en deux sources d'eau limpide, dont l'odeur approche de celle de la boue de la mer, & est chaude au quatrième dégré. Lorsqu'on expose de l'argent & du cuivre à la vapeur de l'eau de ce bain, l'argent rougit d'abord, puis noircit, ainsi que le cuivre. Ce changement est encore plus prompt, lorsqu'on plonge ces métaux dans l'eau, soit que cela se fasse

SUR LA LANGUE CELTIQUE.

à la fource, ou même qu'elle foit froide hors de la fource, & prife dès la veille. L'eau du fecond bain eft de la même nature que celle du premier, mais elle eft moins chaude d'un dégré, parce que le canal qui la conduit du réfervoir commun au fecond bain, eft plus long que celui qui la porte au grand bain; & d'ailleurs il eft de marbre, au lieu que celui du grand bain eft de fer. L'eau du troifième bain eft encore moins chaude que celle du fecond. Celle du quatre ou du bain rond eft de la qualité des autres; mais elle eft affoiblie par le mélange de quelque fource froide, enforte qu'elle n'eft qu'un peu tiéde. *Ber*, chaude. *Eg*, eau. *Bereg*, *Bareg*, eau chaude.

M. de Valois dit que Barége eft appellé *Valetria* dans les anciens monumens. Ces deux noms lui convenoient également. *Bal* ou *Val*, peau. *Valet*, pellicule. *Truh*, en compofition *Tryh*, graffe. *Valettryh*, pellicule graffe. L'eau de Barége fraichement puifée fe couvre d'une pellicule huileufe. Quatre livres de cette eau, évaporées jufqu'à confomption des trois quarts & plus, ont donné une liqueur affez femblable à l'huile de pétrole graffe, huileufe, falée, douceatre. *Voyez* Metz.

BAIONNE.

PORT de l'Océan, au confluent de l'Adour & de la Nive. On dérive communément fon nom des deux mots bafques, *Bay*, Port, & *One* bon : Pour moi j'aimerois mieux le tirer de *Bay*, Port, & *Gon*, en compofition *On*, confluent; parce que le Port de Baionne n'ayant rien qui le diftinguât des autres, étant même de difficile entrée, ne me paroît pas mériter une épithéte de diftinction : Ou plus fimplement *Bayona*, Port.

BAZAS.

COSSIO, fur une montagne de roc; elle étoit la Capitale des Vafates qui lui ont donné leur nom. Le Pays où elle eft fituée n'eft pas fertile en grains, (car c'eft le commencement des Landes.) Saint Paulin, dans une lettre à Aufone, appelle Bazas fabloneufe *arenofas vafatas*, à caufe de fon territoire. Sidonius Apollinaris méprife fort le fol de cette Ville dans une de fes lettres, où écrivant à un certain Tigrerius, il dit : *Tantumne te Vafatium Civitas non cefpiti impofita, fed pulveri tantum. Syrticus ager ac vagum folum, & volatiles ventis altercantibus arena fibi poffident.* Sidonius s'étonnoit que fon ami demeurât fi longtemps à Bazas dans un Pays ftérile, & qu'il refufât d'aller à Bordeaux, qui étoit une Ville puiffante dans un terroir fort fertile. *Co*, élevé. *Son*, roc. Les Romains ont toujours changé *Son*, roc, en *Sio* ou *Tio*. *Gwafta* ou *Wafta*, diffiper, difperfer. *Wafat*, qui eft diffipé, difperfé, emporté par le vent : Ou *Gaft*, *Vaft*, *Vafu*, mauvais, en fous-entendant Pays.

BERGERAC.

BRAGERIACUM, *Brageracum*, au bord de la Dordonne dans une Ifle, qu'une petite rivière fe partageant en deux forme lorfqu'elle s'y jette. *Breg*, *Brag*, rupture, partage. *Réac*, rivière.

LE BIGORRE.

BIGERRI ou *Begerri*, felon Pline. *Bigerrones*, felon Jules-Céfar, furent ainfi nommés de la Bigerre, efpèce d'habillement roux & velu qu'ils portoient ordinairement. *Bigera*, habit roux & velu.

BLAYE.

BLAVIA. Cette place a toujours été eftimée fort importante, parce qu'étant fituée fur le bord feptentrional de la Garonne, un peu au-deffous de fon confluent avec la Dordonne, elle domine fur cette rivière, qui eft néanmoins large en cet endroit de quatre lieues. Blaye eft bâtie fur un rocher, & fa Citadelle a quatre baftions; c'eft ce qu'on appelle la Ville haute. La Ville baffe ou le Fauxbourg eft féparée de la haute par une petite rivière qui fe jette dans la Garonne. *Bla*, roc. *Ag* ou *Av*, confluent.

LE VIEUX BOUCAUT.

MAUVAIS Port de mer de la côte de Gafcogne, où l'Adour fe rendoit autrefois dans la mer. *Bouc*, *Boch*, embouchure. *Coh*, ancienne. *Bouccoh*, ancienne embouchure.

BOUZIC.

VILLAGE de Périgord, placé à une courbure de la Dordonne. *Bw*, prononcez *Bou*, courbure. *Tyic*, en compofition *Zyc*, habitation.

BRANTOME.

BRANTOSMUM, placé au pied d'une colline de roc, d'où il fort une infinité de fontaines. *Bron* ou *Bran*, fontaines. *Tom*, grand nombre.

LE BREUIL.

VILLAGE de Périgord placé dans un grand bois. *Breuil*, forêt gardée.

LE BUGO.

VILLAGE de Périgord fitué à une courbure de la Veféré. *Bw*, courbure. *Gwi*, prononcez *Goi*, rivière.

CABANS.

DE *Caban*, nom appellatif d'habitation, devenu propre de ce Village.

MÉMOIRES

CABRAIRETS.

Il y a dans son territoire une caverne très-profonde & singulière. L'avenue & l'entrée en sont difficiles ; mais elle s'étend dans une très-vaste profondeur. Elle est soûtenue de piliers qui la séparent en divers appartemens, & ses murailles sont incrustées de diverses figures. On croit qu'elle a été ainsi formée par l'eau qui pénétre la terre, & se congéle en tombant goutte à goutte. *Cab*, *Cav*, creux. *Ré*, plusieurs. *Res*, demeure, habitation. *Cabraires*, creux, caverne où il y a plusieurs appartemens.

CAHORS.

Cette Ville s'appelloit anciennement *Divona*, *Dibona* ; elle prit ensuite le nom de *Cadurcum* des *Cadurci* dont elle étoit la Capitale. Ce Peuple devoit son nom aux bandes de lin d'une blancheur extraordinaire qu'il fabriquoit, & dont les femmes se paroient. *Voyez* une ancienne épigramme rapportée dans la Notice des Gaules de M. de Valois. *Cad* de *Cadach*, linge. *Wregys*, *Wrecys* de *Gwregys*, bande. Cahors est dans une Presqu'isle en forme de fer de cheval que fait le Lot. *Di*, dans. *Bon* ou *Von*, courbure de rivière.

CAMPAN.

Bourg où il y a une carrière de marbre rouge, blanc & verd par taches & par veines. Il y en a aussi de verd & blanc très-vif. *Qempen*, *Campan*, belles, en sous-entendant pierres. *Voyez* Sampan en Franche-Comté.

CANDROT.

Village du Bazadois, placé au confluent de la Garonne & du Drot. *Cand*, union. *Rot*, rivière.

CHASSENEUIL.

Cassinoilum. Ancien Palais de nos Rois, situé au pied d'une montagne dans une plaine agréable, entourée d'eaux & de rochers. *Nol*, plaine au pied des montagnes. *Cass*, entourée, enfermée.

CLUSEAU.

Caverne près de Miraumont, qui va cinq ou six lieues sous terre. On y voit des fontaines, des rivières. Il y en a une dont le canal est de cent ou de six vingt pieds, & qui est fort rapide. *Cleus*, creux, caverne. *Sao*, source. *Cleusao*, *Cluseau*, caverne pleine de sources.

COMMINGE.

Lugdunum Convenarum, *Convena*, étoit située sur une haute montagne de roc, environnée de précipices de tous côtés. Au tour de cette montagne régnoit une vallée profonde & fort étroite. Du pied de cette montagne sortoit une fontaine très-abondante. *Lug*, eau. *Dun*, montagne. *Lugdun*, montagne qui donne de l'eau. Cette Ville prit dans la suite le nom des *Convena* dont elle étoit la Capitale. Ce Peuple fut ainsi appellé, dit Saint Jerôme contre Vigilance, parce qu'il étoit rassemblé de diverses Provinces, *ex diversis Provinciis congregati in hunc locum convenerunt*.

CONDAT.

Village de Périgord, au confluent de la haute Vesére & d'une petite rivière.

COUTRAS.

Au confluent de l'Isle & de la Dronne. *Cut*, prononcez *Cout*, union. *Ras*, rivière.

CONDOM.

Condomium, environné de tous côtés de collines chargées de vignes. *Con*, environné, entouré, enfermé. *Don* ou *Dom*, élévation, colline.

CRANSAC.

Village dans le Rouergue, où il y a des mines de charbon de terre & de pierre fort abondantes, pour le commerce desquelles le Lot est fort avantageux ; mais ce qui rend le lieu plus célébre, sont deux fontaines d'eaux minerales, que l'on tient des meilleures de l'Europe ; elles attirent en ce lieu quantité de malades dans les deux saisons de mai & de septembre. On transporte ces eaux dans les lieux éloignés, même jusqu'à Paris ; leur principal effet est de rétablir les estomachs foibles & languissans, les obstructions, & de soulager les douleurs de la néphrétique. Au-dessus de ces fontaines il y a des grottes ou étuves, où les malades se font suer pour guérir les rhumatismes, sciatiques, gouttes & paralysie, & rétablir les membres blessés ou affoiblis. La vertu de ces eaux consiste dans l'alun, dont elles sont imprégnées ; on en tiroit autrefois dans les mines de charbon, mais on a cessé, parce que ce mineral n'y étoit ni assez mur, ni assez fin. Ces eaux minerales sortent de la montagne, dans laquelle on a pratiqué les étuves dont il vient d'être parlé. Cette montagne renferme un feu intérieur, qui s'exhale ordinairement en fumée, mais qui jette assez souvent des flammes considérables ; la superficie du terrein y est toute brûlée, marques certaines que le feu n'en est pas profond : aussi ne s'y plaint-on guères des tremblemens de terre si fréquens dans le voisinage des autres Volcans. *Crasag*, *Crinsych*, brûlée, en sous-entendant terre.

DOMME.

Doma, Ville sur une montagne. *Don* ou *Dom*, montagne.

SUR LA LANGUE CELTIQUE.

ÉLUSATES.

Ancien Peuple de cette Province, paroît avoir pris son nom d'*Elw*, gain, gagner. *Sad*, ou *Sat*, combat. *Elusates*, ceux qui gagnent des batailles, qui ont coûtume d'être victorieux dans les combats.

ENCAUSE.

Village dans le Diocèse de Comminge. Il y a des eaux minerales chaudes qui sont admirables pour l'estomach. *Hen*, source. *Coc* ou *Cos*, chaude.

FONT-GAUFRE.

Fons Gauserii, Abbaye du Périgord, qui a pris son nom d'une très-belle fontaine, qui sourd dans son cloître, & fait tourner un moulin, puis forme un ruisseau nommé la Nauze. *Gofer*, ruisseau.

GALGON.

Village, a un confluent. *Gal*, demeure, habitation. *Gon*, confluent.

GARITES.

Ancien Peuple du Comté de Gaure. *Gar*, jambe, *Red* ou *Rid*, *Rit*, roide, impétueuse. Les Gaulois s'exerçoient à la course. Les Peuples des montagnes en particulier ont toujours eu de ce côté là de l'avantage sur les autres.

GARUMNI.

Ancien Peuple de cette Province, ainsi nommé de la Garonne, au bord de laquelle il étoit placé.

GONDOM.

Gondonium, Abbaye située dans une petite, mais agréable vallée, sur la petite rivière de l'Étousa au milieu d'une forêt à laquelle elle a donné son nom. *Goen*, *Gon*, vallée. *Tynn*, *Tunn*, *Tonn*, en composition *Donn*, étroite, petite.

GOURDON.

Bourg de Quercy situé sur une montagne, non loin de la petite rivière du Sceau. *Gouer*, *Gour*, ruisseau, petite rivière. *Don*, montagne.

LES LANDES.

Pays couvert de bruyeres. *Lande*, bruyere.

LANGON.

Dans un terroir où il croît de bon vin. *Lan*, bon. *Gouin*, *Goun*, *Gon*, vin.

LAUZERTE.

Batie sur un rocher. *Loch*, *Los*, roc. *Serth*, qui va en baissant.

LECTOURE.

Lectora, sur une montagne de roc inaccessible de tous côtés, excepté celui de Toulouse. Le Gers passe au pied de cette montagne. *Lech*, roc. *Torr*, coupé. *Tor*, eau, rivière. *Lechtorr*, roc coupé, roc inaccessible au bord de la rivière. *Voyez* la Loire.

LIBOURNE.

Ville bâtie par Édouard I, Roi d'Angleterre, au confluent de l'Isle & de la Dordonne, sur les ruines d'une Ville ancienne appellée *Condates Portus*. *Condat*, confluent. *Porth*, Port.

LIMEIL.

Bourg au confluent de la Dordonne & de la Veséra. *Lis*, rivière. *Mell*, jonction.

SAINT JEAN DE LUZ.

Dans une Isle que la mer couvre dans le flux; & lorsque la mer se retire, l'Isle reste couverte de marais. *Luh* ou *Luz*, marais.

LA MAGISTERE.

Sur la Garonne. *Mag*, habitation. *Stoer*, rivière. *Magistere*, habitation de la rivière.

MARCILLAC.

Il y a dans le territoire de ce Bourg une grotte de plus de trois mille pas de profondeur, & où l'on marche toujours en descendant. On y trouve de temps en temps de l'eau très-claire, tantôt plus profonde, tantôt moins, & un sable sur lequel on trouve des traces de pas de divers animaux; ce qui donne lieu de penser que ce souterrain pourroit bien aboutir à quelqu'autre endroit où ces eaux ont une sortie, & par où ces animaux vont chercher leur nourriture. *Mar*, grande. *Cil*, caverne. *Ac*, eau.

MARMANDE.

MARMANDA. Au bord de la Garonne sur un tertre. *Mar*, sur. *Mend*, montagne, élévation. *Marmande*, habitation sur une hauteur.

MARSAC.

VILLAGE où il y a une fontaine qui a le flux & le reflux comme la mer. *Mar*, mer. *Sao*, source. *Marsao*, *Marsac*, source mer, source qui imite la mer.

MARZAC.

VILLAGE de Périgord, placé au bord de la Veséré. *Mars*, bord. *Ac*, rivière.

LE MAS D'AGENOIS.

Mas, habitation.

MÉDOC.

Nos Ancêtres ont écrit Médouc : Contrée de Guyenne en forme de Presqu'isle, entre l'Occéan & la Garonne. Les anciens l'appelloient *Medulicus Pagus*. *Métou*, *Médou*, entre, parmi, au milieu. *Ly*, eau. *Medulicus Pagus*, Pays entre les eaux, placé au milieu des eaux.

MILHAUD.

AMILHANUM, sur le Tarn. Il s'y fait un grand commerce de laines. *Aml*, abondance, quantité. *Lan*, laine.

MOISSAC.

MUSCIACUM, *Moisacum*, au pied d'une montagne sur le Tarn. Il y a grand nombre de bonnes fontaines. *Mois*, eau. *Moissac*, aqueux, plein d'eau.

MONEINS.

MENEOSI, *Monesi*, aux environs de cette Ville, il y a des mines de plomb, de cuivre, de fer. *Mwn*, *Moun*, mine de tout métal. *Zy*, habitation.

MONTPESAT.

MONSPENSATUS. Il est au sommet d'une montagne. *Mon*, mont. *Pen*, sommet. *Saf*, *Sat*, demeure. *Montpensat*, demeure, habitation du sommet de la montagne.

MUCIDAN.

VILLE au confluent de l'Isle & de la Cresse, ensorte qu'elle est comme enfermée par ces rivières. *Muz*, fermé. *Dan*, rivières.

MURET.

MURELLUM, sur une montagne de roc au bord de la Garonne. *Mur*, roc. *El*, élevé. *Murel*, roc élevé.

NÉRAC.

NERACUM, sur la rivière de Baise qui la partage. *Ner*, partage. *Aches*, rivière.

NITIOBRIGES.

ANCIEN Peuple de Guyenne, dont le nom signifie : qui laissent flotter leurs cheveux. On sçait quel soin les Gaulois avoient de leur chevelure : *Gallia Comata*. Ils la portoient de différentes façons : les uns la nouoient, d'autres la tressoient, quelques-uns la retroussoient, d'autres enfin, comme les Nitiobriges, la laissoient flotter au gré des vents. *Naid*, *Nait*, *Nit*, sauter, voltiger, flotter. *Briger*, chevelure.

OGEN.

VILLAGE près d'Oleron, où il y a une fontaine d'eau minerale très-rafraichissante. *O*, eau. *Guien*, *Guen*, froide. *Oguen*, *Ogen*, eau qui rafraichit.

OLERON.

ILURO, *Eloro*, *Oloro*, dans un sol inégal qui est en dos d'âne, au confluent de l'Osseau & de l'Aspe. *El*, *Il*, Ville. *Lor*, bosse, inégalité : *Ou Lav*, confluent. *Ro*, rivière.

ORTEZ.

SUR le penchant d'une colline. Cette Ville est abondante en vin. *Ord*, *Ort*, vin. *Ortez*, abondante en vin.

PANCHAT.

VILLAGE près d'un bois plein de montagnes. *Pan*, montagne. *Chat*, bois.

PAU.

PALUM, dans une plaine qui est élevée du côté du Gave Béarnois qui passe au pied. Cette

SUR LA LANGUE CELTIQUE.

plaine est marécageuse, elle est d'une terre noire, & toute remplie de petites sources. *Pal*, marais, source.

PENNE D'AGENOIS.

Sur la cime d'une montagne. *Penn*, cime.

PÉRIGORD, PÉRIGUEUX.

Le terrein de cette Province est pierreux, & montueux presque par tout. C'est le Pays des anciens *Petricorii*, qui devoient leur nom à la qualité de la Région qu'ils habitoient. *Per*, pierre. *Gor* ou *Cor*, élévation, montagne. *Pericorii*, *Petricorii*, en inférant un T, ce qui est assez commun, ceux qui habitent un terrein pierreux & montueux. Périgueux a pris son nom moderne du Peuple dont elle étoit la Ville; elle s'appelloit anciennement *Vesona*, parce qu'elle est au bord de la rivière d'Isle, qui y fait une courbure considérable. *Bes* ou *Ves* biais, courbure. *On*, rivière. Je proposerai encore au Lecteur éclairé une étymologie de *Petricorii*, qui se forme bien naturellement. *Petris*, perdrix. *Coh*, rouges. *Rhy*, abondance. Il y a beaucoup de perdrix rouges dans le Périgord. Une Ville d'Espagne avoit tiré son nom du grand nombre de lapins qu'elle avoit dans son territoire. *Voyez* Conil.

RHODEZ.

Segodunum, sur une colline entourée de montagnes, auprès de l'Averou. *Serr*, montagne. *Godun*, petite élévation. *Serrgodun*, *Ségodun*, colline des montagnes : Ou plus simplement *Godun*, *Sgodun*, petite élévation. Son nom moderne vient des Ruteni dont elle étoit la Capitale. *Voyez* Rouergue.

RHOUBI.

Grotte dans le Quercy, qu'on appelle la crose de Rhoubi, où l'eau se congéle, & forme en se congelant diverses figures, entr'autres une colomne qui est au milieu, laquelle est torse & élevée jusqu'à la voûte de la grotte. *Rhcw* ou *Rheou*, gelée, congélation. *Pil* de *Piler*, en construction *Bil*, colomne. *Rhoubil*, *Rhoubi*, colomne de congélation. *Cro* ou *Crose*, caverne.

ROQUEFORT.

Sur un roc. *Roch*, roc. *Vor*, *For*, sur. *Rochfor*, sur roc.

LE ROUERGUE.

Ruteni. Lucain les représente avec une chevelure blonde.

Solvuntur flavi longâ statione Ruteni.

Ruth, rousse, blonde. *Hen*, tête. *Ruten*, tête blonde.

ROYAN.

Regianum. A l'embouchure de la Gironde dans l'Océan. *Rho*, *Rhe*, rivière. *Guen*, *Gien*, embouchure. *Rhegien*, *Rhegian*, embouchure de la rivière.

SAILLIES.

Il y a une fontaine d'eau salée, qui fournit de sel le Béarn & la Navarre. *Sal*, sel. *Lyes*, beaucoup.

SARLAT.

Sarlatum. Dans un fond environné de montagnes. *Sar*, montagne. *Let*, *Lat*, couvert, caché. *Sarlat*, couvert, caché par les montagnes.

SARRANCOLIN.

Situé au pied des Pyrénées. Il y a des carrières de marbre gris, jaune & d'un rouge couleur de sang. Il s'en trouve quelquefois du transparent comme l'agathe, en certains endroits. *Car*, *Sarr*, pierre. *An*, dans. *Goleuni* ou *Coleuni*, jour, lumière. *Sarancoleun*, *Sarancolin*, pierres dans lesquelles on apperçoit le jour, à travers lesquelles on voit le jour.

SAUVETERRE.

Dans une situation très-agréable sur une hauteur, au pied de laquelle passe le Gave d'Oleron. *Sav*, colline. *Ter* de *Der*, belle, agréable.

SORDE.

Sordua. Bourg au confluent du Gave d'Oleron & du Gave de Bigorre. *Cord* ou *Sord*, confluent.

SOTIATES.

César dit que ce Peuple étoit puissant en cavalerie; que fier de ses victoires précédentes, il croyoit que le salut de l'Aquitaine dépendoit de sa valeur. *Saot* ou *Sot*, cheval. *Sotad*, *Sotat*, *Sotiat*, cavalier.

SOUILLAC.

Solliacum, *Sublacum*, dans une vallée très-grasse & très-fertile, le long d'un ruisseau. *Sol*, vallée. *Ac*, ruisseau. *Sybwl*, *Subl*, vallée. *Ac*, ruisseau.

SOULE.

SUBOLA. Pays des anciens Subolates : C'est une vallée enfermée dans les Pyrénées. *Sybul* ou *Subol*, vallée. *Ad* ou *At*, Habitans.

TARBELLI.

PEUPLE qui a pris son nom des eaux d'Acqs.

TARBES.

TARBA, *Turba*, dans une plaine au bord de l'Adour qui s'y partage en quatre ou cinq canaux; & qui, outre cela, est arrosée de plusieurs ruisseaux qui s'y jettent dans l'Adour. *Torr*, coupée. *Bi*, rivière.

TARTAS.

TARTASSIUM. Les Gascons auxquels elle doit son origine, la nommerent *Tartassu* d'un mot Basque, qui exprime une espèce de chêne verd, très-commun dans son territoire.

TARUSATES.

PEUPLE de cette Province. *Taraw*, fraper. *Sadr*, *Satr*, fort, fortement.

TAYAC.

VILLAGE entre deux rivières. *Tau*, en composition *Tay*, deux. *Ac*, rivière.

TERRASSON.

VILLE au bord de la Veſére. *Dare* ou *Tare*, en composition *Tere*, auprès. *Aſon*, rivière.

TINDOUL.

GOUFFRE à deux lieues de Rhodez, lequel est taillé dans le roc, ayant soixante pas d'ouverture, & plus de deux cens de profondeur, fort hideux à regarder. A côté duquel il y a un trou si creux, qu'on n'en peut trouver la profondeur. Charron. *Tin*, *Ten*, *Ton*, profond. *Twl*, *Toul*, *Doul*, trou, ouverture. *Tindoul*, trou profond.

TRIGANAN.

VILLAGE au confluent de la Veſére & du Coulour, *Trig*, habitation. *Gan*, confluent.

VIC.

NOM appellatif, devenu propre de plusieurs lieux.

VOCATES.

PEUPLE de cette Province. *Moch* ou *Voch*, prompts. *Cad* ou *Cat*, combat, prompt au combat.

L'ORLÉANOIS & LA BEAUCE.

LA BEAUCE.

BELSIA. Ce Pays est si abondant en froment, qu'on l'appelle ordinairement le grenier de Paris. Ce ne sont que de grandes plaines sans montagnes, toutes jaunes d'épis. Guillaume le Breton vante cette fécondité.

Belsia Grani-Paris non tot flavescit aristis.

Paulin, au livre quatrième de la Vie de Saint Martin, décrit la Beauce & Chartres, qui en est la Capitale, dans ces deux vers.

Carnutena jacent patulis quâ mœnia campis;
Gallia & immensis latè distenditur agris.

On ne recueille point de vin dans cette Province, dit l'Auteur du Dictionnaire universel de la France, il n'y a ni prés, ni bois; on y trouve très-peu de ruisseaux & de fontaines. Les puits sont très-profonds, ce qui oblige les Habitans de se servir de citernes. M. de la Martiniere décrit ainsi cette Contrée.

La Beauce est un Pays très-abondant en froment, & c'est pour cela qu'il est appellé le grenier de Paris; mais il est d'ailleurs sans vignes, sans prés, sans bois, sans rivières, sans montagnes, ni fontaines. Les puits y sont fort profonds, parce que le Pays est haut & élevé, ce qui oblige les Habitans de conserver l'eau de pluye dans des marres profondes & des citernes.

Bel

SUR LA LANGUE CELTIQUE.

Bel, source, fontaine. *Sy*, défaut, manquement : Ou *Bel* jaune. *Sy*, Contrée.

ORLÉANS.

AU bord de la Loire, vis-à-vis une belle Isle que forme ce fleuve. *Or*, bord. *Lez*, *Le*, près *Anet*, *An*, isle. *Orléan*, bord près de l'Isle : Ou simplement *Or*, bord. *Llian* de *Lliant*, rivière. Je crois qu'Orléans est le *Kenabon*, *Cenabum*, *Genabum* (Le K, le C, le G se mettent indifféremment l'un pour l'autre) des anciens. Aux raisons qu'on apporte pour établir ce sentiment, j'ajoûte la preuve étymologique. *Cen*, partage, coupure. *Abon*, rivière. La Loire se partage vis-à-vis Orléans, & forme une Isle.

BEAUGENCY.

BALGENCIACUM, sur un beau côteau, au bas duquel passe la Loire. *Bol*, *Bal*, élévation. *Gwen* beau. *Zy*, habitation, *Bolgency*, *Balgency*, habitation du beau côteau.

BLOIS.

BLESA. Au bord de la Loire, sur le doux penchant d'une colline. Les prairies des environs de cette Ville sont charmantes. L'on vante comme très-excellent le lait des vaches qu'on y nourrit, & particulièrement la bonté de la crême que l'on en fait. Les promenades y sont enchantées ; c'est le plus riant Pays de la France. Il y a une belle forêt aux environs de cette Ville. Les fontaines de Blois méritent d'être mises au rang des choses les plus utiles & les plus singulières du Pays. Leurs eaux viennent d'un lieu souterrain, qui est à un petit quart de lieue de la Ville ; elles coulent des fentes de roches dans un large aqueduc, que l'on croit être un ouvrage des Romains. Il est fait en forme de grotte, prise & taillée dans le roc si artistement, que plusieurs personnes y pourroient marcher de front en quelques endroits. Toutes ces eaux tombent dans un réservoir qui est près des murs de la Ville, d'où elles sont distribuées par plusieurs canaux de plomb en divers quartiers de la Ville. *Bles*, agréable, plaisante.

BRIARE.

BRIVODURUM. Ville au bord de la Loire. *Briv*, Ville. *Dur*, rivière.

CHAMBORD.

CAMBORIUM. Dans une courbure de la petite rivière de Cousson, qui l'environne presque tout. *Cam*, courbure. *Ber*, rivière.

CHARTRES.

AUTRICUM. Cette Ville est séparée en deux par l'Eure. La plus grande est élevée sur une colline. M. de Valois dit qu'elle a pris son nom de l'Eure, anciennement *Audura*, *Anura*, ensorte qu'*Autricum* soit une syncope d'*Auturicum*. Qu'il me soit permis de proposer une étymologie différente de celle qu'à présentée ce sçavant. *Aut*, bord de rivière. *Trig* ou *Tric*, habitation. M. de Valois parle d'un *Autricum*, qui est une espèce de Fauxbourg d'Auxerre, qui sûrement ne doit pas son nom à l'Eure. Cette Ville prit dans la suite le nom de son Peuple, un des plus puissans de la Gaule Celtique, & qui a le plus traversé César dans ses conquêtes. Il est appellé *Carnoteni*, & par syncope *Carnotes*, *Carnutes*. *Carn*, forte. *Anten*, coûteau, épée. Nous appellons encore un brave une forte épée.

CERCOTES.

Au bord de la grande forêt d'Orléans. *Ser*, grande. *Cot*, forêt.

CHATEAU DUN.

Sur la croupe d'une montagne. *Dun*, montagne.

ÉPERNON.

SPARNO, *Sparnomus*, *Esparno*, *Sparlo*, *Esperlio*. Ce lieu est appellé *Castrum*, Château dans les anciens monumens. *Sparna*, *Sparla*, fermer. *Sparnom*, lieu fermé. *Hom*, lieu.

FLEURY.

FLORIACUM. Au bord de la Loire. *Fleu*, rivière. *Rez*, bord.

GIEN.

GIEMUM, sur la Loire. *Gwi* ou *Gi*, eau, rivière. *Ham*, en composition *Hem*, habitation.

LORRIS.

LORRIACUM. Dans des marais. *Lub* ou *Lob*, marais. *Rhy*, grande quantité. *Ac*, habitation.

MAINTENON.

Bourg dans une vallée entre deux montagnes. *Main*, montagne. *Ty*, deux. *Non*, vallée.

MÉHUN.

MAGDUNUM, sur une colline proche la Loire. *Mag*, habitation, Ville. *Dun*, colline.

MONTARGIS.

MONS ARGISUS, *Mons Argis*, sur le Loing. Cette Ville est belle & bien peuplée, au pied d'une côte, au haut de laquelle il y a un vieux Château ; elle a donné le nom à une belle forêt qui est dans son voisinage. La forêt de Montargis est plantée de chênes & de hêtres. Elle comprend huit mille trois cens arpens. *Mont*, mont. *Ar*, près. *Gwig* ou *Gwis*, bois. *Montargis*, montagne près d'un bois.

ORCHÈSE.

VILLAGE près de Blois, où il y a une fontaine qui sort d'un rocher, dans lequel il y a une ouverture qui n'a point de bout. *Ochese*, caverne. L'R inserée.

ROCHEFOR.

SON vieux Château est placé sur un rocher difficile à monter. *Roch*, roc. *Vor* ou *For*, sur.

VENDOME.

VINDOCINUM, est au bord du Loir, près d'un lac qui s'écoule de temps en temps. *Ven* ou *Vin*, lac. *Tochyn*, en composition *Dochyn*, *Dosyn*, qui s'écoule. *Tech*, s'écouler : Ou *Vin*, beaux. *Toesen*, *Tosen*, en composition *Dosen*, épis. Le terroir de Vendôme est fertile en grains. *Voyez* Authoison en Franche-Comté.

VERDES.

BOURG, a pris son nom d'un grand étang, auprès duquel il est situé. Cet étang a deux lieues de long, & deux cens cinquante pas de large. Aimoin rapporte que sous le Règne du Roi Gontran, cet étang s'échauffa tellement, que ses eaux devinrent bouillantes. Cet évènement, ou quelqu'autre semblable, lui a donné son nom. *Bard* ou *Vard*, bouillant.

LE NIVERNOIS.
LA NIÉVRE.

Niveris. Rivière qui a deux sources. *Niv*, deux. *Éry*, sources.

LE NOAIN.

Noda. *Nodd*, nom appellatif de rivière, devenu propre de celle-ci.

NEVERS.

NIVERNUM, *Nevernum*, *Nevirnum*, a pris son nom de la rivière de Niévre, *Niveris*, qui s'y jette dans la Loire. *Hen*, embouchure. *Niverhen*, *Nivern*, embouchure de la rivière. On ne peut guères douter, dit un sçavant Académicien, que *Nevirnum* ne soit le même qu'*Ebirno* de la Table Théodosienne. L'étymologie fortifie cette conjecture. *Aber*, *Eber*, embouchure. *Nes*, près.

AMBUARETI.

AMBIVARETES, *Ambivareti*, *Ambibareti*, *Ambibarri*, *Anbivariti*, sont les différentes façons dont on a écrit le nom d'un ancien Peuple des Gaules, que M. Samson place dans le Nivernois. *An*, article. *Bwa*, arc. *Redt*, roide, fort.

AMOGNES.

LES Amognes ou Amoignes sont un canton fertile en blés dans le Nivernois. *A*, terre, terrain. *Mon*, abondant, fertile. *Ed*, en composition *Es*, blé. Cette contrée est appellée dans les anciens monumens *Amonia*, *Pagus Amoniensis* : Ou simplement on, *Aman*, *Amon*, gras, fertile.

BALERAY.

VILLAGE dans le voisinage duquel il y a beaucoup de mines de fer. *Bal*, fer. *Rai*, quantité.

CHATEAU-CHINON.

CASTRUM *Caninum* dans les anciens titres, sur la pointe d'une haute montagne, entourée de quantité d'autres toutes garnies de bois. Ces montagnes sont presque toutes couvertes de neiges, aussi bien que celles du Morvand, qui ne fondent qu'aux chaleurs. *Can*, blanche. *Nein*, cime. *Canin*, cime blanche.

CLAMECY.

CLAMECIACUM. Est entouré des rivières d'Yonne & de Beuvron, à leur jonction. *Clam*, jonction. *Ac*, en composition *Ec*, rivière. *Ac*, habitation.

COSNE.

CONDATE, au confluent de la Loire & du Noain. *Condate*, confluent.

DÉCIZE.

DECECIA, dans l'Itineraire d'Antonin, est placée dans une Isle que la Loire forme en se coupant. *Dac*, en composition *Dec*, coupure. *Ac*, en composition *Ec*, rivière.

SUR LA LANGUE CELTIQUE. 107

DIENNE.

VILLAGE situé dans un Pays gras & bon pour la nourriture des bestiaux. *Dienn*, graisse, gras.

DRÊVE.

Drevum, sur le sommet d'une montagne, au pied de laquelle est une excellente source. *Trum*, ou *Drum*, sommet de montagne.

DUN SUR GRANRI.

VILLAGE sur une montagne. *Dun*, montagne.

FLEURY.

Au bord de la Loire. *Fleu*, rivière. *Rex*, bord.

GUERIGNY.

VILLAGE près de la Nièvre. Il y croit une quantité de fourages considérable. *Gwair* ou *Gair*, foin. *Gairin*, abondant en foin.

HUBEN, aujourd'hui HUBAN.

CHATEAU sur le sommet d'une montagne escarpée. *Uh*, élévation, montagne. *Ben*, sommet. *Ubben*, sommet de montagne.

MARZY.

Au bord de la Loire. *Mars*, bord. *T*, rivière.

MESVE.

Massava, sur la Loire, à l'endroit où un ruisseau considérable s'y décharge. *Mas*, habitation. *Dj*, en composition *Sy*, deux. *Aw*, eau, ruisseau, rivière.

POUGUES.

BOURG, à deux cens pas duquel il y a une fontaine minerale. C'est un réservoir rond qui a trois pieds de diamétre, & du fond duquel sortent des bouillons d'eau. Les eaux de cette fontaine sont froides, aigrettes & vineuses. Certaines petites paillettes qui nagent sur la surface prouvent qu'elles sont ferrugineuses. *Pwg* ou *Poug*, piquant, acide, aigret.

PRÉMERY.

Au bord de la Nièvre. *Préma*, en composition *Préme*, près. *Ry*, rivière.

BOURBONNOIS.

BOURBON.

TIRE son nom de ses fontaines chaudes d'une chaleur vive. *Ber*, chaude. *Bon*, fontaine. *Berbon*, *Borbon*, *Bourbon*, fontaines chaudes.

AINAY.

IL y a deux Villages de ce nom, situés l'un & l'autre dans des Presqu'isles que forment des confluens. *Enes*, Isle qu'on a étendu à signifier Presqu'isle.

BASVILLE.

DANS un Vallon. *Bas*, vallon. *Ville*, habitation.

BESSAY.

DANS une plaine abondante en foins & en pacages. *Besses*, prairies, pâturages.

GANNAT.

VILLE située dans un Pays très-fertile en noix. *Cnaun* ou *Graon*, noix, par crase, *Gran* & *Gan*. *At*, abondance. La vérité de cette étymologie se confirme par le nom d'un Bourg d'Auvergne, qui s'appelle indifféremment *Granat* ou *Ganat*.

JOSSERAND.

VILLAGE où il y a de bons pacages; les foins y sont abondans. *Jant*, en composition *Jans*, herbe, foin. *Rand*, abondant.

LUZY.

PRÈS de deux grands étangs ou petits lacs. *Luc*, marais, lac. *Dj*, en composition *Zy*, deux.

LES MARS.

VILLAGE aux Frontières du Bourbonnois & de l'Auvergne. *Mars*, Frontières.

MEILLERS.

VILLAGE où il y a un grand étang. *Mal*, en composition *Mel*, étang. *Er*, grand.

MONTFAN.

VILLAGE dans un Pays de monticules. *Mon*, montagne. *Man*, en composition *Fan*, petite.

MONTLUÇON.

AU dessus & sur le penchant d'une colline, au pied de laquelle coule une petite rivière nommée Chiers. *Luçon* de *Llwch*, rivière. *On*, diminutif.

NÉRIS.

BOURG situé sur un côteau, ou plutôt sur des rochers. Il y a des eaux minerales chaudes, les anciens les ont connues, & les nommoient *Aqua Neria*, *Aqua Neri*. Les eaux qui s'écoulent font tourner sept ou huit moulins : on y trouve encore de beaux restes d'antiquités. *Ner*, eaux. *Ias*, chaude. *Nérias*, *Néris*, *Néri*, eau chaude.

ROCHE-D'AGOUT.

VILLAGE situé sur une montagne. On y trouve des pierres claires & brillantes naturellement. Elles imitent la beauté des Diamans lorsqu'elles sont bien taillées. *A*, pierre. *Golo* ou *Goulo*, lumière. *Goulaoui*, luire. *Agoul*, pierres luisantes, pierres brillantes.

SEPFON.

DANS une plaine où il n'y avoit point de fontaine. On en a découvert une en fouillant depuis la réforme. *Sep*, sans. *Fon*, fontaine. Sepfontaine, Village de Franche-Comté, est pareillement sans fontaine.

SERMUR.

BOURG situé sur une haute montagne. *Ser*, montagne. *Mawr*, *Mur*, grande, élevée.

TENEUILLE.

BOURG, dans un Pays de monticules ; il y a plusieurs étangs. *Tan*, eau. *Teneul*, Pays plein d'eau.

VICHI.

FAMEUX par ses fontaines minerales, dont six sont chaudes, & une froide. *Gwych* ou *Wych*, force, vertu. *I*, eau. *Wychi*, eaux qui ont de grandes vertus. On peut lire dans le Dictionnaire de Médecine toutes les propriétés des eaux de Vichi.

LE BERRY.

BITURIGES étoit le nom ancien des Habitans de cette Province ; ils commandoient à tous les Peuples de la Gaule Celtique, qui faisoient la troisième partie des Gaules. *Beut*, en composition *Beit*, moutons. *Rich* ou *Ric*, riche. *Beitrig*, *Biturig*, riches en moutons. On sçait que le Berry abonde en cette espèce de bétail.

LE CHER.

Carus. Guillaume le Breton en parle ainsi au cinquième livre de sa Philippide.

Sigalaunica plana serenans
Frugifero joconda solo latus indè sinistrum
Lene fluens per prata virentia Carus amœnat
Arboribus cultisque placens, patiensque carinâ;
Piscibus & multis juvat utilitatibus ipsum.

Et au troisième livre du même ouvrage

Indè iter accelerat Turonis festivus ad Urbem
Quam geminum nitidâ flumen circumfluit undâ.
Hinc Liger, Hinc Carus.

Ce Poëte relève, comme on le voit, la beauté des eaux & des rivages du Cher.

SUR LA LANGUE CELTIQUE.

Car, beau. Il est si impétueux qu'un cheval a de la peine à résister au courant de ses eaux. Gregoire de Tours l'appelle un torrent. *Garu*, *Caru*, rapide. *Voyez* la Loire.

LINDRE.

Andria. Petite rivière qui se partage fréquemment en plusieurs rameaux. *Andria despicabilis visu fluviolus*, dit Aimoin, *sed crebrâ in multiplices discursus alvei sectione, ac paludum aliquantis in locis ad transmeandum difficilis*. *An*, rivière. *Terr*, *Derr*, coupure. *Rhy*, beaucoup. *Anderrhy*, *Andry*, rivière où il y a beaucoup de coupures, qui se partage fréquemment.

LA NERRE.

Ner, eau, rivière.

BOURGES.

AVARICUM. On se forme une haute idée de cette Ville en lisant les Commentaires de César. On y voit que Bourges étoit situé dans l'endroit le plus fertile du Pays des Bituriges; qu'elle étoit la Capitale de ce Peuple, l'ornement & la sûreté de la Province, l'une des plus belles Villes des Gaules. Elle étoit aisée à défendre par la force de son assiette, étant ceinte presque de tous côtés d'un marais & d'une rivière, & n'ayant qu'une avenue fort étroite. *Cæsar ad oppidum Avaricum, quod erat maximum, munitissimumque in finibus Biturigum, atque agri fertissimâ Regione profectus est...... Deliberatur de Avarico in communi concilio, incendi placeret an defendi. Procumbunt Gallis omnibus ad pedes Bituriges, nè pulcherrimam propè totius Galliæ Urbem, quæ & præsidio & ornamento sit Civitati, suis manibus succendere cogerentur: facilè se loci natura defensuros dicunt, quod propè ex omnibus partibus flumine & palude circumdata unum habeat & perangustum aditum.* *Am*, entouré. *Mar*, marais. *Ist*, rivière. (L'M en composition se change en V.) *Avaric*, entouré de marais & de rivière.

BLANC.

OBLINCUM, sur une éminence. *Or*, sur. *Blin*, éminence. *Chom*, habitation. *Orblinchom*, *Oblincum*, habitation sur le sommet.

BOUCHE-D'ÈGRE.

VILLAGE à l'embouchure de l'Égre dans le Loir. *Boch*, embouchure.

BOUSSAC.

BOUSSACUM. Les deux tiers de cette petite Ville sont situés sur des rochers escarpés, & au bord des précipices. Le Château qui joint le reste de la Ville est placé sur un roc presque inaccessible. *Boulch*, *Bous*, coupés. *Acon*, rochers.

BOUY.

VILLAGE sur une haute montagne, qui est nommé dans de très-anciens monumens. *Bogiacum*, *Boiacum*, *Bog*, *Boj*, montagne. *Ac*, habitation.

CONDÉ.

VILLAGE a un confluent. *Condat*, confluent.

DÉOLS.

DOLUM, au bord de l'Indre. *Dol* marque cette situation.

DOUADIC.

BOURG situé sur un petit ruisseau nommé le Loin, qui est formé par plusieurs grands étangs, & se perd sous terre, sans qu'on puisse découvrir sa sortie. *Dw* ou *Dou*, eau. *Adeg*, *Adig*, décroissement. *Adaw* ou *Adag*, laisser, abandonner, quitter. *Douadic*, eau qui manque, qui se perd.

DUN-LE-ROY.

SUR une montagne. *Dun*, montagne.

HERRY.

HERRICUM. Dans un terroir excellent pour les blés, & pour la nourriture des bestiaux. *Er*, terre. *Ric*, riche, fertile.

ISSOUDUN.

ISSOLDUNUM, *Uxellodunum*, *Exilidunum*, entre deux petites rivières qui se joignent tout au près, & qui en font une Presqu'isle. Son Château & la Ville haute est sur une éminence, la Ville basse est au pied. *Y-Kill*, Presqu'isle. *Dun*, éminence. *Ykilldun*, Éminence-Presqu'isle.

LINIÈRES.

IL y a auprès de cette Ville un étang très-considérable, qui a sept lieues de tour. *Lin*, étang. *Hirr*, grand. *Linhirr*, *Linieres*, grand étang.

MÉMOIRES

MASSAY.

Madiscianum. Bourg coupé par un ruisseau. *Med*, *Mad*, qui coupe. *Isc*, ruisseau. *An*, habitation.

MÉHUN.

Magdunum, au confluent de l'Yévre & d'une petite rivière. *Mag*, Ville. *Dun*, union, confluent.

CHATEAU-MEILLAN.

Castrum-Mediolanum, dans Gregoire de Tours, a son Château sur une éminence, au bas de laquelle il est placé. Cette Ville est arrosée par le ruisseau ou petite rivière de Sinaise. *Méton*, *Médon*, près. *Lliant*, coulant d'eau.

MÉRY.

Meriacum. La rivière de Baranjon y prend sa source. *Mer*, source. *Ach*, rivière.

MONTRON.

Chateau situé sur le sommet d'une montagne, où l'on ne peut monter que par un seul sentier. *Mon*, montagne. *Trum*, sommet. *Montrum*, *Montron*, sommet de montagne.

SANCERRE.

Sincerra, sur un côteau rempli de collines couvertes de vignes, qui produisent des vins aussi estimés que ceux de Bourgogne. *Syg*, chaîne. *Cerre*, colline. De *Sygcerre* on a fait aisément *Sincerr*. Le G dans le Grec se change en N devant le Kappa.

SELLES.

Celh, nom appellatif d'habitation, devenu propre à ce lieu.

VATAN.

Vastinum. Ville à l'entrée d'une belle & grande plaine. *Vaes*, *Vas*, plaine. *Tin*, étendue.

VIERZON.

Virzonum, *Virzio*, au confluent de l'Eure & du Cher. Cette Ville est située dans un Pays charmant & très-abondant, elle est presque toute entourée de belles prairies. *Wyrdd*, *Wyrz*, herbue. *Voyez* Verdun en Bourgogne & en Lorraine.

※※

LA TOURAINE.

A pris son nom des *Turoni* ou *Turones* ses anciens Habitans. Lucain leur donne l'épithéte d'inconstans. Il n'a fait que traduire leur nom en Latin.

Instabiles Turonos circumsua castra coercent.

Les Tourangeaux ont bien corrigé leur ancien caractére; on ne peut être plus fidéles au Roi, plus constans dans la Religion qu'ils le sont. *Tur*, *Tour*, changement. *Turon*, qui tourne, qui change.

TOUER.

Ce terme est un nom appellatif de rivière, devenu propre de celle-ci.

TOURS.

Situé entre le Cher & la Loire dans une plaine charmante, doit son nom aux Turones dont elle étoit la Capitale.

AMBOISE.

Ambacia, à l'embouchure de l'Amasse dans la Loire. *Am*, d'Amasse. *Bec*, bouche, embouchure. *Ambec*, embouchure de l'Amasse. *Voyez* plus bas Bec du Cher.

ARTANE.

Village au bord d'une rivière. *Ar*, près. *Tan*, rivière.

AZAY.

Village au bord de l'Indre. *Az*, en composition *Av*, près. *Ay*, rivière.

BEC DU CHER, BEC DE CISSE.

Villages, l'un à l'embouchure du Cher, l'autre à l'embouchure de la Cisse. *Bec*, embouchure.

BOURGUEIL.

Burgolium, Ville au bord du Lotion. *Bourg*, Bourg, Ville. *Liwn*, rivière.

SUR LA LANGUE CELTIQUE.

BREHÉMONT.

BOURG, est entre la Loire & un bras du Cher, près de l'endroit où l'Indre se partage en deux bras pour se jetter dans le Cher. *Breh*, partage, bras. *Amon*, en composition *Émon*, rivière.

LA BRENNE.

CONTRÉE de cette Province, est une terre humide, marécageuse & pleine d'étangs. *Brai*, terre humide.

BREZÉ.

AU bord de la Dive. *Bres*, près. *Ai* ou *É*, rivière.

CANDE.

VILLE au confluent de la Loire & de la Vienne. *Cand*, confluent.

CHACÉ.

DE *Cas* ou *Chas*, nom appellatif d'habitation, devenu propre de ce Village.

CHAVAIGNE.

VILLAGE au bord d'une rivière. *Chai*, habitation. *Aven*, rivière.

CHAVENAY.

VILLAGE au bord d'une petite rivière. *Chai*, habitation. *Aven*, rivière. *Avenay*, diminutif.

CHINON.

CAINO, Ville fort agréablement située au bord de la Vienne. Le Pays des environs est très-beau. *Cain*, belle, agréable.

COLOMBIERS.

PRÈS d'une grotte, où les gouttes d'eau qui distilent d'en haut se congelent, & se changent en pierre très-dure. *Col*, caverne. *Lom*, gouttes d'eau. *Per*, en composition *Ber*, pierres.

COUZIERS.

VILLAGE dans un grand bois. *Coud*, en composition *Couz*, bois. *Hir*, long, grand.

LANGÉS.

ALINGAVIA, *Langesium*, Ville au bord de la Loire, dans un beau Pays, très-abondant, sur la pente d'un côteau chargé de vignes, & orné de belles maisons de campagne. Ce lieu est renommé pour ses excellens melons, qu'on estime les meilleurs du Royaume. *Alen*, *Alin*, *Lan*, belle, bonne. *Gwc*, terre, contrée.

LIÉZE.

VILLAGE au bord d'une petite rivière. *Liex*, rivière.

LIGUEIL.

ON trouve dans une plaine voisine de cette Ville une infinité de coquillages, qui, lorsqu'ils font réduits en poudre, servent particulièrement à fumer les terres, & à les rendre très-abondantes. *Ly* de *Llymeirch*, coquillages. *Gwell*, qui abonnit, qui fertilise.

LOCHES.

CASTRUM-LUCCA, *Locia* dans Gregoire de Tours. Cette Ville est sur l'Indre. L'assiéte de son Château est spacieuse, & le séjour très-charmant. La nature & l'art ont rendu cette Forteresse une des meilleures places du Royaume. Ses fortes murailles & ses grosses tours n'y laissent qu'une avenue du côté de l'orient. La Ville de Loches est sur la pente d'une montagne, & le Château au-dessus sur un rocher, dont le circuit est de douze mille pas. Il est hors d'escalade. *Lug*, *Luc*, Tour, Forteresse: Ou *Loc*, rocher: Ou *Luc*, grand, vaste. *A*, rocher.

LES LOGES.

DE *Log*, nom appellatif d'habitation, devenu propre de celle-ci.

LE LOROUX.

LEPROSUS-VICUS dans Sulpice Sévére, a tiré son nom des Lépreux qui y demeuroient. *Lor*, lépreux. *Hws*, prononcez *Hous*, habitation.

LUZÉ.

VILLAGE au bord d'une petite rivière. *Lwch*, *Lus*, rivière.

MARSAY.

VILLAGE au bord d'un ruisseau. *Mars*, bord. *Ai*, ruisseau.

MÉMOIRES

MONT-BAZON.

Au pied d'une petite montagne, sur laquelle est son Château. *Mont-Bazon*, petit.

MONTLOYS.

Mons-Laudiacus, Bourg qui n'a aucune maison élevée sur la terre, mais seulement des loges taillées dans le rocher, qui n'ont point d'autre couverture que l'herbe & le gazon. Elles ne se reconnoissent qu'aux tuyaux de cheminées. *Mon*, élévation. *Lodic*, coupée, trouée.

MONTRICHARD.

Monstricardi, Monstricardus. Rigord & Guillaume le Breton racontent que cette Place fut prise avec bien de la peine, & après un long siége par le Roi Philippe Auguste. Voici les vers du dernier de ces Auteurs.

Montemque Tricardi
Obsidet, & multùm consumit temporis antè
Quàm capiat, quia vis nativa, locique per artem
Ducta gradus series, summo murata labore,
Municipiumque manus fortissima præpediebat,
Quominùs ille brevi locus expugnabilis esset.

On voit par cette description que Montrichard étoit une Place de difficile abord, & que sa situation rendoit très-forte. *Trech*, plus forte, très-forte. *Ard*, naturellement.

PAUTILLE.

Village renommé pour ses bons pâturages. *Potille*, pâturage.

RIGNY.

Au bord de l'Indre, près de l'endroit où il forme une Isle avec la Loire. *Ri*, rivière. *Inys*, Isle.

RONCÉE.

Sur la Vienne, dans un endroit où se partageant elle forme l'Isle Bouchard. *Ronz*, partage. *É*, eau, rivière.

RUPÉANE.

Au bord de la Loire, dans une Isle que forme la Loire & le Cher. *Rup*, rivière. *Anes*, Isle.

SAINT JEAN D'ACÉ.

Au bord d'une petite rivière. *Achès*, rivière.

SAVONIERES.

Bourg, à deux lieues de Tours, auprès duquel sont ces fameuses caves ou cavernes que l'on a surnommées goutières, parce qu'il en dégoute continuellement de l'eau. Elles sont dans le roc, & si sombres qu'on n'y entre qu'avec de la lumière. L'eau qui tombe de leurs voûtes forme des ruisseaux qui coulent sans cesse, ou se congele même dans les plus grandes chaleurs de l'été; de manière qu'elle forme plusieurs corps transparens, & semblables au sucre candi. Elle se convertit aussi en pierres si dures, qu'il est difficile de les rompre à coups de marteau, & dont les plus petites ressemblent si fort à des dragées, que plusieurs personnes s'y sont trompées. Dans ces congélations, où ordinairement chacun voit ce qu'il y veut voir, on prétend que tout le monde y remarque la forme d'un calvaire, & une image de Saint Martin à cheval. *Savon*, caverne, grotte. *Éres*, admirable, surprenante.

SOUZAY.

Village au bord de la Loire. *Sw*, prononcez *Sou*, rivière. *Sai*, habitation.

TISE.

De *Tys*, nom appellatif d'habitation, devenu propre de celle-ci

TURCAN.

Village au bord de la Loire. *Tur*, rivière. *Can*, habitation.

VALLERS.

Bourg où il y a une fontaine d'eaux minerales. *Baler*, *Valer*, minerale. *S* de *Sao*, source, fontaine.

VARINS.

Village sur le Touer. *Var*, sur. *Jen*, rivière.

VILLAINE.

Village au bord d'un bois. *Vill*, habitation. *Len*, bois.

VIVI.

Village au bord du Lotion. *Vi*, rivière. *Vy*, habitation.

L'ANJOU

L'ANJOU.

LA situation de cette Province est très-agréable, son climat est tempéré, le paysage est beau ; il y a beaucoup de bois, & l'on y compte même jusqu'à trente-trois forêts. Les anciens Habitans de cette Province sont appellés par César *Andes*, *Andi*; par Pline *Andegavi*, par Tacite *Andecavi*. *And*, grand. *Hai*, forêt. *Is*, Habitans. *Andhais*, *Andi*, ceux qui habitent de grandes forêts. *Andegavi*, *Andecavi* signifient la même chose. *Cavu*, *Gavu*, forêt. De ce mot s'est formé le nom d'Anjou que l'on disoit anciennement, de là Anjou.

L'ERDRE.

Est à peine hors de sa source, qu'elle rentre dans la terre, d'où elle ressort à une petite distance de l'endroit où elle s'étoit cachée, ensuite elle rentre en terre, sous laquelle elle coule l'espace d'une lieue, d'où sortant de nouveau, elle va se jetter dans le Loir. *Er*, terre, *Dre*, à travers. *Erdre*, rivière qui coule à travers la terre.

LE LATAN.

Sort d'un étang. *Laith*, *Lath*, étang. *An*, rivière.

LA SARTHE.

Tire son nom de la pureté de ses eaux. *Sarth*, pure.

Venimus ad Sartham quo non est purior alter.

Dit un Poëte cité par Papyre Masson, qui ajoûte que l'eau de la Sarthe est de couleur d'argent, claire & cristaline.

LE LAUTION.

Les eaux de cette rivière sont noires. *Luh*, *Louh*, eau. *Duon* ou *Tuon*, noire.

L'UDON ou L'OUDON.

Rivière très-profonde. *W*, *Ou*, eau, rivière. *Don*, profonde.

ANGERS.

JULIOMAGUS *Andicavorum*, *Andecavi*, *Andegavum*, a pris son nom des Andegaves dont elle étoit la Capitale. *Mag*, Ville.

AVOISE.

BOURG sur la Sarthe. L'air de ce Bourg est très-sain, l'on y vit longtemps, & les Habitans son fort laborieux. Ce sont les paroles de l'Auteur du Dictionnaire universel de la France. *Av*, beaucoup. *Ois*, âge.

LA BAMETTE.

HERMITAGE près d'Angers, ainsi appellé parce qu'il y a une petite caverne dans un rocher élevé. *Baume*, caverne. *Baumette*, *Bamette*, diminutif.

BRISAC.

SUR l'Aubence, au bord d'un étang que cette rivière traverse & coupe. *Brig*, coupé. *Sach Dour*, *Sach*, eau dormante, étang. *Brigsach*, *Brisac*, étang coupé, étang traversé par une rivière. *Voyez* Cette en Languedoc.

CANDE.

Au confluent de l'Erdre & de la Maudie. *Cand*, confluent.

DOUE.

Thedoadum, *Theoduadum*, *Doadum*. On y voit une très-belle fontaine, si abondante qu'elle fait aller six moulins au sortir de sa source. *Teo*, abondante. *Dadwr*, source.

DURTAL.

DURESTALUM, au bord du Loir. *Dur*, rivière. *Étal*, près.

LA FLECHE.

FISSA, *Fisca*, *Flechia*, *Flixia*. Il y a dans cette Ville une fontaine, qu'on appelle la fontaine sans fond, qui exhale une mauvaise odeur, une odeur sulphureuse. *Fi*, d'une odeur désagréable. *Sao*, source. *Fi Liex*, ou *Lex*, eau, *Filex*, *Flex*, *Flech*, eau d'une odeur désagréable.

P.

GLANFEUIL.

GLANNA, *Glannafolium*. Au bord de la Loire qui s'y partage en deux branches. *Glaf* ou *Glan*, séparation, partage de la *Glanna*. *Glaf*, *Ly*, eau, rivière. *Glafly*, *Glafoly*, *Glanfoly*, partage de rivière.

LE LUDE.

LUSDUM, près d'un étang sur le Loir. *Luh* ou *Luz*, marais, étang. *Dy*, *Ty*, habitation. *Lusdy*, habitation de l'étang.

PONT DE CÉ, ou DE SÉ.

VILLE dans une Isle de la Loire. Ce n'est qu'une longue rue avec deux grands ponts, l'un du côté de Brisac, l'autre du côté d'Angers. Ces ponts sont longs d'un quart de lieue, parce que la rivière est fort large, en cet endroit, & répandue en forme d'étang. *Saïs* ou *Saiacus* dans les anciens monumens : *Pons Saï*, *Pons Saiaci*. De *Sag* ou *Sach* en sous-entendant *Dour* : eau qui est en étang. *Voyez* le Port de Cette en Languedoc. De *Sag*, *Saj*, *Ac*, habitation.

POUANCÉ.

PUDENSIACUM, sur un étang d'où sort une petite rivière ou ruisseau. *Pwl*, étang. *Dan*, en composition *Den*, rivière. *Cic*, petite.

SAUMUR.

SALMURUM, *Salmurus*. Cette Ville est bâtie le long d'un roc coupé, au haut duquel est son Château. *Sal*, coupé. *Mur*, roc. *Salmur*, roc coupé.

LA VALLIERE.

AUPRÈS d'un étang, dont se forme la rivière de Fare. *Bala* ou *Vala*, rivière qui sort d'un étang. *Ar*, en composition *Er*, étang.

LE MAINE.

LES Habitans de cette Province sont appellés *Cenomani* dans les Anciens. *Ceno*, esprit. *Man*, subtil. Les Manceaux sont fins, subtils, spirituels & adroits. *Maine* est une syncope de ce nom.

LE MANS.

CENOMANI, *Cenomanum*, a tiré son nom des Cénomans dont il étoit la Ville principale.

ARGENTRÉ.

PRÈS d'une carrière de marbre. Il y en a du tout noir, du jaspé noir & blanc, & du jaspé noir, bleu & blanc. *Ar*, pierre. *Gent*, belle. *Ré*, plusieurs.

ARON.

AROENA dans les anciens monumens, nom appellatif de rivière, devenu propre de celle-ci. *Voyez* Orvanne en Champagne.

BALON.

SUR l'Orne, étoit une des plus considérables Forteresses du Maine ; elle fut prise par Philippe Auguste, qui en démolit les Fortifications. *Bal*, *Balon*, Forteresse.

DIABLINTES.

M. l'Abbé le Bœuf a fait voir que ce Peuple occupoit cette partie du Maine où se trouve aujourd'hui le Bourg de Jublent, Ville autrefois assez considérable, appellée dans les anciens monumens *Diablinta*, *Diablenta*, du nom du Peuple à qui elle appartenoit. Ce Peuple se distingue encore aujourd'hui par sa force. *Dia*, particule augmentative. *Belin*, fort. *Diablyntes*, très-forts.

LAVAL.

VALLIS GUIDONIS Dans un vallon fertile au bord de la Mayenne. *La*, article. *Val*, vallon.

MAT-VALLIS.

NOM d'un Domaine Royal dans le Maine, que le Roi Sigebert donna à l'Abbaye de Saint Médard de Soissons, ainsi que le rapporte celui qui a écrit la Vie de ce Saint Prélat. Cet Auteur ajoûte que le nom de ce lieu est formé d'un mot Breton & d'un mot Latin. *Mat* signifie bon en la première de ces Langues, & *Vallis* vallée en la seconde. Le terme *Vallis* est effectivement latin, mais il vient du Celtique, ainsi qu'on le verra dans le Dictionnaire.

SAUGE.

VILLAGE où il y a des grottes. *Og* ou *Sog*, grotte. L'S initiale s'ajoûte.

VIBRAY.

SA situation sur la Braye lui a donné son nom. *Wy*, habitation. *Vybraye*, habitation de la Braye.

LE PERCHE.

CETTE Province a pris son nom d'une grande forêt nommée *Perticus Saltus*. *Berth*, *Perth*, belle. *Wig*, forêt. *Perthwig*, *Pertig*, belle forêt. Les Écrivains qui ne faisoient pas attention à l'étymologie du mot *Pertic*, ou qui l'ignoroient, ajoûtoient l'expression *Saltus*, d'autres mieux instruits employoient ce terme seul, & nommoient la forêt & la Province *Perticus*, ou *Pertica* simplement.

Pertica Rotroldo gaudet nemorosa recepto.

Guillaume le Breton, liv. 3ème.

MORTAGNE.

MORITANIA, près d'une grande forêt. *Mawr*, grande. *Tan*, forêt. *Y*, habitation. *Mawrtany*, habitation près d'une grande forêt.

BELLESME.

BELLISSIMUM, *Bellisinum*, *Bellesmum*, *Bellesme*, près d'une grande forêt sur une montagne. *Bel*, élévation, montagne. *Lam*, *Lem*, forêt. *Bellem*, montagne, forêt. Au milieu de la forêt de Bellesme, se trouve une fontaine nommée la Herse, dont les eaux sont ferrugineuses, & passent pour être d'un aussi bon usage que celles de forge. *Hern*, fer. *Sao*, source. *Hernse*, *Herse*, source ferrugineuse. Bellesme peut aussi tirer son nom de *Bély*, force, forte. Cette Ville, du temps de Saint Louis, passoit pour la plus forte place qu'il y eut en Europe. *Bély*, forte. *Swm*, en composition *Sym*, très.

BROU.

BRAIUM, dans un terrein fangeux. *Brai*, terre fangeuse.

NOGENT-LE-ROTROU.

NOVIGENTUM, sur la pente la plus basse d'une montagne, à la chute d'une petite rivière dans l'Huisne. *Nzou*, *Nou*, pente. *Gen*, embouchure. *Ty*, habitation. *Novgenty*, *Novigem*, habitation de la pente près de l'embouchure.

LA TRAPPE.

ABBAYE devenue fort célèbre par la réforme que M. de Rancé y a introduite, fut fondée en 1140. Elle est dans un vallon, où les collines & la forêt qui l'environnent sont disposées de telle sorte, qu'elles semblent vouloir la cacher au reste de la terre. *Trappe* signifie précisément un lieu creux & couvert.

LE POITOU.

SES anciens Peuples sont appellés *Pictones*, *Pictavi*, *Pictvi*. *Picell*, *Picc*, dard, javelot. *Teo*, *Tev*, gros, épais. *On*, hommes. *Vys*, hommes. *Picteon*, *Picton*, *Pictevys*, *Pictavi*, ceux qui se servent de gros javelots. Apparemment que ce Peuple se distinguoit des autres par des dards plus gros & plus épais. L'épithéte de libres que Lucain donne aux Poitevins, fortifie ma conjecture. C'étoit par une force & une valeur singulière que ce Peuple avoit évité le joug.

LE CLAIN.

Clanus, a des bords élevés. *Clan*, bord. *Uch* ou *Us*, élevé. *Clanus*, rivière qui a des bords élevés.

LA CREUSE.

Ainsi appellée de la profondeur de son lit. *Creus*, creux.

YON.

Petite rivière. *Y*, eau, rivière. *On*, diminutif.

POITIERS.

PICTAVI, est sur une colline, au bord du Clain qui y reçoit une petite rivière. Cette Ville a pris le nom de *Pictavi* des Peuples dont elle étoit la Capitale. De *Pictavi*, par différentes altérations, se sont formés les termes de Poitou & de Poitiers.

AVAILLES.

Bourg, où il y a une fontaine minerale, dont l'eau est limpide & un peu salée. *Av*, eau. *Hal*, sel. *Avhal*, eau salée.

CURZAY.

CURZÆUM, Bourg sur la Vesne & le petit ruisseau du Revet, a deux fontaines très-curieuses. La première s'appelle la fontaine de la Roche; elle sort nuit & jour d'un rocher de la grosseur de deux hommes, sans discontinuation, ce qui forme un ruisseau qui passe sous une grand'salle formée naturellement dans le rocher. Il y a une table sur ce ruisseau; le plaisir est de porter des verres remplis de vins à la source de cette fontaine, l'eau les amene à la table froids comme glace. Ce ruisseau, à quarante pas de là, fait moudre un moulin.

M. de Billaucourt a fait sur la singularité de cette fontaine les vers suivans en latin & en françois, qui sont gravés sur le rocher.

Hic dum lympha fugit, semper bibit hospita nimpha.
Apponas lucro tempus, ut illa bibe.

La Nymphe de cette fontaine,
De ces eaux toujours se remplit;
Nos jours passent, le temps s'enfuit,
Buvons comme elle à tasse pleine,
Nous sçaurons les mettre à profit.

La deuxième, appellée la fontaine de la Jolliere, coule impétueusement pendant deux ans; elle est ensuite un an, quelquefois deux, sans couler, au bout duquel temps elle reprend son cours avec la meme impétuosité.

Couer, *Cour* ou *Cur*, ruisseau. *Cae*, enfermé. *Curcae*, *Curzae*, ruisseau enfermé. *Goll*, *Joll*, perte. *Joller*, qui se perd, qui manque.

FONTENAY-LE-COMTE.

Il y passe un petit ruisseau appellé Vendée, qui quelquefois grossit si prodigieusement, qu'il inonde tout le territoire de Fontenay, & les lieux voisins. *Mend*, *Vend*, grandeur, élévation, crue. *De*, particule, qui, mise à la fin des mots, augmente leur signification. *E*, eau. *Venddée*, eau qui grossit beaucoup.

LOUDUN.

LAUSDUNUM, partie en plate campagne, partie sur de petits tertres. *Llyaws*, *Llaws*, plusieurs *Dun*, élévations, tertres.

LUCON.

Sur un petit ruisseau au milieu de grands marais. *Luh*, marais. *Con*, environnée.

LUSIGNAN.

LIZINIACUM, *Lizineium*. Brantome parle ainsi du Château de Lusignan. (Henry III fit raser de fond en comble ce Château si admirable & si ancien, qu'on pouvoit dire que c'étoit la plus belle marque de Forteresse antique, & la plus noble décoration vieille de toute la France.) *Llys*, Palais, Château. *Cyn*, rare, extraordinaire, merveilleux.

MAILLEZAIS.

MALLIACUM, est environné de marais. *Mala*, marais. *Ac*, entouré. *Mallac*, entouré de marais.

MARANS.

Gros Bourg ceint de marais. *Mar*, marais. *Am*, autour. *Maram*, environnné de marais.

MOUHET.

Bourg, c'étoit autrefois une Forteresse entourée de deux petites rivières. *Mouest*, aquatique.

MOUREILLE.

MOROLIÆ, Abbaye située dans des marais. *Mor*, marais. *Morol*, marécageux.

NANTEUIL.

NANTOLIACUM. Abbaye dans le Diocèse de Poitiers, située près d'un rocher, & arrosée par deux ruisseaux qui y prennent leur source. *Nant*, ruisseau. *Dan*, *Tan*, deux. *Lech*, *Lach*, rocher. *Nantaulach*, *Namoliac*, rocher, deux ruisseaux.

L'ISLE DE NERMOUSTIER.

Sur les côtes de Poitou. Il y a dans cette Isle plusieurs marais salans. Elle fut d'abord appellée *Herio* du nom de sa principale habitation, *Héli* ou *Héri*, eau salée. *Voyez* Salins dans le Comté de Bourgogne.

SUR LA LANGUE CELTIQUE.

NIORT.

EST une petite Ville agréable, au milieu de tous les biens imaginables, située au bord de la rivière de Sévre. Ce sont les paroles de Jouvin. Guillaume le Breton dit que Niort est fertile en vins : *ferax Bacchi Niortum*. *Niot*, boisson. *Tom*, beaucoup, quantité. *Niottum*, *Niortum*, endroit où il croît beaucoup de vin.

OLONE.

OLONA. Ce Bourg, qui est l'ancienne Olonne, est environné de marais salans. *Halonn*, *Holonn*, sel.

PONTABER.

VILLAGE où il y a un pont près d'un confluent. *Pont*, pont. *Aber*, embouchure.

ROCHECHOUART.

ROCCA CAUARDI, *Rupes Cauardi*, sur la pente d'une montagne de roc, au haut de laquelle est le Château où il y a une fontaine qui fournit d'eau à la plûpart des Habitans de la Ville. *Roch*, roche. *Sao*, *Cao*, source. *Ard*, élevée.

TOUARS.

SUR une colline au bord de la rivière de Toue. *Ar*, élévation, colline. *Zy*, habitation. *Touars*, habitation de la colline au bord de la Toue.

VIVONNE.

SUR la Vonne. *Wy*, habitation. *Vyvonne*, habitation de la Vonne.

LE PAYS D'AUNIS.

LA ROCHELLE.

ON a très-mal rendu le nom de cette Ville en Latin par *Rupella* ; il n'y a point de rocher à la Rochelle. Elle est appellée *Rochella* dans une Chartre d'Henry II, Roi d'Angleterre. Cette Ville est environnée de marais. Un ruisseau d'eau douce vient se dégorger dans son port, & le forme par son embouchure. *Rho*, coulant d'eau, eau coulante, rivière, ruisseau. *Cal*, *Cel*, *Chel*, port. *Rhochel*, port du ruisseau : Ou *Rho*, grand. *Cal*, *Cel*, *Chel*, port. Le port de la Rochelle est grand.

BROUAGE.

AUTREFOIS Broue, dans de grands marais salans. *Bray*, terre fangeuse, terre marécageuse. De *Bray* on a fait *Brou*, qui, dans le douzième siécle, s'employoit dans le même sens. *Voyez* Brou dans le Perche.

L'ISLE DE RÉ.

RADIS, *Ratis*, est presque toute environnée de rochers dans la mer. Elle en a un à sa pointe, sur lequel est bâti le Fort Samblanceau. Cette Isle est nommée dans Gregoire de Tours *Cracina*. *Crag*, rocs. *Cin*, environnée. *Radis*, *Ratis*, vient de *Rad*, rade. Cette Isle en a de bonnes : Ou de *Raz*, *Rad*, courant d'eau. Les Matelots appellent la mer qui entoure l'Isle de Ré, la mer sauvage.

LA SAINTONGE.

CETTE Province a pris son nom de ses anciens Peuples *Santones*, qui étoient de l'ancienne Aquitaine & très-illustres du temps de la conquête des Gaules par Jules-César. Leur Pays étoit si abondant, que les Helvétiens avoient quitté leur propre Patrie, & détruit leurs habitations pour s'y venir établir. César les arrêta dans ce projet. Cette Province joüit d'un air fort doux dans les endroits un peu éloignés de la mer ; elle est abondante en blés, vins, fruits, pâturages & safran. Il y croît de l'absynthe qui est fort estimée ; elle a même été connue & vantée par les Romains sous le nom de *Virga Santonica*. On y pêchoit des perles dans la Charante ; mais il semble qu'on a abandonné cette pêche. On estime beaucoup les chevaux de Saintonge, dont on fait un commerce considérable. On y trouve quelques sources d'eau minerale assez en réputation dans le Pays. Le commerce de safran étoit considérable dans la Saintonge & l'Angoumois, & on prétend qu'il s'en débitoit par an pour plus de cent mille livres, avant qu'on en eût planté dans les autres Provinces.

Le principal commerce de Saintonge consiste dans la vente du sel ; il y a une quantité étonnante de marais salans dans cette Province, qui produisent d'excellent sel. Depuis qu'on a trouvé le moyen de faire du sel en Bretagne, on a abandonné plus du tiers de ces marais, qui ne servent à présent que de pâturages, & qu'on appelle marais Gatz,

L'on appelle marais salans des terres basses & marécageuses, que la nature a rendu propres par leur situation à recevoir les eaux de la mer au montant de la marée, & que l'industrie a mis en état de la retenir par des écluses qu'on y fait.

Ces marais, dont l'on unit, & dont l'on bat le fond avec assez de propreté, se partagent en plusieurs bassins quarrés, les uns plus grands, les autres plus petits, séparés par des espèces de petites digues, de 15 à 14 pouces de large ; & c'est dans ces bassins, qu'on nomme les plus grands des Parcs ou Parquets, & les plus petits des Aires ou Fillettes, que lorsque la saison est venue, on laisse entrer l'eau de la mer dont on fait le sel.

Le temps propre à le faire est environ depuis la mi-mai jusqu'à la fin du mois d'août ; parce qu'alors les jours étant longs, & l'ardeur des rayons du soleil dans leur plus haut dégré, le sel se cuit & se cristallise, & mieux, & plus promptement.

Quand on veut donner l'eau de la mer aux marais, il faut auparavant les vuider entièrement de celle qu'on y a laissée tout l'hiver, pour les maintenir en état de contenir la nouvelle eau qui doit servir au sel, & qu'on y laisse entrer à peu près la hauteur de six pouces, après néanmoins l'avoir laissé se reposer & s'échauffer pendant deux ou trois jours dans de grands réservoirs qui sont au dehors des Salines, ensorte qu'elle devienne comme tiède ; la quantité d'eau suffisante y étant entrée, on ferme l'écluse, & on laisse au soleil & au vent à faire le reste de l'ouvrage.

La superficie de l'eau, frapée à plomb des rayons de cet astre, s'épaissit d'abord presque imperceptiblement, & ensuite se couvre d'une legère croute, qui enfin se durcissant par la continuation de la chaleur, est entièrement convertie en sel ; l'eau en cet état est si chaude, qu'on n'y peut mettre la main sans se brûler.

Lorsque le sel a reçu cette cuisson naturelle, on le casse avec une perche qui a une douve au bout, qu'on appelle simange, ce qui le fait aller au fond de l'eau, d'où on le tire presque aussitôt avec le même rateau ; & l'ayant laissé quelque temps en petits morceaux sur le bord de l'Aire pour achever de le sécher, on le met ensuite en d'autres plus grands, qui contiennent plusieurs milliers de muids de sel que l'on couvre de paille ou de jonc pour les garantir de la pluye : Ces monceaux de sel se nomment en Poitou des vaches.

Huit ou dix jours, au plus quinze, ayant achevé la cristalisation du sel, on ouvre de nouveau les parcs pour les remplir d'eau à la marée montante, & l'on continue ainsi alternativement à y mettre l'eau, à en ramasser le sel qui se forme, & à les vuider, jusqu'à ce que la saison ne soit plus propre à ce travail.

Rutilius Numatianus a décrit en beaux vers latins cette manière de faire le sel.

Subjectas villæ vacat aspectare Salinas,
Namque hoc censetur nomine salsa palus.
Quâ mare terrenis declive canalibus intrat,
Multifidosque lacus parvula fossa rigat.
At ubi flagrantes admovit Syrius ignes,
Cùm pallent herbæ, cùm sitit omnis ager ;
Cum cataractarum claustris excluditur æquor,
Ut fixos latices horrida dumet humus.
Concipiunt acrem nativa coagula phœbum,
Et gravis æstivo crusta calore coit.

Manilius l'avoit déja fait avant lui.

. . . . Magnas poterunt celebrare Salinas ;
Et pontum coquere, & ponti secernere vires ;
Cùm solidum certò distendunt margine campum,
Adpellunque suo deductum ex æquore fluctum,
Claudendoque negant. Tum demùm suscipit undas
Area, tùm pontus per solem humore nitescit.
Congeritur siccum pelagus, messique profundè
Canities emota maris, spumaque vigintis
Ingentes faciunt cumulos, Pelagique venenum ;
Quodque erat usus aquæ succo corruptus amaro,
Vitali sale permutant, redduntque salubrem.

SUR LA LANGUE CELTIQUE.

San, fel. *Tonn*, croute. *Santons*, ceux qui ont des marais, fur lefquels il fe forme des croutes de fel : Ou *San*, Pays. *Ton*, bon, excellent.

LA CHARENTE.

Carantonus, très-beau & très-agréable fleuve, a un lit médiocrement large, mais profond & rempli. Ses eaux font claires; elle forme plufieurs Ifles, & arrofe de belles prairies. Elle eft très-poiffonneufe, & fon débordement engraiffe les terres. Elle a, entr'autres poiffons, de groffes moulles, où l'on trouve des perles prefqu'auffi belles que celles du Levant. *Car* ou *Caran*, beau. *Don* ou *Ton*, profond.

Gabriel Carlon a célébré la Charente en ces vers.

> *Anne Carantonei memorabo fluminis alveum*
> *Pifcofi, irrigui, gelidi, vernantis, opaci?*
> *Illius, viden, ut cervix collapfa recumbit,*
> *Et tua cœruleis lambit veftigia labris?*

SAINTES.

MEDIOLANUM SANTONUM, *Santones*, dans une contrée graffe & fertile, au bord de la Charente. *Mad*, *Med*, fertile. *Lan*, fol, terrein. *Medlan*, *Médiolan*, terroir fertile. Elle a pris le nom de Saintes des Santons dont elle étoit la Capitale.

CANDE.

VILLAGE au confluent de la Boutonne & de la Charente. *Cand*, confluent.

FONTROUILLOUSE.

FONTAINE minerale près de Barbéfieux, dont l'eau eft lympide, avec une odeur de marécage. *Fon*, fontaine. *Drewi*, *Trewi*, *Treoni*, fentir. *Lub*, *Luz*, *Louz*, marais. *Fontreoulouz*, fontaine qui fent le marais.

ROCHEFOR.

EST tout environné de terrein marécageux. *Ros*, marais. *Vor*, *For*, bord.

SOUBISE.

IL y a dans ce Bourg une fontaine d'eaux minerales, qui font rouffatres. *Sw*, prononcez *Sou*, eau. *Bes*, *Bys*, rouffes.

TAILLEBOURG.

TARELLICUM. Le Château de Taillebourg eft grand, & de fituation très-forte, étant fur un roc efcarpé qui regarde le Bourg qui eft au bord de la Charente. *Tal*, coupé, efcarpé. *Bel*, roc.

TALEMON.

VILLE placée fur une hauteur de roc, environnée de la Gironde en forme de Prefqu'ifle. *Talemundum* dans les Chartes. *Tal*, hauteur. *Mon*, courbure de rivière.

TENAILLE.

TENALIA. Abbaye fituée au bord d'un ruiffeau. *Tan*, en compofition *Ten*, ruiffeau. *Al*, bord.

TONNE-BOUTONNE.

SUR le penchant d'un côteau au bord de la Boutonne. *Ton*, élévation.

L'ISLE D'OLERON.

EST fertile en blés, vins, fruits, légumes; elle eft cultivée & remplie comme un beau jardin. Elle eft appellée *Olario* par Sidonius. *Aug*, ifle. *Lar*, fertile.

ANGOUMOIS.
LA TOUVRE.

TOLVERA. Rivière qui a fa fource au pied d'un rocher efcarpé, fur lequel étoit un vieux Château qui appartenoit aux Comtes d'Angoulefme, & qui fut détruit par les Anglois. Cette fource eft une des plus belles qu'il y ait en France. Elle a plus de douze braffes d'eau de profondeur, & porte par conféquent des bateaux dès fa naiffance, fans être néanmoins navigable dans fon cours. Les eaux de la Touvre font claires & froides, & produifent une prodigieufe quantité de truites. Cette rivière fe jette dans la Charente, à une lieue & demie de sa source, au lieu appellé le Gou, à un quart de lieue au-dessus d'Angoulesme.

On lira ici avec plaisir la description que M. de Girac a faite en beaux vers latins de cette rivière & de sa source.

Arduus haud facili consurgit in aere clivo,
Et gemina hinc atque hinc protendit brachia collis
Mense velut primo nocturna cornua phœbes
Curvantur: vallis jacet infrà angustaque primum
Planitie, ingentem mox se diffundit aperta
Colle sub hoc, ipsaque aperit quâ brachia parte,
Qui longo vallis secessu abductâ recedit,
Fons scatet horrendus, priscum cui Tollnera nomen.
Ille quidem geminus, sed nomine proditus uno,
Quod coeunt unda, communique agmine currunt,
Margine nec distant: collis porrectus utrumque
Marginis instar habens, claudit: mirandus uterque
Ingens, piscosus, gelidâ gratissimus undâ.
Sed dispar facies: alter sine murmure sensim
Defluit, ut tacito fallat quoque lumina lapsu,
Turbidus aspectu, placido nil ore pericli
Promittens, vastus sed enim patet undique gurges,
Cæruleasque aperit fauces immensa vorago.
Hujus conati quidam dependere fundum
Demisere gravi subeuntes pondere funes
Innumeros; verùm nulli (mirabile dictu)
Fundum demissi valuerunt tangere funes.
Fons autem tumidos magno vomit impetu fluctus
Cumque. gravi gemitu, perque intervalla petitus
Undarum cumulos fundo inspirat anhelo;
Excitas borea volui stridente procellas
Credideris, veniens imò cum gurgite summas
Unda super prorumpit aquas, & leve polit
Immani dorso conturbat fluminis æquor.
Fit fremitus; circum collis, sylvaque propinque,
Antraque curva sonant, spectantibus incidit horror.
Hic mihi vix primas tingenti flumine suras
Obvius obliquis cancer se gressibus offert.
Riparum ille cavis habitat, tàm fercula præbens;
Quàm medicas servans, & testa & viscere vires,
Lubrica prælongum simùl impellensque trahensque
Corpus agit, flexoqut Anguilla volumine serpit,
Delicium vulgi, detracto tergore quondam
Nota nimis pueris, teneroque incommoda tergo.
Hanc ego quâ dicam causâ cum vita relinquit
Non fluitare vadis cunctis è piscibus unum,
Sed gravis in morem fundo subsidere Saxi?
Tu quoque præcipua spectaris mole, gravemque
Ovorum gestas numerosis millibus alvum
Carpio, lingua cui tenero suavissima gustu.
Nec tu oriunda mari Mustella silebere, verna
Tempore perspicui subiens qua lata carenta
Ostia in adversum, quàm longum est, serpere flumen
Non cessas, donec tot prætervecta procellas,
Tot populos pontesque, rapax quibus obstrepit unda,

Accedit

SUR LA LANGUE CELTIQUE.

Accedit fonti haud ignobilis incola nostro.
Tu primùm intercepta, omni preciosa macello
Regnas, divitibusque paras obsonia solis,
Tempore mox ipso pretium mutasque saporem.
Ecce ferox pavidos metuendo Lucius ore
Insequitur pisces, mensis nunc ille receptus
Quem gula damnarat veterum: Germania Gallis
Hunc certo condire modo monstravit: hoc illis
Unum pro toties populato reddidit agro.
Deliciosa choro Percarum examina ludunt;
Alburnique natant pingues, & Gobio vilis,
Redoque vix fulvas inter noscendus arenas
Concolor & tenuis, sed præstans carne salubri.
Nunc te Trutta canam, quo non formosior alter,
Suavior aut gustu piscis, variata refulget
Purpureis tibi squamma notis: tu vesceris albi
Exuis assuetum vere incipiente colorem,
Et penibus, ceu salmo, rubes. Quis fontis alumnum
Te putet ingenti Neptunia corpore monstra
Aquantem? nostri certè regnum omne fluenti
Te penès; in te omnes convertunt lumina pisces
Certatimque colunt, admiranturque natantem,
Rarior & cùm sis aliis in fluctibus, & te
Non lacus insignem, non quilibet educet amnis:
Hic tamen usque frequens adeò deprehenderis, ut non
Nobilior Tiberisve lupis, Misenus echinis,
Vel fuerit tenera lucrina pedoride lympha.
Non tibi se Rhodani, quæ laudatissima fertur;
Non tibi se vitrei præponet trutta Lemani.

Ce Poëte nous apprend que la Touvre est remplie de toutes sortes d'excellens poissons; mais elle est particulièrement abondante en truites, en anguilles & en écrevisses; car on dit communément dans le Pays que cette rivière est pavée de truites, lardée d'anguilles, & bordée d'écrevisses. *Dlu* ou *Tlu*, truite. *Re*, grand nombre, abondance, grande quantité. *Tlure*, *Tlvre*, *Tolvere*, abondance de truites: Ou *Tolver*, *truiteuse*, abondante en truites.

ANGOULESME.

ICULISNA, *Ecolisna*, *Engolisma*, *Ecolesna*, *Ecolesena*, *Ecolisina*, sur le sommet d'une montagne entourée de rochers. La Charente coule au pied du côté du couchant, & reçoit la petite rivière d'Enguienne au-dessus de cette Ville. Ausonne dit que cette Ville est placée dans un endroit solitaire & écarté des routes. *Devium & solum locum*. *Enculis*, *Enculisen*, *Enculisn*, lieu retiré.

AUBETERRE.

Est divisée en haute & basse Ville. La haute est de niveau avec le Château qui commande sur la Ville basse. Dans la cour du Château est une source d'eau vive, & sous la cour est l'Église dans le rocher, qui reçoit du jour par la Ville basse du côté de la rivière de Drouème qui y passe. Le Château est couvert d'une roche qu'on nomme la Motte. *Alp*, *Alb*, éminence. *Tardn*, sourdre. *Tar*, *Ter*, source. *Aubeter*, source de l'éminence.

COGNAC ou COIGNAC.

Près du confluent de la Charente & d'une petite rivière. *Coignac*, confluent. *Voyez* Cand dans le Dictionnaire Celtique.

LE LIMOSIN.

A pris son nom de son ancien Peuple, qui s'appelloit *Lemovices*, ou *Limovici*: *Llymhau* ou *Llemhau*, aiguiser. *Wys*, hommes. *Lemovys*, hommes qui aiguisent. Il y a beaucoup de mines de fer dans le Limosin, il y en a même d'acier. Les gouts des Peuples se perpétuent, fur tout lorfqu'ils font fondés fur les productions du Pays. Les cloux à ferrer les chevaux qu'on fait à Limoges font regardés comme les meilleurs qu'il y ait. Les Marefchaux de Paris & des principales Villes du Royaume en font venir pour leur fourniture. Le fer de ce Pays étant très-doux & ployant, le fil en eft excellent. On travailloit autrefois beaucoup en épingles dans cette Ville. La rareté du fil de laiton a fait déchoir cette manufacture.

LA VIGENNE.

Vigenna. Cette rivière perd une partie de fes eaux à Aix, où elles entrent dans un trou qui eft au milieu de fon lit. *Wi*, eau, rivière. *Gen*, trou.

LIMOGES.

LEMOVICÆ, partie fur la croupe d'une petite colline, partie dans un vallon. Cette Ville eft au bord de la Vienne, vis-à-vis l'embouchure d'une petite rivière. Au lieu où la Ville eft la plus haute, on voit une fontaine nommée Goléne qui fort à gros bouillons, qui arrofe les rues de cette Ville, & qui, dans une de fes places, forme deux étangs. Limoges a pris fon nom du Peuple qui l'habitoit. *Goleun* fignifie petit lac.

LE BEUIL.

BULLIUM, *Bullio*, Abbaye fituée dans une vallée entre deux bois auprès d'un ruiffeau. *Bull*, vallée. *Iw*, *Io*, ruiffeau.

BRIVES-LA-GAILLARDE.

BRIVA CORRETIA, fur la Corréze. *Briv*, Ville.

CHALUS.

DANS les anciens Auteurs *Caftrum Lucii*, *Caftucium*, *Calucium*, par crafe, Château fort, ainfi nommé de fes Tours. *Lug* ou *Luc*, Tour.

SOLIGNAC.

SOLEMNIACUM, *Soligniacum*, dans une belle vallée arrofée de la rivière de Briance. *Sol*, fond; vallée. *Lan*, en compofition *Len* ou *Lin*, belle, *Ac*, rivière.

TULLES.

TUTELA, au confluent de la Corréze & de la Solane, partie au pied, partie fur le penchant d'une montagne. Cette Ville eft fituée dans un Pays affreux par fes montagnes & par fes précipices. *Tu*, Pays, contrée. *Del*, fâcheufe, difficile, défagréable. *Del* & *Tel* font le même mot.

TURENNE.

TORINNA. Nous voyons dans nos anciens Hiftoriens que c'étoit un Château fort. *Twr*, prononcez *Tor*, Château. *Rhin*, fort.

USERCHE.

USERCA. Cette Ville occupe un gros rocher élevé, & qui eft efcarpé du côté qu'une petite rivière en lave le pied, où elle fait comme une Péninfule. *W*, eau, rivière. *Serr*, fermé. *Ca* de *Cal*, roc. *Uferrca*, roc fermé de la rivière.

LA BRETAGNE.

SES anciens Peuples s'appelloient *Armorici*. *Ar*, près. *Mor*, mer. *Ic*, Habitans. *Armoric*, ceux qui habitent au bord de la mer, ceux qui habitent près de la mer. Gregoire de Tours nomme cette Province *Britannia*. Elle prit ce nom au cinquième fiécle, parce qu'elle fut alors l'afyle des Bretons chaffés de leur Pays par les Anglois. Dans la Vie de faint Gildas, écrite au douzième fiécle fur d'anciens Mémoires, cette Contrée eft appellée *Letantia*: C'eft un terme celtique fynonime d'*Armorica*. *Let*, bord, rivage. *Tan*, eau. On fçait que la Bretagne eft environnée de l'Océan de trois côtés.

AVEN.

Rivière. *Aven* eft un nom appellatif de rivière, devenu propre de celle-ci. *Voyez* la Doure en Auvergne.

L'ARDRE.

Eft une rivière boueufe & peu agréable, parce qu'elle exhale de mauvaifes vapeurs. *Ar* d'*Arvon*, rivière. *Drevvi*, fentir mauvais, être puant. *Ardre*, rivière qui fent mauvais.

SUR LA LANGUE CELTIQUE.

CEIL.

Petite rivière de Bretagne nommée *Celer* par Fortunat, de *Cel*, vîte. *Voyez* la Seille en Franche-Comté.

COUESNON.

Cotna. On n'a qu'à jetter un coup d'œil sur la Carte, pour voir combien cette rivière est tortueuse. Son cours forme un demi-cercle très-profond. *Coan*, *Quan*, *Can*, tortueuse.

LA VILAINE.

Vicinonia dans Gregoire de Tours. *Vicenonia* dans Fredegaire. *Visnon* dans Aimoin. *Vigelania*, *Vigelonia* dans les Auteurs plus récens. Gregoire de Tours appelle plusieurs fois cette rivière torrent, à cause de sa rapidité. *Wychen* ou *Wychin*, forte, impétueuse. De *Wych*, force. *On*, rivière.

RENNES.

CONDATE REDONUM, *Redones*, *Redonum*. Il y a une petite rivière nommée l'Ille qui se jette dans la Vilaine. *Condate*, confluent. Cette Ville prit dans la suite le nom du Peuple dont elle étoit la Capitale. Les Redons s'appelloient ainsi de la grande quantité de fougères qui croissoient dans le canton où ils étoient établis. *Rhedyn* ou *Rhedwn*, prononcez *Rhédoun*, fougères. Il se peut aussi qu'ils ayent pris leur nom de leur vîtesse à courir. *Red*, qui court, coureur. *Don*, excellent. Les Gaulois s'exerçoient beaucoup à la course. Homère donne souvent à Achille son Héros l'épithéte de pied leger.

ALETH.

ALETO, situé au bord de la mer, entre la mer & la Rance, qui se jettant dans l'Océan en cet endroit, forme de grandes flaques d'eau. *A*, rivière. *Laith*, lac, flaque d'eau. *Alaith*, flaques d'eau de la rivière, ou rivière qui forme des flaques d'eau.

ANCENIS.

ANCENISUM sur la Loire. Il y a auprès de cette Ville une belle forêt, dont on a tiré le bois pour construire les trois plus beaux vaisseaux qui ayent été faits sous les Règnes précédens. *Han*, belle. *Den*, en composition *Zen*, forêt. *Is*, rivière.

AVRAY.

AVRAICUM. Son port de mer est formé par l'embouchure d'un ruisseau. *Havr*, port. *Aber*, *Aver*, *Avr*, embouchure. *Ai*, ruisseau. *Havrai*, *Avrai*, *Avray*, port de l'embouchure d'un ruisseau, port formé par l'embouchure d'un ruisseau. *Voyez* la Loire.

BELLE-ISLE.

CALONESUS, Isle presque toute environnée de rochers escarpés. Il n'y croît point de grands arbres, parce qu'elle est un grand roc qui n'a que la superficie couverte de terre. Le Château de Belle-Isle est situé sur un rocher. *Cal*, pierre, roc. *Onés*, *Énés*, Isle. *Calones*, Isle des rochers. Belle-Isle signifie la même chose. *Bal*, *Bel*, roc.

L'ISLE DE BOUIN.

N'EST qu'un marais où se fait quantité de sel; elle a un Bourg de même nom. *Poul*, *Pou*, *Bou*, marais. *In*, Isle. *Bouin*, Isle-marais.

BREST.

BRESTUM. Le plus grand, le plus beau, le plus sûr port du Royaume sur l'Océan, à l'embouchure d'une rivière. La rade est magnifique, & pourroit contenir cinq cens vaisseaux de guerre; mais l'entrée, qu'on appelle le Goulet, est un passage fort étroit, & extrêmement difficile, à cause des roches cachées qui avancent beaucoup dans la mer des deux côtés. *Goulet*, diminutif de *Goul*, *Gueaul*, gueule, bouche, entrée, ouverture. *Bras*, en composition *Bres*, grand, ample. *Tom*, fort, beaucoup, en sous-entendant port.

BRONS.

CHATEAU très-fort autrefois. *Bron*, Forteresse.

CAMARET.

BOURG au fond d'une petite baye ou sinuosité de la mer. *Cammaret*, petite sinuosité, de *Camma*, sinuosité.

CANCALE.

SUR la mer, & presque tout environné de ses eaux, ayant un bon port, à l'entrée duquel toutefois il y a un banc de pierre. *Carn*, *Can*, roc. *Cale*, port. *Cancale*, port-du roc.

CARAHAIS.

PETITE Ville, aux environs de laquelle le gibier est excellent, & particulièrement les perdrix. *Car*, cher, de prix. *Avais*, *Ahais*, oiseaux.

Q ij

CHATEAULIN.

On y voit au-dessus d'un rocher les restes de son ancien Château. *Lein*, sommet.

CLISSON.

A son Château sur une haute roche, au pied de laquelle passe la Sévre Nantoise qui y reçoit une petite rivière. *Glisc* ou *Clisc*, blanche. *Con*, roche.

CORBILUM.

Ville qui étoit placée à l'embouchure de la Loire. *Cor*, embouchure. *Pill*, en composition *Bill* Place forte. Il y a grande apparence que les Gaulois avoient bâti une Forteresse à l'embouchure de la Loire, pour qu'on ne pût entrer dans ce fleuve malgré eux.

CRAN.

Au confluent de trois rivières. *Crawn*, assemblage, accumulation.

CRODON.

Anciennement Crauton, Bourg. Il y a plusieurs grandes cavernes sous la côte de ce Bourg qu'on nomme indifféremment Crauzon & Crodon, dans lesquelles la mer entre. *Crau*, cavernes. *Ton*, *Don*, profondes. On dit en Bretagne cochons de Crauzon, pour désigner les Habitans de ce Bourg : Peut-être les appelle-t'on ainsi, parce qu'ils nourrissoient autrefois beaucoup de cochons : *Crau*, étables à cochons. *Tom*, beaucoup.

CROSSAC.

Près d'un grand marais de terre à brûler. *Crasag*, combustible, en sous-entendant terre.

CURIOSOLITES ou CORIOSOLITES.

Ancien Peuple de cette Province. *Cwrwgl*, prononcez *Corogl*, barque couverte de cuir. *Solita* à inventer.

DINANT.

Dinannum, occupe tout le dessus d'une montagne, qui est escarpée de tous côtés, excepté un seul. La rivière de Rance & un petit ruisseau, après avoir presque environné la montagne sur laquelle est la Ville, se joignent pour y faire un port. *Din*, montagne. *Nam*, coupée. *Di*, deux. *Nant*, rivière, ruisseau.

DOL.

Dolus, situé en partie dans un terrein humide & marécageux, au pied d'une montagne sur une rivière. C'est ce que signifie précisément le mot *Dol*.

LE FOU.

Ville près d'une forêt de hêtres. *Lez*, *Le*, près. *Faoud*, *Foud*, *Fou*, forêt de hêtres.

GUERANDE.

Il y a dans le territoire de cette Ville des marais salans, qui donnent occasion aux Habitans de faire un commerce considérable de sel blanc avec les Anglois & les Hollandois. *Guer*, sel. *Hand*, blanc.

LE CHATEAU DE GUESCLIN.

Voici ce qu'en dit Dom Lobineau. Il est aussi appellé *Guarplic* & *Garclip*. Les anciens ont traduit ce mot en latin par *Mollis Plica*, & ont cru que la situation de ce Château, près d'une anse que fait le rivage de la mer, avoit donné lieu à cette dénomination.

Ils ont eu raison de le croire. *Gwar*, doux. *Plyg*, plis, courbure. *Clip* dans *Garclip*, est la transposition de *Plic*, ainsi *Guarplic* & *Guarclip* signifient la même chose. *Guesclin* est encore un terme synonime de ces mots. *Guein*, *Guez*, mol, doux. *Clin*, courbure.

GUINCAMP.

Ville située dans une belle plaine. *Guin*, belle. *Camp*, campagne, plaine.

HENNEBON.

Situé sur la pente d'une montagne, en un triangle de terre environné de la mer dans le flux comme une Presqu'isle. *En*, eau. *Bon*, environné.

LAMBALE.

Sur le bord de grands marais qui l'environnent presque. *Lle*, lieu, habitation. *Am*, environnée. *Bala*, marais : Ou simplement *Lan*, lieu, *Bala*, marais.

LANNION.

Dans un excellent terroir. *Llan*, sol, terroir. *Ion*, excellent.

SUR LA LANGUE CELTIQUE.

MELERAY.

MELERIUM. Abbaye, à la source de la rivière d'Adon. *Mel*, en composition *Mil*, source. *Ri*, rivière.

MORBIHAN.

PORT de mer; c'est proprement un Golfe d'une assez grande étendue, & dans lequel on trouve plusieurs Isles. *Mor*, mer. *Bw*, en composition *By*, sinuosité. *An*, Isles.

MORLAIX.

ANCIENNEMENT Muntrelais, est tellement serré des montagnes, qu'elles l'obligent de s'étendre sur la pente d'une colline entre deux vallées, au haut de laquelle il y a un fort Château qui commande la Ville. Elle est sur une petite rivière qui y forme un Port par son embouchure dans la mer. *Mun*, *Mon*, montagnes. *Treuleg*, *Trleg*, pressé. On a adouci le G, & on en a fait une S.

NANTES.

CONDIVICNUM, *Nannetes*, au confluent de la Loire & de l'Ardre. *Cond*, confluent. *Wic*, habitation. *Condvic*, *Condivic*, habitation du confluent. Les *Nannettes*, dont *Condivic* étoit la Capitale, & de qui elle a pris le nom de Nantes, habitoient une contrée traversée par la Loire, & arrosée par un grand nombre de petites rivières. *Nan*, rivières. *Aid* ou *Ait*, grand nombre. *Nannettes*, ceux qui habitent une Contrée où il y a beaucoup de rivières.

PENMARK.

VILLE dans un Promontoire où le sablon est gros & roussâtre. *Pen*, Promontoire. *Marian*, *Mar*, sable. *K* de *Koch*, *Coch*, roux; comme *K* de *Kaer*, Ville. Voyez l'article de la syncope dans la dissertation du changement des léttres. *Penmarck*, Promontoire du sable roux.

L'ISLE DU PILIER.

PILARIA. Ce n'est qu'un rocher qui a un quart de lieue de long, & environ soixante toises de large. La superficie de cette Isle est fort unie, & la côte très-escarpée. Elle n'est point cultivée, n'y ayant pas suffisamment de terre. *Pil*, pelé. *Ar*, roc. *Pilar*, roc pelé.

PONT-ORSON.

VILLE, a un confluent. *Pont*, pont. *Or*, près. *Son*, confluent. *Pont-Orson*, pont près d'un confluent.

QUIMPER-CORENTIN, QUIMPERLAY.

QUIMPERLAY est situé dans une Péninsule qui se fait à la jonction de deux petites rivières. Quimper-Corentin est pareillement situé dans une Presqu'isle de deux petites rivières qui se joignent au-dessous de ses murailles. *Cwm*, en composition *Cym*, confluent. *Ber* ou *Per*, rivières. *Llay*, petites. Corentin est le nom d'un saint Évêque.

QUINTIN.

IL y a proche Quintin une grande forêt de même nom; on l'appelloit autrefois *Cotras*. *Quin*, belle. *Den*, *Din*, en composition *Tin*, forêt. *Cot*, forêt. *Ras*, désigne une grande étendue.

ROHAN.

BOURG situé au bord d'une petite rivière. *Ro* ou *Ru*, ruisseau, rivière. *An*, habitation.

SAINT BRIEUX.

AUTREFOIS Bidué, dans un fonds tout environné de montagnes, arrosé par un ruisseau & par plusieurs fontaines. *Bi*, montagnes. *Tuedd*, en composition *Duedd*, bord, bordé.

L'ISLE DU TAUREAU.

INSULA TAURI. Cette Isle est à l'embouchure de la rivière de Morlaix. *Tor*, embouchure. *I*, Isle. Ainsi on traduit mal *Tauri* par Taureau en François.

TREGUIER.

TRECORIUM, bâti dans une Presqu'isle appellée *Trecor*, dont il a pris le nom. Cette Péninsule est formée par la jonction de deux rivières, dont une se partage en deux bras avant que de se joindre; ensorte que cela présente aux yeux trois petites rivières. *Tre*, trois. *Couer*, *Cour*, *Cor*, ruisseau, petite rivière. *Trecor*, trois petites rivières.

VENNES.

LES Venétes ou Habitans du Diocèse de Vennes ont été un des plus fameux Peuples de toutes les Gaules. *Hujus Civitatis est longè amplissima auctoritas omnis orae maritimae Regionum earum* (dit César au livre troisième de ses Commentaires) *quod & naves habent Veneti plurimas, quibus in Britanniam navigare consueverunt; & scientiâ, atque usu nauticarum rerum coeteros antecedunt: & in magno impetu maris, neque aperto paucis portubus interjectis, quos tenent ipsi, omnes ferè, qui eodem uti mari consueverunt, habent vectigales.* Cet État a un grand avantage, & une grande autorité sur toutes les côtes des Cités Armoriques ou maritimes, parce que ceux de Vennes ont un grand nombre de vaisseaux, qui ont accoûtumé de naviger dans la grande Bretagne, & passent tous les autres dans la connoissance, & dans l'art & usage de la navigation : Ce qui fait que dans cette mer vaste & impétueuse, n'y ayant que peu de bons ports qu'ils y tiennent, ils tirent des droits & péages de presque tous ceux qui y négocient. Et peu après il décrit l'assiette de leurs Villes en ces termes : *Erant hujusmodi ferè situs oppidorum, ut posita in extremis lingulis, promontoriisque, neque pedibus aditum haberent, cùm ex alto se æstus incitavisset, quod his semper accidit horarum XII spatio ; neque navibus, quod rursùs minuente æstu, naves in vadis afflictarentur : ita utràque re oppidorum oppugnatio impediebatur.* La situation de leurs Villes étoit pour la plûpart de telle sorte, qu'étant sur les extrémités des promontoires, ou des langues de terres avancées dans la mer, on n'en pouvoit approcher & y arrêter, ni du côté de terre, ni du côté de la mer. Du côté de terre, quand le flux de la haute mer venoit à s'enfler sur la côte, ce qui arrive deux fois tous les jours, sçavoir de 12 en 12 heures. Du côté de la mer, quand le flux se retiroit, parce que les vaisseaux demeuroient à sec, & étoient incommodés sur les vases & sur les sables ; & ainsi l'une & l'autre difficultés empêchoient de pouvoir assiéger ces Villes.

Ce Peuple étoit très-vaillant, il battit plusieurs fois les Romains, qui n'eurent pas peu de peine à le soumettre. *Vann*, pointe. *Venet*, ceux qui habitent les pointes ou langues de terre.

LA NORMANDIE.

L'AISON.

Ason, nom appellatif de rivière, devenu propre de celle-ci.

L'AURE.

Aurea. Il y a dans la Normandie une fosse ou creux appellé Soucy. Cette fosse est une prairie, en forme de bassin, environnée de hauteurs, où l'Aure tombe en tournant doucement. Entrant sous terre par plusieurs trous, elle porte ses eaux ainsi cachées à l'Océan. *Afr*, prononcez *Avr*, engloutie.

LA BRELE.

Brisela. Rivière qui a pris son nom des truites dont elle abonde. *Briz*, *Brizell*, truite.

LA DIVE.

Cette rivière, aux environs de Pont-Dive, fait des prairies avec un paturage si bon, (ce sont les paroles de Jouvin de Rochefort,) que les herbes y croissent en plusieurs endroits si hautes, qu'on a de la peine à voir la tête d'un bœuf qui y paît. On en nourrit plusieurs troupeaux dans le territoire de Pont-Dive, & en plusieurs quartiers du petit Pays d'Auge, arrosé de la même rivière, qui fait par où elle passe le meilleur Pays de toute la Normandie. *Div*, riche, fertile, qui cause l'abondance.

LA DOUVE.

Dw, prononcez *Dou* ou *Dov*, nom appellatif de rivière, devenu propre de celle-ci.

LA DROME.

Droma, est rapide. *Trum* ou *Drum*, avec vîtesse, promptement.

L'ESQUE.

Rivière qui coule dans des marais pleins de joncs. *Hesg* ou *Hesk*, joncs.

GAMBON.

Ruisseau qui prend sa source à Aquenay, & passe par le grand Andely ; il se jette dans la Seine au travers du petit Andely. Quoiqu'il n'ait que deux ou trois lieues de cours, il est cependant environné d'une si grande quantité de vallons, que lorsqu'il tombe quelque orage aux environs, il en ramasse tant d'eaux, qu'il devient un torrent si vaste & si rapide, qu'il entraîne quelquefois les maisons & les moulins, & fait dans Andely & aux environs des ravages extraordinaires. *Gambe*, vallon. *On*, eau : *Ou Gvvange*, qui dévore, qui ravage. *Bon*, rivière.

LA GUINE.

Rivière qui coule dans des marais. *Gueun*, marais.

SUR LA LANGUE CELTIQUE.

L' ITON.

Ses eaux sont claires, son sable est beau. Au milieu de sa course, il se plonge dans la terre, & coule ainsi caché l'espace d'une lieue; après quoi paroissant de nouveau, il va se joindre à la rivière d'Eure. *I*, eau, rivière. *Donnat* ou *Tonnat*, creuser. *Iton*, rivière qui se creuse un canal sous terre.

LE LESON.

C'est le nom que porte la rivière de Touques dans ses commencemens. *Léz*, eau, rivière. *On*, diminutif.

MERDERET.

Rivière, qui dans tout son cours, coule dans des marais. *Merdvvr*, *Merder*, eau dormante, marais. *Merderet*, marécageuse.

L'ORNE.

Olena. M. de Segrais la décrit ainsi.

> Tels étoient les pensers de l'amoureux Cléandre,
> Retournant vers les bords du Celtique Méandre ;
> Car quiconque a vu l'Orne aux tortueux détours,
> Au Méandre fameux a comparé son cours.

Olvvyn, tour, contour.
Cette rivière est lente dans son cours. M. Huet nous l'apprend dans ces beaux vers.

> *Nascentem placidis fovit pater Olena lymphis*
> *Muscosum puero sæpè cubile dedit ;*
> *Quâ minor Ancreis lapsus de montibus Udo*
> *Nobilibus supplex adsociatur aquis :*
> *Olena, posthabito quem Xantho invisit Apollo*
> *Et leni auratas abluit amne comas.*

Len, lente. *O*, article.

L' OUDON.

Udo, vient des montagnes. *Voyez* l'article précédent. *W*, eau, rivière. *Don*, montagne.

L' OURE.

Our, nom appellatif de rivière, devenu propre de celle-ci.

LA RILLE.

Risela, se cache sous terre pendant un long espace de chemin ; elle en sort ensuite, & continue son cours. *Ri*, rivière. *Sel*, qui se cache.

LA SÉVE.

Sav, nom appellatif de rivière, devenu propre de celle-ci.

LA SEULE.

Sulla, rivière qui se perd dans la Gréve. *Soll*, *Sull*, qui se perd.

LA SOULE.

Subola, est fort poissonneuse. *Svv*, rivière, *Pouilh*, en composition *Bouilh*, *Bolh*, abondante.

LA THUE.

Thvv, nom appellatif de rivière, devenu propre de celle-ci.

LA TOUR.

Tour, nom appellatif de rivière, devenu propre de celle-ci.

VITOUARD.

Ruisseau dont on croit que le débordement présage la stérilité de l'année : C'est ainsi que M. Huet s'exprime. *Wid* ou *Wit*, défaut, manquement, stérilité. *Doare* ou *Toare*, nouvelle, annonce. *Vitoard*, *Vitouard*, annonce de ſtérilité. Les noms ont été donnés aux lieux, ſuivant l'opinion commune vraie ou fauſſe.

LA HAYE.

Il y a pluſieurs forêts de ce nom dans cette Province. *Hai* eſt un nom appellatif de forêt, devenu propre de celles-ci.

ROUEN.

ROTOMAGOS dans Ptolomée. On ne peut douter que cette Ville, qui eſt aujourd'hui une des plus grandes du Royaume, n'ait toujours été une des plus conſidérables des Gaules; puiſque dans les anciennes Notices de l'Empire Romain, elle porte le titre de Métropole de la ſeconde Province Lyonnoiſe ; & ce qui mérite une attention particulière, c'eſt qu'alors des quatre Provinces Lyonnoiſes, on n'en avoit fait que deux. *Rhwth*, prononcez *Rhoth*, vaſte, étendu, grand. *Mag*, Ville. *Rhothmag*, grande Ville.

Rouen eſt au bord de la Seine, à la chute des petites rivières d'Aubette & de Robec. *Rho*, rivière. *To*, deux. *Or*, embouchure. *Mag*, Ville. *Rhotoormag*, *Rhotomag*, Ville placée à l'embouchure de deux rivières.

On choiſira de ces deux étymologies celle qui plaira davantage ; l'une & l'autre ſont naturelles.

Rouen, qui eſt le nom moderne de cette Ville, me ſemble formé de *Rho*, pluſieurs, *Ven*, rivière. Environ le temps où elle commença à le porter, elle venoit d'acquerir une eſpèce de quatrième rivière ; c'eſt la Renelle qui eſt un conduit d'eau tiré du réſervoir d'une des fontaines de la Ville accordé aux Tanneurs par les anciens Ducs de Normandie.

AGON.

GROS Village. On y voit ſur le bord de la mer une grande mare d'eau douce, où l'on prend de très-belles & de très-excellentes carpes. *Agon*, mare.

ALENÇON.

ALENCONIUM, *Alencio*, *Alenco*, au confluent de la Sarthe & de la Briante; cette dernière y forme une petite Iſle. *Al*, près. *En*, Iſle. *Con*, confluent.

AMBLIE.

VILLAGE dans un marais près d'une rivière. *Amb*, entouré. *Liex*, eau.

AQUIGNY.

AQUINIACUM, Bourg ſur l'Eure. Cette rivière y reçoit un ruiſſeau qui prend ſa ſource auprès du Château d'Aquigny, & forme une Iſle où eſt l'Égliſe. *Ac* ou *Aq*, ruiſſeau. *Inis*, Iſle.

ARCLAIS.

VILLAGE au bord d'un marais. *Ar*, terre. *Clai*, boue. *Clais*, boueuſe.

ARGENCES.

BOURG au bord d'un marais traverſé par une rivière. *Arven*, *Argen*, rivière, marais.

ARGENTAN.

ARGENTANUM, au bord de l'Orne ſur une hauteur, au milieu d'une belle plaine très-fertile. *Argant*, en compoſition *Argent*, belle. *Tan*, Contrée : Ou *Argen*, rivière. *Ton* ou *Tan*, hauteur. *Voyez* l'article précédent.

ARNES.

VOICI la deſcription qu'on en lit dans l'Atlas. Village ſitué en platte campagne, & deſtitué de tous fleuves & ruiſſeaux. La mer, diſtante de là de huit lieues, y roule quelquefois de ſes eaux en ſi grande abondance, & par conduits inconnus, qu'elles y font un lac ou étang garni de pluſieurs ſortes de bons poiſſons, & qui ſe ſéche auſſi quand elles ſe retirent.

L'Auteur du Dictionnaire Univerſel de la France en parle ainſi. Arnes dans la Normandie vers Falaiſe, & les montagnes d'Arrennes dans une belle plaine. Il s'y forme ſouvent un étang d'eau ſalée par des conduits inconnus, que l'on croit venir de la mer. *A*, eau. *Ren*, conduit. *Nach*, en compoſition *Nech* ou *Nes*, caché. *Arennes*, par une craſe très-facile *Arnes*, eau dont les conduits ſont cachés.

ARRY.

VILLAGE au bord de l'Odon. *Ar*, près. *Ry*, rivière.

ATHIS.

IL y a deux Villages de ce nom ; l'un eſt au bord d'un étang traverſé par une rivière, l'autre eſt au bord d'un marais qui borde l'Orne. *At*, près. *Is*, eau, rivière, étang.

AVENAY.

VILLAGE près d'un marais. *Aven*, marais. *Nes*, près.

AUFAY

SUR LA LANGUE CELTIQUE.

A U F A Y.

Au milieu d'une belle plaine fertile en grains. *Avaes*, prononcez *Afaes*, campagne, plaine.

A U G E.

PETIT Pays qui n'étoit autrefois qu'une grande forêt nommée *Saltus Algie*. Ce Pays est abondant, particulièrement en pâturages ou herbages. La Dive qui l'arrose lui donne cette fertilité. On y fait une grande quantité de cidre. Guillaume le Breton parle de l'abondance des pommes que produit cette Contrée, & du cidre qu'on en fait, dans sa Philippide, livre sixième.

Non tot in autumni rubet Algia tempore pomis ;
Undè liquare solet siceram sibi Neustria gratam.

Et au livre cinquième

——————— *siceraque potatrix*
Algia tumentis.

Augia, pâturage près d'une rivière : Ou *Al* d'*Aual*, *Aval*, pomme, *G* de *Guez*, arbre. Les noms des arbres en Breton se forment souvent du terme générique arbre, & du nom du fruit qu'il produit : Ou *G* de *Ged*, abondant.

A U M A L E.

ALBAMALA. Il y a dans son territoire de la marne blanche en abondance. *Alb.* blanche. *Marl*, marne.

A V R A N C H E S.

ANCIENNEMENT *Ingena* & *Legedia*, est situé sur le haut d'une montagne, au pied de laquelle passe la rivière de Sée. L'élévation du lieu où elle est bâtie lui procure l'agrément d'une belle vuë. De la plate-forme qui est devant la Cathédrale, on découvre fort loin sur la terre & sur la mer. *Hin*, belle. *Cen*, en composition *Gen*, vuë. *Legedia* signifie la même chose. De *Llygad* ou *Llegad*, en composition *Lleged*, œil. Cette Ville a pris le nom d'*Abrinca* des Abrincates dont elle étoit la Capitale. *Aver* ou *Aber*, *Aberin*, qui désire. *Cad* ou *Cat*, combat. Les Avranchins aiment encore aujourd'hui la guerre.

A U V I L L E.

VILLAGE au bord d'un marais qui borde la Vire. *Av*, eau, rivière, marais. *Vill*, habitation

A Z E V I L L E.

PRÈS de rivière & de marais. *As*, rivière, marais. *Vill*, habitation.

B A C H E V I L L E R S.

SUR des côteaux. *Bech*, *Bach*, côteau, élévation. *Villers*, nom appellatif d'habitation.

B A I S N E S.

VILLAGE dans un marais au bord de l'Esque. *Bais*, marais. *Nes* de *Ner*, rivière.

B A L L E R O Y.

BOURG près d'un marais traversé par une rivière. Il y a dans son territoire des mines de fer & des forges qui rapportent considérablement. *Bal*, fer. *Rei*, donner, produire : Ou *Bal*, lac, marais. *Roy*, rivière.

B A N T E.

PRÈS d'un marais entre deux rivières. *Ban*, rivière. *Teu*, *Te*, deux.

B A S L Y.

PRÈS d'un marais d'où sort un ruisseau. *Bala*, tête ou commencement de rivière qui sort d'un lac, ou marais. *I*, près.

B A V E N T.

AU bord d'un marais. *Baw*, boue. *Bawent*, boueux.

B A Y E U X.

A pris son nom des Baiocasses, dont elle étoit la Ville. Leur Pays abonde en prairies fertiles, en herbes d'une excellente qualité. *Ba*, bonne. *Taut*, herbes. *Cals*, abondance.

B E C.

BOURG situé sur une langue de terre, à l'embouchure du Bec dans la Rille. *Bec*, pointe, langue de terre & embouchure. *Voyez* la Loire. La rivière de Bec a pris son nom de ce Bourg.

B E L L O U.

BOURG au bord d'un marais, dans lequel il y a un étang traversé par une rivière. *Bal*, en composition *Bel*, étang. *Lwb*, prononcez *Loub*, marais : Ou *Bel*, bord.

R

MÉMOIRES

BERNAY.
VILLE près d'une côte. *Ber*, côte. *Nés* près.

BERNESQ.
AU bord de l'Efque. *Born*, *Bern*, bord. *Efque*.

BLAY.
DANS un marais au bord d'une rivière. *Bal*, en compofition *Bel*, marais. *Ai*, rivière : Ou *Bel*, bord.

BLOVILLE.
PRÈS d'un marais. *Plou*, *Blou*, eau, marais. *Vill*, habitation : Ou *Plou*, tranfpofition de *Poul*, marais.

BRAY.
PETITE Contrée très-fangeufe en temps de pluye. *Brai*, fange, terre humide.

BRAY.
VILLAGE près d'un marais. *Brai*, terre aquatique, marais.

BREVAND.
PRÈS d'un marais traverfé par un ruiffeau. *Brai*, marais. Voyez l'article précédent. *Aven*, *Évan*, ruiffeau : Ou de *Brevan*, moulin.

BURCY.
VILLAGE dans une Ifle formée par l'Alliere qui fe partage. *Bur* de *Ber*, partage. *Cwy*, en compofition *Cyy*, rivière.

BURES.
AU bord d'un étang traverfé par une rivière. *Bur*, étang. *Res*, rivière.

CADETES.
ANCIEN Peuple de cette Province, dont le nom paroît formé de *Cad*, combat. *Héta*, plaire, agréer. *Cadetes*, hommes belliqueux, hommes qui aiment les combats.

CAEN.
CATHIM, Catheim, Cathem, Cathum, dans les anciennes Chartes, Ville confidérable au confluent de l'Orne & de l'Oudon. *Cad* ou *Cat*, confluent. *Hom*, *Ham*, *Hem*, *Heim*, habitation en Celtique, fuivant les différens Dialectes.

CAUDEBEC.
SUR le bord de la Seine qui y reçoit une petite rivière à demi falée, au pied d'une montagne couverte de bois. *Cod*, forêt. *Bec*, embouchure : Ou *Cot*, *Cod*, peu, à demi. *Pec*, en compofition *Bec*, fel. *Codebec* à demi falée, en fous-entendant rivière.

CAVIGNY.
AU bord d'un marais qui borde la Vire. *Cal*, bord. *Aven*, *Avin*, rivière, marais.

CAUMONT.
VILLAGE près d'une forêt. *Cau*, forêt.

LA CAUNIERE.
VILLAGE près du confluent de l'Orne & du Noireau. *Con*, confluent. *Ar*, en compofition *Er*, près.

LE PAYS DE CAUX.
A tiré fon nom des *Caletes* fes anciens Habitans. *Calet*, dur, endurci à la fatigue, aux travaux. *Galli gelu duratis artubus & labore affiduo*. Ammien. Marcel. liv. 15ème, ch. 12ème. Apparemment ce Peuple l'emportoit fur le refte de la Nation en ce point. On peut auffi tirer l'étymologie de ce nom de *Call*, prudent, fin, ingénieux. Ce Peuple s'eft diftingué dans tous les temps par l'efprit. *Galli fummâ genus folertiâ*, dit Céfar.

CHERBOURG.
CORIALLUM dans les Tables de Peutinger, *Coriovallum* dans la Chronique de Fontenelle. *Carusburc* dans une Charte du onzième fiécle, d'où eft venu Cherbourg, eft fitué à l'embouchure d'une petite rivière dans la mer qui y forme un port. *Cor*, embouchure. *Gwal*, en compofition *Wal* ou *Val*, Fortification, Fortereffe. *Bwrg* eft un terme fynonime de *Gwal*. Tous nos anciens Hiftoriens donnent le nom de *Caftrum*, Château, Fortereffe, à Cherbourg.

CLAGNY.
VILLAGE au bord d'une rivière. *Claign*, bord de rivière.

CLAIR.

BOURG à la source d'un ruisseau. *Cler*, ruisseau.

CLECY.

BOURG, près d'un marais traversé par une rivière. *Clai*, boue, fange, marais. *Cwi*, en composition *Cyi*, eau, rivière.

CONCHES.

CONCHAE, sur le sommet d'une montagne, Ville aujourd'hui, n'étoit autrefois qu'un Château, ainsi qu'il paroît par le nom de *Castellio* qu'il portoit aussi. *Caun*, sommet. *Cae*, en composition *Chae*, enclos, Château, Forteresse: Ou *Couch*, élévation; l'U se changeant aisément en N au milieu du mot.

CONDÉ.

IL y a trois Villages ou Bourgs de ce nom. Le premier est au confluent de la Vire & d'une petite rivière. Le second au confluent du Noireau & d'une petite rivière. Le troisième est sur le Laison, à un quart de lieue d'un confluent, il en étoit apparemment plus près autrefois. *Voyez* Glan en Suisse. *Cond*, confluent.

COUTANCES.

CONSEDIA anciennement, ainsi qu'on le voit dans l'Itinéraire d'Antonin, & dans la Table de Peutinger. (Quelques exemplaires portent *Cosedia*,) est au sommet d'une montagne. *Cwh*, prononcez *Coh*, éminence, élévation. *Sad*, en composition *Sed*, sommet. *Con* signifie pareillement élévation.

CROISSET.

BOURG au bord de la Seine. Il y a de belles carrières de chaux. *Creyz*, craye, chaux.

CROUAY.

VILLAGE au bord d'un marais traversé par une rivière. *Cro*, *Crou*, marais. *Ai*, rivière.

CROVILLE.

VILLAGE au bord d'un marais. *Cro*, marais. *Vill*, habitation.

COURCELLE.

VILLAGE dont le nom signifie en général petite habitation. *Cour*, habitation, *Cel*, petite.

COUTEAU.

VILLAGE au bord d'une forêt. *Cout*, forêt. *Aud*, bord.

DAMVILLE.

BOURG sur la rivière d'Ison. *Dan*, rivière. *Vill*, habitation.

DANGU.

DANGUTUM dans les anciens monumens, Bourg sur la rivière d'Epte. *Dan*, rivière. *Cwtt*, en composition *Gwtt*, habitation.

DIEPPE.

DEPPA. Ville située entre deux falaises ou montagnes de roc. *Deu*, deux. *Pal*, roc, falaise. L'U se changeant en P devant un autre P, on a dit *Deppa*.

DOUVRE.

BOURG près de la source d'une petite rivière. *Dwyre* ou *Dwre*, sourdre.

ELBŒUF.

ELBOTUM, au bord de la Seine. *Ael*, *El*, bord. *Bod* ou *Bot*, habitation.

ESQUAY.

VILLAGE près d'un marais traversé par une rivière. *Hesk*, joncs. *Aid*, abondance.

ESTRÉHAM.

VILLAGE au bord d'une rivière. *Stoer*, par transposition *Stre*, rivière. *Häm*, habitation. *E*, paragogique.

ÉTOUVY.

VILLAGE au bord de la Vire. *At*, en composition *Et*, près. *Thwy*, rivière.

EU.

AUGUM, *Aucum*, sur la Bresle dans de belles & grandes prairies, d'où elle a pris son nom. *Augi*, prairies près de l'eau.

ÉVREUX.

MEDIOLANUM EBUROVICUM, *Civitas Ebroicorum*, *Civitas Ebroicum*, *Ebroas*, est environné de tous côtés de vignes, de jardins, de prairies, où deux petites rivières se joignent ; ensorte que cette Ville est dans une Presqu'isle. *Med*, bon. *Lan*, terrein. *Voyez* Saintes & Milan. *Eburovices*, *Ebroices*, d'*Ebrwyd*, prononcez *Ebroyd*, *Ebroys*, vîte, prompt, leger. Les Gaulois s'étudioient à rendre leur corps agile & leger. Éphorus, cité dans Strabon, *liv. 4ème*, dit qu'ils faisoient beaucoup d'exercice pour ne pas prendre trop d'embonpoint.

FALAISE.

Sur une petite rivière. Elle est bâtie en forme de vaisseau. Le Château qui est sur un roc en est la poupe. On appelloit anciennement une roche une falaise. Ce mot étoit formé de *Falz*, terme Celtique qui signifie roc.

FÉCAMP.

FISCANUM sur une petite rivière. Le port est séparé de la Ville par un grand marais. *Fich* ou *Fis*, odeur désagréable. *Fiscan*, lieu où l'on respire un air qui a une odeur désagréable. Cette mauvaise odeur est causée par le marais dont on a parlé.

FLEURY.

Au bord de l'Andelle. *Fleu*, rivière. *Rez*, bord.

FORGES.

Bourg où il y a une fontaine d'eaux minerales fort estimées. Elles sont froides & sentent le fer. Il y a trois sources qui méloient leurs eaux avant que Louis XIII les eût fait séparer. Ce Bourg est appellé *Fabrica* dans les anciens titres latins à cause de ses forges. *Forch*, forge.

LE GARS.

Village où il y a un grand nombre de carrières de belles pierres grises, dont on fait dans le Pays & ailleurs des maisons & autres ouvrages : ce qui fait le plus grand trafic du lieu. *Cars*, *Gars*, pierre.

GAVRAY.

Bourg, à l'extrémité duquel, vers l'entrée de la forêt, il y avoit un Château sur une éminence. *Gau*, forêt. *Braid* ou *Vraid*, extrémité. *Gauvray*, extrémité de la forêt.

GONFREVILLE.

A la source d'un ruisseau. *Gofer*, ruisseau. *Vill*, habitation.

GOURNAY.

GORNACUM sur l'Epte, est environné de prairies excellentes. *Gwyran*, *Gwyren* en composition, herbe, foin. *Gwyrenac*, *Gwrnac*, prononcez *Gornac*, abondant en herbe.

GRANDVILLE.

Est sur un rocher escarpé de tous côtés. C'étoit un Village dont on fit une Ville en 1400. *Cran*, *Gran*, coupé. *Bil*, *Vil*, roc.

LE HAM.

HAM, nom appellatif d'habitation, devenu propre de celle-ci.

HAMARS.

Village au bord d'un marais. *Ham*, habitation. *Mar*, marais.

HAMEL.

Nom appellatif d'habitation, devenu propre de celle-ci.

LE HAVRE DE GRACE.

Port de mer à l'embouchure de la Seine. *Havr*, port, *Gras*, embouchures. On appelle les embouchures du Rhône les Gras du Rhône. Ce mot vient de *Crawn* qui signifie assemblage, accumulation.

HÉMEVEZ.

Village près d'un marais. *Ham*, en composition *Hem*, habitation. *Mew*, dormante, croupissante. *Es*, eau.

HERTRE.

Village où l'on trouve ces sortes de diamans, qu'on appelle à Paris *diamans d'Alençon*. Il est vrai qu'ils ne sont pas de la nature de ceux des Indes Orientales ; cependant il y en a de si nets & de si brillans, que plusieurs Lapidaires y ont été trompés. *Haer*, beau. *Traeth*, sable, gravier.

SUR LA LANGUE CELTIQUE.

HIÉMES.
OXIMUS, *Oximum*, au sommet d'une montagne. *Oc*, montagne. *Sum*, en composition *Sym*, sommet.

LA HOGUE.
OGAS ou *Oga*, Cap & Port de mer défendu d'un Fort. *Og*, pointe de terre, Cap.

LE HOMME.
HOM, nom appellatif d'habitation, devenu propre de celle-ci.

HOTTOT.
DE *Hut*, nom appellatif d'habitation, devenu propre de celle-ci.

JANVILLE.
VILLAGE près d'un confluent. *Gan*, ou *Jan*, confluent. *Vill*, habitation.

ISIGNY.
BOURG au bord de l'Aure qui forme une Isle assez considérable en cet endroit. *Is*, rivière. *Inys*, Isle.

JUMIÉGES.
GEMMETICUM, dans une courbure de la Seine. *Gam*, en composition *Gem*, courbure. *T^{h}wy*, en composition *Thyy*, eau, rivière. *Com*, habitation: Ou simplement *Tyic*, habitation, *Gemtyic*, habitation de la courbure, en sous-entendant de la rivière.

JUVIGNY.
AU bord d'un marais d'où sort une petite rivière, à la tête de ce marais & près de la source de cette rivière. *Gw* ou *Jw*, eau, rivière. *Byn* ou *Vyn*, source. *I*, près.

LAIZE.
VILLAGE dans un marais au bord d'une rivière. *Lez*, eau, rivière, marais.

LASSON.
VILLAGE au bord d'un marais. *L* de *Lez*, près. *Ason*, marais: Ou *L*, article.

LIÉVILLE.
VILLAGE au bord de la Douve. *Liex*, eau, rivière. *Vill*, habitation.

LIÉVRE.
VILLAGE au bord d'une rivière. *Liex*, eau, rivière. *Var*, en composition *Ver*, près. *Liexver*, *Lièvre*, près de rivière.

LISIEUX.
CIVITAS LIXOVIORUM, est située en partie sur la pente d'une côte, en partie dans une très-belle vallée, où sont des pâturages d'un grand revenu, au confluent de deux petites rivières. Cette Ville a pris son nom des *Lixovii* dont elle étoit la Capitale. Ce Peuple fut ainsi appellé, parce qu'il habitoit une contrée fertile en herbes. *Llysau*, herbe. *Lisovii*, ceux qui habitent une contrée fertile en herbes. Le Pays de Lisieux est appellé dans les Capitulaires *Lisvinus Pagus*.

LOGES.
LOG, nom appellatif d'habitation, devenu propre de celle-ci.

LOUVIERE.
VILLAGE dans un marais traversé par le Noireau. *Lub*, *Louh*, marais. *Ver*, rivière.

LOUVIERES.
VILLAGE dans un marais, à l'endroit où un ruisseau prend sa source. *Lub*, *Louh*, marais. *Ver*, rivière, ruisseau, tout coulant d'eau.

LOUVIERS.
LUPARIÆ, au bord de la rivière d'Eure. *Lub*, rivière. *Bar*, *Par*, près, sur, au bord.

LOUVIGNY.
VILLAGE dans un marais près de l'Orne. *Lub*, *Louh*, marais. *Ven*, *Vin*, rivière. *I*, près.

LUC.
PRÉS d'un marais traversé par une rivière. *Lwg*, eau, rivière, marais.

LUTRY.

VILLAGE près d'un marais. *Lub*, marais. *Try*, habitation.

MAGNY.

NOM appellatif d'habitation, devenu propre de celle-ci.

MAISY.

DE *Mais*, nom appellatif d'habitation, devenu propre de celle-ci.

MAIZET.

Voyez l'article précédent.

MANERBE.

VILLAGE, a un confluent. *Man*, embouchure. *Arb*, en composition *Erb*, rivière.

LE MANOIR.

MAN ou *Maner*, nom appellatif d'habitation, devenu propre de celle-ci.

MARCEY.

VILLAGE au bord d'un marais. *Mars*, bord. *Say* de *Sag*, en composition *Sei*, eau dormante ; marais.

MAURAT.

VILLAGE dans un marais. *Mor*, marais. *Ad* ou *At*, habitation.

MAY.

VILLAGE au bord d'un marais. *Bais*, *Mais*, marais : Ou *Mais*, habitation. *Voyez* Maisy.

MÉNIL.

IL y a plusieurs Villages de ce nom, qui est le même que *Man* ou *Men*, nom appellatif d'habitation.

MÉRIDON.

BOURG au bord d'un marais coupé par la Dive. *Mer*, marais. *Ri*, rivière. *Tonn*, en composition *Donn*, coupé.

MÉRY.

VILLAGE au bord du Laison. *Mer*, rivière. *I*, près, sur, au bord.

MOLES.

VILLAGE dans un marais, & traversé par une rivière. *Mos*, marais. *Lez*, rivière.

LE MOLAY.

VILLAGE au bord d'un marais, près d'un bois. *Mos*, marais. *Lay*, forêt.

MONCY.

VILLAGE à la source d'une rivière. *Mon*, source. *Cwy*, en composition *Cyy*, rivière.

MORFAVILLE.

GROS Village, où le fonds est très-cher & très-excellent pour le lin, parce qu'il est gras & humide. *Morfa*, terrein humide. *Vill*, habitation.

MORTAIN.

MORITOLIUM. Cette Ville est environnée de rochers escarpés. *Mur*, *Mor*, rocs. *Tal*, *Tol*, coupés.

MORTEMER.

VILLAGE près d'une mare. *Mart* ou *Mort*, morte, dormante. *Mer*, eau.

MORVILLE.

VILLAGE près d'un marais. *Mor*, marais. *Vill*, habitation.

NEUILLY L'ÉVESQUE.

VILLAGE au bord de l'Elle, dans un terrein aquatique & marécageux. *Nol*, *Nul* est un terme qui signifie cette situation.

NORON.

VILLAGE partagé en deux par une rivière. *Ner*, *Nor*, partage. *On*, rivière.

SUR LA LANGUE CELTIQUE.

LA PALU.

VILLAGE au bord d'un marais. *Palud*, marais.

PASSY.

VILLE au bord de l'Eure, au pied d'une éminence, sur laquelle est son vieux Château. *Pech* ou *Pach*, *Pas*, éminence. *Sw*, en composition *Sy*, rivière.

PIROU.

ANCIEN Château sur la côte de la basse Normandie dans le Coutantin, vis-à-vis des Isles de Jersey & de Garnesay. On compte au pied de ce Château dix-huit ou vingt niches de pierre, où l'on a soin tous les ans de mettre des nids faits de paille ou de foin pour les oyes sauvages, qui ne manquent pas tous les premiers jours de mars de venir la nuit faire plusieurs rondes tout à l'entour, pour voir au clair de la lune & des étoiles, si ces nids sont prêts. Les jours suivans, ces oiseaux viennent prendre possession des nids qu'ils trouvent les plus mollets & les plus commodes, & souvent ce n'est pas sans quelque combat entre eux à coup d'ongles & de bec, où il se répand du sang ; ce qui se fait avec tant de bruit, qu'on ne s'entend presque point dans les appartemens du Château, ni dans les masures des environs. Lorsque tous ces nids sont pris, on en met d'autres sur les parapets des murailles, & ils ne demeurent pas longtemps vuides. Comme ces murailles sont extrêmement hautes, les oyes qui y couvent ont accoûtumé, dès que leurs petits sont éclos, d'avertir en criant qu'on vienne les descendre dans le fossé. Si on tarde à le faire, les meres y descendent elles-mêmes, étendent leurs aîles, & reçoivent leurs petits à la descente, de crainte qu'ils ne se blessent. Chaque oye a son mâle auprès d'elle ; & ce qu'il y a de remarquable, c'est qu'encore que ce soient de vraies oyes sauvages, aucun de ces oiseaux ne paroît dans les campagnes voisines, pendant que l'on en voit des milliers qui flottent sur les lacs de Pirou. Quand ils sont hors du Château, on n'en sçauroit approcher de six cens sans qu'ils s'envolent ; mais quand ils sont dans le Château, ils cessent d'être sauvages, & viennent prendre du pain & de l'avoine à la main, comme s'ils avoient de la considération pour ceux qui leur ont fourni des nids. Quelque bruit que l'on fasse dans les cours, quand même on tireroit des coups de fusil, ils ne s'effarouchent point, & couvent depuis le commencement de mars jusques dans le mois de mai. Lorsque les petits sont assez forts pour les suivre, ils les dérobent la nuit, & se retirent par des faux-fuyans dans les lacs voisins, pour ne revenir que l'année suivante. *Fur* ou *Pur*, en composition *Pyr*, prudent, avisé, sage. *Oue*, oye en vieux François, d'*Oay*, *Oaw*, *Oaon*, Celtique. *Pirou*, oyes avisées, oyes fines.

PONT-CANDO.

PONT sur la Vire, près de son confluent, avec une petite rivière. *Cand*, confluent.

POULIGNY.

VILLAGE au bord d'un marais. *Poul*, marais. *In*, bord.

PRÉTOT.

BOURG près d'un marais. *Brai*, *Prai*, terre humide, marais. *Tot*, près.

QUILLEBŒUF.

QUILLEBOVIUM, sur la Seine, au pied d'une roche vive & escarpée en précipice. *Qil*, coupé, escarpé. *Ban*, roc.

RAS.

SUR les côtes de Normandie; il y a plusieurs détroits de l'Occéan appellés Raz. Le Raz Blanchart, le Raz de Banne, le Raz de Gateville. *Raz*, détroit.

RENCHI.

VILLAGE au bord d'une rivière. *Ren*, rivière. *Chai*, *Chi*, habitation.

REVIERS.

DANS un marais entre la Seule & la Thue, près de leur confluent. *River*, *Rever*, rivière. *Revers* ; *Revieres*, rivières.

RIEUX.

VILLAGE au bord d'un ruisseau. *Riu*, *Rieu*, ruisseau.

ROTZ.

VILLAGE dans un marais. *Rhos*, terrein aquatique, marais.

ROZEL.

VILLAGE dans un marais. *Rhos*, terrein aquatique, marais. *Rhosel*, marécageux.

RUGLES.

RUGLUM. Bourg au bord de la Rille. *Ru*, rivière. *Gl*, bord.

RULLY.

VILLAGE au bord d'une rivière. *Ru*, rivière. *Liz*, bord.

RUPPIERES.

VILLAGE près d'une rivière. *Ryfer, Ryper*, prononcez *Ruper, Rupiere*, rivière, comme de *River*, rivière.

RUSSY.

DANS une campagne marécageuse. *Rhos, Rhus*, campagne aquatique, marécageuse. *Voyez* le Ruffey dans le Comté de Bourgogne.

RYE.

VILLAGE au bord d'une rivière. *Ry*, rivière.

SAINTENY.

VILLAGE placé entre deux ruisseaux à leur confluent, ensorte qu'il est dans une Presqu'isle *Sant*, confluent. *An*, en composition *En*, habitation.

SALEN.

VILLAGE au bord d'un marais. *Sal*, bord. *Lenn*, marais.

SAON, LE SAONET.

VILLAGE dans un marais, & le Saonet autre Village tout près de Saon au bord du marais. *Sah*, dormante. *On*, eau. Le Saonet est, ou un diminutif de Saon, (*Voyez* Ran, Ranchot dans le Comté de Bourgogne,) ou il est formé de *Saon*, & d'*At* en composition *Et*, près.

SÉEZ.

CIVITAS SAGIORUM dans la Notice, a pris son nom des Sagiens dont elle étoit la Ville. Ce Peuple a été ainsi nommé des chevaux qu'il nourrissoit. *Sag*, cheval. La Contrée des Sagiens est si propre à donner de bons chevaux, que Louis XIV a fait transférer le Haras de la Couronne au Hauts Bois proche d'Hiesmes dans le Diocèse de Séez.

SOUCY.

FOSSE, creux ou pour mieux dire prairie en forme de bassin, où la rivière d'Aure se précipite dans la terre par plusieurs trous. *Sw*, prononcez *Sou*, rivière. *Sixl*, couloir, passoire.

SULLY.

EST dans un marais, au bord d'une rivière, près d'une Isle formée par un partage de la rivière; *Sal*, coupure, partage. *Lix*, eau, rivière.

THAN.

VILLAGE au bord de la Seule. *Tan*, rivière.

THURY.

AUJOURD'HUI Harcourt, près de l'embouchure d'une petite rivière dans l'Orne. *Tor, Tur*, embouchure. *I*, près.

TINCHEBRAY.

BOURG près d'un marais. *Ty*, habitation. *Wng* ou *Wnc*, en composition *Ync*, près. *Brai*, terre aquatique, marais.

TOMBELENE.

ROCHER ou espèce d'Isle au milieu de la Gréve du mont saint Michel. *Twm*, prononcez *Tom*, élevé. *Bel*, rocher. *Enes*, Isle. *Tombelene*, Isle qui est un rocher élevé.

TORRIGNY.

VILLE au bord de trois étangs traversés par une rivière. *Torr*, qui coupe, qui partage. *Rin*, rivière.

TOUQUES.

BOURG situé dans l'endroit où la Touques fait une courbure. *Tolc, Tolq*, courbure. *Es*, rivière. Ce Bourg a donné son nom à la rivière qui l'arrose; car elle porte un autre nom dans ses commencemens.

TOURNEBU.

VILLAGE près d'un marais traversé par une rivière. *Pwl, Bwl*, marais. *Ner*, coupé, partagé. *Tour*, rivière.

TREPORT.

BOURG qui est le port de la Ville d'Eu. *Tre*, Ville. *Porth*, Port.

TREVIERES

SUR LA LANGUE CELTIQUE.

TREVIERES.
Bourg au bord d'un grand marais traversé de l'Aure. *Trev*, habitation. *Ver*, marais.

TRUTEMER.
Village au bord d'un marais traversé par une rivière. *Trwy*, à travers. *Tan*, en composition *Ten*, rivière. *Mer*, marais.

TURQUEVILLE.
Village à la source d'une petite rivière. *Dwr* ou *Twr*, source. *Rec* ou *Req*, rivière. *Vill*, habitation.

VALLOGNE.
Vallonia, entre des forêts. *Val*, forêt. *Vallon*, qui est dans les forêts.

VAREVILLE.
Près d'un grand marais. *Var*, grand. *Reun*, marais. *Vill*, habitation.

LES VAYS.
Ce sont des basses d'eau ou gués qui sont à l'embouchure des rivières de Vire, Oure, &c. dans la Manche. Il y en a deux; le grand qui est plus avant dans la mer, est long d'une lieue & demie; le passage en est fort dangereux à cause des sables mouvans, malgré les ouvrages qu'on a faits pour le rendre plus solide. Le petit est au-dessus, & ne sert que pour passer la Vire. *Bais*, *Vais*, gué, basses d'eau.

VENOIX.
Village dans un marais. *Ven*, marais.

VERET.
Au bord d'un marais. *Ver*, marais.

SAINT PAUL DU VERNAY.
Près d'un bois d'aulnes. *Vern*, aulne. *Vernay*, bois d'aulnes.

VERNEUIL.
Vernolium. Il y a beaucoup d'aulnes. *Vern*, aulnes. *Wl*, prononcèz *Ol*, lieu, habitation.

VERNON.
Tire pareillement son nom des aulnes. *Vern*, aulnes. *Hom*, habitation.

VEULLES.
Ce Bourg est fort resserré entre deux côtes, & séparé en deux par un gros ruisseau, qui prend sa source à l'entrée de ce lieu là. *Bul* ou *Vul*, *Veul*, source. *Les*, rivière, ruisseau.

VIDUCASSES.
Ancien Peuple de cette Province, dont la Ville étoit placée où est aujourd'hui un Village nommé le *Vieux*. *Wyd*, Tisserands. *Cas*, estimés. On fabrique encore de belles toiles fines dans cette Contrée.

VILLERS.
Nom appellatif d'habitation, devenu propre de plusieurs Villages en cette Province.

VILLY.
De *Vill*, nom appellatif d'habitation, devenu propre de celle-ci.

VIRE.
Viria. Ville au bord de la Vire qui y fait une grande courbure. *Wyr*, tortueuse, courbée. *I*, eau, rivière.

VITOUARD.
Ruisseau dont on croit que le débordement présage la stérilité de l'année; c'est ainsi que M. Huet s'exprime. *Wyd* ou *Wyt*, défaut, manquement, stérilité. *Doare* ou *Toare*, nouvelle, annonce. Les noms ont été donnés aux lieux selon l'opinion commune, vraie ou fausse.

URVILLE.
Village près d'un marais. *Ur*, eau, marais. *Vill*, habitation.

YVETOT.
Près d'un marais. *Tve*, eau, marais. *Tot*, près.

S

MÉMOIRES

LE COMTÉ DE BOURGOGNE.

DEUX Écrivains célébres ont fait la description de cette Province. César & Pelisson. Le premier d'un seul trait en donne la plus haute idée: La Contrée des Séquanois, dit-il, *De Bel. Gal.* est la plus fertile des Gaules : *Ager Sequanus totius Galliæ optimus*. Le second entre dans le *l. 1.* détail de nos richesses ; & joignant les graces de son style aux beautés du Pays, il en Hist. de la fait un tableau charmant.

Conq. de Fr. Comté.

» Une agréable variété de plaines, de collines, de vallons, de bois, de prairies, de
» terres cultivées, de rivières, de fontaines & d'étangs en rend la campagne délicieuse.
» La même diversité se trouve en ce qu'elle porte, car il n'y a rien de nécessaire à la
» vie dont elle ne soit fertile ; d'où vient que quelques Écrivains l'ont appellée l'abrégé
» de la France, & celui de tous les Pays qui se peut le plus aisément passer des autres.
» Sur tout elle est en réputation pour ses bons chevaux, & pour ses excellens vins, dont
» quelques-uns, comme ceux d'Arbois & des environs, conservent vingt & trente ans toute
» leur délicatesse & toute leur force. Il semble même que le Ciel lui ait été libéral ou
» prodigue de ces choses rares & curieuses qu'on lit avec plaisir dans l'histoire, & qu'on
» néglige souvent sur les lieux: telles sont les carrières de marbre très-blanc, & d'autre
» très-noir, marqueté de tâches rouges : Les pierres de Sampan auprès de Dole, où le
» hazard & la nature ont fait très-souvent des peintures que l'art & le pinceau pour-
» roient avouer : L'or mêlé quelquefois visiblement au sable du Doubs & de la Loue,
» indices certains des mines inconnues où leurs eaux ont passé : Les grottes dont les con-
» gélations l'emportent sur tout ce qu'on voit ailleurs de semblable : Les sources chaudes
» & utiles à la santé ; celles de sel dont nous parlerons ailleurs.

* *César, de Bel. Gal. l. 1.*
Helvetios, Sequanos, Æduos, tres potentissimos, ac firmissimos Populos.

Les Séquanois, *Secani* dans Ptolomée, *Sequani* dans César, un des trois plus puissans & des plus vaillans Peuples des Gaules, au rapport de ce grand Capitaine, * ont été les premiers Habitans de cette Contrée. Leur nom signifie en Celtique hommes de cheval. *Sac*, en composition *Sec*, cheval. *An*, hommes. Ils étoient en effet d'excellens Cavaliers. Lucain les distingue par-là de ce nombre infini de Peuples qui formoient l'Empire Romain.

Optima Gens flexis in gyrum Sequana frænis.

La Ville d'*Épomanduodurum*, aujourd'hui Mandeure, portoit ce nom, parce qu'on y dressoit parfaitement les chevaux ; car *Épomanduodur* en Celtique signifie Ville où l'on dresse bien les chevaux. C'est pourquoi dès que ses habitans connurent, par le moyen des Romains, Castor, qui excelloit dans l'art de manier des chevaux, ils lui rendirent un culte Chiflet, *Vesp.* particulier. Une inscription qu'on y a déterrée prouve ce fait.
P. 1, p. 153.

Épona, anciennement Ville des Séquanois, (aujourd'hui Yene en Bugey,) a pris son nom des chevaux. Parmi les inscriptions de Lyon, on en voit une consacrée par Adgynnius Séquanois, à Mars Ségomon, *Marti Segomoni*, c'est-à-dire à Mars qui va à cheval. *Sac* ou *Sag*, en composition *Seg*, cheval. *Mont*, aller. Le Val du Sauget, Gilley, ont pris leur nom des chevaux qu'on y élevoit autrefois, comme on y en éleve encore aujourd'hui.

Vesont. P. 1. p. 270.

On trouve encore assez communément dans notre Province, dit M. Chiflet, des médailles d'or concaves, qui, dans la surface convéxe, représentent une Tête qui n'est pas Romaine, & dans la concave, ou un cheval, ou un char attelé de deux chevaux, ou un Cavalier qui porte un étendart, dans lequel on voit la Croix de Bourgogne : ce sont les paroles de ce Sçavant. L'or dont elles sont composées n'est pur & éclatant comme celui des médailles romaines, mais un peu mêlé d'airain. Il parle un peu après de deux médailles d'argent trouvées à Besançon, & qu'il conservoit dans son cabinet. L'une & l'autre portent sur la face une Tête humaine avec le col entier & le dessus des épaules qui ont des aîles. On y lit cette inscription ATEVLA. Le revers de l'une & de l'autre est un cheval qui porte fièrement sa tête, avec cette inscription VLATOS. M. Chiflet croit que ces deux médailles sont d'Attila, & les autres des Bourguignons.

Me seroit-il permis de proposer sur ce sujet une conjecture différente de celle de cet illustre Auteur. Je croirois que toutes ces médailles ont été frapées par les Séquanois depuis qu'ils firent partie de l'Empire Romain. On ne donnoit des aîles qu'aux Dieux ; ainsi la personne représentée sur les médailles d'argent, n'est point Attila, mais quelque Divinité. Les termes qu'on y lit sont Celtiques : ATEULA signifie *combat*. WLATOS *de la*

SUR LA LANGUE CELTIQUE.

Province. ATEULA sera donc le Dieu des combats. (1) Le Cheval qui porte fièrement sa tête, & qui, par son ardeur, semblé désirer le combat, avec cette inscription, *De la Province*, indiquera que la Province trouvoit dans son sein des chevaux propres à la guerre; qu'elle regardoit cet animal comme celle de toutes ses productions qu'elle estimoit davantage, & dont elle se faisoit le plus d'honneur. Disons la même chose des médailles d'or Elles auront été frapées pour quelques illustres Séquanois. Leurs revers chargés de chevaux, de cavalier, de char, désignent bien le goût décidé de la Nation pour les chevaux. La Croix qui est sur l'étendard du Cavalier représenté sur une de ces médailles, est absolument semblable à celle que Constantin, devenu Chrétien, fit mettre sur le *Labarum*. Ainsi cette représentation prouve seulement que cette médaille fut frapée par les Séquanois, après qu'ils eurent embrassé le Christianisme.

Les Romains firent tant de cas de notre Cavalerie, qu'ils la mêlerent à leurs Légions. La Cavalerie de la Légion *Valeria* étoit Séquanoise, suivant la Notice de l'Empire.

Les penchans des Peuples se perpétuent ; on peut aisément juger de l'inclination des ancêtres par celle de leurs descendans. Le goût pour les chevaux, l'art de s'en servir, l'adresse à les manier, se sont toujours conservés dans notre Province. La Cavalerie Comtoise s'est distinguée dans plusieurs occasions. Je n'en indiquerai qu'une, qui, par son éclat, me dispensera de citer les autres. Brantome assure que les Espagnols dûrent le gain de la fameuse bataille de saint Quentin aux Lanciers Bourguignons. (2) On voit encore aujourd'hui dans nos compatriotes la même passion pour les chevaux, la même habileté & la même ardeur à servir à cheval, le même soin à entretenir des Haras dont Pelisson a vanté la bonté. (3)

Les Séquanois furent aussi appellés *Crispolins*. Ce nom se trouve dans une Notice de l'Empire: *Metropolis Civitas Crispolinorum, id est, Vesontio*. Ces deux termes sont synonimes. *Cris*, qui dompte, qui dresse. *Epol*, *Epolin*, jeune cheval. *Crisepolin*, qui dresse les jeunes chevaux.

Nous trouvons dès le septième siécle cette Province divisée en quatre Comtés. Le premier à l'orient de Besançon, qu'on appelloit le Comté des Varasques ; le second à l'occident, nommé le Comté d'Amous ; le troisième au midi, qui est le Comté des Scodingues; le quatrième au Nord, qui est celui des Portisiens.

Le Comté des Varasques, *Varasci*, comprenoit la Principauté de Porentru, le Comté de Montbéliard, les Bailliages de Baume, d'Ornans, de Pontarlier, la partie de ceux de Salins & de Poligny qui est dans les montagnes, la Terre de saint Claude. Ce canton est tout rempli de montagnes. *Var*, montagne. *Ac*, ou *Asc*, Habitans.

Le Comté d'Amaus ou Amous, *Amausus*, *Amousus*, renfermoit les Bailliages de Dole & de Quingey, ceux d'Arbois & de Gray en partie, la Vicomté d'Auxonne. Cette Contrée est charmante ; c'est une plaine immense, arrosée par nos plus belles rivières, la Saone, le Doubs, la Loue. Ce ne sont que prairies riantes, champs fertiles qui rapportent plusieurs fois l'année. *Amoes*, *Amous*, campagne, plaine. *Amousii*, ceux qui habitent la campagne, la plaine.

Une partie des Bailliages de Salins, d'Arbois, de Poligny, ceux de Lons-le-Saunier & d'Orgelet composoient le Comté des Scodingues, *Scodingi*. Ce Pays est rempli de vastes forêts. *Scoden*, *Scodin*, forêt. *Scodingi*, qui habitent une Contrée pleines de forêts.

Le Bailliage de Vesoul, une partie de celui de Gray, les Terres de Lure, de Luxeul, de Vauvillers, formoient le Comté des Portisiens, ainsi nommés du *Portus Bucinus*, aujourd'hui Port-sur-Saone, qui étoit alors l'endroit le plus considérable de ce canton.

---

(1) Mars signifioit également chez les Romains, la Bataille & le Dieu qui y présidoit. *Martemque accendere cantu*.

(2) Le Comte d'Egmont a été un fort brave & vaillant Capitaine, pour si peu qu'il en ait fait le métier ; car au plus beau de ses alliances, la paix se vint à faire entre la France & l'Espagne, après qu'il venoit de frais de gagner la bataille de saint Quentin. Car, à ce que je tiens de la plûpart des Espagnols Flamands & François qui y étoient, ils lui en attribuoient le seul gain ; si bien que le commandement lui ayant été fait par M. de Savoye, Lieutenant Général du Roi d'Espagne, & par Ferdinand de Gonzague, principal Chef du Conseil, d'aller seulement reconnoître l'ennemi, & l'amuser pendant que le gros arriveroit, voyant à l'œil qu'il y faisoit bon pour lui, il ne voulut point temporiser ; mais avec la troupe des Réistres & Lanciers Bourguignons, il chargea sans aucun respect de commandement, & si à propos, qu'il mit en route toute notre armée, & avoit quasi demi achevé lorsque le gros arriva.

(3) Les Officiers de Cavalerie disent que les Comtois naissent Cavaliers, & que dès le premier jour qu'ils montent à cheval, ils sçavent s'y tenir.

S ij

LES RIVIÉRES DU COMTÉ DE BOURGOGNE.

L' A L I E R E.

ELAVERIA. Rivière dont les eaux font fort pures. *Al* ou *El*, article. *Avver*, eau pure.

L' A M A N C E.

Petite rivière qui arrose la belle & riche prairie de Juffey, & qui l'engraiffe par le limon qu'elle y répand dans ses débordemens. *Aman*, graiffe. *Amans*, qui engraiffe, qui fertilife.

L' A P A N C E.

Petite rivière. *Apan*, rivière. *Apance*, petite rivière.

L' A U R A I N.

Rivière dont les eaux font extrêmement pures. *Aw*, eau. *Ren*, pure.

LA B I E N N E.

Bienna, coule de précipice en précipice jufqu'à deux lieues plus bas que faint Claude; on juge aifément par là combien fon cours eft rapide. *Bian*, *Bien*, avec une terminaifon précipitée, vîte, impétueux.

LE B R E U C H I N.

Petite rivière qui eft au-deffus de Luxeul, fe coupe & coule ainfi partagée l'efpace d'une lieue. *Brech*, coupure, partage. *Brechin*, qui fe brife, qui fe coupe, qui fe partage.

LA C U S A N C E.

Cette rivière a une de fes fources cachée dans une caverne. *Cus*, caché. *Hend*, en compofition *Hens*, fource.

LE D A I N.

Danus, fort d'une vafte & profonde caverne avec une fi grande abondance d'eau, qu'il feroit navigable dès fa fource fans les rochers dont fon lit eft rempli. Son cours eft fort rapide. *Dan*, vîte. M. de Valois dit que cette rivière eft appellée *Indis* dans les anciens titres, & *Idanus* par les Écrivains plus récens; mais on doit croire qu'*Indis* n'eft qu'une crafe d'*Indanis*, cette rivière ayant toujours été appellée Dain, ainfi qu'il paroît par le nom de Pont Dain que porte une Ville de Breffe ou elle paffe. *In* eft l'article. *I* en eft la crafe; ainfi *Indanis*, *Idanus*, fignifie la Vîte.

LE D E S S O U B R E.

A deux fources. *Deu*, deux. *Sao*, fource. *Ber* ou *Bre*, rivière.

LE D O U B S.

Doubios dans Ptoloméé & Strabon. *Alduadubis* dans Céfar. *Dova* dans Fredegaire: *Duvius* dans un Auteur du feptième fiécle, a un cours doux, paifible & tranquille. *Dub* ou *Dob*, doux, paifible, tranquille. Céfar a prépofé *Aldu*, qui eft un nom appellatif de rivière, au nom propre de celle-ci; & au lieu de dire fimplement le Doubs, il a dit la rivière du Doubs. (*Al*, article. *Dvv*, rivière. *Aldvv*, la rivière.) L'U & le B fe fubftituant réciproquement, on a dit, *Dov*, *Duv*, comme *Dob*, *Dub*, de là *Dova*, *Duvius*.

On peut encore donner une étymologie très-naturelle du Doubs. Cette rivière eft fort tortueufe, elle fait un grand nombre de finuofités, & dans tout fon cours elle forme un fyphon. *Dvv*, rivière. *Bies*, par crafe *Bis*, tortueufe.

D R E J O N.

Petite rivière fort poiffonneufe. *Voyez* l'article fuivant.

D R U J O N.

Petite rivière fort poiffonneufe. *Dru*, abondante. *Ion*, rivière.

LA G L A N T I N E.

Rivière dont les eaux font claires & limpides. *Glan*, pure, limpide. *Tan*, en compofition *Ten* ou *Tin*, rivière.

SUR LA LANGUE CELTIQUE.

LA HALLE.

Allanus. On a souvent remarqué que la Halle se débordoit inopinément, sans qu'il eût plu, ni dans les lieux où elle prend sa source, ni dans ceux par où elle passe. Ces inondations subites viennent d'un trou qui est près de Porentru. Il peut avoir trente pieds de profondeur; l'orifice supérieur bordé d'un rocher escarpé paroît large de trente à quarante pieds; il est presque rond. Ce trou va toujours en diminuant jusqu'au bas. Le fond est couvert de sable. On ne voit au fond de ce creux qu'environ un muid d'eau fort claire. Cette eau est éloignée d'environ trois pieds d'une fente fort étroite qui va sous terre en biaisant. Lorsque la Halle doit éprouver un débordement semblable à ceux dont on a parlé, on entend un mugissement terrible, pareil au tonnerre & au bruit du canon. Et en moins de rien ce trou est rempli d'eau; & débordant dans la plaine, il inonde en un instant le vallon, & forme un torrent impétueux, qui se déchargeant dans la Halle, cause les débordemens inopinés auxquels cette rivière est sujette. Tout le vallon par où passe ce torrent est renversé, comme si l'on y avoit creusé des tranchées. Les gens du Pays appellent le trou d'où sort cette eau *Creusenot. Creus, Creusen,* creux. *Avved,* par crase *Avvd,* ou *Avvt,* inondation. *All,* prompt, subit. *Lanv,* débordement.

LA LANTENNE.

Petite rivière. *Lliant* ou *Llant,* rivière. *Llantenn,* diminutif.

LA LINOTE.

Petite rivière. *Llyn, Llynot,* diminutif.

LE LIZON.

Il y a deux petites rivières de ce nom. *Lis, Lison,* diminutif.

LA LOUE.

Un rocher énorme présente une ouverture en coquille de 340 pieds d'élévation, de 69 pieds de largeur. La profondeur de cette vaste caverne, qui est de 140 pieds dans le bas, diminue comme par dégrés jusqu'au faîte. Un fleuve tout entier sort de terre au fond de cette grotte, & couvre tout l'espace qui est entre les flancs du roc de la plus belle eau du monde. Trouvant d'abord deux coupures dans son lit, il forme deux cascades, & se précipite avec tant d'impétuosité, que ses ondes se changeant en écume, on croit voir sous ses yeux une rivière de lait. Il fait tourner tout en naissant un grand nombre de moulins & d'usines; & s'échapant avec vîtesse de leurs roues, il s'enfuit dans une vallée profonde, où après avoir bondi de roche en roche, il vient fertiliser le vallon d'Ornans, les campagnes de Quingey, de Rennes, d'Onans, & se jette dans le Doubs à Portober, n'ayant perdu que peu de sa rapidité dans sa course. La Loue mange tellement ses bords, & change si souvent de lit, qu'il a fallu faire des règlemens particuliers pour les alluvions de cette rivière. Ces règlemens se trouvent dans les anciennes Ordonnances de la Province. Le plus ancien Écrivain qui parle de cette rivière vivoit au neuvième siécle. Il l'appelle *Loa. Lluvh,* prononcez *Loh* ou *Louh,* impétueuse. *Levv,* prononcez *Leou* ou *Leo,* & par une crase facile *Lo,* qui mange, qui dévore, *A,* terminaison latine de l'Auteur. L'une & l'autre de ces étymologies conviennent à la Loue. *Voyez* la Loire.

LE LOUGNON.

Ligno dans les anciennes Chartes, ronge ses bords. *Liz,* bords. *Cnoi,* en composition *Gnoi,* ronger. *Lizgno, Ligno,* qui ronge ses bords.

LE REN.

Petite rivière qui se partage en deux bras. *Ren,* qui se partage. *Voyez* le Rhin.

LA ROMAINE.

Petite rivière. *Ro,* rivière. *Main,* petite.

LA SAONE.

Arar, Araris, Araros, Sauconna, Sagonna, Sagunna, Saugonna, Saogonna, Segonna, Saoconna, Saucunna, Seconna, Sao. Cette rivière est désignée sous le nom d'*Arar, Araris, Araros* par les anciens Auteurs Grecs & Latins. Le nom de *Sauconna, Sagonna,* avec toutes ses différentes inflêxions, ne nous est connu que par Ammien Marcellin, & les Écrivains des siécles suivans.

L. 1, de Bel. Gal. César dit que cette rivière coule avec tant de lenteur, que l'œil peut à peine discerner de quel côté elle descend. *Flumen est Arar, quod per fines Æduorum & Sequanorum fertur incredibili lenitate, ità ut oculis in utram partem fluat judicari vix possit.* Sénèque dit que ce fleuve semble douter de quel côté il portera ses eaux. Eumenius l'appelle une rivière paresseuse, incertaine, pesante. *Segnis & cunctabundus amnis, tardusque.* Claudien lui donne l'épithéte de lente, *Lentus Arar.* Fortunat celle de douce.

Excipit hinc Narbo qua littora plana remordens,
Mitis Arar Rodanus molliter intrat aquas.

Aimoin dit qu'il a été surpris de la lenteur du cours de ce fleuve. Cette lenteur si sensible & si frapante lui a donné ses deux noms. *Arar,* lent, tardif. Sa terminaison latine, *Os,* terminaison gréque. *Sach, Sag,* dormante, en parlant de l'eau. *On,* rivière. De *Sagona* on a fait *Saona,* de la Saone. Plutarque, dans son Traité des fleuves, dit que cette rivière a aussi porté le nom de *Brigoulos. Bru,* rivière, cours d'eau. *Goul,* qui dort.

LA SEILLE.

Prend sa source dans une caverne au pied d'un rocher élevé. Elle est si rapide qu'elle agite le sable, & les petits cailloux qui couvrent le fond de son lit, *Kell, Sell,* vite, rapide. *Voyez* le Ceil en Bretagne.

LE SURAN.

Petite rivière. *Sur,* rivière. *An,* diminutif.

LES MONTAGNES DU COMTÉ DE BOURGOGNE.

LE CHAUMONT.

GRANDE Montagne couverte de bois. *Chod,* bois. *Mont,* montagne.

LE MONT D'OR.

Est sur les Frontières de la Suisse. Son sommet est coupé droit d'un côté comme une muraille. On trouve sur cette montagne un grand nombre de simples fort estimées. *Torr, Dorr,* coupé.

LE MONT JURA.

Jura dans César. *Jourassios, Joras* dans Strabon. *Jourassos* dans Ptolomée, est une continuité de montagnes, qui sépare la Suisse de la Franche-Comté ; il y croît des sapins d'une grandeur prodigieuse. *Iuv, Iou,* if, sapin. *Rhas,* fort grand. *Jouras,* fort grands sapins, montagnes couvertes de fort grands sapins. La montagne la plus élevée du Jura s'appelle la Dole. *Tal, Tol, Dol,* élevée.

LE LOMONT.

Est une suite de montagnes qui traverse une grande partie du Comté de Bourgogne. *Lost,* suite. *Mont,* montagne.

MONTFAUR.

Montagne fort élevée auprès de Clerval sur le Doubs. *Mon,* montagne. *Faur,* élevée.

MONTMAHOU.

Au milieu d'une chaîne de montagnes ; il s'en trouve une qui est placée sur les autres, & qui les domine. Elle s'appelle Montmahou. *Mon,* montagne. *Maoud,* principale, plus élevée.

NOIRMONT.

Ainsi appellé des fontaines qu'on y trouve, assez rares dans les autres montagnes. *Ner,* eau.

LE PEU DE LAVIRON.

Haute montagne près du Village de Laviron. *Peu,* montagne.

SUR LA LANGUE CELTIQUE. 143

POUPET.

Montagne fort confidérable & fort élevée auprès de Salins, au-deſſus de laquelle il y a une mare ou petit lac. Ce mont eſt appellé *Pelpa* dans un ancien titre latin. *Poul*, mare, lac. *Ped* ou *Pet*, montagne. *Pal*, en compoſition *Pel*, mare, lac. P de *Pi*, montagne.

LA SERRE.

Longue montagne qui eſt du côté de Dole. *Serr*, montagne.

LES FORÊTS DU COMTÉ DE BOURGOGNE.

CHALLUC.

C'eſt ainſi qu'eſt appellée dans les anciens titres une vaſte forêt qui eſt près de Beſançon. Elle eſt ſur une grande côte pleine de rocs. *Cal*, roc. *Challuc*, plein de rocs.

CHAUX.

Forêt qui a cinq lieues d'étendue, remplie de beaux arbres de toute eſpèce. *Chod*, nom appellatif de forêt, devenu propre de celle-là, apparemment parce qu'elle eſt la plus conſidérable de la Province.

LA JOU DE MAILLOT.

Grande forêt. Elle eſt dans les montagnes de cette Province, où l'on appelle Jou toutes les forêts. *Gou*, *Jou*, forêt. Maillot eſt le nom d'un Château dont cette forêt dépendoit.

LE JURAS.

Grande forêt des plus beaux ſapins à trois lieues de Salins. *Ivv*, ſapins. *Rhas*, fort grands. *Voyez* le Mont Jura.

LES VILLES, BOURGS ET VILLAGES DU COMTÉ DE BOURGOGNE.

On ne donnera pas l'étymologie de tous les Villages du Comté de Bourgogne, mais ſeulement d'un certain nombre, pour qu'on voye par-là que les moindres habitations également en antiquité les plus conſidérables.

BESANÇON.

Vesontio Sequanorum, *Viſontium* dans une médaille de Galba. *Oniſontion* dans Ptolomée. *Veſontium* & *Biſuntium* dans quelques Notices. *Bicentio* dans une lettre de l'Empereur Julien. *Beſantio* dans Ammien Marcellin. *Beſantiacum* dans une Notice. *Biſſantion* dans les Capitulaires de Charlemagne. *Beſentio* ſur des deniers d'argent frapés en cette Ville ſous Charles le Chauve. *Metropolis Civitas Criſpolinorum*, id eſt, *Veſontio* dans une Notice. *Veſontium qua vocata eſt olim Cryſopolis*, id eſt, *Civitas aurea* dans une autre Notice tirée de la Bibliothéque de M. de Thou. *Sequanus* dans Magnon, du nom du Peuple dont elle étoit la Capitale.

L'ancien & vrai nom de cette Ville eſt Beſançon ou Beſonçon. Le B & l'U ſe ſubſtituant mutuellement, on a dit *Ves* comme *Bes*. Les Romains changeant la terminaiſon celtique *Con* en la latine *Tio*, ils ont dit *Veſontio* pour Beſançon ou Beſonçon.

Céſar décrit ainſi cette Ville : *Veſontio oppidum maximum Sequanorum.... omnium rerum quæ ad bellum uſui erant, ſumma erat in eo oppido facultas : idque naturâ loci ſic muniebatur, ut magnam ad ducendum bellum daret facultatem, propterea quod flumen Alduadubis, ut circino circumductum, pænè totum oppidum cingit : reliquum ſpatium, quod non eſt ampliùs pedum ſexcentorum, quà flumen intermittit, mons continet magnâ altitudine, ita ut radices ejus montis ex utraque parte ripa fluminis contingant. Hunc murus circumdatus arcem efficit, & cum oppido conjungit.*

Le portrait que M. Peliſſon trace de cette Ville eſt plus conforme à ſon état préſent.

Beſançon n'eſt pas ſeulement, ſans contredit, la plus grande & la plus belle Ville du Comté de Bourgogne, mais auſſi l'une des plus agréables qu'on puiſſe voir ailleurs. Elle eſt ſituée au fond d'un très-beau vallon, qui repréſente preſque un amphithéatre qu'on auroit paré exprès de vignobles, de vergers & de bois pour le ſeul plaiſir des yeux. Jules-Céſar l'a décrite dans ſes Commentaires comme l'une des plus fortes Villes des Gaules, parce que le Doubs, rivière aſſez grande, l'environnoit de tous côtés comme un foſſé, en forme d'un véritable fer à cheval, ne laiſſant qu'une petite ouverture au bout, remparée d'une haute montagne, dont le pied touchoit des deux côtés à la rivière ; & qui étant renfermée avec la Ville par un mur, lui ſervoit comme d'une eſpèce de Citadelle au ſeul endroit

Cette montagne eſt un roc nud, & coupé preſque de tous côtés.

par où on pouvoit en approcher. Aujourd'hui les mêmes choses sont encore, ou à peu près, excepté que la Ville qui s'est accrue, a jetté au delà du Doubs comme une colonie & une autre Ville jointe avec l'ancienne par un beau Pont couvert de maisons, & cette partie gagne peu à peu la première pente des côteaux voisins, si douce encore & si aisée, qu'on ne s'apperçoit pas de monter, mais d'être monté. Ainsi le Doubs n'environne plus Besançon, mais passe au milieu en la même forme de fer à cheval; & l'on peut dire, ou que la grandeur de la Ville fait désormais sa foiblesse, ou qu'elle n'est pas encore assez grande pour être bien forte; car qui voudroit perdre & ruiner comme un Fauxbourg en temps de guerre ce nouveau quartier de la Ville, pour le remettre en son ancien état, ou qui au contraire étendant le nouveau quartier, monteroit jusqu'au haut des collines dont il occupe le bas, & le fortifieroit de même que la montagne opposée, en feroit sans doute une place aisée à défendre, & difficile à attaquer. Les rues, en tous les quartiers, sont grandes & belles, les maisons bien bâties, accompagnées pour la plûpart de parterres, de jardins & de petits bois, ce qui augmente de beaucoup son enceinte. On y voit encore des traces de la Grandeur Romaine, des restes magnifiques d'un arc de triomphe, des morceaux de colomnes, & d'autres ouvrages anciens. *Bes*, courbure. *An* ou *On*, rivière. *Con*, roc. *Besançon*, roc dans une courbure & une rivière. On peut encore présenter une étymologie très-naturelle du nom de cette Ville. *Beson*, coupé. *Con*, roc. *Voyez* la Loire.

Cela a été exécuté par Louis XIV, après qu'en 1672 il eut fait une seconde fois la conquête du Comté de Bourgogne.

Cette Ville prit au quatrième siécle le nom de *Crispolis* des Crispolins dont elle étoit la Métropole. La Notice de l'Empire, tirée de la bibliothéque de M. de Thou, ne nous permet pas d'en douter. Il est vrai que l'Auteur de cette piéce met *Chrysopolis*, & non pas *Crispolis*; mais la source de sa méprise se découvre aisément. Cet Écrivain ignoroit la Langue Celtique, & sçavoit la Gréque. Il n'a point apperçu de sens au nom *Crispolis*, il en a vu un à celui de *Chrysopolis*, qui, en Grec, signifie Ville d'or. Il n'en a pas fallu davantage pour lui faire mal à propos préférer ce dernier terme au premier. Tout démontre la vérité de ce que je dis, le nom de Crispolins qu'ont porté les Séquanois, l'usage des Villes Capitales de prendre le nom de leurs Peuples. Il n'y a jamais eu de raison pour appeller Besançon Ville d'or. Enfin est-il croyable qu'on ait donné un nom grec à une Ville Celtique?

La montagne, sur la pente de laquelle étoit bâti en partie l'ancien Besançon, s'appelle dans nos anciens monumens latins *Mons Caelius: Us* est la terminaison latine, ainsi son nom est *Mon Caeli*. *Mon*, montagne. *Cae*, enfermé. *Li*, rivière. *Mon Caeli*, montagne enfermée par la rivière.

BATANT. Fontaine si abondante, qu'à sa source elle forme une nappe d'eau & un ruisseau qui fait aller un moulin. Cette fontaine a donné le nom à une Abbaye de Dames qui en étoit près autrefois, & à une rue de Besançon qui en est voisine. *Bat*, abondante. *Hent*, source.

BEREGA. Côte dont le sol est de marne. De *Marga*, marne, l'M se change en B.

BREGILLE est un Village qui n'est séparé de Besançon que par le Doubs. Le terrein où il est placé étoit autrefois une belle forêt. Ce Village est nommé dans une Charte du dixième siécle *Bergillia*. Dans la Chronique de l'Abbaye de Baise *Birgillia*, *Virzillia*. Dans le Rituel de saint Prothade *Berzillia*. Dans un Diplôme de Frédéric I *Bergilia*. *Brigillia*. Dans une Charte du quinzième siécle *Bergelia*. Dans des titres françois des quinzième & seizième siécles *Burgilles*, aujourd'hui Bregille. Tous ces noms sont des altérations du mot *Brogil*, qui signifie un bois fermé de murs ou de hayes comme nos parcs. La Chronique de Baise appelle aussi ce Village *Dornatiacus*. *Dor*, eaux. *Neat*, pures. *Iach*, salubres, bonnes à la santé. Bregille est rempli des plus belles & des meilleures sources du monde, qui fournissent en abondance à la Ville de Besançon toutes les eaux dont elle a besoin.

CASEMENE. Endroit du territoire de Besançon au bord du Doubs, qui en se coupant forme là une petite Isle. *Cass*, brisure, coupure. *Amen*, rivière.

CHAMUSE. Montagne enfoncée à sa cime. *Camus*, enfoncé.

CHAUDANE est une montagne si voisine de Besançon, qu'il n'y a que le Doubs entre elle & cette Ville. Elle est couverte de bois, & si rapide du côté de la Ville, qu'à peine y peut-on monter par cet endroit. *Cod*, en composition *Chod*, montagne. *Tenn*, en composition *Denn*, roide, rude, rapide. On peut encore donner une étymologie naturelle du nom de cette montagne. Le bois qui la couvre est fort bas; ce ne sont que de petits arbres rabougris, tortus, qui ne s'élèvent point, qui ressemblent plus à des buissons qu'à des arbres. *Chod*, bois. *Choden* diminutif, petit bois, bois bas.

CORNANDOUILLE. Nom d'un canton du territoire de Besançon, arrosé d'un petit ruisseau. *Cornant*, avec une terminaison *Cornand*, ruisseau. *Ouille*, diminutif.

LA TONNELLE. Petite montagne près de Bregille. *Ton*, montagne. *El*, diminutif.

ROSMONT est une montagne près de Besançon, dont le pied est chargé de vignes d'un grand rapport, & le reste jusqu'au sommet n'est couvert que de bruyeres. *Ros*, bruyeres. *Mont*, montagne.

TOUZEY. Canton de vignes près de Besançon, où il y avoit apparemment autrefois des chênes verds. Le sol y est fort propre pour ces arbres. *Taous*, chênes verds. *Taouseg*, *Taousey*, *Tousey*, où il y a des chênes verds.

ABAN.

ABENS dans une Charte du onzième siécle, est un Château situé au sommet d'une montagne, avec un Village qui le touche. *Aben*, *Aban*, sommet. Il se bâtit dans la suite au pied de la montagne une métairie qui s'appella Aban-la-Ville, c'est-à-dire, Aban-la-métairie, ou la métairie d'Aban, parce qu'elle dépendoit de ce Village. Cette métairie a produit un Village qui a conservé le nom d'Aban, & qu'on appelle Aban-dessous. Il croît de bon vin à Aban.

SUR LA LANGUE CELTIQUE.

A B E N A M.

VILLAGE fur une hauteur au bord d'un ruiffeau. *Aben*, hauteur. *Nant*, ruiffeau.

A B E R G E, A B E R G E M E N T.

NOM appellatif d'habitation, devenu propre de ces Villages.

A B O N C O U R T.

VILLAGE fur un ruiffeau. *Abon*, rivière, ruiffeau. *Court*, habitation.

A C E Y.

Aceium. Abbaye au bord du Lougnon, qui s'y coupe. *Ac*, coupure. *Ei*, rivière.

A C H E N O N C O U R T.

Achen, parenté. *Achenon*, parens. *Court*, habitation. *Voyez* Charentenay.

A C H E Y.

PRÈS de la rivière du Salon. *Aehes*, rivière.

A D A N.

VILLAGE près d'une forêt. *A*, près. *Dan*, forêt.

A I G U I L L E.

VILLAGE ferré & caché entre deux montagnes. *Agil*, *Agnil*, caché. *Acul* ou *Agul*, ferré.

A L I N C O U R T.

SUR le bord d'un petit ruiffeau. *A*, près, au bord. *Lin*, eau, ruiffeau. *Court*, habitation.

A M A G É T O B R I E ou M A G É T O B R I E.

CAR les exemplaires de Céfar ont indifféremment l'une & l'autre leçons. On connoit par le récit de cet Auteur que cette Ville étoit fituée près d'un marais ; c'eft précifément ce que fignifie fon nom. *Mag* ou *Amag*, Ville. *Éto*, près. *Bri*, marais. Il eft fort vraifemblable que le Village de Broie eft le refte de cette ancienne Ville, *Broye* eft le même que *Bri*, *Brai*, marais. Les anciens fe contentoient fouvent de défigner l'endroit où étoit placée l'habitation, fans ajoûter le terme d'habitation ; ainfi on a dit *Bri* & *Brai*, marais, comme *Amagétobri*, Ville près du marais.

A M A G N E Y.

VILLAGE entouré de collines, ouvert uniquement du côté du Doubs. *Am*, environné. *Maned*, élévation, colline.

A M A N.

Man, nom appellatif d'habitation, devenu propre de celle-ci. *A*, paragogique.

A M A N C E.

VILLAGE qui eft partagé par une petite rivière. *Aman*, rivière. *Ce*, diminutif. *Amance*, petite rivière.

A M A N C E Y.

PRÈS d'un bois. *Aman*, habitation. *Say*, en compofition *Sey*, bois.

A M A N G E.

CE Village a une fontaine, un ruiffeau & une mare. *Aman*, rivière, ruiffeau, étang, mare. *Ge*, eft une terminaifon indifférente ufitée dans le canton de la Province où eft placé ce Village.

A M B L A N.

ENVIRONNÉ d'un Pays marécageux. *Am*, environné. *Lenn*, *Lann*, marais. *Amlan*, le B s'infére naturellement entre l'M & l'L.

A M O N C O U R T.

VILLAGE fur une élévation, dont la Lantenne lave le pied. *Amon*, élevation. *Cwr*, prononcez *Cour*, rivière.

A M O N D A N.

SUR une montagne couverte de bois. *Amon*, montagne. *Dan*, bois, forêt.

A N D E L O T.

ON y fait une quantité prodigieufe de foin. *Andl*, abondance. *Aut*, herbe, foin.

T

ANEGRAY.

Jonas, Vie de faint Colomban.

ANAGRATÆ, nom d'un Château ruiné dans les déferts de Vofge, auprès du quel faint Colomban plaça fa première habitation dans les Gaules. *Anagr* d'*Angr* ou *Ancr*, fans. *Ad* ou *At*, édifice, habitation, maifon.

ANNOIRE.

DANS une plaine baffe, marécageufe & fujette aux inondations, quoiqu'elle ne foit pas fur le bord de la rivière. *Am*, entouré. *Nouer*, eau.

ANTORPE.

TORP, nom appellatif d'habitation, devenu propre de celle-ci. *An*, article.

APENAN.

AU bout d'un vallon, près d'une côte, fur laquelle il y a quelques vignes. Une partie de ce Village eft fur le penchant d'une colline, l'autre en plaine. Il eft traverfé d'un ruiffeau. Il y a plufieurs petites rigoles & fontaines qui fe jettent dans le ruiffeau. *Apen*, élévation, colline. *Nant*, ruiffeau.

APREMONT.

SUR une élévation en amphithéatre, à l'embouchure d'un ruiffeau dans la Saône. *Aber* ou *Aper*, *Apre*, embouchure. *Mont*, élévation.

ARBECÉ.

PRÈS d'un étang abbreuvé d'un ruiffeau. *Ar*, près. *Bez*, ruiffeau. *Sah*, en compofition *Seh*, dormante: on fous-entend eau.

ARBOIS.

ARBOS dans les anciens monumens, Ville fituée dans un terrein fertile en blés, en vins excellens & en fruits. *Ar*, terre. *Bos*, graffe, fertile.

(1) Peuple de la Franche-Comté.
(2) Peuple du Vivarez.

Pline, *liv. 4ème, ch. 1er*, vante les vins de Vienne, des Auvergnats, des Sequanois (1) & des Helviens, (2) parce qu'ils avoient le gout de Goudron. *Jam inventa per fe in vino picem refipiens, Viennenfem agrum nobilitans, Arverno, Sequanoque & Helvico generibus non pridem illuftrata.* Martial, *liv. 13ème, Épig. 107ème*, nous apprend que les Romains faifoient leurs délices de ce vin; & que lorfqu'ils ne pouvoient en avoir qui eut naturellement ce gout, ils le lui donnoient par artifice.

Hæc de vitiferà veniffe picatâ Viennâ
Nè dubites: mifit Romulus ipfe mihi.

Plutarque, *liv. 5ème* de fes propos de table, *problème 3ème*, nous attefte la même chofe. *On amene de Vienne dans les Gaules du vin qui a le goût de goudron, πισσιτας οινος*, qui eft fort eftimé des Romains. On reconnoit aifément dans ce paffage de Pline nos vins d'Arbois & de Châteauchalon, qui ont naturellement le goût de goudron, lorfqu'ils font gardés; ainfi quoiqu'il ne fe trouve point de monument plus ancien que le onzième fiécle qui parle d'Arbois; point de monument plus ancien que le neuvième qui parle de Châteauchalon, on ne peut douter que l'un & l'autre de ces lieux n'ayent déjà été confidérables du temps des Romains.

ARC.

NOM appellatif d'habitation, devenu propre de celle-ci.

ARCÉ.

ARCAE, nom appellatif d'habitation, devenu propre de celle-ci.

ARCELANGE.

IL y fort dans ce Village une fontaine, qui d'abord après fe perd dans une ouverture de roc. *Ar*, roc. *Cel*, caché. *En*, *An*, fontaine. *Ge*, terminaifon indifférente ufitée dans cette Contrée.

ARCIER.

VILLAGE fitué au pied d'une côte, d'où il fort trois fources très-abondantes de la plus belle & de la meilleure eau du monde. Les Romains firent venir ces eaux à Befançon par un canal que M. Dunod a décrit dans fon Hiftoire du Comté de Bourgogne. Je rapporterai la defcription que ce Sçavant en a faite. Je l'accompagnai lorfqu'il alla voir cet aqueduc. Je fuis témoin de la fidélité & de l'exactitude de fon récit.

„ Le dans-œuvre du canal a quatre pieds quatre pouces de haut, fur deux pieds quatre pouces de
„ large. Il faut diftinguer deux chofes dans fa forme, comme l'on diftingue dans certains fruits le noyau
„ & l'enveloppe. Le noyau du canal (s'il m'eft permis de m'expliquer de la forte) eft dans fa partie
„ inférieure d'un ciment épais de quatorze à quinze pouces. Ce ciment eft fait de petits cailloux & de
„ morceaux de brique mêlés avec de la chaux pure. Les côtés font du même ciment, larges d'un pied,
„ & hauts d'environ trois pieds. A cette hauteur, on voit quatre rangs de pierres plattes de même
„ échantillon, qui portent fur le ciment, & fur ces pierres plattes commence l'arc de la voûte. Tout
„ le dedans eft revêtu d'un ciment de chaux & de briques pilées, de l'épaiffeur de deux ou trois lignes;
„ & le tout eft fi dur, particulièrement la partie qui eft reftée dans l'eau, qu'il femble compofer un canal

SUR LA LANGUE CELTIQUE.

„ d'une feule pierre. Je penfe qu'on a fait le fond & les côtés de ciment, pour que l'eau n'y pénétrât
„ pas, & que l'on a mis au-deffus les trois rangs de pierres plattes pour fupporter la voûte.
„ La partie extérieure ou l'enveloppe du canal eft un maffif de pierres qui font parement du côté
„ de l'intérieur du canal, & qui font au refte pofées fans ordre dans de la chaux mêlée avec du fable
„ fin ; ce qui fait une maffe deffous, aux côtés & deffus le canal. Elle eft épaiffe de trois pieds en
„ tout fens ; elle a été faite pour la folidité & la confervation de la partie intérieure du canal.

Ce canal étoit long de deux lieuës. Il en fubfifte encore une grande partie prefque en entier depuis Arcier jufqu'au moulin dit *de la Cana.* Il eft fi folide, que lorfqu'on en a voulu détruire des reftes pour élargir un chemin près de Befançon, les ouvriers ne pouvoient les enlever qu'avec la plus grande peine.

Arcier peut avoir pris fon nom, ou de l'abondance de fes eaux, ou de ce canal. *Are,* beaucoup, en grande quantité. *Cwy,* en compofition *Cyy,* eau. *Ar,* article. *Cwr,* en compofition *Cyr,* canal. *Arcyr,* le canal. *Voyez* Gorze en Lorraine.

A R D O N.

SUR une colline. *Ar,* fur. *Don,* colline.

A R E S C H E.

AU fommet d'une montagne. *Ar,* élevée. *Eche,* habitation.

A R G U E L.

ARGUHELLUM dans les Chartes, Château fur la cime de roc d'une montagne fort élevée. *Argae,* Château. *Uhel,* élevé.

A R I N T H O.

SUR une éminence ou colline ronde, au milieu de laquelle s'éleve une butte qui fe recourbe, & s'avance fur Arintho comme un couvert. *Ar,* fur. *Rhyn,* colline. *To,* couverte. *Arinto,* fur une colline couverte.

A R L A Y.

ARLATUM dans les anciens titres, fur la pente d'un roc au bord de la Seille. *Ar,* roc. *Llaith,* rivière.

A R O S.

DANS une campagne. *Ros,* campagne. *Ar,* article.

A R S U R E.

VILLAGE fur un ruiffeau, dans un terrein aquatique. *Ar,* fur. *Swr,* eau, ruiffeau. Il y a un autre Village de ce nom du côté de Saint Claude, qui eft près d'une mare.

A S A N.

AU bord du Doubs. *Afan,* rivière.

A T O S S E.

DANS un vallon traverfé d'un ruiffeau, dont le fol eft pierreux. *Taous, Taos,* fignifie des chênes verds. Le fol de ce Village eft très-propre à ces arbres. *A,* article.

A V A N E.

AU bord du Doubs. *Avan,* rivière.

A U B O N N E.

PRÈS d'une fource qui forme un ruiffeau qui le traverfe, & qui fait moudre un moulin. Ce moulin férie affez fouvent, parce que l'eau de ce ruiffeau fe perd en partie dans fon lit. Lorfque ce ruiffeau a fait tourner le moulin, il fe perd dans un creux dont on ignore l'iffue. *Aw,* eau, ruiffeau. *Bon,* qui fe perd.

A U D E U X.

ENTRE deux petits bois qui étoient autrefois bien plus confidérables. *Hod,* forêt. *Deu,* deux.

A U D E L A N G E.

AU bord du Doubs. *And,* bord. *Lan,* rivière. *Ge* eft une terminaifon indifférente, commune dans cette Contrée.

A V E N É.

AU bord du Doubs. *Aven,* rivière. *Nés,* près.

A V E N T I C U M.

GREGOIRE de Tours dit que faint Romain & faint Lupicin fuyans le monde, fe retirerent dans ces déferts du Mont Jura, qui font près de la Ville d'Avanche : *Relinquentes fæculum, communi confenfu eremum petunt ; & accedentes ad illa Jurenfis deferti fecreta quæ inter Allemanniam Burgundiamque fita, Aventicæ adjacent Civitati, tabernacula figunt.* Il eft certain que le premier Monaftére que fonderent ces Saints, eft celui de Condat, aujourd'hui faint Claude. Ce Monaftére, felon Gregoire de Tours, étoit près d'une Ville nommée *Aventicum.* Je ne crois pas qu'on puiffe dire d'Avanche en Suiffe, fitué au delà

Vie des Peres, ch. 1.

du Mont Jura, & à dix-huit lieuës de faint Claude, qu'il eft voifin de cette Abbaye. Il faut donc reconnoître une Ville de ce nom en Franche-Comté, qui ait été peu éloignée de faint Claude.

V. la découverte de la Ville d'Antre, & l'Hiftoire du Comté de Bourgogne de M. Dunod.

On a découvert au commencement de ce fiécle, à deux lieuës de faint Claude, dans le territoire des Villages du grand & du petit Villars, des reftes magnifiques d'une Ville confidérable, un aqueduc, un pont, des bains, &c. Peut-on méconnoître dans ces ruines, fi peu éloignées de faint Claude, les veftiges de l'*Aventicum*, qui étoit près de ce Monaftére?

Cette Ville étoit fituée entre deux montagnes, dont la plus haute eft au levant. Il y a au deffus de cette montagne un lac qui fort d'un rocher, & qui fe perd dans une caverne. *Aventic* fignifie Ville du lac, ou près du lac. On verra deux Aventics en Suiffe, fitués pareillement chacun près d'un lac.

A U G E R A N.

SUR une élévation, touche à une prairie arrofée d'un ruiffeau & d'un égoût qui defcend du haut du Village. *Aug*, prairie arrofée d'un ruiffeau. *Ran*, élévation.

A U G I C O U R.

AU bord d'un ruiffeau. *Aug*, ruiffeau. *Cwr*, prononcez *Cour*, bord.

A V I G N O N.

PRES d'une petite rivière. *Avin*, rivière. *Avinon*, diminutif.

A V I L L E Y.

DOIT fon nom aux pommes nommées en Celtique *Avil. Avilee, Aviley*, abondant en pommes

A U M U R.

DANS un terrein tout couvert d'eau, pour peu qu'il pleuve. Ce terrein étant tout plat & de terre glaife, l'eau ne s'en écoule point, ne s'y imbibe point. *Aw*, eau. *Mur*, croupiffante.

A U S A N G E.

SUR un ruiffeau. *Aufan*, ruiffeau. *Ge*, terminaifon indifférente, commune dans cette Contrée.

A U S S O N - D E S S U S, A U S S O N - D E S S O U S.

L'UN & l'autre de ces Villages font arrofés d'un ruiffeau qui fort d'un rocher. *Aus*, ruiffeau. *Son*, rocher.

A U T E T.

AU bord du Salon. *Aut*, bord. *Ai*, rivière.

A U T O I S O N.

VILLAGE fameux par l'excellent blé que produit fon terroir. *Od*, ou *Ot*, excellent. *Toefon, Toefon*, blé.

A U T R E Y.

AU bord d'un ruiffeau. *Aut*, bord. *Rey*, ruiffeau.

A U T U M E.

ÉTOIT environné de bois. *Voyez* Autume en Bourgogne.

A V O U D R E Y.

DANS un fond dont le fol eft de roc. *Aboud* ou *Avoud*, fond. *Reh*, roc.

B A G N E.

DANS un fond entre deux montagnes, où il y a une ouverture profonde de la forme d'un puits, mais d'une plus grande circonférence. Cette ouverture eft remplie d'eau, & de fon dégorgement continuel, il fe forme un ruiffeau confidérable. *Ban*, fond. *Ban*, fource. *E*, ruiffeau.

B A L A N Ç O N.

CHATEAU fort dans le goût ancien, fitué fur un rocher au bord du Lougnon. *Bal, Balan*, Château. *Con*, rocher: Ou *Bal*, rivière. *An*, près. *Con*, rocher. *Balançon*, roc près de la rivière.

B A L E R N E.

ABBAYE fituée dans un fond tout entouré de rocs. *Bal*, roc. *Hernes*, en compofition *Hernes*, couvert, enveloppé, entouré.

B A N.

SUR une élévation. *Ban*, élévation.

B A N N A N.

AU pied d'une hauteur dont il tient encore un peu, au bord du Drejon. *Ban*, élévation. *Nant*, rivière.

SUR LA LANGUE CELTIQUE.

BAR.

Sur un côteau. *Bar*, côteau.

BARBOUT.

Dans un fond où il y a plusieurs belles fontaines. *Ber*, *Bar*, fontaine. *Bout*, grand nombre, plusieurs.

BARTRAN.

Village au pied d'une montagne. *Bar*, montagne. *Traoun*, par crase *Tran*, pied.

BATTENANS.

A moitié d'une côte, au pied de laquelle passe le Dessoubre. *Bot* ou *Bat*, élevation. *Nant*, rivière.

BAVAN.

Au bas d'une montagne. Il est bâti sur le roc; une partie du Village est sur une petite hauteur, le reste sur la pente de cette élevation. Il y a deux sources très-abondantes. *Ba*, abondantes. *Van*, fontaines.

BAVERAN.

Le terrein de ce Village, du côté de Besançon, est de niveau au contigu; mais du côté opposé, ce terrein se trouve élevé par rapport à celui qui l'avoisine qui est plus bas. Cette inégalité est formée par un grand roc escarpé, au pied duquel sort une fontaine. *Bau*, roc. *Ran*, brisé, coupé, escarpé.

BAUFOR.

Sur le roc. *Bau*, roc. *Vor*, prononcez *For*, sur.

BAULAY.

Dans un terrein fangeux. *Bawlyd*, boueux, fangeux.

BAUME.

Il y a deux endroits de ce nom dans cette Province. L'un est une Ville où il y a une Abbaye de Dames : L'autre est une Abbaye de Gentilshommes. Tous les deux ont pris leur nom des cavernes voisines. Près de la Ville de Baume il y a une caverne, au fond de laquelle dans le haut coule d'un rocher un filet d'eau assez considérable, qui s'est fait un bassin en forme d'un gros pilier, creux dans le milieu. L'Abbaye de Baume est environnée de montagnes où il y a des cavernes. *Baume*, cavernes.

BAUMOTE.

Village ainsi nommé d'une petite caverne voisine. *Baumote* diminutif de *Baume*, caverne.

BAY.

Sur la pente d'une colline, au bord d'un ruisseau. *Bech* ou *Beh*, élevation : Ou *Bay*, ruisseau.

BEAUJEU.

Le Château est sur une élevation assez considérable : le Village est au bas. *Voyez* Beaujeu en Beaujolois.

LE BELIEU.

Placé en amphithéatre au dessus d'une montagne de roc, au bas de laquelle est une grande saigne ou marais. *Bel*, roc. *Luh*, *Leuh*, marais.

BELLEVAUX.

Bellavallis, Abbaye placée dans une vallée où il y a de belles fontaines. *Bal*, en composition *Bel*, fontaine, source. *Val*, vallée.

BELMONT.

Près d'Augeran sur la pente d'un côteau. Il y avoit autrefois au dessus une espèce d'étang formé par un ruisseau qui descend à Augeran. *Bal*, en composition *Bel*, étang. *Mont*, élevation.

BELMONT.

Village de même nom que le précédent, situé sur une colline, au bas de laquelle il y a une source. *Bal*, en composition *Bel*, source. *Mont*, élevation.

BERMONT.

Ancien Château placé sur une montagne de roc, au pied de laquelle s'est bâti un Village. *Ber*, roc. *Mont*, montagne.

BERSAILLIN.

Près d'une forêt. C'est la même étymologie que Versailles. *Voyez* cet article.

LES BERSOTS.

Au milieu d'une côte couverte de bois. *Ber*, côte. *Sot*, bois.

BERTELANGE.

Sur une petite élevation. *Bar*, en compofition *Ber*, fur. *Tal*, élevation. *Telan*, diminutif. *Ge*, terminaifon indifférente, commune dans ce canton.

BEVOYE.

ANCIEN Château très-fort fur la cime de roc d'une montagne. Sur la pente de la montagne eft le Bourg. Une prairie commence dès l'endroit où finit le roc, & s'étend fur le refte de la pente de la montagne. Ce lieu, dans deux Teftamens, l'un de 1321, l'autre de 1481, eft nommé Beauvoix : Dans d'autres anciens Teftamens il eft appellé Belvoir, Beauvoir. *Bel*, *Bau*, roc. *Vaes*, *Vocs*, prairie. Il eft bien probable que le fameux Vincent de Beauvais étoit originaire de cet endroit. Saint Antonin le nomme *Vincentius Bellovacenfis Burgundus*. Il n'y a point dans les deux Bourgognes de Beauvoix ou Beauvais que celui-ci.

BEURE.

IL paffe un ruiffeau dans ce Village; fon terroir eft gras & fertile, fur tout en bons vins. L'ancien nom de ce Village eft *Beire*, *Beere*. C'eft ainfi qu'on le lit dans des titres de quatre à cinq cens ans. *Ber*, ruiffeau. *Ber*, gras, fertile.

BI.

Sur une montagne. *Bi*, montagne. Le terroir de ce Village produit de bons pois.

BIARNE.

MOITIÉ fur un côteau, moitié au bas. Il étoit apparemment autrefois tout fur la hauteur. *Bi*, élevation. *Arn*, deffus.

BIEZ DES MAISONS, BIEZ DU FOURG.

VILLAGES fur un ruiffeau. *Biez*, ruiffeau.

BILLEY.

DANS les bois fur une petite élevation. *Bil*, élevation. *Lay*, en compofition *Ley*, forêt.

BIHAN.

VILLAGE qui fait un demi-cercle peu ouvert autour d'une côte. *Bwa*, courbure. *Byan*, courbe. L'W dans la formation d'un dérivé fe change en Y. Il croît de bon vin à Bihan : Son nom peut auffi venir de *Bihan*, petit. *Voyez* Mion.

BILLON.

ABBAYE nommée *Bullio* dans les anciens titres latins. *Buillon* dans les anciens titres françois. Elle eft placée au bord de la Loue dans un endroit où cette rivière fait une courbure. *Bw*, courbure. *Lwn* ou *Lioun*, rivière. *Voyez* Bouillon dans le Duché de Luxembourg.

LE BISOT.

AU pied d'une élevation couverte de bois. *Bi*, élevation. *Sot*, bois.

BITAINE.

BITHENIUM dans les titres latins, Abbaye fituée au pied d'une montagne couverte de bois. *Bi*, montagne. *Ten*, bois.

BLAMONT.

AU fommet d'une montagne où il y a une abondante fource. *Blan*, cime. *Mon*, fource.

BLEFOND.

EST au pied d'une montagne : il y paffe un ruiffeau. *Blew*, ruiffeau. *Fond*, bas.

BLETTERANS.

L'ANCIEN Bletterans eft le Village qui s'appelle aujourd'hui Villevieux. Il eft fitué dans un endroit où la Seille fe partage. *Bleid* ou *Bleit*, partie, partage. *Ran*, rivière.

BLIN.

CHATEAU fort fitué au fommet d'un roc fort élevé. *Blin*, fommet : Ou *Bel* roc, *Lsin*, fommet. *Bellein*, par crafe *Blein*, *Blin*.

BLUSSAN.

DANS un petit vallon fur un ruiffeau. *Blw*, ruiffeau. *Dan*, en compofition *San*, vallon.

BODONCOUR.

A quelque diftance de ce Village un ruiffeau fe plonge dans la terre, d'où il fort dans ce Village même pour fe jetter dans une petite rivière qui y paffe. *Bodon*, qui fe plonge. *Cwr*, prononcez *Cour*, ruiffeau.

SUR LA LANGUE CELTIQUE.

BOLLANDOZ.
Sur une petite éminence. *Bol*, éminence. *Bolan*, diminutif. *Do*, fur.

BONAL.
Sur une élevation, d'où il fort des fontaines. *Bon*, fontaine. *Al*, élevation.

BONNAY.
Au pied de la côte du bois de Chailluc, qui étoit autrefois auſſi couverte de bois de ce côté là que du côté de Beſançon. *Bon*, extrémité. *Haï*, bois.

BONNESTAIGE.
Au deſſus & au bas d'une élevation. *Bon*, élevation. *Eſtaich* ou *Eſtaige*, habitation.

BONNEVENT.
Il y a dans ce Village une belle ſource. *Bon*, ſource. *Ven*, belle.

BONLIEU.
Chartreuse, où il y a une belle fontaine. Ce Monaſtére eſt près d'un lac. *Bon*, fontaine. *Luh*, *Leu*, lac.

LA BOSSE.
Village fur une élevation. *Bocz* ou *Boſſ*, élevation.

BOUCHERAN.
Dans un fond ſur un ruiſſeau. *Bou*, fond. *Chouer*, *Choueran*, ruiſſeau.

BOUCLANS.
Sur une petite élevation, au pied de laquelle fort un ruiſſeau. *Bouc*, élevation. *Lan*, ruiſſeau.

BOUGEAILLE.
Sur une petite hauteur. *Bou*, hauteur. *Gal*, habitation.

BOUGNON.
Sur une petite élevation. *Bonn*, élevation. *Bonnon*, diminutif.

BOUAN.
Un peu élevé. *Bou*, élevation. *Bouan*, diminutif.

BOULOT.
Ce Village eſt boueux. *Bawlyd*, *Bowlyd* ou *Bowlyt*, boueux.

BOUSSIÈRES.
Il eſt appellé Boiſſiéres dans une Charte du onzième ſiécle. Il eſt ſitué ſur la pente juſqu'au pied d'une montagne couverte de bois. *Bois*, bois. *Sierre*, montagne.

BOUT.
Est dans un fond. *Bout*, fond.

BOUVERAN.
Sur une petite hauteur au bord du Drejon. *Bou*, hauteur. *Ver*, près. *An*, rivière.

BRAILLAN.
Au pied d'une côte couverte de bois. *Breil*, bois gardé.

BRAN.
Dans un terrein fangeux & ſale. *Bran* ſignifie tout ce qui eſt ſale.

BRECONCHAUX.
Dans un vallon tout entouré de bois autrefois. *Brac*, en compoſition *Brec*, vallon. *Om*, autour. *Chod*, bois.

BRÉMONDAN.
Situé dans un vallon. Il paſſe un ruiſſeau dans ce Village qui forme une eſpèce de petit lac lorſque les eaux ſont grandes. Tous les environs de ce Village ſont des ſaignes ou marais. *Brai*, marais. *Mon*, autour. *Dan*, ruiſſeau.

BRENNAN.
Sur la pente d'une élevation. *Brenn*, *Brennan*, élevation.

B R È R E S.

VILLAGE qui a commencé par être l'habitation de quelques Freres. *Brer*, Frere. *Voyez* Charentenay.

B R É R Y.

C'EST la même étymologie que le précédent.

B R E S I L L E Y.

PRÈS d'un bois. C'est la même étymologie que Bregille. *Voyez* Besançon.

B R E T I G N I E R E.

DANS un mauvais sol de terre blanche & de pierres rondes, ou petits cailloux, *Bretin*, mauvaise. *Er*, terre.

B R E T O N V I L L E R S.

AU dessus d'une haute côte. *Bre*, montagne, côte. *Ton*, haute. *Villers*, habitation.

B R E V A N.

SUR une petite élevation. *Bre*, élevation. *Man*, en composition *Van*, petite.

B R E U R E Y - L E S - F A V E R N E Y.

DANS un vallon profond entre deux collines. Un ruisseau prend sa source dans le Village & l'arrose. *Bru*, source. *Ré*, ruisseau : Ou *Br*, vallée. *Ré*, ruisseau : Ou, si l'on veut, de *Breur*, Frere. *Voyez* Breres plus haut.

B R E U R E Y.

PRÈS de Sorans dans un vallon sur un ruisseau. *Br*, vallon. *Ré*, ruisseau. *Voyez* l'article précédent.

B R O Y E.

GROS Village près d'un marais. *Voyez* Amagétobrie.

B R U S S E Y.

PRÈS d'une grande mare toute remplie de joncs. *Brwyn*, jonc. *Sah*, en composition *Seh*, dormante, en parlant de l'eau : on sous-entend eau. *Voyez* le port de Cette en Languedoc.

B U F A R.

SUR la pente d'un côteau, & près d'une côte. *Bu*, côteau, côte, élevation. *Var* qui se prononce *Far*, sur & près. *Bufar* sur côteau. *Bufar* près de côte. Il croît de bon vin dans ce Village.

B U G N Y.

AU pied d'une colline. Il y a dans ce Village plusieurs petites fontaines. *Bounn*, abondance. *Y*, fontaines.

B U L L.

SUR une hauteur. *Bul*, élevation.

B U S S E Y.

SUR un ruisseau entre deux collines. *Bu*, collines. *Dy*, en composition *Sy*, deux, *Ei*, ruisseau.

B U S S I E R E S.

C'EST la même étymologie que Boussieres. Il est situé de même au pied d'une montagne autrefois couverte de bois ; il n'en reste plus qu'au sommet.

B U S Y.

Busy, petit. *Voyez* Byhan, Villersbufon.

B U T H I E R.

DANS un fond au bord du Lougnon. *But*, fond. *Buter*, qui est dans un fond.

B U V I L L Y.

EST traversé par un ruisseau qui grossit prodigieusement par les pluyes ; il y a beaucoup de sources dans ce Village. *Bu*, eau. *Bill*, *Vill*, abondante.

C A D E M E N E.

SUR la pente d'une montagne qui est couverte de bois depuis le Village en haut. *Cad*, bois. *Mene*, montagne.

C A L M O U T I E R.

EST tout entouré de rocs. *Cal*, roc. *Moutier*, Église.

SUR LA LANGUE CELTIQUE.

CEINBOIN.

VILLAGE où il y a de belles fontaines. *Cain*, en composition *Cein*, belles. *Boyn*, pluriel de *Bon*, fontaines, comme *Main* de *Man*.

CEINMADON.

VILLAGE situé dans une belle campagne. *Cain*, belle. *Méath*, *Mat* ou *Mad*, campagne. *Hom*, habitation.

CEINTREY.

SUR la pente d'une élévation couverte d'un bois. *Cen*, élévation. *Trey*, bois.

CENDREY.

SUR une colline. *Cen*, colline. *Treu*, en composition *Drey*, habitation.

CENTOCHE.

PRÈS d'une côte escarpée & remplie de cavernes. *Can* ou *Cant*, en composition *Cent*, côte. *Og*, ou *Och*, caverne.

CERNANS.

Voyez Cernay.

CERNAY.

CE petit Village aura commencé par une enceinte ou clos. *Cern*, enclos, enceinte.

CERNON.

A la même étymologie que Cernay.

CERVIGNEY.

DANS un terrein inégal. *Cervin*, raboteux, inégal.

CHAGEY.

DANS un Pays où il y a une grande quantité d'étangs. *Chaguet*, dormante : on sous-entend eau. *Voyez* Cette en Languedoc.

CHAFOY.

DE *Chad*, bois. *Fouet*, petit hêtre : Ou *Foy* de *Fay*, hêtres.

CHALAMON.

ANCIEN Château ruiné, qui étoit sur une quille de roc placée sur l'arrête d'une montagne. *Cal*, en composition *Chal*, roc. *Amon*, montagne.

CHALEME.

AU bas d'une côte couverte de bois. *Cal*, en composition *Chal*, élévation, côte. *Lem*, forêt.

CHALÉSE.

Calesia, dans une Bulle de 1143, est au bord du Doubs. *Cal*, bord. *Lés*, rivière.

CHALESEULE.

DIMINUTIF de Chaléfe, comme qui diroit le petit Chaléfe. C'est ainsi que dans la Province nous avons un Village qui s'appelle Lavan, & un autre qui en est près, Lavangeot ; un Village qu'on nomme Éclan, & un autre qui en est voisin, Éclangeot.

CHALESON.

LAC que fait le Doubs au dessous de Mortau. Il est tout entouré de rocs disposés en amphithéatres. *Cal*, en composition *Chal*, roc. *Son*, lac.

CHALOUL.

PRÈS du Village de Roche, Paroisse de Buffey. Dans de certains temps il sort d'un rocher, à six ou sept pieds de hauteur, un jet, ou pour mieux dire, un flot d'eau gros comme la cuisse d'un homme, poussé avec tant de roideur, qu'il ne tombe qu'à six ou sept pas de là. Cet endroit s'appelle Chaloul. *Cal*, en composition *Chal*, roc. *Houl*, flot. *Chalhoul*, flot du rocher.

CHAMBÉRIA.

ENTRE deux montagnes, qui n'ont entre elles qu'un vallon fort étroit où passe une petite rivière. *Chan*, vallon entre deux montagnes. *Ber*, rivière.

CHAMBORNAY.

IL y a deux Villages de ce nom ; l'un près de Bellevaux, ce qui le fait appeller Chambornay-les-

V

Bellevaux ; l'autre près de Pin, ce qui le fait appeller Chambornay-les-Pin. Le premier, placé au pied d'un côteau, a plusieurs fontaines. *Chan*, côteau. *Bornedd*, fontaine : Ou *Bornaid*, plein de fontaines. Le second est dans un vallon entre deux collines où il y a beaucoup de fontaines. *Chan*, vallon entre deux collines. *Bornedd*, fontaines : Ou *Bornaid*, plein de fontaines.

CHAMBLAY.

Au bord de la Loue, en un endroit où cette rivière fait une courbure. *Camb*, en composition *Chamb*, courbure. *Laith*, rivière.

CHAMDIVER.

Dans un terrain si fertile, qu'on y loue un journal de terre à vingt mesures par année. *Can*, en composition *Chan*, beaucoup. *Tiver*, en composition *Diver*, fertile.

CHAMELOT.

Diminutif de Chamol. *Voyez* cet article.

CHAMESEY.

Dans une belle plaine bordée de bois. *Cham*, habitation. *Maes*, plaine. *Hai*, en composition *Hei*, forêt.

CHAMOL.

Nom appellatif d'habitation, devenu propre de celle-ci. *Cham*, *Chamol*, habitation.

CHAMPAGNE.

Près de la Loue, dans un endroit où cette rivière fait une courbure. *Camb*, *Camp*, courbure. *An*, rivière. Il croît de bon vin à Champagne.

CHAMPAGNEY.

Près de Pouilley, est placé sur le sommet d'une élévation. *Chan*, élévation. *Pann*, sommet.

CHAMPLITTE.

Camplittum, Ville située entre plusieurs côteaux qui produisent de bon vin. *Can*, côteaux. *Plith*, entre.

CHAMPOU.

Au pied d'une côte élevée. *Cham*, habitation. *Pou*, côte.

CHANCEVIGNY.

A la source d'un ruisseau. *Can*, en composition *Chan*, source. *Cwi*, eau. *Cwin*, diminutif. *I*, près.

CHANLIVE.

Au pied d'une côte sur un ruisseau. *Chan*, élévation. *Liw*, eau, ruisseau.

CHANTE.

Au pied d'une colline. *Can*, en composition *Chan*, colline. *T* de *Troed*, pied.

CHANTRAN.

Près d'un vallon où est la source d'un ruisseau. *Can*, en composition *Chan*, source. *Traon*, *Tran*, vallon.

CHANVAN.

Il y a deux Villages de ce nom ; l'un près de Besançon, l'autre près de Dole. Il y a dans l'un & dans l'autre une belle fontaine. *Can*, en composition *Chan*, belle. *Van*, fontaine.

CHARENTENAY.

Voyez *Carentomagus* en Languedoc.

CHARGEY.

Les deux Villages de ce nom sont l'un & l'autre près d'un bois. *Car*, en composition *Char*, près. *Gai*, en composition *Gei*, forêt.

CHARIEY.

Au pied d'une montagne qui a pour sommet un haut rocher évasé & taillé en mur, qui forme une enceinte de trois côtés. C'est dans l'espace que laisse cette enceinte de roc, qu'est placé le Monastére des Cordeliers. Cette enceinte est appellée la Baumette ou Balmette de Chariey. Baume en Celtique signifie également caverne & enceinte de roc. *Balmette*, *Baumette* en est le diminutif. *Car*, en composition *Char*, coupé. *Reh*, roc.

SUR LA LANGUE CELTIQUE.

CHARMOILLE.

Sur un petit tertre. *Car*, en composition *Char*, petit. *Moyl*, tertre.

CHARSENNE.

Dans un demi-cercle fort courbé de côteaux couverts de vignes. *Car*, en composition *Char*, enceinte. *Sen*, côteaux.

CHASSAGNE.

De *Casan*, nom appellatif d'habitation, devenu propre de celle-ci.

CHASELLE.

De *Casel*, nom appellatif d'habitation, devenu propre de celle-ci.

CHASELOT.

Diminutif de *Casel*. *Voyez* l'article précédent.

CHASSIGNA.

C'est la même étymologie que Chassagne.

CHASOT, CHASOY, CHASSEY.

De *Cas*, nom appellatif d'habitation, devenu propre de celle-ci. *Ot*, *Oy*, *Ey*, terminaisons indifférentes.

CHATEAUCHALON.

Castrum Carnonis dans le traité de partage des États de Lothaire fait en 870, entre Charles le Chauve, & Louis Roi de Germanie, Abbaye de Dames & Bourg situés sur une montagne de roc. *Carn*, roc. *Non*, montagne. *Voyez* l'article d'Arbois.

CHATEAUVILAIN.

Sur un roc. *Vilyen* & *Vilen*, roc.

CHATELAR.

Il y a plusieurs endroits de ce nom, tous près de forêt. *Chat*, forêt. *Lar*, habitation.

CHATELAY.

Près de Chyssey. Village au bord de la forêt de Chaux. *Chat*, forêt. *Lez*, bord.

CHATENOI.

Près de Dole. Il étoit autrefois au bord du bois de la Serre, comme il paroît par des bosquets & des touffes de broussailles qui sont auprès. Il est dans un terrain aquatique & marécageux. Il est arrosé d'un ruisseau qui le partage. *Chat*, forêt. *Nwy*, prononcez *Noy*, eau, ruisseau, terrein aquatique.

CHAVANE.

Près d'une petite rivière. *Voyez* l'article suivant.

CHAVANNE.

Près d'un étang traversé par une rivière. *Chai*, habitation. *Aven*, *Avan*, rivière & étang.

CHAUDEFONTAINE.

Il y a deux Villages de ce nom, qui sont l'un & l'autre près d'une fontaine qui étoit autrefois dans le bois, puisque l'une & l'autre de ces fontaines sont encore aujourd'hui près du bois. *Chod*, forêt.

CHAUDRON.

Dans de grands bois. *Chod*, bois. *Rom*, grande étendue.

CHAUMERGY.

Près d'un étang & d'un bois. *Chad*, bois. *Mer*, étang. *Gui*, habitation.

CHAUMERSENNE.

Au bord d'un bois. *Chod*, bois. *Mars*, *Marsen*, en composition *Mersen*, bord.

CHAVON.

Sur le lac de Saint Point. *Chai*, habitation. *Avon*, lac.

CHAUSSENNE.

C'est la même étymologie que Chassagne.

CHAUSSIN.

Partie dans une Isle que forme la Glantine, à l'endroit où les deux bras de cette rivière se réunissent, partie des deux côtés de la rivière. *Cod*, en composition *Choz*, union, jonction, confluent. *In*, Isle.

CHAUX.

Près de Clerval. La forêt qui est près de ce Village le touchoit autrefois. *Chod*, forêt. La Chaux de Crotenay, la Chaux neuve ont la même étymologie.

LA CHAUX.

Dans un bois. Voyez l'article précédent.

CHAY.

De *Chai*, nom appellatif d'habitation, devenu propre de celle-ci.

CHEMILLY.

Au confluent de la Saône & du Drugeon. *Cam*, en composition *Cham*, *Chem*, jonction. *Ly*, rivière.

CHEMODAIN.

Village au bord d'un bois. *Cham*, en composition *Chem*, habitation. *Od*, bord. *Den*, bois.

LA CHENALOTTE.

Dans un vallon. Il y a plusieurs fontaines dans ce Village. *Chan*, en composition *Chen*, vallon. *Laith*, eau, fontaine.

CHENECÉ.

Il y a une belle grotte. *Chan*, en composition *Chen*, belle. *Cel*, grotte.

CHENEVREY.

Près de Marnay. Ce Village est sur une élévation de terre grasse. *Chan*, en composition *Chen*, colline. *Brai*, *Vrai*, terre grasse.

CHERLIEU.

Carilocus, Abbaye placée dans un fond, enfermée tout au tour par de petites collines chargées de bois, ensorte que c'est là que l'on peut dire

Tres Cœlum patent non amplius ulnas.

Car, enfermé. *Loc*, lieu, habitation.

CHEVIGNEY.

Il y a deux Villages de ce nom, tous deux près de beaux bois. *Ched*, bois. *Win*, beau. *Nés*, près.

CHEVIGNY.

Au bas d'un côteau, aujourd'hui chargé de vignes, apparemment autrefois couvert de bois. Voyez l'article précédent.

CHEVRO.

Près d'un beau bois. *Ched*, bois. *Bro*, *Vro*, beau.

CHILLY.

Chilley dans les anciens titres, est situé au bord d'un ruisseau. *Gilles* ou *Cilles*, *Chilles*, ruisseau. Son nom peut aussi être venu de *Kili*, maisons, habitations.

CHOISEY.

Au bas d'une côte anciennement couverte de bois, près d'une mare. *Choed*, bois. *Sab*, en composition *Seb*, mare. Voyez le Port de Cette en Languedoc.

CHOYE.

Sur un ruisseau. *Chouer*, ruisseau.

CHYSSEY.

Bourg qui étoit autrefois fortifié. On voit encore les fossés & des restes des murs qui l'entouroient. *Chych* ou *Chys*, Fort, Forteresse.

CICON.

Chateau situé sur la pointe d'un haut rocher. *Cic*, pointe. *Con*, roc.

CINCAN.

Sur la pointe d'une élévation. *Cin*, pointe. *Can*, élévation.

SUR LA LANGUE CELTIQUE.

C I R E Y.
Au bord du Lougnon. *Cwr*, en composition *Cyr*, bord. *Ei*, rivière.

C I T É.
Sur un ruisseau. *Ci*, ruisseau. *Ta*, en composition *Te*, habitation.

C I Z E.
Au bord du Dain. *Ci*, rivière. *Dy*, en composition *Zy*, habitation.

C L A N.
Au bord d'une petite rivière. *Clan*, bord.

C L É M O N.
Étoit un Château sur un roc escarpé, dont on voit les masures. *Cled*, escarpé. *Man*, *Mon*; pierre, roc.

C L E R V A L S U R L E D O U B S.
Est situé dans un fond au bord du Doubs. *Cler*, rivière. *Val*, vallée, fond. Près de Clerval il y a une montagne fort élevée, qui s'appelle Montfaur. *Mon*, montagne. *Mawr*, en composition *Fawr*, élevée.

C L E R V A L - L E - V A U D A I N.
Dans un vallon entre deux rivières & un lac. *Cler*, rivière. *Val*, vallon.

C L E R V A N.
Sur une hauteur, au pied de laquelle passe un ruisseau. *Cler*, ruisseau. *Man*, en composition *Van*, hauteur.

C O L I G N Y.
Sur une petite élévation. *Colin*, élévation. *Colinig*, diminutif.

C O L O N N E.
Partie dans, partie en deçà d'une Isle que forme la Glaustine en se coupant. *Col*, coupure. *On*; rivière.

C O M B E D E L O G E, C O M B E D' H I A N S.
Ces Villages sont dans des fonds ou vallons. *Combe*, vallon.

C O M B A U F O N T A I N E.
Village qui a tiré son nom du fond ou vallon dans lequel il est situé, & de ses fontaines. *Voyez* l'article précédent.

C O N D A T I S C O N E.
Aujourd'hui saint Claude, sur un rocher au confluent de l'Aliére & de la Bienne. *Condatt*, confluent. *Scon*, roc.

C O N D A L.
A un confluent. *Condat*, confluent.

C O N D E.
Au confluent de la Seille & de la Braine. *Cond*, confluent. Il y a encore un Village de ce nom au confluent du Dain & d'une petite rivière.

C O N L I É G E.
Dans une vallée ou gorge de montagnes sur une petite rivière. *Com*, vallée entourée de montagnes. *Liex*, rivière.

C O N T E.
Au confluent du Dain & d'une petite rivière. *Cont*, confluent.

C O R.
Au bord du Doubs. *Cwr*, prononcez *Cor*, bord, rivage.

C O R C E L L E.
Diminutif de *Cort* ou *Cors*, nom appellatif d'habitation, devenu propre de celle-ci.

C O R C E L O T T E.
Diminutif de Corcelle.

L E C O R D O N E T.
Sur une petite élévation. *Cor*, habitation. *Don*, élévation. *Donet*, diminutif.

MÉMOIRES

CORNE DE CHAUX.
CORN, angle. *Corne de Chaux*, angle de la forêt de Chaux.

CORRE.
A l'embouchure du Coney dans la Saône. *Cor*, embouchure.

COTEBRUNE.
SUR une élevation dans un bois. *Cot*, bois. *Bron*, *Brun*, élevation.

COUR.
NOM appellatif d'habitation, devenu propre de celle-ci.

COURBOUZON.
DE *Cour*, habitation. *Bufon*, *Boufon*, petite. *Voyez* Villersbufon.

COURLAN.
AU bord d'une rivière. *Cwr*, prononcez *Cour*, bord. *Lan*, rivière.

COURTAIN.
COURT, *Courten*, nom appellatif d'habitation, devenu propre de celle-ci.

COURTEFONTAINE.
CULTUS FONS dans des titres du douzième siécle. Il y a une fontaine abondante qui se perd sous terre après s'être montrée. *Collet*, *Collt*, qui se perd. *Fon*, fontaine.

COUTIE.
AU bord d'un bois. *Cout*, bois. *I*, près.

CRAMAN.
DANS un terrein très-fertile en blé excellent & en vin délicat. *Crammen*, ce qui est le plus gras, le plus fertile.

CRAN.
SUR le penchant d'une colline de roc, d'où l'on tire des pierres olivâtres. *Crag* ou *Cran*, roc. Le G se change en N.

CRAU.
AUPRÈS d'un rocher. *Crav*, roc.

CRISSEY.
CRICEIUM, dans une Charte du douzième siécle. Il est entre deux collines, près d'une mare. *Cruc*, en composition *Cryc*, colline. *Dy*, en composition *Sy*, deux : Ou *Sab*, en composition *Seb*, eau dormante, mare. *Voyez* Choisey.

CROMARY.
PRÈS d'un creux assez long où il y a une mare. *Cram*, creux. *Mar*, mare.

LE CROSET.
AU dessus d'une montagne. *Croc*, élevation. *At*, en composition *Et*, dessus.

CROSEY.
IL y a dans ce Village des mares ou amas d'eau boueuse, qui ne séchent presque jamais entièrement. *Cro*, mare. *Croseg*, *Crosey*, endroit où il y a des mares.

Près de Crosey, il y a une montagne fort grande & fort élevée qui fait partie du Lomont. Elle porte un nom particulier : on l'appelle *Ped Bue*. Elle est rapide de tous côtés. Elle étoit autrefois entièrement couverte de bois. On voit presque au dessus de cette montagne un antre de rocher d'où sort une belle & abondante fontaine. *Pod*, *Ped*, montagne. *Bu*, fontaine.

LE CROT.
AU dessus d'une montagne. *Croth*, élevation.

CUBRI.
IL y a deux Villages de ce nom, l'un dans le Bailliage de Baume, l'autre dans celui de Gray. Le premier est sur un sol fangeux; il est arrosé d'un ruisseau. Le second sur un terrein fangeux pareillement, étoit près d'un bel étang qu'on vient de mettre en pré. *Cwi*, eau, ruisseau, étang. *Bri*, terrein fangeux.

CUGNEY.
DANS un fond entre des collines de roc, sur un ruisseau. *Cwn*, fond. *Ai*, en composition *Ei*, eau, ruisseau.

SUR LA LANGUE CELTIQUE.

CUSANCE.

CUSANTIA, ancien Monaſtére, Château & Village à la ſource d'une petite rivière, qui tout à ſa ſortie ſe cache dans les rochers & cailloutages l'eſpace de quarante à cinquante toiſes, & ne forme point de ruiſſeau. Au bout de cet eſpace, ſe montrant & ſe joignant avec d'autres ſources, elle forme un ruiſſeau aſſez fort pour faire aller un moulin à quelques pas de là. *Cuz*, qui cache. *Hent*, ſource.

CUSE.

DANS un fond où il eſt caché. *Cuz*, caché.

CUSSEY.

IL y a deux Villages de ce nom. L'un ſur le Lizon, l'autre ſur le Lougnon. Le premier eſt au fond d'une plaine enfermée de trois côtés par un demi-cercle de montagnes qui le cachent. Le ſecond eſt auſſi caché de trois côtés. *Cuz*, *Cuzey*, caché.

CUZ.

VILLAGE ſitué de façon qu'il eſt caché. *Cuz*, caché.

DANVALLEY.

DANS un vallon fort ſerré, formé par deux côtes rapides, dont une eſt toute couverte de bois, & l'autre l'étoit autrefois. *Valley*, vallon. *Dan*, bois.

LE DECHAUX.

DANS de beaux bois. *Dec*, beau. *Chod*, bois.

DELAIN.

AU bord du Salon. *Dal*, en compoſition *Del*, près. *Len*, rivière.

DELU.

VILLAGE ſitué au bord du Doubs, près d'un endroit de cette rivière où l'on prend beaucoup de truites. *Dluh*, truite : Ou *Del*, près. *Luh*, rivière. *Voyez* Delain.

DEVESSEY.

PRÈS d'un beau bois qui étoit en défenſe, c'eſt-à-dire fermé. *Devez*, bois en défenſe. Ce bois eſt à préſent preſque tout coupé. *Voyez* Verſailles.

DIDATION ou DITATION.

PLACÉ par Ptolomée au nombre des Villes des Séquanois. Il n'en reſte plus de ce nom dans notre Province. Je conjecture qu'elle étoit où eſt Dole, ou près de l'endroit qu'occupe cette Ville. 1°. La poſition de Ptolomée s'y rapporte. 2°. Dole eſt à la tête de cette vaſte campagne, qui, par ſa grande fertilité, a mérité au Pays que nous habitons l'éloge d'être la meilleure Contrée des Gaules. Or Didation ſignifie une terre très-abondante. *Dit*, terre. *At*, abondante. *Ion*, à la fin du mot, marque le ſuperlatif. Les exemplaires de Ptolomée portent indifféremment *Didation* & *Ditation*, parce que le D & le T ſont des lettres qui ſe ſubſtituent réciproquement dans toutes les Langues. *Voyez* la diſſertation qui eſt à la tête de cette ſeconde Partie.

DOLE.

DOLA dans les anciens monumens. M. Peliſſon l'a décrite en ces termes. La Ville de Dole, moindre que celle de Beſançon & de Salins, mais Capitale de la Province, & tenue de tout temps pour la place la plus forte, eſt aſſiſe dans une grande vallée, que les Peuples, pour ſa fertilité & ſa beauté, ont appellé autrefois le val d'Amour. Cette vallée eſt entre-coupée en ſon milieu de la rivière du Doubs, & de je ne ſçais combien de petits vallons qui forment quantité d'autres collines plus baſſes. La Ville occupe une de ces collines tournée vers le ſoleil levant, & porte ſes murailles juſqu'au pied qui eſt auſſi lavé par le Doubs...... Le Doubs raſe une de ſes faces de ſon grand canal, paſſant ſous un beau pont de pierre ; mais avant que d'en approcher, il forme diverſes Iſles, & ſe diviſe en diverſes branches, dont l'une, conduite par le travail des hommes, ſe jettoit encore alors en un autre endroit plus haut dans la Ville même, au pied d'un de ſes baſtions, par de grands arcs ménagés dans la courtine, & garnis de doubles barreaux de fer, puis couloit entre les vieux & nouveaux remparts de la Ville, y faiſoit moudre quelques moulins, & ſortoit enfin dans la courtine ſuivante par d'autres arcs ſemblables pour ſe jetter dans le grand canal, rempliſſant cependant de ſon eau le foſſé de ces deux faces, que la rivière défendoit encore d'une autre ſorte par ſes petites Iſles, qui ſont au devant comme une eſpèce de marais. Le corps de la place étoit généralement très-bon, compoſé de ſept baſtions ou boulevards d'une hauteur extraordinaire, capables de ſervir de Citadelle contre la Ville même, & fondés preſque par tout ſur huit pieds de roc, où le travail de la ſappe & des Mineurs ne pouvoit être que très-lent & très-difficile. Ils étoient de dix pieds d'épaiſſeur, de gros quartiers de pierre taillés en boſſe à la ruſtique, d'une maçonnerie excellente par la ſécherſe du ſable & l'abondance de la chaux vive, & qu'on avoit vu quelquefois au dernier Siége ſe preſſer & ſe rendurcir plutôt que de ſe délier, & ſe démentir aux coups redoublés

Hiſtoire de la conquête de la Franche Comté

Il auroit dû dire le Val d'Amous.

du canon: L'effort & la violence des mines même brisant toujours plutôt ces grosses pierres que de les séparer, & les Habitans qui s'en voulurent servir depuis trouvant plus de peine à les détacher l'une de l'autre, qu'à en tailler de nouvelles dans les carrières. . . . . . La Ville n'est point agréable au dedans, ses rues & ses bâtimens sentent plutôt cette antiquité moyenne, obscure & barbare que celle des siécles plus éloignés, où notre politesse moderne a tant de peine à atteindre. Seulement quand on entre par le côté de la rivière, & qu'on remonte du bas de la colline vers le haut, elle présente un objet assez agréable dans l'inégalité de ses édifices, qui s'élevent en amphithéatre par leur situation les uns au dessus des autres, comme autant de divers dégrés.

Dol, terrein qui va en s'abbaissant au bord d'une rivière.

La fontaine d'Arans, près de la Ville de Dole, sort du pied d'un côteau de pierre blanche. *Ar*, pierre. *Han*, blanche.

Plumont est une montagne près de Dole très-fertile en vin. *Plu*, fertile. *Mont*, montagne.

DONBLAN.

Situé dans une belle plaine élevée d'environ cinquante pieds au-dessus de la rivière de Seille. De cette élévation, à côté de la rivière, sortent plusieurs belles fontaines si abondantes, qu'elles forment un ruisseau assez fort pour faire tourner un moulin sans écluse. *Don*, belles. *Bala*, source, au pluriel *Balan*, en composition *Belan*. Donbelan, par une crase très-facile, & qui se fait pour ainsi dire nécessairement Donblan, belles sources. Il croît de bon vin dans ce Village.

DONPRÉ.

Au pied d'une colline; son Église est au-dessus. Tout près du Village, on trouve une saigne ou marais qui en rend la sortie difficile quand il a plu. *Don*, élévation. *Brai*, Bré ou Pré, terrein aquatique.

DORTAN.

A l'embouchure d'une petite rivière dans la Bienne. *Dor*, embouchure. *Tan*, rivière.

DOURNON.

Voyez Lemui.

DOYE.

Entre deux rivières. *Dy*, deux. *Wy*, prononcez Oy, rivière.

DURNE.

Sur une espèce de platte-forme terminée en pointe, environnée de coupures hautes & roides; comme de fossés de tous côtés, excepté un petit espace, qui, n'étant pas coupé, sert d'avenue pour y aborder. Le Château est à la pointe de la platte-forme; le Bourg touche le Château. *Duryn*, Durn, bec, pointe.

ÉCHENANS.

Au bord d'un étang formé par une rivière. *Éche*, habitation. *Nant*, rivière.

ÉCOLE.

Près d'une fontaine abondante, qui sort d'une petite caverne. *E*, fontaine. *Col*, caverne.

ÉNANS.

Les Énans sont deux Villages situés au bord du Lougnon. *Nant*, rivière. *An*, en composition *En*, près.

ENNOI.

Il touche le Doubs. *An*, en composition *En*, près. *Wi*, prononcez Oi, rivière.

ÉPENOI.

Sur une élévation près d'une noue. *Pen*, élévation. *Nwy*, prononcez Noy, eau.

ÉPEUGNEI.

Près d'une élévation. *Peu*, élévation. *Nés*, près. *E*, paragogique.

ÉPREL.

Dans une prairie près d'un ruisseau. *É*, eau, ruisseau. *Prel*, pré, prairie.

ESCHAI.

Échay, nom appellatif d'habitation, devenu propre de celle-ci.

ESCLAN.

Au bord d'un ruisseau. *Clan* ou *Yslan*, *Esclan*, bord de rivière ou de ruisseau.

ESCLANGEOT.

Diminutif du nom d'Esclan dont il est voisin.

SUR LA LANGUE CELTIQUE.

E S C L E U X.
Au bord de la Loue. *Voyez* Esclan.

É C H E N A N S.
Au bord d'un étang formé par une rivière. *Eche*, habitation. *Nant*, rivière.

E S C R I L L E ou É C R I L L E.
Village où est la source d'une petite rivière. Au-dessus d'une élévation on voit un creux d'eau d'environ 60 pieds de circonférence, dont on n'apperçoit point le fond. De ce creux sort la petite rivière dont on a parlé. *Es*, article. *Creu*, en composition *Crey*, creux. *Le*, eau.

E S T R A B O N N E.
Près de trois fontaines. *Es*, article. *Tre*, trois. *Bon*, fontaines.

E S T R E P I G N E Y.
Sterpiniacum dans des Chartes du treizième siécle. Ce Village est près d'une terre blanche, dont on fait une grande quantité de vaisselle. *Ter*, terre. *Pin*, blanche. *S* article.

E S T U.
Il y a une magnifique fontaine, qui, tout en naissant, forme un gros ruisseau. *Het*, abondante. *T* prononcez *U*, source. *Hétu*, source abondante.

É T A L A N.
Étoit autrefois un Château fort de l'Archevêque de Besançon. *Tal*, *Talan*, Forteresse. *E*, article.

É T R A I.
Es, article. *Tref*, habitation.

É T R E L.
On descend tout le long du Village de Mont. Au bas du Village il y a un petit plain : on remonte ensuite un peu ; c'est sur cette monticule, moindre que celle où est Mont, qu'est situé le petit Village d'Étrel. *E*, habitation, *Traill*, plus petit & plus bas.

É V A N.
Village près d'un grand étang. *Aven*, *Èvan*, étang.

F A L E T A N.
Sur un ruisseau qui sort d'un étang. *Fal*, étang. *Tan*, ruisseau.

F A L L O N.
Près d'un étang. *Fal*, étang. *Lon*, habitation.

F A U C O G N E Y, anciennement F A U C O N G N E Y.
Au pied de rochers fort élevés. *Fawr*, grand. *Con*, rocher. *Nès*, près : Ou de *Falcon*, Faucon. Les rocs près desquels est cette Ville, sont fort propres à ces oiseaux.

F A V E R N E Y.
Sur la Lanterne. *Fa*, lieu. *Vern*, aulnes. *Vernay*, aulnaye. Le sol de cette Ville est propre pour ces arbres, & il y en a encore dans son territoire : on les y appelle encore verne.

F A Y.
Près d'un bois de hêtres. *Fay*, bois de hêtres.

F A Y - B I L L O T.
Dans un sol de roc & de pierre fort inégal. Il est tout entouré de forêts de hêtres. *Fay*, forêt de hêtres. *Billot* de *Bily*, roc, pierre.

F É D R Y.
Village fort sale & fort boueux. *Ffey*, sale. *Tri*, en composition *Dri*, habitation.

F E R R I E R E.
Près de Rey, est placé près de la Saône qui s'y partage en deux branches. *Ferr*, coupure, partage. *Ar*, en composition *Er*, près.
Ferriere, près de saint Vit, est dans un sol fangeux, près d'un terrain marécageux. *Fer*, terrain marécageux. *Er*, près.

F E R T A N.
Sur un ruisseau qui saute ou se précipite du haut d'un rocher. *Fer*, se perdre, se précipiter. *Tan*, ruisseau.

X

MÉMOIRES

FLAGEY.

Près d'un vallon profond & garni de rochers escarpés, dans lequel passe un ruisseau. *Flag*, vallon. *Ei*, ruisseau.

FLANGEBOUCHE.

Falinbucca dans une Bulle du douzième siécle, est dans un terrein tout semé de petites élévations de roc. *Falin*, roc. *Bocz*, élévation : Ou *Falin* de *Fal*, source. *Buca*, qui finit. Il y a dans ce Village une fontaine abondante qui sort du roc, forme un petit ruisseau, & se perd à quelques pas.

FLEUREY - LÈS - FAVERNEY.

Sur une élévation bordée d'un ruisseau. *Fleu*, ruisseau. *Rez*, bord.

FONCINE.

Près d'une abondante source, qui forme une petite rivière. *Fon*, source. *Cin*, belle.

FONDREMAN.

Il y a dans ce Bourg une source très-abondante & fort large, au bas d'un rocher sur lequel est bâti le Château. Cette fontaine est la source de la Romaine. *Fond*, fontaine, source. *Re*, très. *Man*, abondante.

FOUCHECOURT.

Au bord de la Saône qui s'y partage. *Fwle*, *Foulch*, partage. *Court*, habitation.

FOUCHERAN.

Il y a deux Villages de ce nom, que je crois avoir pris leur nom de leurs beaux hêtres. *Fou*, hêtre. *Caer*, *Chaer*, beau.

FOULENAY.

Près d'un bois de hêtres. *Fou*, hêtres. *Len*, bois. *Nés*, près.

LA FOUYE.

Est acculé par une élévation contre laquelle il est. *Pouy* ou *Fouy*, élévation.

FRAISAN.

Au bord du Doubs. *Ver*, prononcez *Fer*, bord. *Asan*, rivière.

FREDPUY.

Nous transcrivons la belle description que M. Pelisson a faite de cette merveille.

Ce prodige, connu sous le nom de frais puits, & qu'on ne peut appeller proprement ni fontaine, ni rivière, ni étang, ni gouffre d'eau, ni torrent, mais tout cela ensemble, car c'est une petite montagne, qui égalant les plus hauts clochers des environs, & ne laissant sortir d'ordinaire qu'une fontaine médiocre par les côtés du roc, vomit & élance quelquefois à son sommet autant d'eau que le Vésume de flammes, par une ouverture large de vingt toises, profonde de quinze. L'amas ou gouffre d'eau sans fond, qui paroissoit dormir auparavant au bas de ce puits, s'élevant en fureur, non seulement jusqu'au haut, mais six toises au dessus en forme de gerbes, ou plutôt de montagne d'eau, qui épouvante premièrement, puis noye & ravage les campagnes voisines, jusqu'à ce que trouvant un canal sortuit entre deux montagnes, il coule désormais comme une paisible rivière, & se décharge dans celle de la Pouilleuse auprès de Vesoul.

Fr. de *Ffrwd*, torrent. *Hed*, jet. *Puy*, creux.

FREMONDAN.

Entre une côte & le Dessoubre. *Frem*, *Fremon*, côte. *Tan*, en composition *Dan*, rivière.

FRONTENAY.

Il y a un Château fort, dont les murs qui sont très-épais, & qui ont des tours de distance en distance, subsistent encore en partie. Il est au dessus d'une montagne sur laquelle il croît de bon vin. *Fron*, Forteresse, Château fort. *Ten*, élévation. *Voyez* aussi l'étymologie de Frontignan en Languedoc.

FROTTÉ.

Sur la petite rivière qui vient de Quincey. *Ffrwd* ou *Ffrwt*, prononcez *Frot*, rivière.

LA FROUSSE.

Dans le territoire du Village de Velleclair, au pied d'une montagne, il y a une ouverture dans un roc de quinze à dix-huit pouces de diamètre au dessus, elle s'élargit dans le bas. Sa profondeur est de huit à neuf pieds. Le fond de cette ouverture est traversé d'un petit ruisseau qui sort d'une fente de quatre à cinq pouces de diamètre; il se perd dans un creux qui est vis-à-vis dans ce même fond. Lorsqu'il a plu, l'ouverture du dessus jette une colonne d'eau de plus de la grosseur d'un homme, qui s'éleve de quatre à cinq pieds au dessus de cette ouverture avec tant de violence, que si l'on jette

SUR LA LANGUE CELTIQUE.

de gros quartiers de pierre au milieu de cette colomne pour les faire tomber dans l'ouverture, cette eau les rejette & les porte loin de là, comme si c'étoient des morceaux de planche. *Ffrwd*, *Froud*, torrent. *Sev*, qui s'éleve. *Frouffe*, torrent qui s'éleve.

F U A N.

Dans les anciens titres Fluan, est au bord du Doubs. *Fleu*, rivière. *An*, habitation.

G E N D R E Y.

Sur une motte. *Gen*, élevation, motte. *Tré*, en composition *Dré*, habitation.

G E N E U I L L E.

Dans un terrein bas & aquatique. *Nol* ou *Nul*, terrein bas, arrosé. *Ge*, article. Ce Village est nommé Genuille dans un très-ancien Pouillé.

G É N E S.

Près de plusieurs mares. *Gueun*, *Guen*, mare.

G E N E V R E U I L.

A l'extrémité d'une petite pente, dans un terrein gras & bourbeux. *Gen*, élevation. *Vrai*, *Brai*, terre grasse & bourbeuse.

G E N E V R E Y.

Sur la pente d'une côte. La terre y est grasse & bourbeuse. *Gen*, élevation. *Brai*, *Vrai*, terre grasse & bourbeuse.

G E N E Y.

Le sol de ce Village est marécageux. *Guen*, mare. *Gueneg*, *Geney*, marécageux. *Voyez* Genes.
Sur le territoire de ce Village il y a un gouffre qu'on appelle le creux de Colomber, dont on ne connoit pas la profondeur. Il y a toujours de l'eau dans ce creux, même dans les plus grandes sécheresses. Après un jour ou deux de pluye, il jette une si grande quantité d'eau, que l'on a été obligé de construire de fortes murailles dans le vallon qui est plus bas, pour lui servir de digues, & en diminuer la rapidité. Cette eau va se jetter dans un ruisseau qui se perd dans le Doubs. A côté de cet abysme, il y a deux trous orbiculaires dans le roc vif par où l'on entre, non sans quelque danger de glisser dans le gouffre, en une grande caverne, où pendant les guerres les Paysans se retiroient avec leurs effets. *Col*, caverne. *Lomber*, soupirail. Les ouvertures orbiculaires par où l'on descend dans la caverne, ont une entière ressemblance avec un soupirail : Ou *Cau*, creux. *Lam*, *Lom*, qui saute, qui jaillit. *Ber*, coulant d'eau.

G E R M I G N E Y.

Sur un tertre ou petite élévation près de la forêt de Chaux. *Ger*, petite. *Min*, *Miney*, élevation. Le Village de même nom, qui est auprès d'Apremont, est moitié sur un petit côteau, moitié au bas.

G E R M O N D A N.

Sur la pente & au pied d'une petite colline. *Ger*, petite. *Mon*, colline. *Dan*, habitation.

G E S I E R.

A pris son nom de la grande quantité d'arbres qu'il y a. *Gnez* ou *Gez*, arbre. *Gesir*, plein d'arbres.

G E S I N C O U R T.

Près d'un marais. *Gad*, en composition *Ges*, près. *Sen* ou *Sin*, marais. *Court*, habitation.

G E V I G N E Y.

Au bord d'une petite rivière. *Ge*, article. *Aven* ou *Avin*, en composition *Evin*, rivière. *Evinez*, diminutif.

G E V I N G E Y.

Sur une petite rivière. *Ge*, article. *Evin*, rivière. *Gey*, diminutif. *Voyez* l'article précédent.

G I G N Y.

Gigniacum, Abbaye célèbre dès le neuvième siécle. On n'y entre qu'après avoir fait preuve de Noblesse. Elle est placée dans un joli vallon, sur une petite rivière. *Gynny*, vallon : Ou *Gni*, rivière. *Gwin*, diminutif. *I*, près.

G I G O S.

Hameau près du Dessoubre. *Gi*, rivière. *Gos*, près.

G I L L E Y.

Gros Village, qui a pris son nom des chevaux qu'on y éleve. *Gwill*, *Gill*, cheval. *Voyez* la Val du Sauget dans lequel ce Village est situé.

X ij

GILLOY.

A la même étymologie que Gilley.

GIVRI.

Au bord du Doubs. Il y a dans ce Village une mare. *Gwi* ou *Gi*, rivière. *Bri* ou *Vri*, mare.

GLAMONDAN.

Dans une campagne toute entourée de bois. *Glad*, territoire. *Mon*, entouré. *Dan*, bois.

GOAILLE.

Golia, Abbaye située dans un endroit fort profond, entre deux montagnes fort élevées, à la source d'une petite rivière. *Goel*, *Gol*, endroit fort profond. *Y*, source.

GONDENAN.

Dans un vallon : Ce Village est traversé par un ruisseau. *Gon* ou *Gond*, vallon. *Nant*, ruisseau.

GONSAN.

Dans une enfonçure au bas d'un bois. *Gonsan*, enfoncé.

GOUX.

Près de Dole. Il y a une belle source qui forme un ruisseau. *Gouer*, *Gour*, ruisseau. Ou *Gou*, forêt. Il est au bord de la forêt de Chaux.

GOUX.

Près de Vercel. Il y a une fontaine qui forme un ruisseau. *Voyez* l'article précédent.

GOUX.

Près de Bartran, près d'une mare. *Gourd*, dormante. On sous-entend eau.

GRACHOT.

Au milieu d'une montagne, autrefois toute couverte de bois. *Grah*, montagne. *Chot*, bois.

GRANDFONTAINE.

La Légende de saint Germain, Archevêque de Besançon, appelle ce lieu *Grandifons*, & lui donne le titre d'*Oppidum*. Il a pris son nom de sa fontaine abondante. *Grand*, abondante. *Fou*, fontaine.

GRANDNOIR.

Voyez Annoire, qui est l'ancien nom de ce Village.

GRATTERI.

Sur une petite élévation. *Grat*, élévation. *Gratteri*, diminutif.

GRAY.

Gradicum Castrum dans la Chronique de l'Abbaye de Béfe. Cette Ville (j'emprunte les paroles de M. Pelisson) est assise sur une colline au bord de la Saône, fleuve grand & large, d'un cours ordinairement lent, mesuré, paisible & tranquille. . . . & non seulement très-aimable par lui-même, mais qui communique presque sa beauté à tous les lieux où il passe. La campagne aux environs est également fertile & agréable. La Ville est moindre, mais plus gaye & plus riante que Dole. *Gradig* ou *Gradic*, agréable, qui plaît.

GREDISAN.

Sur un côteau. Il y a une belle source. *Gradd*, en composition *Gredd*, élévation. *This*, en composition *Dhis*, belle. *San*, source.

GRESSOUX.

Sur une éminence. *Grech* ou *Gres*, éminence. *Hws*, prononcez *Hous*, habitation.

GREUCOUR.

Au bord de la Romaine qui s'y partage. *Grau*, en composition *Greu*, partage. *Cwr*, prononcez *Cour*, rivière.

GROSON.

Au milieu de ce Bourg il y a un creux vaste & profond d'eau salée, dont on faisoit du sel autrefois. *Crau* ou *Grau*, creux. *Son*, sel.

GRUSSE.

Près d'une source fort abondante, qui sort d'un roc excavé. *Grau*, roc. *Sao*, source.

SUR LA LANGUE CELTIQUE.

GUYANS.

DIMINUTIF de *Gui* nom appellatif d'habitation.

G Y.

JUDICUM dans les anciennes Chartes, étoit autrefois une place très-forte. *Gu*, très. *Dichon*, Fort Forteresse. Cette Ville a été aussi appellée *Giacum* dans des titres du douzième siécle. *Iaconn* ou *Giaconn*, Forteresse.

HÉBÉ.

IL n'y a ni source, ni fontaine. *Heb*, sans. *E*, eau.

HOTERIVE.

DANS un vallon environné anciennement de la forêt d'Oiselay. *Hot*, forêt. *Riv*, rive.

HOUTEAU.

AU bord du Drugeon. *Aut*, *Out*, bord. *Eau*, eau, rivière.

HUGIER.

PRÈS d'un ruisseau. *W*, eau, ruisseau. *Ger*, près.

JALLERANGE.

A mi-côte. *Gall*, *Jall*, élevation, côte. *Ran*, moitié.

JEURE.

VILLA JURENSIUM dans un Auteur du cinquième siécle ; ainsi appellée du Mont Jura dans lequel il est situé.

IGNI.

SUR un ruisseau. *Ien*, *In*, ruisseau. *I*, près.

ILLAI.

PRÈS d'un lac où il y a une petite Isle. *Il*, Isle. *Llay*, petite.

IO.

VILLAGE au bord du Lougnon. *Iw*, prononcez *Io*, rivière.

JONVELLE.

EST près d'un grand espace tout semé de rocs. Il est même en partie situé sur des rochers. *Gon* ou *Jon*, roc. *Velle*, habitation : Ou *Ion*, rivière. Il est au bord de la Saône.

JOUE.

IL y a une fontaine qui forme un ruisseau. *Iw*, prononcez *Jou*, ruisseau.

JOUGNE.

A l'extrémité d'un roc élevé du côté de la Suisse. *Gon* ou *Jon*, roc. *Nech* ou *Nes* élevé.

JOUX.

CE Château (Je copie M. Pelisson) sans contredit le plus fort qui soit aujourd'hui dans la Province, est assis sur la pointe d'un haut rocher, & représente avec lui une pyramide, tant par sa petitesse que par son élevation. *Juch* ou *Jus*, *Jous*, élevé. Ce Château touche une forêt de sapins, d'où il peut aussi avoir pris son nom. *Iw*, prononcez *Iou*, sapins.

ISSAN.

SUR une petite rivière. *Iss*, rivière. *An*, diminutif.

JUANS.

A une courbure de la Seille. *Iw*, rivière. *Anc*, *Ant*, courbure.

JUSSEY.

PRÈS d'une grande & très-fertile prairie. *Jus*, herbe. *Jusseg*, *Jussey* ; abondant en herbe : Ou *Iw*, eau. *Sah*, en composition *Seh*, dormante. Il est près d'un marais qui passoit autrefois pour impraticable.

LA BARRE.

IL y a deux Villages de ce nom, l'un près du Doubs, l'autre près du Lougnon ; tous deux sur une élevation. *Bar*, élevation.

LA BORDE.

BORDE, nom appellatif d'habitation, devenu propre de celui-ci. *La*, article.

LA GRAND'COMBE.

DANS une longue vallée. *Combe*, vallée.

LAIS.

AU bord du Doubs. *Llaith*, rivière.

LA LOGE.

LOG, nom appellatif, devenu propre de celui-ci.

LA LOYE.

LOGIA dans une Charte du douzième siécle. De *Log*. *Voyez* l'article précédent.

LAMBREY.

DANS un terrein bas, fort fangeux, plein de marais. *Lan*, terrein. *Brai*, aquatique.

LANTENNE.

SUR un ruisseau. *Lliant*, rivière. *L'ñanten*, diminutif.

LARDERET.

SUR le penchant d'une colline, près d'un bois. *Lar*, habitation. *Dare*, en composition *Dere*, près. *Het*, bois.

LARIAN.

CE Village est presque entouré du Lougnon, qui y fait un fer à cheval. *Lor*, *Lar*, tortuosité. *Ien*, rivière.

LARNOD.

AU sommet d'une montagne, d'où l'on découvre cinquante-deux Villages. *Lar*, pointe, cime. *Nod*, élévation.

LA SAIGNE.

PRÈS d'un marais ou terrein aquatique, qu'on appelle Saigne dans nos montagnes. *San*, *Sen*, marais.

LA SAIGNOTE.

DIMINUTIF de Saigne. *Voyez* l'article précédent. Ce Village est près d'une fontaine qui fait une espèce de marais autour du bassin dans lequel elle se décharge.

LA SARRA.

AU pied d'une montagne. *Sarr*, *Serr*, montagne. *La*, article.

LE LATOI.

PRÈS de deux étangs ou petits lacs. *Laith*, *Lath*, étang, lac. *Twy*, prononcez *Toy*, deux.

LAVAL.

DANS une vallée. *Val*, vallée. *La*, article.

LAVAN.

IL y a deux Villages de ce nom, l'un au bord de la Loue, l'autre au bord d'une petite rivière, ou gros ruisseau. *Le*, près. *Avan*, ruisseau, rivière.

LAVENCIA.

PRÈS de la Bienne. *Voyez* Lavan. *Dy*, en composition *Zy*, habitation.

LAVANGEOT.

DIMINUTIF de Lavan dont il est voisin, comme qui diroit petit Lavan.

LAUCONNUM.

AUJOURD'HUI saint Lupicin, connu par un fameux Monastére, que le Saint, dont il porte à présent le nom, y bâtit dans le cinquième siécle. Le sol de ce Village est de roc. *Llawr*, sol. *Con*, roc.

LAVERNAY.

DANS un terrein aquatique fort propre aux aulnes, nommés *Vern* en Celtique. *Vernay*, aulnaye. *La*, article.

SUR LA LANGUE CELTIQUE.

LAVIGNEY.

Sur un ruisseau ou petite rivière. *L*, article. *Aven*, *Avin*, rivière. *Aviney*, diminutif.

LAVIGNY.

A la source d'un ruisseau ou petite rivière. *Voyez* l'article précédent.

LAVIRON.

Dans une grande plaine. *Lav*, plaine. *Rom*, grande.

LA LAVOTTE.

Il n'y a en plusieurs endroits de son terroir que l'épaisseur de terre pour lever le sillon ; plus bas on ne trouve que de la lave. On appelle ainsi en Franche-Comté une pierre qui se leve par écailles plates. *Lav*, plat. On sous-entend pierre.

LEMUY.

Près d'une source où l'eau saute en sortant. Cette fontaine perd une partie de ses eaux dans la terre, à quelque distance de sa source. De l'autre partie elle forme un ruisseau qui passe tout près de Dournon, & qui, à un coup de fusil de ce Village, se perd dans la terre. *Lam*, en composition *Lem*, qui saute. *Wy*, eau. *Dour*, eau. *Non*, qui s'enfonce, qui se précipite.

LESSEY.

Au bord du Doubs, au pied de plusieurs rochers. *Lech* ou *Les*, rocher. *Ei*, rivière.

LEUGNEY.

A l'extrémité de ce Village il y a une source qui forme d'abord un petit étang. *Luh*, *Lenh*, étang. *Nés*, près.

LEVIER.

Dans une vaste plaine. *Lav*, en composition *Lev*, plaine. *Hir*, grande, vaste.

LEZAT.

Près de la Bienne. *Lez*, rivière. *At*, près.

LIAUFFAN.

Dans un Pays de boue & de marais. *Lliaus*, abondance, grande quantité. *Fancq*, boue.

LIÉLE.

Gros Village tout rempli de fontaines. *Liex*, eau. *Ly*, abondance.

LISLE.

Dans une Isle que forme le Doubs. *L*, article. *Ile*, Isle.

LA LIZERNE.

Ce Village a du côté du levant une lizière de rochers, qui s'étendent du midi au septentrion, & forment entre eux un étroit vallon rempli de sapins, qu'on appelle la Combotte aux sapins. (*Combotte*, diminutif de combe, vallée.) Dans ce vallon il y a une fontaine renommée par l'excellence de son eau, qu'on nomme la fontaine de Goda. (*God*, bonne. *A*, eau.) *Liz*, lizière. *Arn*, en composition *Ern*, roc.

LOD.

Dans une gorge fort serrée entre deux montagnes, dans laquelle ce Village est tellement caché, qu'il n'est vu que lorsqu'on y est. *Lloc* signifie un passage fort serré, & *Lloches* une cachette. On devroit, en écrivant le nom de ce Village, le terminer par un C.

LOMONT.

Village ainsi appellé de la montagne du Lomont dans laquelle il est.

LONGECHAUX.

Près d'un gouffre où l'eau d'une ravine se perd ; ce gouffre est dans un bois qui touche ce Village. *Lwngc*, prononcez *Longc*, engloutissement, gouffre. *Chod*, bois.

LONGVY.

Près du Doubs & d'un marais. *Lenn*, *Lonn*, marais. *Gwi*, rivière.

LON-LE-SAULNIER.

Ledo dans les anciens monumens, près d'une mare. *Llaith* ou *Laid*, mare. Cette mare étant salée, on a ajoûté à *Ledo Salinarius*, qui signifie salée. *Lon* de *Lenn* est un terme synonime à *Llaith*, qui signifie également mare.

LORAY.

SUR un sol de roc. *Law*, sol. *Rech*, roc. Il y a près de ce Village un rocher élevé qui est coupé au milieu, qu'on appelle la Roche-Barchie. *Barch*, coupé. Il y a aussi un creux en terre vasto & profond, qu'on appelle le Po de Loray. *Pod*, creux, profondeur.

LOUGRE.

SUR une rivière. *Lw*, prononcez *Lou*, rivière. *Ger*, par transposition *Gre*, près.

LOULAN.

VILLAGE où il y a plusieurs ruisseaux. *Luh*, *Louh*, eau. *Laun*, *Lan*, plein.

LOUVEROT.

PRÈS d'une petite montagne, au bord d'un ruisseau. *Luh*, *Louh*, eau, ruisseau. *Ber*, *Ver*, montagne. *Verot*, diminutif.

LURE.

LUDERA, *Lutera*, Abbaye célébre fondée par saint Deile, Disciple de saint Colomban. Elle est placée au bord d'un petit lac formé par une source abondante qui est au fond. Cette Abbaye a occasionné la fondation d'une Ville assez considérable. *Luh*, lac. *Dwyre*, prononcez *Doyre*, source. *Luhdoyer*, *Luhder*, source qui forme un lac; de ce lac sort une rivière qui forme une Presqu'isle, dans laquelle est l'Abbaye de Lure, ce qui fournit encore une étymologie fort naturelle. *Luh*, lac. *Der*, rivière: Ou *Lw*, eau. *Dar*, en composition *Der*, qui entoure.

LUSANS.

DANS un vallon. Il y a une belle source qui forme un ruisseau, qui se joint à un autre ruisseau au bas du Village. *Lw*, eau, ruisseau. *Dan*, en composition *San*, vallon. Voyez Luzan.

LUXEUIL.

LUXOVIUM. Il y a des eaux chaudes fort estimées. Les Romains y avoient bâti des bains publics, ainsi que nous l'apprend l'Auteur de la Vie de saint Colomban. Ce saint Religieux occasionna la renaissance de la Ville de Luxeuil que les Barbares avoient détruite, par la fondation d'une célébre Abbaye. *Llug*, chaude. *Swy*, eau.

LUZAN.

DANS un vallon au milieu du Village, il y a une fontaine qui forme un petit ruisseau, qui va se jetter dans un étang qui est un peu plus bas dans le même vallon. *Lw*, eau, ruisseau. *Luh*, étang. *Dan*, en composition *Zan*, vallon.

MAGNI.

NOM appellatif d'habitation devenu propre de celle-ci.

MALAN.

PRÈS de rochers, au pied desquels flotte le Lougnon. *Mal*, roc. *An*, rivière.

MALANGE.

SUR une petite élevation. *Mal*, élevation. *Malan*, diminutif. *Ge*, terminaison indifférente commune dans cette Contrée.

MALANS.

PRÈS d'une petite rivière. *Ma*, à la. *Lan*, rivière.

MALBRAN.

AU dessus d'une montagne; il y a une belle source. *Mal*, source. *Bran*, montagne.

MAILLERONCOUR.

PRÈS de la source du Drugeon. *Mal*, source. *Ron*, rivière. *Court*, habitation.

MAILLEY.

SON territoire est si rempli de cailloux, qu'on s'étonne que ses champs puissent produire du froment. *Mal*, pierre. *Malleg*, *Malley*, pierreux.

MALLAN.

PRÈS d'Ornans, dans une prairie sur un ruisseau. *Maes*, prairie. *Lan*, ruisseau.

SUR LA LANGUE CELTIQUE.

MAMIROLLE.

Près de ce Village il y a une fontaine qui a sa source dans une petite mare d'eau, & qui se perd, après l'avoir traversée, dans une ouverture qui est à l'extrémité de cette mare. *Mam*, source. *Merol*, *Mirol*, qui se perd.

MANDEURE.

Epomanduodurum dans les Tables de Peutinger, étoit autrefois une Ville considérable. Le grand nombre d'anciens monumens qu'on y a trouvés ne permet pas d'en douter. On y a déterré cette année 1753 la statue d'un druyde fort bien conservée, qu'on a envoyée à M. l'Archevêque de Besançon. Le nom de cette Ville nous fait connoître qu'on y dressoit bien les chevaux. *Epo*, chevaux. *Man*, bien. *Tueddu*, en composition *Dueddu*, dresser. *Voyez* Yvrée en Piémont.

MANSENANS.

Il y a sept fontaines dans ce Village qui forment un ruisseau d'une eau claire & vive. *Man*, fontaine. *Seih*, sept. *Nant*, ruisseau.

MANSENANS.

Près de Meiche, est situé sur la pente d'un vallon. *Mans*, habitation. *Nant*, vallon.

MANTOCHE.

Près de carrières fort abondantes de pierres trouées, bonnes pour bâtir. *Maen*, *Man*, pierre. *Twcè*, prononcez *Tocc*, trouée.

MANTRY.

Dans une coupure ou vallon au-dessus d'une montagne couverte de vignes. *Mantr*, coupure. *Y*, habitation.

MANY.

De *Man*, nom appellatif d'habitation, devenu propre de celle-ci.

MARA.

Sur un ruisseau. *Mer*, ou *Mar*, ruisseau. *A*, près.

MARCHAUX.

Au bord d'un bois. *Mars*, bord. *Chod*, bois.

MARGILLEY.

Peu éloigné d'une forêt qu'il touchoit autrefois. *Marg*, bord. *Lay*, *Ley*, forêt.

MARIGNA.

Dans les anciens titres Marigny, a son Château sur un tertre. Le Village est au bas près d'une petite rivière. *Mar*, tertre. *Ien*, *In*, rivière. *I*, près.

MARIGNY.

Près d'un grand lac. *Mar*, lac. *En*, *In*, long. *I*, près.

MARNAY.

Sur le Lougnon, près d'une marnière. *Marn*, marne. *Marnay*, marnière.

MARNOZ.

Au pied d'une côte. *Marn*, élevation, côte. *Os*, près.

MARPAIN.

Au bas d'un côteau de roc. *Mar*, roc. *Penn*, élevation.

MARVELISE.

Près d'une mare. *Marv*, morte. *Lis*, eau.

MASEROLE.

Sur la pente d'une petite montagne. *Ma*, à la. *Serr*, montagne. *Serol*, diminutif.

MATENAY.

Au bord de la Cusance, qui est une petite rivière. *Mar*, bord. *Tan*, rivière. *Tenay*, petite rivière.

MAUPRÉ.

Sur une élevation isolée entre deux prairies. *Man*, élevation. *Pré*, pré.

MÉMOIRES

MEICHE.

Autrefois Mache, Bourg situé dans un vallon, est arrosé par un ruisseau & cinq ou six fontaines. *Mach*, vallon : Ou *Ma*, abondante. *Aches*, eau. Près de Meiche il y a une montagne toute couverte de sapins, excepté du côté du Bourg qui s'appelle Montjoye. C'est *Mont*, montagne. *Gones* ou *Jouet*, forêt : Ou, si l'on veut, *Iw*, *Iou*, sapin. *Iouet*, couverte de sapins.

MÉNAL.

Sur & au pied d'une côte. Il y a deux ou trois sources. *Man*, en composition *Men*, source. *Al*, côte.

MENESTRU.

Sur une montagne fertile en bons vins. *Menez*, montagne. *Tru*, fertile, abondante.

MENEZ.

Est situé au pied d'une montagne. *Menez*, montagne.

MENOTEY.

[marginal note: On voit par les plus anciens titres qu'il y a toujours eu beaucoup de vignes à Menotey.]

Sur une côte toute couverte de vignes. *Men*, montagne. *Ot*, vin. *Oteg*, *Otey*, vineuse, abondante en vins.

MENOUILLE.

Sur la pente d'une côte. *Men*, montagne, côte. *Wl*, prononcez *Oul*, habitation.

MENOUX.

Ce Village est nommé Manaore dans les actes de saint Attaléne. Il est dans un terrein bas entouré de petites collines. Il y passe un petit ruisseau. *Mane*, colline. *Or*, bord. *Maneor*, bordé, entouré de collines : Ou *Man*, petit. *Or*, ruisseau.

MERCEY.

Au bord d'un bois. *Mars*, en composition *Mers*, bord. *Hai*, en composition *Hei*, bois. Ce Village est nommé Marcey dans un ancien Pouillé.

MÉREY.

Près de Bonnay, a une source si abondante qu'elle forme un ruisseau. Mérey, près de Montron, a de même une belle source. *Mer*, source.

MERSUAY.

Sur la Lantenne, au bord d'une prairie. *Mars*, en composition *Mers*, bord. *Vaes*, prairie.

MESMAY.

Ce Village est situé au pied d'une colline en pente, & vient aboutir sur une belle & vaste campagne arrosée par la Loue. *Maes*, campagne. *Mai*, habitation.

MÉTABIEZ.

Dans une prairie arrosée d'un ruisseau. *Maeth*, prairie. *Biez*, ruisseau.

MÉZIERE.

Il y a deux Villages de ce nom. *Mez*, *Mezer*, nom appellatif d'habitation, devenu propre de celle-ci.

MIÉGE.

Dans un vallon entre deux petites rivières. *Mi*, milieu, entre. *Ég*, rivière.

MIÉRY.

Ce Village a une carrière de marbre noire tacheté de blanc. Il est appelé *Madriacum* dans un titre du douzième siécle, d'où l'on a fait *Marriacum* dans un titre un peu moins ancien. *Madru*, en composition *Madri*, tachetée. *Acon*, pierre.

MIGETTE.

Abbaye fondée pour des Demoiselles par la Princesse Marguerite, fille de Hugues IV, Duc de Bourgogne, veuve de Jean de Chalon, Baron d'Arlay. *Myged* ou *Myget*, Illustre, Noble. On voit par là que cette Abbaye a tiré son nom de la qualité des personnes pour qui elle a été fondée.

MIGNOVILLERS.

Il y a un très-grand nombre de sources. *Men*, *Min*, source. *Minau* pluriel. *Villers*, habitation. Il y a près de ce Village une carrière de marbre de couleur olivâtre.

SUR LA LANGUE CELTIQUE.

MINOILE.

Il est dans un petit vallon entre deux hautes montagnes. Il y passe un petit ruisseau. *Min*, entre, *Ubel*, *Obel*, montagne.

MION.

Mion, petit. *Voyez* Bihan, Villersbuson, Courbouson.

MIREBEL.

Sur la cime de roc d'une montagne, dont le Dain lave le pied. *Mir*, eau, rivière. *Bel*, roc, cime, montagne. *Voyez* la Loire.

MISEREY.

Sur une élévation, au pied de laquelle passe un ruisseau. *Mw*, en composition *My*, ruisseau. *Serr*, *Serey*, élévation.

MOFFAN.

Il y a deux Villages de ce nom, l'un & l'autre dans un terrein marécageux. *Morfa*, marais. *Morfan*, *Moffan*, marécageux.

MOIMAY.

Sur une élévation, au pied de laquelle est une prairie. *Moyl*, élévation. *Maei*, prairie.

MOIRAN.

Mauriana dans la Vie de saint Marin, qui vivoit au huitième siécle, est situé près d'un haut rocher sur un ruisseau. *Mor*, roc. *Ien*, ruisseau.

MOIRON.

Sur la pente d'une côte. Il y a quantité de sources dans ce Village. *Moi*, eau. *Ron*, quantité, abondance.

MOISSEY.

Ce Village touche à une prairie assez grande qui est entre deux bois. *Moes*, prairie. *Say*, en composition *Sey*, bois.

MOLAM.

Sur une élévation. *Mol*, élévation. *Ham*, habitation.

MOLAY.

Dans un sol fort fangeux. C'est la même étymologie que Baulay. L'M & le B se substituant réciproquement.

MOLET.

Près d'une grande mare. *Mol*, grande. *Llaith*, mare.

MOLIN.

Nommé *Mediolanum* dans un Diplôme de Rodolphe, est situé dans une grande plaine fort fertile. *Mad*, en composition *Med*, fertile. *Llan*, sol, terroir. *Voyez* Milan en Italie.

MON.

Près de Thoraise. Ce Village est au bord du Doubs, à l'extrémité d'une courbure que fait cette rivière. Il y a dans cet endroit une source abondante. *Mon*, signifie courbure de rivière & source. *Voyez* la Loire.

MONBARREY.

En partie sur un côteau, en partie au bas. Dans l'endroit où la forêt de Chaux, quittant la ligne droite qu'elle a suivie jusques là, s'avance jusqu'au bord du côteau, & barre ou ferme la suite des champs qu'il y a eu en cet endroit sur cette élévation entre la forêt & le bord du côteau. *Mon*, élévation. *Barr*, barre. *Barreg*, *Barrey*, barrée.

MONBLOUSE.

Sur une petite hauteur de terre glaise. *Mon*, hauteur. *Blouse*, terre grasse.

MONBOILLON.

Il y a une fontaine abondante au milieu de ce Village, qui sort au pied d'une petite élévation de roc. *Bilyen*, *Bilyon*, roc. *Mon*, source.

MONBOSON.

Sur une petite élévation. *Mon*, élévation. *Boson*, petite.

MONCÉ.

Sur une petite montagne. *Moncel*, petite montagne.

MÉMOIRES

MONCLEY.

Mons Claius dans un Auteur du treizième siécle, est sur une élévation d'une terre forte & fangeuse, laquelle élévation est terminée par un roc escarpé du côté du Lougnon. *Mon*, élévation. *Clai*, en composition *Clei*, fange: Ou l'on peut lui donner l'étymologie de *Clémon*, qui est une transposition de Moncley.

MONDON.

Sur une élévation près d'une fontaine. Cette élévation est terminée par un haut rocher. *Mon*, fontaine. *Don*, élévation: Ou *Mon*, roc. *Don*, élevé.

MONNIERE.

Sur une côte. *Mon*, élévation, côte. *Er*, sur.

MONT.

Il y a deux Villages de ce nom, l'un & l'autre sur une élévation ou montagne. *Mont*, élévation, montagne.

MONTAGNEY.

Sur une élévation. *Montagne*, élévation. *Montagney*, qui est sur une élévation.

MONTAIN.

Au pied d'une montagne anciennement couverte de bois. *Mont*, montagne. *Ten*, bois.

MONTBÉLIARD.

Mons Biliardæ dans Adson, qui écrivoit au dixième siécle. *Mons Piligarda* dans Herman le Racourcy, qui vivoit dans le même temps. *Mumpelgard* dans le livre intitulé *les Origines du Monastére de Muri*, est situé au bas d'une colline. A l'extrémité de la Ville il y a un rocher séparé de la colline par un ruisseau. Sur ce rocher est le Château que son assiette rend très-fort, ce roc étant presque par tout escarpé. La rivière de Hall arrose Montbéliard, & reçoit un peu au dessous de cette Ville le ruisseau dont on a parlé. *Mon*, colline. *Bily*, roc. *Hardd* ou *Gardd*, rude, roide, difficile. *Pily* est le même que *Bily*. Les gens du voisinage de cette Ville prononcent encore aujourd'hui Montbiliar.

MONTFAUCON.

Chateau fort, situé sur une montagne, au pied de fort grands rochers. *Mont*, mont. *Fawr*, grands. *Con*, rocs. *Voyez* Faucogney pour une seconde étymologie.

MONTFERRAND.

Grand & vaste Château très-fort, situé sur une colline, démoli par Louis XI. Il en reste encore des murs si solides, que le temps ne peut les abbattre. *Voyez* Montferrand en Auvergne pour l'étymologie.

MONTFOR.

Sur une élévation. *Mont*, mont, élévation. *Vor*, prononcez *For*, sur.

MONTGESOYE.

Au pied & sur une petite élévation toute couverte d'arbres fruitiers. *Mon*, élévation. *Guez* ou *Gez*, arbre. *Gezoed*, couverte d'arbres.

MONTIGNY.

Il y en a deux dans la Province, l'un & l'autre sur une petite élévation. *Mont*, élévation. *Montin*, *Montigni*, diminutif.

MONTMIREY.

Montmirel dans les anciens titres. Montmirey-le-Château est un Village situé sur la pente d'une montagne. Le Château est au sommet de la montagne. On voit encore les restes des murailles de ce Château, elles ont dix pieds d'épaisseur. Montmirey-la-Ville est un Village qui est au pied de la montagne. C'est le Château qui a donné naissance à ces deux Villages, & ils en ont pris le nom. *Mont*, mont. *Mir*, vuë. *El*, étendue. La vuë du Château de Montmirey est une des plus belles & des plus étendues du Royaume.

MONTMOROT, MONTMOUROT.

Il y a des sources d'eau salée. *Mur* ou *Mour*, sel. *Mourot*, salée. On sous-entend eau.

MONTOILLE.

Sur une petite élévation au bord d'une petite rivière. *Montil*, *Montoille*, diminutif de *Mont*, élévation.

MONTRON.

Chateau placé au sommet d'une montagne. *Mont*, montagne. *Trum*, sommet.

SUR LA LANGUE CELTIQUE.

MONTUREUX.

L'UN & l'autre près de la Saône, qui y fait une courbure. *Mon*, courbure. *Tur*, rivière. *Hws*, *Heus*, habitation.

MONTUSSIN.

SUR une élevation où il y avoit apparemment autrefois des chênes verds. *Mon*, élevation. *Taous*, chênes verds. *Taoussin*, *Toussin*, *Tussin*, où il y a des chênes verds.

MORAMBER.

ANCIEN Château sur un rocher élevé & escarpé du côté du Lougnon qu'il borde. *Mor*, roc. *Am*, environné, bordé. *Ber*, rivière.

MORBIEZ.

IL y passe un grand ruisseau. *Mawr*, grand. *Biez*, ruisseau.

MOREY.

UNE montagne d'environ une lieuë de longueur, a pour sommet un roc aussi long & fort élevé. Au pied de ce roc, sur la pente de la montagne, est le Bourg de Morey. Il y croît de bon vin. *Mawr*, grand. *Reh*, roc.

MOREY.

PRÈS de Morbiez, est dans un fond très-profond, entouré de rochers très-élevés. Il y passe un ruisseau. *Mor*, roc. *Moreg*, *Morey*, *Saxosus*, qui est entouré de rocs.

MORNAN.

SUR une élevation tellement coupée en quelque endroit, qu'on n'y peut pas descendre même à pied. *Mawr*, élevation. *Nam*, coupée.

MORON.

PARTIE sur une petite colline de roc, partie au bas dans un sol pierreux. *Mor*, roc, pierre. *On*, élevation.

MOTTEY.

SUR une élevation. *Mott*, élevation. *Motteg*, *Mottey*, élevé.

MOUCHARD.

EST tout caché, soit par des terreins plus élevés, soit par des bois, ensorte que l'on ne le voit que lorsqu'on y est. *Moucha*, courir, cacher. Il y croît de bon vin.

LA MOUILLE.

SUR une élevation, près de petites mares. *Mouille*, mare.

MOUTE.

MUTUA dans la Vie de saint Simon, Fondateur du Prieuré qui a occasionné la naissance de ce lieu, est entouré de deux montagnes, & traversé par le Doubs. *Mott*, *Mutt*, élevation. *Tu*, bord, bordé, entouré.

LE MOUTOU.

SUR le penchant d'une colline. *Mott*, *Mutt*, élevation.

MUNAN.

AU pied d'une colline, près du Lougnon. *Mun*, colline. *Nant*, rivière.

NAISEY.

DANS les Chartes Nasay, est au pied d'une côte autrefois couverte de bois. *Nas*, élevation, côte. *Hai*, bois.

NAN.

VILLAGE près de Rougemont, bâti au pied d'un vaste rocher très-élevé, coupé si droit qu'on n'y peut monter qu'avec des échelles. Il y a au dessus de ce rocher une entrée qui conduit dans une caverne spacieuse où l'on trouve plusieurs chambres. Cette grotte servoit d'asyle, en temps de guerre, aux Habitans de trois ou quatre Villages des environs. *Nam*, coupé. On sous-entend roc.

NANCE.

PRÈS de la Seille. *Nant*, rivière. *Ce* de *Cer*, près.

NANCRAY.

IL y a dans ce Village un ruisseau qui sort d'un rocher. *Nant*, ruisseau. *Craig*, rocher.

MÉMOIRES

NANCUISE.

Près de la source d'une petite rivière qui sort d'un cul de sac entre deux bois. Ce Village est sur la pente d'une côte, qui, avec une côte opposée, forme un vallon. Il y a un bois sur la côte où est Nancuise. *Nant*, rivière. *Cuiz*, forêt. *Nant*, vallon.

LES NANS.

Le grand & le petit Nans près d'un ruisseau. *Nant*, ruisseau.

NANT.

Dans une vallée profonde, au bord du Lizon qui y reçoit un gros ruisseau. *Nant*, rivière, ruisseau, vallée.

NANTILLY.

Sur un ruisseau, au bas d'une colline. *Nant*, ruisseau. *El*, *Il*, colline. *I*, près.

NANTOUAR.

Près d'une rivière. *Nant*, rivière. *Ouar*, près.

NAVEN.

Est situé entre deux côteaux, au pied de ces deux côteaux. *Naven*, pied de côteau.

NAVILLY.

Près du Doubs qui s'y partage plusieurs fois successivement. *Nav*, coupure. *Bill*, *Vill*, plusieurs. *Lw*, en composition *Ly*, rivière.

NENON.

Dans un fond près du Doubs. *Nan*, en composition *Nen*, rivière. *Non*, fond.

NERVESIN.

Au bord d'une rivière, près d'une prairie. *Ner*, rivière. *Vaes*, *Vaesin*, prairie.

NEUBLAN.

Au bas d'une colline. Il y a plusieurs sources dans ce Village. *Nav*, en composition *Neu*, pied de colline. *Bala*, source. *Balan*, pluriel, en composition *Belan*. *Neubelan*, *Neublan*, par une crase très-naturelle & très-facile.

NEUREY.

Sur la pente d'une élévation. *Nav*, en composition *Nev*, pente. *Rés*, habitation.

NEVY.

Près de Souvans, au pied d'un côteau. *Nav*, *Nev*, pied de côteau. *Y*, habitation.

NEVY.

Au confluent de deux petites rivières. *Neu*, deux. *Wy*, rivière.

NEY.

Dans une grande plaine environnée d'une côte couverte de bois en forme de fer à cheval. *Né* de *Nea*, tordu, courbe. *Hai*, en composition *Hei*, forêt.

NO.

Dans un fond. *Nao*, *No*, bas, fond.

NOELCERNEUX.

Au bas d'une montagne en amphithéatre. *Nao*, pied de montagne. *Cern*, contour.

NOIDAN.

Il y a deux Villages de ce nom. Le premier est près de Vesoul. Il est dans une espèce de fond ou vallon entre deux côteaux. La fontaine du lieu forme un ruisseau qui le traverse. Le second est près de Villeferoux. Il est situé dans un vallon, dont le bas est traversé par un ruisseau. Il est bâti des deux côtés du ruisseau, sur les pentes qui forment le vallon. *Nwy*, prononcez *Noy*, ruisseau. *Dan*, vallon.

NOIRE-COMBE.

La fontaine de Noire-Combe coule du haut d'un rocher escarpé de la hauteur d'environ trente ou quarante toises, au bas duquel est la rivière de Bienne. L'écoulement de la fontaine se fait par cinq & même par six différentes ouvertures en certains temps. Ces ouvertures sont des voûtes naturelles séparées les unes des autres, toutes sur une ligne droite. Au dessus de ces voûtes, à la hauteur d'environ une toise, est un vallon de la largeur de vingt toises, dans lequel est situé le Village de Noire-Combe. Les six fontaines coulent différemment dans les crues d'eau & dans les sécheresses. La première placée sur la ligne droite du midi au nord coule en tout temps. La seconde, comme les quatre autres, coule sans cesse dans les grandes eaux, & l'écoulement en est presque imperceptible. Dans les eaux basses, toutes les fontaines, à l'exception de la première, tarissent absolument pendant l'espace d'environ un quart d'heure, après quoi elles coulent un pareil espace de temps, à la hauteur d'un demi-pied d'eau. A mesure que les eaux baissent, l'écoulement retarde de plus en plus. La sécheresse étant parvenue à un certain dégré, toutes les fontaines tarissent absolument, à l'exception de la première qui coule sans cesse, dans laquelle on ne remarque rien de particulier, sinon que lorsque les autres fontaines coulent, l'eau augmente dans celle-ci. Les six fontaines ne sont éloignées les unes des autres que de deux pieds, d'une, de deux, de trois à quatre toises, sans que l'on puisse appercevoir à l'entrée des différentes routes qu'elles se communiquent. *Nouer*, eau. *Combe*, vallée.

NOIRON.

Au bord d'une petite rivière dans un sol aquatique. *Voyez* l'article suivant.

NOIRONTE.

Dans un sol aquatique; il y passe un ruisseau. *Nouer*, eau. *Noueront*, aquatique.

NOROY.

Gros Village, où il y a presque autant de fontaines que de maisons, quoiqu'il soit sur une éminence. *Nor*, eau. *Noreg*, *Norey*, plein d'eau : Ou *Nwyr*, prononcez *Nuyr*, source. *Rhai*, grand nombre, quantité.

NORVAUX.

Dans un vallon sur une petite rivière. *Ner*, *Nor*, eau, rivière. *Val*, vaux, vallon.

NOZERET.

Nozeretum dans les anciens monumens, Ville placée sur une colline isolée. *Nod*, en composition *Noz*, séparée, isolée. *Seret*, colline, diminutif de *Serr*, montagne.

OCELLE ou AUSSELLE.

Dans une Presqu'isle. Le Doubs formant un fer de cheval environne ce Village & son territoire de tous côtés, ne laissant qu'une ouverture qui conduit à un grand bois.

Ce Village est nommé *Ascella* dans des titres du treizième siécle. *As*, rivière. *Kæl*, enfermé, entouré : Ou *Ocell*, Presqu'isle.

Une levée romaine passoit à Ocelle; on en voit encore des restes considérables. On a trouvé dans le territoire de ce Village plusieurs anciens monumens, dont on peut voir la description dans M. Dunod.

Il y a près de ce Village des grottes curieuses. On lira avec plaisir la description que M. l'Abbé Boisot en fit à M. Pelisson, qui a été inférée dans le Journal des Sçavans du mois de septembre 1686.

» Cette grotte est longue & large. On y descend par un trou fort étroit, & qui n'a que dix ou
» douze pieds de profondeur. A quelques pas de là, on trouve à main droite une voûte assez grande
» & haute, pleine de chauve-souris du haut en bas. Il ne faut pas s'y arrêter; car si on inquiete ces
» animaux, il s'en répand une si grande quantité dans la belle grotte, qu'il est impossible d'y de-
» meurer, & ce seroit dommage qu'on ne la vît pas en repos. Je ne la peux mieux comparer qu'à
» un salon, plein d'antiques & de raretés. En effet, on y voit de grandes colomnes, qu'on diroit faites
» exprès pour soutenir la voûte, des statues & des figures de toutes sortes, des cabinets, des fruits,
» des fleurs, des festons, des trophées, enfin tout ce que l'on s'imagine; car il en est de ce salon
» enchanté comme des cloches. Dans l'un on voit, & aux autres on fait dire tout ce que l'on veut. Dans le
» temps que j'y fus (l'an 1674) il y avoit des orgues parfaitement bien formées ; mais c'est une
» transformation continuelle. Ce qu'on y voit aujourd'hui est tout autre dans huit jours, & peut-être que
» mes orgues sont devenues quelque joueur de vieille. L'unique incommodité qu'il y a à visiter cette
» grotte, c'est qu'il faut faire provision de flambeaux & de juste-au-corps de toile; car on n'y voit goute,
» & on y gâte ses habits. Le terrein est fort inégal, selon les congelations qui s'y sont faites. Il est
» même à craindre qu'avec le temps tout ne se remplisse ; car il y a déja des endroits où l'on ne peut
» plus passer qu'avec beaucoup de peine, un entr'autres où il faut se traîner sur le ventre. Mais aussi
» ceux qui vont au delà en comptent des merveilles, soit qu'ils disent la vérité, soit qu'ils cherchent   Ils disent la
» en trompant les autres à se dédommager de la peine qu'ils ont prise. J'avoue que je ne voulus pas y   vérité. La se-
» passer : Ce qui m'en dégoûta, fut un petit ruisseau dans lequel il falloit presque se coucher pour   conde caverne
» entrer dans l'autre sale. Je me contentai d'admirer ce qui étoit dans la première, & certes il y avoit est beaucoup
» de très-belles choses. Il y a plaisir de voir l'eau dégoûtant sur toutes les figures, se fixer, s'épaissir plus belle que
» & faire mille grotesques. Tout cela est blanc & fragile tant qu'on le laisse dans la grotte; mais   la première.
» ce qu'on en tire s'endurcit à l'air, & devient grisâtre. Il n'y a rien de plus joli pour faire des
» grottes artificielles.

Les curieux ne seront plus arrêtés par les difficultés qui rebuterent M. l'Abbé Boisot. M. de Beaumont, Intendant de Franche-Comté, qui procure à notre Province jusqu'aux agrémens, a fait élargir & rendre commodes les entrées de la première & de la seconde grotte.

ODYNCOURT.

Il y a des forges où l'on fabrique un fer excellent. *Odyn*, forge. *Court*, habitation.

O F F L A N G E.

Sur la cime d'une haute montagne. *Of*, fur. *Flan*, cime. *Ge*, terminaison indifférente, commune dans cette contrée.

O G N A.

Sur une motte au confluent de deux ruisseaux, ou petites rivières. *Aug*, ruisseau. *Na* de *Naou*, deux.

O I S E L E T.

Chateau situé sur la cime d'une montagne qui domine toutes les hauteurs voisines. *Ucheled*, *Uceled*, *Occeled*, *Ocelet*, élévation.

O L A N.

A une courbure du Lougnon. *Ol*, courbure. *An*, rivière.

O N A N S.

Il y a deux Villages de ce nom; l'un est au bord de la Loue; l'autre, qui est du côté de Baume, est placé dans un vallon. *Nant*, signifie rivière & vallon. *O*, lettre paragogique.

O N A Y.

Dans un terrein marécageux, près d'un bois où il y a des fresnes. *Onn*, fresnes. *Hai*, bois.

O R B A G N A.

Sur une petite élévation. *Or*, fur. *Ban*, élévation.

O R C H A M P S.

Près de Dole, est situé sur une élévation. Il étoit plus haut autrefois, ainsi qu'on en peut juger par la levée romaine qui passe aujourd'hui au dessus de ce Village, & qui, suivant toute apparence, le traversoit anciennement. Cette levée subsiste encore en entier depuis Monteplain jusqu'à ce Village. *Or*, fur. *Chan*, élévation.

O R C H A M P S.

Dit en Venne, parce qu'il dépend du Château de Venne, est dans un vallon entre deux côtes. *Or*, pour. *Ar*, article. *Chan*, val entre deux côtes.

O R G E L E T.

Cette Ville a commencé par un Château considérable, bâti sur une petite élévation. *Arg*, Château. *Galet*, en composition *Gelet*, fort. L'O & l'A se mettoient indifféremment l'un pour l'autre.

O R M E N A N.

Sur la pente d'un petit côteau. *Or*, fur. *Men*, élévation. *Menan*, diminutif.

O R N A N S.

Ville placée au bord de la Loue. C'est la Patrie des Granvelles. *Or*, bord. *Nant*, rivière. *Sen* est le nom d'une élévation, sur laquelle une rue d'Ornans est bâtie. *Sav*, *Scv*, élévation.

O R S A N S.

Au bord d'un ruisseau. *Or*, bord. *Dan*, en composition *San*, ruisseau.

O S S E.

Sur une côte. *Och*, *Os*, élévation.

O V A I N.

Près de la source de la Loue. *Ow*, rivière. *En*, source.

O V A N C H E.

Près de la Saône. *Avan*, *Ovan*, rivière. *Che*, habitation.

O U G E.

Sur un ruisseau qui y prend sa source. *Aug*, *Oug*, ruisseau.

O U G N E Y.

Il y a trois Villages de ce nom, deux sur le Doubs, le troisième sur un ruisseau. *Aug*, *Oug*, ruisseau, rivière.

O U R.

Sur une éminence. *Or*, éminence: Ou *Ur*, *Our*, nom appellatif d'habitation.

SUR LA LANGUE CELTIQUE.

O Y E.

Au bord du Doubs, sur le revers d'une montagne, près d'un ruisseau. *Wy*; prononcez *Oy*, rivière, ruisseau.

P A G N E Y.

Au pied d'une côte, tout au bas. *Pan*, extrémité. *Neh*, montagne, côte.

P A G N O Z.

Au pied d'une montagne. *Pan*, extrémité. *Och*, *Os*, montagne.

P A L A N T E.

Près de Besançon. De *Pal*, pieu. *Palante*, enceinte de pieux.

P A L A N T I N E.

Diminutif de Palante.

P A L E T.

Sur une petite hauteur. *Pal*, élévation. *Palet*, diminutif.

P A L I S E.

De *Pal*, pieu. *Palise*, enceinte de pieux. Ces Villages ont commencé par une habitation dont les dépendances étoient fermées de pieux.

P A N E S I É R E.

Sur un roc élevé & dominé par une montagne. *Pan*, roc. *Sierre*, montagne.

P A R C E Y.

Au bord de la Loue qui s'y partage. *Parth*, en composition *Parsh*, partage. *Ei*, rivière.

P A R O Y.

Sur un joli côteau. *Par*, élévation, côteau. *Oaid* ou *Oai*, agréable.

P A S Q U I E R.

A pris son nom de ses pâturages. *Passgu* ou *Pasqu*, paître.

P A S S A V A N T.

Sur une montagne dont le dessus est de roc. Presqu'au dessus de la montagne, à dix pas du Village, est un petit étang qui ne dessèche jamais, & dont on ne voit point la source. *Balz* ou *Palz*, roc. *Avan*, étang.

P A S S O N F O N T A I N E.

Sur la pente, presqu'au pied d'une haute montagne fort roide. *Pach* ou *Pas*, montagne. *Sonn*, roide.

P E L O U S E Y.

Anciennement Polosey, a pris son nom des prunes sauvages qui s'appellent *Polosen* en Celtique.

P E N N E S I É R E.

Au pied d'une côte. *Pen*, extrémité. *Sier*, montagne, côte.

P E P I L L I N.

Pupillin dans les anciens titres, Village près d'Arbois, situé sur une montagne où croît la meilleure qualité de cet excellent vin blanc, connu dans tout le Royaume sous le nom de vin d'Arbois. *Pou*, montagne. *Pil*, abondante. *Win* ou *Ouin*, vin. *Poupilouin*, *Poupilin* par crase, montagne abondante en vin.

P E R I G N Y.

Sur la pente d'une montagne. Il y a une fontaine. *Per*, montagne. *Ynn*, fontaine.

P E R O U S E.

Anciennement Prouse. Il y a une fontaine qui se répand & fait une espèce de mare. *Bron*, *Prou*, mare. *S* de *Sao*, source, fontaine. *Prouse*, fontaine qui fait une mare.

P E S A N.

Petit Village. *Pes*, habitation. *An*, diminutif.

P E S E U X.

Dans un sol extrêmement fertile. *Pasus*, *Pesus*, riche, abondant.

Z

MÉMOIRES

PESME.

PESMAE dans les anciens titres. Au milieu d'une vaste prairie, arrosée par le Lougnon, est un roc élevé, sur la pente duquel est bâtie la Ville de Pesme. Sur la cime est le Château. *Pech* ou *Pes*, élevé. *Maen*, roc. L'N s'est perdue, parce que les mots souffrent presque toujours quelque retranchement en composition.

PEUMELIN.

MOULIN sur le Dessoubre, dans une profonde vallée. *Peu*, profondeur. *Melin*, *Milin*, moulin.

PIERREFONTAINE.

SUR le roc. Il y a une fontaine vers le milieu du Village. *Per*, pierre. *Roc*, fontaine.

PIREY.

AU bord d'une côte. *Pi*, côte. *Rez*, bord.

LE PISSOUX.

SUR la pente d'une montagne, dont le Doubs lave le pied. *Pi*, montagne. *Dour*, en composition *Sour*, rivière.

PLACEY.

DANS les anciennes Chartes Plassay, est dans un grand bois. *Blas* ou *Plas*, grand. *Say*, bois.

PLENISE.

SUR une petite hauteur. *Blaen*, *Plaen*, élevation. *Is*, diminutif.

PLUMONT.

SUR une élevation, au bas de laquelle il y a un étang. *Pwl*, étang. *Mom*, élevation. *Pwlmont*, *Plumont*, par une transposition usitée dans le Celtique.

POINVILLERS.

AU pied d'une côte. *Pen*, côte. *Villers*, habitation.

POLENCOURT.

PRÈS de deux étangs. *Pwl*, prononcez *Pol*, *Polen*, étang. *Court*, habitation.

POLIGNY.

POLEMNIACUM, *Poliniacum* dans les anciens monuments, est situé dans une contrée si fertile, qu'on fait trois récoltes par an dans la plaine qui est devant cette Ville. Les côtes dont elle est adossée produisent quantité d'excellent vin. *Pouilh*, abondant, fertile. *Lan*, en composition *Len*, sol, terroir : Ou *Pouilh*, *Win*, prononcez *Ouin*, vin. *Pouilhouin*, abondant en vin : L'une & l'autre de ces étymologies est juste. Une raison qui pourroit faire préférer la dernière, est le nom dont les Paysans du voisinage désignent cette Ville, ils l'appellent *Pouloigny*. Les gens de la campagne ne changent pas aisément les termes qu'ils employent, sur tout ceux dont ils nomment les lieux voisins.

Le Château de Grimont, près de Poligny, est situé sur une pointe de montagne de roc fort roide & fort difficile à monter. *Griz*, rude. *Mon*, mont : Ou *Grim*, *Grimon*, fort.

PONCEY.

AU pied d'une colline sur un ruisseau. *Pon*, colline. *Sa*, en composition *Sé*, ruisseau.

PONPIERRE.

AU pied d'une colline fort pierreuse. *Pon*, colline. *Per*, pierre.

PONT.

SUR une élevation. *Pon*, élevation.

PONTARLIER.

ARIARICA dans l'Itinéraire d'Antonin. *Abiolica* dans les Cartes de Peutinger. *Arecium* dans une Charte du dixième siécle. *Pons-Arcie* dans la Chronique de saint Benigne. *Pons-Arlei* dans une Bulle du douzième siécle. Cette Ville est située au bord du Doubs qui s'y partage, & forme successivement deux Isles vis-à-vis la Ville, dont une est beaucoup plus grande que l'autre. Ces deux Isles sont aussi longues que Pontarlier. Le Doubs, en quittant cette Ville, forme encore deux autres Isles. Cette riviere fait une courbure à Pontarlier. On trouve dans cette Ville quantité de médailles romaines. *Ar*, près. *Rio* ou *Ria*, rivière. *Ric*, division, partage. *Ariarica*, près les partages de la rivière. *Abwa*, en composition *Abya*, courbure. *Lwc*, en composition *Lyc*, rivière. *Abyalyc*, courbure de la rivière. *Avec*, *Arc*, arc, courbure. *Jad*, en composition *Jed*, rivière. *Arcied*, courbure de la rivière. *Arc*, courbure. *Llaith*, rivière, de là *Arlaith*. Lorsqu'on y eut construit un Pont, on ajoûta Pont au nom de la Ville ; on dit *Pontarlaith*, d'où s'est formé Pontarlai, Pontarlier.

SUR LA LANGUE CELTIQUE.

PONTOUX.

Pons dans les Cartes de Peutinger, ainsi nommé de son Pont sur le Doubs. De *Pont Doubs* est venu Pontoux. Il y passoit une levée romaine. On y voit encore les vestiges du Pont qui y étoit autrefois. Ce Village est rempli de médailles, de tombeaux & d'autres restes d'antiquité. *Pont*, Pont.

PORENTRU.

Brontrutum, sur une élevation. Il y a dans cette Ville une fontaine d'une eau fort claire & fort pure, si abondante, que tout en sortant de terre elle fait tourner deux moulins. *Bron*, fontaine. *Tru*, abondante.

PORT LÉNÉS.

Au bord de la Loue qui forme une Isle entre Port & Lénés, qui sont deux Villages à une petite distance l'un de l'autre. Un deux a été appellé Port, parce qu'avant qu'on eût bâti un Pont, on y passoit la rivière dans un bac ; l'autre a été nommé Lénés, du voisinage de l'Isle dont nous avons parlé. *Le* de *Lez*, près. *Enes*, Isle. *Porth*, Port.

PORT OBER.

A l'embouchure de la Loue dans le Doubs. *Porth*, port. *Aber*, *Ober*, embouchure.

PORT SUR SAONE.

A toutes les raisons que M. Dunod apporte dans son histoire du Comté de Bourgogne, pour montrer que ce Bourg est l'ancien *Portus Bucinus*, dont il est parlé dans les Notices, j'ajoûte la preuve étymologique. La Saône au-dessus du Port forme un grand nombre de petites Isles. *Porth*, Port. *Buc*, petites. *In*, Isles.

POUILLEY.

Il y a deux Villages de ce nom, l'un & l'autre fangeux & pleins de petites mares. Un d'eux est nommé *Poliacum* dans une Charte du dixième siécle. *Pwl*, prononcez *Pol*, mare. *Poleg*, où il y a des mares, qui est fangeux.

POULIGNEY.

Étoit près de plusieurs étangs qu'on vient de mettre en pré. *Pwl*, prononcez *Poull*, *Poullin*, étang. *Nés*, près.

POURLANS.

Poullans dans les anciens titres, près d'une mare sur une hauteur. *Pou*, hauteur. *Lan*, mare

POUPET.

Sur le mont de Poupet dont il tire son nom. *Voyez* les Montagnes du Comté de Bourgogne.

PRANTIGNY.

Au bord de la Saône sur une hauteur. *Pran*, élevation. *Tan* ou *Tin*, rivière.

PREIGNEY.

Au bas d'une côte couverte de bois. *Pren*, bois. *Neh*, côte.

PRÉTIERE.

Dans un terrein très-boueux. Au bas du Village il y a une fontaine qui fait presqu'à sa source une espèce de lac. Ce lac arrose les prés qui sont très-marécageux. *Bray*, *Pray*, marécage. *Tir*, terre.

PRETIN.

Dans un fond au pied de montagnes. *Tin*, la partie la plus basse, l'extrémité du bas. *Pre*, montagne.

PROVANCHERE.

Dans un fond ou petit vallon, sur un ruisseau. *Brog* ou *Brov*, *Prov*, vallée. *Man*, en composition *Van*, petite. *Chouer*, ruisseau.

PUGÉ.

Sur un petit côteau. *Pug*, élevation. *Pugé*, qui est sur une élevation.

PURGEROT.

Sur la pente d'une colline, & entre deux autres. *Bwrg* ou *Pwrg*, habitation. *Ros*, élevation, colline.

PUSEY.

Sur & au bas d'une petite éminence. *Puch*, *Pus*, éminence. *Pusey*, diminutif.

PUSY.

Sur une éminence. *Puch*, *Pus*, éminence.

QUEUTREY.

Au bord d'un des bras de la Romaine, qui se partage un peu au dessus. *Cwltr*, coupure, partage. *Ei*, rivière.

QUINCEY.

Sur une élévation, au pied de laquelle est la source d'une petite rivière. Cette source est si abondante, qu'elle fait tourner quatre moulins à vingt pas. *Qin*, belle. *Sao*, en composition *Seo*, source.

QUINGEY.

Quingiacum sur la Loue, dans une si belle situation, que nos Comtes y avoient bâti un Château. Ce Château a donné naissance à la Ville. *Qingiz*, maison de plaisance.

QUINTIGNY.

Au pied d'une côte où il croît de bon vin blanc. *Quint*, blanc. *Win*, vin.

RAHON.

Au bord de la Glaustine, dans un endroit où elle est coupée en deux bras. *Rah*, coupure. *On*, rivière.

RAN.

Près d'Orchamps sur une élévation. *Ran*, élévation : Ou *Ran*, partage. Le Doubs, au bord duquel il est situé, s'y partage.

RANCENAY.

Dans une gorge fort étroite entre deux collines, par lesquelles il est tellement fermé, qu'il n'a qu'une avenue à chaque extrémité. *Ran*, colline. *Can*, en composition *Cen*, enfermé : Ou *Ran*, rivière. (Il est près du Doubs :) Et *Can*, vallon, gorge entre deux collines.

RANCHOT.

Diminutif de Ran, dont il est voisin.

RANTCHAU.

Au pied d'une grande côte où il y a encore beaucoup de bois, & qui en étoit autrefois toute couverte. *Rant* pour *Rand* de *Randon*, abondance, beaucoup. *Chau*, bois.

RECOLOGNE.

Près de Marnay. Il y a deux ruisseaux qui s'y joignent. *Re*, ruisseau, rivière. *Colon*, habitation. Il y a un autre Village de ce nom au bord de la Saône.

RECOLOGNE-LES-FONDREMANT.

Est au pied d'un côteau, dont le sommet est de roc dans toute la longueur du côteau. *Reh*, roc. *Colon*, habitation.

REMORAY.

Au bord d'un lac traversé par le Doubs. *Reh*, coupé. *Mor*, lac. *Ay*, rivière.

RENAN.

Il y a deux ou trois petits ruisseaux qui se réunissent à un moulin près de ce Village, & là le ruisseau se perd dans un trou de roc. *Re*, plusieurs. *Nant*, ruisseau.

RENNE.

Au bord de la Loue, & d'un ruisseau très-considérable que produit son abondante fontaine. Il étoit autrefois fortifié & fermé de murs très-épais. *Ren*, Fort, Forteresse. *Ren*, rivière, ruisseau.

RESIE.

Il y a deux Villages de ce nom ; l'un & l'autre sont sur une hauteur. *Res*, habitation. *Sier*, hauteur.

RESSIN.

Hameau. *Res*, habitation. *Resin*, diminutif.

REUGNEY.

Sur un ruisseau. *Ru*, *Reu*, ruisseau. *Nés*, près.

REVIGNY.

Près de ce Village il y a de grands rochers, au pied desquels est la source d'une petite rivière. Presqu'au sommet de ces rochers il y a une ouverture, qui est l'entrée d'une caverne qui communique à une autre. Ces deux grottes sont grandes & spacieuses. *Rhwyg*, caverne. *Ny*, deux.

SUR LA LANGUE CELTIQUE.

R E Y.
RAIACUM dans les anciens titres. Le Château est sur une montagne, dont la cime, qui est plate, est de roc. Le Bourg est au pied en pente jusqu'à la Saône. *Reh*, roc. *Ac*, rivière.

R I G N E Y.
Sur un tertre, au bas duquel passe le Lougnon. *Rhyn*, tertre. *Ei*, rivière.

R I G N O S O T.
Diminutif de Rigney dont il est proche.

R I G N Y.
Au bord de la Saône sur la pente d'une petite colline. *Rhyn*, élévation. *I*, rivière.

R I N C O U R.
Sur un côteau. *Rhyn*, élévation. *Cour*, habitation.

R I O Z.
Sur un ruisseau. *Rio*, ruisseau.

R I S S O U S E.
Sur une montagne fort élevée, au bas de laquelle passe une petite rivière. *Ris*, rivière. *Uch*, *Us*, prononcez *Ous*, élévation.

R O C H E.
Il y a deux Villages de ce nom, qui, l'un & l'autre, l'ont pris des rocs près desquels ils sont placés. *Roch*, roc.

R O C H E F O R.
Près d'un marais ou prairie marécageuse qu'on a desséchée il n'y a que peu d'années. *Rhos*, terrein marécageux. *Vor* qui se prononce *For*, bord, près.

R O C H E J A N.
Sur un roc, au bord du Doubs. *Roch*, roc. *Ien*, *Ian*, rivière.

R O C H E L L E.
La Rochelle sur un roc. *Rochell*, roc.

R O M A I N.
Sur une petite élévation près d'une mare. *Rhos*, mare. *Men*, élévation.

R O M A N G E.
Près d'une grande mare qu'on a desséchée, & dont on a fait une prairie il y a environ 30 ans. *Rhos*, mare. *Man*, habitation. *Ge*, terminaison indifférente usitée dans cette Contrée.

R O N C H A U X.
Au pied d'une colline d'où sort une fontaine si abondante, qu'elle fait aller un moulin presqu'à sa source. *Rhonge*, abondante. *Sao*, source.

R O S E T.
Sur un tertre, au pied duquel passe le Doubs. *Ros*, tertre. *Roset*, diminutif.

R O S E Y.
Dans une campagne bonne & fertile. *Rhos*, campagne. *Ed*, en composition *Ez*, fertile.

R O S I É R E S.
Abbaye placée dans une grande prairie fort aquatique. *Rhos*, campagne humide. *Rhoser*, qui est dans une campagne humide.

R O S U R E U X.
Au bord du Doubs. *Ro*, rivière. *Cwr*, *Swr*, bord. *Hws*, *Heus*, habitation.

R O T H A L I E R.
Sur une élévation en plate-forme. *Rwth*, prononcez *Roth*, large, étendue. *Al*, élévation. *Er*, sur.

R O U F A N G E.
Sur un ruisseau. *Ru*, *Rou*, ruisseau. *Man*, en composition *Fan*, habitation. *Ge*, terminaison indifférente usitée dans cette Contrée.

MÉMOIRES

ROUGEMONT.

La terre n'est pas plus rouge en cet endroit que dans tous les environs. Elle a sa couleur naturelle; ainsi on a mal rendu le nom de ce Bourg en latin par *Ruber Mons*. Le Château de Rougemont est situé sur une montagne qui est coupée en deux du côté de Gouhenans jusqu'à une certaine profondeur. *Rog*, brisure, coupure. *Mon*, montagne.

ROULAN.

Chateau placé sur la cime d'un roc fort élevé. *Roh*, roc. *Lan*, cime.

LES ROUSSES.

Près d'un lac. *Rhos*, lac.

ROUTEL.

Près d'une colline de terre rouge. *Rub*, rouge. *Tal*, en composition *Tel*, colline.

ROYE.

Sur une petite rivière. *Roy*, rivière.

RUFFEY.

Ruffacus, *Ruffiacus*, *Ruffeium* dans les anciens monumens, Château situé sur la cime d'un haut rother. *Roh* ou *Rub*, roc. *Bagwy*, en composition *Fagwy* ou *Facwy*, cime.

RUP.

Rupes dans les anciens monumens, Bourg situé au pied de trois collines, traversé par un gros ruisseau. *Ru*, ruisseau. *Pech*, *Pes*, collines.

RURÉ.

Il y a dans ce Village un grand nombre de sources & de petits ruisseaux. *Ru*, ruisseau. *Ré*, grand nombre.

LE RUSSEY.

Dans un petit vallon, près d'une grande saigne ou marais. *Rhos*, *Rhus*, terrein marécageux. *Rhusseg*, *Rhussey*, placé près d'un terrein marécageux.

SAINTANE.

C'est ainsi qu'on prononce sur les lieux, & non sainte Anne, comme quelques nouveaux Écrivains. Ce Château est placé sur la cime d'une montagne fort élevée; cette cime est de roc. Il n'étoit accessible que d'un côté où l'on avoit taillé un large fossé dans le roc, pour qu'on ne pût en approcher. Ses murs étoient d'une épaisseur prodigieuse. Cette place eût été imprenable, si quelqu'une le pouvoit être. Elle fut prise & démolie par Louis XIV, lorsqu'il fit la première conquête de cette Province en 1668. *Cen*, Château. *Tan*, imprenable.

SAINTILLIE.

Village placé sur une élévation, au bas de laquelle est une morte ou mare. *Tilh*, étanchée, dormante. *Liex*, eau.

SAINT CLAUDE.

Voyez Condatiscone.

SALANS.

Partie sur, partie au bas d'un côteau. *Sal*, élévation. *Salan*, diminutif.

SALE.

De *Sal*, qui signifie maison d'un Gentilhomme à la campagne.

SALIGNEY.

Près d'une fontaine abondante qui sort d'un roc. *Sal*, roc. *In*, fontaine. *Nés*, près.

SALINS.

Guillaume le Breton, au dixième livre de sa Philippide, a parlé des Salines de cette Ville en ces termes.

Atque Salinenses angusta in valle sedentes,
Defæcata quibus flammarum ardore ministrat
Lympha salem puteis (mirabile) tracta duobus :
Undè Bisuntina sua condit edulia vallis.

Voici la description que M. Pelisson fait de cette Ville & de ses Salines.

» Cette Ville occupe le fond d'une vallée longue & étroite entre des montagnes d'une effroyable hau-
» teur, où l'on a bâti autrefois plusieurs Forts pour la défendre. . . . . Cette Place conquise donnoit

SUR LA LANGUE CELTIQUE.

„ au Roi un poste très-fort, lui mettoit en main cinq ou six cens mille livres de revenu ; & ce qui
„ étoit plus important, un moyen presque certain de s'assurer du Pays & des Suisses par le sel qu'on y
„ fait en abondance de l'eau de plusieurs fontaines, & d'où elle a pris son nom ; car la Province ne
„ peut se passer de ce sel ; & les Suisses, quoiqu'on le leur fournisse à bas prix, afin d'entretenir leur
„ amitié, ne laissent pas d'en consumer tous les ans pour plus de 80000 livres. On dit que ces sources
„ merveilleuses ont été autrefois découvertes par le bétail avide de sel, & de tout ce qui en retient quel-
„ que mélange : En quel temps, on ne le sçait pas. Les noms donnés aux femmes qui servent à ce tra-
„ vail, & dont la terminaison est aujourd'hui toute barbare, sentent les siècles du latin, mais cor-
„ rompu. L'Histoire ni la Géographie des Romains n'en font aucune mention, si ce n'est peut-être en
„ ce qu'ils nommoient les montagnes d'autour de Salins Monts d'Or ; d'où quelques-uns conjecturent
„ que ces voûtes souterraines, où sont aujourd'hui ces eaux salées, étoient autrefois des mines d'or
„ & d'autres métaux, qui ayant été épuisées par le temps, conservent encore ce reste de leurs pre-
„ mières richesses. Ce qu'il y a de certain, c'est qu'on les peut compter entre les spectacles où la
„ nature prend plaisir d'amuser nos yeux, & d'étonner notre raison. Ce sont une infinité de petites sources,
„ qui sortent de terre pleines & grosses de sel, mais au milieu d'une infinité d'autres sources douces,
„ toutes également claires & nettes. La peine & la dépense consistent principalement à les démêler ; ce
„ qui est presque impossible, pour peu qu'on leur laisse le moyen de s'unir & de confondre leurs eaux.
„ Il faut conduire les salées aux lieux qu'ils appellent *Bornes*, où le sel s'en tire par le moyen du feu ;
„ renvoyer les douces par d'autres canaux à la rivière qui traverse la Ville sous le nom de *Furieuse* ;
„ réparer incessamment les séparations épaisses que l'on nomme *couvoirs*, entre ces deux sortes d'eaux ;
„ empêcher qu'elles ne rompent leurs barrières ; & pour cela, comme dans une Ville assiégée, faire la
„ garde à toute heure, entretenir des rondes qui marchent jour & nuit, des Officiers qui ne fassent que
„ surveiller, des roues & des machines qui ne se reposent jamais, quelques-unes même faisant mouvoir
„ des clochettes, afin d'avertir par leur bruit ou par leur silence si elles vont, ou ne vont pas. Pour
„ achever la merveille, quelques-unes de ces sources salées, sans qu'on en découvre la raison, coulent
„ plus abondamment par le vent du midi, quelques autres par le vent du nord, dignes matières à
„ nos nouvelles Académies de Physique, aussi-bien que la cause de leur sel même ; soit qu'il faille croire
„ que toutes les fontaines viennent de la mer, mais qu'elles ne trouvent pas en tout lieu, comme en
„ celui-là, certains tuyaux propres à laisser passer ces parties salées plus épaisses que les autres, & d'une
„ forme différente ; soit qu'il suffise de dire que ces sources ont passé par des veines de sel souterrain,
„ pareil à celui qui paroît sur terre à Cardonne & ailleurs. Elles se trouvent au reste en deux lieux
„ à Salins, l'un est appelé la grande Saulnerie, & qui, par la grandeur & la beauté de ses voûtes,
„ ouvrage, comme l'on croit, des anciens Comtes de Bourgogne, par le nombre de ses logemens &
„ de ses Officiers, tous obéissans à celui qu'ils nomment le *Pardessus*, représente une espèce de Ville
„ & de République ; l'autre est nommé le puits à muire (car muire est pour eux cette eau grasse &
„ pleine de sel,) où les détours longs & étroits, les ténèbres épaisses, les vapeurs condensées, que les
„ flambeaux allumés ont peine à percer, n'éclairant presque que ce qu'ils touchent, le bruit éloigné
„ des chûtes d'eau, & celui des roues & des machines, semblable aux gémissemens & aux cris plaintifs
„ des personnes qui souffrent, font une image assez vive de ces descentes fabuleuses dans les enfers qu'on
„ trouve dans les Poëtes.

M. Pelisson suit ici Gollut, ancien Historien du Comté de Bourgogne, qui a cru que ces Salines n'ont été connues que dans les siècles du moyen âge. Je ne peux souscrire au sentiment de ces deux Auteurs ; je pense que les Séquanois, & les Romains après eux, ont fait usage de ces sources. Voici les raisons sur lesquelles j'appuye mon opinion.

1°. Rien n'est plus facile que de connoître des fontaines salées ; le premier essai suffit pour cela. Quand même les Habitans du voisinage n'auroient jamais eu la curiosité d'en goûter, le bétail qui court avec tant d'ardeur aux eaux salées, les leur auroit indiquées par son empressement à en boire.

2°. Le nom des Salines est Celtique. *Sal*, sel. *Tn*, source. *Salyn*, source de sel, source salée.

3°. Le Val où est situé Salins s'appelloit le Val d'Héri, comme on l'apprend par la Vie de saint Oyend, Abbé de Condat, aujourd'hui saint Claude, écrite au commencement du sixième siècle, & par la Vie de saint Anatoile écrite au douzième. Le Village qui est à l'entrée de ce vallon, du côté de la montagne, a conservé ce nom : on l'appelle le Pont d'Héri, à cause d'un Pont sur la rivière de Salins qui coule dans cette vallée, comme l'on disoit le Pont du Val d'Héri. Héri est un mot Celtique, qui signifie eau salée. *Voyez* Noirmoutier en Poitou.

4°. Strabon nous apprend qu'on estimoit beaucoup à Rome les chairs salées qui venoient du Pays des Séquanois ; apparemment parce que leur sel, moins acre que celui de la mer, leur donnoit un goût plus fin & plus délicat.

Strabo, l. 4.

5°. Les médailles d'or & de bronze, quantité de tombeaux à la Romaine, une infinité d'instrumens dont les anciens se servoient dans leurs sacrifices, qu'on a trouvés à Salins & aux environs, font juger avec raison que cette Ville existoit du temps des Romains.

6°. Ammien Marcellin, *liv. 2ième. ch. 5ième.* assure que sous l'Empereur Valentinien, qui favorisoit les Bourguignons, il y eut une guerre sanglante entre ceux-ci & les Allemands pour les Salines. Les Allemands n'étoient alors qu'une partie de la Nation Germanique ; ils n'occupoient dans ce temps là qu'un petit Pays voisin de celui des Séquanois. Il n'y avoit de Salines à portée de ce Peuple ; il n'y avoit de Salines, sous le Domaine des Bourguignons, que celles de la Province Séquanoise : C'étoient donc ces Salines qui étoient le sujet de la guerre que se firent ces deux Nations.

7°. Dans la Vie de saint Oyend, qui vivoit au cinquième siècle, écrite par un de ses Disciples, nous lisons que ce saint Abbé aima mieux envoyer ses Religieux chercher du sel jusqu'en Toscane, que dans la Terre des Hériens qui étoit voisine de son Monastère, où l'on en préparoit par le feu, pour ne les pas exposer à être massacrés par les Allemands qui faisoient de fréquentes incursions dans cette Contrée. (*Quâdam namque vice, dùm diros metuunt ac vicinos Alemannorum incursus, qui inopinatis viantibus, non congressione in cominus, sed ritu, superventuque solerent irruere bestiali; ad mortem aut suspicionem mortis penitùs evitandam, qua crebro timoris jaculo toties interimit, quoties timetur, è limite Tyrrheni maris potiùs, quàm de vicinis Herensium locis coctile decernunt petere sal. Sed hoc totum ut fieret, & consilium & ordinatio beati viri persuaserat.*)

Le Mont d'Or, dont parle M. Pelisson, n'a point tiré son nom de quelques mines d'or, mais de la grande quantité de sources qu'on y trouve. *Dor*, source. *Mont d'Or*, montagne des sources, montagne abondante en sources. *Voyez* le Mont d'Or en Auvergne.

Un des Forts de Salins, situé sur la cime d'une haute montagne de roc, s'appelle Blin. *Bel*, roc. *Lein*, cime: Ou simplement *Blin*, cime.

Salins est traversé par une petite rivière qu'on appelle la Furieuse. Son vrai nom est *Frws*, qui signifie torrent, ce qu'est effectivement cette petite rivière. De *Frws* on a dit Freuse, Fereuse, Fureuse, Furieuse. Elle portoit déja ce nom il y a six cens ans; car nous lisons dans la Vie de saint Anatoile qu'une rivière appellée Furieuse traverse Salins. (*Fluvius interfluit qui furiosus ex re vocabulum collegit.*) Dans une Charte de Gaucher Sire de Salins, elle est nommée *Furusia.*

Bracon est un petit Fort de Salins. *Brac*, Forteresse. *Bracon*, diminutif.

SAMPAN.

VILLAGE fameux par ses carrières de marbre. *Sampan*, le même que *Campan*, belles: on sous-entend pierres. *Voyez* Campan en Guyenne: Ou *Can*, *San*, belles. *Pan*, pierres.

SANCEAU.

DANS un fond. *San*, vallon, fond. *Cav*, habitation.

SANCEY.

LES gens du lieu prononcent Seincey, au pied d'une montagne de roc fort élevée. A la hauteur de quarante pieds, il y a dans cette montagne des cavernes très-vastes, dans lesquelles les Habitans de ce Village se retiroient pendant les guerres, & où ils se sont défendus contre les ennemis. *Cain*, belles. *Cel*, grottes.

SANTAN.

PRès d'une mare, au bout de laquelle passe un ruisseau. *San*, mare. *Tan*, ruisseau.

SAONE.

PRès d'un marais. *Sab*, dormante. *On*, eau: Ou *Son*, marais.

SARRA.

OU la Sarra, Village placé au pied d'une montagne. *Sarr*, montagne.

SAUBIEZ.

SUR un bras d'un ruisseau. *Sab*, *Sav*, coupure, partage. *Biez*, ruisseau.

SAUÇOY.

PRès de marais. *Sab*, dormante. *Cwy*, prononcez *Coy*, eau.

SAUGET.

LE Val du Sauget, près de Pontarlier, renferme plusieurs Villages, dont le plus considérable est Gilley. On élève dans ce Val plusieurs chevaux, & ce sont les meilleurs de la Province. *Sag*, *Saug*, cheval. *Voyez* Gilley. *Voyez* l'étymologie du nom des Séquanois.

SAULE.

SUR une montagne. *Sav*, élévation. *Saule*, qui est sur une élévation.

SAVOYEUX.

SON Château est sur une élévation au bord de la Saône. Le Village est au bas du Château. *Sav*, élévation. *Ow*, en composition *Oy*, rivière. *Hws*, *Heus*, habitation.

SAUVAGNEY.

A pris son nom de *Savigné*, qui signifie un petit arbre que nous appellons sabine ou savinier.

SAUVIGNEY.

C'EST la même étymologie que Sauvagney.

SAUX.

SUR une élévation. *Sav*, élévation.

LA TOUR DE SAY

SUR LA LANGUE CELTIQUE.

LA TOUR DE SAY.

Village placé au pied d'une colline couverte de bois. *Say*, bois. On appelle encore dans notre Province le bois de Chalamont, la Say de Chalamont.

SCEY EN VARAIS.

Castrum Ceae dans une Charte du dixième siécle. Château près de la Loue. *Cae*, Château. Il est dit en Varais, parce qu'il est placé dans le Comté des Varasques. *Voyez* le premier article de la description de cette Province.

SCEY SUR SAONE.

Au bord de la Saône, est divisé en deux parties, dont une est appellée Scey le Château, & l'autre Scey la Ville. La première est la plus ancienne. *Cae*, Château.

SECHIN.

Près d'une petite mare. *Sach*, dormante, en parlant de l'eau. *Sechin*, diminutif, on sous-entend eau. *Voyez* le Port de Cette en Languedoc.

SELLE.

Nom appellatif d'habitation, devenu propre de celle-ci. Ce Village est fort caché ; ainsi on peut aussi tirer son étymologie de *Cel*, caché, ou de *Cel*, bois. Il est au bord d'un grand bois.

SELLIERES.

Celleriae dans un titre de l'an mille un, Bourg situé dans un fond, ensorte qu'on ne le voit que lorsque l'on y est. *Cell*, cachette. *Celler*, caché.

SENAN.

Sur une pente qui forme un vallon. La Loue passe au fond du vallon. *Nant*, vallon & rivière. *S*, paragogique.

SENONCOURT.

Dans un vallon marécageux, au bord d'une petite rivière. *Snant*, *Snont*, vallon & rivière. (*Voyez* Senan.) *Court*, habitation : Ou *Sanon*, en composition *Senon*, marécageux, fangeux.

SEPTFONTAINE.

Village où il n'y a point de fontaine. *Sep*, sans, fontaine. On voit par là qu'il ne faudroit pas écrire Sept, mais Sep. *Voyez* Septfons dans les Bourbonnois.

SERMANGE.

Sur une élévation. *Serr*, élévation. *Man*, habitation. *Ge*, terminaison indifférente usitée dans cette Contrée.

SERRE-LES-MOULIERES.

Au pied d'une haute montagne nommée la Serre. *Serr*, montagne.

SERRE.

Près de Pouilley, sur une élévation. *Serr*, élévation.

SEVEUX.

Est l'ancien *Segobovium*, marqué dans les Tables de Peutinger. Ces Cartes placent cette mansion sur la route de Besançon à Langres, à dix-huit milles de cette première Ville : telle est la distance de Besançon à Seveux. La route romaine, dont il reste encore des parties considérables, conduit à Seveux. On y voit les restes d'un Pont sur la Saône lorsque cette rivière est basse ; enfin l'étymologie de *Segobovium* convient à la situation de Seveux. Cet endroit est sur la pente d'une colline au bord de la Saône. *Go* ou *Sgo*, petite. *Bou*, montagne, élévation. *Ion*, rivière.

SIAN.

Au bord d'une rivière. *Swi*, rivière. *An*, habitation.

SILLEY.

Il y a une fontaine qui sort d'un rocher. *Sw*, en composition *Sy*, eau. *Leh*, rocher.

SIROD.

Dans un vallon sur le Dain. Il est entouré de montagnes. Il y a une fontaine très-abondante qui fait aller des moulins, & se jette dans le Dain. *Sier*, *Sir*, montagnes. *Od*, bord, bordé, entouré : Ou *Swr*, en composition *Syr*, bord. *Aw*, rivière.

SOIN.

Dans un terrain fangeux & aquatique. *Sen*, terrein aquatique.

Voyez Ufie.

SOMBACOURT.

LA SOMMETTE.

Ce Village touche d'un côté à une plaine de roc, où l'on ne peut rien femer. *Son*, roc. *Méath*; *Meth*, campagne, plaine. Il eft au bord d'une vallée au deffus. *Somm*, vallée. *At*, en compofition *Et*, près.

SONAU.

Il y a des eaux falées dont on fait du fel. *Son*, fel. *Aw*, eau.

SORAN.

Près de Ran, au deffus de Baume, dans un fond où il y a des ruiffeaux. Soran près de Breurey fur un ruiffeau. *Sor*, *Soran*, ruiffeau.

SORNAY.

Sur un ruiffeau dans un fond, entre & au pied de deux petits tertres. *Sor*, ruiffeau. *Nav*, en compofition *Nay*, fond, pied d'élévation.

SOYE.

Il y a plufieurs fontaines dans ce Village, & plufieurs petites rigoles qui rendent ce Village aquatique & fort boueux. *Swy*, prononcez *Soy*, eau.

SUAUCOURT.

Au bord d'un ruiffeau. *Sw*, ruiffeau. *Aud*, bord. *Court*, habitation.

TALENAY.

Sur une côte couverte de bois. *Tal*, *Talen*, élévation. *Hai*, bois.

TARCENAY.

Tarceniacum dans une Charte du douzième fiécle, fur un fol d'éclats de pierre, qu'on appelle laves en Franche-Comté. *Tarz*, éclat. *Vaen*, pierre. On dit communément dans le Pays, Tarcenay fur la lave.

TASSENNE.

Taousen, fignifie un chêne verd.

TAVAUX.

Dans un fol de boue épaiffe & graffe. *Taw*, épaiffe. *Baw*, en compofition *Vaw*, boue.

TENCEY.

Au bord d'une rivière près d'un bois. *Tan*, en compofition *Ten*, rivière. *Say*, en compofition *Sey*, bois.

THÉ.

Thyl dans un très-ancien Pouillé, fur une élévation. *Tal*, *Til*, ou *Tel*, élévation.

THEULEY.

Theolocus, Abbaye fituée dans un petit baffin environné de collines. Il y a un étang dans ce baffin. *Dol* ou *Tol*, défigne un lieu qui eft au pied de quelque élévation, près de quelque eau. *Loc*, habitation.

THIÉFRAN.

Près d'une colline. *Ty*, habitation. *Bran*, en compofition *Fran*, colline.

THIENAM.

Au bord du Lougnon. *Tyes*, habitation. *Nant*, rivière.

THORAISE.

Chateau fur un rocher coupé au bord du Doubs. *Torr*, coupé. *Rech* ou *Res*, rocher.

THOULOUSE.

Sur & autour une petite hauteur. Elle avoit autrefois plufieurs Châteaux à fon fommet. *Tal*, *Tol*, élévation. *Tolog*, *Tolos*, élevé.

TISE.

De *Tyis*, nom appellatif d'habitation, devenu propre de celle-ci.

TORPE.

Chateau fi fort autrefois, qu'il foûtint un fiége de quelques jours contre les Troupes de l'Archiduc Maximilien qui avoient du canon. Il eft fur une élévation au bord du Doubs. *Tor*, rivière. *Pes*, élévation : Ou *Torp*, habitation.

Chronique manufcrite de Befançon dans la bibliothéque de M. Chiflet.

SUR LA LANGUE CELTIQUE.

TOUILLON.

Dans un pré qui est sur le chemin de Pontarlier. Au Village de Touillon, on trouve une fontaine qui a un flux & reflux sensible & réglé. Voici la description qu'en fit l'an 1690 M. Courvoisier habile Médecin, qui a été inserée dans l'histoire des ouvrages des Sçavans.

» Elle nait dans un lieu pierreux; & comme elle jette par deux endroits séparés, elle s'est fait deux bassins, dont la figure lui a fait donner le nom de fontaine ronde. Dans le premier, qui est le plus élevé, & qui a environ sept pas de long sur six de large, le flux & reflux de la fontaine paroît davantage, & il semble qu'une pierre aigue qui est au milieu y soit mise exprès pour mieux faire remarquer les mouvemens de l'eau lorsqu'elle monte, & qu'elle descend. Quand le flux commence, on entend au dedans de la fontaine comme un bouillonnement, & l'on voit sortir l'eau de tous côtés, qui formant plusieurs petites boules, s'éleve toujours peu à peu jusqu'à la hauteur d'un grand pied. Alors étant répandue dans toute la capacité du premier bassin, elle régorge un peu à côté du second, où l'on voit de même qu'elle croit avec tant d'abondance, que ce régorgement des deux sources en s'unissant, forme un ruisseau considérable. Quand le reflux se fait, l'eau descend petit à petit, & à peu près aussi peu de temps qu'elle monte. La période du flux & du reflux dure en tout un peu moins d'un demi-quart d'heure, & le repos qui est entre les deux ne dure qu'environ deux minutes. La descente de l'eau est si évidente, que la fontaine tarit presqu'entièrement. Cependant l'un des reflux est régulièrement toujours différent de l'autre, en ce que la fontaine tarit presque entièrement une fois, & qu'une autre fois il reste un peu plus d'eau dans le bassin : ce qui continue toujours alternativement, & à la même proportion, sans augmenter, ni diminuer. Vers la fin du reflux, & lorsqu'il ne reste presque plus d'eau à rentrer, on entend un petit bruit. Quoiqu'on observe ces mouvemens réguliers dans le second bassin, le reflux y est beaucoup moindre ; car il y reste toujours assez d'eau pour entretenir le ruisseau qu'il produit, & dans le premier bassin le flux & le reflux sont beaucoup plus remarquables ; & à moins que l'eau de la pluye ne le trouble, ou que les neiges fondues ne l'inondent, ils y paroissent toujours aussi sensiblement qu'on l'a dit. Quoique l'eau de cette fontaine soit claire, fraîche, legére, il semble pourtant qu'elle laisse sur la langue un petit goût de fer : Elle teint aussi les pierres du bassin d'une couleur de rouille ; & comme aux environs il y a beaucoup de mines de fer, on pourroit aussi croire aisément qu'elle tient un peu de ce métail ; cependant après l'avoir pesée, distillée & éprouvée de toutes les façons, je n'ai pas trouvé qu'elle pût être propre aux usages de médecine.

Les Paysans, dans le Comté de Bourgogne, appellent Touillon une source qui sort de terre après de grandes pluyes, & qui tarit bientôt. Comme ces sources durent peu, & qu'elles cessent lorsqu'on s'y attend le moins, on les a nommées Touillon, c'est-à-dire trompeuses. La fontaine dont nous venons de parler, tarissant à chaque quart d'heure, on l'a appellée de même. *Twyll*, prononcez *Touyll*, tromperie. *Touyllon*, trompeur, trompeuse.

TOURNANS.

Sur une élevation, au pied de laquelle sort un ruisseau. *Tor*, élevation. *Nant*, ruisseau.

TOURNEDOS.

Dans un fond qui est une gorge entre deux montagnes. *Tor*, habitation. *Neillduol*, solitaire, retirée.

TRAVE.

De *Trev*, nom appellatif de Ville, d'habitation, devenu propre de celle-ci. Ce lieu est appellé *Treva* dans les anciennes Chartes.

TREBIEZ.

Près d'un ruisseau. *Tre*, habitation. *Biez*, ruisseau.

TREFAY.

Tref, habitation. *Trefay*, diminutif.

TREFOR.

De *Tref*, nom appellatif d'habitation, devenu propre de celle-ci. *Or* de *Cor*, petite. Le C se perd en composition.

TREMONT.

Au pied d'une élevation. *Troed*, *Tred*, pied. *Mont*, élevation.

TREPOZ.

Anciennement *Torpol*, est traversé par un ruisseau. Il est près d'une mare. *Tor*, ruisseau. *Pwll*, prononcez *Pol*, mare.

TRESILLEY.

Touche un grand bois. *Tre*, habitation. *Cil*, bois. *Cilleg*, *Cilley*, qui est dans le bois.

TROMAREY.

Le Château est sur une hauteur entouré de marais presque de tous côtés. *Trum*, *Trom*, hauteur. *Mar*, marais.

TUREY.

Au bord du Lougnon dans l'endroit où il fait une courbure. *Tur*, circuit, tour, courbure. *Ei*, rivière.

VADAN.

Sur une élevation, au bord d'un bois. *Var*, bord. *Dan*, forêt.

VADANS.

Au bord d'un bois. *Voyez* l'article précédent.

VAITE.

Chateau situé sur la cime d'un roc fort élevé. *Wedd* ou *Wett*, cime.

VAIVRE.

Au bord de la belle prairie de Vesoul. *Vaivre*, belle prairie. Il y a encore un Village dans cette Province, près de l'Abbaye de Bellevaux, qui s'appelle la Vaivre, situé pareillement au bord d'une belle prairie.

VALAMPOULIERE.

Sur une élevation de roc, près d'une mare qui est au bas du rocher. *Valan*, roc. *Pwl*, *Poul*, mare. *Er*, près.

VALAY.

Il y a des mines de fer fort abondantes. *Bal* ou *Val*, fer. *Aid*, abondance. *Valaid*, *Valay*, abondance de fer.

LE VAL D'AHON.

Gros Village dans un Val. Il est traversé par un ruisseau. *Val*, Val. *Aon* ou *Daon*, ruisseau.

LE VALOIS.

Est une belle plaine, longue de cinq lieuës, large d'une, bordée dans toute sa longueur des deux côtés d'une éminence couverte de bois. Ce vallon, qui est traversé par la Loue, est très-fertile. Tout le repos qu'on y accorde à la terre, est de la changer de grains. Les champs y donnent même deux récoltes dans l'année. *Val*, vallon. *Wed*, prononcez *Oed*, en composition *Oes*, beau : Ou *Vall*, bonne, fertile. *Voes*, en composition *Oes*, campagne.

VALORI.

Ce sont trois moulins placés sur un ruisseau, entre d'affreux rochers escarpés. Au Nord-Est de Valori, se trouvent les baumes de l'Hermitage, ainsi nommées d'un Hermitage voisin. Ces baumes sont deux cavernes éloignées l'une de l'autre à leur entrée d'environ cent pas ; elles se réunissent à plus de deux cens pas avant dans le roc. L'ouverture est grande comme une chambre dans des endroits, dans d'autres on a de la peine à y passer. Il s'y forme des pétrifications qui sont semblables aux glaçons qu'on voit aux goutières en hiver. Outre les deux sources qui forment le ruisseau de Valori, il y a encore plusieurs petites fontaines : toutes sortent du pied des rochers qui environnent Valori. *Bal* ou *Val*, source. *Valor*, plein de sources. *Baume*, caverne.

VARAMBON.

Chateau bâti sur un rocher, au pied duquel est une des sources du Dessoubre. *Var*, sur. *An*, la. *Bon*, source.

VATAGNA.

Au bord d'une petite rivière. *Var*, bord. *Tan*, *Tagn*, rivière : Ou *Var*, rivière. *Tann*, partage. Cette petite rivière s'y partage.

VAUCONCOURT.

Dans un vallon au confluent de deux ruisseaux. *Vau*, vallon. *Con*, confluent. *Court*, habitation.

VAUDEY.

Sur une petite hauteur, au milieu des bois. *Bod* ou *Vod*, hauteur. *Hai*, en composition *Hei*, bois.

LE VAUDIOU.

Dans un vallon. Il y passe un ruisseau. *Vau*, *Vaud*, vallon. *Iw*, prononcez *Iou*, ruisseau.

VAUGRENAN.

Chateau sur la cime d'un rocher fort élevé, dont la pente est fort rapide. Ce rocher est au dessus d'une colline. *Band* ou *Vaud*, beaucoup, très. *Crenn*, *Crennan*, en composition *Grennan*, Fort. Ce Château est ruiné.

VAUX.

Sur une pente qui forme un vallon. *Vau*, val, vallon.

SUR LA LANGUE CELTIQUE.

VEGRANNE, mieux VERGRANNE.

DANS un terrein fort fangeux. *Gren* signifie une terre molle, dans laquelle on enfonce aisément. *Var*, en composition *Ver*, sur.

VELESME.

IL y a deux Villages de ce nom, l'un & l'autre près d'un bois. *Vel*, habitation. *Lam*, en composition *Lem*, bois.

VELLE.

NOM appellatif d'habitation, devenu propre de celle-ci.

VELLEFAU.

DOIT son nom à des hêtres. *Velle*, habitation. *Fau*, hêtres.

VELLESON.

LE Château est sur une montagne de roc fort roide & très-rapide. *Bel*, *Vel*, roc. *Sonn*, roide.

VENAN.

AU pied d'une montagne, près d'une petite mare. *Ven*, mare. *An*, diminutif.

VENERE.

SUR le penchant d'une colline. Il y a dans le Village une source abondante. *Ven*, source. *Ar*, en composition *Er*, colline.

VENISE.

AU pied d'un vignoble ou côteau chargé de vignes. *Viniz*, vigne.

VENNE.

AUTREFOIS Bourg, aujourd'hui petit Village, situé au pied d'un rocher élevé, escarpé de toute part, excepté du côté du midi, où il semble que des terres se soient éboulées de dessus le rocher pour faire une pente qui rende accessible le sommet du rocher. A ce sommet, sont les ruines du Château. Au bas du rocher, est le Village dans un vallon, ou plutôt un berceau de rochers & de montagnes si droites, que la cime des plus hauts sapins touche presque la pente des montagnes. *Van*, roc.

VERCEL.

VERCELLÆ dans les anciens monumens, près d'une grande forêt. *Ver*, grande. *Cel*, forêt. Peut-être que cette forêt étoit fermée autrefois; auquel cas le nom de ce Bourg aura la même étymologie que Versailles. *Voyez* ce mot.

VERMONDAN.

HAMEAU près d'une source très-abondante, qui sort au pied d'un roc escarpé par une ouverture, comme la bouche d'un four. Cette source fait aller des moulins & plusieurs usines. Il y a dans le roc dont nous avons parlé une vaste caverne toute remplie d'eau, qui dégorge par cette source. *Ber*, *Ver*, abondante. *Mon*, source. *Dan*, caverne.

VERNANTOY.

A la source d'une petite rivière. *Ber*, *Ver*, tête, source. *Nant*, rivière. *Nantoy*, diminutif.

VERNE.

EST traversé par un ruisseau. Chaque Particulier y a un puits, parce que, pour peu qu'on y creuse, on y trouve de l'eau. Entre Verne & Luciol on trouve un bois nommé la Vernoye, composé d'aulnes & de trembles. Ce Village a pris son nom des aulnes, auxquels son terrein aquatique est très-propre. *Vern*, aulnes en Celtique.

LE VERNOY.

HAMEAU près d'une aulnaye. *Vernay*, *Vernoy*, aulnaye. Il y a plusieurs Hameaux ou Villages de ce nom.

VERRE.

LE Château & le Village sont sur une élévation. *Ver*, élévation : Ou *Ver*, rivière. Il est au bord du Doubs.

VERTIÈRE.

SUR une colline. *Ver*, élévation. *Vertir*, qui est sur une élévation.

LA VÉSE.

DANS une belle plaine. *Vaes*, campagne, plaine.

VESET.

PRÈS d'une grande prairie. *Vaes*, prairie. *Het*, étendue.

VESIGNEUX.

Dans une plaine. *Vesign*, Village près de Langres, est aussi dans une plaine. *Vaes*, *Vaesin*, campagne, plaine. *Hus*, *Heus*, habitation.

VESOUL.

Vesullum Castellum dans la Chronique de saint Benigne de Dijon. *Vesolense Castrum* dans la Vie de saint Urbain, Évêque de Langres, Château situé sur une montagne ronde & pointue comme un pain de sucre. Le Château a été démoli, la Ville s'est bâtie au pied de la montagne. *Besol*, *Besul*, *Vesol*, *Vesul*, pointue : on sous-entend montagne.

VIEILLEY.

Villiacus dans une Charte du onzième siécle. *Villag*, nom appellatif de Village, devenu propre de celui-ci.

VIGARDE.

Est sur une haute colline. *Vic* ou *Vig*, habitation. *Ard*, élevée.

VILLAFANS.

Dans une vallée, au bord de la Loue. *Vill*, habitation. *Affan*, vallée. *Afan*, rivière.

VILLANGRETTE.

Près d'un petit tertre. *Vill*, *Villan*, habitation. *Grette*, tertre.

VILLARS.

Il y a plusieurs Villages de ce nom, qui signifie habitation en général.

VILLEFEROUX.

Près d'un grand étang qu'on vient de mettre à sec. *Vill*, habitation. *Fer*, étang. *Hwy*, prononcez *Houy*, plus long, plus vaste, plus grand.

VILLERS.

Il y a plusieurs Villages de ce nom, qui signifie habitation en général. *Voyez* Villars.

VILLERSBOUTON.

Dans un fond. *Villers*, habitation. *Bout*, fond. *Bouton*, qui est dans un fond.

VILLERSBUSON.

Buson, petit. *Voyez* Montboson. *Voyez* Villers.

VILLERSFARLAY.

Sur un ruisseau qui y forme une mare; il est près d'un bois. *Villers*, habitation. *Var*, prononcez *Far*, près. *Llaith*, eau, ruisseau, mare. *Lay*, bois.

VINCELLE.

Au bord d'une rivière. *Vin*, rivière. *Cal*, en composition *Cel*, bord.

VIREY.

Sur la pente d'une colline couverte d'un bois. *Ver*, *Vir*, élévation. *Hai*, en composition *Hei*, bois.

VISENÉ.

Au bord de la Glantine. *Vis*, habitation. *Ien*, rivière.

VITOREY ou VICTOREY.

Dans un terrein aquatique & fangeux. *Vic*, habitation. *Tor*, eau. *Toreg*, *Torey*, aquatique.

VITREUX.

Au pied d'une montagne couverte de bois. *Bi*, *Vi*, montagne. *Tre,v* habitation.

VITREY.

Entre deux côteaux; les deux tiers du Village se trouvent sur la pente de ces deux côteaux. *Bi*, *Vi*, élévation. *Etre*, entre.

VOILLANS.

Au-dessus de ce Village, du côté du couchant, il y a deux sources qui forment chacune un ruisseau, qui se réunissent à l'entrée de ce Village ; le ruisseau formé des deux, coupe Voillans par le milieu. Après l'avoir traversé, il fait moudre un moulin, & tombe au sortir de la roue dans un creux de pierre qui s'écaille. La situation de ce Village a la forme d'un pétrin. Il y avoit des mines de fer fort abondantes, & où le fer se trouvoit pur en certains endroits ; il n'y a pas longtemps qu'elles sont épuisées. On trouve dans l'Itineraire d'Antonin, sur le chemin de Besançon à Mandeure, une mansion nommée *Velatodurum*. Elle est à la distance de vingt-deux milles de la première de ces Villes ; c'est précisément l'éloignement de Besançon à Voillans. *Bel*, *Vel*, fer. *Toddur*, endroit où l'on fond. *Velatoddur*, endroit où l'on fond le fer, endroit où il y a un fourneau.

VOITOUX.

Au pied d'une montagne sur la Seille. *Boi*, *Voi*, montagne. *Tw*, prononcez *Tou*, rivière.

VORAY.

Au bord du Lougnon. *Vor*, bord. *Ai*, rivière.

VORGE.

Son territoire est tout de marne. *Marg*, *Morg*, *Vorg*, marne.

VOUNANS.

Est entouré de rivières, du Lougnon, de la grande rivière qui vient de la fontaine de saint Deile, & d'une autre petite. *Bon*, *Von*, environné. *Nant*, rivière.

VREGILLE.

La même étymologie que Bregille près de Besançon. *Voyez* l'article de Besançon.

VRIANGE.

Placé dans un terrein fort humide & fort gras. *Bri*, *Vri*, terrein humide & gras. *An*, habitation. *Ge*, terminaison commune dans ce canton.

USIE.

Les Usie sont trois Villages au pied d'une côte. Ils ont tous les trois des noms différens de celui d'Usie qui leur est commun quand on parle d'eux collectivement. Il se trouve auprès d'un de ces Villages, appellé Sombacour, une gorge dans la montagne par où passe le chemin de Pontarlier. Sur le revers de cette montagne, du côté de Pontarlier, étoit le Château d'Usie sur un roc : on en voit encore les masures. Au pied de ce Château dans le chemin, il passe un petit ruisseau. Le Château d'Usie est la mansion désignée sur les Tables de Peutinger sous le nom de *Filum Musiacum*. Cette station est placée à quatorze milles de Besançon sur la route de Besançon à *Abiolica* qui est Pontarlier. Quatorze milles romains font environ sept lieues : telle est la distance de Besançon au Château d'Usie. Ajoûtez que l'on voit encore au voisinage des vestiges de la levée romaine, qui ne pouvoit passer que par la gorge dont on a parlé. *Pill* ou *Fill*, Forteresse. *Musy*, petite. *Somba*, vallée, gorge. *Cour*, *Corr*, petite.

VY-LÉS-BEVOYE, VY-LÉS-LURE.

Vy, habitation. *Lés*, près.

VY-LÉS-RUP.

Village placé entre deux ruisseaux. *Vy*, habitation. *Les*, près. *Ru*, ruisseau.

UZELLE.

Sur une élevation. *Uchel*, *Uzel*, élevée.

LA SUISSE,
ET LE PAYS DE SES ALLIÉS.

Les premiers Habitans de cette Province sont les Helvétiens. Leur nom se trouve écrit dans les anciens, *Elveti*, *Elvetii*, *Helveti*, *Helvetii*. César vante leur bravoure. Ce Peuple trop nombreux pour la Contrée qu'il occupoit, craignant d'ailleurs de s'amollir lorsqu'il étoit en paix, prenoit les armes pour toutes les Nations qui lui offroient une solde. Polybe nous dit que les Gaulois qui habitoient au-delà des Alpes au bord du Rhône, combattoient pour de l'argent, & que pour cette raison ils étoient appellés Gesates, c'est-à-dire soudoyés. *Elwet*, est le synonime de Gesat. *Elw*, honoraire, salaire, solde. *Elwet*,

Liv. 1. Com.

Liv. 11.

<small>M. de Bochat dans ses sçavans Mémoires sur l'ancienne Helvétie, assure que le nom de Gessat s'est conservé dans celui de Gessenay, petit Pays de la Suisse. *Voyez* Gessenay.</small>

qui est soudoyé. Les caractéres des Peuples ne changent guères, ainsi qu'on l'a déja remarqué plusieurs fois. Les Suisses, héritiers de la valeur de leurs Ancêtres, les égalant en nombre, jouissant toujours d'une profonde paix par l'avantage de leur situation, & la constitution de leur État, vont encore aujourd'hui combattre pour tous les Princes qui leur offrent une solde honorable & distinguée ; & après s'être formés dans les États étrangers à tous les exercices militaires, ils reviennent dans leur Patrie pour en faire la sûreté. C'est ainsi que cette Nation a toujours de bons soldats, sans être obligée de les acheter par les horreurs de la guerre.

A A.

Plusieurs Rivières de ce nom en Suisse. *Aa*, rivière.

L' A A C H.

Rivière. D'*Ach*, nom appellatif de rivière, devenu propre de celle-ci.

L' A A R.

<small>Dans cette Description, & dans les suivantes, je transcris presque toujours l'Auteur des délices de la Suisse.</small>

Arula. Cette Rivière prend sa source dans les hautes montagnes du Canton de Berne dans le Pays de Hasli. Son origine est, comme celle du Rhône, une glacière énorme du mont Grimsel, d'où découlent des ruisseaux, qui tombant à travers des rochers d'une hauteur prodigieuse dans un abysme profond, forment une vapeur épaisse, semblable à de la fumée, qui même a l'odeur de la chaux fondue. Cette rivière est dangereuse en quelques endroits pour la navigation, à cause des rochers qui sont cachés sous l'eau, & il s'y fait assez souvent des naufrages. Elle fait aussi beaucoup de ravages à ses voisins, rongeant les terres & changeant de lit, lorsqu'au printemps elle est grossie par les neiges fondues ; comme, par exemple, un peu au dessus de Buren, elle s'est étendue extraordinairement en long & en large, & a fait un petit lac d'une demi-lieuë d'étendue. Elle fait aussi beaucoup de ravages au dessus de Berne particulièrement, à cause d'un torrent impétueux nommé Kandel qu'elle reçoit au dessus de Thoun, & qui s'y jette avec tant de rapidité, qu'il la fait souvent déborder. *A*, eau, rivière. *Rhull*, vîte, rapide.

A G Y.

Rivière. *A*, article. *Gwi*, en composition *Gyi*, nom appellatif de rivière devenu propre de celle-ci.

L' A L P.

Rivière bordée des deux côtés des montagnes. *Alp*, montagnes.

L' A R N O N.

Rivière rapide. *Arn*, rapide. *On*, rivière.

L' A R V E.

Rivière, ou plutôt torrent, qui se jette dans le Rhône, un peu au dessous de Genêve, avec tant de rapidité, que ses eaux coulent avec celles de ce fleuve l'espace de plusieurs pas sans se mêler. Il arrive même, lorsque cette rivière est grossie par la fonte des neiges, qu'elle entre dans le Rhône avec tant de véhémence, qu'elle arrête le cours de ce fleuve, & le force à refluer dans le lac d'où il sort. Cela parut en 1572 d'une manière bien frapante, puisque les moulins de Genêve qui sont sur le Rhône tournerent & moulurent d'un mouvement contraire pendant l'espace de quelques heures. *Arw*, rapide.

L' A V A N Ç O N.

Petite Rivière. D'*Avan*, rivière. *Cyn* ou *Con*, diminutif.

LE B I B E R.

Rivière, dont le cours forme un arc, ou demi-cercle. *Bw*, en composition *By*, arc. *Ber*, rivière.

B I R S.

Bersich dans d'anciens titres, de *Berus* ou *Bers*, nom appellatif de rivière, devenu propre de celle-ci.

D A L A.

Dale, nom appellatif de rivière, devenu propre de celle-ci.

SUR LA LANGUE CELTIQUE.

D I N N E R E.

Rivière qui se partage pendant un long espace de son cours. *Dy*, rivière. *Ner*, partage.

D R A N S E.

Torrent, ou Rivière rapide sujette à se déborder. C'est la même étymologie que la Durance en Provence.

E M M E.

Am ou *Em*, nom appellatif de rivière, devenu propre de celle-ci.

G E R I N E.

Ruisseau. *Ger*, petite. *Rin*, rivière.

G L A N E.

A pris son nom de la pureté de ses eaux. *Glan*, pure.

G L A T T.

Il y a deux Rivières de ce nom. *Glas* ou *Glat*, verdâtre.

J O N E N.

Jon, nom appellatif de rivière, devenu propre de celle-ci. *En*, terminaison oisive.

I R O N, ou I R E N.

Ron, *Ren*, noms appellatifs de rivière, devenus propres de celle-ci. *Y*, article.

K A M.

Rivière fort tortueuse. *Cam*, tortueuse.

K A N D E L.

Rivière ou plutôt torrent, qui descend des montagnes de *Gemmi*. Cette rivière est fort rapide, particulièrement lorsqu'elle est grossie par les neiges. *Kan*, fort, beaucoup. *Del*, impétueux, violent.

K E M T.

Petite Rivière qui fait beaucoup de contours. *Cemt*, prononcez *Kemt*, tortueuse.

L I E N A.

Llian, nom appellatif de rivière, devenu propre de celle-ci.

L I N T.

Llint, nom appellatif de rivière, devenu propre de celle-ci.

M È R A.

Mer, nom appellatif de rivière, devenu propre de celle-ci.

M E R I N E.

Mer, nom appellatif de rivière, devenu propre de celle-ci. *In*, diminutif. La Merine n'est proprement qu'un ruisseau.

L A R U S S, ou R E U S S.

Cette Rivière prend son origine dans le Mont saint Gothard d'un petit lac nommé *Lago di Luzendro*, qui est fort profond, & qui peut avoir une lieuë de long; il n'est pas fort éloigné d'un autre petit lac qui est la source du Tesin. Le ruisseau qui coule de ce lac en reçoit deux autres, qui forment ensemble la Reuss. Cette rivière a dès sa source un cours fort impétueux; car elle ne coule pas, mais plutôt elle tombe, ou pour mieux dire se précipite de rocher en rocher, tellement que dans l'espace de quelques lieuës de chemin, tout du long de la vallée Urserenthal, elle forme des cascades en quantité, ou plutôt ce n'est presque qu'une cascade perpétuelle, dont le bruit est terrible, & son eau se réduit en rosée menue comme de la poussière. Elle traverse le Canton d'Uri, se jette dans le lac de Lucerne, d'où elle sort dans la Ville de ce nom. De Lucerne, coulant au nord, elle traverse le Pays qu'on appelle les Provinces libres, lave les murailles

B b

de Bremgarten & de Mellingen, & à quelques lieuës en delà elle se jette dans l'Aar au dessous de Vindisch. Son cours est fort rapide, aussi bien que celui de l'Aar. Cette rivière est appellée *Ursa* & *Russa*. *Ur*, rivière. *Ru*, rivière. *Sa* de *Sail*, saut, cascade. Ces deux noms ont la même signification.

S A R E.

Rivière bordée de montagnes. *Sar*, montagne.

S A R I N E, ou S A N E.

Rivière bordée de rocs dans une grande partie de son cours. *Sarn*, roc.

S U R.

Sur, nom appellatif de rivière, devenu propre de celle-ci.

T A L E N T.

Tale, nom appellatif de rivière, devenu propre de celle-ci. *En*, diminutif, ou terminaison oisive.

L A T A M I N E.

Cette Rivière, près de Pfeffers, s'est creusée entre deux montagnes un lit étroit, mais d'une profondeur prodigieuse, où elle se précipite, plutôt qu'elle ne coule, à travers des rochers affreux avec un bruit épouventable. *Tab* ou *Tam*, bruit. *Tamin*, bruyante.

L E T H O U R, ou T H U R.

Thyras, *Taurus*, *Durius*, est une Rivière rapide, impétueuse & fort inégale ; tantôt elle croît, tantôt elle décroît. *Torr*, impétueuse: Ou *Tyrras*, mauvaise, sans régle, inégale.

L E L A C D E C O N S T A N C E.

Mela nomme le lac de Constance *Acronius*. Sa longueur est de sept milles d'Allemagne, & sa plus grande largeur de trois. Ses eaux sont belles & claires, comme celles du lac de Genêve. Il est formé par le Rhin, qui y entre à Bregentz, & qui l'ayant traversé dans toute sa longueur, en sort auprès de la Ville de Stein. Ce lac se partage en deux bras vis-à-vis la Ville de Constance, & forme par cette division une grande Presqu'isle. *Ac*, lac. *Corones*, par crase, *Crones*, Presqu'isle. *Acron*, lac de la Presqu'isle.

L E L A C D E G E N È V E.

Autrement appellé le lac Leman, occupe une partie du côté méridional de la Suisse, la séparant de la Savoye. Il fait à peu près la figure d'un arc ou d'une demi-lune, dont le côté convexe regarde la Suisse, ce qui fait qu'il a seize lieuës de longueur de ce côté-ci, au lieu qu'il n'en a guères plus de douze du côté de la Savoye. Il est assez étroit à ses deux bouts ; & s'élargissant peu à peu, il s'ouvre vers son milieu, vis-à-vis Rolle, de la largeur de cinq lieuës. Il borde tout le Pays de Vaud, qui présente un aspect fort agréable à ceux qui navigent sur ce lac, par la variété merveilleuse de côteaux & de vallons, de campagnes & de vignobles qu'on y remarque. Ce lac est formé en partie par le Rhône qui le traverse dans toute sa longueur, & en sort à Genève. Il n'y conserve nullement sa couleur, comme on le prétend, il ne le fait qu'à quelque espace à la tête du lac, par la violence avec laquelle il y entre ; mais il n'y a rien là de particulier, rien qui n'arrive à toutes les grandes rivières qui se jettent dans quelque lac ou dans quelque mer. Mais une autre chose plus considérable & plus merveilleuse, qui est bien certaine & de notoriété publique, c'est que ce lac, au contraire de tous les autres, décroît en hiver, & croît en été quelquefois de la hauteur de dix pieds & davantage. On attribue cela aux neiges des montagnes voisines, qui se fondant en été par la chaleur, grossissent de leurs eaux les rivières qui entrent dans le lac, & le lac par conséquent. Ce lac est fort profond, & par là il n'est pas si orageux que quelques autres. On y sent de temps en temps des vents souterrains qui soulevent les eaux, mais qui ne sont pas dangereux. Il est abondant en bons poissons ; l'on y pêche entr'autres d'excellentes truites, & une autre espèce de poisson que nous appellons des perches. *Lem*, saut, palpitation, soulevement. *Leman*, qui se souleve. *Voyez* Lemuy dans le Comté de Bourgogne : Ou *Lem*, pointe. *Leman*, pointu.

A L B I S.

Montagne, au pied de laquelle coule la Sile, & qui borde une partie du lac de Zurich. *Alb*, montagne. *Is*, eau, rivière, lac.

SUR LA LANGUE CELTIQUE.

ALMAN.

Montagne élevée. *Al*, élevée. *Man*, montagne.

LE MONT GAMMOR, ou GIMMOR.

Il y a une caverne dans cette montagne, dont l'entrée est fort étroite, tellement qu'il faut presque se traîner pour y entrer. Au dedans elle est large, en quelques endroits de quinze pieds, en d'autres seulement de quatre ou cinq; haute de trois ou quatre pieds en quelques lieux, en d'autres de dix & de vingt. Au fond de cette caverne, on trouve une source d'eau abondante qui va couler dans le Rheinthal au pied de la montagne, & y fait une fontaine médicinale. On y trouve aussi quantité de pierres rares & curieuses, qu'on peut appeler Talc crystallin; les unes blanchâtres, les autres transparentes & sans couleur, & quelques-unes transparentes avec des traits noirs qui les coupent à angles droits. *Gan* & *Gin*, belles. *Mor*, pierres. L'N devant l'M se change en M.

LE MONT GEMMI.

Est fort élevé. Il y a un petit lac fort profond nommé *Daube*, presqu'à son sommet. *Gam*, en composition *Gem*, sommet. *I*, eau. *Dub*, *Dob*, profond.

LE MONT GOUPPEN.

Est une chaîne de montagnes. *Gwp*, prononcez *Goup*, conjonction, union, chaîne. *Pen*, montagne.

LE MONT GRIMSEL.

Est extrêmement élevé. Il faut quatre heures de marche pour arriver au sommet. *Grym*, beaucoup, très. *Sel*, élevé.

GUNTZEN.

Montagne fort élevée, dont on tire du talc semblable à celui du mont Limmeren. *Gon*, ou *Gun*, pierres. *Sen*, belles.

LIMMEREN.

Cette montagne produit du talc. C'est une espèce de pierre mince, blanche, transparente, composée de plusieurs feuilles ou couches qui ressemblent à de l'argent. On la trouve dans la minière de crystal. *Llim*, polie. *Mar*, en composition *Mer*, pierre.

OTTEBERG.

Montagne au bord du Thur. *Ot*, bord. *Berg*, montagne.

AADORFF.

Sur la rivière appellée petite Murg. *Aa*, rivière. *Dorff*, habitation.

ADLIKON.

Anciennement Adalinchon. Il y a deux Villages de ce nom, l'un & l'autre sont situés sur un ruisseau. *Ad*, près. *Llynn*, ruisseau. *Chom*, habitation.

AEGRI.

Il y a deux Villages de ce nom, l'un & l'autre au bord d'un lac auquel ils ont donné leur nom. *Ag*, lac. *Ger*, près. *Y*, habitation. Suivant la prononciation du Pays, *Aegeri*, *Aegri*.

AELISCHWIL.

Au bord d'une rivière. *Ael*, bord. *Isc* ou *Isch*, rivière. *Vill*, habitation.

AEPPINGEN.

Village au bord de l'Aar, dans un vallon entre des montagnes. *Apin*, rivière. *Gan*, en composition *Gen*, val entre des montagnes. *Voyez* Aegri.

AESCH, AESCHI.

Il y a plusieurs Villages de ce nom, tous sur des rivières ou des ruisseaux, ou des lacs. *Aches*, rivière, ruisseau, lac. *Voyez*, Aegri.

AFFELTRANGEN.

Affaltravanga dans un acte de l'an 779, a pris son nom de l'abondance de ses fruits. *Afal*, pommes, toutes sortes de fruits ronds. *Trag* ou *Trav*, *Travan*, abondant ; en grande quantité.

AGAUNE.

Voyez saint Maurice.

ALPENACH.

Au pied d'une haute montagne escarpée, au bord du lac de Lucerne. *Alpen*, montagne. *Ach*, lac.

ALTEN.

Au bord de la Thour. *Al*, bord. *Tan*, en composition *Ten*, rivière.

ALTENDORFF.

Au bord du lac de Zurich. *Al*, bord. *Tan*, en composition *Ten*, lac. *Dorff*, habitation.

ALTIKON.

Sur une hauteur. *Allt*, hauteur. *Chom*, habitation.

ALTORFF.

De *Torff*, nom appellatif d'habitation, devenue propre de ce Bourg. *Al*, article. *Voyez* Antorpe, Torpe dans le Comté de Bourgogne.

ALTREU.

Petite Ville détruite dans le quatorzième siécle. *Al*, article. *Treu*, Ville. *Voyez* l'article précédent.

LES AMBRONS.

Peuple de l'Helvétie, belliqueux, brave, intrépide. Ils alloient au combat, non seulement de sang froid, mais encore avec joye. *Ambren*, courage, bravoure. *Ambrons*, les braves. On voit par cette étymologie pourquoi ce Peuple, pour tout cri militaire, se contentoit (Plutarque dans Marius) de prononcer son nom, qui, lui rappellant sa valeur, étoit le plus puissant aiguillon à bien faire.

AMERSVYLL.

Au bord d'une rivière. *A*, rivière. *Marsh*, en composition *Mersh*, bord. *Vil*, habitation.

ANDELO.

Sur le Thur. *An*, habitation. *Dale*, en composition *Dele*, rivière.

ANTAGNE.

Au pied d'une montagne. *An*, article. *Tan*, montagne.

APPLES.

Village abondant en pommes. *Apal*, *Apel*, *Aple*, par une transposition facile, pomme.

ARAU.

Ville au bord de l'Aar ou Are. *Aud*, bord. *Arau*, bord de l'Aar.

ARBERG.

Chateau sur une hauteur, au bord de l'Aar. *Berg*, élevation, hauteur. *Arberg*, hauteur de l'Aar : Ou *Ar*, sur. *Berg*, hauteur. *Arberg*, sur la hauteur.

ARBON.

Arbor Felix dans l'Itinéraire d'Antonin, au bord du lac de Constance, dans un terrein fort fertile. Je conjecture que le nom de ce lieu étoit *Arbos*. *Ar*, terre. *Bos*, fertile. Comme on disoit indifféremment en Latin *Arbor* & *Arbos*, arbre, les Romains crurent qu'il en étoit de même du nom de cette Ville ; ils l'appellerent *Arbor*, qui étoit plus en usage qu'*Arbos* ; & ignorant la signification de ce terme, ils ajoutèrent l'épithète de *Felix*, pour indiquer la fertilité de son terrein. *Voyez* Arbois dans le Comté de Bourgogne.

Si l'on veut qu'Arbon soit le nom Gaulois de cette Ville, d'où les Romains auront fait *Arbor*, en ce cas elle aura pris son nom de sa position au bord du lac. *Arbon*, lac.

ARBOURG.

Au bord de l'Aar sur un rocher. C'est une petite Ville, mais forte par sa situation. *Ar*, roc. *Burg*, Ville.

ARCH.

D'*Arc*, nom appellatif d'habitation, devenu propre de celle-ci.

ARDON.

Puis du confluent du Rhône & d'une petite rivière. *Ar*, près. *Dun*, *Don*, jonction.

SUR LA LANGUE CELTIQUE.

A R I G.

Sur un ruisseau. *Ar*, sur, près. *Rig*, ruisseau.

A R I S T A U.

Anciennement Areſtow, étoit autrefois un Château très-fort. *Areſt*, arrêt. *Areſtog*, *Areſtov*, ce qui arrête, ce qu'on ne peut forcer.

A R L E N S.

Sur la Broye. *Ar*, sur, près, au bord. *Len*, eau, rivière.

A R N A N G.

Sur une rivière. *Ar*, sur, près, au bord. *Nant*, rivière.

A R N E N.

Sur une rivière. *Voyez* Arnang. *Nant*, en composition *Nent*.

A R S I E R.

Au pied du Mont Jura. *Ar*, près. *Sier*, montagne.

A R T.

Au pied d'une montagne. *Art*, montagne.

A R W A N G E N.

Au bord de l'Aar. *Arven*, *Arvan*, rivière. *Gan*, en composition *Gen*, près.

A S C H A U.

Au bord d'une rivière. *Ach*, rivière. *Aud*, bord.

A S S E N S.

Achen ou *Aſen*, parenté. Ce Village a été formé par des parens. *Voyez* Achenoncourt dans le Comté de Bourgogne.

A T T A L E N S.

Ce Village s'eſt formé auprès de ſon Château, & en a pris le nom. *A*, article. *Talan*, Château, lieu fort.

A T T I S C H W Y L.

Enfermé de rivières qui font une Iſle de ſon territoire. *At*, pluſieurs. *Twiſc*, en composition *Tyiſc*, rivière. *Vil*, habitation.

A U B O N N E.

Alpona dans une inſcription du troiſième ſiécle, eſt ſur une hauteur, au pied de laquelle coule une rivière fort impétueuſe, qui porte le même nom, & qui y fait un contour. *Al*, élévation, hauteur. *Bon* ou *Pon*, courbure de rivière.

A V E N C H E.

Aventicum eſt une ancienne Ville, mais qui n'a rien de reſte de ſa ſplendeur paſſée, que le nom & des maſures. On voit encore ſon ancienne enceinte, marquée à l'un des côtés par les reſtes des murailles qui ſont debout, & qui ont une tour à demi ruinée qui a ſubſiſté depuis plus de douze ſiécles.

Nunc ſeges eſt ubi Troja fuit.

Cette enceinte renferme aujourd'hui des champs très-fertiles, où l'on recueille deux cens ſacs de dîme, d'où l'on peut juger de ſon étendue. Elle eſt à peu près ronde, & elle a environ 2400 pas communs de diamétre. A un des côtés, eſt la Ville moderne d'Avenche appellée par les Allemands Wiflisbourg, qui eſt médiocre, & qui n'en occupe qu'un petit coin. Cette Ville a été autrefois très-conſidérable; elle étoit la Capitale de toute la Suiſſe ſous l'Empire Romain, comme Tacite nous l'apprend. On croit qu'elle fut ruinée par Attila, & depuis elle n'a pu ſe relever de ſes ruines. Le lac Morat alloit, dit-on, autrefois juſqu'aux portes de l'ancienne Avenche, où il y avoit un Port. On prétend qu'on y a trouvé de gros anneaux de fer pour attacher les bâteaux. Aujourd'hui le lac eſt éloigné de demi-lieuë. (*Voyez* Ravenne en Italie, & le ſixième chapitre de la première Partie.) *Aven*, lac. *Tyic*, habitation. *Voyez* Aventicum dans le Comté de Bourgogne, & Neufchatel en Suiſſe.

A U F N A U.

Iſle du lac de Zurich. *Aufon*, par une craſe aiſée, *Aufn*, lac. *Aw*, Iſle.

A U T A F O N D.

Au bord de la Senſe. *Aut*, bord. *Afon*, rivière.

MÉMOIRES

AUTIGNIE.

Sur la Glane. *Aut*, bord. *Ien*, par crafe *In*, rivière.

AUVERGNIER.

Au bord du lac de Neufchatel, dans un fol très-propre aux aulnes. *Al*, article. *Wernieg*, aulnaye.

BAARBURG.

Chateau fur le fommet d'une montagne. *Baar*, fommet. *Burg*, Château.

BACHI.

Bachig, petit. *Voyez* Mion dans le Comté de Bourgogne.

BACHS.

Bacu, petite. *Dy*, en compofition *Sy*, habitation. *Voyez* l'article précédent.

BADE.

En latin *Aquæ Helveticæ*, eft une Ville affez belle, médiocrement grande, fituée au bord de la Limmet, dans une plaine ferrée entre deux côteaux fort élevés, l'un au-deçà, l'autre au-delà de la rivière ; cette Ville a été illuftre jufqu'ici par fon antiquité. Ses bains étoient déja connus du temps de Tacite, qui, parlant de cette Ville, dit qu'elle étoit : *Longâ pace in modum municipii extructus locus, amœno falubrium aquarum ufu freqnens*. Les bains qui ont rendu cette Ville fi floriffante dans tous les fiécles, font à un petit quart de lieue au deffous, aux deux bords de la rivière. Ses bains ont plufieurs fources, une entr'autres qui eft chaude à brûler la main. Ses eaux font bonnes à boire, auffi-bien que pour le bain. Elles font efficaces pour guérir un grand nombre de maladies. Le nom de cette Ville vient du mot Celtique *Bad*, bain, duquel les Allemands ont fait *Baden*.

BALDEREN.

Chateau affez confidérable, pour que les Princeffes Hildegarde & Berthe, filles de Louis II le Germanique y logeaffent. *Bal*, Château. *Deren*, beau.

BALINGEN.

A la fource d'un ruiffeau. *Bal* ou *Balin*, fource. *Ien* ou *Gen*, ruiffeau.

BALLENS.

Au pied du Mont Jura. *Bal*, montagne. *Ent*, en compofition *Enz* ou *Ens*, habitation.

BALM.

Il y a plufieurs Villages de ce nom en Suiffe. *Balm*, grotte, caverne, rocher creufé.

BALM.

Au deffus d'une montagne. *Bal*, fommet. *M* de *Ma*, habitation.

BALSTAL.

Au bord de la Dinnere. *Bala*, *Bal*, Village. *Tale*, rivière.

BANGARTEN.

Sur une colline. *Ban*, habitation. *Garth*, montagne. *Garthen*, diminutif.

BARGEN.

Au bord de l'Aar. *Bar*, près, au bord. *Ien* ou *Gen*, rivière.

BARGES.

Sur une hauteur. *Barg*, hauteur.

BARISWYL, BÆRISWYL.

L'un & l'autre de ces Villages font fur un ruiffeau. *Berus*, en compofition *Beris*, ruiffeau. *Vill*, habitation.

BASLE.

Basilea. Cette Ville eft fituée au bord du Rhin, près de l'endroit où ce fleuve ayant longtemps coulé d'orient en occident, fait une courbure, & tourne fon cours au nord pour aller porter fes eaux dans l'Océan. *Bafel*, courbure. *E*, rivière. Les Allemands nomment cette Ville *Bafel*.

BASSIN.

Bas, *Bafin*, petit. *Voyez* Bach.

SUR LA LANGUE CELTIQUE.

BATTENWYL.
Sur une colline. *Bat*, sur. *Ten*, colline. *Vill*, habitation.

BAVOIS.
Ce Village est boueux. *Bawai*, *Bawoi*, boueux.

BAWEN.
Au bord du lac de Lucerne. *Bau*, habitation. *Ven*, lac.

BAYARD.
Près d'un ruisseau. *Bay*, ruisseau. *Ar*, près.

BECHBURG.
Chateau au dessus d'une montagne. *Bech*, montagne. *Burg*, Château.

BEERLIKON.
Au bord du lac de Zurich. *Ber* ou *Beer*, près, au bord. *Lych* ou *Lychon*, en composition *Lychon*, lac.

BEGNIN.
Près d'un lac. *Ben*, lac. *Yng*, en composition *Yng*, près.

BELLACH.
Sur l'Aar. *Bala*, en composition *Bela*, Village. *Ach*, rivière.

BELLEGARDE.
Chateau sur une hauteur. *Bal*, en composition *Bel*, Château. *Garth*, en composition *Gard*, élévation.

BELLELAY.
Abbaye fondée dans une grande forêt. *Bel*, grande. *Lay*, forêt.

BELLINZONE.
Dans une plaine entre trois côteaux, qui s'élevent autour de la Ville, & la commandent de tous côtés. *Bal*, en composition *Bel*, habitation. *Yn*, entre. *Don*, en composition *Zon*, montagne.

BENLIKON.
Dans les anciens titres *Bellikon*, *Bellinkon*, *Pellikon*, *Wellikon*, *Boellikon*, au bord du lac de Zuric. *Bala*, en composition *Bela*, Village. *Lichon*, lac. *Voyez* Beerlikon.

BERCHIER.
Sur le penchant d'une colline. *Ber*, sur. *Sier* ou *Chier*, colline.

BERNANG.
Sur une colline, au pied de laquelle passe le Rhin. *Ber*, colline. *Nant*, rivière.

BERNE.
Est une ancienne habitation. Son nom est Celtique, & désigne parfaitement sa situation. Elle est située dans une longue Presqu'isle formée par une courbure de l'Aar. *Bern*, courbure.

BERNEGK.
Sur une élévation. *Bern*, élévation. *Ac*, en composition *Ec*, habitation.

BEROLE.
Près de l'Aubonne. *Ber*, rivière. *Ol*, près.

BERTHOU.
Ville placée sur une éminence, au pied de laquelle coule l'Emme. *Ber*, éminence. *Thw*, prononcez *Thou*, rivière.

BEVAIS.
De *Beues*, nom appellatif d'habitation, devenu propre de celle-ci. Il peut aussi avoir pris son nom des bœufs & des vaches qu'on y nourrissoit. *Bev*, bœuf, vache. *Aid*, en composition *Aid*, abondance, quantité. Boudry est un Village voisin, dont le nom signifie la même chose. *Bw*, prononcez *Bou*, bœuf. *Try*, quantité, fort, beaucoup.

BEX.
Dans une belle & grande plaine fertile en blé, abondante en pâturages, au pied d'une hauteur sur laquelle étoit son Château. *Bech*, hauteur.

BIBERSTEIN.

Au bord de l'Aar sur un mont escarpé. *Bi*, mont. *Ber*, coupé, escarpé. *Tan*, en composition *Ten*, rivière.

BIENNE.

Au bord du lac auquel elle donne son nom dans une grande plaine, au pied d'un côteau couvert de vignes, à l'embouchure de la Suse dans le lac. *Bi*, côteau. *Hen*, embouchure.

BIERE.

Au bord de l'Aubonne. *Ber*, rivière.

BIGLEN.

Il y a deux Villages de ce nom, l'un & l'autre au bord d'un ruisseau. *Bie*, ruisseau. *Glan*, en composition *Glen*, bord.

BILENS.

Au bord de la Glane. *Bil*, habitation. *Len*, rivière.

BIPP.

Chateau dans une situation avantageuse, sur un rocher élevé. *Bi*, élevation. *P* de *Pill*, Château.

BIRGLEN.

Au bord d'une rivière. *Ber*, *Bir*, rivière. *Glan*, en composition *Glen*, bord.

BIRWINCKEN.

Au bord d'un ruisseau. *Ber* ou *Bir*, ruisseau. *Min*, en composition *Vin*, bord. *Cen*, habitation.

BIRWYL.

Berr ou *Birr*, petite. *Vill*, habitation. Voyez Bach.

BLONAY.

Dans un enfoncement au pied d'une montagne, au bord d'une petite rivière, dans un terrein gras & fertile. *Bloneg*, gras.

BOLLINGEN.

Il y a plusieurs Villages de ce nom, situés près de quelque lac. *Bwll*, prononcez *Boll*, lac. *Wng*, en composition *Yng*, près. *En*, terminaison indifférente.

BONMONT.

Au pied du Mont Jura. *Bonn*, la partie la plus basse, ce qui est au dessous, ce qui est au bas. *Mont*, montagne.

BONNEVILLE.

Au bord du lac de Bienne. *Bon*, lac. *Vill*, habitation : Ou *Bon*, ce qui est au dessous, ce qui est au pied, en sous-entendant colline. (*Voyez* Bonvillars.) Bonneville est au pied d'une colline. Lorsque la Langue Celtique a cessé d'être en usage, on a cru que *Bon* étoit l'épithéte de Ville, & qu'il falloit dire *Bonneville*.

BONNINGEN.

Au bord du lac de Thun. *Bon*, lac. *Wng*, en composition *Yng*, près. *En*, habitation.

BONSTETTEN.

Sur une hauteur. *Bon*, hauteur. *Stat*, en composition *Stet*, demeure. *En*, terminaison indifférente.

BONVILLARS.

Au pied du Mont Jura. *Bon*, ce qui est au-dessous, ce qui est au pied, en sous-entendant montagne. *Villars*, habitation.

BORISCHWYL.

Au bord d'un lac. *Bor*, bord. *Isc*, lac. *Vill*, habitation.

BORRIS.

Sur une hauteur, près de la Kandel. *Bor*, hauteur. *Ris*, rivière : Ou *Ris* de *Res*, habitation.

BOTTENS.

Près d'une petite hauteur, sur laquelle étoit son Château. *Bot*, hauteur. *Boten*, diminutif.

BOTTINGEN.

Près de la Sibne. *Bot*, habitation. *Wng*, en composition *Yng*, près. *En*, rivière.

BOUDRI

SUR LA LANGUE CELTIQUE.

BOUDRI.

PETITE Ville située sur une rivière nommée Reuse, qui est abondante en grosses & excellentes truites, les meilleures qui se trouvent dans la Suisse. La pêche de cette rivière se donne à ferme, & rapporte un revenu considérable au Prince. *Boud*, abondant. *Dru*, en composition *Dri*, truite.

BOUGY.

A une courbure de l'Aubone. *Bw*, prononcez *Bou*, courbure. *Gi*, rivière.

BRAN.

PRÈS du lac de Genève, apparemment dans un terrain boueux. *Bran*, terrain boueux.

BRANDIS.

CHATEAU fort élevé, situé sur un rocher d'une hauteur prodigieuse, au pied duquel coule l'Emme, *Bran*, roc. *Dis*, élevé.

BREGENTZ.

PRÈS de l'embouchure d'une petite rivière dans le lac de Constance. *Bres*, près. *Gen*, embouchure: Ou *Bri*, *Bre*, Ville.

BREMGARTEN.

PARTIE sur un côteau, partie au pied, au bord de la Russ. *Brem*, côteau. *Ger*, *Gar*, près. *Tan*, en composition *Ten*, rivière.

BREMIS.

AU pied d'une colline, au bord du Rhône. *Brem*, colline. *Is*, rivière.

LES BRENETS.

PRÈS du saut du Doubs. *Bre*, rivière. *Naid* ou *Nait*, saut.

BRESSONAZ.

AU pied d'une colline, au confluent de la Broye & d'une petite rivière. *Bres*, près. *Son*, confluent. *As*, habitation.

BRETIGNY.

PRÈS d'un ruisseau. *Bre*, près. *Tan*, en composition *Ten* ou *Tin*, rivière. *Tinig*, diminutif.

LA BREVINE.

IL y a dans ce Village des eaux minerales qui ont beaucoup de réputation, & où divers malades vont chercher tous les étés le remède à leurs maux. *Bré*, douleur, mal, maladie. *Wyn*, source, fontaine. *Brevyn*, fontaine des maladies, fontaine salutaire aux maladies. *Voyez* Greoux en Provence.

Délices de la Suisse.

BRIEG ou BRYG.

DE *Brig*, nom appellatif de Ville, devenu propre de celle-ci.

BRIENTZ.

A l'embouchure d'une rivière, dans le lac auquel il donne son nom. *Bri*, Ville. *Hen*, embouchure.

BRITTNACH.

SUR une colline ou petite élévation. *Nach*, élévation. *Brith*, diminutif.

BROCK.

VILLAGE avec un Château sur la rivière de Sane. *Brog* ou *Broc*, Château, habitation.

BRUNECK.

VILLAGE au pied d'une hauteur sur laquelle est son Château. *Brun*, hauteur. *Necz*, près.

BUCHILLON.

AU bord du lac de Genève. *Buch*, petit. *Buchil*, *Buchillon*, diminutifs.

BULACH.

PRÈS de la Glatt, à l'endroit où elle forme une courbure. *Bw*, courbure. *Lach* rivière.

BULLOZ.

SUR la Sane à l'endroit où elle forme une courbure. *Bw*, courbure. *Lwch*, prononcez *Loch* ou *Los*, rivière.

BUREN.

SUR l'Aar, qui, au-dessus de Buren, fait une si grande courbure, qu'il ne faut pas moins d'une grosse heure & demie de navigation pour arriver à Buren dès un certain endroit, qui n'en est éloigné que d'un bon quart de lieuë en allant par terre. *Bw*, courbure. *Ren*, rivière. On trouve en divers titres & Auteurs le nom de cette Ville écrit Byrhon, c'est le même que Buren. *Bw*, en composition se prononçoit souvent en *By*: *Ren* & *Ron* sont synonimes, & signifient tous deux rivière.

BURGLEN.

Il y a une Ville de ce nom, & un Village qui tire son nom d'une vieille Forteresse. *Burg*, Ville, Forteresse. *Clan*, en composition *Glen*, petite.

BUSSIGNY.

Près de la Venoge, qui fait une courbure en cet endroit; ensorte que le territoire de ce Village est une Presqu'isle. *Bus*, *Busin*, courbure. *I*, rivière.

BUSSNANG.

Anciennement Buchenach, Bussenach, à l'embouchure d'une petite rivière dans le Thur. *Bus*, *Busen*, embouchure. *Ach*, rivière.

BUSSY.

Bussy, petit. *Voyez* Bachi.

CANY.

Il y a dans ce lieu un bain d'eau médicinale, propre pour divers maux. Il vient de deux sources qui sont impregnées d'or, de souffre, de vitriol, &c. *Can*, bonne. *Y*, source.

CARROUGE.

Près d'une petite rivière ou ruisseau. *Carrog*, ruisseau.

CERLIER.

Au bord du lac de Bienne. *Cer*, près. *Liex*, lac.

CHARDONNE & CHARDONNAY.

L'un & l'autre de ces Villages sont placés sur le penchant d'une haute colline. *Car*, en composition *Char*, habitation. *Don*, élévation.

CHATONGIE.

Sur un côteau près d'un ruisseau. *Cad* ou *Cat*, en composition *Chat*, habitation. *Ton*, côteau. *Gwi*, en composition *Gyi* ou *Gy*, ruisseau.

CHAVANNE.

Au bord de la Broye. *Chai*, habitation. *Avan*, rivière. Il y a un autre Chavanne au bord d'une petite rivière, qui se jette dans le lac de Bienne. Ces Villages peuvent aussi avoir pris leur nom de *Caban*, ou *Cavan*, habitation.

CHAVORNAY ou CHAVORNEX.

Près de l'embouchure du Talent dans l'Orbe. *Chai*, habitation. *Aver*, *Avor*, embouchure. *Nés*, près.

CHEVILLY.

Sur un ruisseau. *Chai*, habitation. *Wi*, eau. *Llay*, diminutif.

CHEXBRE ou CHEBRE.

Sur une colline. *Chai*, habitation. *Bre*, colline.

CHIAVENNE.

Clavenna, aux deux bords de la rivière Maira, au pied de quelques montagnes, dans une campagne couverte de beaux & d'excellens vignobles. *Cl.* bord. *Aven*, rivière.

CHILLON.

Château bâti sur des rochers au pied d'une montagne, & au bord du lac de Genève, dans un endroit où le terrein est si serré entre le lac & la montagne, qu'à peine reste-t'il assez d'espace pour le chemin entre la montagne & le Château. Ce Château fut bâti l'an 1238 par Pierre de Savoye, pour servir de Forteresse à fermer le passage. *Cil*, avec une terminaison *Chillon*, fermeture, clôture.

CHOLLIKEN.

A l'embouchure d'un ruisseau dans l'Urken. *Col*, en composition *Chol*, embouchure. *Lwch*, en composition *Lych*, eau coulante. *En*, diminutif.

CLARENS.

Deux Villages de ce nom, l'un & l'autre près d'une rivière. *Cl*, *Cla*, bord. *Ren*, rivière.

SUR LA LANGUE CELTIQUE.

CLENDY.

Au bord du lac de Genêve. *Clan*, en composition *Clen*, bord de rivière, de lac. *Ty*, en composition *Dy*, habitation.

CLOTEN.

Au bord d'une rivière. *Cl*, *Clo*, bord. *Tan*, en composition *Ten*, rivière.

COBLENTZ.

Au confluent du Rhin & de l'Aar. *Cwbl*, prononcez *Cobl*, jonction. *Ant*, en composition *Ent*, rivière.

COIRE.

Curia, dans une plaine fertile entre des montagnes, sur le côté gauche du Rhin, & à un bon quart de lieuë de ce fleuve. Elle est arrosée par une petite rivière ou ruisseau qui sert à faire tourner ses moulins, à nétoyer ses rues, & qui au sortir de là va se jetter dans le Rhin. *Couer*, ruisseau; Ou *Cor*, *Cur*, embouchure.

CONNEROT.

Bord de la Suse. *Con*, habitation. *Ner*, rivière. *Ot*, bord.

CONSTANCE.

Constantia, au bord du lac de même nom, à l'endroit où la partie inférieure du lac s'unit à la supérieure par un détroit ou canal. *Con*, jonction, union. *Stancq*, étang, lac.

COPPET.

Au bord du lac de Genêve, près de l'embouchure d'une rivière dans ce lac. *Cop*, union, jonction. *Ed* ou *Et*, eau.

CORBATIERE.

Au bord d'un ruisseau. *Cwr*, prononcez *Cor*, rivage, bord. *Bas*, petit. *Thyr*, eau.

CORBEY.

Au bord d'un ruisseau. *Cwr*, prononcez *Cor*, rivage, bord. *Bay*, en composition *Bey*, ruisseau.

CORBIERES.

En Allemand *Corbers*, au bord de la Sane. *Cwr*, prononcez *Cor*, bord. *Berus*, coulant d'eau, rivière.

CORCELLES.

Voyez Courcelle dans le Comté de Bourgogne.

CORMAGENS.

Au bord de la Sonne. *Cwr*, prononcez *Cor*, bord. *Mag*, *Magen*, habitation. *Cormagen*, habitation du bord, en sous-entendant de la rivière.

CORMEROD.

Au bord d'un ruisseau. *Cwr*, prononcez *Cor*, bord. *Mer*, eau. *Merot* ou *Merod*, diminutif.

CORNANT.

Au bord de la Venoge. *Cwr*, prononcez *Cor*, bord. *Nant*, rivière.

CORTANEG.

Au bord d'un petit lac, qui est la source de la Sonne. *Cwr*, prononcez *Cor*, bord. *Tan*, eau, rivière, lac. *Ag*, en composition *Eg*, habitation.

COURTAILLOU.

Au bord du lac de Neufchatel. *Cwr*, prononcez *Cour*, bord. *Dale* ou *Tale*, lac. *Hou*, habitation.

COSSONAY.

Anciennement *Consonay*, à l'extrêmité d'une grande plaine de champs & de prés, à l'endroit où le terrein s'abaisse tout d'un coup, & forme une longue & profonde vallée, au milieu de laquelle coule la Venoge. On y a une vuë très-belle & très-étendue, à cause de l'élevation du lieu. *Con*, tête. *Saonnen* ou *Saonn*, vallée. *Ai*, rivière: Ou *Con*, élevation.

COTTENS.

Au bord de la Senoge. *Cwt*, prononcez *Cot*, habitation. *Tan*, en composition *Ten*, rivière.

COTTINGEN.

Au bord de la Glana qui y fait une courbure. *Co*, courbe. *Tan*, en composition *Ten* ou *Tin*, rivière. *Gan*, en composition *Gen*, près.

COURTELARY.

A l'embouchure d'une petite rivière dans la Suse. *Cor*, *Cour*, embouchure. *Dale* ou *Tale*, en composition *Tele*, rivière. *Ar*, diminutif. *Ar*, près.

COURTILLE.

A l'embouchure d'une petite rivière dans la Broye. *Voyez* l'article précédent. On a dit *Tille* pour *Tele*.

CRANS.

Sur une élevation. *Cran*, élevation.

CRISSIER.

Près de Lauzane, entre deux petites rivières. *Creiz*, *Criz*, milieu, entre. *Iad*, en composition *Ied*, ou *Ier*, rivière.

CRONAY.

Sur une hauteur, au pied de laquelle coule la Mentue. *Crwn*, prononcez *Cron*, élevation. *Ai*, rivière.

CUDREFIN.

Au bord du lac de Neufchatel. *Cwr*, bord. *Tref*, Ville. *Trefin*, diminutif. *Drefin*, en composition

CULLY.

Au bord du lac de Genève, à l'endroit où il fait une courbure. *Cul*, courbure. *Cwll*, bord. *Lwh*, en composition *Lyh*, lac.

COURTION.

Près d'un ruisseau. *Court*, habitation. *Ion*, ruisseau.

CUTRIVEY.

Près d'un ruisseau. *Cwt*, habitation. *Riv*, *Rivey*, ruisseau.

DAGERLEN.

Sur un grand étang d'où sort un ruisseau. *Da*, habitation. *Ger*, près. *Len*, étang.

DAILLENS.

Près d'un ruisseau. *Dale*, rivière. *Dalen*, diminutif.

DANGE.

Sur une colline, au bas de laquelle coule la Venoge. *Dan*, colline. *Gi*, rivière.

DELEMONT.

Sur une éminence, au bord de la Sorn. *Dale*, en composition *Dele*, rivière. *Mont*, éminence.

DENENS.

Sur une colline, au pied de laquelle coule un ruisseau. *Den*, colline. *Nant*, en composition *Nens*, ruisseau.

DENEZY.

Au bord d'une petite rivière. *Dan*, en composition *Den*, rivière. *Ty*, en composition *Zy*, habitation.

DENNICKEN.

A l'embouchure d'un ruisseau dans l'Aar. *Den*, habitation. *I*, près. *Can*, en composition *Cen*, qu'il faut prononcer *Ken*, confluent.

DIESBACH.

Il y a trois Villages de ce nom. *Tyes*, habitations, maisons. *Bach*, petites.

DIETIKON.

Près du confluent du Limmat & d'une petite rivière. *Ty* ou *Dy*, habitation. *At*, en composition *Et*, près. *Con*, confluent.

DISY.

Entre deux rivières, la Venoge & la Senoge. *Dy*, deux. *Sy*, rivière.

DIVONE.

A pris son nom de son abondante source. *Von*, source. *Di*, abondante.

DORNECH.

Au bord de la Birs. *Dor*, rivière. *Necz*, près.

SUR LA LANGUE CELTIQUE.

D O F F A N.

Sur une hauteur, au pied de laquelle passe une petite rivière. *Dw*, prononcez *Do*, rivière. *Fan*, hauteur.

D O R S T E T T E N.

Au bord d'une rivière. *Dor*, rivière. *Stat*, habitation. *Stetten*, diminutif.

D U L L I C K O N.

Entre l'Aar & un ruisseau qui s'y décharge, près du confluent. *Du*, deux. *Lwch*, en composition *Lych*, rivière, ruisseau. *Con*, enfermé.

D U L Y.

A la courbure d'une petite rivière. *Dull*, courbure. *Ly*, rivière.

D U R N T E N.

Anciennement Dunrotten, près du confluent de deux ruisseaux. *Dun*, union, jonction. *Rot*, coulant d'eau. *Roten*, diminutif.

D U R S T E L L E N.

Sur une petite rivière. *Dwr*, rivière. *Stal*, en composition *Stel*, habitation. *En*, terminaison indifférente.

D Y E N B U R G.

Chateau sur une montagne. *Dyen* pour *Den*, montagne. *Burg*, Château.

D Y N H A R T.

Au confluent de deux ruisseaux. *Dun*, en composition *Dyn*, jonction, confluent. *Harz*, près.

É C H A L E N S.

Sur le Talent. *Echa*, habitation. *Len*, rivière.

É C L A G N E N S.

Au bord du Talent. *Esclan*, *Esclaign*, bord. *Ant*, en composition *Ens*, habitation. *Voyez* Esclan dans le Comté de Bourgogne.

E S C L E P E N S.

Village nommé *Sclepedingis* dans une Charte de Louis le Débonnaire; il est au bord de la Venoge, qui apparemment ronge ses bords en cet endroit. *Sclaffa* ou *Sclapa*, en composition *Sclepe*, qui ronge. *Dan*, en composition *Den*, *Din*, rivière.

É C U B L E N S.

Village sur une hauteur, entre une rivière & un ruisseau. *Ac*, en composition *Ec*, rivière, ruisseau. *Cu*, fermée. *Blaen*, hauteur.

E L L G ou E L L G Æ W.

Entre deux rivières, près de leur confluent. *Algh*, en composition *Elgh*, fermé. *Av*, en composition *Ev*, rivière.

E L L I C K E N.

Au bord du Thur, a son embouchure dans le Rhin. *Al*, en composition *El*, près. *Ly*, rivière. *Can*, en composition *Cen*, prononcez *Ken*, confluent.

E L L S A V.

Au bord de l'Eulach. *Al*, en composition *El*, bord. *Sav*, rivière.

É P A L I N G E.

A la source d'un ruisseau. *E*, paragogique. *Pal*, source. *Lin*, eau coulante. *Linge*, diminutif.

E P S A C H.

Le territoire de ce Village est enfermé entre deux ruisseaux qui en font une Presqu'isle. *Happ*, en composition *Hepp*, fermé. *Dy*, en composition *Sy*, deux. *Ach*, ruisseau.

E S C H E N T Z.

Près du Rhin. *Ach*, en composition *Ech*, rivière. *Ant*, en composition *Ent* ou *Enz*, habitation.

E S C U V I L L E N S.

Au confluent de la Neiruz & de la Sane. *Es*, paragogique. *Cwbl*, *Cwvl*, jonction. *En*, rivière.

E S P A G N I E.

Au confluent d'un ruisseau dans la Sane. *Es*, préposition oisive. *Pan*, confluent. *I*, près.

ESSAU.

ENTRE trois rivières, l'une en front, une à chaque côté. *Aid*, en compofition *Ais*, abondance, multitude. *Av*, rivière.

ESSERTINES.

PRÈS d'un ruiffeau. *Es*, prépofition oifive. *Cer*, près. *Tan*, en compofition *Ten* ou *Tin*, ruiffeau.

ESTANIERE.

SUR une colline. *Es*, prépofition oifive. *Tan*, colline. *Er*, fur.

ESTAVANENS.

AU bord d'une petite rivière. *Sta* de *Stal*, habitation. *Avan*, rivière. *En*, diminutif.

ESTAVAYER.

STAVIACUM dans les anciens titres latins, au bord du lac de Neufchatel. *Taw* ou *Staw*, dormante. *Aoh*, eau.

ESTOY.

AU bord d'une rivière. *Es*, article. *Thwy*, prononcez *Thoy*, rivière.

ÉVOLENA.

PRÈS de la fource de la Borne. *Vol* ou *Évol*, fource. *En*, rivière.

EUVENEN.

PRÈS de la Borne, à l'endroit où elle fait une grande courbure. *Aven*, en compofition *Even*, rivière. *Néein* ou *Néen*, tordre.

FAELLANDEN.

VELLANDEN anciennement, au bord du lac de Greiffenfée, à l'endroit où il en fort une rivière. *Bala* ou *Vala*, en compofition *Vela*, fignifie commencement de rivière qui fort d'un lac. *And* ou *Anden*, habitation.

FAOUX.

CE Village a été apparemment ainfi nommé, parce qu'il a été bâti dans un endroit où il y avoit des hêtres. *Fav*, prononcez *Faou*, hêtres.

FETIGNYEZ.

AU bord de la Broye, à l'endroit où elle fait une courbure. *Fett*, *Fettin*, près. *Nyz*, courbure.

FISCHINGEN.

VISCHINUM dans un Diplôme du treizième fiécle, fur la Murg. *Wyc*, habitation. *Ien*, *In*, rivière.

FLAESCH.

IL y a de bons bains chauds. *Fel*, chaude. *Ach*, en compofition *Ech*, eau.

FLU.

CHATEAU fitué fur un rocher élevé. *Fly*, prononcez *Flu*, rocher.

FLUELEN.

FLOLEN anciennement, Village qui a un port fur le lac de Lucerne. *Flo*, trou, cavité, port. *Len*, lac.

FOUNT.

ON prononce *Fon*, fur une élévation. *Pon*, *Fon*, élévation. *Voyez* Pont dans le Comté de Bourgogne.

FREUDENBERG.

SUR la Toff. *Frwd*, *Frwden*, torrent, coulant d'eau. *Berg*, habitation.

FREUDNAW.

SUR la Reuff. *Frwd*, *Frwden*, torrent, coulant d'eau. *Av*, habitation.

FREUDWYL.

SUR un ruiffeau. *Frwd*, torrent, ruiffeau. *Vil*, habitation.

FRUTINGEN.

AU bas d'une longue vallée, traverfée par la Kandel. *Ffrwd* ou *Ffrwt*, *Frfwtin*, torrent, coulant d'eau. *Can*, en compofition *Gan* ou *Gen*, vallée.

SUR LA LANGUE CELTIQUE.

FULLIENS.

Sur une montagne, au pied de laquelle passe le Rhône. *Ful*, montagne. *Lliant*, en composition *Lliens*, rivière.

GEERLISBERG.

Près d'une rivière. *Ger*, près. *Lis*, rivière. *Berg*, habitation.

GENEVE.

GENEVA, *Gennava*, *Cenava*, *Jenuba*, *Jenuva*, *Januba*, *Januva*, *Janua*, *Jenua*, *Genua*, *Palustria*; est situé à l'endroit où le Rhône sort du lac Leman. *Gen* où *Ken*, bouche, porte, sortie. *Av*, en composition *Ev*, rivière. *Palud*, lac, *Staer*, par crase *Str*, rivière. *Paludstr*, lac, rivière.

GENOLLIER.

Près d'un ruisseau. *Gan*, en composition *Gen*, près. *Liex*, ruisseau.

GENTOU.

Au bord du lac de Genève. *Gan*, en composition *Gen*, près. *Thw*, prononcez *Thou*, lac.

GERBRUNNE.

Près d'une montagne, *Ger*, près. *Bron*, *Brun*, montagne.

GERSAV.

Au bord du lac de Lucerne. *Ger*, près. *Sav*, lac.

GESSENAY.

Petit Pays de la Suisse, qui a pris son nom de celui des anciens Gesates. *Gwas* ou *Gas*, synonime de *Gesat*, au pluriel *Gesen*, soudoyés, gens qui combattent pour une solde. *Ai*, Pays. *Voyez* Soleure.

GEZ.

La Ville de Gez, & tout le Pays auquel elle donne son nom, semble n'être qu'un verger. Ce ne sont qu'arbres par tout. *Guez* ou *Gez*, arbres.

GIFFERS.

Sur l'Ergona. *Gi*, rivière. *Ver*, prononcez *Fer*, sur, au bord.

GINGINS.

Près de la source d'une petite rivière. *Gin*, source. *Gi*, rivière. *Gin*, diminutif.

GIPPINGEN.

Au bord de la Reuss, qui y forme un contour. *Gwibin* ou *Gwipin*, détour. *Gen*, près.

GLAN.

Est peu éloigné du bord du lac de Genève. Peut-être qu'anciennement il en étoit plus près. *Glan*, bord de rivière, de lac. *Voyez* Glandéves.

GLARIS.

GLARONA est un beau & grand Bourg, dans une jolie campagne, au pied de montagnes fort hautes & fort escarpées. *Glan*, vallée, campagne au pied des montagnes. *Rhonca*, ouverte, étendue.

GLEROLE.

Sur des rochers au bord du lac. *Clegr*, *Cler* ou *Gler*, lieu plein de rochers. *Haule*, port. Il y a un petit port à Glerole.

GLYS.

Est un joli petit Bourg, dans une situation agréable. *Glise*, beau.

GOCKUSEN.

Entre deux ruisseaux. *Go*, petite. *Cw*, eau coulante. *Sy*, deux. *En*, entre.

GOESGHEN.

Sur une crête de rocher fort élevé. *Gwed*, prononcez *Goed*, en composition *Goes*, cime. *Gan*, en composition *Gen*, roc.

GONDIS, ou GONDES, ou GONTHEY.

CONTEGIUM, n'est pas beaucoup éloigné du confluent du Rhône & de la Morges, dont apparemment il étoit plus près autrefois. (*Voyez* Glandéve en Provence, la Tour du Pin en Dauphiné, Glan plus haut.) *Cont*, confluent. *Gui*, habitation.

GORG.

FONTAINE fort abondante dans le Village de Flims, au Pays des Grisons. Ses eaux sont extrèmement froides. *Goer*, par une crafe fort facile, *Gor*, froide. *G* de *Gor*, très, beaucoup.

GORGIER, ou GORGY.

AU bord du lac de Neufchatel. *Gor*, dormante. *Gi*, eau.

GOSSAU.

SUR la Reuff. *Gos*, touchant, près. *Sav*, rivière.

GRANCY.

SUR une élevation, au pied de laquelle passe un ruisseau. *Gran*, élevation. *Cwi*, en composition *Cyi*, ruisseau.

GRANIOLS.

SUR un haut rocher, près de la gorge de la vallée de Binne. *Gran*, roc. *Iol*, élevé.

GRANSON.

SUR une élevation, au bord du lac de Neufchatel. *Gran*, bord. *Son*, lac.

GRENCHEN.

SUR la Wunne, dans un endroit où cette rivière fait une courbure. *Gran*, en composition *Gren*, bord. *Cen*, en composition *Chen*, courbe.

GRÜNINGEN.

AU bord d'une petite rivière. *Gran*, *Grun*, bord. *Ien*, *In*, rivière. *Gen*, diminutif.

GRUYERE.

SUR une élevation. *Cruh* ou *Gruh*, élevation. *Er*, sur.

GRUYNAU.

GRUONA dans les anciens titres, au bord de la Linth. *Gran*, *Gron*, *Gryn*, bord. *Av*, rivière.

GRYON.

A la source d'une petite rivière, qui s'appelle *Gryona*, du nom de ce Village. *Greh*, *Gr*, source. *Ion*, rivière.

GUMIFFENS.

SUR le penchant, & presque au pied d'une haute montagne. *Cwm* ou *Gwm*, pente, penchant. *Uf*, en composition *Yf*, haute. *Fan*, en composition *Fen*, montagne.

GUMINEN.

PRÈS du confluent de l'Aar & du Senfé. *Cwm* ou *Gwm*, union. *Neene*, rivière.

GUMOENS.

SUR une hauteur qui forme une vallée, dans laquelle passe un ruisseau. *Gw*, petite. *Maen*, ou *Moen*, élevation.

GUNDISAV.

SUR un ruisseau. *Gund*, touchant, près. *Sav*, ruisseau.

GUNDISCHWYL.

SUR la Vunne. *Gund*, touchant. *Ifc*, rivière. *Vil*, habitation.

GUNDLIKON.

A la source d'un ruisseau. *Cenn*, prononcez *Kenn*, *Keund*, *Gueund*, source. *Lwch*, en composition *Lych*, eau coulante. *On*, diminutif.

GUNTEN.

A l'embouchure d'une rivière dans le lac de Thun. *Gont* ou *Gunt*, confluent. *En*, terminaison oisive.

GURMELS.

SUR le Biberenbach, à l'endroit où il fait une courbure. *Cwrwm*, par une crafe facile, *Cwrm* ou *Gwrm*, courbure. *Al*, en composition *El*, près: on sous-entend rivière.

GURSISCHELL.

AU bord de la Sonne. *Cwr* ou *Gwr*, bord. *Swi*, en composition *Syi*, rivière. *Cell*, en composition *Chell*, habitation.

SUR LA LANGUE CELTIQUE.

GURTZELEN.

DE *Curt* ou *Gurt*, habitation. *Cell* ou *Zell*, *Zellen*, petite. *Voyez* Courcelle dans le Comté de Bourgogne.

GUTENTHAN.

ANCIENNEMENT Guotendann, au bord de l'Aar. *Gui*, habitation. *Ot*, *Oten*, bord. *Tan*, en composition *Dan*, rivière.

GYSLICKON.

AU confluent de la Reuss & d'un ruisseau. *Cys*, *Gys*, union. *Lwch*, en composition *Lych*, eau. *On*, terminaison oisive, ou diminutif.

HACKLINGEN, ou HACHLINGEN.

SUR un ruisseau. *Ach*, eau coulante. *Lin*, diminutif. *Gan*, en composition *Gen*, près.

HADLICKEN.

SUR un ruisseau. *Ad*, près. *Lwch*, en composition *Lych*, eau coulante. *En*, diminutif.

HAG.

D'*Ag*, nom appellatif d'habitation, devenu propre de celle-ci.

HALLWYLL.

PRÈS d'un petit lac. *Al*, près. *Luh*, lac. *Il*, diminutif.

HAMBEREN.

SUR la Bruntz. *Ham*, habitation. *Ber*, *Beren*, rivière.

HÉGI.

SUR l'Eulach. *Ag*, en composition *Eg*, habitation. *Gi*, rivière.

HEIDEGG.

SUR le bord d'un lac. *Ad*, en composition *Ed*, près, au bord. *Eg*, eau.

HEIMBERG.

AU pied d'une montagne. *Heim*, habitation. *Berg*, montagne.

HIRZEL.

Hir, longue, étenduë. *Cell* ou *Zell*, habitation. *Voyez* Bachi.

HORGEN.

SUR le lac de Zurich. *Hor*, lac. *Gan*, en composition *Gen*, près.

HORN.

AU bord du lac de Constance, entre deux petites rivières. *Hor*, eau, rivière, lac. *Nes*, près : Ou *Na*, en composition *Ne*, deux.

HURDEN.

SUR une pointe de terre qui avance dans le lac de Zurich. *Wr*, eau, lac. *Ten*, en composition *Den*, pointe.

HUTTINGEN.

A un confluent. *Hut*, habitation. *In*, terminaison oisive, ou diminutif. *Gan*, en composition *Gen*, confluent.

IABERG.

SUR une hauteur, au bord de l'Aar. *Iad*, rivière. *Berg*, hauteur.

IAUN.

SUR une petite rivière qui a le même nom. *Ion*, rivière.

ILANTZ.

SUR le Rhin. *I*, près. *Lliant* ou *Llant*, rivière.

ILLENS.

SUR la Sane. *I*, près. *Len*, rivière.

INGBOL.

SUR la Mutta qui y fait une courbure. *Ien*, *In*, rivière. *Bol*, courbure. Le G ajoûté par les Helvétiens pour rendre le mot plus sonore.

Dd

MÉMOIRES

INKWYL.
Sur l'Oentz. *Voyez* l'article précédent. *Vil*, habitation.

INS.
Au bord d'une petite rivière. *Ien*, *In*, rivière. *Ty*, en composition *Zy* ou *Sy*, habitation.

IONEN.
Sur une rivière. *Ion*, rivière. *En*, terminaison oisive.

IOUN.
A la source d'une rivière. *Ion*, rivière.

IVERDUN.
Ebredunum, sur le bord du lac de même nom, à l'embouchure de la rivière d'Orbe dans ce lac, au pied d'une colline. *Aber*, *Eber*, embouchure. *Dun*, colline. *Eberdun*, *Ebredun*, colline de l'embouchure.

IUNS.
Au bord du Biberenbach. *Ion*, rivière. *Dy*, en composition *Zy* ou *Sy*, habitation.

JURIEN.
Au bord d'une petite rivière. *Gur* ou *Jur*, petite. *Ien*, rivière.

KAISERSTUHL.
On croit communément que cette Ville est le *Forum Tiberii* de Ptolomée. J'ajoûte à toutes les raisons qu'on apporte pour ce sentiment, que Kaiserstuhl est près du confluent du Rhin & d'une petite rivière ; ce que le terme *Forch* désigne.

KAM ou CHAM.
Chammo, *Chamo* dans des Chartes du douzième siécle. De *Cham*, habitation. *O*, lac. Il est au bord du lac de Zug.

KERETZEN.
Au bord du lac de Walestatt. Ce lac est bordé là de hautes montagnes & de rochers. On y a taillé nouvellement un chemin dans le roc, au pied des montagnes près de Keretzen. *Qerrech*, rocs. *Ten*, montagnes.

KERNS.
Dans une courbure de la Melcha. *Cern*, prononcez *Kern*, circuit, enceinte. *S*, de *Swy*, rivière.

KOPPINGEN.
Sur un ruisseau. *Co*, ruisseau. *Pin*, bord. *Gan*, en composition *Gen*, habitation.

KRUMENAV.
Dans une courbure du Thur. *Crwmen*, courbure. *Av*, rivière.

KUNDELFINGEN.
Au confluent de deux ruisseaux. *Cond*, *Condel*, confluent. *Finchen* ou *Fingen*, près.

KUNHOLTZ.
A l'embouchure d'une rivière dans le lac de Brientz. *Con* ou *Cun*, confluent. *Wl*, prononcez *Ol*, habitation.

KUNITZ.
Sur une élévation, dont l'Aar arrose le pied. *Con*, *Cun*, élévation. *Is*, rivière.

KYBURG.
Cette Ville n'est pas tant considérable par sa situation forte & élevée sur une hauteur, au bord de la Toss, que par son Château. *Cuh*, en composition *Cyb*, prononcez *Kyh*, élévation. *Burg*, Château, Ville.

LACHEN.
Au bord du lac de Zurich. *Laguen*, lac.

LANDERON.
Au bord du lac de Bienne, à l'endroit où la Thiéle sort de ce lac. *Lan*, lac. *Dar*, en composition *Der*, sortie. *On*, rivière.

SUR LA LANGUE CELTIQUE.

LA SARRA.

VILLE située sur un rocher escarpé d'un côté, & fort élevé. Tous ses environs, du moins au dessus, ne sont que rochers & carrières de pierres dures & de marbre. C'est de là qu'on tire ces belles pierres jaunes & grises, qui sont si recherchées dans tout le Pays quand on veut faire de solides bâtimens. *La*, article. *Sar*, pierre, roc. *Sarra*, pierreuse, roqueuse. Qu'on me pardonne ce terme barbare, nécessaire pour bien faire sentir la force du mot Celtique.

LATOBRIGI.

PEUPLE voisin des Rauraques, apparemment ainsi nommé de la grandeur de ses cheveux. *Llath*, longueur de trois pieds. *Brig*, chevelure.

LAVEY.

AU confluent du Rhône & d'une petite rivière. *Lav*, confluent. *Ai*, en composition *Ei*, habitation.

LAUFFEN.

PETITE Ville dans une campagne agréable & fertile, près du confluent de la Byrs & de la Lutzel. *Lav*, plaine. *Ban*, en composition *Fen*, confluent.

LAUFFEN.

VILLAGE avec un Château sur la rive gauche du Rhin. C'est là que l'on voit la surprenante cataracte de ce fleuve, qui tombant de la hauteur de quarante coudées, se précipite parmi des rochers avec un si grand bruit, qu'on l'entend quelquefois de quatre lieuës loin dans une nuit calme. *Lam* ou *Lav*, saut. *Fen*, rivière.

LAUPEN.

ANCIENNEMENT Loupen, au bord de la Sane. *Lw*, prononcez *Lou*, rivière. *Pen*, bord.

LAUSANE.

LOUSONA dans une ancienne inscription rapportée par M. de Bochat dans ses sçavans Mémoires sur l'ancienne Helvétie, étoit autrefois près du lac, & entre deux rivières. *Lwh*, prononcez *Louh*, lac. *Dy*, en composition *Sy*, deux. *On*, rivière. Lausane conserva son nom lorsqu'elle changea la situation qui le lui avoit fait donner. *Voyez* Glandéve en Provence.

LENCK.

SUR la Simne. *Len*, rivière. *K*, habitation.

LENTENACH.

SUR la Glane. *Len*, rivière. *Tan*, en composition *Ten*, près, touchant. *Ac*, habitation.

LENTZBURG.

ANCIENNEMENT Lanziburg, sur la petite rivière de Stadtdaeth. *Lan*, rivière. *Cil* ou *Zil*, petite. *Burg*, Ville.

LEPONTII.

LES Lépontiens habitoient dans les petites & étroites vallées des Alpes, qui sont aux sources & aux environs des sources du Rhône. *Lap*, en composition *Lep*, petite. *Pant* ou *Pont*, vallée.

LÉSOT.

AU bord de la Sane. *Lés*, rivière. *Ot*, bord.

LÉTIVA.

SUR la Torneresse. *Llaith*, rivière. *Var*, sur, près, au bord.

LEUCK.

GROS Bourg, situé sur la rive du Rhône, dans un lieu élevé & fortifié par la nature; ayant le Rhône en front, une montagne à dos, & deux petites rivières qui coulent dans un lit profond aux deux côtés. *Lug* ou *Luc*, fort.

LIERESSE.

AU bord du lac de Bienne. *Liex*, eau, lac. *Res*, habitation.

LIESTALL.

AU bord de l'Ergetz. *Liex*, eau, rivière. *Stall*, habitation.

LINDAU.

VILLE placée dans une Isle du lac de Constance. *Llyn*, lac. *Taw*, en composition *Daw*, habitation.

LINIERE.

Au bord d'un ruisseau. *Llyn*, ruisseau. *Ar*, en composition *Er*, près, sur, au bord.

LIESLE.

A la source de la Venoge. *Lis*, eau, rivière. *Les*, près.

LOCARNO.

Sur le lac Majeur, à l'embouchure de la Magia. *Lwch*, prononcez *Loh*, eau. *Carn*, monceau, amas.

LOCLE.

Dans une vallée ferrée, près d'un ruisseau qui sort d'une montagne, où l'on voit un moulin à trois cens pieds de profondeur en terre. *Loh*, eau. *Cle*, cachée.

LOIN.

Anciennement Luin, sur un ruisseau. *Lwh*, eau. *In*, diminutif.

LONGIROUD.

Anciennement Longerod, au bord du Toleure. *Lon*, rivière. *Ger*, près. *Wd*, prononcez *Od*, habitation.

LONNAI.

A tiré son nom de sa belle situation. *Llon*, agréable, belle. *Ai*, habitation.

LOSTORFF.

Il y a un bain d'eau minerale, qui charrie du cuivre, de l'alun & du souffre. Il est bon pour guérir diverses maladies, comme obstructions, paralysies, débilité de nerfs, asthme, &c. *Loch* ou *Los*, qui adoucit, qui soulage. *Tor*, eau.

LOTZVYL.

Sur une rivière. *Lwch*, prononcez *Loch* ou *Los*, rivière. *Vil*, habitation.

LUCENS.

Au pied d'un côteau, près de la Broye. *Luc*, rivière. *Can*, en composition *Cen*, côteau.

LUCERNE.

Lucerna, au bord du lac qui porte son nom, à l'endroit où la Reuss en sort, & près de l'embouchure d'une petite rivière dans le lac. *Lwh*, eau. *Carn*, en composition *Cern*, amas.

LUCERY.

Sur une colline, au pied de laquelle passe la Venoge. *Luh*, rivière. *Ser*, élevation. *Sery*, diminutif.

LUCY.

Sur une petite rivière. *Luc*, rivière. *Lucy*, diminutif.

LUCHSINGEN.

Entre la Lint & une petite rivière. *Lwch*, eau, rivière, ruisseau. *Dy*, en composition *Sy*, deux. *Wng*, en composition *Yng*, près. *En*, terminaison oisive.

LUDELSCHYL.

Sur une petite rivière. *Luh*, rivière. *Del*, petite. *Vil*, habitation.

LUGANO.

Au bord du lac auquel il a donné son nom. *Luh*, lac. *Gan*, près.

LUNGER.

Au bord d'un lac auquel ce Village a donné son nom. *Lun*, lac. *Ger*, près.

LUNKOFFEN.

Anciennement Lunkof, au bord de la Reuss qui s'y coupe. *Lun*, rivière. *Cop* ou *Cof*, coupure.

LUNNEREN.

Dans un espace de terre que plusieurs rivières entourent si exactement, qu'elles en font une Isle, à l'exception d'un défilé oblique entre deux de ces rivières. *Lun*, rivière. *Ren*, bordé.

SUR LA LANGUE CELTIQUE.

LUTRY.

LUSTRIACUM en Latin, *Lutriez* en François dans les anciens titres, près d'une petite rivière, & au bord du lac de Genêve. *Luh*, lac. *Staer*, par transposition *Stre*, rivière. *I*, près.

LUTZELAU.

Au bord du lac de Lucerne, au pied d'une haute montagne, où l'on trouve un bain d'eau minerale qui charrie de l'alun, du souffre & du cuivre. Il a la réputation d'être bon contre diverses maladies, comme obstructions, fiévres, catharres, &c. *Luh*, eau. *Salo*, en composition *Selo*, qui guérit.

LYSS.

Sur un ruisseau. *Lis*, ruisseau.

LYSSACH.

Sur un ruisseau. *Lis*, ruisseau. *Ac*, habitation.

MAGEPAN.

Au sommet d'une montagne. *Mag*, habitation. *Pan*, sommet.

MANNLIN.

Près d'une rivière. *Mann*, habitation. *Llyn*, rivière.

LA MARK.

Ou la March, petit Pays ainsi appellé, parce qu'anciennement il servoit de borne entre les Helvétiens & les Rhétiens. *March*, borne, frontière.

MARNANT.

Au bord de la Broye. *Mar*, au bord. *Nant*, rivière.

MARTIGNY.

Voyez Octodurum.

MEGGEN.

Au bord du lac de Lucerne. *Mag*, en composition *Meg*, habitation. *En*, eau, lac.

MEILEN.

Au bord du lac de Zurich. *Meix*, habitation. *Len*, lac.

MEINAW.

Petite Isle dans le lac de Constance, appellée dans les anciens titres latins, *Augia minor*. *Aug*, Isle. *Min*, petite.

MEIRINGEN.

Près de l'Aar. *Mer*, rivière. *Wng*, en composition *Yng*, près. *En*, terminaison.

MELLINGEN.

Au bord de la Reuss. *Mala*, en composition *Mela*, habitation. *Wng*, en composition *Yng*, près. *En*, rivière.

MÉNIERES.

De *Maner* ou *Méner*, nom appellatif d'habitation, devenu propre de celle-ci.

MORAT.

Au bord du lac auquel il donne son nom. *Mor*, lac. *At*, près.

MORENS.

Au bord d'une rivière. *Mor*, bord. *En*, rivière.

MORGE.

Au bord du lac de Genêve, près de l'embouchure d'une petite rivière qui s'appelle la Morge, du nom de cette Ville. *Mor*, lac. *G*, de *Gen*, embouchure.

MORLEN.

Au bord d'une rivière. *Mor*, bord. *Len*, rivière.

MORLINGEN.

Au bord du lac de Thun, à l'embouchure d'une rivière dans ce lac. *Mor*, lac. *Llin*, rivière. *Gen*, embouchure.

MÉMOIRES

MOSNANG.
A une courbure de rivière. *Bocz*, *Mocz*, courbure. *Nant*, rivière.

MOUDON.
MINNIDUNUM, partie fur la pente, partie au pied d'une colline, à l'embouchure de la Merine dans la Broye. *Min*, embouchure. *Dun*, colline.

MOUTREU.
Un peu au-deffus de Chillon eft *Moutrux* ou *Monftreux*, qui n'eft pas tant un Village qu'une Paroiffe, compofée d'une vingtaine de Villages, & de Hameaux difperfés par ces collines, qui font un beau vignoble. *Mon*, collines. *Tru*, fertiles.

NANTUATES.
César appelle ce Peuple indifféremment *Nantuates* & *Antuates*, ce qui marque que l'une & l'autre prononciation étoit en ufage parmi les Gaulois. En effet, l'N initiale fe met ou s'ôte indifféremment dans le Celtique. Ce Peuple habitoit le Vallais. *Nant*, vallée.

NESLAU.
Près d'une rivière. *Nés*, près. *Lwh*, prononcez *Loh*, rivière.

NEUCHATEL.
Cette Ville eft celle qui eft appellée *Aventicum Noidelonex* dans la Notice de l'Empire. Elle eft bâtie en partie fur un rocher élevé, dont la pente eft fort rude, en partie au pied. Elle eft au bord du lac à qui elle communique fon nom. *Nwi*, prononcez *Noi*, lac. *Den*, élevation. *Lech*, roc. *Aven*, lac. *Tyic*, habitation. *Voyez* Avenche dans cette Province, & *Aventicum* dans le Comté de Bourgogne.

NIDAV.
Cette Ville, felon l'Auteur des délices de la Suiffe, eft au bord du lac de Bienne, à l'endroit où ce lac fe dégorge, & rend la Thiéle telle qu'il l'a recue. Elle eft dans un terrein fort bas; &, à la moindre inondation qui arrive, toute la campagne eft couverte d'eau. La Carte de l'ancienne Helvétie, donnée par M. de Bochat, repréfente Nidau dans une Ifle du lac de Bienne. *Nid*, habitation. *Av*, eau, lac, rivière.

NYON.
NOIODUNUM, dans la Notice de l'Empire, eft une Ville fituée la plus grande partie fur une colline qui s'éleve au bord du lac, & en partie dans la plaine qui s'étend le long du lac au pied de la colline. Le quartier d'en bas, qui n'eft qu'un Fauxbourg, eft tout ouvert. Le quartier d'en haut, qui eft proprement la Ville, eft fermé de murailles. *Nwi*, prononcez *Noi*, lac. *Dun*, colline.

OCTODURUM, OCTODORUM.
Ville ancienne, qui étoit dans une petite plaine entre de hautes montagnes, à l'embouchure de la Dranfe qui s'y partage en deux pour fe jetter dans le Rhône. *Og*, rivière. *Tau*, deux, divifée. *Dor*, embouchure. Martigny occupe une partie du terrein où étoit placée cette ancienne Ville.

OLINO.
Ancienne Fortereffe, dont il eft parlé dans la Notice qui étoit au bord du *Rhin*. *Ol*, bord. *Llyn*, rivière.

OLON.
Au bord de la Gryonna. *Ol*, bord. *On*, rivière.

OLTEN.
Sur une colline, au confluent de l'Aar & de la Dinnere. *Ol*, élevation. *Ty*, deux. *En*, rivière.

OPPENS.
Au bord de la Mentue. *Apen* ou *Open*, rivière: Ou *O*, rivière. *Pen*, bord.

ORBE.
ORBA, *Urba*, fur une colline, au pied de laquelle coule une rivière qui prend fon nom de cette Ville. Cette rivière fait une courbure en cet endroit, & environne Orbe en forme de fer à cheval. *Or*, *Ur*, élevation. *Bw*, courbure. *A*, rivière.

ORNY.
Au bord de l'Orbe. *Or*, rivière. *Ny*, près.

ORSENS.
Sur la Mentue. *Or*, fur, au bord. *San*, en compofition *Sen*, rivière.

SUR LA LANGUE CELTIQUE.

OTTENHUSE.
Au bord d'un lac. *Ot*, bord. *Tan*, en composition *Ten*, lac. *Hws*, habitation.

OTTIKON.
Au bord d'une rivière. *Ot*, bord. *Tj*, rivière. *Con*, habitation.

OTTISCHWYL.
Au bord de l'Aar. *Ot*, bord. *Twisc*, en composition *Tyisc*, rivière. *Vil*, habitation.

PANEX.
Il y a des sources d'eau salée. *Pan*, sel. *Ex*, eau.

PAYERNE.
PATERNIACUS, au bord de la Broye, dans un terrein très-fertile. *Pat*, fertile. *Ter* ou *Teren*, terrein. *Ac*, habitation. *Paternac*, *Paternac*, habitation dans un terrein fertile.

PFIN.
FINES dans l'Itinéraire d'Antonin, est au bord du Thur. *Fin*, bord. *Es*, rivière.

PREGELL.
Nom d'une grande vallée. *Brag* ou *Prag*, en composition *Preg*, vallée. *Al*, en composition *El*, longue, grande.

PROMAZENS.
BROMACUS dans l'Itinéraire d'Antonin, au bord de la Broye. Son nom signifie habitation de la Broye. *Mag*, habitation.

PROMENTOU.
Au bord du lac de Genève, entre deux embouchures de rivière. *Bro* ou *Pro*, habitation. *Men*, embouchure. *Tou*, deux.

RAGATZ.
Au bord de la Tamine. *Rag*, rivière. *At*, près.

RAURACI.
Nous apprenons de César que ce Peuple étoit peu nombreux. *Rhawd*, Troupe, Peuple. *Rhag* ou *Rhac*, petite.

RÉMUS.
Gros Village avec un Château près du bord de l'Inn. Au dessus du Village on voit une fontaine dans une voûte formée naturellement, qui ne coule qu'à certaines heures du jour par intervalles. *Ré*, coulant. *Mus*, à demi, à moitié, par intervalles.

RENENS.
Au bord de la Suse. *Ren*, bord. *Ant*, en composition *Ens*, rivière.

RESCHI.
Au bord d'une petite rivière. *Res*, habitation. *Ci*, en composition *Chi*, rivière.

RHINTHAL.
Longue vallée traversée par le Rhin. *Tal*, vallée.

RHOSCHAC.
ROSACUM, au bord du lac de Constance, près d'une hauteur. *Ros*, hauteur. *Ach*, lac.

RHYNAW ou RHEINAW.
AUGIA RHENI, petite Ville située au bord du Rhin, dans un endroit où ce fleuve fait tant de circuits, & va tellement en serpentant, qu'il semble vouloir remonter vers sa source. La situation de cette place est avantageuse pour la fortifier, parce qu'elle est dans une Presqu'isle étroite, exactement enfermée par le Rhin de trois côtés : les deux cours du Rhin ne laissant pour entrée de la Presqu'isle qu'un isthme ou passage assez étroit, qu'on peut facilement garder. Aussi étoit-elle du temps des Romains une des plus fortes places qu'ils eussent pour arrêter les courses des Allemands. On voit encore de vieilles murailles qui sont les marques & les restes de son ancienne grandeur. Dans cet endroit le Rhin se partageant en deux bras, fait une petite Isle, qui est occupée par une riche & ancienne Abbaye de Bénédictins. *Aug*, Isle. *Augia Rheni*. *Rhynaw*, Isle du Rhin.

RHYNECK.
Au bord du Rhin. *Necz*, près.

ROGGWYL.

Au bord d'un ruisseau. *Rog*, ruisseau. *Vil*, habitation.

ROLL.

Au bord du lac de Genève, dans l'endroit où ce lac s'avance dans les terres, & fait une enfonçure considérable, tellement que c'est le lieu de sa plus grande largeur. *Rhull*, *Rholl*, large.

ROMONT.

Crase de Rondmont, fut ainsi appellé, parce qu'il est placé sur une montagne ronde. *Roundt*, ronde. *Mont*, montagne.

ROTHEBOURG.

Près d'une rivière nommée la petite Emme. *Rot*, rivière. *Burg*, Ville, Château.

RUE.

Près de la Broye. *Ru*, rivière.

RUTI.

Près de l'Aar. *Ru*, rivière. *Ty*, habitation. Il y a un autre endroit de ce nom au bord de la Reuss.

RYCHENAW.

Isle du lac de Constance fort fertile, dans laquelle il y a une Abbaye considérable. *Rych* ou *Rychen*, abondante, fertile. *Aug*, Isle. Cette Isle est appellée en latin dans les anciens titres *Augia dives*. *Dives* est la traduction du mot Celtique *Rychen*.

SAINT MAURICE.

Vers l'extrémité du bas Vallais, les montagnes se rapprochent considérablement du Rhône, & ne laissent qu'un petit espace étroit & serré entre elles & ce fleuve. C'est là qu'est situé Saint Maurice, anciennement *Agaunum*, & *Tarnades*, ou *Tarnates*, qui est un gros Bourg, bâti presque tout sur le roc, & au pied d'une longue chaîne de rochers extrèmement hauts & escarpés, coupés presque perpendiculairement, comme si on les avoit taillés exprès. *Agaun*, rochers. *Tu*, rang, suite. *Ar*, rochers. *Nad*, coupés.

SACHLEN.

Au bord du lac de Sarnen. *Sach*, dormante. *Len*, eau.

SALAND.

Entre une rivière & un ruisseau à leur confluent. *Sal*, habitation. *Ant*, en composition *And*, rivière, ruisseau.

SALES.

Près du Neiru. *Sal*, habitation. *Es*, rivière.

SALLION.

Sur une éminence, dans une agréable situation. Il y a près de ce Bourg une fontaine d'eau tiéde, qui est bonne pour la gale & les ulcéres. *Sall*, chaude. *Ion*, eau.

SANEN.

Sur la Sane. *An*, en composition *En*, habitation.

SARGANS.

Sur la croupe d'un petit mont, près de la Sare. *Can*, en composition *Gan*, colline, petit mont. *Sargan*, petit mont de la Sare, près de la Sare.

SARNEN.

Au bord de l'Aa. *Sar*, près. *Nant*, en composition *Nent*, rivière : Ou *Sarn* de *Cern*, circuit, enceinte. Sarnen est dans une courbure de l'Aa.

SARRAU.

Entre deux rivières. *Sarr*, fermé. *Av*, rivière.

SARREI.

A la pointe d'un confluent, entre les deux rivières qui le forment. *Sarr*, fermé. *Ei*, rivières.

SARZENS.

Au bord d'un ruisseau. *Sar*, près. *Dan*, en composition *Zen*, ruisseau.

SUR LA LANGUE CELTIQUE.

S A S S.

Il coule dans ce Village un petit ruisseau d'eau tiéde. *Sass*, chaude , on sous-entend eau : Ou *Swy*, en composition *Syi*, eau. *Ias*, chaude. *Syas*, *Sas*.

S C H A L E Y.

Enfermé entre le Rhône & une petite rivière qui s'y jette. *Cal*, en composition *Chal*, enfermé. *Ei*, rivière.

S C H A M S.

Dans une vallée. *Chan*, vallée.

S C H A N F I C K.

En latin *Scanavica*, vallée aux deux côtés de la petite rivière de Plessur. *Can* ou *Chan*, vallée. *Av*, rivière. *Avig*, diminutif.

S C H E N N I S.

Au bord du Limmat, à l'endroit où il fait une courbure. *Can*, en composition *Chan* ou *Chen*, courbure. *Is*, rivière.

S C H I E R S.

En latin *Aceria*, est arrosé par un torrent. *A*, eau. *Caru*, en composition *Ceri*, rapide.

S E L I G N Y.

Au bord du lac de Genêve. *Sel*, habitation. *Llyn*, lac.

S E N G E N.

Près du lac d'Hallwyll, à l'endroit où l'Aa en sort. *Sen*, lac. *Gen*, bouche, dégorgement.

S I O N.

Sedunum a pris son nom des Seduni, dont elle étoit la Ville. Ce Peuple occupoit le Pays qui s'étend depuis les confins des Allobroges, le lac Leman, le Rhône jusqu'aux plus hautes Alpes. *Dun*, *Sdun*, montagne. *Sduni*, montagnards. *César, liv. 3.*

S O L E U R E.

Solodurum, *Salodorum*, Ville fort ancienne, située sur une colline qui s'abaisse doucement jusqu'à la rivière d'Aar, laquelle y reçoit une petite rivière. *Sal*, élévation. *Dor* ou *Dur*, embouchure. Ou *Dur*, rivière. On peut encore tirer l'étymologie de cette Ville de *Solldwr*, homme soudoyé, homme qui reçoit une solde pour aller à la guerre. (*Voyez* ce qu'on a dit à l'article des Helvétiens.) Peut-être qu'une troupe d'Helvétiens, après avoir été pendant quelque temps à la guerre pour quelque État, dont elle recevoit une solde, de retour dans sa Patrie, bâtit cette Ville, qui fut appellée *Solodurum*, du nom des *Solldwr* ses Fondateurs.

S T A N Z.

Au bord d'une petite rivière. *Tan*, *Stan*, rivière. *Ty*, en composition *Zy*, habitation.

S T E I N.

Sur le Rhin, est une Ville considérable, dans une situation fort avantageuse, soit pour la guerre, soit pour le commerce, à l'endroit où le Rhin sort du lac de Constance. On présume que Stein est l'ancien *Gannodurum*. Dans le Village d'Auffbourg, qui est comme le Fauxbourg de la Ville , on voit encore de vieilles murailles ou masures, restes de l'ancienne Forteresse que les Romains avoient bâtie pour empêcher les courses des Allemands dans l'Helvétie. On trouve dans l'Église quelques inscriptions romaines. On déterre souvent des médailles romaines dans le territoire de cette Ville. L'étymologie de *Gannodurum* & de *Stein* confirme le sentiment de ceux qui jugent que c'est une même Ville. *Gen* ou *Gan*, bouche, dégorgement. *Dur*, rivière. *Stan*, gorge, dégorgement.

S Y L L I N E N.

Dans une vallée. *Cill*, habitation. *Nant*, en composition *Nen*, vallée.

T E N N A.

Lieu sauvage & étroit, situé dans une fort haute montagne. *Tynn*, *Tenn*, étroit.

T H A L E N.

Au pied d'une hauteur. *Tal*, *Talen*, endroit bas, pied de hauteur.

T H O R B E R G.

Sur une hauteur, au pied de laquelle passe une petite rivière. *Tor*, rivière. *Berg*, hauteur.

THUN.

Au bord d'un lac. La rivière de l'Aar fortant de ce lac, fe partage en deux bras qui fe rejoignent bientôt, & forme ainfi une Ifle, qui eft occupée par une partie de la Ville, l'autre partie de la Ville eft au-delà, au pied d'une colline où eft le Château. *Twnn*, partage.

THUSIS.

En latin *Thufcia*, au bord du Rhin. *Twifc*, *Twfc*, rivière. *I*, près.

TIGURINI.

Peuple ainfi nommé de fa force diftinguée. *Dy*, ou *Ty*, particule augmentative. *Gwrym*, fort, robufte.

TIRANO.

Étoit autrefois fur la rive droite de l'Adda, & portoit le nom de *Villaccia*; mais ayant été détruite, on la rebâtit peu à peu dans l'endroit où elle eft. *Vil*, habitation. *Ach*, rivière.

TRAHONA.

Près de l'Adda. *Tre*, habitation. *Aon*, rivière.

TRASP.

Taraspum, Château & Village fur l'Inn. Il y a une fontaine d'eau falée. *Taras*, falée. *Pon*, fontaine.

TREFFELS.

Tref, nom appellatif d'habitation, devenu propre de celle-ci. *El*, diminutif.

TREICOVAGNES.

Village qui a pris fon nom de fes chars ou chariots. *Treu*, en compofition *Trei*, habitation. *Cowayn*, char, chariot.

TRELEY.

Près d'une rivière. *Tre*, habitation. *Lez*, rivière.

TREVELIN.

Trev, nom appellatif d'habitation, devenu propre de celle-ci. *Lin*, diminutif.

TREY.

Entre la Broye & un ruiffeau, prefque à leur confluent. *Tre*, entre. *Ei*, eau, rivière, ruiffeau.

TRIBEI.

Trib, nom appellatif d'habitation, devenu propre de celle-ci.

TRIMMIS.

Trimontium, tire fon nom de trois montagnes dont il eft environné. *Tryg*, trois. *Mont*, montagne.

TROGEN.

Entre deux rivières, à l'angle de leur confluent. *Tro*, habitation. *Gan*, en compofition *Gen*, confluent.

TRON.

Au bord du Rhin. *Tro*, habitation. *On*, rivière.

TUCKEN ou TUGGEN.

Bourg fitué au bord de la Lint, dans un endroit où elle fait une courbure. *Thw*, rivière. *Can*, en compofition *Cen*, prononcez *Ken* ou *Gen*, courbure.

TUGENI.

Peuple qui a pris fon nom de fa haute taille. *Tud*, hommes. *Gen*, hauts, grands.

TURLEN.

Près d'une rivière, à un endroit où elle fait une courbure. *Tur*, circuit, tour, courbure. *Len*, rivière.

TWAN.

Au bord du lac de Bienne. *Tu*, bord. *Van*, lac.

VALENDAS.

Il y a près de ce Village une fontaine d'eau bitumineufe, qui graiffe les membres de ceux qui s'y lavent. *Val*, *Valen*, fource, fontaine. *Da*, graffe.

SUR LA LANGUE CELTIQUE.

VALENGIN.

Petit Bourg d'une vingtaine de maisons, placé dans un vallon étroit & raboteux entre de hautes montagnes & des rochers. On y va de Neufchatel par un chemin extrêmement rude, où en divers endroits on marche au bord d'un précipice, au pied duquel coule le Seyon, torrent qui passe à Neufchatel. Les anciens Comtes de Valengin avoient là un Château fort, bâti sur un rocher qui subsiste encore en partie. *Val*, vallon. *Eng*, étroit. *In*, dans.

LE PAYS DE VALLAIS.

Il n'y a peut-être point dans la Suisse de Contrée si bien entourée de montagnes que le Vallais, ni qui soit si bien fortifiée par la nature contre les approches de l'ennemi. Mais quoique ce Pays soit une vallée, environnée de toutes parts de hautes montagnes, couvertes de neiges même dans le plus fort de l'été, c'est cependant, sans contredit, le quartier le plus chaud & le plus fertile de la Suisse. Comme il s'étend en long de l'orient à l'occident, il a tout le jour la lumière & la chaleur du soleil. Aussi rapporte-t'il toutes sortes de bons vins, & particulièrement un vin muscat qui est exquis. Le vignoble s'étend depuis le Département de Brieg jusqu'à saint Maurice. La plûpart des vignes sont sur des rochers, où elles n'ont qu'un peu de terre, qui, dans plusieurs endroits, y a été portée; & c'est ce qui fait la bonté du vin qui est d'un grand débit. On en voiture sur des bêtes de charge dans le Canton d'Uri, & dans les vallées du Canton de Berne, qui sont le long des Frontières. Le bas-Vallais a plus de vignes que le haut, & le haut en récompense a plus de fruits d'été que le bas. Tout le Pays en général rapporte suffisamment du froment, du seigle & de l'orge pour la nourriture des Habitans. Le terroir est si fertile, que même dans les endroits du Pays le plus élevé, comme dans le quartier de Goms, les champs rapportent ordinairement toutes les années; de sorte qu'après la moisson on peut labourer & semer de nouveau. Dans plusieurs endroits on arrose les terres, & on fait aller l'eau dans les champs & dans les vignes. On la sçait adroitement conduire sur les montagnes & sur les rochers par le moyen des canaux que l'on conduit quelquefois jusqu'à la distance de deux milles. Les premiers champs sont mûrs au mois de mai dans les endroits les plus fertiles. Ainsi dans le Vallais la moisson dure depuis le printemps jusqu'en automne, commençant dans les lieux bas au mois de mai, & finissant au mois d'octobre dans les montagnes. En plusieurs endroits les eaux sont mauvaises, & causent la goître; de sorte qu'on y voit des Villages entiers où les hommes & les femmes ont sous le menton une espèce de monstrueux sac de chair qui les défigure beaucoup, & leur change même le ton de la voix. Cependant cela n'est pas universel, il y a des Villages où l'on ne voit absolument aucune goître, & d'autres où l'on n'en voit que peu. Au reste le Pays est planté par tout d'arbres fruitiers, & rapporte toutes sortes de fruits communs aux Pays du Nord, comme pommes, poires, noix, prunes, cerises, chataignes & autres. Il y a quelques endroits aux environs de Sion où l'on recueille des amandes, des figues, des grenades & autres fruits étrangers. On trouve aussi dans ces lieux là beaucoup de safran. Comme l'air est bon & pur dans le Vallais, & que les Habitans vivent frugalement, s'accommodant à la fatigue, & s'endurcissant au travail, il est assez ordinaire d'y voir des gens qui parviennent à un âge fort avancé. Il y a pourtant des Écrivains qui taxent les Vallaisans de paresse, parce qu'il y a tous les ans des étrangers dans leur Pays pour y semer les grains, & pour y cultiver les vignes. *Val*, vallée.

LA VALTELINE.

Vallée fort longue, mais elle n'est pas large par tout à proportion. L'Adda la traverse toute entière, & la partage ainsi en deux parties. *Val*, vallée. *Tal*, en composition *Tel*, coupée, partagée. *Ien*, par crase *In*, rivière.

LE PAYS DE VAUD.

Est un très-bon & très-agréable Pays, qui produit abondamment toutes les choses nécessaires à la vie. C'est la plus belle & la plus fertile Contrée de toute la Suisse. *Vaud*, abondant.

VERAGRI.

Ancien Peuple, ainsi nommé apparemment des fortes & pesantes lances dont il s'armoit. *Ver*, lance. *Agro*, pesante.

VEVAY.

Vibiscus dans l'Itineraire d'Antonin, est une Ville passablement grande & fort jolie, située en long au bord du lac de Genêve, à demi-lieuë du pied des Alpes. Tout le Pays autour de Vevay est fort fertile. Ce sont par tout des collines qui s'élevent les unes par dessus les autres en forme d'amphithéatre, parsemées de Villages, de Vignobles & de champs. Le Fauxbourg de Vevay est bordé par une rivière, ou plutôt un torrent impétueux, qui descendant des montagnes, coule dans le Fauxbourg sous un beau & grand pont de pierre. Ce torrent s'appelle la Vevayse, du nom de la Ville qu'elle arrose. Elle fait de grands ravages aux environs de Vevay, changeant de temps en temps son lit, & rongeant les terres de son voisinage. *Wib*, vagabonde, qui change de lit. *Ise*, rivière.

VIC.

Nom appellatif d'habitation, devenu propre de celle-ci.

VIESCH.

Au bord d'une rivière. *Vi*, habitation. *Ach*, en composition *Ech*, rivière.

VILLARDIN.

Près d'une rivière. *Vil*, habitation. *Ar*, près. *Dan*, en composition *Den* ou *Din*, rivière.

VILLENEUVE.

Anciennement *Pennolucus*, à la tête du lac de Genêve, & près de l'endroit où le Rhône s'y jette. *Penn*, tête. *Lwch*, lac : Ou *Pann*, en composition *Penn*, embouchure. *Voyez* la Loire.

URNEN.

Il y a deux Villages de ce nom voisins l'un de l'autre, entre lesquels on trouve un excellent bain d'eau minerale, qui charrie divers métaux & mineraux, & qui est utile pour la guérison de diverses maladies. Il est ordinairement froid, mais son eau s'échauffe quelquefois si fort, qu'on ne la peut boire. *Wres*, chaude. *Nant*, en composition *Nen*, eau.

UTICKON.

Au bord d'une rivière. C'est la même étymologie qu'Ottikon, l'U & l'O se mettant indifferemment l'un pour l'autre.

UTINGEN.

A la pointe d'un confluent, entre les deux rivières qui le forme. *Hwt*, habitation. *Tynn*, terrein qui finit en pointe. *Gan*, en composition *Gen*, confluent.

UTZNACH.

Ou Utznang, près d'une petite rivière. *Hwt* ou *Hws*, habitation. *Nant*, rivière.

UTWYL.

Au bord d'un lac, entre deux rivières qui s'y dégorgent. *W*, rivière. *Tw*, deux. *Vil*, habitation.

VULLIES.

Est une Presqu'isle entre les lacs de Neufchatel & de Morat, ayant en front la Broye qui sort du lac de Morat, & forme un large canal navigable, qui se rend dans le lac de Neufchatel, après un cours d'une grande lieuë. Cette Presqu'isle s'éleve beaucoup au dessus de ces lacs, & elle est couverte de vignes, de champs & de prés. *Vul*, élévation. *Liex*, eaux.

WADENS.

Sur une petite rivière. *Var*, sur, au bord. *Dan*, en composition *Den*, rivière.

WALEREN.

Entre deux rivières. *Bala* ou *Vala*, habitation. *Ren*, rivière.

WALLEBOURG.

Petite Ville, au bord du Mont Jura, défendue par un fort Château situé sur un rocher très-élevé. *Val*, roc. *Burg*, Ville, Château.

WALTENSBOURG.

En latin *Vurtium*, sur la rive gauche du Rhin. Au dessus de ce Village dans les Alpes, il y a un bain d'eau si froide, qu'il n'y a personne qui puisse y demeurer une minute : plusieurs même n'y peuvent pas entrer. On dit qu'il est bon contre la chassie & la surdité. *Wrt*, qui engourdit. *I*, eau.

SUR LA LANGUE CELTIQUE.

WANGEN.

VILLAGE fameux, à cause d'une fontaine qu'on y voit, qui peut passer pour un véritable miracle de la nature. On l'appelle *Hungerbrunn* en Allemand, c'est-à-dire fontaine de la Famine, parce que quand elle coule, c'est un présage de disette. Par des observations exactes qu'on a faites dès l'an 1686 jusqu'à notre temps, (l'Auteur écrivoit en 1714,) il paroît que dans les années abondantes elle a toujours été à sec, quelques fortes & longues pluyes qu'il ait faites ; & qu'au contraire, à mesure qu'elle a coulé, la disette est venue ; & que plus elle a coulé, plus la disette a été grande.

Délices de la Suisse, p. 97, 98.

Sans assurer, ni combattre ce récit, je prie le Lecteur de se souvenir que les noms des choses ont été donnés selon l'opinion publique vraie ou fausse. *Van*, fontaine. *Cennad*, en composition *Gennad*, qui annonce. *Vangen*, fontaine qui annonce ce qui doit arriver. Voyez Vitouard en Normandie.

WESEN.

Au bord du lac de Wahlestat, à l'endroit où ce lac fait une sinuosité. *Ves*, courbure, sinuosité. *En*, lac.

WETTINGEN.

DANS une Presqu'isle formée par une courbure de la Limmat. *Bet*, *Vet*, habitation. *Ien*, *In*, rivière. *Can*, en composition *Gan* ou *Gen*, courbée, courbure.

WICKEN.

CHATEAU situé sur une hauteur, près d'une rivière. *Wi*, rivière. *Can*, en composition *Cen*, prononcez *Ken*, hauteur.

WIGGEN.

PRÈS d'une rivière. *Wi*, rivière. *Gan*, en composition *Gen*, près.

WILLEN.

Au bord d'une rivière. *Vil*, habitation. *En*, rivière.

WILLISAW.

DANS un vallon entre de hautes montagnes. Cette Ville est arrosée de la petite rivière nommée Wiger. *Vil*, habitation. *Lis*, rivière. *Hope* ou *Hove*, petit vallon entre des montagnes.

WINDISCH.

VILLAGE composé des restes de l'ancienne Ville de Vindonissa, dont Tacite & l'Itineraire d'Antonin font mention. Cette Ville étoit forte par sa situation qui est très-avantageuse, sur une hauteur, au pied de laquelle deux rivières rapides, larges & profondes, melent leurs eaux, je veux dire l'Aar & la Reuss. *Vin*, hauteur, élévation. *Dun* ou *Don*, union, jonction. *Iss*, rivière.

WINTERTHOUR.

LE vieux Winterthour appellé *Vitodurum* dans l'Itineraire d'Antonin, est à quelque distance du nouveau Winterthour, qui faisoit peut-être partie de l'ancien *Vitodurum*, ou qui a été bâti de ses ruines. Cette Ville est sur l'Eulach qui y fait une courbure. *Vi*, habitation. *Tole*, courbure. *Dur*, rivière.

WORBEN.

Au bord de l'Aar, près de l'embouchure d'une petite rivière. *Vor*, près. *Ben*, embouchure.

WORRU.

Au bord d'une rivière. *Vor*, bord. *Ru*, rivière.

WYDEN.

Au bord d'une rivière. *Vy*, habitation. *Dan*, en composition *Den*, rivière.

WYL ou WEIL.

DE *Vil*, nom appellatif d'habitation, devenu propre de celle-ci.

WYSSENAU.

Au bord du lac de Thun, à l'embouchure d'une rivière. *Vy*, habitation. *Senau*, bouche, embouchure.

VYTTICKON.

Au bord d'une petite rivière, qui y fait une courbure. *Vy*, habitation. *Thyi*, en composition *Thyi*, rivière. *Can* ou *Con*, courbure.

YENS.

PRÈS d'une rivière. *Ien*, rivière. *Ty*, en composition *Zy*, habitation.

YVERDUN.

EBREDUNUM dans les Tables de Peutinger, est situé sur le bord du lac à qui elle donne son nom, & qui porte aussi celui de Neufchatel, à l'embouchure de la rivière d'Orbe dans ce lac, au pied d'une colline. *Aber*, *Eber*, embouchure. *Dun*, colline. *Eberdun*, par une transposition facile & commune *Ebredun*, colline de l'embouchure. D'*Eberdun* on a fait Yverdun.

YVONANT.

AU bord du lac de Neufchatel. *Yvon* d'*Avon*, lac, comme on a fait *Yver* d'*Aber*. (*Voyez* l'article précédent.) *Ant*, habitation.

ZIPIS.

A une courbure du Rhône. *Sw*, en composition *Sy*, rivière. *Pys*, courbure.

ZOFFINGUEN.

ANCIENNEMENT *Tobinium*, près d'un étang. *Tw*, prononcez *To*, habitation. *Ben* ou *Bin*, étang.

ZUG.

TUGIUM a pris le nom des Tugeni dont elle étoit la Capitale.

ZURICH.

AUCUN monument ancien ne nous a conservé le nom de cette Ville. Dans les Chartes & les Auteurs, depuis le huitième siécle jusqu'au seizième, elle est appellée *Thuricum*, *Thauregum*, *Thuregum*, *Duregum*, *Zurich*. Glareanus fut le premier qui, dans le seizième siécle, donna à Zurich le nom de *Tigurum*. Il fut universellement suivi en cela, & avec raison, puisque les anciens Tigurini ayant habité ce Pays, cette Ville la plus considérable de toute cette Contrée, peut avec justice en prendre le nom. Elle est dans une agréable situation, sur le doux penchant de deux collines, à l'extrémité d'un grand lac qui dégorge la rivière de Limmat, laquelle partage cette Ville en deux parties inégales. *Dor* ou *Dur*, ou *Tor* ou *Tur*, porte, sortie. *Eg*, *Isc*, rivière. *Dureg*, *Thureg*, *Toreg*, *Turic*, sortie de la rivière. De ce dernier nom on a fait Zurich par le changement si facile du D ou T en Z.

ZURZACH.

<small>Délices de la Suisse, p. 454.</small> AU bord du Rhin. Entre Zurzach & Coblentz qui est au dessous, & n'en est éloigné que d'une lieuë, il y a un endroit dans le Rhin où le cours de ce fleuve est coupé par une chaîne de rochers élevés, qui le traversent dans toute sa largeur d'un bout à l'autre, & ne laissent qu'un passage étroit au milieu, où deux petits bâteaux ou nacelles de pêcheurs peuvent passer de front. Quand le fleuve est petit, l'eau étant basse coule toute par cette ouverture ; & si l'on met une planche au dessus, qui repose sur les rochers opposés, on peut traverser le fleuve à pied sec. Dans ce temps là on voiture toutes les marchandises sur le Rhin par le moyen de petits bâteaux. Mais quand le Rhin est grand, ce qui arrive particulièrement en été, que ce fleuve est grossi par les neiges fondues, l'eau passe par dessus cette chaîne de rochers dans toute la largeur du fleuve, & alors il n'est plus possible d'y naviger. On est obligé de décharger les marchandises au dessus de cette catarâcte, pour les recharger au dessous.

On voit par cette description que cette digue de rochers arrête l'eau du Rhin, & la rend comme dormante en remontant du côté de Zurzach ; c'est ce que signifie ce nom. *Sur* ou *Zur*, eau. *Sach*, ou *Zach*, dormante.

***

LA SAVOYE.

PAYS des anciens Allobroges. Le Scholiaste de Juvenal nous apprend que ce nom désigne en Gaulois, *des hommes venus d'un autre Pays, des étrangers*, parce qu'en cette Langue *Alla* signifie *autre* : *Brog*, Pays, Canton. Ces deux termes se sont conservés jusqu'à présent dans le Celtique. *All*, autre. *Bro*, Pays. *Allbro* ou *Allbrog*, (le *g* s'ajoute souvent à la fin,) étranger, celui qui est d'un autre Pays. *Alltud* en Gallois signifie étranger. Ce mot est formé d'*All*, autre. *Tud*, Pays, Contrée, comme *Bro*, *Alltud*, *Allbro*, sont synonimes.

Les Allobroges étoient donc une Colonie, ou un essain de quelque Nation qui étoit venu dans les Gaules, & qui s'étoit emparé de la Savoye & des Contrées voisines.

La Savoye est appellée *Sapaudia* dès le quatrième siécle. *Sav*, élevation, montagne. *Paud*, grande quantité. *Sapaudy*, Pays où il y a beaucoup de montagnes. Il est peu de Contrées aussi montueuses que la Savoye.

ALBANE.

Arben ou *Alben*, nom appellatif de rivière, devenu propre de celle-ci.

SUR LA LANGUE CELTIQUE.

DORA.
Dor, nom appellatif de rivière, devenu propre de deux en Savoye.

LEISSE.
Nom appellatif de rivière, devenu propre de celle-ci.

LE LAC BENIS.
Est au sommet d'une montagne. *Ben*, sommet. *Is*, lac.

CHAMBÉRY.
CAMBERIACUM dans les anciens titres, environné de montagnes, & traversé par une petite rivière. *Can*, *Ceint*, environné. *Ber*, montagne. *I*, près. *Ach*, rivière.

AISE.
Ais, nom appellatif d'habitation, devenu propre de celle-ci.

ALBEIN.
Au pied d'une montagne. *Al*, près. *Ben*, montagne.

ALBIE.
A une courbure de rivière. *Al*, près. *Bwa*, en composition. *Bye*, courbure.

ALEMAN.
Près de montagne. *Al*, près. *Man*, montagne.

ANNECY.
ANNESSIUM, au bord du lac qui en prend le nom, dans l'endroit où il en sort une rivière, qui se partageant en trois bras, forme deux Isles, dans une desquelles une partie de cette Ville est bâtie. *Anés*, Isle. *Dy*, en composition *Zy* ou *Sy*, deux.

ANTHY.
Ty, nom appellatif d'habitation, devenu propre de celle-ci. *An*, article.

ARBÉRES.
Près d'une rivière. *Ar*, près. *Berus*, rivière.

ARBIN.
Au bord de l'Isére. *Arben*, *Arbin*, rivière.

ARECHE.
Près d'une rivière. *Ar*, près. *Ach*, en composition *Ech*, rivière.

ARGENTINE.
Près de l'embouchure d'une petite rivière dans l'Arc. *Ar*, près. *Gen*, embouchure. *Din* ou *Tin*, habitation.

ARVILLARS.
Vil, *Villars*, nom appellatif d'habitation, devenu propre de celle-ci. *Ar*, article.

AUDON.
Sur une montagne. *Aud*, sur. *Don*, montagne.

AURELLE.
Sur le sommet d'une montagne. *Or*, sur : Ou *Or*, montagne. *Ael*, sourcil au propre, sommet au figuré, comme *supercilium* en Latin.

BARBERA.
Sur une montagne, au pied de laquelle passe une rivière. *Bar*, sur. *Ber*, montagne. *A*, rivière.

BARDO.
Au pied des Alpes, sur une rivière. *Bar*, sur. *Dw*, prononcez *Do*, rivière : Ou *Bar*, montagnes.

BASSEINS.
C'est la même étymologie que Bassins en Suisse.

MÉMOIRES

BASSY.
A une courbure de rivière. *Bas*, courbure. *Swi*, en composition *Syi*, rivière.

BELMONT.
Au sommet d'une montagne. *Bel*, sommet. *Mont*, montagne.

BERNES ou BERNEX.
Près d'une montagne. *Ber*, montagne. *Nés*, près.

BESSAN.
Besan, petit. *Voyez* Basseins plus haut.

BESSON.
Beson, petit. *Voyez* Bessan.

BIZE.
Au pied d'une montagne. *Bi*, montagne. *Ty*, en composition *Zy*, habitation.

BOEGE.
Il y a deux Villages de ce nom, l'un & l'autre à une courbure de rivière. *Bw*, prononcez *Bo*, courbure. *Eg*, rivière.

BONNE.
A une courbure de rivière. *Bon*, courbure de rivière.

BONNE.
Sur le sommet d'une montagne. *Bon*, montagne.

BONVILLARET.
Sur le sommet d'une montagne. *Bon*, sommet. *Villaret*, diminutif de *Villar*, nom appellatif d'habitation.

BORNIER.
Au bord d'une rivière. *Bor*, bord. *Ner*, rivière.

BOUCHY.
A une courbure de rivière. *Bw*, prononcez *Bou*, courbure. *Cwi*, en composition *Chyi*, rivière.

BOURDEAUX.
Au bord du lac de Bourget. *Bord*, bord. *Aw*, lac.

BOURGET.
Il y a trois endroits de ce nom. *Bourg*, nom appellatif de Ville, Bourg. *Et*, diminutif.

BOURNAND.
Au bord d'une rivière. *Bor*, bord. *Nant*, rivière.

BRENON.
Au pied d'une montagne, près d'une rivière. *Bren*, montagne. *On*, rivière.

BRISON.
Brison, petit. *Voyez* Basseins plus haut.

CARRA.
Car, nom appellatif d'habitation, devenu propre de celle-ci.

LE CARROU.
C'est la même étymologie que celle du Village précédent.

CENTOU.
A une courbure de rivière. *Can*, en composition *Cen*, courbure. *Thw*, prononcez *Thou*, rivière.

CENTRONES.
Ancien Peuple de cette Province. *Cant*, en composition *Cent*, courbée, recourbée. *Rhon*, lance. Les Gaulois, au rapport de Nonius Marcellus, ch. 18ème. avoient une espèce de lance ou de dard recourbé qu'ils appelloient Spar. *Sparus Gallicus est rusticum telum, in modum pedis recurvum.* Centron est, comme on le voit, le synonime de Spar.

C E R R E.

CAER, nom appellatif d'habitation, devenu propre de celle-ci.

C H A M P.

CHAM, nom appellatif d'habitation, devenu propre de celle-ci. On a ajoûté le *P* par erreur.

C H A N A X.

AU confluent de l'Iſére & de la Leiſſe. *Can*, en compoſition *Chan*, confluent. *Ac*, habitation.

C H A N C Y.

PRès d'un confluent. *Voyez* l'article précédent. *Ty*, en compoſition *Zy*, habitation.

C H A N D O N.

SUR la pente d'une montagne, près de la courbure d'une petite rivière. *Can*, en compoſition *Chan*, courbure. *Don*, montagne.

C H A V A N E.

CHABAN ou *Chavan*, nom appellatif d'habitation, devenu propre de celle-ci.

C H E N E X.

A la ſource d'une rivière. *Cen*, en compoſition *Chen*, ſource. *Ex*, rivière.

C H E V E N O Z.

ENTRE deux rivières. *Chai*, habitation. *Aven*, en compoſition *Even*, rivière. *No*, deux.

C I G N A N.

ENTRE les deux bras d'une rivière qui s'y partage. *Cig*, coupure, partage, *Nant*, rivière.

C L A I R Y.

AU bord d'une petite rivière. *Cler*, rivière. *I*, près.

C L U S E.

SUR la rivière d'Arve. Elle eſt toute entourée de montagnes. Cette Ville eſt appellée *Cluſae* dans la Chronique de Marius. *Clus*, enfermée.

C O G N I N.

PRès d'un confluent. *Cogn*, confluent. *Wng*, compoſition *Yng*, près.

C O L O G N Y.

AU bord du Rhône. *Colon*, habitation du cultivateur, avec la quantité de terres qu'il cultivoit. *I*, rivière.

C O L O N G E.

COLONGE, ſynonime de *Colon*. *Voyez* l'article précédent.

C O N C H E.

PRès d'un confluent. *Con*, confluent. *Chai* ou *Che*, habitation.

C O R S A N.

AU bord du lac de Genève, à l'embouchure d'une petite rivière dans ce lac. *Cor*, embouchure. *San*, lac.

C O R T I N G E.

CORT, nom appellatif d'habitation. *Ing*, diminutif.

L A C O S T E.

PRès d'un confluent. *Cot*, confluent.

C O U X.

PRès d'une rivière. *Cw*, prononcez *Cou*, rivière.

C R A N V E.

CREN, étable. Ce Village aura commencé par une étable. *Voyez* les deux articles ſuivans.

C R E U E T.

CREU, étable. *Creuet*, étables. *Voyez* l'article précédent & le ſuivant.

CREUIN.

CREU, étable. *In*, terminaison oisive, ou diminutive. *Voyez* les deux articles précédens.

DARBON.

A la source d'une rivière. *Dar*, près. *Bon*, source.

DENGY.

AU pied d'une montagne. *Den*, montagne. *Gy*, habitation.

DINGYE.

C'EST la même étymologie que celle du lieu précédent. *Din*, comme *Den*, montagne.

DORENS.

ENTRE des montagnes. *Dor*, montagne. *And*, en composition *Ens*, habitation.

DOUIN.

AU bord du lac d'Annecy. *Dw*, prononcez *Dou*, lac. *Min*, en composition *Vin*, bord.

DOUSSART.

PRÈS d'une rivière. *Dw*, prononcez *Dou*, rivière. *Sar*, près.

DULIN.

PRÈS d'un lac. *Tu* ou *Du*, près. *Llyn*, lac.

ÉRACHE.

PRÈS d'une rivière. *Ar*, en composition *Er*, près. *Aches*, rivière.

ÉVIAN.

AU bord du lac de Genève. *Voyez* Évan dans le Comté de Bourgogne.

GAROCELI.

ANCIEN Peuple, qui habitoit la Morienne, ainsi nommé de sa vîtesse. *Garr*, jambe. *Cel*, vîte: Tite-Live dit que les Habitans des Alpes harceloient à tout moment Annibal, marchant & courant dans ces montagnes semées de précipices où il n'y avoit point de chemin.

Livre 21.

GIE.

Gi, nom appellatif d'habitation, devenu propre de celle-ci.

GY.

Voyez l'article précédent.

JUSSY.

PRÈS d'une rivière. *Gueus*, *Gus*, *Jus*, bord. *Si*, rivière.

LANCY.

AU bord du Rhône. *Lan*, rivière. *Ty*, en composition *Zy*, habitation.

LIAUD.

AUPRÈS de la Dranse. *Lwh*, en composition *Lyh*, rivière. *Aud*, près.

LUGRIN.

AU bord d'une rivière. *Lug*, rivière. *Ren*, *Rin*, bord.

LULLIN.

PRÈS d'une rivière. *Lo* ou *Luh*, habitation. *Lyn*, rivière.

LURIN.

A une courbure de rivière. *Lor*, *Lur*, courbure. *Ien*, *In*, rivière.

MAGLAN.

PRÈS d'une rivière. *Mag*, habitation. *Lan*, rivière.

LA MAGNE.

DE *Man* ou *Magn*, nom appellatif d'habitation, devenu propre de celle-ci.

SUR LA LANGUE CELTIQUE.

LE MANET.
DE *Man.* Voyez l'article précédent. *Et*, diminutif.

MEGEVE.
AU bord d'une rivière. *Mag*, en composition *Meg*, habitation. *Aw*, en composition *Ew*, rivière.

MEGEVETTE.
PRès d'une petite rivière. Voyez l'article précédent. *Et*, diminutif.

MENGI.
DE *Men*, nom appellatif d'habitation, devenu propre de celle-ci. *Gi*, de *Gil* diminutif.

MENTHON.
SUR une éminence de roc. *Maen*, roc. *Ton*, éminence.

MESNI.
MESNIL, nom appellatif d'habitation, devenu propre de celle-ci.

MIOLANS.
CHATEAU sur un rocher élevé & escarpé de tous côtés. *Miol*, *Miolan*, coupé, escarpé : on sous-entend rocher.

MIROIR.
AU bord du lac de Genève. *Mer*, *Mir*, lac. *Oar*, en composition *Oer*, bord.

MOGEGE.
A une courbure de rivière. *Bog* ou *Mog*, courbure. *Eg*, rivière.

MOGNI.
Mon ou *Mogn*, nom appellatif d'habitation, devenu propre de celle-ci.

MONAZ.
AU pied d'une montagne. *Mon*, montagne. *Ad*, en composition *Az*, près.

MONFORT.
VILLAGE au sommet d'une montagne. *Mon*, montagne. *Vor*, prononcez *For*, dessus.

MONTHION.
AU bord de l'Isère, qui s'y partage. *Mon*, habitation. *Tonn*, partage.

MONTMELIAN.
SUR la pente d'une montagne de roc. *Mont*, montagne. *Milyen*, roc.

MONTREU.
PRès d'une courbure de rivière. *Mon*, courbure de rivière. *Treu*, habitation.

MONTRION.
AU sommet d'une montagne. *Mon*, montagne. *Trum* ou *Trom*, sommet.

MORIENNE.
VALLÉE coupée par une infinité de rochers. *Mor*, roc. *Morien*, rocqueux. Je prie le Lecteur de me pardonner ce terme barbare, qui seul peut bien rendre *Morien* en notre Langue.

MOYE.
PRès d'une rivière. *Mois*, rivière.

NAZ.
SUR une montagne. *Nach*, *Nas*, montagne.

NEIDENS.
PRès d'une rivière. *Nès*, près. *Dan*, en composition *Den*, rivière.

NERNIÈR.
AU bord du lac de Genève. *Ner*, lac. *Nj*, près.

NOVEL.
AU bord d'une rivière. *Nov*, rivière. *Vel*, habitation.

Ff ij

OSSOIS.

Au sommet d'une montagne. *Awch* ou *Aws*, sommet. *Wyc*, prononcez *Oys*, habitation.

LE PAIN.

A la source d'une rivière qui sort d'un lac. *Pen*, source.

PAU.

A une courbure de l'Isère. *Ba* ou *Pa*, courbure. *Aw*, rivière.

RUMILLY.

Dans une plaine élevée, au confluent du Seran & du Népha. Son Château étoit bâti sur un rocher élevé. *Ru*, rivières. *Mily*, rocher.

SALANCHES.

Sur un ruisseau. *Sal*, habitation. *Lan*, eau. *Che*, diminutif.

SALES.

Sal, nom appellatif d'habitation : maison de noblesse, maison des champs.

SANGY.

Près de rivières. *San*, près. *Gi*, rivières.

LA SERRA.

Près d'une montagne. *Serr*, montagne.

SOURRAS.

Près d'une rivière. *Sour*, rivière. *As*, habitation.

TAMIED.

Stamedium, Abbaye placée dans une gorge des Alpes. *Stam*, gorge. *Dum*, montagne.

TANINGE.

Dans une Isle faite par un partage de rivière. *Tan*, rivière. *In*, *Ing*, Isle.

TERMIGNON.

Près de l'embouchure d'une rivière dans l'Arc. *Tar*, en composition *Ter*, près. *Min*, embouchure. *On*, rivière.

THONON.

Dans une Isle formée par le lac de Genève, & un partage de la rivière de Drame, qui se décharge par deux embouchures aux deux côtés de cette Ville dans le lac. *Tonn*, partage. *On*, rivière.

THORENS.

Près de la source d'une rivière. *Tor*, rivière. *Hend*, en composition *Hens*, source.

THORENS.

A une courbure de rivière. *Tor*, courbure. *Ant*, en composition *Ens*, rivière.

THOSNE.

Entre deux rivières, près de leur confluent. *To*, deux. *On*, rivière.

THYE.

De *Ty*, nom appellatif d'habitation, devenu propre de celle-ci.

TOLLON.

A une courbure de rivière. *Tol*, courbure. *On*, rivière.

TRESSAN.

Près d'une rivière. *Tre*, habitation. *Tan*, en composition *Zan* ou *San*, rivière.

TREYN.

Tre, nom appellatif d'habitation, devenu propre de celle-ci. *Yn*, diminutif.

TURENS.

A une courbure de rivière. *Tur*, courbure. *Ant*, en composition *Ens*, rivière.

SUR LA LANGUE CELTIQUE.

VALLON.
A la source d'une rivière. *Val*, source. *On*, rivière.

VEIRY.
Près d'une rivière. *Var*, en composition *Ver*, près. *I*, rivière.

VERCHY.
Au bord d'une rivière. *Var*, en composition *Ver*, bord. *Ci*, en composition *Chi*, rivière.

VERCLENS.
Au bord d'une rivière. *Var*, en composition *Ver*, au. *Clan*, en composition *Clen*, bord.

VEREL.
Au bord d'une montagne. *Ver*, montagne. *El*, bord.

VILLARS.
Villar, nom appellatif d'habitation, devenu propre de celle-ci.

VILLY.
Au bord d'une rivière. *Vil*, habitation. *I*, rivière.

VINSY.
Au pied d'une montagne. *Vin*, montagne. *Ty*, en composition *Sy*, habitation.

VION.
Près du Rhône. *Vi*, habitation. *On*, rivière.

VOGLAN.
Au bord d'une rivière. *Glan*, rivage. *Vor*, sur. *Voglan*, sur le rivage.

VONGY.
A une courbure de rivière. *Von*, courbure de rivière. *Gy*, habitation.

VONS.
A une courbure de rivière. *Von*, courbure de rivière. *Ty*, en composition *Sy*, habitation.

VUA.
A une courbure de rivière. *Bwa* ou *Vwa*, courbure. *A*, rivière.

YVOIRE.
Sur une pointe de terre qui avance dans le lac de Genève. *I*, article. *Ver*, pointe.

L'ALSACE.

LA BREUCH, ou BRUSCH.
Rivière qui se partage beaucoup. *Brech*, partage. Voyez le Breuchin dans le Comté de Bourgogne.

L'EYGUEL.
Petite rivière. *Ègue* ou *Eigue*, nom appellatif de rivière, devenu propre de celle-ci. *El*, diminutif.

LE FECHT ou FECH.
Feacha, *Faconna* dans les anciens monumens, se partage en deux bras pendant un long espace de son cours, & se jette dans l'Ill par deux embouchures. *Fach*, *Fech*, coupé. On ajoûte *On*, rivière, au second nom : on le sous-entend dans le premier.

LE FORLACH.
Petite rivière qui prend sa source dans la forêt de Bienwald. *For* de *Fforest*, forêt. *Lath*, eau, rivière.

LE HASEL.
Petite rivière. *As*, rivière. *El*, diminutif.

MÉMOIRES

L' I L L.

Le lieu qui s'appelle aujourd'hui El, est nommé *Helvetus* dans l'Itineraire d'Antonin. Tout le monde convient que cet endroit avoit tiré son nom de l'Ill, près duquel il est situé. On voit par là que cette rivière, du temps des Romains, s'appelloit *Elw* ou *Helw*, On la trouve nommée *Illa* dans une Charte du huitième siécle ; *Hilla* dans une du neuvième ; *Alfa* dans les Auteurs des siécles suivans : c'est de ce dernier nom que s'est formé celui d'Alsace. Cette rivière a beaucoup de saules sur ses bords. *Elw*, saule. *Voyez* l'Escaut dans les Pays bas.

LA LARGE.

Rivière, dont le cours représente parfaitement un arc courbé. *Areg*, *Arg*, arc. *L*, article.

LE LAUCH.

Loch, nom appellatif de rivière, devenu propre de celle-ci.

LE LUTTER ou LAUTER.

Lutera, *Lutaris* dans les anciens monumens, est rapide dans son cours. *Luh*, rivière. *Ter* ou *Tar*, rapide.

LE MOSIG.

Moffa, est rapide. *Moch* ou *Mos*, rapide.

LE MOTTER.

Matra, *Modera*, rivière par laquelle on transporte une grande quantité de grosses piéces de bois. *Mader* ou *Mater*, grosse piéce de bois. *A*, rivière. *Madera*, *Matera*, rivière des grosses piéces de bois.

LA QUEICHE.

Qeich en Celtique signifie trouble.

LE SCHER.

Scara, est un torrent. *Car*, *Scar*, rapide, impétueux.

LE SOLACH.

Petite rivière qui prend sa source dans la forêt de Bienwald. *Sol*, forêt. *Ach*, rivière.

LE SOR.

Sor, nom appellatif de rivière, devenu propre de celle-ci.

LE SOUR.

Sour, nom appellatif de rivière, devenu propre de celle-ci.

LE STIL.

Petite rivière. *St* de *Ster*, rivière. *Il*, diminutif.

LE SUVEL.

Petite rivière. *Sw*, rivière. *El*, diminutif.

LE THOLDER.

Anciennement *Alruna*, *Olruna*. *Al*, *Ol*, article. *Run*, nom appellatif de rivière, devenu propre de celle-ci.

LE THUR.

Tur, nom appellatif de rivière, devenu propre de celle-ci.

LE WEISFLUSS.

Ce nom Allemand signifie rivière blanche. Elle est appellée dans les anciens monumens *Nitus*, à cause de la pureté de ses eaux. *Net*, *Nit*, pure.

LE WICH.

Wife, nom appellatif de rivière, devenu propre de celle-ci.

LE ZEMBS.

Cebus dans les anciens monumens, se partage en deux bras pendant un long espace de son cours, & a deux embouchures, une dans l'Ill, l'autre dans le Rhin. *Cab*, coupure. *Cebus*, coupé.

STRASBOURG.

Argentoraton dans Ptolomée; *Argentoratus* dans Ammien Marcellin, & dans saint Jérôme; *Argentorate* dans les Tables de Peutinger, & dans la Notice; *Argentoratum* dans Cassiodore; *Argentora* dans une lettre de l'Empereur Julien, & dans l'histoire de Zosime, est situé sur l'Ill, près de l'endroit où la Brusch, qui s'est coupée un peu plus haut, s'y décharge par deux embouchures, *Ar*, près. *Gen*, embouchure. *Torrat*, coupée, partagée. On peut encore donner une étymologie fort naturelle du nom de cette Ville. *Argant*, en composition *Argent*, belle. *Or*, contrée. Le Pays des environs de Strasbourg, dit l'Auteur du Dictionnaire Universel de la France, qui consiste en une belle plaine, depuis la montagne de Saverne jusqu'au Rhin, est le canton le plus abondant de l'Alsace. On y recueille en grande quantité toutes sortes de grains & de légumes, du safran, du chanvre & du tabac. C'est un Pays délicieux.

M. de la Martiniere, dans son Dictionnaire Géographique, tient le même langage. Les terres, depuis la montagne de Saverne & la plaine de Strasbourg jusqu'au Rhin, sont plus fertiles que les autres cantons de la Province. Elles abondent en toutes sortes de grains, tabac, légumes, safran & chanvre. C'est un beau Pays, agréable aux yeux, & délicieux pour toutes choses. *Article*, *Alsace*.

Cette Ville ayant été ruinée par les Peuples qui inonderent l'Empire Romain au commencement du cinquième siécle, se rétablit bientôt après. Elle étoit déja une Ville sous le règne de Childebert II, fils de Sigebert, puisque Gregoire de Tours dit au chapitre 36ème. du neuvième livre de son histoire, que ce Roi demeuroit dans la Ville que l'on nomme Stratebourg. *Infrà terminum Urbis morabatur, quam Strateburgum vocant*. Le même Auteur, au chapitre 19ème. du dixième livre de l'ouvrage que nous avons cité, dit que Gilles, Évêque de Rheims, fut conduit à la Ville qu'on appelloit autrefois *Argentorate*, & pour lors Stratebourg. *Ad Argentoratensem Urbem, quam nunc Strateburgum vocant*. On voit par là que cette Ville, en se relevant de ses ruines, changea de nom. On assure qu'elle prit le nom de Stratebourg, parce qu'elle fut rebâtie sur le grand chemin qu'on appelloit *Strat* en Langue Franque ou Theutonique, comme dans la même Langue *Burg* signifioit Ville. Sans vouloir combattre cette étymologie, qui pourroit également se tirer du Celtique que du Theutonique, puisque dans l'une & l'autre Langues les mots *Strat* & *Burg* ont la même signification, j'en présenterai une autre fort naturelle, prise du Celtique, qui étoit encore alors la Langue dominante du Peuple du Pays. *Stra*, rivière. *At*, part, partage. *Burg*, Ville. Strasbourg est placé à l'endroit où la Bruch partagée en deux bras se décharge dans l'Ill par deux embouchures; & cette dernière rivière se partage dans Strasbourg en plusieurs canaux. *Vers l'an 589. L'an 590. Voyez le chap. 11. de la première partie de ces Mémoires.*

ACHENHEIM.

Achinhaim dans un monument du huitième siécle, a commencé par une famille. *Achen*, famille. *Ham* ou *Hem*, habitation. *Voyez* Charantenay & Breurey dans le Comté de Bourgogne.

AITZEN.

Au bord d'une rivière. *At*, en composition *Et*, près. *Dan* ou *Den*, en composition *Zen*, rivière.

ANDELNANS.

Au bord d'une rivière. *And*, habitation. *El*, bord. *Nant*, rivière.

ANDLAW.

Au bord d'une rivière. *And*, habitation. *El*, bord. *Aw*, rivière.

ANJOU.

Au bord d'un étang d'où sort une rivière, & près d'une forêt. *An*, eau, étang, rivière. *Jou*, forêt. *Voyez* la Jou de Maillot parmi les forêts du Comté de Bourgogne.

ANWEILER.

Sur la Queiche. *An*, rivière. *Viler*, habitation.

APPENWYR.

Anciennement Abbunviler, près d'une rivière. *Abon*, rivière. *Viler*, habitation.

ARGENTOUARIA.

Ainsi nommée dans Ptolomée, dans l'Itineraire, & dans les Tables de Peutinger; *Argentaria* dans Ammien Marcellin, saint Jerôme & Orose; *Argentarium Oppidum* dans Sextus Aurelius & Cassiodore; *Castrum Argentariense* dans une Notice; *Castrum Argentorate* dans une autre; *Castrum Argentunense* dans une autre, étoit bâtie dans la place où est aujourd'hui le Château d'Horburg, près de l'endroit où le Thur, qui s'est partagé en deux branches un peu plus haut, se jette dans l'Ill par deux embouchures. *Ar*, près. *Gen*, embouchure. *Touar*, partagée, divisée. *Voyez* Strasbourg. *Argentar* est une crase d'*Argentouar*, comme de *Touar* on a fait *Tar*. On regarde comme fautive la Notice qui appelle cette Ville *Castrum Argentoratense*; mais il paroît par ce qu'on vient de dire, que cette Ville a pu porter ce nom de même que Strasbourg. Le *Castrum Argentunense* d'une autre Notice n'est qu'un terme synonime d'*Argentouar* & *Argentorate*, parce que *Twnn* signifie divisée, comme *Touar* & *Torrat*. On peut aussi appliquer à cette Ville la seconde étymologie d'*Argentorate*. *Voyez* Strasbourg. *Argant*, en composition *Argent*, belle. *Douar* ou *Touar*, terre, contrée.

M. Schoepflin nous assure que la Contrée où étoit placée l'ancienne *Argentouaria* est fertile & très-agréable ; qu'elle est abondante en bled & en vin, & qu'elle produit avec profusion tout ce qui peut contribuer aux commodités & aux délices de la vie. Horburg, qui est le nom de l'endroit qui a succédé à *Argentouaria*, peut être regardé comme un terme synonime de celui de cette Ville. *Hor*, embouchures. *Re*, deux. *Burg*, habitation.

A R G I S A N.

Sur une petite rivière. *Ar*, sur, au bord. *Gi*, petite. *Dan*, en composition *Zan* ou *San*, rivière.

A R T A L B I N U M.

Voyez Binningen.

A U G E N U M.

Dans une prairie au bord du Rhin. *Augia*, prairie arrosée. *An*, en composition *En*, habitation.

A U S E L L E.

Au bord d'une rivière. *Aw*, rivière. *Sell*, habitation.

B A R R.

Anciennement Barru, sur une rivière. *Bar*, sur. *Ru*, rivière.

B E I N I N H E I M.

A l'embouchure du Sour dans le Rhin. *Ben*, *Benin*, embouchure. *Hem* ou *Heim*, habitation.

B E L F O R.

Au pied d'une élévation de roc, sur laquelle est son Château. Si cette habitation a commencé par le Château, son étymologie est *Bel*, roc. *Vor*, prononcez *For*, sur : Ou *Fawr*, élevé. Si elle a commencé par la Ville, c'est *Bel*, roc. *Vor*, prononcez *For*, bord, près.

B E L L E M.

Au bord d'une rivière. *Bal*, en composition *Bel*, habitation. *Len*, rivière.

B E L M A G N Y.

A l'embouchure d'une petite rivière dans une autre. *Bal*, en composition *Bel*, embouchure. *Magny*, habitation.

B E N F E L D.

Anciennement Beneveldis, au bord de l'Ill qui s'y partage. *Ben*, bord. *Fal* ou *Val*, en composition *Fel* ou *Vel*, partage. *Twisc*, en composition *Dyisc*, *Dis*, rivière.

B E N H E I M.

Près de l'embouchure d'une rivière dans le Rhin. *Ben*, embouchure. *Hem*, *Heim*, habitation.

B E R C K H E I M.

Anciennement Perchaim, près d'une rivière qui s'y partage. *Barch*, en composition *Berch*, coupure. *Ham* ou *Haim*, ou *Heim*, habitation.

B E R G E N.

Anciennement Bergas, au bord du Rhin. *Berg*, habitation. *As*, rivière.

B E R S T E T T.

Au bord d'un ruisseau. *Ber*, ruisseau. *Statt*, en composition *Stett*, habitation.

B E R T S C H.

A un partage de rivière. *Ber*, partage. *Twisc*, rivière.

B E R W I L L.

A la source d'un ruisseau, ou petite rivière. *Ber*, ruisseau, rivière. *Vil*, source.

B I E S E N.

A une courbure du Rhin. *Biés*, courbure. *En*, rivière.

B I N N I N G E N.

Près de Basle, sur une colline, au pied de laquelle passe une petite rivière : c'est l'*Artalbinum* de l'Itineraire

SUR LA LANGUE CELTIQUE.

l'Itineraire. *Ar*, près. *Tale*, rivière. *Bin*, colline. *Artalbin*, colline près de rivière. *Bin*, colline. *Ien*, *In*, rivière. *Gan*, en composition *Gen*, près.

BLEICH.
Dans une Isle formée par une coupure, ou partage de rivière. *Blecz*, coupure.

BOLVILLER.
Près d'une source si abondante, qu'elle remplit tous les fossés du vaste Château de ce Bourg. *Bol*, source. *Bill* ou *Vill*, abondante. *Er*, près.

BOTAN.
Au bord d'une rivière. *Bot*, habitation. *Tan*, rivière.

BOURG.
Nom appellatif d'habitation, devenu propre de celle-ci.

BRETEN.
Sur une rivière. *Bre*, sur. *Tan*, en composition *Ten*, rivière.

BRISAC.
Brisiacum dans une Loi de Valentinien ; *Mons Brisiacus* dans l'Itineraire d'Antonin, sur une montagne, auprès de laquelle le Rhin se partage, de façon qu'il l'a enfermée en différens temps, & en a fait une Isle. *Bris*, partage. *Ach*, rivière.

BROCOMAGUS.
Voyez l'article suivant.

BRUMPT.
Brocomagus dans les Tables de Peutinger, & dans Ammien Marcellin, à une courbure du Sor. *Brocc*, courbure. *O*, rivière. *Mag*, habitation.

CHEVENAT.
Au bord d'une rivière. *Chai*, habitation. *Aven*, en composition *Éven*, rivière. *At*, près.

COLMAR.
Dans les anciennes Annales *Columbra*, *Columbaria*, *Columbarium*, *Cholumbare*, *Cohlambur*, *Columba*, *Cholonpurum*, *Coloburg*, *Colmir*, *Colmere*, a un confluent. *Colom*, union. *Ber*, *Bar*, rivière. Tous les noms que nous avons rapportés ne sont que des altérations de celui-ci.

DACHSPURG.
Entre deux rivières. *Da*, deux. *Aches*, rivière. *Burg* ou *Purg*, habitation.

DALHUND.
Dans une Isle formée par un partage du Rhin. *Dal*, partage. *On*, rivière.

DAMBACH.
A une courbure de rivière. *Dan*, rivière. *Bach*, courbure.

DAMVILLER.
Au bord d'une rivière. *Dan*, rivière. *Viller*, habitation.

DANKELSHEIM.
Anciennement Danckrazheim, près d'une grande forêt. *Dan*, forêt. *Cras*, grande. *Hem* ou *Heim*, habitation.

DELLE.
Au confluent de deux petites rivières. *Dale*, rivière, au pluriel *Delle*.

DERNÉ.
Près d'un grand étang. *Tern* ou *Dern*, eau, étang. *Nés*, près.

DIDENHEIM.
Anciennement Tudinhaim, près de rivière. *Tu*, près. *Dan*, en composition *Den* ou *Din*, rivière. *Ham*, *Heim*, habitation.

DINSEN.
Au bord d'une rivière. *Dan*, en composition *Den* ou *Din*, rivière. *San*, en composition *Sen*, près.

D O L R E N.
Au pied d'une montagne, & au bord d'une rivière. *Dol*, pied de montagne. *Ren*, rivière.

D O R E T S E N.
A un partage de la Brufch. *Dorrat*, en compofition *Dorret*, partage. *San*, en compofition *Sen*, rivière.

D U I L L E N.
Sur un bras de la Brufch. *Dul*, partage. *Len*, rivière.

É B E R S H E I M.
Dans une Ifle de l'Ill, à l'endroit où les deux bras fe rejoignent. *Aber*, en compofition *Éber*, confluent, union d'eau. *Hem* ou *Heim*, habitation.

E H N H E I M.
Au bord de l'Ergers. *En*, rivière. *Hem* ou *Heim*, habitation.

E L.
Sur l'Ill, eft nommé *Helvetus* dans l'Itinéraire d'Antonin. L'Ill s'y partage en trois bras. *Elw*, nom ancien de l'Ill. *Twee* ou *Tws*, coupé.

É L O Y E.
Entre deux petites rivières, à leur confluent. *Hel*, fermé. *Wi*, prononcez *Oi*, rivière.

E S C H A U.
Près d'un bois. *Chod*, bois. *Ef*, prépofition oifive à la tête du mot.

É V E T E.
Près de deux étangs. *Ev*, eau, étang. *Ta*, en compofition *Te*, deux.

F O U R U.
Sur une élévation. *Vor*, prononcez *For*, fur. *Uh*, élévation.

F R I E S E N.
Au bord d'une rivière. *Ver*, prononcez *Fer* ou *Fre*, près, au bord. *Afen*, en compofition *Éfen*, rivière.

F R O N Z E L.
A une courbure de rivière. *Froncz*, courbure. *El*, près.

G A G A N H E I M.
Dans une Ifle formée par un partage de l'Ill. *Gwahan*, ou, comme on écrivoit anciennement, *Gahan*, partage. Le G fe mettoit indifféremment pour l'H, de là *Gagan*. *Hem* ou *Heim*, habitation.

G A M S H E I M.
Anciennement *Gamanesheim*, près du Rhin, entre les embouchures de deux rivières dans ce fleuve. *Gam*, confluent. *Hem* ou *Heim*, habitation.

G E R S T E N.
Près d'une forêt. *Ger*, près. *Ten*, forêt. Les Allemands qui aiment l'S l'ont inferée dans ce nom.

G H O S M A R I.
Anciennement *Gemar*, près d'un confluent. *Gam*, en compofition *Gem*, confluent. *Ar*, près.

G I R O M A G N Y.
Sur une petite rivière. *Gi*, petite. *Ro*, rivière. *Magny*, habitation.

G L I N G E N.
Près d'une courbure de rivière. *Glin*, courbure. *Gan*, en compofition *Gen*, près.

G Œ W E N H E I M.
A l'entrée d'une vallée. *Goen*, vallée. *Ben*, *Ven*, extrémité, entrée. *Hem*, *Heim*, habitation.

G R U M A G N Y.
Sur un ruiffeau. *Ger*, près. *Ru*, ruiffeau. *Magny*, habitation.

SUR LA LANGUE CELTIQUE.

GUEVRIS.

BOURG fameux par ses manufactures de cuivre. *Cuevr* ou *Guevr*, cuivre.

HAGENBACH.

A une courbure de rivière. *Ag*, *Agen*, rivière. *Bach*, courbure.

HATTEN.

ANCIENNEMENT *Hadana*, près d'une forêt. *Ad* ou *At*, près. *Dan* ou *Ten*, forêt.

HAULL.

AU pied d'une montagne, & au bord d'une rivière. *Hol* désigne cette situation.

HÉRINSTEIN.

ERENSTEIN, *Herenstein* dans des Diplômes du dixième siècle, au bord de l'Ill, dans un endroit où il se partage. *Er*, près. *Ren*, partage. *Tan*, en composition *Ten*, rivière. L'S inférée. *Voyez* Gersten.

HERLISHEIM.

AU bord d'une rivière. *Er*, au bord. *Lis*, rivière. *Hem*, *Heim*, habitation.

HOHENBURG.

CHATEAU au sommet d'une montagne. *Oh*, montagne. *Hen*, sommet. *Burg*, Château.

HONAU.

AUJOURD'HUI Hanau, anciennement *Honaugia*, dans une Isle du Rhin. *On*, rivière. *Aug*, Isle.

HORBURG.

VOYEZ Argentouaria.

HUNINGHEN.

VILLAGE autrefois, Ville fortifiée aujourd'hui, au bord du Rhin, vis-à-vis une Isle que forme ce fleuve. *On*, *Un*, rivière. *In*, Isle. *Gan*, en composition *Gen*, près.

HUSEN.

HUS, *Husen*, nom appellatif d'habitation, devenu propre de celle-ci.

HUTTENHEIM.

HITTENHEIM, *Hiddenheim* dans les anciens monumens, au bord de l'Ill. *I*, près. *Tan* ou *Dan*, en composition *Ten* ou *Den*, rivière. *Hem* ou *Heim*, habitation.

ILLUSEN.

ENTRE deux rivières. *Hil*, fermé. *Lwch* ou *Lwchen*, prononcez *Lwsen*, rivières.

ILLZACH.

HILCIACUM, dans une Charte du neuvième siècle. *El* ou *Il*, près : Ou *Il*, Ville, habitation. *Dy*, en composition *Sy*, deux. *Ach*, rivière. C'est l'endroit nommé *Urunci* dans l'Itinéraire d'Antonin. *Ur*, près. *Ron*, rivière. *Dy*, en composition *Sy*, deux : Ou *Ur*, Ville, habitation.

INGWILER.

PETITE Ville environnée de montagnes. *Ing*, serrée. *Viler*, habitation.

JOCKERUM.

A une courbure de rivière. *Iw*, prononcez *Io*, rivière. *Crwmm*, courbure.

ISENBURG.

ANCIEN Château, au sommet d'une colline, au pied de laquelle passe une rivière. *Us*, en composition *Ts*, colline. *Hen*, sommet : Ou *En*, rivière. *Burg*, Château.

ISENHEIM.

AU bord d'une rivière. *I*, près. *Dan*, en composition *Zan* ou *Zen*, rivière. *Hem*, habitation.

ISTEIN.

PRÈS de l'embouchure d'une petite rivière dans le Rhin. *I*, près. *Stan*, en composition *Sten*, embouchure.

KEMBS.

CAMBAS dans l'Itinéraire d'Antonin, à une courbure du Rhin. *Camb*, courbure. *As*, rivière.

KILSTEL.

DANS un partage de rivière. *Kil*, habitation. *St* de *Staer*, rivière. *Tailh*, partage.

KRIESEN.

AU bord d'une rivière. *Crae*, grève, rivage, bord. *Asen*, en composition *Esen*, rivière.

KURTZ.

AU bord d'une petite rivière. *Cwr*, bord. *Tys*, par crase, *Ts*, habitation.

LANDAU.

A un partage de la Queiche. *Lan*, rivière. *Dau*, partage.

LANDECK.

SUR une élévation. *Lan*, élévation. *Teg*, en composition *Deg*, habitation.

LANDELLEN.

ENTRE deux rivières, à leur confluent. *Lan*, pointe. *Dale*, rivière, au pluriel *Delle*, *Dellen*.

LANDERTEN.

AU bord d'une rivière. *Lander*, habitation. *Tan*, en composition *Ten*, rivière.

LARGITZEN.

ÉTOIT autrefois un endroit considérable, nommé *Larga* dans l'Itinéraire d'Antonin, & les Tables de Peutinger. Il est au bord du Large, d'où il a pris son nom. *Larg*, Large. *A*, près.

LAVANTZNAU.

PRÈS de l'embouchure de l'Ill dans le Rhin. *L* de *Lés*, près. *Avan*, rivière. *Cenau*, embouchure.

LEIMEN.

ANCIENNEMENT Leimone, sur une petite rivière. *Lei*, rivière. *Mon*, habitation.

LOHR.

A la source d'une rivière. *Lor*, source.

LUDEN.

AU bord d'une rivière. *Luh*, rivière. *Den*, habitation.

MARILEGIUM.

ENDROIT où les Rois de la première Race avoient un grand Palais. Ce lieu est appelé Marley, *Marleya* dans les plus anciens Diplômes qui en font mention. Il est au bord d'une petite rivière, à l'endroit où elle se partage. *Mar*, partage. *Lei*, rivière.

MARLEN.

AU bord d'un bras de rivière. *Mar*, partage. *Len*, rivière.

MASPACH.

A une courbure de rivière. *Mas*, habitation. *Bach* ou *Pach*, courbure.

MELSEN.

PRÈS d'une rivière. *Mala*, en composition *Mel*, habitation. *San*, en composition *Sen*, rivière.

MERCK.

AU bord du Rhin. *Mer*, rivière. *K* de *Kaer*, habitation.

METZERAL.

ANCIENNEMENT Méterol ou Mézerol, à un confluent. *Mes*, habitation. *Ta*, en composition *Te* ou *Ze*, deux. *Rol*, rivière.

MOLZEN.

SUR un bras de la Brusch. *Mol*, coupure, partage. *Dan*, en composition *Den*, *Zen*, rivière.

MORANT.

PRÈS d'une rivière. *Mor*, rivière. *Ant*, habitation.

SUR LA LANGUE CELTIQUE.

M O S C H.
A l'embouchure d'un ruisseau dans le Thur. *Mosch*, bouche, embouchure.

M U H L B A C H.
Anciennement Melin, sur une rivière. *Melin*, moulin.

M U L H U S E N.
A une coupure de l'Ill, *Mol*, *Mul*, coupure. *Hus*, *Husen*, habitation.

M U N I L H U S O N.
A une courbure de rivière. *Mon*, *Mun*, courbure de rivière. *El*, *Il*, près. *Hus*, *Huson*, habitation.

M U N T Z E N.
Au bord d'une rivière. *Mon*, *Mun*, habitation. *Dan*, en composition *Den*, *Zen*, rivière.

N A M S E N.
Près d'un bras du Rhin. *Nam*, coupée. *San*, en composition *Sen*, rivière.

N A R T Z.
Anciennement *Northus*, au bord d'une rivière. *Nor*, rivière. *Tu*, bord.

O F F E M O N ou O F M O N D.
A l'embouchure d'une rivière dans un lac. *Auf*, lac. *Mon*, embouchure.

O N E N H A I M.
Au bord d'une rivière. *Od*, bord. *Nant*, en composition *Nen*, rivière. *Ham*, *Heim*, habitation.

O R B A Y.
Sur une petite rivière. *Or*, sur. *Bay*, ruisseau, rivière.

O S T E N.
Au bord d'une rivière. *Ot*, en composition *Os*, bord. *Tan*, en composition *Ten*, rivière.

O S T H A I M.
Au bord d'une rivière. *Ot*, bord. *Ham*, *Heim*, habitation.

O S W E I L E R.
Anciennement *Otalesviller*, au bord d'une rivière. *Ot*, bord. *Les*, rivière. *Viller*, habitation.

P H A L S B O U R G.
Sur un roc. *Balz*, *Falz*, roc. *Bourg*, habitation, Château, Ville.

P R A M O N.
Près d'une courbure de rivière. *Pram*, près. *Mon*, courbure de rivière.

P É R I S.
Au bord d'une rivière. *Par*, en composition *Per*, bord. *Is*, rivière.

R A M S T E I N.
A l'embouchure d'une rivière. *Ran*, rivière. *Stan*, en composition *Sten*, embouchure.

R A N G.
A la source d'une petite rivière. *Ran*, rivière. G de *Gen*, source.

R A Z E N H U S E N.
Dans une Isle formée par un partage de rivière, à l'endroit où les bras de cette rivière se rejoignent. *Raz*, coupure. *En*, rivière. *Hus*, *Husen*, habitation.

R E I C H S H O S E N.
Au bord d'une rivière. *Rec*, rivière. *Hus*, prononcez *Hos*, habitation. *En*, terminaison oisive. L'S insérée après *Rec*. Voyez Gersten plus haut.

R E I N I N G E N.
Au bord d'une rivière qui s'y partage. *Ren*, partage. *Ien*, en composition *In*, rivière. *Gan*, en composition *Gen*, près.

RÉXEN.

Au bord d'une rivière. *Rec*, rivière. *San*, en composition *Sen*, près.

RHINAU.

Au bord du Rhin. *Rhin*, Rhin. *Aud*, bord.

RIBEVILLE.

Au bord d'un bras de rivière. *Ri*, rivière. *Bes*, divisée. *Vil*, habitation.

RIÉTEN.

A la source d'une petite rivière. *Ri*, rivière. *Riet*, diminutif. *Hen*, source.

RINTEL.

A un confluent. *Rym*, union. *Tale*, en composition *Tele*, rivière.

RITEBURG.

Près d'un ruisseau. *Rit*, ruisseau. *Burg*, habitation.

ROSBACH.

Près d'une rivière qui fait une courbure. *Ros*, rivière. *Bach*, courbure.

ROSHEIM.

Sur une rivière. *Rot*, en composition *Ros*, rivière. *Hem*, *Heim*, habitation.

RUFFACH.

Anciennement Rubac, à une courbure de rivière. *Ru*, rivière. *Bach & Fach*, courbure.

SALÉTIO.

Voyez Seltz.

SAVENANT.

Au bord d'une petite rivière qui s'y partage. *Sab*, *Sav*, partage. *Nant*, rivière.

SAVERNE.

Tabernæ dans l'Itinéraire d'Antonin. Taberna est un mot latin qui vient du Celtique. *Tavargn*, *Tabargn* en Celtique, cabaret, auberge. Et qu'on ne croye pas que *Tavargn* a été formé de *Taberna*; car *Tabargn*, *Tabarn* a son étymologie en Celtique, & *Taberna* n'en a point en latin: preuve certaine que ce dernier est emprunté de quelqu'autre Langue. *Tab*, lieu. *Bara*, pain, nourriture. *Tabarn*, lieu où l'on prend de la nourriture, lieu où l'on mange.

SAUWISEN.

Sur un bras du Rhin. *Sab*, *Sav*, partage. *Wi*, rivière. *San*, en composition *Sen*, près.

SCÉLESTAT.

Sclatistat dans un Diplôme de Charlemagne; *Seletistat* dans des Diplômes du neuvième siécle; *Sclexistat* dans les Annales de Metz; *Schlestat*, dans Réginon. *Sclaadistad* dans un ancien Auteur; *Scaldistat* dans les Annales de saint Bertin, par une transposition de lettres commune dans le Celtique; *Selexistat*, dans un Diplôme du neuvième siécle. *Selenstat*, dans un autre du même siécle, d'où est venu Séléstat.

Cette Ville est placée au bord de l'Ill dans un endroit où il se coupe en plusieurs branches. *Sclat*, *Sclax*, coupure, partage. *I*, rivière. *Stat*, habitation.

SCEREMVILERE.

Au bord d'une petite rivière qui s'y partage. *Scar*, en composition *Scer*, partage. *Am*, en composition *Em*, rivière. *Viler*, habitation.

SCHENAW.

Au bord d'une rivière qui sort d'un étang. *Sen*, en composition *Schen*, étang. *Aw*, rivière.

SCHERMAGNY.

Au bord d'une rivière qui s'y partage. *Scar*, en composition *Scer*, *Scher*, partage. *Magny*, habitation.

SCHONAU.

Près d'un bras du Rhin. *Cann*, avec l'S paragogique. *Schann*, coupure. *Av*, rivière.

SUR LA LANGUE CELTIQUE.

SCHONECK.
Sur une élévation. *Con*, en composition, *Chon*, élévation. *Ec*, habitation. *S*, article.

SCOMB.
A une courbure de rivière. *Comb*, avec l'*S* paragogique *Scomb*, courbure.

SÉBEN.
Au bord du Tolder, à sa sortie d'un petit lac. *Sab*, en composition *Seb*, eau dormante, lac. *Ben*, rivière. *Voyez* le Port de Cette en Languedoc.

SÉLÉHOVEN.
Au bord d'une rivière. *Sell*, habitation. *Lez* ou *Leb*, près. *Aven*, *Oven*, rivière.

SELL.
De *Sell*, nom appellatif d'habitation, devenu propre de celle-ci.

SELTZ.
Cet endroit est nommé *Saletio* dans l'Itineraire d'Antonin. Il est au confluent du Rhin & d'une petite rivière, à laquelle il a donné son nom. Le nom latin *Saletio* est formé du Celtique *Salecon*; car les Romains changeoient le *Con* Celtique qui se trouvoit à la fin des noms en *Tio*. (*Voyez* Besançon dans le Comté de Bourgogne.) *Sal*, habitation. *Con*, confluent.

SENNEN.
Sur un bras du Thur. *Sen*, coupée. *Nant*, en composition *Nen*, rivière.

SERMAGNY.
A un partage de rivière. *Sar*, en composition *Ser*, partage. *Magny*, habitation.

SIÉRENZ.
Anciennement *Serencia*, endroit où il y avoit un Palais Royal sous la première race de nos Rois. *Seren*, belle. *Ty*, en composition *Zy*, habitation.

SIGOLSHEIM.
Anciennement *Sigolt*, en François *Savamont*, au bord d'une petite rivière qui y est partagée. *Ci*, rivière. *Col*, en composition *Gol*, *Golt*, coupée. *Sab*, *Sav*, coupée. *Amon*, rivière.

STEIBERG.
Près d'une rivière. *Ste* de *Ster*, rivière. *Berg*, habitation.

STOSWIHR.
Anciennement *Scottenwilre*, ainsi nommée de ses forêts, dont parle Louis le Débonnaire dans un Diplôme. *Scoten*, forêt. *Viler*, par transposition *Vilre*, habitation.

STOTZEN.
Anciennement *Stotesheim*, au bord d'une rivière. *Tost*, avec l'*S* paragogique *Stost*, près. *Es*, rivière. *Hem*, *Heim*, habitation.

STRUEL.
Au bord d'une rivière. *Siur*, par transposition *Stru*, rivière. *El*, bord.

SURABURG.
Au bord du Sour. *Sur*, four. *A*, près. *Burg*, habitation.

SURLOCH.
Entre deux rivières. *Sur*, rivière. *Locc*, cul de sac, endroit serré, fermé.

TABERNÆ.
Voyez Saverne.

TANN.
Petite Ville sur le Thur, dans une profonde vallée. *Tan*, vallée. *Tan*, rivière. *Voyez* la Loire.

THANNAY.
Au bord d'une rivière. *Tan*, rivière. *Nés*, près.

THURKEN.
Thurincheim dans un ancien monument, au bord d'une rivière, dans un endroit où elle est

partagée. *Thur*, rivière. *Rang*, en composition *Reng* ou *Ring*, partagée. *Hem*, *Heim*, habitation.

T R A U B.

Au bord d'une rivière. *Tre*, habitation. *Aub*, rivière.

V A L D E C K.

Sur une élevation. *Val*, élevation. *Teg*, en composition *Deg*, habitation.

V É I N.

Au bord d'une rivière qui y fait une courbure. *Bay* ou *Vay*, courbure. *Ien*, *In*, rivière.

V E R D.

Anciennement *Varida*, à une courbure de l'Ill. *Bwa* ou *Vwa*, courbure. *Rid*, rivière.

V E S S E N H E I M.

Fedinheim, dans un monument du neuvième siécle, au bord d'une petite rivière. *Fa*, en composition *Fe*, petite. *Dan*, en composition *Den* ou *Din*, rivière. *Hem*, *Heim*, habitation.

U R B E I S ou U R B I S.

Au bord d'un ruisseau, ou petite rivière. *Ur*, bord. *Bay*, en composition *Bey*, ruisseau, petite rivière : Ou *Biez*, ruisseau, petite rivière.

U R W E I L E R.

Ur, article. *Wiler*, habitation.

U R U N C I.

Voyez Illzach.

U T E N H E I M.

Au bord d'une rivière. *Ot* ou *Ut*, bord. *Tan*, en composition *Ten*, rivière. *Hem*, *Heim*, habitation.

U T E N H O F.

A un confluent, entre les deux rivières qui le forment. *W*, rivière. *Tin*, ou *Ten*, endroit qui se termine en pointe. *Hof*, habitation.

W A N G E N.

Autrefois *Wanga*, à un partage de rivière. *Gwahan* ou *Wahan*, partage, séparation. *G* de *Gi*, rivière.

W E I L E R.

Anciennement Wilre, qui est la transposition de *Viler*, nom appellatif d'habitation, devenu propre de celle-ci.

W I C K.

Wick, nom appellatif d'habitation, devenu propre de celle-ci.

W I L B A C H.

A une courbure de rivière. *Vil*, habitation. *Bach*, courbure.

W I L S E N.

Au bord d'une rivière. *Vil*, habitation. *San*, en composition *Sen*, rivière.

W I M E N A U.

Au bord d'une rivière qui s'y courbe. *Bw* ou *Vw*, en composition *Vy*, courbée. *Men*, rivière. *Aud*, bord.

W I N G E N.

Près d'une rivière. *Vin*, rivière. *Gan*, en composition *Gen*, près.

W I R.

A une courbure de rivière. *Vir*, courbure.

W I T T E N H E I M.

Anciennement Witanhaim, près de l'embouchure d'un bras du Tolder dans l'Ill. *Bi* ou *Vi*, deux. *Tan*, en composition *Ten*, rivière. *Hem*, *Heim*, habitation.

Z E L L.

Sell ou *Zell*, nom appellatif d'habitation, devenu propre de celle-ci.

Z U M.

Au confluent de l'Ill & de la Brusch. *Sum* ou *Zum*, confluent.

LA LORRAINE.
L'AICHE.
Aches, nom appellatif de rivière, devenu propre de celle-ci.

L'AMANCE.
Petite Rivière. *Aman*, rivière. *Ce*, diminutif.

LA CRUNE.
Rivière fort tortueuse. *Cruun*, tortueuse.

LE DURBION.
Petite Rivière. *Dur*, rivière. *Byhon*, diminutif.

L'ILLON.
Lon, nom appellatif de rivière, devenu propre de celle-ci. *I'*, article.

LE MADON.
Est lent dans son cours, qui est toujours dans des prairies. *Mad*, prairie. *Madon pratosus*, qui roule dans des prairies: Ou *Mad*, lente. *On*, rivière.

LA MOSELLE.
Tacite nomme cette Rivière *Mosella*; Florus *Mosula*; la Carte de Peutinger *Musalla*; Fortunat *Musella*. Ausone dit qu'elle a la tête d'un taureau, & l'appelle *Porte-Cornes*, parce qu'elle a deux sources dans le mont de Vosge, qui la forment en se réunissant, après avoir coulé séparément l'espace de quelques lieuës. La Moselle roule des eaux abondantes, c'est pourquoi Fortunat lui donne l'épithéte d'*enflée*, *tumentem Mosellam*. Il dit que c'est un fleuve qui a beaucoup d'eaux, *ingentes movet aquas*; il la nomme mer, *pelagus*. Cette rivière arrose des Contrées fertiles, des côteaux fameux par leurs bons vins, ce qui lui a mérité les épithétes d'*abondante*, & de *porte-raisins*, *ferax*, *uvifera*, de la part de ce dernier Auteur. On lira avec plaisir les descriptions que ces deux Poëtes ont faites de ce fleuve. Ausone la chante en ces termes.

> *Corniger extremas celebrande Mosella per oras,*
> *Nec solis celebrande locis, ubi fonte supremo*
> *Exeris auratum taurinæ frontis honorem,*
> *Quáque trahis placidos sinuosa per arva meatus,*
> *Vel quâ Germanis sub portubus ostia solvis;*
> *Si quis honos tenui volet aspirare Camœnâ:*
> *Perdere, si quis in his dignabitur ocia musis*
> *Ibis in ora hominum, lætoque fovebere cantu*
> *Te fontes, vivique lacus, te cærula noscent*
> *Flumina: te veteris, Pagorum gloria, Luci.*

Parlant de la Ville de Trèves, il dit:

> *Largus tranquillo perlabitur amne Mosella.*

Fortunat peint ainsi cette Rivière:

> *Gurgite cæruleo pelagus Mosella relaxat,*
> *Et movet ingentes molliter amnis aquas.*

En un autre endroit:

> *Tum venio quâ se duo flumina conflua jungunt.*
> *Hinc Rhenus spumans, indè Mosella ferax.*

Il faut joindre à ces deux Poëtes Guillaume le Breton, qui, dans sa Philippide, vante la beauté des eaux de la Moselle.

Millibus à Mofa diftans ubi Mofula paucis
Leucos & Mettes fpeciofis irrigat undis.

Quelques Auteurs croyent que le nom de *Mofella* eft un diminutif de celui de *Mofa*, & qu'il fignifie petite Meufe. Mais outre qu'on ne peut appuyer cette opinion par aucun exemple, il n'eft pas vraifemblable qu'une rivière auffi groffe que la Mofelle n'ait eu qu'un nom diminutif de celui de la Meufe, tandis que des rivières moins confidérables & plus voifines de la Meufe que la Mofelle, ont reçu des noms particuliers. *Mos*, fertile, abondante; c'eft l'épithéte que lui donne Fortunat. *El*, terminaifon oifive. Les rivières prenoient quelquefois leur nom de la qualité des lieux qu'elles arrofoient. *Voyez* la Vezoufe plus bas. On peut auffi avoir donné à cette rivière le nom de *Mofel*, abondante, à caufe de la grande quantité de fes eaux. Ptolomée appelle cette rivière *Obringa*. Souvent les rivières avoient plufieurs noms. *Voyez* la Saône dans le Comté de Bourgogne, & le Guadalquivir en Efpagne. *O*, rivière. *Brinc*, fource. *G*, de *Ge*, deux.

LE NENNY.

Petite Rivière. *Nant*, rivière. *Nen*, avec une terminaifon. *I*, diminutif.

LE NIED

Eft fort tortueux. *Niddu*, tordre, rendre tortueux.

LE SANON

Fait plufieurs petits lacs. *San*, lac. *Sanon*, qui fait des lacs.

LE THOLEY.

Petite rivière. *Thuv*, prononcez *Tho*, rivière. *Llay*, en compofition *Ley*, petite.

LE VERRE.

Ber ou *Ver*, nom appellatif de rivière, devenu propre de celle-ci.

LA VEZOUSE.

Rivière qui a pris fon nom des belles prairies qu'elle arrofe. *Vaes*, prairie. *Vezous*, qui arrofe des prairies.

LES VOSGES.

Vogefus dans Céfar & dans Lucain ; *Vofagus*, par tranfpofition, dans les Auteurs du moyen âge, grande chaîne de montagnes couvertes de bois, qui fépare l'Alface & le Comté de Bourgogne de la Lorraine, & qui s'étendent jufqu'à la forêt des Ardennes. Gregoire de Tours, Fortunat, Jonas, dans la Vie de faint Colomban, nous apprennent que les Vofges étoient remplies de bêtes féroces, mais particuliérement de bœufs fauvages. Quelques Solitaires dans le feptième fiécle s'y étant retirés, y attirerent peu à peu des imitateurs de leur vie fainte, & y fonderent des Maifons religieufes, dont la régularité attira les Peuples voifins, & les engagea à défricher ces cantons, qui font préfentement affez bien cultivés. *Bou* ou *Vou*, bœuf. *Gouez* ou *Guez*, fauvage. *Us*, élévation, montagne. *Vouguefus*, *Voguefus*, montagnes où il y a des bœufs fauvages.

Le Balon eft une montagne des Vofges, au-deffus de laquelle il y a un petit lac ou étang. *Bal*, lac, étang. *Wn*, prononcez *On*, montagne.

Le Donon eft la plus haute montagne des Vofges. Elle eft compofée de deux parties, dont l'une eft placée fur l'autre. *Tonn* ou *Donn* fignifie coupée, partagée. *Wn*, prononcez *On*, montagne. On peut encore donner une étymologie naturelle de ce nom. *Don*, élevée, *Aon*, par crafe *On*, défigne le fuperlatif. *Donon*, la plus haute.

HAI.

Nom d'une forêt. *Hai*, forêt.

NANCY.

Nanceium, fur une petite rivière, à l'endroit où elle forme un étang. *Nant*, rivière. *Sah*, en compofition *Seh*, dormante.

ABAINVILLE.

Près d'une rivière. *Aben*, rivière. *Vil*, habitation.

SUR LA LANGUE CELTIQUE.

ABOCOURT.
A une courbure de la Seille. *A*, rivière. *Bw*, prononcez *Bo*, courbure. *Court*, habitation.

ABONCOURT.
Près de la source d'une rivière. *A*, rivière. *Bon*, source. *Court*, habitation. Il y a un autre Village de ce nom qui est au bord d'une rivière. *Abon*, rivière. *Court*, habitation.

ACCRAIGNE.
Au bord du Madon, qui s'y partage. *Ach*, rivière. *Ren*, partage.

ADINCOURT.
Près d'une rivière. *Ad*, près. *Itn*, *In*, rivière. *Court*, habitation.

ADOLLE.
Dans une plaine, près d'une source de rivière. *A*, article ou paragogique. *Dol*, plaine arrosée.

ADON.
Au bord d'une rivière. *Ad*, près. *On*, rivière.

AGINCOURT.
Près d'une rivière. *A*, rivière. *Gen*, *Gin*, près. *Court*, habitation.

ALGY.
Au bord d'une rivière. *Al*, bord. *Gi*, rivière.

ALINCOURT.
Au bord d'une rivière. *Al*, bord. *Llyn*, rivière. *Court*, habitation.

ALLAIN.
Près d'une rivière. *Al*, près. *Len*, rivière.

ALLAMP.
Au bord d'une rivière, qui s'y courbe. *Al*, bord. *Lan*, rivière. *Bw* ou *Pw*, courbure.

ALTORF.
Au bord de la Sare. *Al*, bord. *Torf*, habitation.

AMANCE.
Sur une montagne. *A*, sur. *Mand*, en composition *Manz*, montagne.

AMBACOURT.
A une courbure du Madon. *An*, rivière. *Bach*, courbure. *Court*, habitation.

AMBUVENÉ.
Il y a deux Villages de ce nom à une courbure de l'Illon. *An*, près. *Bw*, courbure. *Ven*, rivière.

AMELLE.
Hamel, nom appellatif d'habitation, devenu propre de celle-ci.

AMENONCOURT.
Au bord d'une rivière. *Amen*, rivière. *Wag*, prononcez *Ong*, près. *Court*, habitation.

AMENTY.
Au bord d'une rivière. *Amen*, rivière. *Ty*, habitation.

ANCERVILLE.
Près d'une rivière. *An*, rivière. *Cer*, près. *Vil*, habitation.

ANDILLY.
Au bord d'une rivière. *Ant*, en composition *And*, rivière. *El* ou *Il*, bord. *Y*, habitation.

APREMONT.
Sur une montagne. *Aper*, *Apre*, sur. *Mont*, montagne.

ARAFFE.
Au bord d'une rivière. *Ar*, près, bord. *Af*, rivière.

ARCHE.
D'*Arc*, nom appellatif d'habitation, devenu propre de celle-ci.

ARRY.
Sur une élévation. *Ar*, élévation. *Y*, habitation.

ARSAUX.
Au bord d'une rivière. *Ar*, près, bord. *Sav*, rivière.

ARTILLEUL.
Sur le penchant d'une colline. *Art*, élévation. *Artil*, petite élévation, colline. *Wl* ou *Enl*, habitation.

ASGAR.
Au bord d'une petite rivière. *As*, rivière. *Gar*, près.

ASSENNE.
Au bord d'une rivière. *Asen*, rivière.

ATLANCOURT.
Près d'une forêt. *At*, près. *Lan*, forêt. *Court*, habitation.

ATTIGNY.
Au bord de la Saône. *At*, près. *Tan*, en composition *Ten* ou *Tin*, rivière. *Y*, habitation.

AVANCY.
A la source d'une rivière. *A*, près. *Van*, source. *Ci*, rivière.

AUBE.
Au bord d'une rivière. *Aub*, rivière.

AUBECOURT.
Sur une élévation. *Alb* ou *Aub*, élévation. *Court*, habitation.

AUBREVILLE.
A l'embouchure d'une rivière. *Aber*, embouchure. *Vil*, habitation.

AUCOUR.
Au bord d'une rivière. *Av*, rivière. *Cwr*, prononcez *Cour*, bord.

AUDON.
Au bord d'une rivière. *Aud*, bord. *On*, rivière.

AUDONCOURT.
Au bord d'une rivière. *Aud*, bord. *On*, rivière. *Court*, habitation.

AUGICOUR.
Au bord d'une petite rivière. *Aug*, rivière. *Cwr*, prononcez *Cour*, bord.

AVILLÉ.
Au bord d'une rivière. *A*, rivière. *Viller* ou *Villé*, habitation.

AVILLER.
Viller, nom appellatif d'habitation, devenu propre de celle-ci. *A*, article.

AULTRAY.
Au bord d'une rivière. *Otre*, bord. *Ai*, rivière.

AULTREY.
Près d'une rivière. *Voyez* l'article précédent.

AUMETZ.
Au bord du Chiers. *Av*, rivière. *Mes*, habitation.

SUR LA LANGUE CELTIQUE.

AUTIGNEVILLE.
Au bord d'une rivière. *Aut*, bord. *Ien*, *In*, rivière. *Vil*, habitation.

AUTREVILLE.
Sur une petite hauteur. *Alt* ou *Aut*, hauteur. *Trai*, petite. *Vil*, habitation.

AUVILLE.
Au bord d'une rivière. *Av*, rivière. *Vill*, habitation.

AUZECOURT.
Au bord d'une rivière. *Aus*, rivière. *Court*, habitation.

AXIN.
A la fource d'une petite rivière. *Aches*, rivière. *Yn*, fource.

AY.
Au bord d'une rivière. *Ai*, rivière.

AZANNE.
Au bord d'une rivière. *Afan*, rivière.

AZERAILLE.
Près d'une rivière. *A*, rivière. *Cer*, près. *El*, habitation.

BACCARAT.
A une courbure de la Meurthe. *Bach*, courbure. *Rat*, rivière.

BADEMESNIL.
A la fource d'une rivière. *Bad*, fource. *Mefnil*, habitation.

BADONVILLER.
A une courbure de rivière. *Ba*, courbure. *Dan*, *Don*, rivière. *Viller*, habitation.

BAGNEUX.
A la fource d'une petite rivière. *Ban*, fource. *Ew*, rivière.

BAINVILLE.
Au bord d'une rivière. *Ben*, rivière. *Vil*, habitation : ou *Ben*, bord.

BAN-LE-DUC.
Au pied d'une montagne. *Ban*, montagne.

BANAY.
Au bord d'une rivière. *Ban*, bord. *Ai*, rivière.

BAR-LE-DUC.
Sur une élévation. *Bar*, élévation.

BARISEY.
Près d'un petit lac d'où fort une rivière. *Bar*, près. *Is*, rivière. *Sab*, en compofition *Seb*, lac. *Voyez* le Port de Cette en Languedoc.

BARTEL.
Au bord de la Sare. *Bar*, bord. *Dale* ou *Tale*, en compofition *Tele*, rivière.

BATHELEMON.
Au bord d'une rivière. *Bath*, habitation. *El*, bord. *Amon*, en compofition *Emon*, rivière.

BAUFREMONT.
Au milieu d'une montagne, dont une des extrémités eft terminée par de hauts rochers, coupés droit comme des murs. *Bau*, rocs. *Freh*, coupés. *Mont*, montagne.

BAUZEMONT.
A une courbure de rivière. *Bauz*, courbure. *Amon*, en compofition *Emon*, rivière.

BAY.
A une courbure de rivière. *Ba*, courbure. *I*, rivière.

BAYECOUR.
Au bord d'une petite rivière. *Bay*, ruisseau, petite rivière. *Cwr*, prononcez *Cour*, bord.

BAYON.
Près d'un confluent. *Bay*, rivière. *Un* ou *On*, union.

BECHAMPS.
Sur une élévation. *Bech*, élévation. *An*, sur.

BECHY.
Bach, en composition *Bech*, petite. *Y*, habitation. *Voyez* Villersbuson dans le Comté de Bourgogne.

BECKING.
Près d'une embouchure. *Bec*, embouchure. *Wng*, en composition *Yng*, près.

BEGNICOURT.
Près de l'embouchure d'une petite rivière. *Bann*, en composition *Benn*, embouchure. *I*, près. *Court*, habitation.

BELEAU.
Au bord d'une rivière. *Bal*, en composition *Bel*, bord. *Av*, rivière.

BELLEVAL.
Dans un vallon, à la source d'une rivière. *Bal*, en composition *Bel*, source. *Val*, vallon.

BELRUPT.
On prononce *Beru*, au bord de la Saône. *Bal*, en composition *Bel*, bord. *Ru*, rivière.

BEMON.
Au pied d'une montagne sur un ruisseau. *Bay*, ruisseau. *Mont*, montagne.

BENDORFF.
Dans une courbure de rivière. *Ben*, courbure de rivière. *Dorff*, habitation.

BENEVILLE.
Près d'une embouchure. *Bann*, en composition *Benn*, embouchure. *Vil*, habitation.

BENNAY.
Au bord d'une forêt. *Ben*, extrémité, bord. *Hai*, forêt.

BENVILLE.
A une courbure de rivière. *Ben*, courbure de rivière. *Vill*, habitation.

BERENDORF.
Sur une rivière. *Ber*, sur. *En*, rivière. *Dorf*, habitation.

BERG.
Sur une élévation. *Berg*, élévation.

BERTISE.
Sur une élévation. *Ber*, élévation. *Tis*, habitation.

BERUS.
Sur une montagne. *Ber*, sur. *Us*, montagne.

BETTING.
Au bord d'une rivière. *Bet*, habitation. *Tan*, en composition *Ten* ou *Tin*, rivière. *G* de *Gen*, près. *Voyez* l'article suivant.

BETTINGEN.
Au bord d'une petite rivière. *Gan*, en composition *Gen*, près. *Voyez* l'article précédent.

SUR LA LANGUE CELTIQUE. 247

BIAMONT.
Près de la source d'une rivière. *Bw*, en composition *By*, habitation. *A*, près. *Mon*, source.

BICOUR.
Au bord d'une rivière. *Bw*, en composition *By*, habitation. *Cwr*, prononcez *Cour*, bord.

BICQUELEY.
Sur une petite rivière. *Bichel*, petite. *Ei*, rivière.

BIECOURS.
A une courbure de rivière. *Bwa*, en composition *Bie*, courbure. *Cwr*, prononcez *Cour*, rivière.

BIEL.
Près d'une courbure de rivière. *Bwa*, en composition *Bye*, courbure. *Al*, en composition *El*, près.

BILEY.
A une courbure de la Meuse. *Bw*, en composition *By*; courbure. *Ley*, rivière.

BLANMONT.
Sur le sommet d'une montagne. *Blaen*, *Blan*, sommet. *Mont*, montagne.

BLENOLD.
Au pied d'une haute montagne. *Blaen*, extrémité, pied. *Ald* ou *Old*, montagne.

BLEURVILLE.
Au pied d'une roche, sur laquelle est bâtie l'Église. Il y passe un gros ruisseau. *Ble*, roc. *Eur*, ruisseau. *Vil*, habitation.

BONVILLET ou BOINVILLET.
Sur la Saône, qui y fait une courbure. Son Église est sur un rocher un peu élevé. *Bon*, courbure de rivière. *Bll* ou *Vil*, roc. *At*, en composition *Et*, près.

BOSERVILLE.
Près d'une forêt. *Bo*, forêt. *Ser*, près. *Vill*, habitation.

BOUCONVILLE.
A la sortie d'une rivière, d'un lac ou étang. *Bouc*, bouche. *On*, rivière. *Vill*, habitation.

BOUIN.
Près d'un confluent, entre les deux rivières. *Bw*, prononcez *Bou*, habitation. *Ien*, par crase *In*, rivière.

BOULAY.
A une courbure de rivière. *Bw*, prononcez *Bou*, courbure. *Lay*, rivière.

BOUQUENON.
A une courbure de la Sare. *Bog* ou *Boq*, *Boqen*, arc, courbure. *On*, rivière.

BOURDENAY.
Dans une forêt. *Bwrd*, prononcez *Bourd*, habitation. *En*, dans. *Hai*, forêt.

BOURMONT.
Sur une élévation. *Bor*, sur. *Mont*, élévation.

BOUSIE.
A une courbure de la Sare. *Baus*, *Bous*, courbure. *I*, rivière.

BOUSVILLER.
Petite Ville située dans un fond, au milieu de trois montagnes dont elle est commandée, jusqu'à voir distinctement tous ceux qui passent dans les rues. *Bod* ou *Boud*, en composition *Bous*, fond. *Villers*, habitation.

BOUTA.
A une courbure de rivière. *Bw*, prononcez *Bou*, courbure. *Ta*, de *Tav*, rivière : Ou *Ta*, habitation.

BOUZÉEL.

A une courbure de rivière. *Bw*, prononcez *Bou*, courbure. *Sell* ou *Zell*, habitation.

BOUZONVILLE.

A l'embouchure d'une rivière dans la Moselle. *Bouch*, *Bous*, embouchure. *On*, rivière. *Vill*, habitation : Ou simplement *Bous*, *Bouson*, embouchure.

BRABANT.

A une courbure de rivière. *Br* de *Brocc*, courbure. *Aban*, rivière : Ou *Bre* de *Ber*, sur, près.

BRAINVILLE.

Au bord de la Meuse. *Brein*, rivière. *Vil*, habitation : Ou *Br* de *Brocc*, courbure. *En*, rivière : Ou *Brain*, libre, franche.

BRAUVILLERS.

Brau, belle. *Viller*, habitation.

BREBACH.

A une courbure de la Sare. *Ber*, *Bre*, près. *Bach*, courbure.

BREMENY.

Au bord d'une rivière. *Brem*, près. *En*, rivière. *Y*, habitation.

BRETENAC.

Au bord d'une rivière. *Bret*, près. *En*, rivière. *Ac*, habitation.

BRETEVILLE.

Au bord d'une rivière. *Bret*, près. *E*, rivière. *Vil*, habitation.

BREVANE.

Au bord d'un ruisseau, sur lequel il y a un moulin. *Brevan*, moulin.

BRISEY.

Sur la pente d'une montagne, & environné de bois. *Bri*, montagne. *Say*, en composition *Sey*, bois.

BRULEY.

Sur le penchant d'une côte aquatique. *Bru*, côte, montagne. *Ley*, eau.

BULLIGNY.

Dans un fond fort aquatique & marécageux. *Bull*, marais. *Bullin*, marécageux. *Y*, habitation.

BURÉ.

Sur une montagne. Il est environné de bois. *Bur*, élévation. *Hai*, en composition *Hei*, bois. Il y a un autre Village de ce nom qui est sur un bras de la Meuse, au pied d'une montagne. *Bur*, élévation. *E*, rivière.

BUSSAN.

Village près duquel il y a une source d'eau minerale fort estimée. *Budd*, en composition *Buss*, utilité. *San*, source. *Bussan*, source utile, source salutaire.

BUSSY.

A une courbure de rivière. *Bw*, courbure. *Sy*, rivière.

BUTGNEY.

Près d'une élévation. *But*, élévation. *Nés*, près.

BUTZEN.

A une courbure de rivière. *But*, courbure. *Tan*, en composition *Ten* ou *Zen*, rivière.

CANTIN.

Près d'une forêt. *Can*, près. *Ten*, *Tin*, forêt.

CERIN.

Au bord d'une rivière. *Cer*, près. *Rin*, rivière.

SUR LA LANGUE CELTIQUE.

CERRE.
KAER, nom appellatif d'habitation, devenu propre de celle-ci.

CERTIGNY.
Près d'une rivière. Cer, près. Tan, en composition Ten, Tin, rivière. Y, habitation.

CHALEINE.
Au bord de la Meuse. Cal, en composition Chal, bord. En, rivière.

CHALIGNY.
Près de la Moselle. Cal, en composition Chal, bord, près. Lynn, rivière. Y, habitation.

CHAMAGNE.
A une courbure de la Moselle. Cam, en composition Cham, courbure. An, rivière.

CHAMME.
CHAM, nom appellatif d'habitation, devenu propre de celle-ci.

CHAMPÉ.
Près d'une courbure de rivière. Camb ou Camp, en composition Champ, courbure. É, rivière.

CHAMPENOUS.
A une courbure de rivière. Campe, en composition Champe, courbure. Nw, Nou, rivière.

CHAMPS.
A une courbure de la Meuse. S de Sy, rivière. Voyez l'article précédent.

CHARMES.
CARMAE, sur le bord de la Moselle, au milieu d'une belle & vaste prairie. Car, belle. Mae, prairie.

CHATENOI.
Partie au pied, partie sur une montagne où il y a des bois. Chat, bois. Den ou Ten, habitation. Oi, habitation.

CHAUDENOI.
Dans une courbure de la Moselle. Caud, en composition Chaud, courbure. Nwy, prononcez Noy, rivière.

CHAULLEY.
A tiré son nom des choux. Caul, choux. Chauleeg ou Chauley, abondant en choux. Voyez Choloy.

CHAUMOUSEY.
Abbaye dans une prairie, près d'un bois. Chod, bois. Moes, Mous, prairie. Voyez Amousiens dans le premier article du Comté de Bourgogne. L'ancien Auteur de l'histoire de cette Abbaye dit, que le lieu où elle fut bâtie étoit rudis sylva, qu'il nomme Calmosiacus.

CHEMINOT.
A un confluent. Cam, en composition Cham ou Chem, union, jonction. Ien, In, rivière. Hot, prononcez Hot, habitation.

CHENEVIÉRE.
Près d'une courbure de la Meurte. Cen, en composition Chen, courbure. Ver, rivière.

CHENTUIÉRES.
A une courbure de rivière. Cen, en composition Chen, courbure. Thwi, rivière. Er, près.

CHOCOUR.
A la source d'un ruisseau, ou petite rivière. Cw, en composition Chw, prononcez Cho, rivière, ruisseau. Cor, source.

CHOLOY.
CAULIACUS. Vicus Caulium, a pris son nom de ses choux. Voyez Chaulley plus haut.

CIRAY.
Au bord d'une rivière. Cwr, en composition Cyr, bord. Ai, rivière.

CLERET.

Sur le penchant d'une côte environnée de bois, près de la source d'un ruisseau. *Cler*, rivière, ruisseau. *Het*, tête, source.

CLERMONT.

Son Château occupe tout le sommet d'un rocher très-haut, escarpé en façon d'une muraille. La Ville est au dessous. Une petite rivière arrose le pied de cette colline de roc. *Clegr* ou *Cler*, roc, *Mont*, élévation, colline : Ou *Cler*, rivière : Ou *Cler*, coupé, escarpé.

CLOMEY.

A une courbure du Chiers. *Clam*, *Clom*, tortuosité. *Ei*, rivière.

COIN.

Au bord d'une petite rivière. *Co*, petite. *Ien*, *In*, rivière.

COLROY.

A un confluent. *Caul*, union, jonction. *Roy*, rivière.

COM.

Com, nom appellatif d'habitation, devenu propre de celle-ci.

COMMERCY.

A l'endroit où la Meuse réünit ses deux bras. *Com*, union. *Mar*, en composition *Mer*, coupure. *Cy*, rivière.

CONDÉ.

Il y a trois endroits de ce nom, tous à des confluens. *Cond*, *Condé*, confluent.

CONDET.

Près d'un confluent. *Condat*, confluent.

CONTELHOF.

Près d'un confluent. *Cont*, confluent. *El*, près. *Hof*, habitation.

CORNIMONT.

A une embouchure. *Cor*, embouchure. *Ny*, près. Si ce Village est sur une élévation, *Mont*, élévation; s'il n'y est pas, *Mon*, habitation.

CORNY.

Sur une élévation. *Cor*, élévation. *Ny*, habitation.

CORSIEU.

Corsica, à l'embouchure d'une rivière. *Cor*, embouchure. *Tyic*, en composition *Syc*, habitation.

COURCELLE.

Cour, habitation. *Cel*, diminutif.

COUROUVE.

Au bord d'une rivière. *Cwrr*, prononcez *Courr*, bord. *Ow*, rivière.

COURS.

Il y a deux Villages de ce nom, l'un & l'autre au bord d'une rivière. *Cwrr*, prononcez *Courr*, bord. *S* de *Sw*, rivière.

COUSSEY.

Au confluent de la Meuse & du Verre. *Coud*, en composition *Cous*, jonction. *Ei*, rivière.

COYVILLER.

Au bord d'une rivière. *Cwi*, prononcez *Coi*, rivière. *Viller*, habitation.

CRAINCOUR.

Près d'une courbure de rivière. *Cren*, courbure. *Cwr*, prononcez *Cour*, rivière.

CRAINVILLÉER.

A la source d'une rivière. *Cor*, source. *Ain*, rivière. *Viller*, habitation. *Corainviller*, *Crainviller*, par une crase fort facile.

SUR LA LANGUE CELTIQUE.

CRAON.
Doit son nom à ses noix. *Craoun*, noix.

CRÉANGE.
A une courbure du Nied. *Crancq*, courbure.

CREPAY.
Près de la source d'une rivière. *Creh*, source. *Bay*, *Pay*, rivière.

CREPY.
A une courbure de rivière. *Crep*, courbure. *I*, rivière.

CRESILLE.
Près de la source d'un petit ruisseau. *Creh*, source. *Silles*, ruisseau.

CREVE.
A une courbure de rivière. *Crep*, *Crev*, courbure. *E*, rivière.

CREVY.
A une courbure de rivière. *Crep*, *Crev*, courbure. *I*, rivière.

CUMON.
Près d'une courbure du Chiers. *Cu*, près. *Mon*, courbure de rivière.

CUSTINE.
Au bord d'une rivière. *Cos*, *Cus*, près. *Tan*, en composition *Ten*, *Tin*, rivière.

CUTTING.
Au bord d'une rivière. *Cw*, rivière. *Tin*, bord.

DAMBELIN.
Dans une petite gorge fermée par deux côteaux imperceptibles. Il y passe un ruisseau. *Dan*, vallon. *Bal*, rivière. *Belin*, diminutif.

DAMBLAIN.
A la source d'une rivière. *Dan*, rivière. *Blain*, source.

DAMBLY.
Près d'un bras de la Meuse. *Dan*, rivière. *Blit*, partie.

DAMVILLIERS.
Au bord d'une rivière. *Dan*, rivière. *Villers*, habitation.

DARNAY.
Près d'une grande forêt, composée des plus beaux arbres du monde. *Deren*, *Dern*, belle. *Hai*, forêt.

DEDIN.
Au bord du Nied. *Da*, en composition *De*, rivière. *Tin*, en composition *Din*, bord.

DEHINVILLE.
Sur une élevation. *Din*, élevation. *Vil*, habitation.

DELME.
Au bord d'une rivière. *Dale*, en composition *Dele*, rivière. *Ma*, en composition *Me*, habitation.

DELUS.
Au bord d'une rivière. *Dale*, en composition *Dele*, rivière. *Hus*, habitation.

DEMANGE.
Au bord d'une rivière. *Da*, en composition *De*, rivière. *Man*, *Mange*, habitation.

DENELBURG.
Au bord d'une rivière. *Dan*, en composition *Den*, rivière. *El*, bord. *Burg*, habitation.

DENEURE.

Sur une élevation, près de la Meurte. *Den*, élevation. *Eur*, rivière.

DEUFIN.

Près d'une embouchure de rivière. *Dev*, rivière. *Fin*, embouchure.

DEULCOUR.

Sur une petite élevation, au milieu des bois. *Twlc*, *Dwlc*, cabanes, chaumières. *Our*, élevation.

DEULIN.

Près d'un confluent. *Deu*, deux. *Llyn*, rivière.

DIEUZE.

Entre deux rivières, à un confluent. *Di*, deux. *Aus*, en composition *Eus*, rivière.

DILLING.

Au bord d'une rivière. *Dy*, habitation. *Llyn*, rivière.

DIN.

Nom appellatif d'habitation, devenu propre de celle-ci.

DINVILLER.

Au bord d'une rivière. *Dan*, en composition *Den*, *Din*, rivière. *Viller*, habitation.

LA DOCELLE.

Au bord d'une rivière. *Dw*, prononcez *Do*, rivière. *Cell*, habitation.

DOMBALE.

Sur une élevation. *Dom*, habitation. *Bal*, élevation.

DOMÈVRE.

Près de l'embouchure d'une petite rivière dans le Durbion. *Dom*, habitation. *Aber*, *Aver*, en composition *Ever*, *Èvre*, embouchure.

DONGEVIN.

A un confluent. *Dong*, union. *Avin*, en composition *Evin*, rivière.

DONNELAY.

Au bord d'une rivière. *Don*, habitation. *El*, bord. *Ai*, rivière.

DONTAIL.

Au bord d'une rivière. *Don*, habitation. *Tale*, en composition *Tele*, rivière.

DORNOT.

Près d'une courbure de rivière. *Torn*, *Dorn*, tour, courbure. *O*, rivière.

DOURVILLE.

Au bord d'une rivière. *Dour*, rivière. *Vil*, habitation.

DOUX.

Au bord d'une rivière. *Dw*, prononcez *Dou*, rivière.

DOUZIÈRE.

Au bord d'une rivière. *Dw*, prononcez *Dou*, rivière. *Ser*, près.

DUN.

A pris son nom de sa colline. *Dun*, colline.

EICH.

Au bord d'une rivière. *Ach*, *Ech*, rivière.

EINVILLE.

Au bord d'une rivière. *En*, rivière. *Vil*, habitation.

SUR LA LANGUE CELTIQUE.

É L Y.
Au bord de la Meuse. *El*, bord. *I*, rivière.

É M E L I N G.
Au bord d'une rivière. *Hem*, habitation. *El*, bord. *Llyn*, rivière.

E N C H E V I L L E.
Dans un fond environné de différens bois. *Enc*, *Ench*, serrée. *Vil*, habitation.

É P I N A L.
Spinalium, sur le penchant d'une montagne, au bord de la Moselle. *Spinn*, montagne. *Al*, bord. *I*, rivière.

É R U F.
Au bord d'une rivière. *Er*, près. *Ruf*, rivière.

E S C L E.
Au bord d'une rivière. *Escle*, bord. *Voyez* Escleux dans le Comté de Bourgogne.

E S L E Y.
Au bord d'une rivière. *Es*, rivière. *Lez*, près.

E S S E Y.
Au bord d'une rivière. *Es*, rivière. *Sai*, en composition *Sei*, habitation.

E S S I G N E Y.
Au bord d'une rivière. *Asin*, en composition *Ésin*, rivière. *Nès*, près.

E S T A I N.
A l'embouchure d'une petite rivière dans l'Orney. *Stan* ou *Sten*, embouchure. *E*, paragogique.

E T T O N.
Près d'un partage de rivière. *E*, rivière. *Tonn*, partagée.

É V E Z I N.
A une courbure de rivière. *Éve*, rivière. *Cen* ou *Cin*, courbure.

E U L A N G E.
A l'embouchure d'une petite rivière dans le Nied. *Heul*, jonction. *An*, rivière.

F A I N S.
Près d'une courbure de rivière. *Fah*, courbure. *Ien*, *In*, rivière.

L A F A U C H E.
Sur une élévation. *Bauch*, *Fauch*, élévation.

F A V I È R E.
Dans un fonds aquatique, au milieu des bois. *Fav*, hêtres. *Hir*, grands.

F A U Q U E M O N T.
A l'embouchure d'une petite rivière dans le Nied. *Boc* ou *Foc*, embouchure. *Amon*, en composition *Émon*, rivière.

F A Y.
Dans un bois de hêtres. *Fay*, bois de hêtres.

F E N E S T R A N G E.
A une grande courbure de la Sarre. *Fen*, courbure. *Estrainch*, grande.

F I N.
Près d'une embouchure. *Fin*, embouchure.

F I R M A N T.
Au bord d'une rivière. *Firm*, métairie. *Ant*, rivière.

FITTEN.

A une courbure de la Sare. *Fy*, courbure. *Tan*, en composition *Ten*, rivière.

FONVILLE.

A une courbure de rivière. *Fon*, courbure de rivière. *Vil*, habitation.

FOUG.

Sur une hauteur. *Pong*, *Foug*, hauteur.

FRAIN.

A la source d'une rivière. *Bren*, *Fren*, source.

FRAIZE.

Au bord d'une rivière. *Ver*, prononcez *Fer*, *Fre*, bord, près. *Eff*, rivière.

FREMENY.

Au bord d'une rivière. *Men*, rivière. *T*, habitation. *Voyez* l'article précédent.

FREMERY.

Au bord d'une rivière. *Mer*, rivière. *Voyez* l'article précédent.

FREMY.

Il y a deux Villages de ce nom, le haut & le bas. Le haut est sur une élévation; il a été bâti le premier. Le second en a pris le nom par raison de voisinage seulement. *Voyez* Aban dans le Comté de Bourgogne. *Brem*, *Frem*, élévation. *T*, habitation.

FRIBOURG.

Au bord d'une rivière. *Frwd*, en composition *Fryd*, rivière. *Bourg*, habitation.

FRICOUR.

Au bord d'une rivière. *Frwd*, en composition *Fryd*, rivière. *Cwrr*, prononcez *Courr*, bord.

FRIMBOLE.

Près de la source d'une rivière. *Frem*, *Frim*, près. *Bol*, source.

FROUAR.

Au bord de la Moselle. *Ffrw*, prononcez *Frou*, rivière. *Ar*, bord.

FROVILLE.

Au bord d'une rivière. *Ffrw*, prononcez *Fro*, rivière. *Vil*, habitation.

GAGNECOUR.

A une courbure de rivière. *Gan*, courbure. *Cwr*, prononcez *Cour*, rivière.

GELUCOURT.

Près d'un étang. *Gal*, en composition *Gel*, près. *Luh*, étang. *Court*, habitation.

GENICOURT.

Près d'une rivière. *Gen*, près. *I*, rivière. *Court*, habitation.

GENIVILLE.

A une courbure de rivière. *Gen*, courbure. *I*, rivière. *Vil*, habitation.

GERBECOUR.

A une courbure du Madon. *Ger*, près. *Ba*, en composition *Be*, courbure. *Cwr*, prononcez *Cour*, rivière.

GERIMENY.

Près de l'embouchure de la Vologne dans la Moselle. *Ger*, près. *Man*, en composition *Men*, embouchure. *T*, habitation.

GERMINY.

Près d'une montagne. *Ger*, près. *Mynydd*, montagne.

GERY.

Près d'une source de rivière. *Ger*, près. *Y*, source.

SUR LA LANGUE CELTIQUE.

GIRANCOUR.

Près de la source d'une petite rivière. *Ger*, *Gir*, près. *An*, source. *Cwr*, prononcez *Cour*, rivière.

GIRARMER.

Près d'un lac d'où sort une petite rivière. *Ger*, *Gir*, près. *Ar*, article. *Mer*, lac.

GIRVILLE.

Gir, petite. *Vil*, habitation.

GODON.

Près d'un bois. *God*, bois. *Twn*, prononcez *Ton*, en composition *Don*, près.

GOIN.

Au bord d'une petite rivière. *Go*, petite. *Ien*, *In*, rivière. *Voyez* Coin plus haut.

GOLBE.

A un confluent. *Colp*, union, jonction. *E*, rivière.

GONDRECOURT.

Au bord d'une rivière. *Godre*, bord. *Court*, habitation. L'*N* s'insère facilement en parlant dans Godrecourt.

GONDREVILLE.

Au bord de la Moselle. *Vil*, habitation. *Voyez* l'article précédent.

GORZE.

Gorzia, Bourg qui a donné son nom à la petite rivière qui l'arrose. Il y a un grand nombre de sources, dont l'on conduisoit l'eau à la Ville de Metz, qui en est éloignée de deux lieuës, par un magnifique aqueduc; on en voit encore les restes à Jouy. Sigebert de Gemblours a décrit ce canal en ces vers.

> *Miror aquaductus sex millibus ipse per arcus.*
> *Invisit matrem cum filia Gorzia Mettim.*
> *Non alti montes, non ima denique valles.*
> *Intercurrentis non impetus ipse Mosellæ.*
> *Impediere viam; quid vidi operosius umquam.*
> *Ars mittebat aquas, quas tu, natura, negabas.*
> *Donec sola vias rupit longæva vetustas.*
> *Laudem structuræ retinent hodièque ruinæ.*

Ce canal est un des plus beaux ouvrages des Romains. *Gor*, canal. *Sy*, eau. *Voyez* Arcier dans le Comté de Bourgogne.

GOUDRESSANGE.

Près d'un étang. *San*, étang. *Godre*, *Goudre*, bord.

GOVILLÉ.

Au pied d'une montagne environnée de bois. *Go*, bois. *Viller*, habitation : Ou *Go*, petite.

GOVILLER.

Au bord d'une rivière. *Gw*, prononcez *Go*, rivière. *Viller*, habitation : Ou *Go*, petite.

GOURNAY.

Au bord d'une petite rivière. *Gouer*, *Gour*, ruisseau, petite rivière. *Nés*, près.

GOUSSAINCOURT.

Dans un fonds arrosé par la Meuse. *Gouzyen* bas, fond. *Cwr*, prononcez *Cour*, rivière : Ou *Court*, habitation.

GOUSSELIN.

Près d'un étang. *Gos*, près. *Llyn*, étang.

GRANGE.

Ce Village a commencé par une grange.

GREUX.

Sur un ruisseau. *Ger*, près. *Ru*, *Ryu*, ruisseau. *Gerreu*, prononcez *Guerreu*, *Greu*, par une crase fort facile.

GRIMONVILLER.

Près de la source d'une petite rivière. *Cri*, touchant, joignant, près. *Mon*, source. *Viller*, habitation.

GRUEY.

Dans les bois. *Gru*, bois. *Grueg*, *Gruey*, qui est dans les bois.

GUDING.

A un confluent. *Guden*, *Gudin*, union, confluent.

GUEDING.

A la source d'une rivière. *Gad*, en composition *Ged*, prononcez *Gued*, tête, source. *Dan*, en composition *Den*, *Din*, rivière.

GUENNANGE.

A l'embouchure d'une petite rivière dans l'étang du Lindre. *Guen*, embouchure. *An*, rivière.

GUENNINCOURT.

A l'embouchure d'une rivière. *Gen*, prononcez *Guen*, embouchure. *Ien*, *In*, rivière. *Court*, habitation.

GUERY.

Près de la source d'une rivière. *Ger*, prononcez *Guer*, près. *Y*, source.

GYE.

Au bord d'une rivière. *Gi*, rivière.

HACOUR.

Au confluent de la Meuse & d'une petite rivière. *Ac*, union. *Our*, rivière.

HADONVILLER.

A un confluent. *Ad*, rivière. *Dun*, *Don*, union. *Viller*, habitation. Il y a un autre Village de ce nom près de la Vesouze, qui s'y partage. *Ad*, rivière. *Tonn*, en composition *Donn*, partagée. *Viller*, habitation.

HAGECOUR.

Au bord d'une rivière. *Ag*, rivière. *Cwr*, prononcez *Cour*, bord.

HAGNEVILLE.

A la source d'une petite rivière. *Han*, source. *E*, rivière. *Vil*, habitation.

HALOUVILLE.

Près d'un étang. *Al*, près. *Lwh*, prononcez *Louh*, étang. *Vil*, habitation.

HAM.

Nom appellatif d'habitation, devenu propre de celle-ci.

HAME.

Environné d'eau de toutes parts. Il est placé dans une Isle formée par la Moselle, & par le partage d'une petite rivière qui se jette par deux embouchures dans la Moselle. *Am*, environné. *E*, eau. Il y a un autre Village de ce nom, qui s'étant formé auprès, en a pris le nom, quoiqu'il ne fût pas dans la même situation. *Voyez* Freny plus haut.

HAMECOUR.

Au bord d'une rivière. *Am*, rivière. *Cwr*, prononcez *Cour*, bord.

HAMME.

De *Ham*, nom appellatif d'habitation, devenu propre de celle-ci.

HAMOUGE.

Au bord d'une rivière. *Ham*, habitation. *Ug*, prononcez *Oug*, *Ouge*, rivière.

HAN.

De *Ham*, nom appellatif d'habitation, devenu propre de celle-ci : Ou de *An*, autre nom appellatif d'habitation.

SUR LA LANGUE CELTIQUE.

HAPPONCOURT.

Au bord du Verre qui s'y courbe. *Apon*, courbure de rivière. *Court*, habitation.

HARAUCOURT.

Près d'un étang. *Ar*, près. *Au*, étang. *Court*, habitation.

HARBOUÉ.

Près d'un petit lac. *Ar*, près. *Pouel*; en composition *Bouel*, lac.

HARDEMONT.

Au bord du Cosney. *Ard*, près. *Amon*, en composition *Emon*, rivière.

HARDIGNEY.

Près d'une forêt. *Arden*, *Ardin*, forêt. *Nés*, près.

HAREVILLE.

Au bord de la Meuse. *Ar*, près. *E*, rivière. *Vil*, habitation.

HARMONVILLE.

Au pied d'une hauteur. *Ar*, près. *Mon*, élevation. *Vil*, habitation.

HAROUÉ.

Au bord d'une rivière. *Haro*, à la. *É*, rivière. *Haroé*, à la rivière, au bord de la rivière.

HAS.

Au bord d'une rivière. *As*, rivière.

HAUBOUDANGE.

Dans une Isle formée par la petite Seille, & par les deux bras d'une rivière qui s'y jette par deux embouchures, *Abw*, prononcez *Abou*, environnée. *Dan*, rivière.

HAUDIOMONT.

Au pied d'un long côteau, d'où sortent plusieurs ruisseaux, & qui est couvert de bois, *Aud*, plusieurs. *Iw*, prononcez *Io*, ruisseaux. *Mont*, côteaux.

HAVEND.

Petit Pays qui est enfermé des deux côtés par les plus hautes montagnes. Il a pris son nom du Château nommé dans les anciennes Chartes *Habendum*, *Havendum*, qui étoit placé au dessus d'une montagne. C'est la même étymologie qu'*Aban* dans le Comté de Bourgogne.

HAUVE.

Au bord de la Sare. *Aw*, rivière.

HÉDIGNY.

A la source d'une rivière. *Hed*, tête, source. *Dan*, en composition *Den*, *Din*, rivière. *Y*, habitation.

HÉRIVAL.

Hyrea-Vallis (dans un ancien Auteur) *juxtà Romarici montem*, est dans une vallée près de la source d'une rivière. *Y*, source. *Re*, rivière. *Val*, vallée.

HESSE.

Au bord d'une rivière. *Ess*, rivière.

HINVILLE.

Hin, belle. *Vil*, habitation.

HOGNEVILLE.

Sur une petite hauteur. *Wn*, prononcez *On*, élevation. *Vil*, habitation.

HOMBORG.

Sur une élevation. *Hwm*, prononcez *Hom*, élevation. *Borg*, habitation.

HOMECOUR.

Hom, nom appellatif d'habitation, devenu propre de celle-ci. *Corr*, petit. *Voyez* Villersbusou dans le Comté de Bourgogne.

HOMERTING.
Au bord d'une rivière. *Omer*, rivière. *Ting*, près.

HONVILLE.
Au bord d'une rivière. *On*, rivière. *Vil*, habitation.

HOUDEMONT.
Sur une hauteur, & environné de bois. *Houd*, bois. *Mont*, hauteur.

HOUDREVILLE.
Sur une hauteur, & environné de bois. *Houd*, bois. *Er*, hauteur. *Vil*, habitation. *Houderville* ; *Houdreville*, par une transposition fort commune & fort facile.

HOUX.
Hws, prononcez *Hous*, nom appellatif d'habitation, devenu propre de celle-ci.

HOUSSERA.
Au bord d'une rivière. *Ow*, rivière. *Ser*, près.

HUMONT.
A une courbure de rivière. *Hw*, article. *Mon*, courbure.

LA HUTTE.
Hwt, nom appellatif d'habitation, devenu propre de celle-ci.

HUTTING.
Au bord d'une rivière. *W*, rivière. *Ting*, près.

HUVILLER.
Sur une élevation. *Uh*, élevation. *Viller*, habitation.

JAMETZ.
Gemmatium dans les vieilles Chroniques, à une courbure de rivière. *Gammadd*, *Gammat*, en composition *Gemmat*, courbure. *I*, rivière.

IAUNY.
Au bord d'une rivière. *Ion*, rivière. *I*, près.

IBIGNY.
A une courbure de rivière. *I*, rivière. *Bw*, en composition *By*, courbure. *Ny*, près.

IENDURE.
Au bord du Saux qui s'y courbe. *Ien*, rivière. *Tur*, en composition *Dur*, tour, circuit, courbure.

IERBONVAUX.
A une courbure de rivière. *Ger*, près. *Bon*, courbure de rivière.

IGNY.
Au bord de la Moselle. *I*, rivière. *Ny*, près.

IISSEY.
Dans une courbure de rivière. *Wi*, prononcez *Yi*, *Sae*, enfermé, entouré.

ILING.
Dans une petite Isle formée par une rivière. *Il*, Isle. *Ing*, petite.

IMBERMESNIL.
Sur une rivière. *Ien*, *In*, rivière. *Ber*, sur, près. *Mesnil*, habitation.

INEU.
Au bord d'une rivière. *Ien*, *In*, rivière. *Eu*, habitation.

INOR.
Au bord de la Meuse. *I*, près. *Nor*, rivière.

SUR LA LANGUE CELTIQUE,

IONVILLE.
Au bord d'une rivière. *Ion*, rivière. *Vil*, habitation.

IOUI.
A la source d'une rivière. *Iw*, prononcez *Iou*, rivière. *Y*, source. Il y a un autre Village de ce nom près de la Moselle. *I*, près.

ISSONCOURT.
A la source d'une rivière. *Is*, rivière. *Son*, source. *Court*, habitation.

IUVOCOURT.
Au bord d'une rivière. *Iw*, rivière. *Od*, bord. *Court*, habitation.

IUXARY.
Au bord d'une rivière. *Iw*, rivière. *Car*, près. *Y*, habitation.

KESTEL.
Au bord de la Sare. *Cas*, en composition *Ces*, prononcez *Kes*, habitation. *Tale*, en composition *Tele*, rivière.

KIFFRETIN.
A un confluent. *Cyf*, prononcez *Kyf*, conjonction. *Fret*, rivière. *Tin*, près.

KUM.
Vis-a-vis un confluent. *Cwm*, confluent.

LANDORFF.
Au bord d'une rivière. *Lan*, rivière. *Dorff*, Village.

LAITRE.
A la source d'une rivière. *Laith*, rivière. *Tarh*, en composition *Terh*, source. *Laitterh*, *Laitre*, par une transposition facile.

LAIMMECOUR.
Près d'un bois. *Lem*, bois. *Cwr*, prononcez *Cour*, près.

LAIX.
Au bord d'une rivière. *Lex*, rivière.

LAIXON.
Au bord d'une rivière. *Lex*, rivière. *Son*, habitation.

LANDAVILLE.
Partie sur une côte, partie au pied, près des bois. *Lam*, bois. *Tav*, en composition *Dav*, près. *Vil*, habitation.

LANGLEY.
Au bord d'une rivière. *Lan*, rivière. *Gl*, bord. *Ai*, en composition *Ei*, habitation.

LARAIN.
A la source du Madon. *Lar*, tête, source. *En*, rivière.

LASSÉ.
Au bord d'une rivière. *Les*, *Las*, bord. *É*, rivière.

LASSU.
Au bord d'une rivière. *W*, rivière. *Voyez* l'article précédent.

LAY.
Layus dans un titre de 950, près de la forêt de Hai. *Lay*, forêt.

LAYMONT.
A une courbure de rivière. *Lex*, près. *Mon*, courbure de rivière.

LELIN.
Près d'une rivière. *Lez*, près. *Llyn*, rivière.

LENONCOURT.

A la cime d'une élévation. *Lein*, cime. *Non*, élévation. *Court*, habitation.

LESSAY.

Au bord d'une rivière. *Les*, bord. *Ai*, rivière.

LES LEUQUOIS.

LEUCI, dont la Ville de Toul est la Capitale, possédoient du temps de Jules-César une grande étendue de Pays, telle à peu-près qu'est aujourd'hui le Diocèse de Toul. Pline dit que de son temps les Leuquois étoient un Peuple libre, *Leuci liberi*. Lucain les loue de leur vigueur & de leur force à lancer le javelot.

Optimus excusso Rhenus, Lentusque lacerto.

Lew, fort. *Gell* ou *Cell* bras. *Leuc*, bras fort, bras vigoureux. Le dernier mot en composition ne conserve quelquefois que sa première lettre. *Voyez* à la page 44.

LICHECOURT.

Au bord d'un ruisseau. *Lwch*, en composition *Lich*, ruisseau. *Cwr*, prononcez *Cour*, bord.

LICOUR.

LIS, lieu, habitation. *Corr*, *Cour*, petite. *Voyez* Villersbufon dans le Comté de Bourgogne.

LIFOUL.

Il y a deux Villages de ce nom qu'on distingue par les épithétes de grand & de petit. Le premier est en partie sur une hauteur, en partie dans un fond fort aquatique. Le second est sur le penchant d'une montagne ; ils sont tous les deux environnés de bois. Je crois que Lifoul le grand a commencé par la partie qui est dans le fond, d'où il a pris son nom. *Llif*, marais, boue, fange. *Llifoul*, boueux, fangeux, marécageux, aquatique. Lifoul le petit aura pris le nom du grand à cause du voisinage. *Voyez* Fremy plus haut.

LIGNEVILLE.

A la source d'une rivière. *Llyn*, rivière. *Bil*, *Vil*, source.

LIGNY.

LINEIUM, sur la rivière d'Orney, *Llyn*, rivière. *I*, près.

LINDIN.

Près d'un confluent. *Llyn*, rivière *Tin*, en composition *Din*, union.

LINDRE.

Sur une élévation, au pied de laquelle est un étang. *Llyn*, étang. *Tra*, en composition *Dre*, élévation.

LINSTROFF.

Près d'un étang. *Llyn*, étang. *Strop*, *Stroff*, touchant, près.

LINY.

Près d'une rivière. *Llyn*, rivière. *I*, près.

LIRONCOURT.

Au bord de la Saône. *Lis*, bord. *Ron*, rivière. *Court*, habitation.

LISTORFF.

Au bord de la Sarre. *Lis*, rivière. *Torff*, habitation.

LIXIM.

Au bord d'une rivière. *Lix*, rivière. *Heim*, habitation.

LONGEAN.

A la source d'une rivière. *Llwn*, prononcez *Lon*, rivière. *Gen*, tête, source.

LONGUION.

A un confluent. *Llwn*, prononcez *Llon*, rivière. *Gwy*, deux. *Un*, *On*, union.

LONGWY.

Est divisé en Ville haute ou neuve, & Ville basse ou ancienne. La Ville haute est placée sur la pente d'une montagne qui donne dans une belle plaine très-abondante. La Ville basse est située au pied de la Ville haute dans le fond d'un vallon. *Lonn*, vallée, *Wy*, habitation.

SUR LA LANGUE CELTIQUE.

L O R.
Au bord d'une rivière. *Le*, lieu, habitation. *Or*, rivière : Ou *L*, article.

L O R E Y.
A une courbure de rivière. *Lor*, courbure. *Ei*, rivière.

L U B I N E.
Au bord d'une rivière. *Lub*, rivière. *Min*, *Bin*, bord.

L U C Y.
Au bord d'une rivière. *Lwc*, rivière. *I*, près.

L U N É V I L L E.
Dans une belle & fertile campagne arrosée par la Vesouze. *Llonn*, *Llunn*, agréable, belle. *Vil*, habitation : Ou *Llwn*, rivière.

L U V I G N Y.
Au bord d'une rivière. *Lub*, rivière. *Min*, en composition *Vin*, bord. *Y*, habitation.

L Y V E R D U N.
Sur une élévation, au bord de la Moselle. *Ly*, rivière. *Ver*, près. *Dun*, élévation. *Lyverdun*; élévation près de la rivière.

M A I L L Y.
A une courbure de rivière. *Mal*, courbure. *Ly*, rivière.

M A I S I É R E.
Sur une montagne. *Mai*, habitation. *Sier*, montagne.

M A I X E.
Au bord d'une rivière. *Maix*, habitation. *E*, rivière.

M A I Z E Y.
Entre deux rivières, près de leur confluent. *Mai*, habitation. *Di*, en composition *Zi*, deux. *Ei*, rivière.

M A K E R.
Mag ou *Mac*, nom appellatif d'habitation, devenu propre de celle-ci. *Er*, superflu : Ou *Ma*, petite. *Caer*, habitation. *Voyez* Licourt plus haut.

M A L I É V I L L E.
Au bord d'une rivière. *Mal*, bord. *Liex*, rivière. *Vil*, habitation.

M A L I N C O U R T.
Au bord d'une rivière. *Mal*, bord. *Llyn*, rivière. *Court*, habitation.

M A L O C O U R T.
Près de la source d'une rivière. *Mal*, source. *O*, rivière. *Court*, habitation.

M A N D R E.
Au bord du Verre, sur une petite élévation. *Mend*, élévation. *Re*, rivière.

M A N H O U É.
A une courbure de rivière. *Man*, courbure de rivière. *Ouar*, en composition *Ouer*, près.

M A N I É R E.
Maner, nom appellatif d'habitation, devenu propre de celle-ci.

M A N O N V I L L E.
A une courbure de rivière. *Man*, courbure de rivière. *Wng*, prononcez *Ong*, près. *Vil*, habitation.

M A N T I L.
Man, habitation. *Til*, petite. *Voyez* Marmville.

M A R A T.
Au bord d'une rivière. *Mar*, rivière. *At*, bord.

MARBOT.

Près d'un étang. *Mar*, étang. *Bwth*, prononcez *Both*, habitation.

LA MARCHE.

Aux Frontières de la Champagne. *March*, Frontière.

MARDIGNY.

Au bord d'une forêt. *Mar*, bord. *Den*, *Din*, forêt. *Y*, habitation.

MARIGNY.

Au pied d'une montagne. *Mar*, près. *Rhyn*, montagne. *Y*, habitation.

MARINVILLE.

Au bord d'une rivière. *Mar*, bord. *Rin*, rivière. *Vil*, habitation.

MARLOT.

Au bord de l'Orney. *Mar*, bord. *Lwh*, prononcez *Loh*, rivière.

MARLY.

Au bord d'une rivière. *Mar*, bord. *Lix*, rivière.

MARMVILLER.

Marm, petite. *Viller*, habitation. *Voyez* Villersbufon dans le Comté de Bourgogne.

MARON.

Près de la Moselle. *Mar*, près. *On* rivière.

MARONCOURT.

Au bord d'une rivière. *Voyez* l'article précédent. *Court*, habitation.

MARSAL.

Ce lieu étoit fameux par ses Salines dès le huitième siécle, comme on le voit par le testament de Folrad, Archichapelain & Abbé de saint Denis, gardé en original dans les Archives de cette Abbaye. Cet Abbé marque dans ce testament qu'il faisoit du sel à Marsal, & que Marsal s'appelloit *Bodatium*. L'Auteur de la Chronique des Évêques de Metz, qui se trouve dans le Spicilége, appelle Marsal, *Marcellum*, *Marsellum*. *Mar*, eau. *Sal*, *Sel*, sel. *Marsal*, *Marsel*, eau de sel, eau salée. *Boda*, *Bodat*, nom appellatif d'habitation devenu propre de celle-ci.

MARTIGNY.

Bourg sur un ruisseau. *Mar*, sur, près. *Tan*, en composition *Ten*, *Tin*, ruisseau. *Y*, habitation.

MARTINCOURT.

Au bord du Sanon. *Voyez* l'article précédent. *Court*, habitation.

MARVILLE.

Au bord d'une rivière. *Mar*, rivière. *Vil*, habitation.

MASSON.

Au bord d'une rivière. *Mas*, habitation. *On*, rivière.

MATTINCOURT.

Au bord d'une rivière. C'est la même étymologie que Martincourt. L'*R* s'est changée en *T* devant le *T* suivant.

MAXEY.

Près du Verre. *Max*, habitation. *Ei*, rivière.

LES MÉDIOMATRICIENS.

Médiomatrices, ancien Peuple de la Gaule Belgique, que sa valeur avoit garanti du joug de César ; car Tacite, au livre quatrième de son histoire, nous apprend que les Médiomatrices étoient les alliés, & non les Sujets des Romains, *Mediomatrices sociam Civitatem*. *Mad*, au pluriel *Medon*, *Médiou*, bons. *Matera* ou *Materis*, dard, javelot. *Medioumateris*, par une crase facile, *Mediomatris*, bons javelots. *Mediomatrises* ou *Mediomatrisi*, bons javelots. Comme on dit qu'un homme est une bonne épée.

MELIGNY.

Au bord d'une rivière. *Mel*, bord. *Llyn*, rivière. *Y*, habitation.

SUR LA LANGUE CELTIQUE.

MENILLOT.
DIMINUTIF de *Mesnil*. *Voyez* ce mot plus bas.

MENIOT.
AU bord d'une rivière. *Min* ou *Men*, bord. *Iw*, prononcez *Io*, rivière.

MENONCOURT.
A une courbure de rivière. *Men*, courbure de rivière. *Wng*, prononcez *Ong*, près. *Court*, habitation.

LA MER.
MARE dans un ancien Auteur, près d'un étang. *Mar*, étang.

MERLUCHE.
IL y a deux Villages de ce nom, l'un & l'autre au bord d'une rivière. *Mer*, près. *Lwch*, rivière.

MERSIG.
ENTRE deux rivières qui le bordent. *Mars*, en composition *Mers*, bordé. *Ig*, eau, rivière.

MERVILLE.
AU bord d'une rivière. *Mer*, rivière. *Vil*, habitation.

MESNIL.
NOM appellatif d'habitation, devenu propre de plusieurs Villages en cette Province.

MESNILLOT.
DIMINUTIF de *Mesnil*.

MESSIN.
AU bord de la Moselle qui s'y partage. *Med*, en composition *Mes*, coupure, partage. *Ien*, *In*, rivière.

METZ.
DIVODURUM, *Divodorum*, *Dioudurum*, *Dividurum Mediomatricorum*, *Civitas Mediomatricorum*, *Civitas Mediomatricum*. L'ancien nom de cette Ville est *Divodorum* ou *Divodurum*. Dans le quatrième siécle elle prit le nom des Médiomatriciens ou Médiomatrices dont elle étoit la Capitale; c'est pourquoi Ammien Marcellin l'appelle *Mediomatrici*. Elle est nommée *Metis* dans la Notice. Cette Ville est placée entre deux rivières, La Moselle l'environne du côté de l'occident & du nord. La Seille l'entoure du côté du midi & à l'orient. Sa situation est des plus belles & des plus agréables. Fortunat en a fait une description charmante, mais qui n'est pas flatée.

> *Hoc Metis fundata loco speciosa coruscans,*
> *Piscibus obsessum gaudet utrumque latus,*
> *Deliciosus ager ridet vernantibus arvis;*
> *Hinc sata culta vides, cernis & inde rosas*
> *Prospicis umbroso vestitos palmite colles,*
> *Certatur variâ fertilitate locus,*
> *Urbs munita nimis, quam cingit murus & amnis*
> *Pontificis merito stas valitura magis.*

DIW, *Diou*, deux. *Dor*, *Dur*, rivière. *Divodor*, *Divodur*, *Dioudur*, deux rivières. *Met*, entre. *Is*, rivière.

La Seille fait à Metz une courbure. Le terrein qu'elle environne en se courbant s'appelle Champaseille, par corruption Champasaille. *Campa*, en composition *Champa*, courbure. *Champaseille*, courbure de la Seille.

MEZELAY.
MAS, en composition *Mes*, habitation. *Llay*, petite. *Voyez* Licourt plus haut.

MICRIN.
A une courbure de rivière. *Mw*, en composition *My*, rivière. *Crwn*, en composition *Cryn*, courbure.

MIDER.
PRÈS d'un étang. *Voyez* Muyders.

MIRECOURT.
A un partage du Madon. *Mer*, *Mir*, coupure, partage. *E*, rivière. *Court*, habitation.

MÉMOIRES

MOÏENMOUTIER.

ABBAYE située dans un vallon, au pied d'une montagne dite la Haute-Roche. On rend mal le nom de ce Monastére en latin par *Medianum Monasterium*. *Maen*, *Moen*, roc.

MONCOURT.

PRÈS de la source d'une rivière. *Mon*, source. *Cwr*, prononcez *Cour*, rivière.

MONT.

A l'embouchure de la Mortagne dans la Meurte. *Mon*, embouchure.

MONTENOY.

A la source d'une rivière. *Mon*, source. *Tan*, en composition *Ten*, rivière. *Oy*, habitation.

MONTREUX.

PRÈS de la source d'une petite rivière. *Mon*, source. *Treu*, habitation.

MONTUREUX.

A une courbure de la Saône. *Mon*, courbure de rivière. *Treu*, habitation. *Montreu*, *Montureu*.

MONZÉ.

A une courbure de rivière. *Mon*, courbure de rivière. *Sae*, habitation.

MORAINVILLE.

Au bord d'une rivière. *Mor*, bord. *En*, rivière. *Vil*, habitation.

MORHANGE.

SUR la cime d'une montagne. *Mor*, sur. *Ange*, cime de montagne.

MORIZECOUR.

A la source d'une rivière. *Mor*, tête, source. *Is*, rivière. *Court*, habitation.

MORLAINCOURT.

Au bord d'une rivière. *Mor*, bord. *Len*, rivière. *Court*, habitation.

MORLANGE.

Au bord d'une rivière qui s'y courbe. *Mor*, bord. *Lan*, rivière. *Cen*, en composition *Gen*, courbe.

MORLAY.

Au bord d'une rivière. *Mor*, bord. *Laith*, rivière.

MORTAGNE.

ENTRE deux rivières. *Mor*, près. *Tan*, rivière. *Na*, en composition *Ne*, deux.

MORVILLE.

Au bord de la Seille. *Mor*, rivière. *Vil*, habitation.

LA MOTHE.

VILLE à présent ruinée, qui étoit sur une élévation. *Mott*, élévation.

MOULIGNY.

PRÈS d'un petit lac. *Moul*, lac. *Moulin*, petit lac. *I*, près.

MOUSSEY.

PRÈS d'un lac ou étang. *Mus*, *Mous*, qui s'arrête. *Ei*, eau.

MOYEN.

A l'embouchure d'une petite rivière dans la Mortagne. *Mw*, prononcez *Mo*, près. *Gen*, *Jen*, embouchure.

MUSSE.

Au bord de la Sare, près d'un étang que cette rivière forme. *Mus*, qui s'arrête. *E*, rivière.

MUYDERS.

Au bord d'un étang. *Muy*, eau. *Dereh*, *Ders*, arrêtée, qui ne coule pas.

SUR LA LANGUE CELTIQUE.

N A M.
Il y a deux Villages de ce nom, l'un & l'autre près d'une rivière. *Nant*, rivière.

N A R C Y.
ENTRE deux rivières. *Ner*, *Nar*, rivière. *Ty*, en composition *Sy*, deux.

N A S I U M.
PLACE dont il est parlé dans l'Itineraire d'Antonin, qui étoit entre Andelot & Toul. La Chronique de saint Benigne de Dijon nous apprend qu'elle étoit au bord de l'Orne. Il y a en Lorraine deux Villages sur l'Orne qu'on appelle le grand & le petit Nancy. On ne peut douter que l'un ou l'autre ne soit le *Nasium* de l'Itineraire, puisque leur nom, leur situation au bord de l'Orne, leur position entre Andelot & Toul le démontrent. *Nas*, près. *I*, rivière. *Nasi*, près de rivière. En inférant l'*N*, ce qui est d'usage dans le Celtique, on a fait Nancy.

N A Y S.
A une courbure de rivière. *Ned*, *Nes*, tortuosité, courbure.

N E S.
A la source d'une rivière. *Nes*, source.

N I C Y.
A une courbure de rivière. *Nyd*, en composition *Nyz*, tortuosité, courbure. *I*, rivière.

N I D.
PRès d'une courbure de rivière. *Nydd*, courbure.

N O É.
A une courbure du Chiers. *No*, courbure. *E*, rivière.

N O M E C Y.
PRès un partage de la Moselle. *Nam*, *Nom*, coupée, partagée. *Ci*, rivière.

N O M E N Y.
NOMENEIUM, dans une courbure de la Seille. *No*, courbure. *Mewn*, *Men*, dans. *Ai*, en composition *Ei*, habitation.

N O N V I L L E.
DANs un fond. *Non*, fond. *Vil*, habitation.

N O R O Y.
Au bord d'une rivière. *Nor*, habitation. *Wi*, prononcez *Oi*, rivière.

N O R O Y.
A la source d'une rivière. *Nor*, source. *Wi*, prononcez *Oi*, rivière.

N O R T E N.
A l'embouchure d'une rivière. *Nor*, embouchure. *Tan*, en composition *Ten*, rivière.

N O V E A N T.
ENTRE deux rivières. *Nov*, deux. *Ant*, rivière.

N O V I A N.
Au bord d'une rivière. *Nov*, rivière. *Ian*, près.

N O U V E.
Au bord d'une rivière qui s'y courbe. *No*, courbure. *W*, rivière.

N O Y E R.
A une courbure de rivière. *No*, courbure. *Ger*, *Jer*, près.

O C H E Y.
DIT aux Poix, est au milieu d'une belle & grande plaine. Il est extrêmement élevé, & environné de fort beaux bois. *Awch*, élevation. *Awcheg* ou *Awchey*, élevé.

O F F R A C O U R T.
Au bord d'une rivière. *Auf*, rivière. *Var*, prononcez *Far*, bord. *Court*, habitation. *Auffarcourt*, *Auffracourt* par une transposition facile & commune.

O L A I N V I L L E R.
Est environné de bois. *Ol*, circuit, autour. *Lem*, bois. *Viler*, habitation.

O L D E N H O F F E N.
Au bord d'une rivière. *Ol*, bord. *Dan*, en composition *Den*, rivière. *Hof*, *Hoffen*, habitation.

O M E M O N T.
A une courbure de rivière. *Hem*, habitation. *Mon*, courbure de rivière.

O R O N.
Au bord d'une rivière. *Or*, bord. *On*, rivière.

O R T E M B U R G.
Château sur une montagne. *Or*, sur. *Ten*, montagne. *Burg*, Château.

O S C H E.
A la source d'une rivière. *Awch*, source.

O S S O N V I L L E.
Au bord d'une rivière. *Auson*, rivière. *Vil*, habitation.

O T T E N H A U S.
Au bord de la Sare. *Ot*, bord. *Tan*, en composition *Ten*, rivière. *Hus*, prononcez *Hos*, habitation.

O T T O N V I L L E.
Au bord d'une rivière. *Ot*, bord. *On*, rivière. *Vil*, habitation.

O T T W E I L E R.
Au bord d'une rivière. *Ot*, bord. *Viler*, habitation.

O U C Y.
A la source d'une rivière. *Awch*, *Owch*, source. *I*, rivière.

O U R C H E S.
Au bord d'une rivière. *Our*, rivière. *Chai*, habitation.

O U R M A N S A N.
Près de la source d'une rivière. *Our*, rivière. *Man*, source. *San*, près.

O U T R A N C O U R T.
Au bord du Verre. *Ot*, *Out*, bord. *Ran*, rivière. *Court*, habitation.

O Z E V I L L E.
Au bord d'une rivière. *Od*, en composition *Oz*, bord. *E*, rivière. *Vil*, habitation.

P A N N E.
Au bord d'une rivière. *Pan*, bord. *E*, rivière.

P A R É.
Dit Saint Cesaire, près de la source d'une rivière. *Par*, source. *É*, rivière.

P A R E T.
Sur le penchant d'un côteau, au pied duquel passe un ruisseau. *Par*, élevation. *Paret*, diminutif: Ou *Ret*, ruisseau.

P A R E Y.
Dans une courbure de rivière. *Ba*, *Pa*, courbure. *Rey*, rivière.

P A R G N E Y.
Dit la Blanche-Côte, au pied d'une côte blanche. *Par*, côte. *Guen*, blanche. *Nés*, près.

P A R G N E Y.
Dit derrière Barrine, au pied d'une montagne qui s'appelle Barrine. *Par*, montagne. *Nés*, près.

SUR LA LANGUE CELTIQUE.

PATTEN.
Au bord de la Sare, près d'une courbure de cette rivière. *Ba*, *Pa*, courbure. *Tan*, en composition *Ten*, rivière.

PERNY ou PRENY.
Le dernier nom est le meilleur, puisqu'on appelle toujours cet endroit *Prinium* dans les anciens monumens. Ce Bourg étoit autrefois une forte Place. *Bryn*, *Pryn*, Forteresse, Place forte.

PESCHE.
A une courbure de rivière. *Ba*, *Pa*, en composition *Pe*, courbure. *Aches*, en composition *Esches*, rivière.

PEUANGE.
Au pied d'une montagne. *Peu*, montagne. *An*, *Ang*, habitation.

PISTORFF.
A une grande courbure de la Sare. *Bys*, *Pys*, courbure. *Torff*, habitation.

PLOMBIÉRE.
Endroit fameux par ses eaux chaudes. *Plou*, eau. *Ber*, chaude. L'*M* s'insère aisément devant le *B*.

PONCÉ.
A une courbure de la Moselle. *Bon*, *Pon*, courbure de rivière. *Cæ*, habitation.

PONTAMOUSSON.
Cette Ville s'appelloit autrefois Moncon ou Monson, en latin *Monsio*. Elle est bâtie au pied d'une montagne, dont la cime est de roc escarpé du côté de la Ville. Sur ce sommet étoit son Château. *Mon*, sommet. *Con* ou *Son*, roc. *Moncon*, sommet de roc. De *Moncon* par adoucissement on a fait *Mousson*. On ajoûta au nom de cette Ville le terme de Pont, lorsqu'on y en eut bâti un sur la Moselle.

PORCIEU.
Au bord de la Moselle. *Bwrc*, prononcez *Borc* ou *Porc*, habitation. *Iwv*, rivière.

POUSSET.
Portus Suavis dans une ancienne Chronique, est sur une élévation. *Por*, sur. *Sav*, élévation.

PRAY.
Sur le penchant d'une montagne. *Bre*, *Pre*, montagne. *Ai*, habitation.

PRENY.
Sur une élévation. *Pren*, élévation. *Y*, habitation.

PROUVILLE.
Au bord d'un étang. *Brou*, *Prou*, marais, étang. *Ville*, habitation.

PULLIGNY.
Au bord du Madon, près de l'embouchure d'une petite rivière. *Bul*, *Pul*, embouchure. *Llyn*, rivière. *I*, près.

PUNEROT.
Dans une courbure de rivière. *Bw*, *Pw*, courbure, courbe. *Ner*, rivière. *Hwt*, prononcez *Hot*, habitation.

LE PUYS.
A une courbure de rivière. *Bw*, *Pw*, courbure. *Is*, rivière.

RAMBERVILLER.
Au bord d'une rivière qui s'y partage. *Ran*, partage. *Ber*, rivière. *Viller*, habitation.

RAON.
A l'embouchure de la Plaine dans la Meurthe. Cette première rivière s'y partage & se dégorge par deux embouchures. *Rah*, coupure. *On*, rivière. *Voyez* Rahon dans le Comté de Bourgogne.

RAVILLE.
Au bord d'une rivière. *Ra*, rivière. *Vil*, habitation.

REBACHE.
A une courbure de rivière. *Re*, rivière. *Bach*, courbure.

REBEVILLE.
Au bord d'une rivière. *Reb*, rivière. *Vil*, habitation.

RECHÉRE.
Près d'une rivière. *Re*, rivière. *Cer*, en composition *Cher*, près.

RECOURT.
Au bord d'une rivière. *Re*, rivière. *Cwr*, prononcez *Cour*, bord.

REGNY.
Près d'une rivière. *Reg*, rivière. *Ny*, près.

REHÉRE.
Près d'une rivière. *Reh*, rivière. *Er*, près.

REICH.
Au bord de la Sare. *Reic*, rivière.

RELANGE.
Au bord d'un bois & d'un ruisseau qui sort là d'une fontaine qui est au bord du bois. *Re*, ruisseau. *Lam*, bois. *Gen*, *Ge*, près.

REMONCOURT.
A la source d'une rivière. *Re*, rivière. *Mon*, source. *Court*, habitation.

REPAS.
Au bord d'une rivière. *Re*, rivière. *Paues*, habitation.

RETTEL.
A l'embouchure d'une petite rivière dans la Moselle. *Re*, deux. *Tale*, en composition *Tele*, rivière.

REVIGNY.
Il y a deux Villages de ce nom, l'un & l'autre au bord d'une rivière. *Re*, rivière. *Min*, en composition *Vin*, bord. *Y*, habitation.

REUIL.
A la source d'une rivière. *Re*, rivière. *Bil*, *Vil*, source.

RHINVILLER.
Au bord d'une rivière. *Ren*, *Rin*, bord, ou rivière. *Viller*, habitation.

RIBAUCOURT.
Au bord d'une rivière. *Rib*, bord. *Av*, rivière. *Court*, habitation.

RICHARMESNIL.
Au bord de la Moselle. *Ri*, rivière. *Car*, en composition *Char*, près. *Mesnil*, habitation.

RICHE.
Au bord d'une rivière. *Ric*, *Rich*, rivière.

RINTIN.
Sur une élévation. *Rhyn*, élévation. *Tin*, habitation.

ROBECOURT.
A une courbure de rivière. *Ro*, rivière. *Ba*, en composition *Be*, courbure. *Court*, habitation.

ROCOURT.
Au bord d'une rivière. *Ro*, rivière. *Court*, habitation.

RODEN.
A une courbure de rivière. *Roden*, courbure.

ROMONT.
Pris d'une rivière. *Ro*, rivière. *Mon*, habitation.

RONCOUR.
Dans un fond. *Rhonca*, concave, cave, creux. *Ur*, prononcez *Our*, habitation.

RONVILLE.
Au bord d'une rivière. *Ron*, rivière. *Vil*, habitation.

ROUCOURT.
Au bord d'une rivière. *Rou*, rivière. *Cwr*, prononcez *Cour*, bord.

ROSEY.
Au bord d'une rivière. *Ro*, rivière. *Sae*, habitation.

RUAUX.
Au bord d'une rivière. *Ru*, rivière. *Aud*, en composition *Aus*, bord.

LA RUE.
Au bord de l'Illon. *Ru*, *Rue*, rivière.

RUP.
Au bord d'une rivière. *Ru*, rivière.

SAFFAIS.
Sur une élévation. *Sav* ou *Saf*, élévation. *Safes*, élevé.

SALMES.
Pris de la source d'une petite rivière. *Sal*, source. *Mas*, en composition *Mes*, habitation.

SALON.
Au bord d'une rivière. *Sal*, bord. *On*, rivière.

SANCY.
Au bord d'une rivière. *San*, près. *Ci*, rivière.

SANDOCOURT.
Au milieu d'une très-belle plaine, & environné de bois charmans. *Sand*, belle. *Sandoch*, très-belle. *Court*, habitation.

SANDREU.
Au bord d'une rivière. *San*, rivière. *Treu*, en composition *Dreu*, habitation.

SANRY.
A une courbure de rivière. *San*, courbure. *Ri*, rivière.

SAREBOURG.
Au bord de la Sare. *Bourg*, habitation.

SARGUEMINES.
Sur une élévation, au confluent de la Sare & de la Blize. *Sar*, élévation. *Cymmum*, en composition *Guymin*, conjonction. *Es*, rivière.

SAVERDEN.
A une courbure de la Sare. *Savi*, courber. *Saver*, courbure. *Dan*, en composition *Den*, rivière.

SAUSURE.
Dit les Vannes, sur le penchant d'une colline, au bas de laquelle il y a un petit lac. *Sav*, élévation. *Swr*, lac.

SEIGNEVILLE.
A la source d'une petite rivière. *Sen*, source. *E*, rivière. *Vill*, habitation.

SELAINCOURT.
Dans un fond, au milieu des bois. *Sel*, bois. *En*, environnée. *Court*, habitation.

LA SELLE.
Sell, nom appellatif d'habitation, devenu propre de celle-ci.

SENONE.
Au bord d'une rivière. *Sen*, près. *On*, rivière.

SENONGE.
Près de la source d'une petite rivière. *Sen*, source. *On*, rivière. *Onge*, diminutif.

SERAUCOURT.
Sur le penchant d'un côteau. *Ser*, élevation. *Serau*, diminutif. *Court*, habitation.

SERCŒUR.
Au bord d'une rivière. *Ser*, près. *Cwr*, *Ceur*, prononcez *Keur*, rivière.

SERECOUR.
Au bord d'une rivière. *Ser*, près. *Cwr*, prononcez *Cour*, rivière.

SERPEGNE.
Entouré d'eau de toutes parts, puisqu'il est dans une Isle de la Moselle. *Ser*, fermé. *Pen*, rivière.

SERRE.
Sur une montagne. *Serr*, montagne.

SIENNE.
Au bord d'une rivière. *Sy*, habitation. *En*, rivière.

SILLENY.
Au bord de la Seille qui s'y partage. *Syl*, coupure, partage. *En*, rivière. *I*, près.

SILLY.
Sili, nom appellatif d'habitation, devenu propre de celle-ci.

SOCOUR.
A une courbure de la Moselle. *Savi*, courber. *Sav*, courbure. *Cwr*, prononcez *Cour*, rivière.

SORBÉ.
A la source d'une rivière. *Sor*, source. *Bay*, en composition *Bey*, rivière.

SORCY.
A un partage de la Meuse. *Sor*, rivière. *Cyl*, coupure, partage.

SOULOSSE.
Dans un fond environné de bois. *Soul*, fond. *Haus*, habitation.

STATT.
Nom appellatif d'habitation, devenu propre de celle-ci.

STEINZEL.
Au bord d'une rivière. *Tan*, en composition *Ten*, *Tin*, rivière. *Sell*, *Zell*, habitation. L'*S* s'ajoûte au commencement du mot en Celtique.

STENAY.
Sathanacum, au bord de la Meuse, qui s'y partage en plusieurs bras. *Satt*, partages. *An*, de la *Ac*, rivière.

STINVILLE.
Au bord d'une rivière. *Voyez* Steinzel. *Vil*, habitation.

STRASSEN.
Au bord d'une rivière, & près un petit lac formé par cette rivière. *Strat*, en composition *Stras*, bord de rivière. *Sen*, lac.

SYRCK.
A l'embouchure d'une rivière dans la Moselle. *Cyrch*, décharge, irruption, embouchure.

TAILLANCOURT.
Au bord de la Meuse, à l'endroit où elle se partage. *Tailh*, coupée. *An*, rivière. *Court*, habitation.

SUR LA LANGUE CELTIQUE.

T A L A N G E.
Pris d'une coupure de la Moselle. *Tal*, coupée. *An*, rivière. *Ge* de *Gen*, près.

T A M B R O T.
Au bord d'une rivière. *Tan*, rivière. *Brod*, *Brot*, bord.

T A N D O N.
Dans les montagnes. *Ten*, *Tan*, habitation. *Don*, montagnes.

T A N N I C H E N.
A une courbure d'une petite rivière. *Tan*, rivière. *Tanic*, diminutif. *Cen*, en composition *Chen*, courbure.

T A N T O N V I L L E.
Près d'un bois. *Tan*, bois. *Twn*, près. *Vil*, habitation.

T A N O Y.
Au bord d'une rivière. *Tan*, rivière. *Oy*, habitation.

T A R Q U I N P O L E.
Village de France dans la Lorraine, au Diocèse de Metz, où le Peuple croit qu'un Tarquin avoit bâti une Ville à deux lieues & demie de Marsal, au milieu de l'étang de Linde. Mais c'est une tradition mal fondée, suivant M. de la Sauvagere, qui marque dans sa dissertation sur le briquetage de Marsal, imprimée en 1740, que dans les anciens titres de 1339, 1344, 1394, & même de 1629, il est écrit *Telkem Paul*, *Tacampach*, *Techenpul*, *Techemphul*, & que les Paysans prononcent aujourd'hui *Taquenpole*. Il croit que ce mot a dû être formé de deux mots allemands, qui signifieroient *lieu où l'on a couvert un marais*. Il le prouve assez bien, & sur tout que la fin de ce mot, quoique différemment écrit, signifie un endroit marécageux, ou un pilotis pratiqué dans un endroit aquatique. Quoiqu'il en soit, on voit en ce lieu des débris de murs d'une très-grande épaisseur, l'emplacement d'un gros Château, & revêtu d'une chaussée romaine. Il est vraisemblable que c'étoit une place forte des anciens Gaulois, qui aimoient fort à se cantonner dans les marécages, & que les Romains leur ont succédé. On y voit des restes d'inscriptions de ces derniers, entr'autres d'un *Monianus Magnus*, & plusieurs figures en partie mutilées. On y découvre aussi de temps en temps des médailles romaines, des morceaux de colomnes de marbre. Mais, dit M. de la Sauvagere, toutes ces antiquités se trouvent anéanties par d'ignorantes mains qui n'en connoissent que la matière.

J'ai transcrit cet article du Dictionnaire de M. de la Martiniere. L'étymologie que l'on donne n'est pas tout-à-fait juste, & on la tire mal-à-propos de la Langue Allemande. *Tech*, lieu de retraite, caché. *En*, dans. *Pwl* ou *Pol*, étang.

T A V O N.
Au bord de la Moselle. *Ta*, habitation. *Avon*, rivière.

T E M P O Y.
A une courbure de la Mortagne. *Tan*, en composition *Ten*, rivière. *Bwa*, *Pwa*, en composition *Poe*, courbure.

T H E Y.
Il y a plusieurs Villages de ce nom. *Teg* ou *Tey*, nom appellatif d'habitation, devenu propre de ceux-ci.

T H I E C O U R.
Ties, habitation. *Corr*, *Cour*, petite.

T H I Ë L O U Z E.
Au bord d'une rivière. *Ty*, rivière. *El*, bord. *Hws*, prononcez *Hout*, habitation.

T H O R.
Au bord de la Moselle. *Tor*, rivière.

T H O R E Y.
Près de l'embouchure d'une rivière. *Tor*, embouchure. *Ai*, en composition *Ei*, habitation ou rivière.

T H O U R E Y.
Au bord d'une rivière. *Thour*, rivière. *Ai*, en composition *Ei*, habitation.

T I C H E M O N T.
Sur une montagne. *Tyic*, habitation. *Mont*, montagne.

TICOUR.

TYIC, habitation. *Corr*, *Cour*, petite. *Voyez* Marmviller.

TIÉBAUMESNIL.

A une courbure de la Vefouze. *Ty*, rivière. *Bw*, prononcez *Bo*, courbure. *Mefnil*, habitation.

TIGEVILLE.

A la fource d'une rivière. *Tyg*, fource. *E*, rivière. *Vil*, habitation.

TIGNECOUR.

A l'embouchure d'une rivière. *Tan*, en compofition *Ten*, *Tin*, rivière. *Cor*, embouchure : Ou *Tin*, habitation.

TILLECUL.

DANS un fond environné de bois. *Twlc*, en compofition *Tylc*, chaumières. *Cul*, cachées.

TILLY.

A un partage de la Meufe. *Tyll*, coupure, partage. *I*, rivière.

TINTRU.

AU bord d'une rivière. *Tan*, en compofition *Ten*, *Tin*, rivière. *Treu*, *Tru*, habitation.

TOLLINCOUR.

SUR le penchant d'un côteau, au bord d'un bois. *Tol*, élévation. *Lin*, bois. *Cwr*, prononcez *Cour*, bord.

TON.

IL y a deux Villages de ce nom, voifins l'un de l'autre, avec un Château. Ils font fitués dans un fond. Les deux Villages font fur la pente de la vallée, le Château au fond. *Ton*, fond.

TONNOY.

A un partage de la Mofelle. *Tonn*, partage. *Wi*, prononcez *Oi*, rivière.

TOUL.

TULLUM, *Tullus Leucorum*. Cette Ville eft au bord de la Mofelle qui s'y partage. *Twll*, partage : on fous-entend rivière. Une montagne près de Toul eft appellée *Bar* dans un acte de 836, c'eft celle qui fe nomme aujourd'hui Barine. *Bar*, montagne. *In*, terminaifon oifive.

TOUTAINVILLE.

PRÈS d'une forêt. *Tu*, *Tou*, près. *Ten*, forêt. *Vil*, habitation.

TRAVERON.

AU bord d'une rivière. *Treu*, *Trau*, habitation. *Er*, près. *On*, rivière.

TREMECOUR.

AU bord d'une rivière. *Trema*, en compofition *Treme*, vers. *Cwr*, prononcez *Cour*, rivière.

TREMERY.

PRÈS d'un étang. *Tre*, près. *Mer*, étang. *Y*, habitation.

TREUEREY.

AU bord d'une rivière. *Treu*, habitation. *Er*, près. *Ei*, rivière.

TUSEY.

ANCIENNEMENT Toufy, près de la Meufe. *Tw*, prononcez *Tou*, rivière. *Sy*, habitation.

LA VACHERIE.

A une courbure de rivière. *Bach*, *Vach*, courbure. *Ri*, *Rie*, rivière.

VAGNY.

AU bord d'une rivière qui s'y partage. *Bann*, *Vann*, partage. *I*, rivière.

VALFROICOUR.

ENTRE deux côtes ; il eft coupé en deux par un ruiffeau. *Val*, val, pied de côtes. *Ver*, prononcez *Fer*, *Fre*, près, bord. *Cwr*, prononcez *Cour*, ruiffeau.

SUR LA LANGUE CELTIQUE.

VALOIS.
Près d'une courbure de rivière. *Ba*, *Va*, courbure. *Lés* ou *Lex*, rivière.

VANDEUVRE.
Vendopera, sur une élévation. *Vend*, élévation. *Oper*, sur.

VANDONCOURT.
Dans un fond. *Bant* ou *Band*, *Vant* ou *Vandon*, fond. *Court*, habitation.

VANEMONT.
A la source d'une rivière. *Van*, source. *Amon*, en composition *Émon*, rivière.

VAUCOULEURS.
Valliscolor dans les anciens Historiens, est au pied d'une colline, dans une vallée coupée par la Meuse, qui, près de cette Ville, réünit ses deux bras. *Val*, *Van*, vallée. *Col*, union, jonction. *Or*, rivière.

VAUDEMONT.
Vadani Mons, sur une montagne couverte de buissons. *Bodenn*, *Vodenn*, buisson. *Mont*, montagne.

VAUDREVANGE.
Au bord d'une rivière. *Bodre*, *Vodre*, bord. *Van*, rivière. *Ge*, terminaison oisive.

VAZONCOURT.
A une courbure du Durbion. *Bas*, *Vas*, courbure. *On*, rivière. *Court*, habitation.

VELAINE.
Près d'un grand étang. *Vel*, près. *Len*, étang.

LA VELINE.
Au bord d'une rivière. *Bel*, *Vel*, bord. *Llyn*, rivière.

VELLE.
Nom appellatif d'habitation, devenu propre de celle-ci.

VELOTTE.
Diminutif de Velle. *Voyez* Velle plus haut.

VENAY.
Au bord d'une rivière. *Ben*, *Ven*, bord. *Ai*, rivière.

VENEMONT.
Dans une courbure du Madon. *Men*, *Ven*, courbure. *Amon*, en composition *Émon*, rivière.

VERDUN.
Virodunum, *Verodunum*, sur la Meuse, qui, en s'y partageant en plusieurs bras, y forme plusieurs Isles, & la rend d'autant plus agréable, qu'elle est au milieu de belles prairies, qui y font une verdure & une promenade des plus charmantes. *Wyrddon*, herbu: Ou, si l'on veut, *Ver*, rivière. *Twnn*, en composition *Dwnn*, coupée, partagée: Ou enfin, *Ver*, sur, *Dun*, élévation. La Ville de Verdun est sur la pente d'une élévation.

VEZELIZE.
Sur un bras de rivière. *Bes* ou *Ves*, coupée. *Lis*, rivière.

VIC.
Nom appellatif d'habitation, devenu propre de celle-ci.

VICHERY.
Au bord d'une rivière. *Vich*, habitation. *Ri*, rivière.

VIDLANGE.
Près de deux étangs. *Vi*, habitation. *Da*, en composition *De*, deux. *Lan*, étangs. *Ge*, terminaison oisive.

VILAINES.
Près d'une forêt. *Vi*, habitation. *Len*, forêt.

VILLACOUR.
Vill, habitation. *Achor*, *Acor*, petite.

VILLAR.
Nom appellatif d'habitation, devenu propre de celle-ci.

VILLE.
Vill, nom appellatif d'habitation devenu propre de ce Village.

VILLERS.
Nom appellatif d'habitation, devenu propre de celle-ci.

VILLETTE.
Diminutif de *Vill*, nom appellatif d'habitation.

VILLOTTE.
Diminutif de *Vill*, nom appellatif d'habitation.

VIOMENI.
Près de la source de la Saône. *Vi*, habitation. *Or*, près. *Men*, source. *I*, rivière.

VITERNE.
A la source d'une rivière. *Bi*, *Vi*, source. *Tern*, rivière.

VITREY.
Vi habitation. *Trai*, en composition *Trei*, petite.

VITTEL.
Au bord d'une petite rivière. *Vi*, habitation. *Dale* ou *Tale*, en composition *Tele*, rivière.

VOID.
A un confluent. *Gued* ou *Ved*, confluent.

VOIRISE.
Au bord d'une rivière. *Vor*, bord, *Is*, rivière.

VRAINCOURT.
Au bord d'une rivière. *Ver*, près. *En*, rivière. *Court*, habitation.

URY.
A la source d'une petite rivière. *Ur*, habitation. *Y*, source : Ou *Ur*, rivière.

UZEMAIN.
A une courbure de rivière. *Hws*, habitation. *Men*, courbure de rivière.

XURES.
Au bord d'une rivière. *Cwr*, bord. *Es*, rivière.

YASSEVILLER.
Au bord d'une rivière. *I*, près. *As*, rivière. *Viller*, habitation.

ZAINCOUR.
Au bord d'une forêt. *Den* ou *Zen*, forêt. *Cwr*, prononcez *Cour*, bord.

LES DIX-SEPT PROVINCES DES PAYS BAS.

Les anciens Habitans de ces Provinces sont appellés Belges, *Belga*. César parle d'eux en ces termes : Les Belges sont les plus vaillans de tous les Peuples des Gaules, parce qu'ils sont les plus éloignés du luxe & du commerce de Rome, & qu'on ne leur porte pas comme aux autres ce qui ramollit les courages. D'ailleurs la guerre perpétuelle qu'ils ont avec les Germains contribue beaucoup à entretenir leur valeur. *Horum omnium fortiſſimi ſunt Belgæ; proptereà quod à cultu atque humanitate Provinciæ longiſſimè abſunt, minimèque ad eos mercatores ſæpè commeant, atque ea, quæ ad effeminandos animos pertinent, important. Proximi ſunt Germanis, qui trans Rhenum incolunt, quibuſcum continenter bellum gerunt. Quâ de causâ Helvetii quoque reliquos Gallos virtute præcedunt, quòd ferè quotidianis præliis cum Germanis contendunt.*

Bel, vaillant, brave. G de *Guur*, homme : Ou *Bel*, marais. *Gai*, forêt. Le Pays que les Belges habitoient eſt plein de marais ; il étoit autrefois fort couvert de bois.

L' A A.

Aa, nom appellatif de rivière, devenu propre de celle-ci.

L' A G A C H E.

A, article. *Gaches*, nom appellatif de rivière, devenu propre de celle-ci.

L' A M S T E L ou A M S T E R.

Rivière qui a donné le nom à la fameuſe Ville d'Amſterdam qu'elle arroſe. *An*, article. *Ster*, nom appellatif de rivière, devenu propre de celle-ci. L'*R* ſe changeant en *L*, on a auſſi dit *Amſtel*.

L' A U S E N O I S.

Auſen, nom appellatif de rivière, devenu propre de celle-ci.

L A B E R V I N E.

Petite rivière. *Ber*, petite. *Win*, rivière.

L A B O R R E.

Rivière qui eſt tortueuſe. *Buv*, prononcez *Bo*, tortuoſité. *Re*, rivière.

L E B O I M E E R.

Rivière qui ſort d'un marais. *Bay* ou *Bey*, rivière. *Mer*, marais. Dans les Pays bas on double les voyelles.

L A C A L E.

Rivière qui ne coule que l'hiver, & qui n'a point d'eau dans les autres ſaiſons. *Cal*, qui ceſſe.

L A C A N C H E.

Rivière fort tortueuſe. *Can*, tortueuſe. *Ce*, en compoſition *Che*, rivière.

L E D E M E R.

Rivière qui ſe partage beaucoup. *Dam*, partage. *Demer*, qui ſe partage.

L E D E N D E R.

Tenera, arroſe un Pays couvert de bois. *Ten* ou *Den* bois. *Der* ou *Ner*, rivière.

L A D E R R E.

Der, nom appellatif de rivière, devenu propre de celle-ci.

L A D E U L L E.

Rivière qui ſe partage. *Tvull*, prononcez *Teull* ou *Deull*, partagée, coupée.

L A D Y L E.

Eſt compoſée de deux rivières, auxquelles on a abuſivement étendu le nom de Dyle avant leur union. *Dy*, deux. *Le*, rivière.

L' E E M.

Am ou *Em*, nom appellatif de rivière, devenu propre de celle-ci. *Voyez* Boymeer.

L A G É E T E.

Arroſe un Pays couvert de bois. *Get*, bois. *E*, rivière. *Voyez* Boymeer.

MÉMOIRES

LA GOU.
Gvv, prononcez *Gou*, nom appellatif de rivière, devenu propre de celle-ci.

LA HAINE.
Cette rivière, qui a donné son nom au Hainaut qu'elle coupe par le milieu, doit le sien aux forêts qui la bordent. *Hai*, forêt. *Hain*, qui est dans les forêts, qui est bordée de forêts.

L'HESTRUN.
Petite rivière. *Es*, article. *Stær*, rivière. *Stærun*, petite rivière.

L'HEURE.
Eur, nom appellatif de rivière, devenu propre de celle-ci.

L'HILVER.
Ainsi nommé des saules & peupliers qui sont sur ses bords. *Il*, saule, peuplier. *Ver*, rivière. *Voyez* l'Ill en Alsace.

LE KILL.
Gelbis dans Ausone, qui lui donne l'épithéte de rapide. *Gel*, *Cil*, rapide. *Wis* ou *Bis*, rivière.

LA LANE.
Lan, nom appellatif de rivière, devenu propre de celle-ci.

LA LAVE.
Lav, nom appellatif de rivière, devenu propre de celle-ci.

LA LAYE.
Laith, *Ley* ou *Lay*, nom appellatif de rivière, devenu propre de celle-ci.

LA LESSE.
Cette rivière se cache en terre sous des rochers pendant un assez long espace, d'où sortant ensuite, elle va se jetter dans la Meuse. *Lech* ou *Les*, qui se cache.

LA LIÉVE.
Liv, *Liex*, noms appellatifs de rivière, devenus propres de celle-ci.

LA LINGE.
Petite rivière. *Llyn*, rivière. *Ge*, diminutif.

LA LIS.
Letia dans les anciens monumens. *Llaith*, nom appellatif de rivière, devenu propre de celle-ci. *Lis* est synonime de *Llaith*.

LA LOUANE.
Rivière qui traverse un grand étang & un marais. *Luh*, prononcez *Louh*, étang, marais. *An*, rivière.

LA MARQUE.
Rivière qui est bordée de marais dans son cours. *Mar*, marais. *Marec*, *Marc*, marécageuse, bordée de marais.

LA MERCK.
Rivière qui sort d'un étang, qui est entre deux autres. *Mer*, étang. *Merec*, *Merc*, qui sort d'un étang.

LE NANEZ.
Nan, nom appellatif de rivière, devenu propre de celle-ci. *Ned*, en composition *Nez*, qui tord.

LA NAVE.
Nav, nom appellatif de rivière, devenu propre de celle-ci.

LA NÉTHE.
Rivière fort tortueuse. *Néth*, tortueuse.

SUR LA LANGUE CELTIQUE.

L' O U R T.
Our ou Ourt, nom appellatif de rivière, devenu propre de celle-ci.

LA PENNE.
Pen, nom appellatif de rivière, devenu propre de celle-ci.

LE RECH.
Rec, nom appellatif de rivière, devenu propre de celle-ci.

LE ROE.
Ro, nom appellatif de rivière, devenu propre de celle-ci.

LA RONELLE.
Petite rivière. Ron, rivière. El, diminutif.

LA RONNE.
Ron, nom appellatif de rivière, devenu propre de celle-ci.

LA SAMBRE.
Sabis dans César. Sav ou Sab, nom appellatif de rivière, devenu propre de celle-ci.

LA SARE.
Saravus, Sarra dans les anciens, a un cours si tortueux, qu'Aufone lui donne l'épithéte d'oblique. Sarvv, Saravv, tortueufe.

LA SCARPE.
Scarbus, forme des marais fur fes bords prefque dans tout fon cours. Scar, qui fe vuide, qui fe decharge. Pvvl, en compofition Bvvl, marais. Scarsbvvl, qui fe vuide, qui fe décharge & forme des marais.

LA SEMEGNE.
Rivière fort tortueufe. Sam, en compofition Sem, tortueufe. En, rivière.

LA SEMOI.
A un cours extrêmement tortueux. Sam, en compofition Sem, tortueufe. Wi, prononcez Oi, rivière.

LA SENNE.
Rivière tortueufe. Sen, tortueufe.

LA SURE.
Svvr, nom appellatif de rivière, devenu propre de celle-ci.

LE THEU.
Thvv, prononcez Theu, nom appellatif de rivière, devenu propre de celle-ci.

LA VANE.
Van, nom appellatif de rivière, devenu propre de celle-ci.

L' Y E.
I, nom appellatif de rivière, devenu propre de celle-ci.

L' YSCHE.
Ifc, nom appellatif de rivière, devenu propre de celle-ci.

L' YTER.
Ter, nom appellatif de rivière, devenu propre de celle-ci. Y, article.

PEEL.
Grand marais dans le Brabant. Poel, marais.

MÉMOIRES

HAYE, DE LA TERRE D'AVESNES.
Nom d'une grande forêt. *Hai*, forêt.

MARLAIGNE.
Nom d'une forêt, au milieu de laquelle il y a un lac. *Mar*, lac. *Len*, forêt.

MORMALL.
Grande forêt dans le Hainaut, dont le fol est fort marécageux. *Mor*, fort, beaucoup, très. *Mall*, marécageux.

ABÉEL.
VILLAGE ainsi nommé de ses pommes. *Abal*, *Abel*, pommes.

ABY.
DANS une courbure de rivière. *Ab*, rivière. *Bw*, en composition *By*, courbure.

ACHE.
PRÈS d'une rivière. *Aches*, rivière.

ACHEL.
PRÈS d'une rivière. *Ach*, rivière. *El*, près.

ACHEN.
CE mot signifie famille. *Voyez* Achenoncourt dans le Comté de Bourgogne, & Carentomagus en Languedoc.

ACHTEL.
PRÈS d'une rivière. *Ach*, rivière. *Tal*, en composition *Tel*, près.

ACOCHE.
PRÈS d'une rivière. *Ac*, rivière. *Och*, près.

ACQUIN.
A une courbure de rivière. *Ac*, rivière. *Cin*, prononcez *Kin*, courbure.

ADUATICI.
ANCIEN Peuple de la Gaule Belgique. *Adwytig*, qui a essuyé des maux, *ou* qui en cause. Ce Peuple avoit éprouvé des malheurs, *ou* avoit causé des maux à ses voisins.

AERSEN.
A une courbure de la Meuse. *Ar*, près. *Sen*, courbure.

ÆSNES.
A la source d'une rivière. *En*, source.

AFFERDEN.
AU bord de la Meuse. *Affar*, en composition *Affer*, habitation. *Dan*, en composition *Den*, rivière.

AHU.
AU bord d'une rivière. *Aw*, rivière.

AHY.
AU bord d'une rivière. *Ai*, rivière.

AIMERIE.
AU bord de la Sambre, vis-à-vis l'embouchure d'une rivière qui s'y décharge. *Amer*, embouchure. *I*, près.

AINIÉRES.
AU bord d'une rivière. *En*, rivière. *Er*, près.

AIRE.
ARIA en Latin. *Arien*, en Flamand, sur la Lis qui la sépare en deux, entre des marais qui la rendent presque inaccessible. Les ruisseaux de Sernoi, de Madiecq & de Cacquette y entrent dans la Lis; les deux premiers fournissent de l'eau aux fossez d'Aire, & le troisième ayant traversé la Ville, se jette avec les autres dans la Lis. *A*, eau, ruisseau, rivière. *Rhy*, grand nombre.

SUR LA LANGUE CELTIQUE.

A K E R E N.
A une courbure de rivière. *A*, rivière. *Cern*, prononcez *Kern*, circuit, courbure.

A L A I N.
Au bord d'une rivière. *Al*, bord. *En*, rivière.

A L B E.
Dans une courbure de rivière. *Al*, article. *Ba*, en composition *Be*, courbure.

A L E N.
Dans une courbure de rivière. *Al*, article. *Hen*, courbure.

A L F E N.
Près d'une courbure de la Meuse. *Al*, près. *Fen*, courbure de rivière.

A L F O N.
Près de la source d'une rivière. *Al*, près. *Fon*, source.

A L L E.
Au bord d'une rivière. *Al*, bord. *E*, rivière.

A L L E N N E S.
Au bord d'une rivière. *Al*, bord. *Len*, rivière.

A L L E U.
Au bord d'une rivière. *Al*, bord. *Ew*, rivière.

A L O S T.
Alostum, sur la Dendre qui s'y partage, & qui y reçoit une petite rivière qui se partage en s'y jettant. *A*, rivière. *Lod*, en composition *Los*, partage. *Tu*, deux.

A L P E N.
Près de l'embouchure d'une rivière. *Al*, près. *Pen*, embouchure.

A L Q U I N E.
Près de la source d'une rivière. *Al*, près. *Ken*, *Kin*, source. *E*, rivière.

A L S E N B E R G.
Au bord d'une rivière. *Asen*, rivière. *Berg*, habitation.

A L T E N A.
Au bord de l'Escaut. *Al*, bord. *Tan*, en composition *Ten*, rivière.

A L T E R.
Près d'une rivière. *Al*, près. *Ter*, rivière.

A M A S.
A une courbure de la Meuse. *A*, rivière. *Mas*, courbure.

A M É.
Au bord d'une rivière. *Ham*, habitation. *É*, rivière.

A M E L.
A une courbure de rivière. *A*, rivière. *Mal*, en composition *Mel*, courbure.

A M E R S.
Dans une courbure de rivière. *A*, rivière. *Mers*, courbure.

A M E Z.
Au bord d'une rivière. *A*, rivière. *Mez*, habitation.

A N A P P E S.
A une courbure de rivière. *An*, près. *Ap*, rivière. *Bes* ou *Pes*, courbe.

ANCHIN.

ABBAYE dans un terrein enfermé de rivières. Une petite rivière se partageant en deux pour se jetter dans la Scarpe, fait une Isle de l'endroit où est placé Anchin. *An*, rivière. *Cin*, en composition *Chin*, enceint, enfermé, entouré.

ANDAIN ou ANDENNE.

ANDAINUM, dans la forêt des Ardennes. *An*, article. *Den*, forêt.

ANDERSTAT.

PRÈS d'un confluent. *And*, confluent. *Er*, près. *Stat*, habitation.

ANDNAL.

PRÈS d'un confluent. *And*, confluent. *Nal*, près.

ANDOY.

PRÈS la source d'une rivière. *En*, source. *Dwy*, prononcez *Doy*, rivière.

ANEN.

AU bord de la Meuse. *An*, près. *En*, rivière.

ANGRE.

PRÈS d'une rivière. *Ang*, près. *Re*, rivière.

ANNAY.

IL y a deux Villages de ce nom près l'un de l'autre, sur une coupure de la Deule. *Hannar*, coupure.

ANNEQUIN.

A une courbure de rivière. *An*, rivière. *Cin*, prononcez *Kin*, courbure.

ANNESSE.

PRÈS d'une rivière. *An*, près. *Ess*, rivière.

ANSAY.

A une courbure de rivière. *Ans*, courbure. *Ai*, rivière.

ANSTAIN.

PRÈS d'une forêt. *Ans*, près. *Ten*, forêt.

ANTE.

Ant, nom appellatif d'habitation, devenu propre de celle-ci.

ANTEL.

PRÈS de la Meuse. *An*, près. *Tal*, en composition *Tel*, rivière.

ANTOIN.

PRÈS de l'Escaut qui s'y partage. *An*, rivière. *Tonn*, partagée.

ANVERS.

A une grande courbure de l'Escaut. Il est traversé par une petite rivière, qui, s'étant divisée en plusieurs branches dans cette Ville, se jette dans ce fleuve. Son nom latin est *Antuerpia* & *Handoverpia*. Les Auteurs des Chroniques ont écrit *Antwerpha* & *Andoverpum*. *And* & *Ant*, confluent. *Twer*, rivière. *Bw* ou *Pw*, en composition *Py*, courbure. *Antwerpy*, *Andwerpy*, confluent & courbure de rivière.

APPELS.

A pris son nom de ses pommes. *Apel*, pomme.

APPELTERN.

VOYEZ l'article précédent. *Deren* ou *Teren*, belles.

ARCHENNES.

PRÈS d'un confluent. *Ar*, près. *Cen*, en composition *Chen*, confluent.

ARDENBURG.

AU bord d'une rivière. *Ar*, près. *Dan*, en composition *Den*, rivière. *Burg*, habitation.

SUR LA LANGUE CELTIQUE.

ARDENNE.

ARDUENNA dans César. *Ardenna* dans Fortunat, forêt qui étoit plus grande qu'aucune autre de la Gaule. César en fait la description, *liv. 5ème. chap. 3*; il dit qu'elle prenoit son commencement au bord du Rhin, & qu'elle s'étendoit jusqu'aux confins du Rhémois. Il dit encore, *liv. 6ème. chap. 29*. qu'elle commence au Rhin, qu'elle renferme le Pays de Tréves, & s'étend jusqu'auprès des Nerviens. Enfin dans les chapitres *31 & 33*, il lui donne des bornes encore plus reculées, y comprenant non seulement le Pays qui est entre le Rhin & la Meuse, mais encore celui qui est entre la Meuse & l'Escaut jusqu'à l'Océan. Strabon, *liv. 4ème*. ne la termine qu'à l'Océan & au Pays d'Artois. *Ar*, grande, *Den*, forêt.

ARDORFF.

DORFF, nom appellatif d'habitation, devenu propre de celle-ci. *Ar*, article.

ARDU.

Au bord d'une rivière. *Ar*, près. *Dw*, rivière.

ARENDONK.

Au bord d'une rivière. *Ar*, près. *En*, rivière. *Don*, habitation.

ARENNES.

Au bord d'une rivière. *Ar*, près. *En*, rivière.

ARGENTEAU.

Près d'un confluent. *Ar*, près. *Gant*, en composition *Gent*, confluent. *Au*, habitation.

ARGUES.

ARG, nom appellatif d'habitation, devenu propre de celle-ci.

ARISTER.

Près de l'Ourt. *Ar*, près. *Ts*, article. *Stær*, rivière.

ARKENNES.

Près d'une courbure de rivière. *Ar*, près. *Cen*, prononcez *Ken*, courbure.

ARLEUX.

Près d'un confluent. *Ar*, près. *Lav*, en composition *Lev*, confluent.

ARLON.

Sur une élévation, au pied de laquelle passe une rivière. *Ar*, élévation. *Llwn*, prononcez *Lon*, rivière.

ARMENTIÉRES.

A un partage de la Lis. *Ar*, près. *Men*, rivière. *Terri*, couper, partager.

ARNHEM.

ARENACUM, sur un bras du Rhin. *Ar*, sur. *Rem*, partage. *Ac*, rivière.

ARQUENNE.

Près d'un confluent. Il y a plusieurs carrières de pierres bleuës & noires. *Ar*, près. *Cen*, prononcez *Ken*, confluent : Ou *Ar*, pierre. *Cen*, prononcez *Ken*, belle.

ARQUES.

ARC, nom appellatif d'habitation, devenu propre de celle-ci.

ARRAS.

ORIGIACUM dans Ptolomée. *Atrebates* dans l'Itineraire d'Antonin, au confluent de la Scarpe & du Crinchon. Cette dernière rivière se partage en trois bras dans la Cité, deux desquels se réünissent avant que d'entrer dans la Ville. Ce bras réüni se redivise en deux, & les trois bras vont se jetter séparément dans la Scarpe. *Or*, embouchure. *Rigui*, coupée, partagée. *Ac*, rivière. Cette Ville fut appellée *Atrebates*, du nom du Peuple dont elle étoit la Capitale. *Voyez* Atrebatii.

ARSCHOT.

Près d'un bois. *Harz*, près. *Chot*, bois.

ARVILLE.

VILL, nom appellatif d'habitation, devenu propre de celle-ci. *Ar*, article.

ARX.
ARC, nom appellatif d'habitation, devenu propre de celle-ci.

ASCH.
PRÈS d'une rivière. *Ach*, rivière.

ASCHE.
A la source d'une rivière. *Ach*, rivière.

ASPERDEN.
PRÈS d'une rivière & d'une forêt. *As*, rivière. *Per*, près. *Den*, forêt.

ASSEMBOURG.
A une courbure de rivière. *As*, rivière. *Sam*, en composition *Sem*, courbure. *Bourg*, habitation.

ASSEN.
PRÈS d'une rivière. *Asen*, rivière.

ASSENE.
DANS un bois. *As*, habitation. *Den*, en composition *Sen*, bois.

ASSENT.
PRÈS d'une rivière. *Asen*, rivière. Le *T* s'ajoûte à la fin du mot.

ASSNEUDE.
AU confluent de la Lis & d'une petite rivière. *As*, rivière. *Neud*, jonction.

ASTENE.
A une courbure de la Lis. *As*, courbure. *Tan*, en composition *Ten*, rivière.

ASTER.
AU bord d'une rivière. *A*, article. *Ster*, rivière.

ATH.
A un confluent. *At*, confluent.

ATHES.
A un confluent. *At*, confluent.

ATICHE.
AU bord d'une rivière. *At*, près. *Ic*, rivière.

ATREBATII, ATREBATES.
CE Peuple occupoit le Pays que nous nommons Artois; Contrée si fertile, qu'on appelle cette Province le Grenier des Pays bas. *At*, terre. *Re*, beaucoup, fort. *Bat*, abondante, fertile. *Atrebatii*, *Atrebates*, ceux qui habitent un terroir fort fertile.

ATRY.
AU bord d'une rivière. *A*, rivière. *Tri*, habitation.

ATTENRODE.
PRÈS d'une rivière & d'une forêt. *At*, près. *Ten*, forêt. *Rod*, rivière.

ATTRE.
AU bord d'une rivière. *At*, près. *Re*, rivière.

AU.
AU bord d'une rivière. *Aw*, rivière.

AVAIN.
PRÈS d'un confluent. *Avan*, rivière. *Avain*, rivières.

AUBEL.
PRÈS d'une rivière. *Aw*, rivière. *Bal*, en composition *Bel*, habitation.

AUCHI.
A une courbure de rivière. *Och*, courbure. *I*, rivière.

SUR LA LANGUE CELTIQUE.

A U D E N.
Sur une élevation. *Od*, *Oden*, élevation.

A U D Y.
Près d'une forêt. *Hod*, forêt. *I*, près.

A V E L G H E M.
Ce Village a pris son nom de ses pommes. *Avel*, pomme. *Gam*, en composition *Gem*, Village.

A V E N E S.
On trouve dans les environs de cette Ville une quantité prodigieuse de pierres blanches propres à bâtir, dont les Sculpteurs se servent aussi pour des statues. Elle est connue sous le nom de pierre d'Avenes. *A*, pierre. *Ven*, blanche.

A U F F A Y.
Près d'un bois & d'une rivière. *Auf*, rivière. *Hai*, bois.

A V I O T.
A un confluent. *Aw*, rivière. *Jot*, jonction.

A U V A I L L E.
A une courbure de rivière. *Aw*, rivière. *Mal*, en composition *Val*, courbure.

A U V E I L.
A une courbure de rivière. *Voyez* l'article précédent.

A U V I N.
Au bord d'une rivière. *Auvin*, rivière.

A U X Y.
Au bord d'une rivière. *Aud*, en composition *Aus*, bord. *Ci*, rivière.

A Y E.
Près d'une forêt. *Hai*, forêt.

A Z I N.
Au bord d'un bras de l'Escaut. *A*, rivière. *Cin*, partie.

B A C H T E N.
A une courbure de la Lis. *Bach*, courbure. *Tan*, en composition *Ten*, rivière.

B A G N Y.
A une courbure de rivière. *Ban*, courbure de rivière. *Ny*, près.

B A I L L E U L.
Près d'un étang d'où sort une rivière. *Bala*, source de rivière dans un étang. *Wl*, prononcez *Eul*, habitation.

B A K E L.
A une courbure de rivière. *Bach*, courbure. *Cal*, en composition *Cel*, prononcez *Kel*, près.

L A B A L A N C E.
A l'embouchure d'une petite rivière dans la Sambre. *Bala*, embouchure de rivière. *Anc*, près.

B A L E M.
Près d'un bois marécageux. *Bal*, marais. *Lem*, bois.

B A L E N.
Au bord d'une petite rivière. *Bal*, bord. *En*, rivière.

B A P A U M E.
Bapalma dans une ancienne Chronique, est située dans un terrain fort sec, éloignée de quatre à cinq lieuës de toute rivière, & n'avoit autrefois d'autre eau que de citerne. L'Ingénieur de cette Place ayant découvert une fontaine voisine sur la fin du dernier siécle, en fit conduire l'eau par un aqueduc à cette Ville. *Bab* ou *Bap*, sans. *Am*, eau.

B A R A F.
Au bord d'une rivière. *Bar*, près. *Af*, rivière.

BARGE.

BERG, Barg, nom appellatif d'habitation, devenu propre de celle-ci.

BARSENAT.

A la source d'une rivière. *Bar*, près. *Cen*, source. *Ad* ou *At*, rivière.

BASE.

A une courbure de rivière. *Bas*, courbure. *E*, rivière.

BASSEINGE.

A une courbure de rivière. *Bas*, courbure. *Wng*, en composition *Ing*, près.

BATAVI.

ANCIEN nom des Habitans de cette Isle, que le Rhin forme en se partageant avant que de se jetter dans l'Océan. C'est le Pays qui est entre le Vahal & l'ancien canal du Rhin qui passe à Arnhem, à Wageninghem, à Rhénen, à Utrecht, à Woerden, à Leyde, & qui avoit son embouchure à l'endroit où est Catwyck. Ce que l'on appelle à présent le Bétuve, nom dérivé de l'ancien, n'y répond pas assez exactement, & n'est pas assez étendu, pour que l'on puisse rendre l'un pour l'autre. L'ancienne Batavie comprenoit une grande partie de la Hollande méridionale, & une partie de la Province d'Utrecht avec sa Capitale.

Voici la description que fait de la Hollande l'Auteur des délices des Pays bas.

Le terroir de cette belle Province est par tout si mol & si marécageux, qu'on ne le sçauroit labourer; aussi n'y trouve-t-on que très-peu de bled, & presque point de froment; de sorte que pour nourrir une si grande multitude d'Habitans qui s'y trouvent, il est besoin de recourir à la Pologne & à la Moscovie pour y chercher les grains. Tout ceci provient des eaux dont elle est pénétrée, ce qui la rend propre à en faire des tourbes, qui est une espèce de terre grasse & bitumineuse, dont le peuple se chauffe fort commodément. Il croît abondamment dans cette Province du chanvre & du lin dont on fait des toiles très-fines, & d'autres qui servent à faire des voiles, des cordes & des cables pour les vaisseaux. On n'y voit que de vastes prairies, qui sont inondées en hyver; & les eaux y demeureroient toujours, si les Habitans du Pays n'avoient trouvé l'invention de mettre ces prairies à sec par le moyen des moulins inventés à cet usage. Elle seroit aussi continuellement exposée aux inondations de la mer, si ces Peuples n'avoient opposé à cet élément de puissantes digues, à l'élévation & à l'entretien desquelles ils travaillent presque sans relâche. Les principales de ces digues sont celles de l'Issel, de la Meuse & de Saint Martin. Chacune de ces digues a des Officiers qui sont commis pour veiller, afin que rien n'y manque, & pour faire pourvoir aux accidens qui pourroient survenir.

Bad ou *Bat*, noyée, submergée, inondée. *Aw*, Isle.

BATENBURG.

A une courbure de la Meuse. *Ba*, courbure. *Tan*, en composition *Ten*, rivière. *Burg*, habitation.

BATTEL.

ENTRE deux rivières. *Bat*, habitation. *Tal*, en composition *Tel*, rivière.

BAVAY.

C'EST l'ancienne Ville nommée *Bagacum* dans l'Itinéraire d'Antonin. Le terrein dans lequel elle est placée, est presque entièrement environné de rivières. *Bag*, enfermé, environné. *Ach*, rivière.

BAUDOUR.

PRÈS des deux sources d'une rivière. *Bau*, source. *Dour*, rivière.

BAVEL.

DANS un terrein boueux. *Baw*, boue. *Bawel*, boueux.

BAVING.

A une courbure de rivière. *Ba*, courbure. *Vin*, *Ving*, rivière.

BAULER.

A une courbure de rivière. *Ba*, courbure. *Aw*, rivière. *Lar*, en composition *Ler*, habitation.

BAUVEL.

A une courbure de rivière. *Ba*, courbure. *Aw*, rivière. *Vel*, habitation.

BAUVIN.

A la source d'une rivière. *Bau*, source. *Vin*, rivière.

BEAUMONT.

SUR une montagne. *Bal*, *Bel*, *Bau*, sur. *Mont*, montagne.

SUR LA LANGUE CELTIQUE.

BEAURAIN.
A la fource d'une rivière. *Voyez* Bauvin plus haut. *Ren*, rivière.

BEAURY.
A une courbure de rivière. *Bw*, prononcez *Bo*, courbure. *Ry*, rivière.

BECH.
A une embouchure. *Bec*, embouchure.

BEEF.
A une courbure de rivière. *Ba*, en compofition *Be*, courbure. *Af*, en compofition *Ef*, rivière.

BEING.
A l'embouchure d'une rivière. *Ben*, embouchure.

BELLE.
DE *Bel*, nom appellatif d'habitation, devenu propre de celle-ci.

BELLY.
AU bord d'une rivière. *Bel*, bord. *I*, rivière.

BELVEREN.
A une courbure de rivière. *Bel*, habitation. *Ba*, *Va*, en compofition *Ve*, courbure. *Ren*, rivière.

BERCHLIES.
AU bord d'une rivière. *Berg* ou *Berch*, habitation. *Liex*, rivière.

BERG.
Berg, nom appellatif d'habitation, devenu propre de celle-ci.

BERGELE.
DIMINUTIF de *Berg*, nom appellatif d'habitation.

BERGEN.
Berg, nom appellatif d'habitation, devenu propre de celle-ci. *En*, terminaifon oifive.

BERGH.
LA même étymologie que Berg.

BERGILLÉ.
LA même étymologie que Bergele.

BERKE.
LA même étymologie que Berg.

BERLINGEN.
PRès d'une courbure de rivière. *Ber*, courbure. *Lin*, rivière. *Gen*, près.

BERNE.
PRès d'une courbure de l'Efcaut. *Ber*, courbure. *Na*, en compofition *Ne*, rivière.

BERTRANGE.
A une courbure de rivière. *Ber*, courbure. *Ter*, rivière. *Ang*, près.

BERTRY.
A la fource d'une rivière. *Ber*, fource. *Tri*, habitation.

BERWANT.
A une courbure de rivière. *Ber*, courbure. *Van*, rivière.

BÉTHUNE.
UNE petite rivière fe partage au-deffus de Béthune, & forme une grande Ifle, dans laquelle cette Ville eft placée. *Bay*, rivière. *Twnn*, partage.

BETO.
Ber, nom appellatif d'habitation, devenu propre de celle-ci.

BETTENCOUR.
Près d'une rivière. *Bet*, habitation. *An*, en composition *En*, près. *Cwr*, prononcez *Cour*, rivière

BETTING.
A une courbure de rivière. *Ba*, en composition *Be*, courbure. *Tan*, en composition *Ten*, *Tin* rivière.

BEYMONT.
A la source d'une petite rivière. *Bay*, en composition *Bey*, petite rivière. *Mon*, source.

BICH.
A une courbure de la Moselle. *Bys* ou *Bych*, courbure.

LE BIÉ.
Sur un ruisseau. *Biés*, ruisseau.

BIERBEY.
Au bord d'une rivière. *Ber*, bord. *Bay*, en composition *Bey*, rivière.

BINCHE.
Dans une courbure de rivière. *Bince*, courbure.

BIRON.
Entre deux rivières, près de leur confluent. *Bi*, deux. *Ron*, rivière.

BISSEN.
A une courbure de rivière. *Bys*, courbure. *En*, rivière.

BITTEL.
Au bord d'une rivière. *Bw*, en composition *By*, habitation. *Tal*, en composition *Tel*, rivière.

BIVER.
A une courbure de rivière. *Bw*, en composition *By*, courbure. *Ver*, rivière.

BIWART.
A une courbure de rivière. *Bw*, en composition *By*, courbure. *Var*, rivière.

BLANDAIN.
Au bord d'une forêt. *Blan*, bord. *Den*, forêt.

BLANGI.
A une courbure de rivière. *Blanc*, en composition *Blang*, courbure. *I*, rivière.

BLERIK.
Au bord d'une rivière. *Ble*, bord. *Ric*, rivière.

BLYENBECK.
A une courbure de rivière. *Blin*, courbure. *Bec*, ruisseau, rivière.

BOHAN.
Dans une courbure de rivière. *Bw*, prononcez *Bo*, courbure. *An*, rivière.

BOLENDORF.
A une courbure de rivière. *Bw*, prononcez *Bo*, courbure. *Len*, rivière. *Dorf*, habitation.

BOMAL.
Près d'une embouchure de rivière. *Bw*, prononcez *Bo*, habitation. *Mal*, embouchure.

BOMI.
A la source d'une rivière. *Bom*, source. *I*, rivière.

BONEF.
A une courbure de rivière. *Bon*, courbure. *Af*, en composition *Ef*, rivière.

BONGART.
A une courbure de rivière. *Bon*, courbure de rivière. *Gart*, habitation.

SUR LA LANGUE CELTIQUE.

BONLEZ.
Près d'une courbure de rivière. *Bon*, courbure de rivière. *Lez*, près.

BONMALE.
A une courbure de rivière. *Bon*, courbure de rivière. *Mal*, habitation.

BONRAD.
A la fource d'une rivière. *Bon*, fource. *Rad*, rivière.

BOOM.
A une courbure de rivière. *Bom*, courbure de rivière.

BORCHET.
Borg, *Borch*, nom appellatif d'habitation. *Borchet*, diminutif.

BORCHT.
De *Borch*. Voyez l'article précédent.

BORNHEM.
A une courbure de rivière. *Bw*, prononcez *Bo*, courbure. *Ren*, rivière. *Hem*, habitation.

BORRE.
Au bord d'une rivière. *Bor*, bord. *Re*, rivière.

BORST.
Au bord d'une rivière. *Bor*, bord. *St* de *Ster*, rivière.

BOSSU.
A une courbure de l'Escaut. *Bocz*, *Bos*, courbure. *Sw*, rivière.

BOUCHAIN.
Bochonium, *Buccinium*, à l'embouchure du Senset dans l'Escaut qui s'y partage, & y forme une Isle. *Boch*, *Buc*, embouchure. *On*, *In*, Isle. D'*Onces*, *Ines*, comme *An* d'*Anes*, Isle.

BOUCOURT.
Près de la fource d'une rivière. *Bouch*, fource. *Our* ou *Ourt*, rivière.

BOVERIE.
A une courbure de la Meufe. *Bw*, prononcez *Bou*, courbure. *Rie*, rivière.

BOUGÉ.
Nom appellatif d'habitation, devenu propre de celle-ci.

BOUILLON.
Bullio est entouré de la rivière du Semois en forme de fer à cheval. *Bw*, courbure. *Lliwn*, rivière.

BOVINES.
A une courbure de la Meufe. *Bw*, prononcez *Bo*, courbure. *Vin*, rivière.

BOULER.
Dans une courbure de rivière. *Bw*, prononcez *Bou*, courbure. *Lar*, en composition *Ler*, habitation.

BOUR.
Bor, *Bour*, nom appellatif d'habitation, devenu propre de celle-ci.

BOURA.
Près d'une courbure de rivière. *Bw*, prononcez *Bou*, courbure. *Ra*, rivière.

BOURDAN.
Près d'une rivière. *Bor*, *Bour*, près. *Dan*, rivière : Ou *Bour*, habitation. Voyez Bour.

BOURGELLES.
Au bord d'une rivière. *Bourg*, habitation. *El*, bord.

BOURY.
A une courbure de rivière. *Bu*, prononcez *Bou*, courbure. *Ry*, rivière.

BOXMEER.
A une courbure de rivière. *Boxa*, courbure. *Mer*, rivière.

BRABANT.
CETTE Province tire son nom du grand nombre de rivières qui l'arrosent. *Bra*, Pays, Contrée. *Aban*, rivière.

BRÉDA.
PRESQUE tout environné de marais. *Brai*, marais. *Da*, habitation.

BRENNE.
PRès d'une forêt. *Bren*, forêt. *Nés*, près.

BREUVENNE.
A une courbure de rivière. *Berr*, courbure. *Auven*, en composition *Euven*, rivière. *Berreuven*, par une crase très-facile *Breuven*.

BREY.
DANS un terrain marécageux. *Brai*, *Brey*, terre boueuse, terre aquatique, terre marécageuse.

BRIEL ou LA BRILLE.
A l'embouchure de la Meuse. *Bri*, embouchure. *El*, près.

BRILLON.
PRès d'un marais. *Bri*, marais. *Lon*, habitation.

BRONSMEER.
A une courbure de rivière. *Broncz*, bosse, courbure. *Mer*, rivière.

BROUAI.
AU bord d'une rivière. *Bru*, *Brou*, rivière. *Ai*, habitation.

BROUARD.
PRès de la source d'une rivière. *Bru*, *Brou*, source. *Ar*, près.

BRUILLE.
N'EST pas loin d'une grande forêt, qu'il touchoit autrefois. *Bruill*, forêt fermée.

BRUXELLES.
BRUXELLÆ, sur la Seine qui s'y partage. *Brug*, partage. *Sell*, habitation.

BUDELICH.
AU bord d'une rivière. *Bud*, habitation. *Lwch*, en composition *Lych*, rivière.

BUEL.
PRès d'un marais. *Boel*, *Buel*, marais.

BUIRON.
A une courbure de rivière. *Bu*, courbure. *Ron*, rivière.

BULLANGE.
DANS une courbure de rivière. *Bu*, courbure. *Lan*, rivière. *Ge*, terminaison oisive.

LES BULLES.
A l'embouchure d'une rivière dans une autre. *Bul*, embouchure.

BUQUOY.
PRès d'une forêt. *Bu*, habitation. *Coet*, forêt.

BURCHAREN.
PRès de la Meuse. *Burg* ou *Burch*, habitation. *Ar*, près. *En*, rivière.

SUR LA LANGUE CELTIQUE.

BURGESTEIN.
Près d'une rivière. *Burg*, habitation. *Es*, paragogique ou article. *Tan*, en composition *Ten*, rivière.

BURY.
Près d'une rivière. *Bu*, habitation. *Ry*, rivière.

BUTASA.
A un confluent. *Byddas* ou *Buddas*, *Butas*, nœud, jonction. *A*, rivière.

CÆRASI.
Ancien Peuple de la Gaule Belgique, ainsi nommé des beaux boucliers qu'il portoit. *Caer*, beau. *As*, bouclier.

CAIN.
Cen, nom appellatif d'habitation, devenu propre de celle-ci.

CALONNE.
Près d'un confluent. *Caul*, union, jonction. *On*, rivière.

CAM.
A une courbure de la Moselle. *Cam*, courbure.

CAMBLIN.
A une courbure de rivière. *Camb*, courbure. *Llyn*, rivière.

CAMBRAY.
Cameracum, à un partage de l'Escaut. *Cam*, habitation. *Mer*, partage. *Ac*, rivière.

CAMPEN.
Est situé sur la rive gauche de l'Issel. Sa figure est ronde d'un côté, en la façon d'un arc, dont cette rivière est la corde. *Campen*, courbe, en façon d'arc.

CANIGEN.
A une courbure de rivière. *Can*, courbure, courbe. *I*, rivière. *Gen*, près.

CARENCHY.
A la source d'une rivière. *Car*, *Caren*, tête, source. *Ci*, en composition *Chi*, rivière.

CARTICLS.
Près d'un confluent. *Car*, près. *Tic*, chaîne, union. *Les*, rivière.

CASSEL.
Au-dessus d'une montagne. *Cas*, habitation. *Sel*, élévation.

CATENIES.
Près d'une forêt. *Cat*, forêt. *Nes*, près.

CAULERS.
A une courbure de rivière. *Cau*, courbure. *Lar*, en composition *Ler*, habitation : Ou peut-être de *Caul*, Chou.

CAVRINES.
A une courbure de l'Escaut. *Cau*, courbure. *Rin*, rivière.

CELLE, CELLES.
Cell, nom appellatif d'habitation, devenu propre de celles-ci.

CERCQ.
Cerc, enclos. Cette habitation aura commencé par quelque enclos. *Voyez* Cern dans le Comté de Bourgogne.

CHAEM.
Cham, nom appellatif d'habitation, devenu propre de celle-ci. On double aisément les voyelles dans les Pays bas.

CHAIMERE.
A une courbure de rivière. *Cam*, en composition *Cham*, courbure. *Mer*, rivière.

CHAINÉE.

Dans une courbure de rivière. *Can*, en composition *Chan*, courbure. *E*, rivière.

CHAMONT.

Près d'une rivière qui entre dans un étang. *Cham*, habitation. *Mon*, embouchure.

CHARGEN.

Près d'une courbure de rivière. *Car*, en composition *Char*, près. *Gen*, courbure.

CHASSELET.

Au bord de la Sambre. *Cas*, en composition *Chas*, habitation. *Laith*, rivière.

CHASTRE.

Entre deux bois qui se touchent presque. *Chat*, bois. *Re*, deux.

CHAUDIER.

Près d'une forêt. *Chod*, forêt. *Er*, près.

CHAUX.

Près d'une forêt. *Chod*, forêt.

CHELLE.

C'est la même étymologie que Celle.

CHERATTE.

Au bord de la Meuse. *Cer*, en composition *Cher*, près. *Rat*, rivière.

CHERBAU.

A une courbure de rivière. *Cer*, en composition *Cher*, près. *Bw*, prononcez *Bo*, courbure.

CHEVES.

Au bord d'une rivière. *Che*, habitation. *Aw*, en composition *Ew*, rivière.

CHIÉVRES.

Entre deux rivières. *Cy*, en composition *Chy*, habitation. *Aw*, en composition *Ew*, rivière. *Re*, deux.

CHIMAI.

Cimacum, *Chimacum*, sur une rivière. *Chem* ou *Chim*, habitation. *Ac*, rivière.

CHINEY.

Entre deux rivières. *Cin*, en composition *Chin*, entouré, enfermé. *Ei*, rivière.

CHINY.

Sur une colline dans une Presqu'isle que forme une rivière. *Cin*, en composition *Chin*, entouré. *I*, rivière.

CHOZENE.

Près d'une rivière & d'une forêt. *Chod*, en composition *Choz*, forêt. *En*, rivière.

CISOIN.

Près d'un marais & d'une rivière. *Ci*, rivière. *Sen*, marais.

CLEMECY.

A une courbure de rivière. *Clam*, en composition *Clem*, courbure. *Ci*, rivière.

CLERMONT.

Près d'une courbure de rivière. *Cler*, rivière. *Mon*, courbure.

COCAMBRE.

Près d'un bois & de la source d'une petite rivière. *Cau*, forêt. *Can*, source. *Bre*, rivière.

COHEN.

Au bord d'une rivière. *Coh*, près. *En*, rivière.

COILEN.

Près d'une forêt. *Coil*, forêt. *An*, en composition *En*, près.

SUR LA LANGUE CELTIQUE.

COLLERETTE.
Près de la source d'une rivière. *Col*, tête, source. *Ret*, rivière.

COLLIN.
Près d'un étang. *Coh*, près. *Llyn*, étang.

COM.
Nom appellatif d'habitation, devenu propre de celle-ci.

COMINES.
Dans une Isle de la Lys. *Com*, habitation. *Ines*, Isle.

LA COMTÉE.
Près d'un confluent. *Cont*, confluent.

CONDÉ.
Au confluent de l'Escaut & de la Haine. *Cond*, confluent.

CONDRUSI.
Ancien Peuple de la Gaule Belgique. *Con*, particule qui marque l'excellence, le superlatif. *Drud*, en composition *Drus*, fort, vaillant, hardi.

CONROYT.
Au bord d'une rivière. *Com*, habitation. *Ret*, rivière.

COPPEGNY.
Au bord d'une forêt. *Cau*, forêt. *Penn*, bord. *Y*, habitation.

CORBAIS.
A la source d'une petite rivière. *Cor*, tête, source. *Bay*, petite rivière.

CORBION.
Sur une petite rivière. *Cwr*, prononcez *Cor*, rivière. *Bion*, petite.

CORDES.
Cort ou *Cord*, nom appellatif d'habitation, devenu propre de celle-ci.

CORTIES, CORTIS.
Diminutif de *Cort*, nom appellatif d'habitation.

CORTRYCK.
Cor, petite. *Trig* ou *Tric*, habitation.

COTTE.
Cwtt, prononcez *Cott*, nom appellatif d'habitation.

COTTES.
Près d'une forêt. *Cot*, forêt.

COUCOURT.
Au bord d'une rivière. *Cw*, prononcez *Cou*, rivière. *Cwr*, prononcez *Cour*, bord.

COULTURE.
Près d'une courbure de rivière. *Cou*, courbure. *Twr*, rivière.

COUMONT.
Près d'une forêt. *Cou*, forêt. *Mon*, habitation.

COUR.
Cor, *Cour*, nom appellatif d'habitation, devenu propre de celle-ci.

COURCELLES.
Voyez Courcelle dans le Comté de Bourgogne.

COURCELETTE.
Diminutif de Courcelles.

COUR L'ÉVESQUE.

A l'embouchure d'une rivière. *Cor*, embouchure.

COURT.

COR T, *Court*, nom appellatif d'habitation, devenu propre de celle-ci.

COURTIL, COURTY.

DIMINUTIFS de *Court*.

COURTRAY.

CORTRACUM, sur la Lys, qui y reçoit une petite rivière. *Cor*, embouchure. *Tret* ; *Trat*, habitation.

COURU.

COR, *Cour*, nom appellatif d'habitation.

COUSTURE.

DANS une Isle formée par un partage de la Lave. *Coultr*, coupée. *Wr*, rivière.

COUTICHES.

AU bord d'une rivière. *Cwt*, prononcez *Cout*, habitation. *Ic*, *Ich*, rivière.

COUVIN.

PRÈS de la courbure d'une rivière. *Cou*, courbure. *Vin*, rivière.

CRABBELS.

A une courbure de rivière. *Crab*, courbure. *El*, près.

CREVECŒUR.

DANS une courbure de rivière. *Crev*, courbure. *Cwr*, rivière.

CUHEN.

AU bord d'une rivière. C'est la même étymologie que *Cohen*, l'U & l'O se mettant l'un pour l'autre.

CUVRNE.

A l'embouchure d'une rivière. *Cwr*, embouchure. *Nes*, près.

DALEM.

SUR la Bervine. *Dal*, près. *Am*, en composition *Em*, rivière.

DALLE, DALLEN.

DAL, *Dalen*, nom appellatif d'habitation, devenu propre de celle-ci.

DANEM.

PRÈS de la source d'une rivière & d'une forêt. *Dan*, forêt. *En*, source.

DAUE.

ENTRE deux rivières. *Dau*, deux. *E*, rivière.

DELEN.

PRÈS d'une rivière. *Dal*, en composition *Del*, près. *En*, rivière.

DELETZ.

AU bord d'une rivière. *Dal*, en composition *Del*, près. *Laith*, rivière.

DEMEN.

AU bord de la Meuse. *Da*, en composition *De*, rivière. *Men*, habitation.

DENAIN.

A un partage de l'Escaut. *Dan*, en composition *Den*, partage. *En*, rivière.

DENDERBELLE.

A une courbure du Dender. *Bal*, en composition *Bel*, courbure.

DENLET.

PRÈS d'une rivière. *Dan*, en composition *Den*, habitation. *Laith*, rivière.

SUR LA LANGUE CELTIQUE.

D E N N I.
Près d'une forêt. *Den*, forêt. *I*, près.

D E N S B O R G.
Au bord d'une rivière. *Dan*, en compofition *Den*, rivière. *Bwrg*, prononcez *Borg*, habitation.

D E R E N E A U.
Entre deux petites rivières. *Deu*, deux. *Ren*, rivières. *Au*, diminutif.

D E S S E N E R.
Dans une courbure de rivière. *Des*, courbure, courbe. *Ner*, rivière.

D E U L E M O N T.
A l'embouchure de la Deule dans la Lys. *Mon*, embouchure.

D E Y N S E.
Dans une Ifle formée par des rivières. *Da*, en compofition *De*, dans. *Ins*, Ifle.

D H U Y.
Entre deux rivières. *Dw*, deux. *I*, rivière.

D I E S T.
A un confluent. *Dia*, en compofition *Die*, deux. *St* de *Ster*, rivière.

D I E T E N.
Près de la Meufe. *Diet*, habitation. *En*, rivière.

D I L I G E N.
Au bord d'une rivière. *Di*, habitation. *Li*, rivière. *Gen*, près.

D I N A N T.
Au confluent de la Meufe & d'une petite rivière. Cette Ville eft nommée *Deonantum*, *Dionantum*, *Dinantum*, *Dinandum* dans les anciennes Chroniques latines. *Dau*, en compofition *Deu*, qui fe prononce auffi *Deo*, deux. *Nant*, rivières. *Di*, fignifie pareillement deux.

D I V I O N.
A une courbure de rivière. *Di*, habitation. *Bw* ou *Vw*, en compofition *Vy*, courbure. *On*, rivière.

D I X M U Y D E.
Ville entourée de rivières de trois côtés. *Dich*, fort, beaucoup. *Mwyd*, arrofée.

D O N A I N G.
Près d'un confluent. *Dau*, deux. *Na*, rivières. *Wng*, en compofition *Yng*, près.

D O N G E N.
Près d'une rivière. *Dan*, *Don*, rivière. *Gen*, près.

D O N S.
Près d'un confluent. *Dan*, *Don*, rivière. *Dy*, en compofition *Sy*, deux.

D O R D R E C H T.
Eſt baigné des eaux du Vahal, de la Meufe, de la Merue, de la Linghe. *Dor*, rivières. *Trecht*, en compofition *Drecht*, Ville.

D O R L E.
Près de l'embouchure d'une petite rivière dans la Néthe. *Dor*, embouchure. *Les*, près.

D O U A Y.
Duacum, à l'embouchure d'une petite rivière dans la Scarpe. *Du*, deux. *Ac*, rivière.

D O U R.
Au bord d'une rivière. *Dour*, rivière.

D O U R B E.
A un confluent. *Dour*, rivière. *Be*, deux.

DOUZEY.

PRÈS d'un confluent. *Dw*, prononcez *Dou*, rivière. *Dy*, en composition *Zy*, deux.

DRIEL.

AU bord d'un bras de rivière. *Dryll*, partage.

DRON.

DANS une courbure de la Moselle. *Dro*, circuit, courbure. *On*, rivière.

DU.

Tw ou *Dw*, nom appellatif d'habitation, devenu propre de celle-ci.

DUFFEL.

PRÈS de l'embouchure d'une rivière. *Tu* ou *Du*, près. *Fal*, en composition *Fel*, embouchure de rivière.

DUNKERQUE.

CETTE Ville n'étoit dans son commencement qu'un hameau, composé de quelques cabanes de pêcheurs. On prétend que saint Éloy y fit bâtir une petite Église, de laquelle & des dunes, ou petites collines de sable sur lesquelles elle est située, s'est formé son nom. *Dun* est un mot Celtique qui signifie élévation. Les Flamands l'ont conservé pour désigner ces petites collines de sable qui bordent leurs côtes. *Kerque*, dans la Langue de ces Peuples, signifie Église, (du Celtique *Cercq*, prononcez *Kercq*.) *Dunkerque*, Église des dunes.

DURBUY.

PRÈS d'une courbure de l'Ourt. *Dwr*, rivière. *Bw*, courbure. *I*, près.

DUROS.

PRÈS d'un partage de rivière. *Dorr* ou *Durr*, partage. *Aus*, rivière.

ÉBEZIL.

AU bord d'une rivière. *Eb*, près. *E*, rivière. *Cil* ou *Zil*, habitation.

ECKELOO.

AU bord d'une rivière. *Eche*, habitation. *Lw*, prononcez *Lo*, rivière.

ÉCOIRE.

PRÈS d'un ruisseau, ou petite rivière. *Ac*, en composition *Ec*, près. *Couer*, ruisseau, petite rivière.

ÉCOU.

A un partage de rivière. *É*, rivière. *Cwtt*, prononcez *Coutt*, partage.

ÉDIGEN.

AU bord d'une rivière. *Ed*, rivière. *Gen*, près.

ÉEL.

AU bord d'une rivière. *É*, rivière. *El*, bord.

ÉELEN.

PRÈS de la Meuse. *Ael*, en composition *Éel*, près. *En*, rivière.

ELLEVEN.

AU bord d'une rivière. *El*, bord. *Aven*, en composition *Éven*, rivière.

ÉLOUGE.

PRÈS d'un confluent. *Ell*, choc, rencontre. *Lug*, prononcez *Loug*, rivières.

ÉMAL.

PRÈS d'une rivière. *Am*, en composition *Em*, rivière. *Al*, près.

ÉNAME.

AU bord de l'Escaut. *An*, en composition *En*, près. *Am*, rivière.

ÉNECH.

AU bord de la Moselle. *É*, rivière. *Nech*, près.

SUR LA LANGUE CELTIQUE.

É N E N.
Au confluent de la Moselle & d'une petite rivière. *An*, en composition *En*, près. *Néene*, rivières.

E N G U I E N.
A la source d'une petite rivière. *En*, source. *Gwi*, rivière. *Gwien*, diminutif.

E N Q U I N.
A une courbure de rivière. *En*, rivière. *Cin*, prononcez *Kin*, courbure.

É P A I N.
A une courbure de l'Escaut. *É*, rivière. *Pen*, courbure.

É R E.
Près d'une rivière. *Er*, près. *É*, rivière.

É R E F.
Près d'une rivière. *Er*, près. *Af*, en composition *Ef*, rivière.

É R E S N E.
Au bord d'une rivière. *Er*, près. *En*, rivière.

É R I N.
Au bord d'une rivière. *Er*, près. *Rin*, rivière.

É R I N G.
Au bord d'une rivière. C'est la même étymologie que la précédente, le *G* est une terminaison oisive.

E R P.
A une courbure de rivière. *Herp*, courbure.

E S C A I L L O N.
Au bord d'un étang, à la sortie d'une rivière de cet étang. *Es*, article. *Cal*, sortie. *On*, rivière.

E S C H.
A une courbure de rivière. *Es* ou *Ech*, courbure.

E S D E N.
Près d'une forêt. *Es*, article. *Den*, forêt.

E S P I E R R E.
A l'embouchure d'une rivière dans l'Escaut. *Aper* ou *Éper*, embouchure.

E S P R A U E.
A trois embouchures. *Éper*, embouchure. *Éperau*, *Éprau*, par une crase fort facile, embouchures.

E S S C H E N E.
Près de la source d'une rivière. *Es*, rivière. *Cen*, en composition *Chen*, source.

E S S E N N E.
Au bord d'un bras de rivière. *Es*, rivière. *San*, en composition *Sen*, partage.

E S M E N N E.
A une courbure de rivière. *Es*, rivière. *Men*, courbure.

E S T A I R E.
Au confluent de la Lys & d'une petite rivière. *Aff*, en composition *Eff*, près. *Ster*, rivière. *Re* deux.

E S T A L L E.
Près d'une rivière. *Aff*, en composition *Eff*, près. *Tale*, rivière.

E S T E R E N.
Près d'une rivière. *Aff*, en composition *Eff*, près. *Ster* ou *Steren*, rivière.

E S T R E.
Près d'une rivière. *Aff*, en composition *Eff*, près. *Ster*, par une transposition facile & usitée dans le Celtique, *Stre*, rivière.

ESTRÉE.
Pris d'une rivière. C'est la même étymologie que la précédente.

ÉTH.
A un confluent. *Et*, confluent.

EULEX.
A un confluent. *Eu*, conjonction, union. *Lex*, rivière.

EUPEN.
A une embouchure. *Eu*, joignant, près. *Pen*, embouchure.

EYNDHOVEN.
A un confluent. *And*, en composition *End*, union. *Auven*, rivière.

EYS.
A une courbure de rivière. *Eus*, *Eys*, courbure.

FABE.
Fab, petite. *E*, habitation. *Voyez* Villersbufon dans le Comté de Bourgogne.

FAILLOUÉ.
A une courbure de rivière. *Fal*, courbure. *Ouer*, près.

FALAIS.
A un partage de rivière. *Fal*, coupure. *Ai*, rivière.

LA FALISE.
A une courbure de rivière. *Fal*, courbure. *Iff*, rivière.

FAUQUEMBERG.
A une courbure de rivière. *Falch*, *Fauch*, courbure. *Am*, en composition *Em*, rivière. *Berg*, habitation.

FAUQUEMONT.
Sur le Geul, près d'un endroit où il se partage en deux branches. *Falch*, *Fauch*, coupure. *Amon*, en composition *Émon*, rivière.

FAUVIL.
N'est pas éloigné d'un bois de hêtres. *Fau*, hêtres. *Wyll*, bois.

FAY.
Il y a deux Villages de ce nom, près de bois de hêtres. *Fay*, bois de hêtres.

FERIN.
A une courbure de rivière. *Ferr*, courbure. *Rin*, rivière.

FERON.
Au bord d'une rivière. *Fer*, au bord. *On*, rivière.

FEROUX.
Au bord d'une forêt. *Fer*, au bord. *Houd*, en composition *Hous*, forêt.

FLANDRES.
Nom d'une des principales Provinces des Pays bas. C'est un terrain bas & plat. *Flondren*, *Flaædren*, Pays bas & plat.

FLERUS, FLEURUS.
A la source d'une rivière. *Fel*, *Fle*, tête, source. *Rus*, rivière.

FLERY.
Au bord d'une rivière. *Fel*, *Fle*, bord. *Ry*, rivière.

FLINES.
Abbaye fondée d'abord dans une Isle de la Scarpe, d'où elle a été transférée à l'endroit où s'est formé le Village qui en a pris le nom. *Wl* ou *Fl*, habitation. *Ines*, Isle.

FLORENNES

SUR LA LANGUE CELTIQUE.

FLORENNES.
Entre deux rivières. *Flouren*, petit pré où l'on coupe de l'herbe pour les bêtes.

FOLQUIN.
A une courbure de rivière. *Fol*, courbure. *Cen*, prononcez *Ken*, *Kin*, près.

FOREST.
Près d'une forêt. *Fforest*, forêt.

FORON.
Au bord d'une rivière. *For*, bord. *On*, rivière.

LE FOYAUX.
Près d'une forêt de hêtres. *Foy*, forêt de hêtres. *Aus*, habitation.

FRAYPONT.
A une courbure de rivière. *Fres*, près. *Pon*, courbure.

FRESSIN.
Au bord d'une rivière. *Fer*, *Fre*, près. *Asin*, en composition *Esin*, rivière.

FRETIN.
Près d'une forêt. *Fer*, *Fre*, près. *Ten*, *Tin*, forêt.

FREUDENBERG.
Près d'une forêt. *Fer*, *Fre*, près. *Den*, forêt. *Berg*, habitation.

FRUGE.
A une courbure de rivière. *Fer*, *Fre*, courbure. *Ug*, rivière.

FUMAL.
A une courbure de rivière. *Bw*, *Fw*, rivière. *Mal*, courbure.

FUMAY.
Près d'une courbure de la Meuse. *Bw*, *Fw*, rivière. *May*, courbure.

FUREY.
A une courbure de rivière. *Bw*, *Fw*, courbure. *Rey*, rivière.

FURNES.
Dans les titres latins *Furnae*, n'est qu'à une lieuë de la mer, au bord de laquelle elle étoit autrefois. Les rivières de Colme & de Loo se jettent dans l'Océan près de cette Ville. *Forch*, *Forh* ou *Furh*, embouchure. *Nau*, en composition *Nay*, deux. De l'*Ai* latin, on a fait l'*Ae*, ainsi de *Musai*, *Musae*.

GAMERAGE.
A une courbure de rivière. *Gammer*, courbure. *Ag*, rivière.

GAMMEL.
A une courbure de rivière. *Gammel*, courbure.

GAND.
Gandavum, une des grandes Villes des Pays bas. Le canton où elle est, fut premièrement habité par les anciens *Gonduni*, cliens des Nerviens. Cette Ville n'est pas seulement remarquable par sa grandeur, mais encore par la beauté de sa situation, à cause des rivières, des ruisseaux, des fontaines qui l'arrosent, des prairies & des collines qui l'environnent, & de la douceur de l'air que l'on y respire; l'aspect en est beau, & elle a la commodité de n'être qu'à quatre pas de la mer. Les rivières qui l'arrosent sont l'Escaut qui vient d'Oudenarde, la Lys qui vient de Courtray; elles se joignent à Gand, la Liéve ne s'y rend que par les travaux que l'on a faits pour l'y conduire, en la grossissant de quelques ruisseaux, & la Moere qui vient de Moerbeck. Les rivières dont on vient de parler entourent & coupent la Ville de telle manière, qu'elles y forment vingt-six Isles, & la rendent d'autant plus forte, qu'en fermant les écluses on peut inonder les environs jusqu'à la distance d'un mille. *Gand*, confluent, union. *Avon*, rivière. *Gandavon*, union de rivières. *Gand* ou *Gond*, confluent. *Dun*, colline. *Gonduni*, ceux qui habitoient au confluent & sur les collines. *Gonduni* peut aussi venir de *Gondu*, gain, profit. La situation avantageuse de ce Pays pour le commerce avoit pu engager ce Peuple à s'y adonner.

GARBECQ.
Au bord d'une rivière. *Gar*, près. *Bec*, ruisseau, rivière.

GAUCHIN.
A une courbure de rivière, *Gau*, rivière. *Cin*, en composition *Chin*, courbure.

GAURIN.
Entre deux rivières. *Go*, milieu. *Rin*, rivière.

GAUSIN.
Au bord d'une rivière. *Gos*, près. *Ien*, *In*, rivière.

GÉEL.
Au bord d'une rivière. *Ge*, rivière. *El*, bord.

GELIN.
Au bord d'une rivière. *Gal*, en composition *Gel*, bord. *Llyn*, rivière.

GEMBLOURS.
GEMMELAUS, dans une ancienne Chronique, est dans la courbure d'une petite rivière. *Gam*, en composition *Gem*, courbure. *Lwch*, prononcez *Loch* ou *Los*, rivière.

GEME.
A une courbure de rivière. *Gam*, en composition *Gem*, courbure. *E*, rivière.

GEMONDE.
A une courbure de rivière. *Gam*, en composition *Gem*, courbure. *On*, rivière. Le D s'ajoûte à la fin des mots.

GEMPTINE.
Près une courbure de rivière. *Gamp*, en composition *Gemp*, courbure. *Tan*, en composition *Ten*, *Tin*, rivière.

GENAPE ou GENEPE.
A l'embouchure d'une rivière dans la Meuse. *Gen*, embouchure. *Ap*, rivière.

GENLY.
Près d'une rivière, qui sort là d'un étang. *Gueun*, *Gen*, étang. *Ly*, rivière : Ou *Gen*, sortie.

GENTINE.
Près d'une rivière. *Gan*, en composition *Gen*, près. *Tan*, en composition *Ten*, *Tin*, rivière.

GENVAL.
Dans une courbure de rivière. *Gen*, courbure. *Bal*, *Val*, habitation.

GEVIN.
A la source d'une rivière. *Ge*, rivière. *Vin*, source.

GEUL.
Près d'une embouchure. *Gueul*, embouchure.

GIEF.
Près d'une rivière. *Gi*, habitation. *Af*, en composition *Ef*, rivière.

GINNEKEN.
A un confluent. *Gan*, en composition *Gen*, *Cin*, près. *Can*, en composition *Cen*, prononcez *Ken*, confluent.

GIVAIS ou GIVET.
Dessous le canon de Charlemont. Il y a deux Places séparées par la Meuse, & qui ont communication par un pont de bâteaux ; l'une s'appelle Givet saint Hilaire, qui est la plus voisine de cette Ville, elle est entourée de murailles & de quelques fortifications, à cause que c'est un passage très-important sur la Meuse ; l'autre Givet Notre-Dame, aujourd'hui démantelé. *Giw*, passage. *Ai*, rivière.

GLIMES.
Près d'un confluent. *Glymm*, union. *Es*, rivière.

GODENDORF.
Au bord d'une rivière. *Gos*, près. *Dan*, en composition *Den*, rivière. *Dorf*, Village.

SUR LA LANGUE CELTIQUE.

G O E R.
Près d'une courbure de rivière. *Gau*, courbure. *Er*, près.

G O G E N.
Près d'une rivière. *Gav*, rivière. *Gan*, en composition *Gen*, près.

G O L Z E N N E.
Près de la source d'une rivière. *Gol*, rivière. *Cen*, source.

G O N D O R F.
A un confluent. *Gon*, confluent. *Dorf*, habitation.

G O N N A Y.
Au bord d'une rivière. *Gon*, touchant, joignant. *Ai*, rivière.

G O R C U M.
Gorcomium, à un confluent. *Gor*, près. *Con* ou *Com*, confluent.

LA GORÉE.
Petite Isle à l'embouchure de la Meuse. Il y a une petite Ville de même nom. *Gor*, embouchure.

G O T A L.
Près d'une forêt. *Got*, forêt. *Al*, près.

G O T H E N.
Près d'un confluent. *Got*, union. *Am*, en composition *Em*, rivière.

G O T T I G N Y.
Près du confluent de deux petites rivières. *Got*, union. *Tan*, en composition *Ten*, *Tin*, rivière. *Tinig*, diminutif.

G O U T E R E.
Près d'une forêt. *Gout*, forêt. *Er*, près.

G O Y S E R V A I N.
Dans une forêt. *Goy*, forêt.

G O Y E.
Près d'une rivière. *Gwi*, prononcez *Goi*, rivière.

G R A M M E N.
A une courbure de la Lys. *Gramm*, courbure. *En*, rivière.

G R A T E M.
Entre deux rivières. *Grat*, enfermé. *Am*, en composition *Em*, rivière.

G R A U.
A une source de rivière. *Ger*, prononcez *Guer*, tête, source. *Aw*, rivière.

G R A V E.
Gravia, à une courbure de la Meuse. *Grav*, sinuosité, courbure. *I*, rivière.

G R A V E L I N E S.
Dans une courbure de rivière. *Grav*, courbure. *Llyn*, rivière.

G R E N V I L L E.
A une courbure de rivière. *Gran*, en composition *Gren*, courbure. *Vill*, habitation.

G R E Z.
A l'embouchure d'une rivière dans une autre. *Gras* ou *Gres*, embouchure.

G R I M H U I S E N.
A une courbure de rivière. *Grym*, courbure. *Wise*, *Wiseen*, rivière.

GRIMMINGEN.
A une courbure du Dender. *Grim*, courbure, courbe. *Ien*, *In*, rivière. *Gen*, près.

GRIMMY.
A une courbure de rivière. *Grim*, courbure. *I*, rivière.

GRUDII.
ANCIEN Peuple de la Gaule Belgique. *Creud* ou *Greud*, *Grud*, audacieux; hardi, impétueux.

GUINEGATE.
DANS une campagne abondante en froment. *Guineh*, froment. *Guad* ou *Guat*, abondant.

HAENS.
AMMANIUM, dans les anciens monumens, paroît avoir tiré son nom de son beurre. *Aman*, beurre.

HAIEN.
PRÈS d'une forêt. *Hai*, forêt. *An*, en composition *En*, près.

HAINES.
PRÈS d'une forêt. *Hai*, forêt. *Nes*, près.

HALEN.
SUR deux rivières. *Hal*, marque du pluriel. *En*, rivière.

HALLE.
A un partage de rivière. *Hal*, marque de pluralité, de division. *E*, rivière.

HALLE.
SUR la Senne. *Al*, bord. *E*, rivière.

HALLEN.
A un partage de rivière. *Hal*, marque de pluralité, de division. *Len*, rivière.

HALTEN.
SUR une élévation. *Allt*, *Allten*, élévation.

HAM.
NOM appellatif d'habitation, devenu propre de celle-ci.

HAMAGE.
PRÈS d'une rivière. *Ham*, habitation. *Ag*, rivière.

HAMBRAINE.
PRÈS d'un confluent. *Hemer*, prise, jonction, union. *En*, rivière. *Hemeren*; *Hembren*; union de rivière. Le B s'insére naturellement entre l'*M* & l'*R*.

LE HAMÈ.
VOYEZ Ham.

HAMÈAU.
HAMEL, *Hameau*, diminutif de *Ham*, nom appellatif d'habitation.

HAMÉIDE.
AU bord d'une rivière. *Ham*, habitation. *Ad*, en composition *Ed*, rivière.

LE HAMEL.
VOYEZ Hameau.

HAMME.
VOYEZ Ham.

HAMONT.
A une courbure de rivière. *Ham*, habitation. *Mon*, courbure de rivière.

HAN.
LE même terme que *Ham*. L'*N* & l'*M* se substituent à la fin des mots. *Voyez* Ham plus haut.

SUR LA LANGUE CELTIQUE.

HAN.
Dans une courbure de la Meuse. *Han*, courbure.

HANESCHE.
A une courbure de rivière. *Han*, courbure. *Ech*, rivière.

HANT.
Le même terme que *Han*. Le *T* s'ajoûte à la fin des mots dans le Celtique. *Voyez* Han plus haut.

HANTAY.
Près d'une rivière. *Hant*, habitation. *Ai*, rivière. *Voyez* l'article précédent.

HAREN.
Près d'une rivière. *Har*, près. *En*, rivière.

HARLEM.
Près d'un bois fort agréable. *Har*, beau. *Lem*, bois.

HARTEN.
Près de la Meuse. *Har*, près. *Tan*, en composition *Ten*, rivière.

HARVENT.
Près d'une rivière. *Har*, près. *Ven* ou *Vent*, rivière.

HASENCOUR.
A la source d'une rivière. *A*, article. *Sen*, source. *Cwr*, prononcez *Cour*, rivière.

HASNON.
Au bord de la Scarpe. *An*, près. *Ou*, rivière.

HASP.
A une courbure de rivière. *Asp*, sinuosité, courbure.

HASPRE.
Dans une Isle formée par un partage de la Selle. *As*, rivière. *Ber* ou *Bre*; *Pre*, coupée.

HASTIERS.
Au bord de la Meuse. *Aster*, bord de rivière.

HAUBOURDIN.
A une courbure de la Deulle. *Al* ou *Au*, près. *Bor* ou *Bour*, courbure. *Dan*; en composition *Den* ou *Din*, rivière.

HAVEUX.
Sur un bras de rivière. *Hab*, *Hav*, coupée. *Aw*, en composition *Ew*, rivière.

HAYE.
Il y a plusieurs endroits de ce nom qui sont tous près de forêt. *Hai*, forêt.

HECQUE.
Au bord d'une rivière. *Ec*, rivière.

HESDIN LE VIEUX.
Sur la Canche près d'une forêt. *Es*, rivière. *Den*, *Din*, forêt.

HÉESCH.
Éche, nom appellatif d'habitation, devenu propre de celle-ci.

HEFFEN.
A une courbure de rivière. *Af*, en composition *Ef*, rivière. *Fen*, courbure.

HELDEN.
Près d'une rivière. *El*, près. *Dan*, en composition *Den*, rivière.

H E M.

Voyez Ham plus haut. L'*E* & l'*A* se substituent mutuellement.

H E M B I S E.

A la source d'une rivière. *Ambi*, en composition *Embi*, tête, source. *Is*, rivière.

H É M E R T.

DANS un partage de rivière. *Am*, en composition *Em*, rivière. *Art*, en composition *Ert*, partage.

H E N R É E.

A une courbure de rivière. *Han*, en composition *Hen*, courbure. *Ré*, rivière.

H E N S.

DANS une courbure de la Meuse. *Ans*, *Ens*, courbure.

H É N U.

PRÈS d'une source de rivière. *Hen*, source. *W*, rivière.

H E P P E N E R.

PRÈS de la Meuse. *Ap*, en composition *Ep*, près. *Ner*, rivière.

H É R I N E S.

Au bord de l'Escaut. *Er*, près. *Rin*, rivières.

H E R L E.

Au bord d'une rivière. *Er*, près. *Le*, rivière.

H E R L I N.

PRÈS d'une forêt. *Er*, près. *Lin*, forêt.

H E R M A L E.

PRÈS d'une courbure de la Meuse. *Er*, près. *Mal*, courbure.

H E R T A I N.

PRÈS d'une forêt. *Er*, près. *Ten*, forêt.

H E R T E N.

PRÈS d'une rivière. *Er*, près. *Tan*, en composition *Ten*, rivière.

H E R T I N.

PRÈS d'une grande forêt. *Her*, grande. *Ten*, *Tin*, forêt.

H E S S E.

Au bord d'une rivière. *Ess*, rivière.

H É V I L É E R.

A une courbure de la Meuse. *Hav*, en composition *Hev*, courbure. *Viller*, habitation.

H E U R.

DANS une courbure de rivière. *Hav*, en composition *Hev*, courbure. *Wr*, rivière.

H E U R N E.

PRÈS d'une courbure de rivière. *Nés*, près. *Voyez* l'article précédent.

H É U S D E N.

A une courbure de rivière. *Heus*, courbure. *Dan*, en composition *Den*, rivière.

H É Y M I S S E.

ENTRE deux forêts. *Hai*, en composition *Hei*, forêt. *Mis*, milieu.

H É Y N.

DANS une Presqu'isle formée par trois rivières. *Ei*, rivière. *In*, entourée.

H É Y N G E N.

A une courbure de rivière. *Ain*, en composition *Ein*, rivière. *Gen*, courbure.

SUR LA LANGUE CELTIQUE.

HINGOEN.
A la source d'une petite rivière. *Tn*, source. *Go*, petite. *En*, rivière.

HINSBERG.
A une courbure de rivière. *Hins*, courbure. *Berg*, habitation.

HODEMONT.
Près d'une rivière. *Od*, bord, près. *Amon*, en composition *Emon*, rivière.

HOET.
Près d'un bois. *Hoet*, bois.

HOËVEN.
A une courbure de rivière. *Hau*, courbure. *Aven*, en composition *Even*, rivière.

HOF.
Nom appellatif d'habitation, devenu propre de celle-ci.

HOLOGNE.
Près d'un confluent. *Holl*, marque du plurier. *On*, rivière.

HOLTHUSEN.
A une courbure de la Meuse. *Ol*, près. *Thw*, rivière. *Sen*, courbure.

HOLTSEN.
A une courbure de rivière. *Ol*, près. *Ta*, en composition *Te*, rivière. *Sem*, courbure.

HONFALIZE.
Dans une courbure de l'Ourt. *Hon*, article. *Fal*, courbure. *Is*, rivière.

HONNE.
Près d'une rivière. *On*, rivière. *Nes*, près.

HONNECOURT.
Au bord de l'Escaut. *Court*, habitation. *Voyez* l'article précédent.

HOPERTINGEN.
Près d'une embouchure. *Aper*, *Oper*, embouchure. *Twng*, ou *Twngen*, en composition, *Tyngen*, près.

HORDAING.
Près de l'Escaut & d'une forêt. *Or*, rivière. *Den*, forêt. *G*, oisif.

HORNE.
Au bord d'une rivière. *Or*, rivière. *Nes*, près.

HORRUS.
Au bord d'une rivière. *Or*, bord. *Rus*, rivière.

HOSDAIN.
Dans une courbure de rivière. *Os*, courbure. *Dan*, en composition *Den*, rivière.

HOSTEVILLE.
Au bord d'un bois. *Hot*, forêt. *Vill*, habitation.

HOU.
Près d'un ruisseau. *Ow*, ruisseau.

HOUDAIN.
Sur une rivière, près d'une forêt. *Ow*, rivière. *Den*, forêt.

HOUDAING.
A un confluent. *Od*, *Oud*, union. *Dan*, en composition *Den*, rivière. *G*, oisif.

HOUDE.
Pas éloigné d'une forêt, dont il étoit encore plus près autrefois. *Houd*, forêt.

HOUDEMONT.

Sur une élevation, dans les bois. *Houd*, forêt. *Mont*, élevation.

HOVELIN.

Au bord d'une rivière. *Hov*, habitation. *Llyn*, rivière.

HOVEN.

Hov, *Hoven*, nom appellatif d'habitation, devenu propre de celle-ci.

HOUN.

Près d'une rivière. *Ow*, rivière. *Nes*, près.

HOUR.

Sur une élevation. *Our*, élevation.

HOUR.

Au bord d'une rivière. *Our*, rivière.

HOUSSE.

Hws, prononcez *Hout*, nom appellatif d'habitation, devenu propre de celle-ci.

HOUT.

Près d'un bois. *Hout*, forêt.

HOUTAIN.

Près d'une forêt. *Hout*, forêt. *En*, près.

HOUTEM.

Dans les bois, près d'une rivière. *Hout*, bois. *Am*, en composition *Em*, rivière.

HOUTEN.

Hwt, *Hwtten*, prononcez *Houten*, nom appellatif d'habitation, devenu propre de celle-ci.

HOUZE.

Voyez Housse plus haut.

HOYE.

Au bord d'une rivière. *Wi*, prononcez *Oi*, rivière.

HUEM.

Hem, nom appellatif d'habitation, devenu propre de celle-ci. L'*U* inféré, parce que dans les Pays bas on multiplie les voyelles.

HUN.

Près de la Meuse. *W*, rivière. *Nes*, près.

HURAUZEN.

Près d'une rivière. *Ur*, près. *Aufen*, rivière.

HUTINGEN.

Au bord d'une rivière. *Hwt*, habitation. *Twng*, en composition *Tyng*, près. *En*, rivière.

LA HUTTE.

Hwt, nom appellatif d'habitation, devenu propre de celle-ci.

HUY.

Hujonum, *Hujon*, sur la Meuse. Une petite rivière qui a pris le nom de la Ville, la traverse en formant deux bras, & se jette dans la Meuse par deux embouchures. *Hwy*, article pluriel. *Gen*, *Jon*, embouchure.

HUYS.

A une courbure de rivière. *Bys*, *Vys*, courbure.

JAMAGNE.

Près d'une rivière. *Jad*, rivière. *Magn*, *Maign*, habitation.

JASENE.

Près d'une source de rivière. *Iad*, rivière. *Sen*, source.

SUR LA LANGUE CELTIQUE.

JEMEPPE.
A une courbure de la Sambre. *Gem*, *Jem*, courbure. *Ap*, en composition *Ep*, rivière.

IGEL.
Au bord de la Moselle. *Ig*, rivière. *El*, bord.

IMPE.
A une courbure de rivière. *Wmp*, en composition *Tmp*, contour, courbure. *E*, rivière.

INCOURT.
A la source d'une rivière. *Yn*, source. *Cwr*, prononcez *Cour*, rivière.

INVAL.
A une embouchure. *Hyn*, article. *Bal*, *Val*, embouchure.

IOSENNE.
A une courbure de rivière. *Iw*, prononcez *Io*, rivière. *Sen*, courbure.

IREL.
A un confluent. *I*, rivière. *Re*, deux. *El*, près.

ISERBORN.
PLINE décrit en ces termes une fontaine fameuse dans le Pays des Tongres. *Tungri Civitas Galliæ fontem habet insignem, plurimis bullis stellantem, ferruginei saporis, quod ipsum nonnisi in fine potus intelligitur. Purgat hic corpora, tertianas febres discutit, calculorumque vitia. Eadem aqua, igne admoto, turbida fit, ac postremum rubescit.* L. 31, ch. 11.
Plusieurs Sçavans croyent qu'ils parlent en cet endroit des eaux de Spa, si connues & si fréquentées de nos jours. D'autres appliquent ce qu'il dit ici à la fontaine d'Iserborn, qui est près de la Ville de Tongres. La raison étymologique est pour ces derniers. *Isarn*, en composition *Isern*, fer. *Born*, fontaine. *Iserborn*, fontaine ferrugineuse, fontaine dont les eaux ont le goût de fer.

JUDOIGNE.
GELDONIA, au bord de la Géete, a pris son nom de la bonne herbe qui y croît. *Gwellt*, en composition *Gweld*, herbe. *On*, bonne.

IVOY.
ÉPUSUS, dans l'Itinéraire d'Antonin, est entre trois rivières. *Apuco* ou *Apuso*, en composition *Épuso*, couvert. *Us*, rivière.

JUPILLE.
Au bord de la Meuse. *Iw*, rivière. *Pell*, *Pill*, bord.

IXELLE.
A la source d'une petite rivière. *Y*, source. *Cal*, en composition *Cel*, près.

IZÉEL.
ENTRE trois rivières. *Is*, rivière. *Cel*, enfermé, entouré.

KAIL.
Il y a deux Villages de ce nom. *Kael*, nom appellatif d'habitation, devenu propre de celle-ci.

KAN.
CAN, nom appellatif d'habitation, devenu propre de celle-ci.

KARMANS.
A une courbure de rivière. *Car*, près. *Man*, courbure. *S* de *Se*, rivière.

KELLEN.
KELL, *Kellen*, nom appellatif d'habitation, devenu propre de celle-ci.

KENT.
DANS une courbure de la Meuse. *Cen*, prononcez *Ken*, courbure. *Ta*, en composition *Te*, rivière.

KESSEL.
CAS, *Casel*, nom appellatif d'habitation, devenu propre de celle-ci.

MÉMOIRES

KOCHEM.
A une courbure de la Moselle. *Coch*, sinuosité, courbure. *Am*, en composition *Em*, rivière.

KROMVOIRT.
A une courbure de rivière. *Crom*, courbure. *Ver*, rivière.

KUM.
Com ou *Cum*, nom appellatif d'habitation, devenu propre de celle-ci.

LAAR.
Lar, nom appellatif d'habitation, devenu propre de celle-ci. On a déja remarqué plusieurs fois que les Habitans des Pays Bas aiment multiplier les voyelles.

LAHR.
Voyez l'article précédent.

LAIRE.
Voyez Laar.

LALAIN.
Sur la Scarpe. *Le*, près. *Alen*, rivière : Ou *L*, article.

LANDEN.
Sur une rivière. *Lan*, habitation. *Dan*, en composition *Den*, rivière.

LANDER.
Entre deux rivières, près de leur confluent. *Lan*, rivières. *Dar*, en composition *Der*, entre.

LANDORP.
Près d'un bois. *Lam*, bois. *Dorp*, Village.

LANDRECY.
Landericiæ sur la Sambre, dans une plaine basse & très-unie, près d'un marais impraticable. *Lan*, marais. *Der*, mauvais. *Ic*, rivière.

LANGEL.
Au bord de la Meuse. *Lan*, rivière. *Gal*, en composition *Gel*, près.

LANNEN.
Près d'une rivière. *Lan*, habitation. *En*, rivière.

LANNOY.
Près de la source d'une rivière. *Lan*, tête, source. *Nwi*, prononcez *Noi*, rivière.

LANZER.
Dans une courbure de rivière. *Lan*, rivière. *Ser*, enfermé, entouré.

LARE.
Près de la source d'une rivière. *Lar*, tête, source. *E*, rivière.

LARREY.
Entre deux rivières. *Lar*, habitation. *Re*, deux. *I*, rivières.

LASNE.
Au bord d'une rivière. *Lan*, habitation. *E*, rivière.

LASU.
Près d'une rivière. *Las*, près. *W*, rivière.

LAUPACH.
A un confluent. *Lau*, rivières. *Bac* ou *Pac*, union.

LAZEREN.
A un confluent. *Las*, union. *Ren*, rivière.

LÉAW.
Sur une rivière qui se partage en deux bras. *Lé*, coupée. *Aw*, rivière.

L É B E.

Au bord de la Meuse. *Laib*, bord. *E*, rivière.

L É D E.

Au bord d'une rivière. *Llaith* ou *Llaidh*, rivière.

L É D I N N E.

Près d'une rivière. *Lez*, près. *Dan*, en composition *Den*, *Din*, rivière.

L É E S T.

Dans une courbure de rivière. *Lest* de *Lestair*, retard.

L É E U W.

Est situé sur le ruisseau de Géef, qui se perd un peu plus bas dans la Géete. Le territoire de cette Ville est très-fertile. *Llledw*, gras, fertile.

L E F.

Près d'un confluent. *L*, marque du pluriel. *Af*, en composition *Ef*, rivière.

L E M B E C K.

Près d'une forêt. *Lem*, forêt. *Bec*, extrémité, bord.

L E N S.

Lensium, sur une petite rivière, dans un marais. *Len*, marais. *Si*, rivière. Il y a un Village de même nom que cette Ville, qui est à un confluent. *Len*, rivière. *Dy*, en composition *Sy*, deux.

L E R C Y.

Près d'un confluent. *Lar*, en composition *Ler*, habitation. *Cyd*, confluent.

L E S D A I N.

Près d'une forêt. *Les*, près. *Den*, forêt.

L E S S I E.

Au bord d'une rivière. *Les*, bord. *Iad*, en composition *Ied*, rivière.

L E S S I N E S.

Lessinia, sur la Dendre, dans une fort belle plaine. *Laes*, étendue, plaine. *Sin*, belle: Ou *Lesen*, *Lesin*, bord. *I*, rivière.

L É V A C I.

Ancien Peuple de la Gaule Belgique. A la lettre: Race de Lion. *Lew*, Lion. *Ac*, race. Ce nom marquoit leur courage. Diodore de Sicile parlant des Gaulois, dit qu'ils s'exprimoient d'une manière concise, obscure, pleine d'énigmes, de synecdoches, d'hyperboles; que leurs discours étoient si enflés, qu'ils paroissoient toujours montés sur des échasses. *L. V.* Les injures Bretones sont encore dans ce goût. *Pen*, *Moch*, tête de cochon. *Boetar*, *Bleis*, nourriture de loup.

L É U S.

Près d'un étang. *Lwch* ou *Lws*, prononcez *Leus*, étang.

L E W A R D E.

Est situé entre des marais. *Luh*, *Leuh*, marais. *War*, près. *Da*, habitation.

L E U Z E.

A un confluent de ruisseaux. *Lwh*, prononcez *Leuh*, ruisseau. *Da*, en composition *Ze*, deux.

L É Y D E.

Lugdunum Batavorum dans Ptolomée; *Lugdunum ad Rhenum* dans l'Itinéraire d'Antonin. Cette Ville est située sur l'ancien bras du Rhin, qui s'y partage tellement, qu'il y forme cinquante Isles; & dans ce nombre il y en a trente-une, autour desquelles les barques peuvent passer. On y compte 145 ponts, dont plus des deux tiers sont de pierre. Le Rhin réunit tous ces rameaux avant que de sortir de la Ville. *Lug*, rivière. *Twn*, en composition *Dwn*, coupée.

L È S E.

Entre trois rivières. *Lez*, bordé, entouré. *E*, rivière.

LÉZENNE.

PRès de la source d'une rivière. *Lez*, près. *En*, source.

LÉZY.

AU bord d'une rivière. *Lez*, bord. *I*, rivière.

LIÉGE.

LEODICUM, *Leodium*, *Legia*, sur la Meuse qui s'y partage deux fois, & qui y reçoit l'Ourte, qui se partage aussi un peu avant que de se jetter dans la Meuse. *Léod*, partage. *Ic* & *I*, rivière. *Lag*, en composition *Leg*, partage. *I*, rivière : Ou *Lao*, en composition *Leo*, confluent. *Dy*, rivières. *Lag*, en composition *Leg*, confluent. *I*, rivières.

LIÉRE.

AU confluent des deux Néthes. *Liex*, rivière. *Ré*, deux.

LIESHOUT.

PRès d'une forêt. *Les*, près. *Hout*, forêt.

LIESSELE.

PRès d'une rivière & d'une forêt. *Liex*, rivière. *Sel*, forêt.

LIÉVIN.

A une courbure de rivière. *Liex*, rivière. *Vin*, courbure.

LIGNE.

A un confluent. *Llyn*, rivière. *Na*, en composition *Ne*, deux.

LIGNY.

AU bord d'une rivière. *Llyn*, rivière. *I*, près.

LILLE.

ISLA, dans une Chartre de Baudouin, Comte de Flandres, de l'an 1066. *Lila*, dans la Chronique de l'Abbaye d'Anchin, sur la Deulle qui s'y partage. *Is* & *Li*, rivière. *La*, partage.

LILLERS.

SUR le Nanez. *Li*, rivière. *Lar*, en composition *Ler*, habitation.

LIMALE.

AU bord d'une petite rivière. *Li*, rivière. *Mal*, bord.

LIMBOURG.

L'ASSIETTE de cette Ville est extrêmement avantageuse. Elle a commencé par un Château bâti sur un roc, escarpé presque de tous côtés. Ce roc est d'une espèce de marbre comme le jaspe. Les tours & les bastions de cette Ville sont de pierre de taille ; & comme elle est sur la croupe d'une très-roide montagne, il est presque impossible d'y faire des mines par dessous, ni des brêches aux murailles. *Llymm*, fort. *Bourg*, habitation.

LIMES.

A une courbure de rivière. *Li*, rivière. *Mes*, courbure.

LIMMEL.

PRès de la Meuse. *Li*, rivière. *Mel*, bord, près.

LINAY.

ENTRE deux rivières. *Li*, rivières. *Nau*, en composition *Nay*, deux.

LINCHAUT.

A une courbure de rivière. *Llyn*, rivière. *Cau*, en composition *Chau*, courbure.

LINDE.

AU bord d'un bois, & entouré de bois. *Lin*, bois. *Da*, en composition *De*, habitation.

LINET.

PRès d'une rivière. *Llyn*, rivière. *At*, en composition *Et*, près.

SUR LA LANGUE CELTIQUE.

LINGHEN.
Sur la rivière d'Ems. *Llyn*, rivière. *Gan*, en composition *Gen*, près.

LINS.
Près d'une rivière. *Llyn*, rivière.

LINSELLES.
Près d'une forêt. *Lin*, forêt. *Sal*, en composition *Sel*, près : Ou *Sal*, *Cell*, habitation.

LINSTER.
Près d'une forêt & d'une rivière. *Lin*, forêt. *Ster*, rivière.

LINT.
Près d'une forêt. *Lin*, forêt. *Ta*, en composition *Te*, habitation.

LINTER.
Près d'un partage de rivière. *Llyn*, rivière. *Ter*, coupure, partage.

LIS.
Près d'une rivière. *Lis*, rivière.

LISBOURG.
A la source de la Lis. *Bourg*, habitation.

LISS.
Au bord d'une rivière. *Lit*, rivière.

LITTRE.
Au bord d'une rivière. *Li*, rivière. *Tre*, habitation.

LIVE.
Au bord d'une rivière. *Liv*, rivière.

LOFFE.
Au bord d'une rivière. *Le*, bord. *Auf*, rivière.

LOGE.
Log, nom appellatif d'habitation, devenu propre de celle-ci.

LOM.
Entre deux rivières. *L*, marque du pluriel. *Aum*, rivière.

LOON.
Lon, nom appellatif d'habitation, devenu propre de celle-ci. Les Habitans des Pays bas doublent les voyelles.

LOPPEN.
Près de plusieurs étangs. *Law*, plusieurs. *Apen* ou *Open*, étang.

LORICH.
A la source d'une rivière. *Lor*, tête, source. *Ic*, en composition *Ich*, rivière.

LOS.
Los, nom appellatif d'habitation, devenu propre de celle-ci.

LOTH.
Au bord d'une rivière. *Lw*, prononcez *Lo*, rivière. *Ot*, bord.

LOTTEM.
Dans une Isle formée par la Meuse, & une rivière qui s'y jette en se partageant. *Lot*, partage. *Am*, en composition *Em*, rivière.

LOW.
Près de rivière. *Le*, près. *Ow*, rivière.

LOUVAIN.
Loven, dans une ancienne Chronique, a commencé par un Château situé sur une colline, proche

la Dyle, à la tête d'une belle plaine. Ce Château a été longtemps la résidence des Ducs de Brabant. On y élevoit les enfans de ces Souverains. Charles-Quint étant enfant y fut élevé avec ses sœurs, & son pere Philippe y fit quelque temps sa résidence. *Loven*, gai, agréable.

L U G I.
A un confluent. *Lug*, rivière. *Cyd*, en composition *Gyd*, union.

L U G Y.
Au bord d'une rivière. *Lug*, rivière. *I*, près.

L U N G E N.
Dans une courbure de rivière. *Lwn*, rivière. *Gen*, courbure.

L U T.
Près d'un confluent. *Lwh*, rivière. *Ta*, en composition *Te*, deux.

L U X E M B O U R G.
Luciliburgus, dans le plus ancien monument où il en soit fait mention, est appellé un Château, une Forteresse distinguée dans le livre des miracles de saint Bernard. Cette Ville est sur un roc élevé, & de difficile accès, ce qui la rend très-forte. On la regarde aujourd'hui comme une des meilleures places de l'Europe. *Luzyl*, qui arrête. *Bwrg*. Fortification.

L U Y S.
A une courbure de rivière. *Luich* ou *Luis*, travers, courbure.

L Y N K.
Près d'un grand étang. *Llyn*, étang.

L Y S S E.
Au bord d'une rivière. *Lis*, rivière.

M A C H A R E N.
A une courbure de la Meuse. *Mach*, courbure. *Ren*, rivière.

M A C H E L E N.
A une courbure de rivière. *Mach*, courbure. *Len*, rivière.

M A C H E R.
A une courbure de la Moselle. *Mach*, courbure. *Er*, près.

M A C K E.
Près de la source d'une petite rivière. *Mac*, prononcez *Mak*, tête, source. *E*, rivière.

M A C K U M.
A une courbure de rivière. *Mach*, courbure. *Aum*, rivière.

M A C O U R T.
Au bord d'une rivière. *Ma*, habitation. *Cwr*, prononcez *Cour*, rivière.

M A G N Y C O U R.
Au bord d'une rivière. *Magny*, habitation. *Cwr*, prononcez *Cour*, rivière & bord.

M A I N I L.
Nom appellatif d'habitation, devenu propre de celle-ci.

M A I R E.
Au bord de la Meuse. *Mer*, rivière.

M A I S N I L.
Voyez Mainil.

M A L E.
Nom appellatif d'habitation, devenu propre de celle-ci.

M A L É V E S.
A une courbure de rivière. *Mal*, courbure. *Aw*, en composition *Ew*, rivière.

SUR LA LANGUE CELTIQUE.

MALINES.
MAALINAE, *Maslinae*, sur la Dyle qui la traverse, & qui en se coupant forme plusieurs Isles. *Mal*, coupée. *Llyn*, rivière : Ou *Mal*, beaucoup, plusieurs. *In*, Isles.

MAKEL.
A une courbure de rivière. *Mach*, courbure. *Al*, en composition *El*, rivière.

MAMELES.
PRès d'une courbure de rivière. *Ma*, habitation. *Mal*, en composition *Mel*, courbure. *Es*, rivière.

MANDE.
MAN, petite. *Da*, en composition *De*, habitation. *Voyez* Villersbuson dans le Comté de Bourgogne.

MANDEL.
A une courbure d'une petite rivière, à laquelle il donne son nom. *Man*, courbure. *Dale*, en composition *Dele*, rivière.

MANGLISE.
A la source d'une petite rivière. *Man*, source. *Glis*, rivière.

MANISE.
Au bord d'une rivière. *Man*, habitation. *Iss*, rivière.

MANY.
Voyez Mainil.

MARCH, MARCHE, LA MARCHE.
NOM appellatif d'habitation, devenu propre de celle-ci.

MARCHIENNES, MARCHENNES.
DANs un marais, à une courbure de la Scarpe. *Mar*, marais. *Cen*, en composition *Chen*, courbure. *Es*, rivière.

MARDYC.
Au bord de la mer. *Mar*, mer. *Dic*, digue.

MARELS.
Au bord d'une rivière. *Mar*, rivière. *El*, bord.

MAREN.
PRès de la Meuse qui s'y partage. *Mar*, partage. *En*, rivière.

MARES.
A une courbure de rivière. *Mar*, courbure. *Es*, rivière.

MARES.
PRès d'un confluent. *Mar*, union. *Es*, rivière.

MARGEU.
Au bord d'une rivière. *Marg*, bord. *Ew*, rivière.

MARILLES.
A la source d'une petite rivière. *Mar*, tête, source. *Ri*, rivière. *Rilles*, diminutif.

MARIVE.
Au bord d'une rivière. *Mar*, bord. *Iw*, rivière.

MAROLLES.
MARICOLAE, *Madriolae*, *Marilae*, Village où il se fait de bons fromages. *Mader*, bons. *Caul*, fromages. *Madercaul*, par crase *Madrcaul*, *Marcaul*, bons fromages.

MARQ.
Voyez March.

MARQUETTE.
A un confluent. *Mar*, près. *Guet* ou *Quet*, confluent.

MARQUILYES.

Au bord d'une rivière. *Mar*, rivière. *Kili*, habitation.

MARSEL.

Près d'un marais. *Mar*, marais. *Sal*, en composition *Sel*, près.

MARTUÉ.

Près d'un confluent. *Mar*, confluent. *Tuedd*, en composition *Tuez*, près.

MARTYLLY.

Au bord d'une rivière. *Mar*, rivière. *Tyle*, habitation.

MARVIS.

A la source d'une rivière. *Mar*, tête, source. *Wis*, rivière.

MARY.

Au bord d'une rivière. *Mar*, bord. *I*, rivière.

MASNY.

Voyez Many.

MASON.

Près d'un confluent. *Ma*, au. *Son*, confluent.

MASTRICHT.

TRAJECTUM *ad Mosam*, au bord de la Meuse. *Mas* ou *Maes*, nom de la Meuse dans les Pays bas. *Trecht*, Ville.

MASURES.

Près d'une courbure de rivière. *Mas*, courbure. *Wr*, rivière.

MAUBEUGE.

MALBODIUM. Sainte Aldegonde s'étant retirée dans un lieu couvert de buissons & de halliers, appellé Malbod, près d'un grand marais, y bâtit un Monastére, près duquel s'est formée une Ville de même nom, en françois Maubeuge. *Mal*, marais. *Bod*, buissons.

MAUFFE.

Au bord d'une rivière. *Ma*, à la. *Auf*, rivière.

MAUZAINE.

A une courbure de rivière. *Mos*, courbure. *En*, rivière.

MAZY.

Près d'une rivière. *Ma*, à la. *Si*, rivière.

MÉERSEN.

Près d'une rivière. *Mer*, rivière. *San*, en composition *Sen*, près.

MEGEM.

Entouré de rivières de trois côtés : De la Meuse de deux, d'une petite rivière d'un troisième. *Mag*, en composition *Meg*, entouré. *Am*, en composition *Em*, rivières : Ou *Mag*, habitation.

MEGNEAU.

Près d'une rivière. *Men* ou *Megn*, habitation. *Aw*, rivière.

MELAIN.

Au bord d'une rivière. *Ma*, en composition *Me*, à la. *Len*, rivière.

MELDIN.

Entre deux rivières. *Mall*, en composition *Mell*, enfermé. *Dan*, en composition *Den*, *Din*, rivières.

MELE.

Près d'une courbure de rivière. *Mal*, en composition *Mel*, courbure. *E*, rivière.

MELEM.

Près d'une courbure de rivière. *Voyez* l'article précédent. *Am*, en composition *Em*, rivière.

MELLE

SUR LA LANGUE CELTIQUE.

MELLE.
Mel, nom appellatif d'habitation, devenu propre de celle-ci.

MELSEN.
A une courbure de rivière. *Mal*, en composition *Mel*, courbure. *San*, en composition *Sen*, près.

MENAPII.
Peuple de la Gaule Belgique. Dion Cassius dit qu'il n'avoit point de Villes, mais seulement des chaumières pour habitations. *Men*, demeure. *Ap*, petite.

MENCA.
A une embouchure. *Men*, embouchure. *Cal*, près.

MENGIS.
Près des bois. *Men*, près. *Gwydd*, en composition *Gwyz*, bois.

MENIN.
Menena, à l'embouchure d'une petite rivière dans la Lys, qui y forme une Isle. *Men*, embouchure. *En* & *In*, Isle.

MENSDORFF.
A une courbure de rivière. *Men*, courbure de rivière. *Dorff*, habitation.

MENSEL.
Au bord d'un bois. *Men*, bord. *Sel*, bois.

MERCHTEN.
Entre deux rivières. *March*, en composition *Merch*, habitation. *Tan*, en composition *Ten*, rivière.

MERCK.
A un confluent. *Marc*, *Merc*, confluent.

MERICH.
A un partage de la Moselle. *Mar*, en composition *Mer*, coupure, partage. *Ic*, rivière.

MERLL.
Au bord d'une rivière. *Mer*, près, bord. *Le*, rivière.

MERREZ.
Près de rivière. *Mer*, près. *Red*, en composition *Rez*, rivière.

MERSCH.
Entre deux confluens. *Marc*, en composition *Merc*, confluent. *Dy*, en composition *Sy*, deux.

MERVELEN.
Dans une courbure de rivière. *Mer*, rivière. *Bal*, *Balen*, *Valen*, en composition *Valen*, courbure.

MERVILLE.
Au confluent de la Lys & d'une autre rivière. *Mar*, en composition *Mer*, confluent. *Vill*, habitation.

MERWE.
Ancien Château ruiné, dans une Isle de la Meuse. *Mar*, en composition *Mer*, partage. *Ew*, rivière.

MERY.
Dans une courbure de l'Ourt. *Mer*, courbure. *I*, rivière.

MERZICH.
A une courbure de rivière. *Mer*, courbure. *Twisc*, en composition *Zyisc*, rivière.

MESERAY.
Près d'un bois. *Mas*, en composition *Mes*, habitation. *Er*, près. *Hai*, bois.

MESEREN.
A une courbure de la Meuse. *Mes*, courbure. *Ren*, rivière.

MESICK.

A une courbure de la Meuse. *Mes*, courbure. *Ic*, rivière.

MESNY.

Voyez Masny.

METEZ.

Entre deux petites rivières. *Met*, entre. *Es*, rivière.

MEULEBÉEKE.

A un partage de rivière. *Mel*, ou *Mul*, *Meul*, partage. *Bec*, rivière.

MEYEN.

Au bord de la Néthe. *Mai*, en composition *Mei*, habitation. *En*, rivière.

MEYS.

Meix, nom appellatif d'habitation, devenu propre de celle-ci.

LE MEZ.

Voyez l'article précédent.

MEZEN.

Dans une forêt. *Ma*, en composition *Me*, dans la. *Den*, en composition *Zen*, forêt.

MILEN.

Abbaye dans une Isle formée par un partage de rivière. *Mil*, partage. *En*, rivière.

MILL.

A une courbure de rivière. *Mil*, courbure.

MILLAN.

Sur une élévation. *Mil*, élévation. *Lan*, habitation.

MIRAUMONT.

A la source de l'Encre qui est un étang. *Mer*, *Mir*, étang. *Aumon*, rivière.

MIROUART.

Sur une élévation. *Mir*, élévation. *Ouar*, sur.

MODAVE.

Au bord d'une rivière. *Mod*, habitation. *Aw*, rivière.

MODEF.

Au bord d'une rivière. *Mod*, habitation. *Af*, en composition *Ef*, rivière.

MOEDEN.

A une courbure de rivière. *Moe*, courbure. *Dan*, en composition *Den*, rivière.

MOESTROFF.

A une courbure de rivière. *Moe*, courbure. *Stor*, par transposition *Stro*, rivière.

MOLAN.

A une courbure de rivière. *Mo*, courbure. *Lan*, rivière.

MOLLAY.

Près d'une forêt. *Mol*, extrémité, bord. *Lay*, forêt.

MONBERNESON.

Au bord d'une rivière. *Mon*, habitation. *Barn*, en composition *Bern*, extrémité, bord. *Afon*, en composition *Efon*, rivière.

MONCEAUX.

A la source d'une rivière. *Mon*, source. *Sav*, rivière.

MONCELLE.

A une courbure de rivière. *Mon*, courbure de rivière. *Cell*, habitation.

MONS.

MONTES. L'ancien Château de cette Ville est sur une montagne. Une partie de la Ville y est aussi placée, le reste est situé dans la plaine qui est marécageuse. La rivière de Trouille s'y joint à la Haine. *Mon*, élevation. *Ta*, en composition *Te*, deux. *Es*, rivière.

MONSTREUX.

A l'embouchure d'une petite rivière dans la Haine; cette dernière s'y partage. *Mon*, embouchure. *Streu*, séparation, partage.

MONTMEDY.

CETTE Place est composée de deux Villes: La Haute, qui est sur une éminence, & la Basse que la rivière de Chiers coupe en plusieurs parties. Il n'y a peut-être point de Ville dans le Royaume qui soit plus partagée que celle-ci. *Mon*, élevation. *Med*, coupure, partage. *I*, rivière.

MOOK.

Mog, habitation.

MORIAUCOURT.

AU bord d'une rivière. *Mor*, bord. *Iw*, prononcez *Io*, rivière. *Court*, habitation.

MORSENET.

DANS une courbure de rivière. *Mor*, rivière. *Sen*, courbure. *Et*, à la.

MORTAGNE.

AU confluent de l'Escaut & de la Scarpe. *Mor*, union. *Tan*, rivière.

MOSET.

PRÈS d'une courbure de rivière. *Mos*, courbure. *Et*, à la.

MOUZE.

A une courbure de rivière. *Moz*, *Mouz*, courbure. *E*, rivière.

MOYEN.

DANS une courbure de rivière. *Moy*, courbure. *En*, rivière.

MOZINGHEN.

A une courbure de rivière. *Mos*, courbure. *Wng*, *Wngen*, en composition *Yngen*, près.

MUNHOFF.

A une embouchure. *Mun*, embouchure. *Hoff*, habitation.

MUNINGEN.

PRÈS d'une embouchure. *Mun*, embouchure. *Wung*, *Wngen*, en composition *Yngen*, près.

MURCHIN.

A un partage de la Deule. *Murc*, en composition *Murch*, coupure, partage. *Ien*, *In*, rivière.

MUSNY.

PRÈS d'une courbure de rivière. *Mus*, courbure. *Ny*, près.

MUYSEN.

ENTOURÉ d'eau de trois côtés. *Muys*, eau. *Sen*, entouré.

NAMESCHE.

L'AUTEUR des délices des Pays-Bas en parle ainsi. Namesche, Village, Comté & Franchise dans le Namurois. *Nam*, exception, privilége, franchise. *Namech*, lieu franc, lieu de franchise.

NAMUR.

LE Château de Namur est placé sur un roc escarpé, au confluent de la Meuse & de la Sambre. Il a été bâti longtemps avant la Ville, car il en est déja fait mention dans le septième siécle. Le Continuateur de Fredegaire marquant que Giflemar, Maire du Palais, y surprit par trahison les Troupes de Pepin le Gros, appelle cette Place *Castrum Manucum*. Ce nom a été longtemps en usage, puisque Flodoard, qui écrivoit près de 300 ans après, dit qu'un certain Robert se fortifia l'an 960 dans une Place, contre Brunon, Archevêque de Cologne, à qui Othon le Grand son frere avoit donné le commandement général, & l'administration de tout le Royaume de Lorraine; & cette Place est nommée *Castrum Manuvium*, qui doit être *Manucum*, la situation de Namur convenant à celle dont parle cet

Auteur. Dans le dixième siécle, & dans le suivant, on dit *Namucum*, & jamais plus *Manucum*. De là vient que Sigebert rapportant l'expédition de Giflemar contre Pepin, dit que le combat se donna entre eux *apud Namucum Castrum*, & on continua d'appeller ce Château, & la Ville qui est au pied, *Namucum* en latin. Mais dès le douzième siécle le nom vulgaire étoit Namur, comme on le voit par des lettres de Louis, Comte de Soissons, écrites au Roi Louis VII, dit le Jeune, dans lesquelles il est fait mention du Comté de Namur. Dans la suite on a appellé cette Ville en latin *Namurcum*, au lieu de *Namucum*. *Man*, coupé, escarpé. *Ucon*, roc. *Nam*, étant synonime de *Man*, on a dit *Namucon* & *Manucon* indifféremment.

NARGENA.

Près d'une rivière. *Ner*, *Nar*, rivière. *Gan*, en composition *Gen*, près.

NAVANGE.

A une courbure de rivière. *Nav*, courbure. *An*, rivière. *Ge*, terminaison oisive.

NAY.

A une courbure de rivière. *Nau* ou *Nay*, courbure.

NECKUM.

A une courbure de rivière. *Né*, courbure. (*Voyez Nea* dans le Dictionnaire Celtique.) *Com* ou *Cum*, habitation.

NEDINGEN.

A une courbure de rivière. *Nedd* ou *Neddin*, courbure. *Gan*, en composition *Gen*, près.

NEDON.

Dans une courbure de rivière. *Nedd*, courbure. *On*, rivière.

NÉER.

Près d'une rivière. *Ner*, rivière.

NÉERDORP.

Au bord d'une rivière. *Ner*, rivière. *Dorp*, habitation.

NÉERHES.

A une courbure de rivière. *Néa*, en composition *Née*, tordre, tortuosité. *Red*, en composition *Res*, rivière.

NÉEREPEN.

Près d'une courbure de rivière. *Ner*, courbure. *Apen*, en composition *Epen*, rivière.

NÉERVIN.

Près d'une courbure de rivière. *Ner*, courbure. *Vin*, rivière.

NEF.

Au bord d'une rivière. *Neu*, particule conjonctive. *Af*, en composition *Ef*, rivière.

NÉRUM.

A une courbure de rivière. *Ner*, courbure. *Aum*, rivière.

NERVII.

Ancien Peuple de la Gaule Belgique. Les Nerviens tiroient leur origine des Germains, selon Strabon, qui les place au voisinage des *Treviri*. Ils affectoient eux-mêmes, aussi-bien que les *Treviri*, cette origine germanique, & s'en faisoient gloire. César, *L. IV, ch. IV*, en parle comme d'un Peuple considérable, qui pouvoit fournir jusqu'à cinquante mille hommes pour une guerre commune. Leur Cité en effet étoit d'une si grande étendue, qu'elle prenoit depuis les *Treviri*, selon le témoignage de Strabon, jusqu'aux *Bellovaci*, comme César, *L. II, ch. XV & XVI*, nous le fait entendre. Ils confinoient outre cela aux *Ambiani*, aux *Atrebates* & aux *Veromandui*, de sorte qu'ils avoient ces derniers, aussi-bien que les *Rhemi*, au midi, les *Aduatici* au nord, & à l'orient la Meuse. César ne se contente pas de marquer les bornes du Pays des Nerviens, il nous donne encore une idée de leurs mœurs. Il dit que lorsqu'il fut aux Frontières des *Ambiani*, qui touchoient les Nerviens, s'étant informé des mœurs de ces derniers, il apprit qu'ils ne permettoient l'entrée de leur Pays à aucun Marchand étranger, & ne souffroient point qu'on leur apportât du vin, ni aucune autre chose capable d'altérer la sévérité de leurs mœurs. Ils avoient excité les Atrebates & les Veromandui à une généreuse défense, & avoient joint leurs forces à celles de ces deux Peuples. Ils donnerent une bataille à César, dont il parle comme de la plus sanglante & de la plus périlleuse où il se fût trouvé de sa vie. Il paroît par le récit qu'il en fait, que les seuls Nerviens, après que les deux autres Peuples eurent été défaits, le réduisirent à l'extrémité; & que quand le secours que lui envoya Labienus, un de ses Lieutenans, les y eut réduits eux-mêmes, il ne fut pas possible de les rompre. Dès qu'il en tomboit quelqu'un, un autre inconti-

SUR LA LANGUE CELTIQUE.

nent se mettoit sur son corps où il combattoit comme sur un rempart. César qui admira ces derniers efforts, dit qu'il ne falloit pas s'étonner si des gens qui en étoient capables avoient passé une large rivière, franchi une rive escarpée, & grimpé sur une montagne pour le venir attaquer. Leur résistance fut si opiniâtre, que de soixante mille qu'ils étoient, ils se virent réduits à cinq cens; & de six cens personnes de famille praticienne, il n'en resta que trois. César leur laissa toutes leurs Villes; & pour empêcher qu'on ne profitât de la foiblesse où il les avoit réduits, il fit défendre à tous leurs voisins de les opprimer.

Les Nerviens avoient différens Peuples sous eux. César, *l. v, ch. xxxix*, le dit expressément; il nomme même ces Peuples. *Facilè hâc oratione (Ambiorix) Nerviis persuadet. Itaque confestim dimissis nuntiis ad Centrones, Grudios, Levacos, Pleumosios, Gordunos, qui omnes sub eorum Imperio sunt, quàm maximas manus possunt, cogunt.* Les autres Auteurs ne parlent point de ces Peuples, ce qui doit faire croire qu'ils changèrent de nom; ou, ce qui est plus vraisemblable, qu'ils furent compris sous le nom général de Nerviens.

Quoique les Nerviens & les Treviriens fussent d'origine germanique, on ne peut douter qu'ils ne parlassent Gaulois. Le témoignage de saint Jérôme, rapporté au chapitre huitième de la première partie, le prouve pour les seconds; & la raison le démontre pour les uns & pour les autres, puisque deux Peuples entrant dans la société d'une Nation qui leur est infiniment supérieure en nombre, & se mêlant avec elle, ne peuvent se dispenser d'en prendre le langage. Ainsi c'est dans le Celtique qu'il faut chercher l'étymologie du nom de ces Peuples; & c'est dans cette Langue qu'on la trouve effectivement bien juste, bien naturelle & bien facile. *Nerh*, force, valeur. *Wys*, hommes.

NÊTINE.

A une courbure de rivière. *Neth*, courbure. *Tan*, en composition *Ten* ou *Tin*, rivière.

NÊVELLE.

A un confluent. *Neu*, deux. *Le*, rivière.

NIELLES.

A un partage de rivière. *Ny*, deux. *Nyel*, division. *Les*, rivière.

NIMÈGUE.

NOVIOMAGUS, dans les Tables de Peutinger. Cette Ville est sur le Wahal. Elle est placée sur la pente de neuf collines. *Nov*, neuf. *Jon*, colline. *Mag*, Ville.

NINOVE.

A un partage du Dender. *Nan*, en composition *Nen*, *Nin*, partage. *Ow*, rivière.

NITEL.

A une courbure de la Moselle. *Nyth*, courbure. *Tale*, en composition *Tele*, rivière.

NITTERDEN.

Près d'une forêt. *Nith*, *Nither*, près. *Den*, forêt.

NIVELLE.

Dans une Isle formée par un partage de rivière. *Ny*, deux, division. *Velle*, habitation.

NOCUE.

A une courbure de rivière. *No*, courbure. *Cw*, rivière.

NORME.

A une embouchure de rivière. *Nor*, embouchure. *Ma*, en composition *Me*, habitation: Ou à.

LE NOUVION.

Sur la Sambre qui s'y coupe deux fois. *Nav*, *Nov*, coupure. *Bi*, *Vi*, deux. *Ion*, rivière.

NUMAGEN.

A une courbure de la Moselle. *Ny*, *Nu*, courbure. *Mag*, *Magen*, habitation.

NUT.

Près d'une courbure de rivière. *Nyth* ou *Nuth*, courbure.

NYLEN.

A une courbure de rivière. *Ny*, courbure. *Len*, rivière.

NYSVILLER.

A une courbure de rivière. *Nyth*, en composition *Nys*, courbure. *Viller*, habitation.

O B E L.

Ce Village peut avoir tiré son nom de ses pommes. *Voyez* Abel. L'*O* & l'*A* se mettent l'un pour l'autre.

O B E R H A U S.

A une embouchure. *Aber*, *Ober*, embouchure. *Hws*, prononcez *Hos*, habitation. *Voyez* Port Ober dans le Comté de Bourgogne.

O D I N.

Entre deux rivières. *O*, rivière. *Dy*, deux. *In*, entouré.

O D O N C K.

Dans un partage de la Lis. *O*, rivière. *Ton*, en composition *Donn*, partagée.

O E S S E.

A une courbure de rivière. *O*, rivière. *Es*, courbure.

O G Y.

Au bord d'une rivière. *Og*, rivière. *I*, près.

O I S Y.

Au bord d'une rivière. *Wi*, prononcez *Oi*, rivière. *Sy*, habitation.

O L H A I N.

A une courbure de rivière. *Olwyn*, courbure.

O L L A N T.

A une courbure de rivière. *Ol*, courbure. *Lan*, rivière. *Voyez* Olan dans le Comté de Bourgogne.

O L M E N.

Al, *Ol*, article. *Men*, habitation.

O L S E N E.

A une courbure de la Lis. *Al*, *Ol*, article. *Sen*, courbure. *E*, rivière.

O L Y E.

Près d'une rivière. *Ol*, près. *Liex*, rivière.

S A I N T   O M E R.

Anciennement *Sidiu*, *Sithieu*, sur la rivière d'Aa, qui y fait un grand marais, & la rend très-forte du côté qu'elle en est arrosée. Près de cette Ville, sont les fameuses Isles flotantes de Saint Omer. Ce sont des Isles soûtenues effectivement sur l'eau du marais, & qui ne portent point sur le lit de cette espèce de lac, mais elles vont selon le mouvement qu'on leur donne. On les fait aller de côté & d'autre, à peu près de la même manière que l'on conduit un bâteau, soit avec des perches, soit avec des cordes. Il y a toujours de l'herbe & des pâturages, & ceux du Pays les approchent du bord de l'eau, afin d'y faire entrer leur bétail ; & quand ils y sont, ils les poussent où ils veulent. Il y croît aussi des arbres, mais on a soin de les tenir bas, & d'empêcher qu'ils ne s'élèvent assez pour donner beaucoup de prise au vent. *Si*, terre. *Dyw*, venir, aller. *Sidyw* ou *Sityw*, terre qui va, qu'on fait aller de côté & d'autre.

O N E S Y.

Au bord d'une rivière. *On*, rivière. *Nes*, près. *Sy*, habitation.

O N S O Y.

Près d'une rivière & d'une forêt. *On*, rivière. *Say*, *Soy*, forêt.

O P A N D E L.

A une courbure de rivière. *Ap*, *Op*, près. *Pan*, courbure. *Dale*, en composition *Dele*, rivière.

O P H A I N.

Près de rivière. *Aufen*, rivière.

O P H O V E N.

A une courbure de rivière. *Off*, sinuosité, courbure. *Aven*, *Oven*, rivière.

O P T E N B E R G.

Près d'une rivière. *Ap*, *Op*, près. *Tan*, en composition *Ten*, rivière. *Berg*, habitation.

SUR LA LANGUE CELTIQUE.

ORBAIX.
Au bord d'une rivière. *Or*, bord. *Bay*, rivière.

ORCHIES.
Sur une petite élevation, au milieu d'une campagne fort spacieuse. *Or*, élevation. *Chi*, petite.

ORCHIMONT.
Sur une élevation, au pied de laquelle passe le Semoy. *Or*, bord. *Ci*, en composition *Chi*, rivière. *Mon*, élevation.

ORÉ.
Au bord d'une rivière. *Or*, bord. *É*, rivière.

OREY.
Près d'une rivière. *Or*, près. *Ei*, rivière.

ORIVAL.
Près de la source d'une petite rivière. *Or*, rivière. *Ori*, petite rivière. *Bal*, *Val*, source.

ORMANS.
Au bord d'une rivière. *Or*, bord. *Man*, habitation.

ORNA.
A une courbure de rivière. *Or*, rivière. *Nen*, *Na*, tordre, tortuosité.

ORVAL.
Entre des sources de ruisseaux, qui se joignant, vont grossir le Limes, & se perdent avec lui dans le Chiers. *Or*, près. *Bal*, *Val*, sources.

OSSEL.
Dans une Presqu'île formée par deux rivières & la Meuse. *Osell*, Presqu'île.

OSSELGEM.
Dans une Isle formée par la Lys, & par les deux bras du Mandel, qui se partage en se jettant dans la Lys. *O*, rivière. *Sel*, entouré. *Gam*, en composition *Gem*, habitation.

OSTERMOI.
Au bord d'une rivière. *Os*, près. *Ster*, rivière. *Mai*, *Moi*, habitation.

OTTEGHEM.
Au bord d'une rivière qui se courbe. *Ot*, bord. *Gam*, en composition *Gem*, courbure.

OTTERSEN.
A une courbure de rivière. *Ot*, bord. *Ter*, rivière. *Sen*, courbée.

OTTIGNIES.
Au bord d'une rivière. *Ot*, *Otin*, bord. *Iad*, en composition *Ies*, rivière.

OUDENARDE.
Aldenarda, au bord de l'Escaut dans une vallée, touchant des prairies agréables. *Al*, près. *Den*, belles. *Arda*, prairies.

OUDENHOVÉ.
Près d'une forêt. *Houd*, *Houden*, forêt. *Hove*, habitation.

OVERHAM.
A une courbure du Dender. *Ow*, rivière. *Ber*, *Ver*, courbure. *Ham*, habitation.

OUR.
Au bord d'une rivière. *Our*, rivière.

OURBE.
A une courbure de rivière. *Our*, rivière. *Ba*, en composition *Be*, courbure.

OUROTZY.
Au bord d'une rivière. *Our*, rivière. *Ot*, bord. *Tj*, en composition *Zj*, habitation.

OURTON.
PRÈS d'une rivière. *Our*, rivière. *Ton*, habitation.

OUVELS.
A une courbure de rivière. *Ow*, rivière. *Bal*, *Val*, en composition *Vel*, courbure. *Ty*, en composition *Sy*, habitation.

OYEN.
DANS une courbure de la Meuse. *Wi*, prononcez *Oi*, rivière. *Hen*, courbure.

PAMELE.
PRÈS d'une courbure de rivière. *Pamel*, courbure. *E*, rivière.

PATHEM.
DANS une courbure de rivière. *Pa*, courbure. *Tan*, en composition *Ten*, rivière.

PAYE.
A une courbure de rivière. *Pay*, courbure. *E*, rivière.

PÉENE.
PRÈS d'une courbure de rivière. *Pa*, en composition *Pe*, courbure. *En*, rivière.

PÉER.
PRÈS d'un confluent. *Ber*, *Per*, confluent.

PELLAIN.
A une courbure de rivière. *Pal*, en composition *Pel*, courbure. *Len*, rivière.

PERNE.
A une courbure de rivière. *Per*, courbure. *Na*, en composition *Ne*, rivière.

PERNES.
BOURG sur une colline, au pied de laquelle coule la Charence. *Pern*, colline. *Es*, rivière.

PLEUMOSII.
ANCIEN Peuple de la Gaule Belgique, ainsi nommé des campagnes aquatiques & fangeuses qu'il habitoit. *Plw*, *Pleu*, marais. *Moes*, *Mos*, campagne.

PONTIER.
ENTRE deux embouchures. *Pon*, embouchure. *Ty*, deux. *Er*, près.

POTS.
AU bas d'une élevation. *Pot*, élevation.

POTTES.
A une courbure de l'Escaut. *Poth*, courbure. *Es*, rivière.

POUSEUR.
A une courbure de rivière. *Pw*, prononcez *Pou*, courbure. *Swr*, *Seur*, rivière.

PRÉMI.
SUR l'Escaut. *Prem*, près, au bord. *I*, rivière.

PUERS.
PRÈS d'une courbure de rivière. *Pw*, courbure. *Er*, près.

QUANT.
PRÈS d'un confluent. *Qant*, confluent.

QUEMY.
AU bord d'une rivière. *Cam*, en composition *Cem*, prononcez *Qem*, habitation. *I*, rivière.

QUIÉRY.
AU bord d'une rivière. *Kir*, habitation. *I*, rivière.

RAMAY.
A une courbure de rivière. *Ra*, rivière. *May*, courbure.

SUR LA LANGUE CELTIQUE.

R A M S E L.
Près d'un bois. *Ram*, à côté. *Sel*, bois.

R A N D E R A D.
Dans une Isle formée par un partage de rivière. *Ran*, *Rand*, partage. *Rad*, rivière.

R A N S T.
Près d'une petite rivière. *Ran*, à côté. *St* de *Ster*, rivière.

R A T H E N.
Au bord d'une rivière. *Rat*, à côté. *En* rivière.

R E B A Y.
Près d'une courbure du Dender. *Re*, rivière. *Bay*, courbure.

R E C H E M.
A une courbure de rivière. *Re*, rivière. *Cem*, en composition *Chem*, courbure.

R E C K E M.
Au bord d'une rivière. *Rec*, rivière. *Cam*, en composition *Cem*, prononcez *Kem*, habitation.

R E C K I N G E N.
A une courbure de rivière. *Rec*, *Recin*, prononcez *Rekin*, rivière. *Cen*, en composition *Gen*, courbure.

R E D A N G E.
Entre deux rivières. *Red*, rivière. *Ang*, entre.

R E I L E R.
A une courbure de rivière. *Rei*, rivière. *Lor*, *Ler*, courbure.

R E L I N G.
Au bord de la Moselle. *Re*, rivière. *Linu* ou *Ling*, rive, bord.

R E M I C.
Au bord de la Moselle. *Ram*, en composition *Rem*, à côté. *Ic*, rivière.

R E N A Y.
Au bord d'une rivière, près d'un bois. *Ren*, rivière. *Hai*, bois.

R E N T Y.
Au bord de l'Aa. *Ren*, rivière. *Ty*, habitation.

R E P P E.
A une courbure de la Meuse. *Re*, rivière. *Pa*, en composition *Pe*, courbure.

R E S B Y.
A une courbure de rivière. *Res*, rivière. *Bw*, en composition *By*, courbure.

L E R E S N A Y.
Près d'une rivière. *Res*, rivière. *Nés*, près.

R E S T E N N E.
Près d'une forêt. *Rez*, bord. *Ten*, forêt.

R E S T O R F F.
Entre deux rivières, près de leur confluent. *Res*, rivière. *Torf*, entouré.

R E T H Y.
L'Auteur des délices des Pays Bas en parle ainsi. *Rethy*, gros Bourg & Franchise du Brabant dans la Campine. *Rhaith*, en Gallois signifie ferment. *Raith*, en Breton est le synonime de *Reiz*, qui signifie loi, ordre, arrangement, aisé, aisément, repos. On voit par là que *Raith* a pu facilement signifier Franchise. *Y*, habitation.

R E T I G N Y.
Entre deux rivières, près de leur confluent. *Rhyghthyn*, qui est entre. *I*, rivière.

R E U.
Au bord d'un ruisseau. *Ru*, *Reu*, ruisseau.

R E V E Z.
Près d'une courbure de rivière. *Re*, rivière. *Bes*, *Ves*, courbure.

R E V I N G.
A une courbure de la Meuse. *Re*, rivière. *Bincz*, *Vincz*, courbure.

R E U L A N T.
Près d'une rivière. *Rez*, bord, près. *Lliant* ou *Llant*, rivière.

R E U S E L.
Au bord d'une rivière. *Ru*, *Reu*, rivière. *Sal*, en composition *Sel*, bord, près.

R H E N E N.
Sur un bras du Rhin. *Renn*, partage. *En*, rivière.

R I E.
A la source d'une rivière. *Rhi*, tête, source. *E*, rivière.

R I E N.
Au bord d'une rivière. *Ri*, rivière. *An*, en composition *En*, près.

R I E U.
Au bord d'un ruisseau. *Rieu*, ruisseau.

R I E U L A Y.
Au bord d'une rivière. *Rieu*, rivière. *Lez*, près, bord.

R I L L A E R.
Au bord d'une petite rivière. *Ri*, rivière. *Llay*, petite. *Er*, près.

R I V I L L O N.
Au bord d'une petite rivière. *Riv*, rivière. *Rivil*, diminutif. *Lon*, habitation : Ou simplement *Rivillon*, petite rivière.

R O B A C H.
A une courbure de rivière. *Ro*, rivière. *Bach*, courbure.

R O C H E F O R.
Situé entre des rochers de tous côtés. *Roch*, rocher. *Vor*, prononcez *For*, bord, bordé.

R O D E.
Au bord d'une rivière. *Rod*, rivière.

R O D E R.
Près d'une rivière. *Rod*, rivière. *Er*, près.

R O D T.
Au bord d'une rivière. *Rod*, rivière. *T* de *Tu*, côté, bord.

R O E N N E.
Au bord d'une rivière. *Ro*, rivière. *An*, en composition *En*, près.

R O E S B R U G G E.
Sur l'Iser qui s'y partage. *Ros*, rivière. *Brug*, partagée.

R O G G E L.
Près d'une petite rivière. *Ro*, rivière. *Rogel*, diminutif.

R O L I N.
Au bord d'une rivière, & près d'un bois. *Ro*, rivière. *Lin*, bois.

R O L I N G E N.
A une courbure de rivière. *Rol*, *Rolin*, rivière. *Gen*, courbure.

SUR LA LANGUE CELTIQUE.

ROLLEGEM.
Près de la source d'une rivière. *Rol*, rivière. *Gen*, source.

ROME.
Sur une élévation. *Rom*, élévation.

ROMEN.
Près d'un marais. *Rhos*, marais. *Men*, habitation.

RON.
Près d'une rivière. *Ron*, rivière.

RONDU.
Au bord d'une rivière. *Ron*, rivière. *Tu*, en composition *Du*, côté, bord.

RONTEDEN.
Entre deux rivières. *Ron*, rivière. *Ta*, en composition *Te*, deux. *Dan*, en composition *Den*, dans, entre.

ROO.
Au bord d'une rivière. *Ro*, rivière.

ROOT.
Au bord d'une rivière. *Rot*, rivière.

ROSSIGNOL.
A une courbure de rivière. *Ro*, rivière. *Cin*, courbure. *Ol*, près.

ROUCOUR.
Près d'une rivière. *Rou*, rivière. *Court*, habitation.

ROUMECOUR.
A une source de rivière. *Rom*, tête, source. *Cwr*, prononcez *Cour*, rivière.

ROUSSELARS.
Au bord d'une rivière. *Rous*, rivière. *Lar*, habitation.

ROUVER.
Au bord d'un ruisseau. *Rou*, ruisseau. *Ver*, bord.

ROYE.
Près de la source d'une rivière. *Ro*, rivière. *Y*, source.

ROYON.
Au bord d'une rivière. *Roy*, rivière. *On*, habitation.

ROYSEN.
Près d'une rivière. *Roy*, rivière. *San*, en composition *Sen*, près.

RUCHT.
Au bord d'une rivière. *Ruc*, rivière. *T* de *Tu*, côté, bord.

RUET.
Au bord d'une rivière. *Ru*, rivière. *At*, en composition *Et*, à la.

RUGNY.
Près d'une rivière. *Ru*, rivière. *Ny*, près.

RUHOUT.
Au bord d'une rivière. *Ru*, rivière. *Hwt*, prononcez *Hout*, habitation.

RUILAND.
A une courbure de rivière. *Rhwyll*, courbure. *Lan* ou *Land*, rivière.

RUIST.
A une courbure de rivière. *Rhwyll*, courbure. *St* de *Ster*, rivière.

Ss ij

RUMILLY.
A une courbure de rivière. *Rhumm*, courbure. *Ly*, rivière.

RUPELMONDE.
Au bord de l'Escaut, vis-à-vis l'embouchure de la Néthe. *Ru*, rivière. *Pel*, bord. *Mon*, *Mond*, embouchure.

RUSANGE.
Près des deux sources d'une rivière. *Ru*, rivière. *San*, source. *Ge*, deux.

RUSERE.
Au bord d'une rivière. *Ru*, rivière. *Ser*, près.

SAINS.
Près d'une forêt. *Sai*, forêt. *Nés*, près.

SALAU.
Sal, nom appellatif d'habitation, devenu propre de celle-ci.

SAMELEN.
Près d'une courbure de rivière. *Sam*, courbure. *Len*, rivière.

SANNE.
A une source de rivière. *San*, source. *E*, rivière.

SANTAIN.
Près d'une forêt. *San*, près. *Ten*, forêt.

SANTES.
Au bord d'une rivière. *San* ou *Sant*, près. *Es*, rivière.

SANTIN.
Près d'une forêt. *San*, près. *Ten*, *Tin*, forêt.

SAVENTHEM.
A un confluent. *Sav*, rivière. *Ant*, en composition *Ent*, union. *Ham*, en composition *Hem*, habitation.

SAUTOUR.
Dans une courbure de rivière. *Sau*, courbure. *Tour*, rivière.

SCLEIN.
Au bord d'une rivière. *Claign*, bord. *S*, article.

SEEF.
Au bord d'une rivière. *Se*, article. *Af*, *Ef*, rivière.

SELLE.
Sell, nom appellatif d'habitation, devenu propre de celle-ci.

SELIN.
Au bord d'une rivière. *Sal*, en composition *Sel*, bord. *Llyn*, rivière.

SEMPS.
Dans une courbure de rivière. *Samp*, en composition *Semp*, courbure. *Es*, rivière.

SENEFFE.
Près d'une courbure de rivière. *Sen*, courbure. *Af*, en composition *Ef*, rivière.

SENENNE.
Au bord de la Meuse. *Sen*, en composition *Sen*, près. *En*, rivière.

SENLIS.
A une courbure de rivière. *Sen*, courbure. *Lis*, rivière.

SUR LA LANGUE CELTIQUE.

SERAN.
Près d'une rivière. *Ser*, près. *An*, rivière.

SERECKE.
A la source d'une rivière. *Serr*, tête, source. *Ec*, rivière.

SERON.
A une courbure de rivière. *Sar*, en composition *Ser*, courbure. *On*, rivière.

SICHEM.
A une courbure de rivière. *Si*, rivière. *Cem*, en composition *Chem*, courbure.

SICHÊNE.
A une courbure de rivière. *Si*, rivière. *Cen*, en composition *Chen*, courbure.

SIN.
A une courbure de l'Escaut. *Sin*, courbure.

SINUS.
Au bord d'une rivière. *Si*, rivière. *Nus*, près.

SITTERT.
Dans une Isle formée par le partage d'une rivière. *Si*, rivière. *Terr*, partage. *T* de *Ty*, habitation : Ou *Der*, *Ter*, enfermé.

SLOEN.
Dans une Isle de rivière. *Slo*, enfermé. *En*, rivière.

SOÉTE.
Près d'une forêt. *Soet*, forêt.

SOIGNIES.
Sonegiae dans les anciens titres, à un confluent. *Son*, confluent. *Gi*, habitation.

SOR.
Près d'une rivière. *Sor*, rivière.

SOTRE.
A un confluent. *Sot*, union, jonction. *Re*, rivière.

SPA ou SPAYE.
Bourg renommé par ses eaux minérales, qui y attirent du monde de tous côtés. Il y a deux sources également estimées. *S*, article. *Pa*, bonnes. *Y*, sources.

SPOORDONK.
A un partage de rivière. *Speau*, enceinte. *Or*, près. *Tonn*, en composition *Donn*, partage : Ou *Or*, rivière. *Voyez* Cernay dans le Comté de Bourgogne.

STABLO.
Stabulum, à une courbure du Rech. *Star*, rivière. *Bul*, courbure.

STADEN.
Au bord d'une rivière, près d'une forêt. *Star*, rivière. *Den*, forêt.

STAVE.
Entre deux rivières. *Star*, rivière. *Be*, *Ve*, deux.

STÉEN.
Près d'une forêt. *S*, article. *Ten*, forêt.

STÉIN.
Au bord de la Meuse. *S*, article. *Tan*, avec l'article joint, *Ten*, rivière.

STERNE.
Au bord d'une rivière. *Ster*, rivière. *Nés*, près.

STOCHEM.
A une courbure de la Meuse. *Stor*, rivière. *Cem*, en composition *Chem*, courbure.

STRAIMONT.
A une courbure de rivière. *Ster*, *Stre*, rivière. *Mon*, courbure.

STREPY.
A une courbure de rivière. *Ster*, *Stre*, rivière. *Pw*, en composition *Py*, courbure.

SURET.
Au bord d'une rivière. *Swr*, rivière. *At*, en composition *Et*, à la.

SUSTEREN.
A un partage de rivière. *Swch* ou *Sws*, coupure, partage. *Ster*, *Steren*, rivière.

TAMINES.
Près d'une courbure de rivière. *Ta*, près. *Min*, courbure. *Es*, rivière.

TANAY.
Près d'une rivière & d'un bois. *Tan*, rivière. *Hai*, forêt.

TAVERNE.
TAVARN ou *Tavern*, cabaret. Ce Village aura commencé par un cabaret, ou aura eu un cabaret, tandis qu'il ne s'en trouvoit point dans les Villages voisins.

TAVERNU.
Voyez Taverne plus haut.

TAVIERS.
A une embouchure. *Ta*, habitation. *Aber*, *Aver*, embouchure.

TAVIGNY.
Près d'une rivière. *Ta*, habitation. *Avin*, rivière. *I*, près.

TELLING.
Près d'une rivière. *Tale*, en composition *Tele*, rivière. *Wng*, en composition *Yng*, rivière.

TENAREN.
Au bord d'une rivière. *Ten*, habitation. *Ar*, près. *En*, rivière.

TENEUR.
Au bord d'une rivière. *Ten*, habitation. *Eur*, rivière.

TERMES.
Dans une courbure de rivière. *Ter*, rivière. *Mes*, courbure.

TERNAT.
A un partage de la Senne. *Ter*, rivière. *Nadd* ou *Natt*, coupée.

TEROUANE.
TARVANNA dans Ptolomée; *Tarvenna* dans l'Itineraire d'Antonin; *Tervanna* dans la Table de Peutinger, étoit autrefois une Ville considérable, & n'est aujourd'hui qu'un petit Bourg. Elle est située sur la rivière de la Lys qui s'y partage en deux bras, & coule ainsi divisée presque dans toute la longueur de la Ville. *Tar* & *Ter*, partage. *Van* & *Ven*, rivière.

TERVAGNE.
Près d'une courbure de rivière. *Ter*, rivière. *Ban*, *Van*, courburé.

TEUVEN.
A une courbure de rivière. *Tav*, en composition *Tev*, rivière. *Ven*, courbure.

THEU.
A une courbure d'une rivière de même nom, dont il a pris le sien.

THIAN.
Près d'une rivière. *Ty*, habitation. *An*, rivière.

THIËLEN.
Près d'une rivière. *Tyes*, habitation. *Len*, rivière.

SUR LA LANGUE CELTIQUE.

THIÈNES.
PRÈS d'une source de rivière. *Ty*, habitation. *En*, source. *Es*, rivière.

THIEU.
PRÈS d'une rivière. *Ty*, habitation. *Eu*, rivière.

THIFF.
AU bord d'une rivière. *Ty*, habitation. *Af*, en composition *Ef*, rivière. De *Tyef* on a aisément formé *Tiff*.

THINE.
A la source d'une rivière. *Tin*, tête, source. *E*, rivière.

THINE.
ENTRE deux forêts. *Ten*, *Tin*, forêt. *Na*, en composition *Ne*, deux.

THION.
A un confluent. *Tj*, deux. *Ion*, rivière.

THIS.
Tys, nom appellatif d'habitation, devenu propre de celle-ci.

THONNE.
AU bord d'une rivière. *Twn*, prononcez *Ton*, touchant. *E*, rivière.

THOREN.
ABBAYE située sur un ruisseau. *Tor*, rivière. *Toren*, diminutif.

THROON.
A une courbure de rivière. *Tro*, contour, courbure. *On*, rivière.

THUIN.
Tudinium, sur une hauteur, au bord de la Sambre. *Thw*, rivière. *Din*, élévation.

LA THUR.
PRÈS d'une rivière. *Twr*, rivière.

THY.
AU bord d'une rivière. *Ty*, habitation. *Y*, rivière : Ou *Tu*, en composition *Ty*, côté, bord. *I*, rivière.

THY.
AUTRE Village de même nom que le précédent. *Ty*, nom appellatif d'habitation, devenu propre de celle-ci.

THYLE.
AU bord d'une rivière. *Tyl*, habitation. *E*, rivière.

TIÉNE.
AU bord d'une rivière. *Ty*, habitation : Ou *Tu*, en composition *Ty*, côté, bord. *En*, rivière.

TIÉRE.
AU bord d'une rivière. *Tyes*, habitation. *Re*, rivière.

TIL.
Tyle, nom appellatif d'habitation, devenu propre de celle-ci.

TILEQ.
PRÈS de la source d'une rivière. *Tyle*, habitation. *C* de *Cen*, source.

TILLÉ.
A une courbure de rivière. *Tull*, en composition *Tyll*, courbure. *E*, rivière.

TILLI.
AU bord d'une rivière. *Tyle*, habitation. *I*, rivière.

TIRLEMONT.
Tinae, à un confluent. *Ty*, deux. *Na*, rivière.

T L Y S.

Près d'une rivière. *Ty*, habitation. *Lis*, rivière.

T O L E N.

Au bord d'un marais. *Toh*, vers, à côté, au bord. *Len*, marais.

T O M E N.

A une courbure de rivière. *Thw*, prononcez *To*, rivière. *Men*, courbure.

T O N G R E S.

Voyez Tungri. Peuple dont cette Ville a pris le nom, parce qu'elle en étoit la Capitale.

T O R C H Y.

Au bord d'une rivière. *Tor*, rivière. *Cy*, en composition *Chy*, habitation.

T O R E T T E.

Près de la source d'une rivière. *Tor*, rivière. *Het*, tête, source.

T O U R C O I N.

A la source d'une rivière. *Tour*, rivière. *Cen*, prononcez *Ken*, source.

T O U R I N.

Au bord d'une rivière. *Tour*, rivière. *Wn*, en composition *Yn*, près.

T O U R M I G N I E S.

A une embouchure. *Tor*, *Tour*, embouchure. *Maigni*, *Migni*, habitation.

T O U R N A Y.

Tornacum, *Turnacum*, à l'embouchure d'une petite rivière dans l'Escaut. *Tor*, embouchure. *Nac*, près.

T O U R N E H E M.

Au bord d'une rivière. *Tour*, rivière. *Nes*, près. *Ham*, en composition *Hem*, habitation.

T O U R N Y.

Sur le Chiers. *Tour*, rivière. *Ny*, près.

T R A I Z I G N Y.

Près d'une source de rivière. *Tre*, près. *Sen*, *Sin*, source. *I*, rivière.

T R E I G H.

A une courbure de rivière. *Trei*, tortuosité, courbure. *Ig*, rivière.

T R E L O N.

Près d'un étang. *Tre*, près. *Lwn*, prononcez *Lon*, étang.

T R I C T.

Trig ou *Tric*, nom appellatif d'habitation, devenu propre de celle-ci.

T R I E U.

Treu, nom appellatif d'habitation, devenu propre de celle-ci.

T R I P S.

A une courbure de rivière. *Tri*, habitation. *Pes*, courbure.

T U L.

Près d'une courbure de rivière. *Tull*, courbure.

T U L I N.

Près d'une rivière. *Tu*, côté, près. *Llyn*, rivière.

T U N G R I.

Les anciens nous représentent les Tongres comme un Peuple très-belliqueux. *Tonog*, *Tong*, opiniâtre. *Gryd*, combat. *Tongri*, opiniâtres au combat : Ou *Ton*, *Bon*, excellent. *Gryd*, combat. *Tongri*, bons, excellens au combat.

TURNHOUT

SUR LA LANGUE CELTIQUE.

TURNHOUT.
Près d'une rivière. *Twr*, rivière. *Nes*, près. *Hwt*, prononcez *Hout*, habitation.

VACQ.
Au bord d'une rivière. *Va*, habitation. *Ac*, rivière.

VAES.
Ce Pays est un quartier de la Flandre. Il s'étend sur la rive gauche de l'Escaut, en tournant depuis Gand jusqu'à Isendyck, entre les quatre Offices & les Quartiers de Beveren & de Bornheim. Il consiste en de fort belles prairies, & en de bons pâturages. Il est très-fertile en bled & en lin, & produit de bons chevaux ; tellement qu'on peut dire que cette Contrée est la meilleure de tout le Pays. *Vaes*, prairie, pâturage.

VAILLIEN.
A une courbure de rivière. *Val*, courbure. *Ien*, rivière.

VALENCIENNES.
Valencenae, au bord d'un marais sur l'Escaut qui s'y partage en deux branches. *Valen*, marais. *Cen*, partage. *Ai*, rivière. L'*Ai* se prononçoit en *Ae*: On écrivoit *Musai*, on prononçoit *Musae*.

VALLE.
Vala, nom appellatif d'habitation, devenu propre de celle-ci.

VARNETON.
Sur la Lis, a tiré son nom des aulnes. *Vern* ou *Varn*, aulne. *Ton*, habitation : Ou *Twn*, prononcez *Ton*, près.

VASNE.
A une courbure de rivière. *Bas*, *Vas*, courbure. *Na*, en composition *Ne*, rivière.

UBAIE.
Au bord d'une rivière. *Ubay*, rivière.

UBAY.
Près d'un ruisseau. *Ubay*, ruisseau.

VÉER.
Au bord d'une rivière. *Ver*, rivière.

VEILLEN.
A une courbure de la Moselle. *Val*, en composition *Vel*, courbure. *Len*, rivière.

VELDEN.
Au bord d'une rivière. *Vel*, habitation. *Dan*, en composition *Den*, rivière.

VELEN.
Au bord de la Meuse. *Vel*, habitation. *En*, rivière.

VELLE.
Velle, nom appellatif d'habitation, devenu propre de celle-ci.

VELP.
Dans une courbure de la Meuse. *Vell*, habitation. *Pa*, en composition *Pe*, courbure.

VENLO.
Dans une plaine marécageuse, d'où on tire des tourbes, à une courbure de la Meuse. *Ven*, courbure. *Lw*, prononcez *Lo*, rivière.

VERLAINE.
A la source d'une rivière. *Ber*, *Ver*, tête, source. *Len*, rivière.

VERLEY.
Au bord d'une rivière. *Ver*, bord. *Ley*, rivière.

VIANDEN.
Vienna, cette Ville est située entre des montagnes & des rochers. Voyez Vienne en Dauphiné.

V- I C H T E N.

VILLAGE à trois lieuës de Luxembourg, où il y a eu une forge dès la plus haute antiquité, ainsi qu'il en conste par des inscriptions & des monumens. *Wich*, bruit. *Tan*, en composition *Ten*, feu.

V I C O U R.

VIC, habitation. *Corr*, *Cour*, petite. *Voyez* Villersbuson dans le Comté de Bourgogne.

V I L A I N E.

AU bord d'une rivière. *Vil*, habitation. *Len*, rivière.

V I L E N.

VIL, *Vilen*, nom appellatif d'habitation, devenu propre de celle-ci.

V I L L E.

NOM appellatif d'habitation, devenu propre de ce Village.

V I L L E R O T.

AU bord d'une rivière. *Ville*, habitation. *Rot*, rivière.

V I L L E R S.

NOM appellatif d'habitation, devenu propre de celle-ci.

V I L L Y.

AU bord d'une rivière. *Vill*, habitation. *I*, rivière.

V I L R O U X.

PRÈS d'une courbure de rivière. *Bil*, *Vil*, courbure. *Rou*, rivière.

V I S E T.

EST bâti le long d'une courbure de la Meuse qu'il suit. *Vis*, tortuosité. *Viset*, tortueux.

V I S Q.

WYCK, nom appellatif d'habitation, devenu propre de celle-ci.

V I S S N A Y.

A une courbure de rivière. *Vis*, courbure. *Nes*, près, touchant.

V O L S.

A la source d'une rivière. *Bols*, *Vols*, tête, source.

V R E D.

AU bord de la Scarpe. *Ur*, bord. *Red*, rivière.

U R M O N T.

PRÈS d'une courbure de rivière. *Ur*, article. *Mon*, courbure de rivière.

U R M U N D E.

A une source de rivière. *Ur*, article. *Mon*, source. *Da*, en composition *De*, rivière.

U R S É L E.

PRÈS d'une forêt. *Ur*, article, ou habitation. *Sel*, forêt.

U T R E C H T.

TRAJECTUM, dans l'Itineraire d'Antonin, est sur l'ancien canal du Rhin, dans un lieu extrêmement fertile. *Traject* a été formé de *Trecht*, Ville. *Voyez* Mastricht.

W A L B O R C H.

DANS une Isle formée par un partage de la Meuse. *Bal*, *Val*, coupure, partage. *Borch*, habitation.

W A L C O U R T.

SUR une élévation, à un confluent. *Val*, élévation. *Cor*, confluent.

W A L L I N.

PRÈS d'une forêt. *Va*, à la. *Lin*, forêt.

SUR LA LANGUE CELTIQUE.

WARDIN.
Au bord d'une rivière. *Var*, bord. *Dan*, en composition *Den*, *Din*, rivière.

WAREM.
Au bord d'une rivière. *Var*, bord. *Am*, en composition *Em*, rivière.

WARLAING.
Au bord de la Scarpe. *Var*, bord. *Len*, rivière.

WEICH.
De *Wyck*, nom appellatif d'habitation, devenu propre de celle-ci. L'*E* inféré. *Voyez* l'article suivant.

WEILER.
De *Viller*, nom appellatif d'habitation, devenu propre de celle-ci. L'*E* inféré. *Voyez* l'article précédent.

WEIS.
A une courbure de rivière. *Vis*, courbure. *Voyez* les deux articles précédens.

WEL.
Nom appellatif d'habitation, devenu propre de celle-ci.

WELLE.
Voyez l'article précédent.

WELLEN.
A une courbure de rivière. *Val*, en composition *Vel*, courbure. *Len*, rivière.

WERCHAIN.
A une courbure de rivière. *Ver*, à la. *Cen*, en composition *Chen*, courbure.

WERKENE.
Près d'un confluent. *Ver*, près. *Can*, en composition *Chen*, prononcez *Ken*, confluent.

WERS.
A une courbure de rivière. *Vers*, courbure.

WIHERS.
Au bord d'une rivière. *Wi*, rivière. *Harz*, en composition *Herz*, près.

WILDER.
Au bord d'une rivière. *Vill*, habitation. *Der*, rivière.

WIREN.
A une courbure de rivière. *Vir*, courbure. *En*, rivière.

WISSEN.
A une courbure de rivière. *Vis*, courbure. *En*, rivière.

WITRES.
Près d'une rivière. *Wi*, rivière. *Tre*, près.

WYCHEN.
Wyck, *Wycken*, nom appellatif d'habitation, devenu propre de celle-ci.

WYCK.
Voyez l'article précédent.

VY.
Vy, nom appellatif d'habitation, devenu propre de celle-ci.

YMPDEN.
Dans une courbure de rivière. *Imp*, dans. *Dan*, en composition *Den*, rivière.

YPRES.
Tperen, dans la Langue du Pays, à un confluent. *Aper*, *Iper*, confluent.

Y V E.
Près d'une rivière. *Iw*, rivière.
Z É E L E.
Entre deux forêts. *Sel*, forêt.
Z I C H E M.
A un partage du Demer. *Swch*, en composition *Sych*, coupure. *Am*, en composition *Em*, rivière.

LES ARCHEVÊCHÉS
DE COLOGNE, DE MAYENCE, DE TRÊVES,
ET
LES ÉVÊCHÉS
DE VORMES ET DE SPIRE,

Qui du temps des Romains formoient dans les Gaules les Provinces de la première & seconde Germanies.

LE BIBER.
Rivière tortueuse. *Bvv*, en composition *By*, tortuosité, courbure. *Ber*, rivière.

L' ERBACH.
Rivière tortueuse. *Bach*, tortueuse. *Er*, article.

LE GLANN.
Rivière, apparemment ainsi nommée de la pureté de ses eaux. *Glan*, pure.

LA NAVE.
Nava dans Tacite. Ausone en parle ainsi.

Transieram celerem nebuloso lumine Navam,
Addita miratus veteri nova mœnia vico,
Æquavit Latias ubi quondam Gallia Cannas,
Inflectæque jacent inopes super arva caterva.

Nua, *Nava*, forte, rapide.

AICHWEILER.
Village au bord d'une rivière. *Ach*, rivière. *Viller*, habitation.

BACHRACH.
On prononce ordinairement *Bacarac* ou *Bacara*. Vis-à-vis cette Ville, on voit dans le lit du Rhin une grosse pierre quarré, qui sort de l'eau. *Bay*, rivière. *Crac*, pierre. Cette Ville est fameuse par ses bons vins.

BECKING.
Village près de l'embouchure d'une petite rivière dans la Sare. *Becq*, embouchure, *Wng*, en composition *Yng*, près.

BENING.
A la source d'une rivière. *Ben*, source. *Wng*, en composition *Yng*, près.

BERUS.
Sur une élevation. *Ber*, sur. *Us*, élevation.

BESSEVIN.
A une courbure de rivière. *Bes*, courbure. *Avin*, en composition *Evin*, rivière.

SUR LA LANGUE CELTIQUE.

BILL.
A une courbure de rivière. *Bil*, courbure.

BINGEN.
BINGIUM dans Tacite, petite Ville agréable, au pied de hautes montagnes, au confluent du Rhin & de la Nave. *Bin*, deux. *Gi*, rivière.

BODENHEIM.
PRÈS d'une forêt. *Bodenn*, forêt. *Ham*, en composition *Hem*, habitation.

BOLKEN.
A une courbure de rivière. *Bolchen*, sinuosité, courbure.

BONN.
A une courbure du Rhin. *Bon*, courbure de rivière.

DALHEIM.
AU bord d'une rivière. *Dale*, rivière. *Ham*, en composition *Hem*, habitation.

DANELBOURG.
A la source d'une rivière. *Dan*, tete, source. *El*, près. *Bourg*, habitation.

DANN.
A la source d'une rivière. *Dan*, tête, source.

DOLVIN.
A une courbure de rivière. *Dol*, courbure. *Wyn*, rivière.

DORFF.
NOM appellatif d'habitation, devenu propre de celle-ci.

DORT.
AU bord d'une rivière. *Dor*, rivière. *T* de *Tu*, côté, bord.

DROULIN.
A une courbure de rivière. *Drou*, courbure. *Llyn*, rivière.

ÉBERNBERG.
A un confluent. *Aber*, en composition *Éber*, confluent. *Nes*, près. *Berg*, habitation.

ÉBERSING.
A une courbure de rivière. *Aber*, en composition *Éber*, à la. *Sing*, courbure.

ÉBREBOURG.
PETITE Ville à l'embouchure du ruisseau Alexem dans le Nave. *Abre*, en composition *Ébre*, embouchure. *Bourg*, habitation.

EICH.
ENTRE deux rivières. *Ech*, rivière. *Eich*, rivières.

ÉLING.
AU bord d'une rivière. *El*, bord. *Llyn*, rivière.

EYNET.
A une courbure de rivière. *Ei*, rivière. *Net*, courbure.

FORBACH.
SUR une petite rivière. *Vor*, prononcez *For*, sur. *Bac*, ruisseau, petite rivière.

GUDING.
PRÈS d'un confluent. *Gud*, union, confluent. *Wng*, en composition *Tng*, près.

GUERSCHWEILER.
A une courbure de rivière. *Guers*, tortuosité, courbure. *Viler*, habitation.

H A C H E I N.

Au bord d'une rivière. *Ach*, rivière. *Ain*, en composition *Ein*, habitation.

H A M.

Nom appellatif d'habitation, devenu propre de celle-ci.

H A U V E.

Dans une Isle de la Sare. *Aw*, Isle.

H E U S S E N.

Au bord du Rhin. *Hws*, *Heus*, habitation. *En*, rivière.

I B E N.

A une courbure de la rivière. *I*, près. *Ben*, courbure de rivière.

I N K B E R G.

Près de la source d'une rivière. *Wng*, en composition *Yng*, près. *Berg*, tête, source.

I N V I L E R.

Au bord d'une rivière. *Ien*, *In*, rivière. *Viller*, habitation.

I X E M.

A une courbure de rivière. *Ic*, rivière. *Cem*, courbure.

K I R N.

A un confluent. *Cwr*, en composition *Cyr*, confluent. *N* de *Nes*, près.

L A N D S B E R G.

Sur une élévation, au pied de laquelle passe une rivière. *Lant*, en composition *Land*, rivière. *Berg*, élévation.

L A N G A T T.

Au bord d'une rivière, & près d'une forêt. *Lan*, rivière. *Gat*, forêt.

L A U T R E C K.

A un confluent. *Lav*, jonction, confluent. *Trecht*, habitation.

L I N B A C H.

A une courbure de rivière. *Llyn*, rivière. *Bach*, courbure.

L O R E N C E.

A une courbure de rivière. *Lor*, courbure. *Ant*, en composition *Enz*, rivière.

M A Y E N C E.

Magontiacum dans Tacite & dans saint Jerôme, au confluent du Rhin & du Mein. *Mag*, Ville. *Gont*, confluent.

M E R K I N G.

A la source d'une rivière. *Mer*, rivière. *Cin*, prononcez *Kin*, source.

M E R T E N S.

A la source d'une rivière. *Mer*, source. *Tan*, en composition *Ten*, rivière.

M E S E N B A C H.

A une courbure de rivière. *Mas*, en composition *Mes*, habitation. *An*, en composition *En*, près. *Bach*, courbure.

N E M É T E S.

Ancien Peuple qui occupoit le Pays qui compose l'Évêché de Spire. Cette Contrée n'est pas grande, mais elle consiste en des plaines fertiles, situées avantageusement pour le profit des Habitans, à cause de la commodité du Rhin. *Na*, en composition *Ne*, fertile. *Méath*, *Meth*, plaine. *Nemétes*, ceux qui habitent des plaines fertiles.

N O L I N.

A une courbure de rivière. *No*, courbure. *Llyn*, rivière.

SUR LA LANGUE CELTIQUE.

OPENHEIM.
Au bord du Rhin. *Apen*, *Open*, rivière. *Ham*, en composition *Hem*, habitation.

OTTWEILER.
Au bord d'une rivière. *Ot*, bord. *Viller*, habitation.

OUTWEILER.
Près d'une forêt. *Hout*, forêt. *Viller*, habitation.

PEY.
A une courbure de rivière. *Pay*, *Pey*, courbure.

REDING.
Au bord d'une rivière. *Red*, rivière. *Wng*, en composition *Yng*, près.

REMELING.
A une source de rivière. *Ram*, en composition *Rem*, tête, source. *Llyn*, rivière.

RENHEIM.
Au bord d'une rivière. *Ren*, rivière. *Ham*, en composition *Hem*, habitation.

RHIMBERG.
Tire son nom d'une petite butte qu'il occupe près du Rhin. *Berg*, élévation, hauteur. *Rhinberg*, hauteur près du Rhin.

RICHWEILER.
Près d'une rivière. *Ric*, rivière. *Viler*, habitation.

RIMAGEN.
Village qui étoit autrefois une Ville nommée *Rigomagus* dans l'Itineraire d'Antonin. *Ric*, en composition *Rig*, abondante, riche. *Mag*, Ville. *Rimag*, Ville située dans une Contrée abondante & fertile. Tel est effectivement le terrain où est placé cet endroit. *Voyez* Riom en Auvergne.

SEGNI.
Ancien Peuple placé auprès des Tréviriens, apparemment ainsi nommé de sa taille avantageuse. *Sen*, grand. Le G s'insère aisément devant l'*N*. Les Segnes étoient originaires de la Germanie, où les hommes sont ordinairement un peu plus grands que dans les Gaules.

SPIRE.
Spira dans les Notices de l'Empire; *Spirona*, *Spiracia* dans les lettres que le Pape Zacharie écrivoit à saint Boniface. Une petite rivière, qui a pris le nom de cette Ville, se partage en deux branches avant que de se jetter dans le Rhin. C'est dans l'Isle formée par les deux bras de cette rivière, & par ce fleuve, qu'est placée Spire. *Speur*, en composition *Spir*, enceinte. *A*, *Ac*, *On*, rivière.

THELEN.
Au bord d'une rivière. *Tal*, en composition *Tel*, près. *Len*, rivière.

TREVIRI, TREVERI, TRIVERI.
Les Tréviriens étoient passés de la Germanie dans les Gaules. Depuis leur établissement dans cette Région, ils furent toujours mis au nombre des Belges, dont, selon Pomponius Mela, ils étoient le Peuple le plus illustre & le plus considérable. (*a*) César dit qu'ils étoient les plus puissans des Gaulois en Cavalerie; que leur Cavalerie passoit pour la meilleure des Gaules; qu'ils avoient une Infanterie nombreuse; que leur Pays s'étendoit jusqu'au Rhin; que les Éburons & les Condrusiens étoient leurs cliens; qu'ils étoient fort aguerris, parce qu'ils avoient toujours les armes à la main contre les Germains leurs voisins. (*b*) Ils conserverent leur liberté jusqu'à Vespasien; (*c*) & s'ils la perdirent sous cet Empereur, ils la recouvrerent bientôt après. (*d*) *Trew*, *Trewer*, *Trewir*, vaillant, brave. *Tryser*, qu'on prononce **Tryver**, signifie en Celtique un javelot à trois pointes. Peut-être que ce Peuple se servoit d'un dard de cette espèce, & qu'il en a pris son nom. *Voyez* Ambarri dans le Duché de Bourgogne. Treves, Ville Capitale des Tréviriens, n'a jamais eu d'autre nom que le leur.

TULLINGI.
Ancien Peuple, qui peut avoir pris son nom de *Twlc*, en composition *Twlg*, chaumière. *Voyez* Ménapii plus haut.

(*a*) *Belgarum clarissimi sunt Treveri.* L. III, ch. 2.
(*b*) *Civitatem Trevirorum longè plurimùm totius Galliæ equitatus valere, magnasque habere copias peditum, equitum Trevirorum inter Gallos virtutis opinionem esse singularem. Rhenum per fines Trevirorum citatum ferri, Eburonesque & Condrusos esse Trevirorum clientes, Trevirorum Civitatem propter Germaniæ vicinitatem quotidianis esse exercitam bellis.* L. IV, V, VI, VIII.
(*c*) *Treveri liberi anteà* Plinius. L. IX, ch. 17.
(*d*) Le Sénat de Rome écrivant l'an 193 au Sénat de Tréves, *Curia Trevirorum*, s'exprime ainsi : *Ut estis liberi, & semper fuistis, latus vos credimus.* Vopiscus in Floriano.

VALEN.

VILLAGE à la fource d'une rivière. *Val*, fource. *En*, rivière.

VANGIONES.

ANCIEN Peuple qui occupoit la Contrée qui forme le Diocèfe de Vormes.

Miffon raconte qu'étant à Vormes, il alla voir la maifon de la Monnoye, qu'il décrit en ces termes. » Cette maifon a un affez long portique, entre les arcades duquel pendent de grands os & de grandes » cornes. Les os, dit-on, font des os de géans, & les cornes font les cornes des bœufs qui ont » charrié les pierres dont la Cathédrale eft bâtie. Le dehors de la maifon eft rempli de diverfes pein- » tures, entre lefquelles on voit celles de plufieurs géans armés, qui font appellés *Vangiones* dans » une infcription qui eft au-deffous. On fçait bien que les Peuples qui habitoient autrefois cette partie » du Rhin ont été appellés *Vangiones*, comme cela fe voit dans Tacite & ailleurs; mais je ne fçaurois » vous dire par quelle raifon on veut que ces *Vangiones* ayent été des géans. Cependant ces grands » hommes là font bien du bruit à Vormes : On en fait mille hiftoires; & depuis qu'on en parle, chacun » eft en droit d'en dire tout ce que bon lui femble.

Les opinions populaires ont toujours quelque fondement. Vangions fignifie des hommes fort grands. *Vang*, grand. *Ion*, fort. Ces grands hommes, par la fuite des âges, feront aifément devenus des géans. On fçait combien le temps groffit ces fortes d'objets. Peut-être auffi parmi un Peuple d'une ftature fi avantageufe y aura-t'il eu quelques géans.

VEYER.

PRès d'une courbure de rivière. *Vay*, en compofition *Vey*, courbure. *Er*, près.

VITRING.

DANs une courbure de rivière. *Wi*, rivière. *Trei*, tortuofité, courbure. *In*, dans.

VORMES.

BORBETOMAGUS VANGIONUM, au bord du Rhin. *Bor*, bord. *Betw*, prononcez *Beto*, rivière. *Mag*, Ville.

URBACH.

A une courbure de rivière. *Ur*, article. *Bach*, courbure.

WALSHEIM.

A une fource de rivière. *Val*, fource. *Sw*, rivière. *Ham*, en compofition *Hem*, habitation.

WINGEN.

A une courbure de rivière. *Vin*, rivière. *Gen*, courbure.

ZELING.

PRès d'une forêt. *Sel*, forêt. *Wng*, en compofition *Tng*, près.

LA GRANDE BRETAGNE.

RITANNIA, a pris son nom des Bretons *Britanni*, qui ont été ses premiers Habitans. Les anciens nous les repréfentent comme un Peuple plein de courage. Céfar rend juftice à leur valeur. (*a*) Eutrope dit que ce grand Capitaine, qui étoit paffé dans cette Ifle pour en faire la conquête, rebuté d'un combat opiniâtre qu'il avoit effuyé, & ayant perdu fa flotte par une furieufe tempête, ne retira prefque aucun avantage de fon entreprife. (*b*) Lucain affure en termes exprès qu'il fut battu par les Bretons. (*c*) Nous voyons effectivement dans Horace & dans Tibulle, que cette Nation n'avoit point encore été vaincue de leur temps. (*d*) Il en coûta bien du fang dans la fuite aux Romains pour affujettir une moitié de la Bretagne ; l'autre partie s'étant toujours non feulement garantie de leur joug, mais s'étant encore rendue affez redoutable à ces maîtres du monde, pour les obliger d'élever une forte muraille, qui pût mettre leur État à couvert de fes armes. *Bryd* ou *Bryt*, courage, valeur. *Brytan*, courageux, plein de valeur.

Si l'on veut que le Pays ait donné le nom à fes Habitans, plutôt que de l'avoir reçu d'eux, il fera également facile d'en donner une étymologie bien naturelle. La Bretagne eft un terrain gras, humide, marneux, une terre trempée, pénétrée d'eau. *Bry*, fignifie précifément une terre telle qu'on vient de la décrire. *Tan*, Pays. *Brytan*, Pays ou la terre eft graffe, humide, bien trempée. C'eft à cette qualité de fon terroir que cette Ifle doit fa grande fertilité. On y voit des campagnes qui produifent abondamment toutes fortes de grains & de fruits. Les pâturages y font admirables & de fort grande étendue, tellement qu'on y nourrit une infinité de troupeaux. C'eft là que paiffent ces bœufs, dont la chair eft fi tendre & fi délicate, qu'on les appelle la perdrix d'Angleterre. C'eft encore que paiffent ces brebis, dont la chair à la vérité n'a rien de confidérable pour la délicateffe, mais dont la laine fine & douce eft un des plus grands thréfors de l'Angleterre, par le moyen des draps qui s'en font, & qu'on transporte en divers endroits, non de l'Europe feulement, mais du monde entier, comme dans l'Orient, dans la Turquie & dans la Perfe. On eftime que la douceur & la fineffe de cette laine viennent en partie de la bonté des herbages, en partie de la douceur de l'air, en partie auffi de ce que les brebis paiffent fans frayeur à la campagne jour & nuit, n'ayant pas à craindre les loups, qui, comme chacun fçait, ont été exterminés de l'Angleterre.

La Bretagne peut auffi avoir tiré fon nom de fa grande étendue. *Brayd* ou *Brait* fignifie vafte, le plus grand. *An*, Ifle. *Bretan*, la plus grande Ifle. On fent combien ce nom lui convenoit, puifqu'elle étoit la plus grande de toutes les Ifles connues dans les premiers temps. Elle renfermoit autrefois un grand nombre de Peuples, & elle contient aujourd'hui deux Royaumes, l'Angleterre & l'Écoffe. Elle eft appellée *Bretania*, *Pretanis* par les anciens Auteurs Grecs. *Britannia* par les Latins. L'*E* & l'*I* fe mettent indifféremment l'un pour l'autre, de même que le *B* & le *P*. *Anis* eft le mot celtique qui fignifie Ifle, dont *Ane* eft la fyncope.

Cette Ifle fut encore appellée Albion par l'Antiquité, à caufe des rochers blancs qui forment fes côtes vis-à-vis la Picardie, Province d'où les Gaulois ont paffé la première fois dans cette Ifle. *Alb*, blanc. *Ion*, rocher.

(*a*) *Pugnatum eft ab utrifque (Romanis & Britannis) acriter.* L. IV.
(*b*) *Acerbâ pugnâ fatigatus, & adversâ tempeftate correptus.* L. V.
(*c*) *Territa quafitis oftendit terga Britannis.* L. II.

(*d*) *Intactus aut Britannus ut defcenderet facrâ catenatus viâ.* Hor. Epod. VII, 7.
Te manet invictus Romano Marte Britannus. Tib. L. IV, car. 1, 149.

L'ANGLETERRE.
RIVIÉRES D'ANGLETERRE.

L' A L E D.
PETITE Rivière qui fort d'un lac. *A*, rivière. *Llaith*, en compofition *Llaid*, lac.

L' A L E N.
Nom appellatif de rivière, devenu propre de celle-ci.

L' A L E N.
Petite Rivière qui fe cache deux fois fous terre, & qui en reffort deux fois. *A*, rivière. *Len*, qui fe cache.

L' A L N E.
Alenus, vient d'entre des forêts. *A*, rivière. *Len*, forêt : Ou fimplement *Alen*, rivière.

L' A L O N.
Rivière qui fe jette impétueufement dans la Tine. *All*, impétueufe. *On*, rivière : Ou *On* terminaifon.

L' A L O W.
Lw, prononcez *Lou*, nom appellatif de rivière, devenu propre de celle-ci. *Al*, article.

L' A L V E N.
Ven, nom appellatif de rivière, devenu propre de celle-ci. *Al*, article.

L' A M O N D.
Rivière qui fort du pied d'une montagne. *Am*, rivière. *Mont*, en compofition *Mond*, montagne : Ou fimplement *Amon*, rivière.

L' A R E.
Coule lentement. *Ar*, lente.

L' A R R O W.
Coule avec rapidité. *Arvv*, prononcez *Arou*, rapide.

L' A R U N.
Run, nom appellatif de rivière, devenu propre de celle-ci. *Ar*, article.

L' A V E N.
Nom appellatif de rivière, devenu propre de celle-ci.

L' A U F O N.
Nom appellatif de rivière, devenu propre de celle-ci.

L' A U N E.
On ou *Aun*, nom appellatif de rivière, devenu propre de celle-ci.

L' A V O N.
Avon, eft un nom appellatif de rivière, devenu propre de plufieurs dans la grande Bretagne.

L' A X.
Aches, prononcez *Akes*, nom appellatif de rivière, devenu propre de celle-ci.

L' A X E.
Voyez l'article précédent.

L E B A C H O.
Petite Rivière fort tortueufe. *Bachog*, tortueux.

L E B A I N T.
Rivière qui fort avec grand bruit du lac de Semar. *Bant* a d'abord fignifié élevé, haut:

SUR LA LANGUE CELTIQUE.

On l'a étendu à signifier un cri, une proclamation, un son de voix éclatant, que par la même métaphore nous appellons un son de voix élevé. Par la même raison on a pu employer ce mot pour désigner tout bruit éclatant.

LE BANE.
Ban, nom appellatif de rivière, devenu propre de celle-ci.

LE BARROW.
Sort du pied des montagnes. *Bar*, montagne. *Ovv*, rivière.

LE BECHAN.
Petite rivière fort tortueuse. *Bach*, tortuosité. *Bechan*, tortueux: Ou *Bechan*, petite.

LE BELOW.
Sort du pied des montagnes. *Bel*, montagne. *Ovv*, rivière.

LE BLITH.
Trois ou quatre ruisseaux se mêlent ensemble, & forment un étang, d'où sort le Blith. *Blith*, mélange, eaux mêlées.

LE BOLLIN.
Sort de la forêt de Maxfeld. *Bol* ou *Bos* bois, forêt. *Llyn*, rivière.

LE BRANE.
Sort du pied des montagnes. *Bran*, montagne. *E*, rivière.

LE BRENT.
A sa source dans un étang. *Ber*, étang. *Ant*, en composition *Ent*, rivière.

LE BRUIS.
Rivière qui se partage & forme une Isle considérable. *Bris*, *Brux*, *Brix*, partage.

LE CALDER.
Sort d'une forêt. *Cal*, forêt, *Ter*, en composition *Der*, rivière.

LE CAM.
Est tortueux dans son cours. *Cam*, tortueux.

LE CAMB ou CAMEL.
Est tortueux dans son cours. *Camb*, *Camel*, tortueux.

LE CAMLET.
Rivière tortueuse. *Cam*, tortueuse. *Llaith*, rivière.

LE CAN.
Rivière tortueuse. *Can*, tortueux.

LE CARROG.
Nom appellatif de rivière, devenu propre de celle-ci.

LE CHATER.
Prend sa source près d'une grande forêt qu'il traverse. *Chat*, forêt. *Ter*, rivière.

LA CHUE.
Petite rivière. *Cvv* ou *Chvv*, rivière.

LA CHURNE.
Corinus. *Cvvr*, *Cvvrin*, prononcez *Corin*, rivière.

LE CLETHY.
Clet, nom appellatif de rivière, devenu propre de celle-ci.

LE CLETON.
Petite Rivière. *Clet*, rivière. *On*, diminutif.

LE CLETTUR.
Petite Rivière. *Clet*, rivière. *Wr*, petite.

LA CLUYD.
Clyd, nom appellatif de rivière, devenu propre de celle-ci.

LE COLE.
Rivière qui fort d'une forêt. *Col*, forêt. *E*, rivière.

LE COLE.
Rivière qui se partage en deux grands bras, chacun desquels se partage encore en deux. *Col*, coupé, partagé.

LE CONWEY.
Conovius dans Antonin, prend sa source dans un lac. *Con*, lac. *Ouv*, rivière.

LE COULNEY.
Rivière qui se partage & se jette dans l'Humber par deux embouchures. *Col*, partagée. *Na*, en composition *Né*, rivière.

LE COWEN.
Passe dans une vallée, entre des montagnes. *Cov*, creux, vallée. *En*, rivière.

LE CRÉDY.
Rivière qui a deux sources. *Creh*, tête, source. *Dy*, deux.

LE CROCO.
A sa source dans un lac. *Cro*, marais, lac. *Cvv*, prononcez *Co*, rivière.

LE CUNNON.
Rivière qui coule dans une vallée entre des montagnes. *Con* ou *Cun*, vallée. *On*, rivière.

LE CUNVEL.
Coule dans une vallée. *Comb* ou *Cumb*, *Cumv*, vallée. *Cumvel*, qui coule dans une vallée.

LE DANE.
Dan, nom appellatif de rivière, devenu propre de celle-ci.

LE DANE.
Sort des montagnes. *Dan*, montagne. *E*, rivière: Ou simplement *Dan*, rivière.

LE DANE.
Sort d'une forêt. *Dan*, forêt. *E*, rivière: Ou simplement *Dan*, rivière.

LE DARVEN.
Ses eaux sont en quelques endroits noires, & par tout troubles du limon qu'elles entraînent. *Du*, noire, trouble. *Arven*, rivière. *Duarven*, *Darven*, rivière noire, rivière trouble.

LE DARWENT.
Coule impétueusement. *Dar*, prompt, vîte, rapide. *Ven* ou *Vent*, rivière.

LE DÉBEN.
Aben, rivière, avec le *D* paragogique. *Ében*, *Dében*, nom appellatif de rivière, devenu propre de celle-ci.

LA DÉE.
Deva. Son eau est obscure, sombre. *Devv*, sombre, obscur. Les Gallois l'appellent *Dyffyr*, *Dvvy*, c'est-à-dire eau. *Dvvy*, ce mot signifie deux. Cette rivière naît de deux fontaines. *Deva* pourroit aussi avoir été formé de *Davv* synonime de *Dvvy*, qui en composition fait *Devv*. *A*, eau.

SUR LA LANGUE CELTIQUE.

LE DEVER-RILL.

Rivière qui se cache sous terre. *Dover*, *Dever*, rivière. *Rhvvyll*, *Rhyll*, creux.

LE DON.

Danus dans Antonin ; *Daun* dans Nennius, prend sa source vers les Frontières de Derby. Ayant mouillé Doncaster, il se partage en deux, se joint d'un côté à la rivière de l'Idle, de l'autre il se jette dans l'Arc. *Dan*, *Tonn*, *Donn*, partagé.

LE DORE ou DOYER.

Dor, *Douer* ou *Doyer* sont des noms appellatifs de rivière, devenus propres de celle-ci.

LE DOVE.

Se déborde quelquefois au mois d'avril, & s'enfle pendant douze heures avec tant de violence, qu'il entraîne les brebis & les vaches ; & dans douze heures après il se rabaisse & rentre dans son lit. Cependant ces débordemens sont d'un aussi grand usage que ceux du Nil en Égypte, les terres s'en trouvent bien engraissées, & les prairies en tirent une plus belle verdure. Cette rivière est par tout bordée de carrières, d'où l'on tire de la chaux. On la brûle, & on s'en sert avec profit pour engraisser la terre. L'eau du Dove reçoit une telle graisse de la chaux qui est sur ses bords, que les prairies voisines en prennent une agréable verdure, qu'elles conservent même au milieu de l'hiver. Les Habitans des Contrées qu'il arrose vantent la fertilité que produit cette rivière dans leurs chansons. *Devv*, *Dovv*, graisse, qui produit la fertilité, qui donne l'abondance.

LE DOVER.

Nom appellatif de rivière, devenu propre de celle-ci.

LE DOWLES.

Se partage en deux bras, dont l'un forme un petit lac, où l'on voit trois Islettes, & qui n'a d'issue que dans un long marais au bord de la mer. L'autre bras va porter ses eaux dans une baye. *Dvv*, prononcez *Dou*, deux. *Doul*, double : Ou *Tvvll*, *Toull*, *Doull*, partage.

LE DRURYD.

Rivière fort tortueuse. *Dro*, *Dru*, tour, contour. *Rhyd*, grand nombre.

LE DUDDEN.

Est bordé de montagnes, presque dans tout son cours. *Tuedd*, *Duedd*, bord. *Den*, montagne.

L'ÉDEN.

Ituna dans Ptolomée, rivière douce & tranquille. *Hydyn* ou *Hytyn*, *Hytun*, doux, tranquille.

L'ELWY.

Rivière tortueuse. *Al* ou *El*, article. *Wy*, tortueuse.

L'ÉVENNY.

Petite Rivière. *Aven*, avec une terminaison *Even*, rivière. *Y*, diminutif.

L'EX.

Isca dans Antonin. *Isc*, nom appellatif de rivière, devenu propre de celle-ci.

L'EY.

Nom appellatif de rivière, devenu propre de celle-ci.

L'EYNON.

Petite Rivière. *En*, *Eyn*, rivière. *On*, diminutif.

LE FAWEY.

Rivière qui fait une très-grande courbure. *Favv*, courbure. *Favveg*, *Favvey*, courbé.

LA FROME.

Ffravvma, nom appellatif de rivière, devenu propre de celle-ci.

LE GERNE.

Ainsi appellé des aulnes qui croissent sur ses bords. *Gvvern* ou *Gern*, aulne.

LE GEVENNY.

Petite Rivière. *Gaven*, avec une terminaison *Geven*, rivière. *Y*, diminutif.

LE GLEDAW.

Il y a deux rivières de ce nom. *Glaid*, rivière.

LE GLEN.

Ainsi nommé de la pureté de ses eaux. *Glan* ou *Glen*, pur.

LE GOIT.

Rivière qui naît dans une forêt. *Goit*, forêt.

LE HANS.

Cette rivière est remarquable, parce qu'après avoir coulé quelques milles, elle se précipite sous la terre, & disparoît entièrement. Elle ne se perd pas cependant; mais conduite par des canaux souterrains, elle reparoît de nouveau. *A*, rivière. *Nach* ou *Nas*, en composition *Nes* qui se cache. *Anes*, *Ans*, rivière qui se cache. Voyez la Guadiane en Espagne.

LE HAWES.

Avv, nom appellatif de rivière, devenu propre de celle-ci.

LE HUMBER.

Abus dans Ptolomée, n'est pas tant une rivière, puisqu'il n'a point de source, qu'un golfe ou une baye que l'Océan forme à la rencontre de la rivière d'Ouse, large d'une bonne lieuë. La marée y est fort impétueuse, & le flot dangereux pour les vaisseaux. *Ab*, golfe.

L'IDLE.

Rivière qui sort d'une forêt. *Hid*, forêt. *Hidel*, par transposition *Hidle*, de la forêt.

L'ILEN.

Len, nom appellatif de rivière, devenu propre de celle-ci. *Y*, article.

L'IRT.

On trouve des perles dans cette rivière. *Irt*, signifie surprenant, prodigieux, extraordinaire, merveilleux.

L'IRTHING.

Rivière rapide & bruyante. *Yrth*, impétuosité. *Yrthing*, impétueuse.

L'ISE.

Isa, *Usa* en latin, rivière fort tortueuse, & qui ne fait que serpenter. *Us*, *Ys*, tortueuse. Camden l'appelle le Méandre d'Angleterre.

L'ITCHING.

Rivière qui se partage pendant une espace fort considérable. *Yd* ou *Yt*, espèce d'article ou de particule qui se met à la tête du mot. *Cin*, en composition *Chin*, partage. *Chineg*, par crase *Ching*, partagée.

LE KENLET.

Rivière tortueuse. *Can*, en composition *Cen*, prononcez *Ken*, tortueuse. *Llaith*, rivière.

LE KERIOG.

Carrog, nom appellatif de rivière, devenu propre de celle-ci.

SUR LA LANGUE CELTIQUE.

LE LAVANT.
Avan, nom appellatif de rivière. *L*, article.

LE LECH.
Rivière qui fait un étang tout près de sa source. *Lac*, étang. *Lech*, qui forme un étang.

LA LÉE.
Se partage beaucoup. *Lé*, partage.

LE LEMAN.
Petite Rivière. *Le*, petite. *Aman*, en composition *Éman*, rivière.

LE LÈNE.
Len, nom appellatif de rivière, devenu propre de celle-ci.

LE LENONY.
Rivière qui sort d'un lac. *Len*, lac. *On*, rivière.

LE LEVEN.
Il y a deux rivières de ce nom. *L*, article. *Aven*, en composition *Éven*, rivière.

LE LEVENY.
Petite Rivière. *Voyez* l'article précédent. *Y*, diminutif.

LE LID.
Petite Rivière ferrée de roches, se précipite dans une ouverture si profonde, & qu'il creuse tous les jours, qu'on n'y voit point l'eau. Il fait en tombant un bruit violent qui surprend ceux qui l'entendent pour la première fois, parce qu'ils n'en peuvent découvrir la cause. Cette rivière étant tellement couverte de rochers en cet endroit, qu'on ne l'apperçoit pas plus que si elle couloit sous terre. *Llithro* ou *Llidro*, tomber.

LE LIN.
Llyn, nom appellatif de rivière, devenu propre de celle-ci.

LE LOW.
Lvv, prononcez *Lou*, nom appellatif de rivière, devenu propre de celle-ci.

LA LUE ou LU.
Lvvh, nom appellatif de rivière, devenu propre de celle-ci.

LE LUG.
Nom appellatif de rivière, devenu propre de celle-ci.

LA LUNE.
Llvvn, nom appellatif de rivière, devenu propre de celle-ci.

LE LYDDEN.
Rivière qui passe dans des forêts. *Lit*, en composition *Lid*, bord, bordé. *Den*, forêt.

LA LINE.
Voyez le Lin.

LE MANYAN.
Petite Rivière. *Man*, petite. *Iant*, rivière.

LE MEDEN.
Naît dans une grande forêt. *Ma*, en composition *Me*, dans. *Den*, forêt: On sous-entend qui naît.

LE MEDWAY.
Se partage beaucoup, & se jette par deux embouchures fort éloignées l'une de l'autre

dans l'Occéan. *Med*, partagé, de *Medi*, couper, partager. *Bay* ou *Way*, rivière.

LE MENAY.
Nom d'un petit détroit qui sépare l'Isle d'Anglesey du Pays de Galles. *Men*, petite. *Ai*, mer.

LE MERLAY.
Petite Rivière. *Mer*, rivière. *Llai*, petite.

LE MERSEY.
Forme un grand marais, qu'on appelle Chatmosse ou Chanmosse. *Mer*, eau. *Sah*, en composition *Seh*, dormante.

LE MERTEN ou MARTON.
Sort d'une forêt. *Mer*, rivière. *Ten*, forêt.

LE MOLE.
Rivière qui se cache sous terre. *Mol*, qui se cache.

LE MOUL.
Sort d'un terrein plein de marais. *Mouille*, mare, marais.

LE MUNOW.
Rivière qui descend des montagnes. *Mun*, montagne. *Ovv*, rivière.

LE NADDER.
Rivière fort tortueuse. *Ned* ou *Nad*, tortueux. *Ter*, en composition *Der*, rivière. On prononce *Nedder* en Anglois.

LE NÉATH.
Rivière tortueuse. *Néth*, *Nath*, tortueux.

LE NEN ou NEEN.
Nen ou *Néen*, nom appellatif de rivière, devenu propre de celle-ci. Elle est aussi appellée *Avon*, qui est un autre nom appellatif de rivière.

LE NYD.
Serpente beaucoup. *Nydhu*, serpenter, être tortueux.

L'OCK.
Auc ou *Oc*, nom appellatif de rivière, devenu propre de celle-ci.

L'OCKE.
Rivière fort tortueuse. *Osgo*, tortueux.

L'OLWIE.
Rivière tortueuse. *Ol*, pour *Al*, article. *Vies*, tortueuse.

L'OR.
Or, nom appellatif de rivière, devenu propre de celle-ci.

LE PARRET.
Pedredus. *Pedr*, belle. *Ad*, en composition *Ed*, rivière.

LE PENCK.
Rivière, dont le cours n'est qu'une grande courbure. *Bencz* ou *Pencz*, courbure.

LE PERY.
Rivière qui sort des montagnes de Mendipp. *Per*, montagne. *I*, rivière.

LE QUENNY.
Coule entre des montagnes. *Can*, en composition *Cen*, prononcez *Ken*, espace entre des montagnes. *I*, rivière.

LA RÉA

SUR LA LANGUE CELTIQUE.

LA RÉA.
Ré, nom appellatif de rivière, devenu propre de celle-ci.

LA RÉADE.
Red, nom appellatif de rivière, devenu propre de celle-ci.

LE RÉCALL.
Rivière qui se cache sous terre. *Re*, rivière. *Cal*, qui se cache.

LE REY.
Nom appellatif de rivière, devenu propre de celle-ci.

LA RHIE.
Nom appellatif de rivière, devenu propre de celle-ci.

LE RIBELL.
Descend en courant des collines d'Yorck, & tombe de trois hautes montagnes auprès de sa source. On est surpris, dit Camden, de le voir comme monter par dégrés vers le couchant, & se placer sur le haut d'une colline, d'où il tombe ensuite. *Ri*, rivière. *Ball*, en composition *Bell*, qui s'éleve.

LE RIDOL.
Rivière qui descend de Plinlimon, montagne fort haute. *Red*, *Rid*, courir, aller vîte.

LE ROCH.
Nom appellatif de rivière, devenu propre de celle-ci.

LE RODDEN.
A sa source dans une forêt. *Ro*, rivière. *Den*, forêt.

LE ROTHER.
Se partageant en deux bras, forme une Isle considérable. Un de ses bras, par un nouveau partage, en forme un autre. *Ro*, rivière. *Terr*, qui se partage, de *Terri*.

LA RUE.
Ru, *Rue*, nom appellatif de rivière, devenu propre de celle-ci.

LA SAVERNE.
Sabrina dans les Anciens. Le cours de cette rivière est fort boueux ; elle remue le limon & le sable de son lit, les fait monter vers la surface de l'eau, & les pousse quelquefois en de certains endroits où elle en fait de gros monceaux. Cette rivière est dangereuse pour les navigateurs, à cause des tournoyemens d'eau qu'on y sent à certaines heures, & qui la remuent jusqu'au fond de son canal. *Sabr*, sable. *Sabrin*, sabloneuse. Les Gallois appellent aujourd'hui ce fleuve *Haffren*: C'est le même mot que *Sabrin* ou *Sabren*, parce que dans le Celtique l'*H* & l'*S* se substituent mutuellement, de même que le *B* & l'*F*.

LE SAVOK.
Sav, *Savok*, nom appellatif de rivière, devenu propre de celle-ci.

LE SAW.
Voyez l'article précédent.

LE SEJONT.
Segontius dans Antonin, sort d'un lac. *Sag*, en composition *Seg*, lac. *On*, rivière.

LE SEVEN.
Even, nom appellatif de rivière, devenu propre de celle-ci. *S*, article.

LA STOURE.
Nom appellatif de rivière, devenu propre de plusieurs en Angleterre.

LA SWALE.

Coule parmi des rochers. *Svv*, rivière. *Bal* ou *Val*, rocher.

LE TAF.

Se jette avec impétuosité des montagnes. *Taftu*, se jetter, se précipiter.

LA TAME.

Son cours est vîte. *Tam*, vîte.

LA TAMISE.

Ce fleuve doit son nom & ses eaux aux rivières de Tame & d'Ise, qui le forment par leur jonction au-dessus de Dorcester. Depuis cette union, qui est le commencement de la Tamise, le cours de ce fleuve n'est ni fort long, ni fort oblique, ni fort rapide, ce qui fait que la marée rencontrant un canal droit & une eau tranquille, monte jusqu'à quatre lieuës au-dessus de Londres. *Voyez* l'étymologie de la Tamise dans les articles de la Tame & de l'Ise.

LE TANET.

Petite rivière. *Tan*, rivière. *Tanet*, diminutif.

LE TAVE.

Tav, nom appellatif de rivière, devenu propre de celle-ci.

LE TEST.

Test, qui chomme, qui s'arrête, qui paroît ne pas couler.

LE TEYN, ou TYNE.

Rivière qui serpente si fort, que dans un mille de chemin on la passe quatre fois. *Tin*, sinuosité.

LE THÉES.

Tvesis dans les Anciens, est tortueux dans son cours. *Tvv*, rivière. *Ves*, tortueuse.

LE THELLEY.

Petite rivière. *Tale*, en composition *Tele*, rivière. *Teley*, diminutif.

LA TINE.

Rivière formée de deux rivières. *Ty*, deux. *Tyn*, double. On a étendu par abus le nom de *Tine* à chacune des rivières qui la forment.

LE TINGE.

Rivière tortueuse. *Tin*, sinuosité, tortuosité. *Ting*, tortueuse.

LE TIPPAL.

Rivière très-rapide. *Dyfal* ou *Tyfal*, *Tippal*, diligent, rapide.

LE TRENT.

Rivière qui se divise plusieurs fois, & dont il y a deux partages fort longs. *Terr*, partage. *Ant*, en composition *Ent*, rivière.

LE TROTHY.

Rivière fort tortueuse. *Tro*, tortuosité. *Ty*, rivière.

LE TROWERIN.

Rivière tortueuse. *Tro*, tortuosité. *Ver*, *Verin*, rivière.

LE TYVY.

Tuerobius chez les Anciens, prend sa source dans les montagnes. Il se perd d'abord parmi les rochers qui cachent son lit ; de là il coule dans un canal mieux marqué & plus ouvert. Près de Kilgarran, son lit se trouve coupé, ce qui lui fait faire une petite cascade.

On appelle cet endroit le saut des saumons, parce que ces poissons, qui s'avancent dans la rivière tant qu'ils peuvent pour y jetter leurs œufs, se trouvant arrêtés par cette chûte d'eau, se replient sur eux-mêmes, prennent leur queuë dans la gueule, & la lâchant tout à coup avec effort, comme un arc qu'on débande, ils font un saut, & gagnent ainsi le dessus de la cataracte. Ausone a parlé de ce saut des saumons.

> *Nec te puniceo rutilantem viscere salmo,*
> *Transierim lata cujus vaga verbera cauda,*
> *Gurgite de medio summas referuntur in undas.*

Bientôt après le Tyvy tombe dans l'Océan, & ouvre une large bouche pour recevoir les saumons qui y entrent en foule. Autrefois il se trouvoit des castors sur ses bords, mais il y a plus d'un siécle qu'il ne s'y en voit plus. *Touer*, rivière. *Bieuzr*, castor : Ou *Hob*, saut. *Eus*, saumon.

LE VALE.

Forme à son embouchure une espèce de lac fort large & fort long. *Bal*, *Val*, lac.

LE VANDALE, ou VANDALIS, ou VANDALUS.

Petite rivière abondante en truites excellentes. *Van*, bonne. *Dluz* ou *Dlyz*, en composition, truite.

LE VÉAVER.

Veverus, est une rivière extrêmement tortueuse. *Va*, en composition *Ve*, tortuosité. *Ver*, rivière.

LE VELENRYD.

Est apparemment jaunâtre par le limon dont il est mêlé. *Velen*, jaunâtre. *Ryd*, rivière. *Voyez* le Tibre parmi les rivières d'Italie.

L'USKE.

Rivière tortueuse. *Osgo*, *Usgo*, tortueuse.

LE WARF.

Les Saxons nommoient cette rivière *Guerf*. Elle est si rapide, qu'elle entraîne souvent de gros quartiers de rochers. Les chevaux ne peuvent se tenir fermes dans son lit, soit parce que l'impétuosité de ses eaux les ébranle, soit parce qu'elle fait rouler sous leurs pieds les cailloux sur lesquels ils se posent. *Garvv* ou *Warvv*, ou *Warf*, rapide.

LE WELAND.

Rivière tortueuse. *Va*, en composition *Ve*, tortuosité. *Lan*, rivière.

LE WENT.

Ven, ou *Vent*, nom appellatif de rivière, devenu propre de celle-ci.

LA WÉRE.

Wirus, *Wedra* dans les Anciens, est fort tortueuse. Auprès de Durham, elle semble vouloir retourner à sa source. *Wir*, *Wer*, tortueuse.

LE VILLYBORN.

Nommé *Guilou* dans un ancien Auteur, sort d'une forêt. *Gvvyll*, forêt. *Ovv*, rivière.

LA WIRE.

Rivière tortueuse. *Wir*, tortueuse.

LE WISK.

Nom appellatif de rivière, devenu propre de celle-ci.

LE WITHAM.

Rivière fort tortueuse. *Bvv* ou *Vvv*, en composition *Vy*, tortuosité. *Tan*, rivière.

LA WYE.

Vaga, forme beaucoup de sinuosités & de courbures. *Bag*, *Vag*, tortueuse. *Vies*, tortueufe. Il y a encore une autre rivière qui s'appelle Wye, auſſi tortueuſe que celle-ci.

L' Y O U R E.

Urus. Wr, nom appellatif de rivière, devenu propre de celle-ci.

L' Y R V O N.

Von, nom appellatif de rivière, devenu propre de celle-ci. *Yr*, article.

L' Y T H O R.

Rivière fort tortueuſe. *I*, rivière. *Tor*, tortuoſité : Ou *Y*, article. *Tor*, tortueuſe.

L U T H I N G.

Nom d'un grand lac. *Luvh*, lac. *Tin*, grand.

LES MONTAGNES D'ANGLETERRE.

C O R N D O N.

Haute colline, au ſommet de laquelle il y a des pierres plantées en forme de couronne. *Corn*, couronne. *Don*, montagne : Ou *Corn* de *Carn*, pierres. *Don*, élevées.

C R A I G - É R I R Y.

Montagnes que les Gallois nomment ainſi, & qui ſont appellées *Snovvdon* par les Anglois. Ces deux noms marquent la même choſe ; ſçavoir, montagnes de neige, montagnes couvertes de neige. En effet, comme ces montagnes ſont prodigieuſement hautes, la neige s'y conſerve toujours, & pendant toute l'année on en voit leur ſommet chargé. Cela n'empêche pas qu'elles n'ayent des pâturages excellens & féconds ; de ſorte que les Gallois diſent en proverbe que ces montagnes pourroient ſuffire à entretenir tous les troupeaux de la Principauté de Galles. Du milieu de ces montagnes on en voit une s'élever ſi prodigieuſement haut, qu'elle les ſurpaſſe toutes de beaucoup, & cache ſon front dans les nues. On lui donne par excellence le nom de *Snovvdon*, qui eſt commun à toutes les autres. On remarque que dans quelques endroits des ſommets de ces montagnes, la terre eſt ſi ſpongieuſe & ſi imbibée d'eau, que quand on y fait un pas, on la ſent trembler à un jet de pierre à la ronde. *Craig*, montagne. *Ériry*, neige. *Snovv*, neige en Anglois. *Don*, montagne. Pline remarque que le Mont Niphates en Arménie, & le Mont Imaus en Scythie, ont pris pareillement leur nom de la neige, dont leurs ſommets ſont toujours couverts.

M E N D I P P E S.

Anciennement *Meneduppes*, nom de pluſieurs collines qui ſe touchent. Elles ſont riches en mines de plomb. *Mvvn* ou *Mvvyn*, mines. *Top* ou *Tvp*, en compoſition élevation, colline.

M O I L E N L L I.

Montagne ſur le ſommet de laquelle il y a une fontaine ou ſource de bonne eau. *Moil*, montagne. *Hen*, ſommet. *Li*, eau.

M O U N C H - D E N N Y, ou M E N N E H - D E N N I.

Montagne, dont le ſommet ſe perd dans les nues. Si du haut de cette montagne on jette un chapeau, un bâton, ou quelque choſe de ſemblable, il ne tombe point ; mais un vent, qui y ſouffle perpétuellement, le repouſſe vers le haut. Il n'y a que les corps compacts & peſans qui puiſſent y deſcendre. La même montagne produit une ſource creuſe & profonde comme un puits, qui n'a aucune iſſue, au moins que l'on voye, & qui néanmoins nourrit des truites. On appelle auſſi cette montagne *Cadier-Arthur*, la chaiſe d'Arthur, parce qu'elle ſe partage en deux à ſon ſommet, de telle manière que de loin on croit voir la figure d'une chaiſe. *Mon*, *Menez*, montagne. *Den*, profonde. *Y*, ſource : Ou *Den*, ſommet. *Ny*, deux.

P E N D L E.

Montagne fort haute, qui jette beaucoup d'eau dans les plaines voiſines qu'elle inonde. Camden dit que cette montagne eſt la plus haute de l'Apennin de l'Angleterre ; il appelle ainsi une chaîne de montagnes qui partage ce Royaume, comme l'Apennin partage l'Italie. *Pendel*, par transposition *Pendle*, doit, suivant l'analogie du Celtique, être synonime de *Pendesig*, & signifie principale, de même que ce mot.

PÉNIGENT.

Montagne qui a pris son nom des neiges qui couvrent son sommet. *Pen*, sommet. *Gent*, blanc.

SINODUN.

Haute colline, munie d'un fossé profond. *Ciniavv*, *Cinavv*, couper. *Dun*, colline.

LES FORÊTS D'ANGLETERRE.

ARDEN.

La partie occidentale du Comté de Warwick porte le nom de Voodland, à cause des bois dont elle couverte. Anciennement on l'appelloit Arden. *Ar*, grand. *Den*, bois.

BREDEN.

Nom d'une grande forêt. *Braidd*, grande, vaste. *Den*, forêt.

DÉANE.

Nom d'une forêt. *Dean*, forêt.

GALTRES.

Calateria, nom d'une forêt dont le sol est en plusieurs endroits humide & marécageux. *Cal*, forêt, *Llaith*, marais. *Llaither*, *Lather*, marécageux.

LES VILLES, BOURGS ET VILLAGES D'ANGLETERRE.

On ne prétend pas faire ici un dénombrement exact de tous les Bourgs & Villages d'Angleterre qui ont des noms celtiques, cela meneroit trop loin ; on donnera seulement les étymologies d'un certain nombre, & cela, joint aux étymologies des Villes, suffira pour faire connoître que ce sont les Gaulois qui ont les premiers habité la grande Bretagne.

LONDRES.

CETTE Ville est nommée *Londinium* dans Tacite, dans Ptolomée & dans Antonin. *Lindonion* dans Étienne des Villes. *Londinum* dans les Actes du Concile d'Arles en 362. *Lundinum* dans Ammien Marcellin. *Lundonia* dans Béde. *Lundone*, *Lundene*, *Lundune*, *Lundenbyrig*, *Lundenburgh*, *Lundenceaster*, *Lundenric* dans les Chroniques Saxones. Les Gallois l'appellent *Lundayn*, & les Anglois *London*.

Londres, qui est aujourd'hui une des premières Villes du monde, étoit déja bien florissante du temps de Tacite, qui dit que quoiqu'elle ne fût pas décorée du titre de Colonie, c'étoit une Ville très-fameuse par son commerce & par ses richesses. *Londinium cognomento quidem Coloniæ non insigne, sed copiâ negotiatorum & commeatuum maximè celebre*. Il falloit que ce fût la plus importante place de l'Isle dès le temps que l'Itineraire d'Antonin a été dressé ; car c'est de là, comme du centre, qu'il fait commencer ses routes ; c'est là qu'elles aboutissent. Cette Ville est en effet dans une situation fort agréable, & extrêmement avantageuse pour le commerce. Elle est bâtie à vingt lieues de l'Océan, dans une belle & fertile plaine qui s'éleve un peu, le long de la Tamise, dont le canal forme en cet endroit un croissant. Ce fleuve y est d'une commodité infinie ; car, sans compter qu'il est fort poissonneux, & qu'on y trouve toutes sortes de poissons de rivière, excepté la carpe, la marée qui y monte, & à vingt milles au-delà, lui sert à porter les plus gros vaisseaux dans le cœur de la Ville, & à y faire entrer les richesses qu'on tire des diverses parties du monde. Ainsi, sans être exposé à la fureur de l'Océan, ni aux surprises d'un ennemi, on y est assez près de la mer pour en tirer tous les avantages qu'elle fournit à ses voisins. La Tamise y est perpétuellement couverte d'une infinité de vaisseaux de tous rangs & de toutes sortes, qui bordent la Ville de toutes parts, & qui paroissent de loin comme une forêt flotante. Elle en est même toute couverte, presque jusqu'à Gravesende. Les gros vaisseaux montent jusqu'au Pont & s'arrêtent là. Les petits sont pour la plûpart au-dessus du Pont.

Le docte Camden tire l'étymologie de cette Ville de *Llong*, vaisseau. *Din*, Ville. *Llongdin*, *Londin*, Ville des vaisseaux. Pour appuyer cette étymologie, il dit que Londres est appelé quelque part *Longidinium*, mais il n'indique pas où.

Baxter en donne une autre. Selon lui, le nom de cette Ville eſt formé de *Lon*, rivière. *Din*, Ville. Sans combattre les étymologies de ces ſçavans, qu'il me ſoit permis d'en préſenter de nouvelles.
Londres eſt bâti ſur une élévation au bord de la Tamiſe. *Lon*, rivière. *Din*, élévation.
La Tamiſe forme une courbure ou croiſſant à Londres. *Lon*, rivière. *Tin*, en compoſition *Din*, ſinuoſité, courbure.
Londres eſt dans une ſituation agréable. *Lonn*, agréable. *Din*, Ville.

A B E R A V O N.

VILLAGE à l'embouchure de l'Avon. *Aber*, embouchure. *Avon*, rivière.

A C T O N.

VILLAGE au bord du Penck. *Ac*, rivière. *Ton*, habitation.

P O R T U S A D U R N I.

HAVRE fameux du temps des Romains. Depuis bien des années il eſt comblé par les ſables que l'Occéan y a jetté. Il n'étoit pas éloigné de Brighthemſton. Il tiroit ſon nom d'un bec ou grande pointe de terre dont il étoit proche. *Duryn*, *Durn*, bec. *Ada*, près. *Voyez* Durnes dans le Comté de Bourgogne.

A E S I C A.

ANCIENNE Ville dont parle Antonin, étoit au bord de l'Esk, où eſt aujourd'hui Nétherby. Elle tiroit ſon nom de la rivière auprès de laquelle elle étoit placée.

S A I N T A L B A N.

BOURG ſur le Coln, a pris la place de l'ancienne *Verulamium*, qui fut autrefois une des plus conſidérables Villes de la grande Bretagne. Ce fut là que ſaint Alban, le premier Martyr d'entre les Bretons, répandit ſon ſang pour la Foi chrétienne, & dans la ſuite les Habitans s'étant convertis, éleverent un magnifique Monaſtére à l'honneur de ce Saint; c'eſt de là que le Bourg a pris le nom de ſaint Alban. Anciennement le Monaſtére étoit bordé d'un grand étang ou marais qui lui faiſoit beaucoup de tort. Les Abbés le firent deſſécher; de ſorte qu'aujourd'hui c'eſt une plaine fertile, & il y a une rue de la place qui en a retenu le nom de Fishpole. Dans le temps qu'on travailloit à deſſécher ce marais, (c'étoit l'an 960) on y trouva dans la terre des ancres toutes rouillées, des rames & des planches de chêne goudronnées avec des cloux, qui paroiſſoient être des débris de bâteaux. Du temps de la Reine Élizabeth, on y déterra auſſi des ancres, & cela fait juger que le Coln, qui n'eſt aujourd'hui qu'une petite rivière, a été autrefois navigable. Cette Ville, que Tacite appelle *Verulamium*, eſt nommée *Verolanium* dans l'Itinéraire d'Antonin; *Ourolanion* dans Ptolomée. Les Grecs n'ayant point d'*U* conſonne, mettent en place *Ou*. *Ver*, grand. *Lan*, étang. Cet endroit s'appelle encore aujourd'hui *Verlam*, ou ſaint Alban.

A L D E N H A M.

VILLAGE ſur la cime d'une montagne. *Al*, cime. *Den*, montagne. *Ham*, habitation: Ou ſimplement *Alden*, élevée.

A L D E R L E Y.

DANS le territoire de ce Village on trouve quantité de ſerpens de pierre qui reſſemblent à de véritables ſerpens entortillés, excepté que la tête y manque. L'épine du dos eſt très-bien formée, & toute la piéce eſt compoſée de deux parties, dont l'une ſert comme d'envelope à l'autre. On les ſépare ſans peine, & ſans rien gâter en les frapant legérement. *Al*, article. *Eidr* ou *Eider*, ſerpent. *Leck*, ou *Lés*, pierre.

A L E N W I C H.

VILLAGE au bord de l'Alen. *Wick*, habitation.

A L E S H A M.

VILLAGE près d'une rivière. *Ales*, rivière. *Ham*, habitation.

A L N H A M.

VILLAGE près de la ſource de l'Alen. *Aln*, craſe d'*Alen*. *Han*, ſource.

A L T E R Y N N I S.

VILLAGE qu'une rivière environne de tous côtés. *Al*, article. *Der*, *Ter*, rivière. *Ynis*, Iſle.

A L T H O R P.

TORP, nom appellatif de Village, devenu propre de celui-ci. *Al*, article.

A M B L E S I D E.

A la tête du grand lac de Wynander-Méer, qui a communication avec la mer, ſur les confins des deux Provinces de Lancaſtre & de Weſtmorland, on trouve les débris d'une Ville ancienne, une grande enceinte de murailles, & hors des murailles les ruines de divers édifices; un rempart bordé d'un foſſé avec un parapet, long de cent trente verges, & large de quatre-vingt. Les monumens qu'on

SUR LA LANGUE CELTIQUE.

y a déterrés, comme des urnes, des briques, de petits vases de verre, quantité de médailles, & des chemins pavés qui y conduisent, toutes ces choses ensemble font juger que ç'a été autrefois une Ville considérable ; & le nom d'Ambleside, qui est resté à ce lieu là, fait juger que c'est celle qui est appellée *Amboglana* dans l'Itinéraire d'Antonin. *An*, article. *Bog*, habitation. *Glan*, bord du lac.

ANCASTER.

Antonin nomme cet endroit *Crocolana*. Il est sous une colline. *Croc*, colline. *Co*, sous. *Lan*, habitation.

ANDOVER.

Village à la source d'une rivière. *An*, source. *Douer*, rivière.

L'ISLE D'ANGLESEY.

S'appelloit anciennement *Mona*. Les Bretons lui avoient donné le nom de *Mon* & *Tir-Mon*. Ils l'appelloient aussi *Ynis Dowyll*, ce qui signifie Isle obscure, à cause des forêts dont elle étoit anciennement couverte. Le terroir de cette Isle, quoique pierreux, quoiqu'entrecoupé de rochers, produit du bled en si grande abondance, qu'il y en a assez pour fournir à ses voisins. De là vient que les Gallois l'appelloient anciennement *Mon*, *Man Cymry*, c'est-à-dire Mon Mere de la Cambrie. (Cambrie est le nom que les Gallois donnent à leur Pays.) On y nourrit aussi quantité de troupeaux. Il y a des carrières de pierres de moulin. Il s'y trouve aussi en certains endroits de la terre alumineuse, d'où quelques personnes avoient commencé à tirer de l'alun & du vitriol ; mais le profit qu'on y faisoit ne répondant pas à l'attente des Entrepreneurs, la chose a été abandonnée. L'air de cette Isle est médiocrement bon ; mais quelquefois des vapeurs grossières & malfaisantes que la mer y pousse, le rendent mal sain & fiévreux.

Cette Isle étoit anciennement le principal Sanctuaire des Druides. Les bois qui la couvroient de toutes parts étoient tous propres à leurs assemblées religieuses. Suétone Paulin fut le premier Capitaine Romain, qui, sous l'Empire de Claude, découvrit cette Isle. Il y passa son armée par le moyen de bateaux plats qu'il fit faire. Il s'en rendit maître, & fit couper tous les bois consacrés au culte des Divinités Gauloises ; de là vient qu'il n'y en a presque plus. *Man* ou *Mon*, rocher, pierre. *Tir-Mon*, terre pleine de rochers, pierreuse.

APPLEBY.

Ce Bourg dans l'Antiquité portoit le nom d'*Aballaba*, ce qui, en Langue Celtique, désigne un lieu fertile en pommes. *Abal*, pomme. *Ab*, habitation. *Appleby*, signifie la même chose ; car on a dit *Apal* & *Apel*, comme *Abal*. *By*, habitation. *Voyez* l'article qui suit.

APPLEDORE.

Village ainsi nommé de ses pommes. *Voyez* l'article précédent. *Dor*, habitation.

ARELAND.

Au bord d'une rivière. *Ar*, près. *Lan*, rivière.

ARELATH.

Bourg au bord du Dudden. *Ar*, près. *Llaith*, rivière.

ARELEY.

Village près d'une forêt. *Ar*, près. *Lay*, en composition *Ley*, forêt.

ARLECH ou HARLECH.

Sur un rocher escarpé. *Ar*, coupé, escarpé. *Lech*, rocher.

ASCOT.

Près d'une forêt. *Ad*, en composition *Az*, près. *Cot*, forêt.

ASHDOWN.

Autrefois *Assandum*, ce qui, selon la remarque d'un ancien Auteur, signifie mont des ânes. *Asen*, âne. *Dun*, mont.

ASHFORD.

Près de la Stource. *As*, *Aches*, rivière. *Vor*, prononcez *For*, près. Les Anglois prononcent *Achford*.

ASHWELL.

Près d'un rocher escarpé, d'où découlent tant de sources ensemble, qu'elles forment un ruisseau assez gros pour faire tourner un moulin dès son origine. *Ad*, en composition *Az*, *As*, abondance. *Bel*, *Vel*, source.

ASKHAM.

A une courbure de rivière. *As*, rivière. *Cam*, courbure.

ASTHORPE.

TORP, nom appellatif d'habitation, devenu propre de celle-ci. *As*, article.

ASTOLL.

A une courbure de rivière. *As*, rivière. *Toll*, courbure.

ASTON.

AU bord d'une rivière. *As*, rivière. *Ton*, habitation.

ATTON.

SUR le Dervent. *At*, près. *On*, rivière.

AVALON.

DE *Bruton*, le Bruis continue son cours à l'occident ; & trouvant une terre basse & molle, il s'y partage & forme une Isle nommée anciennement *Avallon*, & aujourd'hui *Aveland*, du mot celtique *Aval*, pomme, parce qu'elle est très-fertile en cette espèce de fruits. Les Saxons lui donnerent le nom de *Glasten-Ey*, l'Isle du verre, & le principal Bourg a été appelé *Glasten-Bury*, & plus communément *Glassenbury*.

AVELEY.

VILLAGE qui a pris son nom de ses pommes. *Aval*, pomme. *Aveleg* ou *Aveley*, lieu fertile en pommes.

AVINTON ou AVENTON.

ABONA dans Antonin, près de la Saverne. *Abon*, rivière.

AUKLAND.

SUR une colline, entre deux rivières. *Oc*, colline. *Lan*, rivière. *D* de *Dy*, deux.

AULCESTER.

ANCIENNEMENT *Allencester*, au bord de l'Arrow. *Al*, bord. *Len*, rivière. *Cester*, addition saxone, qui signifie Ville, habitation.

AULDBY.

ANCIENNEMENT *Derventio*, Ville dont parle Antonin, au bord du Dervent. *I*, près. *Auldby*, signifie en Saxon vieille habitation. *Old*, *Auld*, vieille. *By*, habitation.

AUSTILL.

PRÈS d'une rivière. *Aus*, rivière. *Tyle*, habitation.

AUTRE.

AU bord d'une rivière. *Aut*, bord. *Re*, rivière.

BALA.

A la tête d'un lac nommé *Llyn-Tigid* par les Gallois, & *Pimble-Meare* par les Anglois, est un petit Bourg nommé *Bala*, situé sur le Dée, près de l'endroit où cette rivière sort du lac. *Bala*, en Celtique, signifie précisément une rivière qui sort d'un lac.

BALDOCK.

AU pied d'une montagne. *Bald*, montagne. *Auc*, habitation.

BAMPTON.

ANCIENNEMENT *Baentum*, à l'embouchure d'une rivière dans une autre. *Bant*, embouchure.

BANGER.

PRÈS d'une courbure du Tywy. *Ban*, courbure. *Ger*, près.

BANTON.

AU pied d'une montagne. *Ban*, montagne. *Ton*, habitation.

BARREY.

PETITE Isle un peu au-dessous de l'embouchure du Taf. On y voit des rochers au bord de la mer rangés les uns sur les autres d'une telle manière, que quand on met l'oreille entre les ouvertures qu'ils laissent, on entend un sifflement de vent qui paroit avoir quelque chose d'extraordinaire, & l'Antiquité crédule a publié qu'on y entendoit comme le bruit d'une forge, tantôt le bruit du soufflet, tantôt les coups de marteau sur l'enclume, & d'autres fois quelqu'autre bruit semblable. *Bar*, sur, élevés. *Reh*, rochers.

BARTRAMS

SUR LA LANGUE CELTIQUE. 353

BARTRAMS.

Au pied d'une montagne. *Bar*, montagne. *Traon*, *Tran*, pied.

BARWAYE.

Près de la source d'une rivière. *Bar*, tête, source. *Bay*, *Vay*, rivière.

BARWICK.

Cette place est une des plus fortes de l'Angleterre. La nature & l'art concourent également à la mettre en état d'une bonne défense. Bâtie sur une langue de terre qui avance dans la mer, elle a d'une part l'Océan, & de l'autre la Twede, qui lui sert de rempart & de port en se jettant dans la mer. *Bar*, pointe, langue de terre. *Wick*, habitation.

BATH.

Aquæ Solis dans Antonin, a pris son nom de ses eaux chaudes, qui forment les bains les plus fameux de toute l'Angleterre. Quand on regarde cette eau à quelque distance, elle paroît claire & transparente; mais si on l'envisage un peu de près, on s'apperçoit qu'elle est de couleur d'eau de mer. Son odeur est fort désagréable & approche de celle du bitume. Pour ce qui est de son goût, il n'offense pas le palais, car elle est presque entièrement insipide. On attribue à ces eaux la vertu d'échauffer, de dissoudre, d'amollir, d'ouvrir, de nétoyer, de désssécher, de guerir la gale, les ulcéres, les tremblemens, les paralysies & autres maladies de cette espèce. On croit que ces eaux passent par des minières de souffre, de nitre & de bitume, qui leur communiquent la chaleur & les propriétés qu'elles ont. On a découvert que la chaleur leur vient entr'autres d'une espèce de poussière de chaux blanche comme de la neige, qui étant jettée dans l'eau froide, y cause une telle fermentation, & l'échauffe à un tel dégré, qu'on y peut cuire des œufs; & il est à remarquer que cette poussière se trouve proche des bains, & à la campagne autour de la Ville. On juge que c'est la fleur des minéraux qui fermentent, & qui se poussent sur la surface de la terre.

Je crois que *Solis* est le premier nom de ce lieu. *Soul*, chaude. *Is*, eau. Les Romains y auront ajoûté le terme *Aqua*, parce qu'ignorant le Celtique, ils n'ont pas vu que le sens du mot qu'ils ajoûtoient étoit déja renfermé dans *Solis*. Voyez Neris en Bourbonnois, au nom duquel ils firent la même addition par le même principe. Les Saxons s'étant rendus maîtres de l'Angleterre, appellerent cette Ville *Bathan-Cester*, ce qui signifie en leur Langue Ville des bains; c'est de là que lui est venu le nom de Bath qu'elle porte aujourd'hui.

BAUTRE.

A une courbure de rivière. *Bw*, prononcez *Bo*, courbure. *Ter*, par une transposition facile & ordinaire. *Tre*, rivière : Ou *Tre*, près.

BEDALL.

Au bord d'une rivière. *Bed*, habitation. *Dale*, rivière.

BELERE.

On lit dans Diodore de Sicile, que c'étoit le nom que portoit le promontoire le plus avancé dans la mer du Comté de Cornouaille. *Beller*, le plus long, le plus étendu, le plus avancé.

BELVOIR.

Sur la pente d'une colline, parmi des rochers. *Bel*, roc. *Ver*, colline.

BENBYE.

Au pied des montagnes. *Ben*, montagne. *By*, habitation.

BENSFORD.

Dans Antonin *Vennones*, sur le Swift. *Ven*, rivière. *On*, habitation.

BERDESEY.

Isle, dont la meilleure partie n'est que rocher, nommée anciennement *Adros*. *Ad*, abondance, grande quantité. *Roch* ou *Ros*, roc.

BERE.

Sur un ruisseau. *Ber*, ruisseau.

BERKING.

Dans Béde *Berecing*, près de l'embouchure d'une rivière dans une autre. *Ber*, embouchure. *Cyn*, touchant, joignant.

BERNEK.

Sur le Weland. *Ber*, rivière. *Nech*, près.

BERNET.

Sur la cime d'une montagne. *Bern*, montagne. *Hett*, tête, cime.

Yy

BERSTAPLE.

Est situé entre des collines en forme d'un demi-cercle au bord du Taw, qui, lorsque l'Occéan s'enfle à toutes les nouvelles & pleines lunes, se répand si abondamment dans les champs, que cette Ville semble être une Presqu'isle. Le Taw y reçoit une petite rivière. *Ber*, rivière. *Stapla*, jetter, répandre. *Berstaple*, rivière qui se répand. Étaples en Picardie pourroit s'expliquer ainsi.

BERTON.

A une courbure de rivière. *Ber*, courbure. *Ton*, habitation.

BÉTHAN.

Au bord d'une forêt. *Bet*, habitation. *Tan*, forêt.

BEVERLEY.

Petuaria Parisiorum dans Antonin, au bord du Hull. *Pedw* ou *Petw*, rivière. *Ar*, près.

BEWDELEY.

A une courbure de la Saverne. *Baw*, en composition *Bew*, courbure. *Dale*, en composition *Dele*, rivière.

BINCHESTER.

Qui n'est aujourd'hui qu'un hameau, situé sur le sommet d'une colline, près de la Were, étoit anciennement une Ville appellée *Vinovia* par Antonin, & *Binovium* par Ptolomée. *Bin* ou *Vin*, colline. *Ow*, rivière.

BITFORD.

A une courbure de l'Avon. *Bw*, en composition *By*, courbure. *Ta*, en composition *Te*, rivière. *Vor*, prononcez *For*, près.

BLAKWATER.

Est le nom moderne d'une espèce de golfe où tombent deux rivières, que les Anciens ont appellé *Idumanum*. L'un & l'autre de ces termes signifient la même chose. *Blak* en Anglois, noire. *Water*, eau. *Ydu* en Celtique, noir. *Man*, eau.

BLESTIUM.

Dans Antonin. *The*, *Old*, *Towne*, à une courbure de l'Olcon. Les Gallois appellent ce lieu *Castel Hean*. Le nom Gallois & le nom Anglois, qui signifient l'un & l'autre vieux Châteaux, font connoître que c'étoit anciennement une Forteresse. *Ble*, Forteresse. *Es*, courbure. *Tw*, en composition *Ty*, rivière.

BLYTHE.

A la jonction de trois rivières. *Blith*, mélange. *E*, rivière.

BODMAN.

Bodminian ou *Bodminiam* dans les anciennes Chartes, grand Bourg bien peuplé, est situé entre deux côteaux. Il s'y fait un grand commerce; les Habitans y sont aisés, & l'on y voit beaucoup de belles maisons. Cependant il passe pour être mal sain, ce qui vient particulièrement de deux causes, dont une est le voisinage d'une montagne fort haute au midi, qui lui ôte le soleil. *Bod*, montagnes. *Mynn*, entre. *An* ou *Ham*, habitation.

BOD-VARI.

Varis dans Antonin, étoit sur une montagne, au pied de laquelle passe une rivière. *Var*, montagne. *Is*, rivière. *Bod-Vari*, qui a succédé à *Varis*, dont il ne reste plus que des ruines aujourd'hui, est au pied de la montagne sur laquelle étoit cette Ville.

BONIUM.

Ville célèbre du temps des Romains, située sur la Dée, dans un endroit où cette rivière fait une courbure. Cette Ville ayant été détruite, on bâtit dans la place qu'elle occupoit un fameux Monastère nommé *Bangor* ou *Bancor*, qui a occasionné la construction d'une Ville de même nom. *Bon*, courbure de rivière. *I*, près.

BONYE.

A une courbure de rivière. *Voyez* l'article précédent.

BOOTHE.

A une courbure de l'Ouse. *Bw*, prononcez *Bo*, courbure. *Ta*, en composition *Te*, rivière.

BOSÉHAM.

Environné de forêts. *Bos*, forêt. *Am*, environné.

SUR LA LANGUE CELTIQUE.

BOSTON.
Près d'un bois. *Bos*, bois. *Ton*, habitation.

BOSWICH.
A l'embouchure du Penck dans la Saw. *Boch* ou *Bos*, embouchure. *Wyck*, habitation.

BOULNESSE.
BLATUM BULGIUM dans Antonin, sur un Cap, à la baye ou golfe que l'Éden forme à son embouchure dans l'Océan. *Blat*, pointe, cap. *Bwlg*, sinuosité, golfe. Le nom moderne présente le même sens. *Bol* ou *Boul*, sinuosité, golfe. *Nech* ou *Nes*, ce qui avance, pointe.

BOUTHE.
BWTH ou *Bouth*, nom appellatif d'habitation, devenu propre de celle-ci.

BOUTHES.
VOYEZ l'article précédent.

BOW.
A la source d'une rivière. *Beu* ou *Bou*, source.

BOWDON.
Sur la cime d'une montagne. *Beu* ou *Bou*, cime. *Don*, montagne.

BOWES.
AUJOURD'HUI *Bough*, au pied d'une montagne, entre deux rivières. *Bw*, prononcez *Bou*, autour. *Es*, rivières.

BRAMPTON.
BREMETURACUM dans Antonin. Il y a une colline environnée au sommet d'un fossé, d'où l'on a une vuë bien étendue. Brampton est entre deux petites rivières. *Brem*, colline. *Tu*, deux. *Rac*, rivière.

BRANCASTER.
BRANNODUNUM, du temps des Romains, étoit une Forteresse sur le bord de la mer. *Brynn*, *Bran*, Forteresse. *Dua*, *Dune*, bord de la mer.

BRANDON.
AU bord d'une rivière. *Bren*, *Bran*, rivière. *Don*, habitation.

BRAYNTRE.
AU bord d'une rivière. *Bren*, rivière. *Tre*, habitation.

BREDON.
AU pied des collines. *Braid*, extrémité, pied. *Don*, collines.

BREKNOCK.
A l'embouchure de l'Hodney dans l'Uske. *Bre*, près. *Cenau*, prononcez *Kenau*, embouchure.

BREMENIUM.
AUJOURD'HUI Rochester, a un Château sur le sommet d'un haut rocher, au bord du Réad. *Bre*, cime, sommet. *Maen*, roc.

BREMICHAM.
BEAU BOURG, situé sur la rivière de Réa. Camden dit que l'enclume résonne fort en ce lieu, & qu'il y a grand nombre d'artisans qui travaillent en fer. L'Auteur des délices d'Angleterre dit que cet endroit est célébre à cause des clinquailleries qui s'y fabriquent. On y compte, ajoûte-t'il, plus de 1500 ouvriers qui travaillent à de jolis ouvrages de fer, d'acier & de cuivre qu'ils envoyent par tout le Royaume. *Bram*, en composition *Brem*, bruit. *Bremig*, où l'on entend du bruit. *Cham*, habitation.
Je serois porté à tirer l'étymologie du Bourg de Villedieu en Normandie de la même source. Voici la description que nous donne de cet endroit le Dictionnaire de Morery.
Villedieu, gros Bourg de Normandie, à deux lieues & demie de Gavray, & à six & demie de Coutances, en latin *Theopolis* & *Villa Dei*. Son grand commerce est de poëlerie. Voici ce qu'en écrit Cenalis : *Habet Constantia Civitas sub sua Hierarchica divione Theopolim, gallicè Villedieu, municipium in fabricandis æneis vasis, fabrili arte omni ex parte addictum. Caldarios artifices vocant.* Aussi Charles de Bourgueville, en ses antiquités & recherches de la Neustrie, a-t'il remarqué que les Habitans de ce Bourg se fâchent quand on leur demande quelle heure il est, parce qu'il s'y fait un si grand bruit de marteaux, que la plûpart de ses Habitans sont sourds, ce qui fait dire communément *les Sourdains de Villedieu*. Le bruit de ces marteaux s'entend de fort loin dans la campagne.
Twrdd, en composition *Dwrdd*, signifie bruit. *Vill*, habitation. On aura nommé en cet endroit *Villdwr*,

Villdw. On aura prononcé Villdeu, ensuite Villedieu, qu'on aura rendu par *Villa Dei* en latin, & par *Theopolis* en grec.

BRENT.

A une courbure de rivière. *Bre*, courbure. *Ant*, en composition *Ent*, rivière.

BRETENHAM.

COMBRETONIUM dans Antonin, à la source d'une petite rivière qui s'appelle Breton. *Con*, tête, source. *Conbreton*, source du Breton.

BRIGA.

VILLE dont il est parlé dans l'Itinéraire d'Antonin. *Brig*, nom appellatif de Ville, devenu propre de celle-ci.

BRIGANTES.

UN des anciens Peuples de la grande Bretagne. On lui donna ce nom à cause des pillages qu'il faisoit sur les terres de ses voisins. *Brigand* ou *Brigant*, brigand, pillard, voleur de grand-chemin. Ce genre de vie dans ces premiers temps, & parmi ces Peuples, n'imprimoit ni tache ni déshonneur; au contraire il marquoit la supériorité d'une Nation sur les voisines. Les brigandages qui se font hors de sa Cité, dit César, n'emportent aucune infâmie chez les Germains; au contraire ils y sont autorisés, comme utiles pour exercer la jeunesse, & lui faire éviter l'oisiveté. *Latrocinia apud Germanos nullam habent infamiam, quæ extrà fines cujusque Civitatis fiunt, atque ea juventuti exercenda, & desidia minuendæ causâ fieri prædicant*.

Et qu'on ne croye pas que nous ayons attribué sans preuve un pareil genre de vie aux Brigantes, puisque nous lisons dans Pausanias qu'Antonin le Pieux priva ce Peuple d'une partie de ses terres pour le punir des brigandages qu'il exerçoit sur ses voisins.

BRISTOL.

LA situation de cette Ville est des plus avantageuses, entre deux rivières, l'Avon & la Frome, à cinq mille pas de la mer, assez près pour profiter de son voisinage, & assez loin pour n'en pas recevoir de l'incommodité. L'Avon la partage en deux Parties. La Frome, qui vient du Nord, borde la Ville à l'occident, & se jette dans l'Avon. La marée entre dans ces deux rivières, y formant un double havre, & elle y monte avec tant de force, qu'elle les rend capables de porter les plus gros bâtimens, & que les vaisseaux qui y sont à sec pendant le reflux, sont élevés par le flot à la hauteur de six toises. Le havre est d'un bon fonds, où les vaisseaux sont en sûreté, & la Frome est bordée d'un beau quai, qui sert à les charger & à les décharger commodément. Tous ces avantages ont rendu Bristol très-florissant, de sorte qu'aujourd'hui il ne céde qu'à la seule Ville de Londres l'honneur d'avoir le plus riche commerce. *Bris*, baye, port. *Tw*, prononcez *Tou*, deux. Les plus anciens Auteurs qui ont parlé de cette Ville, la nomment Bristow.

BROCARD.

CHATEAU ruiné, qui étoit dans une vallée. *Bro*, vallée. *Car*, Château.

BROUGHAM.

BROCONIACUM dans la Notice, près du confluent de l'Eimot & du Loder. *Broc*, Ville. *Con*, jonction. *Ac*, rivière.

BRUTON.

AU bord du Bruis. *Ton*, habitation. *Bru*, syncope de *Bruis*: Ou *Bru*, rivière.

BRYNTON.

PRÈS d'une forêt. *Bren*, *Bryn*, forêt. *Ton*, habitation.

BUELT.

BULLEUM dans Ptolomée, à l'embouchure de l'Yrvon dans la Wye, près d'une forêt. *Bul*, embouchure. *Lay*, en composition *Ley*, forêt.

BUGDEN.

PRÈS d'une forêt. *Boug*, *Bug*, habitation. *Den*, forêt.

BUNGEY.

EST en quelque façon environné de la rivière de Waveney. *Bon*, environné. *Gew*, en composition *Gey*, rivière.

BURGH.

NOM appellatif d'habitation, devenu propre de celle-ci.

BURGHCASTELL.

AUTREFOIS *Cnobersburg*, Forteresse à l'embouchure du Waveney dans le Gerne. *Can*, en composition *Cen*, prononcez *Ken*, près. *Aber*, *Ober*, embouchure. *Burg*, Forteresse.

BURLY.

DANS un vallon. *Burli*, endroit creux, vallon.

SUR LA LANGUE CELTIQUE.

BURTON.

Au pied des montagnes. *Bur*, montagne. *Ton*, habitation.

BUXTON.

Près de cet endroit, neuf fontaines médicinales sortent d'un rocher dans l'espace de vingt-quatre pieds. Il y en a huit qui sont chaudes, & la neuvième est fort froide. On y a élevé un beau bâtiment quarré de pierres de taille pour les faire passer par dessous. A soixante pas de là elles rencontrent une autre fontaine chaude, & puis une autre, dont l'eau, quoique froide, pousse de gros bouillons dans sa source. L'expérience a appris que toutes ces eaux sont d'un merveilleux usage pour fortifier l'estomac, & pour affermir les nerfs foulés. Il y a tout lieu de croire que ces eaux ont été connues des Romains, & que ces bains ont été fréquentés de leur temps; car on voit dans cette contrée un chemin pavé nommé Bathgate, qui part de Buxton, & conduit à huit milles de là au Village de Burgh. *Bus*, eau. *Tom*, chaude.

CADBY.

A un confluent. *Cad*, confluent. *By*, habitation.

CADNEY.

A un confluent. *Cad*, confluent. *Nes*, près.

CAERFUSE.

A deux embouchures. *Caer*, habitation. *Bus*, en composition *Fus*, embouchure. *Da*, en composition *Za* ou *Ze*, deux.

CAER LÉON.

ISCA, *Isca Legio* dans les Anciens. C'étoit, du temps des Romains, une grande & puissante Ville, dont le nom venoit de la rivière Uske, anciennement *Isea*. On y ajoûta le nom de *Legio*, à cause de la Légion seconde, surnommée Britannique & Auguste, qui avoit là son quartier. Cette Ville s'étendoit fort loin aux deux bords de l'Uske; & l'on peut juger de sa grandeur, parce qu'un Château, qui est aujourd'hui à un mille de Caerleon, étoit anciennement dans l'enceinte de ses murailles. On y voyoit encore dans le douzième siécle de grands & de beaux monumens de sa magnificence passée, des bains publics, des restes de temples & de théatres, des aqueducs, des souterreins, & généralement tout ce que le luxe des Romains avoit inventé. Mais aujourd'hui cette grande & belle Ville n'est qu'un petit Bourg, qui en a retenu le nom de *Caer Leon*, c'est-à-dire, Ville de la Légion.

CAERMARDEN.

Ville ancienne, connue du temps des Romains sous le nom de *Maridunum*, est bâtie sur une colline au bord du Tawy. *Mar*, rivière. *Dun*, colline.

CAER-PHILLI.

Chateau parmi des lieux inhabités & inaccessibles, en un sol marécageux. *Caer*, Château. *Pwll*, marais. *Pyllig*, marécageux.

CAERWENT.

Venta dans Antonin, près d'une petite rivière. *Ven*, rivière. *Da* ou *Ta*, habitation.

CALNE.

Dans un fond de rochers, sur une petite rivière qui va se jetter dans l'Avon. *Cal*, rocher. *Calen*, *Caln*, qui est dans un fond de rochers.

CAMBODUNUM.

Dans Antonin; *Campodunum* dans Béde, mal nommé dans Ptolomée *Camulodunum*, sur une colline qui n'est accessible que d'un côté, près de deux confluens. Cette Ville est détruite, elle étoit près d'Almondbury. *Cam*, confluens. *Bod* & *Pod*, colline. *Twnn*, en composition *Dwnn*, coupée, escarpée.

CAMBRIDGE.

Camboritum dans l'Itinéraire d'Antonin, au bord du Cam, dans un endroit où il fait une courbure. *Cam*, *Bor*, bord. *Hut*, en composition *Hyt*, habitation. *Camborit*, habitation au bord du Cam; Ou *Cam*, *Cambo*, courbure. *Rit*, rivière.

CAMELFORD.

Autrefois Camblan, près de la source du Camel. *Cam*, syncope de *Camel*. *Blan*, tête, source.

CANDALE.

Dans une vallée, au bord du Can. *Can*, *Dale*, vallée. *Candale*, vallée du Can.

CANESHAM.

A un confluent. *Can*, jonction. *Es*, rivière. *Ham*, habitation.

CANFORD.

Près d'un confluent. *Can*, confluent. *Vor*, prononcez *For*, près.

CANTORBERY.

DUROVERNUM dans Antonin; *Darvernon* dans Ptolomée; *Dorobernia* dans Béde, au bord de la Stoure, qui y est partagée en deux bras. *Dar*, *Dor*, *Dur*, partagée. *Ver*, rivière. *N* de *Nes*, près.

CANVEY.

ANCIENNEMENT *Convennos*, Isle où l'on nourrit quantité de brebis, dont le lait & la chair sont d'un goût fort délicat; mais elle est si basse, que la marée la couvre quelquefois toute, à la réserve de certaines hauteurs où l'on retire les troupeaux. *Combenn* ou *Comvenn*, basse. *Voyez* Combe, Combant dans le Dictionnaire. Le Géographe de Ravenne la nomme *Infenos*. *Infen*, basse.

CARDIGAN.

EST une jolie Ville, située sur la pente d'une colline, & défendue par un vieux Château elevé sur un rocher au bord du Tywy. Les Gallois l'appellent *Aber-Tywy*, ce qui signifie l'embouchure du Tywy, parce qu'elle est proche de l'embouchure de cette rivière. *Car*, roc. *Di*, rivière. *Gan*, embouchure.

CAREG.

CHATEAU ruiné, qui étoit collé contre un roc escarpé. *Careg*, roc.

CASTLEFORTH.

LAGETIUM, *Legeolium* dans Antonin, au confluent du Calder & de l'Arrow. *Lag*, confluent. *Ty*, habitation. *Lag*, en composition *Leg*, confluent. *Geol*, habitation. *Legeol* est, comme on le voit, un synonime de *Lagty*.

CATTON.

Près d'une forêt. *Cat*, forêt. *Ton*, habitation.

CATTON.

Près d'un confluent. *Cat*, confluent. *Ton*, habitation.

CATVELLANI.

ANCIEN Peuple de la grande Bretagne, qui occupoit les Comtés de Buckinkam, Bedford & Hertford. Cette Nation étoit illustre par sa bravoure; elle s'étoit aggrandie par les conquêtes qu'elle avoit faites sur ses voisins. Ce Peuple avoit tiré son nom de sa valeur reconnuë. *Cat*, combat. *Well* ou *Wellan*, meilleurs. *Catwellan*, les meilleurs au combat.

CESTER.

VENTA ICENORUM dans Antonin, au bord d'une rivière. *Ven*, rivière. *Da* ou *Ta*, habitation. *Voyez* Caerwent.

CHATTAM.

SUR le Medway, qui s'y partage & forme plusieurs petites Isles. *Cat*, en composition *Chat*, partage. *Am*, rivière.

CHEDDER.

VILLAGE près duquel il y a une fontaine, qui sortant du creux de plusieurs rochers, coule en si grande abondance, & avec tant de force, qu'elle fait tourner douze moulins à deux cens pas de sa source. *Cader* ou *Ceder*, forte: on sous-entend fontaine.

CHEDLE.

Près d'un confluent. *Ced*, en composition *Ched*, confluent. *Le*, habitation.

CHENSFORD ou CHEMELSFORD.

CANONIUM dans Antonin, au confluent du Chelmer & du Rodon. *Can*, jonction. *On*, rivière: Ou *Can*, confluent. *On*, habitation.

CHESTER.

ANCIENNEMENT *Devana*, *Divana*, *Deva*, dans une Presqu'isle que fait la Dée, appellée anciennement Deva. *Deva*, la Dée. *An*, autour, environnée. *Devan*, *Divan*, environnée de la Dée.

CHESTER.

ANCIENNEMENT *Condercum*, au confluent de la Were & d'une petite rivière. *Cond*, confluent. *Arc*, en composition *Erc*, habitation.

CHIMLIGH.

A un confluent. *Gym*, en composition *Chym*, jonction. *Lwg*, en composition *Lyg*, rivière.

SUR LA LANGUE CELTIQUE.

CHINNER.
Près d'une source de rivière. *Cin*, en composition *Chin*, source. *Ner*, rivière.

CHUTE.
Près d'une forêt, à laquelle il a donné son nom. *Chot*, *Chut*, forêt.

CHUTON.
Entre les collines Mendippes. *Cuh*, en composition *Chuh*, caché. *Ton*, collines.

CIRENCESTER.
Sur le Churn ou *Chyrn*, anciennement *Corinus*. Cette Ville s'appelloit, du temps des Romains, *Corinium*, *Durocornovium*, noms qu'elle avoit pris de sa rivière. *Dor*, *Dur*, habitation. *Corin*, *Corn*, nom ancien du Churn. *Corin*, *I*, près.

CLARE.
A un confluent entre les deux rivières. *Cler*, *Clar*, rivière. *Re*, deux : Ou *Cla*, enfermée. *Re*, rivières. *Voyez* Clay plus bas.

CLAUSENTUM.
Ville dont il est parlé dans l'Itinéraire d'Antonin. Elle étoit près de Southampton, au bord d'une très-grande baye. *Clauf*, creux, sinuosité. *Ant*, en composition *Ent*, grande.

CLAY.
Entre deux rivières, qui en se jettant dans la mer forment un port. *Cle*, enfermé. *Ai*, eau.

CODYNTON.
Près d'une forêt & d'une source de ruisseau. *Cod*, forêt. *Yn*, source. *Ton*, habitation.

COLBROKE.
Pontes, du temps des Romains, à l'endroit où le Cole se partage en quatre bras que l'on passe sur quatre ponts. *Pont*, pont. Le nom Saxon Colbroke signifie la même chose. *Broke* en Saxon, pont. *Colbroke*, ponts du Cole.

COLCHESTER.
Est une belle & agréable Ville, située au bord du Coln. Elle est bâtie sur une colline. Cette Ville paroît avoir été considérable du temps des Romains, puisqu'on y a trouvé un très-grand nombre de médailles antiques. Elle s'appelloit alors *Colonia*. *Coln*. *I*, près. *Colni*, *Coloni*, près du Coln : Ou *Col*, colline. *On*, rivière.

COMBE.
Dans une vallée. *Combe*, vallée.

COMBMARTON ou COMBMERTON.
Dans une situation basse, au bord de la mer. *Combe*, situation basse, endroit bas. *Mar*, *Mer*, mer. *Ton*, près.

COMPTON.
Dans un vallon. *Comb* ou *Comp*, vallon. *Ton*, habitation.

COMRE.
A un confluent. *Com*, jonction. *Re*, rivière.

CONGHULL.
A un confluent. *Cong*, confluent. *Wl*, habitation.

CONGLETON.
Condate dans Antonin, à un confluent. *Condat*, confluent.

CONISBOROW ou CONISBURG.
Sur un rocher, à côté duquel passe le Don. *Con*, roc. *Is*, rivière. *Burg*, habitation.

CONOVIUM.
Ancienne Ville, dont il est parlé dans Antonin, au bord du Conwey, *Connovius*, dont elle a pris son nom.

COPELAND.
La partie méridionale de la Province de Cumberland porte le nom de Copeland, parce qu'elle est parsemée de montagnes pointues. *Copa*, en composition *Cope*, montagne pointue. *Lan*, contrée.

CORBRIDGE.

CURIA OTTADINORUM dans Antonin, *Curé* dans Huntingdon, au bord de la Tine. C*wr*, bord. *I*, *E*, rivière.

CORBY.

A la source d'une rivière. *Cor*, tête, source. B*n*, en composition *By*, rivière.

CORFE.

A une courbure de rivière. *Cwr*, prononcez *Cor*, rivière. *Ba*, en composition *Fa*, *Fe*, courbure.

CORITANI.

L'ÉTYMOLOGIE du nom des Coritans indique leur demeure. Ils occupoient le Comté de Rutland où la terre est rougeâtre, couleur qu'elle communique aux brebis qui y paissent, dont la laine a quelque teinture de rouge. Camden donne un Pays bien plus étendu aux Coritans. Selon lui, non seulement le Comté de Rutland, mais encore ceux de Northampton, Leicester, Nottingham, Lincoln & Darby étoient habités par ce Peuple. Comme il n'apporte aucune autorité pour appuyer son sentiment, il semble qu'il est libre de s'en écarter. Mais pour moi qui respecte l'opinion d'un si sçavant homme, lors même qu'elle n'est soûtenue d'aucune preuve, je dirai, pour me concilier avec lui, que les Coritans n'occuperent d'abord que le Comté de Rutland ; que s'étant ensuite étendus dans les Contrées voisines, ils conserveront leur nom dans ces Provinces, quoique la raison qui les avoit fait ainsi appeller ne s'y trouvât plus. La même chose est arrivée dans les Gaules. Les Armoriques n'étoient d'abord que ceux qui habitoient les bords de la mer, comme leur nom l'indique. Ce Peuple s'étant étendu dans les terres, continua de porter ce nom, quoiqu'il se trouvât assez éloigné des rivages de la mer. *Co*, particule diminutive. *Rhuth*, en composition *Rhyth*, rouge. *Tan*, Pays. *Corytan*, Pays rougeâtre. *Sol*, rougeâtre.

CORNOUAILLES.

LE Comté de Cornouailles forme une grande Presqu'isle, enfermée de la mer de trois côtés, au nord, à l'occident, au midi, & séparée à l'orient du Duché de Devonshire par la rivière de Tamer. A l'endroit où il touche ce Duché, il est large de quarante milles ; de là il court au Sudouest en se rétrecissant considérablement, & se termine par deux promontoires qui avancent dans la mer, comme deux angles ou cornes. C'est de ces deux Caps que la Province a pris le nom de Cornouailles, formé de Corn-Walles, prononcez Ouallés. *Corn*, angle, corne. *Walles*, en composition pour *Gwalles* ou *Galles*, Gallois. *Cornouailles*, angles ou promontoires habités par les Gallois. Une partie des anciens Bretons ou Gallois se retirerent dans cette Province, lorsqu'ils furent contraints d'abandonner aux Saxons la plus grande partie de leur Isle. *Voyez* Galles.

Cette Province est appellée dans un monument latin du dixième siécle *Cornubia*. Elle avoit pris ce nom de ses deux angles ou promontoires. *Corn*, angles, promontoires. *Bi*, deux.

COSBY.

DANS une forêt. *Cod*, en composition *Coz* ou *Cos* forêt. *By*, habitation.

COTES.

PRIS d'un bois. *Cot*, bois. *Tes*, habitation.

COTES.

PRIS d'un confluent. *Cot*, jonction. *Es*, rivière.

COTHAM.

PRIS d'une forêt. *Cot*, forêt. *Ham*, habitation.

COTHIE.

PRIS de forêt. *Cot*, forêt. *Tyes*, habitation.

COTON.

PRIS d'un confluent. *Cot*, jonction. *On*, rivière.

COTTEN.

PRIS d'un bois. *Cot*, bois. *Ten*, habitation : Ou simplement *Coten* comme *Cot*, bois.

COTTENHAM.

PRIS d'une forêt. *Cot*, *Coten*, forêt. *Ham*, habitation.

COTTINGHAM.

PRIS d'une petite rivière & d'une forêt. *Cot*, forêt. *Wng*, en composition *Yng* ; près. *Am*, rivière. *Cotingam*, forêt près de la rivière.

SUR LA LANGUE CELTIQUE.

COVENTRY.

Est une belle & grande Ville, avantageusement située dans une belle campagne. *Cwen* ou *Cowen*, belle. *Tri*, habitation.

COULBY.

A un confluent. *Coll*, *Coul*, union, jonction. *Bu*, en composition *By*, rivière.

COULTON.

A un confluent. *Coll*, *Coul*, jonction, confluent. *Ton*, habitation.

COURT.

Nom appellatif d'habitation, devenu propre de celle-ci.

COWBRIDGE.

Bovium ou *Bomium* dans Antonin, à la courbure d'une rivière. *Bov* ou *Bom*, courbure. *Ion*, rivière.

COWLEY.

Au bord du Churne. *Cw*, prononcez *Cou*, rivière. *Lez*, près.

CRAK.

Chateau sur la cime d'une montagne. *Crac*, cime.

CRAVEN.

Nom d'une Contrée toute hérissée de rochers. *Crav*, *Craven*, roc.

CRÉEKLADE.

Anciennement Gréechlade, Bourg où l'Ise reçoit trois ou quatre petites rivières. *Grachell*, en composition *Grechell*, monceau, tas. *Ad*, rivières.

CRINDY.

A un confluent. *Crawn*, en composition *Crayn*, tas, jonction. *Thy*, en composition *Dhy*, rivière.

CROKETHORNE.

A une courbure de rivière. *Croc*, courbure, courbe. *Tor*, rivière. *Nes*, près.

CROMERE.

A une bosse du rivage dans la mer. *Crom*, courbure, bosse. *Er*, sur.

CROWLAND ou CROYLAND.

Est une Ville médiocre, à considérer son étendue, mais fort digne de remarque pour sa situation merveilleuse, qui la fait ressembler à une petite Venise. Elle est située près de la rivière de Welland, dans un fonds limoneux, marécageux, & tellement couvert d'eau, qu'elle est entièrement inaccessible, sinon du côté du Nord & de l'Est, encore n'est-ce que par le moyen de quelques chaussées étroites, dont on est redevable à l'art & à l'industrie des Habitans. Elle est composée de trois rues bordées de saules, séparées l'une de l'autre par les eaux, & jointes par un pont qui aboutit à toutes trois. Toutes les maisons y sont construites sur des pilotis. Un grand Monastére, dont on y voit les ruines, construit l'an 716 à grands frais par Éthelbald, Roi des Merciens, fut aussi tout piloté, & le sable, dont on se servit sur le ciment, avoit été voituré de neuf lieuës. Au tour de ce Monastére le terrein est si peu ferme, qu'on y enfonce des perches jusqu'à la profondeur de trente pieds. Une pareille situation semble ne rien promettre de bon pour ceux qui s'y trouvent ; cependant cette Ville est bien peuplée. Les Habitans s'y nourrissent du lait & de la chair de leurs troupeaux, du revenu de leur chasse & de leur pêche. Les troupeaux sont dans les pâturages à deux milles de la Ville. Les hommes & les femmes y vont traire leurs vaches, portés sur de petits bacs qui ne contiennent que deux personnes ; ils tirent aussi un revenu considérable de la pêche & de la chasse, ce qui leur fait dire que leurs marais & les flaques d'eau qui les environnent, sont leurs champs. Ces quartiers sont si remplis de poissons, & plus encore d'oiseaux de rivière, que dans le mois d'août ils prennent jusqu'à trois mille canards d'une seule tirée. Aussi en reconnoissance de leur pêche & de leur chasse, ils payent trois cens livres à la Couronne annuellement. Du reste, il faut qu'ils fassent venir le bled d'assez loin, car il n'en croît point du tout à cinq milles à la ronde. *Cro*, marais. *Lan*, habitation : Ou *Creib*, milieu. *Lan*, marais.

CROYDON.

Autrefois Cradiden, situé sous des collines, à la source d'une petite rivière. *Crad*, couvert. *Den*, collines.

CRUCORNE.

Au sommet d'une haute montagne. *Cruc*, montagne. *Orun*, par crase, *Orn*, plus élevée, très-élevée: Ou faîte, sommet.

Z z

CUNDE.

A un confluent. *Cond*, confluent.

DANBURY.

Sur une haute colline. *Dan*, élévation. *Bur*, habitation.

DANMONII.

On trouve dans la Province de Cornouailles que ce Peuple habitoit anciennement de riches mines du plus bel étain du monde. *Mwn*, prononcez *Mon*, mines. *Tan*, *Dan*, étain.

DANTISH.

Près d'une forêt. *Dan*, forêt. *Tys*, habitation.

DARBY, DERBY.

Entre deux rivières, près de leur confluent. *Der*, rivière. *Bi*, deux.

DARLINGTON.

Situé sur la petite rivière de Skern, près de celle de la Thées. Il n'a rien de remarquable que trois puits d'une profondeur étonnante qu'on voit dans son territoire, &. dont l'eau est chaude, ce qui leur a fait donner le nom de Hell-Kettels, c'est-à-dire chaudières d'enfer. Ce qu'il y a de plus singulier, c'est que ces puits ont une issue dans la rivière de Thées, qui est au voisinage. Le premier qui l'a découverte est Cuthbert Tonstall, Évêque de Durham, qui ayant fait jetter une oye dans le plus grand de ces puits, après l'avoir bien marquée pour la pouvoir reconnoître, on la trouva quelque temps après dans la Thées. *Tarh*, *Darh*, sources. *Llyn*, eau. *Tom*, chaude.

DAVENTRE.

Sur une rivière. *Aven* ou *Daven*, rivière. *Tre*, habitation.

SAINT DAVIDS.

Anciennement Menew, est situé dans un Pays fort avancé dans la mer à l'occident, qui par là même est tout exposé à la fureur des vents. Il est sec, stérile, pierreux, tout découvert. *Men*, pierre. *Meneg*, *Menev*, pierreux.

DAULTON.

Dans une plaine au pied des montagnes, sur une petite rivière. *Dol*, plaine arrosée au pied des montagnes. *Ton*, habitation.

DÉALE.

Anciennement Dole, dans une plaine au bord de la mer. *Dol*, plaine au bord de la mer, ou d'une rivière.

DEBENHAM.

Sur le Deben. *Ham*, habitation. *Debenham*, habitation du Deben.

DEMÈTES.

Ancien Peuple de la grande Bretagne, qui habitoit les Comtés de Cardigan, de Pembrok & de Caer-Marden. Cette Contrée est fertile en pâturages excellens, qui servent à nourrir une grande quantité de bétail. *Da*, en composition *De*, excellens. *Méath*, *Méth*, pâturages.

DENBIGH.

Est situé sur le penchant, & au pied d'une colline fort roide. Autrefois cette Ville étoit toute placée au-dessus de la colline qui n'est que rocher ; mais dans la suite les Habitans trouvant plus à propos de bâtir dans la plaine, y sont descendus peu à peu, tellement que la moindre partie de Denbigh est à présent sur la colline, & la plus grande dans la plaine. *Den*, roide, rude. *Pig*, en composition *Big*, élévation, colline.

DÈNE.

Près d'une forêt. *Den*, forêt.

DENHAM.

Près d'une forêt. *Den*, forêt. *Ham*, habitation.

DENINGTON.

Petit Château, mais agréable, situé sur une colline revêtue d'arbres, d'où l'on a une belle vuë. *Dan*, *Danin*, en composition *Denin*, agréable. *Ton*, Château.

DENNY.

Entre deux rivières. *Dan*, en composition *Den*, rivière. *Ny*, deux.

SUR LA LANGUE CELTIQUE.

DENTON.
A un partage de rivière. *Dan*, en composition *Den*, rivière. *Tonn*, partage.

DEYNTON.
Près d'une forêt. *Den*, forêt. *Ton*, habitation.

DICH-MARSH.
Isle formée par les rivières d'Ouse, d'Idle & du Don, qui a environ quinze milles de tour. Le terrein y est très-fécond en pâturage, mais si peu ferme, que, selon le rapport des Habitans, il s'éleve lorsque les eaux croissent, & s'abaisse aussi avec elles quand elles se retirent. *Dich* de *Dichlud*, porté. *Mar*, eau. *Dichmar*, terrein porté par les eaux.

DICTUM.
Ancienne Ville dont il est parlé dans Antonin, qui étoit à la pointe d'un promontoire, vis-à-vis l'embouchure du Conwey. *Dictys* en Celtique, petite Isle. Ce nom aura été étendu facilement à signifier un promontoire, qui est une Presqu'isle. Or Presqu'isle s'exprimoit par petite Isle en Celtique. *Corenes*, Presqu'isle, à la lettre, petite Isle. *Corr*, petite. *Enes*, Isle: Ou *Dic*, pointe. *Ton*, habitation.

DIKE.
A la source d'une rivière. *Dic*, pointe, source. *E*, rivière.

DINAS.
Chateau placé sur un rocher qui s'éleve en pointe. *Tin* ou *Din*, ce qui se termine en pointe. On a dit *Dinas* au même sens, puisque *Dinas* signifie promontoire, qui est une pointe de terre.

DINAS.
Nom appellatif d'habitation, devenu propre de celle-ci.

DIS.
Près d'une rivière. *Is*, rivière. *D*, paragogique: Ou *Dis* de *Dwisc*, rivière.

DITTON.
Au pied d'une montagne. *Dy*, habitation. *Ton*, montagne.

DOLATHELAN.
Dans une plaine au pied des montagnes, près d'un étang & d'une rivière qui en sort. *Dol*, plaine arrosée au pied des montagnes. *At*, près. *Lan*, étang.

DOLE.
Dans une plaine, près d'une rivière. *Dol*, plaine près d'une rivière.

DOLGELHE.
Dans une plaine, au bord d'une rivière. *Dol*, plaine au bord d'une rivière. *Gel*, habitation.

DONCASTER.
Bon Bourg, fort ancien, appellé *Danum* dans Antonin. Il est situé sur la rivière du Don, à l'endroit où elle se partage en deux bras, dont l'un se jette dans la rivière de l'Idle, l'autre dans celle d'Are. *Dan*, partage.

DORCESTER.
Village aujourd'hui, Ville autrefois, est nommée par Béde *Civitas Dorcinia*. Il est au confluent du Tame & de l'Ise. *Dor*, rivières. *Cyn*, jonction.

DORCHESTER.
Ville ancienne, connue des Romains sous le nom de *Durnovaria*. Un peu au-dessus de cette Ville la Frome se partage en deux branches, dont une l'arrose. *Dur*, rivière. *Nav*, *Nov*, partagée. *Ar*, près.

DORNFORD.
Durobriva dans Antonin, au bord du Nen. *Dwr*, rivière. *Briv*, Ville.

DOUGLAS.
Bourg dans l'Isle de Man, qui a un Port assez spacieux, défendu par un Fort, situé vers l'entrée, sur un rocher, qui s'éleve au milieu de l'eau. *Dw*, prononcez *Dou*, eau. *Glach* ou *Glas*, rocher.

DOUNHAM.
Près d'une rivière. *Don*, *Doun*, habitation. *Am*, rivière.

MÉMOIRES

DOUVRES.

DUBRIS dans Antonin. Elle est située au milieu de la côte orientale de Kent, dans l'endroit où cette Province approche le plus de la France, & où par conséquent le trajet est le plus court. La mer s'insinuant dans les terres entre deux collines formoit un Port, près duquel est cette Ville. L'Océan s'étant insensiblement retiré, le Port en a souffert considérablement, jusques là qu'il ne peut plus porter de gros vaisseaux. Le terrein de Douvres est tout de rochers, & les maisons y sont bâties de cailloux. Derrière cette Ville au Nord, on voit une haute montagne, ou plutôt un rocher fort élevé & fort escarpé, occupé par un vieux Château qui commande la Ville & le Port. Comme la situation en est avantageuse, on y jouit aussi d'une fort belle vue; & quand le temps est beau, on peut voir distinctement Calais, qui n'en est qu'à sept petites lieuës. Le Canal, qui est entre la France & l'Angleterre, sur lequel est située Douvres, est extrêmement orageux, la mer y bouillonne & s'y émeut aisément, les tempêtes y sont fréquentes. *Dubh*, canal. *Ris*, au bord.

DRATON.

Au bord du Terne, près de l'embouchure d'une petite rivière. *Dra*, embouchure. *Ton*, habitation.

DRAX.

A l'embouchure de l'Ouse dans l'Humber, il y avoit autrefois un fort Château. *Dracq* ou *Drach*, très-fort.

DROITWICH.

BON BOURG, situé sur la rivière de Salwarpe. Il s'y trouve trois fontaines salées, séparées l'une de l'autre par un petit ruisseau d'eau douce, qui coule entre elles: on en tire de bon sel blanc. Mais il y a cette particularité à remarquer, que ces fontaines ne sont salées que pendant la moitié de l'année, depuis le solstice d'été jusqu'à celui d'hiver. Pendant le cours de l'autre moitié de l'année leur eau est douce. *Droet*, qui change. *Wisc*, eau. *Droetwisc*, eau qui change.

DULVERTON.

A une courbure de rivière. *Dull*, courbure, courbe. *Ver*, rivière. *Ton*, habitation.

DUNDREY.

Sur une montagne. *Dun*, montagne. *Drest*, sur.

DUNMOW.

Autrefois Dunmawg, sur une colline. *Dun*, colline. *Mag*, *Mog*, habitation.

DUNSTABLE.

BON BOURG bien peuplé, situé sur un fonds de craye. C'est la Ville qui, selon les divers exemplaires d'Antonin, est appellée *Maginium*, *Magionium*, *Maginium*, *Magiovinium*, *Magiovintum*. *Ma*, lieu, sol, terrein. *Gin* ou *Gwin*, blanc. Ce nom désigne parfaitement le terroir blanchâtre du sol où est placé Dunstable.

DUNSTON.

Au pied des montagnes. *Dun*, montagnes. *Stum* ou *Stom*, bas.

DUNSTOR.

FERMÉ de tous côtés de collines, excepté de celui de la mer, au bord d'une rivière. *Dun*, collines. *Stor*, rivière.

DUROBRIVAE.

VILLE ancienne, à présent ruinée. Elle étoit aux deux bords de la Nyne. *Dwr*, rivière. *Briv*, Ville.

DUROTRIGES.

ANCIEN Peuple de la grande Bretagne, qui habitoit le Comté de Dorset. Il fut ainsi nommé, parce qu'il occupoit les bords de l'Océan. *Dwr*, eau. *Trig*, Habitans. *Dwrotrig*, ceux qui habitent les bords de l'eau, de l'Océan. Les Gallois les ont appellés au même sens *Dwr-Gweir*, les hommes de l'eau. Le terme Saxon de *Dorset* est composé de l'ancien mot Celtique *Dor*, eau, & de *Setta*, qui, en Saxon, signifie habiter.

DURSLEY.

Au bord d'une rivière. *Dwr*, rivière. *Lez*, bord.

DUTTON.

Au bord du Wever. *Dw*, rivière. *Ton*, habitation.

EALDBURG ou ALDBOROW.

ISURIUM dans Antonin, au bord de l'Youre, anciennement *Urus*. *Is*, habitation. *Ur*, Youre.

SUR LA LANGUE CELTIQUE.

E L H A M.
Au bord d'une rivière. *El*, bord. *Am*, rivière.

E L N E B O R O W.
A l'embouchure de l'Elne, étoit une Ville connue du temps des Romains. On n'en peut douter à la vûë du grand nombre de monumens qu'on y a trouvés. Il paroît par une inscription qu'il s'appelloit *Volantium*, ce qui s'accorde avec l'étymologie. *Vol*, embouchure. *Ant*, rivière.

É L Y.
Dans la partie septentrionale de la Province de Cambridge, on voit un assez grand canton, qui est tout marécageux. Ces marais s'étendent soixante-huit milles de long de l'orient à l'occident. Toute cette Contrée est couverte d'eau par les débordemens de l'Occéan & de plusieurs rivières qui y passent. Il n'y a que les lieux les plus élevés qui paroissent hors de l'eau, comme autant d'Isles. La plus considérable de ces Isles est celle d'Ély, où l'on voit une Ville de meme nom. Le grand nombre de saules, dont cette Isle est couverte, l'a fait appeler ainsi. *Helig*, saule.

É T O C É T U M.
Ville ancienne, dont parle Antonin, paroît avoir été où est Lichfield ou Lichfeld. Il y a deux petits lacs ou étangs dans cette Ville. *At*, en composition *Et*, près, *To*, deux, *Sahet*, en composition *Sehet ou Seht*, étang. *Voyez* le Port de Cette en Languedoc.

É V I L L.
A une courbure de rivière. *Ébill*, *Évill*, détour, courbure.

E U S T O N.
Beau Bourg au bord de l'Ouse, dans la plus agréable situation d'Angleterre. *Eud*, en composition *Euz*, *Eus*, agréable. *Ton*, habitation.

E W I A S.
A un confluent. *Ev*, rivières. *Ias*, jonction.

E X C E S T E R.
Isca dans Antonin, a pris son nom de l'*Ex* qui s'appelloit *Isc*, au bord duquel il est situé.

F A K E N H A M.
A une courbure de rivière. *Fach*, courbure, courbe. *En*, rivière. *Ham*, habitation.

F A R E N D O N.
Sur une élévation. *Var*, prononcez *Far*, sur. *An*, article. *Don*, élévation. *Farandon*, sur l'élévation.

F A R L E Y.
Chateau placé sur une roche. Il est aujourd'hui ruiné. *Var*, prononcez *Far*, sur. *Lech* ou *Les*, rocher.

F A V E R S H A M.
Dans le territoire de ce Bourg la terre est percée en quelques endroits, & l'on y voit des creux extrèmement profonds, dont l'entrée est étroite, & l'intérieur fort large, ayant des chambres séparées les unes des autres & des piliers de chaux qui les soûtiennent. *Ffau*, fosse, creux, *Éres*, *Ers*, surprenant. *Ham*, habitation.

F E L L I N.
Dans une courbure de la Tine. *Fa*, en composition *Fe*, courbure. *Llyn*, rivière.

F E S T I N I O G.
Près d'une courbure de rivière. *Fas*, en composition *Fes*, courbure. *Tan*, en composition *Ten*, *Tin*, rivière. *Och*, près.

F O L K S T O N.
A l'embouchure d'une petite rivière dans l'Occéan. *Fol*, embouchure. *Cw*, en composition *Cy*, prononcez *Ky*, rivière. *Stum*, petite.

F O W Y.
Sur un rocher avancé & escarpé à l'embouchure du Fawey, qui forme un port en se jettant dans la mer. *Fau*, rocher. *Wi*, rivière.

F R O D D E S H A M.
Chateau situé sur une haute montagne. *Brod*, *Frod*, élévation. *Das*, en composition *Des*, sur. *Ham*, habitation.

GABRATOVICI.

PETIT PEUPLE de l'ancienne Bretagne, ainsi appellé du grand nombre de chévres qu'il nourrissoit. On voit encore dans cette partie du Comté d'Yorck qu'il occupoit une plus grande quantité de ces animaux qu'en aucun autre lieu d'Angleterre. *Gaffran*, *Gabran*, chévres. *Tew*, *Tow*, grand nombre.

GALLENA.

Voyez Wallingford.

LE PAYS DE GALLES.

APRÈS deux siécles de batailles & de combats, les Anglois-Saxons se trouverent maîtres de presque toute cette partie de la Grande Bretagne, qui, de leur nom, fut appellée Angleterre. Quelques-uns des Bretons, qui ne voulurent pas plier sous le joug de ces étrangers, passerent dans l'Armorique ; d'autres se retrancherent sur les côtes de Cornouailles ; mais la plus grande partie se retira dans la Principauté, qu'on appela *Galles*, du nom qu'on leur donna dans la suite, où ayant conservé entr'eux une manière de gouvernement, ils s'endurcirent dans leurs rochers, & semblerent être devenus invincibles, depuis' que n'ayant plus rien à perdre, ils ne craignirent plus d'être vaincus.

Les Bretons, qui se cantonnerent dans ce Pays, furent appellés Galles ou Gallois. Selon les uns, ils furent ainsi nommés, parce qu'étant des anciens Habitans de l'Isle, ils descendoient des Gaulois qui les premiers l'avoient peuplée. Selon d'autres ils furent appellés Valles ou Galles par les Saxons, d'un mot qui, en leur Langue, signifie étrangers, parce qu'ils étoient hors de leur domination. Mais on ne voit pas trop pourquoi les Bretons, n'ayant jamais porté le nom des Gaulois depuis qu'ils avoient passé des Gaules dans la Grande Bretagne, on se seroit avisé après tant de siécles de leur attribuer le nom de leurs ancêtres les plus reculés. Il n'est pas plus croyable que les Saxons ayent désigné par le nom d'étrangers les Bretons qui étoient les Habitans naturels du Pays. Je pense donc qu'il faut chercher quelqu'autre raison de cet évènement ; & voici ma conjecture.

Gall, comme nous l'avons déja dit en donnant l'étymologie du nom de Gaulois, signifie vaillant, brave. Ces Bretons n'ayant jamais pu être subjugués par les Saxons, s'étant toujours maintenus dans leur liberté avec bravoure, ceux des Bretons qui portoient le joug des vainqueurs, les appellerent Galles, c'est-à-dire braves, vaillans ; ainsi ils porterent depuis ce temps le même nom que les Gaulois, non parce qu'ils en étoient issus, mais parce qu'ils en imitoient la valeur.

J'ai dit que les Bretons libres avoient reçu des Bretons vaincus le nom de vaillans. Ces braves gens, contens d'avoir mérité un titre si illustre, ne le prirent pas ; ils s'appellerent simplement *Cymro*, c'est-à-dire les Naturels du Pays, *Aborigenes*. Je devois ce petit éclaircissement à l'honneur de ces illustres Gallois, qui nous ont conservé un Dialecte précieux de la Langue Celtique.

GANESBURG.

AU bord d'une rivière. *Gan*, touchant. *Es*, rivière. *Burg*, habitation.

GARIANONUM.

ANCIENNE Ville, dont parle Antonin, au bord du Garian ou Gerne. *Garian*, *On*, habitation. *Garianon*, habitation du Garian.

GARNESEY.

ANCIENNEMENT *Sarnia*, Isle voisine de l'Angleterre, que la nature a bordée ou fortifiée d'un rempart de rochers qui l'environnent de tous côtés. On trouve parmi ces rochers la pierre d'émeril, qui sert à polir le fer, à tailler les pierreries & à couper le verre. *Sarn*, rocher. *Sarni*, bordé de rochers.

GATTON.

PRÈS d'une forêt. *Gat*, forêt. *Ton*, habitation.

GAUSENNIS ou GAUCENNIS.

Voyez Nottingham.

GAYNFORD.

A l'embouchure d'une rivière dans une autre. *Gen*, embouchure. *Vor*, prononcez *For*, près.

GIGGLESWICH.

IL y a près de ce Village plusieurs sources, éloignées de cinquante pas les unes des autres. Celle qui est au milieu fait voir tous les quarts d'heure un flux & reflux régulier. Lorsque l'eau monte, elle ne s'éleve pas à la hauteur d'un pied ; mais lorsqu'elle descend, elle s'écoule si bien, qu'il ne lui reste pas un pouce de profondeur. *Gwi*, eau. *Gloes*, *Gles*, qui se vuide, qui s'écoule. *Wick*, habitation.

GISBURG.

VILLE qui n'est pas si considérable par sa grandeur, que par la beauté, les agrémens, les avantages de sa situation. Elle est à deux ou trois milles du rivage de la mer, dans une campagne extrêmement agréable, bornée par quelques montagnes d'un côté, dans un air fort doux & fort sain, dans un terroir fertile & couvert de fleurs pendant une bonne partie de l'année. Camden assure que cette

SUR LA LANGUE CELTIQUE.

Ville peut disputer de beauté avec Pouzole d'Italie, mais qu'elle l'emporte sur cette dernière par la bonté de l'air. *Gwych* ou *Gyr*, belle. *Burg*, habitation, Ville.

GLANOVENTA.

ANCIENNE Ville dont parle Antonin, étoit au bord du Went. *Glan*, bord. *Went*.

GLOCESTER.

CETTE Ville est située sur la pente douce d'une colline, au bord d'un des bras de la Saverne, qui se partage en deux un peu au dessus de Glocester, & forme l'Isle d'Alney. On appelloit cette Ville *Clevum* & *Glevum* du temps des Romains. *Clavon*, bras de rivière.

GOBANNIUM.

DANS Antonin, aujourd'hui *Aber-Gevenny*, c'est-à-dire embouchure du Gevenny, est à l'embouchure du Gevenny dans l'Uske. *Gos*, près. *Ban*, embouchure. *I*, rivière.

GODALMING.

A un confluent, entre les deux rivières. *Ct*, *Go*, deux. *Dale*, rivières. *Min*, bord. *Ming*, bordé.

GODMANCHESTER.

DUROLIPONTE dans Antonin, au bord de l'Ouse, qui s'y partage en plusieurs branches. *Dur*, rivière. *Lyes*, plusieurs. *Pont*, pont. Les différens partages de l'Ouse exigeoient plusieurs ponts.

GRANTHAM.

A une courbure du Witham. *Grant*, courbure. *Am*, rivière.

GRENE.

A une courbure de la Tamise. *Gran*, en composition *Gren*, courbure. *E*, rivière.

GRETLAND.

SUR le faîte d'une montagne, où il n'y a d'accès que d'un côté. *Gret*, élévation. *Len* ou *Lan*, cime.

GRIMSBY.

A une sinuosité de la mer. *Grwm*, en composition *Grym*, courbure. *Swi* ou *Sbi*, eau, mer.

GUILDFORD.

A un partage du Wey. *Gwyl*, partage. *Vor*, prononcez *For*, près.

HADDON.

Au pied d'une montagne. *Ad*, près. *Don*, montagne.

HADHAM.

Au bord d'une rivière. *Ad*, près. *Am*, rivière.

HADLEY.

Au bord d'une rivière. *Ad*, près. *Ley*, rivière.

HAILWESTON.

IL y a deux fontaines, l'une douce, l'autre un peu salée. *Haliw*, salée. *Es*, eau. *Ton*, habitation.

HALES.

Au bord d'une rivière. *Al*, bord. *Es*, rivière.

HALIFAX.

ANCIENNEMENT Horton, sur la pente d'une colline. *Or*, sur. *Ton*, colline.

HALING.

PETITE Isle où l'on fait du sel avec l'eau de la mer. *Hal*, sel. *Halin*, où l'on fait du sel.

HALL.

SUR la pente d'une montagne. *Al*, montagne.

HALY.

SUR une montagne. *Voyez* l'article précédent.

HAM.

NOM appellatif d'habitation, devenu propre de celle-ci.

HAMDEN.
Près d'une forêt. *Ham*, habitation. *Den*, forêt.

HAMPTONCOURT.
Anciennement Avone, au bord de la Tamise. *Avon*, rivière.

HANCOK.
Fontaine de la Paroisse de Luckinɕton, dont l'eau est chaude en hiver & froide en été. *Han*, de *Hanner*, demi, moitié. *Coch*, chaude. *Hancoch*, chaude une moitié de l'année.

HANWELL.
Dans une courbure de rivière. *Han*, courbure. *Val*, en composition *Vel*, rivière.

HARBURG.
Au bord d'une rivière. *Ar*, près. *E*, rivière. *Burg*, habitation.

HARDWIC.
Dans un terrein rude, sur une élévation. *Hard*, rude. *Ard*, élévation. *Wyck*, habitation.

HARLESTON.
Près d'une rivière. *Ar*, près. *Les*, rivière. *Ton*, habitation.

HARLYN.
Au bord de la mer. *Ar*, bord. *Llyn*, eau, mer.

HARTON.
Sur une montagne. *Ar*, sur. *Ton*, montagne.

HARWICH.
A une pointe de terre qui avance dans la mer. *Ar*, pointe. *Wyck*, habitation.

HATHERLAY.
A un confluent. *Adarre* ou *Atarre*, en composition *Aterre*, deux. *Lay*, rivière.

HAVERFORD.
A l'embouchure d'une rivière dans une autre. *Aber*, *Aver*, embouchure. *Vor*, prononcez *For*, près.

HAULTON.
Beau Bourg, avec un Château superbe, bâti sur une haute montagne. *Ol*, haute. *Ton*, montagne.

HAY.
Est appellé par les Gallois *Trekethle*, Ville en une Coudraye. Il est à un confluent. *Ai*, rivière. *Hay*, forêt, arbustes.

HÉADEN ou HÉADON.
Près une petite rivière & une forêt. *É*, rivière. *Ad*, près. *Den*, forêt.

HELSTON.
D'*Hellaston*, puisque les gens du Pays (le Comté de Cornouailles) l'appellent *Hellas*. Ce nom lui vient de l'eau salée dont il est environné; car la mer y forme un grand étang d'eau salée de deux milles de long, qui seroit un petit havre, si son entrée n'étoit embarrassée d'un banc de sable. *Hal*, en composition *Hel*, sel. *As*, eau. *Ton*, habitation.

HEMPTON.
A une courbure de la Saverne. *Hamp*, en composition *Hemp*, courbure. *Ton*, habitation.

HENLEY.
A une courbure de la Tamise. *Han*, en composition *Hen*, courbure. *Ley*, rivière.

HENLIS.
A une courbure de rivière. *Han*, en composition *Hen*, courbure. *Lis*, rivière.

HÉREFORD.
Près du confluent de la Wye & d'une petite rivière, est l'*Ariconium* d'Antonin; car *Aricon* signifie près du confluent. *Ar*, *Ari*, près. *Con*, confluent.

HERLINGE

SUR LA LANGUE CELTIQUE.

HERLINGE.
Au bord d'une rivière. *Er*, bord. *Llyn*, rivière.

HERTFORD ou HARTFORD.
A un confluent. *Art*, prise, saisie, jonction. *Vor*, prononcez *For*, près.

HEXHAM.
AXELODUNUM dans Antonin, sur un côteau élevé, au bord de la Tine. *Aches*, rivière. *El*, bord. *Dun*, élévation.

HIGHAM.
A une courbure de rivière. *I*, rivière. *Cam*, en composition *Gam*, courbure.

HOFFE.
A une courbure de rivière. *Auf*, rivière. *Fa*, en composition *Fe*, courbure.

HOLLAND.
CONTRÉE d'Angleterre, qui n'est presque qu'un marais. Elle est tellement couverte d'eau d'un côté par l'Occéan, & de l'autre par les rivières qui y viennent des Provinces voisines, que dans l'hyver les Habitans ont bien de la peine à se défendre contre leurs débordemens par le moyen de leurs digues. Le terrein y est si peu ferme, qu'il tremble sous les pieds pour peu qu'on marche rudement; & dès qu'on fait un pas, les traces en restent & se couvrent d'eau. On ne peut se servir de chevaux dans ce Pays, s'ils ne sont sans fer; on n'y trouve pas la moindre pierre. La partie méridionale de cette Contrée est la plus basse & la plus marécageuse. Le terrein y est entrecoupé de profonds marais, d'égoûts & de plusieurs abysmes, causés par les ravines d'eau, où il n'est pas possible aux Habitans de faire un pas ferme, non pas même avec leurs grandes échasses. Ils y ont fait diverses coupures pour faire écouler les eaux; ils ont fait aussi quantité de digues, de chaussées & d'autres pareils ouvrages pour les détourner. *Hol*, couvert. *Lant*, en composition *Land*, eau, *Holland*, couvert d'eau.

HOME.
Hom, nom appellatif d'habitation, devenu propre de celle-ci.

HORLEY.
Au bord d'une forêt. *Or*, bord. *Lay*, en composition *Ley*, forêt.

HORSHAM.
A une courbure de rivière. *Or*, rivière. *Sam*, courbure.

HOVINGHAM.
Au bord d'une rivière. *Auven*, *Auvin*, rivière. *Cam*, en composition *Gam*, habitation.

HOWDEN.
Au bord du Dervent. *And*, *Oud*, bord. *Dan*, en composition *Den*, rivière.

HULL.
VILLE à l'embouchure de l'Hull, qui lui a donné le nom qu'elle porte aujourd'hui. On l'appelloit anciennement Wik. *Wyck*, habitation, Ville.

HUNNUM.
VILLE dont il est parlé dans la Notice, étoit près de la source d'une petite rivière. Cet endroit n'étoit pas éloigné de Sewensheld. *Hon*, tête, source. *On*, rivière.

JARROW.
Au bord de la Tine. *Gar* ou *Jar*, près. *Ow*, rivière.

ICENI.
ANCIEN Peuple de la Grande Bretagne, qui occupoit les Comtés de Cambridge, de Norfolk & de Huntington, qui, du temps des Saxons, composoient le Royaume d'Eastangle. Abbon de Fleury décrit ainsi ce Pays. Cette partie, qu'on appelle Eastangle, est estimée par plusieurs endroits, mais principalement parce qu'elle est arrosée d'eaux de tous côtés, étant entourée de l'Occéan au levant. Au Nord elle est couverte de marais, qui se jettent dans la mer avec plusieurs rivières. A l'Occident, cette Contrée tient au reste de l'Isle, & par conséquent elle est accessible par là; mais pour arrêter les courses des ennemis, on l'a fermée de ce côté là d'un haut rempart de terre. Au dedans la terre est assez fertile, agréable par ses jardins & ses bois, abondante en gibier, troupeaux & pâturages. Je ne parle point de ses rivières poissonneuses, puisque d'une part elle est bordée de la mer, de l'autre il y a une multitude innombrable d'étangs, qui ont deux ou trois milles de largeur. Cette Contrée est pleine de marais, qui fournissent des retraites aux Religieux qui cherchent la solitude. *Hac pars qua*

MÉMOIRES

Eaftangle *vocatur, cum aliis, tùm eò nobilis habetur, quòd aquis penè undiquè alluitur, cùm à Subfolano & Euro cingitur Occeano, ab Aquilone verò immenfarum paludum uligine, quæ exerientes propter æqualitatem terræ à meditullio fermè totius Britannia per centum & amplius millia, cum maximis fluminibus defcendunt in mare. Ab ea autem parte, quâ sol vergit in occafum, ipfa Provincia reliqua Infula eft certinua, & ob id pervia; fed nè crebrâ irruptione hoftium incurfetur, aggere ad inftar altioris muri, foffa humo præmunitur. Interius ubere fatis glebâ, admodùm lætâ hortorum, nemorumque amœnitate, gratiffimâ ferarum venatione, infignis pafcuis, pecorum & jumentorum non mediocriter fertilis. De pifcofis fluminibus reticemus, cum hinc eam, ut dictum eft, lingua maris allambit, indè paludibus dilatatis ftagnorum ad duo vel tria millia fpatioforum innumerabili multitudo præterfluit. Quâ paludes præbent pluribus Monachorum gregibus optatos folitariæ converfationis finus, quibus inclufi non indigeant folitudine Eremi.* I, a.ix. Cen, étang, marais. Iceni, ceux qui habitent une Contrée pleine d'étangs, de marais : Ou I, eau. Cen, entouré. Ce Pays eft prefque tout entouré d'eau : Ou Ich, Ichen, fort, puiffant. Tacite appelle les Icéniens un Peuple puiffant, *Gens valida*.

IERBY.

ARBEIA dans Antonin, à une courbure de l'Elne. Ar, près. Bay, en compofition Bey, courbure.

ILCESTER.

ISCHALIS dans Antonin, au bord de l'Ivell qui y fait une courbure. Ifco, courbure. Lis, rivière.

ILEKELY.

OLICANA dans Ptolomée, près d'une courbure du Warf. Ol, près. I, rivière. Can, courbure.

ISTAM.

A l'embouchure d'une petite rivière dans une autre. I, rivière. Stan, embouchure : Ou I, près.

ITHANCESTRE.

A fuccédé à l'ancienne Othona; car Ithan & Othon font ou les mêmes mots, ou deux termes qui ont le même sens. I, près. Tan, rivière. Ot, bord. On, rivière. Ceftre ou Cefter eft une terminaifon faxonne, qui fignifie habitation. Othona fut fubmergée dans le Frohwell, au bord duquel elle étoit fituée. Ithanceftre fut rebâtie près de l'endroit où étoit cette Ville.

KEINES.

A un confluent. Can, en compofition Cen, prononcez Ken, jonction. Es, rivière.

KELHAM.

A un partage du Trent. Cal, en compofition Cel, prononcez Kel, coupure, partage. Am, rivière.

KELLAM.

ENTRE deux rivières. Kel, enceinte, fermée. Lan, rivières.

KÈNE.

A une courbure de rivière. Can, en compofition Cen, prononcez Ken, courbure. E, rivière.

KENNET.

CUNETIO dans Antonin, à la fource d'une rivière, qui de fon nom eft appellée Cunet ou Kennet. Con ou Cun ou Ken, tête, fource. Ad ou At, en compofition Et, rivière.

KENT.

PROVINCE anciennement appellée Cantium. Cette Contrée fait un grand angle. Cant, angle.

KENTMERE.

A la fource du Can. Kent, fource. Mer, rivière.

KERY.

PRÈS d'une rivière. Cer, prononcez Ker, près. I, rivière.

KETTERING.

ENTRE deux rivières. Cad ou Cat, en compofition Cet, prononcez Ket, rivières. Ta, en compofition Te, deux. Rhwng, en compofition Rhyng, entre.

KILKEN.

FONTAINE qui a fon flux & fon reflux réglé. Cil, prononcez Kil, qui décroit, qui diminue. Ken, fource, fontaine.

KYNETON.

PRÈS d'un confluent. Cyn, prononcez Kyn, confluent. Ton, habitation.

SUR LA LANGUE CELTIQUE.

KILHAM.
A la source d'une petite rivière. *Cil*, prononcez *Kil*, tête, source. *Am*, rivière.

KILMAIN.
A une courbure de rivière. *Kil*, habitation. *Men*, courbure de rivière.

KILSANT.
A une courbure de rivière. *Kil*, habitation. *Sant*, courbure.

KILTON.
DANS une forêt. *Cil*, prononcez *Kil*, forêt. *Ton*, habitation.

KINGTON.
A un confluent. *Cyn*, prononcez *Kyn*, confluent. *Ton*, habitation.

KINNERTON.
A un confluent. *Cyn*, prononcez *Kyn*, confluent. *Er*, près. *Ton*, habitation.

KIRTON.
AU pied d'une montagne. *Kir*, habitation. *Ton*, montagne.

LACHARN ou LOGHOR.
ANCIENNEMENT *Leucarum*, est un Château bâti sur un roc, à l'embouchure du Taf dans la mer. *Lech*, *Lach*, *Loch*, *Luch*, roc. *Ar*, *Arn*, sur, dessus.

LACTORODUM.
ANCIENNE Ville dont parle Antonin, étoit au bord de l'Ise dans l'endroit où est Stony-Stretford, & s'étendoit jusqu'auprès de Caversham ou Calverton, où il y a d'abondantes carrières. *Lach*, pierre. *Torri*, tailler. *Voyez* Mancester.

LANAVON.
PRÈS d'une rivière. *Lan*, habitation. *Avon*, rivière.

LANBEDER.
A l'embouchure d'une rivière dans le Tywy. *Lan*, habitation. *Be*, deux. *Der*, rivière.

LANCASTRE.
LONGOVICUM du temps des Romains, au bord de la rivière de Lune, nommée Lon par les Anciens. *Lon*, *Gwyck*, habitation. *Longwyck* ou *Longowyck*, habitation du Lon.

LANCELL.
PRÈS d'une rivière. *Lan*, rivière. *Cell*, habitation.

LANDAF.
AU bord du Taf. *Lan*, habitation. *Daf* pour *Taf*, en composition.

LANDEW.
A un confluent. *Lan*, rivière. *Dew*, en composition *Dew*, deux.

LANEHAM.
PRÈS de rivière. *Lan*, rivière. *Ham*, habitation.

LANELTHY.
AU bord d'une rivière. *Lan*, rivière. *El*, bord. *Ty*, habitation.

LANGAN.
A une courbure de rivière. *Lan*, rivière. *Gan*, courbure.

LANGER.
AU bord du Trent. *Lan*, rivière. *Ger*, près.

LANGLEY.
DANS un lieu enfoncé & caché. *Lan*, habitation. *Cle*, en composition *Gle*, cachée.

MÉMOIRES

LANHADEN.

Près d'un confluent. *Lan*, habitation. *Ad*, union. *Dan*, en composition *Den*, rivière. Les Gallois appellent ce lieu Llanandyffry. *Llan*, habitation. *An*, des. *Dyffry*, rivières.

LANIDLOS.

A un confluent. *Lan*, habitation. *It*, en composition *Id*, jonction. *Lwch*, prononcez *Loch* ou *Los*, rivières.

LANSAN.

Dans le territoire de ce Village, qui est dans le Pays de Galles, il se trouve un ancien monument fort singulier. Au côté d'une colline on voit un grand espace rond taillé dans le roc, avec vingt-quatre siéges de différentes grandeurs, taillés de même. Apparemment que les anciens Bretons tenoient là les assises de la Nation. *Llan*, lieu. *Sen* de *Sened*, assemblée.

LAN-WETHLIN.

Petite Ville, connue anciennement sous le nom de *Mediolanum*, qui se conserve encore dans Methlin ou Vethlin, comme les Gallois prononcent indifféremment. Cet endroit a tiré son nom de la bonté du sol où il est placé, ainsi que les autres Villes de France & d'Italie qui portent le même nom. *Med*, bon, abondant, fertile. *Lan*, sol. *Medlan*, sol fertile, abondant.

LANYMTHEFRY.

Entre deux rivières. *Lan*, habitation. *Yn*, entre. *Ta*, en composition *Te*, deux. *Bru*, en composition *Fry*, rivières.

LAVATRAE ou LEVATRAE.

Ville ancienne dont parle Antonin, étoit au bord d'une petite rivière, près de Bowes ou Bough. *Lav* ou *Lev*, en composition rivière. *Trai*, petite. *Trai* se prononçoit *Trae* en latin : On disoit en cette Langue *Musae* pour *Musai*.

LAYTON.

Durolitum dans Antonin, sur un bras de la Lée. *Dor*, *Dur*, partage. *Laith*, *Lith*, rivière.

LÉAMINGTON.

Sur la Léame. *Léame*, *Wng*, en composition *Yng*, près. *Ton*, habitation.

LÉCHLADE.

A l'embouchure du Lech dans la Tamise. *Ladd* signifie tuer, faire mourir, faire finir ; ainsi il a été facilement étendu à signifier embouchure, qui est la fin d'une rivière.

LEDES.

Ville fort peuplée & fort riche. On trouve dans son territoire quantité de chaux, qu'on transporte dans les Villes du voisinage, & dont les laboureurs se servent avec profit pour engraisser leurs terres. *Ledw*, gras.

LEICESTER.

Dans Antonin *Rates*, au bord de la Stoure. *Rat*, rivière. *Tes*, habitation.

LEIGHTON.

Au bord d'une rivière. *Lwgh*, en composition *Lygh*, rivière. *Ton*, habitation.

LEIKE.

Au bord d'une rivière. *Lic*, rivière.

LEMSTER.

A l'embouchure d'une rivière dans une autre. *Lam*, en composition *Lem*, chute, manquement. *Ster*, rivière. *Voyez* Montereau Faut-Yonne en Champagne.

LENHAM.

Durolenum dans Antonin, à la source du Len. *Dwre*, source. *Len*, rivière.

LENTON.

Au bord du Lin. *Len*, rivière. *Ton*, habitation.

LESKERD.

Entre deux rivières, sur une haute colline. *Les*, rivières. *Cer*, prononcez *Ker* ou *Kerd*, colline.

LESTOFFE.

Bourg étroit, situé près de la tête du Lac de Luthing, à l'isthme de la Presqu'isle formée par ce

SUR LA LANGUE CELTIQUE.

Lac. *Les*, eau. *Topp* ou *Toff*, ce qui bouche, ce qui barre, ce qui ferme. Ce terme est très-propre pour désigner un isthme qui barre ou empêche l'eau d'environner un terrein de tous les côtés.

LESTUTHIEL.

ÉTOIT autrefois une grande, belle & riche Ville, située sur une colline, & connue sous le nom d'*Uxella*. Dans la suite les Habitans quitterent le côteau, & se placerent dans la plaine au bord du Fawey. Ce n'est plus aujourd'hui qu'un petit Bourg appellé Lestuthiell. *Uchel*, *Uxel*, élevation, colline.

LEWES.

AU haut d'un côteau, au bord d'une petite rivière. *Leve*, élevation. *Es*, rivière.

LEWKNOR.

PRÈS de la source d'une rivière. *Luc*, rivière. *Nor*, tête, source.

LICHFELD.

Voyez Étocetum.

LINCOLN.

EST dans une situation fort agréable, le long d'une colline, dont le pied est arrosé par la rivière de Witham, qui s'y divise en trois bras. Cette Ville est fort ancienne, & l'on ne peut douter que ce ne soit celle de *Lindum*, dont parlent Antonin & Ptolomée. On y voit encore les restes d'une voie militaire, que les Romains avoient construite de là jusqu'à Stanford. L'ancien *Lindum* n'avoit pas toute l'étendue que Lincoln a aujourd'hui. Il paroît qu'il étoit principalement au sommet de la colline. On y a vu longtemps les vestiges des remparts & des fossés. C'est là que mourut le brave Vortimer, ce Chef des Bretons, qui a si longtemps défendu sa Patrie contre l'invasion des Saxons, & remporté sur eux tant de victoires. Les Saxons ayant pris cette Ville, la rebâtirent sur la pente de la colline jusqu'au bord du Witham, & la fermerent de murailles. *Leyn*, sommet. *Dum*, colline : Ou *Llyn*, rivière. *Twnn*, en composition *Dwnn*, partage.

LITTLEBOROUGH.

AGELOCUM dans Antonin, au bord du Trent. *Ag*, rivière. *Loc*, habitation.

LONDON.

ENTRE deux rivières, près de leur confluent. *Lon*, rivières. *Don*, enfermé.

LOVENTIUM.

VILLE dont parle Ptolomée, aujourd'hui ruinée, étoit apparemment sur la rivière de Leveny. *Ty*, habitation. *Leventy*, *Loventy*, habitation du Leveny.

LUCOPIDIA.

EST la Ville que Béde a appellé *Candida Casa*, maison blanche, traduisant son nom celtique en latin. Les Anglois & les Écossois l'ont appellée Whittern, ce qui présente le même sens en leur Langue. *Luc*, blanche. *Pwth*, en composition *Pydh*, habitation.

LUDLOW.

EN Breton *Dinan*, est une agréable & belle Ville, médiocrement grande, située sur une colline, entre le Temd & la Corve qui s'y joignent. *Di*, deux, *Nant*, rivière : Ou *Din*, colline. *Nant*, rivière : Ou *Din*, belle. *An*, habitation. *Voyez* Dinant en Bretagne.

LUGUVALLUM.

ANTONIN parle de deux Villes de ce nom dans la Grande Bretagne. Suivant M. Gale, une de ces Places étoit à l'endroit qu'on appelle aujourd'hui Old-Carleil ; elles avoient pris leur nom de la manière dont elles étoient fortifiées. *Lug*, tour. *Vall*, Forteresse, Fortification. *Lugvall*, Ville dans les Fortifications de laquelle il y avoit des tours.

LUMLEY.

DANS une forêt, au bord de la Were. *Llwn*, rivière. *Lay*, en composition *Ley*, forêt.

LYE.

AU bord d'une rivière. *Liex*, rivière.

LYM.

PRÈS d'une petite rivière, à laquelle il a donné son nom, sur une colline rude, au bord de la mer. *Llym*, rude : On sous-entend colline.

LYNN.

VILLE ruinée, dont les vestiges s'appellent Old-Lynn, vieux Lynn, près d'un grand marais. *Llyn*, marais.

MÉMOIRES

LYNSTOCK.

OLENACUM dans Antonin, à une courbure de l'Éden. *Olwyn*, *Olen*, tour, contour, courbure. *Ac*, rivière.

LYNTON.

PRIS de la source d'une rivière. *Ly*, rivière. *Tn*, source. *Ton*, habitation.

MANCHENLLETH.

ANCIENNEMENT *Maglona*, au bord du Dovy. *Mag*, habitation. *Lon*, rivière.

MAIDSTON.

VAGNIACAE dans Antonin; *Madus* dans les Tables de Peutinger, à un confluent. *Ban* ou *Van*, embouchure. *Jachts*, rivière. *May*, rivière. *Dw*, deux.

MAIN-AMBER.

PRIS du Bourg de Penfans est un rocher nommé Main-Amber, qui est composé d'un grand nombre d'autres petits. On le voit quelquefois remuer un peu, sans qu'il soit possible de le tirer de l'endroit où il est. *Maen*, roc. *Ammharu* ou *Ambharu*, en composition *Ambhern*, chanceler.

MALDON.

ANCIENNEMENT *Camalodunum*, Ville considérable du temps des Romains, près du confluent du Chelmer & du Frohswell, & à un partage du Chelmer, qui, après avoir reçu le Frohswell, se divise & forme une Isle. *Cam*, confluent. *Lodenn*, *Lodunn*, partage. Voyez Melun dans l'Isle de France.

MALLING.

PRIS de la source d'un ruisseau. *Mal*, source. *Llyng*, ruisseau, diminutif de *Llyn*.

MALMESBURY.

CONNU anciennement sous le nom de Caer-Bladon, sur une colline que l'Avone entoure presque toute entière. *Caer*, Ville. *Bala*, en composition *Bela*, par une crase facile & commune *Bla*, sinuosité, courbure. *Don*, colline.

L'ISLE DE MAN.

LES Anciens l'ont connue sous le nom de *Mona*, (ce qui lui étoit commun avec l'Isle d'Anglesey.) *Monabia*, *Menevia*, *Monœda*. Aujourd'hui les Gallois l'appellent *Menaw*, les Anglois *Man*, & ses Habitans *Maning*. Elle s'étend en long du Nord au Sud l'espace de trente milles, sa largeur est fort inégale; mais en général elle n'a pas plus de neuf milles, ni moins de cinq. Cette Isle est fort élevée de toutes parts, & ses côtes sont bordées de rochers & d'écueils fort dangereux. *Man*, *Mon*, pierre, roc. *Monab*, *Monœd*, *Menaw*, bordée de pierres, de rochers.

MANAVEN.

AU bord d'une rivière. *Man*, à la, *Aven*, rivière.

MANBY.

SUR une montagne. *Man*, montagne. *By*, habitation.

MANCESTER.

APPELLÉ *Manduessedum* du temps des Romains, est situé sur la rivière d'Amker, qu'on y passe sur un beau pont de pierres. On trouve auprès de ce Bourg une belle carrière de pierres à bâtir. *Man*, pierres. *Twss*, en composition *Dwss*, taillées. Cet endroit est appellé *Mancegued* par les Gallois, ce qui signifie la même chose. *Cegued*, taillées.

MANCHESTER.

VILLE qui portoit anciennement le nom de *Mancunium*. Elle est au confluent de l'Irwell & de l'Irk, sur un terrein de rochers rougeâtres. *Man*, roc. *Coh*, rougeâtre. *Un*, près: Ou *Cun*, confluent.

MANYTRE.

BOURG qui est sur la route de Harwich à Londres. *Man*, au, sur le. *Witra*, en composition *Ture*, chemin.

MARGIDUNUM.

ANCIEN lieu de la Grande Bretagne sur la route de Londres à Lincoln, à *Londinio Lindum*. C'est aujourd'hui, selon M. Gale, *Willoughby*, *On The Worlds*, Bourg du Comté de Nottingham, aux confins du Comté de Leicester. Il est auprès d'une montagne. La marne qui sert à fertiliser les terres se tire en abondance près de ce Bourg. On ne peut douter que Villoughby n'ait été une ancienne Ville; & cela se prouve par quantité de monnoyes romaines qu'on y a déterrées, outre qu'il y a encore tout auprès un chemin romain. *Marg*, marne. *Dun*, montagne, colline.

SUR LA LANGUE CELTIQUE.

D'autres Sçavans prétendent que *Margidunum* est aujourd'hui Market-Overton, qui est placé sur une colline près d'une marnière.

MARLEBOROUGH.

A tiré son nom de sa marne ou chaux blanchâtre. *Marl*, marne.

MARLOW.

Bourg dont le terroir est plein de marne, que l'on employe avec un profit merveilleux pour engraisser les terres. *Marl*, marne.

MARTON.

Près d'un étang. *Mar*, étang. *Ton*, habitation.

MARVIL.

A la source d'une rivière. *Mar*, rivière. *Vil*, source.

MASHAM.

Entre deux rivières, près de leur confluent. *Mas*, enfermé. *Am*, rivière.

MEDLEY.

Entre deux rivières. *Med*, entre. *Ley*, rivière.

MENEG.

Presqu'isle nommée *Menna* dans les anciens, qui nous apprennent qu'elle étoit abondante en métaux. La pointe la plus avancée de cette Presqu'isle s'appelle le cap ou la pointe du Lézard. Ce cap ou promontoire a la forme d'un cône, & se termine en pointe. Il est nommé *Ocrin* dans Ptolomée. *Moina*, mines. *Ochr*, pointe, pointu. *Rhin*, promontoire, cap.

MERDEN.

Au bord d'une rivière. *Mer*, bord. *Dan*, en composition *Den*, rivière.

MERING.

A un partage du Trent. *Mar*, en composition *Mer*, coupure, partage. *Rin*, rivière.

MERKIU.

Au bord d'un golfe. *Mer*, bord. *Civ*, prononcez *Kiv*, sinuosité, golfe.

MERSHAM.

Au bord d'une rivière. *Mars*, en composition *Mers*, bord. *Am*, rivière.

MEYRE.

Près d'un étang. *Mer*, étang.

MIDLAM ou MIDDELHAM.

Entre deux forêts. *Mid*, *Midel*, entre. *Lam*, forêt.

MILLUM.

A l'embouchure du Dudden. *Mil*, embouchure. *Lwn*, rivière.

MOINGLATH.

Prend son nom de ses mines de plomb. *Moin*, mines. *Glad*, ou *Glat*, terrein.

MONT SAINT MICHEL.

Rocher fort élevé & fort escarpé, qui est tout environné d'eau, comme une Isle, dans le temps que la mer est à flots; mais quand la marée est basse, il est joint à la terre ferme. On l'appelloit anciennement *Dinsol*, & les Habitans de Cornouailles le nomment *Careg Cowse*. Le sommet de ce rocher est une jolie plaine, où l'on a bâti un Fort. Vers le commencement du seizième siécle, comme on creusoit au pied du mont pour tirer de l'étain de la mine qui s'y trouvoit, on y déterra des haches, des épées & d'autres armes toutes de bronze, envelopées dans du linge. Ce rocher & toute la côte voisine est remplie d'une espèce de corbeaux, qui ont le bec & les pieds jaunes, qu'on appelle en latin *Pyrocorax*; (ce mot est emprunté du Grec, & signifie corbeau rouge;) ils sont fort larrons & fort dangereux, parce qu'ils prennent quelquefois des buchettes allumées qu'ils jettent dans les maisons. *Carreg*, rocher. *Cows*, corbeau qui a le bec & les pieds rouges en Langue de Cornouailles, qui est un Dialecte du Celtique. *Dinsol* signifie extrémités, rouges, jaunes en Gallois. *Din*, extrémités. *Sol*, rouges, jaunes. *Voyez* Coch. *Voyez* Dinboeth.

MÉMOIRES

MONTSORELL.

CHATEAU placé fur une colline de difficile accès. *Sorrel*, fâcheux, difficile.

MORESBY.

PETIT Village au bord de la mer, où il y a quantité de débris de bâtimens antiques, & où l'on a trouvé plufieurs monumens romains, en particulier des infcriptions qui font conjecturer que c'eft la place dont les Anciens ont parlé fous le nom de *Morbium*. On y voit des fouterreins, des grottes & des reftes de remparts élevés le long de la côte dans les endroits qui étoient propres pour une defcente. *Mor*, grandes. *Rhewyg* ou *Rhebyv*, cavernes, grottes. Les Habitans appellent ces grottes Pictoholes, c'eſt-à-dire cavernes des Pictes, apparemment parce qu'ils prétendent que les Pictes s'y font retirés.

MORICAMBE.

BAYE ou finuofité de la mer. *Mor*, mer. *Camb*, courbure, finuofité.

MORIDUNUM.

ANCIENNE Ville dont il eft parlé dans l'Itineraire d'Antonin, nommée aujourd'hui *Seaton*, fur une colline au bord de la mer. *Mor*, mer. *I*, près. *Dun*, colline. *Seaton*, fignifie la même chofe en Anglois.

MORIS.

AU bord d'une rivière. *Mor*, bord. *Is*, rivière.

MORKAM.

PRÈS d'un confluent. *Mor*, près. *Cam*, confluent.

MORPIT.

AU bord d'une rivière. Son Château eſt fur une colline. *Mor*, rivière. *Pi*, colline.

MOULTON.

AU bord d'un petit lac ou étang. *Mouille*, étang. *Ton*, habitation.

NANCLIN.

A une courbure de rivière. *Nant*, rivière. *Clin*, courbure. Voyez Guefclin en Bretagne.

NANTMEL.

A une courbure de rivière. *Nant*, rivière. *Mel*, courbure.

NANTWYCK.

AU bord du Wever, tire le nom qu'il porte aujourd'hui du mot Breton, qui fignifie vallée & rivière, & de celui de *Wyck*, qui dans la même Langue fignifie habitation. Les Bretons ou Gallois l'appellent *Hellath-Wen*, c'eſt-à-dire Saline blanche, à caufe de la fontaine d'eau falée qui s'y trouve, & qui produit de très-beau fel blanc. On appelloit anciennement cette Ville *Vicus Malbanus*. Nantwyck n'a qu'une fource d'eau falée, mais qui en vaut bien deux par l'abondance de fon eau. Elle eft à douze ou quatorze pas de la rivière, on en conduit l'eau par des auges dans les maifons, où on la reçoit dans de petits tonneaux enfoncés en terre. A un certain fignal de cloche qu'on donne, on la cuit dans des chaudières, fix à chaque maifon, & l'on en tire de très-beau fel blanc. Les Romains ont connu cette Saline & celle de Nortwych, puifqu'on voit un chemin fort beau de Middlewyck à Nortwyck couvert de gravier & fort élevé, qu'on juge avec raifon être un ouvrage des Romains. Ce qui fortifie ce jugement eft la difette de gravier dans toute la Province. *Hal*, *Mal*, fel. (L'*M* & l'*H* fe fubftituent réciproquément.) *Ban*, blanc.

NAPTON.

SUR la cime d'une montagne. *Nef* ou *Nep*, cime. *Ton*, montagne.

NÉATH.

NIDUM dans Antonin, au bord du Néath, anciennement Nid. *Nid*, *Hom*, habitation. *Nidhom*, habitation du Nid.

NÉDEHAM.

A une courbure de rivière. *Ned*, courbure. *E*, rivière. *Ham*, habitation.

NESSE.

NOM d'un promontoire ou terrein qui avance dans la mer. Il eſt dans la Province de Kent. *Nech*, ou *Nes*, pointe.

NESSE.

VILLAGE fur lequel pend un rocher fcabreux qui couvre une célèbre caverne. *Nach*, *Nech* ou *Nes*, caverne.

SUR LA LANGUE CELTIQUE. 377

NEVERNE.

A une courbure de rivière. *Na*, en composition *Ne*, rivière. *Bern*, *Vern*, courbure.

NEWENHAM.

ENDROIT remarquable à cause de trois fontaines médicinales qui s'y trouvent. Elles ont la couleur & le goût de lait, provoquent les urines copieusement, consolident les playes récentes, & sont excellentes contre les ulcéres. Quand on les prend avec du sucre, elles sont astringentes, & avec du sel elles sont laxatives. On estime aussi qu'elles sont souveraines pour guérir de la pierre; outre ces merveilleuses qualités, l'eau de ces fontaines a encore la vertu de convertir le bois en pierre. *Na*, en composition *Ne*, eau. *Wen*, blanche. *Han*, sources.

NEWIN.

AU bord de la mer. *Nes*, près. *Win*, eau, mer.

NORTHAMPTON.

A l'embouchure d'une rivière dans l'Aufon. *Nor*, embouchure. *Tan*, rivière. *Ton*, habitation.

NORTHILL.

AU bord d'une rivière. *Nor*, rivière. *Tyle*, habitation.

NORTWYCK.

A l'embouchure de la Dane dans le Wever, & près de l'embouchure du Pever dans la Dane. *Nor*, embouchure. *Tw*, deux. *Wyck*, habitation.

NORWYCK.

PRÈS de l'embouchure d'une rivière dans le Gerne. *Nor*, embouchure. *Wyck*, habitation.

NOTTINGHAM.

EST une des plus belles, des plus propres & des plus agréables Villes d'Angleterre. Sa situation est tout-à-fait charmante, sur le penchant d'une colline assez élevée, d'où l'on découvre la campagne des environs, & la rivière de Lene qui en lave le pied. On y voit un pont superbe de pierres sur la Lene dans un endroit où elle se partage en plusieurs branches, un Château fortifié par la nature & l'art, qui est à l'extrémité de la Ville, ou plutôt à l'extrémité la plus élevée de la colline, sur le rocher qui est escarpé de ce côté là. De la première cour de ce Château, on descend par des dégrés dans une grotte souterraine, divisée en plusieurs chambres, toutes taillées dans le roc avec beaucoup d'art & de peine. De la partie la plus élevée du Château, qui est sur le roc, on descend par plusieurs dégrés dans une autre grotte souterraine, taillée avec art de même que la précédente. Mais ce n'est pas dans le Château seul qu'on voit de ces sortes d'ouvrages; la colline, sur laquelle la Ville est située, est percée de la même manière en quelques endroits. On y voit des maisons entières à deux & à plusieurs étages les uns sur les autres, avec des escaliers à vis pour monter de l'un à l'autre, des fenêtres, des cheminées & plusieurs chambres, le tout bien ordonné & taillé dans le roc avec beaucoup d'art ; ce sont ces grottes souterraines qui ont donné à la Ville le nom qu'elle porte. Les Saxons l'appellerent *Snotinga-ham*, ce qui signifie *habitation des grottes*; & de là adoucissant ce mot, on en a fait le nom de *Nottingham*.

Cette Ville est l'ancienne Gausennis dont parle Antonin. *Gav*, cavernes, grottes. *Sen*, belles : Ou *Gav*, trouée, percée. *Sen*, colline.

OCELLUS.

LA Presqu'isle d'Holdernes finissant en pointe, forme un promontoire long & avancé. Sur le cap est un Village nommé Kelnsey, qui étoit anciennement une place plus considérable, appellée *Ocellus*. *Ocell*, Presqu'isle.

OCHIE HOLE.

DANS le voisinage de Wels on trouve sur la montagne une grotte fort spacieuse & fort profonde, parsemée de sources & de ruisseaux, à laquelle on donne le nom d'Ochie Hole. *Oc*, en composition *Och*, caverne. *Iad*, en composition *Ies*, eau. *Ochies*, caverne d'eau, caverne où il y a beaucoup d'eau. *Hole* est un mot anglois, qui a été ajouté à l'ancien nom lorsqu'on n'en a plus connu la signification, puisqu'il présente à peu près le même sens. Ce terme désigne en cette Langue un trou, un creux, une ouverture.

OCRINUM.

VOYEZ Meneg.

ODIAM.

ENTRE deux rivières. *Hod*, fermé. *Dy*, deux. *Am*, rivières.

OGMOR.

LE Château d'Ogmor est célèbre par une fontaine merveilleuse qui se voit dans son voisinage, & dont le mouvement est diamétralement opposé à celui de la mer. Lorsque la marée est basse, cette

B bb

fontaine coule abondamment, & l'eau s'éleve à quelque hauteur; mais au contraire lorsque le flux monte, la fontaine s'écoule, & il n'y reste qu'environ trois pouces d'eau; la chose est très-sure. Il faut seulement remarquer qu'en hyver cette singularité n'est pas si sensible, à cause des pluyes & des eaux étrangères qui entrent dans la fontaine. *Og*, contraire. *Mor*, mer. *Ogmor*, contraire à la mer.

OKENGATE.

VILLAGE dans une vallée. Ce lieu étoit anciennement une Ville nommée *Usocona*. *Hws*, habitation. *Con*, vallée.

ORDEVICES.

ILS habitoient les Comtés de Montgommery, Mérioneth, Caernarvon, Denbigh & Flint. Ces Peuples ont donné dans tous les temps des preuves d'une grande valeur. Ils furent les derniers de la Grande Bretagne à subir le joug des Romains, & les Rois d'Angleterre n'ont pu qu'après bien des siécles & des combats les compter au nombre de leurs Sujets. Ils doivent leur nom à cette bravoure distinguée. *Ord*, très. *Wych* ou *Wys*, braves.

OREFORD.

AU bord de l'Ore. *Vor*, prononcez *For*, bord. *Oresor*, bord de l'Ore.

SAINCTE OSITE.

ANCIENNEMENT Chic, ainsi nommé de son Château. *Chic*, Château, Forteresse.

OTFORD.

AUTREFOIS Ottanford, au bord du Darent. *Ot* ou *Otan*, bord. *Vor*, prononcez *For*, près.

OTLEY.

PRÈS du Warf, bâti sous un prodigieux rocher. *Od* ou *Ot*, grand, prodigieux. *Lech* ou *Lés*, rocher.

OTTADINI.

ANCIEN nom des Habitans du Comté de Northumberland. Ce Peuple est très-belliqueux. On lira avec plaisir le portrait qu'en fait Camden. *Terra ipsa magnâ ex parte aspera est, cultu dura, cultorumque corpora durasse videtur, quos ferociores faciunt vicini Scoti, nunc bello exercentes, nunc pace suos ritus miscentes, undè bellicosissimi sunt, & Velites optimi. Cùmque omninò Marti se quasi consecraverint, non est inter eos quispiam melioris notæ, qui suam turriculam, aut munimentum non habeat.* O, article. *Tainus*, en composition *Tadinus*, qui agace, qui provoque au combat. C'est là précisément le caractére des Ottadins, que Camden dit être *Velites optimi*. On sçait que chez les Romains *Velites* étoient les soldats qui provoquoient au combat, les soldats qui par différentes escarmouches engageoient le combat.

OUKHAM.

DANS une vallée, près d'une rivière. *Ow*, rivière. *Com* ou *Cam*, vallée.

OUNDALE.

NOM corrompu d'Avondale, Bourg que l'Auson environne presque entièrement. *Avon*, rivière. *Dal*, enfermé, environné.

OXFORD.

OXONIUM, est une belle & grande Ville, fort bien bâtie, dans une situation très-agréable, près du confluent de l'Isis & du Chervell. *Oc*, rivières. *Son*, union, jonction.

PAP CASTLE.

VIEUX CHATEAU ruiné. Ptolomée met *Epiacum*; (quelques manuscrits portent *Appiacum*) en cet endroit. *Ap*, en composition *Ep*, petit. *Iachon*, Château. *Castle* en Anglois, Château. Il est fort vraisemblable que *Pap* a autrefois signifié petit en cette Langue, puisqu'encore aujourd'hui il désigne la bouillie des enfans.

PATERINGTON.

PRÆTORIUM dans Antonin, à l'embouchure d'une rivière dans le Humber, qui lui forme un Port médiocre. *Bre* ou *Pre*, embouchure. *Tor*, rivière.

PÉAKE.

PARTIE du Comté de Darby, toute remplie de montagnes. *Peach*, montagne.

PEN.

SUR une élévation. *Pen*, élévation.

PENBROCK.

LES deux rivières du Clethy & du Dugledy se rencontrant au dessous de Haverford-West, font un beau, long & large canal, qu'on nomme le havre de Milford, un des meilleurs & des plus spacieux qu'il y ait dans toute l'Europe. La longueur du canal, les courbures infinies, & les cinq bayes qu'il fait, rendent l'eau si tranquille, que les vaisseaux y mouillent en toute sûreté. A la tête d'une de ces bayes, qui est formée par une éminence de roc, est la Ville que les Gallois nomment *Penbro*, c'est-à-dire tête de la mer, & les Anglois *Penbrock*.

PENFFORD.

A l'embouchure d'une rivière dans une autre. *Pen*, embouchure. *Vor*, prononcez *For*, près.

PENKRIDG.

PENNOCRUCIUM dans Antonin, au bord du Penk. *Cruc*, enceinte, habitation. *Penk Cruc*, habitation du Penk.

PENLÈNE.

PRès de la source d'une rivière. *Pen*, tête, source. *Len*, rivière.

PENNALLT.

Au pied d'une montagne, près de l'embouchure d'une rivière dans une autre. *Pen*, embouchure. *Allt*, montagne.

PENNANT.

PRès d'une montagne & d'une rivière. *Pen*, montagne. *Nant*, rivière.

PENRITH.

EST un joli Bourg, dont le nom signifie une colline rouge, parce que le terrein est rouge en cet endroit. *Pen*, colline. *Rhudd*, en composition *Rhydd* ou *Rhyt*, rouge.

PENRY.

A une embouchure de rivière. *Pen*, embouchure. *Ry*, rivière.

PIKERING.

SUR une colline, au bord du Dervent. *Pic*, colline. *Rin* ou *Ring*, rivière.

PIRTON.

ENDROIT où l'on trouve des astroïtes ou des pierres d'étoile, de la grandeur & de l'épaisseur d'un demi écu, avec cinq pointes en forme de rayons d'étoile. Ces pierres sont de couleur grisâtre, & si bien gravées des deux côtés, que l'art ne peut rien faire de mieux. Elles sont souvent jointes les unes aux autres par le côté plat en forme de cylindre, comme des écus rangés les uns sur les autres de la hauteur d'un pouce. On les distingue fort bien à la vue; mais elles sont si bien collées, qu'on ne sçauroit les séparer sans les rompre. Lorsqu'on les jette dans le vinaigre, on les voit se remuer avec un petit tremblement. *Pir*, pointe. *Tunn*, *Tonn*, pierre.

PRÉES.

A la source d'une rivière. *Bre*, *Pre*, tête, source. *Es*, rivière.

PRESTAIN.

AU bord du Lug. *Pres*, près. *Tan*, en composition *Ten*, rivière.

PRUDHOW ou PRODHOW.

CHATEAU dans une situation agréable, sur une colline, au bord de la Tine; c'est l'endroit qui est nommé *Protolitia* dans Antonin. *Brod* ou *Prod*, *Prot*, colline. *Lys*, rivière.

PULLHÉLY.

PRès d'un marais salé. *Pwll*, marais. *Héli*, salé.

QUAT.

PRès d'une forêt. *Cat*, forêt.

RADNOR.

MAGOS dans Antonin, sur une colline, au bord du Somegill. *Mag*, habitation. *Os*, colline.

RAIHADER GOWY.

LA rivière de Wye, sortant du Comté de Montgommery, entre dans celui de Radnor, où elle coule au Sud-Ouest. Elle se trouve arrêtée par un rocher, duquel elle se précipite avec un grand bruit près de Raihader Gowy, Bourg qui a tiré son nom de cette chute ou cataracte. *Rhaiadr* ou *Rhaiader*, cataracte, chute. *Gwi*, rivière.

RALEGH.

AUTREFOIS *Ragancia*, de *Ragnaer*, franchise. Cet endroit jouit ou jouïssoit de quelque franchise.

RAMESBURY.

SUR le Kennet, dans des prairies. *Ra*, rivière. *Maes*, prairie. *Bur*, habitation.

R A N D E.

Au bord d'une rivière. *Ran*, bord. *Da*, en composition *De*, rivière.

R A V E N G L A S.

Entre deux petites rivières, à leurs embouchures dans la mer, enforte qu'il est dans une Presqu'isle. *Re*, deux. *Aven*, rivière. *Clas*, en composition *Glas*, enfermé.

R É C H E.

A la source d'un ruisseau. *Rec*, *Réch*, ruisseau.

R E C U L V E R.

Regulbium du temps des Romains, à l'embouchure de la Tamise dans la mer. *Reg*, rivière. *Gul*, embouchure. *By*, habitation.

R E D D I N G.

Entre deux rivières, près de leur confluent. *Red*, rivières. *Tin*, en composition *Din*, la pointe de terre que deux rivières forment à leur confluent.

R E D F O R D.

Au bord de l'Idle. *Red*, rivière. *Vor*, prononcez *For*, bord.

R E P T O N.

Repandunum du temps des Romains, près de l'embouchure d'une petite rivière dans le Trent. *Re*, rivière. *Pan*, embouchure. *Dun*, habitation.

R E Y G A T E.

Au bord d'une rivière, près d'une forêt. *Rai*, en composition *Rei*, rivière. *Gat*, forêt.

R I C H B O R O W.

Dans le voisinage de l'Isle du Thanet, & tout près de la branche orientale du Stour, il y a eu dans l'Antiquité une Ville avec un Port de mer fort célébre, nommée *Rhutupiae* ou *Rhitupis*, & sous les Saxons *Richberge* & *Richborow*. Du temps des Romains cette Ville étoit l'abord ordinaire des flottes, & les Empereurs y tenoient une garnison pour s'opposer aux pirateries des Saxons. Lorsque ces derniers furent devenus les maîtres du Pays, elle fut encore assez longtemps florissante; mais enfin elle tomba, l'on ne sçait comment, & elle ne s'est jamais relevée. Il y a bien de l'apparence que cela vint en partie de l'incommodité du Port, qui fut rendu inutile, parce que l'Océan s'en retira tout-à-fait par quelque bouleversement imprévu. Il en reste encore quelques ruines que l'on voit, sur tout celles d'un Château quarré qui commandoit toute la côte. Le terrein que la Ville occupoit a été réduit en champs; & lorsque le bled a monté, on remarque distinctement des carreaux plus clairs & plus bas que les autres, qui sont indubitablement à l'endroit où étoient les rues. On a déterré dans la place qu'occupoit *Rhutupiae* un bon nombre de médailles d'or & d'argent, qui font encore juger qu'elle fut autrefois une Ville riche & considérable. L'Océan forme là un golfe ou baye très-vaste. *Rhyth*, & en composition aussi *Rhyth*, vaste. *Bw* ou *Bw*, en composition *Py*, sinuosité, golfe, baye.

R I D L Y.

Au bord du Wever. *Rid*, rivière. *Ly*, bord.

R I N G W O O D.

Autrefois Rencewed, à l'entrée d'une grande forêt, à un partage de l'Avon. *Ren*, partage. *Cw*, rivière. *Hed*, forêt.

R I P L E Y.

Au bord d'une rivière. *Ri*, rivière. *Ble* ou *Ple*, habitation.

R I P P O N.

Entre deux rivières, près de leur confluent. *Ri*, rivières. *Bon* ou *Pon*, environné.

R I S I N G.

Chateau considérable, placé sur une haute colline, au pied de laquelle passe une petite rivière. *Ri*, rivière. *Sin*, colline: Ou *Rhy*, fort, beaucoup. *Sin*, élevé.

R I T O N.

Sur une rivière. *Ri*, rivière. *Ton*, habitation.

R O C H E S T E R.

Dans Antonin *Durobrus*, *Durobrivae*, mieux, dit Camden, *Durobrovae*, *Duroprovae*, est dans une vallée, au bord du Medway. *Dur*, rivière. *Bro*, *Bru*, *Pro*, vallée.

SUR LA LANGUE CELTIQUE.

ROCHESTER.

CHATEAU au bord du Réad, un peu au deſſous de ſa ſource, ſur le ſommet d'un haut rocher, eſt placé dans l'endroit qu'occupoit l'ancienne Ville *Bremenium*. *Bre*, ſommet. *Men*, pierre, roc.

ROCKLEY.

VILLAGE près de pluſieurs pierres, qui ſortent d'une campagne en façon de roches, entre leſquelles ſourd (qu'on me pardonne ce terme un peu dur, mais néceſſaire,) quelquefois ſubitement une eau comme de torrent. *Ragley*, *Rogley*, eſt le ſynonime de *Ragas*, qui ſignifie une inondation cauſée par un torrent. *Ley*, eau, comme *As*.

ROSE - CASTLE.

CONGAVATA dans Antonin, au pied d'une montagne, ſur le bord de la rivière de Canda. *Con*, bas, pied de montagne. *Gav*, rivière. *At*, près.

ROSSE.

A un confluent, entre les deux rivières. *Ros*, rivière. *Da*, en compoſition *Ze* ou *Se*, deux.

ROTHERAM.

Au bord du Rother. *Ham*, habitation. *Rotherham*, habitation du Rother.

RUGBY.

PRès d'un confluent. *Rug*, rivière. *By*, deux.

RUMFORD.

A la ſource d'une petite rivière. *Rom*, *Rum*, tête, ſource. *Vor*, prononcez *For*, près.

RUMSEY.

A un partage du Teſt. *Rumn*, rupture, partage. *Sav*, en compoſition *Sey*, rivière.

RUTHIN.

DANS une belle vallée, au confluent de la Cluyd & du Leveny. Les Gallois appellent ce lieu Ruthun. *Rut*, rivière. *Un* ou *Yn*, union.

RUTLAN.

CHATEAU bâti ſur une côte rougeâtre. *Rhudd* ou *Rhutt*, rougeâtre. *Lan*, ſol.

LE COMTÉ DE RUTLAND.

RUTLAN en Celtique, *Rutland*, en ancien Saxon, ſignifie ſol, terre rougeâtre. *Voyez* l'article précédent, & l'article *Coritani*.

RYALL.

Au bord d'une rivière. *Ry*, rivière. *Al*, bord.

SALE.

NOM appellatif d'habitation, devenu propre de celle-ci.

SALISBERY.

VOYEZ Sorbiodunum.

SALNDY.

SALENAE du temps des Romains, au bord de l'Ivell. *Sal*, près. *En*, rivière.

SALTASH ou SALTESSE.

ANCIENNEMENT Eſſe, ſur la pente d'une colline, près d'une courbure du Tamer. *Es*, courbure. On a enſuite ajoûté *Salt*, qui ſignifie colline.

SARRE.

Au bord d'un bras du Stour. *Sar*, coupure, partage. *E*, rivière.

SEGHILL.

SEGEDUNUM dans la Notice, ſur une élévation, au bord d'une rivière. *Seg*, rivière. *Dun*, élévation.

SEGONTIUM.

ANCIENNE Ville dont il eſt parlé dans Antonin, étoit ſur la rivière de Sejont *Segontius*, dont elle avoit pris ſon nom. *I*, près. *Segonti*, près du Sejont.

SELBY.

A une courbure de rivière. *Sel*, habitation. *Bw*, en composition *By*, courbure.

SETANTII.

ANCIEN Peuple qui habitoit dans les montagnes de Lancaftre, près du plus grand lac d'Angleterre. Il eft, l'efpace de dix milles, pavé d'un rocher contigu, & en quelque endroit fans fond. *Seht*, lac. *Ant*, grand. *Voyez* le Port de Cette en Languedoc.

SETLE.

AU bord d'une rivière. *Set*, touchant, joignant. *Le*, rivière.

SHÉPEY.

ISLE nommée dans Béde Genlad, eft formée par le partage des eaux du Medway, qui fe jettent dans l'Océan par deux embouchures. *Gen*, embouchure. *Llad*, partagée, coupée.

SHREUSBURY.

TIRE fon nom du Saxon *Scrobbes-Byrig*, d'où les Normans ont fait *Seloppet-Bury*, & les Latins *Salopia*. Cette Ville eft une des plus belles, des plus agréables, des plus peuplées, des plus riches & des plus marchandes d'Angleterre. Elle eft fituée dans une Prefqu'ifle que forme la Saverne en l'environnant de trois côtés, & approchant fes deux bords de fi près, qu'il s'en faut peu qu'il ne foit une Ifle entière. La Ville eft fur une colline dont le fonds eft rougeâtre, fermée de bonnes murailles, partagée par de belles & longues rues, ornée de divers édifices, tant facrés que profanes. Deux beaux ponts de pierres fervent à entrer dans la Ville, l'un à l'orient, l'autre à l'occident. On y voit un vieux Château conftruit fur le haut de la colline au deffus de la Ville, fur l'Ifthme qui eft à la tete de la Prefqu'ifle. Les Gallois appellent cette Ville *Pengwern*, à caufe d'un bois d'aulnes qu'il y avoit là. (*Pen*, colline. *Gwern*, aulnes.) Ils la nomment encore, au rapport de Camden, *Ymwithig*, terme dont ce fçavant homme dit qu'il ignore la fignification. Ce mot fignifie agréable, plaifante.

SILURES.

TACITE conjecture que cet ancien Peuple de la Grande Bretagne étoit originaire d'Efpagne. Il fe fonde fur ce que les Silures par leur teint bafané, leurs cheveux crépés, différoient des autres Bretons, & approchoient de la couleur des Efpagnols. A quoi il ajoûte la fituation de leur Pays qui regardoit l'Efpagne. *Sil*, brûlés, bafanés. *Wr*, hommes.

SOHAM.

VILLE près d'un étang, dans lequel fe jette une rivière. *Sah*, *Soh*, étang. *Am*, rivière. *Voyez* le Port de Cette en Languedoc.

SONDBACHE.

PRÈS d'un confluent de ruiffeau. *Sond*, confluent. *Bach*, ruiffeaux.

SORBIODUNUM.

ÉTOIT fur une colline fi dépourvue de fources, que l'eau s'y vendoit, au rapport de Guillaume de Malmesbury. *In vice Civitatis caftellum erat, muro vallatum non exiguo, cœteris commeatibus utcumque valens, aquæ penuriâ laborans adeò, ut mirabili commercio aqua ibi vendatur.* Pierre de Blois décrit ainfi cette Ville. *Erat locus ille ventis expofitus, fterilis, aridus, defertus.* Un ancien Poëte Anglois la peint en ces vers.

Eft ibi defectus Lympha, fed copia cretæ.
Sævit ibi ventus, fed Philomela tacet.

Sorbio, féche. *Dun*, colline.

Salisbery s'eft formé des ruines de *Sorbiodunum*, à quelque diftance au deffous de la colline qu'il occupoit.

LES ISLES SORLINGUES.

CONNUES des Anciens fous les noms de Sillines, Silures & Caffiterides. Ce dernier nom leur fut donné par les Grecs, qui appellent l'étain *Kaffiteros*, parce qu'elles étoient riches en cette efpèce de métal; ils n'en avoient découvert que dix, mais on a trouvé qu'elles font au nombre de cent quarante-cinq. Il y en a dix plus grandes que les autres.

Elles font la plûpart couvertes d'herbes, & remplies de bons pâturages. Du refte on y voit grand nombre de rochers & d'écueils, les uns extrêmement élevés, les autres cachés fous l'eau. Quelques-unes de ces Ifles font fertiles en froment, & toutes font remplies de lapins, de grües & d'oifeaux d'eau. Elles ont des mines d'étain affez bonnes, qui ont été connues dans l'Antiquité la plus reculée par les Phéniciens, qui les firent connoître aux Tartéfiens & aux Carthaginois. Les Romains vinrent auffi à bout de les découvrir après bien des efforts inutiles.

Nous apprenons des anciens Géographes que les Habitans de ces Ifles portoient des habits noirs & longs qui defcendoient jufqu'à terre; qu'ils fe nourriffoient de leur bétail, & qu'ils vivoient à la manière

SUR LA LANGUE CELTIQUE.

des Nomades, n'ayant aucune demeure fixe. Leur commerce confiftoit à changer du plomb, de l'étain & des peaux contre de la vaiffelle de terre, du fel & quelques petits ouvrages de bronze. Ils ne fe foucioient pas d'argent; ils ne s'appliquoient pas beaucoup au travail des mines, fe contentant de paffer leur vie doucement. *Si*, Pays. *Edlyn*, *Elyn*, étain. *Sielyn*, *Silyn*, Pays d'étain, Pays abondant en étain. *Sil*, noirs. *Wr*, hommes. Les Anciens, au rapport d'Hérodote, appelloient *Melanchlæni* robes noires, une partie de ceux que nous nommons aujourd'hui Ruffiens.

SPALDING.

BOURG tout enfermé de petits ruiffeaux & de canaux. *Spal*, enfermé. *Dan*, en compofition *Den*, *Din*, eau.

SPENE.

DANS Antonin *Spina*, eft entre deux rivières. *Spe*, enfermé. *Ien*, rivière.

STAFFORD.

AUTREFOIS Betheney, à une courbure de la Sau. *Ba*, en compofition *Be*, courbure. *Tan*, en compofition *Ten*, rivière.

STANES.

PRÈS de l'embouchure d'un bras du Colne dans la Tamife. *Stan*, embouchure. *Es*, rivière.

STANFORD.

PRÈS de l'embouchure d'une rivière dans une autre. *Stan*, embouchure. *Vor*, prononcez *For*, près.

STANLAY.

A l'embouchure d'une rivière dans une autre, & près d'une forêt. *Stan*, embouchure. *Lay*, forêt.

STANTON.

PRÈS de l'embouchure d'une rivière dans une autre. *Stan*, embouchure. *Ton*, habitation.

STAYNDROP.

A une courbure de rivière. *Tan* ou *Stan*, rivière. *Tro*, en compofition *Dro*, tour, courbure.

STOKESLEY.

ENTRE trois rivières qui en font une Prefqu'ifle. *Stoc*, *Stokes*, enfermé. *Lez*, rivières.

STOUR. E.

PRÈS d'une petite rivière. *Stour*, rivière.

STOW.

ENTRE deux petites rivières, près du confluent. *Stog* ou *Stov*, conflit, heurt, confluent.

STOWMARCH.

AU bord d'une rivière. *Stour*, rivière. *March*, bord.

STRATTON.

A un confluent. *Strat*, terrein près d'une rivière. *Ton*, habitation : Ou *Ster*, rivières. *At*, jonction. *Ton*, habitation. *Steraton*, par une crafe facile & commune, *Straton*, habitation près de la jonction des rivières.

STUTFAL.

SUR la pente d'une colline. *Stou*, pente. *Bal*, en compofition *Fal*, colline.

SULLOMACA.

ANCIENNE Ville nommée dans Antonin, dont il ne refte que des mafures, étoit fur une montagne. *Sul*, montagne. *Mac*, Ville.

TADCASTER.

N'EST aujourd'hui qu'une petite Ville, mais elle a été autrefois plus confidérable. On ne peut douter que ce ne foit celle, qui, du temps des Romains, s'appelloit *Calcaria*, fi l'on fait attention à fa fituation fur le chemin militaire, & à fon terroir qui eft fécond en chaux, tandis qu'on n'en voit point dans le refte de la Province. Une colline qui touche la Ville, qu'on appelle Kalc-Bar conferve encore des traces du nom de *Calcaria*. *Calch*, chaux. *Ar*, terrein.

TALYLLYN.

AU bord d'une rivière qui fort d'un étang. *Tale*, rivière. *Llyn*, étang.

TANET.

La rivière de Stour, après avoir quitté Cantorbery, se partage en deux branches, qui séparant du continent une certaine quantité de terrein, en font une Isle nommée Tanet, dans Solin *Tanatos*. Elle a huit milles de long sur quatre milles de large. Son terroir est, pour la plus grande partie, de chaux blanchâtre. Il est fertile en bled; mais l'orge qu'il produit passe pour excellente. Les Anciens ont cru qu'aucun serpent n'y pouvoit vivre; l'expérience a appris le contraire. *Tan*, coupée. *At*, terre.

TARVEN.

Entre deux rivières, près de leur confluent. *Ta*, deux. *Arven*, rivières.

TATTERSHALL.

Entre deux rivières, près de leur confluent. *Ta*, deux. *Ter*, rivières. *Sal*, enfermé.

TAUTON.

Au bord du Taw. *Ton*, habitation. *Tauton*, habitation du Taw.

TENBY.

Sur un rocher élevé, qui est environné de la mer de trois côtés. *Tun*, *Ten*, falaise, roc élevé. *Bn*, en composition *By*, courbure, contour.

TENHAM.

Entre deux rivières. *Tan*, en composition *Ten*, rivières. *Am*, environné.

TENTERDEN.

Près de la source d'une petite rivière, & près d'une forêt. *Ten*, tête, source. *Ter*, rivière. *Den*, forêt.

TEVERTON.

A une embouchure de rivière. *Ta*, en composition *Te*, rivière. *Aber*, en composition *Eber* ou *Ever*, embouchure. *Ton*, habitation.

THETFORD.

Dans Antonin *Sitomagus*, à un confluent. *Syt*, union. *O*, rivières. *Mag*, Ville.

THORP.

Nom appellatif d'habitation, devenu propre de celle-ci.

THORPE.

Voyez l'article précédent.

TILBURY.

Dans Béde, *Tilaburg*. Près de ce lieu il y a quelques cavernes sur la pente d'une colline de craye de quarante coudées de hauteur, étroites à l'entrée, & spacieuses au dedans. *Twll*, en composition *Tyll*, cavernes. *A*, près. *Burg*, habitation.

TINBOD.

Chateau sur une colline qui s'éleve en pointe. *Tin*, qui se termine en pointe. *Pod*, en composition *Bod*, colline.

TINDAGEL.

Anciennement *Tindagium*, sur une langue de roc que la mer environne presque de toute part. *Tunn*, en composition *Tinn*, roc. *Dag*, pointu. *I*, eau. *On*, autour.

TIN MOUTH CASTEL.

La Tyne tombe dans la mer, près d'un Place forte, nommée *Tin Mouth Castle* par les Anglois, *Tunna-Ceaster* par les Saxons, *Tunnocellum* par les Anciens. Elle est défendue par un Château magnifique & très-bien fortifié, situé sur un rocher battu de la mer & inaccessible de deux côtés. *Tunn*, roc. *Ocel*, promontoire.

TINSLEY.

Au bord d'une rivière, & près d'une forêt. *Tan*, en composition *Ten* ou *Tin*, rivière. *Lay*, en composition *Ley*, forêt.

TOTNES ou TOTONES.

Sur la pente d'une colline. *Tut* ou *Tot*, pente. *Ton*, colline.

TOURINGTON.

Sur la cime d'une colline, au pied de laquelle passe une rivière. *Tour*, rivière. *Wng*, en composition *Ing*, près. *Ton*, colline. *Touryngton*, colline près de la rivière.

SUR LA LANGUE CELTIQUE.

TOWCESTER.

Tripontium dans Antonin, sur une petite rivière, qui se divisant en plusieurs branches, a exigé plusieurs ponts. *Tri*, habitation. *Pont*, pont. *Tripont*, habitation des ponts, où il y a plusieurs ponts.

TOWTON.

Près d'une petite rivière. *Tw*, prononcez *Tou*, rivière. *Ton*, habitation.

TREGARON.

A un confluent. *Tre*, près. *Gad*, union. *Ron*, rivières.

TREGNY.

Au bord du Vale. *Treg*, habitation. *Ny*, rivière.

TREMAYNE.

Près des montagnes. *Tre*, près. *Mene*, montagnes.

TRESK.

Endroit où il y avoit un Château très-fort. *Tresh*, très-fort.

TREVÉNE.

Au bord d'une rivière. *Tre*, près. *Aven*, en composition *Éven*, rivière.

TRINOBANTES.

Un des plus puissans Peuples de la Grande Bretagne. Ils furent les premiers qui se souleverent contre les Romains sous l'Empire de Néron. *Trin*, guerre. *Bant*, remarquable, distingué. *Trinobantes*, ceux qui se distinguent à la guerre.

TRURO.

Entre deux rivières, à leur confluent. *Tro* ou *Tru*, entouré. *Ro*, rivières.

TUDDINGTON.

Près d'une forêt. *Tudd*, près. *Den* ou *Din*, forêt. *Ton*, habitation.

TYBAY.

A un confluent. *Ty*, deux. *Bay*, rivières.

TYCKSALL.

Près d'un confluent. *Ty*, deux. *Ic*, rivière. *Sal*, habitation.

TYGHE.

Tyig, nom appellatif d'habitation, devenu propre de celle-ci.

TYLGATE.

Dans une forêt. *Tyle*, habitation. *Gat*, forêt.

TYLO.

Tyle, nom appellatif d'habitation, devenu propre de celle-ci.

VERNOMÉTUM.

Sur le sommet d'une colline fort roide, escarpée de toutes parts, excepté du côté du Sud-Est, par où elle est accessible, on voit des débris d'une ancienne Ville qu'on juge être *Vernometum*, un double fossé, & une enceinte de murailles qui occupe environ dix-huit acres d'étendue. » On pourroit » croire, dit l'Auteur des délices de l'Angleterre, qu'il y avoit là quelque Temple fameux à l'honneur » de quelque Divinité payenne, parce que *Vernemetum* en vieux Gaulois signifie un grand Temple. *Vernemetum* signifie véritablement un grand Temple en Celtique; ainsi l'étymologie qu'on vient de rapporter est très-plausible; on peut cependant en donner une autre qui est très-naturelle, prise de la situation de ce lieu. *Ver*, colline. *Nemet*, coupée, escarpée.

VERTERAE.

Ancien lieu dont parle Antonin, qui est aujourd'hui Burgh, près de Stammore. Il est au bord d'une rivière. *Ver*, bord. *Ter*, rivière.

VIKE.

Nom appellatif d'habitation, devenu propre de celle-ci.

VILTON.

ÉTOIT autrefois une place confidérable, connue fous le nom d'*Ellandunum*. Elle fut ruinée par les Danois, & depuis ce temps là elle eft abfolument tombée, tellement qu'aujourd'hui ce n'eft plus qu'un Bourg médiocre au confluent du Willyborn & du Nadder. *El*, près. *Lan*, rivières. *Dun*, union.

VINCHESTER.

EST l'ancienne *Vintonia*, grande Ville fituée dans une Ifle formée par un partage de l'Itching. *Vin*, rivière. *Tonn*, partage.

VOLUBA.

ANCIENNE Ville dont parle Ptolomée, à l'embouchure du Vale. Cette embouchure forme aujourd'hui le grand & bon Port de Valemouth ou Falemouth, qui fignifie en Anglois bouche ou embouchure du Vale. C'eft la traduction de *Voluba*. *Val*, *Vol*, vale. *Ub*, embouchure. Le Port de Falemouth eft appellé Cenion par Ptolomée, de *Cen*, embouchure. *Ion*, rivière. A l'entrée de ce Port s'éleve un rocher rude & d'un abord difficile nommé Crage par les Cornouailliens. *Crag*, rocher.

VOODLAND.

VOYEZ Arden.

VORCESTER.

BRANONIUM dans Antonin, *Branogenium* dans Ptolomée, eft fitué fur la douce pente d'une colline, au bord de la Saverne, qui y reçoit une petite rivière. *Bran*, colline. *On*, rivières. *Ny*, deux. *Bran*, colline. *Gen*, embouchure. *I*, rivière. Les Gallois l'appellent Caer-Wrangon. *Caer*, Ville. *Wran*, le même que *Bran*, colline. *Gon*, confluent.

UPPINGHAM.

SUR un lieu élevé. *Up*, fur. *Pin*, élevation. *Cham*, en compofition *Gham*, habitation.

UPTON.

PRÈS de l'embouchure d'une rivière dans une autre. *Ub* ou *Up*, embouchure. *Ton*, habitation.

USKE.

BURRIUM dans Antonin, à l'embouchure du Birthin dans l'Uske, & près de l'embouchure d'une autre petite rivière dans l'Uske. *Bur*, embouchure. *Re* ou *Ri*, deux.

UTCESTER.

ANCIENNEMENT Uttok-Cefter, jolie Ville fur la douce pente d'une colline, dont la Doue lave le pied. *Udd* ou *Utt*, élévation, colline. *Oc*, rivière. *Cefter*, addition faxonne qui fignifie Ville.

WALDEN.

PETITE Ville, dont le territoire produit du fafran en telle abondance pendant trois ans de fuite, qu'une acre de terre en produit jufqu'à quatre-vingt & cent livres, qui étant féché en donne vingt. Après cela les campagnes rapportent de l'orge qu'on y feme, fans qu'il foit néceffaire de fumer la terre pendant dix-huit ans; ce temps expiré, le fafran y revient comme auparavant. *Wal*, meilleur, abondant. *Dan*, en compofition *Den*, Pays.

WALL.

ON y voit des reftes d'une ancienne Fortereffe. *Vall*, Fortereffe.

WALLINGFORD.

EST l'ancienne *Gallena* dont parle Antonin, au bord de la Tamife. *Gal*, bord. *Len*, rivière.

WALWICK.

GALLANA dans la Notice, près du mur de Sevére. On y voit des reftes de Fortifications antiques, en particulier les ruines d'une grande Fortereffe. *Vall* ou *Gall*, Fortereffe. *An*, grande: Ou *Gallan*, fortifiée.

WARE.

A une courbure de rivière. *Ba* ou *Va*, courbure. *Re*, rivière.

WAREHAM.

ENTRE deux rivières, à leurs embouchures dans la mer. *Bar*, *Var*, embouchure. *Re*, deux. *Ham*, habitation.

WARMINGTON.

AU pied d'une haute montagne. *Var*, près. *Myn*, montagne. *Ton*, élevé.

WARWICK.

FUT appellé par les anciens Bretons Guarwick ou Warwich, ainfi qu'on le voit dans Nennius; les

SUR LA LANGUE CELTIQUE.

Gallois le nomment encore ainsi aujourd'hui. Il dut ce nom à la garnison que les Romains y entretenoient pour contenir les Peuples voisins. *Guari*, garnison, garde. *Wick*, Ville. *Guarbwick*, *Guarwick*, *Warwick*, Ville de la garnison. Les Romains l'appelloient en leur Langue *Præsidium*, ce qui signifie la même chose. Les Saxons, après l'avoir conquis, le nommerent en leur Langue *Warring-Wick*, ce qui présente le même sens. Warwick est en effet dans une situation avantageuse pour être bien fortifié & facilement gardé, étant bâti sur un rocher assez escarpé, qui domine sur l'Avon, ayant toutes ses entrées taillées dans le roc. Il fut aussi appellé par les Bretons *Caer-Leon*, c'est-à-dire Ville des Légions.

WARWICK.

Bourg de la Province de Cumberland, qu'il ne faut pas confondre avec la Ville de Warwick dont nous venons de parler, est l'ancien *Virosidum* d'Antonin, à une courbure de l'Éden, qui se joint vis-à-vis à l'Irthing. *Vir*, courbure. *Os*, rivière. *It*, en composition *Id*, confluent.

WEDON.

Dans Antonin *Banavenna*; *Bennavenna*, *Bennaventa*, près des sources de l'Aufon. *Ban*, *Ben*, source. *Aven* ou *Avent*, rivière.

WELLES.

Anciennement *Theodorodunum*, sur un fonds de rocher, au pied des montagnes de Mendipp. Son nom moderne lui vient du mot anglois *Well*, source, à cause du grand nombre de sources qui jaillissent sur la surface de la terre dans son enceinte. *Tew*, prononcez *Teo*, grand nombre. *Dwre*, prononcez *Dor*, source. *Tunn*, en composition *Dunn*, rocher. *Voyez* Doue en Anjou.

WEM.

A une courbure de rivière. *Ba* ou *Va*, en composition *Ve*, courbure. *Am*, en composition *Em*, rivière.

WENLOCK.

A la source d'un ruisseau. *Ven*, source. *Lwch*, prononcez *Loch*, ruisseau.

WERMINSTER.

Verlucio dans Antonin, sur une rivière. *Ver*, sur. *Lwch*, rivière.

WETHERBY.

A une courbure de rivière. *Ba* ou *Va*, en composition *Ve*, courbure. *Ter*, rivière. *By*, habitation.

WHEALLEP-CASTLE.

Est l'ancien *Gallagum* de Ptolomée, *Gallatum* d'Antonin. *Gal*, près. *Ag* & *Ad* ou *At*, rivière. Il est au bord de l'Éden.

L'ISLE DE WIGHT.

Vecta, *Vectis*, *Victesis* dans les Écrivains Romains; *Ouiktesis* dans Ptolomée. Les Grecs n'ayant point d'*V* consonne, exprimoient cette lettre par ou. Cette Isle est séparée de la terre ferme par un petit détroit. Comme ce détroit n'est pas fort large, qu'il n'a même que deux milles de trajet en quelques endroits, cela donne lieu de croire qu'elle a été autrefois une Presqu'isle jointe au continent par quelque isthme, que la violence de l'Océan a emportée avec le temps. Cela même semble être confirmé par le témoignage de Diodore de Sicile, qui écrit que la côte de Bretagne étoit bordée d'une Isle nommée *Icta*, qui paroissoit une Isle, & étoit toute entourée d'eau lorsque la marée montoit; mais que le reflux laissoit à découvert le terrein qui étoit entre deux, & que les Bretons prenoient ce temps là pour passer en chariot de la terre ferme dans l'Isle, où ils alloient vendre leur étain, qui de là étoit transporté dans la Gaule. *Gnith* ou *With*, séparation, nom qui marque la situation du terrein, même avant qu'il fut détaché de la Grande Bretagne par l'Océan, puisqu'il étoit séparé de la terre lorsque la marée montoit.

WIGTON.

Anciennement *Delgovitia*, Ville dont on fait venir le nom du Celtique *Delgwe*, qui signifie des statues des Dieux. En effet, sous l'Empire des Saxons on voyoit près de là dans un petit Village un vieux Temple d'Idoles payennes, qu'on appelloit en Saxon *Godmundigham*. Saint Paulin, Archevêque d'Yorck, ayant converti Coyfi grand Pretre de ce Temple, celui-ci fut le premier qui brisa les Idoles, & mit le feu au Temple.

WIKE.

Voyez Wike plus haut.

WIKEN.

A une courbure de rivière. *Wi*, rivière. *Cen*, prononcez *Ken*, courbure.

WINBURNMINSTER.

Bon Bourg qui s'est élevé sur les ruines d'une ancienne Ville nommée *Vindugladia* ou *Vindogladia*, ce qui signifie en Langue Celtique, *entre deux rivières*, parce qu'elle étoit entre la Stoure & l'Alen. *Win*, entre. *Du* & *Dau*, deux. *Glaid*, au pluriel *Gledi*, rivières.

Ccc ij

WINCHELCOMBE.

Au pied des montagnes. *Gwichel* ou *Wichel*, habitation. *Combe*, pied des montagnes.

WISTON.

Au pied des montagnes. *Wis*, habitation. *Ton*, montagne.

WITNEY.

A une courbure de rivière. *Byth* ou *Vyth*, habitation. *Nedd*, en composition *Nés*, courbure.

WOODCOTE.

Nom d'un petit bois qui est sur le sommet d'une colline, où l'on voit les vestiges d'une ancienne Ville appellée *Noviomagus* dans Antonin. Il se trouve plusieurs sources parmi ces ruines. *New*, *Now*, en grand nombre. *Y*, au pluriel *Yau*, sources. *Mag*, Ville.

WROXETER.

Au confluent de la Saverne & du Terne. Il y avoit anciennement une Ville nommée *Wriconium*; mais aujourd'hui il n'en reste plus que quelques pans de murailles, & un petit Village qui en a retenu le nom: on l'appelle Vrock-Cester, & par corruption Wroxeter. A l'endroit où étoit la Ville, la terre est plus noire qu'ailleurs, & rapporte de fort bonne orge. A l'une des extrémités on voit des levées de terre, des remparts, des pans de murailles faits en voûte par dedans. On trouve parmi ces ruines quelques médailles romaines. *Bri* ou *Vri*, Ville. *Con*, confluent, union. *Ion*, rivière.

UXBRIDGE.

Sur un bras du Colne. *Uc*, rivière. *Brig*, partage.

UZELLA.

Nom d'une ancienne Ville dont parle Ptolomée. Elle étoit sur une haute colline, où est aujourd'hui Lestormin. *Uchel* ou *Usel*, élévation.

YALE.

Petite Contrée montueuse. *Gal*, *Yal*, élévation. Le G se change en *I* & en *Y*.

YARUM.

Près d'une courbure du Thées. *Garr* ou *Yarr*, courbure. *On*, rivière.

YORCK.

Cette Ville est la seconde du Royaume d'Angleterre; son ancien nom est *Eboracum*. Elle est située dans une campagne très-agréable & très-fertile, à l'embouchure du Fosse dans l'Ouse. *Aber*, en composition *Eber* ou *Ebor*, embouchure. *Ac*, rivière.

SUR LA LANGUE CELTIQUE.

L'ÉCOSSE.

OCCUPE la partie septentrionale de la Grande Bretagne. Les Anciens l'ont appellée *Caledonia*, du nom des Caledons qui habitoient ce Pays. Varron dit après Pacuve que la Caledonie produit des hommes, dont les corps sont gros & épais ; *Caledonia altrix exuberantium corporum virûm*. Tacite veut apparemment désigner la même chose par les termes de *magni artûs*, dont il se sert pour marquer la taille des Caledons. *Caled* signifie grosseur. *Caledon*, gros. [Vie d'Agricola.]

Les Caledons furent quelquefois vaincus par les Romains, jamais domptés ; au contraire ils se rendirent si redoutables, que ce peuple, maître du monde, ne pouvant les contenir par la force de ses armes, fut obligé d'elever un mur d'une longueur prodigieuse, pour mettre la Bretagne soumise à couvert des courses & des hostilités de cette vaillante Nation. Cette bravoure reconnue a souvent fait ajoûter au nom des Caledons les épithétes de *Devvr* & de *Dich*, qui signifient l'une & l'autre, brave, vaillant, fort, puissant, courageux. Voilà pourquoi on les trouve appellés dans les Anciens *Deucaledons*, *Dicaledons*, de même que *Caledons*.

Tacite, Ptolomée qui ont fait des descriptions si exactes de la Grande Bretagne, ne parlent point des Pictes, qui sont comptés par les Auteurs du quatrième siécle au nombre des principaux Peuples qui occupoient le Nord de cette Isle : C'est ce qui me fait croire que ce nom est nouveau, & qu'il a été donné par les Romains aux anciens Habitans de cette Région, à cause qu'ils se peignoient le corps. Ma conjecture aura un nouveau dégré de force, lorsqu'on fera attention que le terme *Picti* n'est point celtique, mais latin.

Les Scots ou Écossois, dont l'Écosse a pris le nom qu'elle porte aujourd'hui, étoient venus d'Irlande, qui s'appelloit anciennement *Scotia*. On donnera l'étymologie de ce nom lorsqu'on parlera de cette Isle.

LES RIVIÈRES ET LACS DE L'ÉCOSSE.

A B E R.

Lac qui a cinq à six lieuës de long, & qui se décharge dans la mer d'Irlande par un canal assez long. *Aber*, décharge, embouchure : on sous-entend lac.

A M O N D E.

Amon, nom appellatif de rivière, devenu propre de celle-ci.

A S S I N.

Lac. *Asin*, lac.

A V.

Grand & beau lac d'où sort une rivière de même nom. *Av*, lac, rivière.

A V E N, A V I N, A V O N.

Noms appellatifs de rivière, devenus propres de celles-ci.

LE BRORA.

Traverse une belle vallée de six lieuës de long. Cette rivière communique son nom à un Bourg qui est à son embouchure. *Bro*, vallée. *Ra*, rivière.

LE DÉE.

Diva. Les bords de cette rivière sont couverts depuis sa source pendant un très-long espace de sapins d'une hauteur prodigieuse. *Du*, en composition *Dy*, bord, bordé. *Iw*, sapins: Ou simplement *Divv* pour *Ivv*, sapins. (Le D initial s'ajoûte en Celtique:) on sous-entend rivière: Ou *Dy*, rivière. *Ivv*, sapins.

LE DON.

Son lit est tout embarrassé de bancs de sable, ensorte qu'on n'y peut point naviger. *Don*, signifie une rivière dont le lit est profond, & qui a peu d'eau.

LE DUGLAS.

Rivière dont les eaux sont verdâtres. *Dvv*, eau. *Glas*, verdâtre.

L'ÉDIN.

Sort d'une forêt. *É*, rivière. *Den* ou *Din*, forêt.

L'ESK.

Est, nom appellatif de rivière, devenu propre de celle-ci.

L'EUSS ou EWSS.

Rivière qui s'appelloit anciennement Ew, comme il paroît par *Evia*, nom latin de la Province d'Eusdale que cette rivière arrose, & qui en a pris son nom. *Ev*, rivière.

EW.

Grand lac qui communique à la mer par un petit canal d'une bonne demi-lieuë de long. *Ev*, lac. Ou *Av*, *Ev*, dégorgement, embouchure. *Voyez* Aber plus haut.

EY.

Nom appellatif de rivière, devenu propre de celle-ci.

LE FORTH.

Appellé anciennement *Bodotria*, a sa source vers le pied de la montagne de Leimond. Son cours n'est pas bien long; mais il fait tant de tours & de détours, dans lesquels il semble retourner vers sa source, que quoiqu'il n'y ait qu'une bonne lieuë de chemin par terre de la Ville de Sterlin à celle d'Alloway, néanmoins, dans l'espace qui est entre l'une & l'autre, ses serpentemens grands & fréquens font un cours de huit lieuës. *Bod*, grand nombre. *Trei*, tourner, tour. *Bodtrei*, *Bodtri* ou *Bodotri*, rivière qui fait un grand nombre de tours.

LE GARRY.

Rivière tortueuse, qui sort d'un lac auquel elle donne son nom. *Gar*, tortuosité. *Garry*, tortueuse.

L'ITAN.

Coule dans une Contrée remplie de bois, qui sont rares dans la Province qu'il arrose. *I*, rivière. *Tan*, forêt.

LE KELVIN.

Est rapide. *Kel*, rapide. *Vin*, rivière.

LE KERN.

Sort des montagnes, & coule entre des montagnes. *Cerr*, prononcez *Kerr*, montagne.

LE KETH.

Rivière remarquable par une cataracte où l'eau se précipite de fort haut entre deux rochers, avec un bruit si grand, que les gens qui l'entendent deviennent sourds. Il se trouve là une grande quantité de saumons, dont les Habitans sçavent faire leur profit. Ces poiſſons montant toujours contre le cours de la rivière, ſe trouvent arrêtés par la cataracte ; & quand ils veulent ſauter par deſſus, ils ſont repouſſés par la violence de l'eau, & tombent dans les filets des pêcheurs ; mais ceux qui ſont aſſez forts pour franchir ce paſſage d'un ſaut, ſe ſauvent ordinairement à leur retour par la même violence de l'eau qui les pouſſe fort loin en deſcendant, à moins que l'eau ne ſoit baſſe. *Cerih*, prononcez *Kerth*, qui ſe précipite.

LE LETH.

Llaith, nom appellatif de rivière, devenu propre de celle-ci.

LE LEVEN ou LEVIN.

Rivière qui ſort du lac Lomond. *Le*, rivière. *Ven* ou *Vin*, lac : Ou ſimplement *L*, article. *Aven* ou *Avin*, en compoſition *Éven* ou *Évin*, rivière.

LE LIN.

Llyn, nom appellatif de rivière, devenu propre de celle-ci.

LE LOCHYR.

Rivière qui ſe déborde dans un certain temps de l'année, à cauſe des groſſes pluyes qui la font ſortir de ſon lit. Ses inondations fertiliſent merveilleuſement la Contrée qu'elle arroſe, la rendent riche en pâturages, où l'on nourrit une quantité prodigieuſe de beſtiaux. Le Lochyr ſe jette dans le golfe de Solvay ; & ſe partageant en deux bras à ſon embouchure, il forme une Iſle, dans laquelle il y a une Forterelle qu'on croit imprenable. *Loch*, profit. *Lochyr*, profitable : Ou *Lod*, partage. *Cvvr*, en compoſition *Cyr* ou *Chyr*, rivière.

LOMOND.

Leimonius, *Leimannus*, eſt un des plus grands lacs de l'Écoſſe. Il occupe une bonne partie de la Province de Lenox, placé preſque dans le milieu, étendu du Nord au Sud ; il eſt long de huit lieuës. Sa largeur n'eſt pas la même par tout ; il eſt étroit vers le Nord, & de ce côté là il ſe termine en une petite pointe ; mais vers le Sud il a près de trois lieuës de trajet. Ce qu'il y a de plus remarquable, ſont trente Iſles de différentes grandeurs dont il eſt parſemé. Les unes ſont incultes & ſervent de repaire aux ſerpens ; la plupart ont de petites forêts de différens bois. Celles qui ont quelque étendue ſont habitées, & les trois plus grandes ont une Paroiſſe chacune. Les Iſles flottantes dont on a tant parlé, ne ſont autre choſe que des poutres d'un bois dur & incorruptible, attachées les unes aux autres en façon de pont volant & de radeaux, & couvertes de terre, qui dans la ſuite des temps a pouſſé de la verdure, des herbes & quelques autres plantes. C'étoit une invention des anciens Écoſſois, qui habitoient autour de ce lac. Lorſqu'ils étoient pourſuivis par des ennemis, ils ſe réfugioient dans ces Iſles, & y trouvoient une retraite aſſurée. La plus grande de toutes les Iſles de ce lac, eſt celle qu'on nomme Inche Merin. Elle a une lieuë de long ; elle produit du bled ; elle a des pâturages pour les troupeaux, & des bruyères où ſe trouvent quantité de cerfs. Les anciens Rois d'Écoſſe y prenoient ſouvent le plaiſir de la chaſſe. On y voit quelques jolis bâtimens. Ce lac eſt fort poiſſonneux. On y prend entr'autres une eſpèce de poiſſon qui lui eſt particulier, & que les Habitans nomment *Pollac*. C'eſt une ſorte d'anguille délicate. *Lem*, pointe. *Leman*, pointu : Ou *Llam*, en compoſition *Llem*, mouvement, l'action de flotter. *Anes*, Iſle. *Lemanes*, Iſles qui ſe meuvent, qui flottent. *Inche* en Écoſſois, Iſle, d'*Ines* ou *Ins*. *Mer*, grande. *Merin*, plus grande.

LE LOSS.

Loxia, rivière. *Loch*, rivière.

LE LUZ.

Luz, nom appellatif de rivière, devenu propre de celle-ci.

LE NESS.

Lac d'où ſort une rivière de même nom. L'eau de ce lac eſt tiéde ; non ſeulement elle ne gèle jamais, mais elle fond encore la glace qu'on y porte d'ailleurs ; quelquefois même on en voit ſortir de la fumée. *Nes*, chaud.

L'ORR.

Urus. *Wr* ou *Or*, nom appellatif de rivière, devenu propre de celle-ci.

L'OURRIE.

Urius. C'est la même étymologie que la précédente.

LE RATRA ou RATRAY.

Est la seule rivière d'Écosse où il ne se trouve point de saumons, parce que cette rivière n'a pas assez d'eau pour les porter. *Ra*, rivière. *Trai*, petite.

LE RENNACH.

Est composé de quatre ou cinq petites rivières. *Ren*, rivière. *Ach*, multitude.

LE RINNES.

Rin, nom appellatif de rivière, devenu propre de celle-ci.

SINN.

Lac long de cinq lieuës, large de douze à quinze cens pas dans sa plus grande largeur. Il est parsemé de quelques petites Isles, remplies de gibier à poil & à plume. Il se décharge par un canal ou rivière qui en tire le nom de Sinn, & qui, après un cours de deux lieuës, se jette dans le golfe de Taine. On a remarqué que ni le lac ni la rivière ne gèlent jamais. *Synnes*, chaud.

LE SPEY.

Spaea, est la plus grosse rivière d'Écosse après le Tai, & la plus rapide de toutes. Il sort du pied d'une montagne aux confins des Provinces de Loch-Aber & de Badenoch. Il traverse cette dernière dans toute sa longueur de l'occident à l'orient, ensuite il coule au Nord-Est entre les Provinces de Murray & de Banf; & presque dans tout son cours, qui est de vingt lieuës, il est bordé de montagnes, de forêts & de précipices. Il reçoit quantité d'autres rivières & de torrens. Arrivé à deux lieuës de la mer, il court droit au Nord à travers de belles plaines bien cultivées, & se jette dans l'Océan avec tant de rapidité, que la marée n'y peut monter qu'à la hauteur d'un mille. Dans le temps des grandes chaleurs, il lui arrive souvent de s'enfler considérablement sans aucune pluye, seulement par le moyen des vents qui font élever ses eaux. *Chvvai*, *Chpai* ou *Spai*, vîte: De *Spai*, *Spae*, comme de *Musai*, *Musat* : Ou *Spea*, clôture.

LE TAI.

Connu dans l'antiquité sous le nom de *Taus*, sort d'un lac de même nom dans le milieu de l'Écosse. Cette rivière rencontrant un lit qui est interrompu par une cataracte près de Hobhall, tombe d'assez haut; & s'il arrive que la vîtesse & la violence de son cours soit augmentée par quelque cause que ce soit, elle fait un bruit effroyable qu'on entend à plusieurs milles de là, sinon elle ne fait qu'un doux murmure qui plaît, & qui divertit. *Taul*, se jetter, se précipiter.

LE TEVOT.

Roule souvent ses eaux entre des hauteurs & des rochers escarpés. *Tevoh*, caché.

LE TIMBEL.

Sort d'un lac. *Tan*, en composition *Ten* ou *Tin*, rivière. *Bal*, en composition *Bel*, lac.

LA TWEEDE.

Est fort poissonneuse. On y trouve quantité de belles truites & d'autres bons poissons, dont la chair est grasse, délicate & saine. *Tlu*, truites. *Wedd*, belles.

LES MONTAGNES D'ÉCOSSE.

BENAVIN.

Hautes montagnes, au pied desquelles l'Avin sort d'un petit lac. *Ben*, source. *Avin*, montagne.

BINI-VRODEN.

Montagne extrêmement haute, au pied de laquelle sort le Dée. *Bin*, montagne. *Bru* ou *Bro* ou *Vro*, source. *Den*, le Dée. *Voyez* Aberdéen.

SUR LA LANGUE CELTIQUE.

BINNEMORE.

Montagnes dont les sommets sont d'ordinaire couverts de neiges, de brouillards, ou sujets à la pluye; il y en a même où la neige ne se fond jamais. *Bin*, blancs. *Mor*, sommets: Ou *Bin*, sommets. *Mor*, plurier de *Moren*, brouillards.

BOODE.

Dans le Bailliage de Linlithgou, il y a une rivière qui, sortant d'un petit lac, se perd à quelque distance de là sous terre, & on l'entend couler par dessous la montagne de Boode l'espace de deux cens pas, après quoi elle revient sur la surface de la terre, sortant avec impétuosité d'une fontaine, qui n'a que deux ou trois pieds de large. *Boddi*, se plonger. *Boode*, montagne sous laquelle une rivière se plonge.

BRAID - ALB.

Montagne qui a sur son sommet une belle plaine assez spacieuse. *Braid*, large, spacieuse. *Alb*, sommet.

BUK.

Montagne rude. *Buk*, scabreuse, rude.

GENES.

Mont sur la croupe duquel est un lac nommé Genes, qui a communiqué son nom à la montagne. *Guen* ou *Gen*, lac. *Voyez* Genes dans le Comté de Bourgogne.

GRANZEBAIN.

Chaine de montagnes qui s'élevent au milieu de l'Écosse. Elle s'étend fort loin au long & au large. Les Anciens l'ont appellée *Grampius*. Ces montagnes sont courbes ; c'est de là qu'elles ont pris leur nom ancien & moderne. *Gram*, *Grant*, courbes. *Pi*, *Ben*, montagnes.

LOMOND.

Chaine de montagnes. *Lost*, chaine. *Mon*, montagne. *Voyez* le Lomont dans le Comté de Bourgogne.

OCHELLS.

La Province de Fife est couverte à l'occident de cette chaine de montagnes qu'on nomme Ochells, en latin *Ocelli*. Ces montagnes ne sont ni rudes, ni fort hautes. *Och*, montagnes. *Ochell*, diminutif.

ORD.

Il se trouve en Écosse des montagnes si serrées, si hautes & si escarpées, qu'elles ne laissent aucun passage; quelques-unes n'en laissent qu'un. Ainsi la montagne d'Ord dans la Province de Caithness n'a qu'un petit défilé où le chemin est fort rude. *Ord*, d'*Ordvryo*, serrer, presser: Ou *Hard*, *Hord*, difficile.

PENLAN.

Montagne fort élevée. *Pen*, élevé. *Len*, *Lan*, sommet.

LES VILLES, BOURGS ET VILLAGES DE L'ÉCOSSE.

ÉDINBOURG.

Est la Capitale de l'Écosse. Elle a toujours été le lieu de la résidence des Rois, tandis que l'Écosse en a eu de particuliers. Elle surpasse toutes les autres Villes du Royaume par sa grandeur, sa beauté, la magnificence de ses édifices, le nombre & les richesses de ses Habitans, les agrémens & la fertilité de son terroir. Elle est située dans une plaine, à demi-lieuë du golfe du Forth, entre deux hautes montagnes qui l'enferment, l'une à l'occident, l'autre à l'orient.

Du côté du Nord, elle a pour rempart un petit lac ou étang profond. Autrefois la partie du Sud étoit aussi bordée d'un étang tout semblable ; mais il y a plus de cent cinquante ans qu'on l'a desseché: Par là on a donné un peu plus d'étendue à la Ville qui étoit resserrée en cet endroit. Les deux bords de l'étang ont été couverts de deux rangs de belles maisons, & l'étang desseché est à présent une rue. Le sommet de la montagne, qui est à l'occident de la Ville, est occupé par une bonne Forteresse. Ce Château est encore plus fortifié par la nature que par l'art, quoiqu'il ait d'épaisses murailles & plusieurs tours. La montagne est si roide & si escarpée, qu'elle est inaccessible de trois côtés, & il est absolument impossible d'y monter que par un petit chemin du côté de la Ville. Cette montagne n'est presque qu'un rocher. Le Palais royal est sur la montagne qui couvre Édinbourg à l'orient.

Le Château d'Édinbourg est appellé par Ptolomée *Château ailé*, apparemment à cause de quelques murs qui s'étendoient aux côtés comme des ailes pour le couvrir. Édinbourg signifie précisément la même chose. *Adain*, en composition *Édain*, ailes. *Bourg*, Château. On voit par là que Ptolomée n'a pas rapporté le nom de cette place, mais s'est contenté de le traduire. La métaphore employée dans le nom d'Édinbourg s'est conservée parmi nous. On dit encore les ailes d'un bâtiment.

A B E R B R O T H O K.

A l'embouchure du Brothok dans la mer. *Aber*, embouchure.

A B E R D É E N.

Il y a deux Villes de ce nom ; l'une qu'on appelle la vieille Aberdéen, près de l'embouchure du Don ; l'autre qu'on appelle la nouvelle Aberdéen, près de l'embouchure de la Dée. *Aber*, embouchure. *Déen* pour *Dée* & pour *Don*.

A B E R N E T H Y.

A l'embouchure de l'Ern dans le Tai. *Ab*, embouchure. *Ern*, *Tai*, *Abernetai*, *Aberneti*, embouchure de l'Ern dans le Tai.

A C H I N D O W N.

Château au bord du Fiddich. *Achin*, rivière. *Don*, Château.

A C H L U N C A R T.

Village dont le terroir est si abondant en carrières de queux ou pierres à aiguiser, qu'il y en a de quoi fournir tout le Royaume. Les Habitans d'alentour s'en servent en place de tuiles pour couvrir leurs maisons. Il y en a de toutes espèces, de rudes & de douces propres à toutes sortes de tranchans. *Achles*, *Achlud*, couvrir. *Car*, pierre.

A L D E R N.

Château remarquable à cause d'un rocher qu'on voit près de là, dont les quartiers prennent feu, brûlent & jettent de la flamme sans se consumer. Ce rocher est de couleur grisâtre, sa flamme est comme celle du soufre ; & lorsqu'il brûle, il jette aussi une odeur de soufre. *Al*, roc. *Terwyn*, en composition *Derwyn*, par crase *Dern*, brûlant.

A L L O V A ou A L L W A.

Sur le Forth. On croit que c'est l'ancienne *Allauna* dont parle Ptolomée. *Al*, bord. *Lon*, rivière.

A N N A N D.

Bourg sur une rivière qui en a pris le nom. *An*, près. *Nant*, en composition *Nand*, rivière.

A R D - M I L L E N.

Château sur une côte, près d'une forêt qui s'étend le long du rivage du Gyrven. *Ard*, élévation. *Mill* ou *Millen*, forêt.

A R R O L ou E R R O L.

Château au bord du Tai, dans l'endroit où il s'élargit si fort, que ce n'est plus une rivière, mais un grand & beau golfe. *Ar* ou *Er*, près. *Rhull* ou *Rholl*, large : on sous-entend rivière. *Voyez* Rolle en Suisse.

A Y T O U N.

Au bord de l'Ey. *Ay* ou *Ey*, nom appellatif de rivière, devenu propre de celle-ci. *Ton*, habitation.

B A L V A N I E.

Il y a dans le territoire de cette Ville des sources d'eau alumineuses, & des veines d'une pierre dont on tire de l'alun. *Bal*, source. *Wan*, blanches.

B A N F.

Près de l'embouchure du Dovern. *Ban*, embouchure.

B A R D O W Y.

Château au bord d'un petit lac. *Bar*, près. *Dwy*, lac.

B A R G E N Y.

Près de l'embouchure du Gyrven. *Bar*, près. *Geneu*, en composition *Geney*, embouchure.

SUR LA LANGUE CELTIQUE.

L'ISLE DE BASS.

N'EST] à proprement parler qu'un rocher à un mille de la côte, qui a près d'un mille de tour. Les bords en font fort escarpés, tellement qu'elle est de difficile accès. Elle est toute percée de grottes & de cavernes profondes par dessous, & au dessus elle a un Château avec une petite esplanade, où il y a une source d'eau vive, & autant de pâturages qu'il en faut pour nourrir une trentaine de brebis. *Bass*, rocher.

BERWIE.

Au bord d'une petite rivière, qui en prend le nom. *Ber*, près. *Wi*, rivière.

BOTHWELL.

Chateau sur une éminence. *Both*, éminence. *Wall*, en composition *Well*, Château.

BOW-NESS.

Petit Cap. *Bow*, petit. *Ness*, Cap.

BRAID-ALBAIN.

Province qui est toute entière dans les hautes montagnes de Granzebain. *Braid*, hautes. *Alben*, montagnes.

BRECHIN.

Sur un rocher coupé & assez élevé au bord de l'Esk. *Brech*, coupé. *Myn*, en composition *Vyn*, rocher.

BUCHANAN.

A l'embouchure de l'Ainrick. *Buch*, embouchure. *Nant*, rivière.

CAERLAWEROK.

A côté de l'embouchure du Nith. C'est une place antique, nommée autrefois *Carbantorigum*. *Carfan* ou *Carban*, bord. *Tor*, embouchure. *Ig*, rivière.

CALENDAR.

Près d'une grande forêt. *Cal*, forêt. *And*, en composition *End*, grande. *Ar*, près.

CALSO.

Au bord de la Twéede, dans une situation agréable, au milieu d'une belle & fertile campagne. *Cals*, fertile, abondant.

CANTYR.

Presqu'isle, qui est une grande pointe de terre. *Can*, angle, pointe. *Tyr*, terre.

CORDA.

Ancienne Ville, aujourd'hui ruinée, qui étoit au bord d'un petit lac. *Cwr*, prononcez *Cor*, bord. *Da*, lac.

COULTOUN ou COILTOUN.

Chateau au bord du Coil. *Ton*, Château. *Coilton*, Château du Coil.

CRAIG OF BOYN.

Chateau situé sur un rocher, dans le quartier de Boyne, du Bailliage de Banf. *Craig*, rocher.

CROMARR.

Vallée extrêmement fertile en bled. Elle est comme le grenier de tout le voisinage. *Cram*, *Crom*, grasse, fertile. *Ar*, terre.

CROMARTIE.

Située sur un golfe qui en prend le nom. Le havre de cette Ville est le meilleur de toute l'Écosse. Il est grand, spacieux, capable de contenir toute une flotte, quelque nombreuse qu'elle soit. L'entrée en est aisée, les vaisseaux y peuvent ancrer en sûreté, à l'abri des vents, & sans craindre ni écueil, ni barre, ni banc de sable. *Crom*, golfe, port. *Art*, spacieux.

CULLEN.

Près de la mer, dans un terroir très-fertile. *Cuilh* ou *Cuill*, gras, fertile. *Lan*, en composition *Len*, sol, terrein.

CULROSS ou COLROSS.

Sur la pente d'une colline, dont le Forth mouille le pied, & en fait une Presqu'isle. *Col*, colline. *Ross*, Presqu'isle.

DALBETH.

Près de l'Esk. *Dale*, rivière. *Beth*, habitation.

D dd ij

MÉMOIRES

DALHOUSE.

Au bord de l'Esk. *Dale*, rivière. *Hws*, prononcez *Hous*, habitation.

DENNY.

Chateau au confluent du Denny & d'une petite rivière. *Dan*, en composition *Den*, rivières. *Ny*, deux.

DINWELL.

Situé dans un terroir gras & fertile. *Din*, terroir. *Well*, gras, fertile.

DORNOCH.

Près d'une pointe de terre, sur le rivage de la rivière de Suin, à l'entrée du golfe où elle se décharge. *Dor*, embouchure. *Noch*, pointe.

DRUM.

Chateau bâti dans un lieu rude & pierreux. *Drum*, scabreux.

DRUMFREES.

Jolie Ville, bâtie au bord du Nid, entre deux collines, dans un Pays agréable & fertile. *Drum*, colline. *Breis*, en composition *Freis*, entre.

DRUMLANRIG.

Près d'une belle forêt de chênes de deux lieues de long. *Drum*, forêt de chênes. *Lan*, grande. *Rig*, beaucoup, fort.

DUNBAR.

Est une place assez forte. La mer y fait un bon port, qui étoit autrefois défendu par un Château bâti sur un rocher élevé. *Dun*, roc. *Bar*, élevé.

DUNBLANE.

Dans une agréable plaine, au confluent de la Blane & du Leith. *Dun*, Ville. *Dunblane*, Ville de la Blane. *Voyez* l'article suivant.

DUNBRITTON ou DUNBARTON.

Est une Ville que la nature seule, sans rien devoir à l'art, a rendu la plus forte de toute l'Écosse. Son nom lui vient des Bretons, qui, retranchés dans cette place, s'y sont maintenus seuls près de trois cens ans contre les efforts des Saxons & des Pictes. L'an 756 ces deux Peuples serrerent cette Forteresse de si près, que les Bretons furent contraints de la rendre. En latin on l'appelle *Briuannodunum*. Voici quelle est sa situation. Au confluent de la Cluyd & du Levin, il y a une petite esplanade de mille pas de long, qui aboutit au pied des montagnes voisines; c'est sur cette plaine qu'est placée la Ville, le long du Levin. Sur la pointe de cette plaine, à l'endroit où le Levin entre dans la Cluyd, s'élève un rocher escarpé, qui fait face aux deux rivières, & se partage au dessus en deux autres rochers, l'un à l'occident, l'autre à l'orient. Le premier est le plus haut des deux; on y a bâti une tour pour découvrir de loin & y tenir une sentinelle. La vuë s'y étend fort loin, comme on peut penser, sur la campagne voisine, & sur le golfe de la Cluyd. On y voit aussi deux sources merveilleuses, qui ne sont qu'à deux ou trois pieds l'une de l'autre. L'une est d'eau salée & court au midi. L'autre est d'eau douce & claire, & coule au nord. C'est là sans doute une merveille considérable de la nature. Le Château est dans la croupe des deux rochers, & là il se trouve un petit lac ou étang qui est à cinquante toises de la Cluyd. On ne sçait d'où son eau vient, ni à quelle eau il communique. Le Levin & la Cluyd servent de fossés à cette Forteresse à l'occident & au sud. A l'orient elle est défendue par un marais, qui est tout inondé jusqu'au pied du rocher lorsque la marée monte. Au nord la place n'est accessible que par un petit sentier étroit qu'on a taillé dans le roc en tournant, & où l'on ne peut passer qu'un à un. Il a fallu bien de la peine pour tailler le roc, car il est extrêmement dur & résiste longtemps aux plus grands coups de fer. Quand on en coupe quelque piéce, ou qu'il s'en détache quelque quartier, il jette une odeur de souffre. Du côté de la Cluyd, le rocher avance deux petites pointes comme deux bras, qui couvrent un Port où les vaisseaux peuvent ancrer en toute sûreté, & les petits bâtimens avancer jusqu'à la porte du Château. Ces deux pointes de terre ont été en partie augmentées à force de travail, & l'on a tant fait qu'il y a du terrein pour plusieurs maisons qu'on y a bâties. Autrefois la Ville de Dunbritton étoit assez marchande & fort puissante; mais son commerce ayant été transporté à Glascou, elle est beaucoup déchue, quoiqu'elle conserve encore ses anciens priviléges. *Dun*, Forteresse. *Dun*, rocher. *Dunbritton*, Forteresse des Bretons, ou rocher des Bretons. Cette Ville est appellée *Dunclidum* dans l'anonyme de Ravenne. *Dun*, roc. *Clid* de *Cled* escarpé : Ou *Clid* pour *Cluyd*, *Dunclid*, roc de la Cluyd : c'est ainsi que cette Ville a aussi porté le nom d'Alcluyd. *Al*, roc. *Alcluyd*, roc de la Cluyd.

DUNDÉE.

Tire son nom du Tai, sur lequel elle est située. *Dun*, Ville. *Tai*, en composition *Dai*. On croit que c'est l'ancienne Alectum. *Ab*, bord. *Ec*, rivière. *Tun*, Ville.

SUR LA LANGUE CELTIQUE.

DUNFERMELIN.

Sur une colline assez roide, au bord d'une rivière médiocre qui sort d'un lac. *Dun*, colline. *Ver*, prononcez *Fer*, près. *Mala*, en composition *Mele*, rivière qui sort d'un lac. *Melin*, diminutif.

DUNGLASS.

Il y avoit ci-devant une bonne Forteresse au pied d'une montagne. *Dun*, montagne.

DUNIPACESS.

Nom de deux butes de terre, qui paroissent avoir été élevées par l'art & à force de travail. *Dun*, élevations. *Pach*, petites.

DUNKELD.

Caledonium Oppidum est une jolie Ville, qui a pris son nom des Caledoniens. *Dun*, Ville, *Keld*, syncope de *Caledon*. Voyez l'étymologie des Caledoniens à l'article Écosse.

DUNNUR.

Chateau sur une côte. *Dun*, côte. *Ur*, sur.

DUNOLDIF.

Vieille Forteresse sur un rocher au bord de la mer. *Dun*, roc. *Ol*, bord. *Div* ou *Dif*, mer.

DUNOTTER.

Est une très-bonne Forteresse placée sur un rocher élevé, fort droit & fort roide, qui avance dans la mer. *Dun*, Forteresse. *Noter*, remarquable, distinguée : Ou *Dun*, rocher. *Ter*, rude, roide : Ou *Oter*, terrible, surprenant.

DUNS.

Petit Bourg au pied d'une montagne. *Dun*, montagne.

DUNSKAY.

Chateau fort bâti sur un rocher au bord de la mer. *Dun*, roc. *Cae* ou *Cai*, Forteresse.

DUNSTAFAG.

Bourg bâti sur un rocher au bord de la mer. *Dun*, roc. *Taw* ou *Taf*, près. *Ag*, mer.

DYSART.

Bourg situé près d'une grande plaine, remplie de creux & de puits, où se trouve une quantité inépuisable de charbon de terre, qui brûle presque de lui-même. Pendant l'obscurité de la nuit on en voit sortir quelquefois des flammes, & durant le jour il jette une fumée noire. Il y a là de quoi fournir de charbon toute la Province de Fife ; mais on ne le tire pas toujours sans danger. Ceux qui demeurent au tour de cette campagne bitumineuse, assurent que lorsqu'il doit arriver quelque grand orage, on entend dans les cavernes & les trous de ces endroits là de grands bruissemens, un sifflement effroyable, & qu'il en sort de grosses flammes. *Des*, brûlante. *Ar*, *Er*, terre. L'ancien nom de ce Bourg est Desar ou Dese, comme on le voit par son nom latin *Desertum*.

ED ou HÉTH.

Isle des Orcades couverte de Bruyères peuplées d'une grande quantité d'oiseaux. *Edn*, oiseaux.

ÉDILSTANE.

Près d'un petit lac, fameux pour la riche pêche de poissons. Il n'a guères plus d'un mille de long, & il se décharge par un ruisseau qui va tomber dans le Pebles à un mille de là. Vers le commencement du mois d'août il est rempli d'une quantité incroyable de poissons de rivière, & particulièrement d'anguilles. Lorsque le vent souffle à la tête du lac dans le ruisseau par où il se décharge, les Habitans d'alentour y viennent en foule ; & avec des nasses & d'autres instrumens ils prennent tant d'anguilles & d'autres poissons, que cette pêche est pour eux un riche revenu. *Eddyl*, abondant. *Stanq*, étang, petit lac.

ELGIN.

Sur la rive droite du Loff, dans une campagne fertile & agréable. *El*, Ville. *Gin*, agréable.

ELPHINSTON.

Nom d'un lieu où la terre cache un feu secret dans ses entrailles. De jour on en voit sortir de la fumée, & de nuit des flammes. *Elfen*, *Elfin*, bluette de feu. *Stan* ou *Ston*, contrée.

FORDON.

Chateau antique au pied des montagnes. *Vor*, prononcez *For*, près. *Don*, montagnes.

GLASCOU.

GLASCUA, est la seconde Ville du Royaume. Sa situation est si belle & si agréable, son terroir si fertile, sur tout en excellens fruits, qu'on l'appelle communément *le Paradis de l'Ecosse*. Elle est abondamment pourvue de tous les avantages qu'on peut souhaiter dans une Ville. Placée sur la rive droite de la Cluyd, son commerce est florissant. Elle est grande, bien bâtie, riche & fort peuplée. *Glad*, en composition *Glaz* ou *Glas*, Contrée. *Cuad*, fertile.

GLENLUCE.

VIEILLE Abbaye, qui étoit située au bord du Luce ou Luz. *Glan*, en composition *Glen*, bord.

GOURY.

PETIT Pays, qui a pris son nom de ses campagnes abondantes en bled. *Gor*, abondant. *Yd*, bled.

HADDINTON.

HADINA, au bord de la Tine. *Ad*, près. *Tine*, en composition *Dine*, bord.

HAMILTON.

PRÈS du confluent de la Cluyd & de l'Avon. *A*, rivière. *Mill*, collection, jonction. *Ton*, habitation.

HOOME.

HUMIA, Château situé sur une hauteur. *Wm*, hauteur.

INNER-AW.

SITUÉ à la tête du lac Aw. *Ynn*, habitation. *Er*, près. *Aw*, lac.

INNERLOCH.

VILLE ruinée, qui étoit au bord du lac Aber. *Ynn*, habitation. *Er*, près. *Loch*, lac.

INNERNESS.

A l'embouchure du Ness. *Ynn*, habitation. *Er*, près. *Ness*, embouchure.

KANNABY.

VIEUX Monastére, qui étoit au confluent de l'Esk & du Kirksop. *Can*, union. *Ab*, rivières.

KARDENESS.

CHATEAU extrêmement fort, situé sur un rocher, au bord de la mer, à l'embouchure d'un ruisseau. Il sert à la défense d'une bonne rade qui se trouve là, où les vaisseaux sont à l'abri des vents, derrière deux ou trois Isles. *Card* ou *Carden*, fort. *As*, en composition *Es*, particule augmentative. *Cardenes*, très-fort.

KENROSS ou KINROSS.

A la tête d'une Presqu'isle. *Ken* ou *Kin*, tête. *Ross*, Presqu'isle.

KETH.

EST une jolie petite Isle, au milieu d'un golfe. Son terroir est gras & fertile, arrosé par quatre ou cinq sources d'eau vive, abondant en excellens pâturages, où les chevaux s'engraissent à merveille. Cette Isle a quatre petits Ports, qui font face aux quatre côtés du monde. En hyver on pêche sur ses bords une quantité prodigieuse d'huitres. En été on y a de même une pêche de poissons fort riche & fort abondante. Il s'y trouve une carrière de pierres noirâtres, qui, quand on les taille, répandent une odeur de souffre. Elles sont de très-bon usage pour bâtir. *Ced* ou *Cet*, prononcez *Ket*, abondante, fertile.

KILMORE.

AU bord du golfe de Finne. *Kil*, habitation. *Mor*, lac. Les golfes étoient regardés comme des lacs par les Anciens. *Voyez* Sterlin.

KORF.

CHATEAU placé sur une côte. *Cor*, élévation.

KURDRUMMY ou KILDRUMMY.

VIEUX Château, spacieux, muni de murs épais & de grosses tours, au bord du Don. *Cur* ou *Kil*, habitation. *Drym*, prononcez *Drum*, forte.

KYLLIN.

CHATEAU à la tête du lac Tai. *Cil*, prononcez *Kil*, tête. *Llyn*, lac.

SUR LA LANGUE CELTIQUE.

LACHLAN.

Au bord du lac de Finne. *Lach*, lac. *Lan*, bord.

LESLIE.

Au bord du Levin. *Les*, bord. *Liex*, rivière.

LITHQUO ou LINLITHQUO.

A été connu du temps des Romains sous le nom de *Lindum*. Il est situé au bord d'un joli lac, d'un mille de long, qui est fort poissonneux. La Ville est coupée par une longue rue, qui est bordée de beaux édifices de chaque côté. On y voit un beau Palais royal, bâti sur une petite hauteur, vers le milieu de la longueur du lac. Il se trouve dans ce lac une Isle qui s'éleve par dégrés en forme d'amphithéatre. *Llyn*, lac. *Dun*, élevation.

LOCHNA.

Chateau situé au bord d'un lac, qui en prend le nom. *Loch*, lac. *Nah*, près.

LOGY.

Il y a plusieurs habitations de ce nom. *Logi*, habitation.

MABAN.

Village où il y a un beau Château, tellement situé au bord d'un petit lac, que les eaux l'environnent de trois côtés. *Ma*, habitation. *Ban*, lac.

MAINLAND.

Est la plus grande de toutes les Isles Orcades. Elle a été connue des Anciens sous le nom de Pomone. Elle est fertile autant & plus que les autres. Les côtes sont bordées en plusieurs lieux de promontoires de roc élevés & fort escarpés. On y trouve en divers endroits des mines de plomb & d'étain aussi bon qu'on en voye dans toute la Grande Bretagne. *Po*, contrée, terre. *Mwn*, prononcez *Mon*, mines. Son nom moderne signifie la meme chose. *Moin*, *Main*, mines. *Lan*, contrée.

MAY.

Petite Isle, dont le terroir ne produit point de bled, mais en échange il y a de bons pâturages. *Maes*, pâturages.

MONTROSE.

Ville médiocrement grande, située fort avantageusement à l'embouchure de l'Esk méridional, sur un cap ou promontoire. *Mont*, embouchure. *Ross*, cap.

MUL.

La Province de Galloway est terminée à l'occident par une Presqu'isle d'environ sept lieuës de longueur. La pointe méridionale de la Presqu'isle portoit autrefois le nom de *Promontorium Novantum*, à cause du Peuple nommé *Novantes*, qui occupoit ce Pays. Les anciens Écossois l'ont appellée *Novantum Rinus*, *Novantum Mula*, *Rhyn*, promontoire. *Mul*, promontoire. Remarquez la conformité de l'ancien Écossois avec le Celtique.

PARK.

Chateau au pied d'une haute montagne. *Parc*, montagne. *Parc*, lieu fermé, Château.

PENNAN.

Chateau près d'une carrière abondante de pierres à meules. *Bena* ou *Pena*, tailler. *Penan*, qu'on taille : on sous-entend pierre.

PERTH.

Sur le Tai. Cette Ville fut autrefois emportée toute entière par un débordement de cette rivière avec une perte inexprimable d'hommes & de bêtes. Elle fut rebâtie par Guillaume I, Roi d'Écosse, dans une situation plus commode, & qui n'est pas éloignée de l'ancienne. Cette Ville est jolie, dans une campagne agréable, avec deux petites forêts à côté. *Perth*, belle, agréable.

RAUSIN.

Petite Presqu'isle de l'Isle Strons, une des Orcades. *Ross*, Presqu'isle. *Rossin*, diminutif.

RHÉINFREW.

Sur le bord de la Cluyd, à l'endroit où ce fleuve se partageant en deux bras, forme l'Isle de Sand. L'anonyme de Ravenne a nommé cette Ville *Ranatomium*. *Ran*, rivière. *Tonn*, partage. *Rin*, rivière. *Brev*, en composition *Frev*, partage.

RIPPETH.

Chateau au bord du Lauder. *Ri*, rivière. *Beth* ou *Peth*, habitation.

MÉMOIRES

R U G L A N.
Au bord de la Cluyd. *Ru*, rivière. *Glan*, bord.

R U M.
Isle presque toute couverte de hautes montagnes. *Rum*, montagnes.

S L A I N E S.
Près des ruines du vieux Château de Slaines on trouve une grotte taillée par la nature, dans laquelle il découle continuellement de la voûte une eau pétrifiante, dont les goûtes se figent les unes sur les autres à mesure qu'elles tombent. Elles forment ainsi plusieurs rangs de petits piliers, comme des chandelles de glace. Cette matière est friable, & ressemble à du crystal, mais elle n'en acquiert jamais la dureté. On a soin de nettoyer la grotte de temps en temps, sans quoi elle seroit bientôt toute embarrassée de ces petits piliers crystallins. *Slain*, belle : on sous-entend grotte. *Voyez* Sclan en Provence.

S O R I N.
Chateau au bord de l'Aire, dont les rives sont bordées en cet endroit d'une belle forêt. *So*, bois, forêt. *Rin*, rivière.

S T A R.
Sur une rivière. *Staer*, rivière.

S T E R L I N.
Est situé sur la pente d'un rocher, dont le Forth, coulant dans un lit fort profond, mouille le pied. On passe cette rivière sur un beau Pont de pierres de taille, à quatre arches, fermé par une porte de fer. C'est le dernier Pont qu'on voit sur ce fleuve, qui s'ouvrant bientôt un large canal, reçoit la marée, & forme un bon Port qui s'étend jusqu'au Pont. Cet avantage y attire un assez grand commerce. Au dessus de la Ville, la tête du rocher est occupée par un Château très-bien fortifié. Il sert à défendre la Ville & le Pont, & on le regarde comme une des clefs du Royaume. Ce Château n'est pas moins un séjour agréable qu'une bonne place de défense. On y a une vuë charmante, qui s'étend sur la Ville, sur la campagne & sur le Forth, qui serpente tellement dans cette Contrée, qu'on ne sçait presque de quel côté il coule. *Ster*, rivière. *Llyn*, lac. Gordon, sçavant Écossois, dit qu'anciennement on nommoit tous les seins, ports, golfes ou détroits du nom de lac, d'où est venue la distinction des lacs doux & des lacs salés. Tous les Écossois, qui se servent de l'ancienne Langue, appellent les seins ou golfes des lacs. Cette Ville est nommée *Binobara* par les Écrivains latins, & *Vindovara* par Ptolomée. *Myn*, *Byn* ou *Vyn*, roc. *Bar* ou *Var*, sur. On ajoûtoit ou on omettoit indifféremment le *D* après *Vyn*.

T A I N E.
Anciennement Baleduiche, du nom de Saint Duiche qu'on y honoroit. *Bala* ou *Bale*, Ville.

T E R B A T.
Pointe de terre fort avancée dans la mer. Il y a près de cette pointe un Château de même nom. *Tar*, en composition *Ter*, pointe. *Bat*, longue.

T H O R N T O N.
Chateau fort, dans le voisinage duquel il y a un torrent, qui coule sous terre quelque espace de chemin, & en sort un peu avant que de se jetter dans la mer. *Torren*, torrent. *Ton*, qui coule dans un abysme, qui coule sous terre.

T O N T A L L O N.
Chateau situé sur un rocher escarpé, au bord de la mer, est tellement environné de l'eau de tout côté, qu'il n'est accessible que par un chemin étroit à l'occident. Ce chemin est défendu par quelques ouvrages, ensorte que cette Place est extrêmement forte. *Ton*, Château. *Tal*, fort. *On*, marque du superlatif *Tontalon*, Château très-fort.

T Y R R Y F.
Isle la plus fertile de toutes les Ebudes, abonde en blé, en bétail, en poissons & en oiseaux de mer. *Tirf*, grasse, fertile, abondante.

W I C K.
Nom appellatif d'habitation, devenu propre de ce Bourg.

W I G T O U N.
Anciennement *Victo*, à l'embouchure du Bladnoch dans le golfe de Krée. *Vic*, habitation. *Tor*, embouchure.

Y E D D B U R G   L E   V I E U X.
Sur l'Yedd. *Burg*, habitation.

L'IRLANDE.

SUR LA LANGUE CELTIQUE.

L'IRLANDE.

ETTE Isle est appellée par les Anciens *Scotia*, du nom des *Scoti* qui l'occupoient, *Hibernia*, *Ivernia* & *Ierne*. Elle est si voisine de la Grande Bretagne, qu'on se persuade aisément qu'elle lui doit ses premiers Habitans. L'Histoire confirme cette conjecture, puisque Tacite nous apprend que les Peuples de cette Isle avoient à peu près les mêmes mœurs que les Bretons. Ils ne sçavoient point bâtir ni en pierres, ni en bois. Leurs maisons étoient des hutes construites d'osiers pliés & accommodés fort proprement comme les parois d'un panier, entrelacés de quelques lates, & couvertes de paille. On rapporte que le Roi Henri II étant allé en Irlande l'an 1171, eut la curiosité de se faire bâtir un Palais de cette manière aux portes de Dublin, dans lequel il passa les Fêtes de Noël. Dix ans auparavant *Rhoteric-O-Conner*, Roi de la Connacie, fit bâtir à Toam un Palais de pierre, le premier qu'on eût jamais vu parmi les Irlandois. Cet édifice parut si nouveau & si extraordinaire à ces Peuples, qu'ils l'appellerent *le Palais merveilleux*. Leurs descendans retiennent encore aujourd'hui pour leurs habitations l'usage de leurs ancêtres. Ces maisons singulières firent donner à ces Insulaires le nom de Scot. *Cot* ou *Scot* signifie hute, chaumière. *Ivernia*, *Hibernia* indique la matière dont ces chaumières étoient faites. *I*, habitation. *Vern* ou *Bern*, saule. Le saule est un bois fléxible comme l'osier, auquel le sol aquatique de l'Irlande est très-propre. *Iern* est une crase d'*Ivern*.

Délices de l'Irlande.

On appelle dans le Comté de Bourgogne côtes les rameaux d'osier & d'aulnes dont on fait les paniers.

Les Scots, au quatrième siècle, passerent dans la Grande Bretagne. Après bien des combats ils s'emparerent de la partie septentrionale de cette Isle, & lui donnerent leur nom.

Les anciens Scots avoient en singulière vénération une pierre qu'ils appelloient *Liafail*, à laquelle ils croyoient que leur empire étoit attaché. Aucun homme ne pouvoit régner légitimement sur leur Isle, à moins que cette pierre placée sous lui ne rendît quelque gémissement. Les Scots l'emporterent avec eux quand ils passerent dans le Pays qu'ils occupent aujourd'hui sous le nom d'Écosse. Ils la mirent d'abord dans la Province d'*Argile*, ensuite Kenneth l'enferma d'une chaise de bois pour servir à la solemnité du couronnement des Rois. On la porta dans le Monastére de Scoon. Édouard I, Roi d'Angleterre, ayant enlevé la pierre & la chaise, les transporta dans l'Eglise de Westminster, ou on les voit encore aujourd'hui, & où elles servent toujours à la solemnité de l'inauguration des Rois.

Llafar en Celtique signifie ce qui rend un son, ce qui forme une voix : l'*R* se changeoit en *L* dans cette Langue. On se rappellera ici ce qu'on a déja observé ailleurs, que les noms se donnoient suivant les opinions communes, vraies ou fausses.

RIVIÈRES ET LACS D'IRLANDE.

ALLYN ou *ALLEN*.

Lac. *Al*, article. *Llyn* & *Len*, lac.

LA BANNE ou *BAND*.

Sort des montagnes de Mourne dans le Comté de Down, entre dans le lac de Neaugh où elle se perd. Elle en sort par le Nord ; & roulant une grande quantité d'eau dans un lit étroit, entre les Comtés d'Antrim & de Londonderry, elle rencontre à quatre milles de son embouchure un rocher tout au travers de son canal, qui, lui fermant le passage, la contraint de faire une cascade, & de se précipiter de fort haut. *Bann* & *Band*, saut.

LA BOYNE.

Rivière qui eſt d'une grandeur raiſonnable par tout. Elle pourroit porter des barques ſi ſon cours n'étoit embarraſſé par les chauſſées qu'on y fait pour la pêche. Elle eſt appellée *Boandus* dans Gyrald, & *Buinda* dans Ptolomée. Elle doit ſon nom à la vîteſſe de ſa courſe, car Boan en Celtique ſignifie vîte. On lit ces vers dans Nécham.

Ecce Bohan qui Trim celer influit, iſtins undas
Subdere ſe ſalſis drogheda cernit aquis.

LE CAMLIN.

Rivière tortueuſe. *Cam*, tortueuſe. *Llyn*, rivière.

LE DUR.

Dvvr, nom appellatif de rivière, devenu propre de celle-ci.

EARNE.

Grand & beau lac qui tient le ſecond rang entre les lacs d'Irlande. Ce lac traverſe le Comté de Fermanagh dans toute ſa longueur ; ce n'eſt pas un lac ſeul, mais il eſt diviſé en deux lacs, qui communiquent enſemble par un court & large canal. Le premier des deux, qui eſt le plus avancé dans les terres, a cinq lieuës de long ſur une & demie de large. Il ſe reſſerre enſuite comme une rivière, & forme un canal de deux lieuës de long qui coule à l'occident. Il s'élargit de nouveau, & forme un ſecond lac de ſept lieuës de long & de trois grandes lieuës de large, qui s'étend de l'orient à l'occident. Tous les environs de ce grand & double lac ſont fort agréables. Il eſt environné de montagnes de tous côtés, dont quelques-unes ont des mines de fer, & ſes bords ſont la plûpart ombragés de belles forêts. Ce lac eſt parſemé de toutes parts d'une infinité de petites Iſles, dont la plûpart ſont déſertes & abandonnées aux troupeaux, les autres ſont habitées. Quelques-unes des plus grandes ont d'agréables habitations, où des gens, qui aiment la ſolitude, coulent doucement leurs jours. On y a tous les divertiſſemens innocens de la chaſſe, de la pêche, de la culture des fruits & des fleurs. Le terroir en eſt fertile, & l'on y peut faire de bons champs, des jardins féconds & de gras pâturages. *E*, article. *Arn*, coupé, partagé.

LÉANE.

Lac. *Lan*, lac. L'*E* s'infère.

LA LIFFIE.

Rivière qui coule dans une profonde & étroite vallée, bordée des deux côtés de hautes montagnes, qui s'étendent fort loin. Son lit eſt en partie de rocher : en quelques endroits même il eſt embarraſſé de gros quartiers de roche qui le traverſent dans toute ſa largeur, & ne laiſſent qu'une petite ouverture par où l'eau paſſe. Au deſſus du Château de Leſlip elle rencontre une barre de rochers élevés, qui lui bouchent entièrement le paſſage ; de ſorte que l'eau s'y élève par deſſus ces rochers, & tombe enſuite de fort haut avec grand bruit, formant une nappe de trois ou quatre pas de large. *Lyff*, arrêtée par des obſtacles, retardée par des arrêts. *I* ou *Ie*, rivière. Le Château de Leſlip a pris ſon nom de ces rochers qui arrêtent le cours de la Liffie. *Lech* ou *Les*, rochers. *Llip*, qui arrêtent.

LE LISHAM.

Petite rivière. *Lis*, rivière. *An*, diminutif. Les Irlandois aiment les aſpirations.

LE LYX.

Lix, nom appellatif de rivière, devenu propre de celle-ci.

LE MAIRE.

Mer, nom appellatif de rivière, devenu propre de celle-ci.

NÉAUG.

Le plus grand lac d'Irlande, a ſept lieuës de long & quatre de large. Étant par tout fort profond, il peut non ſeulement porter des barques, mais encore de gros vaiſſeaux. Il communique à l'Océan ſeptentrional par la rivière de Banne qui le traverſe. On a remarqué que l'eau de ce lac a la vertu de convertir le bois en pierre, mais ce n'eſt que ſur les bords,

& seulement en quelques endroits. On trouve en effet en différens endroits fur les bords de ce lac des pierres affez longues, quelques-unes rondes, d'autres angulaires, qui de loin femblent être du bois ; mais quand on les manie, on trouve au toucher que c'eft de la pierre. Ce font des morceaux de bois qui ont été pétrifiés avec le temps, & qui ont néanmoins retenu leur figure. *Nevvo*, prononcez *Néo*, changer. *Néog*, qui change.

LE NURE.

Nvvr, nom appellatif de rivière, devenu propre de celle-ci.

LA RYNE.

Rin, nom appellatif de rivière, devenu propre de celle-ci.

LE SHANNON.

La Reine des rivières d'Irlande, a pris fon nom de fa beauté. *Sannon* en Irlandois, beau, belle. *San* en Celtique, beau, belle. *On*, terminaifon indifférente.

LA SHURE.

Svvr, nom appellatif de rivière, devenu propre de celle-ci.

LA SLANE.

A tiré fon nom de la pureté de fes eaux. *Slan*, pure.

LES VILLES ET BOURGS DE L'IRLANDE.

DUBLIN.

Est la première Ville d'Irlande, non feulement parce qu'elle en eft la Capitale, mais encore parce qu'elle furpaffe toutes les autres de ce Royaume en beauté, en grandeur, en richeffes & en nombre d'Habitans. Elle fut d'abord bâtie fur des pilotis ; c'eft pourquoi les Irlandois l'appellent en leur Langue *Balaciaigh*, ce qui fignifie Ville pilotée. Elle eft nommée *Eblana* dans Ptolomée. *Eb*, fur. *Pel*, *Pelan*, en compofition *Belan*, pieux, pilotis. *Ebelan*, *Eblan*, fur pilotis.

ANTRIM.

Est fitué fur le lac Néaug, à l'embouchure du Sixmilewater. On y voit un Château à demi ruiné. *An*, article. *Trym*, Fort, Foreteresse, Château.

ARDES.

Presqu'isle fertile en pâturages. *Arda* ou *Arde*, pâturage. *Voyez* Ardres en Picardie.

ARMAGH.

Une des plus anciennes Villes d'Irlande. *Ar*, article. *Mag*, Ville.

ARTHY.

Sur le Barrow. *Ar*, près, bord, fur. *Tw*. en compofition *Ty*, rivière.

ATHDAIRE.

Petit Bourg fur une petite rivière. *At*, près. *Der*, rivière.

ATHLONE.

A l'extrémité d'un lac formé par le Shannon, & à l'endroit où le Shannon reprend la forme d'une rivière. *At*, près. *Lwn*, prononcez *Lon*, rivière, lac.

BALTIMORE.

Bourg au bord d'une grande baye ou golfe. Il y a un Port, à l'entrée duquel il fe trouve un rocher caché fous l'eau, & un autre dans le milieu, que la marée couvre & découvre fucceffivement. *Bal*, roc. *Ty*, deux. *Mor*, lac, golfe. *Voyez* Sterlin en Ecoffe.

BANTRY.

Bourg avec un affez bon Port, au fond de la baye qui porte fon nom. Près de là la baye reçoit une petite rivière. *Ban*, embouchure. *Try*, habitation.

MÉMOIRES

BÉER.
BIR.

BAYE. *Ber*, Port, golfe, baye.

SUR une rivière. *Ber*, *Bir*, rivière.

CALLAN.

BOURG sur un ruisseau. *Cal*, près. *Lan*, ruisseau.

CARICKFERGUS ou CARIGFERGUS.

VILLE sur le rivage d'une bonne & grande baye. Son Port est fort bon ; il est défendu par un vieux Château bâti sur un rocher. *Carreg* ou *Carrig*, rocher. *Fergus* est le nom d'un Roi du Pays.

CASSEL.

CAS ou *Cassel*, nom appellatif d'habitation, devenu propre de celle-ci.

COLRAINE.

SUR la rive gauche de la Banne, un peu au dessous de la cataracte de cette rivière. C'est une petite Ville ; son Port n'est bon que pour des bâtimens de cinquante à soixante tonneaux, & l'entrée en est difficile à cause de la rapidité de la rivière, dont la violence est augmentée par la petitesse de son canal. *Col*, passage étroit, canal étroit. *Ren*, rivière.

CORKE.

A l'embouchure de la Lée. *Cor*, embouchure. *K* de *Kaer*, Ville.

DINGLE.

EST un bon Bourg avec un bon havre, à l'issue d'une baye, à laquelle il donne son nom. Le havre de Dingle est couvert d'un grand rocher, au tour duquel on peut voguer sans péril, parce qu'il est toujours élevé hors de l'eau, excepté dans le temps de l'équinoxe de mars, parce qu'alors les marées sont plus hautes & le couvrent tout entier. *Dun*, en composition *Dyn*, Port. *Cle*, en composition *Gle*, couvert. *Voyez* Dungall.

DOWN.

OU Down-Patrick. *Don* ou *Down*, Ville. *Patrick* est le nom de saint Patrice, Apôtre d'Irlande, dont le Corps étoit dans cette Ville.

DUNCANNON.

CHATEAU bâti à moitié de la longueur du havre de Vaterford, qui commande si bien cette baye, qu'aucun vaisseau ne peut monter ni descendre sans le congé de la Garnison. *Dun*, havre, baye. *Cann*, *Cannon*, milieux. *Voyez* Dungall.

DUNGALL.

AU fond d'une baye, à l'embouchure de l'Esk. Son havre est assez large & assez profond, mais l'entrée en est traversée d'écueils, d'une barre de rochers & de bancs de sable, de sorte qu'il faut beaucoup d'adresse & de *routine* pour y passer en sûreté. *Dun*, creux, sinuosité, port. *Gal*, en composition *Gal*, difficile.

DUNGARVAN.

BON BOURG avec un havre médiocre, défendu par un vieux Château. L'entrée de ce havre est difficile & dangereuse, parce qu'elle est traversée d'une barre de rochers, que l'on ne peut passer que dans le temps de la pleine mer. *Dun*, havre. *Carvan*, en composition *Garvan*, barre. *Voyez* Dungall.

DUNLUSE.

CHATEAU sur un rocher au bord de la mer. *Dun*, roc. *Lus*, eau, mer.

GALLOWAY.

TIENT le second rang entre les Villes d'Irlande pour la beauté, pour la grandeur, pour les richesses & pour le commerce. Elle est située au bord d'une grande & longue baye. *Gal*, bord. *Bay* ou *Vay*, baye.

KELLES.

KEL, nom appellatif d'habitation, devenu propre de celle-ci.

KILBEG.

EST un grand & bon havre. L'entrée en est si étroite, qu'on ne la voit pas qu'on ne soit tout près ; mais elle est nette, & tout le havre de même, de sorte que les gros vaisseaux peuvent entrer & sortir sans rien craindre, & mouiller l'ancre par tout le havre en parfaite sûreté. Sur ce havre est un petit Bourg nommé Kilbeg. *Cil*, prononcez *Kil*, petite. *Beg*, gorge, entrée.

KILDARE.

EST une jolie petite Ville. *Kil*, Ville. *Dere* ou *Dare*, jolie.

SUR LA LANGUE CELTIQUE.

KILKENNY.

Cette Ville a pris son nom de saint Cany ou Kenny, Patron de son Église Cathédrale. *Kil*, Ville.

KINSALE.

Ville médiocre, fermée de murailles, à l'embouchure d'une petite rivière. Son havre est un des plus renommés de toute l'Irlande. *Cin*, prononcez *Kin*, embouchure. *Sal*, Port.

LAGLIN.

Lechlinia, sur le Barrow. *Lech* & *Léach*, habitation. *Llyn*, rivière.

LECALE.

Presqu'isle fertile & agréable. *Lles*, utilité, avantage. *Llecal*, avantageux, bon, fertile.

LETRIM.

Petite Ville, avec un Château ; elle est située sur le Shannon. *Lé*, rivière. *Trym*, Château.

LIMMERICK.

Au bord du Shannon. Cette Ville n'est pas bien grande, mais elle a tous les avantages qui peuvent rendre une Ville florissante, aussi est-elle une des plus considérables d'Irlande. Le Shannon y fait un très-bon havre de dix-sept lieuës de long, depuis son embouchure jusqu'au Port de Limmerick, où les grands vaisseaux peuvent monter à pleines voiles, sans craindre ni barre, ni rocher, ni banc de sable, ne trouvant que quelques islettes en chemin. Avec cet avantage, Limmerick est une Ville fort marchande, & par là même riche, propre, belle & bien peuplée. Elle est aussi très-forte par la nature & par l'art. Le Shannon lui sert de fossés, & la divise en deux Villes jointes par un beau pont de pierre, toutes deux bien fortifiées à la moderne, avec une Citadelle. *Llymm*, *Llymmer*, forte. *Yck*, Ville.

LISMORE.

Sur le Broadwater. *Lis*, rivière. *Mor*, bord, sur.

LOUTH.

Sur une petite rivière qui en prend le nom. *Lwh*, prononcez *Loub*, rivière. *T* de *Ty*, habitation.

MAJO ou MAGEO.

Mag, nom appellatif d'habitation, devenu propre de ce Bourg.

MALLO.

Bourg situé dans une campagne où il y a une mine de fer. *Mal*, fer. *Lav*, abondance : ou *Loh*, lieu, endroit.

MOLINGHAR.

Près d'un petit lac. *Mol*, lac. *Molin*, diminutif. *Gar*, près.

MOUNTMELICK.

Bourg célèbre à cause d'une montagne qui est dans son voisinage, où il y a une mine de fer. *Mont*, montagne. *Mal*, fer. *Melic*, où il y a du fer.

MOY.

Près d'une baye. *Moe*, baye.

NAVAN.

Sur la Boyne. *Na*, article. *Avan*, rivière.

NURIE ou NEURY.

Sur la Nure. *Y*, habitation.

OMAGH.

Mag, nom appellatif d'habitation, devenu propre de celle-ci. *O*, paragogique. *Voyez* Armagh.

ROSCOMAN.

A la tête de la pointe méridionale qui partage le Pays. *Ros*, promontoire, pointe de terre. *Combang*, étroite.

SLEGO.

Petite Ville située au fond d'une petite baye, qui y fait un assez bon Port. Il est passablement profond ; mais l'entrée en est difficile, à cause d'une barre de rochers & de sable qui la traversent. *Slegr*, roc, écueil, banc de sable, endroit plein de rochers. *Gog*, gorge, entrée. *Sleggog*, entrée où il y a des rochers, des bancs de sable.

406 MÉMOIRES

STREBANE.

A l'embouchure du Derg dans la Fine. *Ster*, rivière. *Ban*, embouchure. *Sterban*, par une transposition fort aisée & fort commune *Strebane*, embouchure de rivière.

TRIM.

VILLE située sur la Boyne, fermée de murailles avec un petit Château. *Trym*, Château, Forteresse, endroit fort.

YOUGHALL.

VILLE médiocre avec un havre de même, à l'embouchure du Broadwater. Elle est fermée de murailles, & assez peuplée. Le havre est bon & net par dedans, revêtu d'un quai, où les vaisseaux ancrent en sûreté; mais son entrée est embarrassée d'une barre, qu'on ne peut passer qu'à la faveur de la pleine mer. *Goug* ou *éYoug*, gorge, entrée. *Cal*, en composition *Gal*, difficile.

SUR LA LANGUE CELTIQUE. 407

L'ESPAGNE.

ES richesses & la fertilité de l'ancienne Espagne sont décrites en ces termes
par un Auteur qui a fait une étude particulière de cette Région. Il ne se peut
rien voir de plus beau ni de plus charmant que la description que les Anciens
nous ont laissée de l'Espagne. Ils s'accordent tous d'une voix à nous *Délices de*
dire tous les biens du monde de ce Pays ; & quand ils auroient été gagés *l'Espagne.*
pour en faire l'éloge, ils n'en auroient pas pu dire davantage. En un mot,
ils en ont fait un petit Paradis terrestre, ils y ont placé les Champs Élysées. Elle est située,
disoit l'un d'eux, entre l'Afrique & la Gaule ; elle est plus petite que ces deux Pays, mais
elle est plus fertile que ni l'un ni l'autre. Elle n'est pas brulée par les ardeurs excessives du
soleil comme l'Afrique, ni incommodée par de grands vents comme la Gaule, mais fertilisée
par une chaleur modérée, & par des pluyes douces ; elle rapportoit abondamment tout ce
qu'on peut souhaiter de meilleur & de plus délicieux ; elle étoit comparable aux meilleurs
Pays du monde pour la fertilité à tous égards, soit qu'on y cherchât du bled, soit qu'on y
souhaitât du vin, ou qu'on y demandât des fruits délicieux. Ses oliviers tenoient le premier rang parmi les autres, & ses vignes ne le cédoient à pas une autre espèce. Les lieux
qui n'étoient pas propres à rapporter du grain, étoient bons pour les pâturages ; &, ce que
les hommes estiment encore autant que tout ce que je viens de dire, elle étoit féconde
en toutes sortes de métaux ; l'or & l'argent se trouvoient en abondance dans ses montagnes,
& les rivières en rouloient dans leur sable. Elle étoit d'un si merveilleux rapport, que ce
que les Habitans recueilloient n'étoit pas seulement capable de leur suffire ; mais ils avoient
encore de quoi en fournir la Ville de Rome & toute l'Italie, dont elle étoit comme le grenier. Mais, pour parler un peu plus distinctement de ces choses, & sans hyperbole, il
faut remarquer que l'Espagne ne rapportoit pas également par tout. En général elle étoit
d'une fertilité surprenante, comme je viens de le représenter ; mais il y avoit quelques endroits qui ne l'étoient pas tant, ou qui avoient leur propriété particulière. Elle n'étoit pas
également commode par tout pour être habitée, à cause des montagnes & des forêts dont
elle étoit entrecoupée. Il y avoit quelques campagnes qui manquoient d'eau, comme la
Carpetanie, qui est le Pays qui est aux environs de Madrid, la Celtibérie, qui faisoit partie
de l'Arragon, & les Provinces septentrionales. Ces dernières particulièrement étoient plus
incommodes, à cause de la rudesse & de la froideur de l'air, & moins fertiles, ne rapportant même point de bled ; mais ce quartier de Pays étoit peu considérable en comparaison
de tout le reste de l'Espagne. Les Provinces qui sont au cœur du Pays, & le long des
côtes de la Méditerranée, abondoient en figuiers, en oliviers, en toutes sortes d'arbres
fruitiers, en bled, en vin & en miel. La Bétique étoit la meilleure & la plus fertile de
toutes. Les pâturages y étoient si gras, qu'il falloit prendre garde que le bétail n'en prît trop,
sans quoi il se seroit crevé d'en manger. Les rivières & la mer étoient fécondes en bons
poissons, & particulièrement en thons, dont la pêche apportoit un très-grand profit aux
Habitans, qui les saloient & les envoyoient par tout. Mais tout cela étoit encore peu considérable au prix des prodigieuses richesses que la terre y cachoit dans ses entrailles ; elle
étoit toute remplie de mines d'or, d'argent, de fer, d'étain & de plomb. Dans la seule Can-
tabrie il y avoit une montagne presque toute de fer. Les mines d'or étoient sur tout au
cœur du Pays dans la Bastelanie & Loretanie, entre le Bœtis & l'Anas. La montagne où
le premier de ces fleuves avoit sa source, portoit le nom d'Orospeda, c'est-à-dire montagne
d'argent, à cause des mines de ce métal qu'elle cachoit dans son sein. La Galice étoit si
féconde en or, aussi-bien qu'en cuivre & en plomb, que souvent les laboureurs rompoient

des mottes d'or avec leur charrue. La Lusitanie & l'Asturie étoient d'une égale fertilité à cet égard, & l'on y a quelquefois déterré des morceaux d'or du poids de demi-livre. Enfin, pour tout dire en un mot, l'Espagne étoit le Perou du vieux monde. C'étoit là que les anciens envoyoient des flottes pour y aller chercher ces précieux métaux, tout comme les Européens, & les Espagnols les premiers vont aujourd'hui dans les Indes pour le même sujet. Les premiers Phéniciens qui y arriverent y trouverent l'argent si commun parmi les Turdetains, que tous les meubles les plus vils de ces Peuples étoient de ce métal jusqu'aux crêches & aux tonneaux. Ils leur donnerent de petites bagatelles, de la clinquaillerie de peu de prix que ces Barbares estimoient plus cher que leurs métaux, & ils en reçurent en échange une quantité si prodigieuse d'argent, que leurs vaisseaux ne furent pas assez grands pour contenir tout ce qu'ils en avoient ramassé. Ils furent obligés, pour ne pas perdre le reste, d'en forger des ancres. La plus riche mine d'argent étoit à une petite lieuë de Carthagene, où quarante mille travailleurs, qu'on y occupoit, rapportoient tous les jours aux Romains vingt-cinq mille dragmes. L'Asturie, la Galice & la Lusitanie fournissoient tous les ans vingt-mille livres d'argent. Près des Pyrénées il y avoit une mine qui en rapportoit chaque jour trois cens livres à Annibal. Lorsque Scipion l'Africain prit Carthagene, dans le temps de la seconde guerre Punique, on y trouva deux cens soixante & seize tasses d'or, presque toutes du poids d'une livre, dix-huit mille trois cens livres pesant d'argent monnoyé, un nombre infini de vases d'argent, quarante mille muids de bled, deux cens soixante & dix mille muids d'orge, & l'on prit dans le Port cent treize vaisseaux de charge. On peut juger par là des richesses de cette Ville, & de celles du reste de l'Espagne. J'en donnerai encore, pour dernière preuve, les richesses qui furent portées à Rome, à trois diverses fois que les Romains triompherent de ce Pays là. Helvius, qui en triompha le premier, mit dans le thrésor quatorze mille sept cens trente-deux livres d'argent en lingots, & de monnoyé dix-sept mille & vingt-trois livres. Offensus en tira six-vingt mille quatre cens trente-huit livres d'argent. Corn. Lentulus, qui vint après, y apporta quinze cens quinze livres d'or, vingt mille livres d'argent en lingots, & trente-quatre mille cinq cens cinquante de monnoyé.

Les métaux n'étoient pas les seules richesses de l'Espagne; elle étoit encore féconde en d'autres minéraux. Il n'y avoit point de Pays au monde qui rapportât tant de vermillon. Près de l'Ébre il y avoit une montagne de pur sel, à laquelle il en revenoit autant qu'on en ôtoit. Dans la Lusitanie on en trouvoit qui étoit de couleur de pourpre; on en tiroit aussi de l'alun, de la cochenille, de la cadmié ou calamine, de la chrysocolle, du verre, de l'azur, de l'ocre & autres couleurs, du crystal, de la pierre d'aimant, des amethystes & diverses autres espèces de pierres précieuses. La poix, la cire & le miel y étoient en abondance, aussi-bien qu'entre les plantes, le lin & l'esparte. Cette dernière se trouvoit particulièrement au tour de Carthagene, dans la campagne qui en portoit le nom, *spartarius campus*. C'étoit une espèce de jonc blanc & sec, qui croissoit sans eau. Il étoit d'un usage presque universel. Il se filoit, & on en faisoit des cordes pour les chariots, des cables pour les vaisseaux, des nattes pour servir de lits, des nasses pour la pêche, des souliers & des habits pour les pauvres gens, & enfin il servoit à brûler. Les olives y étoient excellentes; & les figues, sur tout celles de l'Isle d'Yviça ou Ibissa, (*Ebusus*) étoient autant estimées à Rome que celles de l'Afrique & de l'Asie. Les Pyrénées étoient couverts de chênes, de pins & de liéges.

Elle n'étoit pas moins bien fournie d'animaux nécessaires à la vie. J'ai déja remarqué ci-dessus qu'il ne s'y en trouvoit point de mal-faisant, à la réserve du lapin. On conte des merveilles de la graisse des porcs qu'on y nourrissoit; on en voyoit qui, depuis le cuir jusqu'à l'os, l'avoient d'un pied & trois doigts d'épaisseur. Les jambons des Cantabres & des Corretains étoient estimés comme aujourd'hui ceux de Mayence. Mais ce qui rendoit l'Espagne encore célébre, étoit la bonté de ses chevaux, dont la vîtesse étoit si grande, qu'elle donna lieu de dire qu'en ce Pays là les cavales concevoient du vent. Il y a eu même beaucoup d'Auteurs graves de l'antiquité qui l'ont assuré fort sérieusement. Il y avoit aussi de petits bidets, qui n'étoient pas propres pour la guerre, mais on s'en servoit pour la voiture, ou pour traîner des coches, parce qu'ils alloient l'amble fort doucement, & qu'étant attelés ils couroient avec une rapidité sans égale. On les dressoit au manége, & on leur apprenoit même à faire des caracoles cadencées au son des instrumens, comme les chevaux des Sybarites en Italie. On les appelloit Asturcons, parce qu'ils venoient particulièrement de l'Asturie. La laine des brebis ne faisoit pas l'une des moindres richesses: elle étoit considérable par sa finesse & par sa couleur; il y en avoit d'un noir ravissant, & d'autres d'un beau rouge, qui égaloit la pourpre de Tyr. Ce rouge étoit naturel, & on l'attribuoit en partie à l'eau du

Bœtis,

Bœtis, & en partie au pâturage, dont l'une & l'autre avoient cette propriété singulière. Ces brebis rouges ne se trouvoient que dans la Bétique ; mais les noires étoient dans toute l'Espagne, & particulièrement aux environs de l'Ébre.

Si la terre étoit de bon rapport, l'eau ne l'étoit pas moins. J'ai déja parlé de la fécondité des rivières & de la mer. J'ajoûterai seulement ici qu'autour de Tartesse on prenoit entr'autres poissons des murénes & des congres de quatre-vingt livres ; mais leur excellence les faisoit encore plus rechercher que leur grosseur ; c'étoit, au goût des Romains, le plus délicat morceau qu'on pût manger.

L'air de l'Espagne étoit fort pur & fort bon, n'y ayant point de marais qui envoyassent des vapeurs malignes, ni point de brouillards mal sains ; au contraire étant purifié par des vents doux, qui venoient de la mer, il étoit fort utile pour la santé. C'est aussi ce qui faisoit que les Habitans vivoient fort longtemps, au moins ceux d'entr'eux qui pouvoient se résoudre à se laisser devenir vieux.

Enfin, pour tout dire en un mot, l'Espagne étoit tellement enrichie de tous les thrésors de la nature, qu'un ancien Romain ne crut en pouvoir mieux faire l'éloge, qu'en disant que c'est de tous les Pays du monde celui qui approche le plus en bonté de l'Italie.

On transcrira encore quelques paroles du même Auteur, qui acheveront de donner une parfaite connoissance de cette Contrée. (Vouloir décrire exactement toutes les montagnes de l'Espagne, ce seroit presque vouloir décrire l'Espagne même ; car il n'y a guères de Pays dans l'Europe, sans en excepter même la Suisse, qui en ait davantage ; on n'y voit par tout que montagnes à droite & à gauche, d'un bout du Royaume à l'autre. Mais cela ne veut pas dire pourtant qu'il n'y ait point de plaines, on se tromperoit fort de le croire. Il y en a là aussi-bien qu'ailleurs, quoiqu'elles n'ayent pas tant d'étendue que celles qu'on voit entr'autres en Allemagne.)

Un autre Auteur Espagnol (Don Alonso Carillo-Lazo dans son traité des mines d'Espagne) décrit ainsi cette Région.

L'Espagne est presque entièrement couverte de montagnes. Le terrein y est si montagneux, que dans cette vaste étendue d'une mer à l'autre, on ne fait que monter & descendre. Quand un voyageur a gagné le haut d'une montagne, sa vuë ne peut appercevoir qu'une longue suite d'autres monts, qui se rencontrent & s'entrecoupent. En s'approchant des Frontières de France, il semble que les montagnes renaissent de la terre ; elles se multiplient, deviennent plus serrées, & s'étendent depuis l'Océan jusqu'à la Méditerranée, cachant leur cime dans les nues, & formant une chaîne de plus de cent lieuës. *Pan* ou *Yspan*, montueux, plein de montagnes: on sous-entend Pays.

Peut-être que les chênes verds, dont il y a nombre en Espagne, & dont les Habitans de ce Pays mangent le fruit comme des noisettes, donnent le nom à cette Contrée. Personne n'ignore combien les Gaulois estimoient les chênes, & cette espèce ci, qui conserve toujours son feuillage, méritoit d'eux par sa beauté une considération particulière. *Spaign, Dero-Spaign*, chêne verd. *Yspaign*, Pays des chênes verds. L'*Y* se prépose en Celtique.

Enfin *Ezpaina* signifie extrémité. L'Espagne est à l'extrémité de l'Europe ; ce qui l'a fait appeler par les Anciens *ultima Tellus*.

Ce Pays a aussi porté le nom d'Ibérie qu'il avoit pris de l'Ébre, anciennement *Iber*, un de ses principaux fleuves. Le nom d'Hespérie vient de *Sperius, Esperius*, fertile.

LES PYRÉNÉES.

Voyez le Roussillon.

L'AUSENA.

Montagne des Asturies, sous laquelle il y a une caverne fort spacieuse. *Os*, caverne. *Osen*, caverneuse.

L'AGAS.

Rivière. *Ag*, la. *As*, rivière.

L'ASTARIA.

Rivière. *As*, la. *Staer*, rivière.

L'ASTURA.

Rivière. *As*, la. *Stur*, rivière.

des mottes d'or avec leur charrue. La Lusitanie & l'Asturie étoient d'une égale fertilité à cet égard, & l'on y a quelquefois déterré des morceaux d'or du poids de demi-livre. Enfin, pour tout dire en un mot, l'Espagne étoit le Perou du vieux monde. C'étoit là que les anciens envoyoient des flottes pour y aller chercher ces précieux métaux, tout comme les Européens, & les Espagnols les premiers vont aujourd'hui dans les Indes pour le même sujet. Les premiers Phéniciens qui y arriverent y trouverent l'argent si commun parmi les Turdetains, que tous les meubles les plus vils de ces Peuples étoient de ce métal jusqu'aux crêches & aux tonneaux. Ils leur donnerent de petites bagatelles, de la clinquaillerie de peu de prix que ces Barbares estimoient plus cher que leurs métaux, & ils en reçurent en échange une quantité si prodigieuse d'argent, que leurs vaisseaux ne furent pas assez grands pour contenir tout ce qu'ils en avoient ramassé. Ils furent obligés, pour ne pas perdre le reste, d'en forger des ancres. La plus riche mine d'argent étoit à une petite lieuë de Carthagene, où quarante mille travailleurs, qu'on y occupoit, rapportoient tous les jours aux Romains vingt-cinq mille dragmes. L'Asturie, la Galice & la Lusitanie fournissoient tous les ans vingt-mille livres d'argent. Près des Pyrénées il y avoit une mine qui en rapportoit chaque jour trois cens livres à Annibal. Lorsque Scipion l'Africain prit Carthagene, dans le temps de la seconde guerre Punique, on y trouva deux cens soixante & seize tasses d'or, presque toutes du poids d'une livre, dix-huit mille trois cens livres pesant d'argent monnoyé, un nombre infini de vases d'argent, quarante mille muids de bled, deux cens soixante & dix mille muids d'orge, & l'on prit dans le Port cent treize vaisseaux de charge. On peut juger par là des richesses de cette Ville, & de celles du reste de l'Espagne. J'en donnerai encore, pour dernière preuve, les richesses qui furent portées à Rome, à trois diverses fois que les Romains triompherent de ce Pays là. Helvius, qui en triompha le premier, mit dans le thrésor quatorze mille sept cens trente-deux livres d'argent en lingots, & de monnoyé dix-sept mille & vingt-trois livres. Offensus en tira six-vingt mille quatre cens trente-huit livres d'argent. Corn. Lentulus, qui vint après, y apporta quinze cens quinze livres d'or, vingt mille livres d'argent en lingots, & trente-quatre mille cinq cens cinquante de monnoyé.

Les métaux n'étoient pas les seules richesses de l'Espagne; elle étoit encore féconde en d'autres minéraux. Il n'y avoit point de Pays au monde qui rapportât tant de vermillon. Près de l'Ébre il y avoit une montagne de pur sel, à laquelle il en revenoit autant qu'on en ôtoit. Dans la Lusitanie on en trouvoit qui étoit de couleur de pourpre; on en tiroit aussi de l'alun, de la cochenille, de la cadmié ou calamine, de la chrysocolle, du verre, de l'azur, de l'ocre & autres couleurs, du crystal, de la pierre d'aimant, des amethystes & diverses autres espèces de pierres précieuses. La poix, la cire & le miel y étoient en abondance, aussi-bien qu'entre les plantes, le lin & l'esparte. Cette dernière se trouvoit particulièrement au tour de Carthagene, dans la campagne qui en portoit le nom, *spartarius campus*. C'étoit une espèce de jonc blanc & sec, qui croissoit sans eau. Il étoit d'un usage presque universel. Il se filoit, & on en faisoit des cordes pour les chariots, des cables pour les vaisseaux, des nattes pour servir de lits, des nasses pour la pêche, des souliers & des habits pour les pauvres gens, & enfin il servoit à brûler. Les olives y étoient excellentes; & les figues, sur tout celles de l'Isle d'Yviça ou Ibissa, (*Ebusus*) étoient autant estimées à Rome que celles de l'Afrique & de l'Asie. Les Pyrénées étoient couverts de chênes, de pins & de liéges.

Elle n'étoit pas moins bien fournie d'animaux nécessaires à la vie. J'ai déja remarqué ci-dessus qu'il ne s'y en trouvoit point de mal-faisant, à la réserve du lapin. On conte des merveilles de la graisse des porcs qu'on y nourrissoit; on en voyoit qui, depuis le cuir jusqu'à l'os, l'avoient d'un pied & trois doigts d'épaisseur. Les jambons des Cantabres & des Corretains étoient estimés comme aujourd'hui ceux de Mayence. Mais ce qui rendoit l'Espagne encore célèbre, étoit la bonté de ses chevaux, dont la vîtesse étoit si grande, qu'elle donna lieu de dire qu'en ce Pays là les cavales concevoient du vent. Il y a eu même beaucoup d'Auteurs graves de l'antiquité qui l'ont assuré fort sérieusement. Il y avoit aussi de petits bidets, qui n'étoient pas propres pour la guerre, mais on s'en servoit pour la voiture, ou pour traîner des coches, parce qu'ils alloient l'amble fort doucement, & qu'étant attelés ils couroient avec une rapidité sans égale. On les dressoit au manége, & on leur apprenoit même à faire des caracoles cadencées au son des instrumens, comme les chevaux des Sybarites en Italie. On les appelloit Asturcons, parce qu'ils venoient particulièrement de l'Asturie. La laine des brebis ne faisoit pas l'une des moindres richesses : elle étoit considérable par sa finesse & par sa couleur; il y en avoit d'un noir ravissant, & d'autres d'un beau rouge, qui égaloit la pourpre de Tyr. Ce rouge étoit naturel, & on l'attribuoit en partie à l'eau du

Bœtis,

détruit toutes choses, a bouché l'une des branches; sçavoir, celle qui étoit à l'orient. Ceux qui sçavent les changemens que la suite des années ou les tremblemens de terre ont apportés à d'autres fleuves, comme au Rhin, au Nil & au Danube, ne s'étonneront pas de celui qui est arrivé au Guadalquivir. Les Espagnols attribuent à son eau la propriété de teindre en rouge la laine des brebis. *Bætes*, *Bætis*, rouge, rougissante. Avant l'arrivée des Romains, les Espagnols appelloient cette rivière Perca. *Perc*, partagée, divisée.

LA GUADIANA.

L'Auteur des délices de l'Espagne parle ainsi de cette rivière. (Les Anciens, & les Modernes après eux, ont fait bien des contes de la Guadiana. On a dit qu'elle coule dix lieuës sous terre près de Médelin, & que c'est pour cette raison que les Latins l'ont appellée *Anas*, mot qui signifie un canard, comme voulant marquer qu'elle tenoit de la nature de cet oiseau, qui aime à faire le plongeon & à reparoître sur l'eau. Sur ce fondement, Bochart a cru trouver l'étymologie de ce nom dans le mot Arabe *hanafa*, qui signifie se cacher pour paroître bientôt après de nouveau. Et les Espagnols, qui n'avoient garde de passer sous silence un sujet si propre à faire honneur à leur Pays, ont dit qu'ils avoient chez eux un pont, sur lequel on pouvoit faire paître dix mille moutons fort à leur aise. Mais les nouveaux Géographes, mieux instruits de ce Pays là par de fidelles relations, nous ont appris que c'est une erreur. Quelques voyageurs curieux, qui étoient allés sur les lieux pour s'informer de la vérité du fait, ayant demandé à des bergers dans quel lieu la Guadiana se cachoit sous terre, n'en reçurent pour toute réponse que des éclats de rire, qui leur firent comprendre qu'on se mocquoit d'eux. Cependant cette opinion, dont on a été prévenu durant tant de siécles, n'étoit pas sans fondement. La vérité est que la Guadiana, peu au dessous de sa source, se perd environ une lieuë sous terre, s'il en faut croire quelques voyageurs. Ce qu'il y a de certain, c'est que près de là elle passe au travers de hautes montagnes, qui la dérobent à la vuë pendant une heure, après quoi on la voit reparoître aux lacs qu'on appelle Ojos de Guadiana. Dans la suite de son cours, particulièrement dans le voisinage de Malagon, au dessus de Calatrava, elle est si couverte de joncs & de rochers, qu'elle ne paroît pas une rivière. Et depuis Merida jusqu'à Mortola, éloignées l'une de l'autre d'environ trente-cinq lieuës, elle est toute remplie à droite & à gauche d'une infinité de gros morceaux de roches, qui empêchent qu'elle ne soit navigable, & en rendent même le passage difficile & dangereux, particulièrement quand on est pressé. En été elle a fort peu d'eau, & le peu qui lui en reste ne semble pas tant courir que croupir sous ces roches, tellement qu'on ne la peut mieux comparer qu'à ces ravines, où les torrens laissent les pierres qu'ils ont entraînées des montagnes. Il ne faut donc pas s'étonner si l'on a cru qu'elle se perdoit sous terre, puisque dans les sécheresses on la perd de vuë, au moins dans les lieux dont je parle, & que les fourmis, qui vont de roche en roche, la passent en été à pied sec. On peut voir par là ce qu'il faut juger de la fine pensée d'un bel esprit de ces derniers temps, au sujet des fleuves d'Espagne; que l'Ébre l'emporte pour le nom, le Douere pour la force, le Tage pour la renommée, le Guadalquivir pour les richesses, & que la Guadiana n'ayant pas de quoi se mettre en paralléle avec les autres, se cache sous terre de honte.)

Anas est le nom que les premiers Habitans du Pays ont donné à cette rivière; il signifie en Celtique eau qui se cache. *A*, eau. *Nach* ou *Nas*, cacher. On voit par la description qu'on vient de lire que cette rivière se cache assez pour mériter ce nom; mais quand elle ne se cacheroit pas effectivement, il suffiroit qu'on l'eût cru pour l'appeller ainsi, puisque les noms ne se donnent pas aux choses suivant la vérité, mais suivant l'opinion de ceux qui les imposent. Les Maures, après avoir conquis l'Espagne, ajoûterent au nom de cette rivière le mot de *Guad*, qui, en leur Langue, signifie eau, rivière, fleuve, & l'appellerent Guadiana.

LA GURUMEA.

Petite rivière appellée par les Anciens *Menascum*. *Men*, petite. *Asc*, rivière.

LE LETHÉ.

Rivière dont parle Strabon, qui la place entre le Duero & le Minho. *Llaith*, rivière.

LE MONDEGO.

Connu autrefois sous le nom de Munda, sort des montagnes, au couchant de la Ville de Guarda, passe à Selorico, à Pegnacova & à Coimbra, & se dégorge dans l'Océan par une large embouchure. Il est fort rapide, & devient excessivement gros quand il pleut;

il porte bâteau dès son embouchure jusqu'à Coimbra, & un peu au dessus. *Mond*, crue. *Da*, grande, excessive.

L E N E R V I O.

Traverse la Biscaye. Les Anciens l'ont appellé Chalybs; son eau est excellente pour la trempe des armes. De là vient que les Cantabres n'estimoient point les épieux ou les autres armes de cette sorte, si le fer n'en avoit été trempé dans le Chalybs. *Cal*, en composition *Chal*, qui durcit. *Ivv* ou *Ib*, eau.

L' O R I A.

Rivière, ou plutôt torrent impétueux, qui court parmi les rochers d'Alava avec un très-grand fracas. *Or*, impétueux.

L A R I G A.

Rig, nom appellatif de rivière, devenu propre de celle-ci.

L E T A G E.

Tagus, fameux autrefois par l'or qu'il rouloit avec son sable. *Ostium Tagi amnis*, dit Pomponius Mela, *l. 3, c. 1, aurum gemmasque gignentis.* Pline, *l. 4, c. 22*, dit: *Tagus auriferis arenis celebratur.* Et dans un autre endroit, *l. 33, c. 4*, il donne le Tage pour preuve qu'on trouve de l'or dans certains fleuves. Ovide Métamorph. *l. 2, v. 251*, parle ainsi de l'or du Tage.

Quodque suo Tagus amne vehit, fluit ignibus aurum.

Et Silius-Italicus, *l. 4, v. 234*, compare le Tage avec le Pactole.

Hic certant, Pactole, tibi Duriusque, Tagusque.

Quelques-uns disent qu'aujourd'hui il ne se trouve plus d'or dans le Tage; d'autres prétendent qu'on y en voit encore, mais qu'on le néglige, & qu'il est même défendu de le chercher, de crainte que les sables qu'on remueroit ne vinssent à porter du préjudice aux terres labourées qui sont basses. Ce qu'il y a de certain, c'est que la couronne & le sceptre des Rois de Portugal sont faits de l'or qui a été trouvé dans le Tage. *Tah* ou *Tag*, riche.

L E T E R.

A quelques milles d'Astorga, on voit un lac nommé Sanabria, d'une lieuë de long & d'une demi-lieuë de large, au travers duquel la rivière du Ter passe avec une si grande impétuosité, qu'elle éleve ses vagues aussi hautes & avec autant de bruit que le feroit une petite mer. *Ter*, impétueux.

L E V E R O.

Ver, nom appellatif de rivière, devenu propre de celle-ci.

U R R O L A.

Cette rivière forme d'espace en espace des nappes d'eau & des cascades, qui tombent avec un bruit & une impétuosité extraordinaires. *Wr*, rivière. *Rhull* ou *Rholl*, qui se précipite, qui coule avec impétuosité. *Voyez* l'Aar en Suisse.

L E X A L O N.

Le Poëte Martial nous apprend que l'eau du Xalon ou Calon, étoit d'un grand usage pour la trempe des armes.

Tepidum natabis lene congedi vadum,
Mollesque Nympharum lacus,
Quibus remissum corpus adstringas brevi
Salone qui ferrum gelat. L. v, Ép. 50.

Nostra nomina duriora terræ
Grato non pudeat referre versu:
Sævo Bilbilin optimam metallo,
Quæ vincit Chalybasque, Noricosque. L. IV, Ép. 55.

Voyez Bilbilis en Arragon.
Cal, durcissante. *O*, eau, rivière. *Calo*, *Salo*, eau, rivière qui durcit.

LA BISCAYE.

ÉTOIT anciennement habitée par les Cantabres, *Cantabri*. Strabon les dépeint comme des gens qui s'exerçoient au brigandage. Il parle fans doute dans le ftyle des Romains, qui avoient longtemps fait de vains efforts pour foumettre ces reftes de la liberté Efpagnole. Les Cantabres leur tinrent tête jufqu'à l'extrémité. Tous les Anciens qui ont parlé de ce Peuple, en donnent l'idée comme d'une nation guerrière & brave, qui avoit fubi fort tard le joug des Romains : c'eft ce que fignifie le *Bellicofus Cantaber* d'Horace. *L. 3 , Ode 8 &*

Cantaber ferâ domitus catenâ.

Les Cantabres ne connoiffoient d'autre plaifir que celui de porter les armes ; & ils haïffoient tellement le repos, que quand la vieilleffe commençoit à glacer leurs fangs, ils prévenoient les malheurs d'un âge décrépit, en fe précipitant du haut de quelque rocher.

Les Bifcayens, qui font leurs defcendans, n'ont pas dégénéré de leur courage & de leur ardeur pour la guerre. Ils paffent pour les meilleurs Soldats de toute l'Efpagne ; ils font fi agiles qu'ils grimpent avec autant de vîteffe & d'habileté que feroit un Dain. Les jours de bonnes Fêtes, on voit des gens en chemifes & en caleçons, qui danfent avec des épées nues au fon de la flute & du tambour de bafque, faifant mille tours de foupleffe. *Can*, combat, guerre. *Tavvr* ou *Tabr*, avoir à cœur. *Cantabri*, ceux qui aiment la guerre ; les combats : Ou *Can*, guerre. *Tabvvr*, tambour. *Cantabres*, ceux qui fe fervent du tambour à la guerre. Peut-être doit-on cet ufage aux Cantabres : Ou *Canta*, roc, pierre, montagne. *Abria*, Villes. *Cantabria*, Villes des montagnes, des rochers. *Cantabri*, le Peuple qui habite ces Villes.

TOLOSA.

TOLOSA ou *Tolofetta* (comme d'autres l'appellent pour la diftinguer de Touloufe en France) eft fituée entre deux montagnes dans un agréable vallon, au confluent de deux rivières Arane & Oria, qui s'étant jointes enfemble, lavent fes murailles, & coulent fous deux beaux ponts de pierre ; elles font plufieurs cafcades naturelles, dont la vuë eft fort divertiffante. Elle n'eft pas grande ; mais ce qui la rend confidérable, c'eft qu'elle eft Capitale de la Province. Elle eft habitée entr'autres par un grand nombre de Fourbiffeurs, qui fabriquent de fines lames d'épée, qui ont toujours été fort eftimées. *Dol*, *Tol*, lieu bas & bien arrofé. *Hws*, prononcez *Hos*, habitation. *Tolos*, habitation dans une vallée bien arrofée.

DURANGO.

EST dans une profonde vallée, entre de hautes montagnes ; elle eft fort peuplée. Les Habitans font fort habiles à travailler en fer ; ils en fçavent faire mille beaux ouvrages, & entr'autres des épées. *Dur*, *Duran*, acier. *Gof*, ouvrier. *Durangof*, ouvriers en acier.

LAREDO.

LAREDUM, eft dans un lieu élevé, environné de rochers de toutes parts. Le Port eft au pied de la Ville ; il s'y fait grand commerce de poiffons qu'on fale pour envoyer en divers lieux de l'Efpagne. *Lare*, environné. *Twnn*, en compofition *Dunn*, rochers.

MONDRAGON.

AU bord de la rivière Déva, fur une colline, eft remarquable par des fontaines d'eaux médicinales qui y font en grand nombre. Le territoire qui l'environne eft fertile en excellentes pommes. *Mond*, élevation, colline. *Tra*, en compofition *Dra*, grand nombre. *Gon*, fources, fontaines.

ORDUGNA.

DANS une vallée fort agréable, bordée de toutes parts de montagnes fort hautes & fort roides. *Or*, bord, bordée. *Dun*, montagne.

ORIO.

A l'embouchure d'une rivière, à laquelle elle a donné fon nom. *Or*, embouchure.

TRIVIGNO.

SUR une colline, au bord de la rivière d'Ayuda. *Tri*, habitation. *Vin*, rivière : ou *Vin* de *Myn*, élevation.

ASTURIES.
LIÉBANA.

PETITE Province de l'Afturie, qui eft le Pays le plus rude & le plus montueux qu'il y ait dans toute l'Espagne ; elle est entrecoupée de montagnes si hautes, qu'il semble que leurs cimes vont heurter le Ciel ; c'est aussi pourquoi les Maures n'ont jamais pu y pénétrer, ni s'en rendre maîtres. Ce fut là que les Chrétiens se retirerent après l'invasion de ces Infidéles ; & ils y trouverent un si bon rempart préparé par la nature, une situation si avantageuse pour se défendre, qu'ils repousserent toujours avec succès les efforts de leurs ennemis. Et ceux-ci, rebutés par la difficulté des lieux, & par une vigoureuse résistance, à laquelle ils ne s'attendoient pas, abandonnerent bientôt le dessein de s'en emparer. *Lyes*, beaucoup. *Ban*, montagne.

OVIEDO.

Est dans une plaine un peu élevée, entre de hautes montagnes, au bord des deux petites rivières, Ove & Deva, qui lui ont donné son nom moderne, & qui, se joignant dans les fossés de la Ville, forment l'Asta. Cette Ville s'appelloit anciennement Britonia, & c'est sous ce nom qu'elle se trouve dans une ancienne Notice de l'an 962, conservée à Séville dans le Chartulaire de saint Laurent, & dans une autre Notice de l'Église d'Oviédo ; mais ce qui acheve la preuve, c'est ce qu'on lit dans la division des Provinces d'Espagne sous le Roi Wamba, lorsqu'il fut question de marquer à chaque Métropole les Diocèses qui en relevoient. On trouve ces mots : *Bracara subsint Dumium, Festabole vel Portugale, Tude, Auria, Luco, Astorica, Iria vel Uria ; Ovetum vel Britonia, exempta à Gallacia Bracara*, c'est-à-dire qu'Oviedo ou Britonia fut alors déclarée exempte de la Jurisdiction de l'Archevêque de Bragues. *Brith*, union, jonction. *On*, rivière.

GYON.

Dans une Presqu'isle. *Gy*, eau. *Om*, environnée.

NAVIA.

Dans une plaine. *Nava*, plaine.

LA GALICE.

A tiré son nom de ses anciens Habitans les *Gallaci*. Ils étoient braves & ne se mêloient d'autres choses que de la chasse & de la guerre. Les Galiciens sont encore aujourd'hui bons soldats, & la Galice est une des Provinces de l'Espagne qui fournit le plus de Troupes au Roi Catholique. Le nom de ce Peuple a la même étymologie que celui des Gaulois.

CEBRET.

Haute montagne, sur laquelle il y a une fontaine merveilleuse nommée Louzana, à la source de la rivière de Lours ou Leriz. Bien qu'elle soit à vingt lieuës de la mer, on assure qu'elle a son flux & reflux comme elle ; que son eau est quelquefois froide comme de la glace, & quelquefois extrêmement chaude ; que plus il fait chaud, & plus elle en jette, sans qu'on voye rien aux environs qui puisse donner lieu à un phénoméne si extraordinaire. *Cab*, en composition *Ceb*, tête, source. *Brat*, en composition *Bret*, trompeuse, qui manque, qui ne coule pas toujours. *Voyez* Touillon dans le Comté de Bourgogne. *San*, source. *Lousan*, source du Lours.

BAYONNE.

Située sur un petit golfe, un peu au dessus de l'embouchure du Minho. Elle a un Port qui est très-commode, & la pêche y est fort abondante. *Bay*, Port. *On*, bon. *Bayon, Bayonne*, bon Port.

BARCALA.

Au pied d'une montagne. *Bar*, près. *Cal*, montagne.

BIVERO.

Ou Vivero, située sur une montagne fort roide, au pied de laquelle passe une petite rivière. *Bi*, montagne. *Ffer, Ver*, roide : Ou *Mer*, en composition *Ver*, rivière.

BOUCAS.

A l'embouchure d'une rivière. *Bouc*, embouchure. *As*, rivière.

CORUGNA.

Port de-mer. Cette Ville est située dans une Presqu'isle, & à l'entrée d'une petite baye large d'une lieuë, que forme l'Océan en s'avançant dans les terres. Elle est partagée en deux ; la Ville haute est sur le penchant d'une montagne, & ceinte de murailles, avec un Château. La Ville basse, que les Habitans appellent Pescaria, est au pied de la montagne, sur une petite langue de terre que la mer embrasse de trois côtés, ce qui fait qu'elle n'a de murailles qu'autant qu'il lui en faut pour la joindre avec la Ville haute. La

SUR LA LANGUE CELTIQUE.

baye qui l'environne y fait un bon Port si spacieux, qu'une flote peut y être fort au large, quelque grande qu'elle soit. Il est fait en croissant, & aux deux bouts il est défendu par deux Châteaux qui portent le nom de saint Martin & de saint Claire. Une Islette, qui est tout près de là vers une pointe de terre, le couvre contre les vents de nord. La Ville est bâtie en rond, & ses Fortifications sont toutes à l'antique. *Coryn*, prononcez *Corun*, langue de terre.

FERROL.

A l'embouchure de la rivière de Juvia, qui y forme un Port fameux, & l'un des meilleurs qu'il y ait non seulement dans l'Espagne, mais dans toute l'Europe même, où les vaisseaux sont parfaitement à l'abri de tous les vents. La mer y fournit d'excellens poissons. La pêche y est abondante. *Fer*, embouchure, chute d'eau dans une autre, port. *Ol*, près.

GARDIA.

Ou la Garde, Ville bâtie en croissant, avec un petit Port de même figure; elle est défendue par un Fort qui est au dessus, situé sur un roc. *Gart* ou *Gard*, roc.

LEMOS.

La Comarca de Lemos, c'est-à-dire en François le Pays de Lemos, est une petite Province avec titre de Comté qui fait partie de la Galice. C'est une grande & vaste plaine à l'orient du Minho, fertile en tout ce qu'on peut souhaiter pour la vie. Les champs y rapportent de fort bon grain, & les vignes d'excellent vin. Il y a des forêts de châtaigners, de gras pâturages pour les troupeaux, divers arbres fruitiers, & des carrières d'un beau marbre d'une blancheur ravissante. Au milieu de cette plaine, s'élève une montagne fort haute & fort droite, sur laquelle est située la Ville de Montforte de Lemos, Capitale du Comté, & le Siège des Comtes de ce nom; ils y ont un Palais magnifique, dont la vuë est charmante, s'étendant fort loin aux environs, de quelque côté que l'on se tourne. La petite rivière de Cabe mouille le pied de la montagne, & passe au dessous du Palais. *Mos* étant synonime de *Man*, Lemos signifie sol fertile, comme *Leman*.

LUGO.

Pline appelle cette Ville *Lucus Augusti*. Mela rend ce nom par tour d'Auguste. Cette place étoit anciennement très-forte, ainsi qu'il paroît par les restes de ses murailles, sur lesquelles, à ce qu'on assure, deux charrettes peuvent bien aller de front. Il y a dans cette Ville quantité de sources d'eau chaude, tempérée & bouillante. *Lug*, tour, forteresse. *Llug*, chaude. *W*, eau. Voyez la Loire.

MONDONNEDO.

Mondonnedum, est dans une belle exposition, au pied des montagnes, à un bout d'une campagne fort fertile, & dans un air fort sain. *Mont*, en composition *Mond*, au pluriel *Mondon*, montagnes. *Nés*, près.

MONGIA.

A l'entrée d'une petite baye ou courbure de l'Océan. *Mon*, courbure. *Gi*, eau.

ORENSE.

Est remarquable par une merveille de la nature, l'une des plus singulières qu'il y ait dans toute l'Espagne. Une partie de cette Ville, située au pied d'une montagne extrêmement froide, éprouve la rigueur des plus longs hivers, tandis qu'à un autre quartier on jouit des douceurs du printemps & des fruits de l'automne, à cause d'un grand nombre de sources d'eaux chaudes, qui échauffent l'air par leurs vapeurs. Quelques-unes de ces sources ont une chaleur modérée, & l'on peut s'y baigner sans incommodité; au contraire il y en a d'autres dont l'eau est si bouillante qu'on y peut cuire des œufs, & la main n'en sçauroit soutenir la chaleur; mais elles sont toutes d'un grand usage pour la guérison de diverses maladies. C'est à cause de ces sources que les Romains l'appelloient *Aqua Calida*, (eaux chaudes.) Hors la porte de la Ville, on voit un pont merveilleux d'une seule arche, si haute qu'un vaisseau peut commodément passer dessous. Tous les environs d'Orense sont très-agréables & très-fertiles; il y croit d'excellent vin, & on y recueille en abondance divers fruits délicieux. *Or*, eau. *Ennes*, ou par crase *Enns*, chaude.

SOTO.

Près d'une forêt. *Sot*, forêt.

TUY.

Tude chez les anciens, est situé sur une montagne, dont le Minho mouille le pied. *Twd*, montagne.

VIGO.

Vigum, avec un bon Port de mer. Cette Ville n'a qu'une simple muraille avec un Fort sur une hauteur. Vigo est sur un golfe. *Vig*, Ville.

LÉON ROYAUME.

La Ville capitale de ce Royaume, & qui lui a donné son nom, fut bâtie par les Romains du temps de l'Empereur Galba. Elle fut appellée *Legio septima Germanica*, parce qu'on y mit en garnison une Légion romaine de ce nom, & c'est de là que le mot Léon s'est formé par corruption. Cela est confirmé par des briques anciennes qu'on y a trouvées avec cette inscription; LEG. VII. P. F.

J'observe que les Villes bâties par des Légions dans les Gaules, la Grande Bretagne, l'Espagne, & qui par cette raison porterent le nom de *Legio*, ont été appellées dans le langage vulgaire de ces trois États Léon, qui est le terme dont les Gallois & les Bretons se servent encore aujourd'hui pour désigner une Légion.

ASTORGA.

ANCIENNEMENT Asturica, sur le bord d'une petite rivière nommée Astura. *Astura*, Astura, rivière. *Tc*, habitation. *Asturic*, habitation au bord de la rivière d'Astura. *Stoer* ou *Stour*, rivière. *A*, paragogique.

BENAVENT.

SITUÉ dans un terrain un peu élevé du côté de la rivière qui l'arrose. *Ben*, éminence. *Aven*, rivière. Le *T* s'ajoûtoit indifféremment à la fin du mot.

DUEGNOS.

SITUÉ au confluent des deux rivières Pizuerga & Arlanzon, sur un côteau, dont la première mouille le pied. *Du*, deux. *En*, rivières.

LEDESMA.

SUR la rivière de Tormes, dans une situation très-avantageuse, fortifié par la nature aussi-bien que par l'art, & fourni abondamment de ce qui est nécessaire à la vie. Cette Ville est fort ancienne, & s'appelloit autrefois Bletisa. On y a trouvé un marbre avec cette inscription: TERMINUS. AVGVSTAL. INTER BLETISAM. ET MIROBR. ET SALM. Les deux derniers noms qui sont abbrégés, sont Mirobriga & Salmantica. Près de Ledesma à l'orient, tirant vers Salamanque, on trouve au bord de la rivière de Tormes un bain d'eau chaude très-utile pour la guérison de diverses maladies, & sur-tout de la gale. Cette eau est renfermée dans un long & large bassin qu'un Maure fit faire, après en avoir éprouvé la vertu. Il y fit aussi bâtir une maison, au milieu de laquelle se trouve ce bain, pour la commodité de ceux qui l'iroient prendre. L'eau est d'une chaleur modérée, on peut s'y plonger jusqu'au col; & quand elle commence à se faire sentir trop vivement, on en sort, & l'on va s'essuyer. *Bel*, source. *Llaith*, eau. *Tis*, chaude. *Bellaithis*, par une crase aisée & commune *Blaithis*, source d'eau chaude.

MEDINA-DEL-CAMPO.

VILLE fort ancienne, fort marchande, & par conséquent fort riche, connue sous le nom de Methymna Campestris. Son terroir fournit du vin & du pain d'un si bon goût, qu'on le met au nombre des meilleurs de l'Espagne. Il est si fertile & si abondant, que quoiqu'il ait été souvent fort endommagé par des incendies, les Habitans ont toujours eu de quoi rétablir leurs affaires aussi-bien qu'auparavant. La Ville est grande, ornée d'une très-belle place publique, au milieu de laquelle on voit une superbe fontaine, qui a un Neptune sur son jet. *Meth*, grande. *Tin*, Ville.

PEGNA DE SAN ROMAN.

PEGNA entre dans le nom de plusieurs montagnes en Espagne. Ce terme vient du Celtique *Penn*, montagne.

SALAMANQUE.

SUR la rivière de Tormes, est situé en partie dans la plaine, & en partie sur des collines. Son ancien nom est Salmantica. *Sal*, habitation. *Mantisc*, collines.

SALDAGNA.

AU pied d'une montagne, dans un vallon très-agréable, près des sources du Carrion. *Sal*, agréable, *Dan*, vallée.

SANABRIA.

A quelques milles d'Astorga on voit un lac nommé Sanabria, d'une lieuë de long & d'une demi-lieuë de large, au travers duquel la rivière du Ter passe avec une si grande impétuosité, qu'elle éleve ses vagues aussi hautes & avec autant de bruit que le feroit une petite mer; il est fort poissonneux. Au milieu de ce lac s'éleve une Islette, ou plutôt un rocher, sur lequel est un magnifique Palais, qui appartient aux Comtes de Benavente. *San*, lac. *Abri*, embouchure. *Sanabri*, le lac de l'embouchure, le lac où entre une rivière.

TORES.

AU bord de la mer. *Tor*, eau, mer. *As*, en composition *Es*, près.

TORO.

ANCIENNEMENT Taurus, situé au bord d'une plaine sur un côteau. Le terroir de la Ville étant arrosé par le Duero, est fertile en bled, en fruits, & les vignobles y rapportent de fort bon vin rouge. *Tor*, élevation, hauteur.

ZAMORA.

Au bord du Duero, dans un terrein très-fertile en toutes les choses nécessaires à la vie. Elle s'appelloit anciennement Sentica; mais les Maures s'en étant rendus maîtres, l'appellerent Zamora, ou *Medinato Zamorati*, ce qui en leur Langue signifie la Ville des Turquoises, parce que la plûpart des rochers qui sont à son voisinage ont des minieres fertiles de cette espece de pierres précieuses. *Cant*, en composition *Cent*, pierres. *Teg* ou *Tig*, précieuses. L'ancien & le nouveau noms de cette Ville ont la même signification, parce que c'est la même raison qui a fait imposer l'un & l'autre.

LA VIEILLE CASTILLE.

ARANDA.

CEtte Ville est grande & assez belle. Le Douere, qui mouille ses murailles, fertilise son terroit; mais aussi quelquefois il l'endommage beaucoup par ses débordemens imprévus, lorsqu'après avoir été gelé il vient à se débacler tout à coup, & qu'avec cela il est grossi par les torrens des neiges fondues qui coulent des montagnes dont elle est environnée; car il est bon de remarquer que dans ce Pays-là on passe fort vite d'un froid extrême à une chaleur insupportable. *Ar*, montagnes. *Am*, autour, environnée. *Da*, habitation. Aranda, Ville environnée de montagnes.

AVILA.

Anciennement Abula, est situé au milieu d'une belle & large plaine, environnée de montagnes couvertes d'arbres fruitiers, & de vignobles, qui rapportent les uns diverses especes de fort bons fruits, & les autres d'excellens vins. La riviere Adaja l'arrose & passe tout au travers.

Apparemment que parmi ces bons fruits que produit le terroir d'Avila, on estime plus particulierement les pommes, ou qu'elles y croissent en plus grande quantité que les autres fruits, puisqu'elles ont donné le nom à cette Ville. *Abal*, pomme.

BODOM.

Sur une montagne. *Bod*, montagne. *Hom*, habitation.

CALAHORA.

Située sur la pente d'une colline, qui s'étend dans la plaine jusqu'au bord de l'Ébre. Elle s'appelloit Calaguris du temps des Romains. Les Habitans de cette Ville se sont distingués anciennement par leur fidélité inébranlable, qui ayant été reconnue d'Auguste, il voulut avoir entre ses Gardes du Corps un bataillon de soldats de Calahora. On admire entr'autres l'attachement & la fidélité d'un Bourgeois de cette Ville nommé Bebricius pour Sertorius, auquel il s'étoit dévoué, & auquel il ne voulut pas survivre. *Call*, élevation. *Cwr*, en composition *Gwr*, rivage, bord. *Is*, riviere.

COCA.

Ville extrêmement élevée, sur une hauteur au milieu des montagnes. *Cuc*, *Coc*, élevée.

CUELLAR.

Petite Ville fort ancienne. On la découvre de fort loin à cause de sa situation élevée, étant bâtie sur une hauteur dans une fort belle exposition, au milieu d'une foret de pins & de chênes. Elle s'appelloit anciennement Colenda, étoit riche & puissante, & a été fameuse dans l'histoire pour la vigoureuse résistance que les Habitans firent à un Consul Romain nommé Titus Didius. Ils soutinrent un siége de neuf mois; ce Consul en eut tant de dépit, qu'au lieu de les estimer & de les récompenser à cause de leur bravoure, comme il l'auroit dû, il les fit tous esclaves. Depuis cet échec assommant, elle n'a pas pu remonter à son ancienne splendeur. *Coil* ou *Col*, foret. *And*, en composition *End*, hauteur, élevation.

LARA.

Elle a un bon Château pour sa défense, bâti sur le penchant d'une montagne. *Lar*, montagne.

LOGROGNO.

Lucronium, est dans une situation très-avantageuse, dans une grande & vaste plaine, fort charmante, au bord de l'Ébre, qui y passe sous un beau pont de pierres. Elle n'est commandée d'aucun endroit, & tout le Pays d'alentour est fort découvert. Les Fortifications qu'on y a faites l'ont mise en bon état de défense. La campagne, arrosée par l'Ébre, est extrêmement fertile, & rapporte tout en abondance; elle est toute couverte de vignes, de champs, de jardins, de bois d'oliviers, de figuiers & de meuriers. Les jardins donnent des fleurs & des herbages, les champs produisent du froment & des légumes, du lin & du chanvre, les vignes fournissent de fort bon vin, les oliviers de l'huile d'un goût délicat, & les meuriers servent pour les vers à soye; cent autres especes d'arbres fruitiers portent d'excellens fruits. On y voit aussi de bons pâturages, & près de là des montagnes remplies de gibier. *Lucron*, fertile, abondante.

MIRANDA.

Cette Ville est petite, mais bien située, aux deux bords de l'Ébre qui la traverse, & coule sous un beau grand pont de pierre. C'est à cause de ce fleuve qu'on lui donne le nom de Miranda-de-Ébro, pour la distinguer d'une autre Miranda qui est sur le Douere à l'entrée du Portugal. La Miranda dont nous parlons n'a rien de fort considérable d'ailleurs qu'une grande place ornée de fontaines. Elle est défendue par un bon Château, situé sur le haut d'une montagne, & flanqué de plusieurs tours. Cette montagne est toute couverte de vignes, qui rapportent l'un des meilleurs vins de l'Espagne; & afin qu'il n'y manque rien pour boire frais, on voit au dessus du Château un rocher, d'où il sort une si grosse fontaine, qu'elle fait tourner des moulins dès sa source. *Mir*, rivière. *And*, habitation. Les deux Miranda sont chacune sur une rivière.

NUMANCE.

NUMANTIA. Florus l'appelle *Hispaniæ decus*, ce qui a rapport à la vigoureuse résistance qu'elle fit aux Romains pendant quatorze ans qu'ils la tinrent assiégée. Les Romains la détruisirent, mais on ne peut douter qu'elle n'ait été rétablie dans la suite; car non seulement Ptolomée fait mention de cette Ville, l'Itinéraire d'Antonin en parle aussi. Il la place sur la route d'Asturica à Cæsar Augusta, & détermine même sa situation, la mettant entre Voluci & Augustobriga, à quinze milles de la première, & à vingt-trois milles de la seconde. Le Durius l'arrosoit, comme le dit Strabon, *L. III, p. 162*; mais ce fleuve étoit peu considérable en cet endroit, parce qu'il se trouvoit encore voisin de sa source.

Florus, en parlant de la guerre de Numance, décrit ainsi la situation de cette Ville & le courage de ses Habitans. » Cette Ville, dit-il, située sur une petite élévation, auprès du fleuve Durius, quoique sans murs, » sans tours, & munie seulement d'une garnison de quatre mille Celtibéres, soûtint seule pendant quatorze ans » les efforts d'une armée de quarante mille hommes. » Cet Historien est peut-être le seul qui dit que Numance n'avoit point de murailles. Strabon lui en donne. Paul Orose, *L. V, c. 7*, dit que le circuit des murailles de Numance étoit de trois mille pas; mais Mariana semble devoir décider la question: voici ce qu'il rapporte touchant les murailles, la situation & les ruines de cette Ville qu'il avoit vûës & examinées avec soin. » On montre, dit-il, les ruines de Numance à l'extrémité de la Celtibérie du côté de septentrion, à l'orient » du fleuve Durius, à quatre milles & plus de Soria & du pont de Garay. L'art avoit moins contribué à sa » défense que la nature; elle étoit bâtie sur une colline, dont la pente étoit assez douce, mais de difficile accès, » parce que de trois côtés elle étoit entourée de montagnes, un seul côté aboutissoit à une plaine fertile, qui » s'étendoit l'espace de douze milles le long de la rivière de Tera, jusqu'à l'endroit où elle se joint au Durius. » Semblable à la Ville de Sparte, Numance n'avoit point de murailles ni de tours pour sa défense; car » comme elle avoit quantité de terres où elle faisoit paître ses troupeaux, il n'eût pas été possible de renfermer » de murailles une si grande étendue de Pays. Elle étoit seulement munie d'une Forteresse, où les Habitans » avoient mis ce qu'ils avoient de plus précieux, & ce fut dans cette Forteresse qu'ils soûtinrent si longtemps » contre les attaques des Romains. » *Nua*, *Nu*, fortifiée. *Mendi* ou *Menti*, montagnes. *Nomenti*, *Numenti*, fortifiée par les montagnes.

OCCA.

ANCIENNE Ville, à présent ruinée, qui étoit située dans les montagnes que l'on appelle encore aujourd'hui de son nom Sierras d'Occa. *Oc*, montagne.

OLMEDO.

PETITE VILLE située dans une plaine fort agréable & très-fertile. *Olo*, richesses. *Med*, plaine. *Olmed*, plaine riche, plaine très-fertile.

OSMA.

DANS une plaine qui est au pied d'une colline, au bord du Duero; mais de l'autre côté de ce fleuve, & à une portée de mousquet de son lit dans la vallée, est un autre Osma que l'on appelle Borgo de Osma. Ce lieu est proprement l'ancienne Ville d'Uxama, si fameuse du temps des Romains. *Uc*, habitation. *San*, vallée. *Ucsan*, *Ucsam*, habitation de la vallée.

PEGNARANDA.

SITUÉE entre des montagnes fertiles en bled, en vin & en divers fruits, particulièrement en chataignes. *Penn*, montagne; d'où les Espagnols ont formé leur terme Pegna, qui entre dans le nom de plusieurs de leurs montagnes. *Randon*, *Rand*, abondance, abondant. *Pegnarand*, montagne abondante.

PENNA.

SUR une montagne. *Pen*, montagne.

RENEDO.

SUR une rivière. *Ren*, rivière. *Ad*, en composition *Ed*, près.

SÉGOVIE.

SEGOVIA, *Secovia*, *Segobia*, *Segoubia* dans les anciens Auteurs, est située sur une éminence, au bord de l'Atayada qui l'environne. Ségovie est une grande Ville, bien peuplée, ornée de beaux édifices, dont aucun ne mérite autant d'attention que le magnifique aqueduc que les Romains y ont bâti pour conduire l'eau dans la Ville. C'est un édifice d'un travail merveilleux, qui prend d'une montagne à l'autre, de la longueur de trois mille pas, formé de cent soixante-dix-sept arcades d'une hauteur prodigieuse, & composé de deux rangs, dont l'un est élevé sur l'autre. Il traverse le Fauxbourg, & conduit l'eau par toute la Ville en assez grande quantité pour en fournir toutes les maisons. L'aqueduc est bordé de quelques auges ou bassins qui reçoivent l'eau. Ces bassins sont fermés de petites portes de fer, & par le moyen d'un robinet on fait entrer l'eau dans les maisons, ou bien on la conduit ailleurs par tout où l'on veut, autant qu'on en a besoin. Celui de ces deux rangs d'arcades qui est au dessous de l'autre, conduit l'eau dans le Fauxbourg, & sert aux

SUR LA LANGUE CELTIQUE.

Teinturiers qui y demeurent. Ce qu'il y a de plus merveilleux, c'est que tout cet édifice, qui semble plutôt avoir été bâti par des géants que par des hommes d'une stature commune, est tout construit de grosses pierres de taille, sans qu'il y ait ni mortier ni ciment qui les tienne liées; & la structure en est si solide, qu'elle s'est conservée entière jusqu'à présent, tandis que les petites réparations qu'on y a faites de temps en temps durent à peine une dixaine ou une vingtaine d'années.

Il n'y a qu'une seule incommodité à Ségovie, mais assez considérable; c'est que l'eau de la rivière qui coule autour de la Ville est mal saine, & cause même la paralysie ou l'hydropisie; c'est peut-être pour cette raison que les anciens y firent venir d'autre eau de si loin, en bâtissant ce prodigieux aqueduc avec tant de peines & de dépenses. *Go* ou *Sgo*, mauvaise. *Wi*, eau. *Sgowi*, mauvaise eau.

SORIA.

Sur une rivière. *Swr*, prononcez *Sor*, bord. *I*, rivière.

VAL-DE-BUENTAS.

Boetius en latin, Village digne d'être remarqué à cause de ses eaux médicinales. Il est situé au pied d'un rocher fort haut, d'où découle une fontaine, qui tombant dans la campagne, arrose le Village, & entre dans deux petits lacs, auxquels elle communique une vertu si admirable, que tous ceux qui sont tourmentés du flux de sang, en sont guéris en se baignant dans leur eau. *Voet*, sang. *Iach*, *Ias*, salutaire. *Voetias*, *Boetias*, salutaire contre le flux de sang.

VALLADOLID.

Belle grande Ville, l'une des plus illustres & des plus considérables de l'Espagne. Elle est dans une belle & vaste plaine, que la Pisuerga traverse, environnée de bonnes murailles, ornée de beaux bâtimens, de belles grandes places publiques, de portiques & de fontaines. La petite rivière d'Escueva, qui coule au travers, est assez agréable; on la passe sur un grand pont de pierres de dix à douze arcades très-bien faites. Il n'y a guères de Villes dans tout le Royaume d'Espagne plus grandes & mieux peuplées; on y compte onze mille maisons. Les rues y sont belles, longues & larges, les maisons grandes & hautes, & toutes ornées de balcons. Valladolid est fort ancienne, elle s'appelloit autrefois Pintia, selon quelques Écrivains, ou, selon d'autres, elle a été bâtie sur les ruines d'une Ville de ce nom. Tous les dehors de cette Ville sont charmans; c'est une belle plaine couverte de jardins, de vergers, de parterres, de prés & de champs. La beauté de ce lieu y attire une très-grande quantité de Noblesse, & les Rois y vont quelquefois passer une partie de l'année. *Pin*, agréable, belle, riche. *Ty*, habitation. *Pinty*, habitation riche, belle & agréable.

LA CASTILLE NOUVELLE.

Est formée pour la plus grande partie de l'ancienne Carpetanie. Cette Contrée est entrecoupée de montagnes. Pline les appelle *Carpetana Juga*. *Carp*, coupée. *Dan* ou *Tan*, montagnes. *Carpetanie*, Région coupée de montagnes.

ALCALA DE HENARES.

Anciennement *Complutum*, est située au bord du Henares, dans une grande plaine très-agréable, très-fertile & très-cultivée. *Comp* de *Compesen*, plaine. *Plaih*, riche, fertile.

BADAJOX.

Située sur une hauteur au bord de la Guadiana. Cette Ville, dont le nom latin est *Badagocium*, est placée dans un terroir fertile en toutes choses; la campagne d'alentour est plantée de beaux jardins, de champs fertiles, de vignes, de figuiers, de citronniers, d'orangers & d'oliviers. Les pâturages y sont aussi de fort bon rapport; on y nourrit entr'autres des brebis qui portent une laine fort fine & fort précieuse, & l'on y fait d'excellens fromages. La chasse y est aussi très-abondante, la volaille & le gibier n'y manquent point. *Bad*, bons. *Caws* ou *Gaws*, fromages.

BEJAR.

Les Espagnols prononcent Becar. Cette Ville est célèbre à cause de ses bains & d'un lac, vrai miracle de la nature, qui est dans son voisinage. Elle est située dans une vallée agréable, au milieu de hautes montagnes, dont le sommet est toujours couvert de neige. Elle est environnée de forêts abondantes en toutes sortes de gibier, & arrosée de belles fontaines. On y en voit deux entr'autres dont les sources viennent des montagnes voisines; l'une est extrêmement fraîche, & l'autre fort chaude; elles guérissent toutes deux de diverses maladies, l'une en buvant de son eau, & l'autre en s'y baignant. Les Ducs de Bejar ont là un fort beau Palais. Dans le voisinage de cette Ville on voit un lac admirable, qui non seulement nourrit de bons poissons, & sur tout des truites fort délicates; mais il a de plus la propriété particulière d'annoncer le mauvais temps & la pluye par un bruissement extraordinaire, qui se fait ouïr dans l'air avec un tel éclat, qu'on l'entend de cinq grandes lieuës loin. On prétend qu'il y en a un tout semblable dans l'Andalousie. *Bagar* ou *Begar*, bruit, bruissement.

BRIHUEGA.

En latin *Brioca*, au bord de la rivière de Tajuna. Cette Ville étoit autrefois un lieu de plaisance pour les Rois Maures de Toléde. Ces Princes y alloient passer une partie de l'été pour éviter les grandes chaleurs dont leur Capitale étoit incommodée, & prendre le divertissement de la chasse dans la forêt voisine. Alphonse VI, qui renversa l'Empire des Maures de Toléde, fit présent de Brihuega aux Archevêques de cette Capitale. Les Chanoines de Toléde, attirés par la beauté du lieu, qui est dans une belle exposition du côté du nord, & par sa fraicheur entretenue par un grand nombre de fontaines d'eau vive fort pure & fort bonne, y bâtirent plusieurs maisons pour s'y retirer pendant le cœur de l'été. *Bru*, en composition *Bri*, sources. *Brioc*, où il y a plusieurs sources.

BUYTRAGO.

L'entrée de cette Ville est fort mauvaise, il faut descendre un grand quart de lieuë dans un chemin de rochers, & remonter de même pour y arriver. Cette place est très-bien fortifiée par la nature & par l'art. Sa situation la rend forte, étant bâtie sur un rocher, dont le bas est arrosé d'un ruisseau, & on a eu soin de la revêtir de bonnes murailles & de remparts. Elle est environnée de grands bois, qui servent de retraite à diverses bêtes sauves qu'on y trouve en quantité, comme taureaux sauvages, daims, cerfs, chevreuils, &c. *Bu*, bœuf. *Wyd*, sauvage. *Tragor*, abondance.

CADAHALSO.

Jolie petite Ville, dans une situation fort agréable, environnée de toutes parts de forêts très-propres pour la chasse, & de jardins arrosés par un grand nombre de fontaines. *Cad*, forêt. *Ahoalch* ou *Aboals*, abondamment. *Cadaoals*, *Cadaals*, quantité de forêts.

CARACITANI.

Plutarque parle ainsi de cet ancien Peuple de l'Espagne Tarragonnoise dans la Vie de Sertorius.
„ Les Characitaniens sont des Peuples qui habitent au-delà du Tage; ils n'ont pour leur demeure ni Villes
„ ni Bourgs; mais ils ont un côteau fort haut & fort grand tout rempli de cavernes & de creux de rochers qui
„ sont tournés vers le nord, où ils font leur habitation. Toute la campagne qui environne ce côteau ne pro-
„ duit qu'une boue d'argille, & une terre très-fine & très-menue, qui ne peut soûtenir ceux qui y marchent,
„ & qui, pour peu qu'on y touche, se résout en une poudre très-subtile, comme la chaux vive ou la cendre.
„ Quand ces Barbares craignent d'être attaqués, & qu'ils ont pillé leurs voisins, ils se renferment dans ces ca-
„ vernes avec leur proye & se tiennent là tranquilles, comme dans un lieu inaccessible où l'on ne sçauroit les
„ forcer. „ *Careg*, *Carag*, roc. *Cil*, caverne, grotte. *Den*, *Ten*, *Tan*, colline. *Caracitani*, ceux qui habitent une colline pleine de cavernes & de creux de rochers où ils se retirent.

COLMENAR.

Situé sur une colline, au bord de la rivière de Mancanarez, & environné de montagnes de tous côtés. *Col*, colline. *Men*, bord. *Ner*, *Nar*, rivière.

CORIA.

Située au bord de la petite rivière d'Alagon, dans une plaine fertile en toutes choses. *Cwr*, prononcez *Cor*, bord. *I*, rivière.

CUENÇA.

Batie sur une colline entre de hautes montagnes & deux petites rivières, qui se joignant, forment le Xucar. Elle s'appelloit anciennement Conca. *Con*, confluent. *Cal*, colline.

MAQUEDA.

Cette Ville est dans un terroir bien cultivé, tout couvert d'oliviers & de vignes, & dans une situation fort agréable, étant placée dans une Presqu'îsle qu'y forment deux petites rivières à leur confluent. *Mag*, habitation. *Gued* ou *Qued*, confluent.

MEDELLIN.

Au bord de la Guadiana, dans une campagne très-fertile & abondante en toutes choses. *Med*, bonne, abondante. *Lan*, sol, terroir. *Medlan*, *Medellin*, terroir fertile, terroir abondant. *Voyez* Saintes & Milan.

MÉDINA-CÉLI.

Methymna Celestis, étoit anciennement une Cité fort considérable. Elle est élevée sur le haut d'une montagne qui y fait une plate-forme, où cette Ville a pris sa place. *Meth*, grande. *Tin*, Ville. *Cel*, élevation. *Celes*, élevée. De l'épithète de *Celestis* que les Romains lui donnèrent pour la distinguer de *Medina-del-Campo*, qu'ils appellerent *Methymna-Campestris*, à cause de sa situation.

MERIDA.

Cité illustre, située dans un lieu élevé, sur la rive septentrionale de la Guadiana, & plus considérable par son antiquité que par ce qu'on y voit aujourd'hui. Son ancien nom est Émerita. Les dehors de cette

SUR LA LANGUE CELTIQUE.

Ville sont fort agréables; c'est une vaste campagne, fertile en vins & en bons fruits, mais sur tout en grains, qu'on y recueille en si grande quantité, qu'on peut l'appeller le grenier de la Castille. On y a aussi de bons pâturages, toujours couverts de grands troupeaux; on y trouve en abondance une certaine herbe, dont on se sert pour faire la teinture d'écarlate. Cette herbe étoit déja connue dans l'antiquité. Un Auteur Romain en a parlé avec éloge, l'appellant *Coccum Emeritense*. *Amry*, en composition *Emry*, abondante, *Yt*, bled. *Emryt*, *Emeryt*, abondante en bled.

MORA.

Sur la Tajuna. *Mor*, rivière.

MOYA.

Est située dans un lieu élevé. *Moi*, élevation.

MOYADAS.

Beau Bourg, situé dans une campagne un peu inégale, mais fort agréable & fort fertile; elle est particulièrement abondante en oliviers. Les pâturages y sont si bons, qu'on y conduit des brebis de divers lieux éloignés, & de Madrid même, pour les y faire paître. Les porcs y prennent une graisse merveilleuse. *Mwyhau*, prononcez *Moyau*, engraisser. *Moyad*, lieu où l'on engraisse les troupeaux.

OCANA.

Est célèbre par les vases de poterie qu'on y fabrique d'une blancheur peu commune. *Oc*, vases. *Can*, blancs.

PISARO.

Situé au milieu d'un profond vallon, entre de hautes montagnes. *Pwys*, en composition *Pyys*, profondeur. *Ar*, montagne.

PLAZENCIA.

Est une Cité fort belle & très-bien bâtie, située sur une hauteur, au bord d'une petite rivière. Les montagnes qui l'environnent ont leurs cimes toujours blanches de neige, & sont couvertes d'arbres fruitiers de toutes les espèces, comme châtaigners, pommiers, poiriers, noyers, oliviers, pêchers, limoniers, orangers, figuiers. Le vallon qui touche la hauteur qu'occupe Plazencia est extrêmement fertile, & l'on y recueille du grain dont on fait du pain d'une blancheur & d'une bonté merveilleuses. Alphonse IX, Roi de Castille, bâtit cette Ville environ l'an 1170 à l'endroit où étoit autrefois un Village nommé Ambracius. *Han*, blanc, *Bara*, pain : Ou simplement *An*, article. *Bras*, fertile, gras.

SALAMEA DE LA SERENA.

Située sur une haute montagne, avec un bon Château très-bien fortifié. Dans l'Antiquité on la connoissoit sous le nom d'Ilipa, comme cela paroît par divers vieux monumens, tels que cenotaphes, médailles, inscriptions & autres choses qu'on y a déterrées. La principale richesse de cette Ville vient des pâturages, où l'on nourrit quantité de gros & de menus bétails. *Il*, Ville. *Wp*, en composition *Yp*, élevation.

SIERRA MORENA.

Ces montagnes commencent à l'extrémité de la Castille nouvelle au sud-est; & s'étendant douze lieuës en largeur dans l'Estrémadoure & dans la Manche d'un côté, & dans les Royaumes d'Andalousie & de Grenade de l'autre, séparent ces Provinces les unes des autres. Le chemin y est fort rude & fort raboteux; on n'y voit presque par tout que des rochers, où croissent quantité de romarins & d'autres plantes odoriferantes. Ces montagnes étoient appellées chez les Anciens *Mariani Montes*, ou plutôt, comme on lit dans quelques exemplaires de Pline, *Ariani*. *Ar*, *Ari*, pierre, roc. *Montes Ariani*, montagnes où il y a beaucoup de rochers. *Mar* signifie aussi pierre, rocher; ainsi on peut également suivre les deux leçons de Pline. *Sierra*, signifie montagne en Espagnol; il vient de *Sicr* Celtique, qui désigne la même chose.

TALAVERA LA REYNA.

Anciennement *Libora*, est au bord du Tage. *Li*, rivière. *Bor*, bord.

TOLÈDE.

Toletum. Ville fort considérable par son antiquité & par divers autres endroits. Elle est dans une situation fort avantageuse au bord du Tage, qui l'environne en fer de cheval, coulant dans un lit profond entre des rochers extrêmement escarpés, particulièrement sous le Château royal, tellement qu'elle est inaccessible par cet endroit là. Du côté de la terre elle est fermée d'une muraille ancienne, qui est l'ouvrage d'un Roi Goth nommé Bamba, flanquée de cent cinquante tours. Sa situation, sur une montagne élevée & assez rude, la rend inégale, de sorte qu'il y faut presque toujours monter ou descendre. Les rues sont étroites, mais les maisons sont belles; on y voit un grand nombre de bâtimens superbes, & dix sept places publiques où l'on tient le marché. Le Tage, qui coule au pied de la montagne où elle est bâtie, fertilise toute la vallée voisine. Cette Ville est forte d'assiette & munie de bons fossés; & comme la pente du côteau sur lequel elle est bâtie, est tournée vers le Tage, si l'on vouloit un peu travailler, on pourroit rendre ce fleuve navigable, en telle sorte que les bateaux viendroient au pied de la Ville, ce qui seroit, sans contredit, une très-grande commodité, & ne contribueroit pas peu à y faire fleurir le commerce. On traverse ce fleuve en trois endroits sur trois ponts, dont deux sont fort longs & forts hauts. La campagne d'alentour est sèche & stérile, à la réserve des endroits que le Tage arrose, & qui sont fort fertiles. L'air y est sec & très-pur, il y pleut rarement. Cette Ville est fort ancienne, ayant été célèbre du temps des Romains, & en réputation d'une Ville forte, quoique petite. *Tolesta*, pli, courbure : Ou *Tol*, courbure. *Llaith*, rivière. *Tun*, montagne. *Toletum*, montagne dans une courbure de rivière.

VALERIA.

Ville ancienne, située sur une colline. *Val*, élévation, colline. *Er*, sur.

XERES DE BADAJOZ.

La principale richesse de cette Ville vient des pâturages, où l'on nourrit une si prodigieuse quantité de troupeaux, que tous les ans il en sort jusqu'à cinquante mille bêtes à corne. Les Espagnols prononcent le nom de cette Ville Keres. *Cherri*, animal, bête. *Ed*, en composition *Ez*, abondance.

ZURITA.

Ville défendue par un vieux Château, dont le Tage lave les murailles. *Cwr*, bord. *Yd* ou *Yt*, habitation.

L'ANDALOUSIE.

LE RIO TINTO.

Anciennement *Urius*. L'eau de cette rivière a, dit-on, la vertu de pétrifier son sable, du reste elle est très-mauvaise, si amère qu'on n'en sçauroit boire, nuisible aux herbes & aux racines des arbres ; elle ne nourrit aucun poisson, ne porte rien qui ait vie ; seulement on prétend qu'elle sert de médecine aux bœufs qui la boivent, lorsqu'ils sont atteints de quelque mal. *Huerv*, en composition *Huery*, amer. *I*, rivière. *Hueryi*, *Uryi*, *Ury*, rivière amère.

SEVILLE.

Hispalis, placée dans un terrein marécageux. *Hus*, en composition *His*, habitation. *Pal*, marais.

ALPENNES.

Au pied d'une montagne. *Al*, près. *Penn*, montagne : Ou *Alp*, montagne. *Nès*, près.

ARCHIDONA.

Est une jolie Ville, située dans une plaine, au pied d'une montagne. *Arch*, auprès. *Don*, montagne. *Archdon*, auprès d'une montagne.

ARCOS.

Cette Ville étoit connue dans l'Antiquité sous le nom d'Arcobriga. Elle est située sur un roc fort haut & fort escarpé, au pied duquel coule la petite rivière de Guadalete. Elle est extrêmement forte, tant par sa situation que par les ouvrages qu'on a faits pour sa défense ; mais sur tout par la première, n'étant accessible que par un seul endroit du côté de Séville, tellement qu'on l'estime imprenable. *Ar*, roc. *Cuch*, ou *Coch*, *Cos*, élevé. *Briga*, Ville.

ATECA.

A un confluent. *At*, jonction. *Ec*, rivières.

BACCA.

Anciennement *Vatia*, Cité assez considérable, bâtie sur une colline élevée. *Bat* ou *Vat*, élévation. *T*, habitation.

BARA.

Au pied d'une montagne. *Bar*, montagne.

BARRATE.

Ville placée sur une pointe. *Barr*, pointe. *At*, à la.

BELLO.

Près d'un lac. *Bel*, lac.

BENACA.

Au pied d'une montagne. *Ben*, montagne. *Ac*, près.

BORIA.

Au bord d'une rivière. *Bor*, bord. *Iad*, rivière.

SUR LA LANGUE CELTIQUE.

BORNOS ou BORNES.

Située dans une agréable plaine fertile en bled, en fruits & en huile. Cette Ville est au bord de hautes montagnes stériles. *Bor*, montagnes. *Nés*, près.

CABECA.

Ville située sur le sommet d'une montagne. *Cab*, sommet. *Echa*, habitation.

CADIX.

Ville située dans une Isle de même nom, à l'extrémité d'une langue de terre. Cette Ville est plus considérable par la réputation où elle a été dans tous les siécles, & par l'importance de son Port, que par sa grandeur. Les Anciens attribuent la fondation de Cadix aux Phéniciens, qui appellerent cette Ville *Gadir*, d'un mot qui, en leur Langue, signifie *endroit fermé*. (De *Gadir* par corruption est venu *Cadix* ou *Cadis*.) Je remarquerai que le terme Celtique *Cader* désigne précisément la même chose. J'ai observé ailleurs que le *C* & le *G* se substituent mutuellement dans la Langue Gauloise, de même que l'*E* & l'*I*, ensorte que *Cader* se peut également prononcer *Gader* & *Gadir*. On verra dans mon Dictionnaire que les Langues Hébraïque & Celtique ont plusieurs termes semblables.

CARMONA.

Anciennement Carmon & Carmo, est bâtie sur le haut d'une colline élevée. Son terroir est merveilleusement fertile, particulièrement en bled; de là vient qu'on y a trouvé une médaille antique, où il y avoit d'un côté un visage d'homme, & sur le revers le nom Carmo avec deux épis à côté. *Car*, bled. *Mon*, grande quantité, abondance. Ptolomée appelle cette Ville Garmonia ou Charmonia. Le *G* & le *C* se substituent mutuellement.

CHODES.

Dans une forêt. *Chod*, forêt.

CONIL.

Ville ancienne, au rivage de l'Océan. L'Espagne étoit autrefois remplie d'une quantité prodigieuse de lapins. Tous les Anciens déposent constamment que ce petit animal étoit particulier à cette Région & à son voisinage, & que ni les Grecs ni les Latins ne l'ont connu qu'après avoir fréquenté le Pays qui le portoit. Ce qu'il y a de plus considérable sur ce sujet, c'est que les lapins étoient en si grande quantité dans l'Espagne, qu'ils y faisoient des ravages incroyables. Ils ne gâtoient pas seulement les herbes & les arbres, & en général tous les fruits de la terre, mais même, avant le temps d'Auguste, ils y renverserent une Ville à force de creuser le terrein sur lequel elle étoit; & comme on en eût porté quelques couples dans les Isles Baléares (aujourd'hui Mayorque & Minorque) ils y multiplierent si prodigieusement, ils y firent tant de maux, que les Habitans ne pouvant plus s'en défendre, furent contraints de demander du secours à cet Empereur pour les exterminer, faute de quoi ils étoient obligés de chercher d'autres demeures. Ajoutons à cela que l'on voit quelques médailles de l'Empereur Adrien, où le lapin est le symbole de l'Espagne, ce qui confirme que cette espece d'animal étoit regardée anciennement comme tout-à-fait particulière à ce Pays là. L'on dit même qu'on ne trouvoit en Espagne aucun autre animal mal-faisant que le lapin.

Peut-etre qu'il y avoit un plus grand nombre de ces animaux aux environs de Conil que dans le reste de l'Espagne, puisque c'est de là que cette Ville a tiré son nom. *Coniql* ou *Conil*, lapin.

CONTAMINA.

Près d'une montagne & d'un confluent. *Conta*, confluent. *Min*, montagne.

CORDOUE.

Cette Ville est l'une des plus illustres de l'Espagne, considérable pour son antiquité, pour les agrémens de sa situation, pour la bonté de son terroir, pour sa grandeur, ses richesses, & le titre de Capitale d'un Royaume dont elle a été honorée depuis environ mille ans. Pendant le cours de tant de siécles elle a conservé toute sa splendeur, sa dignité, sa puissance & ses richesses. Elle étoit fort illustre du temps des Romains sous le nom de Corduba. Cette Ville est dans une situation fort agréable, au bord septentrional du Guadalquivir, qui y coule sous un magnifique pont de pierres. Elle a d'un côté, sçavoir, au nord, de hautes montagnes, qui font une branche de la Sierra Morena, & qui viennent jusqu'aux Fauxbourgs de cette Ville ; de l'autre, au midi du Guadalquivir, une vaste plaine qui s'étend extrememement loin. Sa figure fait un quarré le long de ce fleuve du levant au couchant plus long que large. Son enceinte est d'une fort grande étendue, mais elle n'est pas peuplée à proportion ; les jardins & les vergers occupent une bonne partie de l'espace qui est renfermé entre ses murailles. Ses Fauxbourgs sont fort beaux & si grands qu'on pourroit les prendre pour des Villes, particulièrement celui qui est à l'orient. Elle est fort bien bâtie, & embellie d'un grand nombre de magnifiques maisons & de Palais. Elle jouit d'un bon air. Le commerce y est assez florissant par le moyen du Guadalquivir, qui commence en cet endroit à etre navigable.

Tous les environs de Cordoue sont fort agréables ; son terroir est extraordinairement fertile. Du temps des Romains, le revenu des chardons seuls qu'on y recueilloit alloit tous les ans à cent cinquante mille écus, par où l'on peut juger à quoi se montoit le reste. C'est de là que viennent les meilleurs chevaux de toute l'Espagne ; c'est pourquoi l'on y a un grand soin des Haras. Les montagnes au pied desquelles elle est bâtie, bien que fort roides & couvertes de peu de terre, (car on n'y voit presque rien que le roc tout nud,) sont remplies de jardins fertiles, de vignes & de forêts, & de divers arbres fruitiers, comme orangers, citronniers, figuiers & autres, sur tout d'oliviers. De là vient qu'anciennement Cordoue seule faisoit autant d'huile que tout le reste de l'Andalousie. Ces montagnes sont entrecoupées de plusieurs vallées charmantes, arrosées d'un très-grand nombre de fontaines, qui jettent en abondance une eau fort pure & fort bonne, portent la fertilité dans tous ces agréables lieux ; c'est là qu'outre tous ces fruits exquis, dont je viens de parler, croissent encore des lotiers & des carrouges, qui portent de petits fruits d'un goût merveilleux sans le secours de la culture. Les citrons sont si communs à Cordoue, que les étrangers en voyent avec admiration, non seulement de grands tas exposés en vente dans les marchés à vil prix, mais aussi répandus par les champs, & jettés en guise de fumier pour y pourrir lorsque l'arrière saison est venue, & qu'on en cueille de nouveaux. Lorsque ces forêts d'orangers, de citronniers & autres sont en fleur, elles embaument tout le Pays d'alentour d'une odeur ravissante ; & c'est un des divertissemens de Cordoue de se promener dans la campagne pendant ces nuits délicieuses qu'il y fait en été, pour aller respirer cet air si agréablement embaumé par les fleurs de ces arbres. Les vignes y produisent du vin d'un excellent goût ; les champs y sont d'un si grand rapport, qu'on peut appeller cette Contrée avec justice le grenier de l'Espagne. On rapporte que Musa, grand Capitaine Arabe, qui conquit ce beau Royaume, la trouva tellement à son gré, qu'étant contraint de la quitter pour repasser en Afrique, il ne put s'empêcher en partant de s'arrêter à un quart de lieuë de la Ville pour la voir encore une fois, & de s'écrier en présence des Seigneurs qui l'accompagnoient : Ah ! Cordoue, que tu es charmante ! que l'on goûte chez toi de délices ! que tu as reçu de grands avantages du Ciel ! & ayant prononcé ces paroles avec une voix mêlée de soupirs, il continua son chemin, pénétré de tristesse de quitter un si beau séjour. Silius Italicus, *l. 3, v. 401*, appelle Cordoue l'ornement de l'Espagne.

Non decus aurifera cessavit Corduba terra.

Curt, en composition *Curd*, abondance, profusion. *Ba* & *Va*, biens, *Gort*, en composition *Cord*, habitation. *Ubay*, rivière : Ou *Cor*, demeure, habitation, contrée. *Tub*, en composition *Dub*, abondante : Ou *Cor*, demeure. *Duw* ou *Dub*, Dieu. Cette Ville a pu recevoir ce nom des Anciens, qui donnoient le nom de Dieu à tout ce qui étoit excellent.

ÉCYA.

Est une petite Ville, mais jolie, située sur le bord du Xenil. Elle étoit autrefois beaucoup plus considérable qu'elle n'est aujourd'hui. Elle portoit anciennement le nom d'Astig ou Astigis, comme il conste par diverses inscriptions qu'on y a trouvées. *As*, rivière. *Tyic* ou *Tyc*, ou *Tyg*, habitation.

ESPERA.

En latin *Spera*, est une Ville ancienne, située sur une hauteur, dans un beau Pays & bien cultivé. *Per*, hauteur. *A*, pour *Ar*, sur. L'*S* préposée : Ou de *Sperius*, abondant.

ESPIN.

Au pied d'une montagne. *Es*, article. *Pin*, montagne.

GIBRALTAR.

Nom d'une Ville, d'une montagne & d'un Détroit ; un Général Maure donna son nom à la montagne, la montagne l'a donné au Détroit & à la Ville. A l'extrémité orientale du Détroit, au dernier coin de terre qu'il y ait dans l'Europe, entre l'Océan & la Méditerranée, s'éleve une montagne (qu'on pourroit plutôt appeller un rocher) de la hauteur de demi-lieuë, & d'autant de longueur, formant un promontoire, qui s'avance trois quarts de lieuë dans la mer par une langue de terre de deux cens pas de longueur, si étroite que de loin on ne la peut pas remarquer, tellement que la montagne paroit être une Isle. C'est cette montagne que les Anciens ont connue sous le nom de Calpé, qu'elle a perdu depuis environ mille ans. Un des Généraux Maures qui passerent en Espagne, nommé Tarik, ayant débarqué son monde au pied de la montagne, s'y cantonna d'abord, & s'y maintint nonobstant les efforts des Goths pour l'en chasser ; en mémoire de quoi les Maures appellerent cette montagne en leur Langue (*Gebel* en Arabe signifie montagne ; de là vient que dans la Sicile le Mont-Ethna porte le nom de Mont-Gibel,) *Gebel-Tarik*, ce qui signifie la montagne de Tarik, d'où par corruption l'on a fait Gebel-Tar, & enfin Gibraltar. Cette montagne a été dans tous les siécles fort fameuse à cause de sa hauteur, de son Cap avancé, de sa situation à l'endroit qui sépare l'Océan d'avec la Méditerranée, & à cause de la belle & charmante vuë dont on y jouit. On grimpe à son sommet avec beaucoup de peine, parce qu'elle n'est qu'un rocher roide & escarpé ; quand on est arrivé au dessus, on trouve une assez belle esplanade, d'où l'on découvre jusqu'à quarante lieuës avant dans la Méditerranée, ce qui fait la plus admirable perspective qui se puisse imaginer. De ce côté là le rocher est tellement escarpé, qu'on ne peut regarder en bas sans frayeur, il est absolument inaccessible par là. La pente n'est pas si rude du côté de l'Océan, mais aussi la vuë n'y est pas si étenduë, étant bornée par une montagne qui est à trois lieuës de là, nommée la Punta de Carnero. Cela n'empêche pas que l'on ne voye de ce beau lieu deux mers & cinq Royaumes ; sçavoir, la Barbarie, Fez & Maroc dans l'Afrique, qui n'est qu'à cinq lieuës de là, & les Royaumes de Séville & de Grenade dans l'Espagne. Sur cette esplanade on a élevé une tour appellée El Acho, dans laquelle on tient toujours une sentinelle pour découvrir les vaisseaux qui font voile dans le Détroit ; sçavoir, qu'ils paroissent, elle en avertit la Ville par un signal, allumant tout autant de feux qu'elle voit des bâtimens. A l'extrémité de cette hauteur on a bâti un Château qui commande la Ville, & lui sert en même temps de défense.

La Ville de Gibraltar est au pied de la montagne du côté du couchant ; elle est passablement grande, fort jolie, très-bien fortifiée, revêtuë de murailles avec des bastions & quelques autres ouvrages. Au bout du rocher qui avance dans la mer, à un quart de lieuë de la Ville, on voit un grand Fort muni de canons, qui couvre un mole qu'on y fait en façon de pont de trois cens pieds de long, afin que les vaisseaux puissent mouiller avec sûreté.

Cal, roc. *Pech*, *Pe*, montagne. *Peg*, pointe. *Calpe*, montagne de roc qui avance en pointe. *Voyez* la Loire & Autun en Bourgogne.

SUR LA LANGUE CELTIQUE.

GOTOR.

Près d'une forêt. *God*, forêt. *Or*, près.

HARDALES.

Est située dans une plaine inégale, au pied d'un roc fort haut, fort étroit & fort roide, dont toute la cime est occupée par un Château, qu'on estime extrêmement fort. On y fait venir l'eau par un bel aqueduc, construit à grands frais; du Château elle est conduite dans la Ville, où elle coule dans une fontaine. La richesse des Habitans vient de leurs champs & de leurs pâturages, qui sont d'un fort grand rapport. *Hard*, dur, difficile. *Lech* ou *Les*, roc. *Hardlech*, *Hardles*, *Hardales*, roc difficile & roide.

JAEN.

Est située au pied d'une montagne. Elle est passablement grande, assez jolie; on y voit de belles fontaines, entre lesquelles il y en a une au bout de la Ville, dont la source sort d'un rocher avec tant d'abondance, qu'elle forme un ruisseau. Elle est environnée d'un ouvrage de maçonnerie quarré, fermé de treillis, & peint tout à l'entour. Cette source si remarquable a donné le nom à la Ville, qui s'appelle en latin *Glennum*. *Gi*, belle. *Ten*, source.

LEBRIXA.

Cette Ville est ancienne & fort agréable, quoique médiocrement grande. Elle étoit autrefois sur la branche orientale du Guadalquivir; mais cette branche ayant été bouchée, comme on l'a remarqué plus haut, cette Ville se trouve aujourd'hui à deux bonnes lieuës de ce fleuve. Elle étoit connue dans l'antiquité sous le nom de Nebrissa. On y voit un vieux Château, qui a résisté aux injures du tems, & qui marque quelque chose de ce que cette Ville étoit anciennement. On ne peut rien voir de plus beau que les dehors de cette place; c'est une vaste & fertile campagne, où, de quelque côté qu'on tourne les yeux, on n'y voit que des objets qui font plaisir. Ici ce sont d'agréables prairies émaillées de fleurs, là des champs abondans en grains, ou des vignes qui produisent d'excellent vin, entrecoupées de bois d'oliviers, dont on tire la meilleure huile qui se fasse en Espagne. *Na*, en composition *Ne*, rivière. *Bris*, partage.

MÉDINA-SIDONIA.

Est une Ville fort ancienne, connue dans l'Antiquité sous le nom d'Asimdum ou Assidonia; elle est située sur une montagne. On y voit encore les masures de divers vieux bâtimens, qui font voir ce qu'elle a été. *As*, *Asin*, habitation. *Don*, montagne.

MONCON.

Au pied d'une montagne & près d'un confluent. *Mon*, montagne. *Con*, confluent.

OSSONE.

Cette Ville est nommée *Ursaon* dans les anciennes inscriptions qu'on y trouve; *Ourson* dans Strabon; *Urso* dans Pline; *Ursao* & *Ursaon* dans Hirtius, qui a écrit la guerre d'Espagne. Elle est assez grande & passablement bien peuplée. Elle passoit autrefois pour une Ville forte par la situation, ayant seule une fontaine qui fournissoit d'eau tous les Habitans, tandis que toute la campagne d'alentour étoit sans eau huit milles à la ronde; tellement que lorsque Jules-César l'assiégea, il fallut faire venir tout venir au camp de fort loin. La même chose se voit encore aujourd'hui. La même fontaine subsiste toujours, & fournit de l'eau en assez grande abondance pour suffire aux besoins de tous les Habitans. Toute la campagne voisine est entièrement sèche, n'ayant ni ruisseau ni source; aussi n'y croit-il aucun arbre, à la réserve de quelques oliviers qui ont été plantés par les Maures. *Ur*, la. *Sao*, source.

OTIN.

Près d'une forêt. *Ot*, bord. *Tin*, forêt.

POMER.

Sur une montagne. *Pom*, montagne. *Er*, sur.

S. LUCAR DE BARRAMEDA.

Est à l'embouchure du Guadalquivir, sur le penchant d'une colline. Elle est remarquable par le titre de Cité dont elle jouit, mais plus encore par son Port, qui est très-fameux, très-bon & très-important. Il est au bas de la Ville; l'entrée en est très-difficile, à cause d'un écueil qui s'y trouve sous l'eau, appellé la Barra de S. Lucar, où plusieurs Pilotes téméraires ou peu habiles ont fait naufrage. *Barr* en Celtique désigne les rochers ou bancs de sable qui empêchent l'entrée d'un Port; c'est de ce mot que vient le terme Espagnol *Barra*.

SEIRA.

Au pied d'une montagne. *Serr*, montagne.

SERRADUI.

Au pied d'une montagne. *Serr*, montagne. *Ad*, près. *Wi*, habitation.

SERRAT.

Au pied d'une montagne. *Serr*, montagne. *At*, près.

TALAMANTES.

Au pied d'une montagne. *Tal*, pied de montagne. *Mendi*, montagne par pléonasme : Ou *Man*, *Mant*, habitation.

TARON.

Au bord d'une rivière. *Ta*, habitation. *Ron*, rivière.

TRAIGUEROS.

Est un beau Bourg qu'on pourroit prendre pour une Ville à cause de sa grandeur & de sa beauté. La campagne voisine est fertile en vin & en bled ; seulement du côté qu'on vient de Niebla, l'on rencontre de grandes bruyeres d'une bonne lieuë d'étenduë, peuplées de serpens & d'autres semblables insectes. *Tragor*, grande quantité. *Ros*, bruyeres.

VALNA.

Est bâtie sur une haute montagne. *Val*, montagne. *En*, sur.

UBEDA.

Est bâtie dans une campagne fertile & abondante en vin, en bled, en huile & en fruits, sur tout en figues. *Obeta*, *Obeda*, la meilleure, fort fertile.

VEGER.

Est située vers le rivage de l'Océan, sur une colline élevée, où il y a un très-bel aspect. On y découvre tous les lieux d'alentour, aussi loin que la vuë peut s'étendre ; d'un côté l'Océan & les côtes d'Afrique, & de l'autre les campagnes voisines qui sont dans le continent de l'Espagne. *Begue* ou *Vegue* vuë. *Er*, très-étenduë, très-belle.

VERATON.

Sur une montagne. *Ver*, sur. *Ton*, montagne.

VERDUM.

A un confluent. *Ver*, confluent. *Dum*, habitation.

XERES DE LA FRONTERA.

Cette Ville est grande, belle & bien peuplée. Elle étoit autrefois sur la branche orientale du Guadalquivir ; mais elle est aujourd'hui bien loin de ce fleuve. Son terroir est un des meilleurs & des plus fertiles ; les Habitans, qui en sçavent bien profiter, le cultivent si bien qu'ils n'y laissent pas un coin en friche. Il est planté d'orangers, de citronniers, d'oliviers & de divers autres arbres fruitiers, couvert de champs fertiles & de vignes, qui produisent un des meilleurs vins de l'Espagne, dont il se fait un très-grand débit dans les Indes. C'est-là aussi que se trouvent les genets d'Andalousie, qu'on estime tant pour leur vitesse, & que l'on fait si bien dresser au manége, à toutes sortes d'exercices pour ces divertissemens de la Noblesse, qu'on appelle *Juegos de canna*, jeux de canne. Les riches Habitans de Xeres ont coûtume de serrer leurs grains & leurs fruits dans des caves profondes qu'ils font en terre, & qu'ils couvrent soigneusement de pierres. Ces fruits se conservent là plusieurs années sans se corrompre. *Cherri*, animal, bête. *Ed*, en composition *Ez*, abondance, de grande valeur. Telle est précisément la prononciation Espagnole du nom de cette Ville.

XIMENA.

Cette Ville est bâtie sur une montagne pleine de rochers, au pied de laquelle, vers l'orient, on voit un Pays très-fertile, arrosé par une petite branche du Guadiaro. L'ancienne Ville est sur le sommet de la montagne. Mariana, *l. 3, c. 2*, dit que la caverne où Crassus se cacha étoit proche de Ximena. M. Conduitt étant dans cette Contrée, fit trois lieuës pour la découvrir ; mais comme les Habitans de ce canton sont fortement persuadés qu'il y a un thrésor dans cette caverne, ils ne voulurent pas la lui montrer, ne pouvant s'imaginer que la curiosité de ce sçavant Voyageur fût aussi désintéressée qu'elle le paroissoit. On voit plusieurs cavernes dans cette partie de l'Espagne. Il est remarquable que le propriétaire de ces cavernes s'appelle Pachieco, ce qui est à peu près le nom de l'Espagnol qui reçut Crassus avec beaucoup de civilité ; car Plutarque dit que cet Espagnol s'appelloit πακακκος. *Cil*, caverne. *Men*, montagne. *Cilmen*, montagne où il y a une ou plusieurs cavernes. Une inscription qui se trouve à Ximena sur une muraille de la grande Église, où l'on lit *Res-publica Obensis*, fait conjecturer à M. Conduitt que la Ville de Ximena s'appelloit Oba du temps des Romains. Sans combattre ni sans approuver sa conjecture, je dirois qu'en ce cas là Oba étoit un autre nom de la Ville de Ximena, formé du mot *Og*, caverne, & *B* de *Bi*, montagne ; ensorte qu'*Ogb* ou *Ob* désignoit la même chose que Ximen. On a déja vu plusieurs exemples de Villes qui portoient anciennement deux noms qui présentoient quelquefois la même idée : Ou *Oba* est simplement une contraction & un retranchement d'*Ogbaue*, qui signifie caverne.

ZAHARA.

Située à la source du Guadalete, autour d'une colline, avec un Château sur la hauteur, si fort, qu'on l'estime imprenable. *Sao* ou *Zao*, source. *Ar*, colline, hauteur.

LE ROYAUME DE GRENADE.
ALHAMA.

JOLIE Ville, médiocrement grande. Quelques-uns croyent qu'elle a été bâtie par les Maures ; d'autres prétendent avec plus de raison qu'elle exiſtoit avant leur irruption dans l'Eſpagne, & que c'eſt l'ancienne *Artigis*. Elle eſt ſituée dans une vallée étroite, au milieu de montagnes fort hautes & extrêmement eſcarpées. Le terroir y eſt fort fertile en toutes les choſes qui ſervent aux beſoins & aux délices de la vie ; mais rien ne la rend ſi célèbre que ſes bains, les plus beaux & les mieux entretenus qui ſe voyent en Eſpagne. On les trouve un peu au-deſſous de la Ville ; ce ſont pluſieurs ſources qui jettent une eau ſi claire & ſi pure, qu'on verroit une obole ſur le gravier, d'une chaleur agréable, qui vient de la nature ſeule, & ſi modérée qu'on s'y baigne avec plaiſir. Elle n'a point de mauvais goût, & on la boit ſans peine. De quelque manière qu'on l'employe, ſoit en la buvant, ſoit en s'y baignant, elle fait beaucoup de bien au corps, fortifie les nerfs foulés, ſert à la guériſon de diverſes maladies. On prend ces bains au printemps & dans l'automne, particulièrement aux mois de mars & de ſeptembre. Les Rois d'Eſpagne y ont fait faire un grand & vaſte bâtiment, où l'on ſe baigne dans des bains de pierres de taille, diſpoſés par dégrés, pour pouvoir plus ou moins ſe plonger dans l'eau, comme on le juge à propos. Lorſque la ſaiſon du bain eſt venue, on y voit arriver de toutes parts des gens, dont les uns vont chercher la ſanté, les autres n'y vont que pour ſe divertir, & pour avoir le plaiſir de ſe baigner dans cette eau tempérée, qui ne fait jamais de mal, & fortifie au contraire le corps. Un peu au-deſſus de ces bains paroiſſent des rochers effroyables, entre leſquels le Rio-Frio coule à grand bruit, formant pluſieurs caſcades naturelles ; ſon eau exceſſivement froide (dont il a tiré le nom) paſſe à côté des bains, ſe mêle avec leur eau, & l'entraîne dans la mer. *Ar*, près. *Dïg* ou *Tig*, chaudes. *Is*, eaux.

ALMÉRIA.

SITUÉE ſur le rivage de la mer, à l'embouchure d'une petite rivière, dans un lieu aſſez commode ; & dans un terroir fertile, arroſé par quantité de fontaines, abondant ſur tout en fruits & en huile. *Ael*, *Al*, rivage. *Mer*, mer. *Almer*, rivage de la mer : Ou *Amer*, *Almer*, embouchure.

ARUNDA ou ARONDA.

PLINE lui donne indifféremment ces deux noms. Elle eſt bâtie ſur une montagne, qui n'eſt qu'un rocher fort haut & fort eſcarpé, environné de la rivière de Rio-Verde, qui en lave le pied, coulant dans un lit fort profond. On deſcend de la Ville au bord de l'eau par quatre cens beaux dégrés taillés dans le roc, qui ſont un ouvrage des Maures. Une pareille ſituation rend cette Ville très-forte ; & pour achever de la fortifier, on a eu ſoin de ſeconder la nature par des remparts qu'on y a faits. *Ar*, roc. *On* ou *Ond*, élevé.

BAÇA ou BAZA.

VILLE ancienne, ſituée dans une vallée. *Bas*, vallée.

BACA.

VILLAGE ſur une hauteur. *Bech*, hauteur, élévation.

CARTAMA.

VILLE ancienne & fort jolie, ſituée au pied d'une montagne fort haute. Du côté du ſeptentrion ſon terroir eſt entièrement inculte & ſtérile, mais dans les autres il eſt fort bien cultivé, très-fertile, planté de vignes, d'amandiers, de capriers & de figuiers, d'un grand rapport pour les Habitans, qui en vendent les fruits à Malaga, d'où on les tranſporte dans les Pays étrangers. Près de cette Ville on voit la petite rivière de Guadalquivirejo, & des forêts de chêne, d'où l'on recueille, outre le gland, une grande quantité de noix de galle, qui ſervent non ſeulement à faire de l'encre, mais auſſi principalement à tanner les peaux de boucs & de chévres ; on y trouve auſſi une herbe nommée ſumagre, dont la feuille ſert au même uſage. Ceux qui n'aiment pas que la couleur griſe de leurs cheveux leur reproche leur vieilleſſe, ſe ſervent auſſi de cette herbe pour la teindre en noir. La Ville s'appelloit anciennement Cartima. *Car*, élévation, montagne. *Tin*, la partie la plus baſſe de quelque choſe. *Cartin*, *Cartim*, le pied de la montagne.

GALERA.

VILLE ſur un rocher. *Gal*, roc. *Er*, ſur.

GERENNA.

PRès de la rivière de Guadiamar, lieu remarquable à cauſe d'une merveilleuſe quantité de pierres rangées confuſément, & enfoncées à demi dans la terre, comme ſi c'étoit une pluye de pierres tombées du Ciel. Ainſi s'exprime l'Auteur des délices de l'Eſpagne. C'eſt un de ces monumens que les Anciens élevoient, en mettant de gros quartiers de pierres en tas les uns ſur les autres. On en voit encore pluſieurs, ſurtout en Angleterre & en Allemagne. *Garn* ou *Gern*, tas de pierres.

GUADIX

EST une Ville ancienne, nommée autrefois *Acci* ou *Colonia Accitana*. On lit encore aujourd'hui ce dernier nom dans une inſcription à une de ſes portes. Elle eſt fort grande, ſituée ſur le penchant d'une colline, au milieu d'une grande plaine, environnée de tous côtés de hautes montagnes, & arrosée de quatre petits ruisseaux ou torrens. *Ac*, plusieurs. *Ci*, ruisseaux. *Guadix* en Arabe signifie la même chose. *Guad*, ruisseau en cette Langue. *Guadix*, abondante en ruisseaux, où il y a plusieurs ruisseaux.

LOXA.

LES Espagnols prononcent Loca. Cette Ville est assez grande, située au bord du Xenil, au pied des montagnes. Son terroir est planté de beaux jardins & de vergers, où l'on cueille en abondance toutes sortes d'herbes, de fleurs & de fruits. Les montagnes voisines ont de très-bons pâturages, & sont couvertes de quantité de troupeaux de brebis, qui donnent de la laine & du lait, dont on fait du beurre & du fromage fort délicats. Outre les troupeaux dont les montagnes de cette Ville sont remplies, elles sont encore peuplées de lapins & de liévres, que l'on prend par le moyen des chiens & des belettes dressés à cette chasse. *Llwch*, prononcez *Lloch*, rivière.

MALAGA.

ANCIENNEMENT Malaca. Cette Ville est considérable par son antiquité, par l'importance & la bonté de son Port. Elle est située sur le rivage de la mer, à vingt-deux lieuës de Gibraltar, au pied d'une montagne assez escarpée, qui laisse justement assez d'espace jusqu'à la mer pour y bâtir une Ville. Ce qui la rend plus considérable, est son Port, qui est fort grand & fort spacieux. Le mole qu'on y a construit est revêtu d'un beau quai, long de sept cens pas, & large à proportion, avec de gros piliers de pierres où l'on attache les navires. Il y a toujours grand abord de monde, & d'ordinaire deux ou trois cens bâtimens à l'ancre ; ce qui fait que la Ville est fort marchande, fort riche & fort peuplée, bien que médiocrement grande. Toutes les automnes, en temps de paix, il y vient un très-grand nombre de vaisseaux marchands des Pays étrangers, pour charger les fruits exquis & le vin délicieux qu'on y recueille en abondance, & le transporter en Angleterre & dans les Pays-Bas. Malaca a vu dans tous les temps son Port fréquenté. Strabon, *l. 3*, nous apprend que c'étoit une Ville d'un grand commerce pour les Habitans de la côte qui est à l'opposite, & qu'on y faisoit beaucoup de vivres. *Mael*, *Mal*, commerce. *Malac*, commerçante.

MUNDA.

PETITE VILLE ancienne, située sur le penchant d'une colline, au pied de laquelle passe la rivière de Guadalquivirejo. *Munida*, *Munda*, colline.

SALOBREGNA.

PETITE VILLE, située sur un rocher élevé, au bord de la mer. *Sal*, roc, pierre. *Bren*, élevé. *Salobren*, rocher élevé.

SETTENIL.

PETITE VILLE, dont la structure & la situation sont tout à fait merveilleuses. Elle est bâtie sur une montagne, qui n'est que rocher, & les maisons pour la plûpart y sont taillées dans le roc. *Sati*, en composition *Sett*, percé. *Ten*, roc. *Il*, habitation.

SINGILIA.

ANTEQUERA, est une belle & grande Ville, située en partie dans la plaine, & en partie sur des collines, au pied des montagnes. Elle est comme partagée en deux quartiers, dont l'un, situé sur une haute colline, est occupé par le Château royal & par les maisons de la Noblesse. Elle a été bâtie par les Maures sur les ruines de l'ancienne Singilia qui étoit près de là, comme il paroît par une inscription qu'on y a trouvée. La Ville basse, qui est dans la plaine, est occupée principalement par des laboureurs & des artisans, qui tous s'appliquent à divers ouvrages, dont ils tirent de très-grands revenus. Le terroir est très-fertile & arrosé d'un grand nombre de ruisseaux & de fontaines. On trouve dans la montagne des carrières inépuisables d'une belle pierre fort propre à bâtir ; il s'y fait aussi grande quantité de sel, que l'on n'a pas la peine de cuire, comme il le faut faire ailleurs. Les eaux des neiges fondues, de la pluye & de plusieurs fontaines se ramassent dans des fonds entre ces montagnes ; & le soleil donnant là-dessus dans les mois de l'été, cette eau se cuit d'elle-même, & il s'en forme un fort beau sel, en si grande quantité, qu'il y en a assez pour en fournir toute la Province. On trouve aussi là des carrières de plâtre fort commode pour bâtir, & pour divers autres ouvrages ; on le passe par le tamis, & l'on en fait de beaux grands vases ronds ou ovales en façon de bouteille, d'une telle grandeur qu'ils peuvent contenir la provision de toute une famille pour une année. On les appelle *Tinajas* ; elles servent à tenir du vin, de l'huile, de l'eau, des capres, & généralement tout ce qu'on veut ; il s'en fait de toute grandeur. *Cin*, blancs. *Gill*, vases.

LE ROYAUME DE MURCIE.

MURCIE.

EST une Ville grande, belle, fort agréable & très-bien bâtie, dans une plaine délicieuse, au bord de la rivière de Ségura ; Toute la campagne aux environs de Murcie est fort agréable, abondamment arrosée & très-fertile. On y recueille du grain, du vin, du miel & toutes sortes de fruits exquis, particulièrement abondance d'olives, dont on fait de l'huile très-estimée. Mais le plus grand revenu vient de la soye ; c'est pourquoi l'on n'y voit presque que meuriers de toutes parts. On en a compté jusqu'à trois cens cinquante-cinq mille cinq cens ; on en nourrit des vers qui font plus de deux cens mille livres de soye, dont on tire près d'un million par an. Il s'y trouve aussi quantité de cannes de sucre, dont on exprime une douce & précieuse liqueur que l'on cuit pour faire le sucre. A deux lieuës de la Ville on voit une campagne femée de ris; on y nourrit quantité de troupeaux; il s'y trouve beaucoup de gibier de toutes efpèces, & certains endroits produifent des fimples d'une très-grande utilité dans la Médecine. *Morcuy*, meuriers: Ou *Murr*, fertile. *Si*, contrée.

LORCA.

Sur une hauteur, au pied de laquelle coule le Guadalantin. *Lor*, hauteur. *Ca*, rivière.

LE ROYAUME DE VALENCE.
VALENCE.

VALENTIA, qui a donné fon nom à tout le Royaume, eft fort ancienne. Elle eft fituée à trois milles de la mer, au bord du Guadalaviar, dans une campagne extrêmement agréable, où la nature femble avoir répandu tous fes dons à pleines mains. On y jouit d'un air fi doux & fi tempéré, qu'on n'y fent jamais d'hiver, & l'on y trouve en abondance toutes les chofes qui fervent aux befoins & aux délices de la vie. C'eft une grande Ville, extrêmement agréable & bien peuplée, ayant la rivière de Guadalaviar qui y coule fous cinq beaux ponts de pierres, & près de dix mille puits ou fontaines d'eaux vives. La beauté de ce lieu, les agrémens de fa fituation, la fertilité de fon terroir, la douceur de l'air & le voifinage de la mer, font que Valence eft habitée par la plus grande partie de la Nobleffe du Royaume, par un très-grand nombre de Marchands qui y font fleurir le commerce. Cette Ville eft fort belle, & ornée de très-beaux édifices; de là vient qu'en Efpagne on la nomme *Valencia la Hermofa*, Valence la belle. Tout près de cette Ville, au midi, la mer forme un lac de trois lieuës de long, & d'une lieuë de large, appellé par les Habitans *Albufera*, d'un nom retenu des Maures, & par les anciens Romains *Amœnum Stagnum*. Il eft fécond en divers poiffons fort délicats, comme thons, alofes, anguilles & autres. Il eft peuplé d'une grande quantité d'oifeaux de rivière. Tout le chemin de Xativa à Valence eft l'un des plus beaux & des plus charmans qu'il y ait au monde. Tout l'efpace de neuf lieuës qu'il y a de l'un à l'autre, n'eft prefque qu'un jardin perpétuel, planté de beaux arbres fruitiers, dont la vuë ravit les voyageurs. Le Pays eft fi peuplé, que d'une demi-lieuë à l'autre on rencontre toujours une Ville, un Bourg ou un Village, où fe voyent des troupes de femmes & d'enfans devant les maifons occupés à filer de la foye. *Bal*, *Val*, fontaines. *Len*, plaine. *Ty*, habitation: Ou *Galant*, *Valant*, belle. *Ty*, habitation.

ADOR.

Sur une rivière. *Ad*, près. *Dor*, rivière.

ALCOY.

JOLIE VILLE, près d'une petite rivière, à qui elle a donné fon nom. Cet endroit eft remarquable à caufe d'une fontaine, qui eft une rare merveille de la nature. Pendant l'efpace de treize à quatorze ans elle jette de l'eau en abondance, puis elle tarit pendant tout autant d'années; après quoi elle recommence à couler comme auparavant, & revient à tarir au bout de quatorze ans, & toujours de même à perpétuité. Les Habitans appellent cette fontaine Barchel. Il y en a plufieurs autres qui fuppléent à fon défaut lorfqu'elle manque; toutes ces fontaines joignant leurs eaux, forment la petite rivière d'Alcoy. *Barch* fignifie une pluye foudaine, qui tombe avec impétuofité, & qui ne dure pas. On aura nommé *Barch* ou *Barchel* par analogie la fource dont on vient de parler. *Al*, bord. *Cwy*, prononcez *Coy*, rivière: Ou *Al*, article.

ALICANTE.

VILLE très-fameufe par la bonté de fon Port. Elle eft environnée d'un côté de montagnes, qui ne font pas fort élevées, & de l'autre elle eft ceinte de la mer, qui baigne fes murailles du levant au couchant, & forme une rade fpacieufe où les vaiffeaux font à l'abri de tous les vents, à l'exception de celui du midi. Le Port eft fort fûr, il eft orné d'un beau mole, & défendu par de bons baftions. Elle eft commandée par un Château fitué à fon levant, fur une montagne faite en forme d'un pain de fucre fort élevé. Quelques-uns prétendent qu'il feroit prefque imprenable, pourvu qu'il fût bien fourni de munitions & de vivres; d'autres eftiment qu'il eft trop élevé, & que par cette raifon il n'eft pas d'une grande utilité, à caufe que par fa trop grande hauteur, il eft hors d'état d'incommoder ceux qui occupent la campagne, qui eft au pied de la montagne fur lequel il eft fitué. En temps de paix le Port eft ordinairement rempli de navires italiens, françois, flamands, hollandois & anglois, qui y vont charger du vin, du beril, des paffarilles & quantité d'autres chofes que le Royaume de Valence & plufieurs autres Contrées de l'Efpagne produifent. Le terroir des environs d'Alicante produit quantité d'excellens vins. On y recueille auffi une grande abondance de fruits exquis, de berils & de romarins d'une extraordinaire grandeur. La montagne fur laquelle eft le Château, & au pied de laquelle la Ville eft fituée, eft de terre blanche, & fe découvre de fort loin; ainfi elle fert de connoiffance aux Pilotes. *Al*, montagne. *Cant*, blanche.

ELCHE

EST fituée dans un lieu très-fertile en dattes & en vin, abondant en bétail, au milieu de forêts d'oliviers & de palmiers d'une hauteur prodigieufe. Cette Ville eft affez bien bâtie; mais quoiqu'elle foit à deux lieuës de la mer, il ne s'y trouve cependant prefque d'autre eau que de la falée. Les dehors de cette Ville font fort agréables; on y voit quantité de jardins & de vergers remplis de beaux fruits rares. *Hel*, fel. *Cen*, en compofition *Chen*, fource. *Helchen*, *Helche*, fource falée.

MARIOLA.

MONTAGNE remarquable, à caufe d'une quantité extraordinaire de plantes rares & de fimples ou herbes médicinales qui s'y trouvent ; ce qui fait que tous les ans on y voit un grand nombre de Médecins & de Droguistes ou Herboristes, qui vont de toutes les Provinces de l'Espagne faire provision de ces excellens remédes, que la main libérale du sage Auteur de la nature y a préparés pour les divers maux des hommes. Apparemment qu'il y croît sur cette montagne une grande quantité de marjolaine, puisque c'est de là qu'elle a pris son nom. *Marjol*, marjolaine. *Ar*. montagne. *Marjolar*, *Mariola*, montagne remplie de marjolaine.

MORELLA.

VILLE dans une situation extrêmement forte, au milieu de hautes montagnes, environnée de rochers escarpés & de précipices. *Mur*, *Mor*, roc. *Helleih*, abondamment, quantité, plusieurs. *Morhelleih*, *Morbell*, grande quantité de rochers.

PENISCOLA

EST située le plus avantageusement du monde, sur une pointe de terre extrêmement élevée, qui avance dans la mer, appellée le cap Forbad, environnée de la mer de trois côtés. Tous ces avantages la rendent merveilleusement forte, étant inaccessible par mer, & d'une approche difficile du côté de la terre. *Pen*, cap, promontoire. *Y-Kill*, Presqu'isle. *Peny-Kill*, Presqu'isle, promontoire.

RANA.

SUR une rivière. *Ran*, rivière.

SAGONTE, aujourd'hui MORVIEDRO.

VILLE ancienne, fameuse dans l'histoire romaine. Elle avoit une sorte de terre dont on faisoit de la vaisselle qui avoit un grand débit. Martial dit dans une de ses Épigrammes, *l. 8, Épigr. 6*,

Fidla Saguntino cymbia malo luto.

Et *l. 14, Épigr. 108*.

Sume Saguntino pocula ficta luto.

Cette Ville étoit grande, forte, riche, peu éloignée de la mer, & bâtie sur le roc. Aujourd'hui elle s'appelle Morviedro, à cause des vieilles murailles qui s'y trouvent, & qui font connoître la grandeur & l'étendue de l'ancienne Sagonte. Elle est à deux mille pas de la mer, sur un rocher élevé, au bord d'une rivière qui porte aujourd'hui son nom, appellée autrefois Turilis. Près de l'Église Cathédrale, on monte au-dessus du roc, où l'on voit les murailles & les restes d'un vieux amphithéatre. Au-dessus de l'amphithéatre paroît encore un vieux Château ruiné. *Sagon*, roc. *Tun*, élevé.

SEGORBE.

ANCIENNEMENT *Segobriga*, est située au bord d'une rivière, sur le penchant d'une colline, dans une vallée entre des montagnes. *Ceg*, creux, gorge, vallée. *Briga*, élévation : Ou *Go*, *Sgo*, vallée.

SETABIS.

ANCIENNE Ville d'Espagne, dont Silius Italicus parle en ces termes.

Celsa mittebat Satabis arce.
Satabis & telas Arabum spreviffe superba,
Et Pelusiaco filum componere lino.

Ces vers font voir que Setabis étoit au haut d'une colline ; qu'il s'y faisoit des toiles qui surpassoient en finesse & en beauté celles d'Arabie, & que le fil qu'on y employoit valoit bien celui de Peluse en Égypte. On y travailloit aussi à des étoffes de laine ; & Catulle, *Épigr. 25*, parle des mouchoirs de ce lieu là, qu'il nomme *sudaria sataba*. Pline donne le troisième rang au lin de Setabis, entre les meilleurs & les plus estimés dans toute l'Europe.

Setabis s'appelle aujourd'hui Xatira. C'est une des plus belles Villes d'Espagne, (nous transcrivons les paroles de l'Auteur des délices de l'Espagne, quoique nous n'ignorions pas que cette Ville a changé de face depuis qu'il a écrit,) située sur le penchant d'une colline élevée, dont le Xucar lave le pied, médiocrement grande, contenant environ trois mille feux, mais très-bien bâtie, ayant de belles grandes maisons, dont la plûpart ressemblent à des Palais, arrosée par un nombre prodigieux de très-bonnes fontaines, avec un grand réservoir, & défendue par deux Forteresses placées au-dessus de la Ville vis-à-vis l'une de l'autre. La campagne autour de Xatira étant aussi bien arrosée qu'elle est, & dans un si bon air, ne pouvoit manquer d'être très-fertile ; on y recueille du bled, du vin, divers fruits exquis, particulièrement des grenades & du lin d'une finesse extraordinaire. *Ceta*, lin très-fin. *Pis*, en composition *Bis*, abondante.

SOLLANA.

AU bord d'un lac. *Sol*, bord. *Lan*, lac.

LA CATALOGNE.
BARCELONE.

EN latin *Barcino*, est une Ville fort ancienne. Elle n'étoit pas fort considérable dans l'Antiquité, quoiqu'elle fût la Capitale des Lalétains. C'étoit une petite Ville quarrée, éloignée de la mer de six vingt pas, avec quatre portes aux quatre côtés. Aujourd'hui Barcelone est une des plus grandes, des plus riches & des plus belles Villes d'Espagne, située le long du rivage de la mer. Son Port est large, spacieux, profond & fort sûr ; il est cependant de difficile entrée à cause des barres ou écueils qui l'embarrassent. *Bar*, barre, écueil. *Cin*, sinuosité, Port. *Cel* signifie aussi Port.

A B E L L A.

Je crois que ce Village a pris son nom de ses pommes. *Abal*, *Abel*, pomme.

A M E R.

Au bord d'une rivière. *Am*, rivière. *Er*, près.

A N D O R R E.

Ville à l'embouchure d'un ruisseau dans une petite rivière. *An*, près, à la. *Dor*, embouchure.

A U L O T.

Ville peu considérable, située sur le Fluvia, dans le territoire de laquelle il y a douze merveilleuses fontaines d'air, qui exhalent incessamment un petit vent chaud en hiver, & froid en été ; mais si froid qu'on ne sçauroit le supporter. Les Habitans s'en servent agréablement pour raffraichir en été leur vin & leur eau.

M. Corneille, dans l'article de son Dictionnaire où il parle d'Aulot, à vûë de mémoires dressés sur les lieux, s'explique différemment. Voici ses paroles.

„ Aulot, Bourg d'Espagne dans la Catalogne, autrefois Ville Épiscopale. Il est sur la rivière de Fluvia,
„ au septentrion de la Ville de Vico, dans la Viguerie de Campredon. La situation en est extrêmement
„ agréable ; ce qui est cause qu'on y a bâti de jolies maisons, où les gens de condition vont souvent se di-
„ vertir. On a pratiqué dans les murailles des fentes ou des trous, par où, dans les plus excessives chaleurs
„ de l'été, il passe sans cesse un vent impétueux & froid, lors même que le moindre petit zéphir ne se fait
„ pas sentir au dehors. Ceux qui sont pendant les plus grands chauds dans les chambres où ces trous répon-
„ dent, n'y peuvent demeurer longtemps à cause du froid, qui est tel que les liqueurs & les fruits que l'on
„ expose à l'impression de cet air, qui entre par les fentes avec tant de rapidité, y gèlent beaucoup plus qu'ils
„ ne seroient dans la glace. On appelle sur les lieux ces souffles extraordinaires les bouffadors d'Aulot. „
Avel, *Aul*, vent. *Lot*, ouverture, trou.

B A L A G U E R.

Bellagarium, *Valagaria*, au pied d'une haute montagne escarpée, à l'embouchure de la Noguere Paillarese dans la Ségre. *Bal*, coupée, escarpée. *Gar*, montagne : Ou *Bala*, embouchure. *Gar*, *Ger*, près.

B L A N E S.

Près d'une grosse pointe qui s'avance un peu dans la mer. *Blaen*, pointe. *Ess*, eau.

B O U R C H.

Nom appellatif d'habitation, devenu propre de celle-ci.

C A M P.

A une courbure de rivière. *Campe*, courbure.

C A M P R E D O N.

Ville située sur la cime plate & unie d'une élévation au bord du Ter. *Camp*, *Camper*, unie. *Don*, cime.

C A R D O N E.

Ville située sur une hauteur, au bord du Cardonero. Elle est jolie & assez forte. On va transcrire les paroles de M. l'Abbé de Vayrac sur une merveille de la nature qui se trouve auprès de cette Ville.

„ Une des plus remarquables singularités, non seulement de la Catalogne, mais encore de l'Espagne, & même
„ du monde entier, c'est une montagne de sel dans le voisinage de Cardone, qu'on peut regarder comme
„ un miracle de la nature. On y voit une carrière inépuisable de sel, où il en renaît toujours de nouveau à
„ mesure qu'on en tire ; & ce qu'il y a de merveilleux, c'est qu'il est de toutes sortes de couleurs. Il y
„ en a de rouge, de blanc, d'incarnat, de verd, de violet, de bleu, d'orange & de diverses autres couleurs,
„ qui se perdent toutes quand on le lave. Lorsque le soleil fait darder ses rayons sur cette montagne, il ne se
„ peut rien voir de plus brillant, on diroit qu'elle est toute composée de pierreries ; & quoique d'ordinaire
„ les lieux où il vient du sel soient tous stériles, celui-là produit des pins d'une hauteur extraordinaire, & on
„ y cultive des vignes, & le vin qu'on en recueille est excellent. Il est étonnant que les Anciens, & sur tout
„ Pline, qui avoit parcouru l'Espagne, & qui recueilloit soigneusement toutes les curiosités de la nature,
„ n'ayent point désigné cette montagne. „ En parlant des montagnes de sel produit naturellement, Pline, *l.* 21, *c.* 7, dit : „ On en coupe à Égelesta dans l'Espagne citérieure, (c'est-à-dire à Uniesta dans la
„ Castille près de Cuença,) dont les pièces sont entièrement transparentes, & la plûpart des Médecins
„ lui donnent depuis longtemps la préférence sur les autres sortes de sel.

Solin, *c.* 23, *p.* 43, parlant de l'Espagne, dit qu'on n'y cuit pas le sel, mais qu'on le tire de la terre : *Non coquunt ibi sales, sed effodiunt.* La réproduction du sel, à mesure que l'on en prend, n'a pas été inconnue aux Anciens. Aulugelle rapporte un passage de Caton, qui pourroit bien avoir eu en vûë la montagne d'auprès de Cardone ; car parlant des Espagnols qui habitent en deçà de l'Èbre (par rapport aux Romains) il y a, dit-il, *l.* 2, *c.* 22, dans ces Pays là des mines de fer & de très-belles mines d'argent. Une grande montagne, qui n'est que de sel ; plus vous en ôtez, plus il en revient. Isydore parle de même (Orig. *l.* 16, *c.*

2.) C'est aussi du même Pays ou des environs qu'étoit le sel à quoi Sidonius fait allusion dans une de ses lettres. » J'ai reçu, dit-il, *l. 9, epist. 12*, votre lettre, qui a beaucoup de ressemblance avec le sel que » l'on tire des montagnes de Tarragone ; car plus je l'examine, plus je la trouve brillante & piquante. *Venit* » *in nostras à te profecta pagina manus, quæ trahit multam similitudinem de sale Hispano, in jugis caso Tarracon-* » *nensibus ; nam recensenti lucida & salsa est.* » Car, sel. *Don*, montagne.

CERVERA.

SUR une hauteur. *Cer*, hauteur. *Ver*, sur.

CORNET.

VILLAGE à l'embouchure d'une rivière dans une autre. *Cor*, embouchure. *Net*, près.

ESTERRE.

SUR une rivière. *Es*, article. *Staer*, rivière.

FLIX.

FLIXA, est dans une situation fort avantageuse, bien fortifiée par l'art & par la nature, bâtie dans une Presqu'isle que l'Ébre forme en faisant une grande courbure, tellement que ce fleuve l'environne de trois côtés, & lui sert de fossés, pouvant être conduit dans ceux qu'on a faits autour de cette Ville ; de l'autre côté, où l'Ébre ne l'environne point, elle est couverte par des montagnes, défendue par un Château bâti sur une hauteur qui la commande, & de toutes parts munie de bonnes murailles & de quelques Fortifications irrégulières. *Plyg* ou *Flyg*, courbure.

FORTUNIA.

SUR une montagne. *Vor*, prononcez *For*, sur. *Tun*, montagne.

GALY.

AU bord d'une rivière. *Gal*, bord. *I*, rivière.

GERRY.

AU bord d'une rivière. *Ger*, près. *I*, rivière.

GIRONNE.

EST une Ville ancienne, connue autrefois sous le nom de Gerunda. Elle est située sur une colline, au bord d'une petite rivière nommée Donia qui s'y jette dans le Ter. *Ger*, près. *Ond*, confluent.

LERIDA.

ANCIENNEMENT Ilerda, est sur une colline, dont la pente s'étend insensiblement jusqu'à la Ségre. *Il*, Ville. *Ard*, en composition *Erd*, élevation.

MAR.

AU bord d'une rivière. *Mar*, rivière.

MOLLO.

SUR une montagne. *Mol*, montagne.

MONT - SENI.

MONTAGNE fort haute, féconde en simples ou herbes médicinales, en pierres rares & précieuses. On y trouve du crystal, & sur tout une espèce d'améthyste de couleur violette, très-rare, entrecoupée de veines rouges fort brillantes. *Mon*, montagne. *Ceini* ou *Ceinion*, pierres précieuses.

MONT - SERRAT.

MONTAGNE célèbre pour sa hauteur prodigieuse, mais plus encore à cause d'un lieu de dévotion très-fameux. Elle peut avoir environ quatre lieuës de tour & deux de hauteur. Elle s'élève si fort au-dessus de toutes les montagnes voisines, que quand on est arrivé sur sa cime, elles paroissent presque être au niveau de la plaine ; & l'on découvre non seulement toute la campagne jusqu'à Barcelone, qui en est à sept bonnes lieuës, mais aussi bien avant dans la mer jusqu'aux Isles Baléarnes, qui en sont à soixante lieuës de distance. Elle est presque toute de rochers escarpés, qui sont pointus & élevés, ou plutôt c'est un amas de rochers escarpés, pointus, élevés & entassés les uns sur les autres à différentes hauteurs. *Mont*, mont. *Serth*, escarpé, coupé en précipice.

MORA.

A l'embouchure d'une petite rivière dans l'Ébre. *Mor*, rivière.

OMENS.

AU bord d'une rivière. *Aumen*, rivière.

ORTA.

AU bord d'une rivière. *Or*, bord. *Ta*, rivière.

SUR LA LANGUE CELTIQUE.

PALAMOS.

PETITE VILLE extrêmement forte, située au fond d'une baye qui fait un bon Port. Elle est bâtie en partie dans la plaine, & en partie le long d'une colline fort roide, qui avance dans la mer, & dont les bords sont fort élevés & fort droits. *Pel*, *Pal*, élévation, colline. *Am*, autour, environnée. *Os*, eau. *Palamos*, colline environnée d'eau.

PALS.

SUR une montagne. *Pal*, montagne.

PI.

SUR une montagne. *Pi*, montagne.

RODA.

SUR une rivière. *Rod*, rivière.

ROSES.

IL y a deux marais touchant les murs de cette Ville. *Ross*, marais, terrein humide.

SARACA.

AU sommet d'une colline. *Sar*, colline. *Ac*, pointe, sommet.

SARRÉAL.

PETITE VILLE où l'on trouve des carrières d'albâtre si beau, si fin & si transparent, qu'on en fait des glaces de fenêtres. *Sar*, belle. *Al*, pierre.

SELIN.

AU bord de l'Ébre. *Sel*, habitation. *Llyn*, rivière.

SELVA.

PETITE VILLE avec un Port de mer. *Cel*, Port. *Va*, habitation.

SERVOLA.

AU sommet d'une montagne. *Serr*, montagne. *Bol*, *Vol*, sommet.

SIVRANA.

FORTERESSE, située au bord d'une rivière dans les montagnes, parmi des rochers qui en rendent l'accès fort difficile. *Cyfrin* ou *Cyfran*, *Cyvran*, cachée.

SORT.

AU bord d'une rivière. *Swr*, prononcez *Sor*, bord. *Ta*, en composition *Te*, rivière.

TARRAGONE.

TARACO, Ville fort illustre & fort ancienne, qui a conservé son nom & quelque partie de sa grandeur jusqu'à notre temps. Son théâtre étoit en partie taillé dans le roc. Elle est aujourd'hui dans la même situation qu'elle étoit autrefois, sur une colline, dont la pente s'étend insensiblement jusqu'au rivage de la mer. Son Port naturellement n'est pas des meilleurs, & le fond est rempli de rochers, qui en défendent l'entrée à de gros bâtimens; mais on l'a mis en bon état à force de travail. La rivière de Francoli s'y jette dans la mer. *Tarco*, brisant.

TARREGA.

AU bord d'une rivière. *Tar*, près. *Eg*, rivière.

TERMENS.

SUR une montagne. *Ter*, au-dessus, sur. *Mend*, en composition *Mens*, montagne.

TIVICA.

PETITE VILLE près d'une montagne, où il y a une carrière d'une espèce de pierre d'onyx, qui est à-peu-près de la couleur d'un ongle d'homme, avec des veines qui ressemblent au jaspe & à la sardoine. *Tipi* ou *Tivi*, petite. *Tc*, Ville.

TORA.

AU bord d'une rivière. *Tor*, rivière.

TORRALO.

AU bord d'une rivière. *Tor*, rivière. *Al*, bord.

TORRE.

AU bord d'une rivière. *Tor*, rivière.

TORTOSE.

ANCIENNEMENT *Dertosa*, est située sur la rive gauche de l'Ébre, s'étendant le long de ce fleuve en partie dans la plaine, & en partie sur une colline élevée. *Der*, rivière. *Tos*, colline.

Iii

VIC.

Nom appellatif de Ville, devenu propre de celle-ci.

URGEL.

Orgella, au bord de la Ségre dans une plaine très-fertile en grains, & au milieu des montagnes fort hautes plantées de vignes. *Or*, Contrée. *Guel*, très-fertile.

L'ARRAGON.

SARRAGOSSE

Est une des plus considérables Villes d'Espagne, soit que l'on considére son antiquité, soit qu'on fasse attention aux avantages dont elle jouit présentement. Elle portoit autrefois le nom de *Salduba*. Les Romains y ayant envoyé une Colonie sous l'Empereur Auguste, elle prit le nom de *Cæsarea-Augusta* ou *Cæsar-Augusta*, d'où par corruption est venu le nom de *Sarragoça*, Sarragosse. Cette Ville est située dans une grande & vaste plaine, au bord de l'Ebre, à l'endroit où ce fleuve reçoit deux rivières, d'un côté le Gallego, & de l'autre le Guerva.

M. de la Martiniere parle ainsi de *Salduba* dans son Dictionnaire.

» *Salduba*, ancien Bourg d'Espagne, qui fut en quelque façon l'origine de la Ville de Sarragosse. Cette » Ville fut bâtie sur le terrein isolé que ce Bourg avoit occupé, & la nouvelle Ville prit le nom de César-» Auguste qu'elle conserve encore, tout estropié qu'il est, en celui de *Sarragoça*. » *Saldo*, collection, amas. *Ubay*, rivière.

AINSA

Est située dans une plaine, sur la rivière d'Ara, près de l'angle qu'elle fait en se jettant dans la Cinca. *Ains*, manquement, défaut, chute : On sous-entend de rivière. *Voyez* Montereau Faut-Yonne en Brie.

ALBELDA.

A la source d'une rivière. *Al*, près. *Bel*, source. *Da*, rivière.

ALCAINE.

A une courbure de rivière. *Al*, près. *Can*, en composition *Ken*, courbure. *E*, rivière.

ALCANIZ

Est une jolie Ville, située sur la rivière du Guadalope. On y remarque une fontaine merveilleuse, qui jette de l'eau par quarante-deux tuyaux. *All*, grand nombre. *Can*, tuyaux. *Is*, eau.

ALMUGNA.

Grand & beau Bourg, très-bien situé, à l'endroit où le Rio-Grio se jette dans le Xalon; il est dans une plaine agréable, dont les avenues sont charmantes, de quelque côté qu'on y vienne. *Al*, près. *Mun*, embouchure.

ANSO.

Au bord d'une rivière. *Ans*, rivière.

BERGE.

Nom appellatif d'habitation, devenu propre de celle-ci.

BILBILIS.

Ancienne Ville que Martial, dont elle étoit la Patrie, décrit ainsi, *l. 10, Épigr. 103*.

Municipes, Augusta mihi quos Bilbilis acri
Monte creat rapidus quem Salo cingit aquis.

Saint Paulin, dans une lettre à Ausone, peint la situation de cette Ville par ces mots, *Bilbilim acutis scopulis pendentem.*

On trouve à une demi-lieuë de Calataiud une montagne nommée Baubala, presque entourée des eaux du Xalon, où l'on voit encore à présent quantité de ruines d'Antiquités, & où l'on découvre des médailles de différentes sortes de métaux. Ces circonstances jointes à la ressemblance du nom & à la description de Martial, sont des preuves certaines que Bilbilis étoit située sur cette montagne. Cette Ville étoit fameuse par ses forges; ce n'est pas qu'il y eût des mines de fer, mais parce que les eaux du Xalon avoient en cet endroit une merveilleuse qualité pour tremper le fer & l'acier. Pline, *l. 34, c. 3*, dit : Toutes les eaux ne sont pas également bonnes pour y tremper le fer chaud. Il y a des lieux auxquels le fer a donné de la réputation à cet égard, comme Bilbilis, Taracona en Espagne, & Come en Italie, quoiqu'il n'y ait point de mines de fer. Martial n'a eu garde d'oublier les éloges du fer de Bilbilis; il en parle ainsi, *l. 4, Épigr. 55*.

Nostra nomina duriora terra,
Grato non pudeat referre versu :
Sævo Bilbilin optimam metallo,
Quæ vincit Chalybasque, Noricosque.

SUR LA LANGUE CELTIQUE.

Bily, *Bil*, roc. *Bill*, courbure. *Lis*, eau, rivière. *Bilbylis*, roc dans une courbure de rivière : Ou *Bil*, bon. *Is d'Isarn*, fer. En Celtique, de même qu'en Hébreu, on doubloit quelquefois l'adjectif pour exprimer le superlatif.

CANDES.
A un confluent. *Cand*, confluent.

CANDUERO.
Près d'un confluent. *Cand*, confluent. *Ver*, près.

CODO.
Près d'un bois. *Cod*, bois.

CORRES.
Au bord d'une rivière. *Cwr*, prononcez *Cor*, bord. *Es*, rivières.

DAROCA.
Située au bord de Xiloca, dans une campagne très-fertile. Les voyageurs y vont voir une grotte merveilleuse, qui a sept cens quatre-vingt toises de longueur. *Dere*, *Dare*, belle. *Oc*, caverne, grotte. *Daroc*, belle grotte.

EXA.
Au bord d'une rivière. *Ex*, rivière.

GRANS.
A un confluent. *Grawn*, assemblage, jonction.

HOZ.
Hws, prononcez *Hos*, nom appellatif d'habitation, devenu propre de celle-ci.

HUESCA.
Anciennement *Osca*, est une jolie Ville, située sur le bord de la rivière d'Isuela, dans une agréable plaine entourée de petites collines de roc, excepté du côté du midy. *Osc*, enfermée, entourée. *A*, roc.

IXAR.
Les Espagnols prononcent *Icar*. Cette Ville est sur le bord du Rio-Martin, au pied d'une colline, sur laquelle on voit un Château bien fortifié. *I*, rivière. *Car*, élévation, colline : Ou *Igar*, *Icar*, moulin. Peut-être cette Ville a commencé par un moulin.

LUCENA.
Au bord d'une rivière. *Lluc*, rivière. *An*, en composition *En*, près.

LUCO.
Au bord d'une rivière. *Lluc*, rivière.

LUNA
Est située entre des montagnes, au bord d'une petite rivière. *Llun*, rivière.

MAS.
Nom appellatif d'habitation, devenu propre de celle-ci.

MONÇON.
Au pied d'une montagne, près d'un confluent. *Mon*, montagne. *Con*, confluent.

NERIN.
Au bord d'une rivière. *Nés*, près. *Rin*, rivière.

OBON.
A une courbure de rivière. *O*, rivière. *Bon*, courbure.

TARACONA.
Ville à un confluent. *Tar*, près. *Con*, confluent.

TERVEL
Est une belle Ville, située au confluent de deux rivières, l'Alhambra & le Guadalaviar, dans une agréable & vaste plaine. Le commerce qui s'y fait la rend riche ; on y jouit d'un air fort doux, & d'un printemps presque perpétuel. Toute la campagne est délicieuse, arrosée de jolies fontaines, plantée de jardins, de parterres & d'arbres fruitiers, dont les fleurs parfument l'air d'une odeur charmante. *Ter*, belle. *Vel*, habitation.

TORRAS.

Au bord d'une rivière. *Tor*, rivière. *As*, habitation.

TORRES.

Ville à l'embouchure d'une rivière dans l'Èbre. *Dor*, *Tor*, embouchure. *Es*, rivière.

VERDUN.

Au confluent des rivières d'Arragon ou de Veral. *Ver*, *Ber*, rivière. *Dun*, union. On appelle cette Ville indifféremment Verdun & Berdun.

LA CERDAIGNE.

CERETANIA, a pris son nom des Ceretains qui l'habitoient anciennement. *Ser* ou *Cer*, montagne. *Tan*, Pays. *Ceretani*, ceux qui habitent dans les montagnes.

PUICERDA.

Au milieu d'une plaine environnée de montagnes, s'élève une petite éminence ou colline, sur laquelle est placée Puicerda, *Podium Ceretanorum*. *Pui*, *Pod*, élévation, éminence.

ALP.

Village au pied d'une montagne. *Alp*, montagne.

ANDORA.

Au bord d'une rivière. *An*, près. *Dor*, rivière.

LA NAVARRE.

A pris son nom de *Nava*, qui signifie en Basque une plaine au pied des montagnes. *Naou* ou *Nav* en Breton désigne la même chose. *Av*, terre. *Navar*, terre qui est au bas des montagnes. La Navarre est au pied des Pyrénées.

PAMPELUNE.

Au bord de la rivière d'Arg. Elle a une forte Citadelle sur un roc élevé ; d'un côté elle est entourée d'un assez grand marais. Strabon l'appelle Pompelon. *Pomp*, élévation. *Alon*, en composition *Elon*, roc.

ARIEN.

Sur une rivière. *Ar*, sur. *Ien*, rivière.

BARDENA REAL.

Grande Forest. *Bar*, grande. *Den*, forêt. *Barden*, grande forêt. *Real* ou *Royal* a été ajoûté dans la suite pour désigner que cette forêt appartenoit au Roi.

CORTES.

Cort, nom appellatif d'habitation, devenu propre de celle-ci.

GONI.

Sur une montagne. *Gon*, montagne.

LERIN.

Au bord d'une rivière. *Lés*, près. *Rin*, rivière.

MANERO.

Maner, nom appellatif d'habitation, devenu propre de celle-ci.

OLITE.

Est une jolie Ville, située au bord du Cidaco. Son terroir est très-fertile, arrosé par de belles fontaines, & abondant en bled, en vin, en fruits, en lin, en chanvre, en troupeaux & en gibier. *Olyt*, riche.

TUDELA

Est située sur l'Èbre, dans l'angle que fait le Queiles en se jettant dans ce fleuve. Elle est adossée d'une petite montagne, sur laquelle est son Château. *Tu*, deux. *Dale*, en composition *Dele*, rivières.

LE PORTUGAL

A pris son nom de *Portus Cale* ou *Portu-Cale*, Ville ancienne, située à l'embouchure du Douere. Elle n'a d'abord porté que le nom de Cale, comme cela paroît par l'Itineraire d'Antonin ; mais comme elle étoit située sur une hauteur un peu incommode, on bâtit dans la suite au pied de cette hauteur, le long du Douere, & cela s'appella le Port de Cale, *Portus Cale*. Cette nouvelle Ville s'aggrandit considérablement ; les deux Villes, l'ancienne & la nouvelle, n'en firent plus qu'une, qui retint le nom de *Portu-Cale*, comme cela paroît par les inscriptions des Évêques *Portucalenses*, dans les anciens Conciles d'Espagne. Dans les siécles suivans le nom de *Portucale* ou *Portu-Calia* fut donné à tout le Diocèse de Portucale, ou à la Province qu'on appelle aujourd'hui Entre-Minho-e-Douro, comme on le voit par divers endroits de l'histoire de Roderic Ximenes, Archevêque de Toléde. Bientôt après les Rois de Portugal étendant leurs Frontières aux dépens des Maures, ce nom est demeuré à tous leurs États. Et il est à remarquer que lorsque le nom de Portugal s'étendoit à tout le Royaume, la Ville de Portucale quitta la moitié de son nom, retenant celui de Porto seul, & ses Évêques dans leurs souscriptions ne prirent plus le nom de *Portucalenses*, mais s'appellerent *Portuenses*, Évêques de Porto.

Nous avons transcrit jusqu'ici l'Auteur des délices du Portugal, notre dessein demande que nous ajoûtions quelque chose à ses paroles.

Cal en Celtique signifie Port. Ce nom, comme on le voit, marquoit la situation de cette Ville. Lorsqu'au troisième ou quatrième siécle on la plaça au pied de la montagne, on lui donna le nom de Port, ce qui étoit fort naturel, puisqu'on s'approchoit du Port. On préféra ce terme, qui est aussi Celtique, à celui de Cal, parce que les Romains, maîtres de l'Espagne, l'ayant adopté dans leur Langue par préférence à l'autre, il étoit connu des deux Nations. Les révolutions qu'éprouva l'Espagne ayant fait oublier l'ancienne Langue du Pays, on joignit les deux noms de cette Ville, & on l'appella Portucal, ce qui signifioit à la lettre Portport. Ensuite, ou pour abréger, ou pour distinguer cette Ville du Royaume auquel elle avoit donné le nom, on ne l'appella plus que Port ou Porto.

Les anciens Habitans de ce Pays se nommoient *Lusitani*. Ils aimoient mieux, au rapport de Strabon, faire des courses sur leurs voisins, & vivre de brigandage, que labourer la terre, quoiqu'elle fût très-fertile dans leur Contrée. Leur manière de vivre étoit d'ailleurs assez simple ; ils se chauffoient avec des cailloux qu'ils faisoient rougir ; ils se baignoient dans de l'eau froide ; ils n'usoient que d'un seul mets à leurs repas, & ils mangeoient fort sobrement. Leur habillement étoit noir. Au lieu d'argent monnoyé ils faisoient des échanges ; quelques-uns se servoient pour leurs achats de lames d'argent, dont ils coupoient des morceaux. Comme les Égyptiens, ils exposoient leurs malades dans les chemins publics, afin que les passans qui sçauroient des remédes à leurs maladies pussent les leur indiquer.

Enfin ces Peuples étoient pleins de valeur, & les Romains les soumirent moins par la force que par la ruse & l'artifice. *Lu*, noire. *Svvtan*, en composition *Sytan*, robe.

L'AVE.

Rivière. Ce terme est un nom appellatif de rivière, devenu propre de celle-ci.

LE ZEZERE.

En latin *Ozecarus*, se jette dans le Tage, près de Punhete. Il s'y dégorge avec une telle roideur, qu'il coupe l'eau de ce fleuve jusqu'au bord opposé, & conserve ses eaux sans mélange près de mille pas avant, ce que l'on reconnoît à sa couleur de verd obscur, au lieu que l'eau du Tage est blanchâtre. *Os*, rivière. *Caru*, rapide. *Oscaru*, *Ozecaru*, rivière rapide.

ALCOBA.

Chaîne de hautes montagnes, qui s'étendent de Porto jusqu'à Tomar. Cette chaîne de montagnes est fort large, les Anciens lui ont donné le nom d'Alcoba, qui lui est demeuré jusqu'à présent parmi les Portugais, qui l'appellent Sera d'Alcoba. Ces montagnes sont fécondes en sources abondantes, qui forment diverses rivières. *Al*, montagnes. *Cvvb*, prononcez *Cob* chaîne.

LA MONTAGNE DE CINTRA.

Son ancien nom est *Mons Luna*, Mont de Lune. Cette montagne est un composé de gros cailloux, parmi lesquels il y en a de dix pieds de diamétre, entassés les uns sur les autres, comme les enfans entassent les noix sans aucune liaison, principalement vers le haut où sont les ruines d'une Ville assez considérable. Le plus beau morceau d'Antiquité qu'il y ait dans l'enceinte de cette Ville, & qui est bien digne d'admiration, est une fontaine ou citerne sous une voûte, qui a bien cinquante pieds de longueur, qui contient plus de dix pieds de la plus belle eau du monde, qui n'augmente ni ne diminue jamais. J'appellerai (ce sont les paroles de l'Auteur des Mémoires pour un voyageur que je transcris dans cet article) fontaine plutôt que citerne, cet amas admirable d'eau, parce qu'elle n'est dominée d'aucuns bâtimens existans d'où les eaux puissent y parvenir ; qu'elle est toujours d'une même hauteur & profondeur ; qu'elle est située presqu'au haut de la Ville, & que l'eau n'en est jamais trouble, ce qui ne manqueroit pas d'arriver si les pluyes pouvoient contribuer à son entretien. Je ne crois pas que dans tout le reste du monde il y ait rien de si curieux, vu la façon dont la montagne est formée par ces tas de rochers de cailloutages d'une grosseur énorme, sans liaisons solides les uns avec les autres.

Llun, eau. On a ainsi nommé cette montagne à cause de cet amas d'eau si singulier qu'on y trouve. En Franche-Comté, une grande campagne près d'Orchamps est appellée les Champs de Lune, parce qu'elle est au bord du Doubs.

LA MONTAGNE DE STRELLA.

L'Auteur des Mémoires des voyageurs étant allé visiter cette montagne avec beaucoup d'exactitude, de même que celle de Cintra, je le copierai dans cet article, comme j'ai fait dans le précédent.

Après avoir monté pendant une heure avec mon compagnon par un chemin peu frayé, mais praticable, nous arrivames près d'une fontaine admirable. La terre résonnoit sourdement sous les pieds de nos chevaux en beaucoup d'endroits, comme si nous avions marché sur une voûte qui n'eût pas deux pieds d'épaisseur. Je descendis souvent de mon cheval pour appuyer mon oreille contre terre ; il me sembla que j'entendois en deux endroits un torrent qui couloit sous terre avec un bruit affreux. La croute qui couvroit le torrent ne me paroissoit pas fort épaisse.

En deux heures & demie de temps nous parvinmes au haut de la montagne, d'où couloient divers ruisseaux charmans, d'un & de deux pieds de large, & d'une plus grande profondeur. Les eaux en étoient fort claires & de bon goût ; l'on y voyoit nager de petites truites. Ces ruisseaux sont couverts d'une herbe de deux pieds de haut, de même qu'une bonne partie de la montagne.

Après avoir marché pendant une heure dans les belles prairies qui sont sur le haut de la Strelle, nous apperçumes sur la droite une espèce d'étang, dont nous ne pumes approcher, parce que le terrein trop marécageux ne pouvoit nous soutenir. Il sort de cet étang plusieurs gros ruisseaux, qui forment le torrent qui coule vers le bas de la montagne sur la gauche. Cet étang ou petit lac reçoit aussi des ruisseaux qui s'y jettent après avoir arrosé les plaines. Au-dessus de cet étang paroissent des rochers fort nuds, secs & très-pointus. Nous marchames avec beaucoup de peine à travers ces rochers, & arrivames enfin à une ouverture, d'où nous apperçumes un lac qui est comme dans un bassin entouré par ces rochers qui en sont les bords. Ces rochers ne sont dominés par aucun endroit d'où le lac puisse tirer sa source. Il paroît frissonner dans le milieu, & il s'en éleve de temps en temps quelques bouillonnemens, ce qui marque que la terre pousse ces eaux, qui sont d'une chaleur tempérée. Un jeune étranger qui étoit avec moi, & qui sçavoit bien nager, eut envie de s'y baigner ; je ne voulus lui permettre d'entrer dans l'eau qu'après l'avoir lié par dessous les bras avec la corde d'une sonde que je portois avec moi. Cette précaution ne lui fut pas inutile ; car ce jeune homme étant avancé dans le lac jusqu'à cent cinquante pas du bord, se sentit fortement attiré par les eaux ; d'où l'on peut conjecturer qu'en même temps qu'elles s'élevent du sein de la terre pour former ce lac, elles y rentrent par une autre ouverture, qui est la source du premier lac dont j'ai parlé ; la chose ne me paroît pas douteuse. Le jeune étranger, naturellement intrépide, cria sans se déconcerter qu'on l'aidât à se tirer du courant qui l'entraînoit : Voilà tout ce que je puis dire de ce lac si fameux dans le Pays. A une lieuë de ce lac on voit sur cette montagne un amas naturel de neige que les vents poussent dans un creux profond. On couvre cet amas de neige avec des herbes & du fumier, ce qui la garantit si bien des ardeurs du soleil, qu'on en fournit pendant tout l'été Lisbonne, qui est à soixante lieuës de là.

Strolla, *Strella*, enlacer, saisir : on sous-entend eau. *Strella*, eau qui enlace, qui saisit, qui attire, qui entraîne. On a donné ensuite à la montagne le nom de ce lac extraordinaire qui s'y trouve.

SUR LA LANGUE CELTIQUE.

LISBONNE

Est confidérable par fon antiquité, pour fon étendue, pour fes beaux édifices, pour la bonté de fon Port, pour fes richeffes, parce qu'elle eft la Capitale du Royaume, & le féjour ordinaire des Rois de Portugal. Elle s'appelloit anciennement *Olifipo*, comme il paroît par une infcription qu'on y a trouvée. Elle n'étoit pas fi grande du temps des Romains, qu'elle l'eft aujourd'hui; elle n'occupoit alors qu'une feule colline, & s'étendoit jufqu'au bord du Tage. Elle s'eft accrue avec le temps de telle manière qu'elle occupoit cinq collines il y a environ deux cens ans, & l'on comptoit alors vingt mille maifons dans fon enceinte. A préfent elle occupe fept collines, & renferme environ trente mille maifons. Elle eft fituée au bord du Tage, étendue en longueur le long de ce fleuve. Elle eft formée en redans ou en façon d'étoile, parce que telle eft la difpofition du rivage fur lequel elle eft placée. On y voit un très-grand nombre d'édifices magnifiques, & plufieurs belles places publiques. Il eft vrai que fa fituation eft un peu incommode, à caufe des collines & des vallées dans lefquelles elle eft bâtie, tellement qu'il y faut prefque toujours monter ou defcendre, outre que les rues y font la plûpart affez étroites.

Lorfque du bord méridional du Tage on regarde cette Ville, elle préfente aux yeux un très-bel afpect. Comme elle eft bâtie en amphithéatre, on en découvre tout à la fois toutes les maifons, qui paroiffent élevées les unes par deffus les autres. Et quand de Lisbonne on regarde la campagne, on jouit du plus charmant payfage qui fe puiffe voir. On a un beau fleuve fous les yeux, large d'une lieuë, & en quelques endroits davantage ; on voit une forêt de vaiffeaux de toute grandeur, plus loin une belle & agréable campagne, couverte de Bourgs & de Villages, & plus loin encore l'Océan. Le commerce y eft floriffant autant & plus que dans aucune autre Ville du monde. Le Port de Lisbonne a près de cinq lieuës de long, à compter de San Benito jufqu'à Cafcaes ; il eft fort commode & fort fûr, les vaiffeaux mouillent le long de la Ville, & au deffous jufqu'au Château d'Almada, dans un bon fond & à dix-huit braffes d'eau. L'entrée en eft extrêmement difficile à caufe des bancs de fable & de rochers qui s'y trouvent ; mais en récompenfe les vaiffeaux y font parfaitement à l'abri des vents, étant couverts d'un côté par les collines, fur lefquelles la Ville eft fituée, & de l'autre par les bords oppofés du Tage, qui font fort élevés. L'air eft à Lisbonne d'une douceur charmante & délicieufe, le Ciel clair & fans nuages, les eaux d'un goût & d'une bonté merveilleufe ; cela fait que les gens y vivent fort longtemps, & que les vieillards y confervent encore de la viguer, & ne font point accablés d'infirmités, comme ils le font en d'autres Pays. L'hiver eft fi doux, qu'on n'y fent point de froid. Tout le territoire de cette Ville eft délicieux, merveilleufement fertile & extrêmement peuplé. *Ol*, bord. *Lis*, rivière. *Po* ou *Pon*, éminence, colline.

ALBOR.

Petit Bourg avec un Port, dont l'entrée eft difficile à caufe des rochers qui la bordent. *Al*, rocs. *Bor*, bord, bordée.

ARRUDA.

Bourg, auprès duquel eft un lieu que les gens du Pays appellent Antas, où il y a une carrière de pierres à four. Ces pierres ont une telle propriété, que les fours qui en font compofés étant échauffés une fois, gardent leur chaleur deux jours de fuite dans un dégré affez grand pour cuire du pain ; mais quand on tranfporte ces pierres ailleurs, elles perdent cette propriété, s'il en faut croire les Habitans. *Arri*, pierres. *Uda*, chaudes.

AVEIRO.

En latin *Lavara*, eft une Ville affez confidérable, fituée un peu au deffus du rivage de l'Océan, à la tête d'un petit golfe que la marée forme à l'embouchure du Vouga, à fept lieuës de Porto, & à neuf de Coimbre. Le Vouga y forme un petit Port, qui eft un havre de barre, où les bâtimens médiocres, qui ne tirent que huit ou neuf pieds d'eau, peuvent entrer dans le temps de la pleine mer fous la conduite des Pilotes du lieu. *Aver*, Port, embouchure. *L*, article : Ou *Lle*, lieu, habitation.

BRAGA

Est une Cité fort ancienne, connue du temps des Romains fous le nom de Bracara. Elle étoit une des quatre premières Villes de l'Efpagne. Elle fut bâtie par les Bracars, qui lui donnerent leur nom ; ou pour parler plus exactement, elle prit le nom de ce Peuple dont elle étoit la Capitale. Elle eft fituée fur la rivière de Cavado. Le terroir de cette Ville eft fertile en vin, en bled, en fruits, abondant en herbages & en légumes, riche en troupeaux & en gibiers. Aufone vante l'antiquité & les richeffes de Braga dans fes ouvrages. *Bragar* ou *Bracar*, ceux qui font richement habillés.

BRAGANCE.

Anciennement *Brigantium*, eft fituée fur un ruiffeau qui fe jette près de là dans la rivière de Sabor. Elle eft divifée en deux parties, l'ancienne Ville & la Cité. La première eft fur une hauteur ; la feconde eft dans la plaine au pied de la montagne. *Bri*, montagne, éminence. *Gant*, confluent.

CASCAES.

En latin *Cafcale*, eft fituée fur le bord du Tage. La rade n'y eft pas fort fûre, & les vaiffeaux y courent rifque d'être jettés contre les rochers & les bancs de fable qui fe trouvent près de là. *Cas*, mauvais. *Cal*, port.

COIMBRE

Est une belle & grande Ville, au bout d'une plaine fur une hauteur, dont la pente s'étend jufqu'au bord du Montdego. La campagne d'alentour eſt belle & riante, plantée de vignobles où croît d'excellent vin, & couverte de forêts d'oliviers. Cette Ville n'eſt pas la *Conimbrica* des Anciens; ce nom ne convient qu'à Condeja à Velha, qui eſt à deux ou trois lieuës de Coimbre au midy. *Couin*, Vin, *Bri*, eſtime. *Pris*, en compoſition *Bris*, prix. Coimbri, vin de prix, vin eſtimé.

C O L L A R E S.

Petit Village, auprès duquel eſt une grotte fort ancienne & fort longue, au pied d'un rocher battu des flots de la mer. *Col*, caverne. *Ar*, longue.

C O N D O S A.

A un confluent. *Cond*, confluent. *Hws*, prononcez *Hos*, habitation.

C O U N A.

Village ſitué au fond d'un petit golfe du Tage, bordé en partie par un rocher. *Cogn*, angle, coin, ſinuoſité.

C U N A.

A un confluent. *Con*, *Cun*, confluent.

E L V A S.

Elba, Elva, Elvae, eſt une grande Ville, des meilleures & des plus importantes du Portugal. Elle eſt ſur une montagne qu'elle occupe toute entière, fortifiée de ſept baſtions, de trois demi-baſtions, de huit demi-lunes, & de quelqu'autres ouvrages, tous conſtruits de pierres de taille. Les rues de la Ville ſont belles, & les maiſons y ſont fort propres. Il y a là une citerne ſi grande, qu'elle contient aſſez d'eau pour en fournir toute la Ville pendant ſix mois. L'eau y eſt conduite par un magnifique aqueduc, d'une lieuë de long, élevé en quelques endroits de quatre à cinq arcades fort hautes, les unes ſur les autres. A côté de l'aqueduc eſt une grande forêt d'oliviers, de trois quarts de lieuës de longueur, diſtribués par allées, avec de belles fontaines au milieu. Le Pays des environs produit du bon vin & de l'huile excellente. *Ely*, *El*, huile. *Va*, bonne.

É V O R A.

Ébora, Ville fort ancienne, qui étoit déja conſidérable du temps des Romains. Elle eſt ſituée dans une plaine agréable, que terminent des montagnes couvertes d'épaiſſes forêts d'oliviers, dont la vuë forme une perſpective ſingulière. Les campagnes d'alentour abondent dans toutes ſortes de fruits, & ne laiſſent à déſirer qu'une rivière pour varier le plaiſir des yeux. *Eb*, ſans. *Or*, rivière.

F A R O.

A l'embouchure d'une rivière dans la mer. *Fer*, confluent, embouchure.

F E R V E N Ç A S.

Nous tranſcrivons les paroles de l'Auteur des délices du Portugal.

„ C'eſt dans le territoire de Cadima, à huit lieuës de Coimbre, que l'on voit cette fontaine merveil-
„ leuſe nommée Fervenças, (*Ferventia*) qui bien qu'elle n'ait guères plus d'un pied de profondeur, engloutit
„ tout ce qu'on y jette, arbres, animaux & autres choſes. On a fait pluſieurs épreuves de ce miracle de la
„ nature en divers temps. Dans le xvi ſiécle le Roi Jean III y fit jetter un cheval, qui s'enfonça inſen-
„ ſiblement dans l'eau, & qu'on eut beaucoup de peine à retirer. Pluſieurs années après le Cardinal Henry
„ en fit l'épreuve ſur un arbre coupé qui fut englouti entièrement, & diſparut pour jamais. Ces deux
„ épreuves nous ſont rapportées par des Auteurs dignes de foi, qui avoient été témoins oculaires du fait;
„ Et il eſt remarquable que cette fontaine étoit déja célèbre dans l'Antiquité par ce même endroit, comme
„ nous l'apprenons d'un Auteur Romain. *Ferv*, farouche, qui dévore, qui engloutit. *Ven*, fontaine.

G O E S.

Ville médiocre, ſituée ſur la rivière de la Seira, dans une vallée profonde entre deux montagnes, qui la couvrent tellement, qu'on n'y voit que fort peu le ſoleil en temps d'hiver. *Go*, vallée. *Es*, rivière.

L E I R I A.

Son terroir eſt très-fertile; elle a dans ſon voiſinage une vaſte forêt de pin, de ſix lieuës de longueur, d'où l'on tire quantité de bois à bâtir des navires. *Larix* ſignifie une eſpèce de Pin.

M A R B A N.

Sur une montagne. *Mar*, ſur. *Ban*, montagne.

M I R A N D A D O D O U E R O

Est ainſi nommée du fleuve qui lave ſes murailles, pour la diſtinguer d'une autre Miranda, qui eſt au bord de l'Èbre dans la Caſtille nouvelle; anciennement elle portoit le nom de *Contia* ou *Contium*. Elle eſt ſi-tuée ſur un roc au confluent du Douere & d'une petite rivière nommée Freſne. *Con*, confluent, roc. *Ty* habitation. *Conty*, habitation du roc & du confluent. *Voyez* la Loire.

MOR.

SUR LA LANGUE CELTIQUE.

M O R A.

Sur une rivière. *Mor*, sur. *A*, rivière.

M O R O N.

Sur une rivière. *Mor*, sur. *On*, rivière.

O G U E L L A.

Beau Bourg, avec un Château situé sur une haute montagne, au pied de laquelle coule la Chevola. *Oc*, *Og*, montagne. *Huel*, haute, élevée. *Oghuel*, haute montagne.

O U R I Q U E.

Bourg dans une vaste campagne fertile en bled. *Or*, *Our*, Contrée. *Ryc*, riche, fertile.

P E D R A G A N

Est située au confluent du Zezere & de la petite rivière de Pera. C'est un lieu où l'on trouve tout ce que l'on peut souhaiter de plus agréable & de plus délicieux ; un air très-pur & très-bon, un terroir fertile, un grand nombre de fontaines. *Pedr*, belle. *Gan*, habitation.

P E N I C H E.

Elle est située au bord de la mer dans une Presqu'isle environnée de rochers de tous côtés, & qui fait un Cap auquel elle donne le nom. Cette Presqu'isle est séparée du continent par un canal de cinq cens pas de large, qui est guéable lorsque la marée est basse, mais qui se remplit entièrement dans le temps de la pleine mer, tellement que Peniche devient alors une Isle, où l'on ne peut aborder qu'avec des bâteaux. La mer forme en cet endroit un Port fort bon & très-important. *Pen*, Cap. *Ic*, Isle.

P I N H E L

Est située au confluent de la Coa & d'une autre petite rivière nommée Rio-Pinhel. *Pin*, embouchure. *El*, habitation. *Pinel*, habitation à l'embouchure d'une rivière.

P O R T O

Est une Ville ancienne, située sur la rive droite du Douere, à une lieuë au-dessus de son embouchure. C'est cette Ville qui portoit autrefois le nom de Portucale, & qui, lorsque tout le Royaume s'appella Portugal, tronqua son nom de la moitié, ne retenant que le nom de Porto. Elle est construite sur la pente d'une montagne assez roide, dont le pied est mouillé par le Douere. Ce fleuve y forme un bon havre de barre, dont l'entrée est très-difficile, pour ne pas dire impossible, à cause des bancs de sable & des écueils cachés sous l'eau, & découverts à fleur d'eau. Les vaisseaux n'y peuvent entrer que dans le temps de la pleine mer, & sous la conduite de quelques Pilotes de la Ville. La rade est fort spacieuse, & peut contenir une grande & nombreuse flotte. Celle du Brésil y arrive quelquefois. La situation de cette Ville, sur le penchant d'une montagne, est cause qu'il y faut toujours monter ou descendre ; mais au reste elle est belle, les rues y sont propres & bien pavées ; & sur la rive du fleuve il règne un grand & beau quai d'un bout de la Ville à l'autre ; on y attache les vaisseaux, & chaque Bourgeois a le plaisir de voir le sien devant sa maison. Quoique Porto soit une place fort importante, elle n'est cependant pas très-peu fortifiée par l'art ; mais elle l'est si bien par la nature, & elle est tellement inaccessible par mer, que les Portugais n'ont pas jugé fort nécessaire de la munir avec beaucoup de soin. *Voyez* l'article Portugal, vous y trouverez l'ancien nom de cette Ville & son étymologie.

S A N T A R E N

Est une Ville fort ancienne, connue autrefois sous le nom de *Scalabis*, située sur une hauteur, au bord du Tage, dans une jolie campagne. Son terroir est extrêmement fertile en olives, en froment & en vin. Il est d'une fécondité si prompte & si peu commune, que le bled est prêt à moissonner deux mois après qu'on l'a semé. Le territoire de Santaren, dit dans un autre endroit l'Auteur des délices du Portugal, dont nous transcrivons ici les paroles, produit une si grande abondance de grains, & nourrit une si grande quantité de troupeaux, qu'il peut entrer en parallèle avec la Sicile. *Sgeallan*, grains. *Bis*, abondante. *Sgeallanbis*, par une crase facile *Sgallabis* ou *Scalabis*.

S E R P A

Est située sur une hauteur fort rude & pleine de rochers. *Sar*, en composition *Ser*, rude. *P* de *Pi*, hauteur, élévation.

S I L V E S.

Silvae. La situation de cette Ville est tout-à-fait charmante, dans une campagne qui est toute plantée de beaux jardins & de vergers remplis de bons arbres fruitiers, tellement qu'elle ressemble à un petit Paradis terrestre. *Sil*, habitation. *Gwez*, en composition *Wez*, arbres.

S I N É S

Est un Port de mer peuplé de pêcheurs, à cause que la pêche y est fort riche. *Cen*, *Cin*, courbure, Port.

T A V I R A

Ou *Tavila*, est située sur le rivage de la mer, à l'embouchure d'une petite rivière nommée Gilaon. Son

Port est assez spacieux, & passe pour l'un des meilleurs du Royaume. *Ty*, habitation. *Avir*, *Avir*, embouchure, Port. *Voyez* Aveiro dans Tavila, l'*R* s'est changée en *L*, ce qui est commun.

TOMAR.

BEAU BOURG situé au pied d'une montagne, dans une belle plaine d'une vaste étendue, sur la rivière de Nabaon, au milieu d'une forêt d'oliviers. Au-dessus du Bourg on voit un Château sur la montagne. *Twm*, élevation, montagne. *Ar*, près. *Twmar* ou *Toumar*, habitation près de la montagne.

VILLA DE CONDE.

EST située à l'embouchure de l'Ave dans la mer. *Cond*, confluent.

VISEU.

VISEUM, est située dans une plaine agréable, couverte de beaux jardins, plantée de bons arbres fruitiers, & fertile en toutes les choses nécessaires à la vie. Cette Ville est arrosée d'une petite rivière. *Wyc* ou *Wys*, habitation. *Ew*, eau, rivière: Ou *Wee*, *Wiz*, arbres. *Eu*, bons.

URENA.

SUR une rivière. *Ur*, article. *En*, rivière.

LES ISLES DE MAJORQUE ET DE MINORQUE.

AUTREFOIS Baleares. Les anciens Habitans de ces Isles étoient les meilleurs frondeurs de l'Univers. Ils n'avoient point d'autres armes que la fronde; ils y étoient si adroits, qu'ils ne manquoient jamais, ou du moins que très-rarement le but. Ni casque ni bouclier ne pouvoient tenir contre la violence des pierres qu'ils jettoient, on eût dit qu'elles étoient lancées par des machines de guerre. Ils étoient élevés dès l'âge le plus tendre à cet exercice, & les meres ne donnoient point de pain à leurs enfans, que celui qu'ils avoient atteint à coups de fronde. Agathemerus, *l. 1, c. 5*, dit qu'en Langue Punique *Baleares* signifie ceux qui combattent avec la fronde; il signifie la même chose en Langue Celtique. *Bal*, fronde. *Aer*, & par une transposition fort commune, *Ear*, combat. *Voyez* ce que l'on a dit à l'article de Cadix sur la conformité du Gaulois & du Phénicien.

SUR LA LANGUE CELTIQUE. 443

L'ITALIE.

LINE étale si pompeusement les avantages de l'Italie en deux endroits de son ouvrage, que je ne peux me dispenser de les transcrire ici.

Nec ignoro, ingrati ac segnis animi existimari posse meritò, si breviter atque in transcursu ad hunc modum dicatur terra, omnium terrarum alumna, eadem & parens : numine Deûm electa, quæ Cælum ipsum clarius faceret, sparsa congregaret imperia, ritusque molliret, & tot populorum discordes ferasque linguas, sermonis commercio contraheret : colloquia & humanitatem homini daret, breviterque una cunctarum gentium in toto Orbe patria fieret. Sed quid agam ? Tanta nobilitas omnium locorum, (quos quis attigerit ?) Tanta rerum singularum, populorumque claritas tenet. Urbs Roma, vel sola in ea & digna tàm festa cervice facies, quò tandem narrari debet opere ? Qualiter Campania ora per se, felixque illa ac beata amœnitas ? Ut palàm sit, uno in loco gaudentis opus esse naturæ. Jam verò tanta ea vitalis ac perennis salubritatis Cœli temperies, tàm fertiles campi, tàm aprici colles, tàm innoxii saltus, tàm opaca nemora, tàm munifica silvarum genera, tot montium afflatus, tanta frugum & vitium, olearumque fertilitas, tàm nobilia pecori vellera, tot opima tauris colla, tot lacus, tot amnium, fontiumque ubertas, totam eam perfundens, tot maria, portus, gremiumque terrarum commercio patens undique : & tamquàm ad juvandos mortales, ipsa avidè in maria procurrens. Neque ingenia, ritusque, ac viros, & linguâ, manuque superatas commemoro gentes. Ipsi de ea judicavêre Græci, genus in gloriam suam effusissimum : quotam partem ex ea appellando Græciam magnam. L. 3, c. 5.

Et à la fin de son ouvrage, après avoir consideré les richesses que la Nature a répandues dans les différentes parties de la Terre, il parle ainsi.

Et jam peractis omnibus Naturæ operibus, discrimen quoddam rerum ipsarum atque terrarum facere conveniat. Ergò in toto Orbe & quacumque Cæli convexitas vergit, pulcherrima est omnium, rebusque meritò principatum naturæ obtinens, Italia, rectrix, parensque mundi altera, viris, feminis, ducibus, militibus, servitiis, artium præstantiâ, ingeniorum claritatibus, jam situ ac salubritate Cæli atque temperie, accessu cunctarum gentium facili, litoribus portuosis, benigno ventorum afflatu, (etenim contingit procurrentis positio in partem utilissimam, & inter ortus, occasusque mediam :) aquarum copiâ, nemorum salubritate, montium articulis, ferorum animalium innocentiâ, soli fertilitate, pabuli ubertate. Quidquid est, quo carere vita non debeat, nusquàm est præstantius : fruges, vinum, olea, vellera, lina, vestes juvenci. Nè equos quidem in trigariis præferri ullos vernaculis animadverto. Metallis auri, argenti, æris, ferri quamdiù libuit exercere, nullis cessit : & iis nunc in se gravida pro omni dote varios succos, & frugum, pomorumque sapores fundit. Ab ea, exceptis Indiæ fabulosis, proximè quidem duxerim Hispaniam, quâcumque ambitur mari.

Æthicus appelle l'Italie la plus heureuse Contrée de l'Europe : *Beatissimam totius Europæ Regionem.* Denys d'Halicarnasse dit qu'elle est le meilleur Pays du monde : *Regionem totius Orbis optimam.* César Vopiscus, rapporté dans Varron, assure que le territoire de Rosella, Ville d'Ombrie, est si fertile, que l'herbe qui croît pendant la nuit couvre une perche couchée dans la prairie dès la veille. Servius, sur le septième livre de l'Énéïde, pousse la chose plus loin, en disant qu'il croissoit autant d'herbe pendant la nuit que les troupeaux en avoient brouté pendant le jour : *Quin etiam quantùm diem demptum esset, tantùm per noctem crescebat.* Virgile, ajoûte-t-il, fait allusion à cette étonnante fécondité dans ces vers ;

Et quantùm longis carpent armenta diebus,
Exigua tantùm gelidus ros nocte reponet.

J'ajoûte ici la description que M. de la Martiniere a faite de l'Italie dans son Dictionnaire

Kkk ij

géographique, pour qu'on voye que ce Pays n'a rien perdu de son ancienne fertilité. L'air y est généralement sain & pur, excepté dans l'État de l'Église où il est plus grossier & dangereux, principalement pour les étrangers. Les saisons y sont très-tempérées, l'hiver ni aussi rigoureux, ni aussi long que dans les Contrées plus septentrionales. Les neiges durent peu dans les plaines ; le soleil ou le vent du midi les fait bientôt disparoître. Le printemps y est délicieux par les fleurs qui parfument l'air, & par la beauté des arbres. Les chaleurs de l'été y sont supportables. L'automne y est parfaitement belle ; les vignes & les grains y enrichiroient le laboureur & le vigneron, si bien souvent l'abondance de la moisson & de la vendange ne leur étoit pas à charge, par la difficulté qu'ont les Provinces du milieu de trouver un débit avantageux de leurs grains & de leurs vins.

On peut regarder la plus grande partie de l'Italie comme un jardin tout riant, & où l'on trouve à foison, non seulement ce qui est nécessaire pour la vie, mais même tout ce qui peut la rendre délicieuse. Vous ne voyez presque par tout qu'une alternative de plaines ou de collines, toujours cultivées ou couvertes de bois ou de forêts, de vallées & de prairies émaillées de mille fleurs. Les bestiaux, les bêtes fauves, le gibier, rien n'y manque : bleds, vins, huiles, bois, lins, chanvres, laines, herbages, légumes, fruits, tout y est exquis. Quoique toutes les Contrées de l'Italie produisent assez de froment, la Pouille, la côte de Toscane, la Romagne, la Lombardie & la Marche Trevisane en recueillent bien au-delà de leurs besoins, & en peuvent fournir à leurs voisins. On y fait des vins de plusieurs sortes. Il y en a qui ont de la force comme les Chiarelli, les vins grecs, le Lacrima & autres vins du Royaume de Naples, les muscats de Monte-Fiascone & autres lieux. On peut appeller bons vins ceux de la rivière de Génes, de Montferrat, du Frioul, du Vicentin, du Bolognese & autres lieux où les vins sont doux & piquans en même temps. Les fruits exquis sont de plus d'une espèce ; & particulièrement les rivières de Génes, les environs du lac de Goörde, le milieu du Royaume de Naples, qui s'étend depuis Gaete jusqu'à Reggio dans la Calabre, sont des lieux d'une beauté extrême : Il y règne un éternel printemps ; on y voit une si grande quantité de citrons, de limons & d'oranges, que l'Italie en abonde toute l'année ; la rivière de Génes, la Toscane, la Pouille, la terre d'Otrante sont chargées d'oliviers, qui donnent des olives & de l'huile. Le miel, la cire, le sucre, le safran & les aromates de plusieurs sortes se trouvent au Royaume de Naples, où l'on recueille aussi de la manne. La Calabre fournit de la soye, aussi-bien que la Toscane, la Lombardie, la Marche Trevisane, le Bolognese & autres lieux voisins. L'Italie ne manque point de bois à bruler, ni de bois à bâtir des maisons, des navires, des galères, &c. Il s'y trouve des carrières d'où l'on tire des pierres, des marbres ; il y en a d'albâtre dans le territoire de Volterre & dans le Bressan, de marbres blancs dans la Lunigiane, de pierres de taille à Tivoli. Toutes les montagnes de l'Italie ont des pierres fines, & même des pierres précieuses, comme des agathes, calcédoines, des sardoines, des cornalines, des cristaux. Ses mers ont du corail. Les Alpes, l'Apennin & autres montagnes ont des mines. La Calabre en a d'or & d'argent, de même que la Toscane. Celles de fer se trouvent dans le Bressan, le Bellunese, le Cadorin & autres lieux de l'État de Venise, dans le Montferrat, l'État de Génes, dans l'Isle d'Elbe & ailleurs. On tire du vif-argent dans le Frioul. Le Pays de Volterra abonde en vitriol, en alun & autres minéraux. On en trouve aussi dans l'État de l'Église & au Royaume de Naples.

L'Italie est arrosée d'un grand nombre de rivières. Les principales sont le Po, qui en reçoit un très-grand nombre, l'Adige, l'Adda, le Tesin, l'Arne, le Tibre, la Trebia, le Taro, le Reno, le Gariglian, le Volturne, le Silaro, l'Offante, &c. Le nombre des ruisseaux qui la baignent est immense, il y a plusieurs lacs. Les eaux minérales & les bains y sont très-communs, sur-tout au Royaume de Naples.

Les Anciens ont appellé ce Pays Italie & Hesperie. *I*, article. *Tal*, plaine au pied des montagnes. Les Gaulois, qui les premiers ont peuplé ce Pays, après avoir passé les Alpes, trouverent une plaine immense, dont ils durent être vivement frapés. Voilà la raison du premier des noms dont nous avons parlé. Sa prodigieuse fertilité lui mérita le second. *Es*, article. *Sperius*, fertile. *Voyez* l'Espagne.

L' A D D A.

Rivière qui est appellée *Addua* ou *Abdua* dans Pline & dans Tacite. Son vrai nom est *Abdua*, dont par adoucissement on a fait *Addua*, ensuite *Adda*. Elle sort d'une montagne, traverse le lac de Côme, & se jette dans le Po. Claudien dit que ses eaux sont bleuâtres : *Addua visu cæruleus*. *Ab*, eau. *Du*, bleuâtre. *Abdu*, eau bleuâtre.

L' A D I G E.

Athesis. Cette rivière n'est à sa source qu'un fort petit ruisseau. S'étant formée par la jonction de plusieurs eaux, elle coule avec rapidité jusqu'à Trente. Elle rallentit un peu sa course dans la plaine qui est au-dessous de cette Ville ; mais se trouvant ensuite renfermée dans des détroits de montagnes, elle court avec tant de violence, qu'elle semble menacer tous les lieux qui se trouvent sur son passage. Elle se précipite avec impétuosité dans Verone. Au-dessous de cette Ville elle se partage en deux bras, un desquels va se perdre dans des marais, l'autre se jette dans la mer. Cette rivière n'est point navigable dès Verone à sa source à cause de sa rapidité. Elle est très-dangereuse dans ses inondations qui sont excessives, & qui rappellent la mémoire du Déluge. Claudien lui donne bien justement l'épithéte de *Velox*. *A*, rivière. *Tech* ou *Tes*, qui suit : Ou *At*, partage. *Es*, rivière.

L' A I A.

Anciennement *Allia*. *Al*, article. *Li*, nom appellatif de rivière.

L' A L B O N O ou A L B O N A.

Nom appellatif de rivière, devenu propre de celle-ci. *Arbon*, *Albon*, rivière.

L' A M O N E.

Aumon, nom appellatif de rivière, devenu propre de celle-ci.

L' A R M E N E.

Armen, nom appellatif de rivière, devenu propre de celle-ci.

L' A R M I N E.

Armin, nom appellatif de rivière, devenu propre de celle-ci.

L' A R N E.

Arnus dans Pline ; *Arnos* dans Ptolomée, a sa source dans l'Apennin, d'où il tombe comme un torrent parmi les rochers & les précipices. Après avoir arrosé Florence & Pise, il va porter dans la mer ses eaux grossies de celles de plusieurs rivières qui se sont unies à lui. *Arn*, rapide : Ou d'*Arn*, rocher : Ou d'*Arn*, d'*Arnat*, gros.

L' A S O N.

Nom appellatif de rivière, devenu propre de celle-ci.

L' A V A N T O.

Avantus en latin, torrent plutôt que rivière. *Aven*, rivière. *T* de *Ter*, impétueuse.

L A B R E N T A.

Larius du temps des Romains. Claudien la peint en ces vers.

> ——— *Umbrosa vestit quâ littus Oliva ,*
> *Larius & dulci mentitur Nerea fluctu.*

Lary, doux, tranquille.

L A C H I A N A.

Clanis, est presque dans tout son cours bordée des deux côtés de marais. *Cl*, bord, bordée. *Lan*, marais.

C R E M E R A.

Ovide parle d'une rivière d'Italie nommée Cremera, à laquelle il donne l'épithéte de *Rapax*. *Crem*, forte, violente, qui emporte.

L A D O I R E.

Doria. *Dor*, nom appellatif de rivière, devenu propre de celle-ci.

F I U M E S I N O.

Les Italiens, en appellant ainsi cette rivière, n'ont fait que traduire son ancien nom qui étoit *Asis*. *As*, rivière. *Ich* ou *Is*, diminutif. *Asis*, petite rivière. *Fiumesino* signifie la même chose.

L E L A M B R O.

Sort d'un lac. Il est recommendable par la beauté de ses eaux, & par l'abondance de ses excellens poissons. *Aquarum perpetuâ claritate nitens, copiaque piscium optimorum abundans.* Ce sont les paroles de Merula. *Lan*, belle. *Ber*, eau, rivière. *Lambro*, belle rivière.

LA LAMONA.

Amon, nom appellatif de rivière, devenu propre de celle-ci. *L*, article.

LE LAVINO.

Labintus. Petite rivière. *Abin*, rivière. *Llai*, petit: ou *L*, article.

LA MAGRA.

Macra dans Ptolomée, rivière rapide & impétueuse. *Mar*, *Ma*, eau. *Cré*, forte, rapide.

LE MELLO.

Catulle donne l'épithéte de *Flavus* à cette rivière. *Mel*, jaune.

LE METRO.

Metaurus dans les Poëtes latins; *Metauros* dans Strabon, se précipite avec beaucoup de rapidité du Mont Apennin. Lucain l'appelle *Velox*, vîte. Et Silius le décrit élégamment en ces termes.

Rapidasque sonanti.

Vertice contorquens undas & saxa Metaurus.

Mer, *Me*, eau. *Tor*, tournoyante. *Metor*, eau tournoyante. C'est précisément là le portrait que nous fait de cette rivière l'Auteur que nous venons de citer.

LE MINCIO.

Mincius. Il traverse le lac de Mantoue. Virgile dit qu'il tapisse de joncs ses rivages, & qu'il coule lentement.

Mincius tardis ingens ubi flexibus errat;
Hic tenerâ pretexit arundine ripas.

Claudien dit que cette rivière est tardive dans sa course.

Tardusque meatu.
Mincius

Mvvyn, douce, lente, tardive. *Ci*, eau, rivière.

LE NAR.

Les Italiens l'appellent aujourd'hui *Negra*. Le canal de cette rivière est tout blanc de rochers, & sa surface est couverte d'écumes & de bouteilles pendant tout son cours; car l'eau en est toujours comme bouillante, & se brise perpétuellement contre les pierres qui s'opposent à son passage; de sorte que, tant pour ces raisons, que pour le mélange du soufre avec les eaux, elle est fort bien décrite par Virgile dans ce vers.

Sulphureâ Nar albus aquâ.

Elle est pareillement appellée *Sulphureus Nar* dans Ausone. Silius Italicus en parle en ces termes.

——— *Narque albescentibus undis.*
In Tiberim properans.

Et Claudien le peint ainsi.

——— *Nar vitiatus odoro sulfure.*
Nar, soufre.

OFANTE.

Aufens dans Strabon; *Oufens* dans Lucrece & Festus; *Ufens* dans Claudien, est lent dans son cours, & ne suit pas une route droite. *Tardusque suis erroribus Ufens*, dit le dernier des Auteurs que nous avons cités. *Avv*, *Ovv*, *W*, eau, rivière. *Bencz* ou *Bens*, en composition *Fens*, courbe, tortueux.

SUR LA LANGUE CELTIQUE.

L' OGLIO.

Ollius est lent dans son cours, fécond en anguilles, fort boueux dans son fond & sur ses bords. Il forme beaucoup de marais. *Oll*, tout. *Luz*, boue, marais.

LE PO.

Padus, *Eridanus*, *Bodencus* ou *Bodincus*, a reçu son premier nom, selon Metrodorus Scepsius, rapporté dans Pline, parce qu'il se trouve à sa source grand nombre de ces arbres que les Gaulois appelloient *Pad*. Le nom moderne de cet arbre est Pesse. Il est resineux & produit de la poix.

Une chose me fait de la peine au sujet de l'étymologie indiquée dans Pline; la voici. J'ai observé qu'il n'y avoit que les petites rivières, celles qui n'avoient rien de remarquable dans leurs cours, qui prissent leurs noms de l'endroit de leur origine. Le Po, qui est un des principaux fleuves de l'Europe, qui dans son cours presente aux yeux des choses si frapantes, n'auroit-il été désigné que par les qualités du lieu de sa source? Je crois donc pouvoir donner ici d'autres étymologies. Le Lecteur choisira celle qui lui paroîtra la plus naturelle, & la mieux fondée, ou plutôt il les réunira toutes conformément à la régle que l'on a établie à l'article Loire. Je vais décrire le cours de ce fleuve, pour que l'on puisse mieux connoître la justesse des étymologies que je présenterai.

Il sort du Mont-Viso, (appellé *Vesulus* par les Anciens,) dans le Marquisat de Saluces. Sa source est si foible, qu'au rapport de Pline, elle séche dans les chaleurs de l'été. Tombant par des rochers scabreux ou escarpés, serré dans d'étroites vallées, il roule ses eaux avec tant de violence, il fait un si grand bruit, qu'on ne peut le voir sans en être frapé. Arrivé dans la plaine, il porte ses flots peu considérables encore de côté & d'autre, sans avoir de lit certain jusqu'à Paisane, où se perdant presque entier sous terre, il laisse à peine au-dessus de son canal souterrain quelques traces de ses eaux. A une demi-lieue de là il reparoît; & recommençant sa course avec plus de gloire, il reçoit ce nombre infini de torrens & de rivières que produisent les Alpes & l'Apennin.

Aucun fleuve, dit Pline, ne prend tant d'accroissement dans un si petit espace. Pressé par la quantité de ses eaux, & forcé de se creuser un lit profond, devenu à charge à la terre par son poids, quoique diminué par les canaux qu'on en tire, par les étangs qu'on en forme, il se partage encore à son embouchure en sept bras, si larges qu'on peut les appeller autant de mers. *Nec alius amnium, tàm brevi spatio majoris incrementi est. Urgetur quippè aquarum mole, & in profundum agitur, gravis terræ, quamquàm deductus in flumina & fossas inter Ravennam, Altinumque CXX. M. pass. tamen quâ largiùs vomit, septem maria dictus facere. L. 3, c. 16.*

Ce n'est pas seulement près de sa source que ce fleuve ne tient pas dans son cours une route certaine, & qu'il aime à changer de lit, cela lui arrive encore après qu'il est devenu considérable. Ses mutations perpétuelles, ses inondations fréquentes causent bien du dommage, sont bien funestes aux Peuples qui habitent ses bords. Peu content des sept embouchures qu'il avoit du temps de Pline, il s'en est ouvert des nouvelles: on en compte quinze aujourd'hui. C'est à ses dévastations & à la violence de son cours qu'il doit le nom d'Éridan. *Erch*, *Erh*, horrible, terrible, à craindre. *Dan*, rivière. *Er*, particule qui augmente en composition. *Red*, *Rid*, impétueuse. *Dan*, rivière. *Éridan*, rivière fort impétueuse, rivière terrible, rivière à craindre. *Éres*, surprenant. *Dan*, vîte. *Éresdan*, *Éridan*, rivière d'une vîtesse surprenante. *Darn*, part, partage. *Tam*, part, partage. *Tonn*, partagée, brisée. En comparant ces mots, on voit que les Celtes supprimoient aisément l'R du terme *Darn*, & qu'ils disoient *Dan* dans le même sens: *Dane* en patois de Franche-Comté désigne encore aujourd'hui une tranche, un morceau. *Ry*, plusieurs. *E*, eau, rivière. *Érydan*, rivière en plusieurs parties, rivière qui se divise en beaucoup de bras.

La rapidité du cours du Po fait bouillonner ses eaux, qui sont blanchâtres comme du petit lait. Il étoit appellé *Bodinc* ou *Bodenc* par les Gaulois Transalpins, qui étoient établis sur ses rives. *Bod*, en Gaulois signifie fond. *Enc* ou *Inc* sans, (encore aujourd'hui dans la Langue Celtique *Anc*, en composition *Enc*, veut dire sans:) C'est ainsi que ces Peuples désignoient ce fleuve par son étonnante profondeur.

Paud ou *Pad* signifie abondant. Pline dit que le Po est de tous les fleuves d'Italie le plus riche en eaux. *Padum Italiæ amnem ditissimum*. La description qu'on en a faite montre qu'il n'y a rien d'enflé dans cette épithéte. *Guypad* en Celtique désigne cette eau blanchâtre & trouble, qu'on appelle le petit lait. *Guy*, eau. *Pad*, trouble & blanchâtre. Telles sont les eaux du Po.

LE RENO.

Rhenus en latin, prend sa source dans l'Apennin ; il court d'abord par les montagnes avec précipitation. Se répandant ensuite dans la plaine, il y cause de grands ravages, emportant les terres & rongeant ses bords, principalement en automne où les pluyes de cette saison le font beaucoup enfler. *Ranna*, *Renna*, briser, rompre. *Renn*, rivière qui ronge ses rivages, qui rompt, qui emporte les terres.

LE RUBICON.

Aujourd'hui *Pisatello*. Lucain le décrit ainsi.

> *Fonte cadit modico, parvisque impellitur undis*
> *Puniceus Rubicon, cum fervida canduit æstas :*
> *Perque imas serpit valles, & Gallica certus*
> *Limes ab Ausoniis disterminat arva colonis.*

Ru, rouge. *Bichan*, *Bichon*, petit.

LA SAVENA.

Saven, nom appellatif de rivière, devenu propre de celle-ci.

LA SECHIA

Est à sec la plus grande partie de l'année, c'est-à-dire qu'elle ne coule pas, & qu'on ne voit de distance en distance dans son lit que quelque peu d'eau dormante dans les endroits les plus bas. *Sech dour*, eau dormante. *Sech*, sèche. Ainsi le nom de cette rivière peut également marquer qu'une partie de l'année elle est à sec dans certains endroits de son lit, & que le peu d'eau qui lui reste dans les autres est dormante. *I*, signifie eau, rivière, de même que *Dour*.

LE SERI.

Sort des montagnes au-dessus de Bergame. Pendant l'hiver il se cache dans certains trous, & il coule quelque espace. Il reparoît ensuite vers Crême plus abondant, & se jette dans l'Adda. En été les neiges qui fondent lui donnent une si grande quantité d'eau, que non seulement il remplit son canal souterrain, mais coule encore sur la terre d'un cours non interrompu. *Ser*, enfermé, de *Serra*, enfermer. *I*, eau, rivière. *Serri*, rivière enfermée.

STURA.

Plusieurs rivières portent ce nom en Italie, qui d'appellatif, leur est devenu propre.

LE TANARO.

Rivière, qui se précipitant des montagnes avec un bruit effroyable, les brise avec violence. *Ingenti cum fragore per montes præcipitatus eos magnâ vi dirumpit*, Merula dans sa Cosmographie. *Ton*, *Tan*, qui brise. *Ar*, montagne. *Tanar*, brise-montagnes. *Voyez* le Po. Ou, si l'on veut, *Tanar* sera la transposition de *Taran*, qui signifie tonnerre. Ces transpositions sont communes dans le Celtique. On voit dans la description que nous venons de faire de cette rivière comment on a pu lui donner ce nom avec vérité.

LE TESIN.

Ticinus, *Ticenus* chez les Anciens, a une de ses sources en Suisse au canton d'Uri dans le Mont Saint Gothard, & l'autre en Italie dans le Bailliage de Bellinzone. Ces deux sources font deux ruisseaux, qui se joignant un peu au-dessus de Polese, forment le Tesin, qui traverse le Lac Majeur. Sortant ensuite de ce lac, il va baigner Pavie, & se perd dans le Po quelques milles au-dessous de cette Ville. Ses eaux sont si pures & si limpides, que l'on peut voir facilement jusqu'aux moindres choses qui sont au fond de son lit. Elles sont toujours claires, même quand le Ciel est pluvieux, au rapport de Munster. Claudien l'appelle le beau Tesin, *pulcher Ticinus*. Silius en fait une description charmante.

> *Cæruleas Ticinus aquas & stagna vadoso*
> *Perspicuus servat, turbari nescia, fundo,*
> *Ac nitidum viridi lentè trahit omne liquorem ;*
> *Vix credas labi, ripis tàm mitis opacis*
> *Argutos inter (volucrum certamina) cantus,*
> *Somniferam ducit lucenti gurgite lympham.* L. 4.

Un Poëte

SUR LA LANGUE CELTIQUE. 449

Un Poëte d'une autre Nation n'auroit pas infifté fi longtemps fur la limpidité, & fur le cryftal transparent du courant; mais en Italie on voit rarement des rivières qui foient bien claires, parce que la plûpart tombent des montagnes, ce qui rend leurs eaux bien troubles, au lieu que le Tefin n'eft que la décharge de ce vafte lac, que les Italiens appellent à l'heure qu'il eft *Lago Maggiore*.

On ne peut comprendre par quelle raifon Silius nous repréfente le Tefin comme un fleuve qui coule doucement. Cette rivière eft fort rapide. M. Burnet dit qu'en fuivant le fil de l'eau, il a fait trente milles en moins de trois heures, & qu'il n'avoit qu'un feul rameur. *Ty*, rivière. *Cain*, belle. *Tech* ou *Tes*, qui fuit. *En*, rivière.

LE TEVERONE.

Chez les Anciens *Anien*, *Anio*, prend fa fource dans des montagnes. Il porte avec fes eaux au Tibre celles de trois lacs. Tombant auprès de Tivoli d'un rocher fort élevé avec un grand bruit, il fait une belle cafcade. Ses eaux font très-froides, & elles pétrifient. *An*, rivière. *Yen*, froide. *Anyen*, rivière froide. Stace lui donne l'épithéte de *Gelidus*.

LE TIBRE.

Anciennement *Tibris*, enfuite *Tiberis*, fleuve célébre que Miffon décrit ainfi.

Le Tibre n'eft pas lui-même affez confidérable pour s'être rendu auffi fameux qu'il l'a été. Il eft redevable de l'honneur qu'il a d'être fi connu à la réputation de la célébre Ville qu'il arrofe, à moins qu'on ne veuille dire qu'il a fait du bruit par fes débordemens. Il eft vrai auffi qu'on en a parlé quelquefois avec trop de mépris. Les grands fleuves ont été jaloux de fa gloire, & l'ont traité de ruiffeau bourbeux. Le Tibre eft large dans Rome d'environ trois cens pieds; il eft affez rapide, & il a beaucoup de profondeur. Suétone rapporte qu'Augufte le fit nettoyer, & que même il l'élargit un peu, afin de faciliter fon cours. D'autres Princes ont fait auffi leurs efforts pour empêcher les défordres de fes inondations; mais prefque tous leurs foins ont été inutiles. Le Sirocco-Levante, qui eft le fud-eft de la Méditerranée, & qu'on appelle en Italie le vent marin, fouffle quelquefois avec une telle violence, qu'il repouffe, ou du moins qu'il arrête les eaux du Tibre à l'endroit de fon embouchure; & quand il arrive alors que les neiges de l'Apennin viennent à groffir les torrens qui tombent dans le Tibre, ou qu'une pluye de quelques jours produit le même effet, la rencontre de ces divers accidens fait néceffairement enfler cette rivière, & caufe des inondations qui font le fleau de Rome, comme les embrafemens de Vefuve font le fleau de Naples. L'eau du Tibre eft toujours trouble & jaunâtre; mais quand on la laiffe repofer du foir au lendemain, elle devient tout-à-fait belle & claire, & l'on affure qu'elle eft parfaitement bonne. Cependant on a toujours fait des dépenfes prodigieufes pour faire venir d'autres eaux à Rome; & ce que l'on faifoit autrefois à cet égard, on le fait encore aujourd'hui. *Ty*, eau. *Brych*, *Brys*, rouffe. *Tybrys*, eau rouffe, eau jaunâtre. *Flavus Tiberis*, dit Horace.

Athénée nous apprend que ce fleuve a été anciennement appellé *Janus*. Ce terme en Celtique fignifie jaune.

LA TINIA.

Ten où *Tin*, nom appellatif de rivière, devenu propre de celle-ci.

LA TREBIE.

Trebia en latin. Trois petits ruiffeaux forment cette rivière, & lui donnent fon nom. *Tre*, trois. *By*, eau, rivière, ruiffeau.

LA TURIA.

Tur, eft un nom appellatif de rivière, devenu propre de celle-ci.

L'UBAYE.

Ubay, nom appellatif de rivière, devenu propre de celle-ci.

LE LAC DE COME.

Larius chez les Anciens, eft prefqu'auffi grand que le Lac Majeur. Des montagnes fertiles, des forêts remplies de bêtes fauves, le ceignent de toutes parts. Il eft abondant en excellens poiffons, particulièrement en truites d'un goût exquis, & d'une grandeur peu commune. L'Adda le traverfe en furnageant, à ce qu'on dit, au-deffus de fes eaux. Une grande quantité de foulques ou poules d'eau peuplent fes rivages. On y voit une Ifle, dans laquelle, du temps des Rois Lombards, il y avoit une Forterefse qui fervit de retraite à plufieurs Seigneurs de

L ll

cette Nation. Pline dit que ses bords sont plantés d'une espèce d'arbres, que les cigognes évitent avec soin. *Lacum Larium amœnum arbusto agro, ad quem ciconiæ non permeant.* Une grande Presqu'isle le coupe ou le partage par le milieu, dans la moitié de sa longueur. *Lari*, coupé par le milieu. Un Poëte décrit ainsi le Lac de Come :

Tuque ò scabrosis Lari circumdate passim,
Rupibus illæso quem perfluit Addua rivo.

Les rochers dont ce lac est environné, ont pu occasionner son nom. *Le*, bordé. *Arri*, rochers.

LE LAC DE GARDE.

Autrefois *Benacus*. Le Mincio s'y jette, & le traverse dans toute sa longueur. Les vents arrêtés par les montagnes qui l'environnent, y excitent les plus violentes tempêtes ; ils soulevent ses eaux avec un frémissement qui représente les flots & le bruit de la mer en courroux.

Fluctibus & fremitu assurgens Benace marino. Virg. *l. 2 Georg.*

Il nourrit une prodigieuse quantité d'anguilles. Tout à l'entour le rivage est rempli d'oliviers, de figuiers, d'orangers, de citroniers & d'autres arbres fruitiers qui sont exposés au soleil, & que les montagnes tiennent à couvert des vents du Nord. On voit du fond de ce lac s'élever en bouillons des eaux sulfureuses. *Ben*, coupé. *Ac*, rivière. *Benac*, coupé par une rivière.

LE LAC MAJEUR.

Verbanus chez les Anciens, est le plus grand des lacs de ce canton. Il a presque par tout une telle quantité d'eaux, qu'il semble n'avoir point de fond. Il est sujet à des violentes tempêtes. On y pêche les meilleurs poissons. Le Tesin le coupe sans se mêler, au rapport de Pline. *Ver*, beaucoup, fort. *Ban*, profond.

LE LAC DE PEROUSE.

Trasumenus dans Tite-Live. Son eau est claire & aussi bonne à boire que celle qui sortiroit d'une fontaine. On y voit trois petites Isles ; c'est de là qu'il tire son nom. *Tri*, *Tra*, trois. *Svvm*, petite. *En*, Isle.

VADIMONIS-LACUS.

Lac dans l'Hétrurie, au voisinage d'Ameria. Pline le jeune, *l. 8, Ép. 20*, nous en fait ainsi la description. Il est dans un fond, & sa figure est celle d'une roue couchée. Il est par tout égal, sans aucun recoin, sans aucun angle ; tout y est uni, compassé & comme tiré au cordeau. Sa couleur approche du bleu, mais tire plus sur le blanc & sur le verd, & est moins claire. Ses eaux sentent le soufre ; elles ont un goût d'eaux minérales, & sont fort propres à consolider les fractures. Il n'est pas fort grand, mais il l'est assez pour être agité & gonflé de vagues quand les vents soufflent. On n'y trouve point de bâteaux, parce qu'il est consacré ; mais au lieu de bâteaux, vous y voyez flotter au gré de l'eau plusieurs Isles chargées d'herbages, couvertes de joncs, & de tout ce qu'on a coûtume de trouver dans les meilleurs marais, & aux extrémités d'un lac. Chacune a sa figure & sa grandeur particulière ; chacune a ses bords absolument secs & dégarnis, parce que souvent elles se heurtent l'une contre l'autre, ou heurtent le rivage ; elles ont toutes une égale legéreté, une égale profondeur, car elles sont taillées par-dessous à peu près comme la quille d'un vaisseau. Quelquefois détachées, elles se montrent également de tous côtés, & sortent autant hors de l'eau qu'elles y entrent. Quelquefois elles se rassemblent & se joignent toutes, & forment une espèce de continent. Tantôt le vent les écarte, tantôt elles flottent séparément dans le lieu où le calme les a surprises ; souvent les plus petites suivent les plus grandes, & s'y attachent comme de petites barques aux vaisseaux de charge. Quelquefois vous diriez que les grandes & les petites lutent ensemble & se livrent combat. Une autre fois, poussées toutes au même rivage, elles se réünissent & l'accroissent ; tantôt elles chassent le lac d'un endroit, tantôt elles l'y ramenent, sans lui rien ôter quand elles reviennent au milieu. Il est certain que les bestiaux, suivant les pâturages, entrent dans ces Isles, comme si elles faisoient partie de la rive, & qu'ils ne s'apperçoivent que le terrein est mouvant, que lorsque le rivage s'éloignant d'eux, la frayeur de se voir comme emportés & enlevés dans l'eau qu'ils voyent autour d'eux, les saisit. Peu après ils abordent ou il plaît au vent de les porter, &.ne sentent pas plus qu'ils reprennent terre, qu'ils avoient senti quils la quittoient. Ce lac se décharge dans un fleuve, qui après s'être montré quelque temps, se précipite dans un profond abysme. Il continue son cours sous terre, mais avec tant de liberté, que si, avant qu'il y entre, on y jette quelque chose, il la conserve & la rend quand il sort.

Divers autres Auteurs anciens ont parlé de ce lac, entr'autres Polybe, *l. 2, c. 20*, qui le nomme *Oadmona*. Tite-Live, *l. 9, c. 39*. Florus, *l. 1, c. 13*. Pline, *l. 2, c. 95*. On le nomme aujourd'hui *Lago di Beffanello*, selon le Pere Hardouin, qui le met dans le Patrimoine de Saint Pierre à trois milles du Tibre.

Vad, prairies. *Mon* de *Mont* ou *Monet*, allantes, mouvantes. *Voyez* Saint Omer dans les Pays-bas. Les Grecs n'ayant point d'*U*, prononçoient cette lettre en *B* ou en *Ou*, ou en *O* : Voilà pourquoi Polybe a dit *Oadmona*.

LE LAC VELIN

Est formé par une rivière de même nom, & par plusieurs ruisseaux. Quoiqu'il soit au haut des montagnes, il est environné de collines fort élevées. Ses eaux sont claires. Le rocher par où il se décharge croît quelquefois si fort à cause du sédiment pierreux que ces eaux entraînent avec elles, qu'il faut le couper avec le fer, pour que les eaux de ce lac, ayant une issue, ne se répandent pas dans les environs. On dit que les bois qui sont dans les champs voisins ont une écorce de pierre; & les Habitans du Pays assurent qu'un pieu planté dans ce lac est revêtu de pierres dans peu de jours. *Bel*, *Vel*, élevé. *Lyn*, lac. *Vellyn*, lac élevé.

LE MONT ALGIDE

Étoit couvert de forêts, dont les arbres étoient fort élevés. *Al*, élevés. *Gvvydd* ou *Gydd*, arbres.

LES ALPES.

Montagnes fort élevées, qui séparent l'Italie de la France & de l'Allemagne. Leurs cimes sont toujours blanches à cause des neiges qui les couvrent dans toutes les saisons. Quelques-uns prétendent que ces monts sont les plus hauts de l'Europe. Leur élévation n'est pas par tout la même. Les Pennines ou Pennes, comme écrit Ptolomée, ont été ainsi appellées, parce qu'elles ont été jugées les plus hautes. *Penn* en Celtique signifie élevé, sommet, faîte, extrémité, partie supérieure, tête. Ainsi les Alpes Pennines ou Pennes sont les Alpes élevées par excellence, les Alpes les plus élevées, ou le sommet, le faîte, l'extrémité, la partie supérieure, la tête des Alpes.

Al, haute, élevée. *Pech* ou *Pes* montagne. *Alp*, blanches. *Pes*, montagne. *Al*, article. *Pes*, montagne. *Alpes*, les montagnes par excellence. Nous les appellons encore aujourd'hui ainsi, nous disons delà les monts, deçà les monts, pour dire delà les Alpes, deçà les Alpes. On a pu réunir toutes ces significations dans le même mot. *Voyez* la Loire.

Le Mont Cenis est une montagne des Alpes, au sommet de laquelle il y a un grand lac. *Cen*, sommet. *Is*, eau. *Mont Cenis*, montagne, au sommet de laquelle il y a de l'eau, au sommet de laquelle il y a un lac. Je crois qu'on lira ici avec plaisir la description que Silius Italicus fait des Alpes.

> *Cunctâ gelu, canâque æternam grandine tectâ,*
> *Atque avi glaciem cohibent : riget ardua montis*
> *Ætherii facies, surgentibus obvia Phœbo*
> *Duratas nescit flaminis mollire pruinas.*
> *Quantùm Tartareus regni pallentis hiatus,*
> *Ad manes imos, atque atra stagna paludis,*
> *A superâ tellure patet : iàm longa per auras*
> *Erigitur tellus & cœlum intercipit umbrâ.*
> *Nullum ver usquàm, nullique æstatis honores ;*
> *Sola jugis habitat diris, sedesque tuetur*
> *Perpetuas deformis hyems : illa undique nubes*
> *Huc atras agit, & mixtos cum grandine nimbos.*
> *Jam cuncti flatus, ventique furentia regna*
> *Alpina posuêre domo, caligat in altis*
> *Obtutus saxis, abeuntque in nubila montes.*

Ce Poëte remarque qu'il n'y a ni printemps ni été sur ces montagnes, parce qu'à cet égard les Alpes sont tout-à-fait différentes de l'Apennin, qui a des endroits toujours verds, & qui sont aussi délicieux qu'aucun autre qu'il y ait en Italie.

L'APENNIN.

Chaîne de montagnes qui partagent l'Italie dans toute sa longueur, depuis les Alpes dont elles font une continuation, jufqu'à l'extrémité méridionale du Royaume de Naples. L'Apennin fe divife au midi en deux efpèces de cornes, dont une qui court par la Terre d'Otrante jufqu'à la mer de Gréce, fait le talon de la botte, à laquelle on compare l'Italie. L'autre s'avançant à l'occident vers la Sicile, parcourt la Calabre ultérieure, & forme la partie antérieure du pied. Sa hauteur eft égale à celle des Alpes, fi nous en croyons Silius Italicus, *liv. 2, v. 314.*

Alpibus æquatumat tollens caput Apenninus.

Lucain lui donne encore plus d'élevation qu'à ces montagnes; il affure même qu'il eft le mont le plus élevé de l'Univers. Nous rapportons ici la defcription que ce Poëte a faite de l'Apennin, qui eft d'autant plus curieufe, qu'il nomme une partie des rivières qui y ont leur fource; car, comme le remarque M. de la Martiniere, on peut appeller cette montagne le grand réfervoir des eaux dont l'Italie eft arrofée.

Umbrofis mediam quâ collibus Apenninus
Erigit Italiam, nullo quâ vertice tellus
Altius intumuit propinfque acceffit Olympo.
Mons inter geminas medius fe porrigit undas
Inferni, fuperique maris : collefque coercent
Hinc Tyrrhena vado frangentes æquora Pifa,
Illinc Dalmaticis obnoxia fluctibus Ancon.
Fontibus hìc vaftis immenfos concipit amnes,
Fluminaque in gemini fpargit divortia ponti.
In lævum cecidere latus, veloxque Metaurus,
Cruftumiumque rapax, & junctus Ifapis Ifauro,
—Sennaque & Adriacas qui verberat Aufidus undas?
Quoque magis nullum tellus fe folvit in amnem,
Eridanus, fractafque evolvit in æquora fylvas,
Hefperiamque exhaurit aquis. . . . . . .
Dexteriora petens montis declivia Tybrim
Unda facit, Rutubamque cavum : delabitur indè,
Vulturnufque celer, nocturnaque editor auræ,
Sarnus & umbrofa Liris per regna Maricæ
Veftinis impulfus aquis; radenfque Salerni
Culta filer, nullafque vado qui Macra moratus,
Alnos vicina procurrit in æquora Lunæ.
Longior eductô quâ furgit in aëra dorfo
Gallica rura videt, devexafque decipit Alpes.

Aben, Apen, rivières. *Yn,* fources.

LE PIÉMONT.
TURIN.

A ÉTÉ ainfi appellé des *Taurini* fes anciens Habitans. Ce nom fignifie, qui aiment les chevaux. *Tawr,* qui a à cœur, qui aime. *Rhwnfi,* en compofition *Rhynfi,* cheval. *Tawrinfi, Taurini,* qui aiment les chevaux. Étienne le Géographe nomme ce Peuple *Taurifci.* On retrouve dans ce dernier terme l'S qui a été fupprimée dans le premier. On verra à l'article Ivrée de nouvelles preuves du goût des Taurins ou Piémontois pour les chevaux. *Toryn* en Celtique fignifie une efpèce de manteau, qui ayant été peut-être plus en ufage chez ce Peuple que parmi fes voifins, lui aura fait donner le nom de *Toryn.* Enfin *Tal* ou *Tan* fignifie pied, & *Rhyn,* montagnes. Ainfi le nom de Taurins feroit le même que celui de Piémontois, ou Habitans au pied des monts.

ALBE.

Alba, Ville au bord du Tanare, placée en partie fur une élevation, en partie au bas. *Alb,* élevation.

ALTARE.

Sur une montagne. *Allt,* montagne. *Ar,* fur.

SUR LA LANGUE CELTIQUE.

A L T O.
Sur une montagne. *Alts*, montagne.

A S T I.
Asta, à un confluent. *As*, rivière. *Ta*, deux.

B E N E.
Sur une élevation. *Ben*, élevation.

B I E L L E.
Bugella, & dans quelques anciens monumens *Buiella*. (On a souvent prononcé le *G* en *I* par adoucissement.) Cette Ville commence au pied d'une colline agréable, & s'élève insensiblement jusqu'à son sommet. Elle est arrosée d'un côté par le Cervo, & de l'autre par un torrent nommé Laurena. *Buguelenn*, *Buguel*, signifie du houx frelon, du petit houx.

B O R G O.
Bwrg, prononcez *Borg*, nom appellatif d'habitation, devenu propre de celle-ci.

B R A.
Braida en latin, est située dans une grande plaine, qui va un peu en montant. Cette Ville étoit autrefois entourée de murailles, & défendue d'une Forteresse au sommet d'une colline. Le territoire de Bra qu'on met au rang des plus fertiles, a quatre milles de long & douze de circuit. Il s'étendoit davantage autrefois. *Bras*, fertile. *Braid*, étendue, grande : on sous-entend plaine.

B R I G A.
Nom appellatif de Ville, devenu propre de celle-ci.

B U S C A.
A l'embouchure d'un torrent dans la Macra. *Bucca*, bouche, embouchure.

C A R I G N A N.
Cargnanum, petite Ville sur le Po. On compte son territoire entre les plus fertiles du Piémont. L'air y est très-sain, la campagne fort belle, les prairies d'une verdure charmante. Il est entrecoupé de ruisseaux & de fontaines, de sorte qu'il n'y manque rien de ce qui peut en rendre le séjour agréable. *Car*, près. *Nan*, rivière.

C A V O U R S.
Au pied d'un haut rocher, dont la cime est brisée ou partagée en deux pointes, sur chacune desquelles il y a un Château. *Cav*, coupée, brisée. *Ord*, cime, en composition *Orz*: Ou *Ord*, rocher.

C E L L E.
Nom appellatif d'habitation, devenu propre de celle-ci.

C E R I S O L L E S.
Sur une colline. *Ser* ou *Cer*, élevation. *Isiol*, petite.

C E V A.
Est dans une plaine ceinte de toutes parts de collines, sur la droite du Tanaro. Pline parle du fromage de brebis de Ceva. Il étoit si estimé du temps de cet Auteur, qu'on en portoit jusqu'à Rome. Il est encore aujourd'hui également recherché. *Caw* de *Caws*, en composition *Cew*, fromage. *Va*, bon.

C H I V A S.
Clavasia, dans une plaine, entre le Po & l'Orco qui la ferment de trois côtés. *Clau*, enfermée. *Ai*, rivières. *Dy*, en composition *Sy*, deux.

C O N I.
Près du confluent de la Sture & du Ges. *Con*, confluent. *Y*, habitation : Ou *I*, près.

C O N T E S.
Près d'un confluent. *Conte*, confluent.

C O R T E.
Nom appellatif d'habitation, devenu propre de celle-ci.

D E M O N T.
Ville qui fut d'abord bâtie au sommet de la montagne, où est aujourd'hui sa Forteresse. Cette montagne est un vaste rocher fort élevé, qui est au milieu de la vallée de Sture, au confluent de la Sture & d'une petite rivière. *Da*, en composition *De*, deux. *Amon*, en composition *Emon*, rivière.

DOLIANUM.

Au pied d'une montagne, au bord d'une rivière, qui y en reçoit une autre petite. *Dan*, deux. *Lliant*, rivière.

DRONERO.

DRACONERIUM, est situé dans un terrein uni au haut d'une colline, à l'entrée de la vallée de Macra. Cette rivière arrose presque les murailles de la Ville, où elle est resserrée entre deux roches, sur lesquelles on a construit un pont de pierres de deux arcades d'une hauteur surprenante, & d'où l'on ne sçauroit regarder en bas qu'on ne soit ébloui, & que la tête ne tourne. *Tracon*, *Dracon*, concavité. *Eres*, surprenante.

EXILLES ou EYSILLES.

OCELLUM, dans la Presqu'Isle que forme une petite rivière en se jettant dans la Sture. *O-Kill*, *O-Kell*, Presqu'isle. *Voyez* Osselle en Franche-Comté, & Tin Mouth Castle en Angleterre.

GIAVENNE.

JAVENNUM, près du Sangon. *I*, près. *Aven*, rivière.

IVRÉE.

EPOREDIA, est sur la Doire. Elle est entre deux collines. Cette Ville est très-ancienne. Pline, *L. 3, c. 17*, parle des Habitans d'*Eporedia*, comme de gens habiles à dresser des chevaux pour le manége. Cela s'accorde avec l'opinion que l'on a des anciennes ruines que l'on trouve à Bolenc, lieu situé à un mille d'Ivrée: On croit que ce sont les débris d'un édifice qui servoit d'écuries aux Romains. Brutus parle de cette Ville dans ses lettres à Ciceron. Antonin en fait mention dans l'Itineraire. Avec le temps on changea le nom d'*Eporedia* en celui d'*Eboreia*, dont Aimoin & son Continuateur se sont servis. D'autres Chroniqueurs ont dit *Iporegia*, *Iporiensis Civitas*, *Ivoreia*; & ce nom a été tant de fois changé, qu'on est parvenu à dire Ivrée, qui est le nom moderne. Cette Ville est plus remarquable par son antiquité que par sa beauté; elle n'est pas aussi peuplée qu'autrefois, & on n'y compte pas plus de six mille ames. La Doire qui l'arrose y est très-rapide. Pline dit que les Gaulois appellent *Eporedia* un bon dresseur de chevaux. *Eporedias Galli bonos equorum domitores vocant.* L. 3, c. 17. *Ebol*, *Epol*, poulain, jeune cheval. *Redya*, contraindre, dresser, former. Bolenc a pareillement pris son nom des poulains ou jeunes chevaux; car *Bolen* est synonime d'*Ebol*.

LENTA.

Au bord d'une rivière. *Len*, rivière. *Ta*, habitation.

LISOLA.

Entre deux rivières, près du confluent. *Lis*, rivières. *Sol*, enfermé.

MANTA.

Ancien Château sur une élevation. *Ment* ou *Mant*, élevation.

MAS.

Nom appellatif d'habitation, devenu propre de celle-ci.

NOVALESE.

NOVALICIUM, au pied du Mont Cenis, sur un torrent. *Naon*, *Nou*, pied de montagne, *Lix*, eau, rivière.

NOVI.

Au pied des Alpes. *Naon*, *Nou*, pied de montagne.

PECETO.

Sur une colline, dont on a la vuë sur les Alpes, sur le Piémont, & sur tout le Pays au-deçà & au-delà du Po. *Pech*, élevation. *Pechet*, petite élevation.

PIGNEROL.

PINAROLIUM, sur la pente d'une montagne de roc. Sa Citadelle est au sommet. Cette Ville est au bord du Cluson. *Pin*, montagne. *Roh*, roc. *Li*, eau, rivière.

QUIERS.

CARIUM, sur le penchant d'une colline. Le terroir en est fort agréable, & l'air extrêmement doux & sain. Les côteaux du Nord & de l'Est sont couverts de vignobles; & ceux du Midi & du Couchant d'arbres fruitiers, & se terminent par une fort grande plaine, ce qui forme une diversité très-agréable. Le terroir extrêmement fertile produit abondamment toutes les choses nécessaires à la vie. Il ne manque rien aux Habitans de tout ce qui peut rendre la vie longue & heureuse. *Car*, beau, agréable.

RACONIS.

Au confluent de la Macra & de la Grana. *Rac*, près. *Con*, confluent.

SUR LA LANGUE CELTIQUE.

REVEL.

FORTERESSE située au sommet d'une montagne inaccessible. Cette place est également fortifiée par l'art & par la nature. *Re*, particule augmentative. *Vel*, forte, Forteresse.

SALE.

SAL, maison noble à la campagne.

SALUCES.

SALUTIAE, sur un côteau élevé, au milieu d'une grande plaine. *Sal*, élevation. *Ty*, habitation.

SAORGIO.

VILLAGE ancien & considérable, situé sur le sommet d'un rocher, & presque comme enclos d'un côté par la Roia, & de l'autre par la Bendola, qui forment une espèce de Presqu'isle. *Sarg*, rocher. *Iau*, sommet.

SUSE.

SEGUSIO dans Pline, est à l'entrée d'une vallée ou gorge qui est entre les monts Cenis & Genévre. La petite rivière de Cinissella s'y jette dans la Doire. *Ceg*, gorge, défilé : Ou *Ceg*, embouchure. *Hws*, habitation.

TENDE.

TENDARUM, est située en partie sur la pente d'une très-haute montagne, au sommet de laquelle on voit encore toutes les masures d'un vieux Château entièrement inaccessible, qui étoit l'ancienne demeure des Habitans de Tende. L'autre partie de la Ville est dans la plaine près de la Roia. *Tenn*, âpre, rude, inaccessible. *Trum*, en composition *Drum*, sommet de montagne.

VEILLANE.

AVILIANA, au sommet d'une colline, près de deux lacs fort profonds, & d'une eau très-claire. Ils sont remplis de truites, de carpes, d'anguilles & d'autres poissons d'une grandeur extraordinaire & d'un goût excellent. *Ab* ou *Av*, élevation. *Bi* ou *Vi*, deux. *Lan*, étang. *Liaa*, étangs.

VERCEIL.

VERCELLAE, dans une plaine agréable, à l'endroit où le Seffia reçoit le Cervo. Le nom de cette Ville étant le même que celui de Vercel en Franche-Comté, peut recevoir la même étymologie : ou, si l'on aime mieux, il sera formé de *Ver*, embouchure. *Cell*, habitation.

VERRUE.

CATON nous apprend dans Aulu-Gelle, *l. 3, c. 7*, que les anciens Latins donnoient le nom de *Verruca*, verrue, à un lieu élevé, escarpé & d'un difficile accès, tel que nous allons voir qu'est celui-ci. Il est sur une colline, dont le pied à l'occident est arrosé par le Po; puis se resserrant un peu au midi & à l'orient, elle laisse une petite plaine en demi-cercle plantée d'arbres presque par tout. De-là jusqu'au sommet de la montagne hérissée de pierres & de rochers, la montée est fort difficile & fort roide. Les anciens Latins avoient pris *Verruc* du Celtique, ainsi que plusieurs autres mots. *Beruc* ou *Veruc* en cette Langue signifie élevé, escarpé, scabreux.

VICO.

Vic, nom appellatif d'habitation, devenu propre de celle-ci.

LA RÉPUBLIQUE DE GÊNES.

ANCIEN Pays de Ligures, ainsi nommés de ce qu'ils habitoient les rivages de la mer. *Li*, eau. *Cuur*, *Guur*, en composition bord, rivage.

GÊNES

ETOIT autrefois la Ville de commerce des Ligures ; elle est à présent la Capitale de la République de même nom. Elle a toujours conservé son ancien nom, qui est *Genoua* chez les Grecs, *Genua* chez les Latins, & *Genoa* chez les Italiens modernes. Nous disons Gênes. Dans les siécles du moyen âge on l'appella *Janua*. Ce changement se fit par la substitution naturelle & facile de l'*J* consonne pour le *G* & de l'*A* pour l'*E*. Il n'en fallut pas davantage dans ces temps d'ignorance pour faire Janus Fondateur de cette Ville. Gênes est presqu'au milieu du Pays auquel elle donne son nom ; elle est située partie dans une plaine, & partie sur une colline ; elle s'étend en longueur, mais elle est fort pressée dans sa largeur, d'un côté de la montagne, qui règne quasi tout au long de la Ville, & de l'autre de la mer qui lui fait une perspective naturelle, merveilleusement agréable. Son circuit est de cinq milles, & elle est fermée de murailles très-fortes; du côté du septentrion elle est couverte des montagnes. Elle est plus marchande qu'aucune autre Ville d'Italie, & porte ses marchandises travaillées en soye dans toutes les parties du monde. On la nomme Gênes la Superbe ; aussi est-elle une des plus magnifiques, je ne dirai pas seulement de l'Italie, mais de l'Europe. Rien de plus propre que le dedans de ses Palais ; rien de plus commode que l'ordre de leurs appartemens ; rien de plus superbe que la matière dont ils sont bâtis ; rien de plus ingénieusement travaillé que leurs façades ; en un mot rien de plus achevé. La hauteur des Palais n'étonne pas moins ceux qui les regardent, que leur architecture & la symétrie qui y est observée. Ce grand nombre de beaux bâtimens a bien relevé la situation naturelle du lieu, & lui a donné un ornement tout-à-fait avantageux. Les rues en sont fort étroites, & cela oblige les Génois à se servir de litières. Le Port est tout ouvert du côté du Midi, il a de petites roches couvertes d'eau qui le rendent mal sûr quand il vient quelque bourasque. Il a un peu plus d'un mille de longueur. Gènes est entre deux embouchures de rivière qui la touchent. *Gen*, embouchure. *Nu*, deux. *Gennu*, deux embouchures.

NOLI.

VILLE qui a un Port de mer fort considérable. *Nol*, bord de la mer.

ONEILLE.

ONELIA. Cette Ville donne son nom à une vallée, où il y a une si grande quantité d'oliviers, qu'ils forment comme des forêts entières, dont on recueille une grande abondance d'huile estimée dans toute l'Europe, & meilleure, si je l'ose dire, (ce sont les paroles de l'Auteur du Théatre des États du Duc de Savoye,) qu'en aucun autre lieu du monde. *On*, excellente. *Ely*, huile. Oneille, quoique sur la côte de Génes, appartient au Roi de Sardaigne.

SAVONE.

SAVONA, est toute environnée de montagnes, à l'embouchure d'une petite rivière dans la mer. *Sav*, hauteur, élévation. *Bon*, *Von*, autour : Ou *Saonnen*, *Saonn*, vallée.

VAY.

PORT de mer. *Bay*, *Vay*, Port.

LA PRINCIPAUTÉ DE MONACO.

MONACO

EST située sur un rocher qui s'étend dans la mer, & qui est fortifiée par la nature. Virgile parle de cette Ville dans son Énéide sous le nom de *Monacus*. Elle est regardée comme une place d'une grande importance. Au pied de la Ville il y a un Port, dont Lucain, *L. 1, v. 105 & suiv.* nous a donné la description en ces termes :

> *Quâque sub Herculeo sacratus nomine portus*
> *Urget rupe cavâ pelagus; non Corus in illum*
> *Jus habet aut Zephyrus : solus sua littora turbat*
> *Circius & tutâ prohibet statione Monaci.*

Lucain donne le nom d'Hercule à ce Port, parce qu'il y avoit anciennement un Temple dédié à ce demi-Dieu sous le nom d'*Hercules-Monacus*, sur le rocher ou promontoire sur lequel est aujourd'hui placée la Ville. Le Château de Monaco est bâti sur un roc escarpé, extrêmement élevé, que battent les flots de la mer; ainsi la Ville, le Château & la Citadelle sont sur une langue de terre, détachée des montagnes, d'une hauteur prodigieuse, & qui fait comme un amphithéatre qui avance dans la mer. Cette langue de terre est presque toute environnée d'eau, faisant comme une péninsule ; d'un côté seulement elle est pressée d'une affreuse montagne, qui, commandant la Ville, diminue beaucoup de sa force. *Men*, *Mon*, pierre, roc. *Nech* ou *Neh*, élevé. *Cov*, creux. *Cove*, petit golfe ou Port. *Monchcov*, roc élevé & creux qui forme un Port.

MENTON.

PETITE VILLE sur un côteau de roc. *Mæn*, pierre, roc. *Ton*, colline. *Mænton*, colline de roc.

LE MILANEZ

EST un des plus beaux quartiers de l'Italie. Les collines y sont couvertes de vignes, de figuiers, d'oliviers, &c. Les campagnes, coupées de plusieurs rivières poissonneuses & portant bateaux, produisent en abondance de toutes sortes de grains.

MILAN

EST une des plus grandes & des plus belles Villes du monde, quoiqu'elle soit située dans les terres, que sa Cour soit petite, que ni la mer ni aucune autre rivière navigable ne fassent son commerce, & qu'elle soit enfin la Capitale d'un État, qui n'est aujourd'hui que peu de chose. Elle a souvent été ravagée, & même détruite par les plus terribles fleaux, la peste & la guerre; entr'autres dans l'année 1162 Fréderic I, dit Barberousse, la rasa, y sema du sel, & n'épargna que quelques Églises; mais elle s'est si bien rétablie, que présentement elle peut être comptée entre les plus belles & les meilleures Villes de l'Europe. Sa forme est assez ronde, le circuit de ses murailles est d'environ dix milles, & l'on assure qu'elle n'a pas moins de trois cens mille Habitans. C'est une chose assez singulière qu'une Ville de cette conséquence soit bâtie au milieu des terres, sans mer & sans rivière. Ces défauts sont pourtant en quelque sorte réparés par de bonnes eaux de

source

source, par quantité de petits ruisseaux qui coupent & arrosent le Pays, & par les canaux qui viennent, l'un de l'Adda, l'autre du Tesin, & qui fournissent une eau courante dans le fossé de l'enceinte intérieure de la Ville. Galeas Visconti, pere d'Azzon, entreprit de faire un canal navigable de Milan à Pavie ; mais la mort empêcha l'exécution de ce dessein. On voit le commencement de ce canal près de la porte Pavie.

Tous les voyageurs n'ont qu'une voix pour vanter la fertilité du terroir de cette Ville. (On vit fort délicieusement à Milan. L'abondance de toutes sortes de provisions de bouche a donné lieu au proverbe suivant : *Solo in Milano si mangia*,) Huguetan. (Le Pays aux environs de Milan est délicieux,) Misson. (L'État de Milan est semblable à un vaste jardin remparé, [c'est-à-dire enfermé] de roches & de montagnes,) Addisson. Ausone avoit déja fait l'éloge de cette grande Ville.

> *Et Mediolani mira omnia, copia rerum :*
> *Innumeræ, cultæque domus, facunda virorum*
> *Ingenia, & mores lati. Tùm duplice muro*
> *Amplificata loci species, populique voluptas*
> *Circus, & inclusi moles cuneata Theatri :*
> *Templa, Palatinæque arces, opulensque moneta,*
> *Et Regio Herculei celebris ab honore lavacri,*
> *Cunctaque marmoreis ornata peristyla signis,*
> *Mœniaque in valli formam circumdata labro,*
> *Omnia quæ magnis operum velut æmula formis*
> *Excellunt, nec juncta premit vicinia Romæ.*

Med, fertile, abondant. *Lan*, terroir. *Medlan*, terroir fertile, terroir abondant. De ce mot les Latins ont fait *Mediolanum*, qui est le nom de cette Ville dans leurs Auteurs.

A R O N E.

Sur une montagne. *Aron*, montagne.

B A C C A D I S E R I O.

A l'embouchure du Serio dans l'Adda. *Boch*, *Bec*, bouche, embouchure.

B O B I O.

Entre des montagnes, dans une vallée fertile & très-profonde sur la Trebie. *Ba*, fertile. *Hope* ou *Hobe*, vallée entre des montagnes.

C O M E.

Comum, à une sinuosité ou courbure du lac auquel il donne son nom. *Com*, courbure, sinuosité.

C R E M E.

Crema, sur le Serio, dans un Pays fort fertile. *Cram*, *Crem*, en composition *Gras*, fertile. *Ach* ou *Ah*, lieu, habitation.

C R E M O N E.

Cremona, au bord du Po, dans un terrein gras & abondant. *Cram*, en composition *Crem*, gras, fertile. *Man* ou *Mon*, lieu.

L E N T O.

Au bord du Lac Majeur. *Len*, lac. *Taust*, près.

L O D I.

Sur le Silaro. Les Anciens l'ont connu sous le nom de *Laus Pompeii* ou *Laus Pompeia*. Cette Ville, que Pompée avoit pris soin de faire réparer, fut longtemps une Ville riche, florissante, abondante en toutes choses. Son opulence ayant excité la jalousie des Milanois, ceux-ci formerent le dessein de la détruire, & l'exécuterent. Afin d'empêcher qu'elle ne se relevât de sa chute, ils en dispersent les Habitans dans plusieurs Villages, & leur défendirent en même temps sous de rigoureuses peines de penser jamais à la rebâtir, ni même à sortir des lieux qui leur avoient été assignés pour demeure. Ce lieu n'est plus qu'un Bourg sur le chemin de Pavie. On l'appelle *Lodi-Vecchio*. On y trouve des inscriptions, des médailles & autres marques de son antiquité. *Llyaws*, *Llaws*, abondant.

M A R I G N A N.

Sur le Lambro. *Mar*, sur. *Nan*, rivière.

M O N A.

Près de l'embouchure d'une rivière dans le Lac Majeur. *Mon*, embouchure.

P A V I E.

Ticinium, a pris son nom du Tesin, au bord duquel elle est placée. *Ticin*, *Tesin*, *Hom*, habitation. *Ticinhom*, habitation du Tesin.

TORTONE.

L'ANCIENNE Tortone, appellée *Dertona* ou *Tertona*, étoit placée sur la hauteur où est bâtie la Citadelle de la nouvelle. La rivière de Scrivia passe au pied de cette hauteur. *Douer* ou *Touer*, par crase *Der*, *Ter*, *Tor*, rivière. *Ton*, hauteur.

LE DUCHÉ DE PARME.
PARME.

CEtte Ville, qui est le lieu où les Ducs de ce nom font leur résidence, est très-belle, bien bâtie, riche, puissante & fort peuplée. Il y a quantité de Palais & de Maisons de grands Seigneurs ; le terroir des environs est fertile & abondant en toutes sortes de fruits, d'huile, de vin, de lait & de fromage, qui se transporte dans tous les Pays du monde, & qui est connu sous le nom de fromage de Parmesan ; de sorte que l'on peut dire que Parme n'égale pas seulement, mais qu'elle surpasse de beaucoup toutes les autres Villes de la Gaule Cisalpine. Elle est située dans une plaine sur la Voye-Émilienne, à cinq milles du Mont-Apennin ; elle est arrosée par la rivière de Parme, qui sépare la Ville du Fauxbourg, auquel elle se communique néanmoins par le moyen de trois ponts. Cette rivière a pris le nom de la Ville qu'elle traverse. On nourrit dans le territoire de Parme des bestiaux en quantité, & la laine des moutons est admirable. *Par* de *Parri*, troupeaux, *Ma*, abondans, en grande quantité.

LE DUCHÉ DE PLAISANCE.
PLAISANCE.

PLACENTIA, est située à cent pas du Po, dans une plaine très-fertile & très-agréable, arrosée de quantité de ruisseaux, entourée de côteaux abondans en toutes sortes de fruits, & qui semblent avoir été faits pour divertir la vuë. Les vignes, qui sont arrosées naturellement, produisent des raisins en abondance ; il s'y fait, de même qu'à Parme, des fromages excellens, qui se transportent dans toutes les parties de l'Europe. Il y a dans son territoire des fontaines d'eaux salées, dont on tire du sel plus blanc que par tout ailleurs. Il y a aussi des mines de fer, des bois & des garennes. Tant de charmes font que cette Ville est toujours fort peuplée. On y voit de très-beaux édifices. L'air y est sain ; & au rapport de Pline, quand on fit le dénombrement du Peuple Romain, on y trouva un homme de cent-vingt ans, six de cent-dix, & un de cent-quarante. Les rivières de Trebia & du Po passent devant ses murailles. *Plac*, belle. *Ant*, en composition *Ent*, habitation.

LE DUCHÉ DE MODÉNE.
MODÉNE.

EN latin *Mutina*, *Motina*, est située dans une plaine agréable & très-fertile, sur un canal entre les rivières de Panaro & de la Secchia, mais plus proche de celle-ci. Elle eut beaucoup de part aux troubles du Triumvirat. Marc Antoine ne la put prendre l'an 710 de la fondation de Rome ; mais l'année suivante elle se rendit à ce grand Capitaine, après qu'il eut remporté sous ses murailles une grande victoire sur Hirtius & Pansa, qui entraînerent avec leur défaite la perte de la République.

Modéne souffrit encore quand les Goths & les Lombards vinrent fondre sur l'Italie. Mais lorsque Charlemagne eut mis fin à la Monarchie de ces derniers, Modéne se releva de ses ruines. Elle fut rebâtie, non pas dans le même endroit, mais un peu plus bas, dans une plaine agréable & fertile en bons vins où elle est aujourd'hui. La Ville de Modéne est ovale, ou peu s'en faut ; ses Fortifications sont en assez mauvais état. Les rues n'en sont pas belles ; elles ont des portiques comme à Bologne ; mais la plûpart sont bas, étroits, inégaux, & les maisons ni les places publiques n'ont rien d'agréable. En un mot, on ne voit rien qui puisse persuader que cette Ville soit riche ; aussi n'y a-t-il presque point de commerce, quoiqu'elle soit dans un Pays gras & abondant. On voit par la tentative inutile que Marc Antoine fit pour prendre Modéne, que c'étoit une Ville forte. *Mota* ou *Motina*, Forteresse.

CANOSSA

EST un Château fort d'assiette, étant bâti sur un roc élevé. *Can*, roc. *Oc*, *Os*, élevé. *Canos*, roc élevé.

RHEGIO.

CETTE Ville est située dans une campagne très-fertile. Les côteaux qui l'environnent à une distance assez raisonnable sont tous couverts de Villages, de maisons de plaisance, de vignobles qui produisent des vins en abondance. Il y croît aussi quantité de fruits délicieux. *Rhag*, en composition *Reg*, excellente. *Gwe*, en composition *Gye*, terre, contrée.

VERRUCOLA.

FORTERESSE estimée imprenable à cause de sa situation sur un roc entièrement escarpé. *Ber* ou *Ver*, roc. *Rhwg*, coupé, escarpé. *Ol*, entièrement.

LE DUCHÉ DE MANTOUE.
MANTOUE.

Misson décrit ainsi cette Ville:
Ni les cartes de Géographie, ni les autres descriptions que j'avois vûës de Mantoue ne m'avoient point donné l'idée qu'il faut avoir de sa situation. On représente ordinairement cette Ville au milieu d'un lac, dont on la fait à-peu-près également environnée; ce qui n'est point du tout ainsi. La rivière du Mincio trouvant un Pays bas, elle s'élargit & forme une espèce de marais, douze ou quinze fois plus long qu'il n'est large. Mantoue est bâtie sur un terrein ferme, quoique dans un des côtés de ce marais. Quand on vient de Crémone, on passe une chaussée, longue seulement de deux ou trois cens pas; & de l'autre côté quand on va vers Véronne, le marais, ou le lac, si l'on veut, est de beaucoup plus large. Il y a quelques endroits où ces eaux sont toujours courantes; mais en d'autres elles croupissent & infectent tellement l'air de Mantoue, que dans la saison des plus grandes chaleurs tous ceux qui peuvent quitter la Ville en sortent.

La situation de Mantoue ne ressemble pas mal à celle de Péronne; mais il y a cette différence, que Péronne, outre son marais, a une bonne Fortification, au lieu que Mantoue n'est ceinte que d'un mur; il est vrai que sa Citadelle lui est une forte défense. *Man*, habitation. *Touez*, parmi, milieu. *A*, eau.

CANETO.

Au confluent du Po & de l'Oglio. *Can*, confluent. *Et*, près.

LA RÉPUBLIQUE DE VENISE.

Pays des anciens Vénétes. Ce Peuple habitoit à l'orient des Euganéens, & s'étendoit jusqu'à la mer, depuis la dernière embouchure du Po près de Ravenne jusqu'aux confins de la Carniole. Il y a deux sentimens sur l'origine des Vénétes. Les uns les font venir d'Asie ; Tite-Live, *l. 1, c. 1*, entr'autres dit: » On sçait assez qu'Antenor, accompagné d'une multitude d'Hé- » nétes, qui chassés de la Paphlagonie par une sédition, cherchoient une retraite & un Chef, » après avoir perdu leur Roi Pylamen devant Troye, vint au fond du Golfe Adriatique ; & » qu'ayant dépossé les Euganéens, qui habitoient entre les Alpes & la mer, les Hénétes & les » Troyens habiterent ce terrein... » Toute la Nation, ajoûte Tite-Live, fut appellée *Veneti*. Strabon, *l. 4*, fait venir les Vénétes de la Gaule. Après avoir parlé de la guerre de César contre les Vénétes, qui habitoient dans la partie occidentale de la Gaule sur le bord de l'Océan, il ajoûte: » Je crois que ce sont là les Fondateurs de la Colonie des Vénétes, qui habitent sur le » bord de la mer Adriatique. » Dans un autre endroit, Strabon, *l. 5*, parle moins affirmativement, ou plutôt il se contente de rapporter les deux sentimens, dont l'un fait les Vénétes Gaulois, & l'autre les fait Paphlagoniens ; mais le sentiment de Polybe, *l. 2*, a quelque chose de plus décisif. » En effet, dit-il, les Vénétes étoient semblables par les mœurs, par les coûtumes & par l'habille- » ment aux autres Gaulois, & n'en différoient que parce qu'ils parloient une langue différente. » Il faut entendre ce que dit cet Auteur d'un Dialecte différent.

L'autorité de Polybe, plus ancien que Tite-Live, ses raisons plus fortes que son autorité, ne permettent pas de douter que les Vénétes dont nous parlons ici n'ayent une origine Gauloise. Ils conserverent ce nom, parce que les bords du fond de la mer Adriatique qu'ils habitoient étoient semblables à ceux qu'ils avoient quittés dans les Gaules. *Voyez* Vannes en Bretagne.

VENISE.

Capitale des États des Vénitiens, sur le golfe auquel elle donne son nom, à une lieuë de la terre ferme, à trente-trois de Ravenne, à cinquante de Milan, à quatre-vingt-sept de Rome, à quatre-vingt-quinze de Vienne en Autriche. Cette Ville, l'une des plus riches & des plus puissantes de l'Univers, a été d'abord très-peu de chose. Elle doit sa naissance aux malheurs dont l'Italie fut affligée dans le cinquième siécle. Quelques familles de Padoue voulant éviter la fureur des Goths, crurent ne s'en pouvoir garantir qu'au milieu des eaux. * Dans cette vuë elles résolurent de s'aller établir dans quelques Isles assez avant dans la mer, & elles se fixerent

---

* L'opinion générale, & le langage ordinaire des Géographes est que Venise est bâtie dans la mer; cela est vrai en quelque manière, néanmoins il faut s'expliquer. Il est certain que ce n'est pas la pleine mer, ce sont des terres inondées, mais inondées à la vérité avant la fondation de Venise. La mer s'y communique tout à plain; elle y va & vient par son flux & reflux; les huitres & d'autres coquillages naissent & s'attachent aux fondemens des maisons de Venise, comme ils font d'ordinaire aux rochers, de sorte qu'on peut dire avec assez de vérité que Venise est effectivement dans la mer. Cependant parce que ce Pays inondé, ou ces eaux dans lesquelles cette Ville est bâtie, n'ont que peu de profondeur ; que les routes qui s'y trouvent pour les grands vaisseaux sont si difficiles à tenir, qu'il les faut marquer par des pieux ; que ces routes sont incertaines, changent de situation, & qu'enfin ces eaux ne sont point la vraie & ancienne mer, cette étendue d'eau où est placée Venise n'est traitée dans cette Ville que de lac ou de marais, ils appellent cela *Lacuna*. On voit par ce qu'on vient de remarquer, que l'on peut dire avec vérité que Venise est dans la mer, & qu'elle n'est pas dans la mer.

dans la principale, qu'on nomme Rialto ou Rivalta. Les autres Isles devinrent peu de temps après l'asyle de ceux qui se dérobèrent à la cruauté d'Attila, dans le sac d'Aquilée, & de quelques autres Villes des environs, que ce Prince, qui se disoit le fleau de Dieu, ruina de fond en comble. Ces pauvres gens bâtirent d'abord quelques maisonnettes, qui furent, pour ainsi dire, les fondemens de cette superbe Ville, qu'on regarde comme une des plus belles de l'Europe, & que son fameux commerce d'étoffes de soye, de points, d'ouvrages de verre, de glaces de miroirs, & de quantité d'autres marchandises, fait considérer comme le siége de l'opulence & le rendez-vous des richesses; aussi l'appelle-t-on Venise la Riche.

De quelqu'endroit qu'on aborde à Venise, soit du côté de la terre ferme, soit du côté de la mer, l'aspect en est toujours également singulier & majestueux. On en découvre cependant le plus bel endroit lorsqu'on y arrive de Chiosa par les Lagunes. On commence à l'appercevoir de plus de dix milles de loin, comme si elle flottoit sur la surface de la mer, & environnée d'une forêt de mâts, de vaisseaux & de barques qui laissent peu à peu distinguer les magnifiques bâtimens du Palais & de la place de Saint Marc, & quelques-uns des beaux édifices qui sont sur le grand canal que l'on voit à main gauche.

Le plan de Venise a la figure d'un turbot; l'extrémité orientale, où est l'Arsenal, en représente la queuë. Cette Ville est toute bâtie sur pilotis, & a été fondée non seulement dans les endroits où la mer parut au commencement découverte, mais encore où l'eau avoit beaucoup de profondeur, afin qu'en rapprochant par ce moyen un grand nombre de petites Isles qui environnoient celle de Réalte, qui étoit la principale, & les joignant par des ponts, on pût en former le vaste corps de la Ville, dont la grandeur, la situation & la majesté extérieure, jointes au grand nombre de ses Habitans, au concours des étrangers, & à la forme de son gouvernement, la font admirer de tout le monde. Sannazar fit autrefois ces six vers, qui donnent à Venise une si glorieuse préférence, qu'on les y a gravés sur le marbre.

Viderat Adriacis Venetam Neptunus in undis,
Stare Urbem, & toto dicere jura mari.
I nunc Tarpeias, quantumvis Jupiter Arces
Objice, & illa tui mœnia Martis ait.
Si Tiberim Pelago confers, Urbem aspice utramque.
Illam homines dices, hanc posuisse Deos.

On compte dans Venise environ cent quatre-vingt mille Habitans; & quoiqu'elle soit ouverte de toutes parts, sans portes & sans murailles, n'ayant pour remparts que ses maisons & ses Palais, sans Fortifications, sans Citadelle, sans Garnison, elle est une des plus fortes Villes de l'Europe; car elle est inaccessible aux armées de terre étant dans les eaux, éloignée à quatre milles de la terre ferme de tous côtés; & aux armées navales, parce qu'elle n'est pas dans la mer, mais dans des marais grands & larges de profondeur inégale, jusques là que chaque tempête y change les passages & remue le sable, de sorte qu'il faut alors aller avec de petits bâteaux découvrir les changemens & marquer de nouvelles routes. Ce qui acheve de la rendre imprenable, c'est que les marais ou lagunes dans lesquelles elle est bâtie ne gelent jamais assez pour porter une armée, soit que cela vienne du flux & reflux, ou de la douceur du climat, ce qui est un avantage que les Hollandois n'ont point quand ils mettent leur Pays sous l'eau.

Cette Ville a pris son nom des Vénétes, qui la fonderent de la manière qu'on l'a rapporté plus haut. *Venetia*, Ville des Vénétes.

AQUILÉE.

ARROSÉE du Lizonso au levant, de l'Ansa au couchant & près de marais. Cette Ville est appellée dans les Anciens *Aquileia, Aquilia, Aquila, Aquilegia, Acylia. A*, eau, rivière. *Cylch* ou *Cylh*, environnée. Le *C* se prononçoit comme le *K* ou le *Q*.

BERGAME.

BERGOMUM, Place forte & Ville de commerce. Elle est située sur une petite montagne au pied des Alpes. On y respire un air agréable; on ne peut rien manger de plus délicieux que les fruits qui croissent dans son terroir. Pline parle de Bergame en ces termes:

Caton écrit que Come, Bergame, *Licini forum* & quelques autres Peuples des environs sont de la race des Orobiens mêmes. Cornelius Alexander montre qu'ils sont Grecs par l'étymologie de leur nom, qui ne signifie autre chose en cette Langue, sinon des gens qui vivent dans les montagnes. Telle étoit la situation de Barra, petite Ville des Orobiens qui ne subsiste plus; d'où Caton dit que les Bergamasques étoient venus; & on voyoit de son temps que la situation en étoit plus haute qu'avantageuse. *Orobiorum stirpis esse Comum, atque Bergomum, & Licini forum, & aliquot circà Populos Auctor est Cato; sed originem gentis ignorare se fatetur, quam docet Cornelius Alexander ortam à Gracia, interpretatione etiam nominis, vitam in montibus degentibus. In hoc situ interiit Oppidum Orobiorum Barra, undè Bergomates Cato dixit ortos, etiamnum prodente se altius quàm fortunatius situm.* L. 3, c. 17.

Cornelius Alexander se trompe lorsqu'il croit les Orobiens Grecs d'origine. Ils étoient au centre de cette partie de l'Italie qui a été peuplée par les Gaulois, & qui en avoit pris le nom. Est-il naturel de penser qu'ils fussent d'une autre Nation? D'ailleurs les noms de leurs Villes, Come, Bergame, Barra, sont Celtiques. *Comum* désigne en Gaulois la courbure ou sinuosité du lac auprès de laquelle il est bâti. *Berg*, montagne. *Hom*, habitation. *Berghom*, habitation de la montagne: Telle est la situation de Bergame. *Bar*, élévation, hauteur. *A*, sur. Le nom de Barra, dont la situation étoit plus haute qu'avantageuse, étoit formé de ces deux termes. L'étymologie du nom des Orobiens, qui se trouve dans la Langue grecque, n'est pas une raison pour les croire Grecs d'origine, puisqu'elle se présente aussi naturellement dans le Celtique. *Or*, élévation, montagne. *Ryw* ou *Byy*, vivre. *Orbyy, Orobyy*, vivant dans les montagnes.

SUR LA LANGUE CELTIQUE.

BRESSE.

BRIXIA chez les Anciens, est dans une belle plaine, au pied d'une colline, sur la rivière de Garza. Les rivières de Méla & de Navilo coulent auprès de ses murailles, s'y joignent à la première, qui se partage ensuite en une infinité de coupures pour mieux répandre ses eaux, ensorte que cette Contrée est toute hachée de rivières. La Citadelle de Bresse est sur la colline. Cette Ville a plusieurs sources dans son terroir, qui ne contribuent pas peu à sa fertilité. Scaliger a fait ces six vers en l'honneur de cette Ville.

> *Quâ pingues scatebras specula despectat ab alta*
> *Postulat Imperii Brixia magna vices.*
> *Cœlum hilare est, frons lata Urbi, gens nescia fraudis,*
> *Atque modum ignorat divitis uber agri.*
> *Si regeret Patrias animis concordibus Oras,*
> *Tunc poterat Dominis ipsa jubere suis.*

Les montagnes qui sont au Nord de Bresse sont froides, stériles en grains & en vignobles; mais il y a des pâturages & des mines de fer. Apparemment ce fer donne lieu en partie aux ouvrages qui s'en font dans la Ville. On trouve dans ces montagnes du marbre noir qui est assez beau. Elles fournissent aussi des meules de moulin, & des pierres à aiguiser. *Brig*, coupé. *Si*, Pays, Contrée : Ou *Brig*, coupée, *Swy*, *Sy*, rivière. Ou *Brich*, sources. *Si*, Contrée. *Brich*, pluriel de *Bruchen*.

CONOLO.

CHATEAU imprenable. Il est bâti sur le sommet d'un rocher impraticable, même aux gens de pied, ensorte qu'on n'y sçauroit rien faire entrer, soit hommes, soit provisions, que par le moyen d'une corde & d'une poulie. *Con*, roc. *Ol*, pointe, cime.

FIANONE

EST sur une montagne, dans le penchant de laquelle il y a une fontaine qui fait moudre vingt-deux moulins l'un après l'autre avant que de se rendre dans la plaine. *Ffynnon*, *Fianon*, source, fontaine.

PADOUE.

PATAVIUM, est située dans une belle & large plaine, dans laquelle croît le meilleur vin d'Italie, quoiqu'il n'y ait pourtant pas de vignobles proche de la Ville. Elle a du côté du midi des montagnes fort hautes, sur lesquelles croissent les bons vins & l'huile dont on fait tant de cas en Europe. Padoue a la mer Adriatique au levant, dont elle est éloignée de trente milles ; la figure de la Ville est presque ronde, néanmoins on pourroit plutôt dire qu'elle est triangulaire. Elle a bien sept milles de tour ; elle est environnée de trois doubles murailles, & d'autant de fossés que la rivière de Brente remplit.

La situation de Padoue est au reste si agréable & si avantageuse, qu'il y a eu un Empereur qui n'a pas fait difficulté de dire, que si l'Ecriture sainte n'avoit pas mis le Paradis terrestre en Asie, il le fixeroit à Padoue ; ce qui a aussi donné lieu au proverbe italien, qui dit : *Bologna la grassa, ma Padoua la passa*. C'est dans le territoire de Padoue que l'on fait le meilleur pain & le plus blanc de toute l'Italie. Enfin, pour achever la description de la Ville de Padoue, nous remarquerons qu'elle a sept portes, sept ponts de pierres, neuf grandes places publiques ou marchés, & une infinité de très-beaux Palais & autres édifices.

A cette description que nous a fourni l'Auteur des délices de l'Italie, nous ajouterons que Misson dit dans son voyage que le Padouan est un Pays extrêmement fertile. *Pathew*, *Pathaw*, terre grasse, fertile, abondante, riche.

ROUIGO.

RHODIGIUM, est entouré de marais de tous les côtés. *Rhos*, campagne humide, marais. *Tyc* ou *Dyc*, ou *Dyg*, habitation. *Rhosdyg*, habitation des marais.

TREVISO.

TARVISIUM en latin, est située sur la petite rivière de Silis. Elle est assez bien bâtie, on y voit un grand nombre de beaux & de magnifiques édifices. Elle est arrosée de plusieurs fontaines. Son terroir est fertile, & l'on y nourrit des veaux fort gras. On voit l'image d'un bœuf en plusieurs endroits de Trevise, avec ce mot *Memor*. *Tarv*, bœuf. *Tarvis*, abondante en bœufs.

UDINE.

UTINUM, entre les rives du Tagliamento & du Lisonzo, au milieu d'une grande plaine. Son territoire est fort étendu, on y recueille quantité de grains. *Ut*, bled. *Utin*, fertile en bled.

VERONE.

VERONA, est dans une situation si agréable, que plusieurs Empereurs l'ont choisie pour leur demeure. L'Adige la traverse; elle a trois Châteaux, dont l'un appellé la Citadelle est situé au bord de l'eau ; un autre nommé le Château de saint Félix est au plus haut de la montagne, sur laquelle est aussi celui de saint Pierre, qui est le plus fort par son assiette & par ses Fortifications, étant élevé sur le rocher que la rivière d'Adige lave par le pied. Ce dernier Château commande pleinement sur toute la Ville, & c'est de là qu'on en peut connoître la grandeur & la beauté. Tacite, qui lui donne le titre de Colonie Romaine, fait l'éloge de sa beauté & de son opulence. Martial en parle comme d'une grande Ville. Elle est encore aujourd'hui fort étendue, dans un bon air & dans une situation fort merveilleuse. Silius Italicus nous fait connoître que cette *Verona Athe-* Ville a bien changé de ce qu'elle étoit de son temps. Il dit qu'elle étoit entourée de l'Adige, au lieu qu'au-*si circumflua.* jourd'hui cette rivière la traverse. Les denrées sont en abondance dans Verone. Le fruit y est d'une bonté merveilleuse, ainsi que le poisson. La viande, le vin, l'air, l'eau, tout y est doux, sain & agréable. Le négoce particulier de cette fameuse Ville consiste en ouvrages de soye & de laine, ensorte qu'il y a plus de vingt mille de ses Habitans qui ne subsistent que par ce moyen. *Vira, Vera*, tourner. *On*, rivière. *Veron*, rivière qui tourne, ou Ville entourée de la rivière.

VICENCE.

Sur le Bachiglione, qui y reçoit deux ou trois autres rivières. Les anciens Auteurs latins, comme Pline, l. 3, c. 19; Tacite, *Hist.* l. 3, c. 8, nomment cette Ville *Vicetia*. Une ancienne inscription rapportée dans Gruter, la Table de Peutinger lui donnent le même nom; mais Ptolomée, l. 3, c. 1, l'appelle *Vicenta*, & l'Itineraire d'Antonin *Vicentia*. Ces deux noms sont synonimes. *Vick*, habitation. *Kend* ou *Kent*, confluent.

LE TIROL.

Je place ici cette Province, parce qu'une partie, sçavoir le Trentin, appartient à l'Italie. D'ailleurs les noms Celtiques qu'on y trouve font voir que les Gaulois y ont pénétré.

L'INN.

Arrien l'appelle *Henon*; Paul Diacre *Hinus*. Cette rivière, qui est très-large & très-rapide, se jette dans le Danube avec une si grande violence, qu'elle conserve son cours dans le lit de ce fleuve pendant un très-long espace, & ne mêle point ses eaux avec les siennes, comme il le paroît par la différence de leur couleur. *Heini*, par crase *Hen*, *Hin*, prompt, vîte. *On*, rivière. *W*, rivière.

BRIXEN.

Au pied du Mont Breuner, au confluent de deux rivières, la Rientz & l'Eisock. Cette Ville a tout à l'entour un beau Pays & des vignobles. Elle est bien bâtie, ses places publiques sont grandes & belles. Le vin rouge qui se recueille aux environs est fort estimé, le terroir est très-fertile. *Bri*, montagne. *Can, Cen*, confluent. *Bricen*, montagne du confluent.

ANAUNE.

Nom d'une vallée dans les Alpes, près de Trente. *Anwn, Anoun*, profond.

HALL.

Cette place est célébre à cause de ses Salines. Il y a dans le voisinage de vastes montagnes d'une espèce de roche transparente, qui ressemble assez à l'alun extrêmement solide, & aussi piquant sur la langue que du sel même. Quatre ou cinq cens hommes sont toujours en besogne dans ces montagnes, où aussitôt qu'ils ont applani une certaine quantité du roc, ils laissent entrer les sources & les réservoirs parmi leurs ouvrages. L'eau dissout les particules du sel qui sont mêlées parmi la pierre, & est conduite par de longs canaux depuis les mines jusqu'à la Ville de Hall, où on la reçoit dans de grandes citernes, & l'on s'en sert de temps en temps pour cuire. Ils font à-peu-près huit cens mesures de sel par semaine, chacune du poids de quatre cens livres. *Hall*, sel.

TRENTE.

Tridentum, est située au bas des Alpes. Cette Ville, bâtie sur la rivière d'Adige, se trouve dans une belle vallée sur un rocher plat d'une espèce de marbre blanc & rougeâtre. La vallée ou la plaine est environnée de montagnes, presque toute l'année couvertes de neiges. Trente est fort ancien; Strabon, Pline & Ptolomée en font mention. Le circuit de la Ville, qui est d'un simple mur, n'est guères que d'un mille d'Italie. Ses rues sont larges & bien pavées, ses maisons assez agréables & solidement bâties. Elle a été désolée plusieurs fois par les inondations. L'Adige se déborde souvent, & les rivières ou torrens de Levis & de Fersene, qui entrent dans la Ville, tombent quelquefois des montagnes avec une impétuosité si terrible, qu'ils entraînent de gros rochers, & qu'ils les roulent jusques dans Trente. *Tri*, trois. *Dan*, rivière. *Twn*, vallée. *Tridantwn*, vallée des trois rivières.

L'ÉTAT DE L'ÉGLISE.

LA CAMPAGNE DE ROME.

Anciennement *Latium*. Quoique ce Pays soit dans le voisinage de la terre de labour, qui est le terrein le plus fertile de l'Italie & le mieux cultivé, cependant il ne produit presque rien, & on le laisse en friche. Ce n'est pas que sa situation ne soit avantageuse, & que les terres ne soient très-bonnes; mais les Habitans n'en tirent pas parti. L'air de cette Province n'est pas sain, on en attribue la cause aux marais Pomptines, à plusieurs lacs, à un grand nombre de mares ou d'amas d'eaux croupissantes, à l'humidité du terrein, à la négligence que l'on a de cultiver les terres qui sont de vrais déserts, au petit nombre d'habitations que

SUR LA LANGUE CELTIQUE.

l'on y trouve. *Llaith*, *Llath*, humide, liquide. *Y*, Pays, Contrée. *Llathy*, Contrée humide & remplie d'eau. *Latius ager aquis totus est irriguus.* Théophraste, Hist. des Plantes, *l. 5, c. 9.*

ALBANO.

IL ne faut pas croire que l'Albano d'aujourd'hui soit la fameuse Alba, rivale de l'ancienne Rome. Il y a bien des siècles qu'il n'en est plus question. Cette première Ville, à laquelle on ne peut contester une très-haute antiquité, étoit bâtie sur le mont qui fut appellé Alban de son nom, entre le sommet de la montagne & le lac qui étoit au pied. Albano est à quelque distance de l'endroit où étoit Albe. *Alp* ou *Alb*, montagne. *A*, eau, lac.

ANAGNI.

AU-DESSUS d'une montagne, environnée d'un Pays des plus fertiles & des plus abondans. Virgile l'appelle *dives Anania*. *Ana*, richesses. *Anan*, riche. *Y*, habitation.

ANTIUM.

VILLE ancienne, dont Horace vante les agrémens,

O fortuna gratum quæ regis Antium!

est au bord d'un golfe. *Ancon*, golfe.

ARDEA.

ANCIENNEMENT *Ardua*, ainsi que l'observe Virgile, cette Ville est placée sur une colline de difficile accès. *Hardd*, difficile. *Uch* ou *Uh*, élevation, colline.

ARICIA.

AUTREFOIS Ville considérable, aujourd'hui Bourg. Strabon décrit ainsi sa situation, *l. 5. Concavus est locus, arce vero edita & naturâ loci munita*. Aricie étoit placée dans un endroit concave & courbe en forme d'arc. *Arec*, arc.

CERVETERI.

ANCIENNEMENT Cere, sur une hauteur. *Serr* ou *Cerr*, hauteur.

COLLATIA.

ÉTOIT une Ville fortifiée, placée sur une montagne. *Col*, montagne. *Ty*, habitation.

CORA.

AUJOURD'HUI Coré, située sur une montagne. *Cor*, élevation, montagne.

CURES

ÉTOIT au bord d'une petite rivière, à laquelle elle avoit donné son nom, qui se jette dans le Tibre. *Cwr*, bord. *Es*, rivière.

EMPULUM.

VILLE ruinée, étoit dans une vallée environnée presque de tous côtés de montagnes hautes & escarpées. *Am*, autour, environnée. *Pel*, *Pul*, montagnes.

GABII & GAVII.

VILLE ruinée. Elle étoit près d'un terrein qui tremble, & qui résonne lorsqu'on y marche à cheval : marque certaine qu'il est creux par-dessous. *Gab* ou *Cav*, *Gab* ou *Gav*, creux. *Y*, terrein, contrée.

HERNICI.

ANCIEN Peuple du *Latium*. Festus dit qu'il tiroit son nom des roches que les Marses appelloient *Herna* en leur Langue. Et Virgile, *Æneid. l. 7*, ayant dit :

Hernica saxa colunt quos dives Anagnia pascit.

Servius ajoûte cette remarque : Dans la Langue des Sabins, les rochers sont appellés *Herna*. Un certain Chef puissant attira des Sabins hors de leur demeure, & les engagea à s'établir avec lui dans des montagnes pleines de roches, d'où vinrent ces noms *Hernica loca*, & *Populi Hernici*. *Arn*, *Ern*, rocher. On voit par là que les Marses & les Sabins se servoient du même mot que les Gaulois pour désigner une roche.

LANUVIUM

ÉTOIT sur une colline élevée. *Lan*, haute. *Uch* ou *Uh*, colline. *Vi* de *Wye*, habitation.

LAVINIUM.

ÉTIENNE le Géographe écrit *Labinion*. Cette Ville étoit sur une colline. *Llay*, petite. *Bin* ou *Vin*, montagne. *Llabin*, petite montagne, colline.

PALESTRINE.

AUTREFOIS *Præneste*, est placée sur une montagne à deux cimes, dont une est plus élevée que l'autre. *Bren* ou *Pren*, montagne. *Nech* ou *Nes*, cime. *Dy* ou *Ty*, deux.

PIPERNO

Est une Ville nouvelle, bâtie proche de l'ancien *Privernum*, Capitale des Volsques. Les Lys & les Narcisses croissent, dit-on, naturellement sur le côteau de cette Ville. On y trouve aussi une certaine terre fine qu'ils appellent Buccaro, qui est très-bonne pour faire de la poterie. *Pry*, argile. *Vern* de *Bern*, beau, bon.

SEGNI

Signia sur une montagne. *Sen*, *Sin*, élevation, montagne.

SETIA

Cette Ville étoit située sur la pente d'une montagne fort roide, ce qui a fait que Martial lui a donné l'épithéte de *Pendula*.

Pendula Pomtinos quæ spectat Setia campos,
Exigua Vetulos misit ab Urbe cados.

Le même Poëte dit dans un autre endroit :

Nec quæ paludes delicata Pomptinas,
Ex arce clivi spectat uva Setini.

On recueilloit beaucoup de vin dans le territoire de Setia. Strabon, Pline & Silius Italicus font l'éloge de ce vin. Cette Ville conserve son ancien nom & sa première situation ; mais aujourd'hui son terroir a changé de nature, il ne produit presque rien du tout. Proche de Setia on rencontre un fort grand marais, sur lequel on peut s'embarquer pour aller droit à Terracine. *Sahet*, *Shet*, dormante. (*Voyez* le Port de Cette en Languedoc.) *I*, eau. *Sheti*, eau dormante, lac, marais. *Serth*, ce qui est en pente, roide penchant. *Y*, habitation. *Serthy*, *Sethy*, habitation qui est en pente. On a pu avoir en vûë ces deux sens. *Voyez* la Loire.

TERRACINE

Cette Ville portoit aussi anciennement le nom d'Anxur. Les Poëtes Latins ne l'appellent qu'ainsi. Horace, Satyr. 5, l. 1, v. 25, dit :

Atque subimus
Impositum saxis latè candentibus Anxur.

Lucain, l. 3, dit :

Jamque & præcipites superaverat Anxuris Arces :

Martial, l. 5, Épigr. 1, dit :

Sive salutiferis candidus Anxur aquis.

Il dit encore l. 10, Epigr. 51.

Superbus Anxur.

Et dans le même livre :

O Nemus, ô fontes, solidumque madentis arenæ
Littus, & aquoreis splendidus Anxur aquis.

Et plus bas :

Anxuris æquorei placidos, frontina recessus.

Silius, l. 8, dit :

Scopulosi verticis Anxur.

Ces vers marquent assez juste la situation d'Anxur, qui étoit élevée, ce que signifie le *Superbe* de Martial ; il étoit sur des roches blanches qui bordoient la mer, & on le voyoit de loin à cause de son élevation & de la couleur éclatante de ces roches.

Les Modernes décrivent ainsi cette Ville :

Elle est située sur un Cap de la mer de Toscane, qui est un rocher d'assez difficile accès. Elle est entourée d'une plaine agréable & fertile ; ce qui porta les Romains à la choisir pour un lieu de délices, où ils bâtirent un grand nombre de maisons de plaisance ; mais les choses sont bien changées aujourd'hui. Terracine est une Ville petite, pauvre, mal peuplée, comme tout le Pays voisin ; & de toutes les choses qui en rendoient autrefois le séjour charmant, on ne voit plus présentement que les restes d'un temple. La plaine qui est au pied de cette Ville, est arrosée d'un côté des eaux de la mer, & entourée de l'autre d'une chaîne de montagnes couvertes d'arbres & d'arbrisseaux, qui forment une espèce de théatre tout-à-fait charmant à la vûë. La malignité de l'air qu'on respire à Terracine, fait que ses Habitans sont toujours pâles & maigres, même les jeunes gens. *Han*, blanc. *Cwr*, rivage. *Hancwr*, rivage blanc. Pline dit que le terme Anxur est pris de la Langue des Volsques, ce qui fait voir que ce Peuple, de même que leurs voisins, avoit un langage fort semblable au Celtique. Cette Ville est nommée *Taracina* par Pline, *Tarracina* par Tacite, Solin, Pomponius Mela, &c. *Tarh*, écueil, brisant, rochers. *Cin*, blancs.

TIVOLI

Anciennement *Tibur*, est située sur le sommet applati, & sur le penchant d'une colline ou montagne de médiocre hauteur. Cette situation feroit deux Villes, s'il y avoit assez de maisons pour en composer

une

SUR LA LANGUE CELTIQUE.

une qui fût un peu raisonnable. Elle est mal percée, les rues sont fort inégales, hautes & bossues, toutes mal pavées, sales, incommodes. Les maisons bourgeoises n'ont ni beauté ni commodité ; mais il y a un petit nombre de Palais, c'est-à-dire de maisons à portes cocheres appartenantes à des personnes riches de Rome, qui ont quelque apparence. Il est bon de n'en voir que le dehors ; elles sont mal meublées, leurs fenêtres ne ferment qu'avec des taquets de bois, & pour vitrés il n'en faut presque pas parler; la toile ou le papier huilé en tiennent lieu. La Ville est assez peuplée, parce que la rivière a donné lieu d'y faire des moulins à papier, à valonnée, à cuivre, à forer & blanchir les canons de fusil, à fouler les étoffes.

La cascade de Tivoli est ce qui attire le plus de curieux en cette Ville, c'est une chute précipitée de la rivière appellée à présent le Teverone, dont le lit, d'une largeur assez médiocre, se rétrésit en cet endroit, de manière qu'il n'a qu'environ quarante à quarante-cinq pieds de large. L'eau de ce fleuve est claire, nette & pure quand il ne pleut point ; mais pour peu qu'il tombe de pluye, elle se charge de beaucoup de limon & de boue qui l'épaissit, la trouble & la rend mal saine. Sa première chute ou cascade est environ à dix toises au-dessus du pont. Autant que j'en ai pu juger à la vuë, l'ayant considérée bien des fois, & avec une extrême attention, je ne crois pas qu'elle ait plus de cent quarante à cent cinquante pieds de hauteur. Le rocher qui sert de lit à la rivière, & d'où elle tombe en nappe, est coupé à plomb comme un mur ; & les rochers sur lesquels elle se précipite sont fort inégaux, divisés en plusieurs pointes, qui laissent entre elles des vuides, & comme des chemins tortus & raboteux, fort en pente, où l'eau presque fumante ou convertie en écume, court avec rapidité. Il y a une autre chute ou cascade au-dessous du pont moins considérable que la première, & une troisième encore plus petite. La rivière semble se cacher tout-à-fait sous terre, entre les seconde & troisième chutes.

Il est ordinaire, il faut même dire nécessaire, que l'eau qui tombe de haut sur des corps inégaux, se partage en une infinité de parcelles, comme une pluye déliée, sur laquelle le soleil dardant ses rayons, fait paroître les couleurs de l'arc-en-ciel à ceux qui sont dans une certaine situation, & à une certaine distance ; c'est ce qu'on observe à la cascade de Tivoli. *Ty*, eau, rivière. *Bur*, cascade, de *Bwrw*, jetter, se jetter, se précipiter.

TUSCULUM.

AUJOURD'HUI *Toscolo*, sur la cime du mont appellé de son nom Tusculan. *Tuch* ou *Tus*, montagne, *Colun*, cime.

VELETRI.

VELITRAE, située sur la pente d'une colline bien cultivée & fort agréable. Son terroir est fort fertile. *Vel*, colline. *Llethr*, pente.

ULUBRAE.

ANCIENNE VILLE, qui étoit placée au milieu des marais Pomptins. L'air pestilentiel que ces marais exhaloient la fit abandonner. *W*, eau. *Llug*, peste. *Ber*, entre, au milieu. *Ulubrae*, Ville placée au milieu d'une eau croupissante & pestilentielle.

LA SABINE.

PARTIE du Pays des anciens Sabins. La Contrée qu'habitoit ce Peuple étoit montueuse, au rapport de Strabon, *Montana Sabinia*; c'est pourquoi Horace les appelle *Ardui Sabini*, *Savein* ou *Sabein*, élever.

MAGLIANO.

MAGLIANUM, sur la cime d'une montagne. *Mag*, habitation, Ville. *Lan*, sommet. *Maglan*, *Maglian* Ville du sommet de la montagne.

LE PATRIMOINE DE SAINT PIERRE.

ASEDONIA.

VILLE détruite, qui étoit sur une éminence, au bas de laquelle est le lac Borano. *As*, lac. *Don*, éminence.

BOLICARNE.

DANS la plaine de Viterbe, il y a une belle fontaine d'eau chaude minérale, qu'on appelle le Bolicarne. *Boyl* ou *Bol*, chaude. *Can*, source.

BOLSENA.

ANCIENNEMENT *Volsinii*, Ville située près d'un lac, dans lequel il y a deux Isles. *Boul*, lac. *Dy*, *Zy*, deux. *En*, Isle. *Boulzen*, *Bolzen*, lac où il y a deux Isles.

CANAPINO.

AU sommet d'une montagne de très-difficile accès. *Can*, élévation, montagne. *Pin*, sommet. *Canpin*, *Canapin*, sommet de montagne.

CORNETO.

Est au milieu d'une belle campagne fertile en bled. *Carn* ou *Corn*, abondance. *Et*, bled.

FALERE.

Ancienne Ville aujourd'hui ruinée. Festus l'appelle *Faleri*, & dit que les Salines furent cause qu'on la nomma ainsi. *Fa*, lieu. *Al*, sel. *Ry*, abondance. Le Peuple qui l'habitoit fut appellé Falisques du nom de cette Ville.

L'ORVIÉTAN.
ORVIÉTE.

Ourbiventos, selon Procope, qui, dans son histoire de la guerre des Goths, *l. 1, c. 20*, nous en trace ainsi la situation. Au milieu d'une rase campagne s'éleve une colline, dont le sommet est large & plat, le bas plein de rochers & de précipices. La colline est ceinte de roches, qui sont éloignées les unes des autres de l'espace d'un jet de pierre. Les Anciens bâtirent une Ville sur cette colline sans l'entourer de murailles, & sans la fortifier, parce qu'ils crurent qu'elle étoit imprenable par son assiette. Il n'y a qu'un chemin par où l'on y puisse entrer, où, lorsque les Habitans ont mis bonne garde, ils n'appréhendent plus d'assauts de tous les autres côtés. Tout le reste de l'espace qui est entre la colline & les roches sert de lit à une rivière fort large & fort profonde. Les anciens Romains y bâtirent quelques ouvrages sur le chemin par où l'on pouvoit entrer.

Les Modernes la décrivent ainsi. Orviéte est sur un rocher escarpé de tous côtés, près du confluent des rivières de la Paglia & de la Chiana, qui se jettent ensuite dans le Tibre. Comme cette Ville est si élevée, qu'il ne sçauroit y avoir de l'eau de fontaine, Clément VII y a fait creuser un puits de deux cens cinquante coudées de profondeur ; on y descend par un escalier de cinq cens cinquante marches, éclairé par soixante-dix fenêtres. Les mulets y descendent par un escalier, & remontent par un autre, afin de ne se point embarrasser en se rencontrant. Ce fut Antoine de Saint Gal qui fut l'Architecte de cet ouvrage ; le tout est taillé dans le roc, & à l'entrée on lit cette inscription : *Quòd natura munimento irroiderat, industria adjecit.* La Ville n'a point d'autres murailles qu'une ceinture de rochers hauts & escarpés, d'où l'on ne peut regarder en bas sans frayeur. L'air y est très-bon, excepté durant l'automne, lorsqu'on employe l'eau de la Paglia à faire rouir le chanvre, cela cause alors une puanteur fort mal saine & fort incommode aux Habitans.

Pline a nommé cette Ville *Herbanum*. *Haer*, enceinte. *Man*, *Ban*, pierre, roc. *Orwyn*, *Orbyn*, cercle. *Maen*, en composition *Vaen*, pierre, roc. *Tog* ou *Tos*, habitation.

LE PERUGIN.
PEROUSE.

Perusia. Tite-Live, *l. 10, c. 37*, la met au rang des trois plus fortes Villes de l'Étrurie ; elle étoit bien peuplée, puisque le même Historien ajoûte que Fabius tua dans l'Étrurie qui s'étoit révoltée quatre mille cinq cens Perusiens, outre dix-sept cens quarante qu'il fit prisonniers. Cette Ville est située sur une colline assez élevée. *Per*, élévation, colline. *Hws*, habitation.

LE DUCHÉ DE SPOLETE.
SPOLETE

Spoletum, est située en partie sur une colline, & en partie dans la plaine, avec un Château qui peut passer pour une des meilleures Forteresses de l'Italie. Il est bâti sur une colline, vis-à-vis de cette partie de la Ville, qui est aussi sur une colline ; & quoiqu'il y ait une vallée entre deux, il a communication avec elle par le moyen d'un pont, soutenu de vingt-quatre gros pilastres, que l'on a rangés avec beaucoup d'art. On trouve dans cette Ville abondamment tout ce qui est nécessaire pour la vie. Son terroir produit beaucoup de vin, de bled, d'huile, d'amandes & d'autres fruits. Martial parle des vins de Spolete, & les préfére aux vins de Salerne.

> *De Spoletinis quæ sunt cariora lagenis :*
> *Malueris, quàm si musta Salerna bibas.*

Une chose qui mérite d'être considérée avec attention à Spolete, c'est le pont qui unit cette Ville à Monte-Luco. Il traverse une vallée d'une profondeur prodigieuse. Il a neuf piliers, qui, avec les premières murailles, forment dix arches. Sa longueur est de trois cens cinquante pas, & sa hauteur de six cens trente pieds au plus profond de la vallée. On y a fabriqué un aqueduc, qui est encore dans son entier, quoiqu'il n'ait pas discontinué de servir depuis qu'il est fait. Sa structure gothique fait juger qu'il n'a été bâti que du temps des Goths.

Spolete doit son nom à ce gouffre ou vallée profonde qui l'environne. *Sybwl*, *Sypwl*, *Spwl* ou *Spoul*, gouffre. *Twn*, profond. *Spoultwn*, gouffre profond.

SUR LA LANGUE CELTIQUE.

A M É L I A.

AUTREFOIS *Ameria*. Elle est située sur une montagne. Le terroir des environs est bon & fertile ; il est varié par d'agréables collines, chargées de vignobles & d'arbres fruitiers. Ce canton produit des grains, du vin, de l'huile & autres choses nécessaires à la vie. Servius, expliquant ce vers de Virgile,

Atque Amerina parat lenta retinacula viti.

dit que le territoire d'Amélie étoit abondant en arbres propres à lier la vigne. *Amarr*, *Amerr*, lien, attache. *Y*, Contrée. *Amery*, Contrée abondante en arbres propres à lier.

B E V A G N A ou M E V A G N A.

ANCIENNEMENT *Mevania*, Ville connue par la fertilité de son terroir, est au bord du Clitumno. *Ma*, en composition *Me*, habitation. *Avan*, en composition *Evan*, rivière : Ou *Mev*, *Mevan*, fertile, abondante.

C O L L E.

VILLAGE au fond d'un précipice. *Col*, caché.

D I G N A N O.

PRÈS d'une belle source, dont il se forme un ruisseau. *Dinan*, belle : on sous-entend source.

F O L I G N O.

FULGINAS. On lira avec plaisir la description que Misson fait de cette Ville & de ses environs. À la sortie des montagnes, proche d'un petit Village nommé Pale, on découvre d'une hauteur la plaine de Foligno, laquelle paroît de là une des plus belles choses du monde. Ce grand bassin est environné de riches côteaux, arrosé de plusieurs petites rivières, parsemé de maisons agréables, & parfaitement bien cultivé. À peine étions-nous échapés des neiges, des rochers, des vents froids & piquans, que tout d'un coup nous sommes sentis flater par l'air d'un doux climat. Les amandiers déja tout fleuris, ont succédé en un moment aux genêts des montagnes ; & cela, joint à la beauté d'un jour tranquille & serein, nous a effectivement fait voir un bel été. Nous ne pouvions nous lasser de contempler ce délicieux parterre, dont les charmes extraordinaires méritoient aussi de grands éloges.
Après avoir fait insensiblement trois ou quatre milles, en descendant toujours, nous sommes entrés dans un chemin droit & uni, sur le bord duquel coule un beau & gros ruisseau, & nous sommes arrivés à Foligno, qui n'est qu'à un mille avant dans la plaine au bout de ce chemin. Si cette Ville est située dans un Paradis terrestre, d'ailleurs elle n'a rien de considérable. On dit pourtant que le commerce y roule un peu mieux que dans la plupart des autres Villes de l'État Ecclésiastique que nous avons vues. On y fait de la draperie, des dentelles d'or & d'argent, quelque négoce de soye & d'épicerie. Les Goths l'ayant diverses fois ravagée, il n'y reste aucun monument antique. *Full*, abondante. *Gin*, belle. *Ac* ou *As*, Contrée. *Fulginas*, belle & fertile Contrée.

I S S A.

VILLE qui étoit située au milieu d'un lac. *Is*, eau. *Sa*, dans.

M A R U V I U M.

VILLE qui étoit placée au bord d'un lac. *Mar*, lac. *Vi*, habitation.

N A R N I.

SUR la rivière de *Nera*. Elle est en partie située sur la croupe, & en partie sur la pente d'une montagne élevée, escarpée & d'un accès difficile. On l'appelloit anciennement *Nequinum*. *Nech*, montagne. *Cin*, prononcez *Kin*, coupée, escarpée.

S P E L L O.

BOURG sur une colline de l'Apennin. C'est l'ancienne Ville que Strabon, l'Itinéraire d'Antonin, Silius Italicus appellent *Hyspellum*, & que Pline nomme *Hyspellium*. *Hws*, en composition *Hys*, habitation. *Pell*, élévation, colline. *Hyspell*, habitation sur la colline.

T O D I.

TUDER dans Strabon, Pline, Silius Italicus ; *Tudertum* dans les Auteurs du moyen âge, est sur la pente d'une colline. *Tuedd* ou *Tudd*, penchant, pente. *Er*, colline.

T R E V I.

GROS BOURG, autrefois Ville Épiscopale. *Trev*, habitation.

L E V E N E.

LE Clitumne naît au bas d'une montagne, au lieu dit *le Vene*, où il y a trois grosses sources qui se réunissent & forment une rivière. *Ven*, sources.

U M B R I

EST le nom du Peuple qui habitoit anciennement le Duché de Spolete, qui étoit appellé de leur nom

Nnn ij

Umbria. Cette Contrée est fort remplie de montagnes, ce qui fait que Martial lui donne l'épithéte de *Montana*, montueuse.

Sic Montana tuos semper colat Umbria fontes.

Hom, habitation. *Bre*, montagne. *Hombri*, ceux qui habitent les montagnes.

LE DUCHÉ D'URBIN.

URBIN.

ENTRE le Metaurus & le Pisaurus, à-peu-près à égale distance de ces deux fleuves, selon Tacite, Procope & Paul Diacre. Elle conserve encore son ancien nom, qui étoit *Urbinum*; car on la nomme *Urbino* en Italien & Urbin en François. Au lieu d'*Urbinum*, Procope, dans son histoire de la guerre des Goths, *l. 2, c. 19*, écrit *Ourbinos*. Il dit que cette Ville est située sur une colline qui est presque ronde & fort élevée, mais qui n'est pas bordée de précipices, & dont l'avenue n'est incommode que parce qu'elle est un peu roide au bas de la Ville, où l'on ne peut aller que par un chemin qui est du côté du septentrion. Procope ajoute qu'il y avoit dans Urbin une fontaine où tous les Habitans puisoient de l'eau. Cette fontaine, selon Cluvier, *Ital. Ant. l. 2, c. 6*. est aujourd'hui hors de la Ville au pied de la Citadelle. Urbin étoit un Municipe considérable, comme le prouvent une infinité d'inscriptions qu'on y voit encore présentement. Cette Ville est appellée *Urvinum* dans une inscription. *Orwyn*, rond.

EUGUBIO.

IGUVIUM, paroît avoir pris son nom des bœufs qu'elle nourrissoit. *Ig*, bœuf. *Gwy*, Ville.

LA MARCHE D'ANCONE.

ANCONE.

PORT de mer, formé en partie par un Cap ou Promontoire de rocher. Cette Ville étoit autrefois fameuse par ses teintures: & sa pourpre n'étoit pas moins estimée que celle qui avoit alors le plus de réputation, comme il paroît par ces vers de Silius Italicus.

Stat fucare colus, nec Sidone vilior Ancon
Murice nec Lybico.

Ancon, golfe, Port de mer.

MACERATA

EST bâtie sur un côteau, dans une situation charmante. Au bas de la Ville passe le Chiento, petite riviére qui descend de l'Apennin. *Mac* ou *Mas*, Ville. *Ser*, élevation. *Serat*, petite élevation.

OSIMO ou OSMO.

AUXUMUM chez les Anciens, est situé sur une montagne. *Auc*, habitation. *Swm*, élevation, montagne. *Aucswm*, habitation de la montagne.

TOLENTIN.

SUR la pente d'une colline. *Tol*, pente. *And* ou *Ant*, habitation. *Antin* est un diminutif. *Tolantin*, petite habitation sur la pente d'une colline.

LA ROMAGNE.

RAVENNE.

LEs anciens Historiens nous représentent Ravenne dans une situation semblable à celle de Venise, c'est-à-dire fondée sur des pilotis au milieu des eaux de la mer, ou plutôt dans des lagunes; & si nous en croyons Suétone, c'étoit autrefois le principal Port de mer que les Romains eussent sur la mer Adriatique. On ne pouvoit entrer dans cette Ville qu'en bâteaux, ou par un pont qui traversoit un marais, que la mer enstoit quelquefois tellement de ses eaux, que les Habitans étoient contraints de se réfugier dans le haut des maisons. On voit l'ancienne situation de cette Ville dans ces mots de Martial.

Meliúsque ranæ garriunt Ravennates.

Et dans la description que Silius Italicus nous en a donnée en ces vers:

Quáque gravi remo limosis segniter undis
Lenta paludosa perscindunt stagna Ravenna.

Mais aujourd'hui cette situation est changée; la mer s'est retirée à trois milles de là, les marais se sont desséchés; ce Pays, autrefois stérile & inondé, est devenu une des plus fertiles campagnes de toute l'Italie. On ne

SUR LA LANGUE CELTIQUE.

doit pas douter que la Ravenne d'aujourd'hui ne soit la même que celle des Anciens ; différens monumens le prouvent assez. On y voit, & les restes d'un Phare qu'on y avoit autrefois bâti pour la commodité de la navigation, & de gros anneaux de fer dans les murailles de la Ville du côté de la mer, qui servoient à attacher les vaisseaux.

Ravenne a la mer Adriatique au levant, des marais au couchant, le Po au septentrion & au midi. L'air y est fort bon, & les raisins qui croissent aux environs font des vins délicieux ; mais l'eau y est fort mauvaise, & on n'y boit que de l'eau du Ciel que l'on conserve dans des citernes ; tellement que l'on voit à Ravenne ce qui ne se voit nulle part, c'est que les marais sont plus sains que nuisibles, & qu'on y a plus facilement du vin que de l'eau ; ce qui a fait dire à Martial :

Sit cisterna mihi, quàm vinea, malo Ravenna,
Cùm possim multò vendere pluris aquam.

Au reste, quoique Ravenne soit aujourd'hui pauvrement bâtie, & qu'elle soit fort dépeuplée, on ne laisse pas d'y voir quelques restes de sa première antiquité ; & le voyageur curieux n'aura point de regret d'avoir dirigé sa route de ce côté là, quand ce ne seroit que pour voir le changement qui est arrivé dans son territoire. *Res*, *R*, habitation. *Aven*, lac, lagunes. *Raven*, habitation des lagunes, habitation placée dans des lagunes.

BERTINORO.

BRITONORIUM dans un titre de l'onzième siécle, sur une agréable colline chargée de vignes, près de la petite rivière de Bedése. *Bryd* ou *Bryt*, belle. *Ton*, colline. *Or*, sur.

FAENZA.

FAVENTIA. Cette Ville est ancienne. Tite-Live, *Épitom. 88*, en faisoit mention à l'occasion de la déroute de Carbon, qui ayant été défait par Sulla, fut contraint de s'enfuir de l'Italie. Velleïus Parterculus, *l. 2, c. 28*, parle d'une victoire que Metellus Pius remporta auprès de cette Ville. Pline en nomme les Habitans *Faventini* ; & Silius Italicus, *l. 8, v. 596*, parle des pins qui y couronnoient la campagne.

Undique sollers
Arva coronantem nutrire Faventia pinum.

Pline, *l. 19, c. 1*, vante aussi la beauté des lins de son territoire. Faenza est devenue très-célébre par la belle vaisselle de terre qu'on y a inventée, & que l'on appelle communément vaisselle de Fayence, nom qui est devenu un substantif & le nom générique de cette vaisselle, que l'on a parfaitement imitée en d'autres Pays, à Delft, & successivement à Roüen, à Passy près de Paris, à Saint Cloud & ailleurs. Ce qui a encore contribué le plus à donner de la réputation à cette imitation de la porcelaine, c'est que les Peintres illustres, comme Raphaël & Jules Romain, ont employé leurs pinceaux à peindre quelques-unes de ces fayances, ce qui les rend d'un prix extraordinaire. *Fsawen*, hêtre. Apparemment qu'il y avoit beaucoup de ces arbres dans l'endroit où l'on a placé cette Ville. *Tj*, habitation.

PESARO.

PISAURUM est dans une belle situation, sur une petite hauteur. Rien n'est si agréable que les petits côteaux qui l'environnent ; c'est un mélange réjouissant de pâturages, de vignobles & de vergers. Les olives en sont admirables, mais les figues surpassent tous les autres fruits en bonté & en réputation ; on ne parle par toute l'Italie que des figues de Pesaro. La meilleure viande n'y coute qu'environ deux liards la livre. Le pain & le vin sont encore à meilleur marché à proportion, & ainsi du reste. La mer & les rivières y fournissent aussi toutes sortes d'excellens poissons ; de sorte qu'à tous égards cette Ville jouit abondamment des commodités de la vie. Elle est passablement bien fortifiée, quoiqu'un peu à l'antique ; les maisons sont communément assez jolies. *Fyes*, figues, par crase *Fys*. *Avr*, bonnes. *Auron*, très-bonnes. *Fysauron* ou *Pisauron*, figues excellentes.

RIMINI.

SON ancien nom est *Ariminium*, dont on a fait *Rimini*, en retranchant la première lettre. Sa situation est des plus charmantes ; elle est environnée d'un côté d'une très-belle plaine abondante en froment, & de l'autre de petits côteaux couverts de vignobles, de maisons de plaisance, de jardins & de plants d'oliviers. Elle a le golfe de Venise au septentrion, l'Apennin au midi. La rivière de Maréchia baigne ses murs au couchant, celle d'Ausa au levant. *Ri*, rivière. *Mynn*, entre. *A*, paragogique.

LE BOULONOIS.
BOLOGNE.

CETTE Ville est ancienne. Pline, *l. 3, c. 15*, dit qu'on l'avoit autrefois nommée *Felsina*, & qu'elle étoit alors la Capitale de la Toscane. Tite-Live, *l. 33, c. 37*, la nomme aussi *Felsina*. Silius Italicus, *l. 8*, l'appelle *Bononia*. Voici la description que Misson fait de cette Ville.

L'Apennin s'humilie & se change insensiblement en riches côteaux en approchant de Bologne, & cette Ville est située justement à l'entrée de la plate campagne, au pied de ces côteaux. . . . . . Elle est la seconde Ville de l'État Ecclésiastique. On assure qu'elle est un peu plus grande que Florence, plus peuplée d'un tiers, & même plus riche.

L'Auteur des délices de l'Italie, après avoir dit que Bologne est une des plus grandes, des plus belles & même des plus anciennes Villes de cette Région, ajoûte que lorsque l'on fort de Bologne la vuë a de quoi se contenter de tous les côtés; ce ne sont que plaines, que côteaux, que collines agréables & fertiles, comme parsemées de maisons de plaisance qui font un aspect merveilleux; & quoique le mont Apennin s'étende jusqu'aux murailles de cette belle Ville, la pente en est si douce & si facile, que l'on se rend sans peine à Piamora, qui est un Village fort agréable, à dix milles de Bologne. *Bonn*, extrémité. *Wn*, prononcez *On*, montagne. *Bel* ou *Fel*, grasse. *Din*, en composition *Zin*, habitation. On appelle aujourd'hui cette Ville Boulogne la grasse.

LE FERRAROIS.

LES VALLÉES DE COMACHIO.

ON appelle ainsi un étang du Ferrarois. Il s'étend entre les bras du Po de Volana & du Po de Primaro vers le Polesin de saint George; il est divisé en plusieurs parties, qu'ils appellent vallées, par quelques petites Isles. Il peut avoir près de cinquante mille pas de circuit. Il est important à cause de ses Salines, & se rend dans le golfe de Venise au Port de Magnavacca. Cet étang, ou pour s'exprimer plus correctement, ce lac prend son nom de la Ville de Comachio dont nous allons parler.

LA VILLE DE COMACHIO

EST située entre des marais que l'on nomme les Vallées de Comachio; elle est très-peu habitée à cause du mauvais air qui y règne, & il n'y a guères que des Pêcheurs, *Chom*, *Com*, demeurer, s'arrêter. *Ach*, eau. *Y*, habitation. *Comachy*, habitation de l'eau qui s'arrête, qui séjourne, qui ne coule pas, c'est-à-dire habitation dans un marais, dans un lac.

LA TOSCANE.

GRANDE partie du Pays des anciens Étrusques ou Étruriens, *Etrusci*, *Etruri*. Ce Peuple avoit été assez habile, & avoit trouvé des voisins assez sots pour leur persuader qu'il connoissoit l'avenir en considérant le vol des oiseaux, les entrailles des animaux, &c. Les Romains appellerent Augures ceux des Étrusques qu'ils invitèrent à venir exercer parmi eux cette prétendue science, & ils leur donnèrent tant de confiance, qu'ils remettoient à leur décision les évènemens les plus importans de l'État. *Édrych* ou *Étrych*, ou *Étruch*, *Étrus*, voir, considérer, examiner, observer: on peut encore donner une autre étymologie de ce nom. Catulle donne aux Étrusques l'épithéte de gras. *Dru*, *Druh*, *Drus*, ou *Tru*, *Truh*, *Trus*, gras. *E*, paragogique. *Re*, hommes. *Gvvys*, hommes.

FLORENCE.

ELLE est ancienne, & étoit déja considérable dès le temps de Sylla. Florus, *l. 3, c. 21*, la compte entre les plus illustres Municipes qui furent vendus à l'encan. Tacite, *Annal. l. 1, c. 79*, la compte entre les Municipes & les Colonies. » On écouta, dit-il, les requêtes des Municipes & des Colonies. Les Florentins » supplioient que l'on ne détournât point le Clanis de son lit ordinaire pour le conduire dans l'Arne. » Cette Ville est située dans un des plus beaux endroits du monde. Des côteaux très-fertiles, chargés de toutes sortes de fruits, l'environnent de toutes parts, excepté du côté de Pise, où il y a une plaine qui a plus de quarante milles d'étendue. Cette situation forme à la vuë une espèce d'amphithéatre, dont cette charmante Ville est comme l'arene. L'Apennin, auquel ces côteaux vont s'unir, la met à couvert des vents du Nord d'un côté, & des trop grandes chaleurs du midi de l'autre. La rivière d'Arne, enflée de quantité de ruisseaux, la coupe en deux parties, & le Magione la borde & se jette dans l'Arne à une de ses extrémités. La grande quantité de Palais & de maisons de plaisance dont les côteaux qui l'environnent sont parsemés, fait un effet admirable à la vuë; & quand vous la regardez de quelque lieu élevé, comme par exemple du haut d'une de ses tours, il vous paroît que ses Fauxbourgs s'étendent jusqu'à quatre ou cinq milles de la Ville. Enfin on peut dire que cette fertile & délicieuse vallée est un des Pays du monde le plus habité. *Fflwr*, prononcez *Flor*, belle. *Ant*, en composition *Ent*, vallée.

AREZZO.

ARETIA, sur une élévation. *Ar*, élevée. *Ty*, habitation.

CARARA.

CETTE Ville est sur une colline, au pied des montagnes, où sont de belles carrières de marbre. Elle doit sa réputation au beau marbre que l'on en tire. *Car*, belle. *Ar*, pierre. *Carar*, belle pierre.

SUR LA LANGUE CELTIQUE.

CHIUSI.

CLUSIUM, près des marais de la Chiana. *Cel*, prononcez *Kel*, grand nombre, beaucoup. *Lus*, marais. *I*, auprès.

CORTONE.

CORTONA, sur une haute montagne. *Cawr*, élevée. *Ton*, montagne.

FIESOLI.

FESULAE, sur la cime d'une montagne. *Pes* ou *Fes*, montagne. *Ul*, cime.

LUNA.

ANCIENNE Ville, aujourd'hui détruite, qui étoit au bord du Macra. *Luh*, rivière. *Neh*, près.

PISE.

PISA, est une Ville ancienne, qui a été autrefois très-riche & très-peuplée. Elle est coupée par l'Arne, qui y fait une courbure que les bâtimens suivent. *Pis*, courbure. *A*, rivière.

PISTOYE.

PISTORIA chez les Anciens, est située dans une Contrée fort abondante en tout ce qui est nécessaire à la vie. *Buorta*, *Pitoria*, excellente.

RUSELLAE.

VILLE très-ancienne, étoit située sur une hauteur. Ses ruines ont servi à bâtir la Ville de *Moscona*, près des eaux minérales appellées *Bagni di Rosellle*. *Ros*, hauteur. *El*, Ville.

SERAVALLE.

CHATEAU situé sur une colline, qui forme le val de Nievole. *Ser*, colline. *Val*, vallée : ou *Serra*, fermer.

SIENNE.

SENA dans l'Antiquité. La situation de cette Ville est admirable, étant au milieu des montagnes, qui la rendent très-forte d'assiette ; elle est bâtie de telle manière, qu'à la réserve d'une seule rue, qui semble être comme sur le dos de la montagne, & qui traverse la Ville depuis la porte Florentine jusqu'à la Romaine, toutes les autres sont tortues, & il faut toujours monter ou descendre. La Ville est environnée de tous côtés d'une vallée qui lui sert de fossés, particulièrement du côté de la porte de Florence, où elle semble former une Citadelle. Cette vallée est entourée d'autres montagnes couvertes de vignes & d'agréables métairies des Citoyens. L'air y est admirablement bon, & la propreté de la Ville fait que jamais il n'est corrompu. *Sen*, élevation, colline. *A*, sur.

TALAMONE.

ANCIENNEMENT Telamon, est situé à l'extrémité d'une pointe de rocher escarpée. *Taith*, coupé, escarpé. *Man*, *Mon*, pierre, roc.

VETULONIUM.

ANCIENNE Ville, dont les ruines conservent encore aujourd'hui le nom de *Vetulia*, avoit des eaux chaudes, qui pouvoient passer pour une des principales curiosités de la Toscane ; car Pline nous assure que malgré la chaleur extrême de ces eaux, on y trouve des poissons en vie. Busbeq a vu un lac ou une fontaine semblable à Bude en Hongrie. *Beth*, *Veth*, chaudes. *Liwn*, prononcez *Lon*, eaux.

VOLTERRE.

VOLATERAE. Strabon dit que cette Ville est dans une vallée, de façon toutefois que la Forteresse qui la défend est sur une colline. Les Voyageurs modernes nous la représentent sur une colline. Les environs de cette Ville sont fort fertiles & fournissent des métaux, du soufre, des eaux médicinales, de l'azur, de l'albastre, de la pierre noire, de la terre blanche, rouge & noire, quantité de porphyres, serpentins, cassidoines, & semblables pierres précieuses. *Wolo*, richesses. *Ter*, terre. *Volter*, terre, contrée riche.

LA RÉPUBLIQUE DE LUCQUES.

LUCQUES

EST située sur le Serchio, au milieu d'une petite plaine fertile & entourée de petits côteaux agréables. Son circuit n'est que de trois milles & quelque chose de plus ; mais ses maisons sont fort élevées, & le nombre de ses Habitans est assez grand. Ses rues sont larges, droites & bien pavées. On y voit d'assez beaux édifices, & plusieurs places spacieuses & quarrées. Son principal trafic est en soye, dont ses Habitans font des étoffes de diverses sortes avec tant d'adresse, qu'ils ont acquis le nom d'industrieux, *Lucca l'industriosa*. On y rencontre aussi les meilleures olives de toute l'Italie, & par conséquent la meilleure huile, il s'y en fait un assez gros commerce. *Luc*, rivière. *A*, près.

LA SARDAIGNE.

ISLE appellée *Sardon* chez les Grecs, *Sardonia* dans Pline & dans Solin. Tous les Anciens ont parlé de la fertilité de la Sardaigne, & en même temps du mauvais air qui y règne. Mela, *l. 2, c. 7*, dit: La Sardaigne est fertile, & la terre y est meilleure que le Ciel ; mais autant que la terre y est féconde, autant l'air y est empesté. Polybe, *l. 1, c. 79*, s'exprime ainsi : La Sardaigne est une Isle excellente par sa grandeur, la quantité de ses Habitans, & le produit de son terroir. On la comptoit entre les magasins de Rome. Ciceron, dans l'Oraison pour la Loi *Manilia*, *c. 12*, dit: Pompée, sans attendre que la saison fût bonne pour se mettre en mer, passa en Sicile, visita l'Afrique, aborda en Sardaigne, & s'assura par de fortes garnisons, & par des flottes de ces trois magasins de la République. Mais il faut distinguer les endroits de l'Isle, elle n'est pas également fertile par tout. Claudien, *de bello Gildonico*, l'a bien exprimé :

> *Quæ pars vicinior Afris*
> *Plana solo, ratibus clemens, quæ respicit Arcton,*
> *Immitis, scopulosa, procax, subiitsque sonora*
> *Fluctibus.*

Silius avoit dit de même :

> *Insula sinctisono circumvallata profundo*
> *Castigatur aquis, compressaque gurgite, terras*
> *Enormes cohibet. . . . .*
> *Quà videt Italiam, saxoso torrida dorso,*
> *Exercet scopulis latè freta, pallidaque intùs*
> *Arva coquit, nimium Cancro fumantibus austris ;*
> *Catera propensa Cereris nutritâ favore.*

Pausanias y est conforme. Selon lui, *in Phocic.* la partie septentrionale de l'Isle, du côté de l'Italie, a des montagnes inaccessibles, qui se touchent l'une à l'autre, & aboutissent au rivage.

Les anciens Auteurs Grecs & Latins disent que cette Isle ressemble à la plante du pied, à une sandale ou semelle qui s'attachoit sous le pied.

> *Humanæ speciem plantæ sinuosa figurat*
> *Insula: Sardiniam veteres dixêre Coloni*, dit Claudien.

C'est pourquoi Timée l'appelloit *Sandaliotis*, ressemblante à une sandale ; & Myrsile *Ichnousa*, d'*Ichnos* vestige, trace que la plante du pied laisse sur le sable. Ces deux noms grecs rendoient la signification du nom de *Sardrn* que lui avoient donné les premiers Habitans. *Sarden*, trace, vestige que le pied laisse en marchant.

CAGLIARI.

CALARIS, est divisée en Ville haute & basse. La première est sur la pente d'une colline ; la seconde au pied sur le bord de la mer. Cette Ville basse, (qui à raison du voisinage de la mer & du port est sûrement la plus ancienne,) est toujours fort sale & fort boueuse. *Cailhar*, boue.

LA CORSE.

CORSICA chez les Anciens, doit son nom au grand nombre d'angles & de promontoires qu'elle forme. *Insula Corsica multis promontoriis angulosa est*, disent Æthicus, Orose & Isidore. *Cor*, promontoire. *Corsig*, adjectif formé de *Cor*, plein de promontoires. Le nom de *Cyrnos* que lui donnoient les Grecs rend le même sens. *Cyrn*, angles.

L'ISLE D'ELBE

EST abondante en mines d'aimant, de fer, d'étain, de plomb, de soufre & de vitriol. On y voit une fontaine merveilleuse, qui augmente ou diminue selon l'accroissement ou décroissement du jour. *Ebe*, le reflux de la mer.

ÉNOSINA.

PETITE ISLE près de la Sardaigne, dont parle Pline, aujourd'hui Isle de San Antiogo. *Enes*, Isle. *Enesin*, diminutif.

ADDITIONS ET CORRECTIONS.

Page 5. Ajoûtez aux exemples de la Langue Allemande *Greinen*, rire & pleurer.

Page 19. Saint Magloire, depuis Évêque de Dol, fut un des Saxons insulaires, qui fuyant la persécution des Saxons, se réfugierent dans l'Armorique, où il prêcha, dit l'Auteur de sa Vie, parce que sa Langue étoit la même que celle du Pays. Mabillon, de l'Ordre Actes des SS de Saint Benoît.

Page 22. On voit par un passage d'Hincmar, que l'on apprenoit de son temps le Latin par méthode, ainsi qu'il se pratique aujourd'hui. Il y avoit donc encore alors une Langue vulgaire, une Langue d'usage différente de la Latine. *Est utique indecorum, ut cum illusione mea ad cunas infantilis Grammatica redires. Hoc enim quod mihi scribis respondere solebas in schola, quando nomina vel pronomina seu verba declinare, me jubente, insinuabaris.* Ép. 8, *ad Hincmarum Laudunensem.*

Page 27. Les Écossois Montagnards ont conservé leur ancien langage; ils parlent par conséquent Breton, puisqu'ils faisoient partie de la Nation Bretone.

L'Irlande n'étant séparée de la Grande Bretagne que par un petit détroit, on ne peut douter qu'elle n'en ait reçu ses premiers Habitans. Les Romains ne pénétrerent jamais dans cette Isle; & si dans la suite quelques essains d'étrangers s'y établirent, chacune de ces Colonies, toujours fort inférieure en nombre aux Naturels du Pays, n'a jamais pu leur donner sa Langue, mais au contraire s'est trouvée forcée par la nécessité du commerce d'adopter la leur. En effet, l'Irlandois & le Breton ou Gallois sont si semblables, qu'on voit aisément que ce ne sont que deux Dialectes d'une même Langue.

ISLE DE FRANCE.

ANDILLY.

VILLAGE de la vallée de Montmorency, situé sur un côteau. Ce Village est nommé Andely, Andilly dans des Chartres du douzième siécle. *Ant*, en composition *And*, vallée. *Tal*, en composition *Del*, élevation, côteau.

ARMINVILIERS.

PRès d'un grand étang. *Armin*, étang. *Viliers*, habitation.

BONIERES.

A une courbure du Terain. *Bon*, courbure de rivière. *Er*, près.

CAVE.

CAVA dans un ancien Historien, étoit autrefois un Village près d'un bois. Il ne subsiste plus aujourd'hui. *Cau*, bois.

CHAILLOT.

CALEYUM dans un titre de l'onzième siécle, est sur le haut d'un côteau, près de la forêt de Rouvret, dite depuis de Boulogne. *Cal*, élevation, côteau. *Lay*, en composition *Ley*, forêt.

CHARONNE.

KARONNA, dans un titre du douzième siécle, est sur la pente d'un côteau. *Car*, habitation. *Rhon*, élevation.

CHAU.

PRès d'une forêt. *Chod*, forêt.

CLIGNENCOURT.

SUR une montagne. *Clin*, *Clinen*, belle. *Court*, habitation.

DUEIL ou DEUIL.

DIOGILUM, *Dioilum* dans des monumens du neuvième siécle, près du lac Marchais. *Diog*, fosse, creux, enfoncement. *Gill*, eau.

EAUBONNE ou AUBONNE.

EST dans une plaine. Il y a longtemps, dit M. Lebœuf, qu'on écrit son nom eau bonne, & dès le treizième siécle les titres latins mettoient *Aqua Bona*. Cependant comme c'est un Pays assez sec, où les eaux ne Histoire de l'Eglise de Paris.

font pas même si bonnes qu'ailleurs, un Pays où il ne coule aucun ruisseau, mais seulement des torrens qui viennent des montagnes après les orages, il y a lieu de douter que le vrai nom latin doive etre *Aqua Bona*, & qu'on doive écrire en françois eaubonne, quoique cela se fasse ainsi depuis le siécle de Saint Louis. *Voyez* Aubonne dans le Comté de Bourgogne.

E R M O N.

VILLAGE. D'*Er*, article. *Mon*, habitation. Il n'est point sur une montagne.

G R O L A Y.

GREULIDUM dans un titre du neuvième siécle, a pris son nom de *Greulys*, seneçon, mouron d'eau.

H A U T I L E.

VOICI la description que Boileau a faite de ce Village & des environs, exactement & d'après nature.

C'est un petit Village, ou plutôt un Hameau
Bâti sur le penchant d'un long rang de collines,
D'où l'œil s'égare au loin dans les plaines voisines.
La Seine au pied des monts que son flot vient laver,
Voit du sein de ses eaux vingt Isles s'élever,
Qui partageant son cours en diverses manières,
D'une rivière seule y forme vingt rivières.
Tous ses bords sont couverts de saules non plantés,
Et de noyers souvent du passant insultés.
Le Village au-dessus forme un amphithéatre,
L'Habitant ne connoît ni la chaux ni le plâtre :
Et dans le roc qui céde & se coupe aisément,
Chacun sçait de sa main creuser son logement.

Al ou *Au*, roc. *Tyll*, creusé.

H Y E R E S.

CE Village renferme une des plus belles sources qu'on puisse voir. La nature a fait seule les frais des ornemens de cette fontaine, qui sort du roc en grande abondance, sous de grands maronniers & des peupliers blancs, dont les branches se plaisent à former une ombre qui invite au repos. *Yen* ou *Y*, source, *Reh*, roc : Ou *Y*, source. *Eres*, admirable, surprenante : Ou enfin *Y*, source. *Re*, abondante.

L I A N C O U R T.

LA situation de ce Village, à la chute de plusieurs montagnes, est extrêmement favorable aux eaux qui s'y rendent de toutes parts en grande abondance. *Lliant*, eaux. *Court*, habitation.

L E M A R C H A I S.

FIEF enclavé dans la Terre de Grolay. Il est au milieu des vignes dans un petit enfoncement. C'est un quarré d'environ un demi-arpent d'étendue, entouré de saules & rempli d'eau. On le voit quelquefois à sec, & il reste ainsi plusieurs années, après quoi il se remplit en une nuit par-dessous la terre. Cette piéce d'eau est d'une certaine profondeur. Elle est appellée *Lacus Mercasii* dans un Auteur du neuvième siécle. *Mer*, eau. *Cas*, avanture, accident, cas inopiné. *Mercas*, eau qui vient par avanture, par cas inopiné, sans cause apparente.

M A R G E N C Y.

Histoire de l'Eglise de Paris.

EST situé sur le même côteau qu'Andilly. M. Lebœuf dit qu'apparemment le nom de ce Village vient de *Marg*, terre grasse. *Marga* ou *Marg* signifie effectivement en Celtique, marne, terre grasse.

M E U L A N.

OU : *Mell*, brisé, partagé. *Ant*, en composition *Ent*, fleuve. Meulan est à un partage de la Seine.

M O N T M A R T R E.

AJOUTEZ : Ou *Marc*, coupure. *Mercore*, qu'on coupe. La montagne de Mont Martre est pleine de carrières de plâtre.

P A C Y.

SUR une montagne, au bord de la Seine. Il y a des sources d'eaux minérales. *Peach*, *Pach*, montagne. *Y*, sources.

S A I N T P R I X.

Spicilége. T. III.

ANCIENNEMENT *Tor*, Village sur un côteau. Un des Continuateurs de la Chronique de Nangis parlant à l'année 1358 des Paysans des environs de saint Leu, d'Esserent & de Clermont en Beauvoisis, qui s'étoient choisis un Capitaine du lieu de Merlou, appellé Guillaume Varle, ajoute qu'étant venus à Tour, Village de France, qui étoit un Château très-fortifié, ils y firent une irruption, & y blesserent mortellement plusieurs Gentilshommes & plusieurs femmes qui s'y étoient retirés ; & qu'étant approchés de Paris, ils en firent

ET CORRECTIONS.

autant dans les Villages voisins. Ce trait d'histoire ne peut convenir qu'au Village dont nous parlons, qui s'appelloit alors Tor ou Tour. *Tor*, Forteresse, Château fortifié.

SOISY LE VIEUX.

EST au pied d'une montagne, autrefois couverte de bois. *Soit*, bois. *Cy*, habitation.

STAINS.

SETENAE dans les plus anciens titres qui en parlent, (ils sont du treizième siécle,) est situé sur une montagne. *S*, article. *Ten*, montagne.

STERIT.

Au bord de la Seine. *Ster*, rivière. *It*, près.

TERNES.

VILLAGE. De *Tarn* ou *Tern*, petit. *Voyez* Busy, Byan dans le Comté de Bourgogne.

TRICINES.

TRICINA dans un ancien Historien. C'est un diminutif de *Tric*, habitation.

VILLE - TANEUSE.

VILLA TINOSEA dans les plus anciens titres qui en parlent, (ils sont du douzième siécle.) Dans un vieux titre françois on lit Ville teigneuse. Au nord de ce Village, à côté de Montmagny, la montagne étoit couverte de bois. *Vill*, habitation. *Tan*, *Ten*, *Tin*, forêt. *Tanos*, *Tinos*, de forêt.

LA PICARDIE.

BOULOGNE.

LE Phare de Boulogne est appellé la Tour d'Ordre. Son ancien nom étoit *Odraus*, comme on l'apprend de l'Auteur de la Vie de saint Folcuin, Évêque de Terouenne. *Ex ea parte quam Bononia Urbs & Odraus occupat Farus, facilis ad Britanniam est transitus.* D'*Odraus* est venu Ordre. *O*, article. *Tren* ou *Tran*, en composition *Drau*, trajet. Le Fare d'Odrau, le Fare du trajet.

CALET.

Au bord de la Somme. *Cal*, près. *Llaith*, rivière.

DOURE.

Au confluent de deux rivières. *Dour*, rivières. *Re*, deux.

ÉTAPLES.

Voyez 354

HOUSSE.

Hws, prononcez *Hous*, nom appellatif d'habitation, devenu propre de celle-ci.

LUCHY.

Au bord d'une rivière. *Lwch*, rivière. *I*, près.

TREU.

NOM appellatif d'habitation, devenu propre de celle-ci.

LA CHAMPAGNE.

RHEIMS.

ON lit dans la Notice de l'Empire Romain, qu'il y avoit une fabrique d'épées dans cette Ville: *Fabricam Rhemensem spathariam*. Cette Ville peut avoir pris de là le nom de *Durocorium* qu'elle porte dans César. *Durc*, poignard, épée. *Orddwyo* ou *Ortwyo*, fabriquer.

AICOTE.

Au bord d'une rivière, près d'un bois. *Ai*, rivière. *Cot*, bois.

APPOIGNY.

SUR une petite élévation. *Apen*, élévation. *Apennig* ou *Apenni*, petite élévation.

ADDITIONS

A T A N C O U R T.
Près d'une rivière & d'une forêt. *A*, rivière. *Tan*, forêt. *Court*, habitation.

A U B E R V I L L E.
A une embouchure de rivière dans une autre. *Ober*, embouchure. *Ville*, habitation.

A V E N E T.
Au bord d'une rivière. *Aven*, rivière. *Et*, près.

B É R E.
Au bord d'une rivière. *Ber*, rivière.

C O N D E T Z.
A un confluent. *Cond*, confluent. *Et*, près.

É P E R N A Y.
Ou : *Éper*, embouchure. *Nés*, près. Épernay est à l'embouchure d'une petite rivière dans la Marne.

R U M A Y.
Au bord d'une rivière. *Ru*, rivière. *May*, habitation.

V I T R Y   L E   B R U L É.
: Ou *Vic*, habitation. *Tor*, embouchure. *Ach* ou *Iach*, rivière. Cette Ville est située à l'embouchure d'une petite rivière dans le Saux.

L A   B O U R G O G N E.

L A   C U R E.
Cuvr, nom appellatif de rivière, devenu propre de celle-ci.

L A   T I L L E.
Cette rivière a plusieurs branches qui se joignent. Après avoir réüni tous ses bras, elle se partage de nouveau en plusieurs branches, & s'épanche dans les terres l'espace de trois quarts de lieuë de large & forme un marais. *Tyllos*, *Tyllus*, partagée : Ou *Diluvv*, *Tyluvv*, déluge, inondation, épanchement.

A R N A Y - L E - D U C.
Dans un vallon, proche la rivière d'Arroux. *Ar*, près. *Na*, rivière. *Cum*, vallon.

C H A L O N.
: Ou *Caubill*, bâteaux. *Llon*, plein, rempli.

C U I S E R Y.
Sur un tertre, au pied duquel passe la Seille. *Cwi*, rivière. *Ser*, élévation. *Sery*, petite élévation, tertre.

M O N T B A R.
: Ou *Mont*, élévation. *Bar*, sur.

N E V Y.
Près de la Loire. *Nes*, près. *Wi*, rivière.

P I S S Y.
Sur une montagne, dont le Serin lave le pied. *Pi*, montagne. *Swi*, en composition *Syi*, rivière.

S A I N T   J E A N   D E   L A U N E.
: Ou *Llaith*, *Lath*, rivière. *Tonn*, partagée. La Saône s'y partage.

V E R D U N.
: Ou *Ver*, confluent. *Dun*, habitation.

ET CORRECTIONS.

LA BRESSE.
BAUGÉ.
BALGIACUM, sur une hauteur. *Bal*, élévation, hauteur. *Gwick*, habitation.

LE LYONNOIS.
ALIX.
PRÈS d'une source. *Al*, près. *Lix*, eau.

NEIRON.
PRÈS d'un partage du Rhône. *Nar*, en composition *Ner*, partage. *On*, rivière.

L'AUVERGNE.
ARDES.
LE Pays des environs de cette Ville est si abondant en bled, quoique situé dans la montagne, qu'il a été surnommé Fromental. Nul Pays n'est si abondant en gibier. *Ard*, froment.

GRÉSE.
GREDO dans Gregoire de Tours, étoit autrefois un Château fort, situé sur une montagne. C'est aujourd'hui un Village, au pied de la montagne. *Gred*, Forteresse.

HERMANE.
SUR une montagne. *Er*, sur. *Man*, montagne.

MEROLIAC.
MEROLIACUM dans Gregoire de Tours, qui le décrit ainsi :
» Cette place est bâtie sur un roc élevé de cent pieds au-dessus de la plaine, & escarpé tout à l'entour. Elle
» étoit d'une si grande étendue, que dans l'enceinte des murailles on y labouroit, & on y recueilloit assez de
» bled pour nourrir les Habitans & la garnison. Il y avoit un grand étang & des sources, dont l'eau étoit
» fort bonne. » *Mer*, grand. *Leach*, roc : Ou *Mer*, étang.

RANDAN.
: Ou *Randan*, Fort, Forteresse. C'étoit autrefois un Château fort. *Voyez* Randon en Languedoc.

LE DAUPHINÉ.
LA FONTAINE BRULANTE.
JE transcris le Pere Le Brun sur cet article, parce qu'il s'est transporté sur les lieux, & qu'il a examiné avec soin tout ce qu'il y a de réel dans cette merveille. Histoire des Pratiques superstitieuses.

» Saint Augustin a dit quelque part, que les mensonges dont on assaisonne le récit de certains *L. 1, c. IV.*
» faits, ont coûtume de les changer en fables. *Solent res gestæ aspersione mendaciorum in fa-*
» *bulas verti.* C'est ce qui est arrivé à l'égard d'une merveille du Dauphiné, à laquelle on a joint
» faussement une particularité que des Auteurs fameux ont donnée pour un fait constant. Cette
» merveille est ce qu'on appelle la Fontaine brûlante, merveille que le Sieur de Belleforest re-
» garde comme l'écueil de la Philosophie, & le désespoir des génies les plus pénétrans.

De ce même côté, dit-il, *& non guères loin de Grenoble, est cette fontaine mémorable, laquelle est* Cosmograp. t. 1, p. 322. *sans cesse flamboyante & bouillante, & à laquelle tout ce qui attouche & en est approché, ne faut aussitôt de brûler & être consumé, non sans merveille des miracles de la Nature, & ne sçache Philosophe, tant soit-il subtil & expert ès causes de la Nature, qui sçût rendre raison de cet accord perpétuel, qui est de si longtemps entre choses si diverses entre elles, qui sont l'eau & le feu; & lesquelles, suivant l'ordinaire de la naturelle inclination, ne peuvent être longuement ensemble, sans que l'une ou l'autre ne voye sa ruine. Et toutefois ici l'on voit le feu sortir de l'eau, & les bouillonnemens d'icelle engendrer des flammes ravissantes, & qui dévorent toute matière qui leur est offerte.*

» Il y a près de quatorze cens ans qu'on dit quelque chose d'approchant à Saint Augustin,

« Comme fur la fin du quatrième fiécle Grenoble devint célébre par le nom qu'elle reçut de
» l'Empereur Gratien, & par l'éminente piété de Saint Domnin qui en fut le premier Évêque,
» & qui affifta en 381 avec Saint Ambroife au Concile d'Aquilée, Saint Auguftin eut lieu
» d'être informé des particularités de Grenoble, & apprit qu'il y avoit tout auprès une fontaine
» qui allumoit les flambeaux éteints, & éteignoit ceux qui font allumés. » *De his autem quæ*

Lib. 22, *pofui non experta, sed lecta, præter de fonte illo, ubi faces extinguuntur ardentes, & accenduntur ex-*
c. 7, de Civ. *tinctæ, & de pomis terræ Sodomorum forinfecus quafi maturis, intrinfecus fumeis, nec teftes aliquos ido-*
Dei. *neos à quibus, utrùm vera eſſent audirem, potui reperire, & illum quidem fontem non inveni qui in*
Epiro vidiſſe ſe dicerent, ſed qui in Gallia ſimilem noſſent, non longè à Gratianopoli Civitate.

» Ce récit n'eft pas tout-à-fait auffi éloigné de la vérité que celui de Belleforeft. Il eft conf-
» tant que l'eau du lieu dont on parle éteint les flambeaux allumés, & il s'eft pu faire qu'auprès
» du ruiſſeau qui y coule, il y eût une ouverture où les flambeaux éteints s'allumaſſent; mais
» ce qu'on a affuré que l'eau même brûloit & allumoit les flambeaux, eft une pure fable. En
» 1699 j'examinai ce lieu avec foin, & voici tout ce que je pus découvrir.

» Dans l'endroit qu'on appelle la Fontaine brûlante, à trois lieuës de Grenoble, auprès du
» Château de Miribel, on voit une terre d'environ trois ou quatre toifes quarrées, & d'où fort
» ordinairement de la flamme ou de la fumée. Cette terre eft rougeâtre, chaude au toucher,
» elle prend feu fort facilement, & répand toujours une odeur de foufre affez forte. Un tems
» chargé de nuages, quelquefois même une petite pluye suffifent pour l'allumer, & une pluye
» rude avec un grand vent l'éteint. Si on y préfente de la paille allumée, elle prend feu auſſitôt;
» & fi l'on creufe avec un bâton, il en fort des flammes, à la faveur defquelles on apprête aifé-
» ment à manger.

» Un petit ruiſſeau coule au bas de cette terre, & c'eft ce qui a donné lieu à la méprife; car
» ce ruiſſeau ne pouvoit ce femble paſſer autrefois que dans l'endroit même où eft la terre qui
» brûle, parce qu'il y a d'un côté une montagne, & de l'autre de grandes mottes de terre affez
» élevées & fort inégales. Comme ce ruiſſeau eft actuellement affez avant dans la terre, je crois
» qu'il étoit couvert autrefois, & qu'il ne ſe montroit que dans l'endroit même où les flammes
» avoient fait quelque ouverture. Ainfi lorfqu'on préfentoit à cette ouverture des flambeaux
» éteints, ils s'allumoient; & lorfqu'on les plongeoit dans l'eau, il étoit tout naturel qu'ils
» s'éteigniſſent. C'en étoit affez pour faire croire à quelques perfonnes que c'étoit l'eau même,
» qu'on appercevoit par le trou, qui produifoit ces flammes. Le bruit s'en répandit, & l'on ap-
» pella cette eau la Fontaine qui brûle.

» Dans la fuite il a été fort facile de découvrir que ce n'étoit pas l'eau qui brûloit; car des
» torrens, après de grandes pluyes, ayant paſſé fur les mottes de terre, en ont emporté une
» grande partie, ont découvert le canal du ruiſſeau, & lui ont fait prendre fon cours un peu
» au-deſſous de la terre qui brûle.

Il faut que le Château de Miribel ait été bâti dans le temps que l'on croyoit que cette eau
étoit brûlante. *Mer*, *Mir*, eau. *Bel*, chaude, brûlante. Voyez Mirebeau en Bourgogne.

CONDRIEU.

: Ou *Cond*, confluent. *Riv*, rivières. Condrieu eft près de l'embouchure d'une petite rivière dans le Rhône

LAYE.

Au bord d'une forêt. *Lay*, forêt.

LOUP.

Sur une montagne. *Lop*, élevation.

PINET.

Au fommet d'une montagne. *Pin*, montagne. *Hed* ou *Het*, tête, fommet.

PUIS SAINT MARTIN.

Sur une montagne. *Puy*, montagne.

PUYMORE.

Sur une montagne. *Puy*, montagne. *Mor*, fur.

VALENCE.

: Ou *Val*, embouchure. *Ant*, habitation. Valence eft à l'embouchure d'une petite rivière dans le Rhône:
Ou *Val*, creux, cavité, caverne. *Ant*, en compofition *Ent*, rivière. Cette Ville eft près d'un trou, qui commençant dans l'Abbaye de Saint Pierre, traverfe affez loin fous le Rhône.

LE LANGUEDOC.

TOULOUSE.

Il y a dans cette Ville un Temple des anciens Gaulois, nommé la Daurade, au pied des murs duquel la Garonne flotte, & a toujours flotté. *Dor*, rivière. *Ad*, près.

ANDUZE.

Ou *And*, rivière. *Duz*, partagée. Cette Ville est à un partage de rivière.

LEUCATE.

: Ou *Llwch*, lac, étang. *At*, près.

LIMOUX.

: Ou *Li*, eaux. *Moul*, chaudes. Il y a des eaux chaudes près de cette Ville.

PEZENAS.

: Ou *Pis*, laines. *Cen*, belles.

RANDON.

Chateau fort, au siége duquel mourut le fameux Connétable du Guesclin. *Randon*, Fort, Forteresse, Château Fort.

SAVERDUN.

Sur une montagne, au pied de laquelle passe l'Arriege. *Sav*, rivière. *Er*, près. *Dun*, montagne.

VIGAN.

Est située au pied d'une belle montagne, dans un vallon arrosé d'une rivière. Il y a une belle source dans cette Ville d'où elle a tiré son nom. *Vi*, habitation. *Gan*, source.

L'ORLÉANOIS ET LA BEAUCE.

ÉPERNON.

A l'embouchure d'une rivière dans une autre. *Éper*, embouchure. *Non*, rivière.

FAY.

Dans une forêt, apparemment de hêtres. *Fay*, forêt de hêtres.

LEZAY.

Près de la Loire. *Lez*, près. *Ay*, rivière.

MER.

Au bord d'un ruisseau. *Mer*, ruisseau.

MILLANCÉY.

Il y avoit autrefois une Forteresse d'une hauteur surprenante, dont on voit encore à présent les restes. Elle étoit environnée d'un fossé large de quatre à cinq cens pas rempli d'eau vive, laquelle se perdoit dans la Saudre, proche des murs de Romorantin. *Milain*, fort. *Cae*, Chateau, Forteresse.

SEUR.

Au bord du Beuvron. *Swr* ou *Seur*, bord.

TOUR.

Au bord du Beuvron. *Tour*, rivière.

TREUES.

Treu, nom appellatif d'habitation, devenu propre de celle-ci.

VALLANÇAY.

Dans une vallée, à une courbure de rivière. *Val*, vallée. *Anc*, courbure. *Ai*, rivière.

VILLESAVIN.

Au bord d'une petite rivière. *Ville*, habitation. *Saw*, rivière. *Sawin*, diminutif.

ADDITIONS

LE BERRY.
BOURGES.
Ou *Aver*, *Avar*, confluent. *Te*, habitation. Bourges est au confluent de l'Eure & de l'Auron.

GRACAY.
A un confluent. *Grach* de *Grachell*, monceau, tas. *Ay*, rivières.

LYE.
Au bord d'une rivière. *Liex*, rivière.

VATTAN.
A un confluent. *Bat*, *Vat*, monceau, tas. *Tan*, rivières.

LE PERCHE.
MAGE.
Mag, nom appellatif d'habitation, devenu propre de celle-ci.

LE POITOU.

Je crois devoir ajoûter ici un article de Ducange. Le fer des armes de Poitiers étoit estimé autrefois. Jean Moine de Marmoutier, au livre premier de l'Histoire de Geoffroy, Duc de Normandie, dit qu'on apporta à ce Prince une lance de fresne, au bout de laquelle étoit un fer de Poitiers. *Allata est ei hasta fraxinea, ferrum Pictavense pratendens*. On lit dans un Poëme manuscrit :

    Sot glaive courte & grosse à fer Poitevinal.

  Ailleurs :

    Le droit Seignor n'en odrent, il guerpir.
    Eins le deffandent as acier Poitevins.

  Ailleurs :

    Par mi le cors mit l'acier Poitevin.

  Ailleurs :

    Il ceint l'épée de l'acier Poitevin.

  Ailleurs :

    Et fut armé for le cheval de pris.
    D'Auberc, d'Iaume, d'escu Poitevin.

POICTIERS.
Cette Ville est l'ancien *Limonum* dont il est parlé dans César. Elle est au confluent du Clain & d'une autre petite rivière qui y fait un grand étang, avant que de se jetter dans le Clain. Elle prit dans la suite, de même qu'un grand nombre de Villes des Gaules, le nom de son Peuple, & fut appellée *Pictavi*. *Llyn*, étang. *Mon*, embouchure. *Llynmon*, *Lymon*, étang à l'embouchure. Quelques manuscrits de César portent *Llinnonen*. Dans la première leçon on a supprimé l'*N* devant l'*M*. Dans la seconde on a changé l'*M* en *N*.

ANGOUMOIS.
CHARMEZ.
Sermanicomagus dans la Table de Peutinger, entre deux petites rivières. *Serr*, enfermée, entre. *Man*, petites. *Ic*, rivières. *Mag*, Ville.

LE LIMOSIN.
DORAT.
Sur la Seurre. *Dor*, rivière. *At*, près.

LA GUYENNE

LA GUYENNE.

CAMBE.
A une courbure de rivière. *Cambs*, courbure.

CAMY.
A une courbure du Lot. *Cam*, courbure. *I*, rivière.

GONDON.
Près d'un confluent. *Gond*, confluent. *Hom*, habitation.

MAGESC.
Au bord d'une rivière. *Mag*, habitation. *Esc*, rivière.

LA BRETAGNE.

TREVE.
Trev, nom appellatif d'habitation, devenu propre de celle-ci.

LA NORMANDIE.

L'ANDELE.
An, article. *Dale*, en composition *Dele*, rivière.

LA LESARDE.
Llasar, verd.

AUMALE.
Est appellé Aumarle dans Froissart.

CRETIN.
CARACOTINUM dans l'Itineraire, étoit un Château sur un côteau, au bord de la Seine, dont le Port étoit à l'embouchure de la rivière de Lezarde, où est située la Ville d'Harfleur. Ce Château étant sur un côteau à l'embouchure de la Seine, étoit placé avantageusement pour défendre l'entrée de cette rivière. *Voyez* Corbilum en Bretagne. *Carraca*, vaisseaux de charge. *Tin*, Forteresse.

LERY.
Au bord d'une petite rivière. *Lex*, près, bord. *Ry*, rivière.

LILLEBONNE.
Est l'ancienne Ville nommée dans l'Itineraire *Juliobona*. Un Auteur du neuvième siécle la qualifie de *Castrum quondam nobilissimum* : il l'appelle aussi *Civitas*. Cette Ville est au bord d'une petite rivière, qui y fait un contour. *Bon*, courbure, contour de rivière.

MANNEVILLE.
A l'embouchure d'une rivière dans une autre. *Man*, embouchure. *Ville*, habitation.

PONTEAUDEMER.
BREVIODURUM dans l'Itineraire d'Antonin; *Brevodurum* dans les Tables de Peutinger, est sur la Risle. *Briva*, *Breva*, Ville. *Dur*, rivière.

RADEPONT.
RITUMAGUS dans l'Itineraire d'Antonin, au bord de la rivière d'Andéle. *Rith*, rivière. *Tu*, bord. *Mag*, Ville.

SAINT LO.
Est l'ancienne Briovera. Il est sur la Vire. *Bria*, Ville. *Vera*, Vire.

Ppp

SOTTEVILLE.
Près d'une forêt. *Sot*, forêt. *Ville*, habitation.

VILLEDIEU.
Voyez 355.

LE COMTÉ DE BOURGOGNE.
LES RIVIÈRES DU COMTÉ DE BOURGOGNE.
LE DROUVENANT.
Petite rivière, qui tombe du trou d'un rocher. *Trou* ou *Drou*, trou. *Vaen*, rocher. *Nant*, rivière.

LA LANNE.
Lan, nom appellatif de rivière, devenu propre de celle-ci.

LE VANON.
Petite rivière fort tortueuse. *Van*, courbe, tortueuse. *On*, rivière.

LES MONTAGNES DU COMTÉ DE BOURGOGNE.
MONT ROLAND.
Cette montagne a sur sa cime une plaine d'environ mille pas de circonférence. Cette montagne est presque toute de rochers, quoique légérement couverts & avec un peu de fond. Ses pentes n'ont pas laissé de se revêtir diversement de petits boccages ou bois taillis assez agréables. Du côté du couchant se voyent les carrières fameuses d'où l'on tire une belle pierre jaspée, qui du nom du plus voisin Village, s'appelle pierre de Sampan. *Roh*, roc. *Lan*, plein : Ou *Rhull*. *Rholl*, large. *Len*, *Lan*, cime.

LES FORÊTS DU COMTÉ DE BOURGOGNE.
CHAILLUC.
: Ou *Cal*, en composition *Chal*, côte. *Lug*, bois.

BESANÇON.
L'Arc de triomphe de cette Ville s'appelle la Porte-Noire, parce qu'au côté droit de ce monument, il y avoit un grand bassin, dans lequel tomboient les eaux du canal d'Arcier, pour se distribuer de là dans toute la Ville. On a vu les restes de ce vaste réservoir, lorsqu'on a creusé pour faire les fondations de la maison du Secrétaire du Chapitre de l'Église Métropolitaine. *Nouer*, eau. La Porte Nouer, la Porte des eaux. *Voyez* Noirecombe dans le Comté de Bourgogne, & la Montagne noire en Languedoc.
Le Mont Celius de *Cal*, roc. *Celig*, *Celiv* de roc. Cette montagne est de roc.

ARBOIS.
FARAMAN, nom d'un Fauxbourg d'Arbois, qui est le long de la rivière. *Var*, prononcez *Far*, sur, près. *Aman*, rivière.

ARO.
ARHOS, nom appellatif d'habitation, devenu propre de celle-ci.

ATOSE.
Sur un ruisseau, qui, après avoir fait tourner des moulins, se creuse un passage dans la terre pour s'y plonger. *A*, eau. *Toch* ou *Tos*, qui creuse.

AUDECHAUX.
Au bord d'une forêt. *Aud*, bord. *Chod*, en composition, *Choz*, forêt.

AULMONIERE.
Voyez Varsia.

ET CORRECTIONS.

AUVILLÉ.
Près de plusieurs étangs. *Av*, étang. *Vill*, *Villé*, habitation.

BESIN.
Besanum, dans une Charte du douzième siécle. *Besan*, petit. *Voyez* Ternes dans l'Isle de France.

BETONCOURT.
A une courbure de rivière. *Bae*, sinuosité, courbure. *Ton*, rivière. *Court*, habitation.

BOUGINON.
A une courbure du Doubs. *Bog*, *Boug*, arc, courbure. *Non*, rivière.

BUTHIER.
: Ou de *Bothar*, *Buthar*, nom appellatif de Village, devenu propre de celle-ci.

BYHAN.
De *Byhan*, petit. *Voyez* Besin.

CHALLIN.
Au bord d'un lac. *Cal*, en composition *Chal*, près. *Llyn*, lac.

CHAMESOT.
A une petite distance d'un bois, qu'il touchoit peut-être autrefois. *Cham*, habitation. *Sot*, forêt : Ou *Chamesot*, diminutif de *Cham*.

CHANAN.
Sur une élevation, près d'une fontaine d'où sort un ruisseau. *Chan*, élevation. *Nan*, ruisseau.

CHARMONT LE VIEUX.
A l'embouchure d'une rivière dans la Lanne. *Car*, en composition *Char*, habitation. *Mon*, embouchure.

COGNAC.
Près du confluent de deux petites rivières. *Voyez* Cognac en Guyenne.

DANJOU.
Près d'une forêt. *Dan*, forêt. *Gou*, *Jou*, habitation.

ÉZINCOURT.
Près d'une forêt, dans laquelle il étoit apparemment autrefois. *E*, dans. *Din*, en composition *Zin*, forêt. *Court*, habitation.

GOURDENNE.
Chateau ruiné, qui étoit sur une colline, & environné de bois. *Gor*, *Gour*, élevation. *Den*, bois.

ILLAY.
Près d'un bois. *I*, près. *Lai*, bois.

LAIRE.
Près d'un bois. *Lai*, forêt. *Res*, habitation.

LANDRESSE.
Village dont le territoire est très-fertile. *Lan*, sol, territoire. *Dres*, fertile.

LEUGNEY.
Est sur un ruisseau, dont la source est à une demi-lieuë. Il n'y a point d'étang dans ce Village. *Llwu*, eau, coulant d'eau. *Ey*, diminutif.

LO.
Dans un endroit bas, entouré de terreins plus élevés, ensorte que lorsqu'il pleut il s'y forme un amas d'eau qui séjourne. *No*, eau séjournante.

LORAY.
Corrigez. *Lawr*, sol. *Rhe*, roc.

LUXEUIL.
On y a trouvé plusieurs inscriptions. Une des plus remarquables, qui a été conservée dans un ancien manuscrit de l'Abbaye, est conçue en ces termes :

LVXOVIO ET BRIXIÆ
C. IVL. FIRMAN. IVSS.
V. S. L. M.

ADDITIONS

On indique dans cette inscription la principale qualité des eaux de Luxeuil, qui eft d'être fouveraines contre la gale & les maladies de la peau. *Brix*, gale, lépre, dartre, maladie de la peau. *Ias*, qui guérit. On voit toutes les années à Luxeuil des guérifons furprenantes en ce genre. Ceux qui font accoûtumés au langage des infcriptions, fçavent que l'*&* eft ici fuperflu. *Soli & Mithrae* ne dit rien de plus que *Soli Mithrae*. *Luxovio & Brixiae* ne dit rien de plus que *Luxovio Brixiae*.

M. de Boynes, Intendant de Franche-Comté, attentif aux avantages de cette Province, a entrepris de réparer les bains de Luxeuil. Il y fait travailler avec ardeur, & l'on a lieu d'efpérer qu'ils feront bientôt auffi commodes qu'utiles. En creufant pour cet effet dans les vieux bains, on trouva le 23 juillet 1755 l'infcription fuivante:

LIXOVII THERM.
REPAR. LABIENVS
IVSS. C. IVL. CÆS.
IMP.

Labienus a réparé les bains de Luxeuil par ordre de *Caïus Julius Céfar*, Général des Troupes Romaines. C'eft ainfi qu'il faut traduire le terme *Imperator;* car Céfar n'y avoit pas encore attaché l'idée de Souveraineté. Labienus fut le Lieutenant de Céfar pendant la guerre des Gaules. *Voyez* Greoux en Provence.

LUZET.

Au bord d'une rivière. *Luz*, rivière. *At*, en compofition *Et*, près, au bord.

MANDREVILLE.

Au pied d'une montagne. *Mand*, montagne. *Tre*, en compofition *Dre*, près, *Vill*, habitation.

MARRA.

Près d'un étang, qu'on vient de deffécher. *Mar*, étang. *A*, près.

MONTBOSON.

Ajoutez. Ce Bourg eft nommé *Mons Bofo* dans un monument du treizième fiécle; ce qui montre que Bofon n'eft pas ici un nom d'homme.

MONTENOY.

Près d'une forêt. *Mon*, habitation. *Ten*, forêt. *Tenoed*, de la forêt.

MONTMIREL.

Ou *Mur*, pierre. *Murel*, *Mirel* en compofition pierreux. Ce Village eft fur un mont pierreux.

MOUSTIER.

Près de ce Bourg il y a une caverne, où l'on voit une fource d'eau intariffable. Cette caverne fe nomme Baumaché. *Baum*, caverne. *Aches*, eau.

Près du même Bourg, il y a une chute d'eau fort confidérable, que l'on appelle Syratu. *Swy*, en compofition *Syyi*, eau. *Raiadr*, *Rhaiat*, chute, cataracte.

NOMMAY.

Au bord d'une rivière. *Non*, rivière. *May*, habitation.

PUGEY.

Ou *Pugey*, petit. *Voyez* Byhan.

LE PUY.

Sur une élevation. *Puy*, élevation.

QUINGEY.

Ajoutez. Cet endroit eft appellé *Quingi* dans un titre de 1312. C'eft le plus ancien de ceux où il eft parlé de cette Ville.

ROUGEMONT.

Ajoutez. Ce Bourg eft nommé *Roigemont* dans plufieurs épitaphes de l'Abbaye de Bellevaux des treizième & quatorzième fiécles.

RUP.

On lit toujours Ruppes dans Monftrelet.

SAUCY.

Au bord du Lougnon. *Saw*, rivière. *Cy*, habitation.

ET CORRECTIONS.

SAUL.
Il y a deux Villages de ce nom, chacun sur une élevation.

SELONCOURT.
Au bord du Doubs. *Sal*, en composition *Sel*, près. *On*, rivière. *Court*, habitation.

VANCLAN.
Dans une espèce de trou, entre une montagne & une colline, ensorte qu'il est presque entièrement caché. *Van*, habitation. *Clan*, bas, creux : Ou *Cal*, en composition *Cel*, élevation. *Am* ou *An*, entourée.

VARSIA.
La route romaine de Besançon à Langres passoit à *Segobovium* Seveux, de là à Varsia. A Aulmoniere, à une lieuë de Champlitte, la levée romaine subsiste encore en entier. On y voit beaucoup de ruines. Cet endroit se trouve à la distance de Besançon où est marquée Varsia. Toutes ces circonstances me font croire que c'est là qu'il faut placer cet ancien lieu. *Vars* signifie en Celtique une Forteresse. Une Ville forte convenoit bien en ce lieu, qui étoit sur la Frontière des Langrois & des Séquanois.

VAUDREY.
Près de grands bois. *Vod*, bois. *Ré*, grands.

VESOUL.
: Ou *Vaes*, prairie. *Ol*, abondante. Vesoul est auprès d'une prairie très-fertile.

VILLAFANS.
Il y a près de ce Bourg une côte nommée Crou, qui est presque toute de gravier. *Cro*, *Crou*, gravier.

VINCEN.
Sur un tertre de terre blanche. *Vin*, blanc. *Can*, en composition *Cen*, tertre.

USSELLE.
Sur une élevation. *Uchel* ou *Usel*, élevation.

LA SUISSE.
LE MONT GEMMI.
: Ou *Gam*, en composition *Gem*, tortueux. *Hyt*, chemins. Cette montagne est fort escarpée, & la pente en est fort roide. On la monte par de petits chemins étroits, tortueux, taillés par cy par là dans le roc, en quelques endroits soutenus par des murailles ; en d'autres, où le roc manque, ce sont des poutres mises en travers en forme de pont, ensorte que ceux qui sont sujets au tournoyement de tête n'osent s'y exposer.

LE MONT ISEMBERG.
Il y a des grottes ou creux dans cette montagne. *Us* ou *Ys*, trou, creux, grotte. *Ysen*, au plurier. *Berg*, montagne.

BERNE.
: Ou *Bern*, élevation. Berne est sur un terrain élevé.

LUCERNE.
: Ou *Luh*, eau. *Cern*, entourée. Lucerne est presque toute entourée d'eau : Ou *Luch*, lac. *Cern*, corne, pointe, extrémité. Lucerne est à une des cornes ou pointes du lac.

MURI.
Abbaye fameuse, qui est placée entre deux marais. *Mor*, *Mur*, marais.

PISIBRIS.
La Reine Berthe, femme de Rodolphe II, Roi de la Bourgogne Transjurane, fonda sur la fin du dixième siécle une riche Abbaye à Payerne, dont elle accorda la Souveraineté à cette Abbaye avec de grands droits sur les Villes voisines, dont la première qui est nommée est Pisibris. Cette Ville, qui ne subsiste plus, étoit apparemment dans la grande campagne où est Payerne, qui est un terroir fort fertile, renommé particulièrement pour ses bons pois blancs. *Pis*, pois. *Bri*, estime. *Bris*, estimé.

LA SAVOYE.

LA DRANCE.

Cette rivière a la même étymologie que la Durance.

CHAMBERY.

Ou *Chan*, *Can*, vallon. *Ber*, ruisseau, rivière. Chambery est situé dans un vallon. Cette Ville est arrosée de deux petites rivières, dont une passe tout près de la Ville; l'autre, divisée en plusieurs branches, la traverse.

BARD.

VILLE située dans un lieu fort élevé, sur la croupe très-étroite d'une montagne presque escarpée par tout; dans un endroit où les montagnes s'approchent tellement les unes des autres, qu'à peine laissent-elles un passage libre à la grande Doire qui coule entre deux. *Bar*, *Bard*, élévation.

BERNEX.

AU pied d'une montagne d'où coule un ruisseau. *Bern*, montagne. *Ex*, ruisseau.

BONNEVILLE.

A l'embouchure de la Borne & d'un ruisseau dans l'Arve. *Bon*, embouchure. *Vill*, habitation.

MONTMELIAN.

Ou *Milain*, mauvaise, rude, inaccessible. La Forteresse de Montmelian est située au sommet d'une montagne de roc inaccessible, excepté du côté de la Ville.

MOUSTIER EN TARENTAISE.

CETTE Ville est nommée *Darentasia* dans l'Itineraire d'Antonin. Elle est traversée par l'Isere qui y fait une courbure. *Darent*, courbure de rivière. *As*, habitation.

LA ROCHE.

CETTE Ville a tiré son nom d'un grand rocher qui est à l'orient, séparé de tous côtés de la terre, sur lequel il y avoit une haute tour de pierre de figure ronde, qui étant vuë de fort loin, indiquoit le lieu où étoit la Ville de la Roche. *Roch*, roche.

THONON.

Ou *Ton*, élévation. *Tonon*, élevé. Cette Ville est dans une plaine un peu élevée.

VERREZ.

CETTE Ville est nommée *Vitricium* dans l'Itineraire d'Antonin. Elle est située au pied d'une colline, & pour la plus grande partie sur un terrein uni. Elle est arrosée par un torrent, qui, se divisant en trois branches, traverse la Ville aux deux côtés & au milieu. Il y a un pont de pierres sur ce torrent, qui se décharge à l'extrémité de la Ville dans la grande Doire. Dans le lieu le plus élevé il y a une Forteresse quarrée, bâtie sur un rocher escarpé de toutes parts. Elle est environnée par tout de précipices affreux, ensorte qu'on l'estime imprenable. *Vi*, eau, rivière. *Tric*, qui se partage en trois.

L'ALSACE.

STRASBOURG.

Ou *Torrat*, coupure, partage; parce que dès que la Brusch s'est jointe à l'Ill, cette dernière rivière se partage.

LUSSEL.

ABBAYE cachée dans un fond, près d'un petit lac formé par un ruisseau. *Lub*, lac. *Cal*, en composition *Cel*, près: Ou *Cel*, cachée.

LA LORRAINE.

LE LEOMONT.

EST une montagne fort agréable, située à une lieuë de Lunéville. On y voit encore un beau bois de futaye. Au pied de cette montagne, du côté du nord, il y a une fontaine, dont l'eau ne coule presque plus, à cause de la quantité des terres qui se sont écroulées insensiblement de la montagne, & qui ont comme enseveli la source. *Llavvn*, en composition *Leon*, agréable. *Mont*, montagne : Ou *Lvvh*, prononcez *Loh*, eau.

A P O N C O U R.

Au bord d'une rivière. *Apon*, rivière. *Cwr*, prononcez *Cour*, bord.

C O M M E R C Y.

Près d'une grande forêt. *Com*, habitation. *Mer*, grande. *Cai*, en composition *Cei*, *Ci*, forêt : Ou *Comber*, *Commer*, défendue, enfermée. *Voyez* Versailles dans l'Isle de France.

V I L L E M E.

Au bord d'un bois. *Vill*, habitation. *Lem*, bois.

L E S   P A Y S   B A S.

B A P A U M E.

Cette Ville est appellée Bappames dans Monstrelet.

Fin de la Description étymologique.

TABLE
POUR LA PREMIÈRE PARTIE
DES MÉMOIRES CELTIQUES.

ABORIGÈNES. page 9
ARMORIQUES, s'unissent aux Francs. 15, 16
BASQUE. La Langue Basque est une des sources de la Langue Celtique. 27
BOURGUIGNONS, s'établissent dans les Gaules. 15
BRETAGNE. La Grande-Bretagne peuplée par les Gaulois. 9
BRETON. Le Bas-Breton, une des sources de la Langue Celtique. 27
BRETONS. Quelques Bretons viennent dans la Province des Armoriques, que nous appellons Bretagne, chercher un asyle contre la fureur des Saxons. 18
CHANGEMENS considérables arrivés dans l'Univers. 8
CLOVIS. Moyens dont ce Prince établit & augmente son Royaume dans les Gaules. 15
ÉCOSSOIS. L'Écossois Montagnard, une des sources de la Langue Celtique. 27
ESPAGNE. Les Gaulois forment des établissemens en Espagne. 9
EUROPE, peuplée par les descendans de Japhet. 9
FRANCS, s'établissent dans les Gaules. 15
GALLOISE. La Langue Galloise, une des sources du Celtique. 27
GAULOIS, sont bientôt une Nation nombreuse, forcée de se répandre dans la Grande Bretagne, l'Espagne & l'Italie. 9
GAULOIS. Les Gaulois, qui avoient conservé leur première Langue jusqu'à la venue des Romains, ne la perdirent point, & ne prirent point l'usage du Latin lorsqu'ils furent Sujets de la République. 10
GAULOIS. Les Gaulois ne perdirent pas leur Langue naturelle lorsque les Peuples du Nord s'établirent parmi eux. 15
GAULOIS. Les Gaulois surpassoient infiniment en nombre tous les Peuples établis dans les Gaules au cinquième siècle. 19
GAULOIS. Les Gaulois continuent de se servir de leur Langue naturelle sous la première race de nos Rois: Ils ont alors quelque intelligence du Latin. 20
GAULOIS. Les Gaulois commencent à parler Latin sous Charlemagne; ils l'altèrent en le parlant. 21
GAULOIS. Quelques mots Gaulois conservés dans les anciens Auteurs Grecs & Latins. 27
HABITATIONS. Les noms des habitations ont été pris de leurs situations. 7
JAPHET. Les descendans de Japhet peuplent l'Europe. 9

IRLANDOIS. L'Irlandois, une des sources de la Langue Celtique. page 27
ITALIE. Les Gaulois en occupent une partie. 9
LANGUE. La Langue commune que tous les hommes parloient n'a pas été anéantie à Babel; elle se conserva, & prit seulement des terminaisons & des prononciations différentes dans les diverses familles. 1
LANGUE. Quelle est la première Langue? 5
LANGUE. La diversité des climats contribue à la variété des Langues. 6
LANGUE. Le mélange des Peuples, & la suite des siècles, causent des altérations dans les Langues. 7
LANGUE. Dans les anciennes Langues, les mêmes mots signifient les mêmes choses: Preuve certaine que les hommes ont une origine commune. 2
LANGUE. Dans les anciennes Langues, le même terme se prend souvent dans un sens différent, & quelquefois contraire. 3
LANGUE CELTIQUE. Sources où l'on trouvera cette Langue. 27
LANGUE. La Langue Chinoise n'a jamais été altérée; elle n'a que 326 mots. 3
LANGUE FRANÇOISE. Sa naissance, ses progrès. 26
LANGUES. Les Langues Galloise, Basque & le Bas Breton ont tant de conformité, qu'un Gallois, un Basque & un Bas-Breton peuvent s'entendre & parler ensemble. 19
LANGUE HÉBRAIQUE, n'a qu'environ cinq cens termes primitifs. 3
LANGUE LATINE. Son origine. 9
LANGUE. Les Peuples soumis à la Domination Romaine conservoient leur ancienne Langue. 12
LOIX. Toutes les Nations établies dans les Gaules avoient leurs Loix particulières. 19
ORIGINE commune des hommes prouvée parce que dans les anciennes Langues les mêmes mots désignent les mêmes choses. 3
PATOIS. Les différens Patois ont conservé un grand nombre de mots Celtiques. 27
SERMENS. Explication des sermens de Charles le Chauve, & de Louis, Roi de Germanie. 23
TERRE, s'est peuplée par une progression insensible. 7
TERRE. En quel sens les anciennes Nations se disoient nées de la Terre, ou dans la Terre qu'elles occupoient. 8

TABLE

DES Noms des Régions, Provinces, Villes, Bourgs, Villages, Hameaux, Montagnes, Forêts & Rivières compris dans ce Volume, mis par ordre alphabétique.

A

A.	pages 192, 275	L'Aiche.	page 241	Alman.	page 195	Ancafter.	page 251
L'Aach.	192	Aichwiler.	332	Améria.	427	Ancenis.	123
Asdorfe.	195	Aicote.	475	A.migna.	434	Ancerville.	243
L'A.r.	192	L'Aigue.	74	L'Alne.	338	Anchin.	280
Aas.	98	Aigue Perſe.	72	Alnham.	350	Ancone.	468
Abainville.	242	Aiguille.	145	L'Alon.	338	Ancre.	55
Aban.	144	Aiguillon.	98	Aloſt.	279	Andain ou Andenne.	280
Abéel.	278	Aimerie.	278	L'Alow.	338	Andance.	87
Ab.in.	72	Ainay.	107	Alp.	436	L'Andele.	481
Abella.	431	Ainières.	278	L'Alp.	192	Andelnans.	231
Abenam.	145	Ainſa.	434	A. pen.	279	Andelo.	196
Aber.	389	Aire.	98	Alpenach.	196	Andelot.	145
Aberavon.	350	Aire.	278	Alpennes.	422	Anderſtat.	280
Aberbrothok	354	Aiſe.	223	Les Alpes.	451	Andilly.	243
Aberdéen.	idem	L'Aiſne ou Leſne.	58	A'quine.	279	Ardilly.	473
Aberge, Abergement.	145	L'Aiſon.	126	Alſenberg.	idem	Andlaw.	231
Abernethy.	394	Aitzen.	231	Aitare.	452	Andnal.	280
Abocourt.	243	Aix.	80	Alten.	196	Andora.	436
Aboncourt.	145	Akeren.	279	Altena.	279	Andorre.	431
Aboncourt.	243	Alain.	idem	Altendorff.	196	Andover.	351
Aby.	278	Alais.	87	A'ter.	279	Andoy.	280
Accraigne.	243	Saint Alban.	350	Alterynnis.	350	Anduze.	87
Saint Jean d'Acé.	112	Albane.	222	Althorp.	idem	Auduze.	479
Accy.	145	Alb.no.	463	Attikon.	196	Aregray.	146
L'Achaſe.	74	Albe.	279	Alto.	453	Anen.	280
L'Achaſſe.	85	Albe.	452	Altorf.	176	Angers.	113
Ache.	278	A.bein.	223	Altorf.	243	L'Iſle d'Angleſey.	351
Achel.	idem	Alb.lda.	434	Altreu.	196	Anglure.	59
Achen.	idem	Albici.	80	L'Alven.	338	Angouleſme.	121
Achenheim.	231	A.bie.	223	Am. getobrie ou Ma getobile.	145	Angre.	280
Achenoncourt.	145	Albigny.	55	Amagney.	idem	Aniane.	87
Achere.	72	Albis.	194	Aman.	idem	Anjou.	231
Achery.	55	L'Albono ou Albona.	445	Amance.	idem	Annand.	394
Achey.	85	Albor.	439	Amance.	243	Annay.	280
Achey.	145	A.by.	87	L'Amance.	140	Annecy.	223
Achindown.	394	Alcaine.	434	L'Amance.	241	Annequin.	280
Achlurcart.	idem	Alcala de Henares.	419	Amancey.	145	Anneſſe.	idem
Achon.	72	A.caniz.	434	Alcoba.	437	Ann.ire.	146
Achtel.	278	Alcoba.	437	Amange.	idem	Annonay.	87
Acoche.	idem	Alcoy.	429	Amas.	279	Anſay.	280
Acqs.	98	Aldenham.	350	Ambacourt.	243	Anſo.	434
Acquin.	278	Alderley.	idem	Ambarti.	63	Anſtain.	280
Acton.	350	Aldern.	394	Ambert.	72	Antagne.	196
Adan.	145	L'Aled.	338	Ambierle.	70	Ante.	280
L'Adda.	444	Alegre, Aligre.	72	Amblan.	145	Antel.	idem
L'Adige.	idem	Aleman.	223	Ambleſide.	350	Anthy.	223
Adincourt.	243	Alen.	279	Amblie.	128	Antium.	463
Adlikon.	195	L'Alen.	338	Amboiſe.	110	Antoin.	280
Adolle.	243	L'Alen.	idem	Ambournay.	69	Antorpe.	146
Adon.	idem	Alençon.	128	Les Ambrons.	196	Antrim.	403
Ador.	429	Alenwich.	350	Ambrun.	77	Anvers.	280
L'Adour.	95	Aleſham.	idem	Ambuareti.	106	Anweiler.	231
Aduatici.	278	Aleth.	87	Ambuyené.	243	L'Apance.	140
Portus Aduml.	350	Aleth.	113	Amé.	279	Apenan.	146
Acgri.	195	Alfen.	279	Amel.	idem	L'Apennin.	451
Aetiſchwil.	idem	Alfon.	idem	Amélia.	467	Aponcour.	486
Aeppingen.	idem	Le Mont Algide.	451	Amelle.	243	Appels.	280
Aerſen.	278	Algy.	243	Amenoncourt.	idem	Appeltern.	idem
Aeſch, Aeſchi.	195	Alhama.	427	Amenty.	idem	Appenwyr.	231
Aeſica.	350	Alicante.	429	Amer.	431	Appleby.	351
Ænes.	278	L'Alicre.	140	Amers.	279	Appledore.	idem
Afferden.	idem	Alincourt.	145	Amerſvyll.	196	Apples.	196
Affeltrangen.	195	Alincourt.	243	Am.z.	279	Appoigny.	475
L'Agache.	275	Aliſe.	63	Amiens.	55	Apremont.	146
L'Agas.	409	Alix.	477	Amognes.	106	Apremont.	243
Agaune.	196	Allain.	243	Amoncourt.	145	Apt.	80
Agen.	98	Allamp.	idem	L'Amond.	338	A.juig.y.	1.8
Agincourt.	243	Alle.	279	Amondan.	145	A.juiées.	460
Agon.	128	Alkennes.	idem	Amonde.	389	A.aſſe.	144
Agy.	192	Alleu.	idem	L'Amone.	445	A.amon.	87
Ahu.	278	L'Allier.	85	L'Amſtel ou Amſter.	275	Aranda.	417
Ahun.	74	Allova ou Allwa.	394	Anagni.	463	Arau.	196
Ahy.	278	Le Lac d'Alluz.	76	Anappes.	279	Arbecé.	146
L'Ais.	445	Allyn ou Allen.	401	Anaune.	462	Arberes.	223

TABLE ALPHABÉTIQUE.

Arberg.	page 196	Arminvilliers.	page 473	Athis.	page 228	Avignon.	page 55
Arbin.	223	Arnang.	197	Athlone.	403	Avignon.	80
Arbo's.	146	Arnay-le-Duc.	63	Atiche.	282	Avignon.	148
Arbois.	482	Arnay-le-Duc.	476	Aties.	49	Avila.	417
Arbon.	196	L'Arne.	445	Atlancourt.	244	Avillé.	244
Arbourg.	idem	Arnen.	197	Atoſe.	482	Aviller.	idem
Arc.	59	Arnes.	128	Atoſſe.	147	Avilley.	148
Arc.	63	Arnhem.	281	Atrebatii, Atrebates.	282	Avinton ou Aventon.	352
Arc.	146	L'Arnon.	192	Atry.	idem	Aviot.	283
Arcé.	idem	Ara.	482	Attalens.	197	Aukland.	352
Arcelange.	idem	Aron.	114	Attenrode.	282	Aulcester.	idem
Arcenant.	63	Aroue.	457	Attigny.	244	Auldby.	idem
Arch.	196	Aros.	147	Attichwyl.	174	Aules.	63
Arche.	244	L'Aronx.	62	Atton.	352	Aulmonière.	482
Archennes.	280	Arquenne.	281	Attre.	282	Auloc.	431
Archidona.	422	Arques.	idem	Au.	idem	Aultray.	244
Arci.	63	Arras.	idem	Av.	289	Aultrey.	idem
Arcier.	146	Arrol ou Errol.	394	Availles.	116	Aumale.	129
Arcis.	59	L'Arrow.	338	Avain.	282	Aumale.	481
Arclais.	128	Arruda.	439	Avalon.	64	Aumetz.	244
Arcos.	422	Arry.	128	Avalon.	352	Aumur.	148
Ardea.	463	Arſaux.	244	Avance.	96	L'Aune.	338
Arden.	349	Arſaux.	idem	L'Avançon.	192	Avoiſe.	115
Ardenburg.	280	Arſchot.	281	Avane.	147	L'Avon.	338
Ardenne.	281	Arſier.	197	Avaney.	244	Avot.	64
Ardes.	403	Arſure.	147	L'avanto.	445	Avoudrey.	148
Ardes.	477	Art.	19	Avatici.	80	L'Aurain.	140
Ard-Millen.	394	Artalbinum.	232	Aubagne.	idem	Avranches.	129
Ardon.	147	Artane.	110	L'Aube.	58	Avray.	113
Ardon.	196	Arthone.	72	Aube.	244	L'Aure.	126
Ardorff.	281	Arthy.	403	Aubecourt.	idem	Aurelle.	223
L'Ardre.	122	Artilleul.	244	Aubel.	282	Auriſſac.	72
Ardres.	55	L'Arve.	192	Aub nas.	87	Auſange.	148
Ardu.	281	Arvillars.	223	Auberville.	476	Auſelle.	232
L'Are.	338	Arville.	281	Aubeterre.	221	L'Auſena.	409
Areche.	223	L'Arun.	338	Aubonne.	147	L'Auſenois.	275
Arecomici.	87	Arunda ou Aronda.	427	Aubonne.	197	Auſſon - Deſſus, Auſſon Deſſous.	148
Areland.	351	Arwangen.	197	Aubreville.	244	Auſſonc.	64
Arelath.	idem	Arx.	282	Aubuſſon.	74	Auſtill.	352
Areley.	idem	Aſan.	147	Auch.	98	Autafond.	197
Arendonk.	281	Aſch.	282	Auchi.	282	Auter.	148
Arennes.	idem	Aſchau.	197	Aucour.	244	Autigneville.	245
Areſche.	147	Aſchau.	282	L'Aude.	85	Autignie.	198
Arezzo.	470	Aſcot.	351	Audechaux.	482	Autoiſon.	148
Argences.	128	Aledonia.	465	Audelange.	147	Autre.	352
L'Argent.	79	Aſgar.	244	Auden.	283	Autreville.	245
Argentan.	128	Ashdown.	351	Audeux.	147	Autrey.	148
Argenteau.	281	Ashford.	idem	Audon.	223	Autume.	64
Argenteuil.	49	Ashwell.	idem	Audon.	244	Autume.	148
Argentine.	223	Aſkham.	idem	Audoncourt.	idem	Autun.	64
Argentouaria.	231	L'Aſon.	445	Audy.	283	Auvaille.	283
Argentré.	114	Aſperden.	282	L'Ave.	437	Auveil.	idem
Argiſan.	232	Aſpres.	77	Aveiro.	439	Auvergnier.	198
Arguel.	147	Aſſembourg.	282	Aveley.	352	Auville.	129
Argues.	281	Aſſen.	idem	velghem.	283	Auville.	245
Aricia.	463	Aſſene.	idem	Aven.	122	Auvillé.	482
L'Arieg.	85	Aſſenne.	244	L'Aven.	338	Auvin.	283
Arien.	436	Aſſens.	197	Aven, Avin, Avon.	389	Auxerre.	63
Arig.	197	Aſſent.	202	Avenay.	59	Auxy.	284
Arintho.	147	Aſſin.	389	Avenay.	128	Auzance.	72
Ariſtau.	197	Aſſncude.	282	Avenche.	197	Auzecourt.	245
Ariſter.	281	L'Aſtaria.	409	Avené.	147	L'Ax.	338
Arkennes.	idem	Aſtene.	282	Avenes.	283	L'Axe.	idem
Arlay.	147	Aſter.	idem	Avenet.	476	Axin.	245
Arlech ou Harlech.	351	Aſthorpe.	352	Aventicum.	147	Ay.	59
Arlens.	197	Aſti.	453	Aufay.	129	Ay.	245
Arles.	80	Aſtoll.	352	Auffay.	283	Aye.	283
Arleux.	281	Aſton.	idem	Aufnau.	197	Aytoun.	394
Arlon.	idem	Aſtorga.	416	L'Aufon.	338	Azanne.	245
Armagh.	403	L'Aſtura.	409	L'Auge.	58	Azay.	110
L'Armagnac.	98	Atancourt.	476	Auge.	129	Azeraille.	245
L'Armançon.	62	Ateca.	422	Augenum.	232	Azeville.	229
L'Armene.	445	Ath.	281	Augeran.	148	Azin.	283
Armentières.	131	Athdaire.	403	Augicour.	idem		
L'Armine.	445	Athes.	282	Augicourt.	244		

B

Baarburg.	page 198	Bachrach.	page 332	Bagneres.	page 98	La Baiſe.	page 96
Baca.	427	Bachs.	198	Bagneux.	245	Baiſnes.	129
Baça ou Baza.	idem	Bachten.	283	Bagnols.	87	Bakel.	283
Bacca.	4.2	La forêt de Bacone.	97	Bagny.	283	Bala.	432
Bacca di Serio.	457	Badajox.	419	Bailleul.	idem	Balaguer.	idem
Baccarat.	245	Bade.	245	Le Baint.	238	La Balance.	283
Bachevillers.	129	Bademeſni.	idem	Bainville.	245	Balançon.	148
Bachi.	198	Badonviller.	idem	Baionne.	99	Balarue.	87
Le Bacho.	338	Bagne.	148	La Baiſe.	62	Balderen.	198

TABLE ALPHABÉTIQUE.

Baldock.	page 352	Bavel.	page 248	Belveren.	page 285	Bettingen.	page 246
Balem.	283	Bavent.	129	Belvoir.	353	Bevagna ou Mevagna	467
Balen.	idem	Baveran.	149	Bemon.	246	Bevais.	199
Baleray.	106	Baufor.	idem	Benaca.	422	Beverley.	354
Balerne.	148	Baufremont.	245	Benavent.	416	Le Beuil.	122
Balingen.	198	Bauge.	64	Benavin.	392	Bevoye.	150
Ballens.	idem	Baugé.	477	Benbye.	353	Beure.	idem
Balleroy.	129	Baving.	284	Bendorff.	246	Bewdeley.	354
Balm.	198	Baulay.	149	Bene.	453	Beuvray.	65
Balm.	idem	Bauler.	284	Benevent.	74	Bex.	197
La Balme.	77	La Sainte Baume.	80	Beneville.	246	Beymont.	286
Balon.	114	Baume.	149	Benfeld.	232	Beziers.	87
Balftal.	198	La Baume Nibaud.	77	Benheim.	idem	Bi.	150
Baltimore.	403	La Baume Noire.	idem	Bening.	332	Biamont.	217
Balvanie.	394	Baumote.	149	Le Lac Benis.	223	Biarne.	150
La Bamette.	113	Bavois.	199	Benlifcon.	199	Le Biber.	192
Bampton.	352	Bautre.	353	Bennay.	246	Le Biber.	332
Ban.	148	Bauvel.	284	Bensford.	353	Biberftein.	200
Banay.	245	Bawen.	199	Benville.	246	Bich.	086
Bane.	87	Bauvin.	284	Berchier.	199	Bicour.	247
Le Banc.	339	Baux.	80	Berchlies.	285	Bicqueley.	idem
Banf.	394	Bauzemont.	245	Berckhecin.	232	Le Bié.	286
Bangarten.	198	Bay.	149	Berdefey.	353	Biecours.	247
Bangert.	352	Bay.	246	Bere.	idem	Biel.	idem
Ban-le-Duc.	245	Bayard.	199	Bére.	476	Bielle.	453
Bannan.	148	Bayecour.	246	Berendorf.	246	La Bienne.	149
La Banne ou Band.	471	Bayeux.	129	Berg.	idem	Bienne.	200
Bante.	129	Bayon.	246	Berg.	285	Bierbey.	286
Banton.	352	Bayonne.	414	Bergeme.	460	Biere.	232
Bantry.	203	Bazas.	99	Berge.	434	Biefen.	idem
Bapaume.	383	Bazois.	64	Bergele.	285	Biez des Maifons, Blez du Fourg.	150
Bapaume.	487	Beaucaire.	87	Bergen.	232	Biglen.	200
Bar.	149	La Beauce.	104	Bergen.	285	Le Bigorre.	99
Bara.	422	Beaugency.	105	Bergerac.	99	Bihan.	150
Baraf.	283	Beaujeu.	70	Bergh.	285	Bilaine.	idem
Barave.	87	Beaujeu.	149	Bergillé.	idem	Bilbilis.	434
Barbera.	223	Beaumont.	71	Berke.	285	Bilens.	200
Barbout.	149	Beaumont.	284	Berking.	353	Biley.	247
Barcala.	414	Beaune.	65	Berlingen.	285	Bill.	333
Barcelone.	430	Beaurain.	285	Bermont.	149	Billey.	150
Bard.	486	Beaury.	idem	Bernang.	199	Billon.	idem
Bardena Real.	436	Beauvais.	50	Bernay.	130	Binche.	286
Bardo.	223	Bec.	129	Berne.	199	Binchefter.	354
Bardowy.	394	Bec du Cher, Bec de Ciffe.	110	Berne.	285	Bingen.	333
Barége.	98	Bech.	285	Berne.	485	Bini-Vroden.	392
Barge.	284	Bechamps.	246	Bernegk.	199	Binnemore.	393
Bargemon.	80	Le Bechan.	339	Bernek.	353	Binningen.	232
Burgen.	198	Bechburg.	199	Bernes ou Bernex.	224	Bipp.	200
Bargeny.	394	Bechy.	246	Bernefy.	130	Bir.	405
Barges.	198	Becking.	idem	Bernet.	353	Birglen.	200
Barjols.	80	Becking.	332	Bernez.	486	Biron.	286
Barifey.	245	Bedall.	353	Berole.	199	Birs.	192
Barifwyl, Baerifwyl.	198	Béef.	285	Berre.	80	Birwincken.	200
Bar-le-Duc.	245	Béer.	404	Berfaillin.	149	Birwyl.	idem
Barr.	232	Béerlikon.	199	Les Berfots.	idem	Le Bifot.	150
Barrate.	422	Begnicourt.	246	Berftaple.	354	Biffen.	286
Barre.	87	Begnin.	199	Berftett.	232	Bitford.	354
Barrey.	352	Bejar.	419	Bertelange.	150	Bittel.	286
Le Barrow.	339	Being.	285	Berthon.	199	Biver.	idem
Barfenat.	284	Beininheim.	232	Bertinoro.	469	Bivere.	414
Bar-fur-Aube.	59	Beleau.	246	Bertife.	246	Biwart.	285
Bar-fur-Seine.	64	Belere.	353	Berton.	354	Bize.	224
Bartel.	245	Belfor.	232	Bertrange.	285	Blakwater.	354
Bartrams.	353	Le Belieu.	149	Bertry.	idem	Blamont.	150
Bartran.	149	Bellach.	199	Bertfch.	232	Blanc.	109
Barwaye.	353	Belle.	285	La Beryine.	275	Blandain.	246
Barwick.	idem	Bellegarde.	199	Berus.	246	Blanc.	109
Bafe.	284	Belle-Ifle.	123	Berus.	332	Blanes.	431
Bafle.	198	Bellelay.	199	Berwant.	285	Blangi.	285
Bafly.	129	Bellem.	232	Berwic.	395	Blanmont.	247
L'Ifle de Bafs.	395	Bellefme.	115	Berwill.	232	Blay.	130
Baffeinge.	284	Belleval.	246	Befançon.	143	Blaye.	99
Baffeins.	213	Bellevaux.	149	Befançon.	482	Blefond.	150
Le Baffigny.	59	Belleville.	50	Befin.	idem	Bleich.	233
Baffin.	198	Belley.	69	Beffan.	224	Blenold.	247
Baffy.	224	Bellinzone.	199	Beffay.	107	Blerik.	286
Bafville.	107	Bello.	422	Beffe.	72	Befticum.	354
Batavi.	284	Bellou.	129	Beffevin.	332	Betterans.	150
Batenburg.	idem	Belly.	285	Beffon.	224	Bleurville.	247
Bath.	353	Belmagny.	232	Béthun.	354	Bin.	150
Bathelemon.	245	Belmont.	149	Béthune.	285	Le Bith.	339
Battel.	184	Belmont.	idem	Beto.	idem	Bluis.	105
Battenans.	149	Belmont.	214	Betoncourt.	483	Bonay.	200
Battenwyl.	199	Le Below.	339	Bettencour.	286	Boville.	130
Bavain.	149	Belrupt.	246	Betting.	246	Bluffan.	150
Bavay.	284			Betting.	286	Blyenbeck.	286
Baudour.	idem						Blythe

TABLE ALPHABÉTIQUE.

Blythe.	page 354	Bouchy.	page 224	Brantome.	page 99	Brittnach.	page 201
Bobio.	457	Bouclans.	151	Brauvillers.	248	Brives-la-Gaillarde.	122
Bodenheim.	333	Bouconville.	247	Bray.	55	Brixen.	462
Bodman.	354	Boucourt.	287	Bray.	idem	Brocard.	356
Bodom.	417	Boudri.	201	Bray.	59	Brock.	201
Bodoncour.	150	Boverie.	287	Bray.	130	Brocomagus.	233
Bod-Vari.	354	Bouge.	idem	Bray.	idem	Broncourt.	59
Boege.	214	Bougeaille.	151	Brayntre.	355	Brons.	123
Bohan.	286	Bouginon.	483	Brebach.	248	Bronzméer.	288
Le Boimeer.	275	Bougnon.	151	Brechin.	395	Le Brora.	390
Bolendorf.	286	Bougy.	208	Breconchaux.	151	Brou.	115
Bolicarne.	465	Bouillon.	287	Bréda.	288	Brouage.	117
Bolken.	333	L'Isle de Bouin.	123	Breden.	349	Brouai.	288
Bollandox.	151	Bouin.	247	Bredon.	355	Brovaille.	65
Le Boll n.	339	Bovines.	287	Bregançon.	80	Brouard.	288
Bollingen.	200	Boulay.	247	Bregentz.	201	Brougham.	356
Bologne.	459	Bouler.	idem	Brehémont.	111	Broye.	152
Bolsena.	465	Boulnesse.	355	Bi.eknock.	355	Bruille.	
Bolviller.	233	Boulogne.	55	La Brele.	126	Brueres-le-Châtel, ou Brieres-le-Château.	50
Bomal.	286	Bulogne.	475	Bremenium.	355		
Bomi.	idem	Boulor.	151	Bremeny.	248	Le Bruis.	288
Bonal.	151	Bouneftaige.	idem	Bremgarten.	201	Bruley.	339
Bonef.	286	Bouquenon.	247	Bremis.	idem	Brumpt.	248
Boneuil.	50	Bour.	287	Bremicham.	355	Buneck.	233
Bongart.	286	Boura.	idem	Brémondan.	151	Bruffey.	201
Bonieres.	473	Bourbon.	107	Les Brenets.	201	Bruton.	152
Bonium.	354	Bourbon-Lancy.	65	Brennan.	151	Bruxelles.	356
Bonlez.	287	Bourbonne.	59	La Brenne.	111	Brynton.	288
Bonlieu.	151	Bourch.	431	Brenne.	288	Buchanan.	356
Bonmale.	287	Bourdan.	287	Brenon.	324	Buchilion.	395
Bonmont.	200	Bourdeaux.	224	Le Brent.	339	Budeiich.	201
Bonn.	333	Bourdenay.	247	Brent.	356	Buel.	288
Bonnay.	151	Bourg.	68	La Brenta.	445	Buelt.	idem
Bonne.	224	Bourg.	233	Brdes.	152	Bufar.	356
Bonne.	idem	Burgelles.	287	Bréry.	idem	Buyden.	152
Bonnet.	65	Bourges.	109	Brescou.	87	Bugny.	356
Bonnevent.	151	Bouiges.	479	Le Mont Bresier.	76	Le Bugo.	99
Bonneville.	200	Bourget.	224	Bresilley.	152	Buk.	393
Bonneville.	486	Bourgueil.	110	Bresse.	461	Buiron.	288
Bonningen.	idem	Bourmont.	247	Bressonaz.	201	Bulach.	201
Bonrad.	287	Bournand.	224	Brest.	123	Bull.	152
Bonsletter.	200	Boury.	288	Breten.	233	Bullange.	288
Bonvillaret.	224	Bouse.	247	Breterac.	248	Les Bulies.	idem
Bonvillars.	200	Boussac.	109	Bretenham.	356	Buiigny.	248
Bonvillet ou Boinvillet.	247	Boussieres.	151	Bieteville.	248	Buitoz.	201
Bonye.	354	Boutviller.	247	Bretigny.	50	Bungey.	356
Bode.	393	Bout.	151	Bretigny.	201	Buquoy.	288
Boom.	287	Bouta.	247	Bretigière.	152	Burchuren.	idem
Boothe.	353	Bouthe.	355	Bretonvillers.	idem	Burcy.	130
Borcher.	287	Bouthes.	idem	Brevan.	152	Burè.	248
Bucht.	idem	Bow.	idem	Brevand.	130	Buren.	201
Bordeaux.	97	Bowdan.	idem	Brevane.	248	Bures.	130
Borgo.	453	Bouveran.	151	La Breuch ou Brusch.	229	Burgestein.	289
Boria.	412	Bowes.	355	Le Breuchin.	140	Burgh.	356
Borischwyl.	200	Bow-Ness.	395	Le Breuil.	99	Burgncastell.	356
Bornhem.	287	Bouy.	109	La Brevine.	201	Burglen.	202
Bornier.	224	Bouzéel.	248	Breurcy.	152	Burly.	356
Bornos ou Bornes.	423	Bouzic.	99	Breurcy-lès-Faverney.	idem	Buron.	73
La Borre.	275	Bouzonville.	248	Breuvenne.	288	Burton.	357
Borre.	287	Boxméer.	288	Brey.	idem	Bury.	288
Borris.	200	La Boyne.	402	Brezé.	111	Busca.	453
Borst.	287	Bra.	453	Briançon.	77	Bussan.	248
Boséham.	354	Brabant.	248	Biare.	105	Bussey.	152
Boserville.	247	Brabant.	288	Brie-Comte-Robert.	50	Bussieres.	idem
La Bosse.	151	Braga.	439	Brieg ou Bryg.	201	Bussigny.	202
Bossu.	287	Bragance.	idem	Bril ou la Brille.	288	Bussnang.	idem
Boston.	355	Brageac.	72	Brientz.	201	Bussy.	idem
Boswich.	idem	Braid-Alb.	393	Briga.	356	Bussy.	248
Botan.	223	Braid-Albain	395	Briga.	453	Buiy.	152
Bothwell.	395	Braillan.	151	Brigantes.	idem	Butafa.	288
Bottens.	200	Brainville.	248	Brignole.	81	Butgney.	248
Bottingen.	idem	Brampton.	355	Brihuega.	420	Buthier.	152
Bouan.	151	Bran.	151	Brillen.	288	Buthier.	483
Bouc.	81	Bran.	201	Brinon.	59	Butzen.	248
Bouc.	idem	Brancaster.	355	Brioude.	72	Buvilly.	152
Boucas.	414	Brandis.	201	Brisac.	113	Buxton.	357
Le vieux Boucaut.	99	Brandon.	355	Brisey.	233	Buytrago.	420
Bouchain.	287	Le Brane.	339	Brisey.	248	Byhan.	483
Bouche d'Egre.	109	Brannovices ou Brannovii.	65	Brison.	224		
Boucheran.	151			Bristol.	356		

C

Cabans.	page 99	Cadahalso.	page 420	Cadetes.	page 130	Caen.	page 130
Cabeca.	423	Cadby.	357	Cadix.	423	Cærasi.	289
Cabrairets.	100	Cademene.	152	Cadney.	357	Caerfufe.	357

TABLE ALPHABÉTIQUE.

Caerlawerok.	page 395	Caſtleforth.	page 358	Champagney.	page 154	Chemilly.	page 156
Caer-Léon.	357	Caſtres.	88	Champé.	249	Cheminot.	249
Caermarden.	idem	Catenies.	289	Champenous.	idem	Chemodain.	156
Caer-Philli.	idem	Catton.	358	Champlitte.	154	La Chenalotte.	idem
Caerwent.	idem	Catton.	idem	Champou.	idem	Chenecé.	idem
Cagliari.	472	Catvellani.	idem	Champs.	249	Chencvière.	249
Cahors.	100	Caturiges.	77	Chanan.	483	Chenevrey.	156
Cain.	289	La Cava.	410	Chanax.	225	Chenex.	225
Calahora.	417	Cavaillon.	81	Chambertin.	65	Chensford ou Chemelsford.	358
Calais.	56	Cavares.	idem	Chancevigny.	145		
Le Calder.	339	Caudebec.	130	Chancy.	225	Chenruières.	219
La Cale.	275	Cave.	473	Chandon.	idem	Le Cher.	108
Calendar.	395	Cavigny.	130	Chanlive.	154	Cherattc.	290
Calet.	475	Caulers.	289	Chante.	idem	Cherbau.	idem
Callan.	404	Caumont.	130	Chantilly.	50	Cherbourg.	130
Le Calmin.	402	La Caunière.	idem	Chantran.	154	Cherlieu.	156
Calmoutier.	152	Cavours.	453	Chanvan.	idem	Cheſter.	358
Calne.	357	Cavrines.	289	Chardonne & Chardonnay.	202	Cheſter.	idem
Calonne.	289	Le Pays de Caux.	130			Chevenat.	233
Calſo.	395	Cebret.	414	La Charente.	119	Chevenoz.	225
Cam.	289	Ceil.	123	Charentenay.	154	Cheves.	290
Le Cam.	339	Ceinboin.	153	Chargen.	290	Chevigney.	126
Camaret.	123	Ceinmadon.	idem	Chargey.	154	Chevigny.	idem
La Camargue.	81	Ceintrey.	idem	Chariez.	idem	Chevilly.	202
Le Camb ou Camel.	339	Celle, Celles.	289	Charmes.	249	Chevro.	156
Cambe.	480	Celle.	453	Charmez.	480	Chexbre ou Chebre.	202
Camblin.	289	Cendrey.	153	Charmoille.	155	La Chiana.	445
Cambodunum.	357	Centoche.	idem	Charmont le vieux.	483	Chiavenne.	202
Cambray.	289	Centou.	224	Charonne.	473	Chiévres.	290
Cambridge.	357	Centrones.	idem	Charſenne.	155	Chilon.	202
Camelford.	idem	Cercotes.	105	Chartres.	105	Chilly.	156
Le Camlet.	339	Cercy.	289	Chaſelle.	155	Chimai.	290
Camp.	431	Ceret.	95	Chaſelot.	idem	Chimigh.	356
La Campagne de Rome.	462	Cerin.	248	Chaſot, Chaſoy, Chaſſey.	idem	Chinei.	290
Campan.	100	Cerifolles.	453			Chinner.	358
Campen.	289	Cerlier.	202	Chaſſagne.	idem	Chinon.	111
Campredon.	431	Cernans.	153	Chaſſelet.	290	Chiny.	290
Camy.	481	Cernay.	idem	Chaſſencuil.	100	Chivas.	453
Le Can.	339	Cernon.	idem	Chaſſigna.	155	Chiuſi.	471
Canapino.	465	Cerre.	225	Chaſtre.	290	Chocour.	249
Cancale.	123	Cerre.	249	Chateauchalon.	155	Chodes.	423
La Canche.	275	Certigny.	idem	Chateau-Chinon.	106	Choiſey.	156
Candale.	357	Cervera.	432	Chateau Dun.	105	Choiſy.	50
Cande.	111	Cerveteri.	463	Chateau-Landon.	50	Cholliken.	202
Cande.	113	Cervigney.	153	Chateaulin.	124	Choloy.	249
Cande.	119	Ceſter.	358	Chateauvilain.	59	Choye.	156
Candes.	435	Cette.	88	Chateauvilain.	155	Choxene.	290
Candrat.	100	Ceva.	453	Chatelar.	idem	La Chue.	339
Canduero.	435	Chacé.	111	Chatelay.	idem	La Churne.	idem
Canesham.	357	Chacon.	289	Chatenoi.	idem	Chute.	359
Caneto.	459	Chafoy.	153	Chatenoi.	249	Chuton.	idem
Canford.	358	Chagey.	idem	Le Chater.	339	Chyſſey.	156
Canigen.	289	Chaillos.	473	Chatongie.	202	Cicon.	idem
Le Canigou.	95	Chailluc.	482	Chattam.	358	Cignan.	225
Canoſſa.	458	Chaimere.	289	Chau.	473	La Cinca.	410
Les Montagnes de Cantal.	71	Chainéc.	290	Chavaigne.	111	Cincan.	156
Cantin.	248	Chalamon.	153	Chavane.	155	La Montagne de Cintra.	437
Cantorbery.	358	Chalamont.	69	Chavane.	225	Ciray.	249
Cantyr.	395	Chaleine.	249	Chavanne.	155	Cirencester.	359
Canvey.	358	Chaleme.	153	Chavanne.	202	Cirey.	157
Cany.	202	Chaléſe.	idem	Chaudefontaine.	155	Ciſoin.	290
Caracitani.	420	Chaleſeule.	idem	Chaudenoi.	249	Ciſteaux.	65
Carahais.	123	Chaleſon.	idem	Chaudier.	290	Cité.	157
Carara.	470	Chaligny.	249	Chaudron.	155	Cize.	idem
Carcaſſonne.	88	Challin.	483	Chavenay.	111	Clagny.	130
Cardigan.	358	Challuc.	143	Chaulley.	249	Le Clain.	115
Cardone.	431	Chàlon.	65	Chaumergy.	155	Clair.	131
Careg.	358	Chàlon.	476	Chaumerienne.	idem	Clairy.	225
Carenchy.	289	Chàlons.	59	Chaumont.	50	Clamecy.	106
Carentomagus.	88	Chaloul.	153	Chaumont.	59	Clan.	157
Carikfergus ou Carigfergus.	404	Chalus.	122	Le Chaumont.	142	Clare.	359
		Chamagne.	249	Chaumouiey.	249	Clarens.	202
Carignan.	453	Chambéria.	153	Chauny.	56	Clavas.	89
Carlat.	73	Chambéry.	223	Chavon.	155	Clauſentum.	359
Carmona.	423	Chambery.	486	Chavornay ou Chavorney.	202	Clay.	idem
Carpentras.	81	Chamblay.	154			Claye.	61
Carra.	224	Chambord.	105	Chauſſenne.	155	Clegy.	131
Le Carrog.	339	Chambornay.	153	Chauſſin.	156	Clemecy.	290
Le Carrou.	224	Chamdiver.	154	Chaux.	143	Clémon.	157
Carrouge.	202	Chamelot.	idem	La Chaux.	156	Clendy.	203
Cartama.	427	Chameſey.	idem	Chaux.	idem	Cleret.	250
Carticls.	289	Chameſot.	483	Chaux.	290	Clermain.	65
Caſcaes.	439	Chamol.	154	Chay.	156	Cle-mont.	50
Caſſel.	289	Chamont.	290	Chedder.	358	Clermont.	59
Caſſel.	404	Chamme.	249	Chedle.	idem	Clermont.	65
Caſſis.	81	Champ.	225	Chelle.	290	Clermont.	71
Caſtelnaudari.	88	Champagne.	154	Chelles.	50	Clermont.	89

TABLE ALPHABÉTIQUE.

Clermont.	page 250	Condé.	page 291	Cotebrune.	page 158	Craven.	page 361
Clermont.	290	Condet.	250	Coter.	360	Créange.	251
Clerval-le-Vaudain.	157	Condetz.	476	Cotes.	idem	Creccy.	66
Clerval sur le Doubs.	idem	Condem.	100	Cotham.	idem	Le Crédy.	340
Clervain.	idem	Condofa.	440	Cothie.	idem	Créeklade.	361
Clervaux.	65	Condrain.	56	Coton.	idem	Creil.	51
Le Clethy.	339	Condrieu.	78	Cotte.	291	Creme.	457
Le Cleton.	340	Condrieu.	478	Cotten.	360	Cremera.	445
Le Clettur.	idem	Condrusi.	291	Cottenham.	idem	Crémieu.	78
Clichy.	50	Conghull.	359	Cottens.	203	Cremone.	457
Clignencourt.	473	Congleton.	idem	Cottes.	291	Crepay.	251
Clisson.	124	Coni.	453	Cottingen.	203	Crepy.	idem
Clomey.	250	Conil.	423	Cottingham.	360	Cresille.	idem
Cloten.	203	Conisborow, ou Conisburg.	359	Coublans.	50	Crespi.	51
Clu.y.	65	Conliége.	157	Couches.	66	Cresi.	78
Cluse.	225	Conherot.	203	Coucourt.	291	Le Cret.	73
Cluseau.	100	Conolo.	461	Coucy.	51	Cretin.	481
La Cluyd.	340	Conovium.	359	Coude.	73	Crevan.	66
Coblentz.	203	Conroyt.	291	Coventry.	361	Cieve.	251
Coca.	417	Cons.	89	Couefnon.	112	Crevecœur.	291
Cocambre.	290	Constance.	203	Coulange.	66	Crevet.	225
Codo.	435	Le Lac de Constance.	194	Coulby.	361	Crevin.	226
Codynton.	359	Contamina.	423	Le Coulney.	340	C indy.	361
Cognac ou Coignac.	121	Conte.	56	Coulton.	361	Crissey.	158
Cognac.	483	Conte.	157	Coultoun, ou Coiltoun.	395	La Creuse.	115
Cognin.	225	Contelhof.	250	Culture.	291	Crevy.	251
Cohen.	290	Conter.	453	Coumont.	idem	Le Croco.	340
Coilen.	idem	Conty.	56	Couna.	440	Crocy.	73
Coimbre.	439	Le Conwey.	340	Cour.	158	Crodon.	124
Coin.	250	Coppeland.	359	Courbouzon.	158	Croisset.	131
Coire.	203	Coppegny.	291	Courcelette.	291	Crokethorne.	361
Colbroke.	359	Coppet.	203	Courcelle.	131	Cromart.	395
Colchester.	idem	Cor.	157	Courcelle.	250	Cromartie.	idem
Le Cole.	340	Cora.	463	Courcelles.	291	Cromary.	158
Coligny.	157	Corbais.	291	Courlan.	158	Cromere.	361
Colioure.	95	Corbatiere.	203	Cour l'Evesque.	291	Cronay.	204
Collares.	440	Corbeil.	51	Cou.non.	73	Crissier.	idem
Collatia.	463	Corbey.	203	Courouve.	250	Le Crosset.	158
Colle.	467	Corbieres.	idem	Cours.	idem	Cosey.	idem
Collerettes.	291	Coibilum.	114	Court.	292	Crossac.	124
Collin.	idem	Coibion.	291	Court.	391	Le Crot.	158
Colmar.	233	Coibridge.	360	Courtacon.	62	Le Crotoy.	56
Colmenar.	420	Corby.	idem	Courtaillou.	203	Crouay.	131
Cologny.	225	Corcelle.	157	Courtain.	158	Coville.	idem
Colombiers.	111	Corcelles.	203	Courtefontaine.	idem	Crowland, ou Croyland.	361
Colonge.	225	Corcelotte.	157	Courtelary.	204	Croydon.	idem
Colonne.	157	Corda.	395	Courtenay.	51	Cru.corne.	361
Colraine.	404	Cordes.	291	Courtil, Courty.	292	La Crune.	241
Colroy.	250	Le Cordonnet.	157	Courtille.	204	Cruys.	81
Com.	idem	Cordoue.	423	Courtion.	idem	Cubri.	158
Cum.	291	Corfe.	360	Courtray.	292	Cudresin.	204
Les Vallées de Comachio	470	Coria.	420	Couru.	idem	Cuellar.	417
La Ville de Comachio.	idem	Corlani.	360	Coussey.	250	Cuenca.	420
Combaufontaine.	157	Corke.	404	Cousture.	292	Cigney.	158
Combe.	359	Cormagens.	203	Coutances.	131	Cuhen.	292
Combe de Loge, Combe d Hians.	157	Cormerod.	idem	Couteau.	idem	Cuisery.	476
Combmarton, ou Combmerton.	359	Cornant.	idem	Coutiches.	292	Cullen.	395
Come.	457	Corndon.	348	Coutie.	158	Cully.	204
Le Lac de Come.	449	Corne de Chaux.	158	Coutras.	100	Culross, ou Colross.	395
Comines.	291	Cornet.	432	Cowbridge.	361	Cumon.	251
Commercy.	250	Corneto.	466	Le Cowen.	340	Cuna.	440
Commercy.	487	Cornimont.	250	Couvin.	292	Cunde.	362
Comminge.	100	Cornouailles.	360	Cowley.	361	Le Cunnon.	340
Compiegne.	50	Corny.	250	Coux.	225	Le Cunvel.	340
Compton.	359	Corps.	78	Coyviller.	250	La Cure.	475
Comte.	idem	Corre.	150	Couziers.	111	Cures.	463
La Comtée.	291	Cortes.	435	Crabbels.	292	Curiosolites ou Coriosolites.	114
Conche.	225	Corsieu.	250	Craig-Eriry.	348	Curzay.	116
Conches.	131	Cortaneg.	203	Craig-Or-Boyn.	395	La Cusance.	140
Condal.	157	Cotte.	453	Craincour.	250	Cusance.	159
Condat.	100	Cortes.	436	Crainvilléer.	idem	Cuse.	81
Condatiscone.	157	Corties, Cortis.	291	Crak.	361	Cuse.	159
Condé.	51	Cortinge.	225	Craman.	158	Caseau.	66
Condé.	56	Cortryck.	471	Cran.	124	Cussey.	159
Condé.	157	Corugna.	414	Cran.	158	Custine.	251
Condé.	51	Cosby.	360	Cransac.	100	Cutrivey.	204
Condé.	59	Cosne.	106	Cranve.	225	Cutting.	251
Condé.	109	Cossonay.	203	Craon.	251	Cuvrne.	292
Condé.	131	La Coste.	225	La Crau.	81	Cuz.	159
Condé.	250			Crau.	158		

TABLE ALPHABÉTIQUE.

D

	page		page		page		page
Dachspurg.	233	Dengy.	226	Dolvin.	333	Dreux.	51
Dagerlen.	204	Denham.	362	Dombale.	252	Driel.	294
Daillens.	idem	Deningtan.	idem	Le Pays de Dombes.	69	Droitwich.	364
Le Dain.	140	Saint Denis.	51	Le Puy du Dome.	71	La Drome.	78
Dala.	192	Denlet.	292	Domévre.	252	Dromon.	126
Dalbeth.	395	Denni.	293	Domme.	100	Dron.	82
Dalem.	292	Denniken.	204	Le Don.	341	Dronero.	294
Dalheim.	333	Denny.	362	Le Don.	390	Droulin.	473
Dalhouse.	356	Deny.	396	Donaing.	293	Le Drouvenant.	333
Dalbund.	233	Densborg.	293	Donblan.	160	Drujon.	482
Dalle, Dallon.	292	Denton.	363	Doncaster.	363	Drum.	140
Dambacih.	233	Déols.	109	Donchery.	59	Drumfrées.	396
Dambelin.	251	Dereneau.	293	Dongen.	293	Drumlanrig.	idem
Damblan.	idem	Derné.	233	Dongevin.	252	Le Druid.	idem
Dambly.	idem	La Derre.	275	Donnelay.	idem	Du.	341
Damville.	131	Dessener.	293	Dopré.	160	Le Dudden.	294
Damviller.	233	Le Dessoubre.	140	Dons.	293	Duegnos.	341
Damvilliers.	251	Le Dever-Rill.	341	Dontail.	252	Dueil ou Deuil.	416
Danbury.	362	Devessey.	159	Le Mont Dor.	71	Le Duero.	473
Le Dane.	340	Deusin.	252	Dora.	223	Duesme.	410
Le Dane.	idem	Deulcour.	idem	Dorat.	480	Duffel.	66
Le Dane.	idem	Deulemont.	293	Dorcester.	363	Le Duglas.	294
Dancibourg.	333	Deulin.	252	Dorchester.	idem	Le Duglas.	390
Danem.	292	La Deulle.	275	La Dordonne.	96	Dugny.	51
Dange.	204	Deynse.	293	Dordrecht.	293	Duilien.	234
Dangu.	131	Deynton.	363	Le Dore ou Doyer.	341	Dulin.	226
Danjou.	483	Dhuy.	293	Dotens.	226	Dullickon.	205
Dankelsheim.	233	Diablintes.	114	Doretsen.	234	Dulverton.	364
Danmonii.	362	Dich-Marsh.	363	Dorff.	233	Duly.	205
Dann.	333	Dictum.	idem	Dorle.	293	Dun.	252
Dantish.	362	Didation ou Ditation.	159	Dormans.	62	Dunbar.	396
Danvalley.	159	Didenheim.	233	Dormelle.	60	Dunblane.	idem
Darbon.	204	Die.	78	Dornech.	idem	Dunbritton ou Dunbarton.	idem
Darby, Derby.	362	Dienne.	107	Dornford.	363	Duncannon.	404
Darlington.	idem	Dieppe.	131	Dornoch.	396	Dundée.	396
Darnay.	251	Diesbach.	204	Dornot.	252	Dundrey.	364
Daroca.	435	Diest.	293	Dorfstetten.	205	Dunfermelin.	397
Le Darven.	340	Dieten.	idem	Dort.	333	Dungall.	404
Le Darwent.	idem	Dietikon.	204	Dortan.	160	Dungarvan.	idem
Dave.	292	Dieuze.	252	Douadie.	109	Dunglas.	397
Daventre.	362	Dignano.	467	Douay.	293	Dunipaces.	idem
Saint Davids.	idem	Digne.	81	Le Doubs.	140	Dunkeld.	idem
Daulton.	idem	Digoin.	66	Doue.	113	Dunkerque.	294
Déale.	idem	Dijon.	63	Le Dova.	341	Dun-le-Roy.	109
Déane.	349	Dike.	363	Le Dover.	idem	Dunluse.	404
Le Dében.	340	Diligen.	293	Douglas.	363	Dunmow.	364
Debenham.	361	Dilling.	252	Douin.	226	Dunnur.	397
Le Dechaux.	159	Din.	idem	Dounham.	363	Dunoldif.	idem
Décize.	106	Dinant.	124	Dour.	293	Dunotter.	idem
Dedin.	251	Dinant.	293	Dourbe.	idem	Duns.	51
La Déc.	342	Dinas.	363	Dourdan.	70	Dunskay.	idem
La Déc.	390	Dinas.	idem	La Doure.	475	Dunstable.	364
Dehinville	251	Dingle.	404	Doure.	56	Dunstatag.	397
Delain.	159	Dingye.	226	Dourier.	idem	Dunston.	364
Delemon.	204	Dinnere.	193	Dourlens.	160	Dun sur Granti.	107
Delen.	292	Dinsen.	233	Dournon.	56	Le Dur.	402
Deletz.	idem	Dinviller.	252	Dours.	252	La Durance.	75
Delle.	233	Dinwell.	396	Dourville.	216	Durango.	413
Delme.	251	Dis.	363	Doussart.	126	La Durbion.	241
Delu.	159	Disy.	204	La Douve.	341	Durbuy.	294
Delus.	251	Ditton.	363	Le Dowles.	404	La Duria ou Turia.	410
Demange.	idem	La Dive.	126	Down.	131	Durne.	160
Demen.	292	Divion.	293	Douvre.	364	Durnten.	205
Le Demer.	275	Divone.	204	Douvres.	252	Durobrivæ.	364
Demetes.	362	Dixmuyde.	293	Doux.	294	Duros.	294
Demont.	453	La Docelle.	252	Douzey.	252	Durotriges.	364
Denain.	292	Deffan.	205	Douziere.	160	Dursley.	idem
Denbigh.	36.	a Doire.	443	Doye.	75	Durstellen.	205
Le Dender.	275	Dol.	124	Le Drac.	81	Durtal.	113
Denderbelle.	292	Dolathelan.	263	Draguignan.	485	Dutton.	364
Déne.	362	Dole.	159	La Drance.	193	Dyenburg.	205
Denelburg.	251	Dole.	363	Dranse.	364	La Dyle.	275
Denens.	204	Dolgelhe.	idem	Draton.	idem	Dynhart.	205
Deneure.	252	Dolianum.	453	Drax.	107	Dyfart.	397
Denezy.	204	Dolren.	234	Dréve.			

E

	page		page		page		page
Aldburg ou Aldborow.	364	Ebernberg.	333	Ebrebourg.	333	Eclagnens.	205
Earne.	400	Ebersheim.	234	Echalens.	205	Ecoine.	294
Eaubonne ou Aubonne.	473	Eberning.	333	Echenans.	160	Ecole.	160
Ebar.	66	Eberil.	294	Echenans.	161	Ecou.	294
		L'Ebre.	410	Eckcloo.	294	Ecublens.	205
						Ecya	

TABLE ALPHABÉTIQUE.

Ecya.	page 424	Encaufe.	page 101	Eſclangeot.	page 160	Etalan.	page 161
Ed, ou Héth.	397	Encheville.	253	Eſcle.	253	Etampes.	51
L'Eden.	341	Enech.	294	Eſclepens.	205	Etaples.	475
Edigen.	294	Enen.	295	Eſcleux.	161	Eth.	296
Ediſtane.	397	Eneſat.	73	Eſcrille, ou Ecrille.	idem	Etocétum.	365
L'Edin.	390	Enguien.	295	Eſcurillens.	205	Etouvy.	131
Edinbourg.	393	Ennvi.	160	Eſden.	295	Etrel.	161
Eel.	294	Enoſina.	472	L'Esk.	390	Etrel.	idem
Eelen.	idem	Enquin.	295	Eſley.	253	Etton.	253
L'Eem.	275	Epain.	idem	Eſmenne.	295	Eu.	131
Ehnheim.	234	Epalinge.	205	Eſpagnie.	205	Evan.	161
Eich.	252	Epenoi.	160	Eſpera.	424	L'Evenny.	341
Eich.	333	Epernal.	60	Eſperais.	89	Evete.	234
Einville.	252	Epernay.	476	Eſpierre.	295	Eveſin.	253
El.	234	Epernon.	105	Eſpin.	424	Eugubio.	467
Elbœuf.	131	Epernon.	479	Eſprave.	295	Evian.	226
Elche.	429	Epeugnei.	160	Eſquay.	131	Evill.	365
Elgin.	397	Epinal.	253	L'Eſque.	116	Eulange.	253
Elham.	365	Epoiſſes.	66	Eſſau.	206	Eulex.	296
Eling.	333	Epone.	69	Eſchene.	295	Evolena.	206
Elleven.	294	Eprel.	160	Eſſenne.	idem	Evora.	440
Ellg, ou Ellgœu.	205	Epſach.	205	Eſſertines.	206	Eupen.	296
Ellicken.	idem	Erache.	226	Eſſey.	253	Evreux.	131
Eliſav.	idem	L'Erbach.	332	Eſſigney.	idem	L'Euſſ, ou Ewſſ.	390
Elne.	95	L'Erdre.	113	Eſtain.	idem	Euſton.	365
Elneborow.	365	Ere.	295	Eſtaire.	295	Ew.	390
Elouge.	294	Eref.	idem	Eſtalle.	idem	Euvenen.	206
Eloyc.	234	Ereſne.	idem	Eſtanière.	206	Ewias.	365
Elphinſton.	397	Erin.	idem	Eſtaples.	56	L'Ex.	341
Elvas.	440	Ering.	idem	Eſtavanens.	206	Exa.	435
Eluſates.	101	Ermon.	474	Eſtavayer.	idem	Excefter.	365
L'Elwy.	341	Erp.	295	Eſteren.	295	Exilles, ou Eyſilles.	454
Ely.	253	Eruf.	253	Eſterre.	432	L'Ey.	341
Ely.	365	Eſcaillon.	295	Eſtoy.	206	Ey.	390
Emal.	294	L'Eſcaut.	55	Eſtrabonne.	161	L'Eyguel.	219
Emeling.	253	Eſch.	295	Eſtre.	295	Eyndhoven.	296
Emme.	193	Eſchai.	160	Eſtrée.	296	Eynet.	333
Empulum.	463	Eſchau.	234	Eſtréham.	131	L'Eynon.	341
Ename.	294	Eſchentz.	205	Eſtrepigney.	161	Eys.	296
Enans.	160	Eſclan.	160	Eſtu.	idem	Ezincourt.	483

F

Fabe.	page 296	Feneſtrange.	page 253	Florence.	page 470	Fraiſan.	page 162
Faellanden.	206	La Fere.	56	Florences.	297	Fraize.	254
Faenza.	469	Ferin.	296	Flu.	206	Fraypont.	297
Failloué.	299	Feron.	idem	Fluelen.	idem	Fredpuy.	162
Faim.	253	Feroux.	idem	Foix.	89	Frejus.	82
Fakenham.	365	Ferriere.	82	Foligno.	467	Fremeny.	254
Falais.	296	Ferriere.	161	Folkiton.	365	Fremery.	idem
Falaiſe.	132	Ferrieres.	51	Folquin.	297	Fremondan.	162
Falere.	466	Ferrol.	415	Foncine.	162	Fremy.	254
Faletan.	161	Fertan.	161	Fondreman.	idem	Freſſin.	297
La Falſſe.	296	Fertiniog.	365	Fons-Eſtorbes.	89	Fretin.	idem
Fallon.	161	Fetignyez.	206	Fontainebleau.	51	Freudenberg.	206
Faoux.	206	Feurs.	70	La Fontaine brûlante.	477	Freudenberg.	297
Farendon.	365	Fianone.	461	Fontenay-le-Comte.	116	Freudnaw.	206
Farley.	idem	Fin.	253	Pont-Gaufre.	101	Freudwyl.	idem
La Fauche.	253	Fiennes.	56	Fontrouilloufe.	119	Fribourg.	254
Faucogney, anciennement Faucongney.	161	Fieſoli.	471	Fonville.	254	Fricour.	idem
Faverney.	idem	Filken.	254	Forbach.	333	Frieſen.	234
Faverſham.	365	Firmant.	253	Fordon.	397	Frimbole.	254
Favière.	253	Fiſchingen.	206	Foreſt.	297	Froddesham.	365
Fauquemberg.	295	Fiſmes.	60	Forges.	132	La Frome.	342
Fauquemont.	253	Fiumeſino.	445	Le Forlach.	329	Frontenay.	162
Fauquemont.	296	Flaeſch.	206	Foron.	297	Frontignan.	89
Le Fawey.	341	Flagey.	162	Le Forth.	390	Fronzel.	234
Fauvil.	296	Flandres.	296	Fortunis.	432	Frotté.	161
Faux.	74	Flangebouche.	162	Le Fou.	124	Frouai.	254
Fay.	161	Flavigny.	66	Fouchecourt.	161	Froville.	idem
Fay.	253	La Fleche.	113	Foucheran.	idem	La Frouſſe.	162
Fay.	296	Flerus, Fleurus.	idem	Foug.	254	Fruge.	297
Fay.	479	Flery.	idem	Foulenay.	162	Frutingen.	206
Fay-Billot.	161	Fleurey-lés-Faverney.	162	Foulques.	82	Fuan.	162
Fécamp.	132	Fleurié.	66	Fount.	206	Fulliens.	207
Le Fecht, ou Fech.	229	Fleury.	105	Fouru.	234	Fumal.	297
Fédry.	161	Fleury.	107	Fowy.	365	Fumay.	idem
Felleſin.	74	Fleury.	132	La Fouye.	162	Furey.	idem
Fellin.	365	Flines.	296	Le Foyaux.	297	Furnes.	idem
		Flix.	432	Frain.	254		

G

Gabalì.	page 89	Gabratovici.	page 366	Gaillac.	page 89	Galgon.	page 101
Gabian.	idem	Gaganheim.	234	Galera.	427	Gallens.	366
Gabiſt, & Gavii.	463	Gagnecour.	254	Galeyeſe.	62	Le Pays de Galles.	idem

TABLE ALPHABÉTIQUE.

Galloway.	page 404	Gerberoy.	page 52	Godendorf.	page 298	Gravelines.	page 299
Galy.	432	Gerbrunne.	207	Godmanchester.	367	Gray.	164
Gambon.	126	Gerenna.	427	Godon.	255	Gredtsan.	idem
Gamerage.	297	Gergovia.	73	Goer.	299	Grenant.	62
Gammel.	idem	Gerimeny.	254	Goes.	440	Grenchen.	208
Le Mont Gammor, ou		Gerine.	193	Goesghen.	207	Grene.	367
Gimmor.	195	Germigney.	163	Gogen.	299	Grenoble.	77
Gemsheim.	234	Germiny.	254	Goin.	255	Grenville.	299
Gand.	297	Germondan.	163	Le Goit.	342	Greoux.	82
Ganesburg.	366	Le Gerne.	342	Golbe.	255	Gréfe.	477
Ganges.	89	Gerry.	432	Golzenne.	299	Greffour.	164
Gannal.	107	La Gers.	96	Gondenan.	164	Gretland.	367
Gap.	78	Gerfar.	207	Gondis, ou Gondes, ou		Greucour.	164
Garbecq.	297	Gerften.	234	Gonthey.	207	Greux.	255
Gardane.	82	Gery.	254	Gondom.	101	Grez.	299
Le Lac de Garde.	450	Gesier.	163	Gondon.	481	Grimaud.	82
Saint Jean de Gardenen-		Gesincourt.	idem	Gondorf.	299	Grimhuisen.	299
que.	89	Geffenay.	207	Gondrecourt.	255	Grimmingen.	300
Gardia.	485	Le Gevenny.	342	Gondreville.	idem	Grimmy.	idem
Gardon.	85	Gevigney.	163	Gonesse.	52	Grimonviller.	256
Garianonum.	366	Gevin.	298	Gonfreville.	132	Grimsby.	367
Garites.	101	Gevingey.	163	Goni.	436	Le Mont Grimsel.	195
Garnesey.	366	Geul.	298	Gonnay.	299	Grolay.	474
Garoceli.	226	Le Pays de Gez.	69	Gonsan.	164	Groson.	164
La Garonne.	48	Gez.	207	Gorcum.	299	Grudii.	300
Le Garry.	390	Ghosmarl.	274	La Gorée.	idem	Gruey.	256
Le Gars.	132	Giavenne.	454	Gorg.	208	Grumagny.	234
Garumni.	101	Gibraltar.	424	Gorgier, ou Gorgy.	idem	Gruningen.	208
Gastinois.	52	Gie.	226	Gorze.	255	Gruffe.	164
Gatton.	366	Gief.	298	Gossau.	208	Gruyere.	208
Gattres.	349	Gien.	105	Gotal.	299	Gruynau.	idem
Gauchin.	298	Giffers.	207	Gothen.	idem	Gryon.	idem
Gaude.	73	Gigglefwich.	366	Gotigny.	idem	La Guadalaviar.	410
Gavray.	132	Gigny.	163	La Gou.	276	Le Guadalquivir.	idem
Gaure.	86	Gigos.	idem	Goudreffange.	255	La Guadiana.	411
Gaurin.	298	Gilley.	idem	Gouhele, ou Gohele.	52	Guadix.	427
Gaufennis, ou Gaucen-		Gilloy.	164	Govillé.	255	Guding.	256
nis.	366	Gingim.	207	Goviller.	idem	Guding.	333
Gaufin.	298	Ginneken.	298	Le Mont Gouppen.	195	Gueding.	256
Gawenheim.	234	Gippingen.	207	Gourdenne.	483	Guennange.	idem
Gaynford.	366	Girancour.	255	Gourdon.	101	Guennincourt.	idem
Géel.	298	Girarmer.	idem	Gournay.	52	Guerande.	124
Géerlisberg.	207	Giromagny.	234	Gournay.	132	Gueret.	74
La Géete.	275	Gironne.	432	Gournay.	255	Guerigny.	107
Gelin.	298	Girville.	255	Goury.	398	Guerschweiler.	333
Gelucourt.	254	Gisburg.	366	Gouffaincourt.	255	Guery.	259
Gemblours.	298	Givais, ou Givet.	298	Gouffelin.	idem	Le Château de Guesclin.	124
Geme.	idem	Givret.	77	Goutere.	299	Guevris.	235
Le Mont Gemmi.	195	Givri.	164	Goux.	164	Guildford.	367
Le Mont Gemmi.	485	Glamondan.	idem	Goux.	idem	Guincamp.	124
Gemonde.	298	Glan.	207	Goux.	idem	La Guine.	126
Gemptine.	idem	Glandéve.	82	Goye.	299	Guinegate.	300
Genape, ou Genepe.	idem	Glane.	193	Goy Servain.	idem	Guines.	56
Gendrey.	163	Glanfeuil.	114	Gracay.	480	Guise.	idem
Génes.	idem	Le Glann.	332	Grachot.	164	Gumifsens.	208
Génes.	393	Glahoventa.	367	Grammen.	299	Guminen.	idem
Genes.	455	La Glantine.	140	La Grand'Combs.	166	Gumoens.	idem
Le Lac de Genève.	194	Glaris.	107	Grandfontaine.	164	Gundisav.	idem
Genève.	207	Glafcou.	398	Grandnoir.	idem	Gundischwyl.	idem
Geneuille.	163	Glatt.	193	Grandville.	132	Gundikon.	idem
Le Mont Genévre.	76	Le Gledaw.	342	Graney.	208	Gunten.	idem
Genevreuil.	163	Le Glen.	idem	Grange.	255	Guntzen.	195
Genevrey.	idem	Glenluce.	398	Graniols.	208	Gurmels.	208
Geney.	idem	Gletole.	207	Grans.	435	Gursischell.	idem
Genicourt.	254	Glimes.	298	Granson.	208	Gurtzelen.	209
Geniville.	idem	Glingen.	234	Grantham.	367	La Gurumes.	411
Genly.	298	Glocefter.	367	Granzebsin.	393	Gutenthau.	209
Genollier.	207	Glys.	207	Gruffe.	82	Guyans.	165
Gentine.	298	Goaille.	164	Gratens.	299	Gy.	idem
Gentou.	207	Gobannium.	367	Gratteri.	164	Gye.	256
Genval.	298	Gockusen.	207	Grau.	299	Gyon.	414
Gerbecour.	254	Godalming.	367	Grave.	idem	Gyslickon.	209

H

H Achein.	page 334	Hagenbach.	page 352	Hall.	page 462	Ham.	page 334
Hachingen.	209	Hagneville.	256	La Halle.	141	Le Ham.	342
Hacour.	256	Hai.	242	Halle.	300	Ham.	36
Haddinton.	398	Haien.	300	Halle.	idem	Hamage.	300
Haddon.	367	Hailwefton.	367	Hallen.	idem	Hamars.	232
Hadham.	idem	La Haine.	276	Hallwyll.	209	Hamberen.	209
Hadley.	idem	Haines.	300	Halouville.	256	Hambraine.	300
Hadlicken.	209	Halen.	idem	Halten.	300	Hamden.	368
Hadonviller.	256	Hales.	367	Haly.	367	Hame.	256
Haens.	300	Halifax.	idem	Le Ham.	132	Le Hame.	300
Hag.	209	Haling.	367	Ham.	256	Hameau.	id. m
Hagecour.	256	Hall.	idem	Ham.	300	Hamecour.	256

TABLE ALPHABÉTIQUE.

	page		page		page		page
Haméide.	300	Haulton.	368	Hesdin le vieux.	301	Hosdain.	303
Hamel.	132	Le Havre de Grace.	132	Hesse.	257	Hosteville.	idem
Le Hamel.	300	Hautile.	474	Hesse.	302	Hoterive.	165
Hamilton.	398	Hauve.	257	L'Hestrun.	276	Hottot.	133
Hamme.	256	Hauve.	334	Héviléer.	302	Hou.	303
Hamme.	300	Le Hawes.	342	Heur.	idem	Houdain.	idem
Hamont.	idem	Hay.	368	L'Heure.	276	Houdaing.	303
Hamouge.	256	La Haye.	128	Heurne.	302	Houde.	idem
Hamptoncourt.	368	Haye de la T. d'Avesnes.	278	Héusden.	idem	Houdemont.	258
Han.	56	Haye.	301	Heussen.	334	Houdemont.	304
Han.	256	Héaden, ou Héadon.	368	Hexham.	369	Houdreville.	258
Han.	300	Hébé.	165	Héymisse.	302	Hovelin.	304
Han.	301	Hecque.	301	Héyn.	idem	Hoven.	idem
Hancok.	368	Hédigny.	257	Héyngen.	idem	Hovingham.	369
Hanesche.	301	Heesch.	301	Hiémes.	133	Houn.	304
Hant.	idem	Heffen.	idem	Higham.	369	Hour.	idem
Hantay.	idem	Hégi.	209	L'Hilver.	276	Hour.	idem
Hanwell.	368	Heidegg.	idem	Hinguen.	303	Housse.	idem
Happoncourt.	257	Heimberg.	idem	Hinsberg.	idem	Housse.	475
Haraucourt.	idem	Helan.	86	Hinville.	257	Houssera.	258
Harboué.	idem	Helden.	301	Hirzel.	209	Hour.	304
Harburg.	368	Héleuthéri.	89	Hodemont.	303	Houtain.	idem
Hardales.	425	Helston.	368	Hoet.	idem	Houteau.	165
Hardemont.	257	Helvii, ou Albenses.	89	Hoéven.	303	Houtem.	334
Hardigney.	idem	Hem.	302	Hof.	idem	Houten.	304
Hardwic.	368	Hembise.	idem	Hoffe.	369	Howden.	369
Haren.	301	Hémert.	idem	Hogneville.	257	Houx.	258
Hareville.	257	Hémerez.	132	La Hogue.	133	Houze.	304
Harlem.	301	Hempton.	368	Hohenburg.	231	Hoye.	idem
Harleston.	368	Henley.	idem	Holland.	369	Huben, aujourd'hui Huban	107
Harlyn.	idem	Henlis.	idem	Hologne.	303	Huem.	302
Harmonville.	257	Hennebon.	124	Holthusen.	idem	Huesca.	435
Haroué.	idem	Henrée.	302	Holtsen.	idem	Hugier.	165
Harten.	301	Hens.	idem	Homborg.	257	Hull.	369
Harton.	368	Hénu.	idem	Home.	369	Le Humber.	342
Harvent.	301	Heppener.	idem	Homecour.	257	Humont.	258
Harwich.	368	Hereford.	368	Homerting.	258	Hun.	304
Has.	257	Hérinas.	302	Le Homme.	133	Huninghen.	235
Le Hasel.	229	Hérinstein.	235	Honau.	235	Hunnum.	369
Hasencour.	301	Hérival.	257	Honfalize.	303	Hurauzen.	304
Hasnon.	idem	Herle.	302	Honne.	idem	Hurden.	209
Hasp.	idem	Herlin.	idem	Honnecourt.	idem	Husen.	235
Haspre.	idem	Herlinge.	369	Honville.	258	Hutingen.	304
Hastiers.	idem	Herlisheim.	235	Hoome.	398	La Hutte.	258
Hatherlay.	368	Hermale.	301	Hopertingen.	303	La Hutte.	304
Hatten.	235	Hermane.	477	Horburg.	235	Huttenheim.	235
Hauboudange.	257	Hernici.	463	Hordaing.	303	Hutting.	258
Haubourdin.	301	Herri.	109	Horgen.	209	Huttingen.	209
Haudiomont.	257	Hertain.	302	Horley.	369	Huviller.	258
Havend.	idem	Herten.	idem	Horn.	209	Huy.	304
Haverford.	368	Hertford, ou Hartford.	368	Horne.	303	Huys.	idem
Haveux.	301	Hertin.	302	Horrus.	idem	Hyeres.	82
Haull.	235	Hertre.	132	Horsham.	369	Hyeres.	474

I

	page		page		page		page
I Aberg.	209	L'Ill.	230	Ionen.	210	Istam.	372
Iaen.	425	Illal.	165	Jonvelle.	165	Istein.	235
Jallerange.	165	Illay.	483	Ionville.	259	L'Itan.	390
Jamagne.	304	Illens.	209	Iosenne.	305	L'Itching.	342
Jametz.	258	Illeu.	52	Josferand.	107	Ithanceitre.	370
Janville.	133	L'Illon.	241	Jouarre.	62	L'Iton.	127
Jarrow.	369	Illusen.	235	La Jou de Maillot.	143	Juans.	165
Jasene.	304	Ilizach.	idem	Joue.	165	Judoigne.	305
Iaun.	209	Imbermesnil.	258	Jougne.	idem	Iverdun.	210
Iauny.	258	Impe.	305	Ioul.	259	L'Ivette.	49
Iben.	334	Incourt.	idem	Ioun.	210	La Juine.	idem
Ibigny.	258	Ineu.	258	Joux.	165	Jumiéges.	133
Iceni.	369	Ingbol.	209	Irel.	305	Iuns.	210
L'Idle.	342	Ingwiler.	235	Iron, ou Iren.	393	Ivoy.	305
Iemeppe.	305	Inkberg.	334	L'Irt.	342	Jupile.	idem
Iendure.	258	Inkwyl.	210	L'Irehing.	idem	Le Mont Jura.	142
Ierbonvaux.	idem	L'Inn.	462	L'Ise.	idem	Le Juras.	143
Ierby.	370	Inner-Aw.	398	Le Mont Isemberg.	485	Ivrée.	454
Ieure.	165	Innerloch.	idem	Isenburg.	235	Jurien.	210
L'Isle d'If.	83	Innerness.	idem	Isenheim.	idem	Jussey.	165
Igel.	305	Inor.	258	Iserborn.	305	Jussy.	226
Igni.	165	Ins.	210	L'Isere.	76	Juvigny.	52
Igny.	258	Inval.	305	Isigny.	133	Juvigny.	133
Iissey.	idem	Iniviler.	334	Issa.	467	Iuvocourt.	259
Ilantz.	209	Io.	165	Issan.	165	Iuxary.	idem
Ilcester.	370	Jockerum.	235	Issel.	90	Ixelle.	305
Ilekely.	idem	Ioigny.	60	Issoire.	73	Ixem.	334
Ilen.	342	Joinville.	idem	Issoncourt.	259	Izéel.	305
Iling.	258	Jonen.	193	Issoudun.	109		

TABLE ALPHABÉTIQUE.

K

	page		page		page		page
Kail.	305	Kéne.	370	Kiffretin.	404	Kochens.	306
Kaiserstuhl.	210	Le Kenler.	342	Kilbeg.	398	Korf.	398
Kam.	193	Kennet.	370	Kildare.	idem	Koppingen.	210
Kam ou Cham.	210	Kenroff, ou Kinross.	398	Kilham.	371	Kriefen.	236
Kan.	305	Kent.	305	Kilken.	370	Kromvoirt.	306
Kandel.	193	Kent.	370	Kilkenny.	405	Krumenar.	210
Kannaby.	398	Kentmere.	idem	Le Kill.	276	Kum.	259
Kardeness.	idem	Keretzen.	210	Kilmain.	371	Kum.	305
Karmans.	305	Le Keriog.	342	Kilmore.	398	Kundelfingen.	210
Keines.	370	Le Kern.	390	Kilfant.	371	Kunholz.	idem
Kelham.	idem	Kerns.	210	Kilftel.	236	Kunitz.	idem
Kellam.	idem	Kerq.	370	Kilton.	371	Kurdrummy, ou Kil-drummy.	398
Kellen.	305	Kessel.	305	Kington.	idem	Kurtz.	236
Kelles.	404	Kestel.	259	Kinnerton.	idem	Kyburg.	210
Le Kelvin.	390	Le Keth.	390	Kinsale.	405	Kyllin.	398
Kembs.	235	Keth.	398	Kirn.	334	Kynetou.	370
Keint.	193	Kettering.	370	Kirton.	371		

L

	page		page		page		page
L Aar.	306	Loire.	47	Laupen.	211	Leslie.	396
La Barte.	165	Loye.	165	Lausane.	idem	Leson.	127
La Borde.	166	Lancham.	371	Laution.	113	Lesot.	211
Lacharn, ou Loghor.	371	Lanelthy.	idem	Lautreck.	334	Lessay.	260
Lachen.	210	Langan.	idem	Lauzerte.	101	Lesley.	167
Lachlan.	399	Langatt.	334	Lay.	259	Leslie.	307
Lactorodum.	371	Langel.	305	Laye.	476	Leslines.	idem
Lagin.	405	Langer.	371	Laymont.	259	Lestoffe.	372
Lagny.	52	Langés.	111	Layton.	372	Lesturhiel.	373
Lahr.	306	Langley.	259	Lazeren.	306	Leth.	391
Laimmecour.	259	Langley.	371	Léamington.	372	Lethé.	411
Laire.	306	Langon.	101	Léane.	402	Létiva.	211
Laire.	483	Langres.	60	Léaw.	306	Letrim.	405
Lais.	166	Lanhaden.	372	Lébe.	307	Lévaci.	307
Laltre.	259	Lanidlos.	idem	Lebrixa.	425	Leucate.	90
Laix.	idem	Lanne.	482	Lecale.	405	Leucato.	479
Laixon.	idem	Lannen.	306	Lech.	343	Leuck.	211
Laixe.	133	Lannior.	124	Léchlade.	372	Leven.	343
Lalain.	306	Lannoy.	306	Lectoure.	101	Leven, ou Levin.	391
Lambule.	124	Lansan.	372	Léde.	307	Leveny.	343
Lambesc.	83	Lantenre.	66	Ledes.	371	Leugney.	167
Lambrey.	166	Lan-Wethlin.	372	Ledefma.	416	Levier.	idem
Lambro.	445	Lanymthefry.	idem	Lédinne.	307	Leuquoiq.	262
Lamona.	446	Mont de Lanz.	77	Léest.	idem	Léus.	307
Lanavon.	371	Lanzer.	306	Léeuw.	idem	Lewarde.	idem
Lanbeder.	idem	Laon.	52	Lef.	idem	Lewes.	373
Lancastre.	idem	Lara.	417	Legny.	83	Lewknor.	idem
Lancell.	idem	Larain.	259	Leicester.	372	Leuze.	307
Lancy.	226	Larderet.	166	Leighton.	idem	Léyde.	idem
Landaf.	371	Lare.	306	Leike.	idem	Lez.	76
Landau.	236	Laredo.	413	Leimen.	236	Lezat.	167
Landaville.	259	Largizzen.	236	Leiria.	440	Lezay.	479
Landeck.	236	Larian.	166	Leisse.	223	Lézenne.	308
Landellen.	idem	Larnod.	idem	Lelin.	259	Lézy.	idem
Landen.	306	Larrey.	306	Leman.	343	Liancourt.	474
Lander.	idem	Laine.	306	Lembeck.	307	Liaud.	226
Landeron.	210	Lasse.	259	Lemos.	415	Liauffan.	167
Landerten.	236	Lasson.	133	Lemster.	372	Libourne.	101
Landes.	101	Lassu.	259	Lemuy.	167	Lichecourt.	260
Landew.	371	Lasu.	306	Lenck.	211	Lichfeld.	373
Landorff.	259	Latan.	113	Léne.	343	Licour.	260
Landorp.	306	Latobrigi.	211	Lenham.	372	Lid.	343
Landrecy.	idem	Latoi.	166	Lenoncourt.	260	Liébana.	413
Landresse.	483	Latte.	90	Lenony.	343	Liége.	308
Landsberg.	334	Laval.	114	Lens.	307	Liéle.	167
Lane.	276	Laval.	166	Forêt de Lens, jadis Lam.	77	Liena.	193
Lantenne.	141	Lavan.	idem	Lenta.	454	Liére.	308
Lanuvium.	463	Lavangeot.	idem	Lentenach.	211	Liéresse.	211
Large.	230	Lavant.	343	Lento.	457	Lieshout.	308
Lave.	276	Lavantznau.	236	Lenton.	372	Liesle.	212
Lavinium.	463	Lavatrae, ou Levatrae.	372	Lentzburg.	211	Liessele.	308
Lavotte.	167	Lavaut.	90	Leomont.	486	Liestall.	211
Laye.	276	Lauch.	230	Lepontii.	211	Liéve.	276
Lee.	343	Lauconnum.	166	Lercy.	307	Liéville.	233
Lesse.	276	Lavencia.	idem	Lerida.	432	Liévin.	308
Leugney.	483	Lavernay.	idem	Lerin.	436	Liévre.	133
Liffie.	402	Lavey.	211	Isle de Lerins.	83	Liéze.	211
Limagne.	73	Lautien.	idem	Lers.	85	Lifoul.	260
Linc.	343	Lauffen.	idem	Lefarde.	481	Ligne.	308
Linge.	276	Lavigney.	page 167	Lery.	idem	Ligneville.	260
Linote.	141	Lavigny.	446	Lefdain.	307	Ligny.	idem
Lis.	276	Lavino.	idem	Léle.	idem	Ligny.	308
Lizerne.	167	Laviron.		Leskerd.	372	Ligueil.	111
Loge.	166	Laupach.	309			Lille.	308
						Lillebonne	

TABLE ALPHABÉTIQUE.

Lillebonne.	page 481	Lithquo, ou Linlithquo. p. 399	Lorgues.	page 83	Lugi.	page 310
Lillers.	308	Littleborough.	373	Lorich.	309	Lugo.	415
Limagne.	73	Littre.	309	Loroux.	111	Lugrin.	226
Limale.	idem	Live.	idem	Lorris.	105	Luguvallum.	373
Limbourg.	idem	Liviere.	90	Los.	309	Lugy.	310
Limeil.	101	Livradois.	73	Loséfre.	90	Lullin.	226
Limes.	308	Livri.	52	Loff.	391	Lumley.	373
Limmel.	idem	Livron.	78	Lottorff.	212	Luna.	435
Limmeren.	195	Lixun.	260	Loth.	309	Luna.	471
Limmerick.	405	Lizeine.	167	Lottem.	idem	Lune.	343
Limoges.	122	Lizon.	141	Lotzvyl.	212	Lunel.	90
Limoux.	90	Lo.	483	Louane.	276	Lunéville.	261
Limoux.	479	Locarno.	212	Loudun.	116	Lungen.	310
Le Lin.	343	Loches.	111	Loue.	141	Lunger.	212
Le Lin.	391	Lochna.	399	Loventium.	273	Lunkoffen.	idem
Linai.	308	Lochyr.	391	Loughon.	141	Lunneren.	idem
Linbach.	334	Locle.	212	Lougre.	168	Lure.	168
Linchamp.	60	Lod.	167	Louhan.	68	Lurin.	226
Linchaut.	308	Lodéve.	90	Loulan.	168	Lusans.	168
Lincoln.	373	Lodi.	457	Loup.	476	Lusignan.	116
Lindau.	211	Loffe.	309	Louth.	405	Luffel.	486
Linde.	308	Loge.	166	Low.	309	Lut.	310
Lindin.	260	Loge.	309	Low.	343	Luthing.	348
Lindre.	129	Les Loges.	111	Louvain.	309	Lutry.	134
Lindre.	160	Loges.	133	Louverot.	168	Lutry.	213
Line.	343	Logrogno.	417	Louviere.	133	Lutter, ou Lauter.	130
Linet.	308	Logy.	399	Louvieres.	idem	Lutzelau.	213
Linge.	276	Lohr.	236	Louviers.	idem	Luvigny.	261
Linghen.	309	Loin.	212	Louvigny.	idem	Luxembourg.	310
Liniere.	212	Loire.	47	Loxa.	418	Luxeuil.	168
Linières.	109	Lom.	309	Loye.	166	Luxeuil.	483
Linote.	141	Lomond.	391	Lubine.	261	Luys.	310
Lins.	309	Lomond.	993	Luc.	133	Saint Jean de Luz.	101
Linselles.	idem	Lomont.	142	Luce a.	435	Luz.	391
Linster.	idem	Lomont.	167	Lucens.	212	Luzan.	168
Linitroff.	260	London.	373	Lucerne.	idem	Luzé.	111
Lint.	193	Londres.	349	Lucerne.	485	Luzet.	483
Lint.	309	Longean.	260	Lucery.	212	Luzy.	107
Lintes.	idem	Longechaux.	167	Luchingen.	idem	Lydden.	343
Liny.	260	Longiroud.	212	Luchy.	475	Lye.	373
Lironcourt.	idem	Longuion.	260	Luco.	435	Lye.	480
Lis.	276	Longwy.	idem	Lucon.	116	Lym.	373
Lis.	309	Longvy.	167	Lucopidia.	373	Lynk.	310
Lisbonne.	439	Lon-le-Saulnier.	idem	Lucques.	471	Lynn.	373
Lisbourg.	309	Lonrai.	212	Lucy.	212	Lynitock.	374
Lisham.	402	Loon.	309	Lucy.	261	Lynton.	idem
Lisieux.	133	Loppen.	idem	Lude.	114	Lyon.	69
Lille.	167	Lor.	261	Luden.	236	Lyff.	213
Lismore.	405	Loray.	168	Ludelschyl.	212	Lyffach.	idem
Lisola.	454	Loray.	483	Ludlow.	373	Lyffe.	310
Liff.	309	Lorca.	429	Lue, ou Lu.	343	Lyverdun.	261
Listorff.	260	Lorence.	334	Lug.	idem	Lyx.	402
Litanobriga.	52	Lorey.	261	Lugano.	212		

M

M Aban.	page 399	Main-Amber.	page 374	Malmesbury.	page 374	Mansenans.	page 169
Macerata.	468	Mainil.	310	Malocourt.	261	Manta.	454
Macharen.	310	Mainland.	399	Mameles.	311	Mantaille.	78
Machelen.	idem	Maintenon.	105	Mamirolle.	169	Mante.	52
Macher.	idem	Majo, ou Mageo.	405	L'Isle de Man.	374	Manthe.	78
Macke.	idem	Les Îles de Majorque, & de Minorque.	442	Manaven.	idem	Mantil.	261
Mackum.	idem	Maire.	310	Manby.	idem	Mantoche.	169
Macourt.	idem	Le Maire.	402	Mancester.	idem	Mantoue.	459
Le Madon.	241	Maisiére.	261	Manchenlleth.	idem	Mantry.	169
Mage.	480	Maisnil.	310	Manchester.	idem	Many.	idem
Magepan.	213	Maify.	134	Mande.	311	Many.	311
Magesc.	481	Maixe.	261	Mandel.	idem	Le Mangan	343
La Magistere.	101	Maizet.	134	Mandeure.	169	Manytre.	374
Maglan.	226	Maizcy.	261	Mandre.	261	Maqueda.	420
Magliano.	465	Makel.	311	Mandreville.	484	Mar.	431
La Magne.	226	Maker.	261	Mandubii.	66	Mara.	169
Magni.	168	Ma'aga.	428	Manero.	134	Marans.	116
Magny.	52	Malan.	168	Le Maner.	127	Marat.	261
Magny.	134	Malange.	idem	Mangiise.	311	Marban.	440
Magnycour.	310	Malans.	idem	Manhoué.	261	Marbot.	262
La Magra.	446	Malbran.	168	Maniére.	idem	Marcey.	134
Maguelone.	90	Maldon.	374	Manise.	311	March, Marche, la Marche.	311
Maidston.	374	Male.	310	Manneville.	481	Le Marchais.	474
Le Lac Majeur.	450	Maléves.	idem	Mannlin.	213	Marchaux.	169
Maillac.	90	Maliéville.	261	Le Manoir.	134	La Marche.	262
Maillane.	83	Malincourt.	idem	Manonville.	261	Marchenines, Marchennes.	311
Mailleroncour.	168	Malines.	311	Manosque.	83	Marcillac.	101
Mailley.	idem	Mallan.	168	Le Mans.	114	Mardigny.	262
Maillezais.	116	Malling.	374	Mansat.	74	Le Puy de Mardogne.	71
Mailly.	261	Mallo.	405	Mansenans.	169		
Mailly-le-Château.	66						

D

Mardye. page 311
Marels. idem
Maren. idem
Mares. idem
Mares. idem
Margency. 474
Margeu. 311
Margidunum. 374
Margilley. 169
Marigna. idem
Marignan. 457
Marigny. 169
Marigny. 262
Marilegium. 236
Marilles. 311
Marinville. 262
Mariola. 429
Marive. 311
La Mark. 213
Marlaigne. 278
Marle. 56
Marleborough. 375
Marlen. 236
Marlot. 262
Marlow. 375
Marly. 52
Marly. 262
Marmande. 102
Marmviller. 262
Marnant. 213
Marnay. 169
La Marne. 58
Marnoz. 169
Marolles. 311
Maron. 262
Maroncourt. idem
Marpain. 169
Marq. 311
La Marque. 276
Marquette. 311
Marquilyes. 312
Marra. 484
Les Mars. 108
Marsac. 102
Marsal. 262
Marsay. 111
Marseille. 83
Marsel. 312
Martigny. 213
Martigny. 262
Martigues. 83
Martincourt. 262
Marton. 375
Martué. 312
Martylly. idem
Marvejols. 90
Marvelise. 169
Marvil. 375
Marville. 262
Marvis. 312
Maruvium. 467
Mary. 312
Marzae. 102
Marzy. 107
Mas. 90
Mas. 435
Mas. 454
Mascon. 66
Le Mas d'Agenois. 102
Maserole. 169
Mas-Garnier. 90
Masham. 375
Massay. 60
Massy. 312
Mason. idem
Maspach. 236
Massay. 110
Masson. 262
Masthicht. 312
Masures. idem
Matenay. 169
Mattincourt. 262
Mat-Vallis. 114
Maubeuge. 312
Mauffe. idem
Maugioville. 90
Maupré. 169
Maurat. page 134
Mauzaine. 312
Maxey. 262
May. 134
May. 399
Mayence. 334
Mazy. 312
Meaux. 61
Medelin 420
Le Meden. 343
Médina-Céli. 410
Médina-Del-Campo. 416
Médina-Sidonia. 425
Les Médiomatriciens. 262
Medley. 375
Médoc. 102
Le Medway. 343
Méerlen. 312
Megem. idem
Megeve. 227
Megevette. idem
Meggen. 213
Megneau. 312
Méhun. 105
Méhun. 110
Meiche. 170
Meilen. 213
Château-Meillan. 110
Meillers. 108
Meinaw. 213
Meiningen. idem
Melain. 312
Meldin. idem
Mele. idem
Melen. idem
Meleray. 125
Meligny. 262
Melle. 213
Mellingen. idem
La Mello. 446
Mellen. 236
Mellen. 313
Melun. 53
Ménal. 170
Menapii. [illegible]
Menat. 73
Le Menay. 344
Menra. 313
Mende. 90
Mendippes. 348
Meneg. 375
Menestru. 170
Menez. idem
Mengi. 227
Mengis. 313
Ménieres. 213
Ménil. 134
Menillot. 263
Menin. 313
Meniot. 263
Menoncourt. idem
Menotey. 170
Menouille. idem
Menoux. idem
Mensdorff. 313
Mensel. idem
Menthon. 227
Menten. 456
La Mer. 263
Mer. 479
Méra. 193
Mercey. 170
Merchten. 313
Merck. 236
La Merck. 276
Merck. 313
Merden. 375
Merderet. 127
Mérey. 170
Merich. 313
Merida. 420
Méridon. 134
Merine. 193
Mering. 375
Merking. 334
Merkin. 375
Le Merlay. 344
Meril. page 313
Merlow. 56
Merluche. 263
Meroliac. 477
Merrez. 313
Merfch. idem
Le Mersey. 344
Mersham. 375
Mesig. 263
Mersuay. 170
Le Merten, ou Marton. 344
Mertens. 334
Meru. 56
Meruan. 60
Mervelen. 313
Mérui. 83
Merville. 263
Merville. 313
Merwe. idem
Méry. 110
Méry. 134
Mery. 313
Merzich. idem
Mesenbach. 334
Meseray. 313
Meseren. idem
Mesick. 314
Mesiere. 60
Mesmay. 170
Mesny. 227
Mesnil. 263
Mesnillot. idem
Mesny. 314
Messin. 263
Mesve. 107
Métabiez. 170
Metez. 314
Metiosedum. 53
Le Metro. 446
Metz. 263
Metzeral. 236
Meudon. 53
Meulan. idem
Meulan. 474
Meulebéeke. 314
La Meuse. 49
Meyen. 314
Meyre. 375
Meys. 314
Le Mez. idem
Mezelay. 263
Mezen. 314
Méziere. 170
Mider. 263
Midlham, ou Middelham. 375
Miége. 170
Mierin. 263
Migette. 170
Mignovillers. idem
Milan. 456
Milen. 314
Milhau. 90
Milhaud. 101
Mill. 314
Millan. idem
Millancey. 479
Millum. 375
Le Mincio. 446
Minoile. 171
Miolans. 227
Mion. 171
Miramas. 83
Miranda. 417
Miranda do Duero. 440
Miraumont. 314
Mirebeau. 66
Mirebel. 171
Mirecourt. 263
Mirepoix. 90
Miroir 227
Mirouart. 314
Mirery. 171
Modave. 314
Modef. idem
Modéne. 485
Moeden. 314
Moestoff. page 314
Moffan. 171
Mogege. 227
Mogni. idem
Moienmoutier. 264
Moilenlli. 348
Moimay. 171
Moingrath. 375
Moiran. 171
Moiron. idem
Moissac. 102
Moissey. 171
Molam. idem
Molan. 314
Le Molay. 134
Molay. 171
Le Mole. 344
Moles. 134
Molesme. 66
Molet. 171
Molin. idem
Molinghar. 405
Mollay. 314
Mollo. 432
Molzen. 236
Mon. 171
Mona. 457
Monaco. 456
Monaz. 227
Monbarrey. 171
Montberneson. 314
Monblouse. 171
Monbouillon. idem
Monboson. idem
Moncé. idem
Monceaux. 314
Moncelle. idem
Moncley. 172
Moncon. 425
Monçon. 435
Moncourt. 264
Moncy. 134
Le Mondego. 411
Mondon. 172
Mondonnedo. 415
Mondragon. 413
Moneins. 102
Montfort. 227
Monfrin. 91
Mongia. 415
Monniere. 172
Mons. 315
Monstreux. idem
Mont. 172
Mont. 264
La Montagne noire. 86
Montagney. 172
Montain. idem
Montargis. 105
Montarlau. 72
Montbar. 66
Montbar. 476
Mont-Bazon. 112
Montbéliard. 172
Montboson. 484
Montbrison. 72
Montenoy. 264
Montenoy. 464
Montereau-Faux-Yonne. 62
Montfan. 108
Montfaucon. 172
Montfaut. 142
Montferrand. 73
Montferrand. 172
Montfor. idem
Montfor l'Amaury. 53
Montgesoye. 172
Monthion. 227
Monthulin. 56
Montigny. 172
Montigny-le-Roi. 62
Montlhery. 53
Montloys. 112
Montlucon. 108
Montmahou. 142
Montmartre. 53
Mont Martre. 474

TABLE ALPHABÉTIQUE.

Montmedy.	page 315	Moramber.	page 173	Moron.	page 441	Moute.	page 173
Montmelian.	227	Morant.	236	Morpit.	376	Le Mouton.	idem
Montmelian.	486	Morat.	213	Morlenet.	315	Moutreu.	214
Montmirel.	484	Morbiez.	173	Mortagne.	115	Mouze.	315
Montmirey.	172	Morbihan.	125	Mortagne.	264	May.	405
Montmorency.	53	Morella.	429	Mortagne.	315	Moya.	421
Montmorot, Montmourot.	172	Morens.	213	Mortain.	134	Moyadas.	idem
Montoille.	idem	Moresby.	376	Mortemer.	idem	Moye.	227
Montpellier.	91	Moret.	53	Morville.	idem	Moyen.	264
Montpensier.	73	Morcy.	173	Morville.	264	Moyen.	315
Montpesat.	102	Morey.	idem	M sch.	237	Mozinghen.	idem
Montreu.	227	Morfaville.	134	La Moselle.	241	Mucidan.	102
Montreuil.	57	Morge.	213	Moset.	315	Muhlbach.	237
Montreux.	264	Morhange.	264	Le Mosig.	230	Mul.	399
Montrichard.	112	Moriaucourt.	315	Mosnang.	214	Mulhufen.	237
Montion.	227	Moricambe.	376	Muffon.	66	Munan.	173
Montron.	110	Moridanum.	idem	La Mothe.	264	Munda.	428
Mont-Roland.	482	Morienne.	227	Le Motter.	230	Munhoff.	315
Montron.	172	Morimond.	60	Mottey.	173	Munilhufon.	237
Montrofe.	399	Le Morin.	58	Mouchard.	idem	Muningen.	315
Mont Saint Michel.	375	Morini.	57	Moudon.	214	Le Munow.	344
Mont-Seni.	432	Moris.	376	Mouhet.	116	Muntzen.	237
Mont-Serrat.	idem	Morizecour.	264	La Mouille.	173	Murat.	73
Montforell.	376	Morkam.	376	Le Moul.	344	Murchin.	315
Montureux.	173	Morlaincourt.	264	Mouligny.	264	Murcie.	428
Monturcux.	264	Morlaix.	125	Moulton.	376	Muret.	102
Montuffin.	173	Morlange.	264	Munch-Denny, ou Mench-Derni.	348	Muri.	485
Monzé.	264	Morlay.	idem	Mountmelick.	405	Mufny.	315
Mook.	315	La Morlaye.	53	Moureille.	116	Muffe.	264
Mora.	431	Morlen.	213	Mufon.	60	Muyders.	idem
Mora.	432	Morlingen.	idem	Mouffey.	264	Muyen.	315
Mora.	441	Mornan.	173	Moultier.	484		
Morainville.	264	Mornas.	78	Moustier en Tarentais.	486		
		Moron.	173				

N

LE Nadder.	page 344	Nay.	page 316	Neublan.	page 174	Noironte.	page 175
Naucy.	173	Nays.	265	Neuchatel.	214	Nolay.	66
Nam.	205	Naz.	227	Névelle.	317	Noli.	456
Namefche.	315	Le Néath.	344	Neverne.	377	Nolin.	334
Namien.	237	Néath.	376	Nevers.	106	Nomecy.	265
Namur.	315	Néaug.	402	Neuilly l'Evêque.	134	Nomeny.	idem
Nan.	173	Neckum.	316	Neurey.	174	Nommay.	484
Nance.	idem	Nédcham.	376	Newenham.	377	Nonville.	265
Nanclin.	376	Nedingen.	316	Newin.	idem	Norian.	idem
Nancray.	173	Nedon.	idem	Nevy.	174	Norme.	315
Nancuife.	174	Néer.	idem	Nevy.	idem	Noron.	134
Nancy.	242	Néerdorp.	idem	Nevy.	476	Noroy.	175
Le Nanez.	276	Nécrepen.	316	Ney.	174	Noroy.	265
Nangis.	60	Nœches.	idem	Nicy.	265	Noroy.	idem
Les Nans.	174	Néervin.	idem	Nid.	idem	Norten.	idem
Nant.	idem	Nef.	idem	Nidav.	214	Northampton.	377
Nanterre.	53	Neidens.	227	Le Nied.	242	Notthill.	idem
Nantes.	125	Netron.	479	Nielles.	317	Notwych.	idem
Nanteuil.	62	Nemétes.	334	La Niévre.	106	Notvaux.	175
Nanteuil.	116	Nemours.	54	Nimégue.	317	Notwyck.	377
Nantilly.	174	Le Nen, ou Néen.	344	Ninove.	idem	Nottingham.	idem
Nantmel.	376	Le Nenny.	242	Nion.	78	Novaleie.	454
Nantouar.	174	Nenon.	242	Niort.	117	Noveant.	265
Nantua.	69	Nérac.	102	Nifmes.	91	Novel.	227
Nancuates.	214	Nerin.	435	Nitel.	317	Novi.	454
Nantwyck.	376	Néris.	108	Nitiobriges.	102	Nouve.	265
Napton.	idem	L'Ifle de Nermouftier.	116	Nitterden.	317	Le Nouvion.	317
Le Nar.	446	Nernier.	227	Nivelle.	idem	Noyer.	265
Narbonne.	91	La Nerre.	109	No.	174	Nozeret.	175
Narcy.	265	Nervefin.	174	Le Noain.	106	Numagen.	317
Nargena.	316	Nervii.	316	Nocue.	317	Numance.	418
Narni.	467	Le Nervio.	412	Noé.	265	Le Nure.	403
Nartz.	237	Nérum.	316	Noelcerneux.	174	Nurie, ou Neury.	405
Nafium.	265	Nes.	265	Nogen.	67	Nut.	317
Navan.	405	Neflau.	214	Nogent.	60	Nuys.	67
Navange.	316	Nefle.	57	Nogent-le-Rotrou.	115	Le Nyd.	344
La Nave.	276	Le Neff.	391	Nogon.	54	Nylen.	317
La Nave.	332	Neffe.	376	Noidan.	174	Nyon.	214
Naven.	174	Neffe.	idem	Noir-Combe.	idem	Nyfviller.	317
Navia.	414	La Néthe.	276	Noirmont.	142		
Navilly.	174	Nétine.	317	Noiron.	175		

O

OBel.	page 318	Ocelle, ou Auffolle.	page 175	L'Ock.	page 344	Odin.	page 318
Oberhaus.	idem	Ocellus.	377	L'Ocke.	idem	Odonck.	idem
Obon.	435	Ochells.	393	Octrinum.	377	Odyncourt.	175
Ocana.	421	Ochey.	265	Octodurum, Octodorum.	214	Oeffe.	318
Occa.	418	Ochie Hole.	377	Odiam.	377	Offante.	446

TABLE ALPHABÉTIQUE.

Mardyck.	page 311	Maurat.	page 134	Merll.	page 313	Moest-of.	page 314
Marels.	idem	Mauzaine.	312	Merlow.	56	Moffan.	171
Macen.	idem	Maxey.	262	Merluche.	263	Mogege.	227
Mates.	idem	May.	134	Meroliac.	477	Mogni.	idem
Mures.	idem	M.gny.	309	M.rrez.	313	Moieumoutier.	264
Margency.	474	Mayence.	334	Mer'ch.	idem	Moik nlli.	348
Margeu.	311	M.zy.	312	Le Mersey.	344	Moinay.	171
Margidunum.	374	M.aux.	61	Mersham.	375	Moing.ath.	375
Margilley.	163	Medel.in	420	Me.fig.	263	Moiran.	171
Marigna.	idem	Le Meden.	343	M.rsuay.	170	Moiron.	idem
Marignan.	457	Médina-Céli.	420	Le Merten, ou Marton.	344	Moissac.	102
Marigny.	169	Medina-Del-Campo.	416	M.rtons.	334	Moissey.	171
Marigny.	262	Medina-Sidonia.	425	M.ru.	56	Molam.	idem
Marilegium.	236	Les Médiomatriciens.	262	Métuan.	60	Molan.	314
Marilles.	311	Medley.	375	Mervelen.	313	Le Molay.	134
Marinville.	262	Médoc.	102	Mérui.	83	Molay.	171
Mariola.	429	Le Medway.	343	Merville.	263	Le Mole.	344
Marive.	311	Méerten.	312	Merville.	313	Moles.	134
La Mark.	213	Megem.	idem	Merwe.	idem	Molesme.	66
Marlaigne.	278	Megeve.	127	Méry.	110	Molet.	171
Marle.	56	Megevette.	idem	Méry.	134	Molin.	idem
Marleborough.	375	Meggen.	213	M.ry.	313	Molinghar.	405
Marlen.	236	Megneau.	312	Merzich.	idem	Mollay.	314
Marlot.	262	Méhun.	105	Mesenbach.	334	Mollo.	432
Marlow.	375	Méhun.	110	Meseray.	313	Molzen.	236
Marly.	52	M.iche.	170	M.foren.	idem	Mon.	171
Marly.	262	Meilen.	213	Mefick.	314	Mona.	457
Marmande.	102	Château-Meillan.	110	Méfiere.	60	Monaco.	456
Marmviller.	262	Meillers.	108	Mefmay.	170	Monaz.	227
Marnant.	213	Meinaw.	213	Mefny.	227	Monbarrey.	171
Marnay.	169	Mellingen.	idem	Mefnil.	263	Montberneson.	314
La Marne.	58	Melain.	312	Mefnillot.	idem	Monbloufe.	171
Marnoz.	169	Meldin.	idem	Mefny.	314	Monboillon.	idem
Marolles.	311	Mele.	idem	Miffin.	263	Monbofon.	idem
Maron.	262	Melen.	idem	Mefve.	107	Moncé.	idem
Maroncourt.	idem	Meleray.	125	Métabiez.	170	Monceaux.	314
Marpain.	169	Meligny.	262	Metez.	314	Moncelle.	idem
Marq.	311	Melle.	213	Metiofedum.	53	Moncley.	172
La Marque.	276	Mellingen.	idem	Le Metro.	416	Moncon.	425
Marquette.	311	La Mello.	446	Metz.	263	Monçon.	435
Marquilyes.	312	Melten.	236	Metzeral.	236	Moncourt.	264
Marra.	484	Melfen.	313	Meudon.	53	Moncy.	134
Les Mars.	108	Melun.	53	Meulan.	idem	Le Mondego.	411
Marfac.	102	Ménal.	170	Meulan.	474	Mondon.	172
Marfal.	262	Menapii.		Meulebéeke.	314	Mondonnedo.	415
Marfay.	111	Menat.	73	La Meuse.	49	Mondragon.	413
Marseille.	83	Le Menay.	344	Meyen.	314	Moneins.	102
Marfel.	312	M.nca.	313	Meyre.	375	Montfort.	227
Martigny.	213	Mende.	90	Meys.	314	Monfrin.	91
Martigny.	262	Mendippes.	348	Le Mez.	idem	Mongia.	415
Martigues.	83	Meneg.	375	Mezelay.	263	Monniere.	172
Martincourt.	262	Menestru.	170	Mezen.	314	Mons.	315
Marton.	375	Menez.	idem	Méziere.	263	Monstreux.	idem
Martué.	312	Mengi.	227	Mider.	170	Mont.	172
Martylly.	idem	M ngis.	313	Midlham, ou Middelham.	375	Mont.	264
Marvejols.	90	Ménieres.	213	M'ége.	170	La Montagne noire.	86
Marvelisse.	169	Ménil.	134	Mierin.	263	Montagney.	172
Marvil.	275	Menillot.	263	Migette.	170	Montain.	idem
Marville.	262	Menin.	313	Mignovillers.	idem	Montargis.	109
Marvis.	312	Menior.	263	Milan.	456	Montarlau.	72
Maruvium.	467	Menoncourt.	idem	Milen.	314	Montbar.	66
Mary.	312	Menotey.	170	Milhau.	90	Montbar.	476
Marzae.	102	Menouille.	idem	Milhaud.	102	Mont-Bazon.	112
Marzy.	107	Menoux.	idem	Mill.	314	Montbéliard.	172
Mas.	90	Mensdorff.	313	Millan.	idem	Montbofon.	484
Mas.	435	Menfel.	idem	Millum.	375	Montbrison.	70
Mas.	454	Menthon.	227	Milancey.	479	Montenoy.	264
Mafcon.	66	Menton.	456	Mullum.	375	Montenoy.	484
Le Mas d'Agenois.	102	La Mer.	263	Le Mucio.	446	Montereau-Faux-Yonne.	62
Maferole.	169	Mer.	479	Minoile.	171	Montfan.	108
Mas-Garnier.	90	Méra.	193	Miolans.	227	Montfaucon.	172
Masham.	375	Mercey.	170	Mion.	171	Montfaut.	142
Maslay.	60	Merchten.	313	Miramas.	83	Monferrand.	73
Mafny.	312	Merck.	236	Miranda.	417	Monferrand.	172
Mafon.	idem	La Merck.	276	Miranda do Duero.	440	Montfor.	idem
Mafpach.	236	Merck.	313	Miraumont.	314	Montfor l'Amaury.	53
Maffay.	110	Merden.	375	Mirebeau.	66	Montgefoye.	172
Maffon.	262	Merderet.	127	Mirebel.	171	Monthion.	227
Maftricht.	312	Mérey.	170	Mirecourt.	263	Monthulin.	56
Mafures.	idem	Merich.	313	Mirepoix.	90	Montigny.	172
Matenay.	169	M.ida.	420	Miroir.	227	Montigny-le-Roi.	62
Mattincourt.	262	Méridon.	134	Mirouart.	314	Montthery.	53
Mat-Vallis.	114	Merine.	193	Miercy.	171	Monloys.	312
Maubeuge.	312	Mering.	375	Modave.	314	Montlucon.	108
Mauffe.	idem	Merking.	334	Modef.	idem	Monmahou.	142
Maugroville.	90	Merkin.	375	Modéne.	485	Montmartre.	53
Maupré.	169	Le Merlay.	344	Moeden.	314	Mont Martre.	474

TABLE ALPHABÉTIQUE.

Montmedy.	page 315	Moramber.	page 173	Moron.	page 441	Moute.	page 173
Montmelian.	227	Morant.	236	Morpit.	376	Le Mouton.	idem
Montmelian.	486	Morat.	213	Morfenet.	315	Moutreu.	214
Montmirel.	484	Morbiez.	173	Mortagne.	115	Mouze.	315
Montmirey.	172	Morbihan.	125	Mortagne.	264	Moy.	405
Montmorency.	53	Morella.	429	Mortagne.	315	Moya.	421
Montmorot, Montmourot.	172	Morens.	213	Mortain.	134	Moyadas.	idem
Montoille.	idem	Moresby.	376	Mortemer.	idem	Moye.	227
Montpellier.	91	Moret.	53	Morville.	idem	Moyen.	264
Montpensier.	73	Morey.	173	Morville.	264	Moyen.	315
Montpesat.	102	Morey.	idem	M sch.	237	Mozinghen.	idem
Montreu.	227	Morsaville.	134	La Moselle.	241	Mucidan.	102
Montreuil.	57	Morge.	213	Moset.	315	Muhlbach.	237
Montreux.	264	Morhange.	264	Le Mosig.	230	Mul.	399
Montrichard.	112	Moriaucourt.	315	Mosnang.	214	Mulhusen.	237
Montrion.	227	Moricambe.	376	Mosson.	66	Munan.	173
Montron.	110	Moridunum.	idem	La Mothe.	264	Munda.	428
Mont-Roland.	482	Morienne.	227	Le Motter.	230	Munhoff.	315
Montron.	172	Morimond.	60	Mottey.	173	Munilhuson.	237
Montrose.	399	Le Morin.	58	Mouchard.	idem	Muningen.	315
Mont Saint Michel.	375	Morini.	57	Moudon.	214	Le Munow.	344
Mont-Seni.	432	Moris.	376	Mouhet.	116	Muntzen.	237
Mont-Serrat.	idem	Morizecour.	264	La Mouille.	173	Murat.	73
Montsorell.	376	Morkam.	376	Le Moul.	344	Murchin.	315
Montureux.	173	Morlaincourt.	264	Mouligny.	264	Murcie.	428
Montureux.	264	Morlaix.	125	Moulton.	376	Muret.	102
Montussin.	173	Morlange.	264	Mounch-Denny, ou Monnch-Denni.	348	Muri.	485
Monzé.	264	Morlay.	idem			Musny.	315
Mook.	315	La Morlaye.	53	Mountmelick.	405	Musse.	264
Mora.	421	Morlen.	213	Moureille.	116	Muyders.	idem
Mora.	432	Morlingen.	idem	Muson.	60	Muyden.	315
Mora.	441	Mornan.	173	Moussey.	264		
Morainville.	264	Mornas.	78	Moustier.	484		
		Moron.	173	Moustier en Tarentais.	486		

N

Le Nadder.	page 344	Nay.	page 316	Neublan.	page 174	Nolronte.	page 175
Nancy.	173	Nays.	265	Neuchatel.	214	Nolay.	66
Nam.	205	Naz.	227	Névelle.	317	Noli.	456
Namesche.	315	Le Néath.	344	Neverne.	377	Nolin.	334
Namien.	237	Néath.	376	Nevers.	106	Nomecy.	265
Namur.	315	Néaug.	422	Neuilly l'Evêque.	134	Nomeny.	idem
Nan.	173	Neckum.	316	Naurey.	174	Nommay.	484
Nance.	idem	Nédacham.	376	Newenham.	377	Nonville.	265
Nanclin.	376	Nedingen.	316	Newin.	idem	Norian.	idem
Nancray.	173	Nedon.	idem	Nevy.	174	Norme.	315
Nancuile.	174	Néer.	idem	Nevy.	476	Noron.	134
Nancy.	242	Néerdorp.	idem	Ney.	174	Noroys.	175
Le Nanez.	276	Néerepen.	316	Nicy.	265	Noroy.	265
Nangis.	60	Néeches.	idem	Nid.	idem	Noroy.	idem
Les Nans.	174	Néervin.	idem	Nidau.	214	Norten.	idem
Nant.	idem	Nef.	idem	Le Nied.	242	Northampton.	377
Nanterre.	53	Neidens.	227	Nielles.	317	Northill.	idem
Nantes.	125	Neiron.	477	La Niévre.	106	Nortwych.	idem
Nanteuil.	62	Nemétes.	334	Nimégue.	317	Norvaux.	175
Nanteuil.	116	Nemours.	54	Ninove.	idem	Norwyck.	377
Nantilly.	174	Le Nen, ou Néen.	344	Nion.	78	Nottingham.	idem
Nantmel.	376	Le Nenny.	242	Niort.	117	Novalete.	454
Nantouar.	174	Nenon.	174	Nismes.	91	Noveant.	265
Nantua.	69	Nérac.	102	Nitel.	317	Novel.	229
Nantuates.	214	Nerin.	435	Nitiobriges.	102	Novi.	454
Nantwyck.	376	Néris.	108	Nitterden.	317	Nouve.	265
Napton.	idem	L'Ille de Nermoustier.	116	Nivelle.	idem	Le Nouvion.	317
Le Nar.	446	Nernier.	227	No.	174	Noyer.	265
Narbonne.	91	La Nerre.	109	Le Noain.	106	Nozeret.	175
Narcy.	265	Nervesin.	174	Nocue.	317	Numagen.	317
Nargena.	316	Nervii.	316	Noé.	265	Numance.	317
Narni.	467	Le Nervio.	412	Noelcerneux.	174	Le Nure.	403
Nartz.	237	Nérum.	316	Nogen.	67	Nurie, ou Neury.	405
Nasium.	265	Nes.	265	Nogent.	60	Nut.	317
Navan.	405	Neslau.	214	Nogent-le-Rotrou.	115	Nuys.	67
Navange.	316	Nesle.	57	Nogon.	54	Le Nyd.	344
La Nave.	276	Le Neff.	391	Noidan.	174	Nylen.	317
La Nave.	332	Nesse.	376	Noir-Combe.	idem	Nyon.	214
Naven.	174	Nesse.	idem	Noirmont.	142	Nysviller.	317
Navia.	414	La Néthe.	276	Noiron.	175		
Navilly.	174	Nétine.	317				

O

O Bel.	page 318	Ocelle, ou Aussolle.	page 175	L'Ock.	page 344	Odin.	page 318
Oberhaus.	idem	Ocellus.	377	L'Ocke.	idem	Odonck.	idem
Obon.	435	Ochells.	393	Ocrinum.	377	Odyncourt.	175
Ocana.	421	Ochey.	265	Octodurum, Octodorum.	214	Oesse.	318
Occa.	418	Ochie Hole.	377	Odiam.	377	Offante.	446

TABLE ALPHABÉTIQUE.

Offemon, ou Ofmond.	p. 237	Onefy.	page 318	L'Orne.	page 127	Ottonville.	page 266
Offiange.	176	Onfoy.	idem	Orny.	214	Ottweiler.	idem
Offracourt.	265	Opandel.	idem	Oron.	266	Ottweiler.	idem
Ogen.	102	Openheim.	335	L'Oron & la Veuze.	76	Ovain.	335
L'Oglio.	447	Ophain.	318	L'Orr.	391	Ovanche.	176
Ogmor.	377	Ophoven.	idem	Orfans.	176	Oucis.	idem
Ogna.	176	Oppens.	214	Orfens.	214	Oucy.	73
Oguella.	441	Optenberg.	318	Orta.	432	Oudenarde.	266
Ogy.	318	L'Or.	344	Ortemburg.	266	Oudenhove.	319
L'Oife.	55	Orange.	83	Ortez.	102	L'Oudon.	idem
Oifelet.	176	Orbagna.	176	Orval.	319	Overham.	127
Oify.	318	Orbaix.	319	L'Orvanne.	58	Ouge.	319
Okengate.	378	Orbay.	237	Orviéte.	466	Ougney.	176
Olainviller.	266	Orbe.	214	Ofche.	266	Oviedo.	idem
Olan.	176	Orchamps.	176	Ofimo, ou Ofmo.	468	Oukham.	414
Oldenhoffen.	266	Orchamps.	idem	Sainéte Ofite.	378	Oundale.	378
Oleron.	102	Orchéfe.	106	Ofma.	418	Our.	idem
L'Ifle d'Oleron.	119	Orchies.	319	Offe.	176	Our.	176
Olhain.	318	Orchimont.	idem	Offel.	319	Ourbe.	319
Olino.	214	Ord.	393	Offelgem.	idem	Ourches.	266
Oliouls.	83	Ordevices.	378	Offois.	228	L'Oure.	127
Olito.	436	Ordugna.	413	Offone.	425	Ourigue.	441
Ollant.	318	Oré.	319	Offonville.	266	Ourmaffan.	266
Olmedo.	418	Oreford.	378	Often.	237	Ourotzy.	idem
Olmen.	318	Orenfe.	415	Oftermoi.	319	L'Ourrie.	319
Olon.	214	Le Mont Orel.	77	Ofthaim.	237	L'Ourt.	352
Olone.	117	Orey.	319	Ofweiler.	idem	Ourton.	277
Olfene.	318	L'Orge.	49	Otford.	278	L'Oufche.	320
Olten.	214	Orgelet.	176	Otin.	425	Outrancourt.	63
L'Olwie.	344	Orgon.	83	Otley.	378	Outrau.	266
Olye.	318	L'Oria.	412	Ottadini.	idem	Outweiler.	57
Omagh.	405	Origny.	57	Otteberg.	195	Ouvels.	335
Omemont.	266	Orio.	413	Otteghem.	319	Oxford.	320
Omens.	432	Orival.	319	Ottenhaus.	266	Oye.	378
Saint Omer.	318	Orléans.	105	Ottenhufe.	215	Oye.	57
Onans.	176	Ormans.	319	Otterfen.	319	Oyen.	177
Onay.	idem	Ormenan.	176	Ottignies.	idem	Ozeville.	320
Oneille.	456	Orna.	319	Ottikon.	215	Ozon.	266
Onenhaim.	237	Ornans.	176	Ottifchwyl.	idem		92

P

Pacy, ou Paffy.	page 54	Paye.	page 320	Perne.	page 320	Plaifance.	page 458
Pacy.	474	Payerne.	215	Pernes.	idem	Plazencia.	421
Padous.	461	Peake.	378	Perny, ou Preny.	267	Plenife.	178
Pagney.	177	Pecais.	92	Péronne.	57	Pleumotii.	320
Pagnoz.	idem	Peceto.	454	Peroufe.	177	Plombiére.	267
Pain.	228	Pedragan.	441	Le Lac de Peroufe.	450	Plumont.	178
Palamos.	433	Péel.	277	Péroufe.	466	Le Po.	447
Palante.	177	Péene.	320	Perpignan.	95	Poiétiers.	480
Palatine.	idem	Péer.	idem	La Perriere.	67	Poinvillers.	178
Paleftrine.	463	Pegna de San Roman.	416	Perth.	399	Poifot.	67
Palet.	177	Pegnaranda.	418	Le Pery.	344	Poiffy.	54
Palife.	idem	Le Lac de Peladru, ou Paladru.	76	Pefan.	177	Poitiers.	115
Pals.	433			Pefaro.	469	Polencourt.	178
La Palu.	135	Le Lac de Pelhotier.	idem	Pefche.	267	Polignac.	92
Pamele.	320	Pellain.	320	Pefeux.	177	Poligny.	178
Pampelune.	436	Peloufey.	177	Pefme.	178	Pomer.	425
Panchat.	102	Pen.	378	Peuange.	267	Poncé.	267
Panefiére.	177	Penbrock.	idem	Le Peu de Lavirun.	142	Poncey.	178
Panex.	215	Le Penck.	344	Peumelin.	178	Ponpierre.	idem
Panne.	266	Pendle.	348	Pey.	335	Pont.	idem
Pap Caftle.	378	Penfford.	379	Peyrefc.	83	Pontaber.	117
Le Lac de Paradreux.	76	Penigent.	349	Pexenas.	479	Pontalie.	67
Parcey.	177	Penicola.	430	Pfin.	215	Pontamouffon.	267
Pardines.	73	Penkridg.	379	Phalsbourg.	237	Pontarlier.	178
Paré.	266	Penlan.	393	Pi.	433	Pont-Cando.	135
Paret.	idem	Penléne.	379	Pierrefontaine.	178	Pont de Cé, ou de Sé.	114
Parey.	idem	Penmark.	125	Pignerol.	454	Ponteaudemer.	481
Pargney.	idem	Penna.	418	Pikering.	379	Le Ponthieu.	57
Pargney.	idem	Pennalt.	379	Le Mont Pila.	77	Pontier.	320
Paris.	49	Pennan.	399	L'Ifle du Pilier.	125	Pontoife.	54
Park.	399	Pennant.	379	Pinet.	478	Pont-Orfon.	125
Parme.	458	Penne.	92	Pinhel.	441	Pontoux.	179
Paroy.	177	La Penne.	277	Piperno.	464	Porcieu.	267
Le Parret.	344	Penne d'Agenois.	103	Pirey.	178	Porentru.	179
Pafquier.	177	Pennes.	83	Pirou.	125	Porteros.	84
Paffavant.	idem	Penneflere.	177	Pirton.	379	Port Lénés.	179
Paffonfontaine.	idem	Penrith.	379	Pic.	471	Porto.	441
Paffy.	135	Penry.	idem	Pifaro.	421	Port-Ober.	179
Paterington.	378	Pepillin.	177	Pifibris.	485	Port-fur-Saône.	idem
Pathem.	320	Pequigny.	57	Le Piffoux.	178	Pofchey.	67
Patten.	267	Pérault.	92	Piffy.	476	Pots.	320
Pau.	102	Perigny.	177	Piftorff.	267	Pottes.	idem
Pau.	228	Périgord, Périgueux.	103	Piftoye.	471	Pouancé.	414
Pavie.	457	Péis.	237	Placey.	178	Pougues.	127
Pautille.	112					Pouilley.	179

Pouligny

TABLE ALPHABÉTIQUE.

Pouligney,	page 179	Précs.	page 379	Promentou.	page 215	Pulligny.	page 267
Pouligny.	135	Pregell.	215	Provanchere.	179	Punerot.	idem
Poullangi.	61	Preigney.	179	Prudhow, ou Prodhow.	379	Purgerot.	179
Poupet.	143	Premeau.	67	Provins.	62	Pusey.	idem
Poupet.	179	Prémery.	107	Prouville.	267	Pusy.	idem
Pourlans.	idem	Premi.	320	Puers.	320	Le Puy.	93
Pouseur.	320	Preny.	267	Pugé.	179	Le Puy.	484
Pousset.	267	Prestain.	379	Pugey.	484	Puymore.	78
Pozere.	92	Prétiere.	179	Puicerda.	436	Puymore.	478
Prades.	95	Pretin.	idem	La Puisaie.	67	Le Puys.	267
Pramon.	237	Pretot.	135	Puits Saint Martin.	478	Les Pyrénées.	94
Prantigny.	179	Privas.	92	Le Puits de Pege.	74		
Pray.	267	Promazens.	215	Pullhély.	379		

Q

Quant.	page 320	Queutrey.	page 180	Quimpercorentin, quimperlay.	page 125	Quintigny.	page 180
Quat.	379	Queux.	54	Qui rey.	180	Quintin.	125
La Queiche.	230	Quiers.	454	Quingey.	idem		
Quemy.	320	Quiéry.	320	Quingey.	484		
Le Quenny.	344	Quillebœuf.	135				

R

Raconis.	page 454	Reiningen.	page 237	Le Rhin.	page 48	Rochefor.	page 166
Radepont.	481	Relange.	268	Rhinau.	238	Rochefor.	119
Radnor.	379	Reiing.	321	Rhintal.	215	Rochefor.	181
Ragatz.	215	Remeling.	335	Rhinviller.	268	Rochefor.	322
Rahon.	180	Saint Remi.	84	Rhodez.	103	Rochejan.	181
Raihader Gowy.	37	Remic.	321	Le Rhône.	47	La Rochelle.	117
Ralegh.	idem	Remoncourt.	268	Rhoichac.	215	Rochelle.	181
Ramay.	320	Remoray.	182	Rhoubi.	103	La Rochepot.	67
Ramberviller.	267	Rémus.	215	Rhynaw, ou Rheinaw.	215	Rochester.	380
Ramersburg.	379	Le Ren.	141	Rhyneck.	idem	Rochetter.	381
Ramsel.	321	Renan.	180	Ribaucourt.	268	Rockley.	380
Ramstein.	237	Renay.	321	Le Ribell.	345	Rocourt.	268
Ran.	180	Renchi.	135	Ribemont.	57	Roda.	433
Rana.	430	Rendan.	74	Ribeville.	238	Le Rodden.	345
Rancenay.	180	Renedo.	418	Richarmesnil.	268	Rode.	322
Ranchot.	idem	Renens.	215	Richborow.	380	R. den.	268
Randan.	477	Renheim.	335	Riche.	268	Roder.	322
Rande.	380	Le Rennach.	392	Richweiler.	335	Rodt.	idem
Randerad.	321	Renne.	180	Ridly.	380	Le Roe.	277
Rang.	237	Rennes.	83	Le Ridol.	345	Roenne.	322
Ranit.	321	Rennes.	123	Rie.	322	Roesbrugge.	idem
Rantchau.	180	Le Reno.	448	Rien.	idem	Roggel.	idem
Raon.	267	Renty.	57	Rieten.	238	Roggwyl.	216
Ras.	135	Renty.	321	Rieu.	322	Rohan.	125
Rasez.	93	Repas.	268	Rieulay.	idem	Rolin.	322
Rathen.	321	Reppe.	321	Rieux.	135	Rolingen.	idem
Le Ratra, ou Ratray.	392	Repton.	380	Riez.	84	Roll.	216
Ravenglas.	380	Resby.	321	La Riga.	412	Rollegem.	323
Ravenne.	468	Reschi.	215	Rigney.	181	Romain.	181
Raville.	267	Resie.	180	Rignolot.	idem	La Romaine.	142
Rauraci.	215	Le Resnay.	321	Rigny.	112	Romanay.	67
Rausin.	399	Ressin.	180	Rigny.	181	La Romanche.	76
Razenhusen.	237	Restenne.	321	Rihlaer.	322	Romange.	181
L'Isle de Ré.	117	Restorff.	idem	La Rille.	127	Romans.	78
La Réa.	345	Retel.	61	Rimagen.	335	Rome.	323
La Réade.	idem	Rethy.	321	Rimini.	469	Romen.	idem
Rebache.	268	Retigny.	idem	Rincour.	181	Romont.	116
Rebay.	321	Rettel.	268	Ringwood.	380	Romont.	269
R. beville.	268	Reu.	322	Le Rinnes.	392	Ron.	323
Le Récall.	305	Revel.	455	Rintel.	238	Roncée.	212
Le Rech.	277	Revez.	322	Rintin.	268	Ronchaux.	181
Réche.	380	Reugney.	180	Riom.	74	Roncour.	269
Rechem.	321	Reviers.	135	Le Rio Tinto.	422	Rondu.	323
Rechéne.	268	Revigny.	180	Ripley.	181	La Ronelle.	277
Reckem.	321	Revigny.	269	Rippeth.	380	La Ronne.	idem
Reckingen.	idem	Reuil.	idem	Rippon.	380	Ronteden.	323
Recologne.	180	Reving.	322	Rising.	idem	Ronville.	269
Recologne-lés-Fondremand.	idem	Reulant.	idem	Rissouse.	181	Roo.	323
Recourt.	268	Reusel.	idem	Ritebug.	238	Root.	idem
Reculver.	380	Réxen.	238	Riton.	181	Roquefort.	103
Redange.	321	Rey.	181	Rivillon.	322	Roquemore.	78
Redding.	380	Le Rey.	345	Rivoli.	70	Roquever.	84
Redford.	idem	Reygate.	380	Roanne.	70	Rosay.	62
Reding.	335	Rhegio.	458	Robach.	322	Rosbach.	338
Regny.	268	Rheims.	61	Robecourt.	268	Roscoman.	405
Rehére.	idem	Rheims.	475	Le Roch.	345	Rose-Castle.	381
Reich.	idem	Rheinfrew.	399	Roche.	181	Roses.	433
Reichshofen.	237	Rhenen.	322	La Roche.	486	Roser.	181
Reiler.	321	La Rhie.	345	Rochechouart.	117	Rosey.	idem
		Rhimberg.	335	Roche-d'Agout.	108	Rosey.	269

TABLE ALPHABÉTIQUE.

Rosheim.	page 238	Roumecour.	page 323	Ruet.	page 323	Rup.	page 484
Rosiéres.	181	Rousselan.	238	Ruffach.	238	Rupéane.	112
Rosse.	381	Les Rousses.	182	Russey.	182	Rupelmonde.	324
Rossignol.	323	Routel.	idem	Rugby.	381	Ruppieres.	136
Rosureux.	181	Rouver.	323	Ruglan.	400	Rure.	182
Rothalier.	idem	Royan.	103	Rugles.	135	Rusange.	314
Rothebourg.	216	Roye.	57	Rugny.	323	Rutetlae.	471
Le Rother.	345	Roye.	182	Ruhout.	idem	Rusere.	324
Rotherans.	381	Roye.	323	Ruiland.	idem	La Russ, ou Reuss.	193
Rotz.	135	Royon.	idem	Ruist.	idem	Le Russey.	182
Roucour.	323	Roysen.	idem	Rully.	136	Russy.	136
Roucourt.	269	Rozel.	135	Rum.	400	Ruthin.	381
Rouen.	118	Ruaux.	269	Rumay.	476	Ruti.	216
Le Rouergue.	103	Le Rubicon.	448	Rumford.	381	Rutlan.	381
Rousange.	181	Rucht.	323	Rumilly.	218	Le Comté de Rutland.	idem
Rougemont.	182	Rue.	57	Rumilly.	324	Ryall.	idem
Rougemont.	484	Rue.	216	Rumsey.	381	Rychenaw.	216
Rouigo.	461	La Rue.	269	Rup.	182	Rye.	136
Roulan.	idem	La Rue.	345	Rup.	269	La Ryne.	403

S

S Achlen.	page 216	Sanne.	page 324	Saux.	page 184	Senoncourt.	page 185
Saffais.	269	Le Sanon.	142	La Scarpe.	277	Sonone.	270
Sagonte, aujourd'hui Morviedro.	430	Sanry.	269	Scélestat.	238	Senonge.	idem
Montagne de Sahuse.	77	Santain.	324	Sceremviller.	idem	Sens.	61
Saigne.	166	Santan.	184	Scey en Varais.	185	Septfon.	208
Saignote.	idem	Santaren.	441	Scey-sur-Saône	idem	Septfontaine.	185
Saillies.	103	Santerre.	57	Schaley.	217	Seran.	325
Sains.	324	Santes.	324	Schams.	idem	Seravalle.	471
Saintane.	182	Santin.	idem	Schanfick.	idem	Seraucourt.	270
Saint Brieux.	125	La Saone.	141	Schenaw.	238	Stravine.	79
Saint Claude.	382	Saone.	184	Schennis.	217	Sercœur.	170
Sainteny.	136	Saon, le Saonet.	136	Le Scher.	230	Serecke.	325
Saintes.	119	Saorgio.	455	Schermagny.	238	Serecrur.	170
Saint Jean d'Acé.	112	Saraca.	433	Schiers.	217	Le Seri.	448
Saint Jean de Laune.	67	Sare.	194	Schonau.	238	Serley.	67
Saint Jean de Laune.	476	La Sare.	277	Schoneck.	239	Sermagny.	239
Saintillie.	182	Sarebourg.	269	Scomb.	idem	Sermaisey.	67
Saint Lo.	481	Sargans.	216	Sében.	216	Sermange.	185
Saint Lucar de Barrameda.	425	Sarguemines.	269	La Séchia.	448	Sermesse.	67
Saint Maurice.	216	Sarine, ou Sane.	194	Sechin.	185	Sermur.	108
Saint Paul du Vernay.	137	Sarlat.	103	Sidan.	61	Seron.	325
Saint Prix.	474	Sarn n.	215	Séef.	324	Serpa.	441
Salamanque.	416	Sarra.	166	Séez.	136	Serpegne.	270
Salamea de la Serena.	421	Sarra.	184	Seghill.	381	La Serra.	228
Salanches.	228	Sarra.	210	Segni.	335	Serradui.	425
Saland.	216	Sarrancolin.	103	Segni.	464	Serrat.	idem
Salans.	182	Sarrau.	216	Segontium.	381	La Serre.	143
Salau.	324	Sarre.	381	Segorbe.	430	Serre.	185
Salces.	95	Sarrcal.	433	Ségovie.	418	Serre.	270
Saldagna.	416	Sarrei.	216	Seigneville.	269	Serre-léz-Mouliéres.	185
Sale.	182	La Sarthe.	113	La Seille.	142	Serres.	79
Sale.	381	Sarzens.	216	La Seine.	47	Serrieres.	idem
Sale.	455	Sass.	217	Le Sejont.	345	Servola.	433
Salen.	136	Sassenage.	78	Sira.	425	Sotabis.	430
Sales.	216	Saubiez.	184	Selaincourt.	269	Setantii.	382
Sales.	228	Saucoy.	idem	Selans.	84	Setia.	464
Salerio.	idem	Saucy.	484	Selby.	382	Serle.	382
Saligney.	381	La Savena.	448	Seléhoven.	239	Settenil.	428
Salins.	idem	Savenant.	238	Selein.	324	La Séve.	127
Salisbery.	381	Saventhem.	324	Seligny.	217	Le Seven.	345
Sallion.	216	Saverdun.	479	Selin.	324	Seveux.	185
Salmes.	269	Saverne.	238	Selin.	453	Seville.	422
Saindy.	381	La Saverne.	345	Sell.	239	La Seule.	127
Salobregna.	428	Sauge.	114	Selle.	185	Seur.	479
Sa on.	84	Sauget.	184	La Selle.	479	Seyne.	84
Sabon.	269	Saul.	484	Selle.	324	Sézane.	61
Sals.	70	Saule.	184	Selles.	110	Le Shannon.	403
Saltash, ou Saltesse.	381	Saulieu.	67	Sellieres.	185	Shépey.	381
Saluces.	455	Saumaise.	idem	Seloncourt.	484	Shreusbury.	idem
La Sambre.	277	Saumur.	114	Seltz.	239	La Shure.	403
Samelen.	324	Le Savok.	345	Selva.	433	Sian.	185
Sampan.	184	Savone.	456	La Semegne.	277	Sichem.	325
Sanabria.	416	Savonicres.	113	La Semoi.	idem	Sichéne.	idem
Sanceau.	184	Savoyeux.	184	Semps.	324	Sienne.	270
Sancerre.	110	Sausure.	269	Semur.	67	Sienne.	471
Sancey.	184	Sautour.	324	Senan.	185	Siérenz.	239
Sancy.	269	Le Saw.	345	Seneffe.	324	Sierra-Morena.	421
Sandogourt.	idem	Sauvagney.	185	Senenne.	idem	Sigolsheim.	239
Sand.	idem	Sauve.	93	Senez.	84	Silleny.	170
San.	216	Sauveterre.	103	Seng.n.	217	Sitley.	185
San.	228	Sauvigney.	184	Seulis.	324	Silly.	270
		Sauwilen.	238	La Senne.	277	Silves.	441
		Sennen.	239			Silures.	382

TABLE ALPHABÉTIQUE.

Simore.	page 93	Sonau.	page 186	Spalding.	page 383	Stoure.	page 383
Sin.	325	Sondbache.	382	Spello.	467	La Stoure.	345
Sinés.	441	Sor.	86	Spene.	383	Stow.	383
Singilia.	428	Sor.	325	Le Spey.	392	Stowmarch.	idem
Sinn.	392	Le Sor.	230	Spire.	335	Straimont.	326
Sinodun.	349	Soran.	186	Spolete.	466	Strasbourg.	231
Sinus.	325	Sorbé.	270	Spoordonk.	325	Strasbourg.	486
Sion.	217	Sorbiodunum.	382	Stablo.	idem	Straffen.	270
La Sioule.	71	Sorcy.	270	Staden.	idem	Stratton.	383
Sirod.	185	Sorde.	103	Stafford.	383	Strebane.	406
Sisteron.	84	La Sorgue.	79	Stains.	475	La Montagne de Strella.	418
Sitterl.	325	Soria.	418	Stanes.	383	Strepy.	326
Sivrana.	433	Sorin.	400	Stanford.	idem	Struel.	239
Slaines.	400	Les Isles Sorlingues.	382	Stanlay.	idem	Scura.	448
La Slane.	403	Sornay.	186	Stanton.	idem	Stutfal.	383
Sléen.	325	Sorp.	84	Stanz.	217	Suaucourt.	186
Slego.	405	Sort.	433	Star.	400	Sullomaca.	383
Sléin.	325	Sotiates.	103	Statt.	270	Sully.	136
Sloen.	idem	Soto.	415	Srave.	325	Sur.	194
Socour.	270	Sotre.	325	Stayndrop.	383	Suraburg.	239
Soéte.	325	Sotteville.	481	Steiberg.	239	Le Suran.	142
Soham.	382	Soubise.	119	Stein.	217	La Sure.	277
Soignies.	325	Soucy.	136	Steinzel.	270	Suret.	326
Soin.	185	Souillac.	103	Stenay.	idem	Surloch.	239
Soisy le vieux.	475	Soule.	104	Sterit.	475	Sufe.	455
Le Solach.	230	La Soule.	127	Sterlin.	400	Sufteren.	326
Soleure.	217	Souloffe.	270	Sterne.	325	La Swale.	346
Solignac.	122	Le Sour.	230	Le Stil.	230	Le Suvel.	230
Sollana.	430	Sourras.	228	Seinville.	270	Le Suxon.	63
Sombacourt.	186	Souftancion.	93	Stochem.	325	Syllinen.	217
Sombernon.	67	Souzay.	112	Stoksfley.	383	Syrck.	270
La Sommette.	186	Soye.	186	Stoíwihr.	239		
Sommieres.	93	Spa, ou Spaye.	325	Stotzen.	idem		

T

T Abe.	page 93	Tarragone.	page 433	Teuven.	page 326	Throon.	page 327
Taberne.	229	Tarrega.	idem	Le Teyn, ou Tyn.	346	Ta Thue.	127
Tadcaster.	383	Tartas.	104	Thalen.	217	Thucis.	327
Le Taf.	346	Tarven.	384	Than.	136	Thun.	218
Le Tage.	412	Tarufates.	104	Thannay.	239	Le Thur.	327
Le Tai.	392	Tassanne.	186	L'Etang de Thau.	86	Le Thur.	230
Taillancourt.	270	Tatteshall.	384	Thé.	186	Tnurkau.	239
Taillebourg.	119	Tavaux.	186	Le Thées.	346	Thury.	136
Tain, ou Tin.	79	Le Tave.	346	Thelen.	335	Thusis.	218
Taine.	400	Taverne.	326	Le Thelley.	346	Thy.	327
Taisey.	67	Tavernu.	idem	Thetford.	384	Thy.	idem
Talamantes.	426	Taviers.	idem	Le Theu.	277	Thie.	228
Talamone.	471	Tavigny.	idem	Theu.	326	Thyle.	327
Talange.	271	Tavira.	441	Theuley.	186	Le Tibre.	459
Talard.	79	Tavon.	271	They.	271	Tichemont.	271
Talavera la Reyna.	421	L'Isle de Taureau.	125	Thian.	326	Ticour.	272
Talemon.	119	Tauton.	384	Thiecour.	271	Tiébaumesnil.	idem
Talenay.	68	Tayac.	104	Thieffran.	186	Tiéne.	327
Talenay.	186	Telling.	326	Thiélen.	326	Tiére.	idem
Talent.	194	Tempoy.	271	Thiélouze.	271	Tigeville.	272
Tallan.	67	Tenaille.	119	Thienans.	186	Tignecourt.	idem
Talland.	68	Tenaren.	326	Thiénes.	327	Tigurini.	218
Talyllin.	383	Tenby.	384	Thier, ou Thiern.	74	Til.	327
Tambrot.	271	Tencey.	186	Thierache.	57	Tilbury.	384
La Tame.	346	Tende.	455	Thieu.	327	Tileq.	327
Tamied.	228	Teneuille.	108	Thiff.	idem	Tillard.	54
La Tamine.	194	Teneur.	326	Thine.	idem	Tille.	63
Tamines.	326	Tenham.	384	Thine.	idem	Tillé.	327
La Tamise.	346	Tenna.	217	Thion.	idem	La Tille.	476
Le Tanaro.	448	Tenterden.	384	This.	idem	Tillecul.	272
Tanay.	326	Le Ter.	412	Le Tholder.	230	Tilli.	327
Tandon.	271	Terbat.	400	Le Tholey.	242	Tilly.	272
Tanes.	384	Termens.	433	Thonne.	327	Le Timbel.	392
Le Tanet.	346	Termes.	93	Thonon.	486	Tinbod.	384
Taninge.	228	Termes.	326	Thonou.	228	Tinchebray.	136
Tann.	239	Termignon.	228	Thor.	271	Tindagel.	384
Tannichen.	271	Ternat.	326	Thoraise.	186	Tindoul.	104
Tanoy.	idem	Ternes.	475	Thorberg.	217	La Tine.	346
Tantonville.	idem	Térouane.	326	Thoren.	327	Le Tinge.	idem
Taracona.	435	Terracine.	464	Thorens.	228	La Tinia.	449
Tarare.	70	Terrasson.	104	Thorens.	idem	Tin-Mouth-Castel.	384
Tarascon.	84	Terragne.	326	Thorey.	271	Tinsley.	idem
Tarbelli.	104	Tertel.	435	Thornton.	400	Tintru.	272
Tarbes.	idem	Le Tesin.	448	Thorp.	384	Le Tippal.	346
Tarcenay.	186	Le Test.	346	Thorpe.	idem	Tirano.	218
Le Tardenois.	57	Le Tet.	94	Thoulouse.	186	Tirlemont.	327
Le Tarn.	86	Le Teverone.	449	La Thour, ou Thur.	194	Tife.	112
Taron.	426	Teverton.	384	Thourey.	271	Tife.	186
Tarquinpole.	271	Le Teyot.	392	Thoîne.	228	Tivica.	433

TABLE ALPHABÉTIQUE.

Tivoli.	page 464	Toulouse.	page 479	Treguier.	page 123	Trogen.	page 218
Tlys.	328	Touques.	136	Treic ovag nes.	218	Tromarey.	187
Toctofages.	93	La Tour.	127	Treigh.	328	Tren.	218
Todi.	467	Tour.	479	Treley.	218	Le Trothy.	346
Toléde.	421	Tourcoin.	328	Trelon.	328	La Troveyre.	86
Tolen.	328	La Tour de Say.	185	Tremagne.	385	Le Trowerin.	346
Tolentin.	468	La Tour du Lay, Prieuré.	54	Tremecour.	272	Troyes.	58
Tollincour.	272	La Tour du Pin.	78	Tremery.	idem	Truro.	285
Tollon.	228	Tourin.	318	Tremont.	187	Trutemer.	137
Tolofa.	413	Tourington.	384	Le Trent.	346	Tucken, ou Tuggen.	218
Tomar.	442	Tourmignies.	328	Trente.	462	Tuddington.	385
Tombelene.	136	Tournans.	187	Treport.	136	Tudela.	436
Tomen.	328	Tournay.	328	Trepoz.	187	Tugeni.	218
Tomieres.	93	Tournebu.	136	Trefilley.	idem	Tul.	328
Ton.	272	Tournedos.	187	Tresk.	385	Tulin.	idem
Tongres.	328	Tournehem.	328	Treffan.	228	Tulles.	122
Tonne-Boutonne.	119	Tournon.	93	Treu.	475	Tullingi.	335
Tonnerre.	61	Tournus.	68	Treve.	481	Tungri.	328
Tonnoy.	272	Tourny.	328	Trevelin.	218	Turcan.	112
Tontaillon.	400	Tours.	110	Trevéne.	385	Turenne.	122
Tora.	433	Toutainville.	272	Treverey.	272	Turens.	218
Torchy.	328	Towcefter.	385	Trevos.	479	Turey.	188
Tores.	416	La Touvre.	119	Trevi.	467	La Turia.	449
Torette.	328	Towton.	385	Trevieres.	137	Turin.	452
Toro.	416	Touzy.	68	Treviri, Treveri, Triveri.	335	Turken.	218
Torpe.	186	Trahona.	218			Turley.	68
Torralo.	433	Traigueros.	426	Trevifo.	461	Turnhout.	329
Torras.	436	Traizigny.	328	Trevoux.	69	Turqueville.	137
Torre.	433	La Trappe.	115	Trey.	218	Tufculum.	465
Torres.	436	Trafp.	218	Treyn.	228	Tufey.	272
Torrigny.	136	Traub.	240	Tribei.	218	Twan.	218
Tortone.	458	Trave.	187	Tricines.	475	La Tweéde.	291
Tortofe.	433	Traveron.	272	Trict.	328	Tuy.	415
Totnes, ou Totones.	384	La Trebie.	449	Tricu.	idem	Tybay.	385
Touars.	117	Trebiez.	187	Triganan.	104	Tyckiall.	idem
Tourel.	110	Trefay.	idem	Trim.	406	Tyghe.	idem
Touillon.	187	Treffels.	218	Trimmis.	218	Tylgate.	idem
Touer.	272	Trefor.	187	Trinobantes.	385	Tylo.	idem
Toulon.	84	Tregaron.	385	Trips.	328	Tyrryf.	400
Toulouse.	86	Tregny.	idem	Trivigne.	413	Le Tyvy.	346

V

LA Vacherie.	page 272	Vandoucourt.	page 273	Veiry.	page 229	Verdum.	page 426
Vacy.	239	La Vane.	277	Velaine.	329	Verdun.	68
Vadan.	188	Vanemont.	273	Velden.	329	Verdun.	273
Vadimonis-Lacus.	450	Vangiones.	336	Velen.	idem	Verdun.	436
Vaes.	329	La Vanne.	58	Le Veneloyd.	347	Verdun.	476
Vaillien.	idem	La Vanne.	80	Velefme.	189	Verel.	229
Vaifon.	84	Le Vanon.	482	Veletri.	465	Veret.	137
Vaite.	188	Vanures.	54	Le Lac Velin.	451	Vergranne.	189
Vaivre.	idem	Le Var.	80	La Veline.	273	Vergy.	68
Valabregue.	93	Varambon.	188	Vellauni.	94	Verlaine.	329
Valampouliere.	188	Vareville.	137	Velle.	189	Verlcy.	idem
Valay.	idem	Varins.	112	Velle.	273	Verliere.	189
Le Val d'Ahon.	idem	Varneton.	329	Velle.	329	Vermondaa.	idem
Val de Buentas.	419	Varfia.	485	Vellefau.	189	Vernantoy.	idem
Valdeck.	240	Vafne.	329	Vellefon.	idem	Verne.	idem
Le Vale.	347	Vatagna.	188	Velotte.	273	Verneuil.	137
Valen.	336	Vatan.	110	Velp.	329	Vernometum.	385
Valence.	79	Vattan.	480	Venan.	189	Vernon.	137
Valence.	478	Vauconcourt.	188	Venay.	85	Le Vernoy.	189
Valenciennes.	329	Vaucouleurs.	273	Vence.	85	Le Vero.	412
Valendas.	218	Vaudemont.	idem	Vendôme.	106	Veromandui.	58
Valengin.	219	Vaudey.	188	Vene.	86	Verone.	461
Valeria.	421	Le Vaudiou.	idem	Le Vene.	467	Verre.	189
Valfroicour.	272	Vaudrevange.	273	Venemont.	273	Le Verre.	212
Valladolid.	419	Vaudrey.	485	Venere.	189	Verrez.	486
Vallançay.	479	Vaugrenan.	188	Venife.	idem	Verrucola.	458
Valle.	329	Vaux.	idem	Venife.	459	Verrue.	455
La Valleline.	219	Vay.	456	Venlo.	329	Verfailles.	54
Vallers.	112	Les Vays.	137	Venne.	189	Verterae.	385
La Valliere.	114	Vazoncourt.	273	Vennes.	125	Vertus.	61
Vallogne.	137	Ubaie.	329	Venoix.	137	Vervins.	58
Vallon.	229	Ubay.	idem	Le Mont Ventoux.	80	La Véfe.	189
Valna.	426	L'Ubaye.	449	Ver.	62	Vefet.	idem
Le Valois.	188	Ubeda.	426	Veragri.	220	Vefigneux.	150
Valois.	273	Udine.	461	Veraton.	426	La Vefle.	58
Valori.	188	L'Udon, ou l'Oudon.	113	Verbene.	58	Vefoul.	190
Vals.	93	Le Véaver.	347	Verceil.	455	Vefoul.	485
Vanclan.	485	Véer.	329	Vercel.	189	Veffenheim.	240
Le Vandale, ou Vandalis, ou Vandalus.	347	Veger.	426	Verchy.	229	Veculonium.	471
Vandans.	188	Veitlane.	455	Verckens.	idem	Vevay.	220
Vandeurre.	273	Vein.	240	Verd.	240	Veulles.	137
				Verdes.	136	Veyer.	336

Vezelay

TABLE ALPHABÉTIQUE.

Vezelay.	page 68	Villy.	page 330	Urgel.	page 414	La Wére.	page 347
Vezelize.	273	Vilouard.	137	Vriange.	191	Werkene.	331
La Vezouse.	242	Vilroux.	320	Urmont.	330	Werminster.	387
Vianden.	329	Vilton.	386	Urmunde.	idem	Wers.	331
Vibray.	115	Vincelle.	190	Urnen.	220	Wesen.	221
Vic.	74	Vincen.	485	Urrola.	412	Wetherby.	387
Vic.	104	Vincennes.	55	Urséle.	330	Wettingen.	221
Vic.	220	Vinchester.	386	Urville.	137	Whealley-Castle.	387
Vic.	273	Vinsy.	229	Urunci.	240	Le Wich.	230
Vic.	434	Viomeny.	274	Urweiler.	idem	Wick.	240
Vicence.	462	Vion.	229	Ury.	274	Wick.	400
Vichery.	273	Vire.	137	Userche.	122	Wicken.	221
Vichi.	108	Virey.	190	Usie.	191	Wiggen.	idem
Vichten.	330	Vis.	58	L'Uske.	347	L'Isle de Wight.	387
Vico.	455	Viséné.	190	Uske.	386	Wigton.	idem
Vicour.	330	Viset.	330	Usselle.	485	Wigtoun.	400
Vidinge.	273	Viseu.	442	Usson.	74	Wihers.	331
Viducasses.	137	Visq.	330	Utcester.	386	Wike.	387
Vieilley.	190	Visnay.	idem	Utenheim.	240	Wiken.	idem
Vienne.	79	Viserne.	274	Utenhof.	idem	Wilbach.	240
Vierzon.	110	Vitorey, ou Victorey.	199	Utickon.	220	Wilder.	331
Viesch.	220	Vitou.	127	Utingen.	idem	Willen.	221
Vigan.	479	Vitreux.	190	Utrecht.	330	Willisaw.	idem
Vigarde.	190	Vitrey.	idem	Utwyl.	220	Wilsen.	240
La Vigenne.	122	Vitrey.	274	Utznach.	idem	Wimenau.	idem
Vigo.	415	Vitring.	336	Vus.	229	Wincurnminster.	387
Vike.	385	Vitry-le-Brûlé.	61	Wadens.	220	Winchelcombe.	388
La Vilaine.	123	Vitry-le-Brûlé.	476	Walborch.	230	Windisch.	221
Vilaine.	330	Vitteaux.	68	Walcourt.	idem	Wingen.	240
Vilaines.	274	Vittel.	274	Walden.	386	Wingen.	336
Vilen.	330	Vivi.	112	Waleren.	220	Winterlhour.	221
Villacour.	274	Viviers.	94	Wall.	386	Wir.	240
Vila de Conde.	442	Vivonne.	117	Wallebourg.	220	La Wire.	347
Villalans.	190	Ulubrae.	465	Wallin.	330	Wiren.	331
Vilalans.	485	Umbri.	467	Wallingford.	386	Le Wisk.	347
Villane.	112	Vocates.	104	Walsheim.	336	Wissen.	331
Villangrette.	190	Vocontii.	85	Waltensbourg.	220	Witon.	388
Villar.	274	Voglan.	219	Walwick.	386	Le Witham.	347
Villardin.	220	Votd.	274	Wangen.	221	Witney.	388
Villars.	190	Voillans.	191	Wangen.	240	Witres.	331
Villars.	229	Voirise.	274	Wardin.	331	Wirtenheim.	240
Ville.	274	Voitoux.	191	Ware.	386	Vullies.	220
Ville.	330	Voleac, ou Volgae.	94	Warêham.	idem	Woodcote.	388
Villedieu.	481	Vols.	330	Warem.	331	Worben.	221
Villeferroux.	190	Volterre.	471	Le Warf.	347	Worru.	idem
Villeme.	487	Voluba.	386	Warlaing.	331	Wroxeter.	388
Villeneuve.	220	Vongy.	229	Warmington.	386	Wychen.	331
Villepreux, ou Villepereux.		Vons.	idem	Warwick.	idem	Wyck.	idem
	54	Voodland.	386	Warwick.	387	Wyden.	221
Villerrot.	330	Voray.	191	Wedon.	idem	La Wye.	347
Villers.	137	Vorcester.	386	Weich.	331	Wyl, ou Weil.	221
Villers.	190	Vorge.	191	Weiler.	240	Wyssenau.	idem
Villers.	274	Vormes.	336	Weiler.	331	Uxbridge.	388
Villets.	330	Les Vosges.	242	Weis.	idem	Uxelles.	68
Villersboutom.	190	Vounans.	191	Le Weisfluss.	230	Vy.	331
Villersbusion.	idem	Uppingham.	386	Wel.	331	Vy-lés Belvoye, Vy-lés-Lure.	
Villersfarlay.	190	Upton.	idem	Le Weland.	347		191
Villesavin.	479	Vraincourt.	274	Welle.	331	Vy-lés -Rup.	idem
Ville-Taneuse.	475	Urbach.	336	Wellen.	idem	Vyttickon.	221
Villette.	274	Urbeis, ou Urbis.	240	Welles.	387	Uzella.	388
Le Villyborn.	347	Urbin.	468	Wem.	idem	Uzelle.	191
Villotte.	274	Vred.	330	Wenleck.	idem	Uzemain.	274
Villy.	137	Vregille.	191	Le Went.	347	Uzes.	94
Villy.	229	Urena.	442	Werchain.	331		

X

LE Xalon.	page 412	Xeres de la Frontera.	page 426	Ximena.	page 426
Xeres de Badajox.	422			Xures.	274

Y

YAle.	page 388	L'Ylhor.	page 348	Yousset.	page 94	Yverdun.	page 112
Yarum.	idem	Ympden.	331	Ypres.	331	Yvetot.	137
Yastcviller.	274	Yon.	115	L'Yrvon.	348	Yvoire.	219
L'Ye.	277	L'Yonne.	62	L'Ysche.	277	Yvonant.	422
Yeddburg le vieux.	400	Yorck.	388	Ysfernore.	69		
Yens.	221	Youghall.	406	L'Yter.	277		
Yeux.	58	L'Youre.	348	Yve.	332		

Z

Zahara.	page 426	Zeling.	page 336	Zichem.	page 232	Zum.	page 240
Zaincour.	274	Zell.	240	Zipis.	122	Zurich.	222
Zamora.	417	Le Zembs.	230	Zoffinguen.	idem	Zurita.	412
Zéele.	332	Le Zezere.	437	Zug.	idem	Zurzach.	222

Fin de la Table alphabétique.

APPROBATION.

J'Ai lu par l'ordre de Monseigneur le Chancelier, un Manuscrit qui a pour titre : *Mémoires sur la Langue Celtique*, contenant 1°. » L'Histoire de cette Langue, & une indication des » sources où l'on peut la trouver. 2°. Une description etymologique des Villes, Rivières, » Montagnes, &c. des Gaules, de la meilleure partie de l'Espagne, de l'Italie & de la Grande- » Bretagne, dont les Gaulois ont été les premiers Habitans. » Cet Ouvrage, qui a coûté une infinité de recherches à l'Auteur, renferme une littérature variée, & une grande connoissance des Auteurs anciens & modernes ; & le Dictionnaire Celtique qu'il prépare, servira encore à confirmer les étymologies de la seconde Partie. Je crois donc que l'on peut permettre l'impression d'un Livre qui par son objet est si capable de piquer la curiosité des François, puisque l'Auteur entreprend d'y faire voir la véritable origine de la Langue qu'ils parlent. A Paris le 23 septembre 1750. *Signé*, BONAMY, avec paraphe.

PRIVILÉGE DU ROI.

LOUIS par la grace de Dieu, Roi de France & de Navarre : A nos amés & féaux Conseillers les Gens tenant nos Cours de Parlemens, Maîtres des Requêtes ordinaires de notre Hôtel, Grand Conseil, Prévôt de Paris, Baillifs Sénéchaux, leurs Lieutenans Civils & autres nos Justiciers qu'il appartiendra, SALUT : Notre amé le Sieur BULLET Nous a fait exposer qu'il désireroit faire imprimer & donner au Public un Ouvrage, qui a pour titre: *Mémoires sur la Langue Celtique*, s'il Nous plaisoit lui accorder nos Lettres de Privilége pour ce nécessaires. A CES CAUSES, voulant favorablement traiter l'Exposant, Nous lui avons permis & permettons par ces présentes de faire imprimer ledit Ouvrage, en un ou plusieurs Volumes, & autant de fois que bon lui semblera, & de le faire vendre & débiter par tout notre Royaume, pendant le temps de douze années consécutives, à compter du jour de la date des présentes. Faisons défenses à tous Imprimeurs, Libraires & autres personnes, de quelque qualité & condition qu'elles soient, d'en introduire d'impression étrangère dans aucun lieu de notre obéissance ; comme aussi d'imprimer ou faire imprimer, vendre, faire vendre, débiter ni contrefaire ledit Ouvrage, ni d'en faire aucun extrait sous quelque prétexte que ce soit d'augmentation, correction, changement ou autres, sans la permission expresse & par écrit dudit Exposant, ou de ceux qui auront droit de lui, à peine de confiscation des exemplaires contrefaits, 1000 livres d'amende contre chacun des contrevenans, dont un tiers à Nous, un tiers à l'Hôtel-Dieu de Paris, & l'autre tiers audit Exposant, ou à celui qui aura droit de lui, & de tous dépens, dommages & intérêts, à la charge que ces présentes seront enregistrées tout au long sur le régistre de la Communauté des Imprimeurs & Libraires de Paris dans trois mois de la date d'icelles ; que l'impression dudit Ouvrage sera faite dans notre Royaume, & non ailleurs, en bons papiers & beaux caractères, conformément à la feuille imprimée attachée pour modéle sous le contre-scel des présentes ; que l'Impétrant se conformera en tout aux règlemens de la Librairie, & notamment à celui du 10 avril 1725 ; qu'avant de l'exposer en vente, le manuscrit qui aura servi de copie à l'impression dudit Ouvrage sera remis dans le même état où l'approbation y aura été donnée, ès mains de notre très-cher & féal Chevalier Chancelier de France le Sieur de Lamoignon, & qu'il en sera ensuite remis deux exemplaires dans notre Bibliothéque publique, un dans celle de notre Château du Louvre, un dans celle de notredit très-cher & féal Chevalier Chancelier de France le Sieur de Lamoignon, & un dans celle de notre très-cher & féal Chevalier Garde des Sceaux de France le Sieur de Machault, Commandeur de nos Ordres, le tout à peine de nullité des présentes ; du contenu desquelles Vous mandons & enjoignons de faire jouir ledit Exposant & ses ayans cause pleinement & paisiblement, sans souffrir qu'il leur soit fait aucun trouble ou empêchement : Voulons que la copie des présentes, qui sera imprimée tout au long au commencement ou à la fin dudit Ouvrage, soit tenue pour dûement signifiée, & qu'aux copies collationnées par l'un de nos amés & féaux Conseillers-Secrétaire a joutée comme à l'original. Commandons au premier notre Huissier ou Sergent sur ce requis de faire pour l'exécution taires, foi d'icelles tous actes requis & nécessaires, sans demander autre permission & nonobstant clameur de Haro, Chartre Normande & Lettres à ce contraires : CAR tel est notre plaisir. DONNÉ à Versailles le dixième jour de mars, l'an de grace mil sept cent cinquante-un, & de notre règne le trente-sixième. *Signé par le Roi en son Conseil*, BOUCOT, & scellé du grand Sceau en cire jaune.

Régistré sur le Régistre XII de la Chambre royale & syndicale des Libraires & Imprimeurs de Paris, N°. DLXXXI, fol. CDLV, *conformément au Règlement de* 1723, *qui fait défenses*, art. IV, *à toutes personnes, de quelque qualité qu'elles soient, autres que les Libraires & Imprimeurs, de vendre, débiter & faire afficher aucuns livres pour les vendre en leurs noms, soit qu'ils s'en disent les Auteurs ou autrement, à la charge de fournir à la susdite Chambre neuf exemplaires prescrits par l'article* CVIII *du même Règlement. A Paris le* 23 *avril* 1751. *Signé*, LEGRAS, *Syndic*.

MÉMOIRES
SUR LA
LANGUE CELTIQUE,

TOME SECOND,

CONTENANT LA PREMIÈRE PARTIE
du Dictionnaire Celtique.

Par M. BULLET, Professeur Royal de Théologie & Doyen de l'Université de Besançon, des Académies de Besançon, de Lyon, Associé de l'Académie Royale des Inscriptions & Belles Lettres.

A BESANÇON,

De l'Imprimerie de CLAUDE-JOSEPH DACLIN, Imprimeur ordinaire du Roi, de l'Académie des Sciences, &c.

M. DCC. LIX.

AVEC APPROBATION ET PRIVILÉGE DU ROI.

PRÉFACE.

ON a fait voir dans la première partie de ces Mémoires qu'il falloit puiser la Langue Celtique, 1°. Dans les anciens Auteurs Grecs & Latins, qui nous ont conservé quelques mots Gaulois; 2°. Dans le Gallois ou langage du Pays de Galles en Angleterre; 3°. Dans la Langue de la Province de Cornouaille du même Royaume; 4°. Dans l'Écossois des Montagnes, qui est l'ancien langage de cette Nation; 5°. Dans l'Irlandois; 6°. Dans le Bas Breton; 7°. Dans le Basque; 8°. Dans les Vies des Saints, les Histoires, les Chroniques, les Chartes, les Contrats tant de notre Nation que des Nations voisines, dès le quatrième siécle jusqu'au seizième; car quoique tous, ou presque tous ces monumens soient en Latin, il s'y trouve grand nombre de mots Gaulois auxquels on se contente d'ajoûter une terminaison Latine; 9°. Dans les Patois des différentes Provinces du Royaume, parce que le Peuple qui ne change pas aisément son langage, a conservé un grand nombre de nos plus anciennes expressions. C'est par la réünion de toutes ces sources que s'est formé ce Dictionnaire Celtique, qui doit ainsi être regardé comme le recueil le plus complet de la Langue de nos premiers ancêtres.

Aux termes que nous ont fourni les livres imprimés & les manuscrits dont on donne ici le catalogue, on ajoûte ceux que l'on a appris de vive voix en conversant avec des Irlandois, des Écossois, des Bretons & des Basques; car il y a parmi ces Peuples des mots qui étant usités dans une contrée, ne le sont plus dans une autre, qui par cette raison ne se trouvent point dans les Dictionnaires les plus amples, parce que ceux qui les ont composés, n'y ont placé que les expressions qui étoient en usage dans leur canton.

On a décomposé les termes qui étoient formés de deux mots réünis, & par ce moyen on a ressuscité un grand nombre d'expressions qui ne subsistoient plus en elles-mêmes, & qui ne se trouvoient que dans les composés qu'elles formoient.

Lorsqu'une syllabe entre dans la composition de plusieurs mots Cel-

*

PRÉFACE.

tiques qui ont, ou la même signification, ou une signification fort analogue, on a jugé que c'étoit de cette syllabe que ces termes tiroient le sens commun qu'ils avoient; d'où l'on a conclu que cette syllabe étoit originairement une racine primitive du Celtique, & qu'elle avoit dans cette Langue le sens qui se trouve le même en tous ces mots. Cette méthode a été mise en usage par plusieurs Sçavans au sujet de la Langue Hébraïque. Le succès avec lequel ils s'en sont servi, a fait naître ce dessein.

On trouvera dans ce Dictionnaire quelques mots que le Celtique a empruntés du Latin, parce qu'on connoit le génie d'un langage dans la manière dont il adopte les termes étrangers, dans la terminaison qu'il leur donne, dans l'étendue qu'il leur laisse ou qu'il abrège. Ces expressions sont en petit nombre, & se reconnoîtront aisément.

En rapportant les mots Gaulois que les anciens Auteurs Grecs ou Latins nous ont conservés, on a indiqué les dialectes Celtiques dans lesquels ils subsistent encore aujourd'hui.

En plaçant les termes radicaux, on a eu soin de faire observer qu'ils étoient les mêmes dans les différens dialectes du Celtique, ou que s'ils avoient souffert dans quelqu'un de legéres altérations, elles ne les rendoient pas méconnoissables. On a ensuite comparé ces expressions avec les différentes Langues dont on a fait l'énumération dans la Préface qui est à la tête du premier volume de ces Mémoires. La conformité ou ressemblance qu'on apperçoit entre toutes ces Langues, quant à ces mots primitifs, est frapante, & fait connoître aisément que ces termes ont la même source, que tous les Peuples les ont reçus d'un Pere commun. *

Quelques Sçavans avoient d'abord souhaité que l'on se servît pour chaque Langue des caractéres qui lui sont propres, mais ils ont bientôt reconnu que cela n'étoit pas possible. D'ailleurs pourquoi ravir à la très-grande partie des Lecteurs la satisfaction de voir la ressemblance que ces Langues ont entre elles? Agrément qu'on ne pouvoit leur procurer qu'en employant pour toutes les mêmes caractéres.

La Langue Celtique étant de la plus haute antiquité, n'étant même, ainsi qu'on l'a prouvé, qu'un dialecte de la primitive, elle a dû être la mere de celles qui se sont formées par la succession des temps dans les Pays qu'ont occupé les Celtes ou Celto-Scythes : C'est ce qui est effectivement arrivé. Le Latin en grande partie, l'Anglo-Saxon ou ancien Saxon, le Théuton, ne sont que des filles de la Langue Celtique: On s'en convaincra aisément par soi-même en parcourant ce Dictionnaire. Le Gothique, le Runique, l'Islandois, qui ont tant d'affinité

---

* Le Lecteur, en lisant ces articles, voudra bien se rappeller ce que l'on a dit de la substitution réciproque & de l'addition indifférente de certaines lettres.

PRÉFACE.

avec le Théuton, doivent avoir la même origine que celui-ci.

Des personnes prévenues en faveur du Latin auront de la peine à reconnoître sa descendance du Celtique. Elles prétendront que les termes qui sont communs à ces deux Langues leur viennent d'une même source; elles iront peut-être jusqu'à vouloir que le Celtique les ait empruntés du Latin. Mais on les prie d'observer que les Gaulois étoient une grande Nation déja toute formée longtemps avant que les Latins fussent connus, & qu'ils avoient par conséquent un langage qui leur étoit propre. D'ailleurs le Peuple Latin n'ayant été dans son origine qu'un mélange de Grecs & de Gaulois, peut-on donner à sa Langue une autre source que celle de ces deux Nations? Ainsi les mots communs au Celtique & au Latin doivent être présumés venir de celui-là.

Si, outre cette présomption générale, on désire quelques régles particulières pour juger de l'origine de ces termes, on va en indiquer qui paroissent propres à faire ce discernement.

Premièrement. Si un mot se trouve usité dans deux dialectes du Celtique & dans le Latin, on doit l'attribuer à cette première Langue, n'étant pas croyable que les Bretons d'Angleterre, par exemple, dont les Gallois sont les descendans, & les Gaulois, dont nos Bas Bretons ont conservé le langage, se soient accordés pour adopter précisément le même terme Latin. Par cette régle trouvant *Disqi* en Breton, *Dysgu* en Gallois, *Disco* en Latin avec la même signification, on ne doit pas hésiter à le croire Celtique. Il faut porter le même jugement de *Cur*, qui en Gallois & en Breton signifie soin comme *Cura* en Latin; de *Corf*, qui en Gallois & en Breton signifie corps comme *Corpus* en Latin.

Secondement. Si un terme ne se trouve usité que dans un dialecte du Celtique & dans le Latin, on l'estimera Celtique, 1°. S'il est plus court dans le dialecte de cette Langue que dans le Latin, parce que les mots sont toujours plus courts dans les Langues primitives, dans les Langues anciennes, que dans celles qui en sont dérivées; ainsi *Caul* en Breton, *Caulis* en Latin, signifiant choux, *Caulis* doit être censé venir de *Caul*. 2°. Si le terme a plus de consonnes, s'il est d'une prononciation plus mâle dans le dialecte Celtique que dans le Latin; non seulement parce que les anciennes Langues ont toujours eu des prononciations plus fortes, mais encore parce que les Gaulois étant originairement le même Peuple que les Germains, ils avoient dans leur langage beaucoup de ces prononciations fermes que le climat a perpétuées chez les Allemands, qui par une raison contraire ont été adoucies parmi nous, & entièrement amollies chez les Italiens : ainsi *Gwyrd* en Gallois, *Viridis* en Latin signifiant verd, on aura raison de croire le second formé du premier.

PRÉFACE.

Troisièmement. Quand une expression est unique dans le Gallois, le Breton, &c. pour désigner quelque chose connue parmi ces Peuples, quoique ce mot se trouve dans le Latin, on doit l'estimer Gaulois, n'étant pas croyable qu'une grande Nation ait pendant plusieurs siécles manqué de terme pour exprimer une chose qui lui étoit connue; ou que s'étant servi pendant si longtemps d'un mot qui lui étoit propre, elle l'ait quitté pour prendre celui d'un Peuple qu'elle a infiniment surpassé en nombre pendant tout le temps qu'elle a vécu avec lui : ainsi *Caws* en Gallois signifiant fromage comme le Latin *Caseus*, ce dernier est venu du premier, parce que le fromage a été dans tous les temps connu chez les Gaulois.

Quatrièmement. Lorsque le terme commun à un dialecte du Celtique & au Latin entre dans plusieurs mots de ce dialecte, on l'estime Celtique, parce que lorsqu'une Nation emprunte une expression étrangére, elle la transmet seule dans sa Langue; & n'en usant que par besoin, elle s'en sert le moins qu'elle peut.

Cinquièmement. Si un terme commun à un dialecte du Celtique & au Latin est dans l'analogie du Celtique, a sa racine dans le Celtique, on doit l'adjuger à cette Langue : ainsi *Gwest* en Gallois doit être regardé comme l'origine de *Vestis* Latin, parce que *Gwest* est formé de *Gwe*, tissu, & que le Latin *Vestis* ne trouve point de racine dans sa Langue.

Sixièmement. Quand une expression commune à un dialecte du Celtique & au Latin se trouve au même sens dans quelqu'une des anciennes Langues, comme l'Hébreu, l'Arabe, l'Arménien, &c. il faut la juger Celtique, parce que ces Peuples n'ayant pas pris ce mot des Latins, dont ils précédent l'origine de tant de siécles, ils l'ont pris d'une source commune, à sçavoir de la Langue primitive, qui s'est conservée, du moins quant aux racines, dans ces anciens Langages.

On convient cependant qu'il est quelques expressions communes aux Celtes & aux Latins qui viennent sûrement de ces derniers; tels sont tous les termes que le Christianisme a fait naître, & que les Gaulois ont reçus des Romains avec l'Évangile; mais ces mots sont en petit nombre, & ne forment pas une exception bien considérable.

La Langue Françoise s'est formée du Celtique, comme l'Anglois de l'ancien Saxon, & l'Italien du Latin. Notre Dictionnaire exigeoit donc que nous indiquassions l'origine des mots dont nous nous servons à présent. Pour cela on a fait, si l'on ose parler ainsi, la généalogie de ces termes : On les a montrés dans le commencement de notre Langue presque encore tout Celtiques, adoucis seulement par quelque leger changement; on les a suivis dans les dégradations qu'ils ont souffertes, & qui les ont amenés à l'état où nous les voyons aujourd'hui.

Quelques

PRÉFACE.

Quelques Sçavans prétendent que lorsqu'on forma notre Langue, on la tira presque toute entière de la Latine. Ils donnent en preuve les ouvrages de Poësie qui furent composés parmi nous dans les onzième, douxième & treizième siécles. Cette raison ne paroit pas solide. Ces Poëtes étoient des gens lettrés pour le temps où ils vivoient; ils sçavoient du Latin, & pour en faire parade ils remplissoient leurs écrits de plusieurs termes de cette Langue : C'est ainsi que Ronsard dans le seizième siécle parloit Grec en François. D'ailleurs ces Poëtes, pour être moins gênés par la mesure & par la rime, se persuaderent qu'ils pouvoient indifféremment user des termes Celtiques & Latins. Ils se donnerent même une si grande liberté au sujet de ces derniers, qu'ils les employerent pour ainsi dire tout cruds, & sans les rendre par quelque adoucissement analogues à notre Langue. Il n'en fut pas ainsi de ceux qui composerent en Prose. C'étoient des hommes sans étude, qui écrivoient simplement dans leur Langue maternelle, telle qu'elle se parloit de leur temps. Pour s'en convaincre on n'a qu'à comparer l'Histoire de Villehardouin avec les ouvrages des Poëtes du même siécle.

Le Latin, le Gothique, l'Anglo-Saxon, le Théuton, l'Islandois, le Runique, le Suédois, le Danois, l'Allemand, l'Anglois, l'Italien, l'Espagnol, le François ayant été formés immédiatement ou médiatement, en tout ou en partie, du Celtique, on doit regarder cet ouvrage comme un Dictionnaire étymologique de ces Langues, dans lequel on trouvera l'origine des termes qui les composent.

On a quelquefois donné des étymologies différentes du même mot; comme elles étoient toutes probables, on a cru devoir laisser au Lecteur le choix de celle qui lui plairoit davantage.

Pour donner plus de facilité aux personnes qui voudront s'amuser à connoître les surnoms qui sont en usage parmi nous, on fera remarquer quelques-unes des altérations que ces termes ont souffertes en passant du Celtique dans notre Langue pour les adoucir.

On a souvent changé l'*r* finale en *t*. De *Marguer*, cavalier, on a fait *Marguet*.

On a inféré une voyelle dans le mot. Pour *Marguer* on a dit *Marguier*.

On a mis le *t* à la place du *g* final; c'est ainsi que *Dumont* est formé de *Du Mong*, qui signifie chevelure noire ou cheveux noirs.

Le *g* s'est changé en *y* : De *Boreg*, matineux, est venu *Borey*.

L'*s* se proposant indifféremment en Celtique, on a dit *Sgui*, *Sguin* comme *Gui*, gai, joyeux; *Guin*, blanc, beau : L'*e* muet se sous-entendant parmi nous entre l'*s* & le *g*, on a écrit *Segui*, *Seguin*.

Quelquefois on n'a fait qu'un mot de deux : De *Du Pon*, tête noire, *Dupont*; de *Gaul-Gam*, boiteux, *Gogan*.

PRÉFACE.

D'autres fois on a séparé un mot en deux : Pour *Lledw* ou *Lledou*, gras, on met *Le Doux*.

Mair qui signifie grand, s'écrit aujourd'hui par *Maire*.

De *Gui*, gai, sont venus les diminutifs *Guiot*, *Guion* : De là est aussi venu *Guiard*. *Ard* marque le naturel.

De *Berth*, beau, on a fait, en ajoûtant une terminaison indifférente, *Berthin*, *Berthet*, *Berthier*; & de *Grim*, fort, *Grimon*.

De *Gwirog*, *Gwireg*, qui sont les possessifs de *Gwir*, vrai, on a formé *Girot*, *Girod*, *Viret*.

Sur les autres altérations on peut voir ce qui a été dit à la tête de chaque lettre, & la Dissertation préliminaire qui est au commencement de la seconde partie des Mémoires sur la Langue Celtique.

Il reste à répondre à certaines gens qui reprochent au Celtique son abondance. Quelle inutilité, disent-ils, d'avoir trente ou quarante termes pour signifier l'eau, douze ou quinze pour désigner une forêt, &c. Je pourrois me contenter de répondre à ces personnes que je ne suis pas l'Auteur de cette Langue, que j'en suis simplement l'Historien, qu'ainsi les défauts qu'on y pourroit blâmer ne peuvent nuire à mon ouvrage. Mais si l'affection que conçoit un Traducteur ou un Commentateur pour l'Auteur qu'il traduit ou qu'il commente, ne lui permet pas de laisser les censures qu'on en fait sans réponses, mon attachement pour le Celtique semble demander de moi que je fasse tous mes efforts pour repousser ce reproche. J'observerai d'abord que plusieurs de ces mots, que l'on croit différens, ne sont que le même terme, qui ne paroit divers que parce qu'on lui prépose quelquefois une lettre indifférente suivant le génie de cette Langue; que d'autres fois on l'exprime par des lettres qui se substituent mutuellement non seulement dans le Celtique, mais dans la plûpart des Langages : Ainsi *Or*, *Our*, *Ur*, *Wr*; *Dor*, *Dour*, *Dur*, *Dwr*; *Tor*, *Tour*, *Tur*, *Twr*, qui signifient eau, ne sont que le même terme. D'ailleurs pourquoi faire au Celtique un crime de ses richesses? Blâme-t'on le Grec de la multitude de ses synonimes? ne la regarde-t'on pas au contraire comme la source de son harmonie? L'Arabe est, au jugement des Sçavans qui l'ont étudié avec plus de soin, la plus belle Langue de l'Univers; il n'y en a cependant point de si abondante en synonimes.

Voyez la Préface du premier tome de ces Mémoires.

Il seroit bien à souhaiter que nous eussions conservé les richesses du Langage de nos ancêtres. Nous sommes blessés du retour du même mot! Pour éviter ce désagrément, à quelle torture ceux qui écrivent en François ne sont-ils pas obligés de mettre leur esprit pour trouver des périphrases qui rendent le même sens? Cet inconvénient eût été prévenu par les synonimes du Celtique.

PRÉFACE.

CATALOGUE

Des *Livres imprimés & des Manuscrits dont on s'est servi pour composer ce Dictionnaire.*

LIVRES IMPRIMÉS ET MANUSCRITS
dans lesquels on a puisé la Langue Celtique.

GALLOIS.

Dictionnaire Gallois - Latin de Davies.
Dictionnaire Latin-Gallois de Thomas Guillaume.
Vocabulaire Irlandois, Gallois, de la Langue de la Province de Cornouaille en Angleterre, & Bas Breton. *Manuscrit.*
Vocabulaire Basque, Irlandois, Écossois, du dialecte Gallois de l'Isle de Mona, du langage de la Province de Cornouaille en Angleterre. *Manuscrit.*
Grammaire Galloise de Rhesus.
Grammaire Galloise de Davies.
Description du Pays de Galles écrite au douzième siècle par Lilio Giraldi, Gallois.
Povell, Notes sur la description du Pays de Galles de Lilio Giraldi.
Glossaire des Antiquités Britanniques de Baxter, originaire de la Province de Cornouaille en Angleterre, très-sçavant dans le Gallois.
Édouard Luid *Adversaria.*
Description de la Grande Bretagne par Camden.
Remarques sur l'Itineraire d'Antonin par Thomas Gale.
On a joint les termes Gallois qui se trouvent dans de Laet ; *dans* Sheringhan, Skinner *& autres Auteurs Anglois.*

LANGAGE de la Province de Cornouaille en Angleterre.

Vocabulaire de la Langue de la Province de Cornouaille en Angleterre. *Manuscrit.*
Vocabulaire Basque, Irlandois, Écossois, du dialecte Gallois de l'Isle de Mona, de la Langue de la Province de Cornouaille en Angleterre. *Manuscrit* déja indiqué dans l'article du Gallois.
Vocabulaire Irlandois, Gallois, de la Langue de la Province de Cornouaille en Angleterre, Bas Breton. *Manuscrit* déja indiqué dans l'article du Gallois.
Glossaire des Antiquités Britanniques de Baxter, déja indiqué dans l'article du Gallois.

ÉCOSSOIS.

Vocabulaire Basque, Irlandois, Écossois, du dialecte Gallois de l'Isle de Mona, de la Langue de la Province de Cornouaille en Angleterre. *Manuscrit* déja indiqué dans les articles du Gallois & du Langage de la Province de Cornouaille.
Boethius, Histoire d'Écosse.
Le même, de l'origine, des mœurs & des faits des Écossois.
Leslei, Nouvelle Description des Provinces & des Isles d'Écosse.
Buchanan, Histoire d'Écosse.
Gordon, Description d'Écosse dans le grand Athlas.

IRLANDOIS.

Dictionnaire Irlandois-Latin. *Manuscrit.*
Vocabulaire Basque, Irlandois, Écossois, du dialecte Gallois de l'Isle de Mona, du Langage de la Province de Cornouaille en Angleterre. *Manuscrit* déja indiqué dans les articles précédens.
Vocabulaire Irlandois, Gallois, de la Langue

PRÉFACE.

du Pays de Cornouaille en Angleterre, Bas Breton. *Manuscrit* déja indiqué plusieurs fois dans les articles précédens.

Vocabulaire harmonique de Toland, dans lequel il compare l'Irlandois avec le Bas Breton.

Dictionnaire Anglois-Irlandois, imprimé à Paris en 1732.

Antiquités d'Irlande par Jacques Waré.

BAS BRETON.

Dictionnaire François-Breton-Armorique, & Dictionnaire Breton-François du Pere Maunoir.

Deux autres petits Dictionnaires François-Bretons, imprimés sans nom d'Auteur.

Nouveau Dictionnaire François-Breton, imprimé à Morlaix en 1717.

Dictionnaire François-Celtique ou François-Breton du Pere de Rostrenen.

Dictionnaire de la Langue Bretonne par Dom Louis Le Pelletier.

Dictionnaire François-Breton, imprimé à la Haye en 1756, & qui se vend à Paris chez Babuty fils.

Vocabulaire Irlandois, Gallois, de la Langue de la Province de Cornouaille en Angleterre, & Bas Breton. *Manuscrit* déja indiqué dans les articles précédens.

Vocabulaire harmonique de Toland, dans lequel il compare l'Irlandois avec le Bas Breton.

Colloques François-Bretons par Quiquer de Roscoff.

Dialogues François-Bretons, imprimés à Morlaix en 1717.

Antiquité de la Nation & de la Langue des Celtes par Dom Pezron.

Les Vies des Saints des deux Bretagnes, d'Écosse & d'Irlande, dans lesquelles on trouve plusieurs termes des Langues de ces Pays.

BASQUE.

Vocabulaire Basque, formé sur le Nouveau Testament de Jean de Leycaragüe, dédié à la Reine de Navarre Jeanne d'Albret. *Manuscrit*

Vocabulaire Basque, Irlandois, Écossois, du dialecte Gallois de l'Isle de Mona, & de la Langue de la Province de Cornouaille en Angleterre. *Manuscrit* déja indiqué dans les articles précédens.

Trésor des trois Langues Françoise, Espagnole & Basque, imprimé à Bayonne chez Paul Fauvet.

Dictionnaire Castillan, Basque & Latin par le Pere de Larramendi, en deux volumes *in folio*, imprimé à Saint Sébastien l'an 1745.

Notice de l'une & l'autre Biscaye par Oihenart.

LIVRES ET MANUSCRITS

dans lesquels on a pris les termes des Langues que l'on a comparées avec le Celtique.

LANGUES DE L'ASIE.

Dictionnaire Hébreu de Marini, qui a pour titre *Arca Noë*, imprimé à Venise l'an 1593.

Dictionnaire Hébreu de la Polyglotte d'Angleterre.

Dictionnaire Hébreu de Robertson.

Dictionnaire Hébraïque du Chevalier Leigh.

Dictionnaire Samaritain de la Polyglotte d'Angleterre.

Dictionnaire Chaldaïque de Munster.

Dictionnaire Chaldaïque de la Polyglotte d'Angleterre.

Le Nomenclateur Syriaque de Ferrari, imprimé à Rome en 1632.

Dictionnaire Syriaque de la Polyglotte d'Angleterre.

Dictionnaire Arabe de la Polyglotte d'Angleterre.

Dictionnaire Persan de la Polyglotte d'Angleterre.

Dictionnaire Arménien-Latin de Rivola, imprimé à Paris en 1633.

Nouveau Dictionnaire Latin-Arménien par le Pere Jacques Villotte, *in folio*, imprimé à Rome en 1714.

Dictionnaire Géorgien-Italien de Paolini, imprimé à Rome en 1629.

PRÉFACE.

Inſtitutions Grammaticales des Langues orientales qui ſe parlent dans la Géorgie, par Maggi, imprimées à Rome en 1670.

Dictionnaire de la Langue du Grand Thibet, par le Pere Dominique de Fano, Supérieur de la Miſſion de ce Pays. *Manuſcrit.*

Vocabulaire des Langues des Tartares Mogols & Calmoucqs, formé de pluſieurs Auteurs. *Manuſcrit.*

Vocabulaire des Tartares Mantcheoux. *Manuſcrit.*

Vocabulaire Calmuque & Mungale du Baron de Strahlenberg.

Dictionnaire Malaye-Latin & Latin-Malaye de David Haex, imprimé à Rome en 1631.

Vocabulaire de la Langue Damoulique ou Malabare. *Manuſcrit.*

Vocabulaire de la Langue Talenga, qui eſt celle des Royaumes de Golconde, de Carnate, &c. *Manuſcrit.*

Vocabulaire de la Langue Tamulique ou Tamoulique, qui ſe parle dans les Royaumes de Bengale & de Golconde. *Manuſcrit.*

Dictionnaire Annamitique, Portugais & Latin du Pere de Rhodes, imprimé à Rome en 1651. Cette Langue ſe parle dans le Royaume de Tonquin & dans la Cochinchine.

Grammaire Chinoiſe, Dictionnaire Chinois-Latin de Bayer, imprimés à Pétersbourg en 1730.

Dictionnaire Chinois du Pere de Goville. *Manuſcrit.* Ce Pere a eu la bonté de communiquer ſon Dictionnaire à un de mes amis, qui avec ſon agrément en a tiré les termes Chinois qui répondent à différens mots François que je lui avois indiqués.

Deſcription de la Chine par le Pere du Halde.

Grammaire Japonoiſe du Pere Collado, imprimée à Rome en 1632.

Additions au Dictionnaire Japonois par le même Pere Collado, imprimées à Rome en 1632.

LANGUES DE L'AFRIQUE.

LE Prodrome Cophte ou Égyptien du Pere Kircher.

Le Nomenclateur Égyptien-Arabe, avec l'interprétation Latine du même Pere Kircher.

Dictionnaire Éthiopien du Pere Wemmers, imprimé à Rome l'an 1638.

Dictionnaire Éthiopien de la Polyglotte d'Angleterre.

Hiſtoire Éthiopique de Ludolf.

Vocabulaire de la Langue des Breberes, du Royaume de Tunis. *Manuſcrit.*

Vocabulaire de la Langue des Jaloffs en Afrique. *Manuſcrit.*

Vocabulaire de la Langue des Foulis en Afrique. *Manuſcrit.*

Vocabulaire de la Langue Mandingo en Afrique. *Manuſcrit.*

Petit Dictionnaire de la Langue des Hottentots, imprimé dans la Deſcription du Cap de Bonne Eſpérance, tirée des Mémoires de Monſieur Kolbe.

Vocabulaire de la Langue de l'Iſle de Madagaſcar. *Manuſcrit.*

Hiſtoire de la grande Iſle Madagaſcar par le Sieur de Flacourt.

Grammaire de la Langue de Congo par le Pere de Vetralla, imprimée à Rome en 1659.

LANGUES DE L'AMÉRIQUE.

DICTIONNAIRE Caraïbe-François par le Pere Breton, imprimé à Auxerre en 1664.

Vocabulaire Algonkin & Huron, tiré de la Hontan & de Leri.

Vocabulaire Pérouan. *Manuſcrit.*

Hiſtoire du Pérou par Garcillaſſo.

Vocabulaire Breſilien. *Manuſcrit.*

Hiſtoire naturelle & morale des Iſles Antilles, avec un Vocabulaire Caraïbe, A Roterdam 1658.

LANGUES DE L'EUROPE.

LANGUES ANCIENNES.

TRÉSOR de la Langue Grecque d'Henry Eſtienne.

Dictionnaire Grec de Conſtantin.

Les termes Hétruſques qui ſe trouvent dans les anciens Auteurs Grecs ou Latins, & dans les Tables découvertes à *Eugubio.*

***

PRÉFACE.

Version Gothique des quatre Évangiles, imprimée à Dordrect en 1665.
Glossaire Gothique de Junius, imprimé à Dordrect en 1665.
Vocabulaire Islandois, Gothique, ancien Saxon. *Manuscrit.*
Grammaire Anglo-Saxone & Mœso-Gothique de Hickes dans son Trésor des anciennes Langues Septentrionales, imprimé à Oxford 1706.

Version Anglo-Saxone des quatre Évangiles, imprimée à Dordrect en 1665.
Glossaire Latin-Saxon d'Elfric.
Dictionnaire de Somner.
Vocabulaire de Benson.
Chronique Saxone publiée par Gibson, à la fin de laquelle l'Auteur a placé une espèce de petit Dictionnaire de cette Langue.
Vocabulaire Islandois, Gothique, ancien Saxon. *Manuscrit* déja indiqué plus haut.
Grammaire Anglo-Saxone & Mœso-Gothique de Hickes dans son Trésor des anciennes Langues Septentrionales, imprimé à Oxford en 1706.
Dictionnaire étymologique de la Langue Angloise par Skinner, dans lequel il rapporte un grand nombre de termes de l'ancien Saxon, parce que c'est de ces mots que la Langue Angloise a été formée pour la plus grande partie.

Glossaire de Spelman, dans lequel on trouve pareillement un grand nombre de termes de l'ancien Saxon.

Dictionnaire Lombard de Margarini, imprimé à Todi en 1670.

Anciens Glossaires Théutons donnés au Public par Juste-Lipse, Boxhorne, le Pere Petz & Léibnitz.
Glossaire de Keron.
La Vie de Jesus-Christ tirée des quatre Évangiles, mise en vers Théutons par Otfride, Moine de Weissembourg en Alsace.
Paraphrase Théutone du Cantique des Cantiques par Willerame, Abbé de Mersbourg, composée en 1060.
Grammaire Franco-Théotisque de Hickes dans son Trésor des anciennes Langues Septentrionales, imprimé à Oxford en 1706.
Le quatrième tome d'Olivier Vrée, dans lequel il prouve que l'ancienne Flandre est la première habitation des Francs.
Scrieck, Origines Celtiques & Belgiques.

Vocabulaire Runique tiré d'Olaus Vormius. *Manuscrit.*
Termes de l'ancien Suédois pris de l'Atlantique de Rudbeck.

LANGUES MODERNES.

Dictionnaire Italien-Turc de Molino, imprimé à Rome en 1641.
Dictionnaire Latin-Turc-Allemand de Clodius, imprimé à Léipsik en 1730.

Vocabulaire Islandois, Gothique, ancien Saxon. *Manuscrit* déja indiqué plus haut.
Indice de Verel.
Grammaire Islandoise, avec un petit Dictionnaire de la même Langue de Hickes dans son Trésor des Langues Septentrionales, imprimé à Oxford en 1706.
Petit Dictionnaire Islandois dans de Laet.

Vocabulaire Finlandois. *Manuscrit.*
Vocabulaire Finlandois, Lappon, Morduin. *Manuscrit.*

Petit Dictionnaire Groenlandois donné par M. Anderson dans son Histoire naturelle de l'Islande, du Groenland, &c.

Dictionnaire Italien-Latin-Illyrien ou Esclavon du Pere Della Bella, imprimé à Venise en 1728.
Vocabulaire de la Langue des Venédes ou Vendes, espèce d'Esclavons qui sont dans le Duché de Lunébourg aux environs de Danneberg & Luchowy. *Manuscrit.*
Catalogue de quelques termes des Venédes du Duché de Lunébourg, donné par Léibnitz dans ses *Collectanea etymologica.*
Vocabulaire de la Langue de Stirie & de Carinthie, dialecte de l'Esclavon, pris du Vocabulaire Illyrien ou Esclavon de George Habdelich. *Manuscrit.*

Dictionnaire Latin-Épirote de Blanchi, imprimé à Rome en 1635.

Trésor de la Langue Grecque vulgaire & de l'Italienne du Pere de Somavera, imprimé à Paris en 1709.

On n'indiquera pas ici les Dictionnaires des autres Langues vivantes de l'Europe dont on s'est servi, parce qu'ils sont communs & entre les

PRÉFACE.

mains de tout le monde; on se contentera de marquer en peu de mots l'origine de ces Langages, afin qu'on puisse juger du degré d'affinité qu'elles ont avec le Celtique.

Les Turcs étant un essain des Tartares, leur Langue est presque entièrement composée de celle de ce Peuple; leurs autres termes sont pris de l'Arabe.

Les Finlandois, les Lappons, les Morduins descendent des anciens Huns, selon M. de Strahlenberg, auquel cas leurs Langues seront formées de celle de cette Nation; selon d'autres ce sont des Colonies de Tartares.

Les Sclaves ou Esclavons sortent originairement de la Sarmatie. Le Russe, le Polonois, le Bohémien, le Venéde, le Dalmatien, le Servien, le Stirien, le Carinthien, le Carniolois, le Lusatien sont des dialectes de l'Esclavon.

Les Hongrois sont Tartares d'origine, c'est pourquoi leur Langue est composée en grande partie de celle de cette Nation. Les autres mots sont pris de l'Esclavon.

Le Suédois & le Danois sont formés du Gothique & du Théuton.

L'Allemand & le Flamand sont des dialectes ou altérations du Théuton.

L'Anglois est formé en grande partie de l'Anglo-Saxon ou ancien Saxon; les autres expressions viennent de l'ancien Breton, du Latin & du François qui se parloit du temps de Guillaume le Conquérant.

L'Italien n'est proprement qu'une altération de la Langue Latine, laquelle vient pour la plus grande partie du Celtique, ainsi qu'on l'a prouvé dans le premier volume de ces Mémoires.

L'Espagnol est composé du Basque, qui étoit l'ancienne Langue de cette Nation, du Latin & de l'Arabe. Il est surprenant qu'on n'y trouve point de termes Gothiques, quoique les Goths ayent régné si longtemps dans ce Pays.

Le François est formé du Celtique, du Latin & de quelques termes Théutons que l'on a reçus des Francs lorsqu'ils s'établirent dans les Gaules.

Les termes des autres Langues que l'on a comparés avec le Celtique, & dont on n'a point de Dictionnaire, ont été pris, pour les anciennes, des Auteurs Grecs ou Latins; pour les modernes, des Voyageurs.

Tous les Manuscrits que j'ai indiqués, à l'exception du Vocabulaire de la Langue de l'Isle de Madagascar, m'ont été communiqués par M. de Brosse, Président à Mortier du Parlement de Dijon. Je ne peux trop marquer de reconnoissance à cet Illustre Magistrat, qui en me faisant part de ses trésors littéraires, a si fort contribué à la perfection de cet ouvrage.

Avant que de finir cette Préface, il est à propos d'indiquer certaines singularités de quelques dialectes Celtiques.

C en Gallois, en Langue de Cornouaille, en Écossois, en Irlandois, en Bas Breton, a la valeur du *K*.

PRÉFACE.

G dans les dialectes que l'on vient de nommer, équivaut à *Gu*.

G en Irlandois a quelquefois le même son qu'*Y*.

U équivaut à *W* Gallois.

Le Gallois forme les pluriers des Noms substantifs de leurs singuliers, en ajoûtant quelqu'une des syllabes suivantes, *Au*, *On*, *Oedd*, *Aid*, *Od*, *Ydd*, *Edd*, *Ed*, *I*, *Aint*, *Ynt*, *Adon*, *En*, *Yr*; & le plurier du Nom adjectif, en ajoûtant à la fin *Ion*, ou simplement en insérant un *I* dans le terme singulier.

Le Breton forme les pluriers des Noms substantifs, en ajoutant quelqu'une des syllabes suivantes, *Ou*, *Yen*, *Ed*, *Tou*. Les adjectifs en Breton sont les mêmes au singulier & au plurier.

Les adjectifs & les participes sont communs aux genres masculin & féminin en Gallois & en Breton.

Les substantifs sont quelquefois pris adjectivement dans le Gallois. Voyez les articles du Dictionnaire *Broch*, *Brwyn*, *Brynti*, *Brych*, *Bwlch*.

Les Verbes Gallois ont souvent les deux Voix, l'active & la passive.

Les Basques mettent l'article à la fin du mot. *A* ou *Ac* est l'article singulier, *Ac* le plurier; ainsi pour connoître ce qui constitue proprement un terme dans cette Langue, il faut le dépouiller de ces articles postposés.

On a presque toujours écrit dans ce Dictionnaire le *Heth* des Langues Orientales par une double *H*, & l'*Ain* par une triple, parce que la première de ces lettres est une double, la seconde une triple aspiration. On a suivi en cela Slaugter, qui nous a donné une excellente Grammaire Hébraïque.

EXPLICATION
Des Lettres Majuscules qui se trouvent seules dans ce Dictionnaire.

G. signifie Gallois.
C. Langue du Pays de Cornouaille en Angleterre.
E. Écossois.
I. Irlandois.
B. Bas Breton.
Ba. Basque.
A. G. Anciens Glossaires. On appelle ainsi ceux qui ont été composés dès le septième siécle jusqu'au seizième.

A. M. Anciens Monumens. On désigne par ce nom les Vies des Saints, les Histoires, les Chroniques, &c. dont on a parlé dans la huitième source de la Langue Celtique.

DICTIONNAIRE
CELTIQUE-FRANÇOIS.

A

A, Conjonction copulative, &, avéc. Devant les voyelles on dit *Ac*, *Ag*. G.

A, adverbe pour affirmer, oui. G. Tout ce qui affirme, unit ; ainsi cet adverbe marque l'union. *A* signifiant encore , près , auprès , joignant , c'est une nouvelle preuve qu'il marque l'union. *A* en vieux François, avec.

A, conjonction interrogative, adverbe d'interrogation. G.

A, particule de comparaison , ou marque du comparatif. G.

A, particule ajoûtée aux mots, qui augmente leur signification : comme *Achadw*, d'*A* & *Cadw* ; *Achar*, d'*A* & *Char* ; *Achrwm*, d'*A* & *Crwm* ; *Aphwys* , d'*A* & *Pwys* ; *Athrist* , d'*A* & *Trist*. G. *A* est une particule augmentative en Grec.

A, particule ajoûtée aux mots, qui ne signifie rien : comme *Dww a wnaeth*, Dieu a fait ; *Duw a wyr*, Dieu sçait ; *Barn a sydd* , le Jugement est futur. G.

A, particule privative ou négative, sans, non. G. *A* est une particule privative en Grec.

A, près, auprès, joignant. G.

A, donne au nom substantif la force de génitif, comme en françois, de : *Cals a bara*, beaucoup de pain. B.

A est ajoûté à la préposition , *de* ou *d'*, pour avoir ensemble la force de la préposition latine *ad* : *Me is d'a Brest*, je vais à Brest. *A* dans cet exemple est semblable au françois, à , qui désigne le mouvement. B.

A, est une particule qui dans une certaine conjugaison joint le pronom personnel au verbe : *Me a char*, j'aime ; *te a char*, tu aimes ; *es a char*, il aime. B.

A, adverbe d'interrogation : *A cheui soma breur?* Etes-vous mon frere ? On le met aussi pour exprimer le doute, comme s'interrogeant soi-méme: *A m a gar Doüe ?* Aimai-je Dieu ? *Ne goun ket a me a gar Doüe* , je ne sçais si j'aime Dieu. B.

A, particule conjonctive. Devant les voyelles on dit *Ac*, *ag*. B.

A, particule itérative. B. Voyez *Abecki*, *Acoveh*.

A, marque du superlatif à la fin du mot. Voyez *Aon*. B.

A, particule ajoûtée aux mots sans en augmenter la signification, & qui n'est simplement qu'une lettre paragogique. Voyez *Aball*, *Aban*, *Abecq* , *Aber*, *Abern*, &c.

A, marque du superlatif à la fin du mot. C.

A signifie les prépositions françoises de mouvement; à , au. I.

A, près, auprès. I.

A, dans. I.

A, de, du, des, dès, depuis, dehors. I.

A, article, le , la. Ba.

A, eau. Voyez *Leuca*. G. C'est une syncope d'*Av*; eau, rivière. *A* en Langue Cimbrique, eau, rivière. *Aa* en Cimbrique , Suédois, Danois , Runique, Islandois , rivière. *Aa* en Islandois, eau. *Aa*, amas d'eau en Grec dans Hesychius. *Aha* en Gothique, Theutonique, Flamand, Danois, Suédois, rivière. *A*, *Ea*, *Eha* en ancien Saxon, (c'étoit la langue des Saxons lorsqu'ils passerent dans la Grande Bretagne) rivière. *Abha* en Arabe, étang, amas d'eau. *Ha*, fleuve, rivière : *Hai*, mer en Tonquinois. *Ea*, *Eaa*, eau en Bourguignon. Voyez *Ab*, *Ad*, *Am*, *Av*, *Aw*, *Ah*.

A, facile : Voyez *Adiguemer* ; c'est une syncope d'*Æz*.

A, pour, *Ar*, auprès : Voyez *Amezecq*. Si on a mis *A* pour *Ar*, auprès, on a pu aussi le mettre pour *Ar*, sur, dessus, terre, &c. puisque *Ar* a toutes ces significations.

A-ASTY, au-dedans. I.

A-TIMKIOL, autour. I.

AAHIN, noise, querelle. B. Voyez *Atayna*.

AALAGIA, A. M. les champs les plus proches de la Ville, du Village : On les nomme *Ailages* en Normandie ; on les appelloit autrefois *Bordieres*. Le mot *Aalagia*, *Ailages*, est formé d'*Ael*, bord, *Gy*, habitation.

TOME I.

AB.

AASANTIA, *Aasentia*, *Aisantia*, A. M. aisance. Ce mot vient d'*Æv*, aise, commodité.

AAUNIG, timide, craintif, peureux. B. Voyez *Aon*.

AB, singe; dans les surnoms il se met pour *Mab*, fils. G. Il se met aussi pour tout petit d'animal: Voyez *Abellus*. Le singe a été appellé *Ab*, parce qu'il ressemble à un enfant; ce qui se confirme parce qu'en Gallois on l'appelle encore *Ap*, (*Ab* & *Ap* sont le même mot, le *p* & le *b* se mettant indifféremment l'un pour l'autre) qui signifie aussi enfant. *Ab*, *Ap*, *Af* ont même signifié petit en général: Voyez *Canab*. L'*N* se mettant à la tête des mots qui commencent par une voyelle, on a dit *Nab* pour *Ab*, petit, ainsi que nous le voyons dans le terme François, *Nabot*; ce qui se confirme encore par le dialecte de Cornouaille, dans lequel on dit *Nab*, fils, pour *Ab*, *Abac*, nain en Irlandois; *Ap*, singe en Irlandois; *Apa*, singe en ancien Saxon; *Ape*, singe en Anglois & en Islandois; *Ape* ou *Aap*, singe en Flamand; *Apini*, singe en Finlandois; *Apinia*, singe en Suédois; *Aff*, singe en Allemand; *Affinia*, singe en Esclavon; *Neip*, *Nep*, petit, dans les Tables Eugubines; *Nepios* en Grec, enfant. Voyez *Abranas* & *Gwrab*. Hebé étoit chez les anciens la Déesse de la Jeunesse.

AB, Seigneur. I. Les premiers Seigneurs ont été les peres, c'est pourquoi il y a grande apparence que dans la Langue primitive on se servoit du même terme pour désigner l'un & l'autre. Ce mot s'est conservé dans un de ces sens chez les Irlandois, & dans l'autre parmi une grande partie des Nations de l'Univers. *Ab*, pere en Hébreu, en Samaritain, en Syriaque, en Arabe; *Abba* en Éthiopien, en Chaldéen, en Melindois, en Langue de Talenga; *Aba*, pere en Turc & dans la Langue du Pays de Yesso; *Abagai*, pere en Tartare Calmouk; *Abaga*, ayeul en Tartare Mogol & Calmouk; *Ebb*, pere en Sarrasin; *Apa*, pere en Hongrois; *Apphos* pere en Grec dans le dialecte Dorique; *Bab*, pere en Grifon; *Babbu*, pere en Sardiot; *Bab*, pere en Tartare Mogol; *Baba*, pere en Langue de Madagascar; *Baba*, de même qu'*Aba*, pere en Turc; *Baba*, pere en Caraïbe; *Babpa*, pere à Malaca; *Bapa*, pere en Tidoritain; *Tabes*, pere en Livonien; *Pappas*, pere en Scythe; *Pappas*, en Syracusain & en Bythinien, pere; *Papus*, pere en ancien Latin.

AB, particule privative: Voyez *Abreolus*. *Ab* est pareillement particule privative en Latin, *Abnormis*.

AB, le même qu'*Aber*. Voyez *Av*, qui est le même qu'*Ab* & *Moreb*.

AB, le même qu'*Af*, marque du superlatif: Voyez *Iselab*, *Iselaf*.

AB, signifiant Seigneur, homme au-dessus des autres, étant la marque du superlatif, du plus haut dégré, étant le même que *Cab*, on voit par là qu'il a signifié *haut*, *élevé*, *grand*, *élevation*, *grandeur*.

AB: Voyez *Aber*.

AB, le même que *Cab*: Voyez *Aru*: Voyez *Af*, *Am*.

AB. On a dit indifféremment *Am*, *Aman*, *Amon*, *Av*, *Aven*, *Avon*, eau, rivière; ce qui fait voir qu'*an*, *en*, *on*, ne sont que des terminaisons muettes & superflues. Par la même raison on a dû dire *Ab*, comme *Aban*, *Abon*, eau, rivière. *Ab* en Persan, eau, rivière, fleuve; *Ab*, eau en Arabe & en Turc; *Ab*, eau, rivière en Mogol; *Saab* en

ABA.

Hébreu, porter de l'eau, *Sa*, porter, *Ab*, eau; *Abbi* en Éthiopien, onde, flot; *Abi* en Japonois, se laver avec de l'eau; *Abrye* en Lappon, pluye; *Ab*, *Ap*, *Av* en Persan, eau; (c'est le même mot, le *b*, le *p*, l'*v* se substituant réciproquement.) *Apa* en Valaque, eau; *Ahp* en Arménien, étang, mare; *Opi* en Galibi, se baigner, se laver, D'*Ab* se sont formés en Breton *Abeuri*, *Abeufryn*; dans la basse Latinité, *Aberragium*, *Abebrare*; dans notre Langue, abbreuver, abbreuvoir.

ABA, *Aboa*, *Auba*, bouche, visage. Ba. Voyez *Ab*, le même que *Cab*. L'*a* final chez les Basques est l'article.

ABA, A. M. métairie. Ce mot est formé d'*Abia*, qui signifie en Basque, logement. *Abad*, habitation en Tartare Mogol & en Persan; *Habs*, prison en Turc; *Oba*, chaumière en Turc (l'*a* & l'*o* se mettent l'un pour l'autre;) *Aib*, village, bourg en Tartare Calmouk. Voyez *Hoba* & *Ab*, le même que *Cab*.

ABACH, nain, naine. I.

ABACOIDEACH, Procureur. I.

ABAD, Abbé; *Abadés*, Abbesse; *Abadaeth*, Dignité abbatiale; *Abbaty*, Abbaye. G. La Religion chrétienne a introduit ces mots dans les Gallois.

ABADORENN, dorade, poisson. B.

ABAFF, étonnement, étourdissement. B.

ABAFF, timide, hébété, étourdi, sot, brutal. B. *Embauffumé*, en Patois de Besançon signifie, fâché; *Abaubi*, *Ebaubi*, vieux mots François qui signifioient étourdi, étonné: On dit encore en ce sens *Aibaubi*, dans le Patois de Besançon.

ABAFFDER, timidité. B.

ABAFFET, interdit, déconcerté, stupide. B. C'est le participe d'*Abaffi*.

ABAFFI, hébéter, déconcerter, étourdir, rendre sot, étonner, troubler, s'étonner. B.

ABAL, défaut. B. Voyez *Aball*.

ABAL, pomme. I. Voyez *Afal*. Ce mot est formé de *Bal*, rond, & de l'*A* paragogique: Voyez *Aball*. L'*M* & le *B* se mettant l'un pour l'autre, on a dit *Amal* comme *Abal*; de-là *Melon* en Grec, *Malum* en Latin, *Mele* en Italien, pomme; *Alma*, transposition d'*Amal*, pomme en Turc & en Hongrois; *Almei*, pomme en Persan. Voyez *Bal* & *Aballgort*.

ABAL, le même que *Bal*. Voyez *Aball*.

ABAL, signifie à cause, pour. *Abalamour*, à cause, pour l'amour. Les Paysans en Franche-Comté disent que les rivières grossissent au Printemps pour l'amour des neiges qui fondent dans les montagnes. *Abal*, cause, est le même que *Bal*, tête, source, principe. Voyez *Aban*.

ABALAMOUR, à cause. B.

ABALIA, mélodie. Ba.

ABALL, besoin, défaut, indigence, pauvreté, manquement, perte, débat, discorde. G. Ce mot est la racine d'*Hablein*, qui en Breton signifie, tromper; manquer à sa promesse, d'où nous avons fait notre terme Habler. *Abelifer*, en vieux François, signifioit, ôter la raison, *Abalourdir*, vieux mot, signifioit, abrutir, ôter la raison. Je crois que notre terme *éblonir* vient d'*Abal*, *Hablein*, *Abl*, *Avalir* en Languedoc, c'est se perdre, disparoître, s'évanouir: On dit aussi *Abali* au même sens. *Ambler*, en vieux François, enlever, faire disparoître. *Aibleusfe*, en Patois de Besançon, se dit d'une chose qui a été subtilement enlevée de l'endroit où elle étoit sans qu'on s'en soit apperçu. Je crois

ABA.

que l'*a* dans *Abal* est une lettre paragogique ou superflue, parce que *Fall*, *Ball* en Breton signifient défaut, manquement; *Ball* en Gallois, peste; *Mall*, *Ball* dans la même Langue, pourri, corrompu, mauvais. *Apalla*, deshonneur en Basque; *Hbabal* en Chaldéen, dévaster, perdre, endommager; *Hbaballa* dans la même Langue, corruption, perte, ruine, dommage, lésion; *Hhabel* en Syriaque, perdre, détruire, démolir, endommager; *Hbabol*, corruption, ruine, perte; *Hbabal* en Arabe, corrompre, dépraver, mutiler; *Hhbol*, corruption, mutilation; *Habel* en Hébreu, *Hebela* en Chaldéen, *Hobol* en Syriaque, vanité, qualité de ce qui est vain, de ce qui se dissipe, qui manque; *Habal* en Arabe, privation, privé; *Abel*, triste en Arabe; *Ubel*, mal adverbialement en Allemand, & *Ublin* en Gothique; *Balah* en Hébreu, en Chaldéen, en Syriaque, vieillir, être consumé, usé, gâté de vieillesse; *Bali* en Éthiopien, vieillir; (la Langue Balie à Siam est la Langue ancienne.) *Balahh* en Hébreu, engloutir, dévorer, perdre, précipiter; *Palaios* en Grec, ancien, vieux; *Phaulos* dans la même Langue, vil, petit, mauvais; *Bal*, *Pal*, *Fal* dans la Langue des anciens Francs, mauvais, mal faute, mal douleur; *Ball* dans la même Langue, faux; *Bol* en ancien Suédois, adversité, dommage; *Bol*, douleur en Islandois; *Bal* en Gothique, tourment; *Bal*, mauvais en Flamand; *Wol* en ancien Saxon, peste, tache; *Ifell* dans la même Langue, mauvais. Voyez *Fall*, *Mal*, *Fol*, *Ffol*, *Abolissa*, *Abl*.

ABALLA, fronde. Ba. Voyez *Bal*.

ABALLGORT, verger. I. Voyez *Abal*, qui est pris ici pour fruit en général, comme *Pomum* Latin.

ABALLU, périr, manquer. G. Voyez *Aball* dont ce verbe est formé.

ABAN, rivière. G I. Voyez *Ab*, *Abon*, *Afon*, *Amon*, *Avon*. *Abano* en Georgien, bain.

ABAN, guerre, combat. G. *Aven* en Hébreu, avanie.

ABAN, *Eas Aban*, cascade, cataracte, chûte d'eau. I. *Eas*, eau.

ABAN doit être le même que *Ban*, comme *Aball* & *Ball* sont le même terme. L'*a* s'ajoûte ou s'omet indifféremment au commencement du mot. Voyez *Abantail*.

ABANDONUM, *Abandum*, *Habandonum*, A. M. abandon, chose abandonnée. On a dit *Bandon* en vieux François comme abandon. *Abandoun*.

ABANDOUN, abandon. B. *Abbandonare* en Italien, abandonner.

ABANINOA, cravate, tour de col. Ba.

ABANTAIL, au-dessus. Ba.

ABAOUE, depuis. B. Voyez *A-ba-voa*, *A-ba-voue*, qui sont le même mot.

ABAR, corrompu, flétri, puant, pourri, qui s'en va en poudre, cadavre. G. Je crois que l'*a* est ici une lettre paragogique. *Bar* de *Far*, de *Fari* en Breton, faillir, manquer, périr, se perdre; *Bar* en Breton, défaut; *Barr* en la même Langue, une maladie causée par maléfice. En comparant tous ces mots, & faisant attention à la conversion mutuelle du *b* & de l'*f*, on voit qu'*Abar* & *Afar* sont le même mot, & que par conséquent l'un & l'autre ont tous les sens des deux. *Averia* en Basque, perte, dommage; *Abarten* en Allemand, dégénérer; *Amartia* en Grec, péché; *Avarie* en notre Langue, *Avaryea* en Breton, signifient le dommage arrivé à un vaisseau ou aux marchandises dont il est chargé,

ABE.

depuis son départ jusqu'au retour. Voyez *Abarcenum*, *Abardaez* & *Abasa*.

ABAR. On voit par *Bar*, port, qu'on a dit *Abar* comme *Aber*.

ABAR. Voyez *Aber*.

ABAR. Voyez *Abarfetet*.

ABARCA, espèce de chaussure. Ba. Ce mot est employé dans les anciennes chartes d'Espagne.

ABARCATU, j'embrasse. Ba.

ABARCENUM ou *Abarienum*, A. G. deshonnête, d'*Abar*, que nous voyons par ce mot avoir aussi été pris au figuré.

ABARDAEZ, *Abardahe*, *Aberdez*, soir, soirée, vêpres, le temps entre trois heures après midi & la nuit. B. Ce mot est formé d'*Abar*, faillir, tomber, & *Dez* ou *Deiz*, jour.

ABARFETET, avec connoissance, de propos délibéré. B. C'est le synonime d'*Abenvez*, & par conséquent *Abar* est le synonime d'*Aben*.

ABAROTSA, bruit fatiguant. Ba. Voyez *Borrodi*.

ABARRA, chêne verd. Ba. *Aparia* en ancien Espagnol, herbe.

ABARS, avant, devant, auparavant. B.

ABARTENUM. Voyez *Abarcenum*.

ABARTIA, A. G. insatiabilité; *A*, particule négative; *Bart*, crase de *Barret*, plein, rempli.

ABARZ, avant, devant, auparavant. B.

ABAS, A. G. hébété, stupide; *Abasourdir* signifie en notre Langue, étourdir, consterner, jetter dans l'abattement; d'*Abaff*.

ABASA ou *Abaso*, A. G. maison de malade, d'*Abar* & *Zy* ou *Sy* en composition, pour *Ty*, maison.

ABASTARDARE, A. M. déclarer bâtard; de *Bastardd*.

ABATARE, A. M. mettre bas; de *Bas*.

ABAZUZA, grele, météore. Ba.

ABBANEN, selon Hotman, est un mot Celtique qui signifie exclure. Cet Auteur n'indique point la source d'où il a tiré ce mot; il est bien dans l'analogie du Celtique. *A* paragogique, & *Ban*.

ABBECARE, A. M. béqueter; de *Bec*.

ABBOTAMENTUM, *Abbotum*, A. M. *About* ou *Habout*; *Abbotare*, aboutir; de *Bot*, bout.

ABEA, *Habea*, colomne, appui. Ba. De là s'est formé le dernier de ces mots, le *p* & le *b* se mettant l'un pour l'autre. Voyez *Apoë*.

ABEBRARE, *Abeuvrare*, A. M. abbreuver; d'*Abeuri*, *Abeufryn*, ou *Abeuvryn*.

ABECG, *Abecq*, cause, sujet, occasion, motif, vûë, considération. B. Je crois qu'*Abecg* ou *Abecq* est le même mot que *Becg*, *Becq*, tête, chef. On voit combien la signification de tête, chef, est analogue à celle de cause, source, principe. *Pen*, *Kend*, *Hen*, signifient également source & tête; *A* paroît donc être une lettre paragogique dans *Abecg*. Voyez *Abegora*.

ABECHALQUIA, chapiteau. Ba. Voyez *Abea*.

ABECKI, répéter par dérision les paroles d'une personne qui a mal parlé, en le contrefaisant. B. *Becki*, parler, de *Becq*, bouche; *A* est donc ici iteratif, c'est une syncope d'*Ad* ou *Az*.

ABEDIW, le même qu'*Obediw*. G.

ABEEN, dans, en. B.

ABEGORA, instance, instigation. Ba. Voyez *Abecg*.

ABEL, le même que *Bel*. Voyez *Aball*.

ABEL, pomme. Voyez *Aval*.

ABELLUS, A. G. agneau nouveau né; d'*Ab*, petit, & *Ala*, en composition, *Ela*.

ABEN. On a dû dire *Aben* comme *Aven*, eau, rivière, puisqu'on a dit *Avon* & *Abon*.

A ij

ABE.

ABEN, le même que *Ben*, comme *Aban* est le même que *Ban*. Voyez *Abend*, *Aber*.

ABENCARE, A. G. déraciner; de *Ben*, qui signifiant les deux extrémités, peut se dire de la racine comme de la tête.

ABEND, lieu élevé. G. L'*a* est ici paragogique, ainsi qu'il paroît par *Ben* & *Ban*.

ABENDUA, arrivée. Ba.

ABENDUA, décembre. Ba.

ABENN, dans, en. B.

ABENVEZ, de propos délibéré. B. *A*, de *Ben*, tête; *Met*, en composition, *Ves*, dehors, sorti.

ABER, confluent, embouchure de rivière, port, porte; au plurier *Aberoed*, *Aberroed*. G. Voyez les trois articles suivans; de là *Avarie*, droit qui se paye pour l'entretien d'un Port par chaque vaisseau qui y mouille.

ABER, confluent, embouchure de rivière ou de ruisseau, gouffre. C.

ABER, confluent, chûte d'une rivière ou d'un ruisseau dans un autre, embouchure de rivière, port. B. Dans le Diocèse de Vannes ce mot a encore une autre signification, c'est celle de torrent. *Aber*, *Abir*, embouchure de rivière. E. *Abri*, qui n'est qu'une transposition d'*Abir*, signifie, port & embouchure dans la même Langue; *Abre*, qui n'est qu'une transposition d'*Aver*, signifie aussi dans cette Langue, embouchure; *Hhhaba* en Hébreu, baye; *Hhhaber* en Hébreu, union, conjonction; *Hhabar* en Hébreu, en Chaldéen, en Syriaque, en Éthiopien, associer, unir, joindre; *Aber* en Allemand, particule conjonctive; *Bir*, uni, joint, en Turc; *Beraber*, ensemble, dans la même Langue; *Abée* en François, ouverture par où l'on laisse couler l'eau d'un ruisseau ou d'une rivière; *Haur*, port en Breton; *Habb*, *Hable*, port en vieux François, par le changement si facile de l'*r* en *l*, & par la transposition encore plus aisée de l'*e*. On lit *Habbulum*, *Havia*, pour port dans les vieilles chartes; d'*Hable* on a dit en vieux François *Havle*; & mettant l'*u* voyelle pour l'*v* consone, on a aussi dit *Haule*; *Av*, port en Écossois; *Hauen*, port en Anglois; *Haven* en Flamand; *Haffn* en Islandois, l'*v* se prononçant en *f*; *Hafn*, port en Gallois; *Hafe*, *Hafen*, *Haven*, port en Allemand; nous appellons encore un port en notre Langue un Havre. D'*Aber*, porte, est venu *Aperio* Latin; *Porth* signifie en Celtique port & porte, de même qu'*Aber*. On voit par *Av*, *Haur*, havre, qu'on a dit *Aver* comme *Aber*, & *Avre* comme *Abre*. Le Dictionnaire de Trevoux dit qu'*Aberhavre* signifioit autrefois en notre Langue embouchure de rivière; c'étoit un pléonasme.

En comparant *Aber*, *Abar*, *Abir*, *Aver*, confluent, union de rivières; *Av* synonime d'*Aver*; *Avairrein*, monceau, tas, plusieurs choses mises ensemble; *Abarcatu*, embrasser; *Amari* ou *Avarliers*, (de là *Avarus*, Latin, avare, ténace,) *Happa*, saisir, prendre, se mettre en possession de quelque chose; *Habaich*, havage, droit de prendre, de s'approprier; *Apan*, attenant, joignant; *Affer*, affaire, obligation, devoir, ce à quoi on est tenu; *Aber* en Allemand, particule conjonctive; *Abhair*, armée, grand nombre d'hommes réunis; *Happen* en Flamand, saisir; *Au* en vieux François, avec; *Havir* en vieux François, saisir, s'approprier; *Affare* en Dauphinois, les dépendances d'un Fief, ce qui est attaché au Fief; *Affer*, terme populaire qui désigne ce que chacun est tenu de payer, part afférante, terme de Palais

ABE.

qui signifie la part qui appartient; *Hampe*, manche de hallebarde, ce par quoi on la tient; *Ambé* en Auvergnac, avec; *Happer* en notre Langue, saisir; *Happée*, prise, saisie; *Happe*, crampon qui lie deux pièces de bois, appât, ce qu'on attache à un hameçon, apparier, joindre; *Pariter*, ensemble en Latin, on voit qu'*Ab*, *Af*, *Am*, *Amb*, *Amp*, *Ap*, *Av*, *Abar*, *Afar*, *Amar*, *Apar*, *Avar*, *Aber*, *Afer*, *Amer*, *Aper*, *Aver*, *Abir*, *Afir*, *Amir*, *Apir*, *Avir*, *Abre*, *Afre*, *Apre*, *Avre*, *Abri*, *Afri*, *Apri*, *Avri*, ont tous marqué l'union, la jonction, la saisie, la prise, la possession en général.

ABER, grand, excellent, beaucoup. G. L'*a* est ici une lettre paragogique, comme on le voit par *Ber*, qui a les mêmes significations; on doit donc regarder *Aber* & *Ber* comme le même mot, & donner par conséquent à chacun de ces termes tous les sens des deux; *Aberatsa* en Basque, riche, opulent; *Aboro*, plus, davantage, dans la même Langue; *Ambra* en Irlandois, grand, noble, bon.

ABER, *Abar*. On voit par *Abri*, *Abry*, *Abarcatu*, *Aber*, port, *Bar*, *Ebarz*, *Diabarz*, *Berh*, *Berz*, qu'*Aber*, *Abar*, est le même mot que *Berh*, *Berz*, & qu'il signifie généralement tout ce qui met à couvert, tout ce qui couvre, tout ce qui cache, tout ce qui renferme, tout ce qui environne. Voyez l'article *Aber*, *Abir*.

ABER, le même qu'*Aberea*. Voyez ce mot.

ABERAGIUM, A. M. l'action d'arroser, d'abbreuver. Voyez *Abebrare*.

ABERATSA, riche, opulent. Ba. Voyez *Aber*, *Bras*.

ABEREA, bête, animal, troupeau, bétail, agreste, féroce. Ba. C'est le même qu'*Abrea*. Voyez *Aberth*, *Behhbir* en Hébreu, bête; *Behhbira* en Chaldéen, bête de charge. *Aper*, qui en Latin signifie sanglier, paroît venir d'*Aberea*; *Abere* en Basque, bête, troupeau de bétail; *Aber* en Gallois, bête; *Avey* en Breton, attelage; *Avera* dans les anciens monumens, les bœufs, les chevaux qui servent au labourage; *Afferus* dans les mêmes monumens, cheval de labourage; *Avers* dans les Coûtumes de Normandie, signifie les animaux domestiques, & dans celles de Dauphiné les bêtes à laine; dans d'autres Coûtumes on appelle *Avoir* les animaux domestiques, comme les moutons, &c. *Aver* en Anglois signifie le droit de voiture qui est dû au maitre. Les troupeaux ont été les richesses des premiers hommes; (Voyez l'Histoire d'Abraham, d'Isaac & de Jacob) de là vient qu'un homme riche en Basque s'appelle *Aberatsa*, comme qui diroit possesseur de troupeaux, *Berthog*, riche en Gallois, a la même étymologie; *Lionmar*, riche en Irlandois, *Lon*, bête, *Mar*, grande quantité. Lorsque dans la suite on connut d'autres richesses, on étendit la signification du mot *Abere* à tous ces nouveaux biens, & on continua d'appeller *Aberatsa* & *Berthog* un homme riche, en quelque espèce de biens qu'il le fût; c'est pour cela qu'*Aberia* en Basque signifie frais, dépense, *Aferia* en Gallois. *Averrein* en Breton, abondance, richesse; *Chantal*, *Chetal* en Breton, bétail, d'où vient *Chatal* en notre Langue, qui se dit de toute espèce de biens; *Aberes*, *Averes*, *Aver* dans la Langue Espagnole, qui a conservé plusieurs mots du Celtique, signifient, biens, richesses, ce qu'on possède, ce qu'on a; *Avoir* en vieux François, biens, richesses; *Habere* Latin pourroit venir de là, ou d'*Aber*, ou d'*Ab*, Seigneur.

ABL.

ABERH, le même qu'*Abers*. B.
ABERIA, frais, dépense. Ba. Voyez *Aberatsa*.
ABERS DOUE, de la part de Dieu. B. *Doue*, Dieu.
ABERTH, sacrifice, libation, hostie, victime. G. Voyez *Aberia* & *Aberthu*. Une hostie, une victime étoit une bête que l'on immoloit; ainsi dans *Aberth*, *Aberthu*, *Aber* signifie bête, *Thu*, immoler, tuer. *Tuad* en Irlandois signifie hache, qui étoit l'instrument dont on se servoit pour immoler.
ABERTHAWR, Prêtre, sacrificateur. G. Voyez *Aberth*.
ABERTHU, sacrifier. G.
ABERTHWR, sacrificateur. G. D'*Aberth* & *Gwr*, homme qui perd, le *g* en composition.
ABERU, couler. G. L'*a* est ici paragogique, comme on le voit par *Berus*.
ABESSI, A. M. la matière fécale; d'*Abar* ou de *Bacia*.
ABETOA, sapin. Ba. On disoit en vieux François *Abet* & *Avet*. *Abies* Latin, vient d'*Abetoa*.
ABEUFRYN, abbreuver. B. Voyez *Ab*.
ABEURI, abbreuver, humecter. B. Voyez *Ab*. *Abuvrer* en vieux François, abbreuver; de *Ber*, liqueur. On voit par ce mot qu'on a dit *Beur* comme *Ber*.
ABEUVRARE. Voyez *Abebrare*.
ABFAD, loin. I.
ABFALACH, inconnu. I.
ABFOGUS, adjacent, proche, près, auprès. I.
ABHAIR, armée. Voyez *Allabhair*.
ABHFAD, éloigné, ultérieur, qui est au-delà. I.
ABHFIRINE, en conscience. I.
ABHFOIRME, cathégorique. I.
ABHLAD, pomme. I.
ABHRAN, chanson. I.
ABIA, logement, caverne, cage. Ba. Voyez *Aba*, *Cab*.
ABIGH, mûr. I. Voyez *Aw*.
ABIL, le même que *Bil*. Voyez *Abal*.
ABIL, pomme. Voyez *Aval*.
ABILIDADEA, habileté, industrie. Ba. Voyez *Abl*.
ABILIS. Voyez *Abl*.
ABIN, comme *Avin*, ainsi qu'*Abon* & *Avon*.
ABIR, le même qu'*Aber*. Voyez ce mot.
ABIS, concession. Ba. Voyez *Abl*.
ABITA, A. G. qui n'est pas rassasiée. *A*, privatif; *Bwyd*, ou *Bwyt*, en composition *Byt*, aliment, nourriture.
ABITUA, habit. Ba. Voyez *Abia*. Les habits étoient regardés par les anciens comme de petites demeures. Voyez *Cas*, *Abyt*. *Habitus* Latin, *Habit* François, viennent d'*Abitua*.
ABL, qui vaut, qui posséde, doué, habile, puissant, suffisant, propre à, assez. G. Voyez *Abyl*, *Abilidadea*; de là *Habilis* Latin; *Abilis* dans la moyenne Latinité; *Abil* en Espagnol; *Habile* en Italien; *Able* en Anglois; *Habile*, propre à, en François; *Kabil* en Turc, habile; *Anable* en vieux François, habile, capable; *An*, article.
ABL, le même qu'*Aball*. Voyez *Digabl*.
ABLADIARE, A. M. semer du bled. On a dit en vieux François, *Ablayer*, *Emblayer*; on dit en Franche-Comté *Emblaver*, de *Bladum*.
ABLAK, cadavre. I. Voyez *Abo*.
ABLEDD, puissance, suffisance, capacité pour une chose. G. Voyez *Abl*.
ABLEIA, A. M. espèce de filet. *A*, paragogique, *Balleg*, *Ballei*, par crase *Blei*, filet.
ABLUN, oublie, bignet. I.
ABLUN Beanughibe, hôte, cabaretier. I.

ABR.

ABLUNDA, A. G. paille. *A*, paragogique; *Blousen* pour *Plousen*, paille en composition.
ABLUTES, A. G. lieux boueux & pleins d'eau. *Ab*, eau; *Lut*, boue; *Es*, formation de l'adjectif.
ABLUVIO, *Abluvium*, A. G. inondation; *Ab*, eau; *Liva*, inonder.
ABO, cadavre, chair morte. G. Voyez *Ablak*.
ABOA. Voyez *Aba*.
ABOD, le même que *Bod*. Voyez ce mot.
ABOEZTEA, dissipation, évaporation. Ba. *A*, privatif; *Bod*, en composition *Boz*, être; de là *Abbois*.
ABOICZA, obéir. B.
ABOL, le même que *Bol*. Voyez *Aboll*.
ABOLENTIA, A. M. lignée, race, famille; d'*Ebol* ou *Abol*, enfant.
ABOLISSA, abolir, B. Voyez *Aball*, *Abollatu*; de là *Aboleo* Latin; *Abolir* François.
ABOLL, le même qu'*Aball*. Voyez ce mot & ceux qu'il rappelle.
ABOLLATU, meurtrir de coups; *Abollantza*, contusion, meurtrissure; *Abollaria*, qui donne des coups; *Abolatzea*, contusion, meurtrissure; *Abollatua*, qui a reçu une contusion, qui est meurtri; *Abollatzalea*, qui donne des coups. Ba. Les Paysans de Franche-Comté disent encore *Aiboulir* en ce sens. Voyez *Aball*, *Abolissa*. *Affollé* en vieux François, qui est sans force, sans vigueur.
ABON, rivière, fleuve. G. Voyez *Aches*
ABON, rivière. I.
ABON, courbure de rivière. G. *Bwa* ou *Abwa*, courbure; *Aon*, rivière. Voyez *Bon*.
ABON, le même que *Bon*. Voyez *Aban*.
ABONARE, *Abornare*, A. M. modérer, régler le service; de *Bonna*, borne, terme : De là nos termes, abonner, abonnement, abournement, abonnage, abournage.
ABONYD, pluriel d'*Abon*, rivière. G.
ABORIA, affaire. Ba. Voyez *Ober*.
ABORO, plus, davantage. Ba. Voyez *Aber*.
ABORRIS, A. G. scandaleux; d'*Abar*.
ABORY, demain. G. Voyez *Bore*.
ABOT, le même que *Bot*. Voyez ce mot. *Havot* en Syriaque, fond, profond. *Bouta*, cul, en Albanois.
ABOTZA, terme, parole, mot. Ba. Voyez *Boch*.
ABOUD, le même que *Bod*. Voyez ce mot.
ABOUN, abondant, le même que *Foun*. Voyez ce mot; de là *Abundans*, Latin; *Abondant*, François.
ABOUT, le même que *Bot*. Voyez ce mot.
ABOZTUA, moisson; *Aboztuqnia*, né au mois de la moisson. Ba. Voyez *Bwyt*, prononcez *Boyt*, aliment.
ABRAD, éloigné. I. Voyez *Brad*.
ABRAN, chanson, chant. I.
ABRANAS, singe à queue, en Gaulois. Hesychius nous a conservé ce mot dans son Dictionnaire. Voyez *Ab*, *Ran*, extrémité, queuë.
ABRANT, sourcil. B.
ABRASMA, téméraire. Ba. d'*Aber*, *Aboro* & *Asmoa*.
ABRASTA, riche, opulent; *Abrastasuna*, richesses; *Abrastu*, enrichi. Ba. C'est le même qu'*Aberatsa*.
ABRATSA, riche, qui porte du fruit; Ba. C'est la transposition d'*Abrasta*. Ces transpositions sont communes dans le Celtique.
ABRE, embouchure de rivière. E. C'est la transposition d'*Aber*, il doit par conséquent en avoir tous les sens. Voyez *Aber*.

ABS.

Abrea, bête, bête de charge, animal, brebis, troupeau, bétail, agreste, féroce. Ba. C'est le même qu'*Aberea*.

Abrec, bétail. Ba.

Abred, caution. G.

Abred, précoce, de bonne heure, tôt. B. *A*, paragogique, comme il paroît par *Bred* ; de là *Abriqesen*, abricots, que les Latins nommoient pommes précoces.

Abrehuer, abbreuvoir. B.

Abreich, abbrégé. B. *Breg*, *Brech*, rompre, briser, couper, retrancher ; de là notre *abbréger*.

Abren, bétail. Ba.

Abreolus, irrégulier, sans régle. G. *Reol*, régle, *Ab* par conséquent privatif.

Abret, précoce, de bonne heure, tôt. B. c'est le même qu'*Abred*.

Abretoch, plutôt. B. *Och* à la fin marque le comparatif.

Abreundea, hécatombe. Ba. Voyez *Abrea*.

Abri, port, embouchure de rivière. E. Voyez *Aber*.

Abri. Voyez *Abrigatu*.

Abri, le même que *Bri*. Voyez *Aban*.

Abria, Ville. Ba. Voyez *Bria*, *Abrigatu*.

Abricon, le même que *Bricon* en vieux François. Voyez *Bricones*. On a dit aussi *Abricorner* pour féduire par des charlataneries, par de fauffes promesses.

Abrigar, demeure fermée. Ba. Voyez *Abry*, *Abrigatu*.

Abrigatu, se mettre à couvert du froid. Ba. En comparant ce mot avec *Abria*, *Abrigar*, *Abry*, on voit qu'*Abri* a signifié tout ce qui met à couvert en général, tout ce qui met en sûreté.

Abrigo, troupe. Ba.

Abrildea, immolation, sacrifice. Ba. *Abre*, bére ; *Il*, mort.

Abriqesen, au pluriel *Abriqés*, abricot ; *Guezen Abriqés*, abricotier. B. Voyez *Abred*.

Abrogans, A. G. humble. *Ab*, négatif, *Rauq*, arrogant. *Arrogans* signifiant arrogant, l'*a* est alors paragogique.

Abrona, ongle, pied. Ba.

Abrostura, A. M. l'action de brouter. *A*, paragogique ; *Brousta*, brouter.

Abrwyscl, grand, immense. G.

Abry, abri. B. Voyez *Abrigatu*, *Abrigar*, *Abria*, *Abri*. *Abrigo*, *Abrego* en Espagnol, abri ; *Avry* en Patois de Franche-Comté, abri ; *Abrier* en vieux François, mettre à l'abri, couvrir ; *Abrité* dans notre Langue, qui est à l'abri ; *Abric* en Languedoc, abri, & *Abrica* en Gascogne.

Absa, *Apfa*, A. M. non cultivée, non semée, en friche. *Abs*, *Aps* pour *Ab*, sans ; *Ha* de *Had*, semence : ou simplement *Abs*, *Aps*, sans, en sous-entendant culture.

Absbrigare, A. M. rendre à un Seigneur ce que l'on tient de lui sans en rien réserver ; c'est proprement se mettre à couvert de toute contestation, de tout procès. *Abs* pour *Ab*, sans ; *Brig*, contestation, procès.

Absen, absence. G.

Absen Drwg, ou *Drwg Absen*, médisance ou calomnie contre les absens. G.

Absennair, médisance. G. C'est *Absen Gair*, le *g* initial se perd en composition.

Absennol, absent. G.

Absennwr Drwg, celui qui parle mal des absens. G.

AC.

Abstinancz, diette. Ba. Voyez le mot suivant.

Abstinencia, abstinence, frugalité. Ba.

Abstrigare, A. M. délivrer de tout retard, de tout empêchement. *Abs* pour *Ab* ; *Trigo*, demeurer, s'arrêter.

Abstula, A. M. pour *Astula*, morceau. *A*, article ou paragogique ; *Twl*, morceau, coupé.

Abul, le même que *Bul*. Voyez *Aball*.

Abun, le même que *Bun*. Voyez *Aban*.

Abunda, A. G. gousses de panis ou de millet. *Bun*, gousses de semence de lin. Il paroît par *Abunda* qu'on a étendu la signification de *Bun* aux gousses de panis & de millet, qui ressemblent fort aux gousses de semence de lin. *A*, paragogique.

Abundus, A. M. épithéte par laquelle on désigne une certaine espèce de pain. Il signifie apparemment du pain fait avec les gousses ou le son du grain. Voyez *Abunda*.

Aburicatu, broncher. Ba.

Abw, le même que *Bw*. Voyez l'article suivant.

Abwa, le même que *Bwa*, arc, courbure. Voyez *Abon* & *Aban*.

Abwy, cadavre, chair morte. G. *Bwy* est une transposition de *Byw*, vivre. *A* est ici privatif, *Abwy*, celui qui est privé de vie. *Abo* est synonime d'*Abwy*, c'en est la syncope ; car *Abwy* se prononce *Aboy* ; de là être aux abois, être sur le point de mourir.

Abwyd, nourriture, amorce, appât. G. *A*, paragogique. Voyez *Bwyd*.

Abwydo, nourrir, donner à manger, amorcer, appâter. G. Voyez *Abwyd*.

Abyd, habit. B. Voyez *Abitua*.

Abyen, le même qu'*Ambyen*. Voyez *Abyenner*, *Ambyenner*.

Abyenner, *Abyenneur*, gardien établi par Justice. B. Voyez *Amwyn*.

Abyl, habile, qui a de l'esprit, de la science, de la capacité. B. Il s'est pris aussi pour expéditif, diligent, comme on le voit par le mot François *Habile*, & par le mot Basque *Amiltza*, l'*m* & le *b* se substituent réciproquement. Voyez *Abl*.

Abylaat, devenir habile. B. Voyez *Abyl*.

Abylded, habileté, science, capacité. B.

Abylha, habiller, vêtir. B.

Abym, abysme. B.

Abyn, le même qu'*Ambyn*. Voyez *Abyenner*, *Ambyenner*.

Abyt, habit. B. Voyez *Abitua*, *Abyta*.

Abyta, habit. Ba. Voyez *Abyt*.

Abytand, habitant. B. Voyez *Abia*, *Abitua* ; de là *Habito* Latin.

Ac, conjonction copulative, &, avec. G. Voyez *A*. *Ac* est synonime de *Gand*, il en a par conséquent toutes les significations analogues à l'union. *Haka*, près, auprès, en Persan ; *Hak*, croc, crochet, en Islandois ; *Ac* en Latin, conjonction copulative, &.

Ac, particule de comparaison, ou marque du comparatif à la fin du mot. G. C. *Achi* en Méxicain, marque du comparatif ; *Haccha*, grand en Persan ; *Ak* dans la même Langue, Seigneur, grand ; *Agu* en Turc, plus haut ; *Aga* dans la même Langue, Seigneur ; *Ash*, *As*, Préposé en Persan ; *Azem*, plus grand, très-grand en Arabe. *Asse* a marqué en notre Langue la grandeur, ainsi qu'on le voit par *Becasse* ; *Bec*, *Asse*, long. Il y a d'autres exemples en François de cette signification. Voyez l'article suivant.

ACA.

AC, tant que, tandis que, durant que. G. Nous voyons par là qu'*Ac* a signifié en Gallois l'étendue, la longueur. Ac en Persan, grand Seigneur ; Ac en ancien Persan, Roi ; *Ki* dans la Langue de Congo marque la quantité. Voyez l'article précédent. On voit par *Aczoan*, qu'*Ac* a aussi marqué la réitération, la pluralité.

AC, acte, action. B.

AC, fils, race, anciennement en Breton.

AC, particule diminutive. E. Voyez *Ach*.

AC, particule négative. I.

AC, fils, I. Pour *Mac*.

AC, article, le, la. Ba.

AC, le même qu'*Aches*. Voyez ce mot.

AC, habitation. Voyez *Ach*, *Aëtus*, *Auc*.

AC, le même qu'*Ag*. Voyez *Aru*.

AC, particule itérative. Voyez *Aczoan*.

AC, cause. Voyez *Perac*.

AC, *Ag*, me paroit avoir signifié en Celtique pointe, aiguillon, taillant, ce qui aiguise, ce qui coupe. J'en juge ainsi parce qu'il entre dans la composition de plusieurs mots qui signifient pointe, pointu, affilé, aigu. *Agalen* en Gallois, pierre à aiguiser ; *Agacz* en Breton, pie ; en Latin *Pica*, ainsi nommée de ce qu'elle pique & troue les arbres avec son bec ; *Acclaoetenn*, fer d'aiguillette ; *Hach* en Breton, hache, & *Haicha*, couper ; *Acar*, *Aicar*, aigu en Irlandois ; *Acotarria*, piquant en Basque. L'*a* & l'*o* se mettent l'un pour l'autre, ainsi les Gallois disent indifféremment *Hogalen* & *Agalen*, pierre à aiguiser ; *Ochri* en Gallois, rendre pointu ; *Og* en la même Langue, herse ; *Oguet* en Breton, herse. Le *d* se mettant ou s'omettant indifféremment au commencement du mot. *Dag*, poignard, dague en Breton ; *Dager*, *Dagr*, poignard en Gallois. Dans les anciens monumens de la moyenne & basse Latinité, la bécasse, à raison de son bec, est nommée *Acceia*, *Accia*, *Accela* ; les Italiens appellent cet oiseau *Acegia* ; on le nommoit en vieux François *Acée*, les Poitevins & les Saintongeois l'appellent encore ainsi. On trouve dans les anciens glossaires *Aginare*, presser, aiguillonner. *Aceys* en Breton signifie hachis ; *Acotarria*, railleur piquant en Basque ; *Aculea*, *Aculloa*, aiguillon, éperon dans la même Langue. Nous disons en François *Hache*, *Hacher*, *Hachis*, Aiguille, *Aiguillon*, *Aiguillonner* ; *Agacer* pour exciter, aiguillonner. D'*Ac* les Latins ont formé *Acus*, *Acuo*, *Acies*, *Acuins*, *Acetum*, &c. Aisseau ou *Aissette* en vieux François, bêche ; d'où est venu le mot Languedocien *Aissade*, *Aissadon*. *Ak*, *Akron*, pointe en Grec ; *Axine*, hache dans la même Langue ; *Akinakes* ou *Okinakes* en ancien Persan, épée, javelot ; *Akinakes*, sabre en Grec ; *Hacken* en Allemand, couper ; *Aqizi*, hache en Gothique ; *Acus* in Theuton, hache ; *Haikia*, âcre, piquant en Finlandois ; *Accine* en Zélandois, hache ; *Hacken* en Autrichien, hache ; *Ax* en Anglois, hache ; *Axshe* en Lappon, hache ; *Aetta* en Italien, hache ; *Eax* ou *Eaxce* en ancien Saxon, hache ; *Acoussa*, épingle en Galibi, & *Cacossa*, aiguille ; *Aguzzare* en Italien, aiguiser ; *Eacran*, ronce en Irlandois ; *Eksi*, âcre, piquant en Turc ; *Ecge* en ancien Saxon, *Edge* en Anglois, *Agg*, *Egg* en Suédois, en Runique & en Islandois, *Ug* en Turc, pointe. Voyez *Ag*, *Awch*, *Og*, *Agacz*, *Agalen*.

ACABALLA, fin ; *Acabatu*, je finis ; *Acabera*, fin, issue, succès, conclusion. Ba. de *Cab*. Voyez *Achevi*.

ACC.

ACADH, plaine, champ. I.

ACADIA, A. M. signifie, à ce qu'il me semble, bois de revenue. *Ac*, particule itérative ; *Cad*, bois.

ACAIN, le même que *Cain*. Voyez ce mot.

ACAR, pointu. I. Voyez *Ac*. De là *Acer*, *Acris*, qui en Latin signifie âcre, piquant. Voyez *Acara*.

ACAR, le même que *Car*, tête. Voyez *Atr*.

ACARA, nard, plante aromatique. Ba. Le nard Celtique ou lavande s'appelle aussi *Spic*, & par corruption *Aspic*, à cause que ses fleurs sont en forme d'épi ou de pointe. On voit par ce mot qu'*Acar* étoit autrefois en usage chez les Basques pour signifier pointe.

ACATSA, morceau, fragment, entaille, etan. Ba. Voyez *Cassare*.

ACAUN, le même qu'*Agaun*. Voyez *Con* & *Gon*.

ACCABLI, accabler. B. De là ce mot. Voyez *Cabl*.

ACCABUSSARE, A. M. plonger dans la mer. *Ac*, eau ; *Boddi*, en composition *Bossi* ou *Bussi*, plonger.

ACCANTARE, A. G. chanter de nouveau, & chanter auprès. Au premier sens d'*Ac*, particule itérative ; au second d'*At*, auprès ; *Cantare*, de *Can*.

ACCAPTARE, *Acatare*, A. M. acheter ; d'*Achub* ou *Achup*. On écrivoit autrefois *Achepter*.

ACCARO, A. M. instrument de labourage. Ne seroit-ce point la herse qui s'appelle *Og* en Gallois ? *Ochrog*, pointu dans la même Langue ; *Acar*, pointu en Irlandois. Voyez *Ac*.

ACCARRATIO, A. M. confrontation, acarement ; de *Car*, visage.

ACCEIA, *Accela*, *Accia*, A. M. bécasse. Voyez *Ac*.

ACCEN, accent, ton de la prononciation. G. Voyez *Can*.

ACCENGIA. Voyez *Andecinga*.

ACCEPTI, accepter. B.

ACCERES, le même qu'*Acieres*. B.

ACCIA. Voyez *Acceia*.

ACCIAN DAIMSYR, continuation de temps. I. *Aimsyr*, temps.

ACCIATUS, A. M. grand coûteau aigu. *Ac*, pointu, aigu.

ACCINGA. Voyez *Andecinga*.

ACCION, acte, action. B.

ACCLAOETENN, fer d'aiguillette. B. Voyez *At* & *Clao*.

ACCLINEIN, incliner, pencher. B. Voyez *Clin*.

ACCLINIS, A. M. dépendant, sujet ; de *Clin*, qu'on voit par ce mot & par *Acclinein* avoir aussi été pris au figuré.

ACCORD, accord. B. Voyez *Attordi*. *Accordo* en Espagnol & en Italien ; *Accord* en Anglois, accord. *Accort* en notre Langue, civil, complaisant, qui se sçait accommoder à l'humeur des autres. *Ac*, particule conjonctive. Voyez *Cordta*, *Anghordio*.

ACCORDAMENTUM, A. M. accord, convention. Voyez *Accord*.

ACCORDARE, A. M. accorder, convenir. Voyez *Accord*.

ACCORDI, accorder. B. Voyez *Accord*.

ACCOULTRENN, sauvageon, surgeon. B.

ACCOUTRAMENT, habillement. B. Voyez *Accoutri*. De là *Acoutrement*, habit en vieux François.

ACCOUTRI, ACCOUTRIFF, vêtir, orner, parer. B. Voyez *Cot*.

ACH.

Accoutumance, habitude. B. Voyez *Accustumi*. On dit encore *Accoutumance* pour habitude en Patois de Franche-Comté.

Accredula, A. M. alouette. *Cred*, crête, houpe; *Credul*, crêtée; *A*, paragogique. Il y a une espèce d'alouette qui a une petite houpe de plumes sur la tête.

Accripennus, A. M. le même qu'*Aripennis*.

Accubia, A. M. aiguille ou épingle; d'*Ac*, pointe.

Acculare, *Acculeare*, A. M. acculer, pousser dans un endroit où l'on est serré. *Cul*, étroit; *Acula*, acculer.

Accusi, accuser. B. *A*, privatif; *Cus*, caché, comme qui diroit, déceler, découvrir.

Accustumi, accoûtumer. B. Voyez *Custum*; *A*, paragogique.

Accwr, là, adverbe. G.

Acedia, A. M. ennui, tristesse, chagrin, mélancolie, inquiétude. *A*, paragogique; *Cethin*, avec un *a* paragogique, *Cedin*, sombre. Comme les personnes inquiètes & mélancoliques se fâchent aisément, on a dit *Acediari* pour se fâcher, se mettre en colère.

Aceitna, olive. Ba. *Azeituna*, olive en Espagnol.

Acem, le même que *Cain*. Voyez ce mot.

Acen, le même que *Cain*. Voyez ce mot.

Acenia, roue de moulin. Ba.

Acequia, canal, rigole. Ba. Ce mot se dit encore en Espagnol; il paroit formé d'*Ac*, eau, & *Ceg*, *Ceq*, gosier, gorge, au propre & au figuré.

Acer, prononcez *Aker*, bouc, chevreau. Ba.

Acer, *Aceir*, A. M. acier; d'*Acar*, pointu. On faisoit d'acier les armes offensives, qui sont toutes pointues ou tranchantes; c'est pour cette raison que les Latins nommerent l'acier en leur Langue *Acies*, qui signifie pointe, taillant. Voyez *Ac*.

Acera, A. G. pâte faite avec du son. *Ac*, particule diminutive, particule qui déprise; *Car*, en composition *Cer*, pain, aliment.

Aceries, A. M. espèce de hache; d'*Ac*.

Aceris, A. M. navette, petite boëte à mettre de l'encens. *Ac*, diminutif; *Ser* de *Serra*, fermer, enfermer; *Acser*, *Accer*, petite boëte. Voyez *Acerna*.

Acerium, A. M. acier. Voyez *Acer*.

Acerium, A. M. pierre à aiguiser; d'*Acar*.

Acerna, A. M. navette, petite boëte à mettre de l'encens. C'est le même qu'*Aceris*; *Cern* & *Ser* sont synonimes.

Acerola, tournesol. Ba. Voyez *Haul* & *Acertadu*.

Acerra, A. M. le même qu'*Aceris*.

Acertadu, j'arrive. Ba.

Aceys, hachis. B. Voyez *Ac*.

Ach, généalogie, parenté, famille, race, lignée, arbre généalogique; au pluriel *Achau*, *Achoedd*. G. *Ach* en Hébreu, parent, cousin, frere; *Ach* en Chaldéen, frere, sœur; *Ach* en Arabe, frere; *Achh* en Sarrasin, frere; *Acha* en Tartare Mogol & Calmouk, frere; *Acie*, parent dans ces deux Langues; *Ochoz* en Syriaque, frere; cette Langue change l'*a* en *o*; *Agk* ou *Azk*, race, lignée, nation en Arménien; *Aka*, oncle en Groenlandois; *Aicbe*; tante en Bresilien; *Ai*, grand'mere en Galibi; *Asl*, race en Turc; *Assal*, race en Malaye; *Esse*, pere, *Masse*, peres en Langue de Congo; *Mag* en Theuton, *Magen* en Flamand cousin; *Iachas* en Hébreu, race, lignée; *Arraca*

ACH.

en Basque, famille, enfans, lignée, généalogie; *Casta* dans la même Langue, race, famille; *Caste* en Malabare & en Malaye, Tribu.

Ach, Nation, Peuple, Pays. G. B.

Ach, *Acha*, champ, campagne. I.

Ach est une particule usitée dans la composition des mots, comme dans *Achludd*, *Achles*, G. Voyez encore *Achrhwyn*.

Ach, *Ache*, espèce de persil, céleri. B. *Ac* en Esclavon, persil.

Ach Fy. B. *Ach* en Allemand, plainte, gémissement, douleur, peine; *Ach* en Anglois, douleur, peine; *Ace* en ancien Saxon, douleur, peine; *Achos* en Grec, douleur, peine; *Acheistai*, être dans la peine, & *Achtein*, gémir. Voyez *Ach* plus haut, & *Och*.

Ach, particule diminutive. Voyez *Crintach*, *Molach*, *Bleviach*. Voyez *Ach*.

Ach, particule de mépris. Voyez *Gwrach*. *Ac* en Franche-Comté est une exclamation par laquelle on marque la peine, le chagrin que l'on éprouve en entendant quelque chose. Voyez *Ach*, *Ach fy*.

Ach, bécasse. Voyez *Biach*.

Ach, eau. Voyez *Bannach* & *Aches*.

Ach, cause. Voyez *Perach*.

Ach, lieu, habitation. Voyez *Afallach*, *Ac*, *Aich*. *Achar* en Hébreu, habiter; *Echo*, maison en Basque; *Aho* en Egyptien, hospice, auberge; *Agy* en Hongrois, chambre; *Ach* en Georgien, *Hach* en Hottentot, *Ekei* en Grec, adverbe qui marque le lieu; *Ach*, lieu, habitation en Irlandois. Voyez *Beachlanach*.

Ach, habitant. Voyez *Aich*.

Ach. On voit par *Gamaichen*, *Campagus*, *Gambagus*, qu'*Ach*, *Ag* signifient en général ce qui couvre, ce qui envelope, ce qui entoure, ce qui garantit, *Agh* en Turc, parc.

Ach, isle. Voyez *Darrach*.

Ach, souffle. Voyez *Acheden*.

Acha. Voyez *Ach*.

Acha, roc. Ba.

Acha, vertu, force, vigueur. *As*, fort. On dit indifféremment *Ach* & *As*.

Achachiare, A. M. arrêter, convenir, observer, garder; d'*Acha*. Voyez aussi *Achadw*.

Achadh, champ, campagne. I.

Achadw, garder, conserver, G. *A*, paragogique; *Cadw*, en composition; *Chadw*, garder, conserver.

Achalenn, d'ici. B.

Achamen, fy, nargue, peste imprécation. B.

Achan, d'ici. B.

Achane, de là, de ce Pays là. B.

Achanenn, d'ici. B.

Achano, là, adverbe de lieu, de là, de ce Pays là. B.

Achanog, pauvre, indigent. G.

Achanta, enchanter. B. Voyez *Can*.

Achantourez, charme, enchantement. B. Voyez *Achanta*.

Achap, échaper, escapade. B. De là ces mots:

Achap, barque, chaloupe. B.

Achapadenn, escapade. B.

Achaquia, cause, raison, excuse, prétexte. Ba. Voyez *Achaws*, qu'on a pu également prononcer *Achawc*. Voyez *Aru*. *Achaque* en Espagnol, occasion.

Achaquiduna, qui exagère la maladie. Ba. d'*Achaquia*, raison; *Duna* par conséquent plus, au-dessus.

Achar

ACH.

Achar, aimant, participe d'aimer. G. *A*, paragogique; *Car*, en composition *Char*, aimant.

Achar, éloignement, diſtance, eſpace. I.

Achaws, cauſe, principe, conjonction cauſale, car, parce que. G. Voyez *Achaquia*. Voyez *Achos*, qui eſt le même mot.

Achd, un. I.

Achdrannach, étranger. I.

Acheden, *Atseden*, je reſpire. Ba. On voit par ce mot qu'*Ach* eſt ſynonime d'*Ats*, ſouffle.

Achem, le même que *Cain*. Voyez ce mot.

Achemenia, A. M. colére; d'*Achamen*.

Achen, Nation, Peuple, Pays. G. B. Voyez *Ach*, *Achan*. *Agn* en Arménien, Nation.

Achen, race, lignée, parenté, famille. G. C'eſt le même qu'*Ach*, *En* n'étant qu'une ſimple terminaiſon.

Achen, le même que *Cain*. Voyez ce mot.

Achenawg, pauvre, indigent. G. C'eſt le même qu'*Achanog*.

Achequia, cauſe, raiſon, occaſion, prétexte. Ba. C'eſt le même qu'*Achaquia*.

Aches, ruiſſeau, rivière, fleuve. G. (Dans le Celtique les mêmes termes ſignifioient eau, rivière, toute piéce d'eau. Voyez *Ab*, *Dwr*, *Iſc*, *Llyn*, &c.) *Ach*, eau chez les anciens Germains : Il s'eſt conſervé des traces de ce mot dans les termes Allemands *Waſchen*, laver; *Keuſchen*, nettoyer. *Aſch* ou *Eſch*, rivière en Flamand. *Ach*, eau en Perſan : Ce mot s'eſt conſervé dans ſon compoſé; *Sac*, qui ſignifie en cette Langue porteur d'eau; *Sa*, porter, *Ac*, eau; *Ac*, eau en Baſque. Voyez *Acequia*. *Ach*, eau en Breton, Voyez *Bannach*. *Achaz* en Perſan, étang; *Achu* en Hébreu, lieu aquatique & marécageux; *Hhhaki*, fleuve en Arabe; *Oki* en Syriaque, l'aſſemblée des eaux qui forment l'océan : Nous avons déja remarqué que cette Langue met l'*o* pour l'*a*. *Ach* en Illinois, lac; *Acha*, rivière en Grec; *Acin*, étang, & *Abakin*, océan, grande mer en Arménien; *Taſchi*, humeur, liqueur, ſource en Turc; *Iaſch*, humide; *Iachui*, bouilli, cuit dans l'eau; *Akin*, fluide; *Akmak*, couler; (*Mak* dans cette Langue eſt la formation du verbe.) *Akharſu*, rivière dans la même Langue; *Aka*, rivière en Groenlandois; *Imak*, *Imach*, eau dans la même Langue; *Waſſan*, laver en ancien Saxon; *Acouron*, boue, vaſe, fange en Galibi; *Ecca*, humidité, humide en Baſque; *Eaſc*, eau en Irlandois; *Haſt*, mer en Iſlandois; *Chay*, mer en Javanois; *Nac*, eau en Tonquinois, (*n* paragogique ajoûtée;) *Thakui*, ſource d'eau en Georgien, (*t* paragogique ajoûté;) *Hag* en Arménien, ruiſſeau, (le *g* & le *c* ſe mettent l'un pour l'autre;) *Agpir*, fontaine dans la même Langue, (*Pir*, ſource, *Ag*, eau;) *Coagea* en Baſque, torrent; (*Co* dans cette Langue, mauvais, *Ag*, ruiſſeau;) *Ag*, eau en Iſlandois & en Suédois; *Aga*, eau courante, mer en ancien Suédois, ſelon Rudbeck; *Aig* en Hébreu, fontaine; *Dag*, poiſſon en Hébreu, paroit formé d'*Ag*, eau, & de *Da*, demeure, comme *Piſg* eſt formé de *Py*, demeure, & *Iſg*, eau; *Aigar* en Chaldéen, fontaine; *Aigm* en Syriaque, fontaine. *Ag* chez les anciens Grecs ſignifioit eau, puiſque dans Pauſanias *Ago* veut dire *Bibo*, je bois : On retrouve auſſi ce mot dans les termes Grecs *Akte*, *Aigialos*, rivage; *Aggeion*, vaſe; *Aigeiros*, peuplier, arbre qui croît dans des endroits aquatiques & aux bords des rivières; *Pelagos*, mer; *Pel*, longue, vaſte; *Ag*, eau; de là *Pelagus* Latin; *Aguda* en Hébreu,

ACH.

rivage; *Agal*, goute dans la même Langue; *Agam* en Hébreu, *Agamh* en Arabe, *Agom* en Syriaque, lac, étang, marais. D'*Ag*, eau, eſt venu *Agger*, qui ſignifie digue en Latin, (*Ag*, eau, *Kaer*, en compoſition *Ger*, enfermer; les digues enferment l'eau dans un certain endroit pour l'empêcher de ſe répandre) On diſoit en vieux François *Age* pour eau; être tout en *Age* ſignifioit être tout en eau; cette façon de parler eſt encore en uſage en Franche-Comté : De là ſont venus les mots *Nage*, *Nager*. Du temps de Villehardouin toute la France diſoit *Aigue*, d'où viennent les termes d'*Aignade*, d'*Aiguière*, d'*Egouſt* que nous avons conſervés. *Aigue* pour eau ſe dit encore aujourd'hui en Languedoc, en Gaſcogne, en Auvergne, en Limoſin, à Lyon. Dans le François que les Normands porterent en Angleterre, *Egue*, *Eque* ſignifioient eau, fontaine; *Aique* en vieux François, eau, rivière, & *Egail*, roſée : On ſe ſervoit auſſi dans notre Langue au douzième ſiécle des mots *Aive*, *Taue*, *Tave* pour déſigner l'eau; *Ege*, eau dans le Pays de Vaud; *Egayer*, mettre en pleine eau en notre Langue. *Ecume* eſt formé d'*Ec*, eau; *Wm*, au-deſſus; *Agoa* en Portugais, eau; *Agua* en Eſpagnol, eau; *Egor* en ancien Saxon, eau, mer; *Œgur* en Cimbrique, mer; *Aqa*, *Aqos*, rivière en Gothique. D'*Aq* ou *Ac* Celtique ſont venus l'*Aqua*, l'*Æquor* des Latins. D'*Ag* ou *Aig* on a fait *Ai*. *Ai* ou *Ay*, rivière en Écoſſois; *Ai*, eau en Perſan; *Hhhai*, fontaine en Arabe; *Hai*, mer, eau en Chinois; *Ayer*, eau en Arabe; *Ayer*, eau, rivière en Malaye; *Ayero*, *Aiguiero*, le ruiſſeau d'une rue en Languedocien. D'*Ai* s'eſt formé *Aé*. (Dans le Latin de *Muſai* on a dit *Muſae*.) On appelle *Aerole* dans quelques Provinces du Royaume une petite ampoule pleine d'eau qui ſe fait ſur le corps. Cette ampoule eſt nommée *Aiguarole* en Languedoc, d'*Aigue* qui ſignifie eau, ce qui fait voir qu'*Aé* déſigne eau dans *Aerole* auſſi bien. D'*Ai* s'eſt formé *Ei* ou *Ey*. *Ey* eau en Écoſſois; *Eia*, *Eje*, eau en ancien Saxon; *Eia*, ruiſſeau en Grec. Voyez Favorin. *Eiamene*, lieu aquatique, lieu plein d'eau dans la même Langue. Voyez Heſychius. (*Eia*, eau; *Mene* de *Meno*, demeure, ſéjour.) *Oye* en Ceilanois, eau, rivière, le *g* ſe prépoſant aux mots qui commencent par des voyelles. (Voyez *Aru*.) On a dit *Gaches* comme *Aches*; de là dans notre Langue *Gacher*, jetter de l'eau ſur quelque matière pulvériſée pour en faire un ciment; *Gacher* du linge, c'eſt le laver en grande eau; *Gachis*, lieu où l'on a répandu de l'eau qui le rend boueux; *Gacheux*, lieu rempli d'une boue liquide. Servius dit que les Anciens appelloient toute eau *Achelous*, à cauſe de l'antiquité de cette rivière. La raiſon eſt ridicule; mais le fait montre qu'*Aches* ou *Achel* ſignifioit eau en général chez les Anciens. Voyez *As*, qui eſt le même mot qu'*Ach* écrit différemment.

Achesm, le même que *Cain*. Voyez ce mot.

Acheso, *Occasio*, A. M. exaction, tribut impoſé ſans autorité, payement forcé, vexation; d'*Ach*, qui marque le chagrin, la peine. De là *Acheſonatus*, vexé, & par étenduë de ſignification, condamné à l'amende. On a dit *Acheſonné* en ce ſens en vieux François.

Achesonatus. Voyez *Acheſo*.

Achevi, achever. B. De *Chef* venu de *Cap*, mettre à chef, achever; de là *Achever*.

Achia, ſouffle leger. Ba. Voyez *Ach*, ſouffle, & *Chi*.

ACH.

ACHIN, le même qu'*Afin*, comme *Achon* est le même qu'*Afon*. Voyez *Ch*.

ACHINUS, A. G. jardinier qui demeure dans les métairies d'autrui, qui n'a point d'habitation qui lui appartienne; d'*Achenawg*.

ACHITED, architecte. B. Ce mot vient du Grec.

ACHIV, achever, achevé, accompli, fini. B. Voyez *Achevis*.

ACHLAN, tout-à-fait, universellement, ensemble, universel, tout, tous. G.

ACHLES, refuge, asyle, protection, défense, l'action d'entretenir, de mettre à couvert, de rétablir, de restaurer, de refaire, de remettre en santé. G. Davies a cité ce mot, & *Achludd*, pour prouver qu'*Ach* est une particule usitée en composition, qui n'ajoûte rien à la signification du mot. Il est vrai qu'*Ach* est une particule quelquefois superflue, ainsi qu'on le peut voir dans *Achrwym* que j'ai indiqué ; mais *Achles* & *Achludd* ne sont pas des exemples convenables pour prouver cela, car ces mots sont composés d'*A* paragogique, & *Cles*, *Clud*, cacher, couvrir.

ACHLESU, rétablir, restaurer, refaire, remettre en santé, favoriser, soigner, être tuteur, curateur, défenseur, protecteur de quelqu'un. G. Voyez *Achles* dont ce verbe est formé.

ACHLESWR, protecteur, défenseur. G. Voyez *Achlesu*, *Achles*.

ACHLUDD, cacher, caché, cache. G.

ACHLUST, l'action d'ouïr. G. *A*, paragogique, *Chlust* en composition pour *Clust*.

ACHLYMMU, renouer, nouer ensemble, faire un tissu. G. Voyez *Clwm*.

ACHLYSWR, bonnes graces, faveur, cause, occasion. G. Voyez *Achles*.

ACHOLA, datte. Ba.

ACHON doit se dire comme *Afon*, le *ch* & l's étant le même. Voyez *Ch*.

ACHOR, petit, mince, court. G. *A*, paragogique, *Chor* en composition pour *Corr*.

ACHOR, A. G. trouble ; de *Cur* ou d'*Achreth*.

ACHORROA, gand, mitaine, manchon. Ba. Voyez *Achwre*, prononcez *Achore*.

ACHOS, cause, principe, conjonction causale, car, parce que, à cause. Quelquefois on prépose l'*o*, & on dit : *o Achos*, à cause, parce que, car. G. *Acos* en Auvergnac, à cause, parce que ; *Cos* en Irlandois, cause ; *Cause* en Anglois, cause, raison, occasion ; *Chobe* en Albanois, occasion ; *Achoifon*, *Choifon* en vieux François, occasion. On voit par l'Irlandois *Cos*, qu'*a* est ici paragogique, & que l'essence du mot est *Cos* ou *Caws*, (on dit indifféremment *Achaws* & *Achos* ;) de là est venu le mot Latin *Causa*, le mot François & Anglois *Cause*. *Caws* & *Cos* mis en composition avec un *a* paragogique, ont fait *Chaws*, *Chos*.

ACHOSAWL, causal. G. Voyez *Achos*.

ACHOSIO, causer, émouvoir, exciter. G.

ACHRAN, humeur contentieuse. I.

ACHRANACH, litigieux. I.

ACHRANACH. TOR ACHRANACH, troësne, arbrisseau. I.

ACHRE, habit, vêtement, ce qui couvre. G. C'est une crase d'*Achwre*.

ACHRÉ, au contraire, plutôt. G.

ACHRETH, horreur, grand frisson, crainte, peur. G. *A*, paragogique. Voyez *Creth*.

ACHRETTAWR, créancier, qui fait crédit. G.

ACHRHWYM, lien. G. *Ach*, superflu. Voyez *Rhwym*.

ACHRWM, courbe, qui n'est pas droit. G. *A*,

ACI.

paragogique. Voyez *Crwm*. De là est venu *Achremé*, qui en vieux François signifioit un vieillard, parce qu'il est courbé par l'âge. On voit par *Acrimonia* que ce mot a été aussi pris au figuré.

ACHT, corps. I.

ACHUB, racheter, délivrer, préserver, sauver, exempter, garantir, occuper, occuper auparavant, conserver sain & sauf, préserver de malheur, tirer de péril, acheter. G. Le *p* & le *b* se mettant l'un pour l'autre, on a aussi dit *Achup*, *Acup*, *Ocup*, ainsi qu'on le voit par *Occupi*, occuper en Breton, d'où est venu *Occupo* Latin, & *Occuper* François.

ACHUBEDIG, saisi, dont on s'est emparé. G. Voyez *Achub*.

ACHUBI; occuper, embarrasser. B.

ACHUBIAD, libérateur. G. Voyez *Achub*.

ACHUBIAETH, délivrance, conservation, l'action de préserver, de se sauver, invasion. G. Voyez *Achub*.

ACHUBWR, sauveur, libérateur, qui rachete. G. Voyez *Achub* dont ce mot est formé, & de *Gwr*, qui perd le *g* initial en composition.

ACHUISYON, cause. G. Voyez *Achos*.

ACHUL, maigre. G. *A* paragogique. Voyez *Cul*.

ACHUP, occupé, embarrassé. B. Voyez *Achubi*.

ACHURLEA, laboureur. Ba.

ACHURRIA, agneau. Ba. Voyez *Achor*.

ACHUS, accuser. B. D'*a* privatif, & *Cus*, en composition *Chus*. Voyez *Accusé* & *Achwyn*.

ACHWALA, le même qu'*Aboula*. B.

ACHWEDD, race, lignée, généalogie, parenté, famille. G. *Wedd* est une hyperthése. Voyez *Ach*.

ACHWEDL, bruit, rumeur, réputation, renommée, narration, discours, entretien. G. *A* paragogique. Voyez *Chwedl*.

ACHWLWM, nœud, lien, embarrassé, horrible. G. Voyez *Cwlwm*, *A* paragogique.

ACHWRE, vêtement, habit, ce qui couvre. G. *A* paragogique. Voyez *Cwrlid*, *Cwrsi*.

ACHWYN, dénoncer, accuser, se plaindre ; dénonciation, accusation, plainte. G. Voyez *Achus*.

ACHWYN, pesant. G.

ACHWYN-GAR, qui se plaint souvent, qui ne fait que se plaindre, plaintif. G. *Gar*, en composition pour *Car*, aimant.

ACHWYNWR, dénonciateur, accusateur, qui s'informe, qui fait des enquêtes, inquisiteur, calomniateur, médisant. G. *Achwyn Gwr*.

ACHWYR, généalogistes. G. *Ach*, *Gwyr*, pluriel de *Gwr*.

ACHWYS, cause. G. Voyez *Achos*.

ACHYR, prix. Voyez *Amachyr*.

ACI, j'accoûtume. Ba. Voyez *Ac*, particule itérative.

ACIA, accoûtumé. Ba. Voyez *Aci*.

ACIA, graine, semence. Ba. Voyez *Ach*.

ACIA, A. G. aîle. *Ac*, d'*Afg* ou *Afc*, syncope d'*Afcell*.

ACIA, A. G. couture ; d'*Ac*, aiguille.

ACIA, ATIA, A. M. malice, envie ; d'*At*, mauvais.

ACIA, A. M. doloire ; d'*Ac*.

ACIARE, ACIARIUM, A. G. acier. Voyez *Acer*.

ACICQ, fatigué, qui n'en peut plus. B. Voyez *A[...]*

ACICULUS, A. G. diminutif d'*Acia*, doloire.

ACIENDA, champ, campagne. Ba. Voyez *Acha[...]* *Acre*.

ACIERA, nourriture, éducati[on]. B. Voy[ez ...]

ACIERES, A. G. espéce de ha[che] ; d'*Acia*, doloire, ou d'*Acar*.

ACIES, A. M. pointe ; d'*Ac*.

Acies, A. M. plat de balance ; d'*Ac* qui marque l'étendue, la largeur.

Acil, le même que *Cil*. Voyez ce mot.

Acilla, novembre. Ba. Voyez *Acilus*. Les Basques appellent ainsi ce mois à cause de son obscurité. Les Bretons appelloient novembre & décembre *Mis Du*, les mois noirs.

Acillare dans le Glossaire de Papias, mouvoir ; *Cillare* dans un autre ancien Glossaire, mouvoir; *Cil*, mouvoir ; *A* paragogique dans le premier terme.

Acilus dans un ancien Glossaire, antiquité, vigueur, qui a un nez recourbé comme le bec de l'aigle. Dans le Glossaire de Pappias, *Acilus*, noir, qui a un nez aquilin. Au premier sens il vient de *Cil*, en tant qu'il signifie vieillesse, antiquité ; au second de *Cilio*, chasser, mettre en fuite, vaincre. *Acilus*, noir, est formé de *Cyl*, ténèbres, ténébreux, obscur ; de là sont venus les mots Latins *Aquilus*, obscur, brun ; *Aquilo*, le vent du Nord ; (Voyez *Bis*) *Aquila*, aigle, oiseau dont le plumage est châtain & brun ; l'aigle ayant le bec recourbé, on aura par analogie donné le nom d'*Aquilus* ou *Acilus* (car c'est le même mot) à ceux qui avoient un nez recourbé comme le bec de l'aigle. Nous avons conservé la même métaphore dans notre Langue ; nous appellons un nez recourbé un nez aquilin. L'*A* paragogique a été ajouté à *Cil* pour former *Acilus*. Voyez *Acil*, *Acilla*.

Acinari, A. G. chicaner, vetiller, pointiller, s'arrêter à des bagatelles ; de *Cynnen* ou *Cyn* ; *A* paragogique. Voyez *Acinaticum*.

Acinaticum, A. G. acide, d'*Acinari*. On voit par ce mot que *Cynnen* a signifié pointe, piquant, au propre comme au figuré ; ce qui se confirme par *Cyn*, coin : D'ailleurs le sens figuré a toujours supposé le propre. Voyez *Bcrv*.

Aciscolum, *Acisculum*, A. G. pic, marteau de tailleur de pierres. *Acis* d'*Aceys* ; *Cal*, *Col*, pierre.

Aciscularius, A. G. tailleur de pierres. Voyez *Aciscolum*.

Acisculum. Voyez *Aciscolum*. L'*u* & l'*o* se mettent indifféremment l'un pour l'autre.

Acisustea, pollution. Ba.

Acitea, accroissement. Ba. Voyez *Ac*, particule augmentative.

Acitrailora, espèce de mousse attachée à la sarriette. Ba.

Acitroya, citron confit au sucre. Ba.

Acla, A. M. me paroît signifier un champ fermé avec un fossé & une élévation faite autour avec la terre tirée du fossé, parce que *Clé* en Breton signifie l'élévation de terre & le fossé qui enferment un champ. *A*, d'*At*, terre. Les mots en composition perdent presque toujours quelques-unes de leurs lettres.

Acladh, l'action de pêcher, la pêche. I.

Aclhesia, A. M. grande pierre qui sert à couvrir un tombeau. *Ac*, grande ; *Cled*, en composition *Clez* ou *Clts*, pierre ; ou *Achles*, ce qui couvre, couverture.

Aclonia, A. M. excuse que l'on apporte pour faire voir qu'on ne peut se présenter au jour qu'on indique. *Ac*, d'*Ach*, particule négative, particule de refus, non ; *Llonn*, agréable.

Aclouet, fers d'aiguillette ; singulier *Aclouelen*. B. Voyez *Clao*.

Acmac, circuit. I. On dit en Patois de Besançon *Aicmaic* dans un sens fort approchant.

Acolei, A. G. entrée ; de *Col*, gorge ; *A* paragogique. *Ostium* Latin, est formé d'*Os*, bouche.

Acomhal, assemblée. I.

Acomodatu, j'accommode. Ba.

Acon, le même qu'*Acaun*. Voyez ce mot.

Acophilus, A. G. échanson. *A* paragogique ; *Cop*, coupe, vase à boire. Voyez *Coupus*.

Acopillatzea, j'attaque ; *Acopillatzallea*, aggresseur. Ba. Voyez *Colp*, *Cobio*.

Acopitatua, attaqué. Ba. Voyez *Colp*, *Cobio*.

Acorda, j'avertis. Ba.

Acordatu, je me souviens. Ba. de là *Recordor*.

Acordia, *Acordum*, A. M. convention, accord ; d'*Accord*.

Acos, le même qu'*Agos*. Voyez *Aru*.

Acostare, A. M. être proche, toucher à ; d'*Acos*.

Acota, morsure. Ba. Voyez *Ac*, *Acotarria*.

Acotare, A. M. fouetter ; d'*Acotarria*. *Acote* en Espagnol, verge ; *Acotar*, fouetter en la même Langue.

Acotarria, piquant, railleur, ce qui pique, au propre & au figuré. Ba. Voyez *Ac*.

Acoueh, rechûte. B. *Coueh*, chûte ; *A* par conséquent particule itérative.

Acqedus, *Acqetus*, soigneux, exact, importun. B. *Acht* en Allemand ; *Achta* en Theuton, soin, attention ; *Hector* en Phrygien, prudent.

Acquietantia, A. M. quittance ; de *Qita*.

Acquietare, A. M. acquitter, payer ; de *Qita*.

Acquitamentum, *Acquitatio*, A. M. quittance, acquit, payement ; de *Qita*.

Acquittus, A. M. acquitté, quitte ; de *Qita*.

Acr, deshonnête, vilain, sale, mal-propre, souillé, affreux, hideux. B. Voyez *Hagr*, qui est le même mot. On appelle en Franche-Comté *Pouacre* un homme sale & dégoûtant. *Acrou*, *Acrouse* adjectif, se dit à Metz d'une chose si hideuse qu'elle fait frémir en la regardant. Voyez *Ach fy*.

Acra, journal de terre. I. Voyez *Acre*, *Acra*, suivans.

Acra, A. M. champ d'une certaine grandeur. Voyez l'article précédent.

Acre, champ anciennement en Breton ; *Acre* en Anglois, arpent de terre ; *Achre*, champ dans les Glosses de Keron ; *Achra*, champ en Theuton ; *Akrs*, champ en Gothique ; *Acchar*, champ dans la Langue des anciens Francs ; *Æcer*, champ en ancien Saxon ; *Acker* en Allemand, champ ; *Akarag* en Arménien, champ ; *Akur* en Islandois, champ ; *Acke*, terre en Algonkin. Voyez *Acra* & *Aicor*. D'*Acre* ou *Acr* est venu *Ager* Latin, le *g* & le *c* se mettant indifféremment.

Acrimoniae, A. M. vexations, exactions ; d'*Achrwm*, qui n'est pas droit, qui n'est pas juste.

Acrimoniosus, A. G. fort, constant, âcre. Ce mot a d'abord signifié âcre, piquant ; ensuite il a été étendu par analogie & par métaphore aux autres significations, parce que ce qui est pointu, ce qui perce & pénètre dans quelque chose, y tient fortement. Voyez *Acrimonium*.

Acrimonium, A. G. âcreté. Voyez *Acar*.

Acrochare, A. M. accrocher ; de *Croc* ; *A*, paragogique.

Acrocheria, A. G. jointure des articles. Voyez *Acrochare*.

Acrumen, A. M. acidité. Voyez *Acrimonium*.

Acses, fièvre. G. Ce mot paroît pris du Latin *Accessus*.

Acsium, A. G. broche ; d'*Ac*, pointe.

Acsoupa, broncher. B. Les Païsans en Franche-Comté disent encore *Aissoupa* en ce sens.
Act, acte. B. Voyez *Ac*.
Acta, A. M. bord de rivière ; d'*Ac*, rivière ; *T* de *Tu*, bord. *Akte* en Grec, bord de rivière.
Acton, A. M. cuirasse, cotte de mailles ; c'est le même qu'*Actwn*, prononcez *Aëton*.
Actus, A. M. Village ; *Us*, terminaison Latine ; *Ac*, habitation : Le *t* s'ajoûtoit indifféremment à la fin du mot.
Actwn, cuirasse, cotte de mailles. G.
Acuilhetenn, aiguillette. B. Voyez *Ac*.
Acul, le même que *Cul*. Voyez *Aculeare* & le mot suivant.
Acula, *Aculi*, acculer. B. Voyez *Cul*.
Aculea, *Aculloa*, aiguillon. Ba. De là *Aculeus*. Voyez *Ac*.
Acundare, *Aquindare*, *Acunydare*, A. M. défier, provoquer au combat, déclarer la guerre ; *Acunydamentum*, *Acudamentum*, déclaration de guerre ; de *Cynn*, prononcez *Kynn* & *Kunn*, guerre ; *A*, à la.
Acurtare, A. M. accourcir ; de *Curtus*, formé de *Cor*.
Acusatu, j'accuse. Ba. Voyez *Achus*, *Accusi* ; de là le mot Latin *Accuso*.
Acustumare, A. M. lever le tribut qu'on a coûtume de payer ; d'*Acustumi*.
Acutia, A. G. finesse ; *Acutus*, fin, rusé ; d'*Ac* pris métaphoriquement.
Acytura, A. M. aide, espèce de tribut. *A* paragogique ; *Cyt*, particule qui marque qu'on s'unit à un autre, qu'on l'aide, qu'on le secourt.
Acz, assez.
Acza, ça, particule excitative. B.
Aczaign, enseigne de guerre. B. Voyez *Syn*.
Aczailh, assaillir. B.
Aczamble, assemblée. B. *Assomboulo*, Peuple en Langue de Madagascar.
Aczambles, ensemble. B.
Aczand, acquiescement, consentement, complaisance. B.
Aczandti, acquiescer, consentir. B.
Aczay, essai. B. De là ce mot *Assay* en Anglois, essai.
Aczayn, assassinat. B.
Aczayner, assassin. B.
Aczes, assez. B. De là ce mot François. *Asaz*, *Assaz* en Espagnol, assez, abondamment ; *Asa*, *Asam*, satiété dans les Tables Eugubines ; *Asco*, suffisant en Basque ; *Assez* en Espagnol, assez ; *Assa* en Italien, assez.
Aczima, A. M. l'action de tondre les draps ; *Aczimare*, tondre les draps ; *Ac*, couper ; *Swm*, en composition *Sym*, extrémité.
Aczina, assigner. B. Voyez *Syn*.
Aczoan, collation, réveillon. B. *Ac*, itératif ; *Coan*.
Aczotamand, abrutissement. B.
Aczoti, abrutir. B.
Aczouma, assommer. B. De là ce mot :
Aczoup, achoppement, pierre d'achoppement. B. Voyez *Acsoupa*.
Aczoupadur, l'action de broncher. B. Voyez *Acsoupa*.
Aczouppa, broncher, chopper. B.
Aczur, certain, assuré. B.
Aczuri, affermir, assurer. B.
Aczyed, assjette de table. B. De là ce mot.
Ad, préposition itérative. G. *Od* en Hébreu, *Authis* en Grec, *Atter* en Danois, derechef.

Ad, particule négative ou privative, non, sans. G.
Ad, gros, grosse. G. Voyez *Admin*.
Ad, autre. Voyez *Adfain*, *Adsan*.
Ad, second. Voyez *Adladd*, *Adlam*.
Ad, petit, moindre, au-dessous. Voyez *Adwerth*, *Adwled*.
Ad, moitié, à moitié. Voyez *Adfwl*, *Attarw*.
Ad, un peu. Voyez *Addoer*.
Ad, mauvais. Voyez *Adfyd*.
Ad, réciproquement. Voyez *Adaddaw*.
Ad, arrière, en arrière. Voyez *Adlusgo*.
Ad, particule muette, ou qui n'ajoûte rien à la signification. Voyez *Adfi*.
Ad, particule augmentative. Voyez *Addoedi*. On voit par là qu'*Ad* a signifié allonger, augmenter, mettre dessus, ce qui est dessus, l'accroissement, l'abondance, la quantité ; de là *Ad*, *Addo* Latins. Voyez *At* qui est le même mot, & *Ad* particule itérative.
Ad, particule dubitative. Voyez *Adfydd*.
Ad, terre, Pays. Voyez *Eithrad*.
Ad, édifice, maison, habitation. Voyez *Aid*, *Adail*, *Adfail*, *Addef*, *Adfeilio*. *Edd*, domicile, *Edi*, Ville en Suédois & en Islandois.
Ad, habitant. Voyez *Aid*.
Ad, semence. Voyez *Bragad* & *Ada*. *Adi* principe en Malabare.
Ad, pointe. Voyez *Adoue*, *Adoyw*.
Ad, le même qu'*At*. Voyez ce mot.
Ad, le même que *Cad*, *Gad*, *Sad*. Voyez *Aru*.
Ad, le même que *Gand*. Voyez ce mot.
Ad, oiseau. Voyez *Howad*.
Ad, liqueur, eau. J'en juge ainsi par *Goad*, sang en Breton, mot formé de *Go*, rouge, & *Ad*, liqueur ; par *Adiaenu* en Gallois, arroser ; *Taenu*, répandre, *Ad* par conséquent, eau ; par les mots Basques suivans, *Adala*, canal ; *Ata*, espèce de canard ; *Atalarra*, petit héron ; *Atarraya*, filet de pêcheur ; *Atasiac*, les cataractes du Ciel ; *Atocha*, espèce de roseau ; par ces deux mots Irlandois, *Adan*, pas d'âne, herbe qui croît dans les endroits humides, *Atrach*, barque ; par *Ald* qui en Écossois signifie torrent ; par *Adiad*, canard en Gallois. *Adarcha* dans Pline, *l. 16*. signifie une plante marécageuse ou petit roseau qui croît en Italie. *Ad* en Hébreu, suivant les Septante & la Vulgate, fontaine ; suivant Aquila, source ; suivant les modernes, vapeur, brouillard ; *Aid* en Chaldéen, vapeur, exhalaison ; *Adid*, source en Persan ; *Ada* en Punique, saule, arbre qui croît dans les terreins aquatiques ; *Ada*, saule en Phénicien ; *Adan*, saule en Hébreu ; *Ada* en Arménien & en Turc, isle ; *Adac*, isle en Persan ; *Edel*, rivière en Tartare ; *Ataiman*, nager, ramer en Galibi, le *g* se plaçant ou s'omettant indifféremment au commencement du mot ; de là *Gad* ou *Guad*, eau, rivière en Arabe ; *Guad*, fleuve en More. Le *g* se prononçant en *v*, on a dit *Va*, *Vad*, *Vadi*, *Vadah*, eau, rivière en Arabe ; *Vadi* en Turc, lit de rivière ; *Wad*, eau en Esclavon & en Finlandois ; *Vat* ou *Vate*, eau en Gothique ; *Vata*, eau en Runique ; *Watn*, eau en Suédois ; *Wa'er*, eau en Anglois ; *Waeter*, eau en ancien Saxon ; *Watter*, eau en Flamand, d'où par le changement du *t* en *f* est venu *Vasser*, eau en Allemand. L'*n* se plaçant indifféremment à la tête du mot, on a fait *Nad*, de là *Nadi*, fleuve, rivière dans la Langue Talenga ; *Nadi*, rivière dans la Langue Tamulique. Voyez *Ed*, *Eda*, & *A*, eau, rivière, car le *d* s'ajoûte indifféremment à la fin du mot.

ADA.

ADA, semer. B. Voyez Ad, semence, & Had.
ADA, adieu. B.
ADA, A. M. le même qu'Acla; d'Adw.
ADACAITZEA, ramification. Ba. Voyez Adacaya.
ADACAYA, rameau. Ba.
ADADDAW, s'engager réciproquement. G. Addaw, promettre, stipuler; Ad par conséquent réciproquement.
ADAF, main. G.
ADAFAEL, le même qu'Attafael. G.
ADAFEDDOG, fileux, herbe à coton. G. A la lettre, qui se peut filer.
ADAG ARBHAR, la cime du bled en épi. I. Bar dans cette Langue, cime, extrémité.
ADAIL, édifice. G. Adahhbar en Persan, habitation; Edos en Grec, édifice. Voyez Ad, édifice.
ADAIN, aîle d'oiseau, nageoire de poisson, raïs de roue; au pluriel Adanedd, Adeinydd, Adenydd. G. La première signification d'Adain est aîle, d'où par analogie l'aura étendue aux deux autres. En comparant ce mot avec Ala Latin formé d'Al, élévation, avec Penna formé de Pen, élévation, on a lieu de croire qu'Adain a signifié élévation : On s'affermit dans cette conjecture en se rappellant que Den, Dii, signifie élévation, & que l'A initial est souvent paragogique.
ADAL, vaut. B. Voyez Dal. On voit par là qu'on a dit Adal comme Dal, qu'ainsi ce premier terme a tous les sens du second.
ADAL, ADALLEC, depuis. B.
ADALA, canal. Ba.
ADALLEC. Voyez Adal.
ADALWAD, rappel. G. Ad, itératif; Galwad, qui perd le g en composition, appel.
ADAM. Voyez Adan.
ADAMANT, diamant. G. A privatif; Damant, qu'on peut attendrir, qu'on peut amollir, qu'on peut briser.
ADAMANT, aimant. E. C'est la même étymologie que celle d'Adamant, diamant.
ADAMANTES, A. M. grande poutre. Had, bois, Ment, grand.
ADAMITAE, A. G. pierres blanches très-dures; Adamitus, pierre dans la vessie. Ce mot a été formé par analogie d'Adamant, pierre dure.
ADAN, pluriel Adanet, & selon quelques-uns Adanhet, certain oiseau assez semblable au hibou. On dit en Bretagne que cet oiseau fait son nid dans la terre. B. C'est de cette façon de nicher que cet oiseau a pris son nom. A, dans; Dan, terre.
ADAN, au-dessous. G.
ADAQUIA, rameau. Ba.
ADAR, oiseaux, au singulier Aderyn. G. Thayr en Sarrasin, Thayre en Tartare, Madar en Hongrois, oiseau; Edder en Allemand, oiseau, puisque Edder Dunen signifie en cette Langue plumes d'oiseau; Dunen, plumes. Leibnitz dit que dans la Saxe & dans le Jutland Edder signifie encore aujourd'hui oiseaux. Voyez Adaren.
ADAR LLWCH GWYN, vautours, griffons. G.
ADAR Y BWN, hérons, buses, butors, oiseaux de proye. G.
ADAR Y TO, moineaux. G. à la lettre, oiseaux du toit.
ADAR, se couvrir d'un bouclier de cuir. Ba. Voyez Tarian, Adarga.
ADARA, chasser aux oiseaux, chasse aux oiseaux. G.
ADARBACOCHA, qui n'a qu'une corne. Ba. Voyez Adarra.

ADD.

ADARDY, volière. G. Adar Ty, en composition Dy, à la lettre, habitation d'oiseaux.
ADAREN, petit oiseau. G. On voit par ce mot qu'Adar a signifié oiseau au singulier.
ADARGA, ADARGUEA, bouclier couvert de cuir. Ba. Voyez Tarian & Adar.
ADARGOEL, augure, présage pris par les oiseaux. G. Adar Goel, en composition pour Coel, présage.
ADARNA, corne. G.
ADAROA, écouvillon de four. Ba.
ADARRA, corne. Ba. Adharc, corne en Irlandois.
ADARRA, branche d'arbre, rameau, bras de mer. Ba.
ADARRAZIO, fraper de la corne. Ba.
ADARRE, particule itérative, derechef, encore, une seconde fois. B. Voyez Arre, dont ce mot est synonime.
ADARTA, l'action de goûter quelque chose avant les autres. Ba.
ADARTUA, arbre taillé en rond. Ba.
ADARTURUNTA, cor de chasse. Ba.
ADARWR, oiseleur. G. Adar Gwr.
ADARWRIAETH, chasse aux oiseaux. G.
ADASIA, A. G. vieille brebis. Addas, mûres, vieilles.
ADASTIA, celui qui a les cheveux par toupets. Ba. Voyez Das.
ADATSA, bande, bandelette, chevelure. Ba.
ADAUST, à côté, auprès. B. C'est Tauft, qui avec l'A paragogique fait Daust.
ADAW, laisser, abandonner. G.
ADBAL, ample. I.
ADBATH, qui tue. I.
ADBLYGU, replier. G. Ad Plygu.
ADBRYNU, racheter. G. Ad Prynu.
ADBUTARE, A. M. aboutir. Voyez Bod.
ADCLWYFO, redevenir languissant. G. Ad Clwyfo.
ADCOFFA, ADCOFIO, rappeller dans sa mémoire. G. Ad Cof, Cofio.
ADCYFARCH, saluer une seconde fois, ou rendre le salut. G. Ad Cyfarch.
ADDA, A. G. troupe; d'Aidon.
ADDAIL, ordures, immondices que les eaux jettent sur les bords, feuilles qui sont tombées des arbres. G. En comparant Addail, Adil avec Tail, fiente, fumier, excrément, boue, ordures, on voit qu'Addail est le même que Tail, qui fait Dail en prenant l'a paragogique. On voit que Tail, Addail, Adil, qui sont le même mot, signifient fiente, fumier, excrément, ordures, boue, fange, la lie, le mare, tout ce qui est méprisable, vil, abject, au propre & au figuré. Voyez Adlaw, Adlawiad. Voyez encore Baw, Bawddyn.
ADDANGC, castor, biévre, loutre. G.
ADDAS, enclin, convenable, commode, habile, propre à, digne, mûr. G. Eadac en Irlandois, ornement, parure, habillement.
ADDAS-AIR, épithéte. G. Addas Gair.
ADDASRWYDD, proportion, convenance, conformité, aptitude. G. Voyez Addas.
ADDASU, adapter, accommoder. G. Voyez Addas.
ADDAW, promettre, offrir, promesse, chose promise. G.
ADDAWD, buffet. G.
ADDAWEDIG, promis, promise. G.
ADDAWIAD, dévouement. G.
ADDEF, maison propre, domicile, habitation. G. Ad, en composition Add, maison; Eu ou Ef, sienne, à soi.

ADDEF, avouer, confesser, reconnoître. G.
ADDEFIAD, aveu, confession, déclaration. G.
ADDEWID, accord, convention, chose promise. G.
ADDFAIN, gresle, menu, mince, délié, petit. G. *Ad*, superflu; *Man*, en composition *Fan* & *Fain*.
ADDFED, mûr. G. *Ad*, superflu, & *Medi*, dit Davies. Thomas William donne encore à ce mot les significations suivantes; doux, facile, traitable; ainsi *Med* signifie mûr, doux, facile, traitable. *Met* étant le même mot que *Med*, c'est de là qu'est venu le *Maturus* des Latins. Voyez *Addfedu*.
ADDFEDRWIDD, maturité. G.
ADDFEDU, amollir, meurir, faire meurir, commencer à avoir du poil. G.
ADDFEINO, atténuer, amoindrir, diminuer. G. Voyez *Adfain*.
ADDFWYN, doux, traitable, débonnaire, clément; G d'*Ad*, superflu, & *Mwyn*, en composition *Fwyn*.
ADDFWYNDER, douceur, clémence, manières douces. G.
ADDIANT, un peu maigre, selon les uns; désir, attente, le mouvement ardent qui nous fait désirer ou attendre quelque chose, selon les autres; (ce sont les paroles de Davies.) G. Il faut retenir l'un & l'autre sens; rien de si commun dans toutes les Langues que des termes à plusieurs significations. Voyez *Addng*.
ADDIEN, beau, belle. G. *A* paroit être ici paragogique, puisque *Din* en Breton signifie aimable. On a dit en vieux François *s'attinter*, *s'attincler*, pour s'ajuster, se parer. *S'attinter* pour se parer, se dit encore en basse Normandie.
ADDOED, vie, âge, temps fixé. G. *Ad*, superflu, *Oed*.
ADDOEDI, prolonger le temps. G. *Oed*, temps; *Ad* augmentatif par conséquent.
ADDOER, froidure, froid adjectivement, un peu froid adjectivement. G. *Ad*, superflu; *Ad*, diminutif. *Oer*, froid.
ADDOERI, rafraichir. G.
ADDOLI, adorer. G.
ADDOLIANT, honneur, respect, adoration. G.
ADDOLWR, qui honore, qui révère, qui adore. G.
ADDUG, selon un ancien Écrivain Gallois, signifie propos, dessein, conjecture; selon d'autres il signifie véhémence, impétuosité, choc, attaque, effort. Je crois qu'il faut retenir les deux sens, parce que dans la Langue Galloise, de même que dans toutes les autres, sur tout les anciennes, les mots ont plusieurs significations différentes, même quelquefois opposées. *Ad* paroit ici superflu, parce que *Dougum* en Breton signifie porter, mouvoir, exciter.
ADDUG, il a porté, il a emporté, il a enlevé. G. *Ad*, superflu, parce que *Douguen* en Breton signifie porter.
ADDUNED, vœu, promesse faite à Dieu, désir, demande, ce que l'on promet. G.
ADDUNEDIG, voué. G.
ADDUNO, vouer, désirer, demander. G.
ADDURN, ornement, tout ce qui sert à couvrir le corps, comme habit, robe, mante, manteau, voile, &c. appareil, préparatif. G. De là *Atours* en notre Langue. Voyez *Tor*, *Toryn*.
ADDURNEDIG, orné, ornée, ajusté, ajustée, paré, parée, magnifique. G. Les participes en Gallois sont les mêmes au masculin & au féminin. Il en est ordinairement de même des adjectifs.

ADDURNIAD, l'action de se parer, de parer, d'orner. G.
ADDURNO, orner, parer, illustrer, rendre remarquable. G.
ADDWYD, ulcére, bubon, abscès, apostume, suppuration. G.
ADDWYN, juste, équitable, égal, honnête, sans tache, sans crime, sans faute, conforme aux loix, aux régles, décent, élégant, poli, agréable, fin, délicat, de bon goût, bien tourné, propre, bien mis, orné, ajusté, paré, bon. G. *Guin*, *Gwin*, *Gwyn* signifiant beau, agréable, & perdant le *g* en composition, on voit qu'*Adwyn*, qui signifie agréable, & qui a plusieurs autres significations analogues à celle-ci, est formé de *Gwyn*; d'où il faut conclure qu'*Ad* est ici paragogique, & que *Guin*, *Gwin*, *Gwyn* avoient anciennement toutes les significations d'*Addwyn* qui en est composé avec l'*Ad* paragogique & superflu.
ADDWYN, porter. G. *A* paragogique; car *Dwyn* signifie porter.
ADDWYNDER, bonté, probité, honnêteté, équité, justice, &c. Voyez *Addwyn*, juste, &c. G.
ADDWYNDER, ce qui est équitable, ce qui est juste. G. Voyez *Addwyn*.
ADDWYNFRID, d'esprit égal, d'humeur égale. G. *Fryd*, en composition pour *Bryd*.
ADDYBLAD, accouplement. G.
ADDYBLIGIAD, redoublement. G.
ADDYSG, instruction, littérature, érudition. G. *A*, superflu. Voyez *Dysgu*.
ADDYSGDISGEIDAETH, instruction. G.
ADDYSGU, enseigner, instruire. G.
ADDYSGWR, maître, précepteur, qui enseigne, qui forme, qui façonne. G.
ADEFYN, fil. G.
ADEG, occasion, occasion commode, temps favorable. G.
ADEG, décroissement de la lune. G. *A* paragogique. Voyez *Tech*, en composition *Dech*, *Deg*.
ADEILAD, construction, édifice, bâtiment, édifier, bâtir. G. Voyez *Adail*.
ADEILADAETH, l'action de bâtir. G.
ADEILADU, bâtir, édifier, fonder, faire, inventer, établir. G.
ADEILADWR, architecte, maçon, celui qui bâtit, auteur. G.
ADEILDY, édifice, bâtiment. G. C'est un pléonasme, *Adail* & *Ty* sont synonimes.
ADEILWR, celui qui bâtit, fondateur, auteur. G.
ADEILWYDD, poutre, solive, tout gros bois de charpente. G. *Adail Gwyd*.
ADEINGRYF, qui a l'aîle forte. G. *Adain Cryf*.
ADEINIOG, aîlé. G.
ADEMANA, signe, signification. Ba. Voyez *Man*.
ADEN, aîle. G.
ADENEDIGAETH, résurrection. G.
ADENI, renaître. G. *Ad* itératif; *Geni*, qui perd le *g* initial en composition.
ADEO, adieu. B.
ADER, oiseau. G.
ADERASQUINA, composition. Ba. Voyez *Adert*.
ADERE, assorti, convenable. B. *A* paragogique. Voyez *Dere*.
ADERREZTATU, fraper de la corne. Ba. Voyez *Adarra*.
ADERYN, mélisse. G.
ADERYN, oiseau. G.
ADERYN Y BWN, oiseau qui a le plumage étoilé, espèce de héron. G. *Bwn*, de *Pwng*.

ADE.

ADERIN YLLIN, chardonneret. G.
ADEUCQ, durant. B.
ADEVRI, AZEVRI, à efcient, avec réfléxion, férieufement. B. Voyez le terme fuivant, qui eft le même.
ADEUVRI, fans railler. B. Voyez Adevri.
ADFACHGENNEIDIO, redevenir enfant. G.
ADFAIL, ruine, chûte d'édifice, de maifon. G. Fail, en compofition Fail, chûte ; Ad par conféquent maifon.
ADFAIN, étranger, G. l'F fe prononçant fouvent en V ; Aduain, étranger en Irlandois ; de là Advena Latin. Ban, en compofition Fan, (Voyez l'article fuivant) ou Fain, Pays; Ad par conféquent, autre. De Ban, Adban, font venus Aubain, Aubaine en notre Langue.
ADFAN, étranger. G. Voyez Adfain.
ADFEDDALHAU, redevenir mol. G. Ad Meddalhau.
ADFEDDWL, connoiffance. G. Ad fuperflu ; Meddwl.
ADFEDDYLIED, fe reffouvenir, fe remettre dans l'idée, fe rappeller, penfer & repenfer. G. Ad Meddyliaidd.
ADFEILIAD, l'action d'ébranler, de renverfer, de faire tomber un édifice. G. Voyez Adfail.
ADFEILIEDIG, ruineux, caduque, prêt à tomber, détruit. G.
ADFEILIO, être caduque, menacer ruine, tomber en ruine. Il fe dit des bâtimens ; il fe dit auffi d'une couleur qui paffe. G. Voyez Adfail.
ADFER, reftituer. G. Ad Ber.
ADFERIAD, reftitution, l'action de rendre, renouvellement. G.
ADFEROL, renouvellé. G.
ADFERTH, défendre, protéger, fecourir. Voyez Tmadferth.
ADFERU, rendre, reftituer, reporter, rétablir, refaire, rebâtir, remettre fur pied. G.
ADFESURO, remefurer. G. Ad Mefuro.
ADFFUGIO, farder de nouveau. G. Ad Ffugio.
ADFFURFIO, reformer, former de nouveau, G. Ad Ffurfio.
ADFI, fera. G. Ad fuperflu. Voyez Bi. Adfi pour Adfydd.
ADFLAS, infipidité, évaporation, évent. G. Blas, en compofition Flas, goût ; Ad privatif.
ADFRANARU, labourer une feconde fois, donner une nouvelle façon à la terre. G. Ad Braenaru.
ADFREFU, mugir de nouveau. G. Ad Brefu.
ADFWL, taureau à moitié coupé, ou coupé après l'année. G. Ad Bwla.
ADFWRW, repulluller, repouffer. G. Ad Bwrw.
ADFWYNDER, clémence, douceur. G. Ad fuperflu, Mwynder.
ADFYD, mifere, adverfité, mauvaife fortune. G. Ad, mauvais ; Bydd, être ; comme qui diroit mal être.
ADFYDD, peut-être. G. Bydd, fera ; Ad eft donc ici une particule dubitative.
ADFYDIG, miférable, malheureux, affligé, inquiété, accablé de maux, contraire, oppofé, ennemi. G. Voyez Adfyd.
ADFFFYRIO, repaffer dans fon efprit. G. Ad Myfyrio.
ADFYW, qui revient en vie. G. Ad Byw.
ADFYWIO, revivre, renaître, fe renouveller, repouffer, recroître. G.
ADGENEDLU, régénérer, engendrer de nouveau. G. Ad Cenedlu.

ADI.

ADGLEFYCHU, retomber malade. G. Ad Clefychu.
ADGRYFENNIAD, refcription. G.
ADGRYFHAU, reprendre des forces. G. Ad Cryfhau.
ADGYFLEU, remettre, replacer. G. Ad Cyfleu.
ADGYFODI, fe relever. G. Ad Cyfodi.
ADGYFODIAD, l'action de fe relever, de fe remettre en fon premier état, réfurrection. G.
ADH, loi. I. Voyez Addas.
ADHAIC, face. I. C'eft la tranfpofition d'Aghaidh.
ADHAIR, le même qu'Athair. Voyez Nathair, de la Madre.
ADHAL, doigt. I.
ADHANN, pas d'âne, herbe. I.
ADHANTA, allumé, enflammé. I.
ADHARC, corne ; ADHARCACH, cornu. I.
ADHAS, bon. I. Voyez Addas.
ADHBAR, caufe, occafion, raifon, parti, entreprife, deffein, matière. I.
ADHBHACHTACH, gros. I.
ADHBHACOIDEACH, Procureur. I.
ADHBHAL, vite adjectif.
ADHLACADH, enfevelir, funérailles, enterrement. I.
ADHLAIC, volonté. I.
ADHLEN, jeune. I.
ADHMHADH, bois. I.
ADHMOLA, applaudiffement. I. Voyez Mol.
ADHMOLADH, applaudir, vanter. I.
ADHMUDH, bois. I.
ADHMUR, bois. I.
ADHNACAL, enterrer, fépulture. I.
ADHNADH, action d'allumer. I.
ADHNAIR, baffeffe, qualité de ce qui eft vil. I.
ADHNAIREACH, férieux, grave, taciturne. I.
ADHNAOI, vieux. I.
ADHRAC, refufer. I.
ADHRADH, honneur, culte, adoration, adorer, honorer. I.
ADHRAS, adoration. I.
ADHVAL, grand. I. Voyez Bal, Adh fuperflu.
ADHUALL, grand. I. Voyez l'article précédent.
ADHVALVOR, énorme. I. Voyez Adhval ; Vor fur, au-deffus.
ADHUATHMAIREAS, atrocité, horreur, énormité. I.
ADHUATHMHAR, femblable aux foies de cochons, de fangliers, inhumain, cruel, barbare, exécrable, funefte, terrible, odieux, déteftable, horrible, abominable. I.
ADIA, larme, gémiffement. Ba. Voyez Adiac.
ADIA, perception, l'acte par lequel l'entendement comprend. Ba.
ADIABARZ, dans, au-dedans, intérieur, intérieurement. B.
ADIAC, chanfons lugubres, chanfons funébres. Ba. Voyez Adia.
ADIACA, outarde, oifeau. Ba. Voyez Adiad.
ADIAD, canard. I.
ADIAN, poftérité, defcendans, fils. G.
ADIAVEZ, au dehors, par dehors, extérieur, extérieurement. B.
ADIBAC, efquinancie. Ba.
ADIEMANA, figne, gefte. Ba. Voyez Adamana.
ADIERAGOIA, inverfion, allégorie. Ba.
ADIERANZA, dénonciation. Ba.
ADIGARRIA, intelligible. Ba. Voyez Adia.
ADIGUEMER, affable. B. A pour Atz, facile ; Diguemer, recevoir.
ADILL, vil, abject. G. A paragogique. Voyez Dil, Dilerch.

ADILLARE, A. M. accroître par alluvion; d'*Addail*, ordures, immondices, terre, boue que les eaux jettent sur leurs bords.

ADIMENDUA, intelligence. Ba. Voyez *Mennat*.

ADIMENDUCO, entendement. Ba. Voyez *Adimendua*.

ADINA, température, saison, âge. Ba. Voyez *Hin*, *Din*. Ce mot signifie aussi température. Voyez *Desadina*, *Adinona*.

ADINANDIA, vieux. Ba. Voyez *Adina*.

ADINCADIA, petit instrument propre à accorder les cordes d'une lyre. Ba. Voyez *Adina*.

ADINDEA, calcul; *ADINDARRIA*, calculateur. Ba. Voyez *Adina*.

ADINONA, médiocre. Ba. Voyez *Adina*.

ADIPAITZA, précision. Ba. Voyez *Bes*.

ADIRARE, A. M. égarer; RES *ADIRATA*, chose égarée qu'on ne peut trouver, d'*A* paragogique & *Dyrys*. En Flandre on dit encore *Adiré* pour égaré; on employoit ce mot en ce sens en vieux François.

ADIS, A. G. froment. *Ed*, *Ad*, froment; *Is*, terminaison latine.

ADISQUIDEA, ami. Ba.

ADISQUIDETUA, amitié. Ba.

ADITUA, entendement, intelligent, sçavant, sage, prudent. Ba.

ADITZA, pensée. Ba.

ADITZALLEAC, auditoire. Ba.

ADIUA, âge. Ba.

ADIUNDEA, Sénat, assemblée. Ba.

ADIUNDETEGUIA, marché. Ba.

ADJUT, maîtresse, amie. I.

ADLADD, regain, second foin. G. *Llad*, foin; *Ad* par conséquent second. *Alhaix*, herbe en Langue de Senegal.

ADLAIS, écho, son qu'on entend de loin, son incertain. G. Au premier sens *Ad* est itératif, au second augmentatif, au troisième diminutif; *Llais*, voix, son.

ADLAM, rejaillir, rebondir, revenir, d'où l'on peut revenir. G. *Ad* itératif; *Llam*.

ADLAMU, rejaillir, rebondir. G. Voyez *Adlam*.

ADLAW, homme de la plus basse condition. G. d'*Adill*, *Adail*.

ADLAWIAID, la lie du peuple. G. Voyez *Adlaw*.

ADLEF, retentissement. G. *Ad* itératif; *Llef*.

ADLEFAIN, retentir. G. Voyez *Adlef*.

ADLEHAU, remettre, replacer. G. *Ad* itératif; *Lehau*.

ADLEISIO, retentir. G. Voyez *Adlais*.

ADLENWI, remplir de nouveau. G. *Ad* itératif; *Lenwi*.

ADLEWICHU, briller de nouveau. G. *Ad* itératif; *Llewichu*.

ADLICULA, dans Saint Isidore, espèce d'habit. Nous voyons dans Martial qu'*Allicula*, qui est le même qu'*Adlicula*, étoit un diminutif d'*Allica*, & qu'il étoit l'habit des pauvres, tandis qu'*Allica* ou *Adlica* étoit l'habit des riches. *Alig* ou *Alic*, habit, d'*Aligein*, habiller; *Alicul*, diminutif d'*Alic*, petit habit, habit chetif.

ADLIF, reflux. G. *Ad* itératif; *Llif*.

ADLIW, teinture, couleur artificielle, fard. G. *Ad*, seconde, autre; *Lliw*, couleur.

ADLODDI, recroître. G. D'*Adladd*.

ADLONYDU, radoucir. G. *Ad* itératif; *Llonydu*.

ADLUSGO, tirer en arrière. G. *Llusgo*, tirer; *Ad* par conséquent en arrière.

ADLUVIAE, dans Saint Isidore, lieux fangeux, boueux; d'*Adail*, boue, fange; *Adelw*, *Adlw*, boueux, fangeux.

ADLYFNHAU, repolir. G. *Ad* itératif; *Llyfnhau*.

ADLYMEITIAN, avaler de nouveau. G. *Ad* itératif; *Llymeitian*.

ADLYNGCU, avaler de nouveau. G. *Ad* itératif; *Llyngcu*.

ADMAIL, reconnoître, avouer, confesser, reconnoissance, aveu, confession. I.

ADMHALADH, confesser, avouer. I.

ADMIN, ou comme on écrit aujourd'hui, *Adhvin*, lippu, qui a de grosses lévres. G. *Min*, lévre, *Ad* par conséquent grosse.

ADMINICULATIO, A. M. aide, secours; *ADMINICULATIVE*, par surcroît; *ADMINICULATOR*, qui aide; *ADMINICULUS*, ministre, qui sert; *ADMINICULUM*, moyen pour réussir; d'*Addwyn* ou *Admyn*, porter. (Voyez *Admin*.) Voyez le mot suivant.

ADMINISTRATU, j'administre. Ba. Voyez le mot précédent; de là est venu *Administro* Latin, & par retranchement *Ministro*.

ADMIRA, admirer. B. Voyez le mot suivant, & *Mirain*, qui est la racine d'*Admira*. Voyez encore *Miretsi*.

ADMIRATU, ravir en admiration. Ba. Voyez le mot précédent.

ADMONTARE, A. G. entasser. *Ad* superflu, *Montoa*, tas.

ADNABOD, connoître. G.

ADNABYDDUS, connu, notoire, qui connoît, sçavant. G.

ADNADD, rognure. G. Voyez *Naddu*.

ADNAU, dépôt. G.

ADNAW, se conserver quelque chose, posséder; *ADNEIR*, passif d'*Adnaw*. G.

ADNES, avoir soin de quelqu'un, de quelque chose, être tuteur de quelqu'un. G.

ADNEU, possession. G.

ADNEWYDDIAD, rétablissement, renouvellement, répétition, réitération, réformation, dédicace. G. *Ad* itératif dans les cinq premiers sens; superflu au sixième. *Newyddiad*.

ADNEWYDDU, renouveller, réparer, réformer. G.

ADNEWYDDWR, qui refait, réparateur, restaurateur. G.

ADNOD, verset de la Bible. G. Davies dit que ce mot est nouvellement formé. Je crois que c'est *Adnadd*, rognure, parcelle.

ADNOFIO, renager. G. *Ad* itératif; *Nofio*.

ADOBARE, A. M. orner, ajuster. On a dit en vieux François *Adober*, *Adouber*, pour orner, ajuster. *Adobatzallea* signifie en Basque un savetier, un homme qui rajuste les souliers. Nous voyons par ce mot, par *Adobare*, par *Adober*, *Adouber*, que dans le Celtique le terme *Adobą* a été autrefois en usage pour signifier accommoder, ajuster. Nous avons conservé ce mot dans son composé *Radouber*, encore en usage parmi nous.

ADOBATZALLEA, savetier. Ba. Voyez le mot précédent.

ADOC EGAM, lentement, doucement. B.

ADOCQ, durant. B.

ADOEYOUR, faiseur d'aiguilles. B.

ADOHA, A. M. reconnoissance en argent du féudataire envers le Seigneur suzerain; *ADOHAMENTUM*, service militaire ou en personne; *Addaw*, chose promise, chose que l'on s'est obligé de donner. *Man*, en composition *Men*, homme, personne, a été ajouté dans le second mot pour désigner un service qu'on s'est engagé de rendre en personne.

ADOLWG

ADO.

ADOLWG, prier, prière, mais, adverbe dont on se sert pour exhorter. G.

ADOLWYN, demander, supplication, prière très-humble. Hé, de grace, je vous prie, obligez-moi, adverbe dont on se sert pour exhorter. G.

ADOREA, dans Saint Isidore, effusions de liqueurs. *A* paragogique; *Dor*, eau, & apparemment liqueur en général comme *Llyn*; *Re*, couler.

ADOUCQ, durant. B.

ADOUE, aiguille. B.

ADOYW, éperon. G.

ADPUNCTARE, A. M. fixer à quelqu'un un salaire, des appointemens; de *Poend*.

ADQUIETARE, A. M. acquitter; de *Quyt*.

ADR, le même que *Hard*. Voyez *Pen*.

ADRA, régle, modéle. Ba. Voyez *Adere*, *Dred*.

ADRADH, adorer, adoration. I. De là *Adoro* Latin.

ADRAIGHTE, adoré. I.

ADRAMIRE, A. M. s'obliger devant le Juge. *Adra*, régle; *Mirer*, garder. D'*Adramire* on a fait *Arramire*, d'où est venu le vieux mot François *Arramis*, *Aramis*, *Aramie*, obligation qu'on s'est imposée pardevant le Juge.

ADRAN, soudivision, soudistinction. G. *Ad* itératif; *Ran*.

ADRE, tandis, pendant, durant, au temps. B. Voyez *Andra*.

ADREA, régle, modéle. Ba. Voyez *Adra*.

ADREBAGUEA, irrégulier. Ba. *Adre*, régle; *Baguea*, sans.

ADREF. Cette particule me paroit marquer le retour & la réitération; j'en juge ainsi par les différentes phrases où je la vois employée. *Wrth wyn a i caro*, *y del adref*, qu'il retourne selon le désir des amans. *Talu Adref*, rembourser *ou* rendre les dépens, récompenser un service. La signification de *bienfait*; *Taro Adref*, refraper, repousser en frapant; *Gofyn Adref*, redemander; *Gofyn*, demander. G.

ADREGE, A. G. habitation des Maures. C'est *Treg*, qui en prenant l'*A* paragogique, fait *Dreg*, habitation.

ADREN, derrière, à dos. B. Voyez *Dren*.

ADRET, serpent. B.

ADREZTU, composer, ranger. Ba. Voyez *Adrea*.

ADRILLOLA, tuilerie. Ba.

ADRITO, repasser, recompter, revoir. G. *Ad* itératif; *Rhyto* pour *Rhyso*, compter.

ADRO, autour. C. Voyez *Dro*.

ADRODD, rendre, restituer, l'action par laquelle on rend un don, l'action par laquelle on redemande une chose qu'on a donnée, répliquer, montrer, raconter, narrer, déclarer, publier, annoncer une nouvelle, vous parlez, vous dites. G. *Rhodd* signifie don; *Ad* itératif: voilà l'étymologie du mot pour les quatre premiers sens. La signification de *Répliquer* nous fait voir que *Rhodd* a aussi désigné *parole*, & *Rhoddi*, parler; *Adrodd*, qui est le même mot que *Rhodd* avec l'*Ad* superflu, nous marque que ce terme a aussi signifié raconter, narrer, montrer, déclarer, publier, annoncer une nouvelle, vous parlez, vous dites.

ADRODDAIR, répétition de la même chose en d'autres termes.

ADRODDAWL, ce qui peut être dit, attribut qui se dit d'un sujet. G.

ADRODDI, redonner, rendre, récompenser. G.

ADRODDIAD, répétition, prononciation, narration, récit, discours, relation, description,

ADU.

explication, exposition, représentation, déclaration, le parler, l'action de prononcer, de nommer, de montrer. G.

ADRODDWR, répétiteur, grand parleur, qui raconte, qui récite, qui fait mention d'une chose, orateur, qui dicte, qui montre, qui fait connoître, qui publie, qui annonce, qui apporte une nouvelle. *Adroddwr Chwedlau*, qui répand, qui fait courir des bruits, qui seme des nouvelles, nouvelliste. G.

ADRUDUS, A. G. airain non travaillé; *Ad*, avec; *Rhwd*, crasse.

ADRUGHTE, IONADRUGHTE, adorable. I.

ADRUNCARE, A. G. renverser; d'*Adren*.

ADRYBEDD, certitude, connoissance certaine de quelque chose, l'action d'ouir. G.

ADRYWED, odeur, odeur que laissent les chiens qui poursuivent les bêtes sauvages, trace, vestige, recherche. G.

ADRYWIOGEIDIO, redevenir doux. G. *Ad Rhyviog*.

ADSALIRE, A. M. assaillir, attaquer; *Assaltus*, assaut, attaque; de *Sawd*, *A* paragogique.

ADSEINIO, résonner, retentir, répondre à la voix. G. *Ad Seinio*.

ADSGRIFENNU, récrire. G. *Ad Ysgrifennu*.

ADSON, dénonciation, l'action de faire sçavoir. G. *Son*.

ADTAENU, arroser. G. *Taenu*, répandre; *Ad* par conséquent eau.

ADTAL, reconnoissance d'un bienfait, récompense d'un service. G. *Ad Tal*.

ADTEGER, A. G. qui n'est plus entier, qui a été diminué; d'*Adeg* ou *Adteg*, décroissement, diminution; ou d'*Adig*, *Adteg*, enlever, emporter.

ADTORRI, recouper. G. *Ad* itératif; *Torri*.

ADTORRIAD, l'action de recouper, de couper une seconde fois, de casser. G.

ADTYFFU, repulluler, repousser. G. *Ad* itératif; *Tyfu*.

ADU, le même qu'*Addau*. Voyez *Caniadu*.

ADUAIN, étranger. I.

ADVALEIA, prise des poissons dans les nasses que l'on met à l'ouverture par où l'on fait écouler l'eau des étangs. *Avaler* en vieux François signifioit descendre & faire descendre, de même que *Dévaler*; l'un & l'autre se disent encore parmi le peuple en ce sens. Nous disons encore *Aval* pour marquer la pente, la descente de quelque chose, (on prononce maintenant *Avau*.) *Avalage* signifie parmi nous l'action d'avaler ou de descendre; *Avalaison* ou *Avalasse* est une chûte d'eau impétueuse qui vient des grosses pluyes; *Avalange* est une chûte de neiges qui se détachent des hautes montagnes & tombent dans les vallées; *Avalant*, en termes de bâtelier, signifie qui descend; & *Avaler*, abaisser, couler dans un lieu plus bas. *Avaler* se dit encore du boire & du manger qu'on fait descendre dans l'estomac; aller *à Val*, aller *à Vau*, aller en descendant; *Avaliff* en Breton, avaler, faire descendre dans l'estomac; *Deval* en Breton-Vannetois, vallée; *Bala*, creux, profond, bas en Gallois; *Bellaua*, vallée en Basque. On a nommé *Advaleia* dans les anciens monumens, & *Avalée*, *Avaleson* en vieux François, les poissons qu'on prenoit à la descente de l'eau. *Val* pour signifier lieu bas, est donc bien sûrement Celtique. De là *Vallis* Latin, *Valle* Italien, *Val* Espagnol, *Valley* Anglois, *Valleye* Flamand, vallée.

ADUANA, comptoir. Ba. Voyez l'article suivant.

TOME I. C

ADU.

Aduanazaya, qui leve les impôts. Ba. On voit par ce mot qu'*Aduana* a signifié impôt; de là Douane.

Aduath, horreur. I.

Adubum, A. M. l'action de réparer, de rajuster. Voyez *Adobare*.

Adventagium, A. M. avantage; d'*Avantaich*.

Adventurare, A. M. s'avanturer, hazarder; d'*Avantur*.

Adversour, ennemi. B, Ce mot paroit pris du Latin *Adversarius*.

Advincta, A. M. torche, flambeau; d'*Adwynig*.

Advisare, *Avisare*, A. M. conseiller, délibérer, aviser ensemble, avertir; d'*Avisa*. *Avisare*, conseiller, délibérer, aviser ensemble en Italien; *Wisan*, *Wisa*, montrer, enseigner, instruire, dans l'ancienne Langue du Nord.

Adula, A. G. tête de lin; de *Dull*, séparé, divisé par parties. Le fruit du lin, qui fait sa tête, est divisé en dix capsules qui contiennent sa semence.

Aduna, bled nouveau. Ba. Voyez *Adis*.

Adurare in terram, A. M. côtoyer la terre, aborder, échouer; *A* paragogique; *Dawr*, avoir attention, avoir soin, avoir en vue: ou *Dir*, *Dur*, à propos, nécessaire.

Adw, le même que *Cadw*. Voyez *Aru*.

Adwaen, sçais, connois, à la première personne. G.

Adwair, regain, second foin. G. *Ad Gwair*.

Adwaith, ouvrage imparfait, ouvrage qui n'est pas achevé, ouvrage auquel on n'a pas mis la dernière main, reprise d'un ouvrage imparfait pour l'achever. G. *Ad Gwaith*.

Adwanychu, redevenir languissant. G. *Ad Gwanychu*.

Adwedd, retour. G. Voyez *Adwedda*.

Adwedda, revenir, retourner. G. *Ad* itératif; *Gwedda* signifie donc venir, aller, ce qui est évident par *Gweddiwr*.

Adwelio, renouveller une playe. G. *Ad Gwelio*.

Adwen, le même qu'*Adwaen*. G.

Adwerth, prix au-dessous du juste, lorsqu'on déprise quelque chose. G. *Gwerth*, prix; *Ad* par conséquent moindre.

Adwerthu, dépriser, ne pas offrir un juste prix. G.

Adwledd, petit repas, restes de festin. G. *Ad Gwledd*.

Adwneuthurwr, qui refait. G. *Ad* itératif; *Gwneuthur*.

Adwnio, recoudre. G. *Ad Gwnio*.

Adwy, entrée, ouverture, rupture, canal, rigole, creneau, embrasure. G.

Adwyd, tu es allé. G.

Adwyn, sçais, connois, à la première personne. G.

Adwynig, briller, être resplendissant, se montrer, paroître. G.

Adwyr, recourbé. G. *Ad Gwyr*. Voyez *Adwyrni*.

Adwyrni, courbure. G.

Adwyth, peste, maladie des arbres causée par une mauvaise influence, maladie, mal, blessure, dommage, adversité, malheur. G.

Adwythig, infecté, corrompu, pestilent, pestilentiel, mortel, nuisible, offensant, mal-sain, pernicieux, funeste, capable de faire du mal, de causer du dommage. G.

Adymannerch, salut réitéré, ou salut que l'on rend. G.

Adymgyfarch, salut réitéré, ou salut que l'on rend. G.

AEN.

Adyn, misérable. G. d'*Ad*, non; *Dyn*, homme; comme qui diroit non homme, homme misérable; ce sont les paroles de Davies. *Hadino* en Espagnol, pauvre; *Adinandia* en Basque, vieux.

Ae, le repos des bêtes à midi. B.

Aë, foye. I.

Ae. En comparant *Aë*, le repos des bêtes à midi dans la plus grande chaleur, *Aé*, foye, que les anciens ont regardé comme le foyer de la digestion, *Aelwyd*, foyer, *Aeron*, fruits d'été, *Aest*, mois d'août, *Aez*, vapeur chaude, on voit qu'*Ae*, *Aes*, *Aez*, ont signifié chaleur.

Aear, air. I. Voyez *Aer*.

Æcentia, A. M. aisances; d'*Æcx*.

Æchu, accompli, fini. B.

Æchui, accomplir, finir, achever. B. De là Achever en notre Langue. On dit *Aichevi* en Patois de Franche-Comté.

Æcz, facile, aisé, accommodant, condescendant. B.

Æcza, *Æczae*, essai. B.

Aed, liqueur. Voyez *Gwaed*.

Æd, Clerc barbu. I.

Aedbhed, qui souhaite. G.

Aedfed, qui souhaite. G.

Aedh, œil. I. Voyez *Aedus*.

Aedhar, *Aedhear*, air. I.

Aedhar, firmament. I.

Aedus, A. G. lumière du levant, soleil du matin, Voyez *Aedh*. On sent le rapport qu'il y a entre l'œil & la lumière. Voyez *Gnia*.

Æffer, affaire. B.

Æge, foye. I.

Ægones, *Egones*, *Econes* dans deux anciens Glossaires, Prêtre des Paysans; dans un autre, Prêtres Paysans; d'*Hecc* ou *Heg*, terme qui marque le mépris, le rebut, la bassesse; *Hecon*, *Hegon*, vil, méprisable.

Ægr, aigre. B. *Agro* en Espagnol, aigre, âpre, qui n'est pas mûr; *Agraz*, verjus; *Agrelles*, oseille.

Ægret, dans Saint Isidore, il s'aigrit; d'*Ægr*.

Æigl, aigle. B.

Æin, agneau. B.

Æl, Ange, vent, aissieu. B.

Ael, Ange, vent, aissieu. B. Ce mot signifie aussi air. Voyez *Alare*. Nous voyons par *Aer* que le mot qui a signifié air, a pareillement signifié odeur. Voyez encore *Ala* & *Arwynt*.

Ael, sourcil, bord; *Ar Ael*, auprès; *Tn Ael*, près, auprès. G. Il signifie aussi montagne par métaphore dans la même Langue.

Aelaf, *Aelaw*, richesses. G.

Aele, douleur, dommage, perte, tort. G.

Aele, déplorable; *Aeled*, substantif de l'adjectif déplorable. G.

Aelgerth, *Aelgeth*, *Aelgaeth*, *Elgeth*, machoire, menton. G.

Aelod, membre. G.

Aelodi, démembrer. G.

Aelodog, membru, dont les membres sont forts & vigoureux. G.

Aelwyd, foyer. B.

Æmidus, dans Saint Isidore, enflé. *Am*, particule qui marque l'augmentation, l'accroissement, & qui dans ses dérivés doit faire *Em*; de là *Emid*, grossi, enflé.

Æmp, irions. B.

Aen, un. I. On dit en Patois de Franche-Comté *Enne* pour une.

Aen doit être la crase d'*Aven*, comme *Aon* est celle d'*Avon*.

ÆNEBI, résister. B. Voyez *Ænep*.
ÆNEP, adverse, contraire, opposé, contre. B.
ÆR, héritier, air, serpent, dragon. B. De là *Hæres* Latin. Voyez *Ar*, piquer.
ÆR, guerre, combat. B.
AER, air. G. B. *Aver* en Hébreu, *Air* en Syriaque, *Aer* en Grec, *Aer* en Latin, *Air* en François, *Aere*, *Aria* en Italien, *Ayre* en Espagnol, *Aire* en Anglois, *Aier* en Croatien, *Aer* en Dalmatien, *Arre* en Brésilien, air.
AER, combat. G. De là dans les anciens monumens *Arreamentum* ; *Arramie* en vieux François, guerre déclarée ; *Arrasa* en Basque, carnage.
AER, odeur. B.
AER, air, serpent, dragon. B.
AER, le même que *Caer*, *Gaer*. Voyez *Aru*.
AERAOUANT, le même qu'*Aezraouant*. B.
AERAWD, combat. G. Voyez *Aer*.
ÆRCH, neige. B. Voyez *Eriry*.
AERDRAWD, marche, course à pied. G.
AEREA, AERIA. Voyez *Aria*.
AERFA, carnage. G. Je le crois composé d'*Aer*, combat, & *Fail*, chûte, ruine ; les mots en composition perdent ordinairement quelques lettres.
AERFLAWD, prompt à combattre, prompt au combat. G. *Aer Blawd*, en composition *Flawd*.
AERGAD, combat. G. C'est un pléonasme. *Aer*, combat ; *Cad*, combat.
ÆRGARZ, horreur. B.
ÆRGARZI, avoir en horreur. B.
ÆRGRAIN, succomber dans le combat. G. *Aer Crain*.
ÆRGUER, ergoteur, qui pointille sans cesse, qui est d'une humeur fâcheuse, chagrin, hargneux, de mauvaise humeur. B.
AERON, fruits, fruits d'été, comme prunes, noix, &c. *Man Aeron*, baie, toutes sortes de menus fruits. G. *Man*, menu.
AES, bouclier, écu. G.
AES, facile, aisé, accommodant, condescendant, commode, aisé. B. De là aisé, aise en notre Langue. *Aitsia* en Basque, facilité ; *Ease* en Anglois, aise, commodité, soulagement ; *Asan* en Persan, facile, commode ; *Azetico* en Gothique, plus facilement.
AES. Voyez *Ae*.
AESANCIA, AESANTIA, AESSANTIA, ASSANCIA, A. M. aisance ; d'*Aes*.
AESAWR, écuyer, celui qui porte l'écu ou le bouclier d'un autre, celui qui est couvert d'un bouclier. G.
AESDALCH, bouclier plus petit, tel que les braves avoient coûtume de le porter. G. Voyez *Æstalch*, qui est le même mot.
AESDRAI, celui dont le bouclier a été brisé ou percé au combat. G. *Aes*, *Drai* en composition pour *Trai*.
AESDRAWD, bouclier d'un homme qui combat à pied. G. *Trod*, pied, en composition *Drod*.
AESDWN, celui dont le bouclier a été brisé ou percé au combat. G. *Aes Twnn*.
AESDWYN, qui porte un bouclier. G. *Aes Dwyn*.
AESEL, verjus. G. De là *Oseille*, plante qui a un goût âpre ; de là *Aisil* en vieux François, vinaigre, parce que les anciens se servoient du même mot pour signifier âpre, âcre, aigre. Voyez *Sûr*.
ÆSEN, âne. B.
AESERW, beau, net, brillant. G.
AESFRAU, celui dont le bouclier est fragile, facile à se briser. G. *Aes Brau*.

ÆSNECIA, AENEIA, A. M. aînesse ; *Æneus*, aîné ; de *Hena*, aîné, qui vient de *Hen*, vieux.
ÆSPICQ, aspic. B. Voyez *Pic* & *Atzer*.
AESPICQ, aspic. B.
ÆST, août. B.
ÆSTAICH, étage. B. De là ce mot.
ÆSTALCH, le même qu'*Astalch*. G.
ÆSTELL, dévidoir, tour à fil. B.
AET, allé. B. Voyez *Aeth*.
AETH, est allé. G.
AETH, douleur. G.
AETH, second. Voyez *Aethwellt*.
AETH paroit signifier peuplier, tremble, puisque *Aethnen* & *Aethwyden* n'ont que cela de commun : D'ailleurs *Nen* pour *Den* & *Wyden* sont des termes génériques qui signifient arbre ; *Aeth* marque donc l'espèce.
AETHNEN, peuplier de Lybie, tremble, arbre. G.
AETHOST, tu es allé. G.
AETHWELLT, regain, second foin. G. *Gwellt*, foin ; *Aeth* signifie donc second.
AETHWYDDEN, peuplier de Lybie, tremble, arbre. G.
AETHYM, je suis allé. B.
AETHYM. Voyez *Ashwyf*.
ÆZ, plaisir, aise, commodité, aisé, aisément. B. *Aise* en vieux François, plaisir. (Il se dit encore en ce sens.) *Aesier*, se réjouir ; *Entreeser*, se récréer ensemble. *Aez*, facile en vieux François.
AEZ, vapeur chaude, exhalaison, petit vent doux & agréable ; *Aezen* au singulier ; *Aezennic* diminutif. B. *Aid*, vapeur en Hébreu.
AEZ. Voyez *Ae*.
ÆZAMAND, aise, plaisir, commodité, aisé, aisément. B. C'est le même qu'*Æz*.
AEZER, couleuvre, serpent. B.
AEZR, le même qu'*Aezer*. B.
AEZROUAND, diable, démon. B. D'*Aezr*, serpent ; *Mand*, en composition *Vand*, grand. Le démon est appellé dans les Livres saints, le grand serpent, *magnus draco*.
AF, particule négative, privative, sans, non. G.
AF, particule qui placée à la fin du mot augmente sa signification & marque le superlatif. G.
AF, le Seigneur Créateur. G. Voyez *Ab*.
AF. Voyez *Aber*.
AF. Voyez *Afu*.
AF pour *Afon*, comme *Av* pour *Avon*.
AF, enfant, petit d'animal, petit en général. Voyez *Abal*.
AF, particule superflue. Voyez *Afryviogi*.
AF, été. Voyez *Gouaf*.
AFA, bouche, visage. Voyez *Afaintzea* ; c'est le même qu'*Aba*. *Apha* en Hébreu, visage. D'*Afa* est venu *Alapa* latin, soufflet ; *Al*, sur ; *Afa* ou *Apa*, visage ; & *Baffe*, soufflet en vieux François. *Ba* apparemment sur, dessus. Voyez *Ba*.
AFAIL, pierre, roc. Voyez *Liafail*.
AFAINTZEA, déguiser son visage. Ba. D'*Aba* ou *Afa*, visage.
AFAIS, oiseau. G. L'*f* se prononçant en *v*, de là *Avis* Latin. *Aveis* en Étrusque, oiseaux.
AFAL, pomme. G. B. *Apel*, dans la Langue des petits Tartares, pomme ; *Affal*, *Aphel*, *Aphol* en Theuton, pomme ; *Appel*, pomme en Flamand ; *Apple*, qui est la transposition d'*Appel*, pomme en Anglois ; *Apl*, *Appel*, *Æpl*, pomme en ancien Saxon ; *Eple*, pomme en Islandois & en Runique ; *Effel* en ancien Allemand, *Apfel*, pomme en Allemand ; *Aval*, *Obal*, pomme en Irlandois ; *Jable*

C ij

en Servien, *Jablon* en Lufatien, *Iablan* en Stirien & en Carinthien, *Gablon* en Bohémien, pomme; *Jublun*, pommier dans la Langue des Venedes; *Jabelky*, pomme en Efclavon. Voyez *Abal* & *Afallach*.

AFAL BREUANT, la tête du larynx. G.
AFAL EURAID, orange. G. A la lettre, pomme dorée.
AFAL GRONYNOG, grenade. G. A la lettre, pomme pleine de grains.
AFAL MELYNHIR, limon. G. A la lettre, pomme jaune longue.
AFAL PEATUS, pêche. G.
AFAL T DDAIAR, efpèce d'ariftoloche. G. A la lettre, pomme de terre.
AFALBREN, pommier. G. *Afal Pren*.
AFALDURE, fouper. Ba.
AFALDWYN, qui porte des pommes. G.
AFALEUBREN, pommier. G. *Afaleu*, pluriel d'*Afal*.
AFALEWR, qui vend des pommes. G.
AFALL, pommier. G. B. Voyez *Afallach*.
AFALL, le même qu'*Aball*. Voyez *Affolare*.
AFALLACH, verger. G. Je crois ce mot compofé d'*Afall* & *Ach* lieu. (Voyez *Ac*, *Auc*.) D'ailleurs *Afalleule*, qui eft fynonime d'*Afallach*, eft compofé de la même façon. Les vergers ne font pas feulement remplis de pommiers, mais de toutes fortes d'arbres fruitiers; ainfi *Afallach* & *Afalleule* fignifiant verger, on voit par là qu'*Afal* ayant d'abord fignifié pomme, on a enfuite étendu fa fignification à toutes fortes de fruits. *Malum* en Latin fignifie pomme, & toutes fortes de fruits dont l'écorce eft molle. Voyez *Afaloe*.
AFALLEN, pommier. G. B.
AFALLEULE, verger. G. D'*Afall*, pommier, arbre fruitier, & *Wl*, *Eul*, lieu. Voyez *Afallach*.
AFALOE, fruit. G.
AFALONDOAN, l'après-fouper. Ba.
AFALWYDEN, pommier. G. *Afal Gwydden*.
AFAN, framboife, framboifier. G.
AFAN, le même qu'*Afon*. Voyez ce mot & *Afangc*.
AFANGC, caftor, biévre, loutre. G. Ce font des animaux d'eau. Voyez *Afon*.
AFANS, galliote, benoîte, nard fauvage. G. Ce font les noms d'une plante.
AFANWYD, framboife, framboifier. G. *Afan Gwyd* fignifie à la lettre, arbuftes de framboifes.
AFAR, douleur, trifteffe, deuil. G. Voyez *Fari*.
AFAR, parole. B. De là *Fari*, parler, en Latin.
AFAR. Voyez *Aber*.
AFARIA, j'apprête. Ba. Voyez *Parottoi*, *Daphar*.
AFARIA, le fouper. Ba. Voyez *Aparia*.
AFEITARE, A. M. orner, parer; d'*Affaith*. Nous difons encore qu'un homme eft *affeté* lorfqu'il cherche à plaire par des paroles & des manières étudiées. *Afeytar* en Efpagnol, orner, parer; *Affiquet* en François, ajuftement.
AFEL, le même qu'*Avel*. Voyez ce mot.
AFEL, pierre, roc. Voyez *Liafail*.
AFEN, rivière. G.
AFER. Voyez *Aber*.
AFERICQ. AN AFERICQ HONT, eau de vie burlefquement. B.
AFES, oifeau. G.
AFF, baifer; *Affa*, donner un baifer. B. Anciennement dans cette Langue *Aff* fignifioit encore joye & avouer. Ce mot vient d'*Aff*, bouche; ainfi *Poki* en Breton, baifer, vient de *Boch*, bouche. *Aph* en Hébreu, la face.
AFF, bouche. Voyez *Lap*, *Afa*, & l'article précédent.

AFFA, A. G. taupe; d'*Affan*.
AFFACTATOR, AFFECTOR, AFFECTATOR, A. M. tanneur, conroyeur. *Affait*, lieu où l'on prépare la peau; d'*Afeitare*. Les tanneurs, les conroyeurs, les chamoifeurs difent encore parer les peaux.
AFFAECZOUNI, décorer, embellir. B.
AFFAITH, affection, paffion, difpofition, mouvement, l'état d'un homme qui eft coupable d'un crime qui a été commis par un autre, production, arrangement, achevement. G. De là en notre Langue *Affaiter* un oifeau, c'eft l'apprivoifer, le façonner; *Affaitier* en vieux François, rendre fçavant, inftruire; & *Affaitiez*, fin, prudent, appris.
AFFAMYN, boulimie. B. De là *Famine*. Voyez *Aff*.
AFFAN, qui n'eft pas élevé, profond. G. *A Ban*.
AFFARE, AFFARIUM, A. M. grange, métairie. Voyez *Fara*.
AFFARIUM, A. M. affaire; d'*Affer*.
AFFATOR, A. G. laboureur; d'*Affaith*. Le laboureur difpofe, prépare la terre à produire.
AFFEDEN, baifure ou bizeau du pain. B. Voyez *Aff*.
AFFEILH, rechûte. B. *Ad Fail*.
AFFEILHA, retomber. B.
AFFEITHIAWL, efficace, qui a la force, la vertu, qui eft propre à, qui a fon effet. G.
AFFEITHIOL, AFFEITHIWR, celui qui eft coupable du crime d'un autre. G.
AFFER, affaire. B. *Affairs* en Anglois, affaires. D'*Affer* eft venu notre mot *Affaire*.
AFFERUS, AFFRUS, A. M. cheval propre à cultiver les terres d'une grange; d'*Affare*, grange.
AFFET, baifé. B. Voyez *Aff*.
AFFILAF, affiler. B.
AFFILATORIA, A. M. pierre à aiguifer; d'*Affilaf*.
AFFINARE, A. M. affiner; de *Fin*, en compofition pour *Min*, fin.
AFFIXARE, A. M. ficher, enfoncer; de *Ficha*.
AFFLET, badin, léger, volage. B. Voyez *Afall*, le même qu'*Aball*. On a fait *Afflet* d'*Afallet*.
AFFLEU, fein, bras, felon les uns; prife, faifie, felon les autres. G. Je crois qu'il a l'une & l'autre fignifications. Voyez *Addfed*, *Addiant*, *Addng*.
AFFLIGEA, affliger. B.
AFFN, aliment, nourriture. Voyez *An*.
AFFO, chaleur, feu. B. Voyez *Fo*.
AFFO, tout-à-coup, vite, avec viteffe, avec empreffement. B.
AFFOCARE, A. M. faire du feu. Les Italiens difent encore *Affocare*. On a dit *Affoer* en vieux François, de *Fo*.
AFFOLARE, A. M. eftropier, priver de quelque membre. On a dit en vieux François *Affouler*, *Fouler*, au même fens; d'*Afall*, le même qu'*Aball*.
AFFORAGIUM, A. M. droit de mettre le prix aux marchandifes qui fe vendent; de *Feur*, taux. On a dit *Affeurer*, *Afforer* en vieux François, pour mettre le prix aux marchandifes.
AFFORUS, A. G. très-petit poiffon; *Af*, petit *Forz*, marque du fuperlatif.
AFFOSTRATA dans Saint Ifidore, revenus. On lit dans un autre ancien Gloffaire, *Affroftata*, leçon qui paroit meilleure; de *Froez*, *Froz*, fruits, produit, revenu.
AFFOUT, avouer anciennement en Breton; d'*Aff*, bouche. On a prononcé *Affout*, *Avout*, de là *Avouer* en notre Langue.
AFFRANCARE, AFFRANQUIRE, AFRANCARE, A. M. affranchir. Voyez le mot fuivant.
AFFRANCHI, exempt, quitte, franc. B. De *Francq*.

AFF.

AFFRECTAMENTUM, A. M. le fret; de *Fret*.
AFFROIAMENTUM, AFFRAIAMENTUM, A. M. effroi; d'*Effreyt*. On a dit *Afre* pour épouvante en vieux François; on le dit encore en Franche-Comté. *Afraid* en Anglois, qui a peur.
AFFROND, affront. B.
AFFRONT, affront. B. De là ce mot. *Affront* en Anglois, affront; *Affronto* en Italien, affront.
AFFRONTER, fourbe. B. De là *Affronteur* en Franche-Comté pour trompeur.
AFFRONTI, affronter. B.
AFFRUS. Voyez *Afferus*.
AFFU, foye. B.
AFFURCILLARE, A. M. ébranler, fecouer; de *Forza*, violenter.
AFFWYS, ce qui eſt profond, abyſme, précipice. G. *Abyſſos* en Grec, *Abyſſus* en Latin, abyſme; le *b* & l'*f* ſe mettent l'un pour l'autre: *Os* terminaiſon Gréque, *Us*, terminaiſon Latine. Davies veut que l'on écrive *Affwys*, *Aphwys*; l'une & l'autre orthographes ſont indifférentes. *Apita* en Baſque, deſcente.
AFIACH, mal ſain, infirme, qui a une mauvaiſe ſanté, contraire à la ſanté, qui n'eſt pas ſolide, qui n'eſt pas ferme, qui n'eſt pas ſtable. G. *Af*, particule négative; *Iach*, ſain. On voit par ce mot qu'*Iach* a été pris métaphoriquement pour ſolide, ferme, ſtable.
AFIACHUS, malade, infirme, maladif, languiſſant, valétudinaire. G. Voyez le mot précédent.
AFIAITH, plaiſanteries, enjouement, careſſes. G.
AFIECHYD, mauvaiſe ſanté. G. *Af Iechyd*.
AFIEITHUS, careſſant, plaiſant, enjoué, badin, folâtre. G. Voyez *Afiaith*.
AFIEITHUSDER, enjouement. G.
AFIERA, origine. Ba. Voyez *Af*.
AFIN, d'*Afen*, rivière, comme *Avin* & *Aven*.
AFIR. Voyez *Aber*.
AFLAFAR, muet, qui ne parle pas, enfant qui ne parle pas, qui ne rend point de ſon, qui ne réſonne point. G. *Af*, ſans; *Llafar*, parole, ſon.
AFLAM, ſynonime de *Ffiloreg*. G. C'eſt le même que le terme ſuivant, par où on voit qu'on a dit indifféremment *Glam*, *Lam*, & *Glan*, *Lan*.
AFLAN, immonde, impur, ſale, mal-propre, vilain, craſſeux, plein d'ordures, rance, moiſi, chanci, obſcène, honteux, deshonnêté, ſouillé, violé, profané. G. *Af Glan*. Voyez *Diaſlan*.
AFLANHAU, ſalir, ſouiller, &c. G. Voyez *Aflan*.
AFLARIAID, féroce, intraitable, qu'on ne peut adoucir. G. *Af Llariaid*.
AFLATHRAID, impoli, groſſier, qui n'eſt pas poli, parlant d'un ouvrage. G. *Af Llathraid*.
AFLAWEN, qui ne réjouit point, qui ne donne aucun plaiſir. G. *Af Lawen*.
AFLEDNAIS, immodeſte. G. *Af Llednais*.
AFLEDNEISRWYDD, immodeſtie. G. Voyez le mot précédent.
AFLENDID, ordure, ſaleté, craſſe, amas d'ordures, mal-propreté, obſcénité. G. Voyez *Aflan*.
AFLER, glouton, gourmand. G. C'eſt le même qu'*Aflerw*.
AFLERW, vorace, goulu, grand mangeur, glouton, gourmand. G. D'*Af Llerw*, dit Davies.
AFLES, inutilité, dommage. G. D'*Af Lles*.
AFLESOL, inutile, dommageable, incommode. G. En Hébreu le même mot ſignifie inutile & mauvais; *Inutilis* Latin a pareillement ces deux ſens.
AFLETTEUGARWCH, inhoſpitalité. G. *Af Llet-teugarwch*.

AFR.

AFLONYDD, inquiet, qui ne peut demeurer en paix, qui n'a point de repos, fâcheux, incommode, importun, fatiguant, chagrinant, troublé, implacable, qu'on ne peut appaiſer. G. *Af Llonydd*.
AFLONYDDU, inquiéter, troubler, importuner, cauſer du trouble, exciter de la confuſion, faire du tumulte, brouiller, ſemer la diviſion, mettre la diviſion, confondre, mêler, déranger, agiter, émouvoir, tourmenter. G. *Af Llonyddu*.
AFLONYDDWCH, inquiétude, trouble, chagrin, peine, agitation, émotion, pente, penchant. G.
AFLONYDWR, brouillon, ſéditieux, perturbateur, qui trouble, qui inquiète, qui fait de la peine, qui tourmente, qui perſécute. G.
AFLRWYD, empêché, arrêté. G. Voyez *Rhwyd*.
AFLUNIAID, informe, qui n'eſt pas encore formé, difforme, laid. G. *Af Lluniaid*.
AFLUNIEIDDRWYDD, l'action de flétrir, de tacher. G.
AFLWYDD, miſére, calamité, malheur, adverſité. G. *Af Llwydd*.
AFLWYDDIANNUS, malheureux, ennemi, oppoſé, contraire. G.
AFLWYDDIANT, le même qu'*Aflwydd*. G.
AFLWYDDO, rendre malheureux. G.
AFLYM, émouſſé. G. *Af Llymm*.
AFLYWODRAETH, anarchie. G. *Af Llywodraeth*.
AFN. Davies rapporte ce mot ſans l'expliquer; il cite ſeulement une phraſe Galloiſe où il me paroit ſignifier bouche: *Llathrai laſn uch afn uch afwyn*, que je traduis: Lame polie ſur la bouche, ſur la bride. D'ailleurs ce qui appuye ma conjecture & la met hors de doute, c'eſt que *Safn* ſignifie bouche. Or l'*s* ſe plaçoit ou s'omettoit indifféremment à la tête du mot dans le Galloiſ; un dialecte diſoit *Aru*, un autre *Saru*; (Voyez *Aru*) ainſi les uns auront dit *Safn*, les autres *Afn*. Enfin on voit encore des traces de ce mot dans *Aff*, bouche.
AFNEUED. Davies ſur ce terme renvoye à *Neuo*; ſur ce ſecond il dit qu'on examine s'il n'eſt point ſynonime à *Hiraethu*, qui ſignifie déſirer avec ardeur. G.
AFON, courant d'eau, ruiſſeau, rivière, fleuve; pluriel *Afonydd*. G. C. B. On a dit *Afan* & *Afon* comme *Avan* & *Avon*. Voyez *Afange*.
AFONAWL, de fleuve, de rivière, de ruiſſeau. G.
AFONIG, petit ruiſſeau, torrent. G.
AFONOG, plein de fleuves. G.
AFORY, demain. G. Voyez *Bore*.
AFR, particule qui augmente. Voyez *Afrdwl*.
AFR. On voit par *Afror* qu'*Afr* a ſignifié mauvais.
AFRAD, profuſion, prodigalité, dévaſtation, ravage, pillage, l'action d'engloutir. G.
AFRADLONI, prodiguer, dépenſer follement, manger ſon bien, piller, ravager. G.
AFRADLONRWYDD, profuſion, prodigalité. G.
AFRADLONWR, débauché, diſſipateur, goinfre, qui conſume ſon bien, qui le dépenſe follement. G.
AFRADU, prodiguer, manger ſon bien, piller, ravager, engloutir, être englouti. G.
AFRAID, inutile, ſuperflu, non néceſſaire. G. *Af Raid*.
AFRDWL, le même qu'*Ardwl*. G.
AFRDWYTH, compoſé de *Twyth*, dit Davies, qui n'explique ni le ſimple ni le compoſé. Voyez *Twyth*.
AFRE. Voyez *Aber*.
AFREOL, déréglement, excès, énormité, irrégularité. G. *Af Reol*.
AFREOLEDD, le même qu'*Afreol*. G.

AFREOLI, rendre irrégulier, faire sortir de la régle. G.

AFREOLUS, irrégulier, déréglé, sans régle, intraitable, rébelle, indompté, sans modération, sans retenue, non tempéré, exceffif, immodéré, immodeste, intempérant, licencieux, qui prend trop de liberté, qui n'eft pas maître de foi, qui vient à contre-temps. G.

AFRI. Voyez Aber.

AFRIFED, innombrable, infini. G. Af Rhyfed.

AFRLLAD, gâteau, pain azime. G.

AFRLLADEN, petit gâteau, gâteau, pain azime. G.

AFRON, auronne, plante. B.

AFROR, A. M. mauvaife odeur, puanteur; d'Afr, mauvaife; Awr, d'Awyr, odeur.

AFRWYD, embarraffé, empéché, qui n'est pas prêt, malheureux, qui ne réüffit pas, qui n'eft pas heureux, qui n'eft pas achevé, qui n'eft pas fini, qui n'eft pas terminé. G. Af Rhwyd.

AFRWYDD-DEB, malheur, non profpérité. G.

AFRWYDDO, embarraffer, embrouiller, rendre malheureux. G.

AFRYS, lent. G. A Brys.

AFRYW, qui dégénère. G. Af Rhyw.

AFRYWIOG, opiniâtre, qui réfifte avec opiniâtreté, hautain, têtu, qui eft fans pitié, impitoyable, méchant, qui dégénére, vîte, leger. G. Af Rhywiog, que l'on voit par ce mot avoir fignifié pefant, mol, pareffeux.

AFRYWIOGI, frémir, gronder, entrer en fureur G. D'Af Rhywiog.

AFRYWIOGI, dégénérer. G. Voyez Afryw.

AFRYWIOGI, avoir de la douceur, exercer de la douceur, être clément. G. Af eft ici fuperflu.

AFRYWIOGRWYDD, opiniâtreté, réfistance opiniâtre, rigueur, dureté, févérité, méchanceté. G.

AFU, foye. G. Af, été. On voit par ces mots qu'Af a fignifié chaleur, ardeur. Le foye, fuivant les Anciens, eft le foyer ou la cuifine où fe prépare & fe cuit le fang; Aw, qui eft le même qu'Af, fignifie défir, mouvement ardent pour quelque chofe.

AFUMENTUM, A. G. lieu plein de buiffons, de halliers; d'Afwch.

AFWCH, pointe, taillant, vigueur, véhémence. G.

AFWYN, bride. G. Awyn.

AG; conjonction copulative, &, avec, G. I. Voyez Agaz. Ce mot étant copulatif, a par conféquent défigné confluent comme Gand, Cwm, Aber, qui fignifient l'un & l'autre. Voyez Agaz.

AG, à, au, touchant, &, avec, de, du, des, par, entre, pour, à caufe. I.

AG, fils anciennement en Breton. Voyez Ac.

AG, le même qu'Agen. Voyez Gagau.

AG, AGUEN, AGREN, eau. Voyez Goag, Goaguen, Goagren, Gouaguen. On difoit en vieux François Age pour eau, de là Nager; Neh au-deffus, Age, eau. De Goag eft venu Vague, Voguer. Aguen eft le même qu'Aven, & Ag le même qu'Aw, Av, (car le g fe prononce en v) & par conféquent Agon eft le même qu'Avon.

AG pour Ang. Voyez Agde.

AG, qui aiguife, qui coupe, pointe, aiguillon, taillant. Voyez Ac. On difoit en vieux François Agu pour aigu; on dit encore en baffe Normandie Agu, Agucher. Agudo en Espagnol pointu. On a dit en vieux François Ague pour fubtil.

AG, le même qu'Ac. Voyez Aru.

AG, nourrir. Voyez Agama.

AGA, efpace, diftance. I.

AGA, de quoi, c'eft pourquoi. I.

AGA, forêt. Voyez Aguinaga & Agaa.

AGA dans les anciens monumens de Languedoc, eau; d'Ag.

AGAA, AGAYA, bâton; Agaaz, Agaatu, Agaitu, donner des coups de bâton; Agaidia, rames; Agaitua, qui a un pal en termes de Blafon; Agapurva, maffue. Ba. On voit par là qu'Agaa a fignifié bâton, rame, pieu, & par conféquent bois en général; ce qui fe confirme par Aga, forêt; car en Celtique les termes qui fignifioient forêt, fignifioient auffi bois. Voyez Coad, Coed, Derw, Dan, Den, &c. Voyez Haga, Hai.

AGACZ, pie. B. On dit en Patois de Franche-Comté Aiguesse, en Picard Agache, en Gafcon & en Bourguignon Agace, en Poitevin Ajace, en Savoyard Agasse, en Patois d'Alface Aiquiaisse. Agacz eft formé d'Ag, qui pique, parce que la pie pique le bois, & troue les arbres avec fon bec pour faire fon nid; de là eft auffi venu fon nom Latin Pica, qui eft formé du terme Celtique Pico, piquer. D'Agacz nous avons fait agacer, piquoter. Ajah en Hébreu, pie; Aigastra, pie en Grec; Keissa en Lacédémonien, pie; Ag, Agu en Theuton, pie; Aglaster en Allemand, pie; Gazza en Italien, pie.

AGADH, éloignement. I.

AGAIDH, avance, avancement. I.

AGAIN, le même que Cain. Voyez ce mot.

AGALEN, pierre à aiguifer. G. Agalen eft le fynonime d'Hogalen, Hogfaen, Hoggi fignifie aiguifer, Hog qui aiguife; ainfi Ag, qui équivaut à Hog, fignifie auffi qui aiguife; & Alen doit fignifier la même chofe que Faen, en compofition pour Maen, pierre.

AGALL, parole, difcours. I. Voyez Galw.

AGALLADH, parler. I. Voyez Agall.

AGALMA, A. M. troupeau; d'Aig.

AGAMA, mere, nourrice. Ba. Ama, mere; Ag fignifie donc nourrir. Voyez Magu.

AGAMUS, l'action de fraper. I.

AGAPURVA, maffue. Ba.

AGARITUDO, A. G. foupir ou inquiétude; d'Agarw, qu'on voit par ce mot avoir été pris au figuré.

AGARO. Voyez Agarw.

AGARW, âpre, raboteux, rude, inégal, fcabreux. G. A paragogique. Voyez Garw; de là Hagard. Voyez Agaritudo. On peut prononcer Agaro. Voyez Garo.

AGAS, &. I.

AGASAJATZALLEA, officieux. Ba.

AGASS, pie. B. Voyez Agacz, qui eft le même mot.

AGAT, particule dubitative. Voyez Agatfydd.

AGATA, agathe, pierre précieufe. Ba. Voyez Agaten.

AGATHYDD, AGATFYDD, peut-être, adverbe de doute. G. Bydd ou Fydd, fera, & par conféquent Agat, particule dubitative.

AGATEN, agathe, pierre précieufe. B. Voyez Agata.

AGATFYDD. Voyez Agatbydd. G.

AGATOEDD, le même qu'Agatbydd. G.

AGAU, plurier d'Ag ou Agen. Voyez Gagau.

AGAUN, pierre, roc. Ce mot nous a été confervé par l'Auteur des Actes de Saint Maurice, qui remarque qu'Agaun en Langue Celtique fignifie pierre, rocher: Agaunum accola interpretationi Gallici fermonis faxum dicitur. Le Religieux qui a écrit la vie de Saint Romain, Fondateur de l'Ab-

AGA.

baye de Condat, & qui étoit contemporain de ce Saint, fait la même obfervation : *Agaunus vefter Gallico prifcoque fermone, tàm primìus per naturam, quàm nunc quoque per Ecclefiam veridicâ præfiguratione Petri, petra effe dignofcitur. A* eft paragogique. Voyez *Con.* On trouve dans Pomey *Choin* pour fignifier une forte de pierre dure & de vive roche, qui peut être polie comme le marbre. *Trachon* en Grec, rocher ; *Loggon* en Grec, rochers percés dans les ports aufquels on attache les vaiffeaux ; *Akone* en Grec, rocher dénué de terre ; c'eft de là que l'aconit a tiré fon nom, parce qu'il croît aifément en pareil fol ; *Gondaros* en Perfan, terre pleine de pierres & de rochers.

A C A Z, avec. Ba. Voyez *Ag*.

A C C E I N U A I D, éloigné, reculé. I.

A G C O M H N U D E, toujours, éternellement. I.

A G C U A N, à terre. I.

A G C U N E, averfion. I. De là rancune, le *g* prenant le fon de l'*n* devant le *c*.

A G C U N E, contre. I.

A G D E, ample, large, étendu. G. *Ag* pour *Ang*, *De*, particule ajoutée quelquefois à la fin des mots pour l'ornement feulement. Ce font les paroles de Davies.

A G E A, *A G E I A*, A. G. chemins ou lieux dans le vaiffeau par lefquels le comite exhorte les rameurs ; d'*Ag*, trou, ouverture, paffage. Voyez le mot fuivant.

A G E A M A, A. G. trous par lefquels paffe le comite pour aller aux rameurs ; d'*Ag*, *Agen*, trou.

A G E L pour *Ael*. G.

A G E L L U S, A. G. nouvelle. *A* paragogique ; *Coel*, en compofition *Goel*, nouvelle.

A G E L L U S, A. G. joye. *Eiwch* ou *Elws*, joye ; *Ag*, article.

A G E N, trou, fente, fiffure, ouverture. G. *A* paragogique, parce que *Cwain* ou *Gain* fignifie en Gallois & en Breton, gaine, fourreau ; *Gwan* ou *Gan* en Gallois, percé ; *Gen* en Gallois, ouverture ; de là *Vergenne*, pierre fort trouée ; *Ver*, beaucoup, fort ; *Gen*, trouée. On voit par là qu'on a dit *Gen* au même fens qu'*Agen*.

A G E N, le même que *Gen*, beau. Voyez ce mot ; de là *Agencer*, parer.

A G E N E R O T E S, A. G. qui fe fanctifie ; d'*Agen*, beau, qui a auffi fignifié faint. Voyez *Sen* & *Glan*.

A G E N N I G, petite fente, petite crevaffe, petit trou. G.

A G E N N O G, troué, fendu, plein de fentes, plein de crevaffes. G.

A G E N N U, trouer, s'ouvrir, rechercher foigneufement, fureter, examiner. G.

A G E N T I A M E N T U M, A. M. agencement ; d'*Agen*, beau.

A G E R, odeur. G.

A G E R, *A G E R D D*, vapeur, exhalaifon, chaleur. G. Voyez *Agerred*.

A G E R O. Voyez *Agerw*.

A G E R R A, ouvrir. Ba. Voyez *Agorri*.

A G E R R E D, vapeur, exhalaifon, chaleur. G. Voyez *Agerri*.

A G E R R I, vapeur, exhalaifon, chaleur. Ba. Voyez *Agerred*.

A G E R W, le même qu'*Agarw*. G. On peut prononcer *Agero*. *Gero* d'*Agero*, comme *Garw* & *Agarw*, *Gerw* & *Agerw*.

A G G E R. Servius dit que ce mot fignifie l'élévation que l'on fait avec des pierres au milieu du che-

AGO.

min public ; *Ar*, pierre ; *Ger*, élévation. D'*Arger* on a fait aifément *Agger*.

A G G E S T U S, A. M. enceinte faite par une élévation ; d'*Agger*.

A G G I N A R E, A. G. conduire une armée, une troupe de foldats. *Aig*, troupe ; *Cin*, en compofition *Gin*, chef, conducteur.

A G G L A T A. Voyez *Occlata*.

A G G R E A R E, A. M. agréer ; de *Gré*, que nous avons confervé dans notre Langue, & qui eft un mot Celtique, ainfi qu'on le voit par *Greamand*, *Greancz*, *Greapl*.

A G G R U N D A, A. M. protégé ; de *Cronni*, avec un *A* paragogique ; *Gronni*, fermer.

A G H, combat. I. *Agon* en Grec, combat.

A G H, timide. I.

A G H, bœuf, vache, daim. I. Voyez *Eg*.

A G H, bonheur, fuccès. I.

A G H - A L L A I D, bœuf fauvage, bufle. I.

A G H A, champ, campagne. I.

A G H A D, contre ; *Ar Aghad*, avancé, qui a fait quelque progrès. I.

A G H A I D, face ; *Ar Aghaid*, en préfence. I.

A G H A I M, je crains. I. Voyez *Agh*.

A C H E R D E D D, ne pas avancer. G. *A* privatif ; *Cerdedd*, en compofition *Gerdedd*, marcher, aller.

A C H N A I R E A C H, honteux, modefte, plein de pudeur. I.

A G H T I I, grand. I.

A G H W E Z, en public, publiquement. B.

A G H U Y D, *An Aghuid*, devant, contre. I.

A G I A, A. M. forêt ; d'*Aga*.

A G I A, A. M. haye ; d'*Aga*, bois, branche, pieu ; ou d'*Ach*, *Ag*, enceinte.

A G I A M A, le même qu'*Agea*.

A G I C I S. Voyez *Ajacis*.

A G I L, le même que *Gil*. Voyez *Cil*.

A G I L L A R I U S, A. M. bouvier. *Agh*, bœuf ; *Gwyll* ou *Gyll*, qui garde.

A G I N, le même qu'*Agen*. Voyez le mot fuivant.

A G I N A dans Feftus, trou dans lequel on pofe le fleau de la balance ; d'*Agen*.

A G I N A R E, A. M. le même qu'*Agginare*.

A G I N A R E, A. M. fe hâter, fe preffer ; *A* paragogique ; *Cyn* avec l'*A* paragogique, vîte.

A G I N A T O R E S, A. M. empreffés, qui fe preffent, qui fe hâtent ; d'*Aginare*.

A G I R R I S I S, A. M. cens qu'on payoit par an pour le champ d'un autre dont on jouiffoit. *A* paragogique ; *Gwir* ou *Gir*, droit ; *Reiz*, *Riz*, réglé.

A G I S, particule copulative, &. I. Voyez *Ag*.

A G I S C U S, A. M. anfe ; d'*Agis*, qui marque l'union, la prife, la faifie ; c'eft par l'anfe qu'on prend un vafe.

A G I S T A R E, A. M. gîter ; de *Giz*, gîte, habitation.

A G L A C H, ouvrier. Voyez *Cranfaor*.

A G L A T A. Voyez *Oglata*.

A G M E N T A R E, A. M. augmenter ; *Ag*, particule augmentative ; *Mendt*, grandeur ; de là *Augmenter*.

A G M I N A L E S E Q U I, A. M. chevaux qu'on nourriffoit par troupe ; d'*Agmen*, & celui-ci d'*Aig*.

A G N E. Davies dit qu'on examine fi ce mot vient de *Gne*, couleur. Je ne trouve rien qui puiffe décider la queftion, finon qu'*A* eft fouvent paragogique.

A G N E D, jeunes perfonnes du fexe, vierges. G. *Agnos* en Grec, chafte.

A G O A N D E A, force, courage. Ba. Voyez *Agonia*.

AGO.

AGORIADURUS, AGORIUS, AGOFIADURUS, AGOFIUS, qui n'a point de mémoire. G. De Cof ou Cob, mémoire, (le b & l'f se mettent l'un pour l'autre.) A privatif.

AGOLAN, pierre à aiguiser. C. Voyez Agalen. On voit par ce mot qu'on a dit Olan comme Alen, pierre.

AGOMANNUS, dans Saint Isidore, marchand en détail, marchand qui détaille ; Ag, des ; Mann, petites ; on sous-entend choses.

AGON, le même qu'Avon. Voyez Ag.

AGONIA, A. G. vivacité, vigueur, confiance, sollicitude. Digoni signifie agir en homme, agir avec vigueur, avoir soin. On aura dit par aphérèse Goni pour Digoni ; on aura ensuite ajouté l'A paragogique. Voyez Agh, Agoandea.

AGOR, ouvrir. G. Voyez Agerra.

AGORED, ouvert. G. Voyez Agor.

AGORI, ouvrir. G. Voyez Agerra.

AGORIAD, clef. G.

AGORIAWDR, celui qui ouvre, le portier. G.

AGORILQUIA, né au mois d'août. Ba. Voyez le mot suivant.

AGORTEA, sécheresse ; Agortua, brûlé, desséché. Ba. Voyez Gor.

AGOS, aisé, facile, qui est à la main, le plus intérieur, le plus avancé, qui est le plus avant, intime, prochain, voisin, proche, près, auprès, presque, quasi, jusqu'à. G. A paragogique. Voyez Got. Nagas en Hébreu, approcher.

AGOS, YN AGOS, adverbe pour exprimer une chose non achevée, non consommée. G.

AGOS AT, auprès, voisin, proche, contigu, limitrophe. G. Agos At, pléonasme.

AGOS I, voisin, proche, contigu, limitrophe. G.

AGOSI, voisin. G.

AGOTA, A. M. synagogue. Ce dernier terme signifie originairement assemblée, ensuite il a été étendu au lieu de l'assemblée. Agota, d'Aig.

AGRA, A. M. le même qu'Acra; le g & le c se substituent réciproquement. Voyez Aru.

AGRADATU, je plais. Ba. Voyez Grad.

AGREABL, agréable. B. Voyez Aggreare.

AGREAMENTUM, A. M. agrément. Voyez Aggreare.

AGREAN, A-GREAN, absolument, entièrement, tout-à-fait, parfaitement. B.

AGREAPL, agréable. B. Voyez Aggreare.

AGREN ou AGRENN, absolument, entièrement, tout-à-fait, parfaitement. B. Voyez Agrean.

AGREN, eau. Voyez Ag.

AGRIBEA, certitude, sûreté. Ba. Voyez Cryf.

AGRIFARE, A. M. étendre les griffes ; de Griffon, griffes.

AGRIPEA, certitude, témoignage, assertion. Ba. Voyez Cryf.

AGRIPECOA, certain, positif, effectif. Ba. Voyez Cryf.

AGRIPENNA, AGRIPENNUS, AGRIPENTUM, A. M. les mêmes qu'Arapennis.

AGRIPERIUS, A. M. agraffe ; de Grip.

AGRO, pesant, fort pesant, triste. G. Je crois que c'est le même mot qu'Agero ; prononcez avec une crase ; Gro, par conséquent le même qu'Agro, comme Gero est le même qu'Agero.

AGROASEN, arbuste. B.

AGSAL, noble, généreux. I.

AGUAYT, A. M. aguet ; de Gueda ou Gueta, d'où vient Guetter. On a dit Aguetter en vieux François.

AGUDO, vîte. Ba. Agais en vieux François, subtilité ; & Aigr, alerte, vigoureux. Voyez Ag.

AGW.

AGUEN, eau. Voyez Ag.

AGUENT, avant, précédemment. Voyez Diaguent.

AGUERIA, apparition, manifeste, évident. Ba. Voyez Agerra, Aguerria, Gwar.

AGUERRA, bouc. Ba.

AGUERRIA, franc, ingénu. Ba. Voyez Agueria.

AGUERTEA, manifestation, évidence. Ba.

AGUERTU, j'apparois. Ba.

AGUERTZALLEA, inventeur, qui a découvert. Ba.

AGUET, le même que Gued. Voyez ce mot.

AGUIA, visage, face, beauté. Ba. Voyez Agwed, Gui.

AGUIAN, peut-être. Ba.

AGUICURA, davier, instrument d'arracheur de dents. Ba. Cura signifie tenailles ; Aguina, dent.

AGUILETEN, aiguillette. B.

AGUILLERIUS, A. M. aiguière ; d'Ag.

AGUINA, dent molaire. Ba. Il paroit par Aguicura & Aguinsacalea, Aguintopoa, qu'Aguina a signifié dent en général.

AGUINA, if. Voyez Aguinaga.

AGUINAGA, bois d'ifs. Ba. Aga, bois ; Aguin par conséquent if.

AGUINALDOA, étrennes. Ba.

AGUINDEA, avertissement. Ba. Voyez Aguent, & Gynt de Cynt.

AGUINDEA, promesse. Ba. Voyez Aguent & Gynt, prononcez Guynt, de Cynt.

AGUINDEPCAN, conduit, amené. Ba.

AGUINN, nôtre. I.

AGUINSACALEA, arracheur de dents. Ba. Aguina, dent ; Sacalu, tirer.

AGUINTARIA, conducteur, chef, supérieur, gouverneur, un des premiers de l'État. Ba. Voyez Aginare.

AGUINTARICOYA, impératif. Ba. Voyez Aguintaria.

AGUINTIZQUIRA, ordonnance du Prince. Ba. Voyez Aguintaria, & Gwir ou Qwir.

AGUINTOPOA, machoire. Ba. Aguina, dent ; Topoa, lieu.

AGUINTZA, précepte, commandement. Ba. Voyez Aguintaria.

AGUINTZEA, offrande. Ba. Voyez Aguinaldoa.

AGUIRIA, manifeste, découvert, ouvert, plain, ras. Ba. Voyez Agueria.

AGUITZA, ferme, robuste. Ba. Voyez Gwych.

AGULHETARIUS, A. M. faiseur d'aiguillettes ; d'Aguileten.

AGUR, adieu. Ba. Voyez Agurtu. Voyez Agurquida.

AGURAD, douce, attirante, trompeuse. I.

AGUREA, homme âgé, vieux radoteur. Ba.

AGURQUIDA, l'action de rendre le salut. Ba. Quita ou Quida, l'action de rendre ; Agur par conséquent salut.

AGURTU, je salue. Ba. D'Agwrd ou Agwrt : C'est ainsi que les Gallois disent Byd Wych, soyez fort ; & les Latins Vale, soyez sain, fort, robuste.

ACUSADURA, A. M. ce qu'on payoit pour faire aiguiser ses outils ; d'Ag.

AGWEDD, idée, forme, façon, manière, modéle, exemple, trait, linéament de visage, beauté. G. A paragogique. Voyez Gwedd.

AGWEDDI, d'autres écrivent Angweddi, dot. G.

AGWEN, le même que Gwen. Voyez Acain, Cain.

AGWEZ. Voyez Ahwez.

AGWRDD, vaillant, robuste, fort. G. A paragogique. Voyez Gwrdd.

AGWYR, courbe, courbé, recourbé, oblique, qui

AHA.   AID.

qui est de travers. G. *A paragogique*. Voyez *Gwyr*.

A H, interjection qui marque l'admiration, l'étonnement, la consternation. G.

A H, ah! hélas! B. Ba.

A H, gué. I.

A H, le même qu'*Ach*. Voyez *Bannah*, *Bannach*.

A H A, interjection pour appeler, pour admirer, pour encourager. G. *Agan* en Grec, admirer, le *g* & l'*h* se substituent réciproquement.

A H A C O A C, parenté, consanguinité. Ba. Voyez *Ach*, qui s'exprime aussi par *Ah*. Voyez *Ah*.

A H A I C A, provocation. Ba. Voyez *Ah*.

A H A I D E A, parent. Ba. Voyez *Ahacoac*.

A H A L, puissant. Ba. Voyez *All*.

A H A L, pouvoir, (verbe) puissance. Ba. Voyez l'article précédent.

A H A L C A G A R R I A, ignominieux. Ba. Voyez *Abalea*.

A H A L E A, canard. Ba.

A H A L E A, pudeur, rougeur. Ba. Voyez *Ah*.

A H A M E N, bouchée, morceau de quelque aliment. Ba.

A H A N C E, oublier. Ba.

A H A N C I R I C, oubliant. Ba.

A H A N C I R U, qui a oublié. Ba.

A H A N N, d'ici. B.

A H A N O, de là. B.

A H A R D I, cochon, truie. Ba.

A H A T S A, chose que l'on a souillée en la maniant. Ba.

A H E L, aissieu. B.

A H E R, couleuvre, serpent. B.

A H E R I A, vers, cantique, mélodie. Ba. Voyez *Air*. Nous disons encore *Air* en termes de musique.

A H E T, durant, pendant. B. Voyez *Hed*, *Het*.

A H E U R T A M A N D, entêtement. B.

A H E U R T A N C Z, entêtement. B.

A H E U R T E T, opiniâtre, aheurté. B. De là ce dernier mot.

A H I O H, beaucoup, en tas. B.

A H O A, bouche. Ba.

A H O A L C H, abondance, assez, suffisamment. B. De là *Aouiller* en vieux François, saouler.

A H O T, le repos des bêtes à midi. B.

A H O N T, là, adverbe de lieu, de ce côté là. B.

A H O R R U A, épargne, endroit où l'on conserve les denrées. B.

A H O U A L A, le même qu'*Aboalc*. B.

A H O U E Z, en public, publiquement. B. C'est le même qu'*Ahwez*.

A H U E L, vent. B. Voyez *Auel*.

A H U E N, à la renverse. B.

A H U P, occupé, embarrassé. B. Voyez *Achup*.

A H U R, A H U R T, le même que *Hurt*. Voyez ce mot.

A H W E Z, A G H W E Z, A C W E Z, en public, publiquement. B. Voyez *Gwyd*. Les Bretons mettent aisément le *z* pour le *d*.

A I, conjonction interrogative, dubitative, ou, ni, si, sçavoir si, soit que, ou bien. G.

A I, rivière. E. & en ancien Irlandois.

A I, cygne. I.

A I, troupeau. I. Voyez *Aig*.

A I, diminutif. Voyez *Neddai*.

A I, eau. Voyez *Aches*.

A I, habitation, se sera formé d'*Ac* habitation, comme *Ai*, eau, d'*Ac*, eau. *Ai*, lieu en vieux François, d'où vient *Aimargues*, lieu fertile, dit Borel; *Marg*, fertilité.

TOME I.

A I H O W, ah, ah! G.

A I A, A. M. haie. Voyez *Haia*.

A I A C I S, A I C I S, A I Z E S, A I Z U M, A C I C I S, A. M. Viguerie, ressort d'un Viguier, contrée sous la jurisdiction d'un Viguier; d'*Aich*, pays. Ces termes se prennent encore dans les anciens monumens pour une grange, une ferme, une métairie; d'*Aice*, famille.

A I B H E A S A C, coquet. I.

A I B H E I S, mer. I. Voyez *Ai*.

A I B H E I S, fanfaronade, faste. I.

A I B H E S E A C, ample, vaste. I.

A I B H S E, mépris, dédain, rebut. I.

A I B H S E O I R, rodomont, qui se vante, fou, badaud, niais. I.

A I B H S I D H, fanfaronade. I.

A I B H S I O C H, grand. I.

A I B H S I U G H A D H, l'action de se glorifier. I.

A I B R E, A I V R E, le firmament. B.

A I B S E A C H, gai, joyeux, grand, immense. I.

A I B S E A S, grandeur. I.

A I C. Voyez *Aice*.

A I C A R, pointu. I. Voyez *Ac*.

A I C A Z E, cribler, séparer la bale du grain en l'exposant au vent. Ba. D'*Aicea*. *Acezar* en Espagnol, cribler.

A I C E, tribu, famille. I. *Aice* en vieux François, territoire, contrée, pays; *Aice* en Auvergnac, habitation; *Aich*, nation, pays, en Gallois & en Breton; *Auc*, qu'on prononçoit aussi *Ayc* en Gallois, région, pays, habitation; *Acies* en Latin, armée, troupe. Il faut conclure de tous ces termes qu'*Aic*, *Aice*, *Ayc*, *Aich* ont signifié pays & le peuple qui l'habite, demeure, maison & ceux qui l'occupent. Voyez encore *Ais*, *Ajacis*, *Aig*.

A I C E A, souffle, vent; *Aicechoa*, zéphir, (c'est-à-dire petit vent;) *Aicetiara*, volatile, qui vole, que le vent emporte; *Aicetsua*, pneumatique; *Aiceztea*, exposition au vent. Ba. Je crois qu'*Aicea* est une onomatopée, & que ce mot est formé par l'imitation du bruit leger que nous faisons en soufflant.

A I C E T O R Q U I A, climat. Ba. Voyez *Aice*, *Aich*.

A I C F A C H D, puissance. I.

A I C H, nation, pays. G. B. On dit en ces Langues indifféremment *Aich* ou *Aih*.

A I C H, habitans. Voyez *Brynaich*; *Ach* par conséquent au singulier.

A I C H, céleri, ache, espèce de persil. B. Voyez *Ach*. On voit par ces termes qu'on a dit indifféremment *Aich* & *Ach*.

A I C H L E D A N, maceron, plante. B.

A I C H E A R, maladie. I.

A I C H U, accompli, fini. B.

A I C H U I, achever, accomplir, finir. B.

A I C I D, maladie, indisposition, incommodité. I.

A I C I D E A C H, malade, indisposé. I.

A I C M E, pluriel *Aichmeada*, secte, beauté. I. Voyez *Achesm* & *Aice*.

A I C R, aigre. B.

A I D marque la plénitude, l'abondance; il signifie aussi plein, rempli. Voyez *Galwyniaid*, *Safnaid*, *Tiaid*, *Cibaid*: Il désigne aussi le nombre, la quantité. Voyez *Aidon*.

A I D pour *Had*. Voyez *Peccaid*.

A I D, habitans. Voyez *Tsgoniaid*; *Ad* par conséquent au singulier. *Aid* signifie aussi habitation: Voyez *Aih* qui est le même mot; de là *Ædes* Latin. Voyez encore *Edd*.

A I D A E, A. M. les tributs que les Sujets payent au

D

Prince pour lui aider à soutenir les charges de l'État ; d'*Ed* ou d'*Aid*, troupe de gens de guerre. (Voyez *Aidon*.) On a commencé à lever ces impositions en temps de guerre pour entretenir les troupes.

AIDDLEN, sapin. C.

AIDE, le même que *Maide*. I.

AIDEA, pere, parent; *Aideac*, parenté, race. Ba. Voyez *Ad*, *At*.

AIDHBHEISEAS, synonime de *Buacah*. I.

AIDHEARAC, AIDHEARAMUL, qui est d'air, aërien. I.

AIDHEOIR, AIDHEOR, air. I.

AIDHMILLEADH, l'action de confondre, au propre & au figuré. I.

AIDON, régiment, troupe de gens de guerre. G.

AIDURA, malin, méchant. Ba. Voyez *Dewr*, *Der*, *Dur*.

AIDUS, A. M. celui qui donne du secours, aide adjectivement ; d'*Ed*.

AIEN, source d'eau vive, qui sort de la terre ; *Aienen* au singulier, *Aiennennou* au pluriel. B. Voyez *Tenen*, *Erienen*.

AIERA, air. Ba. Voyez *Aheria*.

AIG, troupe, troupeau, essain, assemblée de bêtes, proprement de poissons. G. De là *Agmen* Latin. Voyez *Ai*.

AIGATIA, A. G. pie ; d'*Agacz*.

AIGEAN, chaudiere. I.

AIGEAN, AIGEIN, mer, océan, profondeur. I. Voyez *Ai*, *Aigue*.

AIGEN, AIGEUN, océan. I.

AIGHE, montagne, rocher. I.

AÏGHE, belliqueux. I.

AIGNE, intention, dessein, entreprise, volonté. I.

AIGNEAN, lierre. I.

AIGNEAS, dispute, quérelle, procès. I.

AIGNEASOIR, adversaire, antagoniste, plaideur. I.

AIGNIAS, argument, raisonnement, preuve, raison. I.

AIGR, aigre. B. Voyez *Ægr*.

AIGUE, eau. Voyez *Aches*.

AIGUERIUM, A.M. aqueduc. Voyez *Aigue*.

AIGUILLETEN, aiguillette. B.

AIH. Voyez *Aich*.

AIHENA, vigne, cep, souche. Ba.

AÏHINTZ, plût à Dieu. Ba.

AIHOW, oh ! cri poussé dans la plainte. B.

AIL, autre, second. G. Ail en Arménien, autre.

AIL, pierre, rocher. I. Voyez *Al*, *Alen*.

AIL, armes. I.

AIL, volonté. I.

AIL, particule itérative. Voyez *Ailblaguro*, *Ailbrathu*, &c.

AIL, particule superflue. Voyez *Ailenntinwr*, *Ailcarthu*, *Ailchwyddu*.

AIL. Voyez *Aill*.

AIL, bois. Voyez *Ailtire*. Voyez aussi *Cel*, *Coil*, qui est le même qu'*Ail*. Voyez *Arn*.

AILA. On lit dans un ancien Glossaire manuscrit, *Ailu*, vent sabe, à *Ailen*, front à l'accusatif. *Aila* vient d'*Aël*, vent ; & *Aile* front, vient d'*Al* synonime de *Tal*, front ; car le *T* initial se place ou s'omet indifféremment en Celtique. Voyez *D*.

AILACHLESU, remettre sur pied, remettre en vigueur. G. *Ail Achlesu*.

AILADDEWID, promesse réciproque. G. *Ail*, *Addewid*.

AILADEILAD, renouvellement. G. *Ail Adeilad*.

AILADFER, rétablissement. G. Pléonasme. *Ail Ad*.

AILADRODD, redire, raconter de nouveau, répéter, répliquer, récapitulation, accouplement. G. *Ail Adrodd*.

AILADRODDIAD, redoublement, répétition, réitération. G.

AILAMNAID, refus marqué par quelque signe, ou geste qui marque le refus. G.

AILARBED, pardonner de nouveau. G. *Ail Arbed*.

AILATTEB, répliquer. G. *Ail Atteb*.

AILBATHU, reforger. G. *Ail Bathu*.

AILBEICHIOGI, devenir pleine une seconde fois, parlant des bêtes. G. *Ail Beichiogi*.

AILBLAENDARDU, regermer. G. *Ail Blaendardu*.

AILBLAGURO, regermer. G.

AILBLODEUO, refleurir. G.

AILBRATHU, remordre. G.

AILBREFU, mugir de nouveau, retentir. G.

AILBRYNU, racheter. G. *Prynu*.

AILBWRW, revoir, repasser, examiner. G.

AILCABOLI, repolir. G.

AILCAEL, recouvrer. G. *Cael* pour *Caffael*.

AILCAFFAEL, recouvrer. G.

AILCANU, chanter de nouveau. G.

AILCARTHU, nettoyer, ôter les ordures. G.

AILCARU, rendre amour pour amour. G.

AILCASGLU, ramasser, recueillir, rassembler de nouveau. G.

AILCEISIO, redemander. G.

AILCHWYDDU, vomir. G.

AILCHWYNNU, sarcler une seconde fois. G.

AILCHWYTHU, reforger. G.

AILCLODDIO, fouir de nouveau. G.

AILCNOI, remordre. G.

AILCOFIO, se ressouvenir. G.

AILCREU, créer de nouveau. G.

AILCRIBO, repeigner. G.

AILCROWNI, renouveller une playe. G.

AILCWSG, l'action de se rendormir. G.

AILCWYMPO, retomber. G.

AILCYCHWYNIAD, renouvellement. G.

AILCYDNABOD, reconnoître, l'action de reconnoître, de se rappeller. G.

AILCYFANNU, raccommoder, rajuster, refaire, réparer. G.

AILCYFANSODDI, raccommoder, rajuster. G.

AILCYFARCH, salut réitéré, ou salut qu'on rend. G.

AILCYFEDDACH, renouvellement annuel de festin à certain jour. G.

AILCYFLENWI, remplir de nouveau. G.

AILCYFLOGI, relouer. G.

AILCYFNEWIDDIO, rechanger. G.

AILCYFODI, se relever. G.

AILCYFOGI, vomir. G.

AILCYFRIF, recompter, repasser un compte, l'action de repasser un compte, nombrer, compter. G.

AILCYLYMMU, attacher de nouveau. G.

AILCYMMERID, reprendre, adopter de nouveau. G.

AILCYMMHWYSO, rajuster, raccommoder. G.

AILCYMMODI, remettre, rétablir. G.

AILCYNNESU, se réchauffer, être réchauffé. G.

AILCYNNULL, ramasser, recueillir de nouveau. G.

AILCYNNYDU, recroître. G.

AILCYNTUN, l'action de se rendormir. G.

AILCYRCHOL, qui retourne d'où il est venu. G.

AIL.

AILCYRCHU, revenir, retourner, retourner en courant, réitérer. G.
AILCYSGU, se rendormir. G.
AILCYSSYLTU, rajuster, raccommoder. G.
AILCYWAIN, rapporter, ramener. G.
AILCYWAIR, réparation, rétablissement, l'action de raccommoder. G.
AILCYWEIRIO, AILCYWEIRO, rajuster, raccommoder, recorriger. G.
AILDADWRAID, déraciner de nouveau. G.
AILDARLLAIN, relire. G.
AILDATGAN, répéter, raconter de nouveau, récapitulation. G.
AILDECHREU, recommencer. G.
AILDERCHREU, recommencer. G.
AILDEWIS, adopter de nouveau, choisir de nouveau. G.
AILDIFLANNU, s'évanouir de nouveau. G.
AILDIRWYN, retordre. G.
AILDIWYGIAD, reformation. G.
AILDIWYGIO, recorriger, reformer, raccommoder, repolir. G.
AILDIWYLLIO, cultiver une seconde fois. G.
AILDODI, redonner. G.
AILDRAETHIAD, redoublement. G.
AILDREFNU, recorriger. G.
AILDWYMNO, se réchauffer, être réchauffé. G.
AILDWYN, reporter. G.
AILDYBLU, redoubler. G.
AILDYFODIAD, retour. G.
AILDYGIAD, l'action de ramener, de reconduire. G.
AILDYHUDDO, radoucir. G.
AILDYMMRIGO, piquer qui nous a piqué. G.
AILDYMUNO, demander de nouveau, réitérer les prières qu'on a déja faites. G.
AILDYRNODIO, fraper de nouveau. G.
AILDYWEDIDD, retoucher, repolir, revoir. G.
AILEIRIACH, pardonner de nouveau. G.
AILENEDIGAETH, résurrection. G.
AILENNEINIWR, qui fait des onctions. G.
AILEPPILIO, régénérer, engendrer de nouveau. G.
AILESMWYTAAD, rétablissement, l'action de reprendre des forces. G.
AILESMWYTHO, alléger, soulager. G. Voyez d'autres sens dans le mot précédent.
AILETEN, planche de jardin, couche de jardin. G.
AILFABWYSIO, adopter de nouveau. G. Mabwysio.
AILFERWI, recuire. G. Berwi.
AILFFURFIO, reformer. G.
AILFLINO, faire peine à qui nous en fait. G.
AILFWRW, reforger. G. Bwrw.
AILGALW, rappeller, rappel. G.
AILGENEDIGAETH, l'arrière-faix. G.
AILGENI, renaître. G.
AILGLANHAU, nettoyer, ôter les ordures. G.
AILGLASU, reverdir. G.
AILGNOI, remâcher, ruminer. G.
AILGOFIDIO, faire peine à qui nous en fait. G.
AILGOFWYO, visiter de nouveau. G.
AILGOFYN, redemander, demander de nouveau. G.
AILGOLYGIAD, revuë. G.
AILGORESGYN, recouvrer. G.
AILGOSOD, placer de nouveau, poser de nouveau, planter de nouveau. G.
AILGWNEUTHUR, faire de nouveau, créer de nouveau, renouveller. G.

AIL.

AILGWNEUTHURIAD, l'action de réitérer. G.
AILGWNIO, recoudre. G.
AILGWRTHEITIO, cultiver une seconde fois. G.
AILGWRYGIO, reprendre ses forces. G.
AILCYCHWYNIAD, réitération. G.
AILGYFODI, réveiller, exciter de nouveau, ressusciter. G.
AILGYFODIAD, l'action de se relever, de revenir en son premier état, résurrection. G.
AILHAU, resemer. G.
AILHEDDYCHIAD, réconciliation. G.
AILHEDDYCHU, radoucir. G.
AILHOFFI, rendre amour pour amour. G.
AILIACHAU, guérir une seconde fois. G.
AILIM, alun. I.
AILISA, ferment, levain. Ba. Voyez Al.
AILITHRI, pélérinage. I.
AILL, noble. I. On voit par ce mot, par Ailisa, par Al, qu'on a dit Ail comme Al, élevé, élévation.
AILLE, très-beau. I.
AILLE, linéament, trait, trait de visage. I.
AILLE BLATH, louange. I.
AILLIFEIRIO, répandre de nouveau. G.
AILLLENWI, remplir de nouveau. G.
AILLLITHRO, retomber. G.
AILLOGI, relouer. G.
AILLT, étranger, esclave, esclave né à la maison. G.
AILLT, autre, second. Voyez Cysaill.
AILM, sapin. I.
AILMAETHU, remettre sur pied, remettre en vigueur. G.
AILMAGU, remettre sur pied, remettre en vigueur. G. On voit par ces deux mots que Maethu & Magu n'ont pas seulement signifié nourrir, mais encore avoir de la vigueur, avoir de la force, donner de la force, de la vigueur. Magan en Théuton, en Gothique, en ancien Saxon, pouvoir, avoir la force; Maegen en ancien Saxon, force, puissance; Mogen en Flamand, pouvoir, puissance; Meiga en Islandois, pouvoir; Mogen en Allemand, pouvoir, est encore usité dans son composé Vermogen. Moch en Sorabe, puissance.
AILMATHRU, refouler, fouler une seconde fois. G.
AILMEDDALHAU, se ramollir, redevenir mol, ramollir de nouveau. G.
AILMEITHRIN, remettre sur pied, remettre en vigueur. G. On voit par ce mot que Meithrin a eu les mêmes significations que Maethu. Voyez Ailmagu.
AILMEOG, orme. I.
AILMESURO, remesurer. G.
AILMORTWYLIO, reforger. G.
AILMUDO, rapporter, ramener, revenir dans sa première demeure. G.
AILMYNEDIAD, retour. G.
AILMYNEGI, raconter de nouveau, annoncer une seconde fois. G.
AILNAG, second refus. G.
AILNE, beauté, ornemens, beaux habits. Voyez Alen.
AILNEWYDDU, renouveller. G.
AILNOFIO, renager. G.
AILOERI, se réfroidir. G.
AILOIZOQUIA, potage, fricassée, ragoût. Ba.
AILOLCHI, laver une seconde fois. G. Golchi, laver.
AILOLYGIAD, revuë. G. Golygiad.
AILORPHWYS, faire une seconde pause. G. Gorphwys.

AILOSOD, remettre, replacer. G. Gosod.
AILP, morceau. I.
AILPALU, fouir de nouveau. G.
AILPIGO, piquer qui nous a piqué. G.
AILPLANNU, planter de nouveau. G.
AILPOETHI, se rallumer de nouveau. G.
AILPRINTIO, reforger. G.
AILPROFI, goûter une seconde fois. G.
AILRHODDIAD, l'action de redonner. G.
AILRHWYMO, lier une seconde fois. G.
AILRUGRO, refrotter. G.
AILRYDHAU, absoudre une seconde fois. G.
AILSAETHU, rejetter, jetter une seconde fois. G.
AILSECHI, remplir de nouveau. G.
AILSWYNO, donner un second charme. G.
AILSYNHWIRO, revenir à soi, se raviser, se repentir. G.
AILT, maison. I.
AILT, noble. I. Voyez Aill, Allt. On voit par là qu'Ailt comme Allt a signifié élevé, élevation.
AILTACCLU, rajuster, raccommoder, remettre en sa première beauté. G.
AILTAFLU, rejetter, jetter une seconde fois. G.
AILTALU, rendre, restituer. G.
AILTARANU, tonner de nouveau. G.
AILTARAWIAD, repercussion. G.
AILTARO, fraper de nouveau. G.
AILTEIMLAD, l'action de retoucher son ouvrage. G.
AILTEIMLO, revoir, retoucher, corriger. G.
AILTINGCIO, rétentir, résonner. G.
AILTIRE, ouvrier en bois. I. Ce mot est formé d'Iteir ou Itir, ouvrier; Ail par conséquent bois.
AILTODDI, refondre, reforger. G.
AILTORCHI, retordre. G.
AILTORRI, couper une seconde fois, recouper. G.
AILTORRIAD, l'action de recouper, de casser une seconde fois. G.
AILTRADDODI, redonner. G.
AILTRAETHAWDR, répétiteur. G.
AILTRAETHIAD, l'action de retoucher son ouvrage. G. On voit par là que Traethu signifie composer un ouvrage; de là Tracto Latin.
AILTRAETHU, répéter, redire, retoucher, repolir, revoir. G.
AILTRAFLYNGCU, avaler de nouveau. G.
AILTREIGLO, rouler de nouveau. G.
AILTREFNU, rajuster. G.
AILTRIN, retoucher, remanier. G.
AILTROCHI, donner une seconde trempe. G.
AILTRWSIO, repolir. G.
AILTRYSTIO, faire de nouveau du bruit. G.
AILTWYMNO, réchauffer. G.
AILTYFU, recroître, repousser, germer de nouveau, refleurir. G.
AILTYWALLT, verser une seconde fois. G.
AILTYWYSO, ramener, reconduire. G.
AILUN, image, effigie, portrait, représentation. G.
AILWNEUTHUR, réitérer. G.
AILWYBOD, sçavoir de nouveau. G.
AILWYNNU, redevenir blanc. G.
AILYFED, avaler de nouveau. G.
AILYMANNERCH, saluer une seconde fois, ou rendre le salut. G.
AILYMDDWYN, devenir pleine une seconde fois, parlant des bétes. G.
AILYMEGNIO, recommencer à faire effort. G.
AILYMGELEDDU, remettre sur pied, remettre en vigueur. G.
AILYMGYRCH, retour au même endroit. G.

AILYMWELED, visiter de nouveau. G.
AILYNNIL, recouvrer. G.
AILYSGAFNHAU, alléger. G.
AILYSGRIFENNU, récrire. G.
AILYSGWYD, nouvel ébranlement. G.
AILYSTWYTHO, redevenir flexible. G.
AILYSTYRIED, penser de nouveau. G.
AIM, particule privative. Voyez Aimhne, Arimhar, Nearmhar, puissant, Aim par conséquent particule privative.
AIMBACHO, tant soit peu. Ba. Voyez Bach.
AIMBANDEA, symbole. Ba. Voyez Bann.
AIMBASTUNA, équilibre. Ba. Voyez Basta; Aimbatea.
AIMBATEA, équivalent. Ba. Voyez Basta.
AIMDHEOIN, contrainte, violence. I.
AIMHDEONACH, obligé, contraint. I.
AIMHDEONTA, qui restraint, qui assujettit. I.
AIMHEAGAN, abysme. I.
AIMHLEAS, coup, dommage. I. Voyez Lleas.
AIMHNEART, force, violence. I. Voyez Nerth.
AIMHNEARTMHAR, impotent, perclus de ses membres. I.
AIMHNEID, discordant, qui n'est pas d'accord. I.
AIMHREIC, difficile, qui est en désunion. I.
AIMHRUS, difficulté. I.
AIMIDEACH, sot, bête. I.
AIMIRTNE, voracité; Aimirineach, vorace. I.
AIMREIGTEACH, différence, dissension. I.
AIMREITEACH, différend, procès. I.
AIMRID, stérile. I. Voyez An Rhith.
AIMSEAR, temps. I.
AIMSIUGAD, mire, visée. I. Aim, mire, visée en Anglois.
AIMSYR, temps. I. Voyez Amser.
AIN, non. G.
AIN, habitation, lieu, demeure. G.
AIN, si, tellement, ainsi. Ba.
AIN, le même que Cain. Voyez Aru.
AIN, le même que Gain. Voyez Aru. De là Ain en vieux François, hameçon.
AIN, bois. Voyez En.
AINALDA, prix. Ba. Voyez Anaudeeg.
AINBHEACH, pluye. I.
AINBHEACH, abondant. I.
AINBHLE, malice. I.
AINBHSIOS, ignorance. I.
AINCHING, champion, combattant. I.
AINDHEAR, femme. I.
AINDLIGHTHEACH, illicite, qui n'est pas permis. I.
AINDURINA, espèce d'origan, de marjolaine. Ba.
AINE, expérience. I.
AINEASACH, brave, vaillant, hardi. I.
AINEASCAIN, impoli, grossier. I.
AINEOLACH, ignorant. I.
AINER, grand. I. Voyez Ner.
AINESCIA, ÆNESCIA, ENECEA, EYNEIA, A. M. partie de l'hérédité qui revient à l'ainé. Cette partie est appellée Ainesse dans la Coûtume de Normandie, Aisneage dans celles de Bretagne & de la Rochelle. Voyez Ænescia.
AING, sans, manquement, défaut. Voyez Brabaing.
AINGC, avidité, désir. I.
AINGEAL, lumière, rayon. I.
AINGEN, AINGIN, saints. I.
AINGERUA, ange. Ba. Voyez Angel.
AINGIDE, cruel, de mauvaise humeur, têtu, chagrin, opiniâtre. I.

AINGIDEAS

AIN. AIR.

AINGIDE AS, mauvaise humeur, humeur incommode, désobéissance, conduite perverse. I.
AINGIOL, ange. I.
AINGUIRA, anguille. Ba.
AINGURA, ancre. Ba. Voyez *Angura*.
AINIM, AINM, nom. I.
AINM, appellation. I.
AINMHEAS, mérite, prix, récompense. I.
AINMHEASARDA, fastueux. I.
AINMHIDEFIADAIN, taisson, bléreau. I.
AINMIAN, ambition, impudicité, colére, dépit. I.
AINMIANACH, ambitieux, impudique, lascif. I.
AINMIGHTE, assigné, destiné, ordonné. I.
AINMNEAMHUL, fameux. I.
AINNION, désert, solitude. I.
AINRIANTA, obstiné, dissolu, débauché, libertin. I.
AINRIANTAS, le même qu'*Ainsriantas*. I.
AINS, le même qu'*Aing*. Voyez *Aru*.
AINSRIANTA, le même qu'*Ainrianta*. I.
AINSRIANTAS, débauche, dissolution, libertinage. I.
AINU, A. G. navires; d'*Ain*, creux, creusé. Les vaisseaux n'étoient dans les premiers temps que des troncs d'arbres creusés, c'est pourquoi les noms de vaisseaux viennent de creux, creusé. *Tsgaff*, barque; de *Caff*, creux, creusé; *Ts*, article; *Barcq*, barque, coupé, creusé. *Llestr*, vase, vaisseau; de *Lles*, bois; *Tr* de *Tro*, troué, coupé; *Llong*, navire, de *Llon*, bois, & G de *Gau*, mis en composition pour *Cau*, creusé : *Navis* Latin vient du Celtique *Nam* ou *Nav*, coupé, creusé. *Vas*, d'où sont venus vase, vaisseau en notre Langue, est pris du Celtique *Was*, vuide, creux.
AINVREAS, tyran. I.
AIO, qui attend un autre, qui observe. Ba. Voyez *Ayoa*.
AIOIN, A. G. mon frere. *Oin* pour *Ein*, d'*Einof*, mon, ma ; *Aih*, famille. Ai s'est conservé dans ayeul. Voyez *Aiola*, *Aizta*.
AIOLA, anxiété, chagrin. Ba. Voyez *Ai* dubitatif.
AIOLA, A. M. ayeule; *Aih*, famille. (Voyez *Aioin*) & *Ol*, première.
AIONES, A. M. les premiers élémens des lettres. Voyez *Ayoa*, précepteur, pédagogue, celui qui enseigne les premiers élémens. Voyez *Ai* particule diminutive. *Ay*, petit ; *Aioner* se dit encore en quelques endroits pour bégayer.
AIOT, A. M. espèce d'habillement ; *A* paragogique ; *Iot* de *Got* mis en composition pour *Cot*, ou d'*Ai*, habitation ; *Aiot*, petite habitation. Les anciens regardoient les habillemens comme de petites habitations. Voyez *Casa*.
AIPABIA, dilemme. Ba. Voyez *Bi* & *Aipua*.
AIPATU, faire mention, parler. Ba. Voyez *Aipua*.
AIPCEAS, maturité. I.
AIPCID, meur. I.
AIPHT, Égypte. G.
AIPUA, proposition. Ba. *Epo* en Grec, parler.
AIR. Voyez *Airford*.
AIR, le même que *Gair*. Voyez *Arabed* & *Herod*. *Arenga* en Espagnol, harangue ; *Hareet* vien dans les Glosses de Keron ; *Orana*, parler en Galibi; *Harangue* en François, discours ; *Eiro*, parler en Grec.
AIR, TR-AIR, éclatant, brillant. G.
AIR, meurtre, l'action de tuer. I.
AIR, sur, dessus. I.
AIR, lumière. Voyez *Airguea*.
AIR, le même qu'*Ar*. Voyez *Airde* & *Airthnem*.
AIRBHRE, armée. I.

TOME I.

AIRC, gourmandise, gloutonie. I.
AIRC, difficile. I. Voyez *Harz*.
AIRC, arche, coffre. I. Voyez *Arch*.
AIRCHEAN, bord, limites. I.
AIRCHEAS, maturité. I.
AIRCHID, mûr. I.
AIRCHION, côté. I.
AIRCISEACH, glouton. I.
AIRD, région, pays, contrée, partie ; On *Airdshoit*, du côté de l'orient. I.
AIRD, haut, élevé. I. Voyez *Ard*.
AIRD, grand. I.
AIRDBREITHEAM, arbitre. I.
AIRDCEIMIOCH, fameux. I.
AIRDE, hauteur, grandeur. I.
AIRDE, haut, élevé. I. *Anairde*, en haut, là haut, dessus, dans la même Langue. Voyez *Ard*.
AIRDECIM, éminence, élévation. I.
AIRDEHUR, puissance. I.
AIRDGHEOIN, grand bruit, grand éclat, tempête. I.
AIRDHE, AIRDHEAN, signe. I.
AIRDHI, flot, vague. I. Voyez *Airde* & *Tonn*.
AIRDHMEAS, réputation, renommée, renom. I.
AIRDI, sommet. I.
AIRDINTIN, audace, joye, allégresse, folâtrerie. I.
AIRDINTINNIOCH, folâtre, badin. I.
AIRDLE, élevé, haut. I.
AIRDLEOG, secousse. I.
AIRDREIM, hauteur. I.
AIRDRIAGHLUGHADH, domination, dominer. I.
AIRDTHIAGURNA, arbitre, seigneur. I.
AIRDTRIAITH, seigneur. I.
AIRE, caution, précaution, attention, exactitude ; foin. I.
AIRE, science, connoissance, subtilité. I.
AIREACH, prudent, avisé, vigilant, attentif, prévoyant, réservé, retenu. I.
AIREACHAS, attention. I.
AIREACHUS, exhortation, avis. I.
AIREAMSUAS, compter, dénombrer. I.
AIREANACH, commencement. I.
AIREANCH, nombre, ére. I.
AIREAR, port, golfe. I.
AIREAR, nourriture, aliment. I.
AIREAR, agréable, plaire. I. Voyez *Air*.
AIREC, fin, rusé. I.
AIREACH, attentif. I. Voyez *Aireach*, qui est le même mot.
AIREL, lit. I.
AIRFORD, terre maritime. G. *Air*, terre. (Voyez *Er*) *Bord*, en composition *Ford*, bord.
AIRG. Voyez *Airgitt*.
AIRGHE, au pluriel *Airighe*, troupeau. I. Voyez *Aig*.
AIRGHID, d'argent. I.
AIRGIOTT, argent. I.
AIRGITT, magnifique, de Prince. I. On voit par ce mot qu'on a dit *Airg* comme *Airigh*, Prince.
AIRGTHEOIR, voleur. I.
AIRGUEA, ténèbres. Ba. *Guea* est privatif, *Air* signifie donc lumière. Voyez *Air*.
AIRIDH, regard fixe, intellect, esprit, entendement. I.
AIRIG, digne. I.
AIRIGH, Prince. I.
AIRIGH, particulier, spécial. I. *Aire*, état en vieux François.
AIRITE, assuré, affirmé, certain. I.
AIRIOCH, fin, prudent, circonspect, exact. I.
AIRIOCHAS, circonspection, prudence, garde. I.

E

AIRIOM, dénombrement. I.
AIRIS, charbon. I.
AIRIUGHADH, appercevoir, découvrir, concevoir, toucher, perception. I.
AIRLE, Conseil, assemblée de Conseillers. I.
AIRLE, AIRLEOG, hirondelle. I.
AIRLICHTE, ajoûté. I.
AIRLIOCTHA, emprunté. I.
AIRLIOCTHOIR, emprunteur. I.
AIRLIOGAGH, emprunt. I.
AIRM, lieu, demeure. I.
AIRMCHEIN, bien né. I.
AIRMIDH, ordre, coûtume, honneur. I. Voyez *Air.*
AIRMIGHTHE, cru, estimé, jugé. I.
AIRNE, prune. I.
AIRNEIS, bétail. I.
AIRNID, prunelle (fruit.) I.
AIRO, A. M. héron. Voyez *Ayro.*
AIRRI, tyran. Voyez *Air.*
AIRSE, voûte. I.
AIRSIDH, arcade, arc. I.
AIRTNEMH, pierre à aiguiser l'épée. I. *Air* comme *Av*, pierre; *Tnemh*, formé de *Tana*, mince, délié, aigu.
AIRVAITH, mauvais. I.
AIRVEARTHAIM, conduire. I.
AIRVIDHEACH, vénérable. I. Voyez *Airmidh.*
AIS, plurier d'*Asen*. Voyez ce mot. *Aas*, ais en Islandois, *Essandre* en Lorraine, clavin, petit morceau de bois dont on couvre les maisons.
AIS, montagne. I.
AIS, château. I. Voyez *Aice.*
AIS, toit. I. Voyez *Aice.*
AIS, le dos, le derrière, par derrière. I.
AIS, aise, aisé, facile, commode. B.
AIS, habitant. Voyez *Bwrdais, Bwrgais.*
AIS, le même qu'*Aic.* Voyez *Aru.*
AISALA, surface, pellicule, tunique, écaille, coquille, ce qui enveloppe. Ba. Voyez *Ais.*
AISAMENTUM, ASIAMENTUM, AISANCIA, AISENCIA, AISIAMENTUM, AISIMENTUM, EISIAMENTUM, ESENTIA, AISIAE, HESIA, ASENCIA, AYSIAMENTUM, AYSIENTIA, AYSIMENTUM, AYSINA, AYSIUM, AYZIUM, A. M. aisance; d'*Ais.*
AISDEAC, gaillard, qui aime à se divertir. I.
AISDEOIR, injure, comme qui diroit singe, fat, impertinent. I.
AISDIGHEAS, raillerie, mocquerie. I.
AISDOIR, qui voyage. I.
AISDRITHE, mouvement. I.
AISDRIUGHADH, changement, vicissitude, révolution. I.
AISGEIR, AISGHEIR, montagne, dos. I.
AISGIDH, librement. I.
AISIOG, vomissement. I.
AISIOS, envie de vomir. I.
AISIT, facile, doux, suave. Ba. Voyez *Ais.*
AISLING, sommeil, songe. I.
AISTEOIR, chicaneur. I.
AISTHIOR, voyage. I. De là *Iter* Latin.
AISTRITHIOCH, leger, inconstant. I.
AISTRIUGAD, changer, changement, alternative. I.
AIT, lieu, demeure; *Ait Onarach*, mauvais pas, endroit difficile à passer dans un chemin. I. Voyez *Aid.*
AIT, burlesque, plaisant, comique. I. Voyez *Hetus.*
AIT, particule itérative. I.
AIT, le même qu'*At.* Voyez *Aita, At.*

AIT en vieux François, aide, force. *Et*, avec; de là aide, secours; *Hai*, interjection pour encourager; *Awch, Aich*, force, vigueur en Gallois. Voyez *Ed.*
AIT est le même mot qu'*Aid.*
AITA, pere; *Aitaganiaco, Aidetasuna*, parenté du côté du pere; *Aitagoya*, ayeul, grand-pere; *Aitaideac*, parens du côté du pere; *Aitaidera*, parenté d'hommes du côté du pere; *Aitaita*, papa, terme enfantin; *Aitalena*, patriarche; *Aitanagusia*, ayeul; *Aitasaba, Aitasoa, Aitona*, ayeul; *Aitaponteco*, parrein au baptême. Ba. Voyez *At.*
AITAMENA, mention. Ba. Voyez *Mennat.*
AITCHIM ORT, courage, vîte. I.
AITEAR, faiseur de feutres. I.
AITH. Voyez *Eithin.* G.
AITH, vîte adjectivement, aigu, amer. I.
AITH, gelée. I.
AITH superflu. Voyez *Aithgeart.*
AITHCHE, four à chaux. I.
AITHCHEIMNEACH, qui est de retour. I.
AITHCHIMEADH, border. I.
AITHEACH, gigantesque. I.
AITHEANTA, préceptes, ordres, régles, sçu, connu. I.
AITHGEART, bref, court. I. *Gear*, court, bref; *Aith* est donc superflu.
AITHGILL, gageure. I.
AITHIGH, géans. I.
AITHIGHE, se rendre, s'assembler, aller. I.
AITHIGHIM, habiter. I. Voyez *Tyic.*
AITHINE TEINE, tison, brandon. I. *Teine*, feu.
AITHINE, charbon. I.
AITHIR, famille. I.
AITHIS, médisance, calomnie. I.
AITHITHE, géans. I.
AITHIUGADH, l'action de demeurer, d'habiter, mettre, poser, imposer, demeurer, habiter. I.
AITHLIONADH, recrue, renfort. I.
AITHMHEALA, componction, douleur, pénitence, repentir. I.
AITHNE, connoissance, distinguer. I.
AITHNEADH, sçavoir, connoître. I.
AITHRE, bœuf, vache. I.
AITHREABH, qui se bat en duel. I.
AITHRID, connoître. I.
AITHRIGHE, pénitence, repentance. I.
AITHRIGHEACH, pénitent, repentant. I.
AITHRIS, décrire, dépeindre, représenter, imiter, imitation. I.
AITIOS, plaisir, joye, satisfaction, contentement; I. de là *Atus* dans les anciens monumens, sain & joyeux. *Haité, Haitié* en vieux François, sain, joyeux, bien disposé, & son contraire *Deshaitié. Hait* en vieux François, souhait. Voyez *Hetus.*
AITISEACH, satyrique. I.
AITISIUGADH, satyriser. I.
AITNA, lieu, endroit, demeure. I.
AITNE, connoissance. I.
AITORA, confession, aveu. Ba.
AITORTZEN, confessant, avouant. Ba.
AITREABH, maison, demeure, habitation. I.
AITRIGHIM, habiter. I. Voyez *Trigo.*
AITRIS, dire, commander, ordonner. I.
AITRISDE, exprimé. I.
AITU, je finis, *AITUA*, fini. Ba.
AITU, je puise, *AITUA*, puisé. Ba.
AITURITA, patrice. Ba. Voyez *Aita.*
AITZ, (ou *Aiz*, *Aix*; cette transposition est

AIT.

commune en Eafque. Voyez *Aitzura* & *Aiztura*) élévation. Voyez *Aitzindu*, *Aizturica*, *Aizquibel*.

AITZA, roc, rocher, roc fcabreux. Ba.
AITZA, le même qu'*Aiza*. Voyez *Aitzequina*.
AITZAQUIA, raifon, excufe, prétexte. Ba. Voyez *Achaquia*.
AITZAQUIATU, j'attribue un crime à quelqu'un. Ba.
AITZEQUINA, éventail. Ba. Voyez *Aicea*, *Aiza*.
AITZIN, au-devant; AITZIN-ERA, devant, en préfence. Ba.
AITZINARATZEN, introduifant. Ba.
AITZINAT, au-delà. Ba.
AITZINATU, j'élève. Ba.
AITZINATZEA, élévation, promotion. Ba.
AITZINCAN, devant, en préfence. Ba.
AITZINDARIA, précurfeur, conducteur, chef. Ba.
AITZINDU, j'élève. Ba.
AITZINEA. UNE AITZINEA, proue de vaiffeau. Ba.
AITZITIC, préférablement. Ba.
AITZURA, fleuve plein de rochers. Ba. *Aitza Ura*.
AITZURLEA, qui fait des foffes. Ba.
AITZURRA, hoyau, je laboure pour la troifième fois. Ba.
AITZURTU, foffe, qui foffoye. Ba.
AIV, habitant. Voyez *Bwrgaw*.
AJUDA, feringue, lavement. Ba.
AIVLE, pomme. I. Voyez *Aval*, *Availl*.
AJUSTA, ajufter. B. Voyez *Ajufte*.
AJUSTAMENTUM, A. M. étalon; *Ajuftare*, étalonner; d'*Ajufta*.
AJUSTE, contrat. Ba. Voyez *Ajufta*.
AIZ, élévation. Voyez *Aitz* & *Aizin*.
AIZA, vent. Ba.
AIZABOLUA, moulin à vent. Ba.
AIZALDIA, petit vent, vent. Ba.
AIZAPIA, voile de navire. Ba.
AIZATU, je vanne, j'agite l'air avec un éventail. Ba.
AIZEMALLEA, éventail. Ba.
AIZIGARA, moulin à vent. Ba.
AIZIN, partie antérieure, premier, plus haut. Ba.
AIZPA, fœur. Ba.
AIZQUIBEL, flanc, côté de montagne. Ba.
AIZT, élévation. Voyez *Aitz*, *Aizturica*.
AIZTA, fœur. Ba. Voyez *Aice*.
AIZTUA, coûteau. Ba.
AIZTURA, fleuve plein de rochers. Ba.
AIZTURAC, tenailles. Ba.
AIZTURICA, montagne pluvieufe. Ba. *Aitz*, élévation, montagne; *Ura*, eau, pluye.
AIZURISCA, nuage. Ba.
AKASTOIR, effieu. I.
AKERA, bouc. Ba.
AKETAO, AKETAW, tantôt, au paffé. B.
ARETON, ACTON, A. M. cuiraffe, cotte de mailles; d'*Actwm*, prononcez *Actom*. On a dit en vieux François *Hauéton*, *Auqueton*. De là eft venu dans notre Langue le terme *Hoqueton*, qui fe donne à un archer ou garde à caufe de la cotte d'armes dont il étoit revêtu.
AKETUS, inquiet. B. Voyez *Acqedus* qui eft le même.
AL, hauteur, élévation, montagne, colline, cime, fommet, pointe, fur, deffus, au-deffus. G. Vovez l'article fuivant. *Al* eft par conféquent figne du fuperlatif.
AL, haut, élevé. Voyez *All*, *Bual*, *Hal* & l'article précédent. *Hhbal* en Hébreu, haut, élevé; *Hhbal*, *Hhbala* en Arabe, haut, élevé, hauteur;

AL.

Hhbalah en Chaldéen, élévation; *Hhhalai*, très-haut en Samaritain; *Hhholi* en Syriaque, haut, élevé; *Hhbalas*, hauteur en Hébreu; *Hhbali* en Chaldéen, haut, élevé; *Hal* en Hébreu, fur, deffus, au-deffus; *Heli* en Arménien, grand, élevé; *Hel* en Théuton, haut; *Haili* en Turc, beaucoup, grandement; *Halom* en Hongrois, tertre; *Halado* en Hongrois, excellent, qui furpaffe; *Held* en Allemand, géant; *Holl*, colline en ancien Danois; *Hooll* en Iflandois, colline; *Hull* en ancien Saxon, montagne, colline; *Hill* en Anglois & en Flamand, montagne; *All*, grand en Irlandois; *Oll*, élevé, colline en Irlandois; *Ylk* en Arménien, montée; *Al* en Perfan & en Arabe, haut, élevé; *Ald* en Éthiopien, élever; *Alle* en Africain, haut; *Ali* en Arabe, élevé, fublime; *Ala*, fupérieur, plus haut, fuprême, très-haut en Arabe; *Al*, très-grand en Perfan; *Alaa* en Perfan, deffus, au-deffus, en haut; *Al*, *Ali* en Turc, haut; *Alin*, montagne en Tartare Mantcheou; *Ala*, furpaffer en Malaye; *All* en ancien Danois, hauteur ou profondeur d'eau; *Alin*, montagne en Mogol; *Alen*, croître en Allemand; *All* en Theuton & en Gothique, particule augmentative; *Ael* en ancien Saxon, particule augmentative; *Alfe* en Étrufque, élévation, levée; *Alzar* en Italien, élever; *Alear* en Efpagnol, élever; *Aloft*, *Aloud* en Anglois, haut, élevé; *Aluf*, élever en Cophte; *Al* en Auvergnac, haut; *Alcie* en vieux François, hauffée. *Al* s'eft confervé en notre Langue; on dit haler un bateau pour le faire remonter. *Ola*, montagne en Tartare Calmouk; *Olug*, *Oluc* en Tartare, grand; *Olu* en Turc, grand; *Olubalan*, noble à Malaca; *Teles* en Hongrois, excellent; *Elion*, nom de Dieu en Hébreu, qui fignifie haut; *Alla*, Dieu en Arabe & en Mandingo; *Allah*, Dieu en Turc; *Ala* en Tidoritain & en Javanois, Dieu; *Ael* en Arménien, Dieu; *Eloha* en Syriaque, Dieu; *Oloah* en Chaldéen, Dieu; *Illé* en Punique, Dieu.

AL, étranger. G.
AL, près. G. *Al* en Éthiopien, près; *Hal*, *El* en Hébreu, près.
AL, pierre, roc. Camden dit qu'il y a des Écrivains qui prétendent que le terme *Alcluyd* fignifie en Gallois roc, pierre de la Cluyd, & que d'autres tiennent ce mot par près de la Cluyd. Les uns & les autres ont raifon, ce mot a ces deux fignifications. Tout le monde convient qu'il fignifie près, je prouve qu'il fignifie pierre, roc. 1º. Bede affure qu'*Al* fignifie rocher dans la Langue des anciens Bretons. 2º. En Irlandois, qui eft un dialecte de l'ancien Breton, *Al* fignifie pierre, rocher. 3º. *Alen* pierre, n'eft qu'une hyperthéfe d'*Al*. 4º. On voit *Al* pour pierre dans *Albras*, *Albrys*. 5º. *Al* eft le même mot que *Cal*. Voyez *Aru*. 6º. Dans le Celtique les mots qui fignifient montagne, fignifient pierre. Voyez *Aighe*, *Cer*, *Ceraig*, *Dun*, *Mene*, *Maen*, &c.
AL, article. B. On trouve *El* pour *le* article dans nos vieux Romanciers. *Al* article dans Villehardouin; c'eft de là que vient *Au*, notre article du Datif.
AL, falure de l'eau de la mer. B.
AL, pierre. I.
AL, aliment. I. De là *Alo* Latin, nourrir. Voyez *Alea*, *Alha*.
AL, ancien. Voyez *Gueachal*. De là *Alt* vieux en Allemand; *Altum* vieux, ancien au quatrième livre des Géorgiques de Virgile, felon Nonius;

Alt en Theuton, vieux ; *Alti* dans les Gloses de Keron, vieux ; *Eald*, *Aeld* en ancien Saxon, vieux ; *Alt* en Tartare de Precop, vieux ; *Oll* dans la basse Saxe, vieux ; *Old* en Anglois, vieux ; *Oud* en Flamand, vieux, l'*l* changée en *u* ; *Eolos* en Grec, vieux ; *Os*, terminaison.

A L, particule privative. Voyez *Almarchu*. *Alte* en Allemand, défectueux.

A L, sel. Voyez *Aliw*, & *Al* plus haut.

A L paragogique. Voyez *Alchueder*, *Alfarch*, &c.

A L, tout. Voyez *Oll*. *Al* en ancien Saxon, tout-à-fait ; *Allu*, tout, tous dans les Gloses de Keron ; *All*, tout, *Allai*, tous en Gothique ; *Al* dans l'ancienne Langue du Nord, tous ; *Alle* en Theuton, tous ; *Al* en Flamand, tout ; *All* en Allemand, tout ; *Alam* en Malaye, tout ; *Alai* en Turc, tas, monceau, troupe ; *Halda*, tas en Bohémien. Voyez *Ala*.

A L, le même que *Gal*. Voyez *Aru*.

A L, le même que *Cal*. Voyez *Aru*.

A L, le même que *Sal*. Voyez *Aru*.

A L, air. Voyez *Alare*.

A L, cheval. Voyez *Aloga*. Le mot *Aller* ne vient-il point d'*Al* cheval, comme *Marcher* vient de *March* cheval ? Le cheval est une bête dont l'homme se sert pour voyager. *Pferdt*, cheval en Allemand, vient de *Fer*, porter.

A L. En comparant *Alan*, rivière, *Ala*, bateau, *Ald*, torrent, on voit qu'*Al* a signifié, eau, rivière.

Ausone demande ce que signifie le mot Celtique *Al* qui se lit dans les Catalectes de Virgile.

Dic quid significent Catalecta Maronis ex his Al Celtarum posuit ?

On peut à présent répondre à cette question.

A L A, sauvage ; *Madre Ala*, chien sauvage, renard. I. Voyez *Alanicq*.

A L A ou *Hala*, véler, faire un veau, lorsqu'on parle d'une vache. Si c'est d'une jument, c'est faire un poulain, qui est dit en quelques endroits *Eal*. Je pense qu'*Ala* signifie seulement en général *faire un petit*. Le Pere de Rostrenen met *Ala*, faire un agneau. B. Cet article est tiré de Dom Le Pelletier, qui se trompe lorsqu'il dit que le Pere de Rostrenen n'indique point d'autre signification du mot *Ala* qu'agneler ; il lui donne encore celle de véler & de pouliner. Je penserois volontiers comme Dom Le Pelletier, qu'*Ala* a signifié en général *faire un petit*. Voyez *Alaba*.

A L A, bateau. B.

A L A, tout. Ba. Voyez *Al*.

A L A, *Alan*, ainsi. Ba.

A L A, *Ela*, *La Car*, à présent. Ba.

A L A, puissance. Voyez *Alla*, *Betaala*.

A L A, A. G. aunée, herbe aromatique dont la tige s'éleve de cinq à six pieds, *Al*, élevée, haute. A L A B. Voyez *Alabastr*.

A L A B A, fille. Ba. Voyez *Ala*. *Anabadom* en Javanois, *Anaparampuam* à Malaca, fille ; l'*n* & l'*l* se substituent.

A L A B A N S A, louange. Ba. D'*Alabatu*.

A L A B A R D A, *Alabardea*, halebarde, trait, flêche. Ba. Voyez *Al Bar*.

A L A B A S T R, albâtre. B. On voit par *Alaw*, qui est le même qu'*Alab*, & par *Alb*, qu'*Alab*, *Alaw* ont signifié blanc. Voyez l'article suivant.

A L A B A S T R O, albâtre. Ba. Voyez l'article précéd.

A L A B A T U, louer. Ba.

A L A C H I S, clef. B.

A L A C O Z T E A, censure. Ba.

A L A C R I M O N I A, A. G. allégresse ; d'*Alegria* ou *Alecria*.

A L A C R I T U D O, A. M. allégresse ; d'*Alegria* ou *Alecria*.

A L A D H, nourrir. I. Voyez *Al*.

A L A D H, prudence. I.

A L A E N D A, fureur, rage. Ba. Voyez *Alaeth*.

A L A E R E, cependant. Ba.

A L A E T H, tristesse, affliction, gémissement, pleurs, plainte, élégie, ennui, chagrin. G. *Alatz* en Hébreu, incommoder, fâcher.

A L A E T H U, pleurer, se lamenter, gémir. G.

A L A E T H U S, lamentable, funeste, triste, lugubre, funèbre, gémissant, soupirant, affligé. G.

A L A F, richesses, selon d'autres le même qu'*Amheutyn*, dit Davies, qui ne met point ce terme dans son Dictionnaire, & que je n'ai point trouvé ailleurs. Je conjecture que c'est le même qu'*Amheutun* ; on mettoit indifféremment l'*y* & l'*u*. *Alaf* fait au pluriel *Alafau*, *Alafoedd*. G. Il faut retenir les deux significations de ce mot. Voyez *Affeu*.

A L A G A, sorte de froment. Ba.

A L A G A Y A, aviron. Ba.

A L A I A, force, vigueur, valeur, courage. Ba. *Id.* en Gallois ; *Al* en Theuton, sain.

A L A J A, *Alajea*, meubles, ameublement. Ba. On voit par le mot suivant qu'il a signifié ornement en général.

A L A J A T U A, orné. Ba. Voyez *Hael*.

A L A I B A G U E T U, j'abbats le courage ; *Alaibaguetua*, qui a le courage abbatu, vaincu. Ba. Voyez *Alaibaguetu*.

A L A I D E A, valeur. Ba. Voyez *Alai*.

A L A I G A B E T U, abbatre le courage. Ba. C'est une transposition d'*Alaibaguetu*.

A L A I G H, passage. I.

A L A I M. *Gabail Alaim*, arrêter, faire un arrêt, saisir, gager. I.

A L A I N, blanc, clair, luisant, serein, beau. I. Voyez *Alen*.

A L A I N Z O A, talent, génie. Ba.

A L A I S O, courageusement. Ba. Voyez *Alaia*.

A L A I T U, j'encourage, je conforte. Ba. Voyez *Alaia*.

A L A I T U R I A, pusillanimité, pusillanime. Ba. Voyez *Alaia* ; *Turia* est donc une particule privative.

A L A M A N D E S, amande. B.

A L A M A N D E Z E N, amandier. B.

A L A M B R E A, airain, cuivre. Ba. Voyez *Arem*.

A L A M E N A, médisance, détraction. Ba. Voyez *Lammet*.

A L A N, haleine. G. B.

A L A N, tussilage (plante) petasite (plante.) G.

A L A N, rivière. C. Comme on a dit indifféremment *Lan* & *Len* rivière, on a dû dire *Alen* comme *Alan*.

A L A N B Y C H A N, pas d'âne, (plante.) G.

A L A N M A W R, petasite, (plante.) G.

A L A N A S, le même que *Galanas*, comme *Alon* est le même que *Galon*.

A L A N A T, respirer. B. Voyez *Alan*.

A L A N I C Q, renard. B.

A L A O U R E R, doreur. B.

A L A O U R I, dorer. B.

A L A P A T O R, A. G. vain, glorieux ; d'*Alabatu*.

A L A R, le même que *Galar*. Voyez *Aru*.

A L A R A, chant du coq. Ba. Voyez *Alar*.

A L A R C H, cygne. G. *Agla* en Scythe, cygne ; *Olor* en Latin, cygne ; l'*o* & l'*a* se mettent l'un pour l'autre.

Alarchaid

ALA.

ALARCHAIDD, de cygne. G.
ALARE, A. G. agiter l'air; d'*Ael*, par crase *Al*, air.
ALARGERDD, poème funèbre. G. *Alar Cerdd*.
ALARGUNA, veuf, veuve. Ba. Voyez *Alar*, *Allaurea*.
ALARM, allarme, son de là trompette qui marque l'arrivée de l'ennemi. G.
ALARU, plaindre, se plaindre, dédaigner, rejetter, mépriser. G.
ALATORIA, ALORIUM, A. M. allée; d'*Aller*, qui vient du Celtique, puisqu'en Breton *Yalo* signifie j'irai; *Eled* en Gallois, allez à l'impératif; *Ale*, *Alez* en Breton, allée; *Wallen*, aller en Allemand.
ALATZARRA, vaisseau propre à transporter des chevaux. Ba.
ALAUDA, nom Gaulois de l'alouette, que nous ont conservé Suétone dans la vie de César, Pline liv. 11, ch. 37, Marcellus Empiricus dans son ouvrage de la Médecine, c. 29, Saint Gregoire de Tours, liv. IV de son Histoire, c. 30. Ce mot est formé d'*Al* article, *Auda*, qui s'éleve. L'alouette s'éleve dans l'air d'une manière qui lui est propre.
ALAUDIUS, A. G. affranchi; d'*Allout* avec une terminaison. *Alloud*, avoir le pouvoir, n'être plus sous la dépendance. Voyez *Alodis*.
ALAUDUM. Voyez *Alodis*.
ALAVEA, fille. Ba.
ALAUSA, A. G. alose; d'*Al*, sel. Ce poisson aime beaucoup le sel, puisqu'il suit les bateaux qui en sont chargés l'espace de deux & trois cens lieues.
ALAW, lys, nénuphar, ou nymphea, ou lys d'étang. G. Voyez *Alabastr*.
ALAWR, bourse. G.
ALAYA, courageux, ferme, intrépide. Ba. Voyez *Alai*.
ALAZN, haleine. B. Voyez *Alan*.
ALAZNAF, respirer. B.
ALAZR, charrue. B.
ALB, le même qu'*Alp*, montagne, blanc. Voyez *Alp*, *Alba* & *Albani*. Tous les termes qui ont signifié montagne ont aussi signifié grand, haut, au propre & au figuré, chef, tete, faîte, sommet. Voyez *Al*, *Mendia*, *Mends*, *Pen*, *Serr*, &c. Les mots qui ont signifié blanc ont aussi signifié lumière. Voyez *Alba*, *Can*, *Gui*, &c.
ALBA, arbre qui vient sur le bord des ruisseaux, des rivières, saule, peuplier, aune, bois blanc. Ba. *Alba*, saule en Languedocien & en Gascon.
ALBA, aurore. Ba. De là le mot *Aube* dans notre Langue. Voyez *Alb*. *Alba* dans les anciens monumens, aurore.
ALBA, ALBAN, Écosse; I. d'*Alb*, montagne. L'Écosse est la partie montueuse de la Grande Bretagne.
ALBA, A. M. phare; d'*Alb* élévation, ou d'*Alb* lumière.
ALBA, pierre précieuse ainsi nommée de sa blancheur & de son éclat. Voyez *Alb*.
ALBA, A. M. habillement ainsi nommé de sa blancheur; d'*Alb*. Nous appellons *Aube* un habillement sacerdotal de toile blanche.
ALBA, A. M. aune, (arbre) peuplier. Voyez plus haut.
ALBABAN, sorte de plante que quelques-uns croyent être l'ivraye. B.
ALBACA, basilic, (plante.) Ba. Ses fleurs sont blanches.
ALBALISTA, ALBALESTRIUS, A. M. arbalêtrier; d'*Albras*, arbalête. Par une transposition

TOME I.

ALB. 33

fort commune dans le Celtique on a dit *Arblas* comme *Albras*. On trouve dans le vieux François *Aubaleste*, *Aubeleste*, *Aubelestre*.
ALBAN. Voyez *Alba*.
ALBANACH, Écossois. I. Voyez *Alba*.
ALBANAGIUM, A. M. droit d'aubaine, aubaine; d'*All*, autre; *Bann*, jurisdiction, district, contrée, pays.
ALBANI, montagnards. G. Voyez *Alb*.
ALBANI, AUBENAE, A. M. hommes qui abandonnant les terres ou métairies de leur Seigneur, venoient s'établir dans les terres ou métairies d'un autre Seigneur. On a dit en vieux François *Aulbains*, *Aubains*. Voyez *Albanagium*.
ALBANIUS, A. M. montagnard. Voyez *Albani*.
ALBANUS, A. M. montagnard. Voyez *Albani*.
ALBARANUS, ALBARANEUS, A. M. montagnard; d'*Alb*.
ALBARD, hallebarde. I. *Halberd* en Anglois.
ALBASTR, albâtre. B. *Alab*, *Alba*, blanche; *Ter*, *Tre*, pierre. Voyez *Alabastr*.
ALBEDRIO, volonté, liberté. Ba. Voyez *Bodd*.
ALBELLUS, A. M. aune, (arbre.) d'*Alba*.
ALBENIA, ourle, bord. Ba. *Ben*.
ALBERC, ALBERGA, ALBERGUM, ALBERGIA, ALBERGIUM, A. M. droit de gîte, droit qu'avoit un Seigneur d'aller loger dans la maison de son vassal; *Alberga*, l'endroit où l'on gîte, d'où est venu notre mot *Auberge*. On trouve *Albergaria*, *Albergamentum* au même sens; *Al*, article; *Berg* ou *Berc*, lieu fermé, retraite, maison. On lit aussi *Arberg*, *Arbergaria*, *Abergare*, pour *Alberc*, *Alberga*, &c. *Ar* est article comme *Al*. *Alvergo* en Espagnol, logis, demeure, hôtellerie; *Albergo* en Italien, auberge, hôtellerie.
ALBERCH, A. M. cuirasse, cotte d'armes, ou cotte de mailles. *Al* article ou paragogique; *Berg* ou *Berc*, couverture, ce qui couvre, ce qui met à couvert.
ALBERGELLUM, A. M. le même qu'*Alberc*.
ALBERJO, A. M. le même qu'*Alberch*, en François *Haubergeon*.
ALBEYNES, A. M. le même qu'*Albani*.
ALBIN, diminutif d'*Alb*.
ALBISTEA, bonne nouvelle. Ba.
ALBOA, corne, angle, voisinage, le côté. Ba. Voyez *Alboera*.
ALBOCAA, latéral. Ba.
ALBOERA, voisinage, affinité. Ba.
ALBOGON, mot Gaulois, selon Borel, qui signifie pouliot (herbe aromatique.)
ALBOQUEA, flûte. Ba. *Boch*.
ALBORADA, qui se fait avant jour. Ba. Voyez *Alba*.
ALBORATU, j'approche. Ba.
ALBORATUA, approché, abordé, confiné. Ba.
ALBORNIA, plat, bassin. Ba.
ALBOROTO, tumulte. Ba. Ce mot s'est conservé dans l'Espagnol. Voyez *Borrodi*.
ALBOTASUNA, voisinage, affinité. Ba.
ALBRAS, arbalête, machine de guerre propre à jetter des pierres; *Albraswr*, celui qui fait jouer cette machine. Un Auteur Gallois donne cette épithéte à David. G. Voyez *Albrys*.
ALBRISTEAC, présent que l'on donne à celui qui apporte une bonne nouvelle. Ba.
ALBRYS, arbalête, machine de guerre propre à jetter des pierres; *Albrysswr*, arbalêtrier, celui qui fait jouer cette machine. G. Je crois ce mot formé d'*Al*, pierre, & *Bwrw*, en composition *Byry*, *Bry*, jetter.

E

ALCABALE, impôt. Ba.
ALCABUZA, fusil, arquebuse. Ba. Voyez *Arqebusen*.
ALCALAURA, char attelé de quatre chevaux. Ba.
ALCAN, oripeau. G.
ALCAN, laiton. B.
ALCANDORA, chemise d'homme. Ba. *Alcandora*, chemise en Espagnol.
ALCANFORA, camphre. Ba.
ALCANGES, coqueret, (plante) versicaire, (plante.) B.
ALCAPARRA, capre. Ba.
ALCAR. Voyez *Elcar*.
ALCARGANA ETORRI, terminer un procès en l'accommodant, en conciliant les Parties. Ba.
ALCH, claye, treillis, grille d'osier. G. En comparant ce mot avec *Alchuez*, *Alchueza*, on voit qu'*Alch* a signifié en général tout ce qui ferme, tout ce qui enferme.
ALCHATU, j'éleve, je soulage. Ba. Voyez *Al*.
ALCHOUE, clef. B.
ALCHUEDER, alouette. B. *Al* paragogique. Voyez *Chueder*.
ALCHUEZ, clef. B.
ALCHUEZA, fermer. B.
ALCHUEZER, ALCHUEZYER, serrurier. B.
ALCIA, siége, escabeau, banc. Ba. Voyez *Alchatu*.
ALCIA, amande, noyau. Ba. Voyez *Alch*.
ALCOBA, alcove, chambre où l'on couche. Ba. De là *Alcove*. Voyez *Alcof*.
ALCOF, alcove. B. Voyez *Alcoba*.
ALD, torrent. E.
ALD. Voyez *Eld*.
ALD, élévation. Voyez *Aldapa*.
ALDA, forme. Ba.
ALDA, côté. Ba.
ALDA, fois. Ba.
ALDA, semblable. Voyez *Choralda*.
ALDACA, côté. Ba.
ALDACIA, proximité, contiguité. Ba.
ALDACITECEN, ont été mûs. Ba. Voyez *Allt*.
ALDACOIDEA, volubilité, qui change aisément. Ba. Voyez *Allt*.
ALDACORRA, changeant. Ba.
ALDACOYA, variable, changeant, déserteur, transfuge. Ba.
ALDAEZGARRIA, immutabilité, immuable. Ba.
ALDAIRA, changement. Ba. Voyez *Allt*.
ALDAITZA, trope, figure. Ba. Voyez *Allt*.
ALDAMENERA, je cite, j'appelle, j'incite. Ba. Voyez *Damuno*.
ALDANDEA, altération, changement. Ba. Voyez *Allt*.
ALDANZA, instabilité. Ba. Voyez *Allt*.
ALDAPA, ALDATZA, colline, éminence, pente de colline. Ba. Voyez *Allt*.
ALDARAO, vieux souliers, haillons, vieille ferraille à vendre. Ba.
ALDASCA, graine, semence. Ba.
ALDATZEA, changement. Ba. Voyez *Allt*.
ALDAZPIA, le revers, le derrière. Ba.
ALDDYD, étranger. G. *Al*, autre; *Dud*, en composition *Dyd*, pays.
ALDEA, forme. Ba.
ALDEA, troupeau. Ba.
ALDEA, près, voisin. Ba.
ALDEA, flanc, côté, voisinage. Ba. Voyez *Aud*, *Ad*, *Alda*.
ALDEA, village. Ba. Voyez *Ad*.

ALDEACHOA, petit village. Ba. *Choa*, petit.
ALDEARA, paysan, villageois. Ba.
ALDECOA, présent, assistant. Ba.
ALDEDARIDEA, faction, parti. Ba.
ALDEDARRIA, sectateur, attaché au parti de quelqu'un. Ba.
ALDEETAN, tout autour, de tout côté. Ba.
ALDEGUIETARONS, de quelque côté que ce soit. Ba.
ALDEGUITA, séparation. Ba.
ALDEGUITEA, courbure, pli, l'action de plier. Ba.
ALDEN, élevé; d'*Ald*.
ALDERA, voisinage, affinité. Ba.
ALDERATU, approcher plus près. Ba.
ALDEREZGARRIA, inaccessible, qu'on ne peut approcher. Ba.
ALDETASUNA, voisinage, affinité. Ba.
ALDESTANA, impartial. Ba.
ALDIA, multitude, troupeau. Ba.
ALDIA, folie. Ba.
ALDIACA, alternativement. Ba.
ALDIAS, pleurs, gémissement. Ba.
ALDIONA, saison, temps. Ba.
ALDIOTSA, épitaphe. Ba.
ALDIRIA, frontières, confins. Ba. *Allt*, *Tir*, en composition *Dir*.
ALDIRIETAC, voisin. Ba.
ALDITSUA, lunatique. Ba.
ALDIZEA, alternativement. Ba.
ALDIZGOA, vicissitude. Ba.
ALDOLAC, bonde de tonneau. Ba.
ALDORN, poignet. B.
ALDORRA, tronc, boëte ou coffre troué. Ba. *Torri*.
ALDOSTIA, le derrière. Ba.
ALE, allée. B. *Aele*, aller en Langue de Congo. Voyez *Alatoria*.
ALEA, grain. Ba. Voyez *Alelcha*.
ALEBRA, ALIBRE, A. G. aliment. *Al* article; *Bara*, par crase *Bra*, aliment.
ALEGMINA, A. G. partie des entrailles qu'on coupoit dans les sacrifices. *A* paragogique; *Lecqa*, en composition *Lecqa*, couper; *Lecqmin*, ce qui est coupé.
ALEGRIA, joye, allégresse. Ba. De là ce dernier mot.
ALEGUSTREA, troesne, (arbrisseau.) Ba. De là *Ligustrum* Latin.
ALEIA, A. M. allée; d'*Ale*.
ALEIN, agneler, véler, pouliner. B.
ALELCHA, fleur de farine. Ba. Voyez *Alea*.
ALELEU, terme dont les anciens Irlandois se servoient pour exprimer leur douleur dans les funérailles. I.
ALEN, pierre. Voyez *Agalen*. C'est une hyperthése d'*Al*, qui se faisoit également par *On* que par *En*. Voyez *Av*, *Aven*, *Avon*.
ALEN, le même que *Glan*. Voyez ce mot & *Alain*. *Jalin*, éclat en Turc; *Alinar*, *Alindar*, embellir, orner, parer en Espagnol; *Alino*, *Alinde*, ornement, embellissement dans la même Langue. On voit par ces termes Espagnols conservés du Celtique, qu'on a dit *Alin* comme *Alen*: rien de si commun que la substitution de l'*i* pour l'*e*. Voyez *Aligein*, alun.
ALEN, le même qu'*Alan*. Voyez ce mot.
ALENA, A. M. aune (mesure;) de *Goalen*, verge, le *Go* initial se perd. D'*Alen* Celtique est venu *Ulna* Latin.
ALER, Éloy, nom d'homme. B.

ALE.

ALER, par, par le secours. Ba.
ALERS ou ALLERS, A. G. fçavant. A paragogique ; Leir, sage, habile.
ALES, eau. Voyez Aleſtrare.
ALESON, aumône. B.
ALESSE, de là. B.
ALESTRARE, ALISTRARE, A. G. humecter. Les, Lis, eau, avec l'A paragogique ; Tre, à travers.
ALETAS, A. G. fçavant ; d'Alers. Tas, particule augmentative.
ALETUS, A. M. hareng ; d'Al, sel. Voyez Harincq.
ALEURER, doreur. B.
ALEW, salive. G. Al, sel ; Ew, eau. Voyez Aliw.
ALEYA, A. M. allée. Voyez Aleia.
ALEZ, allée de jardin. B.
ALFANGEA, sabre, cimeterre, coutelas. Ba. Voyez Alfarch.
ALFARCH, lance. G. Al paragogique ; Farch, en composition pour Barch.
ALFE, clef. B.
ALFEER, ALFEOUR, ferrurier. B.
ALFENUS, A. G. vagabond. C'est le même qu'Albani. l'f & le b se mettant l'un pour l'autre.
ALFER, paresseux, en vain, rien. Ba. Voyez Fari, Bar. Albert en Allemand, sot, stupide. De Fer le terme Latin Feria.
ALFERECIA, épilepsie. Ba. Voyez Fari.
ALFEREZA, porte-étendard. Ba.
ALFERRA, paresse. Ba. Voyez Alfer.
ALFILEL, épingle. B.
ALFIQUIA, pinceau. Ba.
ALFO, délire, rêverie d'un homme qui a le transport ; Dre Alfo, brusquement, sans considération, trop chaudement. Quelques-uns en ont fait le verbe Alfoi, tomber en délire, en fiévre chaude, rêver ; participe Alfoet Ew, il est en délire, il est tombé en fièvre chaude, il a un transport au cerveau. B. Cet article est pris de Dom Le Pelletier. Voyez Affo.
ALFUS, A. M. saint de mœurs ; All, meilleures, bonnes ; Moes, en composition Foes, mœurs.
ALGA, illustre, noble. I. En comparant ce mot avec Al & Algammata, on voit qu'il a signifié haut au propre & au figuré.
ALGAINA, couture. Ba. Voyez Gan.
ALGAMMATA, A. M. sommets ; d'Alga.
ALGARA, ris, moquerie. Ba. Voyez Carecin.
ALGARA, A. M. incursion ; d'Algaradenn.
ALGARADENN, incursion. B. De là Algarade en notre Langue, Algarada en Espagnol. Ce mot est formé de Garr, jambe.
ALGHEN, les pointes d'une coëffe qui servent à l'attacher sous le menton. B. Ce mot paroit formé d'Al, près, & Gen, menton, joue.
ALGOTATAE, AELIGOTATAE VESTES, A. M. habits goudronnés, froncés ; d'Aligein.
ALHA, qui fait paître. Ba. Voyez Al.
ALHACENIE, paissant, troupeau paissant. Ba.
ALHARGUNA, veuve. B.
ALHUE, clef. B. Voyez Alhwyd.
ALHUEOUR, serrurier. B.
ALHUEZ, clef. B.
ALHURRECA, écume salée qui s'attache comme une espèce de laine aux roseaux des marais pendant la sécheresse. Ba. Al, sel.
ALHWYD, clef. G. E.
ALIA, affirmation qui répond à notre mot François Certes, avec cette différence qu'Alia ne se dit qu'après une particule négative : Ne Alia, non certes. B.

ALL.

ALIA, A. G. fille ou femme passée au-delà d'une rivière ; Al d'Allan, par-delà ; Li, eau.
ALIACA, passe-temps. Ba.
ALIAUA, poche, petit sac, bourse. Ba.
ALIBRE. Voyez Alebra.
ALICES FACERE, A. G. extensions de membres ; d'Al, haut, long.
ALICULA, A. M. le même qu'Adlicula.
ALIES, souvent, fréquemment, beaucoup, grand nombre, plusieurs. B. Voyez Lyes.
ALIGEIN, agencer. B. On aura dit par crase Aliein, Alin, ce qui se prouve parce qu'en vieux François Aliner signifie équiper des vaisseaux. Aligein étant synonime d'Addurn, agencer, parer, aura aussi signifié habiller comme ce mot, Voyez aussi Alen, Alain. En Patois de Franche-Comté on dit Aillue pour agencer, accommoder. Aludel, terme de Chymie qui se dit de plusieurs pots ou tuyaux de terre sans fond mis les uns sur les autres, qui vont en étrécissant par en haut, & qu'on adapte sur un pot percé au milieu de sa hauteur.
ALIGEOUR, rabilleur, rapetasseur. B.
ALIN, le même qu'Alen. Voyez ce mot.
ALINUS. Voyez Alivus.
ALIQUEZA, impuissance. Ba.
ALIS, eau. Voyez Aleſtrare.
ALISA, aune (arbre.) Ba. Al, près ; Lis, eau.
ALISANTR, espèce d'ache, persil noir. G.
ALISORIUM, A. G. coûteau de cordonnier ; d'Aligeour, Alisour.
ALIVIA, A. G. quelque chose de non corrompu, comme de l'onguent. A privatif ; Llifiant ou Lliviant, consomption.
ALIW, salive. G. C'est le même qu'Haliw, qui est formé d'Al, sel, & Iw, eau ; ainsi Al signifie sel comme Hal.
ALIWN, étranger. G. Davies ne se tromperoit-il point en faisant venir ce mot du Latin Alienus ? Il paroit plus vraisemblable qu'Aliwn, prononcez Alion, est le même qu'Alon, étranger ; & qu'Alienus est formé des termes Celtiques Al, autre ; Ain, ou En, lieu.
ALIVUS ou ALINUS, A. G. digue au bord de l'eau. A privatif ; Liva, inonder ; Aliv, qui empêche les inondations, qui empêche que l'eau ne se répande : Llifo ou Llivo signifie se répandre, en parlant de l'eau.
ALKAKENGI, vésicaire, (plante.) G.
ALL, autre. G. B. De là les mots Latins Alius, Alter. On trouve Alterare dans les anciens monumens pour Changer, d'où est venu notre mot François Altérer. On voit par là qu'on a dit Alle comme All. D'ailleurs en Celtique le s s'ajoûte indifféremment à la fin du mot. All en Theuton, divers ; Alla, Eli en Theuton, Alja en Gothique, Al, El en Allemand, El en ancien Saxon, Ella en Islandois, Else en Anglois, Oile en Irlandois, autre. D'Eli, autre en Theuton, sont venus dans la même Langue Elend, Ellend, pays étranger ; exil ; Alter en Anglois, changer ; Altoir en Irlandois, changer. L'a & l'o se mettant l'un pour l'autre, on a dit Oll comme All. Voyez Oll. All a aussi signifié divers, changeant, ainsi qu'on le voit par Allu qui en est formé, & qui est le même qu'Arallu.
ALL, second. B.
ALL, particule superflue. Voyez Allweſt.

All, le même que *Gall*. Voyez *Aru*, *Allout* & *Galloui*.

All, chaud, ardent, au propre & au figuré, par conséquent prompt, vîte, impétueux. Voyez *Allya*. *Aleins* en vieux François, aussitôt.

All, sale. I. Voyez *Sal*.

All, grand, nombreux, au propre & au figuré. I. Voyez *Alladh*.

All, peau. Voyez *Alutarium*.

Alla, pouvoir. B.

Alla. Voyez *Allo*.

Allabnair, grande armée. I. *All*, grande, nombreuse; *Abhair* par conséquent armée.

Alladh, excellence. I. Voyez *All*.

Allaidd, féroce, sauvage. G. I.

Allaigh, féroce, sauvage. I.

Allan, de, du, des, dès (prépositions) hormis, excepté, à la réserve, hors, dehors. G. Il est synonime d'*Allan O*. Voyez ce mot.

Allan O, hors, outre, par-delà. G.

Allan O, le même qu'*O*. G.

Allan O Law, d'abord, sur le champ. G.

Allare, A. M. aller. Voyez *Alworia*.

Allargare, A. M. augmenter, étendre, élargir; de *Larg*.

Allas, ah! hélas! interjection qui marque la douleur, qui marque la surprise. B. Voyez *Alaeth*.

Allaurea, fans. Voyez *Morallaurea*.

Allawr, autel. G. D'*Al*, pierre; *Awr*, élevé. Voyez *Allor*.

Alldraw, le même qu'*Alltraw*. G.

Alldud, étranger. G. *All Tud*.

Alldudaeth, exil. G.

Allec, *Allex*, A. G. pour *Haleg*, hareng; *Al*, *Hal*, sel; *Alec*, *Halec*, salé.

Allenae, A. G. courroyes des freins. *Al* article; *Louan*, par crase *Lan*, en composition *Len*, courroye.

Allghlor, jargon. I.

Alli, avis, conseil, avertissement, exhortation; *Allia*, donner avis, avertir, exhorter. B.

Allitor, A. G. maçon, homme qui fait des murs avec du mortier. *Alt*, jointure; *Altor*, homme qui joint, qui unit.

Allipis, A. M. manteau qu'on donnoit à une vierge lorsqu'on la consacroit. *Al*, blanc; *Wisg*, habillement; les vierges étoient vêtues de blanc: ou *Al*, grand: Ce manteau couvroit tout le corps.

Alliw, couleur. Voyez *Alliwioe*.

Alliwioe, peindre. G. *Lliw*, couleur. On voit par ce mot qu'on a dit *Alliw* comme *Lliw*, en joignant l'*A* paragogique.

Allmairach, étranger. I. *All*, autre; *Mairach* par conséquent pays. Voyez *Alldud*.

Allmor, vallée, vallon. G.

Allo, *Alla*, A. G. pierre à aiguiser. Voyez *Al*.

Allod, autrefois, anciennement, au temps passé. I. *Al*, ancien; *Oed*, par crase *Od*, temps. On a donc dit *Od* comme *Oed*.

Allor, autel. G. D'*Al*, pierre; *Or*, élevé.

Allora, fonds, terre. Ba. Voyez *Lura*. On a donc dit *Lora* comme *Lura*.

Alloverium, A. M. bourse; d'*Allwar*. On a dit en vieux François *Aloyere*.

Allouse, alose (poisson.) B. Voyez *Alosa*.

Allout, avoir le pouvoir. B.

Allt, haut, montée de montagne, le flanc escarpé d'une montagne, au plurier *Elltyd*. G. *Aitca*, j'élève en Basque; *Enalte*, *Inalte*, *Enalte*, haut en Albanois; *Altane* en Allemand, grenier au haut de la maison; *Haalt*, haut en Islandois; *Alder* en Flamand, marque du superlatif; *Alder* en Anglois, signifie ce qui est élevé, au propre & au figuré: On appelle l'aune en cette Langue *Alder Tree*, à la lettre arbre haut, parce que cet arbre s'élève beaucoup; & *Alderman* un Sénateur du Conseil de Ville, à la lettre homme élevé; *Man*, homme; *Alder*, élevé; *Eald* en ancien Saxon, vieux, vieillard, & *Ealdormen*, vieillard, Sénateur, Gouverneur, Prince: On regardoit chez les anciens Peuples les vieillards comme les premiers de l'État, ils en occupoient les premières places, c'est pourquoi le même mot signifioit élevé & vieillard. (Voyez *Al*.) Les termes Latins *Senatus*, *Senator*, viennent de *Senex*, & celui-ci de *Sen*, *Hen* Celtique, qui signifie élevé & vieillard. *Alt* est le même mot qu'*Al*, car on ajoûtoit indifféremment dans le Celtique le *t* à la fin du mot. D'*Allt* est venu *Altus* Latin, *Alto* Espagnol & Italien, *Haut* François, *Altare*, autel en Latin, d'*Allt*, haute, *Ar*, pierre; *Altanus* en Latin, autan, vent haut, vent élevé.

Allt. Voyez *All*.

Allta, féroce, sauvage. I.

Alltraw, parrein, compere. G.

Alltred, bouclier. G.

Alltud, étranger, étrangère. G.

Alltudaeth, *Alltudedd*, *Alltudiad*, exil, bannissement. G.

Alltudo, être exilé. G.

Allu, pouvoir, puissance, possibilité. Voyez *Diallu*.

Allu, le même qu'*Arallu*, comme *All* est le même qu'*Arall*.

Allugo, A. G. moisissure; *Alluginosus*, moisi. *Al*, paragogique; *Llwg*, eau, humidité.

Allumi, allumer. B.

Allvog, tiéde. I.

Allutes, *Allutia* dans Saint Isidore, les mêmes qu'*Ablutes*.

Allwedd, clef. G.

Allwedd, rivage. G.

Allweder, *Allwedez*, *Allwedt*, alouette. B. On dit aussi *Echweder* & *Chweder*. Je crois ce mot formé d'*Al*, qui s'élève; *Chwedl*, chant; *Alchweder*, qui s'élève en chantant. Tous les autres noms de l'alouette ne sont que des altérations d'*Alchweder*. On sçait que l'alouette s'élève en chantant, & que cela lui est particulier. *Allweder*, prononcez *Allouedeu* ou *Alouetter*, s'est conservé dans notre mot *Alouette* avec un leger adoucissement. Voyez *Alauda*.

Allwein, selon d'autres *Elwezen*, herbe assez semblable aux navets quant à la feuille & la fleur. C'est, selon quelques-uns, une espèce de senevé. B.

Allwest, pâture, pâturage. G. *West* vient de *Gwest*, qui signifie manger chez quelqu'un, repas pris chez quelqu'un, endroit où l'on mange. Ce mot aura ensuite été étendu à signifier le manger, la pâture des animaux, l'endroit où ils la prennent; ainsi *All* n'est qu'une particule superflue. Les gens grossiers disent qu'ils ont bien pâturé quand ils ont bien mangé.

Alluvius dans Saint Isidore, champ formé par alluvion; d'*Adluviae*. C'est la boue ou limon que les eaux laissent en se retirant qui forme ce terrein; de là notre mot *Alluvion*.

Allwlad, étranger. G. *All Gwlad*.

Allwy, le même qu'*Arlwy*. Voyez ce mot.

Allwyd, clef. G.

Allwyddau Mair

ALL.

ALLWYDDAU MAYR, espèce de plante que Davies traduit en Anglois *Ashe Reys*, mot que je ne trouve point dans le Dictionnaire de cette Langue.

ALLWYNIN, triste, chagrin, lamentable. G. *Aluyne* en vieux François, absynthe. *Allwynin* paroît formé de *Gwyn*, douleur, avec l'article *Al*. En comparant tous ces mots on voit qu'*Alwyn* a signifié amertume, amer, au propre & au figuré. On voit par *Loyn*, qui est le même que *Lwyn*, & qui signifie brun, noir, qu'*Allwynin* a signifié la même chose, & que par conséquent *Allwyn*, *Allwynin*, *Lwyn*, signifient brun, noir, au propre & au figuré. *Al* paragogique ou article.

ALLWYO, le même qu'*Arlwyo*. Voyez *Arlwy*.

ALLWYS, répandre, évacuer, vuider. G.

ALLY, conseil, avis, exhortation, l'action d'exciter. B.

ALLYA, conseiller, donner avis, convier, inciter, exciter, donner de l'ardeur. B. Il semble qu'*Allya* ait aussi signifié anciennement échauffer, rendre ardent, au propre. 1°. Le figuré suppose le propre & le suit toujours. 2°. Nous retrouvons le sens propre dans *Allumi*, allumer; ainsi *Allya* a signifié échauffer, rendre ardent, au propre & au figuré, & par conséquent il a signifié prompt, vîte, courir, ce qui se confirme par *Elain* en Gallois, daim; *Eilon*, cerf; *Eleni*, l'an courant; *Hel*, chasser, poursuivre; *Aller* en notre Langue, marcher; *Alerte*, vif, prompt, dispos, agile, tout prêt, hâler, exciter, inciter, faire courir des chiens, des chevaux; *Aillier* en vieux François, espèce d'oiseau de rapine; *Alan*, chien bon à la chasse, qui chasse bien; *Alein*, aussitôt. *Halahhh* en Arabe, vîte, vîtesse; *Ale*, flamme en Langue de Chili; *Aileura* en Patois de Besançon, empressé. Voyez *Eilon*. Je crois qu'*Allium* Latin, vient d'*Ally*, chaud, ardent. On sçait que l'ail est fort chaud & fort caustique.

ALLYEIN, allier, joindre ensemble. B.

ALLYER, qui donne conseil, qui exhorte, qui excite. B.

ALMARCHU, défeuiller. G. Ce terme renferme nécessairement une particule privative, & ces particules se mettent au commencement du mot; ainsi *Al* est ici une particule privative, & par conséquent *Marchu* doit signifier feuiller, & *March*, feuille. D'ailleurs *Maraneda* en Gallois signifie l'état d'un arbre couvert de feuilles, & *Bwr* ou *Marr* en Breton désigne un rameau d'arbre.

ALMARI, armoire, buffet. G. *Aumaire* en vieux François, *Almario* en Espagnol, *Almara* en Bohémien, *Almaria* en Polonois, *Amery*, *Aumry*, *Ambry*, ambre; *Aumbrey*, *Aumry* en Anglois, armoire, buffet; *Armaro* en Italien, *Ormar* en Dalmatien, *Ormare* en Patois de Franche-Comté, armoire, buffet; *Armari* en Grec vulgaire, garde-manger, arche, coffre, caisse. *Almari* est formé d'*Al* article, & de *Mar* le même que *Bar*, ce qui enferme. *Ar* étant article comme *Al*, on a dit *Armari* comme *Almari*, de là notre mot François armoire.

ALMARIA, ALMARIUM, A. M. armoire; d'*Almari*.

ALMATRACIUM, ALMATRACUM, A. M. matelas. *Al*, article; *Mattras*, matelas.

ALMENA, force, puissance. Ba. Voyez *Alla*, *Mann*.

ALMENA, ALMENEA, creneau de muraille. Ba.

ALMENDRA, ALMENDREA, amande, amygdale. Ba. Voyez *Alamandés*.

TOME I.

ALO.

ALMESA, espèce d'arbre. Bd.

ALMIDOYA, empois, amidon. Ba. Voyez *Amyd*.

ALMONEDA, accroissemens, enchére, encan. Ba. Voyez *Mon*, *Mont*.

ALMUCIA, ALMUCIUM, ALIMUCIA, ALMUSSA, AUMUSSA, ALMIACUM, A. M. aumuce, couverture de la tête qui descendoit jusques sur les épaules. *Al*, tête; *Muz*, couvrir.

ALMUTIA, sorte de mesure. Ba. *Almud* en Espagnol.

ALNA, A. M. aune, crase d'*Alena*.

ALNETA, ALNIDUS, A. M. aunaye, bois d'aunes; d'*Alnus*, qui est un mot Celtique. *Al*, au, sur; *Clan*, en composition *Lan*, bord de rivière; *Alan*, par crase *Aln*, au bord de rivière : Les aunes croissent au bord des rivières.

ALNUM dans saint Isidore, *lignum*, I. *vernum*; il faut lire *vernum* : *Alnum lignum, id est, vernum*. Saint Isidore dit que l'aune est le même que l'arbre qu'on appelle verne. *Gwernen* ou *Wernen* est le nom que les Gallois & les Bretons donnent encore aujourd'hui à l'aune; il y a même plusieurs Provinces dans le Royaume où l'aune s'appelle verne.

ALO, pouliner. B. Voyez *Aloga*.

ALOCAIRA, loyer; *Alocairva*, solde, paye. Ba. de là *Locare* Latin. Voyez *Alodatge*.

ALOCATU, je loue, je prends à louage. Ba. Voyez *Lloc*, *Llogiad*, & le mot précédent.

ALODATGE, ALODIATIO, A. M. louage; de *Llogiad*, par crase *Lload*, lod; *A* paragogique.

ALODIS, ALODUS, ALODUM, ALAUDUM, A. M. aleu, bien possédé en propriété pleine & absolue, où la directité & l'utilité se trouvent unies, sans reconnoître autre puissance supérieure que la souveraine. L'aleu est quelquefois appellé *fundus*, parce que dans le fief qui lui est opposé on ne possede que l'utilité, le fonds, c'est-à-dire la propriété demeurant au Seigneur direct. Au mot d'aleu on ajoute ordinairement celui de franc, pour exprimer plus fortement par ce pléonasme l'indépendance de ce bien. *Allout* ou *Alloud*, avoir le pouvoir, la pleine disposition, être le maître. *Eleutheros* en Grec, libre, maître de soi.

ALOFFI, pouliner. B.

ALOG. Voyez *Aloga*.

ALOGA, A. G. chevaux. *Alogum*, cheval; *Alogator*, Commandant des Cavaliers. Voyez *Alo*. On voit par ces mots qu'*Al*, *Alo*, *Alog*, ont signifié cheval.

ALOGAIRA, coutute. Ba. Voyez *Gwe*.

ALOGUERA, solde, salaire, prix, récompense. Bd. Voyez *Alocaira*.

ALOIRAC, lorsque les champs se desséchent. Ba. Voyez *Lor*.

ALON, étrangers, ennemis. G. Je crois ce mot formé d'*Al*, autre; *On*, demeure. Il aura d'abord désigné les étrangers; ensuite, à l'occasion des difficultés qui naissent avec des gens d'une autre société, il aura aussi marqué les ennemis.

ALON, beau, I. Voyez *Alen*.

ALON, pierre. I. Voyez *Alen*.

ALONAZON, ALONAXDUS, A. M. moine; d'*Allan* ou *Allon*, hors; on sous-entend monde. *Alonazon*, qui est hors du monde, qui a quitté le monde.

ALORDEA, ordre, mandement. Ba. Voyez *Urd*.

ALORRA, moisson, qui seme, qu'on seme. Ba. Voyez *Alea*.

ALOSA, A. M. alose, poisson. Voyez *Alosen*.

ALOSEN, alose, poisson. B. Voyez *Alansa*.

G

ALO.

ALOSIA, harmonie. Ba. Voyez *Llochi* ou *Llofi*.
ALOUBER, usurpateur. B.
ALOUBD, aloès, ou joubarbe de mer. B.
ALOXINIUM, A. G. breuvage doux & odoriférant, fait avec du miel, du vin & d'autres drogues. *A* paragogique; *Llochi*, caresser, flater. On aura aisément étendu la signification de ce terme à ce qui flate le goût. Nous disons encore flater le goût pour plaire au goût, être agréable au goût. *Win*, prononcez *Oin*, par une crase facile in *Vin*. *Alochin* ou *Aloxin*, vin qui flate le goût.
ALP, blanc en ancien Breton. Les Sabins originaires des Gaulois, (Voyez le septième chapitre de la première partie de ces Mémoires) appelloient le blanc *Alpum*, selon le témoignage de Festus; c'est *Alp* avec une terminaison. *Alban* en Chaldéen, être blanc; *Alben* en Syriaque, blanchir; *Alphos*, blanc en Grec dans Hesychius; *Alp*, *Alpiz* en Théuton, le cygne, oiseau connu par sa blancheur; *Elbsch* en Allemand & en Suisse, cygne. Voyez *Alba*.
ALP, le même qu'*Alb*. Voyez *Alpes*.
ALPEGO, paresse, lenteur. Voyez *Desalpego*.
ALPER, ALPERIA, paresseux, lent, paresse, en vain, fainéant, vagabond, errant, homme perdu, poltron. Ba. Voyez *Alfer*. *Alber* en Allemand, simple, niais, sot, impertinent.
ALPES. Servius sur le dixième livre de l'Énéide nous apprend que les Gaulois appelloient Alpes toutes les montagnes: *Omnes altitudines montium à Gallis Alpes vocantur*. Sur le troisième livre des Georgiques il dit qu'*Alpes*, dans la Langue des Gaulois, signifie montagnes élevées, & que ce Peuple a donné plus particulièrement le nom d'*Alpes* aux montagnes qui le séparent de l'Italie, parce qu'elles sont fort hautes: *Alpes proprie montes Gallia sunt, de quibus Virgilius* Aërias Alpes; *& dicendo* Aërias, *verbum expressit à verbo; nam Gallorum linguâ Alpes montes alti vocantur*. *Alpes* a donc signifié d'abord de hautes montagnes en Celtique. Ce nom a été donné en ce sens aux montagnes qui nous séparent de l'Italie, ensuite ce terme est devenu commun à toutes les montagnes, soit qu'elles fussent élevées, soit qu'elles ne le fussent pas. *Al*, haute; *Pech* ou *Pes*, montagne, (On écrit indifféremment en Celtique *Ch* ou *S*) Les Italiens appellent encore aujourd'hui *Alpe* une montagne, & *Alpestre* tout Pays montueux. *Alpen*, Alpes en Grison, pâturages sur les montagnes. *Alp* en Théuton, montagne. *Alfa* dans les Loix d'Uplande signifie montagne. Vormius dit qu'*Alf* étoit le nom qu'on donnoit aux Grands de l'État chez les Nations septentrionales dans les premiers temps. *Alp* en Turc, homme fort & robuste, héros, grand homme. *Olbont* en Turc, noble. *Alpes* chez les Éthiopiens, montagnes. Les Suisses voisins de la Suaube appellent *Hoban Alben*, montagnes élevées, celles entre lesquelles leur Pays est situé, le *b* & le *p* se substituent mutuellement; c'est pourquoi Strabon remarque qu'on nommoit indifféremment les Alpes *Alpia* & *Albia*. Voyez *Alb*, *Alba*, *Albani*.
ALPHI, ALPI, A. M. bourgeons, boutons du visage; d'*Alp*, élevation.
ALPISTEA, queüe de renard. Ba.
ALPORCHAC, sac, bourse, coffre. Ba. *Al* paragogique; *Ac*, article: de là *Poche* en François. Voyez *Bourcho*.
ALQUIA, gargotte, banc. Ba. *Al Gig*.
ALQUILA, ALQUILEA, l'action de placer. Ba. *Alquilar*, placer en Espagnol.

ALY.

ALT, colline, éminence. G. Voyez *Allt*.
ALT, cime anciennement en Breton. Voyez *Allt*.
ALT, vallée. I. On voit par ce mot qu'*Alt* en Celtique a signifié haut & bas; les Latins en ont pris leur mot *Altus*, & lui ont conservé ces sens opposés. Voyez les Mémoires, chapitre second. Voyez *Allmor*.
ALT, article, jointure, nœud, conjoncture. I.
ALT-NASG, membre. I.
ALTEGUIA, grenier. Ba.
ALTEHAGARRIA, levain. Ba. Voyez *Alt*.
ALTEHATUA, haut, élevé. Ba.
ALTER, délire. B.
ALTIARE, A. M. hausser; d'*Alt*. *Alsare* en Italien, hausser.
ALTISTEA, perle. Ba.
ALTOIR, autre. I.
ALTRANNUS, qui nourrit. I. Voyez *Al*.
ALTRANNUS. Voyez *Athair*.
ALTREARE, A. M. se soumettre. Voyez *Allt*, vallée, bas.
ALTZA, j'éleve, je soulage. Ba. Voyez *Alt*.
ALTZA, érection. Ba.
ALTZAIRUA, acier; *Altzairuguillea*, qui travaille en acier; *Altzairuquintza*, ouvrage en acier; *Altzairuxua*, trempé comme l'acier; *Altzairugunina*, ouvrier en acier. Ba. Voyez *Acer*.
ALTZEGUI, saussaye. Ba.
ALVA, ALVEA, A. M. la partie creuse de la selle dans laquelle se place le cavalier; d'*Allwys*.
ALUDERII. Voyez *Alutarium*.
ALVEOLUS, ALVEOLUM, ALBIOLUM, A. M. auge; d'*Allwys*.
ALVETUM, A. G. ruisseau, d'*Allwys*; le canal du ruisseau pris pour le ruisseau. Voyez *Alveum*.
ALVEUM, A. M. vase, canal; d'*Allwys*.
ALULA, A. G. la partie creuse de l'oreille; d'*Allwys*.
ALUM ou HALUS, nom que les Gaulois donnoient à la bugle, au rapport de Pline. Cette herbe est souveraine contre les ulcères. *Hal*, corrompu, pourri, ulcéré, ulcère; les Gaulois sous-entendoient contre. Voyez *Briw 'r March*.
ALUMEN, omelette. B.
ALUMI, allumer, exciter. B. Voyez *Allya*.
ALUMUM, A. M. alun; d'*Alym* ou *Alum*.
ALUN, beau. I. Voyez *Alen*.
ALUNS, A. M. alun; d'*Alym* ou *Alum*.
ALVOCAD, Avocat. B. Du Latin *Advocatus*.
ALUSEN, ALUSON, aumône. B. Voyez *Elusen*.
ALUTARIUM, A. M. peau préparée. César s'est servi du mot *Aluta* au même sens. On trouve dans les anciens monumens *Aluderii* pour désigner les cordonniers, qui sont ainsi nommés à cause qu'ils se servent de peaux préparées pour faire les souliers. *Alude* dans Pomey signifie une basane colorée dont l'envers est velu, qu'on employe à couvrir des livres; d'*Allwyo*, préparer, on sous-entend peau.
ALW. GWIALEN ALW, perche de dix pieds. G.
ALWAR, bourse, sac, baudrier. G.
ALWED, clef. B. Voyez *Alwedd*.
ALWEIN est une herbe que d'autres nomment *Elwezen*, qui est assez semblable aux navets quant à la feuille & à la fleur; c'est selon quelques-uns une espèce de senevé. B.
ALWYDD, clef. G. Voyez *Alwedd*.
ALWYDDAWR, celui qui porte la clef. G. *Awt* pour *Wr*.
ALY, sollicitation. B. Voyez *Allya*.
ALYA, allier, joindre ensemble. B.

Alyance, alliance, confédération. B. De là alliance.

Alyes, plusieurs fois, beaucoup, grande quantité, abondance. B.

Alyeus, souvent. B. C'est le même qu'*Alyes*.

Alym, alun. G.

Alyn, isle dans la Langue de l'Isle de Mona. Voyez *Elan* & *In*.

Alyson, aumône. B.

Alzena, A. M. alêne; d'*Alesne*, dont ce mot est une transposition. Voyez *Al*.

Alzorn, poignet. B. Voyez *Arzorn*.

Am, particule négative ou privative, non, sans. G. B.

Am, particule augmentative. G.

Am, particule de comparaison, ou marque du comparatif. G.

Am, conjonction causale, car, parce que, pour, à cause, cause. G. *Am* en Éthiopien & en Hébreu, parce que; *Ama* en Georgien, cause; *Amphi* en Grec, à cause; *Om* en Flamand, cause; *Ama*, pere en Tartare Mantcheou. Voyez *Ama*.

Am, près, auprès. G.

Am, multiplicité. G.

Am, contre. B. Voyez *Amwynt*.

Am, rébelle. B.

Am dans l'ancienne Langue des Gaulois, étoit le même qu'*Av*, eau, rivière, selon le témoignage de Baxter, très sçavant dans cette Langue; l'*v* & l'*m* en Gallois se mettent aisément l'un pour l'autre, sur tout à la fin des mots : Ces lettres se substituent mutuellement dans les autres dialectes du Celtique. *Aven*, *Avon*, rivière en Breton & en Gallois; *Aman*, *Amon*, rivière en Écossois. D'*Aman*, *Amen*, on a fait *Amn* par syncope, de là *Amnis*, rivière chez les Latins. *Am* en Irlandois, humide; *Am* en Siamois, eau; *Ame* en Canadois, eau; *Amet* en Canadois, mer; *Asina*, *Esme* en Turc, ruisseau, source, fontaine; *Amaboti*, *Amaboura*, mer en Tamulique; *Kamma*, eau, *Kammo* ruisseau en Hottentot, le *k* initial se perd en composition dans cette Langue, car on dit t'*Amminga*, dans l'eau.

Am, occasion, occasion favorable, commodité. I.

Am, humide, mol. I.

Am, à, à la, au, touchant, de, du, des, par, entre, pour, à cause. I.

Am, temps. I. Voyez *Amser*, *Ambellwaith*.

Am, particule privative. Voyez *Amhneiri*.

Am, le même qu'*Ab*. Voyez *B*.

Am, le même que *Cam*, *Sam*, *Gam*. Voyez *Am*.

Am, le même qu'*Em*, *Im*, *Om*, *Um*. Voyez *Bâl*.

Am pour *A*. Voyez *Abaff*, *Ambaff*.

Am, autour, tout autour, contour, de tous côtés. Voyez *Amcoch* & *Amsathr*. *Am* dans les anciens Glossaires latins, autour; *Amphi* en Grec, autour. *Ambio* en Latin, entourer; *Amiag*, peau en Groenlandois.

Am, entièrement, tout-à-fait. Voyez *Amlosgi*.

Am, plusieurs, divers. Voyez *Ambad*, *Amliw*, & *Am* multiplicité.

Am, dessus, couvrir. Voyez *Amboeri*. Voyez *Am*, particule augmentative, & par analogie habiller, habit, habitation. Voyez *Amis*, *Ham*, *Cas*.

Am, marque du superlatif. Voyez *Amdlawd* & *Amguedd*, & *Am* particule augmentative. *Ami* en Cophte, sublime, éminent, digne.

Am, particule superflue. Voyez *Amcrain*.

Am, le même qu'*Arm*. Voyez *Isamer*, *Amslausa*.

Am, ensemble. Voyez *Amwedi*. *Ambé*, avec en Auvergnac, *Ambo* en Latin, les deux ensemble.

Am, virginité. Voyez *Amachyr*, *Amobr*, *Agned*.

Am, le même qu'*Ym*, à moi. Voyez *Ymgreinio*.

Am, çà & là. Voyez *Amgywain*.

Am. Voyez *Aber*.

Am, se, pronom personnel. Voyez *Ambereiddio*, *Amdo*.

Am Doddyw, il m'est arrivé. G.

Am Hyn, *Am Hynny*, donc, afin que, pour que, pour cela. G.

Ama, mere. G. Ba. *Ama*; mere en Breton. Voyez *Amieguez*. *Am*, mere en Hébreu, en Chaldéen, en Arabe; *Amo*, mere en Syriaque; *Amma* en Grec dans Hesychius, mere, nourrice; *Ama* en Albanois, mere; *Eme* ou *Æme*, femme en Tartare Mogol & Calmouk; *Anna*, mere en Tartare Calmouk; *Amamay*, *Amamana*, mere en Tamulique; *Amma*, Madame en Talenga; *Amma*, Madame en Malabare; *Em*, parens en Tonquinois; *Omm*, mere en Sarrasin; *Umm*, mere en Turc; *Ymma*, mere en Brebere; *Samme*, mammelles en Hottentot; *Ama* en Espagnol, mere, nourrice, gouvernante d'enfans; *Amma* en Esclavon, nourrice; *Ammel* en Autrichien, nourrice; *Am*, mere en Lappon; *Ama*, mere en Finlandois; *Amma*, ayeule en Runique; *Amma*, mere en Suédois; *Amme* en Danois, nourrice; *Amma*, ayeule en Islandois; *Amme* en Allemand, mere, nourrice; *Am*, mere en Anglois; (ce terme s'est conservé dans celui de *Grandam*, grand'mere) *Grand* en Anglois, grande, *Am* par conséquent mere; *Oom* en Flamand, oncle du côté de la mere; *Ana*, mere en Turc; *Anya*, mere en Hongrois; *Agna*, mere en Groenlandois; *Amarri*, matrice en vieux François; *Maa*, mere à Malaca; *Mati*, mere en Esclavon & en Dalmatien; *Matka*, mere en Polonois & en Bohémien; *Matz*, mere en Lusacien; *Madar*, mere en Persan; *Mater*, mere en Latin; *Maiter*, mere en Grec; *Madre*, mere en Italien & en Espagnol. D'*Ama*, mere, est venu le Latin *Amita*, tante, qui est un diminutif de mere, duquel on a formé *Ante*, qui signifioit tante en vieux François; d'*Ante* on a fait tante, le *t* initial s'ajoutant indifféremment. On dit encore en Rouergue & en Auvergne *Ande* pour tante. Voyez *Em*, *Am*, *Mam*, *Ana*.

Ama, voici, çà, adverbe de temps & de lieu, ici, en ce lieu-ci. B.

Ama dans un ancien glossaire, oiseau de nuit que le Peuple appelle *Ama*, parce qu'il aime les petits enfans, c'est pourquoi on dit qu'il donne du lait aux enfans : Telles sont les paroles qu'employe cet Auteur pour décrire cet oiseau chimérique. Il se trompe dans l'étymologie qu'il donne de son nom, il est plus naturel de la tirer d'*Ama*, mere; dès que le Peuple s'est figuré que cet oiseau imaginaire allaitoit les enfans, il l'aura appelé *Ama*, mere : Les noms sont fondés sur l'opinion publique, vraie ou fausse.

Ama dans un ancien glossaire, vase où l'on met du vin; *Ama* dans les anciens monumens, mesure pour le vin : *Hama* dans les anciens monumens, tonneau de vin; *Ama* en Latin, vase propre à mettre de l'eau pour éteindre les incendies; *Ame* en Grec, vase; *Eemer* en Flamand, seau; *Eymer* en Allemand, seau. *Am*, qui a d'abord signifié eau, aura été ensuite étendu à signifier liqueur en général comme *Llynn*; d'*Am* liqueur on aura fait *Ama*, vase, instrument propre à contenir les liqueurs : C'est ainsi que d'*Aigue* nous avons fait aiguière.

Ama, de *Ma*, bon, comme *Amad* de *Mad*. Ce qui est bon est aimable, de là *Amatu*, Basque, aimer, duquel s'est formé l'*Amo* des Latins.

Amabi, douze. Ba. Ce mot est formé d'*Amar*, dix, & *Bi*, deux, ensorte qu'à la lettre il signifie dix deux. J'observe que dans les anciennes Langues les nombres depuis dix jusqu'à vingt sont formés d'un, deux, trois, &c. ajoutés à dix. Onze dans ces Langues est composé de deux termes qui signifient un & dix, ou dix & un ; douze est composé de deux mots qui signifient deux & dix, ou dix & deux, &c. *Schenem Hasar* en Hébreu, douze ; *Schenem*, deux, *Hasar*, dix ; *Theréasar* en Chaldéen, douze, *Theré*, deux, *Asar*, dix ; *Therésar*, en Syriaque, douze, *Theré*, deux, *Asar*, dix ; *Asartu Choleetu*, douze en Éthiopien, *Asartu*, dix, *Choleetu*, deux ; *On Iki*, douze en Persan & en Turc, *On*, dix, *Iki*, deux ; *Enasser*, douze en Arabe, *En*, deux, *Asser*, dix ; *Deuddeg*, douze en Gallois, *Deu*, deux, *Deg*, dix ; *Daouzecq*, douze en Breton, *Daou*, deux, *Decq*, en composition *Zecq*, dix ; *Thynetva*, douze en Tartare de Precop, *Thyne*, dix, *Tva*, deux ; *Tyzen Kettew*, douze en Hongrois, *Thyzen*, dix, *Kettew*, deux ; *Dodeka*, douze en Grec, *Do*, deux, *Deka*, dix ; *Duodecim*, douze en Latin, *Duo*, deux, *Decem*, *Decim*, dix ; *Dodici*, douze en Italien, *Do*, deux, *Dici*, de *Decem*, dix. Je conjecture de là que les premiers hommes comptoient par leurs doigts, comme font encore les Sauvages de l'Amérique ; lorsque le nombre excédoit leurs dix doigts, ils recommençoient cet ordre, & ajoutoient un, deux, trois, &c. au nombre de dix qu'ils avoient déja. Voyez *Amar*.

Amabost, quinze. Ba. *Amar*, dix, *Bost*, cinq. Voyez l'article précédent.

Amach, dehors. I.

Amach, *Tabairt Amac*, *Tabairt Raid*, administrer. I.

Amachyr, prix de la virginité. G. Voyez *Amobr*.

Amad, le même qu'*Amhad*. G.

Amad, bois. I. Voyez *Maide*.

Amad, le même que *Mad*. Voyez ce mot. De là amadouer en François.

Amadan, sot, badaud, stupide, niais, fol. I.

Amadere, A. M. amasser ; d'*Amas*.

Amaerwy, frange, bord, extrémité d'une robe, vieux lambeau, guenillon, lambeau d'une robe. G.

Amaes, le même que *Maes*. Voyez ce mot & *Diamaes*.

Amaeth, laboureur, serviteur, esclave qui laboure. G. Je crois ce mot formé d'*Am*, à la, & *Maeth*, transposition de *Meath*, campagne, terre ; *Amaeth*, à la terre, occupé à cultiver la terre.

Amaethad, culture, labour, labourage, agriculture. G.

Amaethu, labourer, cultiver la terre. G.

Amagarria, aimable. Ba. Voyez *Ama*, *Amatu*, *Car*.

Amagoya, lieu impraticable. Ba. *A* privatif, *Macha*, fouler.

Amail, comme. I. Voyez *Mal*.

Amairu, treize. Ba. *Amar*, dix, *Iru*, trois. Voyez *Amabi*.

Amal, qui est en grand nombre. G. Voyez *Am*.

Amal, *Amalyn*, pomme. G. Voyez *Aval*, *Afal*, *Abal* ; de là le mot Latin *Malum*.

Amalau, quatorze. Ba. *Amar*, dix, *Lau*, quatre. Voyez *Amabi*.

Amalauduna, sonnet, piéce de poësie. Ba. D'*Amalau*, quatorze : Il y a quatorze vers dans un sonnet.

Amalaur, quatorze. Ba. *Laur*, quatre. Voyez *Amalau*.

Amaldecoa, qui favorise les nôces. Ba.

Amalupus ou *Canigula* dans saint Isidore, harpon de fer propre à retirer, à enlever ce qui est tombé dans le puits, d'où il a pris le nom de *loup* ; d'*Amar*, prendre, saisir. *Lupus*, loup, est un terme Latin qui fut ajouté au nom primitif, comme le remarque saint Isidore. Nous trouvons dans les Auteurs Latins *Ama* pour désigner un fer recourbé placé au bout d'une perche, dont on se servoit dans les incendies pour enlever les chevrons qui brûloient.

Amalyn, pomme. G. Voyez *Amal*.

Amama, toile d'araignée. Ba.

Aman, rivière, G. E. I. *Aman*, eau en Brebere ; *Amen*, pluye en Bresilien ; *Aïmen*, lac en Cophte. Voyez *Am*.

Aman, ici, voici, çà, adverbe de lieu & de temps. B.

Aman, beurre. B. *Eim*, *Im*, beurre en Irlandois, *Mantequa* en Espagnol, *Mantecha* en Sicilien, beurre. Voyez *Emenyn*, *Man*, *Men*, *Mchyn*, & l'article suivant.

Aman, graisse. Voyez *Mehyn*. De là *Amander* les terres, pour les engraisser.

Aman, habitation ; de *Man*. Voyez *Aban*, de *Ban*, & *Aman* adverbe de lieu.

Amand, amende, punition, correction. B.

Amand, graisse, comme *Aman*. Voyez ce mot.

Amanda, fin, terme. Ba. *Mann* de *Bann*.

Amanda, A. M. amende ; d'*Amand*.

Amandalarius, A. M. amandier ; d'*Amandes*.

Amandare, A. M. réparer, raccommoder ; d'*Amand*.

Amandes, amande, fruit. B.

Amanen, beurre. B. Epenthése d'*Aman*.

Amanoa, nourrice. Ba. Voyez *Ama*.

Amanoa, prêt. Ba.

Amans, ici. B. C'est le même qu'*Aman*. On voit par ce mot qu'on a dit indifféremment *Amans* comme *Aman*, & par conséquent qu'*Amans* a toutes les significations d'*Aman*.

Amansar, j'apprivoise. Ba. Voyez *Man*.

Amar, lien. G. *Ama*, ensemble en Grec ; *Aman*, particule conjonctive en Langue de Madagascar. Voyez *Amarr*, *Amara*.

Amar, brigantin, fregate legére. Ba.

Amar, mere. Ba. Voyez *Ama*.

Amar, dix. Ba. Je crois que la signification primitive d'*Amar* est lien, attache, arrêt. Je conjecture qu'on a donné ce nom au nombre de dix, parce que les premiers hommes qui comptoient sur leurs doigts, s'arrêtoient naturellement après en avoir épuisé le nombre. Nous voyons effectivement des repos de dix en dix dans la chiffre. Dix unités font un repos, dix fois dix font dix repos; dix cens font cent repos, &c. Voyez *Amabi*. L'observation suivante donnera un nouveau dégré de probabilité à ma conjecture. Les Arabes gardent dans leurs chiffres la progression décuple. Un zéro ajouté à un, marque dix ; deux zéros ajoutés à un, marquent cent, qui sont dix fois dix ; trois zéros ajoutés à un, marquent mille, qui sont dix fois cent. Les Arabes reconnoissent avoir reçû leurs chiffres des Indiens ; ainsi on ne peut douter que cette façon de compter ne soit extrémement ancienne.

AMA.

Amar, bain, endroit où l'on se lave. I. Voyez *Am*, *Mar*.

Amar. Voyez *Aber*.

Amara, lien. Ba. Voyez *Amar*.

Amara, A. G. mare, de *Mer*, *Mar*.

Amarch, vuë, vision, spectacle. I.

Amaroina, perche de dix pieds. Ba.

Amarr, lien, attache, arrêt, amarres, cordages. B. De là amarrer en notre Langue. On appelle l'osier en Dauphiné *Amarinier*, parce qu'il sert à lier. *Amarra* en Espagnol, corde, cable, amarre; *Amour* en Arménien, ferme, solide. Je conjecture qu'on a dit *Marr* comme *Amarr*, parce que *Barr*, qui est le même que *Marr*, signifie barre, arrêt. De *Marr* est venu le terme Latin *Maritus*, époux, mari. Voyez *Amar*.

Amarra, *Amarrein*, lier, attacher. B.

Amarra, cancre marin. Ba. D'*Amar*, saisir. Cet animal a des pinces ou serres.

Amarrena, décime. Ba.

Amarrendeguia, grenier des décimes. Ba.

Amarreu, *Amarrou*, cordage, tout l'appareil des cordes pour un vaisseau, les cordes d'un Tisserand. B.

Amarrua, malice. Ba. Voyez *Abar*. *Amartia*, péché en Grec.

Amartea, décade, décurie, l'espace de dix jours. Ba. Voyez *Amar*.

Amas, mire, visée. I.

Amas, attaquer. I.

Amas, le même que *Maes*. Voyez ce mot.

Amasaba, *Amasoa*, lieu où il n'y a point de chemin frayé, impraticable, inaccessible. Ba. *A* privatif; *Macha*, ou *Masa*, fouler.

Amasatus, A. M. héritage dans lequel il y a une ou plusieurs maisons; de *Mas*, habitation, maison. On a dit au même sens en vieux François *amaser*, *amasé*, *amasement*.

Amasire, A. M. placer quelqu'un dans un héritage où il y a une ou plusieurs maisons. Voyez l'article précédent.

Amasoa. Voyez *Amasaba*.

Amassa, mot Basque qui est mis dans un vocabulaire pour synonime d'*Ehuas*, terme Breton, que je n'ai pas trouvé dans les Dictionnaires de cette Langue.

Amassare, A. M. fraper d'une massue; de *Maz*.

Amasso, ayeul. Ba. Voyez *Am*, *Ama*.

Amatigoa, tranquillité. Ba. Voyez *Amad*.

Amatu, aimer. Ba. Voyez *Ama*.

Amatzara, mere. Ba. Voyez *Ama*.

Amaz, amas. B. De là amas, amasser dans notre Langue. *Aimak*, Tribu en Tartare; *Amas* en Persan, tumeur, enflure.

Amb, aller. Voyez *Ambrat*.

Amb. Voyez *Ambilh*.

Amb. Voyez *Aber*.

Amb, autour. Voyez *Am*. *Amb* est donc le même qu'*Am*.

Ambact, serviteur anciennement en Breton, au rapport du P. de Rostrenen. César au sixième livre de ses Commentaires, dit que les Gaulois, à proportion de leur naissance & de leurs biens, avoient à la guerre plus ou moins d'ambacts & de cliens autour d'eux : *Omnes in bello versantur, atque eorum ut quisque est genere, copiisque amplissimus, ità plurimos circum se ambactos clientesque habet*. *Ambaht*, *Amwacht* ou *Ambacht*, domestique, serviteur en Theuton, Langue qui a beaucoup d'affinité avec la Celtique; *Ambaht*, ministre, serviteur dans les gloses de Keron ; *Ambaatt*, servante en Runique; *Andbahts*, ministre, serviteur en Gothique; *Bacat* en Irlandois, esclave ; *Embiht* en ancien Saxon, ministre, serviteur; *Ambacht* en Flamand, métier, homme de métier, homme qui travaille pour le public, qui sert le public ; *Embeht* en ancien Saxon, office, service quelconque ; *Ambt*, *Ampt*, *Amt* en Allemand, charge, office, emploi, métier, c'est une crase d'*Ambact*. Le Breton a conservé le terme *Ambact* dans le mot *Ambaczador* qui en est composé. Voyez cet article. *Ambact* se trouve dans *Gwas* ou *Was*, qui en Gallois & en Breton signifie serviteur, car *Ambact* n'est autre chose qu'*An* article, & *Was*. On voit par ce que nous venons de dire qu'*Amwas*, *Ambas*, *Ambact*, *Ambasc*, *Ambacz*, & sans l'article, *Was*, *Bas*, *Bach*, *Bacht*, *Bacat*, *Bact*, *Basc*, *Vasc*, *Bacz*, ont signifié serviteur en Celtique.

AMB.

Ambacz. Voyez *Ambact*.

Ambaczador en Breton commun, *Ambaczadour* dans le Breton du Diocèse de Vannes, Ambassadeur. Ce terme est propre à cette Langue, & n'a point été emprunté d'aucune autre ; ce que je prouve 1°. Parce qu'il ne vient point du Grec ou du Latin, chez lesquels un Ambassadeur n'a jamais été désigné par *Ambaczador*, ou par aucun terme qui approche de ce mot. Il est vrai qu'on trouve *Ambact*, dont ce mot est formé, comme nous le dirons bientôt, dans le Theuton; mais ce terme étant Gaulois, comme nous l'apprenons de César, & étant ancien dans le Breton selon le P. de Rostrenen, on doit juger que les Theutons l'ont pris des Gaulois, ou qu'il étoit commun à ces deux Nations. 2°. *Ambaczador*, *Ambaczadour* est formé d'*Ambacht*, mot Gaulois & Breton, & de *Tor*, en composition *Dor*, chlamyde, tunique. Les Ambassadeurs ou Hérauts étoient autrefois revêtus d'une tunique ou d'une chlamyde, lorsqu'ils étoient envoyés par leurs maîtres pour porter quelques propositions à l'ennemi. J'ai remarqué que ce terme étoit usité non seulement dans le Breton commun, mais encore dans celui du Diocèse de Vannes, qui, de l'aveu de tous ceux qui ont fait quelque étude de la Langue Bretonne, est celui qui s'est conservé le plus pur, celui qui a le moins emprunté de mots étrangers. D'*Ambaczador* est venu Ambassadeur en notre Langue; *Ambasciator*, Ambassadeur, *Ambascia*, ambassade, *Ambasciare*, aller en ambassade dans les anciens monumens. De ce mot est venu *Embaxador* en Espagnol, *Ambasciatore* en Italien, *Ambassaet* en Flamand, *Ambassadour* en Anglois, Ambassadeur.

Ambad, lest d'un vaisseau. I. Voyez *Bad*.

Ambaff, étourdissement, timide. B. Voyez *Abass*. *Embacado* en Espagnol, étourdi, étonné, stupide.

Ambages, A. M. au même sens qu'*Ambact*; le *g* ou le *c* se mettent indifféremment.

Ambagines, A. G. circuit, tortuosité ; d'*Amb*.

Ambagiosus, A. G. qui fait un circuit; d'*Amb*.

Ambagium, A. M. doute ; d'*Amb*, d'*Am*, multiplicité, plusieurs. Le doute présente plusieurs objets. Voyez aussi *Amnien*. *Amphi* en Grec, particule de doute ; *Ambigo*, douter en Latin.

Ambaile, demeure, demeurer, habitation, habiter. I.

Ambalera, vénération, respect. Ba. Voyez *Ambilh* & *Bal*.

Ambapidera, quotient. Ba.

AMBARASSA, embarrasser. B. Voyez *Barr*. *Embaracar* en Espagnol, embarrasser.

AMBAS. Voyez *Ambact*.

AMBASALA, monopole. Ba.

AMBASC. Voyez *Ambact*.

AMBASCIA, A. M. ambassade; *Ambasciare*, aller en ambassade; *Ambasciator*, Ambassadeur. Voyez *Ambact*.

AMBAT, tant. Ba.

AMBATEA, quantité. Ba.

AMBATEQUICOA, talion. Ba.

AMBAXIOQUI dans Festus, ceux qui vont autour, en troupe. *Am*, autour ; *Bac*, troupe.

AMBEIT, être, essence. I. Voyez *Bydd*.

AMBELLWAITH, autrefois. G. *Gwaith*, fois ; *Bell*, éloigné, reculé ; *Am*, temps.

AMBEREIDDIO, s'adoucir, devenir doux. G. *Peraidd*, en composition *Beraidd*, doux, *Am* par conséquent se, pronom personnel.

AMBERGAMENTUM, A. M. le même que *Albergamentum*. *ALBERGA*, endroit où l'on loge.

AMBERW. Voyez *Berw*.

AMBHARU, comme *Ammaru*, la seconde *m* se change aisément en *b*.

AMBHCATH, prompt, vite, agile. I.

AMBHRUITH, abondant, large, prodigue. I.

AMBI. Voyez *Ambilh*.

AMBICIAFF, ambitionner, anciennement en Breton.

AMBICIONI, ambitionner. B. De là *Ambitio* Latin.

AMBIGINES, A. G. lieux tortueux, pleins de détours. Voyez *Ambagines*.

AMBIGIOSUS, A. G. plein de circuits, de détours. Voyez *Ambagiosus* & *Ambigines*.

AMBILH, *MARCH AMBILH*, cheval qui est le premier de l'attelage. B. *Ambilh* paroit signifier premier ; *Ambilyth*, transposition d'*Ambilh*, signifie principal, premier ; de là *Emblée* en notre Langue, première attaque. *Ambilh* est formé d'*An* article, *Bil*, tête, chef, principal, premier. En comparant *Ambilh*, *Ambiciaff*, avec *Ambio* Latin qui en est formé, on voit qu'on a dit *Ambi*, *Amb*, comme *Ambilh*. *Amba*, grand, & *Amboula*, fort, beaucoup en Tartare Mantcheou ; *Ampuia*, haut en Persan ; *Ambe* en Grec, sommet, éminence ; *Ambon*, haut dans la Langue de Madagascar ; *Ambon* en Grec, élévation ; *Ambo* dans les anciens monumens, *Ambon*, jubé, lieu élevé. Voyez *Amb*, *Anva*.

AMBITA, A. M. basse-cour ; d'*Amb*, autour, enceinte.

AMBLANNU, planter. G. *Plannu*, planter ; *Am* superflu.

AMBLE, certaine allure de cheval. Voyez *Ambulare* & *Ambleudi* ; *Ambla* en Espagnol, amble ; *Ambling* en Anglois, pas de cheval.

AMBLEUDI, fouler aux pieds le bled pour en ôter la terre qui y est attachée. Un Dictionnaire manuscrit porte *Ambludi Eit*, froter du bled : Cet article est pris du Dictionnaire Breton de Dom Pelletier. *Ambleudi* est le même mot que le P. de Rostrenen écrit *Ambludi*, & qu'il traduit froter du bled avec des sabots dans une auge. Ce mot paroit formé d'*Amble*, pas, marcher. Voyez *Amble*.

AMBLUDI, froter du bled avec des sabots dans une auge. B.

AMBLYGU, entortiller. G. *Am Plygu*.

AMBLYTYAOU, Jeudi absolu, grand Jeudi. B. Voyez *Ambilh*.

AMBO, A. M. ambon, jubé. Voyez *Ambilh*.

AMBOERI, cracher dessus, couvrir de crachats. G. *Poeri*, en composition *Boeri*, cracher ; *An* par conséquent dessus.

AMBOETHI, brûler tout à l'entour. G. *Am Poethi*.

AMBOSTIS, A. G. poignée de quelque chose. *Am*, entre ; *Bost*, cinq ; *Bys*, doigts.

AMBOUCHEN, baisure ou biseau du pain. B. *Ambouchure* en Patois de Franche-Comté ; de *Bock*, ou *Bocken*, baiser.

AMBRAC, conduire, guider. B. *Amb*, d'*Amble*, marcher ; *Rhag*, devant. Voyez *Aemp*, *Amble*.

AMBRASSI, embrasser. B.

AMBREAN, ver, vermine ; pluriel *Ambreanet*, multitude de toutes sortes de vermines & de petits reptiles. B. Voyez *Amprehan*.

AMBREN, délire. B. Ce mot est synonime à *Alfo*, ainsi *Bren* signifie la même chose que *Fo*, *Al* & *An* sont articles. *Breen* en Tartare, rotir ; *Brenna* en Islandois, brûler ; *Brennen* en Allemand, brûler ; *Brinnen* en Gothique, brûler ; *Brinnen*, *Prinnen* en Theuton, brûler ; *Brinna* en Suédois, brûler ; *Byrnan*, transposition de *Brinnan*, brûler en ancien Saxon ; *Brandur*, tison en Islandois ; *Brand* en ancien Saxon, torche ; *Esbrandi* signifie flambant dans la Coûtume de Bretagne, art. 645 ; *Brandon* en notre Langue, torche, flambeau ; *Branda* dans les anciens monumens, torche, flambeau ; *Brand* en ancien Saxon, tison ; *Brand*, tison en Anglois ; *Brand*, embrasement, incendie, feu, tison en Flamand & en Allemand ; *Brann* en Gothique, avoir chaud, brûler ; *Bren* en Anglois, *Brende* en Danois, *Branden* en Flamand, brûler ; *Abbronzare* en Italien, brûler legèrement, *Ab* diminutif. Tous les termes Celtiques qui signifient le feu, la chaleur, ont cette signification au propre & au figuré ; (Voyez *Ard*, *Berw*, *Cal*) ainsi *Bren* avec l'article *Ambren* signifie feu, chaleur, colère, emportement, courage, bravoure, zéle, empressement. On dit en Franc-Comtois *s'Ambruer*, pour dire qu'on se met en train, qu'on s'anime. *Ambronchie* dans le même Patois signifie fâché, en colère ; *Embroncat* en Languedocien a le même sens.

AMBRENER, qui est en délire. B.

AMBRENI, être en délire. B.

AMBRIDEIN, rengorger. B.

AMBRO, A. G. glouton, gourmand, homme qui mange tout ce qu'il a. *Bron*, gosier ; *Am*, entièrement, tout-à-fait.

AMBROID, *CUR AMBROID*, arrêter, faire un arrêt, saisir, gager. I.

AMBRONINUS, A. G. adjectif formé d'*Ambro*.

AMBROUCQ, guider, conduire. B. C'est le même qu'*Ambrac*. On voit par *Ambroucq* & *Ambroug* qu'on a dit *Roucq*, *Roug* comme *Rhag*. Voyez *Roc*, *Rocg*.

AMBROUG, guider, conduire, reconduire. B. Voyez l'article précédent.

AMBROUGUER, conducteur, guide. B.

AMBRW. Voyez *Berw*.

AMBULARE, mot Latin qui signifie marcher, aller : Il est formé du Celtique *Amb*, marcher, aller. Nous avons conservé dans notre Langue le mot *Amble*, qui signifie un certain pas du cheval ; on disoit *Ambleure* en vieux François. Dans les siécles de la basse Latinité *Ambulare*, & dans le vieux François *Ambler*, étoient le verbe qui ex-

AMB.

primoit cette allure du cheval. *Embler* s'est aussi dit anciennement dans notre Langue pour s'enfuir, s'envoler, voler. *Emble* s'est pris aussi pour le pied du cheval. Voyez *Ambleudi*, *Ambroucq*.

AMBUS dans saint Isidore, estropié; de *Hemp* ou *Hemb*, sans, manquement, défaut. Voyez *Namm*.

AMBWYLLO, considérer, peser, examiner. G. *Pwyllo*.

AMBWYNT, maladie. G. *Am*, non, contre; *Pwynt*, en composition *Bwynt*, santé.

AMBWYTHO, coudre autour. G. *Am Pwytho*.

AMBYEN. Voyez le mot suivant.

AMBYENNER, gardien établi par Justice, celui que le Juge préposé pour garder des biens saisis. B. *Ambyenner* est synonime de *Goard*, garde, gardien. La racine d'*Ambyenner*, *Ambyonner*, est *Amwyn* ou *Ambyn*, défendre, garder. La racine d'*Ambyn* est *Amb*, entourer, couvrir. On voit par là qu'*Amwyn*, *Ambyn*, *Ambyen*, *Ambyon*, ont signifié couvrir, mettre à couvert, entourer, cacher, garder, défendre, protéger.

AMBYN. Voyez *Ambyenner*.

AMBYON. Voyez *Ambyenner*.

AMBYONNER, le même qu'*Ambyenner*. B.

AMCAN, impétuosité. G. Voyez *Can*.

AMCAN, propos, dessein, conjecture. G.

AMCANU, se proposer, former un dessein, destiner, conjecturer. G.

AMCANWR, qui se mêle d'interpréter, les songes, par exemple. G.

AMC'HOULOU, contre-jour. B. *Am*, contre.

AMCOCH, rouge tout autour. G. *Am Coch*.

AMCRAIN, prosternement, l'action de se rouler par terre. G. *Am* superflu, puisque *Crain* signifie se prosterner, se rouler par terre. On voit par *Amcrain* que *Crain* signifie aussi prosternement, l'action de se rouler par terre.

AMCREINIO, se prosterner, se jetter par terre, se rouler par terre, se renverser sur le dos. G.

AMDANAW, selon un vieux Auteur Gallois, il m'est arrivé. Davies dit qu'il se trompe, & que les anciens écrivoient *Amdaw*. L'une & l'autre orthographes peuvent être bonnes. G.

AMDANO, GWISGO AMDANO, vêtir par-dessus. G. *Andano* signifie donc par-dessus.

AMDAW, il m'est arrivé. G. Voyez *Amdanaw*.

AMDAIF, brûlé tout autour. G.

AMDDIFAD, privé de quelque chose qui lui est chere, frustré, privé, dénué, dépouillé, orphelin, G.

AMDDIFADU, priver, dépouiller, frustrer. G.

AMDDIFEDI, privation, perte de quelque chose. G.

AMDDIFFRWYS, qui est arrosé, qui est arrosé de toute part. G. *Dyfr*.

AMDDIFFYN, défendre, conserver, garder, garantir, préserver, garder dans, défense, protection, apologie, refuge, asyle. G. *Am Diffyn*. Voyez *Diffyn*. On voit ici le même mot signifier le verbe & l'action, cela est même assez commun dans le Celtique. Je crois que c'est de là que vient notre usage d'employer l'infinitif à signifier l'action: Nous disons le boire, le manger, le marcher, pour l'action de boire, de manger, de marcher.

AMDDIFFYNFA, fortification, forteresse, lieu de sureté, asyle, refuge. G.

AMDDIFFYNFERCH, patrone, protectrice. G. *Ferch* pour *Merch*.

AMDDIFFYNIAD, défense, protection. G.

AME.

AMDDIFFYNNWR, défenseur, protecteur, qui défend, qui couvre de son bouclier, vengeur, soldat de garnison, homme établi pour la défense. G.

AMDDIFFYNYAWDR, défenseur, protecteur. G.

AMDDILLADU, vêtir tout autour. G.

AMDDULL, qui est de plusieurs figures. G *Am Dull*.

AMDDWLL. Davies n'explique pas ce mot; il se contente de dire qu'on examine s'il ne vient point de *Dwl* comme *Afrdwl*. La phrase Galloise qu'il cite paroit indiquer qu'il vient de *Dwl*, & qu'il est synonime d'*Afrdwl*. *Am*, entièrement; *Dwl*, lourd, pesant, sot, stupide, hébété. En Patois de Franche-Comté on appelle *Andouille* un benais, un homme mol, un homme sans activité.

AMDERE, démesuré, excessif, déréglé. B. *Am* privatif; *Dere*.

AMDIFFYN, fortifier, munir. G.

AMDIFFYNWR, protecteur, défenseur. G.

AMDLAWD, très-pauvre. G. *Tlawd*, pauvre.

AMDO, ce qui couvre de toute part. G. *To*.

AMDO, se cacher. B. *To*, couvrir, cacher; *Am*, se.

AMDOI, couvrir tout autour. G.

AMDORCHI, tordre, tourner avec effort. G. *Am Torchi*.

AMDORRI, couper autour, couper, tailler, retrancher. G. *Am Torri*.

AMDRAI, diminué tout autour. G. *Am Trai*.

AMDREMMU, regarder de toute part. G.

AMDROI, faire tourner à l'entour, aller autour, détourner. G. *Am Troi*.

AMDRWCH, coupé autour, coupé tout autour, coupé, taillé. G. *Am Trwch*.

AMDRWM, pesant, fort pesant, engourdi, gros. G. *Trwm*.

AMDRYCHIAD, retranchement, rognure qu'on fait autour. G. Voyez *Amdrwch*, *Amdrychu*.

AMDRYCHU, couper autour, couper, tailler. G. *Am Trychu*.

AMDRYMDER, grosseße, pesanteur. G.

AMDRYMMU, être pesant, être fort pesant, s'appesantir. G.

AMDRYNDER, grosseße, pesanteur. G. Voyez *Amdrymder*.

AMDRYSTIO, faire un grand bruit autour. G. *Am Trystio*.

AMDRYWANU, percer tout autour. G. *Am Trywanu*.

AMDWL, qui a plusieurs trous. G. *Am Twll*.

AMDYLLU, percer tout autour, trouer tout autour. G. *Am Tyllu*.

AMDYRRU, amasser tout autour. G. *Am Tyrru*.

AMDYWALLT, répandre, verser autour. G. *Am Tywallt*.

AMDYWYNNU, briller, reluire de toute part. G. *Am Tywynnu*.

AMEA, onze. Ba. *Amar* ou *Ama*, dix. Voyez *Amabi*.

AMEASG, parmi, entre. I.

AMECA, onze. Ba. Voyez *Amea*.

AMEIN, commode, à la bienséance. Voyez *Diamein* & *Amen*.

AMELAUSA. Voyez *Armilausa*.

AMELOA, espargoute, plante. Ba. Voyez *Mel*, jaune.

AMELONA, toile d'araignée. Ba. Voyez *Mella*.

AMEN, le même qu'*Aven*. Voyez *Am*, *Av*, *Amon*. *Aman* en Éthiopien, marais; *Piaimen* en Cophte, lac, étang; *Pi*, article; *Amen*, pluye en Bresilien; *Aman*, eau en Maure, & par aphérèse *Maim*, eau en Hébreu; *Men*, *Min*, rivière en Chinois; *Men*, marais en ancien Flamand.

AMEN, beau. Voyez Wen. De là le terme Latin *Amœnus*.

AMENA, abaisser les voiles, amener. B. De là ce dernier mot.

AMENA, part, portion. Ba. Voyez *Man*, *Men*.

AMENDA, A. M. le même qu'*Amanda*.

AMENDARE, A. G. le même qu'*Amandare*, chasser, mettre dehors, faire sortir; l'un & l'autre de ces mots sont formés du Celtique. *A* privatif; *Men* & *Man*, demeure.

AMENDISIA, A. M. le même qu'*Amenda*.

AMENEN, beurre. B. C. Voyez *Aman*, *Amonen*.

AMENTIA, A. M. manquement de forces. *A* privatif; *Men*, force.

AMER. Voyez *Aber*.

AMERA, A. G. bord. Voyez *Am*, *Amaerwy*.

AMERCIAMENTUM, A. M. peine pécuniaire ou amende imposée pour un crime; d'*Amharc*, faute, & *Amenda* ou *Amenta*.

AMERH, épargne, ménagement. B. Voyez *Amar*, *Aber*.

AMESCOYA, songeur. Ba.

AMESIG, voisin. B. Voyez *Amezecq*.

AMESIGHES, voisine. B.

AMESIGUEAH, voisinage. B.

AMESION, voisin. B.

AMESLEA, songeur. Ba.

AMESNAR, phalange. Ba. Voyez *Amena*, *Mendt*.

AMETH, le même qu'*Amaeth*. G.

AMETSA, songe, rêve. Ba.

AMETSEGUIN, songer, rêver. Ba.

AMETZA, rouvre, espèce de chêne. Ba.

AMETZA, songe, rêve. Ba.

AMETZES, qui interprete les songes. Ba.

AMEZECQ, AMEZEUCQ, AMEZOCQ, voisin; *Amzeghien*, *Amezehien*, voisins; féminin, *Amzeghes*, voisine; *Amzeghiez*, *Amzighez*, voisinage. B. Ce mot paroit formé d'*Am*, près; *Mez*, habitation. On dit encore *Mex*, *Meix*, *Meh* pour habitation dans les deux Bourgognes. Voyez *Mag*.

AMEZEGUIEZ, voisinage. B.

AMFOD, mis quelquefois par les anciens pour *Ammod*. G.

AMFOT, pacte, traité, convention. C. Voyez *Amfod*.

AMGADARNHAU, fortifier tout autour. G. *Cadarnhau*.

AMGAE, clôture. G. *Cae*.

AMGAERU, entourer de palissades. G. De là *Hangar* dans notre Langue.

AMGANT, autour, circuit. G.

AMGARN, anneau, bague, petit anneau. G. Davies dit que ce mot est formé d'*Am*, autour, & *Carn*. Il faut donc que ce dernier terme ne signifie pas seulement ongle de bête, comme il le traduit lorsqu'il le rapporte, mais encore ongle ou doigt.

AMGAU, enfermer autour. G. *Cau*.

AMGED. Voyez *Amgoed*.

AMGEN, autre, autrement, autrefois, diversité, diversement. G. Voyez *Amgenach*.

AMGEN, YN AMGEN, autrement, diversement, moins. G.

AMGENACH, contraire. G.

AMGENACH, YN AMGENACH, autrement, diversement, d'autre manière, contre. G. Voyez *Amgen*.

AMGENU, être différent, changer, altérer, varier, diversifier, bigarrer, renouveller, aliéner. G.

AMGESTR, difficile à manier. B.

AMGET. Voyez *Amgoed*.

AMGLAWDD, environné d'un fossé. G. *Clawdd*.

AMGLO, clos, clôture. G. *Clo*.

AMGLODDIO, entourer d'une muraille, d'une clôture. G. Ce devroit être entourer d'un fossé. Voyez *Amglawdd*.

AMGLUD, porté tout autour. G.

AMGNEIFFIO, tondre tout autour. G. *Am Cneiffio*.

AMGNOI, ronger autour, ronger tout autour, mordre tout autour. G. *Cnoi*.

AMGOCH, rouge tout autour. G. *Coch*.

AMGOED, tout entouré de forêts. G. D'*Am Coed*, *Coet*. On a dit *Ced*, *Cet*, comme *Coed*, *Coet*, & par conséquent on a dit aussi *Amged*, *Amget*, comme *Amgoed*, *Amgoet*.

AMGOET. Voyez *Amgoed*.

AMGREINIO, le même qu'*Amcreinio*. G.

AMGRINO, se sécher tout autour. G. *Crino*.

AMGROAZ, gratte-cul. B.

AMGRYNNU, arrondir. G. Voyez *Crynder*.

AMGRYNU, trembler autour. G. *Crynu*.

AMGUDDIO, couvrir de tous côtés. G. *Cuddio*.

AMGUEDD, les secrets les plus cachés, ceux dont nous sommes le plus jaloux, les meubles qui nous sont les plus chers. G. Davies dit que ce mot est formé d'*Am Cu*; *Am* est donc ici une particule qui signifie le superlatif.

AMGYFFRAWD, embrasser, comprendre, enclorre, contenir, renfermer, environner. G.

AMGYFFRAWD, contenir. C.

AMGYFFRED, embrasser, comprendre, enclorre, contenir, renfermer, environner, prendre, saisir, prise, saisie, embrassade, capacité, étendue, synecdoche. G.

AMGYLCH, autour, à l'entour, circuit, tour, détour, enceinte, environ, à peu près, auprès. G. C'est un pléonasme. *Am Cylch*.

AMGYLCHED, circuit, circonférence, enceinte, circonstance. G.

AMGYLCHEDIC, ceint, troussé, relevé. G.

AMGYLCHFFORDD, chemin détourné. G.

AMGYLCHIAD, circuit, tour, enceinte, tour de compas, de roue, &c. embrassade, recherche, circonstance, obscurité de paroles, ambiguités, bâteleur, charlatan, vendeur d'orviétan. G.

AMGYLCHIAITH, périphrase, circonlocution. G.

AMGYLCHION GEIRIAU, paroles ambigues, ambiguités. G. *Geiriau*, paroles; de *Gair*.

AMGYLCHU, entourer, environner, ceindre, enfermer de toutes parts, former un siége, trousser, retrousser, entortiller, faire une recherche, aller à l'entour, faire cortége, douter, ensemencer G.

AMGYLCHWYR, vagabonds, coureurs qui n'ont point de demeure fixe. G.

AMGYLCHYNIAD, cortége. G.

AMGYLCHYNU, aller à l'entour, entourer, faire un siége, faire une recherche. G.

AMGYNNIWEIR, venir, accourir de tous côtés. G.

AMGYWAIN, porter çà & là. G. *Cywain*.

AMH, sot, niais, simple. I.

AMH, crud, qui n'est pas mûr. I.

AMHAD, semé de toutes parts, semé de grains différens. G. *Am Had*.

AMHAIN, un, l'un, une personne, quelqu'un, on, l'on, seul, unique. I.

AMHAN, rivière. E. Voyez *Aman*.

AMHAON, pluralité. I.

AMHARC, faute. I.

AMHARC, vûe, aspect, regard, contemplation; contempler, voir, regarder. I.

AMHARUS, doute. I.

AMHARUSACH, douteux. I.

AMH

AMH.

Amhas, Amhasan, stupide au masculin; *Amhasog*, stupide au féminin. I.

Amheuaeth, doute, figure de Rhétorique. G.

Amheus, sur quoi on est en dispute. G. Voyez *Ammeu*.

Amheuthun, miellé. G. Voyez *Ammheutun*.

Amheuthunder, délicatesse des viandes. G.

Amheuthunfwyd, festin public ou particulier qu'on faisoit à l'honneur des Dieux. G.

Amheuthunswyd, gâteau. G.

Amhgar, affliction, peine, misére, calamité, malheur. I.

Amhlabair, muet. I.

Amhneirt, foible. I. *Neart*, force; *Am* sans par conséquent.

Amhnian, folâtrerie, badinage. I.

Amhra, songe, obscur. I.

Amhra, bon, grand, noble. I. Voyez *Am*, *Amrofgo*.

Amhradh, matin. I.

Amhran, son. I.

Amhras, ambiguité, double sens. I.

Amhrus, doute, soupçon. I.

Amhrusac, ambigu, qui a deux sens. I.

Amhul, comme, en qualité de, en tant que, aussi, que. I.

Amhwyllo, être fol. G. *Am Pwyllo*.

Ami, A. G. guet, sentinelle, garde, garnison; d'*Amis* au figuré. Voyez *Ambyenner*.

Amiapl, aimable. B. Voyez *Ama*.

Amiclus, A. G. bande dont on se couvre la poitrine; d'*Amwg* ou *Amwc*, avec une dérivaison *Amyc*, pris au sens figuré. Voyez *Ami*, *Amis*.

Amiculum, A. G. manteau de courtisane; d'*Amwg*. Voyez l'article précédent.

Amidonum, A. M. amidon. Voyez *Amyd*.

Amieches, *Amiegues*, sage-femme, B. d'*Ama*, mere, & *Iachau*.

Amiltza, précipitation, précipice. Ba. Voyez *Abyl*.

Amin, blanc. Voyez *Amineus*.

Amin comme *Avin*, ainsi qu'on a dit *Aman*, *Avan*, *Amen*, *Aven*, *Amon*, *Avon*.

Aminal, amiral. B.

Amineus, A. G. rouge; *Min*, rouge; *A* paragogique.

Amineus, A. G. blanc; d'*Amin*, blanc; de *Win*, comme *Amen* de *Wen*.

Aminiculum, A. M. le même qu'*Amiculum*.

Amintaich, amitié. B.

Amir. Voyez *Aber*.

Amiruna, empois, amidon. Ba. L'amidon est une colle.

Amis, habillement, habit, vêtement, tout ce qui sert à couvrir. G. Voyez *Am*, *Amug*; de là *Amicio*, *Amictus*, Latins. *Amis* en vieux François, capuchon, couverture.

Amis, *Amisitis*, A. M. petite fourche. Voyez *Amalupus*.

Anistid, A. G. vase très-petit. *Ama*, vase; *Yftwn*, en composition *Yftynn*, *Yftyd*, petit.

Amizclea, mousse. Ba. Voyez *Mwsogl*.

Aml, abondant, fécond, fertile, fréquent, ordinaire, nombreux, en grande quantité, ample, vaste, spacieux, étendu, grand, large. De là *Amplus*, *Amplius*, Latins, le *p* ou le *b* s'inserant aisément entre l'*m* & l'*l*.

Aml, *Yn Aml*, amplement, en abondance, à tas, à foison. G.

Amlaw, gand. G. *Am*, autour; *Llaw*, main.

AMM.

Amlder, multitude, quantité, grand nombre, abondance, fertilité, fécondité, fréquence. G.

Amldroed, cloporte, chenille, insecte à plusieurs pieds. G. *Aml*, plusieurs; *Troed*, en composition *Droed*, pieds.

Amledd, le même qu'*Amlder*. G.

Amlenwi, avoir en abondance. G. *Aml Llenwi*.

Amlgonglog, qui a plusieurs ongles. G. *Aml Congl*.

Amlhaad, l'action de multiplier, d'accroître, d'amplifier, amplification, aggrandissement. G.

Amlhau, accroître, augmenter, amplifier, abonder, redoubler, multiplier, aggrandir, devenir plus fréquent, se répandre, couler de côté & d'autre. G.

Amlifeirio, couler autour. G.

Amliw, couleurs différentes, qui est de diverses couleurs, bigarré, tacheté, marqueté. G. *Lliw*, couleur.

Amliwiad, teinture. G.

Amliwio, peindre, teindre, faire perdre la couleur, pâlir, blêmir. G. *Am* est ici dans des sens opposés. Voyez ce mot.

Amliwiog, de plusieurs couleurs, tacheté. G.

Amlochrog, qui a plusieurs angles. G. *Aml Ochr*.

Amlosg, brûlé tout autour. G.

Amlosgi, brûler tout autour. G. *Am Llosgi*.

Amlwedd, de plusieurs façons. G. *Aml Gwedd*.

Amlwg, évident, manifeste, qui se voit de tous côtés, illustre, insigne, considérable. G. *Am*, environné; *Llug*, lumière, que nous voyons par ce mot avoir été pris aussi au figuré.

Amlycau, être remarquable. G. Voyez *Amlwg*.

Amlyfu, lécher tout à l'entour. G.

Amlygiad, illumination, l'action d'éclairer, manifestation, évidence, clarté, explication. G.

Amlygrwydd, clarté, évidence. G.

Amlygu, manifester, déclarer, être remarquable. G.

Amlygyn, signal, borne, but, marque apparente, blanc auquel on tire. G.

Amlynu, purger. C.

Amm, refuser. I. Voyez *Am*.

Amm, mal. I. Voyez *Am*.

Amma, A. G. oiseau de nuit, le même qu'*Ama*. Voyez ce mot.

Amma, A. G. vase. Voyez *Amalupus*.

Ammal, large autrefois, abondant aujourd'hui. C.

Ammal, fréquent, en grand nombre. C.

Ammarch, injure, parole injurieuse, outrage, affront, deshonneur, infâmie, ignominie, opprobre, flétrissure, tache. G. *Am Parch*.

Ammassare, A. M. amasser; d'*Amaz*.

Ammassatus, A. M. réduit en une masse. D'*Amaz* on a fait *Masse* en notre Langue, & *Ammassatus* dans la basse Latinité.

Ammau, douter, hésiter, s'arrêter, demeurer, chercher, demander, s'informer, avoir une crainte mélée de respect & d'amour. G. *Am*, racine.

Ammau, doute. Voyez *Diammau*.

Ammeg, énigme. G. Voyez *Ammau*.

Ammerchi, outrager, deshonorer, flétrir, tacher, faire affront. G. *Am Perchi*.

Ammeu, doute, soupçon, question dont on demande l'éclaircissement, douter. G.

Ammhar, qui est sur le point de tomber, qui chancele, qui va en décadence. G.

Ammharch, irrévérence, manque de respect. G. Voyez *Ammarch*.

AMMHARCHUS, outrageux, outrageant, insultant, qui est honteux, deshonorant, qui n'est point honoré. G.
AMMHAROD, qui n'est pas prêt, embarrassé. G. Am Parotta.
AMMHARODRWYDD, défaut de préparation. G.
AMMHARU, être sur le point de tomber, chanceler, s'en aller en décadence, tomber en défaillance. G.
AMMHERALD, qui est désagréable au goût. G. Am Peraid.
AMMHERCHI, dire des injures, outrager de paroles, deshonorer. G. Am Perchi.
AMMHERFAITH, imparfait, à demi formé, efféminé. G. Am Perfaith.
AMMHERSONOL, impersonnel. G.
AMMHEUAETH, doute, ambiguité. G.
AMMHEUS, douteux, ambigu. G.
AMMHEUTHUN, rare, délicat. G. Am Penthun.
AMMHEUTHUNFWYD, mets délicieux, mets délicats, confitures, patisseries, tout ce qu'on sert au dessert. G.
AMMHEUTHUNION, mets rares & délicats, délices. G.
AMMHLANTADWY, stérile, qui ne peut avoir d'enfans. G. Am Planta.
AMMHOSSIBL, impossible. G.
AMMHRESSENNOL, absent. G.
AMMHRIOD, qui vit dans le célibat. G. Am Priod.
AMMHROFEDIG, qu'on n'a point essayé, qu'on n'a point éprouvé. G. Am Profi.
AMMHRUDD, imprudent. G. Am Prudd.
AMMHRYDFERTH, désagréable. G. Am Prydferdt.
AMMHUR, qui n'est pas pur. G. Am Pur.
AMMHUREDD, crasse, écume, ordure du métal. G.
AMMWYLL, folie, sottise. G. Am Pwyll.
AMMHWYLLO, devenir fol, être fol, avoir perdu le sens. G. Am Pwyllo.
AMMHWYLLOG, imprudent, sot, fol. G.
AMMHWYLLUS, fol, insensé, sot. G.
AMMHWYNT, mauvaise santé. G. Am Pwynt.
AMMHYBYR, languissant, foible, qui est sans force. G. Am Pybyr.
AMMRYBYRWCH, langueur, foiblesse, manque de forces. G.
AMMIN, le même que Min. Voyez Amminiog.
AMMINIOG, qui borde, qui est voisin, qui confine, qui est sur les frontières, sur les confins, sur le bord. G. Ammin est ici le même que Min.
AMMINIOGTIR, frontières, confins. G. Tir, terre.
AMMOD, alliance, convention, pacte, traité, condition. G. Am ; ensemble ; Bodd, Modd.
AMMOD, alliance, convention, pacte, traité. C.
AMMODAWL, conditionnel. G.
AMMODI, stipuler, faire alliance. G.
AMMODOL, dont on est convenu, conditionnel. G.
AMMODUS, conditionnel. G.
AMMODWR, qui fait un accord, &c. G. Voyez Ammodi.
AMMOR, fortune, état, condition. G. En comparant ce mot avec Morailh, verrouil, moraillon ; Morh, mors ; Morz, frein, mors ; Morza, s'engourdir de lassitude, ou de rhumatisme ; Mora, demeure, habitation, on voit que Mor a signifié arrêt, demeure, séjour, état, situation fixe, constitution habituelle d'une personne, d'une chose ; de là Mora, Moror chez les Latins. Am dans Ammor est superflu.
AMMORTH, adversité, malheur, ignominie, deshonneur. G. D'Am & Porth, qu'on voit par ce mot avoir signifié toutes sortes de biens & d'avantages.
AMMRAINT, servitude. G. Am Braint.
AMMRHIODOL, qui n'est point marié, impropre, qui ne convient point. G. Am Priodol.
AMMRHIODOLIAITH, manière de parler impropre. G.
AMMRHOFADWY, qui n'est pas probable. G. Am, Profadwi de Profi.
AMMRHUDD, imprudent. G. Am Prudd.
AMMRHUDDER, imprudence. G.
AMMRHWD, qui n'est pas cuit, crud, tout-à-fait crud. G. Am Brwd.
AMMRHYD, contre-temps, temps hors de saison, qui n'est pas convenable. G. Am Pryd.
AMMRHYDLON, qui arrive à contre-temps. G.
AMMRHYFFLEU, le même qu'Amryffleu. G.
AMMWLCH, qui n'a point de coupure, entier. G. Am Bwlch.
AMMWYLL, folie, imprudence, sottise. G. Am Pwyll.
AMMYNEDD, grande patience, patience. G.
AMMYNEDDUS, patient. G.
AMNAD, rien. G.
AMNAID, signe, mouvement qu'on fait de la tête pour marquer son consentement. G.
AMNAWD, muni de tout côté, défendu de tout côté. G. D'Am & Nawd, qui par conséquent signifie défendu aussi bien que défense.
AMNEIDIAD, geste. G. Voyez Amnaid, Amneidio.
AMNEIDIO, faire un signe, un mouvement de la tête pour marquer son consentement, clignoter, faire signe par un clin d'œil. G. Amnaid.
AMNER, bourse, G.
AMNHEDD, prier, prier instamment. G.
AMNIFER, nombre impair. G. Nifer, nombre. Voyez Amniferwch.
AMNIFEROG, qui est en nombre impair. G.
AMNIFERWCH, inégalité, variété, diversité, disparité de nombre. G. Am Nifer.
AMNODI, marquer tout autour. G. Am Nodi.
AMNOETH, entièrement nud, dépouillé de tout, nud. G. Am Noeth.
AMNOETHI, mettre nud. G.
AMNYDDU, tordre. G. Am superflu.
AMOBR, prix qu'un époux donnoit pour la virginité de son épouse. G. Gobr, prix, récompense ; Obr en composition, Am par conséquent virginité. Voyez Amachyr.
AMOBRYDD, collecteur des impôts. G. Am, de tout côté ; Gobr, en composition Obr, qu'on voit par ce mot avoir signifié tout payement.
AMODIARE, A. M. amodier ; d'Ammodi.
AMODIATIO, A. M. amodiation ; d'Ammodi.
AMODIOA, amour. Ba. Voyez Ama.
AMŒNARE, AMŒNARI, A. M. plaire, récréer ; d'Amen.
AMŒNIUM, A. G. lieu beau & agréable ; d'Amen.
AMOGAWR, le même qu'Ymogor. G.
AMOISSONATA TALLIA, AMOISSONATUM SERVITIUM, A. M. convention de payer une certaine quantité de grains ou une certaine somme d'argent. Les Paysans de la Bresse & de la Principauté de Dombes se servent encore de ce terme. Ils disent qu'ils s'amoissonnent avec le Maréchal lorsqu'ils stipulent de lui donner une certaine quantité de grain, à condition qu'il leur fournira tous les instrumens de fer nécessaires pour la culture de leurs terres ; d'Ammod, qui fait Ammor ou Ammos dans ses dérivés.

AMO.

AMOLA, A. M. pour *Amula*, diminutif d'*Ama*, vafe.

AMON, ancienne orthographe d'*Avon*, rivière. G.

AMON, rivière. E.

AMON, amas. G. De là amonceler, monceau. On voit par *Monceau* & *Montoa*, qu'on a dit *Mon* comme *Amon*. *Amombé*, avare en Galibi.

AMON, le même que *Mon*, élévation. Voyez ce mot.

AMON pour *Amonen*, comme *Aman* & *Amenen*.

AMON, A. M. mefure; d'*Amon* ou d'*Amena*.

AMONA, A. G. rofeau; d'*Amon*, eau, rivière. Les rofeaux croiffent dans l'eau, dans les rivières; c'eft ainfi qu'en Franche-Comté on appelle *Avan* un ofier, parce qu'il croît au bord des rivières ou dans des endroits aquatiques.

AMONA, inacceffible, impraticable. Ba. *A* privatif; *Mont*, aller.

AMONEN, beurre. B.

AMONITIO, A. M. provifion; d'*Amon*, amas, provifion; de là pain d'amonition, comme qui diroit pain de l'amas ou provifion qu'on a faite pour la fubfiftance des Troupes.

AMORCH, attrait, amorce. B. De là amorce.

AMORCHUDDIO, couvrir de tous côtés. G. *Am*, *Gorchuddio*.

AMORDEA, marâtre. Ba. *Ama Ordezea Ordaina*.

AMORIOA, amour. Ba. Voyez *Ama*.

AMOSIO dans Feftus, je confens, je conviens d'une chofe; d'*Ammod*, qui fait *Ammoz* ou *Ammos* dans fes dérivés.

AMOUCQ, différer, prolonger. B.

AMOUROUS, amoureux. B. Voyez *Amorioa*.

AMOUTA, A. M. efpèce de redevance; d'*Ammod* ou *Ammot*.

AMP. Davies renvoye à *Wmp*, qu'il n'explique point. *Amp* eft le même qu'*Amb*, puifque le *p* & le *b* fe fubftituent mutuellement.

AMP, le même qu'*Amb*, *Am*. Voyez *Ampara*.

AMP. Voyez *Aber*.

AMPA, A. G. cruche, bouteille, coupe; d'*Ama*. D'*Ampa* eft venu *Amphora*.

AMPARA, AMPAROA, protection, défenfe. Ba. Voyez l'article fuivant.

AMPARARE, A. M. protéger, défendre; d'*Ampara*. *Emparar* en Efpagnol, *Empara* en Languedocien, défendre; & parce que ceux qui défendent quelque chofe la mettent ordinairement fous leur puiffance pour la défendre plus aifément, de là eft venu *Amparare*, qu'on trouve dans les anciens monumens au fens de faifir, prendre; d'où eft venu notre mot François s'*Emparer*.

AMPART, terme Breton qui, felon le Pere de Roftrenen, fignifie accompli, diligent, parfait, fans défaut, parlant de l'homme corpulent. Selon Dom Pelletier ce mot fignifie qui eft d'une taille avantageufe, robufte, difpos, vif, agiffant, actif. Il faut retenir tous ces fens. Voyez *Ampert*, qui eft le même mot.

AMPARVAL ou AMPARFAL, lourd, pefant, lourdaud. B. D'*Ampar* & *Fall*, qui fignifient le manquement.

AMPAVAL. C'eft ainfi qu'on prononce *Amparval* dans la Cornouaille françoife.

AMPEICH, empêcher. B. De là ce mot. *Empacho* en Efpagnol, empêchement.

AMPERT, adroit, induftrieux. B. On a dit en vieux François *Apertife* pour agilité, tour d'adreffe, & *Apert* pour agile. Voyez *Ampart*.

AMPESGUEN, amidon. B. Voyez *Ampez*.

AMR.

AMPESI, empefer. B. De là ce mot.

AMPEZ, amidon, empois. B. De là empois.

AMPHIBALLUS, AMPHIBALUS, AMPHIMALLU A. G. tunique velue, couverte de poil. *Amps*, habit; *Mall*, peau couverte de fon poil.

AMPHORA, A. G. mefure des liquides & de grains; d'*Ampa*.

AMPHORELLA, A. M. petite bouteille. C'eft le diminutif d'*Amphora*.

AMPHORUS, A. M. le verfeau; d'*Amphora*.

AMPLADH, voracité. I.

AMPLEC. Dom Pelletier eftime que ce terme Breton fignifie connu. *Amlwg*, *Amlycan* confirment fa penfée.

AMPLIANTER, A. M. magnifiquement; *Ampliator*, qui augmente; *Ampliare*, *Ampliorare*, augmenter; *Amplum*, largeur. Voyez *Aml*.

AMPOESON, AMPOESOUN, poifon. B. De là ce mot. Je crois *Ampoëfon* formé d'*Am* contraire; & *Boed* avec une terminaifon, *Boes* ou *Poes*, nourriture.

AMPOIGN, prendre, empoigner. B. De là ce mot. Voyez *Ampoignein*.

AMPOIGNEIN, atteindre. B. C'eft le même que *Ampoign*.

AMPOLA, A. M. bouteille, vafe; d'*Ampolla*.

AMPOLLA, bouteille, ampoule. Ba. Voyez *Builh Bol*.

AMPOLLATA, A. M. burette, petite bouteille. C'eft le diminutif d'*Ampolla*.

AMPORTUS, colérique, homme qui s'emporte aifément. B.

AMPOUÏSON, poifon. B. Voyez *Ampoëfon*.

AMPREHAN, AMPREHON, infecte. B. Voyez *Pryf*, *Amprevan*.

AMPRESSWYLEDIC, inhabitable. C. *Am* négatif; *Prefwyl*, demeure, habitation.

AMPREST, emprunt. B. De là ce mot. Voyez *Preft*.

AMPRESTA, emprunter. B. Voyez *Ampreft*.

AMPREVAN, ANPREUAN, infecte, beftiole, ver, vermine; pluriel *Amprevanet*, *Ampreuanet*, multitude de toutes fortes de vermines & de petits reptiles. B. Voyez *Amprehan*.

AMPROUI, prouver. B. *Am* fuperflu. Voyez *Profi*.

AMPULLAE, A. M. vafes; d'*Ampulua*.

AMPULLAE, A. M. pouilles, injures; *Pouilh*, injures; *Am* fuperflu.

AMPULLATUS, A. M. enflé, ampoulé; d'*Ampulua*.

AMPULLOSA VERBA, A. M. termes ampoulés. Voyez *Ampullatus*.

AMPULLOSE, A. M. orgueilleufement. Voyez *Ampullatus*.

AMPULUA, bouteille, ampoule. Ba. De là ce mot; de là *Ampulla* Latin. Voyez *Ampolla*.

AMPURUA, oftentation. Ba.

AMRA, non. Voyez *Amrafael*, *Amryfal*.

AMRAFAEL, variété, diverfité, différence, difcorde, conteftation, procès, divers, différent, de tout genre, de toute manière, de toute façon. G. C'eft le même qu'*Amryfal*. *Amra*, non; *Fael* de *Mael*, comme *Fal* de *Mal*, femblable.

AMRAFAELIAD, diverfité, différence, variation. G.

AMRAFAELIO, être différent, ne pas convenir, difconvenir, ne pas s'accorder. G.

AMRAFAELU, varier, plaider, contefter, difcorder. G.

AMRAFAELUS, litigieux, contentieux, fur quoi l'on eft en difpute, différent, divers. G.

AMRAINT, mieux Ammraint, ce qui est contre le droit de la Ville. G. Am Braint.

AMRANT, paupière supérieure, cil, paupière. G. Am Gran.

AMRANT-HUN, sommeil. G. A la lettre, sommeil des paupières.

AMRANT-HUNO, sommeiller, dormir. G.

AMRANTU, clignoter, cligner les yeux, fermer & ouvrir souvent les paupières. G.

AMRAWEN, fenouil sauvage, matricaire, camomille, petite consoude, espèce de pariétaire. G.

AMREUS, AMREVUS, fretin, le rebut de l'étoffe. B. Am superflu; Revus, rebut; de là ce mot.

AMROSGO, grand, immense, fort grand, enflé, gonflé, grossier. G. Ce mot est le même qu'*Ambra* Irlandois, ils sont formés l'un & l'autre d'*Am*, particule qui marque le superlatif, & de *Rhag*, *Rocq* ou *Rog*, grand.

AMRWYDO, envelopper dans des filets. G. Am Rhwydo.

AMRWYMO, lier tout autour. G. Am Rhwymo.

AMRY, plusieurs. Voyez *Amrygant*. C'est une syncope d'*Amryw*.

AMRY, plusieurs fois. Voyez *Amrygwydd*. C'est une syncope d'*Amryw*.

AMRY, divers. Voyez *Amryliw*. C'est une syncope d'*Amryw*.

AMRY, particule superflue. Voyez *Amrygoll*.

AMRY, marque du superlatif. Voyez *Amryffleu* & *Amrylon*.

AMRY, particule augmentative. Voyez *Amrysain*.

AMRY, contre. Voyez *Amrydyb*.

AMRY, non. Voyez *Amrysal*.

AMRYBLYG, de plusieurs sortes de plis. G.

AMRYDDULL, de plusieurs façons, de plusieurs figures. G.

AMRIDEDD, crudité. G. Amrwd.

AMRYDLON, qui vient à contre-temps. G. Am, contre. Pryd.

AMRYDWLL, qui a plusieurs trous. G.

AMRYDYB, paradoxe. G. Amry, contre; Tyb, opinion.

AMRYFAELIAD, variété, diversité, bigarrure. G.

AMRYFAELIO, bigarrer, varier, diversifier, être en discorde. G.

AMRYFAELUS, de diverses couleurs, bigarré, tacheté, diversifié, de sentiment différent, qui ne s'accorde pas. G.

AMRYFAL, le même qu'*Amrasatl*. G. Amry, non; Fal, semblable. Voyez l'article suivant.

AMRYFAL, dissemblable. G.

AMRYFFLE, vaste, d'une grandeur démesurée, immobile. G. Voyez l'article suivant.

AMRYFFLEU, grand, immense, immobile. G. Amry, marque du superlatif; Pel ou Fel, grand.

AMRYFODD, de plusieurs sortes, de plusieurs façons, de plusieurs manières, diversifié. G. Amry Modd.

AMRYFUSEDD, erreur, faute. G.

AMRYFUSEDDU, se tromper, s'abuser, se méprendre. G.

AMRYFYS, imprudent, fautif, plein de fautes, plein d'erreurs, plein de défauts, plein de désordres. G.

AMRYFYSEDDU, errer. G.

AMRYGANT, plusieurs cens. G. Amry Cant.

AMRYGOLL, nuisible, dommageable, irréparable. G. Amry superflu. Voyez Coll.

AMRYGONGL, qui a plusieurs angles. G. Congl.

AMRYGWYDD, tombant plusieurs fois. G. Cwyddo.

AMRYHOLLT, qui est fendu en plusieurs parties. G.

AMRYLAW, plusieurs mains. G.

AMRYLIW, de plusieurs couleurs, de diverses couleurs, bigarré, tacheté, moucheté, diversifié. G.

AMRYLON, très-gai. G. Llon, gai.

AMRYLUN, de plusieurs figures. G. Llun.

AMRYONGL, polygone. G. Ongl.

AMRYSAIN, qui rend un son fort éclatant, qui fait beaucoup de bruit. G.

AMRYSON, disputer, débattre. G.

AMRYSSON, débat, dispute, querelle. G. Am apparemment superflu; Rixa, Latin, Eris en Grec, dispute, débat.

AMRYW, plusieurs, divers, plusieurs fois, de plusieurs façons, de plusieurs sortes, de diverses manières, de tout genre, de différentes espèces, de diverses couleurs, bigarré, tacheté, marqueté, diversifié, différent, qui n'est pas pareil, étrange, hors de propos. G.

AMRYW FFRYDD, quelquefois. G.

AMRYW FODDION, quelquefois. G. Modd.

AMRYWEDD, de plusieurs façons. G. Gwedd.

AMRYWIAETH, variété, diversité, bigarrure, variation, différence, distinction. G.

AMRYWIAITH, dialecte. G.

AMRYWIO, varier, diversifier, bigarrer, être différent. G.

AMRYWIOL, fort diversifié, variable, qui change aisément, qui tourne aisément. G.

AMS, temps. Voyez *Am*, *Amser*; de là *Hyems* Latin, Hw, en composition Hy, déplaisant, fâcheux, désagréable; Ams, en composition Ems, temps.

AMSATHR, foulé de tout côté, battu, pratiqué, praticable, parlant d'un terrein, où il y a un chemin, où l'on peut passer, accessible, traces. G. Am Sathr.

AMSENT, désobéissant, rébelle, mutin. B. Am privatif; Senti, obéir.

AMSER, temps, saison, durée des choses. G. B. Emser, Eimsir, Emser, temps en Irlandois. Voyez *Am*.

AMSER, an, année. Voyez *Discarr*, *Am*.

AMSERI, temporiser. B.

AMSEROL, qui ne dure qu'un temps, qui n'est que pour un temps, qui arrive dans la saison, fait dans le temps qu'il faut, fait à propos. G.

AMSEROLDER, temps propre. G.

AMSERU, faire quelque chose à temps. G.

AMSERYOU, les mois des femmes. B.

AMUDAN, sot, fol. I.

AMUDEACH, qui n'a pas bonne cervelle, frenétique. I.

AMUDEAS, sottise, stupidité. I.

AMUDEC, absurde. I.

AMUDIOC, sot, badaud, stupide. I.

AMUDIOS, folie. I.

AMUDIUGHADH, se mocquer de quelqu'un, le faire passer pour fol. I.

AMUG, AMWG, défendre, protéger. G. Voyez Amis.

AMUG, hors, dehors. I.

AMUGA, inutile. I. De là amuser; car on dit indifféremment *Amusa* & *Amuga*.

AMUGAD, hors de la route, en s'égarant. I.

AMUIC, hors, dehors. I.

AMUNIGHIN, espérance. I.

AMUNUZER, menuisier. B. A paragogique. Voyez Munuzer.

AMUR, amures, trous dans les plats-bords d'un vaisseau. B.

AMURA, amurer, bander & roidir les couets d'un voile pour aller au plus près du vent. B.

AMURRAYA, truite. B.

AMURUSTVA

AMU.

AMURUSTUA, AMURUTSUA, amoureux. Ba. Voyez *Amorioa.*
AMUS, étalon, cheval entier. G. C.
AMUS, attaque, assaut, intrigue, pratique, dessein, menée. I.
AMUS, le même qu'*Amug.* Voyez *Aru.*
AMUSTIA, A. M. espèce de tunique qui ne venoit qu'aux genoux. *Amus,* habillement, tunique ; *Stw*, en composition *Sty,* petite.
AMUSTRAIG, écorcement, l'action d'écorcer. I.
AMUSUS, A. G. homme qui garde le silence, qui ne dit mot ; de *Mouzus,* homme qui boude ; *A* paragogique : ou de *Musz*, caché, couvert.
AMWASGU, tordre, tourner avec effort. G. *Gwasgu.*
AMWEDDI, priére faite en commun. G. *Gweddi,* priére ; *Am* par conséquent ensemble.
AMWEU, faire un tissu autour, tout autour. G.
AMWG, défendre, protéger. G. Voyez *Am*, *Ami*, *Amiculnm*, *Amis*, *Amus*.
AMWIB, qui roule, qui tourne autour. G. *Gwibio.*
AMWIBIOG, vagabond. G. *Gwibio* ; *Ata* superflu.
AMWISC, habillement, couverture, ce qui couvre de tous côtés, ce qui couvre entièrement. G.
AMWISGO, vêtir par-dessus, vêtir tout autour, orner tout autour. G. *Am*, autour, dessus ; *Gwifgo* par conséquent signifie orner comme vêtir.
AMWNIO, coudre tout autour. G. *Gwnio.*
AMWREGYSU, entourer, ceindre, environner de toute part. G. *Gwregysu.*
AMWRIFIO, tordre, tourner avec effort. G. *Amwrifio* étant synonime à *Amwasgu*, *Gwrifio* doit signifier la même chose que *Gwasgu*.
AMWS, cheval entier, étalon. C. Voyez *Amus.*
AMWYN, défendre, garder, prêter secours, aider, assister. G. *Amune* en Grec, je secours, je défends ; *Amen* en Hébreu, sûrement, certainement ; *Ambi* en Arabe, défendre ; *Amis* en Phénicien, certain, constant ; *Mound* en Anglois, haye ; *Musopa* en Groenlandois, conserver, garder. Voyez *Ambyennyr*, *Am.*
AMWYNT, défaut de santé, mauvaise santé, mauvaise disposition du corps. G. *Am Pwynt.*
AMWYS, plein d'ambiguités, ambigu, douteux, équivoque, embrouillé, embarrassé. G. *Am Gwys.*
AMWYSEDD, ambiguité, doute. G.
AMWYSGO, vêtir, revêtir. G. Voyez *Amwifgo.*
AMWYTH, colère, indignation. G. *Am* superflu. Voyez *Gwyth.*
AMWYTH, pepinière. G. *Am Gwydd,* arbre. On voit par ce mot qu'on a dit *Gwyth* comme *Gwydd.* Voyez l'article suivant.
AMWYTHICU, plein de buissons, couvert de broussailles. G. *Am Gwyth*, qu'on voit par ce mot avoir signifié buisson, broussaille. Voyez l'art. précédent.
AMY, ami. B. Voyez *Ama.*
AMYD, froment, toutes sortes de grains propres à faire de la farine. G. *Am* superflu ; *Td*, bled, qu'on voit par ce mot avoir signifié toutes sortes de grains. D'*Amyd* est venu amidon ; *Amyd,* bled ; *On*, eau. *Amido* en Italien, amidon ; *Almidon* en Espagnol, amidon ; *Amidoya* en Basque, amidon.
AMYDOYA, amidon. Ba. Voyez l'article précédent.
AMYEGUEZ, sage-femme. B. Voyez *Amieguez.*
AMYGAID, défendre. G. Voyez *Amug.*
AMYL, large anciennement, abondant aujourd'hui. C.
AMYN, sinon, si ce n'est, hormis, excepté, outre. G.
AMYNEDD, chez les anciens *Ammynedd*, patience. G.
AMYNIFER, qui n'est pas pareil. G.
AMYSGAR, au plurier *Amyfgaroedd,* entrailles. G.

AN.

AMYSGYTHRU, couper, tailler. G. *Am* superflu.
AMZERE, indécence, qui n'est pas séant, malséant, indécent, impropre, rabroueur. B. *Am* privatif ; *Dere*, en composition *Zere.*
AN, particule privative, négative, non, sans. G. *An* en Cophte, non ; *An* particule privative en Arménien ; *An*, *Anen* en Grec, sans ; *Ana* en vieux François, sans ; *Anen* en Allemand, manquer, priver ; *Ohn* en Allemand, sans ; *Anig* en Theuton, vuide, manquant ; *An* en ancien Saxon & en ancien Allemand, particule privative ; *In* en Latin, particule privative.
AN, ancienne orthographe d'*Ein*, nôtre, en tout genre. G.
AN, autour. G. Voyez *Ani.* *Annoach* habit en Groenlandois.
AN article, le, la, les. B. I.
AN, dans. B. *Ana* en Gothique, dans ; *An* en Theuton, dans ; *En* en Grec, dans ; *In* en Latin, dans ; *Aa*, dans en Irlandois ; *An* en Allemand, dans ; *Ane*, vase en Albanois ; *An*, dans en Langue de Madagascar.
AN à la fin du mot, marque du superlatif. B. *An* en Gallois est une particule augmentative. Voyez plus bas. *An* en Allemand est une particule intensive ou augmentative, selon Wachter ; *Ano* en Grec, au-dessus ; *Ana* en Latin, au-dessus ; *An*, noble en Irlandois ; *En*, marque du comparatif en Basque.
AN signifiant le superlatif, le dégré le plus élevé, ce qui est au-dessus des autres, a signifié par conséquent au-dessus, sur, supériorité, élevation. Voyez *Au-Mor.*
AN, gué, chez les Ecossois septentrionaux.
AN, isle. E. Voyez *Anes.*
AN, eau. I. *Ana*, eau en ancien Suédois, selon Rudbeck.
AN, dans. I. Voyez plus haut & plus bas.
AN, vase. I.
AN, agréable, tranquille, vrai, noble. I. Voyez *Han.*
AN, prompt, vîte, agile. I.
AN, à. I.
AN, diminutif. I.
AN, le même qu'*Ean.* I. De même des dérivés ou semblables.
AN, dans, Ba. Voyez plus haut.
AN, là, adverbe de lieu. Ba. *An*, adverbe de lieu en Allemand, selon Wachter.
AN, particule augmentative. Voyez *Andrymmu*, & *An*, marque du superlatif.
AN, particule itérative. Voyez *Anwau.* *Ana* en Latin, particule itérative, & *An* en Grec.
AN, second. Voyez *Ancwyn.*
AN marque l'habitude, le fréquent usage, plusieurs fois. Voyez *Elepian.*
AN, été. Voyez *Gouaf*, *Gouan.*
AN, chaleur, ardeur. Voyez *Gouan*, *Gouaf*, *Afn.*
AN, particule superflue. Voyez *Anaele*, *Bachan.*
AN, particule diminutive. Voyez *Trefan*, *Maban.* C'est la même chose en Irlandois ; *Srut*, rivière ; *Srutan*, ruisseau ; il signifie par conséquent moindre, inférieur, au-dessous.
AN, mauvais. Voyez *Anair.*
AN, mal. Voyez *Angherdedd.*
AN en composition pour *Man*, homme. Voyez *Gerran*, *Hirian*, *Le-An.*
AN, habitation, lieu, demeure, séjour. Voyez *Lan*, *Albani* ; ce qui se confirme par l'autorité de Béde, qui dit que le nom de *Coldana*, Ville de la Grande Bretagne, signifie Ville de Coludus. Voyez *An*, là, adverbe de lieu.

AN, le même que *Can*, *Gan*, *San*. Voyez *Aru*.

AN, particule conjonctive, avec, ensemble, touchant, près. Voyez *Gand*. *An*, particule conjonctive en Allemand, selon Wachter.

AN, année. Voyez *Annoer*, *Am*.

AN, rivière. Voyez *Clan*. Voyez *An*, eau en Irlandois.

AN. En confrontant *Ana*, *Agned*, *Anyerea*, *Am* virginité, on voit qu'*An* a signifié fille.

AN. En comparant *Ana*, nourrice, *Anodunna*, nourriçon, *Anoa*, portion journalière, alimens pour un jour, on ne peut douter qu'*An*, *Ano* n'ayent signifié nourriture, aliment; ce qui se confirme par *Naun*, qui dans le Breton Vannetois (on regarde ce dialecte comme le plus pur) signifie faim, famine. *Na*, non, sans, privation; *An*, alimens. *Nann* s'est prononcé *Naffn*, *Naoun*, *Naouen* en Breton, & *Newyn* en Gallois, par où on voit qu'*Ann*, *Aoun*, *Aouen*, *Ewyn* sont les mêmes qu'*An*. Voyez encore *Graounen*, *Graoun*. *Ewyn* a été mis en composition pour *Awyn*.

AN-MOR, onde, flot. C. *Mor*, mer, eau, & *An* par conséquent élévation. Voyez *Ton*.

ANA, mere anciennement en Breton, selon le P. de Rostrenen. *Ana*, mere en Turc; *Anya*, mere en Hongrois; *Ane*, ayeule en Allemand; *Erani* en Cophte, noble matrone. Voyez l'article suivant, & *Ama*. *Dan*, mere en Patois de Besançon; le *d* initial s'ajoutoit dans le Celtique.

ANA, nourrice. Ba. Voyez l'article précédent.

ANA, richesses. I. Voyez *An*, particule augmentative.

ANABB, erreur. G. C'est le même qu'*Anaf*.

ANABLE, vieux mot François qui signifioit habile, capable. *An* superflu; *Abl*, habile.

ANABLE signifie en Écossois, selon Ménage, un homme qui n'est point marié.

ANABS, A. G. doute. D'*Anam* ou *Anab*, demeurer, rester: Dans le doute on reste indécis.

ANACH, cause qui empêche. G.

ANACH, caution, assurance, sûreté, garantie. G.

ANACH, l'action de laver, lessive. I.

ANACHT, tranquille. I.

ANACLEUS, A. M. couvert. *An* superflu, *Achles*.

ANACRACH, tendre, plein de tendresse, qui a de la pitié. I.

ANACRADH, misère, état digne de pitié. I.

ANACRAS, tendresse, pitié, compassion. I.

ANAD, évident, clair. B. Voyez *Anat*, qui est le même.

ANADDAS, disproportionné, qui ne se rapporte pas, inégal, absurde, impertinent, ridicule, qui ne mérite pas. G. *An Addas*.

ANADDASRWYDD, manque de rapport, de convenance. G.

ANADDFEDD, qui n'est pas mur, rude, âpre, verd, qui agace les dents, mûr avant le temps, qui n'est pas cuit. G. *An Adfed*.

ANADDURN, qui est sans ornement, mal mis. G. *An Addurn*.

ANADDWYN, mal-séant, deshonnête. G. *An Addwyn*.

ANADDWYNDER, malhonnêteté, ce par quoi quelque chose est messéante. G.

ANADDWYNO, deshonorer, souiller, salir, gâter, réfuter, prouver que quelque chose est contre les Loix. G.

ANADHBAR, cause, raison. I.

ANADL, haleine, respiration. G.

ANADLFYRR, qui a l'haleine courte, qui a difficulté de respirer. G. Voyez *Anadl Byrr*.

ANADLIAD, l'action de respirer ou de souffler, aspiration, exhalaison, évaporation, vapeur. G.

ANADLU, respirer, souffler, aspirer, exhaler, pousser des vapeurs. G.

ANADWYN, malhonnête, illégitime, qui n'est pas conforme aux Loix. G. *Anaddwyn*.

ANAEHUNI, faire de la toile ou du drap. B. Voyez *Anneunben*.

ANAELE, douleur, dommage, perte, tort, douloureux, déplorable, triste, fâcheux. G. *Aele* signifie la même chose, ainsi *An* est superflu.

ANAF, mutilation, tache, erreur, estropié. G. Ce mot signifie aussi mutilé, coupé, privé, creusé. Voyez *Naf*, *Nam*, *Nav*, l'*A* est ici paragogique. Voyez encore *Anap*, *Anaff*.

ANAF, coupe, tasse; *Hanap*, vaisseau à l'antique pour boire. B.

ANAFAD, abcès, apostume. G. Voyez *Anafod*.

ANAFF, ame. B. *Han*, ame en Chinois. Voyez *Enaidd*.

ANAFF, espèce de serpent qui est privé de la vue. B. Ce serpent est ainsi nommé parce qu'il est privé d'un sens; on en voit la preuve en ce que les Bretons l'appellent *Anf Aezr*; *Aezr*, serpent; *Anf* est évidemment la crase d'*Anaff*. On voit par là que *Anaff* a signifié privé, privation en général. Voyez *Anaf*, *Anafus*.

ANAFLONYDD, paisible, tranquille, sans trouble. G. *An Aflonydd*.

ANAFOD, ulcère. G. Voyez *Anafad*.

ANAFU, mutiler, tronquer. G.

ANAFUS, mutilé, tronqué, défectif. G.

ANAFUS, A. M. coupe, tasse; d'*Anaph* ou *Anaf*.

ANAGAZA TEUSE, chêne verd. Ba.

ANAGEA, frere. Ba.

ANAGHADH, contre. I.

ANAGHAIDH, aversion. I.

ANAIETASSUNA, fraternité. Ba.

ANAIR, blâme, reproche, censure, réprimande, médisance, calomnie, invective, accusation, reproche considérable, mauvaise parole, parole fâcheuse, infâmie, mauvaise réputation, impudicité. G. *Air*, parole; *Au*, par conséquent mauvaise.

ANAIRDE, en haut, là haut. I.

ANAIRTH, clément. I.

ANAIT, lieu. I. C'est *Ait* avec l'article *An*.

ANAIT, au lieu, en place. I. *Ait*, lieu, *An*, en.

ANAITUA, frere, sœur. Ba. Voyez *An*, *Ana*.

ANAL, haleine, souffle, respiration. B. I. *Anelar* en Espagnol, haleter; d'*Anal*, *Anhelo*, Latin. Voyez *Anadl*, *Alan*.

ANALLFYW, qu'on ne peut faire revivre. G. *Anallu Byw*.

ANALLOD, premier, précédent, passé. I.

ANALLU, impuissance, impossibilité. G. *An*, *Allu*.

ANALLUD, premier, précédent, passé. I.

ANALLUOG, incapable, impuissant. G.

ANALLUOL, impossible. G.

ANALLWEDIG, qui n'a pas été rappellé. G. *An Galwedig*.

ANAM est le même qu'*Anaf*. G.

ANAM, être. I.

ANAM, demeurer. I.

ANAM, animal. I.

ANAM, ame. I.

ANAMCHODH, courageux, brave. I.

ANAMDLER, petit nombre, petite quantité. G. *An Amdeler*.

ANA.

ANAMGYFFRED, incompréhensible. G. *An Amgyffred.*
ANAMH, grand, excellent, considérable, extraordinaire, rare, admirable, merveilleux. I.
ANAML, qui est en petite quantité, en petit nombre, peu, très-rare, qui n'est pas épais, pas abondant, pas épais, pas fréquenté. G. *An Aml.*
ANAMLEDD, peu d'affluence, petit nombre qui se trouve dans une assemblée. G.
ANAMLWG, obscur, qui n'est point à découvert. G. *An Amlwg.*
ANAMMAU, ne pas douter. G. *An Ammau.*
ANAMSER, contre-temps. G.
ANAMSEROL, qui est à contre-temps, qui vient à contre-temps, qui n'est pas dans un temps propre. G.
ANAMSEROLDER, contre-temps. G.
ANAN, familier, privé, obéissant. G.
ANAOIS, jeune, non âgé. I.
ANAOUDEGUEZ, aveu. B.
ANAOUE, monitoire. B.
ANAOUEIN, connoître, appercevoir. B.
ANAOUN, ames des morts. B.
ANAOUN, tombe. B.
ANAOUT, connoître, appercevoir. B.
ANAP, ANAPH, vase; *Hanap*, coupe, petite mesure à grains, bled ou autres. B. Je crois que ce mot est le même qu'*Anaf*, coupé, creusé; les vases, les mesures sont creuses; *Cwppan*, coupe, est pareillement formé de *Cop*, couper, creuser.
ANAPAT, le contenu d'un. *Anap.* B.
ANAPELLUS, A. M. petite coupe, petite tasse; d'*Anap.*
ANAPHUS, A. M. boëte; d'*Anap, Anaph.*
ANARAUL, qui n'a rien d'agréable, désagréable. G. *An Araul.*
ANARAWD, honoré. G. *Arawd* signifie panégyrique, discours de louange.
ANARDYMIR, intempérie, mauvaise disposition, tempête, orage, gros temps. G.
ANARDYMMER, intempérance, intempérie, mauvaise disposition. G. *An Ardymmer.*
ANARDYMMHERUS, intempérant, non tempéré, déréglé, excessif. G.
ANARDYMMHERUSRWYDD, intempérance. G.
ANARFER, désaccoutumance. G. *An Arfer.*
ANARFEROL, qui n'est pas accoutumé, qui n'est pas ordinaire, qui n'est pas en usage, inutilé. G.
ANARFOG, qui est sans armes. G. *An Arf.*
ANARLWY, défaut de préparation. G.
ANAS pour ENES, isle, dans un dialecte Gallois.
ANASGAR, fâcheux, chagrin, difficile. I.
ANAT, évident, clair, luisant, limpide, remarquable, illustre. B.
ANATAS, ANATHE, A. M. misére, sollicitude, inquiétude, souci; d'*Anes.* Voyez *Anatus.*
ANATIA, timide, poltron. Ba.
ANATUS, A. G. misérable. Voyez *Anatas.*
ANAU, le même que *Ganau.* G.
ANAU. Davies demande si c'est le même qu'*Anhaw*; je crois qu'oui, parce que dans le Gallois l'*h* se place ou s'omet indifféremment.
ANAV, calice, coupe, vase à boire. B. c'est le même qu'*Anap, Anaph.*
ANAUAE, foires, marché. Ba.
ANAUDECQ, reconnoissant. B.
ANAUDIGUEZ, intelligence. B.
ANAUEIN, connoître, appercevoir. B.
ANAW. Davies demande s'il signifie Musicien, Poëte; je crois qu'oui. *Anaw* signifie bouche; ou si l'on aime mieux *Aw* d'*Awen*, enthousiasme. *An*, homme, ou dans.

ANC.

ANAVUS, défectueux. G. C'est le même qu'*Anafus.*
ANAXARE. A. G. nommer; d'*Anat.*
ANAYA, frere. Ba.
ANAYEA, frere. Ba.
ANAZMEA, brasselet, collier. Ba.
ANBERTH, laid. G. *An Berth.*
ANBHAINE, extase. I.
ANBHAL, vaste, trop grand. Voyez *Bal.*
ANBHEIDROL, YN ANBHEIDROL, adverbe pour augmenter. G. C'est le même qu'*Anfeidrol.*
ANBHFAINE, foiblesse, langueur. I.
ANBHFAN, languissant. I.
ANBHIAN, concupiscence. I.
ANBHOR, très-grand. I. Voyez *Bor.*
ANBHRITH, large, abondant, prodigue. I.
ANBHRUTHID, potager, potagere. I.
ANBHYNECH, dernier. G. *Bin.*
ANBWIN, inutile. G. *An Mwin.* On dit en Patois de Franche-Comté qu'une personne qui demeure sans rien faire est une *Anboine.* On y appelle aussi *Anpiole* une personne molle, engourdie.

ANC, angle; au pluriel *Ancou*. *Dianket*, hors d'angle ou de coin; & au sens figuré, égaré. B. De là *Angulus*, latin, *Ang* étant le même qu'*Anc*. (Voyez *Aru*.) Voyez *Ancona*.
ANC, etroit, serré, plus petit. B. On voit par *Avegen* qu'il se prend aussi au figuré pour misérable, homme du bas rang. *Ankos* en Grec, vallon. *Anche*, *Ancheau*, petite cuve en vieux françois. *Ang*, *Enge* en ancien saxon, étroit. *Enger*, en Theuton, étroit. D'*Anc* ou *Ang* sont venus les mots latins *Angustus*, *Angustia*, *Ango*, angoisse en notre langue. Voyez *Ancou*, *Ang*, *Angen*.
ANC, en comparant *Ancor*, *Ancre*, *Ancea*, *Anclena*, *Angarium*, *Angia*, *Angelu*, *Anger*, *Ansarium*, *Ansea*, *Ang*, on voit qu'*Anc*, a signifié fer, arme, épée, tout outil de fer. *Anche*, en termes de blason est un cimeterre recourbé. *Anvez* ou *Anguez* en Breton, enclume, grosse piéce de fer. Enclume en notre langue est formée d'*Anc*; en composition *Enc* fer.
ANC. On voit par *Anc*, qui est le même qu'*Enc*, & par *Ancona*, qu'*Anc* a signifié coin, sinuosité, courbure. De là ansa dans notre langue au propre & au figuré; car on dit indifféremment *Anc* & *Ans*. Voyez *Aru.*
ANCA, ANCHA, ANCUS, HANCA, A. M. hanche, le haut de la cuisse. *Anca*, en Italien hanche; *Angk*, *Onk*, en Arabe hanche; *Anca*, en Perouan boiteux. Voyez *Ancamina*, *Ancazura*, & *Hoinc*.
ANCA, A. M. oye; d'*Anc* ou *Anc*, oye. Voyez *Aru.*
ANCALBOA, intestins, boyaux, flancs. Ba.
ANCAMINA, sciatique, maladie de la hanche. Ba.
ANCAN, conjecture, présage. G.
ANCAUALA, croupiere. Ba.
ANCAZURA, hanche, le haut de la cuisse. Ba.
ANCEA, manière, forme, façon. Ba.
ANCEA, le même qu'*Ancia.* Ba.
ANCEA, A. G. le fer par lequel on tient le bouclier. Voyez *Anc.*
ANCEADNA, beaucoup, fort, extrêmement, excessivement. I.
ANCEINGIA. Voyez *Andecinga.*
ANCER. Voyez *Ancr.*
ANCERULUS, A. M. oison; d'*Anc*, oye, les Latins ont fait *Anser*, dont *Ancerulus* est un diminutif.
ANCHAITHFEACH, prodigue. I.

ANC.

ANCHAITHIOM, prodigalité. I.
ANCHE, ANCHELA, au même endroit. Ba.
ANCHORA, piscine, réservoir d'eau. I.
ANCHOVA, anchois, loche. Ba. de là anchois.
ANCHRAE, A. G. vallées ou intervalles qui sont entre des arbres. Voyez *Ancra*.
ANCHRUAS, avarice. I.
ANCHUALA, laquais, suivant d'une Dame. Ba.
ANCHWILIADWY, qu'on ne peut rechercher, dont on ne peut faire la découverte. G.
ANCIA, génie, bon ou mauvais esprit, génie, esprit, talent, faculté, vigueur, force. Ba.
ANCIA, A. M. anse. Voyez *Anc*.
ANCIDEA, oubli. Ba.
ANCILA, A. G. verge d'or. *An*, belle, brillante, éclatante; *Gyll* ou *Cyll*, verge.
ANCILA, ANCILLA. Voyez *Anculus*.
ANCINA, le temps passé. Ba.
ANCINAERA, vieillesse. Ba.
ANCINGA. Voyez *Andecinga*.
ANCINGIA. Voyez *Andecinga*.
ANCINIA. Voyez *Andecinga*.
ANCITA, A. G. les choses qui nous sont très-intérieures, qui sont très-cachées au dedans de nous. *An* très; *Cut*, en composition *Cyt*, caché.
ANCLADA, A. M. champ. *An*, article; *Cladd*, labouré.
ANCLATOR, A. G. serviteur; c'est une crase d'*Ancillator*, formé d'*Ancillare*. Voyez *Anculus*.
ANCLENA, A. G. instrument de fer, fort, gros, épais; d'*Anc*.
ANCLIN, inclination. B. *An*, paragogique. Voyez *Clin*.
ANCLINA, s'incliner. B.
ANCLIONES, A. G. enchanteurs ou messagers. Voyez *Ankelher*.
ANCO, comme. Ba.
ANCOAT, oublier. B.
ANCOE, luette. B.
ANCOFFAT, oublier. B. *An Coff*.
ANCOIMSEACH, infini. I.
ANCOIR, encre. I.
ANCOMBR, embarras, obstacle. B. Il se disoit en ce sens en vieux François. Nous disons décombres en notre langue; *An*, article. Voyez *Comber*.
ANCOMBRUS, massif. B.
ANCONA, golfe, sinuosité de la mer. Ba. *Acon* en Latin, golfe; *Agkon*, prononcez *Ancon* en Grec, coude, sinuosité; *Angur* en Islandois, sinuosité, sein; d'*Ancona* est venu encognure en notre langue.
ANCOR, ancre. B. *Anchor* en Anglois; *Anker* en Flamand; *Ancker* en Allemand; *Ankar* en Suedois; *Ancre* en ancien Saxon; *Anchorah* en Chaldéen; *Angurre* en Albanois; *Ankura* en Grec, ancre. Voyez *Anger*, *Angura*, *Ancoir*; *Ancor* est formé d'*Anc*, fer; & *Cor*, bec.
ANCORA, comme. Ba.
ANCOU, mort, trépas, agonie, angoisses de la mort; singulier *Ankęn*, peine d'esprit, chagrin; *Ankęnia*, chagriner; *Ankęn* en Vannetois, fantôme, présage de la mort; *Ankęn* dans un Dictionnaire manuscrit, souffrance. B. *Agchone*, prononcez *Anchone*, affliction, suffocation en Grec; & *Agchomai*, prononcez *Anchomai*, être étouffé & accablé de tristesse; *Ank* en Arménien, fin. Voyez *Ancqenn* qui est le même mot, & *Ane* dont il est formé.
ANCOUAHAT, oublier. B. Voyez *Ancoffat*.
ANCOUEAT, oublier. B.
ANCOUN, suffocation, mort. B. Voyez *Ancou*.

AND.

ANCOUNA, oubli. B.
ANCOUNECH, oubli. B.
ANCOUNHA, ANCOUNHAT, oublier. B. *An Coun*.
ANCQENN, peine, douleur. B.
ANCR, Anachorete, Hermite: *Fal Yr Ancr*, honnête, sincére. G. On voit par cette phrase qu'*Ancr* signifie sans; *Fal*, fausseté, tromperie, manquement; *Yr*, article; *Ancr* par conséquent sans. On aura employé ce mot pour désigner un Anachorete, un Hermite, parce qu'il est sans compagnie. J'ajoute qu'*Anher* ou *Ancer* prononcé *Anker*, signifie sans.
ANCRA, ANCREA, A. G. vallée, lieu étroit & long, défilé, gorge de montagne; d'*Anc*.
ANCRE. Voyez *Ancrima*.
ANCRES, femme qui mene la vie érémitique. G.
ANCRIMA, A. G. corde très-forte du vaisseau, qui est attachée au mât; *An*, marque du superlatif; *Crym*, forte. On dit en Patois de Franche-Comté *Ancre*, pour signifier dur, roide, fort, âpre.
ANCULUS, A. M. serviteur; d'*Anchuala*; de là est venu le Latin *Ancilla*, qui a formé *Ancillari*.
ANCUS, A. G. manchot, mutilé, estropié; d'*Anc*, d'*Ancr*. Voyez *Nam*, *Anaff*.
ANCWIN, second service de table, tout ce qu'on sert au dessert, mets délicieux, friandises, patisseries. G. *An*, second; *Cwin*, souper, repas.
AND, couler, marcher. Voyez *Lliant*; de là, *Andare* en Italien & en Espagnol, marcher; *Anduare* dans Festus, recourir; *Endelich* en Allemand, qui se hâte, prêt à marcher, agile, vite; *End*, chemin en Breton; *Andé*, aller dans la langue de Madagascar. Voyez *Anda*, *Andac*, *Andamius*, *Andare*, *Andata*.
AND, crase d'*Anned*; rien de si facile & de si commun qu'une crase semblable. Voyez *Ant*, *Anteddw*, *Endion*, édifice en Grec; *Enta*, édifice dans les anciens monumens; *Ant* en Arménien, métairie; *Anduares* en Espagnol, cabane; *Handa*, *Onda*, en Turc; *Entha*, en Grec; *Onde*, en Dalmatien, adverbe qui marque le lieu, la place, le séjour.
AND, le même que *Gand*. Voyez ce mot. *And*, en vieux François avec; & *Andui*, ensemble.
AND, grand, élevé, haut. Voyez *Andi*, *Ant*; & par conséquent principal, chef, tête, sommet, élévation, comme tous les autres termes qui signifient élevé. Voyez *Al*, *Ar*, *Bal*, *Ben*, *Ser*, &c. *And*, grand en ancien Persan; *Hendin*, terme qui signifioit Roi chez les anciens Bourguignons, au rapport d'Ammien Marcellin; *Andaven*, *Anderein*, Seigneur en Malabare; *Andoor* en Javanois, sur, dessus; *Andas*, tête dans la même langue; *Amdi*, adverbe qui en Géorgien marque l'étendue; *Antanda* dans la langue de Congo, marque la hauteur, l'élévation; *Endam* en Turc, stature, grandeur du corps; *Ender*, dessus, au-dessus dans la même langue; *Ondour*, grand en Tartare, Mogol & Calmouk; *Ende* en Albanois, encore; *Yndir* en Arménien, principal; *Hant* en Hongrois, tartre, élévation; *Anny* dans la même langue, si grand; *Ante*, préposition latine qui signifie quelquefois plus, au-dessus; *Ando* en Italien, montée d'une colline basse; *Anses*, selon Jornandez, héros, demi-Dieu; *Enti* en Theuton, dessus, haut, sommet, extrémité, fin; *End* en Allemand, perfection, terme, extrémité; *Ende* en Runique, fin, extrémité; *Andei* en Gothique; *End*, *Ende* en ancien Saxon; *Eynde* en Flamand; *End* en Anglois, terme, extrémité, fin; *Antyn* en Javanois, finir; *Endaza* en Persan, terme, fin; *Ended* en Anglois, parfait;

AND.

parfait ; *Enden* en Theuton, confommer, achever ; mettre à fa perfection ; d'*Anti* eſt venu *Antigerio*, vieux mot Latin rapporté par Quintilien, & qu'il dit venir des Barbares. (On ſçait que c'eſt le nom que les Romains donnoient à tous les Peuples qui n'étoient pas Latins ou Grecs.) Ce mot, ſelon cet Auteur, ſignifioit beaucoup : c'eſt un pléonaſme formé d'*Anti* & *Ger*. Voyez *Andana*. *Onda*, onde, flot, élevation de l'eau, vient d'*And*. Voyez *Tonn*.

AND. En comparant *Andecinga*, *Andelanc*, *Andena*, *Anderia*, *Andelle*, bois à brûler en François ; *Antenne* en François ; *Antenna* en Italien, la piéce de bois qui croiſe le mât à laquelle la voile eſt attachée ; *Hante* en vieux François, le bois de la pique ou de la lance. On voit qu'*And*, *Ant* ont ſignifié bois.

AND, le même qu'*Ant*. Voyez ce mot.

ANDA, litière. Ba. Ce terme s'eſt conſervé dans l'Eſpagnol.

ANDA, portique. Ba. Voyez *And*, marcher.

ANDAC, brancard, chariot. Ba. Voyez *And*, marcher.

ANDACH, mauvais, malades. I. *Andas* en Étruſque, biſe. La biſe a toujours été regardée comme un mauvais vent. Voyez *Bis*. *Andaignou* en Patois de Beſançon ſignifie venimeux.

ANDAMENTUM, A. M. tribut pour le paſſage. Voyez *And*.

ANDAMIUS, A. M. promenoir ; d'*Anda*, portique. *Andamio* en Eſpagnol, promenoir.

ANDANA ; orgueilleux, ſuperbe. I. Voyez *And*.

ANDANA, téméraire. I.

ANDANA, ſuite. Ba. De là *Andain*, qui ſignifie en notre langue un rang ou ſuite d'herbe coupée.

ANDARE, A. M. aller, marcher, ſe promener, partir ; d'*And*. *Andare* en Italien & en Eſpagnol a le même ſens.

ANDATA, A. M. route ; d'*And*. *Andata* en Italien, *Andadura* en Eſpagnol, route. *Andata* ſe trouve auſſi dans les anciens monumens pour incurſion ; ſens fort analogue à celui de route.

ANDAW, écouter, garantir. G.

ANDEAS, le midi. I.

ANDECINGA dans les anciennes Loix des Bavarois ſignifie une perche de dix pieds ; *And*, bois, perche ; *Dec*, dix ; *Decin*, *Decing*, qui a dix, on ſous-entend pieds. On donna enſuite le nom d'*Andecinga* à un champ qui avoit une certaine quantité de ces perches. D'*Andecinga* on fit par craſe *Ancinga*, *Anzinga*, *Antzinga*, *Ancinia*, *Ancingia*, *Anccingia*, *Aſcingia*, *Accingia* ; *Accengia*, *Encengia*, *Aucenga*, que l'on trouve dans les anciens monumens pour un champ qui a une certaine quantité de perches de dix pieds ; & quelquefois pour l'obligation où ſont des ſujets de labourer ces champs par corvées.

ANDELANC, ANDELANGUS, ANDELAGO, ANDILAGO, ANDALAGUS ; ANLAGUS, VANDILAGO, A. M. perche ou grand bâton, par lequel on mettoit en poſſeſſion de quelque héritage. *And*, bois ; *Lanc*, long, grand.

ANDENA, A. M. landier ; d'*And*, bois ; *Tenn* en compoſition *Denn*, rude, gros. (Le Peuple appelle encore une groſſe piéce de bois, une rude piéce.) Le landier étoit chez les anciens ce qu'il eſt encore chez les Payſans, une groſſe buche qui ſoutenoit les buches flambantes. *Der*, dans ; *Anderia*, ſynonime d'*Andena*, a la même ſignification que *Tenn* : On dit encore andier. en Franche-Comté. *Qened* ou *Kened*, dont nous avons fait chenet en l'amolliſſant, ſignifie en Breton, d'où nous l'avons pris, une groſſe buche de bois. *Lander* en Breton, d'où nous avons fait landier, ſignifie un gros bois.

ANDENA, A. M. andain. Voyez *Andana*.

ANDERIA, A. M. landier. Voyez *Andena*.

ANDERU, ANDDERO, le ſoir. B.

ANDERUTA, efféminé. Ba. Voyez *Andrea*.

ANDEUREC, monceau de fumier. B.

ANDEWAIS, j'ai entendu. G.

ANDEZA, tumeur aqueuſe. Ba. Voyez *And* & *Es*.

ANDI, ANDIA, grand, gigantesque, long, gros, ample, qui amplifie, qui augmente, qui groſſit, qui exagére, qui eſt en grand nombre. Ba. Il ſignifie encore ſouverain, ce qui eſt à l'extrémité, ce qui eſt au dernier dégré. Voyez *Andiana-Wand*, grand en Gallois. Voyez *And*, *Hand*, *Anſe*, héros en Gothique.

ANDI, ANDIC, ANDICAN, de là. Ba. Voyez *An*, *And*.

ANDIA. Voyez *Andi*.

ANDIA, liévre. Ba. Voyez *And*.

ANDIAGOA, plus grand. Ba.

ANDIAGORRIC, plus grand. Ba.

ANDIAGOTU, j'amplifie, je groſſis, j'étends, j'aggrandis, j'exagére. Ba.

ANDIAGOTUA, aggrandi, grandelet, étendu, amplifié. Ba.

ANDIAGOTZALLEA, qui aggrandit, qui étend, qui amplifie, qui exagére. Ba.

ANDIC. Voyez *Andi*. *Andic* ſignifie auſſi enſuite.

ANDICAN. Voyez *Andi*.

ANDICHE, de là. Ba. Voyez *Andi*.

ANDICHO, large, grand. Ba. Voyez *Andi*.

ANDIEGUIA, d'une taille gigantesque. Ba.

ANDIENA, plus grand, très-grand, le ſouverain bien, la majeure d'un ſyllogiſme. Ba. On voit que ce mot ſignifie ſeulement plus grand, très-grand, ſouverain, majeur, & que dans les deux derniers ſens on ſous-entend bien & ſyllogiſme.

ANDIENTSUA, majeſtueux. Ba.

ANDIGOA, grandeur, augmentation, corpulence, maſſe, volume, tumeur, inflammation. Ba.

ANDIGOYA, magnificence, magnifique. Ba.

ANDILODIA, grand. Ba. Voyez *Andi*, *Andlawd*.

ANDIPECOA, ſuffragant. Ba.

ANDIQUIAC, les Grands d'un État. Ba.

ANDIRO, au loin, au large. Ba.

ANDITASUNA, grandeur. Ba.

ANDITU, j'aggrandis, j'étends, j'augmente. Ba.

ANDITUA, aggrandi, étendu, augmenté, amplifié. Ba.

ANDITUS, ANDITA, A. M. chemin, place ; d'*And*, chemin, qu'on aura enſuite étendu à ſignifier place. *Andito* en Italien, chemin, place.

ANDITZEA, aggrandiſſement. Ba.

ANDITZEN, croiſſant, augmentant. Ba.

ANDIURREENA, le doigt *index*. Ba.

ANDIZEA, ANDIZEADA, exagération, hyperbole. Ba.

ANDIZEARIA, qui exagére. Ba.

ANLAWD, le même que *Diandlawd*. Voyez ce mot.

ANDLER, fertilité, abondance, fécondité, multitude, quantité, grand nombre. G. C'eſt une tranſpoſition d'*Amlder*.

ANDLEROG, abondant, fertile, fécond. G.

ANDOCHUS, eſpérance. I.

ANDOILLA, andouille, boudin, ſauciſſe. Ba. Voyez *Andbuilen*.

ANDOLAS, BEIT-ANDOLAS être abbatu ou accablé de tristesse, languir. I.

ANDRA, tandis que, pendant que, durant. Ba.

ANDRA, femme, Dame. Ba. Il paroit par ce mot & par *Andraqueta* qu'il signifie une personne du sexe en général.

ANDRA, HONT, eau de vie burlesquement. B.

ANDRAGAIZTEGUIA, mauvais lieu. Ba.

ANDRAQUETA, fornication. Ba.

ANDRAS, furie, divinité infernale. I.

ANDRAZLEA, marchand d'esclaves, corrupteur de la jeunesse. Ba.

ANDREA, femme, épouse. Ba. C'est le même qu'*Andra*.

ANDRED, endroit, lieu, envers, à l'égard. Ba. De là endroit dans notre langue.

ANDREGUIZENA, hermaphrodite. Ba. *Andrea Gwys*.

ANDREO, ANDREU, ANDRE, André, nom d'homme. B.

ANDROBHLASACH, qui dépense excessivement. I.

ANDRWM, fort pesant. Voyez *Andrymmu*.

ANDRYMMU, être surchargé, appesantir, rendre plus pesant, fruit, portée, ventrée des animaux, ou le temps pendant lequel les femelles portent. G. *Trymmu*, être pesant; *An* par conséquent particule augmentative. *Trymmu* est formé de *Trwm*; ainsi puisqu'on a dit *Andrymmu*, on a dû dire *Andrwm*, dont il est formé.

ANDUILLEN, andouille. B. De là ce mot. Voyez *Andoilla*.

ANDUL, avidité, désir, souhait. I.

ANDURA, hiéble. Ba.

ANDURI, endurer. B.

ANDWFN, profond. C.

ANDWILLEN, andouille. B.

ANE, ame. B. De là *Anima*, Latin.

ANE, hier. I.

ANEANTISSA, anéantir. B.

ANEDIOSUS, A. G. ennuyeux, désagréable; d'*An*, non, *Ed*, agréable.

ANEGA, mesure de six boisseaux. Ba.

ANEGARE, A. M. noyer; *An*, eau; *Nech* ou *Neg*, mort, *Annegare* en Italien; noyer.

ANEGARILLAG, charge d'un chariot. Ba.

ANEGLUR, qui est sans lumière, obscur, qui n'est point à découvert, qui n'est pas serein, parlant du ciel; *Yn Aneglur*, d'une manière obscure. G. *An Eglur*.

ANEGLUREDIG, qui n'a point été expliqué, qui n'a point été raconté, dont on n'a point parlé. G.

ANEGORED, qui n'est pas ouvert. G. *An Egored*.

ANEHANG, étroit, serré. G. *An Ehang*.

ANEHED, qui ne peut voler. G. *An Ehed*.

ANEIDDIL, diligent. G. *An Eiddil*.

ANEILLIEDIG, qui n'est point rasé, point tondu. G. *An Eillio*.

ANEILUN, spectre, fantôme. G.

ANEIRI, innombrable. G. *An Eirif*.

ANEIRIF, innombrable, nombre infini, multitude innombrable, ce qui est incompréhensible. G. *An Eirif*.

ANEIRIFEDIGAETH, nombre infini, multitude innombrable. G.

ANEIRIOL, dissuader, détourner. G. *An Eiriol*.

ANEIRYD, pour *Anneiryd*, qui n'appartient pas à quelqu'un, qui n'est pas de ses parens. G. *An Deiryd*; le *d* se change souvent en *n* lorsqu'il suit cette lettre.

ANELACIUS, A. M. petit couteau; *An*, diminutif; *Lac*, de *Lecat*, couper.

ANELIA. A. G. combat, agonie; d'*Angel*, que les Irlandois prononcent *Anel*, combat. On a regardé l'agonie comme un combat. *Agon* en Grec, d'où vient agonie, signifie combat.

ANELWIG, informe. G. *An Elwig*.

ANELYF; d'*An*, négatif; & *Elyf*, oppression, violence, maladie contagieuse, playe. G.

ANEM MYRKOK, coq de marais. E.

ANENWOG, qui est sans nom dans le monde, qui n'est point connu, qui n'est point fameux, qui est sans gloire, dont on fait peu de cas, qu'on n'estime point, dont on ne parle point, dont on ne tient point de discours avantageux, inconnu, ignoré, sans honneur, perdu d'honneur, infame. G. *An Enwog*.

ANENWOGI, rendre un homme sans nom, sans estime, sans gloire, mettre dans l'obscurité, rendre un homme obscur. G.

ANEOEDD, froidure. B.

ANEOEDECQ, ANEOUEDECQ, frileux. B.

ANER, corvée, servitude, redevance. B.

ANERE, A. G. vieillir; d'*Hen* ou *Han*, vieillard.

ANES, ENIS, INIS, ONAS, isle dans les différens dialectes du Gallois, Ce mot paroit formé d'*An*, entourée; *Es*, *Is*, *As*, eau.

ANES, dans le Dictionnaire Breton, qui porte le titre de *Catholicum Armoricum*, est rendu par méfaise. Dom Louis le Pelletier, cité par les sçavans Religieux à qui nous devons la nouvelle édition de Ducange, dit que ce mot est inconnu aux Bretons, qu'il n'a aucune analogie avec leur langue; que pour exprimer méfaise, on dit en basse Bretagne *Diez*, & non pas *Anes*. Je veux convenir qu'*Anes* n'est plus usité dans le Breton; s'ensuit-il de là qu'il ne l'ait jamais été? Combien ne voit-on pas de termes dans le Dictionnaire du Pere de Rostrenen qui ne sont plus en usage dans cette langue, quoiqu'ils y eussent été autrefois? Le Breton a éprouvé le sort de toutes les langues, il a perdu quelques-uns de ses termes. Dom le Pelletier en convient lui-même dans son Dictionnaire au mot *Amplec*. *Anes* est tout-à-fait dans l'analogie du langage Breton. *An* est une particule qui marque le mal; *Es*, d'*Æs*, aise; ainsi *Anes*, suivant le génie de cette langue, a dû signifier méfaise; comme *Anfodd* d'*An*, & *Bodd* être, signifie mal être.

ANESCOR, irréparable, incurable, insurmontable, inévitable. *An*, particule négative; *Esgor* signifie donc aussi réparer, guérir.

ANESGOROL, irréparable. G.

ANESGUD, oisif, fainéant, paresseux, négligent, lâche, nonchalant. G. *An Esgud*.

ANESMWYTHDRA, travail, fatigue, peine. G. *An Esmwythdra*.

ANETA, A. M. anete, femelle du canard. Ce mot est formé du Latin *Anas*, canard, qui vient du Celtique; *An*, eau; *Nach* ou *Nas*, cacher. Les canards se cachent dans l'eau.

ANETIFEDD, qui n'est point héritier. G. *An Etifed*.

ANEVAL, animal; pluriel, *Anevalet*. B. Voyez *Anifail*, *Anifal*.

ANEVEL, animal. B.

ANEUR, corvée, redevance, servitude. B.

ANEWIG. Davies demande si ce n'est point un adjectif d'*Anaw*: La formation du mot y répond entièrement.

ANEWYLLYSGAR, qui agit malgré soi, qui se

ANF.

fait avec peine, qui se fait contre le gré. G.

ANEZA, de lui; *Aneze*, *Anezi*, d'eux. B.

ANF ou ANV, petit serpent privé de la vuë, B. on sous-entend *Aʧur*. Voyez *Anaff*. Les Bretons regardent *Anf*, *Anv* comme adjectif, puisqu'ils disent *Anf-Aʧur*, qui signifie aveugle serpent.

ANFAB, stérile, qui n'a point d'enfans, qui ne peut avoir d'enfans. G. *An* privatif; *Mab*.

ANFAB, puérile. C. *An*, article; de *Mab*.

ANFAD, méchant, mauvais, vicieux, scélérat, cruel, inhumain, très-méchant. G. *An Mad*.

ANFADAIR, reproche. G. *Anfad Air*.

ANFADWR, méchant. G. *Anfad Wr*.

ANFARNEDIG, qui n'a pas été jugé. G. *An Barnedig*.

ANFARWOL, immortel, éternel, perpétuel. G. *An Marwol*.

ANFARWOLDEB, immortalité, perpétuité, éternité. G.

ANFAWD, adversité, malheur, infortune, accident malheureux. G. *An Ffawd*.

ANFEDDYGINIAETH, irrémédiable. G. *An Meddyginiaeth*.

ANFEDDYLGAR, inconsidéré, imprudent, étourdi, qui ne se souvient pas. G. *An Meddylgar*.

ANFEDDYLGARWCH, imprudence, indiscrétion, inconsidération, manque de réflexion. G.

ANFEDREDD, apprentissage. G. *An Medryd*.

ANFEDRUS, incivil, immodeste. G. *An Medrus*.

ANFEDRUSAIDD, qui a de mauvaises mœurs, qui a de mauvaises manières. G.

ANFEDRUSRWYDD, immodestie. G.

ANFEIDROL, sans mesure, démesuré, immense, infini, vaste, abondant, immodéré, inestimable, d'une grandeur démesurée; *Yn Anfeidrol*, adverbe augmentatif. G. *An Meidrol*.

ANFEIDROL-A-VAINT, immense. G. *Maint*, en composition *Vaint*, grandeur.

ANFEIDROLDER, immensité, prodigalité, sans mesure. G.

ANFELUS, qui est de mauvais goût, parlant de quelque chose, qui est désagréable au goût. G. *An Melus*.

ANFENDIGO, profaner. G. *An Bendigo*.

ANFERMI, enfermer. B.

ANFERTH, que Davies n'explique pas, signifie, ainsi que je l'ai trouvé ailleurs, laid; *An*, non; *Ferth*, beau.

ANFESURI, infinité. G. *An Mesur*.

ANFFAWD, infortune, malheur. G. *An Ffawd*.

ANFFAWDUS, malheureux. G.

ANFFODIOG, infortuné, malheureux. G.

ANFFORTUNUS, malheureux. G.

ANFFRIO, mépriser. G. *An Bri*.

ANFFRWYTHLON, stérile. G. *An Ffrwythlon*.

ANFFRWYTHLONDRE, stérilité. G.

ANFFURF, altération dans la figure, tache, flétrissure, grossiéreté. G. *An Ffurf*.

ANFFURFIO, défigurer, rendre difforme. G.

ANFFURFIOL, difforme, qui n'est pas encore formé. G.

ANFFYDDLON, infidéle. G. *An Ffydlon*.

ANFFYDDLONDEB, infidélité. G.

ANFFYNNADWY, qui n'a pas un heureux succès, malheureux, stérile. G. *An Ffynnadwy*.

ANFFYNIANT, stérilité. G.

ANFHOCHAIN, péril, danger. I.

ANFHORALAMH, contrainte, violence. I.

ANFHORLAN, puissance, pillage. I.

ANFILWRAID, qui n'est point propre à la guerre, qui manque de courage, de hardiesse, lâche, sans cœur. G. *An Milwriaeth*.

ANFLIF, enfler. B.

ANFOADOL, difforme. G. *An*, privatif; *Moad* signifie donc formé.

ANFOD, être. G. *An*, superflu; *Bod*.

ANFODD, mort. *An*, privatif; *Bod*, être.

ANFODD, l'état d'une personne qui se déplaît, déplaisir, dégoût, offense. G. *An*, contre; *Bodd*, volonté.

ANFODDHAU, déplaire; offenser, faire de la peine. G.

ANFODDLAWN, qui ne veut pas, qui fait ou qui souffre quelque chose malgré lui, qui est offensé. G. *An Bodlawn*.

ANFODDLON, qui a un déplaisir, qui a un dégoût, qui se fait avec peine, contre le gré. G.

ANFODDLONDEB, indignité. G.

ANFODDLONI, déplaire. G.

ANFODDOG, déplaisant, fâcheux, chagrin, indigné, fâché, embarrassé, offensé, qui a de l'aversion, qui a l'air sombre, qui agit malgré lui, qui est en colère, qui n'est point appaisé, qui se fait avec peine, inique, injuste, déraisonnable, farouche, cruel, obstiné, barbare, implacable, qu'on ne peut adoucir ou fléchir. G. *An Bodd* & *Modd*.

ANFODDOL, qui n'est point formé. G. *An Modd* signifie donc aussi forme. Voyez *Anfoadol*, *Anfodog*.

ANFODDUS, difforme, laid, déplaisant. G. *An Modd* & *Bodd*.

ANFODLON, offensé. G.

ANFODLONEDD, offensé. G.

ANFODLONRWYDD, déplaisir, dégoût, chagrin. G.

ANFODOG, pervers, mauvais. C. Voyez *Anfoddog*.

ANFOES, mauvaises mœurs, action honteuse, action pleine d'infamie, mauvaise humeur, humeur difficile, air chagrin, caprice, bizarrerie, boutade, fantaisie, manque de respect, indulgence, facilité, complaisance. G. *An Moes*.

ANFOESAWG, grossier, rustique. G.

ANFOESGAR, effronté, impudent, insolent, pétulant, inhumain, barbare, qui a de mauvaises mœurs. G.

ANFOESGARWCH, immodestie, inhumanité, barbarie, irrévérence, manque de respect. G.

ANFOESOL, incivil, rustique, grossier, immodeste. G.

ANFON, envoyer. G.

ANFONAWG, envoyé. G.

ANFONEDDIGAIDD, qui est de basse naissance, inhumain, sans pitié, impitoyable, barbare, bas, indigne d'une personne bien née, qui ne convient qu'à des gens de la lie du peuple. G. *An Boneêd*.

ANFONEDDIGEIDDRWYDD, bassesse de naissance, inhumanité, barbarie. G.

ANFONHEDDIG, qui est de basse naissance, villageois, paysan, qui dégénère, qui n'a pas de courage, bas, indigne d'une personne bien née, qui ne convient qu'à des gens de la lie du peuple. G.

ANFONIAD, envoi, l'action d'envoyer. G.

ANFORDWYOL, qui n'est point navigable. G. *An Mordwyol*.

ANFRI, action honteuse, action pleine d'infamie, bassesse, outrage, manque de respect. G. *An Bri*.

ANFRIO, diffamer, perdre d'honneur, outrager de paroles, charger d'injures. G.

ANFRWYN, déréglé, sans retenue, sans modération. G. *An Ffrwyn.*
ANFRIWYTHLON, stérile. G.
ANFUCHODDOL, qui est sans Religion, impie. G. *An, mauvaise; Buchedd,* vie.
ANFUDDIOL, vain, inutile, stérile, qui ne rapporte pas, qui n'est d'aucune utilité, incommode, dommageable, désavantageux, nuisible, préjudiciable. G. *An Buddiol. Inutilis* en Latin a les mêmes significations.
ANFUDDIOLDER, inutilité. G.
ANFWYN, inhumain, barbare, féroce, intraitable, qu'on ne peut adoucir, implacable, impitoyable, sans pitié, où l'on n'accorde point l'hospitalité. G. *An Mwyn.*
ANFWYN, inutile. G. *An Mwyn.*
ANFYCHAN, excessif, trop grand. G. *An,* non; *Bychan,* petit.
ANFYFYR, inconsidéré, imprudent, étourdi. G. *An Myfyr.*
ANFYFYRIOL, non prémédité. G.
ANFYNAWG, qui n'est pas doux, pas affable, pas débonnaire, pas généreux, pas complaisant, pas civil, pas poli, pas obligeant. G. *An Mynawg.*
ANFYNECH, dernier. G. *Ffyn.*
ANFYNYCH, qui arrive très-rarement, qui n'est pas fréquent, rare, peu commun. G. *An Mynych.*
ANFYNYCHDER, rareté, petit nombre, manque d'habitude. G.
ANFYTTYNIAID, grossier. G. *An* privatif; *Myttynaid* par conséquent délicat. Voyez *Mwrth,* qui fait *Myth* dans ses dérivés.
ANFYW, sans vie. G. *An Byw.*
ANFYWIOG, fainéant. G. *An* privatif; *Bywiog* par conséquent vif, actif, diligent; ce qui est confirmé par *Bywiowgrwyd,* vivacité.
ANFYWIOWGRWYD, nonchalance, paresse. G.
ANG, ample, large, étendu. G. On voit par *Anglef* que ce mot a aussi signifié grand, élevé. *Eng* en Turc, vaste; *Engr, Engir* en vieux François, aggrandir, devenir grand; *Angekau,* grand en Groenlandois; *Ancho* en Espagnol, large, spacieux, ample; *Aucha* en Pérouan, beaucoup, abondamment, abondance, grand nombre; *Inca* Roi dans la même langue; *Inkab* en Hongrois, plus, davantage.
ANG, filet. I.
ANG, le même qu'*Eang.* I. De même des dérivés ou semblables.
ANG, le même qu'*Anc,* fer. Voyez ce mot.
ANG, le même qu'*Anc,* étroit, &c. *Angrand* en vieux François signifioit forcé, poussé, nécessité à quelque chose, être en train, être disposé à une chose; *Eng* en Allemand, étroit; *Angu* en Allemand & en Flamand, angoisse, détresse, anxiété, inquiétude. En vieux Allemand *Angen* & *Engen* signifient presser, serrer, vexer; *Enge,* serrement, nécessité; *Anger* en vieux François, charger, imposer une charge; *Anguish* en Anglois, angoisse; *Angak* en Turc, avec peine; *Anglut* dans les tables Eugubines, dommage, & *Anclar,* calamité; *Angari* en ancien Persan, hommes qui pouvoient contraindre ceux qu'ils rencontroient à leur rendre tous les services dont ils avoient besoin. On voit par *Angaich, Angagea, Angae,* qu'*Ang* a signifié ce qui est serré, pressé, resserré, terminé, borné, arrêté par quelque chose, ce qui est entre quelques choses. Voyez *Anc, Angen, Angae.*
ANGAD, main. G.
ANGAE, ANGRAE, A. G. espace qui est entre des arbres ou vallées, entre des montagnes; d'*Ang.*
ANGAGEA, engager. B. De là ce mot; de là *gage.*
ANGAGIARE, A. M. engager, mettre en gage; d'*Angagea.*
ANGAICH, engage. Voyez *Diangaich.*
ANGALL, imprudent, étourdi. G. *An Call.*
ANGAR, clos, endroit fermé. I. De là le mot françois *Angar.*
ANGARDD, non captif, non esclave. G. *An Cardd.*
ANGARIAE, A. M. charges publiques, soit réelles, soit personnelles, véxations, outrages, injures, contraintes. Ce mot est Persan; je ne le place ici que pour faire observer la ressemblance de ce terme *Angen,* & le vieux François *Anger,* qui signifioit charger; être angé de quelqu'un, c'est en être chargé, être obligé d'en prendre soin. Voyez *Ang.*
ANGARIUM, A. M. endroit où l'on serre les chevaux; d'*Ang,* fer.
ANGARIUS, A. M. bedeau, exacteur, homme qui nous presse injustement. Voyez *Angariae.*
ANGAU, mort. G.
ANGBHAIDH, belliqueux, vaillant, courageux. I.
ANGDE, le même qu'*Agde.* G.
ANGE, mort. G.
ANGE. A. G. nom des montagnes avec des couronnes. On dit qu'une montagne est couronnée lorsque son sommet est couvert d'arbres; *Han,* tête, sommet; *Ge* de *Gen,* arbres.
ANGEL, épaule, bras, jambe. G.
ANGEL, ange. G. I.
ANGEL, combat. Voyez *Angelu, Angbhaidh.*
ANGELU, combattant. I.
ANGEN, nécessité, besoin, indigence. G. *Angen, Engen* en Allemand, presser, serrer, vexer; *Ange* en ancien Saxon, vexé; *Anger* en vieux François, charger. Voyez *Ang; Ancheni* en Patois de Besançon, être inquiet, être tourmenté.
ANGENRHAID, besoin, nécessité. G. *Angen Rhaid,* pléonasme.
ANGENRHAIDD, nécessaire. G.
ANGER, A G. homme qui se sert de l'épée, bourreau. Voyez *Anc.*
ANGER, A. G. serpent. Ce mot vient d'*Ang* comme *Anguis,* parce que le serpent se plie & se courbe.
ANGERDD, chaleur, ardeur, inflammation, véhémence, violence. G. *Anger* en Anglois, colère, dépit. Voyez *Berw.* Voyez l'article suivant & *Angerddol.*
ANGERDD, chaud, vapeur. C. Voyez l'article précédent.
ANGERDD-BAIR, qui cause de grandes chaleurs. G.
ANGERDDOL, ardent, brûlant, véhément, vif, prompt, violent, impétueux, qui va avec rapidité, torrent; *Yn Angerddol,* ardemment, extrêmement, vivement, passionnément, éperduement. G.
ANGERDDU, être échauffé, être enflammé, bouillonner, bouillir par dessus. G.
ANGEU, ruine entière, perte. G. Voyez *Angau.*
ANGHADERNYD, foiblesse. G. *An Cadernyd.*
ANGHADR, foible. G. *An Cadr.*
ANGHAEL, défaut, manquement. G. *An Cael.*
ANGHALED, qui n'est pas dur, foible. G. *An Caled.*
ANGHALL, qui n'est pas fin, qui est sans adresse. G. *An Call.*
ANGHALLINEB, sotise, imprudence. G.
ANGHAMMOL, blâmer. G. *An Cammol; Cammol* pour *Mol,* Voyez *Anghaumol.*

ANGHANIADOL,

ANGHANIADOL, qui n'eſt pas permis. G. *An Caniadol*, de *Caniatau*.

ANGHANMOL, improuver. G. Voyez *Anghammol*.

ANGHANMOLADWY, qu'on ne peut louer. G.

ANGHANMOLEDIG, que perſonne ne loue, que perſonne ne recommende. G.

ANGHAR, qui n'a rien d'aimable. G. *An Car*.

ANGHARDD, captif, eſclave. G. *An* ſuperflu. Voyez *Cardd*.

ANGHAREDIG, déſagréable. G. *An Caredig*.

ANGHAREUGAR, qui n'a rien d'aimable. G. *An*, privatif; *Carengar*. Voyez *Angharuaidd*.

ANGHARIAD, inimitié. G. *An Cariad*.

ANGHARUAIDD, qui n'a rien d'aimable. G. *An Caruaid*.

ANGHAWR, avare; *Cybidd Angor*, avare, ſordide. G. D'*Ang*.

ANGHAWRDEB, avarice. G.

ANGHELBYDD, le même qu'*Angelfydd*. G.

ANGHELFYDD, qui eſt ſans expérience, ſans art, ſans connoiſſance, ſans ſcience, ignorant, inexpérience. G. *An Celfydd*.

ANGHELFYDDYD, incapacité, ignorance, manque d'habileté, défaut de ſçavoir, ignorance de quelque art. G.

ANGHEN, extraordinaire, démeſuré. Voyez *Anghenfaint*. De là *Ingens* Latin.

ANGHENAWG, pauvre, indigent. G. Voyez *Angen*.

ANGHENDRWST, tumulte, trouble, bruit. G. *Trwſt*.

ANGHENEDLADWY, qui ne peut être produit. G. *An Cenedladwy*, de *Cenedl*.

ANGHENFAINT, grandeur démeſurée. G. *Maint*, taille, grandeur; *Anghen* par conſéquent démeſuré, extraordinaire.

ANGHENFIL, ou ANGHYNGEL, monſtre. G. comme qui diroit animal de pure néceſſité: Telle eſt l'étymologie de Davies; j'aimerois mieux former ce mot d'*Anghen*, extraordinaire, & *Mil*, animal.

ANGHENFILAIDD, prodigieux, monſtrueux, qui fait paroître monſtrueux. G.

ANGHENFLOEDD, criaillerie. G.

ANGHENNAD, à qui l'on n'a point donné d'ordre. G. *An Cennad*.

ANGHENOCDID, pauvreté. G.

ANGHENOG, indigent, pauvre. G.

ANGHENOGTID, pauvreté. G.

ANGHENRHAID, beſoin, diſette, néceſſaire. G. Voyez *Angenrhaid*.

ANGHENRHEIDIOL, néceſſaire. G.

ANGHENUS, indigent, pauvre, qui eſt dans le beſoin. G. De là *Egenus* Latin.

ANGHENWAITH, occupation. G.

ANGHERDDED, détour, écart, égarement, égarement d'un voyageur; & par métaphore, adverſité. G. *An Cerdded*.

ANGHERYDD, impunité. G, *An Cerydd*.

ANGHEUGANT, incertain, douteux. G. *An Ceugant*.

ANGHEUOL, mortel, qui donne la mort, pernicieux, funeſte, qui menace de mort, qu'on ne peut expier. G. D'*Angeu*.

ANGHEUOLDER, mortalité. G.

ANGHIO, A. M. charbon, bubon; d'*Angheuol*.

ANGHLADDEDIG, qu'on n'a point enterré. G. *An Claddedig*.

ANGHLAU, lâche, mol. G.

ANGHOEL, défiance, infidélité, perfidie. G. *An Coel*.

TOME I.

ANGHOELIO, ſe défier, ſoupçonner. G.

ANGHOF, ANGHOFIO, oublier. G. *An Cof*.

ANGHOFUS, qui oublie aiſément, qui ne ſe ſouvient pas. G.

ANGHORDIO, diſconvenir, ne pas convenir, ne pas s'accorder. G. *An*, négatif; *Cordio* ſignifie donc s'accorder. Voyez *Accord*, *Accordi*.

ANGHORI, exhorter, exciter, avertir, donner avis, inſinuer. G.

ANGHORIAD, exhortation, conſeil, avis, G.

ANGHORPHOROL, incorporel. G.

ANGHORWR, qui avertit. G.

ANGHOSP, impunité. G. *An Coſp*.

ANGHRAWN, qui n'amaſſe pas du bien. G. *An Crawn*.

ANGHRED, infidélité, manque de foi, la partie du monde qui n'a pas la foi. G. *An Cred*.

ANGHREDADUN, infidèle. G.

ANGHREDU, ne pas croire. G.

ANGHRIBEDIG, qui n'eſt pas peigné, mal peigné, mal ajuſté. G. *An Grib*.

ANGHRIST, antechriſt. G.

ANGHROESAWUS, où l'on ne peut loger. G. *An Croeſaw*.

ANGHROESO, inhoſpitalité. G.

ANGHRYF, impuiſſant, foible, languiſſant, qui n'eſt pas ſolide, pas ferme, pas ſtable. G. *An Cryf*.

ANCHRYNEDIG, intrépide. G. *An Crynedig*, de *Crynu*.

ANGHRYNO, qui eſt ſans grace, ſans agrément, ſans politeſſe, mal en ordre, qui n'eſt pas joint. G. *An Cryno*.

ANGHRYNODEB, manque d'agrément, mauvaiſe grace. G.

ANGHU, qui n'a rien d'aimable. G. *An Cu*.

ANGHWBL, imparfait, qui n'eſt point achevé, qui n'eſt pas ſolide, pas ferme, pas ſtable. G. *An Cwbl*.

ANGHYCHWIAWR, inégal, impair, diſſemblable. G. *An Cychwior*.

ANGHYDFOD, répugnance, contrariété, diſcorde, oppoſition, conteſtation, diſpute, procès, ſédition, penſer différemment, être d'une autre opinion. G. *An Cydfod*.

ANGHYDFYDDUS, qui ne s'accorde pas. G.

ANGHYDLAIS, diſſonance. G. *An Cydlais*.

ANGHYDNABYDDUS, extraordinaire. G.

ANGHYDSYNIO, penſer différemment, être d'une autre opinion, n'être pas d'accord, contredire. G. *An Cydſynio*.

ANGHYFADDAS, diſproportionné, inégal, incommode, qui eſt ſans grace, ſans agrément. G. *An Cyfaddas*.

ANGHYFADDESOL, qui n'eſt pas avoué. G. *An Cyfaddeſu*.

ANGHYFAMSEROL, qui vient à contre-temps. G. *An Cyfamſerol*.

ANGHYFAN, qui n'eſt pas ſolide, pas ferme, pas ſtable. G. *An Cyfan*.

ANGHYFANNED, déſert, inhabité. G. *An Cyfanned*.

ANGHYFANNEDDOL, inhabitable. G.

ANGHYFANSODDEDIG, qui eſt dans la ſimplicité, qui n'eſt point compoſé. G. *An Cyfanſuddi*.

ANGHYFARCH, violence, choſe enlevée à l'inſçu de ſon maître, à qui l'on n'a point donné d'ordre. G. *An Cyfarch*.

ANGHYFARCHWR, voleur, pillard, qui enlevé une choſe à l'inſçu de ſon maître. G.

M

ANGHYFARTAL, inégal, qu'on ne peut égaler, disproportionné, qui n'est pas pareil, qui n'est point uni, incomparable, inconstant, injuste, superflu. G. *An Cyfartal.*
ANGHYFARTALED, inégalité. G.
ANGHYFARTALRWYD, inégalité. G.
ANGHYFARTALWCH, inégalité, variété, diversité, désordre. G.
ANGHYFARWYDD, qui est sans expérience, ignorant, qui ne sçait rien. G. *An Cyfarwydd.*
ANGHYFARWYDDYD, incapacité, ignorance de quelque art, inexpérience, apprentissage. G.
ANGHYFEILLGAR, qui n'est pas sociable. G. *An Cyfeillgar.*
ANGHYPEISOR, sans égal, incomparable. G. *An Cyfeisor.*
ANGHYFFELYB, dissemblable, qui n'est pas pareil, de diverses couleurs, bigarré, diversifié, tacheté, marqueté, à quoi l'on ne s'attend pas, qu'on ne sçauroit croire. G. *An Cyffelyb.*
ANGHYFFELYBRWYD, inégalité, variété, diversité, différence. G.
ANGHYFFELYBU, être dissemblable. G.
ANGHYFFESOL, qui n'a pas avoué. G.
ANGHYFFIAITH, langue étrangère, barbarisme, grossiereté, impolitesse. G. *An Cyfiaith.*
ANGHYFFRED, incompréhensible. G. *An Cyffred.*
ANGHYFFREDIN, rare, peu commun. G. *An Cyfredin.*
ANGHYFFRO, le même qu'*Anghyffodedin*. G. *An Cyffro* pour *Cyffodi*.
ANGHYFFROEDIG, immobile. G.
ANGHYFIAWN, injurieux, injuste. G. *An Cyfiawn.*
ANGHYFIAWNDER, désordre. G.
ANGHYFION, injuste, injurieux, déréglé, qui n'est pas bien réglé. G.
ANGHYFIOWNDER, injustice, injure. G.
ANGHYFLAWN, qui n'est pas rempli. G. *An Cyflawn.*
ANGHYFLEUSDER, incommodité. G.
ANGHYFLUN, qui est sans graces, sans agrément. G. *An Cyflun.*
ANGHYFLWR, condition malheureuse, état malheureux, misère, calamité, désolation. G. *An Cyflwr.*
ANGHYFNERTH, infirmité, foiblesse, impuissance, misère. G. *An Cyfnerth.*
ANGHYFNERTHI, infirmité, foiblesse, mauvaise complexion. G.
ANGHYFNEWIDIOL, immuable. G. *An Cynewidio.*
ANGHYFNEWIDIOLDER, immutabilité. G.
ANGHYFODEDIN, difficile à lever, immobile. Da *Anghyfodedin*, biens immeubles. G. *An Cyfodi.*
ANGHYFRAITH, irrégularité, violation de la Loi, injustice. G. *An Cyfraith.*
ANGHYFRAITLON, qui n'est pas permis. G.
ANGHYFRANNOG, à qui rien n'échoit, qui n'est pas participant. G. *An Cyframnog.*
ANGHYFRANNOGIAD, excommunication. G.
ANGHYFREITHLON, illicite, illégitime, injurieux, injuste. G.
ANGHYFRWYS, qui n'est pas fin, imprudent, étourdi. G. *An Cyfrwys.*
ANGHYFWLCH, absurde, impertinent, ridicule. G. *An Cyfwlch.*
ANGHYFWAD, qui ne peut être touché. G. *An Cyfwrd.*
ANGHYMDEITHGAR, incompatible, inalliable, qu'on ne peut joindre, qui n'est pas sociable. G. *An Cymdeithas.*
ANGHYMMALUS, déboité, démis, disloqué, qui a pris une antorse. G. *An Cymmalu.*
ANGHYMMARUS, dissemblable. G. *An Cymmarus.*
ANGHYMMEDROL, immodéré, excessif, trop grand, intempérant. G. *An Cymmedrol.*
ANGHYMMEDROLDER, intempérance. G.
ANGHYMMEN, qui ne parle pas élégamment, qui est sans art, sans expérience, qui ne sçait rien, simple, imprudent. G. *An Cymmen.*
ANGHYMMERADWY, qui n'est pas recevable. G. *An Cymmeradwy.*
ANGHYMMES, ce qui est de trop, excessif, outre mesure. G. *An Cymmes.*
ANGHYMMESUR, qui ne se rapporte pas, absurde, ridicule, impertinent. G.
ANGHYMMHARU, désappareiller. G. *An Cymmaru.*
ANGHYMMHEDROL, immodéré, excessif, déréglé, immodeste, intempérant, non tempéré. G.
ANGHYMMHESUR, immodéré. G.
ANGHYMMODI, brouiller, mettre en division. G. *An Cymmodi.*
ANGHYMMODLONEDD, discorde, inimitié. G.
ANGHYMMWYNAS, offense, malheur, infortune, incommodité, dommage, mauvaise action. G.
ANGHYMMWYNASGAR, qui ne sçait obliger personne. G.
ANGHYMMWYNASOL, incommode. G.
ANGHYMMWYS, qui ne se rapporte pas, importun, incommode, qui vient à contre-temps, impertinent, ridicule, fâcheux, ennuyeux, qui est sans graces, sans agrément. G. *An Cymmwys.*
ANGHYMMWYSDER, manque de rapport, de convenance, incommodité. G.
ANGHYN, le même qu'*Anghen*. Voyez *Anghyngel.*
ANGHYNDDRYGEDD, innocence, éloignement de tout crime. G. *An Cyndrygedd.*
ANGHYNGEL, synonime d'*Anghensil*. Voyez ce mot.
ANGHYNGHANEDD, discord. G. *An Cyncanedd.*
ANGHYNGHANEDDOL, qui est sans mesure, sans méthode, discordant. G.
ANGHYNCHORDIAD, manque de rapport. G.
ANGHYNGHORDIO, qui ne s'accorde pas. G. *An Cyncordio* de *Cordio*.
ANGHYNGHORI, dissuader. G. *An Cynghori.*
ANGHYNNEFIN, qui n'a pas l'habitude, qui n'est pas accoûtumé, qui n'est pas ordinaire, inusité, à quoi l'on n'est pas accoûtumé, extraordinaire. G. *An Cynnefin.*
ANGHYNNEFINDER, manque d'habitude. G.
ANGHYNNEFINDRA, manière extraordinaire, manque d'habitude. G.
ANGHYNNEFINO, faire perdre l'habitude, se déshabituer. G.
ANGHYNNES, lent, lâche, sans vigueur, qui n'a point de feu. G. *An Cynnes.*
ANGHYNNIL, qui perd son fruit, qui n'a point d'expérience, ignorant. G. *An Cynnil.*
ANGHYNNILDEB, inutilité, prodigalité, profusion, inexpérience, ignorance. G.
ANGHYNNORTHWYO, refuser son secours, ne point aider. G. *An Cynnorthwyo.*
ANGHYNNWYS, qui n'est pas rangé, qui n'est pas réprimé, qui n'a point de retenue, incontinent, inconstant, inconstance, l'état d'un homme qui ne sçait pas se réprimer, se régler, vaste,

d'une grandeur démesurée, incompréhensible, extention. G. *An Cynnwys.*

ANGHYNNYSGAEDDOL, qui n'a point de dot. G.

ANGHYRRAED, incompréhensible. G. *An Cyrraed.*

ANGHYS, particule augmentative. Voyez *Anghysbell.*

ANGHYSBELL, très-éloigné, fort éloigné, éloigné. G. *Bell* signifie loin; ainsi *Anghys* doit être une particule augmentative.

ANGHYSBELL, BOD IN ANGHISBELL, se désister, cesser. G.

ANGHYSSEGREDIG, profane. G.

ANGHISSEGRIAD, profanation. G.

ANGHYSSON, discordant, dissonant, contraire, opposé, incompatible, qui ne s'accorde pas, absurde, ridicule, impertinent, fort absurde, très-impertinent, tout-à-fait hors de propos. *Yn Anghysson*, brusquement, tout d'un coup, à l'improviste. G. *An Cysson.*

ANGHYSSON-GERDD, discordance, mauvais accord. G. *Cerdd.*

ANGHYSSONDEB, dissonance, discordance. G.

ANGHYSSONI, discorder, être discordant. G.

ANGHYSSONIAITH, qui est contre les règles de la Grammaire. G.

ANGHYSSUR, abbatement de cœur, découragement. G. *An Cyssur.*

ANGHYSSURO, décourager, dissuader. G.

ANGHYSSWLLT, désuni, qu'on ne peut joindre, qui n'est pas sociable. G. *An Cysswllt.*

ANGHYSSYLLTEDIG, qui n'est pas uni, qui n'est pas joint, qui est sans justesse, mal ordonné, confus, mal réglé. G.

ANGHYSSYLLTU, diviser, séparer. G.

ANGHYSTADLEDD, inégalité, diversité, variété. G. *An Cystaledd.*

ANGHYFTGERDD, dissonance, discordance. G. *An Cytgerdd.*

ANGHYTTONEDD, dissonance. G.

ANGHYTTUN, discordant, qui ne s'accorde pas. G. *An Cyttun.*

ANGHYTTUNDEB, discorde, sédition, répugnance, contrariété. G.

ANGHYTTUNO, penser différemment, être d'un sentiment différent, ne pas convenir, ne pas s'accorder, se quereller, brouiller, mettre en division. G.

ANGHYWAIR, rude, grossier, impoli, sans ornement, malpropreté. G. *An Cywair.*

ANGHYWEIR, mal ajusté, mal en ordre, mal propre, négligent, mal mis, grossier, impoli, discordant. G.

ANGHYWEIRDABUS, impoli, grossier, mal mis. G.

ANGHYWEIRDEB, malpropreté, négligence. G.

ANGHYWERTHYDD, inestimable. G. *An Cywerthydd.*

ANGHYWIR, perfide, infidéle. G. *An Cywir.*

ANGHYWRAIN, ANGHYWRAINT, qui est sans expérience, sans art, grossier, ignorant; qui ne sçait rien. G. *An Cywraint.*

ANGHYWREINDEB, inexpérience, ignorance de quelque art, incapacité, ignorance, impertinence, bêtise. G.

ANGIA, A. G. le fer par lequel on tient le bouclier. *Ang* fer.

ANGILLA, A. G. serpentine. Ce mot est formé d'*Anguis.* Voyez *Anger.*

ANGINA, A. G. taverne; *An*, lieu; *Gwin*, en composition *Gyin*, vin.

ANGIR, cruel, insupportable. G. Voyez *Ang*, *Angen.*

ANGITUDO, A. G. gateau; d'*Anghio*, charbon, parce qu'on cuisoit les gateaux sur les charbons, comme cela se pratique encore à la campagne, & quelquefois dans les Villes.

ANGLAD, funerailles. G.

ANGLAER, obscur. G. *An Claer.*

ANGLEF, cri, grand son de voix, son de voix elevé. G. *Ang Llef.*

ANGLOBES, A. G. gateau; *An*, sur; *Glo*, charbons ardens; *Peues*, en composition *Beues*; *Bes*, mis. Voyez *Angitudo.*

ANGLOD, affront, outrage, calomnie, médisance, ignominie, déshonneur, blâme, reproche, réprimande, censure, infamie, mauvaise réputation. G. *An Clod.*

ANGNAWD, qui n'est pas accoûtumé, qui n'est pas ordinaire, qui n'est pas d'usage. G. *An Gnawd.*

ANGOF, oubli. G. *An Cof.*

ANGOLL, le même que *Coll.* Voyez *Diangoll.*

ANGON, est un terme de l'ancienne langue des Francs, qui étoit la Theutone. Il signifioit un dard, qui avoit à chacun des côtés de son fer une courbure en forme d'hameçon; d'*Ang*, courbure. Le Theuton a beaucoup d'analogie avec le Celtique. On a appellé ce dard *Rancon* en vieux François.

ANGOR, ancre. Voyez *Ancor.*

ANGOR, avare. G. Voyez *Anghawr.*

ANGORAWR, d'ancre, qui concerne l'ancre. G.

ANGOU, mort. B.

ANGRAE. Voyez *Angae.*

ANGRAFF, obtus. Voyez *Craff.*

ANGRAIFFT, réprimande, exemple. G.

ANGREDU, se défier. G. *An Credu.*

ANGREFFTWRAIDD, qui ne sçait point de métier. G. *An Crefft.*

ANGREIFFTIO, reprendre, réprimander. G.

ANGRHEDADUNIAETH, incrédulité. G.

ANGRHEDADWY, incroyable, monstrueux. G.

ANGRHEDEDYN, incrédule. G.

ANGRHEFFTWRAIDD, qui ne sçait point de métier. G.

ANGRHEFYDD, irréligion. G. *An Crefydd.*

ANGRHEFYDOL, impie, qui est sans Religion. G.

ANGRIST, antechrist. G.

ANGROAZ, grattecul. B.

ANGUEN, A. M. charbon, bubon. Voyez *Anghio.*

ANGUILHETEN, éguillette, cordon ou bandelette de soye, de fil, de peau. B.

ANGUILLA, A. G. fouet fait avec des courroyes ou bandelettes de peau pour corriger les enfans. On dit en notre langue donner l'anguillade, pour donner des coups de fouet. Voyez *Anguilheten.*

ANGUINA, A. M. cable, corde fort grosse; d'*Anghyn.*

ANGULOSUS, A. M. fourbe, trompeur, qui n'est pas fidéle à sa parole; d'*Anghwbl* ou *Anghwl.*

ANGURA, ancre de vaisseau. Ba. Voyez *Angor.*

ANGURIOL, admirable, insupportable, cruel. G. C'est le synonime d'*Engir.*

ANGURIUS, A. G. melon; d'*Angurria.*

ANGURRIA, melon. Ba. Voyez *Guri.*

ANGUSTIA, chagrin, douleur. Ba. Voyez *Ang.*

ANGWANEG, augmentation, accroissement, ce qu'on donne outre la mesure, outre le poids, outre le compte. G.

ANGWANEGIAD, l'action d'augmenter, accroissement, augmentation. G.

ANGWANEGU, ajouter, augmenter, croître de

ANG.

plus en plus, accroître, croître, amplifier, multiplier, combler. G.
ANGWANEGWR, celui qui augmente. G.
ANGWEDDI. Voyez *Agweddi*.
ANGWHANEG, addition, augmentation, l'action d'augmenter. G.
ANGWHANEGIAD, l'action d'augmenter, d'accroître, multiplication. G.
ANGWHANEGU, s'augmenter, s'accroître, multiplier. G.
ANGWION, les eaux. G. Voyez *Gwi*.
ANGYFREITHLON, qui n'est pas permis, qu'on refuse. G. *An Cyfreithlon*.
ANHAEDIANNOL, qui ne mérite pas. G. *Haeddu*.
ANHAEL, avare, qui n'est pas libéral, bas, servile, messéant. G. *An Hael*.
ANHAELDER, avarice, épargne basse & sordide. G.
ANHAP, malheur, infortune. G. *An Hap*.
ANHAPPUS, malheureux, infortuné. G.
ANHARDD, mal-séant, qui n'est pas convenable, qui n'est pas beau, indécent, messéant, honteux, déshonorant, sale, crasseux, mal-propre, mal mis. G. *An Hardd*.
ANHARDDU, déshonorer, salir, souiller. G.
ANHARDDWCH, indécence. G.
ANHAU, qui ne se seme point. G. *An Hau*.
ANHAWDD, difficile, fâcheux, chagrinant. *Anhawd-Lawn*, très-difficile; *Yn Anhawd*, difficilement, mal-aisément, à regret. G.
ANHAWNT, mauvaise santé. G. *Hawnt* pour *Haint*.
ANHAWSDER, difficulté. G.
ANHEBYGOLIAETH, diversité, différence. G. *An Tebygoliaeth*.
ANHEILYNGDOD, dédain. G.
ANHEINIF, qui n'est point élégant, mal fait, mal tourné, mal poli, qui n'a pas de courage. G. *An Heinif*.
ANHEN, plurier d'*Ejan*, bœuf. G.
ANHEPCOR, ANHEPGOR, nécessaire, ce dont on ne se peut passer, ce qu'on ne peut omettre. G. *An Hepcor*.
ANHEPGORWCH, nécessité, besoin indispensable. G.
ANHER, sans. G.
ANHERBYNEDIC, ANHERFYNEDIC, infinitif. G. *Anher Ffyn* & *Bin*, fin, terme.
ANHIL, stérile, qui ne peut avoir d'enfant. G. *An Hill*.
ANHITZ, qui est en grand nombre, beaucoup. B.
ANHLAITH, tyran. I. Voyez *Llaith*.
ANHO, DEUR ANHO, eau dormante. B.
ANHOFF, qui n'a rien d'aimable. G. *An Hoff*.
ANHOYW, qui n'est point élégant, qui n'est pas bien mis, mal fait, mal tourné, mal poli, qui est sans ambition. G. *An Hoyw*.
ANHUDDED, couvercle, couverture, envelope, obscurité, obscurcissement. G.
ANHUDDEDIG, couvert. G.
ANHUDDO, couvrir, couvrir entièrement, cacher en terre, enterrer. G.
ANHUDO, le même qu'*Anhuddo*. G.
ANHUEDD, aversion. G. *An Huedd*.
ANHUENYDD, le même que *Huenidd*. G.
ANHUN, insomnie, état d'un homme qui ne dort pas, disposition à ne pas dormir, veille, veillée, l'action de veiller, garde, guet, patrouille, sentinelle. G. *An Hun*.
ANHUNEDD, insomnie, veille, veillée, l'action de veiller. G.

ANH.

ANHUNOG, qui ne dort point, qui veille toujours. G.
ANHWYL, mauvaise santé, maladie. G. *An Hwyl*.
ANRHYLUS, qui n'est pas heureux. G. *An Hwylus*.
ANHY, qui manque de courage, qui n'est pas hardi, lâche. G. *An Hy*.
ANHYAWDL, grossier, impoli, qui n'est point éloquent, qui ne s'exprime pas purement, élégamment, avec justesse. G. *An Hyawdl*.
ANHYAWDLEDD, manque ou défaut d'éloquence. G.
ANHYBARCH, qui n'est point honoré, déshonnete, qui manque de respect. G. *An Hybarch*.
ANHYBARTH, indivisible. G. *An Hybart*.
ANHYBECH, impeccable. G. *An Hy Pechod*. On voit par ce mot qu'on a dit *Pech* comme *Pechod*, d'où est venu notre mot péché.
ANHYBLYG, infléxible. G. *An Hyblyg*.
ANHYBRAWF, qu'on ne peut gouter, qui n'est pas probable. G. *An Hybrawf*.
ANHYBWYLL, insensible, qui ne tombe pas sous les sens. G. *An Hybwyll*.
ANHYBYGOL, inespéré, qu'on n'attendoit pas. G. *An Tybygu*.
ANHYDAL, qu'on ne peut pas récompenser. G. *An Hydal*.
ANHYDDALL, qu'on ne peut saisir. G. *An Hyddal*.
ANHYDDOF, indomptable. G. *An Hyddof*.
ANHYDDRING, inaccessible. G. *An Hyddring*.
ANHYDDYSG, indocile, à qui l'on ne peut rien apprendre, ignorant, qui ne sçait rien. G. *An Hyddysg*.
ANHYDER, pudeur, retenue, honte honnête, défiance. G. *An Hyder*.
ANHYDERUS, qui manque de hardiesse, de courage. G.
ANHYDORR, qu'on ne sçauroit rompre. G. *An Hydorr*.
ANHYDRAETH, ineffable, inexprimable, qu'on ne peut raconter. G. *An Hydraeth*.
ANHYDRAID, impénétrable. G. *An Hydraid*.
ANHYDRAUL, inépuisable. G. *An Hydraul*.
ANHYDRIG, inhabitable. G. *An Hydrig*.
ANRYDRIN, opiniâtre, intraitable, qu'on ne peut adoucir. G. *An Hydrin*.
ANHYDRING, où l'on n'a point encore monté. G. *An Hydring*.
ANHYDRO, qui ne peut tourner. G. *An Hydro*.
ANHYDRWCH, qu'on ne peut couper. G. *An Hydrwch*.
ANHYDRWTH, qui ne se laisse point flater. G. *An Hydrwth*.
ANHYDWF, qui est de petite taille. G. *An Hydwf*.
ANHYDWYLL, qu'on ne peut tromper. G. *An Hydwyll*.
ANHYDWYN, qu'on ne peut porter. G. *An Hydwyn*.
ANHYDYB, qu'on ne sçauroit croire. G. *An Hydyb*.
ANHYDYN, intraitable, qu'on ne peut adoucir, opiniâtre, entêté, obstiné, revêche, réfractaire, contumace, têtu, effronté, impudent, insolent, audacieux, arrogant, fou. G. *An Hydyn*.
ANHYDYNRWYDD, obstination, opiniâtreté, résistance, état d'un homme bizarre, bourru, de mauvaise humeur, difficile à contenter, effronterie, impudence, insolence, arrogance, audace, folie. G.
ANHYFAETH, insatiable. G. *An Hyfaeth*.
ANHYFAWD, qu'on ne peut plonger G. *An Hyfawd*.

ANHYFAWL.

ANHYFAWL, qu'on ne peut louer. G. An Hyfawl.
ANHYFEDR, ignorant, sans expérience, mal-habile, mal-adroit, qui ne sçait pas, qui ne sçait rien, qui n'est pas en état de faire, qui n'est pas en disposition de faire, gauche, qui est à gauche, malheureux. G. An Hyfedr.
ANHYFFLIN, infatigable. G. An Hyfflin.
ANHYFFOD, dur, difficile à vivre, bourru, fâcheux, bizarre, qui n'est point formé. G. An Hyfodd.
ANHYFFORDD, inaccessible, par où on ne peut passer, qui est sans chemin, impraticable, gauche, qui est à gauche. G. An Hyffordd.
ANHYFFORDDRWYDD, malignité, trop grande sévérité, dureté, perfidie. G.
ANHYFRIW, invulnerable. G.
ANHYFRYD, triste, morne, mélancolique, chagrin, revêche, austére, sévére, rude, désagréable, qui est sans grace, malpropre, mal mis, plat, insipide, qui est sans gout, âpre, verd, qui agace les dents. G.
ANHYFRYDWCH, désagrément, manque d'agrément, sottise, fatuité. G.
ANHYGAR, qui n'a rien d'aimable, haï. G. An Hygar.
ANHYGLOD, qu'on ne peut louer, qui est sans gloire. G An Hyglod.
ANHYGLUD, qu'on ne peut porter. G. An Hyglud.
ANHYGLYW, qu'on ne peut entendre. G. An Hyglyw.
ANHYGOEL, incroyable, paradoxe. G.
ANHYGRAF, ineffaçable. G. An Hygraf.
ANHYGRED, incroyable. G. An Hygred.
ANHYGYRCH, escarpé, où il n'y a point de chemin, inaccessible, qui n'est pas fréquenté, qui n'est pas fréquent. G. An Hygyrch.
ANHYGYRCHED, peu d'affluence, petit nombre, qui se trouve dans une assemblée, manque d'habitude. G.
ANHYLADD, qu'on ne peut couper. G. An Hyladd.
ANHYLANW, qu'on ne peut remplir, insatiable. G. An Hylanw.
ANHYLAW, inhabile, qui n'est point propre à, gauche, qui est à gauche. G. An Hylaw.
ANHYLAWRWYD, trop grande sévérité, dureté, malignité, perfidie. G.
ANHYLITHR, immobile. G. An Hylithr.
ANHYLOG, qu'on ne sçauroit placer. G. An Hylog.
ANHYLWGR, incorruptible, inviolable. G. An Hylwgr.
ANHYLWYBR, par où on ne peut passer, qui n'est point pratiqué, qui n'est point battu, qui n'a point de chemin, inaccessible, impraticable. G. An Hylwybr.
ANHYLWYDD, malheureux. G. An Hylwydd.
ANHYNAWF, qu'on ne peut passer à la nage. G. An Hynawf.
ANHYNAWS, fâcheux, rude, dur, de mauvaise humeur, austére, sévére, farouche, cruel, barbare, féroce, intraitable, impitoyable, sans pitié, obstiné, implacable, qu'on ne peut fléchir, qu'on ne peut adoucir, inique, injuste, déraisonnable, méchant, effronté, impudent, insolent, audacieux, arrogant. G. An Hynaws.
ANHYNAWSEDD, mauvaise humeur, humeur difficile, dureté, inhumanité, perversité, malignité, impudence, effronterie, insolence. G.
ANHYNOD, peu connu, sans réputation, inconnu, qu'on ne connoit pas, qui est sans nom dans le monde, qu'on ne sçauroit remarquer. G. An Hynod.

TOME I.

ANHYRAN, indivisible. G. An Hyran.
ANHYREW, qui ne peut geler, qui ne peut se geler. G. An Hyrew.
ANHYRIF, innombrable. G. An Hyrif.
ANHYRWYG, qu'on ne peut déchirer. G. An Hyrwyg.
ANHYRYD, qu'on ne peut délier. G. An Hyryd.
ANHYRYM, inefficace. G. An Hyrym.
ANHYSPYS, qui ne paroit pas, qu'on ne sçauroit remarquer, imperceptible, obscur, qui n'est pas clair, difficile à entendre, incertain, ambigu, douteux, qui a deux faces, ignorant. G. An Hypys.
ANHYSPYSRWYDD, incertitude. G.
ANHYWAITH, de mauvaise humeur. G. An Hywaith.
ANHYWEDD, indompté, qui ne veut pas porter le joug, réfractaire, intraitable, féroce, qu'on ne peut adoucir, opiniâtre, bourru, capricieux, fantasque, bizarre, fâcheux, dur, difficile à conduire, déréglé, désordonné; qu'on ne peut conduire. G. An Hywedd.
ANHYWEITH, bourru, capricieux, fâcheux, fantasque, bizarre, dur, difficile à conduire. G. An Hywaith.
ANHYWEITHDRA, mauvaise humeur, humeur difficile, méchanceté. G.
ANHYWEL, qui n'a pas été vu, invisible. G. An Hywel.
ANHYWERTH, difficile à vendre. G. An Hywerth.
ANHYWETH, pétulant, féroce, farouche, cruel, barbare, obstiné, implacable, qu'on ne peut adoucir, qu'on ne peut fléchir, fou, hors de sens, extravagant. G. Voyez Anhywaith, Anhyweith.
ANI, A. G. cercles; d'An, au tour. Outre que rien n'est si analogue que ces deux significations, Cylch, qui est le synonime d'Ani, signifie autour, circuit, circonférence, cercle. D'An est venu Annullus, Latin; Annul, petit cercle, anneau.
ANIA, A. G. vuide au féminin; d'An, particule privative, manquement.
ANIACH, nouveau. I.
ANIAL, inhabitable, qui est désert, qui est inhabité, qui est abandonné. G.
ANIALUCH, solitude, désert. G.
ANIAN, nature. G.
ANIANOL, naturel, de naissance, qu'on apporte en naissant, né avec, né, engendré. G.
ANIFIL, bête, animal. G. Fail vient de Fil, mis en composition pour Mil; Ani, d'Anian. Voyez Anifil.
ANIFAL, animal. G. De là Animal Latin. Voyez le mot précédent, & Anival.
ANIFEILEIDDIO, devenir bête. G.
ANIFEILIAIDD, bétail, de bête. G.
ANIFIL, animal. G.
ANIMA, ame. Ba. De là Anima, Latin. Voyez Ane, Anm.
ANIMARIA, qui ramasse les aumônes qu'on fait pour les ames. Ba.
ANIMEA, ammoniac. Ba.
ANIONAD, lieu. I. C'est Ionad avec l'article An.
ANIRE, A. G. s'appuyer; d'An dessus, sur.
ANIS, anis. B. Voyez Anisa.
ANIS, le même qu'Inis, isle. G.
ANISA, anis. Ba. Voyez Anis.
ANITAS, A. G. vieillesse; d'Anus Latin, qui vient de Hen ou Han, vieillard en Celtique.
ANIVAL, animal. G.
ANIUS, augure. I.

ANKELHER, feu nocturne & errant, dit communément feu folet. C'est, dit Dom le Pelletier, l'explication que m'en a donné M. Roussel, (c'étoit un Breton fort habile dans sa langue) qui rejettoit celle de géant, que le Pere Maunoir donne de ce nom, qu'il écrit mal, *Enquelezr*. Ankelher est pour *An-Kelther*, l'errant, le circulant; *An* est l'article préposé, & *Kelcher*, autrement *Kelhier*, est celui qui circule, qui va obliquement. De ce mot est venu notre *Harquelier*, qui signifie un vagabond. En haute Bretagne un *Arquelier* est un homme gagé par un Religieux quêteur pour le conduire de Village en Village; l'article est An, Ar & Al.

J'ajouterai à cet article de Dom le Pelletier. 1°. Qu'en Patois de Franche-Comté on appelle ce feu folet nocturne *Kela*. 2°. Que le Pere de Rostrenen écrit *Enqeler*, & traduit ce mot fantôme, spectre. Le Pere Maunoir écrit *Enqelezr*, & traduit géant. Pourquoi ne pas conserver toutes ces significations? Il n'est rien de si commun dans toutes les langues que des mots à plusieurs sens; d'ailleurs les PP. Maunoir & de Rostrenen étoient Bretons, ils ont passé leur vie dans les Missions de Bretagne; ainsi ils ne peuvent avoir ignoré la signification des termes de leur langue. Je crois donc qu'*Ankelher* aura d'abord signifié ce feu folet nocturne. La racine du mot qui est *Cel*, prononcez Kel, allant, errant, présente d'abord ce sens. Le Peuple se figura que ces feux folets étoient des revenans; (il conserve encore cette opinion dans notre Province) c'est pourquoi il employa le terme qui désigne ce feu folet pour signifier un spectre, un fantôme; il l'étendit ensuite à signifier d'autres objets de frayeur, comme les enchanteurs & les géants. *Anclio*, qui signifie messager & enchanteur, est une transposition d'*Ancil*, prononcez *Ankil*, qui est synonime d'*Ancel*, prononcez *Ankel*. Ancil ou *Ancli* désigne dans son sens propre un homme qui va, un messager, tout ce qui va, allant, errant, & un enchanteur par la progression que nous venons d'indiquer. Voyez *Cli* synonime; ou pour mieux dire transposition de *Cil*.

ANKEN, peine d'esprit, chagrin, souffrance. B. Voyez *Ancou*.

ANKENIA, chagriner. B. On dit en Patois de Franche-Comté *Ancheni* dans le même sens.

ANKEU, fantôme, présage de mort. B. Voyez *Angeu*, *Ankew*.

ANKEW, mort, trépas. C.

ANKLE, arrosoient. G.

ANLAN, déshonnête, sale, vilain, honteux. G. *An Glan*.

ANLAWD, riche. C. *An* négatif; *Tlawd*, pauvre. On voit par ce mot qu'on a dit *Lawd* comme *Tlawd*.

ANLLAD, lascif, débauché, porté aux voluptés, incontinent, impudique, obscène. Il se prend aussi en bonne part, lorsqu'on se porte ardemment aux choses permises; en général il signifie passionné.

ANLLADFERCH, courtisane. G. *Anllad Merch*.

ANLLADRWYDD, incontinence, débauche, passion déréglée. G.

ANLLADWAS, fort impudique. G.

ANLLADWR, qui débauche, corrupteur, impudique. G.

ANLLADWYDD, lasciveté, débauche, passion déréglée, passion en général. G.

ANLLODDI, ANLLODI, dissiper, consumer son bien. G. Voyez le mot suivant.

ANLLOED, biens, facultés, richesses. G. Je crois qu'*An* est ici article ou superflu, parce que *Leoud* en Breton signifie héritages, biens qu'on possède; ainsi on aura dit *Lloed* comme *Anlloed*; & de là sera venu *Anllodi*, dans lequel *An* est privatif; *Lloed*, par crase *Llod*, biens.

ANLLOEDAWG, riche, opulent. G.

ANLLOFI, donner avec la main, donner dans la main. G. Voyez *Llaw*.

ANLLYGREDIG, qui n'a point été endommagé, qui n'est point gâté, qui n'est point falsifié, qui est sans corruption, qui est sans souillure, incorruptible, qui ne se flétrit point, franc, naturel. G.

ANLLYGREDIGAETH, intégrité, qualité exempte d'altération. G.

ANLLYTHYRENNOG, illitéré. G.

ANLLYWODRAETH, profusion, prodigalité; luxe, intempérance. G. *An Llywodraeth*.

ANLLYWODRAETHUS, indompté, qui est sans frein, qui n'est pas maître de soi, déréglé, désordonné, qui ne connoit point de Loi, qu'on ne peut contenir, sans modération, sans retenue. G.

ANLUADRACH, volage, leger, inconstant. I.

ANLYMM, le même qu'*Annicu*. G.

ANM, ame, esprit. I.

ANMACNUS, excès, débauche, libertinage, déréglement, dissolution. I.

ANMAS, faux germe. B.

ANMCHAD, brave, courageux. I.

ANMEHADDI, courageux, brave. I.

ANMHOR, exquis, rare, excellent. I.

ANMHOR, NEACH ANMHOR, géant. I.

ANMHUCEAN, ostentation. I.

ANMHUN, attendre, demeurer. I.

ANMYNEDD, patience. G.

ANN. Voyez A.

ANN, au dedans. I.

ANNAM, rare. I.

ANNAN, eau, E. Voyez *Nant*.

ANNAOUE, monitoire. B.

ANNAOUN, ames des défunts: c'est le pluriet d'*Ane*. B.

ANNARBODAETH, inconsidération, manque de réfléxion, imprudence. G. *An Darbodaeth* ou *Narbodaeth*.

ANNARFODEDIG, inépuisable. G. *An Darfod* ou *Narfod*.

ANNATHES, A. G. les voisins; *An*, les; *At*, près, proche, comme qui diroit les proches.

ANNATTOD, indissoluble. G. *An Dattod* ou *Nattod*.

ANNATURIOL, qui n'est pas naturel, prodigieux, imposé. G.

ANNATURIOLDEB, manquement de naturel. G.

ANNATUS, A. M. aîné. Voyez *Aisnatus*.

ANNATUS, A. G. qui a les fers aux mains, qui a les fers aux pieds; d'*An* cercle. Voyez *Ani*.

ANNAWN, méchanceté, infortune, adversité. G. *An Dawn* ou *Nawn*.

ANNEALL, sottise, stupidité. G. *An Deall* ou *Neall*.

ANNEAN, enclume. B. Voyez *Anneuv*.

ANNEDD, habitation, demeure. G. *An* article, puisque *Naid* signifie asyle, refuge, lieu de retraite; & *Nith*, domicile & nid d'oiseau.

ANNEDDFOL, illégitime. G. *An Deddf*.

ANNEDU, habiter, demeurer, séjourner. G.

ANNEDWYDD, malheureux, infortuné, misérable. G. *An Dedwydd*.

ANNEDWYDDWCH, malheur. G.

ANNEEN, enclume. B. Voyez *Innoin*.
ANNEFAWD, manière extraordinaire, manque d'habitude. G.
ANNEFF, enclume. B.
ANNEFFODOL, qui n'est pas usité, à quoi l'on n'est pas accoûtumé, inusité, qui n'est pas accoûtumé, qui n'est pas ordinaire. G.
ANNEFFRO, qui n'est pas éveillé. G. *An Deffro* ou *Neffro*.
ANNEHEU, gauche, qui est à gauche. G. *An Dehen*.
ANNEHEUIG, gaucher, inhabile, qui n'est point propre à, mal ordonné, qui est sans justesse, qui est de mauvaise grace. G.
ANNEHEURWYDD, trop grande sévérité, dureté, malignité, perfidie. G.
ANNEILLDUEDIG, qui n'est pas distingué. G. *An Neillduo*.
ANNEILLDUOL, qui n'est point séparé, qui n'est point divisé. G.
ANNEIR, genisse. G. Je crois ce mot formé d'*An* année. Voyez le mot suivant & *Annoer*.
ANNEIRFUWCH, genisse. G *Anneir Buwch*.
ANNEL, piége, appui, échalas de vigne, perche de treille, l'action d'étendre. *Bwa Ar Annel*, un arc tendu. G. On voit qu'on a dit *Annil* comme *Annel* par le vieux mot françois *Anilles*, qui signifioit les potences dont les infirmes se servent pour marcher.
ANNELIAD, l'action de s'étendre. G.
ANNELOG, tendu, étendu. G.
ANNELU, appuyer, étayer, soutenir, échalasser, étendre. G.
ANNEODICQ, frilleux. B.
ANNER, genisse. G. Voyez *Anneir*.
ANNERCH, salut, saluer. G.
ANNERE, A. G. être brillant, être éclatant. D'*An* brillant, éclatant.
ANNERTH, impuissance, complexion maladive. G. *An Nerth*.
ANNEU, enclume; plurier *Anneon* & *Annevou*. B. Voyez *Annelu*. L'enclume soutient le fer que l'on forge.
ANNEU, trame. B. Voyez *Annelu*. La trame soutient le tissu.
ANNEUEN, trame. B.
ANNEVI, ourdir. B.
ANNEUN, tissure; singulier *Anneunhen*. B.
ANNEUNHEN, trame, tissure. B.
ANNEWR, lâche, sans cœur, sans courage, qui manque de hardiesse. G. *An Dewr* ou *Newr*.
ANNEWREDD, lâcheté, manque de cœur. G.
ANNEYRBIWCH, genisse. G.
ANNEZ, meuble, outil, instrument. B. On voit par le mot suivant qu'il a aussi signifié habitation. Voyez *Annedd*.
ANNEZA, habiter. C. B.
ANNEZA, meubler. B.
ANNEZER, la crasse des mains rarement lavées. B.
ANNHACCLUS, qui est sans art, qui est sans graces, qui est sans ornemens, sans agrémens, qui n'est pas élégant, mal poli, mal fait, mal tourné, mal en ordre, mal ajusté, mal mis, mal-propre. G. *An Tacclus*.
ANNHACCLUSRWYDD, manque d'agrémens, mauvaise grace, malpropreté. G. *An Tacclusrwydd*.
ANNHALDAWY, qu'on ne peut pas récompenser. G. *An Tal*.
ANNHALGRWN, qui est sans grace, sans agrément, sans politesse, mal en ordre. G. *An Talgrwn*.
ANNHALGRYNRWYDD, manque d'agrément, mauvaise grace. G. *An Talgrynrwydd*.
ANNHEBIG, dissemblable, étrange, hors de propos. G. *An Tebig*.
ANNHEBYGOL; qu'on ne sçauroit croire. G. *An Tebygu*.
ANNHEILWNG; indigne. G. *An Teilwng*.
ANNHEILYNGDOD, indignité. G.
ANNHEILYNGU, mépriser, dédaigner. G.
ANNHELEDIW, indigne. G. *An Telediw*. On voit par ce mot & les dix précédens, ainsi que par une infinité d'autres, que le *t* s'est changé en *n* comme le *d*, ce qui ne surprendra point lorsqu'on fera attention que le *t* & le *d* se substituent mutuellement.
ANNHERCHIAD; salut. G. Voyez *Annerch*.
ANNHERCHLE, l'endroit où l'on salue. G. *Annerch Lle*.
ANNHERFYNEDIG, infini, indéfini. G. *An Terfynu*.
ANNHEW, peu épais, peu serré, clair semé, planté de loin à loin. G. *An Tew*.
ANNHIRION, qui n'a rien d'agréable, désagréable, inhumain, barbare, où l'on n'accorde point l'hospitalité. G. *An Tirion*.
ANNHIRIONWCH, inhumanité, dureté, inhospitalité. G.
ANNHLIWS, qui est sans grace, sans agrément. G. *An Tlws*.
ANNHRAWEDIG, qui ne s'est point heurté. G. *An Taraw*.
ANNHUD, l'action de voiler, de couvrir, d'envelopper. G. *An Tudded*; *Tud*, syncope de *Tudded*.
ANNHUDDO, voiler, couvrir, envelopper. G.
ANNHYCCIANOL, malheureux. G. *An Tyccio*.
ANNHYMMHORAIDD, hâtif, précoce, qui meurt de bonne heure, qui n'est pas mûr, qui arrive à contre-temps, qui vient mal à propos, non tempéré, déréglé, excessif. G. *An Tymmor*.
ANNHYMMHOREIDDRWYDD, intempérie, mauvaise disposition.
ANNHYNGHEDFEN, infortune, malheureux destin. G. *An Tynghedfen*.
ANNHYRRON. Voyez, dit Davies, si c'est le même qu'*Anhydyn*, *Annhirion*. La ressemblance qu'il a avec ce dernier terme peut aisément faire pencher pour l'affirmative. G.
ANNIANGOL, mal assuré. G. *An Diange*.
ANNIBEN, infini, qui dure toujours, perpétuel, continuel, lent, tardif, paresseux, qui arrive tard à sa fin. G. *An Diben*.
ANNIBENDOD, infinité, paresse, lenteur, indolence, négligence, nonchalance. G.
ANNIBENRWYDD, perpétuité. G.
ANNIBERYGL, qui n'est pas sûr. G. *Perygl*.
ANNIBRIS, qui n'est pas méprisé. G. *An Dibris*.
ANNICHELGAR, qui est simple, sans adresse, sans artifice. G. *An Dichelgar*.
ANNICHLYN, qui n'est point assez travaillé. G. *An Dichlyn*.
ANNIDDAN, triste, chagrin, morne, mélancolique, qui ne réjouit point, qui est sans grace, désagréable, inconsolable. G. *An Diddan*.
ANNIEITHUR, qui n'appartient point à un autre. G. *An Dieithr*.
ANNIEN, le contraire de *Dien* adjectif. G.
ANNIENBYD, qui n'est pas sûr. G. *An Dienbyd*.

ANNIEU, ambigu, douteux, qui a deux faces. G. An Dieu.
ANNIFODD, qui ne s'éteint point. G. An Diffod.
ANNIFYRR, qui n'a rien d'agréable, défagréable. G. An Difyrr.
ANNIFYRWCH, défagrément. G.
ANNIGONOL, infatiable. G. An Digonol.
ANNIGRIF, défagréable, qui n'a rien d'agréable, qui eft fans grace, trifte, morne, chagrin, mélancolique, mauvais plaifant, froid railleur. G. An Digrif.
ANNIGRIFWCH, défagrément. G.
ANNIL, le même qu'Annel. Voyez ce mot.
ANNILLYN, qui n'eft point élégant, qui n'eft pas bien mis, qui n'a pas de belles manières, mal poli, mal fait, mal tourné. G. An Dillyn.
ANNILYNOL, inimitable. G. An Dilyn, qu'on voit par ce mot avoir été auffi employé au figuré pour imiter.
ANNILYS, ambigu, douteux, incertain. G. An Dilys.
ANNILYSRWYDD, ambiguité, doute, incertitude. G.
ANNILYSU, faire douter, rendre incertain, rejetter comme peu certain, peu authentique. G.
ANNINASAID, incivil, qui n'a pas les manières polies comme on les a dans les Villes. G. An Dinafaid.
ANNIODDEF, impaffible, impatience. G. An Dioddef.
ANNIODDEFGAR, impatient. G.
ANNIODDEFGARWCH, difpofition d'ame à ne pouvoir rien fouffrir. G.
ANNIODDEFUS, impatient, intolérable. G.
ANNIODDESGARWCH, impatience. G. On voit par ce mot qu'on a dit Diodes comme Dioddef.
ANNIOG, qui n'eft point pareffeux, diligent. G. An Diog.
ANNIOGEL, qui n'eft pas en fûreté, mal affuré, incertain. G. An Diogel.
ANNIOLCHGAR, ingrat. G. An Diolchgar.
ANNIOLCHGARWCH, ingratitude. G.
ANNIRGEL, qui n'eft pas caché. G. An Dirgel.
ANNIRGELU, découvrir, manifefter, faire voir, donner à connoître. G.
ANNIRMYGUS, qui n'eft point méprifé. G. An Dirmygus.
ANNIS, A. M. rivière; d'An.
ANNISGWYL, qui n'étoit pas attendu. G. An Difgwyl.
ANNISGWYLGAR, imprudent, inconfidéré, qui ne prend pas garde. G.
ANNISPYDD, inépuifable. G. An Hifpydd.
ANNISTAW, qui ne fe tait pas. G. An Diftaw.
ANNISTAWRWYDD, inquiétude, agitation. G. On dit encore fe taire pour être tranquille. On lit au chapitre premier du premier livre des Machabées que la terre fe tut devant Alexandre, pour exprimer que la Judée fut tranquille fous le règne de ce héros.
ANNIWAIR, impudique, inceftueux, impudent, effronté. G. An Diwair.
ANNIWAITH, qui n'a aucun repos, qui ne fe donne aucun relâche, actif, diligent, foigneux. G. An Diwaith.
ANNIWAL, infatiable. G. An Diwal.
ANNIWALL, qui n'eft pas achevé. G. An Diwall.
ANNIWDRWYDD, négligence, nonchalance, peu de foin. G. Voyez Anniwyd.
ANNIWEDD, infinité. G. An Diwedd.

ANNIWEIR, impudique, impur, obfcéne, débauché, porté aux voluptés. G.
ANNIWEIR, faux, traitre. C.
ANNIWEIRDEB, impudicité. G.
ANNIWRAIDD, qui n'a point été déraciné. G. An Diwraidd.
ANNIWYDD, négligent, pareffeux, peu foigneux. G. An Diwyd.
ANNIWYG, manque d'agrément, mauvaife grace, mauvaife difpofition du corps. G. An Diwyg.
ANNIWYGUS, qui eft fans grace, fans agrement, qui a mauvaife grace, qui eft fans ornement, mal mis, mal habillé, d'une mauvaife conftitution, qui a une mauvaife difpofition du corps. G.
ANNIWYLLIEDIG, inculte. G. An Diwyllio.
ANNIYSTYR, qui n'eft point méprifé. G. An Diyftyr.
ANNLYED, indu. G. An Dlyed.
ANNOAR, geniffe. B. Voyez Anneir.
ANNOAS, étrange. B.
ANNOD pour Anoed. Voyez Diannoed.
ANNODDEDIG, qui n'eft pas liquide. G. An Toddedig.
ANNODDYN, océan. G.
ANNOED, froidure. B. Oer, froid; Oerni, froidure en Gallois; ainfi Oed eft le même qu'Oer & Oerni. Le d & l'r fe mettent l'un pour l'autre en Celtique.
ANNOEDADUR, enrouement. B.
ANNOEDET, qui a le rhume, enroué. B.
ANNOER, geniffe, vache de l'année. G. Oer eft le même qu'Oed, âge; (voyez Annoed) An a donc dû fignifier année; Annoer, âgée d'une année.
ANNOETH, fot, fat, imprudent. G. An Doeth.
ANNOETHAIR, fotifes, fadaifes, impertinences. G. Annoeth Air.
ANNOETHDER, imprudence. G.
ANNOETHINEB, fotife, ftupidité. G.
ANNOF, indompté, qui n'eft pas dompté, qui n'eft pas apprivoifé, qui n'eft pas adouci. G. An Dof.
ANNOG, exhorter, exciter, émouvoir, mettre en mouvement, ébranler, folliciter, demander avec inftance, requerir, provoquer, inciter, irriter, perfuader, avertir, blâmer, réprimander, reprendre, exhortation, inftigation, follicitation, encouragement, pourfuite, allégation, perfuafion, avis, motif, aiguillon, incitation, provocation, appel, défi, l'action de défier au combat, défier au combat, attraits, appas, amorce, alléchement, charmes, ce qui attire. G. Anogo en Grec j'exhorte, je perfuade. Voyez Annos.
ANNOGAETH, l'action d'exciter. G.
ANNOGAWL, perfuafif. G.
ANNOGEDIG, ému, excité, provoqué. G.
ANNOGIAD, exhortation, encouragement, incitation, motif, aiguillon, attraits, appas, amorce, alléchemens. G.
ANNOGWR, qui exhorte, qui infinue, qui invite, qui perfuade, qui excite, qui agace, inftigateur, agent. G.
ANNOLUR, indolence, infenfibilité. G. An Dolur.
ANNON, au-delà. I.
ANNONA, ANONA, A. M. bled, feigle, grains de toute efpéce, pain, portion journalière, pitance journalière, provifions, vivres en général, non feulement des hommes, mais encore des bêtes; d'Anos.
ANNORRHAITH, perfuafion, exhortation, provocation. G.

ANNOS,

ANNOS, inciter, pousser, motif, aiguillon. G. C'est le même qu'*Annog*. *Anas* en Hébreu, contraindre, pousser.

ANNOSBARTH, désordre, confusion. G. *An Dosbarth*.

ANNOSPARTHOL, ANNOSPARTHUS, non ordonné, désordonné. G. *An Dosparthu*.

ANNRAETHADWY, ineffable, qu'on ne peut raconter. G. *An Traethu*.

ANNRAETHOL, qu'on ne peut raconter, inexplicable. G.

ANNRHEFN, désordre, confusion, défaut de politesse, malpropreté. G. *An Trefn*.

ANNRHEFNU, brouiller, confondre. G.

ANNRHEFNUS, mal ajusté, mal en ordre, mis de travers, qui est sans ornemens, impoli, malpropre. G.

ANNRHEFNUSRWYDD, défaut de politesse, manque d'agrément, mauvaise grace, malpropreté. G.

ANNRHEIGLADWY, inévitable. G. *An Treiglo*.

ANNRHEULGAR, frugal, tempérant. G. *An Treulgar*.

ANNRHUGAREDD, rigueur, dureté, sévérité, inhumanité. G. *An Trugarcd*.

ANNRHUGAROG, qui est sans pitié, impitoyable, qu'on ne peut expier. G.

ANNRHUGAROGRWVDD, inhumanité, dureté de cœur. G.

ANNRHYBELYD, qui n'a pas l'expression aisée. G. *An Trybelyd*, de *Trybelydr*.

ANNRHYWAN, qui n'a pas été percé, impénétrable. G. *An Trywanu*.

ANNRUD, qui n'a pas de courage. G. *An Drud*.

ANNSO, ici. I. *Annsud*, là, y. I.

ANNUD, ANNUDDED, couverture, voile, ce qui couvre. G. *An* article ou superflu ; *Tudded*, *Tud* par syncope, couverture.

ANNUDAWC, pervers, mauvais. C.

ANNUDDED. Voyez *Annud*.

ANNUN, insomnie, état d'un homme qui ne dort pas. G. *An Hun*.

ANNWFN, ANNWN, gouffre, abysme, fosse, creux dont on ne voit point le fond, profond, antipodes. G. *An* paragogique, *Dwfn*, *Dwn*. *Phnoen*, profondeur en Cophte ; *Ph*, article. On a dit *Anus* comme *Annwfn*, ainsi qu'il paroit par le mot Latin *Anus*, fondement.

ANNWN. Voyez *Annwfn*. G.

ANNUWIOL, impie, qui est sans Religion, profane. G. *An Duwiol*.

ANNUWIOLDEB, impiété. G.

ANNWYD, naturel, temperament. G.

ANNWYFOLDEB, irréligion. G. *An Dwyfoldeb*.

ANNYCHWEL, d'où l'on ne sçauroit se retirer, d'où l'on ne sçauroit revenir. G. *An Dychwelyd*.

ANNYCHYMMYGOL, à quoi l'on n'a pas pensé, que l'on n'a pas inventé, que l'on n'a pas découvert. G. *An Dychymmygol*.

ANNYFAL, négligent, paresseux, peu soigneux. G. *An Dyfal*.

ANNYFALWCH, négligence, nonchalance, paresse, peu de soin. G.

ANNYFERTWYS, où il n'y a point d'eau. G. *An Dyfr*.

ANNYFRWYS, aride, sec, où il n'y a point d'eau. G.

ANNYFYN, qu'on ne peut rappeller. G. *An Dyfyn*.

ANNYHUDDOL, qui n'est point appaisé, implacable. G. *An Dyhuddol*.

TOME I.

ANNYLED, indu. G. *An Dyled*.

ANNYLEDOG, qui est de basse naissance. G. *An Dyledog*.

ANNYLEDUS, indu. G.

ANNYLYEDUS, qui ne mérite pas. G. *An* négatif ; *Dylyed* par conséquent mérite ; & *Dylyedus* méritant. Voyez *Dyled*, qui signifiant dette, a un sens fort analogue à mérite.

ANNYLYNOL, d'une manière qui ne se suit pas. G. *An Dylynol*.

ANNYS. Voyez *Annysgymmod*.

ANNYSG, ignorance, manque de science, incivilité, inhumanité, barbarie. G. *An Dysg*.

ANNYSGEDYG, ignorant, illitéré, qui n'a aucune érudition. G.

ANNYSGYMMOD, discorde, sédition, inimitié. G. *Cymmod*, en composition *Gymmod*, signifiant concorde ; *Annys* est par conséquent privatif.

ANNYUNDEB, discorde. G. *An Diundeb*.

ANNYWEDIAETH, célibat. G. *An Dyweddio*.

ANO. Voyez *Anoberi*.

ANO, paragogique. Voyez *Annodyfn*.

ANO, nourriture, aliment. Voyez *An*.

ANO, le même qu'*Hano*. Voyez ce mot.

ANOA, ombre, rouille. Ba.

ANOA, ration, portion journalière, journal. Ba. De là *Annona*. Voyez *Ana*.

ANOBAITH, ANOBEITH, désespoir. G. *An Gobaith*.

ANOBEIT. Voyez *Anobaith*.

ANOBEITHIOL, désespéré, inespéré, qu'on ne peut espérer. G.

ANOBEITHO, désespérer. G.

ANOBER, peu, petit nombre. G. C'est le même qu'*Anoberi*.

ANOBERI, chose de peu de prix, chose de néant, chose vile, néant. G. *Bri* ou *Beri*, valeur, prix ; *Ano* par conséquent privatif. Voyez *Anu*, *Anv*.

ANOBIETHOL, désespéré. G.

ANOCHEL, inévitable, qu'on n'a point évité, certain. G. *An Gochel*.

ANOCHELADWY, inévitable, qu'on ne peut éviter, qu'on ne peut fuir, nécessaire. G.

ANOCHELGAR, inconsidéré, qui ne prend pas garde. G.

ANOD, difficile. G. C'est le même qu'*Anhawd*.

ANODDEF, intolérable, insupportable, impatience, disposition d'ame à ne pouvoir rien souffrir. G. *An Goddef*.

ANODDEFUS, impatient. G.

ANODDYFN, ANODDYN, abysme, profond, très-profond. G. *Dyfn*, *Dyn* font les mêmes que *Dwfn*, *Dwn* ; ainsi *Ano* est ici simplement paragogique. Voyez *Annwfn*, *Anoddwn*.

ANODDYN. Voyez *Anoddyfn*.

ANODDYN, océan. G.

ANODDYN, LLYN ANODDYN, gouffre. G.

ANODEFGAR, impatient. G.

ANODUNA, nourrisson, éleve. Ba. Voyez *Ana*, *An*.

ANODWN, profond. C. Voyez *Annodyfn*, *Anoddyn*.

ANOED, délai. G. *An* est ou superflu, Voyez *Oed*.

ANOER, génisse. B. Voyez *Anner*.

ANOETHAIR, diseur d'impertinences, conteur de fadaises. G. Voyez *Annoethair*.

ANOFID, indolence, insensibilité. G. *An Gofid*.

ANOGAN, invalide, qui n'est pas viril. G. *An Gogan*, de *Gogawn*. Voyez le mot suivant.

ANOGAWN, invalide, qui n'est pas viril. G. *An Gogawn*.

ANOGWYDDOL, qu'on ne peut plier, inflexible. G. *An Gogwyddo.*
ANOGYFARCH, le même qu'*Anghyfarch.* G.
ANOGYFWCH, qu'on ne peut rendre égal, inégal. G. *An Gogyfwch.*
ANOGYFUWCH, superflu. G.
ANOGYSTAL, inégal, qui n'est pas pareil, G. *An Gogystal.*
ANOIDH, Temple, Église, assemblée. I. Voyez *Anned.*
ANOIS, maintenant, tout-à-l'heure, présentement. I.
ANOLAITH, qui n'est pas humide, qui n'est pas liquide. G. *An Golaith.*
ANOLEITHIOG, qui n'est pas humide, qui n'est pas liquide. G.
ANOLO, inefficace, vain, inutile. G. *An Golo.*
ANOLYGUS, désagréable, indécent. G. *An Golygus.*
ANONA. Voyez *Annona.*
ANONCI, annoncer. B.
ANONEST, déshonnête, malhonnête, indécent, impur, obscéne. G. *An Onest.*
ANONESTRWYDD, malhonnêteté, déshonneur, honte, infamie, impudicité, malice. G.
ANONN, au-delà. I.
ANORAITH, le même qu'*Annoraith.* G.
ANORCHYFYGEDIG, qu'on ne peut prendre, qui n'a point été vaincu. G. *An Gorchsygu.*
ANORCHFYGOL, insurmontable, invincible. G. *An Gorchfygu.*
ANORCHWYLEDD, effronterie, impudence. G. *An*, privatif; *Gorchwyledd* doit donc signifier modestie, retenue, pudeur.
ANORCHYMMYN, qui n'a point été commandé. G. *An Gorchymmyn.*
ANORDDIG, clément, doux, debonnaire. G. *An; Gorddig* est donc le même que *Dig.*
ANORDDIWES, incompréhensible. G. *An Gorddiwes.*
ANORESGYNNOL, insurmontable, invincible, qui n'a point été vaincu. G. *An Goresgynnu.*
ANORFOD, insurmontable, qu'on ne peut prendre, invincible, qui n'a point été vaincu. G. *An Gorfod.*
ANORPHEN, affoiblir, diminuer, imparfait, qui n'est pas achevé. G. *An Gorphen.*
ANORPHENDOD, infinité. G.
ANORPHWYS, inquiet, qui ne se donne aucun relâche, qu'on ne peut appaiser, inquiétude, agitation. G. *An Gorphwys.*
ANOSGEDDIG, laid, difforme. G. *An Gosgeddig.*
ANOSTEG, agitation, inquiétude, état d'un homme qui n'est pas silentieux, qui n'est pas tranquille, l'action d'interrompre. G. *An Gosteg.*
ANOSTEGU, interrompre, couper la parole, faire perdre le repos, troubler, inquiéter. G.
ANOSTEGWR, brouillon, séditieux, perturbateur. G.
ANOSTWNG, irrévérence, manque de respect. G. *An Gostwng.*
ANOSTYGEDIG, désobéissant, qui refuse d'obéir, qui n'est pas soumis. G.
ANOUEDIC, frilleux, sensible au froid. B.
ANOUET, froid B. Voyez *Oedd.*
ANQEN, amertume, douleur, déplaisir, affliction, peine d'esprit, mal, épreintes. B.
ANQENYA, ANQENYEIN, chagriner. B. En Patois de Franche-Comté on dit *Ancheny* dans le même sens.
ANRAS, infortune, accident malheureux, impiété, G.

D'*An* & *Gras*, qui signifie donc aussi prospérité, évènement heureux. Voyez les mots suivans.
ANRASLAWN, criminel, méchant, scélerat, couvert de crimes. G. *Anras Llawn.*
ANRASLONDEB, impiété. G.
ANRASOL, qui est sans graces, sans aucun agrément, impie. G. *An Grasol.*
ANREA, Dame, maîtresse. Ba. Voyez *Andrea.*
ANRHAITH, dépouille, dégât, pillage, ravage, l'action de renverser, renverser, pernicieux, ruineux. *Anrhaith Oddef*, qui doit être dépouillé, celui dont les biens doivent être confisqués. G.
ANRHED. Davies n'explique pas ce mot; mais par les phrases qu'il rapporte, & par d'autres termes Gallois & Bretons, je vois qu'il signifie non nécessaire; *An* particule privative; *Rhaid* en Gallois, qui est le même terme que *Rhed*, signifie nécessaire; *Red* en Breton, nécessaire. G.
ANRHEFN, confusion, désordre. G. *An Trefn.*
ANRHEFNUS, qui est sans ordre, dérangé, mal mis. G.
ANRHEG, étrennes, don, présent, honoraire. G. *An* superflu dans les trois derniers sens. Voyez *Rheg. An* au premier sens, année.
ANRHEGU, faire des présens, donner, étrenner. G.
ANRHEITHIAD, brigandage, pillage, volerie, l'action de dépouiller, dégât, sac, ravage. G.
ANRHEITHIO, voler, piller, butiner, ravager, saccager, dépouiller, ôter, écorcher, outrager, maltraiter, tourmenter, amasser comme on peut, ramasser de tout côté avec peine, défigurer, rendre difforme. G.
ANRHEITHIWR, pillard, voleur, brigand, voleur de grand chemin, qui ravage, qui fait le dégât, qui détruit, qui ruine. G.
ANRHEITHWR, le même qu'*Anrheithiwr.* G.
ANRHEITHYWR, le même qu'*Anrheithiwr.* G.
ANRHESWM, folie, contre-temps. G. *An Rheswm.*
ANRHESYMMOL, deraisonnable, injuste, injurieux, qui vient à contre-temps, de délire, de folie. *Anrhesymmol Iawn*, fort absurde, très-impertinent, tout-à-fait hors de propos. G. *Iawn*, marque du superlatif.
ANRHESYMMOLDER, contre-temps. G.
ANRHYDEDD, adoration, vénération, honneur, respect. G. *Rhi*, Seigneur.
ANRHYDEDD-FAWR, dignité, honneur. G.
ANRHYDEDDU, révérer, respecter, honorer, avoir de la vénération. G.
ANRHYDEDDUS, vénérable, honoré, honorable, illustre, considérable, élevé, honorifique. G.
ANRHYDEDDWR, qui honore, qui respecte. G.
ANRHYFEDD, admirable. G *An* superflu.
ANRHYFEDDOD, admiration, surprise. G.
ANRHYFEDDODAU, choses admirables, surprenantes. G.
ANRHYFEDDU, admirer. G.
ANRUMI, enrhumer. G.
ANRYFEDDU, admirer. G.
ANS, le même qu'*Angs* & *Anc.* Voyez *Aru.*
A.NS, le même que *Nans*; comme *Ant* est le même que *Nant.*
ANSA, A. M. anse. Voyez *Ancia.*
ANSAFADWY, chancelant, qui n'est pas ferme, de peu de durée, passager. G. *An Safadwy.*
ANSAMBLE, ensemble. B.
ANSANCTEIDDIAD, profanation. G.
ANSARIUM, A. G. couteau dont le cordonnier se sert pour ratisser les peaux; d'*Ans*, le même qu'*Anc.*

ANS.

ANSAWD, ANSAWDD, ANSODD, qualité, état, condition. G. Je crois An superflu, parce qu'en Gallois Saw signifie demeure, lieu où l'on demeure, état, situation. Sao en Breton répond à la signification du mot Latin Stans. Voyez Ansoddfab.

ANSE, isle. G. C'est une transposition d'Anes. Ansel, isle en Allemand.

ANSE, forme, figure, beauté. Ba. Voyez An.

ANSEFYDLOG, inconstant. G. An Sefydlog.

ANSELL, rabot rond. B. Voyez Anc.

ANSERRA, enclorre. B. An superflu.

ANSIA, avidité. Ba. Voyez Angerdd.

ANSIA, soin, sollicitude, perplexité, doute, affliction, chagrin. Ba. Ansia, sollicitude, détresse en Espagnol.

ANSIATU, j'afflige, je chagrine. Ba.

ANSIATUA, affligé. Ba.

ANSILE, A. G. ce par quoi on tient le bouclier. Voyez Ansa.

ANSODD. Voyez Ansawd.

ANSODDFAB, adoptif. G. Fab de Mab, enfant; Ansodd par conséquent place, en place.

ANSTU, vermine. B.

ANSURIAETH, usure. G.

ANSUTTIOL, qui n'est pas encore formé. G. An Suttiol.

ANSYBER, sordide. G. An Syber, pour Siberw.

ANSYFYRDOD, inconsidération, manque de réflexion, imprudence. G. An, privatif; Sysyr est donc le même que Mysyr. Voyez ce mot & Syfrdan, Syfrdanu.

ANSYNHWYRO, devenir fou, être fou. G. An Synwyr.

ANSYNHWYROL, fou, imprudent, étourdi, de délire, de folie. G.

ANSYNNIOL, insensible. G. An Synniol.

ANSYNNWYR, folie. G. An Synnwyr.

ANSYW, qui n'est point élégant, mal poli, mal fait, mal tourné. G. An Syw.

ANT, le même que Nant en Celtique; ce qui se prouve par César, qui, appellant indifféremment un Peuple des Gaules Antuates & Nantuates, montre par là que les Gaulois disoient indifféremment Ant & Nant. Ant ou And, dit M. du Faux, Angevin, dans la légende de St. Malo, en langage ancien des Bretons d'outremer, que ceux de Galles & de la petite Bretagne parlent encore aujourd'hui, signifie en François val, ou grotte, ou caverne, ou un abri.

ANT, habitant. G. Voyez Anteddu.

ANT, à l'opposite, vis-à-vis. G. Anti en Grec a les mêmes significations.

ANT, la profondeur ou fosse qui est nécessairement entre deux sillons. B.

ANT, angle obtus. B.

ANT, grand, haut. Voyez Lliant & And qui est le même mot. Antar en Étrusque signifie l'aigle, qui est le plus grand des oiseaux, & celui qui s'éleve le plus haut. Ant s'est conservé dans le Grec Antleo, pomper de l'eau; dans le Latin, Antlia pompe; Ant, qui éleve; Le Li, eau. Il se trouve aussi dans le mot François Antoiser, qui signifie mettre en pile.

ANT, habitation. Voyez And qui est le même mot, & Ant habitant. Anci, habitation dans la langue de Congo. Anot en Phénicien, loger.

ANT, marcher, couler, écouler. Voyez Lliant. De là le vieux mot François Antan, Anten, qui signifie le temps passé, le temps écoulé; mot qui est encore en usage en Franche-Comté parmi le Peuple. Antan, Anten signifioit aussi l'an passé; & Antenois, un chevreau d'un an. Voyez And qui est le même mot.

ANT.

ANT, bois. Voyez And.

ANT, le même que Gand. Voyez ce mot.

ANT, le même que Cant, Gant, Sant. Voyez Aru.

ANTAGUIRA, perspective. Ba.

ANTANT, intelligence. B. De là entendement, entendre dans notre langue; Antand se disant en Celtique comme Antant, par la substitution réciproque du d & du t; de là Attendere dans les anciens monumens & les Auteurs latins. Voyez Andaw.

ANTAS, A. G. l'assemblée des Anciens, le Sénat; Hen ou Han, ancien; Tas, monceau, assemblée. Nous disons encore un tas de personnes. Antie en vieux François, ancienne.

ANTE, outre, ultérieur. G.

ANTEA, tromperie, fourberie. Ba.

ANTECQ, tache, macule, défaut, imperfection, vice. B.

ANTEDDU, habiter. G.

ANTEL PEICHOU, tendre des pièges. B.

ANTENAL, A. M. pour Antenna, Antenne. Voyez And, bois.

ANTER, moitié, demi. B. Voyez Hanner.

ANTER, tyran. I.

ANTER-NOS, minuit, moitié de la nuit. B.

ANTER-TIEGUEZ, moitié de famille ou de ménage: C'est ainsi que le mari & la femme se nomment mutuellement en Breton lorsqu'ils parlent gracieusement l'un de l'autre. B.

ANTERA, couper par la moitié. B.

ANTERIN, entier. B. De là entier.

ANTERINA, entériner. B.

ANTERINANCZ, intégrité. B.

ANTERTH BORE, l'heure de tierce, en terme d'Église. B.

ANTI, enter. B. De là ce mot.

ANTI, le même qu'Andi; comme Ant est le même qu'And.

ANTIANUS, A. M. ancien; d'Hen, Han, Hant, ancien, vieillard. De là est aussi venu le mot Latin Antiquus.

ANTIGALHA, mot Celtique conservé dans les anciens monumens, qui signifie fort gras. Il est composé de Galha gras, & Anti fort, très. Nous lisons dans Suétone que Galba signifioit gras chez les Gaulois. Galb & Calb signifient aujourd'hui chez les Bretons un homme gros & gras, un pifre. Gail en Allemand signifie gras; Gail Erde, terre grasse.

ANTIGERIO, dans Festus & Saint Isidore, beaucoup. Voyez And, Andi, Anti.

ANTILOPUM, A. M. morceau. Lop en Anglois, qui a conservé un grand nombre de termes de l'ancien Breton, signifie couper. Lopiner, dans les Coûtumes d'Anjou, signifie morceler. Lopin est un mot usité dans le Royaume parmi le Peuple pour signifier un morceau. Lobus en Latin signifie lobe, partie du poumon; ce terme ne venant pas du Grec, doit donc avoir été pris du Celtique. Ajoutez que Lop a beaucoup d'affinité avec Lod part, partage, morceau.

ANTINZA, A. M. paroit être le même qu'Anzinga. Voyez Andecinga.

ANTITAS, A. M. le même qu'Antas, dont il est une épenthèse.

ANTLEITEN, qui doit enfler. Ba.

ANTOBIA, maufolée. Ba. Voyez *Antopius*.
ANTOILEAMHLAS, obſtination. I.
ANTOILEAMHUL, ſenſuel, impudique, voluptueux, obſtiné. I.
ANTOIRDEAR, levant, orient. I.
ANTOPIUS, ont été tués. G.
ANTORCHIA, A. M. torche pour éclairer ; *An*, article ou ſuperflu ; *Torch*, torche.
ANTRA, après. Voyez *Antranos*, *Antrenos*.
ANTRAHAC, avorton. I. Voyez *Antera*.
ANTRANOS, lendemain. B. Voyez *Antrenos*.
ANTRATHAC, impropre. I.
ANTRE, orifice, entrée, embouchure, qui forme un port. B. *Antron* en Grec, caverne, ouverture dans le roc, dans la terre. *Antrum* en Latin ; d'*Antre*, *Intro* Latin ; entrer François.
ANTREN, entrer. B.
ANTRENOS, lendemain. B. *Nos*, nuit ; *Antre* par conſéquent après. Voyez *Tre*, *Tra*, *Tranaeth*.
ANTREPREN, entreprendre. B.
ANTRILLUS, A. G. outil de tailleur de pierres ; *Ans*, outil ; *Dryll* ou *Tryll*, couper par morceaux, tailler.
ANTRO, après. Voyez *Antronos*.
ANTRONOS, lendemain. B. *Antro*, après ; *Nos*, nuit. Voyez *Antrenos*.
ANTROSA, A. G. ſauteuſe ; *An*, article ; *Tros*, haut, élevé.
ANTRWM, peſant. G.
ANTSAINT, grande avarice, taquinerie. I.
ANTSINGA. Voyez *Andecinga*.
ANTUA, enflé, ſuperbe, vain. Ba. Voyez *Ant*.
ANTULARIA, baladin, cauſeur, diſeur de rien. Ba.
ANTUR, entrepriſe, projet, effort, tentative, eſſai, épreuve, danger, péril, témérité, aſſurance, confiance, hardieſſe, réſolution, à peine. G. De là avanture. En vieux François, entoiſer une épée, c'eſt la lever pour la fraper ; entoiſer la lance, c'eſt la prendre ; entoiſer ou entéter l'arc, c'eſt le tendre ou le bander.
ANTURIAETH, tentative, entrepriſe, effort, évènement, grande entrepriſe. G. Voyez les mots ſuivans.
ANTURIAETHAU, commencemens. G.
ANTURIO, entreprendre, tenter, éprouver, tâcher. G.
ANTURIOL, téméraire. G.
ANTURUS, hardi, qui a de la confiance, dangereux. G.
ANTUS, A. G. bord ; *An*, article ; *Tu*, bord.
ANTUSIA, ambition. Ba. Voyez *Antua*.
ANTUSTEA, vanité, orgueil. Ba.
ANTZA, reſſemblance. Ba.
ANTZARRA, oye, oiſon. Ba. Voyez *Gantz*, qui peut s'écrire *Antz*.
ANTZECOA, ſemblable. Ba.
ANTZESTA, peinture. Ba. Voyez *Antza*.
ANTZOLA, retable. Ba.
ANTZORDES, par exemple. Ba.
ANTZUTUAC, pois chiches. Ba.
ANV, mûr. B.
ANV, petit ſerpent privé de la vuë. B. C'eſt celui que l'on nomme en François *Anvot*, *Anvain*, qui viennent évidemment du Breton. Voyez *Anf*, qui eſt le même mot qu'*Arv*; donnez par conſéquent à celui-ci tous les ſens de celui-là.
ANU, particule de mauvaiſe part, privative. Voyez *Anudon*.
ANVA, grand. I. Voyez *Ambilh*.
ANUAIRSE, AR ANUAIRSE, maintenant, tout-à-l'heure, préſentement. I. Voyez *Uairſe*.

ANUAN, enclume. C. Voyez *Anva*.
ANVANN, froid. I.
ANVAS, mort. I.
ANUBYDD, qui n'eſt pas ſoumis. G. *An Ubydd*. C'eſt le même qu'*Anufudd*.
ANUDEB, diſconvenance, contrariété, diverſité. G.
ANUDON, parjure, faux ſerment. G. *Don de Done*, mis en compoſition pour *Twng* ; prononcez *Tone*, ſerment ; *Ann*, par conſéquent particule de mauvaiſe part, privative.
ANUDONAIR, parjure, faux ſerment. G. *Anudon Air*.
ANUDONEDD, l'action de ſe parjurer, parjure. G.
ANUDONOG, qui jure fauſſement. G.
ANUDONWR, parjure, celui qui fait un faux ſerment. G.
ANVE, enclume. B. *Anvil*, enclume en Angloiſ. Voyez *Anneu*.
ANVEZ, enclume. B. Voyez *Anneu*.
ANUFUDD, déſobéiſſant, rébelle, qui réſiſte avec opiniâtreté, qui eſt attaché à ſon ſentiment, qui n'en veut pas démordre, opiniâtre. G. *An Ufudd*.
ANUFUDDHAU, ruer, regimber. G.
ANUFYDD, qui n'eſt pas ſoumis. G. *An Ufydd*. C'eſt le même qu'*Anubydd*, *Anufudd*.
ANVIROUNI, environner. B. D'*An Vir*. De là environ, environner en notre langue.
ANULARE, A. G. blanc dont ſe ſervent les femmes & les Peintres ; *Han*, blanc.
ANUMIR, nombre. I.
ANUN, celui qui ne s'accorde pas. G. *An Uno*.
ANUNION, mal uni, qui n'eſt pas bien réglé. G. *An Union*.
ANUNIONEB, déſordre. G.
ANVODACH, barbare. I.
ANUODD, malgré ſoi. G.
ANVOEZ, le même qu'*Hanvoez*. Voyez ce mot.
ANVOR, énorme, vaſte, grand. I. Voyez *Anva*.
ANVORCH, vaſte. I. C'eſt le même qu'*Anvor*.
ANURDDAS, déshonneur, outrage, manque de conſidération pour quelqu'un, infamie, opprobre, déſordre, confuſion, dérèglement, irrégularité. G. *An Urddas*.
ANURDDASU, déshonorer. G.
ANURDDO, déshonorer, ſouiller, ſalir, gâter. G. On voit par ce mot, qui eſt ſynonyme d'*Anurddaſu*, qu'on a dit *Urdd* comme *Urddas*.
ANUS. Voyez *Annwſn*.
ANUTIA, timide, poltron. Ba.
ANWAB, puérile. C. *Mab*.
ANWADAL, inconſtant, variable. G. *An*, particule négative ; & par conſéquent *Wadal*, en compoſition *Wadal*, doit ſignifier conſtant, ſolide. Ajoutez que *Gwadn* en Galloiſ ſignifie baſe, fondement, ce ſur quoi on appuye ſolidement quelque choſe.
ANWADALEDD, ANWADALRWYDD, ANWADALWCH ; inconſtance, légéreté, changement fréquent. G.
ANWADALU, être inconſtant, chanceler, faire tantôt une choſe, tantôt une autre, agir & ne pas agir alternativement. G.
ANWAR, barbare, ſauvage, farouche, féroce, cruel, intraitable, qu'on ne peut adoucir, impitoyable, ſans pitié, indompté, indomptable, qui n'eſt pas adouci, de bête ſauvage. G. *An Gwar*.
ANWARDOF, indompté. G. *An Gwardof*.
ANWASTAD, inégal, raboteux, qu'on ne peut rendre égal, qu'on ne peut rendre uni, inconſtant, changeant ; *Lle Anwaſtad*, mauvais pas, endroit

endroit difficile à passer dans un chemin. G. *An Gwastad*.

ANWASTADRWYDD, changement fréquent, inconstance, instabilité, inégalité, intempérance. G.

ANWAU, désourdir, défaire un tissu, recommencer, refaire un tissu. G. *An*, particule négative & itérative, *Gwau*.

ANWE, trame. G.

ANWEDDOG, qui n'a point porté le joug, qui vit dans le célibat. G. *An Gweddog*.

ANWEDDUS, indécent, mal-féant, qui n'est pas convenable, qui ne se rapporte pas. G. *An Gweddus*.

ANWEDI, être froid, avoir froid. B. *Anwet*, *Anwyd*, *Oed*.

ANWEDUS, frilleux, sensible au froid. B.

ANWEHYNNEDIG, inépuisable. G. *An Gwehynnu*.

ANWEITHGAR, qui est sans art, sans expérience, qui n'est point assez travaillé. G. *An Gweithgar*.

ANWELEDIG, invisible, qui n'a point été vu. G. *An Gweledig*.

ANWELLYNIOG, insatiable, prodigue. G. *An Gwala*.

ANWELLYNIOG, incorrigible, qu'on ne peut rectifier. G. *An Gwell*.

ANWES, complaisance, condescendance, indignation, caprice, bizarrerie, fantaisie, boutade, mauvaise humeur, indignité. G. Ce mot, dit Davies, paroit être une corruption d'*Anfoes*, *Moes*, en composition *Woes*, politesse, civilité, usage, coûtume; *An* dans les deux premiers sens est article ou superflu, & privatif dans les autres. *Envoiserie* en vieux François, gentillesse; & *Envoisie*, joyeux, gaillard, agréable.

ANWESOG, bizarre, capricieux, chagrin, bourru, indigne, homme à qui on pardonne trop, pour qui on a trop de complaisance. G.

ANWET, froid, froidure. B. Voyez *Anouet*, qui est le même mot. Voyez *Anwyd*.

ANWIBIOG, vagabond. G. *An*, article ou superflu; *Gwibiog*.

ANWILGI, cher, aimé, ami. G.

ANWIR, qui n'est pas vrai, mensonge, infidélité, manque de foi, scélerat. G. *An Gwir*.

ANWIREDD, iniquité, injustice. G.

ANWIW, indigne. G. *An Gwiw*.

ANWIWDER, indignité. G.

ANWIWDLWS, qui n'est pas élégant, mal poli, mal fait, mal tourné. G. *An Gwiwdlws*.

ANWIWGOF, dont on ne doit pas se souvenir. G. *Cof*.

ANWODD, malgré soi. G. *An Bodd*.

ANWOGAWN, synonime d'*Anogawn*.

ANWR, demi-homme, petit homme, homme de peu, homme méprisable, pauvre homme, misérable, digne de compassion, peu viril. G. *An Gwr*.

ANWR-RYWIO, efféminer. G. *Anwr Rhyw*.

ANWRAIDD, lâche, poltron, qui manque de hardiesse, de courage, mou, efféminé, honteux, infâme. G.

ANWRIO, efféminer. G.

ANWYBOD, ignorance, manque de science, impéritie, erreur, bévuë, barbarie. G. *An Gwybod*.

ANWYBODAETH, ignorance, manque de science, impéritie. G.

ANWYBODIG, qu'on ne sçait pas, qu'on ne connoit pas. G.

ANWYBODOL, incivil, qui ne sçait pas vivre. G.

ANWYCH, foible, languissant, qui n'a pas de courage. G. *An Gwych*.

TOME I.

ANWYCH, qui n'est point élégant, qui n'est point joli, qui n'est point propre, mal fait, mal poli, mal tourné, mal mis. G. *An Gwych*.

ANWYCHDER, langueur, complexion maladive. G.

ANWYCHR, qui n'a pas de courage. G. *An Gwychr*.

ANWYD, naturel, génie, affection, disposition, passion, inclination, mouvement du cœur. G.

ANWYD, froidure, pesanteur de tête, débordement de l'humeur du cerveau, rhume, rhumatisme. G.

ANWYDOG, qui a froid, lent, sans vigueur. G.

ANWYDUS, farouche, féroce, cruel, barbare, obstiné, implacable, qu'on ne peut adoucir, qu'on ne peut fléchir. G.

ANWYDWYLLT, bilieux, colérique, qui n'est pas maître de soi, qu'on ne peut retenir. G. *Anwyd Gwyllt*.

ANWYL, cher, ami, aimé; *Anwyliaid* au plurier. G.

ANWYL, hardi, effronté, sans honte. G. *An Gwyl*.

ANWYL pour *Anhwyl*, mauvaise santé. G

ANWYLDDYN, ami, intime ami. G.

ANWYLDER, amour, intime amitié, étroite liaison. G.

ANWYLDER, effronterie, impudence. G.

ANWYLDLWS, collier. G.

ANWYLGU, aimé, chéri, ami, intime ami, fort cher, bien aimé. G. *Annwyl*; *Cu*, pléonasme.

ANWYLIAD, ami. G.

ANWYLLYNIOG; selon un Auteur Gallois *Anwellyniog*, incorrigible; d'*An*, particule privative, & *Gwella*. Davies préfére la première façon d'écrire, & forme ce mot d'*An*, particule privative, & *Diwyllio*, cultiver; *Anniwyllieg*, *Anwyllyniog* qui signifie, selon cet Auteur, inculte. Je trouve ce terme *Anwyllyniog* ainsi rendu dans le Dictionnaire de Thomas Guillaume, négligé, impoli, mal en ordre, mal propre. G.

ANWYLSERCH, amour, affection. G. *Anwyl*, *Serch*, pléonasme.

ANWYLYD, cher, aimé, chéri. G.

ANWYMP, difforme, laid. G. *An Gwymp*.

ANWYRGAM, qui n'est pas tordu. G. *An Gwyrgam*.

ANUY, ennui. B. De là ce mot.

ANVYAF, ennuyer. B.

ANVYUS, envieux. B.

ANXILLA, A. G. marmite étroite au-dessus; d'*Ane*.

ANYD, conjonction interrogative. G.

ANYEREA, petite fille, poupée. Ba. Voyez *An Andrea*.

ANYEREQUETA, manières efféminées. Ba.

ANYERETUA, délicat. Ba.

ANYERUSA, nymphe, homme efféminé. Ba.

ANYMADRODDUS, qui ne s'exprime pas élégamment, avec justesse. G. *An Ymadrodd*.

ANYMATTAL, incontinence, intempérance, défaut de retenue. G. *An Ymattal*.

ANYMBILGAR, inexorable. G. *An Ymbil*.

ANYMDDIRIED, défiance, se défier, perfidie, infidélité. G.

ANYMDDIRIEDGWBL, qui manque de confiance. G.

ANYMDDIRIEDUS, perfide, infidèle. G.

ANYMDDWYN, stérilité. G. *An Ymddwyn*.

ANYMGELEDD, manque de soin, négligence. G. *An Ymgeledd*.

ANYMGYDFOD, ne pas s'accorder. G. *An Ymgydfod*.

P

ANYMGYFFATTER, figure par laquelle on ne rend pas une partie du discours. G.
ANYMGYFFREDD, incompréhensible. G. *An Ymgyffred.*
ANYMGYHYDR, incomparable, sans égal. G. *An Ymgyhydr.*
ANYMGYNNAL, incontinence, intempérance, défaut de retenue. G. *An Ymgynnal.*
ANYMOGEL, imprudent, inconsidéré, qui ne prend pas garde. G. *An Ymogel, d'Ymogelyd.*
ANYNAD, bizarre, bourru, capricieux, fantasque, chagrin, difficile à contenter, imprudent, étourdi, indiscret, qui se fâche aisément, qui se met en colére pour peu de chose, bilieux, colérique, farouche, cruel, obstiné, barbare, implacable, qu'on ne peut adoucir, qu'on ne peut fléchir, effronté, insolent, impudent, audacieux, arrogant. G. *An Ynad.*
ANYNADRWYDD, effronterie, impudence, insolence, caprice, bizarrerie, fantaisie, boutade, mauvaise humeur, humeur difficile, l'état d'un homme bizarre, de mauvaise humeur, bourru, difficile à contenter. G.
ANYNCNAD, le même qu'*Anynad*. G.
ANYSBRYD, spectre. G. Voyez *Anyspryd*.
ANYSGOGED, immobile. G.
ANYSPRYD, fantôme, spectre, esprit follet, lutin, le démon. G. *An*, particule de mauvaise part; *Yspryd*, esprit.
ANYSPYDWRIAETH, inhospitalité. G. *An Yspydwriaeth.*
ANYSTUMGAR, recourbé. G. *An Ystumgar.*
ANYSTUMIOL, qu'on ne peut plier, inflexible. G. *An Ystumio.*
ANYSTWYTH, qu'on ne peut plier, roide, engourdi, opiniâtre. G. *An Ystwyth.*
ANYSTWYTHDER, roideur, incapacité de plier. G.
ANYSTHWYTHO, être roide. G.
ANYSTYRIAETH, imprudence, indiscrétion, manque de réflexion. G. *An Ystyriaeth.*
ANYSTYRIOL, ANYSTYRUS, inconsidéré, imprudent, étourdi. G.
ANYSTYWALLT, inconstant, changeant, incontinent, qui ne se retient point, qui est sans frein, indompté, féroce. G. *An Ystywallt.*
ANZ, le même que *Ganz*. Voyez *Arn*.
ANZAERA, régence d'un Royaume. Ba.
ANZAF, avouer. B.
ANZAO, ANZAOU, avouer. B.
ANZAOUE, bonheur, occasion. B. De là, *Ansa*, Latin.
ANZARRA, oye, oison. Ba. Voyez *Anz*.
ANZAVOUT, avouer. B.
ANZAW, reconnoître, avouer, confesser. B.
ANZDUNA, semblable. Ba. Voyez *Antza*.
ANZE, là, adverbe de lieu. Ba. Voyez *And*.
ANZERRA, oye, oison. Ba. Voyez *Anz*.
ANZINGA. Voyez *Andecinga*.
ANZQUEA, dissemblable. Ba. Voyez *Anzduna*; *Quea*, privatif.
AO, mûr. B.
AO, eau. Voyez *Podtao*.
AOA, bouche, visage. Ba. Voyez *Aoil*, *Aos*.
AOA, pointe. Ba. Voyez *Aoey*.
AOBOA, mugissement de bœuf. Ba. *Aoa*, bouche. Otez le dernier *a* qui est l'article; & *Bu* ou *Bo*, bœuf.
AOCASTUA, édenté. Ba. *Ao*, bouche. Voyez *Aoboa*; *Castua*, indigence, manquement.
AOCHABAIA, sot, stupide. Ba.

AOCHOA, baiser, nom. Ba. Voyez *Aoa*.
AODHAERE, Pasteur. I.
AODHAIRE, Pasteur. I.
AOEI, tranchant. Ba. Voyez *Aoa*.
AOIB, élégant, beau, joli. I.
AOIBHIR, plaisant, agréable, aimable. I.
AOIBHNIOS, plaisir, joye. I.
AOIDHE, jeune. I.
AOIDHEADH, un hôte, un convié, logeur, qui loge. I.
AOIDHIDHE, celui à qui on accorde l'hospitalité. I.
AOIL, bouche. I.
AOILEACH, fumier, fiente. I.
AOILIGH, de fumier. I.
AOILIOCH, fumier, fiente, ordure. I.
AOILLEADH FEOLA, l'action de battre la viande. I. *Feola*, viande.
AOIRSIUGHADH, enchérir, enchère. I.
AOIS, nom de Communauté; *Aoisdana*, les Poëtes; *Aoisgalair*, les malades. I.
AOL, chaux, craye I.
AOMENCHOA, bouchée, morceau d'aliment. Ba. Voyez *Aoa*.
AOMINA, échauffure de bouche, maladie qui vient à la bouche des petits enfans qui sont à la mammelle. Ba.
AON, rivière. B. C'est une crase d'*Avon*; *Aon*, *Aouen*, rivière dans l'isle de Mona.
AON, crainte. B.
AON; & par crase *An*; *A*, marque du superlatif. B.
AON, excellent. I.
AON, un, quelqu'un, une personne; *On*, *Lon*, tous deux, l'un & l'autre ensemble, même. I. De là un François; *Unus* Latin. Les Paysans disent encore *Aun*.
AONACH, beau. I.
AONACH, foire, assemblée. I.
AONARANACH, destitué, privé, solitaire. I.
AONDA, grand, excellent, considérable. I.
AONDA, seul, unique. I.
AONDACH, uni; union. I.
AONDATH, d'une couleur. I.
AONT, le même qu'*Abont*. B.
AONTA, licence, liberté. I.
AONTA, BEATA AONTA, célibat. I.
AONTA, tolérance. I.
AONTADH, condescendre, être complaisant, condescendance, complaisance, l'action de permettre, de favoriser, congé, liberté, permission, permettre. I.
AONTAIGH, uni. I.
AONTUGADH, célibat. I.
AONURANACH, privé, particulier. I.
AOQUITU, je baaille. Ba.
AOR, terre. C.
AOREQUIA, badaud. Ba. Voyez *Aoquitu*.
AOS, monosyllabe, comme *Aus*, manière, façon, forme, mode, figure; *Aosa*, donner la forme, la figure, préparer, accommoder, mettre en état & en disposition d'être bon & utile. B. Voyez *Ansa*.
AOS, canal, lit d'une rivière, d'un ruisseau. B. *Ao*, fente en Hottentot.
AOS, âge. I.
AOSA. Voyez *Aos*, *Aosda*, ancien, vieux. I.
AOSDAS, vieillesse. I.
AOSILHEN, osier. B.
AOSMHAR, un peu vieux, qui commence à vieillir. I.

AOSMHUR, vieillard, âgé. I.
AOSOCA, licol. Ba.
AOSOPAYA, le palais de la bouche. Ba.
AOSTA, vieux. I.
AOT, rivage. B.
AOTACORICA, aigu. Ba. Voyez *Aoa*.
AOTU, petit. I.
AOTUA, aigu. Ba. Voyez *Aoa*.
AOV, petit. I.
AOUAL, pomme. B.
AOUALCH, assez. B.
AOUEN, nourriture, aliment. Voyez *An*.
AOUID, AOUIT, engelure, enflure aux mains, mal aux yeux. B.
AOULTR, qui commet le crime d'adultére. B.
AOULTREN, le même qu'*Avoultren*. B.
AOULTRIAIC, adultére, crime. B.
AOUN, crainte, peur, frayeur, terreur, épouvante, timidité. B. Voyez *Ofrn*, *Oun*.
AOUN, aliment, nourriture. Voyez *An*.
AOUNECQ. Voyez *Aounicq*.
AOUNEN, aliment, nourriture. Voyez *An* & *Graounen*.
AOUNICQ, AOUNECQ, peureux, timide, craintif. B.
AOUNNER, genisse. B. Voyez *Anner*.
AOUNT, le même qu'*Ahont*. B.
AOUR, or. B. Il se met aussi pour jaune. Voyez *Glasaour* & le mot suivant.
AOUREDAL, orvale, plante, selon le Pere de Rostrenen; seneçon, plante, selon Dom Lobineau. B. Il faut retenir les deux significations. Voyez *Ankelher*. Ce mot est formé d'*Aour*, jaune; *Dail*, *Dal*, feuille.
AOUREDEN. Voyez *Aouroueden*.
AOURET, dorée poisson de mer; singulier *Aoureden*, une dorade. B.
AOURN, poignet. B.
AOURNA, orner. B. De là, *Aourner* en vieux François, orner, parer.
AOUROUEDEN, AOUREDEN, dorade poisson. B. *Aour*.
AOURTASSUNA, enfance. Ba.
AOUT, rivage. B.
AOZBILDUA, fusil dont l'ouverture est semblable à celle d'une trompette. Ba.
AP, fils. G. C'est le même qu'*Ab*, le *p* & le *b* se substituant réciproquement; ainsi il faut donner à *Ap* toutes les significations d'*Ab*. Voyez encore l'article suivant.
AP, guenon. G. C'est le même qu'*Ab*.
AP, singe. I.
AP, le même qu'*Ab*, rivière, eau. G.
AP, bouche. Voyez *Lap*, *Aba*, *Afa*.
AP, lié, joint, attaché, touchant. Voyez *Apan* & *Aber*.
AP. Voyez *Aber*.
APA, singe. I.
APAFF, le même qu'*Abaff*. Voyez B. L'*A* se retranchant, on a dit *Paff* ou *Pav*, d'où sont venus *Pavor*, *Paveo* Latins.
APAIDINA, parrein au Baptême. Ba.
APAINANCIA, la prétexte, robe des Romains. Ba.
APAINDONAC, ornemens sacerdotaux. Ba. Voyez *Apaindu* & *Donea*.
APAINDU, être orné, paré, frisé; je pare, j'orne, je prépare, j'endors. Ba. Voyez *Pin*, *Apin*, *Pen*, *Apen*.
APAINDUA, orné, paré, préparé, j'orne, je pare. Ba.

APAINDURRIA, vase, évasé. Ba.
APAINGAIA, ornement, fard, déguisement. Ba.
APAINGARRI, ornement, fard, déguisement. Ba.
APAINGARRIA, propre à être orné. Ba.
APAINGORATU, flater. Ba.
APAINTZEA, déguiser son visage. Ba.
APAIZA, Prêtre. Ba.
APAIZGUELLA, lit nuptial, loge de berger. Ba.
APAL, le même qu'*Abal*, *Afal*. Voyez ces mots.
APALA, buffet, crédence, vaisselle. Ba.
APALLA, deshonneur. Ba. Voyez *Aball*.
APAN, le même qu'*Aban*, rivière, comme *Ap* est le même qu'*Ab*.
APAN. Voyez *Apanteiz*.
APANSE, arranger, ajuster, appareiller. Ba. *Apanar* en Espagnol.
APANTEIZ, appentis. B. D'*Apan*, lié, joint, attaché; *Tyis*, maison. Voyez *Happa* & *Apateiz*, qui montrent qu'*An* dans *Apan* est une terminaison oisive. Voyez aussi *Aber*.
APANZE, le même qu'*Apanse*. Ba.
APAR. Voyez *Aber*.
APARCHAND, appartenance. B.
APARCHANTA, appartenir. B.
APARIA, le souper. Ba. Voyez *Bar* & *Abardaez*.
APARICZA, apparoître. B.
APARITOÈR, pariétaire, plante. B.
APARRA, écume, bave. Ba.
APARTENEIN, appartenir. B. Ce mot est Celtique, ainsi qu'on le voit par les termes *Part*, *Parthu* dont il est formé; de là notre expression appartenir.
APATEIS, appentis. B. Voyez *Apanteiz*.
APATZA, rot, éructation. Ba.
APEL, pomme. Voyez *Abal*.
APELL, appel. B.
APELLUM, A. M. appel. Voyez *Apell*.
APEN, le même qu'*Aben*; comme *Ap* est le même qu'*Ab*.
APEN, le même que *Pen*. Voyez ce mot.
APENNIS, ADPENNIS, A. M. Celui qui dans un incendie avoit perdu ses titres, ou à qui ils avoient été enlevés par les ennemis durant la guerre, se présentoit devant le Juge, pour qu'après une enquête suffisante il lui en rendît de semblables pour se maintenir dans la possession de ses biens. Ce nouveau titre étoit appelé *Apennis*, *Adpennis*; *Ad*, itératif; *Pennodi*, établir; *Adpennodi*, rétablir.
APENTICIUM, A. M. appentis; d'*Apanteiz*.
APER. Voyez *Aber*.
APERCEVI, appercevoir. B.
APERT, adroit, industrieux, diligent, selon le P. de Rostrenen; poupin, propret, affété, selon Dom Lobineau. B. Il faut retenir les deux significations. Voyez *Ankelher*. Voyez *Pert*.
APERTORIUM, A. M. boutique, endroit où l'on travaille; d'*Apert*.
APEX, bonnet fort délié dont se servoient les Prêtres Payens; ainsi nommé du verbe Apio, lier; ce sont les paroles de Saint Isidore. Cet ancien verbe Latin *Apio* vient d'*Happa*, arrêter, retenir. *Apex* en Latin signifie aussi cime, faîte, sommet, tête: Il est formé du Celtique *Pech*, qui a tous ces sens avec l'*A*, paragogique. Peut-être que le bonnet dont parle Saint Isidore fut nommé *Apex*, parce que c'étoit une couverture de la tête. Voyez *Bonned*, *Cap*, *Helm*. Voyez aussi le mot suivant, qui présente encore une autre étymologie.
APEZA, Prêtre. Ba.
APEZAITA, Curé. Ba.

APEZPICUGOA, Évêque. Ba.
APHUS, A. M. vase. D'*Aplwys*, profond, creux.
APHWYS, le même qu'*Affwys*, G. *Abyssos*, abysme en Grec.
APICIOSUS, A. G. chauve, à demi chauve. Ce mot vient d'*Apica*, qui dans Festus signifie une brebis qui a le ventre pelé ; & celui-ci est formé de *Pico*, arracher le poil, avec l'*A* paragogique.
APICIRE, A. G. lier ; d'*Apio*. Voyez *Apex*.
APIL, le même qu'*Apal*, pomme. Voyez *Bâl* & *Aval*, *Avil*. De là, *Api*, nom d'une espèce de pomme.
APIN, le même qu'*Abin*, rivière; comme *Ap* est le même qu'*Ab*.
APIN, le même que *Pen*. Voyez ce mot.
APIR. Voyez *Aber*.
APIRE, A. G. lier. Voyez *Apex*.
APIRILLA, avril. Ba.
APISSIMUM, A. G. très-grand repos. *A*, paragogique; *Piz*, repos; *Swm*, en composition *Sym*, très-grand.
APITA, descente. Ba. Voyez *Aphwys*.
APITERNUS, A. G. qui manque des biens de la terre ; *Ap*, sans; *Terryen*, par crase *Tern*, terrestres : le mot de biens est sous-entendu ; ou d'*Apoita*, *Apita*.
APLATA, A. G. pour certain ; d'*Abled* ou *Ablet*, *Aplet*.
APLOIDUM, A. M. filet de pêcheur : C'est le même qu'*Ableia*. Voyez ce mot. Sur la côte de Normandie les pêcheurs appellent encore aujourd'hui les filets *Aplets*.
APNADES, A. G. espèce de vase d'argent. *Ap*, d'*Aphus*, vase ; *Naddu* signifie polir.
APOA, crapaud. Ba. On appelle le crapaud *Bò* en Patois de Besançon.
APOE, appui. B. De là ce mot.
APOITA, misère, pauvreté. Ba. *A*, privatif; *Bwyt*, prononcez *Boyt* ou *Poyt*, nourriture, aliment.
APON, le même qu'*Abon* ; comme *Ap* est le même qu'*Ab*.
APONSARE, APONSAM FACERE, A. M. appuyer des poutres sur un mur voisin ; d'*Apoe*.
APOR, long, grand. I.
APOSTA, A. M. appui ; d'*Appoe*.
APOSTOL, Apôtre ; *Apostoliaeth*, apostolat. G. Ces termes sont pris du Latin, & celui-ci les a empruntés du Grec.
APOSTU, promesse. Ba. *Apuesso* en Espagnol.
APOTEA, verrat, porc entier. Ba.
APOTHECARI, apothicaire, qui concerne les médicamens. G. Il est pris d'*Apotheca* Latin ; celui-ci d'*Apotheke* Grec.
APOTUM, abcès, bile, flegme, pituite. B. On appelle en Patois de Franche-Comté le pus, *aipoustume*.
APOUEILH, auvent. B.
APPACEGAGARRI, propitiation. Ba.
APPARANCZ, apparence. B.
APPARTINENTIAE, A. M. appartenances; d'*Apartenein*.
APPELL, ce qui retient, arrêt, district, ressort, juridiction, territoire, retenue, fief, délai d'absolution, ce qui est pris, capacité d'un vase. B. Voyez *Poell* ; de là, *Appello* Latin, prendre terre.
APPENDARIA, APPENDITIA, APPENSA, APPENTINUM, A. M. appentis ; d'*Apanteie*.
APPIA, A. G. sorte de vase. Voyez *Aphws*.
APPILLAGIUM, A. M. étaie d'une maison ruineuse ; de *Pill*, poutre.

APPLARE, A. G. cuillière ; d'*Ap*, bouche.
APPLICA, appliquer. B.
APPOINTAMENTUM, A. M. convention, contrat ; d'*Appwyntio*.
APPOINTARE, A. M. appuyer des poutres sur un mur voisin. Voyez *Aponsare*.
APPONDIAMENTUM, A. M. le même qu'*Appendaria*.
APPONTUAMENTUM, A. M. capitulation : C'est le même qu'*Appointamentum*.
APPRANTIF, apprentif. B. Voyez *Prentis*
APPREHENDERE, A. M. apprendre ; d'*Aprantif*, *Prentis*.
APPREHENDERE, saisir ; prendre, chez les Auteurs latins, vient aussi du Celtique : Il est formé de *Preni*, acheter, fermer. On trouve dans les anciens monumens *Apprehensio*, par crase *Apprisio*, pour prise.
APPRENTICIATUS, APPRENTICIETAS, A. M. apprentissage, d'*Aprantif*.
APPRENTICII, A. M. apprentifs ; d'*Aprantif*.
APPRESTAMENTUM, A. M. meubles, attirail ; d'*Apresta*.
APPRESTUM, prêt, donner à prêt ; de *Presta*, prêter.
APPRETIARE, A. M. apprécier ; en Espagnol *Appréciar* ; en Italien *Appretiare* ; de *Pris*, qui en Breton & en Gallois signifie prix. Ce mot est sûrement Celtique d'origine, non seulement parce qu'il se trouve dans les deux Dialectes, mais encore parce que c'est le même terme que *Bri* , qui en Gallois signifie estime, prix.
APPREYSONARE, A. M. prendre prisonnier ; de *Prisoun*, prison.
APPRISIA, A. M. enquête ; d'*Apprisio*. Voyez *Apprehendere*, parce que dans une enquête on se saisit de la vérité des faits.
APPROVAMENTA, APPROVIAMENTA, A. M. profit; *Approvandement* en vieux François, profit. Voyez *Approvare*.
APPROVARE, APPRUARE, A. M. faire le profit ; de *Profid* ou *Provid*, profit.
APPROVIAMENTA. Voyez *Approvamenta*.
APPRUARE. Voyez *Approvare*.
APPUNCTARE, A. M. réparer, raccommoder, remettre en bon point ; d'*A*, *Poend*, à point. Voyez aussi *Appwyntio*.
APPUNCTARE, APPUNCTUARE se trouve aussi dans les anciens monumens pour appointer; d'*Appwyntio*. On trouve encore *Appunctare* pour convenir, faire une convention ; d'*Appwyntio*.
APPURBAT, peu. Ba.
APPWYNTIAD, dénomination, dénombrement, énumération, indication. G.
APPWYNTIO, ordonner, destiner, désigner, marquer, assigner, fixer, distribuer, décrire, placer, marquer la situation, poser en place. G. De là, appointer en notre langue ; ou d'*A Poend*.
APRE. Voyez *Aber*.
APRESTA, apprêter, préparer. B.
APRI. Voyez *Aber*.
APRISIA, APRIZIA, A. M. enquête pour apprécier quelque chose ; de *Pris*, prix.
APRISIA, A. M. faculté, pouvoir ; d'*Abri*, dignité, pouvoir.
APRISIGNARE, A. M. emprisonner ; de *Prisoun*, prison.
APROU, épreuve. B,
APROV, preuve, épreuve, approuver, agréer. B.
APROVARE, A. M. prouver ; d'*Approvi*.

APROUETES,

APROUETES, fonde. B.
APROUFF, épreuve, preuve, approuver, agréer. B.
APROUI, preuve, épreuve, approuver, agréer. B.
APROVV, approuver. B.
APROVUS, concluant. B.
APSIS, A. G. nouveau; d'Ap, enfant, petit, nouveau né.
APSUM, A. G. toifon de brebis. *Pais* fignifie habit, robe, étoffe de laine. Le terme que nous expliquons indique qu'il a auffi fignifié laine, toifon ; fens fort analogue à ceux qu'il a confervés. *Bizarra*, barbe en Bafque : le *p* & le *b* fe mettant indifféremment, on a dû dire *Pizarra* comme *Bizarra*. *Apfum* paroit donc formé d'*A*, paragogique ; *Pais*, laine, toifon ; *Um*, terminaifon latine ; *Apaifum*, par une crafe facile *Apfum*, toifon de brebis. L'étymologie de Pezenas en Languedoc acheve de confirmer ma conjecture.

APUCOA, prétexte, raifon dont on fe fert pour couvrir, pour cacher fon vrai motif. Ba.

APULH, le même que *Pulh*. Voyez ce mot.

APURI, accomplir, finir entièrement, achever. B. Ce mot eft compofé d'*A* & *Bur*, ou *Pur*, chef. Voyez *Achevi*. D'*Apuri* eft venu notre mot apurer.

APURRA, mie, miette. Ba.

APUTIOA, injure, infulte. Ba.

AQEBUTT, fufil. B. En Patois de Franche-Comté *Oquebute*.

AQED, ponctualité, affiduité. B.

AQEDUS, AQETUS, ponctuel, affidu, qui a du foin, qui a du fouci. B.

AQETUS, Voyez *Aqedus*.

AQILLETEN, éguillette. B.

AQIPA, équiper. B. De là ce mot.

AQIPAICH, équipage, bagage. B.

AQITA, acquitter. B. Voyez *Quyt*.

AQUALIUM, AQUILIUM, A. G. le deffus de la tête. *A*, paragogique ; *Cal* ou *Qual*, fommet.

AQUERRA, bouc. Ba.

AQUETARGUIA, capricorne, figne du zodiaque. Ba.

AQUINA, façon de vivre. Ba.

AQUIRINA, bouquin, bouc. Ba.

AQUITTER, A. M. acquitter ; d'*Aqita*.

AR, vis-à-vis, contre, dans, fur, deffus, près, auprès, équivaut à nos prépofitions *à*, *au*, *à la*. G. *Ar* en Cornouaille, fur, deffus, près, auprès, équivaut à nos prépofitions *à*, *au*, *à la* ; *Ar*, fur, deffus, touchant, équivaut à nos prépofitions *à*, *au*, *à la*, *dans*, en Irlandois ; *Ar*, près en Écoffois & en Irlandois ; *Ar* en Breton, fur, deffus, près, auprès, équivaut à nos prépofitions *à*, *au*, *à la* ; *Ar* chez les anciens Gaulois fignifioit près, auprès, bord, & étoit équivalent à nos prépofitions *à*, *au*, *à la*. Voyez Céfar, *l.* VII. *Ar* en Bafque marque la proximité ; *Ar* en Arménien, près, auprès ; *Aron* en Caraïbe, bord, lifière ; *Nar* en Perfan, près, auprès.

AR, particule augmentative. G. *Ari*, fort, robufte en Arménien.

AR, terre, champ. G. *Ar*, terre en Bafque ; *Ard*, champ en Arménien ; *Ar* ou *Arv*, champ en Étrufque ; *Area*, *Areka* en Chaldéen ; *Ardhi* en Arabe ; *Arte*, *Airta* en Gothique ; *Arda*, *Arta* en Runique ; *Aert* en Flamand ; *Earth* en Anglois, terre ; *Arta* en Latin, aire, fol ; *Arvum* en Latin, champ ; *Zabra* en Perfan, champ ; *Artos* en vieux François, Pays ; (*Os*, terminaifon) *Ar* en Iflandois, les finits de la terre.

AR, pierre, roc. G. Ce terme nous a été confervé

dans la vie de Saint Colomb. Voyez *Arch*, *Car* ; *Arri* en Bafque, pierre, rocher ; *Art* en Irlandois, pierre, gravier, fable ; *Ar* en Hébreu, rocher ; *Arang* en Malaye, pierre ; *Ariou* en Huron, pierre ; *Hairè*, pierre en Fouli ; *Hoerran*, terre pierreufe en Arabe ; *Arafang*, muraille en Perfan : (*Ar* ou *Ara*, pierre ; *San*, enceinte) l'*n* s'ajoutant à la fin du mot, on a dit *Arn* comme *Ar* ; de là *Arn* en Breton, rocher ; *Hern*, pierre dans la langue des Marfes. Les rochers que les Italiens appelloient *Ara*, au rapport de Virgile,

Saxa vocant Itali mediis qua in fluctibus aras.

tiroient leur nom d'*Ar* roc, & non point de ces prétendus Autels que l'on dit avoir été dreffés fur ces rochers qui étoient au milieu de la mer, pour que les Romains & les Carthaginois y juraffent la paix. Le mot Latin *Ara*, Autel, vient auffi du Celtique *Ar*. Les Autels n'étant dans les commencemens qu'une pierre, on les appella *Ar*, *Ara*. Dans la fuite les hommes ayant choifi quelque pierre élevée pour facrifier, on les appella *Altare* ; d'*Alt*, haute ; *Ar*, pierre. Le terme Latin *Arena*, fable, gravier, petite pierre, eft auffi Celtique ; *Aren* en cette langue eft un diminutif d'*Ar*. Nous avons confervé dans notre langue le mot *Ar* en ce fens. *Ardoife*, efpèce de pierre dont on fe fert pour couvrir les maifons, eft formé d'*Ar*, pierre, & d'*Oes*, qui couvre. On Appelle en François *Aire*, le nid de l'épervier, parce qu'il le fait dans un rocher.

AR, lent, tardif. G. Il a dû auffi fignifier, arrêter, s'arrêter, enfermer, ainfi qu'il paroit par *Araf*, *Arredt*, *Aros*, *Araiftea*, *Arafhin*, *Arafwch*, *Arrés*, &c. *Ahhar* en Hébreu tarder, arrêter, différer, ceffer. *Abhar* en Syriaque & en Arabe ; *Ebhar* en Chaldéen, tarder, arrêter, différer, ceffer ; *Aragan* en Efpagnol, fainéant ; *Arreftar* dans la même langue, arrêter, retarder, empêcher ; *Narra* en Bafque, lent, négligent. On appelle en Languedoc un âne *Arri*, apparemment parce qu'il eft lent ; *Arriéré* en vieux François, retardé. *Arrêt*, *Arrêter* dans notre langue font formés d'*Ar* ; de ce mot eft venue cette façon de parler, *faire haro*, qui fignifie parmi nous prendre, faifir, arreter ; *Hart* en vieux François, corde, lien, arrêt.

AR, haut, élévation. G. *Ar* en Écoffois, montagne ; *Ar*, longueur, long en Breton ; *Ard*, haut en Écoffois & en Irlandois ; *Ard*, *Art*, montée en Irlandois ; *Ar* en Bafque, haut, élevé, élévation ; *Ar* en Hébreu, montagne ; *Har* dans la même langue, montagne, chofe élevée, Roi, Prince, Grand ; *Har* en Chaldéen, montagne, haut, élevé ; *Hhbar* en Arabe & en Éthiopien, montagne ; *Ard* en vieux Perfan, grand ; *Dara*, Roi dans la même langue ; *Ar* en Arménien, élevé, deffus ; *Arkai*, Roi dans la même langue ; *Hary*, montagne en Indien ; *Aré*, éléphant en Malabare ; *Araggana*, géant ; *Aratchana*, Roi ; *Aratchaniyala*, Seigneur ; *Aram*, puiffance, force ; *Aranigam*, grandeur ; *Arave*, *Araddarana*, beaucoup, très, fort, adverbe, en langue Tamoulique ; *Arab* en Sarrazin, Seigneur ; *Aria*, montagne, colline ; *Arpeza*, pied de montagne ; *Arfis*, élévation ; *Ari*, grandement, beaucoup ; *Airo*, au futur *Aro*, élever ; *Arche*, Empire, Principauté, domination ; *Arifteis*, les plus Grands de l'État dans la langue Grecque ; *Arduus*, haut, élevé ; *Arx*, lieu élevé, hauteur dans la langue latine ; *Har*,

AR.

haut en Cimbrique ou Runique; *Hare*, *Here*, Roi dans la même langue; *Haar*, haut en Islandois; *Harh*, haut en ancien Germain; *Artizh*, tertre, petite élévation en Esclavon; *Arriba* en Espagnol, dessus, au dessus, en haut; *Arzen*, levée, chaussée dans la même langue. L'*e* se mettant pour l'*a*, *Here* en ancien Saxon; *Herr* en Allemand; *Heer* en Flamand; *Here* en Danois, Seigneur. L'*o* & l'*u* se substituant réciproquément, *Oros*, montagne en Grec; (*Os*, terminaison) *Or*, montagne en Hongrois; *Hora*, montagne en Bohémien & en Vandale; *Hori*, nom appellatif de montagne sur les bords de la mer caspienne. Voyez *Ar*, sur, dessus.

A R étoit article chez les anciens Bretons, au rapport de Camden: il l'est encore aujourd'hui chez nos Bretons & chez les Basques.

A R, massacre. C. I. *Aracos*, épervier oiseau de proie en Étrusque.

A R, nôtre. I.

A R, sous, dessous; I. & par conséquent particule diminutive; comme *Go*, Gallois, & *Sub*, Latin. Voyez *Ar*, à demi.

A R de, du, des, prépositions; déhors, depuis. I.

A R, par, pour, à cause, de, à. I. Voyez aussi *Arfal*.

A R, entre. I.

A R, sur, dessus. I. B.

A R, marque du participe, du prétérit ou du passé. I.

A R, fraper, battre. I.

A R, guide, conducteur, suivant, ou qui suit. I.

A R, rivage, bord. B.

A R, le même que *Car*, *Gar*, *Sar*. Voyez *Aru*.

A R est paragogique, ou une préposition superflue. Voyez *Arall*, *Aruthr*, *Aroreir*.

A R, à demi. Voyez *Arsoel*, & par conséquent particule diminutive.

A R, grand, long. Voyez *Arllaw*.

A R, discours. Voyez *Arawd*; de là, *Arengua* dans la basse latinité, discours, harangue; de là, *Narro* Latin, parce que l'*n* s'ajoutoit dans le Celtique.

A R, parole, mot. Voyez *Arabedd*.

A R, l'action de labourer, labourage. Voyez *Cyfar Hafar*, *Ardwr*. *Hharas* en Hébreu, en Chaldéen, en Éthiopien, labourer; *Hnarath* en Syriaque & en Arabe, labourer. *Ara* en Basque, labourer; *Arat* en Breton, labourer; *Arser* en Étrusque, labourage; *Ar*, *Ard*, labourage; *Arda*, laboureur; *Ardur*, charrue en Runique; *Aria* en Islandois; *Arian* en Gothique; *Erian* en ancien Saxon; *Eren*, *Erren* en Theuton; *Era* en Frison; *Eare* en Anglois; *Aroun* en Grec; *Aro* en Latin, laboureur; *Aroy* en vieux François, charrue.

A R, percer, piquer. Voyez *Arlleg*, *Arach*, *Aren*; *Air* en Arménien, caverne.

A R a signifié couper. Voyez l'article précédent. *Ar*, à demi; *Ar*, l'action de labourer; *Ar*, massacre.

A R, le même que *war*, ardent, brûlant. Voyez ce mot. Chaud, rouge, voyez *Gwyar* & *Benbohet*; de là est venu *Ardeo*, Latin, *Arsa*, soleil en Arménien. Le terme qui signifie le soleil, a toujours signifié feu. Voyez *Sol*; *Scemesc*, soleil en Hébreu, est composé de deux mots, qui signifient feu du ciel.

A R, non, sans. Voyez *Arbouilh*. *Ara*, particule négative en Malabare.

A R paroit avoir signifié en Basque haut, élevé, élévation; *Ara* est la marque du superlatif, qui est le plus haut dégré de comparaison; *Arroa*, se gonfler comme une éponge; *Arrotzea*, raréfaction; *Arrotu*, je m'enorgueillis.

A R. On voit par *Ara*, voici, *Araguirts*, approché;

ARA.

Araldea, accompagnement; *Araucoa*, exact, ponctuel; *Aranquidetua*, concordat, convention; *Aria*, fil, *Arpoya*, brasselet, collier; *Arpoyac*, liaison, jointure; *Arraitxu*, j'embrasse; *Arpigaria*, attrait, invitation, qu'*Ar* a marqué l'union, la liaison, la proximité dans la langue Basque.

A R a signifié odeur, parce qu'*Ar* est une syllabe qui se trouve dans des termes qui signifient odeur, ou quelque chose qui a rapport à l'odeur. *Aroyl*, odeur en Gallois; *Nard* en Gallois; *Nardy* en Breton, nard plante d'une excellente odeur; *Nar* en ancien Sabin, soufre; (les Sabins descendoient des Gaulois. Voyez le chapitre septième de la première partie) *Naris* en Latin; *Narine* en François, le canal par où nous sentons les odeurs; d'ailleurs *Ar* est la crase facile & naturelle d'*Aer*, *Ear*, *Air*. Or en Breton & en Gallois le même mot qui signifie air, signifie odeur; *Awyr* en Gallois, air, odeur; *Guends* en Breton, vent & odeur.

A R. Voyez *Arbalcha*.

A R. Voyez *Artze*.

A R C E A N N, outre. I.

A R G A C H L E I T H, *A R G A C H T I Y V*, autour. I.

A R A, lent en ancien Breton, au rapport des Auteurs qui ont écrit l'histoire de ce Peuple. Voyez *Ar* & *Araf*.

A R A, biére. I.

A R A, serviteur, homme à gage. I.

A R A, voici. Ba.

A R A, là. Ba.

A R A, vers, de côté. Ba.

A R A, laboureur. Ba. Voyez *Ar*.

A R A, A. M. étable de cochons; *Ar*, enclos.

A R A B, plaisant, facétieux, enjoué, badin, flateur, caressant, qui dit des paroles obligeantes, qui dit des douceurs. G. D'*Ar*, parole; *Ebad*, *Abad*, agréable, douce. Voyez *Arabadiez*.

A R A B A D I E Z, parole plaisante, parole ridicule, badinerie, niaiserie, puérilité, amusement d'enfant. B. Voyez *Arab*, *Arabedd*.

A R A B A D U S, hautain, arrogant, selon le Pere de Rostrenen. Dans un livre Breton on donne ce terme pour épithéte à un vieillard dégoutant par sa difformité, ses ordures & sa saleté. B. Il faut retenir les deux significations. Voyez *Ankelher*. Ce mot au premier sens est formé d'*Ar*, parole, & *Bad*, le même que *Baud*.

A R A B A M ou *A R A B A*, A. G. embuches. Voyez *Arau*, qui, par la substitution réciproque du *b* & de l'*u*, a pu aussi se prononcer *Arab*. Voyez aussi *Arabat*.

A R A B A T, ce qui est mal, mauvais, horrible, ce qu'on ne peut faire, ce qu'on ne doit pas faire, horreur. B.

A R A B E D D, mot pour rire, raillerie, plaisanterie, enjouement, badinage, jeu, divertissement, de badin, de folâtre. G. Voyez *Arab*.

A R A B E D D I A E T H, bons mots, plaisanteries, bagatelles, vetilles. G.

A R A B E D D I A I T H, paroles obligeantes, douceurs, caresses, flateries, plaisanteries, bons mots, discours plaisant, enjouement. G.

A R A B E D D U S, qui se fait par jeu, par divertissement, facétieux, enjoué, plaisant. G.

A R A C A I T U A, salé. Ba.

A R A C A L D I A, impudicité. Ba.

A R A C A U S L E A, cercueil fait d'une pierre qui consumoit les chairs. Ba.

A R A C H, puissance, valeur, vaillance, force. I.

ARA. ARA.

ARACH, ronce. I.
ARACH, grand coffre. B. Voyez *Arch*.
ARACHI, arracher. B. De là, ce mot.
ARACHTUS, puissance, pouvoir. I. Voyez *Arach* qui est le même.
ARACIA, contrainte, nécessité. Ba. Voyez *Rac*, *Racg*.
ARACIUM, A. M. haras, troupeau de chevaux; d'*Haracz*.
ARAD, le même que *Siarad*. G.
ARADH, échéle, ornement. I. Voyez *Ar*.
ARADH, rein, longe, parlant du veau. I.
ARADR, charrue. G. B.
ARADUR, labourage, labour. B.
ARAF, paisible, doux, tranquille, lent, tardif, qui reste dans le même état, qui est fixe, qui s'arrête, qui est arrêté, qui se repose, qui ne se trouble point, qui n'est point rude, qui ne s'émeut de rien, traitable, accommodant, modeste, enjoué. G. Au dernier sens c'est le même qu'*Arab*: l'*f* & le *b* se substituent réciproquement.
ARAFAID, doux, traitable. G.
ARAFAIR, lent à parler. G.
ARAFDEG, serein, qui est sans nuages. G. *Deg*, de *Teg*.
ARAFDROED, qui marche lentement. G. *Droed*, de *Troed*.
ARAFDWR, étang. G. A la lettre, eau qui s'arrête, qui est arrêtée.
ARAFEIDDIO, se ralentir, s'adoucir, devenir doux, rendre serein, causer la sérénité. G.
ARAFFON, murmure. G.
ARAFGAM, qui marche lentement. G. *Gam*, de *Cam*.
ARAFHIN, temps serein, temps calme, bonace, calme de mer. G. *Araf Hin*.
ARAFU, se ralentir, s'adoucir, devenir doux, s'appaiser, être lent, être doux, agir lentement, agir avec douceur. G.
ARAFWCH, naturel paisible, humeur douce, tranquillité, repos, lenteur, paresse, douceur, manières douces. G.
ARAG, les fétus de lin broyé, & peut-être généralement de toutes pareilles choses. B. De *Rag*, petit, de peu de valeur.
ARAGUEITA, prostitution. Ba.
ARAGUEITIA, voluptueux, adonné aux infâmes voluptés. Ba.
ARAGUEYA, luxure, impureté, lasciveté, obscénité, impudicité. Ba.
ARAGUIA, chair, viande. Ba.
ARAGUICOIA, voluptueux, impudique. Ba.
ARAGUITZ BILTZEA, qui est approché, qui est venu. Ba.
ARAGUIZALLEA, qui aime la viande à l'excès, vorace. Ba.
ARAGUYA, viande, chair. Ba.
ARAIARE, A. M. équiper, mettre en ordre, ranger, ranger en bataille. *A*, paragogique; *Reih*, ordre, arrangement. On a dit en vieux François *Arrayer*, *Arroyer*, mettre en arroi pour équiper, mettre en ordre.
ARAIL, cultiver, avoir soin. G. Voyez *Ar*.
ARAIM, airain. B. De là ce mot.
ARAIPALACUA, volupté. Ba.
ARAISTEA, l'action de fermer. Ba. Voyez *Ar*.
ARAISTEGUIA, prison. Ba. *Arest*, chez les Jurisconsultes Anglois, signifie la saisie d'un homme & son emprisonnement.
ARAITH, discours. G. Voyez *Ar*.

ARAITHYDDIAETH, art oratoire, Rhétorique. G.
ARALDEA, accompagnement, cortége, suite, ordre. Ba.
ARALDEAC, en grand nombre. Ba.
ARALDIA, ris, moquerie, raillerie. Ba.
ARALL, autre. G. B. *Ar*, superflu. Voyez *All*, Voyez *Araldea*.
ARALLEG, allégorie. G.
ARALLERO, étranger. G. *Bro*.
ARALLIAD, changement, aliénation. G.
ARALLU, aliéner, changer, altérer. G. Voyez *Araulia*.
ARALLWLAD, voyageur, pélerin, étranger. G. *Aral Gwlad*.
ARAM, ancienne prononciation d'*Arav*. G.
ARAMBREA, airain, cuivre. Ba. Voyez *Araim*.
ARAN, montagne. G. Voyez *Ar*.
ARAN, pain. I. Voyez *Ar*, le même que *Car*.
ARAN, vallée. Ba.
ARAN, AREN, toile. Voyez *Bougaran*, *Bougaren*.
ARANA, prune, prunier. Ba.
ARANADHBAR, à cause, parce que. I.
ARANBAL, sur le champ, maintenant, à présent, ici, en ce lieu. I. Voyez *Bal*.
ARANCIA, ARANGIA, ARANGIUM, A. M. orange; d'*Aur*.
ARANCIBIA, épine-vinette. Ba.
ARANTECOA, défenseur, consolateur. Ba.
ARANTINUS PAROPSIS, A. M. vase de terre; d'*Ar*, terre.
ARANZA, épine, ronce, pointe, aiguillon. Ba. Voyez *Ar*; de là, ronce en notre langue.
ARAOC, devant, au devant. B. *A*, superflu. Voyez *Rac*. On dit en Breton *Dout à-raoc*, Dieu aidant. A la lettre, Dieu vous précédant, vous prévenant.
ARAOIR, hier au soir. I.
ARAOUS, hargneux, de mauvaise humeur, chagrin, querelleur, contredisant, d'humeur fâcheuse, qui fait des difficultés, fâcheux, qui met des obstacles. B. Voyez *Aros*.
ARAP, A. M. rapt, larcin, d'*Harpa*.
ARAPAGARE, A. G. creuser dans la terre; d'*Ar*, terre; *Pigo*, creuser.
ARAPENNIS. Columelle dit que ce mot est Gaulois, & qu'il signifie en cette langue un demi jugére romain. On trouve aussi dans les anciens Auteurs *Arepennis*, *Aripennis*, *Aripennus*, *Arpennis*, *Aripendium*, *Agripennus*, *Agripenna*, *Agripennis*, *Arpentum*. Nous disons aujourd'hui *Arpent*. *Ara*, labouré; *Pen*, un; *Neiz*, jour; *Di* ou *Ti*, pareillement jour. *Arapenneiz*, *Arapendi*, *Arapenti*, le labouré d'un jour, ce qu'on laboure en un jour; de là vient que nous appellons aussi un arpent un journal. On voit par là que le jugéré romain comprenoit deux arpens gaulois, & qu'ainsi on traduit mal ce mot par celui d'arpent ou de journal.
ARAQUILLEA, qui fait revivre les chairs. Ba.
ARAQUINA, boucher. Ba.
ARAR, lent, tardif. G. C'est le synonime d'*Araf*.
ARAR, charrue. B.
ARARCORIA, orpiment. Ba.
ARARTECOA, médiateur. B.
ARAS, maison, habitation. I.
ARASCL, dur, non mûr. B.
ARASTECOA, avocate, patrone, protectrice. Ba.
ARAT, labourer. B.
ARAT, là, ici. I.
ARAT, charrue en Gallois, selon Camden. Voyez *Aradr*.
ARATEGUIA, marché de la viande. Ba.

ARATEPALLEA, boucher. Ba.
ARATH, le même qu'*Arach*. I. De même des dérivés ou semblables.
ARATH, le même qu'*Aradh*. I.
ARATOITZA, oracle. Ba.
ARATOS, exprès, expressément, de dessein formé, avec réflexion. B. *A*, de; *Ratos*, réflexion, attention.
ARATOUEH, de propos délibéré, à dessein. B. Voyez *Ratob*.
ARATU, je cherche la vérité. Ba.
ARATUM, A. M. radeau. *Ratis* en Latin; de *Radell* ou *Ratell*, rat. *A*, paragogique.
ARATUSTEA, bacchanales. Ba.
ARATZEA, action d'enrégistrer. Ba.
ARAV, paisible, lent, tranquille. G. C'est le même qu'*Araf*.
ARAU. Voyez, dit Davies, si ce n'est point *Ar Au*, d'*Ar Gau*. Je crois qu'oui, tant parce que l'analogie de la langue le demande, que parce qu'*Arabam*, qui est le même qu'*Arav*, signifie embuches. Or *Arau*, formé d'*Ar Gau*, signifie tromperie, fourbe, perfidie.
ARAVA, régle, modéle, droit, ordre. Ba.
ARAUCA, A. M. ornement eccléfiastique: C'est le même que le *Rocca* ou *Roccus*. *A*, paragogique.
ARAUCAT, avancer. B.
ARAUCOA, exact. Ba. Voyez *Arava*.
ARAUCQ, devant. B.
ARAUDEA, ordre, méthode, liturgie. Ba. Voyez *Arava*.
ARAUEZ, selon, suivant. Ba.
ARAUEZCO, selon, suivant. Ba.
ARAUGAUQUIA, régulier. Ba.
ARAUJAQUINA, juridique. Ba.
ARAUJARRAYA, Professeur en Droit. Ba.
ARAUL, tranquille, serein, beau. G. D'*Ar Haul*, dit Davies.
ARAULIA, trouble, mélange. Ba. Voyez *Arall*.
ARAULIGARRIA, qui tourne facilement. Ba. Voyez *Arall*.
ARAUQUEA, désordre. Ba. *Arava*; *Quea*, privatif.
ARAUQUIDA, statut, constitution. Ba. Voyez *Arava*.
ARAUQUIDATUA, concordat. Ba.
ARAURA, comme, selon. Ba.
ARAUSLEA, coupable. Ba.
ARAUSTEA, crime. Ba. *Arava*; *Stea*, privatif.
ARAUTALA, jurisdiction. Ba. Voyez *Arava*.
ARAUTARRA, régulier. Ba.
ARAUTUA, conforme. Ba.
ARAW, le même que *Garaw*. Voyez *Aru*.
ARAWD, discours, discours de louange, panégyrique. G. *Ar*, d'*Araith*; *Od* ou *Rhod*, de *Rhodres*.
ARAXEQUI, ce qui retient fortement. Ba.
ARAZGUEA, recueillement. Ba.
ARAZOA, murmure, trouble, tumulte feint. Ba. Voyez *Araous*.
ARAZOTU, j'occasionne des troubles, des murmures. Ba.
ARAZOZ, dans le trouble, confusément. Ba.
ARAZQUEA, expédition. Ba.
ARAZR, charrue. B. Voyez *Aradr*, qui est le même; *Hharas* en Hébreu, labourer la terre.
ARB, rivière. Voyez *Arben*.
ARBAL, sur le champ, maintenant, à présent, ici, en ce lieu. I. Voyez *Aranbal*.
ARBALCHA, ARBELCHA, ambre noir. Ba. *Balcha*,

Belcha, noir; *Ar* a donc signifié ambre, gomme durcie.
ARBALESTARIUS, A. M. arbalétrier; d'*Arbalestr*.
ARBALESTENA, A. M. creneau; ainsi nommé d'*Arbalestr*, parce que c'étoit par les creneaux que tiroient les arbalétriers.
ARBALESTRA, tirer de l'arbalète. B.
ARBALESTR, arbaléte. B.
ARBALISTA, A. M. arbaléte, arbalétrier; d'*Arbalestr*.
ARBAR, bled. I.
ARBAR, orge. I.
ARBAR, fertile. I.
ARBARES, sodales, A. M. Juges des bornes; *Ar*, article; *Bar*, extrémité, borne.
ARBARFETET, de propos délibéré. B. *Ar*, article; *Bar*, tète; *Fet*, avec.
ARBASO, bisayeul. Ba.
ARBAZEATUA, carnacier, qui vit de chair. Ba.
ARBAZTAC, éclats ou coupeaux de bois. Ba. En comparant ce mot avec *Arbola*, *Arbetes*, *Arbotaria*, on voit qu'*Arba*, *Arbe*, *Arbo*, *Arbola* ont signifié arbre, bois: C'est ainsi que *Gwydd* signifie arbre & bois; & *Coed*, bois & forêt; de là, *Arbos*, *Arbor* Latins.
ARBED, épargner, épargne, ménage, économie. G.
ARBEDUS, épargnant. G.
ARBEE, Pays; contrée au pied des montagnes. Ba.
ARBEEN, au devant, à la rencontre. B. Voyez *Ben*.
ARBEENNEIN, ménager, user avec réserve. B.
ARBEGIATGII, A. M. les habitans des fermes ou Villages qui dépendoient de leurs Seigneurs, comme serfs, ou en quelqu'autre qualité; d'*Arbejamentum*, parce que les serfs ou sujets d'un Seigneur se retiroient dans son château ou maison forte dans les temps de guerre ou d'incursions d'ennemis. Il y a trois ou quatre Villages dans cette Province, voisins du château d'Aban, qui, moyennant des corvées & autres redevances, avoient droit d'asyle & de retraite dans ce château.
ARBEJAMENTUM, A. M. maison fortifiée; de *Berg* ou *Berj*. Voyez *Albero*; *Al* & *Ar* sont également article.
ARBEIDIO, surseoir, cesser de faire. G. *Ar*, superflu; *Peidio*.
ARBELA, terre grasse. Ba. *Ar*, terre; *Bill* ou *Bell*, grasse. Voyez *Arbilla*.
ARBELCHA. Voyez *Arbalcha*.
ARBELLUM, A. G. tourment, lieu où l'on tourmente; de *Boell*, peine.
ARBEN, rivière. De même qu'*Aven*, *Avon* rivière font *Arven*, *Arvon* par l'infertion de l'*r*, ainsi *Ab*, *Aben*, *Abon*, *Av* doivent faire *Arb*, *Arben*, *Arvon*, *Arv*.
ARBENNIG, capital, principal, premier, Souverain, suprême, Cardinal, excellent, Prince, qui est au dessus du commun, qui tient le premier rang, qui est à la tête, le plus haut; *Ben*, tête, *Benig*, qui est à la tête; *Ar*, article.
ARBENNIGRWYDD, Principauté, primauté, Souveraineté, excellence, sommet, cime, la plus grande élévation, Souverain, suprême. G.
ARBETES, A. G. arbres. Voyez *Arbaztac*.
ARBHARACH, plein de bled. I.
ARBIA, navet. Ba. Voyez *Iruinen*.
ARBIDIA, lieu planté de navets. B.
ARBILILICHA, feuilles de navets, de raves. Ba.
ARBILLA, ARVILLA, dans Festus graisse du corps; *Ar*, article, *Bill* ou *Vill*, graisse: L'*l* se
changeant

ARB.

changeant aisément en *n*, d'*Arvilla* on aura fait *Arvina*.

ARBIN, d'*Abin*; comme *Arben*, *d'Aben*.

ARBINA, détroit, passage étroit. Ba.

ARBISCA, infecte. Ba.

ARBITERIUM, A. G. accord des arbitres dans leur opinion; d'*Arbitrer*.

ARBITRAGIUM, ARBITRAMENTUM, ARBITRATIO, A. M. arbitrage; *Arbitrare*, arbitrer; *Arbitrator*, arbitre; d'*Arbitrer*.

ARBITRER, arbitre. B.

ARBIZUCOA, bouillon de navets. Ba. D'*Arbia* & *Suc*.

ARBOILEADH, fol. I.

ARBOLA, arbre. Ba. Voyez *Arbaxtac*.

ARBOLADIA, bosquet, verger, pépinière. Ba.

ARBON, rivière. Voyez *Arben*. *Arbo* en Langue du Beniu paroit signifier rivière.

ARBOTALEA, arbalète, fusil. Ba. Transposition d'*Arbalestr*.

ARBOTARIA, arc-boutant, pilier. Ba.

ARBOTZOYA, arsenic. Ba.

ARBOUILH, ménager, épargnant. B. *Pouilh*, en composition *Bouilh*, abondant; *Ar* par conséquent sans, non.

ARBULL, le même qu'*Earbull*. I. De même des dérivés ou semblables.

ARC, le même qu'*Earc*. I. De même des dérivés ou semblables.

ARC, cochon. I.

ARC, ARG. On voit par *Arch*, *Arca*, *Argae*, qu'*Arc* & *Arg* ont signifié en général tout ce qui renferme, tout ce qui contient. De là le terme Latin *Arx*, forteresse; *Arsh*, Ville, Cité en Brebére. Voyez *Arcae*, *Ark*.

ARC, arc. Voyez *Arcarii*.

ARC. Voyez *Arg*.

ARC. Voyez *Arcoraig*.

ARCA, coffre. Ba. *Arca* en Latin, en Italien, en Espagnol, en Albanois, arche, caisse, coffre; *Arcon* en Espagnol, grande caisse; & *Arqueton*, grand coffre; *Ark* en Allemand; *Arck* en Danois, coffre, caisse; *Ark* en Anglois; *Airc* en Irlandois, arche, coffre; *Arg* en Irlandois, armoire; *Eark* ou *Erk* en ancien Saxon, coffre, caisse; *Arg* en Arménien, coffre; *Argads*, arche en Hébreu. Voyez *Arch*.

ARCABOT, maquereau. Ba.

ARCAE, le même qu'*Argae*. Voyez *Arca*, l's se mettant pour le *c*; de là est venu *Arsenal* en notre langue, & *Arcanum* en Latin, secret; *Arche* en vieux François, sale, enceinte couverte.

ARCAITU, saler la viande. Ba. *Araiguia Aitu*.

ARCAITZA, rocher. Ba.

ARCAITZAUNTZA, chamois, chèvre. Ba. D'*Arcaitza*.

ARCAIZTEGUIA, lieu pierreux. Ba. Voyez *Arcaitza*.

ARCAIZTIA, roide, escarpé. Ba.

ARCAN, cochon. I.

ARCAN, liége arbre. I.

ARCANTA, pierre. Ba. Voyez *Arch*.

ARCANTA, A. M. arche, arcade; d'*Arc* parce qu'elle est courbe comme un arc.

ARCARII, A. M. archers; d'*Arcus*, qui vient de *Goarec*. Les mots qui commencent par un *g* le perdent; ainsi on a dit *Oarec* comme *Goarec*; ensuite par une crase facile *Arec*, arc; *Arch* en Albanois, arc; *Arco* en Espagnol, arc; *Arkuri*, obliquement en Turc; en vieux François on a dit *Ars* & *Art* pour arc.

TOME I.

ARC.

ARCATORES, ARCHATORES, A. M. les mêmes qu'*Arcarii*.

ARCELLA, A. M. habitation, maison; *Ar*, article; *Cell*, habitation.

ARCEPTA, A. G. espèce de vaisseau, apparemment ainsi nommé à cause de quelque ressemblance avec un arc.

ARCERETUS, A. G. combat; d'*Arc*, combat.

ARCETARE, A. G. cacher; d'*Arcae*.

ARCH, coffre, caisse, biére, arche. Il se prend aussi pour le tronc du corps. G. Nous avons conservé cette façon de parler, nous appellons le tronc du corps le coffre; *Arcer* en vieux François, enfermer dans un coffre; *Artza* en Suisse, coffre. Voyez *Arca*.

ARCH, demande, priére, demander, chose demandée. G.

ARCH, huche, grand coffre, biére, cercueil; pluriel, *Irchier*. B. On dit encore en Franche-Comté *Arche*; pour signifier un grand coffre & une grande caisse trouée, dans laquelle on conserve le poisson vivant; *Arg* en Turc, canal, aqueduc, dans lequel l'eau est renfermée. Voyez *Arch* plus haut & *Arg*.

ARCH, près, auprès. B.

ARCH, corps. I. Voyez *Arch* Gallois.

ARCH pour ERCH. Voyez *Cafarch*.

ARCH, élevé, élévation. Voyez *Archedeyrn*; *Arche* en Grec, Principauté, dignité, extrémité.

ARCH, pierre, rocher. E.

ARCHABUSIUM, A. M. arquebuse; *Arcabuz* en Espagnol; d'*Arqebusen*.

ARCHAEL, Archange. B. *Ael*, Ange; *Arch*, premier, au dessus.

ARCHAFAD, l'action de monter, d'élever, celui qui monte, qui éleve. G.

ARCHAFAEL, monter, élever. G.

ARCHALUAC, pendant d'oreille. Ba.

ARCHAND, argent. B. *Ar*, article; *Chan*, blanc; brillant. Les Bretons appellent aussi la lune *Archan*; à cause de sa blancheur brillante. Selon Festus on a dit *Argennum* pour *Argentum percandidum* : le *d* ou le *t* s'ajoute indifféremment à la fin des mots; ainsi *Argen* & *Argent* sont le même mot; & ce n'étoit que l'usage, & non l'étymologie, qui y avoit mis quelque différence. *Archan* est le même qu'*Argan* par la substitution réciproque du *ch* & du *g*. Voyez *Argand*.

ARCHANDHED, le quatrième essain. B. *Hed* signifie essain; *Archand*, argent. Les Bretons appellent le quatrième essain, essain de bénédiction, parce qu'il est très raré que les abeilles en jettent plus de trois; c'est apparemment par la même raison qu'ils l'appellent essain d'argent.

ARCHANTI, enchanter. B.

ARCHANTOUR, bateleur. B.

ARCHAR, crainte. Voyez *Diarchar*.

ARCHDEYRN, Monarque. G. *Teyrn*, Roi, Monarque. On voit par *Ar*, *Archael*, *Archafad*, *Archafael*, qu'*Arch* a signifié élevé, élévation; ainsi *Archdeyrn* est un pléonasme.

ARCHDEYRNAETH, Monarchie. G.

ARCHE, observateur. E.

ARCHEAL, Archange. B. C'est une transposition d'*Archael*.

ARCHED, coffret. B.

ARCHEL, biére, cercueil. B. Voyez *Arch*.

ARCHEL, archet. B.

ARCHEN, vêtement, ce qui couvre le corps. G. Davies demande si ce mot ne signifie pas proprement des souliers ; je réponds qu'oui , parce que *Diarchen* en Gallois fignifie déchauffé ; *Archenad* en Breton & en Gallois, foulier ; & *Archena*, chauffer. Voyez l'article fuivant.

ARCHEN, chauffure, fouliers & bas de chauffes. Il n'eft plus en ufage, dit Dom le Pelletier que nous tranfcrivons ici , qui me foit connu que dans fes dérivés ; *Arc'henna*, chauffer ; *Archennat*, fingulier ; *Archennaden*, chauffure ; *Archennet*, chauffé ; *Diarchenn*, déchauffé, qui eft fans chauffure ; *Diarc'-henna* , déchauffer. B. Ce terme peut venir de *Cen* ; en compofition *Chen*, cuir ; alors ce mot auroit d'abord fignifié fouliers , enfuite il auroit été étendu à tout ce qui couvre le corps ; (voyez l'article précédent) ou , fi l'on aime mieux , *Archen* fera formé d'*Arch*, parce que tous les habillemens font des efpèces de caiffes dans lesquelles on enferme les diverfes parties du corps. Voyez *Cas*.

ARCHENA, chauffer. G. B.
ARCHENAD, foulier, chauffure. G. B.
ARCHENAD, habillement. G.
ARCHENAF, chauffer. B.
ARCHENU, chauffer. B.
ARCHER, hoqueton. B. D'*Arc*.
ARCHERIA, A. M. petite maifon. C'eft dans les anciens monumens de la Principauté de Dombes que s'eft confervé ce terme. Les Payfans du Lyonnois appellent *Archille* un petit logement placé auprès d'une étable à bœufs ; *Ar*, petite ; *Caer*, en compofition *Chaer*, habitation ; *Kill*, en compofition *Chill*, habitation.

ARCHESCOP, Archevêque. G. Pris du Latin.
ARCHET, cercueil, bière, coffret. B. C'eft le même qu'*Arch*.
ARCHEUST, veille ou garde des corps morts, en faifant des prières pour leurs ames pendant la nuit qui précède leurs funérailles. B. D'*Arch*, cercueil ; *Coft* ou *Cuft*, garde ; *Cuft* en compofition fait *Chuft*.
ARCHIA, A. M. arche, arcade. Voyez *Arcata*.
ARCHIAD, mandement, commandement, ordre. G. Voyez *Arch*.
ARCHIAGON, Archidiacre. B. Du Latin *Archidiaconus*.
ARCHIBANCUS ; A. M. coffre, qui apparemment fervoit auffi de banc : il y en a encore de cette façon en Franche-Comté ; *Arch*, coffre ; *Bancq*, banc.
ARCHIBUSUS, A. M. arquebufe ; d'*Arqebufen*.
ARCHINALE, A. M. arcenal ; d'*Arfenal*.
ARCHOAZ, demain. B.
ARCHOCHA, croupion. Ba.
ARCHOFFEIRIAD, Archiprêtre. G.
ARCHOLL, playe. G.
ARCHOLLEDIG, bleffé, égratigné, tout écorché. G.
ARCHOLLI, bleffer, limer. G.
ARCHOLLIAD, l'action de bleffer, ulcération. G.
ARCHOLLOG, couvert de playes. G.
ARCHONIUM, A. G. tas de gerbes ou d'autres chofes ; d'*Arch* élévation. Monceau, qui eft le même que tas, eft formé de *Mont*, élévation.
ARCHOUERE, génie, foit bon, foit mauvais. B.
AR-CHUN. Voyez *Cun*.
ARCHWAETH, goût, l'action de goûter. G. *Ar*, fuperflu.
ARCHWAETHU, goûter. G.
ARCHWAETHWR, celui qui goûte. G.
ARCHWALA, affez, fuffifamment, abondamment. B. *Ar Gwala* ou *Cwala*.
ARCIA, cifeau de tailleur de pierres. Ba. *Ar*, pierre.

ARCHIVESTIER. Tailleur supérieure en costumes, ou archivestes.

ARCIL, le même qu'*Argil*.
ARCILAURUS, A. G. forte de plante dont les feuilles reffemblent au laurier ; *Arch*, près, approchant, reffemblant. Voyez *Arcoir*.
ARCILLA, A. G. argille, terre blanche ; *Ar*, terre ; *Gwil* & *Cwil*, ou *Gill* & *Cill*, (les deux façons d'écrire font indifféremment) blanche.
ARCIS, cuir. I.
ARCITZAN, il a pris, il a reçu. Ba.
ARCOIR, voifin. I. Voyez *Arch*.
ARCORAIG, voifin. I. On voit par ce mot & par le précédent qu'on a dit *Arc* comme *Arch* ; d'ailleurs en Celtique *c* & *ch* fe fubftituent.
ARCOSCA, gravier. Ba. *Ar*, pierre ; *Co*, petite.
ARCUBALISTA, A. M. arbalète. Voyez *Arbalifta*.
ARCUSBUSUS, A. M. arquebufe. Voyez *Archibufus*.

ARD, ARDD, le plus élevé, le plus haut. G. *Ard*, montagne dans la même langue. Voyez *Ardguideli*. *Ard* en Écoffois, élevé, hauteur, fur, deffus ; *Ard*, *Art* en Irlandois, haut, élevé, éminent, grand, premier, principal, noble, montagne, montée ; *Artea* en Bafque, longueur, étendue ; *Ardyan* en Arménien, faîte, fommet ; *Ard*, *Art*, grand en ancien Perfan ; *Arta* dans la même langue, héros, grand homme ; *Artaga*, je mets plus haut, en Tartare Calmoucq & Mogol ; *Art* en Perfan, prépofé, Seigneur ; *Arund*, hauteur en Perfan ; *Artuk*, *Artyk*, plus, davantage, particule augmentative en Turc ; *Art*, *Artan*, fuperflu, ce qui eft au-delà du néceffaire, ce qui excède, ce qui furabonde dans la même langue ; *Arta*, trop dans la même langue ; *Artmak*, croître, augmenter, être fuperflu, être de trop dans la même langue ; (*Mak* dans cette langue eft la terminaifon des verbes) *Arden* en Grec, hautement ; *Art* en Allemand, particule augmentative, très, fort ; *Artigan* en ancien Saxon, monter ; *Artizh* en Efclavon, tertre, élévation ; *Ard*, particule augmentative en François ; *Buzard*, augmentatif de *Buze* ; d'*Ard* & *Uh* s'eft formé par pléonafme *Arduus* Latin. Voyez *Ardd*.

ARD fignifioit en ancien Breton, felon le Pere de Roftrenen, naturel. De là nos noms terminés en *Ard*, *Gaillard*, *Piaillard*, *Grognard*, &c. *Gaillard*, naturellement gai ; *Piaillard*, *Grognard*, qui crie fouvent, qui gronde fréquemment. On voit par là qu'*Ard* fignifie fouvent, fréquemment. *Hards* en François, troupe de cerfs ; *Hardo* en Theutonique, beaucoup, trop ; *Herd* en Anglois ; *Herde* en Allemand, troupeau. Voyez *Ard*, penchant ; *Art* en Allemand, naturel, qualité, humeur, tempérament, propriété, façon, manière, air.

ARD, article. B.
ARD, art. B.
ARD, élevé, hauteur, fur, deffus. E.
ARD, fommet, cime, croupe, faîte, pointe, deffus. I.
ARD, grand, haut, élevé, montant, montée, colline, hauteur, montagne, chef, capital, principal, premier, noble. I.
ARD, orient, levant. I.
ARD, perçant, pointu. I.
ARD, côté. I.
ARD, ferme. I.
ARD, vaillant, courageux. I. Voyez *Ard*, courage.
ARD, difficile. I. Voyez *Hard*.
ARD, penchant, pente, au propre & au figuré. I. Voyez *Ard*, naturel.
ARD, courage, ardeur, feu, au propre & au fi-

guré. Voyez *Ard*, vaillant; *Hardih*, *Ardaya*, *Har*, promptitude en Tartare du Thibet; *Erte*, promptement, vîte, en Tartare Calmouk; *Ardure* en vieux François, colére. D'*Ard* ou *Art* on a fait par transposition *Atr*; (voyez *Hart*) de là, *Atre*, foyer en notre langue; *Atreaux*, en quelques Provinces du Royaume, sont des tranches de viande roulées & roties. D'*Ard* est venu le Latin *Ardeo* avec tous ses composés. On disoit en vieux François *Ardre* pour brûler; *Ardimento* en Italien, hardiesse; *Ardimento* en Catalan, expédition militaire; *Hardement* en vieux François, expédition militaire, courage.

ARD, Roi, Souverain. Voyez *Ardchatoir*.

ARD, ce qui arrête. Voyez *Arredt*. De là, *Tardus* Latin: le *t* initial se mettoit indifféremment en Celtique.

ARD. On voit par *Arddiad*, *Arddwr*, *Ardillaria*, *Ardiller*, *Mwstard*, *Artapaira*, *Hartous*, qu'*Ard* ou *Art* a signifié en Celtique ce qui pique, ce qui perce, ce qui troue, pointe. D'*Ard* ou *Harz*, pointe, est venu *Herse* en notre langue; *Art* en Esclavon; *Ert* en Croatien, pointe; *Art* en Esclavon, javeline; *Ardis* en Grec, la pointe d'un trait; *Ardig* en Turc, piquant; *Ardig*, genévrier, arbrisseau dont les feuilles sont piquantes, en Turc & en Persan; *Harxos* en Arabe, chardon; *Hardal* en Turc, moutarde; *Artoa*, panis en Basque: ce grain forme ses épis en pointe. Ajoutez qu'*Ard* signifiant le plus haut, le plus élevé, le faîte, la cime, signifie par conséquent pointe, puisque non seulement dans notre langue nous disons indifféremment la cime ou la pointe d'une montagne, mais encore parce qu'en Celtique le même mot signifie cime & pointe. Voyez *Awch*, *Bar*, *Pen*, *Al*, &c. Voyez *Artu*, *Artua*.

ARD a dû signifier rouge. 1°. Les termes qui signifient feu, signifient rouge. Voyez *Poeth*, *Coch*, *Tan*, *Tin*, &c. 2°. *Arda* en Basque (a final est l'article) signifie écureuil, petit animal d'un poil rouge, ou roux ardent & vin; *Arddu*, vin rouge; *Ardatza* dans la même langue, limaçon, insecte rouge. Voyez *Hard*.

ARD. En comparant *Ar*, pain, nourriture, aliment; *Arda*, pâturage; *Ardalio*, *Ardelio*, glouton, vorace; *Ardemo*, goûter, essayer; *Ardu*, ronger, manger; *Arte*, *Artison*, *Artuson*, teigne, petit animal qui ronge, qui mange les draps, le bois; *Artar* en Espagnol, saoûler, froment, bled, pain, on voit qu'*Ard* a signifié manger, ce qu'on mange, aliment, nourriture, pâturage. Ce mot s'est aussi conservé dans le Grec. *Artos* en cette langue signifie du pain; *Ar* en Islandois, tous les fruits de la terre, la récolte; *Arda*, vin en Basque.

ARD, diminutif. Voyez *Coard*.

ARDA, brebis. Ba. Voyez *Hwrdd*, qui se prononce *Ordd*; *Ars* en Grec, agneau; *Arsis*, agneaux dans les Tables Eugubines.

ARDA, écureuil. Ba. Voyez *Ard*, rouge.

ARDA, vin. Ba.

ARDA, haut, élevé, faîte, sommet. I.

ARDA, pâturage. Ce mot Gaulois a été conservé dans l'histoire des Comtes de Guines, écrite sous Philippe-Auguste: *Ille locus, eò quod pascuus erat à pasturâ, ut aiunt incolæ, dicebatur* Arda. *Dicebant enim pastores ad invicem: Eamus & conveniamus in pasturam, hoc est*, in Ardam. *Aradh* en Arménien, pâturage.

ARDAGHADH, sommet, cime, faîte. I.

ARDAGHADH, honneur. I.

ARDAIGHIM, élever. I.

ARDAL, Pays, Contrée, Province, Marquisat, gouvernement d'une Contrée: Il est encore synonime d'*Ardwy*. G. *Arda*, *Arta* en Théuton; *Eardian* en ancien Saxon, habiter.

ARDALIO, ARDELIO, A. G. glouton, vorace, grand mangeur; *Ard*, manger; *Lliaws*, beaucoup.

ARDALWR, Marquis, Gouverneur d'une Contrée. G.

ARDAMES, marque pour retrouver une chose; *Ardamesi*, *Ardemesi*, marquer l'endroit où l'on met quelque chose, afin de la retrouver; *Item*, observer, examiner. B. Voyez *Arddamlewychiad*.

ARDAMO, A. G. je goûte, j'essaye; *Ard*, manger; *Tam*, en composition *Dam*, morceau, parcelle.

ARDAN, tertre, colline, monticule, haut, élevé, montant. I.

ARDAN, vin. Voyez *Ardancoya*, *Ardandeguya*, *Arda*, *Ardana*.

ARDANACH, roide, escarpé, difficile à monter, orgueilleux, superbe. I.

ARDANCOYA, yvre, yvrogne. Ba.

ARDANDEGUIA, gargote, cabaret. Ba. *Teg*, en composition *Deg*, habitation, lieu; *Ardan*, vin.

ARDANUPEL, mesurer des tonneaux. Ba.

ARDAR, charrue; *Dean Ardar*, laboureur. C. A la lettre, homme de charrue; *Dean* pour *Den*.

ARDARDAN, hauteur. I.

ARDATZA, limaçon. Ba.

ARDATZA, fuseau, roue. Ba.

ARDATZALDIA, tâche, besogne que l'on donne à faire à quelqu'un. Ba.

ARDAU, vin qui s'aigrit, vin âpre. Ba.

ARDAUA, vin. Ba.

ARDAWCH, le même que *Tawch*. G.

ARDAYA, tout ce qui prend feu aisément, ce qui entretient, ce qui excite le feu. Ba. Voyez *Ard*.

ARDAYIM, louer. I.

ARDAZA, fuseau. Ba. C'est le même qu'*Ardatza*.

ARDCHAINT, bruit, tumulte. I.

ARDCHATOIR, thrône. I. *Chatoir*, *Cater* ou *Cader*, siège; *Ard* signifie donc Roi, Souverain.

ARDCHEANNACHD, domination, Empire. I.

ARDCHIOS, tribut. I.

ARDCHOMASA, domination. I.

ARDD, haut, élevé, grand, suprême, Souverain. G.

ARDD, décent. G. De là, *hardes*, habillemens.

ARDD-DEG, beau. G.

ARDDAIN, le même qu'*Urddain*. Voyez *Urdduniant*. G.

ARDDAMLEWYCHIAD, révélation, manifestation. G. De *Ar Dy Am Llewychu*, dit Davies.

ARDDANGOS, démontrer, faire voir clairement, signifier, donner à connoître, démonstration, signification, marque, déclaration, indice, présage. G.

ARDDANGOSIAD, présage. G.

ARDDAS, le même qu'*Urddas*. Voyez *Urdduniant*. G.

ARDDASOL, le même qu'*Urddasol*. Voyez *Urdduniant*. G.

ARDDEDIG, le même qu'*Urddedig*. Voyez *Urdduniant*. G.

ARDDELW, être de même avis, de même sentiment, affirmer, défendre, venger. G.

ARDDELWAD, affirmation, assurance. G.

ARDDELWI, maintenir, assurer, donner parole. G.

ARDDELWR, vengeur. G.

ARDDEN, le même qu'*Urddin*. Voyez *Urdduniant*.

ARDDERCHAFAEL, élever, monter, l'action de monter, l'action d'élever. G.

ARDDERCHAWGRWYDD, élévation, sublimité, excellence. G.

ARDDERCHOCCAF, très-élevé, séréniffime. G. C'eft le fuperlatif d'*Ardderchog*.

ARDDERCHOG, élevé, excellent, meilleur, héroïque, divin, excellemment. G.

ARDDERCHOWGRWYDD, élévation, grandeur, fupériorité, excellence, dignité, majefté. G.

ARDDIAD, laboureur. G.

ARDDIGONEDD, fuperfluité, trop grande abondance, excès. G. *Ar Digon*.

ARDDIRCHAFU, élever. G.

ARDDO, le même qu'*Urddo*. Voyez *Urdduniant*. G.

ARDDODI, mettre par deffus. G. *Ar Do*.

ARDDODIAD, addition, adjonction, appofition, figure de Rhétorique par laquelle on augmente un mot d'une lettre au commencement. G.

ARDDOL, le même qu'*Urddol*. Voyez *Ardduniant*. *Artillare*, parer, orner en Italien, vient de là.

ARDDU, noir. G. *Ar*, fuperflu. Voyez *Du*; de là *Ard* en vieux François, noir.

ARDDU, vin rouge. Ba.

ARDDUFRYCH, noirâtre, qui tire fur le noir. G. *Ardu Brych*.

ARDDUNAW, honorer, révérer, adorer. G.

ARDDUNIANT, vénération, refpect, honneur. G.

ARDDWL, le même qu'*Afrdwl*, dit Davies, qui n'explique ni l'un ni l'autre de ces mots. Je crois qu'*Arddwl* eft formé de *Dwl*, qui fignifie lourd, pefant, fot, ftupide, hébété; & d'*Ar*, particule augmentative ou fuperflue; *Afrdwl* eft le même mot, dans lequel on a inféré une *f*.

ARDDWR, laboureur. G. *Ard Gwr*.

ARDDWRIAETH, agriculture, l'art du labourage. G.

ARDDWRN, poignet, métacarpe, pli du jarret, jarret des jambes de derrière. G. B.

ARDDYN, le même qu'*Urddyn*. Voyez *Urdduniant*. G.

ARDDYRCHAFAEL, élever, monter. G.

ARDDYRCHAFU, élever, mettre haut. G.

ARDELIO. Voyez *Ardalio*.

ARDELW, affurer, garantir. G.

ARDELWR, garant, répondant. G.

ARDELYDD, Gouverneur, Gouverneur d'une Contrée, d'une Province. G.

ARDEMESI, le même qu'*Ardamefi*. B.

ARDEML, édifice, tente. G.

ARDEN. Camden dit que ce mot fignifie forêt en Gallois. Quoique ce terme ne fe trouve point dans les Dictionnaires de cette Langue, je crois cependant qu'il en eft véritablement, tant à caufe de l'autorité de Camden, qui avoit quelque connoiffance du Gallois, que parce que *Den* fignifie forêt dans cette langue; *Hard* ou *Hart*, forêt en Théuton.

ARDESTEA, impétration. Ba.

ARDGARMAC, élevé, éminent. I.

ARDGHLOR, clameur. I.

ARDGHOTACH, haute, forte, parlant de la voix. I.

ARDGHUL, clameur. I.

ARDGUIDELI, montagnards. G.

ARDHACHDACH, grand. I.

ARDHUGHADH, naiffance. I.

ARDHYN, Jupiter. I.

ARDIA, brebis. Ba.

ARDIA, puce. Ba. D'*Ard*. Voyez *Puech*, *Puch*; ou d'*Ard*, piquer.

ARDICAYA, monnoye de cuivre. Ba.

ARDIETSI, qui faifit, qui prend. Ba.

ARDIEZTEN, divifant. Ba.

ARDIL, ARDILLAR. Voyez *Arredt*.

ARDILLARIA. Les fçavans Bénédictins qui ont augmenté le gloffaire de Ducange, expliquent ainfi ce terme: (Lieu plein de halliers & de ronces, car telle eft la fignification du mot *Ardilliers* parmi les Normands. Ce terme vient du Celtique *Aerdre*, être attaché, prendre, faifir, parce qu'il eft difficile de paffer parmi les halliers & les ronces.) Je ne trouve nulle part qu'*Aerdre* foit Celtique; je le crois cependant tel fur le témoignage de ces Sçavans, d'autant plus qu'*Aerdre* peut être une tranfpofition d'arrêter, qui eft fûrement Celtique. Voyez *Arredt*. On trouve *Aerdre*, *Aherdre* en vieux François pour attacher; & *Aerter* pour arrêter. Voyez *Ard*.

ARDILLER, ardillon. Voyez *Arredt*.

ARDIMENTUM, A. M. ftratagême, rufe de guerre; en Efpagnol, *Ardidd de Guerra*; d'*Art* ou *Ard*, art, adreffe.

ARDIN, le même que *Cardin* & *Gardin*. Voyez *Aru*.

ARDINIENSIS PANIS, A. M. pain falé; d'*Ardin*.

ARDITA, obole, deux liards. Ba.

ARDITEQUEANA, agréable, recevable. Ba.

ARDIZ, le même que *Gardiz*. Voyez *Aru*.

ARDMHAIGISTIR, arbitre. I.

ARDMOLADH, magnifier, louer beaucoup. I.

ARDO, vin rouge, vin âpre, vin qui s'aigrit. Ba.

ARDOA, vin. Ba.

ARDOG, pouce. I.

ARDOGAD, élévation, exaltation. I.

ARDONCIA, bouteille. Ba.

ARDOPE, ARDOPEA, vin cuit, fuc, féve. Ba.

ARDOREA, façon, vifage. Ba. Voyez *Ard*.

ARDRACH, Monarque. I.

ARDRAN, derrière, en trouffe. B. De *Dran*, dos.

ARDRETH, impôt, tribut, cens, revenu, falaire. G.

ARDRETHU, donner à loyer, louer, prendre à louage. G.

ARDRETHWR, celui qui prend à gages, celui qui prend à ferme les revenus publics. G.

ARDRETIAD, loyer. G.

ARDSHAGART, Grand-Prêtre, Prêtre. I.

ARDTYISEACHD, Empire. I.

ARDU, ronger, manger. Voyez *Ardundu*, *Ardura*.

ARDVARAIDHE, Capitaine de vaiffeau. I.

ARDUGHADH, éxagérer. I.

ARDUGHADH, monter, lever, hauffer, guinder. I.

ARDUNDU, je fuis rongé de vers. Ba.

ARDURA, follicitude, foin, chagrin. Ba.

ARDURA, fans ceffer. Ba.

ARDVUIGHADH, élever. I.

ARDWY, honneur. Davies croit que c'eft par erreur qu'on lui donne ce fens, & qu'il fignifie plutôt défenfe, protection. Ce terme fignifie fûrement défenfe, protection dans le paffage Gallois que cite Davies. (Voyez encore *Ardwyad*, *Ardwyaw*.) Mais ce fens n'exclut pas l'autre, puifqu'il y a un fi grand nombre de termes Gallois qui ont non feulement des fignifications différentes, mais encore des oppofées. G. *Ar* eft ici une prépofition

ARD.

préposition superflue ; J'en juge ainsi, parce que nous trouvons *Dwy* & *Tui* employés dans des significations fort analogues à *Ardwy*, pris dans le sens de protection ; *Dwyre*, élever, dresser, enlever ; *Tui*, recéler, cacher, mettre à couvert ; *Dug*, chef, conducteur. De *Tui* est venu *Tueor*, Latin.

ARDWYAD, défenseur, protecteur. G.
ARDWYAW, protéger, défendre. G.
ARDWYREAF, ou plutôt *Arddwyreaf*, l'action de lever en haut. G. *Dwyre*.
ARDYMMER, température, compléxion, constitution, tempérament, température, modération, retenue, tempérie, saison. G. *Ar*, superflu. Voyez *Tymmer*.
ARDYMMHEREDIC, tempéré. C.
ARDYMMHERU, tempérer, modérer. G.
ARDYMMHERUS, tempéré, tempérant, modéré, frugal. G.
ARDYMMHERUS, tempéré. C.
ARDYMMYR, tempérament, tempérie, saison. G.
ARDYWYNNIG, manifeste, évident. G. *Ar Tywynnu*.
ARE, particule itérative. B. En comparant ce mot avec *Re*, on voit qu'*Are* a signifié plusieurs, quantité, comme *Re*. Voyez l'article suivant.
ARE, encore. Ba. Voyez l'article précédent.
AREA, A. M. aire, nid de faucon ; d'*Ar*, roc, parce qu'ils font leurs nids dans les rochers. Voyez *Ar*.
AREAGO, plus, davantage. Ba.
AREAN, rien, néant, nulle chose. Ba. De là rien en François. Dans plusieurs Provinces du Royaume les Paysans disent encore *Rian*.
AREATUA, je laboure. Ba. Voyez *Ar*, *Aredig*.
AREATUA, terre en jachère. Ba.
AREC, pour *Goareg*, arc. Voyez *Arcarii*.
ARECZAN, il a pris, il a reçu. Ba.
AREDIG, labourer. G. Voyez *Ar*, *Areatua*.
AREG, de *Goareg*, comme *Arec*.
AREGUEYAGO, d'ailleurs. Ba.
AREILIO, avoir soin, cultiver. G.
AREITHBER, qui parle agréablement. G. *Araith Per*.
AREITHFA, lieu élevé d'où l'on parle en public, chaire, tribune. G. *Araith Fa*.
AREITHIAW, déclamer. G.
AREITHIO, discourir. G.
AREITHIWR, Déclamateur, Orateur, Prédicateur, Rhéteur, Professeur de Rhétorique. G.
AREITHYDD, le même qu'*Areithiwr*. G.
ARELAICH, intérêts de rente. B. L'*r* & l'*l* se mettant l'une pour l'autre, on a dit *Areraich* comme *Arelaich* ; de là est venu *Arèraiges* en vieux François, usité encore parmi le peuple dans notre Province ; d'*Arèraiges* on a fait *Arrérages*, qui est en usage dans notre Langue.
ARELL, autre. G.
AREM, airain. B. Voyez *Arambrea*.
AREN, rein. G. De là *Renis* Latin ; *Rein* François. Voyez *Ar*.
AREN, éloquent, parleur, subtil, pointilleux. G.
AREN, sien, sienne. Ba.
AREN, toile. Voyez *Aran*.
ARENCAZ, continuellement. Ba. Voyez *Are*.
ARENDA, A. M. métairie donnée en rente ; de *Rhent* ou *Rhend*, revenu ; *A*, paragogique.
ARENDAMENTUM, A. M. bail à rente. *Arendare*, donner ou prendre à rente. Voyez *Arenda*.
ARENGA, A. M. discours public, déclamation, harangue.

TOME I.

ARF.

ARENGARE, haranguer. *Arengaria*, lieu élevé d'où l'on harangue ; d'*Aren*. *Aringa* en Italien, harangue ; *Aringare*, haranguer ; *Aringhiera*, lieu d'où l'on harangue. D'*Arenga* est venu notre mot François *Harangue*.
ARENGIA, A. M. orange ; d'*Ar*, crase d'*Aur*.
ARENIARE, ARREGNARE, A. M. appeller en Justice, demander raison, plaider ; d'*Aren*. On a dit en vieux François *Arainier*, *Araisner*, *Araissner*, *Araignier* au même sens.
ARENRWYD, le même que *Ffraetheiriau*. G.
AREPENNIS. Voyez *Arapennis*.
ARER, charrue, selon le Pere de Roftrenen ; laboureur, selon Dom le Pelletier. B. Il faut retenir les deux significations. Voyez *Ankelber*. Voyez *Ar*, *Ard*.
ARERAGIUM, ARRERAGIUM, ARRIERAGIUM, A. M. arrérages, intérêts de rente, ce qui est dû annuellement pour un fonds qu'on afferme. Voyez *Arelaich*.
ARERIOA, adversaire. Ba. Voyez *Ar*.
ARES, A. G. la nature propre de chaque chose ; d'*Ard*.
ARESCERE, A. G. se trompet. A, privatif ; *Reiz*, ordre, régle.
ARESSONUS ; A. M. arçon ; d'*Arson*.
AREST, retenue, arrêt. B.
ARESTARE, A. M. arrêter, retenir ; d'*Arest*.
ARESTIAN, un peu auparavant. Ba.
ARESTUM, A. M. Arrêt, Sentence d'une Cour supérieure, à laquelle on est forcé de se tenir ; d'*Arest*.
ARETRI, labourer. Voyez *Cyferetri* ; de là *Aratrum* Latin.
ARETZE, veau. Ba.
ARF, trait, fer d'une arme, fer, instrument. G. *Arf* en Theuton, trait, flèche ; *Arwe* en ancien Saxon, trait, fleche.
ARF, arme. Voyez *Cyfarf*, *Arfdy*. Voyez *Arm*, qui est le même, parce que l'*m* & l'*f* se mettent l'une pour l'autre.
ARF, défense, garde, couverture. Voyez *Coefarf*.
ARFAETH, dessein, propos, intention. G.
ARFAETHU, destiner, se proposer, prendre la résolution. G.
ARFAIDD, l'acte d'oser, projet hardi, entreprise, tentative, action hardie. G. *Ar*, superflu. Voyez *Baidd*. *Arbeid* en Flamand ; *Arbeit* en Allemand, travail, ouvrage.
ARFAL, ce qu'on paye au moulin. G. *Mal*, en composition *Fal*, signifie mouture ; *Ar*, pour.
ARFDY, arsenal. G. *Ty*, en composition *Dy*, habitation, lieu ; *Arf*, arme.
ARFED, le même qu'*Arfaeth*. Voyez *Arfeddyd*.
ARFEDDLE, le même qu'*Arfeddyd*. G.
ARFEDDOG, tablier à bourse, demi-ceint, ceinture, tuteur, curateur. G.
ARFEDDOGAETH, soin, attention qu'on donne à quelque chose. G.
ARFEDDYD, projet, résolution, destination, propos, dessein, intention. G. Voyez *Arfaeth* dont on a fait *Arfeth*, *Arfed* ou *Arfsed* ; (c'est ainsi qu'écrivoient les anciens Gallois) ensuite *Arfeddyd*.
ARFEDIGAETH, armure. G.
ARFEIDDIO, oser. G. *Ar*, superflu ; *Beiddio*.
ARFEISIO, passer un gué. G. *Beifio*.
ARFER, coûtume, usage, familiarité, s'accoûtumer. G.
ARFEREDIG, accoûtumé, usité, familier, fré-

quent, vulgaire, commun, ordinaire. G.
ARFERIAD, coûtume. G.
ARFEROL, ufité, accoûtumé. G.
ARFERU, accoûtumer, s'accoûtumer, avoir coûtume. G.
ARFETH, le même qu'*Arfaeth*. Voyez *Arfeddyd*.
ARFFED, fein. G.
ARFFEDDOG, qui a le foin, qui prend foin. G.
ARFFGELL, armoire, tout ce qui eſt fait pour cacher des armes, des outils, des inſtrumens. G. *Arf Cell*.
ARFFORDD, le même que *Ffordd*. Voyez *Diarffordd*.
ARFLODEUO, fleurir par deſſus. G. *Ar Blodeuo*.
ARFOD, coup d'un trait, effort de fraper, playe, bleſſure, occaſion, temps propre. G. *Arf Fod*; de *Bod*.
ARFODUS, adroit, prompt à fraper. G.
ARFOEL, à demi-chauve, chauve par devant, qui a peu de cheveux. G. *Ar Moel*.
ARFOELED, manque de cheveux, dégarniſſement de cheveux. G.
ARFOELI, devenir chauve. G.
ARFOG, armé. G.
ARFOGAETH, armure. G.
ARFOGI, armer. G.
ARFOLL, alliance, réception, conception. G.
ARFOLLI, liguer, unir, faire faire alliance, recevoir, concevoir. G.
ARFOLLIAD, alliance, ligue. G.
ARFOLLOCH, inquiet, fâcheux. G.
ARFORDIR, rivage de la mer. G. *Ar Mor Tir*. Voyez *Arfordyr*.
ARFORDWY. Davies demande qu'on examine ſi ce mot eſt le ſynonime d'*Arfordir* : je croirois que non à la rigueur. *Dwy*, en compoſition pour *Twy*, me paroit venir de *Tywyn* ou *Twyn*, ſable ; ainſi je croirois qu'*Arfordwy* ſignifie le ſable du bord de la mer.
ARFORDYR, contrée maritime. C.
ARFU, armer. G.
ARG, armoire, caiſſe, huche, paitrin. I. Voyez *Arch*.
ARG, ſoldat, combattant. I. Voyez *Argad*, *Argu*.
ARG. On a dit *Arg* pour *Argae*, ainſi qu'on le voit par *Arc* qui eſt le même mot. Voyez *Arc*.
ARGA, particule privative. Voyez *Belcharga*, *Argala*.
ARGA, A. M. pour *Argae*.
ARGAD, huée, chaſſe aux loups, aux ſangliers, aux cerfs, qui ſe fait avec une troupe de gens armés. B. Voyez *Arg*, *Argadi*; *Cad*, en compoſition *Gad*, guerre, combat.
ARGADEN, algarade, ſorte d'inſulte. B. Voyez *Argad*, *Argadi*.
ARGADI, faire une huée ou chaſſe aux loups, aux ſangliers, aux cerfs avec une troupe de gens armés ; irriter, agacer, provoquer. B. Voyez *Arg*, *Argad*.
ARGAE, l'action d'enfermer, clos, ou ce qui eſt enfermé, clôture, enclos, enceinte, obſtruction, cataracte, épilogue, concluſion d'un diſcours. G. *Ar*, ſuperflu. Voyez *Cae*, *Kae*. *Argab* en Éthiopien, clos, clôture ; *Argueda* en Baſque, l'action de retenir ; *Harg* en Arménien, violence.
ARGAEAD, cortège.
ARGAEDIGAETH, clôture, enclos, concluſion. G.
ARGAI, enfermer. G. On voit par ce mot qu'on a dit *Cai* & *Gai*, comme *Cae* & *Gae*.

ARGAIM, le même qu'*Eargaim*. I. De même des dérivés ou ſemblables. Voyez *Argai*.
ARGAIN, détruire, ravager. I. Voyez *Arg*.
ARGALA, poltron, foible, fragile, maigre, flétri, gâté. Ba. *Arga* en Lombard, pareſſeux, lâche ; *Argos* en Grec ; *Argur* en Iſlandois ; *Earg* en ancien Saxon, pareſſeux, lâche ; *Arg* en ancien Saxon, en Theuton & en Allemand, mauvais, méchant ; *Argheet* en Suédois ; *Ergi* en Iſlandois, malice.
ARGALL, ſein, ſinuoſité. I.
ARGAMASSA, pareil, genre, raiſon de reſſemblance entre pluſieurs. Ba.
ARGAN, ſynonime d'*Argun*. I.
ARGAN, le même qu'*Argant*. Voyez ce mot.
ARGAND, argent. B. Ce mot eſt Celtique. *Ar*, article ; *Can*, *Cand*, *Cant*, en compoſition *Gan*, *Gand*, *Gant*, blanc, éclatant ; de là *Argentum* Latin, *Argent* François. Voyez *Archand*.
ARGANDUM, ARGAVUM, A. M. eſpèce de robe ; d'*Archen* ou *Argen*, vêtement. D'*Argan* on a fait *Argav* par un changement uſité dans le Celtique.
ARGANFOD, faſciner, regarder avec un œil qui faſcine, faſcination, charme, enſorcellement, enchantement. G. *Canfod*, en compoſition *Ganfod*, ſignifie regarder.
ARGANFOD, ouvrir, découvrir. C.
ARGANT, titre de politeſſe qu'on donne aux femmes de Bretagne dans les anciens monumens, comme parmi nous ceux de Dame, de Damoiſelle. (Voyez l'Hiſtoire de Bretagne de Dom Lobineau.) *Ar*, article ; *Can*, *Cand*, *Cant* en compoſition *Gan*, *Gand*, *Gant*, belle. Nous appellons encore les femmes le beau ſexe ; *Argani*, beau en Arménien.
ARGANT, argent. B. C. Voyez *Argand*.
ARGANTOIR, pillard. I. Voyez *Argain*.
ARGARRIA, agréable, recevable. Ba. Voyez *Gar*.
ARGARZ, horreur ſelon le Pere de Roſtrenen ; déteſtable, exécrable, abominable ſelon Dom le Pelletier. B. Il faut retenir les deux ſignifications. Voyez *Ankether*. Voyez *Argas*.
ARGARZI, abhorrer, exciter, agacer. B.
ARGARZUS, abominable, déteſtable. B.
ARGAU, enfermer, enclorre. G. *Ar*, ſuperflu ; *Cau*.
ARGAZA, agacer. B. De là ce mot.
ARGCUL, par derrière. I.
ARGDHA, militaire, belliqueux, vaillant, courageux. I. Voyez *Arg*.
ARGEL, caché, l'action de cacher. G. *Ar*, ſuperflu. Voyez *Gel*.
ARGELU, cacher. G.
ARGELWCH, caché, ſecret. G.
ARGERUS, A. M. me paroit ſignifier enclos ; *Argaer*, d'*Ar Caer* ; comme *Argae*, d'*Ar Cae*.
ARGHILA, reculer, ſe retirer en arrière ; *Arghili*, à reculons ; *Armebile* pour la première perſonne, à rebours de moi. B. Voyez *Arguil*. On voit en comparant cet article avec *Arguil*, *Arguila*, *Gil*, *Cil*, qu'on a dit *Arhil* & *Hil*, comme *Arguil* & *Gil*.
ARGIL, ARGILA, ARGILUS, les mêmes qu'*Arguil*, *Arguila*, *Arguilus*, puiſqu'on écrit indifféremment *Gil* & *Guil*.
ARGINALIS, A. M. chauſſée, digue, levée de terre ; en Italien *Arginale* ; d'*Argae*.
ARGL, Seigneur. G. *Ar* paroit article. Voyez *Argledr*, *Gl*.

ARG.

ARGLEDR, Seigneur. G. *Ar* paroit article. Voyez *Arglwydd*.

ARGLWYDD, Seigneur. G. *Ar* paroit article. Voyez *Gliw* & *Llywydd*.

ARGLWYDDES, Dame, maîtresse, souveraine. G.

ARGLWYDDIAETH, domination, Principauté, autorité, pouvoir, domaine. G.

ARGLWYDDIAETHU, dominer, commander. G.

ARGLWYDDIAIDD, dominant, de Seigneur. G.

ARGLWYDDIAW, dominer. G.

ARGLWYDDIWR, qui domine. G.

ARGN, roc, pierre. Voyez *Arn*, *Cavarn*, *Caffargn*: C'est le même mot qu'*Arn* avec le *g* inséré.

ARGNADH, proye, pillage, dégât. I. Voyez *Argain*, *Argnaim*.

ARGNAIM, ravager, piller. I.

ARGOAT & ARHOAT; selon le Pere Maunoir, *Aroas*, tanaisie plante. B.

ARGOAT est un terme dont on se sert en quelques endroits de la Bretagne pour distinguer la terre de la mer; *An Argoat* est donc le contraire d'*An-Ar-Vor*, le Pays maritime, le Pays qui est au bord de la mer. *Argoat*, que quelques-uns prononcent *Argoet* & même *Argot*, pris à la lettre, ne signifie que la forêt; mais l'usage commun lui donne le même sens que les Latins ont donné à leur *Mediterraneus*. *Argoeder* & *Argoder*, habitant de pleine terre: Ce nom doit être fort ancien, puisqu'il suppose que la terre étoit encore couverte de forêts, ce qui ne se trouve vrai que dans les temps les plus reculés; forêts qui étoient plus rares auprès de la mer. *Argoeder* répond au terme François forêtier: Cet article est pris de Dom le Pelletier. Voyez *Argoed*, qui est tiré du Pere de Rostrenen.

ARGOBRAOUI, doter, donner la dot. B. Voyez *Argobrou*.

ARGOBROU, ARGOUROU, ARGOUVROU, dot. B. *Ar* me paroît superflu. Voyez *Gobr*, *Gopr*.

ARGODER, le même qu'*Argoeder*. Voyez *Argoed*.

ARGOED, la plaine terre, le Pays sous bois qui n'est pas près de la mer; *Argoeder*, *Argoder*, celui qui habite ce Pays. B. Voyez *Argoat*.

ARGOEDD, ARGOEZ, signe, signal, mémorial, marque. B. Voyez *Argwez*.

ARGOEDWYS, rempli de bois. G.

ARGOEL, présage, signe. G. *Ar*, superflu. Voyez *Coel*.

ARGOEZ. Voyez *Argoedd*.

ARGOL, le même qu'*Arogl*. Voyez *Margol*.

ARGORRIA, pierre de porphire. Ba. *Ar*, pierre; *Gorria*, rouge.

ARGOULAOUI, doter, donner la dot. B.

ARGOULOU, dot. B. *Ar* me paroit superflu. Voyez *Golo*, *Gwolo*.

ARGOURED, ARGOURET, foret outil. B.

ARGOUREU, ARGOUROU, ARGOUVREU, ARGOUVROU, dot. B. C'est le même qu'*Argobrou*.

ARGRAFF, inscription. G.

ARGRAFFU, inscrire, ciseler, graver, tailler, entailler, écrire, peindre. G. Voyez *Craffu*, *Crafu*; *Grapho* en Grec, écrire.

ARCTHOIR, pillard, destructeur, qui ravage. I. Voyez *Argantoir*.

ARGU, débat, dispute, conflit. B. Voyez *Arg*; *Argos* en Grec, rude, dur, injurieux.

ARGUDI, sommeiller legèrement. B.

ARH.

ARGUEDA, l'action de retenir. Ba. Voyez *Argae*.

ARGUEITU, j'emprunte de l'argent pour payer une dette. Ba.

ARGUER, disputeur. B.

ARGUHI. Voyez *Arguzi*.

ARGUI, disputer, reprendre. B. De là *Arguo* Latin. Voyez *Arguzi*.

ARGUIA, lumière, lampe, luisant, neige. Ba. Voyez *Gnia*, qui est le même que ce mot-ci.

ARGUIAMARRA, le signe de l'écrevisse. Ba.

ARGUIERA, clarté. Ba.

ARGUIGARRIA, emblême. Ba.

ARGUIL, arrière, en reculant, en derrière. B.

ARGUILA, verbe formé d'*Arguil*. Voyez aussi *Arghila*.

ARGUILUS, rétif. B.

ARGUIQUETA, révélation, manifestation. Ba.

ARGUITU, j'éclaircis, j'éclaire, je luis. Ba.

ARGUITUA, luisant, éclairci. Ba.

ARGUITZALLEA, qui illumine, qui éclaire, qui éclaircit. Ba.

ARGUITZEA, illumination, éclaircissement. Ba.

ARGUIZAITA, lune. Ba.

ARGUN, pillage, vol, déprédation, saccager, piller, voler. I.

ARGURZA, détester, avoir en horreur. B. Voyez *Arg.arz*.

ARGUSIA, aspect, vuë. Ba.

ARGWEZ, ARWEZ, ARWEZINTI, signe, signal, mémorial, souvenance, marque. B. C'est le même qu'*Arwydd* Gallois, formé d'*Ar Gwydd*, le *g* se supprimant ordinairement en composition, les Bretons mettant l'*e* pour l'*y*, & le *z* pour le *d*.

ARCUZ, débat, dispute, conflit, querelle. B.

ARGUZI, ARGUHI, ARGUI, disputer, se quereller, quereller. B.

ARGYFFER, contre. B.

ARGYFFREU, ARGYFREU, dot. G. *Ar*, superflu. *Cyffreu*.

ARGYLLAETH, affliction, qui fait verser des larmes, deuil, désir ardent. G. *Ar*, superflu; *Cyllaeth*.

ARGYMENNU, argumenter. G.

ARGYMMERIDD, addition. G. *Ar Cymmeridd*.

ARGYMMHENNU, argumenter, raisonner. G. *Ar Cymmen*, *Cymmhenu*.

ARGYOEDDI, blâmer, réprimander, reprendre, faire des reproches, réfuter, montrer évidemment. G. *Ar Cyhoeddi*.

ARGYSWR, ARGYSWRW, crainte, horreur. G. *Gyfwr*, en composition pour *Cyffwr*, consolation, soutien; *Ar*, contre, contraire.

ARGYSSYRU, craindre, avoir de l'horreur. G.

ARGYSTWY, l'action de châtier. G. *Ar Cystwy*.

ARGYWEDD, offense, injure, blessure, dommage, perte, tort, accusation. G. *Argheid* en Flamand, malice, fraude, finesse, subtilité. Voyez l'article suivant & *Argala*.

ARGYWEDD, maladie, infirmité. G.

ARGYWEDDU, nuire, blesser, endommager. G.

ARGYWEDDUS, nuisible, qui nuit, dommageable. G.

ARGYWIDDU, nuire. G.

ARH, gué. I.

ARH, près, auprès. B.

ARH, huche, grand coffre. B. Voyez *Arch* qui est le même mot.

ARHAWL, procès, action en Justice. G. *Ar*, superflu; *Hawl*.

ARHEL, Archange. B.

ARHME, saxifrage plante. B. *Ar*, pierre ; *Me* de *Mel*, briser.
ARHOAH, demain. B.
ARHOALCH, assez. B.
ARHOAT. Voyez *Argoat*.
ARHOS, demeurer, séjourner, s'arrêter, retarder. G.
ARHOS, le même que *Rhos*. Voyez ce mot.
ARHOSIAD, séjour, demeure en un lieu. G.
ARHOSWR, qui retarde, qui demeure. G.
ARHUERHEIN, revendre. B.
ARHUN, AR-HYUN ou ARYUN, la vallée. B. D'*Ar*, article ; *Cun*, vallée ; l'*b* mise pour le *c*. Voyez la dissertation sur le changement des lettres.
ARHWYDD, étendard, drapeau. G. Voyez *Arwydd*, *Argwez*.
AR-HYUN. Voyez *Arhun*.
ARI, lier. B.
ARI, la bride d'un cheval. I.
ARI, montagne. E. Voyez *Ar*.
ARIA, bélier, agneau. Ba. De là *Aries* Latin. *Aria* signifie aussi mouton. Voyez *Arillarva* ; *Aret* en Auvergnac, bélier.
ARIA, fil. Ba.
ARIA, A. G. aîle ; d'*Ar*, élevé, élever ; comme *Ala* d'*Al*, élevé, élever.
ARIA, AEREA, AERIA, A. M. aire, ou nid d'éperviers ; ainsi nommé d'*Arri*, rocher, parce que ces oiseaux placent leurs nids dans les rochers.
ARIAD, joueur de flûte, Chantre. G.
ARIAETH, l'action de labourer. G.
ARIAL, vivacité, vigueur, force, courage. G. *Ari*, fort, robuste en Arménien ; *Ari* en Hébreu, lion.
ARIALUS, vif, vigoureux, fort, courageux. G.
ARIAN, argent, argent monnoyé. G.
ARIAN, force. Voyez *Ariallais* & *Arial*.
ARIANDLWS, collier. G. *Dlws* de *Tlws*.
ARIANDLWS, prix en argent. G. *Dlws* de *Dylu*, *Dle*.
ARIANGAR, qui aime l'argent. G. *Car*, *Gar*.
ARIANGARWCH, amour de l'argent. G.
ARIANGLAWD, mine d'argent. G. *Arian Clawd*.
ARIANGWION, crête de coq plante. G.
ARIANLLAIS, son argentin, c'est-à-dire son très-agréable, son éclatant, brillant, ou force du son. G. A la lettre son d'argent ; *Arian*, argent ; *Llais*, son. Les Gallois mettent quelquefois le substantif après un autre substantif pour tenir lieu d'adjectif : Tel étoit aussi l'usage des Hébreux, Exode, c. 3, v. 5, terre de sainteté, pour terre sainte ; Job, c. 34, v. 10, hommes de cœur, pour hommes courageux. Nous avons conservé cette façon de parler.
ARIANLLYS, crête de coq plante. G.
ARIANNAID, d'argent. G.
ARIANNOG, qui apporte, qui produit beaucoup d'argent, qui a de l'argent, qui a beaucoup d'argent, qui est d'argent. G.
ARIANNU, argenter. G.
ARIANT, argent. G. Voyez *Argant*. On voit par *Arian*, *Ariant*, *Argan*, *Argant*, *Argand*, *Archand*, qu'on a dit *Ian*, *Iant*, *Iand*, comme *Gan*, *Gant*, *Gand*, *Can*, *Cand*.
ARIANU, soin. G.
ARIANWR, banquier, changeur. G.
ARJAU, marne en Auvergnac ; *Ar*, terre ; *Gal* ou *Gau*, bonne, grasse.
ARIBLATONES, A. G. marchands passant d'un lieu à un autre ; *Bla* signifie Ville, habitation, lieu ; *Blath* signifie prix.

ARICA, fatigue, importunité. Ba.
ARICARO, d'une manière importune, fatigante. Ba.
ARICATU, je travaille trop, je me fatigue. Ba.
ARIEIN, lier. B.
ARIEN, rosée. G.
ARIES, oracle, prophétie, prédiction, augure. G.
ARIGU, les Grands. I.
ARILCAYA, rouet à filer, dévidoir. Ba. Voyez *Ruilha*.
ARILCHOA, pelote, peloton. Ba. Voyez *Ruilha*.
ARILDU, entrelacer. Ba.
ARILLA, pelote. Ba. Voyez *Ruilha*.
ARILLARVA, peau de bélier, de mouton. Ba. *Aria* ou *Ari*, bélier, mouton ; *Larva*, par conséquent peau. Voyez *Larrua*.
ARIMA, ame, vie. Ba. *Naphesc* chez les Hébreux signifioit l'ame, & la vie qui en est l'effet. *Vaisimah Naphesci Be Caphi*, j'ai mis mon ame dans ma main, Juges 12, v. 3, pour je me suis exposé au danger de perdre la vie. *Naphesci Be Caphai Tamid*, mon ame est toujours dans ma main, Pseaume 119, v. 109, pour je suis exposé à un danger continuel de perdre la vie ; *Psuche* en Grec, & *Anima* chez les Latins ont eu les mêmes significations. On lit dans l'Iliade : *Ati Emen Psuchen Paraballomenos Polemizein*, ayant toujours exposé mon ame dans les combats, c'est-à-dire ma vie ; & dans Virgile, *Animam objectare periclis*, exposer son ame aux dangers, c'est-à-dire sa vie.
ARIMABAGUEA, impie, scélérat. Ba. A la lettre, sans ame, parce qu'un impie, un scélérat vit comme s'il n'en avoit point.
ARIMALDERA, métempsicopse. Ba. *Aldaira* ou *Aldera*, changement, qui change ; *Arima*, ame ; *Arimaldera*, ame qui change de corps.
ARIMANDIA, magnanime. Ba. A la lettre, grande ame ; *Magnanimus* Latin ; *Magnanime* François, expriment le même sens à la lettre.
ARIMEDOQUIDA, longanimité, grande patience. Ba.
ARIN, ARINA, vîte, leger, agile. Ba. Voyez *Ren*.
ARINA, péché véniel. Ba. *Arina*, leger : on sous-entend péché.
ARINDERA, agilité, vîtesse, legereté. Ba.
ARINDO, agilement, vîte. Ba.
ARINDU, je deviens agile, vîte, leger, je décharge, je soulage. Ba.
ARINDUA, devenu agile, vîte, leger, déchargé, soulagé. Ba.
ARINE, agile, vîte, leger. Ba.
ARINQUI, agile, vîte, leger. Ba.
ARINTASSANA, témérité. Ba.
ARINTASSUNA, agilité, legereté, vîtesse. Ba.
ARIO, A. M. héron. Voyez *Airo*.
ARIPENNIS. Voyez *Arapennis*.
ARIPUS, A. G. épée courbée ; d'*Harpo*, harpon, parce qu'une épée courbée en a la forme.
ARIQUEREA, mésentère. Ba.
ARIS, de rechef, une seconde fois. I.
ARISTA, A. G. arrête ; d'*Arrest*.
ARISTOLOICH, truffe. G.
ARITADIERA, raisonnement. Ba.
ARITZA, rouvre, chêne. Ba.
ARITZION, lieu muré. Ba. D'*Arri*.
ARIFOUT, arriver en un lieu. B. De là ce mot. Voyez *Arrusut*.
ARIZAGA, jonchaye, lieu où il croit des joncs. Ba.
ARIZETA, chesnaye. Ba. Voyez *Aritza*.
ARIZPIAC, fibres. Ba.

ARIZZUS.

ARIEZUS, A. G. décombres, pierres, gravois qui restent après qu'on a fait un bâtiment, ou qu'on l'a démoli; d'*Ari*.

ARK, habitation. B.

ARKUN, mort. B.

ARL, le même qu'*Earl*. I. De même des dérivés où semblables.

ARL, le même qu'*Arlwyd*. Voyez *Argl*, *Argledr*, *Arglwyd*.

ARLACHA, vinaigre. Ba.

ARLAIS, plurier, *Arleifian*, les tempes de la tête. G.

ARLAIT, prés de marais ou d'étangs, dans un ancien glossaire cité par Ménage; *Ar*, prés; *Lait*, marais, étang.

ARLANCAITZA, moilon, mortier. Ba.

ARLANTZA, barbe de l'épi. Ba.

ARLAWD, formé, dit Davies, d'*Ar*, particule augmentative, & *Lawd*. G. Voyez *Lawd*.

ARLEHUAIN, le même qu'*Arleuein*. B.

ARLERH, après. B.

ARLETH, Seigneur. C.

ARLEUEIN, rafraîchir un instrument tranchant, en raccommoder le fil. B. *Aillue* en Patois de Franche-Comté signifie ajuster, accommoder.

ARLICON, rouget poisson. B.

ARLLAD, le même qu'*Afrllad*. G.

ARLLAW, grande main, longue main. G. *Llaw*, main; *Ar* par conséquent grand, long.

ARLLE, utile. G. *Ar*, superflu, puisque *Lle* signifie utilité.

ARLLEG, ARLLEGOG, alliaire plante. G.

ARLLEGOG, utile au cuisinier. G. *Arlle Cog*.

ARLLOES, vuide, espace vuide, vuidé, purgé, évacuation, purgation. G.

ARLLOESI, purger, évacuer, vuider. G.

ARLLOESIAD, l'action de nettoyer. G.

ARLLON, fort joyeux. G. *Ar*, particule augmentative.

ARLLOST, le bois de la lance, lance. G.

ARLLOST, flèche, fût de colomne. C.

ARLLUDDIAW, empêcher, retarder. G. *Ar*, superflu.

ARLLWYBR, trace, traînée, vestige, piste, empreinte du pied ou de la patte. G. *Ar*, superflu.

ARLOES, vuide, vuidé, évacuation, purgation, ordure, immondice qu'on nettoye. G.

ARLOESI, purger, évacuer. G.

ARLOESIAD, purgation, purification, évacuation. G.

ARLOSSWR, qui fait faire place, qui écarte le monde. G.

ARLWY, préparation, appareil, chose préparée, le vivre, la nourriture. G. Voyez *Arleuein*. On dit en Patois de Franche-Comté *Aillue*, pour préparer, ajuster, agencer: Ce mot & *Arleuein*, Alligein Bretons, qui sont synonimes, font voir qu'on a dit *Ailwy* comme *Arlwy*.

ARLWYAD, appareil, préparatif. G.

ARLWYANNAU, préparations. G.

ARLWYBR, vestige, trace. G.

ARLWYDD, Seigneur. G. C. E.

ARLWYDDES, Dame. G.

ARLWYDDIAETH, domination, domaine. G.

ARLWYDDIWR, celui qui domine. G.

ARLWYO, préparer. G.

ARLWYS, verser, répandre, épancher. G.

ARLWYWR, pourvoyeur, valet, serviteur, qui a le soin. G.

ARM, arme. B. I. *Arma*, armes en Basque; *Arman*

en Phrygien, combat, bataille, guerre; *Arsm*, arme dans les Tables Eugubines; *Armete*, armes en Albanois; *Arm* en Anglois, armer; & *Armes*, armes; *Armad* en Irlandois, armer; d, paragogique; d'*Arm*, *Arma* Latin. Voyez *Arf*.

ARM, airain, arme d'airain. B. Voyez *Arem*.

ARM, pauvre, indigent, misérable, manquant de tout, n'ayant rien. Voyez *Armerhein*.

ARM. Voyez *Armen*.

ARMA, le même qu'*Earma*. I. De même des dérivés ou semblables.

ARMA, armes. Ba.

ARMABAGUEA, désarmé, sans armes. Ba.

ARMAD, armer, armement. I.

ARMAGUIA, sexe. Ba.

ARMAGUILLEA, armurier. Ba.

ARMAIL, armée. I.

ARMAIRE, cabinet. I. Voyez *Armell*.

ARMAIRE, armurier. I.

ARMANDIES, A. M. armoire; d'*Armell*; l'n & l'l se mettent l'une pour l'autre.

ARMARE, ARMARIA, ARMARIUM, A. M. armoire. Voyez *Armell*.

ARMARIOLUM, A. M. petite armoire. Voyez *Armare*.

ARMATA, A. M. armée; d'*Arm*.

ARMELL, armoire. B. C'est la transposition d'*Almari*. Voyez ce mot.

ARMELLUM. Voyez *Armilla*.

ARMELLUM, A. M. habit qui ne couvre que les épaules, vase qu'on porte sur l'épaule; d'*Arm*. Les Allemands appellent *Armel*, *Armil* cette partie de l'habit qui couvre le bras.

ARMEN pour *Arben*, & *Arm* pour *Arb*; comme *Amen*, *Amon*, *Aben*, *Abon*, *Abin*.

ARMENNAT, certain cens ou redevance, en usage parmi les Bretons; de *Menna*, chariot, dit Dom Lobineau. Je crois qu'il se trompe dans son étymologie; *Armennat* est le même que *Mennat*, avec l'article *Ar*.

ARMENTIA, A. G. essence, ce qui existe; *Ar*, article; *Ment*, qualité, propriété.

ARMENTIA, A. G. abeilles. *Ar*, article; *Mantra*, piquer.

ARMENTUM, A. M. étable; d'*Ar*, enclos, enceinte, clôture; *Menn*, moutons, agneaux, chévreaux.

ARMERH, épargne, ménage. B.

ARMERHEIN, épargner. B. On voit par ce mot, & par *Armerh*, qui en est la racine; par *Arm*, qui en Allemand signifie pauvre, misérable, indigent, manquant de tout; par *Armote*, qui en Patois de Besançon signifie une personne dénuée de tout, qu'*Arm* a signifié pauvre, indigent, misérable, manquant de tout, n'ayant rien; *Arm* en Flamand, pauvre, chétif; *Armod* en Danois, pauvreté; *Armida* en Theuton; *Ermth* en ancien Saxon, pauvreté; *Arman* en Gothique, avoir pitié.

ARMERTH, préparation, appareil. G.

ARMES, prédiction, présage. G.

ARMHACH, ravage, dégât. I.

ARMHAIGH. *EAN ARMHAIGH*, buse oiseau. I. *Ean*, oiseau.

ARMI, armer. B.

ARMIARMA, araignée. Ba.

ARMICIA, A. G. victime. Ce mot est formé d'*Armes*, parce que les Prêtres payens se flatoient de connoître l'avenir par les victimes.

ARMIGAISIA. Voyez *Armilausa*.

ARMILAUSA, ARMIGAISIA, ARMILGASIA,

ARMELAUSA, A. M. saye militaire que l'on mettoit par dessus les armes, & qui les cachoit; *Arm* & *Am*, armes, *Laus* ou *Los*, de *Lloches* ou *Lloch*, cacher; *Cas* ou *Gas* en composition, de *Cach*, ce qui cache.

ARMILCASIA. Voyez *Armilausa*.

ARMILLA, ARMILLUM, ARMELLUM, A. M. ornement de bras, brasselet; d'*Armm*.

ARMIN, d'*Arbin*; comme *Armen*, d'*Arben*.

ARMINEA, vermillon, cinabre. Ba. De là *Mìnium* Latin. *Ar*, article.

ARMIRE, fol, furieux. I.

ARMM, épaule, bras jusqu'au poignet. B. On a appellé l'épaule *Ars* en vieux François; *Arm* en Theuton, en Allemand, en Flamand, en Anglois, bras; *Arms* en Gothique; *Armos* en Grec; *Armene* en Danois; *Earm* en ancien Saxon, bras.

ARMOR, vague, flot. G. C.

ARMOR, côte de la mer, Pays voisin de la mer. B. Voyez *Arfor* qui est le même.

ARMORACIA, A. G. raiforts. Cette plante aime une terre sablonneuse, telle qu'elle se trouve au bord de la mer; d'*Armor*.

ARMORICA, près de la mer. Ce mot Gaulois nous a été conservé par César, *l. VII: Universis Civitatibus quæ oceanum attingunt, quæque Gallorum consuetudine Armorica appellantur.* Voyez l'article suivant.

ARMORICQ, qui habite la côte de la mer. B.

ARMUR, armes, armure. G.

ARN, dessus. G.

ARN, côté, rein, assez, le Rhin. I.

ARN, le même qu'*Ern*. I.

ARN, le même que *Carn*, *Garn*, *Sarn*. Voyez *Aru*.

ARN, oreille. Voyez *Arnab*. Tous les mots qui signifient oreille en Celtique, signifient creux, caverne, trou, ou sont formés de termes qui ont ces sens. Voyez *Scouarn*, *Clust*, *Tysyarn*; ainsi on peut assurer qu'*Arn*, qui signifie oreille, signifie pareillement creux, caverne, trou.

ARN paroit avoir signifié rapide, impétueux. 1°. *Arne*, *Arnef*, *Arneu*, *Arnu* signifient orage en Breton. 2°. *Arnynt* est un terme Gallois dont on se sert pour exciter. 3°. *Whern*, prononcez *Ohern*, signifie rapide en Gallois. 4°. *Ornest* signifie combat, choc en Gallois.

ARNA, A. M. ruche d'abeilles; d'*Arn*, creux, caverne. Une ruche est une espèce de petite caverne; *Arnia* en Italien, ruche.

ARNAB, qui a de grandes oreilles. B. *Ab*, grande, *Arn* par conséquent oreille.

ARNAD, sur, dessus. G.

ARNADDU, ARNADDUDD, ARNADDYNT, les mêmes qu'*Arnynt*, dit Davies qui n'explique pas ce dernier terme, dont j'ai trouvé la signification dans un autre Auteur.

AHNAIDH, ceinture, bande. I.

ARNASCA, respiration. Ba.

ARNAT, gros, enflé. I.

ARNATUS PANNUS, A. M. drap troué par les teignes; d'*Arn*, trou.

ARNAZEA, ARTZEA, je suis hors d'haleine. Ba.

ARNE. Voyez *Arneu*.

ARNEF. Voyez *Arneu*.

ARNEGARIA, renégat, blasphémateur. Ba.

ARNENSE, A. M. harnois, armes défensives; d'*Harnes* qui signifie la même chose. Les Italiens appellent *Arnese* non seulement la cuirasse, les armes défensives, tout appareil de guerre, mais encore toutes sortes de meubles: c'est une extension de la signification de ce mot.

ARNESIUM, A. M. harnois, armes défensives, hoqueton, cotte d'armes, provision d'armes, harnois de bêtes de somme, tout meuble d'Église, de ménage, même de femme, outil. Voyez *Araense*.

ARNEU, ARNEF, ARNE, orage, temps d'orage, de tonnerre; *Ur-Bar-Arneu*, une courte durée d'un tel temps, ou une ondée de pluye de temps d'orage. B.

ARNEXIUM, A. M. le même qu'*Arnesium*.

ARNI, sur, dessus. G.

ARNO, terme dont on se sert pour exciter, pour exhorter. G.

ARNO, le même qu'*Erno*. I.

ARNOA, vin. Ba.

ARNOCH, obséder, posséder. G.

ARNOD, le même qu'*Arnot*. Voyez *D*.

ARNODD, sur, dessus. G. Voyez *Arnu*.

ARNODD, le manche de la charrue. G.

ARNODI, commencer ou essayer à bien faire quelque chose. On dit d'un apprentif qui réussit: *Arnodi à ra*, il commence bien. B.

ARNOI, sur, dessus. G.

ARNOT, le même qu'*Arnat*. Voyez *Bâl*.

ARNU, orage. B.

ARNYNT, terme dont on se sert pour exciter, pour exhorter. G.

ARO, HARO. On voit par *Ar*, *Aroreir*, *Aros*, *Hars*, qu'*Aro* a eu la même signification qu'*Ar*, près, auprès, & qu'*Aror*.

AROA, temps, saison propre à semer. Ba. Voyez *Ar*.

AROAGIUM, A. M. droit de rouir le chanvre; d'*Ar* & *Augni*.

AROAZ, ténésie plante. B.

AROC, devant. B. Voyez *Araoc*.

ARODDEU, propos, dessein. G. *Ar*, superflu; *Goddeu*.

ARODRYDD, panégyrique en prose, Orateur. G. *Arawd*, panégyrique; *Rhydd*, libre: On dit aussi en Latin *soluta Oratio*. On a étendu la signification d'*Arodrydd* à l'Orateur qui prononce ce panégyrique.

AROFYN, rechercher, se proposer un chemin; *Arofyn Ymaith*, sortir. G.

AROGL, odeur, parfum, senteur, qui a de l'odeur. G.

AROGL-BER, odoriférant, qui concerne les odeurs, les parfums, qui produit des odeurs, des parfums. G.

AROGLDARTH, parfum. G. *Arogl Tarth*.

AROGLDARTHU, parfumer. G.

AROGLEDD, odeur. G.

AROGLEUBER, qui produit des odeurs, des parfums. G.

AROGLEUFAWR, qui est de haut nez, qui évente bien. G.

AROGLI, sentir, flairer, avoir de l'odeur, odorer. G.

AROGLIAD, le flairer, l'action de sentir, l'odorat. G.

AROGLU, le même qu'*Arogli*. G.

AROLIUS. Voyez *Arrolius*.

AROLOED. Davies ne l'explique pas, il demande seulement s'il vient de *Golo*, richesses: Je ne vois point de terme dont il puisse plus naturellement être formé. *Ar*, particule augmentative ou superflue; *Golo*, qui perd le *g* initial en composition, richesses; *Ed*, terminaison adjective; *Aro-*

loed, qui a beaucoup de richesses, ou qui est riche.

AROLUS, A. M. espèce de filets pour prendre les oiseaux ; d'*Aros*.

ARON, le même qu'*Aran*. Voyez *Bal*.

ARONZ, de ce côté-ci, de ce côté-là. Ba.

ARONZCOA, ultérieur. Ba.

AROR, joint, uni, sur, à, au, à la. Voyez *Arorair*.

ARORAIR, ARORɛIR, adverbe, particule d'*Oraison*. G. *Air*, parole, terme, mot ; *Aror*, près, uni, joint ; comme *Adverbium* qui est formé d'*Ad* & *Verbum*.

AROS, s'arrêter, attendre, rester, temporiser, différer, retarder, user de remise, ne se pas presser, demeurer, habiter, arrêter, causer du retardement, tarder, retard, délai. G. Voyez *Ar*, *Araons*, *Arostegnia*, *Arutza* ; *Eros* en Hongrois, solide, ferme, qui ne remue point.

AROS, presque, à peine. G.

AROS, pour, au prix de, en comparaison de, eu égard à, plus que. G.

AROS, poupe. B.

AROTHEUS, A. G. frapé de vertige, d'aveuglement. On appelle en Patois de Franche-Comté *Airouta*, un homme qui s'est égaré dans un chemin qu'il connoit parfaitement, comme s'il avoit les yeux bandés ; d'*A*, privatif ; & *Rhodio* ou *Rhotio*.

AROTZA, charpentier, menuisier, ouvrier. Ba.

AROTZAC, potier de terre. Ba.

AROUARECQ, oisif. B. Voyez *Aroya*.

AROUARIGUEZ, loisir, oisiveté. B.

AROUEZ, marque naturelle au visage, marque. B. De là le surnom d'*Arouet*.

AROYA, paresseux, indolent. Ba. Voyez *Arouarecq*, *Aros*. Les Paysans qui empêchent une roue de leur chariot de rouler, disent qu'ils l'enroyent.

ARPH, engourdissement de nerfs. Ba.

ARPA, ARPEA, lyre. Ba. Voyez l'article suivant.

ARPA, A. M. harpa ; d'*Herp*. Voyez l'article précédent.

ARPA. Voyez *Arpoya*.

ARPA, A. G. porte de la cour ; *Ar P*, de *Porth* ; ou d'*Arpetza*, qui peut avoir été pris pour introduction en général.

ARPAINA, fin, bout, perfection. Ba. *Ar*, article ; *Penn*.

ARPAR, préparer. G. Je crois *Ar* superflu, parce que *Parotoi*, dont *Par* est une syncope, signifie préparer.

ARPATA, A. M. espèce de mesure ; *Bat* ou *Pat*, vase ; *Ar*, article ou superflu.

ARPEA. Voyez *Arpa*.

ARPEGUIA, visage. Ba. Voyez *Beg* ; *Ar*, superflu.

ARPEN, le même qu'*Arben*, puisque *Pen* & *Ben* font le même.

ARPENN ARAUG EUS AN TY, le devant d'une maison. B.

ARPENNA, ARPENNIS, ARPENNUM, ARPENNUS, A. M. les mêmes qu'*Arapennis*.

ARPENNIG, le même qu'*Arbennig*, puisque *Penn* & *Ben* font le même.

ARPEOA, harpon, croc. Ba. Voyez *Arpo*. S'harpailler en vieux François, se jetter l'un sur l'autre pour se battre, se prendre, se saisir mutuellement pour se battre.

ARPETZA, interprétation, introduction dans le sens de ce qui est dit ou écrit, définition. Ba.

ARPEZTEA, manifestation, définition. Ba.

ARPEZTESA, indéfini, non défini. Ba.

ARPILLOA, piller. Ba. *Harpailleur* en vieux François, gueux qui vole les gens de la campagne. On dit *Harpaillan* en Franche-Comté.

ARPINA. Voyez *Bidarpina*.

ARPO, A. M. harpon. Voyez *Arpeoa*, *Happa*.

ARPOYA, brasselet, colier. Ba. On voit par ce mot, par *Arpoyac*, *Arpilloa*, *Arpeoa*, *Arpo* & *Harpon*, qui est en usage dans notre Langue, qu'*Arpa* a signifié en général prendre, saisir, entourer, lier, joindre.

ARPOYAC, liaison, jointure. Ba.

ARQEBUSEN, arquebuse. B. On disoit en vieux François *Hacquebute*; on dit en Franc-Comtois *Oquebutte*.

ARQUATURAE, A. G. forces, ciseaux ; d'*Arc*, parce que les forces, les ciseaux ouverts forment un arc.

ARQUIDAGOA, l'action de persuader. Ba.

ARQUIZUNA, agréable, recevable. Ba.

ARR, biche, cerf. I.

ARR, le même qu'*Earr*. I. De même des dérivés ou semblables.

ARRA, palmier. Ba.

ARRA, jonc. Ba.

ARRA, ver. Ba.

ARRA, mâle. Ba. Voyez *Haras*, *Jars*.

ARRA, arrhes. Ba. Voyez *Arrés*.

ARRA, herbe. Voyez *Belarra*, *Belardia*.

ARRABATA TERRA, A. M. me paroit signifier une terre abandonnée ; *Arrebade* en Breton est un terme que l'on employe pour marquer qu'on abandonne un dessein.

ARRABIETA, colére. Ba.

ARRACA, famille, lignage, enfans, généalogie. Ba. *Ar*, superflu ; *Raca*, d'où est venu race. Voyez *Ach*, *Haras*.

ARRACA, fente, ruine, chûte de muraille. Ba. Voyez *Regui*.

ARRACADAC, pendant d'oreilles. Ba.

ARRACHDA, haut, élevé, grand, puissant. I. Voyez *Arach*.

ARRADARIA, barbier. Ba.

ARRADIZA, cicatrice. Ba.

ARRAEL, adverbe pour marquer une chose non achevée, non consommée. G. Voyez *Aire*.

ARRAEL, presque. G.

ARRAGI, enrager, s'acharner. B. *Rage* en Anglois ; rage.

ARRAIA, poisson. Ba.

ARRAIA, affable. Ba. Voyez *Araf*.

ARRAIARE, A. M. le même qu'*Araiare*.

ARRAIATOR, A. M. qui range ; en vieux François *Arraionr* ; *Arramentum*, ordre, disposition, arrangement ; en vieux François *Arrayement*, *Arroy*, *Arraizus*, *Arraiator*, Sergent de bataille, Sergent de Compagnie, qui range une bataille, qui range une Compagnie. Voyez *Araiars*, & *Reib*, *Reiz*, ordre.

ARRAICH, rage. B.

ARRAICIA, embrassé. Ba.

ARRAIEPALLEA, poissonnier. Ba.

ARRAINA, poisson. Ba.

ARRAINARE, A. M. citer devant un tribunal, mettre une cause au rolle ; de *Reib*, ordre, rolle. Voyez *Arraiare*.

ARRAIQUERA, affaibli. Ba.

ARRAIQUINA, poissonnier. Ba.

ARRAITSUA, affable. Ba.
ARRAITU, je deviens affable. Ba.
ARRAITZU, j'embrasse. Ba.
ARRAIZPATA, glayeul. Ba.
ARRALEA, race. Ba.
ARRAMBERITZEN, renouvellant. Ba. Voyez Arre.
ARRAMENTA RESUMERE, A. M. reprendre les derniers erremens d'une cause. Voyez Arraiator.
ARRANA, dorade poisson. Ba. Voyez Aur.
ARRANCALE, pêcheur. Ba.
ARRANCATA, A. M. expédition militaire; d'Ar, Aer, Rhenge.
ARRANCURA, A. M. procès, querelle, débat. Voyez Arrencura.
ARRANDARIA, pierre d'aigle. Ba.
ARRANDEGUIA, marché du poisson. Ba.
ARRANGAROA, maquereau poisson. Ba.
ARRANGURA, qui a du soin, qui soigne. Ba.
ARRANGURA, soin, sollicitude. Ba.
ARRANOA, aigle. Ba. Arn en Flamand ; Ornis en Danois, aigle.
ARRAPA, rapine. Ba. Voyez Arpa.
ARRAPARIA, qui prend par force. Ba. Voyez Arrapa.
ARRARTECOA, qui vit parmi les rochers. Ba.
ARRAS, centaure. I.
ARRAS FABULL, chimére. I.
ARRASA, perte, carnage. Ba.
ARRASATUREN, qui détruira, qui renversera. Ba.
ARRASCA, égout. Ba. Voyez Rascia.
ARRASCOA, tambour. Ba.
ARRASTEGUIA, le soir, la soirée. Ba.
ARRASTU, au soir. Ba.
ARRATOYA, rat. Ba. Voyez Rat.
ARRATSA, le soir. Ba.
ARRATSALDECOA, du soir. Ba.
ARRATSECO, du soir. Ba.
ARRATZ, au soir. Ba.
ARRAULTZA, œuf. Ba.
ARRAUNA, rame. Ba. Voyez Rom.
ARRAUNLEA, rameur. Ba.
ARRAUZQUINA, ovipare. Ba. Voyez Arraultza.
ARRAZEQUI, se tient ferme. Ba.
ARRAYA, poisson. Ba.
ARRAYANA, myrthe. Ba.
ARRAYIM, sortir. I.
ARRAZ, atteint de quelque maladie. Ba.
ARRAZCOALARIA, qui bat le tambour. Ba.
ARRE, de rechef, encore, une seconde fois, plusieurs, beaucoup, marque du nombre plurier. B.
ARREA, obscur, brun, cendré. Ba.
ARREBA, ARREBUA, sœur. Ba.
ARREBADE, je ne sçaurois qu'y faire, je n'y peux rien de plus. B. Voyez Arabat.
ARREBEUR, chevance d'une maison de campagne, dit Dóm le Pelletier. B. Voyez l'article suivant.
ARREBEURY, ménage, meubles. B.
ARRED, arrêt. B. Arrie en Franc-Comtois est une interjection qui marque qu'il survient un obstacle ; Arête, la partie des poissons qui soutient, qui arrête leur chair ; Arrêter dans notre Langue ; d'Arred ou Arrêt, on a fait par crase Ard ou Ari, ainsi que nous le voyons dans Hart, lien, & dans Ardillon. Ce dernier mot nous fait connoître qu'on a appellé par diminutif Ardil, Ardillon, les petites pointes qui accrochent, qui arrêtent : On les a aussi appellées Ardillar, Ardiller. Voyez Ardillaria. Artez pour Arrêtez en vieux François ;

Artu en Basque, prendre avec la main, saisir, arrêter ; Artea en Basque, rets, filets, lacets. D'Arred ou Arrest est venu le Latin Restis. Voyez Arrest, Araistea.
ARREG, le même que Carreg. Voyez Aru.
ARREGUEYAGO, encore un coup, de rechef. Ba.
ARREGURA, arrosement. Ba.
ARREIT, suivez impératif. Ba.
ARRELA, A. M. espèce de vase ou de mesure ; d'Arlloes.
ARREN, c'est pourquoi. Ba.
ARRENA, priére, demande. Ba. Voyez Aren.
ARRENCURA, offense, ressentiment, blâme. Ba. Voyez Rancu.
ARRENDA, A. M. rente ; Ar, article ; Rhent ou Rhend, rente.
ARRENDEA, invocation. Ba. Voyez Aren.
ARRENDERA, loyer, louage. Ba. Voyez Arrenda.
ARRERAG, arrérages. B. De là ce mot.
ARRERATU, je m'apperçois. Ba.
ARRES, le même qu'Eres, envie, &c. B.
ARRES, ARRHES, B. De là dans les anciens monumens Arra, Arraboni, gage, caution ; Arrahones, otages. Voyez Arra.
ARRESI, donner des arrhes. B.
ARRESI, le même qu'Eresi. B.
ARRESIA, enclos. Ba. Voyez Arrest.
ARREST, empêchement, arrêt. B. De là ce dernier mot. Voyez Arred.
ARRESTA, A. M. obstacle, empêchement, retard ; d'Arrest.
ARRESTARE, A. M. arrêter, retenir, régler, statuer ; d'Arrest.
ARRESTUA, hardi. Ba. Voyez Arreds Hardih.
ARRETA, circonspection, réfléxion, observation, pensée. Ba. D'Arred, Arrest.
ARRETABAGUEA, imprudent. Ba. Arreta, réfléxion ; Baguea, manquement.
ARRETAZ, sciemment. Ba. Voyez Arreta.
ARRETEIN, déterminer. B.
ARRETERAEI, j'avertis. Ba. Voyez Arreta.
ARRETERAGUIN, ARRETERAZO, j'avertis. Ba. Voyez Arreta.
ARRETI, arrêter. B.
ARRETQUI, ARRETQUIRO, sciemment. Ba. Voyez Arreta.
ARREVAL, monnée. B.
ARREZPAINPEA, architrave, épithéte. Ba.
ARREZTATU, je suis rongé des vers. Ba. Voyez Arra.
ARRIA, pierre, rocher. Ba. Voyez Ar.
ARRIA, herbe. Voyez Belardia, Belarria.
ARRIABAR, grêle, météore. Ba.
ARRIAGON, Archidiacre ; Arriagondi, maison ou logement de l'Archidiacre ; Arriagonach, Archidiaconat, Dignité d'Archidiacre. B. Les Bretons ont formé Arriagon d'Archidiaconus Latin.
ARRIARE, A. M. le même qu'Araiare.
ARRIBA, A. M. en haut, au-dessus ; Ar, sur ; Ub ou Yb, dessus. Les Espagnols se servent encore de ce mot en ce sens.
ARRICHOA, petit caillou, gravier, dame à jouer. Ba. Arri, pierre ; Choa, petite.
ARRIGARRIA, attrait, invitation, étonnement, pâmoison, admirable. Ba. Voyez Arriu.
ARRIGOLA, réplétion d'estomac. Ba. Arre, Ari ; Caul, en composition Gaul.
ARRIGORIAGA, lieu ensanglanté. Ba.
ARRIMAN, aiman. Ba. Voyez Arimea. L'aiman attire & soutient le fer.

ARRIMATU,

ARR.

ARRIMATU, je m'appuye. Ba.
ARRIMEA, appui, foutien. Ba.
ARRIOLIOA, bitume liquide. Ba. Oel.
ARRION, pierreux. Ba.
ARRIPERE, A. M. appartenir, être en la posseſſion de quelqu'un. Voyez *Arrapa, Arpa.*
ARRISCO, pierreux, de pierre, dur, roide, rigide. Ba. Voyez *Arria. Ariſco*, rigide, intraitable en Eſpagnol.
ARRITU, étonner, ravir d'admiration ; *Arritua*, étonné, ravi d'admiration, ſtupéfait, immobile. Ba. Voyez *Ari, Aruthi, Eres.*
ARRITZEA, pétrification. Ba. Voyez *Arria.*
ARRIV, ARRIVOUT, arriver. B. *Arriba* en Gaſcon, arriver.
ARRIVARE, A. M. arriver ; d'*Arriv.*
ARRIZU, pierreux, plein de pierres. Ba.
ARRME, caſſepierre plante. B. *Ar*, pierre ; *Me* de *Mel*, briſer. *Arro*, voyez *Arroa.*
ARROA, crépu, friſé, bouclé, qui ſe gonfle comme une éponge. Ba. On voit par ce mot & par *Arrotu, Arrotzea*, qu'*Arro* a ſignifié ſe groſſir, s'enfler, au propre & au figuré. Voyez *Ar.*
ARROBIA, carriere de pierres. Ba.
ARROCA, roc, pierre. Ba. Voyez *Ar, Roch.*
ARROGANCIA, arrogance. Ba. Voyez *Regouny.*
ARROGIUM, A. M. petit ruiſſeau ; *Ar*, petit ; *Rog*, coulant d'eau. *Arroyo* en Eſpagnol ; ruiſſeau.
ARROGOA, vaine oſtentation. Ba. Voyez l'article précédent.
ARROL, enrollement. B. Voyez *Rholl.*
ARROLIUS, AROLIUS, A. M. drap ou toile roulée, rouleau ; d'*Arrol.*
ARROPA, habit. Ba. Voyez *Roba.*
ARROPACHOA, haillons, guenilles. Ba. *Arropa*, habit ; *Choa*, diminutif, terme de mépris.
ARROPAGANA, toge, robe. Ba. Voyez *Arropa Gan.*
ARROQUIA, éponge. Ba.
ARROSA, roſe. Ba. Voyez *Ros.*
ARROSA, ris, eſpèce de grain. Ba.
ARROSTEGUIA, hôpital. Ba. Voyez *Aros*, que l'on voit par ce mot avoir ſignifié non ſeulement lenteur, mais encore foibleſſe, langueur, maladie, malade ; *Teguia* par conſéquent habitation.
ARROSTIA, miel roſat. Ba. Voyez *Arroſa.*
ARROTA, A. M. me paroît ſignifier ce qui écheoit, ce qui eſt dû ; d'*Arruont.*
ARROTU, je m'enorgueillis. Ba.
ARROTZA, hôte étranger. Ba.
ARROTZEA, raréfaction. Ba.
ARROU, flèche. E.
ARROUEGEU, à la nuit tombante, entre chien & loup. B.
ARRUCA, fente. B. Voyez *Requi.*
ARRUDES. On lit dans un Papier manuſcrit de l'Egliſe de Bourges, *Arrudes Edentes, Circumſedentes*: Je crois qu'il faut lire *Circumedentes* ; *Ar* ſignifie bord, ce qui borde, ce qui eſt autour ; *Rhwth* ou *Rhwd* ſignifie glouton, vorace, mangeur ; ou d'*Ardu*, manger.
ARRUOUT, arriver en un lieu, écheoir. B.
ARRUZTAYA, voûte. Ba.
ARS, proche, auprès. B.
ARSA, ancien. I.
ARSA, ours. Ba.
ARSAIDH, ancien, vieux. I.
ARSAIG, ARSAIGH, ancien, vieux. I.
ARSANAIL, endroit où l'on cache les inſtrumens du labourage. B.

TOME I.

ART.

ARSANAL, Arſenal. B. De là ce mot, *Arch* ou *Ars*, racine.
ARSANG, oppreſſion. G. *Ar*, ſuperflu ; *Sang.*
ARSANG, ſelon quelques Auteurs gallois, eſt ſynonime à *Swyn.* G.
ARSANTA, vieux, ancien. I.
ARSENAL, arſenal. B.
ARSINA, A. M. meuble ; d'*Arch* ou *Ars.*
ARSIPIO, A. G. ſerré ; d'*Arſang.*
ARSIS, A. M. élévation ; d'*Arch* ou *Ars. Arſis* en Grec, élévation.
ARSON, arçon. B. D'*Arc, Arçon*, diminutif.
ARSONNACH, quoique, bien que, encore que. I.
ARSWYD, crainte, peur, frayeur. G.
ARSWYDDOG, craintif, peureux. G.
ARSWYDDUS, craintif, peureux, timide, tremblant, inquiet, qui eſt en peine. G.
ARSWYDO, craindre, avoir peur, être effrayé, héſiter, balancer. G.
ARSWYDUS, peureux, craintif, timide. G.
ART, art. B. Voyez *Arta.*
ART, pierre. I. Voyez *Ar, Arri.*
ART, membre. I. De là *Artus* Latin.
ART, tente. I.
ART eſt le même qu'*Ard, Arte, Arua, Garth, &c.* D'ailleurs le *t* & le *d* ſe mettent l'un pour l'autre.
ART, courage, feu, ardeur. Voyez *Hardih, Artabro.*
ART, le même qu'*Ard.* I.
ART, craſe de *Fert ; Ferta* en Irlandois.
ART, ce qui arrête, ce qui prend, ce qui ſaiſit. Voyez *Ard, Art, Arta*, tête. Voyez *Dioghartaim ; & Art*, le même qu'*Ard, Arred, Artu, Artea, &c.*
ART-CHAILEIR, carriere de pierres. I.
ARTA, ſoin, ſouci, ſollicitude, attention. Ba. Voyez *Art.*
ARTA. Voyez *Art.*
ARTABRO, lieu chaud. Ba. *Bro*, lieu ; *Arta* par conſéquent chaud. Voyez *Art.*
ARTACH, pierreux. I.
ARTACIAC, tenailles. Ba. Voyez *Tach, Tagu.* Il paroît par ces trois mots, de même que par *Ataich*, que *Tac* a ſignifié en Celtique tenir fortement, ſerrer, preſſer.
ARTACO URA, il a deſſéché l'eau. Ba. *Ura*, eau.
ARTAERIA, A. M. perrier ; d'*Art*, pierre.
ARTAGABEA, ARTARICGABEA, imprudent. Ba. *Arta*, attention ; *Gabea*, manquement.
ARTAITH, ſupplice, tourment, peine. G.
ARTARAYA, le poiſſon nommé en Latin *Scaurus.* Ba.
ARTARICGABEA. Voyez *Artagabea.*
ARTAUSTEA, interruption. Ba.
ARTEA, chêne, chêne verd. Ba.
ARTEA, art. Ba.
ARTEA, eſpace, longueur, étendue. Ba. Voyez *Ard, Ardal.*
ARTEA, lac, lacet, rets, collet. Ba. Voyez *Art.*
ARTEA, entre, le milieu, la droiture, la juſtice. Ba. *Ariades*, juſtes en ancien Perſan.
ARTEA, brebis. Voyez *Arteguia.*
ARTEAN, juſqu'à ce que. Ba. Voyez *Artea.*
ARTECOA, avocate, protectrice. Ba. *Artea.*
ARTECOAC, avocat, protecteur. Ba. *Artea.*
ARTEGARAYA, capitole. Ba.
ARTEGUIA, étable de brebis ; bercail, bergerie. Ba. *Artea*, brebis, ainſi qu'on le voit par *Ardia ; Gui*, lieu, habitation. Voyez encore *Arthaldea.*
ARTEGUTITACOAC, momentanée. Ba.

V

ARTEINE, fable. I.
ARTEITHBOEN, torture. G.
ARTEITHIO, tourmenter, supplicier, tuer, chagriner fortement. G.
ARTEITHIWR, bourreau. G.
ARTELATZA, liége. Ba. Voyez *Artea*.
ARTEMO, A. M. ancre très-pesante, très-forte; *Art*, ce qui arrête, ce qui prend, ce qui saisit; *Am*, en composition *Em*, très, fort.
ARTEPAIRA, ouverture d'un canal. Ba. *Artea*, milieu; *Ber, Beira*, par où l'eau coule.
ARTEPTA, A. G. espèce de vase qui se porte au poing, qui se prend à la main; d'*Artu*; *Pat*, en composition *Pet*.
ARTEQUETA, médiation. Ba. Voyez *Artea*.
ARTERIA, artère. Ba.
ARTES, A. M. échafauds; d'*Art*, élevé, élevation; *Ais*, planches.
ARTETORMEA, valet, marmiton, froteur. Ba.
ARTETZEA, intercession, intrusion. Ba, *Artea*, entre, milieu.
ARTEZ, directement, avec droiture, avec justice. Ba.
ARTEZA, droit, juste. Ba.
ARTEZEZA, indirect. Ba. *Artez*, droit; *Eza*, postposition privative. Voyez *Ezagunesa*.
ARTEZQUIA, la mire d'une arquebuse. Ba. *Artez Guia* ou *Quia*.
ARTEZTUA, rectifié. Ba.
ARTH, ours. G. *Artza* en Basque; *Arctos* en Grec, ours.
ARTH, noble. I. Voyez *Art*, élevé.
ARTH. Voyez *Arthaldea*.
ARTHA, pensée, soin, sollicitude, advertence, attention. G.
ARTHACH, bateau, vaisseau. I.
ARTHALDEA, troupeau de brebis. Ba. *Aldea*, troupeau; *Arth* par conséquent brebis.
ARTHANE, ne prenant pas soin. Ba. Voyez *Artha*.
ARTHATSU, pensant, qui a du soin. Ba. Voyez *Artha*.
ARTHEGUIRA, étable de brebis. Ba. Voyez *Arthaldea* & *Arteguia*.
ARTHEITHUDD, bourreau. G.
ARTHER, région orientale. I.
ARTHES, ourse. G.
ARTHRAC, ARTHRACH, navire. I.
ARTHRAIGHIM, naviger. I.
ARTHUR, marteau. G. On a aussi dit *Arthus*; de là le nom du Roi *Artus*, le marteau des ennemis de l'État: C'est ainsi qu'on nomma *Martel*, Charles, pere de Pepin.
ARTIA, le même qu'*Artea*. Voyez *Artiaga*.
ARTIAGA, chesnaye. Ba. Voyez *Artea*.
ARTICACTUS, ARTICOCTUS, A. M. artichaut; d'*Artichauden*.
ARTICHAUDEN, artichaut. B. *Art*, pointe.
ARTIGA, ARTIGALIA, A. M. me paroissent signifier métairie; *Ar*, champ; *Tyic* ou *Tyig*, habitation.
ARTIL, le même que *Hardd*. Voyez ce mot.
ARTILLARIA, A. M. meubles, ustensiles, attirail; d'*Artil*.
ARTILLERIA, canons, artillerie. Ba. Voyez *Artil*.
ARTILUS ITINERIS, A. M. embuches; d'*Artea*, lac, lacet, piége, embuches: On a appellé en vieux François *Artilleux* & *Artillos* les hommes artificieux qui tendent des piéges.

ARTINUM, A. M. marc pressé. Voyez *Arthaith, Arthur*.
ARTIRIA, espèce de panache que produisent les roseaux, le millet. Ba.
ARTIZ, le même qu'*Artez*. Voyez *Artizquindea*.
ARTIZARRA, étoile du matin, phosphore. Ba.
ARTIZQUINDEA, ortographe. Ba. Voyez *Artez*.
ARTOA, panis graine. Ba. *Art*, pointe.
ARTOQUE, pierres. Ba.
ARTOX, A. G. méchant, coupable; *Arte*, droiture, justice; *Og*, contre, contraire, opposé.
ARTU, je prends avec la main, je reçois. Ba.
ARTU. Voyez *Artze*.
ARTUA, pris, reçu, éprouvé. Ba.
ARTUA, blâmé. Ba.
ARTUA, efféminé. Ba.
ARTUGARRIA, agréable, recevable. Ba.
ARTUQUITZA, scrupule. Ba.
ARTURGUIA, diamant. Ba.
ARTZA, ours. Ba. Voyez *Arth*.
ARTZAINA, berger de brebis. Ba.
ARTZALLEA, qui reçoit. Ba. Voyez *Artu*.
ARTZARA, défense, prohibition. Ba.
ARTZARENA, ours. Ba.
ARTZE, prendre; *Ar* en composition *Artu*, qui a pris. Ba.
ARTZEA, j'embrasse, je reçois, acception, reçu; j'aime. Ba.
ARTZEA, blâme. Ba.
ARTZEA, crible, van. Ba.
ARTZECODUNA, créancier. Ba.
ARTZEN, paissant, nourrissant. Ba. Voyez *Ardu*.
ARTZONTIA, plein de politesse. Ba.
ARTZUCOA, récusation. Ba. *Artzea*; *Coa*, postposition privative.
ARU, CARU, GARU, SARU, suivant les différens dialectes du Gallois, dit Baxter, rude, rapide. G. C'est le même que *Garw*, *Garo*. On voit par là que les termes qui commençoient par une voyelle, prenoient un *c*, un *g*, une *s* au commencement dans les différens dialectes du Gallois.
ARU, labourer. Voyez *Cyfaru*.
ARV, arme. G. Voyez *Arf* qui est le même.
ARV, rivière. Voyez *Arben*. *Ar*, fleuve en ancien Persan.
ARUA, le même que *Sarua*. Voyez *Aru*.
ARVACH, massacre. I.
ARVAL, moute. B.
ARVAR, doute, incertain. B.
ARVAR, froment. I. Voyez *Arvara*.
ARVAR, armée. I.
ARVARA, un reste de pain. B. Voyez *Bara*.
ARVAS, A. G. fol; d'*Ar* & *Bas*, ou *Vas*.
ARUCHED, dessus, surface, superficié, sommet. G. *Ar Uched*.
ARUCHEL, élevé, fort élevé. G. *Ar* au premier sens, superflu; au second, augmentatif.
ARVEN, rivière. B.
ARVERIUM, A. M. me paroit signifier faute, manquement, délit. A, article ou superflu; *Barr* ou *Varr*, en composition *Verr*, manquement.
ARVEST, ARUEST, spectacles, jeux publics, regarder quelque spectacle, regarder, observer, considérer, regarder avec attention. B. Voyez *Arvez*.
ARVESTR, courroye de la bourse ou de la poche. G.
ARVEU, armes. G. C'est le pluriel d'*Arv*.
ARVEW, armes. G. C'est le même que le précédent.

ARVEZ, regarder avec attention, observer, considérer, mine, apparence, façon. B. Voyez Arvest, Argwez.
ARVEZINTY, indice, marque, conjecture. B.
ARUIS, chemin. I.
ARULA, A. G. plat ou vase plein de feu, ou petit gril; Ar, dessous, dessus; Wlw, braise.
ARULLEA, toison. Ba. Gwlan, en composition Wlan; Ar, paragogique.
ARUM, A. M. territoire; d'Ar, terre; champ.
ARUN, appeler. G.
ARUNCARE, A. G. déraciner, renverser; A, privatif; Rhon, particule qui marque l'union.
ARUNZ, de ce côté-ci, de ce côté-là. Ba.
ARVON, rivière. B.
ARVOR, maritime. G. Ar; Mor en composition Vor.
ARVOR, côte de la mer, Pays voisin de la mer. B.
ARVORAT, ARVORIAT, les mêmes qu'Arvoricq.
ARFORDYR, rivage. B.
ARVORIADES, ARVOREL, au féminin. B.
ARVORICQ, qui habite un Pays voisin de la mer; Arvoris au pluriel. B.
ARUS, chambre, habitation. I.
ARUTHR, admirable, merveilleux, surprenant, qui imprime une horreur respectueuse, qui imprime du respect, qui fait frémir, monstrueux; Mawr Aruthr, vaste; Yn Aruthr, adverbe pour augmenter. G. Ar, superflu; Uthr, d'Uther. On voit par Aruthred qu'Aruthr signifie aussi véhément.
ARUTHRAD, admiration, surprise. G.
ARUTHRAU, choses admirables, choses surprenantes. G.
ARUTHRED, admiration, prodige, chose admirable, surprise, grandeur étonnante, énormité, excès, véhémence. G.
ARUTHRO, admirer, être surpris. G.
ARUTHROL; admirable, surprenant; Yn Aruthrol, ardemment; vivement; extrêmement, passionnément, éperdument. G. Ar, superflu. Voyez Aruthr.
ARUTHYR, admirable, merveilleux, surprenant; Mawr Aruthyr, vaste. G. C'est le même qu'Aruther.
ARUTZA, lent. Ba. Voyez Aros.
ARUTZIA, renonciation. Ba.
ARW, âpre, rude, rapide. G. C'est le même que Garw. Voyez Aru, Ar, Aur en Theuton, farouche, sauvage; de là Ur, terme Gaulois selon Macrobe, dont les Latins firent Urus, bœuf sauvage.
ARWAESAF, secours, selon quelques Auteurs Gallois; garant, répondant, caution, selon Davies & Thomas Guillaume. G. Il faut retenir les deux significations. Voyez Ankelher.
ARWAHAN, épars. C. Voyez Gwahan.
ARWAIN, conduire, induire, guider, mener, porter. G. Je crois Ar superflu, parce que 1°. Menn, qui en composition fait Venn, signifie voiture. 2°. Nous disons encore mener dans notre Langue, qui paroit avoir été formé de Main Gallois, en composition Vain; d'où, en ajoutant Ar, paragogique, on aura fait Arwain.
ARWAR, avis, sentiment, dessein, pensée, résolution, envie: Ce mot est aussi verbe. G.
ARWAR, discorde. Voyez Ymarwar.
ARWED, porter. C. Voyez l'article suivant.
ARWEDD, porter, comporter, gérer, conduire. G.

ARWEDDAUDR, porteur, qui voiture. G.
ARWEDDIAD, l'action de porter, le mouvement que l'on sent en se faisant porter. G.
ARWEIN, porter, conduire, diriger, gouverner. G.
ARWEINIAD, transport. G.
ARWEINYDD, Duc, Chef. G.
ARWELLYG, le même que Gwellyg. G.
ARWENYDD, conducteur, guide. G.
ARWERTHIAD, vente, encan, vente publique; enchère, licitation, prix; estimation marquée. G.
ARWERTHU, mettre en vente, vendre, vendre à l'encan, adjuger, délivrer au plus offrant, accorder, livrer, enchérir; mettre à l'enchère, priser. G. Ar, superflu; Gwerthu.
ARWERTHWR, enchérisseur, priseur, facteur, courtier, commissionnaire. G.
ARWEST, musique instrumentale, ou plutôt poësie. G.
ARWESTR, anneau ou lien avec quoi l'aviron s'attache à sa cheville. G.
ARWEZ, ARWEZINTI. Voyez Argwez. Arwez est aussi une marque naturelle que les hommes ont quelquefois sur quelque partie de leur corps. B. De là Hervé nom assez commun.
ARWISGO; vêtir par dessus. G. Ar Gwisgo.
ARWOLOEDD, le même qu'Aroloedd. Les Gallois écrivoient anciennement Golo pour Gwolo.
ARWR, héros. G. Ar, grand; Gwr, en composition Wr, homme.
ARWRAID, héroïque, noble, fort, courageux, vigoureux. G.
ARWREDD, héroïsme, force, courage, vigueur. G.
ARWRWAS, homme héroïque. G. A la lettre, Héros Homme; Arwr Gwas.
ARWYDD, charrue. G. Voyez Ar.
ARWYDD, signe. G. Je crois Ar est ici superflu; & que Gwydd, en composition Wydd, signifie signe. 1°. Nous appelons encore Guidon l'enseigne des gens de cheval; qui est le signe de ralliement à tous ceux de la troupe. 2°. Conduire, diriger quelqu'un; se dit guider. 3°. Guiton en Breton signifie un drapeau de guerre.
ARWYDDFARDD, héraut. G. Arwydd, signe; Fardd par conséquent, porter. Nous disons fardeau, pour désigner ce que l'on porte; le b & l'f se mettant l'un pour l'autre; nous appellons Bardeau celui qui porte tout le poids d'une charge. Les hérauts portoient un signe ou une marque appellée caducée chez les Romains; c'étoit une branche de verveine chez d'autres Peuples: ce signe leur ouvroit le chemin chez les ennemis.
ARWYDDIAD, apposition du sceau, du cachet. G.
ARWYDDION, déposition de témoins. Ce terme est aussi le pluriel d'Arwydd. G.
ARWYDDO, marquer, noter, signer, rendre remarquable, faire de la tête ou des yeux un signe d'aveu. G.
ARWYDDOCAAD, signification, marque, démonstration, dénonciation. G.
ARWYDDOCCAU, signifier, déclarer, dénoncer; donner à connoître, faire connoître, marquer, indiquer. G.
ARWYDON, livrée, armoiries. C.
ARWYL, ARWYLIANT; funérailles. G.
ARWYLIANU, faire les funérailles. G.
ARWYN, contre. G.
ARWYNAWL, Prince. G.
ARWYNAWL, cruel, violent, féroce, hardi, véhément. G. Ar, superflu; Gwyn, trouble, fureur, douleur cuisante.

Arwyneb, deſſus, ſurface, ſuperficie. G.
Arwynebedd. Davies demande ſi ce mot ſignifie ſurface, face. Je trouve dans le Dictionnaire de Thomas Guillaume que ce terme ſignifie ſurface, ſuperficie, deſſus.
Arwynebol, qui eſt bâti ſur le fonds d'autrui à certaines conditions. G.
Arwynt, odeur. G. *Ar*, ſuperflu; *Gwynt*, *Guendt*.
Arwyntiad, le flairer, l'action de ſentir quelque odeur. G.
Arwyntio, flairer, odorer. G.
Arwyrain, ſourdre, prendre naiſſance, monter, élever, enlever, élévation, louer, louange, éloge, panégyrique, vers à la louange, hymne. G.
Arwyre, ſourdre, prendre naiſſance, monter, élever, enlever, louer. G.
Arwyrein, louange, éloge. G.
Arwystl, gage. G. *Ar*, ſuperflu; *Gwyſtl*.
Arwystleiriaeth, l'action de mettre en gage. G.
Arwystlo, mettre en gage. G.
Arx, A. M. entrepriſe militaire, attaque; de *Harx*, attaque.
Ary, lien, hart. B. De là ce dernier mot.
Aryal, vie, vigueur, force. C. Voyez *Arial*.
Aryen, roſée. C. Voyez *Arien*.
Arynnaig, crainte, peur, effroi, épouvante, terreur. G.
Arynneigio, craindre, être ſaiſi de frayeur, d'horreur. G.
Arynneigus, timide, craintif, peureux. G. Les Gallois, de même que les Hébreux, dans la dérivaiſon des termes mettent toujours dans le mot dérivé des voyelles moins longues que dans le primitif; *Arynnaig*, *Aryneigus*; *Laban*, blanc en Hébreu; *Lebanah*, blanche.
Aryun, la vallée. Voyez *Arhun*.
Arz, art. B. De là *Ars* Latin.
Arz, proche, auprès. B.
Arzaiganta, poëme bucolique. Ba. *Arzaya Can*.
Arzaijolasa, églogue. Ba. *Arzaya*.
Arzainagusia, le principal berger. Ba.
Arzaya, paſteur, berger. Ba.
Arzell, jarret, la partie poſtérieure du genou. B.
Arzer, A. M. chauſſée, levée, digue; d'*Harz*, *Harz*, obſtacle, empêchement; *Arſe* en Étruſque, éloigné; *Arceo* en Latin, éloigner.
Arzet, argent dans l'iſle de Mona, où l'on parle un dialecte du Gallois.
Arzorn, le poignet. B. Voyez *Arddwrn* qui eſt le même mot: Il eſt formé d'*Ar*, proche, touchant; & d'*Orn*, en compoſition *Zorn*, main. Un Sçavant dans la Langue Bretonne veut que ce ſoit ce que les Anatomiſtes appellent carpe & métacarpe. *Arddwrn* ſignifie effectivement le carpe & le métacarpe.
Arzuloa, caverne. Ba. *Ar*, paragogique; *Cul* ou *Sul*, cachette, caverne.
As, pere dans la Langue des Celtes, ſelon Baxter. Voyez *As*, tige, & *As*, qui a commencé.
As pour *Ys*, certainement, & particule paragogique ou article chez une partie des Gallois.
As, tige. B. *Aſt* en Turc, racine, origine, race, à cauſe. Voyez *Ach* qui eſt le même mot.
As, particule diminutive. B.
As, de, du, des, déhors, depuis, mais, or, ſinon, non ſeulement, hormis, à la réſerve, à moins que, hormis que. I.
As, ſoulier. I.

As, qui a commencé, point, commencement de nombre. Ba. De là *As*, terme François qui ſignifie carte ou face de dé, marquée d'un ſeul point; *Ace* en Anglois, as. Voyez *As*, pere, & *As*, tige; *Haſe*, femelle de lapin ou de liévre, qui porte, ou qui a porté; *Aſſa vox* en Latin, voix ſeule; *Aſſo* en Italien, ſeul. *Azari*, qui eſt une production ou allongement d'*As*, ſe lit dans Alain Chartier pour point unique : Je crois que c'eſt de là qu'eſt venu le mot *Hazard*, qui ſignifie ce qui arrive rarement. Nous diſons c'eſt un coup unique, c'eſt un fait unique de ce qui arrive fort rarement.
As, aliment, nourriture. Voyez *Aſbida*.
As, eau. Voyez *Cadas*. D'ailleurs on a dû dire *As*, d'*Aſon*, comme *Av*, d'*Avon*, *Ab*, d'*Abon*, *Am*, d'*Amon*. Voyez encore *Aches*, qui eſt le même qu'*As* & *Aſc*. *As*, eau en Portugais; *Aſi* en Grec dans Euſtathe ſignifie un marais; *Aſſai* en Malaye, fontaine; *Ias* en Turc, humeur, liqueur; *Weſi*, eau en Finlandois. Voyez *Aſſ*, *Aſſa*.
As, petit. Voyez *Seas* & *As* particule diminutive, *As* pour *Ias*, car *Iaſſu* ſe dit pour *Aſſo*; de là *Æſtu*, *Æſtus* Latins; *As*, feu en Hébreu; *Aza* en Hébreu & en Chaldéen, allumer le feu; *Az* & *Hbas* en Arabe, allumer le feu; *Ach* en Hébreu, foyer, bucher allumé; *Aſſe* en Flamand, *Ashes* en Anglois; *Aſche* en Allemand, cendre; *Aſi*, brûlé en Patois Lorrain; *Aſſus* en Latin, brûlé. Voyez *Aſcua*.
As, le même qu'*Ac*, habitation, Pays. Voyez *Aſe*, *Aſpar*. Voyez encore *Aru*.
As, particule négative, particule qui déſigne le mal, qui déſigne ce qui eſt mauvais, qui marque généralement tout ce qui n'eſt pas bien, tout ce qui n'eſt pas juſte, tout ce qui n'eſt pas droit. Voyez *Aſgwn*, *Asbri*, *Asbarn*.
As, particule itérative. Voyez *Aſtom*.
As, A. G. force ou fermeté; d'*As*, certainement, *Gwas*, fort, eſt le même qu'*As*. Voyez *Aru*. *Aza*, Ville forte en ancien Perſan; *Azaz*, fort en Arabe; *Hhaſan* en Chaldéen, fort, robuſte, rendre fort, fortifier; *Hhaſan* en Syriaque être fort, être fortifié; *Hhaſin* dans la même Langue, fort, robuſte, fortifié, puiſſant, vaillant. Voyez *Aſien*, *Aſen*; *As Pygan* marguerite, la plus petite des confoudes. G.
Asa, ſoulier. I.
Asach, chauſſé. I.
Asaidim, le même qu'*Eaſaidim*. I. De même des dérivés ou ſemblables.
Asal, âne. I. Voyez *Aſeen*, *Aſen*.
Asal, le même qu'*Eaſal*. I. De même des dérivés ou ſemblables.
Asalda, trouble, ſédition, tumulte. Ba. Voyez *Sawd*, *Aſſalto* en Eſpagnol & en Italien, aſſaut.
Asalesaz, A. G. le plus grand prépoſé dans la Loi; apparemment d'*Agall* ou *Aſall*, parler, diſcourir, expliquer. Je conjecture que par le plus grand prépoſé dans la Loi, on entend celui qui eſt chargé d'en inſtruire le peuple; *Les*, de *Leſenn*, Loi.
Asam, le même qu'*Eaſam*. I. De même des dérivés ou ſemblables.
Asan, le même qu'*Aſen*; comme *Avan* eſt le même qu'*Aven*.
Asant, bouclier. G. *Hhaſan* en Hébreu, cacher, mettre à couvert; *Hhaſan* en Chaldéen, cacher, mettre à couvert.
Asantza, repos. Ba.

Asaonta,

ASA.   ASE.

ASAONTA, le même qu'*Easaonta*. I. De même des dérivés ou semblables.
ASARD, brigue. I.
ASARDOIR, censeur. I.
ASARSADH, censurer. I.
ASBADH, le même qu'*Easbadh*. I. De même des dérivés ou semblables.
ASBARN. Davies demande s'il vient de *Barn*: Je crois qu'oui, & qu'*As* est une syncope d'*Asw*, gauche, mauvais, désavantageux. G. Voyez *As*.
ASBERA, soupir. Ba.
ASBIDA, gosier, gorge. Ba. Ce mot paroit formé de *Bid*, canal. (Voyez *Pib* & *Bedum*) & d'*As*, aliment. Voyez *Asea*, *Asia*, *Asse*, *Asinus*.
ASBIURTZAC, circonvallation. Ba.
ASBOZATUA, muet. Ba.
ASBRI, scélératesse. G. Je crois ce mot formé de *Bri*, estime, & d'*As* qui doit ici signifier mauvaise. Voyez *Asbarn*.
ASC, rivière, cours de la rivière. G.
ASC, troupe. G. Voyez *Asco*, *Ascogoa*, *Ascotan*.
ASC, près, auprès. G.
ASC, le même qu'*Easc*. I. De même des dérivés ou semblables.
ASCAERA, payement. Ba.
ASCALEN, chardon. C.
ASCALL, ASGALL, épaule, aisselle. I. *Achsel* en Allemand, *Azzil* en Hébreu; *Ahsal* en Theuton; *Ehsle*, *Eaxle* en ancien Saxon, épaule. Voyez *Asgell*.
ASCANTZA, payement. Ba.
ASCATEZGARRIA, indissoluble. Ba.
ASCATH, soldat, homme. I. Voyez *Cad* ou *Cai*.
ASCATSEA, analyse. Ba.
ASCATU, j'absous. Ba.
ASCATUA, agile, qui va, qui se remue aisément. Ba.
ASCELLA, ASCILLA, ASELLIA, AXELLA, AXILLA, A. M. aisselle; d'*Ascall*, *Asgell* ou *Ascell*. De là aisselle.
ASCELLA, AXILA, AXILIA, A. M. petit soliveau, petite planche, bardeau; *As*, syncope d'*Asen*; *Cell* & *Cill*, petit.
ASCELLA, A. M. aîle d'oiseau, aîle de bâtiment; d'*Askell*.
ASCEN, étendre, donner, don, présent. B. On voit par les trois dernières significations qu'*Ascen* a signifié particulièrement étendre la main, parce que c'est le geste de celui qui donne.
ASCENA, jardin de choux. Ba.
ASCER, A. M. acier. Voyez *Acer*.
ASCER, A. G. sang; *As*, eau, liqueur; *Cer*, rouge.
ASCHEM, ASCHEN, ASCHESM, les mêmes que *Cain*. Voyez ce mot.
ASCHERATUS AD BELLUM, A. M. préparé pour la guerre. *Caer* étant le synonime de *Cain*, on a dit *Ascheré* comme *Aschemé*, préparé.
ASCIARE, A. M. couper; d'*Ask*.
ASCIATUS, A. M. grand couteau; d'*Acia*.
ASCICULUS, A. G. doloire; d'*Acia*.
ASCINGIA, Voyez *Andecinga*.
ASCIOLA, A. G. doloire; d'*Acia*.
ASCLE, le sein, l'intérieur des habits sur la poitrine. B. Voyez *Ascre*, *Asgle*, *Asgre*.
ASCLEUD, ASCLOD, ASCLOED, copeau de bois; singulier, *Ascleuden*, *Ascloëden*, *Ascloden*; plurier, *Ascleudou*, *Asclodou*, *Ascloedou*, *Ascleudennou*, *Asclodennou*, *Ascloëdennou*. Un Sçavant dans la Langue Bretonne veut que ce mot ne signifie que les petits copeaux, & que *Scolpat* exprime les plus grands. B. On dit *Asglod* en Gallois: Ce mot est formé d'*As*, planche, ais; & *Clodh*, brisé, coupé.
ASCLEUDEN. Voyez *Ascleud*.
ASCLEYAN, sein. B.
ASCLOD. Voyez *Ascleud*.
ASCLOEDEN, ASCLODEN. Voyez *Ascleud*. *Ascloeden*, attelle, éclat de bois fendu. B.
ASCO, beaucoup, en grand nombre, trop, assez, suffisant. Ba. Voyez *Asc*.
ASCOEZA, ASCOEZI, départir, partager, faire part de son bien; donner ce qui est superflu. B. Voyez *Ascen*.
ASCOGOA, multitude. B. Voyez *Asco*.
ASCOL, chardons; singulier, *Ascolen*. B.
ASCOL-BREIS, chardon bigarré ou marbré. B.
ASCOL-COAT, houx. B. A la lettre, chardon de forêt.
ASCOL-DRAEIN, chardon à épines. B.
ASCOL-LAES, chardon à lait. B.
ASCOLEN, chardon; pluriel, *Ascol*. B. Voyez *Yskallen*, *Col*, *Colyn*, pointe; *Skolimos*, *Skolos*, chardon en Grec.
ASCOLGUEN, chameleon plante. B.
ASCOLVEN, chameleon plante. B.
ASCOMANNI, A. M. pirates; d'*Ascus*, vaisseau; *Man*, homme.
ASCONCH, instruction, doctrine, enseignement; ordre, arrangement, règlement. B. De là *Conche* en vieux François, ordre, arrangement. Bien en *Conche*, en bonne *Conche*, bien en ordre, en bon ordre; mal en *Conche*, en mauvaise *Conche*, mal en ordre, en mauvais ordre. On voit par là que l'*As* d'*Asconch* est paragogique ou superflu.
ASCORN, os, noyau de fruit; pluriel, *Askern*; *Eskern*. B. Voyez *Asgwrn*.
ASCORNEC, qui a des os B.
ASCOTAN, souvent. Ba. Voyez *Asco*.
ASCOURN, os, noyau de fruit; *Ascourn Boedennec*, os moëleux. B.
ASCRE, le sein, l'intérieur des habits sur la poitrine. B. Voyez *Asgre*.
ASCUA, braise de feu. Ba. Voyez *As* pour *Ias*, & *Sua*.
ASCUS, A. M. petit navire, barque. *Asc*, barqué en ancien Saxon & en Theutonique; *Askur*, petit vase en Islandois. La racine de ce mot est *Ask*, qui signifie cran, entaillure, creux, & par conséquent vase, vaisseau; car tous les noms Celtiques de vase, vaisseau, barque, sont pris de quelque terme qui signifie creux. Voyez *Asia*.
ASE, là, adverbe de lieu. B. Ce mot étant un adverbe de lieu, signifie par conséquent lien, habitation. Voyez *Ac*, qui est le même qu'*As*.
ASE. Voyez *Aseen*.
ASEA, saoul, plein, réplétion. Ba.
ASEA, huche, met, pétrin. Ba.
ASEADH, oui. I.
ASEALDIA, réplétion. Ba.
ASEDDAI, être assis. B. A, paragogique, comme on le voit par *Sedeo* Latin.
ASEECINA, insatiable, insatiabilité. Ba.
ASEEIN, seoir, s'asseoir, se placer, poser. B. Voyez *Asantz*, *Ase*, *Asseier*, en vieux François, assiéger.
ASEEN, âne. B. De là *Asinus* Latin. *Ase* en Languedocien & en vieux François, *âne*; *Asse*, âne en Anglois. Voyez *Asen*, *Asal*.
ASEL, petit membre, tel que la langue, les doigts &c. On dit aussi *Esel*; pluriel, *Isili*. *Poan à m'Ess è m'Isili*, j'ai mal à mes extrémités. B. *As*, petit; *El*, membre.

ASELLA, A. M. aisselle, aîle. Voyez *Ascella*.
ASEN, petit soliveau, petite planche, latte, copeau, éclat de bois; au pluriel, *Ais*. G. *Aiffer* en vieux François, ais grand, gros & épais; *Effil*, bardeau en vieux François: On dit encore *Effelle* en Patois de Franche-Comté.
ASEN, âne. B. Ce mot paroit formé d'*As*, force: l'âne est fort. *Asen* en Danois; *Asino* en Italien; *Esel* en Flamand & en Allemand; *Asi* en Finlandois; *Asue* en Suédois, âne. Voyez *Aseen*, *Asal*.
ASEN, côte; pluriel, *Asennan*. G. Ce mot vient d'*Ais*, dit Davies. Voyez *Asna*.
ASEN, rivière. Voyez *Ason*.
ASENCIA, A. M. aisance; d'*Æz*.
ASENES, ânesse. B.
ASENNIG, ânon. G. Voyez *Asen*.
ASENSIOA, absynthe. Ba.
ASETH, pieu fort pointu. G.
ASEZA, seoir, s'asseoir, se placer, poser. B. C'est le même qu'*Asein*.
ASFOISGE, voisin. I.
ASGA, le même qu'*Easga*. I. De même des dérivés ou semblables.
ASGALL, aîle. C. I.
ASGALL, aisselle. I.
ASGAN, anguille. I.
ASGARN, os. C.
ASGELL, aîle. G. B.
ASGELL, aisselle. B.
ASGELL, côte. Voyez *Asgellwynt*.
ASGELLDRÓED, qui a des ailes aux pieds. G.
ASGELLIG, petite aîle. G.
ASGELLOG, aîlé. G.
ASGELLU, donner des aîles. G.
ASGELLWYNT, vent de côté. G. *Gwynt*, en composition *Wynt*, vent; *Asgell* signifie donc côté.
ASGEN, dommage, perte, blessure, mal. B. *Asham*, *Ascam* en Hébreu, être criminel, être désolé.
ASGETHRAWG. Ce mot signifie apparemment cloué, puisque Davies, sans expliquer ce mot, le forme d'*As* & *Cethr*, clou.
ASGLE, le sein, l'intérieur des habits sur la poitrine. B. Voyez *Ascle*, *Asgre*.
ASGLODYN, copeau, éclat de bois, rognure. G.
ASGRE, sein. G. B. Voyez *Asgle*, *Ascre*.
ASGUITEA, aspiration. Ba.
ASGUNE, malédiction, imprécation, exécration. I.
ASGWN, méchant. G. Je crois ce mot formé de *Con* ou *Cwn*, excellent, bon, qui fait en composition *Gwn*; & d'*As*, qui est apparemment ici une particule négative. Voyez *Asbarn*, *Asbri*.
ASGWRN, os. G.
ASGYRNIG, osseux, qui a des os; d'*Os*. G.
ASGYRNIOG, le même qu'*Asgyrnig*. G.
ASGYRNYGU, rechigner, froncer le nez ou le sourcil, se rider. G.
ASGYRNYN, petit os. G.
ASIA, semence. Ba. Voyez *Hax*, *As*. Pline dit que les Taurins, Peuple de la Gaule Cisalpine, appelloient le seigle *Asia*.
ASIA, commencé, commencement. Ba. Voyez *As*.
ASIAD, soudure. G.
ASIAMENTA, A. M. aisances; d'*Æz*.
ASIATIM, A. M. avec division, avec partage; d'*Asciare*.
ASIBERRIA, apprenti, écolier, novice, cathécumène. Ba.
ASIERA, commencement. Ba. Voyez *Asia*.
ASIERACOA, initial. Ba.
ASIGNAE, A. M. viandes données au Peuple;
d'*Ascen* ou *Ascin*, don: on sous-entend *Carnes*.
ASILE, A. M. bardeau; d'*As*, d'*Asen*; *Cil* ou *Sil*, petite: on dit encore en François *Aissi*.
ASIN, d'*Asen*, rivière; comme *Avin*, d'*Aven*, &c.
ASIO, souder. G.
ASIRIC, qui a commencé. Ba.
ASK, incision, cran, entaillure que l'on fait sur les angles d'une piéce de charpente pour arrêter le cordage qui sert à la suspendre & à l'élever sur un édifice. B.
ASK, cordage qui sert à attacher une bête par les cornes; c'est aussi le lien d'un balai; & par la même raison il convient à celui d'un fagot, mais ce n'est pas l'usage. Il peut aussi dans un sens plus relevé se dire de la ceinture de l'homme, qui a le même effet, qui est de lier & serrer les habits & le corps ensemble. B.
ASKELL, aîle d'oiseau; pluriel, *Askellou*. B. Voyez *Asgell*.
ASKELL-CROCHEN, chauve-souris. B. A la lettre, aîle de peau.
ASKELLEC, ASKELLOC, aîlé. B.
ASLAN, le même qu'*Eastan*. I. De même des dérivés ou semblables.
ASLEA, Auteur, inventeur. Ba. Voyez *Asia*.
ASLUM, A. G. dépouille; *Llwm*, nud, pelé.
ASMACIOA, pronostique. Ba.
ASMAR, penser. Ba. *Asmar* en Espagnol, soupçonner, juger.
ASMARIA, qui conjecture très-bien. Ba.
ASMARIAC, augures. Ba.
ASMARO, prudemment, habilement. Ba.
ASMATUA, deviné. Ba.
ASMATZALLEA, qui sçait fort bien conjecturer, augure, aruspice. Ba.
ASMATZEA, divination. Ba.
ASMAZE, soupçonner, juger. Ba.
ASMECOA, pronostique. Ba.
ASMEGOQUIA, indice, signal. Ba.
ASMOA, science, prudence. Ba. En Patois de Lyon & de Franche-Comté on dit qu'un homme a de l'*Esme* lorsqu'il a de l'intelligence, de l'industrie, de la prévoyance.
ASMUA, prétexte. Ba.
ASNA, côte. I. Voyez *Asen*.
ASNADH, côte. I.
ASNASE EMATEA, exhaler, rendre une odeur. Ba.
ASNASEA, haleine, souffle, respiration; *Asnasea Egota*, je suis hors d'haleine. Ba. On voit par l'article précédent qu'*Asnasea* signifie aussi odeur.
ASNAZE, haleine, souffle, respiration. Ba. C'est le même qu'*Asnasea*.
ASO, A. M. sous, dessous; d'*As*, diminutif; *Sub*, diminutif Latin signifie aussi sous, dessous.
ASOIGE, plus jeune. I.
ASOLETUM, A. G. brisé; *Collet* ou *Sollet*, perdu, gâté.
ASOLIA, A. M. débauche, corruption de mœurs; *A*, paragogique; *Coll* ou *Soll*, corrompre, perdre au propre & au figuré.
ASON, rivière. G. On a dû dire *Asen* comme *Ason*, puisqu'on a dit *Aven* & *Avon*.
ASONSOIN, AR ASONSOIN, bien que, quoique, encore que. I.
ASONYD, pluriel d'*Ason*. G.
ASOSTOMACHOA, crainte légére. Ba. *Choa*, legére.
ASP. Voyez *Asb*.
ASPALDI, autrefois, au temps passé. Ba.
ASPALDICOA, long. Ba. Voyez *Pell*.

ASP.

ASPALDITUA, invétéré. Ba.
ASPAR, A. G. lieu où l'on garde les lances; *Par*, lance; *As* par conséquent lieu. Voyez *As*.
ASPEC GRATERON, plante dont les boutons barbus s'attachent à ce qui les touche. B. Voyez *Specq*.
ASPERELLUS, A. M. épervier; de *Sparuel*.
ASPERIOLUS, A. M. écureuil; de *Per*, sur; *Gaul* ou *Jaul*, bois, arbre. L'écureuil est toujours sur les arbres. Les Bretons appellent cet animal *Guyber*, *Guyusher*, *Guinver*, *Coantieq*: Tous ces noms signifient *sur les arbres*, qui est *sur les arbres*; *As*, paragogique ou article.
ASPERJUS, asperge. B. De *Per* ou *Sper*, pointe; l'asperge se termine en pointe. *Asparagos* en Grec; *Asparagus* en Latin; *Asparago* en Italien; *Asparagos* en Espagnol; *Spargeln* en Allemand; *Sparagus* en Flamand; *Spérage* en Anglois; *Sparoga* en Esclavon; *Asprarugi* en Polonois; *Sparga* en Hongrois; *Szparoga* en Dalmatien, asperge.
ASPERTU, venger. Ba.
ASPESA, doute, hésitation; *Aspesan*, doutant, flottant, embarrassé, incertain, tournant de côté & d'autre. Ba.
ASPIDEA, soupirail. Ba.
ASPIGUNA, les reins. Ba.
ASPILLA, lévre. Ba.
ASPILLA, huche, met, pétrin. On voit par *Luraspilla*, plat de terre, (*Lur*, terre; *Aspilla* par conséquent plat) qu'il signifie plat. Ba. Il paroit par là qu'*Aspilla* a signifié vase en général, ou même creux; ce qui se confirme par *Pwll* ou *Pyll*, fosse; *Pilig*, bassin; *Sybwl* ou *Syvyl*, *Sbyl*, *Spyl*, gouffre. Nous appellons encore *Sebill*, certain vase où l'on met la pâte pour qu'elle se leve; de même que l'écuelle dont on puise le moût.
ASPLET, balustrade, balustre d'Autel. B. Ce mot est formé d'*As*, article, & *Pleth*, entrelassé. Ce terme aura d'abord signifié une claye faite de branches entrelassées, ensuite toute sorte de balustrades.
ASPRI, malice. G. Voyez *Asbri*.
ASQELL, aîle d'oiseau, aisselle. B.
ASQELL-CROCHEN, ASQELL-GROCHEN, chauve-souris. B. A la lettre, aîle de peau.
ASQORN, amande, semence de tous les arbres à noyau, noyau, le rouchet d'un tisserand. B.
ASQORNECQ, membru, fort, viril, nerveux. B.
ASQUI, suffisant. Ba. Voyez *Asco*.
ASQUIJAQUINDEA, Philologie. Ba.
ASQUITOA, satisfaction. Ba. Voyez *Asqui*.
ASRANNACH, étranger. I.
ASS, eau, rivière. Voyez *Axa*.
ASSA. Voyez *Axa*.
ASSA, A. G. bois large & poli; *As*, d'*Asserw*, on sous-entend bois.
ASSAGHARE, A. M. essayer; d'*Æczaen*, essayer; *Assaiara* en Italien, essayer.
ASSAIA, A. M. essai; d'*Ecza*, essai. De là ce mot.
ASSAILIARE, A. M. assaillir: d'*Assailla*.
ASSAILLA, attaquer, assaillir. B.
ASSAISIATOR, A. M. essayeur; d'*Ecza*, essai; *Essayer* en Anglois, essayer.
ASSALHIARE, ASSALIARE, ASSALTARE, A. M. les mêmes qu'*Assailiare*.
ASSALTATIO, ASSALTURA, ASSALTUS, A. M. assaut. Voyez *Sawd*, & *As*, paragogique. Voyez encore *Assailla*; *Assalto* en Italien, assaut.
ASSAMBLE, ensemble. B. De là ce mot.
ASSAN, âne. G. Voyez *Asen*.

ASS. 95

ASSARTARE, ASSARTUM, A. M. Voyez *Exardium*.
ASSASINA, assassiner. B.
ASSATH, espèce de défense judiciaire. G.
ASSE, rassasié. Ba. Voyez *Assez*. *Asa*, satiété en Étrusque.
ASSEMBLATA, ASSEMBLATIO, ASSEMBLEA, A. M. assemblée; d'*Assamble*.
ASSEN, ânesse. G.
ASSENAMENTUM, A. M. mainmise, saisie féodale. Dans les vieux Praticiens, *Assenement*; d'*Assen*, étendre la main.
ASSENAMENTUM, A. M. le même qu'*Assennatio*.
ASSENARE, A. M. assener, mettre sous sa main, comme Seigneur, les fiefs qui relevent de son domaine; d'*Assen*, étendre la main.
ASSENNATIO, A. M. assignation; d'*Aczina*. De ce mot est venu le vieux terme François *Assener* un coup, donner un coup dans un endroit qu'on s'est déligné.
ASSERE, se fâchant, en colère. Ba.
ASSEREA, colére. Ba.
ASSERES, A. G. femmes sous le soin desquelles les enfans étoient nourris; d'*As*, petit, enfant; ou d'*Asere*, *Assre*, sein.
ASSERETASSUNA, colére, animosité. Ba.
ASSERETZU, je me mets en colére. Ba.
ASSERRE, en colère, fâché. Ba.
ASSERVATORIUM, A. M. coffre, endroit pour garder quelque chose; d'*Asservo*; celui-ci de *Servo*; celui-ci de *Serra*, fermer.
ASSERW, brillant, beau, net. G.
ASSEZ, assez. B. De là ce mot. Voyez *Asse*.
ASSEZI, asseoir. B. C'est le même qu'*Asein*.
ASSEZIA, A. M. position; d'*Assezi*.
ASSETARE, A. M. asseoir, asseoir ou placer les tributs, hypothéquer. Voyez *Aseddaf*, *Asein*.
ASSEVIARE, A. M. asseicher. On a dit en vieux François *Assevier*, *Assouver*; de *Sew*, *Sw*, eau, liqueur; *A*, privatif.
ASSIA TALLIAE, A. M. assiette de tailles; d'*Astein*.
ASSIDELA, A. G. table près de laquelle nous nous asseyons; d'*Assied*.
ASSIDERE, A. M. asseoir la taille, désigner des revenus à percevoir annuellement de certains fonds; d'*Assied*.
ASSIDERE, A. M. assiéger; d'*Assied*.
ASSIDERE, A. M. choisir quelques personnes en nombre fixe; d'*Assied*.
ASSIDIARE, A. M. assiéger; d'*Assied*.
ASSIED, assiette, situation, désignation, séance. B. De là assiette de bois, canton désigné pour être coupé; *Assiement* en vieux François, séance.
ASSIET, assiette, ustensile de table. B. De là ce mot. *Assiento* en Espagnol, assiette.
ASSIETA, A. M. assignation de dot, assignation de douaire; d'*Assied*.
ASSIGIA, A. M. petite planche; *Assigiatum*, enceinte faite de ces petites planches; d'*As*, d'*Asen*, planche; *Ig*, diminutif.
ASSIGNAMENTUM, A. M. désignation de certain revenu à prendre annuellement sur certain fonds; en vieux François *Assenement*; *Assene*, d'*Aczina*.
ASSIMULARE, A. M. assembler, mettre ensemble; de *Simul* Latin; & celui-ci de *Cym* Celtique.
ASSINUS, A. M. sorte de mesure à grains, appellée communément *Assin*. Voyez *Essinus*.

ASS.

ASSIO, fouder, & le même que *Ias*. G.
ASSIS, A. M. petite planche ; *Assiata Sepes*, enceinte faite avec ces petites planches ; *Assis*, d'*Assig*. Voyez *Aru*. Voyez *Assigia*.
ASSISAE, ASSISIAE, A. M. assises, séances, assemblées de personnes choisies pour rendre la justice, ou pour délibérer sur les affaires publiques ; *Assisa rerum venalium* se prend pour l'ordonnance portée dans les assises sur la qualité, quantité, poids, mesure & prix des choses à vendre. Il se prend encore pour le droit de faire cette ordonnance, & de tirer un certain émolument pour cela. *Assisa* se prend aussi pour le tribut réglé dans les assises ; enfin il se prend pour l'amende des délits réglés dans les assises ; d'*Assez.i.*
ASSOLDARE, ASSOLIDARE, A. M. avoir à la solde ; de *Swlt*, prononcez *Sollt*, ou *Solld*, trésor public dont on paye les Soldats.
ASSOLENTES, A. G. assaillans ; d'*Assailla*.
ASSOTI, étourdir. B.
ASSOUP, achoppement, pierre d'achoppement. B.
ASSOUPA, broncher, chopper. B. On dit en Patois de Franche-Comté *Aissopa* au même sens.
ASSULA, A. M. petite planche, éclat de bois ; d'*As*, d'*Asin*, planche ; *Ul*, diminutif.
ASSULTARE, A. M. assaillir ; *Assultus*, assaut. Voyez *Assalhiare*.
ASSUMERE, A. M. assommer ; d'*Aczunni*.
ASSURA, os. Ba. Voyez *Asgwrn* ou *Asswrn*.
ASSURI, assurer. B.
ASSURRA, os. Ba. Voyez *Assura*.
ASSWY, ASSW, gauche. G. Je crois que ce mot, comme le *Sinister* des Latins, signifie aussi fâcheux, mauvais. Voyez *As*, *Asbarn*, *Asbri*.
ASSWYN, excuse d'absence. G. Ce mot, dit Davies, est formé d'*As* pour *A*; *Ys* & *Swyn*, remède, guérison ; comme qui diroit guérison d'absence. D'*Asswyn* est venu *Essoine*, qui signifioit en vieux François excuse d'absence ; *Essoyne* en Anglois, excuser.
ASSWYN, excuser l'absence. G.
ASSWYNO, excuser l'absence, excuser. G.
ASSWYNO, commander, demander. C.
AST, habitation, Pays. Voyez *Astedum*.
AST. Voyez *Astell*.
ASTA, sale, vilain, gale, rogne. Ba.
ASTA, sauvage, de mauvaise espèce, de mauvaise qualité. Ba. Voyez *Astu*.
ASTA, A. M. broche. On a dit *Haste* en vieux François : il se dit encore dans le Nivernois, en Franche-Comté & en Lorraine ; *Hatier* dans notre Langue est un grand chenet de cuisine à faire tourner plusieurs broches ; *Hateur* est l'Officier qui fait embrocher pour la bouche du Roi ; *Ast* vient d'*Astell*, tournette, ce qui tourne.
ASTA, A. M. certaine étendue de terre, de champ. Voyez *Astedum*.
ASTA FEUDALIS, vassalité, soumission d'un vassal ; d'*Astu*.
ASTABORTUSAYA, rue sauvage plante. Ba.
ASTADIA, ASTADUIS, A. M. les mêmes qu'*Asta*, certaine étendue de terre. Voyez *Astedum*.
ASTAEMEA, ânesse. Ba. *Asloa*, & *Am* ou *Em*.
ASTAGARBANTUA, astragale. Ba.
ASTAICH, étage. B. De là ce mot.
ASTAL, cessation, relâche. B.
ASTALCH, bouclier, tel que le portoient les braves. Les anciens Gallois écrivoient *Austalch*. G. D'*Aes*, *As*, bouclier ; & *Talch*, diminué, retranché, dit Davies.

AST.

ASTALIA, A. M. Voyez *Astell*.
ASTALLAMENTUM, A. M. certaine étendue de terre, de champ ; d'*Asta* ou d'*Astell*. Les Paysans disent une mesure, un penal, pour un champ d'une mesure, d'un penal.
ASTALMENDRA, amande sauvage. Ba.
ASTAMATSA, vigne sauvage. Ba.
ASTAQUERIA, folie. Ba.
ASTAR, chemin. I.
ASTARIA, A. M. campagne ou plaine au bord de la mer. Voyez *Asterium*.
ASTATICUM, A. M. demeure, résidence ; d'*Ast*.
ASTAURAZA, espèce de chicorée. Ba.
ASTEA, chef, tête, commencement, bout. Ba.
ASTEA, semaine. Ba.
ASTEDUM, HASTEDUM, ASTUM, A. M. métairie. On a apparemment étendu ce nom aux terres qui formoient la métairie, qui dépendoient de la métairie. *Ast* est le même que *Ati*, habitation. (Voyez *Aru*.) *Astu* qu'*Ast*, Ville en Grec ; *Haz* en Hongrois, maison ; *Hhasi*, château en Arabe ; *Aza*, Ville forte en ancien Persan ; *Hhatzer* ou *Hhaser*, Village, grange en Hébreu ; *Hhhazd* en Éthiopien, parvis ; *Hhhast* en Arabe, édifice ; *Aste* en Albanois, habiter ; *Atap* en Malaye, couvert. Voyez *As*, *Astrum*.
ASTEGUNA, férie. Ba.
ASTEL, éclat de bois. B. De là *Attelles* ; de là en Patois de Franche-Comté *Aitelles*, éclats de bois.
ASTELL, copeau, éclat de bois, bardeau, latte, ais, planche, table, chevron, solive, pièce de bois. G. De ce mot est venu notre terme *Atteller*. On voit par *Asti* qu'*Ast*, *Astell* a aussi signifié baguette, verge ; *Astillo* en Espagnol, copeau, éclat de bois ; *Asts* en Theuton ; *Ast* en Gothique, rameau. On étendit ensuite le terme *Astell* à signifier le lieu où croît le bois, une forêt. On trouve *Astalia* en ce sens dans les anciens monumens.
ASTELL, tournette. B. D'*Astell* pris au figuré sont venus *Astus*, *Astuia*, mots Latins, qui signifient détour, tromperie, ruse.
ASTELL, certaine mesure pour les grains ; *Astellat*, le contenu de cette mesure. B. *As*, article ; *Tel*, mesure.
ASTELLA, A. M. éclat de bois ; d'*Astell*.
ASTELLAT. Voyez *Astell*.
ASTELLODI, fendre, mettre du bois en ais, en planches, en chevrons, en solives, en bardeaux, en lattes, en copeaux, en éclats, en pièces. G.
ASTELLOUER, attelier. B. De là ce mot.
ASTEN, accroître, allonger, étendre, prolonger. G. Voyez *Astindna*.
ASTEN, ou plutôt *Astenni*, étendre, allonger. B.
ASTENANCIA, A. M. attenanche, ou suspension d'armes ; d'*Asten*.
ASTERIUM, A. M. bord de rivière. *A*, bord ; *Ster*, rivière. En confrontant ce mot avec *Astaria* qui est le même, on voit que *Ster*, comme *Dour*, a non seulement signifié rivière, mais eau en général.
ASTERS, A. M. le même qu'*Asta*, broche.
ASTEUDEN, singulier d'*Asteut*, tenon qui entre dans la mortaise, la pointe d'un couteau, d'un outil, d'une épée, &c, qui entre dans le manche & dans la garde. B. *As*, article ; *Steuden*.
ASTEUT. Voyez *Asteuden*.
ASTI, flageller, fouetter. Ba. Voyez *Casti*, *Castigna*.
ASTIARIA, érable. Ba.
ASTICZEIN, exhorter. B.

ASTICARRA,

AsTIGARRA, tilleul. Ba.
AsTIGO, battre, donner des coups. Ba. De là *Castigo* Latin. Voyez *Asti*, *Casti*, *Castigua*.
AsTILL, planche. G. C'eſt le même qu'*Astell*.
AsTILLEN, ais, planche. G. Voyez *Astill*.
AsTILLOD, TY AsTILLOD, échope de planches. G.
AsTINA, tâche, beſogne, ſoin. Ba.
AsTINA, l'action de rejetter, de ſecouer. Ba.
AsTINDARRIA, lainier. Ba.
AsTINDU, peigner. Ba.
AsTINDUA, qui ſe gonfle comme une éponge. Ba. Voyez *Asten*.
AsTIRO, au long & au large. Ba.
AsTITSUA, accent grave. Ba.
AsTITZEA, l'action de battre. Ba.
AsTOA, âne, bête de ſomme, ſot, niais, imbécille, ſtupide, ignorant, fol, inſenſé, caution, répondant. Ba. Apparemment qu'on regardoit celui qui répondoit pour un autre comme un ſot. Voyez *Ase*.
AsTOIG, dans. I.
AsTOM, réchauffé. B. *Tom*, chaud ; *As* eſt donc une particule itérative. Voyez *Az*, qui eſt le même.
AsTOREGANA, eſpèce d'origan qui reſſemble au ſerpolet. Ba.
AsTORRIA, pan de chemiſe. Ba.
AsTOTATZEA, AsTOTZEA, être âne, devenir âne, reſſembler à l'âne, devenir ſot, devenir imbécille. Ba. Voyez *Astoa*.
AsTOTUA, auſſi bete qu'un âne, plus ſot qu'un âne. Ba.
AsTOTZEA. Voyez *Astotatzea*.
AsTRAIM, aller, marcher, porter, emporter. I.
AsTRANNACH, étranger. I.
AsTRUCTOR, A. G. cheval, marcheur ; d'*Astraim*, *Astar*. At, cheval en Turc.
AsTRUM, A. M. demeure ; d'*Ast*. On a dit en vieux François *Aistre* pour demeure. Sçavoir les *Aitres* du logis, ou, comme on dit ordinairement, les *Aistres*, eſt une manière de parler proverbiale, qui s'employe pour déſigner celui qui connoit parfaitement toutes les chambres & tous les réduits d'une maiſon. On a dit auſſi au ſingulier ſçavoir l'*Aistre* ; en Languedocien *Estare* ; *Stare* ſignifie maiſon. Voyez *Astedum*.
AsTRUS, auſtere, ſévére, rude, roide, perplex, embarraſſé. G. De là *Austerus* Latin. *Asdroubas* en Punique, qui ſe diſtingue dans les combats, rude combattant.
AsTRUSI, perpléxité, embarras. G.
AsTRWS, ridé. C.
AsTU, vermine, chétiveté, chétif. B.
AsTU, oubli. Ba.
AsTUD, induſtrieux, adroit, diligent, ſtudieux. G.
AsTUD. Voyez *Astut*.
AsTUDIC, très-chétif. B.
AsTUDIO, méditer, réfléchir, étudier, s'étudier, tâcher. G. De là *Studeo* Latin ; *Studiare* en Italien ; *Estudiar* en Eſpagnol ; *Studie* en Anglois, étudier, mettre ſon étude à, tâcher.
AsTUDRWYDD, aſſiduité, diligence, exactitude, ſoin, attention, application, empreſſement, adreſſe. G.
AsTULA, HASTULA, A. M. éclat de bois ; d'*Astell*.
AsTUM. Voyez *Astedum*.
AsTUNA, peſant. Ba.
AsTUNDEA, peſanteur. Ba.

TOME I.

AsTUNDU, je charge. Ba.
AsTUR, AsTURCAS, AsTURCO, OsTORIUS, A. M. grand épervier ; *Astor* en Italien ; *Autour* en François ; *Astou* en Languedocien ; *Austord* en Béarnois ; *Onstor*, *Ostor* en vieux François. Voyez l'article ſuivant.
AsTURIARRA, autour, buzard. Ba. Voyez l'article précédent.
AsTUS, A. M. tranche de viande grillée, communément grillade ; d'*As*. On appelle *Astilles* à Metz, & *Astereaux* à Beſançon, des tranches de viande que l'on aſſaiſonne, que l'on roule, & que l'on fait cuire ſur le gril.
AsTUT, vermine, ſelon le Pere de Roſtrenen ; *Astut* ou *Astud*, chétif, uſé, miſérable, accablé de miſére, de vermine, ſelon Dom le Pelletier B. Il faut retenir les deux ſignifications. Voyez *Ankelher*, *Astn*, *Astuz*.
AsTUUA, peſanteur. Ba.
AsTUZ, vermine, ſelon Dom le Pelletier. B.
AsTYLLEN, planche. G.
AsTYLLENLYS, quinte-feuille, plantain chez une partie des Gallois. G.
AsTYLLENNIG, diminutif d'*Astyllen*. G.
AsTYLLENNU, faire un plancher, fendre, diviſer, ſéparer, voûter, former en arc, cambrer. G.
AsTYLLODIAD, l'action de faire un plancher. G.
AsULHARE PICE, A. M. poiſſer ; de *Suilha*.
AsUM, nombre. I. De là *Summa* Latin, ſomme François.
AsUNA, ortie. Ba.
AsUNGIA, A. M. pour *Axungia*, ſain-doux, oing. Voyez *Mehin*.
AsUR, azur. G. Je crois qu'*As* vient de *Lus*. Les Arabes & les Perſans ont conſervé l'*l* : Ils appellent *Lazul* le bleu. Nous trouvons *Lasur* au même ſens dans une lettre de Frotharius Évêque de Toul, écrite il y a plus de 800 ans. Les Grecs modernes diſent *Lazourion*.
AsURATUS, AsUREUS, A. M. bleu, azuré ; d'*Asur*.
AsW, AsWY, gauche. G. Voyez *Assuy*.
AsWCHWITH, gauche. G.
AsYN, âne. G. De là *Asinus*.
AT, pere dans la Langue des Celtes, ſelon Baxter. Voyez *As*. Un dialecte Gallois met le *t*, un autre l'*s*. *Aita* ou *Aitea* en Baſque ; *Ata* en Turc & en Tartare ; *Atai* en Tartare de Tobolsk ; *Atey* en Tartare Calmouk ; *Atta* en Phrygien, en Gothique & en Theſſalien, pere ; *Atya*, pere en Hongrois ; *Atta* en Grec, pere, terme d'honneur dont un jeune homme ſe ſert parlant à un plus âgé ; *At* ſignifie pere dans Atavus, au rapport de Feſtus ; *Ate* en Albanois ; *Atya* en Hongrois ; *Haita* en ancien Friſon ; *Atti* en Carinthien ; *Aitta*, *Atkia*, *Atzioe* en Lappon ; *Atzia* dans la Langue des Tartares Mogols ; *Eyda* en Langue des Venedes ; *Aithtaha*, *Ayttan* en Huron ; *Addathi* en Hochelague dans l'Amérique ; *Athair* en Irlandois ; *Otac* en Dalmatien ; (l'*o* ſe met pour l'*a*) *Otze* en Cravate ; *Otzie* en Bohémien, pere. Les enfans dans la Suiſſe Allemande & en Souabe appellent leur pere *Ætte*. *At* ou *Ad* eſt le même que *Tat* ou *Tad*, parce que le *t* s'ajoute indifféremment au commencement du mot dans le Celtique. D'*Athair* eſt venu *Pater* Grec & Latin : le *p* étoit article chez les anciens.
AT, à, au, de, du, des, dès, prépoſitions, près, auprès, chez, vers. G. *At* en Gothique, en Theuton, en ancien Saxon, auprès ; *At* en Anglois,

auprès, près; *Atha* en Hébreu, en Chaldéen, en Syriaque, venir, approcher; *Atas* en Malaye, auprès; *At* dans les anciens monumens se trouve pour signifier à, au, prépositions. Le *d* & le *t* se mettant l'un pour l'autre, les Latins on dit *Ad*, à, au, près, auprès.

A T, terre. G. *Ath*, gué de rivière en Irlandois.

A T ou *Ad*, semence, graine semée ou à semer. B. Voyez *Ad*.

A T, tumeur. I.

A T, extrémité, bord. I.

A T, nœud. I.

A T, particule itérative. I.

A T, à moitié. Voyez *Attarw*. Il signifie par conséquent part, partage; il est donc particule diminutive.

A T, le même qu'*Ad*, parce que le *t* & le *d* se mettent indifféremment l'un pour l'autre.

A T, le même que *Cat*, *Gat*, *Sat*. Voyez *Ath*.

A T, bord. Voyez *Strat*.

A T, particule de doute. Voyez *Atfydd*.

A T, particule de consentement, d'affirmation. Voyez *Atteb*.

A T, mauvais. Voyez *Atchwaith*. *Atao*, *Ato* en Grec, je nuis; *Hhata* en Hébreu, en Arabe, en Chaldéen, en Syriaque, pécher, péché, faute, erreur; *Hhata* en Ethiopien, péché, faute, défaut, manquement, privation, indigence; *At* en Theuton, tache, souillure; *At* en Suédois, laid, mauvais; *At* en Islandois, tache.

A T, particule superflue. Voyez *Atguddio*, *Atgyweirio*.

A T, le même que *Gand*. Voyez ce mot.

A T, attache. Voyez *Atinis*.

A T, particule augmentative. Voyez *Athasar*. *At* en Irlandois, tumeur; *At* signifie par conséquent sur, dessus, comme toutes les particules augmentatives.

A T, particule itérative. Voyez *Atglaf*.

A T, souvent, fréquemment, plusieurs fois, abondamment, plusieurs, grand nombre, multitude, sans fin, abondant. Voyez *Atao*, *Attriniad*, *Ate*, *Aid*, *Atat*, multitude en Turc & en Arabe.

A T, en arrière. Voyez *Atddwyn*.

A T A, ce, il, elle, le, la, foi. I.

A T A, victoire. I. *Atini* en Pérouan, combattre, vaincre.

A T A A, canard. Ba.

A T A B A L A, tambour; *Atabalaria*, qui bat le tambour. Ba.

A T A B U R D I N A, *A T A B U R N I A*, barre, barrière, cadenat, serrure. Ba.

A T A C H E I A, *A T A C H I A*, A. M. péage. Voyez *At*, *Athaigh*, *Athrach*.

A T A C O U S T A, A. M. mauvaise oreille; d'*At*, mauvaise; *Clust*, *Cust*, oreille.

A T A D H, feutre. I.

A T A E M E A, cane, femelle du canard. Ba. *Ataa*, *Emea*.

A T A I M, être. I.

A T A L, le même qu'*Eatal*. I. De même des dérivés ou semblables.

A T A L A R R A, petit héron. Ba.

A T A L A Y A, guérite, sentinelle. Ba. Il est encore en usage dans l'Espagnol.

A T A L B U R U A, le seuil de la porte. Ba.

A T A M I R, collation d'enfans. I.

A T A N, chaperon, capuchon. I.

A T A N. En comparant *Tan*, *Tyn* avec *Atayna*, *Atahina*, on voit qu'on a dit *Atan* comme *Tan*,

pointe; d'ailleurs rien de si commun que d'ajouter aux mots l'*a* initial ou paragogique.

A T A N E S, le même qu'*Atenes*. Voyez *Anes*.

A T A N U L U M, ou *A T A N U V I U M*, A. M. vase de terre; *At*, terre; *An*, vase.

A T A O, toujours. B.

A T A O R, chapelier. I.

A T A P E A, soupape, valvule. Ba. Voyez *Tapon*.

A T A R B E A, portique, toit, maison, hôtellerie. Ba.

A T A R I A, palais, maison, façade. Ba.

A T A R R A Y A, filet de pêcheurs. Ba.

A T A S, victoire. I.

A T A S E A G, les cataractes du ciel. Ba.

A T A S I A, vestibule. Ba.

A T A U, toujours. Ba.

A T A U R E A, portière, barrière. Ba.

A T A U R R E A, barreau, treillis, jalousie. Ba.

A T A U S Q U I A, herbe appellée en Latin *Sidentes*. Ba.

A T A Y N A, inquiéter, irriter, piquer, provoquer à la colére, chagriner, attaquer. B. Voyez *Atahyna*, qui est le même. En vieux François *Ataine*, querelle, *Ataineux*, querelleur; *Attine*, querelle; *Attinee*, irriter, provoquer, exciter, piquer; *Attinée*, provocation; *Taquin* en quelques Provinces du Royaume signifie querelleur; le *q* se met pour l'*h*. On a dit aussi en vieux François *Tenner*, *Tanner* dans la signification de chagriner. On lit encore *Tenué* & *Conténuer* au même sens. *Tanner* se dit parmi le Peuple à Besançon pour battre; *Atini* en Pérouan, combattre, vaincre.

A T A Y N E R, aggresseur. B.

A T B A I L, gage. G.

A T B L Y G, courbure. G. *At*, superflu; *Plyg*.

A T B L Y G U, replier. G.

A T B O E T H I, rebouillir. G. *At*, itératif; *Poethi*.

A T B R Y N I A D, rachat. G. *At*, itératif; *Pryniad*.

A T C E I N I A D, qui chante souvent. G. *At*, souvent; *Ceiniad*.

A T C H A G N A D H, ruminer, remacher. I.

A T C H W A E T H U, goûter une seconde fois. G. *At*, itératif.

A T C H W A I T H, âcreté, mauvais goût, insipidité. G. *Chwaith*, goût; *At* par conséquent mauvais.

A T C H W Y L, répercussion. G.

A T C O E D D A R, je me retire. B.

A T C O N G E, bon. I. Voyez *Con*.

A T C O R, arpent de terre labourable. G.

A T C O R I, verbe formé d'*Aicor*. G.

A T D D W Y N, porter en arrière. G. *Ddwyn*, porter.

A T D O D I A D, comparaison de deux choses ensemble. G.

A T D W I N, reporter. G.

A T D Y B L U, redoubler. G.

A T D Y C H W E L, retour, révolution. G.

A T D Y W E D I A D, répétition, reprise, ou répétition de mot. G.

A T D Y W E D Y D D, répliquer, répéter, redire. G.

A T E, abondance. Ba. Voyez *At*.

A T E, canard. Ba.

A T E A, canard. Ba.

A T E A, porte. Ba.

A T E L A, dispute, querelle, combat, confusion Ba.

A T E M P T O R I U M, A. M. entreprise; d'*Attempti*.

A T E N E S a dû signifier presqu'isle comme *Gournes*; *At*, diminutif, petit, comme *Gour*; *Enes*, isle.

A T E R, toit. Ba.

A T E R, porte, extraction. Ba.

A T E R A, derrière. Ba. *Atras* en Espagnol, derrière. Voyez *At*.

ATERAQUIA, éminence, élevation. Ba.
ATERS, s'informer. B.
ATEULA. Voyez *Atela*.
ATEZAYA, portier. Ba. Voyez *Atea*.
ATFAIL, gage. G.
ATFYDD, peut-être. G. *Fydd* de *Bydd*, sera ; *At*, par conséquent particule de doute.
ATFYDDAP, peut-être. G.
ATGAMMU, recourber. G. *At*, itératif.
ATGAS, odieux, exécrable, abominable, détestable, haï. G. Voyez *Cas*.
ATGASRWYDD, haine, détestation, exécration, abomination, état d'une chose exécrable. G.
ATGEINIAD, qui chante souvent. G. C'est le même qu'*Atceiniad*.
ATGEMMI, courbure. G.
ATGEN Y DDAIAR, le produit de la terre, les fruits de la terre. G. Davies forme ce mot de la préposition *At*, qu'il explique par la préposition Latine *Ad* ; ou de la préposition Galloise *Ad*, qu'il dit être itérative ; & de *Cen*, cuir, peau, croute ; ensuite que, selon lui, *Atgen* veut dire à la croute, à la surface ; *Y Ddaiar*, de la terre. Il me paroit que l'étymologie de ce mot se prend plus naturellement de *Geni*, qui signifie naître, être produit ; ainsi *Gen* signifie le produit, ce qui est produit ; *At* est ici superflu.
ATGERYDDU, rendre critique pour critique. G. *Ceryddu*.
ATGLAF, valétudinaire, infirme, maladif, qui n'a pas encore recouvré une parfaite santé. G. *At*, à moitié ; *Claf*, malade.
ATGLEFYCH, rechûte en maladie. G.
ATGLEFYCHU, retomber dans la maladie que l'on a eue, se renouveller, reprendre des forces. G.
ATGLEFYD, rechûte en maladie. G.
ATGLODDIO, fouir de nouveau. G. *Cloddio*.
ATGNEIFIO, retondre. G. *Cneifio*.
ATGNO, remords, morsure. G. *Cno*.
ATGNOI, remâcher, ruminer. G.
ATGOEGI, devenir vil. G. *Coegi*.
ATGOF, foible ou courte mémoire, souvenir, commentaire, glose, interprétation. G. *Cof*.
ATGOFFA, mémoire, souvenir, l'action de reconnoître, de se rappeller, récapitulation, se souvenir. G.
ATGOFFIO, se souvenir. G.
ATGOFIAD, souvenir, l'action de se rappeller. G.
ATGOFIAWL, relatif. G.
ATGOFIO, se ressouvenir, venir dans la mémoire, reconnoître. G.
ATGRIBINIO, sarcler une seconde fois. G. *Cribinio*.
ATGRIBO, repeigner. G. *Cribo*.
ATGRYFHAU, reprendre des forces, rétablir en vigueur. G. *Cryf*.
ATGUDDIO, cacher. G. *Cuddio* ; *At*, superflu.
ATGULHAU, ramaigrir. G. *Culhau*.
ATGURIAD, répercussion. G. *Curiad*.
ATGURIO, répercuter, fraper une seconde fois. G.
ATGYCHWYN, recommencer. G. *Cychwyn*.
ATGYHOEDDIAD, dénonciation, l'action de faire sçavoir. G. *Cyhoeddi* ; *At*, superflu.
ATGYMMISGU, remêler. G.
ATGYMMODI, réconcilier. G. *Cymmodi*.
ATGYNNULL, ramasser, recueillir, rassembler de nouveau. G. *Cynnull*.
ATGYNNYRCHOLDEB, représentation, l'action de rendre présent une seconde fois. G. *Cynhyrchol*.

ATGYSSILIAD, réconciliation. G. *Cyssyltu*.
ATGYWAIN, reporter. G. *Cywain*.
ATGYWAIN, porter en arrière. G. Voyez *Atddwyn*.
ATGYWAIR, renouvellement. G.
ATGYWEIRIAD, renouvellement, réparation, rétablissement. G.
ATGYWEIRIAWDR, réparateur, restaurateur. G.
ATGYWEIRIO, remettre en meilleur état, cultiver une seconde fois, réparer, raccommoder, rajuster. G. *Cyweirio*. *At*, superflu.
ATGYWEIRIOL, renouvellé. G.
ATGYWEIRIWR, qui rétablit, qui raccommode. G.
ATH, gué en Irlandois & dans la Langue des Écossois occidentaux ; au plurier, *Athanna*.
ATH, le même qu'*Achadh*. I.
ATH, tumeur, bosse, enflure. I.
ATH, le même qu'*Adh*. I. De même des dérivés ou semblables.
ATHACH, géant. I.
ATHACH, flots. I.
ATHADH, le même qu'*Achadh*. I.
ATHAFAR. Ce mot vient d'*Afar*, douleur, tristesse, deuil ; & d'*At*, particule augmentative.
ATHAIGH, géant, fermier, paysan. I.
ATHAIR, pere ; *Athair*, *Altrannus*, ayeul. I.
ATHAIR, serpent. I. C'est le même qu'*Aer* ; le *t* s'insère. Voyez *Nathair*.
ATHAR, le même qu'*Achar*. I.
ATHARRUGHADH, éloigner, écarter. I.
ATHATHAD, réunion. I.
ATHAW, taciturne, qui se tait. G. *Taw*, silence.
ATHBACH, force, puissance. I.
ATHCHOMAIR, brief, succint, petit, court. I.
ATHCHUMAIR, le même.
ATHCHUMAIREAS, brièveté, accourcissement, abrégé. I.
ATHCHUNGE, grace, priére, demande, faveur, plaisir, persuasion, sollicitation. I.
ATHCHUNGEAD, prier, supplier. I.
ATHCHUNGID, priére, supplication, prier, supplier, implorer, importunité. I.
ATHER, parvis. I.
ATHGEIRRE, bref, court au neutre, ce qui est extrait. I.
ATHGHAIRID, bref, court. I.
ATHLAINN MARA, reflux. I.
ATHMOR, sorte d'apostume. I.
ATHOIR-CLEAMHNA, beau-pere. I. *Cleamhna* signifiant affinité, on voit qu'il faut qu'*Athoir* ait signifié pere. Voyez *At*.
ATHORION, miettes, morceaux. G.
ATHR, foulé. Voyez *Mathr*.
ATHRACH, barque. I.
ATHRAI MOR, le flux de la mer. G.
ATHRAIDD, passage au travers, passage. G. Voyez *Atrach*, & *Treiddio*.
ATHRAW, Précepteur, Maître, Professeur. G.
ATHRAW, Docteur, enseignant. C.
ATHRAWAID, sçavant. G.
ATHRAWES, maîtresse à enseigner, femme qui enseigne. G.
ATHRAWIAETH, science, érudition, doctrine, instruction, enseignement, précepte, la fonction d'enseigner. G.
ATHRAWIAETHU, enseigner, instruire. G.
ATHRAWIAETHWR, Maître, Précepteur. G.
ATHRAWLITH, le même qu'*Athrylith*. G.
ATHRAWU, instruire, enseigner. G.
ATHREF. Davies explique ce mot par domicile,

demeure, habitation; & Skinner dit qu'il signifie une grande Ville: Il n'y a point d'opposition entre ces Auteurs. *Tref*, de l'aveu de Davies, signifie Ville de même qu'habitation. *A* initial, selon ce Sçavant, quelquefois ne signifie rien, quelquefois augmente la signification; ainsi *Athref* peut également signifier une habitation, & une grande habitation, une Ville, & une grande Ville. G.

ATHREIDDIO, passer, traverser. G. *A*, superflu; *Treiddio*.

ATHRICIAD, demeure. G. *A*, superflu; *Trigiad*.

ATHRIST, fort triste. G. *Trist*.

ATHRO, Précepteur, Maître, Professeur. G. *Throy*, enseigner dans la Langue de Madagascar.

ATHROD, blâmer, reprendre, reprocher, censurer, accuser, blâme, calomnie, dénonciation, accusation, accusation secrette. G.

ATHRODGAR, calomnieux. G.

ATHRODWR, délateur, calomniateur. G.

ATHRONDDYSG, doctrine, science, enseignement, instruction, Philosophie. G.

ATHRUGAR, miséricordieux. G. *A*, superflu; *Trugar*.

ATHRUGHADH, changement, vicissitude, révolution, variation, changer, varier. I.

ATHRWM, pesant, très-pesant, qui pese beaucoup, très-triste. G. *A* est superflu dans la première signification, augmentatif dans les autres.

ATHRY, le même qu'*Athraw*. Voyez *Ahrylith*.

ATHRYLITH, caractére, naturel, génie; comme qui diroit *Atrawlith*, ajoute Davies. G. *Athraw*, Maître, Précepteur; *Lith*, leçon; comme si l'on disoit que le caractére, le naturel, le génie sont l'impression des leçons du Maître.

ATHRYLITHGAR, qui apprend facilement, ingénieux, industrieux, qui fait les choses avec art. G.

ATHRYLITHUS, ingénieux, spirituel. G.

ATHRWYN, séparer les combattans, séparer ceux qui disputent, séparer, séparation. G.

ATHWL, déchiré, troué. G. *A*, superflu; *Twl*.

ATHWYF, je suis allé. G.

ATIA, ATYA, ACIA, AATIA, A. M. haine; d'*At*, mauvais; *Hatung* en ancien Saxon; *Hate* en Anglois, malice; *Haet* en Allemand, haine; *Astis* en Italien, envie; *Ats* en Grec, dommage; *Atie*, *Aatie*, *Ahatie*, *Hastie* en vieux François, haine; *Atine*, *Aatine*, dommage; *Atiner*, *Attainer*, nuire; *Aatir*, *Aastir*, aigrir, chagriner. Voyez *Atayna*, *Atela*, *At*.

ATICQ, fatigué, qui n'en peut plus. En comparant *Acicq*, *Faticq*, *At*, on voit qu'on a dit *Aticq* de même qu'*Acicq*.

ATIL, terre chaude, cultivée, fertile. B.

ATIN JAN, espèce de genet. I.

ATIN, le même qu'*Addien*. Voyez ce mot.

ATIN, herbu. Voyez *Taut*.

ATINIS, isle attachée à une autre isle. G. *Inis*, isle; *At* par conséquent attachée. Voyez *At*.

ATIRIMENTUM, A. M. armure, équipage de guerre. On a dit *Attir* comme *Attil*, ainsi qu'il paroit par *Attirail* encore usité parmi nous. Voyez aussi *Aderes*, ou *Atere*.

ATIS, sollicitation, instigation, persuasion. B.

ATISA, animer, exciter, irriter, pousser à faire quelque action. B. *Attisar* en Espagnol, attiser, tisonner, exciter, provoquer; *Ats* en Hébreu, presser; *Aatir* en vieux François, s'empresser.

ATISCA, valvule. Ba. Voyez *Atea*.

ATMAIL, gage. G.

ATO, toujours, continuellement, sans cesse, incessamment. B.

ATOCHA ou OTOCHA, espèce de roseau. Ba. Ce terme est encore en usage dans l'Espagnol.

ATONIA, A. G. air triste & lugubre; *At*, mauvais, fâcheux, triste.

ATORNA, A. M. atours; d'*Atoruou*, *Atourm*, *Addurn* ou *Atturn*; *Estorer* en vieux François, ajuster, ordonner, bâtir, édifier, restaurer; *Restauro*, *Instauro* Latins viennent de là.

ATORNARE, A. M. parer, orner, atourner. De là ce mot. Voyez *Atorna*.

ATORSA, espèce de chemise. Ba.

ATORUOU, atours. B. De là ce mot.

ATORWED, être couché, être étendu de son long. G.

ATOURM, affiquets, ornemens de femme. B. *Atire* en Anglois, atours de femme; *Atavio* en Espagnol, ornement, parure.

ATR, le même qu'*Ard*. Voyez ce mot.

ATR pour *Hart*. Voyez *Pen*. De là marâtre, parâtre.

ATRA, respiration. Ba.

ATREBENCIA, audace, hardiesse. Ba. *Atr. Ben*.

ATRED, balayeures, bourries, pailles & ordures qui se trouvent dans le bled. B.

ATRED, attrait. B.

ATREF, grande Ville. G. Thomas Guillaume l'explique ainsi. Voyez *Athref*.

ATRETENI, entretenir. B.

ATREVAL, mouture, bled moulu ou à moudre. B. Ce mot est formé d'*Adre*, qui désigne un espace de temps; & de *Mal*, en composition *Val*, l'action de moudre.

ATREUIZE, oser, entreprendre quelque chose avec confiance. Ba. *Atreuer* en Espagnol. Voyez *Treue*.

ATRIAMENTUM, ATRIUM, A. M. pourpris; étendue de terre; d'*Adro* ou *Atro*.

ATRIUM. Voyez l'article précédent.

ATRIUM, A. M. demeure. Voyez *Astrum*.

ATRIUM, A. M. cuisine, foyer. Voyez *Astrum*.

ATRUGHADH, changement, altération. I.

ATS, soufle. Ba.

ATSA, sale, vilain. Ba. Voyez *Ach*, *At*.

ATSAROA, tache. Ba. Voyez *Atsa*.

ATSALDIA, tréve, suspension d'armes. Ba. Voyez *At*, *Attal*, *Sawd*.

ATSAZQUENA, le dernier soupir. Ba. Voyez *Atzena*.

ATSE, commencement. Ba.

ATSECABEA, douleur, chagrin, malheur, calamité. Ba.

ATSECABETU, j'afflige, je chagrine; *Atsecabetua*, affligé, chagriné. Ba.

ATSEDA, inspiration. Ba.

ATSEDATU, exhaler, rendre une odeur, respirer. Ba.

ATSEDEA, respiration. Ba.

ATSEDEN, je respire. Ba.

ATSEDENTEGUIA, asyle, lieu de sûreté. Ba.

ATSEGUIN, pour, à cause; *Atseguin Artuven*, se livreront à la joye. Ba.

ATSIA, soufle. Ba.

ATSOA, vielle. Ba.

ATSOENA, de vielle. Ba.

ATTA, est. I. Voyez *Da*, *Ta*.

ATTACHIARE, A. M. attacher; d'*Attaich*. On dit *Estaca* en Languedoc & en Gascogne; *Etaque* ou

ATT.

ou *Etache* en vieux François signifioit un pieu planté dans la terre pour y attacher quelque chose.

ATTACQ, attaque. B. *Attack* en Anglois, attaque, attaquer.

ATTACQER, agresseur. B.

ATTAFAEL, saisie, détention, l'action de retenir, l'action de mettre en gage. G. *At Gafael.*

ATTAFAELA, mettre en gage, prendre gage, s'assurer, rattraper, reprendre. G.

ATTAGENA, A. G. crépuscule; *At*, à moitié; *Gwen*, clair, lumineux.

ATTAGENA, A. G. gelinotte; d'*At*, à moitié; *Gwen* ou *Gen*, blanche: les gelinottes sont à moitié blanches.

ATTAHYN, attaque, noise, haine. B.

ATTAHYNA, agacer, provoquer, haïr. B. En Patois de Besançon on dit *Aitaitignit* pour agacer, provoquer. Voyez *Atayna*, *Tatin*.

ATTAICH, affection, attache. B.

ATTAINTUS, ATTAINCTUS, ATTINTUS, A. M. atteint, convaincu; *Attaincta*, *Attincta*, conviction; d'*Attamen.*

ATTAITH, retour. G.

ATTAL, détention, l'action de retenir, tout ce qui sert à retenir, à arrêter, empêchement, attache, retardement, retard, retarder, arrêter, réprimer, contenir, empêcher, retenir, détenir, faire une pause, s'arrêter, modérer, boucher, étouper, fermer, l'action de boucher, oppilation, obstruction, obstacle, mettre obstacle, faire obstruction. G. *At*, superflu. Voyez *Dal*. *Attam* en Hébreu, boucher; *Talman*, empêchement en Runique.

ATTAL, restes. G. C.

ATTALGAE, clôture. G. *Attal Cae.*

ATTALGAR, avare, tenant. G.

ATTALIAD, l'action d'arrêter, de retenir, de réprimer, d'enrayer une roue. G.

ATTALIAETH, détention, l'action de retenir. G.

ATTALU, reconnoître un bienfait, récompenser un service. G.

ATTAM est un nom respectueux, dit Festus, qu'on donne à chaque vieillard, comme si on l'appelloit ayeul. Voyez *At.*

ATTAMEN, A. M. souillure, tache; d'*A*, paragogique; & *Tam* de *Tamal*, coupable. D'*Atam* sont venus *Attaminare*, *Adtaminare*, *Contaminare*, souiller en Latin.

ATTAMINARE, A. M. souiller. Voyez *Attamen.*

ATTAMINARE, A. M. atteindre, convaincre; Voyez *Attaintus.*

ATTAMINARE, A. M. passer par le tamis; de *Tamoez.*

ATTAMINARE, A. M. s'opposer; d'*Attal* ou *Attat.*

ATTAN, anciennement pour *Attam*, à présent. G. *Atant* en vieux François signifioit alors.

ATTANUBA, A. M. le même qu'*Atanulum.*

ATTARO, refraper. G.

ATTARW, taureau à demi coupé, ou coupé après l'année. G. *Tarw*, taureau.

ATTASSARE, A. M. entasser; *Tacza* ou *Tassa*, entasser; *At*, paragogique.

ATTAT, adverbe dont on se sert pour faire éviter. G.

ATTAU, le même qu'*Addau*. Voyez *Canattau*. D'*Attau* on a fait *Ettau*, *Ittau*; (Voyez *Bal*) de là *Ita* Latin.

ATTEB, réponse, réponse. G. *Heb*, parler; *Atib* en Chaldéen, répondre.

TOME I.

ATT. 101

ATTEB, affirmer. G. *Heb*, parler; *At* par conséquent marque le consentement, l'affirmation.

ATTEFECTUM, ATTEFITUM, A. M. ente; d'*At*, sur; *Ficha*, *Fecha*, ficher, fourrer: L'ente est une petite portion d'un arbre qu'on insère sur un autre par incision. On nomme l'ente *Attefis* dans le Pays de Dombes.

ATTEG, soutien, appui. G.

ATTEGBAWL, appui, soutien, échalas, perche de treille. G. *Atteg Pawl.*

ATTEGBOST, pieu à soutenir un pont de bois, G. *Atteg Post.*

ATTEGFUR, appui, soutien, mitoyen, qui fait la séparation. G. *Atteg Mur.*

ATTEGIAE, A. M. petite habitation; *At*, diminutif; *Teg*, habitation.

ATTEGU, soutenir, appuyer, échalasser. G.

ATTEITHIOL, qui est de retour. G.

ATTEMPTATIO, A. M. attentat; d'*Attempti.*

ATTEMPTI, attenter. B.

ATTEMPTUS, A. M. arrêté; d'*At*, attaché, arrêté.

ATTERRAMENTUM, A. M. atterrissement; *At*, attachée, jointe; *Ter*, terre.

ATTERSE, interroger. B.

ATTELTHOL, choix, choisi. G. *At*, superflu; *Ethol.*

ATTIBERNALIS, A. G. voisin; d'*At*, auprès; *Tavargn*, *Tabarn*, *Tabern*, *Tibern*, *Tubern*, habitation.

ATTICINARI, A. G. attiser le feu; d'*Attisa.*

ATTICUS ou ATTACUS, A. G. bourdon, grosse mouche ennemie des abeilles. Voyez *Atacq* & *Attacq.*

ATTIF. Voyez *Attifa.*

ATTIFA, attifer, parer, orner. B. L'*At* est paragogique; ce qui se prouve, parce qu'en vieux François on a dit *Tiffer* au même sens. *Tif* signifie donc beau, de même qu'*Attif*; d'où est formé *Attifa.*

ATTIFEREZ, affiquets; B.

ATTIG, demeure, demeurer, habitation, habiter. I.

ATTIGUUS, A. M. voisin, qui est proche; *At*, auprès; *Tyic* ou *Tyig*, habitation.

ATTIL, superfétation. G. *At*, itératif; *Hil.*

ATTIL, ajusté, paré, orné, vêtu. Voyez *Dillad.*

ATTILEUM, ATTILLUM, ATTILLAMENTUM, A. M. agrès équipage, attirail, harnois. Les Italiens disent *Attillatura* au même sens; d'*Attil.*

ATTILIA, A. M. outils; d'*Ostilb.*

ATTIN, genêt. I. Voyez *Atin.*

ATTIS, attrait. B. Voyez *Atis.*

ATTISA, animer, exciter, attiser. B. *Tiz*, prompt, vite en Turc. Voyez *Atisa*. D'*Attisa* est venu notre terme attiser.

ATTO, mander, appeler, terme dont on se sert pour exciter. G.

ATTOLWG, le même qu'*Adolwg.* G.

ATTOLYGU, ambitionner, briguer. G.

ATTOM, à nous. G.

ATTORRIAD, l'action de couper. G. Voyez *Torri.*

ATTOS, en silence. I.

ATTOSACH, premier. I.

ATTOUICHAMAND, attouchement. B.

ATTRAED MARCH, la mie. G.

ATTRAP, attraper, agripper. B.

ATTRECH signifie terre de pain en Gallois, selon quelques-uns, au rapport de Camden.

ATTREDI, combler, remplir un creux. G.

Z

ATT.

ATTREF, abandonné. G.
ATTREG, ATTREGWCH, délai, retard. G. *At*, superflu ; *Treg*, le même que *Trig*, *Trigo*.
ATTRET, onguent pour les playes. B.
ATTROI, retourner sur ses pas. G. *At Troi*.
ATTRONCARE, A. M. soucheter ; *Trong* ou *Tronc*, tronc.
ATTROPERESS, intrigueuse. B.
ATTROPOURR, tercere. B.
ATTUBUS, A. G. qui parle gras ; d'*Attwf* ou *Atwb*. Celui qui parle gras a la langue plus épaisse que les autres.
ATTUEM, réchauffé. B. *At*, particule itérative ; *Tuem*, chauffé ; c'est le même qu'*Aſtom*.
ATTUNA, puissant. Ba. Voyez *Tun*, *Ton*, *Dun*, *Don*.
ATTURNATUS, ATTORNATUS, A. M. celui qui a un mandat spécial pour défendre le droit d'un autre dans un tribunal ; *Atto*, mander.
ATTWF, croissance, excroissance naturelle ou non, contre, sur, auprès de quelque chose, réproduction d'un germe, ce qui précède le fruit des noyers & des coudriers, & qui tombe ayant la figure d'une queue de souris, ce qui ne pousse pas avec les autres grains, mais après foye, est qui repousse de lui-même & sans semence. G. *At Twf*.
ATTWYN, reporter, porter en arrière. G. Voyez *Atddwyn*.
ATTYCHWEL, retour, retourner sur ses pas, revenir. G. *At Dychwelyd*.
ATTYCHWELIG, qui retourne d'où il est venu. G.
ATTYFIAD, reproduction d'un germe. G.
ATTYFU, recroître, regermer, refleurir, naître ou croître auprès. G. *Tyfu*.
ATUDHE, chapeau. I.
ATUNA, thon poisson. Ba. Voyez *Toun*.
ATUNCHIQUIA, lamp poisson. Ba. *Atnna Chiqui*.
ATUNCUMEA, jeune thon qui ne passe pas une année. Ba.
ATURRIA, phalaris, sorte de plante. Ba.
ATZA, gale, demangeaison, rogne. Ba.
ATZA, doigt. Ba.
ATZAGA, fin, issue. Ba.
ATZAGUILTZA, l'article du doigt. Ba.
ATZALA, ongle. Ba.
ATZALA, plante. Ba.
ATZAMAILE, prenant, qui prend. Ba.
ATZAURREAZ, par force, par violence. Ba.
ATZE, trace, vestige. Ba.
ATZEA, étranger. Ba.
ATZECOALDEA, les fesses. Ba.
ATZENALLEA, qui prend par force. Ba.
ATZEMAN, je saisis, je prends par force. Ba.
ATZEMANA, pris par force. Ba.
ATZEMPEA, subjonctif. Ba.
ATZEW, paissant, nourrissant. Ba.
ATZENA, bout, extrémité, le dernier. Ba. Voyez *Ach*, *At*, *Atſa*.
ATZENAIA, testament. Ba.
ATZENAILARIA, testateur. Ba.
ATZENAIQUINA, exécuteur testamentaire. Ba.
ATZENDEAN, enfin. Ba.
ATZENDU, dernier. Ba.
ATZENECOGUDA, agonie. Ba.
ATZERONZ, devant, derrière. Ba.
ATZERRICOA, étranger. Ba.
ATZICAYA, trébuchet, piège. Ba.
ATZIPEA, finesse, ruse. Ba.
ATZIPERIA, supercherie. Ba.

AVA.

ATZIRRIA, égratignure. Ba.
ATZIRRISTA, excrément, fiente d'oiseau. Ba.
ATZLODIA, pouce. Ba. D'*Atza*, doigt, & de *Lod*, coupé.
ATZO, hier. Ba.
ATZORDO, galeux. Ba.
ATZORDOYA, gale, rogne. Ba.
ATZULA, latrine. Ba. Voyez *Atſa*.
AV, eau, rivière. G. *Av*, *Au*, rivière en Irlandois ; *Av*, *Avi*, eau en Persan. D'*Av* on a fait *Eve*, *Eüe* & *Eſve*, qui dans le douzième siécle se disoient eau dans notre Langue ; de là *Evier* qui se dit encore aujourd'hui. *Ewe*, eau dans le François Normand du douzième siécle, d'où les Anglois ont fait *Ewer*, un évier. D'*Av* on a fait *Ove*, & d'*Eve*, *Fve*, qui étoient en usage il y a quatre à cinq cens ans dans la Langue Françoise, & qui se sont conservés dans plusieurs Patois du Royaume. *Av* en Theuton, rivière ; *Uva* en Basque, eau. Voyez *Ab*, *Aches*, *Aw*, *Ag*. D'*Av* nous avons fait eau. Dans un vieux glossaire on lit *Tave* pour eau.
AV, avide. G. C'est le même qu'*Avy* ; *Aviaux*, *Aveaus* en vieux François, désirs. Voyez *Awyd*.
AV, foye. G. Ce mot étant le même qu'*Aſu*, *Aſ* doit en avoir toutes les significations.
AV, rivière. I. Voyez *Av*, le même qu'*Ab*.
AV, élevé, haut. B. C'est le même qu'*Al*.
AV, *AUC*, celui-ci, celle-là. Ba.
AV, port en Écossois. Voyez *Avon*.
AV, le même qu'*Ab*. Voyez *Aber*.
AV, *Au*. Voyez *Aber*.
AV, le même qu'*Aſ*. Voyez *Avlavar*, *Aſlaſar*.
AU pour *Aſ*, marque du superlatif. Voyez *Goran*.
AU est le même qu'*Al*. I. Voyez *Au*, élevé, &c. *Al* a été changé en *Au* dans notre Langue.
AV, autour. Voyez *Buttrau*.
AU pour *Hau*. Voyez *Anau*.
AU ou O ; *Gau* ou *Go*. En comparant *Yaut*, herbe ; *Gueaut*, herbe ; *Gwair*, *Gwyran*, foin ; *Gwyd*, oye ; (elle a pris son nom de l'herbe qui fait sa nourriture ; *Gw* ou *Go*, herbe ; *Yd*, *Tdn*, manger) *Goaz*, *Oay*, oye ; *Aur*, verd, on voit qu'*Aw*, *O*, *Gau*, *Go* ont signifié herbe ; *Aw* en ancien Allemand, pré ; *Oth*, herbe en Turc ; *Auca*, oye ; *Augia*, pâturage près d'une rivière, ou entouré de rivière. Voyez l'article suivant.
AV, verd, herbu, herbe, pré. Voyez *Ehoeg*.
AV. En comparant *Awed*, *Aver*, *Avairrein*, *Aſ* ou *Au*, marque du superlatif, on voit qu'*Av* signifie l'augmentation, le grand nombre, beaucoup.
AVACH, nain en Irlandois, & chez les Écossois du nord.
AVACH, petit homme. I.
AVAEGUEIN, naviger. B.
AVAI, attelage, attirail. B.
AVAIGACION, art de la marine ou de la navigation. B.
AVAILL, pommier. I. Voyez *Aval*.
AVAILL, près. I.
AVAIN, seul. I.
AVAIRREIN, à monceau. B.
AVAIS. Voyez *Aſais* & *Ancellus*.
AVAL, pomme, fruit ; plurier, *Avalon* ; singulier, *Avalen*. *Gwez-Aval*, pommier ; à la lettre, arbre de pomme. B. I. Voyez *Aſal*, *Abal*. Apulée, chap. 23, dit que les anciens Gaulois appelloient la pomme de terre *Ovalidiam* ; quelques exemplaires lisent *Avaliticam* ; (*Aval*, pomme ; *Tit*, terre.) Il y a apparence que le terme *Abal* ou *Abel*,

AVA.

pomme, étoit en usage parmi les Osques, peuple de la Campanie, parce qu'ils avoient une Ville nommée *Abella*, à laquelle Virgile donne l'épithéte de *Porte-Pommes*.

Et quos malifero despectant mænia Abellæ.

Non seulement on a dit *Avel* pour *Aval*, on a encore dit *Avil*, comme nous le voyons par *Calleville*, nom d'une pomme rouge en déhors & en dedans ; *Call*, rouge ; *Avil*, en composition *Evil*, pomme.

AVAL-COUIGN, coing. B.
AVAL-PUNSECQ, calleville. B. A la lettre, pomme rouge.
AVAL-STOUP, coing. B. À la lettre, pomme d'étoupe, parce qu'elle est difficile à avaler.
AVALARE, A. M. descendre une rivière, descendre d'une montagne ; de *Val*. On dit encore *Aval* en notre Langue pour désigner un endroit plus bas ; *Avaliff* en Breton, avaler, faire descendre dans l'estomach ; de là *Avalison*, *Avallatio*, *Avaloria*, avaloirs, les gorges que l'on fait dans les rivières pour prendre du poisson. On appelle populairement la bouche, le gosier, *Avaloire* ; & manger, *Avaler*. *Afvallen* en Flamand, tomber en bas.
AVALEN, pommier. B. *Aval* ; *En*, arbre.
AVALIFF, avaler. B.
AVALL, AVALLOG ; CRAN AIVLE, pommier. I. *Crann*, arbre.
AVALL-GORT, verger. I.
AVALLEN, pommier. C. B.
AVALLOG, pommier. I.
AVALOT, pommeraye, lieu planté de pommiers. B.
AVALOU DOUAR, aristoloche plante. B. *Douar*, terre.
AVALTERRAE, A. M. les Pays-Bas ; d'*Aval* & *Ter*. Voyez *Avalare*. Dans les anciens Auteurs François les Habitans des Pays-Bas sont nommés *Avalois*.
AVAMA, AVAMAN, d'ici. B.
AVAN, rivière. C. I. Voyez aussi *Aven* & *Avancq*.
AVAN, ruisseau. I.
AVANCQ, castor, biévre. B. Cet animal a pris son nom des lacs & rivières dans lesquels il vit. Voyez *Avan*.
AVANCE, avance, avancer. B. De là ces mots ; de là avant.
AVANSAMENTUM HÆREDITATIS, A. M. avancement d'hoirie ; d'*Avancz*.
AVANTAGIUM, AVENTAGIUM, A. M. avantage ; d'*Avantaich*.
AVANTAICH, avantage. B. De là ce mot. *Avantajamiento*, avantage en Espagnol ; *Advantage* en Anglois, avantage, gain, profit, commodité.
AVANTBARIUM, A. M. espèce de fortification faite au déhors pour garantir le mur de la Ville ; *Avant*, d'*Avancz*, & *Barr*.
AVANTUR, aventure. B. *Aventura* en Espagnol ; *Adventure* en Anglois ; *Abentheur* en Allemand, aventure.
AVANTURARE, A. M. s'aventurer, oser ; d'*Avanturi*.
AVANTURI, aventurer, risquer. B.
AVANTURUSS, entreprenant. B.
AVAR, parole. B. *Dabar* ou *Davar* en Hébreu, parole.
AVAR, Voyez *Aber*.
AVAR, le même qu'*Abar*. Voyez ce mot.
AVARCH, vûe. I.

AVE.

AVARE, A. G. s'occuper, être occupé. Voyez *Affarium*, *Avarium*.
AVARI, avarie. B.
AVARICIUS, avare. B.
AVARICZ, avarice. B D'*Amarr*.
AVARYEU, AVARYOU, avaries. B. Voyez *Abar*.
AVAS, géant. I.
AUBA. Voyez *Aba*.
AUBEN, d'*Aben* ; comme *Aubon*, d'*Abon* ; *Aufon* & *Afon*. Voyez ces mots.
AUBENA, pleurs, gémissemens. Ba. Voyez *Ubain*.
AUBIN, d'*Abin* ; comme *Auben*, d'*Aben*. Voyez ce mot.
AUBON a dû se dire comme *Abon*, puisqu'on a dit *Afon* & *Aufon*, *Aub* & *Ab*, *Auf* & *Af*.
AUC, région, pays, habitation. G. *Aush* en Esclavon, logis, maison ; (*Rotaush*, logis du Préteur ; *Rot*, Préteur ; *Hauz* en Bohémien, logis, maison ; (*Rothauz*, logis du Préteur ; *Rot*, Préteur) *Haz* en Hongrois, logis, maison ; *Osit* en Dalmatien ; muraille ; *O* en Arabe, lieu ; (*Lemo*, en aucun lieu ; *Lem*, en aucun, en nul) *Auh*, maison en Brésilien.
AUC. Voyez *Au*.
AUC, le même qu'*Aug*. Voyez *Aru*.
AUC, le même que *Bauc*. Voyez ce mot.
AUCA, AUGA, A. M. oye ; d'*Auc*, *Aug*, prairie ; les oyes sont toujours dans les prairies ; *Auch*, oye en Auvergnac. Voyez *Au*. On a dit en vieux François *Oue* & *Oe* pour oye.
AUCARIUM, A. M. lac ; d'*Aug*, *Auc*.
AUCELLUS, A. M. oiseau ; d'*Avis*, qui vient d'*Aveis* ; & *Cell*, terminaison. On a dit *Avicellus*, ensuite *Aucellus* ; de là *Oisel* en vieux François, d'où s'est formé oiseau.
AUCENGA, Voyez *Andecinga*.
AUCIA, procès. Ba.
AUCIETAN, plaider. Ba.
AUCO, voisin. Ba.
AUCOZ, couché sur le dos. Ba.
AUD, rivage, bord, côte, rivage de la mer. B. *Alda*, bord en Espagnol ; *Abde*, rivage en Finlandois ; *Audjal*, port en Cophte. Voyez *Aut*, *At*, *Ad* ; de là *Audace*, ganse dont on releve les bords du chapeau.
AUD, BRAN-AUD, corbeau gris. B. *Bran*, corbeau.
AUD, le même qu'*Od* : *Au* & *O* ne sont qu'une différente façon d'écrire le même son.
AUDIA, vanité, superbe. Ba. On voit par *Oda*, *Ota*, *Od*, *Odaira*, *Otadia*, que ce mot a signifié élevation, hauteur au propre ; d'ailleurs la vanité, la superbe sont élévation, hauteur au figuré ; où le figuré a toujours supposé le propre. *Audur* en Islandois ; *Auda* en Gothique, opulence.
AUDIAIA, superbement. Ba.
AUDIANTA, pompe. Ba.
AVEAS, le même qu'*Amaes*. B.
AVEIS, oiseau anciennement en Breton. De là *Avis* Latin. *Aveis*, oiseau dans les Tables Eugubines ; *Ave* en Espagnol, oiseau.
AVEIT, pour. B.
AVEL, vent, air agité ; plurier, *Avelou*, les vents. B. Voyez *Awel*. On a dit *Afel* comme *Avel*, puisque le *v* se prononce aussi en *f*. De là sont venus les mots Latins *Afflo*, *Flo*. Voyez *Afal*, *Aval*.
AVEL DREUS, vent coulis. B.
AVEL DRO, tourbillon. B.
AVEL RICLUS, vent coulis. B.
AVEL TRO, tourbillon. B.

AVEL, pomme. Voyez *Aval*.
AUEL, vent, air. B.
AVELA, venter, faire du vent, éventer, exposer au vent. B.
AVELECQ, AVELEUCQ, flatueux, venteux, exposé au vent. *Un Den Avelecq* ou *Aveloc*, un homme qui a du vent, c'est-à-dire la tête legére. B.
AVELENN, hernie. B.
AUELENN, tourbillon. B.
AVELEOC, fainéant. B.
AUELER, éventail. B.
AUELET, éventé, évaporé. B.
AUELEUG, venteux. B.
AVELLANARIUS, A. M. avelinier; d'*Avellana* en Latin, aveline, qui est un diminutif d'*Avel*, pomme. Voyez *Afal*.
AVELOC, le même qu'*Avelecq*. B.
AVELOEQ, éventé, évaporé, petit cerveau, diseur de rien, fainéant. B.
AVELOUER, éventail. B.
AVEN, rivière. G. On a étendu la signification de ce terme, & on l'a aussi employé pour désigner lac, marais. *Aven*, *Avin* en Écossois, rivière. *Aven* en Irlandois, rivière, eau; *Aonen*, *Aon*, rivière dans l'isle de Mona; *Aben*, eau en Danois; *Aonen*, eau en Huron; *Tven* en Chinois, source de rivière. On appelle l'osier en Patois de Franche-Comté *Aivan*, parce qu'il croît au bord des rivières, des étangs, dans les endroits aquatiques. D'*Aven*, *Aben*, par aphrése, on a fait *Ven*, *Ben*, ainsi que nous le voyons par les mots *Venna*, *Benna*, qui dans les anciens monumens signifient un vivier, un étang, un endroit où le poisson se retiroit. Nous appellons *Vannau* un certain oiseau, parce qu'il est toujours sur les rivières, sur les étangs. C'est ainsi que les Latins ont appellé un oiseau *Carduelis*, & nous *Chardonneret*, parce qu'il est toujours sur les chardons. De *Ben* sont venus bain, baigner en notre Langue; benner des pois en Franche-Comté.
AVEN est le même qu'*Av* avec la terminaison *En*. Voyez *Avenaria*.
AVEN, machoire. B.
AVEN, accommoder, préparer. B.
AUENA, abboyement, hurlement. Ba. Voyez *Oian*.
AVENAD, soufflet. B.
AVENANTT, avenant, agréable. B. Voyez *Ven*, *Wen*, *Gwen*.
AVENARIAE, A. M. avénaries dans la Bresse & le Pays de Dombes, champ qu'on a couvert de l'eau des étangs, & où l'on seme toutes sortes de bled; d'*Aven*.
AVEND, le même qu'*Abend*, le *v* & le *b* se mettant l'un pour l'autre. De là *Aveindre* en Patois de Franche Comté, atteindre à quelque chose qui est placée dans un lieu élevé.
AVENTURA, A. M. aventure; d'*Avantur*.
AVER, beaucoup, abondance. G. *Averias*, riche en Finlandois; *Avoir*, *Avers*, biens en vieux François. Voyez *Abera*.
AVER, le même qu'*Aber*. Voyez ce mot.
AVER doit se former d'*Av*, avide, & signifier la même chose. Voyez *Awydd*.
AVERA, AVERE, AVERIA, AVERUM, A. M. les bœufs, les chevaux qui servent au labourage; *Avercorne*, le bled que le granger est tenu de voiturer dans le grenier de son maître. Voyez *Abere*. *Aver* en Anglois, le droit de voiture qui est dû au maître par le fermier.

AVERIA, perte, dommage. Ba. Voyez *Abar*.
AVERREIN, beaucoup, abondance. B. Voyez *Aver*.
AVERTICZA, avertir. B.
AVES, le même qu'*Amats*. B.
AVESK. Voyez *Havvesk*.
AVEY, harnois, charrette avec tout son équipage. B. Voyez *Avai*, *Abere*.
AVEZ, dehors. C. Voyez *Aves*.
AUF, le même qu'*Af*. Voyez *Aubon*.
AUF, le même qu'*Aufon*; comme *Av* est le même qu'*Avon*.
AUFEN, le même qu'*Aufon*, rivière; de même qu'*Aven*, *Avon*, *Afen*, *Afon*.
AUFON, rivière. G. Il signifie aussi lac, toute piéce d'eau. Voyez *Aches*.
AUG, eau, rivière, isle. G. *Aug*, *Au* en ancien Allemand, isle, pré; *Oo* en Suédois & en Danois, isle; *Oge* en Irlandois & en Frison, isle; *Ig*, *Æge* en ancien Saxon, isle; *Kock*, rivière en Groenlandois. Voyez *Av*, *Aw*, *Augia*, *Aughra*.
AUGEREA, A. M. cloaque; d'*Aug*.
AUGH, isle. Voyez *Aughra*.
AUGHRA, longue isle, grande isle. I. *Augh*, isle. Voyez *Aug*; *Ra* par conséquent grand, long.
AUGIA, A.M. pâturage près d'une rivière, ou entouré d'une rivière; d'*Aug*.
AUGLEEN, lieu où l'on met rouir le chanvre. B. D'*Aug*, eau.
AUGLENN, bassin, réservoir, douait. B.
AUGUED, herse. B. Voyez *Og*.
AUGUENN, lieu où l'on met rouir le chanvre. B. D'*Aug*.
AUGUI, rouir. B. D'*Aug*.
AUHENA, plainte, soupir. Ba. Voyez *Auena*.
AVI, meurir. B. Voyez *Au*, foye.
AVI, envie, souhait, désir. B. De là *Aveo* Latin; Voyez *Au*, foye.
AUJAZ, peut-être. Ba.
AVIEL, anguille. B.
AVIEL, Évangile. B. corruption d'*Evangelium*.
AVIL, pomme. Voyez *Aval*, *Ouil*.
AVIN, le même qu'*Aven*. Voyez *Avinat*.
AVINAT, soufflet. B. C'est le même qu'*Avenad*. On voit par là qu'on a dit indifféremment *Avm* & *Aven*; d'ailleurs l'*i* & l'*e* se substituent réciproquément.
AVIR. Voyez *Aber*.
AVIS, conseil, avis, avertissement. B. *Avisa* en Espagnol; *Advice* en Anglois, avis, conseil. De là notre mot avis.
AVISA, opiner, aviser, prendre une résolution après quelque délibération. B. Voyez *Avisau*.
AVISAMENTUM, A. M. avis; d'*Avis*.
AVISARE, A. M. donner avis; d'*Avisa*.
AVISATU, j'avertis. Ba.
AVISED-MAD, discret. B.
AVISER, guide. B.
AVISET, censé. B. De là *Avisé* pour prudent en François.
AVISS, finesse, discrétion. B.
AVITAILLEIN, avitailler, ravitailler. B. Voyez *Bwyt*.
AVITON, mot Gaulois, selon Borel, qui signifie rivière: Il peut être formé d'*Av*.
AUL, feu dans l'isle de Mona, où l'on parle un dialecte du Gallois. Voyez l'article suivant & *Auled*. *Oelad*, *Eld*, feu en ancien Saxon; *Eeld*, feu en Suédois; *Ild*, feu en Danois.
AUL, soleil. Voyez *Araul*, feu. Voyez *Saul*. De là

AUL.

là *Olla* en Latin, marmite. Voyez *Marmid*.
AULA, fot, fat, niais. Ba. Voyez *Aulet*, *Avelocq*.
AULA, A. M. cour de Baron, Église, nef d'Église, place propre à bâtir, halle, nid d'oiseau, retraite d'animaux, famille ou le domestique, multitude, troupe. *Aula* dans les Auteurs Latins, sale, cour d'un Prince, vestibule. Ce mot vient d'*Ol*, enceinte, habitation; *Aulh* en Cophte, habitation, Village; *Aule* en Grec, lieu clos & découvert. D'*Aula* est venu le Latin *Aulæum*, tapisserie, parce qu'on s'en sert pour garnir les sales.
AULAEUM, A. M. palais. Voyez *Aula*.
AULAEUM, A. M. couronne; d'*Aw*, tête; *Lehe*, dessous.
AVLAVAR, muet, qui ne parle pas, enfant qui ne parle pas, qui ne rend point de son, qui ne sonne point. C. C'est le même qu'*Aflafar*, *Af* se prononçant en *Av*.
AULED, foyer. B. Voyez *Aul*.
AULI, espèce d'arbre qui ne produit point de fruit. I.
AUM, d'*Am*; comme *Aufon*, d'*Afon*; *Auf*, d'*Af*.
AUMAN, *AUMEN*, *AUMIN*, *AUMON*, d'*Aman*, *Amen*, *Amin*, *Amon*; comme *Afon* & *Aufon*.
AUMARIUM, A. M. armoire; d'*Almari*.
AUMEA, bouc. Ba. *Aumaille* en vieux François, bestiaux à cornes, bœufs, vaches, chévres; *Anmeau* en basse Normandie, jeune bœuf. Voyez *Annait*.
AUMEN. Voyez *Auman*.
AUMIA, chévre. Ba.
AUMIN. Voyez *Auman*.
AUMON. Voyez *Auman*.
AUN, eau, rivière. G. Voyez *Aon* qui est le même.
AUN, le même que *Cann*. Voyez *Aru*.
AUN, aliment. Voyez *Graounen*.
AUNA, A. M. aune. Voyez *Alna* qui est le même mot.
AUNDIA, grand, gros. Ba. Voyez *Andia*, *And*.
AUNDIAGOTU, je grossis. Ba.
AUNDIENA, plus grand, Abbé. Ba.
AUNDIGOA, augmentation. Ba.
AUNDITU, j'augmente. Ba.
AUNEA, chévre. Ba.
AUNOA, fatigue, lassitude. B. Voyez *Enoë*.
AUNTZA, chévre. Ba.
AUNTZUGUEA, serpent qui se lance de dessus les arbres. Ba.
AVOALCH, abondance, quantité, multitude, assez. B.
AVOARE, *AVODIARE*, *AVOUARE*, A. M. avouer; d'*Avoci*, *Avoui*.
AVOEI, avouer. B.
AVOLTA, A. M. Voyez *Volta*.
AVON, eau, rivière, ruisseau. G. *Abon*, rivière en Irlandois; ils prononcent *Avon*. Voyez *Aven*, *Aon*, & les articles suivans.
AVON, rivière. E.
AVON, rivière. B.
AVON, plein de ports. E. *Av*, port; *Avon*, plein de ports. Voyez *Aber*.
AVONIAWC, de rivière, de fleuve. G.
AVONYD, plurier d'*Avon*. G.
AVORTI, avorter, parlant d'une bête, tomber. B. On a dit en vieux François *Avoitrer*.
AVOUI, avouer. B.
AVOUILLETTH, entonnoir. B.
AVOULTR, enfant né d'un adultére. B. On a dit en vieux François *Avoutre* & *Avoutrie* pour adultére. Les Italiens disent de même *Avolteria* pour adultére, & *Avolterare* pour commettre le crime

AUR.

d'adultére. On trouve dans un de nos anciens Auteurs *Avoiftre*, pour enfant né d'adultére. En quelques Provinces du Royaume *Avoutire* est un bâtard; *Avoutre* en Patois de Besançon, bâtard.
AVOULTREN, rejetton que produit la racine d'un arbre coupé par le pied. Le Pere Maunoir & quelques autres Bretons prétendent que ce mot signifie sauvageon. B. Il faut retenir les deux sens. Voyez *Ankelher*.
AVOULTRESENNEG, pepinière. B.
AVOULTREZENN, surgeon, rejetton. B.
AVOULTRI, commettre un adultére. B.
AVOULTRIEZ, le crime d'adultére. B. On a dit en vieux François *Avoutire*.
AUQUERA, choix, option. Ba.
AUR, or. G. B. De là *Aurum* Latin. *Our* en Langue de Cornuaille; *Or* en Écossois; *Or* en Irlandois; *Urre* en Basque; *Aur* en Gothique, or; *Ourgh*, or en Brebére. Voyez *Or*.
AUR, pays, contrée. G. Voyez *Or* qui est le même.
AUR, jaune. Voyez *Goleno*.
AUR-DYWOD, verd de gris. G. *Dywod*, qui vient; *Aur* doit donc signifier verd. Voyez *Au*.
AUR-ENAU, bouche d'or. G. *Aur Genau*.
AVRA, bon noble. I.
AVRAN, vers, assemblage d'un certain nombre de paroles & de syllabes mesurées, chant. I.
AURBIBAU, orpiment. G.
AURCA, front, façade, aller au devant. Ba. Voyez *Araucq*.
AURCAN, vis-à-vis. Ba.
AURCANDEA, sympathie. Ba.
AURCARA, opposition. Ba.
AURCATU, s'assembler après l'avoir projetté. Ba.
AURCAZ, aller au devant. Ba.
AURDERA, enfance. Ba.
AURDICOCHOA, carreau de jardin. Ba.
AURDORCHOG, qui a un collier d'or. G. *Torchog*.
AURDUNA, femme enceinte. Ba. *Aurra*, enfant; *Duna* par conséquent grosse.
AURDURA, le ventre d'une femme enceinte. Ba. *Aurra*; *Tor*, en composition *Dor*.
AVRE, aujourd'hui. B.
AVRE, le même qu'*Aber*. Voyez ce mot.
AUREA, frontispice. Ba.
AUREARTEZA, rectangle. Ba.
AVREC, jachére. B.
AUREDEEN, dorade poisson. B.
AURFANADL, genestrolle. G.
AURGLAWD, mine d'or. G. *Clawd*.
AURGUITEA, couches d'une femme. Ba. *Aurra Quyt* ou *Guyt*.
AVRI. Voyez *Aber*.
AURIZQUI, foulé aux pieds. Ba.
AURLAGUNA, l'arrière-faix. Ba.
AURON, auronne plante. B.
AUROSUM, A. G. gris; d'*Aud*, l'r & le d se substituant réciproquement.
AURPEGUIA, face, visage. Ba.
AURPEGUIGOZOA, agrément, civilité. Ba.
AURPEGUIUBEL, homme ou femme dont le visage est enflé ou pâle. Ba.
AURPIMEND, orpiment. B.
AURQUE, *AURQUEZ*, se présenter au devant. Ba.
AURQUEA, front, façade. Ba.
AURQUEATU, mettre un canon à l'affut. Ba.
AURQUERIA, puérilités, bagatelles. Ba.
AURQUETU, s'assembler comme on en étoit convenu. Ba.

AURQUEZTEA, préfentation. Ba.
AURQUI, peu après, tout-à-l'heure. Ba.
AURQUIZQUIRA, infcription, titre. Ba.
AURRA, au delà. Ba. On voit par *Aurratu* qu'il fignifie auffi hauteur, élevation.
AURRA, enfant, garçon ou fille, petit enfant. Ba. Voyez *Haracz*.
AURRA EZTANA, adulte. Ba.
AURRATU, j'éleve, je hauffe, je pouffe au-delà. Ba. Voyez *Or*.
AURRATUA, élevé, avancé, âgé. Ba.
AURRATZEA, commander, promotion. Ba.
AURREA, frontifpice. Ba.
AURREAN, avant. Ba.
AURREARA, anticipation. Ba.
AURRECIANA, prédéceffeur. Ba.
AURRENA, de fontaine. Ba. Voyez *Or*.
AURRENA, Décurion, Préfet. Ba. Voyez *Anrratu*.
AURRENANZA, Préfecture. Ba.
AURRERA, plus loin, au-delà, à l'avenir. Ba.
AURRERATU, j'éleve. Ba.
AURRERATUA, élevé, avancé. Ba.
AURRERATZALLEA, qui avance, qui procure. Ba.
AURRERATZEA, promotion, commander. Ba.
AURRERONZ, devant, derrière. Ba.
AURTERA, enfance. Ba.
AURTU, je redeviens enfant. Ba.
AURTUA, qui redevient enfant. Ba.
AURUNCULUS, A. G. tumeur qui fe forme dans les chairs, froncle.; d'*Aurra*.
AURWEITHDY, boutique d'Orfévrerie. G. *Gweithdy*.
AVRY, abri. B.
AURYCH, ouvrier en or. G.
AUS, le même qu'*Aos*. B.
AUS, le même qu'*Auc* & *Aug*. Voyez *Aru*.
AUS, le même qu'*Awch*. Voyez ce mot.
AVS, le même qu'*As*; comme *Auf* eft le même qu'*Af*.
AUSA, préparer, habiller, panfer, arranger, accommoder, agencer, difpofer, donner la forme & la figure, faire. B. De là *Aousé* en vieux François, paré, ajufté, arrangé. Voyez *Aofa* qui eft le même.
AUSA, cendre. Ba. On voit par *Ausbaya* & *Ausboilcaria* que ce mot fignifie auffi farine, pouffière en général.
AUSA, peut-être. Ba.
AUSADUR, rabillage, raccommodage. B.
AUSAPL, qu'on peut accommoder, qu'on peut arranger. B.
AUSARTA, intrépide, audacieux. Ba. De là ofer. Voyez *Awch*, *Aws*.
AUSARTEZA, timide. Ba. *Aufarta*, *Eza* privatif.
AUSARTZIA, force, valeur, audace, courage. Ba.
AUSAZ, peut-être. Ba.
AUSBAYA, tamis, fas. Ba.
AUSBOILCARIA, tourbillon de pouffière. Ba.
AUSCORRA, fragile. Ba.
AUSCUA, cendre. Ba.
AUSEIN, le même qu'*Aüfa*. B.
AUSEREAH, l'action d'agencer, d'arranger quelque chofe. B. Voyez *Aufa*.
AUSIDIGUEZ, ajuftement, arrangement. B.
AUSIEN, cribluresde bled. B. D'*Aufa*.
AUSILHEN, ofier; plurier, *Aufilh*. B. On a auffi dit *Aufirh*, comme il paroit par ofier.
AUSINA, ortie. Ba. Nous appellons encore *Houffinc* une verge.
AUSIRH. Voyez *Aufilhen*.

AUSMARRA, l'action de remâcher, de ruminer. Ba.
AUSON, d'*Afon*; comme *Aufon* & *Afon*.
AUSQUEZTIQUIA, forte de médecine amére. Ba.
AUSQUIA, face. Ba.
AUSSIQUITEN, mordant. Ba.
AUSTEA, rupture, fraction, tranfgreffion. Ba.
AUSTEN, coupant. Ba. Voyez *Auten*.
AUSTRA, A. G. roue, machine pour tirer de l'eau; *Aus*, eau; *Tro*, tour.
AUSTRANS, A. G. qui humecte. Voyez *Auftra*.
AUT, rivage. G. B. *Ochte* en Grec; *Alta* en Latin, rivage. Voyez *Aud*.
AUT, le même qu'*Taut*. Voyez ce mot.
AUTA, choix, élection. Ba. De là *Opto* Latin. Voyez *Autren*.
AUTAERA, option. Ba.
AUTAQUINA, liberté. Ba.
AUTATU, je choifis, je défire. Ba.
AUTATUA, choifi, défiré. Ba.
AUTEN, couteau, rafoirs; *Falch-Anten*, faucille fans dents. B.
AUTERITAS, A. G. antiquité; d'*Awdur*, *Awtur*.
AUTIN, herbu. Voyez *Taut*.
AUTOMATA, A. M. machine à tirer de l'eau, à élever de l'eau; *Av*, eau; *Tom*, élever; *Tomat*, qui éleve.
AUTORISA, autorifer. B. De là ce mot. Voyez *Autrou*.
AUTR, le même qu'*Uthr*, *Uther*. Voyez *Uthr*.
AUTRA, octroyer, accorder. B. De là *Octroyer*, Voyez *Autrou*.
AUTRE, octroi. B. De là ce mot.
AUTREADUR, octroi. B.
AUTREN, octroyer, accorder, choifir, opter. B.
AUTREZY, octroyer, accorder. B.
AUTRI, octroyer, accorder. B.
AUTRO, le même qu'*Autron*. B.
AUTRON, Maître, Seigneur, Monfieur; plurier, *Autrounez*. B. Voyez *Athro*. C'eft le même qu'*Autrou*.
AUTROU, Maître, Seigneur, Monfieur, Précepteur, Maître à enfeigner; plurier, *Autrounez*. B.
AUTRU, le même qu'*Autrou*. B. Je crois que c'eft de là que vient notre terme *Malautru*, comme qui diroit mauvais Monfieur, Monfieur manque. C'eft ainfi que par ironie nous appellons beau Monfieur un homme qui ne mérite pas ce titre.
AUTSA, cendre, poudre, pouffière. Ba. C'eft le même qu'*Aufa*.
AUTSARRIA, le centre d'une forêt. Ba.
AUTSASIA, fente. Ba. Voyez *Autfi*, *Auten*.
AUTSEGUITEA, trituration. Ba.
AUTSI, trancher, enlever, couper, brifer, tranché, coupé, brifé, enlevé. Ba. De là ôter en notre Langue.
AUTSIE2BEARRA, inviolable. Ba.
AUTSIQUIA, remord. Ba.
AUTSITUA, rompu, caffé, coupé. Ba.
AUTUA, choix, élection. Ba. Voyez *Auta*.
AUTUM, A. G. fecret, retiré; d'*Od* ou *Ot*.
AUTZA, bouche, joue, machoire. Ba. De là *Os* Latin: l'*a* final dans *Autza* eft l'article.
AUTZAIOA, trompette. Ba.
AUTZECOA, fouflet. Ba. Voyez *Autza*.
AUTZIA, fente, rupture, rompu, fendu. Ba.
AUTZIREN, qui brifera, qui enlevera. Ba.
AUTZIRIC, brifant, rompant. Ba.
AW, eau, rivière, mer, océan, ifle. G. *Av*, eau en Perfan; *Avi*, eaux en Égyptien; *Anon*, eau en Langue de Madagafcar; *Ainon*, rivière dans la

même Langue ; *Ao* en Tonquinois, étang, vivier. Voyez *Av*, *Awe*, *Aug*, & l'article suivant.

Aw, *Ew*, *Iw*, *Ow*, *Wi*, eau dans les différens dialectes du Gallois. Ils signifioient aussi tout éclat, toute lumière, soit de l'eau, soit du jour, soit, par métaphore, de la jeunesse. Joignant à ces mots les lettres qu'on y préposoit, *d*, *g*, *s*, *t*, ils formoient *Dew*, *Diw*, *Dwi*, qui signifioient également jour & Dieu. Cet article est pris de Baxter.

Aw, que l'on prononce communément *Ao*, mûr. B. *Autumnus* Latin est formé de ce mot, & de *Tom*, tout ; *Awtom*, tout mûr : tous les fruits sont mûrs en cette saison, ou sont totalement, parfaitement mûrs.

Avu, foye. B. C'est le même qu'*Afu*.

Aw, haut, elevé. Voyez *Awded*.

Aw, le même qu'*Ab*. Voyez *Canaw*.

Aw, tête. Voyez *Awgrym*.

Aw, le même que *Caw*, *Gaw*, *Saw*. Voyez *Aru*.

Auva, A. M. le même qu'*Angia*.

Awal, pomme. G.

Awallon, pomme. G.

Awan, torrent. C. Voyez *Aven*.

Auvana, A. M. auvent ; d'*Avancz*.

Awch, pointe, taillant, force, vigueur, véhémence, vitesse. G. *Awch* est le même qu'*Og*. Voyez *Diogi*. *Ochoui* en Tartare Mogol marque le superlatif, le plus haut dégré ; *Oussam*, faîte, cime en Tamoulique ; *Olki*, faîte en Finlandois ; *Aux*, *Ævg* en Arabe & en Turc, sommet ; *Auge* en Espagnol, sommet, pointe ; *Oxus* en Grec, pointe, vinaigre ; *Ock*, flèche en Turc ; *Oczet*, vinaigre en Polonois ; *Ozat*, vinaigre en Croate ; *Oczten*, acide en Dalmatien ; *Ostnu* en Esclavon, pointe ; *Osco* en Sturien & Carniolois ; *Ossipu*, *Osten* en Bohémien, pointe, aiguillon ; *Ostro* en Dalmatien ; *Ostrocz* en Polonois ; *Ostrost* en Bohémien, pointe ; *Aucelos* en Étrusque, aurore, point du jour ; *Hook* en Flamand ; *Hoch* en Allemand ; *Hoye* en Danois ; *Hauh* en Gothique ; *Hahua* en Persan, haut ; *Ocr*, haut dans les Tables Eugubines ; *Hogii* en Hongrois ; *Ogacha* en Hochelague, montagne ; *O*, *W* en Polonois, sur, dessus ; *Hahua* en Persan, dessus ; *Aukan* en Gothique ; *Auchon* en vieux Allemand ; *Auka* en Islandois ; *Oechen* en ancien Flamand ; *Oge* en Danois ; *Auxein* en Grec ; *Augeo* en Latin, augmenter ; *Osos* en Grec, combien grand ; *Ozitu*, honneur en Langue de Congo ; *Oczu*, grand en Finlandois ; *Ogein* en Esclavon ; *Ogayn* en Croate ; *Ogany* en Dalmatien ; *Ogien* en Polonois ; *Ohen* en Bohémien ; *Wogen* en Lusatien, feu ; *Oczin*, flamme en Tartare Calmouk. Voyez *Awen*. D'*Awch*, force, est venu *Auxilium* Latin.

Awch étant le synonime de *Pen*, pointe, faîte, sommet, doit en avoir eu aussi la signification de source, parce que les sources sont des pointes d'eau qui percent pour ainsi dire la terre.

Awchlym, aigu, pointu. G. *Awch Llym*, pléonasme.

Awchus, pénétrant, subtil. G.

Awchys, aigu. G.

Awd pour *Hawd*. Voyez *Arawd*, *Hyawdl*.

Awdl, ouvrage de poësie, poëme, ode. G.

Awdur, maître, auteur, le premier d'une race, qui invente, qui controuve, qui augmente. G. De là *Auctor* Latin ; *Auteur* François.

Awdurrod, domination, pouvoir, autorité, Magistrature, charge, axiôme, maxime certaine, air grave, justice, équité. G

Awduredig, assuré, certain, authentique. G.

Awduriaeth, autorité. G.

Awdurol, authentique. G.

Awdyrdod, Magistrat. G.

Aweddwr, eau, selon Thomas Guillaume ; & Lhuyd, eau pure, eau qui inonde, selon Davies. *Dwr* signifie eau ; il faut donc qu'*Awed* signifie pure & inondante. Voyez l'article suivant.

Aweddwr, *Awedyr*, eau courante, eau limpide. C.

Awel, vent, souffle. G. B. *Haule* en Arabe, vent ; *Hava*, *Have* en Turc, air ; *Hauva* en Sarrazin, vent. Voyez *Avel*.

Awelog, flatueux, venteux. G.

Awelu, souffler. G.

Awen, rivière. G. Voyez *Aven*, *Awan*.

Awen, enthousiasme, fureur poëtique, génie propre pour la poësie. G. Ce mot, de même qu'*Awenidd* son synonime a aussi signifié feu, chaleur au propre, parce que le sens figuré suppose toujours le propre. *Auvoire* en vieux François, folie, vertigots, vapeurs.

Awen, gorge, gosier, machoire. B.

Awen, le même qu'*Awyn*. B.

Awen, beau ; comme *Wen*. Voyez ce mot.

Auven, rivière. Voyez *Aufon*.

Awengerdd, poëme. G.

Awent, rapide. G.

Awenydd, enthousiasme, fureur poëtique, génie propre pour la poësie. G.

Awenyddfardd, veine poëtique. G.

Awgrym, *Awgrim*, signe qu'on fait de la tête pour marquer le consentement. G. *Aw* signifie ici la tête : on le voit par le sens du mot *Grym*, de *Crym*, courbure.

Awi, meurir. B. Voyez *Aw*.

Awlu, souffler. G.

Awn, fleuve, rivière. G. I. C'est une crase d'*Avon*, selon Baxter. Voyez *Aun*.

Awon, eau, rivière. G. Voyez *Avon*.

Awonawc, de fleuve, de rivière. G.

Awr, heure. G. *Ora* en Grec & en Hongrois ; *Hora* en Latin, en Espagnol, en Italien ; *Ohr* en Allemand ; *Vre* en Flamand ; *Houre* en Anglois ; *Ura* en Dalmatien ; *Vura* en Esclavon, heure. Voyez *Heur*.

Awr pour *Wr*. Voyez *Preiddiawr*.

Awrec, gueret, premier travail que l'on fait à la terre que l'on veut ensemencer après quelques années de repos ; *Derwez Awriat*, journée d'un tel travail. B. *Az Brec Vrec*.

Avus, A. M. espèce de pêche : je crois que c'est celle qui se fait avec le trident ; *Awuch* ou *Avus*, pointe.

Awst. Davies rend ce mot par *Mensis Augustus*, le mois d'août : Il indique par là que ce terme est pris du Latin ; je ne peux sur ce point penser comme ce Sçavant. Le mois d'août en Breton est appellé *Eaust*, mot qui ne vient point d'*Augustus*, mais qui est un ancien terme de cette Langue, qui signifie moisson, parce que c'est dans ce mois qu'on moissonne ; *Awst* Gallois est la crase facile & commune d'*Eaust*.

Auw, verd, herbu, herbe, pré. Voyez *Eboeg*.

Awychwant, zéle, ardeur. G.

Awydd, avidité, cupidité, désir ardent ; *Awyddu*, verbe formé de ce mot. G. *Avah* en Hébreu, désir. Voyez *Av*, *Avy*.

Awyddfryd, désir, envie, zéle, ardeur. G.

Awyddus, avide, ravisseur, ravissant, qui emporte. G.

AWY.

Awyn, nourriture, aliment. Voyez *An*.
Awyn, bride. G.
Awyr, air. G. *Auir* en Chaldéen ; *Auer* en Grec Eolien ; *Aër* en Dalmatien ; *Aier* en Croate ; *Arre* en Brésilien ; *Air* en Syriaque ; *Ayre* en Espagnol ; *Aria* en Italien ; *Aire* en Anglois, air ; *Aura* en Grec, en Latin, en Italien, air, petit vent.
Awyr, odeur. G.
Awyrgoel, aéromancie. G.
Auxaria, A. M. les endroits les plus secrets, les plus retirés d'un bois ; *Osgoi* ou *Ogioi*, se retirer, s'écarter ; *Ogsar*, retiré.
Avy, envie, désir, souhait, empressement. B. *Abah* ou *Avah* en Hébreu ; *Aba* ou *Ava* en Chaldéen, désirer, souhaiter, vouloir ; *Hewes*, désir en Turc. Voyez *Av*.
Avyd, avidité, désir. B. Voyez *Avy*.
Avyel, Évangile. B.
Avyeler, Diacre qui lit l'Évangile. B.
Avyes, avives, maladie de cheval. B. De là ce mot.
Auzbaquidea, Sénat, Conseil. Ba.
Auzijarraya, Avocat. Ba.
Auzoa, voisinage. Ba.
Auzpez, porte à. Ba.
Auzpezca, marcher à quatre pieds. Ba.
Auztepaya, contrat, transaction. Ba.
Ax, rivière. G. C'est le même qu'*Aches*.
Ax, particule diminutive. E. Voyez *Ac*, *Az*.
Axa, *Exa*, *Ixa*, *Oxa*, *Assa*, *Essa*, *Issa*, *Isca*, Contrée d'eau, Pays d'eau dans les différens dialectes du Gallois. Cet article est pris de Baxter.
Axa, A. M. ais ; *Axegia*, petit ais ; *Axegiatum*, clôture faite avec ces petits ais. Voyez *Assu*, *Assa*, *Axa*.
Axea, vent. Ba.
Axedresa, jeu des échecs. Ba.
Ay, *Ayou*, *Ayoudoue*, *Ayaouicq*, aye, ay, interjection. B.
Ay, ira, troisième personne du singulier du futur d'aller. B. Les voituriers disent *Ay* à leurs chevaux pour les faire marcher.
Ay, rivière. E. *Ayer*, eau en Malaye. Voyez *Aches*.
Ay, hélas. Ba.
Ay, le même que *Gay*. Voyez *Aru*.
Ay. Il paroit par *Aya*, *Ayoa*, *Ayoïsa*, *Ai*, particule diminutive, qu'*Ay* a signifié enfant, petit.
Aya, allons. B.
Aya, farine de froment ou d'orge séchée au feu, le manger des enfans, petits morceaux de viande. Ba.
Ayc. Voyez *Aice*.
Ayena, échalas. Ba.
Ayenes, limande poisson. B.
Ayerra, *Ayerta*, amour, affection, passion. Ba.
Ayertopa, querelle. Ba.
Averucorra, soupçonneux. Ba.
Ayes, A. M. hayes ; d'*Hae*.
Aygueria, A. M. évier ; d'*Aig*. Voyez *Aches*.
Ayoa, pédagogue, précepteur. B.
Ayoh, beaucoup. B.
Ayor, abri, ombrage. B.
Ayosa, couteau de boucher. Ba.
Ayotsa, petite faucille. Ba.
Ayoza, couteau de boucher. Ba.
Ayr, or. G.
Ayro, A. M. héron ; de *Heroun*.
Aysamentum, *Aysiamentum*, A. M. les mêmes qu'*Aisantia*. Voyez ce mot.

AZE.

Aysina, A. M. meubles ; d'*Æs*, commodités, facultés, aisances.
Ayubia, cri, clameur. B. Voyez *Ay*, *Ubain*.
Ayuda, clystére. Ba.
Ayudan, *Lacqay Ayudan*, soumettre. B.
Az, tu, pronom. B.
Az, particule itérative, augmentative, diminutive, superflue. B. *As*, *Az* en Turc, peu, en petit nombre. Voyez *Ac*, *Ach*, *As*.
Az, un peu. Voyez *Azcoz*.
Az, restes. Voyez *Azfoar*.
Az, contre. Voyez *Azvoguer*, *Azvur*.
Az, mauvais. Voyez *Azama*.
Az, eau. Voyez *Goaz*, *As*.
Aza, chou, chou cabus. Ba.
Azaba, brigantin, frégate, galiote légère. Ba.
Azafraya, saffran. Ba. Voyez *Zaffran*.
Azagaia, trait, flèche. Ba.
Azahina, le même qu'*Aiayna*. B.
Azala, écorce, croûte, crépis, couvercle. Ba. Voyez *Cal*, *Azaldeoa*.
Azalchoa, petite croûte. Ba. *Choa*, petite.
Azaldaria, Interpréte, Commentateur. Ba.
Azaldea, commentaire, glose. Ba.
Azaldeoa, implicite. Ba. D'*Azala*, que l'on voit par ce mot avoir non seulement signifié couvercle, mais encore couvert.
Azalmea, storax. Ba.
Azama, marâtre. Ba. *Ama*, mere ; *Az* désigne donc mauvaise.
Azana, fait éclatant en bonne ou mauvaise part. Ba. Voyez *Can*, *San*.
Azaoa, gerbe. Ba.
Azaotu, ramasser en gerbes. Ba.
Azaouez, *Azoue*, *Azoe*, bonheur, heureuse rencontre. B. Ce mot est formé d'*A*, de ; *Done*, en composition *Zone*, Dieu.
Azara, sort, malheur. Ba. Voyez *Hazard*.
Azardum, A. M. sort, hazard ; d'*Hazard*, *Azarta*.
Azardus, A. M. les dez ; d'*Hazard* : Les dez font un jeu de hazard.
Azaroa, novembre. Ba.
Azarraetu, je me fends, je suis fendu. Ba.
Azarta, sort, succès. Ba. Voyez *Hazard*.
Azartu, de travers. Ba.
Azarum, *Azerum*, A. M. acier. Voyez *Acer*.
Azbeza, vivoter. B. *Beza*, vivre.
Azblew, que l'on prononce communément *Azbleo*, le poil follet. B. *Az*, diminutif, petit ; *Blew* poil.
Azcena, flèche, trait. B.
Azcon, réveillon, collation, petit repas que l'on fait après souper lorsque l'on veille tard. B. *Az*, itératif ; *Coan*, repas.
Azcona, flèche, trait. Ba.
Azconarra, taisson, bléreau. Ba.
Azcouez, rechûte. B. *Couez*, chûte.
Azcoueza, retomber, faire une rechûte. B.
Azcoz, vieillot, un peu vieux. B. *Coz*, vieux.
Azdemezet, bigame. B. *Az*, itératif.
Azdibr, coussin de selle. B.
Azdimizy, bigamie, second mariage. B.
Azdoucz, douceâtre, un peu doux. B. *Doucz*.
Azdu, brun, noirâtre. B. *Du*.
Aze, là, adverbe de lieu. B.
Aze, cession. B.
Azedan, par dessous. B. Voyez *Edan*, *Dan*.
Azein, sieger. B.
Azenn, ignorant, pécore. B. Voyez *Asen*.

AZER, serpent. B.
AZERIA, renard. Ba.
AZEULER, Sacrificateur. B.
AZEULI, adorer. B. Voyez *Addoli*.
AZEVRY, de propos délibéré. B.
AZEZ, abondance. Ba. Voyez *Assez*.
AZFOAR, AZFOR, reste de foire. B.
AZGAS, étrange. B.
AZGAZ, verdâtre, bleuâtre. B. *Gas* pour *Glas*.
AZGRIS, grisâtre. B. *Gris*.
AZGUENN, blanchâtre. B. *Güenn*.
AZIABARH, dans, au dedans, intérieurement, intérieur. B.
AZIALHUE, d'enhaut. B.
AZIANVES, au déhors, par déhors. B. C'est le même qu'*Adiavès*.
AZIOCH, au dessus. B. *Az*, paragogique; *Ioch*, dessus.
AZNADT, évident, manifeste, connu. B.
AZNAOUDECQ, reconnoissant. B.
AZNAOUT, appercevoir, découvrir de loin, connoître, reconnoître. B.
AZNAT, apparent, visible, certain, évident, manifeste, connu. B.
AZNAVOUT, connoître. B.
AZNAW, par corruption *Anzaw*, reconnoître, avouer, confesser. B.
AZNAWDEC, connoisseur, connoissant, reconnoissant, celui qui a connoissance. B.
AZNAWDEGUEZ, connoissance. B.
AZNAWE, ANAOUE, ANNAOUE, monitoire. B.
AZNAWT ou AZNAOUT, connoître, reconnoître. B.
AZNOASA, offenser, choquer. B. *Az*, superflu; *Noasa*.
AZOCA, grenier public, garde-manger, cave. Ba. Voyez *Coacha*.
AZOGUEA, vif-argent. Ba.
AZORA, faucon, épervier. Ba. Voyez *Astur*.
AZORN, AZOURN, poignet. B. Voyez *Aldorn*.
AZOTATU, fouetté, châtié. Ba.
AZOTEA, fouet. Ba.
AZPI, sous, dessous. *Azpi-An*, au-dessous. Ba.
AZPIA, la partie inférieure. Ba.
AZPIAN, sous, dessous. Ba.
AZPICO, sous, dessous. Ba.
AZPICOA, l'enfer. Ba.
AZPILDURACABEA, ingénu, sincére. Ba.
AZPIZUNA, morceau de lard, de porc salé. Bas
AZQORN, AZQOURN, os. B.
AZQUENA, le dernier. Ba.
AZQUENAU, je finis. Ba.
AZQUENAYA, dernière volonté. Ba.

AZQUENDU, désolé, abandonné. Ba. Voyez *Asgen*.
AZQUENDUGUIA, dernière main, perfection. Ba.
AZQUERO, depuis ce temps là. Ba.
AZR, couleuvre, serpent. B.
AZRE, encore, de rechef. B. C'est le même qu'*Arre*.
AZREC, le même qu'*Azrech*. B.
AZRECH, tristesse, affliction, chagrin. Le Pere de Maunoir écrit *Azreo*. B. Voyez *Rechus*; *Az*, superflu.
AZRECQ, consternation anciennement en Breton.
AZREO. Voyez *Azrech*.
AZREVINTI, le même qu'*Arwezinti*. Voyez *Arwez*.
AZROUAND, ennemi, adversaire, diable. B. Voyez *Aezrouant*.
AZROUANT, le même qu'*Aezrouant*. B.
AZROUE, signe. B.
AZROUEZ, drapeau de guerre, enseigne, marque; seing naturel, attribut. B.
AZROUS, fauve. B.
AZRUZ, rougeâtre. B. *Ruz*, rouge.
AZTA, anse, manche. Ba.
AZTALA, gras de la jambe, jarret. Ba.
AZTARNA, vestige, trace. Ba.
AZTARTEGUIA, bourbier où se vautrent les sangliers. Ba.
AZTAUL, contre-coup. B.
AZTEA, augure, aruspice, devin. Ba.
AZTIA, augure, aruspice, devin. Ba.
AZTIATZEA, je prends les augures. Ba.
AZTINA, augure, aruspice. Ba.
AZTINANZA, augure, aruspice. Ba.
AZTO, œuf que l'on met dans le nid d'une poule pour la faire pondre. B. *Az*, itératif; *To*, couvert: Cet œuf est couvert ou couvé plusieurs fois.
AZTU, oublier. Ba.
AZTUA, oubli. Ba.
AZUCENA, lys blanc. Ba.
AZUCREA, sucre. Ba.
AZUFAISEA, jujube, jujubier. Ba.
AZUNA, femelle des animaux pleine, grosse. Ba. Voyez *Aurduna*.
AZVOGUER, contre-mur. B. *Moguer*, mur; *Veguer* en composition.
AZURA, AZURUM, A. M. azur; d'*Asur*.
AZURRIA, fouet de cuir. Ba. *Cwr*, *Curo*.
AZURRIA, chambrière, servante. Ba. *Cwr*.
AZURROBIA, ossemens de mort. Ba.
AZWI, meurir. B.
AZVUR, contre-mur. B. *Mur*, mur; en composition *Vur*.
AZYSTA, assister. B.

B

 Se place ou s'ôte indifféremment au commencement du mot. Voyez la dissertation sur le changement des lettres. *B* se place ou s'ôte indifféremment au commencement du mot en Irlandois, lorsqu'il est suivi d'une voyelle.

B, F, P, V, se mettent indifféremment l'un pour l'autre. Voyez la dissertation sur le changement des lettres. On dit en Breton *Barw, Farw, Parw, Varw*, barbe, selon les différentes occurrences, ainsi que l'assure Dom le Pelletier.

B, M, se mettent indifféremment l'un pour l'autre. Voyez la dissertation sur le changement des lettres. Les Irlandois disent indifféremment *Abhan* & *Amhan*, rivière. Dans les vies des Saints d'Irlande, écrites il y a plusieurs siécles, on trouve indifféremment *Bac, Mac*, fils, ce qui fait voir que le *b* & l'*m* se sont toujours mis l'un pour l'autre dans cette Langue.

B, le même que *G*. Voyez *Bal*.

B en composition pour *Ab* ou *Mab*, fils; *Benion*, fils, d'*Enion*; *Bevans*, fils, d'*Evan* ou de *Jean. G*.

B A, bon. B. C'est le même que *Bad*: il en a par conséquent toutes les significations. *Bai*, riche en Turc; *Pa*, en Langue du Thibet, abondance. *Pasak* en ancien Persan est le nom qu'on donnoit au cheval de Cyrus à cause de sa bonté; *Ba* ou *Pa*, bon; *Sac*, cheval. Voyez *Hacnai*.

B A, bon. I.

B A, pluriel de *Bo*, vache. I.

B A, mort. I.

B A, tandis que. Ba. En comparant la signification de *Bad* & de *Ba*, on voit qu'ils sont synonimes.

B A, A - B A, A - B A - M A, depuis que, dès que. B.

B A, A - B A - V O A, A - B A - V O U E, depuis. B.

B A pour *Bach*. Voyez *Croppa, Bagl, Bychan*.

B A. En comparant *Bwa* & *Bach*, on voit qu'on a dit *Ba* comme *Bwa*.

B A, le même que *Fa, Ga, Ma, Pa, Va*. Voyez *B*.

B A, paragogique. Voyez *Baddug*.

B A A I N, couper. I.

B A A R, barre. B. C'est le même que *Bar*. On voit par là qu'on a dit indifféremment *Baar* & *Bar*.

B A A S, A. M. bas, de *Bas*. Voyez *Baar*.

B A A Z, bâton. B.

B A B, enfant, puisque *Baban*, diminutif de *Bab*, signifie petit enfant. D'ailleurs l'*m* & le *b* se substituant réciproquement, on peut dire *Bab* comme *Mab*. De là *Bébé*, amusemens d'enfans, babioles, bibus, puérilités; *Bobe* en vieux François, puérilités, plaisanteries, badinages; *Bamboche*, femme de petite taille, marionette; *Babouin*, enfant en terme de mépris, & singe, parce que cet animal ressemble à un enfant. Dans les montagnes de Franche-Comté on appelle un enfant *Baube, Bonbe*; *Babe* en Anglois, petit enfant; *Baby* dans la même Langue, poupée; *Baboon* dans la même Langue, singe; *Baubels* dans la même Langue, bagatelles, puérilités; *Bub* en Allemand, petit garçon; *Bambino* en Italien, petit enfant; *Bambocio* dans la même Langue, petit enfant, marionette, niais, sot; *Babbuino* en Italien, singe; *Babus* en Arabe, enfant; *Babion* en Syro-Phénicien, enfant; *Fabeus* dans les anciennes glosses, petit garçon; *Bobo, Babanco, Bouo* en Espagnol, sot, benais, lourdaud; *Babia*, folie, rêverie dans la même Langue. Photius rapporte dans sa bibliothéque, *cod. 242*, que les Syriens, & principalement ceux de Damas, appelloient les petits enfans en maillot *Babia*. Il ajoute qu'ils donnoient même ce nom aux jeunes enfans qui avoient déja quelqu'âge, & que ce nom étoit pris de celui de la Déesse Babia qu'ils honoroient. On ne peut guères douter que cette Déesse n'ait pris son nom des enfans qu'elle protégeoit, selon la fausse opinion de ce Peuple. *Babion*, enfant en Syrien; *Babus*, enfant en Arabe; *Babax* en Grec dans Hesychius, fol, insensé; *Babb*, murmure vain & sans ordre en Islandois; *Bubiolan* en Irlandois, sot, badaud; *Babazo* en Grec, criailler, pleurer comme les petits enfans; *Bob*, selon quelques Sçavans, a signifié en Hébreu petit enfant mâle. De *Bab* est venu *Babillar* en Breton; *Babiller* en François; *Bable* en Anglois; *Babeln* en Allemand, babiller, parler sans cesse, & ne dire que des bagatelles, que des puérilités. Le *p* & le *b* se mettant l'un pour l'autre, on a dit *Pap* comme *Bab*; de là *Papa* en Latin; *Papin* en François; *Pappe* en Anglois & en Flamand; *Papas* en Espagnol; *Papp.* en Allemand; *Pep* en Hongrois, bouillie, le manger des enfans. *Pupa* en Latin; *Puppina* en Italien; *Poppet* en Anglois, petite fille, ou poupée; *Poupée* en François est une figure de petit enfant; *Pupus* en Latin; *Poupon* en François, petit enfant mâle. *Bab* étant le même que *Mab*, doit, de même que ce mot, signifier petit de tout animal, & petit en général. Voyez *Ab*. On voit par *Babacula, Babiger, Babosus, Babous, Babousa, Bobada, Boberia, Bavo, Bobotua, Baser*, que *Bab, Pav, Baf*, ont signifié stupide, imbécille, sot, fol, grossier, rustique : Ces sens font sent analogues à celui d'enfant, parce que les stupides, les imbécilles, les sots, les fols sont privés de raison comme les enfans; & les rustiques & grossiers en ont peu.

B A B, le même que *Fab, Gab, Mab, Pab, Vab*. Voyez *B*.

B A B A, féve. Ba. De là *Faba* Latin. Voyez *Fa*.

B A B A C H D, douceur. I.

B A B A C U C A, grêle, météore. Ba.

BAB.

BABAECULA, BABECULA, A. G. sot, stupide, fol; de *Bab.*

BABAN, petit enfant, poupon, poupée. G. Davies demande si *Baban* n'est point mis par corruption pour *Maban* : Je réponds que ce n'est point une corruption, le *b* & l'*m* se substituant réciproquement ; *Baban* se dit aussi-bien que *Maban.* Voyez *Baeddu* & *Maeddu.*

BABASTURIA, lieu glissant. Ba.

BABHUM, mur, rempart, fortification. I.

BABIACA, romaine à peser. Ba.

BABIGER, A. G. sot, fol; de *Bab.*

BABILLA, mèche, lumignon. Ba.

BABILLAT, babiller. B. De là ce mot. *Babilen* en Allemand, babiller.

BABOSUS, BABUGUS, BABULUS, BABURRUS, BABURTUS, A. G. sot, fol; de *Bab.* Marot a employé le mot de *Babouin* pour lâche, couard.

BABOUINAFF, salir, remplir de fange. B.

BABOURH, BABOURZ, bas-bord. B.

BABOUS, bave, salive qui découle de la bouche. B.

BABOUS, babouin, marmouset. B.

BABOUSA, embabouiner, traiter quelqu'un en sot, en enfant, en petit babouin, caresser pour tromper B.

BABOUSEC, baveux, bavard. B.

BABUEN, guigne cerise. B.

BARUN, avant-mur. I.

BAC, troupe, cortége, compagnie, trousseau, paquet de hardes. B. *Bac* est le même que *Bagad*, & par conséquent il signifie troupe & troupeau comme ce mot. D'ailleurs *Bac* signifiant troupe, trousseau, paquet, on voit bien que ce terme signifie toute collection en général. De *Bac* ou *Bag*, troupeau, est venu le mot Gascon *Bagans*, qui signifie des pâtres ou paysans qui gardent des troupeaux dans les landes de Bordeaux, avec une charrette sur laquelle ils portent ce qui leur est nécessaire pour vivre, ne se retirant dans leurs maisons que rarement. *Baki* & *Thaki*, Ville en Cophte; *Pack* en Allemand, paquet.

BAC, bac, bateau, petit vaisseau. B. *Bachot*, petit bateau en Auvergnac. On voit par notre mot *Baquet*, petit sceau, que *Bac* a signifié vase en général. *Baczak* en Polonois, barquette ; *Bakva* en Esclavon, tonneau ; *Bak* en Flamand, auge ou tronc creusé pour abreuver les betes ; *Beaker* en Anglois, coupe ; *Becher* en Allemand, coupe, gobelet ; *Baczin* en Breton, bassin ; *Bassin* en François, bassin ; *Bassine* en François, vaisseau de cuivre ; *Becken* en Allemand, bassin ; *Bakrac* en Esclavon, chaudron ; *Bacol* en Malaye, corbeille ; *Beche*, bateau à Lyon ; *Bechot*, batelet sur la Saône. Voyez *Bach*, cavité, creux ; *Bacia, Baciachoa.*

BAC, défaut, privation, empêchement. I.

BAC, le même que *Mac.* I. De même des dérivés ou semblables.

BAC, ce qui unit, ce qui joint, union, jonction. Voyez *Bacc, Baga.*

BAC, le même que *Fac, Gac, Mac, Pac, Vae.* Voyez *B.*

BAC, ruisseau. Voyez *Bedum.*

BAC doit être le même que *Bec*, puisque *Bag* est le même que *Beg.*

BACACH, mutilé, impotent, perclus de ses membres, priver. I.

BACADH, mutilé, priver, échec, perte, malheur, empêcher, défendre, ne pas souffrir. I.

BACAE, BACCAE, A. M. anneaux de chaîne ; de *Baga, Baca.*

BAC.

BACAIL, obstacle. I.

BACAIL, cuire au four. I. *Bake* en Anglois ; *Bak* en Flamand ; *Baken* en Allemand, cuire au four ; *Bec* en Phrygien, pain.

BACALA, TEAG BACALA, TEAG BACUS, maison de boulanger. I. *Teag*, maison.

BACALE, A. M. bassin. Voyez *Bac, Bacia, Baczin.*

BACAN, mutilé, priver. I.

BACAN, jambages d'une porte, gonds d'une porte. I.

BACAN, extraordinaire, surprenant, admirable, rare, singulier, unique. Ba.

BACANDEA, BACANTIA, rareté, spécial. Ba.

BACAPULUS, BACCALO, BACCOLUS, A. G. biere dans laquelle on porte les morts. Voyez *Bas* & *Capulus. Baccalo, Baccolus* sont des crases de *Bacapulus.*

BACARA, gands de Notre-Dame herbe. Ba.

BACARCHOA, seul. Ba.

BACARONDA, Monarque. Ba.

BACARQUIDEA, Consul à Rome ; *Bacarquidordea*, Proconsul, Proconsulat. Ba.

BACARRA, seul, pure, sans mélange, lieu retiré, solitude, fils unique. Ba.

BACARRIC, seulement. Ba.

BACARRIZTEA, soliloque. Ba.

BACARTARIA, Moine, Anachoréte. Ba.

BACARTECUIA, Monastére. Ba.

BACAT, esclave, captif. I.

BACAUDAE. Voyez *Bagaudae.*

BACC, agrafe. B.

BACCA, boiteux. I. On dit à Lons-le-Saunier *Vacca*, qui est le même.

BACCA, BACCHA, A. M. espèce de vaisseau ; de *Bac.*

BACCA, BACCEA, BACCHARIUM, BACCHONICA, BACCHOAICHA, BACHIA, BACHOICA, A. M. vase ; de *Bac.*

BACCHINON, BACCHINUS, BACINUS, BACINUM, BACILE, A. M. bassin ; de *Baczin.*

BACCO, A. M. porc salé, lard ; de *Baccwn.*

BACCONES, A. G. paysans ; *Baccunus,* A. G. paysan, sot ; ou de *Baccwn, Baccon*, lard, nourriture ordinaire des paysans ; ou de *Bacuna*, qui en Basque signifie simple.

BACCUE, A. G. cri ; de *Bach.*

BACCUNUS. Voyez *Baccones.*

BACCUS, BACUS, A. M. bac ; de *Bac.*

BACCWN, lard. G. On dit *Baconen* ce sens en Franche Comté, en Dauphiné, en Lorraine, en Poitou, dans le Lyonnois, à Genève : Il signifie un porc salé en Provence. *Bacon*, lard en Anglois ; *Bacon,* cochon, lard en vieux François ; *Bagun,* lard en Irlandois ; *Bak, Baker* en Flamand, cochon. Voyez *Bacco, Baccones.*

BACELLUS, A. M. petit bac ; de *Bac* ; *Cel,* diminutif.

BACELLUS, BACILLUS, BACULUS, A. G. bâton ; de *Bacl. Baclion,* bâton en Grec moderne.

BACERUS, A. G. seché ; de *Bach,* fumée.

BACH, petit. G. De *Bach* on a dit *Bachel*, ainsi qu'on le voit par les mots suivans. *Bacella* en vieux François signifioit une jeune fille : On a dit *Bachelette, Bacelote* par diminutif. *Baisselle* en vieux François, servante ; *Bachelard* en vieux François, jeune homme ; de là *Bachelier,* terme qui dans nos anciens Auteurs désigne un jeune homme qui fait ses deux premières campagnes, qui n'a pas encore mérité le degré de Chevalier ; de là, par extension, on a donné ce nom à celui qui dans une

Université fait ses premières études, & qui n'a pas encore été promu au Doctorat; *Bacheler*, Bachelier, a aussi signifié en vieux François jeune homme en général; *Baitselear* en Irlandois, garçon qui n'a jamais été marié; *Baichote* en Patois d'Alsace, fille; *Bac* en Albanois, en petit nombre; *Pach*, peu dans la même Langue; *Bek, Beg* en Irlandois & en Écossois, petit; *Bagaou* en Arménien, moins; *Beag* en Irlandois, petit; *Baga*, peu, petit en Tartare Mantcheou, Calmouck & Mongale; *Batthe*, un peu en Langue des Venédes. Le *ch* & l's étant les mêmes en Celtique, on a dit *Bas* comme *Bach*; de là *Bas*, petit en notre Langue; de là *Bessote*, petite fille dans les montagnes de Franche-Comté; *Baisselette*, jeune fille en Picardie. De *Bas* ou *Pas*, petit, on a fait *Pas*, particule négative dans notre Langue, comme on a dit en Latin *Minimè* pour non. De *Pach* pour *Bach* est venu le Latin *Paucus*; *Pece*, petit d'animal, petit enfant en Persan. Voyez *Bag*, le même que *Bychan*.

B A C H, faulx, harpon, croc, crochet, hameçon, courbure, sinuosité, sein, creux, cavité. G. & par conséquent vallon. On dit encore en Franche-Comté un *Bas* pour un vallon: On dit en François un puits *bas*, un fossé *bas*, une cave *basse*, pour un puits profond, un fossé profond, une cave profonde. De *Bach*, harpon, crochet, est venu *Basche*, ensemble en Albanois; *Dbak* en Hébreu, en Chaldéen, en Arabe, en Syriaque, être attaché, joint, emboîté, planté; *Bacç*, agrafe en Breton; *Baga* en Basque, chaîne, lien. De *Bach*, sinuosité, sein, est venu *Byk* en Islandois, golfe, sein; *Byge* en ancien Saxon, golfe, sinuosité: *Bach* en ce sens a été pris au figuré; de là *Ambages* Latin. *Vauche* en Patois de Besançon est le nom de l'osier, parce qu'il se plie & se courbe aisément. De *Bach*, courbure, on a fait *Baquet*, qui dans le Pays Messin signifie boiteux; *Bach* en ce sens a été pris au figuré. (Voyez *Tsmachd*) De là *Baciquoter*, tromper en vieux François; *Npaca*, perfidies en Langue de Congo. De *Bach*, creux, cavité, vase, (Voyez *Bac*) sont venus *Bachoue*, qui signifie dans notre Langue une espèce de vaisseau de bois, large par le haut, qui va en s'étrécissant par le bas; & *Baquet*, petit sceau; *Bachot*, bâtelet; *Bac*, grand coffre de bois dans lequel on pile le sucre au sortir de l'étuve; *Baste* dans le Vicomté de Turenne, tine ou vaisseau à porter la vendange; *Becher* en Allemand; *Beikarion* en Grec, du moyen âge; *Bicchiere* en Italien, coupe; *Bakk'Erie* en Géorgien, cruche, tasse, vase à boire; *Bazhka* en Esclavon; *Wacek* en Polonois, bourse; *Pagara* en Galibi, petit panier; *Bache* en Franche-Comté est une grande pièce de toile cousue en forme d'un grand sac que l'on remplit de paille, & qui se met dans le lit pour se matelat: On l'appelle *Paillasse* en François. *Bache* dans notre Langue est une grande couverture de toile, garnie de paille par dessous, que les voituriers mettent sur leurs marchandises pour les garantir de la pluye. *Bacello* en Italien, gousse, enveloppe de légumes; *Bast*, écorce en Allemand; *Pacha* en Persan, vêtement; *Paca* dans la même Langue, chose secrette, chose cachée & couverte; *Pacha* en Pérouan, vêtemens, habits. On voit par là que *Bach* a signifié en général ce qui contient, ce qui renferme, ce qui couvre. L'*f* & le *b* se substituent mutuellement; ainsi on a dit *Fach* comme *Bach*. *Fach* en Allemand, layette, tablette, vuide; *Fass* dans la même Langue, vase, tonneau, barique; *Fassen* dans la même Langue, prendre, saisir, contenir; *Fazen* Theuton & en Allemand, vase, vaisseau. L'*m* & le *b* se mettant l'un pour l'autre, on a dit *Mach* comme *Bach*. *Maitra*, terme Grec, adopté par les Latins, pétrin, vaisseau à pétrir le pain; *Mai* ou *Maio* en François, pétrin, vaisseau à pétrir le pain; *Maiata*, bouteille en Galibi. De *Bach* ou *Vach* est venu le *Vas* des Latins, & le *Vase*, *Vaisseau* des François. Voyez l'article suivant *Bacha*, *Macoa*.

B A C H, le même que *Mach*. I. De même des dérivés ou semblables.

B A C H, croc, grand hameçon qui sert à prendre les gros poissons, instrument pour le labeur, que l'on appelle croc en François; *Dispacha*, remuer la terre avec cet instrument. B. De là nos termes *Becho*, *Becher*.

B A C H, bâton. B. *Bachetta* en Italien, bâton, rameau, verge; *Baktron* en Grec, bâton; *Bath* en Dalmatien, *Both* en Hongrois, massue. L'*m* & le *b* se substituant réciproquement, on a dit *Mach*, comme *Bach*; de là *Massue*, masse en notre Langue; *Mazza* en Italien, bâton, massue; *Makoo*, bâton en Hongrois; *Makkel*, bâton en Hébreu; *Macouali*, verge, fouet en Galibi; *Begué* ou *Fegué* en vieux François, Sergent, Huissier, porte-verge ou masse.

B A C H, plainte que l'on fait quand on étouffe de fumée. B. Il y a lieu de juger par *Bacerus*, & par les termes que nous allons rapporter dans cet article, que *Bach* a signifié fumée, & même feu. *Bacail* en Irlandois; *Bak* en Flamand; *Bake* en Anglois; *Backen* en Allemand, cuire au four; *Bask* en Anglois, se chauffer; *Baccar* en Malaye, embraser, brûler; *Bec*, pain en Phrygien. Voyez *Bacha*. *Facha*, qui a pu s'exprimer par *Bacha*, à cause de la substitution réciproque du *b* & de l'*f*, signifie en Breton exciter, animer, échauffer, fâcher, c'est-à-dire causer de la chaleur au figuré; or le sens figuré a toujours supposé le propre. *Machurer* signifie en François noircir, de *Mach* ou *Bach*, noirceur, fumée.

B A C H, lieu renfermé sans air ni clarté. B.

B A C H, le même que *Fach*, *Gach*, *Mach*, *Pach*, *Vach*. Voyez B.

B A C H, L O N G - B A C H, naufrage. I. *Long*, vaisseau.

B A C H - O L F I N O G, vautour. G. On voit par ce mot, par le précédent, par *Bach*, harpon, faulx, instrument pour le travail; par *Balc*, *Balch*, que *Bach* a signifié briser, déchirer, couper.

B A C H A, renfermer, retenir enfermé: Ce verbe se dit communément dans le Diocése de Léon ou on se dit de saisir, confisquer & mettre en séquestre les bêtes de pâturage trouvées en dommage, jusqu'à ce que l'amende soit payée. B.

B A C H A a encore en Cornouaille de Bretagne la signification de *soupir*, du linge blanc & sec. B.

B A C H A N, petit. G. C'est le même que *Bach*.

B A C H A N, hameçon, croc. G. C'est le même que *Bach*.

B A C H A R U S, A. G. très-grand cochon; *Ar*, grand; il faut donc que *Bach* ait signifié cochon. Voyez *Baccwn*.

B A C H C E N, petit garçon. G. *Bach Gen* ou *Cen*. Voyez *Bachgen*.

B A C H D R O, courbure, détour, tortuosité, sinuosité, pli & repli, entrelacement, entortillement, l'action de tordre. G. *Bach Tro*.

B A C H E L. Voyez *Bach*.

BAC.   BAD.

BACHELL, RHOI BACHELL, donner le croc en jambe, faire courber la jambe, supplanter. G. On voit par ce mot que *Bachell* est le même que *Bach*. Voyez le mot suivant.

BACHELLU, donner le croc en jambe, faire courber la jambe, supplanter, renverser, démolir, détruire. G.

BACHET, enfermé. B.

BACHET, le même que *Bychan*. Voyez ce mot.

BACHGEN, petit garçon, petit enfant, poupon. G. *Bach*, petit; *Gen*, par conséquent enfant; de *Geni*, naître.

BACHGENNAID, puérile, d'enfant, de jeunesse. G.

BACHGENNEIDDRWYDD, puérilité, manière d'enfant. G.

BACHGENNEIDIO, faire l'enfant, faire le jeune homme, folâtrer, badiner comme un jeune homme. G.

BACHGENNES, jeune fille. G.

BACHGENNYN, petit garçon, petit enfant, poupon. G.

BACHIAD, BACHIAT, courbure, tortuosité, sinuosité, sein. G.

BACHILLERA, Bachelier. Ba. Voyez *Bach*.

BACHINAL, A. G. pressoir; de *Bach*.

BACHIO, A. G. espèce de meuble; de *Bach*.

BACHO. Voyez *Baco*.

BACHOG, courbe, courbé, crochu, plié, voûté, tortueux, plein de détours, qui a des sinuosités, qui fait plusieurs plis & replis, sinueux, qui a la forme d'un hameçon, garni d'un crochet, fait en forme de faulx. G.

BACHOGRWYDD, courbure. G.

BACHOLL, ganache de cheval. B.

BACHON, le même que *Bychan*. Voyez ce mot.

BACHOT, le même que *Bychan*. Voyez ce mot.

BACHOU, le même que *Bychan*. Voyez ce mot.

BACHT. Voyez *Ambact*.

BACHU, courber, se courber, harponner, accrocher avec un hameçon, arrêter les vaisseaux avec l'ancre, être caché, se mettre dans des cachettes sinueuses. G.

BACHU. Voyez *Disachu*.

BACHYDIG, très-petit, très-peu, très-petit nombre. G.

BACHYN, le même que *Bychan*. Voyez ce mot.

BACIA, plat, bassin. Ba. Voyez *Bac*.

BACIA, BASSIA, A. M. latrines; de *Bach*, creux, fosse. Nous appellons en françois les *latrines* fosse d'aisance.

BACIGNA, A. M. bassin; de *Babzin*.

BACILE, A. M. bassin. Voyez *Bacia*.

BACINETUM, A. M. bacinet, casque fait en forme de bassin; de *Bafzin*.

BACINUS, A. M. bassin; de *Baczin*.

BACL, bâton. G. De là *Baculus* latin. Voyez *Bach*, *Bagl*.

BACL, le même que *Bagl* & *Magl*. Il signifie aussi toutes sortes d'embarras, toutes sortes d'obstacles, tout ce qui arrête. De là *Bacler*, *débacler* en notre langue.

BACLE, A. G. souliers dont les femmes se servoient sur le théâtre. Voyez *Baczed*. Le cothurne ou soulier de théâtre étoit fort haut.

BACO, BACONA, BACHO, A. M. lard, porc salé; de *Baccwn*.

BACOITZA, unique. Ba.

BACQOLL, ganaches. B.

BACSEU, botines sans pied, sans éperons. G.

BACT. Voyez *Ambact*.

TOME I.

BACTEA, A. G. vases; de *Bac*.

BACTEA, A. G. batteur d'or; de *Baeddu*, *Baettu*.

BACTITOR AURI, A. G. batteur d'or; de *Baeddu*, *Battu*.

BACTRACITE, A. G. pierre qui se peut casser. Voyez *Baclitor* & *Baeddu*.

BACULA, A. M. petit bac; de *Bac*; *Ul*, diminutif.

BACULH, bâton. I. De là *Baculus* Latin.

BACUNA, sincère, simple, qui n'est pas composé. Ba.

BACUNDEA, candeur, sincérité. Ba.

BACUS, four. I.

BACUS. Voyez *Bacala*.

BACUS, A. M. bac; de *Bac*.

BACUS, A. M. sorte de mesure pour le bled; de *Bac*.

BACUUM, A. M. baquet; de *Bac*.

BACYNIS, A. M. bassin; de *Baczin*.

BACZ, bât. B.

BACZ, agraffe. B.

BACZ. Voyez *Ambact*.

BACZED, escabeau. B.

BACZIN, bassin. B. De là ce mot. En vieux François on appelloit un bassin *Baschin*, & *Bachinon* une tasse de bois.

BACZINO en Italien, bassin; *Bacin*, *Bacia* en Espagnol; *Beck*, bassin en Allemand; *Bason* en Anglois, bassin; *Bgint*, chaudron en Arménien. Voyez *Baisin*.

BAD, bain; au pluriel, *Badon*. G. *Bad* en Theuton, en Islandois, en Runique, en Flamand; *Bath* en Anglois; *Baeth* en ancien Saxon; *Baden* en Allemand; *Bata* en Chaldéen, bain; *Baa*, bain en Islandois & en Suédois; *Bada*, se laver en ancien Suédois, au témoignage de Rudbeck. Voyez *Bad*, eau. C'est le même que *Bodd*; l'*a* & l'*o* se substituent réciproquement.

BAD, barque, esquif, gondole, chaloupe, nacelle, bâteau. G. I. Le *t* & le *d* se mettant l'un pour l'autre, on a dit *Bat* comme *Bad*; de là *Bâteau*, *Bâtelet* en notre Langue; de là *Batus*, *Batellus*, bâteau dans les anciens monumens. *Bat* en ancien Saxon; *Baat* en ancien Suédois, au rapport de Rudbeck; *Baatus* en Runique; *Baatur* en Islandois; *Boat* en Anglois; *Boot* en Flamand; *Baeat* en Suédois; *Badea*, *Batel* en Espagnol; *Batello* en Italien; *Bot* en Allemand; *Batiel* en Albanois, bâteau, barque, chaloupe, nacelle; *Bati* en Arabe, vase. De *Bat*, par la substitution réciproque du *p* & du *b*, on a fait *Pad*, *Pat*; de là *Patache*, espèce de vaisseau; *Pataikoi* en Phénicien signifie de petites représentations des Dieux qui étoient à la poupe des vaisseaux; *Padavam*, barque en Langue Talenga. Le *b* & l'*m* se mettant l'un pour l'autre, on a dit *Mat* comme *Bat*; de là notre terme *Matelot*.

BAD, le même que *Mad*. I. De même des dérivés ou semblables.

BAD, bon. B. On trouve ce terme en ce sens dans le Gallois. Voyez *Cyngrabad*. *Badgan* en Arménien, qui est bien, décent; *Badi*, honneur, respect, dignité dans la même Langue; *Baten* en Flamand, être utile, profiter; *Botan* en Gothique; *Boot* en Anglois; *Bothein* en Grec, être utile, profiter; *Baza* en Hébreu, gain; *Bediani* en Géorgien, heureux, celui à qui toutes sortes de biens arrivent. *Bad* est le même que *Mad* en Breton, ainsi il en a toutes les significations.

BAD, durée. B. On voit par *Badailhat* & *Bed* qu'il a signifié étendue, longueur, grandeur, & par conséquent hauteur, élévation, sur, dessus; *Badal*, distance de lieu en Hébreu; *Batur*, Empereur en

Tartare Calmoucq. Voyez *Bod*, qui est le même que *Bad* & *Ba*, *Afa*.

BAD, préposition superflue. Voyez *Caddug*.

BAD. Voyez *Badamand*.

BAD, eau. Voyez *Baddug*. *Bato*, rivière en Langue de Mandingo; *Bedn*, eau en Phrygien; *Bedn*, eau en Thrace & en ancien Gothique, au rapport de Rudbeck. Voyez *Bath* & *Baidheadh*.

BAD, jaune. Voyez *Batis*.

BAD, pere. Voyez *Enevad*. *Bad* signifiant pere, doit aussi signifier cause, origine, source; *Badi* en Arabe, qui commence, auteur, cause. De *Bad*, *Bat*, *Pad*, *Pat*, est venu le *Pater* des Grecs & des Latins, le *Vader* des Flamands, le *Padre* des Italiens & des Espagnols, le *Vatter* des Allemands, le *Fader* des Suédois & des Danois, le *Bader* des Islandois, le *Father* des Anglois, le *Vader* des Saxons, le *Phader* des Persans.

BAD, ouverture. Voyez *Badailhat*, *Badare*, *Batera*.

BAD, le même que *Fad*, *Gad*, *Mad*, *Pad*, *Vad*. Voyez *B*.

BAD paroit avoir signifié blanc. Voyez *Badana*.

BADA, mais. Ba.

BADA, le même que *Badaoui*. B.

BADAILHAT, baailler. B. *Badailla* en Languedocien, baailler.

BADAILLOUR, baailleur. B.

BADALATIUS, A. M. escarmouche, combat; de *Baeddu*. *Badalucco* en Italien, escarmouche, combat.

BADAMAND, BADAMANT, brutalité, étourdissement, étonnement, badauderie, action de badaud. B. *Bad* signifie donc étourdi, sot, stupide, fat, bête; de là *Bedier* en vieux François, âne, ignorant, sot; *Badverie*, niaiserie; *Bade* en vieux François, balivernes, propos propre à tromper les sots; *Badaud*, niais qui s'amuse à tout, qui admire tout; de *Bad*, *Fad*, fadaises, fat, *Fatuus*. Voyez *Bada*, *Badaoui*, *Badet*.

BADAMINA, fièvre. Ba.

BADANA, toutes sortes de peaux blanches qui se passent en mégie. Ba, *Badana* en Turc, tout ce qui sert à blanchir.

BADAOUER, badaud. B.

BADAOUI, être étourdi, être étonné, troubler, brouiller, faire manquer une personne qui est sérieusement occupée, parler en étourdi, indiscrétement. B. *Bednist* en Flamand, étourdi; *Badajear* en Espagnol, badiner, dire des balivernes; & *Badafo*, badin, sot, lourdaud.

BADARE, A. M. baailler; de *Badailhat*.

BADAWR, synonyme de *Badwr*. Voyez *Preiddiawr*.

BADD, sanglier. G.

BADDU. Voyez *Baddug*.

BADDUG, obscurité, brouillard épais, nuée. G. Du ou *Dug*, noir, obscur; *Ba*, paragogique.

BADELLARIA, A. M. emploi de bedeau; de *Bedell*.

BADEN, assemblée. B.

BADERNA. Voyez *Bagerna*.

BADET, étourdi. B.

BADEZA, baptiser. B.

BADH, le même que *Bagh*. I. De même des dérivés ou semblables.

BADH, bâton. B. Voyez *Bat*.

BADHBH, le vent du nord. B.

BADHGAIRE, coquet, petit bâteau. I.

BADHGAIRE, fou, badaud, niais. I.

RADIDD, baptême. G.

BADINA, badiner. B. De là ce mot. *Batha* en Hébreu, badiner.

BADINOUR, badin. B.

BADITIS, mot Gaulois qui nous a été conservé par Marcellus: Il signifie nénuphar. Voyez *Batis*.

BADIZIANT, baptême. B.

BADLIA, A. M. bail, de *Bailhe*.

BADULAQUEA, hachis, farce, galimafrée. Ba.

BADWR, bâtelier, matelot, rameur, celui qui fait des radeaux. G. *BadWr*.

BADYDD, bâpteme. G.

BAE, baye. B. *Baya*, port en Basque; *Bei*, golfe en Écossois; *Bah* en Gallois, sein, sinuosité, golfe, baye; *Baye* en François, golfe, baye; *Bay* en Anglois, port; *Baya* en Espagnol, baye, golfe; *Vaa* en Albanois, port; *Vei*, port en Chinois; *Bai* en Tonquinois, rivage; *Bealac* en Irlandois, baye; *Backe*, rivage en Islandois. Comme un port ou golfe est une ouverture de la mer dans les terres, les maçons par analogie appellent *Baye* l'ouverture qu'ils font dans un mur pour y faire une porte ou une fenêtre.

BAEA, crible, sas, tamis, bluteau. Ba.

BAEDD, sanglier. G. C.

BAEDD, porc entier. G.

BAEDDIAD, contusion, meurtrissure. G.

BAEDDU, battre, broyer, piler, écraser, briser, concasser, froisser. G. Davies veut qu'il soit mieux de dire *Baeddu* que *Maeddu*; l'un & l'autre sont bons, & se disent également, puisque l'*m* & le *b* se substituent réciproquement. De *Baeddu* ou *Baettu* est venu *Battuo* Latin; *Battre* François; *Batir* Espagnol; *Baste*, *Beat* Anglois; *Battere* Italien; *Biti* Esclavon, Dalmatien, Bohémien; *Bitzi* Lusatien, battre; *Battel*, bataille en Anglois; *Battaglia*, bataille en Italien; *Badyraum* en Arménien, combat, bataille; & *Badaryl*, couper, diviser; *Bots*, combattre, tuer en Cophte; *Bat*, lutter en Tonquinois.

BAEDDU, souiller de sang ou de boue. Voyez *Trybaeddu*.

BAEDGIG, chair de sanglier. G. *Baedd Cig*.

BAEDGWAR, porc entier. G.

BAEL, le même que *Mael*, fer. Voyez *Bel*.

BAEL, le même que *Mael*, gain: le *b* & l'*m* se substituent réciproquement; *Ballad* en ancien Indien, utile.

BAELAN, genêt. B.

BAELECQ; au pluriel *Baeleyen*, *Baelegen*, *Baelyon*, *Baelean*, *Baelyan*, Prêtre. B.

BAELEGUIAH, sacrificature. B. Voyez *Baelecq*.

BAEN, pierre, Voyez *Vaen*.

BAENT, le même que *Bain*. G.

BAEOL, espèce de vaisseau, cuve, cuvier, cuvette, G. B. *Baallie* en Flamand, cuve, cuvier.

BAELON HOARN, poëlon. B.

BAERH, prospérité. B. Voyez *Ber*.

BAERNA. Voyez *Bagerna*.

BAES. On voit par *Besses* qu'on a dit *Baes* comme *Maes*. Voyez *B*. Par le changement mutuel du *p* & du *b* on a dit *Paes* comme *Baes*. De là en Languedocien *Paezion*, pâturages; *Ebesium*, herbe en Tartare Calmoucq; *Ebessou*, foin en Tartare Mogol & Calmoucq.

BAF. Voyez *Bah*.

BAFER, A. G. grossier, rustique; de *Baf*.

BAFF, bave. B.

BAFFA, BAFO, BASO, A. G. les mêmes que *Baco*.

BAFFARD, bavard. B.

BAF.

BAFFECQ, baveur, baveux. B.
BAFFOUA, baffouer, traiter injurieusement, traiter d'une manière méprisante. B. De là *Baffouer* en notre Langue; *Baffle* en Anglois, baffouer. La racine de *Baffoua* est *Baf*, parce que traiter un homme d'une manière injurieuse, méprisante, c'est le traiter comme un sot, un stupide, un fol, un homme de néant. De là est venu *Baffe*, *Buffe*, soufflet en vieux François, parce que le soufflet est un grand outrage. *Beffare* en Italien, mépriser.
BAFFOUER, sangle. B.
BAG, le même que *Mag*. I. De même des dérivés ou semblables.
BAG, heureux, bienheureux. I. C'est le synonime de *Ban*. *Bagan*, riche en Tartare Calmoucq & Mongale.
BAG, bac, bâteau, chaland; plurier, *Bagon*. B. Voyez *Bac*.
BAG, porter. Voyez *Blodenfag*. *Bagge* en Anglois & en Islandois, charge.
BAG, le même que *Bychan*. Voyez ce mot. De là *Page* en vieux François, de *Paige*, petit garçon.
BAG, le même que *Mag*. Voyez ce mot.
BAG, a signifié enveloppé, enfermé. Voyez l'article précédent & le suivant.
BAG, le même que *Fag*, *Gag*, *Mag*, *Pag*, *Vag*. Voyez *B*.
BAG, le même que *Bolgan*. Voyez ce mot.
BAG, le même que *Beg*. Voyez ce mot. *Baja* en Langue Mogole, Prince très-grand.
BAG est le même que *Bac* & *Bach*. Voyez *Aru*, & la dissertation préliminaire.
BAGA, enfoncer dans l'eau, ce qui se dit particulièrement des hardes que l'on veut laver. B. Voyez *Bugad*.
BAGA, onde, flot. Ba. *Bac* en Theuton, ruisseau; *Bazk* en Hébreu, coulant; *Bagar* en Persan, fleuve; *Bahar* en Arabe, mer. Voyez *Becius*, *Bedum*, & l'article précédent.
BAGA, chaîne, lien, corde, cable, tout ce qui lie. Ba. *Bagua* en Cymbrique; *Baug* en Gothique; *Boug* en Theuton; *Beag*, *Beg* en ancien Saxon, braselet. Voyez *Bancaw*, *Bac*.
BAGA, privation. Ba. *Bage*, dommage en Islandois. Voyez *Baguea*.
BAGA, A. M. coffre; de *Bag*. On a dit en vieux François *Baguer* pour embaler. Voyez *Bagaich*, *Bagad*, *Bac*.
BAGA, A. M. chaînes, liens, fers, menottes; de *Baga*, chaîne.
BAGABILTZA, marchons. Ba.
BAGACH, canaille. B. De là *Bagasse*, terme injurieux, qui signifie une femme débauchée; *Boiasse* en vieux François, femme de peu, artisane; *Bajasse* en vieux François, servante. Voyez *Bagatsa*.
BAGACH, militaire, belliqueux. I.
BAGAD, troupe, troupeau, quelques-uns. G. Nous nous servons de ce mot, dit Davies, pour signifier un raisin. *Bagad* en Hébreu, troupe; *Gad* en Hébreu, armée. Comme l'on s'attroupe dans les séditions & les révoltes, on étendit le terme *Bagad* ou *Bagod* (l'o & l'a se mettent l'un pour l'autre) à cette signification. On trouve dans la chronique de Prosper le mot de *Bagod* en ce sens. On s'est aussi servi de ce terme pour désigner les révoltés, les rébelles. (Voyez *Bagaudae*) Le d se changeant en r, on a dit *Bagar* comme *Bagad*; de là *Bagarre*, terme populaire, qui signifie émotion populaire, qui amasse beaucoup de monde, querelle avec grand bruit qui attroupe plusieurs personnes,

BAG.

batterie de plusieurs qui attire un grand nombre de spectateurs; *Bag* en Theuton, dispute, procès. Voyez l'article suivant.
BAGAD, troupe, troupeau, assemblée. B. Voyez l'article précédent.
BAGAD, canaille. B.
BAGAD, bâtelée. B. Voyez *Bag*.
BAGAD, bagage. B. On a dit *Magad* comme *Bagad*; de là *Magot*, un amas d'argent.
BAGADEN, troupe, assemblée. B.
BAGAGE, bagage. B. Voyez l'article suivant.
BAGAICH, bagage. B. De là ce mot. *Bagues* signifie dans notre Langue meubles, effets. Dans les compositions que l'on fait aux gens de guerre, on leur promet, lorsqu'ils se rendent, qu'ils sortiront *vie & bagues sauves*, c'est-à-dire, avec tout ce qu'ils pourront emporter. Dans la Coûtume de Hainaut on appelle *Baghe* ce qu'un ladre ou lépreux emporte lorsqu'on le met hors de la Ville. On trouve *Bagagium*, pour signifier bagage, dans les anciens monumens. *Bag* en Anglois, sac; *Packen* Allemand, bale, balot, paquet. Vérélius dit qu'en ancien Saxon *Bagge* signifie sac; *Baggage* en Anglois, hardes, bagage; *Bagaje* en Espagnol, bagage; *Begatia* en Albanois, opulence; *Baguer* en vieux françois, embaler; *Bagage* en notre Langue, hardes, meubles. Voyez *Bac*, *Pacq*.
BAGAICH, vetille, babiole, bagatelle. B. *Baguette* en vieux François, bagatelle.
BAGAICHOU, racaille, chose de rebut, B.
BAGAIR, menaces. I.
BAGAQUIA, embarras. Ba. Voyez *Baga*.
BAGAQUIN LOTUA, serré fortement. Ba. Voyez *Baga*.
BAGAR, menace, menacer. I.
BAGAR, hardi. I.
BAGAR, braver, insulter, se moquer. I.
BAGAR. On voit par *Bagar*, menace, (la menace se fait avec un ton haut, bruyant) & par *Bagarre*, bruit, tumulte, (Voyez *Bagad*) que *Bagar* a signifié bruit.
BAGARACH, hardiesse. I.
BAGARITZA, agitation des flots de la mer. Ba. Voyez *Baga*.
BAGASMOTZA, femme ou fille débauchée. Ba.
BAGAT, assemblée. C.
BAGAT, assemblée, troupe, multitude de gens, troupeau de bêtes. B. Voyez *Bagad*.
BAGATA, serré fortement. Ba. Voyez *Baga*.
BAGATELA, bagatelle. Ba. De là ce mot. Voyez *Bagaich*. Voyez le suivant.
BAGATELLE, bibus, bagatelle. B. Voyez *Bagatela*.
BAGATSA, prostituée. Ba. Voyez *Bagach*.
BAGATUA, serré fortement. Ba. Voyez *Bagata*.
BAGAUDAE, BACAUDAE, nom que l'on donnoit en Gaulois à des paysans qui s'étoient attroupés & révoltés contre les Romains; de *Bagad*.
BAGAZ, lier. Ba. Voyez *Baga*.
BAGAZ, buisson, hallier. C.
BAGEAL. Voyez *Baghea*.
BAGEDYN, grappe de raisin. G. Voyez *Bagad*.
BAGERNA, BADERNA, BAERNA, A. M. chaudière à faire le sel. Voyez *Bacca*, *Bac*. On a dit indifféremment *Bac*, *Bad*, *Bag*, puisque ces trois mots signifient également bâteau, petit vaisseau; ainsi on a dit *Baderna* comme *Bagerna*, & par crase *Baerna*.
BAGH, le même que *Magh*. I. De même des dérivés ou semblables.

BAGH, combat, querelle, dispute. I. *Bag* & *Pag* en Theuton, dispute, procès; *Mache*, combat en Grec.

BAGHALACH, périlleux, dangereux. I.

BAGHEA, BAGHEAL, BAGEAL, naviger par divertissement, se promener en bâteau. B. Voyez *Bag*.

BAGHEN, le même que *Bachgen*. Voyez *Baghenoda*.

BAGHENODA, BAGHENODAD, badiner, niaiser, agir & parler en enfant; B. de *Bachgen*. De là *Bagnenaude*, *Bagnenauder*.

BAGHTHROIDIM, disputer, se quereller. I.

BAGIUS. Voyez *Bagus*.

BAGL, bâton. G. B. Voyez *Bach*.

BAGL, le même que *Magl*, par la substitution réciproque du *b* & de l'*m*. De là bacler, débacler, débarrasser, ôter les barres, ouvrir, rendre le passage libre. *Baghlu*, lié en Turc. Voyez *Baga*.

BAGLAN, échasses. G.

BAGLOG, qui a reçu des coups de bâton. G.

BAGLURYN, le même que *Blaguryn*, bourgeon, rejetton. G.

BAGNUM, A. M. bain; de *Bayn*.

BAGOL, sain, gaillard, alégre, dispos, vigoureux, robuste. B. *Bague* en vieux françois, joyeux, agréable.

BAGOQUIA, particulier, propre à. Ba.

BAGSEU, ceste garni de plomb. G.

BAGUEA, indigence, défaut. Ba. De là *Pagan*, *Pacan* en Franche-Comté, pauvre. Le *p* & le *b* se substituent mutuellement.

BAGUEER, bâtelier. B.

BAGUENAUD, badaud, sot, niais. B.

BAGUENAUDAGE, badaudage, badauderie. B.

BAGUENODAL, badiner, niaiser, agir & parler en enfant. B. Voyez *Baghenoda*.

BAGUETIC, Créateur. Ba.

BAGUETU, je puise. Ba.

BAGUETUA, puisé. Ba.

BAGUIC, coquet, petit bâteau. B. C'est le diminutif de *Bag*.

BAGULA, A. G. frein; de *Baga*.

BAGUN, lard. I. Voyez *Baccwn*. *Bagun* signifie aussi gras en Irlandois; *Muc Bagun*, cochon gras.

BAGUS, BAGIUS, BAIUS, BAIARDUS, A. G. bai, de couleur de chataigne, ou brun; de *Bay* qui s'est dit comme *Bayan*, puisque nous l'avons conservé dans notre Langue. En insérant un *g*, on a dit *Bagius*, puis *Bagus*. Les Latins, en insérant un *d*, ont dit *Badius* en ce sens. *Vajo* en Espagnol, bai.

BAGWNNDG, fort. G.

BAGWY, pointe, sommet, faîte. G.

BAGWY, sommet, faîte. C.

BAGWYR, qui est à l'extrémité, qui est à la pointe, qui est au sommet. G.

BAH, vie. I.

BAH, bâton. B. Puisque *Bach*, bâton, fait aussi *Bah*, il y a même raison pour toutes les autres significations de ce mot. Voyez encore la dissertation préliminaire.

BAH, recours. B.

BAHAEAZ, je crible, je tamise. Ba.

BAHAILHAT, bailler. B. *Baat* en vieux François, baaillement.

BAHAN, le même que *Bychan*. Voyez ce mot. *Wahan* en Finlandois, peu.

BAHATATT, bâtonner. B. Voyez *Bah*.

BAHATZATU, BAHATZU, je tamise, je crible. Ba.

BAHEA, van. Ba.

BAHEIN, déconcerter. B.

BAHET, le même que *Bychan*. Voyez ce mot.

BAHETT, ébaudi. B.

BAHON, le même que *Bychan*. Voyez ce mot.

BAHOT, le même que *Bychan*. Voyez ce mot.

BAHOU, le même que *Bychan*. Voyez ce mot.

BAHUD, bahut. B. De là ce mot. On a dit en vieux François *Bahur*. *Bahul* en Espagnol, coffre, bahut.

BAHUDUM, A. M. espèce de coffre; de *Bahud*.

BAHUS, bahut. B.

BAHUSS, spécieux. B.

BAHYN, le même que *Bychan*. Voyez ce mot.

BAI, vice, faute, défaut. G. De là *Baie* en notre Langue, tromperie, mensonge; *Baia* en Basque, imperfection; *Baira* en la même Langue, prestiges, séduction, mensonges; *Baia* dans un ancien glossaire, bruit qui court; (ces sortes de bruits sont ordinairement faux) *Baia* en Italien, tromperie, mensonge; *Bai* en Tonquinois, tromper, & *Bay*, mentir; *Ba*, je manque en Tartare Mogol & Calmoucq; *Baïmak*, tromper en Turc; (*Mak* est la terminaison du verbe en cette Langue) *Bav*, *Bavum*, péché en Malabare; *Beze*, péché en Persan; *Fai* en Albanois, erreur, égarement, faute, méprise; *Beun*, péché en Hongrois.

BAIA, imperfection. Ba. Voyez *Bai*.

BAIA, A. M. baie, port. Voyez *Baé*.

BAIADUNA, injuste. Ba. Voyez *Baia*, *Bai*.

BAIARE, A. M. lécher; de *Bay*, bouche.

BAICH, charge, poids, fardeau. G. De là *Bajulo* Latin. *Bay* en Tonquinois, porter. L'*f* & le *b* se substituant réciproquement, on a dit *Fairh* comme *Baich*, ainsi qu'on le voit par *Fescat*, *Fesqad*, gerbe en Breton; *Fascis*, fardeau, charge en Latin; *Faix* en François, charge, poids. Le *p* & le *b* se mettant l'un pour l'autre, on a dit *Paich* comme *Baich*; *Pesçe* en Albanois, poids, L'*m* & le *b* se substituant mutuellement, on a dit *Maich* comme *Baich*: *Massa* en Hébreu, charge, fardeau, Voyez *Baighin*, *Bech*.

BAICHA, A. M. bachot, petit bâteau; de *Bac*.

BAIDD, entreprise, tentative, ce qu'on entreprend, ce qu'on tente. G.

BAIDE, le même que *Maide*. I. De même des dérivés ou semblables.

BAIDHE, amour, gratitude, reconnoissance. I.

BAIDHE, le même que *Baighe*. I. De même des dérivés ou semblables.

BAIDHEADH, laver, nettoyer, submerger. I. Voyez *Bad*.

BAIDHTE, lavé, nettoyé, submergé, I.

BAIEIN, submerger. B. Voyez *Bais*, *Ubay*.

BAIGHE, combat. I. Voyez *Bagh*.

BAIGHIA, Mars le Dieu des combats. I.

BAIGHIN, char, chariot. I. *Wagen* en ancien Saxon; *Vagon* en Theuton; *Wagon* en Anglois; *Waghen* en Tartare de Précop; *Vagen* en Allemand, char, chariot.

BAIGHLE, faon de biche. I.

BAIGNOLAITTE, Bagnolet. B. Voyez *Ben*.

BAIL, donner; G. *Bailler* en vieux François, donner: Il se dit encore en ce sens en Franche-Comté.

BAIL, baquet, cuvier. B. De là *Baille*, terme de marine, qui signifie une moitié de barique ou de cuvier servant à mettre de l'eau sur le pont du navire pour divers besoins. *Baiya* en Basque, pot; *Raid* en Arménien, marmite. Voyez *Mail*. Voyez *Baliguerius*.

BAIL, baye. B.

BAIL, lieu. I.
BAILBE, l'état d'un muet. I.
BAILC, étroit, ferré. I. Voyez Bailezaque.
BAILE, lieu présent, maison, Patrie, maison de campagne, Village, habitation ; Baile Mor, Ville, C. D. grande habitation I. Baile seul signifie aussi Ville en cette Langue. Voyez Bala, Bale.
BAILEA, Juge ordinaire. Ba. Voyez Baili.
BAILEZAQUE, foulon. Ba.
BAILH, baquet, cuvier. B. Voyez Bail.
BAILH, marque blanche au front, marqué de blanc au front ; March Bailh, ou Baill, cheval qui a une tache blanche au front. B. Nicot dans son Dictionnaire dit que Baillet en François est celui qui a une tache ou une étoile blanche au front. Nous trouvons effectivement que Baillet dans nos vieux Auteurs signifie un homme qui avoit une tache blanche. Un cheval Baillet en notre Langue est un cheval de poil roux tirant sur le blanc ; & Balijè, une marque blanche qu'a un cheval. (On voit par ce dernier terme qu'on a dit Bali comme Bail, ces transpositions sont communes dans le Celtique.) Nous appellons Bailloque des plumes de l'autruche, qui sont naturellement mélées de brun & de blanc. L'm & le b se substituant réciproquement, on a dit Mailh comme Bailh ; de là Maille, qui signifie en notre Langue une tache blanche qui vient sur la prunelle de l'œil. Nous nommons aussi Maille le changement de couleur qui arrive aux plumes du perdreau lorsqu'il devient fort. Mailler se dit de ces oiseaux, quand il leur vient des mouchetures ou madrures. (La moucheture du perdreau, lorsqu'il devient fort, est rougeâtre, si c'est un mâle.) Nous disons qu'une prairie est émaillée de fleurs lorsqu'elle en est agréablement diversifiée. On voit par ces exemples que Mailh & Bailh ont été étendus à signifier tache, marque en général, de quelque couleur qu'elle soit ; ce qui se confirme, parce que Baüil, qui en Irlandois signifie tache, est le même que Bail. Le p & le b se substituant réciproquement, on a dit Pailh comme Bailh, de la paille ; en Latin Palea, parce qu'elle est d'un jaune blanchâtre ; Palleo Latin, Pâlir François, blanchir ; Paille dans notre Langue, défaut, tache, ou obscurité qui se trouve dans plusieurs pierres précieuses. Paillé, terme de blason, signifie la même chose que tacheté, diversifié ; Paillet, épithete qu'on donne au vin & aux liqueurs qui devroient être rouges, & qui sont néanmoins pâles & claires. Pale, Palla, terme d'Église qui signifie un carton quarré, couvert d'une toile de lin, dont on couvre le Calice. Paletot, nom d'une tulipe tachetée ou bigarrée. Palle, nom d'un oiseau plus petit qu'un oye, dont le corps est blanc comme un cygne. Bala, blanc en Tartare Calmoucq ; Baly en Lusatien ; Bialy en Polonois ; Bily en Bohémien ; Biil en Dalmatien ; Biola en Venéde ; Beel en Esclavon, blanc. Voyez Baillet, Bal, Balach.
BAILH, le même que Mailh. Voyez ce mot.
BAILHE, bail. B. De là ce mot.
BAILHES, macreuse. B.
BAILHET, marqué de blanc au front. B. Voyez Bailh.
BAILHOC, baquet, cuvier. B. Voyez Bailh.
BAILHOCQ, menton. B.
BAILI, autorité, puissance. B. Baillie en vieux François, puissance, de là notre terme Baillif.
BAILIUGHADH, cueillir, amasser, ramasser. I.
BAILK, hardi. I.
BAILL, baie. B. Voyez Bain, Baya.
TOME I.

BAILLE, Sergent, Intendant d'une Terre. I.
BAILLEAD, chanson publique. I. Ballad en Anglois.
BAILLET, marqué de blanc au front. B. Voyez Bailh.
BAILLETA, A. M. bail ; de Bailhe.
BAILLIGEANACH, qui est au milieu. I.
BAILLIVAUTT, bailliveau. B. De là ce mot.
BAILLIUS. Voyez Bajulus.
BAILLOC, menton. B.
BAILLOC, baquet, baille. B. Voyez Bail.
BAILTE, maisons de campagnes, métairie ; c'est le pluriel de Baile. I.
BAILUS. Voyez Bajulus.
BAIMENA, permission. Ba.
BAIN, BAINT, troisième personne du pluriel du présent & de l'imparfait du Subjonctif du Verbe Etre. G.
BAIN, montagne. E. Voyez Ben.
BAIN, Pays. Voyez Adjain, Adfan.
BAIN, en composition, bon ; G. c'est de Fain, Fan. L'f & le b se substituant, même hors de composition. De Bain sont venus Bene & Bonus, Latins.
BAIN. On voit par Bain-Cliambuin, Baineachd, Baineamhail, Baincheile, Baintimire, &c. que Bain, Baine, signifient en Irlandois femme, fille, personne du sexe en général. Voyez Bun.
BAINCLIAMHUIN, belle-mere, belle-fille. I.
BAINA, fois. Ba.
BAINANDIA, condition, circonstance. Ba.
BAINARE, A. M. faire cuire à demi des féves ou des pois dans de l'eau ; de Bain ou Ban, eau. On dit Bainer des pois en ce sens dans notre Province.
BAINCHEILE, épouse. I.
BAINDIA, Déesse. I.
BAINDUILEAN, Déesse. I.
BAINE, lait. I. Voyez Bainne.
BAINE. Voyez Bain.
BAINEACHD, qui tue une femme. I.
BAINEAMHAIL, de femme, efféminé. I.
BAINEAN, ourse ; Fiadh Bainean, biche. I.
BAINEASOC, furet animal. I.
BAINGHILA, servante. I.
BAINIAN, BAINION, femelle. I.
BAINIDE, folie, rage. I.
BAINIORLA, Comtesse. I.
BAINLEOMHAN, lionne. I.
BAINLIACH, Chirurgienne. I.
BAINNE, lait. I. Ban, ou Bain, blanc.
BAINRIOGHAN, Reine. I. Voyez Bair Rig.
BAINT. Voyez Bain.
BAINTA, A. M. accoucheuse ; de Bain, femme, & Ta bonne. On appelle encore parmi le Peuple en Franche-Comté une accoucheuse une Bonne femme.
BAINTIGHEARN, Dame. I.
BAINTIMIRE, servante. I.
BAINTREABH, veuve. I.
BAJOIA, flute dont le son est grave. Ba.
BAJOLL, ganache, machoire inférieure du cheval. B. On appelle en Franche-Comté Bajole la bajoue du cochon. A Metz & sur mer Bajoues sont les joues de porc détachées des machoires. Voyez Bacholl.
BAIR. Voyez Bairman.
BAIRA, mensonge, séduction, prestiges. Ba. Voyez Bai.
BAIRA, barre. I. Voyez Barr.
BAIRBEISEACH, impérieux, hautain, fier, arrogant. I.
BAIRBEISIOCH, exorbitant. I.

Dd

BAIRCIN, fer dans la phrase, fer de lance. I.
BAIRD, Poëte. I.
BAIRDHEIS, pointe, extrémité. I.
BAIRDHEISODE, faîte, cime. I.
BAIRE, le bout de la lice. I.
BAIREAD, chaperon, capuce, chapeau. I.
BAIRIGHEAN, fol, le plain de la terre, gâteau. I.
BAIRILE, casque. I. Voyez Bar, tête.
BAIRILE, baril. I. Voyez Baril.
BAIRILE, caque. I.
BAIRION, gâteau. I.
BAIRMAN, celui qui fait cession de bien. E. *Man*, homme; *Bair* signifie donc manquer, faire faillite. Voyez *Baira*.
BAIRN, engendrer. E. *Barn* en Gothique & en Runique, enfant; *Bairan* en Gothique, engendrer.
BAIRR, bord. I.
BAIRREAD, capuce, capuchon. I.
BAIS, gué, endroit guéable, basses d'eau, bas fonds, bancs de sable. G. *Baisa*, marais dans les anciens monumens; *Ibay*, gué en Navarrois; *Bais*, eau stagnante en vieux François. L'*v* & le *b* se mettant l'un pour l'autre, on a dit *Vais* comme *Bais*; de là vient qu'en Normandie les gués ou basses d'eau s'appellent *Vays*. En Franche-Comté, du côté de Dole, on appelle *Vese* un gué, un endroit où l'on peut passer une eau coulante. Du côté de Marnay, dans la même Province, on nomme *Bessole* un gué de ruisseau. Voyez *Bas, Bais*.
BAIS, eau, rivière. I. Voyez *Ibay*.
BAIS, paume de la main. I.
BAIS, mort substantif. I.
BAISA, A. M. marais. Voyez *Bais*.
BAISDE, Baptême, baptiser. I.
BAISE, paume de la main. I.
BAISIN, bassin, coupe, tasse. I. Voyez *Baczin*.
BAISINE, arbre. I.
BAISSAMENTUM, A. M. baissement, diminution; de *Bas*.
BAISTEACH, pluie. I.
BAITA, plein. Ba.
BAITACH, paysan. I.
BAITAN, lavé, nettoyé. I.
BAITE, lavé, nettoyé. I.
BAITEN, lavé, nettoyé. I.
BAITER, eau. I. De là *Watter* en ancien Saxon; *Water* en Flamand & en Anglois; *Wate* en Gothique; *Wasser* en Allemand; *Unazzar* en Theuton, eau: l'*v* & le *b* se substituant réciproquement.
BAITÉZEEN, bette légume. B.
BAITH-AN, auprès. Ba.
BAITHEACH, paysan, rustaut. I.
BAITSELEAR, garçon qui n'a jamais été marié. I.
BAJULARIS, A. G. jeune, fort, vaillant, brave; de *Baik*.
BAJULUS, A. G. Précepteur, Pédagogue, nourricier d'enfans, préposé à l'éducation des enfans. On trouve *Bailus, Balins* au même sens dans les anciens monumens. *Bajulus* & *Ballivus Monasterii* dans les anciens monumens, est celui qui étoit préposé pour la dépense du Monastére, qui achetoit tout ce qui étoit nécessaire pour la nourriture & l'entretien des Religieux, le Procureur de la maison. *Bajulus* se prend encore pour surveillant, pour celui qui est chargé d'avertir. *Bajulus* signifie celui qui a quelque administration, quelque commission. *Bajulus* se prend enfin pour tuteur. Ce terme se trouve rendu en vieux François dans nos anciennes Coûtumes par *Bail, Bailistre, Baillisseur*. On lit dans les anciens monumens *Balins, Baillius* au même sens; de *Baili*, autorité, puissance, jurisdiction, intendance. *Bals, Baus, Bau* en vieux François, administrateur, préposé.

BAIUM, A. G. porreau; de *Baih* ou *Bai*, blanc: le corps du porreau est blanc. Voyez *Bayrum*.
BAIYA, port. Ba. Voyez *Bat*.
BAIZ. Voyez *Baizic*.
BAIZIC, jaloux, comme une mere l'est de son petit enfant, s'impatientant de son absence. On donne cette épithéte à celles qui caressent trop leurs enfans: on l'applique même à certaines bêtes. *Baixic* est le diminutif de *Baiz*, qui a le même sens. B.
BAKKAR en Gaulois, nard sauvage. Ce mot nous a été conservé par Dioscoride.
BAL, haut, élevé, grand, long, dessus, sur, suprême. G. *Bal, Bala*, haut, élevé, dessus, sur, suprême, sommet, faîte, cime en Persan; *Bala* en ancien Persan, le dessus, qui est au dessus, sublime, élevé, sublimité, élévation; *Belme*, grand en Persan; & *Belk*, beaucoup dans la même Langue. *Abal* en Hébreu, très-grand, suivant Aquila. *Batos* en Grec dans Favorin, chemin élevé. *Balaban*, grand, immense en Turc; *Balkan*, grande montagne dans la même Langue; *Bol*, ample, étendu en Persan; *Bnala*, long, loin dans la Langue de Congo; *Adbal* en Irlandois, ample, étendu; *Abal*, élevé, haut en ancien Suédois, selon Rudbeck; *Bal* en Hongrois, faîte; *Buhel* en Allemand, tertre; *Bulgouniak*, montagne en Tartare Jakut; *Bal*, grand en Breton; *Bal*, haut dans la même Langue; *Bal* en Basque, élevé, grand; *Balach* en Irlandois, géant. *Balin* en notre Langue désigne un grand drap sur lequel tombent les criblures lorsque l'on vanne; *Balia* en Espagnol & en Italien, force, autorité, pouvoir, puissance, Magistrature; c'est grandeur, élévation au figuré. Nous avons déja remarqué que le sens figuré a toujours supposé le propre; *Balk* en Anglois, sillon, terre élevée entre deux rayons; *Bulk* en Anglois, grandeur.

Le *p* & *b* se substituent mutuellement. *Pala* en Hébreu & en Chaldéen, admirable, excellent, très-grand; *Polos* en Grec, sommet; *Polus* dans la même Langue, beaucoup; *Paalla*, au dessus en Finlandois; *Paljon* dans la même Langue, beaucoup; *Pa* en Suédois, au dessus.

L'*f* & le *p*, l'*f* & le *b* se mettent l'un pour l'autre. *Fal* en Arabe, élevé; *Phala* en Hébreu, élevé; (*f* & *ph* sont la même lettre) *Phel* en Chaldéen, haut, élevé. Dans Hésychius, *Phalai*, terme Grec, est rendu par montagnes & lieux d'observation, C. D. lieux élevés, propres à faire des observations. *Falae* chez les Latins signifioit les hauteurs des montagnes & des étages; de *Falando*, qui, chez les Étrusques, signifioit le Ciel, au rapport de Festus. Ce mot signifioit la même chose chez les Phéniciens, au témoignage d'Athénée. *Fall*, montagne en ancien Suédois, selon Rudbeck; *Fiall*, montagne en Islandois & en Runique; *Fell*, montagne en Runique & en Islandois; *Fell*, montagne chez les Anglois septentrionaux; *Fel*, en haut en Hongrois; *Fol*, haut dans la même Langue; *Foland* en ancien Allemand, géant; *Falac*, mât de navire dans la Langue de Madagascar.

L'*m* & le *b* se substituent réciproquement. *Mallon* en Cophte, très, grandement, avec excellence; *Mallon* en Grec, plus, davantage; *Malé*, montagne, rocher en Tamoulique; *Mela, Mele*, cime, sommet, pointe dans la même Langue; *Mihhil*, grand en Theuton.

Le *v* & le *b* se mettent l'un pour l'autre. *Vala*, haut, élevé en Persan; *Wold* en ancien Anglois, colline; *Mavil*, montagne en Malabare; *Vel*, grand en Esclavon; *Vale* en notre Langue, grand; *Fain Vale*, grande faim; *Veillote*, petit monceau de foin en François; *Veille*, monceau de foin dans la Province du Maine. Voyez *Bel, Pel, Moyl* & l'article suivant, où l'on donne une signification de *Bal* qui retombe dans la précédente, puisque tête, chef au propre & au figuré, est le même que suprême, au dessus, &c.

BAL, BEL, BIL, BOL, BWL; MAL, MEL, MIL, MOL, MWL; VAL, VEL, VIL, VOL, VWL; FAL, FEL, FIL, FOL, FWL; GAL, GEL, GIL, GOL, GWL signifient également tête au propre; & Roi au figuré, selon les différens dialectes du Gallois, dit Baxter, qui ajoute que de *Gol*, crâne en Gallois, les Écossois ont dit *Col*, & les Anglois *Skull*. *Bhel* en Écossois, tête; *Bal* en Persan, tête; (*Balani*, couverture de tête en cette Langue; & *Balis*, chevet) *Bal*, Seigneur en Punique; *Beel*, Seigneur en Phénicien; *Baal* en Hébreu, Seigneur; *Baal, Bel, Bol*, Seigneur dans les différens dialectes du Syriaque; *Ballen* chez les Phrygiens & les Thuriens signifioit Roi; *Beyler* en Turc & en Persan, Seigneur; *Bollog* en Irlandois, cime, sommet, tête; *Balder, Valder, Belin*, Roi en ancien Suédois, selon Rudbeck; *Bol*, tête en Theuton; *Bolle*, tête en Flamand; *Bolgi*, je pense; *Boluga*, couronne en Tartare Calmoucq & Mongale. De là *Boletus* terme Latin qui signifie mousseron, comme qui diroit qui a une grosse tête. *Pola* en Persan, le crâne; *Phala*, tête en Grec; *Palmis*, Roi en Lydien; *Palatian* en Grec; *Palatium* en Latin; *Palazzo* en Italien; *Palacio* en Espagnol; *Pallast* en Allemand; *Palace* en Anglois; *Palazh* en Esclavon; *Pala* en Bohémien; *Palacz* en Polonois; *Palotta*, en Hongrois; *Palacca* en Dalmatien; *Palais* en François, habitation du Souverain; *Ty*, habitation; *Pal*, par conséquent a signifié Souverain dans ces Langues, du moins dans celles qui n'ont point emprunté ce terme, tout formé des autres. De *Pil*, tête, est venu *Pilos, Pileon* en Grec, & *Pileus* en Latin, chapeau; *Paa*, tête en Finlandois; *Pillan*, Dieu en Brésilien.

Mal, tête en Tartare Calmoucq & Mogol, puisque *Malachai* & *Malaga* signifient bonnet en cette Langue; *Malch* en ancien Persan & en Phénicien; *Malcha* en Syriaque & en Chaldéen; *Melech* en Hébreu; *Melich* en Arabe; *Molach* en Éthiopien; *Moule* en Africain, Roi; *Moulan*, tête, principe, Roi en Tamoulique.

Vali en Persan, Maître, Commandant, Protecteur; *Evel*, Premier dans la même Langue; *Valdans*, Seigneur en Gothique; *Valder*, Roi en ancien Suédois, selon Rudbeck; *Davil, Davul*, tête en Malabare; *Wala*, tête en Lombard.

Fal, Prince en Irlandois; *Faldh*, Préposé en Gothique; *Fial* en Langue de Bactriane, premier, principe; *Filkgr*, Roi en Runique.

Golgoloth en Hébreu, *Golgotha* en Syriaque, crâne; *Gol* en Basque, tête; *Gola*, montagne en Tartare Calmoucq & Mongale. De *Gal*, tête, sont venus les mots latins *Galea, Galerus*.

Voyez l'article précédent & le suivant.

BAL, Tout ce qui étoit rond, particulièrement la tête, étoit appellé par les anciens Bretons *Bal, Bel, Bol, Bwl*, dit Baxter. *Bolos* en Grec, motte de terre ronde; *Bel* en Gallois; *Ball* en Anglois, bâle, bâlon; *Ball* en Allemand & en Flamand, bâle à jouer; *Boll* en Suédois; *Balla* en Italien, bâle à jouer. Nous appellons *Bâle* en notre Langue une bâle à jouer, une bâle de fusil: l'un & l'autre de ces corps est rond. *Balon*, peau ronde remplie d'air; *Boule* dans notre Langue signifie un corps rond; *Pella*, globe en Basque; *Ball* en Allemand & en Anglois; *Bal* en Flamand; *Balla* en Italien; *Boll* en Suédois, bâle; *Palla* en Grec dans Hésychius, bâle à jouer. On appelle à Besançon une gobille une *Paliestre*.

BAL, Prince, Seigneur. G.

BAL, tête, commencement, G. & par conséquent origine, source, promontoire, cap. Voyez *Bala*. *Vell* en ancien Saxon, source; *Fial* en Langue de la Bactriane, premier, principe.

BAL, extrémité, fin, bord. G. *Palle*, bord en Finlandois; *Baltad* en Irlandois, bord, fin.

BAL, fortification, rempart. G. *Balladhe* en Irlandois, fortification, rempart; *Balla*, muraille dans la même Langue; *Baldoa*, pieu en Basque, & *Baldodura*, rempart, fortification; *Balk* dans les anciennes Langues du Nord, enceinte faite avec des bois entrelassés; *Bailles* en vieux François, courtine de muraille, barricades, palissades; *Baallie* en Flamand, palissade, barrière; *Obbala* en Dalmatien; *Bolwerck* en Flamand & en Allemand; *Boluerte* en Espagnol; *Boulevard* en François, fortification, rempart; *Fal* en Irlandois, rempart, enceinte; *Palem* en Chaldéen, fortifier; *Patank* en Hongrois, fortification, rempart; *Palyam*, camp en Talenga; *Vallum* en Latin, fortification, rempart; *Wal* en Anglois, muraille. Voyez l'article suivant, *Bala, Bale.*

BAL, paquet de lin. G. On voit par *Balen, Balin, Balusd, Balog*, ballot, &c. que *Bal* signifie paquet, enveloppe, couverture en général, envelopper, couvrir, enfermer, enceindre. *Ballan* en Irlandois, écorce, gousse; *Bala* en Hebreu, couvrir, cacher; *Balyk*, écaille en Turc; *Balle* en notre Langue, paquet de marchandises; *Bala* en Espagnol; *Balla* en Italien; *Bale* en Flamand; *Ball* en Allemand; *Bale* en Anglois, bâle, ballot. *Bale* en François signifie la petite gousse qui couvre le grain de bled. *Balisen* en Breton; *Balija* en Espagnol, valise; *Balustre* en François, clôture de petits piliers: *Balisters* en Anglois, baluffre; (Voyez *Bal*, fortification, rempart) *Bolos*, bouclier en Cophte; *Folu*, cacher en Theuton, & *Fela* en Islandois; *Folgin*, en Gothique, caché, couvert. *Belt*, ceinture en ancien Toscan, au rapport de Varron; *Belt* en ancien Saxon, en Anglois, en Suédois, en Islandois, ceinture; *Pala* en Hébreu, couvrir, cacher; *Palla* en Latin, robe de femme qui couvroit tout le corps; *Polo* en Arabe, toute sorte de couvertures, tout ce qui couvre; *Phellos* en Grec, écorce d'arbre; *Pelz, Pellix* en Theuton, peau; *Fell* en ancien Saxon, peau; *Fell* en Allemand, peau; *Fali* en Flamand, voile à couvrir la tête, couvrechef; *Feilteog* en Irlandois, gousse de légume; *Fela* en Islandois, cacher; *Feile* en ancien Saxon, peau, & écorce d'arbre; *Filhan* en Gothique, cacher. De *Bal, Pal, Fal, Val, Pel*, sont venus les mots latins *Palla, Pallium, Fallo*, je suis caché, *Velo, Pellis.*

BAL, chauve par le devant. G. *Bald*, chauve en Anglois.

BAL, comme. G.

BAL, le même que Mal. I. De même des dérivés ou semblables.

BAL, pelle, bêche à couper, à remuer la terre; B. de là *Baliser* en vieux François, décombrer un passage, le nettoyer, le rendre praticable.

BAL, bal, danse; B. de là notre mot *Bal*. Voyez *Ball* & *Balir*.

BAL, lieu. I.

BAL. Procope dit que les Barbares ont coûtume d'appeller *Bal* un cheval qui a le devant de la tête auprès des naseaux blanc. Il y a lieu de croire que ceux qu'il appelle Barbares, sont les Gaulois qui avoient secoué le joug des Romains, & s'étoient unis aux Francs, puisque les Bas Bretons appellent encore *Bailh* un cheval, ou tout autre animal marqué de blanc au front. *Balzano* en Italien; *Balzane* en François, marque de poil blanc qui vient aux pieds de plusieurs chevaux; *Balzan*, le cheval qui a cette marque; *Val* en Theuton & en Flamand, pâle. Voyez *Bailb*.

BAL, angle, pointe. Voyez *Tryfal*, *Balaw*. *Bolle* en Irlandois, piquer; *Bolza* en Lusatien, dard; *Obelos*, broche en Grec. Denys le Tyran appelloit un dard *Ballantion*. *Palt* en ancien Persan, trait; *Falur*, pointe en Finlandois. Voyez l'article suivant.

BAL, couper. Voyez *Bale* & *Bal*, bêche à couper la terre. *Balta*, *Belta* en Persan, hache; *Balda*, *Balta*, hache en Turc; *Bolaga*, sabre en Tartare Mogol & Calmoucq; *Nvele*, couteaux en Langue de Congo; *Pala* en Breton, couper; *Belle*, couteau en Langue de Loanga; *Palach* en Hébreu; *Spalten* en Allemand, couper; *Pelekus* en Grec, hache; *Pallos* en Hongrois, épée à deux mains; *Palas*, épée en Stirien & en Carniolois; *Pel*, couteau en Finlandois; *Petek*, javelot en Persan; *Palou*, partie en Talenga; *Falat*, morceau en Stirien & en Carniolois. De *Bal* est venu balafre en François. *Bal*, coupure; *Af*, visage. Voyez *Pall*.

BAL, fer. Voyez *Malen*.

BAL, pierre, roc. Voyez *Bilyen*. De là *Baliste*, machine à lancer des pierres, comme nous dirions un perrier. Baxter dit qu'en Gallois tous les termes qui signifient montagne, signifient aussi rocher.

BAL, fronde. Voyez *Baltram*.

BAL. Voyez *Mal*.

BAL, grand en Breton. Voyez *Balboes*. Les termes qui signifient grand en Celtique, signifiant aussi élevé, par *Bal* a aussi signifié haut; ce qui se confirme par *Bal*, danse: quand on danse on saute, on s'élève.

BAL. En comparant *Balea*, baleine; *Balioa*, prix, valeur, estimation; *Baliza*, signal sur les ports pour guider les vaisseaux; *Baltza*, étendard, on voit que *Bal* en Basque a signifié grand, élevé.

BAL, arbre, bois. Voyez *Bali*. *Blande*, droit de souage en vieux François; *Baly*, bois en Finlandois; *Balk*, poutre en Anglois. Voyez l'article suivant.

BAL, le même que *Pal*. Voyez ce mot. *Baldoa*, pieu en Basque; *Bale* en Theuton; *Balk* en Flamand, *Bialka* en Suédois & en Islandois, poutre.

BAL, noir. Voyez *Balcha*. Par la substitution réciproque de l'*m* & du *b*, on a dit *Mal* comme *Bal*. *Melas* en Grec, noir.

BAL. En comparant *Bala*, *Balza*, *Palud*, on voit que *Bal* a signifié lac, étang, marais.

BAL. On voit par *Bala*, tête ou commencement de rivière, & par *Bal*, tête, commencement; par *Bala*, Village, & par *Bail*, Village, qu'on a dit indifféremment *Bal* & *Bala*, & que par conséquent *Bal* a toutes les significations de *Bala*.

BAL, le même que *Bald*, *Baud*. Voyez *Baldoa*.

BAL. Voyez *Baldordd*.

BAL, le même que *Fal*, *Gal*, *Mal*, *Pal*, *Val*. Voyez *Aru*.

Voyez toutes les différentes altérations de *Bal*, selon les différens dialectes, à *Bâl*, *Bêl*, &c.

BALA, loup. G. Voyez *Bleiz*.

BALA, ventre, & au figuré sinuosité, sein, enfoncement, golfe, G. par conséquent creux, profond, bas; conséquence qui se confirme par l'article *Advaleia*. Pelle en Grec, vase un peu profond; *Pli* en Étrusque, vase; *Falua* en Espagnol, un petit vaisseau qu'on a appellé faloue; *Balanga*, marmite en Malaye. Voyez *Bail*, *Bal*, *Bol*.

BALA, embouchure, bouche de rivière. G. *Bel* en Irlandois, bouche; *Baleure* en vieux François, le tour de la bouche; & *Balatron*, gourmand; *Trum*, prompte. On voit par ces deux mots que *Bala* a signifié bouche en général. Voyez *Bay*. Piailler, crier; de *Bal* ou *Pal*, bouche. *Bole* en Anglois, embouchure. Voyez *Bal*.

BALA, tête, ou commencement de rivière qui sort d'un lac. G. *Bal* ou *Bala* signifie tête & lac. On a remarqué dans la description étymologique, à l'article *Loire*, que les Gaulois employoient avec plaisir un terme qui avoit deux significations, lorsque les deux sens convenoient à la chose dont ils parloient. *Bal*, fontaine ou lac en Tartare; *Boulak*, fontaine en Tartare & en Arménien; *Bulaca*, marais, lac en Tartare Calmoucq; & *Bulak*, fontaine, source; *Balza*, étang en Basque & en Espagnol; *Balaton*, lac en Hongrois; *Pal* en Dauphinois, lac; (les deux plus grands lacs de cette Province s'appellent Paladru & Pal d'Houtier.) *Palud* en Breton, marais. Je crois que *Bal* n'a pas seulement signifié lac, étang, mais encore rivière, & même eau en général. *Mar*, *Mor*, étang, signifie aussi rivière & eau; il en est de même d'*Av*, *Aven*, *Dour*, *Llyn*, &c. Ce qui met ma conjecture hors de doute, c'est que *Val* ou *Bal* signifie rivière dans *Hoeval*. Voyez ce mot.

BALA, Village. G. *Bale* en Écossois, demeure; *Baile* en Irlandois, Village; *Bala* en Irlandois, Ville; *Bala* en Tartare, Ville; *Ballad* en Arabe, Ville, Village; *Balah*, *Balam* en Hébreu, enfermer; & *Zbal*, habitation, suivant Aquila & Symmaque; *Bala*, citoyen, habitant en Malaye; *Balgasun*, Ville en Tartare Calmoucq; *Balagan*, tente en Tartare Jakut; *Balli*, Temple en Malabare; *Palle*, Village, Bourgade en Talenga; *Bol*, métairie en Runique; & *Hibyle*, habitation; *Fald* en vieux Saxon, tout enclos pour l'habitation & pour la sûreté des hommes & des bêtes. Voyez *Bal*.

BALA, Ville. I. Voyez l'article précédent.

BALA, bâle de fusil. Ba. Voyez *Bal*.

BALA, A. M. balle, paquet; de *Bal*.

BALAA, A. M. balay; de *Balaën*.

BALACATU, je flatte. Ba.

BALACATUA, flatté. Ba.

BALACATZALLEA, flatterie. Ba.

BALACH, géant. I.

BALACH, taché, tacheté. I.

BALACUA, flatterie. Ba.

BALADH, odeur. I.

BALAEN

BAL.

BALAEN, balay; B. de là ce mot.
BALAFEN, le même que Balæven. B.
BALAGIUM, A. M. redevance en bled pour quelque champ que l'on a par bail. Voyez Baith, Bajulus.
BALAIN, fer, acier. G.
BALAIUM, A. M. balay; de Balaën.
BALAN, baleine. B.
BALAN. Voyez Balanen.
BALANCEA, balancement. Ba.
BALANCZ, balance, hazard, danger. B.
BALANDRANA, A. M. espèce de manteau ou de surtout qui couvroit tout le corps; de Bal, enveloppe, couverture; Amdro, tout autour. On dit encore aujourd'hui Balandran.
BALANEC, lieu plein de genêts. B.
BALANEN; plurier, Balan, genêt arbuste. B.
BALANERUS, A. M. le même que Balenerium.
BALANI, A. G. hommes grands; de Bal, grand; An, homme. De là le surnom de Balan qui est si commun.
BALANTIA, BALANX, A. M. balance; de Balancea.
BALAON, loups. Davies demande s'il ne signifie point aussi bourgeons ou boutons d'arbres? Je réponds qu'oui, tant parce que la phrase qu'il cite semble l'indiquer, que parce qu'en Breton Bale signifie sortie; Balxr, saillie, avance d'un bâtiment. G.
BALARE, BALLARE, VALLARE, A. M. sauter, danser; de Bal, Ball.
BALATOLA, A. M. balote; de Bal.
BALATORIUM, A. M. moulin; de Balu, moudre.
BALAVANOU. Voyez Barlafanou.
BALAVEN, BALAFEN, MALAVEN, papillon. Au figuré on le dit d'une femme trop parée. B.
BALAW, ardillon de boucle. G. Ballasg signifie cette peau couverte de piquans qui enveloppe la châtaigne.
BALAYRARIUS, A. M. balayeur. Voyez Balaium.
BALAZNEN, genêt arbuste. B.
BALB, BALBH, muet. I.
BALE, grasseyeur, qui a la langue grasse. I. Baube, Bauboyer, vieux mots françois qui signifient bègue, bégayer; on dit Baubier en basse Normandie. Balbus en Latin; Balbo en Espagnol, begue, qui a la langue grasse, qui parle difficilement. Voyez Balbousa, Balbousat.
BALBEIN, altérer, causer la soif. B.
BALBESEH, habituellement altéré. B.
BALBHADH, être muet. I. Voyez Balb.
BALBOES, grande peine, grand souci. B. Poës, en composition Boës; Bal, grande.
BALBOEZA, parler mal à propos, rêver, bredouiller. B.
BALBOEZAT, baailler. B.
BALBOUESAT, baailler. B.
BALBOUSA, bredouiller, badiner, barboter. B. De là Balbutio Latin; de là Baube, Bauboyer, vieux mots françois qui signifioient bégue, bégayer. On dit encore en basse Normandie Baubier pour bégayer.
BALBOUSAT, barbouiller, bredouiller. B.
BALBOUZA, bredouiller, parler mal à propos, rêver. B.
BALC, sillon. G. comme qui diroit coupure. Voyez Balch, Bolch. Bagoas en ancien Persan, Eunuque.
BALCH, effronté, impudent, insolent, audacieux, arrogant, fier, superbe, orgueilleux, haut au figuré. G. Le sens figuré a toujours supposé le propre; ainsi Balch a signifié haut, élevé au propre. Voyez Balchio. Belgen en Theuton, se disputer, se quereller; Balgen en Allemand, battre; Balag en Hébreu, se fortifier, s'affermir. Voyez l'article suivant, & Bailk.

BALCH, hardi, fier, altier, fanfaron, rude, âpre, escarpé. B. Baligant en vieux François, maussade, impertinent. Voyez l'article précédent; & Balc, coupé, est synonime d'escarpé.
BALCHA, noir. Ba. En comparant ce mot avec Bau, qui est le même que Bal, on voit que Bal a signifié noir. Baco, noir en Espagnol; Bech, ténèbres en Theuton; Blacks, transposition de Balch, noir en Anglois. Voyez Bach.
BALCHAIR, qui parle arrogamment, avec hauteur, avec orgueil. G. Balch Air.
BALCHDER, orgueil, effronterie, impudence, insolence, faste. G.
BALCHEDD, orgueil. G.
BALCHIO, enfler, grossir, être superbe, montrer de l'orgueil, s'enfler d'orgueil, s'enorgueillir, devenir fier. G.
BALCONES, A. M. balcons; de Balecq, saillie, avance d'un bâtiment; Balcon en Espagnol; Balcon en François; Balconi en Italien; Balcone en Anglois, balcon.
BALCONES, A. M. se lit pour Bacones, porcs engraillés. Voyez ce mot.
BALD, inutile; Bald Lurr, champ qui n'est pas cultivé, qui ne rapporte rien. Ba. Voyez Baldio, Ball.
BALD. Walafride Strabon dit que Bald signifioit hardi en ancien Allemand. (Dicitur Erbaldus, verso sermone, vir audax.) Ce mot n'étoit pas particulier aux anciens allemands, c'étoit un terme Celto-Scyte, qui étoit usité dans toute l'Europe. Baud, qui est le même que Bald, signifie puissant, hardi en Breton. Bald en Ecossois, hardi; Bald en ancien Saxon, hardi; Bold en Anglois, hardi; Baud en vieux François, hardi; Balta en ancien Gothique, hardi; (Baltha, id est audax) dit Jornandes; Bald, Beald en ancien Saxon, hardi; Baldo, Paldo en Theuton, hardi; Baldi, Beldi en Theuton, hardiesse, confiance; Bald, Baldur en Theuton, puissant; Balldr en Theuton, hardi, se fiant en ses forces, puissant; Balder, Baldur, Baal, Bel, Valde, Valder, homme puissant en ancien Suédois, selon Rudbeck; Valdan, dominer en Gothique; Wealdan en ancien Saxon; Welden en Flamand; Walda, pouvoir en Islandois; Baldo en Italien, hardi; Bout en Flamand, avec confiance, avec hardiesse. De Bald est venu le nom propre Balduinus, Baudouin. De Bald ou Pald est venu le nom de Paladin, brave & hardi Chevalier. De Bald ou Vald est venu Valdè, Latin, & Validus.
BALD, le même que Bardd. Voyez ce mot.
BALD, le meme que Ffald. Voyez ce mot.
BALD. Voyez Baldoa.
BALDACITER, A. M. alaigrement, joyeusement; de Bald, qui est le même que Baud. Voyez ce mot. Bals, Baus, Baude, Bault, joyeux en vieux François; Baldamente en Italien, alaigrement; Bald en Allemand, bientôt, vîte; Baldi en Lusatien, incontinent, sur le champ, aussitôt, d'abord, vîte, agile; Bahal en Hébreu, se hâter; Ballary à Malaca, courir; Male en Georgien, aussitôt.
BALDAKINUS, A. M. dais, baldaquin, de Bildaquina.

BALDANA, indolence, paresse, indolent, paresseux. Ba.
BALDANTIA, A. M. vivacité, activité, gayeté; Baldanza en Italien. Voyez Baldaciter.
BALDANTZARRA, paresseux, indolent. Ba.
BALDARDDWR, criailleur, braillard. G. Voyez Baldordd.
BALDEA, A. M. bals; de Ball.
BALDI, vain, inutile. Ba. Il s'est conservé dans l'Espagnol.
BALDIN, si, par hazard. Ba.
BALDINDERE, BALDINDEZ, si, par hazard. Ba.
BALDIO, inutile. Ba.
BALDIOSUS, A. G. qui se peut dire, qu'on peut dire hardiment; de Bald.
BALDITU, paralytique. Ba.
BALDOA, pieu. Ba. Voyez Bal, Pal. On voit par ce mot & par Bald, le même que Baud, qu'on a dit indifféremment Bal & Bald, & que par conséquent Bald a toutes les significations de Bal, & Bal toutes celles de Bald & de Baud.
BALDODURA, rempart, fortification, retranchement. Ba.
BALDORDD, babiller, causer, jaser, parler beaucoup, bégayer, gazouiller, ramager, grand babil, profusion de paroles impertinentes, sots discours, tenir ces sots discours, qualité par laquelle on dit beaucoup, qualité par laquelle on dit bien des choses inutiles. G. Behorder en vieux François, parler trop, caqueter. Dwrdd ou Dordd signifie bruit; Ball doit donc signifier vain, impertinent, sot, vuide de sens; conséquence qui se confirme par Ball, Bald. Balordo en Italien, stupide, sot.
BALDORDDWR, jaseur, causeur, babillard. G.
BALDRELLUS, A. M. baudrier; de Bodryel. Baudré en vieux François, baudrier; & Baudroiers, en Latin Baudrarii, ceux qui préparoient les cuirs, parce qu'on faisoit les baudriers avec du cuir.
BALDU, le même que Batu. Ba.
BALE, marcher, se promener, sortie, promenade. B. Bale en vieux François, galerie.
BALE, demeure, habitation. E. Voyez Bala.
BALE I BALE, où, en quel lieu. G. Pa Lle.
BALE MIBIN, moucher, parlant des bêtes que les mouches font courir. On employe aussi ce terme pour désigner un homme fort affairé, qui court çà & là. B.
BALE STANCQ, synonime de Bale Mibin. B.
BALEA, baleine. Ba. Voyez Balen.
BALEA, A. G. arbalête; de Bal, jetter, lancer. Voyez Baltram, Balesta.
BALEADENN, petite promenade. B.
BALEAND, batteur de pavé, coureur, vagabond. B.
BALEATOR, A. G. frondeur; de Bal, fronde.
BALECG, saillie, avance d'un bâtiment. B. Balet en vieux François, rebord du toit, avance du toit. On appelle encore en Languedoc Balay, une sortie ou avance, comme un balcon.
BALED, auvent. B. De Balir.
BALEER, marcheur. B.
BALEICG, petite promenade. B.
BALEIN, baleine. B.
BALEIUM, A. M. balai. Voyez Balaium.
BALEN, fer, acier. G.
BALEN, baleine. B. Voyez Balea. Balaena en Latin; Ballena en Espagnol; Balena en Italien; Baleine en François; Belena en Esclavon; Bellena en Polonois; Phalaina en Grec, baleine.

BALEN, couverture de lit de laine. B.
BALENA, A. M. baleine; de Balen.
BALENEA, levier. Ba. Bal, Pal.
BALENERIUM, A. M. vaisseau dont on se servoit pour pêcher les baleines; de Balen.
BALENIC-DOUE, papillon. B. Balen, crase de Balaven; Ic, terminaison superflue; Doue, Dieu. Les Bretons comme les Hébreux ajoutoient le nom de Dieu à tout ce qu'ils trouvoient beau: La beauté des couleurs du papillon les avoit frapés.
BALEOUR, marcheur. B.
BALER, ferrugineux, mineral. Voyez Malen.
BALES, roc, pierre. Voyez Bilyen.
BALESIUS, A. M. balot; de Bal.
BALESTA, arbalête. Ba. Voyez Balea.
BALETUM, terme Breton qui se lit dans le procès de canonisation de Saint Yves, signifie une claye; de Bal, Balla, qui désigne en général tout ce qui enferme, tout ce qui couvre; Um est la terminaison latine.
BALETUM, A. M. espèce de portique couvert pour les foires, pour empêcher que les marchandises ne soient exposées aux injures de l'air. Les Poitevins disent Balet en ce sens; de Balecg. Voyez Bal, Bala, Balla.
BALEXES, A. M. criblures, bourriers de bled, petite paille que l'on sépare du bled avec le van; de Bal, enveloppe, gousse. Les Gascons appellent Bale les bourriers de bled.
BALEYS, A. M. balai. Voyez Balaium.
BALG, ventre. G. I. Balg en Flamand & en Allemand, ventre; Bulga en Latin, ventre. Voyez Bal.
BALG, le même que Bolgan, toute sorte d'enveloppe, comme gousset, bourse, bougette, havresac. G. Balge en ancien Saxon, sac, bourse; Baelg en ancien Saxon & en Allemand, gousse; Belg en Theuton; Baelg en Suédois; Balg en Allemand, peau, cuir; Baelg en Theuton; Baelge en ancien Saxon, sac; Balg en Gothique, sac; Balg en Allemand, sac; Belgi en Theuton, outres; Bolgia en Italien, sac; & Bolgetta, petit sac, bourse; Bulga, bourse en Latin; Bolgion en Grec, vulgaire; & Molgos en Grec, sac; Barghi, besace, poche, bourse en Géorgien. Voyez Bal.
BALG, A. M. petit vaisseau, petit navire; de Barg; l'l & l'r se mettent l'une pour l'autre.
BALGMOR, gros ventre. I.
BALI, le même que Pali. G.
BALI, allée de grands arbres. B. En comparant ce mot avec Balizen, Balnaich, Ceubal, Malus, mât ou arbre de navire en Latin; (ce mot ne venant pas du Grec Istos, est d'origine Celtique) Wald en Allemand, forêt, on voit que Bal a signifié arbre & forêt, comme Coed, Den, Derw, &c. signifient l'un & l'autre.
BALI, le même que Bailh. Voyez ce mot; & par conséquent Baliet, le même que Bailhet, Baillet.
BALIA, A. M. le même que Balista, machine à lancer des pierres; de Bal, jetter, lancer. Voyez Balea.
BALIA, BALLIVIA, BAJULIA, A. M. jurisdiction, préfecture, administration. Voyez Bely & Bajulus.
BALIA, BAILLIA, BALIUM, BALLUM, BAILLAGIUM, BAJULATIO, BALLISTUM, A. M. tutelle. Voyez Bajulus.
BALIATU, user. Ba.
BALIBOUS, bredouilleur. B. Voyez Balb.
BALIBOUSAGE, barbouillage, bredouillage. B.

BAL.   BAL.   123

BALIBOUSEIN, bredouiller, barbouiller, bousiller. B.
BALIBOUSER, bredouilleur. B.
BALIET, le même que Baillet. Voyez Bali.
BALIGERA, A. G. folle ; Bal, vuide de sens ; Gar, en composition Ger, tête ; Baligaut en vieux François, maussade, impertinent.
BALIGUERIUS, BALINGARIA, A. M. vaisseau de guerre ; de Bail, qui signifiant vase, aura aussi signifié vaisseau, comme Llestr, qui signifie l'un & l'autre ; & de Gerr, prononcez Guerr, guerre.
BALIN, couverture de lit. B.
BALINDEA, pacte, convention, traité, alliance. Ba.
BALINGARIA. Voyez Baliguerius.
BALINJA, A. M. langes dont on enveloppe un enfant. Les Limousins disent Balinges en ce sens ; de Bal, Balin. Balin en notre Langue signifie un grand drap.
BALIO, sont Ba.
BALIO, se bien porter. Ba. De là Valeo, Latin.
BALIOA, prix, valeur, estimation. Ba.
BALIOEIGUEA, invalide, infirme, qui n'a pas de santé. Ba. De Balio & Baguea, manquement, privation.
BALIOSA, de grand prix. Ba.
BALIOTIA, favori d'un Prince. Ba.
BALIOZTEA, confirmation, validation. Ba. Voyez Balio.
BALIQUET, pêle à feu. B.
BALIR, saillie, avance d'un bâtiment. B. En comparant Bal, Ball avec ce mot, on voit que Bal, Ball, Balir ont signifié saillie en général ; de là Belt en Frison, irruption que la mer fait dans les terres.
BALISE, bougette, valise. B.
BALISEN, valise. B. De là ce mot.
BALISSAENN, jalon. B.
BALISTA, A. M. arbalète, machine à lancer des pierres. Voyez Balia.
BALIUS. Voyez Bajulus.
BALIXA, pieux plantés dans la mer pour guider les vaisseaux. Ba. Balise en François signifie les marques, enseignes & poteaux pour indiquer la route dans un passage d'eau dangereux ; & Baliser, planter ces marques.
BALIZEN, balliveau. B. Ce mot est formé de Bal, arbre, & Lizen, laissé ; de Lesel ou Lisel, laisser, de même que son synonime Baluaich est formé de Lasu, laisser : On sçait que les balliveaux sont des arbres qu'on laisse, qu'on ne coupe pas.
BALIZOURR, maletier B. Voyez Balise.
BALL, fortification, rempart. G. Voyez Bal.
BALL, défaut, besoin, indigence, manquement, privation, perte, discorde. G. Voyez Aball, Mall & Fall qui sont le même mot. On a dit Bell comme Ball, ainsi qu'il paroit par Belues, qui dans les anciens glossaires signifie pauvreté, mendicité ; & Bellues, qui en vieux François signifie faussetés, mensonges, contes en l'air. L'l finale s'étant changée en u, comme il est fort commun, on a dit Bau comme Ball, & Mau comme Mall ; de là le terme enfantin Bobo ; de là en ancien François Mau pour Mall ; Mauclerc pour Mall-clerc. Les Paysans disent encore Mau pour Mal. Bal en Hébreu est une particule qui marque la négation, la privation, le défaut ; Bailis en Turc, manquement de courage ; Bela, mal, malheur en Arabe ; Bol, adversité en Islandois.
BALL, peste. G. Davies dit que c'est une faute, & qu'on devroit lire Mall : l'une & l'autre leçons sont bonnes. Voyez Baeddu & l'article précédent. J'ajoute que Thomas Guillaume rend Ball par peste. Voyez Aball.
BALL, bal, danse. B. Ball en Anglois ; Ballo en Italien ; Bayle en Espagnol ; Baylo en Portugais ; Bal en François, bal, danse ; Baller en vieux François, danser ; Balzare en Italien, bondir, sauter. De Bal sont venus nos mots Baladin, Ballade ; Ballismos en Grec, danse ; Baillard en Franche-Comté est l'ami de l'époux qui conduit les Demoiselles au bal des nôces.
BALL, lieu. I. Voyez Bal.
BALL ; pluriel Boill, membre. I.
BALL, voie, chemin. I.
BALL, tache, moucheture. I.
BALL, piéce, partie. I.
BALLA, cuirasse. I.
BALLA, mur. I. Voyez Bal, Baile, Bala, Ball.
BALLA, A M. garde-fou ; de Ball, Bal.
BALLA, A. M. balle ; de Bal.
BALLA, A. M. grain de grêle ; de Bal.
BALLACH, chemin, route, trou, ouverture. I.
BALLACH, taché, tacheté, de diverses couleurs. I.
BALLADH, BALLADHE, fortification, rempart, muraille. I. Voyez Ball, Bal.
BALLAIDH, tacheté, marqueté, de diverses couleurs, taché. I.
BALLAN, mammelle, extrémité de la mammelle. I.
BALLARE, A. M. balayer. Voyez Balaium.
BALLARE, A.M. sauter, danser ; de Ball.
BALLARE, A. M. donner ; de Bail.
BALLASARN, bleu azuré, bleu céleste, bleu de mer, bleu, azur. G. En comparant ce terme avec Casar, on voit que Lasarn doit signifier la même chose que Ballasarn.
BALLASG, peau couverte de piquans, qui enveloppe les chataignes, zest de noix, coquille, coque, gousse. G.
BALLASGOG, hérissé, couvert de piquans. G.
BALLATORIUM, A. M. balcon. Voyez Balir ; Ballatoio en Italien, balcon.
BALLE, Ville. I. Voyez Bala.
BALLE, le même que Mall, peau couverte de poil. Voyez Amphibalus.
BALLEG, filets, nasse, tout instrument propre à prendre des animaux terrestres ou aquatiques, panier de joncs ou d'osier, corbeille, petite auge, petit canal, petite goutiére, petits ustensiles & autres choses creuses. G. Fatlla en Indien, filet, piége.
BALLEGRWYD, filets, nasse, tout instrument propre à prendre des animaux terrestres ou aquatiques. G.
BALLEN, couverture de lit de laine. B.
BALLENA, A. M. baleine ; de Balen.
BALLERA, compagnie, confrérie, troupe, cortége. Ba.
BALLERARA, confrére. Ba.
BALLERATZEA, se rassembler par troupes. Ba.
BALLERIUS, A. M. serviteur, suivant ; de Ballera.
BALLI, Ville. I.
BALLI, le même que Baile. I.
BALLI MUR, Ville. E. Mur est le synonime de Mor, grande, par où on voit que Balli signifie habitation. Voyez Baile, Bala, Bale, Balli.
BALLIA, A. M. office de Bailliff, autorité, jurisdiction. Voyez Bajulus, Bailea.
BALLIA, A. M. métairie ; de Baile.
BALLIAR, tonneau. C. Voyez Bail.

BAL.

BALLIARE, A. M. donner; de *Bail*.
BALLIN, BALLINE, métairie, habitation, Couvent. I.
BALLINUS, A. M. couverture de lit; de *Balin*.
BALLIUM, A. M. fortification; de *Ball*.
BALLIUM, A. M. prison; de *Bal*.
BALLIUM, A. M. bail; de *Bailhe*.
BALLONUS, A. M. balot; de *Bal*.
BALLOT, balot. B. De là ce mot.
BALOTA, A. M. balote; de *Balota*.
BALLSGBHA, taché. I.
BALLU, le même qu'*Aballu*. Voyez *Aball*.
BALLUM, A. M. paume; de *Bal*. *Ball* en Anglois; *Bale* en François, paume.
BALLUTA, A. M. vase de terre; *Bail*, *Bal*, vase; *Lut*, terre.
BALLUTA, A. M. utilité publique; de *Ba'iatu*.
BALMA, BALME, BAUME, roche creusée, ou caverne. Ce mot Gaulois nous a été conservé dans les vies des Saints Romain & Lupicin. Il est encore usité en différentes Provinces du Royaume. On appelle *Balme* ou *Baume* une caverne en Dauphiné, en Provence, en Languedoc, en Franche-Comté. Ce terme étoit anciennement en usage dans tout le Royaume, ainsi qu'on le voit dans Joinville. De *Baume* on a fait *Basme*, ou plutôt on a dit indifféremment *Baume* & *Bame*, comme il paroit par l'Irlandois *Vamh* ou *Bamh*. De *Basme* ou *Bame* on a fait *Basmete*, petite caverne, qui se dit en Anjou. *Balm* en Suisse, grotte, caverne; *Barme* dans le Faucigny, grotte, caverne: l'*r* & l'*l* se substituent mutuellement. On dit *Bône* pour *Baume* dans le Patois de Besançon, & *Borne* dans quelques endroits de Franche-Comté. Il paroit par l'Histoire de l'Abbaye de Moyen-Moutier en Lorraine que *Balma* a aussi signifié un rocher élevé. Voici ce qu'on y lit: *Pertricus*, anno 1084, *Basilicam sub Balmâ, quæ nunc dicitur Alta Petra, consecrari fecit*. C'est aujourd'hui l'Hermitage de Malfosse sous Haute-Pierre. *Balma* peut être pris dans ce dernier sens de même qu'au premier dans les vies des Saints Romain & Lupicin. Voyez *Bilyen*.
BALNASG, membre. I.
BALOG, petit sac de cuir, ventre, ce qui couvre les parties honteuses, caleçon. G.
BALOG T WAWN, espèce de pédiculaire, purpurine. G.
BALON, pierre, roc. Voyez *Bilyen*.
BALONA, mouchoir de col. Ba. Voyez *Bal*.
BALOTA, petite boule, balote. Ba.
BALOTT, bagage. B. Voyez *Bal*.
BALOTTA, A. M. petite peau; de *Bal*; *Ot*, diminutif.
BALOUIN, mât de beaupré. B.
BALS, le même que *Fals*; comme *Ball* & *Fall* sont le même.
BALS, BALSA, A. M. petit vaisseau. C'est le même que *Balg*: l'*s* & le *g* se substituent réciproquement. Voyez *Arn*.
BALSA, étang, eau dormante. Ba. Voyez *Bal*. *Balsa* en Espagnol, étang, eau dormante.
BALSA, noir. Ba. Voyez *Bal*. De *Balsa* est venu *Basané*.
BALSA. Voyez *Bals*.
BALT, le même que *Bald*, *Bal*, parce que le *t* & le *d* se substituent mutuellement; de là *Balteus* Latin.
BALTA, bord, fin, limites. I.
BALTAD, BALTADH, bord, fin, limites. I.

BAN.

BALTAM, BALTOM, fronde à jetter des pierres. B. C'est une crase de *Baltram*.
BALTEAT, A. G. ceint à la troisième personne; de *Balt*.
BALTHEUS, A. G. baudrier; de *Balt*.
BALTHUTA. Voyez *Batutum*.
BALTIN, salut. I.
BALTOM. Voyez *Baltam*.
BALTRAM, fronde. B. *Tram*, filet; *Bal* signifie donc jetter; ce qui se confirme par *Balir*, qui signifie saillie, l'action de se jetter; ainsi *Baltram* signifie à la lettre filet qui jette, filet à jetter, Fronde en Basque se nomme *Aballa*, : L'*a* final est l'article, & on voit par *Baltram*, *Balir*, que l'*a* initial est paragogique; ainsi on a dû dire *Bal* ou *Ball*, fronde, comme *Baltram*. Les Gallois appellent une fronde *Tafl*, de *Taflu*, jetter, ce qui revient à *Bal*, *Ball*, jetter, *Baleator*, frondeur, est une nouvelle preuve que l'on a dit *Bal*, *Ball*, fronde, comme *Baltram*. *Ballo* en Grec, jetter.
BALTUTA. Voyez *Batutum*.
BALTZA, étendard. Ba. Voyez *Bal*.
BALTZA, noir. Ba. De là *Basant*.
BALTZACHOA, brun, obscur, de couleur d'olive. Ba.
BALU, le même que *Malu*; le *b* & l'*m* se substituent réciproquement.
BALUAICH, balliveau. B. Voyez *Balisen*.
BALUM, baleine. B.
BALUSD, BALUSTR, balustrade. Voyez *Bal*.
BALWCH, paresse, manquement, défaut, négligence. Voyez *Disalwch*.
BALWYD, A BALWYD, fossile. G. Voyez *Bal*, *Pal*.
BALY, allée d'arbres, avenue, mail. B. L'*m* & le *b* se substituent mutuellement, on a dit *Maly* comme *Baly*, ainsi qu'on le voit par notre terme François *Mail*, formé de ce mot. Voyez *Bali*.
BALYEN, BALYN, BALYON, pierre, roc. Voyez *Bilyen*.
BALZA, A. M. rocher. Voyez *Bilyen*. *Balzi* en Italien, rocher; *Spelas* en Grec, rocher.
BAM, le même que *Mam*. I.
BAMBER, A. G. sable; *Ban*, petite, *Per*, en composition *Ber*, pierre.
BAME. Voyez *Balma*.
BAMEIN, enchanter, ensorceler, endormir par des contes, pâmer, décontenancer. B. Le *p* & le *b* se substituent réciproquement, on a dit *Pamein* comme *Bamein*, ainsi qu'on le voit par notre terme François *Pâmer*, qui en est formé.
BAMENPEA, gouvernement d'une contrée. Ba. Voyez *Bann*.
BAMETT, étonné. B.
BAMISON, pamoison, défaillance, vertige. B. De là *Pamoison*.
BAMOUR, charmeur, enchanteur, sorcier, charlatan. B.
BAN, montagne, colline. G. Voyez les articles suivans, & *Bann*.
BAN, profond, bas. G. Ce terme a dû signifier aussi cave, creux. 1°. Ces sens sont analogues à celui de profond. 2°. *Mann* ou *Bann* signifie en Breton pannier, manne, coffre. 3°. *Banne*, *Benne*, *Banneau* ou *Benneau* en notre Langue est une petite tine ou vaisseau de bois; *Banneton* est un coffre troué à l'usage des pêcheurs; *Banette* est une espèce de pannier; *Banse* est une grande manne quarrée; *Benne* est un petit vase ou vaisseau; *Benne en*

BAN.

en Franche-Comté signifie un grand vaisseau fait de rameaux pour transporter le charbon ; *Bonné* dans la même Province signifie canal, tuyau.

BAN, beau. G. *Ban*, beau, saint en Irlandois ; *Fan*, expiation en Chinois.

BAN, Bourg. G. *Banah* en Hébreu & en Chaldéen, bâtir ; *Bono* en Syriaque ; *Bian* & *Bin* en Arabe, habitation ; *Ban*, Village, maison en Hébreu, selon la version de Symmaque ; *Ban* en Siamois, Village ; *Ban*, sale en Japonois ; *Nbanza*, Ville en Langue de Congo ; *Banna*, maison en Caraïbe ; *Bygnin*, édifice en Danois ; *Pain*, nid en Arménien. Dans les anciennes Langues le mot qui signifioit nid, signifioit aussi habitation : Il y en a des preuves particulières dans le cas présent. En Arménien *Pnagil*, habiter ; *Pnagaran*, habitation, demeure ; *Pnagich*, qui demeure ; *Pain*, nid ; *Bantog*, hospice. On voit que *Pna*, *Pana*, *Bana* sont la racine de tous ces mots, & qu'ils signifient habiter, demeurer. *Banno*, habitation en Theuton. Voyez *Men*, *Man*, qui sont les mêmes que *Ban*, *Ben* ; & *Ban*, Pays.

BAN pour *Pan*, dit Davies, lorsque, quand. G.

BAN, femme dans l'isle de Mona.

BAN, haut. C.

BAN, montagne. E.

BAN, blanc. E. I. *Ban* aura originairement signifié blanc & beau, comme *Can*. Les Gallois ont retenu la seconde, les Écossois la première, les Irlandois l'une & l'autre ; *Ben*, blanc dans l'Isle de Mon.

BAN, pâle. I.

BAN, beau, saint, sacré, heureux. I. *Abin*, saint dans la Langue de Madagascar.

BAN, lumière. I. Voyez *Fanala*.

BAN, mauvais. I.

BAN, ravagé, désolé. I.

BAN, femme. I. Voyez *Ban*, femme en Gallois ; & *Banen*.

BAN, élevé, haut anciennement en Breton ; *Ban*, montagne, colline en Gallois ; *Ban*, haut en Langue de Cornouaille ; *Ban*, montagne en Écossois ; *Bean*, montagne, rocher en Irlandois ; *Ban*, proclamation à haute voix en Breton ; *Ban* en Basque, élevé, haut ; (Voyez *Bandacre*, *Bandoa* & *Fan*, qui est le même que *Ban*) *Bana* en Arabe, exceller, avoir le plus haut degré de quelque qualité ; *Ban* en Persan, Prince, Préfet, Gouverneur ; *Banu*, Dame en la même Langue ; *Bank*, crier à haute voix dans la même Langue ; *Ban*, Seigneur, Monarque, Préposé en Turc ; *Ban*, tête, chef dans la même Langue, ainsi qu'on le voit par *Tulbend*, turband ; *Bank*, cri en la même Langue & en Persan ; *Bayan*, grand, éminent en Tartare Mogol & Calmoucq ; *Banca*, gros, enflé en Malaye ; *Bamah* en Hébreu & en Chaldéen, lieu élevé ; *Bhhun* en Hébreu, lieu élevé ; *Bomos* en Syriaque, haut, élevé ; c'est le même que *Bamah* : les Syriens changent l'a en o. *Gbina* en Syriaque, sommet de montagne, colline ; *Bounos* en Grec, colline ; *Banc* en ancien Saxon, colline, tertre, élévation ; *Band* en ancien Saxon, Seigneur, Maître ; *Bansta* en Gothique, grenier, la partie supérieure de la maison ; *Ban* en Theuton, proclamation à haute voix, ban ; *Obana*, sur dessus dans la même Langue ; *Basne*, tour en Finlandois ; *Ban* en Croate, haut, illustre, Seigneur ; *Ban*, nom de dignité en Hongrie & en Dalmatie ; *Ban*, Seigneur, Roi en Stirien & en Carniolois ; *Ban* en Esclavon, Baron, grand Seigneur ; *Ban*, grenier dans la Langue des Venédes ; *Dubina* en Esclavon, hauteur, profondeur ; *Band* en Anglois, Seigneur, Maître ; *Bansen* en Allemand, entasser les bleds ; *Banse* dans la même Langue, la partie de la grange où l'on entasse les bleds ; *Bann* dans la même Langue, ban, interdit ; *Bando* en Espagnol, ban, cri que l'on fait contre un délinquant ; *Bandire* en Italien, publier un Édit, bannir ; *Bannen* en Flamand, bannir ; *Banish* en Anglois, bannir ; *Ban* en François, proclamation faite à haute voix, défense faite à haute voix, bannissement ; de là le mot *Contrebande*, comme qui diroit contre le ban, contre la défense ; *Dubenus* chez les anciens Latins, Seigneur. Voyez *Bann*, qui est le même mot que *Ban* & ses dérivés. L'*f* & le *b* se mettent l'un pour l'autre. *Fan*, Seigneur en Basque ; *Fan* en Chinois, la somme des sommes ; *e* tout ; *Fann* en Tartare, haut, illustre, Seigneur ; *Fana* en ancien Saxon ; *Fano* en Theuton ; *Fahn* en Allemand, bannière, étendard, drapeau ; *Fan*, Seigneur en Gothique ; *Fanna*, femme noble ; *Fante*, homme noble ; *Fanir*, Roi en ancien Suédois, selon Rudbeck ; *Fanion* en vieux François, bannière, étendard ; *Fanon*, gonfanon dans le François moderne. Le *p* & le *b* se substituent réciproquement. *Panv* en Persan, homme illustre, Seigneur ; *Panb*, Juge en Tartare du Thibet ; *Panzac*, Roi dans la Langue de Madagascar ; *Pany*, Seigneur en Polonois. Le *v* & le *b* se mettent l'un pour l'autre. *Wan*, Prince en Tartare Mogol & Calmoucq ; *Vam* en Chinois, Roi, ample, étendu, grand ; *Vang*, Empereur dans la même Langue ; *Vann* en Tartare ; *Voan* en Chinois, haut, illustre, Seigneur ; *Vain* dans notre Langue est un homme orgueilleux, un homme haut. Voyez *Ben*, *Pen*, *Ven*, *Pan*, *Van*.

BAN, le même que *Beau*. I. De même des dérivés.

BAN, proclamation à haute voix, cri, proclamation. B. Le même terme signifie cri & élévation ; *Cri*, cri ; & *Crib*, élévation ; *Ban*, élévation & cri public, ou proclamation publique ; *Uch*, élevé, haut ; & *Hucher* en François, crier ; *Bram*, élévation, & *Bramer*, crier ; *Rumah* en Hébreu, cri & élévation ; *Bannier* en vieux François, crieur public.

BAN ou BANN se dit du bled, du seigle qui produit trop en herbe, & donne peu de grain. On dit *Gwiniz-Ban*, *Segal-Ban* pour exprimer du froment & du seigle qui ont ce défaut. B. Voyez *Bann*, jetter haut.

BAN, aîle d'un moulin à vent. B.

BAN, jet, l'action de jetter. B.

BAN, pointe. Voyez *Tryfan* & *Banog*.

BAN, femme. Voyez *Banyw*. *Ban*, femme en Irlandois.

BAN, banc. Voyez *Teisban*.

BAN, Pays. Voyez *Adfan* & *Bann*. *Bhana* en Langue de Congo, particule qui marque le lieu ; & *Nbanza*, Ville ; *Paath*, canton ou Province dans la Langue de Madagascar. Voyez *Ban*, Bourg.

BAN, petit. Voyez *Banv*. C'est le même que *Man*. *Ben* en Hébreu, enfant.

BAN, pierre. Voyez *Vaen*.

BAN, le même qu'*Aban*, rivière ; comme *Ben* est le même qu'*Aben*.

BAN. Voyez *Bean*.

BAN, courbure, courbure de rivière, comme *Bon* : L'*a* & l'*o* se mettent l'un pour l'autre. Voyez *Bon* & *An*. Voyez encore *Bann*.

BAN, le même que *Fan*, *Gan*, *Man*, *Pan*, *Van*. Voyez *B*.
BAN-ALTRA, nourrice. I. *Ban*, femme; *Aladh*, nourrir.
BAN-AVACH, naine. I. *Ban*, femme. Voyez *Avach*.
BANA, le même que *Banan*, crainte, peur, terreur. G.
BANA, bande. I.
BANA, différent, distingué, séparé, divisé. Ba. Voyez *Bann*.
BANABL, genêt. G.
BANACA, un à un. Ba.
BANADEA, partage, division, différence. Ba. Voyez *Bann*.
BANADH, ravager. I.
BANADL, genêt; *Banadl Pigog*, espèce de genêt qui a des pointes ou des épines. G.
BANADLOS, géneſtrolle. G.
BANAIGHIM, blanchir. I. Voyez *Ban*.
BANAIGHIM, ravager. I. Voyez *Ban*.
BANAIM, pâlir. I. Voyez *Ban*.
BANAITA, différence; distinction. Ba.
BANAITEZA, indistinct. Ba. *Ez* a privatif.
BANAL, genêt. C. Voyez *Banabl*, *Banald*, *Banallen*, *Banadl*.
BANALD, genêt. B. Voyez *Banal*.
BANALEC, genêtaye, lieu planté de genêts. B.
BANALLEN, genêt. E.
BANAMHLAS, l'action d'un efféminé. I.
BANAMHUL, hypothèse. I.
BANAN, crainte, peur, terreur. G.
BANAN, autrement, différemment. Ba.
BANARA, servante. I.
BANASTUN, A. M. *Banaſte*, *Banaſtre*, *Benate* dans les différentes Provinces du Royaume, est une espèce de caisse faite comme une hotte de paille torse, ou de rameaux, dont se servent les Paysans pour porter leurs grains. L'origine de ce mot est *Benna*.
BANATIA, spécial, singulier. Ba. Voyez *Bana*.
BANATIDEA, distinction. Ba.
BANATUA, las, fatigué. Ba.
BANATZEA, dispersion. Ba.
BANBU, cochon. I.
BANCAN, rempart, digue. C. I.
BANCAW, lien. G.
BANCAWIO, ceindre, environner, entourer avec du fil ce qui est cassé pour le tenir uni. G.
BANCH, le même que *Manch*. I.
BANCHEILE, épouse. I.
BANCHOINTEACH, femme de chambre. I.
BANCHONGANTA, sage-femme, accoucheuse. I.
BANCHRUITIRE, femme qui joue d'un instrument de musique. I.
BANCHUISLEANNACH, joueuse de flûte. I.
BANCO, banc. B. Voyez *Bancq*.
BANCOURR, banquier. B.
BANCQ, banc, accoudoir. B. *Banco* en Basque, en Espagnol, en Italien, banc; *Banck* en Allemand; *Bank* en Flamand & en Anglois; *Banc* en François; *Benc* en ancien Saxon & en Danois; *Baenk* en Suédois; *Beinse* en Irlandois; *Panch* en Theuton; *Pankos* en Grec du bas âge, banc; *Ban*, table en Tonquinois; *Pan* en Chinois, table, planche.
BANCQED, banquet, festin. B. De là ce mot. *Banket* en Allemand; *Banchetto* en Italien, banquet. Voyez *Banvez*.
BANCQEGEAL, festiner. B.
BANCQSTAL, festiner. B.

BANCUS, A. M. banc; de *Bancq*.
BANCWR, changeur, banquier. G. De là ce mot.
BAND, le même que *Ban*, *Bann*. Voyez *Bandoa*, *Bandaere*, *Bannyar*.
BAND, le même que *Bandenn*, *Banden*. Voyez ces mots, & *Banda*, *Bandus*.
BANDA, billet, cédule, obligation. I.
BANDA, féminin. I.
BANDA, femelle. I.
BANDA, force, courage. Ba.
BANDA, le côté. Ba.
BANDA, baudrier, ceinturon. Ba. Voyez *Banden*.
BANDA, A. M. bande, ruban; de *Banden*.
BANDACOA, baudrier, ceinturon. Ba. Voyez *Banda*.
BANDAERE, enseigne, bannière, signal. Ba. C'est le même que *Bannyar*, la seconde *n* s'étant changée en *d*. *Bandwo* en Gothique, signe, signal; *Band* en Lombard, étendard. De là *Banderolle* en notre Langue; *Bandaere*; *Ol* diminutif; *Banderu* en Esclavon, bannière; *Bend* en Arabe, grand étendard; *Bandera* en Espagnol; *Bandiera* en Italien, bannière, étendard, drapeau.
BANDANAFF, boucher. Voyez *Divandanaff*.
BANDASIA, A. M. Jurisdiction; de *Bann*, la seconde *n* changée en *d*. Voyez *Bandaere*.
BANDATOA, ceinture. Ba. Voyez *Banda*.
BANDEGRUINA, A. M. espèce de manteau; de *Band*, couverture; & *Gronez*, entièrement.
BANDEIN, roidir, tendre, bander. B. De là ce dernier mot.
BANDELLUS, A. M. bandeau; de *Banden* ou *Band*; *El* diminutif.
BANDEN, bande. B. *Band* en Flamand, en Anglois, en Suédois, en Islandois, en Runique; *Bandi* en Gothique; *Bant* en Theuton; *Bend* en ancien Saxon; *Banda*, *Bende* en Italien, bande, lien; *Bande* en François, bande; *Bend* en Persan, bande, lien, chaîne; *Band* en Allemand, lien, nœud; & *Baendel*, bandelette; *Bana* en Irlandois, bande; *Bando*, union, ligue, faction, parti en Espagnol; de là *Bindan* en Gothique & en ancien Saxon; *Binden* en Allemand & en Flamand; *Bind* en Anglois & en Danois; *Binda* en Islandois & en Cimbrique, lier; *Bundin* en Islandois & en Suédois, lié; *Bun* en Tonquinois, joindre.
BANDENN, troupe. B. De là *Bande* en ce sens dans notre Langue: les vieilles *Bandes*, C. D. les vieilles troupes; *Banda* en Italien, troupe. *Banden* est ici pris au sens figuré. Une troupe est un amas d'hommes unis, liés ensemble.
BANDER, bander une playe. B.
BANDERADUNA, qui porte la bannière, l'enseigne, le drapeau. Ba. Voyez *Bandaere*.
BANDERATUA, synonyme de *Banderaduna*. Ba.
BANDERIA, A. M. bannière; de *Bandaere*.
BANDERIUM, A. M. troupe de 400 hommes; de *Bandenn*.
BANDHA, femelle. I.
BANDIA, A. M. district, jurisdiction. Voyez *Bandaſia*.
BANDIRE. Voyez *Bandum*.
BANDOA, édit, ban, proclamation. Ba. C'est le même que *Ban*. *Fendel*, verrou, barre, ce qui arrête en Persan; *Fendo* en Franche-Comté, parmi les enfans qui jouent aux gobilles, signifie ce qui arrête le cours de la gobille: L'*f* & le *b* se mettent l'un pour l'autre. Voyez *B*.
BANDOLA, petite lyre. Ba.

BAN.

BANDOLYER, bandoulière. B. De là ce mot. Voyez *Bauda*, *Banden*.

BANDOSITAS, VANDOSITAS, A. M. guerre, inimitié. On dit en Espagnol *Vando*; en vieux François *Bandor*; de *Ban*, d'*Aban*, guerre.

BANDRUACH, magicienne. I.

BANDUM, A. M. enseigne militaire, bannière, étendard, drapeau. Voyez *Bandaere*.

BANDUM, A. M. pour *Bannum*, ban, proclamation. On a étendu ce terme à l'amende portée contre les infracteurs du ban. *Bandire*, *Bannire*, *Bannir* ont signifié & signifient chasser, exiler par une proclamation publique; de *Band*.

BANDUS, A. M. bandeau; de *Banden* ou *Band*.

BANDUS, A. M. troupe d'hommes; de *Bandenn* ou *Band*.

BANE, flot. I.

BANE, blanc. I. C'est le même que *Ban*.

BANECH, goutte. B. Voyez *Bannach*.

BANEH, goutte. B.

BANEL ou PANEL, volet de fenêtre. B. De là *Paneau*.

BANELL, ruelle, petite rue, venelle. B. *Ban* en Allemand; *Bane* en Flamand; *Pan* en Theuton, chemin; *Baino* en Grec, marcher.

BANEN, femme. C.

BANER, étendard, drapeau. G.

BANERA, BANERIA, BANERIUM, BANNEARIUM, A. M. enseigne militaire, étendard, drapeau, bannière; de *Baner*.

BANERNEA, production, produit, revenu. Ba.

BANFAIGH, fée, devineresse. I.

BANFLILAITH, Dame. I.

BANFUADACH, fornication. I.

BANGAW, prompt, vîte, recherché, choisi. G.

BANGAW, éloquent, coulant. C.

BANGEL, drapeau de guerre. B. *Gel*, guerre. Voyez *Ban*, *Baner*.

BANGHAISGEADHACH, amazone, femme belliqueuse. I.

BANGHAL, femme. I.

BANGOUNELL, pompe, machine à tirer de l'eau. B.

PANILUS, A. M. Officier de Justice qui a une Jurisdiction moindre que le Baillif; de *Bann*, district, Jurisdiction; *Il*, diminutif.

BANISSA, bannir. B. Voyez *Ban*, *Bandum*.

BANN, montagne, haut, élevé, grand, excellent, distingué, au dessus du commun, exquis, pointe, extrémité. G. Voyez *Ban*. *Benam*, fameux, illustre, renommé en Persan; *Manam*, honneur en Talenga; *Bam*, but en Tartare du Thibet.

BANN, profond. G. Voyez *Ban*.

BANN, marque, tache. G. *Ben*, signe, marque en Turc.

BANN, boisson, breuvage, ce que l'on boit, vase. B.

BANN, embouchure de rivière. G.

BANN, vers, assemblage d'un certain nombre de paroles & de syllabes mesurées. G.

BANN, le même que *Beann*. I. De même des dérivés.

BANN, haut. B. Voyez *Bann*, plus haut, & *Ban*.

BANN, truye qui a des petits. B.

BANN, culbute. B. On voit par *Banna* que ce mot signifie chûte en général.

BANN, taye. B. On voit par ce mot, par *Banel*, *Banoa*, *Bandanaff*, que *Ban* a signifié couverture, couvrir.

BAN.

BANN, airée de bled. B.

BANN, ressort, Jurisdiction, district. B. *Bann* en Allemand, Jurisdiction; *Bannage* en vieux François, droit de ban; *Bandon* en vieux François, licence, permission. De *Ban*, district, Jurisdiction, peut être venu banni, exilé; & *Bannie* en vieux François, abandonnée, qui n'est plus sous la garde de l'autorité publique. De *Banni* est venu bandit. De *Ban*, territoire, est venu banlieue, parce que le territoire d'une Ville étoit ordinairement d'une lieue. *Banlieue* dans les anciennes chartes est désignée en Latin par ces mots, *Bannum Leuga*, *Banleuca*, *Banlevia*, *Banlieva*, *Banleva*, *Banleya*, *Banliva*, *Banliva*, *Bannilocus*, *Bannaria*, *Banneria*, *Barlia*. *Banars* en vieux François, les gardes du territoire, ceux qui veillent à la garde des fruits du territoire. On les nomme *Bandiers* en Languedoc. Voyez *Ban*, *Banissa*.

BANN, jet, jettée; *Bannou* au plurier sont les rayons d'un dévidoir, les rayons du soleil, ses jets. Le verbe formé de ce mot est *Banna*, jetter haut ou loin, étendre, élever. B. On voit par là que *Bann* signifie étendu, ce qui s'avance, ce qui se jette en dehors, long comme haut. Voyez *Bann* plus haut.

BANN. Voyez *Bannach*.

BANN. Voyez *Bann-Ned*.

BANN-NED, BANN-NEUD, BANN-NEUT, écheveau. B. *Neud*, fil; *Ban*, par conséquent pli, courbure.

BANNA, élever, hausser, verser, parlant d'une charette. B. Voyez *Bann*.

BANNA, heureux, bienheureux. I. C'est le même que *Ban*.

BANNA. Voyez le dernier *Bann*.

BANNA, BANNUS, A. M. embouchure de rivière; de *Bann*.

BANNACH, coup à boire, un peu de boisson, de bouillon, & d'autre chose qui s'avale en buvant. goutte pour *Gutta*, & goutte pour point, comme lorsqu'on dit je ne vois goutte. B. *Bann* signifie coup, une certaine quantité, une quantité déterminée; & *Ach*, *Ech*, *Eh*, *E*, *Ex*; *Ah*, par conséquent liqueur. Voyez *Bantch*, *Bannech*, *Banah*, *Baneh*, *Banne*.

BANNACH, renard. I.

BANNAH, le même que *Bannach*. B.

BANNAL, genêt. B.

BANNAL, commun à plusieurs. B. Il se dit encore en ce sens en François. Un four bannal est un four commun. *Banie* en vieux François, bannalité; *Apaner* en vieux François, exclure, chasser, forclore, forbannir de quelque droit commun; *A*, privatif; *Banniere* en vieux François, commun.

BANNAR, enseigne militaire, étendard, drapeau. G.

BANNAW, haut, remarquable. C. Voyez *Ban*, *Bannog*.

BANNAWG, excellent, qui surpasse les autres. C. Voyez *Ban*, *Bannog*.

BANNE, le même que *Bannach*. B.

BANNECH, le même que *Bannach*. B.

BANNECHA, boire coup sur coup. B.

BANNECHIC, BANNEIC, BANNEZIC, diminutifs de *Bannech*, *Banne*, *Bannez*. B.

BANNEG a dû se dire comme *Bannog*, suivant les régles de la Langue Celtique.

BANNEIC. Voyez *Bannechic*.

BANNEIN, faire la culbute. B.

BANNEIN, publication. B. Voyez Ban.
BANNER, étendard, drapeau, enseigne militaire, bannière. B. De là Bannerole en vieux François, banderole; Bauner en Anglois; Banier, Panier en Allemand, bannière. Voyez Baner.
BANNEZ, le même que Bannach. B.
BANNHEAUL, rayon du soleil. B. Heaul, soleil.
BANNHUESS, festin. B. Voyez Banvez.
BANNIAR, drapeau, bannière, étendard. G. Voyez Bannier.
BANNIC, goupillon. B.
BANNIC, diminutif de Banne. B.
BANNIEL, bannière. B.
BANNIER, bannière. B. De là ce mot. Voyez Banniar.
BANNITORIUM, A. G. auditoire, lieu où l'on juge, où l'on exerce sa jurisdiction; de Bann. Ban en vieux François, conseil de gens de guerre, conseil de guerre.
BANNLEANAIM, accoucher une femme. I.
BANNOG, marqué, remarquable, taché. G.
BANNOK, petite montagne. E.
BANNOLAN, genêt. C. Voyez Bannal.
BANNSACH, flêche, dard. I.
BANNUCHE, caution. I.
BANNUM, A. M. Édit, Loi, proclamation, ban, publication. On a dit en vieux François Bannie, Banie, Bannée, Bagnie, Bandiment. On a aussi étendu ce mot à l'amende, à la peine imposée aux infracteurs de la Loi; de Ban. Voyez Bandum.
BANNYAR, bannière, drapeau, étendard. B.
BANNYEL, bannière, drapeau, étendard. B.
BANO, truye qui a des petits. B.
BANO, A. M. le libre usage & parcours des communaux. Voyez Ban, Bannal, Bannum.
BANOA, A. M. espèce d'habit; de Ban, couvrir.
BANOG, pointu. G.
BANOG, bouillon blanc, ou meline plante. G.
BANOGLACH, servante. I.
BANOGLACHAS, servir. I.
BANON, Reine. G. Ce mot est formé de Ban, femme, & d'On, excellente, principale, qui est au dessus des autres. Voyez Gwron.
BANPHUPA, Maîtresse, Dame. I.
BANQETAL, donner un festin. B. Voyez Banvez.
BANQUETUS, A. M. banquet. Voyez Bancqed, Banqetal.
BANRACH, étable, parc. I.
BANREITHI, AH DA BANREITHI, terme d'un homme qui loue. G.
BANSGAL, efféminé. I.
BANT, vallée. B. Bant est le même que Pant Gallois.
BANT, le même que Band. Voyez Banta, Bandein.
BANTA, bander, se bander, se liguer. B.
BANTAISTE, commodité. I.
BANTRASA, fier à bras, faux brave. I.
BANTZA, ventre. B. De là Panse: le p & le b se substituant réciproquement.
BANUA, heureux. I. C'est le même que Ban.
BANUA, bain. Ba.
BANVEZ, festin, banquet, régal, grand repas. B. Ce mot paroit formé de Bann, coup à boire, & Gued ou Qed, abondamment. (Voyez Bancqed) Ce dernier terme change Gu en composition en v; (Voyez Guerch & Verch) & son d en z. Chez les Hébreux Scatah signifie boire & faire un festin; Misceteh en cette Langue, festin; de Scatah, boire. Symposion en Grec; Compotatio en Latin signifie banquet, festin en François: l'un & l'autre de ces termes signifient à la lettre l'action de boire ensemble. Nous disons encore en notre Langue Boire ensemble, pour faire ensemble un repas.
BANUTSA, un particulier, un homme privé. Ba.
BANW, petit cochon, petit cochon qui commence à ne plus teter, cochon. G. W me paroit venir de Hwch ou Hwb, cochon: il faut donc que Ban signifie petit; ce qui se confirme, parce que Ban est le même que Man, qui signifie petit. Le mot Banw n'a été employé à signifier cochon, qu'après avoir originairement signifié petit cochon.
BANW, femme, femelle. G.
BANW, porc. C. Banni, porc en Malabare.
BANW, prononcez Bano, Mano, Vano, truye, femelle du porc; plurier, Binwi. B. Voyez Banwes.
BANWES, jeune truye qui n'a porté qu'une fois. G.
BANWEZ, banquet, festin, régal, grand repas. B. Voyez Banvez.
BANYW, féminin. G. Ce mot est un adjectif formé de Ban, femme.
BAO, bave. B.
BAOA, vapeur, haleine. Ba.
BAOAZTU, exhaler. Ba.
BAOGHAL, péril, danger. I.
BAOGHLACH, BAOGHLAIDH, dangereux. I.
BAOIS, concupiscence. I.
BAOL, le même que Maol. I. De même des dérivés ou semblables.
BAOL, MAOL, PAOL, la barre du gouvernail du navire, le timon d'une charette. B. Voyez Pawl.
BAOS, fornication. I.
BAOTH, indiscret. I.
BAOTH, capricieux. I.
BAOTHAN, lourdaud, sot, bête, mal-adroit. I.
BAOTHANTA, efféminé, exorbitant, extravagant; grande avarice. I.
BAOTHANTAS, extravagance. I.
BAOTHANTAS, caquet, babil. I.
BAOUD, BAOUT, BAUD, BEUD; au plurier, Meaud, Meuded, Meuder, mouton, par le changement réciproque de l'm & du b. B.
BAOUICG, nasse. B.
BAOULEN AR CLOCH, batant de la cloche. B.
BAOUS, BAOUSER, baveur, baveux, bavard. B.
BAOUT. Voyez Baoud.
BAPEGANIALA, tradition. Ba.
BAPERAQUIDA, univocation. Ba.
BAPESTEA, lien, jointure. Ba.
BAPILLEA, cayer, Ba.
BAPOSTEA, ordre, suite, succession. Ba.
BAPOURS, bas-bord, le côté gauche d'un navire à l'égard du Commandant & du Pilote qui sont placés à la poupe. B.
BAPTIDERE, BATTIRE, A. M. battre; de Baeddu, Baettu.
BAQOTIA, unique. B.
BAQUEA, paix. Ba. Voyez Baquida.
BAQUET, valise, paquet, malle, coffre. B.
BAQUIA, unique. Ba.
BAQUIA, général, commun. Ba.
BAQUIDA, union. Ba. Voyez Baga.
BAQUIDANDEA, familiarité, communication. Ba.
BAQUIDECINA, incommunicable. Ba.
BAQUITEA, union. Ba.
BAR, lance. G. Barr, aiguillon dans la même Langue. Voyez Barrog. Bar en Irlandois, pointe, flêche;

BAR.

flèche; *Bere*, couper en Hébreu; *Barik*, épée en Arabe; *Barz* en Chaldéen, percer; *Baruth* en la même Langue, dard, lance; *Bart* & *Part* en Theuton, hache; *Barte* en Allemand, hache; *Parg* en Arménien, âcre, piquant. Voyez *Baran*, *Baron*, *Ber*, *Bir*, *Par*, *Per*.

BAR, verve, feu du génie, fureur. G. Voyez *Bardd*.

BAR, colère, indignation, fâcherie. G. Davies demande si *Afar*, douleur, tristesse, deuil, ne vient point d'*A* & *Bar*, par où il insinue que *Bar* signifie aussi douleur, tristesse, deuil.

BAR, colline. G. *Bar* dans la même Langue signifie long, grand, haut, élevé au propre & au figuré; & par conséquent principal, premier. Voyez *Barwn* & *Tubar*. *Bar*, faîte, cime, sommet en Cornouaille & en Irlandois; *Bar* en Breton, sur, dessus, tête, chef, sommet, haut, cime ou pointe de quelque chose; *Bearrena*, principal en Basque; *Bar* ou *Baris*, tour en Écossois. *Baricave* signifioit en vieux François une fondrière, ou précipice au pied des montagnes; *Barre* est en notre Langue le flot ou le montant de la mer; & on appelle *Barre* en terme de marine un port où l'on ne peut entrer que par le flot ou montant de la mer. *Bar* en Hébreu & en Syriaque, long, grand; *Barhh*, long, grand, haut, élevé en Hébreu; *Bar* en ancien Persan, dessus; *Bars* en ancien Persan, puissant, supérieur, grand; *Barg* en ancien Persan, grand, élevé, excellent; *Baris* en ancien Persan, puissance; *Bar* en Persan, haut, grand; *Barin* dans la même Langue, haut; *Bars* dans la même Langue, loué, excellent; *Barata*, *Berete*, chapeau, couverture de tête dans la même Langue; *Bari*, Dieu dans la même Langue; *Baru*, fortification, rempart, murailles, tour, proprement créneaux de murailles dans la même Langue; *Barh*, édifice élevé dans la même Langue; *Dbar* en Éthiopien, montagne; *Bar* en Chaldéen, par dessus; *Baratz* en Chaldéen, accumuler; *Birahh* en Arabe, augmentation, accroissement, abondance; *Cabar* en Hébreu, multiplier, rendre abondant; *Cabar* en Syriaque, augmenté, accru, rendu magnifique; *Cabar* en Éthiopien, glorieux, illustre, estimé, honoré, célèbre, noble, précieux; *Cabar* en Arabe, être grand, rendre grand, s'élever, être élevé, grandeur, élévation, noblesse, gloire; *Bara* en Malaye, grossi, enflé; *Barapa* dans la même Langue est un adverbe qui marque la grande étendue, la grande quantité; *Hbard*, *Anabard* en Arménien, superbe, orgueilleux, haut; *Barro* en ancien Indien; *Barrus* en Sabin; *Beira* en Chaldéen, éléphant, le plus considérable des animaux terrestres; *Barena*, beaucoup en Langue des Jaloffes; *Barus* en Grec, grand, haut; *Baros*, grandeur dans la même Langue; *Baros*, nom de Seigneur dans la même Langue; *Bara* dans la Langue des Canaries, grand; *Bar* en Theuton, grand de l'État, considérable, digne: Il s'est conservé dans le terme Allemand *Achtbar*. *Báar* en Flamand, onde, flot, élévation d'eau; *Barm* dans la même Langue, élévation, levée, monceau; *Barros* en Espagnol, bubes, tumeurs; *Barm* en Anglois, l'écume de la biére quand elle cuve. Dans le Comté de Salisbery en Angleterre on voit plusieurs élévations ou collines de terre faites de main d'homme, qu'on appelle *Barrowes* & *Burrowes*. *Bardo* en Esclavon, montagne; *Bardo* en Dalmatien, tertre; *Barzo* en Polonois, grandement, extrêmement; *Boyar*

BAR. 129

en Moscovite, Noble, Grand de l'État, Seigneur; *Ekbar* en Tartare Mogol, le Grand; *Pharahh* en Arabe, être élevé; *Phars* en Hébreu du Talmud, supérieur, souverain, suprême; *Phar* en Persan, haut, élevé; *Pharob* en ancien Égyptien, Roi; *Para* en Indien, souverain, suprême, très-haut; *Para*, suprême, souverain, supérieur en Talenga; *Paraba*, haut, sublime dans la même Langue; *Parabavastou*, Dieu dans cette Langue; *Vastou*, cause; *Parvatam*, montagne dans cette Langue; *Parama* en Tamoulique, grande chose; *Parame*, grand; *Pari*, plus grand; *Parra*, plus, davantage; *Periya*, grande chose; *Parou Mabou*, *Parivadam*, montagne; *Amaparam*, montagne, tas; *Parir* en Arménien, montagne, haut; *Pharos* en Grec, tour élevée; *Para* en Grec, dessus; *Par* en Islandois, montagne; *Pari* ou *Pare* en Albanois, Supérieur, Prince, premier; *Pharbek* en Bohémien, tertre; *Parvi* en Dalmatien; *Pervi* en Esclavon, premier; *Paracoussi*, Roi en Langue de la Floride; *Far* en Anglois, beaucoup, tant, loin, éloigné. *Mar*, Seigneur en Hébreu & en Chaldéen; *Marou*, beaucoup en Langue de Madagascar; *Var*, *Varra*, *Varoe*, montagne en Lappon; *Vori*, montagne en Finlandois; *Wara*, montagne en ancien Suédois, selon Rudbeck; *Varh* en Esclavon, haut, sommet; *Varos* en Hongrois, Préteur, Magistrat; *Ouariz* (c'est le même que *Wariz*.) en ancien Persan, nom de dignité. Voyez *Ber*, *Mar*, *Mer*, *Par*, *Per*, *Var*, *Ver* & les articles suivans.

BAR, faîte, cime, pointe, sommet. C. I.

BAR, extrémité. I. *Bar* en Islandois, extrémité, bord.

BAR, plein, plénitude. I.

BAR, excès, abondance, surabondance. I.

BAR, flèche. I.

BAR, fils. I. *Bar* en Chaldéen; *Bar* en Syriaque, fils; *Baar* en Tartare de Crimée, enfant; *Barn* en Gothique, en Theuton, en Écossois, en Anglois, en Suédois, en Danois, en Islandois, enfant; *Bearn* en ancien Saxon, enfant; *Bern* en ancien Frison; *Fara*, génération en Lombard; *Farren*, qui engendre en Allemand. De *Bar* ou *Par* est venu *Pario* Latin, qui s'est dit des deux sexes & parens. Voyez *Bar*, homme; & *Bar*, enfant.

BAR, faire. E. *Bara*, faire en Hébreu; *Ober*, faire en Breton.

BAR ou BARIS, tour. E.

BAR, sur, dessus, cime ou pointe de quelque corps élevé, le sommet de quelque chose, la tête, comble, parlant des grains. B. *Bark* en Anglois, écorce.

BAR, haut. B. Voyez *Barquet*.

BAR, non, sans, point du tout, défaut. B. Voyez *Bar*, péché, &c.

BAR, barre, levier, barre ou entrée d'un port empêchée par les bancs de sable & les rochers. B. *Barlot* en Franc-Comtois est une demi-porte qui empêche l'entrée d'une boutique; *Bar*, barre; *Lot*, partie, à moitié. Voyez *Baranda*, *Barr*.

BAR, branche, rameau, bouchon de cabaret. B. *Bar*, feuillage en Islandois; *Bar*, feuillage en Runique; *Bara* en Basque, verge du Préteur; *Bourée* en vieux François, poignée de verges; *Barsch* en Allemand, perche; *Bara*, *Vara* en Espagnol, verge, aulne, sceptre, ligne à pêcher, gaule, baguette; *Bartas* en Languedocien, buissons, broussailles; *Barcus* dans les anciens monumens, branche d'arbre; & *Barta*, forêt; *Bardez* en Arménien, petit arbre. Voyez *Bar*, bâton, & *Barr*.

BAR, grape de raisin, essain d'abeilles. (Elles se réunissent en forme de grape) B.

BAR, brosse, balai. B.

BAR, maladie causée par maléfice, sort, sortilége. B. Voyez l'article suivant. Une maladie causée par maléfice arrive tout d'un coup, sans qu'on en connoisse la cause.

BAR, tout ce qui arrive subitement, avec impétuosité & violence, sans que la cause en soit connue; *Barad*, giboulée, ondée; *Bar Glao*, ou *Barad Glao*, ondée de pluye, ravine de pluye; *Barad Harnau*, orage, tempête; *Bar Clevet*, attaque subite & violente de maladie qui dure peu de temps, comme l'épilepsie, l'apopléxie; *Bar Avel*, coup de vent, ouragan, tourbillon; *Bar Amstr*, tempête, orage. B. En quelques cantons de haute Bretagne le menu Peuple dit au même sens une *Berouée* ou *Barouée de mal*; de là *Broüée* en notre Langue, pluye subite & de peu de durée. Voyez *Barc*, *Barzost*, *Barzina* en Esclavon, vîtesse.

BAR, homme. B. On voit par *Barf* & *Baro* que *Bar* a pareillement signifié homme en Gallois & en Breton. Voyez *Bar*, fils. *Baron* en Espagnol, mâle, homme; *Beorn* en ancien Saxon, homme; *Biorn* en ancien Danois, homme; *Baro* en Theuton & en Lombard, homme; *Baer* en Allemand, homme; *Baro*, *Barus* dans les anciens monumens, homme; *Baron* en Anglois, mari, époux; *Baron* en vieux François, époux, mari. En plusieurs endroits de la Flandre Françoise, de la Picardie & de la Champagne, les femmes appellent leurs maris leurs *Barons*. On voit par Suidas que dans la Langue des Noriciens *Ber* signifioit homme; *Par* en vieux Latin, homme. Voyez Festus au mot *Parricida*. *Fear*, *Fear* en Irlandois, homme; *Fers* en Scythe, homme; *Wair* en Gothique; *Wer* en ancien Saxon, homme; *Mart* en ancien Indien; *Mard* en Persan, homme. Voyez *Bar*, fils; *Baro*, *Barus*, &c.

BAR, le même que *Mar*. I. De même des dérivés ou semblables.

BAR, courageux, brave, vaillant, fort. Voyez *Baran*, *Baron*.

BAR, péché, crime, scéleratesse, faute, manquement. Voyez *Barus* & *Bar*, non, sans, &c. *Bearra* en Basque, besoin, pauvreté; *Barren* en Anglois, stérile; *Bare* en ancien Saxon & en Anglois, nud; *Bar* en Allemand, nud; *Bar*, *Ber*, *Par* en Theuton, nud; *Bar* en ancien Saxon, vuide, vain, inutile; *Faar*, folie en Islandois; *Entbaeren* en Allemand, manquer, être dépourvu.

BAR, manger. Voyez *Barcut*, *Barus*, *Bara*, *Barah* en Hébreu, manger; *Obar* en Persan, qui dévore. De *Bar* est venu notre mot *Cabaret*; *Cab*, habitation; *Bar*, manger; *Baret*, où l'on mange. *Vara* la bouche en Langue de Madagascar.

BAR, tache, marque. Voyez *Mar*.

BAR, graisse. Voyez *Mer* & *Mar*. *Mar*, beurre en Tartare du Thibet.

BAR, auprès. Voyez *Var*. *Bari* en Ibérien, approchant; *Bari*, environ, aux environs en Géorgien; *Bar* en Allemand, présent, qui est en présence; *Para* en Grec, auprès.

BAR, couper. Voyez *Bar*, lance, flèche, pointe, &c.

BAR, bâton. Voyez *Trybar*. *Bar*, branche; *Bara*, verge.

BAR, le même qu'*Abar*. Voyez ce mot.

BAR, le même que *Barc* ou *Barcq*. Voyez *Ars*. De *Bar* ou *Ber* est venu bord, qui en Breton signifie vaisseau. Nous nous servons de ce terme en ce sens: Recevoir quelqu'un sur son *Bord*, c'est le recevoir sur son vaisseau. *Barque* est encore en usage dans tout le Royaume. *Bar* pour vaisseau paroit se trouver dans *Breou*, qui en Breton signifie naulage. *Bar* se voit dans *Bardia*, terme qu'on lit dans les anciens monumens pour barque. De *Bar* sont venus *Baraz* Breton, qui signifie caque, baratte à battre le beurre; *Barilh* Breton; *Baril* François. (Nous voyons par *Llestr* que le terme qui signifioit vase, signifioit aussi vaisseau) *Bari* en Cophte, barque; & *Baris* en Cophte & en Ionien, navire; *Bardak* en Turc, vase, vaisseau; *Bartscha*, navire dans la même Langue; *Barsva*, *Vares* en Dalmatien, cuve, tine; *Berberi* en ancien Indien, coquille où se trouve la perle. Le *p* & *b* se substituant mutuellement, (Voyez *B*) on a dit *Par* comme *Bar*; de là *Paro* qu'on trouve dans Saint Isidore & les Auteurs du moyen âge pour signifier un navire. *Parada* dans Ausone est une espèce de vaisseau; *Partaich* en Breton, patache, espèce de vaisseau placé à l'entrée du port; *Par*, vaisseau; *Taich*, attaché, fixé. *Parage*, terme de marine parmi nous, paroit venir de *Par*, vaisseau. Ne pourroit-on pas former notre mot *Pirate* de *Par*, en composition *Per* ou *Pir*, vaisseau; & d'*Ata*, d'*Atayna*, attaquer. Le dernier terme d'un mot composé perd toujours, ou presque toujours, quelqu'une de ses syllabes. *Parre*, vaisseau dont on se sert vers Ceylan & sur les côtes de Malabar; *Paraue* ou *Parre* signifie à Malaca & dans les Indes une grande barque; *Perma*, navire en Turc; *Pereme*, barque, gondole dans la même Langue; *Far*, navire en Runique; *Pira*, voile de navire en Galibi.

BAR. Je crois que ce mot a signifié feu. 1°. *Bar* signifie colère, indignation, fureur, verve, enthousiasme, qui sont feu métaphoriquement. On a déja remarqué plusieurs fois que le sens figuré a toujours supposé le propre. 2°. *Bero* signifie bouillant, ardent, fort chaud. 3°. *Bourée* en vieux François, feu clair, comme de paille ou de genêt, ou de petites buches; *Bara* en Malaye, charbons allumés; *Bahar* en Hébreu, brûler; *Bahnr*, chaleur en Arabe; *Barzo* en Dalmatien, vite, promptement. Voyez *Barneiso*.

BAR, le même que *Bard*, *Bart*. Voyez *D*.

BAR. En confrontant *Bar*, port, *Bar*, le même que *Barcq*, *Barilh*, *Barod*, *Baracz*, *Baran*, *Barren*, *Barrenaze*, on voit que *Bar* a signifié creux, sinuosité, courbure, vase, vaisseau. *Beira* en Basque, vase, verre; *Barg* en Arménien, sac. On a dit *Bor* comme *Bar*, ainsi qu'on le voit par *Bord*, vaisseau.

BAR. En confrontant *Barantu*, *Barazcal*, *Barura*, *Barutic*, on voit que *Bar* en Basque a signifié aliment, nourriture. Voyez *Bara*.

BAR signifiant sur, dessus, *Barre* a par conséquent signifié fermer, environner, couvrir. Voyez *Bard*.

BAR, le même que *Far*, *Gar*, *Mar*, *Par*, *Var*. Voyez *B*.

BAR, le même que *Ber*, à cause de la substitution réciproque de l'*e* & de l'*a*.

BAR-AN-TI, l'enseigne d'un cabaret, ou plutôt le bouchon. B.

BARA, grande colére. I. Voyez *Bar*.

BARA, brouette, civière. I.

BAR.

Bara, combler, parlant des grains. B. Voyez *Bar*.

Bara, verge du Préteur. Ba. Voyez *Bar*.

Bara, pain; plurier, *Baraou*. G. C. B. *Bar* en Basque, aliment; *Arbar* en Irlandois, bled; *Bar*, bled en Hébreu; *Barah* en Hébreu, nourrir, manger, nourriture, aliment; *Ba*, aliment en Persan; *Bari* en Gothique; *Bere* en ancien Saxon, orge; *Bore* en Grec Ionien, aliment; *Aber* en Lacédémonien, garde-manger; *Barne* en Anglois, grenier, lieu où l'on garde le grain; *Burt* en Islandois, pain; *Bouron*, pain en Jaloffe & en Fouli; *Bord* en Gallois, table, ce sur quoi l'on mange; *Brafeno*, (crafe de *Barafeno*) nourriture, aliment en Esclavon; *Bread*, pain en Anglois. De *Bara* on a dit *Baro*, & par crafe *Bro*; de là *Bro*, pain en Norvégien & en Islandois; *Brod*, pain en Danois, *Brodh*, pain en Suédois; *Brot* en Theuton & en Allemand, pain; *Broot*, pain en Flamand; *Braud*, pain en Islandois; *Broe*, pain en Tartare; *Breod*, pain en ancien Saxon; *Brée*, pain en Hotentot; *Brit*, pain en Africain: L'*f* & le *b* se substituent réciproquément. *Farro* en Espagnol, froment pur; *Farro* en Italien, toute sorte de froment; *Far* en Latin, bled, grain, froment, farine, pain; *Farina* en Latin, farine; le *p* & le *b* se mettent l'un pour l'autre. *Pori*, paître, manger en Gallois; *Peri* en Cophte, aliment, nourriture; *Puri*, pain en Géorgien; *Puros*, froment en Grec; *Parna* en Esclavon, grenier; *Capar*, pain dans le Fernambouc. On voit par *Bord*, table, *Esborthiaid*, *Borrion*, *Ymborth*, *Pori*, qu'on a dit *Bor* comme *Bar*, & que ces mots ont non seulement signifié pain, mais encore aliment en général. Voyez *Bar*.

Bara, A. M. meule à presser l'huile; ou de *Bar*, sur; ou de *Bar*, pierre.

Bara, A. M. flot. Voyez *Bar*, élévation, & *Bar*, ondée.

Bara, A. M. celui qui manque à sa parole. Voyez *Bar*, manquement, & *Barad*.

Bara An Houch, couleuvrée plante. B. A la lettre pain de cochon.

Bara Cannt Defiad, herbe de brebis. G. A la lettre, pain blanc de brebis.

Bara Go, pain bien levé. B.

Bara Gwenith, criblures ou menues pailles, ce qui tombe, ou ce que le vent emporte quand on nettoye les grains. G.

Bara Miod, bignet, gauffre. G.

Bara Panen, pain sans levain, pain mal levé. B.

Bara Toas, pain qui n'est pas cuit. B.

Bara Tr Hwch, espèce d'aristoloche qui est la même qu'*Afal Y Ddair*. G. A la lettre, pain de porc.

Baraa, faire du pain. B.

Barabourr, pain qui n'est pas cuit. B.

Baracacai, peaux saintes en Gaulois. Ce mot nous a été conservé par Hésychius; *Barc* ou *Barac*, peaux; *Acain*, saintes.

Baracazchoa, ail. Ba.

Barachuria, ail tendre. Ba.

Baracre, *Baracri*, pain qui n'est pas assez levé. B. On voit par là que *Cré* & *Cri* se mettent indifféremment.

Baracz, baquet, cuvier. B.

Barad, orage. B.

Barad, tromperie, perfidie. B. Voyez *Barat*, *Brad* qui sont les mêmes.

BAR.

Baradas, paradis. B. Ce mot est pris de *Paradisus* Latin.

Baraein, paner. B. Voyez *Bara*. B.

Baraenn, pain long. B.

Baraer, boulanger. B.

Baraja, cartes mêlées. Ba.

Barallus Vini, A. M. baral ou baraut de vin, gros baril de vin. Voyez *Barilh*.

Baramhail, conjecture. I.

Baramhlach, critique, censeur, censure. I.

Baramhladh, supposer, présupposer, penser, croire. I.

Baramhul, conjecture, notion, connoissance, sentiment, opinion. I.

Baran, clapier, tanière, trou de tenard. B. Voyez *Bar*.

Baran, force, courage. G. Voyez *Bar*.

Baran, soldat. Voyez *Baranres*. L'*m* & le *b* se mettent l'un pour l'autre; ainsi on a dit *Maran* comme *Baran*; ce qui se voit par *Marande*, terme qui en notre Langue désigne les pilleries que les soldats font sans ordre; *Mar*; de *Maran*, soldats; *Rhawd*, pillards.

Baranda, galerie, balustrade, corridor, balcon. Ba. Voyez *Bar*, *Barandestatua*.

Barandestatua, petite promenade. Ba. Voyez *Baranda*.

Barannedd. Davies demande si c'est le plurier de *Baran*.

Baranres. Davies demande si ce terme ne signifie pas un rang de soldats : Je réponds qu'oui. *Rhes*, en composition *Res*, signifie ordre, rang; *Baron*, guerrier, soldat. L'*a* & l'*o* se mettant l'un pour l'autre, on a pu dire *Baran* comme *Baron*.

Baraoes, paradis. B. Voyez *Baradas*; *Baraouis*.

Baraouis, paradis. B. Voyez *Baradas*.

Barare, A. M. tromper. Voyez *Bar*, *Barat*.

Barat, tromperie, perfidie. B. On trouve dans les anciens monumens *Barata*, *Barataria*, fraude, dol, tromperie; *Baratator*, *Baratador*, trompeur; *Barat* en vieux François, tromperie, finesse; *Baras*, *Baraz*, *Baral* en vieux François, tromperie; *Barat* signifie encore tromperie en Languedoc, en Dauphiné, en Suisse; *Barata* en Quercy, tricher. On dit en proverbe à Metz, qui fait *Barat*, *Barat* lui vient, pour dire qui trompe, ou prétend tromper, ou cherche à tromper, est trompé lui-même. On a dit en vieux François *Barater*, *Bareter* pour tromper; *Barateur*, *Barateaulx* pour trompeur; *Baratresse* pour trompeuse; *Baratteria* en Italien; *Baraterio* en Languedocien, fraude, dol, tromperie. Les Italiens appellent *Barattiere* un homme qui trompe, particulièrement au jeu. *Baratar*, tromper en Espagnol; de là l'Isle de *Barataria* dans Dom Quichote. *Barateria* se prend aussi dans les anciens monumens pour un droit injuste qu'exige un Juge pour porter sa Sentence, parce qu'en agissant ainsi, il trompe. *Baraterii*, *Barettores*, *Barretors* signifient dans ces mêmes monumens ceux qui aiment à plaider, les chicaneurs, parce qu'on suppose que des gens de cette espèce cherchent à tromper. *Baraterii* dans ces mêmes monumens désigne encore ceux qui mandient par fainéantise plutôt que par besoin, parce qu'ils trompent ceux dont ils obtiennent des aumônes. *Debareter* en vieux François, tromper l'ennemi, le vaincre en bataille. Voyez *Barateria*.

Baratare, A. M. changer, échanger; de *Barataza*, *Baratum* dans les anciens monumens; *Barato* en Italien, échange; *Baratar* en Espagnol, échanger; *Barter* en Anglois, changer; *Baraat*, billet de change en Persan. Voyez *Barataria*.

BARATARIA, maquignon de chevaux, troqueur. Ba.

BARATAZE, échanger, changer. Ba.

BARATERIA, subornation. Ba.

BARATUS ARGENTO, A. M. barré d'argent, qui porte un habit à galons d'argent; de *Bar*; de là barialé.

BARATZA, jardin. Ba.

BARATZEN, coulant. Ba. Voyez *Barus*.

BARATZURIA, ail. Ba.

BARAVAIL, généreux, noble. I.

BARAUTU, jeûner. Ba.

BARAZ, caque, baratte à battre le beurre. B. De là ce dernier mot. *Barronon* en Espagnol, grande cruche de terre.

BARAZ, paresseux, lâche, tardif, lent. Ba. De là paresse.

BARAZCAL, souper. *Barazcal Ondean*, l'après-souper. Ba.

BARAZCARIA, j'apprête. Ba. Voyez *Para*.

BARAZIC, baril. B.

BARAZQUIA, jardinage, herbes potagéres. Ba.

BARB, barbe. Voyez *Barbwr*, *Barf* & *Barv*. *Barba* en Latin, en Espagnol, en Italien, barbe. *Barbe* en François, barbe; *Bars* en Tartare de Crimée; *Baard* en Flamand; *Beard* en ancien Saxon & en Anglois; *Bart* en Allemand; *Part* en Theuton; *Parta* en Finlandois, barbe; *Barber* en Anglois; *Balbier* en Allemand, barbier. La barbe étant le signe de la virilité, *Barb*, *Barf*, *Barv* doivent être formés de *Bar*, homme.

BARBACANA, A. M. avant-mur, mur de dehors qui couvre les murs d'une place; *Bar*, avant; *Bach*, clôture; *Bacha*, fermer, renfermer.

BARBAITTIC, barbichon. B.

BARBANTEZ, sorte de boisson. B. *Barbaude* en vieux François, biére; *Barbaudier*, brasseur de biére.

BARBAOU, bête chimérique dont on fait peur aux enfans, épouventail chimérique. B.

BARBAR, inhumain. Voyez *Barbara*.

BARBARA, barbare, cruel. I.

BARBARA, A. G. femme qui est sans honte. Voyez *Barbo*.

BARBARA, A. G. sot, stupide. Voyez *Barbo*.

BARBARDAS, intempérance, impudicité, saleté, impureté; *Barbarda*, sale, impur, impudique, intempérant. I.

BARBATUS, A. G. épileptique; de *Bar*, défaut, manquement.

BARBER, barbier. B.

BARBILDUA, contrat. Ba.

BARBO, A. G. efféminé; de *Barbouron*.

BARBO, A. G. inconstant; de *Barboell*.

BARBO, A. G. sot, fol; de *Barbulloa*, *Baro*.

BARBO, A. G. barbeau, poisson; de *Barb*, barbe. Ce poisson est ainsi nommé de ses barbes. *Barbua* en Basque; *Barbo* en Italien; *Barbeau* en François; *Barbe*, *Barbel* en Allemand; *Barbeel* en Flamand; *Barbel* en Anglois, barbeau.

BARBOELL, inconstance. B. *Bar*, sans; *Poell*, en composition *Boell*, arrêt.

BARBOT, hanneton en Bretagne, selon Ménage.

BARBOTA, A. M. espèce de vaisseau couvert; *Bar*, vaisseau; *Both*, couvert.

BARBOTTAGH, verbiage. B.

BARBOTTEIN, radoter. B.

BARBOUILHA, barbouiller. B. *Barbullar* en Espagnol, brouiller, tromper.

BARBOURON, sans barbe, sans poil. B.

BARBUA, barbeau, poisson. Ba. Voyez *Barbo*.

BARBULLOA, sol. Ba. Voyez *Barboell*.

BARBURA, A. G. sol. Voyez *Barbo*, *Barbara*, *Barbulloa*.

BARBUTA, A. M. espèce de couverture dont on se garantissoit la tête dans les combats; *Bar*, tête; *Both* ou *Buth*, couverture. On a appellé *Barbute* en vieux François celui qui portoit cette couverture.

BARBWR, barbier. G. On voit par là qu'on a dit *Barb* comme *Barf* & *Barv*; d'ailleurs le *b*, l'*f*, l'*v* se mettent l'un pour l'autre. De *Barb* est venu *Barba* Latin, *Barbe* François.

BARC, barc, bâteau. I.

BARC, pluye soudaine qui tombe avec impétuosité. I. Voyez *Bar*. On voit par ce mot qu'on a dit indifféremment *Barc* & *Bar*.

BARC, peau, cuir. Voyez *Barcer*.

BARC. Voyez *Barcanda*.

BARCA, barque, vaisseau. Ba. Voyez *Barcq*.

BARCA, BARCHA, BARCHIA, BARCIA, BARKA, A. M. barque. *Barketta*, petite barque; *Barcare*, s'embarquer; *Barcarius*, qui fait les barques & qui les conduit. (On trouve ce dernier mot dans une notice de l'Empire) De *Barcq*, *Barca*.

BARCAC-ERE, vaisseau. Ba.

BARCACIOA, indulgence. Ba. De là *Parco* Latin.

BARCACOYA, véniel, leger, digne de pardon. Ba.

BARCAGARRIA, pardonnable. Ba.

BARCALDIA, charge de la barque. Ba.

BARCAMAISUA, pilote. Ba.

BARCAMENA, pardon. Ba.

BARCANDA, A. G. conque d'airain. *Barc* a apparemment signifié vase de même que petit vaisseau, ainsi que *Lleftr*. Voyez *Barchiglia*, *Barciolum*, *Barillus*; *Am*, airain.

BARCANIARE, BARGANNIARE, BARGUINARE; A. M. marchander sol à sol; de *Bargen*. *Bargagnare* en Italien; *Bargnigner* en François, marchander sol à sol, vetiller. On a dit en vieux François *Barguigner*, *Berguigner*, *Barginer*, *Bargingner*, *Bargaigner*.

BARCASARIA, naulis, fret. Ba.

BARCATZARRA, grande barque. Ba. *Sarra*, grande.

BARCER, corroyeur, tanneur. G.

BARCH, lance. Voyez *Alfarch*.

BARCH, le même que *March*. Voyez ce mot. Le *p* & le *b* se substituant mutuellement, on a dit *Parch* comme *Barch*, ainsi qu'on le voit par notre mot François *Percer*.

BARCH, le même que *Barc*, pluye soudaine, &c. I.

BARCHIGLIA, A. M. espèce de mesure pour le bled; de *Barc* ou *Barch*; *Il*, diminutif. Voyez *Barcanda*.

BARCIO, préparer les peaux, les cuirs, les tanner, les corroyer. G.

BARCIOLUM, A. M. barde. Voyez *Bardell*.

BARCQ, barque. B. *Barc* en Irlandois, barque; *Bark* en Irlandois, barque, bâteau; *Barca*, barque en Basque; *Barka* en Grec vulgaire & en Esclavon; barque; *Barca* en Italien, barque, vaisseau; *Barca* en Espagnol, barque, bâteau, esquif; *Bark* en Anglois, barque; *Barque* en François, barque; *Baree* en Turc, petit navire, petit vaisseau; *Boorken*, barque en Flamand; *Varcnal*, trajet, passage en Étrusque; *Varcare* en Italien, traverser une rivière. De *Barc* ou *Barg* on a fait *Farg*; de là les Turcs nomment *Fargate*, & nous

par

BAR.

par tranſpoſition *Fregate*, un petit vaiſſeau ; *Ferg* en Allemand, paſſager ; *Barquerolle* en vieux François, barquette ; *Barquerot*, bâtelier ; *Bariquelle*, nacelle.

BARCUINA, pêle à feu. Ba.
BARCUS, A. M. rameau ; de *Barc*.
BARCUT, BARCUTTAN, milan oiſeau de proye. G. Je crois ce mot formé de *Cut* ou *Cud Cuddon*, pigeon ; & de *Bar*, manger ; *Barcut*, *Barcuttan*, mange-pigeons. Ce nom convient bien au milan. Voyez *Barquet*.
BARD. Voyez *Bardd*.
BARD. Voyez *Bardellen*.
BARD. Voyez *Barr*.
BARD-HIRGORN, qui ſonne de la trompette. C.
BARDA, A. M. barde. Voyez *Barr*.
BARDAEA, BARDALA, A. M alouette ; de *Bardd*, chanteuſe. Voyez *Bardan*, *Bardas*.
BARDAELL, bardis. B.
BARDAL, canard. I.
BARDAN, chantre. I.
BARDAS, chanſon, ſatyre. I. Voyez *Barddas*.
BARDATUS, A. G. nain ; de *Bart* ou *Bard*, défaut, manquement, imperfection.
BARDATUS, A. G. vaſe ; de *Bardia*. Voyez ce mot & *Barcanda*. Voyez encore *Barrdog*.
BARDD, beau. Voyez *Farda*.
BARDD, poëte, devin, Prophéte. G. *Bardd*, comédien, bouffon, mime en Cornouaille ; *Bardd*, comédien en Breton ; *Bardas* en Irlandois, chanſon ; *Bardic* en Breton, joueur de flute ; *Tabarin*, chantre de carrefour ; *Bards* dans la même Langue, joueurs de vielles & de violons qui vont chanter par les Villages. On voit par là que *Bardd* ſignifioit tout ce qui cauſe ou marque de la joye. De là vient le terme Franc-Comtois *Bardiere*, qui déſigne un feu de joye ; *Bardon* en vieux François, badin. On voit dans Strabon des *Bardos* (*Os* terminaiſon grecque) ſignifioit poëte & chantre chez les Gaulois. Feſtus dit que *Bardus* (*Us* terminaiſon latine) eſt un mot Gaulois ſignifie chantre. Sulpice ſur Lucain atteſte la meme choſe. Diodore de Sicile, *L. V* ; Lucain, *L. III* ; Héſychius, au mot *Bardi*, diſent que ce terme en Gaulois ſignifioit poëte. Les anciens Germains, au rapport de Tacite, appelloient *Bardit* leur chant en allant au combat, & le récit de certains vers. *Bar* dans une Contrée de l'Allemagne ſignifie encore aujourd'hui chant. Toland dans ſon Dictionnaire Bas-Breton-Irlandois dit que *Bard* en Bas-Breton & en Irlandois ſignifie encore aujourd'hui poëte. Dans les montagnes d'Ecoſſe les chefs de Tribus entretiennent encore de nos jours des gens de lettres, que l'on nomme *Bardes*, pour conſerver la généalogie & les évènemens mémorables de leurs familles. De *Bard* ou *Bart* eſt venu notre mot *Baſteleur* & *Batelée* ; terme de l'ancienne poëſie françoiſe. De là eſt auſſi venu le *Vates* des Latins. Voyez *Barz* qui eſt le même terme, & les mots ſuivans. *Nabi* en Hébreu ſignifioit pareillement Prophéte, & joueur d'inſtrumens.

BARDDAS, poëſie, la poëtique, hiſtoire. G. Voyez *Bardas*.
BARDDAWD, poëme. G.
BARDDES, femme qui fait des vers. G.
BARDDGAN, poëme, vers. G.
BARDDONEG, poëtique, poëſie, poëme, vers. G.
BARDDONI, poëtes. G.
BARDDONIAETH, poëme, art poëtique, muſique. G.

BAR. 133

BARDDONIAIDD, poëtique adjectif. G.
BARDDONOED, poëtique. G.
BARDDWAWD, vers. G.
BARDDWEG, poëſie, poëme, vers. G.
BARDE en vieux François, homme fort ; de là *Bardot* en notre Langue, petit mulet ; & au ſens figuré, celui ſur lequel dans une ſociété les autres ſe déchargent de leurs tâches.
BARDEELL, bâtardeau. B.
BARDELL, bardeau, petit ais dont on couvre les maiſons, grille, garde-fou, mardelle, grande pierre ronde & percée, qui couvre tout le bord d'un puits. G.
BARDELL, mardelle. B. Voyez l'article précédent.
BARDELLEN, bardeau. B. On voit par ce terme & les deux articles précédens que *Bar*, a ſignifié barrer, fermer, entourer, environner, couvrir ; de là *Barde*, *Bardé*, *Barder*. Voyez *Bar* & *Barr*.
BARDIA, A. M. petit vaiſſeau : Il eſt mis pour *Bargia*. Voyez auſſi *Barrdog* & *Barcanda*.
BARDIC, joueur de flute, tabarin, chantre de carrefour. B.
BARDICATIO, A. M. folle clameur, cri déréglé, hurlement ; de *Bardit*. Voyez *Bardd*.
BARDICIOSUS RURICOLARUM VAGITUS, A. M. les grands cris, les clameurs des Payſans ; de *Bardit*. Voyez *Bardd*.
BARDILLA, bâailler. B.
BARDIN, égal. Ba.
BARDIRE, A. G. crier, rugir comme le cerf, l'éléphant. Voyez *Bardit* dans *Bardd*.
BARDONATA, A. G. qui s'avoue vaincu : A la lettre, qui remet ſa lance ; de *Bar*, lance ; *Daun* ou *Don*, donner ; ou *Tonn*, en compoſition *Donn*, briſée.
BARDOS. Voyez *Bardd*.
BARDUCIUM, A. G. petite lance qui ſe jette comme un javelot ; *Bar*, lance ; *Tugh*, en compoſition *Dugh*, *Duc*, pouſſer, jetter.
BARDUS. Voyez *Bardd*.
BARDUS, A. M. fol. *Bard* ayant ſignifié tabarin, bâteleur, aura été étendu à ſignifier fol, enſuite ſtupide, ſot, balourd ; *Bardon* en vieux François, lourdaud.
BARE, barbe. B.
BAREA, limaçon, eſcargot. Ba.
BARECA, A. M. baraque ; *Baraca* en Eſpagnol ; *Baraque* en François, baraque ; de *Bar*, rameau ; *Ac*, habitation ; ou *Barac*, de rameaux.
BARECOA, la rate. Ba.
BAREENN, for ou fore. B.
BAREISTEA, obſtruction de la rate. Ba.
BARELLA, le même que *Marella*. Voyez ce mot.
BARELLUS, A. M. baril ; de *Barilh*.
BARELLUS, A. M. barre, barreau ; de *Barr*.
BARELUS, A. M. barreau, petit banc ; de *Barr*.
BARESARREA, pie-mere, tunique du cerveau. Ba.
BARET, chapeau. E. *Baretha*, chapeau en Carniolois. Voyez *Barreten*, *Bar*.
BARF, barbe. G. B.
BARF-FRWYNEN, jonc. G.
BARF Y BWCH, barbe de bouc. G.
BARF Y GWR HEN, barbe de vieillard planté. G.
BARF YR AFR, barbe de chévre. G. *Afr*, de *Gafr*.
BARFAN, petite barbe. G.
BARFBYSG, barbeau poiſſon. G. A la lettre, poiſſon à barbe.
BARFOG, barbeau poiſſon. G.

BARFOG, qui a de la barbe, barbu, fort barbu. G.

BARG doit être le même que *Berg*, puisqu'on a dit indifféremment *Bar* & *Ber. Bargen* en Allemand, monticule, petite élévation.

BARG, le même que *Barc*. Voyez *Aru*.

BARGA, *BARGIA*, A. M. barque; de *Barg. Barge, Berge* en vieux François, barque; *Barge* en vieux François a aussi signifié fossé par analogie.

BARGAIGNA, barguigner, disputer & chicaner sur le prix de ce que l'on veut acheter, marchander sol à sol, contrarier, contrepointer. B.

BARGAIGNEREAH, pointillerie. B.

BARGEINIO, faire un marché, une convention. G. Voyez *Bargen*.

BARGELLA, *BARGILLA*, A. M. besace; de *Barg*, vase, tout ce qui est propre à contenir; *Barg*, sac en Arménien.

BARGEN, assemblée, contrat, promesse. G. Davies dit que *Margen* seroit peut-être mieux, à cause que *Marchnad* signifie le marché: L'un & l'autre sont également bons, à cause de la substitution réciproque du *b* & de l'*m*. D'ailleurs on trouve *Bargeinio* dans le Dictionnaire Latin-Gallois de Thomas Guillaume: nous l'avons rapporté plus haut. *Bargain* en Anglois, stipulation, contrat, accord, marché, marchander.

BARGENNA, *BARGINNA*, *BARGINES*, *BARGINUS*, A. G. porte-mort; de *Burgyn*, cadavre.

BARGINES, A. G. vaillant à la guerre; de *Bar*, courageux, vaillant.

BARGINUS, *BARGENUS*, A. G. étranger; *Bar*, non; *Gen*, *Gin*, nation.

BARGIOLA, A. M. esquif, petite barque; de *Barg*; *Ol*, diminutif.

BARGOD, extrémité d'un toit qui avance pour rejetter l'eau de la pluye loin du pied de la muraille, ouvrage fait en forme de canal & de goutière; & par métaphore, bord, frange. G. On voit par *Margo*, qui signifie bord en Latin, par *Marsh*, *Marz* en Gallois & en Breton, frontières, qu'on a dit *Margod* comme *Bargod*, & *Marg* comme *Barg*. D'ailleurs l'*m* & le *b* se substituent réciproquement, de même que le *g* & l'*s*.

BARGODION, ceux qui habitent les frontières. G.

BARGUED, buse. B.

BARGUEDENN, nuage sur le soleil. B.

BARGUEDER, niais, begaud, badaud, musard, qui s'amuse mal-à-propos de côté & d'autre, qui s'arrête. B.

BARGUET, étourdi. B. Voyez *Barket* qui est le même mot.

BARGUET, haut guet. B. De *Bar*, haut; & *Guet*, guet, dit un Breton fort sçavant dans sa Langue.

BARGUICNER, marchander sol à sol. B. C'est le même que *Bargaigna*.

BARGUIGNOUR, qui marchande sol à sol. B.

BARGUS, A. M. le même que *Barcus*: le *g* & le *c* se mettent l'un pour l'autre.

BARGUS, A. M. homme sans génie, sot, fol. Voyez *Bargueder*, *Barguet*.

BARHUEC, velu. B. Voyez *Barv*.

BARI, herbe. Voyez *Parri*.

BARIA, A. M. barre; de *Bar*.

BARIAETH, scélératesse. G.

BARICUA, vendredi. Ba.

BARIGELLUS, A. M. huissier, sergent, licteur, archer; de *Bar*,verge. On appelle encore en Italie *Barigel* ou *Bargelle*, le Capitaine des sergens, des archers.

BARIGENAE. Pomponius Mela, *L.* III, *C.* VI, parle de certaines Vierges gauloises qu'on appelloit *Barigenes*. On les croit, dit-il, d'un esprit supérieur: On leur attribuoit le pouvoir d'agiter la mer, d'exciter les vents, de se changer en tels animaux qu'elles vouloient, de guérir les maladies incurables, de sçavoir l'avenir. Ce mot est formé de *Bar*, sortilége, magie, pouvoir au dessus des forces humaines; & *Geneth*, Vierge.

BARIL, petit tonneau, baril, tonneau, cruche à mettre quelque liqueur. G. *Barith* en Breton; *Bairile* en Irlandois; *Baril* en François & en Espagnol; *Barile* en Italien; *Barrel* en Anglois; *Barjella* en Esclavon, baril. On a dit *Barjus* en vieux François. Voyez l'article suivant.

BARILE, *BARILUS*, A. M. baril; de *Baril*.

BARILH, baril. B.

BARILHAT, baailler. B.

BARILLA, baailler. B.

BARILLETUM, *BARLETUM*, A. M. barillet, ou petit baril; de *Baril*; *Et*, diminutif; *Barletum*, crase de *Barilletum*.

BARILUS, A. M. baril; de *Baril*.

BARIMOTHRE, absynthe. I.

BARISA, A. M. espèce de coupe; de *Bar*.

BARK, bâteau, barque. I. Voyez *Barcq*.

BARK, barque, bâtiment de mer qui sert au transport des marchandises; plurier, *Barkou* & *Barkaouet*. B. Voyez *Barcq*.

BARKAIGNA, barguigner, disputer & chicaner sur le prix de ce que l'on veut acheter, marchander sol à sol. B.

BARKET, buse oiseau de proie pesant & paresseux; & au sens figuré, un homme stupide, lent, fainéant, étourdi. B. Voyez *Barguet*. *Barcut* en Gallois, milan oiseau sort semblable à la buse. Voyez *Barquet*.

BARKET, étonné. B.

BARKET-MOCH, buse oiseau de proie. B. Voyez l'article précédent.

BARLA, basse-cour. Ba.

BARLAFANOU. MONT WAR E BARLAFANOU, marcher à quatre, marcher sur ses mains; *Laf*, *Lafan*; au plurier *Lafanou*, mains; *Bar*, sur, *Law* se dit comme *Laf*; voilà pourquoi on a dit également *Mont Voar Barlochou*, *Mont Voar Barlavanou*; *Mont* est la crase de *Monet*.

BARLEEN, giron. B. C'est le même que le suivant.

BARLENN, giron, sein. B.

BARLETUM. Voyez *Barilletum*.

BARLIS, orge. G. C. *Barley*, orge en Anglois.

BARLOCHOU. MONT VOAR BARLOCHOU, aller à quatre, marcher sur ses mains. B. *Lochou*, de *Law*, main. Voyez *Barlafanou*.

BARN, Judicature, autorité de Juge, Sentence, Jugement, Conseil, Sénat. G. Voyez les deux articles suivans; de là *Guberno* Latin.

BARN, Jugement, Sentence du Juge. B. Il signifie aussi Juge en cette Langue. Voyez *Matiberni*.

BARN, Juge. I. *Franc* en ancien Frison, Juge, transposition de *Farn*; de *Barn*. Les anciens Saxons disoient *Frone*.

BARN, chapeau dans l'Isle de Mona.

BARN, enfant. E. *Barn*, enfant en Anglois. Voyez *Bar*, fils. On voit par là qu'on a dit indifféremment *Barn* & *Bar*, & que par conséquent *Barn* a toutes les significations de *Bar*. *Berna*, *Perna*, jeune homme en Persan.

BARN signifie ce dont on fait cas, ce qui intéreſſe. Voyez *Varnket*, & *Bern* qui eſt le même que *Barn*.

BARN, le même que *Bern* ; comme *Bar* eſt le même que *Ber*.

BARNA, BARNI, juger, prononcer une Sentence, un Arrêt. B. Voyez *Barn*.

BARNA, profond. B. Ba.

BARNACH, macreuſe. I.

BARNAD. *AWDL BARNAD*, poëme funébre. G.

BARNAIS, émail. G.

BARNE, groſſe couverture de lit en Patois de haute Bretagne ; de là *Berne*. Voyez *Bern*.

BARNEAN, au dedans. Ba.

BARNEDIG, condamné. G.

BARNEDIGAETH, l'action de juger, Sentence, Jugement, ce qui eſt jugé, châtiment, correction. G.

BARNEIN, eſtimer, prôner. B. Voyez *Barn*.

BARNEISIO, cuire avec. G. Je crois ce mot formé de *Nés*, proche, auprès ; *Bar* par conſéquent cuire.

BARNEISIOL, qu'on cuit avec. G.

BARNER, Juge ; pluriel *Barnerien*. Voyez *Barn*.

BARNETASSUNA, profondeur. Ba.

BARNETIC, au dedans. Ba.

BARNEUR, Juge. B.

BARNEZGARRIA, impénétrable, impénétrabilité. Ba.

BARNI, juger. G. B.

BARNIAZ EUTZIA, accroché. Ba.

BARNIDIGNEZ, jugement. B.

BARNOL, judiciaire. G.

BARNOUR, Juge. B.

BARNU, juger, peſer, examiner. G.

BARNUR, Juge. G.

BARO ou BARON, fol, ſtupide. Ce mot Gaulois nous a été conſervé par Cornutus, qui ſur ce vers de Perſe,

Baro reguſtatum digito terebrare Salinum.

nous apprend que c'étoit pour cette raiſon qu'on ſe ſervoit de ce terme pour déſigner les valets des ſoldats : *Linguâ Gallorum Barones, vel Varones, dicuntur ſervi militum, qui utique ſtultiſſimi ſunt, ſervi videlicèt ſtultorum.* Saint Iſidore dans ſes gloſſes nous apprend qu'on étendit ce terme à tous les ſerviteurs, à tous les mercenaires. Je crois que la racine de ce mot priſe en ce ſens eſt *Bar*, défaut, manquement : Les fols, les ſtupides ſont ſans raiſon, qui eſt la première prérogative de l'homme. *Babhhar* en Hébreu, ſot, ſtupide, fol ; *Barone* en Italien, gueux. Voyez *Baroſus*.

BARO, barbe. B.

BARO. Voyez *Mar*.

BARO, A. M. homme ; de *Bar*.

BAROEA, Baron, grand de l'État. Ba. Voyez le mot ſuivant.

BARON, Baron, grand de l'État. B. *Barwn*, prononcez *Baron* en Gallois, Baron, Seigneur, Grand de l'État ; *Barua* en Irlandois, Baron, Grand de l'État ; *Baroea* en Baſque, Baron, Grand de l'État ; *Baron* en François, en Eſpagnol & en Anglois ; *Barone* en Italien, Baron, Grand de l'État. Dans les anciennes Loix des Écoſſois, des Francs & des Allemands ce terme déſigne les Grands, les Principaux de l'État. *Barſamanat* en ancien Perſan ; *Bartſemend* en Perſan moderne, homme puiſſant. On a dit en vieux François *Barné* pour *Baroné*, celui qui a le rang de Baron ; &

Barnage, Bargnage pour *Baronage* ; *Barnez* en vieux François, nobleſſe. Ce mot vient de *Bar*, haut, élevé, premier, principal ; ce qui ſe prouve encore, parce qu'en vieux François on appelloit les Barons les *Bers. Ber* eſt le ſynonime de *Bar*. Voyez l'article ſuivant.

BARON, guerrier. G. Les Latins avoient pris ce mot des Gaulois : Il ſignifioit parmi eux un homme fort & vaillant. Hirtius Panſa, au Liv. 1. C. 53 de la guerre d'Alexandrie, parlant de Caſſius, Gouverneur de l'Eſpagne ultérieure, dit : *Concurritur ad Caſſium defendendum ; ſemper enim Barones, compluresque evocatos cum telis ſecum habere conſueverat.* On trouve dans un ancien gloſſaire, *Baro vir fortis*, Baron, homme fort, homme vaillant. Le nom de Baron ſignifiant guerrier, fut avec juſtice employé pour déſigner un vaſſal qui tenoit une terre à charge du ſervice militaire. On le trouve en ce ſens dans les anciennes Loix de France, d'Angleterre & de Sicile. Ce mot pris dans cette ſignification vient de *Bar*, force, courage, valeur. *Barritus* dans Vegece ſignifie le cri que les ſoldats jettoient avant ou dans la mêlée.

BAROSUS, A. G. fol, efféminé, inconſtant. Voyez *Baro*.

BAROUILH, baril. B. On dit *Baroille* en Patois de Beſançon.

BAROYA, Baron. Ba. Voyez *Baroea*.

BARQ, barque. I. Voyez *Barcq*.

BARQUELIUS, BARQUILE, A. M. baſſin, réſervoir d'eau ; de *Barcq*. Voyez *Barcanda*.

BARQUET, milan. B. C'eſt le même que *Barcut*.

BARR, verrou, barre, barrière, barreaux, grille. G. *Barr* en Breton, barre ; *Barra, Baira* en Irlandois, barre, verrou, obſtacle, empêchement ; *Barrutha*, lieu fermé en Baſque ; *Barrad, Barrat* treillis, barreaux en Irlandois ; *Barr* en Anglois ; *Barra* en François ; *Barra* en Eſpagnol & en Italien, barre ; *Barrar* en Eſpagnol, barrer ; *Baraca, Baraz* dans la même Langue, empêchement ; *Barella* en Italien, claye ; *Par*, empêchement en Tartare du Thibet ; *Bartion* en Malaye, foible fortification ; *Bardiz* en Arménien, verger ; *Pardez* en ancien Perſan, verger, endroit fermé plein d'arbres ; *Barda* en Eſpagnol, cloiſon, haye, couverture ; *Barda de Cavalo* en Eſpagnol ; *Bard* en Anglois ; *Barde* en François, barde, ou armure de cheval. Voyez *Bardell*, *Bar*. Ces mots montrent que *Bar*, *Barr*, *Bard* ont ſignifié clôture, défenſe, couverture en général. *Barr* a été auſſi pris au ſens figuré, ainſi qu'il paroit par le vieux terme françois *Barres*, qui ſignifioit exceptions, défenſes. Ce mot eſt encore en uſage dans le jeu que nous appellons les *Barres*. De *Barr* eſt venu embarras, qui dans notre Langue ſignifie un obſtacle au propre & au figuré. De là *Barricade* ; *Barr*, barrière ; *Cad*, bois ; de là *Verrou* ou *Verrouil* : le *v* & le *b* ſe mettant l'un pour l'autre. Voyez *Bar, Barra*.

BARR, faîte, cime, ſommet, pointe. I. Voyez *Bar*.

BARR, poil, cheveu, chevelure. I.

BARR, barre, levier, entrée d'un port empêchée par les bancs de ſable & les rochers. B. Voyez *Bar*.

BARR, ſur, deſſus, cime, pointe de quelque choſe, comble parlant des grains. B. Voyez *Bar*.

BARR, branche, rameau, bouchon de cabaret. B. Voyez *Bar*.

BARR, broſſe. B. Voyez *Bar*.

BARR, grappe. B. Voyez Bar.
BARR, maladie causée par maléfice, sort, sortilége. B. Voyez Bar.
BARR, pointe en Gallois. Voyez Bartog. De là Baroque en notre Langue, ce qui a des pointes, des angles, ce qui est d'inégale grandeur; Brocchus Latin.
BARR. Voyez Barrheaul.
BARR, le même que Bar, ainsi qu'il paroit & par le son & par la comparaison des significations de ces mots.
BARR-AMSER, tempête. B. Voyez Bar.
BARR-AVEL, bouffée de vent. B. Voyez Bar.
BARR BOTOU, décrotoire. B. Voyez Bar.
BARR FALTASY, enthousiasme. B. Voyez Bar.
BARR GLAO, ondée de pluye. B. Voyez Bar.
BARR GOUTOU, accès de goutte. B. Voyez Bar.
BARR HEAUL, rayon du soleil. B. Voyez Bar. En comparant ce mot avec Bannheaul, on voit que Barr est synonime de Bann.
BARR RESIN, grappe de raisin. B. Voyez Bar.
BARR TERZYEN, accès de fiévre. B. Voyez Bar.
BARRA, vigueur, force. I.
BARRA, barre, verrou, obstacle. I. Voyez Barr.
BARRA, verbe qui exprime lorsqu'un essain d'abeilles se pose sur une branche d'arbre ou ailleurs. B.
BARRA, remplir, mettre le comble, ou combler parlant des grains. B.
BARRA, A. M. barre, chanceaux, enceinte d'un tribunal. Ce mot a aussi signifié ces bandes de couleurs diférentes qu'on met sur les habits à cause de leurs ressemblances avec des barres. De là Barratus dans les anciens monumens; Barrat, Barret, Barré en vieux François, celui qui porte des habits où il y a de ces bandes; Bariola en Auvergnac; Barioula en Franc-Comtois, bigarré; de Barr.
BARRA, A. M. biére, cercueil; de Byere.
BARRACANUS, A. M. barracan ou bourracan; de Bourracan.
BARRACH, étoupes. I.
BARRACZ, torchis, bousillage, construction faite de terre & de boue. B.
BARRACZENN, bauge ou bauche, maison de terre franche & de pailles pétries. De là Baraque. B.
BARRAD, treillis, barreaux. I. Voyez Barr.
BARRAD AVEL, bouffée de vent. B.
BARRAL, treillis, barreaux. I. Voyez Barr.
BARRALE, A. M. baral, tonneau d'une certaine mesure. Voyez Baril, Barrod.
BARRAMHUL, pensée, opinion. B. sentiment, envie. I.
BARRATT, giboulée. B. Voyez Barad.
BARRAZ, baquet. B.
BARRCHAS, bouclé, frisé. I. Voyez Barr.
BARRDOG, corbeille, panier, boëte. I.
BARREA, ris, l'action de rire. Ba.
BARREGH, barre. I. Voyez Bar, Barr.
BARREN, barre. B.
BARREN, profond, creux. Ba.
BARRENAZE, creuser, approfondir, rendre profond. Ba. Barrenar en Espagnol, trouer.
BARRENCAYA, pénétrable, pénétrabilité. Ba.
BARRENCOIA, divisé, séparé, abstrait. Ba. Voyez Barri.
BARRENCOYA, taciturne. Ba.
BARRENN, timon, terme de mer. B.
BARRENTAZE, flairer, soupçonner. Ba. Barruntar en Espagnol.

BARRENZULATUA, fait en tuyau Ba.
BARRET, plein, rempli. B.
BARRET singulier; Barreten, petit bonnet ou calote. B. De Barr, tête. Voyez Bonedd, Barreta en Italien, calote; Barrete en François. Voyez l'article suivant & Birred.
BARRETUM, A. M. calote. Voyez Barreten. On a dit aussi Birretum.
BARREUM, A. M. le même que Barelus.
BARREYATUA, épars, répandu. Ba.
BARREYATUAC, répandant, dispersant. Ba.
BARREZ, farce de théatre, danse de théatre anciennement en Breton. Voyez Barz, Bardd.
BARRI, diviser, partager. C. Voyez Barr, Barrencoia.
BARRIC, grappillon, petite grappe. B. De Barr.
BARRICA, barrique, petit tonneau. Ba. De là Barique. Voyez Bar, Baril, Barriqen.
BARRIDUS, A. M. le même que Barilus. Voyez Baril, Barrod.
BARRIDUS, A. M. superbe, orgueilleux; de Barr, haut au propre & au figuré.
BARRIF, combler. B. Voyez Barr.
BARRIGH, pointe. I. Voyez Bar, Barr.
BARRIN, devant, le devant. I.
BARRIQ, barique, tonneau. B.
BARRIQEN, barique. B. Voyez Barrica.
BARRISURTEA, infusion. Ba.
BARRITANICI, A. G. fleurs qui naissent dans la forêt; de Barr, jet, pousse; Tan, forêt; ou de Bar, faire, produire; Bartanic, productions de la forêt.
BARRIUM, A. M. amas de maisons qui touchent la Ville; de Barr, jet, avance, ce qui s'avance, ce qui est avant; ou de Bar, auprès. Cet amas de maisons qui touchent la Ville se nomme Barris en Espagnol; Barri en Auvergnac, Barri en Provence signifie les maisons enfermées dans la Ville, l'enceinte ou les murs de la Ville; de Bar, clôture, enceinte.
BARRIYAR, pointu. I.
BARROCH, plus comble, plus comblé parlant des grains. B.
BARROD, baquet, cuvier, baril. B.
BARROG, éperon. G. De Barr, pointe.
BARROG, nœud. I.
BARROTUM, A. M. tombereau. Barrot ou Barreau dans quelques Provinces du Royaume; de Bar ou Ber, porter. Tombereau est formé de Tom, boue, fumier; & Ber, porter, voiturer.
BARRUBETA, poulie, moufle. Ba.
BARRUCOA, chevet, coussin. Ba. De Barr, tête.
BARRUCOA, intrinséque. B.
BARRUG, gelée blanche, nuée de gelée blanche. B.
BARRUGAL CRAN, rameaux d'arbre. I. Cran, arbre.
BARRUTHA, lieu fermé. Ba. Voyez Barr.
BARRUTIA, district, jurisdiction, territoire, Duché, Diocèse. Ba.
BARRYELDRO, tourniquet. B.
BARRYELLEU, garde-fou. B. Voyez Barr.
BARSENNEN. Voyez Barzenen.
BART, la nuit suivante. Ba.
BART, défaut. Voyez Ampart & Bar.
BARTH, Prophéte. G. Voyez Bardd.
BARTH, partie. G. Voyez Barri.
BARV, barbe. B. Barva en Espagnol, barbe; Varvé en Gascon, barbe. Voyez Barb, Barf.
BARVEG, barbu. B.

BARUENN

BAR. BAS. 137

BARUENN, fibre, petite racine. B.
BARUENN ou BARUENN AR GOUNTELL, le taillant du couteau. B.
BARULAS, A. G. enfant; de *Bar*, homme; *Llay*, petit.
BARUMHLADH, conjecturer. I.
BARUN, Baron. I.
BARURA, jeûne, abstinence. Ba. *Bar*, nourriture; *Urriguera*, sobriété; *Urrijaldura*, abstinence, frugalité. Le premier de ces termes signifiant sobriété, le second frugalité, qui sont la même chose, on voit par là qu'ils sont synonimes, & que par conséquent ils signifient tous les deux abstinence. Voyez le mot suivant.
BARURIC, qui est à jeûn. Ba.
BARUS, scélérat, méchant. G. Je conclus de là que *Bar* a signifié scélératesse, méchanceté, parce qu'en Gallois les adjectifs sont formés des substantifs, en ajoutant *Us*, ou quelqu'autre terminaison. De là la terminaison latine *Us*.
BARUS, grand mangeur. G. Il faut que *Bar*, *Bara* ait signifié manger, de même que pain, aliment, nourriture ; je l'infére de ce mot, de *Barcut*, de *Bara*. *Bara* en Hébreu signifie manger & aliment. On voit d'ailleurs combien ces significations sont analogues.
BARUS, A. G. roux; de *Brych* ou *Bruch*, ou *Bras*. De là *Burrus*, *Byrrhus*, roux en Latin.
BARUS, A. M. homme, de *Bar*.
BARUTELLUS, A. M. tonneau. On dit à Marseille *Barucheaulx*, de *Barrod* ou *Barrot*.
BARW, FARW, PARW, VARW, barbe, selon les différentes occurrences, dit Dom le Pelletier. *Barw* se prononce *Baro*. B. Voyez B, *Baru*.
BARW. Voyez *Berw*.
BARW-RIVACH, gris. I.
BARWN, prononcez *Baron*, Baron, Seigneur, Grand de l'État. G. Voyez *Baron*.
BARWNAD, AWD BARWNAD, poëme funèbre. G.
BARWNIAETH, la condition, l'état de Baron, de Seigneur, de Grand de l'État. G.
BARZ, selon le Pere de Rostrenen, baladin, danseur de théatre, bouffon qui divertit le Peuple, joueur d'instrumens; selon Dom le Pelletier, joueur d'instrumens de musique, musicien, celui qui fait métier de chanter publiquement & aux assemblées, & d'y déclamer des vers, & qui par là gagne sa vie; féminin, *Barzez*, fille ou femme qui est de cette profession, ou qui accompagne ceux qui en sont ; *Barzez*, & en Cornouaille de Bretagne *Barrez*, compagnie de telles gens; *Barzoniach*, paroles sales, & telles que des bâteleurs ont coûtume d'en prononcer. Les Irlandois, poursuit Dom le Pelletier, nomment *Bardd*; plurier *Bairds*, certains chanteurs d'injures gagés pour cela par ceux qui veulent se venger d'une manière si basse, ne pouvant le faire autrement. Les Espagnols disent *Andar de Bardanca*, aller en dansant, marcher en dansant. (*Andar*, aller, marcher) Camden dans sa description de la Grande Bretagne, parlant de l'Islande, dit que les Irlandois appellent les poëtes *Bardes*. On voit par un ancien proverbe Breton que les Barz en chantant attaquoient quelquefois la réputation. B. Voyez *Barda* qui est le même mot. Voyez *Barzic*. De *Bars* ou *Vars* est venu le Latin *Versus*, vers.
BARZ, bar poisson. B.
BARZ, MEN BARZ, borne. B.
BARZENEN, BARZENNEN, BARSENNEN,
TOME I.

verrou de porte ou de fenêtre. B. De *Barr*.
BARZIC, joueur de flute, tabarin, chantre de carrefour. B.
BAS, défaillance, manquement, défaut, extase, syncope. G. *Bas* en Irlandois, mort; *Bass*, mort en vieux François; *Baste* en vieux François, fourberie, tromperie, souplesse ; *Basa* en Espagnol, angoisse, tourment, ennui, fâcherie; *Basa* en Basque, désert, agreste, sauvage, excrément, fiente; *Bastoa* dans la même Langue, grossier, impoli ; *Bassier* en vieux François, pupille, petit; *Bas* en Arabe, pauvre, indigent, miserable. Voyez *Bas*, pet, & *Bas*, petit. On voit par là que *Bas* a signifié en général tout ce qui a quelque défaut, tout ce qui a quelque imperfection, tout ce qui est petit, vil, méprisable, mauvais. Voyez *Bac*, qui est le même que *Bas* & *Bacadh*.
BAS. Thomas Guillaume dit que ce mot signifie bas. Davies dit qu'il signifie non profond. Camden dans sa description de la Grande Bretagne dit que *Bas* en Breton (il entend par là le Gallois) signifie ce qui est moins profond, *quod minus profundum*. Dom le Pelletier dans son Dictionnaire Bas-Breton dit que *Bâs* en cette Langue signifie le même que *Bas* en François, mais sans etre profond. En termes de marine, continue cet Auteur, *Basse* est un rocher caché sous l'eau, & dangereux pour les navigateurs : *Bas-jen*, basse froide, &c. *Baza* en Basque, base, la partie basse de la colomne; *Basso*, petit dans la même Langue; *Bas*, petit en Gallois ; *Bas* en François, bas; *Bas* en Theuton, au dessous ; *Basso* en Italien, bas; *Baxo* en Espagnol, bas; *Bass* en Allemand, bas; *Base* en Anglois, bas, vilain, lâche, indigne, infâme; *Basa* en Espagnol; *Basis* en Grec, base, la partie la plus basse de la colomne; *Abase* en Anglois; *Abaisser* en François, mettre plus bas ; *Cabas* en Hébreu, en Chaldéen, en Syriaque, abaisser, déprimer, subjuguer, dompter ; *Basmak* en Turc, fouler aux pieds, opprimer, accabler, abbatre; *Basanak* dans la même Langue, base, escabeau, degré ; L'*m* & le *b* se mettent l'un pour l'autre. *Ma* en Tartare du Thibet, le plus bas; & *Mata*, inférieur: L'*f* & le *b* se substituent réciproquement. *Faoi* en Irlandois, en bas, au dessous. De *Fas* pour *Bas* est venu *Affaisser* dans notre Langue: Le *v* & le *b* se mettent l'un pour l'autre. *Vab* en Arménien, précipice. Voyez l'article suivant ; & *Bas*, bas en Irlandois.
BAS, LLE BAS, gué. G. Voyez *Bais*.
BAS, mort, trépas. I.
BAS, paume de la main, soufflet, souffleter. I.
BAS, bas, le plus bas, profond. I.
BAS, bas ou chaussé. B.
BAS, pet. B. *Bass* en Basque, fiente, excrément; *Basa*, rot en Espagnol ; *Bas* en Hébreu, sentir mauvais, être puant.
BAS. Voyez *Ambact*.
BAS, le même que *Bach*: L's & le *ch* se mettant l'un pour l'autre.
BAS, le même que *Pos*. Voyez ce mot & *Basacua*.
BAS, le même que *Bac*. Voyez *Aru*.
BAS, le même que *Fas*, *Gas*, *Mas*, *Pas*, *Vas*. Voyez B. De là *Basum*. Voyez *Masel*.
BASA, paume de la main. I.
BASA, le même que *Masa*. I. De même des dérivés ou semblables.
BASA, désert. Ba. Il signifie aussi agreste, sauvage, de campagne. Voyez *Basacecena*, *Basugindea*, *Basachirola*, *Basamacha*, *Basatia*.

BASA, fiente, excrément. Ba. Voyez Bas, pet.
BASA, étang, petit lac. Ba.
BASA, arbre. Ba. Voyez Basoa.
BASA, verre à boire. Ba. Voyez Bas de Bach.
BASACARDABERA, caméléon blanc. Ba.
BASACECENA, bœuf sauvage. Ba. Voyez Basa.
BASACHIROLA, flute de berger. Ba. Voyez Basa.
BASACUA, terre grasse, argile. Ba. Voyez Bass. De là Vase, boue, limon.
BASACUA, rat de campagne. Ba.
BASADEELL, bessière. B. Voyez Bas.
BASAGENDEA, agreste. Ba. Voyez Basa & Gendea.
BASAGHADH, mort, trépas. I.
BASAILLUNA, bois, forêt. Ba. Voyez Basa.
BASALARIA, voleur. Ba. Voyez le mot précédent: Les voleurs demeurent ordinairement dans les bois.
BASAMACHA, BASAMASTIA, BASAMATZA, lambruche, vigne sauvage. Ba.
BASAN, le même que Bychan. Voyez ce mot.
BASAN, bas, le plus bas, profond. I.
BASARA, fumier, ordure, fiente, excrément. Ba. Voyez Basa.
BASARBIA, espèce de navets. Ba.
BASARDA, le même que Basara. Ba.
BASARIDES, A. G. le même que Bassarides. Voyez Bassaris.
BASASTOA, âne sauvage. Ba. Astoa, âne.
BASATIA, agreste, sauvage. Ba.
BASAUNTZA, chamois, chevreuil, chévre sauvage. Ba.
BASAURDEA, sanglier. Ba.
BASAURRA, noisetier sauvage. Ba.
BASC, rouge. I.
BASC. Voyez Ambact.
BASCAEID, corbeille, panier. I.
BASCAIDD, corbeille, panier. I.
BASCATU, nourrir, paitre. Ba. Voyez Pasg qui est le même mot.
BASCAUDA. Voyez Bascod.
BASCIUNSA, cerf. Ba.
BASCOD, corbeille, panier. G. Martial employe ce mot.

    Barbara de pictis venit Bascauda Britannis;
    Sed me jam mavult dicere Roma suam.

On lit dans quelques manuscrits Mascauda pour Bascauda : l'm & le b se mettent l'un pour l'autre. Voyez Bascaidd, Basket, Baskeid.
BASCOON, pays sauvage. Ba.
BASCUUM, A. M. pour Pascuum, pâturage. Voyez Bascatu.
BASDDOWR, gué. C. Dowr, eau ; Bas, basse.
BASDER, bassesse. G. Voyez Bas.
BASDHONI, gué. C. On voit en comparant ce mot avec Basddowr, que Dhoni est le synonime de Dowr.
BASELEUS, BASELUM, FASELUS, A. G. selouque, galiotte, brigantin; de Bas, le même que Bac.
BASELL de Bashell, comme Bas de Bach.
BASENN, marche d'escalier. B.
BASERRIA, maison de campagne. Ba, Erria, maison. Voyez Basa.
BASET, le même que Bychan. Voyez ce mot.
BASEYER, bas ou chausses. B.
BASGAWD, le même que Basged & Bascod. G.
BASGED, corbeille, panier, petite auge, petits ustensiles, & autres choses creuses. G. Basket en Anglois, corbeille, panier ; Baquet en Breton,
malle, coffre ; Baquet en François, seau ; Bachole en Auvergne, tine ou vaisseau à porter la vendange ; Baschoue en vieux François, hotte. Voyez Bascod.
BASGEDAN, petit panier, petite corbeille. G.
BASIA, sale, vilain. Ba. Voyez Bas.
BASIL, basilic cultivé. G.
BASILICQ, basilic plante & serpent. B.
BASIN, bas, le plus bas, profond. I.
BASIN, le même que Bychan. Voyez ce mot.
BASKAD, corbeille, panier de joncs ou de saules. G.
BASKEID, panier, corbeille. I.
BASKET, panier, corbeille. C.
BASME BASMETTE. Voyez Balma.
BASOA, forêt. Ba. Voyez Baz, Basa.
BASOARRA, sauvage, agreste. Ba. Voyez Basoa.
BASOLLARA, hupe, sorte d'oiseau. Ba.
BASON, le même que Bychan. Voyez ce mot.
BASORQUIA, valet de cuisine. Ba.
BASOT, le même que Bychan. Voyez ce mot.
BASOTIA, sauvage, agreste, de campagne, féroce, indomptable. Ba. Voyez Basa.
BASOU, le même que Bychan. Voyez ce mot.
BASOU, bas ou chausses. B.
BASQICG, scrophulaire plante. B.
BASS, bât. B. Basta en Basque ; Basse dans un ancien glossaire, bât, coussin ; Bast, Basta dans les anciens monuments, bât ; Basto en Italien & en Espagnol ; Bast en Flamand ; Bât en François ; Basta dans la basse Latinité, bât ; Bastazo en Grec, porter.
BASS, roc. Voyez Bilyen, Bâs, Bassatum.
BASS, gras. Voyez Bras, Bas, Bassaris, Bassan, Bassilitas, Bassus, Basta, Pos. Pachus, gras en Grec ; Bass en Allemand, bon, mieux.
BASSA, destin, fortune. I.
BASSA, bâter, mettre le bât sur la bête. B. Voyez Bass.
BASSA, battre, comme quand on bat des œufs dans un vaisseau avec un petit bâton. B. Voyez Baz.
BASSA, sauvage, agreste, barbare, farouche. Ba.
BASSA, A. M. brebis grasse ; de Bass.
BASSACHA, A. M. paillasse ; de Bass.
BASSAN, le même que Bychan. Voyez ce mot.
BASSAN, A. G. graisse ; de Bass.
BASSARIS, A. G. graisse, brebis grasse, vache abondante en lait ; de Bass, gras, fertile, abondant.
BASSATUM, A. G. fente de rocher ; de Bass, roc ; Twn, brisure, fente.
BASSE, rocher. Voyez Bass.
BASSET, le même que Bychan. Voyez ce mot.
BASSILE, A. M. bassin. Voyez Bas, Baczin.
BASSILITAS, A. G. graisse ; de Bass.
BASSINUS, A. M. bassin ; de Baczin.
BASSO, petit. Ba. Voyez Bas.
BASSON, le même que Bychan. Voyez ce mot.
BASSOT, le même que Bychan. Voyez ce mot.
BASSOU, le même que Bychan. Voyez ce mot.
BASSUARIA JUMENTA, A. M. jumens à bât ; de Bass.
BASSUS, A. G. bas ; de Bas.
BASSUS, A. G. gras ; de Bass.
BAST. Je crois que ce mot a signifié fort, fortifié, fermé, enceint, gardé. 1º. Basta en Breton signifie suffire, se suffire, n'avoir besoin de rien : sens fort analogue à fort, puissant. 2º. Baticza en Breton ; Bastir en François, c'est construire

une habitation, un lieu fermé, un lieu sûr. 3°. *Bastida* en Basque, guérite, lieu d'où l'on garde une place. 4°. *Baster* en François signifie être en bon état. 5°. *Bastion* en François & en Espagnol est une espèce de fortification ; *Baste* en termes d'horlogerie est un cercle qui enferme la montre ; & *Basti* est un chassis qui enferme une machine à fendre les roues ; *Bastingue* en termes de marine est une bande d'étoffe ou de toile qu'on tend le long du plat-bord du vaisseau pendant le combat, afin de couvrir les soldats & les matelots ; *Bastardeau*, construction faite avec des pieux, des planches & de la terre glaise, pour fermer une partie du lit d'une rivière ; *Bastant*, de porte, de fenêtre, un côté de la fermeture ; *Mastin*, mâtin, chien de garde : l'*m* & le *b* se substituent réciproquement ; *Bast*, lien en Theuton. Voyez *Basia* & *Fest*.

BASTA, suffire, avoir assez pour le besoin. B. *Bastus* dans les anciens monumens, suffisant ; *Bastare* en Italien, suffire ; *Basta* en Espagnol, suffisamment, abondamment ; *Basto* dans la même Langue, gros, grossier ; *Bass* en Allemand, bon, mieux, plus, davantage ; *Fast* dans la même Langue, beaucoup, fort adverbe, bien adverbe.

BASTA, bât. Ba.

BASTANT, suffisant, qui suffit. B. Dans notre Langue *Bastant*, suffisant, abondant : Une pluye *Bastante* est une raison suffisante : Une pluye *Bastante* est une pluye abondante. *Baster*, etre en bon état, réussir, suffire ; *Baste*, pour cela, pour, passe pour cela, je suis content de cela, cela suffit ; *Bastand* en Theuton, suffisant, selon Wachter.

BASTARDD, bâtard. G. B. I. Davies tire l'étymologie de ce mot de *Bas*, non profond ; *Tardd*, source, origine ; ensorte que, selon lui, *Bastardd* signifie un homme dont l'origine n'est pas profonde, n'est pas ancienne. Il me semble qu'il vaudroit mieux la tirer de *Bas*, défectueuse ; ou de *Bas*, crase de *Baos*, fornication ; *Bastard* en Anglois & en François ; *Bastaard* en Flamand ; *Bastardo* en Espagnol & en Italien, bâtard ; *Bastardiere* en vieux François a signifié pepinière ; de *Basa*, arbre, & *Tardd*, source, origine.

BASTARDI, s'abâtardir, dégénérer. B.

BASTARDUS, A. M. bâtard ; de *Bastardd*.

BASTEIN, le même que *Basta*. B.

BASTELLUS, A. M. battant de cloche ; de *Bataith*.

BASTERIUS, A. M. bas ou chausses ; de *Bas*.

BASTERNA, A. G. char garni de tapis molets; de *Bass*, coussin ; *Sterna*, atteler des chevaux à un char, à une voiture. Saumaise sur le livre de Tertulien, *de Pallio*, dit que la *Basterne* avoit succédé à la litière, & qu'elle en différoit peu ; que la litière étoit portée sur les épaules des esclaves, au lieu que la *Basterne* l'étoit par des bêtes.

BASTERRERA DEITU, j'imite, j'appelle. Ba.

BASTERRERASO, j'intercepte, j'épouvante. Ba.

BASTIA, BASTIDA, BASTITA, BASTILE, A. M. château, tour, fortification, tour de bois, enceinte, palissade. *Bastida* se prend aussi pour une métairie, avec la demeure du métayer ; *Bastide* en Provençal est une maison de campagne avec son enceinte ; *Bashtia* en Carniolois, forteresse ; *Bastia* en Italien, bastion, tranchée, boulevard ; *Bastione* en Italien, bastion : La Bastille à Paris est une forteresse ou château ; *Bastion* en Anglois, bastion. Tous ces mots sont formés de *Bast*, fort, fortifié, fermé, enceint. Voyez ce terme.

BASTIDA, guérite, endroit où l'on met une sentinelle pour garder la place. Ba.

BASTIMENTUM, A. M. bâtiment ; de *Baticza*.

BASTINUM, A. M. obligation de fournir des chevaux bâtés ou sellés ; de *Basta*.

BASTIRE, A. M. bâtir. Voyez *Bast*.

BASTITORIUM, A. M. moulin à battre les écorces ; de *Baeddu* ou *Baettu*.

BASTOA, grossier, impoli. Ba. *Bâtier* en notre Langue, sot, stupide, niais.

BASTOEA, bâton. Ba. Voyez *Baz*, *Pastwn*.

BASTONERIUS, A. M. porte-verge, bedeau ; de *Pastwn* ou *Bastwn*, prononcez *Baston*, bâton, verge, baguette.

BASTONUS, A. M. bâton. Voyez l'article précédent. *Buston* en François & en Espagnol ; *Bastone* en Italien ; *Batang* en Malaye, bâton.

BASTOYA, bâton. Ba. Voyez *Baz*, *Pastwn*.

BASTROUILHEIN, barbouiller. B.

BASTROUILHER, barbouilleur. B.

BASTUM, A. M. bât ; de *Basta*, *A*, article.

BASUM, A. G. poireau ; de *Baz*, bâton : le poireau ressemble à un bâton.

BASURA, ordures. Ba. Voyez *Basa*.

BASURDEA, sanglier. Ba. A la lettre, cochon sauvage ; *Basa* ou *Bas*, sauvage ; *Urdea*, cochon.

BASUS, le même que *Pos*. Voyez ce mot. De là *Obesus*, gras en Latin.

BASYN, le même que *Bychan*. Voyez ce mot.

BAT, bâton. I. *Bath*, *Raz* en Arabe, bâton ; *Bad* en Hébreu, barre & branche d'arbre ; *Bat*, *Batte* en ancien Saxon ; *Bat* en Anglois ; *Bastos* en Grec du moyen âge, bâton. Voyez *Pastwn* & *Bata*.

BAT, un. Ba.

BAT, le même que *Bad*. Voyez ce mot. D'ailleurs le *t* & le *d* se mettent indifféremment l'un pour l'autre.

BAT, riche, abondant, fertile. Voyez *Bat*, *Baut*, *Basta*, *Bathawe*, *Batna*, *Pat*, *Paut*. *Bat*, mieux en ancien Saxon ; *Batiza*, meilleur en Gothique ; & *Batisa*, très-bon ; *Baat* en Flamand, gain, profit, utilité ; *Ba cn.* en Flamand, profiter ; *Beter* en Flamand ; *Better* en Anglois ; *Bedre* en Danois ; *Besser* en Allemand ; *Betzeyck* en Javanois, meilleur ; *Batsah* en Hébreu, gagner ; & *Betsah*, gain ; *Faida* en Turc, gain ; de là *Battant* en notre Langue pour entièrement, absolument.

BAT, vase. Voyez *Batera*, *Bath*, espèce de mesure en Hébreu ; *Vata*, boëte en Langue de Madagascar.

BAT, habitation. Voyez *Baticza*.

BAT. Voyez *Batis*, *Patchou*, jaune en Talenga.

BAT. En comparant *Batanitza*, sauge de montagne ; *Baieronza*, Reine ; *Bainchequia*, hiérarchie ; *Batua*, accumulé ; *Batuna*, comble, monceau, on voit que *Bat* a signifié supériorité, élevation, monceau, tas. Voyez *Bad*, *Badi*, merveille en Arabe.

BAT. En comparant *Batana*, *Bathu*, *Baeddu* ou *Baettu*, on voit que *Bat* a signifié battre, fouler.

BAT, le même que *Fat*, *Gat*, *Mat*, *Pat*, *Vat*. Voyez B.

BATA, bâton, massue. I.

BATA, as au jeu de cartes. Ba. Voyez *Bat*, un.

BATA, chien. Ba.

BATAD, noyer, inonder, submerger. I.

BATAGOA, unité. I.

BATAGOCUNA, local, qui concerne le lieu. Ba.

BATAILH, battant de cloche. B. On dit encore

Batel en Picardie. Voyez *Baſtellus*.
BATAILHOUR, criard, criailleur. B.
BATAILLE, bataille. I. Voyez *Batalla*.
BATAILLIAE, A. M. fortifications; *Batailliatus*, fortifié; de *Batalla*, bataille, combat. On combat ſur les fortifications.
BATAIREAS paroit ſignifier bataille, querelle. I.
BATALARE ARMA, A. M. manier les armes, ſe ſervir des armes, batailler ; de *Batalla*.
BATALEA, BATALIA, A. M. bataille; de *Batalla*. On trouve auſſi Batalia dans les anciens monumens pour le tillac du vaiſſeau, parce que c'eſt là qu'on combat.
BATALLA, bataille. Ba. Voyez *Baeddu* ou *Baettu*, battre; *Bataille* en Irlandois & en François; *Bataglia* en Italien; *Batalla* en Eſpagnol; *Batalia*, *Battel* en Anglois, bataille; *Batalia* dans la Langue des anciens Bourguignons, bataille; *Beatan* en ancien Saxon; *Beat* en Anglois, battre; *Bytwa*, bataille en Polonois. Voyez *Battuere*.
BATALLUM, BATALLIUM, BATELLUS, A. M. battant de cloche; de *Batailh*.
BATALM, fronde. B. C'eſt une tranſpoſition de *Baltram*.
BATANA, moulin à foulon. Ba. En Eſpagnol, battant; de *Pannos*. Voyez *Baeddu*, *Baetiu*.
BATANDUS, A. M. moulin à battre les écorces. Voyez l'article précédent.
BATANITZA, ſauge de montagne. Ba.
BATARIA, Couvent, Communauté. Ba.
BATARRA, propre, particulier. Ba.
BATATORIUM, BATARIUM, BATANDERIUM, BATTORIUM, BAPTITORIUM, BATHEDORIUM, BAPTALERIUM, BATTUARIUM, BATENTORIUM, BUTTORIUM, BUTTITORIUM, A. M. moulin à foulon, moulin où l'on foule le drap. Voyez *Batana*.
BATAYA, A. M. duel; de *Bat*.
BATAYOA, baptême. Ba. Voyez *Bad*.
BATEGUEA, ſéparation. Ba. Voyez *Bat*, un.
BATEICIUM, A. M. le même que *Pateicium*, patis. On a dit indifféremment *Baſca* & *Paſca*, paître. Voyez *Baſcatu*.
BATELLA, BATELLUS, A. M. barque; de *Bat*, le même que *Bad*; *El*, diminutif.
BATELLUS, A. M. le même que *Batallum*.
BATEN, vie. Ba.
BATENERIUS, A. M. bâtonnier, bedeau. Voyez *Baſtonerius*.
BATEOA, baptême. Ba. Voyez *Bad*.
BATERA, A. G. ſorte de coupe; de *Bat*, de *Bad*, qui aura ſignifié vaſe comme vaiſſeau, ainſi que *Lleſtr*; ce qui ſe confirme par *Batillum*, *Batus*; de là *Patera*, *Patena* Latins. On voit encore par *Badailhat*, *Badare*, que *Bada* a ſignifié ouverture.
BATERE, BATTERE, A. M. battre; de *Bat*.
BATERIA, batterie. Ba.
BATERIA, A. M. batterie. Voyez l'article précédent.
BATERIA, A. M. art de fouler les draps, art de piler les écorces; de *Bat*.
BATERONSA, Reine. Ba.
BATETA, tournaiſe. Ba.
BATETAN, enſemble. Ba.
BATH, forme. G. B. *Bot*, idole en Perſan.
BATH, ſemblable. G.
BATH, monnoye. G.
BATH, mer. I.
BATH, tête. Voyez *Bathlaodh*.
BATHAD, le même que *Matad*. I.

BATHADH, nettoyer, ſubmerger, inonder, noyer. I.
BATHAWC, riche. C.
BATHLAN, flux de la mer. I.
BATHLAN, calme de la mer, bonace. I.
BATHLAODH, caſque. I. *Bath*, tête; *Laodh*, eſcorter, garder, préſerver.
BATHOR, qu'il vienne. Ba.
BATHSRATH, bonace, calme de la mer. I.
BATHU, battre monnoye, ajouter, joindre en forgeant ou autrement. G. *Battere* en Italien, imprimer, marquer.
BATHUREN, qui trouvera. Ba.
BATHWR, monnoyeur, qui bat la monnoye. G.
BATICZA, édifier, conſtruire. B. On voit par ce mot, par *Beth*, *Byth*, & par notre terme *Baſtir*, que *Bat*, *Baſt* ont ſignifié habitation, lieu fermé, lieu couvert.
BATIFFOL, BATIFFOLUM, A. M. paroit être un moulin à foulon ou à écorces. Voyez *Batatorium*.
BATILLAGIUM, A. M. le fret. Voyez *Batella*.
BATILLUM, A. G. encenſoir, vaſe à parfum, pelle à feu; de *Bat*; *Il*, diminutif. Ou voyez *Batela*.
BATILLUS, A. M. le même que *Batallum*.
BATINCHEQUIA, hiérarchie. Ba.
BATINUS, BATINIUS, A. M. payſan; de *Bawddyn* ou *Bawtin*.
BATIOCA, A. G. vaſe, plat creux; de *Bat*.
BATIOLA, VATIOLA, A. G. petit vaſe; de *Bat*, *Vat*; *Iol*, diminutif.
BATIS, A. G. jaune. *Baudre* ou *Bautre*; & *Bazre* en Breton, ſeneçon plante, dont l'extrémité eſt jaune ; *Baud*, jaune; *Der*, *Dré*, extrémité; *Baedd* ou *Baett* en Gallois, ſanglier : Cet animal a les extrémités du poil jaunâtres, *Bazlan*, genêt; *Jan*, qui a des fleurs jaunes; *Lan*, jan; *Baz*, par conſéquent jaune; *Baditis*, nénuphar : il y en a qui a des fleurs jaunes, & c'eſt le plus commun; *Bude* jaune en Irlandois; *Baud*, *Baut*, *Bad*, *Bat*, *Baz* ſignifient donc jaune en Celtique.
BATISSAMENTUM, A. M. bâtiment; de *Baticza*.
BATISSEIN, conſtruire. B. Voyez *Baticza* qui eſt le même.
BATITURA, A. M. l'action de battre; de *Bat*.
BATOL, impair. Ba.
BATORTZA, viol. Ba.
BATOSCOA, BATOSGOA, concert, harmonie, qui eſt à l'uniſſon, conſonnance en poëſie. Ba. Voyez *Bat*, un.
BATOSGATU, accorder des inſtrumens. Ba.
BATOSTARIA, organiſte. Ba.
BATOUILLA, parler mal une Langue qu'on ne ſçait qu'à demi. B.
BATRE, aucun, nul. Ba. *Re* eſt donc négation. Voyez *Bat*, un.
BATROBAIRE, pirate. I. Voyez *Bath*, mer.
BATROUSA, mélanger. B.
BATSA, étang. Ba. Voyez *Baſa*. *Bataid*, étang en Perſan.
BATSAYA, fille vierge. Ba.
BATT, coup. Voyez *Ffatt* qui eſt le même, & *Bat*.
BATTARAS, maſſue. B.
BATTERE. Voyez *Batere*.
BATTUERE, A. G. battre, mettre en piéces, couper; de *Batt*. *Pata* en Scythe, tuer, au rapport d'Hérodote, L. IV. Voyez *Batalla*.
BATU, j'accumule, je joins, j'unis, j'aſſocie, j'aſſemble. Ba. Voyez *Bat*.

BAT.

Batua, accumule. Ba.
Batuciarra, individu. Ba.
Batulus, A. M. le même que *Batillum*.
Batundea, alliance, paix, union. Ba. Voyez *Bat*, un.
Batunea, aggrégation. Ba. Voyez *Bat*, un.
Batus, *Battus*, *Batellus*, A. M. bâteau; de *Bat*, de *Bad*.
Batus, A. G. poireau. Voyez *Basus* : le *t* & l'*s* se substituent réciproquement.
Batus, le même que *Patus*. Voyez ce mot. De là *Beatus* Latin.
Batutum, *Balthuta*, A. M. le petit lait; de *Paut*, *Baut*; ou de *Bat*, battre.
Batzarrea, assemblée, concours, Académie, Synode, Synagogue. Ba. Voyez *Batu*.
Batzea, alliance, paix, société. Ba.
Batziazaldea, Topographie. Ba.
Batzola, sandale. Ba.
Batzu, quelqu'un. Ba. Voyez *Bat*, un.
Batzu, parée. Ba.
Bau, bave. B. *Bava* en Italien; *Bava*, *Baba* en Espagnol; *Bave* en François, bave.
Bau, le même que *Ball* & *Mall*. Voyez *Ball*.
Bau, le même que *Bal*, l'*l* se changeant en *u*. D'ailleurs voyez *Bal*, rocher; *Bal*, pieu; *Ball*, *Bald* & *Baud*, *Bau*, grand en Mandingo.
Bau, le même que *Mal*, comme il est le même que *Bal*, puisque *Bal* & *Mal* sont le même mot.
Bau, le même que *Fau*, *Gau*, *Mau*, *Pau*, *Vau*. Voyez *B*.
Bau, le même que *Ffau*. Voyez *B*.
Bau, le même que *Bauc*. Voyez *Aru*.
Bau, pierre, roc. Voyez *Bilyen*. Comparez encore *Bal*, roc, pierre avec *Balma*, *Balme*, *Baume*.
Bau, noir. Voyez *Bauccant*. *Baudy* en Anglois, sale, impudique.
Bav, le même que *Bab*. Voyez ce mot.
Bava, engourdir par le froid. B. On voit par *Divava* que ce mot signifie engourdir en général.
Bava, A. M. bave, salive; de *Bau*.
Bavan, château, forteresse. I.
Bavard, *Bavarder*, bavard, qui bave. B. On voit par le mot suivant que ce terme a aussi été pris au figuré. Nous avons conservé l'un & l'autre sens dans notre Langue.
Bavarderez, extravagance, discours vuide de sens. B. De là en vieux François, *Baver*, faire des folies, des sotises, se moquer, balbutier; *Bave*, moquerie, parole inutile ou hors de propos; *Baverie*, moquerie; *Bavernes*, moqueries; (de là notre mot *Balivernes*) *Badverie*, niaiserie. Voyez *Bab*.
Bavardyez, extravagance, discours vuide de sens. B.
Baub. Voyez *Balb*.
Baubella, A. M. joyaux, pierres précieuses; de *Bau*, pierres; & *Bel*, belles.
Bauc, caverne, antre, grotte. G. Voyez *Bau*, le même que *Ffau*, qui signifie la même chose. Les cavernes furent les premières habitations des hommes, c'est ce qui fit que l'on se servit du terme qui les désignoit pour signifier habitation en général. Nous le voyons dans les mots suivans. *Bogium*, *Bogis* dans les anciens monumens, habitation; & *Bugia*, petite habitation; *Bauche*, *Bauge*, *Boge* en vieux François, demeure; de là dans cette Langue, *Embauche*, condition, ou place de compagnon; & *Débauche*, l'action de tirer un compagnon de la condition où il est;

TOME I.

BAU.

Débaucher signifie encore aujourd'hui la même chose. *Bouge* en François, petite chambre, ou garde-robbe; *Bau* en Theuton, habiter; *Baug*, petite maison dans la même Langue; *Boc* en Danois, habitation, habiter; *Boucan*, demeure, logement en Galibi; *Begheli*, grenier en Géorgien; *Vo*, maison en Chinois; *Bu*, *Bo* en Islandois, habitation; *By* en Theuton & en Suédois; *Bye* en ancien Saxon, habitation, métairie, Village, Ville; *Bana* en Gothique, habitation, domicile; *Bavan* en Irlandois, château, forteresse; *Bauan* en Gothique; *Byan* en ancien Saxon; *Buen*, *Puan* en Theuton; *Bua* en Islandois; *Boo* en Suédois, habiter; *Boa*, *Bua* en Theuton; *Byggia* en Suédois; *Bygcan* en ancien Saxon; *Bauen* en Allemand, bâtir, construire; *Basan*, retraite en Tartare-Mogol & Calmoucq; *Bu-K* en Tartare du Thibet, caverne. (Voyez *Bod*, *Boot*, *Bord*) Le *p* & le *b* se mettent l'un pour l'autre; ainsi on a dit *Pauc*, *Paug*, *Paus*, comme *Bauc*, *Baug*, *Baus*. (Voyez *Aru*) *Pokog*, chambre en Bohémien; *Pagus*, Village en Latin; *Paws*, habitation en Gallois. L'*m* & le *b* se substituant réciquement, on a dit *Mauc* & *Mang*; de là *Mag*, habitation, Ville. Le *b* initial étant indifférent, on a dit *Auc* comme *Bauc*; nous voyons en effet dans le Gallois qu'*Auc* signifie habitation. Voyez ce mot. *Bauc* a aussi signifié creux; l'analogie entre creux & caverne est entière; d'ailleurs *Og*, synonime de *Bauc*, ou pour mieux dire le même que *Bauc*, car le *b* initial est indifférent, signifie grotte, caverne, creux. J'ajoute que le mot de caverne en Breton & en François est formé de *Cav*, creux; ainsi dans le Breton *Boguen*, dans le François *Bauge*, signifie le creux où se place le sanglier; *Baussez* en plusieurs Provinces du Royaume signifie creuser. *Bauc* signifiant creux, a signifié vase, le vase n'étant tel que parce qu'il est creux; ce qui est si vrai, qu'évaser & creuser sont synonimes. *Bauca*, *Boca*, *Boccola*, *Baucalis*, *Boclaris*, *Bocalus*, *Bocella*, *Bocularis*, *Baucus*, *Bucculare*, *Baucale*, *Baucas*, *Bochalus*, *Vauca* dans les anciens monumens, espèce de vase; *Boucaut* en vieux François, vase, tonneau; *Bouchel*, baril à vin; & *Bonts*, *Bous*, outres. (Voyez *Bouncellus*, *Buza*) *Bosse* en Franche-Comté est une tonne d'une certaine grosseur; *Busse* en Anjou est une demi-pipe de vin; & *Bussart* en est le diminutif; *Bocal* en François, vase où l'on met de la boisson, grosse bouteille ronde; *Bocal* en Espagnol, fiole, bocal; *Buklia* en Esclavon, flacon, pot à vin; *Baucal* en Arabe, vase; *Bokal* en Esclavon, tasse, gobelet; *Baukur* en Islandois, bouteille; *Bak* en Flamand, vase creux; *Beaker* en Anglois, bouteille; *Buc*, bouteille en ancien Saxon; *Beker* en Flamand; *Becher* en Allemand, tasse, gobelet, coupe; *Poche*, *Pochon* en François, vase à puiser; *Poche*, sac de meunier, poche d'habit; *Poche*, jabot des oiseaux; *Poche* en terme de chasse, se dit des filets faits en forme de sac ou de bourse; *Poche* de navette, terme de manufacture, est la partie creuse de la navette. *Bauc* enfin paroit avoir signifié ouverture en général, puisque c'est le même mot que *Boch*, qui en Gallois & en Breton signifie la bouche.
Bauca, A. M. espèce de vase. Voyez *Bauc*.
Bauca, A. M. bardeau, échandole; de *Bwcc*, prononcez *Bocc*, couvrir.
Bauca. Voyez *Bauga*.
Baucant, *Bauceant*, *Baucen*, *Baucens*,

K k

BAUSANT, rayé de blanc & de noir. Ce mot Gaulois s'est conservé dans les anciens monumens & dans les vieux romans. *Can*, *Cant*, *Cen* est sûrement blanc ; *Ban* doit donc signifier noir ; *Ewg* ou *Bw*, prononcez *Bo*, fumée en Gallois ; *Balcha* ou *Baucha*, noir en Basque ; *Boucx*, noir en Breton ; *Burrus* dans Papias & dans un ancien glossaire, noir & roux ; *Rux*, roux ; *Bu* par conséquent noir ; *Bujare* en Italien, obscurcir, rendre obscur. Le *p* & *b* se mettent l'un pour l'autre, ainsi on a dit *Pw* comme *Bw*; de là *Pullus*, noir en Latin ; *Peu* en Patois de Franche-Comté, laid. *Pw* se prononçant en *Po*, de là est venu *Poché* pour meurtri & pour trop chargé d'encre. L'*m* & le *b* se substituant réciproquement, on a dit *Mau*, *Mo*, *Mw* ou *Mon*; de là *Moualch*, merle oiseau noir en Breton ; *Mouaren*, meure fruit noir ; & *Mauryan*, Éthiopien dans la même Langue ; de là en François *Moreau*, qui en termes de manège signifie un cheval d'un noir foncé ; *Morelle*, plante à fruits noirs ; *Morelle*, oiseau de rivière à plumes noires ; *Morne*, homme sombre, mélancolique ; de là *Mourot* en Franche-Comté, chien noir ; de là *Morus*, meurier ; *Maurus*, maure en Latin.

BAUCH, farce. B. Voyez *Baud*, *Barz*.
BAUCH, le même que *Pod*. Voyez ce mot.
BAUD, puissant. B. Ce mot est aussi le même que *Bod*, *Paud*, & par conséquent il signifie élévation, élevé, grand, haut ; il est encore le même que *Bald*, & par conséquent il signifie hardi, courageux. Voyez *Baut*, *Baudement* en vieux François, d'un air fier, d'un air fanfaron, bravement, gaiement ; *Band*, *Baude*, *Baulde*, fier, hautain dans la même Langue ; *Ribaud* dans la même Langue, fort, robuste ; *Rhi*, particule, augmentative ; *Esbaudy* en la même Langue, encouragé, rendu beau ; *Baudir* en notre Langue, exciter les chiens à la chasse, exciter, encourager un faucon au combat ; *Bauds*, espèce de chiens de chasse excellens ; *Vauderoute* en notre Langue, grande déroute ; *Vaud*, *Vald* sont les mêmes que *Baud* & *Bald* ; de là *Valdè* & *Validus* Latins. Par le changement facile de l'*u* en *n*, on a dit en vieux François *Bandement*, hardiment ; *Ebandise*, hardiesse ; *Bao*, hardi en Tonquinois ; *Bau* en Arabe, être glorieux, vain, superbe ; *Bho* dans la même Langue, être beau, bien paré ; *Batyr* dans la même Langue, pétulant, insolent ; *Boetel* dans la même Langue, héros, homme fort & courageux ; *Cabod* ou *Cbod* en Hébreu & en Chaldéen, honoré, plein de gloire ; *Cabad* ou *Cbad* en Arabe, être puissant, être élevé ; de *Baud* ou *Bod*, *Pod*, *Pot*, est venu *Potens* Latin.
BAUD, le même que *Baut*. Voyez D.
BAUD, moutons. Voyez *Baoud*.
BAUDRA, baudrier. B. On trouve dans les anciens monumens *Baudra*, *Baudrea* au même sens ; de là *Baudroyer* en vieux François, préparer les cuirs ; *Baudroyeur*, corroyeur ; les *Baudriers* étoient de cuir. Voyez *Baudreou*.
BAUDRE. Voyez *Baudreou*.
BAUDRE, seneçon plante. B.
BAUDREOU, bottines de cuir mollet : On le dit aussi des guêtres de toile ou gamaches. C'est ici un pluriel, dont le singulier *Baudre* ne se dit point ou peu. B. Le dernier sens est une extension du premier.
BAUET BEZA, s'engourdir. B. Voyez *Bava*.
BAUG, le même que *Bauc*. Voyez ce mot.

BAUGA, BAUCA, BOGA, A. G. braßelet ; de *Boga*. *Bougin* en Théuton, braßelet. De *Boga* est venu notre mot *Bague*, anneau ; chez les anciens Danois *Baugs*, *Baugur*, anneau.
BAUGERE DALOT, maugére, petit canal de cuir ou de toile goudronnée. B.
BAUIL, tache. I. Voyez *Bailh*.
BAULARE, A. G. abboyer. On verra à l'article *Bol* que ce terme a signifié tout cri, tout son de voix élevé ; *Bellen* en Allemand, abboyer ; *Bellan* en ancien Saxon ; *Bellow* en Anglois ; *Bola* en Suédois, mugir.
BAUM, baume. B.
BAUME, le même que *Balma*. Le *p* & le *b* se substituant réciproquement, on a dit *Paume* comme *Baume* ; de là *Pumex* Latin.
BAVO, A. M. sot, fol, paysan ; de *Bav*, le même que *Bab*. *Bauer* en Allemand, paysan.
BAVOSUS, A. M. le même que *Babosus*. Voyez ce mot & le précédent.
BAURUS, A. M. qui n'essuye pas sa barbe, baveux ; de *Bau*.
BAUS, litière qu'on met pourrir pour faire du fumier. B. *Baufan* en Espagnol, chose de peu de valeur ; *Bus* en Hébreu & en Chaldéen, fouler aux pieds.
BAUS, le même que *Bauc*. Voyez *Aru*.
BAUSET, bavette. B. Voyez *Bav*.
BAUSIA, BAUCIA, BAUZIA, BAUDIA, BUTLI, A. M. félonie, trahison, crime capital ; de *Bali*, faux, mauvais. (L'*l* se change en *u*. Voyez *Balma*.) On a dit en vieux François *Boise*, *Boisdie*, *Boidie* pour félonie, trahison. On lit dans les anciens monumens *Baufiare*, *Bosiare* pour se révolter contre son Seigneur, être perfide, tromper ; & dans nos anciens Auteurs François *Boisor*, *Boisier*, d'où est venu le mot Franc-Comtois *Emboiser* quelqu'un, pour engager quelqu'un à quelque chose de désavantageux, de difficile sous de beaux prétextes, par de belles paroles, ce qui est véritablement le tromper. *Baufiator*, *Baudiator* dans les anciens monumens, félon, celui qui se révolte contre son Seigneur, perfide. On a dit en vieux François *Boiseur*, *Boiseor*, *Boiserre*. *Baufita* dans les anciens monumens, les biens que l'on confisquoit sur un traitre ; *Boifdie* a été aussi employé par nos vieux chroniqueurs pour tromperie, raillerie, artifice, ruse, méchanceté ; & *Boisdeux*, pour traitre, dissimulé.
BAUT, voûte. B.
BAUT, fréquemment, quantité, abondance. B. On dit avoir tout à *Bauge*, pour dire avoir tout en abondance. Voyez *Bad*, *Bat*, *Paut*.
BAUT, le même que *Paut*. Voyez ce mot & *Bat*.
BAUT, le même que *Maut*. Voyez B.
BAUT, le même que *Beut*, *Boni*. Voyez *Bâl*.
BAUT, le même que *Faut*, *Paut*, *Vaut*. Voyez P.
BAUT. Voyez *Bauis*.
BAUTA, engourdir de froid. B. Il a signifié engourdir en général. Voyez *Divanta*, *Divava*.
BAUTECQ, qui marche à pas de tortue. B.
BAUTR, brave, fanfaron. B.
BAW, boue, merde. G. L'*w* se prononçoit en *ou*; ainsi on disoit *Baou* ; de là *Boue* & *Boe* en vieux François. De *Baw* est venu *Bauge*, amas de boue, bourbier, selon Nicot. *Bogac* en Irlandois, marais ; *Boghes* en Irlandois, lieux humides ; *Botta*, *Bottis*, mare, lagune dans les anciens monumens ; *Botz*, boue en Hébreu ; selon d'autres, marc,

lagune ; *Rokah* en Arabe, lieu bas où l'eau séjourne. Voyez *Bawddyn*, *Bawai*.

BAW, froid, froidure, engourdissement causé par le froid ; *Bawi* ou *Bavi*, engourdir de froid ; *Bawet* ou *Bavet*, engourdi. On dit dans la Cornouaille de Basse-Bretagne *Baw* pour *Bawet* ; *Dibawi*, dégourdir, échauffer ce qui étoit engourdi de froid. B. Voyez l'article suivant, & *Bava*, *Bauta*.

BAW, peur, frayeur, terreur, épouvante ; *Bawedic*, peureux, timide, stupide, petit ; *Bawic*, petit étourdi. B. En comparant ce mot avec *Bw*, terreur, qui est le même, on voit qu'il a originairement signifié peur, frayeur ; & comme la frayeur cause une espèce de *stupéfaction* ou d'engourdissement, ce mot a été étendu dans la suite à signifier engourdissement. *Baw* étant le même que *Bw*, il faut par conséquent donner à *Baw* toutes les significations de *Bw*.

BAWAI, boueux, crasseux, bas, messéant, avare, mal élevé, grossier. G. On voit par là que *Baw* signifioit en général ordure, saleté, vilenie, bassesse, indécence, grossiéreté.

BAWD, pouce. G.

BAWD, le même que *Ffawd*. Voyez B.

BAWD, naufrage, l'action de plonger dans l'eau, suffocation dans les eaux. G. Voyez *Bodd*, *Boddi*.

BAWD, fort, puissant. Voyez *Bawdfys* & *Baud*.

BAWDDYN, homme vil, homme de néant, crasseux, boueux, G. On voit par ce mot & par *Bawai* que *Baw* a été pris au figuré comme au propre.

BAWDFYS, pouce. G. *Fys* en composition pour *Bys*, doigt ; ainsi *Bawd* doit signifier fort, car le pouce est le plus fort des doigts. Ajoutez que *Baud* en Breton signifie puissant.

BAWEIDRWYDD, crasse, mal-honnêteté, grossiéreté, avarice. G. Voyez *Bawai*.

BAWET. Voyez Baw.

BAWI. Voyez Baw.

BAWLYD, sale, plein d'ordures, boueux, merdeux, de fumier. G.

BAWM, mélisse. G.

BAUZ. Voyez Baus.

BAY, bras de mer, détroit, golfe, baye. G. Rudbeck dit que ce mot en Breton signifie port : Il parle du Breton de la Grande Bretagne. Voyez *Bae*, *Baya*.

BAY, oui, affirmation, particule affirmative, unitive. Ba.

BAY, marais, lac, étang. Ba.

BAY, bouche. Voyez *Bea*. *Way*, bouche en Malabare.

BAY. Voyez *Bagius*.

BAY, ruisseau. Voyez *Becium*, *Bedum*. *Baye* en Suisse, torrent, ruisseau. En comparant ce mot avec les articles précédens, il paroit que *Bay* a signifié toute pièce d'eau. Voyez *Aches*.

BAY, le même que *Fay*, *Gay*, *May*, *Pay*, *Vay*. Voyez B.

BAYA, port. Ba. Voyez *Bay*, *Bae*.

BAYA, crible, sas, tamis, bluteau. Ba.

BAYAN, alesan, ou cheval bayard, de couleur baye. B.

BAYARDUS, A. M. cheval bay ou bayard. Voyez *Bayan* & *Bagius*.

BAYESTU ; ratifier, confirmer. Ba. Voyez *Bay*.

BAYETA, A. M. sentinelle. Voyez *Beau*. *Bayer* en Picard, regarder ; *Bayard* en vieux François, spectateur, avide, attentif.

BAYETZALLEA, qui affirme. Ba.

BAYEZCOA, affirmatif, approbation. Ba.

BAYEZCORRO, BAYEZQUIRO, affirmativement. Ba.

BAYESTARRIA, qui affirme. Ba.

BAYESTATU, affirmer, assurer, ratifier. Ba.

BAYEZTU, affirmer, assurer, ratifier. Ba.

BAYLIA, A. M. puissance de Baillif, autorité de Baillif ; de *Bail*.

BAYN, bain. B.

BAYONA, port. Ba. Voyez *Baya*.

BAYRUM, A. M. vair en termes de blason : le *b* & l'*v* se mettent l'un pour l'autre ; de *Varya*.

BAZ, au pluriel *Bezier* ; *Bizyer*, bâton. B. Le *p* & le *b* se mettant l'un pour l'autre, on a dit *Paz* comme *Baz*, ainsi qu'on le voit par *Paſtwn* ; de là *Peſſeau*, échalas. L'*m* & le *b* se substituant réciproquement, on a dit *Maz* comme *Baz* ; de là *Maſſue* en notre Langue ; *Mas* en Cophte, fraper ; *Bad* en Hébreu, barre, branche d'arbre : le *d* & le *z* se mettent l'un pour l'autre. Voyez *Badh*.

BAZ, jaune. Voyez *Batis*.

BAZ, le même que *Faz*, *Gaz*, *Maz*, *Paz*, *Vaz*. Voyez B.

BAZA, brun, couleur brune. Ba. *Baça* en Espagnol, brun.

BAZA, base, racine, commencement. Ba. Voyez *Bas*.

BAZA, collection. Ba.

BAZA, sauvage. Voyez *Bazagaſtana*.

BAZADEN. Voyez *Bazat*.

BAZAGASTANA, chataigne sauvage. Ba. *Caſtana*, en composition *Gaſtana*, chataigne ; *Baza* pour *Baſa*, sauvage.

BAZAILLA, BAZAILLAT, baailler. B.

BAZAN, BAZANNA, BAZENNA, BASANIUM, A. M. basané ; de *Baz*, brun.

BAZAT, coup de bâton ; singulier, *Bazaden*. B. Voyez *Baz*.

BAZATA, donner des coups de bâton, bâtonner, battre. B.

BAZATAER, donneur de coups de bâton. B.

BAZCHOA, brun, obscur, couleur d'olive. Ba. *Choa*, diminutif.

BAZEA, pâturages, vivres, provisions, viandes. Ba. Les mêmes mots désignoient la nourriture des hommes & des animaux. Voyez *Paſgu*.

BAZEARIA, le dîner. Ba.

BAZEASOTOA, cabaret. Ba.

BAZEATZEN, attirant, alléchant. Ba.

BAZEORNIA, provisions pour vivre. Ba.

BAZLAN, genêt. B.

BAZLOAEC, BAZLOAYECQ, béquille, bâton de vieillard, d'estropié, de malade. B. *Baz Llacc*.

BAZOU, bottine, guêtre. B.

BAZOUL, BAZOULEN, BAZOUDEN, battant de cloche. B. De *Baz*, bâton au figuré ; & *Oul*, de *Hugl*.

BAZQILH, béquille. B. De là ce mot.

BAZRE, seneçon. B.

BAZTERRA, angle, bord, extrémités, confins, frange. Ba.

BAZVALAN, entremetteur de mariages, donneur d'avis. B.

BE, nuit. I.

BE, femme. I.

BE, deux. Ba. *Be* s'est encore conservé en ce sens dans notre Langue, comme on le voit par le mot de *Beface*; *Be*, deux ; *Sac*, fac. *Bes* en Breton signifie coupé, divisé; & *Bizach*, besace. *Be* signifiant deux, signifie par conséquent partage, puisque de *Div* & *Tw*, qui signifient deux, on a fait *Diwig* & *Twn*, partage.

BE, tombeau. B.
BE, le même que *Bychan*. Voyez ce mot.
BE, le même que *Fe*, *Ge*, *Me*, *Pe*, *Ve*. Voyez B.
BE. En comparant *Bea*, bouche ; *Bae*, *Bei*, golfe, port, ouverture que la mer fait dans les terres, on voit que *Be* a signifié ouverture.
BE. A-BE, depuis que. B.
BE. A-BE-TRA, de quoi. B.
BE. A-GE-BE-TRA, de quoi. B.
BE RHON, quoique, quand même. B.
BEA, être verbe. B.
BEA, diminution de prix. Ba. Voyez *Be*.
BEA. En comparant *Beak*, *Beatha*, *Badaillat*, *Babaillat*, *Beg*, *Beardanez*, *Bazea*; & les mots françois *Baailler*, *Beer*, *Bafer*, ouvrir la bouche d'une façon niaise, on juge que *Bea* a signifié bouche.
BEAC, abeille. I. Voyez *Bec*.
BEACAINDEA, l'action de revoir, de repasser ce qu'on a vu. Ba.
BEACH, botte, faisseau, charge, faix, fatigue, peine qui fatigue, & qui fait perdre quelquefois haleine. B.
BEACH, voyage. B.
BEACH, abeille. I.
BEACH, le même que *Feach*, *Geach*, *Meach*, *Peach*, *Veach*. Voyez B.
BEACHAIRE, abeille. I.
BEACHD, cercle. I.
BEACHDHUM, j'entoure, j'environne. I.
BEACHLANACH, ruche d'abeilles. I. *Ach* par conséquent lieu, habitation. Voyez *Ach*.
BEACHLANN, abeille. I.
BEACURGARRIA, respectable, vénérable. Ba.
BEACURTA, respect, vénération. Ba.
BEAD, le même que *Mead*. I.
BEADAN, parasite, écornifleur. I.
BEADHAS, vie. I. Voyez *Bea*.
BEADIA, dénombrement, revuë. Ba. Voyez *Beau*.
BEADIA, bêlement. Ba. Ce mot est une onomatopée.
BEADUGHE, friand, qui aime les friandises. I.
BEADUGHEAS, friandise, gourmandise, la qualité de friand. I.
BEAG, petit, peu, menu, mince, délié, grêle, médiocre, chétif, jeune, puiné, cadet. B.
BEAG, voyage. B. L'*v* & le *b* se mettant l'un pour l'autre, on a dit *Veag* comme *Beag*; de là notre terme *Voyage*.
BEAGAN, peu, petit nombre. I.
BEAGER, voyageur. B.
BEAGI, voyager. B.
BEAGOA, inférieur. Ba. Voyez *Beag*.
BEAGUIDA, relation. Ba.
BEAICAL, bêler. B.
BEAICH, voyage. B.
BEAICH, faisseau qui se porte sur la tête. B.
BEAIG, voyage. B.
BEAIGANT, aigu. B. Voyez *Beeg*, *Beg*.
BEAIQUAL, croasser. B.
BEAIQUEREAH, bêlement, cri de la brebis, croassement. B.
BEAK, bec. G. & par conséquent bouche. Voyez *Becq*.

BEAL, bord. I.
BEAL AR BEAL, entre. I.
BEAL, le même que *Meal*, fer. Voyez *Bel*.
BEAL, bouche, orifice, gueule, bec, trou. I. Voyez *Bea*.
BEAL, BARAILLE, bondon. I.
BEALACH, chemin, route, trou, ouverture, baye, golfe. I.
BEALERTA, discussion. Ba.
BEALIDEAS, tradition I.
BEALL, le même que *Bel*, beau. I.
BEALL, le même que *Meall*. I. De même des dérivés ou semblables.
BEALLTUNE, mai mois. I.
BEALLYI, genêt. I.
BEAN, vîte. G. I.
BEAN, montagne chez les Écossois septentrionaux; & en Irlandois. Voyez *Ben* & *Ban* qui sont les mêmes que *Bean*.
BEAN, colline. I.
BEAN, haut, élevé. I.
BEAN, sommet de montagne. I. Voyez *Ben*.
BEAN, femme, épouse. I.
BEAN, fraper. I.
BEAN, corne. I.
BEAN, être verbe. B.
BEAN BEETI, ci-dessous, plus bas. Ba.
BEAN-CAIRRIGE, écueil. I.
BEAN-TIGHE, mere de famille. I.
BEANADH, prendre, ramasser, recueillir, moissonner, tondre. I.
BEANADH, appartenir, suivre. I.
BEANALTRADH, nourrice. I.
BEANAM, être mêlé, être joint. I.
BEANANN, ce qui appartient. I.
BEANFIR, époux. I.
BEANGAN, rameau. I.
BEANGANACH, chargé de rameaux. I.
BEANN, corne. I.
BEANN, sommet de montagne. I. Voyez *Ben*.
BEANN, montagne, rocher. I. Voyez *Bean*.
BEANN, dos. I.
BEANN, femme. I.
BEANNACH, fourchu, cornu. I.
BEANNACHADH, salut, saluer. I.
BEANNAIGHTE, heureux. I.
BEANNAS, bénédiction. I.
BEANNUGHADH, sanctifier. I.
BEANNUGHTHE, qui rend heureux. I.
BEANOSTOIR, hôtesse, cabaretière. I.
BEANTZA, correspondance, corrélation, consentement. Ba.
BEANZA, synonime de *Beantza*. Ba.
BEANZQUIDA, commun consentement. Ba.
BEAOUEC, boulaye. B. Voyez *Beau*.
BEAQUIDA, ordre, rapport, relation. Ba.
BEAQUINA, précaution. Ba.
BEAR, broche. I. Voyez *Bar*, *Ber*.
BEAR, ours. I.
BEAR, le même que *Mear*. I. De même des dérivés ou semblables.
BEAR, BEARRA, bêler. Ba. onomatopée.
BEARA, Juge. I. Voyez *Baron*, *Barn*.
BEARACH, enfanter, croître dans l'enfantement. I.
BEARADH, porter, prendre. I. *Bear* en Anglois, porter, supporter, soutenir, souffrir.
BEARAN, épingle. I.
BEARBADA, peut-être. Ba.
BEARBHADH, bouillir, cuire, brûler. I.

BEARDANEZ

BEA. BEC.

BEARDANEZ, vivres, provisions de bouche. Ba.
BEARDIA, synonime de *Beardanez*. Ba.
BEARG, pointu. I.
BEARGAYEN ICUSLEA, qui a l'inspection des ouvrages. Ba.
BEARGUILLEA, laborieux. Ba.
BEARIQUETA, félonie, trahison. Ba.
BEARLA, Langue, langage, dialecte, langue de terre. I. Le *p* & le *b* se substituant, on a aussi dit *Pearla*; de là *Parler*.
BEARN, fente, ouverture, trou, canal. I.
BEARNAD, broche, embrocher. I.
BEARNAD, fente, crevasse, bréche. I.
BEARQUIA, affaire. Ba.
BEARR, bref, court. I. Voyez *Berr*.
BEARRA, œuvre, ouvrage, travail, besoin, pauvreté, nécessité, indigence, nécessaire, inévitable. Ba. Voyez *Ober*, *Bearr*.
BEARRADH, raser, faire la barbe, rogner, tondre, couper. I.
BEARRBOIR, barbier. I.
BEARREGUIN, trop travailler. Ba.
BEARRENA, principal. Ba.
BEARRETA, théorie. Ba.
BEARREZA, inutile, superflu. Ba. *Bearra*; *Eza*, privatif.
BEARREZTANA, absurdité. Ba.
BEARRIC, indigent. Ba.
BEARRTOIR, rogneur, coupeur, tondeur. I.
BEARTA DE, privé, dépouillé, désaisi. I.
BEARTHA, net, propre, beau. I.
BEARTUA, pauvre, indigent. Ba.
BEARZAQUEA, absurdité. Ba.
BEAS, le même que *Meas*. I. De même des dérivés ou semblables.
BEAS, parfait, soigneux, exact, correct, net, propre, bien mis, exactitude, soin. I.
BEAS, ramassé, uni, pressé, serré. I.
BEASACH, poli. I.
BEASAIGHTHE, vigoureux. I.
BEASAS, l'état d'une chose propre. I.
BEASSICEA, l'action de parler bas à l'oreille. Ba.
BEATA, le même que *Meata*. I. De même des dérivés ou semblables.
BEATHA, aliment, vif. I.
BEATHA, vie. *Beatha Aonta*, célibat, vie d'un homme seul. I.
BEATHACH, bête sauvage. I.
BEATHADH, provision, vivres, alimens, nourriture. I.
BEATHADHAIGH, bétail. I.
BEATHAIGHEACH, bête. I.
BEATHAMLAS, atrocité. I.
BEATHNIAN, abeille. I.
BEATHRA, eau. I.
BEATOQUIA, régistre, orquestre. Ba.
BEATOREA, miroir. Ba.
BEATTUS, bette. G.
BEATU, ensevelir. Ba. Voyez *Be*, *Bedd*.
BEATU, voir. Ba.
BEATUA, aspect. Ba.
BEATUREN, qui verra. Ba.
BEATZEA, inspection. Ba.
BEATZEN, acquiesçant. Ba.
BEATZEN, qui voit. Ba.
BEAU. COAD BEAU, du bouleau. B. *Coad*, bois. *Beau* se met aussi tout seul pour bouleau. B.
BEAUL, cuve. B.
BEAZA, menace. Ba.

BEAZTOPA, broncher. Ba.
BEAZUNA, fiel. Ba.
BEBARRUA, vestibule. Ba.
BEBRI, loutres, biévres, castors chez les Gaulois, dit Baxter, qui le prouve par ces mots: *Bebrinæ pelles*, qu'on lit dans le vieux Scholiaste de Juvenal. *Beaver*, *Bever* en Anglois, castor; *Bever* en Flamand; *Bievre* en François, biévre; *Biuvrio* en Espagnol, castor, biévre. Voyez *Bever*.
BEC, bec. Suétone, dans la vie de Vitellius, nous apprend que ce mot est Gaulois. *Tolosa nato cognomen in pueritiâ Becco fuerat, id valet gallinacei rostrum*. Ce terme s'est toujours conservé parmi nous. Voyez les deux articles suivans & *Becq*.
BEC, bec, pointe. G. I. *Bec*, bec, pointe en Breton; *Beat* en Irlandois, abeille, ainsi nommée apparemment à cause de son aiguillon. *Bec* en François; *Becco* en Italien; *Bec* en Flamand; *Beak* en Anglois, bec; *Beche* dans la même Langue, pointe, avance de rivière; *Becca* dans le Pays Romand, pointe; *Abbecare* dans les anciens monumens, abbecher; *Biken* en Allemand, béqueter; *Bechu* en vieux François, nez aquilin ou pointu; *Becquerelles* en vieux François, brocards, c'est-à-dire coups de bec, ou coups de langue; *Beissen* en Theuton, mordre, piquer; *Lebes*, pointe dans la basse latinité. Ce mot est formé d'*l*, article; & *Bec* ou *Bes*, pointe. (Voyez *Aru*) *Bokros* en Hongrois, hallier; *Pico* en Espagnol, bec. Voyez *Becg*, *Bec*, *Becq*, *Beg*, qui sont les mêmes que *Bêc*.
BEC, bec, bouche, face, museau, pointe, cime. B. Voyez *Bêc* plus haut, *Becg*, *Becq*, *Beg*, qui sont les mêmes que *Bec*.
BEC, ruisseau. Voyez *Bedum*.
BEC, le même que *Bac*. Voyez *Bech*.
BEC, rouge. Voyez *Becarra*, *Becqed*.
BEC, Voyez *Bez*.
BEC, le même que *Fec*, *Gec*, *Mec*, *Pec*, *Vec*. Voyez *B*.
BEC, Voyez *Bez*.
BEC, le même que *Bac*, *Bic*, *Boc*, *Buc*. Voyez *Bâl*.
BECA, sorte de robe. Ba.
BECAINDEA, rébelle. Ba; de *Bec*. Nous disons se rebequer.
BECAITZA, envie, indignation. Ba.
BECAIZCOA, haine, aversion. Ba.
BECALA, comme. Ba.
BECALACA, semblable. Ba.
BECALDEA, parité, comparaison, compte, calcul, supputation. Ba.
BECALDIA, genre, espèce. Ba.
BECALECINA, incomparable, qu'on ne peut comparer. Ba.
BECARIO, A. G. petit pot; de *Bac*, *Bec*, vase.
BECARRA, rougeur de pudeur, rougeur, petit feu. Ba.
BECARTEA, déduction. Ba.
BECARTT, bécard, femelle de saumon. B. De là ce mot.
BECC, prononcez *Beff*, vesse légume. B. De là ce mot, & le *Vicia* des Latins.
BECCA, BESCA, BESSA, BESSUS, A. M. bêche; *Bechare*, bécher, fossoyer. Voyez *Bach*.
BECCARIA, BECCHARIA, BECHARIA, A. M. boucherie. *Beccaria* en Italien, boucherie. Voyez *Bocereh*.
BECCUS, A. M. embouchure d'une rivière dans une autre; de *Becq*, synonime de *Boch*.

TOME I. L l

BECEMBATCAN, selon, suivant. Ba.
BECEROA, curial, paroissial Ba.
BECERODIA, Cure, Paroisse. Ba.
BECG, gueule, pointe, bec. B. Voyez Bec & Becq, qui sont les mêmes.
BECH, charge, poids, fardeau. G. De là le mot Latin *Imbecillis*.
BECH, charge, faix, fardeau, poids au propre & au figuré. B. Voyez *Baich*.
BECH, voyage. B.
BECH, le même que *Bychan*. Voyez ce mot.
BECH, le même que *Bach*, par la substitution réciproque de l'*e* & de l'*a*.
BECH, le même que *Pech*, par la substitution réciproque du *b* & du *p*.
BECHALDAIRA, paronomasie, figure de Rhétorique. Ba.
BECHAN, petite. G. Il a aussi signifié petit. Voyez *Bychan*.
BECHAN, petit. B.
BECHANEC, prompt, sujet aux promptitudes & emportemens. B.
BECHANIGEN, diminutif de *Bechan*. G.
BECHAOPAYA, syncope, figure de Rhétorique. Ba.
BECHARTEA, parenthèse. Ba.
BECHEC, pointu, piquant. B.
BECHET, le même que *Bychan*. Voyez ce mot.
BECHIA, charger. B.
BECHIA, lettre, élément du mot. Ba.
BECHON, le même que *Bychan*. Voyez ce mot.
BECHOT, le même que *Bychan*. Voyez ce mot.
BECHOU, le même que *Bychan*. Voyez ce mot.
BECHYN, le même que *Bychan*. Voyez ce mot.
BECICAYA, papier. Ba.
BECINTA, sourcil. Ba.
BECINTARTEA, l'espace qui est entre les deux sourcils. Ba.
BECIUM. Voyez *Bedum*.
BECR, pointe, pointe de terre. G. Voyez *Bêc*.
BECKEDIC, brocheton. B. Voyez *Becket*.
BECKET, brochet. B. De sa grande bouche. Voyez *Becq*.
BECKI, parler. Voyez *Abecki*.
BECONAGIUM, A. M. ce qui se payoit pour l'entretien du phare ou du fanal; de *Becq*.
BECOQUIA, le front. Ba.
BECOQUIZ, en face, publiquement. Ba.
BECOSEOA, cape. Ba.
BECQ, cap, cime, le haut, pointe, extrémité pointue, bec, bouche, face, visage, museau, gueule. B. On voit par *Becoquia*, *Becoquiz* que *Bec* a signifié en Basque visage, face, front. On voit par *Rebech* que *Becq* a signifié morsure, coup de bec. *Bec* pour *Bouche* se dit encore en François. *Abac* en Hébreu, être élevé; *Bechan* dans la même Langue, lieu élevé; *Bach*, tête en Persan; *Nbag* en Arabe, colline; *Hbag*, tumeur, élévation dans la même Langue; *Bas* en Turc, sommet, tête; *Bacha* dans la même Langue, Gouverneur de Province; *Beg*, Seigneur, Gouverneur en Turc & en Tartare; *Beg*, Prince en Tartare-Mogol; *Bay*, grand en Langue de Madagascar; *Basch*, tête en Tartare de Tobolsk; *Bos*, tête en Tartare de Jakut; *Boss*, tête en Tartare de Cafan; *Bocke* en Malaye & en Javanois, montagne; *Boukit*, montagne en Malaye; *Vakhon*, bouche en Malabare; *Boco*, montagne en Japonois; *Bikjua*, tête en Hottentot; *Bagai* en Phrygien, grand; *Bagos* en Laconien, Roi; *Bekos* en Grec, grand; *Bessa*, montagne dans la même Langue; *Bistax*,

Roi en ancien Persan; *Megabyse*, Général du Roi de Perse; *Biuk* en Turc, grand; *Bak* en Dalmatien; *Bika* en Hongrois, si grand; *Bog* en Croatien & Lusatien; *Bogh* en Dalmatien; *Bug* en Esclavon, Dieu, le plus élevé de tous les Êtres; (Voyez *Al*) *Bugaina* en Basque, haut, sommet; *Backa* en Suédois, colline; *Big* en Anglois, grand. L'*m* & le *b* se substituent réciproquement; ainsi on a dit *Mecq* comme *Becq*, comme on le voit par *Megancz*, *Myged*, synonimes d'*Urddas*; (*Urd*, élévation au propre & au figuré) *Megas*, grand en Grec; *Maghala*, grand en Géorgien; *Mez* en Arménien, grand; *Mekos* en Grec; *Magassag* en Hongrois, longueur, étendue; *Mah* en Persan, grand. (L'*h* & le *g* se mettent l'un pour l'autre) *Maha* en Malaye, grandement, fort, beaucoup; *Mai* en ancien Indien, grand; *Pazorek* en Polonois, tertre; *Vekshi*, grand en Esclavon. De *Bec*, bouche, a pu venir *Bec*, pain en Phrygien & en Lydien. (Voyez *Bea*, *Bazea*) *Baccan* en ancien Saxon; *Bakken* en Flamand, faire le pain, cuire le pain; *Bakker* en Allemand, boulanger. *Bec*, bouche, s'est mis au figuré comme *Boch* pour l'embouchure d'une rivière; c'est ainsi que l'on dit le *Bec* d'Allier, le *Bec* d'Amber. *Mond* en Allemand signifie de même la bouche de l'homme, & l'embouchure d'une rivière. Les Grecs ont appelé de même *Stoma*, l'embouchure d'une rivière. On lit dans Xénophon *Stomata Neilou*, les embouchures du Nil. Les Latins ont employé *Os* au même sens. On lit dans Virgile, L. I, Æn.

Undè per ora novem, magno cum murmure montis,
It mare præruptum.

On appelle en Anjou *Bouchemaine*, le lieu où la Maine entre dans la Loire: On l'appelle aussi la *Pointe*, à cause de la ressemblance d'un bec à une pointe. Voyez *Bec*, *Beg*, *Becg* qui sont les mêmes mots.
BECQED, truite saumonée, brochet; *Becard*, femelle du saumon. B. *Bequet*, *Bechet* en vieux François, brochet. Voyez *Becarra*, *Becket*.
BECZ, vesse légume. B.
BED, monde, durée. B. C'est le même que *Bet* & *Bad*. Voyez ces mots. *Bud*, éloignement, distance en Arabe; *Ebedi*, éternellement en Turc.
BED, dessous. Ba.
BED. Voyez *Bel*.
BED, le même que *Fed*, *Ged*, *Med*, *Ped*, *Ved*. Voyez *B*.
BED, bon, comme *Med*, puisque *Bad* est le même que *Mad*. *Bedijen* en Flamand, profiter, prospérer; *Be* en Auvergnac, bien au singulier.
BED le même que *Bad*, *Bid*, *Bod*, *Bud*. Voyez *Bât*.
BED, le même que *Bwth*. Voyez ce mot.
BED, le même que *Byd*. Voyez *Eperduriaeth*.
BED, rouge. Voyez *Bedw*, *Beotes*, *Betu*, *Benboeth*. *Bedde* en Patois de Besançon, bette-rave, ou rave rouge.
BED. Voyez *Bedum*.
BEDA, défense, prohibition. Ba. Voyez *Bede*.
BEDAIR, quatre. Voyez *Bedeirffurd*.
BEDASCA, arbrisseau. Ba. Voyez *Bat*, *Badb*, *Bod*.
BEDAN, aimé, chéri. I.
BEDARDIA. Voyez *Belardia*.
BEDATUM, A. M. pâturage commun; de *Bet* ou *Bed*.

BEDATZANA, succube. Ba.
BEDAURRA, glayeul. Ba.
BEDAURRA, racine bulbeuse. Ba.
BEDD, sépulcre. G. B. *Beth* en Hébreu signifie quelquefois sépulcre : C'est ainsi que la Paraphrase Chaldéen rend ce mot, Job 30, 23, & Ecclésiaste 12, 5. On a étendu ce mot à signifier lit, ainsi qu'on le voit par l'Anglois *Bed*. *Bed* en Islandois, en Runique, en ancien Saxon, lit. *Bedde* en Flamand & en Allemand, lit ; *Bad* en Gothique, lit ; *Bet*, Pett en Theuton, lit ; *Bedelst* en Flamand, enterré. De *Bedd* ou *Bodd*, lit, est venu notre terme Franc-Comtois *Bòdet*, qui signifie un petit lit portatif. De là est aussi venu le mot François *Baudet*, qui signifie le tréteau sur lequel les scieurs posent le bois pour le couper.
BEDD, monde. Voyez *Edrybedd* & *Bed*.
BEDD, le même que *Gorwed*. G.
BEDDAID, plénitude de sépulcres. G.
BEDDARGRAFF, épitaphe. G.
BEDDGERDD, élégie, épitaphe. G. *Cerdd*.
BEDDLE, cimetière, lieu de sépulture. G.
BEDDLENN, cimetière, lieu de sépulture. G.
BEDDPRYFEDD, vers de cadavre. G.
BEDDRAWD, sépulcre. G.
BEDDROD, cercueil, mausolée, bucher sur lequel on brûloit les morts. G.
BEDE, durée, jusques, jusqu'à. B. On a aussi dit *Mede*, comme on le voit par *Meta* Latin. Voyez *Fed*.
BEDEIRFFORD, endroit où il y a quatre chemins. G. *Bedeir* pour *Pedeir* ; & par conséquent *Bedair* pour *Pedair*.
BEDELA, bedeau. Ba. De *Bad* ou *Bed*, bâton, verge. Voyez *Bedell*.
BEDELE ; au plurier *Bedelieu*, jatte. B.
BEDELIAT, jattée. B.
BEDELL, jatte. B.
BEDELL, huissier, bedeau. B. De là ce dernier mot. Voyez *Bedela*.
BEDELLUS, A. M. bedeau ; de *Bedell*.
BEDENN, dévotion, prière. B. Voyez *Bedi*.
BEDET, convié. B.
BEDH, le même que *Medh*. I. De même des dérivés ou semblables.
BEDHA, BEDHO, les mêmes que *Beodha*, *Beodho*. I.
BEDI, prier. B. *Beder* en Danois ; *Bidden* en Flamand ; *Bitten* en Allemand, prier ; *Bedelaer* en Flamand ; *Betler* en Allemand, mendiant. De *Bedi* est venu *Peto* Latin. Voyez la table de la conversion des lettres.
BEDIDD, Baptême. G.
BEDIDDIO, baptiser. G.
BEDOYA, preuve. Ba.
BEDRATZI, neuvième. Ba.
BEDUM, A. M. lit du ruisseau, ou canal qui fait tourner un moulin ; de *Bed*, lit. Cette métaphore est encore en usage. Nous disons le lit d'une rivière, d'un ruisseau ; ou de *Bed*, canal. On lit aussi dans les anciens monumens *Bidaem*, *Bidamium*, *Bidaera*, *Bidannum*, *Bidannium*, *Bidenium*, *Biennium*, *Bierum*, *Bietum*, *Biandum*, *Biezium*, *Byefius*, *Becium*, *Becius* pour signifier le ruisseau, ou la conduite de l'eau qui fait aller un moulin. C'est ainsi qu'en Gallois *Llan* signifie lit de rivière, & rivière ; *Bedw*, rivière en Gallois ; *Bedew* en Anglois ; *Bedaawen* en Flamand, arroser ; *Bag* ou *Bac* en Basque, onde, flot ; *Beg Ar Stancq* en Breton, le ruisseau de l'étang, l'endroit par où l'eau entre dans l'étang, le ruisseau qui forme l'étang ; *Bezo* en Auvergnac, canal d'un moulin ; *Bies*, *Bief*, *Biel*, *Bier*, *Boire* en vieux François, ruisseau ; *Ber*, *Berus* en Breton, coulant ; *Bief*, ruisseau dans la Bresse & dans le Lyonnois ; *Bies*, ruisseau en Franche-Comté ; *Baye*, ruisseau, torrent dans le Pays Romand ; *Back* en Hébreu, flux ; *Bck* en Theuton, en Flamand, en Danois, en langage des Anglois septentrionaux, ruisseau, torrent ; *Bec*, ruisseau dans la Langue des Venédes ; *Bece*, *Back*, ruisseau en ancien Saxon ; *Baerk* en Suédois ; *Beckur* en Islandois ; *Bach* en Allemand, ruisseau ; *Bahhhar* ou *Bagar* en Persan, fleuve ; *Best*, dérivation de l'eau en canaux dans la même Langue ; *Baïkal*, mer en Tartare-Jakut ; *Bé*, mer en Tonquinois ; *Bedu* en Phrygien, eau ; *Behr* en Turc, mer ; *Belte*, mer chez les anciens Peuples du nord ; *Exbia*, *Exbia* dans les anciens monumens, canal ; *Aphik* ou *Aphek* en Hébreu, ruisseau, torrent ; *Phach*, couler dans la même Langue ; *Peck* en ancien Allemand, ruisseau ; *Paccha*, fontaine, ruisseau en Persan ; *Pege*, fontaine en Grec ; *Paig* ou *Pig*, fontaine en Chaldéen ; *Page*, *Pige*, fontaine en Syriaque ; *Phaglaos* en Grec, torrent ; *Potok* en Esclavon , en Dalmatien, en Bohémien ; & *Patak* en Hongrois, ruisseau ; *Vie* en Albanois, eau ; *B* en Tonquinois, étang, lac, eau dormante.
BEDURTASSUN, crainte. Ba.
BEDW, rivière. G. Voyez *Bedum*.
BEDWEN ; au plurier *Bedw*, bouleau. G. De *Bed* ou *Bez*, rouge ; *Wen* pour *Guen*, arbre. Voyez *Bezven*.
BEDYDD, Baptême. G. On voit par l'article suivant qu'il signifie bain en général. Voyez *Bad*.
BEDYDDFA, bain, endroit où l'on se lave. G.
BEDYDDFAEN, BEDYDDFAN, baptistère. G. *Maen*, *Man*, pierre ; *Faen*, *Fan* en composition.
BEDYDDIO, baptiser. G.
BEDYDDLESTR, baptistère. G.
BEDYSIAWD, BEDYSSAWD, monde. G.
BEE, bêlement. Ba. onomatopée.
BEEALITZA, parabole. Ba.
BEEC-LE ; plurier, *Begneu-Le*, badaud. B.
BEECOA, l'enfer. Ba.
BEEG, bouche. B. Voyez *Beg*.
BEEIN, abysmer, ruiner, détruire, noyer, inonder. B.
BEEJOUR, voyageur. B.
BEEL, sacré, saint. Ce mot Gaulois nous a été conservé par Vincent de Beauvais, qui traduit *Bar*, *Beel*, par port sacré. On trouve des traces de ce terme dans le Breton. Dans cette Langue, *Belec*, *Belch'ec*, Prêtre, Ministre des choses saintes ; *Belechiez*, *Beledigheb*, *Beleghiah*, Prêtrise. De *Beel*, par une crase facile, on a fait *Bel* ; de *Bel*, beau. Ce terme s'étant conservé dans notre Langue pour signifier ce qui a de la beauté, ce qui plaît à la vue , on a lieu de juger que ce mot a eu anciennement ces deux sens, d'autant plus que *Ban* & *Cain* signifient également beau & saint. Ajoutez que dans l'ancien Latin *Bellus* signifioit beau ; & *Bellitudo*, beauté. Nous avons prouvé dans la première partie de ces Mémoires que la Langue Latine étoit formée du Celtique & du Grec. Le terme de *Bellus* n'est pas Grec, il faut donc conclure qu'il est Celtique ; ce qui se confirme par les Langues Espagnole, Italienne, Angloise, qui ayant conservé beaucoup d'expressions Celtiques,

ont retenu ce mot. *Bello* en Espagnol & en Italien, beau; *Beloved* en Anglois, aimé, chéri, agréable; *Beloye*, *Bloye*, belle en Languedocien; de là *Belleſſa*, *Bialté*, beauté; *Biaulx*, *Biaux*, *Biau*, *Biax*, beau en vieux François. Notre conjecture devient évidente par le mot *Bel*, qui en Irlandois ſignifie beau.

BEENHUEC, machine. B. Voyez *Benvecq*.

BEEQUIRO, d'une manière baſſe, indigne. Ba. Voyez *Beera*, *Beeti*.

BEERA, deſſous, au deſſous, au fond, bas, après, tard. Ba.

BEERAGO, plus bas, deſſous, après. Ba.

BEERAPENA, abbatement. Ba.

BEERASTEA, deſcente. Ba.

BELRATU, baiſſer, pencher, être abbaiſſé, abbaiſſer, ſe coucher à terre, rendre mépriſable. Ba. Voyez le mot ſuivant.

BEERATUA, caché. Ba. C'eſt le participe de *Beeratu*.

BEERATUREN-AIZ, vous ſerez plongé, vous ſerez abbaiſſé. Ba.

BEERATZEA, abbatement, accablement, épuiſement, ſupplanter quelqu'un, lui nuire. Ba.

BEERAEPETU, avilir. Ba.

BEERENA, périgée. Ba.

BEERRADUR, accourciſſement, abréviation, brévété, briéveté. B. Voyez *Berr*.

BEERRATT, accourir. B.

BEERRAUTT, courtaud. B.

BEET, au deſſous, plus bas. Ba. Voyez *Beetitu*.

BEETI, deſſous, après. Ba. Voyez *Beetitu*.

BEETIAGO, plus bas, deſſous, après. Ba.

BEETITU, baiſſer, pencher, incliner, rendre mépriſable. Ba.

BEG, bec, petite bouche, pointe, cime. G. Ce mot a auſſi ſignifié viſage dans la même Langue. Voyez *Begegyr*. Il a encore ſignifié tête en Breton, comme on le voit par *Beguin*, qui en cette Langue eſt une coëffe ou couverture de la tête. Nous avons conſervé ce mot dans notre Langue. Voyez *Bec*, *Becg*, *Becq*, qui ſont le même terme. Voyez encore *Beg Al Lenn*.

BEG, petit. E. I. Voyez *Begg*.

BEG, le même que *Bag*, *Big*, *Bog*, *Bug*. Voyez *Bàl*.

BEG, le même que *Bec*. B.

BEG, bouche. Voyez *Begat*.

BEG AL LENN, BEG AR STANCQ, la queue de l'étang, l'endroit par où l'eau entre dans l'étang, le ruiſſeau de l'étang, le ruiſſeau qui forme l'étang. B.

BEGA, petit. I.

BEGAILLE, paton. B.

BEGAITZU, faſciner. Ba. Voyez *Beguia*.

BEGAN, petit. I.

BEGAR, méliſſe. B. Je crois ce mot formé de *Beac*, *Bec* ou *Beg*, abeille; & *Gar*, aimé: Les abeilles aiment beaucoup cette plante.

BEGAT, bouchée. B. *Ai*, plénitude, ce qu'il faut pour remplir; *Beg*, bouche.

BEGAURPEA, hypotipoſe, figure de Réthorique. Ba.

BEGEGYR, fard. G. *Guir*, blanc, éclat; *Beg* par conſéquent viſage.

BEGG, petit. I. Voyez *Beg*.

BEGGANE, peu. I.

BEGHAL, le même que *Baoghal*. I.

BECHEL, nombril B. Voyez *Bogail*.

BEGHELIAT, ventre avancé, gros ventre. B.

BEGHELLA, béler comme les brebis & les chévres. B. Voyez *Bee*. Je crois que l'on a étendu ce terme à ſignifier crier, piailler en général, comme il paroit par *Begueule*.

BEGHIAT, que l'on prononce *Behiat*, *Beiat*, béler. B. Voyez *Bee*.

BEGHIL, nombril. B. Au Pays du Maine le vulgaire dit burleſquement *Beuille*, pour le nombril.

BEGOITEA, inverſion. Ba.

BEGOLEBA, petit œil. Ba. Voyez *Beguia*.

BEGU, petit. I.

BEGUEC, aigu, pointu. B.

BEGUEC, truite ſaumonée. B. Voyez *Becarra*.

BEGUEC, celui qui a une grande bouche, niais, badaud, begaud. G.

BEGUEC, bécard, femelle du ſaumon. G. Voyez *Becarra*.

BEGUELL, nombril; *Beguell Ar Graouen*, le zeſt d'une noix. B. Voyez *Beguelliat*.

BEGUELLIAT, ventre avancé, gros ventre, panſard. B. On voit par ce mot & par *Beguelyecq* que *Beguell* a auſſi ſignifié ventre.

BEGUELYAT, béler. B. Voyez *Bee*.

BEGUELYECQ, gros ventre, panſard. B.

BEGUENIN, violette. B.

BEGUERRIA, évidence Ba. Voyez *Beguia*.

BEGUIA, œil. Ba. Voyez *Gui*, *Bekei* en Turc, veillant, ſentinelle, garde.

BEGUIBACOCHA, cyclope. Ba.

BEGUIESTEN, qui regarde. Ba.

BEGUIL, nombril. B. C'eſt le même que *Beguell*.

BEGUIN, petit. I.

BEGUIN, coëffe de deuil pour les femmes de la campagne. B.

BEGUIN, ſoufflet de forge. B.

BEGUIRATZE, obſerver, prendre garde. Ba.

BEGUIRATZEA, garder, prendre garde. Ba.

BEGUIROC, prenez garde. B.

BEGUIRUDIA, preſtiges. Ba.

BEGUIRUNEA, modeſtie, reſpect. Ba.

BEGUIRUNEBAQUEA, irrévérence. Ba.

BEGUIRUNEZ, poliment. Ba.

BEGUIRUNTIA, obéiſſant. Ba.

BEGUITACIOA, équivoque, ambiguité. Ba.

BEGUITARTE, agrément, civilité. Ba.

BEGUITARTEA, face, viſage Ba.

BEGUITHARREA, face, viſage. Ba.

BEGUIZCOA, faſcination. Ba.

BEH, faix, charge. B. De là *Bayar* en François, groſſe civière; *Boyar* en Franche-Comté, nom que l'on donne à un cheval propre à porter les plus groſſes charges. Voyez *Bech*, qui eſt le même.

BEH, le même que *Bychan*. Voyez ce mot.

BEH, fardeau. B.

BEH, le même que *Feh*, *Geh*, *Meh*, *Peh*, *Veh*, Voyez B.

BEHA, oreille. Ba.

BEHAN, petit. B.

BEHARRIA, oreille, petite oreille. Ba. Voyez *Beha*.

BEHEGH, bouleau. I. Voyez *Beho*.

BEHEITI, penchée. Ba.

BEHER, plus bas. Ba.

BEHET, bas. Ba.

BEHET, le même que *Bychan*. Voyez ce mot.

BEHIAT. Voyez *Beghiat*.

BEHIN, goemon. B.

BEHINERE, jamais. Ba.

BEHO, bouleau. B. Voyez *Behegh*.

BEHON

BEH.

BEHON, le même que Bychan. Voyez ce mot.
BEHOT, le même que Bychan. Voyez ce mot.
BEHOU, le même que Bychan. Voyez ce mot.
BEHYN, le même que Bychan. Voyez ce mot.
BEI, golfe. E. Voyez Bae. Beach en Anglois, havre, baye.
BEIA, vache. Ba. Voyez Bu.
BEJAN, méchant. B.
BEIAT. Voyez Beghiat.
BEICH, le même que Beith. I. De même des dérivés ou semblables.
BEICH, voyage. B.
BEICHIAD, mugissement. G.
BEICHIO, mugir. G. On voit par Beichiog, Beichlwyth, Bech, que Beichio a aussi signifié porter.
BEICHIOC, chargé, pesant, toute femelle grosse ou pleine. G.
BEICHIOGI, engrosser, concevoir, porter un enfant, un petit, engendrer, conception, génération des animaux au sein de leurs meres, fruit, portée, ventrée, petits des animaux, ou temps pendant lequel les femelles portent. G. Bechena, devenir grosse dans le Patois de nos montagnes.
BEICHIOGIAD, grossesse de femme. G.
BEICHLWYTH, charge, fardeau, poids, paquet, sac de hardes. G. Beich Lwyth, pléonasme.
BEICIDH, cri. I.
BEICIOCHAN, crieur, criard, criailleur. I.
BEICIODH, crier, criailler. I.
BEID, le même que Meid. I. De même des dérivés ou semblables.
BEIDDIO, tenter, entreprendre. G. De Baidd.
BEJEISTU, dériver, venir d'un autre. Ba.
BEIEU, pluriel de Bai. G.
BEIGAYA, veau. Ba. Voyez Beia.
BEIGNEZ, bignets. B. De Bignat, parce qu'ils se renflent considérablement en cuisant.
BEILE, chére, régal. I.
BEILH, veille. B. De là ce mot, Voyez Beilla.
BEILID, repas. I.
BEILLA, veille. Ba. Voyez Beilh.
BEILLA, voyage. Ba. Voyez Beich.
BEILLACAYA, lampe, chandelier. Ba. De Beilla.
BEILLIEID. TEISEN BEILLIEID, gauffre, bignet. G. Beillieid, le même que Peilliaid, fleur de farine.
BEILLIN, baiser nom. I.
BEILTINE, mai, un des mois de l'année. I.
BEIM, nation, peuple. I.
BEIN, montagnes en vieux langage des Pictes, selon Baxter. Voyez Ban, Ben, Beinn.
BEIN, le même que Min. I. De même des dérivés ou semblables.
BEIN, une fois. Ba.
BEIN, avant que. Ba.
BEINCAT, cependant. Ba.
BEINGOAN, tout-à-coup. Ba.
BEININ, naine, petite femme. I.
BEINN, faîte, cime, sommet. I. Voyez Ben, Bein.
BEINSE, banc. I. Voyez Bancq.
BEIO, accuser, blâmer, faire un crime. G. De Bai.
BEIRA, verre, vase. Ba. De là Verre en François. Voyez Bar, Beringaudum.
BEIRACOLLA, ampoule de verre, lentille de verre. Ba.
BEIRACUITA, vitrification. Ba.

TOME I.

BEL.

BEIRATEA, vitre. Ba.
BEIRED, chapeau. I. Voyez Barreten.
BEIRIANT, mieux Peiriant, dit Davies, instrument. G. L'un & l'autre sont bons : le b & le p se mettent indifféremment l'un pour l'autre.
BEIRIM, porter, prendre. I. Voyez Ber.
BEIRN, Jugemens, Sentences. B. C'est le pluriel de Barn.
BEIRNIAD, Juge, critique. G.
BEIRONCIA, ampoule de verre. Ba.
BEIRT, poids, charge. I. Voyez Ber.
BEIS, eau basse, le reflux de la marée. C. Voyez Bais.
BEIS, ou BIS, doigt; pluriel, Beisiat, Bisiat, Bisiet : on prononce aussi Bés, Bys. Voyez Bys.
BEIS, le même que Meis. I. De même des dérivés ou semblables.
BEIS, le même que Veis. I.
BEISCOUL, que l'on prononce Bischoul, mal très-sensible qui vient aux doigs, soit dans les jointures, soit dans les extrémités. On le dit aussi des extrémités des branches qui sont séches. B. De Beis Gouli ou Couli.
BEISIO, sonder, passer au gué. G.
BEISKENN, dé à coudre. A la lettre, doigt de peau ou de cuir ; Beis, doigt ; Kenn, Cenn, peau. B. Dans le Dictionnaire de Thomas Guillaume, Digitabulum, dé à coudre, est rendu en Gallois Bys-Ledr-Gwinio, ce qui signifie à la lettre doigt de cuir à coudre.
BEISOU, que l'on prononce Besou, Bisou, anneau, bague pour mettre au doigt ; pluriel, Beisier, Besehier. B. De Beis.
BEITEMAN, postposer. Ba.
BEITH, être, l'être, existent. I.
BEITH, BEITHE, bouleau arbre. I.
BEITH, le même que Muith. I. De même des dérivés ou semblables.
BEIUS, vicieux, corrompu, fautif, coupable, criminel, blâmable, digne de reproche, complice de quelque faute ou crime. G. De Bai.
BEIWR, railleur, qui blâme, qui reprend, qui censure, qui réprimande. G.
BEK, petit. I. Voyez Beg.
BEK, le même que Bec. B.
BEL, haut, élevé, suprême, grand, long, sur, dessus, tête, commencement, source ; & au figuré, Seigneur, Prince. G. Bel en Breton, long, élevé, sur, dessus ; Belath en Chaldéen, être élevé ; Bahbhal, Bahbhel, Bel en Hébreu, en Chaldéen, en Arabe, en Syriaque, en Éthiopien, Seigneur, Maître ; Abyla en Punique, montagne élevée; Bel, autorité en Esclavon ; Welik, grand en Esclavon ; Fel, haut en Hongrois ; Belet, ayeul ; Belette, ayeule en Auvergnac ; Veillette en François, petit tas de foin. Voyez Bal, Balch, Bell.
BEL, embouchure. G. Bel en Irlandois, bouche, embouchure. Voyez Bal.
BEL, la partie antérieure. G.
BEL, bâle à jouer. G.
BEL, fortification, forteresse, rempart. G. Il a aussi signifié fort adjectivement. Voyez Bely, Bald.
BEL, le meilleur. G. L'm & le b se substituant mutuellement, on a dit Mel comme Bel ; de là est venu le Melior des Latins. Beltion en Grec, meilleur.
BEL, bouche, gorge au propre & au figuré. I. Bel, embouchure en Gallois. Voyez Bal.

M m

BEL, beau. I. Voyez Boel.
BEL, jatte. B.
BEL. Voyez Bâl. G.
BEL, long, élevé, sur, dessus. Voyez Gibel.
BEL. Voyez Beel, Belec.
BEL, pierre, roc. Voyez Bilyen.
BEL. Voyez Pwll.
BEL. Voyez Boel.
BEL, chaud. Voyez Boyl.
BEL, le même que Ball. Voyez ce mot.
BEL, le même que Mel. I. De même des dérivés ou semblables.
BEL, beau. Voyez Ber. Bel en vieux François ; Bello en Espagnol & en Italien, beau ; Abelir en vieux François, plaire, être agréable ; Vel en Islandois & en Danois; Wel en ancien Saxon ; Vaila en Gothique, beau ; Vel en Étrusque, magnifique, resplendissant ; Vayle en Arménien, il est décent ; Vailouch, beau dans la même Langue.
BEL, gras. Voyez Arbela.
BEL, le même que Bal, Bil, Bol, Bul. Voyez Bâl.
BEL, le même que Belen, ainsi qu'on le voit par son diminutif Belette, qui est le nom que nous donnons à un petit animal à cause qu'il a le poil roux. Les anciens Latins, par la même raison, ont appellé cette bête Melis, Mele, Meletta; l'm & le b se substituent réciproquement. C'est pour cela que Mel en Gallois & en Breton signifie du miel, parce qu'il est jaune ; Mel en Breton signifie aussi du millet, qui est une graine jaune ; de là Melon, qui en notre Langue désigne un fruit dont la chair est jaune. Melon & Belon ont donc signifié jaune en Celtique ; de là notre mot François blond. Blond en Flamand & en Allemand ; Blonden en ancien Saxon ; Biondo en Italien, blond. Voyez Belen. Les Italiens appellent le limon de la terre Belleta, parce qu'il est jaune ; Bellio en Latin, soucy, fleur jaune. L'f & le b se mettant l'un pour l'autre, on a dit Felen, Fel, comme Belen, Bel; de là Fel en Latin, fiel ; & Flavus, jaune en la même Langue.
BEL, en confrontant Bel, jatte, Belboro, Belic, on voit que Bel a signifié vase, vaisseau en général.
BEL, le même que Fel, Gel, Mel, Pel, Vel. Voyez B.
BEL, fer. Balen & Malen, fer, sont le même mot; ainsi on a dû dire Bael comme Mael, Beal comme Meal, Belar comme Melar, & par conséquent Bel comme Mel, Bill, acier en ancien Saxon.
BEL. En confrontant Belaa, Belcha, Belea, on voit que Bel a signifié noir.
BEL, BED, paragogiques, ou syllabes inutiles au commencement du mot, de même que Ber. Voyez Belardia.
BELAA, corbeau. Ba. Voyez Belcha.
BELACHAUA, corneille, coucas oiseau. Ba.
BELACHIQUEA, geai. Ba.
BELAN, genêt plante. B.
BELAOITZA, aigle. Ba.
BELAR, le même que Melar. Voyez Bel.
BELARDIA, BEDARDIA, herbe. Ba. Bel, Bed, paragogiques, comme Ber. Voyez Arda.
BELARJAQUINDEA, botanique. Ba. Belar, herbe ; Jaquindea, par conséquent science.
BELARONDOAN, donner des soufflets. Ba.
BELARRA, herbe, sesame, veche, maceron, bled de Turquie. Ba. Voyez Belardia, Belarjaquindea.
BELARRA, front. Ba. Dans la version basque du Nouveau Testament ces mots, in frontibus, sont rendus par Belarre-Tan.
BELARRASTIERA, botonomancie. Ba. Voyez Belarra.
BELARRIA, oreille. Ba.
BELAUA, vallée. Ba. Voyez Advaleia.
BELAUNA, genouil, jarret. Ba.
BELAUNICATZEA, génufléxion. Ba.
BELAUNPEA, jarret d'animal. Ba.
BELAURICATZEA, génufléxion. Ba.
BELBYAICH, amusement, niaiserie. B.
BELCH, graine de lin encore sur sa tige. B.
BELCHA, noir. Ba. Voyez Balcha.
BELCHARGA, cigne oiseau. Ba. Belcha, noir; Arga est donc privatif.
BELCHARREA, sombre, brun. Ba.
BELCHEC, Prêtre. B. Voyez Belec.
BELCHITEA, plainte, murmure. Ba.
BELCHORIA, orcanette plante. Ba.
BELCHURICA, onyx pierre précieuse. Ba.
BELCINOLA, faux témoignage. Ba.
BELCON, chantates. B.
BELCQ, chantates. B.
BELDARTU, j'épouvante. Ba. Voyez Bald.
BELDUR, BELDURUN, qui craint. Ba.
BELDURTZEA, j'épouvante. Ba. Voyez les deux mots précédens.
BELE, marte ; plurier, Beleod, Beleon. G.
BELE, T BELE, jusquiame, féve de loup plante. G.
BELEA, corbeau. Ba. Voyez Belcha.
BELEAN, Prêtres. B.
BELEC, BELHEC ou BELCHEC, Prêtre; plurier, Belehien ou Belchechien, Beleion, Belcian. B. Voyez Beel.
BELECHIEZ, Prêtrise. B.
BELEDIGHEH, Prêtrise. B.
BELEGHIAR, Prêtrise. B.
BELEION, Prêtres. B.
BELEN, le même que Melen, par la substitution réciproque du b & de l'm. On voit par Mil, Millyn, jaune, qu'on a dit Mel comme Melyn. Voyez Bel & l'article suivant.
BELENUS, nom d'Apollon chez les Gaulois, au rapport d'Ausone ; de Belen, blond. On sçait qu'on n'a point donné d'épithète plus commune à Apollon que celle de blond. Nos Poëtes disent encore tous les jours le blond Phœbus.
BELEOD, béléon. Voyez Bele.
BELER, cresson. C. Voyez l'article suivant.
BELER, berle plante, cresson. B. De là Berle. Voyez Berle. Bilhar, cresson en Basque. Voyez l'article précédent.
BELEU, bête féroce, bête sauvage. G. De là Bellua Latin. En vieux François Belue est une bête sauvage. Dans la vie de Saint Colomban Bulluga, Bulluca, Bolluca, qu'on a traduit en François par Belue, signifie pomme sauvage, pomme de bois. On voit par là que Belue a signifié en général féroce, sauvage, qui n'est pas cultivé. Voyez Belues.
BELFREDUS, BERFREDUS, VERFREDUS, BEREFRIDUS, BILFREDUS, BALFREDUS, BELFRAGIUM, BERFREIT, BEREFREID, A. M. beffroi, tour de bois plus élevée que les murailles de la Ville que l'on assiégeoit, que l'on poussoit avec des roues contre les murs pour tirer sur les assiégés avec avantage, & les empêcher de paroître sur leurs murailles. On a dit en vieux François Basfray pour Beffroy. Ce mot est formé de Ber, porter; Effreiz ou Effreid, effroi : ces sortes de machines jettoient aux assiégés dans la consternation. Par la même raison on appelle Beffroy la

BEL.

BELHAR, herbe. Ba. Voyez *Belarra*.
BELHORO, vaisseau dans lequel on tire le lait. B. de *Bel*, jatte ; *Goro* ou *Horo*, traire.
BELHY, terme pour indiquer. G. Par la substitution réciproque de l'*v* & du *b*. On a dit *Velhy* comme *Belhy* ; de là *Vele*. *Vela* en vieux François, aujourd'hui *Voila*.
BELI, puissance, pouvoir, autorité, dignité, Bailli, Juge, Magistrat, puissant. B. Voyez *Bely* qui est le même. Ce mot est formé de *Bel*, *Baillie*, puissance en vieux François.
BELIC, bassin. B. On a dit aussi *Pelic* ou *Pelig*, *Peliv*, ainsi qu'on le voit par *Pelvis* Latin. Voyez *Bel*.
BELIC, le même que *Brych*. Voyez ce mot.
BELIF, le même que *Brych*. Voyez ce mot.
BELIN, pierre, roc, forte tête, tête dure, opiniâtre, obstiné. Voyez *Bilyen*, de là *Belin* en vieux François, bélier. Voyez *Aria*.
BELIN. Voyez *Pwll*.
BELIN, jaune, blond. Voyez *Belinuncia*.
BELINUNCIA, nom Gaulois de la jusquiame. Ce terme nous a été conservé par Apulée. Les Gaulois appellerent ainsi cette herbe de *Belenus*, qui étoit le nom d'Apollon parmi eux, comme les Romains l'appellerent *Apollinaire*, du nom de ce même Dieu. Les Espagnols appellent encore cette herbe *Veleno*, & les Hongrois *Belend*. On voit par ce mot qu'on a dit *Belin* comme *Belen*, jaune, blond ; d'ailleurs *Belin* est le même que *Belyn*, jaune, blond.
BELIOCANDIUM, l'herbe de mille fleurs. Ce mot Gaulois nous a été conservé par Dioscoride ; *Bleun*, *Beleu*, fleurs ; *Cand*, cent. Les Gaulois avoient mis le nombre de cent pour exprimer la grande quantité des fleurs de cette plante, comme les Romains mirent par après celui de mille. De *Cand* ou *Cant*, mis par les Gaulois pour exprimer une grande quantité, une quantité indéfinie, les Allemands ont pris leur terme *Gantz*, qui parmi eux signifie tout.
BELL, loin. G. B.
BELL, guerre. B. De là le Latin *Bellum*. L'*f* & le *b* se substituant réciproquement, on a aussi dit *Fell*, ainsi qu'on le voit dans *Rhyfel*, *Rhyfela*, *Rhyfelu* ; dans *Falda*, qui en Lombard signifie guerre ; dans *Fall*, qui en Theuton signifie incursion militaire, attaque, assaut, rapine ; dans *Falaeca*, qui en ancien Saxon signifie de guerre, d'hostilité ; dans *Fal*, qu'on trouve dans Saint Isidore pour rapine.
BELLA, veille, sentinelle. Ba.
BELLACH, après, ensuite, outre, plus que, davantage, au-delà, déja, à présent, maintenant, déformais, enfin. G. C'est le comparatif de *Bell*.
BELLALDIA, veille, l'action de passer la nuit à veiller. Ba. Voyez *Bella*.
BELLARA, herbe, foin. Ba.
BELLARGUILLEA, fourageur. Ba. Voyez *Bellara* & *Gwyll*.
BELLARIA, oreille, petite oreille. Ba.
BELLAUNA, genouil, jarret. Ba.
BELLEGUIA, blanc. Ba.
BELLEN, peloton. Ba.
BELLEN, rond. Voyez *Cydbellenu*.
BELLI, puissance. B. C'est le même que *Beli*.
BELLUGA. Voyez *Bulluga*.
BELLY, Bailli. B. De là ce mot. Voyez *Bely*.

BEM. 151

BELLY, guerre. B. Voyez *Bell*.
BELOA, voile de Religieuse. Ba. Voyez *Bal*.
BELOGUIA, éponge. Ba.
BELON. Voyez *Bilyen*.
BELON. Voyez *Bel*.
BELOSGUERA, vélocité, vitesse. Ba. De là *Vélox* Latin.
BELOST, croupion, croupière. B. De *Bel*, sur, *Lost*, queuë.
BELSA, noir. Ba. Ce mot s'est pris au figuré pour fâcheux, désagréable. Voyez *Belzunza*.
BELSUSIA, vilaine tâche. Ba.
BELTZA, roux, qui devient noir, obscur, sombre, noir. Ba.
BELTZA, étendard. Ba.
BELTZACHOA, brun, obscur, couleur d'olive. Ba.
BELTZURIA, peur, consternation. Ba. Voyez *Beltza*.
BELUCEA, foin. Ba.
BELUES, A. G. pauvreté, disette procurée par le ravage des troupes ; de *Ball*, disette ; ou de *Bell*, guerre. *Beloco* en vieux François signifioit quelque petite monnoie, ou quelqu'autre chose de petite considération ; de là *Breloque* dans la Langue courante ; *Pelu* en Patois de Lyon ; *Pelon* ou *Peulon* en Patois de Besançon, vilain, malpropre, crasseux ; *Frelu*, *Freluquet*, gueux en François ; *Freluches*, *Fanfreluches*, choses frivoles & badines. Les Italiens disent *Fanfaluca*. De *Belues* viennent fluet, éplucher. Voyez *Bulluga*. Il paroit par là que *Belu* signifie en général pauvre, gueux, ce qui ne vaut rien, ce qui est de peu de prix. Voyez *Ball*, *Aball*.
BELUTZEA, retardement, délai. Ba. Voyez *Bell*.
BELY, force. G. B. *Belam*, force, puissance en Tamoulique ; *Bal*, courage, force en Persan ; *Pehlu* ou *Behlu*, fort, courageux, hardi dans la même Langue ; *Bale*, être plein de force & de vigueur en Runique. Voyez l'article suivant.
BELY, pouvoir, puissance, autorité, valeur. B. *Balei* en Allemand, jurisdiction, préfecture, administration ; *Bayle* en Espagnol, Juge, Baillif ; *Balia* en Italien, pouvoir, autorité ; *Balia* en Espagnol, force, pouvoir, puissance ; *Bol* en Esclavon, autorité ; *Vuly* en Persan, protecteur ; *Bell*, victoire en Arabe. De *Bely*, force, puissance, valeur, on a dû naturellement faire *Belyn*, fort, puissant, vaillant.
BELYDR, le même que *Trybelydr*. Voyez ce mot. De la *Belitre* en François ; *Belistre* en Espagnol, gueux, belitre ; *Balatro* en Latin, homme vil, homme de néant.
BELYEN. Voyez *Bilyen*.
BELYN. Voyez *Bilyen*.
BELYN. Voyez *Bely*.
BELYN, le même que *Melyn*, par la substitution réciproque de l'*m* & du *b*. Voyez *Belen*, *Blin*. L'*y* se prononçoit en *u* ; ainsi on a dit *Belun*, *Blun* ; de là est venu nôtre mot *Blond*. *Blonden* en ancien Saxon, blond.
BELYON. Voyez *Bilyen*.
BELZUNTZA, taon. Ba.
BELZUNZA, importun. Ba. Voyez *Belsa*.
BELZURDA, corneille. Ba.
BEM, le même que *Bom*. Voyez ce mot.
BEM, le même que *Fem*, *Gem*, *Mem*, *Pem*, *Vem*. Voyez *B*.
BEM, tous. Voyez *Bemdez*.
BEMDEZ, BEMDIZ, tous les jours. B. *Dez*, *Diz*, jours.

BEMEN. Voyez *Bom.*
BEMENDEA, véhément, véhémence. Ba.
BEMNI. Voyez *Binni.*
BEN, le même que *Pen* dans toutes ses significations, & par conséquent tête, chef, Capitaine, Général, Prince, principal, commencement, cime, sommet, extrémité, promontoire, &c.
G. *Ben*, hauteur, élévation en Gallois. Voyez *Morben. Ben*, montagne en Écossois; *Ben* en Breton, tête, chef, qui tient le premier rang, capital, sommet, bout, extrémité; *Albenia* en Basque, extrémité, bord; *Al*, paragogique; *Ben*, extrémité en Hébreu; *Bein*, frontières en Arabe; *Bin* en Persan, ce qui est au dessus; *Gbina* en Syriaque, sommet de montagne; *Hhaben* en Éthiopien & en Arabe, bord, extrémité, côté; *Avien* en Persan, montagne; *Amphisbene* en Grec, serpent à deux têtes; *Amphi*, deux; *Ben* par conséquent, tête; *Bounnos* en Grec, colline, montagne, fin, extrémité; (*Os* est la terminaison grecque) *Bouno*, *Bounn* en Grec vulgaire, montagne; *Bein* en Turc, cerveau; *Benlik* dans la même Langue, orgueil; & par conséquent, suivant l'analogie de cette Langue, *Ben*, orgueilleux, haut, superbe; *Daban* en Tartare, colline; *Bontai*, Roi de Chinois; *Bengui* en Langue de Congo, particule augmentative, plus, beaucoup; *Weno*, dessus, au dessus en Langue de Chili; *Fend*, grande montagne en Arabe; *Efendi*, Seigneur en Turc; *Dubenus* en vieux Latin, Seigneur; *Cherubin* en vieux François, le sommet de la tête; *Car*, en composition *Cher*, tête; *Bin* par conséquent, sommet; *Binn* en Servien, élever, hausser; *Baan*, Président en Dalmatien; *Bune* en Allemand, élevé; *Bunche* en Anglois, bosse, enflure, tumeur, élévation; *Benino* en Espagnol, bosse, enflure, tumeur, élévation; *Desban* dans la même Langue, rêverie; *Des*, privation, manquement; *Ban* par conséquent, tête: la rêverie est un manquement de tête; *Bunne* en Allemand, échafaud, galerie de bois élevée; *Ponor* en Esclavon, hauteur. Nous avons retenu le mot de *Ben* dans la signification de tête, dans le terme *Benais*; *Ben*, tête; *Aich* ou *Ais*, vil, méprisable; *Rebeyne* en vieux François, rébellion; de *Re*, contre; *Ben*, tête. *Rebellion*; de *Re*, contre; *Bel*, tête. Voyez *Ban*, *Bann.*
BEN, bord. G. Voyez l'article précédent.
BEN, embouchure de rivière. G.
BEN, vite. G. I. C'est une crase de *Bean.*
BEN, blanc dans l'Isle de Mon.
BEN, montagne. E.
BEN, femme chez les Écossois septentrionaux; *Vens*, *Vino*, femme en Gothique. Voyez *Ban*, *Benyw*, *Bun*, *Beven.*
BEN, chariot. I. Voyez *Benn.*
BEN, le même que *Bean.* I. De même des dérivés.
BEN, tête, chef, qui tient le premier rang, capital, sommet, tout, entièrement, bout, extrémité; *Grabacz Dao Bennec*, rivière à deux bras; *A Ben Qestridi*, de propos délibéré. B.
BEN, MEIN BEN, pierre de taille. B.
BEN, hauteur, élévation. Voyez *Morben.*
BEN. Voyez *Awen.*
BEN, le même qu'*Aben.* Voyez *Venna*; *Bien*, mer en Tonquinois.
BEN, courbure de rivière, comme *Bon*; car de même que *Ba*, courbure, & *Aon*, rivière, on a fait *Bon*; de même de *Ba* & *Aen*, rivière, on a dû faire *Ben.*
BEN doit signifier creux, cave. Voyez *Benaf.*

BEN, le même que *Ban*, *Bin*, *Bon*, *Bun.* Voyez *Bál.*
BEN, le même que *Fen*, *Gen*, *Men*, *Pen*, *Ven.* Voyez *B.*
BENA, tailler, couper; *Bena Ar Maen*, tailler la pierre. B. Le *v* & le *b* se substituant, on a dit *Vena* comme *Bena*; de là *Vegnie* dans nos anciens titres signifie labourage, l'action de fendre la terre; *Vegnie* dans nos anciens titres signifie aussi bois, ou forêt coupée pour semer. *Benna*, manchot, mutilé en Hongrois. Voyez *Benaf* qui est le même, & *Bena*, plus bas; *Pennard* dans Froissart est une espèce de coutelas; *Pennart* dans Juvenel des Ursins est un gros trait d'arbalète ou garrot. En Languedoc *Penard* signifie une espèce de sabre ou cimeterre.
BENA, sérieux, grave. Ba.
BENA, A. M. espèce de charrue. On l'appelle en Picardie *Binot*; de *Bena*, *Benaf.*
BENAF, couper, sculpter, graver, creuser. B.
BENAITZA, gravité. Ba.
BENAL, genêt; *Benalec*, lieu planté de genêts. B.
BENBALADR. Davies n'explique pas ce mot: Il est formé de *Ben*, extrémité; & *Paladr*, en composition *Baladr*, tronc de la lance, timon.
BENBEC, prononcez *Benvec*; pluriel, *Binviou*, outil, instrument. Ce mot qui marque en général toutes sortes d'instrumens, se dit en particulier du haut-bois & de la musette, qui servent beaucoup en Bretagne à faire danser les Paysans; mais le pluriel seul de ce mot a cette dernière signification. *Benbec* signifie encore les fils par lesquels passe l'ourdissure de la toile. B.
BENBEN, se heurter tête contre tête comme les béliers. G. Ce mot à la lettre signifie tête, tête.
BENBOETH, espèce de plante que Davies n'explique pas. G. C'est la bette-rave, ou rave rouge. On voit par là que *Poeth* ou *Boeth*, ardent, a aussi signifié rouge; *Twym*, par crase *Tym*, ardent, chaud, a aussi signifié rouge; *Timbais*, drap rouge; *Pais*, en composition *Bais*, drap; *Cynne* aura par la même raison signifié rouge; de là sera venu *Cinnabaris*, cinnabre; *Berw*, *Berm*, *Verm*, chaud, ardent se trouve dans vermillon. *Liw* ou *Lio*, couleur; *Gwyar*, sang; *Gwy*, liqueur; *Ar*, chaude, rouge; *Coc*, cuire; *Coch*, rouge. C'est ainsi que chez les Grecs la couleur de pourpre, *Porphuros*, a pris son nom de pur feu. De *Boeth* on a fait par crase *Beth*, d'où est venu le mot de betterave, rave rouge. Voyez *Betes. Sang*, bête en vieux François; *Sang*, rouge.
BENBRAFF, obélisque. G. *Ben Praff.*
BENCEIRDDIOL, magistral, qui est de maître. G.
BENCZ ou BENSS, vesse légume. B. Voyez *Becc.*
BENCZ, le même que *Bincz*; comme *Ben* est le même que *Bin.*
BEND, le même qu'*Abend.* Voyez ce mot.
BEND, le même que *Ben.* Voyez *Abend.*
BENDA, A. M. lame, bande; de *Banden.*
BENDANT, TN BENDANT, précisément. G.
BENDDAR, le même que *Bendro.* G. *Bender* en vieux François, mettre en inquiétude.
BENDELL, moyeu d'une roue. B.
BENDELLUS, A. M. bande; de *Banden*: l'*l* & l'*n* se mettent l'une pour l'autre.
BENDEM, vendanges. B. Par la substitution réciproque du *v* & du *b*, on a dû dire *Vendem* comme *Bendem*; de là *Vindemiæ* Latin.
BENDEN, troupes. B. De là notre mot François *Bandes* pour troupes: les vieilles *Bandes*, c'est-à-dire les vieilles troupes.

BENDIFADD E ij

BEN.

BENDIFADDEU, YN BENDIFADDEU, fort bien, parfaitement. G.
BENDIGAID, béni, saint, sacré. G.
BENDIGEDIG, béni, saint, sacré. G.
BENDIGIAD, sanctification. G.
BENDIGO, bénir, sanctifier, sacrer, consacrer. G.
BENDITH, bénédiction. G.
BENDITHGAEL, heureux. G.
BENDITHIO, bénir. G.
BENDRAMWNWGL, qu'on précipite. G.
BENDRAPHEN, confusément, sans ordre, pêle-mêle, indistinctement. G.
BENDRO, vertige, tournoyement de tête. G. De Ben ; Tro, en composition Dro.
BENDT, menthe herbe. B.
BENDYTH Y MAMMOE, fatyres, lémures. E.
BENEDICATU, bénir. Ba.
BENEDIG, légation. G.
BENEN, femme C Voyez Ben.
BENER MAEN, tailleur de pierres. B.
BENEURAID, grenouillette. G. A la lettre, tête dorée.
BENEW, femme. G. Voyez Benen.
BENFELEN, chicorée sauvage, seneçon. G. A la lettre, extrémité jaune ; Felen, de Melen, jaune.
BENFFYG, prêt dans les deux sens qu'il a parmi nous. G.
BENFFYG, bienfait. B.
BENGALED, bluet sauvage. G. A la lettre, tête dure ; Galed en composition pour Caled.
BENGLOG, crâne. G. De Ben Clog.
BENGOCH, arroche, persicaire, chanvre sauvage. G. A la lettre, tête, extrémité rouge ; Goch de Coch.
BENGRON, tête ronde. G. Gron, de Cron.
BENHUEC, le même que Benvec. B.
BENI, volue du tisserand. E.
BENIEU, haut-bois, musette de Village. B. Voyez Benbec & Biniou.
BENIG, Voyez Arbennig.
BENIGHEN, BENIZIEN, bénir, donner la bénédiction. On dit en Bretagne Benighen ou Benizien A-Ra An-Eol, pour dire que le soleil se couche. A la lettre, le soleil donne sa bénédiction. B.
BENIUM, BENNA, A. M. vivier, réservoir de poisson ; de Ven ou Ben, le b & l'v se substituant réciproquement ; Benne en Franche-Comté, estacade faite dans une rivière avec des pieux & des fascines.
BENIZIEN. Voyez Benighen.
BENLAS OR YD, bluet. G. A la lettre, tête bleue du froment. Ben Glas.
BENLAS WENN, bluet sauvage. G. Voyez aussi Glasllys.
BENN, tête. G. C'est le même que Ben, & il en a toutes les significations.
BENN, tête, chef, qui tient le premier rang, capital, sommet, extrémité, bout. B. Voyez l'article précédent.
BENN, le même que Menn, char, chariot. G. (Voyez Benna) Je crois que par la même raison Benn se doit dire pour Menn, lieu, demeure, habitation. (Voyez ce que nous avons dit de la substitution réciproque du b & de l'm, tant au commencement de cette lettre, que dans la dissertation préliminaire) Banah en Hébreu & en Chaldéen, bâtir ; Bono en Syriaque ; Bian en Arabe ; Bin en Arabe, habitation, édifice ; Nbanza, Ville

TOME I.

BEN. 153

en Langue de Congo. On appelle à Alger Bagnes, de grands bâtimens où l'on renferme les esclaves pendant la nuit ; Ban, sale en Japonois ; Ban en Siamois, Village ; Bana, maison en Caraibe ; Avana en Javanois, maison ; Vang en Siamois, palais ; Buang en Tonquinois, chambre ; Banan en Gothique, habiter ; Bauain en Gothique, habitation ; Byini en ancien Saxon, habitation ; Bon, habitation en ancien Danois ; Wunne, habitation en Theuton ; Binda, habitation dans les anciens monumens.
BENN, le même que Beann. I. De même des dérivés ou semblables.
BENN, bien. Voyez Bennaf.
BENNA, espèce de voiture ou de char chez les Gaulois. Ce mot nous a été conservé par Festus. On disoit Benne en vieux François ; on le dit encore en Allemagne, en Suisse, dans les Pays-Bas, pour désigner une espèce de voiture. On lit dans Monstrelet Beneau, Benneau, Bennel ; & dans la chronique de Flandre, Venel au même sens. En Franche-Comté on appelle une voiture de charbon une Benne de charbon : C'est un vaisseau long & étroit, fait de rameaux entrelacés, qui occupe toute la longueur du chariot ; Banasta en Espagnol signifie ce que l'on appelloit en vieux François Benne ou Banne : Il signifie aussi dans cette Langue une hotte. Vain en Anglois, char ; Vagn en Islandois, char. Benna se trouve aussi dans les anciens monumens pour un vase, pour une mesure ; Benn en Flamand, corbeille ; Binn en Anglois, garde-manger. Voyez Benn, Menn, Mann qui sont tous les mêmes. Benna au dernier sens vient de Ben, creux, cave.
BENNA. Voyez Benium.
BENNAC, quelque. B.
BENNAF, YN BENNAF, fort bien, parfaitement. G. Af est la marque du superlatif ; ainsi Benn signifie bien ; de là Bene Latin. Voyez Bennos.
BENNAV, premier, principal. G.
BENNEN, femme, Bennen Goath, vieille ; Bennen Fat, matrone. C. Voyez Benen.
BENNHUECQ, outil, instrument, machine. B. Voyez Bervecq.
BENNIG, le même qu'Arbennig.
BENNIGRWYDD, état de Prince. G.
BENNODOL, YN BENNODOL, précisément. G.
BENNOS, bénédiction, gratification, récompense. B.
BENOEH, BENOH, bénédiction, gratification, récompense. B.
BENONDEA, gravité. Ba. Voyez Bena.
BENSACH est rendu en Latin Angina Spuria. G. Je juge par le mot Gallois que c'est l'esquinancie, causée par une tumeur aqueuse ; Ben, élévation, tumeur ; Sach, sac.
BENT, menthe herbe. B. L'm & le b se substituant réciproquement, on a dit Ment comme Bent ; Minta en Grec ; Mentha en Latin ; Menthe en François.
BENT, selon Baxter dans un dialecte du Gallois, le même que Benn, tête. Il y a identité de raison pour lui attribuer toutes les autres significations de Benn ; d'ailleurs en Celtique le t s'ajoute indifféremment à la fin.
BENTHYG, prêt dans les deux sens qu'il a parmi nous. G.
BENTHYGIAD, emprunt. G.
BENTHYGIO, emprunter, prêter dans les deux sens qu'il a parmi nous. G.

BENTHYGIWR, celui à qui l'on prête quelque chose. G.
BENTIN, fesse. G.
BENTONIC, la bétoine plante. B. Cette plante est bonne pour les maux de tête; *Ben*, tête; *Don* ou *Ton*, bonne; *Benton*, bonne à la tête; *Ic*, terminaison indifférente.
BENTYRRAU, TN BENTYRRAU, à tas. G. *Pentyrrn*. Voyez le suivant qui est le même.
BENTYRREU, TN BENTYRREU, amplement, en abondance, à tas. G. *Pentyrrn*.
BENVECQ, BENUEC, BENVEG, instrument, outil. B. Voyez *Benbec*.
BENWYD, joie, gaieté, plaisanterie, mots plaisans, bons mots. G. Davies dit que c'est par erreur qu'on a mis ce mot pour *Menwyd*. Les deux sont bons. Voyez *Baeddu*, *Benn*.
BENYEU, haut-bois, espèce de cornemuse. B. Voyez *Benion*.
BENYM, venin. B.
BENYW, femme, femelle. G.
BEO, vie, vivant, vif. I. Voyez l'article suivant.
BEO, vivant, actif, vigilant, esprit vif, ardent d'humeur, prompt, drôle, espiégle; & comme adverbe, entièrement, tout-à-fait, purement, tout au naturel. B. Il a aussi signifié ardent au propre. Voyez *Glao Beo*; & rouge. Voyez *Beotes*.
BEOAN, vif, vigoureux, hardi, courageux. I.
BEOCA, cheval de deux ans. Ba.
BEOD, A. M. table; *Beodden*, réfectoire; de *Beua* ou *Beoa*, vivre, nourrir. Voyez aussi *Beo*; de là *Beud*, *Beod*, table en Theutonique. *Beoddcn* table en ancien Saxon.
BEODER, activité. B.
BEODHA, vif, actif, qui a du feu, vivace, vigoureux, éveillé, gai, gaillard, courageux, qui se porte bien, leger, vîte, rapide, piquant, qui a de la pointe, cuisant, qui fait mal, qui cause de la douleur : Il se prend aussi adverbialement. I. Voyez *Beo*.
BEODHACH, vigueur. I.
BEODHAGAIM, animer, encourager. I.
BEODHAS, vigueur, vivacité, feu, ardeur, joie, allégresse. I.
BEODHO, le même que *Beodha*. I.
BEODRETH, bancs de sable. B.
BEOGHA, le même que *Beodha*. I. De même des dérivés ou semblables.
BEOIR, biére boisson. I.
BEOL, cuve, cuvier, cuvette, auge de bois. B.
BEON, étrape, instrument pour couper le chaume. B.
BEONDATZEA, contemplation. Ba.
BEORA, jument. Ba.
BEORRA, jument, cavale. Ba.
BEORZAYA, aiguière. Ba.
BEOT. Voyez *Beotés*.
BEOTES, bette. B. De *Beo*, qui signifiant ardent au propre, a par conséquent signifié rouge. D'ailleurs le rouge foncé de la bette étant ce qui frape le plus dans cette plante, elle en aura tiré son nom; ainsi *Beot*, *Beotes*, par crase *Betés*, signifie rouge. Voyez *Benboeth*, *Boeth* & *Beoth* sont le même mot. Ces transpositions de lettres sont communes en Celtique. Voyez *Beouen*.
BEOTESEN, feuille de bette. B.
BEOUEN, bouleau. B. Voyez *Beotes*, *Bedw*, *Betn*.
BEOVIA, chemin des sépultures. Ba. Voyez *Bideovia*.
BEOUIN, chair de bœuf. B.
BEOURE, matin. B.

BEOUT, être. B.
BEP, tout, tous. B.
BEPILOA, les paupières. Ba. Voyez *Pil*.
BEPRED, BEPRET, toujours, en tout temps. B. *Bep*, tout; *Pred*, *Pret*, temps.
BEPRET, à chaque repas. B.
BEPURUA, sourcil. Ba.
BEQETUS, A. M. petit ruisseau. C'est un diminutif de *Becium*.
BER, élevation, hauteur, colline, montagne, élevé, haut, Seigneur, Grand de l'État, homme constitué en dignité, Magistrat. G. *Ber* en Breton, butte, élevation de terre, sur, dessus, élevé, Baron; *Beraa* en Basque, qui se gonfle comme une éponge; *Beronz*, en haut dans la même Langue; *Berrocal* en Espagnol, lieu où il y a beaucoup de cailloux & de roches éminentes; *Berrueco*, lieu haut & rompu, sommet de montagne fait en pointe comme une verrue qui est éminente; *Verrue*, perle cornue qui n'est pas ronde. On voit par ces mots que *Ber* a signifié en Espagnol éminence & pointe, comme en Celtique. Voyez l'article suivant. *Ber* en vieux François, Baron, Grand de l'État; *Bayr*, colline, tertre en Turc; *Ber*, dessus, au dessus, haut; *Berter*, supérieur, plus haut; *Berterin*, suprême, très-haut en Persan; *Ber*, premier; *Berije*, les nobles, les plus nobles; *Bernfan*, Seigneur, Prince, noble, préposé; *Berin*, haut, sublime, élevé dans la même Langue; *Beri*, éloigné, loin en Arabe & en Persan; *Hbar* en Arabe, grand, ample, gras; *Farahhh* ou *Farhhh*, être au dessus, être long, sommet, faîte, chef, Prince dans la même Langue; *Bierfis* en Cophte, Prince, Roi, Général; *Cabir* en Hébreu; *Chabar*, *Quibir* en Arabe; *Quibir* en Turc, grand; *Bara* en Langue des Canaries, grand; *Beroumei*, orgueil en Malabare; *Biro*, Juge en Hongrois; *Berdo*, colline en Stirien & en Carniolois; *Burst*, faîte en Runique; *Pher* en Grec, géant; *Perissos* en Grec, superflu, excédent, ce qui est au dessus; *Porro* en Grec; *Fer* en Theuton; *Fer* en ancien Saxon; *Fiar* en Islandois; *Ferr* en Allemand; *Ferds* en Flamand; *Farre* en Anglois; *Fairra* en Gothique, loin; *Fnr* en Allemand; *Fore* en Theuton, plus, au-delà; *Furst* en Allemand, Prince, faîte; *Pharch* en Arménien, gloire; *Paritz* en Arménien, haut, élevé; *Veri* en Anglois, marque du superlatif; *Verh*, faîte en Stirien & en Carniolois; *Verli*, ce qui est au plus haut dégré dans les mêmes Langues; *Ver* en Flamand, loin. De *Ber* est venu *Scaber* en Latin, scabreux, plein d'inégalités, d'élevations; *Verruca*, verrue; & *Vertex*, faîte, sommet. Voyez *Bar*, *Berg*, *Bern*.
BER, beaucoup. G. *Beuri*, marque du superlatif en Géorgien.
BER, broche, obéle. G. *Ber* en Breton, pointe, broche; *Bear*, broche en Irlandois; de là *Veru*, broche en Latin; *Vervina* dans la même Langue, sorte de dard long; *Asper* dans la même Langue, âpre, piquant. On voit par *Tryfer* que *Ber* a signifié pointe, & par conséquent extrémité; de là *Berier* en vieux François, dernier. De *Ber*, pointe, & *Anc*, poignée, s'est formé le vieux mot François *Branc*, épée. On a dit aussi *Brans* & *Bran*. De *Ber* est venu *Verjus* en notre Langue; *Ber*, verd, acide, piquant; *Jus*, suc, liqueur. De *Per*, le même que *Ber*, par la substitution réciproque du *p* & du *b*, est venu *Percer* en François; *Berac*, *Burac*, aiguillon; *Berfam*, *Bura*,

BER.

Burra, aigu ; *Bere*, playe en Perſan ; *Ferra*, ronce, épine en Albanois ; *Burdir* en Bohémien, dard comme une broche ; *Pernoſt* en Bohémien, acreté, acrimonie. Voyez l'article ſuivant.

BER ; au plurier *Beri*, lance. G. *Hbar* en Arabe, coulant. *Ber* ſignifiant broche, lance, pointe, & d'ailleurs étant le même que *Berr*, il ſignifie couper comme ce dernier mot.

BER, bref, court. C. Voyez *Berr*.

BER, ours dans l'Iſle de Mona ; *Beer* en Flamand ; *Bar*, *Ber* en Allemand ; *Bear* en Anglois ; *Biorn* en Iſlandois, en Suédois, en Danois, ours.

BER, butte, élévation de terre, ſur, deſſus, élevé, Baron, Grand de l'État. B.

BER, pointe, broche, pointe de douleur, douleur vive. B.

BER, écoulement d'une choſe liquide. B. *Bar* en Perſan, coulant ; *Vari*, ruiſſeau, torrent en Tamulique ; *Varar* en Arménien, fleuve ; *Bier*, boire, en vieux François, ruiſſeau ; *Piray*, fleuve en Tartare *Manicheou* ; *Virte*, rivière en Lappon, en Finlandois, en Morduine. Voyez *Ber*, le même que *Mer*, eau.

BER, élancement, prompt, vîte. B. *Bertan* en Baſque, incontinent, ſur le champ ; *Bereala* dans la même Langue, tout de ſuite, ſur le champ ; *Birenk*, impétuoſité, courſe en Perſan ; *Berſi* en Eſclavon, agile, vîte ; *Birſu* en Croate, incontinent, ſur le champ ; de là *Pernix* Latin.

BER, biére boiſſon. B. *Beoir* en Irlandois, biére ; *Beri* dans l'ancienne Langue du Nord ; *Beer* en Anglois ; *Bier* en Allemand & en Flamand ; *Biere* en François, biére ; *Bere* en ancien Saxon ; *Bari* en Gothique, orge, grain dont on fait la biére.

PER, ſans. B Voyez *Ber*, manquement.

BER, beau, belle. Voyez *Beroa*, *Berth* ; de là le Gaſcon *Beroye*, belle ; *Fair* en Anglois, beau ; *Berah*, ornement, beauté ; *Berj*, grand éclat ; *Berf*, neige en Perſan ; *Boerk*, éclair en Arabe. Voyez *Berth*.

BER, particule itérative. Voyez *Berparoa*.

BER, le même qu'*Aber*. Voyez ce mot & *Bar*.

BER, le même que *Mer*, eau, marais, étang, lac, mer. Voyez *Aler*, *Berus* & *Ber*, écoulement. *Behr* en Turc ; *Be* en Tonquinois, mer ; *Bar* en vieux langage Indien, eau ou mer ; *Bihar*, mer en Langue de l'Iſle de Madagaſcar ; *Po*, ruo, marais en Venéde ; *Baran*, pluie ; *Bariden*, pleuvoir en Perſan ; *Bahar* en Arabe ; *Baboro* en Ethiopien ; *Burry* en Hottentot ; *Parana* en Galibi, mer ; *Ber* en Hébreu & en Phénicien, puits ; *Br*, puits en Arabe ; *Perre* ou *Berre* en Perſan, peuplier blanc, arbre qui aime l'eau ; *Bir*, eau ; puit en Irlandois ; *Ber* pour eau ſe trouve dans *Imber* Latin.

BER, milieu, moyen. Voyez *Berfedd*.

BER, promptitude, colère. Voyez *Beruant*, *Beroa*, *Bar* & *Ber*, élancement.

BER. En confrontant *Beras*, *Berius* & *Ber*, beaucoup, il paroit que *Ber* ſignifie gras, fertile, abondant ; *Bari*, gros, épais, gras en Hébreu ; *Para*, être fertile dans la même Langue ; *Pareh*, fertile dans la même Langue ; *Ferure*, produit, revenu dans les Tables Eugubines ; *Beuri* en Géorgien, aſſez, en grand nombre ; de *Ber*. *Uber* en Latin, abondant, & *Creber*, fréquent ; *Bre*, fruit en Tartare du Thibet. *Bre* eſt le même que *Ber*. Voyez *Bre*.

BER, particule qui marque le ſuperlatif, qui indique l'excellence, la plus grande intention, le plus haut dégré. Voyez *Berbera* & *Croywber*. *Burua* en Baſque, tête, chef, conducteur, Capitaine ; *Burzaya*, principal ; *Burujos* & *Burura*, tumeur, élévation. *Aber* en Allemand marque l'excès ; (*Abergläube*, ſuperſtition. A la lettre, trop de crédulité) *Beuren* en Flamand ; *Burren* en Theuton, lever, élever. Voyez *Ber*, ſur, deſſus ; & *Barr*, tête.

BER, porter. Voyez *Berfa*. *Bara* en Irlandois, brouette, civière, inſtrument à porter ; & *Beirt*, poids, charge, ce qu'on porte dans la même Langue ; *Ber* en Perſan, porter ; & *Bar*, charge, fardeau dans la même Langue ; *Pern* en Arménien, charge, fardeau ; *Phero* en Grec ; *Fero* en Latin, porter ; *Barrow* en Anglois, civière, brouette ; *Beer* dans la même Langue, cercueil, biére à porter les morts ; *Biere* en François, biére à porter les morts ; *Beran* en ancien Saxon ; *Bairan* en Gothique ; *Baere* en Danois ; *Bera* en Iſlandois ; *Beuren* en Flamand, porter ; *Berrie* en Flamand, portage ; *Berre* en Flamand, biére, brancard à porter les morts ; *Fxer* en ancien Saxon, voiture, char, barque ; *Far* en Iſlandois, l'action de voiturer ; *Fer* en Theuton, porter ; *Feryd* en la même Langue, bâteau, vaiſſeau ; *Baer* en Souabe, portoir, brancard ; *Baere* en ancien Saxon, biére, brancard à porter les morts ; *Bera*, *Bácra* en Suédois ; *Beru* en Servien ; *Bear* en Anglois ; *Baeren* dans la Baſſe-Saxe ; *Beran*, *Peran*, *Biron*, *Buren* en Theuton, porter ; *Bar* en Iſlandois ; *Bara*, *Para* en Theuton ; *Bara* en Servien & en Italien, biére, brancard à porter les morts ; *Bar* en ancien Égyptien, barque dans laquelle on tranſporte les morts ; Hérodote, *L. II. Bar* en Turc, fardeau ; *Burde* en Allemand, charge, fardeau. De *Ber* s'eſt formé *Tombereau* en notre Langue ; *Tom*, fumier ; *Ber*, porter. De là s'eſt formé *Bertelles*, & aujourd'hui *Bretelles*, liſiéres ou cordes dont on ſe ſert pour porter. On dit encore *Bertelles* à Metz. Voyez *Byrre*.

BER, pierre. Voyez *Berlym*, Sul. *Barry*, roc en Mandingo. Il y a en Bretagne un Village nommé *Berye*, dont le territoire eſt tout rempli de rochers.

BER, le même que *Fer*, *Ger*, *Mer*, *Per*, *Ver*. Voyez B.

BER, le même que *Bar*, *Bir*, *Bor*, *Bur*. Voyez *Bal*.

BER, le même que *Berr*. Voyez *Berhalan*.

BER, le même qu'*Abere*. Voyez ce mot.

BER, piquant, ſel, pointe. Voyez *Beria*, *Bur* & *Ber*, broche.

BER, manquement, défaut. Voyez *Cyferwir* & *Bar*. *Aber* en Allemand déſigne le manquement ; *Aberwitz* en cette Langue, délire ; *Ber*, nud en Iſlandois ; *Bare*, nud en ancien Saxon & en Anglois. Voyez *Ber*, ſans.

BER, ſource. Voyez *Bru* & *Bera*. *Burga* en Baſque, ſources chaudes ; *Bur*, ſources ; *Gacz*, en compoſition *Gacz*, chaudes ; *Azpir*, fontaine en Arménien ; *Virak*, petite fontaine en Eſclavon ; *Ak*, diminutif. Voyez *Ber*, écoulement ; & *Ber*, le même que *Bar*, tête.

BER, BRE paroiſſent avoir ſignifié cime, ſommet, tête. 1°. *Ber* ſignifie le plus haut dégré en Gallois. 2°. *Ber* eſt le même que *Bar*, qui en Breton ſignifie cime, ſommet, tête. 3°. *Brig*, *Brys*, ſommet en Gallois. 4°. *Ber* en Gallois, Seigneur, 5°. *Burua*, tête, chef en Baſque ; *Bre* eſt une tranſpoſition fort commune & fort ordinaire de *Ber*. Nous la voyons dans *Brig*, *Brys*, craſes de *Berig*, *Berys*. Voyez *Ber*, porter.

BER paroît avoir fignifié bois. Voyez *Bar*, *Bren*, (*Beren*) *Perllan*, *Berth*, *Perth*, *Pertica* Latin, branche, merrein François. On appelle en Patois de Franche-Comté une groffe barre de bois que l'on met pour fermer une porte de grange, une *Bure*, une *Beure*.

BERA, monceau, tas, amas. G. Voyez *Ber*.

BERA, couler, diftiller. B. Voyez *Ber*.

BERA, femblable, égal, pareil. Voyez *Berbera*. *Beraber*, égal, plain en Turc & en Perfan; *Berr*, grande plaine en Arabe.

BERAA, mouillée, mol, qui fe gonfle comme une éponge. Ba.

BERAALDIA, l'action de mouiller. Ba.

BERAATU, je mouille, j'amollis, j'adoucis. Ba.

BERACH, heureux. I. Voyez *Beras*.

BERACH, qui tire droit, qui ne manque pas le but en tirant à la flèche, qui lance droit un javelot, qui frape au but. I.

BERAD DOUR, filet d'eau. B.

BERADEN, goutte. B.

BERADIC, petite goutte. B.

BERADUR, écoulement d'une chofe liquide. B.

BERAG, BERAIG, heureux. I. Voyez *Berach*.

BERANTCOR, lent, tardif. Ba.

BERANTUREN, qui tardera. Ba.

BERANTZA, retardement, délai, renvoi. Ba.

BERANTZEN, tardant. Ba.

BÉRAQUIA, pêle à feu. Ba.

BERARIAS, fciemment, avec réflexion. Ba.

BERARIAZCOA, fait prudemment. Ba.

BERAS, fertile, abondant, gros, grand. Voyez *Bras*. *Berro* en Bafque, lieu humide, herbu, ombragé : c'eft précifément ce qu'on appelle un terrein gras. *Berthog*, *Berthyd*, riche ; *Berth* par conféquent richeffes, abondance, fertilité. *Beras* vient de *Ber*, porter ; comme *Ferax*, *Fertilis* viennent de *Fero*. *Peri* fignifiant produire, & étant le même mot que *Ber*, *Per*, a auffi fignifié fertile. *Bérr* en Arabe, bon, bienfaifant ; *Berad* en Arabe, champ arrofé ; *Beraz* en Arabe, champ ample & ouvert ; *Bereket* en Arabe, abondance, fertilité ; *Perwa* ou *Berwa* en Perfan, abondance ; *Perwar* ou *Berwar*, gras en Perfan ; *Berumend* en Perfan, lieu plein d'herbes, fertile ; *Bara* en Hébreu, créer, produire ; *Peri* en Hébreu ; *Per* en Arménien, fruit ; *Perel* en Arménien, porter ; *Peroug* en Arménien, abondant ; *Bereketlu* en Turc, abondant, fertile ; *Vre* en Étrufque, produit, fruit ; *Beran* en ancien Saxon ; *Bairan* en Gothique ; *Beren* en Allemand, produire ; *Beran* en Theuton, engendrer ; *Bar* en Syriaque, fils ; *Fara* en Lombard, génération ; *Pario* en Latin, enfanter. On a dit *Bers* comme *Beras*, ainfi qu'on le voit dans cette expreffion françoife, *Pleuvoir à Verfe*. Voyez *Berius*, *Berach*.

BERASCA, rayon de miel. Ba.

BERASTEA, tiédeur. Ba.

BERASTEA, l'action d'être précipité, dévolution. Ba.

BERAT; fingulier *Ur-Beraden*, une goutte. B.

BERAUA, prefcription. Ba.

BERAURQUEA, préfence. Ba.

BERAZ, donc. Ba.

BERAZGOA, illation, conféquence. Ba.

BERBERA, feul. Ba.

BERBERA, très-femblable. Ba, *Ber*, très ; *Bera de Par*, femblable.

BERBOELL, inconftance. B. *Poell*, arrêt ; *Ber*, fans. Voyez le mot fuivant qui en eft formé.

BERBOELLIC, inconftant, impatient, fretillant, qui a l'efprit volage & leger. B. Voyez le mot précédent.

BERCA, A. M. béche ; de *Ber*, couper ; *Berce* dans le Pays de Dombes, béche.

BERCE, autre, étranger. Ba. Voyez le mot fuivant.

BERCEAC, autres, étrangers. Ba. C'eft le pluriel de *Berce*.

BERCERENA, étranger. Ba.

BERCHEN, Maître, Seigneur. G.

BERCI, féparer, purifier. Ba.

BERD, Baron anciennement en Breton. Ce mot eft donc fynonime à *Ber*. Voyez *Barwn*.

BERD, frere. Voyez *Berdiath*.

BERDELA, forte de poiffon dur, appellé en Latin *Salpa*. Ba.

BERDER, briéveté. B.

BERDIATH, affociation, confrérie. B. Ce mot eft formé de *Berd*, qui eft une tranfpofition de *Bred* ou *Bredér*, frere.

BERDIN, pair, égal. Ba.

BERDINCAITU, niveller. Ba.

BERDINDU, j'accomplis. Ba.

BERDORIA, loriot oifeau. Ba.

BERDUNN, vers, affemblage d'un certain nombre de paroles & de fyllabes mefurées. I. Voyez *Bard*.

BERE, le fien, la fienne. Ba.

BERE, feul, libre, qui ne dépend que de foi. Ba.

BERE HUMETZAT, j'adopte. Ba.

BEREAC, les parens. Ba.

BEREALA, fur le champ, tout de fuite. Ba.

BEREARI, entêté. Ba.

BERECH, à part, féparé. Ba. Voyez *Ber*.

BERECI, fépare, je divife, je purifie. Ba. Voyez *Ber*.

BERECIA, divifion, particulier, fingulier. Ba.

BERECIGOA, féparation. Ba.

BERECINDEA, article de Grammaire, claufe de teftament. Ba.

BERED, cimetière. B.

BEREEIREN, qui divifera. Ba.

BEREGANDU, BEREGANLU, purifier de l'or. Ba. *Ber Gan*.

BEREGOITZEA, vertu élaftique. Ba.

BEREISTA, ftance, difcrétion, prudence. Ba.

BEREQUICOTUA, divifé, féparé, abftrait. Ba.

BEREQUICOTZEA, mépris des foins inutiles. Ba.

BERETARDIA, Clergé. Ba.

BERETITZA, texte. Ba.

BERETZEN, qui fépare. Ba.

BEREUN, deux cens. Ba.

BEREZCA, diftinction. Ba.

BEREZGOA, disjonction. Ba.

BEREZQUIA, faction. Ba.

BEREZQUIDA, partage. Ba.

BERF, verbe, partie d'oraifon. G.

BERFA, tombereau pour enlever la boue. G. *Fa* de *Faw*, de *Baw*, boue ; & par conféquent *Ber*, porter, ce qui fe confirme par *Adfer*, formé de *Ber*, qui fignifie bardeau, mulet, bête de charge.

BERFEDD, milieu, moyen. G. C'eft le même que *Perfedd*. L'm & le b fe fubftituant réciproquement, on a dit *Merfedd*, & par fyncope *Ber*. *Mer*, ainfi qu'on le voit dans *Meridies*. Voyez *Ber*, lance, couper.

BERFEDDWLAD, Y BERFEDDWLAD, pays du milieu, contrée au milieu des terres. G. *Berfedd Gwlad*.

BERFF, bouillant, bouillon, l'action de bouillir. B. *Bermejo* en Efpagnol, vermeil, rouge, roux;

BER.   BER.

Merra, rouge en Langue de Madagafcar. Voyez *Beuboeth*.

BERFFAITH, YN BERFFAITH, parfaitement, abfolument, entièrement. G.

BERG, montagne, lieu élevé en Gaulois. Caton nous a confervé ce mot dans fes origines; c'eft le même que *Ber*. Voyez ce mot. *Hhhaber*, deffus en Hébreu; *Gber*, géant en Hébreu, felon Onkelos; *Tbor* ou *Thabor* en Hébreu, lieu élevé; *Perh* en Hébreu, augmentation, aggrandiffement; *Bir* en Hébreu, lieu principal, lieu élevé; *Dber* en Éthiopien, montagne; *Iber* en Syriaque, deffus; *Pharh* en ancien Égyptien & en Arabe, fuprême, haut, élevé; *Bera* en Chaldéen, long, grand; *Dbera*, montagne en Arabe; *Farah*, *Faro*, cime de montagne en Arabe. *Berg* a fignifié élévation en Perfan, puifque *Bergeften* fignifie une maladie dans laquelle il s'élève des puftules fur la peau; *Afarz* en Perfan, haut; *Pharaz* en Perfan, montée de montagne; *Pherroch* en Perfan, noble, généreux, heureux; *Pherochanes* en ancien Perfan, nom de dignité; *Ecber* en Tartare, grand; *Bair* en Turc, colline; *Berg* en Turc, grand; *Ver* en Arménien, grand; & *Vyr*, deffus, au deffus; *Per*, haut, élevé dans les Tables Eugubines; *Pergama*, felon la remarque de Servius, d'Héfychius & de Suidas, défignoit chez les Afiatiques tous les lieux élevés; *Peri* en Grec, prépofition qui marque le plus haut dégré; *Uper* en Grec, deffus, *Perga* en Pamphilien, montagne; *Pergula*, felon Saint Ifidore, font des chaumières bâties fur des hauteurs; ce terme eft Latin. *Verruca* chez les anciens Latins fignifioit un endroit élevé; & dans la fuite il a fignifié une petite boffe ou élévation qui fe forme fur le corps; *Per*, prépofition latine qui marque le plus haut dégré; *Pergo* en Latin, je continue, c'eft-à-dire j'allonge, j'étends ce que j'avois commencé: *Porca* en Latin, fillon, terre élevée entre deux rayes de champ; *Berg*, *Berig* en ancien Saxon, en Suédois, en Allemand, en Flamand, en Iflandois; *Berg*, *Pero* en Theuton; *Bierg* en Danois, montagne; *Bairg* en Gothique, montagne, roc; *Biarg* & *Berg* en Iflandois, roc; & *Borg*, montagne; *Berg* en Tartare; *Biarg* en Cimbrique, montagne; *Barffo* en Sarrafin; *Pourky* en Arménien, tour; *Berg* en Runique, montagne, roc, haut, élevé; *Uber* en Allemand; *Aver* en Anglois; *Over* en Flamand; *Uber* en Theuton, deffus; *Bergla* en Efclavon, échaffes, bois qui fervent à élever; *Verh* en Efclavon, colline, tertre, lieu élevé; *Varh* en Dalmatien, tertre, lieu élevé; *Breg* en Stirien & en Carniolois, élévation, colline: c'eft la tranfpofition de *Berg*. *Brieg* en Efclavon, colline; *Barg* en Flamand, monceau. Nous appellons *Berge* en François un rocher élevé à pic, le bord efcarpé d'une rivière. *Berge* dans le Berri fignifie une petite éminence de terre. On difoit en Anjou *Berge* de bois, pour pile de bois; *Berge* de bled, pour amas de bled. Les Angevins difent aujourd'hui *Barge*. Voyez *Bar*, *Bern*.

BERG, le même que *Berh*, puifque *Bergein* eft le même que *Berhein*; de là *Berger*.

BERGAM, écarté, élargi, ouvert en marchant. G.

BERGE, verger. B.

BERGEIN, le même que *Berhein*. Voyez *Bwrg*.

BERGELIAE. Voyez *Brogilus*.

BERGEZ, verger. B.

BERGIEZ, verger. B.

BERGILIAE. Voyez *Brogilus*.

BERGUESAT, roter. B.
BERGUS, flatuofité. B.
BERH, bouillant. B.
BERH, fermé, clos, fortifié, défendu, fort, protégé, gardé. B. *Bairgam* en Gothique; *Beorgan* en ancien Saxon; *Bergen* en Flamand; *Bierge* en Danois; *Biarga* en Cimbrique, conferver, garder, défendre, cacher; *Bergen* en Allemand, cacher, mettre en fûreté; *Herberg* en Allemand; *Herberge* en Flamand; *Herbere* en Danois; *Erperga* en Carinthien; *Albergo* en Efpagnol & en Italien; *Auberge* en François, logis, lieu où l'on fe retire, lieu où l'on eft à couvert, en fûreté; *Erbergovati*, loger en Efclavon; *Apeirgo*, défendre en Grec; *Biorg*, fortereffe dans l'ancienne Langue du Nord; *Bark*, domicile; *Berk*, ferme; *Perde*, haye; *Veregi*, tunique, ce qui couvre le corps; *Bargiah*, cour du Souverain en Turc; *Berchyden*, *Perchyden*, *Perziden*, fortifier, entourer de murs; *Berze*, *Perze*, maifon de noble; *Bergh*, *Burgh*, digue; *Berk*, fort, ferme, beaucoup, puiffance, force, armes en Perfan; *Margun*, fortification, rempart en Tartare-Calmouk; *Bourggam*, fortereffe fur une montagne en Talenga; *Birg*, ferme, folide; *Vorig*, fort, robufte; *Sbar*, *Asbar*, *Varout*, bouclier en Arménien; *Piphork*, manteau; *Piphark*, cuiraffe de fer en Cophte; *Pi*, article; *Pera*, baudrier en Cophte; *Abar* en Hébreu, fortifier; & *Abir*, fort, robufte; *Far* en Arabe, refuge, afyle; *Pharaz* en Hébreu, Village; *Pharaz* en Chaldéen, garder, défendre; *Pherchos*, fortereffe en Syriaque; *Peri*, autour en Grec; *Ver* en Iflandois; *Verian* en ancien Saxon, défendre; *Vereflo*, Prince, tuteur en ancien Suédois, felon Rudbeck; *Vaar*, fortereffe en Hongrois; *Tabor* en Efclavon, en Dalmatien, en Bohémien, en Hongrois, camp; *Parck* en Anglois; *Parc* en François; *Barco* en Latin, parc, enceinte; *Parma*, bouclier en Carthaginois & en Latin; *Emberguer* en vieux François, couvrir; *Heberger* en François, loger, donner retraite; *Bercail* dans la même Langue, parc, enceinte, enclos, écurie où l'on retire un troupeau; *Perron* en vieux François fignifioit une barrière qu'un Chevalier faifoit à un paffage, par où il vouloit empêcher qu'on ne paffât fans s'être ouvert le paffage en le combattant & en le vainquant; *Bergi*, *Bourgi*, *Beurgi* fignifient une écurie dans les montagnes de Franche-Comté. Voyez *Berg*, *Bwrg*. De *Berh*, *Berg* & *Berz*, par la fubftitution réciproque du *b*, de l'*f*, de l'*m*, du *p*, de l'*v*, on a dû dire *Ferg*, *Ferh*, (*Ffer*, fort en Gallois) *Ferz*, *Merg*, *Merh*, *Merz*, *Perg*, *Perh*, *Perz*; *Verg*, *Verh*, *Verz*. De *Verg* a été formé le terme *Vergobret*, qui fignifioit chez les Gaulois le fouverain Magiftrat, celui qui avoit la Surintendance de l'État; *Verg*, protecteur, défenfeur, curateur; *Obrait*, fuprême. De *Berh*, *Barh* ou *Parh* eft venu notre mot François *Parer*, défendre; & *Rempart*, mur de fortification.

BERH, A BERH, de par. B.

BERHALAN, courte haleine; afthme, difficulté de refpirer; & celui qui en eft incommodé, afthmatique. B. *Ber*, courte; *Halan*, haleine.

BERHALANI, avoir, ou caufer la courte haleine. B.

BERHEIN, fermer, fortifier, défendre, protéger, garder. B.

BERHELE, maquereau poiffon. B.

BERHENAL, courte haleine, afthme, difficulté de

respirer; & celui qui en est incommodé, asthmatique. B. *Ber*, courte; *Henal*, transposition d'*Halan*, *Halen*.

BERHON, égrugeures. B.

BERHONEN, miette. B.

BERHONNEIN, égruger, briser, réduire en miettes, mettre en poussière, mettre par menus morceaux. B.

BERHONNEIN, honnir. B.

BERHUD, merveille, prodige, étonnement. B. *Ber*, d'*Ober* ou de *Peri*, action; *Hud*, surprenante, admirable. Voyez *Burhud*.

BERHUDUS, merveilleux, prodigieux, étonnant. B.

BERHUE, décoction, fermentation, ferveur. B. Voyez *Berv*.

BERHUIDANT, bouillant, chaud, ardent, spiritueux. B. Voyez *Berv*.

BERHUIQEEN, jamais par rapport au futur. B.

BERI, chaud. Ba. Voyez *Ber*, *Berv*.

BERI, nouveau. Ba. *Mberi*, nouveau en Cophte; *Baron* en Javanois & à Malaca, nouveau.

BERI, le même que *Bri*. Voyez *Anoberi*.

BERIA, BERRA, BIERIA, A. M. lieu plain, campagne; de *Bera*, égal, plain; *Berrie* en vieux François, campagne.

RERIG, qui porte une lance. G. De *Ber*.

BERIGARQUIA, plante dont il y a quatre espèces. Ba.

BERIL, ambre jaune. G.

BERINA, verre. Ba.

BERINGAUDUM, A. M. coupe. De *Beiria*.

BERITHAN, extérieur. G.

BERIUS s'est dit comme *Perius*, fertile, abondant, ainsi qu'on le voit par *Ber*. *Arbar* en Irlandois, fertile; *Per* en Hébreu, fertile, abondant. Voyez *Bar*, *Beras*.

BERLANCES, succès, évènement, hazard. Ba. *Berlant*, hazard en vieux François; de là le jeu de berlan; en vieux François *Berlens*. Lorsqu'à ce jeu on a ses trois cartes de la même sorte, comme trois as, trois rois, on a berlan, ou hazard; c'est de ce coup, le plus avantageux de ce jeu, qu'il a pris son nom.

BERLASAITA, dispense, relaxation. Ba.

BERLE, friche. B.

BERLIMETT, émoulu. B. Voyez *Berlym*.

BERLOBI, délire. B.

BERLYM, meule de coutelier, pierre à aiguiser. B. *Lym* de *Llymhau*, aiguiser; & par conséquent *Ber*, pierre. Voyez *Per* qui est le même.

BERMAN, maintenant. B.

BERMEGOA, caution, assurance. Ba.

BERMEJOYA, vermillon. Ba.

BERMIDORRA, espèce d'herbe, de plante. Ba.

BERMIGAREIA, chèvre-feuille. Ba.

BERN, colline. G. Voyez les articles suivans.

BERN, butte, élévation. C. B. C'est le même que *Ber*. Voyez l'article précédent.

BERN, tas. C. B.

BERN, monticule. B.

BERN en élévation, montagne, élevé, haut. B. *Fern* en Allemand, éloigné, loin; *Ferne*, éloignement, distance, longueur; *Bern* en Flamand, élévation, monceau; *Berne* en François, saut en l'air que l'on fait faire à quelqu'un. *Bern* est le même que *Bren*: ils sont l'un & l'autre formés de *Beren*, de *Ber*.

BERN, monceau, amas de beaucoup de choses ou de personnes assemblées. Ce mot se dit aussi de la toile sur laquelle on amasse le bled dans l'aire. B. Les Villageois en Haute-Bretagne nomment leurs grosses couvertures de lit *Larnes*.

BERN, but. E.

BERN, Juge. B.

BERN. En comparant *Bernais*, *Bernout*, *Ber*, *Berth*, *Vern*, *Wen*, on voit que *Bern*, *Vern* ont signifié beau, estimable; *Verné* en vieux François, orné, paré; *Verno* en Latin, briller.

BERN, le même que *Berr*, jambe. Voyez *Bernea*. Il signifie par conséquent aussi courbure comme *Berr*.

BERN, le même que *Fern*, *Gern*, *Mern*, *Pern*, *Vern*. Voyez *B*.

BERN GO, taupinière. B.

BERÑA, entasser, mettre en pile, mettre en tas, mettre en monceau. B.

BERNAC, macreuse. I. On dit aussi *Barnat*, *Bernach*, *Bernacle*, *Brenache*.

BERNAIS, vernis, brillant, éclat. G. De là *Vernis*. *Barniz* en Espagnol, vernis.

BERNEA, jambe, gras de la jambe. Ba. Voyez *Berr*.

BERNISCRIT, saye dans laquelle ou recueille le bled à vanner. B.

BERNISCRIT, A. M. espèce d'habit; de *Berniscrit*, saye. Cujas dit que *Berne*, dans l'ancienne Langue Gauloise, signifioit saye. Le mot Breton *Berniscrit* montre que la conjecture de ce sçavant Jurisconsulte est bien fondée. Covaruvias dit que *Bernia* en Espagnol est une cappe large comme un manteau, grossière comme une couverture de lit. Nicot dit que *Bernie* est une sorte de drap velu, grossier & rude.

BERNOQUERA, qui a les jambes tortues. Ba. Voyez *Bernea*.

BERNOUT, importer, être estimable, être de prix. B. Voyez *Vern*.

BERO, bouillant, bouilli, bouillon, chaud. B. Voyez l'article suivant. *Vro*, *Varli* en Esclavon, prompt, ardent, fougueux.

BERO, chaud. Ba. Voyez *Berra* & l'article précédent.

BEROA, chaleur, ardeur, chaud, exposition au soleil, la fièvre. Ba. Voyez *Bero*.

BEROA, beau temps. Ba. *Oed*, temps; *Ber* par conséquent beau.

BEROA, adoucissement, lénitif. Ba. Voyez *Beraa*.

BEROARACI, j'enflamme. Ba. Voyez *Beroa*.

BEROCATA, A. M. brouette; de *Barot* & *Catt*, petit. Voyez *Berrotata*.

BERON, montagnes. G. Voyez *Ber*.

BERONEURRIA, baromètre. Ba.

BERONZ, en haut, en bas. Ba.

BERORDEA, espèce. Ba.

BEROTASUNA, beau temps. Ba.

BEROTU, chauffer. Ba.

BERPAROA, réparation. Ba. Voyez *Para*; *Ber* par conséquent itératif.

BERPED, toujours. B. *Ber*, au dessus; *Bed* ou *Ped*, durée; *Berped*, au dessus de la durée, qui n'a point de durée déterminée.

BERR, jambe. G. *Bernea*, jambe en Basque.

BERR, courte, brève. G. Voyez l'article suivant.

BERR, court, bref, concis, de peu de longueur, de peu de durée, retranché, coupé. B. De là *Fere* Latin; de là *Bertaud*, *Bertauder* en François. On voit par ce mot qu'on a ajouté le *t* à la fin de *Ber*; cela est commun dans le Celtique.

BERR est le synonime de *Cam*, jambe, ainsi qu'il est dit plus haut. Il paroît qu'il doit être aussi sy-

nonime de ce mot dans la signification de courbe.
1°. La jambe étant inégale, a, suivant toute apparence, tiré son nom de là. 2°. *Bw*, arc ; *Ba*, courbure ; *Bay*, sinuosité, courbure.

BERR-ALAN, courte haleine, asthme, peine qui fatigue jusqu'à faire perdre haleine quelquefois. B.

BERRA, cuire, bouillir. I. Voyez *Bero*.
BERRAA, BERRAAT, accourcir, raccourcir, abréger, rendre ou devenir court, couper, retrancher. B. Voyez *Berr*.
BERRADUR, abrégé. B.
BERRALANI, ahaner. B.
BERRAIANUS, poussif. B.
BERRAT, accourcir, raccourcir, abréger, rendre ou devenir court, couper, retrancher. B.
BERREGUIN, jeune homme, ou jeune fille bien parée. Ba. On dit *Barragan* en Espagnol.
BERREIN, multiplicité. B. Voyez *Ber*.
BERREIN, le même que *Berrat*. B.
BERRFAIN. Ce mot que Davies n'explique pas, doit signifier jambe grêle ; *Berr*, jambe ; *Main*, en composition *Fain*, grêle, déliée.
BERRFFORDD, abrégé. G.
BERRGAM. Ce mot que Davies n'explique pas, doit signifier jambe torse ; *Berr*, jambe ; *Cam* en composition *Gam*, torse. Voyez *Bergam*.
BERRI, nouvelles. Ba.
BERRIA, nouveau, récent. Ba.
BERRIERA, renovation. Ba.
BERRIONA, auspice. Ba.
BERRITASUNA, nouveau, nouveauté. Ba.
BERRITZEA, innovation. Ba.
BERRITZU, causeur, babillard. Ba.
BERRIZ, réiterer, de nouveau, une seconde fois. Ba.
BERRIZJOA, réplétion figure de Rhétorique. Ba.
BERRIZTEA, répétition. Ba.
BERRO, lieu humide & ombragé. Ba.
BERROA, buisson. Ba. Voyez *Berth*.
BERROGUEI, quarante ; *Berrogueiquia*, quarantaine, carême. Ba.
BERROTATA, A. M. la charge d'un chariot ; de *Barot*, chariot dans le Lyonnois ; *Barot*, de *Ber*, porter.
BERRQEBR, chanlates. B.
BERRWELL, qui ne voit que de près. B.
BERS, défense. B. Il signifie aussi la même chose que *Berh*, dont il est le synonime. Voyez *Berz*, *Gilbert*.
BERS. Voyez *Bersioa*.
BERSA, défendre. B. Voyez *Bergein*, *Berh*, *Berhein*, *Berz*, C.
BERSA, BERSAE. A. M. clayes, treillis d'osier, ou palissades entrelacées de rameaux, dont on enfermoit les forêts pour que les bêtes qui y étoient n'en pussent sortir ; de *Bersa*, défendre, arrêter, enfermer ; de là l'ancien mot François *Bers*, & le nouveau *Berceau*, parce que les berceaux des enfans étoient anciennement faits d'osier, ou de rameaux entrelacés. *Bersare*, *Birsare* en Latin ; *Berser*, *Berseiter* en vieux François, chasser dans les forêts ainsi fermées ; *Bersarii*, *Birsarii*, ceux qui chassoient dans ces forêts ; & parce que les bêtes qui étoient enfermées dans ces forêts ne pouvoient éviter d'être tuées, de là est venue l'expression usitée dans le vieux François, *Mettre au Bersel*, pour exposer à perdre la vie, exposer au supplice. Olivier de la Marche dit que les Gantois révoltés, placés sur une motte, furent tellement *Bersaillez* des traits des Bourguignons, qu'ils se vinrent rendre à discrétion. Les Italiens disent, *Mettere à Bersaglio*, pour exposer au péril ; *Berseul* en vieux François, chaîne, lien, menottes. Le terme *Birsarii* a été étendu à signifier en général les chasseurs, ceux qui vivent de leur chasse. Il y a encore aujourd'hui en Allemagne des forêts fermées de planches.

BERSET, défendu, B. Voyez *Bersa*.
BERSIOA, véxation, tort. Ba.
BERSIOPENA, satyre. Ba.
BERT, le même que *Berr*. Voyez ce mot.
BERTAERA, période de temps. Ba.
BERTAGUIA, phénoméne. Ba.
BERTAN, brièvement, dans peu, sur le champ. Ba.
BERTANDEA, présence. Ba.
BERTARAUA, réforme, correction. Ba. Voyez *Berria*.
BERTARIA, prime émeraude pierre précieuse. Ba. Voyez *Berth* & *Ari*.
BERTAT, plaider. B.
BERTATIC, tout de suite, à l'improviste, dès que. Ba.
BERTEAUT, bègue, qui a peine à parler, & prononce mal ses paroles par empêchement de Langue. B. De *Ber*, courte ; *Teant*, langue.
BERTEGUITEA, rétablissement. Ba.
BERTEMARMETERIA, régénérateur. Ba.
BERTERA, réforme. Ba.
BERTEROSCOA, rachat. Ba.
BERTEZARDEA, rétablissement. Ba.
BERTH, beau, net, propre, brillant, luisant, poli. G. *Berth*, beau, illustre en Breton ; *Berth*, beau en Langue de Cornouaille ; *Bairth* en Gothique ; *Byrth* en ancien Saxon ; *Biart* en Islandois, clair ; *Berth* en ancien Saxon, en Theuton, en Lombard, illustre ; *Berden* en Allemand, orner, parer ; *Barthe*, blanc en Albanois ; *Parth* en Arménien, gloire, honneur ; *Pherioon* en Cophte, beau ; *Pier*, orné, paré en Étrusque ; *Periew*, rayon, lumière, éclat en Persan ; *Berth*, par une transposition fort commune dans le Celtique, a fait *Breth*. *Praete* en ancien Saxon, orné, paré ; *Pretty* en Anglois, beau, joli ; *Pryda* en Suédois & en Islandois, orner, parer. On voit par *Berthawg*, *Berthedd* & *Berthid*, que *Berth* a signifié bon, bien, comme beau, beauté. *Britomaris*, terme des anciens Crétois, est rendu en Latin *Dulcis Virgo*. Je crois que *Mart* est le même que *Merch*, fille, vierge. Voyez *Ber*.
BERTH, le même que *Perth*, buisson, hallier. G. Voyez *Berroa*. *Bartas*, buisson en Languedocien.
BERTH, beau. C.
BERTH, anciennement maîtresse en Breton.
BERTH, beau, illustre. B.
BERTH, richesses, abondance, fertilité. Voyez *Berthawg* & *Berat*.
BERTHAWC, riche, opulent. C. Voyez le mot suivant.
BERTHAWG, riche, opulent. G. Ce mot est formé de *Berth*, qui doit par conséquent signifier richesses.
BERTHDUD, belle terre. G. *Berth*, belle ; *Tud*, en composition *Dud*, terre.
BERTHEDD, richesses, beauté, propreté, éclat. G.
BERTHESCA, BERTRESCA, A. M. espèce de balcon couvert ; de *Bertuz* ou *Bertez*, couvert. On a dit en vieux François *Brettesche* ; & de *Bretesche*, *Bretequer*.
BERTHFANN peut venir, dit Davies, de *Berth*

Mann, ou de *Berth Bann*. Au premier cas, il signifiera beau lieu ; au second, il signifiera belle marque.

BERTHID, richesses ; plurier *Berthidan*. G. Voyez *Berthyd*.

BERTHOGI, enrichir, doter. G.

BERTHWCH, beauté. Voyez *Prydfertwch*.

BERTHY, beauté. Voyez *Cyferthy*.

BERTHYD, riche, heureux. C.

BERTICUSLEA, reviseur. Ba.

BERTICUSTA, revision, reconnoissance. Ba.

BERTIQUERA, réaction. Ba.

BERTIRAUNDEA, subsistance, stabilité. Ba.

BERTISTEA, émeraude. Ba.

BERTITZA, BERTIZA, avorton, avortement. Ba.

BERTITZU, avorter. Ba.

BERTORIA, topaze pierre précieuse. Ba.

BERTUCIGOA, sous-division. Ba.

BERTUZ, couvercle, couvert. B.

BERU, porter. Voyez *Gwrthferu*.

BERV, bouillant, bouillon, l'action de bouillir, jus de ce qui a bouilli. B. Il paroit par *Beruant* qu'il se prend aussi au figuré. Voyez *Bervi*, *Berw*. *Bure* en Patois de Lorraine, brandon.

BERVADEN, bouillon, l'action de bouillir. B.

BERUANT, bouillant de tempérament. B.

BERVAT, petite lessive faite à la hâte dans un bassin sur le feu. On prononce *Ar Vervaden* au singulier avec l'article. Ce mot vient de *Berw*, & représente ce que nous pourrions dire en François une bouillonnée. B.

BERUC, le même que *Berus*. Voyez *Aru*.

BERVEIN, petiller, étinceller. B.

BERVI, cuire, bouillonner, digérer. B. *Berw*, ébullition, bouillonnement, cuisson, coction, digestion en Gallois ; *Berra*, cuire, bouillir en Irlandois ; *Beroa*, chaleur, ardeur, chaud en Basque ; *Berotu*, chauffer ; *Beregandu*, cuire dans la même Langue ; *Bruir* en vieux François, griller ; *Bahar*, brûler ; *Beberah*, incendie ; *Biber*, allumer ; *Barak*, étinceller en Hébreu ; *Berahma*, être rouge en Arabe ; *Behrama*, rubis, certaine fleur rouge ; *Perkin* ou *Berkin*, foyer ; *Buruflen*, rotir, cuire ; *Purfuz*, ardent, brûlant ; *Furuz*, allumant ; *Borjan*, cuit en Persan ; *Merdw*, feu en Tartare-Calmouk ; *Mé*, feu en Tartare du Thibet ; *Bar*, allumer en la même Langue ; *Pire*, soleil ; *Pireks*, incendie en Cophte ; *Baerk*, foudre en Turc ; *Pargouthi* en Arménien, colére ; de *Parg*, véhément, dit le Dictionnaire ; *Pur*, feu en Phrygien ; *Puros*, feu en Grec ; *Verfe*, feu en Étrufque, au rapport de Festus ; *Forrok*, bouillir ; *Piritani*, rotir en Hongrois ; *Fore*, torche en Allemand ; *Fyr*, Fir en ancien Saxon ; *Fuir*, Feur en Theuton ; *Vuyr*, Vier en Flamand ; *Fire* en Anglois, feu ; *Wermod* en Gallois, fiévre ; *Baernan*, brûler ; *Byrnam*, être en feu ; *Bernet*, incendie en ancien Saxon ; *Burn* en Anglois, brûler, être en feu ; Or *Hot Embers*, cendres dans la même Langue ; *Bernen* en Flamand, brûler ; & *Berner*, incendiaire ; *Bernen* en ancien Allemand, brûler ; d'où, par transposition, on a fait *Brennen*, usité aujourd'hui dans cette Langue ; *Brinnen*, *Prinnen*, *Prennen* en Theuton ; *Opbrend* en Danois ; *Brinna* en Suédois ; *Brenna* en Islandois, brûler ; *Brunst* en Gothique, en Theuton, en Allemand, l'action de brûler ; *Brune*, ardeur, chaleur ; *Brenne*, incendie en Islandois. De *Berv* ou *Ferv* est venu *Ferveo* & *Fermentum* Latins ; & de *Berv* ou *Perv*, par crafe *Prv*, est venu *Pruna* dans la même Langue. De *Berv* est venu *Verve*, enthousiasme, feu poétique en François. De *Berv*, par une crafe facile & naturelle *Bru*, est venu brûler dans la même Langue, & *Ambruer*, qui dans la Franche-Comté signifie se mettre en train, s'animer, s'échauffer. De ce même terme est aussi venu *Brandon*, qui en François signifie une torche de paille allumée : On l'appelle *Borde* en Franche-Comté, où le Dimanche des brandons est appellé le Dimanche des *Bordes*. On l'appelle *Bure* en Champagne, où ce même Dimanche est nommé le Dimanche des *Bures*. De *Ber* ou *Fer*, par transposition *Fre*, est venu *Freler*, qu'on dit en Franc-Comtois pour brûler. Voyez *Bar*, *Bardd*, *Berw*, *Berwi* & *Berv*.

BERUIC GOED, pustule. B.

BERUM, A. M. coulant, ruisseau ; de *Berus*.

BERUNA, plomb, à plomb. Ba.

BERUS, coulant. B. *Borbora* en Basque, source ; *Boyre* en vieux François, canal d'un ruisseau ; *Ber*, fontaine en Hébreu. Voyez *Ber*.

BERUS, piquant. B. De *Ber*, *Bar*. *Berus* doit par la même raison signifier élevé, coupé, escarpé, scabreux, puisque *Ber* signifie élévation & couper.

BERW, ébullition, bouillonnement, cuisson, coction, digestion. G. Il se prend aussi au figuré. Voyez *Berwi*. Il souffre syncope, comme on le voit par *Brwd*. Voyez *Bervi*.

BERW, que l'on prononce *Bero*, bouillon, bouillonnement, jus de ce qui a bouilli ; *Berwi*, *Birwi*, bouillir, bouillonner. B. Voyez l'article précédent & *Bervi*.

BERW, BERO, BERU, rouge. Voyez *Benboeth*.

BERW, fiévre. Voyez *Wermod*.

BERWAD, cuisson, décoction, liqueur de chose qu'on a fait bouillir. G.

BERWAT ; au singulier *Ar Verwaden*, petite lessive faite à la hâte dans un bassin sur le feu. B. c'est comme nous dirions en François une bouillonnée. Voyez *Berwi*, *Berw*.

BERWEDIG, chaud, ardent, brûlant, bouillant, cuit. G.

BERWI, bouillir, cuire, faire bouillir dans l'eau ; s'échauffer, être fort ému. G. B.

BERWI DROSODD, avoir fort chaud. G.

BERWR, cuisinier. G. Voyez *Bervi*.

BERWR, ail. G. apparemment de *Berw*.

BERWR, cresson. G. *Berro* en Espagnol, cresson, *Iberis* en Latin, cresson sauvage ; de *Ber*, eau.

BERWR CAERSELEM, tortelle, grosse rave ronde, navet sauvage. G.

BERWR FFRAINGC ou FRENCIG, cresson de France, ou cardamon. G.

BERWR GAUAF, tortelle, grosse rave ronde, navet sauvage. G.

BERWR GWYLLT, passerage plante. G.

BERWR TALIESIN, chicotin, orpin, reprise, joubarbe de vignes. G.

BERWR T DWR, menthe aquatique, cardamon. G.

BERWR T DWR MELYN, berle. G.

BERWR T FAM, ou T FAMMOG, tortelle, grosse rave ronde, navet sauvage. G.

BERWR T GARDDAU, cresson de France, ou cardamon. G.

BERWR T MOCH, cresson de porc. G.

BERWR T TORLANNAU, tortelle, grosse rave ronde, navet sauvage. G.

BER.

BERWR YR ARDD, cresson de jardin, ou nasitor. G. *Ardd*, de *Gardd*.
BERWR YR IAIR, renouée, sanguinaire, sang de dragon. G.
BERWYL. I BERWYL ARALL, en quelqu'autre lieu, vers un autre endroit. G. *Arall*, autre.
BERWYN, framboisier sauvage. G.
BERWYN. MUYAR BERWYN, framboisier. G.
BERY, milan oiseau de proie. G.
BERYA, causer des pointes de douleur. B. On voit par *Ber*, *Beryus*; que *Berya* a signifié piquer en général, tant au propre qu'au figuré.
BERYCH pour *Brych*, comme *Beras* pour *Bras*, & *Beri* pour *Bri*.
BERYD, BRYD, porter. Voyez *Gwrthseru*.
BERYEN, plein de rochers, plein de pierres. Voyez *Ber*.
BERYFON, milans. G. C'est le pluriel de *Bery*.
BERYON, BERYVON, milans. G. Ce sont les pluriels de *Bery*.
BERYUS, qui pique, qui cause des pointes de douleur. B.
BERZ, défendu, défense, chommable. B. Voyez *Berh*.
BERZ, court, petit, bref. B. Voyez *Berr*.
BERZ, A BERZ, de par. B.
BERZA, chommer. B. Voyez *Berz*, *Berzein*, *Bersa*.
BERZAGA, rayon de roue. Ba.
BERZEGUITA, variété. Ba.
BERZEIN, défendre. B. Voyez *Bersa*, *Berh*.
BERZEL, Mars, la guerre. B. Voyez *Bresell*.
BERZILLIAE. Voyez *Brogillus*.
BERZUD, merveille. B.
BES, tribut, cens. I.
BES, exact, soigneux. I.
BES, le même que *Baos*. I.
BES, le même que *Mes*. I. De même des dérivés ou semblables.
BES, doigt, fourchon, courbure. B. *Bez* en Langue de Cornouaille, doigt ; *Besoa*, doigt en Basque ; *Becedi*, anneau, bague en Géorgien.
BES, forêt. Voyez *Bestsil*.
BES, le même que *Bec*. Voyez *Aru*. De là *Baiser*. On a dit *Bis* comme *Bes*, ainsi qu'on le voit par *Bisaich*. On a dit *Ves* & *Vis*, comme *Bes* & *Bis*, ainsi qu'on le voit par *Vis*, vieux mot françois qui signifioit visage.
BES, courbe, autour, contour, circuit, rondeur. Voyez *Bies* & *Bés* plus haut.
BES, montagne, comme *Pes*. Voyez *Pod*.
BES, le même que *Fes*, *Ges*, *Mes*, *Pes*, *Ves*. Voyez B.
BES. Voyez *Biscoas*.
BES. Voyez *Bis* & *Bychan*.
BES. On voit par *Bescorni*, *Biscorni*, *Besgi*, *Besilamentum*, *Becho*, qui en notre Langue signifient un instrument coupant, que *Bes*, *Bis* ont signifié couper, mutiler, séparer, coupé, mutilé, séparé, divisé. La division établissant le nombre de deux, *Bes*, *Bis* ont signifié deux. (Voyez *Bis*) La mutilation opére un retranchement, un manquement ; ainsi *Bes*, *Bis* ont signifié privation, sans ; de là *Besk*, *Besq*, *Besgorn*. On étant une terminaison indifférente ; on a dû dire *Beson*, *Bison*, comme *Bes* & *Bis* ; ce qui se voit, parce qu'on appelloit en vieux François *Bessons* les jumeaux. On les nomme *Bossans*, *Bassans* en Franche-Comté. *Bescu* en François est la crase de *Besaigu*, qui a deux pointes ; *Bez* en Dalmatien, en Polonois, en Bo-

TOME I.

BES.

hémien, sans ; *Bez*, coupé, mutilé. Voyez *Mezecq*. *Vesin* en Étrusque, la mort, la privation de la vie ; *Vesi*, au féminin *Vesie* dans les montagnes de Franche-Comté signifie stérile, qui ne produit pas. De *Bes*, manquement, privation, est venu notre mot *Besoin*. *Besir* en Patois de Besançon signifie dessécher une viande à force de la rôtir, la priver de son suc ; *Bestana*, *Bestnc* en vieux François, division, différend.
BESAGANEAN JARRI, s'appuyer sur le coude. Ba. Voyez *Besoa*.
BESAN, exact, soigneux. I.
BESANT, présent, présente. B.
BESAQUIA, bracelet, armure de bras. Ba. Voyez *Besoa*.
BESARCATU, j'embrasse ; *Besarcatzea*, *Besarquera*, embrassé. Ba. Voyez *Besoa*.
BESCOAH, jamais par rapport au passé. B.
BESCOND, Vicomte. B.
BESCORNI, écorner. B.
BESET, le même que *Bychan*. Voyez ce mot.
BESEU, bague. B. Voyez *Bes*.
BESILAMENTUM, BESILIUM, A. M. mutilation. On a dit *Besil* en ce sens en vieux François ; & *Besiller*, mutiler, estropier, blesser ; de *Bes*.
BESK, sans queue, écourté, qui a la queue coupée. Ce mot se dit des bêtes qui n'ont plus de queue, ou qui manquent de quelqu'autre membre. B. Ce terme aura d'abord signifié écourté qui est son sens naturel ; (Voyez *Besq*) ensuite il aura été étendu, par abus, à signifier la privation de tout membre.
BESOA, bras, doigt. Ba.
BESOL, pointu ; de *Bes*, le même que *Bec*.
BESON, le même que *Bes*. Voyez ce mot.
BESON, le même que *Bychan*. Voyez ce mot.
BESONDAC, les épaules. Ba. Voyez *Besoa*.
BESOT, le même que *Bychan*. Voyez ce mot.
BESOU. Voyez *Beisou*.
BESOU, le même que *Bychan*. Voyez ce mot.
BESQ, capot. B.
BESQ, qui a la queue coupée. B. *Bes*, coupée ; Q, de *Cyffon* ou *Qyffon*, queue. Voyez *Besk* qui est le même mot.
BESQELL, sillon plus court. B.
BESQELLEC, biais, biscornu, oblique. B.
BESQENN, dé à coudre. B. *Bes*, doigt ; *Qenn* étui. Voyez *Gwain* ou *Cenn*, cuir. Voyez *Beiskenn*.
BESQENNA UR MARCH, passer le licol dans la bouche du cheval. B.
BESQI, écrouer. B.
BESQORN, sans cornes. B. *Bes*, sans ; *Qorn*, cornes.
BESSAN, le même que *Besson* : l'*a* & l'*o* se mettoient indifféremment.
BESSES, pâturages dans le Patois d'Auvergne & du Limosin : C'est le même que *Vaes*, pâturage, prairie, car le *b* & l'*v* se substituent réciproquement. *Bessai* en Grec dans Hésychius, terreins arrosés, lieux humides ; *Vaes* en ancien Saxon, lieu marécageux & humide, tel que l'est ordinairement un pré ; *Wiesen*, pré en Allemand. Voyez *Bazea*.
BESSOA, bras. Ba.
BESSON, le même que *Bychan*. Voyez ce mot.
BESSOT, le même que *Bychan*. Voyez ce mot.
BESSOTACO, coudée. Ba. Voyez *Besoa*.
BESSOU, le même que *Bychan*. Voyez ce mot.
BESSQUÉELLEIN, biaiser. B.
BESSQUENN, poucier, poussier. B.
BESSUM, A. G. espèce de voiture ; de *Ber*.

BEST. Voyez *Beftfil*.
BESTAERA, changement. Ba.
BESTALINUS, A. M. chemin tortueux; de *Bes*, tortu; & *Taiftlim*, marcher, lieu où l'on marche, chemin.
BESTE, au-delà. Ba.
BESTEA, autre. Ba.
BESTEAUD, bégue. B. *Bes Teaud*.
BESTEAUDI, bégayer, grafleyer, barbouiller, fe fourcher parlant de la langue. B.
BESTECOPETZEA, tranfubftantiation. Ba.
BESTEGUILLEA, comédien. Ba.
BESTERANTZA, transformation. Ba.
BESTERENA, étranger. Ba.
BESTERENGANARIA, adultére adjectif propre de l'homme. Ba.
BESTERENJARRAYA, acceffoire. Ba.
BESTERENTZEA, aliénation. Ba.
BESTEREQUIN DIJOANA, adjoint. Ba.
BESTERI ICHEQUIA, acceffoire. Ba.
BESTEZQUIA, fubfiftance, hypoftafe. Ba.
BESTFIL, bête. G. Davies dit que ce mot eft une corruption de *Gweftfil*, qui fignifie bête fauvage, bête de forêt. Ce n'eft point une corruption: le *b* & le *Gw* fe mettant l'un pour l'autre, on a pu dire *Beft* comme *Gweft*. On a formé le nom de fauvage en Celtique de celui de forêt, parce que les bêtes & les hommes fauvages y demeurent. *Gwydd*, fauvage, vient de *Gwydd*, forêt; *Gwyllt* ou *Gyllt*, fauvage, eft formé de *Gil*, forêt, & de *t* de *Ty*, demeure; ainfi *Gweft* eft formé de *Gwes*, forêt, (Voyez *Guez*.) & de *t* de *Ty*, demeure. *Beft* eft formé de *Bes*, bois, (ce mot s'eft toujours confervé parmi nous) & de *t* de *Ty*. De même *Sylveftris* Latin eft compofé de *Sylva*, (qui vient du Celtique *Cil* ou *Sil*) & de *Tris*, demeure en Celtique. On aura d'abord appellé *Beftes* les animaux des forêts, les bêtes fauvages, (Saint Ifidôre dit que le nom de *Befte* ne convient proprement qu'aux béres fauves) enfuite toutes indifféremment. Voyez *Beftia*.
BESTIA, bête. Ba. *Beftia* en Latin; *Befte* en François; *Beeft* en Allemand; *Beaft* en Anglois; *Beeft* en Flamand, bête. Voyez l'article précédent.
BESTIRAGOA, tranflation, ceffion. Ba.
BESTIRUDIA, métamorphofe. Ba.
BESTIRUDITZEA, transfiguration. Ba.
BESTL, fiel. B.
BESTLECS, qui a du fiel, ou qui eft de fiel. B.
BESTOLA, la partie du bras où l'on ouvre la veine. Ba.
BESTONGA, ce qui fe fait de plein gré. Ba.
BESTONTZA, emphytéote, ou plutôt l'action d'être emphytéote. Ba.
BESTORNATUS, A. M. mal tourné; en vieux François *Beftourné*; de *Bes*, manquement, défaut, mal; & de *Tur*, *Turn*, tour. *Beftourné* a aufli fignifié renverfé, parce que ce qui eft renverfé eft mal tourné.
BESTOSTEA, apoftrophe figure de Rhétorique. Ba.
BESTUM, A. M. droit de faire paître les bêtes dans une forêt. Voyez *Beftfil*.
BESUGHES, exactitude, foin. I.
BESUTEOA, écarlate, pourpre. Ba.
BESY. PER BESY, poire nommée befi d'heri. B.
BESYCH, toux. Voyez *Befyclys*.
BESYCLYS, tuffilage, ou pas d'âne. G. *Befych*, le même que *Pefych*, toux; *Llys*, herbe.

BESYN, le même que *Bychan*. Voyez ce mot.
BET en Breton répond à la prépofition Latine *Ad*, & aux prépofitions Galloifes *At*, *I*.
BET, ancien, vieux; *Amfer Bet*, l'antiquité, le temps ancien. B. De *Bet* ou *Vet* eft venu le Latin *Vetus*. En comparant *Bet*, le même que *Bed*, durée, avec *Beta*, *Bete*, on voit que *Bet* a fignifié étendue, longueur, grandeur. Voyez *Betarra*.
BET ou BED, monde; *Ar Bed*, le monde, le globe de la terre, les hommes vivans ici bas, le fiécle, les gens du monde, le genre humain; *Bedis*, monde, genre humain, les gens du monde, habitans de la terre, mondains. Ce mot *Bet*, dit Dom le Pelletier, eft le participe de *Beza*, être, dont on a fait *Bezet*, & par crafe *Bet*, été. On peut dire que c'eft proprement l'*Ens* des Latins, & tout être créé & vifible. (Cela n'eft pas jufte, l'*Ens* des Latins a une fignification plus étendue que celle de tout être créé & vifible.) Ce *Bet* fert d'adverbe ou de particule, foit en affirmant pour exagérer, foit en niant pour diminuer: Par exemple, *Bras Meur Bet Eo*, il eft très-grand; mot à mot, il eft le plus grand du monde. (Le Peuple en Franche-Comté a confervé cette façon de parler: il dit le plus grand du monde, le plus beau du monde.) *En Rom Bet Ne Chommiff*, je ne demeurerai point du tout à Rome. B. Voyez *Byd*, *Bed*.
BET, le même que *Bed*. Voyez ce mot & l'article précédent.
BET, le même que *Beot*. Voyez *Betes* & *Beotes*;
BET, maifon, habitation. Voyez *Betufquia*, *Bedd*; *Bwth*.
BET, le même que *Fet*, *Get*, *Met*; *Pet*, *Vet*, Voyez *B*.
BET, le même que *Bat*, *Bit*, *Bot*, *But*. Voyez *Bat*.
BETA, BETAG, jufques. B.
BETA, A. M. pelliffe, ou peau couverte de laine, dont on fe fervoit la nuit; de *Bed* ou *Bet*, lit.
BETAALA, pleine puiffance. Ba. *Betea* ou *Betaa*, pleine; *Ala*, puiffance par conféquent. Voyez *Al*.
BETABILLA, vagabond. Ba.
BETACIUS, A. G. fot, fans efprit; de *Beft*.
BETALDIA, plénitude. Ba.
BETALM, fronde. B.
BETANICQ, germandrée. B.
BETANY, bétoine. B.
BETARRA, lent, tardif. Ba. De là *Fetard*, qui en vieux François fignifioit lent, tardif, pareffeux; *Baty*, lent, tardif, pareffeux en Arabe; *Pata* dans la même Langue, retarder, prolonger, différer; *Apeta* en Chaldéen, retarder, prolonger, différer; *Phetosk*, lent, tardif en Cophte; *Patad* en Arménien, éloigné. Voyez *Bet*.
BETARRAGA, racine de bette, bette-rave. Ba. Voyez *Betes*.
BETATUM VINUM, A. M. piquette, vin fort foible que l'on fait en jettant de l'eau fur le marc des raifins; de *Beet*.
BETAZALA, paupière. Ba.
BETAZTU, aller au devant. Ba.
BETE & BEDE devant une confonne; *Beteg* devant une voyelle, jufques, jufqu'à. B. *Baith* ou *Beth* en Hébreu fignifie quelquefois jufqu'à. Voyez *Fed*.
BETEA, être. Ba. Voyez *Bet*.
BETEA, gras, plein. Ba. Voyez *Beth*.
BETECARRI, décombres, démolitions. Ba. Voyez *Betufquia*.
BETEDERRA, pompe, apparat. Ba. *Betea Dere*.
BETEG. Voyez *Bete*.

BETES, bette. B. Beets en Anglois; Beete en Flamand; Bette en François; Beta en Latin, bette. Voyez Bootés.
BETEUQUIA, suftentation. Ba.
BETH, abondant. G. Voyez Betea.
BETH, couverture. E.
BETH, bouleau, bette, poirée. I.
BETH, I BETH ARALL, ailleurs, autre part, en quelqu'autre lieu. G. On voit par là que Beth fignifie lieu, habitation. Voyez l'article fuivant.
BETH, le même que Bwth. Voyez ce mot & l'article précédent.
BETH. Voyez Boeth.
BETH ou BARA, A. G. meule à froiffer les olives; de Baeddu ou Baettu; Bara de Rar.
BETH-ICARTZEZ, face, afpect. Ba.
BETHATZEN, qui eft plein. Ba.
BETHE, bouleau, bette, poirée. I.
BETHE, plein. Ba.
BETHEA, pas, démarche. Ba.
BETHI, plein. Ba.
BETHIERE, toujours. Ba. Voyez Bet, Beti.
BETHNARI, toujours. Ba. Voyez Bet.
BETHOC, bouleau, bette, poirée. I.
BETI, toujours. Ba. Voyez Bet.
BETICOA, perpétuel, éternel, journalier, de chaque jour. Ba.
BETIRAUNA, perpétuel. Ba.
BETIS, plein. Ba.
BETOENA, germandrée. B.
BETOIN, bétoine. B.
BETON, vafe de berger. Ba.
BETONDOA, fourcil. Ba.
BETONICQ, bétoine. B. C'eft une crafe de Bentonic.
BETOR ONA, approchez, venez. Ba.
BETORACES, A. G. épines; apparemment de Betarra, qui retarde, qui arrête. Voyez Ardillaris.
BETOSCHOA, petites orgues. Ba.
BETOTSA, orgues. Ba.
BETSOMORROA, fantôme, fpectre. Ba.
BETT, rouge. Voyez Benboeth. Sang Bett en vieux François, fang rouge.
BETTAUTT, quartaut. B.
BETU, bouleau. G. Beth en Irlandois; bouleau; Betw, bouleau en Breton. Betula, dit Pline, eft le nom d'un arbre Gaulois; La, terminaifon latine; Betu vient de Bett, rouge. Cet arbre a la peau rouge.
BETULIA, troupeau de bœufs. Ba.
BETULRA, les paupières. Ba.
BETUNA, bitume. Ba.
BETUS, A. G. vieux, ancien; de Bet.
BETUSQUIA, meubles, ménage. Ba. En comparant ce mot avec Betecarri & Beth, on voit que Bet fignifie habitation, maifon.
BETUSTEA, délibération, confidération. Ba.
BETW, bouleau. B. Voyez Betu.
BETW, le même que Bedw. Voyez Bet, le même que Bwth.
BETZARREA, d'une couleur obfcure, fombre, brune. Ba.
BETZIZTU, diffamer. Ba. Voyez Bett.
BETZURIQUIA, homme qui a le teint brun. Ba.
BEU, vif. B.
BEU, bouleaux. B. On voit par ce mot qu'on a ôté le t, & qu'on a dit Beu, Bew. (Voyez Betu, Berw) Ce dernier fe prononçoit en Beow. En Baffe-Normandie on nomme le bouleau Boux.
BEU; bœufs. Voyez Beudy.

BEU, le même que Peu. Voyez Bwth.
BEU, le même que Peu. Voyez Pod.
BEU, petit. Voyez Beukelen.
BEU. Voyez Beunoeth.
BEU, le même que Feu, Geu, Meu, Peu, Veu. Voyez B.
BEUA, BEVA, vivre, nourrir. B.
BEUANCZ, BEVANCZ, BEVANS, aliment, viande. B.
BEVANDER, vivandier. B.
BEUCH, vache. B.
BEUD, BEUT. Voyez Baoud, Meutein.
BEUDAG, & par corruption Meudag, dit Davies; gofier, gorge. G. Ce n'eft point une corruption, c'eft un changement naturel & ufité en Galloiſ. Voyez Baeddu.
BEUDER, activité. B.
BEUDY, étable de bœufs. G. Beu de Bu; Dy de Ty.
BEUEEN, bouleau. B.
BEUEIN, abyfmer, ruiner, détruire, noyer, inonder. B.
BEUEIN, vivre. B.
BEVEN, bouleau. B.
BEVEN, borné, lifière, lifière de drap, & les ligatures qui en font faites, ourlet de toile & autres étoffes. B. En Franc-Comtois on dit Beuene, Beune, Boine, Bône.
BEVER, BEUVRUM, BEVYR, BOBER, A. G. & par le changement réciproque du b & de l'f, Fiber, biévre, caftor; de Bieuer. Pline a appelé cet animal Bibris; le Scholiafte de Juvenal & Claudien, Bebrus. On voit aifément que ces mots font les mêmes que celui de Bever, & par conféquent ils viennent de la même fource. Voyez Bebri.
BEVERES, vives poiffon. B.
BEUES, le même que Peues. Voyez Bod.
BEVEZI, confumer, diffiper, détruire. B.
BEUGHELEN. Voyez Beuskelen.
BEVIN, BEUIN, chair de bœuf ou de vache; Beuin Sall, chair de bœuf ou de vache falée. B. Voyez Beu.
BEVIUM, A. M. le même que Bedum. Voyez ce mot.
BEUKELEN, petit houx. B. Kelen, houx; Beu fignifie donc petit.
BEUL, bouche. I. De là Baula, crier en Franc-Comtois.
BEULGE, le même que Beulqe. B.
BEULJE. Voyez Beulqe.
BEULQE ou BEULJE, groffe machoire, benais, lourd d'efprit, fot, ftupide, étourdi. B.
BEUN, le même que Bean. I.
BEUNOETH, PEUNOETH, chaque nuit; Beunydd, Peunydd, chaque jour. G. Beunoeth, Peunoeth font furement formés de Nofwaith, par fyncope Noeth, nuit; Peu, Beu marquent par conféquent chaque. (Peu vient de Pawb) On a formé le terme de Peunydd à l'imitation de Peunoeth; Peu, chaque; Dydd ou Nydd, jour.
BEUNYDD, chaque jour, de jour en jour, journellement. G. Voyez l'article précédent.
BEUNYDDIEL, BEUNYDDIOL, BEUNYDDOL; quotidien, de chaque jour, continuel. G.
BEUR, le même que Ber. Voyez Abeuri.
BEUR, le même que Feur, Geur, Meur, Peur, Veur. Voyez B.
BEURAIG, breuvage. B.
BEURATORIUM, A. M. abbreuvoir. Voyez Beuraig. Beur.
BEURE, matin. B.

BEU.

BEURL, dialecte, idiome. I.
BEURLEUGUEUSAT, roter. B.
BEURSUT, miracle, prodige, action surnaturelle. B. Voyez *Burzut*, *Burzud*.
BEUS, bouis; *Rei Beus*, louer en langage burlesque : A la lettre, donner le bouis. B. On se sert encore de cette façon de parler parmi le peuple en Franche-Comté. Voyez *Box*, *Boccys*.
BEUS, petit. Voyez *Beuskelen*.
BEUSI, le même que *Beuzi*. B.
BEUSKELEN, que l'on prononce *Beukelen*, *Beughelen*, petit houx, myrte sauvage. B. Voyez *Kelen*, *Celyn*, *Beukelen*.
BEUT, fréquemment, abondance, quantité. B. L'*m* & le *b* se substituant réciproquement, on a dit *Meut*, *Maut*, comme *Bent*, *Baut*, ainsi qu'on le voit par meute de chiens. Voyez *B*.
BEUT. Voyez *Baout*.
BEUT, le même que *Baut*, *Bout*. Voyez *Bâl*.
BEUT, le même que *Feut*, *Peut*, *Veut*. Voyez *B*.
BEW, le même que *Beo*. B.
BEUVENDA, A. M. l'action de boire. Voyez *Beuvraich*.
BEUVRAICH, boisson, breuvage, potion, médecine. B.
BEUZ, grimaud. B.
BEUZ. Voyez *Beuzen*.
BEUZ, chauve. Voyez *Penn Beuz*.
BEUZARD, sourd. B.
BEUZECQ, qui a failli de se noyer. B. Voyez *Beuzi*.
BEUZELL, BOUZELL & BEZELL; pluriel *Bouzellou*, fiente, bouse de bœuf ou de vache. B. *Beu*, bœuf, vache; (Voyez *Beuin*) *Teill*, en composition *Zeill*, fumier.
BEUZEN; au pluriel *Benz*, bouis. B.
BEUZENN, bouisière, lieu plein de bouis. B.
BEUZET, participe de *Beuzi*. B.
BEUZEUCQ, qui a failli de se noyer. B. Voyez *Beuzi*.
BEUZEUL, fiente, bouse. B. Voyez *Beuzell*.
BEUZEUL, du bois de terre ferme. B.
BEUZI, noyer, inonder, submerger, abysmer, étouffer ou suffoquer dans l'eau. B. Voyez *Boddi*.
BEUZID, bouissière, lieu plein de bouis. B.
BEUZOCQ, qui a failli de se noyer. B.
BEX, A. M. vesse légume ; de *Becz*.
BEY, bêlement. B. C'est une onomatopée ; *Bée* en Basque, bêlement.
BEYA, vache. Ba.
BEYADUR, bévuë, mal-adresse. B. Voyez *Beye*.
BEYE, benêt, mal-adroit, dandin, palot, goffo, étourdi, B. Voyez *Bai*.
BEYL, bouche. E. Voyez *Beul*.
BEYS, bouis. B.
BEYT, deux. I.
BEZ, doigt. C. Voyez *Bes*.
BEZ ou BEC, sépulchre, fosse à enterrer un mort, trombe, tombeau; pluriel *Bezjou*. B. Voyez *Bedd* qui est le même.
BEZ. Voyez *Biscoas*.
BEZ. Voyez *Bezven*.
BEZ. Voyez *Bedw*.
BEZA, être. B. Voyez *Bet*.
BEZAFF, épargner. B.
BEZAGUIA, imitation. Ba.
BEZALA, comme, de même que. Ba.
BEZANCZ, l'être. B.
BEZARRIA, bézoard. Ba.
BEZARTA, intimation, dénonciation. Ba.

BIA.

BEZATU, j'ai accoûtumé. Ba. Voyez *Beſoa*.
BEZAU, anneau. C.
BEZCHO, brun, noir, obscur, couleur d'olive. Ba.
BEZEL, maquereau, ministre des plus infâmes plaisirs. B.
BEZELEGOUR, belliqueux. B. Voyez *Berſell*.
BEZELL, jatte. B.
BEZELL. Voyez *Beuzell*.
BEZET, avoir anciennement en Breton.
BEZEU, anneau. B. Voyez *Bez*.
BEZHYA, enterrer. B.
BEZIN, algue, goëmon, espèce d'herbe qui croît sous l'eau de la mer. B.
BEZL, jatte. B.
BEZO, bouleau. B.
BEZOA, coûtume, usage. Ba.
BEZOU, anneau. B. Voyez *Bez*.
BEZOUT, être. B. Voyez *Bet*.
BEZR, broche. B. C'est le même que *Ber*.
BEZR, petit, court, bref. B. C'est le même que *Ber*, *Berr*.
BEZRED, cimetière. B.
BEZTU, noircir; *Beztua*, noir. Ba.
BEZV, bouleau. B. Le *z* pour le *t*. On voit par là que *Bez* a signifié rouge, comme *Bet*. Voyez *Betn*.
BEZVEN, bouleau. B. Voyez *Bezv* & *Bedwen*.
BEZVEN, lisière. B. C'est le même que *Beven*.
BEZVOUD, liseron ou liset plante. B.
BEZW, que l'on prononce *Bezo*, bouleau arbre; singulier *Bezwen*. B. Voyez *Bedw*.
BHEL, tête. E. Voyez *Bal*, *Bel*.
BHELHY, adverbe pour affirmer. G.
BHOTAN, lourdaud. I.
BHROGA, souliers. I.
BHYWN, dans. G. *Binnen* en Flamand, dans.
BI, anciennement pour *Bydd*, sera. B.
BI, le même que *Mi*. I. De même des dérivés ou semblables.
BI, petit. B. Voyez aussi *Bych*. *Vi*, petit, subtil en Chinois ; *Be* en Tonquinois, petit; *Bitzecan*, petit en Tartare-Calmouk; *Bitzker*, petit bidet en Allemand.
BI, aliment dans l'Isle de Mona. Voyez *Bwyd*.
BI, BIA, deux. Ba. De là *Bis*, *Bimus*, *Binus* Latins;
BI, deux. Voyez *Bizach*.
BI, montagne, élévation. Voyez *Pod*. *Bis* en Basque, élévation, montagne ; *Bi*, élévation en Tartare du Thibet; *Bi* en Gothique, sur, dessus; *Mbii* en Albanois, dessus; *Vie* en Japonois, dessus, le plus élevé ; *Nabi* ou *Nbi*, élevé en Hébreu; *Naba* ou *Nba*, élevé en Arabe.
BI, le même que *Ba*, *Be*, *Bo*, *Bu*. Voyez *Bâl*.
BI, le même que *Fi*, *Gi*, *Mi*, *Pi*, *Vi*. Voyez *B*.
BI-GEN, vivant, vie. I.
BIAC, le même que *Miac*. I. De même des dérivés ou semblables.
BIAC, BIACA, deux, l'un & l'autre. Ba.
BIACH, bécassine. G. Davies prétend que c'est une corruption de *Giach*. Pourquoi une corruption ? l'un & l'autre terme sont dans l'analogie de la Langue. *Bi* signifie petit, petite ; & *Ach* a signifié autrefois bécasse ; car nous trouvons dans les anciens monumens *Accia*, *Acceia*, *Accela*, bécasse. On voit bien qu'*Ia*, *Eia*, *Ela* sont des terminaisons ajoutées en latinisant le mot. Les Italiens appellent la bécasse *Acegia*. On la nommoit en vieux François *Acée*. Les Poitevins & les Habitans de la Saintonge l'appellent encore ainsi.

BIACHU

BIACHU, par corruption, pour *Bachu*, dit Davies. G.

BIADH, aliment. I. Voyez *Bwyd*.

BIADH, le même que *Miadh*. I. De même des dérivés ou semblables.

BIADHTA, gras, plein d'alimens. I.

BIADHTACH, BIATACH, fermier, granger, homme qui nourrit des troupeaux. I.

BIAG, aliment. I.

BIAGHCHLUAIN, cuisine. I.

BIAHOTAEO, tranchant des deux côtés. Ba.

BIAIL, hache. I.

BIALA, passeport; *Biala Diala*, quittance pour le payement des impôts, des péages, des rentes. Ba.

BIALQUETA, action d'envoyer. Ba.

BIALQUINA, envoyé. Ba.

BIALQUINDEA, ambassade. Ba.

BIAN, petit. B. Voyez *Byhan* qui est le même.

BIAN, le même que *Buan*. Voyez ce mot.

BIANDUM, le même que *Bedun*. Voyez ce mot.

BIANEZ, diminution anciennement en Breton.

BIANEZ, le même que *Bihanez*. B.

BIANIUM, BIANUM. Voyez *Biennum*.

BIANN, le même que *Miann*. I. De même des dérivés ou semblables.

BIAO. Voyez *Piao*.

BIAR, BIGAR, demain. Ba.

BIARRA, chenille qui ronge les plantes. Ba.

BIARRETAN, bigame. Ba.

BIAS, le même que *Mias*. I. De même des dérivés ou semblables.

BIASTA, le midi, la chaleur du midi. Ba.

BIATACH. Voyez *Biadhtach*.

BIATHADH, nourrir. I.

BIATIA, société de deux. Ba.

BIAU, le même que *Piau*. G. *Byan* en ancien Saxon, possséder; *Bo* en Islandois, fond, possession; *Po*, *Pao* en Grec, posséder.

BIAZCALA, talon. Ba.

BIB, le même que *Pib*. Voyez ce mot.

BIBECHAOA, diphtongue. Ba.

BIBERA, A. G. bisaigue, instrument à deux pointes; *Bi*, deux; *Ber*, pointe.

BIBERUS, A. G. qui a deux pointes. Voyez *Bibera*.

BIBETA, opinion. Ba.

BIBETARTA, orthodoxie, orthodoxe. Ba.

BIBIDA, chemin fourchu, lieu où aboutissent deux chemins. Ba. On voit par ce mot, par *Badamilla*, *Bidassoa*, *Bide*, *Bideasco*, *Bidesca*, *Bideovia*, que *Bida* signifie chemin; *Bi*, deux.

BIBIDEA, indifférence, neutralité. Ba.

BIBILLES, A. G. habits velus, couverts de poil des deux côtés; *Bi*, deux; *Pil*, en composition *Bil*, poil.

BIBINUM, A. G. menstrues; *Bib*, *Bun*, en composition *Byn*, femme.

BIBIURSA, distique. Ba.

BIBIX, A. G. combat; de *Bicre*; *Bi*, superflu, ou *Bi*, deux. Ce mot aura peut-être signifié premièrement un duel, ensuite toute espèce de combat.

BIBLEIS, A. G. doubles; de *Bi*; & *Plyg*, en composition *Blyg*.

BIBLIA, A. M. machine de guerre propre à lancer des traits; de *Blif*; *Bi*, diminutif.

BIBOLNES, A. G. fendus en deux; *Bi*, deux; *Bwlh*, prononcez *Bolh*, fendus.

BIBRIFF, manger. B. On a dit *Bifriff* comme *Bibriff*; de là *Bafrer* en François.

TOME I.

BIBURNIA, enclume. Ba. Voyez *Bigornia*.

BIBUSCUS, A. G. morsure de bête; *Bil*, bête; *Boch*, *Buch*, bouche.

BIC, le même que *Fic*, *Gic*, *Mic*, *Pic*, *Vic*. Voyez *B*.

BIC, le même que *Bac*, *Bec*, *Boc*, *Buc*. Voyez *Bâl*.

BIC, le même que *Beac*. I. De même des dérivés ou semblables.

BICANA, fleur de lait. Ba.

BICARIUM, A. M. vase, coupe; de *Bec* ou *Bic*. Le *p* & le *b* se mettant l'un pour l'autre, on a dit *Peccarium*, *Picarium*, *Picherium*, *Piciarium*, *Picius* dans les anciens monumens; & *Bichier*, *Pichier* en vieux François. On trouve *Pichel* en ce sens dans les chartes de Portugal. De *Bic*, par extension, sera venu *Bichet*, *Bichot*, mesure pour le bled. (Voyez *Bissetus*) *Bis* en plusieurs Provinces du Royaume est un vase de terre; *Bi* en Tartare du Thibet, bouteille.

BICASTA, engendré d'animaux de différentes espèces, bâtard. Ba.

BICCE, petit. I.

BICCRA, escarmoucher, combattre. G.

BICCRE, escarmouche, combat, bataille. G.

BICE, petit. I.

BICEA, épeautre sorte de bled. Ba.

BICELDA, trochée. Ba.

BICELLUS, A. M. petite lance, javelot; de *Piccell* ou *Biccell*.

BICERDILEA, vivipare. Ba.

BICH, le même que *Bith*. I. De même des dérivés ou semblables.

BICHAN, petit. G.

BICHERIA, mieux BIHERIA, ainsi que l'a lu Duchesne, endroit où l'on fait la biére; de *Byer*.

BICHIA, jouet d'enfans, poupée. Ba. Voyez *Bych*, petit.

BICHIA, A. M. biche. Voyez *Bicq*.

BICHINI, A. M. secte de fraticelles, ainsi nommés de leurs habits de couleur brune ou bise. Voyez *Bis*.

BICHOURCH, le même que *Bisourch*. B.

BICI, demeurer, habiter. Ba. Voyez *Wyck*.

BICI, vivre. Ba. Voyez *Byw*, *Byg*.

BICIA, vivant, vîte, agile, expéditif, prompt, diligent, adroit. Ba. Voyez *Bici*, *Byw*, *Bywiog*.

BICIARACI, vivifier. Ba.

BICIBIDEA, état, condition. Ba.

BICICORRA, qui vit longtemps. Ba. *Bici*, vivre; *Corra* marque donc le temps, la longue durée.

BICIERA, vie, façon de vivre. Ba.

BICIEZGARRIA, inhabitable. Ba.

BICIORA, ver de terre. Ba.

BICIRE, vîte, dépêche-toi. Ba.

BICIREA, célérité, vîtesse. Ba.

BICIRO, avec adresse. Ba.

BICITASUNA, vivacité, agileté. Ba.

BICITEGUIA, habitation, domicile. Ba.

BICITEZA, désert. Ba.

BICITU, je deviens agile. Ba.

BICITZA, habitation, domicile, séjour, résidence. Ba.

BICLE, louche. B. En Patois de Franche-Comté on appelle *Bricla* un louche.

BICOA, deux. Ba.

BICOCA, A. G. cri de la chévre; de *Bicq*.

BICORRA, suif. Ba.

BICQ, chévre. B. *Bekg* ou *Biki*, chévre en Grec dans Hésychius; *Bekgn*, chévre en Tartare-Cal-

Qq

BEURL, dialecte, idiome. I.
BEURLEUGUEUSAT, roter. B.
BEURSUT, miracle, prodige, action furnaturelle. B. Voyez *Burzut*, *Burzud*.
BEUS, bouis; *Rei Beus*, louer en langage burlesque: A la lettre, donner le bouis. B. On se sert encore de cette façon de parler parmi le peuple en Franche-Comté. Voyez *Box*, *Boccys*.
BEUS, petit. Voyez *Beuskelen*.
BEUSI, le même que *Beuzi*. B.
BEUSKELEN, que l'on prononce *Beukelen*, *Beughelen*, petit houx, myrte sauvage. B. Voyez *Kelen*, *Celyn*, *Beukelen*.
BEUT, fréquemment, abondance, quantité. B. L'*m* & le *b* se substituant réciproquement, on a dit *Ment*, *Maut*, comme *Bent*, *Baut*, ainsi qu'on le voit par meute de chiens. Voyez B.
BEUT. Voyez *Baout*.
BEUT, le même que *Baut*, *Bout*. Voyez *Bâl*.
BEUT, le même que *Feut*, *Peut*, *Veut*. Voyez B.
BEW, le même que *Beo*. B.
BEUVENDA, A. M. l'action de boire. Voyez *Beuvraich*.
BEUVRAICH, boisson, breuvage, potion, médecine. B.
BEUZ, grimaud. B.
BEUZ. Voyez *Beuzen*.
BEUZ, chauve. Voyez *Penn Beuz*.
BEUZARD, sourd. B.
BEUZECQ, qui a failli de se noyer. B. Voyez *Beuzi*.
BEUZELL, BOUZELL & BEZELL; plurier *Bouzellou*, fiente, bouse de bœuf ou de vache. B. *Beu*, bœuf, vache; (Voyez. *Beuin*) *Teill*, en composition *Zeill*, fumier.
BEUZEN; au plurier *Beuz*, bouis. B.
BEUZENN, bouissière, lieu plein de bouis. B.
BEUZET, participe de *Beuzi*. B.
BEUZEUCQ, qui a failli de se noyer. B. Voyez *Beuzi*.
BEUZEUL, fiente, bouse. B. Voyez *Beuzell*.
BEUZEUL, du bois de terre ferme. B.
BEUZI, noyer, inonder, submerger, abysmer, étouffer ou suffoquer dans l'eau. B. Voyez *Boddi*.
BEUZID, bouissière, lieu plein de bouis. B.
BEUZOCQ, qui a failli de se noyer. B.
BEX, A. M. vesse légume; de *Bezz*.
BEY, bêlement. B. C'est une onomatopée ; *Bée* en Basque, bêlement. Ba.
BEYA, vache. Ba.
BÉYADUR, bévuë, mal-adresse. B. Voyez *Beye*.
BEYE, benêt, mal-adroit, dandin, palot, goffe, étourdi, B. Voyez *Bai*.
BEYL, bouche. E. Voyez *Beul*.
BEYS, bouis. B.
BEYT, deux. I.
BEZ, doigt. C. Voyez *Bes*.
BEZ ou BEC, sépulchre, fosse à enterrer un mort, tombe, tombeau; plurier, *Beziou*. B. Voyez *Bedd* qui est le même.
BEZ. Voyez *Bifcoas*.
BEZ. Voyez *Bezven*.
BEZ. Voyez *Bedw*.
BEZA, être. B. Voyez *Bet*.
BEZAFF, épargner. B.
BEZAGUIA, imitation. Ba.
BEZALA, comme, de même que. Ba.
BEZANCA, l'être. B.
BEZARRIA, bézoard. Ba.
BEZARTA, intimation, dénonciation. Ba.

BEZATU, j'ai accoûtumé. Ba. Voyez *Besoa*.
BEZAU, anneau. C.
BEZCHO, brun, noir, obscur, couleur d'olive. Ba.
BEZEL, maquereau, ministre des plus infâmes plaisirs. B.
BEZELECOUR, belliqueux, B. Voyez *Berfell*.
BEZELL, jatte. B.
BEZELL. Voyez *Beuzell*.
BEZET, avoir anciennement en Breton.
BEZEU, anneau. B. Voyez *Bez*.
BEZHYA, enterrer. B.
BEZIN, algue, goëmon, espèce d'herbe qui croît sous l'eau de la mer. B.
BEZL, jatte. B.
BEZO, bouleau. B.
BEZOA, coûtume, usage. Ba.
BEZOU, anneau. B. Voyez *Bez*.
BEZOUT, être. B. Voyez *Bet*.
BEZR, broche. B. C'est le même que *Ber*.
BEZR, petit, court, bref. B. C'est le même que *Ber*, *Berr*.
BEZRED, cimetiére. B.
BEZTU, noircir ; *Beztua*, noir. Ba.
BEZY, bouleau. B. Le *z* pour le *t*. On voit par là que *Bez* a signifié rouge, comme *Bet*. Voyez *Betu*.
BEZVEN, bouleau. B. Voyez *Bezv* & *Bedwen*.
BEZVEN, lisiére. B. C'est le même que *Beven*.
BEZVOUD, liseron ou liset plante. B.
BEZW, que l'on prononce *Bezo*, [bouleau arbre ; singulier *Bezwen*. B, Voyez *Bedw*.
BHEL, tête. E. Voyez *Bal*, *Bel*.
BHELHY, adverbe pour affirmer. G.
BHOTAN, lourdaud. I.
BHROGA, souliers. I.
BHYWN, dans. G. *Binnen* en Flamand, dans.
BI, anciennement pour *Bydd*, sera. G.
BI, le même que *Mi*. I. De même des dérivés ou semblables.
BI, petit. B. Voyez aussi *Bych*. *Vi*, petit, subtil en Chinois ; *Be* en Tonquinois, petit; *Butzecan*, petit en Tartare-Calmouk ; *Bitzker*, petit bidet en Allemand.
BI, aliment dans l'Isle de Mona. Voyez *Bwyd*.
BI, BIA, deux. Ba. De là *Bis*, *Bimus*, *Binus* Latins.
BI, deux. Voyez *Bizach*.
BI, montagne, élévation. Voyez *Pod*. *Bis* en Basque, élévation, montagne ; *Bi*, élévation en Tartare du Thibet ; *Bi* en Gothique, sur, dessus ; *Mbii* en Albanois, dessus ; *Vii* en Japonois, dessus, le plus élevé ; *Nabi* ou *Nbi*, élevé en Hébreu ; *Naba* ou *Nba*, élevé en Arabe.
BI, le même que *Ba*, *Be*, *Bo*, *Bu*. Voyez *Bâl*.
BI, le même que *Fi*, *Gi*, *Mi*, *Pi*, *Vi*. Voyez B.
BI-GEN, vivant, vie. I.
BIAC, le même que *Miac*. I. De même des dérivés ou semblables.
BIAC, BIACA, deux, l'un & l'autre. Ba.
BIACH, bécassine. G. Davies prétend que c'est une corruption de *Giach*. Pourquoi une corruption ? l'un & l'autre terme sont dans l'analogie de la Langue. *Bi* signifie petit, petite ; & *Ach* a signifié autrefois bécasse ; car nous trouvons dans les anciens monumens *Accia*, *Acceia*, *Accela*, bécasse. On voit bien qu'*Ia*, *Eia*, *Ela* sont des terminaisons ajoutées en latinisant le mot. Les Italiens appellent la bécasse *Acegia*. On la nommoit en vieux François *Acée*. Les Poitevins & les Habitans de la Saintonge l'appellent encore ainsi.

BIACHU

penchant; *Mwieto* en Étrufque, courbé, tordu; *Biés* fignifie auſſi autour, contour. Voyez *Bon*. *Bes*, doigt, eſt le même que *Biés*: le doigt ſe courbe; *Bieco*, *Biefco* en Italien, biais.

BIES. Voyez *Bedum*, *Bedw*.

BIESA, biaiſer. B.

BIESCUYA, qui ſe ſert également des deux mains. Ba.

BIETA, deux. Ba.

BIETUM. Voyez *Bedum*.

BIEUCH, vache. B.

BIEUFYDD. Davies n'explique pas ce mot, qui me paroit être le futur de *Biau*, parce que l'*a* en compoſition ſe change en *e*; & *Fydd* viendra de *Bydd*. G.

BIEUER, biévre. B. *Beever* en Flamand; *Beber* en Eſclavon; *Biber* en Luſatien; *Bobr* en Bohémien, biévre. Voyez *Bever* & *Bebri*.

BIEZIUM. Voyez *Bedum*.

BIG, bec, pointe, bouche, cap, cime, le haut. G.

BIG, tendre. I.

BIG, forêt. Voyez *Bigrus*, *Biga*, *Bigus*, *Bigarus*.

BIG, le même que *Fig*, *Gig*, *Mig*, *Pig*, *Vig*. Voyez B.

BIG, le même que *Bag*, *Beg*, *Bog*, *Bug*. Voyez *Bal*.

BIG, le même que *Beag*. I. De même des dérivés ou ſemblables.

BIGA, poutre. Ba. On le trouve en ce ſens dans les anciens monumens. *Biga*, poutre, ſolive en Eſpagnol. Voyez *Bigrus*, *Bigus*.

BIGA, deux. Ba. De là *Biga* Latin; de là *Biguer* en François, changer.

BIGAIL, le meme que *Bugail*. G.

BIGAR, demain. Ba.

BIGARREN, geniſſes. Ba.

BIGARRENA, ſecond. Ba.

BIGARUS, A. M. le même que *Bigrus*.

BIGAYA, geniſſe, jeune vache. Ba.

BIGE, petit. I.

BIGEL, jeune garçon. B.

BIGERA, BIGERRICA, BIHERRICA, A. G. habit roux & velu. Voyez *Bigorn*. Le *g* & l'*h* ſe mettant l'un pour l'autre, on a dit *Biherrica* comme *Bigerrica*.

BIGEUN, voile de tête ſous lequel les femmes renferment leurs cheveux. I. Voyez *Beguin*.

BIGGE, petit. I.

BIGH, le même que *Bidh*. I.

BICH, glu. I.

BIGHILEAD, violette. I.

BIGL, louche, bigle. B. De là ce mot.

BIGNAT, le même que *Pignat*. B.

BIGNESEN, bignet. B. De *Bignat*, parce qu'ils ſe renflent beaucoup.

BIGNET, bignet. B. De là ce mot.

BIGO, le même que *Pigo*. Voyez *Big*, *Biq*.

BIGODEENN, beguine. B.

BIGOFFECCQ, panſard, ventru. B. C'eſt une craſe de *Billgoffecq*. *Big* en Anglois, gros.

BIGORN, bigorne, cappe. B. *Bigornia* en Baſque, bigorne ou cappe.

BIGORNEN, limaçon de mer. B.

BIGORNIA, bigorne, cappe. Ba.

BIGOT, écureuil. B.

BIGOT, caſſard, hypocrite. B.

BIGOTAGE, bigoterie, momerie. B.

BIGOTEA, mouſtache. Ba. De là *Bigotere* en notre Langue. Les ſoldats appellent *Bigote* l'étui dans lequel ils mettent leurs mouſtaches pour les friſer.

BIGOTEDUNA, qui a des mouſtaches. Ba.

BIGRUS, A. M. bigre, forétier, garde de forêt; particulièrement celui qui a ſoin de recueillir les eſſains & le miel des abeilles dans les forêts. Ce terme ſe prend auſſi pour l'endroit de la forêt où ſont les abeilles. On a nommé en vieux François cet endroit *Bigrerie*, *Bigre*; *Wig* ou *Big*, forêt; *Re*, hommes.

BIGUEIBEGHIA, diviſion figure de Rhétorique. Ba.

BIGUETAN, deux fois, doublement. Ba.

BIGUINDU, j'amollis, j'adoucis. Ba.

BIGUNA, qui ſe gonfle comme une éponge. Ba.

BIGUNDUEQUI, j'adoucis, je ramollis. Ba.

BIGUNTASUNA, douceur. Ba.

BIGUS, A. M. eſpèce de poutre; de *Biga*.

BIGWRN, article. G.

BIH, petit. Voyez *Bychan*.

BIHAIS, biais. B.

BIHAN, & dans les anciens livres *Behan* & *Bec'han*; petit; diminutif *Bihanic*, fort petit. *A Bihanic*, dès l'enfance; *Bihana*, *Bihanat*, *Bihanaat*, appetiſſer, rendre ou devenir petit, diminuer; *Da Vihana*, au moins, au plus petit, car *Bihana* eſt là le ſuperlatif qui répond au Latin *Minimus*; *Bihander*, petiteſſe; *Bihandet An Eit*, ſtérilité; c'eſt apparemment pour *Bihander*, qui, joint à *Eit*, marque le peu de bled. *Ur Bihan*, un petit, ſert à exprimer une troupe de petits enfans; *Bihanoch* eſt le comparatif. B. Voyez *Bychan* qui eſt le même mot. *Bihan* a auſſi ſignifié diminué, retranché, abrégé, ſerré, reſſerré, étroit, comme on le voit par *Bihanez*. Il a auſſi ſignifié bas: *Goff Bihan*, bas ventre en Breton. Voyez *Goff*.

BIHAN, guères, inſuffiſant. B.

BIHANDAED, inferiorité. B.

BIHANDAIT, qualité d'être menu. B.

BIHANEZ, reſſerrement, détreſſe, abbréviation, diminution, retranchement. B.

BIHANNA, le moins. B.

BIHANOCQ, BIHANOC'H, moins. B.

BIHANNOH, moins, tare. B.

BIHAR, matin. Ba.

BIHATOCQ, moindre. B.

BIHAYS, biais. B.

BIHEL-DOUARD, terrine, vaiſſeau de terre. B. *Douar*, terre.

BIHERRICA, le même que *Bigera*. Voyez ce mot.

BIHI, grain. Ba.

BIHITZEN, froiſſant. Ba.

BIHOTZA, cœur. Ba.

BIHOUILL, pétaudière. B.

BIHUANCZ, proviſion. B.

BIHUANDERR, vivandier. B.

BIHUEHUSS, qui concerne la vie. B.

BIHUENNEIN, fournir de vivres. B.

BIHUSS, vivace. B.

BIKEN, jamais pour l'avenir, jamais plus. Cet adverbe ne ſe dit qu'après une négative: *Ne Raim Biken*, je ne ferai jamais. B. Voyez *Byt*, *Biſuiken*.

BIL. Voyez *Bal*.

BIL, bouche. I.

BIL, bon. I.

BIL, le même que *Beal*. I. De même des dérivés ou ſemblables.

BIL, le même que *Pil*, cheveu. Voyez *Bilio*, *Pilio*.

BIL, le même que *Fil*, *Gil*, *Mil*, *Pil*, *Vil*. Voyez B. De là *Bisbile*, petite querelle, petite altercation; *Bis*, petit; *Bil de Mil*, combat.

BIL, faux. Voyez *Gacobila*.
BIL, pierre, roc. Voyez *Bilyen*.
BIL, le même que *Mil*, jaune. Voyez ce mot.
BIL, le même que *Mil*, animal. Voyez ce mot.
BIL. On voit par *Bilan*, *Bil*, *Bill*, *Bilhetesen*, que *Bil*, *Bill* ont signifié bois.
BIL a signifié courbure, comme *Bal*. Il a dû même avoir toutes les significations de *Bal*, puisque c'est le même mot. Voyez *Bal*.
BIL. En comparant *Bil*, abondance, *Bill*, grand nombre, *Bildu*, *Bilgoro*, on voit que *Bil* a signifié amas, collection.
BIL. A-BIL, extrémement, à verse, en grande abondance. B. De *Pill*. De là *Vilis* Latin. Ce qui est fort commun est vil.
BILAIN, homme du bas peuple. G. *Bilain*, paysan, villageois, roturier en Breton; *Bilauna*, paysan en Basque; de là *Vilain*, qui en vieux François signifioit roturier.
BILAIN, paysan, villageois, roturier. B. On trouve dans les anciens livres François les noms de *Villain* & *Archivillain* pour des villageois & des coqs de Paroisse.
BILAIN, pierre, roc. Voyez *Bilyen*.
BILAN, lance. G. *Bil* en Turc, hoiau.
BILARTEZA, innocence. Ba.
BILASTOA, tuyau de bled. Ba.
BILAUNA, paysan, homme du bas peuple, vil. Ba.
BILBIRE, A. G. faire du bruit; de *Birvs* ou *Birbi*. *Bisbille*, chucheterie en notre Langue; *Bisbiglio* en Italien, murmure.
BILDAQWINA, enveloppe, couverture. Ba. Voyez *Baldakinus*.
BILDAQWITU, couvrir, cacher. Ba.
BILDILA, octobre. Ba.
BILDIN, blessure ou écorchure qu'on fait par le frottement d'une partie contre une autre. G. *Pilio*, *Bilio*, écorcher, lever la peau.
BILDOTSA, agneau. Ba.
BILDU, ramasser, amonceler, assembler, convoquer ses compagnons, s'associer. Ba. On voit par *Bilduren* que *Bildu* signifie aussi moissonner. Voyez *Bill*.
BILDUMA, congrès, assemblée. Ba. Voyez *Bill*.
BILDUR, craindre. Ba.
BILDURBAGUEA, courageux, intrépide. Ba. *Bildurra*, crainte; *Baguea*, sans.
BILDUREN, qui moissonnera. Ba. Voyez *Bilan*.
BILDURRA, crainte, peur. Ba.
BILDURTIA, timide, peureux, soupçonneux. Ba.
BILE, arbre. I. Voyez *Bil*.
BILE, bord, extrémité, frange. I.
BILEINLLU, la populace. G.
BILEN, le même que *Pilen*. G.
BILEN, paysan, roturier, homme du commun. B. Voyez *Bilain*.
BILEN, bâle à tirer. Voyez *Pelen*.
BILEN. T SYCH BILEN, chassie, tache blanche, ou taye dans l'œil. G.
BILEX, A. G. vent; de *Ffygl* ou *Bygl*.
BILGOA, enveloppe, valise, volume, torchon, pinceau de cheveux. Ba. Voyez *Blisgyn*, *Bal*, *Biloa*.
BILGODEYA, indiction, convocation. Ba.
BILGORO, collectivement. Ba.
BILGUMA, assemblée, académie, troupe de soldats, Synagogue, Concile. Ba.
BILGUMA, apostat. Ba.
BILGUMACEA, Académicien. Ba.
BILGURA, collection, cabinet, chambre. Ba.

BILHAR, cresson. Ba. Voyez *Beler*.
BILHARD, billard. B. De là ce mot. *Billiard* en Anglois, billard.
BILHED, billet. B. De là ce mot. *Bille* en Irlandois; *Bill* en Anglois; *Billeta* en Basque, billet.
BILHETESEN, bilettes, rondin, buche ronde à brûler. B. Voyez *Bil*.
BILHITZALDIA, péroraison. Ba.
BILHON, rondin, grosse buche à brûler. B.
BILI, cailloux ronds du rivage de la mer, sur tout les petits; singulier *Bilien*; pluriel *Biliou*. B.
BILI, grais B.
BILI, pouvoir. B. Voyez *Beli*.
BILI, rond. Ba.
BILI. Voyez *Bilyen*.
BILIA, poulet, petit d'oiseau. Ba. Voyez *Pill*.
BILIBAN. Voyez *Bilyen*.
BILIC, bassin, poële, galetoir où l'on cuit les grosses galettes. B.
BILIC. Voyez *Bilyen*.
BILIGUER, chauderonnier. B.
BILIN, violon. I. Voyez *Biolina*.
BILIO, le même que *Pilio*. Voyez *Bildin*, *Bilwg*.
BILIS, A. G. velu; de *Bil*.
BILL, baillon. B.
BILL, grosse piéce de bois courte & équarrie. B. De là *Billot*, *Bille*, *Billette* en François; *Bul* en Hébreu, tronc. Voyez *Bill*, le même que *Pill*, tronc, souche.
BILL, garrot, ou bois dont on se sert pour garroter ou attacher, ou contenir par force la charge d'une charrette, court bâton, ou bâillon qu'on met dans la bouche des chevaux. B. Voyez *Bil*, *Billé*, garotté en vieux François; & *Bille*, bâton.
BILL, le même que *Pill*, tronc, souche. Voyez ce mot.
BILL, le même que *Bil*. Voyez ce mot.
BILL, le même que *Pill* & *Vill* abondant, fertile; en grand nombre, fort commun; de là *Villain*, homme du commun; comme *Roturier* est venu de *Rhawd* ou *Rhawt*, troupe. Voyez *Bil*, *Bilain*: le *b*, le *p* & l'*v* se substituent mutuellement. *Obilat* en Esclavon, abondant.
BILL, le même que *Fill*, *Gill*, *Mill*, *Pill*, *Vill*. Voyez *B*.
BILLA, boule. Ba. Voyez *Bilen*, *Bilhard*.
BILLA, recherche, cherchant. Ba.
BILLA, A. M. billet; de *Bille*.
BILLA, A. G. bête de charge, âne; de *Bil*, animal; *Lat*, porter.
BILLALDIA, session d'un Concile. Ba.
BILLAQUINA, témoignage, recherche. Ba.
BILLAQUINDEA, perquisition, information, inquisition, scrutin. Ba.
BILLARTA, roue, orbite, ornière. Ba. Voyez *Billa*.
BILLASQUIDA, système. Ba.
BILLATU, je cherche, j'acquiers. Ba.
BILLATZEA, acquisition. Ba.
BILLE, billet, cédule, obligation. I. Voyez *Bilhed*. *Bill* en Anglois, billet, cédule, obligation.
BILLE, le même que *Mille*. I. De même des dérivés ou semblables.
BILLERSIA, examen. Ba.
BILLETEA, billet. Ba. Voyez *Bilhed*.
BILLETEENNIC, bulletin. B.
BILLGOFFEC, ventru, qui a un gros ventre. B. C'est le même que *Bigoffecq*. *Bill Goff*, de *Coff*, ventre.

BILLIA

BIL.

BILLIA, A. M. tronc; de *Bill*.
BILLIC, baffin creux; & *Galetoir*, où l'on cuit les groffes galettes. B.
BILLON, billette. B.
BILLOT, billot. B. De là ce mot.
BILLUNQUIA, tortueux. Ba.
BILLURA, volute d'architecture. Ba.
BILLUS, A. M. billot, maffue, rondin; de *Bill*.
BILLUZA, nud. Ba.
BILOA, poil, cheveu, chevelure, toifon. Ba. Voyez *Bil*.
BILOBERA, velu, hériffé. Ba.
BILORRUSQUIA, membrane. Ba.
BILORSIA, laine graffe. Ba.
BILOSEAC, broffes, vergettes, décrotoire, torchon. Ba.
BILOST, croupion, croupière. B.
BILOZCHA, poil folet, coton. Ba. *Biloa Choa*.
BILQUIDA, concours. Ba. Voyez *Bil*.
BILTEGUIA, réceptacle. Ba.
BILTOQUIA, cirque, théatre, bureau, cabinet d'homme de lettres. Ba.
BILTZALLEA, collecteur. Ba.
BILTZARREA, amas, collection, affemblée, multitude. Ba.
BILTZEA, recueillir, affembler, raffembler, fe raffembler. Ba.
BILWG, rabot, varlope, faulx. G.
BILUZA, nud. Ba.
BILUZA, vil. Ba. Voyez *Bil*, *Bilain*.
BILY, pouvoir, autorité. G. Voyez *Bili*.
BILY, pierres de grès, cailloux. G. Voyez l'article fuivant.
BILYEN, pierre de grès, caillou; *Bily* eft fon plurier, felon le Pere de Roftrenen. Dom le Pelletier s'explique ainfi fur ce terme. *Bili*, caillou ronds du rivage de la mer, fur tout les petits; fingulier, *Bilien*; plurier *Biliou*; diminutif, *Bilic*. *Maen Bili* en Vennétois, grès pierre; *Pot Bili*, pot de grès; *Biliban*, jeu d'enfans, fur tout de petites filles qui jettent un petit cailloux rond en haut, & qui avant qu'il foit retombé en prennent un autre à bas ou fur la table, & le jettent à fon tour, & en même temps reçoivent de la même main celui qui a été jetté le premier. Ce mot eft compofé de *Bili*, caillou, & *Ban*, jet. B. L'*m* & le *b* fe mettant l'un pour l'autre, on a dit auffi *Milyen*, ainfi qu'il paroit par *Millon* en Franc-Comtois, & *Moilon* en François, qui fignifient des pierres à bâtir, d'une groffeur moindre que celle des pierres de taille: ce qui fe confirme par *Milin*, *Melin*, meule en Breton. (Voyez *Mill*) *Mellien*, foudre, carreau; (*Melt*, pierre; *Ten*, en compofition pour *Tan*, feu) *Milain*, opiniâtre, obftiné, ce qui eft le fens figuré de pierre, roc. L'*f* & le *b* fe mettant l'un pour l'autre, on a dit *Filyen* comme *Bilyen*, ainfi que nous le voyons par *Fily*, qui eft en Breton le fynonime de *Bilyen*; par *Falcs*, rocher en Breton; & par *Falefenn*, falaife, roc au bord de la mer dans la même Langue. Le *p* & le *b* fe fubftituant réciproquement, on a dit *Pilyen* comme *Bilyen*, ainfi que nous le voyons par *Pyllawg*, qui fignifie en Gallois un chemin raboteux, femé de pointes ou têtes de cailloux. L'*e* & l'*i* fe mettant l'un pour l'autre, on a dit *Belyen*, *Belyn*, *Melyen*, *Melyn*, *Felyen*, *Felyn*, *Pelyen*, *Palyn*, ainfi qu'on le voit par *Melyn* & *Mell*. L'*a* & l'*i* fe mettant l'un pour l'autre, on a dit *Balyen*,

TOME I.

BIN.

Balyn, *Malyen*, *Malyn*, *Falyen*, *Falyn*, *Palyen*, *Palyn*, ainfi qu'on le voit par *Balza*, roc dans les anciens monumens; *Baffe*, rocher en termes de marine; *Fales*, roc; *Falefenn*, falaife; *Pal*, palet en Breton. *En*, *Ten* ne font que des terminaifons indifférentes qui peuvent fe fupprimer; ainfi on a dit *Bil*, *Mil*, *Fil*, *Pil*; *Bel*, *Mel*, *Fel*, *Pel*; *Bal*, *Mal*, *Fal*, *Pal*, comme il paroit par *Balza*, *Balma*, *Malu*, *Mel*, *Pyl*. L'*o* & l'*e* fe mettant l'un pour l'autre, on a dit *Bilyon*, *Belyon*, *Milyon*, *Melyon*, *Milon*, *Melon*, *Felyon*, *Filyon*, *Pelyon*, *Pilyon*, *Balyon*, *Balon*, *Malyon*, *Malon*, *Falyon*, *Falon*, *Palyon*, *Palon*. L'*l* fe changeant en *n*, on a dit *Bau*, *Pau*, &c. comme *Bal*, *Pal*, &c. On voit par *Flynt* & *Ulynt*, pierre à feu, (*Flynt Ulynt*, pierre à feu; *Flyn Ulyn*, pierre; *t* de *Tan*, feu) 1º. que l'on a dit auffi *Vilyen*, *Vilen*, *Vilyn*, *Velyen*, *Velyn*, *Vilyon*, *Vilon*, *Vil*, *Vel*, *Val*, *Valyen*, *Valyn*, *Valen*. 2º. Que l'on a dit *Flyn*, *Ulyn*, *Blyn*, *Plyn*; *Fly*, *Uly*, *Bly*, *Ply*; *Flan*, *Ulan*, *Blan*, *Plan*; *Fla*, *Bla*, *Ula*, *Pla*. Prononçant l'*i* en *u*, on a dit *Bulon*; de là *Sabulum*, fable, petite pierre en Latin; *Sa*, diminutif; *Fail* en Irlandois, rocher; *Fels* en Theuton, rocher; *Fels* en Allemand, rocher; *Phelleus* en Grec dans Suidas, lieux pierreux; *Flin* en François, pierre de foudre; *Flin*, pierre en Theuton; *Flins*, caillou en Vandale; *Flint* en ancien Saxon, en Anglois, en Allemand, en Suédois, pierre à feu; *Ulin* en Theuton, pierre à feu; *Bleyerz* en Allemand, pierre; *Bilu*, pierre à aiguifer en Tartare-Mogol & Calmouk; *Malt*, *Mule*, roc en Tamoulique.
BILYEN BLOM, bâle de plomb. B.
BIM, être. I.
BIN, le même que *Bean*. I. De même des dérivés ou femblables.
BIN, le même que *Min*. I. De même des dérivés ou femblables.
BIN, montagne. E. Voyez *Ben*, *Bin*, deffus; *Binmek*, monter en Turc.
BIN, doux, mélodieux, harmonieux. I.
BIN. MEIN BIN, pierre de taille. B. Voyez *Binnan*.
BIN, agréable, beau, biens, richeffes. Voyez *Pin* qui eft le même mot, dont il a par conféquent tous les fens.
BIN, pierre, roc. Voyez *Vin*, *Bint*, dur; *Bink*, ferme, folide en Arménien.
BIN, deux. Voyez *Bina*, article.
BIN, le même mot que *Fin*, *Gin*, *Min*, *Pin*, *Vin*, Voyez *B*.
BINA, deux. Ba.
BINAQUIDEA, combinaifon. Ba.
BINBHRIATHRA, élégance. I.
BINCZ, vis, biais, efcalier à vis. B.
BINDAE, A. M. bandes; de *Bandenn*. Voyez *Bindealan*.
BINDEALAN, fronteau. I.
BINDED; au plurier *Bindedou*, trébuchet. B. Le fingulier n'eft guères ufité.
BINDEDAICH, mefquinerie, avarice. B.
BINDEDER, mefquin, barguigneur, qui eft un peu avare. B.
BINDEREA, mefquinerie, avarice. B.
BINDET, le même que *Binded*. B.
BINEALTA, beau, pref. I.
BINGANA, A. G. arpent; de *Penguen* ou *Benguen*, arpent.
BINI, la volue d'un tifferand. B.

BIN.

BINIEU, haut-bois, musette de Village, cornemuse. B.
BINIFYOUR, collateur. B.
BINIGUEIN, bénir. B.
BINIM, venin, poison. B.
BINIMA, empoisonner. B.
BINIMI, enrager, s'acharner. B.
BINIOU, BINVIOU, musette. B. C'est le même que Binieu. Voyez Benbec.
BINIZEIN, bénir. B.
BINNAN, tailler, couper. G. Voyez Bin.
BINNI, BEMNI, petite bobine, ou morceau de roseau sur lequel on roule le fil ou la laine filée, & qui se met ensuite dans la navette du tisserand. On le dit aussi de la bobine ordinaire. B. De là est venu le mot de bobine. Voyez Bini.
BINOUR MAEIN, tailleur de pierres. B.
BINS, vis, escalier à vis. B.
BINSE, couchette, lit de repos. I.
BINVIOU. Voyez Biniou.
BINWI, pluriel de Banw. B.
BINYAOUER, joueur d'instrumens. B.
BINYM, venin, poison. B.
BINYMUS, venimeux. B.
BINYOU, haut-bois, espèce de cornemuse. B. Voyez Biniou.
BIOCH, smille. B.
BIOCH, vache. B.
BIODGHADH, ulcérer, boutade, raillerie. I.
BIODGHAM, émouvoir, susciter, exciter. I.
BIODHGAMHAIL, BIODHGAMHUL, industrieux, vif, éveillé, actif, qui a du feu, cuisant, qui fait mal, qui cause de la douleur. I.
BIOEDD, avoit. G.
BIOGADH, tressaillir. I.
BIOH-DERO, BIOH-DERV, hanneton. B.
BIOL, le même que Miol. I. De même des dérivés ou semblables.
BIOLA, violette fleur, viole instrument de musique. Ba. Voyez Vyol, Kyoletes.
BIOLAR, cresson aquatique. I. Voyez Biorar.
BIOLINA, harpe, lyre, luth. Ba. Voyez Bilin; de là Violon.
BION, le même que Mion. I. De même des dérivés ou semblables.
BION, promptement, incessamment. B. Voyez l'article suivant.
BION, le même que Buan. Voyez ce mot.
BIOR, eau, pluye. I.
BIOR, broche. I. Voyez Bir.
BIORACH, aigu, pointu. I.
BIORADH, broche. I.
BIORAR, cresson. I. Voyez Biolar.
BIORASG, appât de poisson. I.
BIORBHOGA, arc-en-ciel. I. A la lettre, arc de pluye.
BIORBUAFAN, serpent d'eau. I.
BIORCH, petite biére. I.
BIORDHACH, humide. I.
BIORDORAS, écluse. I.
BIORGHOIN, écluse. I.
BIOROR, boire de l'eau. I.
BIORRA, oiseau qui pêche, oiseau maritime, martinet. I.
BIORRAIDE, arbre aquatique, osier. I.
BIORROS, lys aquatique, nénuphar. I.
BIOS, petit, leger. I.
BIOTAILLE, tonneau. I. Voyez Bot.
BIOTH, monde. I.
BIOTH, chacun. I.

BIR.

BIOTHBHUAINE, éternité. I.
BIOTHBHUN, éternel. I.
BIOTOG, raillerie. I.
BIOTSAREA, péricarde. Ba.
BIOTZA, le cœur. Ba.
BIOTZBERA, dévot, pieux. Ba.
BIOTZEDEA, diastole, mouvement du cœur. Ba.
BIOTZGOGORRA, impie, impiété. Ba.
BIOTZMINA, fâcherie, chagrin. Ba.
BIOTZUQUILEA, pathétique. Ba.
BIOUEL, ferment. B.
BIOUIL, petit morceau de levain. B. Bi, petit; Gouil, levain.
BIOUIN SALL, bœuf salé. B.
BIOZCOA, petit cœur. Ba. Voyez Biotza.
BIOZQUIDA, amour. Ba.
BIPENNIUM, BIPENNIS, A. M. bisaigue; de Bi, deux; Pen, extrémité, pointe.
BIPILDU, peler, ôter le poil, écorcer. Ba. Voyez Pil.
BIQ, pie. B. De Pigo, Biqo, Bigo, Biqo se disent donc aussi.
BIQEN, peau de vache. B. Qen, peau; Biw, vache.
BIQEN, jamais par rapport au futur. B. C'est une crase de Birvyqen.
BIQO, le même que Pigo. Voyez Biq.
BIQUENDEA, gérondif. Ba.
BIQUIA, jumeau, double. Ba.
BIR, biére boisson. G.
BIR, Ville. E. Voyez Bur.
BIR, métairie. E. Voyez Bur.
BIR, eau, puits, fontaine. I. Voyez Ber.
BIR, flèche, dard, trait, broche à rôtir; plurier; Birou. B. Birr, broche en Irlandois; Birathel en Arabe, instrument de fer pointu; Bira en Espagnol, trait d'arbalête; Piran en Arménien, pointe. Voyez Ber qui est le même.
BIR, biére boisson. B.
BIR, tortueux. B. Biurtua en Basque, tortu; Birou, vrille en Languedocien. Voyez Bira.
BIR pour BER. Voyez Llabir.
BIR, Voyez Bar.
BIR, le même que Bar, Ber, Bor, Bur. Voyez Bâl.
BIR, le même que Fir, Gir, Mir, Pir, Vir. Voyez B.
BIR, le même que Bear. I. De même des dérivés ou semblables.
BIR, le même que Bior. I.
BIR, le même que Mir. I. De même des dérivés ou semblables.
BIR-VOYA, arc-en-ciel. I. C'est le même que Biorbhogha.
BIRA, tourner. B. De là Virer en Franc-Comtois. Voyez Biribilca.
BIRACH, genisse. I.
BIRATT, brochée. B. Voyez Bir.
BIRAUA, BIRAUBA, malédiction, imprécation. Ba.
BIRAUBA. Voyez l'article précédent.
BIRAUMENA, exorcisme. Ba.
BIRCOBERA, recouvrement. Ba.
BIRCUS, A. G. volonté active; de Bira.
BIREDA, sentier. B.
BIREREAH, coulure. B.
BIREU, colique. B.
BIRG. Voyez Brig.
BIRGILLIAE. Voyez Brogillus.
BIRHUIDICQ, pepie. B.
BIRIA, poulmon. Ba.
BIRIBILCA, arbre taillé en rond. Ba. Bira, Bil.
BIRIBILCATUREN, qui pliera. Ba.

BIR.   BIS.   171

Biribillatua, accumulé. Ba. *Pill* ou *Bill*.
Biribillatzea, accumuler, s'amasser par troupes. Ba.
Birichiach, les gemeaux, signe du zodiaque. Ba.
Biricodia, trachée artère. Ba.
Binitchia, au nombre de deux. Ba.
Biriteria, crachement fréquent. Ba.
Birla, toupie. Ba. Voyez *Bira*.
Birmhein, morve, pituite qui sort du nez. I.
Bironatus, A. M. percé; de *Bir*.
Birous, fluide. B. Voyez *Bir*, *Birr*, *Berus*.
Birr, broche. I.
Birra, Birrae, eau dormante, eau qui ne coule pas. I.
Birred, tête, capuchon, capuce. I. Voyez *Barreten*.
Birretatzea, répétition, réitération. Ba.
Birros, lys d'étang, nénuphar. I.
Birrus, A. M. vêtement d'une étoffe grossière; de *Burell*. On appelle encore aujourd'hui *Bure* & *Bureau*, une étoffe grossière.
Birsala, revente. Ba.
Birsaltzallea, revendeur, fripier. Ba.
Birtatsia, vent contraire. Ba.
Birtequida, réédification. Ba.
Birtiesia, fuite. Ba.
Birtosatzea, réintégration. Ba.
Birtucina, répartition. Ba.
Birvi, bouillir. B.
Birvidicq, petillant, bouillant de tempérament, d'humeur ardente. B.
Birvidicuez, bouillon, l'action de bouillir. B.
Birviff, bouillir. B.
Birpiqen, jamais par rapport au futur. B.
Biruncaria, voltigeur, danseur de corde. Ba.
Birwi, Voyez *Berw*.
Bis, le même que *Wis*, rivière. G.
Bis, le même que *Beas*. I. De même des dérivés ou semblables.
Bis, bise, vent du nord-est. B. Ce vent a été ainsi nommé de *Bis*, brun, noirâtre. (Voyez plus bas *Bis*, brun) Le nord a toujours été regardé comme une région noire & ténébreuse. Tibulle parle du septentrion en ces termes: *Illic & densa tellus absconditur umbra*. Les Arabes appellent la mer septentrionale, *Ténébreuse*. Les Turcs nomment le vent de bise, *Vent noir*. Il porte aussi ce nom en plusieurs contrées du Royaume. Savaron dans ses origines de Clermont s'exprime ainsi: *Du costé de nuict & de bise; du costé de jour & de midy*. *Bisa* en Italien; *Beiss* en Allemand; *Bise* en François, *bise*, vent du nord. On voit bien que tous ces mots viennent du Celtique *Bis*. L'*m* le *b* se mettant l'un pour l'autre, on a aussi dit *Mis*, ce qui se voit par *Mistro*, terme dont on se sert en Provence pour désigner un vent violent du nord; *Mis*, bise, vent du nord; *Tro*, tourbillon.
Bis, doigt. B. De là *bijou* en François.
Bis, fourchon. B. De là la *Biscia* en Italien; *Bisse* en terme de blason, serpent, couleuvre.
Bis, élévation, montagne. Ba. Voyez *Pod*.
Bis, brun, noirâtre en François. Ce mot est sûrement d'origine Celtique, puisqu'il ne vient ni du Latin, ni du Grec, ni du Theuton. J'ajoute qu'il se trouve dans le Gallois. *Brys* en cette Langue, brun, noirâtre: l'*r* s'insérant indifféremment dans le Celtique. Voyez la dissertation préliminaire qui est dans le premier Tome à la seconde partie. *Byt* en Gallois, gris, de couleur de cendre. De *Bis* vient *Biset*, nom d'un oiseau de couleur noirâtre. On appelle en patois de Franche-Comté *Bisot* un

bœuf cendré. Voyez *Biscus* & *Bis*, bise. Je crois que *Bis* a aussi signifié fâcheux, mauvais, parce que 1°. Dans toutes les Langues le terme qui signifie noir, signifie aussi fâcheux, odieux, mauvais. Voyez *Du*. 2°. *Bis*, est une particule privative qui marque le manquement, le défaut: signification, qui est, comme on le voit, fort analogue à celle de mal, de mauvais. De *Bû*, pris en ce sens, est venu notre mot *Pis*, *Bigio* en Italien gris, gris brun.
Bis, le même que *Bir*. Voyez *Bisa*.
Bis, toujours. Voyez *Biscoai*.
Bis, le même que *Bicq*. Voyez ce mot.
Bis, le même que *Bes*. Voyez ce mot & *Biscoai*.
Bis, sans. Voyez *Biscorni*.
Bis, ou *Bes* a signifié deux, j'en juge ainsi parce que 1°. Les Latins ont eu ce mot, & on ne peut douter qu'ils ne l'ayent pris du Celtique, puisqu'il n'est pas d'origine Grecque, & que nous trouvons *Bi* en ce sens dans deux des principaux dialectes du Gaulois, le Breton & le Basque. *Bi* en Basque, deux. *Bisach* en Breton, besace, de *Bi*, deux; & *Sach*, sac. 2°. *Besson*, signifioit jumeau en vieux françois. Nous lisons dans un ancien glossaire Latin-Grec, *Bessim Dimoiron*, c'est-à-dire, qui a deux parties; *Bissac*, besace, termes de notre Langue.
Bis, le même que *Fis*, *Gis*, *Mis*, *Pis*, *Vis*. Voyez *B*.
Bis, le même que *Bas*, *Bes*, *Bos*, *Bus*. Voyez *Bal*.
Bis semble avoir signifié cuire, échauffer, feu. On appelle *Rebis* en Franche-Comté, ce qui a pris trop tôt le feu, ce qui est trop desseché au feu: *Re* trop; par conséquent *Bis* feu ou cuit. On appelle dans la même Province *Fuye*, la braise ardente du four; *Fistoch* en Breton grandes galettes, galettes cuites sur la fuye; *Pise*, *Pese*, *Puse*, *Pihaf*, brûlé dans les Tables Eugubines.
Bisa, tourner B. C'est le synonime de *Bira*, ainsi on a dit *Bis* comme *Bir*.
Bisa, viser. B. De là ce mot.
Bisacia, A. M. besace; de *Bizach*.
Bisacuta, A. M. besaigue ou bisaigue, de *Bis acuta*, qui viennent tous les deux du Celtique. Voyez *Bis* & *Ac*.
Bisaich, visage. B. De là ce mot, car on disoit autrefois visaige, comme on le dit encore en Franc-Comtois. Voyez *Bisaya*.
Bisaiea, geste. Ba.
Bisaya, visage. Ba. Voyez *Bisaich*.
Bisca, viscosité. Ba. De là le Latin *Viscus*, & les mots François *Visqueux*, *Viscosité*.
Biscoas, jamais, ci-devant. Il ne sert que du temps passé. *Biscoas ne meus gret*, je n'ai jamais fait; Sans négative, il a la force de notre *toujours* en tout le temps passé. On écrivoit autrefois *Biscoatz*, c'est un composé de *Bys*, que Davies écrit *Byth*; toujours, éternellement; & de *Coas* ou *Choas*, encore. Ainsi *Biscoas ne m'eus gret*, veut dire jamais encore jusqu'à present je n'ai fait. *Bis* est donc en notre Breton comme *Byth* en celui d'Angleterre pour *toujours*. Remarquez que les Anciens écrivoient indifféremment *Bez*, *Bes*, *Bys*, & *Bis*; & que le *Byth* de Davies doit se prononcer *Beish*. B. Cet article est pris de Dom le Pelletier.
Biscorni, écorner. B. de *Bis* sans & *Corni* corne.
Biscornn, épissoire. B.
Biseta, le double. Ba. Voyez *Bis*.
Biseu, anneau à chaton. B.
Bisi-Bu, le petit doigt. B.
Bisia, dispute, altération. Ba. Voyez *Bicere*, *Bibix*.

BISICA, veffie, vefficule, puftule. Ba. De là *Vefica* Latin.
BISICQ. OBER BISICQ, faire des menaces aux petits enfans qu'on porte. B.
BISIGA, veffie, vefficule, puftule. Ba.
BISOURCH, chevrette, felon le P. de Roftrenen; *Bifourch* & *Bichourch*, femelle du chevreuil, felon Dom le Pelletier. B. Voyez *Bichourch*, *Bicq*, *jourch*, chevreuil. On voit par-là qu'on a dit *Bis* comme *Bich*.
BISS, le vent du nord. B. De là *Bife* en François.
BISSA, A. M. biche ; de *Bis*.
BISSA, A. G. laniére, courroye, fouet ; de *Bwlch* ou *Bylch*, *Byls*.
BISSAC, biffac. B. De là ce mot.
BISSELLUS, A. M. boiffeau ; de *Buffellus* ; celui-ci de *Boefell*.
BISSETUS, A. M. certaine mefure de grain ; de *Biffellus* ou de *Bic*. Voyez *Bicarium*.
BISTACH, bouvillon. G. C'eft le même que *Buftach*.
BISVIKEN, BISHUIKEN, BEZVIKEN, BYZHUIKEN, & par corruption BIRVIKEN, jamais plus, jamais à l'avenir. B. Voyez *Byth*, *Biken*.
BISUS, BISIUS, A. M. de couleur de cendre ; de *Bis*.
BISUTSA, nuage, petite nuée, petite pluye. Ba.
BISWAIL, foire, excrémens liquides. G.
BISWAIL. Voyez *Maer Y Bifwail*.
BISWEIL, excrémens humains, fumier. G.
BISWEILIO, fe décharger le ventre. G.
BISYTEIN, vifiter. B.
BIT, adverbe qui marque l'union. G. Voyez *Bith*. De là *By*, particule Angloife qui a tous les fens de l'un & de l'autre terme.
BIT, le même que *Bat*, *Bet*, *Bot*, *But*. Voyez *Bâl*.
BIT, le même que *Fit*, *Git*, *Mit*, *Pit*, *Vit*. Voyez *B*.
BITACLE, étacle, habitacle. B.
BITAILH, nourriture, rafraichiffement, repos. B. Voyez *Bitanza* ; de là *Victuailles*, terme du peuple.
BITANZA, la folde, la paye de chaque jour. Ba. De là notre mot *Pitance*. Voyez *Bitailh*.
BITARA, ambiguement. Ba. Voyez *Bi*.
BITARTEA, intervale, efpace entre deux. Ba.
BITARTECOA, avocate, protectrice. Ba. Voyez *Bedi*.
BITE, déformais. B.
BITERDICOA, fefterce. Ba.
BITEZARDEA, inftitut, établiffement, ordre. Ba.
BITH, femme. I.
BITH, exiftence, préfence, demeure dans un lieu, exifter, l'être, perfonne. I.
BITHA, le même que *Beatha*. I. De même des dérivés ou femblables.
BITHBEO, immortalifé, immortel. I.
BITHBHEANACH, voleur. I.
BITHBHEANTA, vol. I.
BITHBHINEAC, vol. I.
BITHCINTE, précis. I.
BITHE, femelle. I.
BITHEAMNACH, larron. I.
BITINA, chevreau. Ba. Voyez *Bicq*.
BITOLWS, taureau. G. De là *Vitulus* Latin.
BITOREA, excellent. Ba. Voyez *Bat*, *Bet* ; *Or*, augmentatif.
BITORRA, efpèce d'orge. Ba.
BITRAC, petite efpèce de grive. B.
BITTAIL, nourriture, aliment. B.
BITTAIN. Voyez *Byth*.

BITTIT, BIIT, A. G. il marche ; de *Bidea*.
BITTOLWS, taureau. G.
BITUMA, bitume. B.
BITZEDAGUEA, fyftole, mouvement du cœur. Ba.
BIV, vif, éveillé ; *Douar Biv*, terre glaife ; *Gleu Biv*, braife. B.
BIVDER, activité. B.
BIUENN, lifière. B.
BIVIDA, A. G. forte ; de *Biv*.
BIUO, vif, aigu, fubtil, courageux, fort ; *Biuir*, vivre en Efpagnol. Voyez *Biw*.
BIURCITARIA, Préteur. Ba.
BIURPOILLA, bouteille dont le col eft tortu. Ba.
BIURQUERA, traduction, verfion. Ba.
BIURQUETA, retour, reftitution, réfléxion, répercuffion, apodofe figure de Rhétorique. Ba.
BIURRIA, inégal. Ba. Voyez *Riurridea*.
BIURRIDEA, perverfité. Ba. Voyez *Biurria*.
BIURSA, vers, certaine quantité de mots & de fyllabes. Ba.
BIURSATEA, poëme. Ba.
BIURSURRIA, épigramme. Ba.
BIURTA, retour, l'action de revenir. Ba.
BIURTERA, rétorfion, contorfion. Ba.
BIURTU, revenir, retourner, reftituer. Ba. Voyez *Biurtua*.
BIURTUA, tortu. Ba. Voyez *Bir*, *Bira*.
BIURTZA, retour, contorfion. Ba.
BIURTZASENA, épode. Ba.
BIW, vache. G. B.
BIW, vie. C. *Bivanje*, exiftence en Efclavon.
BIW, le même que *Fiw*, *Giw*, *Miw*, *Piw*, *Viw*. Voyez *B*. De là *Vivo* Latin.
BIW, le même que *Baw*, *Bew*, *Bow*, *Buw*. Voyez *Bal*.
BIWIC, petite vache. B. Voyez *Biw*.
BIWIC-DOUE, petit infecte que l'on appelle en quelques Provinces de France *Paffe-Vole* : C'eft une efpèce d'efcarbot, de la groffeur & de la forme de la moitié d'un pois coupé en deux parties égales, mais de couleur rouge avec quelques petits points noirs, ayant les ailes extérieures d'écaille, & des ailes de mouche repliées deffous. B. La vivacité de fes couleurs a fait ajouter le nom de *Doue*, Dieu, à fon nom.
BIWIDIGUEZ, vie, vivre, vivres, fubfiftance, manière de gagner fa vie. B.
BIWIOG, diligent, actif, vigilant. Voyez *Biwiowgrwyd*.
BIWIOWGRWYD, diligence, activité, vigilance. G. Ce mot, fuivant l'analogie de la Langue, eft formé de *Biwiog*, qui par conféquent a été autrefois en ufage.
BIYA, goudron, poix. Ba. On appelle en Patois de Befançon *Bigane*, la chaffie.
BIYK, vache. B.
BIZ, bife. B. Voyez *Bis*.
BIZ, mire. B.
BIZA, vifer au but, ajufter une arme pour tirer. B.
BIZABERAC, infectes. Ba.
BIZACAYA, membre. Ba.
BIZACH, beface. B. *Bifaca* en Efpagnol ; *Bifaccia* en Italien ; *Bifacy* en Efclavon ; *Biffac* en François, beface. Voyez *Bi*.
BIZAR, barbe. Ba. On voit par le mot fuivant que *Bixar* a auffi fignifié cheveux.
BIZAR-EGUINA, tondu. Ba.
BIZARGUEA, qui n'a point de barbe. Ba.
BIZARGUILEA, barbier. Ba.
BIZARQUINTEGUIA, boutique de barbier. Ba.

BIZARRA

BIZ.

Bizarra, fplendide, magnifique. Ba. Voyez *Sar*, beau.
Bizarra, barbe. Ba.
Bizarraquendu, je tonds. Ba.
Bizarro, jeune homme bien mis & alerte. Ba. Ce terme s'eft confervé dans l'Efpagnol.
Bizbatea, identité. Ba.
Bizcanara, ferpent fans yeux. Ba.
Bizcarra, dos, rein. Ba.
Bizcarrean, fur les épaules. Ba.
Bizcarrezura, l'épine du dos. Ba.
Bizcoah, *Bizcoaz*, *Bizcoeh*, jamais par rapport au paffé. B.
Bizcochatua, qui paroit cuit deux fois, cuit deux fois, bifcuit, qui reffemble à du bifcuit. Ba.
Bizcochoa, bifcuit, pain de munition pour la mer, pain cuit deux fois. Ba.
Bizcoul, panaris. B.
Bizeier, joyaux. B. c'eft le pluriel de *Bizou*.
Bizel, garçon. B.
Bizigu, befaigue. B.
Biznaga, perfil qui croit fur les montagnes. Ba.
Bizodia, organe. Ba.
Bizou, anneau. B.
Bizqueta, écrit public, cédule. Ba.
Biztea, réfurrection. Ba.
Biztu, reffufciter, être reffufcité, revivre. Ba.
Bizviqen, peau de vache. B. *Qen*, peau. *Biyk*.
Bizyo, aujourd'hui. B.
Bl. Voyez *Bael*.
Bla, Ville, maifon de campagne, métairie. I.
Bla, mer. I.
Bla, champ. I.
Bla, cri. I.
Bla, an. B.
Bla, roc. Voyez *Bilyen*.
Bla. Voyez *Pla*.
Bla, le même que *Fla*, *Gla*, *Pla*, *Vla*. Voyez B.
Bla, le même que *Ble*, *Bli*, *Blo*, *Blu*. Voyez *Bal*.
Blaaigon, mer. I.
Blac. Voyez *Pla*.
Blach, le même que *Blath*. I. De même des dérivés ou femblables.
Blacha, *Blachia*, A. M. *Blache* en Dauphinois fignifie, fuivant quelques-uns, un petit bois, un bois rabougri : felon d'autres, un champ planté de chênes & de châtaigniers à fi grande diftance qu'on peut le labourer. *Blas* eft une particule diminutive; *Chad*, bois.
Blachd, parole. I.
Blada, tapir, fe tapir. B. De là fe blotir.
Bladaire, trompeur, amorceur. I.
Bladaireas, diffimulation. I.
Bladairid, flateur. I.
Bladan, flaterie. I.
Bladar, flater, cajoler. I.
Bladarach, faux, controuvé. I.
Bladaradh, flater, careffer. I.
Bladgham, crier. I.
Bladh, portion, partie. I.
Bladh, réputation, nom, renommée. I.
Bladham, rompre, brifer, partager. I.
Bladhmadh, fonner. I.
Bladhmain, fente, crevaffe. I.
Bladhman, vanterie. I.
Bladhmanadh, fe vanter. I.
Bladum, *Blatum*, *Blagum*, *Blaium*. A. M. Bled ; de *Blead*, *Blod*. De là dans les anciens monumens *Bladare*, *Imbladare*; en vieux François *Blaer*, *Bleer*, *Emblaver*, *Emblaer*, femer un

TOME I.

BLA. 173

champ, le remplir de femences. *Bladagium*, en vieux françois *Emblaveures*, *Emblavures*, *Embleures*, *Emblures*, bled pendant par les racines ; *Debladare*, en vieux François *Déblaver*, *Desbleer*, moiffonner les bleds; *Desbleure*, *Debleure* en vieux françois, moiffon des bleds. *Bladaria*, en vieux François *Bladerie*, marché où l'on vend le bled ; *Blaeria*, en vieux François *Bleerie*, *Blairie*, champ couvert de fa moiffon ; *Bladum*, pour bled fe lit dans le procès verbal de canonifation de Saint Yves, ce qui marque que c'étoit un terme pour lors ufité en Bretagne. Les Gafcons appellent le bled, *Blat*.

Blaen, aiguillon, pointe, extrémité, fommet, le plus haut, le haut, partie antérieure, avant, devant, priorité, premier, auparavant G. B paroît être ici une lettre indifférente, puifqu'en Breton *Lein*, fignifie le haut, faîte, fommet ; & *Lemm*, aigu, pointu. *Blin* en Breton, bout, extrémité, cime de montagne ; *Lan* en Ecoffois, penchant de montagne ; *Blainui* en Tonquinois, montagne ; *Planina*, montagne en Stirien & en Carniolois; *Plannina*, montagne en Efclavon; *Blaen* fignifiant fommet, le haut, le plus haut, fignifie par conféquent tête & fource, comme tous les autres termes qui fignifient élévation. Voyez *Bal*, *Ben*, &c. Voyez *Blaenen*, *Blaeneuu*, *Blaenig*.

Blaen, fin, bout, achevement, perfection. G.
Blaen, marque du fuperlatif. Voyez *Blaengam*.
Blaen-Arf, pointe d'arme. G.
Blaen y Conyn ar y Mel, aigremoine plante. G.
Blaen y Gwayw, efpèce de clématite plante. G.
Blaen tr Iwrch, cynocrambé plante. G.
Blaenaf, premier, principal, antérieur. G.
Blaenbarch, excellent, qui furpaffe. G. *Parch*.
Blaendardd, bourgeon, rejetton, fion d'arbre, petite branche de l'année, œil, bouton de fleur, de plante, d'arbre, reproduction d'un germe, production de plufieurs rejettons, houffine, baguette ; au figuré, état floriffant. G.
Blaendardd, le même que *Blaen*. Voyez l'article fuivant.
Blaendardd Llysieuyn, pointe, cime des herbes. G.
Blaendarddiad; production d'un rejetton, production de plufieurs rejettons. G.
Blaendarddu, fleurir, bourgeonner, boutonner, pouffer des bourgeons, des boutons, des rejettons; au figuré, être floriffant, exceller. G. *Blaen Tarddu*.
Blaendarddu, repulluler, repouffer. G. Les Hébreux n'ont point de verbes itératifs. Les Gallois, de même qu'eux, employent plufieurs verbes fimples dans un fens itératif. Celui que nous expliquons, *Blaguro* & plufieurs autres, en font des exemples.
Blaendorri, brifer auparavant. G. *Blaen Torri*.
Blaendorri, ététer, couper les têtes des arbres, tailler, émonder, élaguer les arbres. G.
Blaendorriad, rognure. G.
Blaendost, qui a des pointes, pénétrant, fubtil. G.
Blaendrwch, rognure, aphérèfe, retranchement du commencement d'un mot. G.
Blaendrwyth; de *Blaen*; & *Trwyth* dans la feconde fignification. G.
Blaendrychu, couper, rogner par devant, élaguer. G.
Blaendrymmu, pendre droit en bas. G.

BLA.

BLAENDWF, fion d'arbre, production de rejettons, tendron, extrémité des branches des arbres, houffine, baguette. G. Twf.

BLAENEU, les frontières d'un Pays, les parties les plus montueufes, les plus élevées d'un Pays. G. On fous-entend Tir, terre, qu'on exprime dans Blaeneudir. Voyez Blaen & Blaenew.

BLAENEUDIR, le même que Blaeneu. G.

BLAENEW, partie montueufe d'un Pays, frontières, têtes, fources. C. On voit par ce mot & par Blaenig, que Blaen a fignifié haut, élevé, montagne, élévation, tête, fource. Voyez Blaenig.

BLAENFAIN, pointu, aigu, qui fe termine en pointe, ferré par le bout, obélifque. G. Blaen Main.

BLAENFEINO, rendre pointu, élever en pointe, faire une pointe en manière d'épi. G.

BLAENGAM, fort courbé, très-courbé. G. Gam, de Cam; Blaen marque donc le fuperlatif.

BLAENGAN, prélude, commencement de chant, enchantement. G. Can.

BLAENGARWCH, témérité, inconfidération, imprudence. G.

BLAENGEINIAD, qui commence à chanter. G. Ceiniad.

BLAENGERDD, prélude, commencement de chant. G. Cerdd.

BLAENGIS, le premier choc dans une bataille, efcarmouche, commencement de combat, le front de l'armée. G. Cis.

BLAENGNWD, prémices. G. Cnwd.

BLAENGYHOEDDWR, crieur public. G. Cyhoeddwr.

BLAENHAIARN, ferré par le bout. G.

BLAENIAID, ceux qui font au front, à la tête de l'armée, les premiers, les principaux. G.

BLAENIDDYG, montagnard. G. E.

BLAENIG, montagnard. G. E.

BLAENIO, aiguifer, rendre pointu, exceller, furpaffer, aller devant. G.

BLAENLLYM, pointu, aigu, aiguifé, fort aigu, qui fe termine en pointe, qui a une pointe, qui a des pointes, ferré par le bout, févère. G.

BLAENLLYMMU, aiguifer, rendre pointu, faire une pointe, aiguifer le bout, aiguifer beaucoup, faire une pointe en manière d'épi. G.

BLAENOR, conducteur, guide, Capitaine, Chef, Général, Coriphé, fupérieur, le chef, le principal, le premier, celui qui eft au-deffus des autres, prépofé, prédéceffeur, celui qui précéde, antécédent. G.

BLAENORI, précéder, conduire, guider, mener, aller devant, paffer ou aller au-delà, exceller, être au-deffus, furpaffer, être excellent, être éminent, commander. G.

BLAENORIAD, conduite, adminiftration, commandement, autorité de Commandant. G.

BLAENORIAETH, Préfecture, Gouvernement, Intendance, Principauté, Éminence, Excellence. G.

BLAENORIAID, les premiers, les principaux, ceux qui font d'un rang plus relevé. G.

BLAENORU, prévenir. G.

BLAENRHED, précurfeur, qui court avant. G.

BLAENRHWYM, demiceint, habillement de femme. G.

BLAENWEDD, cime, faîte, fommet. G.

BLAENWELL, cime, faîte, fommet. G.

BLAER, guerre en Écoffois du nord.

BLAER, le même que Flaer. Voyez ce mot.

BLA.

BLAF. Voyez Blas; de Glas.

BLAG. Voyez Pla.

BLAGAIN, an. I.

BLAGH, le même que Bladh. I. De même des dérivés ou femblables.

BLAGUR, branche, baguette. C.

BLAGURIAD, production de rejettons. G.

BLAGURO, germer, pouffer, bourgeonner, produire des rejettons, repulluler, repouffer. G.

BLAGUROG, qui bourgeonne, qui pouffe des rejettons. G.

BLAGURYN, rejetton, fion, petite branche de l'année, tendron, extrémité des branches des arbres, bourgeon, verge. G.

BLAGURYN; au pluriel Blagur, viorne, efpèce de petit arbriffeau, tout bois qui fe plie, & dont on peut faire des liens. G.

BLAHAM. Voyez Blam.

BLAIATT, année. B.

BLAIATT, levée ou récolte d'une année. B. Voyez Bley.

BLAIDD, loup. G. C. De Llaid, tuer.

BLAINIK, graiffe. I.

BLAINNCEAD, couverture. I.

BLAINSEAD, goûter. I. Voyez Blas.

BLAIR, lieu dépouillé de bois. E.

BLAITH, plain, poli, uni, ramaffé, ferré, preffé. I.

BLAITH, fleur. I. Voyez Blodewyn, Blodeno.

BLAITHE, plus plain. I.

BLAITHFLEASG, couronne de fleurs. I. Voyez Blath.

BLAITIN, petite fleur. I.

BLAM, BLAHAM, le même que Bladham. I.

BLAM, blâme, réprimande, blâmer, punition; châtiment. B. De là notre terme blâme. Blame en Anglois; Biafmo en Italien, blâme.

BLAMEIN, blâmer, défapprouver. B.

BLAN, pente de montagne ou de colline couverte d'herbes vertes. E.

BLAN, blanc. Voyez Glan. Les François, les Efpagnols, les Italiens, les Anglois, les Écoffois, les Allemands, les Flamands, les Danois, les Suédois ont confervé ce mot. Blan en Écoffois; (Voyez Blandi) Blanc en François; Blanco en Efpagnol; Bianco en Italien; Blanch en Anglois; Blanck en Allemand; Blank en Flamand, en Danois & en Suédois, blanc. En Theuton, Planchaz, un cheval blanchâtre. On a dit en vieux François, Blanchard pour blanc. Voyez Blanca, Blandi.

BLAN, le même que Ban, en tant qu'il fignifie élevé, haut, grand, remarquable. Voyez Diflan: C'eft le même que Blaen. De là le terme Franc-Comtois Déblonder, couper les extrémités d'un arbre. L'f & le b fe mettant l'un pour l'autre, on a dit Flan comme Blan, ainfi qu'on le voit par Flan de laict, mets fait avec des œufs, du lait & de la farine, qui fe renfle beaucoup en mettant au-deffus une pelle chaude. Ce mot eft appellé Flandrelet dans Borel; & Flantor dans Ducange. On l'appelloit en vieux François Flan, Flange, Flamuffe. On l'appelle en Patois de Franche-Comté Offlange.

BLAN, le même que Flan, Glan, Plan, Vlan. Voyez B.

BLANC dans le Diocèfe de Léon, mol, fouple, foible, lâche, pliant. En Cornouaille on dit communément Blanc Eo, il eft épuifé & affoibli de fatigue, il n'a plus de force pour travailler. B. Ce mot vient de Lang, foible, lâche, languiffant;

BLA.

(Voyez *Languiſſa*, *Lancotzea*, *Llace*) & *b*, paragogique; (Voyez *Blaen*) *Blakus* en Grec, mol, délicat. Voyez *Blas*.

BLANCA, BLANCHA, A. M. blanche. On appelloit ainſi une veuve, à cauſe qu'elle étoit habillée de blanc pendant ſa viduité. On diſoit *Blance* en vieux François; de *Blanc*. Voyez *Blan*.

BLANCARIA, A. M. travail de corroyeur; *Blancarius*, corroyeur, parce qu'il blanchit les peaux; de *Blanc*. Voyez *Blan*.

BLANDA, A. G. robe garnie de pourpre, robe des Grands de l'État; de *Blan*, grand.

BLANDAN, flaterie. I.

BLANDAR, diſſimulation. I.

BLANDAR, flaterie. I. De là le Latin *Blandior*.

BLANDI, petit lait. E. *Ty*, en compoſition *Dy*, eau; *Blan* par conſéquent blanche.

BLANDIRI, A. M. ambitionner; de *Blan*, élévation, grandeur.

BLANDOR, A. M. ambitieux. Voyez le mot précédent.

BLANEDENN. AR BLANEDENN, la bonne avanture, la deſtinée. B. *Blanc* en vieux François, danger. On dit encore populairement tirer à la *Blanque*, pour dire tirer à la loterie.

BLANPUM, A. G. eſpèce de navire qui avoit apparemment les extrémités élevées; *Blan*, extrémité; *Bomm* ou *Pomm*, élevée.

BLANX, A. G. banc; de *Bancq* ou de *Blan*, élevé; comme *Bancq* eſt formé de *Ban*, élevé.

BLAORADH, crier. I.

BLAOSG, échelle. I.

BLAOSG, écaille, coquille, coque, gouſſe, coſſe. I.

BLAOUAHUSS, affreux, épouvantable, formidable, atroce. B.

BLARA, terrein où il n'y a pas d'arbres. E.

BLAS, goût. G. Voyez les articles ſuivans.

BLAS, odeur. B.

BLAS, goût, ſaveur, le ſens ou l'organe du goût, la faculté de goûter. B. *Blas* en Irlandois, goût; & *Blaſſigh*, goûter, ſavourer. Comme la ſaveur eſt un picotement de l'organe du goût, *Blas* a ſignifié ce qui pique, pointe; ce qui ſe confirme, parce que *Bleſſa*, qui eſt formé de ce mot, ſignifie bleſſer; (Voyez auſſi *Pla*) & *Blaſtenge* ſignifie en vieux François aigreur, reſſentiment. *Blas* & *Flas* étant le même mot, on a dit *Affla* & *Eſtomé* en Patois de Franche-Comté pour déſigner ce qui a pris l'évent, ce qui a perdu ſon goût en prenant l'évent.

BLAS, goût. I.

BLAS, particule qui marque la diminution, le retranchement. Voyez *Blashoarhein*. *Blaiſche* en vieux François, homme de peu de mérite; *Plat* en Gothique, piéce.

BLAS. Voyez *Drygflas*.

BLAS. Voyez *Blaſoun*.

BLAS, le même que *Glas*. Voyez ce mot. De là eſt venu *Plaſtre*; *Blas* ou *Plas*, blanche; *Ter*, par une tranſpoſition facile *Tre*, pierre par conſéquent; *Alabaſtr* en Breton, albâtre, ſorte de pierre blanche; *Alab*, blanche; *Ter*, *Tre*, pierre. *Bleek* en Flamand, blême, pâle; *Blaſſ*, pâle en Allemand; *Blafard* en François, pâle, de couleur effacée.

BLAS, le même que *Bras*. Voyez *Carulaſter*.

BLAS, le même que *Flas*, *Glas*, *Plas*, *Vlas*. Voyez *B*.

BLAS, BLATUS, A. G. fol; de là *Blaterare*, parler follement; de *Blas*.

BLASA, goûter, ſavourer, éprouver le goût de quelque choſe. B.

BLA. 175

BLASDA, goût. Voyez *Deaghblaſda*.

BLASHOARHEIN, ſourire. B. *Hoarhein*, rire; *Blas* marque donc la diminution, le retranchement.

BLASMA, A. M. blâme; *Blaſmare*, *Blaſphemare*, blâmer; de *Blam*.

BLASOUN, blaſon. B. Ce mot eſt Celtique: Il eſt formé de *Blas*, qui ſignifiant preſque toutes les couleurs en particulier, aura été pris pour couleur en général. En effet *Blaſonner* en François ſignifie peindre des armoiries avec les couleurs qui leur ſont propres. *Blaſonner* au figuré, c'eſt décrire quelqu'un avec ſes bonnes ou mauvaiſes qualités, c'eſt le peindre en bien ou en mal. *Blaſoun* eſt donc le pluriel de *Blas*, couleur, parce qu'il y a toujours pluſieurs couleurs dans les armoiries. Toutes les anciennes livrées ſe rapportaient au blaſon, ou couleurs des armoiries; & toutes les anciennes livrées étoient de pluſieurs couleurs, car c'eſt ce que veut dire ce mot *Liv*, couleurs; *Rai*, *Ré*, pluſieurs. *Blah* en Theutonique, couleur; *Bleoh* en ancien Saxon, couleur. Tacite nous apprend que les Germains peignoient leurs écus avec des couleurs choiſies: *Scuta lectiſſimis coloribus diſtingunt*. On a tout lieu de croire que les Gaulois & les Bretons avoient le même uſage.

BLASSATT, flairer. B. Voyez *Blas*.

BLASSIGH, goûter, ſavourer. I.

BLASTA, doux. I.

BLASTADAC, applaudiſſement en battant des mains, Ba.

BLASTECADA, grincement, bruit. Ba.

BLASTO, BLATO, A. G. chambrier. Voyez *Plach* ou *Plas*, chambrière.

BLASU, goûter, ſavourer. G.

BLASUS, qui a du goût, qui a de la ſaveur. G.

BLASUSO, aſſaiſonner. G. *Blaſſer*, en vieux François fomenter quelque choſe.

BLAT, s'eſt dit comme *Blas*. Voyez *Blatus*: d'ailleurs le *t* & l's ſe ſubſtituent chez les Gallois. De *Blat* ou *Plat*, goût, eſt venu le *Palatum* des Latins & le Palais des François.

BLAT, le même que *Flat*, *Glat*, *Plat*. Voyez *B*.

BLATEA. Voyez *Blouſe*.

BLATH, fleur. I.

BLATH, prix. I.

BLATH, incarnat, couleur de chair. I.

BLATH, liſſé, uni, poli; *Cloch Blath*, liſſoire. I.

BLATHA, fleurie. I.

BLATHACH, lait de beure. I.

BLATHADH, être poli. I.

BLATHAM, louer. I.

BLATHMAR, propre, bien mis, liſſé, uni, poli. I.

BLATHNATHA, fleurie. I,

BLATHOIBRIUGHADH, broder, l'action de broder. I.

BLATHON, A. M. manteau: Voyez *Bloch*.

BLATHUGADH, fleurir, orner, embellir. I.

BLATHUIGHEADH, polir, rendre plain. I.

BLATO. Voyez *Blaſto*.

BLATO, A. G. begue; de *Blot*, gras. Voyez *Blouſe*.

BLATTERE, A. G. badiner, s'amuſer à des niaiſeries. Voyez *Blatus*.

BLATUS, A. G. fol. Voyez *Blos*.

BIAV. Voyez *Blaveola*.

BLAVA, A. M. ardoiſe, ainſi appellée de ſa couleur bleue; de *Blav*. *Blaveola*, bluet fleur. B. On voit par ce mot que *Blav* a été ſynonime de *Blawr*.

BLAWD, agile, vîte, prompt, diligent, tout prêt, vigilant. G. Le *b* est ici une lettre paragogique, parce que *Lawd* signifie la même chose que *Blawd*, *Blawdd*, agile en Langue de Cornouaille.

BLAWD, agitation, vîtesse. G.

BLAWD, farine. G. B. On a transporté ce mot à signifier la limaille; *Blawd Llif*, limaille; à la lettre, farine de la lime. Voyez *Blodiwr*.

BLAWDD, agile. C.

BLAWR, blanc, verdâtre, de couleur de verd de mer, d'un verd mêlé de blanc, bleu, d'un roux obscur. G. *Blav* en Breton, bleu. Voyez *Blaveola*. *Blawr*, blanc, grison en langue de Cornouaille; *Blau* en Allemand; *Blav* en Flamand; *Blavetny* en Polonois; *Plavu* en Esclavon, en Dalmatien, en Carniolois; *Blao* en Espagnol; *Blew* en Anglois; *Bleu* en François; *Bleo* en ancien Saxon; *Bloa* en Venede; *Blaeae* en Suedois; *Plauu* en Theuton, bleu. On a dit *Bloi*, bleu en vieux François; *Blavet* en vieux François, le même que *Bluet*; *Blaveole*, fleur ainsi appellée de sa couleur bleue. On lit dans les anciens monumens *Blavus*, *Blavens*, *Blavius*, *Blavineus*, *Bloius*, *Blevetus*, *Bluetus*. On voit par *Blaveola* que *Blav* est le synonime de *Blawr*. De *Blav*, verd, est venu le terme patois de *Blavoyr* pour verdoyer. De *Blav* ou *Blaf* blanc, pâle est venu le terme François *Blafard*. Voyez *Blou*. Le *b* est paragogique dans *Blawr*, comme dans *Blawd* ainsi qu'on le voit par *Loriot* nom d'un oiseau verdâtre (les Latins par la même raison l'appellent *vireo*) & par *Laurus*, laurier arbre toujours verd. *Laurus* ne vient pas des Grecs qui appellent cet arbre *Daphné*, il est donc d'origine Celtique.

BLAWR, blanc, grison. C.

BLAWRGOCH, de couleur de cerf. G. *Blawr Coch*.

BLAWRWYN, le même que *Blawr*. G.

BLAWRWYN, blanchi de vieillesse. G.

BLAX, A. G. fol. Voyez *Blas*.

BLE. I BLE, en quel lieu, où. G. *Ble*, crase de *Bale*, habitation.

BLE, an. B.

BLE, foible. B. De là *Blaiche*, mol, paresseux. *Blé* est le synonime de *Blanc*: il en a par conséquent toutes les significations.

BLE, le même que *Bla*, *Bli*, *Blo*, *Blu*. Voyez *Bal*.

BLEAD, moisson. B. De là par une crase facile, *Bled*.

BLEAGHADH, traire. I.

BLEAONAREIN, abhorrer. B.

BLEAONEC, chevelu. B. Voyez *Bleau*.

BLEAU, cheveux. B. *Vlas* en Esclavon, cheveux.

BLEC. Voyez *Pla*.

BLECCAN, saye, robe. E.

BLECZ, coup, playe, blessure, coupure. B.

BLECZA, blesser. B. Voyez *Bleez* dont il est formé.

BLED, farine. B.

BLEDDAN, an. C. Voyez *Blé*.

BLEDDICHFA, visage, face. G.

BLEDZHAN, fleur. C.

BLEFFEN, cheveu, poil anciennement en Breton.

BLEG. Voyez *Pla*.

BLEG, agréable, plaisant; *Blegea*, plaire. Voyez *Blith*.

BLEGEAL, BLEGEA, BLEJAL, BLEIGEAL, BLEUAIL, mugir. B.

BLEGEREZ, mugissement. B.

BLEGID, partie. G. Voyez *Bleid*.

BLEGID, cause; *O Blegid*, parce que, à cause. G.

BLEHENN, séparation ou espece de haie faite avec des branchages entrelassés. B. De *Plegenn*, *Plehenn*. Voyez *Plega*.

BLEID, partie. G. Voyez *Blegid*.

BLEID, fleurs. G

BLEID, cause. *O Bleid*, le même qu'*O Blegid*. G.

BLEIDD, le même que *Blith*. Voyez ce mot.

BLEIDD-DAG, aconit. G.

BLEIDDAN, houblon. G. *Bleiddan* signifie en Celtique petit loup. Les Latins ont aussi nommé cette plante *Lupulus*.

BLEIDDGWN, mélange de chiens & de loups. G.

BLEIDDIAST, louve. G.

BLEIDDIAU, loups. G.

BLEIDDIES, louve. G.

BLEIDET, loup garou. G.

BLEIDGI, chien qui ressemble à un loup. G.

BLEIDIAU, fleurs. G.

BLEIGEAL, braire, hurler. B.

BLEIGEIN, rugir. B.

BLEIN, cime, comble, faîte. B. Voyez *Blin*.

BLEIN, sein, sinuosité, havre pour des bateaux. I. *Sinus* chez les Latins signifioit pareillement sein & golphe.

BLEINA, BLEINIA, conduire, mener. Les paysans s'en servent pour conduire une bête par son licol en marchand devant; *Bleiner*, conducteur de cette manière. *Bleyna* se lit pour conduire un ouvrage à sa perfection. B. On peut connoître par là tous les sens de ce mot qui est formé de *Blein*.

BLEIS, loup. B. Voyez *Bleiz*.

BLEITT, le même que *Blith*. Voyez ce mot.

BLEIZ, loup. B. Voyez *Blaid*.

BLEIZES, louve, courtisane. B. Les Latins ont pareillement appellé une courtisane *Lupa*.

BLEM, pâle, bleme. B. De là ce dernier mot.

BLEMI, montagnes. G.

BLEN, long. Voyez *Siblen*.

BLEN. Voyez *Belen*.

BLEN, le même que *Flen*, *Glen*, *Plen*, *Vlen*. Voyez *B*.

BLEN, le même que *Blan*, *Blin*, *Blon*, *Blun*. Voyez *Bal*.

BLENCHEN, le même que *Blinchen*. B.

BLENCHOU, extrémité. B.

BLENCZ, playe. B.

BLENHUEN, fleur. B.

BLENO, BLENUS, A. G. fol; de *Blin*. *Belin* qui est le même mot a signifié sot en vieux François. On a aussi dit en vieux François *Beliner* quelqu'un pour le filouter, le déniaiser. *Blin* ou *Blen* ayant signifié sot, se trouve aussi dans les anciens monumens pour impudiques : nous appellons encore les impudicités, sottises.

BLEO. Voyez *Blew*.

BLERIM, pierre à émoudre, à aiguiser. B. *Bli* transposition de *Bel* pierre; *Grym*, en composition *Rym*, force, vertu, taillant.

BLERIMA, émoudre. B. Voyez *Blerim*.

BLERIMER, émouleur. B.

BLES, le même que *Fles*, *Gles*, *Ples*, *Vles*. Voyez *B*.

BLES, le même que *Blas*, *Blis*, *Blos*, *Blus*. Voyez *Bâl*.

BLES. Voyez *Pla*.

BLES, gras, mol. Voyez *Blosg*.

BLES, agréable, plaisant. Voyez *Blith*.

BLESFIN, fleur de farine. C.

BLESSA, blesser. B. De là ce mot.

BLESTA

BLESTA, A. M. toupet ; de *Bleau*, cheveux. En Limosin *Bleite* ou *Bleiste*, toupet.
BLET, farine. B.
BLET, le même que *Flet*, *Glet*, *Plet*. Voyez B.
BLET, le même que *Blat*, *Blit*, *Blot*, *Blut*. Voyez *Bal*.
BLETH, entre. B. Voyez *Pleth*. *Leth*, milieu en Irlandois.
BLETH est synonyme de *Blith*; ainsi il en doit avoir toutes les significations.
BLETONATA, A. M. forêt plantée de jeunes arbres, particulièrement de chênes; *Blé*, foible, petit ; *Tan*, *Ton*, chêne.
BLEU, élite. B.
BLEU, bleu. B. De là ce mot. Voyez *Blawr*.
BLEU, cheveux, poil. B. *Bles*, chevelure en Flamand. Voyez *Blew*.
BLEUCH, mugissement. B.
BLEUCHA, mugir. B.
BLEUCHAL, braire. B.
BLEUD, farine. B. Voyez *Blawd*.
BLEUDECQ, enfariné. B.
BLEUDEUCQ, enfariné. B.
BLEUECG, velu, couvert de poil. B.
BLEUEIN, briller, luire. B.
BLEUEN ; au plurier *Bleu*, cheveu. B.
BLEUEN ; cheveu, poil, pelage, poil rouge, couleur du poil d'un animal B.
BLEUGAL, braire. B.
BLEUN, côté, rein, rable, lombe, aine. I.
BLEUNEN ; au plurier *Bleun*, fleur. B. *Bluhen* en Allemand, fleurir ; & *Blum*, fleur. *Bloom* en Anglois ; *Bloem*, *Blom* en Flamand, *Bloma* en Gothique ; *Blosma* en ancien Saxon ; *Bluom* en Theuton ; *Blomster* en Danois, fleur.
BLEUNVEN, fleur ; plurier *Bleunviou*. B.
BLEUNVI, fleurir. B.
BLEUNZVEN ; au plurier *Bleuxviou*, *Bleunviou*, fleur. B.
BLEURYM. Voyez *Breolym*.
BLEUT, farine, fleur de farine. B. De là *Bluteau*, *Bluter* dans notre Langue. Voyez *Blawd* qui est le même.
BLEUTA, faire de la farine, chercher ou quêter de la farine. B.
BLEW, cheveu, cheveux. C. Voyez *Bleu*, *Blewac*, *Blewyn*.
BLEW, prononcez *Bleo* par diphtongue, cheveux, poil ; singulier *Ur-Blewen*, un seul cheveu, un seul poil. *Blewec*, chevelu, velu, qui a beaucoup de cheveux, beaucoup de poil. B. Voyez *Blewyn*, *Blewach*, *Blewog*.
BLEWAC, velu. C. On voit par là que *Blew* a aussi signifié poil, de même que *Bleu*.
BLEWACH, velu, couvert de poil, chevelu. C.
BLEWAN, poil, cheveu. C.
BLEWEC. Voyez *Blew*.
BLEWIACH, poil, toison, poil follet, petits cheveux. G.
BLEWOG, chevelu, velu, couvert de poil, qui a du crin, qui a du poil, qui a des cheveux. G.
BLEWTYN, poil. G.
BLEWYN ; au plurier *Blew*, crin, poil, cheveu. G.
BLEWYNGLAS, herbe. G. Voyez *Glas*.
BLEUZEUEN, BLEUZUEN, BLEUZVEN, fleur ; plurier *Bleuxiou*. B. Voyez *Blodeuyn*.
BLEUZVI, fleurir. B.
BLEY, loup. B. Voyez *Blaid*.
BLEYEU, siécle. B. Voyez *Blé*.
BLEYNA AR CHARR, mener une charrette. B. Voyez *Bleina*.

BLEIZ VOR, roussette poisson. B. A la lettre, loup de mer.
BLI, le même que *Fli*, *Gli*, *Pli*, *Vli*. Voyez B.
BLI, le même que *Bla*, *Ble*, *Blo*, *Blu*. Voyez *Bal*.
BLIADAIN, an. I. Voyez *Blidden*.
BLIAGHAN, an. I. Voyez *Blé*.
BLIANT, suaire, drap dans lequel on ensevelit un mort. G. Le *b* est ici paragogique, parce que *Lliain* en Gallois signifie toile, linge, nappe ; & *Lien* en Breton, toile, linge.
BLIAUDUS, BLIAUS, BLIALDUS, A. M. espèce de robe ; en vieux François, *Bliaus*, *Bliaux*, *Bliaut* ; de *Bloh*. Voyez ce mot. Dans le Pays de Dombes & dans la Bresse on appelle *Blode*, l'habillement de dessus. On a dit *Blisaud* en Provence : On dit *Brisaut* en Languedoc.
BLIC, le même que *Brig*. Voyez *Cablicia*.
BLICEA, A. G. folie ; de *Blax*.
BLICH, le même que *Brych*. Voyez ce mot.
BLIDA, A. M. machine de guerre ; de *Blif*. On dit *Blie* en Danois, on disoit *Blide* en Theuton.
BLIDDEN, an. C. Voyez *Bliaghan*, *Blien*.
BLIEN, an, dans l'Isle de Mona. Voyez *Blidden*.
BLIF, machine avec laquelle on jettoit des javelots, arbaléte, machine avec laquelle on jettoit des bâles. *Maen Blif*, bâle de cette machine. G.
BLIF, ancienne orthographe, de *Blin*, foible. &c. B.
BLIF, le même que *Brych*. Voyez ce mot.
BLIFIC, bègue. B.
BLIFIC, friand, délicat. B.
BLIG, le même que *Blith*. Voyez ce mot.
BLIM, vif, dispos, alerte, éveillé. B.
BLIMIN, trait. G. C'est le même que *Bliv*.
BLIN, fatigué, lassé, fort las, qui ennuye, qui chagrine, qui fait de la peine, incommode, importun, fâcheux, ennuyeux, insupportable, dommageable, nuisible. G. C'est le synonime de *Blanc* & de *Blé* dont il a par conséquent tous les sens. Voyez l'article suivant.
BLIN, foible, délicat, tendre. *Bonet Blin*, viande trop délicate & qui n'est pas assez solide pour nourrir des personnes robustes & de gros travail. B. Voyez l'article précédent.
BLIN, bout, extrémité, cime. B. Voyez *Blaen* & *Blan*, dont ce mot est synonime.
BLIN, le même que *Blan*, *Blen*, *Blon*, *Blun*. Voyez *Bal*.
BLIN, le même que *Flin*, *Glin*, *Plin*, *Vlin*. Voyez B.
BLINCHEN, BLENCHEN, BRINCIN, BRINCHIN, cime & pointe d'une montagne, d'un arbre, d'une branche. &c. B. Voyez *Blin*, *Bren*, *Brin*.
BLINDER, affliction, tristesse, chagrin, tribulation, ennui, adversité, lassitude. G.
BLINDEROG, las, fatigué, malheureux, chagriné, affligé, accablé de maux. G.
BLINDOST, rude, âpre, sur. G. *Blin Tost*.
BLINEDD, lassitude, fatigue, harassement, ennui ; chagrin, importunité, incommodité, tribulation, déplaisir, affliction. G.
BLINFYD, affliction, tribulation, déplaisir, calamité. B.
BLINGADEL, clin-d'œil. B.
BLINGHAU, s'indigner, se refrogner, se rider. G.
BLINGHEAL, bigler, fermer un œil. B.
BLINGO, écorcher. G.
BLINGUADELL, clin-d'œil, clignement d'œil. B.
BLINGUEALL, cligner quelqu'un, faire signe des yeux à quelqu'un. B.
BLINGUEIN, cligner quelqu'un, faire signe des yeux à quelqu'un, lorgner. B.

BLINGUEIN, bigler, loucher. B.
BLINGUER, qui cligne, qui cligne quelqu'un, qui fait signe des yeux à quelqu'un. B.
BLINHAU, frémir, gronder, murmurer, entrer en fureur. G.
BLINI, A. G. cruels; de *Blin*.
BLINO, se fatiguer, se lasser, être fatigué, être ennuyé, fatiguer, ennuyer, véxer, causer du chagrin, affliger, lasser, causer de la lassitude, harasser, aigrir, donner de l'aigreur, brouiller, mettre en division, émouvoir, toucher, faire impression. G. Il signifie aussi ôter la santé, altérer la santé. Voyez *Dadflino*.
BLIOU, adjectif prompt; & adverbe promptement. B.
BLIOUS, écorce de l'avoine moulue. B.
BLISGUN, au pluriel *Blifg* ou *Plifg*, coque, coquille, gousse, écaille ou écale de noix, zest. G.
BLIS, le même que *Blas*, *Bles*, *Blos*, *Blus*. Voyez *Bal*.
BLIS, le même que *Flis*, *Glis*, *Plis*, *Vlis*. Voyez B.
BLISIC, délicat, tendre, foible; il se dit des hommes. B.
BLIT, partie. G.
BLIT, le même que *Blat*, *Blet*, *Blot*, *Blut*. Voyez *Bal*.
BLIT, le même que *Flit*, *Glit*, *Plit*, *Vlit*. Voyez B.
BLITEA, A. G. folie. Voyez *Blaus*.
BLITH, entre. *Blith Draphlith*, pêle-mêle, confusément, sans ordre, sans distinction. G. *Blith* ou *Plith*, entre; *Dra* chose; *Blith Draphlith*, à la lettre, entre chose entre, choses les unes dans les autres, choses mêlées. On voit par cet article & par le précédent que *Blith* a signifié mélange, choses mêlées.
BLITH, qui donne du lait, qui a du lait; & par métaphore tout ce qui apporte quelque utilité, quelque commodité à quelqu'un. G. Le *g* & l'*h* se mettant l'un pour l'autre, on a dit *Blig*, ainsi qu'on le voit par *Pligea* plaire, agréer en Breton; & par *obliger* qui dans notre Langue signifie faire une chose utile & agréable. *Pleg* en Breton, penchant, inclination, fait voir qu'on a dit aussi *Plegea*, & par conséquent *Blegea*, plaire. *Bleg* ou *Bles* (Voyez *Aru*) plaisant, agréable. On a pareillement dit *Blis* comme *Blig*. *Blith* en ancien Saxon, gai, joyeux, doux, paisible, tranquille; *Bliss*, bonheur en Anglois; *Bleiths* en Gothique, miséricordieux. Le *p* & le *b* se substituant mutuellement, on a dit *Plith* comme *Blith*, ce qui se voit par *Spleidd*.
BLITTEN, A. G. glu matière visqueuse; de *Blot*. Voyez *Blouse*.
BLIV, trait. G. C'est le même que *Blimin*.
BLIVIC, délicat, friand. B.
BLO, gras, mol. Voyez *Blouse*.
BLO, le même que *Bla*, *Ble*, *Bli*, *Blu*. Voyez *Bal*.
BLO, le même que *Flo*, *Glo*, *Plo*, *Vlo*. Voyez B.
BLO, le même que *Plou*, bourg. B.
BLOA, an. B.
BLOADHUEDD, vieux, ancien. B.
BLOAN, gras. Voyez *Bloanec*.
BLOANEC, graisse. B. *Bloan*, gras, comme *Blon* de *Bloneg*.
BLOAUEZ, an. B.
BLOAZ, an; singulier peu usité *Blaazen*; pluriel *Bloasiou*; & par crase, dans le Diocèse de Vannes & en Cornouaille, *Blouhiou*, *Bloaiou*. B.
BLOAZUEZ, année; pluriel *Bloazvezon*. On écri-

voit autrefois *Bloez* & même *Blyzen* au singulier. Ce *Blyfen* est un singulier fait du pluriel *Bletz* qui n'est plus en usage. B. De *Bloh*, tout; *Oed*, en composition *Oez*, temps, saison.
BLOAZVEZ, moisson. B.
BLOC, orbiculaire, rond. I.
BLOC. Voyez *Pla*.
BLOC, tronc, souche. Voyez *Blocal*. *Bloc* en François; *Blok*, *Bloch* en Allemand; *Block* en Anglois; *Blok* en Flamand; *Block* en Runique; *Bleck* en Islandois, tronc, souche, bloc, billot. On dit *Plot* en Patois de Franche-Comté.
BLOCAL, barricade. B. *Blocul*, *Bloquil* en vieux François, barricade. On voit par là que *Bloc* signifioit un pieu, un tronc. Voyez *Blocq*, *Blocus*.
BLOCEIN, meurtrir. B. *Blod* en ancien Saxon; *Blot* en Gothique; *Blod* en Danois; *Bluot* en Allemand; *Blood* en Anglois; *Bloed* en Flamand; *Blod* en Cimbrique, sang.
BLOCETT, foulé. B.
BLOCH, lait. I. Voyez *Blochda*.
BLOCH, tout, tout entier, tout ensemble, entièrement. B. De là bloc, en bloc. Les Allemands, les Flamands, les Anglois ont aussi ce mot.
BLOCH, le même que *Blouch*, sans poil, &c. B.
BLOCHBHARRAM, tourner, tourner en rond. I.
BLOCHD, lait. I. Voyez *Blochda*.
BLOCHDA, écume de lait, présure, tout ce qui sert à faire cailler le lait. G.
BLOCHEZ, totalité. B.
BLOCQ, blocus. B. De là ce terme. *Blocal* en Breton; *Blocul*, *Bloquil* en vieux François, barricades; & *Blocage*, *Blocaille*, muraille; *Block* en Anglois, bloquer; *Blockade* en Allemand, blocus. On a dit en vieux François *Bloquer* au figuré, pour arrêter, conclure un marché avec quelqu'un. Voyez *Bloc*, orbiculaire, rond.
BLOCQAD, tas. B.
BLOCQAD, raisin, grappe de raisin. B.
BLOCUS, A. M. tronc; de *Bloc*.
BLOD, mûr. B.
BLOD, le même que *Blôt*. B.
BLOD, BLODH, partie, morceau, pièce, fragment. I.
BLOD, bled. Voyez *Blodiwr*.
BLOD, fleur. Voyez *Blodau*.
BLODAENN, bloc. B.
BLODAU, fleurs. G. On voit par là que *Blod* a anciennement signifié fleur au singulier. Par après, du pluriel *Blodau* on a formé un autre singulier, & on a fait *Blodenyn*, qui a mis hors d'usage le premier. C'est ainsi que de *Llysian*, herbes au pluriel, on a fait *Llysienin*, qui est aujourd'hui plus usité en Gallois que l'ancien singulier *Llys*. Le *b* se changeant en *f*, & le *d* en *s*, de *Blod* les Latins on fait *Flos*. On n'ira pas chercher l'étymologie & l'origine de ce mot chez les Grecs, qui appellent une fleur *Anthos*.
BLODAU AMMOR, amarante. G.
BLODAU R BREEIN, pivoine. G. *Blodau*, fleurs; *Breein* doit donc signifier rouge, parce que les fleurs de pivoine sont rouges.
BLODAU R GOG, giroflée sauvage. G. A la lettre, fleurs rouges.
BLODEIN, attendrir, amollir. B.
BLODEUFAG, qui porte des fleurs. G. *Fag* paroit venir de *Bag*, qui doit signifier porter.
BLODEUGASGL, qui cueille, qui amasse des fleurs. G. *Casgl*.
BLODEUO, fleurir. G.

BLO.   BLO.

BLODEUOG, fleuri, qui porte des fleurs, fait de fleurs, florissant. G.

BLODEUYN; au plurier *Blodeu*, fleur. G.

BLODIO, tirer de la farine dehors, qui cherche de la farine. G.

BLODIWR, qui porte du bled au marché par sachées. G. Il faut donc que *Blawd* signifie bled de même que farine.

BLOED, cheveux. G.

BLOED, bêlement, exclamation, cri, criaillerie, tintamare de paroles. G. *Baula* en Patois d. Franche-Comté, crier.

BLOEDDFAWR, clabaudeur, piailleur, brailleur, qui crie. G.

BLOEDDIO, criailler, s'écrier, crier fort, crier à haute voix, faire une exclamation, hurler, pousser des cris lamentables, crier, faire des acclamations, des cris d'applaudissement ou d'indignation. G.

BLOES, gras. Voyez *Bloefg*.

BLOESG, bègue, qui a la langue grasse. G. De là *Blaifos* en Grec ; *Blefus* en Latin, bègue. De là *Bloiser* en vieux François, bégayer ; & *Blez* en Languedocien, bègue. En comparant *Bloefg* avec *Bloas*, *Blot*, *Blouse* (*Bloiser* & *Blez* qu'on vient de rapporter) on voit que *Bloes*, *Blos*, *Blous*, *Bles* ont signifié gras, mol, terre glaise. *Bloefg* paroit formé de *Bloes*, grasse ; & *g* de *Gair*, parole.

BLOESGED, l'état d'un bègue.

BLOESGI, bégayement, le défaut de bégayer. G.

BLOESGNI, l'état d'un bègue. G.

BLOG, malade. C.

BLOG. Voyez *Pla*.

BLOGADH, fente, crevasse. I.

BLOH, tout, tout entier, tout ensemble, entièrement. B. On appelle *Blode* dans les deux Bourgognes, *Plaude* en Normandie, une robe qui couvre tout le corps. *Blot*, *Blou*, *Blon*, entier en Tonquinois. Voyez *Bliaudus*.

BLOI, le même que *Floh*, *Ploh*, *Vloh*. Voyez B.

BLOIUS, A. M. bleu ou coloré en général. Voyez *Blawr*, *Bloou*.

BLOW, gras. Voyez *Belen*, *Elonag*, *Blonek*, *Bloneg*.

BLONAG, graisse. I. Voyez *Blonen*, *Blonnecq*, *Blonek*.

BLONG, meurtrissure, contusion, marque livide d'un coup donné sur la chair. B.

BLONÇA, meurtrir, faire une contusion. B. De là *Blosser* dans la Haute-Bretagne ; *Blenser* ailleurs, blesser.

BLONÇADUR, meurtrissure. B.

BLONCEIN, meurtrir. B.

BLONCET, contus, meurtri. B.

BLONCZA, meurtrir. B.

BLONEG, graisse, graisse de ventre, panne, saindoux, tétine de truye. G. *Blo* signifie gras : par là nous voyons que *Bloneg* est un nom dérivé. *Eg* est une terminaison ; d'où je conclus que *Blon* signifie gras. Voyez *Blonek*, *Blonnecq*, *Blonhegen*.

BLONEG PREN, aubier. G. A la lettre, graisse d'arbre.

BLONEG Y DDAIAR, bryone, couleuvrée, bryone blanche, couleuvrée blanche. G. A la lettre, graisse de la terre.

BLONEG Y DERW, aubier. G. On voit par là que *Derw* a signifié arbre en général.

BLONEGHEN-LARD, couenne de lard. B.

BLONEK, graisse. C.

BLONG, féminin de *Blwng*. G.

BLONHEGEN, graisse de ventre, panne. B.

BLONNECQ, oing, sain, graisse de porc. B. Voyez *Bloneg*, *Blonnigh*.

BLONNECQ-ÂR-MOR, graisse de la mer. C'est ainsi qu'on nomme un certain poisson de mer, qui semble plutôt flotter que nager. B.

BLONNEGHEN, masse ou peloton de sain, de graisse de porc. B.

BLONNIGH, sain, graisse de porc. I.

BLONTECG, *LONTECG*, loche poisson de mer gras & délicat : On dit également *Lontecg*. B. Ce mot est formé de *Blon*, gras. On voit par ce terme qu'on a dit indifféremment *Blon* ou *Lon*.

BLOOU, bleu. C. Voyez *Blawr*.

BLOS, gras, mol. Voyez *Bloefg*.

BLOS, ouvert. I.

BLOS, le même que *Blas*, *Bles*, *Blis*, *Blus*. Voyez *Bal*.

BLOS, le même que *Flos*, *Glos*, *Plos*, *Vlos*. Voyez B.

BLOSC, assemblée. I.

BLOSCAIRE, collecteur. I.

BLOSCMHAOR, collecteur. I.

BLOSGACH, homme robuste. I.

BLOSQ, écorce, peau. Voyez *Difloscein*.

BLOSSEIN, amollir, attendrir. B. On dit en Franche-Comté qu'une poire est *Blosse* lorsqu'elle est molle, à cause qu'elle est passée. Voyez *Blot*.

BLOSTAT, rompre les mottes sur la terre labourée. B. Voyez *Blossein*.

BLOT ou *BLOD*, tendre, délicat, mûr. B. On appelle en Franche-Comté *Blot*, un fruit qui est mol, parce qu'il est passé. De là est venu *Blet*, qu'on lit dans le Dictionnaire de Pomey. On appelle dans plusieurs Provinces du Royaume les prunes *Bloces*, & en Franche-Comté *Bloches*, parce qu'elles doivent être molles lorsqu'on les mange. *Poires Bleques*, *Pommes Bleques* sont en Normandie des poires, des pommes plus que molles. A Metz, *Blesse* est le synonime du mot Normand *Bleque*. *Blosse* en cette signification étoit autrefois du langage Parisien. *Blosson* en Franc-Comtois ; *Biasson* en Patois d'Alsace, poire sauvage qu'on ne mange que lorsqu'elle est entièrement molle. *Blod* en Allemand, timide, imbécille ; *Bloo*, *Blode* en Flamand, couard, timide ; *Bloi* en vieux François a signifié blond, jaune, apparemment à cause que les moissons sont jaunes lorsqu'elles sont mûres ; ou *Bloi* vient de *Bel*.

BLOT, farine. Voyez *Blottai*.

BLOTA, amollir, attendrir. B.

BLOTATT, ramollir. B. Voyez *Blot*.

BLOTEIN ou *BLOTATT*, attendrir. B.

BLOTHADH, fleurir. I.

BLOTHANTA, folie, niaiserie, sotise, fol, niais, sot. I.

BLOTHANTAS, folie, niaiserie, sotise. I.

BLOTHUABHAR, arrogance. I.

BLOTTAI, qui porte du bled au marché par sachées, qui cherche de la farine. B.

BLOTTEEN, bâle, pelotte pour jouer à la paume. B. *Blotte*, *Bloutre* signifient, selon Nicot, la motte de terre renversée par le soc en labourant. Voyez *Bol*, dont le mot *Blotteen* est un diminutif.

BLOU, bleu. C. Voyez *Blawr*.

BLOU, mol. Voyez *Blougorn*.

BLOUCH, le même que *Bloch*, tout, &c. B.

BLOUCH, sans poil, nud, découvert, pur & net, purifié, sans ordures. On dit *Jaouanc Blouch*, jeune homme sans barbe. B.

BLOUCHEZ, totalité. B.

BLOUEUS, qui grandit, qui devient grand, croiſſant. B.
BLOUGORN, jeune bœuf. B. *Gorn* de *Corn*, corne; *Blou*, apparemment mol. Voyez *Blo*.
BLOUH, ras, uni, ſans haut ni bas. B.
BLOUHE, petit bouchon que l'on prend pour commencer un peloton de fil, de laine, &c. B.
BLOUHEUS, qui grandit, qui devient grand, croiſſant. B.
BLOUHI, blâmer, reprocher. B. En pluſieurs Provinces voiſines de la Bretagne on dit faire le *Blou*, pour rechigner. Voyez *Blowmon*.
BLOUHUS, qui grandit, qui devient grand, croiſſant. B.
BLOUMA. REI DA BLOUMA, en donner à garder. B.
BLOUNNEGUEN, oing B.
BLOUS, gras, mol. Voyez *Bloeſg*.
BLOUSE en vieux François ſignifioit terre graſſe, terre molle. En comparant ce mot avec *Bloanec*, *Blou*, *Blot*, on voit que *Blo* ſignifioit gras, mol. *Pelouſe* eſt un vieux François qui ſignifioit velue ou duvet, & poil follet. (Voyez *Plu* ou *Plou*, poil.) *Pelouſe* eſt aujourd'hui parmi nous un terrein couvert d'une herbe menue, ſur lequel on marche mollement. *Blatea* dans un ancien gloſſaire ſignifie cette bouë graſſe qui s'attache aux ſouliers. *Bloto* en Polonois; *Blatu* en Eſclavon; *Blato* en Dalmatien & en Bohêmien, bouë.
BLOUTTY, farinier. G.
BLOWMON, More, Éthiopien. G. Ce mot paroit formé de *Mon*, *Man*, homme; & de *Blow*, qui doit ſignifier noir: ce que je me perſuade d'autant plus aiſément, que *Llw* ſignifie noir. Le *b* eſt ſouvent paragogique.
BIOZ, faine C.
BLU. MAN-BLU, plume G.
BLU, le même que *Llw* Voyez ce mot.
BLU, le même que *Boyl*. Voyez ce mot.
BLUNDUS, BLONDUS. A. M. blond; de *Belon*.
BLUNGEAL, BLUNJAL, brave comme un âne. B.
BLUKE BEAG, miette de pain. I.
BLURID, pincée. I.
BLW, eau comme *Flw*; le *b* & le *p* ſe ſubſtituant réciproquement.
BLWCH, brée. G. De là *blouſe*, poche de billard, car l'*w* ſe prononçoit en *ou* & le *ch* en *s*.
BLWG, malade. C.
BLWNG, indigné, frapé d'indignation, auſtére, qui a le regard affreux, ou menaçant, ridé de colére, refrogné, qui ne rit jamais, cruel. G.
BLWYDDYN, an. G. Voyez *Bliadain*.
BLWYDDYN. TWF BLWYDDYN, production de pluſieurs rejettons. G.
BLUYT, blette. B.
BLY, pierre, roc Voyez *Bilyen*.
BLYADHAR. MEDDAL-BLYADHAR, plume. G.
BLYCHAID, plein une boëte. G.
BLYN, pierre, roc. Voyez *Bilyen*.
BLYNEDD, an. G.
BLYNGAWD, indignation, auſtérité. G
BLYNGDER, indignation, auſtérité, rigueur, ſévérité exceſſive, regard menaçant. G.
BLYNYDDOL, annuel, qui ſe fait tous les ans. G.
BLYOU, ſain, alégre, diſpos. B. *Blith*, alégre, gaillard, joyeux en Anglois; *Bliide* en Flamand, alégre, gai, joyeux.
BLYS, appétit, envie de manger, appétit exceſſif, appétit déſordonné, déſir, empreſſement. G.

BLYSIG, qui a un appétit déſordonné, qui a un appétit exceſſif. G.
BLYSIO, appéter, déſirer, avoir envie. G.
BO, géniſſe. E.
BO, bœuf, vache. I. Voyez *Bu*.
BO, le même que *Beo*. I.
BO, le même que *Mo*. I. De même des dérivés ou ſemblables.
BO, feu. I. Voyez *Bot*.
BO, *ſi*, *ſiſais* particule affirmative. B.
BO, bœuf. Voyez *Aoboa*.
BO, Voyez *Bod*.
BO, eau. Voyez *Bu*.
BO, vivre, vie. Voyez *Abry*.
BO, noir. Voyez *Mo* & *Bw* qu'on prononce *Bo*.
BO, le même que *Ba*, *Be*, *Bi*, *Bu*. Voyez *Bal*.
BO, le meme que *Fo*, *Go*, *Mo*, *Po*, *Vo*. Voyez B.
BO, courbure. Voyez *Bw* qu'on prononce *Bo*, & *Boga*.
BOA, cri d'exhortation & d'encouragement. B.
BOA, VOA, imparfait du verbe ſubſtantif être. B.
BOA, bonneau ou gaviteau, bois ou liege flottant qui déſigne l'ancre mouillée. B.
BOACAYA, rame. Ba. Voyez *Boa*, *Bod*.
BOALDA, foule. Ba.
BOALDA, impétuoſité, emportement. Ba. Voyez *Bald*.
BOALTZAIRA, bouclier, boſſe, cabochon. Ba.
BOAN, vite, leger. G. I.
BOAN, le même que *Boen*, *Boin*, *Boon*, *Boun*. Voyez *Bal*.
BOAN, le même que *Foan*, *Goan*, *Moan*, *Poan*, *Voan*. Voyez *B*.
BOAND, vite, leger. G. I.
BOAR, ſourd. B.
BOAREIN, aſſourdir. B. Voyez *Boar*.
BOAS, coûtume, habitude, uſage. B. L'*m* & le *b* ſe mettant l'un pour l'autre, on a dit *Moas* comme *Boas*, ainſi qu'on le voit par *Moes*. De là le *Mus* des Latins. *Boas* vient de *Boa* étoit.
BOASA, s'accoûtumer. B.
BOASED, accoûtumé. B.
BOASTARIA, promenade. Ba.
BOATZEA, courbure. Ba. Voyez *Bo*.
BOAZ, habitude, coûtume, uſage. B. Voyez *Boas*.
BOB, le même que *Pob*. G. *Bova* en Theuton, qui aide pluſieurs.
BOB, le même que *Bab*. Voyez *Bobada*. *Boy*, enfant en Anglois.
BOB, BOBELLUM, A. M. parc à bœuf; *Bu Bo* bœuf; *Bel* enceinte.
BOBADA, ſotiſe, fatuité. Ba. Voyez *Bab*, *Babout*.
BOBANCZ, bombance. B. De là ce mot. Je crois que *Bobancz* a été fait de *Bod*, abondance, excès; & de *Bancz* en compoſition pour *Pancz*, qui aura ſignifié ventre; *Panſe* pour ventre s'eſt conſervé dans notre Langue parmi le peuple. *Panca* en Eſpagnol; *Pancia* en Italien, ventre. On a dit en vieux François *Boban*, *Bouban*, *Boubance* pour ſomptuoſité, vanité; *Bobancier* vain; *Bobander* être vain, montrer de l'orgueil, ſe parer, piaffer.
BOBELLUM. Voyez *Bob*.
BOBERIA, folie, fatuité, ſotiſe. Ba. Voyez *Bab*.
BOBINARE, A. G. dire des injures, crier, clabauder contre quelqu'un; de *Poba* ou *Pobi*, cauſer de la douleur; ou de *Bob* ſot. Voyez *Bobinator*.
BOBINATOR, BOBINATUS. A. G. querelleur, chagrin, inconſtant. Voyez *Bobinare*. On appelle *Bobe* à Vienne une groſſe tête antique qui fait la moue.

BOBONES. Voyez *Bubii.*
BOBOTUA, stupide, imbécille. Ba.
BOC ou BOSS, nœud dans un tronc d'arbre; ce sont ces bosses qui se forment dans ces vieux troncs dont on coupe de temps en temps les menues branches. B.
BOC, le même que *Bog.* Voyez *Arn.*
BOCAENNUSS, pestillent. B. Voyez *Boss.*
BOCALUS. Voyez *Bauca.*
BOCAN, bouc. I. Voyez *Boch. Bocan,* bouc dans le Pays Romand.
BOCAORUDHE, rodomont, qui se vante. I.
BOCARIA, BOCCARIA, BOCHARIA, BOCHERIA, BOUCHERIA; A. M. boucherie; de *Bocereh.*
BOCARONUS, BOCCARAN. A. M. bougran; de *Bougaran.*
BOCCA. Voyez *Boch.*
BOCCUS, A. M. bois. Voyez *Bod.*
BOCCYS, buis. G. Voyez *Buksa.*
BOCEN, peste. B.
BOCEREH, boucherie. B.
BOCETA, A. G. pâturages. Voyez *Bazea* ou *Boch.*
BOCH, joue. G. C. B.
BOCH, bouche, embouchure. G. B. Les termes qui désignent les parties du corps humain ou animal se prenoient aussi au figuré dans le Celtique. Lluyd l'assure, & tous ceux qui feront quelque étude de cette Langue s'en convaincront par eux-mêmes. On voit la même chose dans les autres langages. *Keren* en Hebreu, corne & force, puissance; *Rose* en Hebreu, tête & principal, cime, sommet; *Stoma* en Grec, bouche & embouchure; *Os* en Latin, bouche & embouchure; *Brachium* en Latin, bras, & branche; *Noff* en Russien, nez & promontoire. Nous disons le pied d'une montagne, la tête d'un arbre. *Bochium, Bochellum, Bocca, Bucca, Buccea, Bocal, Buccal,* dans les anciens monumens, embouchure de rivière; *Boche* en vieux François, bouche & détroit. Les détroits sont des espèces d'embouchures; *Bochi,* bouchée d'aliment en Basque; *Boca* en Espagnol; *Bocca* en Italien, bouche; *Buca* en Italien, trou, ouverture; *Bausen* en Allemand, souffler; *Boghas,* bouche, gorge, détroit, canal en Turc; *Pogim* en Cophte, gorge, gosier, canal; *Bos, Bous,* baiser; *Buc,* instrument de bouche; *Puz* ou *Buz* levre, bouche, parler en Persan; *Bak* en Hebreux; *Boks* en Chaldéen, vuide. De *Boch, Foch* sont venus les Latins *Faux, Fauces, Bucca, Voco, Vox. Boch, Bob* se sont mis pour ouverture en général, ainsi qu'on le voit par *Bwlch,* prononcez *Bolch,* & par *Banc*; aussi voyons nous qu'en vieux François, *Bau* signifie ouverture de vaisseau. *Boch* est le même que *Bec.*
BOCH, bouc. C. B. Voyez *Bocan.*
BOCH, machoire. B.
BOCH, gorge. B.
BOCH, le même que *Foch, Goch, Moch, Poch,* Voyez *B.*
BOCH, le même que *Bach, Bech, Bich, Buch.* Voyez *Bal.*
BOCH, le même que *Both.* I.
BOCH, le même que *Moch.* I. De même des dérivés ou semblables.
BOCH, le même que *Pod.* Voyez ce mot.
BOCH-CAM, partie d'une charrue; d'autres disent *Boughem.* Je crois, dit Dom le Pelletier, qu'il marque quelque pièce courbe à l'avant de la charrue. B.
BOCH-DAN, pauvre. I.
BOCH-RUZ, rouge-gorge oiseau. B.

TOME. I.

BOCH-SIVIEN, sorte de poisson ressemblant à la dorade. B. *Sivien,* fraise.
BOCHA, baiser verbe. B.
BOCHA, BOQUA, les mêmes que *Pocha.* Voyez ce mot.
BOCHAD, soufflet. B. De *Boch.*
BOCHAD-COAD, bosquet. B. Il paroit par le mot suivant que *Bochad* veut dire rejetton. De là *Bocal* en vieux François, petite forêt. Voyez *Bochat-Guez.*
BOCHAD-OIGNON, cayeu, rejetton d'un oignon. B.
BOCHADEN. Voyez *Bochat.*
BOCHAID, bouchée. G.
BOCHAL, cognée. B.
BOCHAN, petit. G.
BOCHAN, le même que *Bothan.* I.
BOCHAT, singulier *Bochaden,* soufflet. B. De *Boch.*
BOCHAT-GUEZ, touffe d'arbres. B. Voyez *Bochad-Coad.*
BOCHAU, gosier, gorge. G.
BOCHD, pauvre, mince, délié. I.
BOCHDUINE, pauvreté. I.
BOCHELLUM, A. M. embouchure de rivière; de *Boch.*
BOCHENNECQ, touffu d'arbres. B.
BOCHEQ, joussu. G. De *Boch.*
BOCHGERN, bouche, joue, machoire. G.
BOCHGERNAID, bouchée. G.
BOCHGERNAU, gorge, gosier, bouche. G.
BOCHGLUG, pauvre. G.
BOCHI, bouchée d'aliment. Ba.
BOCHIC, BOCHIG, petite bouche. G.
BOCHIUM, A. M. embouchure de rivière; de *Boch.*
BOCHLWYTHO, manger avec avidité, dévorer, se remplir la bouche avec excès. G.
BOCHNA, mer. I. Voyez *Boch.*
BOCHOD, bouchée. B.
BOCHODEC, pauvre. G. Davies dit que c'est plutôt *Bychodeg*; de *Bychod* peu; mais pourquoi vouloir changer un terme par des conjectures. *Bochodeg* ne peut-il pas venir de *Bochod* bouchée; *Bochodeg,* celui qui n'a du pain que par bouchée?
BOCHOG, qui a de grosses joues, qui a des joues pendantes, qui a une grosse bouche, qui a une grande bouche, grossier, stupide, étourdi. G.
BOCHT, pauvre. I.
BOCIA, A. M. espèce de vase. Voyez *Bauca.*
BOCK, baiser nom. B.
BOCONES, A. G. sots, rustiques, paysans; de *Bochod.*
BOCQED, fleurs de jardins ou des champs. B. De là bouquet.
BOCSACH, gloire, orgueil, l'action de se glorifier. G.
BOCSACHU, se glorifier, faire parade, faire montre, tirer vanité. G.
BOCSACHUS, qui se glorifie, qui est enflé de gloire. G.
BOCSACHUUR, qui se vante, qui se glorifie. G.
BOCU, sorte d'oiseau de mer tout semblable au cormoran. B.
BOCZ, bosse. B. De là ce mot. On écrivoit autrefois *Bocz, Boche,* & *Bochu, Boschu* pour bossu. On appelle *Blosse* à Metz la tumeur qui se forme au front lorsqu'on s'y est heurté, ou qu'on s'est laissé tomber dessus. On appelle en Franche-Comté *Bocque* une petite élévation; *Botch, Boss* en Anglois, bosse; *Buik* en Flamand, ventre; (le ventre est élevé) *Bogri* en Turc, bossu; *Bossiren* en Allemand, travailler en bosse.

V v

BOCZ, contagion, peste. B. *Botch* en Anglois, ulcére, apostume; *Boces*, peste en vieux François; *Boch*, fiente en Turc.

BOCZ AN DOUARN, le creux de la main. B. De *Bw* ou *Bo*. On voit par là que *Bw*, *Bocz*, *Bog* ont signifié le convexe & le concave, élevation & creux.

BOCZA, bossuer la vaisselle. B.

BOCZA, tuer des cochons, des bêtes à cornes. B. Voyez *Boczer*. *Bocka*, fraper en ancien Suédois; & *Bock*, bélier pour abattre les murs; *Boquer* en Franc-Comtois, fraper.

BOCZAD, poignée, plein la main. B.

BOCZARD, brion terme de marine.

BOCZECQ, âpre, raboteux, montagneux. B. De *Bocz*.

BOCZENN, contagion, peste. B. Voyez *Bocz*.

BOCZEQ, bossu, inégal, raboteux, scabreux, montueux. B.

BOCZER, boucher. B. De là ce mot. Voyez *Bocza*. *Butcher* en Anglois, boucher.

BOCZEREZ, boucherie. B. Voyez *Boczer*.

BOCZERY, boucherie. B. Voyez *Boczer*.

BOCZIGUERNI, bossuer la vaisselle. B.

BOCZILHA, ébaucher les ardoises. B. De là boussiller.

BOD, habitation, maison. G. B. *Bod*, maison, habitation en Theuton; *Boda*, maison; *Budua*, maison, taverne; *Buda*, Village en ancien Suédois, selon Rudbeck; *Bonden*, temple, taverne en Gothique; & *Boo*, habitation; *Boo*, domicile en Islandois & en Suédois; *Bo* en Tartare du Thibet, cacher; & *Po*, bâtir; *Boa*, maison dans les Isles de l'Amérique; *Pod*, appartement en Illyrien; *Bauda*, *Buda*, habitation, demeure en Sorabe; *Boede* en ancien Saxon & en Flamand, petite maison; *Bolde*, métairie en ancien Saxon; *Bord* en Theuton, en ancien Saxon, en Anglois, en Danois, maison; *Abode* en Anglois, habitation, demeure; *Baede* en ancien Saxon, maison; *Borda* en Basque, cabane, métairie; *Borda* dans les anciens monumens, cabane, maison, métairie; *Borde* en vieux François, maison, métairie; *Bordo* en Languedoc; *Bourde* en d'autres endroits, métairie; *Borderie* en vieux François, métairie; & *Bordier*, métayer; *Bidega* en Espagnol, cellier, garde-manger; & *Bodegon*, taverne, cabaret; *Bude* en ancien Germain, demeure; *Banda*, *Budo* en Polonois, édifice, habitation; *Buda* en Servien & Lusatien, habitation; *Byad* en Islandois, habitation; *Bude* en Géorgien, nid; (dans les anciennes Langues on se servoit aisément du même mot pour signifier nid & habitation) *Bulde*, Ville en Turc; *Botan*, cabane en Irlandois. *Boda*, *Bodium* se lit dans les anciens monumens pour habitation, maison. En Franche-Comté *Bôde* signifie maison, habitation; & à Besançon on appelle *Caibôde* une cabane, ou petite hutte faite avec des pierres sans mortier. *Bedugue* en Franc-Comtois, petite maison; *Poder* en Latin, habit long qui descend jusqu'aux talons. (Voyez *Cas*) Voyez *Boden*, *Boot*, *Bot*, *Botan*, *Bwth*, qui sont les mêmes mots.

BOD, essence, être, qui est, qui existe. G. Voyez *Bout*.

BOD, milan. G. Le milan est un oiseau de proye, il a sûrement tiré son nom de sa rapacité. *Bod*, *Bud*, *Boud*, *Fod*, *Fud*, *Foud* sont le même mot. Lorsqu'un joueur prend violemment les enjeux sans avoir gagné, on dit en Franche-Comté qu'il fait *Foudot*, c'est-à-dire un vol, une rapine. De *Bud*

ou *But* est venu le mot de *Butin*, qui signifie en notre Langue tout ce qui se prend sur les ennemis pendant la guerre. Voyez *Bod Y Gwerni*.

BOD, verge. I.

BOD, queue. I.

BOD ou BOT, touffe, ou branche d'arbre avec ses feuilles; singulier *Boden*. *Bodet*, participe du verbe inusité *Boda*, signifie ce qui est devenu touffe, grappe. B.

BOD, hallier, buisson, bouchon de cabaret, branche, grappe. B. *Budax*, rameau d'arbre en Turc; *Bostan*, jardin, verger en Turc & en Persan; *Bouton*, massue en Galibi; *Bud* en Anglois, bourgeon, bouton, germe; *Bos* en Flamand, grappe, botte, faisseau, fagot, touffe; *Poo*, rameau en Langue de Chili.

BOD, plante. B.

BOD, arbre. Voyez *Bodic*. *Bo* en Cophte ou ancien Égyptien, arbre; *Basa* ou *Bosa* en Hébreu, épine, buisson; *Bad* ou *Bod* en Chaldéen, forêt; *Bo* en Japonois, bois; *Mo*, bois en Tartare Mantcheou; *Modsun*, de bois en Tartare-Mogol & Calmouk; *Modun*, arbre en Tartare-Calmouk; *Buta*, forêt en Tartare Calmouk; *Pou*, arbre en Tartare du Thibet; *Pou*, *Puu*, arbre en Finlandois; *Pwl*, forêt en Albanois; *Bosqa* en Basque, bosquet; *Bosch* en Flamand, arbre; *Bosch* en Flamand; *Busch* en Allemand, forêt; *Bosco* en Italien; *Bosque* en Espagnol, forêt; *Bos*, *Bostus*, *Botus*, *Buschus*, *Buschetus*, *Busquetus*, *Boccus*, *Bosclius*, *Bostus* dans les anciens monumens, forêt. *Bos*, *Bot*, *Boise*, *Bosche*, *Busche*, *Buse*, forêt en vieux François; de là notre terme bois. *Boquillon* en vieux François, bucheron; de *Bo*, bois. *Bo* en Bourguignon, bois; *Bo*, *Boue* en Franc-Comtois, bois & forêt; *Bo*, forêt & bois en Limosin; *Bou* en Auvergnac, bois, forêt; *Bos* en Languedocien, forêt & bois; *Buche*, gros morceau de bois à brûler en François; *Bouchet*, buisson en Patois de Besançon; *Bodrillon* en Franc-Comtois, chevron; de *Bo*, bois; *Dryll*, piéce; *Boä* en Romand, bois; & *Bochet*, bouquet de bois. De *Bod* ou *Bos* est venu *Arbos* Latin, en y joignant l'article *Ar*. Voyez les articles précédens, & *Boa* & *Bot*.

BOD, excès, abondance, grand nombre, quantité. B.

BOD, profond. E. *Bot* en Breton, trou en terre; *Bathos*, *Buthos*, profond, profondeur; *Boden*, *Bodem* en Allemand & en Flamand; *Boten* en Suédois; *Bottom* en Anglois, fond, profondeur, vallée; *Bezdno* en Esclavon, profondeur & hauteur; *Pod* en Dalmatien, en Esclavon, en Polonois, en Bohémien, sous, dessous; *Pud* en Carinthien, sous, dessous; *Bothn* en Islandois, profondeur; *Batturmak*, plonger; *Batmak*, être plongé en Turc; (*Mak* en cette Langue est la terminaison verbale) *Bou* en Indien, bas, fond. *Bod* en Languedocien, petit trou en terre. *Butter* a dû signifier dans notre Langue tomber, renverser, abattre, comme on le voit par culbute, culbuter. Voyez l'article suivant.

BOD, fond, extrémité, bout. Voyez *Bodincum*. De là bout en notre Langue. *Bote* en Espagnol, bout. Voyez *Boeth*. De *Bod* sont venus *Bodena*, *Bodina*, *Bodula*, *Bunda*, *Butina* dans les anciens monumens pour terme, borne; *Bound* en Anglois, borne.

BOD, coup. Voyez *Palfod*.

BOD, monde. Voyez *Edrybod*.

BOD, plusieurs, commun. Voyez *Eisteddfod*. Voyez *Bod*, excès, &c.

BOD, le même que Baud; On écrit indifféremment *au* ou *o*.
BOD, le même que Pod. Voyez ce mot. *Bod*, supérieur en ancien Persan; *Buta*, grand en Langue de Chili; *Poto*, gros, enflé, grand en Galibi; *Butora*, grandeur en Esclavon; *Fod*, *Fodan* en Irlandois, motte. De *Bod* ou *Bot*, élévation, est formé notre mot *Raboteux*; *Ra*, plusieurs; *Bot*, élévation. *Butte* en notre Langue, élévation; *Boven* en Flamand, sur, dessus; *Above* en Anglois, en haut, là haut, dessus.
BOD, le même que *Bot*. Voyez *Bodvelen*.
BOD ayant signifié élévation, sommet, cime, comme *Bec*, *Pen*, a aussi signifié pointe comme ces mots. De là vient qu'en Patois de Besançon tout ce qui est âpre, âcre, acide, piquant au goût, se nomme *Bot* ou *Bod*. *Bodegan* en Esclavon, pointe; & *Bodeech*, pointu.
BOD, le même que *Bad*, *Bed*, *Bid*, *Bud*. Voyez *Bal*.
BOD, le même que *Fod*, *God*, *Mod*, *Pod*, *Vod*. Voyez *B*.
BOD, le même que *Mod*. I. De même des dérivés ou semblables.
BOD-GUEZ, bosquet. B.
BOD TINWYN, synonime de *Bod Y Gwerni*. G. *Bod*, milan; *Tinwyn* est le même que *Tynwyn*, bord de la mer.
BOD Y GWERNI, busard, buse, butor oiseau de rapine, c'est une espèce de héron. G. *Bod*, milan ou oiseau de proye; *Y Gwerni*, des aulnes. Cet oiseau vivant de poisson, demeure parmi les aulnes au bord des lacs, des rivières, des étangs; de *Bod*. *Buteo*, mot Latin qui signifie buse; *Buzac*, milan en Toulousain.
BODA. Voyez *Bod*.
BODACH, paysan, rustaut. I.
BODAD, ondée de pluye. B. De là *boutade*.
BODAD, buisson de jardin. B.
BODAD, le même que *Bod*. Voyez *Bodad-Guez*.
BODAD-GUEZ, bosquet. B. En comparant ce mot avec *Bod-Guez*, on voit qu'on a dit indifféremment *Bod* & *Bodad*.
BODADEU, broussailles. B. *Boutonnier* en vieux François, ronce; *Bouton*, fruit de l'églantier.
BODADUR, cambrure. B.
BODAMHAIL, rustique, farouche, sauvage. I.
BODAN, demeure. G. Voyez *Bod*.
BODAOUER-RESIN, grapilleur. B.
BODARA, genisse. I.
BODAT, touffée, giboulée. B.
BODAVAIL, agreste, rustique. I.
BODD, bon plaisir, volonté, ordonnance. G. *Bud*, ordonnance en Danois.
BODDGAR, commode, traitable, complaisant, doux. G.
BODDGARWCH, bon cœur, franche volonté. G.
BODDHAU, plaire, appaiser, adoucir. G.
BODDI, plonger, être plongé, étouffer quelqu'un en le plongeant, être étouffé étant plongé. G. Voyez *Bawd*, *Bod*, *Busti*, *Batad*. *Boet*, oye, canard en Persan & en Arabe.
BODDLAWN, content, agréable, bien venu. G.
BODDLONDEB, ce qu'on fait pour appaiser, ce qui fléchit. G.
BODDLONI, plaire, appaiser, adoucir, amadouer. G.
BODDLONRWYD, bon cœur, franche volonté. G.
BODEAL, bouteille. I. Voyez *Bota*.
BODECQ LEACH, lieu plein de buissons. B.

BODEIN, bomber. B.
BODEN, habitation. G. Voyez *Bod* & l'article suivant.
BODEN. REI BODEN, recéler, c'est-à-dire donner retraite, en sous-entendant au voleur. B. Voyez *Bod* & l'article précédent.
BODEN, ventre. Voyez *Ebodni*; de là *Boudaine*, ventre en vieux François; & *Boudine*, la colique; de là *Beddaine*, ventre dans le langage familier; & *Bedon*, un homme qui a un gros ventre; de là par analogie *Bedon*, un tambour. De *Boudaine* est venu *Boudin*. *Beten* ou *Boten* en Hébreu; *Bœtin* en Arabe; *Baetn* en Turc, ventre. Voyez *Potten*. *Botrusses* en vieux François semble avoir signifié quelque espèce de saucisse, puisqu'il se trouve joint dans un vieux Poëte avec les boudins & les andouilles.

Boudins, Andouilles & Botrusses.

Bustarin en vieux François, ventru; *Botaraguia* en Basque, saucisse, boudin.
BODEN, le même que *Bod*. Voyez ce mot.
BODENN, arbuste, buisson de jardin. B. On voit par *Bodennecq* qu'il a signifié arbre, & qu'il est le synonime de *Bod*.
BODENN, cornette, plante qui croit parmi les bleds. B.
BODENN, extrémité, bout. B.
BODENN MERYEN, fourmillière. B. *Meryen*, fourmis. Voyez *Bod*.
BODENNECQ, touffus d'arbres. B.
BODENNI, fourmiller, être en grand nombre. B. De *Bod*.
BODGWIAL, trousseau de verges. B. *Bod*, qui est le même que *Bot*, & *Gwial* verges.
BODHA, le même que *Beodha* I.
BODHA, le même que *Bogha* I.
BODHAR, sourd. I.
BODHAU, adoucir, gagner par caresses. G.
BODHO, le même que *Beodho*. I.
BODIC, arbuste. B. *Ic*, diminutif; *Bod* signifie donc arbre. Voyez aussi *Bodenn*.
BODINCUM, sans fond. Ce mot Gaulois nous a été conservé par Pline, qui dit que les Gaulois Cisalpins appellent le Pô *Bodincum*, c'est-à-dire, sans fond. *Ancr* ou *Anc*; en composition *Enc* ou *Inc*, sans; *Bod*, fond.
BODIUS, A. M. bout; de *Bod*.
BODLAWN, qui fait volontiers, qui fait de bon cœur, content. G.
BODLON, agréable. G.
BODLONI, plaire, agréer, pacifier, appaiser, calmer, satisfaire, contenter, rassasier, suffire G.
BODLONIAD, satisfaction, contentement. G.
BODLONRWYDD, égalité d'esprit. G.
BODN, mammelle. G.
BODN, ventre. Voyez *Ebodni* & *Boden*.
BODOG, rage. I.
BODOC, genisse. I.
BODRE, bottine. B.
BODREOU. Voyez *Baudreou*.
BODRER, baudrier. B. De là ce mot.
BODRYDA, ruche d'abeilles. G. plutôt *Modrydaf*, dit Davies; l'un & l'autre sont bons. Voyez *Baeddu*.
BODRYEL, baudrier. B.
BODT, le même que *Podt*. Voyez ce mot.
BODVELEN, mal qui vient au bétail sur la tête entre les cornes: c'est une tumeur remplie d'une humeur jaune qui cause la mort à plusieurs betes si

elles ne font fecourues. On nomme autrement ce mal *Maotvelen*. B. *Melen*, en compofition *Velen*, jaune ; *Bod* le même que *Bot*, tumeur. L'*m* & le *b* fe mettant indifféremment l'un pour l'autre, on a dit *Mod*, *Mot*, par corruption *Maot*, comme *Bod*, *Bot*.

BODWA, mammelle. C.

BOE, rapide. I.

BOE, feu. I. Voyez *Bot*, *Boeth*.

BOE, baye, golphe, finuofité. B. & par conféquent courbure.

BOE, bonneau *ou* gaviteau bois ou liége flottant qui défigne l'ancre mouillée. B.

BOE. Voyez *Bod*.

BOE. A-BOE, depuis. B.

BOED, foit du verbe être. G.

BOED, viande, aliment, nourriture, tout ce qui fe mange, appât pour prendre le poiffon & les autres animaux ; plurier *Boégeois*, *Buejou*, & anciennement *Boédou*. B. *Voeden* en Flamand, *Weiden* en Allemand ; *Feede* en Anglois, paître ; *Foede*, pâture, fourage en Runique. (De là *Fodrum* de la baffe latinité.) *Fedan*, pâture, fourage en Gothique ; *Bo*, nourricier en Tonquinois ; *Pud* ou *Bud*, aliment en Perfan. Voyez *Boet*, *Bwydd* qui eft le même.

BOED, moëlon. B.

BOED. Voyez *Coed*.

BOEDA, fe former en grain parlant du bled. B.

BOEDENN, moële d'os, d'arbre. B. On voit par *Mwydion*, prononcez *Moydion*, qui eft le même que *Boedenn*, que l'on a dit *Moedenn* comme *Boedenn*, l'*m* & le *b* fe mettant l'un pour l'autre ; de *Moeden*, *Moed*, eft venu *Medulla* Latin.

BOEDENN, germe. B.

BOEDENN, fil de difcours. B.

BOEDENNEQ, moëleux. B.

BOFDT, pâture, nourriture propre à chaque animal. B.

BOLDTA, nourrir. B.

BOEIST, boëte, étui. B. De là boëte.

BOEK, étable de bœufs. I.

BOEL, le même que *Moel*. I. De même des dérivés ou femblables.

BOEL, milieu. B. De *Boel*, *Bel* : la crafe eft facile ; & *Blith* ou *Belith* fignifie entre ; *Beuille* eft le nom que le vulgaire donne burlefquement au nombril dans le Maine, parce qu'il eft au milieu du ventre.

BOLL, le même que *Poel*. Voyez ce mot.

BOELEN, boyau. B. On a dit en vieux François *Boel*, *Bocle*, *Bovel*, boyau ; & en inférant l'*r* on a dit *Brouailles*, *Brucilles*, inteftins. *Eboeler* en vieux François, ôter les entrailles ; *Bowels* en Anglois, boyaux, entrailles, inteftins ; *Budelle* en Italien, boyaux ; *Bel* en Hongrois, boyaux ; *Boelen* eft formé de *Boel*, milieu, entre ; comme le mot François *Entrailles* eft formé d'*Entre*. *Boué* en Franc-Comtois, boyau. De *Boel* eft venu boyau.

BOELEU, entrailles. B.

BOELL, moële d'arbre, d'os, fil de difcours. B. Le *b* & l'*m* fe mettant l'un pour l'autre, on aura dit *Moell* comme *Boell*. Nous avons confervé ce terme *Moell*, & il fignifie parmi nous moële en général.

BOELL, peine. Voyez *Boellat*.

BOELLAT, fe peiner. B.

BOELLEU, inteftins. B.

BOELLI, A. M. entrailles ; de *Boello*.

BOELLO, entrailles. B.

BOEM, enforcelé anciennement en Breton : on l'a employé en ce fens en vieux François.

BOEMER, charmeur, enforceleur. B. De là le nom des *Boemes* ou *Boemiens* qui courent le monde & qu'on accufe de divination & de fortiléges.

BOEMMET, étourdi par furprife. B.

BOEMO, étourdir, afotir. B.

BOEN, vîte, leger. I.

BOEN, œil de bœuf plante. B.

BOEN, en vieux François bon.

BOEND, vîte, leger. I.

BOES, bois. Voyez *Boefsell*, *Boefll*, *Bwyflfil*. De là notre mot François *bois*. Voyez *Boeth*.

BOESELL, boiffeau. B. De là ce mot. Je crois *Boefell* formé de *Boes*, bois, & de *Twl* ou *Tel*, après l's fel, creufé. Voyez *Boefll*, *Boeft*.

BOESSIERE. Voyez *Buxeria*.

BOESSONUS, BOISSONUS, A. M. buiffon, Voyez *Bod*, *Boet*.

BOEST, boëte, étui. B. Voyez *Boefll*.

BOESTA, BOETA, A. M. boëte ; de *Boeft*.

BOESTL, boëte, étui. B. Je crois ce mot formé de *Boes*, bois ; & de *Twl* ou *Tel*, pour une crafe facile *Tl*, creufé. Voyez *Boefell*. *Box* en Anglois, boëte.

BOET, viande, aliment, nourriture, tout ce qui fe mange, appât pour prendre le poiffon & les autres animaux. B. *Beathad* en Irlandois, alimens, nourriture ; *Foede* en Iflandois ; *Foedan* en ancien Saxon, aliment ; *Feed* en Anglois, aliment, nourriture ; *Foda* en ancien Saxon, & en Suédois nourriture, aliment ; *Fodan* en Gothique ; *Fedan* en ancien Saxon ; *Voeden* en Flamand ; *Feed* en Anglois ; *Foeda* en Suedois ; *Fœden* dans la baffe Allemagne ; paître, nourrir ; *Boteo* en Grec, paître, nourrir, & *Botor* pafteur. Voyez *Boed*, *Bwyd*. De *Boet*, par crafe *Bot*, eft venu notre mot François *Jabot*.

BOET, BOETES, rouge. Voyez *Boetrabefen*.

BOET CYD BOET, adverbe pour affirmer. G.

BOET YN HYDHA, adverbe pour accorder. G.

BOETA, nourrir. B. Voyez *Boet*.

BOETE. Voyez *Boefla*.

BOETEL, botte, faiffeau ; *Boctel Foen*, botte de foin. B. De là ce mot.

BOETES. Voyez *Boet*.

BOETFFLAM, efpèce de clématite. G.

BOETH, forêt, bois. G.

BOETH, BOTH, brûlé. G. C'eft le même que *Poeth* ; il a dû faire par crafe *Beth* comme *Both*.

BOETH, rouge. Voyez *Benboeth*.

BOETH, queue, extrémité, bout. Voyez *Dinboeth*.

BOETH, le même que *Foeth*, *Goeth*, *Moeth*, *Poeth*, *Voeth*. Voyez *B*.

BOETRABESEN, bette-rave. B. c'eft-à-dire rave rouge ; *Rabefen* rave ; *Boet*, rouge. Voyez *Boeth*, *Beotes*.

BOEZ, habitude. B.

BOEZEN, rouge. Voyez *Flamboezen*, *Boetrabefen*.

BOG, fot, niais, fimple. I.

BOG, humide, mol, fouple, maniable, tendre, doux, charmant, agréable. I.

BOG, lent. I.

BOG, tiéde. I.

BOG, le même que *Wog* flot. G. Voyez *Baga*.

BOG, élévation, montagne. Voyez *Podium*. *Buckel* en Allemand, boffe, tumeur ; & *Backe*, colline ; *Boque* en patois de Franche-Comté, élévation, éminence ; *Bange*, monceau en vieux François.

BOG, le même que *Boug*. Voyez *Bogranum*.

BOG

BOG, boucher, couvrir. Voyez *Boglin*, *Boucqler*, *Bauc*.

BOG, le même que *Bag*, *Beg*, *Big*, *Bug*. Voyez *Bal*.

BOG, le même que *Fog*, *Gog*, *Mog*, *Pog*, *Vog*. Voyez *B*.

BOGA, arc. I. *Boge*, arc en Runique ; *Boghe*, arc en Suedois ; *Vogur*, courbure, finuofité en Runique ; *Bok*, courbure en Turc ; *Boja*, prononcez *Boga*, circuit, contour, enceinte en Efpagnol ; *Boga* en ancien Saxon ; *Bogen* en Allemand ; *Boge* en Iflandois ; *Boghe*, *Boog* en Flamand arc ; *Boghen* en Iflandois, courbe ; *Buygen* en Flamand ; *Biegen* en Allemand, tordre, rendre tortu ; *Beugen* en Flamand ; *Biegen* en Allemand, plier, courber ; *Bugen* en Allemand, courber ; *Bukken*, *Bokken* en Flamand, fe courber ; *Bug* en Allemand, courbure ; *Bok*, courbe en Turc. Voyez *Bwa*, *Bogahim*, *Boghtain*.

BOGA, efpèce de poiffon. Ba.

BOGACH, marais, fondrière. I. *Bauge*, amas de bourbier, dit Nicod.

BOGADH, fe trémouffer, s'agiter, fe remuer. I.

BOGADH, mériter, gagner. I.

BOGADH, tendreté des chofes qui fe mangent, douceur, fuavité, anodin. I.

BOGAIG, marécageux. I.

BOGAIL, nombril. B.

BOGAIL, boffe de bouclier. B

BOGAN, marais. I.

BOGANACH, fot, ftupide, mal-adroit, fol. I.

BOGAR, fourd. I.

BOGARIA, rameur, forçat, galérien. Ba.

BOGDRUSIOCH, efféminé. I.

BOGEA, A. M. bougette ; de *Bolgan*.

BOGEILCHWYDD, vice de conformation du nombril, lorfqu'il fort en déhors. G.

BOGEN, buiffon. B.

BOGHA, arc, archet. I.

BOGHADOIR, fagittaire, port-arc. I.

BOGHAIM, courber comme un arc. I.

BOGHAR, fourd. I. Voyez *Bohar*.

BOGHEN, buiffon. B.

BOGHES, lieux humides. I.

BOGHTAIN, voûte. I.

BOGIA, A. G. collier de ceux qui font condamnés ; de *Baga*. *Boju*, collier en ancien Latin ; *Boyen*, ceps, entraves ; & *Bogel*, *Beugel*, carcan en Flamand ; *Bugh* en Turc, lier ; & *Bagh*, lien. Voyez *Boia*.

BOGIS, A. M. habitation. Voyez *Bauc*.

BOGLARIUM, A. M. bouclier ; de *Boucqler*.

BOGLUS, buglofe. I.

BOGLYN, bouclier, petite boule, petit globe. G.

BOGLYNNIAD DWR, fource d'eau. G.

BOGLYNNU, foudre. G.

BOGRANUM, A. M. bougran ; de *Bougaran*.

BOGUEN, bauge. B. De là ce mot.

BOGULL, le même que *Mogull*. I. De même des dérivés ou femblables.

BOGUR, mol. I.

BOGUS. A *BOGHUS*, près, auprès. I.

BOH, joue. G. C. B.

BOH, bouche, gorge. B.

BOH, bouc. Voyez *Bohiet*.

BOH, bois. Voyez *Bohal*, *Bohel*.

BOH-RUZ, rouge-gorge oifeau. B.

BOHAL, cognée, hache. B. De *Boh*, bois ; & *Al*, de *Cal*.

BOHALLIG, hachereau, petite hache. B.

BOHAR, fourd. B. Voyez *Boghar*.

TOME I.

BOHEL, cognée. B. De *Boh*, bois ; & *El* pour *Al*. Voyez *Bohal*.

BOHIET, boucs. B. On voit par ce mot qu'on a dit *Boh* au fingulier comme *Boch*.

BOHORDICUM, A. M. joûte ; en vieux François *Bohourt*, *Behourt*, *Behordeis*, *Bohordeis*, joûte ; *Bohorder*, *Boorder*, *Border*, *Burder*, *Biorder*, joûter ; de *Bai*, faux ; *Hwrdd*, prononcez *Pfourd*, choc ; *Baihourd* ou *Behour*, faux choc, choc fimulé. Dans les joûtes on ne fe fervoit que d'armes qui ne puiffent pas bleffer.

BOHORDO, efpèce de jonc ou de rofeau, ou plutôt petite tête ou bulle qui croît fur ce jonc. Ba.

BOI, élévation, montagne. Voyez *Podium*.

BOI. Voyez *Boidir*.

BOI. On voit par *Boya*, *Boe*, *Bwa* ou *Boa*, & *Boiteux*, que *Boi* a fignifié tortuofité, courbure.

BOIA, A. M. fers, menotes, chaînes, liens. On lit auffi *Boga*, *Baga*, *Bodia* au même fens. On difoit *Buies* & *Buis* en vieux François. Voyez *Bogia*.

BOIAC, A. M. droit de gîte. Voyez *Bauc*.

BOIBEISIGHE, coquet, petit bateau. I.

BOIBILLA, roûe. Ba. De là *Bobine*. Voyez *Boilla*.

BOICELLUS, *BOISSEL*, *BOISSELLUS*, *BOISSELINUS*, *BOISTELLUS*, A. M. boiffeau ; de *Boëfell*.

BOICH, le même que *Boith*. I. De même des dérivés ou femblables.

BOIDHE, jaune. I.

BOIDIR, chemin étroit. G. *Dir*, étroit.

BOJEN, buiffon. B.

BOIGEANACH, joncheraye. I.

BOIGEUN, jonc. I.

BOICHE, le même que *Boidhe*. I. De même des dérivés ou femblables.

BOICHRE, furdité. I.

BOIGHTE, tromperie, amorce, allèchement. I.

BOIGHTEOIR, trompeur, amorceur. I.

BOIL, évènement, effet, fuite. I.

BOIL, le même que *Moil*. I. De même des dérivés ou femblables.

BOILCARIA, tourbillon. Ba. Voyez *Boilla*.

BOILDERRA, petit anneau. Ba.

BOILDURA, rondeur, cercle. Ba.

BOILGLIONTA, faoul. I.

BOILLA, boule, fphère, chofe ronde. Ba. Voyez *Bola*.

BOILLERDIA, hémifphère. Ba. *Boilla Erdia*, moitié.

BOILLERIA, diadême. Ba.

BOILLESIA, orbe, rond, cirque. Ba.

BOILLEZTERA, meule d'émouleur. Ba.

BOILLOSA, fphére. Ba.

BOILLOSISTA, aftronome. Ba.

BOILLSGEAN, milieu. I.

BOILLUCEA, plante ou drogue appellée *Magdaleon* en Grec. Ba.

BOILLURAC, grands défauts. Ba.

BOILLUSTU, je cannele, je fillonne. Ba.

BOIN, vîte, leger. I.

BOIN, le même que *Moin*. I.

BOIN, le même que *Bon*. Voyez *Boined*, *Boned*.

BOINA, A. M. buiffon ; de *Bojen*.

BOINEAD, *BOINED*, *BOINEATT*, chapeau ; bonnet. I. Voyez *Bonned*. *Bonet* en Flamand, en Anglois, en François, bonnet.

BOINION, femelle de certains animaux. I.

BOIR, habitation. I. Voyez *Bor*.

BOIRACA, carquois. Ba.

X x

BOIRBE, BOIRBEACH, férocité, barbarie, orgueil. I.
BOIS, A. M. espèce de filet. Voyez Bois.
BOISE. Voyez Bod.
BOISGEAL, farouche, cruel. I.
BOISSELLUS, A. M. boisseau; de Boëſell.
BOISSIERE. Voyez Boxeria.
BOIT, bette; Boiterabaen, bette-rave. B.
BOITH, tentes, cabanes. I. Boith Oſda, fouace. I.
BOITILEAR, bouteiller, sommelier. I. Voyez Bota.
BOK, mer. E.
BŎL, Voyez Bal. G.
BOL, sommet, hauteur, élévation, Prince, ventre, golfe, fein, sinuosité. G. & par conſéquent creux. Voyez encore Bola, le creux de la main; Bols en Breton, tombeau élevé; Bolg, ventre; Bolgadh, pustule, vessie; Bollog, sommet, tête en Irlandois; Borla en Basque, sommet, pointe; Sabelco, ventre en Basque; Bolos en Grec, motte de terre; Bou en Tonquinois, ventre, tumeur, bosse; Belly en Anglois, ventre; Buil en Flamand, bosse, tumeur; Balch en Flamand, ventre; Balg en Allemand, ventre; Bolla en Italien, pustule; Bollo en Espagnol, bosse, ampoule; Volla en Italien, motte de terre; Baule en Bohémien; Bulte, Buyle en Flamand, enflure, bosse; Bul en Allemand, colline; Poli, tas en Tamouloui; Mulla, ventre en Albanois; Boler en Patois Romand, gros tonneau, plus court & qui a plus de ventre que les autres. En Patois de Franche-Comté & de plusieurs Provinces du Royaume, on dit Cabouler ou Cambouler la vaisselle, pour dire bossuer. Echauboulé en vieux François signifioit qui a des pustules sur la peau. Blette, de Boleite, signifie à la campagne une motte de terre. Dans le Maine Benille signifie ventre rempli; & Beuillu, celui qui a un gros ventre, ventru. Bollando, populairement en Franche-Comté, bossu; Poulour en Arménien, rond; Boll, vuidé, creux en Allemand; Bole, coupe, tasse en Anglois; Bouline en Grec, trou ou creux où nichent les pigeons; Boulin, trou où l'on met les piéces de bois qui servent à échafauder; Bowle en Anglois; Bolla en ancien Saxon; Bolli en Islandois, vase. Tribolet, Triboulet en vieux François, ventru; Tri, particule augmentative. L'ƒ & le b se mettant l'un pour l'autre, on a dit Fol de même que Bol, comme nous le voyons par Follis, ainsi appellé du ventre qu'il fait. Voyez Bala, Bola, Boly, Bolgan.
BOL, Poëte. I. Voyez Bolc.
BOL, poli. Voyez Cabol.
BOL, le même que Boyl. Voyez Bolengerii.
BOL. Voyez Ebol : Il signifie aussi enfant. Voyez Bullicare & Abolentia. Mola, petit en Venéde.
BOL pour BAL, bois, arbre, forêt. Voyez Bali, Ceubal, Ceubol.
BOL, courbure, puiſqu'il ſignifie ſinuoſité. Voyez Bol, sommet, &c.
BOL, le même que Bal, Bel, Bil, Bul, puisque les voyelles se mettent indifféremment l'une pour l'autre. Voyez Bal.
BOL, estomac. Voyez Bolgno. Bol, pointe, piquant. Voyez Boll, Bollt.
BOL, le même que Fol, Gol, Mol, Pol, Vol. Voyez B.
BOLA, louer. G. Voyez Mol.
BOLA, ventre. G. Bola, boule en Basque; & Boilla, boule, chose ronde.
BOLA, le même que Mola. I. De même des dérivés ou semblables.

BOLA, boule, sphére. Ba. Boled, balle, pelote en Breton; Bowl en Anglois; Boule en François, boule; Bol en Flamand, boule, balle; Volvo en Latin; Volgere en Italien; Bolner en Espagnol, rouler. On dit Bouler en Franc-Comtois, Bola en Espagnol, boule, globe, balle, ballon; Bol en François, petite boule.
BOLA, A. M. borne. Voyez Bal, fin, extrémité.
BOLA, A. G. le creux de la main; de Bol. De là Vola Latin.
BOLA CROEN, petit panier de joncs. G. Bola; panier; Croen pour Broen, jonc; (le c & le b se substituent réciproquement) Gronnein, Gronna, marais, lieu où croissent les joncs.
BOLADA, vol d'oiseau. Ba. De là Volo Latin.
BOLADH, odeur. Voyez Deaghbholadh.
BOLANGER, boulanger. B.
BOLANN, étable à bœufs. I.
BOLANTE, volonté. B.
BOLAZALEA, foulon. Ba.
BOLC, misérable, mauvais; Bolcain, Bolcan, diminutifs. I.
BOLCH, féminin de Bwlch. G.
BOLCHEN, gousse de lin. G. C'est le même que Bolgan.
BOLCHWYD, enflure, tumeur, tumeur de ventre, enflure de cœur, orgueil. G.
BOLCHWYDDO, être enflé, être bouffi, gonfler, enfler, se gonfler, s'enfler, être boursoufflé. G.
BOLD, hardi. E. de plusieurs Provinces.
BOLDRONUS, A. M. valise, bougette; en Italien Boldrone; de Bol.
BOLE, frénésie, manie, frénétique. I. Voyez Bol.
BOLE, son de la cloche à la volée, branle. B.
BOLEAT, sonner à la volée, sonner en branle. B.
BOLED, balle, pelote. B.
BOLEDIGUĔU, petites balles. B.
BOLEI, sonner à la volée. B.
BOLEN. Voyez Ebol.
BOLENGARII, BULENGARII, BOLENGERII; A. M. boulangers; en vieux François Boulens; de Boulanger, Bolen, Bulen, qui cuit; de Boyl, Boul, Car, en composition Gar, pain.
BOLERA, faire la débauche, goinfrer, être parasite. G. Ce mot, dit Davies, est composé de Bol, ventre; & Clera, qui signifie aller de côté & d'autre pendant trois ans, comme les Poëtes & les Musiciens. Il me paroit plus naturel de former ce mot de Bol, ventre; & Er, particule augmentative; Bolera, songer trop à son ventre, remplir trop son ventre.
BOLERWR, parasite, écornifleur, piqueur de tables, chercheur de franches lippées. G. Bolera Gwr.
BOLETARIUS, A. M. armé d'un javelot; de Bollt.
BOLETUM, A. M. champ en friche; de Bolen ou de Boler. Voyez Berle.
BOLG, ventre, sac, malle, bourse, poche en Irlandois & dans l'Isle de Mona; Belgur, outre, bourse, soufflet en Islandois; Budget en Anglois, bourse. Voyez Bolgan & Bol.
BOLGADH, pustule, vessie. I.
BOLGAM, je frape. I. Voyez Bolt.
BOLGAN, toutes sortes d'enveloppes, comme gousset, bourse, bougette, havresac. G. C'est le même que Bwlg, prononcez Bolg. Bolgan, bourse, malle, poche en Irlandois; de Bol ou Bolg, ventre, parce que tout cela fait ventre quand il est rempli; de là Bogue de chataigne en notre Langue; Buccia en Italien; de là Bouges en vieux François, haut-

de-chausses ; *Bouge* en vieux François, trou. Voyez *Bolsa*, *Balg*, *Bulgan*.

BOLGLWM, nombril. G. A la lettre, *Bol Clwm*, nœud du ventre.

BOLGMOR, gros ventre. I.

BOLGNO, sensation mordicante à l'orifice de l'estomac. G. *Bol Cno*. On voit par ce mot que *Bol* a aussi signifié estomac.

BOLGUM, outre, vase de liqueur. I. De *Bolg*, ventre, parce qu'un outre & un vase font ventre.

BOLHITUM, A. M. bouilli ; de *Bol*, le même que *Boil*.

BOLI, polir. Voyez *Cabol*, *Caboli*. *Polio* en Latin ; *Polir* en Espagnol & en François ; *Polire* en Italien, polir.

BOLIDA, BOLITA, A. G. honneur, grand ; de *Bol*.

BOLIDUS, A. M. espèce de champignon qui naît sur les arbres ; de *Bol*, tumeur, bosse.

BOLIET, A. M. espèce de filet ; de *Bolgan*, *Bolg*, *Bol*.

BOLINA, instrument de musique. Ba.

BOLIOG, ventru, qui a un gros ventre. G.

BOLLA, foulerie. Ba. Voyez *Bollt*, *Bollatu*, *Bolle*.

BOLLA, A. M. mesure des arides & des liquides. Voyez *Bol*, *Bola*, *Bolg*, *Bolgan*, *Bolgum*.

BOLLATU, je bats, je frape, je broye. Ba. Voyez *Bolla*.

BOLLATUA, battu, frapé, broyé, épaissi. Ba.

BOLLATUEGUIA, broyé, épaissi, condensé. Ba.

BOLLAURENA, un quart. Ba.

BOLLE, coup. I.

BOLLE, piquer. I.

BOLLERCA, couronne de Religieux. Ba.

BOLLESIA, tour, circuit, enceinte, cirque, théatre. Ba.

BOLLESIERA, circonvallation. Ba.

BOLLESIONDOCOA, très-voisin. Ba.

BOLLESTA, amphithéatre. Ba.

BOLLIS, A. M. boule ; de *Bol*.

BOLLOC, sommet, tête. I.

BOLLSAIRIOS, bond. I. Voyez *Ball*.

BOLLT, barre de porte. G.

BOLLT, obstacle. G.

BOLLT, javelot à mettre dans la catapulte, matras d'une arbalète. G. *Bollt* a signifié impulsion, coup en général, ainsi qu'on le voit par *Bollatu*, *Bultzada* ; & par *Bote*, qui signifie encore parmi nous un coup d'épée ; de-là *Boulteis*, combat en vieux François. *Bolt* en Anglois, javelot ; *Boltz* en Allemand, flèche.

BOLLTOD, coup de javelot qui est lancé par la catapulte, ou du matras lancé par l'arbalète. G.

BOLLUCA, A. M. Voyez *Beleu*.

BOLOC, sorte de poisson de mer, de la grosseur & de la figure d'une ablette, mais ayant le ventre plus gros, ce qui lui a fait donner ce nom, car *Bol* est le ventre, & *Boloc* est le possessif. B.

BOLOCH, lassitude, ennui, inquiétude. G.

BOLOD, balle, pelote, boule, boulet. B. De là pelote, ce qui fait voir qu'on a dit *Polod*, *Polot* : comme *Bolod*, *Bolot*.

BOLOG, genisse. I.

BOLONTE, volonté. B.

BOLOT, le même que *Bolod*. Voyez ce mot. En Patois de Besançon on appelle *Boulote* une petite boule de viande hachée.

BOLOTA, balloter, jetter ou pousser une boule. B.

BOLRHWTH, gourmandise. G.

BOLS, voûte, arche de pont, tombeau élevé. B. On voit par cette dernière signification qu'il est synonime de *Bol* ; & par la première, qu'il est synonime de *Bolsen*.

BOLS, singulier, *Bolsen*, voûte, tumeur creuse par dedans, ventre dans une muraille qui menace ruine, crevasse, fente. *Ur Volsen Donar* une élévation de terre sur une concavité ; plurier, *Bolson*, *Bolsennou*. B.

BOLSA, faire ventre, en parlant d'un mur qui creve. B.

BOLSA, lorsque l'essain se pose sur une branche d'arbre, ou ailleurs. B.

BOLSA, bourse. Ba. Les Espagnols ont conservé ce mot. Voyez *Bolgan*.

BOLSAGUIN DAGOANA, qui souffle. Ba. Voyez *Bolsatua*.

BOLSAIRE, crieur public. I.

BOLSATUA, qui souffle. Ba. Voyez *Bol*.

BOLSEN. Voyez *Bols*.

BOLSENNI, faire ventre en parlant d'un mur qui creve. B.

BOLSET, courbe, voûté, qui fait ventre parlant d'un mur. B.

BOLSOTACH, mélange de plusieurs grains. G.

BOLTA, A. M. javelot ; de *Bollt*.

BOLTAN, odeur. I.

BOLTAOIDH, fers aux pieds. I.

BOLUNDUM, A. G. figue sauvage. Voyez *Beleu*.

BOLUS, A. M. bol ; de *Bol*.

BOLWST, douleur de ventre, hernie, hydropisie. G. *Bol Gwst*, Thomas Guillaume donne encore une signification à ce terme : crapule, mal ou pesanteur de tête pour avoir trop bu.

BOLY, ventre : *T Boly Isław'r Bogeil*, ventre, péritoine, membrane qui enveloppe les intestins. G.

BOLYSTYN, hernie. G.

BOLZENNUSS, bouffant. B. Voyez *Bol*.

BOM, élévation, levée, motte, tertre. B. C'est le même mot que bon, puisque l'n & l'm se substituent réciproquement ; ainsi il en a tous les sens. *Pom*, haut, élevé en Tartare de Thibet ; *Vouem*, haut, élevé en Arménien ; *Fomet*, Seigneur en langue de Congo ; *Bamach* en Hébreux & en Chaldéen, haut, élevé ; *Bum* en Persan & en Arabe, crapaud, parce qu'il s'enfle & se grossit. *Bema* en Grec, tribune, lieu élevé, cime de montagne ; *Vomica* en Latin, tumeur, est formé de *Bomic*, diminutif de *Bom*. De *Bom*, paume en François, *Pomum* Latin. Voyez *Bomm*.

BOM, son en général, soit de la voix, soit des cloches, soit du tambour, &c. *Bombarde*, instrument de musique, qui en Bretagne répond au haut-bois, est formé de *Bom*, son ; & *Bard*, grand, éclatant. B.

BOM, le même que *Bam*, *Bem*, *Bim*, *Bum*. Voyez *Bal*.

BOM, le même que *Bon*. Voyez *Dom*.

BOM-MUSIC, motet. B.

BOMBANCZ, bombance. B.

BOMBARD, haut-bois. B. Voyez *Bom*.

BOMBARD FACZ, trogne, visage gros & laid, rouge ou boutonné. B.

BOMBARDA, A. M. perrier qui se déchochoit avec grand bruit. Froissard parle d'une bombarde qui, *lorsqu'elle décliquoit, on l'oyoit bien de cinq lieues par jour & de dix par nuit*. Ce mot vient de *Bom*, son, bruit, & *Bard*, grand, éclatant.

BOMBICUS, A. M. orgueilleux, vain, haut ; de *Bomm* ou *Bomb*, *Pomp*.

BOMBITES, A. G. fourmis ; de *Bomm* ou *Bomb* : leur demeure est une élévation de terre.

BOM.

BOMBUM, A. G. liquide, ce qui se boit ; de *Bomm* ou *Bomb*, le même que *Bon*.

BOMBUS, A. G. son, pet ; de *Bomm*. ou *Bomb*.

BOMCORS, butor oiseau, est formé de *Bom*, cri ; & *Cors*, roseau ; *Bomcors*, son ou cri parmi les roseaux ; *Bom-music* motet. Le pluriel de *Bom* est *Bemen* ou *Bemon*. B. *Bombos* en Grec, bruit, bourdonnement des abeilles.

BOMGORS, butor oiseau. B. Voyez *Bom* : c'est le même que *Bomcors*.

BOMINATORES, A. G. ceux qui font du bruit ; de *Bom*.

BOMM, élévation, levée, motte, tertre. B. c'est le même que *Bom*.

BOMM-NIG, la volée d'un oiseau. B.

BON, courbure de rivière. G. Ce mot est formé de *Bwa* & d'*On*.

BON, tronc d'arbre ou souche, racine, la partie postérieure. G. *Bunqu Aa*, arbres en Hottentot ; *Bun*, tronc en Irlandois.

BON, profond. G. *Bun*, *Bung* en Tonquinois, profond ; *Ponh* en Tartare du Thibet, précipiter.

BON, embouchure ; *Bon Amhan*, embouchure de rivière. E. Voyez *Ban*.

BON. Ce mot a signifié source, fontaine en Gallois : j'en donne la preuve. 1°. *Bonedd* & *Vonan* signifient en cette Langue origine, source ; *Bon* & *Von* sont le même mot, qui reçoit dans *Boned* & *Vonan* des terminaisons différentes, ce qui montre que ces terminaisons ne sont pas de l'essence de ce terme, qu'elles sont superflues & inutiles. 2°. *Von* en Langue Celtique au rapport d'Ausone, signifie fontaine.

Divona Celtarum Linguâ fons additus divis.

3°. *Ffon* en Breton signifie fontaine ; *Ffon* & *Bon* sont le même mot. *Bun*, origine, source en Irlandois ; *Buna*, *Benna*, source, fontaine en Runique ; *Bunar* en Turc, fontaine, source : *Bingar*, source en Turc ; *Bingoul*, mille fontaines en Persan ; *Bunaar*, puits en Esclavon ; *Bon* en Tonquinois, source, origine, principe, commencement, fondement, chef, capital. *Mona*, premièrement en Tamoulique. *Pohon* en Malaye, fontaine ; *Buyn* en ancien Grec, fontaine ; *Vona*, fontaine en Syriaque ; *Won*, *Wan*, eau en Danois ; *Ven*, source en Chinois ; *Nbongo*, semence en Langue de Congo ; *Beune*, fontaine en Patois d'Alsace. Voyez *Bron*, *Born*.

BON, autour. Voyez *Bonffaglu*. L'*m* & le *b* se substituant réciproquement, on a aussi dit *Mon*, comme on le voit par *Munio*.

BON, tortu, courbé, qui s'ouvre, qui s'écarte, qui se partage. Voyez *Bongam*. On voit par cet article & par le précédent que les mots qui signifient courbure, signifient aussi autour, contour ; *Bw*, d'où est formé *Bon*, le signifie aussi par conséquent. On appelloit *Boncons* en vieux François les balles que l'on jettoit avec des arcs.

BON, le même que *Bann*, haut, élevé, grand, parce que Daviès nous apprend que les Gallois prononcent ordinairement *Bonllef* pour *Bannllef*, grand cri. J'ajoute que Thomas Guillaume dit expressément que *Bon* signifie élevé. *Bon* étant le même que *Bann*, il en doit avoir toutes les significations. *Bung*, chambre en Mandingo ; *Pionh*, habitation, maison en Cophte ; *Buang*, chambre en Tonquinois ; & *Bung*, couvrir ; *Bunch*, bosse, enflure en Anglois.

BON, le même qu'*Aben*. Voyez *Venna*.

BON.

BON. Voyez *Bunnkrain*.

BON, dernier. Voyez *Bwngler* & *Boniad*. De là *Pone*, derrière en Latin.

BON, extrémité, fin. (& par conséquent bord. Voyez *Bonna*) Voyez *Bondo* ; de là *Bonne*, *Bouwne*, *Bonde*, *Bourne* en vieux François pour borne : Ce dernier mot a été formé en insérant l'*r*. *Boniere* en vieux François, mesure de terre. On trouve *Bonna* dans Raoul Glaber pour borne. On trouve *Bonde* dans Froissart pour borne ; *Von*, fin, finir, fini en Chinois. Voyez *Bonn*.

BON. Voyez *Boned*.

BON, bon. Je crois que ce mot est Celtique. 1°. Ce terme se trouve dans le Latin ; il ne vient pas du Grec, il est donc Gaulois. Voyez la première partie des Mémoires sur la Langue Celtique. 2°. *On* signifie bon en Gallois ; or dans cette Langue le *b* se mettoit arbitrairement au commencement du mot. 3°. *Bin* en Breton signifie biens, richesses. 4°. *Mon*, abondant, fertile, bon : le *b* & l'*m* se substituent réciproquement. 5°. *Bon*, principal, excellent, distingué : significations fort analogues à celles de bon. 6°. *Boned*, bon. On a dit *Boin* pour bon en vieux François. 7°. *Bwyn*, prononcez *Boyn* en Gallois, signifie bien, avantage, profit.

BON, le même que *Ben*, *Ban*, *Bin*, *Bun*. Voyez *Bal*.

BON, le même que *Fon*, *Gon*, *Mon*, *Pon*, *Von*, Voyez *B*.

BON ADAIN, grande plume d'oiseau. G.

BON ADEN, aîle. G.

BONA, le même que *Mona*. I. De même des dérivés ou semblables.

BONAD, collier. I.

BONAGHT, tribut que le Seigneur imposoit à volonté pour entretenir ses troupes ; d'où il arrivoit que les troupes ou soldats ainsi entretenus étoient nommés *Bonaght*. I.

BONAL, genêt plante. B.

BONALEC, lieu planté de genêts. B.

BONANUM, BONUM, A. M. tumeur à la jouë ; de *Bon*.

BONATA, A. M. Voyez *Bonnarium*.

BONANTZUNA, tranquille. Ba.

BONAZA, festin, régal. Ba.

BONCALE, A. M. pour *Bancale*, tapis de banc ; de *Bancq*.

BONCHA, A. M. faisceau ; *Bunch* en Anglois ; de *Bancaw* ou *Boncaw*.

BONCLUST, soufflet. G. *Clust*, oreille ; & apparemment par extension, joue ; *Bonge*, coup. Voyez *Tibonge*.

BONCLUSTIO, souffleter. G.

BONCYFF, tronc d'arbre ou souche. G. C'est un pléonasme.

BOND, bondir, saillir. G. De là bondir. Voyez *Bondicza*.

BOND, bondon. B. De là ce mot. On a dit *Bondail* en vieux François. Les Allemands appellent *Pont* un bouchon, & *Spund* un bondon.

BONDE, bondon. B.

BONDEIN, bondonner. B.

BONDICZA, bondir. B. Voyez *Bond*.

BONDILL, peuplier noir ou tremble. B. Voyez *Tilhen*, *Till*.

BONDO, ouvrage fait en forme de canaux, de goutières, extrémité d'un toit qui avance pour rejetter l'eau de la pluye loin du pied de la muraille. G. *Do* pour *To*, toit ; *Bon*, extrémité. Voyez *Bonn*.

BONDONUS

BON.

BONDONUS, A. M. bondon ; de Bond.
BONDRESK, grive. B. Voyez Drask.
BONDZHE DEVAZ, étable de brebis. C. Devaz, brebis.
BONE CAUSA, ambre gris. Ba.
BONEAD, germer, bourgeonner, pousser parlant des arbres & des plantes. I.
BONED, bon, décent. C.
BONED, bonnet. B. Ce mot est formé de Bon pour Ben, tête ; Bon Ned, habitation de la tête ; comme Collidi, collet, habitation du col. On a donc dit indifféremment Bon & Ben, & par conséquent Bon a toutes les significations de Ben, & Ben toutes les significations de Bon. Boneta en Basque, chapeau ; Boined en Irlandois, chapeau, bonnet ; Bonet en Espagnol, bonnet, Bonnet en Anglois & en François ; Bonete en Flamand, bonnet. On appelloit anciennement en notre Langue Bonnet une certaine espèce d'étoffe, parce qu'on en faisoit des bonnets.
BONEDD, racine. G.
BONEDD, origine, source, naissance, noblesse. G.
BONEDDIGAIDD, doux, affable, obligeant. G.
BONEDDIGEIDDRWYDD, bon naturel, douceur, liberté. G.
BONEDDIGEIDDRYW, noble, qui est d'un naturel honnête. G.
BONEDDIGRWYDD, noblesse, excellence d'origine. G.
BONEDIGRYW, noble de condition. G.
BONEDER, bonnetier. B. De là ce mot.
BONETA, BONETTA, BONETUM, BONETUS, A. M. bonnet ; de Boned.
BONETEA, chapeau. Ba. Voyez Boned.
BONFFAGLU, brûler tout à l'entour. G. Ffaglu brûler, & par conséquent Bon, autour.
BONFFAGLWR, incendiaire. G.
BONGAM, écarté, élargi, ouvert en marchant, qui a les jambes écartées, trop ouvertes ou les jambes tortues ou les pieds tortus. G. En adoucissant la prononciation, on a dit Bonjam ; Gam, jambe ; Bw, de Bw, tortue.
BONGC, coup. Voyez Tibong.
BONHEDDIG, illustre, noble, considérable, auguste, excellent, héroïque, de condition, de grande naissance, naturel sincère. G.
BONIAD, le dernier bœuf de la charrue. G. Bon apparemment dernier, puisque Bon signifie extrémité.
BONION, femelle. I.
BONLLEF, criaillerie, tintamarre de paroles, cri lamentable, cri d'indignation, hurlement, rugissement, acclamation, applaudissement. G.
BONLLEFAIN, crier, crier beaucoup & souvent, crier fort, criailler, faire des cris d'indignation, faire des cris d'applaudissement. G.
BONLLOST, tronc de la lance, bois de la lance. G.
BONN, fond, vallée, le bas, le plus bas, la partie la plus basse, ce qui est au dessous, ce qui est à l'extrémité, le dernier, le mauvais, mauvais, défectueux, le plus mauvais. G. Bonn en Irlandois, extrémité de quelque chose ; Oboon fol, méchant, fâcheux, hargneux en Irlandois ; & Obonne, folie. Bon en Turc, stupide, simple, grossier, malhabile ; de Bonn Fonn ; de là fougner en Franc-Comtois, manquer, refuser de faire quelque chose par foiblesse. Voyez Bon, Bwngler, Bun.
BONN, extrémité de quelque chose. I.
BONN, limitation, borne. B.
BONN, clef de voûte. B.

TOME. I.

BOR.

BONN, vîte. Voyez Diffonn. Obonn en Irlandois vîte.
BONN, le même que Bann, comme Bon, puisque Bonn & Bon sont le même mot.
BONNA, A. M. borne, terme ; de Bonn. Bone en Picardie, borne.
BONNADH, collier. I.
BONNARIUM, BONARII, BONARIUM, BONNUARIUM, BONNETA, BUNNARIA, BONATA, A. M. quantité de terre terminée par des bornes ou limites ; de Bon.
BONNAZ, vie. C.
BONNDOR, bouclier. G.
BONNEUR, bonheur. B.
BONNSAIDHE, qui lance. I.
BONNSAIGHIM, dard, javelot. I.
BONNSAYIM, lancer, darder. I.
BONNSEIR, qui lance. I.
BONOTHEN, le même que Monothen. Voyez ce mot.
BONSACH, dard, javelot, flèche. I.
BONSANG, fondement. G.
BONTIN, fesse, fesses. G.
BONWM, tronc d'arbre. G. Voyez Bon.
BONYN, petit tronc d'arbre. G. C'est le diminutif de Bon.
BOOLETUM, A. M. le même que Boletum.
BOOT, cellule de Religieux. E. Voyez Bod.
BOPRED, toujours. B.
BOQUED, bouquet. B. De là ce mot.
BOQUERANNUS, BORQUERANTUS, BUCARANUM, BUCHIRANUM, A. M. bougran. On a dit en vieux François Bouqueran, Bougueran ; en Italien, Bucherame ; de Bougaran.
BOQUESPAN, BOQUETALLUM, BOSQUETALLUM, A. M. petit repas ; de Boch bouche, ou de Banqetal, Bonquetal. Dans le pays de Dombes les paysans appellent un petit repas Boquelle.
BOQUETA. Ce mot Basque est rendu en Castillan par Colada, terme qui ne se trouve pas dans les Dictionnaires.
BOR, habitation. I. On voit encore par Bord, Borg, Borh, Bors, que Bor a signifié habitation, habiter. Par la substitution réciproque de l'm & du b, on a dit Mor comme Bor, & par conséquent Mord, Morg, Morh, Mors ; de là Moror Latin, Boer, habitation en Runique.
BOR, le même que Ber & Bar ; comme Bon est le même que Ben & Ban.
BOR, aliment, tout ce qui se mange. Voyez Bara.
BOR, le même que Vor, ainsi qu'on le voit par Bord.
BOR paroît avoir signifié feu, rouge. Voyez Bore, aurore ; Porphor pourpre ; Portulaca en Latin, pourpier en François ; Puros, feu en Grec. Voyez encore Bero, Boruiza, Boreha & l'article suivant.
BOR, A. G. qui enflamme les pieds ; de Bero.
BOR, le même que Bar, Ber, Bir, Bur. Voyez Bal.
BOR, le même que For, Gor, Mor, Por, Vor. Voyez B.
BOR, le même que Bior. I.
BOR, le même que Mor. I. De même des dérivés ou semblables.
BORA, sanglier. C.
BORACANUS, A. M. bouracan ; de Bourracan.
BORARIA, A. M. bord ; de Bor.
BORATZE, jardin. I.
BORB, rude, rigoureux, austère, sévère, cruel, féroce, farouche, âpre, impétueux, brutal, qui a un air de parler fort choquant. I.
BORBA, férocité, la qualité d'être farouche. I.

190 BOR. BOR.

BORBORA, source. Ba. Voyez Born.
BORCHA, violence, force, contrainte. Ba. Voyez Forc.
BORCOMA, A. G. garde-pain ; Bor, pain ; Com, habitation, lieu. Voyez Panwl.
BORD, bâtard, anciennement en Breton, bâtard; Bord Basque ; Bord en Espagnol, bâtard.
BORD, table. G. C. I. Bord Gyfryf, table où l'on marque la dépense. G. Bord, Bort en Danois ; Board, Burd, en Anglois, table ; Bord, table, planche en Runique ; Bord en ancien Saxon, planche ; Baurd en Gothique, table, planche.
BORD, bord, bordure. B. I. De là Bord en François ; Bord en Espagnol ; Boord en Flamand ; Bort en Allemand ; Bord en Theuton & en ancien Saxon, bord ; Border en Anglois, bord, extrémité ; Faur, bord en Gothique ; Bourdes en vieux François, frontières. Voyez Bords, Bordea.
BORD, navire, vaisseau. B. On dit encore en notre langue, prendre sur son bord, pour prendre sur son navire.
BORD a signifié maison en Celtique ; j'en juge ainsi parce que 1°. Bordell, qui signifie en Breton un lieu infâme, désigne à la lettre petite maison, parce que les filles de mauvaise vie se logeoient dans de petites maisons. Le diminutif s'étant conservé dans le Breton, montre que le primitif y a été en usage. 2°. Borda, maison de campagne, métairie en Basque. 3°. Bordo en Languedocien, maison ; Borii métairie. 4°. Borde, Bourde, maison en vieux François. 5°. Boire en Auvergnac, métairie. Voyez Bod, Bor, Bwrg. Bordely en Hongrois, lieu infâme ; Boer en Islandois, habitation, métairie.
BORD Voyez Berw.
BORDA, métairie, maison de campagne. Ba. Voyez Bord.
BORDA, border. B. Voyez Bord.
BORDA, A. G. massue. Voyez Bourdon.
BORDA, A. M. table, planche ; de Bord.
BORDA, BORDUS, BORDURA, A. M. bord ; de Bord.
BORDAN, petite table. G.
BORDARIA, fermier, métayer. Ba. Voyez Borda.
BORDEA, bord, lèvre. Ba.
BORDEAD, bordée. B.
BORDEIN, border, galonner. B.
BORDELL, lieu infâme. B. Ce mot s'est conservé dans notre Langue.
BORDFWYD, table. G. De Bord & Bwyd.
BORDIGALA, A. M. vivier, réservoir de poisson fait avec des planches ; Bord, planches ; Cal, en composition Gal, cloture, réservoir.
BORDIONA, prostituée, fille de mauvaise vie. Ba. Voyez Bord.
BORDO, A. M. bâton de chantre ; de Bourdon.
BORDONUS, A. M. bourdon ; de Bourdon.
BORDOR, BORDUR, frange, bordure. I.
BORE, matin. G. Les Gallois prononcent aujourd'hui Boreu, Proi en Grec, commun ; Pro en Attique ; Froe en ancien Saxon ; Frue en Allemand, matin : c'est une transposition de Pore, Fore ; de Bore.
BORE. Voyez Beoure, Bouarach.
BOREDDYDD, l'aurore. G.
BOREFWYD, déjeûner. G. Bore Bwyd.
BOREGWAITH, ...mps du matin. G.
BORELLUS, A. M. bourreau ; de Borrew.
BOREOL, du matin. G.
BORG. Voyez Bwrg. Borje, mot Espagnol pris de l'Arabe, qui signifie une tour faite en château.

BORGEA, le même que Forgea. Voyez ce mot.
BORGERASA, A. M. boisson miellée fort estimée autrefois ; de Ber, qui a non seulement signifié biére, mais boisson en général, ainsi qu'on le voit par Ber, coulant, liquide ; Grad en composition Gras, Geras, agréable. Cette liqueur est appellée Bergerette dans un ancien cérémonial de l'Eglise de Besançon.
BORGNUS, A. M. borgne ; de Born.
BORIA, A. M. métairie. Voyez Bord.
BORIN, A. M. nom d'une couleur. Je crois que c'est celle de l'aurore, parce que Bord signifie l'aurore.
BORIA, pointe, sommet, bonnet de Docteur. Ba. Voyez Bar, Ber.
BORMATA, A. G. élevations ; de Romm.
BORN, borgne, qui n'a qu'un œil, ou qui ne voit que d'un œil ; plurier Bornet ; diminutif Bornic ; feminin Bornes, plurier Borneses, Bornea, rendre borgne ; Bornet devenu borgne. B. De là ce mot. Bornio en Italien, borgne. On a étendu Born à tout ce qui est privé de lumière, ou qui en a peu. On a dit chambre borgne, allée borgne, pour exprimer une chambre, une allée obscure ou sombre. On a ensuite pris ce terme au figuré, ainsi qu'on le voit par Morne qui est le même que Born.
BORN, fontaine. Il est assez commun dans le Celtique d'inférer l'r dans les mots ; ainsi de Bon, on a fait Born. Born en Theuton, fontaine, source ; Born, Bourn, Burn en ancien Saxon, fontaine ; Born en Flamand, fontaine ; Forras, source en Turc ; Buria dans les anciens monumens, fontaine ; Borbora, source en Basque ; Bur, Burna, signifiant tête en Basque, signifie par conséquent source en cette Langue. Tobar, prononcez Tobor, en Irlandois, fontaine ; Bor en Hébreu, puits, fontaine, lac, Boro, puits en Syriaque ; Bir en Arabe, fontaine, puits ; Boro, pluye en Tartare Calmoucq & Mongale. Par une transposition de lettres fort commune, de Born on a fait Bron, Brun, Brunn en Allemand ; Brunna en Gothique & en Tartare Calmouck ; Brunno en Theuton ; Brunna en ancien Saxon ; Brunnur en Islandois, fontaine, Brunden en Danois, puits ; Brunn en Cimbrique ; Brunn, Bronn en Flamand ; Brynd en Danois, fontaine, source ; Brynda, puits dans les anciennes Loix de la Scanie. Brus en Grec est un mot dont les enfans se servoient pour demander à boire ; Bru en vieux François, bouillon ; d'où est venu Brouet, qui signifie la même chose. Brue en Flamand, jus ; Broth en Anglois ; Bruwe en Theuton ; Brode en Italien ; Brodio en Espagnol, jus ; Bruchen en Gallois, (on peut suivant le génie de cette Langue dire aussi Bruhen) source, fontaine ; Bruein en Grec est un verbe qui marque une fontaine qui sort, qui commence à paroître.
BORN. Voyez Bon.
BORN. On voit par Borna, & par notre mot Borne, qu'on a dit Borne comme Bon, borne, extrémité, bord.
BORN, le même que Barn, Bern, Birn, Burn. Voyez Bal.
BORN, le même que Forn, Gorn, Morn, Porn, Vorn. Voyez B.
BORNA, A. M. borne ; de Born.
BORNATURA, A. M. rivage, bord ; de Bor.
BORNATUS, A. M. bordé ; de Bor.
BORNEA, rendre borgne. B.
BORNED pour BONNED ; comme Born pour Bon.

BOR. BOS. 191

BORNEET. Voyez *Born*.
BORNES, femme borgne. B.
BORNIC, diminutif de *Born*, borgne. B.
BOROD, rêverie, fadaife, niaiferie; *Borodi*, rêver, radoter, badiner, dire des fadaifes. On trouve auffi *Borodet* pour *Borod*: c'eft ainfi que Dom le Pelletier explique ce mot. Le Pere de Roftrenen dit que *Borodi* fignifie étourdir, rompre la tete à quelqu'un par un grand bruit, par des difcours ennuyeux, importuns. B. *Abarotfa* en Bafque, bruit fatiguant; *Alborote* en Efpagnol, tumulte, trouble, émeute, fédition, crierie.
BORR, grand, grandeur, orgueil. I. Voyez *Bor*.
BORRA, A. M. creux où l'eau féjourne. *Borra*, *Borro* en Italien, étang, mare; de *Bour*, eau.
BORRA, A. M. bourre; *Borrafcrius*, bourrelier; *Borrat*, couffin de bourre; *Borratium*, habit de bourre; *Borreletus*, bourlet; *Borrellus*, bourrelier; de *Bourr*. *Borat* en Flamand, burat.
BORRACHA, veffie. I.
BORRACHUS, impérieux, fier. I.
BORRAGHACH, belliqueux. I. Voyez *Borroca*.
BORRAIA, bourrache plante. Ba. Voyez *Borraifde*, *Bourraches*.
BORRAISDE, bourrache plante. I.
BORRAM, enfler. I.
BORRAM, fondre. I.
BORRATZE, BORRAZE, effacer. Ba. *Borrar*, effacer en Efpagnol.
BORRBHAM, le même que *Borb*. I.
BORRETA, A. M. faiffeau de petit bois, de rameaux; de *Barr*.
BORREF, bourreau. B. De là ce mot. *Burreba*, bourreau en Bafque; *Borb* ou *Boru*, cruel en Irlandois.
BORRHION, alimens. Voyez *Tiborrhion*.
BORRIGN, borgne. B. Voyez *Born*.
BORROCA, lutte. Ba. Voyez *Borraghach*.
BORS, hernie, buboncele. G. On voit par l'identité de la fignification, & par la converfion réciproque de l'*l* & de l'*r*, que *Bors* eft le même que *Bols*.
BORT, extrémité, bord. B.
BORTA, bâtard. Ba. Voyez *Bord*.
BORTA, porte. Ba. Voyez *Porth*.
BORTIS, fort. Ba. De là *Fortis* Latin.
BORTITZA, très-violent, très-ardent. Ba.
BORTIZQUIRO, très-vivement. Ba.
BORTUM, A. M. bord; de *Bort*.
BORTUSAYA, ruë plante. Ba.
BORUICQ, rouge-gorge. B.
BORUMA, tribut annuel. I.
Bos, main, fouffler, fouffleter. I.
Bos, abjet, méprifable, bas, lâche, honteux, vilain, faquin, infâme, mal-honnête, pauvre, gueux. I. *Bot* en Flamand, lourd, hébété; *Boot* en Flamand, méchant; *Bos* en Allemand, méchant, malin, malicieux, ufé, rompu, gâté, mal adverbe; *Bofe*, mal fubftantif.
Bos, feu. I. Voyez *Bott*.
Bos. Voyez *Boftio*.
Bos, gras. Voyez *Pos*. Terres d'*Arbue* en Franche-Comté, font des terres graffes; *Ar*, terre, *Bue*, *Boue*, pour *Bos*. *Bos* a fait *Mos* ou *Moch*, comme on le voit par *Moch*, cochon.
Bos, le même que *Bas*, *Bes*, *Bis*, *Bus*, Voyez *Bat*.
Bos, le même que *Fos*, *Gos*, *Mos*, *Pos*, *Vos*. Voyez *B*.
Bos, de *Boch*, comme on le voit de *Bofca*, baifer

en Latin du moyen âge; & *Ofculum*, petite bouche; d'ailleurs le *ch* & l'*s* fe fubftituent réciproquement en Celtique.
Bos, le même que *Boc*, *Bog*, *Oc*, *Og*. Voyez *Aru*.
Bos, petit. Voyez *Bychan*.
Bos. Voyez *Baus*.
Bos, couvrir, cacher. Voyez *Talbos*. *Boferé* en Meffin, barbouillé.
Bos. Voyez *Bod*. De là *Bofcagium*, boccage; *Bofcator*, bucheron; *Bofens*, *Bofclius*, forêt dans les anciens monumens; *Boriftb* en Carniolois, forêt; *Bush* en Anglois, buiffon.
BOSAN, le même que *Bychan*. Voyez ce mot.
BOSARD, le même que *Bychan*. Voyez ce mot.
BOSARCHAIN, applaudiffement en frapant des mains. I.
BOSCARD, BOSCART, tique infecte, petite bête qui a un aiguillon & s'attache aux chairs, & qui fucce le fang. B.
BOSCHE. Voyez *Bod*.
BOSCLIUS. Voyez *Bos*, *Bod*.
BOSCON, criblures de toutes fortes de bleds mêlées enfemble pour la volaille. B.
BOSCUS. Voyez *Bos*, *Bod*.
BOSEAL, boiffeau. I. Voyez *Boefell*.
BOSEN, plante dont la fleur a la figure du tournefol. B. De *Bof* : Cette fleur a une boffe au milieu.
BOSET, le même que *Bychan*. Voyez ce mot.
BOSINA, A. M. pour *Bonna*, borne. Voyez *Bon*.
BOSLUATH, applaudir. I.
BOSNUGHA, appauvrir. I.
BOSON, le même que *Bychan*. Voyez ce mot.
BOSOT, le même que *Bychan*. Voyez ce mot.
BOSOU, le même que *Bychan*. Voyez ce mot.
BOSQUIA, zone cercle de la fphére. Ba.
Boss, boffe. B. Voyez *Bocz*.
Boss. Voyez *Boç* & *Bocz*. *Boffe* en François & en Anglois, boffe. Voyez *Boffa*.
BOSSA, A. M. tumeur, boffe, proprement bubon peftilentiel; en Italien *Bozza*; *Buife* en Flamand, tumeur peftilentielle, bubon; de *Bof*.
BOSSELLUS, A. M. boiffeau; de *Boefell*.
BOSSEN, pefte. I.
BOSSEX, A. M. tonneau. Voyez *Baus*.
BOSSU, boffu. B. Voyez *Bof*.
BOST, l'action de fe glorifier. G. *Boaft* en Anglois, fe vanter.
BOST, cinq. Ba.
BOSTAR, A. G. étable de bœufs; *Bo*, bœufs; *Star* fignifie donc habitation; de là le *Stat* des Allemands, qui fignifie Ville; *Aflaich*, *Æflaich*, étage en Breton.
BOSTELLUS, A. M. boiffeau; de *Boefell*.
BOSTEO, A. G. jeune. On lit dans d'autres gloffaires *Bofteo*, *Botco*, *Boto*, qui font des crafes ou corruptions de *Bofleo*; de *Boftio*, fe glorifier, fe vanter, ce qui eft le propre des jeunes gens. Voyez *Baud*.
BOSTELLUS, A. M. botte de foin ou de paille; de *Bottel*.
BOSTILLATOR, A. M. botteleur. Voyez *Boftellus*.
BOSTIO, fe glorifier, fe vanter, fe jacter. G. *Bos* doit donc fignifier grand, diftingué, élevé, haut, comme *Bug*. Voyez *Bugadi*. D'ailleurs *Bocz* ou *Boff* fignifie élevation; *Buftarin* en François, pimpant, muguet, qui fait le beau. *Boufarin* ou *Buftarin* a fignifié en vieux François un homme ventru, un homme à groffe panfe, par où l'on voit que *Boftio* a fignifié non feulement

orgueil, hauteur au figuré, mais encore hauteur au propre.

BOSTUS. Voyez *Bod*.

BOSUGHADH, gueuser. I.

BOSUN, gueuserie. I.

BOSYN, le même que *Bychan*. Voyez ce mot.

BOT, feu. I. Voyez *Poeth*.

BOT, habitation, maison, tente. I. Voyez *Bod*.

BOT, champ, espace de terre. B.

BOT, haye. B.

BOT, trou en terre. B. *Bot* en vieux François, trou en terre, ou fossette à jouer aux noix ; *Boë*, fosse en Patois Messin ; *Boue* en vieux François, fosse ; *Bouet* en Anjou & dans le Maine, trou ; *Bouette* en Basse-Normandie, trou.

BOT, faisseau, grappe, touffe, branche avec ses feuilles. B. De là *Alleboteur* en vieux François, grapilleur, glanneur.

BOT, le même que *Bod* : le *t* & le *d* se mettent indifféremment l'un pour l'autre. On a dit *Abot*, *About* comme *Bot*, ainsi qu'on le voit par *Aboutir*. *Abut* en Anglois, bout.

BOT. Voyez *Bota*.

BOT a signifié pied en Celtique. Voyez *Botes*. *Botesennecq*, qui a de grands pieds ; *Bowtgam*, qui a les pieds tortus ; *Bott* en Allemand ; *Bode* en Flamand ; *Pot* en Carniolois ; *Foote* en Anglois ; *Voet* en ancien Saxon ; *Foder* en Danois ; *Podare* en Grec vulgaire ; *Pous* en Grec ; au génitif *Podos* ; *Posel* en Polonois, en Bohémien, en Lusatien ; *Povy* en Brésilien ; *Batis* en Tidoritain, pied ; *Bud* en Danois, messager. De *Bot* est venu *Sabot* ; *Cab* ou *Sab*, cachette ; *Bot*, pied ; ou *Cav*, creux ; *Bot*, pied ; *Cavbot*, creux où l'on met le pied. En Franche-Comté les Paysans disent *Cabot*, *Caibot*.

BOT, le même que *Bat*, *Bet*, *Bit*, *But*. Voyez *Bal*.

BOT, le même que *Fot*, *Got*, *Mot*, *Pot*, *Vot*. Voyez *B*.

BOT-GUEZ, bosquet, touffe d'arbres. B.

BOTA, jetter. Ba.

BOTA, petit outre. Ba. Voyez l'article suivant.

BOTA, A. M. grande bouteille, tonneau ; de *Bodt*. Le *b* & le *p* se substituant mutuellement, on a dit *Bodt* ou *Bot*, comme *Pods* ou *Pot*. *Botte* en vieux François, tonneau. On a dit en vieux François une *Botte* de vin, pour un tonneau de vin d'une certaine mesure. Les Espagnols appellent *Bote* un tonneau de vin d'une certaine mesure ; *Bota* en Espagnol, bouteille de cuir, outre ou peau à mettre du vin, cuve, tonneau, barril ; *Botte* en Italien, tonneau ; *Bout*, *Bouts*, *Boucial*, vase ou vaisseau à mettre du vin en vieux François ; *Bot*, bouteille en Lorraine ; *Butt*, tonneau en Anglois ; & *Bottel*, bouteille ; *Butte* en Allemand, cuvier ; & *Pott*, pot ; *Bouteille* en François ; *Bottle* en Anglois, bouteille ; *Bouté* en Franc-Comtois, pot, cruche ; *Butine* en Tarentin, bouteille ; *Butte*, *Bytte* en ancien Saxon, tonneau, tine, bouteille ; *Bytta* en Islandois, cuve, seau ; *Bati* en Arabe, vase. Voyez *Boutailh*.

BOTA, BOTTA, BOTELLUS, A. M. botte ; de *Botac*.

BOTAC, bottes, guêtres. Ba. Voyez *Bottasen*.

BOTACADA, jet, l'action de jetter. Ba.

BOTALLACH, furieux. I.

BOTAN, cabane. I. Voyez *Bothan* qui est le même.

BOTANDEA renversement. Ba.

BOTARAGUIA, saucisse, boudin. Ba. Voyez *Botellus*.

BOTARIA, A. M. district, jurisdiction, territoire ; de *Bot*, espace de terre. Voyez *Bothen*.

BOTATZEA, expulsion. Ba.

BOTELLA, A. M. bouteille ; de *Boutailh*.

BOTELLEREAH, bottelage. B.

BOTELLUS, BOTULUS, BUDELLUS, A. M. boyau ; en vieux François *Boel*, *Boele*, *Bouele* ; *Budello* en Italien ; de *Bouzell*, ou *Boudoll*, & *Boelen*. *Botellus*, *Botulus* signifient aussi boudin, ils ont la même étymologie.

BOTEQUIA, l'action de remorquer, de touer. Ba.

BOTERIUS, A. M. vendeur de tonneaux ; de *Bota*.

BOTES ; singulier *Botesen*, soulier ; pluriel *Botou* & *Betejer*. *Botou-Coat* & *Botou-Prenn*, sabot, soulier de bois ; *Botou-Leur*, soulier de cuir : c'est ainsi que Dom le Pelletier s'explique sur cet article. Le Pere de Rostrenen parle ainsi : *Sabot Botés-Prenn* ; pluriel, *Botou-Prenn* : *Botés-Coad* ; pluriel, *Botou-Coad* : *Boutés*, pluriel, *Bouton* : En Vennetois *Botez-Coed* ; pluriel, *Botou-Coed*, sabots à talons hauts, & ouvragés par-dessus : *Botoul Lichet*, *Boton Lich*, *Boton Lech*, *Botou Lechet*, *Boton Bourdell*, *Botou Limoch*, soulier : *Botés-Lezr* ; pluriel, *Botou-Lezr*, *Boutou-Lezr* ; en Vennetois, *Botou-Lezr* au pluriel. B. *Botés* est formé de *Bot*, pied ; & *Tech* ou *Tes*, cacher. Voyez *Bottas*.

BOTES-LEZR, soulier. B.

BOTESEN, sabot. B.

BOTESENNECQ, qui a de grands pieds. B.

BOTGLARIA, A. M. bouclier ; de *Boucqler*.

BOTH, bosse de bouclier. G. On voit par notre expression *pied Bot* pour pied rond, que *Both* a signifié boule, globe, rond.

BOTH, chaumière, maison, habitation. I. Voyez *Bot*.

BOTH, élévation, hauteur, butte, petit tertre anciennement en Breton ; de là *Butte* en vieux Langue ; de là *Bot*, *Botte*, *Boterel*, *Botereau* en vieux François, crapaud, parce qu'il s'enfle beaucoup. *Botta* en Italien, crapaud ; *Bot* en Patois de Besançon, crapaud ; *Bot* en Champagne, crapaud ; *Bot* en Dauphiné, espèce de crapaud ; *Bat* en Patois d'Alsace, crapaud. A Metz on dit que quelqu'un est *Bot* quand il a les joues bouffies de dépit. De *Both* ou *Bod* viennent *Bodo* & *Botoninus*, qui dans Faustus & Valerius signifient monceau de terre, bute. On trouve *Bodon* au même sens dans le Jurisconsulte Paul. *Buta terra*, *Buttum* signifient bute dans les anciens monumens. Du mot *Both* on a fait buter, chopper. On dit aussi *Buter* un arbre, pour dire élever au pied d'un arbre un petit monceau de terre pour le soutenir. Voyez *Bot*, le même que *Bod*.

BOTH, trou en terre. B. Voyez *Bot*.

BOTH, bosse, bas relief, B. & par conséquent courbure. Voyez *Bocx*.

BOTHA, A. M. boutique ; de *Both*. Voyez *Bouticl*.

BOTHACH, marais, fondrière. I. *Botta* dans les anciens monumens, mare, cloaque, égout.

BOTHAI, habitation. I. Voyez *Bod*, *Bot*.

BOTHAN, maison, habitation, chaumière, cabane, tente, hutte, feuillée ; *Bothan Osda*, fouace. I.

BOTHAR, Village, rue, route, voie, chemin, sentier. I.

BOTHAYA, chaumière. I.

BOTHEN, Baronie, territoire, district. E. Voyez *Bot*.

BOTHICU

BOT.   BOU.

BOTHICU, chaumière, cabane. B.
BOTHIN, Baronie, territoire, district. E. Voyez *Both*.
BOTHOG, maison, habitation, chaumière, cabane, tente, hutte, feuillée. I.
BOTHU, chaumière, cabane. B.
BOTICA, boutique. Ba. Voyez *Bouticl*.
BOTICA, BOTIGA, A.M. boutique; *Bottega* en Italien. Voyez l'article précédent.
BOTICIO, A. G. je plonge; de *Boddi* ou *Botti*.
BOTICOCA, marcher à quatre pieds. Ba.
BOTICUCA JARRIA, je suis oisif. *Boticuca Jartea*, oisif, paresseux. Ba.
BOTIDA IMAGO, A. M. image en bosse; de *Both*.
BOTINATUA, qui porte des brodequins. Ba. Voyez *Botinesou*.
BOTINELL, le sabot où se met la dalle pour aiguiser la faulx. B. *Botes*, sabot; *Nall* pour *Dall*, en composition *Nell*.
BOTINESOU, bottines. B. Voyez *Botac*, *Boutissi*.
BOTIS, BOTTA, A. M. cloaque, égout; de *Bot*, trou, fosse.
BOTIZARE, A. M. aboutir; de *Bot*.
BOTOITUA, habit boutonné. Ba. Voyez *Botnitu*.
BOTOITZEA, se boutonner. Ba.
BOTONES, BOTONI, A. M. boutons; de *Bouton*.
BOTOU-COAT, BOTOU-PREN, sabots. B. A la lettre, souliers de bois; *Coat*, bois; *Pren*, bois.
BOTOU-LEZR, souliers. B. A la lettre, souliers de cuir.
BOTRIONES, A. G. qui ramassent les choses d'autrui. Voyez *Bot*, grappe.
BOTT, broussailles. B.
BOTT, feu. I. Voyez *Poeth*.
BOTTA, A. M. crapaud. Voyez *Both*, élévation.
BOTTAS, soulier. G. Voyez *Botes*. Césaire d'Heisterbach, *L. VII* de ses histoires mémorables, *c. 39*, parlant des souliers d'un Religieux, les appelle *Boti*. On trouve *Botes* au même sens dans nos vieux romans.
BOTTASEN, botte. G. De là ce mot, *Botac* en Basque, botte; *Botas* en Espagnol; *Boot* en Anglois; *Botte* en François, botte.
BOTTASOG, botté, qui porte des brodequins. G.
BOTTEL, botte, faisseau. B. On dit en Basse-Normandie *Botte*, *Botteau* indifféremment; *Bottel* en Anglois, poignée, javelle.
BOTTELEEN, botte, faisseau. B.
BOTTERA, BOTUM, A. M. bout, terme, fin; de *Bot*.
BOTTES, le même que *Bresych*. G.
BOTTINUS, A. M. butin; en Italien *Bottino*; de *Butin*.
BOTTWM, agraffe, bouton. G. *Bouton* en Breton, bouton; *Botoya*, bouton en Basque; *Boton* en Espagnol; *Bottone* en Italien; *Bouton* en François; *Button* en Anglois; *Bothn* en Langue de Madagascar, bouton. On a dit en vieux François, *Bodon* pour *Bouton*.
BOTTYMMOG, boutonné, attaché avec une agraffe. G.
BOTUITU, se boutonner. Ba. Voyez *Botwm*.
BOTUM. Voyez *Botera*.
BOTUS. Voyez *Bod*.
BOTUS, A. M. le même que *Butta*.
BOU, bœuf. G. I.
BOU, être. B.
BOU, eau. Voyez *Bu*.

TOME I.

BOU, le même que *Pod*. Voyez ce mot & *Bod*.
BOU, courbure, comme *Bw*, puisque c'est le même mot.
BOU, le même que *Bo*. Voyez *Bouefil*, *Boefil*.
BOUAILIM, battre, fraper. I.
BOUAR, sourd. B. *Bouir* en Irlandois, prononcez *Bouar*, sourd.
BOUARACH, matin. I.
BOUBOU, BOUBOUICQ, bobo terme enfantin. B.
BOUC, le même que *Boug*. B.
BOUCASSINUS, A. M. drap délié; de *Boucq*, *Boug*. Voyez *Bougaran*.
BOUCELLAD, soufflet. B.
BOUCELLEC, moufflard. B.
BOUCELLECQ, joufflu. B. De là *Bouffer*, souffler à joues enflées en vieux François; de là *Bouffer*, s'enfler de dépit, de colère, bouffi de colère, enflé de colère.
BOUCELLUS, A. M. baril; en vieux François *Boucel*, *Busar*; au plurier *Bouciaux*, *Bouchiaux*, *Botiaux*, *Boteaux*; & *Bouciers*, ceux qui avoient soin des barils. Voyez *Banc*, *Bota*, *Butta*, *Buza*.
BOUCG. MEAN BOUCG, pierre molle. B. Voyez *Bouc*.
BOUC'H, bouis. B. Voyez *Box*.
BOUC'H, bouc, impudique. B. Voyez *Bocan*, *Boch*, *Bwch*.
BOUCH, touffe d'arbre, de cheveux, *&c.* toupet, bouquet. B.
BOUCH, baiser nom. B.
BOUCH est le même que *Boch*, ainsi qu'on le voit par *Bouch*, *Bouchet*. De *Bouch* ou *Bous* est venu *Bousin*, qui en vieux François signifioit bouchée.
BOUCHA. Voyez *Moucha*.
BOUCHAL, hache. B.
BOUCHELLUS, A. M. le même que *Boucellus*.
BOUCHET, baiser verbe. B.
BOUCHICQ-GAVR, barbe de chévre. B.
BOUCHIERE. Voyez *Buxeria*.
BOUCHIN, commun, commune. B. Voyez *Boutin*.
BOUCNOC, vache dont les cornes se joignent par la pointe. B.
BOUCL, boucle. B. De là ce mot, Voyez *Bwccl*.
BOUCLEIN, boucler, anneler. B.
BOUCLETA, A. M. boucle; de *Boucl*.
BOUCLEZER, BOUCLEZR, bouclier. B. *Boucq*; boucher, couvrir; *Lezr*, cuir.
BOUCQ, boucher, couvrir. B. Voyez l'article précédent.
BOUCQIN, qui sent le bouc ou le gousset. B. Voyez *Bouch*.
BOUCQLER, bouclier. B. De *Boucq*, boucher, couvrir; *Ler* de *Lledr*, cuir.
BOUCZ, noir. Voyez *Lyboucz*.
BOUD, bruit ou bourdonnement du frélon, de la guêpe, & autres grosses mouches. On en fait *Bouda*, *Boudienni*, bourdonner, faire un pareil bruit; le participe est *Boudet*, étourdi. *Bouder*, bourdonneur; *Bouderés*, bourdonneuse: c'est le nom que l'on donne à une grosse mouche dite en François *Bourdon*; singulier *Boudresen*, *Bouderez*, bourdonnement, tintouin. B.
BOUD, le même que *Bout*; comme *Bod* est le même que *Bot*.
BOUDA. Voyez *Boud*; de là *Bouder*. Voyez *Bouderez*.
BOUDAL, murmurer, faire du bruit comme les abeilles. B. C'est le même que *Bouda*.

Z z

BOUDEDEAU, le Juif errant, tout homme qu'on ne trouve jamais chez lui. B. Ce mot est formé de *Bouda*, murmurer; & *Deau*, Dieu. On lit dans l'histoire fabuleuse du Juif errant que ce Juif murmura contre Jesus-Christ, lui dit des paroles désobligeantes; c'est pour cela que les Bretons l'ont appellé *Boudedeau*, qui murmure contre Dieu.

BOUDER. Voyez *Boud*.
BOUDERES. Voyez *Boud*.
BOUDERESEN. Voyez *Boud*.
BOUDEREZ. Voyez *Boud*.
BOUDEREZ, bourdonnement, bruit des mouches & des hommes qui murmurent sourdement. B.
BOUDET. Voyez *Boud*.
BOUDET, baudet, grand âne. B.
BOUDETEW, le même que *Boudedeau*. B. On voit par là que *Tew* & *Deau* sont synonimes.
BOUDICG, fée, sorcière; plurier *Boudighet*. B. Il est formé de *Boud*, à cause de l'espèce de bourdonnement que font les sorcières en disant entre leurs dents les paroles magiques.
BOUDIENNI, murmurer, faire du bruit comme les abeilles. B.
BOUDIENNI. Voyez *Boud*.
BOUDINADUR, boudinure, terme de marine B.
BOUDINUS, A. M. boudin. Voyez *Boden*.
BOUDZHI, parc à moutons. C.
BOUE, balise, bouée, amarque. B.
BOVED, bouvet, rabot à rainure. B.
BOUEH, voix. B. De là ce mot.
BOVELEN, espèce de souris champêtre, ou mulot qui mord le bétail, & dont la morsure est venimeuse. B.
BOUELL, le même que *Puilh*. Voyez *Arbouell*, *Arbouilh*.
BOUELLOU, entrailles. B.
BOUESTL, boëte. B.
BOUET, vivres. B.
BOUETELL, botte, faisseau. B.
BOUFFARE, bouvier, rustre. B.
BOUFFON, bouffon, baladin, badin, grotesque. B.
BOUFFONNEIN, badiner. B.
BOUG, BOUCG, BOUC, BOUK, POUK, PUK, POUG, PUG, douillet, doux au toucher, tendre, délicat, mol, délié. B. *Boghes* en Irlandois, lieux humides, appellés ainsi parce qu'ils sont mols, dit Camden. *Bogac*, marais en Irlandois; *Bog* en Anglois, fondrière, terre molle. L'*m* & le *b* se mettant l'un pour l'autre, on a dit *Moug*, *Mouc*, comme *Boug*, *Bouc*; de là *Moscus* en Latin; *Mousse* en François. *Buzza* en Theuton, mare, cloaque, égout.
BOUG, BOUCG, faucille à long manche pour couper de hautes branches d'arbre. B.
BOUG, noir. Voyez *Lyboucz* & l'article suivant.
BOUG, de *Moug*; comme *Bwg* de *Mwg*.
BOUG, le même que *Bauc*. Voyez *Bougius*.
BOUGARAN, bougran. B. *Boug*, délié; *Aran* aura donc signifié toile, d'où sera venu *Aranea* Latin.
BOUGAREN, bougran. B. Voyez *Bougaran*.
BOUGEDEN, bougette, sac de cuir que l'on attache à la selle du cheval; plurier, *Bouget*, *Boujet*. B. De là *Bougette*; en Anglois *Budget*. Voyez *Bolga*, *Boulgan*.
BOUGIS, A. M. bougette. Voyez *Bougeden*.
BOUGIUS, A. M. habitation, maison. Voyez *Bauc*.
BOUGRAN, A. M. bougran; de *Bougaran*.
BOUGRIN, bougran. B.

BOUGUEL, enfant. B.
BOUGUEN, jouë. B.
BOUGUENNAD, soufflet. B.
BOUGUENNECQ, joufflu, mouflard. B.
BOUGUERANNUS, A. M. bougran; de *Bougaran*.
BOUGY, bougie. B.
BOUH, bouc. B. Voyez *Bouch*.
BOUH, le même que *Bychan*. Voyez ce mot.
BOUHAN, le même que *Bychan*. Voyez ce mot.
BOUHAR, sourd. B. Voyez *Bouar*.
BOUHET, le même que *Bychan*. Voyez ce mot.
BOUHON, le même que *Bychan*. Voyez ce mot.
BOUHOT, le même que *Bychan*. Voyez ce mot.
BOUHOT. Voyez *Bauceant*.
BOUHOU, le même que *Bychan*. Voyez ce mot.
BOUHYN, le même que *Bychan*. Voyez ce mot.
BOUID, aliment. B.
BOVIDHI, jaune. I.
BOVIL, tache. I. Voyez *Bailh*.
BOUILH, le même que *Puilh*. Voyez *Arbouilh*.
BOUILH, le même que *Boyl*. Voyez *Bouilhus*.
BOUILH AVEL, bouffée de vent. B.
BOUILHARD, orage, tempête, chaleur d'orage. B.
BOVILHEN, bouë. B. *Bouillon* en vieux François, bourbier.
BOUILHEN-DRO, fondrière, terre molle & tremblante où l'on enfonce. B. On a dit aussi *Souil*, lieu bourbeux où se vautre le sanglier; *Souillet* en Franc-Comtois, petite mare. Voyez *Boul*, le même que *Poul*.
BOUILHEN-GREN, le même que *Bouilhen-Dro*. B.
BOUILHONCZ, bouillon, potage. B. De là bouillon.
BOUILHOUER, poteau, pilori. B. De *Bouilhouer* est venu *Pouilhouer* ou *Puilhouer*, (Voyez *Bouilh*) *Pilhouer*; de là *Pilori*.
BOUILHOVER, aiguière, pot à boire, fontaine à laver les mains. B.
BOUILHUS, bilieux, colérique, bouillant de tempérament. B. Ce mot est formé de *Boyl*. On voit par là que *Bouilh* est le même que *Boyl*. De *Bouilh* est venu *Bouilhoncz*, *Bouillon*, *Bouillant*, *Bouillir*.
BOUILL, fringant, actif, irascible, courageux. B. Voyez *Boyl*.
BOUILL. BOUILL-DOUR, réjaillissement d'eau; *Dour*, eau. B. On voit par ce terme, par *Bouilh Avel*, *Bouilhard*, *Bouillas*, que *Bouill* signifie en général, jet, projection, réjaillissement. Voyez *Bol*, *Bal*.
BOUILLARDUSS, tempêteux, tourmenteux. B.
BOUILLASS, bourgeon d'arbre. B.
BOUILLASSA, bourgeonner. B.
BOUILLEN, crevasse. B.
BOUIORH, chevrette, femelle du chevreuil. B.
BOUIR, sourd. I. Voyez *Bouar*.
BOUISEEN, bouis ou buis. B.
BOUISTE, boëte. Voyez *Boeist*.
BOUIT, javelle. B.
BOUIT, mets, aliment. B. Voyez *Bwyd*, *Bwytta*.
BOUITA, nourrir. B.
BOUKET; singulier, *Boukeden*; plurier, *Boukedou*; bouquet. B. De là ce mot.
BOUL, globe, boule, rond. B. De là *Boule* en notre Langue. *Bolen* en Allemand, tourner, rouler; *Polein* en Grec, tourner, rouler; *Boll* en Suédois; *Bal* en Flamand; *Ball* en Allemand & en Anglois, boule, globe.
BOUL, le même que *Boyl*. Voyez ce mot.

BOUL, le même que *Poul, Foul, Goul, Moul, Voul.* Voyez B.

BOULCH, brèche, incision, entamure, entamure de pain, celui qui a la lévre entamée, entamé en général. B. De *Boulch, Bulch, Boulh, Bulh*, on a fait *Moll, Mull*, par la substitution réciproque de l'*m* & du *b*, ainsi qu'on le voit par *Mollt*, mouton coupé; *Mulir*, meurtre, homicide; *Mol* ou *Mul* en Hébreu, circoncire. Voyez *Boulh*.

BOULCH, diminution. B.

BOULCH, frétillant. B. Voyez *Boulge*.

BOULCHA, ébrécher, entamer. B. De là becher, beche.

BOULCHADUR, balafre. B.

BOULCHET, balafré, ébréché, entamé. B.

BOULENGERIUS, A. M. boulanger. Voyez *Belengerii*.

BOULGAN, bougette, sac de cuir que l'on attache à la selle du cheval. B.

BOULGE, mouvement. B. De là bouger, remuer. Voyez *Boulgein*.

BOULGEANT, remuant, vif, fringant. B.

BOULGEANTICQ, frétillant. B.

BOULGEIN, se remuer, se mouvoir, fretiller. B.

BOULGEOUR, moteur. B.

BOULGER, remuant. B.

BOULH; le même que *Boulch*. B.

BOULHEIN, entamer. B.

BOULI; singulier, *Boulien*, mouche de cheval. B.

BOULIARMINI, ocre. B.

BOULIC, bille. B. Voyez *Boul*.

BOULIEN. Voyez *Bouli*.

BOULIN, bouline. B.

BOULINA, bouliner, biaiser, ne pas agir avec droiture, avec sincérité. B. *Bouler* en vieux François, tromper.

BOULL, clair, transparent, délié, non épais, non opaque. B.

BOULLEN, femme ou fille de mauvaise vie. B.

BOULLETUS, A. M. boulet; de *Boul*.

BOULONGER, boulanger. B.

BOULOUARD, bastion. B.

BOULOUDENN, motte. Voyez *Dibouludenna*.

BOULSCAO, BOULSCAV, BOULSCAVEN, hieble plante. B.

BOULWARD, BOULWART, bastion. B. De là boulevard.

BOUMBÉS, bombe. B.

BOUND, bondon. B. De là ce mot. On dit aussi *Bonde* en Franche-Comté. *Bung*, en Anglois, bondon.

BOUNDA, bondir. B. De là ce mot. *Bounce*, bond en Anglois.

BOUNGORS, butor oiseau. B.

BOUNN, abondant, le même que *Founn*. Voyez ce mot.

BOUQUET; singulier, *Boukeden*; plurier, *Bouquedou*, bouquet. B.

BOUR, eau. Voyez *Bouroic*.

BOUR, boue, terre. Voyez *Bourboullá*.

BOUR, le même que *Four, Gour, Mour, Pour, Vour*. Voyez B.

BOUR, BUR. On voit par *Bourz, Bured, Buren*, que *Bour, Bur* ont signifié vase, vaisseau, ce qui étant creux est capable de contenir; *Bourriche* en Anjou, panier d'osier rond.

BOURACAN, bouracan, baracan. B.

BOURACHE, aroche herbe, bourache. B.

BOURAD, le même que *Fourad*. Voyez ce mot.

BOURAMAD, absynthe plante. E. Voyez *Bourboun*.

BOURASS, cartilage; singulier, *Bourassen*. B.

BOURATIUM, A. M. espèce d'habit. Voyez *Borra*.

BOURBELL, qui sort ou jette dehors. Le Pere Maunoir a mis *Bourbell*, qui a de gros yeux : il auroit pu ajoûter celui dont les yeux sortent trop dehors, dit Dom le Pelletier. Ce mot est formé de *Bwrw*, jetter; & de *Bell* pour *Pell*, loin, en sous-entendant dehors.

BOURBELLEC, possessif de *Bourbell*, signifie celui qui regarde si fièrement & avec tant d'application, qu'il semble que ses yeux vont sortir de sa tête, & celui qui étant en colére contre un autre, le regarde avec des yeux enflammés. *Disbourbellet*; participe de l'inusité *Disbourbella*, marque celui qui a les yeux sortant de la tête, soit naturellement, soit par application, soit par colére. Le Pere de Rostrenen dit que *Disbourbella* signifie regarder de travers. B.

BOURBONEN, pustule ou petit bouton qui s'élevé sur la peau. B.

BOURBOULLA, fouir la terre & la bouë à la manière des pourceaux; & parce que le pourceau gronde en fouillant, on use de ce verbe au sens de gronder, murmurer. B. *Poulla*, en composition *Boulla*, fouir; *Bour* par conséquent boue, terre; de là bourbe.

BOURBOUN, absynthe plante. B. Voyez *Bouramad*.

BOURBOUNEN, pustule, ou petit bouton qui s'éleve sur la peau. B.

BOURBOUTATT, grogner. B.

BOURBOUTEN, blaireau. B. Voyez *Bourboulla*.

BOURBOUTERR, grondeur, grogneur. B.

BOURC'H, bourg, maison de campagne, métairie. B. Voyez *Bwrg* & les deux articles suivans.

BOURCHA; couvrir, vétir. B. On voit par ce mot, par *Bourch, Bourcq, Bourg, Burg, Bwrg*, que ce mot a signifié en général tout ce qui couvre, tout ce qui cache, tout ce qui met à couvert, soit des rigueurs des saisons, soit des voleurs, soit des ennemis; ainsi il signifie habit, couverture, abri, cachette, habitation, muraille, barrière, enceinte, fortification, Bourg, Ville. De *Bourcha* est venu notre mot *Boucher*, pour couvrir.

BOURCHIS, bourgeois, citoyen, habitant de Ville, plurier, *Bourchifien*. B. Voyez *Bourcoh, Bourcha*.

BOURCHOCZEN, brocolis. B.

BOURCQ, bourg. B. Voyez *Bwrg*.

BOURD, niche, tour, tour de souplesse, farce de théatre, facétie. B. De là *Bourde* en Franche-Comté; fausseté, mensonge; & *Bourder*, mentir, *Bouder, Boder*, mentir en Patois Messin; *Boerden* en Flamand, mentir; *Bouder* en vieux François, caqueter, railler, se moquer, dire des sornettes. Voyez *Bourdus*.

BOURDAL, folâtrer. B.

BOURDAL, plaisanter. B.

BOURDEIN, bourder, railler. B.

BOURDIGUEN, fondrière, terre molle & tremblante où l'on enfonce. B. *Burca, Burga, Bursa* dans les vieux glossaires, cloaque; par où l'on voit qu'on a dit par crase *Bourguen* pour *Bourdiguen*; & par une conséquence nécessaire, *Bourken* & *Boursen* aussi. Ne seroit-ce point par analogie à la signification de *Bourdiguen*, qu'on auroit autrefois appellé un pâté de pommes ou de poires *Bourdin* ou *Bourdelot*?

BOURDON, bourdon. B. De là ce mot. *Burdoya*, bourdon en Basque; *Bourde* en vieux François, bâton à grosse tête, crosse ou potence; & *Bourdonnasse*, une sorte de lance, qui avoit quelque ressemblance à un bourdon; *Borde* en Saintonge, bâton; *Burdare* dans Mathieu Paris signifie se battre avec des bâtons que les Anglois, dit-il, nomment *Bourdons*. De *Bourdons*, on a fait *Burdinus*, que l'on trouve en ce sens dans les anciens monumens; & *Burdinarius*, *Burdonarius*, pélerin, à cause du bourdon qu'il porte.

BOURDONNEREH, bourdonnement. B.

BOURDUS, bouffon, comique. B. De *Bourd*.

BOURELL, bourre, colier de cheval. B. en Patois de Besançon, on appelle *Bouré*, un colier de cheval. *Borra* en Espagnol, bourre. Voyez *Bourragh*. De *Bourelle* est venu bourre. Voyez *Bourra*.

BOURELLA, embourrer. B.

BOURELLER, bourelier. B. De là ce mot.

BOUREO, bourreau. B. De là ce mot.

BOURETA, A. M. canard; de *Bour*, parce que les canards sont toujours dans l'eau ou la bouë. En Normandie, on appelle une canne, une *Bourre*, une petite canne, une *Bourette*, un canard, un *Bourrard*. *Bourotte* en Franche-Comté, canard; *Boerre* en Patois d'Alsace, canard; *Bar* en Arabe, canard.

BOURG, Bourg. B. *Bwrg* en Gallois, Ville, Bourg; *Burg*, *Burgh* en Theuton, Ville, Bourg; *Burg* signifioit la même chose en Scythe, puisque les Bourguignons, originaires de Scythie, appelloient ainsi leur habitation, & prirent leur nom de ce terme; c'est ce qu'écrit l'Auteur de la vie de Saint Faron. *Burg* en ancien Saxon; *Baurgs* en Gothique; *Bourg* en François, Bourg; *Borg* en Islandois, Ville; *Borg* en Arabe, Bourg; *Bor* en Syriaque, Village; *Purgos* en grec, Bourg; *Foros* en Egyptien, Ville. Saint Isidore dit que *Burgus* est un mot Gaulois qui signifie habitation. On trouve *Burgus*, *Burcus* dans les anciens monumens pour désigner un Bourg. On a dit *Bor*, *Borc*, *Bors* en vieux François. Le mot de *Bourg* s'est conservé dans notre Langue pour signifier une habitation moins considérable qu'une Ville. *Bourron*, cabane en vieux François. Voyez *Bourch*, *Bourcq*, *Bourh*, *Bwrg*.

BOURGEON, bourgeon. B. De là ce mot.

BOURGEONA, bourgeonner. B. De là ce mot.

BOURGIMIS, sausse, ragoût. B.

BOURGUEN, Voyez *Bourdiguen*.

BOURH, bourg. B. Voyez *Bourg*.

BOURHIS, le même que *Bourchis*. B.

BOURJOLADEN, broutilles. B.

BOURJON-LAEZ, lait mari. B.

BOURKEN. Voyez *Bourdiguen*.

BOURLANCZ, cartilage. B.

BOURLED, bourlet. B. De là ce mot.

BOUROIC-PEN-AR-FRI, roupie, goutte d'eau qui pend au bout du nez. B. On voit par ce mot que *Bour* a signifié eau; *Bouroic*, une petite quantité d'eau, une goutte d'eau.

BOURON, maïs. B.

BOUROUILHA, BROUILLER, BOUROUILHER, brouilleur. Voyez *Divourouilher*. De là notre mot brouiller.

BOURPENN, méloir. B.

BOURPOULLEN ou BOURPOLLEN, ulcére suppurant. B.

BOURRA, s'accommoder, se plaire, s'habituer à une chose, à un lieu, à un climat. B.

BOURRA, A. M. bourre; de *Bourell*. De ce mot est venu *Bourrache* ou *Bourroche*, sorte de simple, ainsi appellée parce que ses feuilles sont velues & couvertes d'une espèce de petite bourre. Voyez *Bourrache*.

BOURRACAN, barracan. B. On a dit en vieux François, *Bardcan*.

BOURRACHES, bourrache. B. De là ce mot. Voyez *Bourra*.

BOURRAGH, étoupe. I. Voyez *Bourell*, *Bourra*.

BOURRE, qui n'est pas cuit. B.

BOURREIN, le même que *Bourra*, s'accommoder, &c. B.

BOURRET, accoûtumé, habitué. B.

BOURREU, bourreau. B.

BOURS, bourse. B. De là ce mot. *Borse* en Allemand; *Borse*, *Borze*, *Beurse* en Flamand; *Bolsa* en Espagnol, bourse.

BOURSAVALEC, le même que *Morsavalec*. B.

BOURSEN. Voyez *Bourdiguen*.

BOURZ, navire. B.

BOUS, le même que *Bychan*. Voyez ce mot.

BOUSAN, le même que *Bychan*. Voyez ce mot.

BOUSE, le même que *Bychan*. Voyez ce mot.

BOUSET, le même que *Bychan*. Voyez ce mot.

BOUSON, le même que *Bychan*. Voyez ce mot.

BOUSOT, le même que *Bychan*. Voyez ce mot.

BOUSOU, le même que *Bychan*. Voyez ce mot.

BOUSSELLUS, A. M. boisseau; de *Boesell*.

BOUSSIERE. Voyez *Buxeria*.

BOUSSTON, laidron, souillon. B.

BOUSYN, le même que *Bychan*. Voyez ce mot.

BOUT, être, existence, reposer B. Voyez *Bod*.

BOUT, soulier. B.

BOUT. Voyez *Bod*, *Bot*.

BOUT. Voyez *Bouta*.

BOUT, le même que *Baut*. Voyez *Bal*.

BOUTA, se corrompre parlant de la viande, des poissons. B. *Bout* doit donc signifier puant, pourri, corrompu. Voyez *Budr*.

BOUTAFF, pousser. B. On a dit en vieux François *Bouter*. Pousser. De *Boutaff* est venu boutade.

BOUTAILH, BOUTEILH, bouteille. B. De là ce mot. Voyez *Bota*.

BOUTAOUI, chauffer. B.

BOUTARIUS, A. M. qui a soin des tonneaux & des bouteilles: *Boutier* en vieux François; de *Boutus*, de *Bota*.

BOUTEG, BOUTEC, hotte. *Boutecat*; singulier, *Boutecaden*, hottée. B. Les Tourangeaux appellent une hotte, *Butet*.

BOUTEIN, ficher, mettre dedans. B. De là *Bouter* en vieux François, mettre. Les paysans & le peuple s'en servent encore; de là *Bouture*, branche que l'on met en terre pour qu'elle prenne racine; *Bonter* en Picard, mettre; *Bouta* en Patois de Besançon, mettre.

BOUTEIN, pousser, repousser. B.

BOUTELLA, A. M. bouteille; de *Boutailh*.

BOUTELLER, botteleur. B. De là ce mot.

BOUTER, chaffoir. B.

BOUTERIA, BOUTUM, A. M. bout; de *Bout*.

BOUTES, sabot, soulier. B.

BOUTET, rance. B. Voyez *Bouta*.

BOUTICL, boutique. B. De là ce mot. Il est formé de *Bout* ou *Baut*, commun.

BOUTIN, butin, proye, picorée. B. Voyez *Butin*. *Botin* en Espagnol, butin.

BOUTIN, commun à plusieurs, bannal, de concert, en commun, four commun. B. *Bütün*, prononcez *Bitin* en Turc, tout.

BOBONES. Voyez *Bubii*.

BOBOTUA, stupide, imbécille. Ba.

Bog

BOUTISSI, bottes. I.
BOUTON, bouton. B. Voyez Bottum. De là ce mot.
BOUTONER, boutonier. B. De là ce mot.
BOUTOU-LIZR, fouliers. B.
BOUTOUILH, bouteille. B.
BOUTUS, A. M. le même que Butta.
BOW, le même que Pow, contrée, G. felon Baxter.
BOW, petit, méprifable. Voyez Bowbeth, Bouddyn, Bowdfys, Bob, qui eft le même que Bow.
BOW, pour Baw. Voyez Bowlyd.
BOWBETH, un rien. G.
BOWDDYN, pauvre homme, homme de néant, homme de rien. G.
BOWDFYS, pouce. G.
BOWDYN, homme de peu, homme méprifable. G.
BOWLYD, embrené, breneux, fale, fouillé, boueux, plein de boue, de boue, homme de néant. G.
BOWNDER, pâturage. C.
BOWTGAM, qui a les pieds tortus. G. Cam, en compofition Gam, tortu; Bowt, par conféquent pied.
BOWZ, aliment. C.
BOUZAR, fourd. B. Voyez Byddar, qu'on peut prononcer Buzzar. Voyez Bouar.
BOUZARA, & anciennement Bonzary, étourdir ou rendre fourd. B.
BOUZAREZ, furdité. B.
BOUZEL, fiente, boufe. B. De là ce dernier mot. Bodzar, je falis en Tartare Calmoucq & Mongale.
BOUZELL, boyau, inteftin; fingulier, Bouzellen, un feul boyau; pluriel Bouzellon & Bouzellenou. B. Budel en Languedocien; Botel en ancien Saxon & en Frifon, boyau.
BOUZELLEN, entrailles. B.
BOUZILL, fiente, boufe B.
BOX, buis. G. B Box en Efpagnol; Boxe en Anglois; Boffo en Italien; Buck en Polonois & en Carniolois; Buxus en Latin; Bus en Flamand & en Dalmatien; Buyt en François; Puxos en Grec; Puk en Efclavon; Pos en Bohémien; Pus en Hongrois; Vuz en Tartare, buis.
BOXIA, A. M. canard; de Boch, cochon: Les canards Beauffent (qu'on me pardonne ce terme) la terre comme les porcs.
BOY, blond, jaune. I.
BOY, juillet I.
BOYA, arc. I. Voyez Bwa.
BOYA, qui regarde l'ancre du navire. Ba.
BOYL, chaud. B. De là poële. Boel en ancien Saxon, feu, incendie. Boyle en Anglois, bouillir, faire bouillir, cuire; Bullir en Efpagnol, bouillir; Baal, incendie en Runique; Baal en Iflandois, feu, incendie; Bal en Iflandois, flamme; Bouler pour bouillir en vieux François; Bulle en Patois Meffin, grand feu¹, feu de réjouiffance; Palim, brûler en Stirien & en Carniolois; Topel, chaud en Stirien & en Carniolois; Palie en Polonois, brûler; Politjiti en Bohémien, faire brûler; Paleni en cette Langue, incendie, & Palic incendiaire. En Finlandois Walkia; feu; Palawa, chaud; Palawus, chaleur; Bela en Lacédémonien, foleil, & Dabelos, tifon; Abelios en Crétois; foleil; Poi, foyer en Langue Talenga. En comparant Boyl avec Ufel, Uwel & Poele, on voit qu'on a dit Bel, Poyl, Pel, Foyl, Fel, Woyl, Wel. De Boyl, qui fe prononçoit auffi Boul, eft venu Boulanger. Boul, Boulau, cuifant; Car, en compofition Gar ou Ger, pain. Le Bouleau, qui eft un arbre dont les petites branches font d'un rouge éclatant, paroit avoir pris fon nom de là. Les termes qui fignifient feu, chaleur, fignifient auffi rouge en Celtique. D'ailleurs l'autre nom de cet arbre, qui eft Bedw, Betw, Betula, vient auffi de fa rougeur. De Boul ou Bul on aura fait par tranfpofition Blu, d'où fera venu notre mot François Bluette, comme qui diroit petit feu, étincelle. En Patois de Franche-Comté & d'Alface, on dit Eplue pour étincelle. De Bul, eft venu le Bullio des Latins, bouillir, bouillon en notre Langue. Bule eft un mot du Patois Meffin, qui fignifie un grand feu qui n'eft pas de durée. Le b fe changeant en f, de Bul on aura fait Ful; de là Fulgur, comme qui diroit feu court, feu de courte durée; Fulgor, de Corr; les Latins prononçoient Foulgour. De Ful eft auffi venu Fulmen, foudre; Maen pierre.
BOYSIA, A. M. boëte; de Boeftl.
BOYTA, A. M. boëte; de Boeftl.
BOZ, etue. C. Voyez Bont.
BOZA, parole, voix. Ba. De là Vox Latin. Voyez Boch.
BOZCARIOTARA, qui fe réjouira. Ba.
BOZIGA, A. M. maifon, habitation; de Bod: Le d fe change en z en prenant une terminaifon.
BOZINA, A. M. trou de latrine. Voyez Bouzil.
BOZOLA, A. M. bout, terme; de Bod: Le d fe change en z en prenant une terminaifon.
BOZOLA, A. M. mefure de chofes liquides; de Bauc.
BOZTUREN, qui fe réjouira. Ba.
BR, le même que Ber. Voyez Ceibr, Cwybr.
BR, fyncope de Brac. Voyez Broaidd.
BRA, beau. I. B. Voyez Braw.
BRA, le même que Fra, Gra, Pra, Vra. Voyez B.
BRA, le même que Bre, Bri, Bro, Bru, Voyez Bal.
BRAA, beau. I.
BRABANCER, homme accoûtumé à fe vanter. B.
BRABANCIFF, baver. B.
BRABANCZAL, fe vanter. B.
BRABRAO, bijou d'enfant B.
BRAC, le même que Brag. Voyez Aru.
BRAC, le même que Bras. Voyez Bracza & Aru.
BRAC a dû fignifier pointe; parce que 1º. Broch fignifie broche, & Brocha, piquer. 2º. Brechen, pointe. 3º. Bracadh, herfe. 4º. On appelle en Patois de Franche-Comté Braquets, des petits cloux dont les payfans ferrent leurs fouliers. 5º. Braques en François, les pinces d'une écreviffe. 6º. Broca en Efpagnol, clou. 7º. Broqueta en Auvergnac, petit clou.
BRAC, BRAG, ont fûrement été fynonimes de Breg, tant parce que l'a & l'e fe mettent indifferemment l'un pour l'autre, que parce que l'a fe dit encore dans Brae. J'ajoute qu'en Lorraine & en Franche-Comté Braquer le lin, fignifie caffer, brifer le lin dans un inftrument fait pour cela, qu'on appelle une Braquoire. Branc en vieux François, épée, tranchant, fabre; Braconnier en vieux François, coupeur de bois; Bracan, Brecan en ancien Saxon; Brechan en Theuton; Brikan

en Gothique; *Brechen* en Allemand; *Breken* en Flamand; *Parak* ou *Prak* en Hébreu; *Bregnuo* en Grec, rompre; *Brack*, rupture en Lombard; *Break* en Anglois, rompre, casser; & *Breach*, brêche. *Phrago* ou *Frago* en Grec, briser. De là *Frango* des Latins, qui d'abord ont dit *Frago* comme il paroît par *Fragilis*, *Fragmen*. Voyez *Breg*, *Brag*.

BRACA, BRACCA, A. M. braye, mole, digue; de *Brog* ou *Broc*, fortification. Voyez *Brachialium*. *Praco*, garder dans les Tables Eugubines; *Phragmos* haye, clôture en Grec. Voyez l'article suivant, & *Bracara*.

BRACADH, herse. I.

BRACÆ, nom que les Gaulois donnoient à un habillement dont ils se couvroient les cuisses. Diodore de Sicile, Saint Jerôme, Saint Isidore nous ont conservé ce terme. On disoit aussi *Bragae*. (Voyez *Braghes*.) Nos vieux Auteurs François disent *Bragues*, *Brages*, *Brais*. *Pracac*, haut-de-chausses en Basque; *Briste*, haut-de-chausses en Irlandois; *Bragas* en Espagnol; *Braga* en Italien; *Braci* en Syriaque; *Bracki* en Grec vulgaire; *Braia* en Auvergnac; *Broek* en Flamand; *Bracc* en ancien Saxon; *Bracca*, *Brucha* en Theuton; *Brache* en Italien; *Breech* en Anglois; *Bregeshe* en Esclavon; *Bruch* en Allemand; *Brayes* en François, brayes, haut-de-chausses: c'est de cet habillement qu'une partie de la Gaule étoit appellée *Gallia Braccata*. Voyez *Braccan*.

BRACARA, Ville unique. Ba.

BRACCAN, étoffe legére & bigarrée dont on fait les haut-de-chausses en Irlande. I. Voyez *Brace*.

BRACCO, A. M. braque, chien de chasse pour lever le gibier; de *Brac*, qui pointe, qui lance, pris au figuré. On disoit *Evaccon*, *Brachet*, *Bracet*, *Brachez*, en vieux François. *Bracco* se lit dans les Loix des Frisons. *Bracco* en Islandois; *Braco* en Espagnol, chien de chasse; *Brache* en Flamand; *Brac* en François, braque chien de chasse; *Brache* en Anglois; *Rache* en Ecossois, chienne. On appelle en Artois *Briquets*, ces petits chiens qui vont à la chasse des blaireaux & des renards. De *Bracco* est venu *Braconarius*, celui qui avoit soin des braques; en vieux François *Brakenier*, *Bracher*. On peut aussi former *Brac de Rache*, qui s'est conservé dans l'Ecossois, parce que le B. s'ajoûtoit indifféremment au commencement du mot.

BRACE. Pline dit que les Gaulois ont une espèce de froment dont le grain est très-net, qu'ils appellent *Brace*. *Gallia quoque suum genus sarris dedere : quod illic Bracem vocant, apud nos sandalam, nitidissimi grani*. On employoit ce beau bled à faire de la biére. Le même Pline nous apprend que les Gaulois faisoient leur biére avec du froment : *Frumento in potum resoluto*. De *Brace* on a dit *Bracium*, *Bracilum*, *Braciacum*, *Brasia*, *Brasgia*, *Brascimum*, *Brascum*, *Bratium*, *Bres*, *Braiss*, *Brasum*, *Braisium*; de là *Brassare*, *Braciare*, *Brasiare*, *Braxare*, *Praxare*, *Brassicare*, *Bratsare*, brasser la biére; *Braciator*, *Brasiator*, *Braxator*, brasseur; *Brasserius*, celui qui présidoit à la brasserie; *Bracina*, *Bracena*, *Brachinum*, *Bracinium*, *Brascina*, *Braxatoria domus*, *Braxatorium*, *Braxina*, *Breciaria*; *Braciatorium*, *Bracionarium*, *Brasseria*, brasserie. On prononçoit *Brais* pour *Brace* en vieux François. On appelle encore aujourd'hui en Flandre *Brais*, tout grain destiné à faire de la biére.

BRACELLUS, BRACHELLUS, BRACHIOLUM, A. M. espèce de gâteau. Voyez *Brechdan*.

BRACELLUS, A. M. brasselet; de *Braich*.

BRACH, ours. I.

BRACH, graisse, beurre. Voyez *Brechdan*.

BRACH, le même que *Breach*. I.

BRACHA, pus. I.

BRACHAN, sorte de potage. I.

BRACHERIA, A. M. caleçon. Voyez *Bracca*.

BRACHERIOLUM, BRACHIROLUM, BRACHURIUM, A. M. brayer, bandage; de *Brac*, rupture.

BRACHERIUM, A. M. brassart; de *Braech*.

BRACHET, sein de l'homme & de la femme. B. Voyez *Bruched*.

BRACHIALIUM, A. M. braye, fortification. Voyez *Braca*.

BRACHIATA, BRANCHIATA, A. M. mesure de champs; de *Brancq*, branche, perche.

BRACHILE, A. M. caleçon. Voyez *Brace*.

BRACHT, liqueur. I.

BRACIARA, A. M. mesure de champ. Voyez *Brachiata*.

BRACIATUS, A. M. cuit sur la braise; de *Bres*.

BRACIS, A. G. la partie la plus basse du cercle; de *Brac*, qui ayant signifié vallée, aura aussi signifié bas. Voyez *Traonn*, *Glynn*, *Advaleia*.

BRACTEATOR, A. M. faiseur de lames appellées *Bratteae*; de *Braczaat*.

BRACUS, A. M. vallée; de *Brog*.

BRACZA, supreme. B.

BRACZAAT, aggrandir. B.

BRAD, trahison, perfidie, tromperie, infidélité. G.

BRAD, le même que *Braidd* & *Bras*. Voyez *Bredd*.

BRAD, feu. Voyez *Berw*, *Brad*, prompt, vîte en Runique.

BRAD, fiévre. Voyez *Brad-Gysarfod*.

BRAD-GYFARFOD, fiévre éphémere. G. *Gysarford* en composition pour *Cysarford*, attaque, accès. *Brad Gysarford*, accès de fiévre. *Braden* en Flamand, rôtir, cuire à la braise. Voyez *Brasia*, *Brasouer*.

BRADACH, déshonnête, mal-honnête. I.

BRADADH, dérober, voler. I.

BRADAN, saumon poisson. I.

BRADAWC, traître. C.

BRADBWL, trébuchet, trape G. *Brad Pwll*.

BRADELLI, brandiller. B. De là. *Brandir*, *Brandoula* en Languedocien, brandiller; & *Brandissal*, secousse.

BRADHA, beau. I.

BRADO-LARDI, A. M. morceau de lard; de *Bradw* ou *Brado*, morceau, & *lard*.

BRADOG, traître, trompeur, perfide, accoûtumé à trahir; de *Traistre*. G. Voyez l'article suivant.

BRADOG, traître. C. *Braga*, tromperie en Islandois.

BRADW, broyé, brisé, rompu, morceau, broyement, l'action de broyer, de briser, de rompre. G.

BRADWR, déserteur, transfuge, traître. G.

BRADWRAIDD, perfide, infidèle; de traître G.

BRADWRIAETH, perfide, trahison. G.

BRADWS, de traître. G.

BRADWY, rupture, fracture. G.

BRADWYOG, déchiré, brisé, usé en frottant; ruiné, renversé, raboteux, scabreux, rude, rompu, inégal. B.

BRADYCHU, trahir. G.

BRADYCHWR, traître, criminel d'État ou de lése-majesté. G.

BRADYCHWS, perfide, infidéle, trompeur. G.

BRAE, *BRAÉ*, braye, instrument à briser le lin, le chanvre. B. Voyez *Brau*, *Brac*. De *Brae* est venu braye.

BRAE, goudron noir. B. On dit encore *Bré* en quelques Provinces du Royaume ; *Brea*, goudron en Espagnol.

BRAECH, bras. B.

BRAECH, rougeole, vérole. B.

BRAEER, celui qui broye ou brise le lin, le chanvre. B.

BRAELL, improbation. B.

BRAELLADUR, braiment, cri de l'âne. B.

BRAELLEIN, vaciller. B.

BRAELLER, criard, criailleur. B. De là brailler, braillard.

BRAELLUSS, vacillant. B.

BRAEN, puant, pourri, qui se corrompt, qui se consume, qui a perdu sa vigueur, qui sèche de langueur. G. Ce mot a souffert une crase, car on a dit indifféremment en Gallois *Branar* & *Braenar*. On a dit *Bran* & *Bren* en notre Langue pour signifier l'excrément de l'homme ; de là *Breneux*, *Embrené*. Ces deux mots ont été employés au propre & au figuré. De *Braen* est venu *Halbrené*, terme de fauconnerie qui signifie un oiseau qui a des pennes rompues. Montagne s'est servi de ce mot pour signifier fatigué, épuisé, languissant. Voyez *Brân* & l'article suivant.

BRAEN, rance, puant, gâté, corrompu, pourri. B.

BRAENAR, terre labourée & non encore ensemencée, terre à jachére, champ qu'on laisse reposer, terre labourée pour la première fois. G.

BRAENARU, labourer. G.

BRAENLLWYDEDD, relent, mauvaise odeur des choses humides & enfermées. G.

BRAENLLYD, pourri, gâté, corrompu, & toutes les significations de *Braen*. G.

BRAENLLYDRWYDD, corruption, pourriture. G.

BRAENU, pourrir. G.

BRAENY, puanteur. G.

BRAFF, grand. G.

BRAFF, leste, propre en habits. B. *Braf*, *Praf* en Allemand, leste, brave, gaillard ; *Braaf* en Flamand, gentil, gaillard, brave.

BRAFF, le même que *Bras*. Voyez *Cymmraff*.

BRAG, orge mouillée pour la biére, germe. G. Il paroit qu'on a aussi dit *Brac*, puisque nous voyons que *Brecci* signifie la liqueur dont on doit faire la biére avant qu'elle soit cuite ; & *Braich* en Irlandois signifie le grain préparé pour faire la biére. J'ajoute que dans un ancien glossaire Latin on lit *Braces*, *undè fit cervisia*. Dans Eginhart, & dans plusieurs Auteurs du moyen âge, *Brace* est pris au même sens. *Brag* ou *Brac* a d'abord signifié germe. Ce mot a été étendu dans la suite à signifier le grain germé & trempé dont on fait la biére ; & comme la biére se faisoit anciennement de froment, *frumento in potum resoluto*, dit Pline, on appella *Brac* ce beau froment, ce froment trié que l'on employoit à faire cette boisson. On fit ensuite la biére avec de l'orge ; alors on donna à l'orge le nom de *Brag*, comme on l'avoit donné au froment. *Brafet* signifie encore aujourd'hui en Breton orge mêlée de bled ; *Bras* est un adoucissement de *Brag* ; *Ed* ou *Et*, bled. *Bragget* en Anglois, sorte de boisson faite de biére, de miel & d'épiceries. On a dit *Brais* pour *Brag* en vieux François ; & *Braffeur* pour *Brasseur*, brasseur. Voyez *Brace*, *Bragawd*, *Bragod*, *Braghet*. De *Brag*, germe, est venu *Pragnans* Latin. Par la substitution de l'*f* pour le *b*, on a dit *Frag*, *Fray* ; de là la fraye des poissons.

BRAG, le même que *Brac*, briser. Voyez ce mot.

BRAG, le même que *Brog*, vallée. Voyez *Bracus*. *Bragadol*, vallée en Stirien & en Carniolois ; *Brecka*, pente en Islandois.

BRAGA, *BRAGES*, *BRAGOU*, haut-de-chausses. B. Voyez *Brace* & *Braghes*.

BRAGA, *BRAGAL*, se pavaner, se panader ; *Bragaldiezou*, braveries. On dit d'un homme, & sur tout d'un jeune garçon, *Bragal a-ra*, il s'émancipe, il prend l'essor, il va se divertir lorsqu'il faut faire son devoir. Celui dont la conduite est telle, est dit *Bragher*. Une femme qui n'est pas assez soumise, qui se donne trop de liberté, est dite *Bragherés*. En Vannetois *Braghal* signifie braver ; *Bragheret*, braveries, affiquets. Selon le Pere de Rostrenen *Bragal*, *Bragar* signifient être propre en habits, être leste ; *Bragaldiez*, ajustement. B. *Brag* en Anglois, se vanter d'avoir fait de grands exploits, faire des rodomontades ; *Bragaire* en Irlandois, rodomont, qui se vante ; *Praht* en Carniolois, orgueil ; *Braega*, beau ; & *Breagas*, beauté en Irlandois.

BRAGAD, enfant, race, lignée. G. De *Brag*.

BRAGAIRE, rodomont, qui se vante, faux brave. I. Voyez *Braga*.

BRAGAIREAS, caquet, babil, discours, vanterie. I.

BRAGAL, être propre en habits, être leste. B. Voyez *Braga*.

BRAGAL, se vanter d'être brave. B.

BRAGALDIEZ, ajustement. B.

BRAGAR, être propre en habits, être leste. B. *Bragard* en vieux François, homme proprement habillé. Voyez *Braga*, *Brao*, *Brav*.

BRAGARD, brave, vaillant. B.

BRAGARE, A. M. tirer vanité de sa parure ; de *Bragar*.

BRAGATIO, A. M. parure recherchée, populairement braverie ; de *Bragaldiez*.

BRAGAWD, le même que *Bragod*. G.

BRAGHADH, col, partie supérieure de l'animal. I.

BRAGHAIRT, faisseau, lien. I.

BRAGHEDI. Voyez *Braghet*.

BRAGHES, haut-de-chausses ; singulier, *Braghesen* ; pluriel, *Bragou*. *Bragou Bras*, grande culotte à la mode des Bas-Bretons & des paysans de plusieurs autres Provinces ; *Bragou Moan*, culotte étroite & courte. B. Bochart dans son Chanaan reconnoît que le *Braghes* est ce que les Grecs appelloient *Brakeis*. Voyez *Braca*.

BRAGHET, germé ; *Braghedi*, germer ou être germé. B. Voyez *Brag*.

BRAGIUM, A. M. le même que *Bracus*.

BRAGOD, vin miellé, vin de liqueur, entrée de table qu'on mangeoit avant que de boire le premier coup. G.

BRAGOD, *BRAGOTS*, biére assaisonnée de miel & d'aromates. G. *Brag*, biére ; *Od*, excellente. On voit par ce mot qu'*Ot* & *Od* sont le même terme.

BRAGOU, brayes, haut-de-chausses. B.

BRAGOWD-LYNN, biére aromatique. G.

BRAGUEIN, piaffer, B. Voyez *Bragar*.

BRAGUEREZ, affiquets, ornemens de femmes. B.

BRAGUEZ, bragues ou brayes, haut-de-chausses.

B. De là ces mots. *Broye* en vieux François, caleçon.

BRAGUEZ, germe. B. Voyez *Brag*.

BRAGUS, A. M. le même que *Bracus*.

BRAH, beau. I.

BRAH, le même que *Brag*. Voyez *Brahaing*.

BRAHAING, stérile. B. Je crois ce mot composé de *Brag* ou *Brah*, germe; & *Ancr* ou *Anc*, sans. On dit *Breme* en Patois de Besançon. On a dit *Brana* dans les anciens monumens; *Braheigne*, *Brahin*, *Brehagne*, *Brehanne* en vieux François; & *Brehaigneté*, stérilité; *Bárrayne* en Anglois; *Unberente* en Theuton, stérile.

BRAHER', beau, belle. I.

BRAHIC. Voyez *Bri*.

BRAHIR, parent. I.

BRAHOUDED, brouet. B. De là ce mot.

BRAI. Voyez *Bri*. *Broyer* en Patois de Besançon, être plein d'une bouë grasse.

BRAIAC. Voyez *Bri*. *Bragos* en Grec, marais; *Brago* en Italien, bouë.

BRAIARE, A. M. crier comme font les petits enfans. On disoit en vieux François *Braire*; de *Brailher*.

BRAICH, bras. G. Voyez *Bratch*. *Brais* en Irlandois, bras; & *Braislead*, braſſelet. *Braco*, bras en Espagnol; *Brachium*, bras en Latin; *Bras* en François, bras; *Braſſelet* en François; *Bracelet* en Anglois, braſſelet, ornement du bras.

BRAICH, grain préparé pour faire de la biére. I.

BRAICH O BENNILL, vers certaine quantité de mots & de syllabes. G.

BRAICHEIDIO, embraſſer. G. De *Braich*. J'obſerve que lorsque le mot eſt composé de trois ou quatre syllabes, les Gallois comme les Hébreux laiſſent les voyelles longues dans la première, & n'abrégent que la seconde.

BRAICHIAWC, qui a de grands bras. G.

BRAID, très-haut. E. *Braidd* en Gallois, le plus haut, le très-haut, Souverain; *Abrad* en Irlandois, éloigné; *Brad* en ancien Saxon, spacieux, large; *Braid* en Gothique; *Breis* en Theuton; *Breed* en Suédois & en Flamand; *Broad* en Anglois; *Breidur* en Iſlandois, large, spacieux; *Braiur*, élevé, haut en Iſlandois; *Broade* en Anglois, grand ou large outre mesure; *Brett* en Flamand; *Breit* en Allemand, ample; *Yſrat*, excès, trop en Turc; *Predny*, principal en Bohémien. De *Brad* eſt venu *Bredalle*, qui en Picardie signifie gros ventre; & *Bredaille*, ventru, qui a un gros ventre. En comparant *Brad*, *Braid*, *Braidd*, *Bred*, *Bras*, on voit que ce n'eſt que le même mot. *Halbreda* en François parmi le peuple, eſt un nom de mépris qu'on donne à un homme fort grand; *Al*, article.

BRAID, pointe, aiguillon. I.

BRAFDA, A. M. champ; de *Braid*, large, ample; ou de *Bro*.

BRAIDD, extrémité, extrême, le plus haut, très-haut, le Souverain, à peine, conjonction diminutive, adverbe pour relâcher. G. *Braidd*, de même que *Don*, signifie le plus haut & le plus bas. *Braidd* signifiant extrémité, signifie par conséquent bord, lisière. On dit en Patois de Besançon *Bratta*, pour arrêter un chariot qui va trop vîte. *Braidd* signifiant le plus haut, le très-haut, eſt par conséquent une particule superlative, une particule augmentative. Voyez *Braid*, *Brad*. De *Braidd* eſt venu le mot *Bredouille*, qui dans le jeu de trictrac signifie partie qui double, partie qui augmente du double.

BRAIDHEARTA, grand sot, sot insigne. I.

BRAIGHD, captif, esclave, lié, emprisonné. I.

BRAIGHE, col. I.

BRAIGHE, captif, lié, esclave, emprisonné. I.

BRAIGHISLEAD, collier. I.

BRAILE, chancelement. B.

BRAILHER, piailleur, criailleur. B. De là braillard en François; *Braillou*, *Brillou* en Franc-Comtois.

BRAILTE, broyé, pilé. I.

BRAIN, rouge de pourpre, pourpré, rouge. G.

BRAIN, le même que *Braen*, rance, puant, &c. B.

BRAIN, le même que *Bran*. Voyez *Olbrain*.

BRAIN, le même que *Braint*. Voyez *Breiniog*.

BRAINCHEILE, mariée, épouse. I.

BRAINEACH, abondant. I.

BRAINNE, ventre. I.

BRAINT, droit, prérogative, privilége, droit de Cité, immunité, liberté, dignité. G. L'*ſ* & le *b* se mettent l'un pour l'autre; ainsi on a dit *Fraint* comme *Braint*, comme il paroit par les mots *Franq*, *Franqiz*.

BRAINT, axiome, maxime certaine, sentence reçue & approuvée. G.

BRAIOT. Voyez *Bri*.

BRAIREADH, dispute, débat. I.

BRAIS, bras. Voyez *Braislead*.

BRAISG, grand, ample, vaſte, spacieux, d'une grandeur démesurée, gros, abondant, fécond, fertile, robuſte, qui eſt arrivé au point de son accroiſſement. G.

BRAISLEADH, braſſelet. I. En comparant *Braighe*, *Braighislead*, *Braich*, *Braislead*, on voit que *Brais* a signifié bras en Irlandois; & *Lead*, *Led*, largeur. Voyez *Breicled*.

BRAITEADACH, manteau. I. *Eadach*, habit.

BRAITH, le même que *Braidd*. G.

BRAITH, voir de loin, épier, veiller. I.

BRAITHEOIR, espion. I.

BRAIUM. Voyez *Bri*. On appelle encore *Bray* en plusieurs endroits du Royaume la terre grasse dont on fait les murailles de bauge, & le courroy dont on enduit les bassins des fontaines, & les chauſſées des étangs.

BRAK, bras, main. I. Voyez *Braich*.

BRALL, branle, ébranlement, son de cloche à la volée. B. De là branle par l'insertion de l'*n*.

BRALLA, secouer, agiter, branler. B. De là ce dernier mot.

BRALLEIN, pencher. B.

BRALTIN, drap. G.

BRAM, pet. G.

BRAM, puant. G.

BRAM, bruit. B. De là *Bramer* en vieux François; *Bramar* en Espagnol; *Brama* en Comtois, crier. On voit par là que *Bram*, qui signifioit bruit en général, a signifié cri, qui eſt une des espèces du bruit; & que par conséquent il a été sinonyme de *Bann*. *Bram* en vieux François, grand cri, cri.

BRAM, le même que *Bren*. Voyez ce mot.

BRAM, près, proche. Voyez *Brem*.

BRAMM, pet. G. *Brama* en Patois de Besançon; peter.

BRAMMA, crever, peter; *Brammet*, crevé; *Brammer*, peteur; féminin, *Brammerés*. B. Voyez *Bramm*, *Brammu*.

BRAMMU, peter. G. B.

BRAMOSU

BRA.

BRAMOSUS, A. M. puant; de *Bram*.
BRAN, corbeau. G.
BRAN, élevé. G.
BRAN, BRON. Ces deux mots Celtiques, dit Baxter, me paroissent signifier dans différens dialectes Gallois le front, & toute partie de devant en général. *Front* Latin, continue cet Auteur, ne peut être venu que de *Bron* Celtique: J'ajoute que l'analogie de la Langue autorise ce changement, parce que l'*f* & le *b* se mettent l'un pour l'autre.
BRAN, Roi; plurier, *Breein*. C.
BRAN, charbon ardent. I. Voyez *Brain. Brandur*, tison en Runique; *Brune*, ardeur, chaleur en Islandois. On appelloit un sabre en vieux François *Branc*, de *Bran*, à cause que sa clarté rendoit une lueur qui approchoit de celle de la flamme, comme celui que nos Bibles nomment un glaive flamboyant.
BRAN, noir, corbeau. I. Voyez *Bran*. *Vran* en Esclavon, corbeau; *Gravran* en Dalmatien; *Hawran* en Bohémien; *Chafran* en Croatien, corbeau. *Fran* dans les montagnes de Franche-Comté signifie le diable, ce qui est mauvais, ce qui est fâcheux. Les termes qui ont signifié noir, se sont pris au propre & au figuré dans toutes les Langues. Voyez *Du*. Voyez *Bran* plus bas & *Fran*.
BRAN, fosse, creux. I.
BRAN, son. I. *Bran* en Anglois. Voyez *Bren, Brenenn*.
BRAN, le même que *Brean*. I.
BRAN, corbeau, corneille; plurier, *Brini*. B. Voyez *Bran* plus haut.
BRAN, le même que *Brahaing*. Voyez ce mot.
BRAN. Voyez *Brann*.
BRAN, bois. Voyez *Pren* & *Bran-Huecq*.
BRAN. Voyez *Brenn*.
BRAN, le même que *Fran, Gran, Pran, Vran*. Voyez B.
BRAN, le même que *Braen*. Voyez *Branar*.
BRAN, le même que *Bren, Brin, Bron, Brnn*. Voyez *Bal*.
BRAN, corneille, corbeau. G. Voyez *Bran*.
BRAN, corbeau. B.
BRAN-DRE FRAU, corneille. C.
BRAN-HUECQ, réglisse. B. *Huecq*, doux; *Bran* par conséquent bois.
BRAN-LOUET, corneille grise. B.
BRAN-VRAOZ, corbeau. C.
BRANA, A. M. jument stérile; de *Brahaing*.
BRANAMH, échec, piéce du jeu des échecs. I.
BRANAR, le même que *Bracnar*. G. & par conséquent *Bran*, le même que *Braen*.
BRANAR, chûte. I.
BRANAR, fauve, qui tire sur le roux. I.
BRANARU, labourer une terre pour la première fois. G.
BRANCA, BRANCHA, BRANCHIA, A. M. branche; de *Brancq*. *Branca* s'est dit aussi par analogie des pattes des bêtes fauves & oiseaux de proye.
BRANCE en vieux François pour *Brace*. Le froment dont le grain est très-blanc est appellé par les Gallois *Guineth-Vranc*; & dans certaines contrées d'Angleterre, *Branks*; *Guineth*, froment.
BRANCELLI, escarpolette. B.
BRANCELL, branloire, brandilloire, ce sur quoi on se brandille. B. Voyez l'article suivant.
BRANCELLA, branler, brandiller, agiter sur une branche d'arbre. B. Voyez *Brancq*, *Brank*, *Brancell*. De *Brancella*, par crase, est venu branler.
BRANCELLADUR, branle. B.

BRA. 201

BRANCELLAT, branler, brandiller. B. Voyez *Brancella*.
BRANCHADA, A. M. brancard; de *Brancqard*.
BRANCQ, branche, rameau, grappe. B. De là *Branche* en François; *Branch* en Anglois; *Branca* en Espagnol, branche; *Breena*, verge en Albanois.
BRANCQARD, brancard. B.
BRAND, amac, strapontin. B.
BRAND. En comparant ensemble *Branda, Brandennecq, Brandon*, on voit que *Brand-a* signifié rameau, branche. Voyez *Brandelli*, & comparez-le avec *Brancella* dont il est synonime.
BRANDA, beau. I.
BRANDA, grosse cloche. Ba.
BRANDA, A. M. torche, flambeau. Voyez *Ambren*.
BRANDA, A. M. branche; de *Brand*.
BRANDATUS, A. M. brodé; de *Brodio*.
BRANDELLI, brandiller, branler, agiter sur une branche d'arbre. B. Ce terme étant synonime de *Brancella*, qui est formé de *Brancq*, on voit par là que *Brand* est le même que *Brancq*.
BRANDENNECQ, touffu d'arbres. B. De *Brand*, rameau: c'est la multitude des rameaux qui rend touffu. On appelle à Lyon *Brandons*, des rameaux verds auxquels on attache des pommes, des gâteaux, des oublies le premier Dimanche de Carême.
BRANDEUM, A. M. ceinture, écharpe dont on se ceignoit. On lit dans Saint Isidore *Prandeum*, espèce de ceinture; de *Prena*, fermer. On a ensuite appellé *Brandeum* les draps ou voiles dans lesquels on enveloppoit ou enfermoit les reliques; & comme ces draps ou voiles étoient ordinairement de soye, on appella aussi une étoffe de soye *Brandeum*.
BRANDHA, beau. I.
BRANDHAN, beau. I.
BRANDO, BRANDONUS, A. M. torche, brandon. Voyez *Ambren*.
BRANDO, A. M. voile ou panonceau que l'on met dans les héritages qui sont sous la main ou la garde du Souverain; de *Bren* ou *Bran*, Souverain; *Tuomy*, en composition *Duony*, réserve, garde. On dit encore *Brandonner* en ce sens dans la Franche-Comté.
BRANDON, brandon. B.
BRANDON, bouchon de cabaret. B. De *Brand*; parce qu'il est fait de rameaux.
BRANEL, selon Dom le Pelletier, loquet, ou petite machine de bois qui sert à ouvrir les portes & à les tenir fermées sans clef. Il se dit aussi d'une bequille de vieillard. Selon le Pere Maunoir, *Branel* signifie tourniquets. Selon le Pere de Rostrenen, *Branel* signifie tourniquets, jeu de hazard, bequille, le traversier où est appuyée la latte de la charrue. B.
BRANELLOU TREID, échasses. B.
BRANES, droit, prérogative, privilége, droit de Cité, immunité, liberté, dignité. G. Voyez *Braint*.
BRANK, branche, grappe; plurier, *Brancou*. B.
BRANKELL, branche. B.
BRANMASSI, A. M. brigands, qui à main armée saccageoient une Province; de *Bren* & *Macha*.
BRANN, son, ce qui reste de la farine blutée ou sassée. G. B. *Branne* en Anglois, son. Voyez *Brannum*.
BRANN, noir. I. Voyez *Bran*.

TOME I.   Bbb

BRANNUM, A. M. son; de *Brann*.
BRANOS, petit corbeau. G. *Bran*, corbeau; *Os*, diminutif; de là nos diminutifs en *Os*, *Pierrot*, *Jannot*, &c.
BRANOS, corbeaux au plurier. G. Voyez *Bran*.
BRANTIA, BRANZIA, A. M. lame d'or déliée; de *Brand* par analogie. Voyez *Branca*.
BRANUM, A. M. lieu haut & profond. Voyez *Bren*.
BRAO, leste, propre en habits, beau, belle, bien adverbe. B. Ce mot a souffert une crase naturelle & facile: On a dit *Bro* pour *Brao*, ainsi qu'on le voit par *Brau* qui est le même que *Bro*. On a aussi mis le *p* pour le *b*, ainsi qu'il se voit dans *Propr*, *Propic*; ainsi on a dit *Prao*, *Pro*. En insérant dans le mot l'*e* qui y est sous-entendu, on a dit *Bero*, *Pero*. L'*f* se mettant pour le *b*, on a dit *Frao*, ainsi qu'on le voit par *Ffrost*. *Abros* en Grec, agréable; *Prau* en Esclavon; *Pravi* en Lusatien, séant, convenable; *Pro* en Tartare du Thibet, agrément, joie, allégresse; *Froh* en Allemand, joyeux, réjouissant, divertissant; *Ffraai* en Flamand, beau, joli, mignon.
BRAO, le même que *Frao*, *Grao*, *Prao*, *Vrao*. Voyez *B*.
BRAO, le même que *Bran*. Voyez le mot suivant.
BRAO-LOUET, le même que *Bran-Louet*, corneille grise. B.
BRAOC, barbeau poisson. B. C'est une crase & une transposition de *Barvoc*; de *Barv*.
BRAOCH, frontière d'un Pays, bord. I.
BRAOIGHEAN, dispute, contestation, querelle, débat, combat. I.
BRAOIGNE, frontière d'un Pays, bord. I.
BRAOINE, querelle. I.
BRAON, goutte, gouttes, distillation, écoulement. I.
BRAONADH, dégoutter, couler goutte à goutte. I.
BRAOUHED, boisson, B.
BRAOUNEN, brin, point du tout d'aliment. B.
BRAOZ dans un dialecte du Gallois, grand. G.
BRAOZ, énorme, grand, long, gros. C.
BRAQUILE, A. M. baquet; de *Brocq*.
BRAS, bras. G. De là le mot.
BRAS, épais. G.
BRAS, grand. C. Voyez *Bras*, grand plus bas.
BRAS, orge qui est fermenté pour la biére. I.
BRAS, vite. I. Voyez *Bres*.
BRAS, grand, haut, élevé, majeur, ample, gros, notable, illustre, très marque du superlatif, beaucoup, grief. B. *Bras* en Gallois, grand; *Breas* en Écossois & en Irlandois, grand; *Braid* en Écossois, très-haut. *Pra* en Siamois désigne tout ce qui, à raison de son excellence & de sa grandeur, est digne de vénération; *Brac* en Langue du Sénégal, Roi, ou Empereur des Rois; *Efraz*, élevé en Persan; *Brad* en ancien Saxon, vaste, spacieux, ample, large; *Braid* en Gothique; *Bred* en Danois; *Breed*, *Breid* en Flamand, large, ample; *Broad* en Anglois; *Breit* en Allemand, large. De *Bras*, beaucoup, est venu *Salebra* Latin; *Sal*, cailloux, rocher; *Bras*, beaucoup, grand nombre.
BRÂS, gros, selon Davies, qui ajoute: Nous nous servons aujourd'hui de ce mot pour signifier gras. *Brâs*, selon Thomas Guillaume, signifie abondant, fécond, fertile; & *Bras*, selon le même Auteur, signifie gros, gras, qui a bien de l'embonpoint, huileux, grand. G. *Bras* en Breton, graisse,

beurre; (Voyez *Brechdan*) *Braise*, en termes de cuisine, est une graisse dans laquelle on cuit des viandes; *Bria* en Hébreu, gras; *Rasa* en Finlandois, graisse. Dans les gloses de Saint Isidore on lit *Bassus*, gras: I'r est omise. De *Bras* est venu *Cras* en vieux François, gras. (le *b* se change en *c*) De *Cras* est venu dans notre Langue *Gras*; *Grasso* en Italien; *Graesso* en Espagnol. Les Latins, de *Cras*, venu de *Bras*, ont fait *Crassus*, gros. On a dit *Pras* comme *Bras*. Voyez *Prad*, *Braz*.
BRAS, graisse, beurre. Voyez l'article précédent.
BRAS, grossier, rustre, brute. Voyez *Divrasa*.
BRAS, braise. Voyez *Brasouer* & *Brasa*. De là braise.
BRAS. On voit par *Brases* que *Bras* est le même que *Brag*.
BRAS FLAWD, fleur de farine de froment. G. A la lettre, graisse de farine de froment. On disoit en Hébreu du pain gras, du vin gras, pour du pain excellent, du vin exquis.
BRAS-GAM, d'échasses. G.
BRAS-HOARN, ceps. B.
BRAS-WLAN, étoupes, laine grasse. G.
BRASA, braise. Ba. Voyez *Bras*. On trouve *Brasa* en ce sens dans les anciens monumens. *Braciti* en Bohémien, rôtir; *Brasciare* en Italien, bruler; *Abrasar* en Espagnol, embraser, brûler; *Braten* en Theuton; *Braden* en Flamand; *Breda* en Suédois; *Bredan* en ancien Saxon, rôtir; *Bragia* en Italien, braise.
BRASADELLUS, A. M. espèce de gâteau, apparemment cuit sur la braise; de *Brasa*.
BRASDDAIL, qui a de grandes feuilles. G.
BRASDER, grosseur, épaisseur, capacité, étendue d'un lieu, graisse, excès d'embonpoint, trop de graisse, fertilité, abondance, fécondité. G.
BRASDER, grandeur, étendue.
BRASES, femme enceinte. B. Voyez *Bras*.
BRASET, froment mêlé avec de l'orge, dont on fait de gros pain de ménage; *Bara Braseth*, gros pain. B. Voyez *Bras*.
BRASEZEIN, engrosser une femme. B.
BRASHAU, devenir fertile. B.
BRASIA, le même que *Brous*, hallier. Voyez ce mot.
BRASLUNIAD, crayon, essai, ébauche, esquisse. G. A la lettre, représentation grossière.
BRASLUNIO, faire les premiers traits d'un tableau, l'ébaucher. G.
BRASNADDU, ébaucher un ouvrage, doler. G.
BRASOCH, comparatif de *Bras*. B.
BRASONNI, hauteur. B.
BRASOUER, brasier, chauferette. B. Voyez *Brasa*.
BRASSA, superlatif de *Bras*. B.
BRASSAA, BRASSAAT, grandir, devenir ou rendre grand, aggrandir, croître, augmenter. B.
BRASSAU, devenir gras, grossir, s'épaissir, s'étendre, engraisser, rendre gras. G.
BRASSESI, BRASSEZEIN, engrosser une femme. B.
BRASTAEDD, grosseur. B.
BRASWIDIEC, qui sçait beaucoup. G.
BRAT, couverture, voile, manteau. I.
BRAT, toujours. I.
BRAT, le même que *Brad*; comme *Bot* est le même que *Bod*.
BRATACH, étendard, drapeau. I.

BRA.

BRATES, A. G. herbe qui a trois pointes ; de *Brath*.

BRATH, morsure, piqueure. G. *Beras* en Chaldéen, trouer.

BRATH, voile. I.

BRATH, le même que *Brach*. I. De même des dérivés ou semblables.

BRATH, le même que *Brach*. I.

BRATH, contempler, examiner, observer, épier. I.

BRATH, toujours. I.

BRATH. GO BRATH, jamais, pas, point. I.

BRATHAC, continuellement, perpétuellement, toujours. I.

BRATHACH, étendard, drapeau, enseigne, bannière. I.

BRATHAIR, frere. I. Voyez *Breudur*. *Brawd*. L'*f* & le *b* se substituant, on a dit *Fratair* comme *Brathair* ; de là *Frater* en Latin.

BRATHIAD, piqueure, ponction piquante, âpreté. G.

BRATHU, mordre, piquer, trouer. G.

BRATT, lambeau, haillon, piéce. G. *Bratt* a fait *Fratt*, *Fret*, ainsi qu'on le voit par *Freteté*, *Fritellum*. D'ailleurs *Brac* a fait *Frac* ; de là fracasser en notre Langue.

BRAU, fragile. G. Voyez *Brag* & *Brav*.

BRAÚ, beau, leste, propre en habits. B. *Brav*, joli en Auvergnae.

BRAV, leste, propre en habits. B. Ce mot est encore en usage dans notre Langue en ce dernier sens. On disoit en vieux François *Braveté* pour beauté.

BRAV, BRAOU, BREW, qui se prononce *Breo*, meule de moulin à bras. Il signifie proprement la pierre qui écrase. B. Ce mot est formé de *Brev*, briser, écraser ; & *Maen* ou *Man*, en composition *Van*, pierre ; de là *Brewan* qui se dit en ce sens dans le Gallois. *Brew*, apocope de *Brewan* ; *Brav*. *Braou*, différentes manières de prononcer *Brew*.

BRAVENTEZ, affiquets, ornemens de femmes. B.

BRAVERIOU, ajustemens. B.

BRAUS, grand, gros. B. De là gros. Voyez *Bras*. *Gross* en Allemand, grand.

BRAUSCUS. Voyez *Brouss*.

BRAUSIA, Voyez *Brouss*.

BRAW, crainte, effroy, frayeur, terreur, épouvante, peur, consternation, tremblement. G.

BRAW que l'on prononce *Brao*, fort, vaillant, brave, beau, agréable, ce que l'on donne aux enfans pour les réjouir s'appelle *Braw-Braw*, ou *Bro-Bro*. B. De là *Brave* en François & en Anglois, brave ; *Bravo* en Italien, hardi ; *Brauo* en Espagnol, brave, courageux, vaillant, fier, arrogant, superbe, furieux, terrible ; *Braweren* en Flamand, braver ; *Bravieren* en Allemand, menacer. De *Braw* ou *Praw* est venu notre mot *Preux* : Voyez *Brawychu*, & *Difraw*. Voyez *Ffraw* qui est le même mot.

BRAWD, frere ; au plurier *Broder*, *Brodyr*. G. *Bradr*. en Bohémien ; *Bradt* en Lusatien ; *Brat* en Esclavon & en Polonois ; *Brath* en Dalmatien ; *Brothr*, *Brouthr* en Gothique ; *Brother*, *Brothor* en ancien Saxon ; *Brueder* en Theuton ; *Bruder* en Allemand & en Tartare ; *Berader* ou *Brader* en Persan ; *Broeder* en Flamand ; *Brother* en Anglois ; *Broder* en Suedois & en Danois ; *Brodir* en Cimbrique ; *Brodur* en Islandois, frere. Voyez *Brathair*, *Browd*.

BRAWD, fin. G.

BRAWD-SERCH, amitié fraternelle. G.

BRAWD, jugement. G.

BRE.

BRAWDBARN, jugement. G.

BRAWDGAR, qui aime son frere. G. *Brawd* ; *Car*, en composition *Gar*. On a dit aussi *Brawdear* ; de là le surnom si commun de *Brocard*. Les Grecs ont donné le même nom en leur Langue : *Philadelphos*, qui aime son frere.

BRAWDGARWCH, amitié fraternelle. G.

BRAWDLADD, fratricide. G.

BRAWDLE, tribunal, lieu où l'on rend des jugemens. G.

BRAWDOL, judiciaire. G.

BRAWDOLIAETH, fraternité. G.

BRAWDWR, juge. G.

BRAWU, épouvanter, être épouvanté. G. De *Brawu*, *Vrawu* ; de là *Vereor* Latin, car *Vrawu* se prononce *Vrao*.

BRAWUS, qui craint, qui a peur, craintif, peureux, timide, qui est troublé. G. De *Brawus*, *Frawus*, d'où est venu, en ajoutant l'*a* paragogique, *Afre*, épouvante en vieux François, terme qui est encore en usage en Franche-Comté ; & *Afrou*, qui dans la même Province signifie épouvantable, affreux. Du vieux mot *Afre* est venu affreux dans notre Langue. De *Frawus* sont venus nos termes frayeur, effrayer. *Frotte* en Danois, crainte.

BRAWYCHU, épouvanter, être épouvanté. G.

BRAWYCHUS, craintif, peureux, timide, tremblant, épouvanté, troublé, confondu, embarrassé, surpris, étourdi, interdit, impétueux. G.

BRAY, goudron noir. B. Voyez *Bre*, *Brea*.

BRAYETA, A. M. caleçon ; *Brayel* en vieux François ; de *Braga*.

BRAYNI, corrompre. G. Voyez *Braen*.

BRAZ, gros, gras. C. B. Voyez *Bras*.

BRAZ, grand, extrêmement grand, ample. C. Voyez *Bras*.

BRAZEDIGUIAH, grosseffe. B.

BRAZET, orge. B. Voyez *Braset*, *Bract*.

BRE, grand. G. B.

BRE, hauteur, élévation, montagne, colline ; au plurier *Breon*. G. *Brecka* en Islandois, colline, éminence ; *Brieyh* en Esclavon, colline, éminence.

BRE, promontoire. G.

BRE, BRI, lieu élevé ; & au figuré le souverain honneur, la liberté, la puissance. G. *Bri*, particule augmentative en Grec ; *Pre*, *Pri* en Illyrien, particules qui marquent le premier rang, ce qui est au-dessus ; *Brego* en ancien Saxon, Prince ; *Pre* en Latin, particule qui marque la supériorité. On voit par ces trois articles que *Bre* est le même que *Ber*.

BRE, BRI, BRO, forteresse sur une montagne, forteresse d'une Ville, forteresse au figuré, Ville & toute espèce d'habitation. G. *Bria* dans la Langue des anciens Thraces, Ville, Voyez *Bre* le même que *Ber*, *Berb*.

BRE, le même que *Braa*. I.

BRE, haut, élevé au propre & au figuré. Voyez *Breyn*.

BRE, cime, sommet. Voyez *Ber*.

BRE, beau. Voyez *Vaivre*.

BRE, vite. Voyez *Ber*.

BRE, le même que *Ber*, pierre. Voyez *Breolym*.

BRE, le même que *Pre*, terre ; comme *Bri* est le même que *Pri*.

BRE, le même que *Bur*. Voyez *Bretugnen*, *Brai*, *Brein*.

BRE, le même que *Ber*, *Berb*. Voyez ce mot. *Brez*, ceinture, enceinte en Albanois.

BRE, le même que Bra, Bri, Bro, Bru. Voyez Bal.
BRE, le même que Fre, Gre, Pre, Vre. Voyez B.
BRE, peine, difficulté, répugnance, douleur, déplaisir, travail. B.
BREA, le même que Brao. B.
BREA, naphte, goudron. Ba. Voyez Bray.
BREABADH, corrompre. I.
BREAC, le même que Breach. I.
BREAC, truite. I. Voyez Breach.
BREACADH, tacheter, marquer de différentes couleurs. I. Voyez Breac.
BREACAN, espèce de manteau. I.
BREACH, varié, tacheté, marqueté, pie adjectif I.
BREACH, frontière. I.
BREACH, bras. B.
BREACH, petite vérole. B.
BREACH MARA, rouget poisson. I.
BREACH NAGADH, mélange. I.
BREACHTAN, froment. I.
BREADACHD, beauté. I.
BREADHA, beau. I.
BREADUAS, beauté. I.
BREAG, fausseté, mensonge. I.
BREAGA, beau, magnifique, délicat, délicatesse, brave, vaillant, hardi, I.
BREAGAC, faux. I.
BREAGACH, menteur, faux, erroné, feint, déshonnête. I.
BREAGAD, dire des fadaises. I. Voyez Breagadh qui est le même.
BREAGADH, flater, caresser, dorloter, cajoler, attirer, amorcer, engeoler, gagner quelqu'un, tromper, amuser, jouer, se moquer, corrompre, tromperie, amorce, cajolerie, flaterie, caresses. I.
BREAGAIRE, trompeur, amorceur, menteur. I.
BREAGAIRID, flateur. I.
BREAGAN, tromperie, amorce, allèchement, adresse, tour d'adresse, babioles. I.
BREAGCRABHADH, hypocrisie. I.
BREAGH, beau, spacieux. I.
BREAGHA, beau. I. Voyez Breaga qui est le même.
BREAGHAS, beauté. I.
BREAGHDHA, beau. I.
BREAGNUGADH, nier, contredire. I.
BREAK, claye. I. De là Bré, en Patois de Franche-Comté berceau, fait originairement de clayes.
BREALLACH, qui a de grosses levres. I.
BREAN, fécal, qui est d'excrément, puant, empuanti, sale, dégoutant, qui a un mauvais goût, de lie, de mare. I. Voyez Braen.
BREANADH, empuantir, remplir de puanteur, excrément, fiente, fumier. I.
BREANTA, empuanti, puant. I.
BREANTUS, crote, saleté, vilenie, bouë, putréfaction, corruption. I.
BREAS, Prince, Roi, tyran, Grand. I. Voyez Bras.
BREAS, grand. E.
BREASAIRE, babillard. I.
BREASAIREAS, babil, caquet. I.
BREASAVAIL, royal. I.
BREASCHATAIR, tróne. I.
BREASCHOLBH, sceptre. I.
BREASDA, Chef, Prince, capital. I.
BREASHERA, épine, buisson. I.
BREASLAN, palais du Roi, palais. I.
BREASLONG, palais du Roi, palais. I. Long est donc synonime de Lann.

BREAT, brayer ou goudronner. B.
BREATH, sentence arbitrale. I.
BREATH, le même que Breach. I.
BREATHAM, juge. I.
BREATHAMHNUS, sentence arbitrale. I.
BREATHAV, juge. I.
BREATHAVRAS, conseil, assemblée de Conseillers. I.
BREATHNACH, Breton, Gallois. I.
BREATHNAS, épine, buisson. I.
BREATHNAYIM, juger I.
BREATHNUGADH, juger, connoître, censurer, censure, regard fixe. I.
BREATHNUGHA, remarque I.
BREATHUGADH, adjuger, arbitrer, fonction d'arbitre, appercevoir. I.
BREATIN, Bretagne, pays de Galles. I.
BREAU, n'en pouvoir plus de fatigue. B.
BREBADH, corrompre. I. Voyez Bre.
BREC, bras. G. Voyez Brech.
BREC, le même que Breg. Voyez ce mot.
BRECA, A. M. vase ; de Broq.
BRECCI, la liqueur dont on fait la biére, lorsqu'elle n'est pas encore cuite. G. Voyez Brag.
BRECCINNI, le même que Brecci. G.
BRECES, A. M. champ ; de Brog ou Broc.
BRECH, beau. I.
BRECH, le même que Breach. I.
BRECH, bras. B. Voyez Brec, Brach.
BRECH, la petite vérole. B. Voyez Brych, Brychau, Brychwyn.
BRECH, brêche. B. Voyez Brac.
BRECH, féminin de Brych, couleur noirâtre, &c. G.
BRECH, le même que Brec, ainsi qu'il paroit par notre mot François brêche. On voit par là & par Breca, que Brech a signifié ouverture, creux, sinuosité. Voyez encore Bres.
BRECH YR JUDDEWON, lépre. G. A la lettre ; vérole des Juifs.
BRECHAD, brochette. B.
BRECHAETT, poitrine. B. C'est le même que Bruched.
BRECHAIN. Voyez le mot suivant.
BRECHAINDER, stérilité. B. & par conséquent Brechain, stérile. En ancien Indien Brechmasin, avortement, stérilité.
BRECHAT, le même que Brichat. B. Voyez Brech.
BRECHDAN, pain fait avec du beurre. G. De là Brioche, Bras ou Brach, en composition Brech, graisse, beurre : Il faut donc que Tan, ou Dan signifie pain.
BRECHED, escabeau. B.
BRECHEIN, ébrécher. B.
BRECHEN, pointe. B.
BRECHEN, broussailles, reste de menu bois abandonné, qui n'est bon que pour le feu. B.
BRECHET, pointe. B.
BRECHMOR, détroit de mer. B. A la lettre, bras de mer.
BRECZA, brasser. B.
BRECZER, brasseur. B.
BRED, vîte, précoce, tôt, de bonne heure. B. En comparant ce mot avec, Abred, Prés, Pret, on voit qu'on a mis indifféremment le b & le p au commencement du mot, & le d & le t à la fin ; ainsi on a dit Bred, Pred, Bret, Pret, Brés, Prés. En confrontant Bred avec Rhedeg, Rheden, & notre terme François roide, pour vîte, rapide, on voit que le b dans Bred peut s'omettre, & que l'on a dit Red comme Bred. Voyez Abrid, Abret.

BREDAR

BREDAR, frere. C. Voyez Breder, Brathair.
BREDER, frere. B. Voyez Bredar.
BREDHA, le même que Breadha. I. De même des dérivés ou semblables.
BREDYAH, frairie. B.
BREDYCH, trahison, perfidie. G.
BREDYCHUS, de traître. G.
BREDYCHWR, déserteur, transfuge, traître. G.
BREEIN, rouge de pourpre. Voyez Blodan R Breein. Les paysans de Franche-Comté appellent Brenot, un bœuf d'un rouge brun. On appelle dans la même Province Bregin, une poire d'un rouge brun. Bregin est le même que Breein.
BREEN, bois. Voyez Bren.
BREEN, le même que Bren. Voyez Brenbin.
BREF, meuglement. G. De là Brefter en vieux François, clabauder, crier. Voyez Brefu.
BREFERAD, meuglement, mugissement, bêlement, mugir, meugler, rugir, rugissement, pousser des petits mugissemens. G.
BREFF, brieux terme de marine. B.
BREFIAD, mugissement, rugissement. G.
BREFIAD DEFIAD, bêlement. G.
BREFU, mugir, rugir, bêler. G. Il paroit par Ailbrefu que ce mot a été étendu à signifier former un son en général.
BREG, l'action de rompre, rupture, fracture. G. Berek ou Brek en Hébreu, trou, rupture ; Pharak ou Phrak en Hébreu & en Chaldéen, briser, rompre ; Breche en François, brèche, rupture, ouverture ; Breccia en Italien, brèche ; Bregnuo en Grec - Éolien ; Brecan en ancien Saxon ; Brikan en Gothique ; Brechan en Theuton ; Brechen en Allemand, briser, rompre ; Breken en Flamand, détruire, rompre, briser ; Breke en Danois ; Break en Anglois, rompre, briser. Breg en Esclavon, port : les ports sont des fractures du rivage. De Breg on a dit Bres, Bris ; de là briser en notre Langue ; de là Bresca, Bresque, rayon de miel en Languedocien. Voyez Breich.
BREG, soulier dans l'Isle de Mona. Voyez Brog.
BREG. On voit par Braisgd, Breched, Bre, Ber, qu'on a dit Breg, Brec comme Berg.
BREG, le même que Breag. I.
BREG, joie. I.
BREGASEIN, BREGASSEIN, BREGASSAT, roter. B.
BREGH, le même que Breagha, beau. I.
BREGIN, le même que Breein. Voyez ce mot.
BREH, bras. C. B. De là Brayer en Patois, Broyer en François.
BREH, grivelé, peint ou tacheté de différentes couleurs. B.
BREH, le même que Breg. Voyez Brehonnein.
BREHAD, brassée. B.
BREHAIGN, femme stérile. B. Voyez Brahaing. Barrayne en Anglois ; Bereigne en Patois de Metz, stérile. On appelle une carpe Breme, celle qui n'a ni œuf ni laitance, & qui est par conséquent stérile.
BREHARTT, brassart. B. Voyez Breh.
BREHAT, moucheter, tacheter. B.
BREHATAT, embrasser. B.
BREHATEIN, accoler. B. Voyez Breh.
BREHATEREAH, accolade. B.
BREHIC, petit bras. B.
BREHMOR, bras de mer, golfe. B.
BREHON, Juge. I.
BREHONNEIN, broyer, égruger. B.

BREHONNEN, miette, petit fragment ou petit morceau, particule, brin. B.
BREHYR, le même que Breyr. G.
BREIAN, le même que Breuan. Voyez l'article suivant.
BREIANLLIF, le même que Breuanllif, G. & par conséquent Breian, le même que Breuan.
BREIARE, A. M. broyer le pain ; de Breh.
BREICH, brêche. B. Voyez Breg.
BREICHDLWS, bracelet. G.
BREICHGAM, qui a le bras courbe. G.
BREICHIAT, le même que Briat. B.
BREICHIO, participer, être du parti de quelqu'un. G. On voit bien que ce mot est formé de Braich, bras. Breichio aura d'abord signifié prêter son bras à quelqu'un pour l'aider à faire quelque chose ; on l'aura après transporté au figuré pour signifier aider quelqu'un de quelque manière que ce soit, le favoriser, être de son parti ; ensuite on ne l'aura employé que dans ce dernier sens.
BREICHIOG, qui a des bras, qui a des branches, branchu. G.
BREICHLED, bracelet que les femmes portoient au haut du bras. G. De là bracelet. Voyez Braislead.
BREICLEDR, brassard. G. A la lettre cuir du bras.
BREICHRWY, brassard, bracelet, bracelet que les femmes portoient au haut du bras. G. Braich, bras ; Rhwyd, rets, filets.
BREICHWISG, bracelet. G. Braich Gwisg, habillement : le g initial se perd en composition.
BREID O FREID, difficilement. C. Freid en composition pour Breid, qui signifie donc difficile. Voyez Braidd.
BREIDDBEN, extrémité, fin, cime, faîte. G. Braid Ben.
BREIDDFYW, demi-vif, à moitié mort. G. Braidd Byw.
BREIDDGWR, extrémité, fin. G.
BREIG, paysan. I.
BREIGDEANADH, falsifier. I.
BREIGPHIOS, enthousiasme. I.
BREIGMHIANNACH, faux, controuvé. I.
BREIGN, pourri. B. Voyez Braen.
BREIGRIOS, déguiser, travestir. I.
BREIH, tacheté, peint de diverses couleurs. B.
BREIL. Voyez Brogilum.
BREILCE, lourdaud. I.
BREILLICID, fou, badaud, niais. I.
BREILLIOR, sot, badaud. I.
BREILU, rose. C. Voyez Breilw.
BREILW, rose. G.
BREIN, goutte. I.
BREIN, infect, pourri, gâté, corrompu, rance, puant. B. Voyez Braen, Breine, Brian.
BREIN LOR BREIN, ladre vert. B. A la lettre ladre pourri.
BREIN-RYDD, libre. G.
BREINA, pourrir, corrompre, gangrener. B.
BREINDER, BREINDUREZ, pourriture, corruption, puanteur. B.
BREINE, puanteur, excrément, fiente, fumier. I.
BREINIO, BREINIOLI, affranchir, émanciper, mettre hors de tutelle. G.
BREINIOG, exempt de charge, libre, citoyen, qui a droit de Cité. G.
BREINIOL, exempt de charge, libre, privilégié, franc, bourgeois, citoyen, qui a droit de Cité municipal, fils d'affranchi. G.

BREINIOLDES, condition de celui qui eſt né libre. G.

BREINIOLI. Voyez Breinio.

BREINRHYD, ſynonime de Breiniol. G.

BREINRUDD, ſuivant Guillaume Llyn, eſt ſynonime de Braint. Suivant Davies il a le même ſens que Breinhydd, qu'il dit formé de Braint Rhydd. G.

BREIS, accroiſſement, augmentation, utilité. I.

BREIS, taches ou marques rouſſes qui ſont ſur la peau de certaines perſonnes qui ont auſſi le poil roux; ſingulier, Breiſen, tache de rouſſeur; plurier, Breiſennou. Breis ſe dit auſſi pour demi & à demi, même au ſens moral; Breis Devodes, demi-dévote. B.

BREIS ou BRIS, marqueté, marbré, bigarré, qui a des taches de diverſes couleurs. B. Voyez Brith qui eſt le même.

BREIS, Bretagne; Breiſiad, Breton; plurier, Breiſis. B.

BREISA ou BRISA, bigarrer, marqueter, marbrer, peindre de pluſieurs couleurs. B.

BREISEL, maquereau poiſſon; plurier, Breiſili. B. Breiſel eſt le même que Breis, marbré, bigarré; tel eſt le maquereau.

BREISELL, guerre. B.

BREISELLECA, faire la guerre. B.

BREISEOIR, uſurier. I.

BREISGAU, croître par deſſus. G. De Braiſg.

BREISGEDD, grandeur, groſſeur, épaiſſeur, ſolidité, fermeté. G.

BREISILI, plurier de Breiſel, ſe dit auſſi des taches rouges qui ſont ſur les jambes de ceux qui s'approchent trop du feu: En François on les appelle auſſi Maquereaux: Les Picards les nomment Truiettes. B.

BREISIN, petit Roi. I.

BREISKIC, chair entrelardée de gras & de maigre. B. De Breis, à demi; & Cig ou Kig, chair.

BREISNA, A. M. ſtérile. Voyez Brehaign.

BREIT, ſentence, jugement. I.

BREITH, faire; Breith ou Breith Leis, apporter, amener, porter, mener, envoyer. I.

BREITHBREITHE, juger, faire l'office d'arbitre. I.

BREITHBRETA, adjuger. I.

BREITHEAM, Juge. I.

BREITHEAMNUS, eſprit, ſens, raiſon. I.

BREITHEAVNAS, jugement. I.

BREITHIR, verbe, voix, parole. I.

BREIZ, peint de diverſes couleurs. B.

BREKEN, poignée. B.

BREKEN, brique de terre cuite. B.

BREL, le même que Bral, Bril, Brol, Brul. Voyez Bal.

BREL, le même que Frel, Grel, Prel, Vrel. Voyez B.

BRELL, perche poiſſon. B.

BRELL, brouillon, bruſque. B. On voit par Brella que Brell a auſſi ſignifié confuſion, déſordre, brouillerie, trouble; de là Prelium Latin.

BRELLA, troubler, brouiller, mettre les choſes en confuſion & en déſordre. B. De là brouiller, brouillerie, brouillon.

BRELLE, terre en friche, jachére, terre laiſſée en repos & en pâturages. B.

BRELLED, brouillon. B.

BRELLEIN, pencher. B.

BREM, plus haut, ſupérieur. G. C'eſt le même mot que Bren: l'm ſe mettoit aiſément pour l'n à la fin des mots. Breme en Eſclavon, grandeur; & Prem, beaucoup. Fram, Frum en Gothique & ancien Saxon, premier, principal; Fram en Theuton, particule augmentative; Fram en Allemand, au-deſſus; Prami, faſtueux, ſuperbe en Finlandois. De Brem ou Prem eſt venu le Supremus des Latins.

BREM, mine, air, aſpect. G. De là Frême, que les payſans des environs de Paris diſent pour mine; de là Frime, mine en langage populaire.

BREM, bréme poiſſon. B. De là Brame en vieux François; Breme en François de nos jours; Brem & Bream en Anglois, bréme.

BREM, même que Bram, Brim, Brom, Brum. Voyez Bal.

BREM. En confrontant Framma, joindre, unir; Prim prêt à; & Preme, qui en vieux François ſignifioit le plus proche, on voit que Brem, Bram, Frem, Fram, Prem, Pram ont ſignifié près, proche. Bram en Polonois; Perem en Hongrois; bord, rivage; Prem en Carniolois; Prym en Bohémien, bord; Brem en Allemand; Brymme en ancien Saxon, bord, bordure, rivage. De Prem, plus proche en vieux François, viennent ces anciens termes de pratique Prem, Premeſſe, qui ſignifient le retrait lignager ou retrait du plus proche parent; Proeſme, Proiſme dans la Coûtume d'Anjou; Preſme dans celle de Bretagne, proche, parent; Pram dans Monſtrelet, proche, prochain. Voyez le mot ſuivant.

BREMA, à préſent, actuellement. B. Brema a ſignifié la proximité du lieu comme celle du temps, de même que le Propè des Latins. Voyez le mot précédent & Breman.

BREMAJA, BREMIJA, bientôt, tantôt, quand au matin on parle de midi, ou à midi du ſoir. B.

BREMAICH, à préſent, actuellement. B.

BREMAN, à préſent, actuellement. B. Ce mot eſt formé de Bret-Man ou Pret-Man, qui ſignifie ce temps-ci.

BREMIJA. Voyez Bremaja.

BREMMAIN, peter, peter ſouvent. G.

BREMTERIC, nom de dignité chez les Gallois du tems de leur Roi. G. De Brem.

BREN, BRIN, BERN, colline chez les anciens Bretons, ſelon Baxter.

BREN, montagne, Roi, G. & par conſéquent tête, ſource. Voyez Bal, Brinc, Pen, &c. Dans les anciennes Langues on donnoit aux Rois, aux Princes, aux Chefs des Peuples les noms de montagne, de colline, parce qu'ils ſont auſſi élevés au-deſſus des autres hommes que les montagnes & les collines au-deſſus des plaines. Bren, montagne & Roi en Gallois; Pen en Gallois, Prince & colline; Penn, Seigneur & colline en Breton; Sier en Celtique, montagne; Syr en Gallois & en Breton, Seigneur, Sire, Roi; Bal en Hébreu, Seigneur & montagne. Iſaïe, 2, 41; Habacuc, 3; Michée, 6. Les Grands de la Nation juive ſont déſignés par ces termes, montagnes, collines. Kam en Arabe, éminence, ſommet & Souverain; Dag en Turc, montagne; & Doge, Prince; Ras Roi, Prince en Arabe; & Ruſi, montagnes; Bas en Turc, ſommet; Baſſa, Seigneur, Gouverneur de Province; Sar en Hebreu, Prince; Serr, Sitr en Celtique, montagne; Sar en Arabe, montagne & Prince; Don en Celtique, montagne, élevation; Dom en Breton, Seigneur; Adon, Seigneur en Hebreu; Kaid en Arabe, montagne élevée & Gouverneur, Préfet; Lyln en Éthiopien, hauteur, élevation, &

terme par lequel on défigne le Souverain d'Ethiopie. Nous donnons encore aux Princes le titre d'Alteffe, & aux grands Seigneurs celui de Hauteffe. *Brenos* en ancien Grec, tertre ; *Pron*, *Preon* en Grec, cime de montagne ; *Branus* dans les chartes latines d'Efpagne, haut & profond ; *Brynn*, Prince en Runique ; *Brink* en Suedois, éminence ; *Obran* en Efclavon, choifi, préféré, mis au-deffus des autres ; *Isbran* en Efclavon ; *Izabran* en Dalmatien, excellent ; *Sprancey* en Polonois, les Gouverneurs ; *Fron* en Theuton, Seigneur, illuftre, magnifique, excellent ; *Barin* ou *Brin* en Perfan, haut, élevé ; *Frenoxama* ou *Brenoxama*, montagne en Japonois. *Bren* fignifiant montagne, élévation, Roi, &c. on voit par là qu'il eft le fynonime de *Ben*, qui a les mêmes fignifications, d'autant plus que l'r s'infére aifément en Celtique. Puifque *Bren* fignifie Roi, le nom de *Brennus* que portoit le Roi Gaulois qui prit Rome, étoit donc un nom appellatif, & non pas un nom propre, comme on l'a cru jufqu'ici ; *Us* eft une terminaifon Latine que les écrivains Latins ont ajoûtée au nom de *Bren* lorfqu'ils en ont parlé dans leurs hiftoires, Voyez *Brin*.

BREN, le même que *Brean*. I. De même des dérivés ou femblables.

BREN, jonc. B.

BREN, fon. B. Il fe trouve en ce fens dans les anciens monumens ; *Brenagium* eft une redevance de fon ; *Brennerii*, *Bernerii*, *Berniers* en vieux François, ceux qui levoient cette redevance ; *Bren* fon en vieux François.

BREN, le même que *Braen*. Voyez ce mot. De là par analogie *Bruncche*, lie d'huile en Anjou. *Breza* en Bafque, fiente d'animaux. Voyez *Brein Brayni*.

BREN, bois, forêt, arbre. Voyez *Pren*. *Brenna* en Efpagnol, pepinière ; *Brenac* en Bafque, buiffon, épine, haye.

BREN, le même qu'*Ambren*. Voyez ce mot.

BREN, le même que *Bron*. Voyez *Brennid*, *Brennis*, *Dibrenna*.

BREN, roc, pierre. Voyez *Brennic*, *Brena*, précipice, rocher, lieu âpre & difficile ; & *Brenal*, lieu plein de rochers & de précipices en Efpagnol.

BREN, le même que *Ffren*. Voyez *Efreu*.

BREN, le même que *Bran*, *Brin*, *Bron*, *Brun*. Voyez *Bal*.

BREN, le même que *Fren*, *Gren*, *Pren*, *Vren*. Voyez B.

BREN-GOEN, A. M. forêt de la vallée ; *Bren* forêt. Voyez *Pren* ; *Goen* par conféquent vallée.

BRENAC, buiffon, épine, haye. Ba. *Brema* en Efpagnol, buiffon, hallier, épines, lieu planté de petits arbriffeaux.

BRENC, les ouies des poiffons. B. De là *Branchia* Latin, *Branchia* Grec, ouies de poiffon.

BRENCOU. Voyez *Brenk*.

BRENCQ, nageoires de poiffons. B.

BRENDAN, beau. I.

BRENDIN, beau. I.

BRENEUTA, A. G. porte-maifon. *Bre*, le même que *Ber*, porter. *Neut* de *Neud*, en compofition pour *Nawd*, maifon. On voit par ce terme que *Nawd* a auffi fignifié maifon : fignification d'ailleurs fort analogue à celles qu'on lui donne dans le Dictionnaire.

BRENEXELLUS, A. M. piége à prendre des oifeaux, compofé de deux baguettes ; de *Bren*, bois, baguette ; & *Ancellus*, oifeau. *Brenefcellus* en vieux François fe difoit *Brail*.

BRENGNEUDI, roter. B.

BRENHIN, & chez les anciens *Breenhin*, *Breyenhin*, Roi. G.

BRENHINDY, maifon royale. G. *Ty*, en compofition *Dy*.

BRENHINES, Reine. G.

BRENHINFAINGC, trône. G. De *Mainge*.

BRENHINIAETH, BRENHINIOETH, royauté, royaume. G.

BRENHINLLYS, Palais du Roi, Cour du Roi. G.

BRENHINLLYS DOF, bafilic cultivé. G. *Dof* à la lettre, apprivoifé : remarquez cette méthaphore. *Llys*, de *Llyfiau*.

BRENHINLLYS GWYLLT, bafilic fauvage. G. *Llys*, de *Llyfiau*.

BRENHINOL, royal, augufte. G.

BRENHINWISG, robe royale, habillement royal. G. *Gwifg*.

BRENID, BRENYD, BRECHET ou BRICHET, fein, fein de femme, devant de la poitrine. B.

BRENIN, Roi. G.

BRENIT, ouverture d'un habit. B.

BRENK ; pluriet, *Brencou*, les ouies des poiffons. B.

BRENN, Roi. G. Voyez *Bren*.

BRENN, jonc. G.

BRENN, fon de farine, excrément, merde ; *Brenefker*, fcieure ou poudre de bois fcié. B. *Bran* en Irlandois, en Anglois & un vieux François, fon. Le peuple conferve encore ce mot en quelques Provinces du Royaume, & il s'en fert pour fignifier fon & excrément.

BREN JUZAS, bran de Judas ou merde de Judas ; taches de rouffeur au vifage. B.

BRENNARIA, A. M. droit de percevoir une certaine quantité de criblures de bled ; *Brennarii*, les Officiers qui percevoient ce droit. De *Brenn*, que l'on voit par ce mot avoir été employé pour fignifier les rebuts du bled, comme le fon ou rebut de la farine.

BRENNIATH, fortereffe. C. *Brana*, défenfe ; *Branino*, défendre en Stirien & en Carniolois.

BRENNIC, certain coquillage de mer qui s'attache aux rochers que la mer mouille : Il eft de la figure d'un petit monceau de bled ou de fable. B. Ce mot vient de *Bren*, roc. Les termes qui fignifient montagne fignifient auffi roc, pierre. Voyez *Al*.

BRENNID, BRECHET ou BRICHET, fein, finuofité, creux, fein de femme, devant de la poitrine. B. Voyez *Brennit* qui eft le même.

BRENNIDA. Voyez *Brennit*.

BRENNINDI, maifon royale. G. Voyez *Brenhindy*.

BRENNIT, fein, poitrine, l'ouverture des habits ; & le dedans fur la poitrine. *Brennida*, fe prendre l'un l'autre par cette partie des habits, fe battre comme les coqs en fe heurtant mutuellement la poitrine. B.

BRENNYN, Roi. G.

BRENTA, A. M. vafe à mettre du vin, vafe ; de *Brennid* ou *Brennit*, creux, cavité ; ou de *Brener*.

BRENTAT, plaider. B.

BRENZR, potage. B.

BREO, feu. I.

BREOCHVAL, bucher. I.

BREOL ; pluriet *Breolyou*, deux crocs de fer attachés à l'effieu. B.

BREOLYM, BREULYM, & par corruption *Bleurym*, meule de coutelier, pierre à aiguifer. B. C'eft la tranfpofition de *Berlym* ; ainfi *Bre* eft le même que *Ber*. Voyez *Brewlim*.

BREOLYMER, émouleur. B.
BREON, plurier de Bre, montagne, colline. G.
BREON, tache. I.
BREOU, meule à bras. B. C'est une apocope de Brevan.
BREOU, fatigué, qui n'en peut plus. B. De Bre.
BREOU, naulage. B. De Bar, par transposition Bra, vaisseau.
BREOU, brieux terme de marine. B. De Brev.
BREOU, maladie de la goutte. B.
BREPEEN, méloir, bâton à remuer la bouillie sur le feu. B.
BRER, frere. B. De là ce mot. Voyez Freuer.
BREREC, beau-frere, mari de la sœur, frere d'un autre lit. B. C'est une crase de Breuer-Caer.
BRERYAH, frairie, confrérie. B.
BRES signifie mouvement, ainsi qu'on le voit par l'article suivant, par Bresguign, Bresillat, &c.
BRES, le même que Prés, vitesse, promptitude, ardeur, proximité, près. Voyez Bryt. Bres, Broch, ou Bros doivent signifier feu, ardeur au propre, comme ils le signifient au figuré. 1°. Le figuré est postérieur au propre & le suppose. 2°. Les autres termes qui signifient feu, ardeur, le signifient au propre & au figuré. Voyez Berw, Brwd, Brydauniaeth, Cynne, Lledcynt, Tan, Wym, Wer. 3°. Bresia, A. M. signifie braise; Braise en François; Brasa en Espagnol; Brace, Bracia, Bragia en Italien, braise; Brazein ou Brassein en Grec, être chaud & brûlant; Brasen en Allemand, être enflammé, être brûlé; Embraser en François, brûler; Brasa en Islandois, grand feu; Brasil en Anglois, l'action de brûler; Bras en Breton, braise. 4°. Bresych signifie bouillon, potage, jus. Brwd qui signifie bouillon, potage, signifie aussi bouillir, échauffer. Voyez Fresen, Brasouer.
BRESELL, guerre. B.
BRESELL; plurier, Bresilly, Brisily, maquereau poisson. B.
BRESELLA, faire la guerre. B.
BRESELLECEER, guerrier, qui fait la guerre, qui aime la guerre. B.
BRESELLYAD, guerrier, qui fait la guerre. B.
BRESELOUR, guerrier, qui fait la guerre, qui aime la guerre. B.
BRESGUIGN, moucher parlant des bêtes que les mouches font courir: On le dit aussi d'un homme fort affairé qui court çà & là. B.
BRESIA, A. M. braise. Voyez Brés.
BRESIC, Voyez Brozeg.
BRESILLAT AN DAOULAGAT, siller les yeux. B.
BRESK, fragile, délicat, tendre, sensible. B. Voyez Brisc, Bresq.
BRESKEN, synonime de Bresguign. B.
BRESKEN, le même que Bresk, fragile, &c. B.
BRESMIA, A. M. bréme poisson; de Brem.
BRESQ, cassant, fragile, périssable, vertement. B. Voyez Bresk.
BRESQENN, synonime de Bresguign. B.
BRESQIGN, synonime de Bresguign. B.
BRESS, BRESSON. Voyez Brych.
BRESSAE, BRESSOLUM, A. M. berceau: c'est une transposition de Bersae. Voyez Bersa; on de Break.
BREST, cuivre. C. Voyez Pres.
BRESYCH, jus, bouillon, potage, bouillie, purée, gruau, sauce. G.
BRESYCH, chou, herbe potagére, légume. G.

BRESYCH BENGRON, chou pommelé. G.
BRESYCH Y CWN, cynocrambe. G.
BRESYCH TR YD, moutarde sauvage. G. A la lettre, chou du bled.
BRET, tôt, vîte, promptement. B. C'est le même que Pret, Pres. Il signifie par conséquent, de même que ces mots, la proximité du lieu, aussi bien que celle du temps. Fretta, hâte en Italien.
BRET, lissure ou lisseron. B.
BRET, le même que Brat, Brit, Brot, Brut. Voyez Bal.
BRET, le même que Fret, Gret, Pret, Vret. Voyez B.
BRET, temps. Voyez Breman.
BRETA, rompre, écraser, briser, broyer, rompre menu. B. Voyez Brettyn.
BRETACHIÆ, A. M. châteaux de bois dont on fortifioit les Villes: Ce mot est la transposition de Berthesca, qui signifie un balcon, une saillie de bois couverte. Voyez ce mot.
BRETH, le même que Brech. I.
BRETH. En confrontant Brethughte, Breath, Briatham, on voit que Breth a signifié Juge; de là Vergobret, nom du souverain Magistrat chez les Gaulois; Berg ou Verg, haut, élevé, suprême; Breth, Juge. Voyez Breit.
BRETH. Voyez Berth.
BRETHEIRIO, roter. G.
BRETHUGHTE, adjugé. I.
BRETHYN, drap de laine. G.
BRETHYNWR, qui fait les draps de laine. G.
BRETIA, A. M. prix que l'on payoit au Seigneur dans les mutations d'héritages; de Breyr, Seigneur.
BRETINUS, A. M. gris pommelé; de Breh, tacheté.
BRETON, Breton. B.
BRETTYN, guenillon, haillon, lambeau, piéce. G. Voyez Bratt, Breta. L's & le b se mettant l'un pour l'autre, on a dit Frettyn comme Brettyn; de là Fretin en notre Langue, qui signifie en général toute chose vile, de nulle ou de peu de valeur. De Brettyn ou Pretiyn est venu le mot de Pretintailles, qui signifie des découpures que l'on faisoit autrefois aux habits des Dames.
BRETUGUENN, monceau de fumier. B. C'est le même que Burtuguen; ainsi Bre est le même que Bur.
BREV, brieux terme de marine. B. Voyez Breva.
BREU, le même que Ffreu. Voyez ce mot.
BREVA, rompre, écraser, briser, broyer, rompre menu, gâter, rompre quelqu'un de coups, assommer. B. Voyez Brev, Brw.
BREVACH, boisson, potion, médecine. B. De là breuvage.
BREUAD, ver qui ronge les cadavres. G.
BREUAN, moulin, meule qui se tourne, moulin à bras, petit moulin à bras. G. Ce mot est composé de Bren, & Uan ou Van en composition pour Man, pierre; Brevuan, pierre qui brise; Browlin en Irlandois, meule de moulin; & Brw en la même Langue, piler, broyer, moudre. On voit par là qu'en Irlandois Lin signifie pierre. Il paroit aussi par Melin que Lin a signifié pierre en Gallois & en Breton; Mal, de Mallu, en composition Mel, qui mout; Lin, pierre.
BREUAN DINFOEL, meule à bras plus petite. G.
BREUANDY, moulin. G.
BREUANLLIF, meule à aiguiser. G. Llifo, aiguiser; Breuanllif, meule qui aiguise.

BREUANT

BREUANT, gorge, gosier, trachée-artère, épiglotte. G.
BREUANU, piler dans un mortier. G.
BREUAWD, fragilité. G. De *Brau*.
BREUDDWYD, songe. G.
BREUDDWYDIO, inventer, controuver, feindre, songer, rêver. G.
BREUDDWYDIOG, qui ne fait que rêver, qui a souvent des songes. G.
BREUDDWYDIWR, qui rêve beaucoup, rêveur, songeur. G.
BREUDTAAT, plaider. B.
BREUDUR, freres. Voyez *Breuzr*.
BREUGEOU ou BREUJOU, plaids, assises que tiennent les Seigneurs de fief. B. De *Brawd*, que les Bretons ont prononcé *Breud*. Voyez *Breudtaat*.
BREUGHEUDI, roter. B.
BREUGNEUDI, roter. B.
BREUGUEUS, rot. B.
BREUGUI, braire. B.
BREUHAU, être fragile. B. Voyez *Brau*.
BREUHR, frere. B.
BREUI, briser, fracasser. B. De là *Brevia* en Latin, sables, rochers contre lesquels se brisent les vaisseaux.
BREUIL. Voyez *Brogilum*.
BREUJOU. Voyez *Breugeou*.
BREULAN, libéral, généreux. G.
BREULIM, meule. B.
BREULIMAF, moudre. B.
BREUM, le même que *Freum*. Voyez *Ffeu*.
BREUN, mauvaise odeur. I.
BREUNTAS, mauvaise odeur. I.
BREUOL, frêle, cassant, fragile, qui s'écoule, qui passe, fluide, coulant. G.
BREUOLAETH, fragilité. G.
BREUOLDER, fragilité, mortalité. G.
BREUOLEDD, fragilité. G.
BREUOLI, être fragile. G.
BREUR, frere. B. *Bruyr* dans la Gueldre; *Broer* en Flamand, frere. Voyez *Breuzr*, *Breudur*, *Brawd*, *Breyr*.
BREUREC, beau-frere, mari de sœur, frere d'un autre lit. B.
BREURYEZ, frairie, confrérie. B.
BREUTA, BREUTAA, BREUTAAT, BREUTHAAT plaider, débattre. B.
BREUTAER, BREUTAOUR, plaideur. B.
BREUTER, plaideur. B.
BREUV, le même que *Freuv*. Voyez *Ffreu*.
BREUVAICHE, boisson. B.
BREWLIM, BREOLIM, par transposition BLEURIM, les mêmes que *Breolym*. B.
BREUZAT, pesseler le lin. B.
BREUZR; plurier *Breudur*, frere. B. Voyez *Breur*.
BREUZR-CAER, beau-frere, mari de sœur, frere de femme, frere de pere ou de mere. B.
BREUZREC, le même que *Breuzr-Caer*, dont il est l'apocope. B.
BREUZRYEZ, frairie, confrérie. B.
BREX, cassant, frêle, fragile, périssable. B.
BREYAD, brassée. B.
BREYEN, le même que *Bren*. Voyez *Brenhin*.
BREYENEN; plurier *Briennou*, *Briennenou*, fragment. B. Voyez *Brien*.
BREYENIN, Roi. G.
BREYR, Baron, Seigneur, petit Roi. G.
BREYR, frere dans l'isle de Mona. Voyez *Breur* qui est le même, car l'*y* se prononce en *u*.

TOME I.

BREYRDIR, terre de Baron, terre de Seigneur. G. *Tir*.
BREYRES, épouse de Baron. G.
BREYZAD; plurier *Breyzis*, Breton. B.
BREZ, jugement. C. Voyez *Breit*, *Brethughte*.
BREZ, courage, sentiment. C.
BREZA, fiente des animaux. Ba. Voyez *Bren*.
BREZE, motte de tanneur; c'est le tan pilé, qui ayant servi est mis en motte. B.
BREZE, les marques de la peste sur le corps humain. B. De *Breis*.
BREZEG, BRESIC, empressé, qui a hâte, impatient, prompt, qui est précipité. B. De *Brés*.
BREZEL, BREZELL, maquereau poisson, maquereau, maquerelle, ministre des plus infâmes plaisirs. B.
BREZELL, mars, la guerre. B. Voyez *Bresell*, *Berzel*.
BREZR, frere. B. Voyez *Brenzr*.
BRI. Voyez *Bre*, forteresse. &c. G. On voit par là que *Bri* est le même que *Bre*.
BRI. Voyez *Brig*. G.
BRI, estime, dignité, honneur. G. *Bri* paroit encore signifier mérite, probité, vertu. Voyez *Abri*. *Priss* en Danois; *Prys* en Flamand; *Preyss* en Allemand, gloire; *Fris* en Hongrois, magnifique, somptueux, honorable; *Pristao* en Esclavon, beau, décent; *Ubris* en Grec, injure de parole; *u* apparemment négatif. Le *p* & le *b* se mettant l'un pour l'autre, on a dit *Pri* comme *Bri*; de là *Prix* dans notre Langue; *Mepris*; *Mes* étant en notre Langue une particule privative, l'*s* & le *b* se substituant réciproquement, on a dit *Fri* comme *Bri*; de la *Frivola* Latin, frivole François. *Fri*, prix, valeur; *Foll* ou *Voll* manquement. Voyez *Brigh*.
BRI, montagne, promontoire, rocher, colline champ. I.
BRI, effort. B. Voyez *Brieg*. *Brio* en Espagnol, vivacité, courage, vigueur, valeur, promptitude; & *Briento*, violent, impétueux.
BRI, argile, terre grasse. B. Voyez *Bry*.
BRI, pour *Brys*. Voyez *Disri*.
BRI, le même qu'*Abri*, comme *Ber* est le même qu'*Aber*.
BRI, le même que *Fri*, *Pri*, *Vri*. Voyez *B*.
BRI, le même que *Bra*, *Bre*, *Bro*, *Bru*. Voyez *Bal*.
BRIA, Ville. Strabon dit que ce mot signifioit Ville chez les Thraces; & Etienne des Villes dit qu'il avoit la même signification chez les Espagnols. Ce terme entroit dans le nom de plusieurs Villes d'Espagne, des Gaules, de la grande Bretagne. Les anciens Géographes en rapportant les noms de ces Villes, écrivent ce mot diversement. Strabon & Etienne des Villes écrivent *Bria*; d'autres, comme Ptolomée, *Briga*; d'autres, comme Pline, *Brica*; d'autres enfin, *Briva*. On voit par là que *Bria*, *Briga*, *Brica*, *Briva* sont un même terme prononcé avec quelque diversité par les différentes Nations chez lesquelles il étoit en usage. Je crois que ce mot est Gaulois, pour les raisons suivantes. 1°. Les Gaulois descendoient des Scytes ou Thraces; ils furent pour cela appellés *Celtoscythes* pendant quelque temps; ainsi que nous l'avons prouvé dans la première partie de cet ouvrage. 2°. Ce mot étoit en usage dans l'ancienne Langue Espagnole, laquelle ne pouvoit être com-

Ddd

posée que de termes Gaulois & Phéniciens, puisque l'Espagne n'avoit été peuplée que par ces deux Nations. Le terme *Bria*, pour signifier Ville, n'est pas Phénicien ; il faut donc qu'il soit Gaulois. J'ajoute qu'en retrouvant ce terme dans la Thrace, on voit de quel pays il est venu, & quelle route il a tenu pour passer en Espagne. 3°. Plusieurs Villes dans les Gaules & dans la grande Bretagne peuplées par les Gaulois, renferment ce terme dans leurs noms ; il est donc bien naturel de le croire Celtique. 4°. Baxter nous apprend que *Bri*, *Brig*, *Briv* signifient Ville en Gallois, selon les différens dialectes de cette Langue. *Abria* signifie Ville en Basque ; *Brigad* en Breton signifie une troupe, une assemblée d'hommes, ce qui est proprement une Ville ; *Briccan* dans le même langage signifioit anciennement toit, couvert. On a prouvé dans la première partie de cet ouvrage que le Gallois, le Basque, le Breton sont les trois principaux dialectes de la Langue Celtique. 5°. L'ancien Saxon est la Langue des anciens Germains. Ce langage devoit avoir beaucoup d'affinité avec celui des Gaulois, ce peuple étant la postérité immédiate des Germains. Or dans l'ancien Saxon *Brig* signifioit Ville.

BRIA, A. M. vase, mesure ; de *Brik* ou *Bri*, mesure ; *Pre*, mesure en Tartare du Thibet.

BRIAD, brassée, embrassade, l'action d'embrasser, la quantité de choses que l'on peut embrasser. B. De *Brich*.

BRIAD, ventrée. Voyez *Cysebriad*.

BRIALLU, prime-vère, paquerette, bouillon blanc, petite consoude, marguerite fleur. G.

BRIAN, parole. I.

BRIAN, puanteur. I.

BRIANNA, garant. I.

BRIANTIS, puanteur. I.

BRIAR, épine. I.

BRIAT, le même que *Briad*. B.

BRIATA, embrasser, accoller. B.

BRIATHAR, victoire, conquête. I.

BRIATHAR, parole. I.

BRIBA, A. M. bribe, morceau de pain ; de *Briw* ou *Brib*. *Bribar*, *Brivar* en Espagnol, mendier, parce qu'on donne aux pauvres des morceaux de pain ; *Bribon*, *Briuion* dans la même Langue, gueux ; *Bribia*, *Brivia*, gueuserie ; & *Brivaco*, gros morceau de pain ; *Bribe* en François, morceau de pain.

BRIBEADH, corrompre, pratiquer, suborner. I.

BRIC. On voit par *Bricailliatt* qu'on a dit *Bric* comme *Brith*.

BRIC, brique. I. De là ce mot. Voyez *Breken*, *Briken*. *Brick* en Anglois, brique.

BRICA. Voyez *Bria*.

BRICA, A. G. querelle, injure ; c'est le même que *Briga*. Voyez ce mot.

BRICAILLATT, bigarrer. B. Voyez *Brith*. De *Bricailliat* est venu le mot *Brigoulé*, qui en Patois de Franche-Comté signifie ce qui est de diverses couleurs.

BRICAILLEIN, barioler, pretintailler. B.

BRICC, le même que *Breach*. I.

BRICCAN, toit, couvert anciennement en Breton. Voyez *Briccan*.

BRICCON. Voyez *Brigus*.

BRICE, prononcez *Brik*, brique. I. Voyez *Bric*.

BRICIA, A. M. morceau de pain ; de *Brig* ou *Bric*. Le peuple en Franche-Comté dit *Brique* pour morceau.

BRICOL, tromperie ; *Bricol*, milieu, moyen. B. De là bricole ; de là *Abriconer* en vieux François, engeoler, tromper ; *Abricon*, charlatan, séducteur ; *Bric*, trébuchet à prendre des oiseaux. Voyez *Brigus*.

BRICOLA, A. M. machine de guerre ; de *Brig* ou *Bric*.

BRICOLOU, bricoles de porteur. B.

BRICOSE, réprimande. B.

BRICOSUS, A. M. querelleur. Voyez *Bricose* ; *Brig*, *Briga*.

BRICQENNER, faiseur de briques. B. Voyez *Bric*.

BRICUMUM. C'est ainsi que les Gaulois appelloient l'armoise. Ce mot nous a été conservé par Marcellus.

BRID, bride. B, *Brida*, bride en Basque & en Espagnol ; *Bridle* en Anglois ; *Breydel* en Flamand ; *Brusda* en Esclavon ; *Bridel* en ancien Saxon ; *Britiil* en Theuton ; *Bruter* ou *Bryter* en Grec Éolien ; *Bride* en François, bride.

BRID, le même que *Bri*. Voyez *D*.

BRIDA, bride, mors, frein. Ba. Voyez *Brid*, *Bridaguea*.

BRIDA, brider. B.

BRIDA, A. M. bride ; de *Brid*.

BRIDAERA, bridé, frein. B. Voyez *Brida*.

BRIDAGUEDA, déréglement, débordement ; Ba. de *Brida*, bride ; *Guea*, sans. On voit par là que *Brida* a été aussi pris au figuré.

BRIDAPEDA, bride, frein, l'action de retenir. Ba.

BRIDAWC, conducteur, guide, chef, Capitaine, Général ; *Catbridawc*, Général d'armée. C.

BRIDEOG, épouse. I. Voyez *Briodi*. *Bryde*, épouse en ancien Saxon.

BRIDH, le même que *Brigh*. I.

BRIDHA, le même que *Breadha*. I. De même des dérivés ou semblables.

BRIDHO, le même que *Bridha*. I.

BRIDUW, par corruption *Brydyw*, la preuve faite que l'on est baptisé en produisant son Baptistére. G.

BRIDYW, arrhes. G.

BRIEN, Prince. I. Voyez *Bren*.

BRIEN, le même que *Brienen*. B. Voyez *Bri*.

BRIENEN, miette, petit fragment ou petit morceau, particule, brin ; plurier, *Briennou*, *Briennenou*. B. De là ce dernier mot.

BRIEU, brieux terme de marine. B.

BRIF, rapide. G. Ce mot se prend aussi au figuré pour étourdi, folâtre, qui agit sans réfléxion. Voyez *Disrif*.

BRIFA, manger avidement & beaucoup. B. Voyez *Brif*.

BRIFAUD, qui mange goulument, qui mange beaucoup, grand mangeur. B. C'est un nom de chien de chasse parmi nous. Ce mot est formé de *Briffa*.

BRIFFAL, manger goulument, manger beaucoup. B. On dit encore *Briffer* en ce sens dans le style bas ; de là *Baffrer* par transposition, on disoit autrefois *Bauffrer* ; de là *s'empiffrer* parmi le peuple, manger beaucoup.

BRIG, BRIV, BRI, Ville en Gallois selon les différens dialectes de cette Langue, selon Baxter.

BRIG, rameau, rameaux, sommet, cime, faîte, viorne espèce d'arbrisseau, rejetton inutile qui pousse au pied d'un arbre. G. par transposition *Birg* ; de là *Virga* chez les Latins. On voit par là que *Brig*, *Birg* sont synonimes de *Berg*.

BRIG, vigoureux, fort. I.
BRIG, force, energie, vertu au physique. I.
BRIG, noise, démêlé, querelle, contestation, procès. B. *Bri*, procès, contestation, dispute en Tartare du Thibet. Voyez *Brigus*.
BRIG, extrémité. Voyez *Brigladd*, *Briglosgi*, & *Brig*, cime.
BRIG, tête. Voyez *Brigio*, *Brigdorri*, *Briglwyd*.
BRIG, le même que *Breg*, *Briw* : Voyez *Briw*. *Brisad* en Irlandois ; *Bruise* en Anglois, briser, froisser, broyer ; *Brico* en Espagnol, écuëil, brisant ; *Brisch*, couteau en Albanois. Voyez *Brèg*.
BRIG. Voyez *Brigus*.
BRIGA, l'action de tanser. B.
BRIGA. Voyez *Bria*.
BRIGA, A. M. querelle, procès, démêlé, combat ; de *Brig*. Ce mot a été étendu à signifier brigue, faction, parce qu'elles se forment dans les querelles.
BRIGAD, brigade. B.
BRIGADEN, brigade. B. *Brigade* en François & en Anglois, brigade ; *Briga* en Espagnol, assemblée d'hommes ; *Brigata* en Italien, troupe.
BRIGANCII, BRIGANTINI, A. M. soldats à pied armés à la légére, très-propres à faire des courses, très-propres à aller ravager le Pays ennemi ; de *Brigand*.
BRIGAND, voleur de grands chemins, brigand. B. De là ce mot. Je crois que ce terme a d'abord signifié les soldats qui alloient faire des courses pour piller le Pays ennemi ; ensuite il a été étendu à signifier les voleurs de grands chemins. Voyez l'article *Brigantes* dans la description étymologique.
BRIGANDINOU, brigandine cuirasse legére, B. telle que la portoient les soldats armés à la legére.
BRIGANTINI. Voyez *Brigancii*.
BRIGANTINUS, BRIGENTINUS, A. M. brigantin ; de *Brigand*, parce qu'il étoit leger à la course comme les brigands. Voyez *Brigancii*, *Brigand*.
BRIGATA, A. M. brigade ; de *Brigaden*.
BRIGAU 'R TWYNAU, sorte d'ortie qui ne pique point. G.
BRIGDORRI, couper la tête des arbres, élaguer, rogner, tailler, couper. G. De *Brig Torri*.
BRIGDORRIAD, l'action de tailler les arbres, d'élaguer les arbres. G.
BRIGDORWR, qui cueille avec la main. G.
BRIGDYFU, pousser des rejettons, produire des rejettons. G. *Brig Tyfu*.
BAIGER, chevelure, cheveux ; *Briger Gwener*, cheveux de Vénus, capillaire. G.
BRIGH, force, puissance, vertu au physique. I.
BRIGH, estimation, prix, estime. I. Voyez *Bri*.
BRIGH, intention, dessein. I.
BRIGHE, le même que *Bruighe*. I.
BRIGHID, précieux, de grand prix. I.
BRIGILLIÆ. Voyez *Brogilus*.
BRIGIO, couper la tête des arbres. G.
BRIGLADD, tailler les arbres, couper les extrémités de leurs branches, couper la cime, rompre l'extrémité, élaguer, émonder, retrancher, tailler, couper, trancher, l'action de tailler, l'action d'élaguer. G. *Brig Ladd*.
BRIGLOSGI, brûler par le bout. G.
BRIGLWYD, qui a les cheveux blancs, blanchi de vieillesse. G. De *Brig*, tête ; *Lwydd*, blanche.
BRIGLWYDO, devenir blanc par les cheveux. G.
BRIGNEN, BRIGNON, gruau fait d'avoine moulue & non passée par le tamis, selon Dom le Pelletier ; *Gruau* en général, selon le Pere de Rostrenen. B. Voyez *Brig*, *Breg*, *Brwchan*.

BRIGNEN, ladrerie des pourceaux. B. En comparant ce mot avec *Brech*, la petite vérole, *Breis*, *Bris*, *Bryg*, on voit que *Brig*, *Brech*, *Breis*, *Bris*, *Bryg* ont signifié la lépre, la petite vérole, la gale, les taches de la peau.
BRIGOG, qui a des rameaux, touffu, chevelu, crêpu, qui a de longs cheveux ; qui a une longue crinière. G.
BRIGOSUS, A. M. embarrassé ; ennuyeux ; de *Brigog*, touffu, pris au figuré pour embarrassé ; *Briga* en Dalmatien ; *Breikrose* en Polonois, ennui, fâcherie. Voyez encore *Brig*, noise.
BRIGRI, ceux qui vivent de leur chasse. B.
BRIGUS, querelleux, hargneux. B. *Brega*, débat, dispute, querelle en Espagnol ; & *Braguerá*, qui aime les querelles ; *Briccone* en Italien, impudent, querelleur ; *Briccon* en vieux François, fripon, coquin, malotru ; *Briga* en Italien, noise, querelle.
BRIGWN ; le même que *Gobed*, dit Guillaume Llyn qui n'explique pas ce dernier terme. Je vais tâcher d'expliquer ces deux mots Gallois par le secours du Breton. *Goap* en cette Langue signifie moquerie, raillerie, plaisanterie. Le *b* & le *p* se mettant l'un pour l'autre, on a dit indifféremment *Goab* & *Goap*. Du premier, par une crase très-facile, on a fait *Gab*, que nous trouvons en ce sens dans le vieux François ; & de *Gab*, le verbe *Gaber*, railler, se moquer ; être *Gabé*, être moqué, raillé. De *Goab* on a fait aussi aisément *Gob*, que nous trouvons dans le mot Breton *Gobylin*, *Gobelin*, qui signifie un esprit folet, un lutin. *Brigus* en Breton signifie hargneux, querelleux : signification fort analogue à celle de railleur, de moqueur, qui par ses railleries, ses moqueries fait naître des querelles ; ainsi je crois que *Brigwn* & *Gobed* signifient un railleur, un moqueur, un mauvais plaisant qui tire sur tout le monde, & qui par là fait naître des querelles entre lui & celui qu'il raille.
BRIGWYNN, blanchi de vieillesse. G.
BRIGWYNNED, chevelure blanche. G.
BRIGWYNNU, avoir des cheveux blancs. G.
BRIGYN, rameaux, rameau, rejetton inutile qui pousse au pied d'un arbre, rejetton, sion, petite branche de l'année, viorne espèce d'arbrisseau, fin, bout, extrémité, sommet, cime, faîte, le haut, achevement, perfection. G. *Bringe* en Normandie, verge.
BRIH, grivelé, tacheté, marqueté, peint de diverses couleurs. B. Voyez *Bryg*.
BRIH, le même que *Breh*, bras. Voyez *Brihat*.
BRIHAT, le même que *Briat*. B. On voit par ce mot qu'on a dit *Brih* comme *Breh*, bras.
BRIHAT, moucheter, tacheter, marqueter. B.
BRIHEEN, rousseurs de visage, lentille tache. B.
BRIHENNAT, moucheter, tacheter, marqueter. B.
BRII, le même que *Bri*. B.
BRIK, grande mesure de bled. B.
BRIK ; singulier *Briken*, *Breken*, brique de terre cuite ; & selon un homme sçavant en Breton, *Breken* est une poignée de lin peignée, y ajoutant le mot *Lin*. B. De *Bri*, argile ; *Ken de Cynne*, prononcez *Kynne*, cuire.
BRIKEN. Voyez *Brik*.
BRIKEN-SAON, brique ou piéce de savon telle que l'on en vend. B. De *Brig* ou *Bric*, morceau.
BRIL, lambeau, haillon, piéce, savetier. G. Re-

marquez qu'on a donné à l'ouvrier le nom des piéces qu'il remet.

BRILLA, reluire. B. De là briller en François; *Brillar* en Espagnol, briller; *Brilen* en vieux François, lueur éclatante, éclat de lumière.

BRILLUM, A. M. lunette; en Allemand Brill; de *Brilla.*

BRIMBALAT, sonner les cloches avec importunité. B. On a dit *Brimbaler* en ce sens en vieux François.

BRIN, tour, forteresse. G. *Braniti* en Esclavon, en Dalmatien, en Bohêmien; *Obrona* en Polonois, fortifier.

BRIN, le même que *Bren*, colline; G. & par conséquent le même que *Bren* dans tous les sens; de là *Princeps* en Latin.

BRIN, le même que *Brean*. I. De même des dérivés ou semblables.

BRIN, menu. Voyez *Brinsad*; de là brin en François; *Brimborions*, babioles jouets d'enfans. Voyez *Brienen, Brein, Brinen.*

BRINBALAT, sonner les cloches avec importunité. B.

BRINCHIN, BRINCIN, les mêmes que *Blinchen.* B.

BRINCZAD, fagots. B. Comme *Brinsad*, qui est le même mot.

BRINEN, brin. B. Voyez *Brin.*

BRINN, colline. G. *Brynck* en ancien Saxon, colline.

BRINNCACH, mere. I.

BRINNEACH, BRINNEACHT, mere. I.

BRINSAD, menu bois. B. *Brin* de *Brinen*, brin, ment; & *Sad*, bois.

BRINSADIGUEU, broutilles. B.

BRINUM, A. M. vaisseau; de *Bren*, bois. On a dit *Lignum* pour désigner un vaisseau. Voyez *Calaria.*

BRINY, corbeaux: C'est le plurier de *Bran.* B.

BRIOCHT, couleur. I.

BRIOCHT, sortilége. I.

BRIODI, épouse. G. Voyez *Brideog.*

BRIOG, force, vertu au physique, énergie. I. Voyez *Briogh.*

BRIOGH, énergie, essence, nature, naturel, substance. I. C'est le même que *Briog.*

BRIOGHACH, puissant, qui peut. I.

BRIOGHMHAR, puissant, qui peut, vif, plein de feu. I.

BRIOICHDIC, amulette. I.

BRIOL. Voyez *Capriola.*

BRIOLIUM. Voyez *Brogilus.*

BRIONDATH, fard. I.

BRIONGLOID, songe. I.

BRIONNACH, menteur. I.

BRIOSG, cassant, fragile, frêle, de verre, risfolé, qui a du feu, vif, actif, éveillé, vigoureux. I.

BRIOSGA, biscuit. I.

BRIOSGARNACH, craquetant, petillant. I. Voyez *Briosg.*

BRIOSGLORACH, babillard. I.

BRIOSOG, sorcier, sorcière. I.

BRIOTACH, bégue, bégayant, grasseyeur. I.

BRIOTAS, manière de parler en hésitant. I.

BRIQEN, brique. B. Voyez *Briken* qui est le même mot.

BRIQESEN, abricot. B.

BRIS, baye. B. Voyez *Aber.*

BRIS, grivelé, tacheté, marqueté, peint de diverses couleurs. B. Voyez *Breis.*

BRIS, face. Alain, Duc de Bretagne, mari de Berthe, étoit surnommé *Ruibris*, que Dom Lobineau traduit face rouge; *Ruz*, rouge; *Bris* signifie donc face.

BRIS, terme diminutif. B. Il signifie aussi petit. Voyez *Brusuna.*

BRIS, le même que *Brig.* Voyez *Arn.*

BRIS, le même que *Brig*, gale, &c. Voyez *Brig.*

BRISA, briser. B. *Brisad* en Irlandois, briser, froisser, broyer; *Brysan* en ancien Saxon; *Bruzan* en Theuton; *Bruyse* en Anglois; *Bryta* en Suédois, briser, casser, écraser; *Brytia*, couper en Runique; *Bros* en Allemand; *Broos* en Flamand, fragile. De *Brisa*, notre mot briser. Voyez *Briwsioni.*

BRISA. Voyez *Breisa.*

BRISA, A. G. marc de raisins déja foulés; de *Brisa.*

BRISAD, briser, froisser, broyer. I.

BRISAFF, briser. B.

BRISATVS, A. M. brisé; de *Brisa.*

BRISC, fragile, frêle, cassant, tendre. I.

BRISCA, A. M. rayon de miel; de *Brusgenn*, *Bresco* en Languedocien; *Bresche* en vieux François, rayon de miel.

BRISDE, brisé, coupé. I.

BRISE, briser, rompre, écacher, froisser, arracher, brèche. I.

BRISEAD, briser, mettre en piéces, fracture, rupture, trou. I.

BRISFAVTA, fêler. B.

BRISG, traces dans la neige, vestiges. G.

BRISIA, cresson d'eau. I. Ainsi appellé de ses feuilles découpées. Voyez *Brise.*

BRISIDH, l'action de briser, fracture, crevasse, fente, brèche, abattre, accabler. I.

BRISIDH, bruit, éclat, coup. I.

BRISIGH, briser, rompre, casser. I. Voyez *Brisa.*

BRISIM, dompter, brise, souffle de vent. I.

BRISIN, A. G. exprimer, faire sortir; de *Brisa*; parce qu'on exprime en froissant.

BRISK, vite, agile. I. Voyez *Brusq.*

BRISO, A. G. je brise, je romps; de *Brisa.*

BRISQ, brèche faite par violence. B.

BRISQEN, daigner. B. Voyez *Bris.*

BRISQUIA, action légère. Ba. Voyez *Bris.*

BRISTE, crevé, troué, haut-de-chausses. I.

BRISTIGHE, cul, fesses. I.

BRIT, peint. G.

BRITA, le même que *Brisa.* Voyez la dissertation sur le changement des lettres.

BRITANICUM, A. G. de marbre; de *Brith*, tacheté.

BRITH, de différentes couleurs, tacheté. G. C. L'*f* & le *b* se substituant réciproquement, on a dit *Frith* comme *Brith*, ainsi qu'on le voit par *Fretelé*, qui signifie en vieux François marqué, taché, gâté. Voyez *Fritellum.* Voyez *Bris.*

BRITH, un peu, particule diminutive. Voyez *Brithamman, Brith-Ddu.*

BRITH, préposition superflue. Voyez *Brithlas.*

BRITH, mélange, union, jonction. Voyez *Brithwaith, Brithyd, Britho.*

BRITH-DDU, qui tire sur le noir, un peu noir, noirâtre. G. *Du*, noir.

BRITH Y FUCHES, hoche-queue. G. Cet oiseau est tacheté de noir, *Brith* signifie tacheté; il faut donc que *Muches*, qui en construction comme il est ici fait *Fuches*, signifie noir. Ce qui fortifie ma conjecture, c'est que *Mwc*, qui en construction

truction fait *Fwt*, signifie fumée. Or les Gaulois ont employé le mot de fumée pour signifier noir. C'est ce qui se voit par le terme Breton *Mong*, qui signifie fumée, noire, brun. D'ailleurs on voit combien le passage d'un sens à l'autre est facile.

BRITHAMMAU, douter un peu. G. *Ammau*, douter.

BRITHDER, variété, bigarrure. G.

BRITHELL YR IMMENNYDD, dure-mere. G.

BRITHIAITH, barbarisme. G. *Brith Iaith*.

BRITHLAS, bleu. G. *Brith Las*, *Brith*, superflu.

BRITHLAS, qui est tacheté de verd. G. *Brith*, tacheté; *Las*, verd.

BRITHLENNI, tapis, tapisserie. G.

BRITHO, peindre, tacheter, rendre quelque chose de diverses couleurs. G.

BRITHO, entrelacer l'un dans l'autre. G.

BRITHOG, l'action de frire. G. Voyez *Brydio*.

BRITHOLCHI, laver un peu, laver en passant. G. *Brith Golchi*.

BRITHWAITH, mélanges. G. *Gwaith*.

BRITHYD, mélange de plusieurs grains. G. *Yd*, grain.

BRITHYLL, truite. G. De *Brith*.

BRITONES, A. M. soldats; de *Bryd* ou *Bryt*, courage.

BRITT, tacheté, de différentes couleurs. G.

BRIV, Ville. G. Voyez *Brig*, *Briva*.

BRIU, ventre. I. Voyez *Bru*.

BRIVA, le même que *Brisa*. B.

BRIVA, terme qui se trouve dans le nom de plusieurs Villes Gauloises. Monsieur de Valois conjecture qu'il signifioit pont; mais il n'en apporte point de preuves. Je crois avoir montré au mot *Bria* qu'il signifie Ville.

BRIUGIS, abondance. I.

BRIULUM. Voyez *Brogilus*.

BRIW; morceau, fragment, blessure, playe, mal, maladie, dommage, tort. G. Voyez *Brig*, *Breg*.

BRIW R MARCH, verveine. G. A la lettre; mal, maladie de cheval, en sous-entendant remède: la verveine guérit les fièvres des jumens.

BRIW-WR, broyeur. G.

BRIWDWN, brisé. G. pléonasme, *Briw Twn*.

BRIWED, ce qui appaise la douleur. G. De *Briv*, mal, maladie, blessure; comme nous appellons *Vulneraire*, de *Vulnus*, blessure, ce qui les guérit.

BRIWEDIG, blessé, égratigné, tout écorché, offensé. G.

BRIWEG Y CERRIG, joubarbe plante. G.

BRIWFRIG, sarment coupé. G. De *Briw Brig*.

BRIWFWYD, les morceaux de pain, de viande, de tout ce qu'on mange, reste d'un repas. G. *Bwyd*.

BRIWIAD, brisement, fracture, l'action de blesser. G.

BRIWION, copeaux, rognure. G.

BRIWIONI, émier, mettre en miettes. G.

BRIWIONYN, miette. G.

BRIWO, briser, couper, mutiler, disséquer, mettre en petits morceaux, émier, mettre en miettes, broyer, broyer menu, pulvériser, mettre en poudre, piler dans un mortier, blesser, ulcérer, gâter, corrompre, vicier, nuire. G.

BRIWSION, restes d'un repas. G.

BRIWSIONI, le même que *Briwo*. G.

BRIWSIONWR, broyeur. G.

BRIWSIONYN; plurier *Briwsion*, miette, morceau. G.

BRIWYDD, copeaux. G.

TOME I.

BRIWYDD WEN, petite garance. G.

BRIWYDDU, couper, hacher, tailler en piéces, broyer, piler. G.

BRIWYETIS, bégue. G.

BRIX, breche, rupture, rompre, briser. E. Voyez l'article suivant.

BRIX, breche faite par violence. B. *Brix* est donc le même que *Brig*, *Bris*.

BRIZ, bariolé, de différentes couleurs, tacheté, truite, maquereau poissons. B.

BRIZ, demi en terme de mépris. B. Je crois qu'il doit signifier demi absolument: Voyez *Bris*, *Brisa*, *Briw*, *Brizqicq*.

BRIZ, faux: Voyez *Brizdevod*.

BRIZDEVOD, tartufe, hypocrite, faux dévot. B.

BRIZELL, maquereau poisson. B. De *Briz*, tacheté.

BRIZELLA, moucheter, tacheter. B.

BRIZELLAT, tacheté, tavelé. B.

BRIZENN, rousseurs de visage, lentille tache. B.

BRIZENNA, moucheter, tacheter. B.

BRIZENNET, moucheté, tacheté, tavelé. B.

BRIZQICQ; petit lard. B. A la lettre; moitié viande.

BRIZY, tan usé. B.

BRO, region, pays, patrie. G. B. *Bra* en Syriaque; pays, région. De *Pro* pour *Bro* est venu le Latin *Provincia*. *Fron* en Theutonique, public, usité dans le pays.

BRO, terre, champ. G.

BRO, mer. G.

BRO, hauteur, élevation. G. L'*f* & le *b* se mettant l'un pour l'autre, on a dit *Fro* comme *Bro*, pour désigner ce qui est élevé au propre & au figuré; de là *Franga*, *Fraxja* en Gothique; *Frea* en ancien Saxon; *Fro* en Theuton, Seigneur; *Fran* en Allemand; *Frou* en Theuton; *Fru* en Islandois; *Frw* en Suédois; *Frue* en Danois; *Vrouw*, prononcez *Frou* en Flamand, dame, maîtresse. Voyez *Bre*.

BRO, forteresse, bourg, habitation. G. Voyez *Bre*.

BRO, vieux, ancien. I.

BRO, beaucoup. I.

BRO, Ville, pays, territoire, terre, région, patrie; plurier *Broion*, *Broezion*. B.

BRO, le même que *Bra*, *Bre*, *Bri*, *Bru*. Voyez *Bal*.

BRO, le même que *Brw*, puisque l'*w* se prononce en *o*.

BRO, crase de *Braa*. Voyez ce mot.

BRO, le même que *Fro*, *Gro*, *Pro*, *Vro*. Voyez B.

BRO, le même que *Bero*. Voyez *Brochus*.

BRO, jonc. Voyez *Bria*.

BRO, BRU. En comparant *Bro*, forteresse, demeure; *Broh*, *Bros* jupe; *Bruched*, jabot; on voit que *Bro*, *Bru* signifient ce qui renferme, ce qui couvre, ce qui met à couvert; de là *Brou*, la première écorce verte de la noix. On dit à Metz qu'une paysanne est *Embrouée*, lorsqu'elle s'est couvert la tête de plusieurs linges. *Embrochie* en vieux François, affublé; couvert; & *Embruncher*, couvrir; *Embrochie* au Patois de Besançon signifie morne; ce qui est le figuré de couvert.

BRO. En comparant *Broc*; bouche; *Brocq*, broc, pot; *Fron*, *Frout*, narine; *Broccen*, golfe, sein. on voit que *Bro*; *Fro*, *Frou*, ont signifié trou, ouverture; ce qui est troué, ce qui est creux, vasé par conséquent.

BROACH, rivage. I.

BROAID, agréable comme une vallée. G. *Bras*

E e e

signifie vallée, ainsi qu'on l'a vu plus haut; *Br* est ici la syncope de ce mot. Le premier terme en composition perd presque toujours une partie de ses lettres dans le Gallois. *Oaid* vient de *Gweddus*, beau, belle; *Gwedd*, beauté; *Heius* ou *Hedus*, agréable. (Nous voyons par le terme que nous expliquons que *Gwedd* a aussi signifié agrément, qui est un terme presque synonime à beauté. Nous voyons encore que *Gwedd* a été mis pour *Gweddus*.) Les mots commençant par le *g*, le perdent en composition; ainsi on a dû dire *Bruedd*; & l'*w* se prononçant souvent en *o*, on a dit *Broedd*, agréable comme une vallée : la particule comparative est omise dans le Gallois. On trouve de semblables omissions dans l'Hébreu, dans le Tartare, dans le Latin. Nous lisons au premier Livre des Rois, *chapitre 25*, que Nabal ayant appris le danger qu'il avoit couru pour le refus qu'il avoit fait à David, *son cœur fut mort & lui fut en pierre*; c'est-à-dire, fut insensible comme une pierre. Un Seigneur Tartare portoit le nom de *Zuzicar*, convive loup; *Zuzi*, convive, *car*, loup, pour convive semblable à un loup. Ovide fait dire à Ariadne, lorsqu'elle fut abandonnée de Thésée, qu'elle fut pierre.

Quamque lapis sedes tam lapis ipsa fui.

BROAS, vieillesse. I.

BROAT, peuple, peuplade, tous les habitans d'un pays. B.

BROC, blaireau. I. Voyez *Broch*.

BROC, buye en Breton, selon Mr. Huet.

BROC, le même que *Bro*, *Brog* & *Bros*. Voyez *Aru*.

BROC. Voyez *Broch*.

BROC. On voit par *Broccen* & *Brocq*, que *Broc* a signifié cavité, creux, ce qui est capable de contenir, vase, mesure. Voyez *Bro* qui est le même que *Broc*.

BROC, jarre. B.

BROC AN BARIL, bouche de baril. B. *Pro* en cophte, porte, bouche.

BROCA. Voyez *Bross*.

BROCA, A. M. broche ou fausset du tonneau; de *Broch*.

BROCA, A. G. celui dont la levre supérieure déborde. Voyez *Broccus*.

BROCA, A. G. bête marine; de *Bro*, mer.

BROCACH, sale, vilain, impudique. I. De là le Latin *procax*.

BROCADH, le même que *Brocach*. I.

BROCARIA, A. M. broussailles. Voyez *Broca*, *Brouss*.

BROCATUS, A. M. broché; de *Broch*, broche. On appelle ainsi de longues aiguilles de fil de fer qui servent à tricoter, à faire du ruban, du brocart. Les Espagnols appellent le brocart *Brocat*: nous l'appellions ainsi autrefois; nous disons *Brocart* aujourd'hui. Voyez *Broch*.

BROCC, sale, vilain, impudique. I. Voyez *Broc*, *Brocach*.

BROCCÆ, BROCHÆ, BROCHIÆ, A.M. broches, pieux aigus; de *Broch*, *Brochenn*.

BROCCAN, le même que *Brocc*. I.

BROCCEN, sein, golfe, pli, repli, tortuosité, sinuosité, cavité. G.

BROCCUS est traduit dans un ancien glossaire, celui dont la levre supérieure déborde; dans un autre, celui qui a de grosses levres. Dans Varron, *Broccus* est une dent plus élevée que les autres; dans Pline, c'est celui qui a des dents plus élevées les unes que les autres, & duquel par cette raison les levres sont inégales, sont tortues; de *Brocc*, de *Broccen*, tortuosité, cavité, sinuosité.

BROCELLE. Voyez *Brous*.

BROCESS, le même que *Brocc*. I.

BROCEUS, A. G. obstiné; de *Broch*.

BROCH, écume; & au figuré, colére, indignation, férocité. G. *Broch*, écume en Langue de Cornouaille. De *Broch* est venu le Latin *Procella*, tempête : On dit encore parmi le Peuple d'un homme qui est fort en colére, qu'il *Tempête*, qu'il fait la *Tempête*.

BROCH, féroce, farouche, colére adjectivement, qui se fâche, qui s'emporte. De là *Broccus* qu'on trouve dans un ancien glossaire traduit par obstiné. *Frech*, téméraire, fier, impudent, insolent en Allemand. Voyez *Brochi*, *Broez*.

BROCH, synonime de *Brych*, couleur noirâtre, couleur brune, &c. selon Baxter. G. De *Broch* on a fait *Brode*, qui en vieux François signifioit brun; du pain *Brode*, du pain brun. On dit encore parmi le Peuple une femme *Brode*, pour une femme brune. De *Brode* est venu le surnom si commun de *Brodeau*.

BROCH, écume. C.

BROCH, le même que *Broth*. I.

BROCH, tesson, blaireau. B. Voyez *Brocach*; le blaireau est puant. *Broc* en Anglois, blaireau.

BROCH, broche, broche de cordonnier, fausset de tonneau. B. *Broc* en vieux François, broche; *Brocard* en notre Langue, raillerie piquante; *Brocart*, étoffe brochée d'or, d'argent, de soye; *Brocatelle*, diminutif de *Brocart*. Broche & Broquette en Picard & en Champenois, clou, agraffe; *Broccolo* en Italien, cime, pointe de chou. On voit par là que *Broc* a signifié pointe en général. Voyez *Brocatus*, *Brac*, *Brocha*, *Brochenn*.

BROCH, broc. B. Voyez *Brocq*.

BROCHA, piquer. B. De là au figuré brocard, injure.

BROCHAIDIC, petit brochet.

BROCHATA, A. M. broc; de *Broch*.

BROCHEIN, embrocher, pointer. B. Voyez *Broch*.

BROCHELERIUM, A. M. espèce d'arme; de *Brocha*.

BROCHENN, aiguille à tricoter, alêne, aiguille de bois, pieu aiguisé, bâton pointu. B. On appelle encore en Franche-Comté *Broches*, les aiguilles à tricoter.

BROCHERONNUS, A. M. burette, diminutif de *Broch*.

BROCHET, brochet. B. De là ce mot. Voyez *Brochi*, Le brochet mange les autres poissons, & même les petits de son espèce.

BROCHETUS, A. M. mesure de liquides; de *Broch*.

BROCHI, s'indigner, se mettre en colére, être féroce. G. *Brucho* en Grec, je mords, je ronge, j'engloutis, je dévore.

BROCHI, plus féroce. G. C'est le comparatif de *Broch*.

BROCHIA, pays maritime. G. *Bro*, mer; *Ci*, par conséquent en composition *Chi*, pays.

BROCHIA, A. M. broc; de *Broch*.

BROCHUS, colére adjectivement, emporté, indigné, qui se fâche aisément, qui se met en co-

lére pour peu de chose, féroce, prompt, bouillant, ardent, vif. G. Ce mot vient de *Broch* ; & celui-ci est formé par crase de *Bero* ; ainsi *Broch*, *Brochus* signifient aussi ardent, bouillant au propre.
BROCHUS, A. M. broc; de *Broch*.
BROCKA, A. M. broche ; de *Broch*.
BROCQ, broc. B. *Broc* en François ; *Brocca* en Italien, broc ; *Ibrik* en Turc, bouteille. On appelle *Broquet* en patois de Besançon un petit pot qui tient une demi-chopine. *Breusse* en vieux François ; *Broisse* en Patois d'Anjou, vase, tasse. On appelle à Metz *Borchet* un gros vase d'étain ou de cuivre qui sert à aller chercher de l'eau pour boire : C'est une transposition de *Brocq*. Voyez *Brocus*.
BROCQAD, broc plein. B.
BROCUS, A. M. broc; de *Brocq*.
BROD, pointe, aiguillon. I.
BROD, le même que *Bruud*. Voyez ce mot.
BROD. En comparant *Brodio*, broder, ou faire un ouvrage sur une étoffe ; *Brodeur*, exagération, & *Braidd*, on voit que *Brod* a signifié dessus, élévation. En le comparant avec *Broud*, qui est le même mot, on voit qu'il a signifié extrémité, bord. Voyez *Pen*. Voyez *Brodadh*.
BRODADH, broyer, piler. I.
BRODADH, se vanter. I.
BRODAMHUL, gai, joyeux. I.
BRODARIA, A. M. broderie, de *Brodio*.
BRODARWES, A. M. espèce de flèche. Voyez *Brouder-Wez*.
BRODE. Voyez *Broch* synonime de *Brych*.
BRODEÜR ou BRODEIWR, exagération. B. On dit encore en style de conversation d'un homme qui exagère en narrant, qu'il *Brode*.
BRODIATORES, A. M. brodeurs ; de *Brodio*.
BRODIO, broder, embarrasser les chemins en y entrelaçant des arbres. G.
BRODIR, terre, contrée, pays, Province. G. Pléonasme *Bro Tir*.
BRODIUM, A. M. bouillon, jus ; de *Brouet* ou *Broued*. On dit encore *Brouet* dans notre Langue. *Broda*, *Brodo* en Italien ; *Broutos* en Grec dans Hésychius, boisson faite avec l'orge, biére.
BRODIWR, brodeur. G.
BRODOR, qui est du pays. G. *Bro*, pays ; *Dor*, habiter, habitation ; de *To*, *Do*, toit, couvert, habitation. Voyez *Brouddor*.
BRODORIAETH, confrérie. G.
BRODORION, les naturels du pays. G. C'est le pluriel de *Brodor*.
BRODUS, A. M. maison, habitation : C'est la transposition de *Bord*.
BRODUS, A. M. ouvrage brodé ; de *Brodio*.
BROEAT, rose. B.
BROEAU, chartil, ou grande charrette pour les vins. B.
BROEC, le même que *Brocc*. I.
BROECHAT, tricoter. B.
BROECHEN, aiguille à tricoter. Voyez *Brochenn*.
BROECHER, brocheur, tricoteur. B.
BROECHOU, aiguilles de tricoteuse. B.
BROELLA, A. M. espèce de drap ; c'est du bureau. *Broell* est la transposition de *Burell*.
BROENEC, BROENEG, plein de joncs, lieu où croissent les joncs. B.
BROENEN, jonc. B.
BROENN, jonc. B. Voyez *Brwyn* qui est le même.
BROETBAN, A. M. synonime de *Bierban*, banbière, comme on dit banvin ; de *Brouet* & *Ban*.
BROEZ, colère, emportement ; *Broeza*, se laisser emporter à la colère. B. Voyez *Broch*. On dit en quelques endroits de Franche-Comté *Brousser*, pour être en colère, être fâché.
BROEZIOU, pluriel de *Bro*, pays, région, territoire, patrie. B.
BROEZIOU, champs. B.
BROEZIS, gens du pays, compatriotes. B.
BROG, contrée, pays. G. Voyez *Broga*.
BROG, vallée. G.
BROG, forteresse, habitation. G. Voyez *Braca*, *Bregein*.
BROG, soulier. I.
BROG, mal, de mauvaise grace. I.
BROG, champ. B. Voyez *Broga*.
BROG, le même que *Bro*, *Broc*, *Bros*. Voyez *Aru*.
BROG, le même que *Breg* ; comme *Bon* est le même que *Ben*.
BROGA, champ, terre, pays en Gaulois. On trouve ce mot dans le vieux Scholiaste de Juvenal, sur la satyre VIII. Voyez *Brog*.
BROGACH, dissolu, obscène. I.
BROGAIGHE, déshonneur, infamie, tache. I.
BROCHAIN, excès. I.
BROGHDHA, grand, magnifique. I.
BROGILUS, bois propre à la chasse des bêtes fauves, fermé de hayes ou de murs comme nos parcs. Ce mot se trouve dans les anciens monumens, & il a souffert diverses altérations ; car on a dit *Brugilus*, *Broilus*, *Brolium*, *Brolins*, *Broialium*, *Broletum*, *Briulum*, *Broulium*, *Briolium*, *Brollum*, *Broylus*, *Bruillus*, *Bruillium*, *Brullium*. Dans nos vieux écrivains françois on trouve *Breuil*, *Breuille*, *Bril*, *Bruëil*, *Broil*, *Broul*, *Brou*, *Brol*, *Bruel*, *Bruil*, *Brul*, *Brueille* & *Breuillet*, *Bruillet*, *Broillet*, *Broillot*, *Bruillot* diminutifs. *Breuil*, en termes d'eaux & forêts, se dit d'un bois taillis ou buisson fermé de murs ou de hayes, dans lequel les bêtes ont coûtume de se retirer. Le mot de *Breuil* pour bois, forêt, est fort commun dans le Poitou. Plusieurs forêts en Franche-Comté s'appellent *Breuil* ; plusieurs prés y portent aussi ce nom, parce que le terrein qu'ils occupent étoit autrefois couvert de bois appellés *Breuil*. Les bois ou prés qui portent le nom de *Breuil* appartiennent toujours aux Seigneurs, parce qu'il n'y avoit qu'eux qui eussent des forêts destinées à la chasse. Le mot *Brogilus* est composé de deux termes Celtiques ; *Brog*, fermé, clos ; *Gil*, forêt. Voyez *Bersa*. De *Brogilus* est formé *Broglio* Italien ; *Broel* en ancien Saxon, parc, forêt fermée. De *Breuil*, par la substitution réciproque du *p* & du *b*, on a dit *Preuil*, *Preuilly*, &c. Par la substitution réciproque de l'*f* & du *b* on a dit *Freuil*, *Frol*, *Frolay*, &c. Par la substitution réciproque de l'*v* & du *b*, on a dit *Vreuil*, *Vreux*, &c. Nous avons plusieurs Villages en Franche-Comté qui ont pris leur nom de *Brogil* : Un s'appelle *Vregille* ; un autre *Breilan* ; un troisième *Brogille* ou *Burgille* ; un quatrième, qui n'est séparé de Besançon que par la rivière du Doubs, est nommé dans une charte du dixième siécle *Bergillia* ; dans la chronique de l'Abbaye de Baise, *Birgilia*, *Virzillia*; dans le Rituel attribué à Saint Prothade, *Berzillia* ; dans un diplôme de Frédéric I, *Bergillia*, *Brigillia* ; dans une charte du douzième siécle, *Abbatia Bergeliacensis* ; dans des titres des quinzième & seizième siécles, *Rur illes* ; aujourd'hui *Bregille* : Ce sont des altérations du mot *Brogil*, différentes de celles que nous avons rap-

portées plus haut d'après M. Ducange. Il paroit par les anciens titres que l'endroit où est Bregille près de Besançon, étoit un bois. Il faut penser la même chose des autres Villages qui portent ce nom.

BROGINUS, A. M. espèce de filet ; de *Brog*, fermé, clôture. Voyez le mot précédent.

BROGON, BROGONEN, éclair. B.

BROH, blaireau. B.

BROH, jupe. B.

BROIA, jonc marin. Saint Isidore nous a conservé ce mot ; *Bro* est une syncope de *Broen* ; *I*, eau, mer.

BROIA, A. M. broye instrument à briser le chanvre ; de *Brog* ou *Broj*, qui brise.

BROIALUM. Voyez *Brogilus*.

BROIDIGHTHE, gagé, saisi. I.

BROIGHEALL, cormoran. I.

BROILLET. Voyez *Brogilus*.

BROILUS. Voyez *Brogilus*.

BROIN, ventre. I.

BROIOU, pluriel de *Bro*, pays, région, territoire. B.

BROIS, gens du pays, compatriotes. B. *Bro*, pays ; *Is*, hommes ; de *Wys*.

BROISECH, le même que *Brocc*. I.

BROISEGH, le même que *Brocc*. I.

BROISNINN, paquet, faisseau. I.

BROLETUM. Voyez *Brogilus*.

BROLIUM. Voyez *Brogilus*.

BROLIUS. Voyez *Brogilus*.

BROLLACH, sein, giron, poitrine. I.

BROLLAC, fente. I.

BROLLUM. Voyez *Brogilus*.

BROM, pet. I. C'est le même que *Bram*, il en a par conséquent tous les sens. Voyez *Bramm*. *Brommen, Brummen* en Allemand, bruire, bourdonner, murmurer ; *Brommen* en Flamand, bourdonner.

BROMACH, poulain. I.

BROMANACH, rustique, grossier. I.

BROMM, pet. B. On a dit *Brum* comme *Brom*, ainsi qu'on le voit par *Brumosus, Bromosus* qu'on trouve dans les anciens glossaires pour puant, sale ; *Bromos* en Grec, puanteur ; *Brodier* en vieux François ; *Broudier* en Basse-Normandie, cul. Voyez *Brom*.

BRON, poitrine, gorge de femme, poitral, mamelle, teton. G. *Bronn*, poitrine en Irlandois ; *Bron* en Breton, mamelle, sein, teton. Dans les Provinces voisines de Bretagne un petit veau & un cochon de lait sont dits *Bronez*, pour exprimer qu'ils sont à la mamelle. De *Bron*, poitrine, sont venus *Bronia, Bruna, Brunea, Brunia*, qui signifient cuirasse dans les anciens monumens ; & *Broigne, Broingne, Brugne, Brunie*, qui dans nos vieux Auteurs françois sont pris dans le même sens. De *Bron*, gorge, est venu *Brunelle*, nom d'une plante propre à guérir une maladie de la gorge. *Broft* en Suédois ; *Breoft* en ancien Saxon ; *Brioft* en Islandois ; *Bruft* en Gothique ; *Pruft & Burft* en Theuton ; *Breft* en Anglois ; *Borft* en Flamand, poitrine ; *Bringa* en Suédois & en Islandois, poitrine ; *Brun* en Theuton & en Servien ; *Bryn* en ancien Saxon ; *Bryn, Brynia* en Islandois ; *Bringa* en Suédois ; *Byrn* en Anglois, cuirasse ; *Bro*, lait en Hottentot.

BRON, douleur, tristesse, affliction, déplaisir, regret, chagrin. I.

BRON, goulier, chair du col du cochon, le biberon, le tuyau extérieur d'un vase pour verser la liqueur, & par où l'on peut boire avec aspiration ; mamelle, sein, teton, selon le Pere de Rostrenen. *Bron*, selon Dom le Pelletier, mamelle : Il se dit de la femme & des bêtes femelles qui alaitent leurs petits, à la réserve de la vache, de la jument & de la chévre. *Bron & Broon* est la saignée d'un cochon, c'est-à-dire la partie où le boucher a mis le couteau pour le tuer, selon Dom le Pelletier. B. On voit par là que *Bron* a signifié gorge, gosier, tuyau, canal ; *Bronchos*, gosier en Grec ; *Bronchum*, gosier dans le glossaire manuscrit de Papias. Voyez *Bronrhwddyn*.

BRON, montagne, colline, élévation. Voyez *Gofron*. On voit par là que *Bron* est le synonyme de *Brin*, il en a par conséquent tous les sens ; d'ailleurs les voyelles en Celtique sont indifférentes. *Fron* en Theuton, illustre, excellent, qui est au-dessus, Seigneur, sacré ; *Frana* en Frison, Juge. *Broncher* est venu de *Bron*, élévation, but ; comme *Buter* est venu de *But*.

BRON. Voyez *Bran*, *Bron*.

BRON, le même que *Bran, Bren, Brin, Brun*. Voyez *Bal*.

BRON, devant. Voyez *Goedvron*, & *Bran, Bron*.

BRON, le même que *Fron, Gron, Pron, Vron*. Voyez *B*.

BRON. Voyez *Born*.

BRON, le même que *Bronnach*. I.

BRON, le même que *Broenn*. Voyez *Broneg*.

BRON, estomac. Voyez *Bronwft*.

BRON ALARCH, séche poisson. G.

BRON ALARCH, tuile. G.

BRONACH, triste, soupir. I. Voyez *Bron*, *Bronnach*.

BRONAD, affliger. I.

BRONAD, couler, dégoutter. I.

BRONALLT, qui va en montant. G. *Bron Allt*.

BRONÇ, bourgeon. B.

BRONCEIN, pousser des boutons, bourgeonner. B.

BRONCEN, bourgeon, bouton d'arbre. B.

BRONCZ, bronze. B.

BRONCZ, bourgeon, B. On appelle à Besançon *Brondes, Brondailles*, les petits rameaux ; & *Brondons*, les petites pousses ou rejettons qui viennent sur les troncs de chou.

BRONCZA, germer, pousser, pulluler, bourgeonner. B.

BRONDATUS, A. M. brodé ; de *Brodio*, l'*n* inférée.

BRONDDOR, bouclier. G. De *Bron*, sein, poitrine ; & *Dor*, porte, dit Davies. Il paroit plus naturel de tirer cette étymologie de *Dor*, couverture. Voyez *Brodor*.

BRONDEIN, broder, amplifier. B.

BRONDU, contusion, meurtrissure ; singulier, *Bronduen*. B.

BRONDU 'R TWYNAU, pluvier oiseau. G. *Twynan* paroit mis ici pour *Tywynan*, rivages.

BRONDUA, meurtrir. B.

BRONDUEN. Voyez *Brondu*.

BRONDUI, meurtrir, faire une contusion. B.

BRONEG, lieu plein de joncs. B. Voyez *Broenn* dont *Bron* est la crase.

BRONEHANG, qui a un large poitral. G. *Bron Ehang*.

BRONFOLL, cuirasse, ce qui couvre la poitrine, ce qui sert à couvrir la gorge des femmes, gorgerette. G. *Bron*, poitrine, gorge de femme ;
Foll

BRO.

Fol en composition de *Moled*, que nous voyons par *Bronfull* avoir signifié couverture, voile en général; ce qui se prouve encore par *Dyrnfol*, gands; *Dyrn*, mains; *Fol*, de *Mol*; de *Moled*, couverture.

BRONFRAITH. Davies n'explique pas ce mot. Je crois qu'il signifie l'extrémité de la mamelle; *Bron*, mamelle; *Braidd* ou *Braith*, en composition *Fraith*, extrémité.

BRONGENGL, poitrail de chevaux. G. *Bron Cengl*.

BRONGHABHAIL, conception, production, génération. I.

BRONLLIAIN, gorgerette. G. A la lettre, linge de la gorge.

BRONLLYDAN, qui a une large poitrine. G. *Bron Llydan*.

BRONN, mamelle. G. B. Voyez *Bron*.

BRONN, poitrine. I. Voyez *Bron*.

BRONNA, alaiter. B.

BRONNACH, lamentable, déplorable, fâcheux, triste, mélancolique. I.

BRONNADH, employer, dépenser, fournir, donner, accorder, permettre, destruction. I.

BRONNECG, oing, sain, graisse de porc. B.

BRONNIG, petite mamelle. G. Ce mot étant le diminutif de *Bron*, il doit en avoir tous les sens.

BRONNIGHEN, pelotte de vieux oing. B.

BRONNOG, qui a de grosses mamelles. G.

BRONNSGAOILEADH, flux de ventre. I.

BRONNSGAOILTE, qui a le flux de ventre. I.

BRONNTAS, concession, octroi, permission. I.

BRONRHWDDYN, rouge-gorge oiseau, rouget poisson. G. *Bron Rhudd*.

BRONTANNAS, don. I.

BRONWEN, belette, fouine. G. *Bron Wen*.

BRONWST, mal de poitrine, mal d'estomac. G. *Wst de Gwst*, mal.

BRONZUA, meurtrir. B.

BROON, le même que *Bron*, triste, mélancolique; &c. I.

BROQUELA, bouclier. Ba. Voyez *Brog*, *Borc*.

BROQUELDU, je couvre d'un bouclier. Ba.

BROQUETTA, A. M. clou, ardillon. En quelques endroits de Champagne & de Picardie on appelle *Broquettes*; en Franche-Comté on appelle *Broquets* ou *Braquets* de petits cloux; *Broquet* est le diminutif de *Broc*. Voyez *Broc'h*.

BROS, jupe. B. *Pro* en Tartare du Thibet, vétement.

BROS, le même que *Brouss*. Voyez *Broscoad*.

BROS, le même que *Bras*, *Bres*, *Bris*, *Brus*. Voyez *Bal*.

BROS, le même que *Fros*, *Gros*, *Pros*, *Vros*. Voyez *B*.

BROSCIA, A. M. broussailles. Voyez *Bros*.

BROSCOAD, bocage, petit bois. B. *Brouss Coad*.

BROSCUS, A. M. broc; de *Brocq*.

BROSDUGAD, hâter, presser, dépêcher. I.

BROSDUGHE, hâté, pressé. I.

BROSDUS, A. M. le même que *Brusdus*.

BROSEDIGAETH, tentation. G.

BROSNACH, fleuve, rivière, ruisseau. I.

BROSNADH, fagot. I.

BROSSIA. Voyez *Brouss*.

BROT, le même que *Brat*, *Bret*, *Brit*, *Brut*. Voyez *Bal*.

BROTAIRE, bourreau. I.

BROTELLUS, BRETELLUS, A. M. nom appellatif des isles du Rhône. Les Lyonnois disent encore aujourd'hui *Brotean*, *Breteau*. Ce mot est formé de *Brothaire* ou *Brotaile*, qui signifie couper, parce que ces *Broteaux* ou *Breteaux* coupent le fleuve. On dit encore *Bretauder* en notre Langue, pour couper les cheveux trop courts, couper les oreilles à un cheval.

BROTH, fosse. I.

BROTH, viande. I.

BROTH, Juge. I.

BROTHAIRE, boucher, qui découpe la viande. I.

BROTSEACH, BROTSECH, les mêmes que *Brocc*. I.

BROU, pays, contrée. B. Voyez *Bro*.

BROU, meule. B. C'est une crase de *Breou*.

BROU. Voyez *Bry*.

BROUAGH, breuvage. B.

BROUCZ, bourgeon. B. C'est *Bronez*, l'*n* changée en *u*.

BROUCZÂ, bourgeonner. B.

BROUD, pointe, l'extrémité des clous dont on ferre les chevaux, extrémité en général, clou de vitrier, aiguillon, aiguillon d'abeille, remords. B.

BROUD, braise. B.

BROUD, le même que *Brod*. Voyez *Brodeur*, *Broudeur*.

BROUDA, piquer, piquer avec l'aiguillon, exciter fortement, broder. B. Voyez *Brodio*.

BROUDADURR, picotement. B.

BROUDER, brodeur. B. Voyez *Brouda*, *Brouderwez*.

BROUDEREZ, exagération. B.

BROUDERWEZ, pique-arbre. B. *Wez*, arbre.

BROUDEU, pointe de douleur, élancement. B.

BROUDEWR, exagération. B.

BROUE. Voyez *Bry*.

BROUED, la lissure du tisserand. B.

BROUEN, jonc. B.

BROUET, bouillon, jus. B. *Broth* en ancien Saxon, jus; *Brod*, soupe en Allemand; *Brodo* en Italien; *Brodio* en Espagnol; *Broth* en Anglois, jus, suc. Voyez *Browes*.

BROUET. Voyez *Bry*.

BROUEZ, petite colere, colere. B.

BROUILH, embrouillement, brouillerie. B.

BROUILLA, brouiller. B. De là ce mot; de là *Brollar* en Espagnol, brouiller; *Brogliare* en Italien, brouiller; *Broil* en Anglois, brouilleries, tumulte, sédition, querelle.

BROUIN, jonc. B.

BROUISKIR, miette. I.

BROULUM. Voyez *Brogilus*.

BROUS, BROUST, lieu plein de buissons. B. Voyez *Brouss*.

BROUSCOAD, BROUSCOAT, bocage, petit bois, jeune bois. B.

BROUSCON; singulier, *Brousconen*, *Broscounen*, gros navet, espèce de navet sauvage, ou pomme de terre, un morceau de ce navet. B.

BROUSGUEZ, arbrisseau, bocage, petit bois, jeune bois. B.

BROUSGWEZEN, le même que *Brousguez*. B.

BROUSNAD, fagot. I.

BROUSQEZ, arbrisseau. B. *Qez*, synonime de *Guezen*.

BROUSS, hallier, broussailles. B. De là *Brausia*, *Brauscus*, *Brasia*, *Broscia*, *Brossia*, *Brozia*, *Brucia*, *Brussia*, *Brustio*, *Bruscia*, *Broca*, *Brocia*, *Brogalia* dans les anciens monuments; *Brocelle* dans la Coûtume de Chartres; *Brosses* & *Broce* en vieux François; *Brocereux* dans le même langage, lieu plein de broſſailles. Les Payſans de Franche-Comté diſent *Brouſſer*, pour aller dans des broſſailles ; *Brouſſ*, broſſailles en Auvergnac ; *Bruth* ou *Brouth* en Hébreu, arbre ; *Brua*, bruyeres en Grec ; *Brag* en Arménien, forêt ; *Brouc*, *Bruc*, bruyeres en Languedocien : Le *b* eſt ici paragogique. Voyez *Roſſ*.

BROUSS, bourgeon. B.

BROUSSA, bourgeonner. B.

BROUST, hallier, buiſſon, broſſailles, bourgeon, brou, lierre. B. *Sprout* en Anglois ; *Sproſſ* en Allemand ; *Spruit* en Flamand ; *Broton* en Eſpagnol, brou ; *Sprutan* en ancien Saxon ; *Sprout* en Anglois ; *Spruiten* en Flamand ; *Sprotta* en Iſlandois ; *Brotar* en Eſpagnol, bourgeonner. Au voiſinage de Bretagne on appelle *Brouſtille* des broſſailles. Voyez *Brouſtail*.

BROUSTA, bourgeonner. B.

BROUSTA, briſer, fracaſſer, brouter, manger le brou. B. *Brouter* en François ; *Browſe* en Anglois ; *Bruſad* en Irlandois, brouter ; *Broutilles* en vieux François, bribes, morceaux de pain.

BROUSTAIL, broſſailles, jeune bois. B.

BROUSTOU, broſſailles. B.

BROUT, pointe, l'extrémité des clous dont on ferre les chevaux, clou de vitrier, aiguillon, aiguillon d'abeille, piquure, remords. B. *Claig-Brud* en Irlandois, aiguillon. Voyez *Brond*.

BROUT, braiſe, charbons ardens, chaud. B. De *Berw* ou *Brw*, prononcez *Bron*. Voyez *Brwd* ou *Brwt* qui eſt le même.

BROUTACH, orage, ſelon le Pere de Roſtrenen ; chaleur étouffante, telle qu'on la ſent en été dans les temps de tonnerre, ſelon Dom le Pelletier, qui ajoute que de ce mot on a fait *Broutacha*, dont le participe *Broutachet* eſt fort uſité dans les Villages, où l'on dit *Laes Broutachet*, lait tourné, fermenté, aigri par la chaleur exceſſive. B. Ce mot eſt formé de *Brout*.

BROW, piler, broyer, moudre. I. Voyez *Brau*.

BROWD. Voyez *Browdſaeth*, *Brawd*.

BROWDFAETH, frere de lait. G. *Maeth*, lait ; *Browd* par conſéquent frere. Voyez *Browdyn*.

BROWDLE, tribunal. G.

BROWDMAETH, frere de lait. G.

BROWDYN, petit frere. G.

BROWES, le même que *Micas*, petits morceaux de chair trempés dans la graiſſe, pain trempé dans la ſauſſe. G. A Mouthier en Franche-Comté la ſauſſe s'appelle *Bru*. *Brewes* en Anglois, tranches de pain arroſées de graiſſe, de bouillon. Voyez *Bru*.

BROWULIN, meule de moulin. I. De *Brow* & *Mulin*.

BROWYS, le même que *Braw* Gallois, dit Davies. G.

BROUZ, brou. B. De là ce mot.

BROUZA, brouter, manger le brou. B.

BROY, pluriel de *Bro*. G.

BROYLUS. Voyez *Brogilus*.

BROYS, habitant du pays, perſonne du pays. B.

BROZIA. Voyez *Brouſſ*.

BROZIUM, A. M. meſure de charbon ; de *Broc*.

BROZOLADIGUEU, broſſailles, menu bois abandonné. B.

BRU, ventre. G. E. I. & par conſéquent élévation, boſſe, courbure, comme *Bol* dont il eſt le ſynonime ; *Bruch* en Luſatien, ventre ; *Bru*, enceinte en Tartare du Thibet. De *Bru*, ventre, eſt venu notre mot *Bru*, belle-fille. Nos ancêtres ont regardé leurs belles-filles comme des ventres qui devoient leur donner des enfans. *Bruth* en Gothique, bru ; *Bru*, *Brud* en Danois ; *Bruid* en Flamand ; *Bruth* en Gothique ; *Brut* en Theuton ; *Brud* en Suédois & en Iſlandois ; *Braut* en Allemand ; *Bride* en Anglois ; *Bryd* en ancien Saxon, épouſe. Voyez *Brw*.

BRU, biche. I.

BRU, le même que *Bro*. Voyez ce mot.

BRU. Je crois que ce mot a ſignifié eau en Celtique. *Brumen* en Breton, brouée, petite pluye de peu de durée, brouillard ; *Men* ou *Main*, petite ; *Bru* par conſéquent pluye, eau ; *Bruchen* en Gallois, ſource ; *Broc* en Breton, leſſive, brouet, potage, bouillon ; *Pruina* en Latin ; *Bruine* en François vient de là, de même que *Brouée*, *Brouillard*. En Patois de Beſançon on dit *Bru* d'andouille, pour dire eau dans laquelle on a cuit l'andouille, bouillon d'andouille. Ce mot étoit uſité dans les vieux François : on en a fait par corruption *Bredandouille*. *Bre* en Auvergnac, ſoupe, potage, bouillon ; *Brue* en Flamand & en Allemand ; *Briw* en ancien Saxon ; *Bruve* en Theuton, jus ; *Bru* à Mouthier en Franche-Comté, ſauſſe. Dans quelques Villages de la même Province on appelle *Brouſſes*, les vapeurs qui s'élevent ſur les rivières. *Bren*, ſoupe dans les montagnes de la même Province ; *Brouet* en Breton, bouillon, jus ; *Brouet* en vieux François, jus, ſauſſe ; *Imbrue* en Anglois, tremper dans l'eau ; *Brok* en Flamand, lieu aquatique ; & *Broeijen*, échauder, parbouillir ; *Brino* en Iſlandois, abbreuver ; *Frou*, étang en Talenga. Voyez *Browes*. Il paroit par *Brwyſg*, *Bruzun*, que *Bru* ſignifioit en général tout ce qui eſt liquide, l'eau & toutes ſortes de liqueurs. *Bru* ſignifie auſſi ruiſſeau. Les Gaſcons appellent *Briu*, le courant de l'eau ; *Bren* en ancien Saxon, torrent, petit ruiſſeau ; & *Brooke* en Anglois. En Auvergne & en Franche-Comté on dit qu'une rivière *Brue* vîte, pour dire qu'elle coule vîte. Voyez *Ffrwd*, *Ffreu*, l'article ſuivant, *Brudzhias*, & *Brwynen Yr Aſon*.

BRU. Je crois que ce mot a ſignifié ſource, fontaine en Celtique. En Patois de Beſançon on appelle une fontaine *Bru* ; *Bri* en Étruſque, ſource, fontaine. *Bru* eſt la craſe de *Berus*, coulant ; *Bruchen* en Gallois, ſource, fontaine ; *Bruein*, ſourdre en Grec ; *Bruſſi*, *Bruſe* en Grec vulgaire, fontaine ; *Bru* eſt la tranſpoſition de *Bura*, tête, & par conſéquent ſource, fontaine.

BRU, le même que *Bra*, *Bre*, *Bri*, *Bro*. Voyez *Bal*.

BRU, le même que *Frud*, *Grud*, *Prud*, *Vrud*. Voyez *B*.

BRU MHOR, rivage de la mer. I. *Mor*, mer.

BRUACH, bord, orée, frontière, extrémité, rivage, digue, levée de terre, élévation, banc de ſable. I. *Breg* en Albanois, rivage.

BRUACHADH, confiner, borner. I.

BRUACHADHA, frontière. I.

BRUACHAIBH, confins, limites. I.

BRUACHBAILE, faux-bourg. I. *Baile*, Ville ; *Bruach*, bord.

BRUACHDHA, grand, magnifique. I.

BRUAIDHE, villageois, payſan, métayer. I.

BRUAND, bruant oiſeau. B. De là ce mot.

BRUARIUM, BRUERA, BRUERIA, BRUIERIA, BROIARIA, BROIHERA, A. M. bruyere : En vieux François, *Brueroi* ; de *Brug* ou *Bruſ*.

BRUBEEN, puſtule. B.

BRU. BRU. 219

BRUC, fiente. I.

BRUC, bruyeres. B. Bruc en Languedocien; Brua en Grec; Bruera en Anglois, bruyere. Voyez Bruarium.

BRUCH, le même que Bruth. I. De même des dérivés ou semblables.

BRUCH, le devant de l'eſtomac où aboutiſſent les ſept vraies côtes, le brechet. B.

BRUCHED, jabot, ſein; Bruched Ar Marh, le poitrail du cheval. B. Voyez Broccen.

BRUCHEN, ſource. G. Cen, qui fait Chin en compoſition, ſignifie tête, commencement, origine, ſource; Bru, eau ou ſource. Au ſecond ſens Bruchen eſt un pléonaſme: ils ne ſont pas rares dans le Gallois.

BRUCHET, le devant de l'eſtomac où aboutiſſent les ſept vraies côtes, le brechet, la poitrine de l'homme & des bêtes. On en a fait le verbe Bruchetaa, ſe choquer à la manière des coqs, lorſqu'ils ſe battent en ſe choquant la poitrine. B. De là Brechet.

BRUCUS, A. G. le même que Broccus.

BRUD, bruit, renommée, réputation, bruit qui ſe répand, rumeur. B. Bruit en Anglois & en François, bruit; Brüt en Patois de Franche-Comté, bruit; Bruiſſen en Flamand, faire du bruit.

BRUD, hiſtoire, chronique, prédiction. G.

BRUD. En confrontant Brudein avec Brouda, on voit que Brud eſt le même que Broud & Brout.

BRUD, le même que Brad, Bred, Brid, Brod. Voyez Bal.

BRUDA, faire du bruit, ébruiter, divulguer, publier, diffamer. B.

BRUDADH, preſſer, ſerrer de près, broyer. I.

BRUDEAMH, bête, bête brute, ſot, fol. I. Voyez Brut.

BRUDEAMHAIL, beſtial, brutal, impudique. I.

BRUDEAMHLAS, beſtialité, brutalité, impudicité. I.

BRUDEAMHUL, bête, bête brute, ſot, fol. I.

BRUDEIN, ébruiter. B.

BRUDEIN, piquer, piquer les bœufs avec l'aiguillon, exciter fortement, broder. B.

BRUDET, fameux, qui a de la réputation. B.

BRUDH, contuſion, meurtriſſure, écacher, froiſſer, embarraſſer. I.

BRUDH, le même que Brugh. I. De même des dérivés ou ſemblables.

BRUDHAM, preſſer, briſer, broyer, piler, fracaſſer, battre, renverſer. I.

BRUDI, divulguer, publier. B. Voyez Brud.

BRUDIO, prédire. G. Brueſche en langage du Comté de Foix, devinereſſe.

BRUDITE, abêti, infatué. I.

BRUDZHIAS, bouilli. C.

BRUEIL, BRUEILLE, BRUEL. Voyez Brogilus.

BRUG, bruyere. B. Brug en Lombard, bruyere; Brugos en Languedocien, pays de bruyere; Brezo en Eſpagnol, bruyere. Voyez Brouſſ, Bruc, & Grug qui eſt le même.

BRUG, le même que Frug, Grug, Prug, Vrug. Voyez B.

BRUG, le même que Brag, Breg, Brig, Brog. Voyez Bal.

BRUGAIDHE, villageois, payſan, laboureur, métayer. I.

BRUGH, Ville, Bourg. I. Voyez Bwrg, Breg & l'article ſuivant.

BRUGH, môle, rempart, digue, forte muraille, monument. I.

BRUGHA, l'action de broyer. I.

BRUGHADH, preſſer, briſer, broyer, piler, battre, fracaſſer, renverſer. I.

BRUGHADH, villageois, payſan, laboureur, métayer. I.

BRUGHBORRFA, animoſité. I.

BRUGHEAN, maiſon. I. Voyez Brugh.

BRUGHEAN, querelle, démêlé, trouble, déſordre, confuſion. I.

BRUGILUS. Voyez Brogilus.

BRUGINA, BRUGINUS, A. M. les mêmes que Broginas. On lit dans un manuſcrit Burginus; Brog & Borg ſont le même mot. Voyez Bwrg.

BRUGLI, vomir. B.

BRUGNA, A. M. cuiraſſe. Voyez Bron.

BRUH, bruyere. Voyez Bruhec.

BRUHALLEREAH, rugiſſement. B.

BRUHEC, pays de bruyeres. B. On a donc dit Bruh comme Brug.

BRUHELLAT, rugiſſement. B.

BRUHUN, BRUHUNEN, petit fragment. B.

BRUI, ventre, eſtomac. I. Voyez Brn.

BRUID, eſclavage. I.

BRUID, piqué, percé. I.

BRUIDE, portant. I.

BRUIDHEACHD, colonie. I.

BRUIDHIDHE, métayer, colon. I.

BRUIGH, champ. I. Voyez Broga.

BRUIGHE, ferme, métairie. I.

BRUIGHEAN, querelle, cri. I.

BRUILL. Voyez Brogilus.

BRUILLA, BRUILLI, vomir. B.

BRUILLIUM, BRUILLUS, BRUILLET, BRUILLOD, Voyez Brogilus.

BRUIM, puant, I.

BRUIN, ventre, eſtomac. I. Voyez Brui.

BRUIN, Prince. I. Voyez Brien.

BRUINTACH, enceinte, groſſe. I.

BRUITE, battu, briſé. I.

BRUITH, chair. I.

BRUITHE, cuit, bouilli, roti. I. Voyez Brout.

BRUITHEAN, chaud, brûlé. I.

BRUITHEAN, eſcarmouche, combat. I.

BRUITHIM, cuire. I.

BRULLEREAH, rugiſſement. B. De là Briller en Franche-Comté, crier & Brailler en François.

BRULLIUM. Voyez Brogilus.

BRULLSGEANTAS, impétuoſité. I.

BRULLU, gands de nôtre-dame plante. B.

BRUM; ſingulier, Brumen, broüée ou petite pluye de peu de durée, brouillard, brume. B. De là Bruma Latin; Brume en termes de marine, brouillard.

BRUM, pet. I. Voyez Brom.

BRUM, puant. I.

BRUM, le même que Bram, Brem, Brim, Brom. Voyez Bal.

BRUM, le même que Frum, Grum, Prum, Vrum. Voyez B.

BRUMA, nue, nuée. Ba. Voyez Brumen.

BRUMAEC, embrumé. B.

BRUMARIUS, A. G. qui a du dégoût des aliments. Voyez Brumſtan, Brunt.

BRUMEN, éblouiſſement. B.

BRUMENNA, éblouir. B.

BRUMENNEIN, bruiner. B.

BRUMENNEIN, éblouir. B.

BRUMM, BRUMOSUS. Voyez Bromm.

BRUN, brun, brune. B. De là ce mot.
BRUN, le même que *Bryn*, colline, selon Baxter, qui remarque que ce mot s'eſt conſervé en ce ſens chez les Ecoſſois. G.
BRUN, matrice. I.
BRUN, le même que *Bron*. I.
BRUN, poil rouge. B. c'eſt le même que *Brein*, rouge de pourpre. Comme le rouge de pourpre eſt foncé, on s'eſt ſervi de *Brein* pour déſigner un rouge brun, ce qui ſe prouve parce que les payſans de Franche-Comté appellent *Brenot*, un bœuf un rouge brun. Enſuite *Bren*, *Brun* auront été employés pour marquer toute couleur brune; & c'eſt en ce ſens que ce dernier mot s'eſt conſervé dans notre Langue. On voit que *Brun* a été employé dans le Celtique pour ſignifier la couleur brune; par *Brun*, *Prunen*, prune, fruit qui a pris ſon nom de ſa couleur; & par *Brunduen*, meurtriſſure: cela ſe prouve encore par *Brwyn*, qui ſignifie triſte, morne, ce qui eſt le ſens figuré de *Brun*. Nous diſons qu'un homme eſt *Brun*, qu'il a l'air *Brun*, lorſqu'il eſt triſte, lorſqu'il eſt morne. *Brun* en ancien Saxon & en Theuton; *Brun Bran* en Suédois; *Brown* en Anglois; *Brun* en François; *Bruin* en Flamand; *Bruno* en Eſpagnol & en Italien; *Braun* en Allemand, brun. Nous voyons dans nos anciens Auteurs, ſoit Latins ſoit François, que ce mot a ſouffert une tranſpoſition, qu'on a dit *Burn* pour *Brun* & *Burnet* pour *Brunet*. *Ruadh* en Irlandois, ſignifie rouge & brun. Voyez *Brun*, brun.
BRUN, le même que *Bran*, *Bren*, *Brin*, *Bron*. Voyez *Bal*.
BRUNA, A. M. nom d'une monnoye, que d'autres appellent noire ou d'airain; de *Brun*.
BRUNA, A. M. cuiraſſe. Voyez *Bron*.
BRUNATICUS, A. M. brun; de *Brun*.
BRUNCELLA, mugir, crier comme un bœuf. B. Voyez le mot ſuivant qui eſt le même.
BRUNCELLAT, braire. B. Voyez le mot précédent qui eſt le même.
BRUNDU, ſingulier, *Brunduen*, contuſion, meurtriſſure. B. C'eſt un pléonaſme formé de *Brun* & *Du*.
BRUNDUET, meurtri. B.
BRUNDUI, meurtrir. B.
BRUNEA. Voyez *Bron*.
BRUNED, main. G.
BRUNELLAT, rugir, rugiſſement. B.
BRUNELLATT, raller. B.
BRUNELLEIN, rère. B.
BRUNELLUS, A. M. certaine meſure de ſel; de *Prennol* ou *Brennol*.
BRUNETA, BRUNETUM, par tranſpoſition *Burnetum*, *Buretum*. A. M. tout drap qui a une autre couleur que la couleur naturelle de la laine dont il eſt fait; de *Brun* qu'on voit par ce mot avoir été pris pour couleur en général. Voyez *Glas* & *Blawr* qui ſignifient pluſieurs différentes couleurs, de même que le *Caruleus* des Latins.
BRUNETTIG, brunette. B.
BRUNIA. Voyez *Bron*.
BRUNICUS, A. G. petit cheval; tde *Bruſun*, petit, & *Ech* ou *Ich* cheval. *Bruſunich*, *Bruſnich*, *Brunic*.
BRUNTUS, A. M. livide, meurtri; de *Brundui*.
BRUNUS, A. M. brun, noirâtre; de *Brun*.
BRUS, petit. Voyez *Bruſguezen*, *Bruſuna*.

BRUS, le même que *Brous*. Voyez *Bruſcoad*, *Brouſcoad*.
BRUSACH, rot, rotter. I.
BRUSADH, brouter, l'action de brouter. I.
BRUSCIA, Voyez *Brouſſ*.
BRUSCOAD, BRUSCOAT, bocage, petit bois, jeune bois. B.
BRUSCOSUS. Voyez *Brouſſ*.
BRUSCUS, A. M. eſpèce de houx; de *Bruſq*.
BRUSCUS, A. G. eſpèce de grenouille, ainſi nommée parce qu'elle ſe tient dans les buiſſons. Voyez *Bruſcia*.
BRUSCUS, A. M. ruche d'abeilles; en Provençal, *Bruſc*; de *Ruſk*; B. paragogique.
BRUSDUS, BRUSTUS, BRUDATUS, BRODATUS, BROUDATUS, BREUDATUS, BRODERATUS, BRONDATUS, BROUDERATUS, BROYDADUS, A. M. brodé; *Brodator*, brodeur; *Brodatura*, brodure; *Broderia*, *Brodericia*, broderie; de *Brodio*.
BRUSGUEZEN, arbriſſeau, petit arbre, bocage, petit bois, jeune bois. B. *Guezen*, arbre; *Bru* par conſéquent petit.
BRUSHET, ſein. B. Voyez *Bruſq*.
BRUSK, petit comme *Brus*. Voyez *Bruſkgwezen*.
BRUSKGWEZEN, le même que *Bruſguezen*. B.
BRUSOIR, roteur. I.
BRUSQ, poitrine; *Bruſq Ar Marh*, poitrail du cheval. B.
BRUSQ, bruſque, fragile, caſſant, vif, prompt, brèche faite par violence. B. De là notre mot *Bruſque*; *Bruſco* en Eſpagnol, bruſque, rude, âpre, cruel, fier; *Brisk* en Anglois, vif, actif, prompt, vigoureux, tout de feu.
BRUSQEZEN, arbriſſeau, petit arbre, bocage, petit bois, jeune bois. B.
BRUSQUENN MEL, rayon de miel. B. Voyez *Breſq*.
BRUSSIA, A. M. lieu plein de broſſailles; de *Brous*, *Brus*.
BRUSTIO, A. M. lieu plein de broſſailles; de *Brouſt*.
BRUSTUM, A. M. la pâture des animaux, ce qu'ils broutent; de *Brouſta*.
BRUSUA. Voyez *Brouſſ*.
BRUSUN, petit. Voyez *Bruſuna*, *Bruſunen*, *Brus*.
BRUSUNA, briſer, caſſer, broyer, égruger, rompre en très-petites piéces, mettre en poudre. B.
BRUSUNEN, miette. B.
BRUSURA, A. M. meurtriſſure; de *Brundui* ou *Brunzni*.
BRUT, hiſtoire, chronique, prédiction. G. Voyez *Brud*.
BRUT, de comédien, de baladin. G.
BRUT, brute. B. De là *Brutum* latin; *Bruit* François.
BRUT, bruit, rumeur, réputation, renommée; *Ur Verb En E Brut*, une fille en la fleur de ſon âge. B. De là bruit, bruire en François. Voyez *Brwd*.
BRUT, le même que *Brout*. Voyez *Brud*.
BRUT, A. M. nom d'une fête profane où l'on faiſoit apparemment des bouffonneries; de *Brut*, baladin.
BRUT, A. G. bru, belle-fille; de *Bru*.
BRUTA, A. G. bru, belle-fille; de *Bru*.
BRUTAAT, abrutir. B.
BRUTACH, ruſtre, payſan. I.

BRUTAL

BRU.

Brutal, brutal. B. De là ce mot.
Brutancz, abrutiſſement. B.
Brutaniaid, Bretons. G.
Brutare, A. M. bluter. Voyez *Brutell*.
Brutell, bluteau. B. On a tranſpoſé les lettres de ce mot, car on dit encore en Franche-Comté *Burtel*. *Beutell* en Flamand ; *Budel* en Allemand, bluteau.
Bruteoir, pilon. I.
Brutes, A. G. hallier, épines ; de *Brouſt*.
Bruth, bouillir, cuire, brûler, cuiſſon, bouillonnement. I.
Brutineach, la rougeole. I.
Brutio, deviner, prédire, prophétiſer. G.
Brutiwr, qui prédit l'avenir. G.
Brutus, A. M. fol, ſot, ſtupide, brute ; de *Brut*.
Brw, ventre. C. Voyez *Bru*.
Brw, piler, broyer, moudre. I. Voyez *Brau*.
Brw, colere. Voyez *Brwyniad* ; il ſignifie auſſi chaleur au propre, puiſque ce mot eſt la craſe de *Berw*. D'ailleurs voyez *Brud*, & *Brwd*. *Bruir* en vieux François, brûler ; & *Brouy* brûlé. *Ambruer* eſt un terme bourguignon & Franc-Comtois, qui avec le pronom perſonnel ſignifie ſe mettre en train, s'échauffer ; *Bruten* en Allemand, échauffer en couvant ; & *Brudeln*, être chaud, être bouillant ; *Brucciare* en Italien, brûler. De *Brw* eſt venu notre mot François brûler. En Franc-Comtois on dit *Freler* pour brûler : c'eſt la converſion Celtique du *b* en *f*.
Brwchan, potage, bouillie. G. *Brey* en Allemand ; *Brij* en Flamand, bouillie. Voyez *Bru*.
Brwd, chaud, bouillant, cuit. G. Il ſe dit proprement d'une liqueur bouillante ; mais par extenſion il s'employe pour tout ce qui eſt bouillant, chaud, tant au propre qu'au figuré. Ce mot eſt formé de *Berw*, dont par craſe, on a fait *Brw*. Voyez l'article ſuivant.
Brwd, prompt. G.
Brwd, En confrontant *Brwd*, prompt, *Brwyd*, *Bryd*, *Bred*, *Bſrwd*, on voit que *Brud* a ſignifié vîte, rapide.
Brwd, le même que *Ffrwd*. Voyez *Ffrcu*.
Brwd, bruit. Voyez *Sibirwd*.
Brwd, le même que *Brwyd*. Voyez *Cymmrwd*.
Brwm, puant. Voyez *Brwmſtan*.
Brwm, le même que *Bram*. Voyez *Brumoſus*, *Brymlys*.
Brwm, le même que *Brwnt*. Voyez *Brumarii*, *Brumſtan*.
Brwmstan, ſoufre. G. Je crois ce mot formé de *Brom*. (c'eſt le même que *Brw.n*) que nous voyons par *Bromoſus* avoir ſignifié puant : & de *ſtan*, pierre, parce que ce mot eſt ſynonime de *Myeſaen* ; *Mwg*, en compoſition *Myg*, odeur ; *Maen* en compoſition *Faen*, pierre. Les Eſpagnols nomment auſſi le ſoufre, pierre, *Piedra Cufre* ; *Brimſtone* en Anglois, ſoufre.
Brwnt, ſale, mal-propre, vilain, immonde, impur, ſouillé, infâme, honteux, diffamé, deshonoré, deshonnête, obſcène, galeux, rogneux. G. *Brutto* en Italien, laid, vilain ; & *Bruttura*, ordure, ſaleté. Voyez *Brynti*.
Brws. Voyez *Brwt*.
Brwt, courageux. C.
Brwt. Voyez *Brwd*. L's & le *t* ſe mettant l'un pour l'autre, on a dit *Brws* comme *Brwt*, ainſi qu'on le voit par le Patois de Beſançon, dans lequel *Brouſſie* ſignifie être chaud ; *Brouſſant* de colere, chaud, bouillant de colere ; *Bruten* en

BRY.

Allemand ; *Bredan* en ancien Saxon, échauffer en couvant. Voyez *Brout*.
Brwy, le même que *Briw*, participe de *Briwo*. Voyez *Brwyd*.
Brwyd, trame, trême. G.
Brwyd, inſtrument pour broder. G.
Brwyd, déchiré, briſé, rompu, broyé. G. Ce mot eſt formé de *Briw*, de *Briwo*, dont par tranſpoſition on a fait *Brwy*.
Brwyd, le même qu'*Ebrwyd*. Voyez ce mot.
Brwyd, ventrée. Voyez *Cyſebrwyd*, *Cyſebriad*.
Brwydr, *Brwydrin*, combat, bataille. G. Voyez le mot ſuivant.
Brwydyr, combat, bataille. G. C.
Brwyn, triſteſſe, chagrin, ennui, fâcherie, affliction, affliction qui fait verſer des larmes, deuil, triſte, affligé, chagrin, mélancolique, pleureur, plaintif, lamentable, déplorable, pleurant. G. Voyez *Brun*.
Brwynen, jonc ; au pluriel *Brwyn*. G.
Brwynen tr afon, le lit d'une rivière. G. Voyez *Bru*.
Brwyniad, qui modére ſa colere. G. *Brw*, colere ; & *Tniad*, d'*Ynad*.
Brwyniawc, plein de joncs. G.
Brwynog, plein de joncs, de jonc, menu, délié comme un jonc. G.
Brwysg, yvre. G.
Brwysgedd, yvreſſe, yvrognerie, grande débauche de vin, crapule, mal ou peſanteur de tête pour avoir trop bu. G.
Brwysgo, enyvrer, s'enyvrer, être yvre, boire beaucoup, faire la débauche. G.
Brwysgyn, yvre. G.
Brux, brêche faite par violence. B.
Bruzun, yvre. B.
Bruzun, petit morceau de bois ſec & rompu. B.
Bruzuna, briſer menu, rompre menu. B.
Bry, ventre. G. Voyez *Bru*.
Bry, argile, terre graſſe. B. De *Bry* on a fait *Bray*, *Brai*. Nous trouvons ce mot dans la relation des miracles de Saint Bernard : *Caſtrum Braium*, *quod lutum interpretatur*. On trouve *Bray* en ce ſens dans les ouvrages écrits en Langue vulgaire au treizième ſiécle. De *Braium* on a fait *Braiacum*, *Braiotum* en Latin du moyen âge ; & *Brie*, *Broye*, *Brou*, *Broue* en François ; de là le proverbe être dans la *Broye*. *Brouet* ſe trouve dans Monſtrelet pour boue. Cet Auteur dit auſſi *Brayeux* pour fangeux. *Brahic* eſt mis pour boueux dans la vie de Saint Joſſe, écrite au huitième ſiécle. *Brago* en Italien, boue ; *Bragos* en Grec, marais ; *Brouchos* en Grec, boue ; *Broue* en Flamand, boue ; *Brod*, boue en ancien Flamand ; *Brouet* en Languedoc ; & *Brande* en Gaſcogne, boue ; *Brock*, boue, marais en Flamand ; *Broc*, *Bruch* en Allemand, boue ; *Bruck*, *Brouck* en Allemand, marais ; *Brol* en Theuton, lieu marécageux ; *Bro*, jonc : le jonc croit dans les marais. *Breuil* dans le Barrois ſignifie un lieu marécageux ; *Breantus* en Irlandois, boue ; & *Brean*, de lie, de mare ; *Brau* en vieux Champenois, marais.
Bryata, embraſſer, embraſſade, accolade. B.
Bryeſyn, petit morceau, petite partie. G. Ce mot me paroit compoſé de *Briw*, en compoſition *Briy*, par craſe *Bry* ; & de *Byſyn*, qui hors de compoſition doit faire *Pwſyn*, & doit ſignifier petit. On appelle en notre Langue les petits poulets *pouſſins* ; & en Patois de Franche-Comté

Puffins. De *Pwfyn* sont venus les termes Latins *Pufio*, *Pufillus*. Nous voyons par *Bu*, petit ; de *Pu* dans *Bifibu* ; & par ces mots *Pufio*, *Pufillus*, que *Pwfyn* a perdu quelquefois ses terminaisons *Tn* & *Syn*, & que par conséquent on a dit *Pws Pw* ou *Py* ; de là *Pi Pi*, terme dont on se sert pour appeller les poulets, comme si on disoit petit petit, ainsi qu'on le dit quelquefois. De *Pu* est venu *Puer* Latin ; & de *Pyo Pitiffo*. Voyez *Bychan*.

BRYC, bord, extrémité, frange. I.

BRYCCAN, haut-de-chausses. G. Voyez *Braca*.

BRYCCAN, natte de joncs ou de paille, ce sur quoi l'on se couche, drap rude sur lequel couchent les Gallois, mauvais manteau, couverture de lit, couverture piquée, lourdier, couverture, lit, petit lit de table. G.

BRYCH, tache ; plurier *Brychau*, taches, atomes d'où s'est formé le singulier *Brycheyn*, tache, salissure, atome. G.

BRYCH, taché, tacheté. G. On appelle en Patois de Besançon ce qui est peint de différentes couleurs *Brigolé*, par où nous voyons qu'on a dit *Bryg* comme *Brych*.

BRYCH, couleur noirâtre, sombre, brune, qui tire sur le noir, roux ; au féminin *Brech*. G. De *Brech* ou *Bres* vient *Breffon*, terme dont les paysans de Franche-Comté désignent un bœuf de couleur de froment, un bœuf de poil roux. Les paysans de Poitou appellent *Brychet* un bœuf qui est d'un poil gris tirant sur le roux.

BRYCH, manière, façon, coûtume, forme, état. C.

BRYCH, bord, bornes de pays, frontières. G.

BRYCH. Voyez *Fritellum*.

BRYCH BUVEN, arrière-faix des vaches. G.

BRYCH Y CAE, oiseau qui couve & fait éclorre les œufs du coucou, verdon moineau d'Afrique. G.

BRYCHAN, le même que *Bryccan*. G.

BRYCHEUIN, tache, salissure, atome, fétu. G. Voyez *Brych*.

BRYCHEUS, tacher. G.

BRYCHEYN, tache. G.

BRYCHNI WYNEB, tache de rousseur sur le visage. G. *Brych* signifie tache & roux ; ainsi par le même mot on exprime deux choses. Voyez l'article *Loire* dans la description étymologique des Gaules.

BRYD, courage, ame, sentiment, naturel, esprit, génie. G. Voyez *Brez*, *Pridiri*, *Pride* en Anglois, orgueil, arrogance, présomption.

BRYD, dessein, but qu'on s'est proposé. G.

BRYD, réfection. G.

BRYD, prompt. G. on voit par *Bryddio* que ce mot a signifié ardent, chaud au propre comme au figuré.

BRYD, porter. Voyez *Gwrthferu*.

BRYD, le même que *Pryd*, beau. Le *b* & le *p* dans le Celtique se mettent l'un pour l'autre.

BRYDANIAETH, ardeur, chaleur, bouillonnement, coction, emportement, promptitude, saillie, colere, colere subite, excès de colere, émotion, agitation, transport. G.

BRYDDIO, BRYDIO, échauffer, être échauffé ; s'échauffer, être chaud, cuire, être bouillant, s'emporter, se laisser aller à la vivacité, être en colere. G.

BRYDN, jonc. C.

BRYDNHAWN, au soir, sur le soir. G.

BRYDYCH, terreur. G.

BRYDYW. Voyez *Briduw*. G.

BRYEN, brin, miette. B. De là *Brin*.

BRYENEN, brin, miette. B.

BRYENENNOU, égrugeures. B.

BRYG, le même que *Brych*, tache, tacheté. Voyez ce mot.

BRYH, le même que *Brych*, parce que le *ch* & l'*h* se mettent indifféremment l'un pour l'autre.

BRYMLYS, pouliot. G. Le pouliot est aussi appellé par les Gallois herbe des intestins, herbe du ventre. *Brymlys* me paroit donc venir de *Brwm*, en composition *Brym* ; & de *Llys*, herbe ; *Brymlys*, herbe qui fait jetter les vents.

BRYN, montagne, colline, élevé, roc, rocher, monceau. G. Voyez *Brin*. *Brink* en Suédois, éminence ; *Brynck* en Danois, colline, éminence.

BRYNAICH, les Bretons septentrionaux, les Écossois. G. Ce mot est formé de *Bryn*, montagne ; & d'*Aich*, habitans ; *Brynaich*, les habitans des montagnes, les montagnards. L'Écosse est fort montueuse.

BRYNCYN, petite colline, butte, petite butte, amas de pierre ou de terre. G.

BRYNIOG, montueux, plein de montagnes. G.

BRYNN, montagne, colline. G. C'est le meme q. *Bryn*.

BRYNNIOG, montueux, montagneux, plein de montagnes, de collines, d'éminences, de hauteurs. G.

BRYNTI, chanfissure, moisissure, crasse, ordure, saleté, mal-propreté, gale, rogne, farcin, malhonnêteté, obscénité, impudique. G. Ce mot est formé de *Brwnt*. On voit par là que *Brwnt* a aussi signifié galeux, rogneux, plein de farcin.

BRYS, détroit. G.

BRYS, hâte, empressement, promptitude, grande diligence, précipitation. G. En confrontant ce mot avec *Pres*, *Pres*, on voit qu'on a dit indifféremment *Prys* & *Brys*. *Brzo* en Bohémien, incontinent, sur le champ.

BRYS, petit. Voyez *Brysgoed*.

BRYSGOED, petit bois, verge, bâton. G. *Goed*, bois ; *Brys* signifie donc petit.

BRYSGYLL, bâton, canne propre à s'appuyer, sceptre, ferule. G. *Gyll* de *Gwyll* est le synonime de *Goed*. Voyez *Brysgoed*.

BRYSIAW, se hâter. G.

BRYSIAWR, celui qui presse, celui qui hâte, celui qui se presse, celui qui se hâte. G.

BRYSIO, presser, se presser, hâter, se hâter. G.

BRYTH, austère, féroce, cruel. G.

BRYTHEIRIAD, rot. G.

BRYTHEIRIO, roter. G.

BRYTHO, peindre. G.

BRYTHOG, colere substantif. G.

BRYTHON, Bretons. G.

BRYTHONEG, Langue Bretonne. G.

BRYTHWCH, combat. G. *Brythan* en Anglois, couper.

BRYTHWN, auronne plante. G.

BU, fut, a été, être dedans. G.

BU, bœuf, vache. G. E. I. *Bua*, vache dans l'Isle de Mona ; *Bue* en Italien ; *Buey* en Espagnol, bœuf ; *Bul* en Flamand ; *Bull* en Anglois, taureau ; *Bola*, *Boala*, taureau en Venéde ; *Buka*, taureau en Finlandois ; *Bu*, bœuf dans les Tables Eugubines ; *Bous* en Grec ; *Bos* en Latin, bœuf ; *Bugiès*, taureau en Turc ; *Buchay*, bœuf en Tartare Calmouk ; *Bo*, bœuf en Tonquinois ; *Arbo*, bœuf en Javanois ; (*Ar* apparemment article) *Pibous* en Cophte, bœuf; (*Pi* article) *Bos*, *Bubaa*, vache en Hottentot; *Buceti* en Bohémien; *Beuugni* en Hongrois; *Bouear* en Espagnol, meugler, beugler, crier comme un bœuf; *Bue* en vieux François & en Patois de Franche-Comté; *Bœuf* en François, bœuf. L'*m* & le *b* se mettant l'un pour l'autre, on a dit *Mu* comme *Bu*; de là dans notre Langue *Mugler* ou *Meugler*, & *Beugler* pour exprimer le cri du bœuf; *Mukaomai* en Grec; *Mugio* en Latin; *Muggire* en Italien; *Mukati* en Esclavon & en Dalmatien, meugler, crier comme un bœuf. L'*v* & le *b* se mettant l'un pour l'autre, on a dit *Va* comme *Bu*; de là *Viau* en Franc-Comtois; *Veau* en François; *Vu*, en composition *Vy*, bœuf; *Iau*, jeune; *Viau*, jeune bœuf; *Wuel* en Bohémien; *Vol* en Esclavon & en Dalmatien; *Woi* en Polonois & en Lusatien, bœuf; *Vul* en Flamand, taureau. On appelle en Poitou *Boyer* un bouvier. De *Bu* est venu l'ancien mot Latin *Bus*, car c'est ainsi que dans cette Langue on appela d'abord le bœuf; c'est ce qui paroît par *Bubile*, étable à bœuf dans Varron & dans Plaute; *Bubulum Lac*, lait de vache dans Pline; *Bubulcus*, bouvier dans Virgile; *Bubus*, ablatif pluriel dans Ciceron & dans Pline. Voyez *Muva*

B U, petit. Voyez *Buguelenn*, *Bisibu*, *Pwsyn*, *Bychan*.
B U. Je crois que ce mot a signifié eau. 1°· *Bugad* en Breton signifie lessive. 2°· *Budorg*, *Buxocq* en Breton signifient qui a été plongé dans l'eau. *Buddai* en Breton signifie butor, espèce de héron qui demeure toujours à la queue des étangs, ou au bord des rivières dans lesquelles il se plonge pour prendre du poisson. Ce mot est sûrement formé de *Boddi*, plonger. Or les termes qui signifient plonger, sont composés du mot *Eau*, parce que c'est dans l'eau qu'on se plonge. *Mergo* Latin est formé de *Mer*, eau; *Plonger* François est formé de *Plou*, eau; *Boddi* Breton, de *Bo* ou *Bu*, qui doit donc signifier eau. 3°· On appelle encore aujourd'hui la lessive *Buée* dans la Bretagne, l'Anjou, le Maine, la Touraine; *Bæe*, *Bui*, *Buie* en Normandie; *Buie* en Franche-Comté. *Buer* est un vieux mot François qui signifie lessiver : Il s'est conservé dans le Patois de Dijon, où l'on appelle un homme *Maubué*, un homme en linge sale, un homme dont on ne blanchit pas le linge souvent. A Paris le Peuple appelle indifféremment la lessive *Bue*, *Buée*. On ne peut douter que la lessive n'ait pris son nom de *Bue*, *Buée*, *Bui*, *Buie*, de l'eau qu'on y employe; de même que son nom de lessive qui est formé de *Les*, eau. 4°· *Buye* en vieux François signifie une cruche, un vase à mettre de l'eau : On dit aussi *Buire*. Ce mot vient de *Bured* en Breton, burette; *Bu* entre dans la composition de ce mot. 5°· *Buredenn* en Breton signifie roupie, ou eau qui coule du nez. Ce mot est formé de *Redenn*, couler; & de *Bu*, qui par conséquent signifie eau. 6°· *Busti* en Basque signifie mouiller; & *Bustia*, humide. 7°· *Buguion* en Irlandois, jonc plante qui croît dans l'eau; & *Bual*, eau. Du mot Gaulois *Bu*, signifiant eau, étoit venu *Bua*, qui chez les anciens Latins désignoit la boisson des enfans qui est de l'eau. De *Bu* étoit pareillement venu *Buda*, qui dans Servius & dans les anciens glossaires signifie jonc, herbe qui croît dans l'eau. On voit par *Imbuo*, composé du verbe à présent inusité *Buo*, (*Butus* dans Papias comme *Imbutus*) que ce dernier étoit synonyme au verbe *Aquo*, & que par conséquent *Bu* signifioit eau;

Buyn en Grec, fontaine selon Hésychius; *Buch* en Anglois; *Buchen* en Allemand, lessiver; *Bucato* en Italien, lessive; *Puj*, pluie de brouillards; & *Tpu*, menue pluie en Persan; *Bu* en Tonquinois, sucer; *Buar* en Hongrois, plongeon. *Bouillar* est un terme de marine parmi nous qui signifie un nuage qui donne de la pluie. Voyez *Buwl*.

B U, le même que *Ba*, *Be*, *Bi*, *Bo*. Voyez *Bal*.
B U, le même que *Fu*, *Gu*, *Pu*, *Vu*. Voyez B.
B U A, vache dans l'Isle de Mona.
B U A, ventre. I. *Buyk* en Flamand; *Bug* en Danois; *Buuk* en Suédois; *Bueck* en Saxon; *Buznh* en Polonois, ventre. Voyez *Buain*.
B U A C A, A. M. lieu voûté; de *Bwa*, arc, voûte.
B U A C A C H, beau. I.
B U A C A L A D H, se vanter. I.
B U A C H A I L, garçon, jeune garçon, jeune enfant. I.
B U A C H I L, garçon, jeune. I.
B U A C H I L L E A C H, accumulation. I.
B U A D H, victoire. I.
B U A D H, le même que *Muadh*. I. De même des dérivés ou semblables.
B U A D H A, victorieux, précieux. I.
B U A D H A D H, gagner, acquerir, obtenir, impétrer, prévaloir, vaincre, gagner en jouant. I.
B O U A D H A G H, accorder, concilier. I.
B U A D H M H U R, puissant. I.
B U A D H R E A D H, mêler, brouiller, mélange, confusion. I.
B U A D L A I N, Juge. I.
B U A F, crapaud. I. De là *Buffo* Latin.
B U A F A D H, venin. I.
B U A F A N, couleuvre. I.
B U A F A R E, vipère. I.
B U A F A T H A I R, B U A F U T H A I R, serpent, couleuvre. I.
B U A G A I R E, sommet, faîte. I.
B U A G H, le même que *Buadh*. I. De même des dérivés ou semblables.
B U A I C E, flot. I.
B U A I D H, victoire, gain. I.
B U A I D H A I D H E, gagné. I.
B U A I D H E A D H, foule, presse. I.
B U A I D H E A N, fouler, presser. I.
B U A I D H E A R T A, qui est dans l'anxiété, dans l'inquiétude, dans le chagrin. I.
B U A I D H E A R T H O I R, délinquant, mal-faiteur. I.
B W A I D H E O I R, vainqueur. I.
B U A I D H I G T H E O I R, celui qui gagne. I.
B U A I D H I M, renverser, vaincre. I.
B U A I D H I R T, tumulte. I.
B U A I D H R E A D H, vexation, affliger, incommoder, désordre, confusion, déréglement. I.
B U A I D H R I M, faire des vexations. I.
B U A I L, fraper. I.
B U A I L I, étable de bœufs. I.
B U A I L I D H, laiterie, endroit où l'on garde le lait. I.
B U A I L L I T E, lys d'étang. I.
B U A I L T E, broyé, dupé, trompé. I.
B U A I L T E A C H A, laiterie, endroit où l'on garde le lait. I.
B U A I N, ventre. E. Voyez *Bua*.
B U A I N, ramasser, recueillir, moissonner. I.
B U A I N, sonner. I.
B U A I N, privation, dépouillement, dessaisissement, déduction. I.
B U A I N, valeur. I.

BUA.

BUAIN RIS, appartenir. I.
BUAINAMACH, fruſtrer. I.
BUAINE, durable. I.
BUAINTSEASAM, conſtance. I.
BUAIR A CLU, noircir la réputation. I. *Clu*, réputation.
BUAIRE, ſommet, faîte. I.
BUAIREADH, affliger, fâcher, tourmenter, inquiéter, perſécuter, mettre en peine, épouvanter, étourdir, troubler, mettre en déſordre, déconcerter, conteſter, embrouiller, embarraſſer, mettre en perpléxité, affliction, querelle, humeur contentieuſe, conteſtation, tumulte, confuſion, trouble, brouillerie, diviſion. I.
BUAIREDH, angoiſſe. I.
BUAIRIDH, bruit. I.
BUAIRIM, embarras. I.
BUAIRT, conteſtation, procès. I.
BUAIRT, dureté, fatigue. I.
BUAL, buffle. G. B. Ce mot eſt formé de *Bu*, bœuf; & d'*Al*, haut : Le buffle eſt un bœuf plus haut que les bœufs ordinaires.
BUAL, eau. I.
BUAL, le même que *Mual*. I. De même des dérivés ou ſemblables.
BUAL CRANNACH, flotte, radeau. I.
BUALA, fraper. I. Voyez *Bwyal*.
BUALADAIR, attaque. I.
BUALADH, battre, fraper, ſonner, coup, diſpute, conteſtation, tromperie. I.
BUALSAREA, diaphragme. Ba.
BUAN, vîte, prompt, agile, leger. G. *Oban* en Irlandois, vîte; *Bangat* en Malaye, vîte, à la hâte. Voyez l'article ſuivant.
BUAN, rapide, prompt, leger, vif, agile, inceſſamment, preſtement, promptement, flux de ventre. B. En comparant ce mot avec *Bion*, on voit qu'on a mis indifféremment l'*u* & l'*i*, l'*a* & l'*o*; ainſi on a dit *Buan*, *Buon*, *Bian*, *Bion*. *Behend* en Allemand, vîte, prompt; *Obenim*, incontinent en Carinthien. Voyez l'article précédent.
BUAN, durable, permanent, conſtant, de longue durée. I.
BUANACH, plus vîte adjectif. G. C.
BUANAF, très-vîte adjectif. G.
BUANAS, durée. I.
BUANCONGBHAIL, embaumer. I.
BUANDER, vîteſſe. G.
BUANDER, agilité. B.
BUANDERIA, A. M. leſſiveuſe. Voyez *Bu*.
BUANDHLUS, foin. I.
BUANDROED, qui a le pied leger, leger à la courſe, vîte à la courſe, agile. G.
BUANECAA, s'emporter, ſe mettre en colere. B.
BUANECQ, colere, prompt, fougueux, ſujet aux promptitudes, aux emportemens, fâché, mécontent. B.
BUANED, très-vîte. G.
BUANEGUEZ, colere, promptitude. B.
BUANICQ, flux de ventre. B.
BUANNA, ſoldat, enrollé. I.
BUANNEGUEZ, colere, promptitude. B.
BUANNOCQ, colere, fougueux. B.
BUANED, propre à courir, propre à faire diligence. G. *Red* de *Rhedeg*.
BUANUCHAD, durer, continuer, perſévérer, demeurer ferme, s'arrêter, maintenir, aſſurer, ſoutenir. I.
BUANUS, continuation. I.
BUARET, BUHARET, vent qui dans les beaux temps tourne avec le ſoleil. B.

BUC.

BUART, étable. G. Ce mot ſignifie proprement étable de bœufs, étant formé de *Bu*, bœuf; & *Garth*, en compoſition *Arth*, enceinte.
BUARTHCAE, clôture, clos, enclos, enceinte, circuit, parc à renfermer un troupeau, rempart, mur fort. G. *Gae* de *Cae*.
BUATA, A. M. le même que *Buaca*. Voyez ce mot.
BUATUS, profit, gain, avantage. I.
BUBAC, maladie honteuſe. Ba.
BUBACIONA, pierre qui émouſſe le fer. Ba.
BUBALUS, BUFALUS, BUFLUS, A. M. buffle; de *Bu*, bœuf; & *Bal*, *Fal*, haut. Voyez *Bual*.
BUBATA, A. M. le même que *Buaca*. Voyez ce mot. *Bobeda* en Eſpagnol, voûte.
BUBII, BUBONES, BOBONES, A. M. goujats, garnemens, vauriens, canaille. Voyez *Bab*, *Babous*. *Bub* en Allemand, fripon, garnement, vaurien.
BUBIOLLAN, ſot, badaud. I.
BUBO, A. M. bubon; & *Buboneae*, les parties éminentes de la mamelle. Voyez *Bulbuen*. *Boubon* en Grec, bubon.
BUC, bouc. C. Voyez *Buch*.
BUC, le même que *Bac*, *Bec*, *Bic*, *Boc*. Voyez *Bal*.
BUC, le même que *Fug*, *Gug*, *Pug*, *Vug*. Voyez B.
BUC, le même que *Muc*. I. De même des dérivés ou ſemblables.
BUC, le même que *Bug*, *Bus*, *Bu*. Voyez *Aru*.
BUCA, terminaiſon, fin. Ba. De là *Bouquer* en François; *Boucané* en Galibi, arrêter.
BUCA, BUCHA, A. M. buche. Voyez *Bod*.
BUCABAGUEA, infinité, infini, ſans fin. Ba. *Buca*, fin; *Baguea*, ſans.
BUCAERA, fin. Ba.
BUCANDEA, conſommation, fin. Ba.
BUCATU, je finis. Ba.
BUCATZEA, ſe finir, être fini. Ba.
BUCC, le même que *Boch*. Voyez *Bucco*.
BUCCA, A. M. bouche, embouchure. Voyez *Boch*.
BUCCALIS, A. M. bocal ou bocail grande bouteille. Voyez *Bauc*. *Bucket* en Anglois, ſorte de ſeau.
BUCCARIUS, A. M. boucher. Voyez *Bocaria*.
BUCCEA, A. M. embouchure. Voyez *Bucca*.
BUCCELLEREAH, beuglement. B. Voyez *Buccella*.
BUCCHA, A. M. ouverture de rivière par où on répand ſes eaux. Voyez *Boch*.
BUCCO dans les anciens gloſſaires eſt rendu communément par *Cauſeur*; dans quelques-uns par *Fol*; dans un par *Paraſite*. Ce mot vient de *Boch*; ce qui ne permet pas d'en douter, c'eſt qu'un de ces gloſſaires écrit *Bocco*.
BUCCURIO, A. M. bucher. Voyez *Buca*.
BUCEA, l'action d'uriner. Ba.
BUCEL, puſtule, tubercule ſur la peau. G. bouſſote en Franc-Comtois.
BUCELLA, mugir, crier comme un bœuf. B. Voyez *Bu*.
BUCELLADEN, mugiſſement. B.
BUCETA. Voyez *Buch*.
BUCH, boucher, couvrir. G. De là boucher en François, l'*u* ſe prononçoit en *ou*. De là en vieux François *Bocquet*, les bondes ou écluſes d'une rivière ou d'un étang. *Bugh*, *Pus* ou *Bus* couverture, enveloppe en Perſan.
BUCH, lieu bas. E. *Buceta*, *Bucita*, *Bucula* dans Iſidore

BUC.

Isidore signifient des pâturages qui sont communément dans des lieux bas.

BUCH, bouc. B. E. Voyez Buc, Bwch. On lit Buccus dans la Loi Salique. Buz, bouc en Persan.

BUCH, vache. B.

BUCH, vache, bœuf. Voyez Buwch.

BUCH, petit, comme Bychan. Voyez ce mot. Butze en Suisse; Buche en Franc-Comtois, brin de paille ou de bois; Butzilles en Suisse, copeaux de bois; & Butzellions, de très-petits morceaux; Buchailles, terme populaire dont on désigne des copeaux, des éclats de bois; Buch, paille en Albanois; Buisse en vieux François, petite branche d'arbre que le peuple nomme buchette.

BUCH, le même que Boch; comme Bud est le même que Bad.

BUCH EARB, chevreuil. E.

BUCHAIDD, qui a des cornes de bœuf. G.

BUCHAMEN, A. M. couverture de fontaine; Buch, couverture; Amen, eau.

BUCHAN, genisse, petite vache. G.

BUCHAN, le même que Bychan. Voyez ce mot.

BUCHARIUS, A. M. bucheron. Voyez Buca.

BUCHED, vie. G.

BUCHEDDOCAU, vie. G.

BUCHEDDOL, dévot, religieux, qui a de la religion, religieuse. G.

BUCHEDDU, vivre, vie. G.

BUCHES, lieu où l'on trait les vaches. G. Bu, vache; Ches doit donc signifier lieu: Effectivement nous nous servons encore du mot Chez pour désigner la demeure.

BUCHET, le même que Bychan. Voyez ce mot.

BUCHIG, genisse, petite vache. G.

BUCHOD, plurier de Buch. Voyez Buwch.

BUCHON, le même que Bychan. Voyez ce mot.

BUCHOT, le même que Bychan. Voyez ce mot.

BUCHOU, le même que Bychan. Voyez ce mot.

BUCHYN, le même que Bychan. Voyez ce mot.

BUCLAD, boucle, agraffe, crochet. I. Voyez Bwcci.

BUCO, BUCUS, A. G. les mêmes que Bucco.

BUCTUS, A. M. bout. Voyez Bod.

BUD, gain. C. Voyez Budd.

BUD, le monde. I. Voyez Bedd.

BUD, le même que Bad, Bed, Bid, Bod. Voyez Bal.

BUD, le même que Mud, Fud, Gud, Pud, Vud. Voyez B.

BUD, bois. Voyez Buddal.

BUD, milan. Voyez Bod & Ffuddau.

BUDA, A. M. histoire; de Brud.

BUDD, utilité, commodité, avantage, profit, gain. G. Boot en Anglois, profit; & Booty, butin, capture; Buit en Flamand, butin; Botan en Gothique; Boot en Anglois, aider, être utile; Buatus en Irlandois, avantage, gain, profit; Boudhon, j'engraisse en Tartare Mogol & Calmouk. Voyez Bud, Butin.

BUDDAI, qui gagne. G.

BUDDAL, butor, buse, busard, espèce de héron qui demeure toujours à la queüe des étangs, ou au bord des rivières. G.

BUDDAL, poteau, pieu, pilier d'écurie ou de manége pour y attacher les chevaux. G. Ce mot est formé de Bud, de Bod, bois, & de Dalch ou Dalh, arrêt, ce qui retient. Voyez Budha.

BUDDAU, butors. G. C'est le plurier de Buddai. De Buddan ou Buttan est venu butor. On appelle

TOME I.

BUD.

en François Buteau, Butor, un grossier, un lourdaud; Bosec, buse en Pays Messin.

BUDDEL, le même que Buddal. G.

BUDDEN, pré. C.

BUDDFAWR, fructueux, fécond, fertile, ce qui rapporte un grand profit, ce qui est très-utile, avantageux, profitable, utile, lucratif, âpre au gain, avide à gagner. G. Budd Mawr.

BUDDGED, bienfait. G. Ged de Ced.

BUDDIANT, utilité, commodité, avantage. G.

BUDDIO, être utile. G.

BUDDIOL, utile, profitable, salubre, avantageux, commode, propre à, fructueux; Buddiol Gw, il est à propos. G.

BUDDLES, avantage, bien, utilité, profit, émolument. G. Budd Lles pléonasme.

BUDDUGAWL, vainqueur, victorieux. G.

BUDDUGOHAETH, victoire. G.

BUDDUGOLIAETH, victoire, trophée. G.

BUDDYG, vainqueur. G.

BUDE, jaune. I.

BUDEAL, bouteille. I. Voyez Boutailh.

BUDELLUS, A. M. huissier, bedeau; de Bedell.

BUDELLUS, A. M. intestin, boyau. Voyez Boden.

BUDH, le monde. I.

BUDHA, bouée, balise. I.

BUDHE, bon, doux. I.

BUDHEACH, reconnoissant. I.

BUDHEACHAS, BUDHEACHUS, reconnoissance, gratitude, remerciment, remercier. I.

BUDHIOCH, reconnoissant. I.

BUDIONA, chabot poisson. Ba.

BUDOC, celui à qui une mauvaise nation porte envie. B.

BUDOCQ, qui a failli de se noyer, qui a été plongé dans la mer. B.

BUDORTZA, frottoir, éponge. Ba.

BUDR, sale, immonde, impur, vilain, infâme; souillé, honteux, déshonnête, diffamé, déshonoré, obscène, galeux, rogneux, purulent, chansi, moisi, trouble, louche. G. On a dit Pudr, Putr comme Budr & Butr, à cause de la substitution réciproque du b & du p, & du d & du t; de là en vieux François Put, honteux, mauvais. Peut en Franc-Comtois signifie laid; Pute en vieux François, vil, vilain. Faire Peute fin à quelqu'un en Bourguignon & en Franc-Comtois, c'est le mal mener, le tourmenter au dernier point, le pousser à bout. On dit aussi dans l'un & l'autre Patois, faire tote peute fin ai quelqu'un, ce qui est encore plus énergique. Il a fait peute fin, c'est-à-dire il a fait mauvaise fin. On dit Poudé en Franc-Comtois pour vilain, sale, crasseux; Bwdos en Hongrois, puant. De Budr, Pudr, Putr, sont venus Putris, Pudet des Latins.

BUDRCHWANT, avarice sordide. G. Chwant signifie donc avarice.

BUDRED, honte, déshonneur, infamie, saleté; mal-honnêteté. G.

BUDREDD, sale, souillé, homme de rien. G.

BUDREDDI, honte, déshonneur, infamie, saleté; mal-honnêteté, crasse, ordure, gale, rogne, farcin, amas d'ordures; égout, tas de boue. G.

BUDREDDU, couvrir de boue, salir avec de la boue, gâter, salir, souiller, tacher, frotter, oindre, graisser avec. G.

BUDRELW, avarice sordide. G. Elw signifie donc avarice.

BUDRFRWNT, sale, plein de saleté, mal-propre, plein d'ordure, infect, puant, pourri, corrompu,

Hhh

moisi, chanfi, rance, fort vilain, très-honteux, galeux, rogneux. *Dyn Budrfrwnt*, homme de néant. G. *Brwnt*, *Budr*.

BUDRO, falir, fouiller. G.

BUDROG, fille ou femme de mauvaife vie. G.

BUDROG-FRONT, fille ou femme de mauvaife vie. G. *Budrog*, *Brunt* au féminin, *Bront*. B.

BUDROGAIDD, de courtifanne. G.

BUDSEATSIDHE, mouftache. I.

BUDUGOLIAETH, triomphe. C.

BUE. Voyez *Bos*.

BUEILGYRN, vafes à boire fait de corne de buffle. G. *Bual*, & *Gyrn*; de *Cyrn*, corne.

BUEL, bouche dans l'Ifle de Mona, *Mul* en Suiffe, *Muil* en Flamand, bouche. Voyez *Bel*, *Beyl*.

BUELIN, vafe à boire fait de corne de buffle; & par extenfion, tout vafe à boire. G. C'eft une crafe de *Bueilgyrn*. Il faut que ces vafes ayent été communs chez les Gallois, pour avoir fait paffer leur nom à tous les vafes à boire.

BUERDA, roulement. Ba.

BUEZ, vie. B.

BUFA. Je croirois que ce mot a fignifié joue, parce que *Bufeta* fignifie foufflet. On lit dans ce petit Jehan de Saintré qu'un Chevalier contre qui il combattoit, l'atteignit de fa lance *à la buffe*, tellement que à bien peu ne l'endormit.

BUFADA, odeur forte. Ba.

BUFETA, foufflet. Ba. De là *Buffe* en vieux François, foufflet; *Bufoy*, moquerie; *Biffe*, injure; *Buffeter*, tourmenter, inquieter, chagriner. *Bofetada*, *Bofeton* en Efpagnol, foufflet. Voyez *Buffa*.

BUFETATU, souffleter. Ba.

BUFETUM, A. M. buffet ; de *Buffet*.

BUFF, buffle. B. Voyez *Bu*.

BUFFA, A. G. foufflet, *Bufa* en Languedocien, foufflet. Voyez *Bufa*, *Bufeta*, *Baf*.

BUFFET, buffet. B. De là ce mot.

BUFFONES, BUFONES, A. M. bouffons ; *Buffonia*, bouffonnerie ; de *Bufoya*.

BUFOYA, bouffon, farceur. Ba.

BUG, petit houx. B. C'eft une aphérèfe de *Buguelenn*.

BUG, le même que *Bychan*. Voyez ce mot & *Buguelemn*.

BUG, doit fignifier eau. Voyez *Bu*, *Buga*, *Bugad*, *Bugat*.

BUGA, fouler quelque chofe avec les mains, felon le Pere de Roftrenen; fouler dans l'eau les hardes que l'on lave, felon Dom le Pelletier, qui dit que par abus quelques-uns prononcent *Bugat*; il ajoute que *Bugat*, au fingulier *Bugaden*, eft le vaiffeau où l'on fait cette action. On le dit auffi, continue-t'il, d'une petite leffive. B, *Bujo* en Auvergnac, cruche.

BUGAD, leffive. B. *Bugada* en Efpagnol ; *Bucato*, *Bocata* en Italien ; *Beuche* dans la Mifnie, leffive; *Buchen* en Allemand, leffiver ; *Buge*, fontaine en Grec.

BUGAD, meugler, mugiffement, combat de bœufs; & par métaphore, inclination, facilité à railler, à dire des plaifanteries, des mots piquans, babil, caquet, abondance fuperflue de paroles, bruit, tumulte. G. *Bu Cad*. Davies.

BUGADEIN, faire la leffive. B.

BUGADER, buandier, blanchiffeur. B.

BUGADERIE, blanchifferie. B.

BUGADI, faire le brave, faire le fanfaron ; *Hem Bugadi* fe vanter B.

BUGAIL, quelques-uns écrivent *Bigail*, pafteur. G.

De *Bu*, bœuf; & de *Gail*, apparemment garder. Ce mot aura d'abord fignifié un berger de bœufs, enfuite un berger en général. Voyez *Bugai*, *Bugoel*.

BUGAINA, haut, fommet. Ba. Voyez *Beg*.

BUGAL, pafteur. C.

BUGALE, enfans, puéril. B.

BUGALEACH, difcours d'enfans. B.

BUGALEAICH, enfance. B.

BUGALEEREZ, enfance. B.

BUGALEZ. Voyez *Bughel*.

BUGALIGUEN, troupe de petits garçons. B.

BUGARTH, étable à bœufs. G. Voyez *Buart*.

BUGAT, oftentation, jactance, parade. B.

BUGAT, Voyez *Buga*.

BUGATA. A. M. Ce terme, qui n'eft pas expliqué dans le nouveau Ducange, fignifie un vafe de bois. Voyez *Buga*.

BUGE, qualité fouple, actions d'un efféminé. I.

BUGEILA, être pafteur. G, De *Bugail*.

BUGEILA, faire paître. G.

BUGEILFFON, houlette. G. *Bugail Ffon*.

BUGEILFWTH, cabanes, chaumines, huttes; chaumières, loges, maifonnettes, échopes. G. *Bugail Bwth*.

BUGEILIAD, paftoral, de berger. G.

BUGEILRHES, babil, caquet. G.

BUGENS, BUGEUS, A. G. eunuque. De *Bwlch* ou *Bwlg*; *Buge* en Auvergnac, eunuque.

BUGH, le même que *Budh*. I. De même des dérivés ou femblables.

BUGHEL, enfant, garçon : il eft équivalent au Latin *Puer*. *Ma Bugalez*, *Ma Bugelez*, mes enfans; *Bugalic*, pluriel *Bugaligon*, petits enfans: C'eft le terme dont fe fervent les maîtres ou fupérieurs à l'égard de leurs inférieurs ou ferviteurs; comme en François mon enfant, mes enfans; & en Latin *pueri*. *Bughel* fe dit d'un ferviteur attaché particulièrement à un emploi : *Bughel Ar Saot*, le valet du bétail. B.

BUGHELDREEREZ, puérilité, niaiferie, jeux & difcours d'enfans. B.

BUGIA, A. M. petite habitation, bouge. Voyez *Bauc*.

BUGIUN, jonc. I.

BUGIUN, plante. I.

BUGLODI, meugler, ou creufer la terre avec les cornes, comme les bœufs ont coûtume de faire. G. Suivant la fignification des termes dont ce mot eft compofé, il fignifie proprement le dernier, il a pu enfuite être étendu au premier fens & fignifier les deux ; *Bu*, bœuf ; *Cloddio*, en compofition *Glodio*, creufer, faire une foffe.

BUGLOSA, buglofe. B. Ce mot eft emprunté du Latin, & le Latin du Grec.

BUGNE. Voyez *Pignat*.

BUCOEL, pafteur. B.

BUGUE, le même que *Buhug*. B.

BUGUEL, enfant. B.

BUGUEL-NOS, efprit follet. B.

BUGUELENN, petit houx, ou houx frelon. B. De *Qelenn*, houx ; *Bug* par conféquent petit.

BUGUEN, peau de vache ou de bœuf. B. De *Bu Cen*.

BUGUL-NOS, efprit follet. B. Voyez *Buguel-Nos*.

BUGUNAD, mugir, meugler, mugiffement, meuglement, bruit, inclination à dire des plaifanteries ou des mots piquans, babil, caquet, abondance de paroles fuperflues, tumulte. G. *Bu*, bœuf. *Gunad* de *Cunad*, qui doit fignifier la même chose que *Cad*, puisque *Bugunad* est synonime à *Bugad*.

BUGUNAWD, le même que *Bugunad*. G.
BUH, le même que *Bychan*. Voyez ce mot.
BUHA, souffle. Ba. Voyez *Buhe*.
BUHAN, belette. B.
BUHAN, vîte, prompt, vif, promptement. B.
BUHAN, le même que *Bychan*. Voyez ce mot.
BUHANEC, prompt, sujet à des promptitudes, violent, irrité, fâché, mécontent. B.
BUHANECAA, s'emporter, se mettre en colere. B.
BUHANEGUEZ, colere, promptitude. B.
BUHARET, Voyez *Buaret*.
BUHE, vie, temps & durée de la vie, mœurs. B. Voyez *Buha*.
BUHEDD, vie, temps & durée de la vie, mœurs. B. De *Bew*, vivant, & *Hed*, longueur.
BUHEGHEZ, vie, temps & durée de la vie. On dit *Bew-Buheguez*, plein de vie: à la lettre, vivant de la vie. B. Il y a bien des expressions semblables dans l'Hébreu: voyant, je verrai; pleurant, je pleurerai, &c.
BUHEGUIAH, animation, vivification. B. Voyez *Buhe*.
BUHET, le même que *Bychan*. Voyez ce mot.
BUHEZ, vie, temps & durée de la vie, mœurs. B. C'est le même que *Buhedd*.
BUHEZEGHEZ, la vie, de quoi vivre, la subsistance. B.
BUHIGUEN, ver de terre. B.
BUHON, vîte, prompt, vif, promptement. B.
BUHON, le même que *Bychan*. Voyez ce mot.
BUHOT, Voyez *Bauceant*.
BUHOT, le même que *Bychan*. Voyez ce mot.
BUHOU, le même que *Bychan*. Voyez ce mot.
BUHUG, le même que *Buzuguen*. B. Au Diocèse de Vannes, où l'on parle François avec quelques restes de Breton, on appelle ce ver *Bugne*, de *Buhug*.
BUHUMBA, tempête, impétuosité du vent. Ba. Voyez *Buhwmman*.
BUI, jaune. E. Voyez *Bwyi*, *Buidhe*.
BUIDH, gracieux. I.
BUIDHE, jaune. I.
BUIDHEAN, troupe, troupe de soldats. I.
BUIDHEARG, charnu, membru, qui a de gros membres. I.
BUIDHIN, troupe, troupeau. I.
BUIGAN, jaune d'œuf. I.
BUIGHE, le même que *Buidhe*. I. De même des dérivés ou semblables.
BUIGIUM, jonc. I.
BUILE, rage, folie. I.
BUILEADH, rage, folie. I.
BUILH, vessie, ampoule, petites bouteilles qui se forment sur l'eau quand il pleut. B.
BUILH, le même que *Bil*. Voyez *Crombil*, *Crubuilh*.
BUILH COAD, pivert oiseau. B.
BUIME, nourrice. I.
BUIN, le même que *Muin*. I. De même des dérivés ou semblables.
BUINE, bouton, bourgeon, germe. I.
BUINU, nourrice. I.
BUISGIN, cuisses, fesses. I.
BUISSIERE, Voyez *Buxeria*.
BUISTA, A. M. boëte. Voyez *Boest*.
BUITE, feu. I.
BUK, petit. Voyez *Bukkelen*.
BUK, petit houx. B. C'est une aphérèse de *Bukkelen*.

BUKKELEN, petit houx. B. *Kelen*, houx, *Buk* par conséquent petit.
BUKSA, buis. I. Voyez *Boccys*.
BUL, gousses de la semence de lin. G. Il paroit que *Bul* a été pris pour enveloppe, couverture en général. 1°. *Moll*, *Foll*, qui sont les mêmes que *Bul*, ont ce sens. (Voyez *Foll*, *Moled*) 2°. *Bulga*, signifie un petit sac de cuir. 3°. *Nebula*, nuée en Latin; *Neff* ou *Neb*, ciel; *Bul*, couverture.
BUL, bœuf. E. Voyez *Bu*.
BUL, le même que *Boyl*. Voyez ce mot.
BUL, le même que *Mul*, *Ful*, *Gul*, *Pul*, *Vul*. Voyez *B*.
BUL, le même que *Bal*, *Bel*, *Bil*, *Bol*. Voyez *Bal*. *Abul* en Hébreu, Chef, Grand d'un état, riche; *Bulend* en Persan, élevé, haut, grand.
BULA, Prince. G.
BULAN, jeune bœuf. I. *Bu*, bœuf; *Lan*, jeune.
BULARCA, carène, quille de vaisseau. Ba.
BULARCAYA, parapet. Ba.
BULARI, commotion, embarras, tracas. B.
BULARIOUR, qui fait du bruit, qui cause du tumulte. B.
BULARRA, mamelles de femme, sein, estomac. Ba.
BULASTEA, dépouille. Ba.
BULATUA, homme ou femme dont le visage est enflé & d'une couleur pâle. Ba.
BULBU; sing. *Bulbuen*, bube, pustule. B. *Bube* en François; *Bubas* en Espagnol, bube; *Bubon* en Grec, bubon; *Boba* en Malaye, pustule.
BULCH, séparation, division, coupure. G. *Bul* en Tartare du Thibet, l'action d'immoler, d'égorger une victime; *Buges* en Espagnol, longues vallées entre les montagnes: ce sont des espèces de coupures.
BULCUS, A. M. certaine quantité de terre, champ d'une certaine étendue; de *Bulch*.
BULDA, bulle. Ba.
BULDER. Voyez *Mulder*.
BULE, phrénésie, manie, folie. I.
BULENGARIUS, A. M. boulanger; de *Bolonger*.
BULETARE, A. M. bluter; de *Blawt*.
BULETELLUM, A. M. bluteau. Voyez *Buletare*.
BULGA, mot Gaulois conservé par Festus. Il signifie petit sac de cuir; de là le terme de *bougettes* en vieux François, bourse. Voyez *Balg*, *Bolgan*, *Ewgan*.
BULH, vessie, ampoule, petites bouteilles qui se forment sur l'eau quand il pleut. B. L'*h* équivaut à la lettre double; ainsi *Bulh* est le même que *Bull*; de là *Bulla* latin; *Ampolla*, *Ampulla* en Basque, ampoule, bouteille; *Am* paragogique. On voit par là que *Bulh* signifie aussi un vase.
BULLA, A. M. tout ornement d'or ou d'argent orbiculaire, fait en boule, fait en rond; de *Bul*. On a ensuite appellé *Bulle* le sceau que l'on gravoit sur ces ornemens. Par après on a étendu le nom de *Bulle* aux diplômes ou constitutions, aux écrits, transactions, cédules qui étoient munies de ces sceaux. Outre les Bulles & sceaux d'or & d'argent, il y en eut de plomb & de cire qui sont encore en usage aujourd'hui.
BULLARIA, inquiet, remuant. Ba. Voyez *Bul*; le même que *Boyl*.
BULLARIA, A. M. bulette, bulletin; ainsi nommé de *Bulla*, sceau, seing. Voyez *Bulla*.
BULLARRA, sein. Ba.

BULLE, coup, trait, piqueure. I.
BULLI, A. G. escarbots jaunes; Bul de Bel, jaune; ou Bui.
BULLICARE, A. G. fouiller de sang d'enfant; de Bul, qu'on voit par ce mot avoir signifié enfant, comme petit d'animal.
BULLIGO, A. M. bouillon du pot; de Bul.
BULLIO, A. M. bouillon d'eau chaude; de Bul.
BULLO, BULLO, BULIO, A. M. mesure de sel; de Bulh, vase.
BULLIO, A. M. masse d'or ou d'argent; en François Billon; en Anglois Bullion; de Bill, bille, masse.
BULLUGA. Voyez Beleu.
BULLUM, A. M. bâton de pasteur; de Bilbon.
BULQETA, A. M. chévre; de Buch. Boquette en Auvergnac, chévre.
BULSUL, navette outil de tisserand. B.
BULSUN, navette outil de tisserand. B.
BULTA, verroüil. I.
BULTELLUS, A. M. bluteau; dans la Flandre Françoise Bultel; de Burutell.
BULTRO, A. M. ravisseur, pillard, voleur; de Bultur, pris au figuré.
BULTUR, vautour oiseau de proie. B.
BULTZADA, impulsion. Ba. On dit Boussa en Patois de Franche-Comté, & Pousser en François. Voyez Poussa.
BULUSTEA, dépouillé. Ba.
BULWG-RHUFHIN, nielle, gith, poivrette. G.
BULWG Y DREWG, nielle bâtarde. G.
BULZATZEN, qui frape à la porte. Ba.
BUM, j'ai été. G.
BUM. Voyez Banme.
BUM, le même que Bam, Bem, Bom, Bim. Voyez Bal.
BUM, le même que Fum, Gum, Mum, Pum, Vum. Voyez B.
BUMBREAN, vieille femme. I.
BUMBIOL, vilebrequin. I.
BUMINEA, cresson. Ba.
BUMMED, cinquième. G.
BUMP, cinq. G.
BUMUSTL, rigüe mortelle. G. Mustl, le même que Bustl.
BUN, femme, vierge. G. Bunion ou Bonion, femelle en Irlandois.
BUN, origine, source, base, fondement, tronc, fond, la partie la plus basse; Bun An Cnug, pied de montagne. I. Bun, racine, plante, extrémité, pointe, base, arbre en Persan; & Buniad, base, fondement; Bun, boue profonde; & Bung, profond en Tonquinois. Voyez Bon, Bonn.
BUN, instrument. I.
BUN, gardien. I.
BUN, synonime de Ban, blanc, heureux. I.
BUN, le même que Mun. I. De même des dérivés ou semblables.
BUN, marque fixée & faite par convention de deux parties. On s'en sert plus communément dans les jeux de certaine distance, tels que sont les jeux de boule, de palet, de course. B. C'est le même que Benen.
BUN, le même que Fun, Gun, Mun, Pun, Vun. Voyez B.
BUN, le même que Ban, Ben, Bin, Bon. Voyez Bal.
BUNA, certain nombre. G.
BUNADH, origine, source, généalogie, souche, famille, fonder, ériger, construction. I. Voyez Bonedd.

BUNADHUS, origine. I.
BUNAIRE, client. I.
BUNAIT, fondation. I.
BUNAIT, habitation. I. Voyez Bon.
BUNAITHCACH, entièrement. I.
BUNAITHIGHIM, fonder. I.
BUNANLEANA, butor oiseau. I.
BUNCELLAT, mugir. B. C'est le même que Bucellat, l'n inférée.
BUNCZ, muid. B. De là poinçon.
BUNDA, A. M. son du tambour; de Bunta.
BUNDELA, BUNDELLA, A. M. liasse; Bundel en Flamand; Bundle en Anglois, charge, faisseau; Bunden, lié en ancien Saxon; Binden, lier en Allemand; de Bandenn, bande qui lie les faisseaux, les liasses.
BUNDUN, fondation. I.
BUNEADH, bourgeonner, boutonner, germer. I.
BUNGLEASUDE, mal-adroit, mauvais ouvrier. I.
BUNION, femelle. I.
BUNN, plante du pied. I.
BUNN, ouvrage. I.
BUNNA, embouchure; Bunna Habhum, embouchure de rivière. I. Voyez Bon.
BUNNAN, espèce de héron. I. Voyez Bwn qui est le même.
BUNNKRAIN, tronc d'arbre. I. Voyez Bun.
BUNOSCION, qui n'est pas droit, qui est de travers, de biais, de côté, contraire. I.
BUNSGION, qui n'est pas droit, qui est de travers, de biais, de côté, contraire. I.
BUNT, achoppement, culbute, but, pierre d'achoppement. B.
BUNT est le même que But, l'n inférée. On dit Buter pour chopper contre quelque chose. Voyez aussi Bun.
BUNTA, pousser à faire tomber, enfoncer violemment, heurter, pousser, repousser, choquer. B.
BUNUSGHADH, fonder, ériger. I.
BUOCH, vache. B. Voyez Bu.
BUOH, vache. B.
BUON, vîte, prompt, rapide. B. Voyez Buan, Buhon.
BUQENN, peau de bœuf ou de vache. B. Bu Qenn.
BUQUEIA, délivrance de la chose au dernier enchérisseur. Ba. Voyez Buca.
BUR, Ville. E. Voyez Burg.
BUR, métairie. E. Voyez Bwrg.
BUR, le même que Mur. I. De même des dérivés ou semblables.
BUR, le même que Bar, Ber, Bir, Bor, parce que les voyelles sont indifférentes. Voyez Bal.
BUR, le même que Bour. Voyez ce mot.
BUR, vase, vaisseau. Voyez Burola. De là Buire, Buie en vieux François; Bure, Beure en Franc-Comtois, sorte de vaisseau; de là Burette en François. Voyez Buved, Buren.
BUR a signifié habitation, ainsi qu'il paroit par Bury, Bwrg, Bwrd. La finale variant dans ces termes qui sont synonimes, n'est pas de l'essence du mot. Cela se prouve encore par cette façon de parler: Il n'a ni maison, ni Buron. Buron est une petite maison de paysan, une chaumière. Bur en ancien Saxon; Bower en Anglois, chambre; Bur, Bir en Écossois, Ville; Bur en Islandois, chaumière; Byr en Suédois, Ville, Village, métairie; Burion en Grec, domicile. Voyez Bur, Ville, métairie.
BUR a signifié pointe, piquant, puisqu'il est le même que Ber. D'ailleurs Voyez Burin, Burniac.

BUR.

BUR paroît avoir signifié pourri. Ce mot entre dans *Burgyn* & *Buria*, qui tous les deux signifiant *de Cadavre*, ne le peuvent signifier que par ce qu'ils ont de commun, qui est *Bur*. *Budr*, dont il est aisé de faire *Bur*, signifie sale, vilain ; *Pwdr* ou *Bwdr* signifie pourri, puant. Le terme de *Pourri* que nous avons conservé dans notre Langue montre que *Bur* & *Pur*, ou *Bour* & *Pour*, ont signifié pourri ; *Burtuguen*, monceau de fumier ; *Tuguen*, monceau.

BUR, fumier. Voyez *Burtuguen*.

BUR, paragogique ou superflu. Voyez *Burboeth*.

BUR paroît avoir signifié croc, crochet, agraffe. Voyez *Burla*, *Burdinaz Cutsi*. *Bwa*, arc, courbure ; *Burions* milan : cet oiseau semble avoir pris son nom de son bec courbé.

BUR. Voyez *Burli*.

BUR, le même que *Bar*, *Ber*, *Bir*, *Bor*. Voyez *Bal*.

BUR, le même que *Fur*, *Gur*, *Mur*, *Pur*, *Vur*. Voyez *B*.

BURA, BURIA, A. M. buerie, lieu où l'on fait la lessive ; de *Bu*.

BURASOAC, parens. Ba.

BURATELLUM, A. M. bluteau ; de *Burutell*.

BURBA, A. M. boue, bourbe ; de *Bour*. Voyez *Bourboulla*.

BURBALIA, BURBULIA, A. G. Les plus grands boyaux ; *Bur*, grands ; *Boell*, boyaux. On a dit par crase en vieux François *Brouailles*, *Breuilles*.

BURBE, impétuosité. I.

BURBEENN, élevure, enlevure. B. C'est le même que *Burbuen*. Voyez *Burbu*.

BURBESADEA, petit saut. Ba.

BURBOETH. MYNED TR BURBOETH, brûler. G. Voyez *Poeth*.

BURBU ; singulier, *Burbuen*, pustule, rousseurs de visage, lentille tache. B.

BURBUATT, échauffure. B. Voyez *Burbu*.

BURBULLA, boucles qui se forment sur l'eau quand on y a jetté un corps solide. Ba. *Burbuia* en Espagnol, boucle ou bouteille qui se forme sur l'eau.

BURCA, BURGA, A. G. égoût, cloaque. Voyez *Bourdiguen*.

BURCERIUS, A. M. commandant, maître du vaisseau ; *Bord* ou *Burd*, vaisseau ; *Ser*, commandant, maître.

BURCOA, traversin. B. De *Bur*, tête.

BURCOCHOA, carreau ou planche de jardin. Ba.

BURCOITASUNA, obstination. Ba.

BURCOYA, contumace, opiniâtre, querelleur. Ba.

BURCUA, chevet, oreiller. Ba.

BURCUS, A. M. Bourg, Ville ; de *Burg*.

BURDA, A. M. couverture de tête ; *Bur*, tête ; *Do*, dessus.

BURDARE, est rendu dans un ancien glossaire Latin François par *Garrire*, *Jaugler*, *Bourder* : *Gerra*, *Bourde*, *trusle*. Il vient de *Bourd*. Voyez ce mot.

BURDEGALIUM, A. M. le même que *Borderia*, métairie, ferme. Voyez *Bord*.

BURDEIN, prôner. B.

BURDEIS-DREF, Ville libre, municipe. G.

BURDELA, bordel, lieu infame. Ba.

BURDICULUM, A. M. le même que *Bordigala*.

BURDIN, BURDINNA, fer. Ba.

BURDINA, casque. Ba.

BURDINAZ-CUTSI, jetter un croc. Ba.

BURDINAZCO, BURDINAZCORIC, de fer. Ba.

BURDINNA, fer. Ba.

BUR.

BURDO, A. G. bourdon, guêpe. Voyez *Byrrdon*.

BURDO, A. M. milan. Voyez *Burions*.

BURDO, A. M. bourdon, gros bâton ; de *Bourdon*.

BURDONES, A. M. les gros tuyaux de l'orgue, qui rendent les plus gros sons ; de *Byrrdon*.

BURDONES, A. M. ânes, mulets ; de *Bur*, de *Ber*, porter : ce sont des bêtes de charge.

BURDUS dans Martial, petit cheval. Voyez *Buricus*.

BUREAU, bureau table pour écrire. B.

BURED, burette. B. De là ce mot.

BUREDENN, roupie. B.

BURELL, bure gros drap. B. De là ce mot ; de là *Bourras* en vieux François, mauvaise étoffe ; *Buriell* en Espagnol, bure gros drap ; *Burrag* en Irlandois, étoupe.

BURELLUM, A. M. bureau table pour écrire. Voyez *Bureau*.

BURELLUS, A. M. bure ou bureau gros drap ; de *Burell*.

BUREN, phiole. B. *Bure* ou *Buire* en vieux François, grande bouteille, broc ; *Burr* en Étrusque, vase à boire.

BURETA, A. M. vase, burette ; de *Bured*, *Burenn*.

BUREZURRA, casque. Ba.

BUREZURRA, cimetière. Ba.

BURFIDITIA, opiniâtre. Ba.

BURG, Ville, Bourg. G. Voyez *Bwrg*, *Burgesios*, *Burgesquide*, *Bourg*.

BURGA, BURGAS, sources chaudes. Ba.

BURGA. Voyez *Burca*.

BURGACEA, A. M. gâteau ; *Cacx*, en composition *Gacx*, gâteau ; *Bur* paragogique.

BURGANA, zénith. Ba.

BURGELLUS, A. M. petit Bourg ; de *Burg*.

BURGERASTRUM, A. M. espèce de gâteau gaufré. Voyez *Burgacea*.

BURGESIOS, bourgeoisie, ou le corps des bourgeois, I. & par conséquent *Burg*, Ville. Voyez *Bwrgais*.

BURGESQUIDE, concitoyen. Ba.

BURGILLE. Voyez *Brogillus*.

BURGINIAIDD, de cadavre. G.

BURGINUS, A. M. Voyez *Bruginus*.

BURGONES, A. G. étables ; *Burg* ou *Burgon* est le synonime de *Koel*, qui signifie un endroit enfermé. Voyez ce qu'on dit au mot *Bwrg*.

BURGYN, de cadavre. G.

BURHELLAT, rugir. B.

BURHUD, prodige. B. En comparant ce mot avec *Hud*, on voit que *Bur* ou *Ber* signifie action ; & *Hud*, surprenante, admirable. Voyez *Berhud*, *Berzud* synonimes de *Burhud*.

BURHUT, prodige. B. Voyez *Burhud*.

BURHUT, presque. B.

BURI, BURINGI, A. M. métayers. Voyez *Bur*.

BURIA, de cadavre. G. *Buri*, enterrer en Anglois. L'*m* & le *b* se substituant réciproquement, on a dit *Muria* comme *Buria*, ce qui se voit parce qu'en Franche-Comté on appelle *Murie* un cadavre qui pourrit.

BURIA, A. M. fontaine, source. Voyez *Born*.

BURIATUS, A. M. vêtu de bureau. Voyez *Burell*.

BURICTARIUS, A. M. échanson ; de *Buren*.

BURICUS, BURRICUS, BURIS, A. G. petit cheval, bidet ; de *Bur* ou *Ber*, porter : Un des principaux usages du cheval est de porter l'homme. On a ensuite étendu le nom de *Bourrique* aux ânes & ânesses, parce qu'on s'en sert pour porter

On a appellé les ânes & les mulets *Burdones* par la même raison. *Burro*, *Burrico* en Espagnol, âne ; & *Burra*, *Borrica*, ânesse ; *Bourrique* en François, ânesse ; & *Bourriquet*, petit âne. *Burdus* dans Martial, petit cheval ; *Bur* en Persan, cheval.

BURIN, burin. B. De là ce mot.

BURINA, A. M. dispute, querelle où l'on se dit de part & d'autre des injures, des choses piquantes ; de *Bur* pris au figuré.

BURINGI. Voyez *Buri*.

BURIONS, milans oiseaux. G.

BURIZEUNTZA, Langue mere. Ba.

BURL. Voyez *Burli*.

BURLA, dérision, raillerie, tromperie, agrafe. Ba.

BURLAETTUSS, spacieux. B.

BURLAN. TN BURLAN, étant balayé. G.

BURLARE, A. M. jouer, se divertir. *Burlar* en Espagnol signifie la même chose ; *Bourlos* en Languedocien, jeu, divertissement, tour, niche ; *Burlescus* dans les anciens monumens, satyrique ; *Burlesque* en François, comique, plaisant. Voyez *Bourd*, *Burla*, *Burlaze*.

BURLAZE, se moquer, se jouer. Ba. Voyez *Burlare*.

BURLETTEIN, éblouir. B.

BURLI, baailler. B. En comparant ce mot avec *Bured*, *Buren*, *Burlu*, *Burluen*, *Burla*, on voit que *Bur*, *Burl*, *Burli* ont signifié creux, cave, vuide, ouverture.

BURLU, BURLUEN, gans de notre-dame fleur. B.

BURLUSMEA, pleure membrane. Ba.

BURMAN, écume. G.

BURMUNA, cerveaux. Ba.

BURN. Voyez *Brun*.

BURNE, torrent. E. Voyez *Born*.

BURNET. Voyez *Brun*.

BURNIA, fer. Ba. Voyez *Burin*.

BURNIAC, BURNIAZ, jetter un croc, un harpon. Ba. *Burn*, bec, promontoire en Turc.

BURNIEN ERANSLEA, qui accroche. Ba.

BURNILARRAC, chausse-trape. Ba.

BURNILARRAC, pourpre poisson à coquille. Ba.

BUROA, blasphème. Ba.

BUROLA, A. M. vaisseau ; de *Bur*, qui aura signifié vase & vaisseau, comme *Llestr*.

BURON en Auvergnac est un petit toit de berger bâti sur le haut de la montagne, où il se retire quand le temps permet d'y mener paître ses troupeaux. Voyez *Bur*, *Bord*, *Bod*.

BURRA, A. M. bourre ; de *Bourell*.

BURRAGH, étoupe. I.

BURREBA, bourreau. Ba. Voyez *Borrev*.

BURRIO, A. M. bourgeon ; de *Bwrw* ou *Bwry*, jet, pousse ; de là *Bourjon*, bourgeon en François. On appelle aussi *Bourre* en notre Langue le commencement d'un bourgeon de vigne : de là aussi *Bourrée*, un fagot fait de petits rameaux, de rameaux nouvellement poussés.

BURRITANICI, A. M. fleurs qui naissent dans la forêt ; de *Bwry*, pousser, naître ; *Tan*, forêt. Voyez *Burrio*.

BURRUCA, lutte. Ba.

BURRUMBA, bruit sourd, petit murmure. Ba.

BURRUS, A. G. roux & noir ; de *Brych*, ou *Bruch*, ou *Brus*. *Bur* en vieux François, de couleur sombre, enfumée ; de là *Bourru* ; *Vin Bourru*, vin qui n'est pas clair ; *Homme Bourru*, homme sombre au figuré, homme chagrin.

BURS, A. M. le même que *Buri*.

BURSA, A. M. bourse ; de *Beurs*. On étendit ensuite le mot *Bursa* au coffre où l'on cachoit l'argent.

BURSA, A. M. le même que *Burca*. Voyez ce mot.

BURSTA, A. M. brosse ; de *Burthiaw*.

BURTAYA, meûnier poisson. Ba.

BURTHIAD, l'action de repousser, de rechasser. G.

BURTHIAW, repousser, rechasser. G.

BURTUG, singulier, *Buruguen*, monceau de fumier, d'ordures, d'immondices. B. *Tuchen* ou *Tuguen*, amas, monceau ; *Bur* par conséquent fumier.

BURTUL, vautour ou milan. B. De là par transposition le *Vultur* des Latins.

BURTZIA, pointe, aiguillon, javelot. Ba. Voyez *Bur*. *Murex* en Latin, la pointe d'un rocher.

BURUA, tête, chef, conducteur, Capitaine, Général, Officier, pensée, jugement, sentiment, ame, esprit, épi. Ba. *Par*, tête en Breton ; *Burlaff*, Chef d'un corps de troupes en Tartare ; *Bwr*, Roi en Jaloff ; *Pouron*, Roi en Cophte ; *Burz*, élévation, élevé en Persan ; & *Burs*, *Bers*, *Purs*, chevêtre, bride, caveçon ; *Burk*, chapeau en Turc, & *Burungik*, couverture de tête ; *Burams*, *Burnez*, couverture de tête en Arabe & en Persan ; *Burujon* en Espagnol, enflure qui vient à la tête ; & *Albornoz*, couverture de tête en Turc ; *Buruni*, nez, promontoire, cap en Turc. Voyez *Bur*, *Burujos*.

BURUA, amour, amitié. Ba.

BURUAN, après, Ba.

BURUANDI, qui a une grosse tête, têtu, obstiné. Ba. *Burua Andi*.

BURUBAGUEA, acéphale, sans tête, sans chef. Ba.

BURUBIDEA, état, condition. Ba. *Burua Bydd*.

BURUCA, épi. Ba.

BURUCA, BURUCUA, traversin, oreiller, chevet. Ba.

BURUCADA, choc. Ba. *Burua Cad*.

BURUCHOA, petite tête, chapiteau. Ba. *Buru*, tête ; *Co* ou *Cho*, petite ; *A*, article.

BURUCOCHOA, petit coussin. Ba.

BURUDICG, roupie. B.

BURUENTAR, aimans. Ba.

BURUG, le même que *Buzuguen*. B.

BURUGABEA, acéphale, sans tête, sans chef. Ba. *Gabea*, transposition de *Baguea*, sans.

BURUGUITEA, branlement de tête. Ba.

BURUIO, tête blessée. Ba. On écrit *Buru-Io*.

BURUJOS, tumeur. Ba. On voit par ce mot que *Buru* ou *Burua*, tête, a signifié élévation, de même que tous les autres termes qui signifient tête. Voyez *Burura*.

BURULLA, septembre. Ba.

BURUM, A. M. chambre, cabinet ; *Bure*, *Bur* en ancien Saxon, chambre, cabinet. Voyez *Buron*.

BURUQUIA, mitre. Ba.

BURURA, froncle, clou, tumeur. Ba.

BURUSOCA, licol. Ba. *Burua*, tête ; *Soca*, corde.

BURUTACIOA, caprice. Ba.

BURUTELL, bluteau. B. On dit encore *Burtel* en Franche-Comté.

BURWY, lacet. G.

BURUZAGUIA, coriphée. Ba.

BURUZAQUEA, acéphale, sans tête, sans chef. Ba. *Zaquea*, sans.

BURUZAQUEGOA, anarchie. Ba.

BURZANA, veine céphalique. Ba.

BURZAYA, principal. Ba.

BURZUD, prodige, merveille. B. *Zud* tient ici la

BUR.

place de *Hud* dans *Burhud*, & signifie par conséquent la même chose. Voyez *Burhud*.

BURZUDUS, étonnant, surprenant, prodigieux. B.
BURZUN, navette outil du tisserand. B.
BURZUT, le même que *Burzud*. B.
BUS, bouche. I.
BUS, le même que *Bos*, parce que les voyelles sont indifférentes. Voyez *Bal*.
BUS, bouche, embouchure. Voyez *Bucç* & *Busa*.
BUS, le même que *Bas*, *Bes*, *Bis*, *Bos*. Voyez *Bal*.
BUS, le même que *Fus*, *Gus*, *Mus*, *Pus*, *Vus*. Voyez *B*.
BUS, le même que *Pwsyn*. Voyez ce mot & *Bychan*.
BUS, le même que *Buc*, *Bug*, *Bu*. Voyez *Aru*.
BUSA, A. M. canal, tuyau; en Flamand *Buyse*; de *Buccha* qui est le même.
BUSA. Voyez *Butta*.
BUSAN, le même que *Bychan*. Voyez ce mot.
BUSARD, buse. B. De là ce mot. *Bussart* en Allemand; *Bustard* en Anglois, buse.
BUSCA, se remuer, se mouvoir, bouger. B.
BUSCA, paille, fétu. Ba. De là *Buche de paille*.
BUSCA, BUSCHA, A. M. buche. Voyez *Buca*, *Bod*.
BUSCANTZA, intestin appellé *Cæcum*. Ba.
BUSCELLUS, A. M. boisseau; de *Boësell*.
BUSCHE. Voyez *Bod*.
BUSCHELLUS, A. M. boisseau. Voyez *Buscellus*.
BUSCHETUS. Voyez *Bod*.
BUSCUS. Voyez *Bod*.
BUSE. Voyez *Bod*.
BUSEALL, boisseau. I. Voyez *Boësell*.
BUSET, le même que *Bychan*. Voyez ce mot.
BUSIN, A. M. chandelle; de *Bus*, le même que *Bos*, gras, graisse.
BUSIO, A. M. buse; de *Busard*.
BUSON, le même que *Bychan*. Voyez ce mot.
BUSONES, A. M. principaux, les plus distingués; de *Bus*, le même que *Bug*; *On*, terminaison.
BUSOT, le même que *Bychan*. Voyez ce mot.
BUSOU, le même que *Bychan*. Voyez ce mot.
BUSQ, buse. B. De là ce mot.
BUSQUETUS. Voyez *Bod*.
BUSSA, BUZA, BUSCIA, BUIZ, BUCCA, BUCIA, BURCIA, A. M. vaisseau dont le ventre étoit gros & la proue petite; de *Bus*, le même que *Boss*, ou *Bocs*.
BUSSELLUS, A. M. le même que *Bossellus*.
BUSSIERE. Voyez *Buxeria*.
BUSSUS, BUSUS, A. G. gras; de *Bus*, de *Bos*.
BUSTACH, jeune taureau, jeune bœuf, bouvillon, veau, genisse, jeune vache. G. *Bu*, bœuf, vache; *Stach* diminutif.
BUSTACHYCH, jeune taureau, bouvillon. G.
BUSTARE, A. G. enterrer. Voyez *Bustum*.
BUSTEA, A. M. boëte; de *Boëst*.
BUSTEIR, boucher. I. *Bussuk* en Tartare, rompu, brisé, coupé.
BUSTELLUS, A. M. le même que *Bussellus*.
BUSTI, mouiller, qui a sauflé. Ba. Voyez *Boddi*.
BUSTIA, humide, mouillé, qui a mouillé, qui a sauflé. Ba.
BUSTICAYA, bouillon, potage. Ba.
BUSTICETA, A. G. endroits où l'on brûloit les morts; de *Bustum*. Voyez ce mot.
BUSTIERA, l'action de mouiller. Ba.
BUSTL, fiel. G. Il s'est pris aussi au figuré. Voyez *Ymddifusllo*, *Bumusll* & l'article suivant.
BUSTL-AIR, qui dit des saletés, des ordures. G.

BUT.

Air en composition pour *Gair*, parole. On voit par ce mot que *Busll* a aussi signifié obscène. Voyez *Bustlaidd*, *Bustledd*.
BUSTLY DDAIAR, centaurée mâle, petite centaurée. G. A la lettre, fiel de la terre.
BUSTLAIDD, de fiel, amer; de *Boußon*. G.
BUSTLEDD, amertume, obscénité, bassesse, bouffonnerie, badinage, plaisir, jeu, divertissement. G.
BUSTULA, A. M. lunettes, besicles; de *Budd*, en composition *Bux*, utilité, aide; *Tyll* ou *Tull*, voir; *Buxtull*, aide à voir, aide pour la vuë.
BUSTUM en Latin, bucher à brûler les morts; de *Bus*, de *Bos*, bois; & de *Tun*, élévation, pile. On a ensuite étendu ce mot à signifier toute manière de rendre les derniers devoirs aux morts, soit en les brûlant, soit en les enterrant.
BUSYN, le même que *Pwsyn*. Voyez ce mot & *Bychan*.
BUT, muet. G. Voyez *Mut*.
BUT, être. B.
BUT, but, terme, extrémité. B. De là but, buter. On a dit en vieux François *Abuter* pour viser; *Pithos* en Cophte, fin, bout, terme; *Butt* en Anglois, but.
BUT, le même que *Bat*, *Bet*, *Bit*, *Bot*. Voyez *Bal*.
BUT, le même que *Fut*, *Gut*, *Mut*, *Put*, *Vut*. Voyez *B*.
BUT, A. G. haine, bagatelles, sornettes, niaiseries; de *Bustl*.
BUTA, tonneau. I. Voyez *Bot*.
BUTA, A. M. boëte. Voyez *Busta*.
BUTAIS, botte. I. Voyez *Bottasen*.
BUTAR, A. G. espèce de vase. Voyez *Buta*, *Butta*.
BUTARE, A. M. borner; de *But*.
BUTARGUIA, réverbération de la lumière. Ba.
BUTARIUS, A. M. le même que *Boutarius*.
BUTAROGA, migraine. Ba.
BUTELLA, BOUTELLA, BOTELLA, A. M. bouteille; de *Boutailh*.
BUTEO, A. G. gourmand; de *Bwyttawr*.
BUTEO, A. G. jeune; de *But*, être; *Iau*, jeune.
BUTESALEA, disputeur. Ba.
BUTH, cellule, habitation. E. Voyez *Bwth*.
BUTHE, cellule. E. Voyez *Bwth*.
BUTHUNA, école. Ba.
BUTIA, A. M. Voyez *Bausia*.
BUTICA, A. M. espèce de panier, de mannequin; de *Boutccq*.
BUTICA, A. M. boutique; de *Boutic*.
BUTICA. Voyez *Butta*.
BUTICELLA, BUTICULA, A. M. bouteille: c'est un diminutif de *Butta*.
BUTICUM, A. M. ciboire, ou baldaquin élevé sur quatre colonnes qui couvroient les Autels & les tombeaux des Saints; de *Buth*, *Both*, couverture.
BUTIFREDRUS, A. M. Le même que *Belfredus*. Voyez ce mot.
BUTIGIA, A. M. boutique. Voyez *Butica*.
BUTIN, butin. B. *Butin* en François & en Croatien; *Bottino* en Italien; *Beuten* en Allemand; *Buijt* en Flamand; *Booty* en Anglois, butin. Ce mot est formé de *Butt*. Voyez l'article suivant.
BUTINA, BUTINUM, A. M. butin; de *Butin*.
BUTINA, A. M. bouteille; de *But*.
BUTOR, BUTORIUS, A. M. butor oiseau; *Buteor* en Anglois; *Butoor* en Flamand; *Butor* en François, butor; de *Buddai* ou *Buttai*.
BUTR, le même que *Budr*. Voyez *Buttrau*.
BUTREADH, meugler, mugir, hurler, rugir. I.
BUTROAE, nasse. Ba.

BUTT. Voyez Budd.
BUTTA, BUTTIS, BOTA, BUTA, BUTICA, BUTTICUS, BUSA, A. M. grande cuve, tonneau, barique, grande bouteille, broc; en vieux François Bouts, Bous, outres; de Buta, But.
BUTTA, BUTTIS TERRÆ, A. M. un petit champ que nous appellons un bout de terre; de But.
BUTTE, élevation. Voyez Bod.
BUTTRAU, falir, enduire, oindre tout autour. G. De Butr, de Budr.
BUTUM, A. M. bout; de But.
BUTUM-NEVEZ, euphraise plante. B.
BUTUN, tabac. B.
BUTUNER, qui use du tabac. B.
BUTUS. Voyez Buta.
BUTZ, A. M. Le même que Buza.

BW, courbure. G. Bowed en Anglois, courbe; Boessem en Flamand; Bosome en Anglois, courbure, sinuosité; Buchta en Polonois, golfe ou sinuosité de la mer; Bo, voûte en Tonquinois; Bura, Buris en Latin, le bois courbe que le laboureur tient d'une main pour gouverner & régir sa charrue; Abouedar en Espagnol, voûter, faire en voûte; But chez les Anglois septentrionaux, courber; Bow en Anglois, courber; Boveda, voûte en Espagnol. Bw se prononce en Bou, & le B se change en V; de là en Patois de Franche-Comté Arvout signifie voûte; (Ar apparemment article) de là voûte en François. Comme Plyg, qui signifie courbure, se prend aussi pour port, parce que tout port est une courbure ou sinuosité, il est naturel de penser que Bw a eu la même étendue de signification, ce qui se confirme par Boë, Baë. Voyez Bog & Bwa.

BW, terreur, épouvantail, ce qui épouvante. G. Bw se prononçoit en Bou. Les enfans en Franche-Comté disent Bou lorsqu'ils veulent effrayer leurs camarades: on dit aussi en Patois de cette Province Ebouer, Ebover pour effrayer; Ebouaille, Aibonaille pour épouvantail; & Aibonbi pour effrayé, étonné. Ebobi en Patois de Paris, effrayé, étonné; Bébécloche en vieux François, tocsin ou cloche qui sonne l'allarme, l'épouvante; Abobi en vieux François, effrayé, étonné; Abouar en Espagnol, étonner, épouvanter; Bug, épouvanter en Anglois. Le p & le b se substituant réciproquement, on a dit Pw comme Bw; de là Poue, qui en Patois de Franche-Comté signifie frayeur; de là peur, épouvante dans notre Langue; de là Paveo Latin. Pu, tonnerre en Tartare Calmouq.

BW, autour, contour. Voyez Bon.
BW. En confrontant Bwth & Peu, on voit que Bw, Beu ont signifié habitation. Voyez encore Bau.
BW, noir. Voyez Bauceant. Bujo en Italien, noir, ténébreux, obscur; Baau, nuit en Phénicien; Pus ou Bus, triste, fâcheux, nuageux en Turc; & Bulut, nuée. L'f & le b se mettant l'un pour l'autre, on a dit Fw comme Bw; de là Fulica, Fuligo, Fuscus en Latin. Fusco en Espagnol, sombre, obscur. Le p & le b se substituant réciproquement, on a dit Pw comme Bw. De là Pullus, noir en Latin.
BWA, au plurier Bwaau, Bwac; par crase Bwau, arc. G. Bow en Anglois; Bue en Danois, arc; Busse en Flamand, arquebuse; Batia en Albanois, arbalête; Bios, arc en Grec. Bwar doit être formé de Bwa, & signifier ce qui est en arc.
BWA, voûte. G.
BUVA, BUVAN, lieu où l'on tient les vaches. G. Bu, vache; Ma, Man, en composition Va, Van, habitation.
BWA CROES, arbalête, machine de guerre à jetter des pierres. G.
BWA GLAW, arc-en-ciel. E. A la lettre, arc de pluye.
BWAC, plurier de Bwa. G.
BUVAN, Voyez Buva.
BWAR. Voyez Bwa.
BWAU, plier en arc. G.
BWBACH, épouvantail; au plurier, Bwbachod, lémures, loup garoux, spectres, fantômes, lutin, fantômes hideux. G.
BWBACHU, épouvanter, effrayer, faire peur. G.
BWBALEROD, spectre, lutin, lémure, fantôme hideux, esprit follet. G.
BWCC. Voyez Mwcc & Bw.
BWCCL, boucle, agraffe, fermoir. G. B. De là boucle, le w se prononçant en ou. Buckle en Anglois, boucle.
BWCCLED, bouclier. G. Ce mot me paroit formé de Bwcc, boucher, couvrir; & de Led pour Ledr cuir; ce qui se voit par le Breton Boucleur. Les boucliers des anciens étoient ordinairement de cuir. Homère dit qu'Ajax portoit un bouclier de sept cuirs mis l'un sur l'autre; Puk, bouclier en Tartare du Thibet; Buckler en Anglois, bouclier.
BWCCLEDWR, qui fait des boucliers. G.
BWCH, bouc. G. Bocan, Poc, Pocan, bouc en Irlandois; Buch en Ecossois; Byth en Langue de Cornouaille; Buca en ancien Saxon; Bock en Suédois, en Flamand, en Allemand; Buck en Anglois; Bak en Hongrois; Becco en Italien; Bouc en François, bouc. Voyez Boch, Buc, Buch.
BWD pour BWTH. Voyez Cwmmwd, & Tsbyd.
BWEYD, faiseur d'arcs. G.
BWG, autour, contour. Voyez Bw, Boga. &c.
BWG. Voyez Mwg; de là Buhot, Bouhot, cheminée en vieux François.
BWG, piquant. Voyez Pwng.
BWHWMAN, flottant, douteux. C. Voyez Bwhwmman.
BWHWMMAN, flotter, être agité par les flots, l'agitation des flots, vaciller, chanceler, se répandre, agitation, mouvement. G. Buhumba en Basque, impétuosité du vent; & Buha, souffle, vent. L'f & l'b se mettant l'une pour l'autre, on aura dit Bufa comme Buha, ainsi qu'on le voit par Bouffée, Bouffir en François. Bouffer en Franc-Comtois signifie être gonflé de colere; Buffoys, orgueil en vieux François; Buffa en Languedocien, être orgueilleux, être vain, se montrer tel; & Buffet, soufflet à feu. De Bufa est venu Bufo Latin, crapaud, parce qu'il s'enfle beaucoup.
BWIALL, hache. G. Beil en Allemand; Bil en ancien Saxon; Beyel en Souabe; Bwl en Flamand; Hobel en Allemand; Hebel en Polonois; Pelekus en Grec, hache; Byl, petite hache en Flamand; Bill en Anglois; Bila en Prussien, faulx.
BWL. Voyez Bal.
BWL, le même que Pwl, par la conversion réciproque du p & du b.
BWL. On voit par Bwlch, Bwlg, Bwial, que Bwl a signifié couper.
BWLA, taureau. G. Bull en Anglois, taureau, bœuf.
BWLAN,

BWL. BWR. 233

BWLAN, malle, toutes sortes d'enveloppes, comme gouſſet, bourſe, bougette de cuir, havreſac. G. Voyez *Bwlgan, Bolgan, Bol.*

BWLCH, breche, coupure, entamure, cran, coche de flèche, diviſion, ſéparation, canal, foſſé, tranchée, rigole, golfe, défaut, manquement, coupé, briſé, rompu, ſéparé; ſon pluriel eſt *Bylch*; ſon féminin eſt *Bolch*. G. L'*f* & le *b* ſe mettant l'un pour l'autre, on a dit *Fwlch* comme *Bwlch*, ainſi qu'il paroît par *Fulcus*, coupure, partage, diviſion de rivière.

BWLG, ſein, golfe. G.

BWLGAN, le même que *Bwlan, Bolgan*. G. *Bolge* en Italien, bourſe, petit ſac, valiſe; *Balg* en Gothique, outre, poche; & *Balgin*, outre; *Baelge* en ancien Saxon; *Belgi* en Allemand, outres.

BWLL, le même que *Pwll*. Voyez *Poel*: d'ailleurs le *b* & le *p* ſe ſubſtituent l'un pour l'autre.

BWMBART, bombarde. G.

BWMP, bourdonnement. G.

BWN, dernier: Voyez *Bwngler, Boniad*. De *Bwn* ou *Bon*, on a dit *Pon*; de là *Ponè*, derrière en Latin; *Poneros*, méchant en Grec.

BWN. En comparant *Buncz.*, *Pwng*, *Pwnge*, on voit que *Bwn* a ſignifié piqué, percé, troué.

BWN, le même que *Ban, Pan, Pen*. Voyez *Fynn*.

BWN eſt le même que *Bon*, & par conſéquent le même que *Ban, Ben, Bin, Bun*, puiſque les voyelles ſont indifférentes. Voyez *Bal*.

BWNDERTRE, village. C. *Tre*, habitation.

BWNGLER, celui qui eſt le plus malhabile dans chaque art. G. Il ſemble, ajoûte Davies, qu'il faudroit dire *Bongler*, de *Bon Y Gler*, le dernier des muſiciens, le dernier des poëtes, le plus malhabile de tous; *Cler* ſignifie donc, ſelon Davies, muſicien & poëte; c'eſt une ſyncope de *Clerwr*, qui ſignifie muſicien; *Bon* ſignifie dernier, comme on le voit dans *Boniad, Bonwm*. Je crois que le mot de *Cler* par extenſion a été employé non ſeulement pour déſigner un poëte; mais encore tout homme habile en quelque art, en quelque ſcience, dans ſa conduite. Ce qui prouve ma conjecture, eſt le nom de *Maucler*; c'eſt-à-dire malhabile, donné à un Duc de Bretagne. De *Cler* pris dans cette étendue de ſignification, eſt venue notre expreſſion, *Grand Cler*, pour dire bien habile; *Bwngler* en Anglois, un mal-adroit; & *Bwngle*, faire quelque choſe de mauvaiſe grace.

BWNN. ADERIN T BWNN, buſe, buſard, butor, eſpèce de heron, oiſeau de proye, oiſeau qui a le plumage étoilé. G. *Bwnn* de *Pwnge*.

BWNN, de *Pwnn*. Voyez ce mot.

BWR, fort. Voyez *Pybyr*.

BWRC, le même que *Bwrg*. Voyez *Aru*.

BWRD, table. G. *Boardes* en Anglois; *Berd*; *Berders* en Flamand, ais, planche. Voyez *Bord*.

BWRD, Ville, Bourg. Voyez *Bwrdais, Borda* en Baſque, maiſon de campagne; *Bord* en Breton, en Theuton, en ancien Saxon, en Anglois, en Danois, en Hongtois, maiſon; *Bordo* en Languedocien, maiſon; *Caborde* en Patois de Beſançon, petite loge de pierres ſans mortier que l'on fait dans les vignes. Voyez *Bord, Bod* & *Bwth*.

BWRDAIS, BWRGAIS, bourgeois, citoyen. G. Ces mots étant poſſeſſifs, les ſubſtantifs dont

TOME I.

ils ſont formés, doivent être *Bwrd, Bwrg*, qui doivent ſignifier Ville, Bourg.

BWRDEISDREF, Ville, municipe. G. *Dref*, de *Tref*.

BWRG, Ville, Bourg. Voyez *Bwrdais, Burg*. Nous voyons dans Ptolomée que ce mot étoit en uſage dans ce ſens parmi les anciens Germains. Les Bourguignons, nation Scytique, en ont pris leur nom. (Voyez Oroſe *l. VII. c. 32.*) *Burg, Burug, Burh, Byryg* en ancien Saxon; *Bourg* en Gothique, Ville; *Burg*, Ville en Theuton ou Langue des anciens Francs; *Burg*, habitation en Theuton; *Burg*, château en ancien Allemand; *Borg*, forteresse en ancien Suédois; *Burg, Borg*, Ville en Iſlandois; *Burg*, Ville en Suédois; *Borg, Byr*, Ville en Runique; *Baurgs*, Ville en Gothique; *Burrough*, Ville en Anglois; *Bourg* en François, Bourg, & même Ville, comme il paroît par le mot *Bourgeois*; *Burgo* en Eſpagnol, Bourg; *Borgo* en Italien, Bourg; *Burgh* en Albanois, endroit où l'on garde, où l'on retient quelqu'un, lieu ſûr, priſon; *Buri*, forteresse en Turc; *Burgan* en Chaldéen, chaumière, taverne, Bourg; *Borg, Borch* en Arabe, Bourg; *Burg, Borch* en Arabe, forteresse; *Burg*, murailles, rempart, fortification, tour en Perſan; *Bariauh*, mur en Arménien; *Foros* en Egyptien, Ville; *Bourggam*, fortereſſe ſur une montagne en Talenga; *Pouri, Puram*, Ville en Tamoulique; *Bourg, Bourh* en Breton, Bourg; *Burg* en Baſque & en Irlandois, Ville. On voit par tout ce qu'on vient de dire que *Bourg* étoit un nom commun aux Germains & aux Gaulois, auſſi ancien dans leurs Langues que ces Nations mêmes: il ſignifioit parmi ces peuples une habitation fermée, défendue, fortifiée par la nature ou par l'art. *Bairgan* en Gothique; *Beorgan* ou *Beorgian* en ancien Saxon; *Berg* en Theuton, habitation; *Bergan* en Theuton ſignifioit mettre en ſûreté, mettre à couvert; *Bergen* en Allemand, *Berga* en Iſlandois ont le même ſens. *Berzein, Berhein* en Breton ſignifient défendre quelque choſe, la mettre en ſûreté: on a auſſi dit *Bergein* en cette Langue, puiſque nous voyons que *Berge* y ſignifie un verger, c'eſt-à-dire un terrein planté d'arbres fermé de quelque manière; d'ailleurs le *g* & l'*h* ſe mettent l'un pour l'autre en Breton. Nous appellons en notre Langue *Berger* celui qui garde un troupeau; *Berge*, une levée de terre faite au bord d'une rivière pour garantir la campagne des inondations. *Abir* en Hebreu, Ville; *Aber* en Ethiopien, palais; *Pirua*, clôture en Pérouan; *Barou* en Perſan, château, forteresse, tour, mar; *Barong*, chaumière, en Malaye; *Bir, Birah*, palais, grande maiſon en Hebreu; les Septante traduiſent quelquefois ce mot par Ville, d'autres le traduiſent par forterreſſe. *Baris* en Grec, maiſon, forterreſſe, muraille, tour; *Burion* en Grec, maiſon, habitation; *Bawria* en Grec, maiſon; *Biran* en Chaldéen, palais; *Bur, Boer* en Iſlandois, habitation, grange; *Bourron*, cabane en vieux François; *Buron* en vieux François; maiſon; *Borc, Bors, Bos* en vieux François; Bourg; *Borc* en Béarnois, Bourg; *Bor* en vieux François Ville: le *Bor de Rome*, dit un de nos anciens Auteurs, pour la Ville de Rome; *Bur, Bure* en ancien Saxon, chambre, habitation; *Bur*, maiſon, chaumière en Gothique; *Bur* dans la Langue des Cimbres, maiſon où l'on garde les provi-

K k k

fions ; *Biueri*, demeure en Caraibe ; *Borie* en Languedocien, métairie ; *Boire* en Auvergnac, métairie ; *Bur* en ancien Saxon, métairie, chambre, cabinet ; *Bur*, *Bir* en Ecoſſois, métairie, Ville ; *Bower* en Anglois, cabane de rameaux. L'*ſ* & le *b* ſe mettant l'un pour l'autre, on a dit *Fwrg*, *Fwr* comme *Ewrg*, *Bwr* ; de là *Forum* chez les Latins. Voyez *Bur*.

BWRGAIS, bourgeois. G.

BWRIAD, invention, moyen pour faire réuſſir, projet, propos, réſolution, intention, but, deſſein, découverte, choſe controuvée, invention d'eſprit, l'action de lancer, de jetter. G.

BWRIADU, conjecturer, machiner, inventer, concevoir, imaginer, ſe figurer, ſe propoſer, avoir le deſſein, penſer, méditer, rêver, ſonger profondément, inventer, trouver après y avoir bien penſé, pouſſer, mouvoir, lancer, jetter, feindre, forger, controuver, inventer à plaiſir. G.

BWRIADWR, auteur, inventeur, qui controuve. G.

BWRN, charge. G.

BWRW, jetter. G. Voyez encore d'autres ſens à *Ailbwrw* ; de là *Burraſca* en Italien ; *Borraſca* en Eſpagnol ; *Bourraſque* en François, tempête.

BWRW AT, ajoûter, augmenter, accroître, aſſocier, aggréger. G.

BWRW HEIBIO, rejetter, mépriſer. G.

BWRW 'R HAF, paſſer l'été. G.

BWRW. Y BWRW, la trame. G.

BWRW YMAITH, jetter, rejetter, jetter dehors G.

BWS, le même que *Bwc* & *Bwg*. Voyez *Aru*.

BWS. On voit par *Bys*, qu'on a dit *Bws* comme *Bw*, courbure.

BWTH, cabane, chaumine, hute, loge, chaumière, maiſonnette, maiſon, habitation, cahute, échoppe, tillac de navire. G. *Buthe*, *Buth*, *Boat*, en Ecoſſois, cellule, habitation ; *Both* en Irlandois, cabane, habitation, maiſon ; *Bod* ou *Bot* en Breton, habitation, maiſon ; *Bet* en Baſque, habitation, maiſon ; *Beit* en ancien Germain, maiſon, demeure, (puiſque *Beiten* en cette Langue ſignifie demeurer) *Butel*, *Bude*, demeure en ancien Germain ; *Bod* en Theuton, maiſon ; *Bode*, *Boede* en ancien Saxon, maiſon ; *Boede* en Flamand, maiſon ; *Buth*, *Bu*, maiſon en Iſlandois ; *Bou*, métairie en Runique ; *Bu*, maiſon, & *Bua*, habiter en ancien Suédois, ſelon Rudbeck ; *Bua*, *By*, habiter en Runique ; *By*, Ville en Gothique ; *Bude* en Allemand, boutique, loge ; *Build*, bâtir en Anglois ; *Abode*, *Abide* en Anglois, habitation, demeure ; *Bye*, habitation en Anglois ; *Budo*, *Bauda* en Polonois, édifice, habitation ; *Buda* en Servien & en Luſacien, habitation ; *Obit* en Bohémien, habitation ; *Boa*, maiſon dans l'Iſle Eſpagnole ; *Bo*, lieu, endroit en Galibi ; *Buhyo* en Eſpagnol, petite loge, cabane ; *Bottega* en Italien, auberge ; *Beit*, maiſon, habitation en Turc & en Arabe ; *Beth* en Hébreu ; *Betha* en Chaldéen ; *Baitho* ou *Bitho* en Syriaque ; *Beti* en Ethiopien ; *Bat* & *Abad* en Perſan ; *Bet* en Indien ; *Beth* en Phénicien ; *Bajit* en Sarrazin, maiſon, habitation ; *Byth* en Chaldéen, palais ; *Po*, maiſon ; *Pode*, maiſons en Tartare Mantcheou ; *Vitou*, *Vidu*, maiſon en Malabare ; *Fu*, maiſon en Mandingo ; *Fu* en Chinois, Ville principale ; *Ped* en Grec, logement, comme on le voit par *Stratopédon* ; *Pou*, adverbe Grec qui marque le lieu où l'on eſt, où l'on demeure ; *Buze* en vieux François, habitation, village ;

Ville ; *Bedugut* en Patois de Franche-Comté, petit logement, cabane, (*Ug* diminutif.) En confrontant *Bwth* & *Peu*, qui ſignifient en Gallois une habitation, on voit qu'on a mis indifféremment le *p* & le *b*, & qu'on a ſyncopé *Bwth* ; ainſi on a dit également *Bwth*, *Pwth*, *Bw*, *Pw*, *Bu*, *Pu* ; & comme l'*u* ſe prononçoit quelquefois en *eu*, on a auſſi dit *Beu*, *Peu* ; de là vient que les noms d'un grand nombre de villages ſe terminent en *Bu*, *Beu*, dont par une prononciation plus forte, on a fait *Beuf* en Normandie. *Bw* prenant indifféremment le *c* ou le *g* final, (voyez *Aru*) on a dit *Bwc*, *Bwg* comme *Bw* ; de là *Bouge* en François ; *Bagge* en Norvégien, habiter ; *Baki* en Cophte, Ville ; *Bakath* en Hébreu ; *Baketha* en Chaldéen, petite maiſon, cabane. Voyez *Bauc*. De *Bwth*, avec l'*a* paragogique, eſt venu *habito* Latin. L'*w* ſe changeant en *y* avec une lettre paragogique, de *Bw* ou *Bwd* eſt venu *Apud*, adverbe Latin qui marque la demeure. De *Pwd* eſt venu *Oppidum*, en y joignant l'*o* paragogique ; *Um* terminaiſon Latine. Voyez *Bod*, *Bord*, *Bwrd*.

BUW, vache. G.

BUWCH, au plurier *Buchod* ; de *Buch* vache. G.

BUWL. Davies rend ce mot par le terme Latin *Humecillus*, qui ne ſe trouve dans aucun Dictionnaire. Je crois que c'eſt une faute d'impreſſion, & qu'il faut lire *Hamecillus* ; d'*Hama*, ſeau, panier poiſſé dont on ſe ſervoit pour porter de l'eau dans les incendies ; *Bu*, eau ; *Wl*, lieu, tout ce qui contient. Voyez *Panvl* ; de là le mot de *Bouille*, qui en Franche-Comté ſignifie une eſpèce de hotte faite de planches bien jointes, dont on ſe ſert pour porter la vendange & les raiſins.

BWY, vivre. Voyez *Abwy*.

BWYD, aliment, nourriture, tout ce qui ſe mange, l'action de paître. G. *Bwyd* ou *Buyd* en Cornouaille, aliment ; *Bi* dans l'Iſle de Mona, aliment ; *Biadh*, aliment en Irlandois ; *Vianda*, aliment en Baſque ; *Bait* en Anglois, nourriture ; *Trebeit*, pâturages en Étruſque. *Bwyd* eſt formé de *Bwy*, vie ; comme dans notre Langue de *Vit* nous avons fait *Vituailles*.

BWYD, aliment. C.

BWYD ELLYLLON, champignon, morille, mouſſeron. G. A la lettre, aliment, nourriture des ſpectres, des lémures, des fantômes.

BWYD Y LLYFFAINT, champignon, morille, mouſſeron. G. A la lettre, nourriture des grenouilles.

BWYD YR HWYAID, lentille de marais. G. A la lettre, nourriture des canards.

BWYDIAWG, vorace, goulu, gourmand. G.

BWYDLIAIN, linge à manger. G.

BWYDTY, cabaret, auberge. G.

BWYDYD, nourriture. G.

BWYELLAN, petite hache. G. de *Bwyal*.

BWYELLIG, petite hache, petite doloire. G.

BWYI, jaune dans l'Iſle de Mona. Voyez *Bui*.

BWYLLWRW, proviſion de vivres pour un voyage, réfection, repas. G. *Bwy* vient ſûrement de *Bwyd*, aliment ; ainſi *Llwrw* doit ſignifier voyage. Guillaume Llyn dit que *Llwrw* eſt ſynonime de *Treib*, & il n'explique pas ce dernier mot : Je crois qu'il ſignifie voyage, puiſque nous venons de montrer que c'eſt la ſignification de *Llwrw*. D'ailleurs le mot de *Traite*, qui s'eſt conſervé dans notre Langue, ſignifie voyage. Enfin on diſoit en vieux

François au douzième siècle *Levreter* pour courir, galoper. Je croirois que *Lievre* (on disoit autrefois *Levre* , ainsi qu'il paroit par *Levrier*) pourroit venir de là. On appelle *Lorres*, en terme de blason, les nageoires des poissons qui leur servent à nager, à se mouvoir, à passer d'un lieu dans un autre. Le terme *Bwyllwrw* ayant d'abord signifié provision de vivres pour un voyage, vivres pour un voyage, a été étendu dans la suite à signifier repas, réfection en général.

B W Y N , commodité , utilité , avantage , bien , profit. G.

B W Y S T , le même que *Gwest*. Voyez *Bwystfil*.

B W Y S T F I L , mieux *G W E S T F I L* , dit Davies, bête sauvage , bête féroce. G. Les deux sont bons. Voyez *Bestfil*.

B W Y S T G U N I O N paroit signifier des bêtes sauvages , des bêtes féroces, dit Davies. G.

B W Y S T U S , que Davies n'explique pas , paroit signifier une bête sauvage , une bête féroce. G. Voyez *Bwyst*.

B W Y T , le même que *Bwyd*. Voyez *Bvytta*. On a dit aussi *Pwyt* , ainsi qu'on le voit par pitance.

B W Y T T A , manger, préparer un repas. G. On voit par ce mot qu'on a dit *Bwyt* comme *Bwyd*. *Bite* en Anglois, mordre, ronger ; *Poita*, table en Finlandois. L'*m* & le *b* se mettent l'un pour l'autre ; ainsi on a aussi dit *Mwytta* ; de là *Mite*, petit insecte qui ronge les feves, les fruits , le fromage ; de là *Marmite* ; *Mar* de *Bar* , cuire ; *Mwyt* ou *Mit* , aliment.

B W Y T T A , jouir. G.

B W Y T T A A D , l'action de manger. G.

B W Y T T A D I V A L A , appétit dévorant , habitude naturelle de manger beaucoup. G.

B W Y T T A W R , gros mangeur. G.

B W I T T E I G , grand mangeur , vorace, goulu , gourmand. G.

B W Y T T E I G R W Y D D , appétit dévorant , habitude naturelle de manger beaucoup, voracité. G.

B W Y T T Y , garde-manger , cellier. G.

B U X E R I A , A. M. forêt pleine de buis , qu'on a exprimé en vieux François par ces mots , *Bussiere* , *Boussiere* , *Buissiere* , *Boissiere* , *Boessiere* , *Bouchiere*. Ce mot est formé de *Box* , d'où est venu le Latin *Buxum* : L'*u* & l'*o* se mettoient indifféremment l'un pour l'autre. *Bus* en Esclavon , buis.

B U X I S , *B U X I D A* , *B O S S I D A* , *B U X U L A* , *B U X T A* , *B O X T A* , *B U I S T A* , *B O S T A* , *B U S T I A* , *B U S T U L A* , *B U X T U L A* , A. M. boëte ; de *Boest*, *Boestl*.

B U Y , jaune. I.

B U Y A T U A , qui se gonfle. Ba.

B U Y D , aliment. G.

B U Y D E A U , troupe , bande. I.

B U Y M , j'ai été. G.

B U Y N , fontaine. Voyez *Bynn*.

B U Y S A L E , A. M. boëte ; de *Boestl*.

B U Z , aliment. C.

B U Z , queuë. Ba.

B U Z A , inclination de tête. Ba.

B U Z A , A. M. le même que *Bussa* & *Butta*.

B U Z C A N T E A , sorte de boudin, saucisse. Ba.

B U Z E R I U S , A. M. boucher. Voyez *Bocaria*.

B U Z E U C Q , qui a failli de se noyer, qui a été plongé dans la mer. B.

B U Z I , A. G. méprisé ; de *Bus* , petit, tant au propre qu'au figuré.

B U Z O C Q , qui a failli de se noyer, qui a été plongé dans la mer. B.

B U Z T A N A , queuë. Ba.

B U Z T A N I C A R A , hoche-queuë. Ba.

B U Z T I A , moût. Ba.

B U Z T I N A , argile. Ba.

B U Z T I N Q U I A , figure d'argile. Ba.

B U Z U G , *B U Z U G U E N* , ver de terre. B.

B Y , le même que *Vy* , habitation , par la substitution réciproque du *b* & de l'*v* ; de là *Ibi*, adverbe de lieu en Latin.

B V , le même que *Bw*. Voyez *Bal*.

B Y A O U , *E B Y A O U* , outre , à côté. B.

B V C C L U , boucler. G.

B Y C H , le même que *Bychan*. Voyez *Bychan*.

B Y C H A N , petit, un petit nombre , menu , mince, délié , subtil. G. Le *p* & le *b* se mettant l'un pour l'autre, on a dit *Pychan* comme *Bychan* ; de là *Pichot*, *Pichou*, petit en Languedocien ; *Pichot*, petit en Auvergnac ; *Pechou*, petit en Patois de Franche-Comté sur la Saône ; & *Pechenot* , un petit enfant, peu. *Picotin* vient de *Pichot* , selon M. de la Monnoye. *Pequignot* , *Pechignot* en Patois de Besançon , petit ; *Pichon* en Breton, petit de tout oiseau domestique ; *Pichoner* en Franche-Comté , manger de quelque viande par petits morceaux & avec dégoût. On dit dans les autres Provinces du Royaume *Pinocher*, qui est la transposition de *Pichoner* ; *Pichequin*, *Pichequinquin* en Patois de Besançon , roitelet. Les serruriers nomment *Picolets* les petits crampons qui tiennent le penne dans la serrure. On appelle *Picholines* des olives plus petites que les autres. *Pichet*, petite cruche de terre ; *Piccolo* , *Pizzino* , petit en Italien ; *Pequeno*, *Pequiño*, petit en Espagnol. *Bychan* a dû faire *By* , que nous retrouvons dans le Gallois *Bi* , *Bych*, (voyez *Cyrbychu* ; de là le *Vix* des Latins) *Bychon* , *Bychot* , *Bychet* , *Bychou* , *Bychyn* , comme *Pychan* a fait *Pichon* ; Aussi appelle-t'on *Bichons* de petits chiens blancs à grands poils ; *Bichet* , une mesure de bled peu considérable. Les Espagnols appellent *Bicoca*, & nous *Bicoque* une place peu considérable , de *Bico* , petite, syncope de *Bychon* ; & de *C* , de *Caer*. De *Byhan* est venu *Pyhan* ; de *Byhon* , *Pyhon* ; de *Byhot* , *Pychon* ; comme de *Bychan* est venu *Pychan*, &c. La raison est la même. *Pion* se dit d'un misérable , qui n'a ni bien, ni force, ni crédit, comme l'on dit de ces sortes de personnes, que ce sont de petites gens ; *Piot* est un surnom fort commun. *Piou* , *Piou*, cri dont on appelle les poulets, synonime de *Petits* , *Petits* : On dit aussi *Pi* , *Pi* ; *Püisso* en Latin , boire goutte à goutte. L'*y* se prononçant en *u* , on a pu dire *Bu* , que nous retrouvons dans le Bas-Breton , *Buh* , *Buch* ; (de là *Buche* de paille , *Buche* d'écolier : le *c* & le *g* se mettent l'un pour l'autre. Voyez *Aru*) ainsi de *Buch* ou *Buc* on a fait *Bug*, que nous retrouvons dans le Breton, où *Buguel* , *Bugale* signifient enfant ; & *Bugaleaich* , enfance ; *Buchan* , *Buchon* , *Buchet* , *Buchot* , *Buchou* , *Buchyn* ; *Buhan* , *Buhon* , *Buhet* , *Buhot* , *Buhou* , *Buhyn* ; *Pu* , *Puh* , *Puch* , *Pug* ; *Puchan* , *Puchon* , *Puchet* , *Puchot* , *Puchou* , *Puchyn* ; *Puhan* , *Puhon* , *Puhet* , *Puhot* , *Puhou* , *Puhyn*. Nous voyons que dans le Gallois *Bechan* est le même que *Bychan* ; ainsi on a pu dire *Be*, (*Be* est une particule de même signification que *Me*. Voyez plus bas *Me* , bévuë dans notre Langue) *Beh* , *Beck* , *Beg* , (que nous retrouvons dans l'Ecossois, où il signifie petit. De *Beg* est venu dans le Breton *Begueg*, *Beguel Ar Craouen* ; & dans notre Langue *Begayer*, parler imparfaitement à la façon des enfans ; *Begue* ,

Begaut, *Begon*, surnoms communs) *Bechon*, *Bechet*, *Bechot*, (on appelle une petite fille *Bechote* dans les montagnes de Franche-Comté) *Bechon*, *Bechyn*, (on appelle en Franche-Comté *Pommes Bechyn*, de petites pommes sauvages) *Behan*, *Behon*, *Behet*, *Behot*, *Behou*, *Behyn*. *Bach* est un synonime de *Bech*, ainsi on a pu dire *Ba*, (qui se trouve dans *Baguette*) *Bachan*, *Bachon*, *Bachot*, *Bachet*, *Bachou*, *Bachyn* ; *Bahan*, *Bahon*, *Bahot*, *Bahet*, *Bahou*, *Bahyn*. (*Ba* se retrouve dans le Gallois *Bah*, *Bach*) Le *ch* & le *g* se mettant l'un pour l'autre, on a dit *Bag* comme *Bach*, d'où sont formés les termes Bretons *Bagaich*, vetille, babiole, bagatelle ; *Bagach*, canaille; *Baguenodal*, niaiser. (Voyez aussi *Bagl*) De *Bag* est venu en François *Bagatelle*, qui est une chose de peu d'importance, de petite valeur. Le *ch* & l'*s* se mettant l'un pour l'autre, on a pu dire *Bas*, (que nous retrouvons effectivement dans le Gallois) *Basan*, *Bason* ou *Basson*, *Basot* ou *Bassot*, *Baset* ou *Basset*, (usité en ce sens dans notre Langue) *Basou*, *Basyn*, *Bes*, *Besan*, *Beson*, *Besot* ou *Bessot*, (on appelle dans les montagnes de Franche-Comté un petit garçon *Besot*, & une petite fille *Bésote*) *Besou*, *Besyn*, *Bys*, *Bysan*, *Byson*, *Bysot*, *Byset*, *Bysou*, *Bysyn* ; *Bus*, *Busan*, *Buson*, *Busot*, *Buset*, *Busou*, *Busyn* ; *Pa*, (ce mot signifie en Franc-Comtois des langes d'enfant) *Pach*, (de là *Paucus* Latin) *Pag*, (de là *Page*, petit garçon dans notre Langue ; de là *Pagot*, *Paget*, *Pajot*, *Pajet*, *Pajon*, *Pagan*, surnoms communs) *Pah*, *Pas*, (de là *Pas*, petit insecte en Gallois ; & *Pas*, non dans notre Langue) *Pachan*, *Pachon*, *Pachot*, *Pachet*, *Pachou*, *Pachyn* ; *Pasan*, *Pason*, *Pasot*, *Paset*, *Pasou*, *Pasyn*; *Pech*, *Peg*, (de là *Pejus* Latin) *Pe*, *Peh*, *Pehan*, *Pehon*, *Pehot*, *Pehet*, par crase *Pet*, (de là *Petit*, *Petaux*, *Pitaux*, paysans, gens de petite condition) *Pehou*, *Pehyn*; *Pes*, *Pesan*, *Peson*, *Peset*, *Pesot*, *Pesou*, *Pesyn* ; *Pechan*, *Pechon*, *Pechot*, *Pechou*, *Pechyn* ; *Pyh*, *Py*, *Pych*, *Pys*, *Pysan*, *Pyson*, *Pysot*, *Pysou*, *Pyset*, *Pysyn* ; *Pychan*, *Pychon*, (que nous trouvons dans le Breton) *Pychot*, *Pychou*, (qui se retrouvent dans le Languedocien) *Pychet*, *Pychyn*. *Pus*, (de là *Puce*, petit insecte ; de là *Puso*, *Pusillus* Latins) *Pu*, (de là *Peu* en François) *Puer* en Latin) *Puch*, *Puchan*, *Puchon*, *Puchot*, *Puchon*, *Puchyn* ; *Pusan*, *Puson*, *Pusot*, *Puset*, *Pusyn*, (que nous retrouvons dans le Gallois & dans le mot *Poussin*, usité parmi nous pour désigner le petit d'une poule.) Le *p* se changeant en *f*, on a pu dire *Fy*, (que nous avons dans notre Langue pour désigner le mépris, le dédain ; *Fyh*, *Fych*, *Fyg*, *Fychan*, *Fychon*, *Fychot*, *Fychou*, *Fychet* ou *Fyquet*; *Fyhan*, *Fyhon*, *Fyhet*, *Fyhet*, *Fyhou*, *Fa*, *Fah*, *Fach*, *Fag*, (de *Fah*, *Faé*, terme de mépris en Breton) *Fagon*, *Fachan*, *Fachan*, *Fachot*, *Fachou*, *Fachyn* ou *Faquyn*, (qui se trouvent dans notre Langue pour désigner de petites gens, des gens de la lie du peuple. Voyez *Bychodog*.) *Fahan*, *Fahon*, (nous employons ce terme pour désigner le petit d'une bête sauve, en prononçant *Fan*) *Fahot*, *Fahet*, *Fahou*, *Fahyn*, *Fas*, (*Ffasgau* en Gallois, fagot ; de *Fas*, petit, & *Gau*, bois. *Fagot* en François est pareillement formé de *Fa*, petit, & *Got*, bois) *Fasan*, *Fason*, *Fasot*, *Fasou*, *Fasyn*, *Fé*, *Feh*, *Fech*, (*Fech* en Breton, fi, terme de dédain, de mépris) *Fechan*, *Fechon*, *Fechot*, *Fechou*, *Fechyn*; *Fehan*, *Fehon*, *Fehot*, *Fehou*, *Fehyn* ; *Fes*, *Fesan*, *Feson*, *Fesot*, *Feset*, *Fesou*,

Fesyn ; *Fu*, *Fuh*, *Fuch*, *Fug*, *Fuchan*, *Fuchon*, *Fuchot*, *Fuchets*, *Fuchou*, *Fuchyn*; *Fuhan*, *Fuhon*, *Fuhot*, *Fuhet*, *Fuhou*, *Fuhyn* ; *Fus*, *Fusan*, *Fuson*, *Fusot*, *Fuset*, *Fusou*, *Fusyn*. *Man* signifie petit comme *Byhan*: Son accent circonflexe indique qu'il est une crase de *Myhan*, qui vient de *Byhan* par la conversion réciproque du *b* & de l'*m* ; ainsi on a pu dire *Myhan*, *Myhon*, (nous retrouvons ce mot dans notre Langue en ce sens, car *Mion* en vieux François signifie petit garçon) *Myhet*, (de là miette) *Myhot*, *Myhou*; de *Myhan*, par syncope *My*, *Myh*. (Nous trouvons *Myh* dans le Breton, où il signifie moins ; *Mie* en vieux François, point; *Mi* en notre Langue, moitié ; *Myr* en Gallois, fourmi, petit insecte) *Mychan* a pu se dire comme *Myhan*, de même que l'on a dit *Bychan* & *Byhan*; *Michan* en Auvergnac, mauvais, méchant ; *Mych*, syncope de *Mychan*, (que nous retrouvons dans le Breton & dans un ancien glossaire pour signifier un petit pain: *Mica ponitur pro modico pane*, dit Jean de Genes dans son Catholicon. De là vient le mot de *Miche* dans la Langue Françoise; il signifie aujourd'hui un pain en général. *Mice* dans les coûtumes signifie moitié ; *Mic* en Gallois, tout ce qui est très-petit ; de là *Mimi*, *Micot*, *Miquette* ; *Miché*, terme populaire qui signifie un sot, un homme de peu d'esprit ; *Mica* en Latin, miette) *Myg*, (qui se retrouve dans le Gallois *Emig*, petit enfant) *Mychon*, (*Michon*, *Minchon* signifient en vieux François un sot, un homme de peu d'esprit ; *Michonnerie* en notre Langue, petites attentions, petits soins ; *Michonner*, apporter, donner ses petits soins) *Mychot*, *Mychet*, *Mychou*, *Mychin*; de *Bachan*, *Machan*, *Ma*, *Mah*, *Mach*; (de là *Macer*, maigre ; *Macerare*, macérer, atténuer son corps ; *Machemoure*, terme de marine qui signifie débris du biscuit réduit en miettes & en petites parties ; *Macha* en Breton ; *Macher* en François), réduire les alimens en petites parties; *Mac* en Irlandois & en Breton, fils, enfant) *Mag*, (de là *Magadell* en Breton, vaurien) *Machon*, *Machot*, *Machet*, *Machou*, *Machyn*; *Mahan*, *Mahon*, *Mahot*, *Mahet*, *Mahou*, *Mahyn*; de *Bechan*, *Mechan*, (nous avons conservé ce mot dans notre Langue pour signifier ce qui est d'une mauvaise, d'une petite qualité) *Mech*, *Meg*, (de là *Megue*, petit lait ; *Megnier*, *Megneer*, les enfans d'une famille) *Mechon*, *Mechot*, *Mechet*, *Mechou*, *Mechyn* ; (de là *Meschino* en Italien ; *Mesquin* en François, avare, qui donne peu ; de là *Meschin*, *Meschine* en vieux François, jeune garçon , jeune fille, valet, servante) *Mehan*, *Mehon*, *Mehot*, *Mehet*, *Mehou*, *Mehyn*; (dans le Breton *Mech* est synonime à *Mych*) *Meh*, *Me*, (qui de même que *Mes* est dans notre Langue une particule indéclinable, qui entrant dans la composition des mots, change leur signification, & fait le même effet que si on y avoit mis *Mal* : *Mechef*, *Mecontent*, *Mecreant*, *Mesallier*.) De *Buchan*, *Muchan*, *Muchon*, *Muchot*, *Muchet*, *Muchou*, *Muchin* ; de *Buhan*, *Muhan*, *Muhon*, *Muhot*, *Muhet*, *Muhou*, *Muhyn* ; *Mu*, *Muh*, *Much* ; *Mys*, (de là *Miser* en Latin) *Mysan*, *Myson*, *Mysot*, *Myset*, *Mysou*, *Mysyn* ; *Mas*, (de là *Maxet*, petit enfant; *Maxette*, mauvais cheval) *Masan*, *Mason*, *Masot*, *Maset*, *Masou*, *Masyn* ; *Masy*, *Masyer* ; *Mes*, *Mesan*, (de là *Mesange*, un des plus petits oiseaux. Par la même raison les Allemands appellent cet oiseau *Meise* ; les Flamands *Mees* ; les anciens Saxons *Mase*) *Meson*,

Mesot

Mefot, *Mefet*, *Mefou*, *Mefyn*. *Mus*, (que nous retrouvons dans le Breton, où il signifie petitement, peu) *Mufan*, *Mufon*, *Mufot*, *Mufet*, *Mufou*, *Mufyn* ; de *Man*, *Men*, (que nous retrouvons dans le Breton, où *Menn* signifie le petit de toute femelle à quatre pieds, excepté la vache, la truie, la chate ; de *Men*, menu en notre Langue) de *Men*, *Min* ; (de là *Mince*, *Mingrelet* en notre Langue. *Minor* en Latin ; *Min* en Breton signifie petit.) Les voyelles étant indifférentes, on a aussi dit *Mun* ; de là *Munud*, qui en Breton signifie menu, petit. *Bwsyn* a la même signification que *Bychan*, ce qui nous montre qu'on a pu dire *Bws* comme *Bus*, L'*w* se prononce en *o* & en *ou* ; ainsi on a pu dire *Bos*, *Bous*, *Bosard*, *Bousard*, *Bousardon*, (en certains Villages de Franche-Comté on appelle ainsi un homme qui est de petite taille) *Bofan*, *Bofon*, *Boufon*, *Bofot*, *Bonfot*, *Bofet*, *Boufet*, (en Patois de Besançon on appelle un petit garçon *Boufet*) *Bofou*, *Boufon*, *Bofyn*, *Boufyn*.

J'ai cru devoir rapporter les différentes altérations & conversions des mots *Bychan*, *Bechan*, *Byhan*, parce que plusieurs lieux en ont pris leurs noms, & plusieurs personnes leurs surnoms. Je prie ceux qui seroient surpris de voir un même mot souffrir tant de variations, de lire ma dissertation sur le changement des lettres. *Bichel* en Allemand-Suisse, petit ; *Piche* en Albanois, goutte ; & *Mazz*, petit d'animal ; *Bitzker*, petit bidet en Allemand-Suisse ; *Bitzechan*, petit, menu en Tartare Mogol & Calmouk ; *Pece*, enfant, bas en Turc ; & *Mesin*, méchant, malheureux ; *Piffi*, petit en Persan ; *Pi* en Chinois, vil, abjet, bas ; *Baios* en Grec, petit, modique ; *Mikos*, *Mikros*, petit dans la même Langue ; & *Meion*, moindre ; *Bici* en Georgien, enfant ; *Bidet* en notre Langue, petit cheval. Voyez ce mot. *Bidon*, terme de marine qui signifie un petit vaisseau à mettre du vin ; *Bi*, petit ; *Don* de *Ton*, de *Tonnen*, vase. Voyez *Bychanu*.

BYCHANBACH, diminutif de *Bychan*. G. A la lettre, petit, petit.

BYCHANDER, petitesse. G.

BYCHANIGYN, petit, un peu moindre, fort petit, très-petit, très-peu, très-petit nombre. G. diminutif de *Bychan*.

BYCHANU, amoindrir, rapetisser, rendre petit, diminuer, rendre plus petit, affoiblir, ne faire aucun cas, mépriser. G

BYCHET, le même que *Bychan*. Voyez ce mot.

BYCHOD, petite quantité, petit nombre, peu. G.

BYCHODEDD, petite quantité, petit nombre, peu. G.

BYCHODEG, **BYCHODOG**, pauvre. G. De *Bychod*, peu, dit Davies.

BYCHON, le même que *Bychan*. Voyez ce mot.

BYCHOT, le même que *Bychan*. Voyez ce mot.

BYCHOU, le même que *Bychan*. Voyez ce mot.

BYCHYDYG, peu, très-peu, très-petit, très-petit nombre, petit. G.

BYCHYN, le même que *Bychan*. Voyez ce mot.

BYD, monde, siécle. G.

BYD, beaucoup. G.

BYD, multitude. Voyez *Byddin* & l'article précédent.

BYD, vîte. Voyez *Bytheiad*.

BYD, fol, insensé. Voyez *Ynfyd*.

BYDA, ruche. G. Voyez *Byth*.

BYDAF, ruche.

BYDD, être, sera. G. *Bit* en Irlandois, l'être ; *Biti* en Esclavon & en Bohémien, être ; *Biti* en Stirien & en Carniolois, exister ; *Bydd*, étoit, a été, existence en Persan ; *Piss* en Allemand, es ; de *Bydd* ou *Byt* ; *Vita* Latin.

BYDD, gain. C. Voyez *Budd*.

BYDDAG, lac, lacet, nœud. G.

BYDDAGLU, nouer, prendre dans des filets. G.

BYDDAR, sourd. G. *Bouzar* en Breton, sourd. Voyez *Byddaru* & *Fyddarllys*.

BYDDAR, qui dure toujours, perpétuel, éternel. G.

BYDDARU, être sourd, étourdir, rompre les oreilles, ennuyer par ses discours, rebattre toujours la même chose, rendre sourd, étonner, causer de la surprise, s'étonner, être étonné, être surpris. G.

BYDDARWCH, surdité. G.

BYDDAS, le même que *Byddag*. Voyez *Aru*.

BYDDED, soit du verbe être. G.

BYDDED, vouloir, volonté. G.

BYDDER, sourd. Voyez *Byther*.

BYDDERI, surdité. G.

BYDDIN, troupe, cohorte, légion, armée. G. *Din* signifie homme ; il faut donc que *Byd* signifie multitude ; nous voyons en effet que *Byd* signifie beaucoup.

BYDDINO, ranger une armée, une troupe. G.

BYDDO, viendra au futur du subjonctif. G.

BYDDWYCH, porte-toi bien. G. *Bydd*, soit ; *Gwych*, qui perd le *g* initial en composition, que nous voyons par ce mot signifier aussi sain.

BYDOL, mondain, qui est du monde. G.

BYDRWYDD, folie, démence. Voyez *Ynfydrwydd*.

BYDU, être fol, être insensé, être furieux, faire fol, devenir fol. Voyez *Ynfydu*.

BYDWRAIG, accoucheuse, sage-femme. G. *Gwraig*, femme ; *Byd*, monde ; *Bydwraig*, femme qui met au monde.

BYER, biere boisson. B. De là ce mot.

BYERE, cercueil, biere. G. De là ce mot. *Para* en Esclavon & en Carniolois ; *Porret* en Carinthien, biere.

BYEUZR, castor. B.

BYEZIUM. Voyez *Bedum*.

BYGAL, danger. I.

BYGG, étouffer. B.

BYGWL, menaces, dénonciation, avertissement. G.

BYGWTH, menaces, menacer, dénonciation, dénoncer, avertir, avertissement. G.

BYGYLAU, menaces. G. C'est le pluriel de *Bygwl*.

BYGYLU, menacer, dénoncer, avertir. G.

BYGYLUS, menaçant, qui menace. G.

BYGYLWR, qui menace. G.

BYGYTHIAU, menaces. G. C'est le pluriel de *Bygwth*.

BYGYTHIOL, qui menace. G.

BYGYTHIWR, qui menace. G.

BYH, le même que *Bychan*. Voyez ce mot.

BYHAN, petit. B.

BYHET, le même que *Bychan*. Voyez ce mot.

BYHON, le même que *Bychan*. Voyez ce mot.

BYHOU, le même que *Bychan*. Voyez ce mot.

BYL, bile. B.

BYLCHIAD, entaille, cran. G. C'est un singulier formé du pluriel, comme *Llysseuyn* de *Llysiau*. *Bwlch* au singulier fait *Bylch* au pluriel, d'où est formé *Bylchiad*.

BYLCHIOG, découpé, déchiqueté. G.

BYLGAN, toute sorte d'enveloppe, comme gousset, bourse, bougette de cuir, havresac. G.

BYMHED, cinquième. G. C'est le même que *Pymhed*.

BYN, fin, extrémité. G. C'est le même que *Ben*.
BYN, sommet. Voyez *Syobin*. C'est le même que *Ben*.
BYNBALAT, sonner les cloches avec importunité. B.
BYNN, fontaine. On a dit *Ben* & *Ffon*, fontaine; & par conséquent on a dit *Bynn* de *Ffynn*.
BYNNAC, le même que *Bynnag*. G.
BYNNAG est un mot qui se met toujours avec *Pwy* & *Pa*, ordinairement après; comme *Pwy Bynnag*, quiconque parlant des personnes; *Pa Bynnag*, parlant des choses. On dit aussi *Pa Vn Bynnag*, quiconque; *Pa Beth Bynnag*, chose quelconque. Quelquefois *Bynnag* se met avant *Pwy* & *Pa*. Une partie des Gallois dit *Gynnag* pour *Bynnag*.
BYOCH, vache. B.
BYONENN, tire-lire, esquipot. B.
BYORC'H, cervoise, petite biere faite avec du houblon, du bled & de l'orge. B.
BYOU. E BYOU, outre, à côté. B.
BYOURNA, viorne arbrisseau. B.
BYR, eau. I. Voyez *Ber*.
BYRBWYLL, témérité. G. De *Byrr Pwyll*.
BYRCHWEDL, petite narration. G.
BYRDDIAD, plancher. G. De *Byrdd*, plurier de *Bwrdd*. *Byrddiad* signifie aussi l'action de plancheïer.
BYRDDIO, faire un plancher, lambrisser. G.
BYRDON. CANU 'R BYRDON, chanter la contre-partie, chanter la basse. G. Voyez *Byrrdon*.
BYRE, voir. Voyez *Khabyre*. *Mira* en Italien; *Mirada* en Espagnol; *Mierziec* en Polonois, mire. On appelloit un Médecin en vieux François *Mire*, parce qu'il voit des malades.
BYRHWCH, taisson, blaireau. G. *Byrr Hwch* à la lettre, petit cochon.
BYRNIO, charger. G.
BYRR, bref, court. G. Il signifie aussi petit. Voyez *Byrhwch*, bas. Voyez *Byrrdon*, coupé. Voyez *Byrrach*, demi. Voyez *Byrrswperu*.
BYRRACH, plus recoupé. G. *Ach*, particule augmentative.
BYRRACH, genêt. I.
BYRRBWYLL, inconsidération, manque de réflexion, imprudence, témérité. G.
BYRRCHWEDL, abrégé, petite narration, petit récit, petit discours. G.
BYRRDALL, coupure, retranchement, précision. G.
BYRRDER, brièveté, petitesse. G.
BYRRDON, le ton bas dans la musique. G. De *Byrr*, court, bref; & *Don de Ton*, dit Davies. Le bourdon, qui est le son le plus creux & le plus bas du jeu d'orgues, n'est que le terme Gallois que nous expliquons ici; car *Byrr* se prononçoit *Burr*. On voit par ce mot que *Byrr* a aussi signifié bas.
BYRRFYS, petit doigt. G. *Bys*.
BYRRHAAD, contraction, rétrécissement. G.
BYRRHAU, abréger, accourcir. G.
BYRRHWCH, taisson, blaireau. G.
BYRRIAITH, discours bref, épitome, abrégé. G.
BYRRLAWIOG, dissipateur, dépensier, prodigue, qui aime le luxe. G. De *Byrr Llaw*. A la lettre, main courte.
BYRRLLYSG, sceptre, verge, baguette, petit bâton court. G.
BYRROED, petit délai, petit retardement, petit répit. G.

BYRRSIARAD, petit discours. G.
BYRRSON, petite narration, petit récit. G.
BYRRSWPERU, souper à demi. G.
BYRRYN, montagne. G.
BYRRYN, fort court. G.
BYRY, milan oiseau. G.
BYS, doigt. G. Les Gallois appellent l'indice *Bys Y Blaen*, c'est-à-dire le premier doigt. Ils nomment encore l'indice *Bys Yr Fwd*, c'est-à-dire le doigt de la bouillie, parce que c'est avec ce doigt que les nourrices donnent la bouillie aux enfans. Ils appellent le quatrième doigt *Bys Y Fodrwy*; de *Modrwy*, anneau, parce que c'est à ce doigt que les femmes portent leur anneau. Ils nomment encore ce doigt *Bys Y Gysared*, de *Cysared*, enchantement, remède. Je crois que les Gallois ont appellé le doigt *Bys*, parce qu'il se courbe. Voyez l'article suivant.
BYS, arc, biais, tortu, courbe. Voyez *Enfys* & *Bis*.
BYS, gris, de couleur de cendre. G.
BYSEDD, digital. G.
BYSEDD COCHION DIGITALE, meline plante. G. A la lettre, doigts rouges.
BYSEDD ELLYLLON DIGITALE, meline plante. G. A la lettre, doigts des lémures, des spectres.
BYSEDDOG, qui a des doigts. G.
BYSLEDR, dé à coudre. G. A la lettre, cuir du doigt.
BYSON, anneau. G.
BYSTWN, abscès du doigt. G. Ce mot est formé de *Bys*, doigt; & *Twn* ou *Dun*, élévation. Ce terme Gallois nous a été donné comme Celtique par plusieurs anciens Auteurs Grecs & Latins : Il se trouve encore aujourd'hui dans le Breton. *Dun* en cette Langue signifie élévation, colline; *Down*, haut; *Donna*, se hausser. Un abscès, un froncle au doigt est une tumeur, une élévation qui s'y forme. Voyez *Dun*.
BYSTWN, filou qui dérobe adroitement. G. C'est un sens figuré comme on le voit.
BYSYN, petit doigt. G.
BYTAILH, victuailles, alimens. B. On dit en Franc-Comtois *Vitailles*.
BYTH, toujours, éternellement, continuellement; perpétuellement. *Byth* négativement pris signifie jamais. G.
BYTH, chaumière, chaumine, cahute, maisonnette. G. Il signifie en général tout ce qui couvre, ainsi qu'on le voit par *Mitaine* & *Miton* en François; & par *Mittain* en Breton, qui est le même que *Bytain*, *Bythen*, par la conversion réciproque de l'*m* & du *b*.
BYTH, vîte. Voyez *Bytheiad*.
BYTHEIAD, chien de chasse. G. Ce mot est formé de *Byth*, que je crois avoir signifié vîte. 1°. Le terme *Viste*, qui est le même que *Byth*, se trouve dans notre Langue : Il n'est ni Latin, ni Theuton, ni Grec d'origine, il est donc Celtique. 2°. *Fite* en Basque signifie vîte; *Fite* & *Byth* sont le même mot, le *b* & l'*f* se mettant l'un pour l'autre. De *Byth* est venu *Subitò* Latin.
BYTHEIRIAD, rot. G.
BYTHEIRIO, roter. G.
BYTHEIRIOG, qui fait roter. G.
BYTHEN. Voyez *Byth*.
BYTHER. Davies dit que *Byther* est le même que *Bydder*, sans expliquer ni l'un ni l'autre de ces termes. Je trouve dans le Dictionnaire de Thomas

Guillaumé 'que *Bydderi* signifie surdité ; d'où je conclus que *Byther* & *Bydder* signifient sourd.

BYTHOD, chaumière. G. Voyez *Byth*.

BYTHOD, chaumines, chaumières, cabanes, hutes, loges, maisonnettes, échoppes. G.

BYTHOL, éternel, continuel, perpétuel, qui dure toujours. G.

BYUCH, vache. G. Voyez *Byuh*, *Bu*.

BYUH, vache. C.

BYW, demeurer. G.

BYW, vif, être en vigueur, être dans la force. G. *Byw* étant synonime de *Bywiog*, de *Beo* en plusieurs sens, paroit devoir l'être en tous, d'autant plus que ces sens sont analogues ; de *Byw*, *Fyw* ; de là *Fuo* Latin & *Fio*.

BYWHAU, vivifier, donner ou entretenir la vie. G.

BYWI, noix de terre. G.

BYWIAD, animal. G.

BYWIO, vivifier, donner ou entretenir la vie. G.

BYWIOCCACH, plus vîte. G. C'est le comparatif de *Bywiog*.

BYWIOG, qui est en vie, qui vit longtemps, vif, actif, diligent, courageux, vigoureux, vîte, qui va vîte. G.

BYWIOGCAU, donner de la vigueur. G.

BYWIOGI, donner de la vigueur. G.

BYWIOGRWYD, vîtesse, diligence, vivacité, vigueur, force. G.

BYWIOL, vif, vital, vivant, animé, qui respire, qui peut respirer, qui vit longtemps. G.

BYWIOLAETH, vie, mouvement, vital. G.

BYWION, fourmis. G.

BYWN, dans. G

BYWYD, patrimoine. G.

BYWYOWG, prompt, vite, agile. G.

BYZEL, enfant B.

BYZOUT, le même que *Bezent*. B.

C

, *K*, *Q*, lettres de même son en Celtique, & de même valeur. Voyez la dissertation sur le changement des lettres.

C, le même que *G*, *S* : Voyez *Aru*.

C s'ôte du commencement du mot. Voyez *Aru*.

C, le même que *H*. Voyez la dissertation sur le changement des lettres.

C. Voyez le *z*, car en Basque on écrit indifféremment ç ou z.

C, non. I.

CA, *CAI*, maison. I. *Kaa*, Ville en Tartare du Thibet.

CA, le même qu'*a*. Voyez *Aru*.

CA, préposition superflue. Voyez *Cabol*.

CA pour *CAD*, bois ; comme *Ce* pour *Ced*. Voyez *Ce*.

CAABLUS. Voyez *Cabl*.

CAB, bord, levre. I.

CAB, bouche. I.

CAB, tête. B. *Cabahhh* en Hébreu, casque, chapeau, mitre ; *Cubihhha* en Chaldéen, les têtes des épis ; *Kababhh* en Éthiopien, capuce, capuchon ; *Caf* en ancien Persan, montagne ; *Kabalak*, chevêtre, capuce, chaperon en Turc ; *Kabba*, chapeau en Hottentot ; & *Kaba*, premier ; *Chabra* en Américain, noble, un des premiers de la société ; *Chebin* en Langue d'Uraba, Roi, chef d'un peuple ; *Cabo* en Espagnol, chef, bout, fin, extrémité ; *Cabeça* dans la même Langue, tête, chef ; & *Capacete*, casque ; *Cabal* & *Cabau*, capital en Languedoc & en Guyenne ; *Cabasset* en vieux François, casque, arme qui couvre la tête ; *Cabourne* ou *Caborne* en vieux François, sorte de capuchon de Religieux. De *Cab* nous avons formé en notre Langue *Caboche*, *Cabochon*, *Cabus*. De *Cab* est venu *Chabot*, espèce de poisson ainsi nommé de sa grosse tête : on le nomme *Cabot* en Languedoc ; *Chafot* en Franche-Comté. *Chabogne*, mot Messin, signifie un entêté, un opiniâtre ; *Chabocer*, mot Messin, signifie se donner réciproquement des coups sur la tête lorsqu'on se bat à coups de poing. Le *p* & le *b* se substituant réciproquement, on a dit *Cap* comme *Cab*, d'où est venu le *Caput* des Latins, le *Chapeau* des François. Voyez *Caben* & *Cap* qui est le même.

CAB, habitation. Voyez *Caban*. *Chaffa*, *Copher*, grange, village en Hébreu ; *Caphar* en Arabe, village ; *Kupe*, chaumière en Grec ; *Chapat*, Ville en Arménien ; *Hhaub* ou *Chaub* en Persan, chambre ; *Kœbile*, chaumière, tente en Turc ; *Capacks* en Finlandois, cabaret ; *Cabbin* en Anglois ; *Cabinet* en François, cabinet ; *Campungi*, Ville en Finlandois & en Lappon. Voyez l'article suivant.

CAB. Ce mot paroit avoir signifié ce qui contient, ce qui tient, ce qui renferme, ce qui enveloppe, ce qui couvre. Voyez *Cab*, habitation. *Cabs*, *Cabacz*, *Cabaczenn*, *Cabia*, *Capax*, *Cap*, *Cape*, *Cabi*, *Caphio*, *Capedo*, sur tout *Cau*, qui étant le même que *Cab*, décide la question. Mais ce qui met ma conjecture dans la dernière évidence, c'est le mot Breton *Pen-Cab*, qui signifie ce qui couvre le bout des deux bâtons qu'on attache pour faire un fleau à battre le bled ; *Pen-Cab* à la lettre, couverture des bouts ; *Chabba* en Hébreu, cacher ; *Caben* en Chaldéen, couvrir ; *Cabon* en Syriaque, ceindre, habiller ; *Cabas* en Arabe, cacher, envelopper, fermer ; *Cabath* en Ethiopien, cacher ; *Kabo* en Syriaque, garder, retenir, couvrir ; *Kaba* en Arabe Tunique, couverture ; *Kabahhh* en Arabe, couvrir ; *Kabar* en Hébreu, en Chaldéen, en Syriaque, en Ethiopien, en Arabe, ensevelir, enterrer ; *Kab*, vase, ce qui contient en Persan ; *Chappar*, enclos en Persan ; *Cobt*, lieu fortifié en Cophte ; & *Chop*, cacher, couvrir ; *Kaob*, se cacher en Tartare du Thibet ; *Kab*, baril, vase en Turc ; *Kappan* en Turc, buffet, tout endroit où l'on cache quelque chose ; *Kabuk* en Turc, écorce, ce qui couvre l'arbre ; & *Kabuk*, *Kapak*, couvercle ; *Kouhp* en Arménien, tonneau ; *Cabaya* en Espagnol, manteau de campagne ; *Kabat* en Bohémien, cuirasse, pourpoint ; *Kavad* en Dalmatien, robe longue, robe qui couvre tout le corps ; *Kaftan* en Turc, veste ; *Cabaia*, habit en Hochelangois ; *Caban* en vieux François, gros manteau de pluye. De *Cab* ou *Cap*, pris en ce sens, est venu *Ceps* en François ; & *Sepes*, *Sepio* en Latin. Voyez *Cabi*, *Cabor*.

CAB, le même que *Caf*, *Caff*, *Cap*, *Cav*. Voyez *B*.

CAB, couper. Voyez *Cap*. *Sabba*, je frape en Tartare Mogol & Calmoucq.

CAB, le même que *Gab*, *Sab*, *Ab*. Voyez *Aru*.

CAB, le même que *Ceb*, *Cib*, *Cob*, *Cub*. Voyez *Bal*.

CAB, le même que *Cav*. Voyez *Cabare*. *Capella*, *Cappal* en Malaye, navire ; *Keburath*, *Kober* en Hébreu ; *Caper* en Sarrazin, sépulcre, tombeau.

CABA, manteau, cape. I. Voyez *Cab*, *Cap*.

CABA,

CAB.

CAB. 241

CABA, A. M. cave, lieu où l'on garde le vin ; de Cav, Cab.

CABACZ, CABAS. B. De là ce mot. Cabaco en Italien ; Kabas en Flamand ; Capacha en Espagnol ; Cabas en François, cabas.

CABACZENN-FOURMAICH, éclisse, petit moule de fromage. B.

CABAILIARA, cavalier. I.

CABAIN, habitation, maison, cabane, chaumière, hute, cabinet. I.

CABAIR, secours, aide, assistance, soulagement, adoucissement, secourir, soulager. I.

CABAIRE, babillard, qui parle par pointes. I.

CABAIREAS, babiller, babil, discours, pointe, jeu de mots. I.

CABAISTE, chou. I. De Cab, tête.

CABAL, chepteil. E. Voyez Cab.

CABAL, cheval. Voyez Cabailiara, Cappal, Capoll, Caballus.

CABAL, le même que Gabal. Voyez Aru. De là Chevalé en vieux François, dépouillé ; Cavalier en vieux François, détaire en bataille.

CABALA, large. Ba.

CABALAT, remuer, manier beaucoup, s'agiter. B. De là Cabale, Cabaler en notre Langue ; & Caball en Anglois, cabale.

CABALED, le lieu où l'on fait l'ourdissure. B.

CABALEGUIN, je remplis, j'accomplis. Ba.

CABALLASUNA, largeur. Ba.

CABALLUS dans Isidore, Papias, Ugution, Ebrard, cheval ; ainsi nommé, disent ces Auteurs, de ce qu'il creuse la terre avec le pied ; car Cab signifie creuser, ajoutent-ils. Dans un glossaire manuscrit, & dans un manuscrit d'Isidore on lit Caballus, Cabo, cheval ; Cabo, Caballus, qui fait du bruit avec le pied, cheval. Dans Papias on lit Cabo, cheval coupé. Ces paroles de Papias me font croire que Caballus, Cabo, ont originairement signifié cheval coupé ; (Voyez Cab, Cabon,) ensuite ces mots auront été étendus à signifier toutes sortes de chevaux. Cappal en Irlandois, cheval, cavale ; Cabal, Capoll en Irlandois, cheval ; Caballo, Cavallo en Espagnol, cheval ; Cavallo en Italien, cheval ; Kobila, jument, Cavale en Stirien & en Carinthien ; Càale, cheval en Albanois. On a dit autrefois Caval en François, comme on le voit par ces mots, Cavale, Cavalier. On dit aujourd'hui cheval.

CABALMUTE. Voyez Capilmut.

CABAN, chaumière, chaumine, hute, cabane, maisonnette, loge, gargote, tillac de navire. G. Caban en Irlandois, habitation, maison, chaumière, hute, cabana, cabinet ; Caban en Breton, cabane, taudis ; Cabia en Basque, caverne, cage, logement ; de là Cabanaria, Chabannaria, Chauvanarius Mansus dans les anciens monumens. On a aussi dit Capana, ainsi qu'on le voit dans Isidore ; de là Capane en vieux françois ; de là Cabane en notre Langue. Kab en Hébreu, tente, chambre ; Kaban en Arabe, tente ; Kabah en Persan, petite habitation ; Kab en Samaritain, tente ; Ciobani en Turc, cabane, chaumière, Gabanan en Gothique, construire une maison, l'habiter ; Kabane en Grec, étable. Cabana, Cauana en Espagnol, Capanna en Italien, cabane. Caupona en Latin, cabaret ; Caupungi, Ville en Finlandois & en Lappon ; Cabone en Auvergnac, cabane ; Cabute en Normandie, maisonnette ; Chabonne, cabane en Auvergnac. Caban a été originairement un diminutif, & a signifié une petite habitation, puisqu'en Gallois & en Breton il signifie chaumière, cabane, maisonnette, de même qu'en François, en Espagnol, en Italien, par où on voit aisément que s'il signifie aussi maison en Irlandois, c'est une extension du sens de Caban, qui s'est faite dans ce dialecte de la Langue Celtique ; ainsi Cab a dû signifier logement, habitation ; ce qui se prouve encore parce que 1°. Nous trouvons la racine Cab dans cabaret. (Voyez ce mot) & dans Caboulot, qui en Patois de Franche-Comté signifie un petit logement. 2°. Nous trouvons cette racine dans Cabia, qui se lit dans les anciens monumens pour désigner une cage & un petit logement. (les habitations d'oiseaux & d'hommes ont eu les mêmes noms en Celtique. Voyez Nyth & Cabia) 3°. Hab signifie logement : or le c & l'h se mettent l'un pour l'autre. 4°. Cab est le même que Cau, parce que les logemens, les habitations sont des endroits fermés.

CABAN. Voyez Cap, Cape & Casa.

CABANENN, cabane, taudis B.

CABANU, chaumière, taudis, cabane. B.

CABARE, A. M. creuser ; de Cab, le même que Cav.

CABARET est un terme François, que je crois Celtique & formé de ces trois mots : Cab, logement, maison ; Bar, manger ; Rhod ou Rhed, ou Rhet, donner ; Cabaret, maison où l'on donne à manger.

CABAS. Voyez Gau.

CABASSER. Voyez Gau.

CABASCIUM, A. M. capitation ; de Cab, tête.

CABED, le même que Gobed. Voyez ce mot.

CABEL TOUCECQ, champignon. B. A la lettre, chaperon de crapaud.

CABELEC, alouette. B. Ainsi nommée, de cette petite houpe qu'elle a sur la tête. Voyez Cabell.

CABELL, chapeau, chaperon, coeffure de femme, beguin, bourlet de Docteur, de Magistrat. B. Le bourlet des Docteurs, des Magistrats est un reste de l'ancien chaperon.

CABELL, cape. B. Voyez Cab, Cap.

CABEN, cime ou sommet d'une montagne. B. De Cab, qu'on voit par ce mot avoir aussi été employé au figuré ; & Ben, montagne.

CABENTIA, A. M. le bien d'une personne ; en vieux François la Chevance ; de Cab, tenir, posséder. Chevir en vieux François, être maître de quelqu'un, de quelque chose ; de là Jouir Jouir. Voyez encore une autre étymologie de Chevanse à Chwant.

CABER, le même qu'Aber. Voyez Aru.

CABERNUM. A. G. trou ; de Cab, de Cav.

CABESTAN, cabestan. B. De là ce mot.

CABESTR, chevêtre, licol. B.

CABESTRA, enchevêtrer. B.

CABET, le même que Gobed. Voyez ce mot.

CABETSSEN, chou. G. Voyez Cabaiste.

CABHAIR, secours, aide, protection, défense. I.

CABHAN, plaine, campagne, champ. I.

CABHAN SHAIL, étaie d'une maison. I.

CABHAR, jointure. I.

CABHARA, bouclier. I.

CABHARTA, joint. I.

CABHARTA, auxiliaires, aidans, secourans, aidé. I.

CABHARTHACH, qui aide. I.

CABHLACH, flotte. I.

CABHOG, pilori. I.

TOME I.

CABHRAIGHIM, aider, défendre. I.
CABI, je prends. Ba. De là *Capio* Latin. Voyez *Cipio*.
CABIA, caverne, cage, logement, je niche. Ba. Voyez *Cab*.
CABIA, A. M. cage. Voyez l'article précédent.
CABIDA, capacité. Ba. Voyez *Cabi*.
CABILALA, marchant. Ba.
CABILDEA, profeſſion, Ba.
CABILLA, clef pour monter les violons. Ba.
CABILLIS, A. G. enſeignement, inſtruction; de *Cabl*.
CABILTZAN, marchant. Ba.
CABILTZANAC, cherchans. Ba.
CABINED, cabinet. B. De là ce mot. *Cabined* eſt un diminutif de *Cabain*. Voyez *Cabineta*.
CABINETA, cabinet. Ba. Voyez *Cabined*.
CABITAN, capitaine. B. De *Cab*.
CABL, blâme, reproche, cenſure, réprimande. G.
CABL, calomnie, blaſphême. G.
CABL, cable. B. *Cabla*, cable, corde en Irlandois; *Cablea*, cable, cordage en Baſque; *Caablus*, *Cabulus*, cable dans les anciens monumens; *Cable* en François & en Eſpagnol; *Chable* en vieux François; *Cable* en Anglois; *Kabel* en Allemand & en Flamand; *Chabl* en Arabe, cable. *Chabal* en Hébreu, lier; & *Chebel*, lien, corde; *Chabal* en Syriaque, corde; *Chabal* en Arabe, lier; & *Chabol*, corde; *Gabyl* en Arménien, lier.
CABLA, cable, corde. I.
CABLEA, cable, cordage. Ba.
CABLECH, CABLECHIS, opprimer, accabler. I. *Chabel* en Hébreu, perdition, perte, deſtruction. Voyez *Cablu*.
CABLEDD, blaſphême. G.
CABLEDIGAETH, blaſphême, l'action de calomnier. G.
CABLI, ſe cabrer. G.
CABLIAITH, invective. G.
CABLICIA, A. M. bois chablis: ce ſont les branches d'arbres que les vents ont briſées par leur violence; de *Cabla*.
CABLU, blâmer, reprendre, reprocher, cenſurer, calomnier, opprimer, accabler, blaſphémer. G. De là accabler.
CABLU, mépris. C.
CABLUS, qui blâme, qui dit des injures, qui médit, qui calomnie, qui accuſe, complice, qui ſçait en ſoi-même, témoin, participant, confident, coupable. G.
CABLUS, coupable, blâmable, condamnable. B.
CABLUS, épineux parlant d'affaires, ſcabreux. B. *Chabui* en Phénicien, ce qui ne plaît pas.
CABLWR, médiſant, calomniateur. G.
CABM, courbe. I.
CABO CEIN, boſſuer. B. Voyez *Boſſ*.
CABOL, poli. G. Je crois que *Ca* eſt une prépoſition ſuperfluë, parce qu'en Breton *Poulicza*, en compoſition *Boulicza* ou *Bolicza* ſignifie polir.
CABOLEDIG, polir. G.
CABOLFAEN, pierre à polir. G. *Faen* de *Maen*.
CABOLI, polir. G.
CABON, chapon. B. I. *Cabun* en ancien Saxon; *Capon* en Eſpagnol & en Anglois; *Kapp-Han* ou *Capaun* en Allemand; *Kapoen* en Flamand; *Kapaun* en Bohémien; *Kaplun* en Polonois; *Copun* en Eſclavon; *Kappan* en Hongrois; *Cabyret* en Malaye; *Cabyry* en Javanois; *Cappone* en Italien; *Chapon* en François; *Capo* en Latin; *Capon* dans les gloſes; *Kapon* dans le Grec du moyen âge,

chapon; de *Cab* ou *Cap*, couper, d'où eſt venu l'Allemand *Kappen*, couper. Voyez *Caballus*.
CABOR, ce qui couvre, ce qui met à couvert. I.
CABOREL, petit cabaret, gargote, chaumière. On donne ce nom principalement aux tentes où les cabaretiers établiſſent leurs gargotes aux foires & aux autres grandes aſſemblées du peuple, pour y vendre pain, vin & viande cuite. B. *Cab*, habitation; *Bor*, aliment; *Cabor*, endroit où l'on vend des alimens.
CABOUN, chapon. B.
CABRADH, joignant, liant. I.
CABRADH, maintenir, protéger, défendre. I.
CABRAIM, joindre, lier. I.
CABRESTUA, chevêtre, licol. Ba. *Cab*, *Reſt*, d'arrêt; de là le *Reſtis* des Latins.
CABRETA, A. M. cabriole. Voyez *Cabriola*.
CABRIDA, rider ſon front, ſe refrogner. B. Voyez *Cabrus*.
CABRIOLA, ſaut, cabriole. Ba. De là ce dernier mot.
CABRUS, querelleux, hargneux. B. De là *Chabrun* en notre Langue, celui qui a une mine refrognée, qui ſe fâche de tout.
CABU, ſin, extrémité, bout. Ba. Voyez *Cab*. Dans les montagnes de Franche-Comté on donne le nom de *Cabe* à une vieille vache qui ne donne plus de lait, & qu'on engraiſſe pour manger.
CABUCH, capuchon. B. De *Cab*.
CABUCHON, capot, coqueluche, cabuchon. B. De là ce dernier mot.
CABUILLA, corde avec laquelle on étrangle les criminels. Ba.
CABUN, chapon. I.
CABUNAD, chaponner, I.
CABUS, CABISTERCUS, CAPISTERCUS dans Papias, vuide, & cet inteſtin qui renferme les excrémens. *Cabus* dans Jean de Genes eſt le nom d'une meſure; *Cab*, creux, vuide, ce qui renferme, ce qui contient.
CABUSELLUS, A. M. couvercle; de *Cab*. Les Marſeillois diſent *Cabuceau*.
CABUSEUR, en vieux François, trompeur; de *Cabas*; de là ſont venus dans notre Langue abuſer, tromper, ſéduire, abuſeur, trompeur, ſéducteur.
CABUSS, coupable. B. Voyez *Cabl*, *Cabluſſ*.
CAC, merde, excrément, fumier, chier. I. *Caca* en Eſpagnol, excrémens. Voyez *Caca*, *Cach*.
CAC, le même que *Gac*, *Sac*, *Ac*. Voyez *Aru*.
CAC, le même que *Cec*, *Cic*, *Coc*, *Cuc*. Voyez *Bal*.
CACA, merde, excrémens. Ba.
CACA, A. M. merde; *Cacabosus*, ventru. Voyez l'article précédent.
CACA, A. M. chaſſe; de *Chace*; *Caca* en Eſpagnol, chaſſe.
CACABOSUS. Voyez *Caca*.
CACACH, ſali, ſouillé, rempli d'ordure, merdeux. I.
CACADH, ſalir, ſouiller, remplir d'ordure. I.
CACADH, gâteau. I. Voyez *Caccen*.
CACAIRIDH, vuidangeur. I.
CACALARDOA, eſcarbot, cerf-volant. Ba. De *Caca*, merde.
CACAM, chier. I. Voyez *Cac*.
CACAMWCCI, grande bardane plante. G.
CACAZE, fendre. Ba.
CACÇ, rapidité. B.
CACÇA, envoyer, porter, tranſporter, conduire. B.
CACCEN, femme de mauvaiſe vie chez une partie des Gallois, gâteau chez les autres. G. *Caccen*, gâteau en Breton; *Cake* en Anglois; *Koek* en Fla-

mand; *Kuck* en Allemand; *Caac* en Arabe, gâteau; *Gachen* en vieux François, gâteau, galette: le *g* & le *c* se mettent l'un pour l'autre. *Caca*, femme impudique en Persan; *Skaff*, femme impudique en Islandois.

CACCWN, guêpes, frelons. G. Pluriel de *Caccynen*.

CACCYNEN, guêpe, frelon. G.

CACEA, A. M. caisse; de *Cacz*.

CACH, merde. G. *Cach*, merde, excrémens, fumier en Breton; *Cach*, souillé d'ordure, rempli de merde en Irlandois; & *Cac*, merde. *Caca*, merde en Basque; *Caca*, terme d'enfant qui signifie chier; *Caco* Latin, chier; *Kakku*, puanteur en Grec; *Koky*, puanteur en Turc; *Kaa*, bouë en Tartare du Thibet; & *Ka*, merde. *Aca*, fiente, excrémens en Persan; *Sas*, latrines en Cophte. *Cacare* en Italien; *Cagar* en Espagnol, chier; *Kuk* en Flamand, merde. Voyez *Cac*, *Caca*.

CACH, souillé d'ordure, rempli de merde, embrené. I.

CACH, peuple. I. *Caste* en Indien, Tribu. Voyez *Ach*.

CACH, le même que *Cath*. I. De même des dérivés ou semblables.

CACH, merde, excrémens, fumier. B.

CACH, le même que *Coach*; comme *Cacha* est le même que *Coacha*.

CACH-LECH, latrine. B.

CACH-MOUDEN, imbécille, fainéant, vaurien, prodigue, qui dissipe ou laisse perdre son bien; *Cach-Moudenna*, y ajoutant *Mudou*, biens, signifie dissiper son bien, se ruiner, devenir pauvre.

CACHA, chier, décharger son ventre. B. Voyez *Cac'h*.

CACHA, le même que *Coacha*, ainsi qu'on le voit par notre mot cacher; *Cachad* en Hébreu, cacher, couvrir.

CACHAD, lâche, timide, sans cœur. G. *Kakos* en Grec, lâche, timide.

CACHADENN, cacade. B. De là ce mot.

CACHAFF, voile de perroquet. B.

CACHAIR, le même que *Coachair*. I. De même des dérivés ou semblables.

CACHDY, latrines. G. *Cach Dy*.

CACHED, cachet. B. De là ce mot.

CACHEDI, cacheter. B.

CACHEIN, chier. B.

CACHEPLOUSEN, chenille. B.

CACHER, chieur. B.

CACHET, se vuider, parlant des animaux. B.

CACHETELA, ardent. B.

CACHIA, A. M. chasse; *Cachiare*, chasser; *Caccia* en Italien, chasse; & *Cacciare*, chasser. Voyez *Caca*.

CAC'HLECH, latrines. B.

CACHOTT, cachot. B. De là ce mot. Voyez *Cach*; *Coach*.

CACHT, servante, esclave au féminin. I.

CACHTAMHAIL, qui appartient à une servante, à une esclave. I.

CACHU, chier, décharger son ventre. G. B.

CACIA, A. M. chasse de reliques; de *Cacz*.

CACIA, A. M. chasse; *Caciare*, chasser. Voyez *Cachia*.

CACOA, croc, harpon. Ba.

CACOAC, jetter un harpon. Ba.

CACODD, ladre anciennement en Breton. Voyez *Cacous*.

CACOSI, A. M. ladres. Voyez *Cacodd*, *Cacous*.

CACOUS, nom que les Bas-Bretons donnent par injure aux cordiers & aux tonneliers, contre lesquels le menu peuple est si prévenu, qu'ils ont besoin de l'autorité du Parlement de Bretagne pour avoir la sépulture & la liberté de faire les fonctions du Christianisme avec les autres, parce qu'ils sont crus sans raison descendre des Juifs dispersés après la ruine de Jérusalem, & qu'ils passent pour lépreux de race & de pere en fils. Le pluriel de ce terme, qui signifie lépreux, lépreux invétéré, est *Cacousien*. B. Voyez *Cacea*. On chassoit les lépreux de la société. Les *Cacous* sont nommés *Cacquenx* dans un Arrêt du Parlement de Bretagne.

CACQED, babil. B. De là caquet, caqueter.

CACUGHADH, se coler, se lier, se joindre, se condenser. I.

CACURDIA, meute de chiens. Ba. *Cac*, chasse; *Urd*, troupe.

CACUSQUIAN, voyant. Ba.

CACZ, adresser, mener, amener, conduire, députer, envoyer, porter, jetter, renverser, agitation. B.

CACZ, caisse. B. De là caisse, caque en François; *Caca* en Espagnol, caque; & *Cagg* en Anglois, caque.

CACZ, caquerole, poëlon, léchefrite, casserole. B. *Cazo* en Espagnol, poëlon, léchefrite; *Cacin* en Espagnol, poëlon; & *Cacuela*, casse. *Ka*, *Ko*, marmite en Tartare du Thibet; *Casse* en François, poëlon; *Qesse* en Patois de Franche-Comté; *Qyaisse* en Patois d'Alsace, poëlon; *Caissote* en Patois de Franche-Comté, diminutif de *Casse*; *Quessate* à Metz, une terrine.

CACZAUS, qui veut du mal, qui a de la haine. B.

CACZAUS, odieux. B.

CACZED, cassette. B. De là ce mot.

CACZED, bourrique machine de couvreur. B.

CACZEUS, qui veut du mal, qui a de la haine. B.

CACZEUS, odieux. B.

CACZONY, aversion, haine, fiel au figuré. B.

CACZOUNY, aversion, haine, fiel au figuré. B.

CAD, tête, promontoire, sommet, tout ce qui est élevé. G. *Kadda*, *Kaddan*, *Kadden*, Seigneur en Malabare; *Cadi*, juge en Turc.

CAD, découverte. G.

CÂD, armée, garde. G. *Cadi*, Tribu en Tartare Calmoucq; *Cadeier*, chadeler en vieux François, conduire des troupes; *Gad* en Hébreu, armée.

CÂD, combat, bataille, choc, conflit. G. C. *Cath*, combat en Irlandois; *Cuda* en Basque, combat; *Tsad* en Hébreu, combat; *Cabad* en Arabe, combat; & *Cadas*, fraper avec une épée ou une lance; *Kathal* en Ethiopien & en Arabe, tuer, combattre; *Katat*, ou *Kat* en Chaldéen, plaider, se quereller, combattre; & *Ketula*, meurtre, massacre; *Katalen*, tuer en Syriaque; *Chatyr*, *Chad*, tuer en Hébreu; *Kotol*, courage en Turc; *Kata* en Grec, contre; *Skade* en Danois; *Skada* en Islandois; *Scadan* en ancien Saxon; *Scathe* en Anglois; *Schaeden* en Flamand, nuire, faire du mal. De *Cad* ou *Cat* est venu *Castille*, terme populaire qui signifie dissension, débat; de là *Chamade*. *Cad* en composition *Chad*, combat; *Mad*, appaisement. On voit par *Cadas* que *Cad* a aussi signifié agitation causée par une force étrangère, secousse.

CAD, le même que *Cead*. I. De même des dérivés.

CAD, champ. Voyez *Cadlys*.

CAD, lieu. Voyez *Cadwydd*. Il signifie aussi sol;

terre. J'en juge ainsi, parce que *Cadlais*, *Cadlas* en Gallois, sol, terrein; *As* ou *Ad*, qui est le même que *Cad*. (Voyez *Aru*) signifient terre en ancien Breton; *Ka*, Empire ou pays en Japonois; *Ca*, pays en Perouan; *Gadzar*, la terre, le pays en Tartare Mogol & Calmoucq; *Kadir* en Dalmatien, lieu.

CAD, le même que *Cat*, le *d* & le *t* se mettant indifféremment l'un pour l'autre en Celtique.

CAD, bois. Voyez *Brinsad*. Ce mot s'est conservé dans barricade. Voyez *Barr*.

CAD, le même que *Caed* & *Caer*. Voyez *Caer*. Cad en Persan ancien & moderne, habitation; *Kadack* ou *Katack* en Égyptien, cachette, chaumière; *Caduio* en Langue de Ternate, sale; *Cata* en Malaye, forteresse, Ville forte, Ville murée, murailles; & *Cadata*, palais; *Kede*, maison, habitation, caverne en Turc; *Cata* en Javanois, muraille de pierres; *Catund*, Village, métairie en Albanois; *Catoche* en Langue de Jucatan, maison; *Katan* en Arabe, habiter; *Chatam* en Hébreu, fermer. Voyez *Cader*.

CAD étant le même que *Caed*, *Caer*, comme on l'a fait voir dans l'article précédent, il aura, comme *Caed*, *Caer*, signifié en général tout ce qui renferme, tout ce qui contient, tout ce qui couvre; *Kadach* en Turc, coupe, gobelet; *Kadeh* en Turc, coupe, vase à boire; *Cad* en Hébreu & en Chaldéen, cruche, pot, vase, vaisseau; *Cados* en Grec; *Pikados* en Cophte; (Pi, article) *Cadus* en Latin, vaisseau, baril, tonneau; *Chadh* en Hébreu; *Shkiff* en Carniolois; *Schaff* en Autrichien, seau; *Kadar* en Hongrois, tonnelier; *Kettle* en Anglois; *Ketel* en Flamand; *Kotel* en Esclavon; *Kotal* en Dalmatien, chaudron; *Kedem*, bouclier en Talenga. Voyez *Cadlys*, *Cadw*.

CAD, le même qu'*Ad*, *Gad*, *Sad*. Voyez *Aru*. Cad en Syriaque, assez, il y a assez; *Cadi* en Chaldéen, assez, il y a assez; *Catar* en Arabe, abonder, être abondant, être dans l'abondance, abondant, en grand nombre; *Chad*, assez, suffisamment en Arménien; *Cader* ou *Cadir* en Malaye, ensemble.

CAD, le même que *Ced*, *Cid*, *Cod*, *Cud*. Voyez *Bal*.

CAD, le même que *Cadw*. Voyez *Cadmagon*.

CAD a signifié couper. Voyez *Cad*, bataille, *Cadeno*, *Cadechyn*, *Caditt*, *Catt*, qui est le même que *Cad*, à cause que le *d* & le *t* se mettent l'un pour l'autre. *Kadou*, couper, séparer en Tartare Mogol & Calmoucq; *Chadim*, eunuque en Turc.

CAD. Voyez *Cadlys*.

CADA, A. M. graisse. Voyez *Galha*.

CADACH SYCHU, essuye-main. G.

CADACHAU, chiffons, guenillons, haillons. G.

CADACHOG. PRYF CADACHOG, chenille. G.

CADAFALUS, CADAFAUDUS, CADAFALLUS, CADAPHALLUS, CATAFALLUS, CATAFALTUS, A. M. échafaud, catafalque, trône, place élevée, beffroi ou charpente à laquelle on suspend les cloches; *Cad*, bois; *Pal*, *Fal*, élevé, élévation; *Cad* de *Cadair*, chaise. On disoit en vieux François *Chauffaux* pour échaffaud.

CADAIM, chute, ruine. I. De là *Cado* Latin.

CADAIR, chaise. G. *Cadira*, chaise, chaire en Basque; *Coad* en Arabe, être assis; *Cathoir* en Irlandois, chaise, & *Cathaoir*. Voyez *Cadoer*.

CADAMACH, ruineux. I.

CADANCZ, contenance, posture, cadence. B. De là ce dernier mot.

CADARN, fort, ferme, robuste, puissant. G. *Cadarn* en Breton, brave, guerrier, martial, courageux, belliqueux; *Kadar* en Arabe, pouvoir, avoir de la force, être supérieur en force; & *Kadiron*, fort; *Kadyr*, puissant en Turc; *Cadariou* en Tartare, soldat; *Card* en Persan, belliqueux, fort; (c'est une transposition de *Cadr*) *Carda* en ancien Persan, belliqueux, courageux. Voyez *Cadr*.

CADARN, brave, guerrier, martial, courageux, belliqueux. B.

CADARN, chaise de Juge. B. Voyez *Cadair*.

CADARNDEWR, fort, vaillant, hardi. G. *Cadarn Dewr*, pléonasme.

CADARNGRYF, ferme, fort, plein de force, très-fort. G. *Cadarn Cryf*, pléonasme.

CADARNHAAD, appui, soutien, protection, garde, garantie, défense. G.

CADARNHAU, affermir, appuyer, rendre solide, fortifier, munir, assurer, affirmer. G.

CADARNHAWR, qui affermit. G. Il doit avoir toutes les significations de *Cadarnhau* dont il est formé.

CADARNLLE, fortification, forteresse. G.

CADAS. Ce mot est rendu dans Davies *Cymalitis* en Latin : C'est une faute d'impression, il faut *Cymatilis*, qui est une espèce de robe, ondée comme la mer agitée. G. *Cad*, choc; *As*, eau.

CADAS, amitié. I.

CADAS, coton. I.

CADBFRTH, hallier. G. De *Perth*. Voyez *Cadwydd*.

CADCNO, épée. G. C'est plutôt, ajoute Davies, une épithéte de l'épée, comme qui diroit *Bellivorus*; de *Cad Cnoi*. *Catti*, épée en Talenga.

CADCUN, le même que *Catgun*. G.

CADD, il obtient. G.

CADDARNAU, établir. G.

CADDIG, épais. G.

CADDUG, obscur, opaque, obscurcissement, obscurité, ténébres, brouillard. G. Ce mot est synonime de *Badding*; c'est donc par la syllabe par laquelle ils sont semblables qu'ils signifient obscurité, ténébres, &c. En effet *Du* signifie noir; *Candua*, obscurcissement en Basque.

CADDUGLYN, gouffre, abysme, tournant d'eau, creux dont on ne voit pas le fonds. G.

CADDUGO, obscurcir, couvrir de nuages. G.

CADDUGOL, nébuleux, couvert de nuages. G.

CADECHYN, guenillon, haillon. G.

CADED, cadet. B. Ce mot est formé de *Cap*, tête; personne; & *Ded* de *Dedan*, au-dessous; *Capded*, personne qui est au-dessous de ses freres, qui est le dernier de ses freres. On disoit en vieux François *Capdet*. De là notre mot cadet.

CADEITHI, combat, bataille. G.

CADELLING. Davies rend ce mot par *Cadellicus*; ad *Cadellum pertinens*. Je ne trouve *Cadellus* dans aucun Dictionnaire.

CADENA, inutile. Ba.

CADENN, chaise. B.

CADER, chaise. G. Voyez *Cadair*.

CADER, clos, enclos, parc, place palissadée; château, place fortifiée, Ville. G. *Cathair* en Irlandois, Ville; *Gader* en Hébreu; *Gadir* en Arabe, & en Punique, enclos, lieu fermé, lieu fortifié; *Gadera* en Chaldéen; *Godor* en Syriaque, clos, endroit fortifié; *Parsagad* en ancien Persan, camp des Perses; *Parsa*, Perses; *Gad*, camps; *Hbadara* ou *Chadara* en Ethiopien, habiter; & *Machadara*, habitation, maison; *Gaddur* en Runique, enceinte, fortification; *Garter*, claye, barreaux,

CAD.

barreaux, treillis en Carniolois. Voyez *Cad* & *Cadr* qui font le même mot.

CADER, berceau. E.

CADERNIDD ou CADERNYDD, force, fermeté, folidité, ftabilité, affurance, vigueur, ce qui fortifie, ce qui rend folide, appui, foutien, fortification, forterefſe. G.

CADFA, lieu du combat, champ de bataille. G. *Cad Fa.*

CADFARCH, cheval de bataille. G. *Cad Farch*; de *March*.

CADFLAWD, prompt au combat. G. *Cad Blawd.*

CADHAN, oie fauvage. I.

CADHAS, honneur, dignité. I.

CADI, A. M. fceaux; de *Cadw*, conferver, garder.

CADIA, A. M. le même que *Calia*; *Cad* & *Cal* fignifient également gras. Voyez *Cada*.

CADIER, chaife. G. *Cadira*, chaife, chaire en Bafque; *Cadier*, chaife en Provençal. Voyez *Cadair*.

CADIRA, chaife, chaire. Ba. Voyez *Cadier*.

CADITT, reftes, le refte. G.

CADLAIS, CADLAS, fol, place à bâtir, place publique, plaine, campagne. G.

CADLAS, verger. G. Voyez *Cadlais*.

CADLYS, jardin, veftibule ou place devant une maifon. G.

CADLYS, palais de camp. G. *Llys*, palais; *Cad* fignifie donc camp.

CADMAGON, gardien, défenfeur des champs. G. de *Cadw*.

CADNA, col. C.

CADNAMA, égal. I.

CADNAW, CADNO, renard. G. E.

CADNAWAIDD, de renard. G.

CADNO. Voyez *Cadnaw*.

CADOC, fage. G. Voyez *Caid*.

CADOER, chaife, chaire, fiége, habitation, demeure. B. Les Latins ont donné au mot *Sedes* toutes ces fignifications. Voyez *Cadair*.

CADOR, le même que *Cadoër*. B.

CADR, fort, robufte, courageux, forterefſe fur une montagne. G. C'eft le même que *Cadair*. *Kad*, fort, robufte en Arménien; *Kadur* en Turc, puiffant; *Kchatram*, valeur, bravoure en Talenga; *Kaſtra* en Chaldéen, château, maifon, habitation, palais; *Koſtro* en Syriaque, château, forterefſe; *Caſtru*, camp dans les Tables Eugubines; *Kaſtina* en Vandale; *Kaſten* en Allemand, château; *Ceaſter* en ancien Saxon, ville, château. De *Cadr* ou *Catr* font venus les mots Latins *Caſtra*, *Caſtrum*. On fçait que le camp chez les Romains étoit toujours enfermé de pieux.

CADR, beau. B.

CADRAN, cadran. B.

CADRANACZ, cadenas. B. De là ce mot.

CADRELL, belette en ancien Breton. Voyez *Caezrell*.

CADRENN, cadre. B.

CADULA, CADULORUM, dans le Dictionnaire de Jean de Génes, gouttes qui tombent d'une viande graffe lorfqu'on la rôtit. Dans un vieux gloffaire manufcrit de l'Abbaye de Saint Germain on lit *Cadula*, *Cadulorum*, morceaux de graiffe; *Cad* de *Cadaim*, tomber; *Cadul*, qui tombe; ou *Cad*, graiffe. Voyez *Cada*; *Dal* ou *Dul*, partie, morceau.

CADW, fauver, conferver, défendre, prendre garde, garder, garantir, préferver, qui veille, veillant. G. De là *Caveo* Latin. *Cadow* en Anglois, couverture velue, manteau d'Irlande;

TOME I.

CAE. 245

Kawil, follicitude, foin en Malabare. Voyez *Cad*.

CADW, troupeau. G.

CADWADWY, gardé, qu'on peut garder, affaifonné, confit. G.

CADWAYW, lance. G. *Cad*, combat; *Gwayw*, lance.

CADWEDIG, gardé. G.

CADWEDIGAETH, garde, conſervation, d'action de fe fauver. G.

CADWEN, combat, bataille, choc, duel. G.

CADWENT, combat, bataille, choc, duel, lutte. G.

CADWOGAWN, puiffant au combat, nom d'un homme. G. *Cadw* de *Cadwen Gogawn*.

CADWR, foldat, champion, athléte. G. C. Voyez *Cad*.

CADWR, bouclier. G. De *Cadw*, dit Davies.

CADWRAETH, conſervation, garde, défenfe. G.

CADWRAIDD T LLAM, le métacarpe. G.

CADWYD, le même que *Cadw*, fauver, &c. G.

CADWYDD, lieu couvert de broffailles, plein de buiffons, plein d'épines, broffailles, halliers, bruyères. G. *Gwydd*, arbuftes; *Cad*, lieu; *Cadwydd*, lieu couvert d'arbuftes, de buiffons.

CADWYN, chaine, collier. G. De *Cadwyn* ou *Catwyn*, par crafe *Catyn*, eft venu le *Catena* des Latins; *Catea*, chaîne en Bafque; *Retina* en Carniolois, chaîne; *Katton*, lien en Malabare; *Kathar*, *Kethar* en Chaldéen, en Syriaque, en Samaritain, lier, nouer; *Kather* en Arabe, lier.

CADWYNIG, petite chaîne. G.

CADWYNO, enchaîner. G.

CADWYNOG, enchaîné, qui porte un collier. G.

CAE, clos, haie, château, lieu fortifié. G. *Cae*, haie en Breton; *Kai* enclos dans Ifidore; (*Ai*, *Ae* fe mettoient autrefois indifféremment l'un pour l'autre: on difoit *Muſai*, *Muſa* en Latin) *Caiare*, arrêter en vieux Latin; *Kaeſr* en Arabe, château; *Sé*, Ville en Tartare du Thibet; *Xa* ou *Ca*, Ville en Tonquinois; *Qué*, Village en Tonquinois; *Que*, haie en Chinois; *Ke*, fermer, boucher; *Ken*, prifon dans la même Langue. On voit par *Qae*, *Caer*, *Chaia*, que *Cae* a fignifié habitation en général. Voyez *Caett*.

CAE, haie. G. B.

CAE, collier, joyau. G.

CAEA, golfe. Ba. Voyez *Caead*, *Cau*.

CAEAD, fermé, couvert, couverture, couvercle, bouchon, tampon, bondon, étui, gaine, fourreau, coffret, caffette. G. Voyez *Cae*.

CAEADCAE, clos, enclos. G. pléonafme.

CAEADLE, clos. G.

CAEADTEW, fort épais. G.

CAECACHENA, ardent, brûlant. Ba.

CAECH, le même que *Caoch*. I. De là *Cæcus* Latin & fes dérivés.

CAED, le même que *Caead*. G.

CAEGWRYSG, clôture faite avec une haie. G.

CAEL, trouver, acquérir, obtenir, atteindre, avoir, jouir, parer, ajufter. G. Voyez l'article fuivant.

CAEL, CLEFYD CAEL, maladie contagieufe. G. *Clefyd*, maladie; *Cael*, apparemment gagner, prendre, communiquer; *Clefyd Cael*, maladie qui fe gagne, qui fe prend, qui fe communique.

CAELIO, CILIO, A. G. cizelet; *Cælum* dans les Auteurs Latins; de *Cal*, *Cyl*.

CAELL, claye, barreaux, efpèce de grille, ef-

N n n

pèce de baluftre, &c. au plurier, *Caëliou*, *Caëlou*, *Caëli*, *Kili*. B. *Chaijl* en Hébreu, muraille; *Hcal* en Hébreu, en Chaldéen, en Syriaque, en Arabe, en Ethiopien, palais, temple; *Chal* en Arabe, habitation, demeure; *Chalu* en Ethiopien, habiter, demeurer; *Calaffi*, château en Perfan; *Galukan* en Gothique, enfermer; *Chalagi*, Ville en Georgien; *Cala* en Turc & en Perfan, château. Voyez *Cae*, *Cal*, *Caer*, *Caail*.

C A E N, croute, furface, fuperficie, taye. G.
C A E N, afperfion, arrofement. G.
C A E N, blanc. B. Voyez *Caened* & *Cain*.
C A E N, combat. Voyez *Caentach*.
C A E N E D, blanc. G.
C A E N E N, petite croute, petite fuperficie, petite taye. G.
C A E N E N, afperfion, arrofement. G.
C A E N E N N U, enduire. G.
C A E N E N N U, arrofer, humecter, mouiller. G.
C A E N F E L A, fage. I.
C A E N T A C H, combattre, difputer. G. On voit par *Can*, qui en Breton fignifie combat, que *Caen* dans ce mot a le même fens.
C A E O R, étable. G.
C A E P T U S, A. M. clos, enclos; de *Ca*.
C A E R, Ville, forterefe, château, mur, muraille, maifon. G. *Caer* en Langue de Cornouaille Ville fortifiée; *Caer* en Breton, Ville, Village, maifon de campagne; *Cathair* en Irlandois, on prononce *Cahair*, Ville, & *Cairg*, digue; *Alcarria*, grange en Efpagnol; & *Alcheria*, *Alqueria*, hameau; (*Al*, article Celtique) *Gerre*, maifon en Tartare Calmoucq & Mongale; *Serre* en François, endroit ou l'on renferme les orangers; *Cerca* en Portugais, enclos; *Cerca* dans les chartes d'Efpagne & d'Italie, enclos; *Carrago* en Latin, enceinte de camp; *Sar*, *Sher*, *Scher*, *Seher*, *Sehir*, Ville en Turc; *Serai*, habitation, palais en Turc; *Ser* en Pechluanique, Ville; *Kar*, *Shar*, *Sar*, *Zar*, Ville en Perfan; *Ca*, habitation en Perfan; *Car*, Ville en Scythe; (Voyez Tzetzes, *Chil. 8. hift.* 224) *Cair* en Troyen, Ville, au rapport de Gervais de Tilesbury; *Gardin*, Ville en Vandale dans Procope; *Kerch*, habitation, demeure en Perfan; *Cbnergeh*, tente en Perfan; *Chyri*, appartement de femme en Perfan; *Sceher*, Ville en Perfan; *Sarai* en Perfan, grande maifon; *Karavi* en Georgien, cabane; *Sachiere*, maifon en Georgien; *Akaragh*, métairie en Arménien; *Carfchy* en Tartare, palais; & *Cheher*, Ville; *Seram* en Malaye, grande loge, grande fale; *Cara* en Chinois, demeure; *Kar*, maifon en Japonois; & *Sjiro*, prononcez *Chiro*, château; *Karios*, domicile, maifon en Bréfilien; *Pucara*, forterefe en Pérouan; *Sairi*, camp en Cophte; *Keria* en Hébreu, Ville; *Kerah*, enclos de brebis dans la même Langue; & *Kir*, mur; *Cariha*, *Cirtha*, Ville en Hébreu & en Punique; *Charb* en Hébreu, domicile; & *Sareh* ou *Sarh*, grange; *Scar*, enfermer; *Scuria*, enclos pour le bétail dans la même Langue; *Carac*, enceindre en Hébreu; *Caroc* en Syriaque, enceindre; *Karita*, Ville en Syriaque; *Kirit* en Syriaque, Ville, Village; *Kerac* en Syriaque, forterefe; *Cark* en Syriaque & en Chaldéen, forterefe, Ville fortifiée; *Kartha*, Ville en Chaldéen & en Syriaque; *Carica*, forterefe en Chaldéen; & *Scara* ou *Sara* en Chaldéen, habiter; *Cerac*, forterefe, enceindre en Chaldéen; *Carac* en Arabe, forterefe; *Saru*, demeure en Arabe; *Azara*, forterefe en Arabe; *Certa* en vieux Perfan, en Parthe, en Méde, en Arménien, Ville. Varron & Pline rapportent qu'en Thrace & en Capadoce on appelloit *Sir* ou *Seir* des creux fouterreins, ou grottes dans lefquelles on mettoit le bled à couvert. *Kara*, enclos en Grec; & *Charak*, rempart, fortification; *Caerten*, Ville en ancien Saxon; *Keretes* en Hongrois, rempart, fortification; *Schüer* en Allemand, grange; *Gard*, Ville en ancien Perfan; *Gard*, habitation en Iflandois; *Chartre* en vieux François, prifon; *Charti* en Patois Meffin, captif; *Enferrer* en vieux François, enfermer. Voyez *Cae*, *Cars*, *Gaer*, *Gard*, *Kaer*, *Serra*. Le terme de *Caer* ou *Ser* s'eft confervé dans la Langue Latine au mot *Paffer*, qui eft formé de *Pach* ou *Pas*, fur; *Ser*, maifon : le moineau eft le feul oifeau qui fe place fur les maifons : Son nom de moineau eft formé de même de *Mon* ou *Moin*, maifon; & *El*, fur, deffus; (on difoit *Moinel* en vieux François.) *Caer*, par une crafe fort commune a fait *Car*, ainfi que nous le voyons dans *Carra*, enfermer; & *Cer*, ainfi que nous le voyons dans *Ker*, Ville; *Caed*, par la même raifon a fait *Cad*, *Ced*. *Caell*, *Cail*, *Koel*, *Kael*, par la même raifon ont fait *Cal*, *Cel*, *Cil*, *Col*, *Gwal* ou *Gal*, (la façon d'écrire eft indifférente) mur en Gallois; *Galatas* en Breton, galetas; *Cale* fignifie dans notre Langue le lieu d'un vaiffeau où l'on enferme les munitions, les marchandifes, les efclaves, les gens fufpects quand on combat. La *Cale* d'une noix eft ce qui la renferme, d'où l'on a fait *Caler*, *Ecaler*, *Challer*. Galerie eft un bâtiment fermé. On appelle *Galandure* en Franche-Comté, une cloifon. *Celh* fe trouve expreffément dans le Gallois pour habitation. De ce mot vient *Cella*, fi commun dans les anciens monumens pour défigner une habitation. *Celle* en vieux François, maifon; *Cellule*, habitation de Religieux. *Cil* fe trouve dans *Kili*, plurier de *Kael*, habitation; de *Caell*, claye &c. dans *Cilydd*, prochain, voifin; dans *Cil*, cachette. *Ciller* en notre Langue fignifie fermer fouvent les paupières. *Cel* a fouffert une tranfpofition; on a dit *Clé* comme *Cel*, ainfi qu'on le voit par *Cled*.

C A E R, rocher. G. Voyez *Serra*.
C A E R, obtenez à l'impératif. G.
C A E R, Ville fortifiée. C.
C A E R, promontoire. I.
C A E R, Ville, Village, maifon de campagne. B.
C A E R, grand, beaucoup. Voyez *Serra*.
C A E R, beau. B. *Seri* en vieux François, agréable; beau; *Zaere* en Turc, beau; *Serin* en Turc, beau, ferain; *Siroun*, beau en Arménien; *Charis*, grace en Grec; *Couramé*, beau en Galibi. De *Caer*, beau, font venus les mots Latins *Pulcher*, *Serenus*. Je crois que *Caer* a fignifié blanc de même que beau. 1°. *Chaor*, blancheur en Bafque. 2°. *Cain*, *Gwen* fignifient blanc & beau. 3°. *Caen*, qui eft le même que *Cain* & *Gwen*, fignifie blanc. 4°. En ancien Grec, Langue fort analogue à la Celtique, *Karka* fignifie blanc. Voyez Héfychius. *Kar*, neige en Turc; *Kar* en Perfan, fort blanc; *Carbani* en ancien Perfan, ceux qui avoient la lépre; *Karan* en Hébreu, reluire; *Algar*, blanc en Arabe; (*Al* article) *Curia*, blanc en Bafque; *Cas* en Scythe, blanc, blancheur, neige; *Cée*, très-blanc en Langue de Congo;

CAE. CAG. 247

Kar, blanc en Tartare du Thibet ; *Aghar*, blanc en Turc. De *Caer*, blanc, est venu notre mot *Ceruse*, qui signifie une terre blanche que l'on employe pour blanchir. *Caer*, par une crase fort facile a fait *Car*, ainsi que nous le voyons dans *Carrer*, qui avec le pronom personnel signifie dans notre Langue faire le beau. Il a par la même raison fait *Cer* ; effectivement *Qer* en Breton signifie beau. Je crois que *Caer* a signifié bon, de même que beau, comme *Cain*. *Mauvais temps* se dit en notre Langue d'un temps pernicieux & d'un temps laid : or c'est l'opposé du beau temps. *Keros* en Cophte, bien, commodément, utilement.

C A E R A U, murailles. G. C'est le pluriel de *Caer*.

C A E R E D, mur, muraille, murailles. G. *Caered* étant synonime à *Caer*, mur, en a sans doute eu toutes les autres significations.

C A E R E L L, belette. B.

C A E R O G, Ville, muré, entouré de murailles, fortifié, maillé, tissu à mailles, qui est à petits carreaux, qui est à rezeaux. G.

C A E R W R, citoyen, bourgeois, châtelain. G.

C A E T H, étroit, serré. G. B.

C A E T H, captif, esclave. G. Voyez l'article suivant.

C A E T H, misérable G. De *Caeth*, *Chaeth*, *Cheth*, on a fait en vieux François *Chaiti*, *Chetif*, *Chetiveté*, *Chetivoison*, pour signifier esclave, misérable, esclavage, captivité, misere, pauvreté. On lit dans le Dictionnaire de Trevoux : » *Chetif* » signifie encore en notre Langue ce qui est de peu » de valeur; il se dit des personnes & des choses : » *Vilis*, *Miser*, *Macilentus*, *Informis*; Cet homme » est bien *Chetif*, maigre, mal-fait, misérable; il » a fait un présent bien *Chetif*, qui n'est d'aucune » considération; cet habit, cette étoffe est bien » *Chetive*. » En Picardie on dit *Quetif* ; en Gascogne *Chaitiu*, *Caitiu*; en Languedoc & en Provence *Caian*; en Franche-Comté *Chety* ; à Metz *Chaty* ; & ce mot s'y dit d'une personne si maigre, qu'elle n'a que la peau & les os. De *Caeth* est venu le *Cattivo* des Italiens ; *Caeth* est formé de *Cae*, enclos, clos. Il a d'abord signifié captif; & comme l'esclavage est la plus grande des miseres, on a dans la suite étendu ce mot à signifier toutes sortes de misérables. *Katon* en Hébreu, petit ; *Quaet* en Flamand ; *Quadt* en ancien Saxon, méchant.

C A E T H, le même que *Saeth*. Voyez *Aru*.

C A E T H F E R C H, esclave née dans la maison, esclave au féminin. G. *Ferch* de *Merch*.

C A E T H I W E D, esclavage, captivité, servitude. G.

C A E T H I W O, captiver, rendre esclave. G.

C A E T H W A S, esclave né dans la maison, pendard, vaurien. G. *Gwas*.

C A E T H W A S A N A E T H, servitude, esclavage. G.

C A E T H W A S A N A E T H U, se rendre esclave, s'assujettir, servir, s'attacher au service. G.

C A E Z R, beau, agréable ; & comme adverbe, bien, beaucoup, fortement, d'une belle manière, agréablement. B. C'est *Caer*, le *z* inséré.

C A E Z R E L L, belette. B. C'est *Caerell*, le *z* inséré.

C A F, creux. B. *Caph* en Hébreu & en Chaldéen, creux, cavité, caverne ; *Caph*, cuillier en Hébreu ; *Chaphar* en Hébreu, en Syriaque, en Arabe, creuser; *Kahaf* en Arabe, caverne, grotte; *Kaehf* en Arabe, caverne. *Kaf*, profondeur en Runique. Voyez *Cav*, qui est le même mot, *Cafat* & *Caff*.

C A F, le même que *Cef*, *Cif*, *Cof*, *Cuf*. Voyez *Bal*.

C A F, le même que *Gaf*, *Saf*, *Af*. Voyez *Aru*.

C A F, le même que *Cab*, *Cap*, *Cav*. Voyez *B*.

C A F A D, découverte. G. Voyez *Cafadenn*.

C A F A D E N N, découverte dans les arts, dans les sciences. B.

C A F A T, vase. C.

C A F E I N, inventer, trouver. B.

C A F E L L, chœur de l'Église, sanctuaire. G. *Caf* de *Cafn*. Voyez ce mot.

C A F F, trouver, prendre, avoir. B. Voyez *Cab*.

C A F F, gaffe de batelier, harpin, lance. B. Voyez *Gao*.

C A F F, cave, creux. B. Voyez *Caf*.

C A F F A, A. M. sorte de vase ou de mesure ; de *Cafat*.

C A F F A D U R I A E T H, souvenir. G.

C A F F A E L, acquerir, trouver, atteindre, obtenir ; jouir, avoir, parer, ajuster. G.

C A F F A E L I A D, acquisition, action d'obtenir, action d'atteindre, action d'avoir, possession, jouissance, capture, prise, invention, découverte, conception, génération des animaux au sein de leur mere, pécule, ce qu'on a amassé par ses soins. G.

C A F F A E L I W R, acquereur, inventeur, qui découvre le premier. G.

C A F F A R G N, caverne. B. De *Caff*, creuse ; *Argn* pour *Arn*, pierre. Voyez *Cavarn*. *Cafarote*, caverne en Auvergnac.

C A F F E L, avoir. G. *Gafal*, avoir en Langue de Cornouaille.

C A F F E R, obtenez à l'impératif. G.

C A F F E T, avoir. B.

C A F F I U M, A. M. le même que *Caffa*. Voyez ce mot.

C A F F O U T, C A H O U T, C A V O U T, trouver, prendre, avoir. B.

C A F F U A O U, deuil. B.

C A F F U N I, C A H U N I, couvrir le feu. B.

C A F F U N O U E R, couvre-feu. B.

C A F I A, nid. Ba. Voyez *Cab*, *Cabia*.

C A F I C I U M, A. M sorte de mesure. Voyez *Caffium*.

C A F I N, chausson. B.

C A F N, auge, grande cuillier, truelle, alvéole, coquille, voûte en coquille, barque, esquif, gondole, nacelle, chaloupe, petit bâteau. G. Ce mot signifie aussi creux. Voyez *Cafnu* & *Gwingafn*.

C A F N - A R D W R, canot, bâtelet. G.

C A F N - T N P R E N N, canot, bâtelet, G.

C A F N O G, creusé, cavé. G.

C A F N U, creuser. G.

C A F N W R, batelier, matelot. G.

C A F O D, le même que *Cawod*. G.

C A F O U T, inventer, trouver, prendre, avoir. B.

C A G. Voyez *Cager*.

C A G, le même que *Ceg*, *Cig*, *Cog*, *Cug*. Voyez *Bal*.

C A G, le même que *Gag*, *Sag*, *Ag*. Voyez *Aru*.

C A G A, A. M. cage. Voyez *Cagia*. *Cage* en Anglois & en François, cage.

C A G A I L T, gain. I.

C A G A L, fumier de moutons, de boucs ou semblables. G. Davies demande si on ne devroit pas plutôt dire *Cagl*. Je réponds que non, parce que *Cagal* se trouve aussi en ce sens dans le Breton. Voyez l'article suivant.

C A G A L, crotte de brebis, de lapins, de chévres, &c. B. Voyez *Cach* & l'article précédent.

CAGALT, épargnes, frugalité. I.
CAGALTACH, frugal, ménager. I.
CAGALU, se décharger le ventre. G.
CAGAR, secret adjectif. I.
CAGER, le même que *Caer*. G. De là *Cageois* en vieux François, Villageois. On voit par *Cageois* & par *Cagia* qu'on a syncopé *Cager*, & qu'on a dit *Cag*. *Kaghak*, Ville en Arménien.
CAGHAS, le même que *Cadhas*. I.
CAGHTII, grand. I.
CAGIA, A. M. clos, enceinte; de *Cag*.
CAGNADH, ronger, mâcher, mastication. I.
CAGOUS, le même que *Cacous*. Voyez *Aru*.
CAGOUZEREAH, cagoterie. B.
CAH, guerre chez les Écossois occidentaux. Voyez *Cad*.
CAH, merde. B. Il se dit encore en Patois de Franche-Comté.
CAH a signifié habitation comme *Cag*. 1º. L'*h* & le *g* se mettent l'un pour l'autre. 2º. On a appellé une maisonnette en vieux François *Cahuette*; on dit encore *Cahute* en plusieurs Provinces du Royaume. 3º. *Cahuni* signifie couvrir.
CAHAQUI, sac, outre. Ba. Voyez *Sac*.
ÇAHARREC, vieillards. Ba.
CAHEIN, émeutir, chier. B. Voyez *Cah*.
CAHEL, acquerir, trouver, atteindre, obtenir, jouir, avoir. G. Voyez *Caffael*.
CAHEL, CAEL, KEL, CAL, suivant les différens dialectes, font les calendes ou le commencement de chaque mois, de chaque saison, de l'année même. *Cal* se prend encore pour les approches des fêtes solemnelles. *Cal-Ar-Pask*, les jours qui précédent immédiatement la fête de Pâques. On a fait de *Cahel* le verbe *Cahela*, annoncer, prédire, prévenir, qui avec la préposition *D'a* veut dire à annoncer : *D'a Gahela Deiz Meurs*, à annoncer le mardi-gras, c'est-à-dire aux approches du mardi-gras ; comme si l'on disoit c'est bientôt, c'est demain, nous voilà aux jours gras. On voit dans Varron que *Kalo* a signifié en Latin annoncer, publier, proclamer. B. Voyez *Calanna*, *Calan*, *Calennig*. *Kall*, cri, appel en Islandois ; *Callu*, langue en Persan. Voyez *Callan*.
CAHER, chaire. I.
CAHEREIN, cribler. B.
CAHEUNEIN, couvrir, cacher. B.
CAHIGH, triste. I. Voyez *Cahu*.
CAHILLEIN, gaspiller. B.
CAHIR, chair. I.
CAHOAT, CAHOET, CAOÜAT, CAOÜET, y ajoutant *Glao*, est une ondée de pluye ; mais si on y ajoute *Clenvet*, maladie, c'est une maladie subite, violente & de peu de durée. B. Voyez *Cawad*.
CAHOUAD AVEL, bouffée de vent. B.
CAHOUAD COUNNAR, accès de rage. B.
CAHOUAD FALTASY, enthousiasme. B.
CAHOUAD GLAO, ondée de pluye. B.
CAHOUAD TERZYEN, accès de fiévre. B. On peut voir par ces six articles quelle est la signification précise de *Cahoat* ou *Cahouad*. De ce mot est venu notre terme François *Cahots*, par lequel nous désignons les sauts que font les coches, chaises, carrosses, chariots en roulant dans un chemin raboteux.
CAHOUR, chieur. B.
CAHOUT, obtenir, avoir, posséder. B. Voyez *Caffout*.

CAHU, regret, douleur, tristesse. I. Voyez *Ceu*, *Keuz*.
CAHUAT, pluye soudaine qui tombe avec impétuosité. B. On sous-entend *Glao*. Voyez *Cahoat*, *Cahouad*.
CAHUN, action de couvrir le feu. B.
CAHUNI, couvrir, couvrir le feu. B.
CAHURDA, étable de cochons. Ba.
CAI, forêt. G. *Cais*, *Cayou*, bois, arbre en Malaye ; *Key* en Malaye, forêt ; *Cayou*, bois, arbre en Javanois ; *Kaa* en Bresilien, forêt ; *Kay* en Polonois, & *Kai* en Lusatien, bâton.
CAI, maison, habitation. I. Il signifie la même chose en Gallois. Voyez *Argai*. De là *Ceans* en François, comme *Leans* vient de *Lle*. *Cah* en Samaritain, chez adverbe de lieu, & par conséquent demeure, habitation ; *Kia*, maison ; & *Kiai*, Village en Chinois ; *Koi* en Turc, Village. Voyez *Ca*.
CAI. Voyez *Kaë*.
CAI. Voyez *Chwai*.
CAI, le même que *Ai*, *Gai*, *Sai*. Voyez *Aru*.
CAI, le même que *Cei*, *Coi*, *Cui*. Voyez *Bal*.
CAIA, CAIAGIUM, A. M. les mêmes que *Caya*.
CAIB, marre. G.
CAIBA FERRI, A. M. balustrade ; de *Cab*.
CAIBIDIL, chapitre. I.
CAIBIM, baiser nom. I.
CAICUA, grand vase de terre, terrine. Ba.
CAID, enclos. G.
CAID, CUID, partie, portion. I. On s'est servi de ces mots pour signifier moins, moindre, ce qui est une signification fort analogue à partie, portion. Cela se voit par le terme *Cuider*, qui en Franche-Comté signifie faire une moindre récolte qu'on ne l'esperoit. Voyez *Catt*.
CAIDEAL, CAIDEIL, pompe, machine à tirer de l'eau. I.
CAIDH, ordre, arrangement, usage, coûtume. I.
CAIDHREM, connoissance, liaison, accointance en vieux François. I.
CAIEIN, le même que *Kaen*. Voyez *Kae*.
CAJEOLOUR, friquet. B.
CAIGEIN, mêler, brouiller. B.
CAIGEMEIGE, pêle-mêle. B.
CAIGEREH, mélange. B.
CAIGN, gramen ou chien-dent herbe. B.
CAIGN, charogne, courtisane, rosse. Ce mot se dit aussi d'une bête languissante & demi-morte. Il s'est dit autrefois d'un homme caduc. B.
CAIGNAICH, faguenat. B.
CAIGNARD, qui sent ou qui tient de la charogne, fainéant. B. Nous nous servons encore du mot de *Cagnard* dans la dernière signification.
CAIL, étable, étable de brebis. G. *Cail*, étable de brebis en Breton ; de là *Caula* Latin ; *Kala* en Hébreu, étable. Voyez *Caell*.
CAIL, chaumière. G. Voyez *Caell*, *Caile*.
CAIL, qualité, état. I.
CAIL, apparence, ostentation. I.
CAIL, étable de brebis. B. Voyez plus haut.
CAIL, le même qu'*Ail*, *Gail*, *Sail*. Voyez *Aru*.
CAIL, le même que *Cailhar*. Voyez *Clai*.
CAIL, le même que *Ceil*, *Coil*, *Cuil*. Voyez *Bal*.
CAILBHE, bouche. I.
CAILC, bouclier. I.
CAILC, craye. I. Voyez *Cal*.
CAILCEANTA, dur, ferme. I. Voyez *Cal*.
CAILCEMHAIL, plein de craye. I.
CAILCIN, petit bouclier. I.

CAILE,

CAILE, bouclier, lance. I.
CAILE, payſan, villageois. I. De Cail, chaumière.
CAILEACH, coq. I.
CAILG, aiguillon. I.
CAILHAR, crote, bouë, menue bouë, croter. B. Kal, bouë en Stirien & en Carniolois; Kallina, bouë en Eſclavon.
CAILHARA, croter. B.
CAILHAREC, CAILHARUS, qui a de la crote, qui eſt ordinairement croté. B.
CAILHAREN, fille mal-propre & crotée, un fouillon; & au ſens figuré, fille ou femme de mauvaiſe vie, une coureuſe, une crotée. B.
CAILHARUS. Voyez Cailhareç.
CAILHEBODEN, bergere, courtiſane. B.
CAILIN, jeune fille, vierge, ſervante. I.
CAILINOG, jeune fille. I.
CAILIS, calice. I.
CAILL, bois, forêt. I.
CAILL, CAILOG, perte, dommage. I.
CAILL. Voyez Coailh.
CAILLAR, bouë, crote; Caillarec, qui a de la crote, qui eſt ordinairement croté. B. Voyez Cailhar, Cailharec qui ſont les mêmes mots.
CAILLAREN, nom ſubſtantif qui ſe dit d'une fille mal-propre & crotée, d'un fouillon; & au ſens figuré, c'eſt une femme, une fille de mauvaiſe vie, une coureuſe.
CAILLAREN, gringuenaude. B.
CAILLARET, croté. B.
CAILLASTR, le même que Calleſtr. B.
CAILLEACH, vielle. I.
CAILLEADH, perte, dommage, affoibliſſement, impuiſſance, l'état d'énervé, d'efféminé. I.
CAILLEAMHNACH, défectueux, manquant de quelque choſe. I.
CAILLEAMHUN, ruine. I.
CAILLEBOTIN, caillebot. B.
CAILLED, CAILLER, les mêmes que Caled. Voyez Caledi.
CAILLETTE, ſot, ſtupide, niais, fol en vieux François. Ce mot eſt formé de Caillte, privé, en ſous-entendant de ſens, d'eſprit, de raiſon. Foll en Celtique, fou, vient de Fall, manquement, privation.
CAILLIM, perdre, châtrer. I.
CAILLIOCH, vieille ſorciere. I.
CAILLIOMHUN, faute, bévuë, perte, dommage, perdre, manquer, faillir, faire une faute. I.
CAILLTE, perdu, privé. I. Voyez Cailleadh.
CAILLTEARNACH, eunuque. I.
CAILLTEARNACH, arbriſſeau, taillis, eſſarts. I.
CAILOG. Voyez Caill.
CAIM, courbe, tortu, boſſu. I.
CAIMBEAL, mouë, grimace. I.
CAIMBEALACH, qui fait la grimace. I.
CAIME, courbure, tortuoſité, tour, détour, ſinuoſité, tors, tordu. I.
CAIMIDH, qualité par laquelle une choſe eſt courbe, boſſue. I.
CAIMIN, courbe, courbé, boſſu, tors, tordu. I.
CAIMLEATT, camelot. I.
CAIMPER, bon ſoldat, ſoldat diſtingué. E.
CAIMPER, courbure, tortuoſité, tour, détour, ſinuoſité. I.
CAIMPER, belliqueux. I. Voyez Kimper.
CAIN, blanc, beau, clair, limpide, pur, ſans limon, joli, poli, mignon, gentil. G. Ce terme ſignifie auſſi ſaint. Voyez Sen qui eſt le même.

TOME I.

Cain, blanc en Breton; Sgeimh en Irlandois, beauté; & Ugain, parures, ornemens. Cain, en tant qu'il ſignifie blanc, s'eſt conſervé dans les anciens monumens & dans le vieux François. Voyez Bauceant. En tant qu'il ſignifie beau, il s'eſt conſervé dans le vieux François, dans lequel on diſoit Aceſmer, orner, parer, embellir; Aceſmement, ajuſtement; Aceſmes, Acheſmes, Aſcheſnues, Aſchens, ornemens, ajuſtemens, atours de femmes; Aſſens, ordre, arrangement; Aceſiné, paré. (On voit par là qu'on a dit Acain, Acen, Acem, Achen, Aſchen, Aſchem, Achem, Acheſin, Cem, Aceſin, Aceſin comme Cain: l'a initial s'ajoute indifféremment dans le Celtique. Cain s'eſt auſſi conſervé dans le François moderne. Il ſe trouve dans Agencer, qui ſignifie orner, parer; (Again & Acain ſont le même mot) dans Reqinqer, ſa Reqinqer, ſe parer. Qaint, beau, poli en Anglois; Schon, prononcez Chen en Allemand, beau, bien mis; Ekens en Hongrois, élégant, bien mis; Cain, beau; Sen, Sin, gai, agréable; Zeinet, ornement en Turc; Zinh en Arabe, ornement, parure; Zim, beau en Brebére; Hechin, Ticchen en Hébreu, propre, bienſéant; Pikeni, agréable, délicat, gras en Cophte; (Pi article) Send en Indien, blanc; Kouin, Ankonin en Arménien, pâleur, pâle; Lachenom, beau; Lacheny, belle en Malabare; Xin ou Cin, pur; Cim, Tſing, pureté; Cain, orné, paré en Chinois; Seemly en Anglois, propre, bienſéant; Semnos en Grec, honnête, bienſéant. De Cain ſont venus les mots Latins Concinno, parer, orner; Concinnus, joli, mignon. Chenu, blanc en François, vient de Cain.

CAIN, tête, ſommet, capital, principal. E.
CAIN, blanc. E.
CAIN, CAN paroiſſent avoir auſſi ſignifié bon: 1°. Mad, bon, ſignifie auſſi beau. 2°. Caer ſignifie beau & bon. 3°. Sainfoin eſt rendu en Breton par Foenn-Gall, c'eſt-à-dire bon foin. 4°. Santerre eſt une contrée de Picardie fort abondante & fort fertile. 5°. Chenu en Franc-Comtois ſignifie ce qui eſt bon, ce qui eſt bien. 6°. Bel en vieux François ſignifie beau & bon; Xen ou Cen, bon, bonté, richeſſes en Chinois; Gheni, riche en Turc; Chin, abondant, parlant de la terre en Arménien; Ceſni en Eſclavon, heureux, fortuné; Saem, bon en Tartare Calmouq & Mogol.
CAIN, tribut, amende. I.
CAIN, le même que Can. Voyez ce mot.
CAIN, chant. Voyez Pylgain.
CAIN, le même qu'Ain, Gain, Sain. Voyez Aru.
CAIN, le même que Cein, Coin, Cuin. Voyez Bal.
ÇAINANA, rempli. Ba.
CAINC, feuilles. I.
CAINDIGEAS, quantité. I.
CAINE, feuillage. G.
CAINEACH, grondeur, qui murmure, qui injurie, qui ſe querelle, qui a une mine rechignée. I.
CAINEADH, gronder, murmurer, injurier, dire des paroles injurieuſes, ſe quereller, crier, tempêter, faire grand bruit, ſe refrogner, mine rechignée, médiſance, calomnie. I. Gan en Cophte, cri. Voyez Caynnen.
CAINECH, le même que Caineach. I.
CAING, rameau. G.
CAINGC, rameau. G. Cath en Tonquinois, rameau.
CAINGC, certain jeu d'orgues. G.

CAINGC O FOR, le même que *Mornant*. G. *For de Mor*.
CAINIDH, se plaindre, satyre. I.
CAINIM, disputer, crier. I.
CAINNIEIN, courber. B. Voyez *Cam, Can*.
CAINSEOIR, grondeur, querelleur. I.
CAINT, langue de terre. I.
CAINT, parler, élocution, parole, mot, discours, invective. I. *Cant* en Anglois, parler.
CAINTE, babillard. I.
CAINTEAK, babillard. I.
CAINTEOIR, babillard. I.
CAINTIC, chant. I.
CAINTIUGHADH, argumenter, raisonner. I.
CAJOLEIN, cajoler. B.
CAJOLEREAH, galanterie. B.
CAIPIN, bonnet, chaperon, capuchon. I.
CAIPTIN, Capitaine. I.
CAIR, Ville. G. Voyez *Caer*.
CAIR, chariot. I. Voyez *Carr*.
CAIR, gomme. I.
CAIR, image. I.
CAIR, beau; *fm Carrat*, s'embellir, faire sa cause bonne. B. On dit encore en François se *Carrer*, pour faire le beau.
CAIR, chœur, nombreux. B.
CAIRB, barque, bâteau. I.
CAIRDAITT, beauté. B. Voyez *Caer*.
CAIRDEAMHUL, bon, obligeant, civil. I.
CAIRDEAS, amour, amitié, affection, bienveillance. I.
CAIRDIGHTHE, traité en ami. I.
CAIRDIOCH, CAIRDIOS, ami. I. Voyez *Caradoc*.
CAIRDIOSA, ligue. I.
CAIRDIS, ligue. I.
CAIRG, digue, levée de terre, banc de sable. I.
CAIRHEN, embellissement du discours, conte fait à plaisir pour rire. B.
CAIRNEACH, qui vit dans les rochers. I.
CAIRNEACH, Prêtre. I.
CAIRPEATT, tapis. I.
CAIRR, chariot. I. Voyez *Carr*.
CAIRRIG, roc, pierre; *Cairrig-Ard*, écueil. I.
CAIRRIGHEACH, plein de rochers, plein de pierres. I.
CAIRT, écorce. G. Voyez *Cairtim*.
CAIRT, CART, barque, char, chariot, charrette. I.
CAIRTIM, écorce. I.
CAIRUS, tas de petites pierres élevées en cône. I.
CAIS, recherche, perquisition, effort, l'action de chercher, qui cherche, qui recherche, qui mendie, trésorier, homme qui leve les impôts, qui va porter des ordres de la part d'une Compagnie. G. De là *Quæso* Latin; *Quête*, *Quêter* en François; *Casab* en Arabe, demander, chercher. Voyez *Caimand*.
CAIS, œil. I.
CAISE, fromage. I. *Cheese* en Anglois, fromage. Voyez *Caws*.
CAISG, Pâques. I.
CAISHEAL, muraille. I.
CAISLEAININ, château, forteresse. I.
CAISLEAL, rempart, muraille. I.
CAISLEAN, château, forteresse. I.
CAISLEN, château, forteresse. I.
CAISLEON, tour. I.
CAISSIA, A. M. caisse. Voyez *Cacea*. *Caxa* en Espagnol, caisse, coffre.

CAISTSEARRAN, dent de lion herbe. I.
CAITE, dépilé, pelé, chauve. I.
CAITH, paille. I.
CAITH, plurier de *Caeth*. G.
CAITHEADH, se rouler, se veautrer, se jetter. I.
CAITHES, servante. C. Voyez *Caeth*.
CAITHIDH, jetter, élancer, ruer, dépenser, employer, consumer, dépenser mal-à-propos, dissiper. I.
CAITHIM, lancer, darder. I. C'est le même que *Caithiom*, comme *Caithidh* est le même que *Caithiodh*.
CAITHIN, poil de bêtes. I.
CAITHIODH, le même que *Caithidh*. I.
CAITHIOM, le même que *Caithidh*. I. Voyez *Caithim*.
CAITHLEACH, paille. I.
CAITHRAIGHEOIR, bourgeois. I.
CAITHRIM, jetter. I.
CAITHSLOAN, paille. I.
CAITHTE, van, vanure. I.
CAITHVEOIR, qui lance. I.
CAITIDH, dardé, lancé. I.
CAL, bois substance qui forme le corps des arbres, forêts. G. *Cala*, *Cale*, bois en Breton; *Cala*, bois en ancien Latin; *Kalon*, bois en Grec; *Kala*, branche en Jaloff; *Kala* en Chaldéen, bâton, chevron.
CAL, choux verts. I. Voyez *Caul*.
CAL, sommeil, repos. I.
CAL, le même que *Ceal*. I. De même des dérivés ou semblables.
CAL, anciennement port en Breton; *Caladh* en Irlandois, port. *Cale*, petite baye en François. *Cale*, selon le Dictionnaire de Trevoux, est un abri ou rade qu'on trouve sur la côte, dérrière quelque terrein éminent, qui peut mettre de petits bâtimens à couvert des vents & des flots. On dit aussi *Calangue*. Ce mot n'est plus en usage que sur la méditerranée. *Cala* en Espagnol, port, endroit où un vaisseau peut se mettre à couvert. Dans l'Isle de Corse plusieurs bayes ou ports portent le nom de *Cala*, ce qui montre que ce terme a été autrefois dans cette Isle le nom appellatif de port; *Kello* en Grec, entrer dans le port. Voyez *Cal* le même que *Cel*.
CAL, Voyez *Cahel*.
CAL, commencement. Voyez *Cal Ar Gouan*.
CAL, couper. Voyez *Chai*, *Calucdd*, *Cala*. *Chalal* en Hébreu, couper, blesser, trouer, creuser; *Chalam* en Hébreu, être coupé; *Chalak* en Hébreu, diviser, partager; *Kalabhh* en Hébreu & en Chaldéen, sculpter; *Kalush* en Hébreu, coupé; *Chalak* en Chaldéen, être divisé; *Chal* en Arabe, rompre; *Chaloz* en Syriaque, part, portion; & *Cholol*, coupure, l'action de déchirer, caverne; *Kalaz* en Ethiopien, couper; *Cholos*, *Kolobos* en Grec, mutilé, coupé; *Kele* en Grec, rupture; *Keila* en Bohémien; *Kila* en Esclavon, rupture; *Calav*, percer en Espagnol; & *Cala*, retaille, échantillon ou petit morceau coupé à la piéce pour en faire connoître la qualité; *Gellde* en Islandois; *Geld* en Anglois, couper; *Chalaura* en Basque, épée courte & large; *Chelaph* en Hébreu, hache; *Schelach* en Hébreu; *Celeci* en Persan & en Turc, épée, couteau; *Kaelem*, burin, ciseau en Turc; *Salamaz*, épée en Tartare Calmoucq; *Seleme*, épée en Tartare Mogol & Cal-

moucq ; *Kelebin*, hache en Cophte ; *Salcez*, aiguillon en Stirien & en Carniolois ; *Kolar* en Flamand ; *Kollar* en Esclavon, charpentier ; *Cale* en François, terrein coupé en talus.

C A L, caillou, pierre. Voyez *Calleſtr*.

C A L, haut, élevé, élévation, en tout sens le même qu'*Al*. Voyez *Aru*. Voyez encore *Calad*. *Kal* en Arabe, élever, être élevé, croître, accroître, être augmenté ; *Chalez*. en Chaldéen, élever ; *Kelontor*, le plus grand en Persan ; *Kaldurmak* en Turc, élever ; *Kalk*, levez-vous en Turc ; *Schallu*, échelle, escalier, montée en Tartare Calmoucq & Mogol. *Ca* en Tonquinois, grand particule augmentative ; *Nikalampho* en Cophte, collines ; (*Ni*, article plurier en cette Langue) *Celo* en Esclavon, sommet ; de *Cal*, *Scala* Latin, & *Echalas* François.

C â L, le même que *Gâl*, tête, & tout ce qui est rond. Voyez *Aru*. *Caled* en Breton, petite bosse ; (*Cal* signifie donc bosse.) *Caldem* ou *Calden* en Ecossois, coudrier ; *Den*, arbre ; *Cal* par conséquent noisette ; *Calotenn* en Breton, calotte, couverture de la tête ; (*Cal*, tête ; *Wi*, prononcez *Oi*, habitation. Les Gaulois se servoient du même mot pour désigner les habits & les habitations. Voyez *Caſa*) *Calota* dans les anciens monumens ; *Calotte* en François, calotte ; *Calantica* dans les anciens monumens, couverture de tête ; (*Cal*, tête ; *Andaw* ou *Antaw*, garantir ; ou *Cal*, *Calan*, tête ; *Tyic*, habitation) *Calamaucum* dans les anciens glossaires est un bonnet de peau ; (*Cal*, *Cala* tête ; *Mauc*, habitation, habillement ; e de *Cenn*, peau ;) *Caliendrum* dans les anciens glossaires, couverture de la tête ; (*Cal*, tête ; *Endro*, autour) *Calpes* dans les anciens glossaires, casques ; (*Cal*, tête, païs, habillement) *Call* en Gallois, sage, prudent ; apparemment de *Cal*, tête. *Cale* signifie encore aujourd'hui en notre Langue une espèce de coëffure de femme, un bonnet plat par en haut qui vient couvrir les oreilles, & qui est enrichanté par devant avec une petite bordure de velours. Toutes les servantes de Brie portent des *Cales*. *Cale* est aussi un bonnet d'homme fait en rond & plat qui couvre seulement le haut de la tête. Tous les clercs portoient autrefois la *Cale*, & ils se font encore aujourd'hui à la Chambre des Comptes de Paris. Les bedeaux, les pâtissiers, les petits laquais de femmes portent des *Cales*. En Franche-Comté on appelle *Cole*, un bonnet d'enfant. *Cale* en vieux François, calotte ; *Cale* en Patois d'Alsace, bonnet de femme. Les femmes ont une espèce de coëffure qu'elles appellent *Caline*. *Cal* dans la signification de tête s'est conservé dans ces mots Latins *Calvus*, chauve ; (*Cal*, tête ; *Beuz* ou *Buz*, en composition *Vus*, chauve) *Calvaria*, crane ; (*Cal*, tête ; *Var*, dessus) *Calavera* en Espagnol, crane ; (*Cal*, tête ; *Ver*, dessus) *Chalata*, casque en Albanois ; *Kalon*, bonnet, chapeau en Tartare Mogol & Calmoucq ; *Callac*, auteur, principe, commencement, premier en Persan ; *Kelle*, tête, faîte, cime en Persan ; & *Kulab*, toute couverture de tête ; *Skalle*, tête en ancien Suédois, selon Rudbeck ; *Skalle*, tête en Runique ; *Celata* en Italien ; *Celada* en Espagnol & en Croatien ; *Shelesen* en Esclavon ; *Salade* en François salade, armure de tête. *Cal*, tête, a été étendu à signifier le front, qui est une partie de la tête : on le trouve en ce sens dans le Breton, où *Calrida* signifie se refrogner, se rider le front ; *Rida*, rider ; *Cal* par conséquent front. *Cal* ayant signifié tête, commencement, a par conséquent signifié origine, source. Voyez *Bal*, *Ben*, *Man*. &c.

C A L, le même qu'*Yſgal*, bassin, cuvette, vase, phiole. Voyez ce mot. *Celi* ou *Cali* en Hébreu, vase ; *Kalahht* en Hébreu, bassin, plat ; *Sal*, panier en Hébreu ; *Calida* en Chaldéen, coupe, calice, verre ; *Kalahh* en Ethiopien, calice de fleur ; *Chaikion* en Grec, calice de fleur ; *Kulix* en Grec ; *Calix* en Latin ; *Calice* en Italien ; *Kelk* en Flamand ; *Calice* en François, calice, coupe, vase ; *Kalih* en Bohémien ; *Kelih* en Carniolois & en Lusatien ; *Koluh* en Vandale ; *Kelvech* en Hongrois, calice, coupe, vase ; *Chalante* en vieux François, canal pour écouler l'eau d'un toit ; *Kalonn*, canot en Mandingo ; *Cailler* en vieux François, vaisseau à boire ; *Gali* dans quelques villages de Franche-Comté, poche. Voyez *Caileta*.

C A L le même que *Cals*. Voyez *Aru*. *Calal* ou *Cal* en Hébreu, en Chaldéen, en Syriaque, en Arabe, en Ethiopien, le tout, la généralité, tous. *Kalaba* en Turc, multitude ; & *Chaili*, beaucoup, qui est en grand nombre.

C A L, le même que *Cel*, *Cil*, *Col*, *Cul*, par la substitution réciproque des voyelles. Voyez *Bal*. Voyez l'article suivant ; de la *Caler*, cacher en François ; *Caler* en vieux François, se taire : il est encore d'usage en ce sens en Languedoc.

C A L, le même que *Caell*. Voyez *Caer*. *Cala*, *Kalad* en Hebreu, fermer, enfermer ; *Chal* en Hébreu, demeurer ; *Cala* en Chaldéen, voile, couverture de tête pour femme ; *Kala* en Chaldéen, barre, bâton, chevron ; *Cala* en Hébreu & en Chaldéen, lieu fermé ; *Cala*, château en Persan ; *Cail* en Chaldéen, l'action d'environner de murailles, ou de faire une forteresse ; *Koligin* en Chaldéen, maison, chaumière ; & *Kelari*, habitation, cellier ; *Cala* en Turc & en Persan, château ; *Chalagi*, Ville en Géorgien. *Cala*, Ville, forteresse, toute sorte de grande habitation ceinte de murailles en Géorgien ; *Calon* en Siamois, magasin ; *Kalia*, maison, habitation en Grec ; *Cal* en Syriaque, détenir, arrêter ; *Catio* en Syriaque, serrure, Ville fermée ; & *Kolado*, la fermeture de la porte, la serrure avec la barre ; *Kal* en Syriaque, habitation, chambre ; *Kal* en Arabe, garde-manger ; & *Kalad* enceindre, entourer ; *Cal* en Arabe, garder, conserver, détenir ; *Kalaph* en Ethiopien, fermer ; *Cal* ou *Chal* en Tartare, muraille ; *Chale*, ceinture en Tartare Mogol ; & *Calvet*, retiré, caché, secret ; *Galamih*, prison en Arménien ; *Kalla* en Turc, forteresse, Ville fermée de murailles ; *Kalmak*, demeurer en Turc, & par conséquent *Kal*, demeure, habitation ; parce que *Mak* est la terminaison verbale ; *Chali*, *Kali*, tapis, couverture en Turc ; *Cala* en Turc, logis, tente ; *Calafiris* en ancien Persan, espèce de robe ; *Calappen* à Malaca, noix, fruit à coque. *Chalaupka*, maisonnette en Bohémien ; *Sala*, cachette en Finlandois ; *Challe* en vieux François, écaille ; & *Challer*, écailler ; *Ecaille* en notre Langue, ce qui couvre les poissons, les cétacées. *Gale* de noix, écale, écaler ; *Schale* en Allemand, couverture, écorce, coquille, cale; *Skalio* en Gothique, couverture; *Scala* en ancien Saxon, petite peau qui couvre le bled; *Sceala* en ancien Saxon, coques, coquilles; tefts, croutes, écailles, gouffes.

CAL, le même que *Gwal*. Voyez ce mot.

CAL, le même que *Kelle*. Voyez *Calerare*; & *Cal* le même que *Cel*.

CAL a dû fignifier beau. 1°. *Cal* fe trouve dans *Chalm*, mot Breton qui fignifie charme, attrait. (*Chal* eft le même que *Cal*) 2°. *Cal* fe trouve dans *Calm*, mot Breton qui fignifie calme, beau temps. 3°. *Cal* fe trouve dans le terme François *Calandrer*, qui fignifie polir les draps, leur donner un beau coup d'œil ; de *Cal*, *Gal* ; de là *Galon*, ruban de foye, d'or, ou d'argent pour orner les habits ; *Galanea* en Efpagnol, fe parer ; *Calal* ou *Cal* en Hébreu, être parfait en beauté & en parure ; *Calal* ou *Cal* en Chaldéen, orner, parer ; *Kalon* en Chaldéen, beau. *Kalos* en Cophte, beau, bon; *Kalos*, beau en Grec ; *Cale*, beauté, éclat en Tamoulique ; *Calender* en Anglois, calendrer ; &. *Calm*, tranquille, calme, paifible.

CAL a dû fignifier blanc. 1°. On a remarqué fur *Caer* que les termes Celtiques qui fignifient beau, fignifient auffi blanc. 2°. *Cal* fe trouve dans *Calch*, craye, terre blanche ; dans *Calconou*, caleçons, vêtement de toile ; *Kely* en Finlandois, blanc.

CAL le même que *Cail*. I. De même des dérivés ou femblables.

CAL, GAL, SAL ont dû fignifier graiffe, parce que *Calb*, *Calan*, *Galb* fignifient gras ; & *Salacium*, graiffe. Il faut donc que la fyllabe commune à tous ces mots fignifie graiffe. *Cal*, *Gal*, *Sal* font le même terme. Voyez *Aru*. *Chalal* en Hébreu, graiffe ; & *Chalam*, être gras ; *Chalam* en Arabe, être gras ; *Szalo*, graiffe en Stirien & Carniolois.

CAL, le même que *Gal*, *Sal* ; & *Al* en tous leurs fens. Voyez *Aru*.

CAL, avant. Voyez *Cal Ar Gouan*.

CAL, le même que *Cel*, *Cil*, *Col*, *Cul*. Voyez *Bal*.

CAL, le même que *Caled*. Voyez ce mot.

CAL AR GOUAN, automne. B. A la lettre, avant l'hyver.

CAL A VERN, qu'importe. B. Voyez *Bernout*.

CALA, tuyau de bled, paille. C.

CALA, plomb, fonde pour fonder la profondeur de la mer. Ba.

CALA, A. M. coupe, l'action de couper ; de *Cal*.

CALA, bois. Voyez *Caladur*, *Cal*.

CALA'R GETHLYDD chez une partie des Gallois aron, ou efpèce de féve d'Égypte. G.

CALA'R MYNACH chez une partie des Gallois aron, ou efpèce de féve d'Égypte. G.

CALAD, le même que *Gallt*. Voyez ce mot.

CALADH, port, havre, baye. I. Voyez *Cal*.

CALADH, dur. I. Voyez *Caled*, *Calat*.

CALADUR, dévidoir à rouet. B. Dur de *Tur*, tour. Voyez *Twrn* ; *Caled*, dur, bois. Voyez *Cal*.

CALAF, rofeau, jonc, canne, plume, chaume. G. *Kalamos* en Grec ; *Calmon* en Arabe, rofeau, plume ; *Calam* en Efclavon, jonc ; *Calamus*, chaume, plume en Latin. Voyez *Calamua*, *Calav*.

CALAFETER, ouvrier qui calefate. B.

CALAFETI, calefater. B.

CALAFOURCHEIN, enfourcher. B.

CALAGH, le même que *Caladh*. I.

CALAI, boueux. G.

CALAI, fynonime de *Clai*, bouë, felon Baxter. G. *Caly* en Perfan, bouë ; *Kal*, bouë en Efclavon.

CALAIH, port, havre, baye. I.

CALAIN, dormir. I.

CALAINN, lit. I.

CALAITH, pointe, pointe de terre qui avance dans l'eau. I.

CALAMANDD, calemandre. B.

CALAMAUCUM, A. G. bonnet de peau. Voyez *Cal*, tête.

CALAMUA, chanvre. Ba. Voyez *Calaf*.

CALAN, le commencement de l'année. B. Voyez *Cabel*.

CALAN. BARA CALAN, bignet, riffole, pain cuit dans la graiffe, gâteau fort délié. G. À la lettre, pain gras ; *Bara*, pain ; *Calan*, gras. On a dit *Galan* comme *Calan*. Voyez *Aru* & *Calb*, *Galb*.

CALAN, le même qu'*Alan*, *Galan*, *Salan*. Voyez *Aru*.

CALANDER, cadran. B.

CALANED, cadavres. C.

CALANEDD, homicide. C.

CALANGIA, A. M. le même que *Callengia*. Voyez ce mot.

CALANNA, CALANNAT, étrennes. B.

CALAOIS, fourberie, tromperie, impofture. I.

CALARIA, A. G. vaiffeau qui porte des bois ; *Calo*, homme qui porte du bois ; de *Cal*.

CALASTR ; fingulier, *Calaeftren*, le bois ou tuyau du chanvre, tant en grandes qu'en petites parties. B. Voyez *Calaf*, *Calamua*.

CALAT, dur. C. Voyez *Caladh*.

CALATTER, dureté. C.

CALATUM, A. M. bois de pêcheurs ; de *Cal*.

CALATUS, A. G. forte de vafe ; de *Cal*.

CALAV, plume, G. C'eft le même que *Calaf*.

CALBAE, CALBARES, A. M. (on lit *Calbei* dans Feftus) braffelets qu'on donne aux foldats pour récompenfe de leur valeur ; de *Calmas* ou *Calbas*, valeur.

CALBINO, A. G. qui fe fouvient, mémoratif ; de *Cal*, dure, forte, qui retient ; *Bin*, tête.

CALC, chaux, craye. G. Voyez *Calch*.

CALC. Voyez *Calcughad*.

CALCAERAGUIN, CALCAERAZO, CALCARACI, forcer, contraindre. Ba.

CALCANEUS LOCUS, CALCANEUM, A. M. lieu pierreux ; de *Cal*.

CALCAR, A. M. efpèce de collier de fer. Voyez *Calcaria*.

CALCARIA, qui force. Ba.

CALCATU, forcer. Ba.

CALCEA, CALCEIA, CALCEATA, CALCEATUM, CALCETUM, CALCETA, CALCEDA, CALCEDIA, CALCEDONIA, CALCERIA, CALCHIA, CALCIATA, A. M. levée, digue, chauffée ; de *Calcatu*, forcer, contraindre, retenir dans de certaines bornes ; *Caufey* en Anglois, chauffée.

CALCH, chaux, craye, tuf. G. *Caile* en Irlandois ; *Chalk* en Anglois, craye ; *Kalaph* en Samaritain, enduire de chaux ; *Calafc*, *Calfc* en Syriaque ; *Calas* en Arabe ; *Cal* en Efpagnol ; *Calck* en Flamand ; *Kalk* & *Kalch* en Allemand ; *Kaik* en Lufatien ; *Calce* en Italien ; *Calx* en Latin ; *Calcia* dans les anciens monumens, chaux.

CALCH. Tew explique ce mot par *Tmladd*, combattre,

CAL.   CAL.

battre, combat; mais Davies estime qu'il signifie armure, arme, cuirasse; & il est vrai que dans les phrases qu'il rapporte il a ce sens. Je ne voudrois cependant pas inférer de là que Tew se trompe, j'aimerois mieux dire que ce mot a l'une & l'autre significations. Quoi de plus commun dans toutes les Langues, sur tout dans la Celtique, que d'y voir des termes à plusieurs sens! Voyez *Ankeler*.

CALCHAID, de craye, blanchi avec de la chaux. G.

CALCHDOED, armé, l'action de se cuirasser. G.

CALCHEIDLIW, blanchi avec de la chaux. G.

CALCHOG, de craye. G.

CALCHU, blanchir avec de la chaux. G.

CALCHWR, chaufournier. G.

CALCONOU, caleçons. B.

CALCUGHAD, endurcir. I. Ce terme comparé avec *Calcatu*, me fait juger que *Calc* a signifié dur, difficile. Je m'affermis dans ma conjecture par *Calcable*, vieux mot François qui signifioit difficile à passer. La chronique de Hainaut s'en sert parlant des rivières.

CALDACIA, A.G. eau chaude; *Cald* de *Call*, chaude; *Ac*, eau. De *Cald* est venu le Latin *Calidus*.

CALDARIA, CALDARIUM, CALDERIA, A.M. chaudière; de *Caldor* ou *Caldawr*. *Caldara* en Italien; *Caldera* en Espagnol; *Caldear* en Saxon; *Chaudiere* en François, chaudière.

CALDELLUS, A.M. diminutif de *Caldus*.

CALDEM, CALDEN, coudrier. E.

CALDER. Voyez *Calet*.

CALDI, cheval, cavalier. Ba.

CALDICUM, A.G. balcon; de *Cal*, avant, devant; *Tyic*, en composition *Dyc*, maison.

CALDIZEO, de cheval. Ba.

CALDOR, le même que *Callor*. Voyez ce mot.

CALDUS, A.M. espèce de vase à boire; de *Cal*.

CALE, port anciennement en Breton. Voyez *Cal*.

CALE, bois, substance qui forme le corps de l'arbre. B. Voyez *Cal*.

CALE-DE, qui adore Dieu. I.

CALEA, rue, chemin. Ba. De là *Callis* Latin.

CALECIA, A.M. le même que *Calcea*. Voyez ce mot.

CALEÇON, caleçon. B. De là ce mot.

CALED, dur au propre; & au figuré, âpre, raboteux, rude, fâcheux, cruel, violent, sévère, rigoureux, chagrinant, incommode, difficile, avare. G. Voyez l'article suivant.

CALED, petite bosse, grosseur, enflure dure, calus, cor, dur, buche. B. Voyez l'article précédent. *Calloa* en Basque, calus, durillon; *Caltaria*, nuisible, incommode; *Caladh*, dur en Irlandois; *Calat*, dur en Langue de Cornouaille; *Galad* en Hébreu, endurcir; *Calad* en Arabe, être dur, épais, difficile; *Kalaz* en Arabe, dur, fort; *Callus* en Latin; *Calli* en Italien; *Callo* en Espagnol; *Cal*, calus en François; *Cal*, calus, durillon; *Callos* en Espagnol, durcir, dur. On voit par là qu'on a dit *Cal* comme *Caled*. Voyez *Calet* qui est le même que *Caled*.

CALEDA. Voyez *Calet*.

CALEDEENN, calus, durillon. B. Voyez *Caled*.

CALEDEENNEIN, durillonner. B.

CALEDENN, petite bosse, enflure dure, calus, cor, squirre, buche, grosse pièce de bois dur & solide. B. Voyez *Caled*.

TOME I.

CALEDET, constipé. B.

CALEDFYD, fâcheuses extrémités, dure nécessité. G. *Caled Byd*.

CALEDGROEN, callosité, calus, durillon. G.

CALEDI, condenser, congeler, cailler parlant du sang, du lait, &c. B. *Cailler* vient sûrement de *Caled*, ce qui montre qu'on a dit *Caler* comme *Caled*, l'r & le *d* se substituant réciproquement. Voyez *Calet*.

CALEDIGUIAH, concrétion. B.

CALEDRWYDD, difficulté. G.

CALEDT, fatiguant B.

CALEDU, se durcir, s'endurcir, durcir, endurcir, rendre dur, devenir dur. G.

CALEDWCH, dureté, durillon, calus, callosité; endurcissement, affermissement, avarice. G.

CALEFATI, calfater. B.

CALEFYN, diminutif de *Calaf*. G.

CALEN, le même qu'*Alen*. Voyez *Aru*.

CALENGARE, CALENGEIUM, CALENGIA, A.M. Voyez *Callengia*.

CALENNIG, étrennes. G.

CALER, le même que *Caled*. Voyez *Caledi*. De là *Celeri*, plante dont la racine est fort dure.

CALERARE. A.G. porter du bois; *Calerarius*, qui porte du bois; de *Cal*.

CALERARE, A.G. se hâter; de *Cal*, le même que *Kell*, vîte. *Calopare* dans les anciens monumens, galoper; *Kalpazein* en Grec, courir; *Gal* & *Cal* sont le même mot; (voyez *Aru*) de là *Galoup* en Breton; *Galop* en François. De *Kell* ou *Cell* on a dit *Gell*; (voyez *Aru*) de là *Gellgi*, chien de chasse; (*Ci* en composition *Gi*, chien; *Gell*, chasse, vive poursuite.) Le *g* se changeant en *v*, on a dit *Vel* comme *Gel*; de là *Velox* Latin; de là *Velo*, terme dont nos chasseurs se servent pour faire venir promptement les chiens à la poursuite du gibier.

CALERE, A.M. être oisif, être paresseux; de *Cal*, le même que *Gwal*, négligence. *Calin* en vieux François, fainéant, paresseux; & *Caliner*, être oisif, être fainéant.

CALERENN, le même que *Caledenn*; comme *Caler* est le même que *Caled*. Voyez *Caledi*.

CALERNA, tonnerre. Ba.

CALESA, carrosse, coche, char, &c. Ba. De là caléche.

CALESTUA, cul-de-sac, rue étroite. Ba. *Calea*, rue; *Stu* signifie donc étroit. *Stum* en Breton, petit.

CALET, dur, solide, ferme, desséché, durci; *Calder*, dureté, solidité, fermeté, endurcissement; *Caletter*, dureté; *Caleda*, durcir; *Caledi* on *Caledet*, durci. B. De là *Galette*, gâteau sec. Voyez *Caled* & *Callts* qui sont les mêmes.

CALET, le même qu'*Alet*, *Galet*, *Salet*. Voyez *Aru*.

CALET-CLEO, surdité. B. A la lettre, ouie dure.

CALETAITT, fermeté. B.

CALETATT, coaguler. B.

CALETGOED, bois durci, bois dur. G.

CALETGRYF, fort dur. G.

CALF, le même que *Calb*. Voyez B.

CALFETEIN, calfater, radouber. B.

CALFETOUR, calfat, ouvrier qui calfate, qui radoube. B.

CALG, aiguillon, pointe. I. De là *Calcar*, éperon en Latin; & *Calquer* en François. On voit par *Calgach* que *Calg* signifie aussi épine.

CALGACH, aigu, pointu. I.

P pp

CAL.

CALGACH, plein d'épines. I.
CALH, chaud. G. *Kalah* en Hébreu, cuire, frire, rôtir, brûler ; *Zalah* en Hébreu, rôtir ; *Kalia* en Chaldéen, ferpent brûlant ; & *Makelia*, brûlure ; *Kalito* en Syriaque, bled rôti ; & *Kel*, faire cuire dans la poële ; *Kalo* en Éthiopien, faire cuire dans la poële ; *Kal* en Arabe, l'action de faire frire ; & *Kali*, cuire dans la poële ; *Sal* en Perfan, al'umer ; *Exall* en ancien Perfan, chaud ; *Gall*, feu ; & *Chalon*, chaud en Tartare Calmoucq ; *Chalangiv*, *Kalongiv*, étuve ; & *Kalloon*, chaud en Tartare Mogol & Calmoucq ; *Rol*, chaud, ardent en Tartare du Thibet ; *Kalda*, fièvre en Iflandois ; *Kalk* en Flamand ; *Kalck* en Allemand, chaud. De *Calh* eft venu le Latin *Caleo* avec tous fes dérivés. De *Calh* on a fait dans nos Provinces méridionales *Cau* ou *Caud*, parce que nous avons changé l'*al* en *au* ; & dans les autres Provinces *Chaud*. On appelle en Anjou *Chalibaude*, les feux de la faint Jean ; de *Call*, *Chal*, feu ; *Baud*, joie.
CALHOIS, fourberie, tromperie. I.
CALIA, A. M. caille ; de *Coailh*. Je crois le nom de cet oifeau formé de *Cal*, gras : la caille eft fort graffe ; *Quaglia* en Italien, caille.
CALIBURNE, A. M. eft le nom de l'épée du Roi Arthur, (on prononce communément Artus) un des plus grands Princes qui ait gouverné les Bretons après qu'ils eurent été abandonnés des Romains. Ce Monarque dut fon nom à fes victoires : Il défit fi fouvent fes ennemis qu'il fut appellé *Arthur*, c'eft-à-dire marteau ; ainfi quelques fiècles après on appella *Martel* Charles ayeul de Charlemagne, pour avoir fait un carnage étonnant des Sarrazins, qui inondoient la France. Les épées des anciens Chevaliers avoient des noms. *Joyeufe* étoit le nom de celle de Charlemagne ; celle de Roland s'appelloit *Durandal* ; celle d'Olivier, *Hauteclere* ; celle d'Ogier, *Courtin* ; celle de Renaud, *Flamberge* ; celle de Ganelon, *Murgalle* ; celle de Charles le Chauve, *Badalaire*. *Caliburne* eft formé de *Cal*, fort, très ; *Murn*, en compofition *Burn*, meurtre ; *Caliburne*, très-meurtrière ; *Dur*, acier ; *Dal*, tranchant ; *An* particule augmentative ; *Durandal*, acier fort tranchant ; *Courtin*, de court. (Voyez *Cwtt*) Les braves fe piquoient de porter des épées courtes, difant que pour les allonger ils n'avoient qu'à faire un pas de plus vers l'ennemi. *Flamba*, flamboyer ; *Flamberge*, qui flamboye, qui jette de l'éclat ; *Murg*, couper, trancher ; *All*, tout ; *Murgalle*, qui coupe tout, qui tranche tout ; *Ba*, bon, bien ; *Dala*, couper ; *Badalaire*, qui coupe bien, bien coupante.
CALID, le même que *Caled*. Voyez *Calidiguez*.
CALIDIGUEZ, coagulation. B. On voit par là qu'on a dit *Calid* comme *Caled*. Voyez encore *Calish*.
CALIENDRUM, A. G. couverture de la tête. Voyez *Cal*, tête.
CALIGARE, A. G. porter du bois ; *Caligarius*, qui porte du bois ; de *Cal*, bois. Et comme c'eft le fort des pauvres, des miferables, de porter le bois, *Caligatus* dans un ancien gloffaire fignifie un homme très-miferable, un homme de la lie du peuple, & même un infirme. On voit par là qu'après avoir employé ce mot pour fignifier miferable en général, on s'en eft encore fervi pour défigner la mifère particulière de l'état de langueur & d'infirmité.

CAL.

CALIGO, A. M. canal. Voyez *Cal*, *Cala*.
CALIFOURCHON, califourchon. B. De là ce mot.
CALIMANTES, courtifane. B.
CALINUS, A. M. maître d'un hôpital ; de *Cal.sir*. lit.
CALISH, difficile. C. Voyez *Calid*.
CALIUS, A. G. cendre ; de *Calh*, brûler.
CALIZA, calice, verre, vafe. Ba. Voyez *Cal*.
CALL, fin, prudent, fage, enjoué, agréable, plein de fel, qui raille finement. G. *Call* en Langue de Cornouaille, fin, adroit, rufé, madré, fourbe, trompeur ; *Kallas*, rufé, fin, pénétrant en Turc ; *Kaellas* en Turc, fineffe ; & *Akilli*, fage, prudent ; *Chali* en Éthiopien, méditer, penfer, être fage ; *Kalavi*, fcience en Malabare ; *Chalard*, impofteur, trompeur en Hongrois ; *Calleo* en Latin, fçavoir, connoître ; *Calin* parmi le peuple fignifie un homme adroit, qui fe prete, qui fe plie, qui cache fes deffeins pour réuffir dans fes vues. Le *ch* & le *c* fe fubftituant mutuellement, on a dit *Chal* comme *Cal*, ainfi que nous le voyons par l'ancien mot François *Chaloir*, qui fignifioit fe foucier, avoir foin. Voyez *Cial*.
CALL, fin, adroit, rufé, madré, fourbe, trompeur. C. Voyez l'article précédent.
CALL, Gaulois. B. *Call* eft le même que *Gall*, brave, vaillant. Voyez ce mot, de même que *Gallu*, *Galluog*. On a dit *Celt* ou *Kelt*, qui eft le même que *Call*, par où nous voyons qu'on a ajouté un *t* final. Dans le Theuton, qui a beaucoup d'analogie avec le Celtique, on inféra l'*r* : *Carl* en cette Langue fignifie brave, de là le nom de *Charles*. *Chalam* en Hébreu & en Chaldéen, être fort, robufte ; *Chalimo* en Syriaque, fort, robufte.
CALL, le même que *Calh*. Voyez *Callor*.
CALL, haut, élevé. Voyez *Callt*.
CALLA, voile. I. Voyez *Cal*.
CALLACA, CALLAICA, A. G. pierre précieufe dont parle Pline fous le nom de *Callais* : Sa couleur eft verte ; *Cal*, pierre ; *Las* ou *Lac*, verte. Voyez *Arn*.
CALLACH, bâton, croffe. I. Voyez *Cal*.
CALLAIDHE, compagnon, affocié. I.
CALLAIRE, crieur public. I. Voyez *Cahel*.
CALLAN, parleur, babillard. I. Voyez *Cahel*. *Kelle*, langue ; & *Kellena*, parler en Tartare Calmoucq & Mogol.
CALLANACH, crieur, qui crie, qui parle en criant. I.
CALLAS, A. G. trous des ouvriers ; de *Cal*.
CALLASCA, fe frotter les épaules à la manière des gueux, des pouilleux, des galeux. B.
CALLAWR, le même que *Callor*. G.
CALLD, le même que *Call*, fin. Voyez *Catt*, *Calldadl*.
CALLDADL, fubtilités, raifonnemens raffinés. G.
CALLDDYCHYMMYG, fubtilité d'efprit. G.
CALLDER, CALLDED, CALLINEB, fineffe, prudence. G. On voit par là que *Callin* eft fynonime à *Call*.
CALLEACH, vieille femme. I.
CALLEGI, A. G. chemins étroits ; *Calea*, chemin ; *Eigin*, étroit.
CALLENGIA, A. M. calomnie, action par laquelle on redemande une chofe ; de *Clemm*. *Calenge* fe trouve fort fréquemment dans les diverfes coûtumes du Royaume : il y fignifie débat, conteftation, plainte criminelle en Juftice ;

même la prise de corps qui se fait par un sergent : il s'est dit premièrement de la prise & accusation des bêtes trouvées en dommage : on a ensuite étendu ce mot à signifier le dommage même ; & on a dit *Calenger*, *Calengier*, *Chalenger*, *Chalonger*, *Caloigner*, pour dire, faire dommage à l'heritage d'autrui : on a aussi employé ces mots, pour blâmer, débattre, contredire : il se dit encore pour blâmer, censurer, reprendre en Franche-Comté. On a dit *Calenger* pour un gage de bataille, pour dire, faire un défi corps à corps, entre deux champions. On a aussi appellé un prisonnier, *Callengé*. *Chalange*, *Chalonge* en vieux François, barguignement ; en Normandie *Calenger* signifie encore aujourd'hui barguigner. Quelquefois *Calenger* par contre-sens a signifié louer.

CALLERE, A. M. machiner quelque fourberie ; de *Call*.

CALLESTER, le même que *Callestr*. G.

CALLESTR, caillou, pierre à fusil, pierre à feu : *Cellystr* au pluriel. G. *Callec* ou *Calluc* en Hébreu, caillou ; *Challamisc* en Hébreu, caillou ; *Selah* en Hébreu, caillou, roc ; *Kalah* en Chaldéen, pierre ; *Kalt* en Arabe, rocher ; *Kaloki* en Arabe, gravier, petites pierres ; *Kaloko* en Syriaque, gravier, petites pierres ; *Cala*, pierre en Persan ; *Kallou*, pierre en Malabare ; *Culcihat*, caillou en Maure ; *Caleucin* en Grec, lapider ; *Chalix* en Grec, caillou ; *Chalamos* en Grec, rocher ; *Kaya*, roc en Tartare de Jakut & de Tobolsk ; *Ezelon*, pierre en Tartare Calmoucq ; *Kallia*, pierre en Finlandois ; *Xal* en Esclavon, sable ; *Skala* en Esclavon & en Polonois, rocher ; *Skala*, pierre en Bohémien ; *Koll*, pierre dans l'ancienne Langue du Nord ; *Ko*, *Kova*, pierre en Hongrois ; *Cautes*, roc en Latin ; *Callais* en François, pierre adhérente à un rocher. On a dit par syncope, *Cal*, que nous retrouvons dans le Patois de Provinces du Latin. *Calada* à Montauban, signifie paver ; *Chaille* en Franche-Comté, est une terre pierreuse ; *Caillou* se dit dans notre Langue : *Calculus* en Latin, petite pierre ; *Cal*, pierre ; *Cal*, petite. Le *c* & le *g* se substituant réciproquement, on a dit *Gallestr* comme *Callestr*, (voyez *Aru*) ainsi que nous le voyons dans *Gall* en Irlandois, pierre ; dans *Gal* en vieux François, caillou ; au pluriel *Gaux* ; de *Gal*, on a fait le diminutif *Galet*, qui se dit du grais dont on pave les rues : *étendre sur les galets* ou *sur les carreaux*. *Galet* signifie aussi ces cailloux que l'on trouve sur le bord de la mer. Il signifie encore ces petites pierres qui sont mêlées avec la terre & que l'on en sépare par le moyen d'une espèce de crible que l'on nomme *Gringalet* ; de *Grian*, *Grin*, terre ; *Galet*, petite pierre.

CALLESTRAWL ; de caillou. G.

CALLESTRFAEN, caillon. G. *Maen*.

CALLET, dur, courageux, vaillant. B. Voyez *Calet*, qui est le même.

CALLETA, cruche, vase, vase de bois. Ba. Voyez *Cal*.

CALLFRAETHDER, subtilités, raisonnemens, rafinés. G.

CALLIA, A. G. singe ; de *Call*. fin.

CALLICULA, A. M. encrier ; de *Cal*, vase ; *Cul*, petit.

CALLICULA, A. M. espèce d'habit, le même que *Gallica*.

CALLIN, le même que *Call*. Voyez *Calder*, *Call*

CALLINEB, finesse, prudence. G.

CALLIOMARCUS. Ce mot Celtique, qui nous a été conservé par Marcellus Empiricus, est le nom de l'herbe que les Latins ont appellée ongle de cheval. *Marc*, cheval ; *Cal*, *Calus*, durillon, ongle de cheval.

CALLISH, dur, difficile. C.

CALLOA, calus, durillon. Ba. Voyez *Caled*.

CALLOCH, MARCH, CALLOCH, cheval entier. B.

CALLOD, mousse des arbres. G.

CALLOD, copeaux, éclats de bois. G. *Cal*, bois ; *Lod*, morceau, fragment.

CALLOD Y DERW, pulmonaire. G. A la lettre, mousse des chênes.

CALLODR, mousse. G.

CALLODR, copeaux, éclats de bois. G. *Cal* ; bois ; *Lodr*, morceau, fragment. Voyez *Callod*.

CALLODRYN, cime ou tuyau des herbes. G.

CALLOID, cri, clameur, querelle. I.

CALLOMELINUS, A. M. jaune doré, jaune éclatant ; de *Cal*, très ; *Melin*, jaune.

CALLOR, CALLAWR, CALDOR, CALDAWR, chaudière, chaudron. G. De là *Caldaria*, *Calderia*, dans les anciens monumens, chaudière, chaudron dans notre Langue.

CALLORUS, A. G. malicieux ; de *Call*.

CALLT, le même que *Galt*. Voyez ce mot & *Aru*. *Kabbbth* en Arabe, montagne élevée, cime de montagne ; *Caltus*, élevé en Lappon & en Finlandois.

CALLT, le même que *Call* Gaulois. Voyez ce mot.

CALLT, le même que *Call*. Voyez *Catt*.

CALLUCA, A. G. Il faut lire *Callaica* ou *Callaca*. Voyez ce mot.

CALLUINT, perdre, gâter, corrompre. I. Voyez *Coll*.

CALLULARE, A. M. chicaner, subtiliser ; de *Call*.

CALLUS, A. G. Pour *Callas*. Voyez ce mot.

CALM, calme. B. *Calma* en Espagnol ; *Calme* en François, calme ; *Kalm* en Flamand, calme, bonace.

CALMA, brave, vaillant, courageux, hardi, vigoureux, fort, puissant, généreux. I.

CALMA, A. M. chaumiere, petite maison : on a dit aussi *Chalma*, *Chalms*, *Chauma*, *Chaumota* ; de *Calam*, de *Calaf* ; de là est venu dans notre Langue chaumiere ; c'est-à-dire, habitation couverte de chaume.

CALMAS, CALMACHD, courage, bravoure, valeur, hardiesse, vigueur, force, générosité. I.

CALMIS, A. M. chaume ; de là ce mot. Voyez *Calma*.

CALO, A. M. sabot, chaussure de bois ; *Cal*, bois.

CALOMNI, calomnie. B. De *Clemm*.

CALON, cœur. G. B. *Colan*, cœur en Langue de Cornouaille ; *Calb*, cœur en Arabe. *Calon* étant le même que *Caloun*, doit en avoir toutes les significations.

CALON, poitrine. G.

CALON, vigueur, force. G. On voit par *Caloneeq*, *Calonnog*, que *Calon* signifie aussi valeur, bravoure, courage, ardeur.

CALONAD, CALONAT, creve-cœur. B. *Calon*, *Had*, contre.

CALONDEWR, brave, vaillant, fort. G.

CALONDDIG, qui est en colere. G.
CALONDID, magnanimité. G.
CALONDWYLL, craintif, timide. G. *Twyl*.
CALONECQ, brave, courageux, robuste, vaillant, fort, puissant, ami. G.
CALONENN, fressure, noyau. B.
CALONES. Ce mot dans le glossaire manuscrit de Saint Germain est rendu, marchands, petits vaisseaux qui portent du bois aux soldats; dans un glossaire manuscrit de Papias, petits vaisseaux qui portent du bois aux soldats; dans un autre manuscrit du même glossaire, marchands, petits vaisseaux ou loges de soldats, ou hommes qui portent du bois aux soldats. Ciceron a employé ce mot au dernier sens. Ce terme vient de *Cal*, bois ; ces petits vaisseaux portent du bois. Les loges ou barraques que les soldats se construisoient, lorsqu'ils demeuroient longtemps dans un même camp, étoient de bois. (Les Romains tenoient des troupes habituellement campées sur les Frontieres de leur Empire pour les couvrir) les marchands vendoient sous des échoppes ou appentis de planches. Voyez *Chalan*.
CALONGIA, A. M. le même que *Colongia*, petite maison de campagne, petite grange, petite métairie ; de *Cal*, habitation.
CALONIA, A. M. le même que *Calumnia*. Voyez ce mot.
CALONICA, A. M. le même que *Colonica*. Voyez ce mot.
CALONNIG, petit cœur, terme de tendresse. G.
CALONNOG, ardent, vaillant, brave. G.
CALONROD, libéral, généreux. G. *Calon*, *Rhodd*.
CALONRWYDD, libéral, généreux, très-libéral. G. *Calon*. *Rhwydd*.
CALONWYCH, vaillant, brave. G. *Calon*, *Gwych*.
CALOPARE. A. M. galoper; de *Galoup*, *Galop*. Voyez *Calterare*.
CALOPEDES, CALOPODES, CALOPODIA, A. M. souliers de bois, ou souliers dont le dessous est de bois, sabots, ou galoches ; *Calopeta*, celui qui les porte ; de *Cal*, bois.
CALOSTRA, treillis, jalousies, balustres. Ba. Voyez *Cal*.
CALOTA, A. M. calotte. Voyez *Cal*, tête.
CALOTENN, calotte. B.
CALOTT, calotte. B.
CALOUEZ, ouvrier en fer. B.
CALOUN, cœur, centre, milieu. B.
CALOUNAD, creve-cœur. B. Voyez *Calonad*.
CALOUNECQ, brave, vaillant. B.
CALOUNEN, centre, milieu. B.
CALOUNICQ, ami. B.
CALOUNUS, corroboratif. B.
CALPAE, CALPES, A. G. Les mêmes que *Calbae*. Voyez ce mot.
CALRIDA, se refrogner. B.
CALS, beaucoup, grande quantité, plusieurs, grand nombre, force, très marque du superlatif, abondant, fertile, abondance, abondamment. B. Il signifie aussi gras. Voyez *Casbovis*. Il signifie encore monceau, tas. Voyez *Calsa*. *Kazab* ou *Kasb* en Arabe, fort adjectif ; & *Kazabb*, être en grande quantité.
CALS, avec une négation signifie guères. B.
CALSA, CALZA, amasser ensemble, amonceler, mettre en monceau, faire un tout de plusieurs parties, mettre en bloc. B.
CALSADEN, CAZLADEN, par transposition, *Calsen*, *Calzen*, amas, monceau, bloc. B. Voyez *Calsa*.

CALSENN-MAR, tas d'écaubues ou de mottes marrées. B.
CALSOU, plusieurs. B.
CALTA, A. M. tribut exigé par violence & contre tout droit ; de *Calet*, dur, rude, fâcheux, violent, ou de *Caltea*. Voyez *Caltelsia*.
CALTARIA, coupable, nuisible, incommode. Ba.
CALTARQUITSUA, pernicieux. Ba.
CALTARRAYA, persécution. Ba.
CALTARTEA, précaution, document. Ba.
CALTE, perdre. Ba.
CALTEA, perte, dommage. Ba. Voyez *Calet*.
CALTEBAGUEA, indemnité. Ba. *Calte*, dommage ; *Baguea*, sans.
CALTELSIA, extorsion, exaction. Ba. Voyez *Calta*.
CALTERIA, A. M. ruse, piége ; *Calteriatus*, qui donne dans ces piéges. Voyez l'article suivant & *Calturea*.
CALTERIC, nuisant. Ba.
CALTETUA, offensé. Ba.
CALTUREA, danger, péril. Ba.
CALVANUS, A. M. le même que *Cananna*. Voyez ce mot.
CALVARE, A. G. tromper ; de *Call*.
CALVARE, A. G. rendre chauve ; de *Calvus*, chauve. Le devant de la tête est appellé *Calvaries* dans un ancien glossaire, parce que c'est par cette partie qu'on commence à devenir chauve. Voyez l'étymologie de *Calvus* à *Cal*, tête. *Cal* en Persan ; *Cahl* en Allemand, chauve.
CALUEDD, charpentier. G. B. Ce mot est formé de *Cal*, couper ; & *Gued*, bois, qui perd le *g* initial en composition. En comparant *Caluedd* & *Calvez*, on voit qu'on a dit *Gued*, *Guet*, *Guez*, de même que *Goed*, *Goet*, bois ; & par conséquent *Gud*, *Gut*, *Guz*, par crase de *Gued*, *Guet*, *Guez*; comme *God*, *Got*, par crase de *Goed*, *Goet*. On voit encore par là que le même mot qui signifioit arbre, signifioit aussi bois ; ainsi *Pren*, *Gwydden*, *Coeden*, *Guezen*, *Guen*, *Gouen*, *Hen*, signifient non seulement arbre, mais encore bois. *Guet*, bois, se trouve dans le mot François *Baguette* ; *Ba*, petit ; *Guet*, bois.
CALVETA, A. G. montagnes pelées ; de *Calvus*, duquel vous trouverez l'étymologie à *Cal*, tête.
CALVEZ ; au pluriel *Kelvez*, *Kelvizien*, charpentier. B. Voyez *Caluedd*.
CALVIZIAT, tailler du bois, exercer le métier de charpentier. B.
CALUMNIA, CALENGIA, A. M. les mêmes que *Callengia*.
CALUS, A. M. bon; de *Cal*, le même que *Gal*.
CALUSUM, A. M. clos ; de *Cal*.
CALVTOG, génisse. I.
CALVUS, A. M. rusé, trompeur ; de *Call*.
CALYN, par corruption pour *Canlyn*. G.
CALZE, sauvage. E.
CALZENN, flocon. B.
CAM, borgne. G. I. Voyez *Camm*.
CAM, blanc. G. Voyez *Can*.
CAM, dégré, marche, pas. G. *Cam*, allure, marche, démarche, pas en Breton ; *Kom* en Hébreu, marcher ; *Cuman* en ancien Saxon, venir ; *Kem*, venir en Islandois ; *Qiman* en Gothique ; *Coma* en Runique, venir ; *Kammooch*, voyage en Groenlandois ; *Kom*, pas en Tartare du Thibet ; & *Kanh*, pied ; *Ken*, aller en Tartare Mogol & Calmoucq ; *Chamos*, aller vite en Arabe ; *Cama*, allons en Galibi ; *Kommen* en Allemand, marcher ; *Comen* en Flamand ;

CAM.   CAM.   257

Come en Anglois ; *Komme* en Danois, aller, venir ; *Gang* en Allemand ; *Ganc* en Flamand , pas ; *Camino* en Italien, chemin, formé furement ; de *Cam*. *Camoccia* en Italien , chamois ; de *Cam* , allure ; *Moch* , vîte.

CAM , courbure , tortuofité , injuftice , iniquité , injure , abus injufte , ce qui n'eft pas jufte. G. *Cames* en Écoſſois , courbe ; *Cam* en Breton, tortu , courbé , recourbé , camus , crochu , voûté , boiteux , qui ne marche pas droit ni aifément ; *Cam* , courbe , courbé , tors , tortu , tortueux , qui ſerpente , ſinueux , mauvais , indirect , non droit en Irlandois ; *Cam, Cabm* , courbe en langage de Cornouaille ; *Chamas* en Hébreu , injure ; *Kamar* en Chaldéen , faire une voûte ; & *Chamat* , courber ; *Kamar* en Chaldéen , pli , ſinuofité , ride ; & *Kamit* , tortueux , crépu ; *Kamar*, voûte en Ethiopien ; *Cam* en Arabe , ſein , ſinuoſité ; *Chomi* en Arabe , ſerpent , ver , ainſi nommés de leurs tortuoſités ; & *Kanahh* , courber. *Keman* , arc en Perſan ; & *Kemer* , voûte ; *Kem* , manquant , eſtropié en Perſan ; & *Cumu* , courbure. *Ciam* ou *Cam* en Perſan , gorge de montagne tortueuſe , nœud ; & *Chœm* , tortu , courbe , friſé. *Cam* en Chinois , délit ; *Kim* en Chinois , pencher ; & *Cum* , arc. *Kanh* , boiteux en Tartare du Thibet ; *Kemer*, *Kiemer* , voûte , arcade en Turc ; & *Kieman* , arc. *Kem* , mauvais , méchant en Turc ; & *Kangia* , croc. *Gamel* en ancien Perſan , nom du chameau , parce qu'il eſt boſſu ; (Voyez *Camel*) *Samen* en Phénicien & en Punique ; *Scamain* en Hébreu ; *Scama* en Sarrazin ; *Semma* en Maure ; *Elzama* en Éthiopien ; (El article) *Camet* en Canadois , ciel , parce qu'il eſt concave , parce qu'il eſt en voute ; *Sana* , ciel en Chinois ; *Gamar* en Arménien , voûte ; *Kamaron* en Chaldéen , voûte ; *Kampto* en Grec , courber ; *Kampulos* en Grec , crochu ; *Kamara* , voûte en Grec & en Hongrois ; *Camurus* en Latin , courbé ; *Camera* , *Cambra* en Latin , voûte , toit fait en courbure ; & *Camerare* , voûter. *Simos* en Grec ; *Simus* en Latin , camus ; *Cam* en Theuton , courbé ; *Camuys* en Flamand , camus ; *Camoiſe* en Anglois , camus ; *Canca* en Eſpagnol , tortuoſité , courbure. De *Cam* eſt venu *Cancellare* , terme de la baſſe Latinité ; *Chanceler* en François , incliner de côté & d'autre , n'être pas droit. De *Cam* viennent nos mots camus , camard , camuſon , ou petite camuſe , cambrer , cambrure. De *Cam* vient le terme Franc-Comtois *Canche* , qui ſignifie boiteuſe ; *Chambry* à Metz , treille de jardin faite en voûte ou berceau. Le c & l'h ſe mettant l'un pour l'autre , on a dit *Ham* comme *Cam* , ainſi qu'il paroit par *Hamus* en Latin ; *Hameçon* en François , hameçon , petit crochet avec lequel on prend du poiſſon ; *Hamis* en Hongrois , tortu. Le g & le c ſe ſubſtituant réciproquement , on a dit *Gam* comme *Cam* , ainſi qu'on le voit par *Gambi* , qui en Patois de Franche-Comté ſignifie boiteux. Voyez *Cambe* , *Camm* , *Cammedd*.

CAM , courbe , courbé , tors , tortu , tortueux , ſinueux , mauvais , indirect , non droit. I.

CAM , craſe de *Coam* , beau. I.

CAM , allure , démarche , marche , pas. B.

CAM ou CAMM , courbe , courbé , recourbé, camus , crochu , voûté , boiteux , qui ne marche pas droit , ni aifément. B.

CAM , le même que *Can*. Voyez *Camlas*.

CAM , le même que *Can* ; de *Gan* , *Gand*. Voyez *Camarad*.

CAM , écart , à l'écart. Voyez *Camarwain*.

CAM , creux , enfoncé. Voyez *Cammed* , *Camea*. *Jama* en Eſclavon ; *Iama* en Polonois ; *Tama* en Dalmatien , caverne ; *Camiſtan* , baſſin plat en Malaye.

CAM , mauvais. Voyez *Camddilyn* , *Camdreth*.

CAM , échelle. Voyez *Camfa*.

CAM , jambe. Voyez *Camberota*.

CAM , habitation. Voyez *Campr* , *Camprour* , *Chom* ; *Ham*, *Com*. *Kamats* en Samaritain & en Chaldéen , enclorre ; *Kamatz* en Samaritain , fermer ; *Kematz* en Chaldéen , fermer ; *Kamar* en Chaldéen , enclorre , couvrir ; & *Caman* ou *Ceman* en Chaldéen , cacher ; *Same* , maiſon en Perſan ; *Cam* en Arabe , couvrir , cacher ; *Kamotz* en Arabe , enfermé dans un château ; & *Kamitz* , chemiſe , tout habillement de deſſous. (Voyez *Cas* & *Cal*)*. Cama* en Hébreu , cacher ; *Kamit* en Arménien , manteau ; *Cam* en Chinois , grenier ; *Can* , chambre en Tonquinois ; *Cam* , Ville en Chinois ; *Gan* en ancien Perſan , maiſon ; *Chana* ; maiſon en Perſan ; *Kamme* , Ville en Japonois ; *Samah*, couvrir en Galibi ; *Aghama* , maiſon en Tamoulique ; *Gam* , coffre en Tartare du Thibet ; *Kanh* marque le lieu en Tartare du Thibet ; *Akam* , maiſon en Brebére ; *Chane* , maiſon , habitation en Turc ; *Kend* en Perſan ; *Kent* , *Kient* en Turc , métairie , Village ; *Chemai* en Grec ; *Chame* en Latin ; *Hame* en Arabe , coquilles ; *Caney* , maiſon en Américain ; *Canoca* , maiſon en Canadois ; *Chanah* en Hébreu ; *Aganel* en Arménien , demeurer ; *Sam* en Hébreu & en Éthiopien , mettre , placer ; *Scham* en Hébreu ; *Sana* en Malaye , adverbe qui marque le lieu , la demeure ; *Schina* en Phénicien , habitation , demeure ; *Kamara* , habitation en Hongrois ; *Kamra* en Carniolois ; *Komora* en Luſatien , Polonois , Dalmatien ; *Kamora* en Hongrois ; *Kamer* en Flamand ; *Kammer* en Allemand ; *Camera* en Latin ; *Chambre* en François , chambre ; *Kam* en Eſclavon ; *Kamo* en Dalmatien , adverbe qui marque le lieu où l'on va ; *Cama* , logis en Eſpagnol ; *Keimai* , demeurer en Grec. Voyez *Cantared* , *Camara* , *Gam* , *Cambr* , *Cham*.

CAM , lit. Voyez *Camlas* , *Cama*. *Cama* en Eſpagnol , lit.

CAM , le même que *Cem* , *Cim* , *Com* , *Cum*. Voyez *Bal*.

CAM , le même que *Gam* , *Am* , *Sam*. Voyez *Aru*.

CAM. En confrontant *Canp* & *Can* , on voit que *Cam* s'eſt dit de même que *Can* pour combat ; de là *Chamailler* en notre Langue. Voyez *Cammawn*. Voyez *Dom* , *Don*.

CAM-DIGAM , courbé & recourbé de la figure de notre *s* en zig-zag. B.

CAM-QY JARRET , dolent , qui ſe plaint ſouvent ſans avoir mal. B.

CAMA , A. G. lit. Voyez *Camaina*.

CAMAABERA , roux. Ba.

CAMACHWYN , calomnie , calomnier , accuſer , reprocher. G. De *Cam Achwyn*.

CAMADH , courbure , pli. I.

CAMAHU , émail. B.

CAMAHUDEIN , émailler. B.

CAMAILH , camail. B. *Cam* , couverture ; *El* ; épaule.

CAMAINA , lit de paille. Ba. Voyez *Cama*.

CAMAL , cheval. Voyez *Camalduna*. C'eſt le même que *Cabal* & *Caval*.

CAMALDUNA, cavalier. Ba. A la lettre, ayant cheval.

CAMALE, GAMALLUS, A. M. camail; de Camailh.

CAMALTAS, le férieux de quelqu'un. I.

CAMAMIL, camomille. G.

CAMAN, société, ligue. I. De là *Caima*, troupe en Patois de Besançon.

CAMAR, le même que *Cam*. Voyez *Camara*, chambre; & *Camara*, voûte; de là *Hommar*, forte d'écrevisse: l'*h* se met pour le *c*.

CAMARA, chambre. Ba. *Camara*, chambre dans les anciens monumens; *Camara* en Espagnol, chambre. Voyez *Cam*, *Campr*, *Camarad*.

CAMARA, A. M. voûte, canal, voûté; de *Cam*.

CAMARA dans Aulugelle, espèce de vaisseau, apparemment ainsi nommé de ce qu'il étoit couvert en voûte, ou recourbé.

CAMARA, A. G. abus; de *Cam*.

CAMARAD, camarade, familier. B. *Camarada* en Basque, camarade; *Camarade* en Espagnol; *Camarade* en François; *Camarade*, *Camrade* en Anglois; *Comrada* en Irlandois, camarade; de *Camara*, comme qui diroit vivant dans la même chambre.

CAMARADA, compagnon, camarade. Ba.

CAMARADEGUEZ, familiarité. B.

CAMARADEIN, se familiariser. B.

CAMARADIAICH, CAMARADYEZ, familiarité. B.

CAMARFER, abus, mauvais usage, impropriété, mauvais usage d'un mot, abuser. G. *Cam Arfer*. *Camarfer* signifie aussi tromper. Voyez *Camarseriad*.

CAMARFERIAD, tromperie. G.

CAMARIA, cheval. Ba.

CAMARRA, drap couvert de poil. Ba.

CAMARWAIN, tirer à l'écart. G. *Arwain*, conduire, mener; *Cam* par conséquent écart.

CAMATHROD, calomnier. G. *Cam Athrod*.

CAMATHRODWR, calomniateur. G.

CAMATTAL, tenir, retenir. G.

CAMB, courbe, tortueux. C.

CAMBA, A. G. courbés, tortueux; de *Cambe*.

CAMBE, courbe, tortueux. G. *Camp* en Écossois, détour, obliquité, courbure; *Comba* en Espagnol, courbure, cambrure, bosse. Voyez *Cam*.

CAMBE, le même que *Gambe*, creux, vallée, &c. Voyez *Gambe* & *Aru*.

CAMBE. Voyez *Camp*.

CAMBEN, le même que *Qempen*. Voyez ce mot.

CAMBEROTA, A. M. jambière, armure de jambe; c'est le même que *Gamberia*. On voit par ces deux mots, par *Gamaichen*, qui en Breton signifie guêtres, & par *Camboft*, jambages, que *Cam* ou *Gam* signifioit jambe en Celtique; de là on a fait *Gambe*, que l'on disoit en vieux François. Nous disons encore *Gambade*, *Gambader*, *Gambiller*. On appelle *Gambette* en Franc-Comtois un homme qui ne marche que sur une jambe. Les Picards appellent encore *Gambe* la jambe. On trouve *Gamba* en ce sens dans les anciens monumens; *Kampe* en Grec, jambe. De *Gambe* nous avons fait jambe: La jambe est bossue, voûtée; de là son nom. Voyez *Cambe*.

CAMBEROTUA, échauffé, brûlé. Ba. Voyez *Beroa*, qui nous fait connoître que *Cam* est ici superflu.

CAMBIARE, CAMBIRE, A. M. changer, faire le change; *Cambium*, *Camium*, *Scamium*, *Escambium*, change; de *Kem*. Le *p* & le *b* se substituant réciproquement, on a dit *Campfor*, changeur.

CAMBIONES, A. M. le même que *Campiones*. Voyez ce mot.

CAMBOCA, A. M. le même que *Cambuta*.

CAMBON, varangue, pièce de charpente d'un navire. B.

CAMBOS, courbure, tortuosité. I.

CAMBOST, arc-boutant, éperon, appui, étaye, pilier, jambe de force, jambage, pilastres de muraille. G.

CAMBOTTA, A. M. le même que *Cambuta*.

CAMBOUIS, vieux oing. B. Ce mot est encore usité dans notre Langue au même sens à-peu-près.

CAMBOULL, vallée, vallon. B. Voyez *Campoull*.

CAMBOUT, maison ou pavillon qui consiste en une seule chambre ou cuisine avec un galetas. B.

CAMBR, chambre. B. De là ce mot. On trouve *Cambra* dans les anciens monumens.

CAMBRA. Voyez *Cambr*.

CAMBROES, chambres privées, latrines. B.

CAMBROUT se dit d'un cheval seulement, & se doit entendre de celui qui boite, parce qu'il est piqué d'un ou plusieurs cloux. B. *Cam*, boiteux; *Brout*, cloux.

CAMBULA, CAMBULUM, A. M. chausse, bas: de *Camb*, jambe. Voyez *Camberota*.

CAMBULUM, A. M. épée, apparemment courbée comme le sabre; *Cam*, courbé; *Bwial*, *Bwl*, hache. Ce mot peut bien avoir aussi signifié épée, puisqu'il est formé de *Bwlch* ou *Bwlh*, couper.

CAMBUS, A. G. courbé, tortueux; de *Cambe*.

CAMBUTA, CAMBUTTA, CAMBUCA, GAMBUTTA, CAMBOTTA, GABUTA, CAMPUTA, COMBUCCA, CABUCA, CAMBOCA, SAMBUCA, A. G. & A. M. bâton courbé, crosse, bâton pastoral; *Cam*, courbée; *Bod* ou *Bot*, branche.

CAMBUZÈERR, barillard, Officier qui a soin du vin & de l'eau sur les vaisseaux. B.

CAMCHOSACH, qui a les jambes tortues ou pliées en dehors, qui n'a pas les jambes droites, qui a les jambes courbes. I.

CAMD, CAMT, courbe. Voyez *Camder*, *Camet*, *Cames*, *Cammed*.

CAMDDAFAS, arc-en-ciel. C. Voyez *Cam*.

CAMDDARLLENNYD, qui bronche souvent. G.

CAMDDILYN, mauvaise imitation, ou affectation d'une chose mauvaise ou ridicule. G. *Cam Dilyn*.

CAMDER, courbure. G.

CAMDRETH, extorsion. G.

CAMDREULIO, prodiguer, dépenser follement. G.

CAMDYB, erreur, bévuë. G. *Tyb*.

CAMDYWYS, tirer à l'écart. G.

CAMEA, A. G. le même que *Cavea*; de *Cam*, creux. D'ailleurs *Cam* & *Cav* sont le même mot.

CAMED, démarche. B. Voyez *Cam*.

CAMED, boiteux. B. Voyez *Cam*.

CAMEGEOU. Voyez *Camet*.

CAMEL, chameau. G. *Cambull*, chameau en Irlandois; *Gamelua*, chameau en Basque; *Gamel* en ancien Persan; *Gamal* en Hébreu; *Gamela* en Chaldéen; *Gemel*, *Gemal* en Arabe; *Shymel* en Sarrazin; *Kamela* en Esclavon, en Carniolois, en Lusatien; *Kamilia* en Dalmatien; *Camel* en Allemand; *Kemel* en Flamand; *Camell* en Anglois; *Camello* en Espagnol; *Camelo* en Italien; *Kamelos* en Grec; *Camelus* en Latin; *Chameau* en François, chameau; de *Cam* ou *Gam*, voûté, bossu. La bosse du chameau étant ce qu'il y a de plus frapant dans cet animal, lui aura donné son nom. On voit par là que *Cam* ou *Gam* a signifié bossu, voûté, courbé dans les plus anciennes Langues, ce qui doit faire croire que c'est un terme de la Langue primitive. Voyez *Camlad*.

CAMELL, crosse. B. De *Cam*.

CAMELL, gamelle. B. De là ce mot.

CAMES, courbe. E.

CAMET, dégré d'escalier, pas, espace entre les pieds d'un animal qui marche ; au pluriel *Camejou*. Il se dit aussi des jantes des roues : un Dictionnaire porte *Cameçcou*, jantes des roues ; les jantes sont des courbes qui forment la circonférence de la roue. B.

CAMEUNIAE, A. G. nattes de paille ou de jonc sur lesquelles on se couchoit ; de *Camaina*.

CAMFA, échelle rustique. G. En comparant ce mot avec *Cam*, dégré, on voit que *Cam* a signifié échelle.

CAMFEDDIANNU, entreprendre, se charger, prendre sur soi. G. *Meddiannu*.

CAMFEDDIANT, usurpation. G. *Cam Meddiant*.

CAMFWYNIANT, usurpation. G. *Cam Mwyniant*.

CAMGRED, hérésie. *Camgred*, hérétique. G.

CAMGWL, faute. G. *Cam*, *Cwl*, pléonasme.

CAMGYHUDDED, calomnie. G.

CAMGYHUDDO, calomnier. G.

CAMGYHUDDWR, calomniateur. G.

CAMGYLUS, coupable. G.

CAMGYMMERIAD, erreur, bévuë. G. *Cymmeriad*.

CAMGYMMERYD, se tromper, se méprendre. G.

CAMHULL, chameau. I.

CAMICE, CAMIGIA, A. M. les mêmes que *Camisa*. Voyez ce mot.

CAMINADA, CAMINATA, CAMINATUM, CAMINUS, A. M. chambre où il y a une cheminée ; de *Ciminal*.

CAMINUS, CHAMINUS, A. M. chemin ; de *Cam*, marche. *Camino* en Espagnol & en Italien ; *Cesmin* en vieux François, chemin.

CAMIS, CANTUM, A. G. bois sans fer ; de *Cam*, *Can*, branche.

CAMISA, chemise. Ba. Voyez l'article suivant.

CAMISA, CAMISIA, CAMISALE dans les glossaires d'Isidore & de Papias, chemise. Le premier ajoûte que cet habillement est ainsi nommé, parce que nous en sommes revêtus lorsque nous dormons dans nos *Cames*, c'est-à-dire, dans nos lits. La ressemblance qu'une aube a avec une chemise, l'a fait appeller par les anciens Auteurs *Camisia*, *Camisiana*, *Camisum*, *Camisus*, *Camiscia*, *Camix*. Les Italiens appellent encore aujourd'hui l'aube *Camice*, & une chemise *Camicia*. Nous trouvons aussi dans les anciens monumens *Camisile*, *Camisilis*, *Camisilus Camsile*, *Campsilis*, pour désigner une aube, & toute sorte de toile de lin & de chanvre, parce que c'est de toile qu'on fait les chemises & les aubes. On appelle une aube en Breton, *Camps* ; *Camisa* en Basque, chemise ; & *Camisacoa*, chemisette. De *Camisa*, *Camsile*, on a fait les vieux termes François, *Chemisoi*, *Chainse*, *Cheinsil*, *Chaisel*, *Charmie*, *Cheincerie*, *Chincherie*, qui signifient chemise. De *Camisa*, vient *Camisade*, camisole. A Besançon les vignerons appellent *Chemisot* une espèce de chemise ou surtout de toile qu'ils mettent sur leur habit pour le conserver, lorsqu'ils vont travailler à la vigne. *Cam*, lit, *Wis*, habillement ; *Camwis*, *Camis*, chemise, habillement de lit, habillement qu'on garde au lit ; *Camiss* en Sarrasin, chemise ; *Camio*, chemise à Cahors ; *Camisa* en Espagnol, chemise ; *Chemisca*, chemise en Albanois ; *Kamitz* en Arabe, chemise.

CAMISACOA, chemisette. Ba. A la lettre, petite chemise.

CAMISOLEN, camisole. B. Voyez *Camisa*.

CAMIXTUS, dans un ancien glossaire pour *Comixtus*.

CAMLAD, CAMLOD, étoffe ondée qu'on avoit coûtume de faire avec du poil de chameau. G. *Camelote* en Espagnol ; *Ciambeloto* en Italien ; *Camelot* en Flamand ; *Chamlet* en Anglois ; *Shamlot* en Esclavon, robe ondée. Voyez *Camolot*.

CAMLAS, ruisseau, mare. G. *Can* en Breton, signifie le lit d'une rivière d'un ruisseau : il paroît que *Can* ou *Cam* a signifié d'abord proprement lit en Gallois, en Breton, & en Basque ; (Voyez *Cama*, *Camaina*) ensuite par métaphore on s'en est servi pour désigner le canal d'une rivière, parce qu'il semble que la rivière y soit placée comme dans son lit. Je pense ainsi, parce que je trouve cette métaphore dans notre Langue, & qu'il y a tout lieu de croire que nous la tenons de nos ancêtres. *Cam*, lit ; *Las de Laith*, eau. Voyez *Camlesydd*.

CAMLESYDD, gouttieres, tuiles creuses, tuyaux, canaux. G. *Cam*, canal ; *Lesydd* de *Las*, eau. Voyez *Camlas*.

CAMLWRW, amende. G. De *Cam*, injure. *Llwrw*, amende, dit Davies.

CAMLYRUS, condamnable à l'amende, condamné à l'amende. G. De *Camlwrw*.

CAMM, courbe. G. B. *Cammadd* en Ecossois, recourbé ; *Camm* signifie aussi crochu. Voyez *Cammu*, *Cammog*, *Cam*, *Cammedd*.

CAMM, louche, qui a les yeux de travers, borgne. G. *Kemon*, borgne en Grec. Voyez *Cam*.

CAMMA, courber. B. Voyez *Camm*.

CAMMA, A. G. le même que *Camba* ; de *Camm*.

CAMMADD, recourbé. E. Voyez *Cam*, *Camm*, *Cammedd*.

CAMMAFF, boiter. B.

CAMMAWN, CAMMON, combat, bataille, choc. G.

CAMMED, jante. B.

CAMMEDD, déclinaison, inclinaison, descente, pente, penchant, courbure, enfoncement. G. Ce mot est formé de *Camm* ; *Camm* signifie par conséquent ce qui décline, ce qui est incliné, ce qui va en pente, ce qui va en penchant, ce qui descend, ce qui est enfoncé, ce qui est creux. *Camm* est le même que *Cam*, *Cambe* : il est aussi le même que *Cwmm*, *Kum*, *Cumb*, *Comb*, parce que les voyelles se substituent l'une pour l'autre en Celtique. Voyez *Campoull*.

CAMMEG, le même que *Cammog*. G.

CAMMEIN, courber. B.

CAMMELL, boiteuse. B.

CAMMES, boiteuse. B.

CAMMET, courbé. B. Voyez *Camma*.

CAMMICH, courber, fléchir. I.

CAMMOG, esturgeon, espèce de saumon qui a une hure crochue. G. Ce poisson a pris son nom de sa hure crochue ; ainsi *Cammog* signifie crochu. Voyez *Camm*, *Cam*.

CAMMOL, le même que *Cammol*. Voyez *Anghammol*.

CAMMU, mettre de côté, poser de biais, placer obliquement, faire aller de travers, courber, rendre crochu. G.

C A M N I N E D, iris herbe. G.
C A M O C C I A, A. M. chamois. Voyez *Cam*.
C A M O E, oppresseur. C. Voyez *Cam*.
C A M O G, sein, sinuosité, baye. I.
C A M O G A C H, courbe, courbé, non droit, indirect. I.
C A M O L E C, honteux. B.
C A M O L O T, camelot. B. De là ce mot.
C A M P, champ, camp, lieu destiné aux exercices publics, exercice, prix d'une victoire, prix des jeux publics. G. *Campa* en Irlandois; *Camp* en Breton, camp; *Camp* en Basque, champ; *Camp* en ancien Saxon, camp; *Camp* en Anglois; *Kamp* en Esclavon, camp; *Camp* en Chaldéen; *Chanah* en Hébreu, camper; *Campana* en Espagnol, campagne; *Campus* en Latin; *Campo* en Italien; *Champ* en François, champ; *Samen*, terre en ancien Persan; *Zamin*, terre en Persan.
C A M P, qualité, coûtume, condition. G.
C A M P, détour, obliquité, courbure. E. C'est le même que *Cambe*.
C A M P, camp. B.
C A M P, combat. B. *Camp* en ancien Saxon, guerre; *Camph* en Lombard; *Kamp* en Flamand; *Kampff* en Allemand, combat; *Campo*, duel en Italien; *Campear* en Espagnol, combattre; *Champion* en Anglois; *Champion* en François, champion, combattant; *Can* en Chinois, contre.
C A M P, orné au propre & au figuré. Voyez *Penigamp*.
C A M P A camp. I.
C A M P A, combattre. B.
C A M P A E A, cloche. Ba.
C A M P A E T O R E A, clocher. Ba.
C A M P A G U S, *G A M B A G U S*, A. M. brodequin; de *Cambe*, *Gambe*, jambe; *Ag*, ce qui couvre. Voyez dans *Gamaichen* une semblable façon de parler.
C A M P A I G N U S, pointilleux, qui est sujet à agacer, factieux. B. *Champistaux* en vieux François, qui se fâchent aisément; *Campis* en Languedocien, brusque & qui se met en colere pour rien. Voyez *Camp*, *Campa*.
C A M P A N A, A. G. petite maison; de *Capanna*.
C A M P A N E A, *C A M P A N I A*, A. M. campagne, plaine; de *Campeen*. *Campagna* en Italien; *Campagne* en François, campagne.
C A M P A R E, A. G. contester, disputer, combattre; il signifie aussi manière de se purger d'une calomnie ou d'un parjure. On a donné cette derniere signification à ce mot, parce qu'une des plus ordinaires manieres de se purger d'une accusation chez les anciens étoit le combat. Ce terme est formé de *Campa*. Nous lisons dans la Loi Salique *Campanium*, pour le lieu du combat.
C A M P A U, champs. G.
C A M P A U, jeux dans le goût des olympiques. G.
C A M P E A T O R, A. M. le même que *Campiator*.
C A M P E E N, lieu plain & uni. B.
C A M P E E N E I N, égaliser, appareiller, apparier, unir, assortir. B. C'est le même que *Qempen*. Voyez ce mot.
C A M P E L L U S, *C A M P I C E L L U S*, *C A M P U L U S*, A. M. petit champ, en vieux François *Champeau*; de *Camp*; *El*, *Cell*, *Ul*, diminutifs.
C A M P E N, uni. B. Voyez *Compen*, *Quempen* qui sont les mêmes que *Campen*. Il y a apparence qu'on a dit *Camp* pour signifier uni, comme *Campen*; & que de là est venu *Camp*, champ; lieu uni, lieu plain.
C A M P E N N, lieu plain & uni. B. *Champian* en Anglois, campagne, plat pays.
C A M P E N N E I N, unir, égaliser, polir, assortir, ranger. B.
C A M P I, camper. B. Voyez *Camp*.
C A M P I, A. M. camp; de *Camp*.
C A M P I A T O R, A. M. un homme brave qui s'est distingué par ses exploits militaires. *Campeador* en Espagnol; de *Camp*.
C A M P I C E L L U S. Voyez *Campellus*.
C A M P I C H E A, marteau de cloche. Ba.
C A M P I D A T O R, A. M. le même que *Campiator*.
C A M P I D O C T O R, A. M. celui qui enseigne la science des armes aux soldats; de *Camp*, combat.
C A M P I D U C T O R, A. M. athlete ou capitaine; de *Camp*, combat.
C A M P I O, A. G. combattant, gladiateur, champion; de *Campion*.
C A M P I T O R E Q U U S, A. M. cheval de manége, cheval de course, cheval dont on se servoit pour courir un prix; de *Camp*.
C A M P I W R, athlete. G.
C A M P O A N, dehors. Ba.
C A M P O C O A, campagnard, champêtre, étranger, extérieur. Ba.
C A M P O E S, frere ou sœur de pere & de mere. B.
C A M P O L U S, A. M. pour *Campulus*, espèce de barque.
C A M P O R A T, dehors. Ba. De là en Patois de Franche-Comté *Aicampoura*, qui signifie ce qui est disperse, ce qui est éparpillé, ce qu'on n'a plus sous sa main.
C A M P O R A T U, puiser l'eau, dessécher. Ba.
C A M P O T I C, étranger. B.
C A M P O T T, balotter, jale, portoire. B.
C A M P O U I S, équilibre. B.
C A M P O U I S, ras, uni. B.
C A M P O U I S E I N, unir, niveler, égaler, lorsqu'il s'agit du poids. B.
C A M P O U L L, selon quelques-uns, *Camboull*, vallée, vallon; singulier *Campoullen*, pluriel *Campoullenou*: telle est la signification de ce mot, selon Dom le Pelletier; suivant le Pere de Rostrenen il signifie boue. B. Il faut retenir les deux sens. Voyez *Ankelher*.
C A M P R, chambre, petit louage. B. Il signifie aussi maisonnette. Voyez *Campraour*. *Seamra* en Irlandois; *Chamber* en Anglois; *Chambre* en François, chambre.
C A M P R - V O R, rade. B. A la lettre, chambre de la mer, endroit où l'on peut demeurer.
C A M P R A E Z, latrines. B. A la lettre, chambre aisée, commode. Nous avons retenu cette façon de parler, en appellant les latrines, commodités.
C A M P R A O U R, locataire d'une maisonnette. B.
C A M P R E R, locataire d'une maisonnette. B.
C A M P R E U R, locataire d'une maisonnette. B.
C A M P R I C, bouge. B. A la lettre, petite chambre.
C A M P R O U R, locataire d'une maisonnette. B.
C A M P R Y L A, cabrioler. B.
C A M P S, aube vêtement d'Eglise. B. Voyez *Camisa*.
C A M P S A R E, A. G. courber; de *Campsi*.
C A M P S I, détour, obliquité, courbure. E.
C A M P U L U S, dans un ancien Auteur, espèce de barque ou de bâteau en usage sur les fleuves. On lit dans Isidore *Caupilus*, petit bâteau court. *Caupulus*, vaisseau; de *Caupill*, bâteau.
C A M P U S, habile, expérimenté. G. De *Camp*.

CAMPUS

CAM.

CAMPUS, d'athlete. G.
CAMPUS, A. M. combat, guerre, duel, camp, champ; de *Camp*.
CAMPUTA, A. M. le même que *Cambuta*.
CAMPWR, athlete. I. Voyez *Campiwr*.
CAMPY, usure. B.
CAMPYON, combattant, champion, vaillant. B.
CAMRE, pas, démarche. G.
CAMRI, camomille. G.
CAMRWYSG, tyrannie, abus de l'autorité légitime, usurpation, ostentation. G, *Cam Rhwysg*.
CAMSE, robe. C.
CAMSULIOCH, de travers. I.
CAMSYNIAD, erreur, bévuë. G. *Cam Synn*.
CAMSYNIEID, se méprendre, se tromper. G.
CAMT. Voyez *Camd*.
CAMTARNG, courber. I.
CAMTHA, tortueux, sinueux. I.
CAMVA, courbure. G.
CAMUS, camus, camard, punais. B.
CAMUSELL, camarde. B.
CAMWEDD, injure, injustice, iniquité, péché. G.
CAMWEDD, badiner. G.
CAMWEDDOG, injurieux, injuste. G.
CAMWEDDU, faillir, faire une faute, manquer, pécher, faire du tort, outrager, offenser, faire de la peine. G.
CAMWEDDUS, qui se trompe, qui se méprend, injuste, injurieux. G.
CAMWEITHRED, injure, injustice. G.
CAMWEITHREDWR, coupable. G.
CAMWNEUTHUR, se tromper, s'abuser, se méprendre. G.
CAMWRI, injure, abus, mauvais usage, opprobre, outrage. G.
CAMWRWR, transgresseur, infracteur. G.
CAMWY, injure, abus. G.
CAMWYR, courbé, recourbé, crochu. G. *Cam, Wyr*, pléonasme.
CAMUZAELLIG, camuson ou petite camuse. B.
CAN, tête, sommet, élévation. G. *Can*, *Kean*, tête en Ecossois; *Can*, *Keann*, tête en Irlandois; *Kean*, sur, dessus en Irlandois; *Cnoc*, montagne en Irlandois; *Chan*, colline en Breton; *Gan*, grand en Breton; *Gana* en Basque, haut, sommet, faîte, cime; *Gan* en ancien Persan, Chef, Général; *Chan*, *Xan* en Chinois, montagne; *Kan*, lieu élevé, montagne, Roi en Chinois; *Chang* en Chinois, dessus, monter; *Cham* en Chinois, souverain, suprême; *Gan* en Chinois, montagne; *Quan*, étendu, grand en Chinois; *Can* en Tonquinois, préfet, préposé, & *Cang* particule qui augmente; *Cama*, tête en Tamoulique, & *Cami*, montagne, tas; *Arachana*, Roi en Tamoulique; *Zamorin*, Roi dans la Langue de Calicut; *Sanga*, s'élever dans la Langue de Madagascar; *Chan*, Prince, Roi, Gouverneur en Persan; *Kans*, *Kamh*, sommet de montagne en Persan; *Kan*, colline, grand en Arabe; *Kanahhh*, sommet de montagne en Arabe; *Canh* en Arabe, éminence; *Kam*, cime, sommet en Arabe, & *Kenh*, cime de montagne, petite montagne; *Kamal* en Chaldéen, sommet; *Kohen*, *Khen* en Hébreu, Prêtre, Prince; *Kyan* en Malaye, Seigneur; *Chan*, prononcez Khan, Roi, Prince en Tartare Calmoucq; *Khan*, *Han*, Roi en Tartare Mantcheou; *Kanh*, fameux en Tartare du Thibet; *Can*, *Cam*, *Chan*, *Cham* en Tartare, Seigneur, Souverain; *Chan*, Prince en

TOME I.

CAN. 261

Turc; *Kam*, hauteur, élevation en Éthiopien; *Cantne*, grand en Langue de Congo; *Koanke*, colline en Langue de Mandingo; *Atan*, tête en Bresilien & en Toupinambou; *Cangare*, colline en Finlandois, & *Isonda*, Seigneur; *Ganske* en Danois, beaucoup, grandement; *Kam* en Flamand, crête; *Con*, *Cona*, *Konig*, Roi en Allemand; *Knet*, Baron, grand Seigneur en Esclavon; *Ganoh*, beaucoup en Gothique; *Igen* en Hongrois, trop; *Ikanos* en Grec, abondant, suffisant, grand, propre à; *Agan* en Grec, beaucoup; *Can* pour élévation se trouve dans *Scando* Latin; *Can* signifie aussi élevé. Voyez *Gigant*. Il paroit par la vie de Saint Cadoc que *Can* signifioit aussi géant en Gallois, qui d'ailleurs est un sens fort analogue aux significations du mot *Can*.

CAN, cause, car, parce que, puisque particules causales. G. *Çan* en Basque, racine, & *Ecen*, car.
CAN, cent. G. *Cant* en Breton, cent; de là *Centum* Latin; *cent* François; *Ciento* Espagnol.
CAN, angle, pointe, piquer. G. *Kan* en Chinois, bec; & *Can*, couper; *Canthine*, qui a des angles en Lappon, en Finlandois; *Canto*, angle en Italien; *Cantoya*, angle en Basque.
CAN, chien. G. De là *Canis* Latin.
CAN, chant, cantique, chant mélodieux. G. B. *Canta* en Basque, chanson, chanter; *Can* en Chinois, louange, panégyrique; *Kanetu*, cantique en Etrusque; *Sank*, cantique en Theuton; *Gan* en Cophte, cri; *Caint* en Irlandois, parler, élocution, & *Caineadh*, crier; *Cant* en Anglois, parler; *Cung*, cantique en Langue de Congo; *Sang*, chanson en Danois; *Sangher*, chantre en Flamand; *Singe* en Anglois & en Flamand; *Singen* en Allemand, chanter.
CAN, avec. G. *Kan* en Chinois, être joint, être uni, être d'accord, & *Kuam*, *Ciam*, ensemble; *Cam*, conjonction en Tonquinois; *Cam* en Éthiopien, avec; *Cansa*, avec en Finlandois; *Samle* en Danois, mettre ensemble; *Gamos* en Grec, mariage. *Cang*, aider en Chinois. Voyez *Gan*, *Gand*.
CAN, tortueux. C.
CAN, blanc. C. Voyez *Godolphin*.
CAN, le même que *Cean*. I. De même des dérivés.
CAN, blanc, beau, le brillant, éclat. B. *Can*, blanc en Langue de Cornouaille. Les anciens Germains au rapport de Pline appelloient *Gantae* les oyes blanches. *Casuar* en Langue des Osques, signifioit un vieillard, un homme à cheveux blancs; *Can* ou *Kan* en Chinois, chose claire, éclater, resplendir; & *Cam*, clair, clarté, lumière; *Canh* en Tonquinois, blanc, éclatant; *Zagan*, blanc & beau en Tartare Mogol & Calmoucq; & *Zain*, beau, paré; *Sain* en Tartare Mantcheou, bon, excellent; *Camsa* en Canadois & en Hochelagois, neige; *Susan*, lis en ancien Persan; *Sausan* en Persan; *Susen* en Arabe, *Sosanna* en Chaldéen; *Azucena* en Espagnol, lis; *Kininin*, blancheur en Arabe. Nous trouvons *Can*, blanc, dans les mots Latins *Canus*, *Candidus*. De *Can* on a fait *Canu*, *Chanu*, qui en vieux François signifioit chenu, blanc. De *Can* est venu *Chansi*, moisi, & *Chancissure*, la fleur blanche qui nage sur le vin. *Balzane* en termes de manége, signifie une marque blanche à l'extrémité du pied du cheval; *Bal*, extrémité; *Zan* pour *Can*, blanche; *Balzano* en Italien, cheval qui a cette

R r r

marque; *Ecanda*, attrait en Basque; *Hagan* ou *Hgan* en Hébreu & en Chaldéen, beau, convenable, décent; *Hachan* ou *Hchan* en Arabe, blanc, beau; *Chandili*, lampe en Georgien; *Chanan* ou *Chan*, agréable en Hébreu, en Chaldéen, en Syriaque, en Arabe; *Cen*, bien, bon en Hébreu, en Chaldéen, en Syriaque; *Kantz*, richesses en Arménien; *Can* en Chinois, agréable; & *Chun*, beau; *Ngan* en Chinois, bien adverbe, & *Xin*, d'une belle façon; *Kandi*, bien en Langue de Mandingo; *Sean* en Irlandois, bonheur; *Elegans* Latin est formé d'*El* article; *Can* en composition *Gan*, beau, Voyez *Cain*. Le *g* & le *c* se mettant l'un pour l'autre, on a dit *Gan*, & par adoucissement *Jan*; de là *Jana* en ancien Latin, la lune à cause de sa blancheur & de son éclat; *Jannette* en Franc-Comtois, fleur blanche; *Jasnu* en Esclavon; *Jasny* en Bohémien, beau. On a dit *Han* comme *Can*; (Voyez *Han*) *Hanna* en Turc, beau; *Hhan* en Hébreu, agréable. Voyez *Cant*.

CAN, pleine lune. B. Voyez *Cann*.

CAN, canal, lit d'une rivière, d'un ruisseau, le courant d'une rivière, conduit, tube, tuyau, gouttière, sillon, val entre deux montagnes. B. *Canoya* en Basque, tuyau, canal; *Kanh* en Tonquinois, un filet d'eau tiré de la mer ou d'un fleuve; *Can* en Tonquinois, petit ruisseau; *Kian*, rivière en Chinois; *Kan*, eau, rivière en Hottentot; *Kamma* en Hottentot, eau & tout autre liquide, & *Kammo*, rivière, fleuve; *Kend*, canal en Persan; *Kanh*, canal en Tartare du Thibet; *Sancin*, égout en Tartare Mogol & Calmoucq; *Canavaya*, vallée en Tamoulique; *Kem*, vallée en Tonquinois; *Kanav* en Arabe, le terrein plain qui est entre deux collines; *Seni* en Malaye, étroit; *Gano* en ancien Grec, eau qui dort; *Canalis* en Latin; *Canale* en Italien; *Cannal* en Espagnol; *Kanel* en Allemand; *Cannell* en Anglois; *Kanal* en Polonois & en Bohémien; *Kan* en Arabe; *Canal* en François, canal; *Canon*, tuyau de fonte; *Canne*, tuyau de verre; *Canelle*, *Canule*, *Chêneau*, termes François, viennent de *Can*; *Chanel*, canal ou lit de rivière en vieux François, & *Chanlets*, tuile creuse ou canal, en viennent pareillement. Voyez *Cana*, *Canail*.

CAN, chant, cantique. B.

CAN, tortu, tortueux, tors, tordu, qui se plie, qui serpente, courbe, boiteux, voûte. B. *Can* en Langue de Cornouaille, tortueux; *Kenf* en Cophte, sein, sinuosité. De *Can* est venu *Canard*, ainsi nommé parce qu'il se tord en marchant; *Canche* en Patois de Besançon, boiteuse. Voyez *Cam*.

CAN, bâton. B. Voyez *Cainge* & *Can*, rameau.

CAN, l'action de ceux qui se battent. B. *Chanarra* en ancien Persan, soldats; *Cuon*, soldat en Tonquinois; *Cam* en Chinois, fraper; & *Cem*, disputer; *Can* en Chinois, contre; & *Kiun*, soldat; *Can* en Chinois, oser; *Kanh*, hardiesse en Tartare du Thibet; *Canh* en Tonquinois, disputer; *Cenk* en Turc, combat; & *Genk*, guerre; *Canceyer* en Patois de Franche-Comté, contrarier.

ÇAN, racine. Ba.

CAN, roseau, jonc. Voyez *Cana*, *Canen*, *Canastr*.

CAN, rameau, branche. Voyez *Cangbell* & *Can*, bâton.

CAN, creux. Voyez *Canava*, *Canuto* en Espagnol,

creux, percé, fait en tuyau; *Canoa*, canot; en Langue de Saint Domingue, tronc d'arbre creusé.

CAN, parole, langage, discours. Voyez *Cyngan*. *Chanter la Messe* se trouve dans Joinville pour dire la Messe. *Chanter*, parmi le peuple à Besançon, signifie aussi parler; *Chanter la palinodie*, c'est dire le contraire de ce qu'on avoit dit. On dit populairement *Cancan* pour discours, paroles; de là le proverbe, voilà bien du *Cancan* pour rien. *Canceyer* dans nos Villages; *Rejanner* à Besançon, c'est répéter ce qu'un autre a dit; *Re*, itératif; *Can* ou *Gan*, *Jan*, parole, discours.

CAN, éclat, éclatant. Voyez *Hafgan* & *Can* plus haut.

CAN, beaucoup. Voyez *Canmawl*.

CAN, lait. Voyez *Candili*.

CAN diminutif. Voyez *Pluccan*.

CAN, particule superflue. Voyez *Canattau* & *Candryll*.

CAN, le même que *Cain*. Voyez ce mot, & *Can*, blanc, beau.

CAN, vase. Voyez *Cregen*, *Qenn*, *Canchila*, *Cana*, marmite, pot en Tamoulique; *Achana* en ancien Persan, nom d'une mesure; *Cand* en Chaldéen, vase; *Canir* en Syriaque, vase; *Chana* en Persan, vase, tout ce qui est propre à contenir; *Ganzja*, sac en Persan; *Kanea* en Grec, espèce de vaisseau de mer; *Kanes*, *Kanistron*, panier en Grec; *Canistrum*, panier en Latin. *Canna* dans Juvenal, vaisseau à mettre des liqueurs; *Kanta* en Turc, pot, broc; *Kan* en Allemand, nacelle, petit vaisseau, pot; *Kan*, cruche, canne, pot en Flamand; *Cana* en Espagnol, une sorte de mesure; *Canasta* en Espagnol; *Canestor* en Italien; panier, corbeille; *Kantharos* en Grec; *Cantharus* en Latin; *Kana* en Dalmatien; *Kandla* en Esclavon; *Kanna* en Hongrois; *Konew* en Bohémien, pot à mettre du vin; *Sinum* en Latin, pot à mettre du lait ou du vin; *Channe* en Patois de Franche-Comté, pot de vin; *Quenne* en François, mesure ou vase à contenir des liqueurs.

CAN. En comparant ce mot avec *Cann*, *Cen*, *Cenn*, *Qenn*, *Cannaouen*, *Canator*, & avec *Can*, vase, on voit que *Can* signifie en général ce qui contient, ce qui renferme, ce qui couvre, ce qui garantit, coque, enveloppe, habit, vasé, habitation; *Chanah* en Hébreu, demeure, habitation; & *Chaniath*, petites habitations. *Chani* en Hébreu, cellule, petit hospice; *Chana* en Chaldéen, habiter; & *Chanah*, demeurer, habiter, demeure, habitation; *Chanib* en Chaldéen, habitation; *Chanotho* ou *Chunotho* en Syriaque, taverne, hospice, auberge, cabaret; *Chanih* en Arabe, auberge; & *Can*, couvrir, cacher, envelopper, couverture, cachette, enceinte, asyle; *Kana*, maison en Persan; *Chan*, hôtellerie, maison en Persan; *Chana* en Persan, maison, vase, tout ce qui est propre à contenir; *Gam*, jardin en Babylonien. *Ken*, nid; & *Kinen*, nicher en Hébreu; *Kin* en Chaldéen, chambre, cellule; *Okan* en Syriaque, nicher; *Kan*, *Ken*, maison en Japonois; *Kin*, habiter en Chinois; *Cané* en Tartare Mogol, maison, habitation, tout ce qui renferme; *Kanh*, la cour d'un Prince en Tartare du Thibet; *Chan*, hôtellerie, auberge, maison en Turc; *Chane*, maison en Turc; *Car* & *Han* en Arabe, grand hôtel; & en Tartare, un lieu propre à loger les caravanes; *Kand* en Persan, habitation; *Caney*, maison en Américain; *Sanz*, rempart en Stirien & en Carniolois; *Cenir* en vieux François, ceindre, environner, entourer;

Canie en vieux François, robe, d'où sont venus *Souquenie*, *Surquenie*, sortes de vêtemens qu'on mettoit sur ou sous la *Canie* ; de *Souquenie*, *Souquenille*. On a dit *Sqenie* pour *Souquenie*. *Zener* en Sarrazin, ceinture ; *Canepin* en notre Langue, peau déliée qu'on leve de dessus la peau de mouton après qu'elle a été quelque peu dans la chaux : C'est ce qui répond à ce que l'anatomie appelle dans l'homme *Épiderme* ou *Sur-peau*. C'est de cette peau qu'on fait des éventails & des gands pour les femmes, qu'on appelle autrement gands de cuir de poule ; *Can*, peau ; *Pinn*, sur, dessus. On appelle aussi *Canepin*, une petite pelure bien déliée qu'on prend au dedans de l'écorce du tilleul, ou du dehors de l'écorce du bouleau, dont les anciens se servoient pour écrire ; *Can*, peau, *Pin*, blanche. Voyez *Canada*, *Canardus*.

CAN, le même que *Gau*, *San*, *An*. Voyez *Aru*.

CAN, le même que *Cen*, *Ken*, *Cin*, *Kin*, *Con*, *Cun*, *Cwn*. Voyez *Bal. Kaiane*, fontaine en Lappon & en Finlandois ; *Cin*, puits en Chinois.

CAN, le même que *Canol*. Voyez ce mot.

CAN, le même que *Cal*. Voyez *Canastr*.

CAN, le même que *Cam*. Voyez *Can*, tortu, &c.

CAN. On voit par *Cand*, *Candt*, *Cantinarius*, qu'on a dit *Cand*, *Cant* comme *Can*. Voyez encore *Canda*, *Candi*, *Candia*.

CAN, couper, briser. Voyez *San*.

CAN FOLL, la grille ou la décharge de l'eau superflue de l'étang. B.

CANA, chanter. C.

CANA, lac, canne ou jonc, roseau, bâton. I. *Kam*, jonc en Cophte ; *Kandara* en Turc, lieu plein de roseaux ; *Kannte* en Grec ; *Canna* en Latin ; *Canne* en François ; *Cane* en Anglois, canne, jonc, roseau ; *Cana* en Espagnol, canne, roseau ; *Cannabiero* en Languedocien, canne, jonc ; *Kan* en Chinois ; *Kaneh* en Hébreu ; *Kane* ou *Kene* eri Chaldéen ; *Kanio* en Syriaque, jonc, roseau.

CANA, chanter. B. De là *Cano*, *Canto* Latins ; *Chanter* François. Voyez *Can*.

CANA, aune, coudée. Ba.

CANA, A. M. pour *Canna*, espèce de mesure de l'étendue ; de *Cana*.

CANAB, chanvre. B. *Cnaib* en Irlandois ; *Cannabis* en Latin ; *Canapa* en Italien ; *Konopglie* en Esclavon, chanvre. De *Canab*, *Chanav* est venu notre mot chanvre. *Canab* est formé de *Can*, roseau ; *Ab*, petit.

CANABA, A. M. chanvre ; *Canabatius*, canevas, ou toile faite de chanvre ; *Canabaria*, chenevière ; de *Canab*.

CANABA, A. M. le même que *Canava*.

CANABEC, terre femée de chanvre. B.

CANABELATU, CANABERATU, percer de flèches. Ba. De *Canabera*, jonc : Apparemment que les premières flèches ont été de jonc chez les Basques.

CANABER, chardonneret. B. De *Canab*. Voyez *Carnaba*.

CANABERA, jonc. Ba. Voyez *Cana*.

CANABERATU. Voyez *Canabelatu*.

CANACH, eau dormante, marais. I.

CANAD, roseau. I. Voyez *Cana*.

CANADA, A. M. vase, bouteille, verre, gobelet ; de *Can*.

CANADELLA, A. M. diminutif de *Canada*.

CANAELL, bobine. B.

CANAIGH, bouë. I.

CANAIL, canal. I.

CANAILHES, canaille. B. *Canalla* en Basque ; *Canaille* en François, canaille ; *Canalla* en Espagnol ; *Canaglia* en Italien, canaille. On a dit en vieux François *Quenaille*, *Couenaille*.

CANALLA, canaille. Ba. Voyez *Canailhes*.

CANAMENTUM, A. M. espèce de cantique ; de *Can*.

CANANA, A. M. le même que *Canava*.

CANAON, petits d'animal. G.

CANAOUEN, chanson. B.

CANAOÜEN, noix. B.

CANAPACIUM, A. M. pour *Canabacius*. Voyez *Canab*.

CANAPERIUM, A. M. pour *Canabaria*. Voyez *Canab*.

CANAPINA, CANAPINEA, A. M. pour *Canabacius*. Voyez *Canab*.

CANAPIS, CANAPUM, A. M. pour *Canabis* ; de *Canab*.

CANAPIUM, A. M. canevas, ou toile de chanvre ; de *Canab*.

CANAPUS, A. M. cable, grosse corde ; *Canape* en Italien ; de *Canab*, parce que les cables sont de chanvre.

CANARDUS, A. M. espèce de grand vaisseau ; de *Can*, vase, vaisseau ; *Ard*, grand. *Candy* est le nom d'un grand bâteau qu'on voit en Normandie sur la Seine. On ne voit point sur les rivières de France de plus grand bâteau que le *Candy* ; *Can*, vase, vaisseau ; *Dy*, grand, considérable.

CANASTELL, buffet, lieu où l'on met la vaisselle. B. *Can*, vase, vaisseau, vaisselle ; *Astell*, planche ; *Canastell*, planche où l'on met la vaisselle.

CANASTELLUS, A. M. petit panier, panier ; *Canestro*, panier ; *Canastrello*, petit panier en Italien. Voyez *Canestell*.

CANASTER, A. G. qui commence à blanchir ; de *Can*.

CANASTR. Davies n'explique pas ce mot, il se contente de rapporter une phrase où il est employé. Il ajoute que *Canastr Lin* signifie en Breton naphte, espèce de bitume. *Canastr*, dans la phrase que cite Davies, est synonime à *Ganfed*, qui étant en composition, est mis pour *Canfed*, centième ; ainsi ce mot est formé de *Can*, cent.

CANASTR, le même que *Calastr*. B. On voit par là qu'on a dit indifféremment *Can* & *Cal*.

CANATOR. Les sçavans Bénédictins qui ont augmenté le glossaire de Ducange, prétendent que dans la charte où ce mot se trouve il faut lire *Tanator*, tanneur. Ils se fondent pour cette correction sur ce que les artisans, qui dans la même charte sont désignés à la suite des *Canatores*, sont des ouvriers en peau. Il ne faut rien changer dans le mot. Les canateurs sont ces ouvriers qui font des gands avec la partie de la peau du mouton la plus déliée. Voyez *Can* qui signifie en général tout ce qui renferme, &c.

CANATTAU, accorder. G. Voyez *Caniattau* qui est le même mot ; de *Can Addaw* ou *Attaw*. Ce dernier mot signifie la même chose que *Caniattau* ; ainsi *Can* est superflu.

CANAVA, A. M. cave. Saint Isidore dans son glossaire met *Canava*, *Camea*, ce qui fait voir, ce que nous avons déja observé, que *Can* & *Cam* sont le même mot. *Cam*, *Can*, creux, cave. On lit aussi *Caneva*, *Canepa*.

CANAVA, A. M. canevas ; de *Canavas*. Voyez *Canab*.

CANAVACIUM, **CANEVACIUM**, A. M. canevas ; de *Canavas*.

CANAVAS, canevas, toile d'embalage. B. Voyez *Canab*.

CANAVEN. Dom le Pelletier dit que ce mot ne lui eft connu qu'en cette phrafe : *Gwen Hevel Ur Canaven*, blanche comme un *Canaven*, cela exprime la propreté d'une villageoife habillée de blanc, telle qu'elle eft en été les jours de fête. Ce mot eft formé de *Cann*, brillant, & *Ven*, blanc, dit Dom le Pelletier ; ou de *Can*, blanc, & *Ven*, blanc, pour exprimer par ce pléonafme la grande blancheur. B.

CANAW, petit d'animal. G. Voyez *Canaon*.

CANCAN, vuidangeur. B.

CANCAR, écrevifle, boffe. I. *Cancer* en Latin, écrevifle ; *Canker* en Anglois, cancre. Voyez *Cancr*.

CANCELLO, A. G. tailler en pièces, battre ; de *Can*, combat.

CANCELLUS. Papias dit que les *Cancelli* font des bois déliés mis en travers en forme de filets ; qu'après avoir commencé à les faire de bois, on les a faits de fer, enfuite de pierres : C'eft ce que nous appellons aujourd'hui *Cancel*, *Chancel*, *Chanceaux*, baluftrade, treillis. Ils furent d'abord formés de rameaux d'arbres entrelaffés, ainfi que le dit Papias, & c'eft d'où ils ont pris leur nom, qu'ils ont confervé lors même qu'on les a faits d'autre matière. *Canghell* ou *Canchell*, clôture de rameaux ; *Can*, rameau ; *Cell*, clôture ; *Cancel* en Efpagnol, treillis. De *Cancell*, bois mis en travers, les Anglois ont formé par analogie leur verbe *Cancel* & notre *Canceler*, qui fignifient croifer une écriture.

CANCER, A. M. voûte, arche ; de *Can*.

CANCER, A. G. cifeaux. Ce mot eft ici pris métaphoriquement à caufe de la reffemblance des cifeaux avec les pinces d'une écrevifle. Voyez *Cancar*.

CANCER. On trouve dans Papias *Cancri*, *Cancelli*. On voit par là que *Cancer* & *Cancellus* font fynonimes ; en effet *Ker* & *Kell* fignifient également clôture. Voyez *Cancellus*.

CANCETUM, A. M. pour *Calcetum*. Voyez *Calcea*.

CANCEULI, A. M. pour *Cancelli*. Voyez *Cancellus*.

CANCHILLA, aiguière, vafe, vaiffeau. Ba. Voyez *Can*.

CANCIAE, A. M. contes, fables, bagatelles ; *Can*, parole, difcours ; *Sy*, défaut, imperfection ; *Canfy*, paroles de nulle valeur.

CANCILLUS, A. M. efpèce de vafe ; de *Canchilla*.

CANCLWM, renouée, fanguinaire, fang de dragon plante. G. A la lettre, cent nœuds.

CANCLWYF, nummulaire. G. A la lettre, cent maladies. Les Latins ont imité ce nom en leur Langue, & ont appellé cette plante *Centimorbia*.

CANCR. & **CRANC**, tranfpofition de *Cancr*, cancre, coquillage de mer. B. Voyez *Cancar*.

CANCR. gangrène. G. De là *Cancer*, ulcère dans Papias ; de là *Cancer*, gangrène en Latin ; de là *Cancer* dans notre Langue.

CANCRUM. Voyez *Cancetum*.

CAND, tête, fommet, promontoire, tout ce qui eft élevé ; Prince, principal. G. Voyez *Can*.

CAND, **KEND**, **KIND**, **COND**, felon les différens dialectes du Gallois, embouchure de fleuve ou de rivière. G. *Cande*, dit le Dictionnaire de Trevoux, eft en plufieurs endroits la même chofe que confluent ; ainfi on appelle *Cande* l'embouchure de la Vienne dans la Loire : On dit *Condé* en d'autres endroits, & *Cognac* en d'autres. Voyez *Com*.

CAND, le bois d'un crible. B. Voyez *Can*, vafe.

CAND, le même que *Can*. Voyez *Candator*, *Candibalus*, *Candus*, *Cand*, *Can*.

CAND, le même que *Cend*, *Cind*, *Cond*, *Cund*. Voyez *Bal*.

CAND, le même que *Gand*, *And*, *Sand*. Voyez *Aru*.

CAND, cent. Voyez *Canda*.

CANDA, multiplier jufqu'à cent. G. Voyez *Can*.

CANDA, A. G. vafes de terre ; *Can*, vafe ; *D* de *Dit*, terre.

CANDAENN, farche. B.

CANDATOR, A. M. foulon, ainfi nommé de *Can*, blanc, parce qu'il nettoye & blanchit les draps. On voit par ce mot qu'on a dit *Cand*, de même que *Can*.

CANDAYE, faîtage. B.

CANDAYEIN, enfaîter. B.

CANDDO, renard chez une partie des Gallois. G.

CANDELA, flambeau, cierge. Ba. De là *Candela* Latin. Voyez *Cantol*.

CANDELA, A. M. lampe ; de *Candela*. *Candil* en Efpagnol, lampe.

CANDELLUS, A. M. cierge ; de *Candela*.

CANDELOTTUS, A. M. diminutif de *Candellus*.

CANDENER, **CANDENYER**, centenier. B.

CANDERAWC, fol. C.

CANDES dans les gloffaires d'Ifidore & de Papias, vafes de terre ; dans un autre gloffaire, on lit *Canda*. Voyez *Canda*.

CANDET, ce qui eft multiplié jufqu'à cent ; nous dirions aujourd'hui centaine. G. Ce mot eft le participe du verbe *Canda*, *Canta* qui fignifie multiplier jufqu'à cent ; & par conféquent *Cand*, *Cant* fignifient cent.

CANDETUM, ancien mot Gaulois que nous ont confervé Columele, Ifidore & Papias ; il fignifie un efpace de cent pieds : C'eft le même que *Candet*, *Um* n'étant qu'une terminaifon Latine.

CANDI, blanchifferie, lieu ou l'on blanchit. B.

CANDIA, travailler à blanchir les toiles, tenir une blanchifferie. B.

CANDIBALLUS, A. G. peu blanc, *Cand* blanc ; *Ball*, défaut.

CANDICOLUS, **CANDICULUS**, A. G. peu blanc ; *Cand*, blanc ; *Coll*, perte, défaut.

CANDIFICARE, A. G. rendre de l'éclat ; de *Cand*, *Can*.

CANDILI, A. G. affaifonnemens des mets faits avec du miel & du lait ; *Dil* fignifie rayon de miel : ainfi on ne peut douter que *Can* ne défigne ici lait. Il aura pris le nom de *Can* de fa blancheur.

CANDIUS dans Papias, habillement royal. On lit *Candis* dans le gloffaire de Saint Germain, & *Candys* dans l'Amalthée de Laurent, qui dit que le *Candys* eft un habillement Perfique tout de pourpre, qui fe met en place du diadème. *Candus* en ancien Perfan fignifioit robe felon Héfychius. En comparant ce que dit ce dernier gloffateur avec les autres que nous avons cités, il paroit que *Candus* étoit la robe royale des anciens Rois de Perfe. Ce mot peut venir de *Can* ou *Cand*, éclatante.

CANDOMINA fe trouve dans le gloffaire de Saint Ifidore fans explication. Voyez *Condamina* qui eft le même.

CANDOSOCCUS

CAN.

CANDOSOCUS, terme Gaulois qui nous a été conservé par Columele, il signifioit un cep de vigne recouché pour provigner. *Can*, rameau ; *Tochog* de *Toch*, couvert. Le *t* se changeant en *d* en composition, & le *ch* en *s*, *Tochog* a fait *Dosog*, ou *Dosoc* ; *Candosoc*, rameau couvert, rameau caché dans la terre. Les Latins ont appellé un cep ainsi recouché, *Mergus*, plongeon.

CANDRYLL, rompu, fendu, brisé, coupé, déchiré. G. *Can*, superflu. Voyez *Dryll*.

CANDY, van. B. Voyez *Cand*.

CANDTENNER, vannier. B.

CANDTYER, vannier. B.

CANDUA, obscurcissement. Ba. Voyez *Du*, & *Can* paragogique ou superflu.

CANDUS. On lit dans la Philippide de Guillaume le Breton, *multos cruce signabant indifferenter, parvulos, senes, mulieres, candos, cæcos, surdos, leprosos*. Les sçavans Religieux qui ont augmenté Ducange, croient qu'il faut lire *Claudos*, boiteux. Ils ont bien pris le sens, mais il ne faut pas changer le mot ; *Cand* signifie boiteux. Voyez *Cand*, le même que *Can*.

CANDY, buanderie, lieu ou l'on blanchit le linge. B. *Can*, blanc. *Ty*, en composition *Dy*, habitation, lieu, endroit ; *Candy*, lieu où l'on blanchit.

CANDYERES, blanchisseuse. B.

CANDYS. Voyez *Candius*.

CANDYS, A. G. espèce de tablier ou de ceinture dont les athletes couvroient leur nudité ; *Can*, *Cand*, couvrir.

CANECIUM, A. M. endroit plein de roseaux ; de *Can*, roseau.

CANEL, canelle. G.

CANELL, bobine de tisserand. B.

CANELLUS, A. M. canal ; de *Canail*.

CANEN, canne, jet d'un arbre de même nom. B.

CANEN, chanson. B. Voyez *Can*.

CANEN RYD, torrent. C.

CANEPA, A. M. pour *Canava*.

CANER, chanteur, chantre. B.

CANESTELL, la capacité d'une charrette, l'espace qui contient la charge : c'est aussi un tombereau. B. On voit par *Canastell*, *Canastellus*, que ce mot après avoir été pris d'abord pour le vase d'une charrette, pour l'endroit où l'on place la vaisselle, les vases, a été ensuite étendu à signifier vase en général, tout ce qui contient.

CANETA. Voyez *Canna*.

CANETT, cane. B.

CANETUM, dans Papias, entre noir & blanc ; dans un manuscrit de cet Auteur, on lit *Caneum* ; dans un autre manuscrit, on voit *Cancrum* ; enfin dans un troisième manuscrit, on trouve *Caneum, intermistum, viridemque colorem*. La première Leçon paroit être la seule bonne, parce que l'étymologie y répond. *Can*, blanc ; *Tu* noir.

CANEV. Voyez *Caneveden*.

CANEVA, A. M. le même que *Canava*.

CANEVATIUS, A. M. le même que *Canavacius*.

CANEUAU, chansons. G.

CANEUD. Voyez *Caneveden*.

CANEVED. Voyez *Caneveden*.

CANEVEDEN, CANEUDEN, CANEVEN, arc-en-ciel. B. On voit par ce mot que de *Cav*, courbe, on a fait *Caneved*, *Caneud*, *Canev*, courbure, arc-en-ciel.

CANEVEN. Voyez *Caneveden*.

TOME I.

CAN. 265

CANEUEN, vers, certain nombre de mots & de syllabes. B.

CANEUR, chanteur, chantre. B.

CANEUWR, chantre. G.

CANFALO, A. M. gonfalon ou gonfanon. *Pali* ou *Fali* signifie une piéce d'étoffe de soye ; *Can*, élevée, ce qui est proprement le gonfalon.

CANFARD, fanfaron, tartuffe, cafsard, drôle, espiégle, selon le Pere de Rostrenen ; galant, celui qui fréquente les filles, selon Dom le Pelletier, qui dit qu'il a trouvé ce mot dans un livre Breton en ce sens, ou même dans un plus mauvais. B. Voyez *Ankelher*.

CANFAS, canevas. I. Voyez *Canavas*.

CANFED, centième, G.

CANFF, deuil. B.

CANFOD, voir, regarder. G. De *Can*, avec ; *Bod*, être, dit Davies.

CANFR, camphre. B.

CANFRETT, camphré. B.

'CANG, rameau. G.

CANGAN, poitrine. I.

CANGAWG, chargé de rameaux, qui a beaucoup de branches, qui porte des feuilles, feuillu. G.

CANGELLORIAETH, chancellerie. G. De *Canghell*.

CANGEN, rameau. G. C'est le même que *Cang*.

CANGEOLER, coquet, doucereux, flateur, cajoleur. B.

CANGEOLI, cajoler. B. De là ce mot, *Cangeoli* est formé de *Can*, paroles, & *Ioli*, belles ; *Engeoler*, attraper par de belles paroles, vient aussi de là, parce qu'on a dit indifféremment *Han* & *Can*.

CANGHAS, carême. I.

CANGHELL, ce qui est enfermé d'une balustrade ; chœur d'Eglise. G. Voyez *Cancellus*.

CANGHELLAWR, Chancelier. G. Parce que la place qu'il occupoit étoit fermée d'une balustrade.

CANGHENNAWG, qui a beaucoup de branches. G.

CANGHENNIG, petite branche, petit rameau. G.

CANGHENNOG, chargé de rameaux, qui pousse plusieurs rejettons, touffu. G.

CANGIUM, A. M. change, échange, changeant ; de *Chench* ou *Cheng*. *Canjar* en Espagnol ; *Changer* en François, changer.

CANGOA, cuisse. Ba. Voyez *Cam*, *Can*.

CANGOG, touffu, épais, qui ressemble au pampre, chevelu. G.

CANGR, cancre. B.

CANGRENN, glande. B.

CANGRAENNIG, caroncule. B.

CANGRENNEN, amygdales. B.

CANHA, A. M. chanvre ; de *Canab*.

CANHEBRWNG, accompagner, suivre, conduire, mener, amener, emmener, porter. G.

CANHEBRYNGWR, conducteur, qui accompagne. G.

CANHES, accorder. G.

CANHIADU, accorder. G. Voyez *Canattau*.

CANHWYLLBREN, chandelier, lustre. G. De *Canwyll*, chandelle ; *Brenn* de *Pren*, bois.

CANHWYLLWR, qui fait des flambeaux, des chandelles. G.

CANHWYLLYR, chandelier, lustre. G.

CANHWYNOL, le même que *Cynhwynol*. G.

CANHYMDAITH, accompagner. G.

CANIAD, chanson, ode, vers, air, mode en musique. G.

S ss

CANIADHAU, faire des largesses, donner avec libéralité. G.

CANIADU, accorder. G. Voyez Caniattau.

CANIATTAAD, concession, liberté d'entrer, congé, permission. G.

CANIATTAU, accorder, permettre. G.

CANIBETAETU, attaquer à coup d'épée. Ba.

CANICTAE dans Papias, la crasse de la tête; dans un manuscrit de cet Auteur, on lit Canietae. La première leçon est la bonne ; Can, tête ; Tsc, de Tscenn, crasse de la tête.

CANIEN, vallon par lequel passe un ruisseau qui rend la terre fraîche, humide & fertile. B. Can, vallon ; Yen, frais.

CANIER, A. G. polir ; Can, éclat, brillant ; Canier, rendre brillant, polir.

CANIFL, canif. B. De là ce mot, Knife, Knive en ancien Flamand ; Knife en Anglois, canif. Voyez Canivet.

CANJOLI, cajoler. B. De là ce mot ; Can, paroles, discours ; Joli, Jol, belles, beaux ; Cajel en Anglois, cajoler.

CANJOLI, ébranler pour faire tomber. B.

CANIPA, A. M. pour Canava. Voyez ce mot.

CANIPULUS, A. M. canif ; de Canifl.

CANISARE, A. G. s'égarer dans sa route ; de Can, tors, tordu. Les Paysans en Franche-Comté disent d'un homme qui s'est égaré, qu'il s'est Tordu.

CANISTELLUS, CANISTRELLUS, A. M. pièce de pâtisserie qui a trois angles, & qu'on appelle échaudé ; de Can, angle ; Tre, trois. Dans quelques Villes de la Flandre Françoise on nomme les échaudés Canestiaux.

CANIVET, canif. B. On se sert encore de ce terme dans le Boulonois & la Touraine.

CANLAW, enceinte de clayes ou de pieux, barrière, barre à barricader, poteau ou pilier d'écurie ou de manège pour attacher les chevaux, Avocat, Procureur d'une partie. G.

CANLAWIAETH, fonction d'Avocat. G.

CANLLYN, CANLYN, suivre, poursuivre, imiter, persécuter. G.

CANLYNIAD, poursuite, séquelle, tout ce qui suit, tout ce qui est à la suite. G.

CANLYNWR, qui suit au propre & au figuré, sectateur, qui suit les opinions, les sentimens d'un autre, persécuteur, qui poursuit. G.

CANMAWL, louer beaucoup, louer, illustrer. G. Mawl, louer ; Can signifie donc beaucoup. Voyez Gan.

CANMLWYD, de cent, ou centenaire. G.

CANMOL, louer, vanter, honorer, respecter. G. Voyez Canmawl.

CANMOLADWY, louable, couvert de gloire, illustre, considérable, qualifié, élevé en quelque rang, qui est d'une naissance distinguée, probable, qu'on peut prouver, qu'on peut approuver. G.

CANMOLEDIG, louable, loué, vanté. G.

CANMOLIAETH, louange, éloge. G.

CANN, blanc, fleur de farine de froment. G. Ainsi nommée à cause de sa blancheur. Voyez Can.

CANN, conjonction causale, car, parce que. G. Voyez Can.

CANN, le même que Ceann. I. De même des dérivés.

CANN, blanc, brillant, éclatant, ce qui est d'une blancheur brillante, éclatante, éclat, splendeur ; Cann-Louar, pleine lune : A la lettre, lune brillante, lune dans son plus grand éclat. Quelquefois on sous-entend le mot Louar, & on ne dit que Cann pour signifier la pleine lune. B. Dans le Maine on appelle les blancheurs ou fleurs qui se trouvent sur le vin Channes. Voyez Can.

CANN, l'action de se battre, l'action de battre, combat, dispute. B. Voyez Can.

CANN, peau. Voyez Discannein.

CANN AL LOAR, joufflu. B. A la lettre, le plein de la lune. On dit encore populairement d'un homme qui a une face large & grasse, que c'est la pleine lune.

CANNA, battre, fraper, donner des coups. B.

CANNA, jonc, roseau, canne. Ba. Voyez Cana.

CANNA, A. M. mesure d'étendue ; de Cana.

CANNA, A. M. pot ; de Can. Kan en Allemand ; Kanne en Flamand, pot ; Cann en Anglois, vase à boire. Voyez Can.

CANNA, A. M. canal, tube, tuyau ; de Can.

CANNA, A. M. chanvre ; de Canab.

CANNAD, CANNAT, Ambassadeur, député, envoyé, messager. B. De Can, parole, discours ; Gan en Persan, envoyé. Voyez Cennad.

CANNADOR, le même que Canab. B.

CANNADUR, ambassade, commission. B.

CANNAID, blanc, brillant, luisant. G.

CANNAOUEN, noix. B.

CANNAT. Voyez Cannad.

CANNATA, CANNATELLA, CANETA, A. M. diminutifs de Canna, pot. On appelle à Besançon Chennettes, les burettes dont on se sert pour la Messe.

CANNEDD, le même qu'Annedd. Voyez Aru.

CANNEIDRWYD, blancheur. G.

CANNEIN, battre cruellement. B.

CANNEIN, chanter. B.

CANNEIN, caqueter, pepier. B.

CANNEN, chanson. B.

CANNER, celui qui bat. B.

CANNEREH, blanchissage. B.

CANNERES, blanchisseuse, lavandière. B.

CANNERESIC AN DOUR, CANNESERICQ AR BAELECQ, hoche-queue. B.

CANNERTH, aide, secours. G. B.

CANNETUM, A. G. lieu où croissent les roseaux. Voyez Canetum.

CANNICANNA, A. M. couvert de roseaux ; Can, couvert ; Cana, roseau.

CANNICANNA, A. M. flacon ; de Can, vase, pot.

CANNICIA, CANNUCIA, A. M. lieu où croissent les roseaux ; de Can, roseau.

CANNIVETUM, A. M. chanvre ; de Canab ou Canav.

CANNOED, centaine. G.

CANNOL, sillon. B. Voyez Can, Canol.

CANNU, blanchir, être blanchi. G.

CANNUCIA. Voyez Cannicia.

CANNUS, qui bat habituellement. B.

CANNUS, A. M. blanc ; de Cann.

CANNWELW, blanc pâle, un peu pâle. G. Can, blanc ; Gwelw, pâle. Davies.

CANNWYLBREN, chandelier. G. Voyez Canhwylbren.

CANNYBLYG, cent fois double. G.

CANNYN, cent. G.

CANO, A. G. le mois de janvier. Je crois ce mot formé de Can, tête, & O d'Oed, temps, qui aura été mis pour année. (Voyez Canved ci-après, il met ma conjecture hors de tout doute) Les

Hébreux fe fervoient auffi du terme *Temps* pour défigner l'année. Il eft dit au chapitre quatrième de Daniel que Nabuchodonofor demeurera fept temps, *Scibehhhah Hbhidanin*, dans l'état humiliant où le Seigneur le réduira, c'eft-à-dire fept ans. Le mois de janvier eft appellé la tête de l'année, parce qu'il en eft le commencement.

CANOD, canot, petit bâteau. B.
CANODIG, efquif. B.
CANOL, canal, rigole. G.
CANOL, milieu, qui eft au milieu. G. Voyez *Canoldrwch*.
CANOL, tuyau, canal, lit d'une rivière, d'un ruiffeau, paffage affuré & fans danger en mer pour les navires qui font route entre des terres, des ifles & des écueils. On le dit auffi d'un canon, mais ce fens eft auffi nouveau que la chofe qu'il fignifie. B. On voit par là que *Canol* eft le même que *Can*.
CANOL AN DOUR, le courant d'une rivière. B.
CANOLA, A. M. canal; de *Canol*.
CANOLA, A. M. régiftres; apparemment de *Can*, difcours.
CANOLDANT, corde du milieu. G. *Tant*.
CANOLDDYDD, midi. G. A la lettre, milieu du jour.
CANOLDRWCH, entrecoupure, fyncope. G. *Canol*, entre; *Trwch*.
CANOLFUR, mitoyen, qui eft entre deux. G.
CANOLFYS, doigt du milieu. G
CANOLGAE, mitoyen, qui fait la féparation, diaphragme. G. *Canol Gae*.
CANOLIG, qui eft au milieu, qui eft entre deux, médiocre, qui tient le milieu entre le grand & le petit. G.
CANOLRWYDD, médiocrité. G.
CANOLUS, A. M. jonc, rofeau; de *Canol*, le même que *Can*.
CANOLWR, interceffeur. G. De *Canol*.
CANOLYDD, interceffeur. G.
CANOPUS, A. M. pour *Canapis*. Voyez ce mot.
CANOR, chanteur, chantre. B.
CANOUR fignifioit Prophéte anciennement en Breton.
CANOYA, tuyau, flute. Ba. Voyez *Can*.
CANOYAC, canon de guerre. Ba. Voyez *Can*, *Canol*.
CANPLYG, cent fois double. G.
CANPWYD, centième. G.
CANPWYS. PETH CANPWYS, qui eft du poids, de cent livres. G.
CANRE, le même que *Canred*. G.
CANRED. Davies demande s'il fignifie accompagnement ou pourfuite, ou perfecuter. Il ajoute que ce mot eft formé de *Can*, avec; *Rhedeg*, courir. Suivant cette étymologie il doit fignifier accompagnement; peut-être a-t'il été étendu aux autres fens comme *Canlyn*, qui, fuivant la force des mots qui le compofent, (*Can Llyn*, de *Llynwyn*) ne fignifie que fuivre, & qui a été étendu à fignifier perfecuter. G.
CANRHAIN, le même que *Canred*. G. On voit par là que *Rhain* eft fynonime de *Red*, *Rhedeg*.
CANS, parce que, car, à caufe, pour. G. C'eft *Can* qui a pris une *s*; *Eken* en Bafque, à caufe, pour. On dit en Lorraine *ne faire Canfe de rien*, pour ne faire femblant de rien, ne point faire connoître ce qu'on veut faire.
CANS, chant. C. Voyez *Can*.

CANSAZE, fatiguer. Ba. *Canfar* en Efpagnol, fatiguer.
CANSGWR, époufe. C.
CANSIL, A. M. le même que *Gamfil*. Voyez *Camifa*.
CANSORTISSE, fociété. B. Voyez *Gan*, *Can*.
CANT, blancheur, tête, bord, cent, chant, courbure, courbure en finuofité, toute courbure ronde, cercle, petit globe, petit rond, roue. G. On voit par là que *Cant* eft le même que *Can*. *Ceand*, tête en Ecoffois; *Kantbos* en Grec; *Canthus* en Latin, toute courbure ronde; *Kamptein* en Grec, courber; *Cand*, plufieurs, en grand nombre.
CANT, fané, flétri, languiffant, fans vigueur, délié, fin, menu. G. B.
CANT, cercle, petit globe, petit-rond, cent, chant. B. *Kanthos* en Grec, cercle de fer qui tient la roue.
CANT, le côté d'un corps plat & équarri, fur lequel côté ce corps peut fe tenir élevé. On dit d'un madrier ou d'une planche épaiffe, *Ema En E Cant*, elle eft fur fon côté, fur fon épaiffeur, & non fur fon plat ou largeur. On parle ainfi de tout ce qui eft plus large qu'épais. B. Les payfans en Franche-Comté difent *San* pour côté: On dit *Sens* en François.
CANT. On voit par *Canttoul*, *Gigant*, *Qant*, que *Cant* a fignifié grand nombre, grande quantité indéfinie, élevé.
CANT, crible. Voyez *Cantyer*.
CANT, le même que *Cint*, *Cint*, *Cont*, *Cunt*. Voyez *Bal*.
CANT, le même que *Gant*, *Ant*, *Sant*. Voyez *Arn*.
CANT, le même que *Can*. B.
CANT, le même que *Cand*. Voyez *D*.
CANT, le même que *Can*. Voyez *T*.
CANT MENN, voûte, arcade. G. *Cant*, courbure; *Menn*, pierres.
CANT TROEL, toute figure courbe, dont une partie avance vers l'autre. G.
CANTA, multiplier jufqu'à cent. G.
CANTA, lac, marais, eau bourbeufe. I.
CANTA, roc, pierre, montagne. Ba. Voyez *Chan*.
CANTA, chanter, chanfon, ode. Ba. Voyez *Can*.
CANTABRIS, A. G. femblable fouffrance, infirmité; *Cant* de *Can*, avec, enfemble; *Abr d'Abar*.
CANTABRUM, A. M. drapeau, étendard; de *Can*, branche, perche; & *Tabar*, piéce d'étoffe: Les drapeaux, les étendards font des piéces d'étoffe attachées à l'extrémité d'une perche.
CANTABRUM, A. M. pain fait avec du fon pour les chiens; de *Can*, chien; *Debrein* ou *Tebrein*, manger; *Cantebrein*, *Cantabrum*, manger de chien.
CANTABRUM, A. M. vafe; de *Cant*, vafe. *Kantharos* en Grec; *Cantharus* en Latin, vafe.
CANTACH, boueux. I.
CANTACHOA, poéfie lyrique, mottet à chanter. Ba.
CANTAL. Voyez *Cantalchuloa*.
CANTALCHULOA, barre, verrouil de porte. Ba. *Chuloa*, porte, & par conféquent *Cantal*, barre, verrouil. Voyez *Cant*, rameau, perche.
CANTALEPALLEA, audacieux, infolent. Ba.
CANTALOER, chandelier. B. Voyez *Cantol*.
CANTAQUIDA, concert de mufique. Ba. Voyez *Canta*.
CANTAREDUS, A. M. le même que *Cantredus*.
CANTARULUS, A. M. diminutif de *Cantharus*.
CANTARUM, A. G. voûte des maifons; de *Cant*.
CANTARUS, A. M. baffin. Voyez *Cantharum*.

CANTASLEA, maître du chœur. Ba.
CANTELLUS, A. M. chanteau ; de *Chantell.*
CANTENN, le fond d'un crible. B.
CANTERIUM TERRÆ, A. M. Je crois que cela signifie angle de terre ; de *Cant.*
CANTERIUS. On lit ces mots dans les actes de Saint Thyrse : *Quibus decollatis, jussit Thyrsum claudi locello ligneo, & ipsum in Canterio levari.* Dans un autre exemplaire on lit *Plaustro* pour *Canterio*, ce qui fait voir que *Canterius* étoit un chariot fait apparemment de rameaux entrelaffés. Les chariots de cette espèce étoient fort usités chez les Gaulois. Voyez *Benn* ; *Cant*, rameau.
CANTES, A. G. flutes d'instrument qui rendent un son harmonieux ; de *Cant*, tuyau, flute.
CANTES, A. G. les déesses des agrémens ; de *Cant*, de *Can.*
CANTET, ce qui est multiplié jusqu'à cent. G.
CANTFET, centième. B.
CANTFET, en sous-entendant *Bloas An*, signifie siécle. B.
CANTHARA. Voyez *Cantharum.*
CANTHAREDUS, A. M. le même que *Cantredus.*
CANTHARUM, CANTHARA, CANTHARUS. Papias rend ainsi ces mots : *Cantara*, corbeilles, paniers, berceau ou candélabre, vases d'Église ; *Cantarus*, certain vase à anses ; *Cantara*, vase à mettre du vin, ou animal ; *Cantara*, voûte des maisons. Dans un autre glossaire on lit : *Cantarus* est une espèce de vase pour porter du vin ou de l'eau. Dans un troisième glossaire on lit *Cantharus*, ornemens de femme ; *Cantharus* ou *Canthara* se trouvent dans les anciens monumens pour désigner un vase à mettre du vin. On lit dans Héfychius *Kantharos*, espèce de vase. *Canthara, Cerostrata, Cerostata* désignent dans les anciens monumens des candélabres à plusieurs branches, sur lesquels on plaçoit plusieurs cierges. *Canthari* dans les anciens monumens signifie ces bassins qu'on construisoit autrefois dans le parvis des Églises. On lit aussi *Cantarulus*, diminutif de *Cantharus* ; & *Cantrum*, vase à mettre du vin, *Cant*, branche, rameau ; *Cantar*, de branches, de rameaux : Voilà l'étymologie de *Cantara*, panier, corbeille, berceau. *Cant*, luisant, lumineux, qui donne de la lumière ; de là *Cantara*, candélabre ; (voyez *Cantol, Cantoler*) *Can*, vase ; *Derh* ou *Ther*, prise, anse ; *Canter*, *Cantar*, vase à anses. *Cant*, beauté, parure ; de là *Cantharus*, ornement de femme ; *Cant*, *Cantar*, vase, bassin.
CANTHELIUM, A. M. sorte de vase ou de vaisseau qui contenoit une quantité considérable de liqueur ; *Can*, vase ; *Tel*, grand.
CANTHUDD, le même que *Canthynt.* G.
CANTHUS, A. G. l'angle des paupières ; *Cant*, angle ; *Kanthos* en Grec, le coin de l'œil.
CANTHYNT. Davies n'explique pas ce mot, mais on voit par les termes dont il est composé qu'il signifie chemin tortu ; *Cant*, tortu ; *Hynt*, chemin.
CANTI, blanchisserie, lieu où l'on blanchit les toiles. B. Voyez *Candy.*
CANTILLUS, A. M. pour *Cancillus.* Voyez ce mot.
CANTINARIUS, A. M. cellerier. Nous appellons *Cantine* un vase, un pot à mettre du vin, & un endroit dans les Places de guerre où l'on vend du vin aux soldats ; *Cant*, vase ; *Gouin*, en composition *Ouin*, par crase *In*, vin. Les Italiens appellent la cave *Cantina*, terme qu'ils ont conservé du Celtique.
CANTO, roc, pierre, montagne ; *Canto-Abria*, Villes des rochers. Ba. *Canto* en Espagnol, pierre.
CANTOEL, chandelle. B. Voyez *Candela.*
CANTOIN, angle. Ba.
CANTOIZALEA, prostituée. Ba.
CANTOL, chandelle. B. Voyez *Cantoel.*
CANTOLEZR, chandelier. B.
CANTOLOR, CANTOLOUR, chandelier. B.
CANTON, contrée, canton, pays, département, district. B.
CANTON, château en bas Breton, selon M. Menage. Voyez *Cantellus.*
CANTONA, hymne. Ba. Voyez *Cant.*
CANTOR, chantre, joueur d'instrumens à vent. G.
CANTORES, magicienne, enchanteresse. G.
CANTOUL, chandelle. B.
CANTOULER, chandelier. B.
CANTOYA, angle. Ba. Voyez *Cant.*
CANTREAL. Voyez *Cantren.*
CANTRED, centurie. G.
CANTREDUS, CANDREDUS, CANTAREDUS, signifient en Gallois un pays où il y a cent habitations. (*Us*, terminaison Latine) Giraldi Gallois nous apprend que ce mot est formé de *Cant*, cent, & de *Tref*, habitation. Brompton nous assure que *Cantredus* a la même signification en Irlandois. Les anciens Ecrivains Anglois disent indifféremment *Candredus*, *Cantaredus*. On voit par ce mot qu'on a dit indifféremment chez les Gallois *Tred* & *Tref.*
CANTREEIN, hanter. B.
CANTREF, cent Villes, pays où il y a cent Villes. G. La décapole fut ainsi nommée par les Grecs, parce qu'il y avoit dix Villes.
CANTREN, & au Pays de Vannes *Cantrign*, est un nom substantif, qui signifie avec le verbe *Gra*, courir çà & là comme les bêtes égarées, & ceux qui les cherchent. Le verbe à l'infinitif est *Cantreal*, *Cantrei*, dont le participe est *Cantreet* : on dit *Canreet A Meus*, j'ai couru de côté & d'autre. B. Ce mot est formé de *Can*, tour, détour, courbure, sinuosité ; ceux qui courent ainsi, font plusieurs tours & détours, ne suivent point de route droite & certaine.
CANTRICULA, A. G. fard ; de *Cant*, éclat, brillant.
CANTROED, espace de cent pieds. G.
CANTRUM. Voyez *Cantharum.*
CANTTOUL, herbe nommée en Latin *Perforata* ; en François millepertuis ; & chez les Gallois *T Gandoll* pour *T Canttoll*, cent trous. B. *Cant*, cent ; *Twll* ou *Toul*, trou.
CANTFED, siécle. B. Voyez *Cantvet.*
CANTVEDER, centenaire. B.
CANTVET, le même que *Cantfet.* B. Voyez aussi *Cantved.*
CANTULER, chandelier. B.
CANTULLA, A. M. petit vase ; *Cant*, vase ; *Ul* diminutif.
CANTYER, faiseur de tamis. B.
CANU, chanter, jouer de quelque instrument de musique à cordes. G. B. *Gani* en Arabe, chanter ; *Nagan, Negan* en Hébreu, chanter, jouer de quelque instrument de musique à cordes. Voyez *Can.*
CANU, cantique, vers ; pluriel *Cánnau, Caneuau.* G.
CANU, parler. Voyez *Cynau, Cyngan.*

CANU, deuil, gémissement, complainte. B.
CANVAL, châmeau. B.
CANVAOUI, pleurer longtemps, lamenter, gémir, s'attrister, être, devenir, ou rendre triste. B.
CANVAOUS, lugubre. B.
CANVEIN, lamenter, gémir, s'attrister. B.
CANVEOU, les templons d'un tisserand. B.
CANVEU, doléance. B.
CANVEUSS, funeste. B.
CANUCHTE, condamné à l'amende. I.
CANULA, A. M. flute; de *Can*, roseau, tuyau, tube.
CANUMENTUM, A. M. broche; de *Can*, pointe; *Mendt*, grande.
CANVOC AR MELIN, battre le moulin. B.
CANVOU, affliction, tristesse, deuil. B.
CANUS, A. G. cheval blanc & noir; *Can*, blanc; *Nu* pour *Du*, noir.
CANUSTEELL, volière. B.
CANWAITH, cent fois. G. *Can Gwaith*.
CANVUM, A. M. chanvre; de *Canab*, *Canav*.
CANWR, chantre. G.
CANWRIAD, centenier, Capitaine de cent hommes. G.
CANWYD, centième. G.
CANWYLL, chandelle, luminaire. G. De *Can*, avec; *Gwyll*, ténèbres; ou de *Cann*, blanc; *Gwyll*, ténèbres, parce qu'il blanchit les ténèbres, qu'il répand la lumière dans les ténèbres. Davies.
CANWYLL, LLYGAD, prunelle de l'œil. G.
CANWYLL YR ADAR, bouillon blanc, meline. G. A la lettre, chandelle des oiseaux.
CANWYLLWR, faiseur de chandelles. G.
CANWYR, plane, instrument pour applanir le bois. G.
CANWYR, taillade que l'on fait en forme de V dans l'oreille des bêtes marquées; *Canwyro*, former cette taillade. G.
CANYMDAITH, accompagner, suivre. G. *Can*, avec.
CANYMDEITHYDD, qui accompagne. G.
CANYMDOI, accompagner, protéger, accompagner en protégeant. G. *Can*, avec; *Ym*, moi-même; *Toi*, couvrir. Davies.
CANYS, car, parce que, conjonction causale, conjonction conditionnelle. G. Voyez *Can* qui est le même.
CANYS YN DDIAU, car à la vérité. G.
CANZ, cent. C. Voyez *Can*, *Cant*.
CAO, cave. B. Voyez *Cav* qui est le même.
CAO, le même que *Sao*. Voyez *Aru. Cao*, haut en Chinois ou en Tonquinois. Voyez *Caob*.
CAOB, motte de terre. I. De là notre mot *Cahot* : Ce sont les inégalités d'un chemin qui forment les cahots.
CAOBAIN, prison. I.
CAOBH, rameau. I.
CAOCH, aveugle. I.
CAOCHADH, aveugler. I.
CAOCHAN, taupe. I.
CAOGADH, cinquante. I.
CAOI, CAOID, pleurer, se lamenter. I.
CAOICHE, aveuglement, berluë, obscurcissement de la vuë. I.
CAOID. Voyez *Caoi*.
CAOIL, les lombes, les reins. I.
CAOILLE, terre. I.
CAOILTSRIANEICH, fougére. I.
CAOIMHE, joye, allégresse. I.

TOME I.

CAOIN, bon, civil, obligeant, doux, modéré, paisible, juste, équitable. I.
CAOIN, beau. I. Voyez *Cain*.
CAOINE, lamentation. I.
CAOINEADH, regretter, plaindre, gémir, lamenter. I. De là en Patois de Besançon *Coniner*, pleurer en jettant des cris.
CAOIRIG. Voyez *Caor*.
CAOIRLE, massue. I.
CAOL, chou. C. Voyez *Caul*.
CAOL, maigre, délié, mince, menu, foible, petit. I.
CAOLAM, diminuer. I.
CAOMH, net, propre, beau. I.
CAOMH, fort petit. I.
CAOMHNAD, protection, défense. I.
CAOMHNAIM, protéger, défendre. I.
CAOMHTA, société. I.
CAOMHTACH, associé. I.
CAON, le même que *Cavin*. I.
CAON, canal, gouttière, ruisseau. B. Voyez *Can*.
CAONACH, mousse. I. *Cao* en Chinois, herbe.
CAONADH, courbure, pli. I. Voyez *Can*.
CAONAM, être semblable. I.
CAONAM, couvrir. I. *Ko* en Tartaré du Thibet, vêtement.
CAONBHUIDHE, gratitude, reconnoissance. I.
CAONDUTHNAS, dévotion. I.
CAONDUTRACHDE, amour. I.
CAONTA, couvert participe I.
CAOR, CAORADH, brebis; plurier *Caoruch*, *Caoirig*. I.
CAOR, grain, baye ou bouquet qui vient aux arbres. I.
CAOR, chandelle. I.
CAORA, brebis. I.
CAOT, le même que *Caut*. B.
CAOTH, pluye. I.
CAOU, dommage. B.
CAOUAN. Voyez *Caouen*.
CAOVANTA, sûr, en sûreté. I.
CAOUAT. Voyez *Cahouat*.
CAOUAT GLAO, ondée de pluye : On dit aussi simplement *Caouath*, en sous-entendant *Glao*, pour pluye. B.
CAOUDED, joye. B. On a dit par craise *Caudded*, *Caudd*, *Gaudd*, d'où est venu le *Gandium* des Latins.
CAOUED, cage. B. Voyez *Caouet*.
CAOUEN, CAOUAN, hibou, chouette; & au figuré, avare. B. De là chat-huant : On dit *Chouan* en Anjou, & en Picard *Cave*, *Cavette*.
CAOUENMEZO, lourd d'esprit, étourdi, benais, grosse machoire. B.
CAOUENNES, fresaye. B.
CAOUET, cage; plurier *Caouejou*. B. De *Cav* ou *Caou*, clos, enfermé.
CAOUET. Voyez *Cahouat*.
CAOUFF, deuil, affliction, tristesse, gémir. B.
CAOUFFAOUI, être, devenir, ou rendre triste. B.
CAOUGAFF, abonder. B.
CAOUGANT, selon le P. de Rostrenen, abondant, accoûtumé. Dom le Pelletier l'explique ainsi. *Caougant*, que quelques-uns prononcent *Couhant*, exprime ce qui croît vîte & abondamment, ce qui arrive ou agit souvent; le comparatif est *Caougantoch*, plus abondamment, plus fréquent. B.
CAOUI. Voyez *Cavi*.
CAOUIFF, gémir. B. Voyez *Caouff*.
CAOUINET, chats-huans. B. Voyez *Caouen*.

T t t

CAOULA. Voyez *Caoulet.*
CAOULEDA. Voyez *Caoulet.*
CAOULEDEN, caille-bottes. B. Voyez *Caoulet.*
CAOULEDI, cailler, parlant du lait. B.
CAOULEIN, cailler. B.
CAOULET, caille-bottes, lait caillé & durci; on ajoute ordinairement *Lais*, lait, & avec raison; car *Caoulet* est régulièrement le participe de *Caoula*, d'où l'on a fait l'autre verbe *Caouleda*, faire ou devenir caille-bottes. B. Ce mot est formé de *Caul*, qu'on peut prononcer *Caoul.*
CAOUN, affliction, tristesse, deuil. B. C'est le même que *Caouff.* En haute Bretagne on dit *Aconnir* pour contrister.
CAOUVEEN, CONVEEN, convoi d'enterrement, de funérailles. B. De *Caoun.*

CAP, chapeau, bonnet, capuce, capuchon, chaperon. G. Il signifie aussi tête, chef en Gallois. Voyez *Capten*; *Cap*, tête, anciennement en Breton; *Capil*, chepteil ou capital en Ecossois; *Cappin*, chapeau en Irlandois; *Caipin* en Irlandois, bonnet, chaperon, capuchon; *Cap* en Languedocien, tête, faîte, sommet, bout. La source de l'Adour s'appelle *Cap d'Adour* : ce mot s'est conservé dans notre Langue. Nous disons armé *de pied en cap*, pour dès les pieds à la tête. *Cap* en termes de marine, est la tête, l'éperon, la pointe, ou l'avant du navire, la proue d'un vaisseau. De *Cap* sont venus dans notre Langue caporal, capital, capiteux, caprice, capuce, chaperon, chapeau, & capeler terme de marine; de *Cap* sont venus en vieux François, *Cap*, tête, Chef, Commandant; *Capel* & *Chapel*, chapeau; *Capeline*, sorte de chapeau; *Chapin*, chapeau, le *Chapon* de la tête, le sommet de la tête; *Capiscos*, maître d'école. (de là *Capiscol* encore usité en quelques chapitres pour désigner l'écolâtre ou celui qui avoit soin des écoles) De *Cap* on a dit en vieux François, *Chep*, *Chef*, *Chev*; de là *Chepteil*, capital; de là *Chevecel* en vieux François chevet, *Chevetain*, *Chefvetain*, Capitaine; *Chevecin*, *Chevestre*, *Chevecaille*, chevelure; *Chevol*, cheveux; *Chevir*, venir à bout, venir à chef; *Chevage*, *Queuvage*, tribut imposé par tête, capitation. *Chief* s'est dit en vieux François pour bout; *de Chief en Chief*, c'est-à-dire, de bout en bout. (*Pen*, tête, signifie aussi bout, extrémité, fin;) *Cieu* & cheveux en vieux François. On a aussi dit *Cev* comme *Chev*; de là *Cevals*, cheveux en vieux François; *Ceves*, civots, ciboules, ciboulettes; *Chive*, oignon. De *Chev* sont venus nos termes chevet, chevecière, cheveux, chevelure. De *Cap* sont formés les mots Latins *Caput*, *Capillus*, (*Cap*, *Hil*) *Cepe*, oignon; (Voyez *Abal*) & *Capagium*, *Capaticum*, *Caparo*, qu'on trouve dans les anciens monumens *Capela*, chapeau en Basque; & *Capilla*, capuce, capuchon; *Kalpak* en Turc, chapeau; *Capo* en Italien, tête, Chef, Prince, Principal; *Cap* en Anglois, chapeau, bonnet; *Capuch* en Anglois, capuchon; *Kappa* en Esclavon, capuce, capuchon; *Kappen* en Allemand, chapeau; *Kappe* en Allemand, coëffe, bonnet, calotte; *Capruin* en Flamand, chaperon, coëffure de femmes; *Kop* en ancien Saxon; *Cop* en Flamand, *Kopff* en Allemand, tête; *Kapa* en Hongrois; *Kape* en Bohémien; *Kapica* en Polonois; *Capirote* en Espagnol; *Capuccio* en Italien, capuchon, couverture de tête; *Capello* en Italien; *Kappa* en Carniolois, chapeau; *Kephale* en Grec; *Kuphe* en Grec Crétois, tête; *Capalla* en Malaye; *Capala* en Tidoritain, tête. Dans toutes les Langues le mot de tête s'est pris aussi au figuré; ainsi dans le Gallois *Cap* a signifié premier, principal, général. *Capac* en Pérouan, Roi. *Cap* signifiant tête, cime comme *Becq*, il y a apparence qu'il a aussi signifié pointe comme *Becq*, d'autant plus que *Cap* en Breton & en notre Langue signifie une pointe de terre qui avance dans la mer.

CAP, chariot. I.
CAP, le même que *Ccap.* I. De même des dérivés ou semblables.
CAP, promontoire, cap. B. *Cap* en François; *Cape* en Anglois & en Flamand, cap, promontoire. Voyez *Coppa.*
CAP, cape, terme de marine qui désigne une grande voile. B.
CAP, cape. B. *Capa*, *Capea*, cape, manteau en Basque; *Capa* en Espagnol, cape, manteau, chape; & *Capote*, capot, habillement de paysan; *Acapar* en Espagnol, être vêtu d'une cape; *Kappe* en Allemand, couverture, voile, coule; *Cappa* en ancien Saxon, grande robe; *Cappa* en Italien, robe de femme; *Kape*, habillement en Bohémien; *Caabe* en Danois; *Cappe* en Anglois & en Flamand; *Kepenik* en Carniolois, cape, manteau; *Cape* en François, cape; *Caapu*, robe qui couvre tout le corps en Finlandois; *Kappiteich*, habit de peau en Groenlandois; *Kabi*, enveloppe en Turc; *Kaftan*, robe en Turc; *Chepeneg*, manteau en Turc; *Kapama*, tunique, habit en Turc; *Kapak*, couvercle, couverture en Turc; & *Kapn*, *Kapamak*, fermer. *Chaphaph* ou *Chap* en Hébreu, couvrir, protéger, défendre; de même en Chaldéen. *Chaf* en Arabe, couvrir; & *Chaffa*, couvrir d'un habit; *Chapha* en Hébreu, en Chaldéen, en Syriaque, couvrir, cacher; *Caphar* en Hébreu, couvrir; *Chop*, cacher en Cophte; *Capyris*, tunique à manches en ancien Persan; *Caplon*, tunique en Persan; *Kappation* en Grec dans Hésychius, robe de femme; *Kupaz* en Grec, couverture d'un lit; *Capa* dans les anciens monumens signifie un habillement qu'on mettoit sur les autres habits, & qui les couvroit : On appelloit cet habillement en vieux François *Chape*; nous nous servons encore de ce nom pour désigner un ornement d'Église qui couvre tout le corps. Nous appellons *Capote* un habillement de dessus qui couvre tout le corps. *Caban* en vieux François, espèce de manteau. Voyez *Cab.*
CAP, le même que *Cab*, *Cav.* Voyez *Cab*, *Cabus*, *Capa*; de là le mot Latin *Caperare*, rider, sillonner; de là *Caperare* dans Papias, interroger, parce que lorsqu'on interroge on approfondit, on creuse.

CAP a dû signifier couper, retrancher en Celtique. 1°. *Capillotade* signifie en notre Langue un ragoût de reste de viande mis en morceaux. 2°. L'o & l'a se mettant l'un pour l'autre, on a dit autrefois *Coper* en notre Langue pour couper, ainsi qu'on le voit par *Copeau*, & par *Copeiz*, qui est un terme de Coûtume, qui signifie des bois nouvellement coupés. 3°. *Chalp* en Breton, serpe; & *Chalpet*, écharper, couper. 4°. *Chapeler* en notre Langue signifie hacher; *Capelures*, ce que l'on a coupé, retranché du pain. 5°. *Chapuser* en Franc-Comtois, couper du bois : Ce mot a été usité en vieux François, dans lequel on disoit *Chapuiser*, d'où l'on appelloit un charpentier *Chapuis*. 6º. *Chabler* en vieux François, couper ; *Chaple* en vieux François, combat ou coups; *Chapleis* en vieux François, coups; & *Chaployer*, donner des coups d'épée ; *Chapla* , fraper en Languedocien. 7º. *Cabun* ou *Cabon* en Irlandois, & *Capon* en Espagnol, châtré, coupé ; *Capoll* en Irlandois, cheval, ainsi nommé de ce qu'il est coupé ; *Kappaun* en Allemand ; *Cappone* en Italien ; *Capon* en Anglois ; *Capux* en Albanois ; *Capon* en Espagnol ; *Capo* en Latin ; *Chapon* en François, chapon, ainsi nommé de ce qu'il est coupé. *Kappen* en Allemand & en Flamand, hacher ; *Chaponer*, couper; *Cappone* en Italien, châtré. *Cap* a signifié priver, frustrer, retrancher de la société, qui sont les sens figurés de couper, retrancher au propre ; ce qui se prouve parce que dans notre Langue on appelle *Capot*, un homme privé déchu de son espérance. On appelle en quelques Provinces du Royaume *Capois* ou *Cagots*, des hommes que l'on regarde comme infâmes, & avec qui la société est rompue. Les Perses appelloient *Copis* , une épée qui frape de taille, & non pas d'estoc. *Kopis* en Grec, une faulx, une épée, une hache ; *Kope* en Grec, une coupure, & *Koptein*, couper. *Chippa* en Anglois, coupure ; *Chapas*, plaie en Hongrois ; *Schabla* en Lusatien, épée, couteau; *Copo* en Espagnol, qui a un pied ou une main coupée ; *Capado*, taillé , coupé en Espagnol ; & *Capirotada*, capilotade.

Cap a dû signifier élevé, élevation, grand, grandeur. 1º. Il signifie promontoire, faîte, sommet, qui sont des significations fort analogues à celles d'élevé, de grand, d'élevation. 2º. *Bal*, *Ben*, *Pen*, *Can*, *Swm* ; qui signifient tête, promontoire, sommet, signifient aussi haut, hauteur, grand, grandeur. 3º. *Cap* est le même que *Coppa*. Voyez *Arn*. 4º. Dans les anciens monumens *Capedo* signifie espace, & *Capedinare*, prolonger ; *Kapha* en Arabe, long.

CAP, le même que *Cep*, *Cip*, *Cop*, *Cup*. Voyez *Bal*.

CAP, le même que *Gap*, *Ap*, *Sap*. Voyez *Arn*.

CAP, le même que *Cab*, *Caf*, *Cav*. Voyez *B*.

CAP, le même que *Cab*. I. De même des dérivés ou semblables.

CAP MELAN, casque. G. A la lettre, chapeau de fer.

CAPA, cape, manteau. Ba. Voyez *Cap*.

CAPA, A. M. rigole pour écouler les eaux ; de *Cap*, de *Cab*, creux, creusé. Ce mot est encore en usage à Arles.

CAPABILIS, A. M. capable ; de *Capabl*.

CAPABL, capable, digne. B. De *Cap*, tête ; *Abl*, habile.

CAPAGIUM, A. M. tribut imposé par tête, capitation ; de *Cap*. *Capage* est encore usité en Provence & en Dauphiné pour désigner le tribut imposé sur chaque famille.

CAPALE, A. M. capital ; de *Cap*.

CAPALE FERREUM, A. M. espèce de casque, appellé en vieux François *Chapel de fer* ; de *Cap*.

CAPALULUM, A. M. le même que *Capedulum*.

CAPANNA, le même que *Caban*. Voyez ce mot.

CAPAPL, capable. B. C'est le même que *Capabl*.

CAPARA, mouche de chien, sang-sue. Ba.

CAPARCUS, A. G. boulanger ; de *Car*, pain ; *Para*, préparer, faire.

CAPARO, A. M. chaperon ; de *Cap*.

CAPATA, soulier. Ba. De là savate en François.

CAPATEN, soulier. Ba.

CAPATICUM, A. M. capitation, tribut imposé par tête ; de *Cap*.

CAPAX, A. M. vase, vaisseau de plus grande capacité ; de *Cabacu*, *Cabaccenn*. *Capedo* en Latin, vase.

CAPDELARE, A. M. conduire, précéder, être à la tête : En vieux François, *Chasdeler*, *Chadeler* ; de *Cap*.

CAPEA, cape, manteau. Ba. Voyez *Cap*.

CAPEDINARE, A. M. différer, retarder, prolonger. Voyez *Capedo*.

CAPEDINES, A. G. animaux ainsi appellés de ce qu'on les prend à la main. (*Prendre*, en Latin *Capere*) *Capio* Latin vient de *Caphio* Celtique.

CAPEDO, A. M. espace ; de *Capio*, long ; *H. d.* Il s'est dit aussi de l'espace du temps ou de la durée. Voyez *Capedinare*.

CAPEDULUM, A. G. habillement de tête ; de *Cap* & *Dull*.

CAPELA, chapeau. Ba.

CAPELAQUINA, chapeau. Bá.

CAPELLA, A. M. petite cape ; de *Cap* ; *El* diminutif.

CAPELLA, A. M. Chapelle. Voyez *Cappel*.

CAPELLANA, Chapelain. Ba. Voyez *Cappel*.

CAPELLARE, A. M. le même que *Capulare*.

CAPELLETA, A. M. petite Chapelle. Voyez *Cappel*.

CAPELLETUM, A. M. chappel ou chaperon, diminutif de *Capale*.

CAPELLINA, A. M. capeline ; de *Cap*.

CAPELLULA, A. M. petite Chapelle, diminutif de *Cappel*.

CAPELLUM, A. M. capuchon, capuce ; de *Cap*.

CAPELLUM, A. M. poignée ; de *Caphio*.

CAPELLUS, A. M. chapeau ; de *Cap*.

CAPELLUS, A. M. arbre dont on coupe de temps en temps les rameaux ; de *Cap*, couper.

CAPELLUS, A. M. chaponeau ; de *Cap*, couper. Voyez *Cabon*, *Capon*.

CAPELLUS, A.M. Chapelain ; de *Cappel*.

CAPER, cheval. E. Voyez *Cap*, *Cabal*.

CAPERARE, A. G. interroger. Voyez *Cap*, le même que *Cab*.

CAPERO, A. M. le même que *Caparo*.

CAPERSEONA, saye, hoqueton. Ba. Voyez *Cap*.

CAPET, têtu, opiniâtre. E.

CAPET, le même que *Gobed*.

CAPETA, A. M. vase, calice ; de *Cap*, le même que *Cab*.

CAPHIO, arracher, ravir, ôter, enlever, prendre. G. De là *Capio* Latin.

CAPIA, A. G. enclos, enceinte où l'on renferme les animaux ; chasse ; de *Cap*, de *Cab*. Voyez *Cabia*.

CAPIDULA, A. M. petit vase ; c'est un diminutif de *Capis*.

CAPIDULUM, A. G. habillement de tête. Voyez *Capedulum*.

CAPIL, chepteil ou capital. E. Voyez *Cap*.

CAPILLA, capuce, capuchon. Ba. Voyez *Cap*.

CAPILLARE, A. G. le même que *Capulare*.

CAPILMUTE, CABALMUTE, CATTELMUTE, formule usitée chez les Écossois lorsque le maître du chepteil le retire. *Cattel*, chepteil ; *Mudo*, changer ; *Capil* & *Cabal* synonimes de *Cattel*.

CAPILUM, CAPULUM, A. M. les mêmes que *Capellus*, arbre dont on coupe de temps en temps les rameaux.

CAPIRIOA, les pléiades. Ba.

CAPIRO, A. M. le même que *Caparo*.

CAPIS dans les Auteurs Latins & dans Papias, vase, calice ; de *Cap*, de *Cab*.

CAPIS, A. M. caisse ; de *Cap*, de *Cab*. Voyez *Cabia*.

CAPISA, A. M. espèce de mesure ; de *Cap*, de *Cab*. Voyez *Capbio*.

CAPISTERCUS. Voyez *Cabus*.

CAPISTERIUM, A. G. vase, vaisseau dont on se sert pour nettoyer le bled ; de *Cap*, de *Cab* & *Teru*. On a ensuite étendu ce mot à signifier le grénier.

CAPISTERIUM, A. M. petite huche, dont les femmes se servent pour rapporter sur leurs têtes les linges qu'elles viennent de laver ; de *Cap*, de *Cab* & *Teru*.

CAPISTRIUM, A. M. pour *Capistrum*, chevêtre ; de *Cap*, tête ; Sir de *Strapadb*, courroye.

CAPITAL, A. M. principal ; de *Cap*.

CAPITAL, CAPITALE, A. M. Sentence par laquelle on condamne un homme à perdre la tête ; de *Cap*.

CAPITALE, A. M. chevet, coussin ; de *Cap*.

CAPITALE, A. M. couverture de tête ; de *Cap*.

CAPITALE, A. G. capital, somme dûe ; de *Cap*.

CAPITALE, CAPTALE, A. M. cheptail, nombre de bêtes données à un berger pour partager le profit avec lui. Voyez *Cap*, *Cabal*, *Capil*, *Cattel*.

CAPITALE, CAPITALITIUM, CAPITAGIUM, CAPITANEUM, A. M. capitation ; de *Cap*, tête.

CAPITALIS, A. M. premier, principal ; de *Cap*.

CAPITALIS, A. G. fourbe, trompeur, feint, rusé, fin ; de *Caphio* au figuré.

CAPITANA, Capitaine. Ba. Voyez *Capten*.

CAPITANEA, A. M. capital. Voyez *Capitalis*.

CAPITANEA, A. M. emploi de Capitaine. Voyez *Capitana*.

CAPITANEUS, A. M. Capitaine, qui est à la tête, principal, capital : On lit aussi *Capitanius*, *Capitanus*, Capitaine. On a dit en vieux François *Capitain*. Voyez *Capitana*.

CAPITARE, A. M. aboutir, se terminer ; de *Cap*, tête, extrémité, bout.

CAPITAS, A. G. étendue ; de *Cap*, longueur, grandeur.

CAPITATIO, A. M. capitation ; de *Cap*, tête.

CAPITATIO, CAPITUM, A. M. nourriture des animaux ; de *Cap*, tête prise pour animal.

CAPITEIN, Capitaine. B.

CAPITELLUS, A. M. petit espace ; de *Cap*, étendue ; *Tel*, diminutif.

CAPITELLUS, A. M. couverture de tête ; de *Cap*, tête ; & *Tall*, dessus.

CAPITERNUM, A. M. espèce de forte agraffe ; de *Caphio* ; *Der*, *Ter*, fort.

CAPITIUM, A. M. couverture de tête, & ouverture de la tunique pour passer la tête. On a dit en vieux François *Chevesce*, comme on a appellé la tête *Chevet*, *Chevece* ; de *Cap*.

CAPITRA, A. M. couverture de tête ; de *Cap*, tête ; *Tra*, dessus.

CAPITTA, A. M. petit vase ; de *Cap*, de *Cab*.

CAPITULARE, A. M. couverture de tête. Voyez *Capitellus*.

CAPITULUM, A. G. le même que *Capitulare*. On a appellé en vieux François *Chapelet de fleurs*, une couronne de fleurs que l'on mettoit sur la tête.

CAPITUM. Voyez *Capitatio*.

CAPLAN, Chapelain. G. Voyez *Capellana*.

CAPLIM, A. M. obligation d'un serviteur à couper les rameaux des arbres au commandement de son maître ; de *Cap*, couper.

CAPLOSUS, A. G. cassé, brisé, retranché ; de *Cap*.

CAPO, A. M. chapon ; de *Cabon*.

CAPOD, cape. B. Voyez *Capotea*.

CAPOLARE dans la Loi Salique, le même que *Capulare* ; de *Cap*. La Langue Theutone, qui étoit celle des Francs, avoit beaucoup d'expressions communes avec la Celtique.

CAPOLL, cheval. I. *Capte* en Anglois, cheval.

CAPOTEA, manteau, casaque, capote. Ba. De là ce dernier mot. Voyez *Capod*.

CAPOTT, capot. B.

CAPPA, le même que *Happa*. Voyez ce mot.

CAPPAL, cavale, cheval. I.

CAPPAN, chapeau. G. C'est le même que *Cap*. Il signifie toute sorte de couverture de tête. Voyez *Cappan Côr*, *Cap*, *Cappin*.

CAPPAN CÔR, mitre, thiare. G. *Côr*, chœur.

CAPPANA, A. M. cabane, chaumière. Voyez *Caban*.

CAPPATUS CLAVUS, A. M. clou à tête ; de *Cap*.

CAPPEL, Chapelle. G. Voyez *Capellana*.

CAPPELWR, Chapelain. G.

CAPPIN, chapeau. I.

CAPPUL, cheval. I. Voyez *Cabal*.

CAPPULA, A. M. petite couverture de tête, coiffe de nuit ; de *Cap* ; *Ul* diminutif.

CAPRA dans le faux Ovide, certaine mesure de vin ; de *Cap*, de *Cab*.

CAPRESEN, capre. B.

CAPRIOLA, cabrioler, gambader. B. Je crois que ce mot est vraiment Celtique, & qu'il est la source du *Capra*, *Capreolus* des Latins, parce que *Fryol* ou *Pryol* en Breton signifie un drôle, un espiègle, un faiseur de tours. *Briole* en Franc-Comtois signifie une folâtre qui ne fait que sauter, qui ne peut rester en une place ; c'est là s'est formé *Capriola*, le *Ca* étant une préposition superflue. De *Capriola* sont venus *Capra*, *Capreolus*, parce que les chévres & les chevreaux bondissent, cabriolent. On appelle un chevreau en Franche-Comté *Cabri* & *Chevri*. On disoit *Chevri* en vieux François. En plusieurs Provinces du Royaume on dit *Cabril* & *Cabrit* ; les Languedociens par transposition disent *Crabit*. On trouve *Caprit* dans la Loi Salique. On dit encore en notre Langue *Capriole* ou *Cabriole* pour signifier une espèce de saut.

CAPRONES, A. M. chevrons ; *Cap*, sommet, faîte ; *Ron* a dû signifier une piéce de bois mince & longue, parce que *Ron* signifie rame & bois de lance.

CAPRWN, chapon. G.

CAPSA, A. M. caisse, châsse, gaîne. On y lit aussi les diminutifs *Capsella*, *Capsula*, *Cass*, caisse, châsse. Le *p* s'est souvent inséré dans les mots.

CAPSA, A. M. partie de la chasuble dont on se couvroit la tête ; de *Cap*, tête.

CAPSACES, A. M. petit vase ; ou *Cass*, caisse ; ou de *Cap*, ce qui contient, ce qui renferme.

CAPSANA, A. M. ouverture de l'habit pour passer la tête ; de *Cap*, tête.

CAPSAX, A. G. espèce de vase ou de vaisseau. Voyez *Capsaces*.

CAPSIDILE, Voyez *Cassidile*.

CAPSILIA, A. M. ouverture de l'habit pour passer la tête ; de *Cap*, tête.

CAPSIS

CAP.   CAP.   273

CAPSIS, A. M. le même que *Capsa*.

CAPSIT, A. G. blessé ; de *Cap*, couper.

CAPSULA, A. M. chasuble. Voyez *Casa*.

CAPSUM dans Isidore est un char couvert ; Vitruve appelle *Capsum Rhedae*, la caisse d'une chaise roulante ; dans les Loix des Lombards, *Capsum* ; dans les Loix des Visigoths, *Cassum* signifient la poitrine, qui est comme une caisse qui renferme les parties nobles de l'animal ; de *Cass*, caisse.

CAPSUM dans Festus & Velleïus Paterculus est un enclos ; dans Gregoire de Tours, il signifie un filet à prendre des poissons ; de *Cap* ou de *Cass*. Voyez *Casa*.

CAPTA, A. G. la maison paternelle ; *Cap*, habitation ; *Tad*, pere.

CAPTAGIUM, A. M. capitation ; *Cap*, tête ; *Tasg*, taxe, imposition.

CAPTALE. Voyez *Capitale*.

CAPTALIS, A. M. le même que *Capitalis*.

CAPTAMENTUM, A. M. ce qu'on tenoit en fief, & pour lequel on étoit obligé à quelque service ; de *Cap*,

CAPTATIA, A. G. dol, ruse, malice ; de *Caphio*. Voyez *Capitalis* ; de là *Captio* qui en Latin signifie trahison, finesse, surprise, artifice, ambiguïté, embarras ; *Captiosus*, captieux, frauduleux, ambigu, plein de surprise.

CAPTEN, Chef, préposé, Général, Capitaine. G. Davies dit que *Capten* est une transposition de *Cadpen*, Chef de la troupe de l'armée. Ne seroit-il pas plus naturel de former ce mot de *Cap*, Chef, *Den* ou *Ten* homme ; *Capten*, Chef d'hommes, Chef d'une troupe ; *Caiptin* en Irlandois ; *Captain* en Anglois ; *Capitaine* en François ; *Capitan* en Espagnol ; *Capitano* en Italien, Capitaine. De là dans les anciens monumens, *Captenere*, défendre, protéger ; *Captenium*, *Captienium*, protection, défense ; *Captenium*, tribut qu'on paye à celui qui accorde la protection & la défense, parce que le Chef d'une troupe veille à sa défense. On trouve dans les coûtumes écrites en François, *Captein* qui signifie la protection, la défense que le Seigneur doit à ses vassaux ; & par extension le droit que les vassaux payent au Seigneur pour cette protection & cette défense. Voyez *Capitana*.

CAPTENSULA, CAPTENTULA, A. G. piége, filets, prise ; de *Caphio* & *Ten*.

CAPTIO, A. M. détention, prison, maltôte, exaction, tribut ; de *Caphio*.

CAPTIVUS, dans les Auteurs Latins du siécle d'Auguste, signifie captif, & dans la Latinité du moyen & du bas âge, il signifie chétif, vil, méprisable. Voyez *Caphio* & *Caeth*.

CAPTOR, A. G. chasseur ; de *Caphio*.

CAPTUM, A. M. enclos ; de *Cap*.

CAPTURA, A. M. prise, détention, lieu poissonneux où l'on prend beaucoup de poissons, barrière faite dans une rivière pour conduire le poisson en un certain lieu où l'on puisse plus facilement le prendre, piége pour prendre les oiseaux, exaction ; de *Caphio*.

CAPTUS, A. G. chat ; de *Cath*.

CAPUELLA, A. M. le même que *Capulla*.

CAPUITA, A. M. le même que *Cambutta*.

CAPULA, A. M. petite cape ; de *Cap*, cape ; *Ul* diminutif.

CAPULARE, CAPELLARE, CAPILLARE, A. M. couper, faire incision, casser, briser,

TOME I.

raser ; *Capulatura*, *Capulatio*, blessure, playe ; de là se sont formés ces mots du vieux François, *Chappelis*, *Chapleis*, *Chaple*, qui signifioient bataille, combat. Nous disons encore en notre Langue, *Chapeler* le pain, lorsque nous en ôtons avec un couteau le dessus de la croute. On trouve dans les anciens monumens *Concapolare*, *Scapellare*, *Transcapolare*, *Decapolare* au même sens que *Capulare*. De *Scapellare* est venu *Scapel* ; de *Cap*.

CAPULLA, A. M. petite cape, petit vêtement. Voyez *Capula*.

CAPULULUM, A. M. le même que *Capedulum*.

CAPULUM, A. G. corde dont on se sert pour tenir les chevaux indomptés ; de *Cabl*, cable, grosse corde ; ou de *Caphio*.

CAPULUM, CAPULUS, A. M. cime ; de *Cap*.

CAPULUS, A. G. vaisseau dans quoi on portoit les morts ; de *Cap*.

CAPUS, A. G. faucon ; de *Caphio*, prendre, ravir. Le faucon est un oiseau de proye ; les Etrusques ou anciens Toscans appelloient en leur Langue un faucon *Capys*, ainsi que nous l'apprend Servius sur le dixiéme livre de l'Énéide.

CAPUS, CAPO, CAPPUS, dans les Auteurs Latins, chapon ; de *Cabon*, *Caprwn*. On s'est aussi servi de ces mots Latins dans le moyen âge pour désigner les Eunuques, les châtrés.

CAPUT est un mot Latin qui signifie tête ; il est formé de *Cap*, tête en Celtique ; on lui a donné dans la moyenne & dans la basse Latinité plusieurs autres significations ; il est pris pour le cens ou tribut qu'on payoit par tête ; il est pris pour animal, pour piéce ; (on a dit vingt têtes d'airain, vingt têtes de fer, pour vingt piéces d'airain, vingt piéces de fer) il est pris pour préposé, prêtet, Chef ; il est pris pour source, (on a dit tête d'eau pour source d'eau ; *ad aqua lene caput sacra*, dit Horace) il est pris pour ce qu'il y a de principal dans un Bourg, dans un Château, dans un Comté ; (on a dit Chef de Bourg, Chef de Château, Chef de Comté) il est pris pour la partie de l'Eglise où étoit placé l'Autel ; (il n'y avoit anciennement qu'un Autel dans chaque Eglise) il est pris pour l'Eglise principale d'un Diocèse ; (on a dit en ce sens Chef d'Evêché) il est pris pour la maison principale d'une famille qui appartient à l'aîné, ou qui est la demeure du chef de la famille ; (on a dit en ce sens chef de famille, *Caput Mansi*. On trouve en ce sens *Chevel*, *Manage*, dans la vieille coûtume de Normandie ; *Chefmex*, dans la coûtume de Desure dans le Boulenois ; *Quiemex*, dans celle de Rue ; *Chefmois*, chef d'héritage, dans celle de Normandie ; *Lien Chevel* dans celle de Bayeux ; *Chef-Lieu* dans plusieurs autres coûtumes ; on n'a pas seulement dit *Caput Mansi*, on trouve encore *Caput Mansus*, *Campmasus*, *Capmasus*, *Capmasus*, *Cabmasus*, *Capmasus*, *Caput Mansio*, *Caput Mansura*, *Capmansionile*, *Cabalis Mansus*) il est pris pour premier ; (on a appelé le premier des artisans *Caput Ministeriorum*, chef de métier) il est pris pour le capital, pour la somme principale ; (ainsi on a appellé le capital *Caput Pecuniae*) il est pris pour la pointe d'une flêche ; (ainsi on trouve *Caput Sagittae* pour pointe de flêche) il est pris pour bout, pour extrémité, pour bord. *Cap* Celtique ayant toutes les significations qu'on a données à *Caput*, on ne peut douter qu'on ne les ait prises de là ; de *Cap*, *Caput*, on a fait *Caputium*, *Capucium*, qui dans les anciens monumens signifient couverture de tête, & le trou fait dans l'habit pour passer la tête ; on a dit aussi *Capuceria* en ce dernier sens.

CAPUTA, A. M. pour *Cambuta*.

CAPWLT, chapon. G.

CAQAD, gerbier, tas de gerbes. B.

CAQET, babil. B. De là *Caquet*, *Caqueter* en notre Langue ; *Cackle* en Anglois, caqueter ; & *Cackling*, caquet.

CAQETAL, babiller, railler. B. *Kakelaar*, babillard, caqueteur ; *Kakelen*, babiller, caqueter en Flamand.

CAQETER, causeur, babillard. B.

CAQUERIA, diarrhée. Ba. Voyez *Cauch*.

CAR, Ville, château, clos, clôture, fermé, enfermer. G. *Car*, Ville, habitation en Breton ; *Kar*, forteresse en Tartare du Thibet ; *Har*, bâtir dans la même Langue; (le *k* & l'*h* se mettent l'un pour l'autre) *Cartano*, Ville en Lappon & en Finlandois. *Ancharer* en vieux François, mettre les fers aux pieds ; *Carcan*, fer dans lequel on enferme le col ; *Chartre* en vieux François, prison ; *Carknet* en Anglois, carcan ; *Azar* en Hébreu, ceindre ; *Azor* en Chaldéen, ceinture ; *Keroesia*, prison en Cophte. Voyez *Caer*.

CAR, près, auprès, parent, & anciennement ami. G. *Karib* en Turc, près ; *Kareb* en Turc, prochain ; *Kerib* en Arabe, prochain ; *Caraid*, ami, camarade en Irlandois ; *Cartanas*, charité, amitié en Irlandois ; *Ecarraya*, aimer en Basque ; *Car*, ami, parent, cher en Breton ; *Kiar*, cher en Islandois ; *Caro*, ami, bien-aimé, cher en Espagnol ; *Kaar* en Flamand, ami, cher ; *Karis* en Chaldéen & en Arabe, parent ; *Kaerin*, parent en Turc ; *Karindas*, *Kardas*, frere en Turc ; *Carom* en Arabe, être cher, être ami. De *Car* est venu en notre Langue caresses, qui est une démonstration d'amitié ; *Carezze* en Italien, caresses ; *Caress* en Anglois, caresser. De *Car* se sont formés dans la Langue Latine *Charitas*, *Charus* ; de là cher en François. *Chiere* en vieux François, caresses.

CAR, embouchure, confluent. G.

CAR, beau. G. *Car* en Breton, agréable, ce qui plaît ; *Iakar* en Hébreu, honnête, beau ; *Charga*, bien adverbe en Géorgien. De *Car*|, beau, s'est formé notre terme populaire se carrer, faire le beau, affecter de paroître beau ; *Chara*, *Zara* en Langue de Madagascar, beau, bon. De *Car*, beau, est venu charmant, qui se disant *Chalmant* en Breton, nous montre qu'on a dit *Cal* comme *Car*, beau ; *Mant* de *Mendt*, particule augmentative. Voyez *Caer* & *Cain*.

CAR, élevé, grand, long. G. *Car* est le même qu'*Ar*. Voyez *Aru*. *Carecha*, verrue en Basque : la verrue est une élévation ou tumeur dure ; *Ecar*, grand en Tartare Mogol ; *Karen*, Empereur dans la Langue des Corasmins ; *Caratan*, Seigneur en Tamoulique. (*Tan* ou *Dan* homme en cette Langue) De *Car*, élevé, est venu *Carre* en notre Langue ; la *Carre* d'un chapeau pour dire le haut de la forme d'un chapeau ; la *Carre* d'un habit pour dire le haut de la taille d'un habit. De *Car*, grand, long, est venu dans notre Langue carriere, terrein, étendue d'un champ où l'on peut pousser son cheval jusqu'à ce que l'haleine lui manque.

CAR, selon Baxter, synonime de *Cor*, tête, sommet de la tête, sommet élevé ou promontoire. G. *Carroa*, crâne en Basque ; *Car*, visage en Breton ; *Kara*, tête en Grec. De *Car*, tête, est venu dans notre Langue *Acariâtre*, homme d'une humeur difficile, opiniâtre ; *A paragogique*. (Voyez *Aban*) *Car*, tête, *Air*, difficile. Voyez *Hart*. De *Car* ou *Cor*, tête, est venu *Corona* en Latin, en Italien, en Espagnol ; *Couronne* en François ; *Kron* en Allemand ; *Kroon* en Flamand ; *Crowne* en Anglois ; *Krune* en Danois ; *Kruna* en Dalmatien ; *Krona* en Carniolois ; *Koruna* en Bohémien ; *Korona* en Hongrois, couronne, ornement de tête ; *Cornette* en François, couverture de tête ; *Kornuka* en Bohémien, chapeau de femme ; *Car*, particule causale en François. *Ben*, *Pen*, *Cap*, qui signifient tête, signifient aussi extrémité, bout. Nous avons lieu de croire que *Car*, qui est synonime de ces mots au premier de ces sens, l'est aussi au second ; il est même resté un vestige de cette seconde signification dans *Carre*, qui signifie en notre Langue bout de soulier. Voyez *Car*, visage.

CAR, selon Camden, marais ou aunaye. G.

CAR, selon Baxter, synonime de *Cor*, court, bref. G. *Car* en Breton, petit, étroit ; de là *Careo*, Latin ; *Carescer* en Espagnol, manquer, n'avoir point, être dans la disette.

CAR, juste. I.

CAR, le même que *Cear*. I. De même des dérivés ou semblables.

CAR, Ville, habitation. B. Voyez plus haut.

CAR, ami, parent, cher. B. Voyez plus haut.

CAR, agréable, ce qui plaît. B. Voyez plus haut ; de là *Carauder*, se réjouir ; *Caraudes*, réjouissance en vieux François ; *Cherer*, se réjouir en vieux François ; *Chairo* en Grec, se réjouir.

CAR, visage. B. *Cara* dans un ancien glossaire, visage, tête ; *Care* en vieux François, visage. On disoit, *il a la Care vieille*, pour dire il a le visage vieux ; *Car* en Languedoc & en Gascogne, visage. Les Provençaux nomment le visage *Cara* ; les Italiens *Cera*, *Ciera*, *Cara* en Espagnol, face, visage, mine, tête ; & *Acarar*, confronter ; *Chear* en Anglois, mine ; *Recaroyer* en Patois du côté de Vesoul, ressembler à, avoir les mêmes traits de visage ; *Cehr*, visage en Persan. On dit encore en notre Langue *Acarer*, *Acaration*, pour confronter, confrontation ; *Contrecarrer*, pour s'opposer, mettre visage contre visage. On changea ensuite *Care* en *Chere*, *Chiere*. On lit : *Pepin la Chiere Hardie*, pour Pepin le visage hardi ; & on dit en proverbe *belle Chere vaut bien un mets*, pour dire bon visage, accueil gracieux, vaut bien un mets. On dit en Patois à Besançon *Bounne Chiere vaut meu que bonne Giere*, pour dire qu'un bon visage, un bon accueil, vaut mieux qu'un bon repas.

CAR, viande, nourriture, aliment. B. *Car* a aussi signifié en Gallois, pain, nourriture, aliment en général. Voyez *Cardawd* & *Dicera*. *Garia*, bled en Basque ; *Corm* en Irlandois, chere, régal ; *Kardopos* en Grec, endroit où l'on garde le pain ; *Dopos* de *Topos*, endroit ; *Kar* par conséquent pain ; *Kari*, bouillie, potage en Malabare ; *Cara*, mays en Persan ; *Kir*, pain en Persan ; *Ceris*, l'action de paître en Persan, & *Cerend*, pâturage ; *Choran*, qui mange en Persan ; *Chora*, manger en ancien Indien, & en Persan ; *Choro*, dents en Tartare

Calmoucq & Mongale ; *Char* , mangeant en Turc ; *Car* , loup en Tartare, parce que c'eſt un animal qui mange les autres ; *Curia* , aliment en Langue de Congo , & *Curiaco* , manger ; *Agarum* , pain en Brebere ; *Carracomy* , pain dans la nouvelle France ; *Carracomy* , pain en Hochelangois ; *Ceuar* , paître , nourrir en Eſpagnol ; *Cier* , chere en Flamand. *Car* s'eſt conſervé en François dans le mot gargote : le *g* & le *c* ſe mettent l'un pour l'autre ; *Car* ou *Gar*, aliment ; & *Cwtt*, prononcez *Cott* , en compoſition *Gott* , lieu , endroit , maiſon. De *Car* eſt venu *Carrouſſe* , qui en vieux François ſignifioit grande chére , régal ; de là ſont venus nos mots chére , cerdeau. On appelloit *Cheriſte* en vieux François celui qui fait bonne chére. De *Car* , viande , eſt venu le *Caro* des Latins.

CAR, petit , étroit , portion , partie , diviſion. B. Voyez plus haut & l'article ſuivant.

CAR, pointe , briſure , coupure. B. *Karahhh* en Hébreu , fendre , rompre , déchirer ; *Carah* ou *Carb* en Hébreu , creuſer , percer ; & *Chor*, trou. *Karab* , couper ; *Charm* , *Charuts* , mutilé , coupé ; *Karduin* , hache ; *Chereb* , épée , couteau ; *Cheret* , burin ; *Keres*, croc ; *Charuts*, rateau dans la même Langue ; *Karas* en Chaldéen , fendre ; *Carat* en Chaldéen & en Hébreu , couper ; *Cera* en Chaldéen , creuſer ; *Carab* en Chaldéen , en Syriaque & en Arabe , labourer ; *Cara* en Arabe , creuſer , percer ; *Carom* en Syriaque , couper ; *Char*, épine en Perſan ; & *Cartz*, piquant. *Car* , lance en Éthiopien ; *Carah* en Éthiopien , creuſer ; *Carat* en Malaye , couper ; *Chonri* en Cophte , couteau ; *Quereci* , raſoir en Galibi ; *Carur* , mutilé en Égyptien ; *Cars*, déchiré en Étruſque ; *Carſome*, déchiré ; *Carſiſu* , coupure dans la même Langue ; *Charaſſo* en Grec , creuſer , graver ; & *Machaira*, couteau ; *Curis* , lance en ancien Sabin ; *Kard* , couteau en Turc ; & *Kirik* , morceau ; *Kard*, épée , couteau en Hongrois ; *Kore* en Hongrois, chardon ; *Karſt* en Allemand , rateau ; *Karve*, tailler , graver , couper , découper en Anglois ; *Card* en Anglois ; *Cardail* en Irlandois , carder ; *Kaarde* en Flamand , chardon ; *Kaarder* , cardeur ; *Karſt* en Allemand , houë , hoyau , mare ; *Kartaſchen* , carder. De *Car* , pointe , ſont venus en Latin *Calcar*, *Cardo* , *Carduus* ; & en notre Langue, carde , carder , chardon , ceran ou ſeran ; de là le vieux mot François *Carcioſe* , qui ſignifioit artichaud , chardon ; & *Exharnir*, médire ; *Eſcharrogneux* , querelleur.

CAR, percer. Voyez *Carloſten* & l'article précédent. De là notre vieux mot François *Carneau*, dont nous avons fait creneau ; de là *Cran* en notre Langue , & *Crena* en Latin.

ÇAR , vieux. Ba.

CAR. Voyez *Djallgar*.

CAR , rouge , roux , jaune. Voyez *Gar*, *Geri*. De là carotte.

CAR, le même qu'*Tſgar* , tâche , part , portion. Voyez ce mot , & plus haut *Car* , petit , &c.

CAR, fumier. Voyez *Caravell*, *Cardelat*, *Cardenn*, *Craſacu*.

CAR, bled. Voyez *Caria* & *Car*, viande , nourriture , &c.

CAR, creux , creuſé. *Carabus* , *Caratus* , *Careg*, *Caraphus* , *Caravus* , *Caroche* ſignifient creux, creuſé ; ils ne le ſignifient que parce qu'ils ont de commun , qui eſt *Car*. D'ailleurs *Car* ſignifie percer , qui eſt un ſens entièrement analogue à creuſer. Voyez plus haut *Car*, percer ; & *Car*, pointe , &c.

CAR a ſignifié couvrir, ainſi qu'on le voit par notre ancien mot François *Carfou*, qui ſignifioit couvre-feu. D'ailleurs *Car* ſignifie enfermer, qui eſt un ſens entièrement analogue à couvrir.

CAR, blanc. Voyez *Caer*, beau. *Karlik* , neige en Tartare.

CAR paroît avoir ſignifié bois. 1°. *Caraque*, grand vaiſſeau , mot formé , à ce qu'il ſemble , de *Car*, bois ; comme *Calaria* de *Cal* , bois. *Carene*, la quille d'un vaiſſeau , qui eſt une longue & groſſe piéce de bois qui ſert de fondement au navire ; *Car* , bois, poutre ; *Hen*, principale. Cette étymologie ſe confirme , parce que quille , qui eſt le terme ſynonime à carenne , vient de *Gwyll* ou *Qwyll* , qui ſignifie bois. De *Carene* les Latins ont fait *Carina*, carie , vermoulure , corruption du bois : Ce terme a été enſuite étendu à la corruption des os. De *Carie* eſt venu *Caries* , qui en Latin ſignifie pourriture provenante de vieilleſſe , principalement dans le bois. *Carlingne*, piéce de bois qui regne preſque le long du vaiſſeau , preſque au-deſſus de la quille ; *Car*, bois ; *Lang*, *Ling*, long. *Carreau* en vieux François , meſure comme une aune ; (remarquez que *Goalen*, aune en Breton , eſt formé de *Goal*, bois) *Cartelle*, terme de charpenterie qui ſe dit des groſſes planches qui ſervent aux moulins à porter les meules , ou à faire des planchers qui ſont à côté & à d'autres uſages. *Cartelle* eſt auſſi une façon de débiter les bois qui ſont recherchés, comme les frênes & érables loupeux & nouailleux , lorſqu'on les met par petites planches de trois , quatre & cinq pouces d'épaiſſeur pour ſervir aux ébéniſtes ; *Car*, bois ; *Tala*, coupé , taillé , mis en planches. *Garras* en vieux François, fagots. 2°. *Carpinus* , charme. Vitruve dit que les Grecs appellent cet arbre *Zugia*, parce qu'ils en forment les jougs des animaux , leſquels jougs ils nomment *Zuga*, en Gaulois *Carpin* ſignifie bois de la tête ; *Car*, bois ; *Pin* , tête : (on met le joug ſur la tête des animaux) On voit par là que *Carpin* eſt Celtique d'origine , & que *Car* ſignifie bois. *Carbo* , charbon , a de même une étymologie fort naturelle en Celtique, ce qui prouve que les Latins l'ont emprunté des Gaulois ; *Car*, bois ; *Bo*, noir. Il eſt d'ailleurs évident que le *Carbo* des Latins ne vient pas de l'*Anthrax* des Grecs. 3°. *Cad*, *Cal* ſignifient bois en Celtique ; or le changement du *d* & de l'*n* en *r* eſt commun dans cette Langue. *Kara*, forêt en Talenga ; *Kari* ou *Akari*, forêt en Tartare Mogol & Calmoucq ; *Segara* en Sarrazin ; *Sigura* en Africain , arbre ; *Chores* en Hébreu , verger.

CAR, roc , pierre , &c. parce qu'il eſt le même qu'*Ar*. Voyez *Arn*. Nous avons conſervé ce nom dans notre Langue. On appelle *Carreau* , le pavé des rues : On dit *qu'on a couché un homme ſur le Carreau*, ou *ſur les Carreaux* , quand on l'a jetté ſur le pavé. On donnoit autrefois le nom de *Carreau* aux groſſes pierres qu'on lançoit avec les mangonneaux. On appelle *Carreau de la foudre* , la pierre vraie ou prétendue que l'on dit tomber quelquefois avec la foudre. Nous appellons *Carrieres*, les endroits d'où l'on tire la pierre. *Caron* en Franche-Comté eſt le nom qu'on donne à la brique , apparemment parce qu'elle imite la pierre par ſa dureté. *Cairon* en Languedoc eſt la même choſe que *Carreau* , pierre ; *Igara* en Baſque, meule de moulin; & *Ugarria*, écueil. *Char*, *Chara*, pierre en Perfan; *Carea*, marbre en Turc; *Kar* en Arabe, grande pierre; *Car*, pierre en Arménien; *Cura*, pierre en Langue de Chili; *Kermas*, pierre en Grec; *Carr*, pierre, rocher en ancien Saxon; *Skar*, rocher en ancien Saxon; *Carr* en Danois, rocher, pierre; *Sker*, rocher en Iflandois; *Scorre* en Flamand, rocher; *Efcore*, en terme de marine parmi nous, eft un rocher efcarpé fur le bord de le mer ou d'une rivière; *Serra* en Efpagnol, rocher; *Sor* ou *Sur* en Hébreu, rocher; *Gunr* en Albanois, rocher; *Karfe* en Illyrien ou Efclavon, lieu plein de rochers. Voyez *Careg*, *Carn*, *Carreg*, *Kar*, *Carac*.

CAR, le même que *Cer*, *Cir*, *Cor*, *Cur*. Voyez *Bal*.

CAR, le même que *Gar*, *Ar*, *Sar*. Voyez *Aru*.

CARA, aimer. C. Voyez les deux articles fuivans.

CARA, ami. I.

CARA, CARET, aimer, vouloir, défirer, avoir pour agréable. B.

CARA, épaule. I.

CARA, vers, de côté. Ba.

CARA, A. G. vifage, tête; de *Car*. *Cauraulde* en vieux François, forcière qui a le vifage défiguré.

CARAB, le même que *Carruch*. I.

CARAB, creux, barque. Voyez *Tfgraff* & l'article fuivant.

CARABELA, CARABELLA, brigantin, frégate legére. Ba. De là caravelle. *Caracora* en Molucquois, navire; *Caravella* en Italien, caravelle.

CARABIA, four à chaux. Ba. Voyez *Carea*.

CARABINA, carabine, fufil. Ba.

CARABOUSEN, bras. Voyez *Cougoul*.

CARABOUSS, tapabor. B.

CARABUS, A. G. barque, canot: On lit aufli *Caraphus*; de *Carab*.

CARAC, rocher. C. Voyez *Car*, *Carreg*.

CARACALLA, nom d'un habillement Gaulois dont l'Empereur Antonin introduifit l'ufage à Rome, ce qui fit donner à ce Prince le furnom de Caracalla. Ce vêtement étoit une efpèce de manteau ou de robe longue qui couvroit tout le corps, avec un capuce pour couvrir la tête. C'eft de là que cet habillement a pris fon nom : il étoit encore en ufage dans le cinquième fiécle. Saint Oyan, Abbé de Condat, avoit un de ces habillemens. *Karacallion* dans les anciens gloffaires fignifie capuce; *Car*, tête; *Cal*, couverture.

CARACOL, limaçon, efcargot. Ba. Le même en Efpagnol.

CARACTIO, A. M. voiture, l'action de voiturer; de *Carr*.

CARACUTIUM, char dont les roues font très-élevées, dans Ifidore, qui ajoute, comme qui diroit char aigu. Cette étymologie ne me paroit pas bonne; *Carr*, char; *Cut*, élevé.

CARADA, A. M. la charge d'un chariot; de *Carr*.

CARADACH, ami. G.

CARADAWC, aimable. G.

CARADOC, aimable. G.

CARADRADH, union, amitié, unir, être ami. I.

CARADRUS, A.M. tarière; de *Car*, bois; *Trwy*, en compofition *Drwy*, trouer.

CARAFF, creux, barque. Voyez *Tfgraff*.

CARAGIUM, A.M. voiture; de *Carr*.

CARAGOLLAC, caleçons. Ba.

CARAID, camarade, compagnon, ami. I.

CARAIDHE, athlete. I.

CARAMARRO, crabe, écrevifle de mer. Ba.

CARANAWG, amis, parens. G.

CARANNAID, amis, parens. G.

CARANT, amis, parens. G.

CARANTANC, aimé, chéri. G.

CARANTE, amour, amitié, affection, charité, bonne volonté. B.

CARANTEUSS, amical. B. Voyez *Car*, *Carantez*.

CARANTEZ, amour, amitié, affection, charité, bonne volonté. B.

CARANTEZ, fruit de la bardane, fruit du grateron. B.

CARAPHUS, A. M. le même que *Carabus*.

CARARIA, A. M. carrière; de *Car*, pierre.

CARARIRE, A. M. carder; de *Car*.

CARASCA, yeufe, chêne verd. Ba. De même en Efpagnol.

CARATAX, mafque. Ba. *Caratula*, mafque en Efpagnol.

CARATOSA, frottoir, éponge. Ba.

CARATTERIUS, A. M. chartier; de *Carr*.

CARATUS, A. M. creufé; de *Car*.

CARAV, creux, barque. Voyez *Tfgraff*.

CARAVELL, portoir à fumier. B. De *Car*, fumier; *Bel* ou *Vel*, deffus. Voyez *Carch*.

CARAW, le même que *Garaw*. Voyez *Aru*.

CARAVUS, A. G. petit vaiffeau fait de branches pliables & de cuir; de *Carav*.

CARAZCOA, utile, préparé. Ba.

CARAZOLUM, A. M. le même que *Carraxolum*.

CARB, cerf. G.

CARB, char, chaife roulante, carroffe. I.

CARBAD, CARBAT, char, chaife roulante, carroffe. I.

CARBH, navire. I.

CARBHADOIR, cocher, conducteur du char; de là chaife. I.

CARBHANAC, pilote. I.

CARBIA, femence de chervis. Ba.

CARBO, A. G. cheval. C'eft *Cabo* dans lequel on a inféré une r.

CARBONT, CARPONT, arche de pont de pierres; plurier *Carbonchou*, *Carbonjou*. B.

CARC. On voit par *Carcair*, *Carchar*, *Carcela*, que *Carc* a fignifié enfermer, renfermer.

CARCA, buiffon, épine. Ba.

CARCABA, foffe, cloaque, latrine. Ba. *Charco* en Efpagnol, eau de pluye qui refte dans les endroits creux.

CARCACA, ris exceffifs. Ba.

CARCAIR, prifon. I. De là *Carcer*, Latin. Voyez *Carchar*.

CARCAIRE, géolier. I.

CARCAISSUM, A. M. carquois; en vieux François *Carcas*; en Italien *Carcaffo*; en Efpagnol *Carcax*; de *Carc*.

CARCANNUM, A.M. carcan; de *Carc*, enfermer: on a dit en vieux François *Carchant*, *Charchant*.

CARCANOA, efpèce de panier que l'on met fur les bêtes de charge pour les charger. Ba.

CARCARE, A. M. charger; *Carcare* en Italien, charger; de *Carg*, *Carc*, charge.

CARCASIUM, CARCOSIUM, A. M. carcaffe; de *Carc*, enfermer.

CARCATA, A. M. charge; *Carca* en Italien, *Carga* en Efpagnol, charge; de *Carg*, *Carc*, charge.

CARCAZA, ris immodéré, ris exceffif. Ba. *Carcajada* en Efpagnol.

CARCELA

CAR.

CARCELA, prison, Ba. Voyez *Carcair*. De là *Carcelier* en vieux François, géolier.

CARCETA, boucle de cheveux. Ba.

CARCH, fumier, crasse, ordure; ainsi qu'on le voit en comparant *Carchglwyd*, *Caravell*, *Cardelat*, *Cardenn*, *Cracx*, qui n'est qu'une transposition de *Carch*, & *Crafacx*.

CARCH, le même qu'*Arch*. Voyez *Aru*.

CARCHAR, prison. G. *Carcair* en Irlandois; *Carcela* en Basque; *Karkar* en Gothique; *Carcar*, *Carchar* en Theuton; *Carcern* en ancien Saxon; *Kerker* en Flamand, prison; *Karkaroi* en Grec dans Hesychius, liens.

CARCHARDY, prison. G. *Ty*, en composition *Dy*.

CARCHELIOU, ou mieux CARCHELCHIOU, qui se prononce après l'article *Ar-Charhelion* & *Ar-Charhalion*, est le nom d'un grand cercle ou caisson qui entoure la meule supérieure d'un moulin, de sorte que le bled ni la farine n'en sortent pas, & qu'elle y tourne aisément. B.

CARCHGLWYD, civière. G. De *Carch*, fumier; *Glwyd*, de *Cludo*, porter. Voyez *Carthglwyd*.

CARCHORIAC, drapeau, étendart. Ba.

CARCHURIA, couleur d'or. Ba.

CARCI, halliers, buissons. Ba.

CARD, le même qu'*Ard*. Voyez *Aru*. *Card* ou *Carda* en Persan ancien & moderne signifie courageux, vaillant. Voyez *Hard* qui est le même que *Card* par la substitution réciproque de l'*h* & du *c*.

CARD, corde. Voyez *Carrai*.

CARD. Voyez *Carda*.

CARD, le même que *Cerd*, *Cird*, *Cord*, *Curd*. Voyez *Bal*.

CARD, le même que *Gard*, *Ard*, *Sard*. Voyez *Aru*.

CARDA, carde; *Cardabera*, chardon, *Cardaria*, cardeur; *Cardamena*, l'action de carder. Ba. *Carda* en Espagnol, carde ou peigne à carder. Voyez *Cardail*.

CARDA, A. G. nom d'un oiseau qui vole pesamment, qui vole difficilement & qui a pris son nom de la pesanteur de son vol. *Card* le même que *Hard* ou *Hart*. Voyez *Card*.

CARDA, A. G. viril, courageux, belliqueux. Voyez *Card*, & *Hardih*.

CARDAIL, carder. I. Voyez *Carda*.

CARDAWD, aumône. G. Ce mot est formé de *Dawd*, donné, & de *Car*, aliment; ce mot se trouve encore dans *Dicera cibi parcus*, qui s'épargne les alimens. *Di* est la particule privative; *Cer*, en composition pour *Car*, aliment. Papias dans son glossaire dit que *Caria* signifie pain.

CARDD, captif, esclave. G.

CARDDAGL, frange. G.

CARDDICHWEL, péché, crime, délit. G.

CARDDU, emmener captif, faire esclave, captiver. G.

CARDELAT, mettre le fumier par petits monceaux sur les champs. B. *Car* fumier; *Tel*, en composition *Del*, élévation, monceau.

CARDENATT, cadenas. B. De là ce mot.

CARDENN, litière qu'on met pourrir pour faire du fumier. B.

CARDETUM, A. M. lieu plein de chardons. Voyez *Carda*.

CARDI, CHARTI, remise de charrette, appentis, auvent, galerie. B. De *Carr*, *Ty*, en composition, *Dy*.

TOME I.

CAR. 277

CARDI, A. G. espèce de peigne de fer dont on déchire les hommes; de *Card*, *Carda*.

CARDIM, envoyer. I.

CARDIN, maître pêcheur qui fait lui-même ses filets & qui file le fil pour les faire. B.

CARDO, A. M. chardon. Voyez *Carda*.

CARDONETUM, A. M. lieu plein de chardons. Voyez *Cardo*.

CARDOTTA, mendier, la place où se met un gueux pour mendier. G.

CARDOTTAI, mendiant. G.

CARDOTTEIAETH, mendicité. G.

CARDOTTYN, mendiant, mendiante. G.

CARDOWDTIR, terre où l'on donne l'aumône. G.

CARDR, beau. B.

CARDR, le même que *Cadr*. G.

CARDRONNEIN, proportionner. B.

CARDU, hallier. Ba.

CARDUDWYN, petit cochon. G.

CARDYDWYN, petit cochon. G.

CAREA, chaux. Ba. Voyez *Car*, pierre.

CAREA, A. M. charretée; de *Carr*.

CARECHA, verrue. Ba. Voyez *Car*.

CARECTA, A. M charrette; de *Carr*.

CARECTATA, A. M. charretée; de *Carecla*.

CARED, mur. G.

CAREDD, péché, crime, délit, faute, défaut. G. De là *Careo* Latin.

CAREDICCAF, très-cher, intime ami. G. De *Caredig*, *Af* marque du superlatif.

CAREDIG, aimé, chéri, aimant, plein de bon cœur, officieux, obligeant, doux, affable. G.

CAREDIGRWYDD, amitié, bienfait, gratitude. G.

CAREEIN, blâmer. B.

CAREG, rocher. G. *Carrac*, *Carrec*, rocher en Cornouaille; *Careg*, *Karic*, *Karig*, rocher en Irlandois. Dans différens villages de Franche-Comté on appelle *Carrons*, *Carrotes* les cantons du territoire qui sont pierreux. Voyez *Car*, *Carrec*, *Carreg*.

CAREGARE, A. M. charger; de *Carg*.

CAREGIUM, A.M. charge d'une voiture; de *Carg*.

CAREGL, calice, gobelet, vase à boire. G.

CAREIN, aimer, vouloir. B.

CAREIUM, A. M. le même que *Cario*.

CAREL, belette. B.

CARELL, bruit. B. De là querelle.

CARELLUS, pointilleux, querelleur. B.

CARELLUS, CARRELLUS, A. M. trait d'arbalète fort gros: ces traits sont nommés en vieux François *Garats*, *Garots*, *Garreaux*, ce qui me fait croire qu'ils ont pris leur nom de *Garo*, rude, gros. Voyez *Carrotus* qui est le même que *Carellus*.

CAREMYLE, pois chiche sauvage. E.

CARENNYD, race. G.

CARENNYDD, amitié en ancien Gallois, parenté en Breton & en Gallois moderne.

CARENSIS, A. G. boulanger; de *Car*, pain.

CARENT, course. I.

CARENTEZ, amitié. B. De *Car*.

CARENTEZ, grateron plante. B.

CARENTEZUS, qui a de l'affection, qui est digne d'être aimé. B.

CARENTOC, aimé, chéri. G.

CARENTOC, le même que *Caretoc*. G.

CARENUM dans les anciens glossaires, vin cuit; ainsi nommé, dit Isidore, de ce qu'en bouillissant il se diminue : *eo quod fervendo parte careat*. Voyez *Caredd*.

X x x

CARERATORES, A. G. cardeurs de laine ; de *Car*, *Carda*.
CARERE, A. M. diviser. Voyez *Caredd*, *Car*.
CARERIA, A. M. carrière ; de *Car*, pierre.
CARERIUM, A. M. charrette, chariot ; de *Carr*.
CARES, amie en ancien Gallois, parente en Breton & en Gallois moderne.
CARESTIA, A. M. cherté ; de *Car*, cher, précieux, de grand prix. Voyez *Carte*.
CARET. Voyez *Cara*.
CARETA, A. M. charrette ; de *Carr* ; Et diminutif : on trouve aussi *Caretez*, *Carythei*, *Caretillus* ; on lit encore *Careta* pour la charge d'une charrette ; *Caretarius*, chartier ; en Anglois *Carter*.
CAREUGAR, aimable, qui concerne les alliés. G.
CAREUM, A. M. droit de voiture que les vassaux devoient à leur Seigneur ; de *Carr*.
CAREUR, carre, taille entre les deux épaules. B. On dit carrure en Franc-Comtois.
CARFAN, barrière à fermer, barre. G.
CARFAN AN GWEAUDEUR, trame. G.
CARFAN GWELY, bord d'un lit. G.
CARFAN GWYDD, trame. G.
CARFEN, chariot. G.
CARG, charge au propre, & au figuré devoir, obligation. B. *Carga* en Basque, charge au propre & au figuré ; *Carga* en Espagnol ; *Carica*, *Carico* en Italien ; *Charge* en Anglois & en François, charge ; *Carger* en vieux François, charger ; *Carega* ou *Carga* en Chaldéen, tribut personnel, charge personnelle. De *Carg* ont été formés *Cargare*, charger ; *Cargaria*, l'action de transporter ; *Cargator*, celui qui charge ; *Cargatio*, appui ; *Cargatura*, *Cargia*, charges, qui se trouvent tous dans les anciens monumens ; de là *Carguer*, *Cargnaison*, charge, charger dans notre Langue.
CARG de *Careg*, puisqu'on a dit *Crag* par transposition.
CARGA, charger, mettre la charge ; *Carguer*, accabler, assouvir. B.
CARGA, CARGUA, poids, valise, charge au propre & au figuré. Ba. *Carega*, *Carga* en Arabe, petit sac, poche ; *Charghe*, dépense en Géorgien.
CARGAHUN, dispaste terme de mécanique ; cartahu terme de marine. B.
CARGOASK, mal fort douleureux qui vient aux doigts, mais moins dangereux que le panaris. B.
CARGUET, chargé, plein, réplet. B.
CARHENT, sentier. B. *Car*, étroit ; *Hend*, *Hent*, chemin.
CARI, le même que *Car*. Voyez *Cariera* & *Arri*.
CARIA, amour, passion. Ba. Voyez *Cariad*.
CARIA, le même que *Garia*, bled, froment. Dans le Basque, de même que dans le Gallois, le *c* & le *g* se substituent réciproquement. Voyez l'article suivant.
CARIA, A. G. pain ; de *Car*, pain.
CARIA, A. M. exaction injuste. Je crois que ce mot vient de *Garw* ou *Gary*, dur, rude, rigide, sévère : le *c* & le *g* se mettent indifféremment l'un pour l'autre.
CARIAD, amour, affection, amitié, amoureux, galant, femme galante, fille qui aime ou qui est aimée, maîtresse, concubine. G.
CARIADFAB, amoureux, galant. G.
CARIADFERCH, concubine, maîtresse, amie. G. *Ferch* de *Merch*.

CARIADUS, ami, qui aime, obligeant, officieux, favorable. G.
CARIADWRAIG, femme galante, fille qui aime ou qui est aimée, maîtresse, concubine. G.
CARIAGIUM, A. M. obligation de la part d'un sujet de fournir des voitures à son Seigneur ; de *Carr*.
CARIARE, A. M. charier ; de *Carr*.
CARICA. Voyez *Carrica*.
CARICANNA, A. M. petit panier. Voyez *Canoa*.
CARICARE. Voyez *Carricare*.
CARICIA, caresses, flaterie. Ba. Voyez *Caria*, *Car* de là caresses. Il paroit par l'article suivant que ce terme a été aussi pris au physique pour ce qui étoit doux.
CARICIA, A. G. douceur liquide, suc doux, jus doux. Voyez l'article précédent.
CARICIARE, A. M. environner, entourer de hayes ou de palissades ; de *Car*, enclorre, enfermer.
CARICIATU, je caresse, je flate. Ba.
CARICUM, A. M. charge ; de *Carg*, *Carc*.
CARIDADEA, la charité. Ba. Voyez *Cariad*.
CARIERA, A. M. carrière ; de *Car*, pierre.
CARIG, écueil. I. Voyez *Careg*.
CARIG, rocher. I. Voyez *Careg*.
CARIGARE, A. M. charier ; *Carigata*, *Carigo*, la charge, la voiture d'un chariot ; le premier de *Carr* ; le second & le troisième de *Carr* ou de *Carg*.
CARILLON, carillon. B. De là ce mot. Voyez *Carell Lonn*.
CARINA, A. M. injure, parole outrageante. *Carinare*, A. G. reprendre, dire des injures, se moquer, railler ; *Carinator*, qui dit des injures, des paroles outrageantes, moqueur, railleur ; de là *Chariner*, *Escharnir* en vieux François, se moquer, railler ; & en Espagnol *Escharnear* ; de *Car*, pointe, piquant.
CARINECQ, homme qui a de longues jambes. B.
CARINTEZ, aumône, charité. B.
CARINULA, A. M. sédition. Voyez *Carina*.
CARIO, CARION, A. M. droit qu'avoit celui qui charioit les dîmes dans la maison de celui à qui elles étoient dûes d'en exiger quelque partie pour son salaire ; de *Carr*, chariot ; *Iawn*, droit.
CARIOBELLUM dans un Dictionnaire Breton, est un mot Latin traduit par *Halaczon*, terme Breton & François. Je ne trouve ce mot dans aucun Dictionnaire.
CARIQELL, brouette. B. *Cel*, prononcez *Qel*, diminutif ; *Carr*, chariot.
CARIRE, A. G. se moquer, railler. Voyez *Carins*.
CARISTIA, A. G. jour de fête entre parens ; de *Car*, parent, & *Mist*, festin. *Carmist*, *Carist*, un jour de fête entre parens est un jour où ils se régalent.
CARISTIA, A. M. cherté ; *Carestia* en Espagnol & en Italien ; *Carestio* en Languedocien, cherté. Voyez *Carestia*.
CARIT, A. G. il est clair, il est évident ; *Car*, beau, blanc, éclatant ; & au figuré, évident.
CARITA, A. M. bonté, humanité ; de *Car*.
CARITANTES, A. G. qui pointillent. Voyez *Carina*.
CARITAS, A. M. aumône ; de *Carite*.
CARITE, aumône, charité. B. De là notre façon de parler, *donner la charité*, pour dire donner l'aumône. Voyez *Cardawd*.

CAR.

CARITZLL, étui à épingles. B.
CARITEZ, aumône, charité. B.
CARITOSUS, A. M. ami, plein de bienveillance; de *Car*.
CARITUDO, A. M. grand amour; de *Car*, amour, qui aura pris la terminaison *It*, & fait *Carit*, ainsi qu'on le voit dans *Caritosus*; *Ud*, grand, excellent.
CARITUDO, A. M. cherté; de *Car*. Voyez *Carestia*.
CARIWRCH, chevreuil. G. *Iwrch* signifie chevreuil.
CARK; le même que *Carg*. B.
CARL, payfan. G.
CARLAI, tareronde poisson de mer. B.
CARLAMH, excellent. I. *Karl* dans l'ancienne Langue du Nord & dans le Suédois, brave, vaillant, fort; de là les noms de *Carolus*, *Carlomanus*, Charles, Carloman. L'ancienne Langue du Nord a beaucoup d'affinité avec le Theuton.
CARLANTEZ. Voyez *Garlantez*.
CARLOCHEN, perce-oreille insecte. B. *Carlochen* étant le synonime de *Carlosten*, *Lochen* est le même que *Losten*.
CARLOSTEN, perce-oreille insecte. B. *Car*, percer; *Clust* ou *Clost*, oreille: le *c* initial se perd en composition, en est une terminaison indifférente.
CARLIWM ou CARLIWNG, belette, furet, martre. G.
CARM, cri avant le combat, vers, certaine quantité de mots & de syllabes. B. De là *Carmen* Latin. Comme les magiciens se servoient de vers dans leurs enchantemens, on a nommé l'enchantement dans les anciens monumens *Carmen*; & enchanter, *Carminare*. De *Carm*, cri, est venu notre mot François *Vacarme*; *Va* de *Var*, grand.
CARMER. Voyez *Garmer*.
CARMIN, amer. Ba.
CARMINDURA, amertume. Ba.
CARMINE, A. G. charnellement, d'une manière charnelle; *Car*, chair, *Min*, façon.
CARMOASY, cramoisi. B.
CARMUM, A. M. droit d'exiger des voitures; de *Carr*.
CARMUS, A. G. charme arbre. Voyez *Chalmec*.
CARMYN, carmin. B.
CARN, rocher. G. I. *Kern* en Écossois; *Schern* en Suédois, rocher.
CARN, principal. G.
CARN, manche. G. *Carne*, angle en François.
CARN, ongle de bêtes. G. *Carne* en Breton, corne des pieds de plusieurs fortes de bêtes, comme de cheval, de bœuf, &c. *Carn*, corne de cheval en Cornouaille.
CARN, synonime de *Corn*, bref, court, selon Baxter; G. & par conséquent abréger, accourcir, couper.
CARN, amas, monceau, tas de pierres. G. I.
CARN, écueil. C. Voyez *Carn*, rocher.
CARN, corne de cheval. C.
CARN, rocher, montagne. I.
CARN, amas, monceau, tas de pierres ou de bois, meule, meulon, pile; tas. I.
CARN, Province. I.
CARN, corne des pieds de plusieurs fortes de bêtes, comme de cheval, de bœuf, &c. *Carnec*, qui a de la corne aux pieds; *Carna*, se former en corne, & improprement amasser de la neige sous ses pieds en marchant par la neige. B. On voit par *Cyrnaid* que *Carn* a été étendu à signifier dureté, dur en général.

CAR.

CARN. Voyez *Carn Swynwraig*.
CARN. Voyez *Amgarn*.
CARN, le même que *Cern*, *Cirn*, *Corn*, *Curn*. Voyez *Bal*.
CARN, le même que *Garn*, *Arn*, *Sarn*. Voyez *Arn*.
CARN SWYNWRAIG, très-grande forcière. G. *Swynwraig*, forcière; *Carn* est donc une marque du superlatif, & désigne le plus haut dégré d'une qualité. Voyez *Carnlleidr*.
CARN TREBOL, pas d'âne. G.
CARNA. Voyez *Carn*.
CARNABA, chardonneret. Ba.
CARNACLIGIUM, A. M. espèce de robe; *Carn*, grande; *Clog*, mante.
CARNAGEIN, vexer. B.
CARNAGEREAH, violence. B.
CARNAIM, amas, monceau, tas, pile, meule, meulon, comble. I.
CARNAN, amas, monceau, tas, pile, meule, meulon, tertre, colline, monticule. I.
CARNEC. Voyez *Carn*.
CARNEDD, amas, monceau, tas de pierres dans sa première & ancienne signification. On l'a dit ensuite de toute sorte de tas & de monceau. G.
CARNEDDU, entasser, amonceler. G.
CARNEHUEIN, encuirasser. B.
CARNEIN, endurcir. B. Voyez *Carn*.
CARNEL, charnier. B.
CARNELLUS, A. M. espèce de char, de voiture; de *Carr*.
CARNER, qui a de la corne aux pieds comme une bête. B.
CARNERIA, A. M. charnière; de *Car*, fermer.
CARNEUIGUEU, calosité. B.
CARNGRAGEN, qui a les cornes du pied en coquille. G. *Carn Cragen*.
CARNLLEIDR, grand voleur; maître larron. G. *Lleidr*, voleur.
CARN, cal. B. Voyez *Carn*.
CARNTA, entassé, amoncelé. I.
CARNUSS, caleux. B.
CARO, cerf. B.
CARO, A. M. charron; de *Carr*.
CAROCCIUM, CAROCOLA. Voyez *Carrocium*.
CAROCHE, barque, petit bâteau, nacelle, esquif, chaloupe, félouque. B.
CAROGOS, affin, allié. C. *Car Agos*.
CAROLE. Voyez *Corol*.
CAROLL, chœur de musique. C.
CAROLLA, A. M. treillis. On dit encore *Carolles* en ce sens en Normandie; de *Car*, enfermer.
CAROLUS, A. G. nacelle dans les marais; *Caro* de *Caroche*; *Luz*, marais.
CARONCZ, chariot. B.
CARONIA, A. M. endroit où demeurent les charrons; de *Caro*.
CARONTA, rente, revenu. Ba.
CAROTTH, carotte. B.
CAROXOLUM. Voyez *Carroccium*.
CARP, chiffon, drapeau, guenillon, haillon, guenille. G. Voyez *Carpio*.
CARP, carpe. B. De là ce mot. Voyez *Carpen*.
CARPA, carpe. Ba. De là ce mot. Voyez *Carpen*.
CARPA, A. M. carpe. Voyez l'article précédent.
CARPEIA, A. M. viande hachée menu comme de la charpie. Charpie ou charpi, ainsi qu'on prononce en plusieurs Provinces du Royaume, est formé de *Carpio*.
CARPEN, carpe. B. *Carpa* en Basque & en Espagnol; *Carp* en Anglois; *Karpe* en Allemand;

Karper en Flamand ; *Karp* en Polonois ; *Carpe* en François ; *Capr* en Bohémien, carpe.

CARPENN, aiguillon, la fourchette pour décharger le foc de la charruë. B.

CARPENTUM, A. G. char pompeux ; de *Carr*, char ; *Pen*, *Pent*, principal, pompeux. Dans les anciens monumens *Carpentarius*, *Carpentator*, *Carpenterius*, *Carpenter*, celui qui faisoit ces chars ; *Carpentaria*, l'endroit où on les faisoit ; *Carpentatio*, l'action par laquelle on les faisoit. On a ensuite donné une signification plus étendue au mot *Carpentarius*: Il désigne un charpentier dans le procès de canonisation de S. Yves. Charpentier, parmi nous, est l'ouvrier qui travaille avec la hache ou la doloire pour faire toutes sortes de gros ouvrages en bois ; & Charpente signifie toutes sortes de gros ouvrages de bois ; *Carpenter* en Anglois ; *Carpintero* en Espagnol, charpentier ; peut-être charpentier en ce dernier sens vient-il de *Carpio*.

CARPENUS, A. M. charme. Voyez l'étymologie de ce mot à *Car*, bois.

CARPIA, CARPITA, CARPITUM, CARPETA, CARPETTUS, A. M. charpie. Voyez *Carpeia*, *Chalpis*.

CARPINUS, charme. Voyez l'étymologie de ce mot à *Car*, bois.

CARPIO, déchirer, mettre en piéce. G. *Escarpi* en Languedocien, déchirer ; *Escarpé* en François, coupé ; *Serpe* en François, instrument pour couper ; *Aicharpa* en Patois de Besançon, déchirer, mettre en piéces ; *Sarpe* dans la Langue des Venédes, faucille ; *Carpir*, déchirer, égratigner, fendre ; *Carder* en Espagnol ; *Carper*, pincer en vieux François. On voit par ce qu'on a rapporté que *Carpio* a aussi signifié couper, & *Carp*, coupé, piéce. De *Carpio* est venu *Carpo*, Latin, & son composé *Decerpo*. Voyez *Carpeia*.

CARPIO, A. M. carpe ; de *Carp*.

CARPIOG, déchiré, couvert de guenilles, vêtu de haillons. G.

CARPITER, A. G. il est déchiré, il est consumé. Voyez *Carpio*, *Carpiog*.

CARPO, A. M. carpe ; de *Carp*.

CARPORARE, A. G. blesser, fraper ; de *Carpio*.

CARPREN, carpe. B. *Carpen*, l'r inférée.

CARQENN, nerf de bœuf. B.

CARQUILA, A. G. petit morceau de viande ; *Car*, viande ; *Cil* ou *Qil*, peu.

CARR, chariot, char, carrosse. G. B. *Carbatt* en Irlandois, chariot ; *Cairt* en Irlandois, charrette, chariot ; *Diomcar* en Irlandois, charier ; *Carroza* en Basque, chariot de guerre ; *Carr* en Anglois, charrette, chariot ; & *Carry*, charier. *Karr* en Allemand, charrette ; *Karre* en Flamand, charrette, chariot, chaise roulante ; *Karch*, *Karn*, *Karren* en Allemand, chariot ; *Carro* en Espagnol, chariot, chaise roulante, char ; & *Acarrear*, charier. *Carro* en Italien, char ; *Kerri*, char en Lappon & en Finlandois ; *Chier*, char en Albanois ; & *Carrica*, siége. *Karron* en Grec, char ; *Karon* en Chaldéen, char, chariot ; *Garrara* en Arabe, traîneau ; *Garn*, char en Arménien ; *Cair*, chariot en vieux François ; *Carr*, chariot en Auvergnac ; *Carré* en Languedocien, chariot ; *Cariage* en vieux François, charroi : Il se dit encore en Franche-Comté. *Carroy* en vieux François, chemin, route par où passent les chariots. De *Carr* se sont formés les mots Latins *Carrus*, *Carra*, *Carruca*, & les mots François *Char*, *Chariot*, *Charrette*, *Carrosse*, *Cariole*, *Carrière* pour chemin ; & *Chariere* en Franc-Comtois. De *Carr* sont aussi venus *Carracare*, *Carrada*, *Carrata*, termes Latins du moyen âge, qui se trouvent dans les anciens monumens. L'l & l'r se mettant l'une pour l'autre, on a dit *Call* comme *Car*, ainsi qu'on le voit par calèche, usité parmi nous.

CARR, charrette, rouet à filer ; plurier *Kirri*. B.

CARRA, faire des charrettes, des chariots. B.

CARRA, flamme. Ba. Voyez *Garra*.

CARRA, la crasse de la tete. I. Voyez *Car*, tête.

CARRAC, roc. C. Voyez *Careg*.

CARRACA, lime. Ba.

CARRACA, A. M. vaisseau de charge ; *Carraca* en Espagnol & en Italien ; *Carrack* en Anglois ; *Caraque* en François ; de *Carg* ou *Carc*, ou de *Carrugh*.

CARRACAQUIN, rebut, victime dévouée à la mort pour les autres. Ba.

CARRACH, pierre. I.

CARRACH, pierreux. I.

CARRACUTIUM, A. G. char dont les rouës sont très-élevées ; de *Carr*, char ; *Cut*, élevé.

CARRADH, gale, gratelle, rogne. I.

CARRADOIR, chartier. I.

CARRAGH, pierre de borne. I.

CARRAGO. Voyez *Carriagium*.

CARRAI, courroie, cordon, aiguillette, lânière. G. De là courroie.

CARRAID, la charge d'un chariot. G. De là *Carrada*, *Carreda* dans les anciens monumens.

CARRAIG, rocher, montagne. I. Voyez *Carreg*, *Careg*, *Carrac*.

CARRAMEA, collier armé de cloux que l'on met aux chiens de chasse. Ba.

CARRAMICHA, excoriation, écorchure. Ba.

CARRAN, mauvaise herbe. I.

CARRAQUAENN, macreuse, brenache. B.

CARRARIA, A. M. carrière ; de *Car*.

CARRARISTA, mortier, mélange de sable avec de la chaux fusée. Ba. *Carea*, chaux ; *Arrista*, petites pierres, sable. Voyez *Arri*.

CARRASCA, yeuse. Ba. *Carrasco*, yeuse en Espagnol.

CARRASCOTSA, bruit. Ba.

CARRASPIOA, écueil. Ba. Voyez *Carrec*, *Carrac*.

CARRATIO, CARITIO, A. M. équarissement ; de *Carea*.

CARRAUZEN, coussin. B.

CARRE, carreau. B. De là *Carreau*. Voyez *Carrauzen* qui est le même.

CARRE, vieux. Ba.

CARREA, rendre quarré. B. De là quarré.

CARREATU, je porte. Ba. Voyez *Carr*, *Carg*.

CARREC, forteresse. G.

CARREC, rocher couvert ou mouillé de la mer, écueil ; plurier *Kerrec*. B. Voyez *Careg*.

CARRECTA, CARRECTUM, A. G. haye ; de *Car*. Voyez *Carretum*.

CARRECTA, CARRECTUM, CARECTA, A. M. charrette ; de *Carr*. Voyez *Carreta*.

CARREEREAH, équarissage. B.

CARREG, pierre, caillou, rocher. G. *Karreg* en Irlandois, rocher ; *Carreg*, pierre en Breton ; *Garrigue*, roc escarpé, roc pelé ; *Pur*, roc en Auvergnac ; *Kair*, pierre en Phrygien ; *Kar*, pierre en Tartare du Thibet ; *Sker*, roc en Islandois ; *Jekar* ou *Ikgr*, roc en Groenlandois ; *Karkah* en Hébreu, pavé. Voyez *Careg*, *Carrec*, *Carraig*, *Car*.

CAR.

CARREG, pierre. B.
CARREGAID, de rocher, de caillou, de pierre. G.
CARREGAN, petite pierre, petit rocher ; au pluriel Carrigos, Cerrigos. G.
CARREGOG, pierreux, plein de rochers, de cailloux, de pierres, de rocher, de caillou, de pierre, raboteux, fcabreux, rude, inégal. G.
CARREGYN, gravier, petite pierre. G.
CARREIG-DAN, pierre à feu. G.
CARREIO, divifer, féparer. G.
CARRELED, pelotte d'épingles. B.
CARRELLUS, A. M. le même que Carellus, trait.
CARRELLUS, A. M. carreau à s'accouder ; de Carrez.
CARRENT, petit chemin, fentier. B. Voyez Carhent, qui eft le même mot.
CARRER, charron. B. Voyez Carr.
CARRERIA, CARRERIUM, CARIERA, CARREYRIA, CHARRONERIA, A. M. chemin à chariot ; de Carr.
CARRERIA, A. M. carrière ; Carreer en Anglois, carrière ; de Car.
CARRERUGHE, chartier. I.
CARRETA, CARREDA, CARETTA, A. M. charrette ; de Carr, Ed, Et diminutifs.
CARRETUM, A. M. endroit fermé de haye : on a dit Karet en vieux François ; de Car, enclos.
CARREZ, carreau. B.
CARREZER, carreleur. B.
CARRFEN, CARRFENN, char, carroffe, caléche, chaife roulante, chariot, charrete. G.
CARRFIAIGH, cerf. I.
CARRGYCHWYN, vagabond. G, Carr, Cychwyn.
CARRI, vieux. Ba.
CARRIARIUS, CARRAGO, A. M. grand nombre de chariots raffemblés ; de Carr.
CARRICA, CARICA, A. M. vaiffeau de charge ; de Carg, Carc.
CARRICARE, A. M. charger ; en Italien, Caricare. Voyez l'article précédent.
CARRICARE, CARRICARE, CARIGARE, A. M. charier ; de Carr.
CARRICHA, A. M. charge ; de Carg, Carc.
CARRICIUM, A. M. exaction injufte ; de Caria.
CARRICUM, A. M. charge ; en Italien, Carica ; de Carg ou Carc.
CARRIFOLLUM, A. M. carrefour ; de Carr, chariot.
CARRIG, CARRIGH, roc, écueil. I. Voyez Carreg.
CARRIGHEACH, endroit plein de rochers. I.
CARRIGHEL, chemin & traces de charrette ; au fens figuré, c'eft tout le bien d'un homme ; car on dit : Collet eo ma Carrighell, tout mon bien eft perdu, j'ai dépenfé tout ce que j'avois de bien. B.
CARRIGUEL, tombereau. B. comme Cariqell.
CARRIO, A. G. divifer ; de Carreio.
CARRIOLL, caléche. B. Voyez Carr.
CARRIQUE, place. Ba.
CARRIQUELLEREAH, carroufel. B.
CARROA, crâne. Ba. Voyez Car, tête.
CARROCIUM, CARROCHIUM, CARROCERUM, A. M carroffe ; de Carr.
CARROCO. Aufone nous apprend que c'eft ainfi que les Gaulois appelloient l'efturgeon.
CARROG, le même que Carrag, Carreg, Carrig, Carrug. Voyez Bal.
CARROG, rivière, ruiffeau, torrent. G. Ca eft ici

une prépofition explétive ou fuperflue ; Rog, qui fignifie eau coulante, fait toute l'effence du mot. Voyez Rogium.
CARROS, préceinte, terme de conftruction de navire, qui fe dit des bordages ; c'eft comme un cordon qui répond à chaque pont d'un vaiffeau. B.
CARROTUS, A. M. garrot, trait d'arbalête ; de Garo.
CARROZA, chariot de guerre. Ba. Voyez Carr.
CARRUCA, A. M. chaife roulante, charruë ; de Carr.
CARRUCH, le même que Corraghs. I.
CARRUCHIA, A. M. le même que Carraca.
CARRUGH, bâteau d'ofier. I. C'eft le même que Corraghs.
CARRUS, carrouffe, grande buverie. I. De là notre mot Carroufe.
CARS, raclure, ordures & immondices que l'on ôte de ce qui les a contractées ; fingulier Carzen, une ordure, un peu d'immondice ; Carzien, une quantité, un monceau d'ordures. B. Voyez Carza.
CARS, le même que Carg, pierre. Voyez Aru.
CARS-PREN, petite piéce de bois dont les laboureurs fe fervent pour nettoyer le foc de leur charruë, lorfque la terre s'y attache. B. De Carfa, & Pren, bois.
CARSA, racler. B.
CART, chariot. G. Cart en Anglois, chariot. Voyez Carr.
CART, écorce. I.
CART, quarte mefure de bled. B. De là ce mot qui eft en ufage dans la Franche-Comté.
CART. On voit par Card, Ard, Garthon, que Cart a fignifié pointe, aiguillon.
CARTA, lettre. Ba. Voyez Cartanurrua.
CARTA, A. M. appartement, partie de maifon ; de Cartel.
CARTA, A. M. quarte mefure ; de Cart.
CARTACH, fait d'écorce. I.
CARTACH, CARTAGH, charitable, bon. I.
CARTAGIUM, A. M. le même que Carta.
CARTAJOA, régle. Ba.
CARTALIS, A. M. le même que Carta ; de Cartel.
CARTALLUS, A. M. le même que Carta ; & à caufe de la reffemblance d'un panier avec une mefure à bled, on y trouve auffi ce mot pour panier ; de Cartel.
CARTANARRUA, valife de courier. Ba.
CARTANNACH, bon, civil, obligeant, charitable. I.
CARTANNAS, charité. I.
CARTAOUER, quartier. B.
CARTAZORROA, porte-feuille. Ba.
CARTE, cherté. Voyez Carteri.
CARTEFER, A. M. le même que Curtifer.
CARTEL, quartier, quarte mefure à bled. B. De là Cartellus dans les anciens monumens en l'un & en l'autre fens.
CARTEMALLEA, meffager. Ba. Carta, Mall.
CARTEN, carte. B.
CARTER, quartier de la Ville. B. C'eft le même que Cartel.
CARTERA, porte-feuille, tablette. Ba. Voyez Carta.
CARTEREGIUM, A. M. mefure à bled ; de Cart.
CARTERENCHA, A. M. mefure à bled ; de Cart.

CARTERI, famine. B. Ce mot paroît composé de *Car*, cherté ; (de *Car*, cher) & de *Rhy*, excessive.

CARTERIA, CARTERIUM, A. M. diminutifs de *Carta*, quarte mesure à bled.

CARTH, ordure, immondice, étoupes. G. Il a aussi signifié fumier. Voyez *Carthglwyd*.

CARTH BREN ARADR en Gallois, le même que *Cars - Pren* en Breton.

CARTHAN, le même que *Garthan*. G.

CARTHATUA, ébranlé. Ba.

CARTHEN, qui sert à purger, à nettoyer. G.

CARTHGLWYD, tombereau, voiture à enlever le fumier. G. De *Cludo*, voiturer, porter ; & *Carth*, fumier.

CARTHGRIB, étrille. G. *Cart*, Crib.

CARTHIAD, l'action de nettoyer, purgation, purification. G.

CARTHION, balayeures, ordures, immondices, amas d'ordures, ce dont on nettoye quelque chose, ordures qu'on enleve en raclant la peau, rognure. G.

CARTHU, nettoyer, purifier, purger. G.

CARTIBULA, A. M. table de pierre; de *Car*, pierre, *Tabl*.

CARTICLS, près confluent. E. *Car*, auprès, *Tiels*, par conséquent confluent. Voyez *Cartref*.

CARTICLUS, A. M. le même que *Curtillus*.

CARTICULA, A. G. repas ; de *Car*, aliment.

CARTILAGO, A. G. lard ; *Bradon*, c'est lard épais ; *Brad*, gros, épais ; *On* augmentatif. *Car*, fort, très ; *Tilh*, gros, gras, épais. On sous-entend lard.

CARTREF, maison, domicile, la demeure ordinaire. G. Davies dit que ce mot est formé de *Car*, auprès ; *Tref*, habitation.

CARTREFAIDD, rustique, des champs, trivial, vulgaire, qui est sans ambition. G.

CARTREFEIDDRWYDD, rusticité. G.

CARTREFIG, demeurant, vulgaire, commun, ordinaire. G.

CARTREFOL, qui est de la famille, qui est de la maison, domestique de tout sexe, incivil, grossier, agreste, rustique. G.

CARTREFU, habiter, demeurer à la maison. G.

CARTREV, maison, G. C'est le même que *Cartref*.

CARTURIUS, A. M. espèce de mesure ou de tonneau de vin ; de *Cartel* ou *Carter*, que l'on aura étendu aux liquides.

CARTY, appentis. B. *Car*, joignant ; *Ty*, maison.

CARU, aimer. G. B.

CARU. Voyez *Aru*.

CARV, vaisseau, navire. I.

CARU, CARV, cerf. B.

CARU ou CARUA, le même que *Saru* ou *Sarua*. Voyez *Aru*.

CARUAIDD, aimable, aimé, aimant, d'ami. G.

CARVAN, gencive, mâchoire ; *Carvanat*, coup sur la joue, soufflet ; *Carvan* se dit encore des rouleaux du métier d'un tisserand. *Carvan* simplement, ou *Coh Carvan* signifie encore charogne, carogne. B. Voyez *Carfan*.

CARVANTA paroit avoir signifié maritime en ancien Breton dans la vie de S. Malo. Effectivement *Car* signifie près ; & *Van*, eau.

CARVATICUM, A. M. péage pour les chariots qui passent; de *Carr*.

CARUGHI, A. G. cordage de vaisseau ; de *Caru Syg*. Voyez encore *Cerchea*.

CARVECG, sauterelle ; plurier, *Carveden*, *Car-*

vejen. B. *Cavailchete* en vieux François, sauterelle.

CARUEIDD, aimable. G.

CARUEIDDRWYDD, charme, agrément, ce qui attire l'amour. G.

CARVEN, gencive. B. C'est le même que *Carvan*.

CARVES, biche. B.

CARUS, porté à aimer. B.

CARW, cerf ; G. C. B. plurier, *Kirvi*. B. De là *Cervus* Latin, *Cerf* François.

CARW, rude, rapide. G. De là *Caruenter* en vieux François, traiter rudement quelqu'un, le fraper fort & longtemps, l'accabler de travail, de fatigues. On dit en Patois de Besançon *Aicraivania* dans ce dernier sens. On voit par ce mot qu'on a fait la transposition de *Carw* & de *Garw* qui est le même mot, (ces transpositions sont communes dans le Celtique. Voyez la dissertation sur le changement des lettres) & qu'on a dit *Craw* & *Graw*, d'où est venu le Latin *Gravis*, & le François *Grever*.

CARW, le même que *Garw*. Voyez *Aru*.

CARW, grand, élevé. Voyez *Carwfil*.

CARW-RADEN, sauterelle. B. *Raden*, fougère.

CARWCH, amour, amitié. Voyez *Hawddgarwch*.

CARWEG, sauterelle. B.

CARWEN, char, chariot. G.

CARWES, biche, sauterelle. B.

CARWET, féminin de *Carw*, cerf. B.

CARWFIL, animal grand & élevé. G. *Mil*, en composition *Fil*, animal ; *Carw* par conséquent grand & élevé.

CARWNAID, saut de cerf, c'est-à-dire, grand saut. G.

CARWR, ami, parent, qui s'applique avec soin. G.

CARWRIAETH, amitié, familiarité, grande liaison, amitié particulière. G.

CARZA, nettoyer, purifier, purger, racler, lever & emmulonner la litière. *Carza* signifie aussi sauter, mais au sens figuré. B. Voyez *Carthu*.

CARZDENT, cure-dent. B.

CARZEN. Voyez *Cars*.

CARZER, ramonneur. B.

CARZEREZ, larcin. B.

CARZIEN. Voyez *Cars*.

CARZY, appentis. B. C'est le même que *Carty*.

CAS, haine. G. B. *Casahh* en Arabe, haïr ; *Chask* en Arabe, haïr ; & *Chaske*, haine, inimitié. *Chas* en Persan, guerre, combat, querelleur ; *Casan* ou *Cesan* en Chaldéen, reprendre, corriger ; *Kassekan*, querelleur en Groenlandois ; *Cassine* ou *Castine*, querelle en vieux François : On dit *Castille* en Franche-Comté.

Câs, haine, odieux. G.

CAS, il obtient. G.

CAS, lieu, demeure, habitation, cage, étui, boëte, caisse. I. *Casulla* en Basque, hute, logement, cabane, c'est le diminutif de *Cas*. *Cas* signifioit autrefois en Gallois & en Breton habitation, demeure, ainsi qu'on le verra dans la suite de cet article. *Casa* en Hébreu, en Chaldéen, en Syriaque, toit, couvert, abri, logement ; *Casah* en Hébreu, couvrir, cacher ; *Cesa* en Chaldéen, couvrir, cacher ; & *Cesu*, couverture, habit. *Cuso* en Syriaque, couvrir, cacher, vétir ; *Casa* en Arabe, couvrir, vétir ; *Chasa* en Hébreu, se réfugier ; & *Chasuth*, refuge, asyle. *Chasan* en Hébreu, cacher, mettre à couvert ; & *Chaste*, muraille. *Chas* en Arabe, chaumière ; & *Chasar*, habitation. *Kasah* en Arabe, Ville ; & *Chass*, château. *Chazas* en Arabe, cacher ; *Chasar*, *Chazer* en Hébreu, métairie; *Kaz*, caverne en Perfan; *Kazh* en Perfan, petite maifon; *Kafat* en Perfan, Village; & *Chazad*, tente. *Kafan*, maifon en Perfan; *Kafcha*, muraille en Tartare Calmoucq & Mongale; *Hazat* en Éthiopien, chaumière; (l'h fe met pour le *c*) *Gazad* en Éthiopien, falle; *Cac* en Tonquinois, palais; *Kafaba*, *Kaefabet* en Turc, Village; *Kosk*, *Kiosk*, palais, belle maifon, maifon ou chambre dans un jardin en Turc & en Perfan; *Cafar* en Langue Maure, palais; *Rofia*, maifon en Lappon & en Finlandois; *Ecofia*, adverbe en Galibi qui marque la demeure; *Kaisha* en Carniolois; *Kozha* en Efclavon; *Kuzza* en Polonois; *Coshe* en ancien Anglois, chaumière; *Gazie* en Polonois, adverbe qui marque le lieu où l'on va; *Kaftina* en Vandale; *Kaften* en Allemand, château; *Ceafter* en ancien Saxon, Ville, château; *Haz* en Hongrois, maifon; *Cafa* en Efpagnol & en Italien, maifon, demeure, logis; *Cafaria* en Efpagnol, métairie; & *Cafcara*, coquille, écaille, gouffe, peau de fruit. *Cas* s'eft confervé en plufieurs compofés ou dérivés dans notre Langue, car on le trouve dans cafemate, caferne, & dans les vieux termes François *Chefal*, *Chefean*, *Chezal*, *Cheftolage*, qui fignifient maifon. *Cas* fe trouvant dans tous les dialectes du Celtique, eft fûrement un terme propre de cette Langue dont les Latins ont formé leur *Cafa*.

Les Anciens ont regardé les habits comme de petites habitations, & fe font fervis des mêmes mots pour exprimer l'un & l'autre. *Caban* fignifie maifonnette & un gros manteau pour la pluie; *Cap*, habitation & habillement; *Gwifg*, vêtement; *Gwyck*, habitation; *Hufg*, habit; *Hws*, habitation, maifon; *Hab*, habitation, maifon. Nous appellons nos vêtements habits ou petites habitations; *Dail*, habitation; *Dillad*, habit; *Domus*, maifon; *Domino*, habillement qui couvre la tête des Prêtres, & defcend jufqu'au-deffous des épaules. En Franche-Comté les femmes appellent *Domino*, une efpèce de capot qui leur couvre la tête, & defcend jufqu'au-deffous des épaules, dont elles fe fervent pour fe garantir de la pluie. *Cafal* en Gallois & en Breton, habillement, comme qui diroit petite maifon. Ifidore donne la même étymologie au Latin *Cafula*, qui eft le même terme que *Cafal*. *Cafacqenn* en Breton, habit, cafaque. Les Égyptiens appelloient une efpèce de robe *Cafa*. *Kafa* en Grec, habit de cheval; *Caffock* en Anglois; *Cafaca* en Efpagnol; *Cafaque* en François; *Cafacks* en Flamand, cafaque, habit; *Cafacca* en Italien, cafaque & maifon. (voyez *Bod*.) *Caff* en Breton, caiffette; *Cas* en Éthiopien, vafe; & en Arabe, vafe, verre, coupe; *Kas*, vafe en Gothique; *Kaiffofu*, pot en Tartare Mogol & Calmoucq; *Gazam*, chaudron en Arménien; *Kaziga* en Efclavon, cafque; *Cafe* en Anglois, étui; & *Cash*, caffette. *Kaffe* en Flamand; *Caiffe* en François; *Kafle* en Allemand, caiffe; *Kafte*, *Kaften* en Allemand, coffre. On voit par là que *Cas* en Celtique a fignifié en général ce qui couvre, ce qui enferme, ce qui cache, ce qui enveloppe: C'eft le même que *Cach* de *Coach*. Voyez *Caff*.

Cas, cas, eftime. I. B. De là faire cas en notre Langue.

Cas, terreur, épouvante. I.

Cas, le même que *Ceas*. I. De même des dérivés ou femblables.

Cas, haine, cas, eftime, accident, condition ftipulée. B. De là *Cafus* Latin.

Cas, conduire. B.

Cas, le même que *Ces*, *Cis*, *Cos*, *Cus*. Voyez *Bal*.

Cas, le même que *Gas*, *As*, *Sas*. Voyez *Aru*.

Cas, le même que *Cals*. Voyez *Casbovis*.

Cas, le même que *Gwas*. Voyez *Cafuar* & *Aru*.

Cas, le même que *Cacz*. Voyez ce mot.

Cas, le même que *Glas*. Voyez ce mot. *Calch*, *Cals*, craye; *Cas*, blanc et ancien Scythique; *Ka*, neige en Tartare du Thibet.

CAS GAN ARDDWR, arrête-bœuf ou bugronde, G. mauvaife herbe qui arrête la charruë, & qui pour cette raifon eft appellée *Cas Gan Arddwr*, odieufe au laboureur.

CAS GAN GYTHRAWL ou GYTHREL, verveine plante. G. A la lettre, haine des démons.

CASA, haïr. B. Voyez *Cas*.

CASA, A. G. cabane, chaumière, maifonnette, hute, habitation, logement, maifon; de *Cas*.

CASAC, cavale. C. Voyez *Cafes*.

CASACA, A. M. cafaque; de *Cafacqen*.

CASACQEN, cafaque, houppelande, furtout. B. Voyez *Cas*.

CASADH, mettre en cage. I. Voyez *Cas*.

CASADH, frifer. I.

CASAIR, pluie. I.

CASALE, A. M. maifon, habitation, grange, métairie, chaumière, rue, Village, Fauxbourgs; de *Cas*. *Cafal* en vieux François, maifon, Village. On a dit auffi *Cafeau* & *Chazeau*.

CASALICUM, CASALICIUM, CASALICULUS; A. M. habitation, grange, métairie. Voyez *Cafale*.

CASALIS, CASALLUS, CASALUS, CASUALIS, CASUALUS, A. M. les mêmes que *Cafale*.

CASAMENTUM, A. M. petite habitation, maifonnette, habitation, maifon; de *Cas*.

CASAN, fentier, route, chemin, rue, défilé; ronce, épine, buiffon épineux fermé de hayes. I.

CASANA, A. G. toit de navire; de *Cas*, couvrir.

CASANA, A. M. banque, caiffe; de *Caff*.

CASAOID, information, enquête. I.

CASARCH, grêle. B. Voyez *Ceffoer*, *Cezar*.

CASARMANACH, CASARMANATH, libre; exempt. I. Voyez *Minichy*.

CASARNACH, luifant. I.

CASASACH, toux. I.

CASAUS, odieux. B.

CASAWR, qui hait. G.

CASBOVIS, A. M. bœuf gras au génitif. On lit auffi *Cafl*. *Cals*, fertile, abondant, aura auffi fignifié gras, foit parce que ces deux fens ont la plus parfaite analogie, (terrein gras, terrein fertile font fynonimes) foit parce que *Cal*, *Galh*, & par conféquent *Calb* fignifient gras. Or l'*b* fe change en *s*: *Caft* eft la tranfpofition de *Cals*; *Cas* en eft la crafe.

CASCA, gravier, fable. Ba. *Cafcaio*, fable, gravier en Efpagnol.

CASCABELA, ciftre, caftagnette, creffelle. Ba.

CASCALARRUA, péri-crâne. Ba.

CASCALARRUPEA, périofte. Ba.

CASCALAT. Voyez *Cafcarat*.

CASCAMOTZA, mutilé. Ba.

CASCARAT, danfe des gueux & des galeux, qui eft de fe frotter les épaules en les agitant; d'autres difent *Cafcalat*. B.

CASCAZE, fendre, être fendu. Ba. *Cafcar* en Efpagnol.

CASCIA, A. M. caisse ; de *Caſſ.*
CASDA, CASTA, tortillé, frisé. I.
CASDDYN, ennemi, odieux. B.
CASDICIA, A. M. le même que *Caſticia* ; de *Cas* ; *Tyc*, pléonasme.
CASEC, jument, cavale ; plurier *Keſec* & comme on dit *Keſec* de tout un haras, tant chevaux que cavales, on dit pour singulier *Pen-Keʑec*, une seule de ces bêtes, cheval ou jument. B.
CASEC-COAT, pivert. B. *Gaʑʑa* en Italien, pie.
CASECQ ARCHURE, eau de vie. B.
CASEDD, haine. G.
CASEG, jument, cavale. G. B. *Dorgaſſe* en Dauphinois, vieille jument.
CASEG Y DRYH-HIN, geai oiseau. G. Voyez *Len Ar C'heſec.*
CASELER, amaſſé, recueilli. G. de *Caſglu*, qui, comme on le voit, perd quelquefois le *g*.
CASELL, aîle, aiſſelle. B. Le *c* initial se mettant ou s'omettant indifféremment, on a aussi dit *Aſell*, d'où est venu *Axilla* Latin ; & *Aſl* par crase, d'où est venu *Ala* Latin : on disoit *Ale* pour aîle en vieux François.
CASELLA, A. M. petite caiſſe ; de *Cas* ; *El* diminutif ; de là *Cheʑal* en vieux François, mesure.
CASELLA, A. M. petite habitation ; de *Cas* ; *El* diminutif.
CASELLAT, CASELLIAT, ce qu'un homme peut tenir sous son aisselle, entre son corps & son bras. B.
CASELLUM, A. M. habitation ; de *Cas.*
CASELLUS, A. M. tas ; de *Caſt*, de *Caſgl*. Voyez *Caſeler.*
CASERCH, le même que *Caſarch.* B.
CASET, haï. B.
CASGL, récolte, cueillette, action de ramaſſer, ce qu'on a ramaſſé, ce qui est choisi. G. Voyez *Caſglu.*
CASCLEDIG, amaſſé, ramaſſé de côté & d'autre. G.
CASGLFA, ce qu'on a amaſſé, choses amaſſées, recueillies. G.
CASGLIAD, l'action d'amaſſer, de raſſembler, de ramaſſer de côté & d'autre, de mettre enſemble. G.
CASGLION, les choses choisies, les choses excellentes. G.
CASGLU, amaſſer, ramaſſer, recueillir, aſſembler. G. Voyez dans *Caſglion* une autre signification de ce mot. *Gaſa* en Syriaque, entaſſer, mettre enſemble. *Gaʑa*, *Aʑa* en ancien Perſan, trésor royal provenant de la collection des tributs. Le mot a été ensuite étendu à signifier les richesses en général. *Chaʑina* en Arabe, trésor public ; *Schatʑ* en Allemand ; *Schat* en Flamand ; *Sbaʑ* en Esclavon ; *Sheſt* en Anglois. Voyez *Cas.*
CASI, presque. Ba. Il s'est conservé en ce sens dans notre Langue.
CASINA, CASINUM, A. M. cabane ; c'est un diminutif de *Cas*. Les Italiens appellent *Caſſine* une maison de campagne.
CASINDIUS, A. G. pour *Gaſendius.*
CASINED, haine, inimitié. G.
CASL pour *Caſſ.* Voyez *Caſeler.*
CASL pour *Calſ.* Voyez *Caſbovis.*
CASLAID, gémir, plaindre, se plaindre, plainte. I.
CASLO, laine. I.
CASLU pour *Caſgln.* Voyez *Caſeler.*
CASMAI, ornemens. G. De là en vieux François on a dit *Aceſmé*, pour orné, paré. Voyez *Cain.*

Kaʑm en Hébreu, ornement ; *Kaʑm* en Arabe ; *Koſmos* en Grec, ornement.
CASN. En confrontant *Caſmai*, *Can*, *Cain*, on voit qu'on a dit *Caſn* pour *Can*, beau.
CASNACH, flocon, flocons. G.
CASNAD, piéce, morceau ; *Caſnadh Do Maide*, copeau, éclat de bois. I. Voyez *Caſnod.*
CASNAR. Nous apprenons de Quintilien que ce mot est Gaulois, & qu'il signifie suivant, qui suit, qui accompagne. *Gwas* ou *Gas*, *Cas*, serviteur, client ; *Nar* de *Ner*, Seigneur ; *Caſnar* celui qui accompagne, qui suit son Seigneur, son maître, son patron ; *Caſmillus*, par craſe *Camillus* en Étruſque, ministre, serviteur.
CASNETUM, A. M. chenaie ; de *Caſn*, chêne. Voyez *Caſnus.*
CASNOD, flocon ; *Caſnod Aur*, feuille d'or, mince lame d'or. G.
CASNOR, colere. G.
CASNUS, A. M. chêne ; de *Caſn*, beau. *Derw*, *Derwen*, nom du chêne en Breton & en Gallois, est synonime à *Caſn* ; *Der*, beau ; *Wen*, arbre. *Quercus*, nom du chêne chez les Latins, est pris du Gaulois, & signifie pareillement bel arbre ; *Qer* ou *Quer*, beau ; *Cus* de *Cueʑ*, de *Gueʑ*, arbre : Le chêne est le plus beau des arbres par la hauteur de sa tige, la circonférence de ses branches, la grosseur de son tronc, la dureté de son bois. Les Anciens le regardoient comme le roi des arbres. Les Romains par cette raison l'avoient consacré à Jupiter ; ainsi il n'est pas surprenant que nos ancêtres lui ayent donné le nom de beau, on souſentend arbre ; *Gaſni*, chêne en Arménien, Voyez *Chaiſnus*, *Cheingeen.*
CASOG, casaque. I. Voyez *Caſacqen.*
CASOMA, A. G. aiguille dont une femme se gratte la tête pour en faire tomber la craſſe ; *Carʑ* par craſe *Caʑ*, & *Swm*, prononcez *Sam*, tête.
CASPREN, carpe. B.
CASQED, heaume, cafque. B. Ce mot est formé de *Cas*, caiſſe, étui, & *Qed* ou *Ked* de *Cead*, tête. *Kask* en Anglois ; *Caſque* en François ; *Caſco* en Eſpagnol, viennent de là ; *Caſſis*, caſque en Latin.
CASS, caſſette. B. *Caſſa* en Italien, boëte, caiſſe, & *Caſſeta*, caiſſette ; *Capſa* en Latin ; *Kaſte* en Allemand ; *Cheſte* en Anglois ; *Kiſte* en Grec & en Flamand ; *Kiſt* en Allemand ; *Kiſhta* en Carinthien, caiſſe, coffre ; *Keſſe* en Turc, bourſe ; *Kaiſſun*, pot en Tartare Calmoucq & Mogo'. Voyez *Cas.*
CASS, haine, aversion. B. Voyez *Cas.*
CASS, mouvement, agitation, commotion, circuler. B.
CASS, sinuosité, obliquité. Voyez *Ceſſeil.*
CASS-ER-GOUHAIET, pous des artéres. B.
CASSA, A. M. chaſſe ; de *Cacʑ.*
CASSA, A. M. habitation, chaumière ; de *Cas.*
CASSA, A. M. châſſe, caiſſe ; de *Caſſ.*
CASSA, A. M. réputation, estime ; de *Cas.*
CASSA, A. M. poëlon ; en Franche-Comté & dans le Lyonnois, on appelle *Caſſe*, un poëlon ; en Normandie & dans l'Anjou, on appelle *Caſſe*, une léchefrite. De *Caſſe* est venu caſſerole. Voyez *Cacʑ.*
CASSA, A. M. carcaſſe d'animal ; de *Caſſ.* La carcaſſe est comme la caiſſe du corps : on dit le coffre du corps.
CASSAAT, haïr. B. Voyez *Cas*, *Caſſan.*

CASSAIN,

CAS. CAS. 285

CASSAIN, le même que Casan. I.
CASSAITT, bourrique de couvreur. B.
CASSARE, A. M. céder, accorder. Voyez Ces. Les verbes Gallois ont très-souvent la signification active & passive.
CASSARE, A. M. briser, casser, renvoyer de la milice, rendre nul; d'Acatsa ou Catsa. On voit par Casnach, Casnod & notre mot François Casser, qu'a est paragogique ou superflu dans Acatsa. Cas en Chaldéen, macher; Cesahh en Chaldéen, l'action de casser, de couper; Katat ou Kat en Chaldéen, morceau, & Chatam, rompre, casser; Casahh en Hébreu, casser, couper, & Casil, hache; Casahh en Syriaque, casser, couper; Casar en Arabe, casser, briser; Casahh en Arabe, casser, couper, & Chatahh, rompre, casser; Kos, briser en Cophte, & Pikos, brisement, Pi, article; Cassar en Espagnol, casser, & Cascar, casser, fendre, rompre; Cachear en Espagnol, briser, casser, & Cacho, morceau, piéce; Casse en Anglois, casser, annuller; Kosser, faulx en Esclavon, & Kossiti, faucher; Cusasa, rompre en Langue de Congo.
CASSARE, A. M. chasser; de Cacz.
CASSARE, A. M. détourner, faire changer de route; de Cass, obliquité, détour.
CASSAT, porter, envoyer, mener. B.
CASSAT, haïr. B.
CASSAT, cassetée. B.
CASSATUS, A. M. supporté; de Cassat, porter.
CASSAU, haïr. G. Voyez Cassaat.
CASSE, AG. peine, fatigue; de Cass, mouvement, &c.
CASSEA, A. M. caisse; de Cass.
CASSEEITT, mal-voulu. B. Voyez Cás.
CASSEG, le même que Caseg. G.
CASSEIN, voyer. B.
CASSELLA, A. M. petite habitation; de Cas.
CASSEROLEN, casserole. B. De là ce mot. Voyez Cacc.
CASSETA, A. M. diminutif de Cassa.
CASSETELLA, A. M. diminutif de Cassa, châsse, caisse.
CASSEUS, odieux. B.
CASSEY, odieux. B.
CASSIDILE, CAPSIDILE, A. M. filet, petit sac; de Cas.
CASSONI, CASSOUNI, haine. B. Voyez Cass.
CASSTIMANTT, châtiment. B. Voyez Casti.
CASSTORR, castor animal. B.
CASSUM, dans Solin, morceau. Voyez Cassare.
CASSUS, A. M. habitation, chaumière; de Cas.
CASSUS, A. M. la partie de l'habit qui couvre le coffre du corps. Voyez le dernier Cassa.
CASTA, race, famille. Ba. Casta, race, famille en Espagnol; Casle en Indien, Tribu. Les Tribus ont commencé par des familles.
CASTAGNESIA, châtaignier. Ba. Voyez Castanwydd, qui est le meme que Castanea formé de Castan Hez.
CASTAGNETUM, A. M. châtaigneraye. Voyez Castan.
CASTALLUM, A. M. piscine où se rassemblent les eaux; Cas, caisse, réservoir; Tal, eau.
CASTAN, châtaignier. G. Castanea en Latin; Castal en Arabe; Castagna en Italien; Castaña en Espagnol; Chestnut en Anglois; Castanie en Flamand; Châtaigne en François; Kesten en Allemand; Kastanowa en Polonois; Kostani en Dalmatien; Kostain en Carniolois; Cestene en Turc;

Gosztynye en Hongrois, châtaigne; Castagnesia en Basque; Castanea en Latin; Castagnare en Italien; Castanno en Espagnol; Chestnut Tree en Anglois; Kestenbaum en Allemand; Castanienboam en Flamand; Castan en Bohémien; Kostain en Esclavon; Cestene Agatc en Turc; Kastanowe Drzewo en Polonois; Gestenyesa en Hongrois, châtaignier. Voyez Castanwydd.
CASTAN. Voyez Castanwydd.
CASTAN-GNAW, châtaigne. G.
CASTANARETUM, CASTANARIUM, CASTANEARIUM, CASTANEUM, CASTANGETUM, CASTANHALE, A. M. châtaigneraye; de Castan.
CASTANASTEA, des races différentes. Ba. Voyez Casta.
CASTANLLWYN, bois de châtaigners. G.
CASTANWYDD, châtaigner. G. Wydd, arbre; Castan par conséquent châtaigne.
CASTELL, château. G. Ce mot, dit Davies, se trouve dans les plus anciens monumens Gallois; il se trouve aussi dans le Breton. Voyez l'article suivant.
CASTELL, château. B. De Castell sont venus Castellum, château; Castellanus, Castlanus, Caslanus, le châtelain ou gardien du château; Castelletum, Castellio, petit château ou châtelet, en vieux François châtillon. Voyez Castrum.
CASTELLQARR, le corps de la charrette, le château de la charrette B.
CASTELLU, s'élever à la manière d'un château; on le dit aussi d'un paon qui éleve ses aîles. G.
CASTELLUM, A. M. le même que Castallum.
CASTELLWR, châtelain. B.
CASTELLYN, château, forteresse. G.
CASTI, châtiment. B. Castigua, supplice, châtiment en Basque; Asti en Basque, flageller; & Astigo, battre. Voyez Costwyo.
CASTICAMENTUM, CASTICELLUM, A. M. les mêmes que Casticia.
CASTICIA, A. M. édifice en général; de Cas; Tyc de Tuc: c'est un pléonasme; de là Castíciare, Castichiare, Castíchare, bâtir; Castitiator, architecte. On a dit en vieux François Castichement, édifice, & Castícheur, architecte.
CASTIDADEA, chasteté. Ba.
CASTIFER, A. G. qui porte le fouet; Casti; Fer de Ber.
CASTIGUA, supplice, châtiment. Ba. De là Castigo Latin. Voyez Casti.
CASTILHES, groseille rouge. B.
CASTIZ, châtiment, peine, punition, correction. B. Voyez Casti.
CASTIZA, châtier. B.
CASTIZER, qui châtie. B.
CASTO, A. M. chaton; de Cassee, diminutif de Cass. Voyez Casterium.
CASTOR, touffe de cheveux frisés, boucle de cheveux. I.
CASTORA, castor. Ba.
CASTR; singulier Castrenn, nerf de boeuf, selon le Pere de Rostrenen; nerf en général, selon Dom le Pelletier. B.
CASTRATURA, A. G. balustrade. Voyez Castrum.
CASTREGENN, nerf de boeuf. B.
CASTRET-MAD, puissant, vigoureux, mâle, fort, viril, nerveux. B.
CASTRUM, château. Ce mot est Celtique, de même que Castell. Voyez Cadr. Um, terminaison Latine.
CASTUA, indigence. Ba.

TOME I. Z z z

CASTULA, A. M. petite planche ; de *Castell* pour *Astell*. Voyez *Aru*.

CASTULUM, A. M. cassette, petit coffre ; *Casset*, *Cassetal*, diminutifs de *Cas*. *Castularius*, celui qui avoit la clef du petit coffre.

CASTUM, touffe de cheveux frisés, boucle de cheveux. I.

CASUBLA, CASUBULA, A. M. chasuble ; de *Casul*.

CASUL, habillement, chasuble. G. B. Voyez *Cas*.

CASULA, A. M. diminutif de *Cas*, habitation.

CASULA, A. M. habillement, chasuble ; de *Casul*.

CASULLA, hute, loge, cabane. Ba. Voyez *Cas*.

CASUR, marteau. I.

CASURLA, touffe de cheveux frisés, boucle de cheveux. I.

CASW, fromage. G. *Kaas*, *Kaze* en Flamand ; *Kas* en Allemand ; *Caseus* en Latin viennent de là. *Casw* me paroit formé de *Cas*, caisse ou moule dans lequel on le fait ; *Fourmaich* Breton, d'où est venu notre mot fromage, vient de la forme dans laquelle on fait le fromage.

CAT, troupe, cohorte, armée, multitude. G.

CAT, le même que *Cad*, bois. G. *Catea*, poutre en Basque ; *Katon*, forêt en Malabare ; *Catté*, bâton en Talenga.

CAT, combat ; *Catbridawc*, Général d'armée, Commandant de bataille. C. Voyez *Cethilon*.

CAT, chat. I. *Cath*, chat en Gallois ; *Cat* en Anglois ; *Kat* en Flamand ; *Katz* en Allemand ; *Catua* en Basque ; *Kattis* en Grec ; *Katti* en Finlandois ; *Katt* en Arabe ; *Chatul* en Chaldéen ; *Chat* en François ; *Gatto* en Italien ; *Gato* en Espagnol ; *Katt* en Sarrazin ; *Kedi*, *Keti* en Turc ; *Catul* en Hébreu, chat ; *Catt*, chat en Auvergnac ; *Gadouh*, chat en Arménien ; *Catus*, chat en Latin, & homme adroit & rusé ; *Cate*, prudemment. De *Caté* sont venus *Cauté*, *Cautus*. *Chatal* en Arabe, un trompeur, qui tend des embûches, qui attrape sa proie avec ruse ; *Kadamid*, prudent en Arménien ; *Kha* en Hottentot, chat sauvage. Voyez *Caz*.

CAT, afin que Ba.

CAT, grand. Voyez *Catgi*. *Cati* en Langue de Congo, plus.

CAT, pointe. Voyez *Cathfure*.

CAT. En comparant *Cath*, *Cathrain*, *Cadw*, *Cattel*, *Chatal*, on voit que *Cat* ou *Cad* a signifié animal en général.

CAT, le même que *Cad*. Voyez ce mot.

CAT, tête. Voyez *Cathvarth*.

CAT, le même que *Catt* : le *t* double est superflu.

CAT, le même que *Gand*. Voyez ce mot.

CAT, le même que *Cet*, *Cit*, *Cot*, *Cut*. Voyez *Bal*.

CAT. On voit par *Catabua*, *Catacussis*, *Cath Llygod*, que *Cat* a signifié vase, vaisseau, &c. *Katun* en Chaldéen, seau ; *Katun* en Arabe, bouteille, vase. Voyez *Cad*, *Caeth*.

CAT, le même qu'*At*, *Gat*, *Sat*. Voyez *Aru*.

CATA, A. G. chant de plusieurs ; de *Cathl*.

CATA. Voyez *Catus*.

CATABRIATUS, A. M. bigarré, de différentes couleurs ; de *Bryth*.

CATABUA, cercueil, bière, brancard. Ba. Voyez *Gatabua*.

CATACHIMINOA, guenon. Ba.

CATACUSSIS, A. M. espèce de vase. Voyez *Cat*.

CATAD, dard, trait. I. Voyez *Cateia*.

CATADOCTA, A. G. chansons de plusieurs ; de *Cathl*.

CATAFALTUS, CATAFALUS. Voyez *Cadafalus*.

CATALAGO, A. G. collection, ramas ; de *Cat*, troupe.

CATALLUM, A. M. cheptreil. On a dit en François *Cateux*, *Catel*, *Chattel*, *Cheptel*, *Chaptel*, *Chaptal*, *Chattal*. Voyez *Cattel*, *Chetal*, *Chatal*.

CATAMAITI, CATOMAIN, A. G. lieu où l'on enfermoit les esclaves ; *Cath*, crase de *Caeth*, esclave ; *Men*, demeure.

CATAMOTZA, tigre. Ba.

CATANEUS, A. M. crase de *Capitaneus*.

CATANUS, A. M. pie oiseau ; *Cat*, pointe, pique ; *Tan*, bois.

CATAR, fluxion, esquinancie. B. Voyez l'article suivant.

CATARR, flegme, catarrhe. Ba.

CATARREMM, humeur fixée sur une partie du corps. B.

CATARUSS, dangereux, fragile. B. Nous disons cathareux en ce sens.

CATASTA, A. G. chevalet, genre de supplice ; de *Cat*, bois ; *Asten*, étendre : le chevalet étoit une poutre sur laquelle on étendoit avec force le patient.

CATAZE, rester immobile & pensif. Ba. *Catar*, considérer, peser, examiner en Espagnol.

CATBERTH, lieu couvert de broussailles, de buissons, de halliers. G. *Cat*, bois. Voyez *Dyrys Llwyn*.

CATBRIDAWC, Général d'armée. C.

CATEA, chaîne, poutre qui va d'une muraille à l'autre, soliveau. Ba. Voyez *Cadwyn*.

CATEATZEA, enchaînement. Ba. Voyez *Catea*.

CATEBOLA, ceste. Ba.

CATEIA. Servius sur le septième livre de l'Énéide nous apprend que c'étoit le nom d'un trait Gaulois. Isidore nous dit que c'étoit un trait Gaulois, qui, à raison de sa pesanteur, n'alloit pas loin, mais qui par la même raison brisoit tout ce qu'il atteignoit ; de *Catt*, briser. Un Auteur du moyen âge a inséré un *g*, & a écrit *Categia*. Voyez *Catad*.

CATENA, A. G. troupe ; de *Cat* ; *en* terminaison indifférente.

CATERIG, être en chaleur, qui est en chaleur parlant des bêtes.

CATERVA, nom que les Gaulois & les Celtibériens donnoient à leurs légions. Voyez Vegece, L. II, C. II. C'est le même que *Catorfa*, l'*e* & l'*o*, l'*f* & l'*v* se mettant les uns pour les autres. Voyez *Catterbha*.

CATERWEN, grand chêne. G. *Cat*, grand ; *Derwen* ou *Terwen*, chêne.

CATGI, grand chien. G. Davies ajoute, comme qui diroit chien de combat ; *Cad*, *Cat*, combat ; *Ci*, en composition *Gi*, chien. Mais pourquoi recourir à une pareille étymologie, puisque nous voyons par *Caterwen*, de même que par *Catgi*, que *Cat* signifie grand.

CATGNO, le même que *Cadcno*. G.

CATGOR, jeûne, abstinence. G.

CATGUN, épée, selon quelques-uns, dit Davies. Pour moi, continue cet Auteur, je crois qu'il signifie un guerrier, un héros qui fait la guerre ; de *Cad*, combat ; & *Cun*, Seigneur. G. Je lui donnerois les deux sens, puisqu'il n'est rien de si commun dans toutes les Langues que des mots à double signification. (Voyez *Angeler*) J'ajouterai encore que *Cun* ne signifie pas seulement Seigneur, mais encore excellent, puisque c'est le même terme que *Con* qui a cette signification ;

ainsi *Catgun* désigne un homme qui excelle à la guerre, un héros.
C A T H, chat. G. Voyez *Cat*.
C Â T H, animal né d'un bélier & d'une chévre. G.
C A T H, combat. I. *Kata*, contre en Grec. Voyez *Cat*, *Cad*.
C A T H, le même que *Cach*. I.
C Â T H L Y G O D, souricière. G. *Llygod*, souris.
C A T H A, combat. I.
C A T H A, le même que *Ceatha*. I. De même des dérivés ou semblables.
C A T H A. Voyez *Catus*.
C A T H A C H, guerre, combat, guerrier, belliqueux, militaire, bête farouche. I.
C A T H A D H, darder, lancer, vanner. I.
C A T H A G, bête farouche. I.
C A T H A I, bête farouche. I.
C A T H A I G, bête farouche. I.
C A T H A I R, on prononce *Cayair*, Cité, Municipe, Ville libre, Ville; au pluriel *Caithreacha*. I.
C A T H A I R, chaise, siége, chaire. I.
C A T H A O I R, chaire. I.
C A T H F U R E, sophiste, qui se sert d'argumens captieux; *Cathfureas*, l'action de pointiller. I. On voit par ces mots & par *Catad*, que *Cat* a signifié pointe.
C A T H I, bête farouche. I.
C A T H I A, fragment, piéce, morceau. Ba. Voyez *Catt*.
C A T H I R, Ville. I.
C A T H I T U A, divisé, partagé. Ba. Voyez *Catt*.
C A T H L, chant, harmonie, vers, cantique. G.
C A T H L U, chantonner, chanter doucement, chanter à voix basse comme les petits oiseaux. G.
C A T H O I R, chaise. I.
C A T H O L U S, A. M. chaton; de *Casto*. Voyez ce mot.
C A T H O N, guerrier. I.
C A T H R A I N, appeller les bœufs chez une partie des Gallois. G.
C A T H R E I N I W R, celui qui appelle les bœufs chez une partie des Gallois. G.
C A T H R U I G H T H E O I R, on prononce *Cayrouiyyeoir*, citoyen, bourgeois. I.
C A T H V A R T H, casque. I. *Varth*, garde; *Cat*, tête. Voyez *Cad*.
C A T H U G, bête farouche. I.
C A T H U G H A D H, combat, bataille, charmer, ensorceler. I.
C A T H U I G, bête farouche. I.
C A T I A, morceau, piéce, fragment. Ba. Voyez *Catt*.
C A T I B E R I A, captivité, servitude. Ba.
C A T I B U, captif, esclave. Ba. De là *Captivus* Latin. Voyez *Cath*.
Ç A T I C A S E, Ç A T I C A T Z E, briser, rompre, déchirer. Ba. Voyez *Catia*.
C A T O, A. G. voir, examiner. On a dit en ce sens en vieux François *Catiller*, *Castiller*; de *Cadw*, *Catw*, prononcez *Cato*, découverte, découvrir.
C A T O R F A, troupe. G. De *Cad*, combat; *Tyrfa*, troupe, dit Davies. Il faut donc dire que *Catorfa* n'a signifié originairement qu'une troupe de gens de guerre, (*Catorfod* qui suit, semble aussi le marquer) qu'ensuite il a été étendu à toutes sortes de troupes) *Katari* en Turc, troupe. Voyez *Caterva*.
C A T O R F O D, combat, choc. G.
C A T T, parcelle, petit morceau. G. *Catia*, morceau, piéce, fragment en Basque; *Catico* en Espagnol, morceau, piéce, fragment; *Kaha* en Samaritain, couper; en Hébreu *Katam*, couper; *Kathab*, coupure, brisement; *Catat* ou *Catt*, briser; *Katzab*, couper; *Kathabhh* en Chaldéen, en Samaritain, en Syriaque, en Arabe, couper; *Kathaph* en Chaldéen, couper; *Chata* en Chaldéen, briser; *Catat* ou *Catt* en Chaldéen, briser; *Katza* en Syriaque, rompre, briser; *Cad* en Syriaque, couper; & *Kathom*, couper. *Chat* en Arabe, brisé; *Kath* en Arabe, couper; *Cathab* en Arabe, couper; *Kathal* en Arabe, couper; & *Cad*, couper, déchirer, *Katzab* en Arabe, couper; *Cad* en Samaritain, rompre, déchirer; *Kath* en Éthiopien, briser; *Cata* en Arabe, partage, division, couper; *Kotho* en Syriaque, déchirure, l'action de déchirer; *Kat*, peu en Hébreu; & *Kat* *Katon*, petit. *Cat* en Tonquinois, couper *di*, couteau en Malabare; *Kotali*, hache en Malabare; *Kat*, partie, piéce, morceau en Turc; *Kat*, coupé en Finlandois; *Katten*, rompre en Flamand; *Cut* en Anglois, brisement. En comparant ce mot avec *Cat*, *Catad*, *Cateia*, on voit que *Cat* a signifié rompre, briser, couper, percer, trouer. *Cat* a dû aussi signifier diminution, moindre, petit, puisque le partage diminue, amoindrit. *Bris*, bris, brisement, est formé de *Beir*, petit.
C A T T A, C A T T U S, A. M. espèce de navire; de *Cat*, vase, vaisseau.
C A T T A, C A T T U S, C A T U S, G A T T U S, A. M. chat; de *Cath*.
C A T T E, bête farouche. I.
C A T T E L, cheptel. E.
C A T T E L M U T E. Voyez *Capilmut*.
C A T T E R B H A, C A T T E R F A, assemblée, multitude, troupe. I.
C A T T O I T, forêt. G. C'est un pléonasme; *Cat* forêt; *Oit*, forêt.
C A T T U L U M, A. G. biére à porter les morts; de *Cat*, vase, vaisseau, &c.
C A T T U S. Voyez *Catus*.
C A T U A, chat. Ba. Voyez *Cath*, *Cat*.
C A T U A R R A Y A, chien de mer. Ba.
C A T U B E L A R R A, calamant herbe. Ba.
C A T U N I S, A. G. plat; de *Cat*, vase, vaisseau; de là *Catinus* Latin.
C A T U R D E A, rat d'Égypte, rat de Pharaon. Ba.
C A T U R F A, le même que *Catorfa*. G.
C A T U S, C A T A, C A T H A, C A T T U S, G A T U S, G A T T U S, A. M. machine de guerre faite de bois pour mettre à couvert les travailleurs pendant un siége. On la poussoit où l'on vouloit, elle étoit appellée *Chat* en vieux François. *Cat*, ce qui enferme, ce qui couvre, ce qui cache.
C A T U T Z A R R A, gros chat. Ba.
C A T W R W R A I G, hermaphrodite. G. *Cat*, ensemble; *Wr*, homme; *Wraig*, femme.
C A T U X, A. G. élevé; *Cat*, élevé; *Uch*, élevé, pléonasme.
C A T Y R F A, le même que *Catorfa*. G.
C A U, profond. G. Voyez l'article suivant.
C A U, cave, creux. C. *Cau*, cave, creux, caverne en Breton; *Cauim* en Irlandois, courbe; *Kab* ou *Kav* en Arabe, creuser; *Kabah* ou *Kavah* en Arabe, caverne; *Kahaf* ou *Kahav* en Arabe, caverne; *Kabab* ou *Kavav* ou *Kav* en Hébreu, creuser; *Chahaph* en Hébreu, caverne, & *Choph*, port; *Gol*, en Hébreu, vase rond; *Gaul* en Phénicien, espèce de vaisseau presque rond; *Coni*, vase à boire, tasse, pot, cruche en Georgien; *Kab*, vase; *Kawanos*, bouteille; *Kawnk*,

cave ; *Koji*, puits en Turc ; *Ka* en Langue du Thibet, trou, bouche, & *Ko*, ventre, vaisseau ; *Ca*, *Ko*, vallée en Chinois ; *Co* en Chinois, chaudron ; *Xeu* en Chinois, bouche ; *Kive* en Chinois, courbé ; *Gau*, fosse en Persan ; *Tkaa*, vallée en Hottentot, & *Sou*, pot de terre ; *Skeuos* en Grec, vase ; *Covum*, ciel en ancien Latin, parce qu'il est concave ; *Cave* en Anglois, caverne ; *Caua*, *Cueua* en Espagnol, cave, fosse, caverne, & *Cabar*, creuser ; *Cavin*, lieu creux en François ; *Caun* en Languedoc ; *Caune* en Limosin, caverne ; *Golar*, bassin en Esclavon.

C *A V*, maison. I. Voyez *Cab* & *Cau*, suivant.

C *A U*, fermer, enfermer, entourer de hayes, boucher, couvrir, clos, fermé, ●●●●●, enclos, cave, creux, caverne, ●●●●●, spongieux, plein de trou, trou, pore, penchant, incliné, qui décline, qui va en pente, qui penche. B. *Cau*, fermer en Gallois. Voyez *Gwrthgau*. *Cav*, maison en Irlandois ; *Chani* en Arabe, clos, fermé ; *Ko* en Langue du Thibet, vêtement.

C *A V*, *C A Ü*, cave. B. Voyez *Cau*.

C *A U*, beau. I.

C *A U*, bois. Voyez *Ffaigau* ; on voit par là que *Caud*, *Cod*, bois, a perdu son *d* final.

C *A V*, le même que *Cev*, *Civ*, *Cov*, *Cuv*. Voyez *Bal*.

C *A V*, le même qu'*Av*, *Gav*, *Sav*. Voyez *Aru*.

C *A V*, le même que *Cab*, *Caf*, *Cap*. Voyez B.

C *A V*, le même que *Caff*. Voyez *Caff*, *Caffout*.

C *A V A*, *C A U A*, creuser, faire une cave. B.

C *A V A*, A. M. cave, lieu où l'on garde le vin ; de *Cav*.

C *A V A C H*, puissance. I.

C *A U A D*, clos, couvert. G.

C *A U A D L L Y G A D*, clignement des yeux. G.

C *A V A D E N N*, découverte dans les arts, dans les sciences, ce que nous appellons vulgairement en François une trouvaille, une chose trouvée, une heureuse rencontre de quelque bonne chose. On s'en sert en Cornouaille pour désigner un petit repas que l'on trouve lorsque l'on en a grand besoin. B.

C *A U A F*, je ferme, je fermerai. G.

C *A V A G I U M*, A. M. cens par tête ; de *Cab*, *Cav*, tête.

C *A V A I L H*, querelle, cabale, émotion. B. Voyez *Cavillo* ; de là *Cavillus* en Latin, raillerie, chicane, & *Cavillari*, chicaner, railler. On appelle en Franc-Comtois, *Cavoillie*, troubler de l'eau, agiter les ordures qui sont au fond. Voyez *Cavillo*.

C *A V A I L H A*, attaquer de paroles. B.

C *A V A I L H E R*, cavalier, gentilhomme. B. De *Caval*, cheval. Les Nobles autrefois ne faisoient la guerre qu'à cheval.

C *A V A I L H E R*, querelleur, chicaneur, cabaleur, brigueur. B. De *Cavailh*.

C *A V A I L H U S*, qui est sujet à agacer, à attaquer de paroles. B.

C *A V A L*, cheval, selon le P. de Rostrenen ; chameau, selon Dom le Pelletier & le P. Maunoir qui écrit *Canval*. B. On concilie ces deux sens, en observant qu'en Gallois le chameau s'appelle *Cawrfarch*, grand cheval. *Caval* est le même que *Cabal* qui est un ancien mot Celtique. Voyez *Caballus*. De *Caval*, on a fait *Cavallus*, cheval, *Cavalletus*, chevalet, *Cavallerius*, chevalier, *Cavalleria*, cavalerie, *Cavallicare*, chevaucher, &c. qui se trouvent dans les anciens monumens.

C *A V A L*, cheval. B.

C *A V A N*, plaine I.

C *A V A N*, chouette, corneille. B. En Flandre on dit *Cahuan*, d'où est venu chat-huant. Voyez *Cawen* ou *Caouen*.

C *A V A N A*, caverne. Ba. Voyez *Cau*, *Cav*, *Cavarn*.

C *A V A N A*, A. M. creux ; de *Cav*.

C *A V A N E U S*, A. M. lieu bas & marécageux ; de *Cau*.

C *A V A N N A*, cabane. Ba. Voyez *Cab*, *Cabanna*.

C *A U A N N A*, *C A U A N N U S*, A. M. chouette ; de *Cavan*.

C *A V A N N A R I A*, A. M. métairie. Voyez *Cavanna*.

C *A V A O U I*, pleurer longtemps. B.

C *A V A R A*, bouclier. I.

C *A U A R D*, *C A V A R D*, malotru, polisson, qui a de pauvres habits. B.

C *A V A R G N E*, caverne. B. Voyez *Cavargn*, *Cavana*.

C *A V A R N*, caverne. B. De *Cav*, cave, creux ; & *Arn*, qui doit signifier pierre, les cavernes n'étant que des pierres ou rocs creusés : ajoutez qu'*Ar* signifie pierre. *Hernum* dans la Langue des Marses, caillou, grande pierre, roc ; *Um* terminaison. *Caverna* en Basque, en Espagnol, en Italien ; *Cavenne* en vieux François, *Caverne* en François, *Caivane* en Franc-Comtois, *Caune* en Limousin, & en Languedocien, caverne, Voyez *Cavana*.

C *A V A S*, fourchon d'un arbre, l'endroit où les branches se divisent. B.

C *A V A S E*, *C A V A S E Z*, séant dans son lit. B.

C *A V A T*, singulier *Cavaden*. Voyez ce mot, B.

C *A V A T A*, A. M. écuelle ; de *Cav*, creux.

C *A V A T I C U M*, A. M. capitation ; de *Cab*, *Cav*.

C *A V A T O R*, A. M. graveur ; de *Cav*.

C *A V A T U R A*, A. M. creux, cavité ; de *Cav*.

C *A U C*, le même qu'*Anc*. Voyez *Aru*.

C *A U C E L L U S*, A. M. petit vase. Voyez *Caucus* ; *Cel* diminutif.

C *A U C H*, merde, fiente. B. Il signifie aussi bouë. Voyez *Digaucha*. Il signifie toutes sortes de crasse & d'ordure, ainsi qu'on le voit par le mot suivant. *Kakke* en Grec Attique, merde ; *Kath*, *Koth* en Allemand, merde. De *Cauch* est venu cochon en notre Langue. De *Cauch*, *Caco* Latin, chier ; *Ciacco* en Etrusque, cochon ; & *Cocho* en Espagnol. Voyez *Cawch*.

C *A U C H H O U A R N*, mâchefer, crasse de fer. B. *Houarn*, fer.

C *A U C I N A R I U S*, *C A U S I N A R I U S*, A. M. chaufournier, faiseur de chaux ; de *Calch*.

C *A U C U L U S*, A. M. pour *Calculus*. Voyez *Cal*.

C *A U C U S*, A. G. espèce de vase ; de *Cawc*.

C *A U D*, bois, substance de l'arbre, forêt. Voyez *Caudinum* ; de là *Caudex* en Latin, tronc d'arbre. Voyez *Caudax*.

C *A U D*, chaud. Voyez *Caudedd*. Le peuple de Basse Normandie appelle un feu de joie *Caudius* ; *Caud*, feu ; *Ioe*, joie. Voyez *Cawd*.

C *A U D*, creux, vase en général. Voyez *Caut*, *Cau*.

C *A U D*, sinuosité. Voyez *Cauded*, *Cod*, *Codenn* & l'article précédent.

C *A U D A V I N I*, A. M. queue de vin, de *Caud*.

C *A U D A L A*, richesses, biens, pécule. Ba.

C *A U D A N A*, arbousier arbre. Ba.

C *A U D A X*, A. G. souche, âne, stupide ; de *Caud*.

C *A U D E D*, le même que *Cauded*, joie. Voyez *Bal*.

C *A U D E D D*, envie, désir. B. L'envie, le désir sont un

un feu au figuré; le figuré a supposé le propre; ainsi nous avons lieu de croire que *Caud* a signifié chaud, d'autant plus que nous avons conservé ce mot en ce sens, & qu'il se trouve dans *Cauten*, *Cauter*. *Codicia* en Espagnol, désir, envie.

CAUDERIA, A. M. chaudière; de *Caud*.

CAUDET, CAWEDET, accomplissement de souhait, désir satisfait. Les anciens Bretons l'écrivoient & prononçoient apparemment *Coudet*. En Léon on le dit du contentement du goût, & on le prononce aussi *Coudet*; ainsi *Panés Coudet* est un mets de panais bien préparés & agréables au goût. B.

CAUDEX, A. G. pierre; de *Cau*. Voyez *Cal*.

CAUDICA, CAUDICARIA, A. G. barquette faite d'un tronc d'arbre creusé; ou de *Caud*, tronc d'arbre; ou de *Caud*, vase, vaisseau en général.

CAUDINUM, A. M. lieu plein de petits bois, de broussailles; *Caudin*, diminutif de *Caud*; *Cod*, bois. Voyez *Gaud*. On a aussi dit *Cot*, & par conséquent *Caut*, qui n'est qu'une façon différente d'écrire. *Gaut* en vieux François, bois.

CAUDOD, cavité, concavité, le dedans. G.

CAUDT BRIGNEN, CAUDT GROEL, coulis de gruaux. B.

CAVEA, A. M. cave, lieu où l'on garde le vin; de *Cav*.

CAVEA, A. M. lieu bas; de *Cav*.

CAVEA, A. M. cage; de *Cau*.

CAVEARE, A. M. creuser, trouer; de *Cav*.

CAVEIN, trouver, rencontrer. B.

CAVEL, capitation. E. Voyez *Cab*.

CAVEL, berceau, bâteau, réservoir de poisson en forme de coffre. B. Voyez *Cawell*, *Cau*.

CAUEL, berceau, bâteau, réservoir de poisson en forme de coffre. B.

CAVEN, chouette. B.

CAVEOLA, A. G. endroit où sont renfermées des bêtes sauvages; de *Cau*.

CAVERNUM, A. M. trouet; de *Cav*.

CAVETTA, A. M. chouette; de *Caven*. De *Cavetta* est venu notre mot chouette.

CAVEUS, A. M. espèce de vase; de *Cau*.

CAUFAES, champ enfermé. G. B. *Cau*, enfermé; *Maes*, en composition *Faes*, champ.

CAUFAGIUM, A. M. chauffage; de *Cau*.

CAUG. Voyez *Gaug*.

CAUGAFF, abonder. B.

CAUGANAE, A. M. les dragées & autres choses que l'on présentoit au dernier service lorsque les conviés étoient rassasiés; de *Caugaff* ou *Cangan*, abonder, surabonder, être superflu. Voyez *Cangant*.

CAUGANT, abondant. B.

CAUGHEN. Voyez *Gaug*.

CAUH, merde, fiente. B. C'est le même que *Cauch*, ainsi il a toutes les significations de ce mot. On appelle en Franc-Comtois *Can* ou *Co*, de petits vers qui se forment dans la merde, dans la fiente.

CAUHEC, excrémenteux, voirie. B. Voyez *Canh*.

CAVI, creuser, cacher, fermer, encaver, B. & par conséquent rendre sinueux, courber. Ce mot a encore signifié percer, piquer, car on ne creuse pas sans piquer, sans percer. Voyez *Canim*.

CAVIL, capitation. E. Voyez *Cavel*.

CAVILE, A. G. la bande de fer dont on entoure les roues ou les bois; de *Cau*, enfermer. Voyez *Gavile*.

CAVILLA, A. G. trou dans lequel on met une cheville, un morceau de bois; de *Cav*, trou.

TOME I.

On a ensuite étendu le mot de *Cavilla* à signifier la cheville que l'on met dans le trou. Par ressemblance à cette cheville, à ce bois mis dans un trou, on a appellé l'os du pied qui s'emboîte dans d'autres, *Cavilla pedum*, la cheville du pied. On a aussi dit par diminutif, *Cavicula pedum*, & *Cavicula colli*. De ce mot *Cavilla* est venu le terme François cheville.

CAVILONIA, A. M. capitation; de *Cavil*.

CAVIM, tortu, courbe. I.

CAUL, potage, bouillie, estomac plus communément des enfans qui tettent, présuré, ce qui sert à faire cailler le lait. G. *Kolla* en Grec; *Collu* en François, colle qui est une espèce de bouillie; *Coalho* en Espagnol; *Caglio* en Italien, présure; *Koilia* en Grec, ventre, estomac; *Caillette* en vieux François, le ventricule des bœufs, veaux, agneaux; *Caillot* en Franc-Comtois, l'estomac. De *Caul* est venu cailler.

CAUL, louange. B.

CAUL, choux. B. *Caule*, chou en Provençal; *Colo* en Espagnol; *Cavolo*, *Caulo* en Italien; *Kohl* en Allemand; *Kool* en Flamand; *Cole* en Anglois; *Kaulos* en Grec; *Kalam* en Arménien; *Kielem* en Turc, chou; *Kaal*, herbe potagére en Runique & en Islandois; *Chaulx* en vieux François, choux; *Broccolo*, *Broccoli* en Italien, cime de chou; *Broc*, cime; *Colo*, chou. De *Caul* est venu le Latin *Caulis*. Voyez *Caulen*, *Cawl*.

CAUL, fromage. Voyez *Caws*.

CAUL, le même qu'*Aul*, *Gaul*, *Saul*. Voyez *Aru*.

CAUL, le même que *Ceul*, *Coul*. Voyez *Bal*.

CAUL, enceinte, habitation. Voyez *Caula*.

CAUL BŒDECQ, choux-fleurs. B.

CAUL BRIGNENNECQ, choux-fleurs. B.

CAUL DANTECQ, choux crépus. B.

CAUL DU, couleyrée noire. B. A la lettre, choux noirs.

CAUL GARO, bourrache. B. A la lettre, choux sauvages.

CAUL GRACHET, choux pleins de bosses. B. *Grach*, élevation, tumeur, bosse.

CAUL GUEN, aroche herbe potagère. B. A la lettre, chou blanc.

CAUL HERODES, aroche herbe potagère. B.

CAUL LORET ou LOURET, choux pleins de bosses. B.

CAUL STELECH, gros choux. B.

CAULA, A. G. barrière mise devant le Juge, parc ou enclos de brebis; de *Cau*. *Chaola* en Basque, étable à brebis, bercail, bergerie, case, baraque, gargote, cabane, chaumière, hute; *Caula* en Latin, étable. Voyez *Col*.

CAULA, A. M. gaule, baguette; de *Caul*, le même que *Gaul*.

CAULAGIUM, A. M. droit qu'on payoit pour tenir les marchandises enfermées & en lieu sûr; de *Caul*.

CAULECQ, jardin de choux. B.

CAULEDENN, grumeau. B.

CAULEDIGUEE, coagulation. B.

CAULEN, chou. B. Voyez *Caul*, *Cawl*.

CAULES, A. G. barrière mise devant le Juge; de *Caul*.

CAULLYGAID, cligner les yeux. B. *Cau Llygad*.

CAULSULA, A. M. fermeture; de *Caul*.

CAUMA, A. M. habitation; de *Com*.

CAUN, montagne, tête, sommet. G. Ce mot a aussi signifié pierre, rocher. Voyez *Aganus*.

CAUN-KITT, chat-huant. I.

A aaa

CAU. CAW.

CAUNA, A. M. habitation : c'est Cauma.
CAUO, creuser. G. B.
CAVOUT, trouver. B.
CAUPALTUS, A. M. barquette. Voyez Caupillus.
CAUPILLUS, CAUPOLUS, CAUPULUS, A. G. barquette, bois creusé ; de Cau, creusé ; Pill, tronc, souche. Voyez Ceubal, Ceubol.
CAUPUS, A. G. coupe, vase ; de Cop.
CAURIA, plaie, combat, malheur. Ba.
CAURTHURIE, blessé. Ba.
CAUS, discours, occasion, cause, motif. B. De là Causa Latin. Comme c'est principalement lorsqu'on a des contestations, des procès, que l'on fait des discours pour établir son droit, on a appellé les procès Causes. Ce terme est encore usité en ce sens parmi nous : On dit qu'on a jugé tant de Causes, pour dire tant de procès. On a ensuite appellé Cause, l'objet des procès ; & comme il n'est rien qui ne soit l'objet des contestations & des procès, on a fait de Cause un terme universel. De Cause, pris en ce sens, on a fait chose, qui dans notre Langue est un nom général qui convient à tout ce qui existe. (Dabar, parole en Hébreu, se prend aussi pour chose) Kosai, parler en Grec ; Kosen en Allemand, parler ; Kosen en Lombard, plaider ; Cusungula, nommer ; & Cuzimunna, parler ironiquement en Langue de Congo. Chose en vieux François, contestation, querelle, procès. Choser en Messin, quereller. Voyez Causa, Causal, Cauza, Cus.
CAÜS, fromage anciennement en Breton. Voyez Cawc.
CAUSA, A. M. chose. Voyez Caus.
CAUSA, A. M. procès, jugement. Voyez Caus.
CAUSARE, A. M. plaider, redemander, exiger, accuser, se plaindre devant le Juge. Voyez Caus.
CAUSARE, A. M. faire, fabriquer, produire ; de Caus.
CAUSARIUS, A. G. coupable, celui qui est traduit en Jugement. Voyez Causare, Caus.
CAUSEA, A. M. le même que Calcea.
CAUSEAL, parler, causer, discourir. B. De là causer. On a dit Gauseal, Jauseal comme Causeal ; de là jaser.
CAUSEANT, anciennement causée en Breton.
CAUSEIUS, A. G. coupable. Voyez Causarius.
CAUSETUM, A. M. le même que Calcea. Voyez Causea.
CAUSIA, A. M. machine de guerre faite de bois dont on se servoit pour mettre à couvert les travailleurs dans les sièges ; de Cau.
CAUSIA, A. M. chapeau rustique ; de Cos, tête.
CAUSILLUS, A. M. le même que Cancellus ; Cil, diminutif comme Cel.
CAUSQET, dormir. B.
CAUSUM, A. M. enclos, de Cau.
CAUT, bouillie fort claire, colle de farine. B.
CAUT, bois. Voyez Caud.
CAUT, chaud. Voyez Caud, Cautenn ; de là Scottare en Italien, échauder, brûler ; de ce mot est venu cette phrase faire la Scote.
CAUT, CAUD a signifié creux, vase en général. Voyez Cau, Caudica, Cautus, Cota, Cothon. Kotho en Grec, vase à boire.
CAUT, le même qu'Aut, Gaut, Saut. Voyez Aru.
CAUTA, coller. B.
CAUTENN, échaudé. B.
CAUTER, chaudière, chauderon, cautère. B.
CAUTER. OBER CAUTER, faire la cuisine. B.
CAUTERIARE, A. G. brûler, condamner ; de Caus, Causer.

CAUTIA, A. M. le même que Causia.
CAUTICA, A. M. chaussée ; de Cau.
CAUTION, caution. B.
CAUTOS, A. G. Prêtre ; de Cott, ancien, vieillard ; c'est le sens primitif du terme Prêtre.
CAUTUS, A. M. espèce de navire ; de Cots.
CAW, bois, substance de l'arbre, forêt. G.
CAW, lange ; Cawiau, pluriel de Caw, signifie berceau. G.
CAW, vîte, prompt. Voyez Bangaw, Cawad.
CAWAD, ondée, pluie soudaine qui tombe avec impétuosité, pluie. G. Cawad, pluie en Ecossois.
CAWAD, déclaration. G.
CAWAD, pluie. E.
CAWAL, ruche. C. Voyez Cawel.
CAWAT, le même que Caouat. B. Voyez Cawad.
CAWAWT, qui se leve. G.
CAWC, comme Cawg. Voyez Aru, Chucaya, vase en Basque ; Kogha en Turc, seau. Voyez Caucus, Cawg.
CAWCH, merde, fiente. Voyez Coddyn, Cauch, Cho en Chinois, qui est plein de lie, sale, impur.
CAWCH, le même qu'Awch. Voyez Aru.
CAWD, bois. Voyez Bascawd.
CAWDD, colere, indignation, offense, choc, bataille, assaut, combat. G. Cawd, signifiant colere, qui est feu au figuré, signifie par conséquent feu au propre. Voyez Caud, Egosia, Egotzi.
CAWELL, corbeille, berceau. G. B. Voyez Cawal.
CAWELL PYSGOTTA, nasse pour prendre du poisson. G. Pysg, poisson.
CAWELLAN, petit panier, petite corbeille. G.
CAWELLIG, petit panier, petite corbeille. G.
CAWEN, fureau, creux. Voyez Tsgawen.
CAWG, bassin, plat. G. De Cawg ou Cawc est venu Cocasse, en vieux François coquemar ou chaudron, & Coquemar en notre Langue ; comme le coquemar est un pot à eau plus grand que les aiguières communes, on a ajouté Mar, grand, à Cawc, pot ; Coquet, sorte de petit bâteau ; Coquelle en vieux François, pot ; Coquine en vieux François, pot ; Coquelle en Franche-Comté, petit vaisseau dans lequel on cuit des œufs. De Cawc sont venus Cucuma, Cucumellus Latins. Voyez Cawc. Cao en Tonquinois, vase ; Kose en Esclavon, panier ; Coali, petit plat en Malaye.
CAWIAU, berceau. G. Voyez Caw.
CAWL, potage, bouillon, jus. G. B.
CAWL, chou, légumes, herbes potagéres. G. Voyez Caul, Caol.
CAWL, chou ; singulier Cawlen, un seul chou. B.
CAWL FFRENGIC, chou de France. G.
CAWL GWENITH, potage fait avec de l'épeautre. G.
CAWL GWYLLT, chou sauvage. G.
CAWLAI, qui mendie du potage. G.
CAWN, jonc ; c'est le pluriel de Cawnen, & de Cawnon. G.
CAWN, jonc, roseau, herbe de marais. C. Kaneh, jonc en Hébreu. Voyez Can.
CAWN DWR, canal. G. Dwr, eau.
CAWNEN, jonc, canne, roseau. G.
CAWNON, synonime de Cawnen, & de Cawn. G.
CAWOD, synonime de Cawad. G. Caoth, pluie en Irlandois.
CAWODLYD, pluvieux. G.
CAWODOG, pluvieux. G.
CAWODYDD, pluvieux. G.
CAWR, grand, géant. G. Cawr, à haute voix en

CAW.

Langue de Cornouaille ; *Caru*, excès en Perfan ; *Kourouz*, fuperbe, orgueilleux, haut en Arménien ; *Kao*, haut en Chinois ; *Cay* ou *Cau*, montagne en Langues Tamoulique & Tartare ; *Cai* en ancien Perfan, géant. Voyez *Cay*.

CAWR, homme qui habite les cavernes. G. De *Cau*, *Wr*.

CAWR, à haute voix. C.

CAWRFARCH, chameau. G. de *Cawr*, grand, *March*, cheval.

CAWS eft le pluriel de *Cofyn*, fromage. G. Il s'eft dit auffi au fingulier. Voyez *Caws Y Llyffaint* & *Cawfleftr*. *Caife* en Irlandois, fromage ; *Cheefe* en Anglois. Voyez *Cauf*.

CAWS pour *Chaws*. Voyez *Gyngaws*.

CAWS, le même qu'*Achaws*. Voyez ce mot.

CAWS, le même que *Cawch* : le *ch* fe change en *s*.

CAWS Y LLYFFAINT, champignon, morille, moufferon. G. A la lettre, fromage de grenouilles.

CAWSAI, qui mendie du fromage. G.

CAWSLESTR, vafe propre à faire le fromage. G.

CAUZA, caufe, chofe. Ba. Voyez *Caus*.

CAXA, efpèce de poëlon. Ba. *Caco* en Espagnol. Voyez *Cacz*.

CAXA, coffre, caiffe. Ba. Voyez *Caff*.

CAXA, CAXIA, A. M. coffre, caiffe ; de *Caxa*.

CAY, le même que *Gay*. Voyez *Aru*. *Cay* en Tonquinois, arbre.

CAYA, golfe, port. Ba. Voyez *Cata*, *Cau*.

CAYA, CAYUM, CAYUS, A. M. maifon ; de *Cae*. *Cea* en Patois du Lyonnois & du Forez, enclos ; *Hhajah* ou *Chajah*, grange en Hébreu ; *Key* en Efclavon, adverbe qui marque le lieu, la demeure.

CAYBLA, A. M. cable ; de *Cabl*.

CAYCIA, A. M. caiffe ; de *Caff*.

CAYM, courbe, tortu, boffu. I.

CAYMAND, belître, gueux qui mendie par fainéantife. B. De *Cais*, qui cherche, *Man*, homme ; *Caimand* en vieux François, mendiant.

CAYNNEN, lamentation, plainte. B.

CAYOA, larus efpèce d'oifeau carnacier. Ba.

CAYOBELCHA, le même que *Cayoa*. Ba.

CAYRONUS, A. M. moilon ; de *Car*, pierre.

CAYSSA, CAYSSIA, A. M. caiffe, coffre, layette ; de *Caff*.

CAZ, chat ; pluriel *Kizier*. Les Bretons difent d'un homme adroit & rufé ; *Pen-Caz-A-Ra*, il fait le chat. B.

CAZ, averfion, haine, antipathie. B. Voyez *Cas*.

CAZA, CAZIA, A. M. baffin, efpèce de vafe. Voyez *Cacz*, *Cazoa*.

CAZAC, cavale. C. Voyez *Cafec*.

CAZAERCH, grêle météore. B.

CAZAL, aiffelle. B. Voyez *Cafell*.

CAZALIEU, croifée d'une Églife. B.

CAZARCH, grêle météore. B.

CAZELL, aiffelle, gouffet. B.

CAZELLYAD, faifceau qui fe porte fous l'aiffelle. B.

CAZEOLA, A. M. efpèce de petite mefure pour le grain ; de *Caff*.

CAZIA. Voyez *Caza*.

CAZLEN. Voyez *Gaz*.

CAZOA, marmite, pot à foupe. Ba. Voyez *Cacz*.

CAZOLA, A. M. efpèce de vafe. Voyez *Cacz*, *Cazoa*.

ÇAZPI, fept. Ba.

CEA.

CAZR, le même que *Caezr*, dont il eft la crafe. B.

CAZRAF, le plus beau, le très-beau ; *Cazrafa*, la plus belle, la très-belle. B.

CAZREL, belette. B.

ÇAZU, fale. Ba.

CE, enceinte. C. Voyez *Cae*. *Ce*, vafe en Langue du Thibet.

CE, terre. I.

CE, nuit. I.

CE, un. I.

CE, le même que *Ced*. Voyez ce mot & *Cau*.

CE, particule privative. Voyez *Cemoldefia*.

CE, le même que *Ca*, *Ci*, *Co*, *Cu*. Voyez *Bai*.

CEA, fumée. Ba. Voyez *Ceo*.

CEA, A. M. muraille ; de *Ce*.

CEACHAIR, boue. I.

CEACHARDHA, boueux. I.

CEACHLAIM, creufer, fouir. I.

CEACHT, puiffance. I.

CEACHTA, charruë. I.

CEAD, premier, principal, chef, tête, commencement. I. Voyez *Siad*.

CEAD, centième. I.

CEAD, licence, congé, permiffion, liberté. I.

CEADADH, permettre. I.

CEADAIDH, habitation, poffeffion. I.

CEADAIGHIM, congé. I.

CEADFA, fens du corps, confentement, affentement, approbation, foi, confiance, hypothéfe. I.

CEADFADH, fentiment, opinion. I.

CEADFAIDHEAS, fenfualité. I.

CEADIGOA, fatuité. Ba.

CEADNA, même, de même, femblable. I.

CEADRAN, le devant. I.

CEADTHUS, commencement, élément. I.

CEADUAIR, au commencement. I.

CEAGE, A. M. le même que *Caya*.

CEAGUIA, idole. Ba.

CEAGUIGURTA, idolâtre. Ba.

CEAL, ufage. I.

CEAL, oubli, mort fubftantif. I.

CEALA, fouet, fléau. Ba.

CEALAIRM, cachette. I. Voyez *Cel*.

CEALAM, faire paroître, montrer. I.

CEALB, cellule, habitation, retraite. I.

CEALDACOYA, immuable. Ba.

CEALDETUA, oblique. Ba.

CEALG, aiguillon. I.

CEALG, confpiration, trahifon, tromperie, friponnerie, fourbe, fallace, furprife, illufion, deffein, menée, intrigue, pratique, extravagance. I.

CEALGA, bouillonnement. I.

CEALGACH, trompeur, traître, captieux, dangéreux, fin, rufé, adroit, abjet, méprifable, bas, honteux, vilain, faquin, infâme, malhonnête, coquin, fripon, fourbe, moqueur. I.

CEALGAD, bouillonner. I.

CEALGAD, aiguillon. I.

CEALGAD, trahir, tromper, fruftrer, embarraffer, embrouiller, mettre en perpléxité. I.

CEALGAIRE, renard, confpirateur, & le même que *Cealgach*. I.

CEALGAIREAS, confpiration. I.

CEALGOIREAS, chicane. I.

CEALGRUNACH, leger, volage, inconftant. I.

CEALL, habitation. I. Voyez *Cell*.

CEALLACH, guerre, conteftation, procès. I.

CEALLAG, garde, prifon. I.

CEALLMIC, diminutif de *Ceall*. I.
CEALQUIDA, coup de fouet. Ba.
CEALSTOLL, chaise percée. I.
CEALT, vêtement, parure. I.
CEALT MHUILEOIR, foulon. I.
CEALTA, caché, tenu secret. I.
CEALTAIR, lance. I.
CEALTAIR, cause, matière. I.
CEALTOIR, fumier, fiente, excrémens. I.
CEAN, source. I.
CEAN, tête, sommet. I. E. Voyez *Can*, *Ceann*.
CEAN BHURGAIRE, le premier de la Ville. I.
CEAN CATHAIR, Ville Capitale. I.
CEAN CHLAON, la tête en bas, la tête la première, la tête baissée. I.
CEAN DANA, impudent. I.
CEAN FHIONNAM, tête blanche, tête couverte de cheveux blancs. I.
CEAN FIDHNE, Capitaine, Général. I.
CEANA, voilà, déja, tout-à-fait. I.
CEANA, saveur. I.
CEANACH, qui a une tête. I.
CEANADH, chérir, dorloter, mignarder. I.
CEANAMHAIL, CEANAMHUIL, aimé, qui est en faveur. I.
CEANAMHUL, qui aime passionnément, passionné, précieux, excellent, grand, considérable, extraordinaire. I.
CEAND, tête, sommet. E. I. Voyez *Cean*, *Ceann* qui sont les mêmes que ce mot.
CEANG, synonime de *Cang*, rameau. G.
CEANGAIL, ceinture, sangle. I. De là *Cingo*, *Cingulum* Latins.
CEANGAILTE, ceint, lié, affiché. I.
GEANGAL, lien, ligature, bande, bandelette, attachement, contrainte, convention, contrat, pacte, obligation, conjoncture, petit faisceau, lier, attacher, nouer, obliger, afficher. I.
CEANGHARBH, rude, âpre. I.
CEANGLAIM, lier, joindre, unir, attacher. I.
CEANN, tête, sommet, source, origine, fin, extrémité. I. Voyez *Cean*.
CEANNACH, fret, fretage, louage de navire, salaire, gage, prix, convention, contrat, achat, acheter. I.
CEANNACHTRACH, le haut du gosier. I.
CEANNADHART, chevet, oreiller. I.
CEANNAIDHE, CEANNAIDHER, marchand. I.
CEANNAIGHIM, acheter. I.
CEANNAIRCE, querelle, combat. I.
CEANNAIRCEACH, rébelle, insolent. I.
CEANNAIRE, combat. I.
CEANNAIRE, marteau, maillet. I.
CEANNAIRGE, combat. I.
CEANNAIRGEACH, rébelle, insolent. I.
CEANNAM, fraper avec le marteau, avec le maillet. I.
CEANNARRAIC, tumulte, sédition, querelle, brouillerie, gronderie, censure, contestation, procès, humeur contentieuse, chagrin, mauvaise humeur, trouble, démêlé, confusion. I.
CEANNARUIC, querelle, révolte. I.
CEANNAS, Magistrature. I.
CEANNASG, voile, couverture de tête. I.
CEANNATH, prix, ce dont on est convenu dans un marché. I.
CEANNBHAR, mitre, chapeau. I.
CEANNCHLYN, qui penche. I.
CEANNDANA, obstiné. I. Voyez *Ceandana*.
CEANNDANAS, obstination. I.

CEANNESG, front. I.
CEANNGLACHAN, petit faisceau. I.
CEANNLAIDIR, obstiné. I.
CEANNMOR, grosse tête. I.
CEANNPHORT, fondateur, auteur. I.
CEANNRACH, embûches, frisure de cheveux, cheveux frisés. I.
CEANNSA, douceur, complaisance, honnête, doux, poli, civil, obligeant, paisible, honteux, modeste, plein de pudeur, apprivoisé, clément, modéré. I. De là notre terme séant.
CEANNSACH, doux, humble, paisible. I.
CEANNSACHD, tranquillité, repos, affabilité. I.
CEANNSAIGH, doux, qui n'est pas farouche. I.
CEANNSALADH, domaine. I.
CEANNTIR, promontoire, cap. I.
CEANNUGHE, marchand. I.
CEANNUGHTE, dont on a fait marché. I.
CEANNUIGH, marchand. I.
CEANNUIGHUACHD, commerce, négoce. I.
CEANNURADH, maître. I.
CEANNUS, supériorité, empire, droit de commander. I.
CEANNUSACH, impérieux, fier. I.
CEANSA, bon, civil, obligeant, modéré, doux, paisible, apprivoisé. I. C'est le même que *Ceannsa*.
CEANSALAIDHE, Gouverneur. I.
CEANSAS, honte, pudeur, modestie, clémence, douceur, probité. I.
CEANT, le même que *Can*. Voyez *Banteant*.
CEANTIR, contrée, Province. I. De là *Contrée* en François ; *Countrey* en Anglois.
CEANTROM, sommeil, paresse. I.
CEANTUR, contrée, Province, pays. I.
CEAP, nation. I.
CEAP, origine, source, tronc d'arbre, souche, bloc, billot. I. Voyez *Cap*, *Cepoas*, *Cypp*.
CEAPAN, tronc d'arbre. I. C'est le même que *Ceap*.
CEAPSGAOILIM, provigner. I.
CEAR, sang, rouge. I.
CEAR, origine, race, lignée. I.
CEAR, habitation, demeure. Voyez *Coinicear* & *Caer*.
CEARA, sang, rouge. I.
CEARB, argent monnoyé, monnoie. I.
CEARBALL, guerre. I.
CEARBHEANADH, graver, tailler. I.
GEARC, poule, coq. I.
CEARC PHRANCAC, coq d'Inde. I. A la lettre, coq François, parce qu'ils les ont reçus de nous.
CEARCHAILL, lit. I.
CEARCUSGE, poule d'eau. I. *Cearc Usge*.
CEARD ; pluriel, *Ceirde*, ouvrier, artisan, art, métier, négoce, adresse, ruse, finesse ; *Cerd Oir*, orfévre ou ouvrier en or. L. De là *Cerdo* Latin.
CEARD, mystère. I.
CEARDACHD, métier, art d'ouvrier. I.
CEARDADH, graver, tailler. I.
CEARDAMHAIL, travaillé par art. I.
CEARDAS, méchanisme. I.
CEARDCHA, boutique, ouvroir. I.
CEARDCHADH, forge. I.
CEARDOIR, fondeur. I.
CEARN, homme. I.
CEARN, victoire. I.
CEARN CHOFARTHA, trophée. I.
CEARNA, angle. I. Voyez *Carn*.
CEARNAIRRDME, trophée. I.

CEARNOIR

CEA.

CEARNOIR, vainqueur. I.
CEARRA, obliquité, travers, oblique. Ba. *Aisarra* en Patois de Franche-Comté, égaré.
CEARRBACH, joueur, comédien. I.
CEART, droit, devoir, dû, équité, qui oblige, qui lie, juste, équitable, conscientieux, droit adjectivement. I.
CEART, petit. I.
CEARTAGHADH, l'action de tailler la vigne, l'action d'élaguer un arbre, tonsure. I.
CEARTAIGHTHEOIR, qui taille la vigne, les arbres, correcteur. I.
CEARTAISGHIM, élaguer, émonder, retrancher, tailler la vigne, corriger. I.
CEARTHEGHAD, correction. I.
CEARTHUYN, CEARTHYN, frêne sauvage. I.
CEARTLAN, maison de correction. I.
CEARTLAR, centre. I.
CEARTUA, oblique. Ba.
CEARTUGADH, s'amender, se corriger, avouer, réformer, redresser. I.
CEAS, obscurité, ténèbres, ennui. I.
CEAS, lecture. I.
CEASA, tourmenter, supplicier. I.
CEASAM, fatiguer, troubler, causer de l'ennui. I.
CEASAR, un, l'un, chaque, ni. I.
CEASDAN, question, demande. I.
CEASLOIR, rameur. I.
CEASNUGHAD, demander, questionner. I.
CEASTEAIGHIM, corriger, amender. I.
CEASTUNACH, qui donne la torture. I.
CEATHA, pluie, bruine. I.
CEATHAIR, quatre. I.
CEATHAR, quadrupéde. I.
CEATHARCHUNNIOC, quatré. I.
CEATHARN, troupeau, troupe. I.
CEATHARNACH, soldat, membre d'une troupe. I.
CEATHRA, bétail. I.
CEATHRA, quatre. I. De *Ceathra*, *Ceathair*, sont venus *Quatuor* Latin ; *Quatre* François : le *c* Irlandois se prononce en *k*.
CEATHRACHA, quarante. I.
CEATHRAMH, quartier. I.
CEATHRAMH, cuisse. I.
CEATHRANNAMHUL, chagrin adjectivement ; de mauvaise humeur. I.
CEATHRAR, quatre. I.
CEATHRAVADH, quatrième. I.
CEATU, passer par les verges. Ba.
CEATUA, rompu, cassé. Ba.
CEATZALLEA, qui émie. Ba.
CEB, le même que *Caob*. I.
CEBADILLA, poudre d'hellébore. Ba.
CEBAIN, le même que *Caobain*. I.
CEBAIS, enlever, prendre. G.
CEBATA, piéce d'argent. Ba. Voyez *Bath*.
CEBETUSTEA, imprudence. Ba.
CEBR, le même que *Caobh*. I.
CEBYST, CEBYSTR, licol, chevêtre. G. De là ce dernier mot. Voyez *Cabestr*.
CEBYSTRU, emmuseler, enchêvétrer. G.
CECALEA, biére boisson. Ba.
CECAYA, immatériel. Ba.
CECAYA, frivole. Ba.
CECCRETH, dispute, débat, contestation, querelle. G.
CECCRU, disputer, contester, se quereller, être en différend. G.
CECCRUS, querelleur, hargneux, qui se plaît à contester, contentieux, propre pour la dispute. G.

CED.

CECCRWR, plaideur. G.
CECCYSEN ; au pluriel, *Ceccys*, canne espèce de roseau. G.
CECEILA, février. Ba.
CECENA, taureau. Ba.
CECENAYA, vache. Ba.
CECENCOA, taureau. Ba.
CECENDIA, troupeau de taureaux. Ba.
CECENIZARRA, taureau signe du zodiaque. Ba.
CECEOTSUA, bégue. Ba.
CECH, le même que *Caoth*, aveugle. I. De là *Cacus* Latin.
CECHAIR, le même que *Ceachair*. I. De même des dérivés ou semblables.
CECHAN, le même que *Caochan*, taupe. I. De *Cech*. Voyez *Dall*.
CECHT, puissance, pouvoir, force. I.
CECINA, viande salée. Ba.
CECINATU, je sale de la viande. Ba.
CECOS, lâches à la seconde personne de l'impératif. Servius nous a conservé ce mot Gaulois dans ses notes sur l'onziéme livre de l'Énéide. Voyez *Cecz*.
CECZ, cesse. B. De là ce mot.
CED, le même que *Cead*. I. De même des dérivés ou semblables.
CED, le même qu'*Ed*, *Ged*, *Sed*. Voyez *Aris*.
CED pour *Caed*. Voyez ce mot.
CED, le même que *Gued*. Voyez *Gand*.
CED, le même que *Cad*, *Cid*, *Cod*, *Cud*. Voyez *Bal*.
CED pour *Coed*. Voyez *Ffasged*. *Coed* a souffert également la crase de *Cod*.
CED, bienfait, commodité, avantage, don, inclination bienfaisante. G. De là *Cedo* Latin. *Cod*, don en Irlandois ; *Ked* en Arabe, faire un don ; *Hbesed* en Hébreu, en Chaldéen, en Syriaque, bénignité, bénéficence, bienfait ; *Cetos*, *Ketos* en vieux François, je laisse ; & *Kihedran*, richesses.
CED-RWYDD, & RHWYDDCED, qui est la transposition du premier, libéral, bienfaisant, benin. G. *Ced*, bienfait, don ; *Rhwydd*, prompt, prêt à. Davies.
CEDALA, assaut, attaque, insulte. Ba. Voyez *Cad*.
CEDALEZGARRIA, irréfragable, qu'on ne peut attaquer. Ba. *Cedala Ezgarria*.
CEDAQUINA, hébété, stupide. Ba.
CEDAWL, bienfaisant, libéral, benin. G. Voyez *Céd*.
CEDDU, moutarde. G.
CEDEIRN, plurier de *Cadarn*. G.
CEDELLUS, A. M. vase pour mettre l'eau bénite ; de *Cadus*. Voyez *Cad*.
CEDEN, poil follet, poil, coton. G. De là *Setum* Latin.
CEDENEZTATU, se rouiller, être rongé, pourrir, moisir. Ba.
CEDENEZTATUA, rouillé, rongé, carié, vermoulu, pourri, moisi. Ba.
CEDENOG, couvert de poil, chevelu, velu, velouté. G.
CEDFA, assemblée. C.
CEDOR, poil follet. G.
CEDOR T WRACH, prêle, queuë de cheval. G. *Wrach* pour *Warch* ; de *March*.
CEDR, cédre. G. B. Voyez *Cedroa*.
CEDROA, cédre. Ba.
CEDRWYDDEN, cédre. G. *Wydden*, arbre.

CEDYRN ou CEDIRN, braves, vaillans, courageux, vigoureux. G. C'est le pluriel de *Cadarn*.

CEF, tronc d'arbre. B. De là *Reseper* ; *Re*, particule itérative ; *Cef* ou *Cep*.

CEFAIS, le même que *Cebais*. G.

CEFAIS. Voyez *Iewais*.

CEFARDIW, décembre. C. Voyez *Cerdiu*.

CEFEN, dos, croupe, peau d'animal, cuir. G. Voyez *Cefn*.

CEFEN O DIR, couche de jardin. G.

CEFN, dos, la partie supérieure de quelque chose ; *Cefn* ou *Cefnen O Vynydd*, dos de montagne. G. Voyez *Cefnen* qui est le même. Il paroit par *Cefnog*, *Cefnogi*, *Cefnu*, que *Cefn* a été pris au figuré pour force, valeur, courage. On appelle encore en Franche-Comté *Senaut*, un homme fort, redoutable, rude.

CEFN, dos. C.

CEFN-GRWBA, bossu. G. *Grwba* en composition pour *Crwba*. Voyez *Cefngrwm*.

CEFNDEDYN, mésentére. G.

CEFNDER, cousin. G.

CEFNDERW, cousin ; au pluriel, *Cefnderwedd*, *Cefuderoed*, *Cefndyr*. G.

CEFNEN, colline, sommet, cime de montagne. G. Voyez *Cefn* qui est le même.

CEFNEN, sommet de montagne. I.

CEFNEWIDIAD, changement. G.

CEFNFOR, océan, la mer tranquille. G.

CEFNGRWM, bossu. G. *Crwm Cefn*.

CEFNHWRRWG, bossu. G.

CEFNOG, fort, robuste, plein de force, courageux, brave, qui n'a point été vaincu. G.

CEFNOGI, encourager quelqu'un, être à côté ou derrière quelqu'un pour l'aider. G. Voyez *Cefnog*.

CEFNOGRWYDD, force, vertu, vigueur. G.

CEFNU, vaincre, surmonter, surpasser. G.

CEFNVOR, océan. G. Voyez *Cefnfor* qui est le même.

CEFNWANN, éreinté. G. *Cefn Gwann*.

CEG, gosier, gorge. G. Il signifie aussi embouchure, gorge au figuré. Les Gaulois employoient au figuré les termes qui désignent les différentes parties du corps humain. (Voyez *Becq*) *Acequia*, *Cequia* en Basque, canal de ruisseau ; *Hbek* ou *Chek* en Hébreu, palais de la bouche ; *Ceglinsti*, gosier, gorge en Esclavon. Voyez *Cegsyth*.

CEG, profond, creux. Ba.

CEGALQUIDA, incorruption. Ba.

CEGARBIA, impur, immonde. Ba.

CEGARBIERA, impureté, immondices. Ba.

CEGAUZA, vieux habits, vieux souliers, vieille ferraille, &c. Ba.

CEGAYA, inhabile. Ba.

CEGID, geai oiseau, loriot oiseau. G.

CEGID, ciguë, cerfeuil musqué. G.

CEGIN, cuisine. G. B.

CEGIN, cabaret, taverne. G.

CEGINDY, cabaret, taverne. G. *Dy*.

CEGINWR, cuisinier. B.

CEGLYNGCU, avaler, gober, engloutir. G. *Ceg Llyngcu*.

CEGOBIA, sépulture, proprement maison profonde. Ba.

CECOELA, mot Basque, est rendu par le mot Latin *Strans*, que je ne trouve dans aucun Dictionnaire.

CEGOG, qui a un grand gosier. G.

CEGRA, A. M. espèce de poisson, apparemment ainsi nommé de sa grande gorge ; *Ceg Rt*. Voyez *Cegrwth*.

CEGAWTH, qui a un grand gosier. G.

CEGSYTH, têtu, obstiné, mutin. G. *Ceg*, col ; *Syth*, roide. On a dit en Latin *liberum collum*, pour désigner un homme libre : *Subdere colla jugo*, pour dompter un homme.

CEGU, avaler, dépenser, dissiper, consumer, manger son bien. G.

CEGUIA, canal de ruisseau. Ba. Voyez *Ceg*.

CEGUIQUETA, omission d'une action. Ba.

CEGWASGU, étrangler, suffoquer. G. *Ceg Gwasgu*.

CEGYRN ; pluriel de *Cogwrn*. G.

CEHAVUREN, qui sera battu. Ba.

CEHALUREC, battu. Ba.

CEHEA, empam. Ba.

CEHUMEA, demi-empan. Ba.

CEHYR, le même que *Cybyr*. G.

CEI, chien. C. Voyez *Ci*.

CEI, le même que *Caoi*. I.

CEI, en composition bois. Voyez *Ceibr*. C'est *Cay* en composition.

CEJA, le marché. Ba.

CEJAQUINDA, ignorance. Ba.

CEIBEDIC, terre labourée, bêchée. C. Voyez *Ceibio*.

CEIBHIN, bande, bandeau. B.

CEIBIO, marrer, fouir avec la marre. G. Voyez *Caib*.

CEIBIWR, fossoyeur. G.

CEIBR, poutre, solive, grande perche. G. Je crois ce mot formé de *Cay*, bois, qui en composition se change en *Cey* ; & de *Ber*, par crase *Br*, long, grand.

CEIBRO, assembler des pièces de bois, poser des planches, des solives pour faire un plancher, une cloison. G.

CEID, en composition premier. I.

CEID, le même que *Caoid*. I.

CEIDE, montagne. I. *Said* en Arabe, terre plus élevée que les autres.

CEIDE, montagne large & plate au sommet. I.

CEIDE, voie, chemin. I.

CEIDGHEIN, premier né, aîné. I. *Ceid*, *Gen*.

CEIDIN, tertre, éminence. I.

CEIDNGH, premier Roi. I.

CEIDREATHUIGHE, précurseur. I.

CEIDRON ; pluriel de *Cadr*. G.

CEIDWAD, défenseur, protecteur, sauveur, conservateur, garde, gardien, qui a le soin. *Ceidwades* au féminin. G.

CEIDWAD T GEIDWAD, sauge herbe. G. A la lettre qui sauve, qui conserve.

CEIDWADAETH, conservation, action de préserver, défense, garde, guet, patrouille, sentinelle, compagnie de gardes d'un Prince, prison, assaisonnement, action d'assaisonner, action de confire, manière de confire. G.

CEIDWAID, garde, guet, sentinelle, garde G.

CEIFEILLACH, société de personnes. G.

CEIFN ; au pluriel *Ceifnant*, arrière-petit-fils, arrière-petite-fille. G.

CEIGEADUR, confusion, mélange. B.

CEIGEIN, confondre, mêler. B.

CEIGH, rivage, port, quai. I. Voyez *Cai*.

CEIL, éprouver. I.

CEIL, le même que *Caoil*. I.

CEILE, compagnon, familier, serviteur, mari, épouse nouvellement mariée. I.

CEILE, ensemble, tous deux, l'un & l'autre. I.

CEILE, O CEILE, séparément. I.

CEILEABHRADH, permission, congé, colloque, entretien, salut. I.

CEILG, trahison, conspiration. I.
CEILGMHEIRLIOCH, traître. I.
CEILHER, cellier. B. De là ce mot.
CEILIACWYDD, oye. G.
CEILIGHEAS, union, jonction. I.
CEILIM, couvrir, cacher. I. Voyez Cel.
CEILIOG, coq. G. Cailioc en Irlandois, coq.
CEILIOG COED, faisan. G. Coed, bois.
CEILIOG DU, francolin. G.
CEILIOG MWYALCH, merle, grive. G.
CEILIOG RHEDYN, cigale. G.
CEILIOGI, muer de voix, entrer en âge de puberté. G.
CEILIOGYN, poulet, petit coq. G.
CEILL, esprit, intelligence, raison. I.
CEILLE, caché. I. Voyez Cel.
CEILLE, le même que Caoille. I.
CEILLIAU T CI, espèce de satyrion, serpentaire. G.
CEILLIDE, CEILLIDH, doux, agréable, ingénieux, spirituel, discret, sage, prudent, retenu. I.
CEILT, CEILTE, caché, secret, cacher, couvrir, tenir secret, colorer une chose, la déguiser, privauté, familiarité. I.
CEIM, échelle, dégré, escalier, dégré d'escalier, pas. I. Voyez Cam.
CEIM, intendance. I.
CEIMHE, le même que Caoimhe. I.
CEIMHIN, frisure des cheveux, cheveux frisés. I.
CEIMIOD, promouvoir à quelque dignité. I.
CEIMISLIOS, infériorité. I.
CEIMNIGHIM, monter, grader. I.
CEIMNIOD, gradation. I.
CEIN, dos. C. Voyez Cefn.
CEIN, article. I.
CEIN, loin. I.
CEIN, entre-temps. I.
CEIN, le même que Caoin. I.
CEIN, sens, intelligence. Ba. Voyez Cin, Cyn, Synn.
CEIN, le même que Cain, Coin, Cuin. Voyez Bal.
CEINACH, lièvre. G.
CEINCH, altérer, corrompre, changer. B. De là ce dernier mot; on appelle en Franche-Comté Cinche ou Chinche, une espèce de grive : les grives sont tachetées, & n'ont pas le plumage d'une seule & même couleur. Centia, abolition en Basque.
CEINCHUS, changeant, lunatique. B.
CEINEVEIRTH, casque. I.
CEINFYG, le même que Ceinmyg. G.
CEING, rameau, branche. G.
CEINGCIOG, qui a beaucoup de branches, de rameaux. G.
CEINHIOCOG. MARCH GLAS CEINHIOCOG, cheval gris pommelé. G.
CEINIAD, chantre, musicien. G.
CEINIADAETH, chanson. G.
CEINIO dans un dialecte Gallois, donner des imprécations, faire des imprécations; & dans un autre dialecte de la même Langue, contester, plaider, se quereller. Voyez Tmgeinio.
CEINIOG, denier. G. On appelle encore à Besançon Sougnots les deniers que l'on donne au moulin.
CEINIOGAN, diminutif de Ceiniog. G.
CEINION, joyaux, bijoux, pierres précieuses. G. C'est le pluriel de Cain.

CEINMYG, honoré, glorieux. G. Cein est ici superflu, puisque Myg signifie la même chose.
CEINMYGED, le même que Myged. Voyez Ceinmyg.
CEINMYGU, honorer, respecter. G.
CEINMYN, combat. G.
CEINTACH, combat, se battre, disputer. G.
CEINTACHUS, combattant, disputeur. G.
CEINTUM, j'ai chanté. G.
CEINU. BEGUI CEINU, clin d'œil. Ba.
CEIPR, le même que Ceibr. G. Ainsi Per & Pr sont les mêmes que Ber & Br.
CEIR, cire. I. De là Cera Latin; Cire François; Cera Italien; Ciera Espagnol. Abcer en Arabe; Keros en Grec, cire.
CEIR, bayes ou bouquets qui viennent aux arbrisseaux, graine. I.
CEIRBHEARAS, graver, tailler. I.
CEIRCH, avoine. G. B. Voyez Koirk.
CEIRCHAIDD, d'avoine, qui se plait dans les avoines. G.
CEIRCHEN, avoine. G.
CEIRCHOG, qui se plait dans les avoines. G.
CEIRD, travail, occupation. I.
CEIRDD, pluriel de Cardd. G.
CEIRIA, gyp ou plâtre. I. Voyez Caer.
CEIRIN, emplâtre, cataplâme. I.
CEIRIOESEN, cerise. G. E.
CEIRIONNYDD. Davies n'explique pas ce mot, il dit qu'on examine si ce n'est point un nom de lieu.
CEIRLE, le même que Caoirle. I.
CEIRNIAD, qui donne du cor. G. De Corn.
CEIRNIAD, le même que Cyrniad. G.
CEIRNINE, plat, assiette. G.
CEIRNIVEAN, espèce de serpent. I.
CEIROES, cerises. G. B.
CEIROESEN, cerise. G.
CEIRS, joncs. G. Voyez Corsen.
CEIRT, chariots. G. Pluriel de Cart.
CEIRT, guenille, lambeau, haillon, torchon. I.
CEIRTAN, guenilleux. I.
CEIRTEACH, tout déchiré, qui tombe en pièces, couvert de haillons. I.
CEIRTEN, guenilleux. I.
CEIRTHE, pierre. I.
CEIRYDD, murailles, Villes. G. Pluriel de Caer.
CEIS, corbeille, panier. I. Voyez Cass.
CEIS, fosse, sillon, ruisseau. I.
CEIS, tribut. C.
CEISEAN, CEISEOG, petit panier, petite corbeille. I.
CEISIAD, qui cherche par tout, qui ne fait que chercher, action de chercher. I.
CEISIAD, trésorier. G. Voyez Ceis.
CEISIN, petit panier, petite corbeille. I.
CEISIO, chercher, s'efforcer, attirer, faire sortir, acquerir. G.
CEISIWR, qui cherche, qui tâche de découvrir, acquereur. G.
CEISPWL, licteur. G.
CEIST, accumuler. I.
CEIST, problème. I.
CEITH; pluriel de Caeth. G.
CEITHIW, le même que Caeth. G.
CEITHIW, CEITIWED, le même que Caethiwed. G.
CEIVIN, le même que Caimin. I.
CEL, cachette, lieu secret, caverne, grotte, action de se cacher, secret. G. Ce mot se prend aussi au figuré pour protéger, défendre, pro-

tection, défense, tutelle, soin, &c. Voyez *Tmgeledd*. *Coilim* en Irlandois, couvrir, cacher; *Celais* en Irlandois, cachette; *Sailear* en Irlandois, caverne, grotte, taniére; *Ceilber* en Breton, cellier, endroit où l'on garde le vin; *Kael* en Breton, tout lieu fermé; *Celda* en Basque, cellier, & *Celata*, embûches, troupe cachée pour en surprendre une autre; *Cella* dans les anciens monumens, cellier, *Cellement*, secrettement en vieux François; *Keller* en Allemand; *Kelder* en Flamand, cellier, cave; *Celda* en Espagnol, cellule, garde-robe; *Kelirn*, tour, château, chambre à manger en Gothique; *Kal*, fuite, & *Kaliden*, fuir en Persan; *Oeaseli*, grotte, caverne en Cophte, *Oz*, article. Voyez *Cal*, *Cil*, *Cell*, *Cill*, qui sont les mêmes que *Cel*. De *Cel* sont venus *Celo*, *Clam*, (crase de *Celam*) Latins. De *Cel* sont venus en François, céler, se caler. On appelle en Franche-Comté *Ancelles*, les bardeaux dont on couvre les maisons. *Cel* étant le même que *Cal*, *Cale*, *Cil*, à cause que les voyelles se mettent indifféremment l'une pour l'autre, il a encore signifié 1°. pierre comme *Cal*. 2°. port comme *Cal*; *Iskele*, port en Turc. 3°. bois, forêts comme *Cal*; *Keliy* en Ecossois, forêt; *Kill* en Ecossois, forêt; *Coil* en Irlandois, forêt. 4°. haut, grand, élevé, élévation comme *Cal*; *Sleve* en Irlandois, montagne; *Sel*, grand, long en ancien Saxon; *Celo*, cime, sommet en Esclavon; *Zeel* en Esclavon, parfait; *Chel* en Hébreu, cap, promontoire; *Celebi*, noble, Seigneur, Prince en Turc; & *Celek*, principale plume de l'aîle; *Keli*, marque du comparatif en Tartare Mogol; *Sula*, marque du superlatif en Géorgien; de *Cel*, *Excello* Latin. 5°. vîte, agile, prompt comme *Cil*; *Cela* en Basque, zéle, ardeur; *Kal* en Hébreu, agile, vîte; *Kuil* en Chaldéen & en Etrusque, prêt à, prompt; *Cala*, préposition qui marque la diligence en Langue de Congo; *Kello* en Grec, aller vîte; *Sel*, torrent en Hébreu; *Cily* en Bohémien, agile, vîte. De *Cel* en ce sens est venu *Celer*, Latin. 6°. habitation comme *Cell*, *Cill*. Voyez aussi *Cell* & *Kael* qui sont les mêmes que *Cel*. Voyez *Caer*. 7°. petit comme *Cil*. Voyez *Domicelus*, *Doncela*, *Cela*.

CEL paroît avoir signifié tortu, courbé; *Cellach* signifie un vieillard décrépit & courbé de vieillesse; *Celstan* signifie tortueux, courbé; puisque ces deux mots signifient courbe, tortueux, il faut que ce soit par ce qu'ils ont de commun: ils n'ont rien de commun que *Cel*, d'où je conclus que *Cel* a signifié courbe, tortueux.

CEL, bouche. I.
CEL, le même que *Caol*. I.
CEL, le même que *Cal*, *Cil*, *Col*, *Cul*. Voyez *Bal*.
CEL, le même que *Ceal*. I. De même des dérivés ou semblables.
CELA, enfant. Ba.
CELA, zéle, ardeur. Ba.
CELA, A. M. selle; de *Cel*, habitation, endroit où l'on demeure, qui a été étendu à signifier siége; ainsi chez les Latins *Sedes* signifioit habitation & siége.
CELADWY, caché. G.
CELAIN, cadavre. G. Voyez *Lladdur*.
CELAIT, cachette. I.
CELAITU, applanir. G.
CELAM, le même que *Caslam*. I.

CELAMEN, A. M. réservoir, cellier; de *Cel*.
CELANED, pluriel de *Celain*. G.
CELANEDDOG, cadavereux. G.
CELARTATEA, embûches. Ba. Voyez *Cel*.
CELATA, embûches. Ba.
CELATARACI, faire observer quelqu'un. Ba.
CELATARI, qui dresse des embûches. Ba. C'est le même que *Celataria*.
CELATARIA, qui dresse des embûches, corps-de-garde. Ba.
CELATARIA, zélateur. Ba.
CELATATU, observer quelqu'un pour le surprendre. Ba.
CELATATUA, celui qu'on tâche de surprendre. Ba.
CELATECHOLA, bicoque, guérite. Ba.
CELAUSTEA, transpiration, évaporation. Ba.
CELAYA, plain, uni, place. Ba.
CELBYDD, le même que *Celfydd*. G.
CELC, cachette, lieu secret, l'action de se cacher. G. C'est le même que *Cel*, ainsi qu'on le voit par *Celcu* & *Celu*.
CELCU, couvrir, cacher, voiler, pallier. G. Voyez *Celu*.
CELCWR, celui qui cache, qui couvre. G.
CELDA, cellier, office, dépense, garde-manger. Ba.
CELEDD, curatelle, tutelle, protection, défense. Voyez *Tmgeledd*.
CELEDDU. Voyez *Tmgeledda*, *Tmgeledd*.
CELEDDWR, curateur, tuteur, défenseur. Voyez *Tmgeleddwr*.
CELEGARRA, illégitime. Ba.
CELEM, habitation. I. Voyez *Cell*.
CELENNIG, étrennes. G.
CELERA, jalousie. Ba.
CELERI, céleri. B.
CELEUGAD, colonnes. G.
CELEYR, A. M. cellier; de *Ceilber*.
CELFFAINT, arbres qui se sont séchés de vieillesse, & qui se sont endurcis en séchant, bois secs, arides & durcis. G. *Cal*, dur, fait; *Cel* en composition: il faut donc que *Ffaint* signifie arbre, bois. J'ajoute que *Maingc* signifie banc, chaise: l'*f* & l'*m* se mettent l'une pour l'autre; les bancs, les chaises sont de bois. *Cadair*, chaise, est formé de *Cad*, bois.
CELFFEINIO, sécher, durcir comme les vieux arbres, sécher, durcir. G. Voyez *Celffaint*.
CELFI, colonnes. G.
CELFYDD, artiste, habile, sçavant. G.
CELFYDDGARWCH, art, métier. G.
CELFYDDYD, art, habileté, capacité, art de la poterie, fourberie, tromperie. G.
CELI, Dieu. G. De *Cel*, caché. *Dew*, *Diw*, autre nom de Dieu, vient aussi de *Tew*, *Dew*, obscur, caché. Le Prohête appelle Dieu, un Dieu caché: *Verè tu es Deus abscondius*. *Ciou* en Tartare du Thibet, Dieu; de *Ci*, cacher. *Celi* a été étendu à signifier la demeure de Dieu; de là *Caelum* Latin; *Ciel* François. Voyez *Cil*.
CELIY, forêt. E. Voyez *Cel*.
CELL, cachette, réservoir, cellier, garde-manger, buffet, armoire, garde-robe, tout ce qui est fait pour cacher quelque chose, cellule, loge, petite maison, habitation, demeure, logement, enclos, enfermé, enceinte. G. *Cell*, habitation en Irlandois; *Celo* en Hébreu, prison; *Sakella* en Cophte, trésor, magasin, lieu où l'on cache; *Kellh* en Cophte, habitation; *Chalagi*, Ville en Géorgien; *Selo* en Esclavon, Village; *Zello* en Dalmatien, grange, métairie, Village; *Cel*

en

CEL. CEN. 297

en Flamand, habitation; Cella en Italien; Celda, Cillo en Espagnol; Keller, Kalter en Allemand; Celler en Anglois; Kelder en Flamand & en Carniolois; Kuler en Turc, cellier, garde-manger; Celle en vieux François, maison; Cellule en François, petite chambre; Celda en Basque, garde-manger, cellier; Kael en Breton, tout lieu fermé. Voyez Cal, Cale, Cel, Cil, Cill.

CELL, habitation. I.

CELL, petit. Voyez Tan & Cel.

CELLA, A. M. réservoir, cellier, chambre, monastère; de Cell.

CELLA, A. M. selle de cheval, chaise. Voyez Cela.

CELLACH, vieillard décrépit. G. Celach en Hébreu, vieillesse.

CELLAIG, Seigneur, Prince. G.

CELLANUS, A. M. enfermé, reclus; de Cell.

CELLARE, A. M. cellier; de Cell.

CELLARIUM, A. M. réservoir, garde-manger, chambre; de Cell.

CELLARIUS, CELERARIUS, A. M. cellerier, qui a soin du cellier; de Cell.

CELLAST, le même que Gellast. G.

CELLE, habitation. I.

CELLENARIUS, A. M. colon, laboureur, cultivateur, ainsi nommé de la celle ou chaumière qu'il habitoit.

CELLERIUM, A. M. cellier; de Cell.

CELLGI, le même que Gellgi. G.

CELLI, coudraie, lieu planté de coudriers, lieu planté de noyers. G.

CELLI, bocage. G. C.

CELLI, plurier de Cell. G.

CELLI, bois. C. Voyez Celiy, Cel.

CELLI, perdre. C. Voyez Coll.

CELLIOG, coq. G.

CELLIWIG, Y GELWID LLYS ARTHUR YNGHERNYW. Davies ne traduit point ce mot, ni la phrase qui le suit.

CELLULA, A. M. diminutif de Cella.

CELLWAIR, raillerie, moquerie, brocard, se railler, se moquer. G. Saliti en Dalmatien; Sethaliti en Esclavon, badiner, plaisanter; Shala en Esclavon; Sala en Dalmatien, jeu, plaisanterie.

CELLWEIRAIR, raillerie, moquerie, brocard. G.

CELLWEIRGAR, enjoué, plaisant, qui folâtre. G.

CELLWEIRIWR, railleur, plaisant, enjoué, rieur, bouffon, homme à bons mots. G.

CELLWEIRUS, plaisant, divertissant, badin, bouffon, burlesque, risible. G.

CELLYG, perdu. C.

CELLYSTR, plurier de Callestr. G.

CELOA, zele. Ba.

CELOAC, jalousie. Ba.

CELOTOSCARIA, hableur, babillard. Ba.

CELOTOTSA, prose, ce qui est opposé à la poësie, aux vers. Ba.

CELSTAN, tortu, courbe. G.

CELTIS, A. G. ciselet; de Celo, sculpter; l'un & l'autre de Cal, creuser, graver.

CELU, cacher, couvrir, voiler. G.

CELUM, A. M. dais; de Celu.

CELURA, A. M. ciel de lit; de Celu.

CELWRN, vase, cruche, urne, vase, dans lequel on trait. G.

CELWYDD, mensonge. G.

CELWYDDAN, petit mensonge. G.

CELWYDDOC, menteur. G.

CELWYDDU, mentir. G.

CELWYDDWR, menteur, qui fuit le jour, qui aime les ténèbres. G.

CELY, cacher, cellier. G.

CELYDDON, hommes sauvages. G. De Cely, cacher; & Don de Den, forêt.

CELYFRAD, colonnes. G.

CELYN, houx. G. B.

CELYNNEG, CELYNNOG, endroit rempli de houx. B.

CELYRFEDD, colonnes. G.

CELYRN, CELYRNAU, plurier de Celwrn. G.

CEM, beau. Voyez Cain.

CEM, le même que Cam, Cim, Com, Cum. Voyez Bal.

CEMAIDA, rétention. Ba. Voyez Cemmi.

CEMAIDACORA, tenace, avare. Ba.

CEMBATEA, nombre. Ba.

CEMBATENAZ, autant. Ba.

CEMD, CEMT comme Camd. Voyez Bal.

CEMH, le même que Caomh. I.

CEMHNAD, CEMHNAIM, les mêmes que Caomhnad, Caomhnaim. I.

CEMHTA, le même que Caomhta. I.

CEMINGARRIA, impassible. Ba.

CEMM, le même que Camm. Voyez Bal.

CEMMI, courbure, tortuosité. G.

CEMOLDESIA, immodestie. Ba. Moldesia, modestie; Ce par conséquent particule privative.

CEMT. Voyez Cemd.

CEMUYA, résistance. Ba.

CEMYW, faucon. G.

CEN, tête, source, angle. G. Cean en Irlandois; tête, source; Incin en Irlandois, cervelle; In, dans; Cin, tête. Cesme, source, fontaine en Persan & en Turc; Kainak en Turc; Send en Mogol, fontaine, source; Cynn en ancien Saxon; Kyn en Islandois; Kion en Danois; Kun en Cimbrique & en Gothique; Kinde en Anglois; Kunne en Flamand, race, génération; Atxena en Basque, bout, extrémité; Ken, coin, angle en Turc; Kinei, je pense en Tartare Calmoucq & Mogol. Voyez Ken, Kend, Can.

CEN, tête, sommet, capital, principal. E.

CEN, CENNIS, il a vu, il voit. G. Ceno, regard dur & cruel en Espagnol. On appelle en Franche-Comté le serin Senicle, à cause de ses petits yeux; car dans la même Province Senicler, c'est regarder en clignant les yeux. L'analogie qui se trouve entre la vuë & l'œil, qui en est le principe, aura fait employer le même mot pour signifier l'un & l'autre; (voyez Spu) ainsi Senicle aura été formé de Cen, yeux, & Cel ou Cle, petits. Notre mot François Sentinelle a été formé de Cen: on écrivoit autrefois Centinelle; Cen, qui voit; Tinell, petite loge, guérite; Centinelle, qui voit d'une guérite. (Voyez Centinella) Aller à la Cennade en Franche-Comté, c'est aller à la vuë, au coup d'œil dans un pays où il n'y a point de chemin. Senē, voir en Galibi; Syn, œil en Runique; Asynd, aspect en Islandois; Sean, voir en ancien Saxon; Cems, œil en Persan; Kan, Kana, œil en Malabare; & Kanni, voir. Canna, voir en Tamoulique; Kahna, je vois en Tartare Calmoucq & Mongale. De Cen Celtique est venu le Cerno des Latins. On voit par Cen, tête; Cen, Cennis, voir; Cenes, vuë; Ceneto, estimer, juger; Senti, sentir, Synnwir, intelligence, esprit; Synniaw, sentir, regarder, considérer, que Cen, Sen, Synn ont signifié sens, vuë, esprit, intelligence,

TOME I. C ccc

jugement ; de là les *Senſus*, *Sentio* des Latins.

CEN, le même que *Caon*. I.

CEN, le même que *Cean*. I. De même des dérivés ou semblables.

CEN, prenant. Ba.

CEN, qui a eu ; *Cen Eʒac*, ayez. Ba.

CEN, briser, rompre. Voyez *Cenllyſg*. *Cener* en vieux François, briser ; *Xaino*, déchirer en Grec ; *Cenner* ou *Senner*, châtrer en François. On voit par là que *Cen* a aussi signifié couper, qui est une signification fort analogue à celle de briser & de rompre. D'ailleurs *Cen* est le même que *Cin*, qui signifie couper. De *Cen* ou *Gen* ou *Guen* est venu guenille.

CEN, le même que *Ken*, *Qen*, parce qu'en Celtique le *c*, le *k*, le *q* sont lettres de même valeur.

CEN, le même qu'*En*, *Gen*, *Sen*. Voyez *Aru*.

CEN, le même que *Can*, *Cin*, *Con*, *Cun*, *Cwn*, *Cyn*. Voyez *Bal*. Cendrier en vieux François, homme orgueilleux, haut, hautain ; *Cing* en Tartare Mongale & Calmoucq, Grand, Puissant, Monarque ; *Keni*, agréable, gras en Cophte ; *Ken*, sinuosité, sein en Cophte ; *Seine*, enceinte en vieux François ; *Cen*, Ville en Tartare du Thibet ; *Zindan*, prison en Turc ; *Zennar* en Persan ; *Zonarion* en Grec ; *Zona* en Latin, ceinture ; *Zinari*, brasselet en Géorgien ; *Kenar*, bord, rivage en Persan ; *Cen*, véhémence, impétuosité en Tartare du Thibet ; *Sine*, pot de terre en Langue de Madagascar.

CEN, confluent. Voyez *Can* & *Guene*.

CENACH, le même que *Caonach*. I.

CENADH, le même que *Caonadh*. I.

CENAGIATOR, A. M. celui qui a soin de réparer les digues, les écluses ; *Cen*, ce qui arrête ; *Ag*, eau.

CENAIS, j'ai chanté. G. Voyez *Can*.

CENAM, le même que *Caonam*. I.

CENARO, petit chien. G.

CENAU, CENAW, petit d'animal ; au pluriel, *Cenawon*, *Cenaſon*. G.

CENAU, le même que *Genau*, bouche. Voyez *Aru*.

CENAWON CYLL, la panache qui dans les noyers & les coudriers précéde le fruit, & qui tombe ayant la figure d'une queüe de souris. G.

CENCH, changer, altérer. B. De là notre mot changer.

CENCHUS, changeant. B.

CENCIA, abolition d'un crime. Ba. Voyez *Cench*.

CENCLEN, sangle. B. De là ce mot. Voyez *Cengl*.

CEND, cent. Voyez *Cendchatach*.

CENDCHATACH, qui s'est trouvé à cent combats. I. *Catach*, combat.

CENDU, enlevé, éloigné, écarté. Ba.

CENEDL, race, génération, nation. G. *Cennam*, engendrer en ancien Saxon. Voyez *Cineadh*.

CENEDLAWR, celui qui engendre, le protecteur d'une nation. G.

CENEDLIAD, action d'engendrer, génération, production. G.

CENEDLIG, qui est de la race, qui est de la nation. G.

CENEDLU, engendrer, produire, enfanter. G.

CENEDLWR, qui engendre, qui produit. G.

CENEFEN, arc-en-ciel. B.

CENES, A. G. inspection, vuë ; de *Cen*.

CENETO, A. G. j'estime, je juge ; de *Cen*.

CENETUS, A. G. qui a le front blanc ; *Cen*, blanc ; *T* de *Tal*, front.

CENEU, petit d'animal. G.

CENFAINT, troupeau proprement de porcs. G.

CENFEINWCH, troupeau de porcs. C.

CENFIGEN, le même que *Cynfigen*. G.

CENFUADACH-TRODHAIN, vautour. I.

CENGAL, attachement, attacher, adhérer. I. Voyez *Cengl*.

CENGANT, certain, certainement. G.

CENGL, ceinture, sangle. G. De là *Cingo* Latin ; de là le terme populaire *Singler*, fouetter avec des sangles ou courroies.

CENGLEN, ceinture. G.

CENGLIADR, CENGLIADUR, dévidoir. G.

CENGLU, ceindre. G.

CENHADIAD, concession. G.

CENHEDLAETH, génération, production, race. G.

CENHEDLAWL, de la même famille. G.

CENHEDLIAD, génération, nativité. G.

CENHEDLOG, commun à une race, à une famille, noble, de condition. G.

CENHINEN, poireau. G.

CENI, le même que *Geni*. Voyez *Aru* & *Cenedl*. *Kyn*, race en Runique.

CENIACH, le même que *Ciniach*. Voyez *Bal*.

CENIDDUM, j'ai chanté. G.

CENION, peaux. G. C'est le pluriel de *Cenn*.

CENITUS, terme injurieux contenu dans la Loi Salique, sur l'interprétation duquel les Sçavans sont partagés. Je crois qu'il veut dire teigneux ; de *Cenn*, teigne. La Langue Theutonique que parloient les Francs a beaucoup d'affinité avec la Celtique.

CENLLYSG, grêle météore. G. *Llysg*, petite verge ; petit rameau ; *Cen* paroit donc signifier brisé. Voyez *Cin* qui est le même que *Cen*.

CENLLYSGOG, plein de grêle, sujet à la grêle. G.

CENN, cuir, peau, écaille, croûte, teigne ; *Cenn Pyſgod*, écaille de poisson. G. On voit par *Digennu* que *Cenn* a signifié tout ce qui couvre ; *Skinn*, peau en Islandois.

CENN, mousse. C.

CENN, le même que *Ceann*. I. De même des dérivés ou semblables.

CENNA, A. G. pointe ; de *Cen*.

CENNAD, concession, permission, licence, congé, dispense. G.

CENNAD, Envoyé, Député, Ambassadeur, Apôtre. G. *Send* en Anglois ; *Sendan* en ancien Saxon ; *Sende* en Islandois, envoyer.

CENNADWR, Ambassadeur. G.

CENNADWRAIG, messagère, femme qui apporte quelque nouvelle. G.

CENNADWRI, députation, envoi, ambassade, l'action d'annoncer une chose, d'en porter la nouvelle, nouvelle. G.

CENNADWRI, députation, délégation. C.

CENNEDLOG, noble de condition, généreux. G.

CENNEUDEN, bois. B.

CENNIATTAU, permettre, accorder. G.

CENNIN, petite peau, porreau, légumes ; *Cennin*, *Pedr*, porreau de vigne. G. A la lettre, beau porreau.

CENNIN Tʳ BRAIN, hyacinthe pourprée. G. A la lettre, petite peau rouge.

CENNIN Tʳ GWINWYDD, porreau de vigne. G.

CENNO, A. G. cligner l'œil ; de *Cen*.

CEN.

CENNOEDLOET, famille, parenté, peuple, nation. G.
CENNOG, couvert d'écailles, plein d'écailles, couvert de cuir, couvert de peau, couvert de croûte, couvert de teigne. G.
CENNUS, A. G. aigu ; de *Cen*.
CENNYF, aimer ; *Gwell Gennif*, aimer mieux. G.
CENNYN, lacs, lacet. G.
CENOLBWYNT, centre. G. *Canol*, en composition *Cenol*, milieu ; *Pwynt*, en composition *Bwynt*, point.
CENOLDANT, corde du milieu de la lyre. G. *Canol*, en composition *Cenol*, milieu ; *Tant*, en composition *Dant*, corde.
CENS, cens, B. De là ce mot ; de là *Census*, *Censaria*, *Censalis* Latins ; *Censel*, *Chensel* en vieux François.
CENSA, A. M. ferme, cense ; de *Cens*.
CENSELACH, du midi. I.
CENSER, Seigneur censier. B.
CENSUR, censure. B. Ce mot, *Censeo* Latin & ses dérivés viennent de *Cen*, jugement.
CENT, tête. G. Voyez *Cen*.
CENT, le premier, le principal, le plus excellent. G. *Centa* en Breton.
CENTA, le premier, le principal, le plus excellent. G. B.
CENTAR, clou. C. Voyez *Cethr*.
CENTED-Y-TY, parvis. C. A la lettre, le devant de la maison.
CENTENARIUM, canal dans Vitruve ; de *Cen*, canal.
CENTERNA, détour. Ba. Voyez *Cant*.
CENTEYT, le premier essain. C. Voyez *Qented*.
CENTIA, A. G. lune ; de *Cain* ou *Caint*, blanche ; ou de *Can*.
CENTINELLA, sentinelle. Ba. Voyez *Cen*.
CENTO, A. G. couverture, tente, habit fait de plusieurs petites piéces de drap ; de *Cen*, piéces. De là le nom de *Centones*, centons, donné à des piéces composées de vers pris en différens endroits des ouvrages d'un Auteur.
CENTROA, centre. Ba. De là *Centrum* Latin, *Centre* François ; ce qui est d'autant plus plausible, que *Can* signifie milieu en Breton.
CENTZEA, enlever. Ba.
CENTZEN, enlevant. Ba.
CENTZUA, jugement, faculté, intellectuelle. Ba. Voyez *Cen*.
CENTZUNDUNA, prudent. Ba.
CENTXUTIA, prudent. Ba.
CENTZUTZIA, extasié. Ba.
CENUM, A. G. aigu ; de *Cen*.
CENYW, il a vu, il voit. G. Voyez *Cen*.
CENZADARRA, demi-pied. Ba.
CENZUNA, mot Basque qui est rendu par le mot Castillan *Ceco*, qui ne se trouve pas dans les Dictionnaires.
CEO, nuit, vapeur, nuée, bruïne, brouillard. I.
CEO, moutarde. B.
CEOACH, obscur, nébuleux, nuageux, plein de brouillard. I.
CEOACHD, obscurité. I.
CEOCA ou COCHA, A. M. souche d'arbre. De *Coët*, forêt, bois : le même mot en Celtique a toujours signifié forêt & bois, substance qui forme le corps des arbres ; en Patois de Franche-Comté, on appelle un tronc d'arbre une cuche, & en Picard une choque.
CEODH, brouillard, vapeur, fumée. I.

CER.

CEOL, harmonie, mélodie, musique. I.
CEOLAN, petite cloche. I.
CEOLMHAR, harmonieux, mélodieux. I.
CEOMHAR, CEOMHUR, sombre, obscur, nébuleux, nuageux, plein de brouillard. I.
CEON, moutarde, senevé. B.
CEONINE, plat, assiette. I.
CEOTH, pluie soudaine qui tombe avec impétuosité. I.
CEP, le même que *Ceap*. I. De même des dérivés ou semblables.
CEP, tête au propre & au figuré, le même que *Cap*. Voyez *Chep*.
CEPA, crasse, écume de métail. Ba.
CEPA, tronc, racine. Ba. Voyez *Cippyll*. *Ceppo*, *Ceppaia*, souche, tronc en Italien. De *Cep*, tronc, souche, est venu le vieux mot François *Ceper*, abattre, & notre terme *Reséper*. De *Cep*, tronc, est venu notre mot chopper, heurter contre un tronc, contre une souche, comme buter, heurter contre une butte.
CEPARIA, A. M. tas de souches, tas de troncs ; de *Cepa* & *Rhy*, quantité, grand nombre.
CEPATICUM, A. M. troncs d'arbres coupés ; de *Cepa*.
CEPEDA, liberté, exemption. Ba.
CEPHYL, le même que *Ceffyl*. G.
CEPOA, amas de pierres. Ba.
CEPOA, CEPS, entraves. Ba. Voyez *Cipio*. *Ceppi* en Italien, ceps ; de *Cepoa*, cep François.
CEPOAS, tronc, souche, racine. Ba. Voyez *Ceap*, *Cypp*.
CEPPA, A. M. cep de vigne ; de *Cepa*.
CEPPAGIUM, A. M. le même que *Cepaticum*.
CEPPYN, petit bonnet. G.
CEQUENA, avare, tenace. Ba.
CEQUENTASSUNA, avarice. Ba.
CEQUIA, A. M. canal de ruisseau ; c'est le même qu'*Acequia*.
CEQUIDEA, catalogue. Ba.
CEQUIDORA, catalogue. Ba.
CEQUINAYA, négligence. Ba.
CEQUINTZEA, tact, le toucher. Ba.
CER, demeure. G. *Cer*, Ville, Village, maison de campagne, métairie en Breton. Voyez *Caer* qui est le même.
CER, treillis. G. Voyez *Caer*.
CER, près, auprès. G. *Kereb*, près, proche en Hébreu ; *Keran*, bord en Persan ; *Ce*, près en Turc, *Karey*, bord en Hongrois, *Cerca*, près en Espagnol.
CER, cher, précieux. C. B. Voyez *Car*, & *Caer*.
CER, loin. C. Voyez *Serr*.
CER, le même que *Caor*. I.
CER, le même que *Cear*. I. De même des dérivés ou semblables.
CER, Ville, Village, maison de campagne, métairie. B. Voyez *Car*, plus haut.
CER, rouge. Voyez *Crau*.
CER, pour *Caer*. Voyez *Caer*.
CER, le même qu'*Er*, *Ger*, *Ser*. Voyez *Aru*.
CER, le même que *Car*, *Cir*, *Cor*, *Cur*. Voyez *Bal*.
CER-TCHEN, crèche. G. *Tchen*, bœuf.
CERA, craindre. Ba.
CERABEA, sujet de la forme, de l'accident. Ba.
CERACHI, CERUCHI, CERUCI. Un ancien glossaire traduit simplement cordes de vaisseau : un autre dit qu'ils désignent cette corde transversale qui est au haut du mât à laquelle on at-

tache les voiles. Ce font les mêmes que *Caruchi*. Voyez encore *Cerchea*.

CERAIG. Voyez *Cerigi*.

CERB, chariot. I. Voyez *Carr*, *Cerbyd*.

CERBA, moutarde. Ba.

CERBAIDA, quiddité en Logique. Ba.

CERBAIT, rendre ou faire devenir, faire. Ba.

CERBEA, bette, poirée. Ba.

CERBELLERIA. Voyez *Cervellerium*.

CERBI TZATZEN, qui fert, qui eſt ſerviteur. Ba.

CERBOILLA, natte. Ba.

CERBU, A. M. eſpèce de vaſe. De *Carv* ou *Carb*, vaiſſeau. Les noms qui ſignifioient vaiſſeau en Celtique ſignifioient auſſi vaſe. Voyez *Lleſtr*.

CERBYD, char, chariot, litière. G.

CERBYDAN, diminutif de *Cerbyd*.

CERBYDWR, cocher, chartier, conducteur de chariot, qui combat ſur un chariot armé de faulx. G.

CERCA, A. M. clos; de *Cer*. *Cerca* en Eſpagnol, clos; *Cercueil* en François, ce dans quoi on enferme les morts.

CERCARE, A. M. entourer, environner; de *Cerca*.

CERCHEA, cordeau, meſure à plomb. Ba.

CERCIUS, le même que *Cirtius*. Voyez ce mot.

CERD, commerce, marchandiſe. C.

CERDAC, ſoie, pinceau. Ba.

CERDD, cours, courſe. G.

CERDD, muſique, nombre, cadence, proportion du mouvement, chanſon, vers, air, mode en muſique. G. De là concert; *Con*, enſemble; *Cerd* ou *Cert*, chanter en muſique.

CERDDED, marcher, paſſer. G. B.

CERDDED, démarche, allure, pas, marche, courſe, marcher, nager. G.

CERDDED-DDRUD, qui marche hardiment. G.

CERDDEDIAD, pas, allure, démarche, marche, route, voyage, marcher. G.

CERDDEDWR, voyageur. G.

CERDDET, le même que *Cerdded*. G.

CERDDET, marcher, ſe promener. B.

CERDDGAR, harmonieux, mélodieux. G.

CERDDINEN, cormier. G.

CERDDINEN; plurier *Cerddin*, ſorte d'arbriſſeau dont on ſe ſert pour ſoutenir la vigne, arbre ſemblable au cornoiller, à l'obier. G.

CERDDOR, muſicien, qui joue de la guitarre, joueur d'inſtrumens de muſique à vent, verſiſicateur, qui concerne les chanſons. G.

CERDDWRIAETH, muſique, poëſie, la poëtique. G.

CERDEN, frêne ſauvage. C.

CERDO, A. G. cordonnier; de *Ceard*.

CERDYN, licol. G.

CERDYNEN, frêne ſauvage. E.

CEREALIS, A. G. boulanger. *Car*, en compoſition *Cer*, pain.

CEREALIS, A. M. coureur, meſſager; de *Cerdd*.

CEREARMA, A. M. outils de boulanger; *Car*, en compoſition *Cer*, pain; *Arm*, inſtrument, outil.

CERERE, A. G. ſe réjouir; de *Cerdd*.

CEREROSUS, A. G. fol, de *Cerere*.

CERETIC, le même que *Caredig*. G.

CERVISIA, CERVISIA, cervoiſe ou biére. Ce mot Gauloiſs nous a été conſervé par Pline, & ſe trouve encore dans le Galloiſs *Cwrw*, *Cwrwf*, *Cwryf*, qui ſignifient la même choſe. *Ceria*,

Cervoiſa en Baſque & en Eſpagnol; *Cervoſa* en Italien; *Cervoiſe* en François, biére.

CERFIAD, l'art d'écrire, de deſſiner, de peindre. G.

CERFIEDIG, gravé, ſculpté, ciſelé. G. On voit par le mot précédent dont il eſt formé, & par *Corſio*, qu'il a dû ſignifier auſſi écrit, deſſiné, peint.

CERFIEDYDD, ſculpteur. G. On voit par les deux mots précédens qu'il a dû ſignifier auſſi écrivain, deſſinateur, peintre, graveur.

CERFILH, cerfeuil. B.

CERFIO, graver, ſculpter, ciſeler, tracer, deſſiner, peindre, écrire. G. De là *Cerfouette* en François.

CERFYLL, le même que *Cyrfyll*. G.

CERGATIC, pourquoi, pour cela. Ba.

CERNEI en Breton; *Cerhydd* en Cornouaille, les mêmes que *Cryr*, *Crehyr* Gallois.

CERI. PREN CERI, cormier. G.

CERI, le même que *Geri*. Voyez ce mot & *Aru*.

CERI, A. M. biére. Voyez *Ceria*.

CERIA, biére. Ce mot Gaulois nous a été conſervé par Pline, & ſe trouve encore dans le Baſque. Voyez *Cereviſia*.

CERIA, biére boiſſon. Ba.

CERIACH, treillis. G.

CERIGI, pierres. G. Ce mot étant le plurier de *Craig* fait voir qu'on a dit *Ceraig*, & que *Craig* en eſt une craſe.

CERIN, gyp, plâtre. I.

CERINA, A. M. Le Pere Henſchenius dit que c'eſt une naſſe de pêcheurs. *Cerwyn* chez les anciens Gallois ſignifioit une cruche, un vaſe. Ce ſens convient mieux à ce qui ſuit le mot *Cerina*, que celui qu'a donné ce ſçavant Jéſuite.

CERIO, A. M. eſpèce de meſure; de *Cer*, enfermer; contenir. Voyez *Cerwyn*.

CERN, joue, mâchoire. G.

CERN, ſommet. B. Voyez *Cerra*.

CERN, enceinte, clos, circuit, cerne, priſon. B. De là cerne, cerner, & ſes compoſés en François.

CERN, plurier de *Corn*, corne. B.

CERNA, ceindre, entourer, clorre. B.

CERNACH, CERNATH, aimé, chéri. I. Voyez *Cer*.

CERNARE, A. G. ſe hâter; de *Cerdd*: le *d* ſe change en *n*.

CERNOD, ſoufflet, coup ſur la joue. G.

CERNODIO, ſouffleter. G.

CERNUARE, A. G. ſe jetter ſur ſa tête, ſur ſon viſage; de *Cern*.

CERNUUS, A. G. grand, élevé, infini, âcre, piquant, pointu; de *Cern*, ſommet, faîte, pointe.

CERNYW. Ce mot Gallois eſt traduit par le mot Latin *Corinia*, qu'on ne trouve point dans les Dictionnaires.

CEROTA, A. G. ferme réparée; de *Cer*, fermer; *Ode* ou *Ote*, brêche.

CERPEIRE, A. M. bleſſer; de *Carpio*.

CERR, pierre. G. Les Orcadiens appellent *Skerries*, celles de leurs Iſles qui ne ſont que des rochers ſtériles.

CERR, le même que *Serr*. Voyez *Aru*.

CERRA, enfermer. B. Voyez *Cerraillua*.

CERRA, colline, tertre, dos ou croupe d'une montagne. Ba. *Cerro* en Eſpagnol, montagne, colline. Voyez *Serr*.

CERRA, ſcie. Ba. De là *Serra* Latin.

CERRACHOA, petite ſcie. Ba.

CERRAILLUA

CER.

CERRAILLUA, muraille. Ba. Voyez *Cerra*.
CERRAN, faulx. I.
CERRATUA, folide. Ba.
CERRATZALLEA, fcie. Ba.
CERRAUTSA, foffe. Ba.
CERRENA, rouille, teigne, tigne, ver, &c. Ba.
CERRENDA, dépouilles, piéces d'étoffe. Ba.
CERRIA, tapis de Babylone. Ba. Voyez *Cerrig*.
CERRIG, pierre. G.
CERRIG, effets mobiles, biens-meubles. G.
CERRIG MANFRWYTHAU, grains ou pepins de tout fruit à grappe. G.
CERRIGOG, de pierre, de caillou, de rocher, plein de pierres, de cailloux, de rochers. G. Voyez *Cerrig*.
CERRIGOS, petites pierres. G.
CERRLWYN, char, chariot. G.
CERROLA, marche-pied. Ba. Voyez *Cerdd*, *Cerrynt*.
CERRUS, A. M. faifceau; de *Cerra*, enfermer, entourer, lier.
CERRYNT, courfe, cours, paffage, voyage. G.
CERRYNT Y DWR, cours d'eau. G.
CERT, le même que *Ceirt*. I.
CERTEIN, pofitif. B. C'eft le même que *Certen*.
CERTEN, le même que *Ceirten*. I.
CERTEN, certain. B.
CERTH, admirable, furprenant, vif, prompt, ardent, bouillant, véhément, impétueux, violent, fort. G.
CERTH, le même que *Serth*. Voyez *Aru*.
CERTWYN, chariot. G. De *Cart*, qui fait *Cert* à caufe de la terminaifon qu'on y a ajoutée.
CERTWYNIWR, cocher, chartier, charron, carroffier. G.
CERUA, ciel. Ba.
CERVAL, cerveau, cervelle. B.
CERUCI. Voyez *Cerachi*.
CERUCOA, célefte. Ba.
CERVELL, cerveau, cervelle. B. De là ces mots.
CERVELLA, A. M. cerveau, cervelle; de *Cervell*.
CERVELLERIUM, A. M. efpèce de cafque qui couvre le deffus de la tête; de *Cervell*. *Cervelliera* en Italien; *Cerbelleria* dans les anciens monumens, petit chapeau de fer qui couvre la tête.
CERUGIA, CERUVA, A. G. cormier; de *Ceri*.
CERVIGIUM, CHERVIGIUM, A. G. navire; de *Carv*, qui fait *Cerv* & *Cherv* avec une terminaifon.
CERVINARIA, A. G. cellier; de *Cerwyn*.
CERUMANERA, difpofition de la fphére. Ba. *Cerua Maner*.
CERVNAFAN, efpèce de ferpent. I.
CERWIN, le même que *Gerwin*. Voyez *Aru*.
CERWYN, tonneau; chez les anciens, cruche. G.
CERYDD, offenfe, accufation, reproche, réprimande, cenfure, châtiment. G.
CERYDDU, accufer, reprendre, reprocher, cenfurer, blâmer, châtier. G.
CERYDDUS, blâmable, vicieux. G.
CERYDDWR, qui injurie. G.
CERYGI, pierres. G. C'eft le plurier de *Carreg*.
CERYN, inftrument, outil. G.
CES, j'obtiens. G. De là *Cedo* Latin. Les verbes Gallois avoient fouvent les deux voix, l'active & la paffive.
CES, le même que *Cas*, *Cis*, *Cos*, *Cus*. Voyez *Bal*.
CES, ventre. Voyez *Gefig* & *Ceft*.

TOME I.

CET.

CES, le même que *Ges*, *Es*, *Ses*. Voyez *Aru*.
CES, le même que *Ceas*. I. De même des dérivés ou femblables.
CESA. On lit dans un Papias manufcrit: Les Gaulois appellent les lances *Cefa*. Voyez *Geffum* & *Aru*.
CESAIL, aiffelle. G.
CESAN, gazon, motte de terre avec l'herbe. C.
CESEILIAD, fein. G.
CESIG, ventru. Voyez *Gefig*.
CESS, ceffation. B.
CESSAIR, grêle météore. G. Voyez *Ceffair*.
CESSAT, ceffer. B. De là *Ceffo*, *Ceffatio* Latins; *Ceffer* François. Voyez *Cefua*.
CESSEIL, finueux. G. *Caff* fignifie donc finuofité, obliquité.
CESSEIN, ceffer. B.
CESSOER, grêle météore. E. Voyez *Ceffair*.
CEST, ventre, corbeille, panier. G. *Ceftera*, panier, corbeille en Bafque; *Cefta*, corbeille, panier, cabas, malle; *Cefto*, *Cefton*, grande corbeille, grand panier; *Coftal*, fac, poche, pannetière en Efpagnol; *Kifta* en Grec; *Cifta* en Latin, panier, mannequin, corbeille, caffette, manne, boëte; de là *Cifterna*, citerne, réfervoir d'eau; *Ceft*, réfervoir; *Ster*, eau. Voyez *Ceis*.
CESTERA, panier, corbeille. Ba. Voyez *Ceft*.
CESTOG, ventru, qui a un gros ventre. G.
CESTOR, ventre. G.
CESUA, tranquillité, repos. Ba. De là *Cefura*, céfure, ou repos du vers. Voyez *Ceffat*.
CET, bois, forêt. Voyez *Coet*.
CET, le même que *Gued*. Voyez *Gand*.
CET, le même qu'*Et*, *Get*, *Set*. Voyez *Aru*.
CET, le même que *Cat*, *Cit*, *Cot*, *Cut*. Voyez *Bal*.
CETA, lin très-fin. Ba. De là *Seta* Latin, la foie des animaux.
CETHA, le même que *Ceatha*. I. De même des dérivés ou femblables.
CETHEARNACH, foldat. I.
CETHERN, furies, démons. G.
CETHILOU, femence d'hommes belliqueux. G. *Cet* de *Cat*, combat; *Hill*, femence.
CETHIN, couleur noirâtre, brune. Il fignifie auffi horrible, terrible. G. Les termes qui fignifient noir, brun, ont été auffi employés au figuré dans toutes les Langues. La mer que nous appellons noire a reçu ce nom, parce qu'elle eft fort orageufe. Voyez *Du*. *Cetin* en Turc, difficile.
CETHIN-LLWYD, brun. G.
CETHINGOCH, rougeâtre, rouge-brun, de couleur de cerf. G.
CETHINO, être faifi de frayeur, d'horreur. G.
CETHLYDD, chantre, muficien. G.
CETHLYDDIAETH, harmonie, chant mélodieux. G.
CETHR, CETHREN, clou. G. Il fe prend auffi au figuré. Voyez *Diffethrin* & *Cethrawl*. Bochart dit que les Gaulois avoient une arme qu'ils appelloient *Cetra*.
CETHRAWG, cloué. Voyez *Angethrawg*.
CETHRAWL, qui pique comme un clou, démon, fatan. G.
CETHRU, clouer. G. Il fe prend auffi au figuré. Voyez *Cethr*.
CETROA, fceptre. Ba. De *Cet*, bois, bâton; *Roa*, Roi. Voyez *Rig*, *Reg*, *Rog*. De *Cetroa* font venus *Sceptron* Grec, & *Sceptrum* Latin. J'en juge ainfi, parce que l'étymologie naturelle du mot fe trouve dans le Bafque, & ne fe trouve point dans le Grec ni dans le Latin.

CETT est le même que *Cest*, ainsi qu'on le voit par *Cettog*.

CETTOG, corbeille, panier. G. Ce mot est le même que *Cest*, ainsi il en doit avoir toutes les significations.

CETU, voici, voilà adverbes démonstratifs. Ba. Ce mot s'est conservé dans le Patois de Franche-Comté : On y dit *Cetucy* pour celui-ci.

CEU, cave, creux. C. Voyez *Ceuol*, *Can*, *Czen* en Stirien & en Carniolois, tube, canal.

CEU, déplaisir. B. Voyez *Keuz*, *Cau*.

CEU, le même que *Cau*, *Ciu*, *Cou*, *Cuv*. Voyez *Bal*.

CEV, pente. Voyez *Ceuedd*, *Ceuo*, *Cevo*.

CEV, tête en vieux François. Voyez *Cap*.

CEUBAL, CEUBOL, auge de bois, piéce de bois creusée pour servir de vase, barque, petit bâteau. G. *Cen*, creux ; *Bal*, bois. De *Ceubal* est venu notre mot François *Cebile*. Voyez *Ceubren*.

CEUBREN, arbre creux, arbre creusé. G. *Cen Pren*, en composition *Bren*.

CEUD, premier. I. Voyez *Ceid*.

CEUDAITT, profondeur, concavité. B. Voyez *Cen*.

CEUDCHATACH, qui s'est trouvé à cent combats. I. C'est le même que *Cendchatach*.

CEUDOD, cavité, concavité, trou, creux, le dedans. G.

CEUDWL, caverne, antre, trou, creux. G. *Ceu Twl*, en composition *Dwl*.

CEUDY, cloaque, égoût. G.

CEUDYLLOG, creux, cave, concave. G.

CEUEDD, creux, cavité, concavité, déclinaison, inclinaison, descente, pente, penchant. G.

CEVEUS, A. G. lieu concave ; de *Ceu*.

CEUFFOS, creux, fosse. G. *Ceu* ; *Ffos* pléonasme.

CEUFFOS RHWNG DEUFUR, espace étroit & à découvert entre deux murailles. G. *Rhwng*, entre ; *Deu*, deux ; *Mur*, en composition *Fur*, muraille.

CEUGANT, le même que *Cungant*. G.

CEUL, le même que *Cel*. Voyez *Esgeulus*.

CEULAD, gelée, congelation. G.

CEULAN, rive, rivage. G.

CEULAWR, vaisseau où l'on fait cailler le lait. G. De *Caul*.

CEULED, présure, ce qui sert à faire cailler le lait, chyle. G.

CEULEIN, cailler parlant du lait. B.

CEULGON, oseille. G.

CEULIAD, épaississement des choses qui se congelent, congelation ou action de congeler, de geler. G.

CEULO, cailler, se cailler. G. Il signifie aussi durcir. Voyez *Cydgenlo*.

CEULRHWTH, gourmand. G.

CEULUS, le même que *Cel*. Voyez *Esgeulus*.

CEUN, montagne, tête, sommet. G. Voyez *Cefn* qui est le même.

CEVN, dos. G. Voyez *Cefn*, qui est le même.

CEUN, moutarde. B.

CEUO, creuser, courber en arc. G. Voyez *Ceuedd*.

CEVO, A. G. je pense, j'incline, je me courbe. Voyez l'article précédent.

CEUOL, creux, creusé, cave, cavé, fait en forme de voûte ou d'arcade, poreux, spongieux, troué, plein de trous, penchant, incliné, qui décline, qui va en pente, qui penche. G.

CEWYN, berceau. G.

CEUZ, douleur. B.

CEYDDWLL, espéce de vase. G.

CEYDDYLOG, creux, troué. G.

CEYDWL, caverne, cave. G. C'est le même que *Ceudwl*.

CEYOA, hache, coignée. Ba.

CEZ, fumée. G. Voyez *Cethrin*, *Ceuz*.

CEZAR, grêle météore. C. Voyez *Cessair*.

CEZO, moutarde, senevé. B.

CEZOUR, poil follet. B.

CEZU, moutarde, senevé. B.

CH, le même que S. Voyez *Chelaoui* & la dissertation préliminaire sur le changement des lettres.

CH, le même que I. Voyez *Chenechal* & la dissertation préliminaire sur le changement des lettres.

CH initial se perd en composition. *Penwith*, promontoire à la gauche, pour *Pen Chwith*.

CHAABLIS, A. M. cable ; de *Chabl*.

CHAAFELLUS, A. M. échafaud ; de *Chad*, bois, *Bel*, en composition *Fel*, élevé, élévation. Voyez *Cadafalus*.

CHAAN, colline. B.

CHABANARIA, A. M. Voyez *Caban*.

CHABANNAE MERCATI, A. M. halles ; de *Caban*.

CHABENTIA, A. M. ce qui est nécessaire pour vivre d'une manière conforme à son état : on a dit *Chevance* en vieux François. Voyez *Cabentia*.

CHABERAMA, tortue. Ba.

CHABISCARE, A. M. établir, donner à quelqu'un ce qui lui est nécessaire pour vivre selon son état ; de *Chabentia*.

CHABL, cable. B.

CHABLUS, A. M. cable ; de *Chabl*.

CHABOA, savon. Ba. *Soavon* en Breton.

CHABOATUA, savonné. B.

CHABOCELLUS, A. M. espéce de mesure de bled ; *Choa*, *Cha*, petite ; *Boëfell*, boisseau.

CHABOUS, débat. B. En Patois de Besançon se *Chavoter*, c'est se quereller.

CHABURRERA, abbréviation. Ba.

CHABURTU, j'abrége. Ba.

CHAC, le même que *Chec*, *Chic*, *Choc*, *Chuc*. Voyez *Bal*.

CHAC, mener. B.

CHACARRA, badinages. Ba.

CHACEA, A. M. chasse ; de *Chacz*.

CHACEA, CHACIA, CACIA, A. M. chemin par où l'on conduit les bêtes aux pâturages ; de *Chac*, mener. On dit encore chasser les bêtes aux champs.

CHACH DOUR, eau dormante. B.

CHACOLINA, vin foible. Ba.

CHACOR, A. M. cheval de chasse ; de *Chacz*.

CHACORRA, petit chien. Ba. *Cachorro* en Espagnol. Voyez *Chacz*.

CHACURCHIMUA, cynocéphale. Ba.

CHACURRA, petit chien, chien. Ba. Voyez *Chacorra*.

CHACZ, chiens ; c'est le pluriel de *Qy*. B. On voit par *Chacorra* qu'on a aussi dit *Chacz* au singulier ; *Corr*, petit.

CHACZ, chasse. B.

CHACZ ARCHEEDER, troupe d'oiseaux qui passent ordinairement vers l'équinoxe, volant fort haut & criant d'un ton qui effraye les enfans. B. Voyez *Keder*.

CHACZE, chasse. B.

CHA.   CHA.   303

CHACZEAL, chasser, mettre dehors. B. De là chasser en notre Langue.

CHACZEER, CHACZEOUR, chasseur. B.

CHAD, pour *Choad*, bois, comme *Chod* pour *Choad*. 1°. La crase est la même. 2°. On voit par le mot *Chalid* qu'on a dit *Chad* pour *Choad*. Voyez *Chalid*.

CHADENN, chaîne. B. De là *Catena* Latin.

CHADENET, cadenat, fers que l'on met aux pieds. B.

CHADRIGARIUM, A. M. charriage; de *Car*, *Charr*, chariot.

CHAEM, beau. I.

CHAEOR, blancheur. Ba. Voyez *Caer*.

CHAFAGIUM, A. M. chauffage; c'est le même que *Calefagium*.

CHAFALLUS, A. M. échafaud. Voyez *Chaafallus*, *Chaffod*.

CHAFFE, balle ou paille du grain d'avoine. &c. G. De là *Chaffouin*, terme d'injure qui signifie méprisable, petit.

CHAFFOD, échafaud. B. On disoit *Chaffaut* en vieux François. *Chad*, *Bod*, en composition *Fod*, élevé, élévation.

CHAG DOUR, eau dormante. B.

CHAGA, croupir parlant de l'eau. B.

CHAGELL ou CHAGUELL, mâchoire. B. C'est le même mot, car le *g* en Breton se prononce comme *Gu*.

CHAGHEIN, mâcher. B.

CHAGRIN, chagrin. B. De là ce mot.

CHAGUD, ciguë. B.

CHAGUEIN, mâcher. B.

CHAHU, pur, purifié. Ba.

CHAHUTUA, cuit avec de la terre grasse. Ba.

CHAIA, A. M. le même que *Caia*, *Caya*, habitation, maison; *Chaya* en Basque, cabaret, auberge; *Echa*, *Echea* en Basque, maison; *Chaix* en vieux François, maison; *Cajaroco* en Languedocien, taudis, chaumière; *Cha* en Arabe, métairie, Ville; *Chaja* en Hébreu, métairie; *Chais* en Hébreu, muraille; *Ca*, habitation en Persan; *Gai*, habitation en Arménien; *Sja*, prononcez *Ka*, temple en Japonois; *Xa*, prononcez *Ka*, Ville en Tonquinois; *Kia*, maison en Chinois; *Uchi*, maison en Japonois; *Cha* en Cophte, nation, peuple, famille; *Cheia* en Grec, caverne; *Cheionos* en Grec, habitation. Voyez *Cae*, *Caia*, *Caya*.

CHAICIA, A. M. le même que *Chacia*.

CHAILL, bois, forêt. I.

CHAIN, cadavre, charogne. B.

CHAING, changer. B. De là ce mot.

CHAIRR, CHAIRREIN, recueillir, ramasser. B.

CHAISNUS, A. M. chêne. Ce mot est Celtique: il vient de *Cen* ou *Chen*, beau. On sçait le cas que les Gaulois faisoient du chêne; c'étoit pour eux le Roi des arbres. Voyez *Casnus*, *Cheingeen*.

CHAL, flux de la mer. B.

CHAL, partage, morceau, piéce. B. On appelle *Aichaille* en Patois de Franche-Comté une écharde.

CHAL, le même que *Cal*, couper. Voyez l'article précédent & *Caluedd*.

CHAL, le même que *Call*, fin. Voyez ce mot. *Chalard*, imposteur, trompeur en Hongrois.

CHAL, le même que *Sal*, *Jal*. Voyez *Ch*.

CHAL, le même que *Chel*, *Chil*, *Chol*, *Chul*. Voyez *Bal*.

CHALA, chagriner. B. On dit *Achaler* pour chagriner dans les Provinces voisines de Bretagne.

CHALA, veau. Ba.

CHALAN, chaland, bâteau plat, bac. B. *Chalan*, bâteau en Auvergnac; *Chalon*, bâteau en Anjou.

CHALAURRA, épée courte & large. Ba.

CHALBURA, petite grenouille. Ba.

CHALCARRA, Couvent, Communauté. Ba.

CHALEEN, chaîne. B.

CHALENN, lieu, pays. Voyez *Achalenn*, *Achan*, *Achane*, *Achanenn*.

CHALID, bois de lit, couche. B. De là *Chalit* en François, bois de lit.

CHALM, attrait, charme, enchantement. B.

CHALMA, selle, bât. Ba.

CHALMANT, charmant. B.

CHALMEC, charmoye ou lieu planté de charmes B. On voit par ce mot que *Chalm* a signifié charme. L'*l* & l'*r* se mettant l'une pour l'autre, on a dit *Charm* comme *Chalm*.

CHALMEIN, enchanter. B.

CHALOP, chaloupe. B. *Chaloupa* en Basque.

CHALORGEREAH, gabelage. B.

CHALORT. Voyez *Jalort*.

CHALOT. Voyez *Jalort*.

CHALOTESEN, échalotte. B. De là ce mot.

CHALOUPA, chaloupe. Ba. De là ce mot. Voyez *Chalop*.

CHALP, serpe. B. On voit par *Chalpet* que *Chalp* a signifié tout outil tranchant.

CHALPAT, abboyer parlant des chiens de chasse ou des petits chiens. B. Le *ch* se change en *g* ou *j*. De là *Jalpat*, d'où est venu notre mot japper.

CHALPEREAH, glapissement. B. Voyez *Chalperez*.

CHALPEREZ, abboi des chiens lorsqu'ils chassent. B.

CHALPET, hacher, blesser. B. De là écharper en notre Langue, l'*r* & l'*l* se mettant l'une pour l'autre. En Patois de Besançon *Chaipla* signifie hacher: les transpositions sont communes dans le Celtique. *Chapler* en François c'est ôter avec un couteau la grosse croûte du pain. Voyez le mot suivant. *Chap* en Anglois, crevasse, fente; & *Chop*, hacher, couper.

CHALPIS, charpie. B. De là ce mot. Voyez *Chalpet*.

CHALQENN, tranche, morceau, piéce. B.

CHALVAGIUM, A. M. le même que *Calefagium*.

CHALVARICUM, CHALVARITUM, CHARAVALLIUM, A. M. charivari. Voyez *Choary* & *Charivari*.

CHALUPA, chaloupe. Ba. Voyez *Chalop*.

CHAM, le même que *Cam*, comme *Chal* est le même que *Cal*, & *Chan* le même que *Can*. *Chejmet*, tente en Arabe; *Chin*, village en Arménien; & *Chinoti*, *Chinoad*, édifice. *Kim* en Chinois, la cour, & chapeau; *Chim* en Chinois, mur; *Kien* en Chinois, chambre; *Chamas* en Arabe, protéger, défendre, garder; *Chomto* en Syriaque, forteresse; *Chama* en Arabe, couvrir, cacher.

CHAM, le même que *Jam*, *Sam*, *Zam*. Voyez *Ch*.

CHAM, le même que *Chem*, *Chim*, *Chom*, *Chum*. Voyez *Bal*.

CHAMBE, A. M. chanvre; de *Canab*. Voyez *Chamverum*.

CHAMBEDECQ, membru. B.

CHAMPIGNON, champignon. B. De là ce mot.

CHAMPONA, cuivre du poids de deux livres. Ba.

CHA.

CHAMVERUM, A. M. chanvre. Voyez Chambe.
CHAMUSCAZE, brûler. Ba. Chamuſcar, brûler en Eſpagnol.
CHAMUZ-CAZE, brûler. Ba.
CHAN, le même que Can; comme Cham eſt le même que Cam. Cham, Xam, ſuprême; Xam, ſur, au-deſſus; Xan, montagne; Cham, long, longuement, longtemps, toujours; Chen, préfet, prépoſé en Chinois; Tchan en Arménien, Prince.
CHAN, lieu, pays. Voyez Achan, Achane, Achano, Achanenn & Cam.
CHAN, le même que Jan, San, Zan. Voyez Ch.
CHAN, le même que Chen, Chin, Chon, Chun. Voyez Bal.
CHANABA, A. M. chanvre; de Canab.
CHANABACIUM, A. M. canevas; de Chanaba.
CHANABERIUM, A. M. chenevière; de Chanaba.
CHANAVA, A. M. chanvre. Voyez Chanaba.
CHANCHUS, changeant. B.
CHANCHUSS, heureux, proſpére. B. On dit en ce ſens Chanceux parmi le peuple.
CHANCR, chancre. B. Voyez Chancrea.
CHANCRA, échancrer. B.
CHANCREA, chancre, cancer. Ba. Voyez Chancr.
CHANCZ, aventure, contingence, chance, bonheur. B. De là la Chance en François; Chance en Anglois; Kans en Flamand, aventure, hazard, chance.
CHANCZ-VAD, bonheur. B. Vad, en compoſition pour Mad, bon.
CHANCZUS, caſuel, fortuit. B.
CRANEBA, A. M. chanvre. Voyez Chanaba.
CRANELA, eſquif. Ba. tranſpoſition de Chalan.
CHANEVARIA, A. M. chenevière. Voyez Chaneva.
CHANFARD, fanfaron, drôle, eſpiégle. B.
CHANG, changer. B. De là ce mot. Change en Anglois, changer.
CHANGEIN, changer, commuer, diverſifier. B.
CHANGIA, A. M. échange; de Chang.
CHANIF, canif. B.
CHANJUS, changeant. B. De Chang.
CHANLAW. A CHANLAW, procureur. G.
CHANNAIEIN, ennuyer. B.
CHANNAIUSS, ennuyant. B.
CHANOA, chapeau, petit chapeau. Ba.
CHANTALL, bétail. B.
CHANTELAGIUM, A. M. droit ſur les tonneaux de vin. Voyez Chanter.
CHANTELE, chanceau, eſpace qui eſt entre le maître Autel d'une Égliſe & la baluſtrade qui la ferme.
CHANTELL, chanteau, entâmure d'un pain. B. De là chanteau.
CHANTELLUM, A. M. demeure; de Chantele, qu'on aura étendu à ſignifier clos en général, enſuite habitation.
CHANTELLUS, A. M. chanteau; de Chantell.
CHANTELO, le même que Chantele. B.
CHANTENN, chanteau. B.
CHANTER, chantier, ſoutien de navire qu'on conſtruit, ou de tonneau de vin. B. De là le droit de chantelage.
CHANTERIUS, A. M. chantier, eſpèce de meſure de vin; de Chan, vaſe.
CHANVANARIUS MANSUS, A. M. Voyez Caban.
CHANZA, plaiſanteries. Ba.
CHANZARRIA, plaiſant, divertiſſant. Ba.
CHAOGAT, mâcher. B.

CHA.

CHAOIN, beau. I. Voyez Choem.
CHAOLA, baraque, cabane, chaumière, caſe, gargote, étable, bercail, couvert. Ba. Voyez Cael, Kael, Geol.
CHAONDA, peſon. Ba.
CHAOSTA, cabane, couvert. Ba. Voyez Cota.
CHAPA, A. M. chape; de Cap.
CHAPATESCA, pantoufle. Ba.
CHAPEL, Chapelle. B.
CHAPELA, chapeau. Ba. Voyez Cap.
CHAPELLA, A. M. Chapelle. Voyez Chapel.
CHAPELLARIUS, A. M. chapelier; de Chapela.
CHAPERON, A. M. chaperon, faîte de mur; de Cap.
CHAPET, le même que Gobed. Voyez ce mot.
CHAPINCHOA, petite ſandale. Ba.
CHAPITELLUM, A. M. endroit où l'on place les chariots, charruës & autres inſtrumens du labourage, ainſi nommé de ce qu'il étoit couvert; de Cap. Les payſans en Franche-Comté appellent Chaipot, une place qui eſt devant la porte de l'Égliſe, & qui eſt couverte.
CHAPPALE, A. M. le même que Chapitellum.
CHAPUISIUS, CHAPUSIUS, A. M. charpentier; de Chalp, Chalpat. On a appellé en vieux François un charpentier Chapuis. On dit en Patois de Franche-Comté Chaipuſie pour couper; & en Languedocien Capuſa.
CHAQELLEIN, mâcher. B.
CHAR, le même que Car; comme Chan eſt le même que Can. Voyez Chara.
CHAR, chair. Voyez Charlenn, Charnell.
CHAR, le même que Jar, Sar, Zar. Voyez Ch.
CHAR, le même que Cher, Chir, Chor, Chur. Voyez Bal.
CHARA, bruières, broſſailles. Ba. Voyez Car.
Char, épine en Turc; Echarde en François, petite épine pointuë, ou éclat de bois qui entre dans la chair; Echati, épine en Géorgien.
CHARALICA, ladanum eſpèce de gomme. Ba.
CHARCHARE, A. M. charger; de Carg. Carcare en Italien, charger.
CHARCO, vil, mépriſable, de peu de prix, choſe de peu d'importance. Ba.
CHARDENN, litière qu'on met pourrir pour faire du fumier. B.
CHARDI, appentis. B.
CHARDINA, ſardine. Ba. Voyez Sardinen.
CHARDO, A. M. le même que Cardi.
CHARDONNETT, chardonneret oiſeau. B.
CHARETIL, A. M. la voiture d'un chariot; de Charr, de Carr.
CHARFAGIUM, A. M. droit de chauffage. Voyez Chafagium.
CHARGAGIUM, A. M. chargement; de Carg.
CHARGARE, A. M. chercher; de Qerbat ou Qergat.
CHARGIA, A. M. charge; de Carg.
CHARIARE, A. M. charier; de Charr, de Carr.
CHARIATUS, A. M. chargé; de Carj, de Carg.
CHARIERIUM, A. M. charroi; de Charr, de Carr.
CHARIOTT, chariot. B. De là ce mot. Voyez Carr ou Charr.
CHARIOTUS, A. M. chariot; de Chariott.
CHARITESEN, jarretières. B. De Garr ou Charr, jambe.
CHARIVARI, charivari. B. De là ce mot. Voyez Choari.

CHARIVARIUM

CHA.

CHARIVARIUM, A. M. charivari. Voyez *Charivari*.
CHARLA, babil, loquacité. Ba.
CHARLATARIA, babillard, charlatan. Ba. De là ce dernier mot. *Charle* en Languedocien, trompeur.
CHARLENN, faloir pour viandes. B.
CHARLESEN, vesse exhalaison du corps, courtisane. B.
CHARNELL, faloir pour viandes. B.
CHAROLARE, A. M. sauter, danser; de *Coroll*. *Carole*, *Charole* en vieux François, danse; & *Caroler*, danser.
CHARONCHAT, grincer les dents. B.
CHARONCZ, jarrosse plante. B.
CHARQUERIA, chose méprisable. Ba.
CHARQUI, pauvrement, salement, mal-proprement parlant d'un homme habillé. Ba. De là *Echard* en notre Langue; *Scarzo* en Italien, ce qui manque, ce qui est défectueux, ce qui donne peu. Voyez *Charra*.
CHARRA, méprisable, vil, petit, méchanique. Ba. Voyez *Charqui*. *Cor* ou *Chor*, petit en Gallois.
CHARRANCHA, peigne de lin. Ba. Voyez *Car*.
CHARRATER, chartier. B.
CHARRE, charroi. B. De là ce mot.
CHARRE, trémoussement. B.
CHARRETER, CHARRETOUR, chartier. B. De là ce mot.
CHARRIA, petit cochon. Ba. *Cardudwyn*, petit cochon en Gallois, & *Choiridioun* en Grec.
CHARTELA, table. Ba.
CHARTESA, sorte de robe longue. Ba.
CHARTOA, arbre enté, greffé. Ba.
CHARTROUR, roulier, voiturier, chartier. B.
CHARY, le même que *Choary*. Voyez ce mot & *Charivari*.
CHAS, chiens; c'est le pluriel de *Ci*. B.
CHAS, biére, cercueil. B.
CHAS, le même que *Jas*, *Sas*, *Zas*. Voyez *Ch*.
CHAS, le même que *Ches*, *Chis*, *Chos*, *Chus*. Voyez *Bal*.
CHAS, le même que *Cas*; comme *Char* est le même que *Car*.
CHASCOA, jeu, jouet. Ba.
CHAST, chaste. B. Voyez *Caslidadea*.
CHASTO, A. M. même que *Casto*.
CHAT, le même que *Cat*; comme *Chas* est le même que *Cas*.
CHAT, le même que *Chet*, *Chit*, *Chot*, *Chut*. Voyez *Bal*.
CHATACH, guerre, combat. I.
CHATAL, gros & menu bétail : c'est un nom collectif. On dit cependant, & on lit dans un vieux Dictionnaire, *Ur Chatal*, une bête. I.
CHATALA, agir en bête, agir brutalement. B.
CHATALER, un gardeur de vaches, un brutal. B. Il paroit par *Chatal*, dont il est formé, qu'il a dû signifier tout gardeur de bêtes.
CHATALEREZ, bestialité, brutalité. B.
CHATARRA, vil, méprisable, petit, impoli, incivil. Ba. Voyez *Cas*.
CHATOIR, chaise, siége. Voyez *Ardchatoir*.
CHAUA, pur, net. Ba. Voyez *Coant*, *Choant*.
CHAVARIUM, A. M. charivari : c'est la crase de *Charivarium*.
CHAUBA, pur, net. Ba. Voyez *Chaua*.
CHAUCARIA, purificatoire, qui purifie. Ba.
CHAUCH, guêtre. B. De là notre mot chausses.
CHAUCHEU, gamaches. B.

TOME I.

CHE. 305

CHAUCQAT, mâcher. B. De là *Chaucher* en vieux François, souler avec force : Il se dit encore en Patois de Franche-Comté.
CHAUCZ, tronc d'arbre, tige d'arbre. B. Voyez *Choca*.
CHAUCZER, chaussée, digue. B. De *Chaucz*; parce que les chaussées & digues se font avec des troncs d'arbres. De *Chauczer* est venu notre mot chaussée.
CHAUDOURON, chauderon. B.
CHAUDRON, bassin, lavette. B. De là chaudron en François.
CHAUDRONNATT, chaudronnée. B.
CHAUERA, purification, action de purifier, de nettoyer. Ba.
CHAULAD. A CHAULAD, à califourchon. B.
CHAULYAD. A CHAULYAD, à califourchon. B.
CHAUQUINEZA, impudique. Ba. Voyez *Chaua*; *Quineza* apparemment privatif.
CHAVR. AR CHAVR, le chevalet de la charruë. B.
CHAVRENUS, A. M. chevron; de *Qebri*. *Qevri*.
CHAUTU, purifier, purger, nettoyer, corriger. Ba. Voyez *Chaua*.
CHAUTZEA, purification, purgation, expiation, lustration, action de nettoyer. Ba.
CHAWS pour *Achaws*. Voyez *Cynghaws*. *Choison* en vieux François comme *Achoison*, pour signifier dessein, occasion.
CHAYA, cabaret. Ba. Voyez *Caya*.
CHAZ, l'an passé. Ba.
CHE, voilà. B.
CHE. Voyez *Chea*.
CHEA, menu. Ba.
CHEA. On voit par *Chaya* qu'on a dû dire *Chea* comme *Echea*, maison, habitation. On le voit aussi par notre mot François *Chez*, qui en est formé. *Che*, lieu; *Chu*, habiter; *Cheu*, en cachette; *Que*, maison en Chinois. Voyez *Ches*.
CHEANT, désir. B.
CHEAQUERRIA, minuties. Ba. Voyez *Chea*.
CHEARCAYA, racloir. Ba. Voyez *Car*.
CHEATU, moudre. Ba. De *Chea*.
CHEATZEA, trituration, action de moudre. Ba.
CHECHECATUREN, qui brisera. Ba.
CHEDA, le même que *Chedu*. B.
CHEDEBIURRA, hypocrisie. Ba.
CHEDU, vois, voyez, voici. On lit *Chetu Hy* : la voilà, voilà elle. Ce mot est formé de *Sel* ou *Chel*, regarde-toi. B.
CHEFAUTA, colonne. Ba.
CHEHATUREN, ébranlé. Ba.
CHEINGEEN, chêne. B. *Chen* pour *Cen*, beau; *Geen* pour *Guen*, arbre. Voyez *Casnus*, *Chaisnus*.
CHEITU, tresser. B.
CHELANDIUM, CHELANDRIUM, CHELINDRUS; CHELINDRA, CHELANDRA, CHALANNUS, CHALANDUS, CHELANDURUS, CALANNUS, SALANDRA, SALANDRIA, ZALANDRIA, CHALONNIUM, espèce de vaisseau nommé *Chalant* en vieux François. Voyez *Chalan*.
CHELAOU, CHELAOUI, CHELEUEIN, écouter. B.
CHELAOUI, SELAOUI, ZELAOUI, écouter, considérer. B.
CHELEÜEIN. Voyez *Chelaou*.
CHELLE, habitation, demeure. I. Voyez *Cel*.
CHEM, le même que *Chom*, *Chomm*. B. *Chemer*, se *Chemer*, terme populaire qui se dit particulièrement des enfans qui ont du chagrin, du dégoût,

E eee

ou quelque mal inconnu qui les fait crier, & les empêche de prendre de la nourriture & de profiter. On a aussi dit en vieux François *Chener*, s'ennuyer, sécher d'ennui.

CHEM, le même que *Cham*, *Chim*, *Chom*, *Chum*. Voyez *Bal*.

CHEMEL, le même que *Chom*. B.

CHEMINAL, cheminée. B. *Chiminea*, cheminée en Basque.

CHEMINUS, CHIMINUS, A. M. le même que *Caminus*.

CHEMMEL, habiter. B.

CHEMP, le même que *Hemp*. Voyez *Merch*. De là *Semper*; (le *ch* & l's sont les mêmes) *Semp*, sans; *Ar*, en composition *Er*, arrêt, fin.

CHENECHAL, JENECHAL, SENESCHAL, SENECZAL, Sénéchal. B. Ce mot est Gaulois: Il est formé de *Cwyn*; (prononcez *Coyn*) *Cona*, repas, & *Cal*, sur, au-dessus, préposé. On voit par les anciens monumens que le Sénéchal chez les Princes a été originairement le même que le *Dapifer*, ou le grand maître-d'hôtel, ainsi que nous nous expliquons aujourd'hui. *Maréchal* est pareillement formé de *Marc*, cheval, & *Cal*, au-dessus, préposé.

CHENETELLUS, CHENETRELLUS, A. M. pièce de pâtisserie qu'on appelle encore aujourd'hui en quelques endroits de la Flandre *Canesteau*, qui a trois angles; de *Cen* ou *Chen*, angle.

CHEOLARE, A. M. jetter une boule de cuir avec les pieds. Cette boule s'appelle *Soule*, (on la nomme aujourd'hui plus communément balon) nom qui a le même sens que le Breton *Soul*. On la nommoit en vieux François *Chole* ou *Solle*. (le *ch* & l's se mettent l'un pour l'autre) De *Chole*, *Solle*, on a dit *Choller*, *Chouiller*, *Cheoller*, *Souller*, jouer à la soule. De *Cheoller* est venu le Latin *Cheolare*.

CHEOPINA, A. M. chopine; de *Cwppan*, prononcez *Coppan*.

CHEP a signifié prison. Voyez *Cheper* & *Cheppus*.

CHEP, le même que *Hep*. Voyez *Merch*.

CHEP, CEPPYN, petit bonnet, est formé de *Cap* ou *Cep*, tête, de même que *Bonned*. *Chepecha*, roitelet ou petit roi, est pareillement formé de *Cep* ou *Chep*, Roi, Chef de l'État, & de *Cha*, diminutif. On voit par là que *Cep*, *Chep* ont signifié tête au propre & au figuré; en un mot c'est le même que *Cap*. Voyez *Bal*.

CHEPECHA, roitelet. Ba. Voyez *Chep*; *Cha* de *Choa* diminutif.

CHEPER, géolier anciennement en Breton.

CHEPPUS, A. M. prison; en vieux François *Chep*. Voyez *Cheper*.

CHER, repas, chére, caresses. B. De là chére en François.

CHER, le même que *Cer*; comme *Char* est le même que *Car*.

CHER, le même que *Jer*, *Ser*, *Zer*. Voyez *Ch*.

CHER, le même que *Char*, *Chir*, *Chor*, *Chur*. Voyez *Bal*.

CHERDIN, les cordes d'un tisserand, cordage, tout l'appareil des cordes pour un vaisseau. B.

CHERGONERES, JERGONERES, SERGONERES, sorcière. B.

CHERICZA, chérir. B. De là ce mot. Voyez *Car*, *Cer*.

CHERIES, A. M. visage, face; de *Car* ou *Char*.

CHERPILL, charpie. B.

CHERRADURR, constriction. B.

CHERREIN, enfermer. B. Voyez *C*.

CHERRI, enfermer. B.

CHERRIA, pourceau, cochon. Ba. L'a final est l'article Basque. *Choerm* en vieux François, pourceau; *Choiros* en Grec, pourceau. On voit par *Cherriondea*, *Cherugoca*, que *Cherria* a été étendu à signifier toutes sortes d'animaux.

CHERRIONDEA, chaleur des femelles pour les mâles. Ba. *Ondea*, désir.

CHERRIZAYA, gardeur de pourceaux. Ba.

CHERRON, cheveux lisses, cheveux qui pendent sur l'oreille. Ba.

CHERVATT, ripailles. B.

CHERUGOCA, grossier, nigaud, badaud, bête au figuré. Ba.

CHERVIGIUM. Voyez *Cervigium*.

CHERVIJOUR, serviteur. B.

CHERULAS, A. G. collines ou vallées. Je crois qu'il faut prendre l'*ou* du glossaire disjonctivement, ensorte que *Cherulas* ne signifie qu'une des deux choses indiquées. Il signifie collines; *Cher*, élevation; *Cherul*, petite élevation, colline.

CHERZ, bien, héritage, possession. B.

CHES, lieu, demeure. Voyez *Buches*. De là *Chez* en François. Voyez *Chea*.

CHESRIA, pourceau. Ba. Voyez *Cherria*.

CHET, le même que *Cet*; comme *Cher* est le même que *Cer*.

CHETAL, bétail. B. Voyez *Chatal*. De là *Chetel*, *Cheptcil* en François, certain nombre de bêtes que l'on donne en société.

CHETINEA, A. M. petits bois; *Chet*, bois; *In* diminutif.

CHETU, JETU, SETU, ZETU, voici. B. Voyez *Chedu*.

CHEV, tête. Voyez *Cap* & *Cheviare*.

CHEVANCIA, A. M. biens, facultés, possessions; en vieux François *Chevance*. Voyez *Cabentia*.

CHEVEC'H fresaie oiseau. B. *Cheveche* en François; fresaie, chouette.

CHEVER, le bois qui entre dans le soc de la charruë. B.

CHEVIARE, A. M. en vieux François *Chevir*, terminer une affaire, transiger, convenir; *Chevisantia*, en vieux François *Chevisance*, par crase *Cheance*, accord, convention, transaction; de *Chef* ou *Chev*, fin. (Voyez *Cap*) On disoit venir à *Chef*, pour venir à fin; de là *Achevi* en Breton, achever. Voyez aussi *Cabentia*.

CHEVIN, le même que *Cefin*. G.

CHEVISANTIA. Voyez *Cheviare*.

CHEULIS, golfe. E. Voyez *Cal*.

CHEUPTANUS, A. M. Capitaine; de *Capten*. Voyez *Cap*, *Chev*.

CHEVREENN, chevrette petit poisson. B.

CHEVRO, CHEVRONUS, A. M. chevron; de *Qebr* ou *Qevr*.

CHI, petit, étroit, serré. Voyez *Chidorra*.

CHIA, queuë, longue queuë d'une robe. Ba.

CHIA, pays. Voyez *Brochia*.

CHIBANOGL, flute. G.

CHIBIA, seche poisson. Ba. De là *Sepia* Latin.

CHIBIA, drogue dont se servent les orfèvres, appellée en Latin *Xibium*. Ba.

CHIBISTEA, griffon, ruban. Ba. Voyez *Cipio*.

CHIBOUDENN, piquette, piscantine. B.

CHIBOUTT, boisson de marc, piquette. B.

CHIC, menton, le bas du visage, le dessous de la bouche. B.

CHIC, petit, de peu de valeur, qui donne peu, avare, tenace, dur. Voyez *Chicanour*, *Chica*,

CHI.

Chiquia, Cicoitsa. De *Chic* est venu *Chiquet*, mot usité dans quelques Provinces pour signifier peu. *Chicot*, un petit morceau de bois ; *Déchiqueter*, couper en petites parties : On disoit en vieux François, *Echiqueter* & *Chiqueter*. *Chiche*, avare, qui donne peu. *Chucon* en Anjou, un petit moucheron ; *Chinches* en Normandie, des chiffons, des guenilles ; *Chicchi*, petite parcelle, chose mise en poussière en Persan ; *Kici*, petit en Turc ; & *Kyſſe*, bref, court. *Enchiqué*, peu en Galibi ; *Chicquen*, poulet en Anglois ; *Chico* en Espagnol ; *Chiqui* en Gascon, petit.

CHIC. Voyez *Cicorea*.

CHIC, le même que *Chac*, *Chec*, *Choc*, *Chuc*. Voyez *Bal*.

CHIC, pointe. Voyez *Chica*, *Cica*.

CHIC, le même que *Jic*, *Sic*, *Zic*. Voyez *Ch*. De là *Sica*, poignard.

CHICA, selon le Pere de Rostrenen, crépir ; selon Dom le Pelletier, piquer avec un marteau ou autre gros outil. *Chica Maen*, piquer la pierre pour y faire tenir l'enduit. *Chica* signifie aussi découper, hacher menu, mâcher ; *Chiket*, découpé, haché, mâché, piqué. B. Voyez *Chic*.

CHICANADEN, chiquenaude, inquiétude de plaideur. B.

CHICANODEN, chiquenaude. B.

CHICANOUR, chicaneur, homme qui vetille, qui forme de petites difficultés. B. Voyez *Chic*.

CHICHA, tumeur au front ou au col. Ba. *Chichon* en Espagnol.

CHICHAR BELARRA, auronne plante. Ba.

CHICHEN, le pivot du dévidoir, assiette, situation. B.

CHICHERRA, grêle météore. Ba.

CHICHI, viande. Ba. *Chicha* en Espagnol. Voyez *Cic*.

CHICHON, tumeur. Ba. De même en Espagnol.

CHICQ, menton. B. C'est le même que *Chic*.

CHICQ, chut, silence. B.

CHICUM, A. M. château, place forte ; de *Chych*, fort. *Chichu*, enceinte en Persan ; *Kigh*, métairie en Arménien, & *Kiog*, Village. *Kiosk*, palais en Turc ; *Kucza*, chaumière en Polonois.

CHIDORRA, détroit, manche de la mer. Ba. *Chi* de *Chic*, petit, étroit, serré ; *Dor*, eau, mer.

CHIERRAT, A. M. le même que *Chirat*.

CHIFF, chagrin, tristesse, affliction, regret, douleur, peine d'esprit, consternation, qui cause de la douleur à quelqu'un, animosité, fâcherie. B.

CHIFFA, CHIFFEIN, chagriner, causer de la peine, affliger. B. On dit parmi le peuple *Chiffonner*, pour causer du chagrin.

CHIFFONES, A. M. de très-mauvais souliers. *Chiffouna* en Breton signifie chiffonner, bouchonner, mettre en tas sans ordre. Comme ce n'est que les mauvaises piéces de drap, de linge, qu'on a coûtume de mettre ainsi en tas, de là vient qu'on a appellé *Chiffon* en notre Langue, *Chiffone* en Italien, les morceaux de mauvais linge, de drap usé ; de là on aura étendu ce mot à signifier tout ce qui est usé, tout ce qui est de rebut, de mauvais souliers, des souliers troués, des souliers usés.

CHIFFOUNA, chiffonner, bouchonner, mettre en tas sans ordre. B.

CHIFRAUDEN, chiquenaude. B.

CHIGN AVAL, un bois qui joint le côté gauche du soc de la charruë. B.

CHIGORTU, se brûler, se rôtir. Ba, Voyez *Gore*.

CHI. 307

CHIGORTUA, rôti, brûlé. Ba. Voyez *Chigortu*.

CHIKENAUDEN, chiquenaude. B.

CHIKI, coupé. Voyez *Chikiratua*, & *Chica*. *Chiqueté*, couper en Galibi.

CHIKIRATUA, eunuque. Ba. Voyez *Chiki*.

CHIL, le même que *Cil*, comme *Cher* est le même que *Cer*.

CHIL, le même que *Chal*, *Chel*, *Chol*, *Chul*. Voyez *Bal*.

CHIL, le même que *Jil*, *Sil*, *Zil*. Voyez *Ch*.

CHILBA. Voyez *Chilpat*.

CHILIABILIA, chose inutile ; *Chiliabiliac*, bagatelles, impertinences. Ba. Voyez *Chillac*.

CHILIBITUA, flute. Ba. Voyez *Chiloa*.

CHILINCHA, clochette. Ba. Voyez *Chillae*.

CHILL, CHOUCQ AR CHILL, chaînon du col. B. *Choncq*, col.

CHILLA, soliveau, chevron. Ba. Voyez *Cil*.

CHILLAE, A. M. les petites cloches ; de *Cill* ou *Chill*, petit. Les Gascons appellent ces petites cloches *Eschilles* ou *Esquilles*. On nomme en notre Langue *Esquille* une petite piéce de bois ou d'os En comparant ce mot, *Chilincha*, *Cil* ou *Chil* avec *Chilibilia*, on voit que *Cil*, *Cill* ou *Chil*, *Chill* ont signifié en général petit en tout genre, tout ce qui ne vaut rien, tout défaut, tout manquement. On dit parmi le peuple à Besançon qu'un homme est *Chille*, lorsqu'il n'a point d'argent. On dit à Ornans *S'échiller d'argent*, pour se dépouiller de son argent. *Essiller*, *Echiller*, *Exiller* en vieux François, gâter, ravager, détruire ; *Chyelle* en Patois d'Alsace, foible ; *Chil*, fol en Arménien ; *Chilai* en Hébreu, mesquin. Voyez *Cil*.

CHILOA, orifice. Ba.

CHILODUA, flute. Ba.

CHILOSUS, A. M. paroit signifier petit ; de *Chil*.

CHILPAT, CHILPA, CHILBA, SILPA, abboyer parlant des chiens de chasse ou des petits chiens. *Chilpaden*, cri de cette sorte. B.

CHILPER, abboyeur, crieur importun. B.

CHILPEREZ, abboi des chiens quand ils chassent. B.

CHILPERIEN, abboyeur. B.

CHILPUS, impatient. B.

CHILPYON, petit chevalier espèce d'oiseau de mer. B.

CHIMALA, fiévre. Ba.

CHIMALAC. FICO CHIMALAC, fruits du figuier. Ba.

CHIMALDUREN, qui séchera, qui se fanera. Ba.

CHIMICA, punaise. Ba. De là *Cimex* Latin.

CHIMICHERICQ, petit criailleur parlant d'un enfant. B.

CHIMINAL, cheminée. B. Voyez *Chiminea*, *Simnai*, ou *Chimnai*.

CHIMINEA, cheminée. Ba. De là ce mot.

CHIMINOGUILLEA, peintre ridicule. Ba.

CHIMISTA, éclair. Ba.

CHIMITUA, cheminée. Ba. Voyez *Chiminea*.

CHIMUA, singe qui a une queuë. Ba. De là *Simia*.

CHIMUCARDEA, pincette ou tenette de chirurgien. Ba.

CHIMUPAYA, sphinx. Ba.

CHIN. Voyez *Chan*.

CHIN, le même que *Sin*. Voyez *Ch*.

CHINCA, japper. B.

CHINCHA, punaise. Ba. *Chinche*, punaise en Espagnol.

CHINCHA, petite pierre. Ba.

CHINCHOLA, diminutif de *Chincha*. Ba.
CHINDA, CHINTA, étincelle. Ba. Voyez *Cynne*.
CHINDORDINA, chrysolithe pierre précieuse. Ba.
CHINDURIA, fourmi aîlée, fourmi. Ba.
CHINEHA, petite pierre. Ba. *China*, petite pierre en. Espagnol.
CHINELA, chaussure grossière, pantoufle. Ba.
CHINGARRA, chair de pourceau. Ba.
CHINGARRA, caillou. Ba.
CHINGORA, grêle météore. Ba.
CHINGURRIA, fourmi aîlée, fourmi. Ba.
CHINQA, CHINQAT, abboyer parlant des chiens de chasse ou des petits chiens. B.
CHINQEREZ, abboi des chiens lorsqu'ils chassent. B.
CHINTA. Voyez *Chinda*.
CHIORA, jonc. Ba. *Cors*, jonc en Breton ; *Cho*, jonc en Chinois.
CHIOTA, couverture de tête, couverture de tête de femme. Ba. *Chia*, couverture de tête en Espagnol.
CHIP, petit, de peu de valeur. Voyez *Chipotal*, *Chipi*, qui sont le même.
CHIPI, petit. Ba. Ce mot est le synonime de *Chiqui*, *Chic*, il en a par conséquent toutes les significations. *Chipauls* en vieux François homme dont les habits sont en lambeaux, couvert de guenilles, de haillons ; *Chip*, hacher, tailler, couper ; *Copeau*, éclat de bois, piéce, morceau en Anglois. Voyez *Chipotal*.
CHIPIA, petit. Ba. C'est *Chipi*, avec l'article *a*.
CHIPIAC, humble. Ba.
CHIPIENA, très-petit. Ba.
CHIPITACO, petit. Ba.
CHIPITACOAC, modique. Ba.
CHIPITU, j'appétisse, j'accourcis, j'abbrége. Ba.
CHIPOTAL, marchander par petites sommes, contrarier, contrepointer. Ba. De là *Chipoter* en François, vetiller, barguigner, marchander par petites sommes : on dit *Chipoua* en Patois de Franche-Comté. *Chipoter* en vieux François a encore signifié boire goute à goute, boire à petits traits. *Cheap* en Anglois, à bon marché. Voyez *Chipi*.
CHIPOTEREAH, pointillerie. B.
CHIQANADEN, chignon. B.
CHIQEIN, meurtrir. B. Il. signifie aussi fraper. Voyez *Ciqenauden*, *Chiqenauden*.
CHIQENAUDEN, chiquenaude. B. De là ce mot. On a dit aussi *Chinquenaude*.
CHIQEREAH, meurtrissure. B.
CHIQUERAELL, assommoir. B.
CHIQUERTU, j'appétisse, j'accourcis, j'abbrége. Ba.
CHIQUIA, petit, court, menu. Ba. C'est le même que *Chiki*. *Chic* en Languedocien ; *Chico*, *Chiquito* en Espagnol, petit ; *Chic* en Gascogne, petit, menu, une fort petite portion ; *Kikkos* en Grec dans Hesychius est un synonime de *Diachorisu*, qui signifie séparation & division en petites parties. Voyez *Chic*.
CHIQUIERA, diminution. Ba.
CHIQUIRANZDUNA, semblable à un eunuque. Ba.
CHIQUIRATUAREN, semblable à un eunuque. Ba.
CHIQUIROA, mouton. B.
CHIQUITU, j'appétisse, j'accourcis, j'abbrége. Ba. Etant formé de *Chiqui*, il en a toutes les significations.
CHIR, grosseur, tas, élévation. Voyez *Chiri*.
CHIR, le même que *Jir*, *Sir*, *Zir*. Voyez *Ch*.
CHIR, le même que *Char*, *Cher*, *Chor*, *Chur*. Voyez *Bal*.

CHIRAT. On appelle ainsi dans le Lyonnois ces tas des pierres ramassées dans les champs lorsqu'on les cultive. *Chiron* dans les anciens titres de Franche-Comté signifie un tas de foin ; de *Chir*.
CHIRI, s'enfler, se grossir, apostumer, s'enflammer. B. On voit par là que *Chir* a dû signifier grosseur, élevation, tas. Voyez *Sier*, qu'on peut écrire & prononcez *Chier*, qui est le même que *Chir*. Voyez *Chirola*.
CHIRICORDA, bande, bandelette. Ba. Voyez *Cord*.
CHIRIMOLIA, tourbillon. Ba.
CHIRIRIA, endroit glissant. Ba.
CHIRIVIA chervis plante. Ba. De là *Chirivias* en Espagnol, & *Chervis* en François.
CHIRLAC, coquille de mer. Ba.
CHIRMENDU, branche de vigne qui porte du fruit, branche de palmier. Ba.
CHIROLA, flux, la marée montant, flot. Ba. Voyez *Chir*.
CHIROLA, flûte. Ba.
CHIROLARIA, joueur de flûte. Ba.
CHIRQUIA, circuit, inflexion, subterfuge. Ba. De là *Circum*, *Circa* Latins, *Circuit* François. Voyez *Cerca*.
CHIRRISCA, cigale. Ba.
CHIRRITA, poulie, moufle. Ba.
CHIRRITA, son, cri, bruit des moineaux, des souris & de semblables animaux. Ba.
CHIRRITAZE, verbe formé de *Chirrita*. Ba. *Chirriar* en Espagnol.
CHIRULA, flûte. Ba.
CHISA, urine. Ba.
CHISCUEPAILLEA, coupeur de bourse. Ba.
CHISEALGUITEA, torréfaction terme de chimie. Ba.
CHISNUS, A. M. chêne. Voyez *Chaisnus*.
CHISTA, petit pieu, échalas. Ba. Voyez *Chit*.
CHISTEA, plaisanteries. Ba.
CHISTMISTA, éclair, foudre. Ba.
CHISTORCOA, châtaigne, marron, gland, datte. &c. Ba. Voyez *Cist*.
CHISTUA, flûte. Ba. Voyez *Chuitel*.
CHISTUA, salive. Ba. Voyez *Chwysu*.
CHIT, très-petit. Ba. De là *Chetron* en vieux François, petite caisse au côté d'un coffre de bois ; *Chet*, petite ; *Tron* de *Tronczad*, caisse. Voyez *Chital*.
CHIT, très-heureux, très-saint, très-bon, très-studieux, très-habile, très-ami. Ba. On voit par ces termes *Chitez*, *Chitezcoa*, *Chito*, que *Chis* est la marque du superlatif, & qu'on l'employe pour désigner toute qualité au superlatif en sous-entendant le positif.
CHIT, le même que *Jit*, *Sit*, *Zit*. Voyez *Ch*.
CHIT, le même que *Chat*, *Chet*, *Chot*, *Chut*. Voyez *Bal*.
CHITAL, piailler, crier comme les poussins. B. Voyez *Chit*, *Chitea*.
CHITEA, poulet. Ba.
CHITEZ, très-ami. Ba. On voit que c'est le même que *Chit*, ce qui se confirme par *Chitezcoa*.
CHITEZCOA, superlatif. Ba. Voyez *Chit*.
CHITO, très-bon. Ba. C'est le même que *Chit*.
CHITOA, poulet. Ba.
CUITORIA, jaune. Ba.
CHIVERIA, A. M. civière ; de *Cib*, *Ber*.
CHIVR, salicot. B.
CHIZ. E CHIZ, comme. B. de *Qiz*.

CHIZCUA,

CHI.

CHIZCUA, bourse. Ba. Voyez Cist.
CHLAD, serrure, chaîne, fers des pieds. I.
CHLAIAR, tiéde. G. C'est le même que Claiar.
CHLEIDE, foire. I.
CHO, petit. Voyez Gouer, Chouer. Go, Chon en Auvergnac, petit lait.
CHO, le même que Jo, So, Zo. Voyez Cb.
CHO, le même que Cha, Che, Chi, Chu. Voyez Bat.
CHOABERDEA, loriot, verdier oiseau. Ba.
CHOAD. Voyez Coad.
CHOAER, le même que Choar. B.
CHOAGAT, CHOAGHEIN, mâcher. B.
CHOAISEIN, choisir. B.
CHOALENN, sel. B.
CHOAN, CHUEN, ou CHWEN, pain blanc; Bara se met devant si l'on veut; Ur Choanen, un pain blanc, autrement Ur-Bara-Choanen, Ur-Bara-Choan. B. De Can ou Chan, blanc. Dans le Maine on dit burlesquement du Choane pour du pain blanc. Voyez Chosnea.
CHOAND, désir, résolution, dessein, intention, souhait, envie, passion. B. De là Couenneux en vieux François, qui désire.
CHOANN; singulier Choannen, puce; plurier Chéenn. Les Vennetois prononcent Huen, singulier Huennen. Quelques-uns après l'article disent Venn, & Fenn. B. Voyez Chwannen.
CHOANT, courage, sentiment. I. Voyez l'article suivant.
CHOANT, désir. B. C'est le même que Choand.
CHOANTAA, désirer. B.
CHOANTEC, désireux, désirable. B.
CHOANTEGEZ, désir. B.
CHOAR, sœur; Choar Gaer, belle-sœur. B. Kouir, sœur en Arménien. Voyez Chwaer, prononcez Choar; de Choar, on a fait par crase Chor ou Sor, d'où est venu le Soror Latin; Sœur François, B.
CHOARAIS, carême. B.
CHOAREC, belle-sœur. B.
CHOARI, jouer, jeu, se divertir, rire. B. Voyez Choary. L'i & le ch se mettant l'un pour l'autre, on a dit Joari comme Choari, d'où est venu notre mot François jouer. Les Paysans en quelques Provinces du Royaume prononcent Joar, Jouar.
CHOARIEL, diminutif de Choari, jeu d'enfans; niaiserie, badinerie. B.
CHOARREA, moineau. B.
CHOARRUVOUT, CHOARUOUT, CHOARVEZOUT, arriver, avenir. B.
CHOARS. Voyez Choarz.
CHOARY, jeu, divertissement. B. De Choary ou Chary est venu Charivari, jeu, plaisanterie qui fait peine; Vari en composition pour Mari, chagrin. Voyez Mariel. Voyez Chwary.
CHOARY, A CHOARY GAER, à verse parlant de la pluie. B. A la lettre à beau jeu.
CHOARY, CHEVALIRY, coupetête, jeu d'enfant. B. On l'appelle cheval fort à Besançon.
CHOARYELL, hochet, jouet d'enfant. B.
CHOARYER, badin, berlandier, qui fréquente les jeux. B.
CHOARZ, ris. B. Voyez Choari.
CHOARZADENN, éclat de rire. B.
CHOARZER, rieur. B.
CHOARZIN, ris, rire. B. Voyez Choari; Chwerthin.
CHOAS ou CHOAZ, derechef, encore, de plus, outre. Choasic diminutif, encore un peu. B.
CHOAS, choix. B. De là ce mot.

TOME I.

CHO. 309

CHOASA, choisir. B. De là ce mot Chuse en Anglois, choisir.
CHOAT. Voyez Coad.
CHOAZ, derechef, encore, de plus, outre, Choasic diminutif, encore un peu. B.
CHOCA, chaumière. Ba. De même en Espagnol. Voyez Chouqein.
CHOCA, pal, pieu, échalas, baguette. Ba.
CHOCA, A. M. souche. Les Picards disent Choque; les Franc-Comtois disent Cuche. On dit à Metz qu'un homme est un Changau, pour dire qu'un homme est méprisable & par sa mine & par ses qualités personnelles, que c'est une souche. (Les Latins appelloient de même un sot Stipes) Chocho, stupide, sot, bête en Espagnol. Voyez l'article précédent & Chauce.
CHOCACIUM, A. M. troncs d'arbres coupés; de Choca.
CHOCARRA, chaumière, cabane de joncs. Ba. Voyez Choca.
CHOCARRERO, comédien, bouffon. Ba. Voyez Choary.
CHOCAT, mâcher. B. De là Choc, choquer en notre Langue; Choquela, hachis; Cosca, contusion; Coscatu, meurtrir en Basque; Schocken en Allemand, & en Flamand; Scacan en ancien Saxon; Shake, prononcez Chake en Anglois; Skaka en Suédois & en Islandois, signifient secouer, agiter, remuer, ébranler. Choca, joûte en Espagnol; Coccar en Espagnol; Scaccare en Italien, choquer.
CHOCATEA, porte de derrière. Ba.
CHOCATZIA, angle, aigu. Ba.
CHOCHA, style, rayon. Ba.
CHOCHIA, A. M. cuisine. Voyez Cochia.
CHOCHLOA, brodequin. Ba.
CHOCO, lieu caché. Ba.
CHOCOA, angle. Ba.
CHOCOAN, argent. Ba.
CHOCORATU, cacher son argent. Ba. Achocar en Espagnol, mettre son argent dans quelque lieu caché.
CHOD. Voyez Coad.
CHODRON, chaudron. B.
CHOED. Voyez Coad.
CHOEH, esseau. Ba.
CHOEM, béau. I. Voyez Cesn, Cain, Coint.
CHOENENN, puce. Choenenn Vailh, pou burlesquement. B.
CHOENENN, miche, pain. B. On nommoit une miche ou pain en vieux François Choine.
CHOET. Voyez Coad.
CHOFFET, chaufferette. B. On dit encore Choffette en Franche-Comté. Voyez Choffeta.
CHOFFETA, petit réchaud, chaufferette. Ba. Voyez Choffet.
CHOHE, cher. E. Voyez Choem, Choand. De là notre mot François choyer.
CHOIL, paille. Ba. Voyez Col ou Chol.
CHOIN. O CHOIN, contre. I.
CHOINT en vieux François, le même que Coint. Voyez Coent.
CHOIR, chœur. G. Voyez Chor.
CHOIS, alternative, choix. B. De là ce dernier mot. Voyez Choas.
CHOISQUERIAC, jouet d'enfans, poupée. Ba.
CHOLLE TARO, taureau. B.
CHOM, CHOUM, CHEMEL, demeure, habitation, loger, demeurer, s'arrêter, retardement; attente, halte, attendre, tarder. B. De là Chomet

F fff

en notre Langue, férier, s'arrêter, ne rien faire. En Franche-Comté on appelle *Somar*, la terre qui se repose, qui n'est point ensemencée ; *Chom* ou *Som*, reposer ; *Ar*, terre. L'*a* & l'*o* se mettant l'un pour l'autre, & l'*m* se changeant en *v*, on a appellé *Savar* dans le Soissonnois, dans le Rhemois & dans quelques autres Provinces, une terre en friche, une terre qu'on ne cultive pas. *Chon* en Hébreu, tente, camp, & *Chomah*, muraille. *Chen*, Village en Arménien ; *Con*, lieu, habitation en Persan, & *Cone*, palais, *Achun*, étable en Persan ; *Chez*, lieu en Tonquinois ; *Chung* ou *Chum*, habitation en Chinois ; *Chom*, *Quon*, *Cum*, palais en Chinois. *Kum* en Chinois, tardif ; *Konilmak*, loger en Turc ; *Koma* en Grec, affection soporeuse & léthargique ; *Egona*, *Egontza* en Basque, séjour, domicile. Voyez *Com*, *Kom*, *Hom*, *Chem*, *Cham*, *Chomm* qui sont les mêmes. De *Chom* ou *Com* est venu *Chaumeny* en vieux François, épithète que l'on donnoit à du pain fort vieux qu'on avoit trop tardé de manger.

CHOM, le même que *Cham*, *Chem*, *Chim*, *Chum*. Voyez *Bal*.

CHOM, le même que *Jom*, *Som*, *Zom*. Voyez *Ch*. Voyez *Siomm*.

CHOMACH, demeure, maison, logis. B.

CHOMATA, A. M. digues, chaussées pour retenir les eaux ; de *Chom*, arrêter.

CHOMBOUT, maison ou pavillon qui consiste en une seule chambre ou cuisine avec un galetas. B.

CHOMEIN, chommer, résider. B. Voyez *Chom*.

CHOMER, CHOMER, prendre. B.

CHOMI, verbe formé de *Chom*. B.

CHOMM, patienter, durer, tarder. B. C'est le même que *Chom*.

CHOMMAICH, chommage, fériation. B. De là chommage.

CHOMMEIN, demeurer, loger, attendre, s'arrêter. B.

CHOMPEA, pavé. Ba.

CHON, beau. I. C'est une crase de *Choem*.

CHONCH, souvenir. B.

CHONGEIN, penser. B. De là *Songer* pour penser.

CHONGER, taciturne. B.

CHONGH, jugement. B. On dit parmi nous *je Songe*, pour *je pense*.

CHONOCHA, pente sur des vallées pleines d'eau. E. Voyez *Com*.

CHOO, taupe. B.

CHOPA, A. M. houpelande ; de *Cap*, *Chap*.

CHOPIN, chopine. B. De là ce mot. *Schoppen* en Allemand, une certaine mesure de vin ; *Schkop* en Tartare de Crimée, vase à boire. Voyez *Cop*, *Cwppan*.

CHOQAT, mâcher. B. Voyez *Choquela*.

CHOQUELA, hachis. Ba. Voyez *Choqat*.

CHOQUEZQUIA, angle. Ba.

CHOQUIA, angle. Ba.

CHOR, chœur. B. I. Voyez *Choir*, *Cor*.

CHOR, fol. Voyez *Choralda*, *Choroa*.

CHOR, foible, imparfait, mince, petit, délié, aigu, subtil. Voyez *Choroistu*, *Chorroistu*, *Chorrocha*, *Corr*.

CHOR, supérieur. Voyez *Cherroistu*, *Cherroistzallea*. Voyez *Cor*, le même que *Gor*.

CHOR, le même que *Jor*, *Sor*, *Zor*. Voyez *Ch*.

CHOR, le même que *Char*, *Cher*, *Chir*, *Chur*. Voyez *Bal*.

CHORA, piscine, étang. I.

CHORABILLA, petit oiseau. Ba. Voyez *Choria*.

CHORALDA, semblable à un fol. Ba. *Alda*, semblable ; *Chor* par conséquent fol. Voyez *Choraqueria*, *Choroa*.

CHORAQUERIA, folie. Ba.

CHORDA, A. G. corde. *Cordyn* en Gallois ; *Qordenn* en Breton ; *Corde* en François ; *Chorde* en Grec, corde.

CHORE, bouillon plante médicinale. B.

CHOREVENN, molene plante. B.

CHOREARE, A. M. danser ; *Chorea*, danse ; *Coroll* ; danse en Breton ; *Chore*, danse en Grec. Voyez *Chorus*.

CHORIA, oiseau. Ba.

CHORIA, moineau. Ba.

CHORIA, bourgeon, bube, petite tumeur. Ba. Voyez *Gort*.

CHORIANDEA, alouette, cochevis. Ba.

CHORIBURU, jeune, leger. Ba.

CHORICANARIA, serin de canarie. Ba.

CHORIEMEA, moineau. Ba.

CHORIMALOA, épouventail d'oiseaux. Ba. *Chori*, oiseau ; *Maloa* par conséquent épouventail.

CHORITAE, A. M. les Clercs intrus par la puissance des Grands ; de *Chor*, supérieur, grand.

CHOROA, sot, imbécille, tête sans cervelle. Ba.

CHOROISTU, j'affoiblis, je diminue, j'aiguise. Ba. On voit par ce mot que *Chor* a signifié tout ce qui est petit, tout ce qui est moindre, tout ce qui est foible, imparfait, mince, délié, aigu, subtil. Voyez *Corr*, *Chorrocha*.

CHORRO, ruisseau, torrent. Ba.

CHORROCHA, subtil, délié, mince. Ba.

CHORROISTU, j'affoiblis, je diminue, j'aiguise. Ba.

CHORROISTU, je commande une armée. Ba. Voyez *Cor*, de *Gor*.

CHORROISTUA, aigu. Ba.

CHORROISTZALLEA, Général d'armée. Ba.

CHORTA, goutte. Ba.

CHORTENA, la queue des fruits & des feuilles. Ba.

CHORUS, instrument de musique chez les Gallois. *Giraldy*, description du pays de Galles, *C. II*.

CHOSIA, mieux *CHESIA*, A. M. chaise ; de *Chet*. Voyez *Choucq* & *Cathair*.

CHOSNEA, pain mollet. Ba. *Choine* en vieux François, pain blanc. Voyez *Choenenn*.

CHOT, jouë, mâchoire. On dit aussi *Jot*, *Jodt* ; *Javet*, *Chotad*, *Javedad*, soufflet, coup de la main ouverte sur la jouë. On a aussi écrit *Chout*. De *Chotad* est venu *Chotada*, souffleter. B.

CHOT, bois. Voyez *Coad* & *Cot*. *Choter*, bâton, verge, petite verge en Hébreu. *Chatar* en Chaldéen, fraper d'un bâton, fermer de haye, haye. *Chatar* en Arabe, arbrisseaux, rameau.

CHOT, le même que *Jot*, *Sot*, *Zot*. Voyez *Ch*.

CHOT, le même que *Chat*, *Chet*, *Chit*, *Chut*. Voyez *Bal*.

CHOTAD. Voyez *Chot*.

CHOTADA. Voyez *Chot*.

CHOTILLA, joli, beau, chose bien polie, unie. Ba.

CHOUCQ, chignon, derrière du col, selon le Pere de Rostrenen. Dom le Pelletier explique ainsi ce mot, *Chouc*, vertèbre, épine du dos depuis le col jusqu'à la ceinture, le dos. Le nouveau Dictionnaire manuscrit porte : *Samma Voar e Chouc*, charger sur son col ; *Chouc Ar-Chil*, la nuque du col ; *Chouc en Dorn*, le dos de la main ; *Mellou Ar Chouc*, la moëlle des vertèbres, les vertèbres mêmes. On écrivoit autrefois *Scouc*, *Chueca* en Espagnol, vertèbre. Il y a un jeu de jeunes garçons dit en Bretagne *Chouc e Ben*, mot à mot ;

CHO.

dos en tête : c'est quand ils mettent la tête en bas, & par un effort de jambes se renversent sur le dos ; *Choukzin*, s'asseoir ; *En e Chouc*, en son séant. B.
CHOUEQ, action de s'asseoir. B.
CHOUCQEIN, dormir legérement. B.
CHOUD, desir, envie. B. De *Chw*. Voyez *Chwec*.
CHOUDEVEZ. *A CHOUDEVER*, depuis, du depuis. B.
CHOUER, ruisseau. B. *Chorro* en Basque ; ruisseau, torrent, courant d'eau ; *Chorro* en Espagnol, ruisseau, torrent, source d'eau, gâchis ; *Koritto*, abbreuvoir en Esclavon ; *Gurre*, fontaine en Albanois ; *Escourre*, ruisseau en Gascon ; *Choume* en Patois de Genes, rivière ; *Chiour*, eau en Arménien ; *Kor* en Hébreu, eau qui jaillit ; *Charad* en Chaldéen, torrent ; *Chouri*, laver en Persan ; *Kaveri*, fleuve en Talenga ; *Khoi*, ruisseau en Tonquinois ; *Choui*, eau en Chinois ; *Chuen*, torrent, rivière, fleuve en Chinois ; (les Chinois n'ont point d'*r*) *Cur*, eau en Japonois ; *Zcharo*, *Zuano*, fontaine en Géorgien ; *Kakarron*, torrent en Hottentot, *Corrotogo*, potage, sausse en Galibi ; *Koya*, verser davantage en Groenlandois. Voyez *Chroebh*.
CHOUERENN, ruisseau. B. Voyez *Chouer*.
CHOUQRIN, demeurer, s'asseoir, se placer. B. *Choca* en Basque, chaumière ; *Choca*, cabane en Espagnol ; *Kucchia*, maison en Esclavon, & *Kucchiza*, chaumière.
CHOURICAT, le même que *Grigoura*. B.
CHOURICQ, bruit d'une charrette. B.
CHOURICQA, CHOURICQEIN, grincer, faire du bruit comme les roues d'une charrette, les portes & autres machines qui ont besoin d'être graissées pour faciliter leur mouvement. B.
CHOURIQUEIN, craqueter des dents, érisser. B.
CHOUSQUED. LOUSAOUEN AR CHOUSQUED, jusquiame. B.
CHOUY, vous. B.
CHRENDEN, homme courtaut. B. De *Cren* & *Den*.
CHRENNARD, homme courtaud. B.
CHROEBH, ruisseau, rameau. I. Voyez *Chouer*.
CHROTTA, instrument de musique chez les anciens Bretons, au rapport de Fortunat. Voyez *Crwth*, *Croth*, *Crowde*.
CHUALEN. Voyez *Iualen*.
CHUANAD, soupir. B.
CHUCATU, je puise l'eau, j'épuise l'eau, je succe l'eau, j'absorbe, j'avale, je mets à sec. Ba. De là le Latin *Sugo*, & le François *Succer*. Voyez *Chugueïn*.
CHUCATZARIA, qui succe, qui absorbe, qui avale, &c. Ba. Voyez *Chucatu*.
CHUCAYA, vase. Ba. *Chuen*, *Chun* en Chinois, vaisseau.
CHUCEN, dirigeant, dressant. Ba.
CHUCHUEN, CHUCHUER, qui s'amuse. B. *Chu* en Chinois, repos. Voyez *Chut*.
CHUCURLA, murmure. Ba. De là *Susurro* Latin, le *ch* se change en *s*. De là *Chuchiller* parmi le peuple ; & *Chechillie* en Patois de Besançon, parler bas, parler à l'oreille
CHUCUNA, beau de visage. Ba.
CHUEC, affable, doux d'humeur, clément. B.
CHUEC'H, six. B.
CHUECZ, odeur. B. De là *Suavis* Latin.
CHUECZA, odorer, flairer, sentir. B.
CHUEDA, vomir. B.
CHUEDER, alouette. B.

CHU. 311

CHUEDERIC, alouette. B.
CHUEH, six. On dit en Patois de Besançon *Chuh*. *Cheste* en Russien, six.
CHUEN. *A CHUEN*, à la renverse. B. De là *Chu*, cheoir.
CHUENGL, sarcloir. B.
CHUENNAT, sarcler. B.
CHUERO, amer, acre, absynthe. B.
CHUERV, amer. B. C'est le même que *Chuero*.
CHUERVISON, pissenlit plante. B.
CHUERZIN, rire. B.
CHUES, sueur. B. Voyez *Chwys*.
CHUES, le même que *Chuec*. Voyez *Aru* ; de là *Soze* en vieux François, agréable. Voyez *Chuchurla*.
CHUESENN, crise. B. Voyez *Chues*.
CHUESI, sueur. B.
CHUEVRER, février. B.
CHUEZ, souffle, senteur ou odeur. B. Voyez *Chwec*.
CHUEZA, souffler, enfler, bouffir, sentir, flairer, tirer de l'odeur par la respiration du nez, par le sens de l'odorat. B. Voyez *Chwyth*.
CHUEZA E FRI, moucher. B.
CHUEZADENN, souffle, senteur ou odeur. B.
CHUEZECQ, seize. B.
CHUEZEGUELL, vessie, ampoule, bosse, tumeur, petite bouteille qui se forme sur l'eau quand il pleut B.
CHUEZER, gloseur. B.
CHUEZN. *A CHUEZN*, à la renverse. B. Voyez *Chuen*.
CHUG, suc. B. De là *Succus* Latin, *Suc* François. Voyez *Chugueïn*.
CHUGON, suc de viandes, jus, pressis. B.
CHUGUEIN, succer. B. Voyez *Chucatu*.
CHUGUONNUSS, succulent. B.
CHUIFTOCH, grandes galettes. B.
CHUIL. CHOUC AR CHUIL, chaînon du col. B.
CHUITEL, sifflet. B.
CHUITELLAT, siffler. B.
CHUIZIGUEN, le même que *Chuezeguell*. B.
CHULANTA, francolin espèce de faisan. Ba.
CHULARMEAC, pores. Ba. Voyez *Cul*.
CHULERTZAC, entaille, coche de flèche. Ba. Voyez *Cul*.
CHULLACH-FIADHAIN, sanglier. I.
CHULOA, porte. Ba.
CHUMEA, petit, bas. Ba.
CHUPARE, succer. Ba. *Chupar*, succer en Espagnol ; *Choupa*, être trempé, être abbreuvé en Toulousain, & *Chop*, qui est imbu & abbreuvé.
CHURGUREA, enclume. Ba.
CHURI, blanc. Ba.
CHURIAZE, CHURIATZE, couler. Ba. Voyez *Chouer*.
CHURIQUETA, dissimulation. Ba.
CHURITU, je blanchis. *Churitua*, blanchi. Ba.
CHURIZTATU, blanchir. Ba.
CHURMIOA, dez à jouer. Ba.
CHURRA, qui vit avec épargne, avare. Ba. Voyez *Chor*.
CHURRATA, bouillon qu'on avale. Ba.
CHURRE, ruisseau, torrent. Ba. Voyez *Chouer*.
CHURRETAZE, couler. Ba. *Chorretar*, couler en Espagnol.
CHURRI, CHURRIA, blanc. Ba.
CHURRU, ruisseau, torrent. Ba. Voyez *Chouer*.
CHURULARI, joueur de flûte. Ba.
CHURUMBELA, chalumeau. Ba.

CHURUBQUERIA, épargne fordide. Ba.
CHUT, taifez-vous, foyez tranquilles. B. Il s'employe encore en ce fens dans notre Langue. Voyez *Chuchuen*.
CHUTESIGUIA, calimon efpèce d'herbe potagere. Ba.
CHWA, vent, fouffle. G. Voyez *Chwee*, *Kaddou*, vent en Malabare.
CHWA, le même que *Jwa*, *Swa*. Voyez *Ch*.
CHWAEN, vacance, délai, temps de repos, *At Y Chwaen*, d'abord, fans délai. G.
CHWAER, foeur; pluriel *Chwaiorydd*, *Chwiorydd*. G. *Choar*, foeur en Breton : *Chwaer* fe prononce *Choaer*. *Chaber*, foeur en Turc, & *Chuher* en Perfan; *Chuarah*, foeur en ancien Perfan.
CHWAERFAETH, nourrie d'un même lait. G. A la lettre, foeur de nourriture.
CHWAETHACH, d'autant moins, beaucoup moins, moins, tant s'en faut, que ne. G.
CHWAETHU, goûter. G.
CHWAI, vite. G. *Chay*, courir en Tonquinois; *Chi*, *Ci*, hâter en Tartare du Thibet; *Chouid* en Arménien, vite; *Sita*, hâte en Perfan, & *Sitab* en Turc; *Sve*, fubit dans les Tables Eugubines. On dit avoir *Couite*, *Couete* en Patois de Franche-Comté, pour marquer qu'on eft preffé. On a dit *Cai*, *Gai* comme *Chwai*, ainfi qu'on le voit par *Gai*, qui en François fignifie ce qui fe meut aifément : Une ferrure *Gaie*, eft une ferrure qui joue aifément : Un fufil *Gai* eft un fufil facile à la détente.
CHWAI, le même que *Jai*, *Sai*. Voyez *Ch*.
CHWAITH, amertume, verdeur, aigreur, âpreté, âcreté des fruits qui ne font pas mûrs. G. Voyez *Chuerv*.
CHWAITH, goût, faveur. G. Voyez *Couetis*, *Chwec*.
CHWAITH, peu, petit, moindre, prefque négation, tant s'en faut, ni. G. Voyez *Chwaetath*.
CHWAITHU, goûter. G.
CHWAITHUS, qui a du goût, qui a de la faveur. G.
CHWALFA, difperfion, diffipation. G.
CHWALU, répandre, difperfer, diffiper. G. Il fignifie encore renverfer, retourner. Voyez *Tmchwelyd*.
CHWANEGIAD, addition de fyllabe à la fin d'un mot, fupplément. G. On voit par les deux termes fuivans qu'il a dû fignifier augmentation en général.
CHWANEGOL, augmenté. G.
CHWANEGU, croître, augmenter, accroître, exaggérer, fe fortifier. *Chwanegu Yn Fynych*, augmenter fréquemment. G. *Fynych*, en compofition pour *Mynych*.
CHWANNEN, puce. G.
CHWANNOG, avare, raviffeur, qui emporte, défireux, avide, envieux, raviffant. G. *Kevano* en Hongrois, qui défire, avide.
CHWANNOG. YN CHWANNOG, avidement. G.
CHWANNOGRWYDD, défir, envie. G.
CHWANT, défir, envie, concupifcence, cupidité, ardeur, paffion, avarice; *Chwant Bwyd*, appétit. G. Ce mot paroit auffi fignifié l'ardeur, le feu phyfique. 1°. Les termes qui marquent l'ardeur, le feu au figuré, le défignent auffi au propre. Voyez *Berv*. 2°. En Franche-Comté on appelle une pile de bois allumée & flambante, une *Chevanne*; & en Bourgogne on nomme *Chevanton*, un tifon. De *Chwant* ou *Chwand*, pris pour feu, peut être venu *Candeo* Latin. Peut-être que de *Chwant* eft venu le vieux mot François *Chevance*,

qui fignifioit biens, richeffes. On aura transporté le mot qui marquoit le défir à fon objet, ainfi qu'on l'a fait dans l'Hébreu : *Defiderium cordis ejus tribuifti ei*, vous lui avez accordé le défir de fon coeur, c'eft-à-dire ce qui en étoit l'objet : *Defiderium collium æternorum*, pour *id quod defideratur*. *Gana* en Espagnol, défir.
CHWANTACH, défir, inclination, paffion, empreffement, envie. G.
CHWARAE, jeu, action de jouer, divertiffement, comédie, fable, jouer, fe divertir, badiner, folâtrer. G. *Choari*, *Choary*, jeu, jouer en Breton; *Chwarae* fe prononce *Choarae*. *Chorata* en Turc, jeu, badinage; *Sherz* en Carniolois; *Zarti* en Polonois; *Zerti* en Bohémien, plaifanteries. De ce mot font formés *Echars*, qui fignifioit en vieux François raillerie, & *Echarnir*, *Echernir*, railler. Voyez *Chware*.
CHWARAU, le même que *Chwarae*. G.
CHWARDD, rire. Voyez *Cychwardd* & *Chwarddwr*.
CHWARDDWR, rieur. G.
CHWARE, fe battre. G. C'eft le même que *Chwarae*. Chez les Hébreux, ainfi que chez les Gallois, le même terme fignifioit jouer & fe battre. *Surgant pueri & ludant*, que quelques jeunes gens fe levent & fe battent, dit Abner à Joab, 2 Rois, C. 2, V. 14. Le mot Hébreu qui fignifie jouer & fe battre, eft *Scachak*. En François s'ébatre, fe divertir & fe battre ont une grande reffemblance.
CHWARE, carrière, endroit où l'on taille la pierre. C.
CHWAREL, dard, javelot. G.
CHWAREON, jeux publics, fpectacles donnés au peuple. G.
CHWAREUDY, théâtre. G. *Dy*, lieu.
CHWAREUS, qui fe fait par jeu, par divertiffement, qui fert à jouer. G.
CHWAREUFRAIG, baladine, bâteleufe. G.
CHWAREYDD, joueur, comédien, bouffon, farceur, baladin, danfeur, pantomime. G.
CHWAREYDDIAETH, jeu, action de jouer, divertiffement, fpectacle, jeux publics. G.
CHWARIEN, lent, tardif, terme pour affoiblir ou pour diminuer. G.
CHWARIENU, être lent, être tardif. G.
CHWARREN, bubon, tumeur, pefte, ulcére. G.
CHWARRENNOG, plein de glandes. G.
CHWARTH, le même que *Chwarae*. Voyez *Chwarthog* & *Chwardd*.
CHWARTHOG, plaifant, rieur, bouffon. G.
CHWARTHORIO, CHWARTORIO, démembrer, tailler en piéces, hacher par morceaux. G.
CHWARTHWR, rieur, grand rieur. G.
CHWARTORIAD, l'action de couper, de déchirer. G.
CHWARWYFA, théâtre. G.
CHWARY, jeu. G. prononcez *Choary*. Voyez *Choary*.
CHWE, fix. Voyez *Chweblwydd*.
CHWEBLWYDD, qui a fix ans. G. *Blwydd*, an; *Chwe* fignifie donc fix. Voyez *Cwch*, *Chwech*.
CHWEBU, CHWIBU, les mêmes que *Fubu*. B.
CHWEC eft le poffeffif de l'inufité *Chw*, prononcez *Cho* & *Chou*, qui n'eft proprement qu'une afpiration forte, d'où viennent plufieurs mots Bretons. *Chwec* fignifie donc celui qui afpire à quelque objet. *Calon Chwec*, eft un coeur qui aime tendrement; *Chweg* en Gallois, doux, fuave, & *Chwa*, vent, fouffle, afpiration, refpiration. *Huc* en Vennetois, favoureux, de bon goût; (*Chw*, *Hw* ou *Hu* font les mêmes) *Chwaith* en Gallois, goût,

CHW.

goût, saveur; *Huee* en Breton, gracieux. De *Chw* eſt venu le *Snavis* des Latins, *Sw* ou *Su* étant le même que *Chw*. Par la même raiſon, de *Chwec* ou *Chwaith*, qui ſont le même terme, ſera venu notre mot François ſouhait. B. *Suet* en Flamand; *Sweete* en Anglois, doux au goût.

CHWEC, le même que *Jwec*, *Swec*. Voyez *Ch*.
CHWECH, ſix. G. B. *Chwech* étant le même que *Swech* ou *Sech*, a formé le *Sex* des Latins. Voyez *Ch*.
CHWECHANFED. Y CHWECHANFED, le ſix centième. G.
CHWECHANT, ſix cens. G.
CHWECHANWAITH, ſix cens fois. G.
CHWECHED, CHWECHEDD, ſixième. G.
CHWECHOCHR, qui a ſix angles. G.
CHWECHONGL, qui a ſix angles. G.
CHWEC'HVET, ſixième. B.
CHWEDA, CHWEDI, vomir. B. Voyez *Chwyd*.
CHWEDEG, ſoixante. G.
CHWEDEL, fable. G. C'eſt le même que *Chwedl*.
CHWEDER, HUEDER, HUHEDER, EHUEDER, EHUHEDER, UHEDER, CHWEDEZ, HUEDEZ, EHUEDYZ, HUEDYDD, alouette. B. Voyez *Allweder*.
CHWEDI, après. G.
CHWEDL, CHWEDDL, fable, conte, hiſtoire, bruit public, renommée, diſcours, narration, entretien. G. Ce mot paroit avoir auſſi ſignifié chant. Thomas Guillaume met *Cyffredyn Chwedl* pour ſynonime à *Can*. *Cyffredyn* ſignifie trivial, public; ainſi ce n'eſt pas par ce mot, mais par *Chwedl* qu'il eſt ſynonime à *Can*.
CHWEDLEUA, cauſer, parler, diſcourir, s'entretenir, dire des contes. G.
CHWEDLEUWR, cauſeur, parleur, diſeur de contes, orateur. G.
CHWEDLEYA, parler. G. C'eſt le même que *Chwedleua*.
CHWEFRIN, doux au goût, ſuave. G.
CHWEFROR, février. G.
CHWEG, doux au goût, ſuave. G. Voyez *Chwec*.
CHWEGR, belle-mere. G. *Swiekra* en Polonois, *Sweg* en Ruſſe & en Bohémien, *Suekern* en Eſclavon, *Suegra* en Eſpagnol, *Suocera* en Italien, *Socrus* en Latin, belle-mere, viennent tous du Gallois, car on prononce *Swegr*, *Suegr*, *Souegr*, *Souecr*, *Suecr*. (Voyez *Ch*) *Chus*, belle-mere en Perſan.
CHWEGRWN, beau-pere. G. Comme les beaux-peres ſont ordinairement durs, on a apparemment pris ce mot pour ſignifier dur, difficile; car en Patois de Beſançon on appelle *Sogrenou*, ce qui eſt rude & difficile. Voyez *Chwegr*.
CHWEGWAITH, ſix fois. G.
CHWEGWRAIDD, régliſſe. G. *Chweg*, douce; *Gwraidd*, racine.
CHWEINLLYD, plein de puces. G. De *Chwannen*.
CHWEINLLYS, herbe aux puces. G. *Llys*, herbe.
CHWEIRIS, le même que *Chweris*. G.
CHWEITHIAD, goût. G.
CHWEITHWR, celui qui goûte. G.
CHWEIZ. Voyez *Chwez*.
CHWEL, tourner. G.
CHWELAN, ſtupide. Voyez *Lledchwelan*.
CHWELEDYDD, CHWELIDYDD, diſſipateur. G.
CHWEN, devenir aigre. G.
CHWEN doit ſignifier le dos, puiſqu'on dit en forme d'adverbe, *A-Chwen*, ſur le dos, à la renverſe; *Chwenia*, coucher ſur le dos; *Tor Chwenia*, ſe rouler ſur le dos comme font les chevaux,

CHW. 313

les chiens & autres animaux. B. Cet article eſt pris de Dom le Pelletier. La juſteſſe de ſon explication eſt prouvée non ſeulement par les exemples qu'il apporte, mais encore parce qu'en Breton *Qein*, qui eſt le même que *Chwen*, ſignifie dos. Voyez *Chuen*, *Chueſn*.
CHWENNA, CHWENNAA, ſarcler les mauvaiſes herbes; & au ſens figuré, choiſir, élire, ſéparer. B. Voyez *Chwynn*, *Chwennychu*.
CHWENNYCHU, déſirer, ſouhaiter, convoiter, déſirer fort, ſouhaiter ardemment. G. Voyez *Chwant*.
CHWEPLYG, plié en ſix doubles. G.
CHWER, le même que *Chwel*. Voyez *Chweris*.
CHWERDER, amertume. B.
CHWERFAN, le même que *Chweris*. G.
CHWERIG. GWED CHWERIG, figure propre pour jouer la comédie, maſque. G.
CHWERIS, peſon; eſpèce de bouton percé qu'on met au bout du fuſeau pour lui donner de la peſanteur & le faire mieux tourner, rouet à filer, dévidoir. G. On voit par là qu'on a dit *Chwer* comme *Chwel*, pace que l'*r* & l'*l* ſe mettent l'une pour l'autre.
CHWERN, féminin de *Chwyrn*. G.
CHWERO ou CHWERW, & ſelon quelques-uns *Fero*, *Ferw*, amer, âcre. B. Voyez *Chwerw*.
CHWERTHIN, rire, ris. G. B.
CHWERTHIN, ſe jouer, ſe moquer, ſe railler. G.
CHWERTHINIAD, ris. G.
CHWERTHINOG, plaiſant, bouffon, rieur, riſible, qui rit beaucoup, tout riant. G.
CHWERW, amer, âpre, rude. G. B. Voyez *Chuerv*.
CHWERWAIDD, qui eſt fort amer. G.
CHWERWDDWR, concombre. G.
CHWERWDER, amertume, aigreur, âcreté, acidité, âpreté. G.
CHEWERWDOST, ſur, âpre, rude. G. *Chwerw Toſt*, pléonaſme.
CHWERWEDD, fiel, amertume, aigreur, âcreté, âpreté, acidité. G.
CHWERWI, devenir amer, devenir aigre. G.
CHWERWISSON, piſſenlit plante. G. Elle eſt amère; *Chwerw*; *Iſſon* de *Llys*, herbe, plante, qui a pris la terminaiſon *On*, comme on le voit par ce mot. Voyez *Chuerllys*.
CHWERWLYD, qui eſt fort amer. G. *Lyd* par conſéquent particule augmentative.
CHWERWLYS, abſynthe ſauvage. G.
CHWERWLYS TR EITHIN, ſauge ſauvage. G.
CHWERWYN, qui eſt fort amer. G.
CHWEURIN, doux au goût, ſuave. G.
CHWEWRER, on prononce *Chwevrer*, & quelques-uns *Fewrer*, *Fenvrer*, février. B.
CHWEZ ou CHWEIZ, ſueur. B. Voyez *Chwys*.
CHWEZ, odeur, ſenteur. B. Voyez *Chwyth*, *Chwec*.
CHWEZ, ſouffle. B. Voyez *Chwyth*.
CHWEZA, ſuer. B. Voyez *Chwez*.
CHWEZA, CHWEZAHAT, CHWESSAT, ſentir, flairer, tirer l'odeur par le ſens de l'odorat. B. Voyez *Chwez*.
CHWEZA, ſouffler, enfler; il ſignifie encore moucher. *Chweza e Fri*, ſe moucher; mot à mot, ſouffler ſon nez. B. Voyez *Chwec*, *Chwez*.
CHWEZEGHELL, CHWEZIGHEL, CHWIZIGHEN, veſſie, ampoule, enflure de la peau qui contient quelque humeur. B. Voyez *Chweza*.
CHWEZPENNEC, celui de qui la tête eſt ou devient enflée. B. *Chweza Pen*.

CHWI, vous. G. B. *Vi* en Esclavon ; *Vii* en Dalmatien ; *I* en Danois ; *Ye* en Anglois ; *Gy* en ancien Saxon ; *Wyfami* en Polonois , vous.

CHWI pour *Chwai*. Voyez *Chwimwth*.

CHWIBAN, fiflement. G. B. Voyez *Chwex*.

CHWIBANA, fifler, fouffler, & haleter en travaillant avec effort, chanter & fifler en même temps. B. Voyez *Chwiban*, *Chwibannu*. On a dit *Swibana* comme *Chwibana*, & *Swibala* comme *Swibana* ; (l'*l* & l'*n* fe mettant l'une pour l'autre) de là *Sibila* Latin, d'où eſt venu notre mot François fifler. On dit *Subler* en quelques endroits de Franche-Comté.

CHWIBANIAD, action de fifler. G.

CHWIBANNU, fifler. G. *Sypeni* en Bohémien, fifler. Voyez *Chwibana*.

CHWIBANOGL, flûte ; au plurier, *Chwibenygl*. G.

CHWIBANOGLIAD, action de fifler. G.

CHWIBANOGLWR, joueur de flûte. G.

CHWIBANOGLYDD, joueur de flûte ou d'autres inſtrumens à vent. G.

CHWIBL, acide. G.

CHWIBU. Voyez *Chwebu*.

CHWICHWI, vous, vous-mêmes. G. A la lettre, vous, vous.

CHWIDR, étourdi, qui agit fans réflexion, imprudent, inconſidéré, qui agit avec précipitation, licencieux, qui prend trop de liberté, téméraire, effréné, qui mépriſe les Loix, farouche, cruel, inconſtant. G.

CHWIDRED, pus. G.

CHWIDREDD, précipitation, témérité, férocité, cruauté. G.

CHWIDRFFOL, téméraire. G. *Chwidr* ; *Ffol* pléonaſme.

CHWIDRO, pouſſer trop de bois, jetter une forêt de bois. G.

CHWIFIWR, vagabond, errant, homme qui n'a point de demeure fixe, homme qui change aiſément de demeure. G. Davies dit que *Chwyfir* feroit mieux ; de *Chwyf*, mouvement.

CHWIL ; au ſingulier *Chwilen*, eſcarbot, cerf volant. G. Voyez *Chwill*. Je crois que c'eſt de *Chwil* ou *Sonil* qu'eſt venu notre mot fouiller : l'eſcarbot fouille dans les excrémens. Voyez *Chwilia*, *Chwill*, *Chwillorés*, *Chnyl-Cauch*, *Ch*, *Cuil*, *Cuil-Dero*.

CHWILCIORES, frelon. G.

CHWILEN. Voyez *Chwil*.

CHWILENNA, fréquentatif de *Chwilio*, rechercher, approfondir, examiner fouvent. G.

CHWILENNUS, qui recherche, qui approfondit, qui examine fouvent. G.

CHWILENNWR, le même que *Chwiliwr*. G.

CHWILERYN. Davies n'explique pas ce mot. On voit par la phraſe Galloiſe qu'il cite que c'eſt une eſpèce de bête. Voyez *Chewil* *Chwill*, dont ce mot eſt formé.

CHWILFA, recherche, perquiſition, action de chercher, de chercher de chercher avec ſoin, ſcrutin, action de recueillir les ſuffrages, les voix données par des ballotes ou des billets. G.

CHWILFRIW. TN CHWILFRIW, bien menu, par petits morceaux, par éclats, par copeaux, par morceaux. G.

CHWILIA, CHWILLA, fouiller. B. Voyez *Chwiliad*, *Chwilio*, *Chwiliwr*.

CHWILIAD, enquête, recherche, perquiſition, action de chercher, de chercher avec ſoin, de chercher par tout, de fouiller par tout, viſite, diſcuſſion, examen, ſcrutin, action de recueillir les voix ou ſuffrages donnés par des ballotes ou des billets, qui cherche ſoigneuſement. G.

CHWILIEDYDD, qui cherche, qui tâche de découvrir, qui recherche, qui viſite, qui fouille par tout. G.

CHWILIO, rechercher, approfondir, examiner, attirer, faire ſortir. G.

CHWILIOG, devin ; *Chwilioges*, devinereſſe. G. Voyez *Chwilio*.

CHWILIORES, guêpe, frelon. B.

CHWILIWR, qui cherche, qui s'informe, qui fait des perquiſitions, qui tâche de découvrir, qui recherche, qui approfondit, qui examine, qui viſite, qui fouille par tout. G.

CHWILL ; ſingulier, *Chwillen* ; plurier, *Chwillet*, toutes ſortes d'eſcarbots ; *Chwill-Derw*, eſcarbot de chêne, le hanneton ; *Chwill-Cornec*, le cerf volant, eſcarbot à cornes ; *Chwill-Glas*, cantharide, c'eſt mot à mot eſcarbot verd & bleu, ce qui convient à cet inſecte ; *Chwilletia*, chercher des eſcarbots. Le génie de la Langue Bretonne eſt de former des verbes du plurier du nom des bêtes que l'on cherche, ſoit à la chaſſe, ſoit autrement. B. Voyez *Chwilla*. L'eſcarbot fouille dans les excrémens. Voyez *Chwil*.

CHWILLA. Voyez *Chwilia*.

CHWILLETTA. Voyez *Chwill*.

CHWILLORÉS, frelon eſpèce de mouche, en Latin *Crabro*, laquelle ſe plaît dans l'ordure comme l'eſcarbot & ſe cache dans la terre & les trous de muraille : ce nom eſt régulièrement le féminin de *Chwillor*, fouilleur. B. Voyez *Chwill*.

CHWILLOTTA, fréquentatif de *Chwilio*, rechercher, approfondir, examiner ſouvent. G.

CHWILTATH, le même que *Chwiletta*. G.

CHWIMIO, mouvoir. G.

CHWIMP. Davies n'explique point ce mot, mais il paroît par la phraſe qu'il cite qu'il eſt ſynonime de *Toſt*.

CHWIMWTH, diligent, vîte, ſoigneux. G. De *Chwai Mwth* ; c'eſt un pléonaſme. *Chwimwth* ſignifie auſſi adroit, comme il paroit par le mot ſuivant. Voyez *Chwy*.

CHWIMYTHDRO, tour d'adreſſe. G. *Chwimyth* en compoſition pour *Chwimwth*, *Tro*.

CHWINSA, tard. G.

CHWIOG, gâteau fort délié. G.

CHWIONGL, ruſe, dol. G.

CHWIOR, ſœur. G.

CHWIRED, ruſe, tromperie, dol, crime. G.

CHWIREDUS, fourbe, trompeur, homme plein de ruſes. G.

CHWIRINNA, hennir. B.

CHWIRLI GWGON, rouë. G.

CHWISOGLOG, ſpongieux. G.

CHWISTL, CHWISTLEN, muſaragne animal. G.

CHWISTRELL, ſeringue, fiſtule, ſiphon. G.

CHWISTRELLU, tirer avec un ſiphon. G.

CHWISTRINGO, fouetter. G.

CHWIT ne ſe dit qu'après une négative : par exemple, *Ne Chwit-Ket*, il ne paſſe pas la médiocrité, il eſt médiocrement bon, il n'excelle pas ; & ſelon un homme habile dans la Langue Bretonne, il n'a rien d'extraordinaire. Le nouveau Dictionnaire porte : *Ne Chwit-Quet*, il eſt paſſable, c'eſt-à-dire médiocre & non excellent. Je croirois bien, ajoûte Dom le Pelletier, que ſa vraie ſignification eſt celle d'extraordinaire, qu'il a auſſi dans le Gallois. J'ai entendu en

Leon, poursuit Dom le Pelletier, *Ne Chwitan Kes*, je ne m'en soucie pas, cela m'est indifférent. C'est donc un verbe dont *Chwitan* est la premiere personne du présent de l'indicatif actif, & *Chwit* la troisiéme du même. Ce pourroit donc être encore un dérivé de l'aspiration *Chw*, (Voyez *Chwee*) comme si on vouloit dire d'une chose ou action, qu'elle n'est pas fort intéressante, désirable, qu'elle ne mérite pas que l'on aspire ou que l'on soupire après elle. B. Voyez *Chwith*.

CHWITAN. Voyez *Chwit*.
CHWITEL, sifflement, sifflet. B.
CHWITELLA, siffler. B.
CHWITELLADEN. Voyez *Chwiteliat*.
CHWITELLAT ; singulier *Chwitelladen*, l'étendue du terrein où l'on peut faire entendre un coup de sifflet. B.
CHWITH, gauche, qui est à gauche, sinistre, fâcheux, extraordinaire. G. Voyez *Chwit*.
CHWITHIG, gaucher. G.
CHWITHO, être saisi d'horreur, de crainte, parce qu'on entend, ou qu'on voit quelque chose d'extraordinaire. G.
CHWITHRWD, action de siffler, siffler, faire du bruit. G.
CHWITTAFAD. Davies n'explique pas ce mot dans la phrase Galloise qu'il cite, il est opposé à *Gildiad*, qui signifie le payement de la dépense que l'on a faite en buvant ensemble. G.
CHWITU, souffler. G.
CHWY, vîte. G.
CHWY, eau. Voyez *Chwysu* & *Swi*.
CHWYBANOGL-FYNYDD, espèce d'oiseau de montagne. G. *Fynydd* en construction pour *Mynydd*.
CHWYD, vomissement, envie de vomir, soulevement de cœur. G.
CHWYD-AWYR, pourriture, sanie produite par l'air. G.
CHWYDAWIAETH, badinage, gesticulation, gestes. G.
CHWYDD, tumeur, colere, G. & par conséquent feu. Voyez *Berw*.
CHWYDDEDIG, enflé, bouffi, gonflé, élevé, plein de bosses. G.
CHWYDDO, enfler, s'enfler, se mettre en colere, être en colere. G. Voyez *Chwydd*.
CHWYDIAD, vomissement. G.
CHWYDLYD, fort sujet aux vomissemens, aux soulevemens de cœur, aux envies de vomir, vomitif, qui fait vomir. G.
CHWYDRED, vomissement, pus. G.
CHWYDU, vomir, dégorger. G. Voyez *Chwyda*.
CHWYF, mouvement, action de mouvoir. G.
CHWYFIAD, vagabond. G.
CHWYFIO, mouvoir. G.
CHWYFIWR, le même que *Chwifwr*. G.
CHWYL, tour, révolution ; *Chwyl y Flwyddyn*, le cours de l'année. G.
CHWYLDRO, tour, rond, cercle, circuit, tour d'adresse. G.
CHWYLDROI, tordre ; tourner en rond comme une rouë, faire tourner autour. G.
CHWYN A CHWYN, lentement, pas à pas, ce qu'on diroit peut-être. G. Il paroit mis par corruption, dit Davies, pour *Chwyf Na Chwyf*, il se meut ne se meut pas. *Chumea* en Basque, petit ; *Ciun* en Tartare du Thibet, court, bref, petit.

CHWYNN, herbe qui vient sans être semée, sans être cultivée ; herbe qui s'étend de côté & d'autre, qui rampe çà & là ; herbe nuisible. G.
CHWYNNIAD, action de sarcler les mauvaises herbes, sarclage. G.
CHWYNNOGL, sarcloir. G.
CHWYNNU, sarcler, raboter. G.
CHWYR, soir, tardif. G. On a prononcé *Seyr* ; de là notre mot *Soir* & *Sero* Latin.
CHWYRN, diligent, vîte, fort. G.
CHWYRNACH, plus vîte. G.
CHWYRNELLIAD, action de darder, de lancer, de jetter avec force. G.
CHWYRNELLU, darder, lancer, jetter avec force, ébranler, secouer. G.
CHWYRNFOR, euripe ou détroit où la mer souffre plus fréquemment le flux & le reflux qu'ailleurs. G.
CHWYRNOLOD, ronfler, ronflement, rugissement. G.
CHWYRNU, ronfler, se rechigner, se rider ; gronder. G.
CHWYRTH, sens, raison. Voyez *Echwyrth*.
CHWYS, sueur. G. B.
CHWYS, pour *Chwy*. Voyez *Erchwys*.
CHWYS ARTHUR, barbe de bouc plante. G.
CHWYS-LLIAIN, frotoir. G.
CHWYS MAIR, grenouillette. G.
CHWYSDWLL, pore. G.
CHWYSDY, poële, étuve. G.
CHWYSIGEN, pustule, bouton, bube, vessie. G. *Vesica* en Latin ; *Vesiga* en Italien ; *Vexiga* en Espagnol, vessie.
CHWYSIGENNOG, qui a des pustules, des bubes, des boutons, couvert de pustules, couvert d'ulcéres. G.
CHWYSIGENNU, contracter des pustules, ulcérer, causer des ulcéres. G.
CHWYSLYD, qui est tout en sueur. G.
CHWYSU, suer. G. B. *Schwitzen* en Allemand, suer. *Chwysu de Chwy* ; eau, comme *Idroo* Grec d'*Ydor* ou *Idro* eau, & *Sudo* Latin de *Sw*, eau.
CHWYTH, haleine, respiration, souffle, vent. G.
CHWYTHAD, haleine, respiration, souffle, l'action de respirer. G.
CHWYTHEDIGAETH, l'action de souffler. G.
CHWYTHIAD, souffle, souffle de vent, évaporation, vapeur, exhalaison, action de respirer ou de souffler. G.
CHWITHLYD, flatueux. G.
CHWYTHRWD, faire souvent du bruit. G.
CHWYTRU, souffler, respirer. G.
CHUY, vous. B.
CHUYBANER, siffleur. B.
CHUYBEDENN, moucheron. B.
CHUYDA, vomir. B. Voyez *Chwyda*.
CHUYL, escarbot. B. Voyez *Chwil*.
CHUYL-CAUCH, fouille-merde ou [illisible]. B.
CHUYL-CAUCHAER, fouille-mer[illisible] escarbot. B.
CHUYL-DERO, hanneton. B.
CHUYL-QORNECQ, cerf-volant ou escarbot. B.
CHUYL-TAN, hanneton. B.
CHUYRINAT, hennir. B.
CHUYSAAT, sentir. B.
CHUYSIGUELL, pustule. B. Voyez *Chwysigen*.
CHUYTELLER, siffleur. B. Voyez *Chwythu*.
CHUZIGUEN, pustule. B. Voyez *Chwysigen*.
CHUZ HEAUL, soleil couchant. B.
CHUZOA, trait, flêche. Ba.

CHY. Voyez Sy. *Quij*, mauvais en Langue de Congo.

CHYCH, le même que *Cych*, comme *Chir* le même que *Cer*.

CHYDIG, peu, petit. G. De là chétif.

CHYFFAL, fâcher, attrister. B.

CHYFFEIN, fâcher, attrister. B.

CHYFR, chiffre. B.

CRHYDEDD, qualité, état, condition. G.

CHYPOTAT, vétillen. B. C'est le même que *Chipotal*.

CI, chien. G. B. *Cei*, *Ki*, chien en Langue de Cornouaille; *Syi*, chien en Écossois; *Chi* en Tartare du Thibet; *Kinas* en Phrygien; *Kiven*, *Kionen*, *Ken* en Chinois; *Kuon* ou *Kyon* en Grec; *Coira* en Lappon; *Giopek* en Turc; *Kimmech* en Groenlandois; *Caiconci* en Galibi, chien. Je crois que ce nom a été donné aux chiens, parce que *Ci* désigne la conjonction, la société, la compagnie : le chien accompagne son maître par-tout. De *Ci*, pris en ce sens, est venu le *Cicur* des Latins; *Ci* avec, dans la compagnie; *Gwr* ou *Cwr*, hommes; *Cicur*, qui vit avec les hommes, dans la compagnie des hommes, qui est apprivoisé.

CI, particule qui désigne la conjonction, la société, la compagnie, corde, chaîne, lien. Voyez *Cyd*, *Mynci*, *Syg*, *Siblen*, *Sygim* en Turc, petite corde; *Sirid*, bande; *Syra*, suite, ordre en Turc; *Ki*, je mets ensemble en Tartare Calmoucq & Mogol. Voyez *Ciabh*.

CI, particule superflue. Voyez *Cippyl*.

CI, forêt. Voyez *Hi*.

CI, le même que *Gi*, *Si*, *I*. Voyez *Aru*. *Cij*, met en Tartare du Thibet; & *Ciam*, flux, coulant. *Ciu* dans la même Langue, eau liquide; *Chi*, je puise., je tire de l'eau en Tartare Mogol & Calmoucq; & *Kighi*, *Ki*, j'arrose. *Khi*, humeur, liqueur, eau en Tonquinois; *Ki*, rivière en Chinois; *Kia*, maison en Chinois.

CI, le même que *Ca*, *Ce*, *Co*, *Cu*. Voyez *Bal*.

CI COEG, chien de mer. G. *Ci*, chien. Voyez *Coeg*.

CIA, homme. I.

CIA, qui, lequel. I.

CIA, crainte, peur. I.

CIA, pointe, trait, flèche, épée, lance, dard, javelot. Ba. Voyez *Cis*. De *Cia* est venu notre mot François scie, instrument rempli de pointes. *Ciam* en Chinois, lance.

CIABETZA, note. Ba.

CIABH, cheveux bouclés ou noués ensemble. I.

CIACA, éperon, aiguillon. Ba. Voyez *Cia*.

CIADARGUIA, recherche. Ba.

CIADHAS, CERNACHD, force. I.

CIADIA, génie, esprit. Ba. Voyez *Cial*.

CIADIEGOA, art libéral. Ba.

CIADIETARIA, machiniste. Ba.

CIAGOA, coagulation, caillé. Ba. Voyez *Ci*.

CIAIBLIAITH, blancheur. I.

CIAID, de chien, cynique. G.

CIAL, intellect, intelligence, sens, raison, esprit. I. Voyez *Call*.

CIALLUGHAD, signifier. I.

CIAMARTEA, ébauche, dessein, peinture. Ba.

CIAMETA, pyramide. Ba.

CIAN, petit chien. G. Voyez *Ci*.

CIANMHAOIN, legs. I.

CIANN, long. I.

CIANSAN, marmotter. I.

CIAPAIL, combat, querelle, dispute, contestation, désaccord, manque d'harmonie. I.

CIAPALACH, chagrin, de mauvaise humeur. I.

CIAPEA, moutarde. Ba.

CIAPILLA, masse, grumeau. Ba.

CIAQUIDA, congélation. Ba.

CIAR, noir. I.

CIARAIL, le même que *Ciapail*. I. Voyez *Ciarducan*.

CIARDUCAN, disputant. Ba.

CIARGUIA, rayon de lumière. Ba. *Cia Arguia*.

CIARSAN, murmure, plainte, gronder, murmurer. I.

CIARSUR, couvre-chef. I.

CIASAIL, le même que *Ciapail*. I.

CIATSUA, subtil. Ba. Voyez *Cia*.

CIATU, aiguiser, rendre pointu. Ba. Voyez *Cia*.

CIATU, reculer. Ba.

CIAV, noir. I.

CIAZALDEA, description. Ba.

CIAZCUA, souscription. Ba.

CIB, coque, gousse, sorte de vase, certaine mesure de grains, cachette. G. *Cib*, coffre en Langue de Cornouaille; *Cibota* en Basque, noix de galle; *Kibos*, coffre, petite boëte; *Kibotos*, arche; *Kibotion*, petit coffre; *Kiborion*, sorte de vase à boire en Grec; *Kibba* en Étolien; *Kibisis* en Cypriot; *Geb* en Turc, poche; besace; *Cip* en ancien Saxon, tente; *Cibanaris* dans un ancien glossaire signifie une espèce de tunique de fer. De *Cib* est venu dans notre Langue *Ciboire*, espèce de vase fermé dans lequel on renferme les saintes hosties. On a appelé dans l'ancienne Église *Ciboire*, *Ciborium*, une espèce de baldaquin qui couvroit l'Autel; civière qui étoit originairement formée comme une espèce de vase ou coffre. *Ciboire* en vieux François, armoire; *Gibeciers*, petit sac où l'on met le gibier, qui a été ainsi nommé de ce petit sac où l'on le met; *Esquipot*, petite boëte où l'on cache de l'argent; *Cimare*, grand pot. De *Cib*, coffre, est venu *Cibus* Latin, comme de *Podi* est venu *Potus*. On voit par tout ce qu'on a rapporté qu'on a dit *Cib*, *Gib*, *Qib*, *Civ*, *Qip*, *Cim*, parce que toutes ces conversions sont usitées dans le Celtique. On voit encore que *Cib* a signifié en général tout ce qui enveloppe, tout ce qui enferme, tout ce qui couvre. Voyez *Ciborium*.

CIB, bord. G.

CIB, coffre. C.

CIB, presque. Voyez *Cibdall*.

CIB, le même que *Cab*, *Ceb*, *Cob*, *Cub*. Voyez *Bal*.

CIB, le même que *Gib*, *Ib*, *Sib*. Voyez *Aru*.

CIBAID, plein le vase ou la mesure appellée *Cib*. G.

CIBANARIS. Voyez *Cib*.

CIBARE, A. M. manger; *Cibaria*, froment, bled. Voyez *Cib*.

CIBDALL, chassieux, qui a la vue courte. G. A la lettre, presque aveugle; *Dall*, aveugle.

CIBDELLI, vue courte. G.

CIBOG, panis sorte de grain. G. De *Cib*, dit Davies.

CIBOILLA, point d'orthographe. Ba.

CIBOLESENN, ciboule. B. *Cibonle* en François; *Cebolla* en Espagnol; *Cipolla* en Italien; *Cybula* en Polonois; *Zibel* en Lusatien; *Zwybel* en Allemand; *Zhebul* en Esclavon; *Tzhibule* en Bohémien, ciboule.

CIBOLUM, A. M. ciboire; de *Cib*.

CIBORIUM, A. M. espèce de dais appuyé sur quatre

CIB.

quatre colonnes pour couvrir l'Autel, toutes sortes de voûtes appuyées sur des piliers, vase où l'on conserve la divine Euchariftie; de *Cib*. On appelle *Cibory* en Auvergnac, un endroit voûté où l'on conserve les offemens des morts.

CIBOTA, noix de galle, fabot, toupie. Ba. Voyez *Cib*.

CIBOTATZARRA, fabot, toupie. Ba.

CIBRYCH, lamie. G.

CIBUISTA, céfure, virgule, membre d'une période. Ba.

CIBUTUM, A. G. grand coffre; de *Cib*; *Udd* ou *Ut*.

CIBYN, coque, gouffe, enveloppe de fruit, cachette. G. On voit que c'eft le même que *Cib*.

CIBYNNAID, femé; de *Cib*, qui eft en ufage pour défigner une certaine mefure, dit Davies. G.

CIC, fynonime de *Ceg*, gofier. G. Il fignifie par conféquent gorge, défilé, embouchure, comme *Ceg*. Je crois que de là vient *Cicuta*, chalumeau, pipeau.

CIC, petit, de peu de valeur. Voyez *Chic* qui eft le même mot, *Cicaner*, *Cices* & *Cicoitfa*. *Cicenh*, petit en Tartare du Thibet; *Ciccar* en Hébreu, piéce, morceau. *Cic* eft la racine du mot Latin *Exiguus*.

CIC, pointe. Voyez *Cica*, *Chic*.

CYC, le même que *Cig*. Voyez *Aru*.

CIC, le même que *Cac*, *Cec*, *Coc*, *Cuc*. Voyez *Bal*.

CIC, le même que *Gic*, *Ic*, *Sic*. Voyez *Aru*.

CICA, dard, javelot, épée, poignard, trait, flêche, pointe. Ba. Voyez *Chic*. De *Cica* eft venu *Sica* Latin.

CICACHURA, ce qui tient le foc de la charruë. Ba.

CICADA, piquure, pointe. Ba. Voyez *Cica*.

CICADES, hyfope. B.

CICANER, chicaneur. B.

CICARIA, éperon. Ba.

CICATEA, éperon. Ba.

CICELA, cifeau de menuifier. Ba. Voyez *Cica*, *Cifailh*.

CICENDELA, A. M. ver luifant, lampe; *Cic*, petite; *Candela*. Voyez ce mot.

CICES. PES CICES, pois chiches. B. Ils font appellés *Cices* ou *Petits*, parce que leurs gouffes font plus petites que celles des autres pois.

CICH, mammelle. I.

CICHAIR, le même que *Ceachair*. De même des dérivés ou femblables. I.

CICHOA, le même que *Cica*. Ba.

CICHUM, A. M. château, endroit fortifié; de *Cych*, fort.

CICIALE, merluche féche, poiffon féché à l'air. Ba. *Cicial* en Efpagnol.

CICOITSA, mefquin, tenace, avare. Ba. Voyez *Cic*.

CICOIZQUERIA, épargne fordide. Ba.

CICOREA, chicorée. B. De là *Chicorée* en François; *Chicoria* en Efpagnol; *Cicorea* en Italien; *Czikoria* en Hongrois; *Cicoreye* en Flamand; *Succoury* en Anglois, chicorée.

CICOREA-LEDAN, endive. B.

CICOZA, curieufe. Ba.

CICULUM, A. G. petits mets; de *Cig* ou *Cic*, viande; *Ul* diminutif.

CICUTICEN, A. M. qui joue du chalumeau, des pipeaux. Voyez *Cic*.

CICWYR, infanterie. C.

CID, le même que *Cead*. De même des dérivés ou femblables. I.

TOME I.

CIG.   317

CIDRA, cidre. Ba. De là ce mot. Voyez *Cifr*.

CIDRA, citron. Ba.

CIDWM, loup. G.

CIDYLL, CIDYLL COCH, crécerelle forte d'oifeau. G. Davies prétend qu'on diroit mieux *Cudyll*, diminutif de *Cud*, milan.

CIDYMMES, louve. G.

CIDYSEN, éclats de bois, petits bois propres à allumer le feu. G.

CIECA, cachot. Ba. Voyez *Cichum*.

CIEN, capital, principal. E. Voyez *Cen*.

CIEN, couteau, glaive. Voyez *Tfien*.

CIERTU, certainement. Ba. De la *Certus* Latin.

CIERTZA, pointe, bout, extrémité. Ba. Voyez *Cir*.

CIFATUM, A. M. efpèce de mefure; de *Cib*: L'*f* & le *b* fe fubftituent réciproquement.

CIFEIRIAD, direction, conduite. G.

CIFEIRIOL, droit, qui eft en ligne droite. G.

CIFF. Voyez *Cipyll*.

CIFFATA, A. M. le même que *Cifatum*.

CIFFOUNA, le même que *Chiffonna*. B.

CIFFOUNER, chiffonneur. B.

CIFLOWNI, achever, parfaire. G.

CIFRAE, A. M. chiffres. Voyez *Cyfr*.

CIFRANNWR, qui contribue, qui paye fa part. G. Voyez *Cyfran*.

CIFRWNG, intervalle, efpace de temps qui eft entre deux. G.

CIFUS, A. M. pour *Scyphus*, vafe à boire; de *Cib*. Voyez *Cifatum*.

CIG, chair. C. G. B. *Chichi*, chair en Bafque; *Scid*, viande en Thibet. De *Cig* ou *Gig* eft venu notre mot François *Gigot*, ainfi nommé de ce que c'eft la partie plus charnuë du corps. Voyez *Cigog*. Le *g* fe changeant en *u* & en *b*, de *Cig* on aura pu dire *Civ* & *Cib*, duquel on aura pu former les mots Latins *Cibus*, *Cibo*.

CIG, le même que *Ceg*. Voyez *Siglen* & *Bal*.

CIG, le même que *Gig*, *Ig*, *Sig*. Voyez *Aru*.

CIG, le même que *Cag*, *Ceg*, *Cog*, *Cug*. Voyez *Bal*.

CIG, le même que *Cic*. Voyez *Aru*.

CIGARRA, ciron, mite. Ba.

CIGARRA, laboureur. Ba.

CIGARROA, tabac en corde. Ba. Voyez *Ci*, *Syg*.

CIGCAI, qui mendie de la viande. G. *Cig*, viande; *Cais*, chercher.

CIGDDYSGL, plat à faire cuir ou à fervir les viandes. G.

CIGFA, boucherie. G. *Fa*, lieu.

CIGFRAN, corbeau. G. *Fran* de *Bran*.

CIGFRANAID, de corbeau. G.

CIGH, biche. I.

CIGLE, CIGLEF, ouir, ou plutôt il a oui. G.

CIGLIW, couleur de chair, gris de lin. G. C. B. *Cig Liw*.

CIGLWNGC, carnacier ou qui mange beaucoup de viande. G. *Cig Lwnge*.

CIGLYD, de chair, carnacier ou qui mange beaucoup de viande. G.

CIGOG, de chair, charnu. G. De là *gigot*. Voyez *Cig*.

CIGOIGN, cicogne. B. De *Cic*, gofier, col, bec; *Con*, *Gon*, grand.

CIGORRA, verge. Ba. *Cig*, petit; *Ger*, bois.

CIGOUIGN, cicogne. B.

CIGTY, boucherie. G. *Ty*.

CICUER, boucher. G.

CIGUIBOILLA, efpèce de mauve. Ba.

H hhh

CIG.

CIGUILATZEA, fceau, cachet, figne. Ba.
CIGUILLATUA, fcellé. Ba.
CIGUILLEA, fceau, cachet, figne. Ba. De là *Sigillum* Latin.
CIGUINA, mauve. Ba.
CIGVRAN, corbeau. G.
CIGWAIN, CIGWEN, CIGFA, fourchette à tirer la viande. G. *Wain*, *Wen*, *Fa* font fynonimes de *Fach*, qui eft mis en compofition pour *Bach*, harpon.
CIGWR, boucher. G.
CIGYDD, boucher, celui qui égorgeoit la victime. G.
CIGYDD-DY, boucherie. G. *Dy*.
CIGYDDFA, boucherie. G. *Fa*, lieu.
CIGYDDIAD, action de couper, de déchirer la viande, de couper, de déchirer en général. G.
CIGYDDIO, couper la viande. G.
CIGYN, petit morceau de viande. G.
CIHOA, fuif. Ba.
CIL, fuite, retraite, éclipfe, décroiffement, diminution, défaillance, défaut, manquement, action de fe retirer, de fortir, de reculer en arrière, lieu où l'on fe retire, lieu fermé, lieu écarté, cache, cachette, folitude, détour, fentier, fentier détourné, enfoncement, cavité, fein, finuofité, golfe, creux, trou, port, caverne, grotte, le dos du couteau, du fabre. G. *Cil*, port en Irlandois, & *Cuil*, retraite, folitude, lieu écarté. *Arrifilova*, caverne en Bafque, c'eft-à-dire creux de rocher; *Arri*, rocher; *Silova*, creux. *Luciloa*, caverne en Bafque; *Luc*, roc; *Ciloa*, creux. *Arzuloa*, caverne en Bafque; *Ar*, rocher; *Zuloa*, creux. *Cila*, nombril en Bafque, parce qu'il eft enfoncé, caché; *Ichilizco*, en fecret en Bafque; *Iflic*, en cachette dans la même Langue. De *Cil* font venus en notre Langue *Cil*, le poil de la paupière qui cache l'œil; *Sourcil*, le poil qui eft au-deffus du cil; les mots populaires *Requiller*, pour faire rentrer quelqu'un dans fa maifon, le faire fuir; *Refillé*, pour beaucoup gravé de la petite vérole; *Re*, beaucoup; *Cil* ou *Sil*, trou. *Sillon* en François, la cavité ou creux que l'on fait dans la terre en labourant. *Effiller*, *Exiller* en vieux François, diffiper, ravager, détruire, priver, diminuer, amoindrir, déchoir de fon état. *Effil*, ravage, deftruction, privation; *Effiller*, mot Picard, qui fignifie dépenfer fon bien, le diffiper; & *Effilleur*, diffipateur, incendiaire. *Effiller* à Ornans fe dit pour priver. A Befançon un écolier qui n'a plus d'argent, dit qu'il eft *Chille*. De *Cil* font venus en Latin *Cilium*, le cil ou poil de la paupière; *Supercilium*, fourcil; *Ancile*, bouclier; *An article*; *Cile*, ce qui cache, ce qui couvre. *Motacilla*, hoche-queuë; *Mot* pour *Bot*, extrémité, queuë; *Cil*, remuer, mouvoir; *Cillare*, mouvoir. *Calim* fignifioit en cachette dans l'ancien Latin; *Cilik* en Samaritain, fuyard; *Cili* en Hébreu, avare, tenace, qui cache tout; *Cilai*, *Celi* en Chaldéen, avarice. *Mchillah* en Hébreu, caverne; (l'm héemantique ou paragogique) *Cfil* en Hébreu, fol, infenfé, qui manque de fens. *Pahchil* en Arménien, fuir. *Ki* en Chinois, caverne de dragon, vallée entre des rochers; & *Si*, cave, creux. *Ci* en Tartare du Thibet, cache, cachette, cacher, & *Cio*, fermer. *Cia*, grotte; *Ki*, plonger dans la même Langue; *Ciou*, Dieu dans la même Langue; de *Ci*, cacher. Voyez *Celi*. *Kylar*, garde-manger; *Kylyf*, gainé; *Giflu*, caché; *Giflein*, en cachette; *Giflimek*, cacher; *Calkan*, bouclier; *Ciol*, folitude, défert en Turc; *Cuil*, caverne,

CIL.

foffe en Flamand, & *Cil* ou *Kil*, profondeur. *Skjule* en Danois, cacher; *Skylia*, trou en Dalmatien; *Kulen* en ancien Saxon, foffe; *Zialat* en Bohémien, prifon; *Kilpi*, bouclier en Finlandois. *Kyl*, puits en Iflandois, & *Gil*, ouverture, fente de montagne. *Cilla* en Efpagnol, cellier, garde-manger. Voyez *Cal*, *Cel*, *Col*, *Cul* qui font les mêmes. (Voyez *Bal*) Voyez encore *Encil* & les *Cil* fuivans.
CIL, vieilleffe, antiquité. G. Voyez l'article précédent.
CIL, mort. I. Voyez *Cilio*.
CIL, port, habitation, demeure, Églife, Temple. I. Voyez *Kili*, *Cel* qui font les mêmes. *Kyloc*, Village en Finlandois; de là *Ancilla*, fervante en Latin, comme qui diroit qui eft en la maifon, qui demeure dans la maifon; de là *Exilium*, exil; *Afylus*, afyle.
CIL, le même que *Ceal*. De même des dérivés ou femblables. I.
CIL, le même que *Cel*, forêt. Voyez *Cel* & *Bal*. *Cilan*, forêt en Perfan; *Ghyl*, forêt en Arabe; *Si*, forêt en Tartare du Thibet; *Ciali* en Turc, arbriffeau; *Xulon* ou *Xylon*, bois en Grec; & *Ule* ou *Tle*, forêt. De *Cil* eft venu le *Sylva* des Latins.
CIL, couler. Voyez *Sileadh*.
CIL, derrière, par derrière. Voyez *Ifgil* & le premier *Cil*.
CIL, vîte, rapide. Voyez *Kell* qui eft le même, (Voyez *Bal*) & le premier *Cil*. *Kal* en Hébreu, vîte, leger; *Kaluth* en Chaldéen, legéreté, viteffe; *Kol* en Syriaque, fe hâter; *Kal* en Arabe, vîte, agile, leger; *Cial*, agile, vîte en Perfan; *Kuil*, prompt en Chaldéen; *Kuil* en Étrufque, prompt, prêt. *Sila* en Efclavon; *Szila* en Dalmatien; *Nafli* en Bohémien, véhémence, impétuofité; *Silni* en Efclavon, véhément, prompt, ardent, fougueux; *Sulax* ou *Sylax* étoit l'ancien nom du Tygre. Ce fleuve avoit apparemment pris ce nom de la rapidité de fon cours. De *Cil* ou *Gil* eft venu *Agilis* Latin; *Agile* François. On voit par ce mot qu'on a ajouté un *a* paragogique au terme *Cil* ou *Gil*, & que par conféquent on a dit *Acil* & *Agil*, comme *Cil* & *Gil*.
CIL, petit. Voyez *Cildant*. *Cild* en ancien Saxon, enfant, & *Child* en Anglois. *Exilis* en Latin, petit, délié. On appelle le petit doigt à Befançon *Guilleri*; *Kelé*, petit en Langue de Madagafcar.
CIL a dû être une particule diminutive, puifqu'il fignifie le décroiffement, la diminution & petit; de là vient que les anciens Latins s'en font fervis en ce fens. *Aula*, pot de terre; *Auxilla* pour *Aulula*, petit pot. *Chilla* en Efpagnol, ais, fort délié & petit. Voyez *Chiliabilia*.
CIL, près. Voyez *Cilydd*.
CIL, particule fuperflue. Voyez *Cilwg*.
CIL, le même que *Gil*, *Sil*. Voyez *Aru*.
CIL pour *Cail*. Voyez *Caer*.
CIL, mouvoir. Voyez le premier *Cil* & *Acillare*, *Cillere*.
CIL, camus, recourbé. Voyez *Acilus*.
CIL, Voyez *Cnoad*.
CIL, vigueur. Voyez *Acilus* & *Cil*, vîte, rapide.
CIL, noir. Voyez *Acilus* & *Smilb*. Il fignifie donc par conféquent mauvais, fâcheux, &c. comme *Du*. Voyez *Cil*, mort.
CIL', le même que *Gyll*, baguette, verge, bâton. Voyez *Ancila*.
CIL, le même que *Cal*, *Cel*, *Col*, *Cul*. Voyez *Bal*.
CIL, le même que *Gil*, *Il*, *Sil*. Voyez *Aru*.

CIL.

CIL Y LLEWAD, le décours, le décroissement, la diminution de la lune. G. *Llewad*, lune.
CILA, nombril. Ba. Voyez le premier *Cil*.
CILCHWYN pour *Cilchwyryn*, écrouelles. G. De *Chwarren*, tumeur, ulcére. Davies.
CILCWTH, action de repousser, d'écarter, impulsion. G.
CILCWTHIO, repousser, écarter. G.
CILCYN, parcelle. G. *Cyn*, part, morceau ; *Cil*, petite.
CILDANT ; plurier *Cildannau*, les plus petites cordes de la guitarre. G. *Tant*, en composition *Dant*, corde ; *Cil*, petite. Voyez *Cilcyn*.
CILDDANT, dent de la mâchoire. G. B.
CILDDOR, montant d'une porte où l'on engage les gonds. G.
CILDWYSO, tirer à l'écart. G.
CILDINN, le même que *Cyndyn*. G.
CILDYNNAS, opiniâtre, obstiné. G.
CILDYNNRWYDD, perversité, malignité, opiniâtreté. G.
CILEGUIERA, permission, licence, liberté. Ba.
CILEGUITU, je permets, j'affranchis. Ba.
CILFA, cachette, retraite. G. Voyez *Cil*.
CILFACH, cul-de-sac, cache, cachette, retraite pleine de sinuosités, sinuosité, golfe, port, angle. G. Voyez *Cil*.
CILFYRRU, abbréger, accourcir. G. *Fyrr* de *Byrr*.
CILGWTH, action de repousser, refus, opposition qu'on trouve. G.
CILGWTHIO, repousser. G.
CILHAR, argent, metal. Ba.
CILIA, être éloigné. G.
CILIAD, fugitif, qui fait fuir, action de fuir, d'éviter. G.
CILIARE, A. M. fermer l'œil avec le cil ; de *Cil*.
CILIATURA, A. M. cil ; de *Cil*.
CILIATUS, A. M. qui a de grands cils ; de *Cil*.
CILIBOCA, embûches, paralogisme, sophisme. Ba. Voyez *Cil*.
CILIBOCARIA, qui dresse des embûches. Ba.
CILIBOCOA, tromperie au jeu de cartes. Ba.
CILICIO, A. M. cizelet, burin, scalpel. *Cilio*, *Cyl*.
CILIO, faire fuire, décroître, aller en diminuant, se retirer, fuir, mettre en fuite, jetter par terre, renverser, abattre, aterrer, ruiner, détruire, défaire, tailler en piéces. G. Voyez *Cil*.
CILIO, CILIUM, CILIX, A. M. burin, cizelet ; de *Cilio*, *Cil*.
CILL, demeure, habitation. G.
CILL, demeure, habitation, Église, temple, cimetiére, enclos d'une Église. I. C'est le même que *Cil*.
CILL, derriére de la tête. B. *Polcill* en Langue de Cornouaille. Voyez *Cil*.
CILLAR, purifier des métaux. Ba.
CILLARGUILE, ouvrier en argent. Ba.
CILLARRA, argent, métal. Ba.
CILLARRA GARBITU, cuire, faire cuire. Ba.
CILLARRESCO, d'argent. Ba.
CILLARROZ, argent, métal. Ba.
CILLATEGUIA, latrines. Ba. Voyez *Cil*.
CILLEGUITU, j'affranchis. Ba.
CILLERE, A. G. mouvoir ; de *Cil*. On trouve *Obcillet* dans Plaute au même sens.
CILLIBA, A. G. table que l'on enléve après le repas ; de *Cilio*, enlever, ôter.
CILLIDH, quille de navire. I. De là ce mot, le *c* se prononçant comme *k*.

CIM.

CILLIN, Chapelle, lieu sacré. I.
CILLONTZIA, bassin. B.
CILORGANEA, espèce d'orgues. Ba.
CILSING, ventre. I.
CILU doit être synonime de *Celu*, comme *Cil* l'est de *Cel*.
CILWG, indignation, colere, haine. G. De *Cil* & *Gwg*, dit Davies : il faut donc que *Cil* soit une particule superflue, car *Gwg* signifie indignation, colere, ce qui se confirme par *Cilsyrra*.
CILUZA, ligne, rayon, ligne du centre à la circonférence. Ba.
CILYDD, fugitif, qui fait fuir. G.
CILYDD, prochain. G. Il faut donc que *Cil*, dont *Cilydd* est le possessif, signifie près.
CIM, courbe, tortu, bossu. I.
CIM, monnoye, toute espéce de monnoye. I.
CIM, le même que *Cib*. Voyez ce mot.
CIM, est le même que *Cam*, courbe. Voyez *Cimoela*, *Cimwch*, & *Bal*.
CIM signifie couper. Voyez *Cimitarra*, *Cymminai*, *Cymminu*, *Cimber*, *Cimator*.
CIM, le même que *Cam*, *Cem*, *Com*, *Cum*. Voyez *Bal*.
CIM, le même que *Gim*, *Im*, *Sim*. Voyez *Aru*.
CIMA, A. G. sommet, cime ; de *Swm* ou *Sym*. Nous appellons encore *Cime* en François le sommet de quelque chose. Les Espagnols & les Italiens disent *Cima*. Voyez *Cimeatua*.
CIMANT, ciment. B. De là ce mot, *Cimant* paroît formé de *Cyd*, liaison, *Man*, pierre : le *t* s'ajoutoit indifféremment à la fin du mot dans le Celtique De là le Latin *Caementum*.
CIMARROS, chevreau. Ba.
CIMATOR, A. M. celui qui tond les draps ; de *Cim*, couper.
CIMAURRA, fiente, fumier. Ba. Voyez *Mard*.
CIMBA, A. M. chasse de reliques ; de *Cib*. Voyez *Cimbarium*.
CIMBARIUM, A. M. le même que *Ciborium*.
CIMBER, voleur dans l'ancienne Langue Gauloise ou Celtique, au rapport de Festus & de Solin. Plutarque dit que les Germains appellent les voleurs *Cimbres*, *Caimper*, (ou *Caimber*, car le *b* & le *p* se substituent) bon soldat, soldat distingué en Écossois ; *Kimper* (ou *Kimber*) en ancien Breton, guerrier ; *Kemper* dans la basse Saxe, gladiateur. Le même terme signifioit dans ces anciennes Langues soldat, guerrier & voleur, brigand ; comme en Latin *Latro* : ces derniéres qualités n'étoient point regardées comme deshonorantes, parce que ces vols & ces pillages se faisoient à main armée sur les ennemis de la Nation. Voyez l'article *Brigantes* dans le premier volume des Mémoires sur la Langue Celtique. p. 35 &.
CIMBER MERCATURARUM, A. M. la charge d'une cymba ou barque ; *Cymba*, de *Cib*. Voyez *Cimba*, *Cimbarium*.
CIMBIA, A. G. vases à boire faits en forme de *Cymba* ou de barque. Voyez *Cimber*.
CIMBORIUM, A. M. le même que *Ciborium* ; de *Cib*. Voyez *Cimba*, *Cimbarium*.
CIMBATUA, aigu, pointu. Ba. Voyez *Cima*.
CIMEATZALLEA, Général d'armée. Ba.
CIMELA, fléxible, fléxibilité. Ba. Voyez *Cim*.
CIMENDUA, fondement. Ba. *Cyfan* ou *Cyman* ; solide.
CIMENTUM, A. G. fondement d'édifice ; de *Cimendua*.
CIMENTUM, A. M. mensonge, pensée. *Cym-*

CIM.

mhennu signifie orner un discours, ce qui ne se fait guères sans qu'il en coûte quelque chose à la vérité.

CIMERIA, A. M. cimier; de *Cima*.
CIMETUM, A. M. espèce de drap; de *Cim*, couper, tondre. Voyez *Cimator*.
CIMICO, A. G. j'invite avec de doux empressemens; de *Cymmell*, inviter, presser.
CIMICOA, pincement. Ba. Voyez *Cimura*, *Cimmwch*.
CIMIDH, captif. I.
CIMIN, le même que *Caimin*. I.
CIMINAL, cheminée. B.
CIMINETA, A. M. cheminée; de *Ciminal*.
CIMINUM, A. M. cumin; de *Coumin*, en Anglois *Cummin*.
CIMITARRA, cimeterre, sabre, coutelas. Ba. De là cimeterre.
CIMMWCH, cancre, écrevisse de mer. G.
CIMNIFO, A. G. qui pare les femmes; de *Cymmhennu* qui apparemment a signifié orner en tout sens.
CIMONA, A. M. mieux *Cimorra*, morve maladie de cheval; de *Morv*.
CIMURDURA, ride, pli. Ba. Voyez *Cimurra*.
CIMURRA, ride, pli. Ba. Voyez *Cim*.
CIN, CYN, sens, intelligence. G.
CIN, le même que *Cean*. De même des dérivés ou semblables. I.
CIN, cigne. B. On a dit *Cysne* en vieux François. Cet oiseau a pris son nom de sa blancheur.
CIN, le même que *Gwin*, blanc. Voyez *Aru*, Voyez *Cain* qui est le même que *Cin*, qui par conséquent a toutes les significations de *Cain*, *Chin* en Hébreu, grace, beauté; *Cim* en Chinois, clair, limpide, & *Xim*, saint, auguste; *Sin*, beau en Turc. Voyez *Qin* qui est le même que *Cin*. De *Cin* est venu le *Concinnus* des Latins; *Con* superflu ou paragogique.
CIN, robe. Voyez *Tsgin*.
CIN, le même que *Can*, *Cam*. Voyez *Cyngerth*, *Cinnes*, *Cinnus*, *Sine*, poitrine, sein en Turc; *Cin*, pli, ride en Persan; *Sinus* en Latin sein, sinuosité.
CIN, le même que *Can*, *Cen*, *Con*, *Cun*, *Cyn*. Voyez *Bal*. De là *Cingo* Latin. *Kino*, vase en Tartare du Thibet.
CIN, le même que *Gin*, *Guin*, *Gwin*, *In*, *Sin*. Voyez *Aru*.
CIN paroit avoir signifié couper en Gallois, parce que *Ciniach* & *Cinyn* signifient tous les deux copeau, retaille, rognure; ils n'ont rien de commun que *Cin*: il faut donc que *Cin* ait signifié couper; de là le *Scindo* des Latins; de là *Qignon* populairement morceau, parce que le *c* Celtique se prononce comme le *k* ou le *q*.
CIN paroit avoir signifié piquer, pointe. Voyez *Cinifes*, *Cinionen*: d'ailleurs cette signification est fort analogue à celle de couper.
CIN-VEIRTH, préposé. Prevôt. I.
CINA, jurement, serment. Ba.
CINAC, choses sérieuses. Ba. Voyez *Cyn*.
CINAEDUS, A. G. qui a le front blanc; *Cin*, blanche; *Hed*, tête.
CINALA, toute-puissance. Ba. Voyez *Cynnal*.
CINATU, faire le signe de la croix. Ba. Voyez *Syn*.
CINAZQUIDA, conjuration. Ba. De *Cina*.
CINBHEIRT, gouverneur. I. C'est le même que *Cin-Weirth*.

CIN.

CINÇARRI, clochette de bête. Ba. *Cencerro* en Espagnol.
CINCHA, sangle. Ba. Voyez *Cenclen* & *Cin*.
CINCINERIUM, A. M. dais; en vieux François *Cincelier*, *Cuicelier*; de *Cin*, tête; *Cil* & *Cin*, couvrir.
CINCINNIUM, A. M. blanc; de *Cyncan*.
CINCINNOSUS, A. G. qui a les cheveux frisés; de *Cincinnus* qui vient de *Cyncyn*, frisé. Voyez *Cyngerth*.
CINCLA, CINCQLA, lancer, jetter, darder, cingler. B. On appelle en Franche-Comté *Chiqle* un tuyau ou une seringue avec laquelle les enfans jettent de l'eau, des pois; & *Chiqla* est le verbe qui exprime cette action. *Escliquet* en Languedoc est un jeu d'enfant qu'ils font avec un tuyau, dans lequel ils mettent des balles qu'ils jettent. Voyez *Sincla* qui est le même mot.
CINCTA, A. M. ceinture, enceinte; de *Cingo* qui vient de *Cin*.
CINCURRIS, A. G. le même que *Cicurris* ou *Cicur*. Voyez *Ci*.
CINDATOR, A. G. enchanteur, magicien; de *Cwndid* ou *Cyndit*, chant; (on sçait qu'enchantement vient de chant) *Wr*, prononcez *Or*, homme.
CINDRA, nombre de dix porcs. E.
CINE, famille, race. I.
CINEABAICHME, semence. I.
CINEADH, nation, peuple, famille, région. I.
CINEADH, happer, saisir. I.
CINEAL, race, genre, sorte, espèce. I.
CINEALTA, affection. I.
CINEAMUN, accident, aventure, hazard. I.
CINEATTROM, têtu, opiniâtre. I.
CINEGUILLEA, témoin en justice. Ba.
CINEL, nation, peuple, famille, espèce. I.
CINER, A. G. cendre; de *Cynne*. De ce mot est aussi venu le *Cinis* des Latins.
CINERARIUS, A. G. friseur. Voyez *Cincinnosus*.
CINEZ, j'abjure sincérement. Ba.
CING, Roi. I. prononcez *King*. *Cyn*, *Cyng* en ancien Saxon, Roi, & *King* en Anglois; *Cun* ou *Cyn*, Seigneur en Gallois. De *King*, *Konig* par transposition, Roi en Allemand, les Theutons ont dit *Cuning*.
CING, fort, puissant, robuste. I.
CING, bois, arbre, comme *Ging*. Voyez *Aru*.
CING, comme *Cin*, entourer. Voyez *Cyngerth*; de là *Cingo* Latin.
CINGEADH, courageux, brave. I.
CINGELL, espèce de dard long, fonde de buraliste. G.
CINGELLUS, A. M. sommet, cime, pointe de montagne; de *Cingell*, qu'on voit par ce mot avoir signifié pointe en général.
CINGILLUS, A. M. petite ceinture; de *Cing*.
CINGTHEAACHT, courage, vigueur. I.
CINGUIRA, lieu marécageux. Ba.
CINGULA, A. G. sangle. Voyez *Cing*, *Cenclenn*.
CINIACH, rognures, retailles, copeaux, pièces, morceaux, lambeaux. G. *Synyk*, brisé, morcelé en Turc.
CINIACHU, couper, hacher, tailler en pièces. G.
CINIAW, le dîner. G. De là *Cœna*. Voyez *Cwyn*.
CINIAWA, dîner. G.
CINID, qui est de la famille, qui appartient à la famille. I.
CINIECHYN, rognure, retaille, petit morceau qu'on a coupé. G.

CINIFERUS,

CINIFERUS, CINIFLO, A. G. celui qui souffle le feu avec un soufflet, celui qui chauffe un fer à friser ; de *Cynne*, feu, & *Follis*, soufflet formé de *fol*. Voyez aussi *Cincinnosus*.
CINIO, dîner. Voyez *Cynniafa*.
CINIONEM, grosse couverture de lit piquée. G.
CINN, grosse tête, longue tête. I.
CINNARI, A. G. certains vases ou plats qui étant frapés formoient une espèce de concert ; de *Cynnar*, qui aura été étendu à signifier tout ce qui convenoit ensemble, tout ce qui s'assortissoit bien ; d'autant plus que la racine de ce mot est *Cyn*, qui signifie ensemble, qui signifie l'union.
CINNBHEARTAS, domaine. I.
CINNEAD, nation. I. C'est le même que *Cineadh*.
CINNEADH, devenir, avenir, arriver. I.
CINNEAMHNACH, fatal. I.
CINNEAMHUN, destin, destinée, fatalité, sort, évènement, issue, succès d'une affaire, accident, aventure, hazard, lot, part, mal, peine, embarras, traverse, malheur, incommodité. I.
CINNES, CINNI, A. G. cheveux frisés. Voyez *Cincinnosus*.
CINNFIONN, chauve. I.
CINNOL dans un dialecte du Gallois est le même que *Canol*. G.
CINNTE, perpétuel, continuel, destiné, rigide, sévére, austére. I.
CINNTREUN, obstiné. I.
CINNVEIRTH, Duc, Chef. I. Voyez *Cinveirtim*.
CINNUS, A. G. qui a la bouche torse ; de *Cin*.
CINNUS, A. M. cygne ; de *Cin*.
CINOLA, témoignage. Ba.
CINOLLEA, témoin. Ba.
CINQUI, avec pleine connoissance. Ba. Voyez *Synn*.
CINTA, ceinture, bandelette. Ba. Voyez *Cin*.
CINTA, A. M. ceinture. Voyez l'article précédent.
CINTE, assigné, désigné, borné, défini, ferme. I.
CINTEAS, hazard, aventure, accident, dureté, difficulté, rigueur. I.
CINTIA, sincére. Ba. Voyez *Cin*, blanc. *Candidus* en Latin signifie de même blanc & sincère.
CINTR, cintre. B. De là ce mot.
CINTSURA, œsophage. Ba.
CINTZAIQUIA, mouchoir. Ba.
CINTZATU, se moucher. Ba.
CINTZOA, capable, propre à. Ba.
CINTZOIDEA, syndérese. Ba.
CINTZOQUI, ingénieusement, avec esprit. Ba. Voyez *Synn*.
CINTZOTASUNA, habileté, industrie. Ba.
CINTZOTU, rendre habile, rendre propre à. Ba.
CINTZOTUA, qui a de l'aptitude, qui est propre à. Ba.
CINVAS, frange, bord, extrémité d'une robe. I.
CINVEIRTIM, conduire. I. Voyez *Cinnveirth*.
CINVIOL, fard. I.
CINYN, rognure, retaille. G.
CINYNIO, rogner, retailler, couper, déchirer. G.
CINTNION, rognures, retailles, copeaux, haillons, guenillons, chiffons. G.
CINZORO, avec esprit, subtilement, adroitement. Ba.
CIOCH, sein de femme, mamelle, teton. I.
CIOGNUS, avidité. I.
CIOCRACH, avidité, avide, goulu, glouton, vorace, ravissant. I.
CIOCRAS, avidité. I.

CIOELA, qui dit. Ba.
CIOGARNADH, bourdonner, bourdonnement. I.
CIOL, partial, affectionné. I.
CIOLARNE, vase. I.
CIOMHAS, borne, frontière. I.
CION, humeur folâtre, folâtrerie, amour. I.
CION, erreur, crime. I.
CION. Voyez *Cionnarraic*.
CIONNAGHADH, face, visage. I.
CIONNARRAIC, tumulte. I. *Cionnarraic* en Anglois, brigue. *Cion* en vieux François signifioit, selon Monet, pluie & grêle provenans de vents humides s'entrebattant ; selon Nicot, tourmente, tempête qui s'éleve sur mer par l'impétuosité des vents imprévus. On voit par là que *Cion*, dont *Cionnarraic* est formé, a signifié en Celtique tumulte, trouble, tempête.
CIONNTA, iniquité. I.
CIONNTADH, commettre le crime. I.
CIONNUS, combien, comment. I.
CIONTACH, criminel, pêcheur, coupable. I.
CIONTADH, faute, péché. I.
CIOR, peigne. I.
CIORADH, peigner. I.
CIORBADH, rogner, tondre, couper, incision ; mutilation. I. Voyez *Ciorrbadh* qui est le même.
CIORLACHA, oseille. Ba.
CIORRBADH, action d'ôter, ôter, diminuer ; affoiblir, estropier, mutiler. I. Voyez *Ciorbadh*.
CIORREA, gaule, baguette, verge. Ba.
CIORRIA, espèce de fureau plus petit que l'ordinaire. Ba.
CIOS, tribut, cens, revenu. I.
CIOSEHAIN, tribut, cens, revenu. I.
CIOTACH, gaucher. I.
CIOTAL, chaudière. I.
CIOTAN, la gauche parlant des mains. I.
CIP, action de prendre, de ravir. G.
CIP, rang, file, ordre. I.
CIP, le même que *Ceap*. De même des dérivés ou semblables. I.
CIP, le même que *Cippyll*. Voyez ce mot. Voyez *Cepoas*.
CIP. Voyez *Cib*.
CIPA, maravédis petite monnoie. Ba. Voyez *Chipi*.
CIPAT, indolent, méprisable. Ba. Voyez *Chipi*.
CIPGAR, ravissant, ravisseur, qui emporte, captieux, trompeur, artificieux. I.
CIPHUS, A. M. tasse, gobelet ; de *Cip* le même que *Cib*. *Ciphus* est le même que *Scyphus*.
CIPIAD, action de ravir, de prendre, ravisseur, captieux. G.
CIPIO, ravir, prendre. G. *Kap* en Turc ; prise, puisqu'en cette Langue *Kapmak* signifie prendre, (*Mak* est la terminaison de l'infinitif) & *Kapan*, qui prend. *Cap*, voler en Tonquinois, & *Cuop*, ravir. De *Cipio* sont venus les mots Latins *Capio*, *Accipio*, *Recipio*, *Concipio*, *Accipiter*, &c.
CIPIWR, ravisseur. G.
CIPOTZA, bouchon, tapon. Ba.
CIPPATICUS, A. M. cep de vigne ; de *Cip*, le même que *Cippyll*.
CIPPUS, CEPPUS, A. G. ceps, entraves de bois ou de fer qu'on met aux pieds des criminels. *Cippus* a aussi signifié la prison ; *Cippus*, *Cepus* ont encore désigné un filet. De *Cippus* sont venus *Cipparius*, *Cypiacus*, géolier, qu'on a appellé en vieux François *Cepier*, *Chepier*. De *Cipio*. De là notre mot *Ceps* & le terme Es-

pagnol *Cepo*, qui signifie la même chose.
CIPPYLL, tronc d'arbre, souche, tige d'arbre, d'arbrisseau. G. C'est un pléonasme, comme on le voit par *Cepa*, cep de vigne, recepa en notre Langue. *Cepo* en Espagnol, tronc d'arbre; *Sop* en Turc, souche. Voyez *Pill*.
CIPRESA, cyprès arbre. Ba. Voyez *Cypresen*.
CIPRYS, rapt, combat, choc. G.
CIQ. Voyez *Ciqenauden*.
CIQENAUDEN, chiquenaude. B. De là ce mot. Je crois que *Ciq* a signifié coup; on appelle un petit coup dans le Patois de Besançon *Chiqot*. Voyez *Cis* qui est le même que *Ciq*. Voyez *Aru*.
CIQUINA, mesquin, avare, avare sordide. Ba. Voyez *Cic*.
CIR, prix. G.
CIR, peigne. I.
CIR, uni, plain. I.
CIR, le même que *Car*, *Cer*, *Cor*, *Cur*. Voyez *Bal*.
CIR, le même que *Gir*, *Ir*, *Sir*. Voyez *Aru*.
CIR, le même que *Cear*. De même des dérivés ou semblables. I.
CIRA, A. M. peut être rendu par montagne; de *Sier* ou *Sir*.
CIRAGANDEA, douleur. Ba. Voyez *Cir*.
CIRAIQUIA, tentation. Ba. Voyez *Cir*.
CIRAN, peigne, crête de coq. I. De là notre mot *Ceran* ou *Seran*, peigne de chanvreur ou de serancier.
CIRAUA, vipère. Ba. Voyez *Cir*.
CIRCA, CERCHIA, A. M. ronde militaire; de *Chirquia*.
CIRCADA, CIRCADIA, CIRCA, CIRCATA, CIRCATURA, CIRCATUS, CIRCUTA, CYCARDIA par transposition, A. M. tournée, droit pour la tournée. Voyez *Circa*.
CIRCAMANARIA, A. M. recherche des limites faites pardevant le Juge. On trouve dans les Coûtumes *Cerquemanage*, *Cerquemanement*, *Cerquemaneur*, *Cerquemaner*; de *Qerchat*, chercher, & *Myn* ou *Man*, bord, fin, limites; ou de *Chirquia*.
CIRCE. EAN CIRCE, SICIN CIRCE, poussin, poulet. I.
CIRCILLUA, pendant d'oreille. Ba.
CIRCIUS, nom Celtique du vent du couchant. Favorin, Gaulois de naissance, dit dans Aulu Gelle, L. XI, C. XXII, que suivant son opinion ses compatriotes ont appellé ainsi ce vent à cause de ses tourbillons & de sa violence. Il est appelé *Cercius* dans Varron & dans une ancienne charte; *Circius* dans un titre rapporté dans la *Marca Hispanica*; *Cierco* en Espagnol; *Cierce*, *Cier*, *Sers* dans nos anciens Auteurs François; *Cers* en Languedocien; *Cere* en Auvergnac; *Cerce* en Provençal; de *Cyrcq*, qui signifie encore en Breton vent impétueux; ou de *Chirquia*, tourner, tourbillonner.
CIRCULARE, A. M. chercher; de *Qerchat* ou de *Chirquia*.
CIRCUS, A. M. cercle d'assemblée; de *Chirquia*.
CIREA, A. G. merde; *Cyr* de *Cyrf*, corps; *Each* ou *Eah*, excrément.
CIREIP, altercation, dispute, contestation, querelle, pointillerie, brouillerie. I. Voyez *Ciria*.
CIREIPEADH, embarrasser, embrouiller, mettre en perpléxité. I.
CIREIR, chagrin, mauvaise humeur. I.
CIREIRACH, de mauvaise humeur, chagrin. I.
CIRIA, dard, javelot, épée, poignard, flèche, pointe, coin à fendre du bois. B.

là notre mot déchirer. *Dessirie* en Patois de Besançon; *Décirer* en vieux François.
CIRIACSARTBEA, pousser un coin. Ba.
CIRICA, CIRICARIA, éperon. Ba. Ce mot est le même que *Ciria*. Voyez *Ciricatu*.
CIRICATU, j'attaque à coups de flèches, je perce de coups de flèches, je suis percé de coups de flèches. Ba.
CIRICUA, soie, étoffe de soie. Ba.
CIRIED, aumône, bienfait, don, bénéficence. G.
CIRIMBIOA, flux de ventre. Ba.
CIRINA, clystére. Ba.
CIRIOA, cierge. Ba. Voyez *Coer*.
CIRISTARE ou CIRITARE, A. G. parler au peuple; *Siarad* ou *Ciarad*, *Ciarat*, parler.
CIRISTATUA, fendu avec des coins. Ba.
CIBITATZEA, pousser les coins. Ba.
CIROXARE, CIROXERE, A. G. entourer; de *Chirquia*.
CIRPYN, chiffon, drapeau, guenillon, guenille, haillon. G.
CIRSUM, A. G. espèce de voiture; apparemment elle étoit faite de joncs tissus; *Cyrs*, joncs.
CIS, bandelette. I. Voyez *Ci*.
CIS, le même que *Cas*, *Ces*, *Cos*, *Cus*. Voyez *Bal*.
CIS, le même que *Gis*, *Is*, *Sis*. Voyez *Aru*.
CIS, le même que *Ceas*. De même des dérivés ou semblables. I.
Cis, coup, playe, soufflet. G. Il signifie aussi coupure, trou en général. Voyez *Chistua*, *Cisailh*. *Chist* en Turc & en Persan, javelot, trait, hache d'armes.
CISAILH; plurier *Cisailhou*, ciseaux. B. Voyez *Cis*.
CISARA, CISERA, A.M. cidre; de *Cistr*.
CISCA, poussière d'un bois vermoulu. Ba. *Cisco* en Espagnol, petite poussière du charbon.
CISEL, bas, humble. I.
CISOR, A. M. tailleur; de *Cis*, couper, tailler.
CISPIRIO, CISPURUA, soupir. Ba. De là *Suspirium* Latin, *Soupir* François.
CISSER pour *Cicer*, A. M. pois chiches; de *Cices*.
CISSOMBREREAH, versade, ou action de verser quand on est en voiture. B.
CISSORIUM, CISORIUM, A. M. assiette de bois sur laquelle on coupe les viandes dont on s'est servi; de *Cis*, couper.
CISSUS, A. M. coupé; de *Cis*.
CIST, coffre. B. *Cis* en Hébreu, bourse, petit sac; *Cis* en Arabe, bourse; *Cis* en Chaldéen, bourse, & *Cisa*, petit sac; *Kisti*, vaisseau en Persan. *Kise*, sac à mettre de l'argent en Turc, & *Kiese*, poche. *Sise* en Turc, bouteille; *Kisse* en Grec, petit sac, bourse; *Cista* en Latin, coffret, cassette, panier; de là *Cisterna*, citerne, réservoir d'eau. Voyez *Cista*, *Cistera*, *Cist*, *Cistan*, *Cistarca*, *Cistula*, *Cistelium*, *Kis*, *Cistan*.
CISTA, A. M. coffre, armoire, gaîne; de *Cist*.
CISTAN, petit coffre, cassette. G.
CISTARCA, CISTARCHA, CISTARTIA, A. M. panier ou sac dans lequel on porte ses vivres; de *Cist*.
CISTATIA, façon d'écrire où l'on ne comprend rien si on n'en a la clef. Ba.
CISTAU, petit coffre. G.
CISTE, caisse, coffre. Voyez *Flaithchiste*.
CISTELIUM, A. M. grande cage dans laquelle on renferme des bêtes féroces. *Cistella* dans Plaute, petite caisse; de *Cist*.
CISTERA, panier, corbeille. Ba. Voyez *Cist*, *Cestera*.

CIS.

CISTIWR, faiseur de caisses. G.
CISTR, cidre. B. De là ce mot. On dit Citre en Franche-Comté.
CISTULA, A. M. seau; de Cist; de là Situla Latin.
CIT, le même que Cat, Cet, Cot, Cut. Voyez Bal.
CIT, le même que Git, It, Sit. Voyez Aru.
CITA, maravédis petite monnoie. Ba. Voyez Cwtta ou Cyta.
CITACH, la gauche. I.
CITALA, méchant, scélerat, menteur. Ba.
CITALQUERIA, impureté, souillure. Ba.
CITAN, la gauche. I.
CITARA, harpe. Ba.
CITEAR, voyant. I.
CITEBASA, A. G. fondemens; Cwt ou Cyt, habitation; Bas, base. Voyez Bas.
CITHA, le même que Ceatha. De même des dérivés ou semblables. I.
CITHALEC, immonde, impur. Ba.
CITHI, qui voit. I.
CITIA, à plusieurs pointes. Ba.
CITISUM, A. G. froment; Cyth, froment; Sitos en Grec, froment.
CITOG, la gauche. I.
CITOLA, hoche-queuë oiseau. Ba.
CITRIONES, A. M. citrons. Voyez Citroncz.
CITROLUS, A. M. citrouille; de Citrouilhesen.
CITRONCZ, citron. B.
CITROUILHESEN, citrouille. B. De là Citrolo en Italien; Citrule en vieux François; Citrouille en François moderne.
CIV, le même que Cib. Voyez Civolesen, Cibolesenn.
CIVADERIUM, A. M. mesure pour le bled, que l'on appelle civier dans le Duché de Valentinois & dans le Vivarais; de Civ, le même que Cib.
CIVADIERE, civadière, voile du mât de beaupré sur la prouë. B.
CIVAS, bord. I.
CIUDYRYN, tonnerre. B.
CIVETA, civette. B.
CIUIN, tranquille, paisible, qui se tait. I.
CIUINIGHIM, rendre tranquille. I.
CIVISA, A. G. pli; de Cwys, sillon.
CIUMHUS, bord, extrémité. I.
CIUMHUS, sauvage. I.
CIUN, tranquille, paisible, qui se tait. I.
CIUNAS, CIUNUS, repos, silence. I.
CIVOLESENN, ciboule. B.
CIURIALTA, délicat. I.
CIURIALTAS, délicatesse. I.
CIURRA, aigu. Ba.
CIURSA, suc excellent; Euphorbium. Ba.
CIURTEA, pénétration d'esprit. Ba.
CIWDAWD, troupe, multitude, nation, peuple; plurier, Ciwdodoedd. G. De là Civitas dans les deux sens de peuple & de Ville. Voyez Ciwdawt.
CIWDAWDWR, naturel du pays, qui est du pays. G.
CIWDAWT, nation. C.
CIWDOD, le même que Ciwdawd. G.
CIWED, troupe. G.
CIWEIR-GYWOETHOG, riche. G. Ciweir, superflu. Voyez Cyfoethog.
CIYA, berceau. Ba.
CIZAC, champignon, mousseron. Ba.
CIZCUA, bourse. Ba. Voyez Cist.
CLA, le même que Cle, Cli, Clo, Clu. Voyez Bal.
CLA, le même que Gla, La, Sla. Voyez Aru.
CLAB, malade. G. Voyez Claff.

CLA.   323

CLAB, lévre. I. Voyez Lap, Lleibio.
CLAB, le même que Cleb, Clib, Clob, Club. Voyez Bal.
CLAB, le même que Glab, Lab, Slab. Voyez Aru.
CLABAR, argille, bouë, fange. I. Voyez Clai.
CLABARACH, d'argille, de bouë, boueux, fangeux. I.
CLABATA, A. M. canal, ruisseau. Voyez Clavan, Claban.
CLACZ, classe. B.
CLAD, fossé, tranchée. C. Voyez Cladd.
CLAD, le même que Cled, Clid, Clod, Clud. Voyez Bal.
CLAD, le même que Glad, Lad, Slad. Voyez Aru.
CLADACH, argille, bouë, fange. I.
CLADD, action de fossoyer, de creuser la terre; fosse, piéce de terre labourée avec la houë. G. Voyez Cladh.
CLADD, le même que Lladd. Voyez Aru. De là Clades Latin.
CLADDEDIGAETH, enterrement, action d'enterrer. G.
CLADDFA, crâne. G.
CLADDIAD, enterrement, inhumation, action de creuser, creusé. G.
CLADDU, creuser, fossoyer, sillonner, enterrer, couvrir de terre. G.
CLADDU, fermer, enfermer. Voyez Datgloi.
CLADH, sol d'un Temple, d'une Église. E.
CLADH, rivage, circuit, fosse, digue, rempart, haye. I. Voyez Cladd.
CLADU, faire un fossé. C.
CLAEAR, tiéde. C.
CLAEARDER, tiédeur. G.
CLAEMMUZEMANTT, plaintivement. B.
CLAER, clair. G. Clarutu en Basque, j'éclaircis; De Claer sont venus Clarus Latin, Clair François, Clear Anglois, Klar Allemand, Klaar Flamand. Voyez Claerwyn.
CLAERDER, clarté. G.
CLAERWYN, blanc. G. Clera, craie terre blanche en Basque. Il paroit par là que Claer a signifié blanc de même que clair.
CLAF, malade. G. Voyez Claff.
CLAF, le même que Clef, Clif, Clof, Cluf. Voyez Bal.
CLAF, le même que Glaf, Laf, Slaf. Voyez Aru.
CLAFACH, maladie. G.
CLAFDY, infirmerie, hôpital de malades. G.
CLAFF, malade, infirme, languissant. B.
CLAFR, lépre, rogne, gale, lépreux. G. Le c initial s'ôte; (Voyez Aru) ainsi on a dit Lafr comme Clafr; de là Lepra Latin.
CLAFRLLYD, lépreux, galeux, rogneux, marqué de taches de rousseur. G.
CLAFUS, maladif, valétudinaire. B.
CLAFWELY, maladie qui retient au lit. G. Gwely; lit.
CLAFYCCA, malade, moribond, infirme, languissant, valétudinaire. G.
CLAFYCHU, tomber malade, être malade. G.
CLAG, le même que Cleg, Clig, Clog, Clug. Voyez Bal.
CLAG, le même que Glag, Lag, Slag. Voyez Aru.
CLAGAM, se quereller, faire du bruit. I.
CLAGARTHA, paresseux, oisif. I.
CLAGH, le même que Cladh. De même des dérivés ou semblables. I.
CLAI, bouë, ciment, petites pierres. G. Clai est le même que Cailhar, c'en en est une transposition;

ainsi on a dû dire Cail, comme Clai, Clay en Anglois, terre graſſe, argille, bouë.

CLAI, dent de lion plante, chicorée ſauvage plante. G.

CLAI, le même que Clei, Cloi, Clui. Voyez Bal.

CLAI, le même que Glai, Lai, Slai. Voyez Aru.

CLAIAR, tiéde, doux, paiſible, gelé, congelé, glacé. G. Clouar, tiéde en Breton, & Chliaros en Grec.

CLAIARU, être un peu tiéde. G.

CLAIG, dent, dentelure, foſſette. I.

CLAIG-BAUD, aiguillon. I.

CLAIGEANN, crâne. I.

CLAIGN, bord, rivage de rivière; plutier Claignou. B.

CLAIM, défenſe, aſſurance. G. Voyez Clam.

CLAIM, plainte, ajournement. B. Voyez Clam. Claim en Anglois, prétention, demande, plainte formée en juſtice.

CLAIMHÆ, farcin maladie de cheval, gratelle. I.

CLAIMRIDH, gale. I.

CLAIN, engendrer, produire. I.

CLAIN, bord de rivière. B.

CLAIN, long. B.

CLAIN, procès, conteſtation. B. Voyez Claim.

CLAIN, le même que Glain, Lain, Slain. Voyez Aru.

CLAIN, le même que Clein, Cloin, Cluin. Voyez Bal.

CLAINC, action de ſe vautrer. G. Voyez Clai.

CLAIR, claire. G. C'eſt le feminin de Claer.

CLAIR, petite planche. I. Voyez Clar.

CLAIR, le même que Glair, Lair, Slair. Voyez Aru.

CLAIR, le même que Cleir, Cloir, Cluir. Voyez Bal.

CLAIRAENN, vaſière. B.

CLAIRBHEIL, couvercle. I.

CLAIREA, qui a le front grand, qui a le viſage ſoucieux. I.

CLAIRIM, diviſer, ſéparer. I.

CLAIRINEACH, mutilé, manchot. I.

CLAIRSEACH, harpe, lyre. I.

CLAIRSEOIR, joueur de harpe, de lyre. I.

CLAIRSIOCH, harpe, lyre. I.

CLAIRTHE, coupé, bleſſé, diviſé, ſéparé. I.

CLAIRWEN, limpide. G. A la lettre, clair-blanc.

CLAIS, meurtriſſure, contuſion, marque d'un coup imprimée ſur le corps; Sions, marques ou impreſſions qui reſtent ſur la peau d'une perſonne qu'on a fouettée avec violence, ſillon, trou, ouverture, petite foſſe, morſure, mors ou morſure de diable eſpèce de plante. G. Clais ſignifie auſſi tache, comme il paroit par Maen Clais, marbre. A la lettre, pierre de tache, ou pierre tacheté. Cleche en vieux François, percé à jour, vuidé; & Eſcleché, démembré. Voyez les deux articles ſuivans.

CLAIS, foſſe, creux, cavité, raye, ligne, bande. I.

CLAIS, herbe dite en François moron ou mouron, & dans la Botanique Morſus Gallina, Morſus Diaboli. Ce Clais, dit Dom le Pelletier, marque de plus en Gallois & en Breton cicatrice, plaie &c. comme on le verra au mot Cleis. B.

CLAIS, le même que Cleis, Clois, Cluis. Voyez Bal.

CLAIS, le même que Glais, Lais, Slais. Voyez Aru.

CLAIS DYDD, le point de jour. G. Clais, ouverture, Dydd, jour.

CLAIS Y MOCH, orvale plante. G. A la lettre mors ou morſure de cochon.

CLAIS. MAEN CLAIS, marbre. G.

CLAISTALMHAN, foſſe d'argille. I.

CLAK, eſpèce d'oye ſauvage. E.

CLAM, plaindre, ſe plaindre, demander juſtice du tort qu'on ſouffre, faire connoître le tort qu'on ſouffre, ajournement, plainte, ſujet de plainte, tort que l'on ſouffre. B. Ce mot ſignifiant tort au figuré, a dû ſignifier tortuoſité au propre. D'ailleurs on voit par Clamaſtren, Clemm, Clemmus, que Clam a ſignifié tout ce qui n'eſt pas droit, tout ce qui n'eſt pas bien, tout ce qui n'eſt pas comme il doit être. Voyez Claim, Clain. De Clam, Clamo Latin. De Clam ou Calam eſt venu Calamitas Latin. Voyez Caled & Cled.

CLAM, le même que Clom, Clem, Clim, Clum. Voyez Bal.

CLAM, le même que Glam, Lam, Slam. Voyez Aru.

CLAMA, A. M. ce que l'on payoit en Dauphiné au ſouverain, lorſque l'on vouloit forcer ſes débiteurs à payer. On dit en François Clain & Reclain. Voyez Claim.

CLAMARE, A. M. revendiquer, aſſurer. De Claim. Clamer ſignifie recourir aux Loix, porter ſa plainte devant le Juge.

CLAMASTREN eſt un ſingulier que je n'ai appris qu'en Cornouaille, dit Dom le Pelletier, où l'on dit d'une choſe ſouillée, gâtée, telle, par exemple, qu'un morceau de pain, de viande, de fruit & autres choſes ſemblables tombées dans la bouë, dans les cendres, &c. qui contracte quelque ordure, Clamaſtren Ew ; c'eſt un Clamaſtren, c'eſt autant de perdu, il n'eſt plus bon à manger. B. Voyez Clam.

CLAMATARIUS, A. M. qui revendique ce qui lui appartient. Voyez Clamare.

CLAMATIO, A. M. accuſation ; de Clam.

CLAMEUM, CLAMANTIA, CLAMATIO, CLAMOR, A. M. action que l'on intente pour revendiquer ſon bien; en Anglois, Claime ; en François, Clain ; de Claim.

CLAMH, galeux. I.

CLAMHDOIR, lépreux. I.

CLAMNUS, A. G. clariſſime ; de Clan.

CLAMP, maſſe, bloc. G.

CLAMPARACH, inſigne ſol, grand ſol. I.

CLAMPUR, diſpute, querelle. I.

CLAN, CLANNE, tribu. E.

CLAN, famille, tribu, nation. I.

CLAN, malade, giſant, infirme, languiſſant. B. Oglan en Tartare, eſtropié en général, boiteux. De Clan eſt venu Eſclandre en Patois de Franche-Comté, malheur, adverſité, mal ; en vieux François Eſclandre, Eſcande, ſcandale, mauvais exemple.

CLAN, bord de rivière. B.

CLAN, vallée, bas, creux. Voyez Glynn, Glan.

CLAN. On voit en comparant enſemble Clan, bas ; Clann, enfans ; Qolen, par craſe Qlen, petit d'animal, que Clan a ſignifié petit. Chlen, Ctein en Théuton ; Klein en Allemand, petit ; Klein en Flamand, petit ; Qolen, Qelin en Patois de Beſançon, noms appellatifs d'enfans.

CLAN, le même que Glan, Lan, Slan. Voyez Aru.

CLAN, le même que Clen, Clin, Clon, Clun. Voyez Bal.

CLAN

CLA.

CLAN LOBR, ladre verd. B.
CLANACH, vertu, force, efficace. I.
CLANACH, fertile, qui rapporte du fruit. I.
CLAND, fils, enfans, famille, tribu. I. Voyez *Clann*, qui est le même.
CLANDY, ladrerie, hôpital pour les pestiférés, infirmerie, hôpital pour les malades. B.
CLANMHUR, fertile, qui rapporte du fruit. I.
CLANN, enfans. E. Voyez *Clan* & l'article suivant.
CLANN, fils, enfans de l'un & de l'autre sexe, famille, tribu. I. Voyez l'article précédent, & *Clan*.
CLANNE, tribu. E.
CLANOUR, ladre. B. Voyez *Clanvour*.
CLANV, malade, gisant, infirme, languissant. B.
CLANVOUR, ladre, lépreux, malade de la lépre; de *Clanv*, malade, & *Lour*, lépreux, qui perd l'*l* en composition. On a étendu en Leon ce nom à signifier malade en général. B.
CLANVUS, valétudinaire, maladif. B.
CLAO ou CLAW, ferrement en général, toutes fortes d'outils de fer, instrument à fraper en coupant, clou. B. De là *Clavus* Latin, *Clou* François. *Cloficher* en vieux François, clouer; de *Clao*, *Ficha*.
CLAO, le même que *Glao*, *Lao*, *Slao*. Voyez *Aru*.
CLAOCHLAD, altération. I.
CLAOCHLOIDIM, altérer, changer, troquer. I.
CLAOIDREADH, vaincre, conquête, défaite, ruine. I.
CLAOIDHTE, abbaisser, fouler, renverser. I.
CLAON, partial, affectionné, penchant à, favorable à, enclin, propre à, courbé, incliné. I.
CLAONADH, inclination, penchant, pli, profonde soumission, révérence, pencher, avoir du penchant, enclin, favorable à, penché, en pente, inclinant, courbure. I.
CLAONAMHLAS, pente, penchant, inclination. I.
CLAONARD, escarpé, penchant. I.
CLAONDORTADH, s'adonner, s'appliquer à quelque chose. I.
CLAONMHAITHEAS, douceur. I.
CLAONTADH, aptitude. I.
CLAOUEIN, percer, creuser, miner, fouir, approfondir, enclaver. B.
CLAOUI, clouer. B. Voyez *Clao*.
CLAOUIN, miner, creuser, fouir, approfondir. B.
CLAOUYER, étui à épingles, clavier où l'on met plusieurs clefs. B.
CLAP, coup, craquement, claquement, éclat de ce qui se fend, de ce qui se rompt. G. De là *Clapa* dans les anciens monumens; de là éclat en notre Langue. *Clap* en Anglois, coup; *Klappen* en Allemand, claquer; *Klap* en Flamand, son, éclat.
CLAPERIA, CLAPERIUS, CLAPUS, A. M. clapier ou garenne; de *Cladd*. Voyez *Claterium*.
CLAPO PRATI, A. M. une piéce, un morceau de pré; *Clap*, éclat, piéce de ce qui se rompt, aura été étendu à signifier piéce, morceau en général. Voyez *Clasen*.
CLAPONUS, A. M. fer de cheval, ainsi nommé du bruit qu'il fait. Voyez *Clap*.
CLAQA. Voyez *Claqeteres*.
CLAQETERES, crécelle. B. On voit par là que *Claqa* a dû signifier faire du bruit; de là *Claquer*, *Claquette*, *Cliquer*, *Cliquet*, *Cliquettes*, *Cliquetis* en notre Langue. *Cliquant* en vieux François,

TOME I.

CLA.

faisant du bruit. De *Claqa* ou *Claga*, *Clango* Latin. Voyez *Clecc*. L'*r* & l'*l* se mettant l'une pour l'autre; on a dit *Craq* comme *Claq*; de là craquer. *Clak* en Anglois, claquet, cliquetis.
CLAR, planche. I. Voyez *Clair*.
CLAR, table. I.
CLAR, navire. I.
CLAR, le même que *Cler*, *Clir*, *Clor*, *Clur*. Voyez *Bal*.
CLAR, le même que *Glar*, *Lar*, *Slar*. Voyez *Aru*.
CLARACH, chauve, poli. I.
CLARASIUS, A. M. le même que *Clario*.
CLARI DWEL, orvale plante. G.
CLARINA, trompette. Ba. Voyez *Clariwn*.
CLARIO, CLARO, A. M. clairon; de *Clariwn*.
CLARIWN, trompette, clairon. G. De là ce dernier mot. *Klaroen* en Flamand; *Clarion* en Anglois; *Clarin* en Allemand, clairon. Voyez *Clarina*, *Cleroun*.
CLARUM, A. M. le coup que l'on sonne pour les morts. Voyez *Classicum*.
CLARUTU, j'éclaircis. Ba. Voyez *Claer*.
CLAS, château, forteresse. G.
CLAS, verd. G. Voyez *Glas*.
CLAS, GLAS, ECLAS, serrure. I.
CLÂS, château, forteresse, cloître d'Église. G. C'est le même que *Clos*. Voyez *Bal*.
CLAS, le même que *Cles*, *Clis*, *Clos*, *Clus*. Voyez *Bal*.
CLAS, le même que *Glas*, *Las*, *Slas*. Voyez *Aru*.
CLAS DYDD, le même que *Clais Dydd*. G.
CLASA, le même que *Claqa*. Voyez *Aru*, *Glas*, *Classicum*.
CLASBA, CLASPA, boucle, agraffe. I. *Clasp* en Anglois.
CLASCKIGH, prendre. I. Voyez *Clas*, *Clâs*.
CLASG doit être le même que *Casgl*, puisque *Clasgu* est le même que *Casglu*. Voyez *Casglu*.
CLASGU, assembler. G. C'est une transposition de *Casglu*.
CLASPA. Voyez *Clasba*.
CLASQ, recherche, chercher. B.
CLASQEIN, mendier. B.
CLASQER, chercheur, quêteur, mendiant. B.
CLASQI, chercher, rechercher. B.
CLASQOUR, chercheur, quêteur, mendiant, gueux, belître. B.
CLASS, fosse. I.
CLASSERA, A. G. clos, clôture; de *Clas*.
CLASSICA, A. M. flotte; de *Classis* Latin, qui est formé de *Clasgu* ou *Clasgu*, assembler. Voyez *Aru*.
CLASSICARIUS, A. M. qui sonne de la trompette; de *Clasa*. Voyez *Classicum*.
CLASSICUM, A. M. le son de toutes les cloches à la fois. On dit *Glas* en François, & *Classes* en Languedocien. Nos anciens Auteurs ont appellé *Glas* toutes sortes de bruits qui se faisoient par son ou par cri; ainsi ils ont dit un grand *Glas* de chiens, pour un grand bruit fait par un cri de chien. On trouve aussi dans leurs ouvrages *Glatir*, pour faire du bruit. Les Auvergnacs nomment *Clias*, *Cliar*, *Clar*, les coups que l'on sonne pour un mort. On nomme ces coups en Breton *Glas*, qui est le même que *Clas*. On les appelle *Glais* en François, & *Glas* en Patois de Franche-Comté. On lit *Clachs* en ce sens dans les anciens monumens d'Espagne. Voyez *Clasa*.

K k k k

CLASSIS, A. M. Corps ou Communauté, Collége ; de *Claes*.
CLATERIUM, A. M. le même que *Claperium*.
CLAU, entier, sans altération, sans mélange. G. Voyez d'autres significations de ce mot dans *Cleuder*.
CLAV, nœud, B. & par conséquent union, jonction. Voyez *Clav*, clou.
CLAU, encloûre. B. Voyez *Clao*.
CLAÜ ou CLAV ou CLAW, nœud coulant, B,
CLAV, le même que *Clao*, clou. B.
CLAU, le même que *Glau*, *Lau*, *Slau*, Voyez *Aru*.
CLAU, le même que *Cleu*, *Clou*. Voyez *Bal*.
CLAV, fossé, creux, canal. Voyez *Clauz*, *Clavaca*, *Clabata*, *Claus*, *Claws*, *Claudd*, *Clawr*, *Esclas* en vieux François, fossés.
CLAVACA, A. G. cloaque ; de *Clav*, creux ; *Ach*, eau.
CLAVAN, CLAVON, bras de rivière. G. Voyez *Claw*, *Clavengi*.
CLAUAR, tiéde. G.
CLAUARU, devenir tiéde, attiédir. G.
CLAUDD, fosse, port qui a été fait en creusant la terre. G. Voyez *Cladd* qui est le même mot.
CLAUDICARIA, A. G. vaisseau de charge. *Clod*, charge.
CLAVENCHIA, A. M. épaule de mouton. Voyez l'article suivant.
CLAVENGI, A. M. sorte d'armure dont on se couvroit les bras, les épaules. On voit par ce mot, & par *Clavenchia*, que *Clavan* a signifié bras au propre & au figuré ; d'ailleurs le sens figuré a ordinairement supposé le propre. Voyez *Claw*.
CLAVIA, A. G. le même que *Clavaca* ; *I* est synonime d'*Ach*.
CLAPICA, A. G. le même que *Clavia*.
CLAVON, bras de rivière. G.
CLAUS, canal, fosse. G.
CLAUSA, A. M. clos, clôture, lieu fermé, écluse ; de *Claws*.
CLAUSTLE, gageure, gage. B.
CLAUSTR, cloître, clos, B.
CLAUSTRE, gageure, gage. B.
CLAW, synonime de *Law*. G. Voyez *Clavengi*.
CLAW. Voyez *Clao*.
CLAW, clos, fermé. Voyez *Clawd*, *Clawr*, *Clo*.
CLAWDD, fosse. G. B. *Clod* en Anglois.
CLAWDD, sillon. G.
CLAWDD, haye, clôture, muraille, rempart. G. De là *Claudo* Latin.
CLAWDDFA, mine de métal. G.
CLAWET, ferré, enferré : On le dit du fer d'une aiguillette ; au singulier, *Claweten* ; & pareillement du ciseau d'un calfat. B. Voyez *Clao*.
CLAWR, étui, gaîne, coffre, cassette, bouchon, bondon, tampon, couvercle, couverture. G. Ce mot étant formé de *Clo*, doit avoir une signification aussi étendue que ce terme.
CLAWR, couvercle. C.
CLAWR, le même que *Clafr*. G. De là *Clavet*, *Claveau*, *Clavelée*, noms que l'on donne en Franche-Comté à une maladie des moutons, qui est une espèce de lépre.
CLAWR, table. Voyez *Gwyddŵyll* & *Clar*.
CLAWR DAIAR, surface de la terre. G.
CLAWS, canal, fosse. G.
CLAWS, le même que *Clos*, puisque ce n'est qu'une différente manière d'écrire ce mot.
CLAUZ, fosse, creux. G. Voyez *Classicum*.

CLAXENDIX, A. M. son de cloche, son de trompette ; de *Clasa*.
CLAZ, selon un homme sçavant dans la Langue Bretonne, est l'endroit d'un champ ou d'un jardin où l'on cesse de bécher, ce qui fait comme une fosse ou crevasse. Il ajoute que *Claza*, qui en est formé, signifie couper parlant de la terre, ou faire une tranchée. On dit aussi, selon lui, *Clara*, crever, quand on parle d'une apostume. *Cladd* en Gallois, fosse, action de fossoyer ; *Claddu*, fossoyer, enterrer ; *Class*, fosse en Irlandois. De *Claz*, fosse, est venue notre expression sonner le *Glas*, continue le même Sçavant, pour sonner la fosse, l'enterrement. B. Voyez *Classicum*.
CLE, le même que *Claon*. I.
CLE, qui est à gauche, la gauche. I.
CLE, couper. B.
CLE, le même que *Cleuz*. B.
CLE, le même que *Cla*, *Cli*, *Clo*, *Clu*. Voyez *Bal*.
CLE, le même que *Gle*, *Le*, *Sle*. Voyez *Aru*.
CLE, cachette, endroit où l'on se cache, ce qui cache. Voyez *Cled*, *Cledd*, *Cleia*, &c.
CLEA, claye. I. Voyez *Cled*.
CLEACHD, coûtume, usage. I.
CLEACHDACH, accoûtumé, usité. I.
CLEACHDADH, coûtume, usage, exercice. I.
CLEAMHUS, affinité. I.
CLEAN, épée. B. Voyez *Clexeff*.
CLEANOUR, homme d'épée, prompt à se battre à l'épée, bretteur, gladiateur. B.
CLEANTEUS, A. M. homme d'épée, homme de condition ; de *Clean*. De là *Cleante*, nom d'homme.
CLEANVET, maladie. B.
CLEARADH, familiarité. I.
CLEAS, jeu, subtilité, invention, moyen, artifice, finesse, adresse, tromperie, moquerie, boutade, caprice, fantaisie, gaillardise, extravagance. I.
CLEASACH, gaillard, qui aime à se divertir, bouffon, qui sent le théatre, fin, rusé, adroit, insidieux, trompeur, fripon, fourbe, plein de piéges, plein d'embûches. I.
CLEASADH, jouer, amuser, s'amuser, se divertir, se moquer de, tromper. I.
CLEASAIDE, badin, esprit badin. I.
CLEASUGHEAS, fourberie, tromperie, imposture, chicane. I.
CLEATH, verge, baguette, pieu. I.
CLEATHAC, verge, baguette, pieu. I.
CLEAU, ouïe, faculté de l'animal. B.
CLEAU, tout l'attirail d'une charrette. B.
CLEAYACH, claye. I. De là ce mot.
CLEBYD, maladie. G.
CLEC, gaucher. I. Voyez *Cleiz*.
CLEC, le même que *Clas*, *Clic*, *Cloc*, *Cluc*. Voyez *Bal*.
CLEC, le même que *Glec*, *Lec*, *Slec*. Voyez *Aru*.
CLECC, bruit aigre, perçant, aigu, claquement, craquement, éclat de quelque chose qui se brise. G. Voyez *Clagetttrés*.
CLECCIAN, faire un bruit aigre, perçant, aigu, claquer, craquer, faire éclat en se brisant. G.
CLECH, CLECHY, cloches. B. C'est le pluriel de *Cloc*.
CLED, escarpé, coupé, âpre, rude, roide, raboteux, scabreux. G. Voyez *Cledd*.
CLED, claye. B. Voyez *Clea*, *Kliath*.
CLED, couvert. B. *Klade*, habit en Runique.
CLED, pierre. Voyez *Cleddiwyg*. *Clud*, rocher en

ancien Saxon; *Klettur*, rocher en Islandois; *Kletas* en Grec, pierre, rocher.

CLED, dur. Voyez *Cledi*, *Caled*.

CLED, le même que *Clwyd*. G.

CLED, épée. C. Voyez *Cledd*.

CLED, le même que *Clad*, *Clid*, *Clod*, *Clud*. Voyez *Bal*.

CLED, le même que *Gled*, *Led*, *Sled*. Voyez *Arn*.

CLEDA, A. M. craïe; de *Cleiz*, *Cleid*.

CLEDA, A. M. claye; de *Cled*. On dit encore *Cleds* à Marseille & en Languedoc.

CLEDARE, CLEDICARE, A. M. fermer avec des clayes; de *Cled*.

CLEDD, CLEDDAU, CLEDDFF, épée; & par métaphore, rivière. G. De là *Gladius* Latin. *Cledd* signifiant épée, *Cled* signifiant coupé, *Cler* signifiant pointe, aiguillon, on voit par là que *Cled* & *Cler* sont synonimes; d'ailleurs l'r & le d se mettent l'un pour l'autre.

CLEDD en un dialecte du Gallois, le même que *Clawdd*, fosse, rempart, muraille, clôture, haye. G. *Kladde* en Esclavon, ceps.

CLEDD, rempart, mur fort. C.

CLEDD, gauche. C.

CLEDD, épée. B.

CLEDDA, épée. C.

CLEDDAU BISWAIL, rate, partie de l'animal. G.

CLEDDE, épée. C.

CLEDDEU, épée. G. Voyez *Cledd*.

CLEDDIWIG, carrière, endroit d'où l'on tire la pierre. G. Il paroit par ce terme que *Cled* en Gallois a signifié pierre.

CLEDDIWIG, mine de métal. G.

CLEDDYF, épée. G. B.

CLEDDYF BLEDDYN, rate, partie de l'animal. G.

CLEDDYFAL, CLEDDYFOD, coup d'épée. G.

CLEDDYFAN, épée. G. *An*, terminaison indifférente.

CLEDDYFAN, petite épée, poignard, dague. G. *An* diminutif.

CLEDDYFAWD, CLEDDYFOD, coup d'épée, plaie, blessure. G.

CLEDDYFRYSG, poisson qui a la hure comme une épée. G. *Pysg*, poisson.

CLEDDYFLYS, glayeul, flambe, glayeul puant. G.

CLEDDYFWR, gladiateur. G.

CLEDER LLAW, paume de la main. G.

CLEDI, dureté, G. & par conséquent *Cled*, dur: c'est une crase de *Caled*.

CLEDR, GWAITH CLEDR, claye, grille, jalousie. G. Voyez *Cled*. De là *Clathrus* Latin.

CLEDR LAW, la paume de la main. G.

CLEDR Y DDWYFRON, poitrine. G. A la lettre, la claye des deux mamelles.

CLEDREN; au pluriel *Cledr*, poutre, solive, pieu, perche; chez les anciens Gallois, épée. G. *Kleithron* en Grec, barre, levier.

CLEDRU, griller, treillisser, mettre des jalousies, des clayes, fermer de barreaux. G.

CLEDWREGIS, baudrier. G.

CLEEF. Voyez *Clezeff*.

CLEER, glace. B. Voyez *Clezr*.

CLEFECCIAN, languir. G. Voyez *Claf*, *Clefycca*.

CLEFET, CLEFFET, le même que *Clenvet*. B.

CLEFRI, CLEFRYD, lèpre, rogne, gale. G.

CLEFFET, maladie. B.

CLEFFCCA, valétudinaire, infirme, maladif. G.

CLEFFCCIAN, être infirme, être valétudinaire. G.

CLEFFCHU, le même que *Clafychu*. G.

CLEFYD, maladie. G. B.

CLEFYD, langueur. G.

CLEFYDCRYD, fièvre. G.

CLEGER, le même que *Clegr*, rocher, &c. G.

CLEGR, rocher, écueil, caillou, lieu plein de rochers, lieu plein de cailloux. G.

CLEGR, crier comme une oie. G.

CLEGYR, roc, caillou, pierre, rochers. G.

CLEGYR, crier comme une oie, glousser. G.

CLEGYRNOG, raboteux, scabreux, inégal, rude. G.

CLEHAON, épée. B.

CLEHIN, beau. I. Voyez *Glan*, *Cleinion*.

CLEI, gauche. B. Voyez *Cleiz*. *Laios* en Grec, le côté gauche.

CLEI, le même que *Glei*, *Lei*, *Slei*. Voyez *Arn*. De là *Lava*.

CLEI, le même que *Clai*, *Cloi*, *Clui*. Voyez *Bal*.

CLEIA, CLAIA, CLETA, CLITELLA, CLIDA, CLADES, CLEIDA, CLETELLA, CLOEA, CLOIA, A. M. chaye; de *Clea* & *Cled*. On a dit en vieux François *Creil* & *Cloye*.

CLEIAT, gaucher. B. Voyez *Clei*.

CLEIAT, fouir, creuser. B. Voyez *Cle*.

CLEIBHIN, panier, clayon. I.

CLEIHUET, maladie. B.

CLEIMIO, susciter un procès, former une demande en Justice. G. Voyez *Clamm*.

CLEINGCIO, repousser avec force, ôter avec effort, déranger à force. G.

CLEINHUEDIC, indisposition. B.

CLEINHUEDUSS, cacochime, valétudinaire. B.

CLEIRCH, décrépit, vieillard que les années ont rendu chauve, vieillard qui n'a pas longtemps à vivre. G.

CLEIRIACH, le même que *Cleirch*. G.

CLEIRIACHAIDD, décrépit, fort vieux. G.

CLEIRIOCH, clerc, greffier, secrétaire. I.

CLEIS, brisé. G.

CLEIS, marbre. C.

CLEIS, craïe. B.

CLEIS, CLAIS, CLAIR, CLEIZ, cicatrice; singulier, *Cleisen*; pluriel, *Cleisennou*. B. Voyez *Clais*.

CLEISIEDIG, meurtri. G.

CLEISIO, être livide, être plombé, être noirâtre, être meurtri, fraper de manière à laisser sur le corps des marques des coups, à déchirer la peau. G.

CLEISIOG, livide, plombé, meurtri, noirâtre. G.

CLEISWAED, meurtrissure. B.

CLEIT, action de cacher, de tenir secret. I. Voyez *Cle*.

CLEITE, aîle, plume, tuyau de plume. I.

CLEITEAN, auvent, appentis, crayon, pinceau. I.

CLEITHE, faîte de maison ou de montagne. I.

CLEIZ, gauche. B. Voyez *Clei*.

CLEIZ, craïe. B.

CLEIZ, mouron plante. B. Voyez *Clais*.

CLEIZARD, gaucher. B.

CLEIZENN, cicatrice, marque. B.

CLEIZIAD, CLEIZIAR, CLEIZJAR, CLEIZIER; gaucher. B.

CLEMATION, accusation. B. Voyez *Clam*.

CLEMEN, le même que *Clemm*. B.

CLEMINSAT, couper par petits copeaux. B. *Cle*, couper; *Min*, petit.

CLEMM, grief, charge, accusation, plainte, plaindre. B.

CLEMMER, qui se plaint toujours. B.

CLEMMICHAT, gémir, criailler comme les petits enfans. B.

CLEMMICHER, qui se plaint toujours. B.

CLEMMUS, valétudinaire. B.
CLEMVAN, plainte, complainte. B.
CLEN. Voyez Glan.
CLEN, le même que Glen, Len. Voyez Aru.
CLEN, le même que Clan, Clin, Clon, Clun. Voyez Bal.
CLENVEL, tomber malade, devenir malade, être malade. B.
CLENVET, CLENUET, maladie; pluriel Clevedon. B.
CLENVI, être ou devenir malade. B.
CLEO, A. G. incliner, pencher; de Claon.
CLEO PONNER, qui entend dur. B. Voyez Clean.
CLEOGERTAP, rocher. G.
CLEOPARE, CLEPARE, A. G. toucher; de Clap.
CLEOUS, mare. B.
CLEOUT, écouter. B.
CLEPARE. Voyez Cleopare.
CLEPERUS, A. M. caché, obscur, douteux; de Cle.
CLER, muſiciens. G.
CLER, muſicien, poëte, habile en quelque art que ce ſoit. Voyez Bungler. De là Clere ou Cler, autrefois pour habile; Mauclerc, pour mal-habile. Clergois, Clergiſe, habileté, capacité, doctrine; Grand Clerc, celui qui étoit fort habile, fort ſçavant; Clergeſſe, Clergereſſe, habile, ſçavante femme ou fille. Les Italiens ont dit auſſi Gran Cherico in Iſcrittura. Aviechcleir, laboureur en Étruſque; d'Aro & Cler. Voyez Cleirioch.
CLER, le même que Clet, rivière, ruiſſeau, comme Tit & Tir, terre.
CLER, le même que Cled, Cledd. Voyez Cledd.
CLER, le même que Clar, Clir, Clor, Clur. Voyez Bal.
CLER, le même que Gler, Ler, Sler. Voyez Aru.
CLER T DOM, les plus mal-habiles, les plus mépriſables muſiciens. G. On peut employer la même expreſſion pour toutes ſortes d'artiſtes. Voyez Cler. Dom de Tom, bouë, fumier. Le peuple a conſervé une ſemblable façon de s'exprimer, que je n'oſe rapporter ici.
CLERA, la tournée que les muſiciens & les poëtes font pendant trois ans, faire une tournée à la façon des muſiciens, le prix & la récompenſe des muſiciens & des poëtes. G.
CLERA, craie, Ba. Voyez Cleiz.
CLERMWNT, ſynonime de Clerwr, muſicien. G. Mwnt eſt donc le ſynonime d'Wr, homme. Voyez Mon.
CLEROUN, clairon. B. Voyez Clariwn.
CLERWR, muſicien. G. Cler; Wr de Gwr.
CLERWR, aiguillon, pointe. G.
CLERWRIAETH, ce qui aiguillonne, piquant, ſatyrique. G.
CLES, le même qu'Achles. Voyez ce mot.
CLES, couverture. Voyez Alcheſia.
CLES, le même que Clas, Clis, Clos, Clus. Voyez Bal.
CLES, le même que Gles, Les, Sles. Voyez Aru.
CLESER, clos. B.
CLET, rivière, ruiſſeau. G. C'eſt le même que Llaith. Voyez Aru.
CLET, couvert, qui eſt couvert & à l'abri, paiſible, tranquille. B.
CLET, le même que Clat, Clit, Clot, Clut. Voyez Bal.
CLET, le même que Glet, Let, Slet. Voyez Aru.
CLETELLA, A. M. petite claye. Voyez Cled.

CLETUM, A. M. claye. Voyez Cled.
CLEUDER, intégrité, candeur, ingénuité, ſincérité, franchiſe, bonne foi. G. De Clan.
CLEUDH, rempart, mur fort. B. Voyez Clawdd.
CLEUDHIA, fouir, creuſer. B. Voyez Clawd.
CLEVED, écouter, ouir, l'ouie. B.
CLEPED, fiévre. B.
CLEUEIN ou CLEVEIN, écouter. B.
CLEVEL, CLEVELL, tomber malade, être malade. B.
CLEVET, l'ouïe, ecouter, exaucer. B. Voyez Clyw Clouis.
CLEUGET, ou CLEUJET, raccourci & accroupi de froid, comme les pauvres mal vêtus en hyver; lorſqu'il ſe dit d'un oiſeau, c'eſt quand il eſt perché & accroupi ſur ſes pattes pour dormir. B.
CLEVI, ouir. B. On s'en ſert auſſi pour ſentir parlant d'une odeur. Voyez Clyw, Clew.
CLEUJAR, perdrix. B.
CLEUN, foſſé. B. Voyez Clynn qui eſt le même mot, Cleuz, Cle.
CLEUNIA, foſſoyer, faire des foſſés. B.
CLEUS, creux, vuide, cave, concave. B. Cluzeau, caverne en vieux françois.
CLEUS, A. G. petite montée. Voyez Cleuz. Kloneh en Arménien, faîte, ſommet.
CLEW, prononcez Cleo, l'ouïe, la faculté d'entendre. Clewi écouter. On a étendu ce mot à ſignifier ſentir par l'odorat. On dit auſſi Clewein, écouter. B. Voyez Clyw. Clouis en Irlandois, prononcez Clous, oreille, & Cluſſint, ouir, entendre.
CLEUZ, foſſe, foſſé, creux. Et parce que l'on fait la clôture des champs de la terre du foſſé, on nomme Cleuz, l'enceinte de terre, l'élévation de terre qui entoure le champ; c'eſt pourquoi les Bretons qui parlent un peu François, donnent le nom de Foſſé à la terre qui en eſt tirée, à cette enceinte de terre. B. Voyez Clawd. On voit par Cleus que ce mot ayant d'abord ſignifié ſeulement cette élévation de terre que l'on fait autour des champs, fut étendu dans la ſuite à ſignifier toute petite élévation.
CLEUZEN. COZ CLEUZEN, vieil arbre. B. Coz, vieil.
CLEUZER, greſſet ou creuſet lumière ou chandelle à veiller la nuit. B. Voyez Creuſol.
CLEUZER, creuſeur, foſſoyeur pour les morts. B.
CLEUZEUR, greſſet ou creuſet lumière ou chandelle à veiller la nuit. B.
CLEUZIA, fouir, creuſer, foſſoyer. B.
CLEUZIAR, perdrix. B.
CLEUZY, ſynonime de Cloddio. B.
CLEUZYER, faiſeur de foſſés. B.
CLEY, gauche. B. Voyez Cle, Clei.
CLEY, coupure, coupé. B.
CLEYA, CLEYARD, gaucher. B.
CLEYER, cloche. B. c'eſt le pluriel de Cloc.
CLEVOUR, faiſeur de foſſes. B.
CLEYZ, craie. B.
CLEYZENN, cicatrice, pêne de ſerrure. B.
CLEYZENNECQ, balafré. B.
CLEZEFF, épée, glaive. On prononce aujourd'hui Clezé; pluriel, Clezehier. Ce mot paroit formé de Cleuzia, fouir, creuſer, faire des trous, percer; comme Cleddyf, Cledr en Gallois, épée, vient de Cladda, d'où eſt auſſi venu le Gladius des Latins. Les Latins uſent de Confodere au ſens de percer & tuer. Cluf en Irlandois, épée; quelques Bretons diſent Cleef, épée;
en

CLE.

en Vennetois, *Clean*, glaive, épée; *Cleanour*, bretteur, gladiateur. B. Voyez *Cleddau*.

CLEZEFFIAD, homme d'épée. B.

CLEZEYAD, homme d'épée, prompt à se battre à l'épée, bretteur, gladiateur. B.

CLEZR, glace; singulier *Clezrenn*, glace qui couvre la surface de l'eau. B.

CLEZR, singulier *Clezren*, selon un homme sçavant en Breton signifie les branches ou perches dont on fait les clayes; selon Dom le Pelletier, ce nom se donne aux deux grosses piéces qui soutiennent & fortifient la claye; selon le Pere de Rostrenen, ce sont les barres de la charrette B. Voyez *Ankelher*.

CLEZRA, glacer. B.

CLEZRET, glacé. B.

CLI, corps. I.

CLI, la gauche parlant des mains. I.

CLI, le même que *Gli*, *Li*, *Sli*. Voyez *Aru*.

CLI, le même que *Cle*, *Cla*, *Clo*, *Clu*. Voyez *Bal*.

CLIABH, poitrine, le tronc, le coffre du corps. I.

CLIABH, panier, corbeille, gabion, cage. I.

CLIABHAN, petit panier; *Cliabhan*, *Leinb*, berceau; *Cliabhan*, *Can*, cage. I.

CLIABRACH, qui est côte à côte, qui est de front. I.

CLIACH, claye. I.

CLIAMHUIN, affinité. I.

CLIATH, claye. I. Voyez *Cled*, *Cleiz*.

CLIATHADH, fermer de claye. I.

CLIATHAN, poitrine, tronc ou coffre du corps. I.

CLIATHOG, dos, fesses. I.

CLIAVH, le même que *Cliabh*. I.

CLIAVHAIN, affin, allié. I.

CLIBA, A. G. âpres, scabreux, difficiles; de *Clipen*, pointe.

CLIBACH, velu. I.

CLIBIN, fragment, morceau, part, partage. I.

CLIBIS, tumulte. I.

CLIBOLA, A. G. qui sont en pente, penchés. *Clippa* ou *Clibba*, de *Llippa*. Voyez *Aru*.

CLICCIED, cadenas, barre de porte, verrouil, cheville d'une poulie, petit essieu. G.

CLICH, claye. I.

CLICQANT, clinquant. B.

CLICQED, loquet. B. On a dit *Clenche* en vieux François. Voyez *Cli*.

CLICZYA, commencer à s'écorcher, effleurer. B.

CLIDA, A. M. claye; de *Cled*, *Clidein*, fermer. B.

CLIF. Voyez *Clipen*.

CLIHI, gelée, glace. C.

CLIHUED MOR, mal de mer. B.

CLIHUED TUEM, fievre chaude. B.

CLIKET, loquet. B. Voyez *Cli*; de *Cliket* est venu *Liket*, *Loket*; parce que le *c* initial se perd. Voyez *Aru*, & *Cliccied*.

CLIMICHER, petit criailleur parlant des enfans. B.

CLIMICHEREZ, cri des petits enfans. B.

CLIN, beau. G. Voyez *Clehin*. *Cliner* en vieux François, cribler; *Clinet*, crible.

CLIN, pente de montagne. I.

CLIN, courbure, pli. B. *Klino* en Grec, incliner, pencher; de là *Inclino* Latin; de là cligner les yeux.

CLIN, le même que *Clan*, *Clen*, *Clon*, *Clun*. Voyez *Bal*.

CLIN, le même que *Glin*, *Lin*, *Slin*. Voyez *Aru*.

CLIN-BREH, le coude. B.

CLIN-GAR, genouil. B.

TOME I.

CLO.

CLINDARDDACH, retentir, résonner fort, craquer, faire du bruit, craqueter, claqueter, craquement, claquement, bruit. G.

CLINQANT, clinquant. B. De là ce mot, qui est formé de *Clin Qam*.

CLIOBAM, couper I.

CLIOBOG, morceau, segment, part, partage. I.

CLIOCH, claye. I.

CLIOGARADH, croacer. I.

CLIOLUNTA, fort, robuste, puissant. I.

CLIOR, petit panier, petit coffre, cassette. I.

CLIOSUS, A. G. incliné, penché. Voyez *Cleo*.

CLIOUAR, perdrix. B.

CLIP, le même que *Clipen*. Voyez ce mot.

CLIPEN, crête, faîte, pointe. B. *En* est une terminaison indifférente; ainsi on aura dit *Clip*, comme *Clipen*; de *Clip*, *Clif*, *Cliv*, d'où est venu *Clivus*, qui en Latin signifie éminence, élévation, montée : & comme ce qui est montée, considérée d'une autre façon est pente, on a étendu la signification de *Clivus* à pente, penchant; de même de *Berg*, montagne, on a fait *Vergo*, pencher, & de *Pen*, élévation, montagne, *Pendo*. Voyez l'article suivant.

CLIPEN-AR-GAR, le devant de la jambe. B.

CLIQUETUS, A. M. loquet; de *Cliket*. On disoit *Cliquet* en vieux François.

CLIS, le même que *Clas*, *Cles*, *Clos*, *Clus*. Voyez *Bal*.

CLIS, le même que *Glis*, *Lis*, *Slis*. Voyez *Aru*.

CLISDE, adroit. I.

CLISDEAS, feu, ardeur, vivacité. I.

CLISEAD, saut. I.

CLISEAD, amuser, jouer, se moquer de. I.

CLISIM, sauter. I.

CLISTE, agile, vite. I.

CLISTEACHD, agilité, vîtesse. I.

CLITH, épée. E. Voyez *Cleddau*.

CLITHLAV, la gauche. I.

CLIV. Voyez *Clipen*.

CLIVIOR, A. G. plus noble; de *Cliv*. On voit par là que *Clivus*, de même que tous les mots qui signifient élévation, élevé, ont été pris au figuré.

CLO, le même que *Claudd*, fosse. G.

CLO, serrure, clos, clôture, conclusion. G. *Kloska* en Lusatien; *Klotka* en Polonois; *Schlot* en Allemand, serrure; *Igloe*; maison en Groenlandois; *Sclo* en Cophte, clôture, muraille, haye; *Cloq* en Anglois, embarras, obstacle, empêchement; *Clang*, magasin en Siamois. Voyez *Cloc*.

CLO, empreinte, marque, sillon. I.

CLO, clou, cheville, épingle. I. Voyez

CLO, renommée, réputation. I Voyez *Clod*.

CLO, pendre. Voyez *Clo-Ia*.

CLO, le même que *Cla*, *Cle*, *Cli*, *Clu*. Voyez *Bal*.

CLO, le même que *Glo*, *Lo*, *Slo*. Voyez *Aru*.

CLO-IA, goutte d'eau qui pend. G. *Ia*, eau, *Clo* par conséquent pendre.

CLOACA, A. M. cloaque. Voyez *Clavaca*.

CLOAD, conclusion. G.

CLOAGUEN, le même que *Laguen*. Voyez *Mesq-Cloagnen*, *Mesq-Laguen*; de là le François *Cloaque*.

CLOARECQ, Clerc, Ecclésiastique. B.

CLOAST, cloître. B. Voyez *Clo*.

CLOAX, A. G. petit canal; de *Clo*.

CLOC ou CLOSS; singulier *Clocen*, petit tronc d'arbuste coupé un peu hors de terre; pluriér,

L lll

Clocen ou *Clossou* : c'est aussi un enclos, clos, clôture; *Cloca*, fermer, clorre, enfermer; *Clocen*, vaisseau, clos, vase fermé, boëte couverte : il se dit aussi de ce qui enferme d'autres choses ; *Clocen W'y*, coque d'œuf ; *Clocen Pis*, gousse de pois. B. Voyez *Clo, Cloca, Clog, Clocha.*

CLOC. Voyez *Clogwyn.*.

CLOCA, manteau. I. Voyez *Cloc*, *Cloch.*

CLOCA, CLOCHA ; A. M. espèce d'habit ou plutôt de manteau dont se servoient les voyageurs. Voyez l'article précédent. On appelloit *Cloche* à Marseille dans le quatorzième siécle un manteau de cheval. Les Anglois appellent un manteau, une cape, *Cloke*. Nous trouvons *Cloche* pour robe dans nos vieux Auteurs François. On appelle en Franche-Comté *Clochette* une petite robe de fille. Voyez *Clocha*.

CLOCA, CLOCCA, CLOCHA, A. M. cloche; de *Cloch*.

CLOCC, horloge. G. *Clock* en Anglois, horloge.

CLOCC *Vy*, coque d'œuf. B. *Vy*, œuf. Voyez *Cloc*.

CLOCCIAN FAL IAR. Davies traduit *Pipire* qui signifie en François pioler, crier comme les poussins. Il paroit que c'est Glousser comme les poules. *Fal* comme *Iar*, poule ; *Cloccian* veut donc dire glousser. G. J'ajoûte que *Clochat* en Breton, signifie glousser; de *Cloccian* ou *Clossian*, est venu notre mot glousser.

CLOCEN. Voyez *Cloc*.

CLOCH, cloche. G. B. au pluriel en Breton, *Cleth*, *Clechy*, *Cleach*, *Clechier*, *Cleyer*. *Clock* en Anglois ; *Clocke* en Flamand ; *Glock* en Allemand; *Cloche* en François, cloche. On appelle en Franche-Comté *Clechie* du pluriel *Clechi*, la tour où sont les cloches.

CLOCH, pierre en Irlandois, & dans l'Isle de Mona.

CLOCH, rocher. I.

CLOCH, grain comme de chapelet ou de collier. I.

CLOCH, jusquiame herbe. I.

CLOCH, le même que *Cochl*. Voyez ce mot, *Cloc*, *Cloca*. I.

CLOCH, le même que *Cloth*. De même des dérivés ou semblables. I.

CLOCH, le même que *Clach*, *Cleth*, *Clich*, *Cluch*. Voyez *Bal*.

CLOCH, le même que *Gloch*, *Loch*, *Sloch*. Voyez *Aru*.

CLOCH, SHNCACHTA, grêle météore. I.

CLOCH TARRANGTA, aimant. I.

CLOCH, THEINEADH, caillou, pierre à fusil. I.

CLOCH TR YMADRODD, luette. G.

CLOCHA, saye, robe. I.

CLOCHA, CLOHA, CLOSSA, agacer les dents. B. Agacer les dents c'est les rendre inhabiles à manger.

CLOCHACH, pierreux. I.

CLOCHAN, pavé, pierres rangées dans un gué pour passer la rivière. I.

CLOCHAT, glousser. B. *Clock* en Anglois, glousser.

CLOCHDARDD, abboyer, hurler, crier après ou contre. G.

CLOCHDY, clocher. G. *Cloch Ty* ou *Dy*.

CLOCHED, agraffe, crochet. B.

CLOCHEN, petite cloche. G. Voyez *Cloch*.

CLOCHEN, le même que *Closten*. Voyez *Cartosten*.

CLOCHENN, tranche. B.

CLOCHER, sonneur de cloches. B.

CLOCHERES YAR, poule qui a des poussins. B.

CLOCHET, CLOHET, CLOSSET, participe de *Clocha*. B.

CLOCHFAOBAIR, houë, hoyau. I.

CLOCHIG, petite cloche, clochette. G.

CLOCHMAN, sonneur de cloches en ancien Breton. B.

CLOCHYDD, qui a soin de sonner les cloches, Marguillier, Sacristain, Curé, qui porte des grelots, qui porte des sonnettes. G.

CLOCIRE, A. M. glousser ; de *Cloccian*.

CLOCK; singulier, *Clocken*, cuillier à manger; plurier, *Clocon*. B.

CLOCQ, accompli, parfait, sans défaut, bien adverbe. B.

CLOCQUEMANI, A. M. sonneurs de cloche ; de *Clochman*.

CLOCZEN, gousse, coque, ébogue, enveloppe extérieure & piquante; de là châtaigne. B.

CLOD, louange, gloire. G. On a dit indifféremment *Lod* comme *Clod*. Voyez *Aru*. De là *Laudo* Latin. On a dit en vieux François *Los* pour louange, *Aloser*, *Alouser* pour louer. On dit en Patois de Besançon *Alouser* quelqu'un pour l'attirer par des louanges, par de belles paroles, à faire quelque chose. *Lode* en Italien ; *Loor* en Espagnol ; *Lob* en Allemand ; *Lof* en Flamand ; *Loff* en Danois, & en ancien Saxon, louange ; *Lob* en Allemand ; *Lof* en Flamand ; *Loff* en Danois, *Lode* en Italien ; *Loor* en Espagnol, gloire ; *Laut* en Allemand, illustre, célébre ; *Kleos*, *Kledon* en Grec, gloire. *Cluo*, ancien mot Latin qui signifie être illustre, exceller. Voyez *Cloth, Clo, Clos.*

CLOD, trou, fosse. Voyez *Cloddio*. Clot en Anjou & en Languedoc, fosse; *Se Clotir*, se cacher. Ce mot se dit des animaux qui se cachent dans leurs tanières. *s'Anclottir* en vieux François signifioit se jetter dans son terrier, dans son trou.

CLOD, le même que *Clud, Clad, Cled, Clid*. Voyez *Bal*.

CLODACH, bouë, fange, glu, boueux. I.

CLODADH, soustraire, ôter. I.

CLODDORI, le même que *Clodsori*. G.

CLODD, beauté. G.

CLODDFA, piéce de terre labourée à la houë. G.

CLODDIAD, creusé, action de creuser la terre. G.

CLODDIO, creuser, fossoyer, remuer la terre avec la houë, enterrer. G.

CLODDIWR, fossoyeur, qui houë la terre, qui travaille aux mines des métaux, mineur. G. C'est de là qu'est venu le nom Latin *Claudius*, qui devint si illustre par les grandes actions de ceux qui le porterent.

CLODDIWYDD. A GLODDIWYDD, fossile. G.

CLODE, A. G. en cachette, secrettement ; de *Clawd*.

CLODELLUM, CLODICIUM, A. M. petite piéce de terre fermée de murs ou de haye ; *Clawd El Ic* diminutif.

CLODFANN, louable, célébré par des louanges. G.

CLODFAWR, fort loué, couvert de gloire, célébre, illustre, renommé, G.

CLODFOREDD, louange, éloge. G.

CLODFORI, louer, louer beaucoup. G. Suivant l'étymologie il signifie proprement le dernier.

CLODFORUS, louable. G.

CLODFORUSRWYDD, état d'un homme illustre, renommé, célébre. G.

CLO.

CLODFORWR, qui loue. G.
CLODH, réfuter, réfutation, conquerir, défaire, défaite, ruiner, briser, réduire. I.
CLODHAIRE, gueux, errant, vagabond, fripon, fourbe, coquin. I.
CLODHAIREAS, tromperie, fourberie, friponnerie. I.
CLODUS, A. M. pour *Claudus*, boiteux; l'un & l'autre de *Cloff*. On a dit *Clos* en vieux François.
CLOEA. Voyez *Cleia*.
CLOED, claye. B.
CLOEDIGAETH, action de fermer, conclusion. G.
CLOER, armoires, trous. G.
CLOERECQ, clerc. B.
CLOERIA, A. M. enclos; de *Clo*.
CLOES, A. G. pluie; de *Glao*, *Clao*, pluie.
CLOES, A. G. navire; de *Gloestr*, *Cloestr*, vase, vaisseau.
CLOES, A. G. soufflet à souffler; de *Gluais*, *Cluais*, mouvement, agitation.
CLOESTR, cloître. B.
CLOET ou CLOUET, barrière, herse, claye, particulièrement celle qui ferme l'entrée d'un champ. B. Voyez *Clo*, *Cloi*, *Clwydd*.
CLOEZR; singulier *Cloezren*, espéce de goëmon qui porte de gros grains. B.
CLOEZR ou CLOR; singulier *Cloezren*, *Cloren*, coque, coquille & chose semblable; *Cloezren Aman*, coquille de beurre qui est levée avec la cuillier; *Clor Kesten*, coque de châtaigne. B. De *Cloi*.
CLOFEN, rameau. G.
CLOFF, boiteux. G. Voyez *Clodus*, *Cloppus*.
CLOFFDDYN, celui qui traîne les pieds en marchant. G.
CLOFFI, boiter, faire le boiteux. G.
CLOFFNI, action de boiter. G.
CLOFFRWYM, lacet, collet. G.
CLOFFRWYMO, mettre les fers aux pieds. G.
CLOG, enclos, clôture, vase. G.
CLOG, le même que *Cochl*. G.
CLOG, CLOGWYN; pluriel *Clogwyni*, pierre, caillou, rocher. G. *Cloch* en Irlandois, pierre, rocher.
CLOG, cloche. I. Voyez *Cloch*.
CLOG, le même que *Clag*, *Cleg*, *Clig*, *Clug*. Voyez *Bal*.
CLOG, le même que *Glog*, *Log*, *Slog*. Voyez *Aru*.
CLOGA, glousser. B. Ce mot est formé sur le bruit que fait la poule qui a des poussins. *Cloc*, glousser en Anglois. Voyez *Cloccian*.
CLOGAD; casque, heaume. I. Voyez *Clogan*.
CLOGAN, crâne. I.
CLOGAT, casque, heaume, morion, pot en tête. I.
CLOGCAS, clocher. I.
CLOGG, roche escarpée. G.
CLOGGIS STANNI, A. M. masse d'étain; de *Clogwyn* à cause de sa ressemblance avec une pierre.
CLOGH, le même que *Clodh*. De même des dérivés ou semblables. I.
CLOGOREN, vessie, ampoule pleine de sérosité, petites bouteilles qui se forment sur l'eau quand il pleut. B.
CLOGORENNA, bouillonner. B.
CLOGUE, la cuillier du pot. B.
CLOGWYN; pluriel *Clogwyni*, pierre, caillou, rocher. G. *Cloch* en Irlandois, pierres.

CLO. 331

CLOGWYNOG, raboteux, rude, inégal, scabreux. G.
CLOGYRNACH, raboteux, rude, inégal, scabreux. G.
CLOH, cloche. B.
CLOHA. Voyez *Clocha*, clocher, dôme. B.
CLOHER, sonneur de cloches. B.
CLOHERIC, petit clocher. B.
CLOHET. Voyez *Clochet*.
CLOI, fermer, fermer à la clef, fermer au verrouil. G. Voyez *Clo*. *Kleio*, fermer en Grec.
CLOICHE, rocher, pierre. I.
CLOICHREACH, CLOICHREAN, de roc, endroit plein de rochers. I.
CLOICHSNEASA, grêle météore. I.
CLOID, rempart, enceinte. I. Voyez *Clo*.
CLOIDH, fosse, digue, rempart, haye. I. Voyez *Clodd*.
CLOIDHEACH, épée. I. Voyez *Cledd*.
CLOIDHEAD, victoire. I.
CLOIDHEAMH, glaive, épée. I. Voyez *Cleddau*.
CLOIDHEARTA, abjet, méprisable, vil, bas, lâche, couard, honteux, vilain, infâme, malhonnête, faquin. I.
CLOIDHEAV, épée. I.
CLOIDHIM, renverser, détruire. I.
CLOIDHRE, coquin. I.
CLOIDHREAS, couardise, lâcheté. I.
CLOIDHRIOS, fourberie, tromperie. I.
CLOIDHTEOIR, vainqueur. I.
CLOIDIM, baudrier. I.
CLOIG, petite serrure, agraffe de bois. G. *Clo*; serrure, *Ig* diminutif.
CLOIGCIONN, tête. I.
CLOIGEAN, crâne. I.
CLOIGYN, diminutif de *Cloig*. G.
CLOISDEAN, ouïe, faculté d'ouir. I. Voyez *Clust*.
CLOISDIN, ouir, écouter. I.
CLOL, pericrâne. G. Voyez *Clogan*, *Cloren*.
CLOM, nœud. B.
CLOM, pigeon. B.
CLOM, le même que *Clam*, *Clem*, *Clim*, *Clum*. Voyez *Bal*.
CLOM, le même que *Glom*, *Lom*, *Slom*. Voyez *Aru*.
CLOMDY, colombier. B.
CLOMER, colombier. B.
CLOMMEN, pigeon. B.
CLON, cachette, port. I. Voyez *Clonn*.
CLON, le même que *Clan*, *Clen*, *Clin*, *Clun*. Voyez *Bal*.
CLON, le même que *Glon*, *Lon*, *Slon*. Voyez *Aru*.
CLON; le même que *Cluan*. I.
CLONAIMHE, antidote. I.
CLONN, vallée, bas, creux. Voyez *Glynn*.
CLOPEN, toute la tête ou le seul crâne, grosse tête; *Clopennec*, *Clopennoc*, têtu, qui a de la tête, opiniâtre, acariâtre, tête dure. B. Voyez *Clol*.
CLOPENNAD, entêtement. B.
CLOPENNEC, CLOPENNOC. Voyez *Clopen*.
CLOPPUS, A. G. boiteux; de *Cloff*. On a dit en vieux François *Clos*, *Clop*, *Cloppe*, *Cloup*, *Clopin*, *Clopinel* pour boiteux; *Clopper*, *Clopiner*, *Clocher* pour boiter. De *Cloper* est venu *écloper*, *éclopé* qui sont encore en usage.
CLOQUERIUM, A. M. cuillier; de *Clog* ou *Cloque*.

CLO.

CLOR, raifort fauvage ou rave fauvage. G.
CLOR; plurier, *Cloriau*, couvercle, couverture, ce qui couvre, ce qui cache. G.
CLOR. Voyez *Cloezr*.
CLOR, le même que *Clar*, *Cler*, *Clir*, *Clur*. Voyez *Bal*.
CLOR, le même que *Glor*, *Lor*, *Slor*. Voyez *Aru*.
CLORA, ramaſſer des raiforts fauvages ou des râves fauvages. G.
CLOREENN, écorce, gouſſe de pois, de féves, &c. B.
CLOREN, queue. G.
CLOREN, rameau. G.
CLOREN, gouſſe, coque, ébogue, enveloppe extérieure & piquante de la châtaigne, pelure, crâne. B. Voyez *Cloezr*, *Clal*.
CLORENNEC, gouſſeux. B.
CLORIAN, balance. G.
CLORYN, diminutif de *Clor*. G.
CLOS, haut-de-chauſſes. G.
CLOS, louange. C. Voyez *Clod*.
CLOS, enclos, clos, fermé, caché, diſſimulé, feint. B. Voyez *Clôs*. *Cloſter*, *Clouſier* en vieux François, garde; *Clouer*, fermer; *Cloye*, claye. De *Clos* eſt venu notre mot *Clos*, l'Anglois, *Cloſe*, le vieux *Clawd*, *Clon*, *Cloſa*, *Clog*.
CLÔS, clos d'Égliſe. G. Voyez *Cloi*.
CLÔS, caleçon, culotte. G.
CLOS, ouïr, écouter, ce qui peut être ouï. I. Voyez *Cloſt*.
CLOS, doux, agréable. B. Voyez *Clod*, *Cluas*.
CLOS, le même que *Clas*, *Cles*, *Clis*, *Clus*. Voyez *Bal*.
CLOS, le même que *Glos*, *Los*, *Slos*. Voyez *Aru*.
CLOSA, fuivant un autre dialecte *Cloſaff*, fermer, enfermer. B.
CLOSADUR, clôture. B.
CLOSARIUS, A. M. garde, gardien; de *Cloſa*. Voyez *Clos*.
CLOSEIN, cerner, environner, entourer. B.
CLOSELLUS, A. M. petit clos, *Clos*, *El* diminutif.
CLOSEN, beurrier de bois ou boëte à beurre. B.
CLOSENNEC, caché, myſtérieux, diſſimulé. B. Voyez *Clos*.
CLOST, CLOSTEN, oreille. Voyez *Carloſten*.
CLOT, trou. Voyez *Clod*.
CLOT, le même que *Clat*, *Clet*, *Clit*, *Clut*. Voyez *Bal*.
CLOT, le même que *Glot*, *Lot*, *Slot*. Voyez *Aru*.
CLOTH, noble, illuſtre, généreux, réputation, renommée, louange. I. Voyez *Clod*.
CLOTH, le même que *Cloch*. De même des dérivés ou ſemblables. I.
CLOTH, le même que *Clodh*. I.
CLOTHA, il entend. I.
CLOTHAIRE, le même que *Clodhaire*. I.
CLOUAR, tiéde. G. Voyez l'article fuivant.
CLOÜAR ou CLOUWAR, ſelon le P. de Roſtrenen tiéde, doux d'humeur, flegmatique, homme froid. Dom le Pelletier explique ainſi ce mot. *Cloüar* dans l'uſage moderne ſe dit ſeulement pour tiéde, ni chaud ni froid. Mais je le trouve dans mes vieux écrits pour une des qualités ou épithétes que l'on donne à des Seigneurs à qui on fait ſa cour. Il doit donc valoir autant que doux, benin, commode, affable, tempéré, modéré. &c. Je le vois même comme adverbe pour modeſtement ou modérément, & j'en trouve

CLU.

le dérivé *Cloüareguyez* pour tiédeur & lenteur. B. Voyez *Clouar*, *Clos*.
CLOUARAAT, être tiéde, ſe relâcher. B.
CLOÜAREGUYEZ. Voyez *Cloüar*.
CLOUARICQ, flegmatique, homme froid, homme qui ſe plaint ſouvent ſans avoir mal. B.
CLOUED, CLOUEDENN, haye, herſe. B.
CLOUER, crible. B.
CLOUET, le même que *Cloet*. B.
CLOUIS, oreille. I. Voyez *Cloſt*.
CLOUS, oreille. I.
CLOUSSCOUDE, pourtant. B.
CLOUSSEIN, glouſſer. B.
CLOWS. T CLOWS, girofle. G. A la lettre, le clou.
CLOUYN, le même que *Cluain*. I.
CLOYPHA, A. M. couverture de tête. *Cloi*, *Ph* de *Phen* en compoſition pour *Pen*, tête.
CLOYTH, magicien. G.
CLOZEIN, enceindre. B.
CLOZREN GUISTIN, ébogue de châtaigne. B. Voyez *Cloezr*.
CLU, réputation, renommée, louange, gloire; témoignage, caractére. I.
CLU, cachette, endroit où l'on ſe cache, ce qui cache, ce qui met à couvert. Voyez *Cluais*, *Clued*, *Cluiſellum*, *Cluſa*, *Clwydd*.
CLU, le même que *Cla*, *Cle*, *Cli*, *Clo*. Voyez *Bal*.
CLU, le même que *Glu*, *Lu*, *Slu*. Voyez *Aru*.
CLUAIN, champ. I.
CLUAIN, retraite, cachette, diſſimulation, intrigue, I.
CLUAINEADH, fruſtrer. I.
CLUAINBARAS, flaterie, tromperie. I.
CLUAM, le même que *Cluan*. I.
CLUAN, cachette, retraite, habitation. I.
CLUANA, retraite, cachette. I. Voyez *Cluayn*; *Cluin*, & *Cluan*.
CLUANAIR, hypocrite, fourbe, fripon, flateur, coquin. I.
CLUARIUM, A. M. lieu où l'on ferre les chevaux; de *Claw*.
CLUAS, oreille, anſe. I. Voyez *Cluſt*.
CLUAS, joye, allégreſſe. I. Voyez *Clos*.
CLUASACH, ſourd. I. Voyez *Cluas*.
CLUASDUILLE, ſurdité. I.
CLUASMAOTHAN, extrémité de l'oreille. I.
CLUAYN, Égliſe. I. Voyez *Cluana*.
CLUB, bâton, maſſue. I. *Club*, bâton, maſſue en Anglois.
CLUCCIAN, le même que *Cloccian*. G.
CLUCH, chenille. B.
CLUCH. E CLUCH, à croupeton. B.
CLUCHA, s'accroupir, s'aſſeoir ſur ſes talons. B.
CLUCHEIN, accroupir. B.
CLUD, rocher. G. E. *Clud*, rocher en Saxon. Voyez *Cled*.
CLUD, chariot, charrette, voiture. G.
CLUD, charge, fardeau. G. B. Voyez *Cludiad* *Clndo*.
CLUD, clos, enceinte. I. Voyez *Clawdd*.
CLUD, juchoir ou juc. B.
CLUD, barrière. B.
CLUD, le même que *Clad*, *Cled*, *Clid*, *Clod*. Voyez *Bal*.
CLUD, le même que *Glud*, *Lud*, *Slud*. Voyez *Aru*.
CLUDADH, couvrir, cacher, ſe cacher. I. Voyez *Clud*.
CLUDADH, nourriſſant. I.

CLUDAGH

CLU.

CLUDAGH, couverture. I.
CLUDAI, chariot, charrette, voiture. G.
CLUDAIR, tas de bois, tout tas de choses apportées. G.
CLUDAM, nourrir, élever, entretenir. I.
CLUDAT UN DOUAR, herser une terre. B.
CLUDD, cachette, ce qui cache, ce qui met à couvert, cacher. Voyez Clu, Cludadh, Achludd.
CLUDEIN, percher, s'accroupir parlant de la volaille. B.
CLUDEIRIAD, action d'amasser, d'entasser. G.
CLUDEIRIO, amasser, entasser. G.
CLUDEIRIOL, de ramas. G.
CLUDHAMHUL, fameux. I.
CLUDIAD, mouvement que l'on sent en se faisant porter. G.
CLUDIOG, qui suit facilement. G.
CLUDO, voiturer, porter. G.
CLUDE, chariot. G.
CLUDWR, qui voiture, crocheteur, porte-faix. G.
CLUDWRIAETH, charroi, voiture. G.
CLUED, claye. B. Voyez Cled.
CLUEDE, A. M. amas, tas. Voyez Cludeirio.
CLUERE, A. M. exceller, être distingué; de Clu.
CLUET, claye. B. Voyez Clued.
CLUFOEN, mener par voiture. G.
CLUG. En comparaît Clocc ou Clog, parfait, accompli; Clugea, se jucher, se placer sur un bâton élevé; Clugyar, perdrix; (Yar, poule; Clug doit donc signifier excellente) Clu, Cluere, on verra que Clug a signifié parfait, accompli, excellent, ce qui est dans un haut dégré tant au propre qu'au figuré.
CLUG, défaillant. Voyez Bochglug. On dit en Patois de Besançon, I Clouefoit de foi, pour dire je pâme de soif.
CLUGAR, perdrix. B. Crafe de Clugyar.
CLUGEA, se jucher. B. Voyez Clud.
CLUGEAR VOR, pluvier de mer. B. A la lettre, perdrix de mer.
CLUGEIN, jucher. B.
CLUGERYA, chasser aux perdrix. B.
CLUGYAR, perdrix. B. Voyez Clug.
CLUJA, se jucher. B. Voyez Clud.
CLUJA, s'accroupir, s'asseoir sur ses talons. B. Voyez Clucha.
CLUJAR, perdrix; plurier Clujiri. B. Crafe de Clugyar.
CLUICEOG, fraude, fourberie. I.
CLUID, CLUIDEAN, sinuosité, angle. I.
CLUJERIA, chasser aux perdrix. B.
CLUIN, fraude, fourberie. I.
CLUIN, CLUININ, enclos, parc. I.
CLUINIM, ouir, écouter. I.
CLUININ. Voyez Cluin.
CLUINSIN, ouir, écouter. I.
CLUINTEOIR, auditeur, qui écoute. I.
CLUISELLUM, A. M. le même que Closellum.
CLUISIM, ouir, écouter. I.
CLUITEACH, fameux, renommé, célèbre. I.
CLUIVE, plume. I.
CLUL, le même que Cnul. G.
CLUM, le même que Clam, Clem, Clim, Clom. Voyez Bal.
CLUM, le même que Glum, Lum, Slum. Voyez Aru.
CLUMH, serrure. I.
CLUMH, plume, petit poil, petite plume & autre chose de cette nature qui s'attache aux habits, poil. I.

TOME I.

CLU. 333

CLUMHAEH, velu, couvert de poil. I.
CLUMHARTAS, CLUMHTAS, quantité de poils. I.
CLUMHTAS. Voyez Clumhartas.
CLUMHTHIDH, jeu, divertissement. I.
CLUMMU, lier. G. Voyez Clom.
CLUN, cuisse. G. B.
CLUN, cachette. I. Voyez Clu.
CLUN, fesses. B. De là Clunis Latin.
CLUN, le même que Clan, Clen, Clin, Clon. Voyez Bal.
CLUN, le même que Glun, Lun, Slun. Voyez Aru.
CLUNAR, A. M. gousses d'orge; de Clun, cachette, ce qui couvre, ce qui enveloppe.
CLUNMAN, CLUNVAN, CLUNHAN, CLUZAN, homme qui a les épaules courbées & inclinées par devant. B. Clun pour Clin, courbure.
CLUNN, vallée, bas, creux. Voyez Glynn.
CLUOIN, le même que Cluain. I.
CLUPEA, alose en Gaulois. Califthene nous a conservé ce mot.
CLUPPA, bâton. G. Kluppel, Klippel en Flamand, massue; Kluppel en Allemand, gourdin, tricot. Voyez Club.
CLUR, le même que Glur, Lur, Slur. Voyez Aru.
CLUR, le même que Clar, Cler, Clir, Clor. Voyez Bal.
CLURA, A. G. singe qui a une queüe; de Cloren.
CLUS. Voyez Clust.
CLUS, le même que Clos, Clas, Cles, Clis. Voyez Bal.
CLUS, le même que Glus, Lus, Slus. Voyez Aru.
CLUSA, A. M. défilé des montagnes, clôture des camps, digue, écluse; de Clus.
CLUSSINT, ouir, entendre. I.
CLUST, oreille. G. Voyez Clussint, Clonis, Cluzeau en vieux François, caverne. On voit par là que Cluft, oreille, doit être formé de Cluf, qui a dû signifier creux. (Voyez Clod, en composition Clos, fosse) & St de Sium, petit, d'autant plus Qu'ysgyfarn, Scouarn, oreille, sont formés de Covarn, Cwfarn, creux, caverne, Kluft en Allemand, caverne, grotte, creux, abyfme, précipice; Klufte, Kluchte en Flamand, grotte. De Cluft, on a fait Cuft, d'où est venu notre mot écouter. Cutu, oreille en Langue de Congo; Secouii, écouter, entendre en Galibi. Voyez Cluas, Clyff, Cluft, joué. Voyez Boncluft. On a étendu Cluft à signifier la partie voisine de l'oreille.
CLUST-DLWS, pendant d'oreille. G. Tlws.
CLUST Y FUWCH, bouillon blanc, méline. G. Fuwch en composition pour Buwch.
CLUST YR ARTH, sanicle plante. G. A la lettre, oreille d'ours.
CLUST YR ASSEN, hépatique plante. G. A la lettre, oreille d'âne.
CLUST YR EWIG, lauréole plante. G. A la lettre, oreille de biche.
CLUSTFAWR, qui a de grandes oreilles. G.
CLUSTGOCHION, oreilles de différentes couleurs. G. Gochion en composition pour Cochion.
CLUSTIAU 'R DERW, pulmonaire plante. G. A la lettre, oreilles de chêne.
CLUSTIOG, qui a de grandes oreilles. G.
CLUSTIWR, écoutant, auditeur. G.
CLUSTLIPPA, qui a les oreilles pendantes. G.
CLUSTOG, coussin. G.

M m m

CLUSTYMWRANDO, écouter, prêter l'oreille, tâcher d'ouir. G.
CLUT, juchoir, claye, barrière. B.
CLUT, le même que Clat, Clet, Clit, Clot. Voyez Bal.
CLUT, le même que Glnt, Lnt, Slnt. Voyez Aru.
CLUTDEIR, tas de bois. C. Deir, bois; Clut, par conséquent tas.
CLWM, le même que Cwlm, nœud. Voyez Canclwm, Clom.
CLWPPA, massuë. G. Clubbe en Anglois; Klubba en Suédois; Klapa en Sorabe-Sclave, massuë. De Clwppa, Clwva, est venu Clava Latin. Voyez Club.
CLWTT, morceau. G.
CLWY 'R GENAU, maladie qui consiste dans l'enflure des amygdales de la bouche. G. Clwy pour Clwyf.
CLWYD, claye, clos, enclos. G. Voyez Cled.
CLWYD, claye. C. Voyez Cloid.
CLWYD, sinuosité. I.
CLWYD-IEIR, basse cour. G. A la lettre cour des poules. Voyez Cloid.
CLWYD Y DDWYFRON, poitrine. G.
CLWYDEN, claye. G.
CLWYDIEIR, espèce de machine dont on se sert pour voler dans les airs. G.
CLWYF, maladie chez une partie des Gallois, blessure chez l'autre; Y Clwyf Digwydd, malcaduc. G. Digwyddo, tomber; Clwyf en Breton, maladie.
CLWYF, maladie. B.
CLWYF Y BRENHIN, écrouelles. G. A la lettre, maladie du Roi, c'est-à-dire, que le Roi guérit.
CLWYFO, blesser, rendre malade, être malade. G. Voyez Clwyf.
CLWYFUS, malade, maladif, valétudinaire, infirme, mal-sain, qui cause des maladies. G.
CLUY, rocher. G. E. Voyez Clud.
CLUY, germe d'œuf. B.
CLUYA, se jucher. B. Voyez Cluja.
CLUYAR, perdrix. B. C'est une crase de Clugyar.
CLUYD, rocher. G. Voyez Clud.
CLUYD, rivière, ruisseau. G. Voyez Clet.
CLYBOD, écouter, entendre, le sens de l'ouïe, attention. G.
CLYBOT, troupeau. C.
CLYCH, cloches. G. pluriel de Cloch.
CLYCH DURAM, orvale plante. G.
CLYCH SUDDAS, petites bouteilles qui s'élèvent sur l'eau lorsqu'il pleut, qu'on la remue, ou qu'elle bout. G.
CLYD, rivière, ruisseau. G.
CLYD, qui a chaud, qui échauffe, on le dit d'un endroit qui est à couvert du froid & qui défend du froid; on le dit aussi d'un habit qui garantit bien du froid G.
CLYD, attention. G.
CLYDWR, chaleur, garantie du froid, endroit à couvert du froid. G.
CLFF, proye, butin. Voyez Tsglyf.
CLYFAREDD, c'est ainsi qu'on prononce ordinairement Cyflafaredd. G.
CLYMMEDIG, lié, noué, attaché. G.
CLYMMIAD, action de nouer, de lier. G.
CLYMMOG, noué, noueux, plein de nœuds: il se dit aussi parlant des arbres & des plantes. G.
CLYMMU, lier, nouer, attacher. G.

CLYN, oblique. I.
CLYNN, vallée, bas, creux, comme Glynn. Voyez Aru.
CLYRYN; au pluriel Clyr, sorte de guêpe. G.
CLYRYN, couverture. G.
CLYSS, oreille dans l'Isle de Mona. Voyez Clyst.
CLYST, oreille. G. Voyez Clust.
CLYTTIO, accommoder, arranger proprement, empaqueter, raccommoder, rajuster, refaire, réparer, rapiécer. G.
CLYTTIOG, couvert de guenilles, vêtu de haillons. G.
CLYTTIWR, raccommodeur, savetier, tout ouvrier qui s'employe aux choses les plus basses. G.
CLYW, l'ouïe, action d'ouir, est entendu, écouteront. G. Kluo en Grec, écouter.
CLYWAIS, enlever, prendre. G.
CLYWED, l'ouïe, ouir. G.
CLYWEDIGAETH, l'ouïe, action d'ouir. G.
CLYWEDYDD, auditeur, écoutant. G.
CLYWITTOR, auditeur, qu'il soit écouté. G.
CNAB, nœud, houpe. I.
CNADAN, grenouille. I.
CNAG, espèce de pivert, qui se creuse son nid avec le bec dans le tronc des chênes. E. De Cnagam, fraper. Voyez Pic.
CNAGACH, velu, couvert de poil, âpre, rude, scabreux. I.
CNAGAIDH, bossu. I.
CNAGAM, fraper, battre. I. Voyez Cnocc.
CNAIB, chanvre. I. Voyez Canab.
CNAIF, tonsure, action de tondre, de raser. G. Knapto en Grec, raser, tondre.
CNAIMH, le même que Cnamh. I.
CNAIMHFIACH, grolle oiseau. I.
CNAIMHRAOI, coudée. I.
CNAIPE. Voyez Cnap.
CNAMH, CNAIMH OS, poupée, paquet comme de lin, de filasse. I.
CNAOI, consomption, maladie. I.
CNAOIDH, noix. I. Voyez Cnau, Cnaou.
CNAOIDH, phthisie, consomption. I.
CNAOIDTHE, phthisique, étique. I.
CNAOU; singulier Cnaouen, noix. B. Voyez Cneau.
CNAP, bosse tumeur, bosse milieu élevé d'un bouclier, morceau, piéce. G. Cnap en Irlandois, bosse, bouton, élévation; Canaph en Hébreux, bosse tumeur.
CNAP, CNAPAN, CNAIPE, bosse, bouton, élévation. I. Voyez Cnappan.
CNAPACH, boutonné. I.
CNAPAN, bosse, bouton, élévation, houpe, nœud, pommeau. I. De là Schnapan en Allemand, brigand des montagnes noires; Chenapan en François.
CNAPANAC, guenilleux. I.
CNAPPAN, globe, boule. G.
CNARRA, navire. I.
CNAU, noix au plurier. G. Voyez Cnaou, Cnaoidh; Cnudh. On voit par les mots suivans & Cnewyllyn que Cnau, Cné signifient aussi noyau; de là Gné, Gouné, noyau dans le Patois de Besançon.
CNAU, os. Voyez Pencnaw
CNAU ALMOND, amande. G.
CNAU BARFOG, aveline. G.
CNAU FFRENGIG, espèce de noix. G. Ffrengig, de France.
CNAU PEATUS, pêche. G.
CNAU 'R DDAIAR, raifort sauvage, raves sau-

CNA.

vage. G. A la lettre noix de la terre ou qui croit dans la terre.

CNAU 'R INDIA, mufcade. G.

CNAWD, chair. G.

CNAWD, vulgairement, mais mal, dit Davies pour *Gnawd*, ufité. G. L'un eft auffi bon que l'autre. Voyez *Aru*.

CNAWDOL, charnel. G.

CNAWON, petits de tous les animaux. G. C'eft le pluriel de *Cniw*.

CNEABHAIRE, fripon, fourbe. I.

CNEAD, gémiffement. I.

CNEADH, aiguillon, bleffure. I.

CNEAS, peau, cuir. I.

CNEASDA, doux d'humeur, qui n'eft pas rude. I.

CNEASUGHADH, guérir. I.

CNECH, que l'on prononce aujourd'hui *Crech* & *Nech*, le haut, en haut. B. *Cnuc* en Irlandois, colline, hauteur. Voyez *Cnwcc*.

CNEIFDY, boutique de barbier. G. *Cnaif Dy* ou *Ty*.

CNEIFIAD, action de tondre, de rafer, vol, larcin, brigandage, pillage. G.

CNEIFIO, tondre, rafer, dérober, piller, extorquer. G.

CNEIFION, bourre, rognure. G.

CNEIFIWR, tondeur, barbier, pillard, qui vole, qui extorque. G.

CNEIMIO, tondre. G.

CNEIRIO, châtrer. G.

CNEUEN, noix. G. B.

CNEUEN PEN, noix mufcade. G.

CNEUENNIC, petite noix. G.

CNEUENNOG, de noix. G.

CNEWYLLYN, amande, noyau, noix dépouillée de fa coque; au pluriel *Cnewyll*, *Cnywyll*. G.

CNICYN, tertre, colline. G. Voyez *Cnnc*.

CNILL, le même que *Cnul*. G.

CNIPPUS, chiquenaude. G.

CNITH, action de toucher, de fraper, de battre, de morfiller. G.

CNITHIO, battre, fraper, toucher, pouffer, arracher, morfiller. G.

CNIW, petit de tout animal. G.

CNO, os. Voyez *Pencnaw*.

CNOAD, tranchée, déchirement que l'on reffent intérieurement, mafticacion, action de mâcher, de manger; *Cnoad Cil*, action de remâcher ce qu'on a avalé. G.

CNOB, le même que *Cnab*. I.

CNOC, montagne, colline, rocher. I. Voyez *Cnogudhe*, *Cnwcc*.

CNOC, navet, aconit herbe venimeufe. I.

CNOCAN, monticule, colline, petite élévation, tertre, digue, levée de terre, banc de fable, pente de terre, penchant. I.

CNOCANACH, montueux, plein d'élévations. I.

CNOCAVAIL, de montagne. I.

CNOCC, coup, impulfion. G. Voyez *Cnag*.

CNOCCELL, chiquenaude. G.

CNOCCIO, battre, pouffer. G. Voyez *Cnocc*.

CNOCH, montagne. I.

CNOCHACH, montueux. I.

CNODH, châtaigne. I.

CNODIG, corpulent, charnu, gros, gras, dodu. G.

CNOFA, tranchée, déchirement que l'on éprouve intérieurement, douleur aiguë dans les inteftins, fenfation mordicante à l'orifice de l'eftomac, morfure. G.

CNOFAIN, fréquentatif de *Cnoi*, ronger fouvent,

CO.

manger fouvent, mâcher fouvent. G. *Fain* en compofition pour *Maint*.

CNOGUDHE, travailler en boffe. I.

CNOI, ronger, mâcher, manger. G. *Knio* en grec; *Gnaw* en Anglois, ronger. De *Cnoi*, en compofition *Gnoi*, eft venu grignoter, *Gri* par conféquent particule diminutive, *Gru* en Grec.

CNOICIN, monticule. I.

CNOINHUINC, terrein plein de noyers. I.

CNOPAN, élévation, tumeur. I.

CNOTADH, houpe, nœud, pommeau. I.

CNOVUINE, endroit planté de noyers. I.

CNU, affez fouvent *Cnuf*, toifon. G.

CNU, noix. I. Voyez *Cnau*.

CNU GEAMNADAIDH, châtaigne. I.

CNU PHRANCACH, noix de France. I.

CNUAS, collection, action de recueillir, de ramaffer. I.

CNUASACH, acquifition. I.

CNUASAIGHIM, recueillir, ramaffer. I.

CNUASLA, collecteur. I.

CNUC, montagne, colline, rocher. I.

CNUD; pluriel *Cnudoed*, troupeau de loups, troupeau en général. G.

CNUDH, noix. I. Voyez *Cnu*.

CNUF. Voyez *Cnu*.

CNUIC, de montagne. I.

CNÚL, fon des cloches. G.

CNUPPA, bâton. G.

CNWCC, boffe tumeur, élévation, tertre, colline. G. Voyez *Cnoc*, *Cnuc*, *Cnech*. *Cnolle* en ancien Saxon, cime de montagne; *Gnu*, faîte en Iflandois; *Knec*, Seigneur en Styrien & en Carniolois.

CNWCH, groffeur, épaiffeur. G.

CNWD, fruits, revenus; il fignifie enfans chez une partie des Gallois, *Cnydyn*, enfant. G.

CNWDFAWR, fécond, fertile. G.

CNWPPA, bâton; *Cnwppa Bachog*, crochet. G.

CNUWCH, chevelure. G.

CNYCCIOG, plein d'éminences, rempli de hauteurs. G.

CNYD, troupeau. G. C'eft le même que *Cnud*.

CNYDFAWR, abondant, fertile, fécond, qui porte fruit, de grand rapport. G.

CNYDIO, fertilifer, rendre fécond, faire porter, faire produire, rapporter du fruit, rendre du revenu. G.

CNYDIOG, qui rend fécond. G.

CNYDYN, Voyez *Cnwd*.

CNYW, petit cochon d'automne. G.

CNYWYLL, amande, noyau, noix dépouillée de fa coque. G.

Co, non. I.

Co, le même que *Cw*. G.

Co, élevé. B. *Cao*, haut en Tonquinois; *Koo*; montagne en ancien Suédois; *Coho*, montagne en ancien Perfan; *Xao* ou *Cao*, fupérieur, haut, en Chinois.

Co, petit. Ba. Voyez *Co*, petit en Breton.

Co, *Eco*, de, de là. Ba.

Co, chaud, cuit. Voyez *Cog*.

Cô, le même que *Cos*. Voyez ce mot & *Aru*.

Co, avec. Voyez *Cohen*.

Co, le même que *Go*, *O*, *So*. Voyez *Aru*.

Co, le même que *Ca*, *Ce*, *Ci*, *Cu*. Voyez *Bal*.

Co, petit. Voyez *Gouer*. *Co*, de même que *Don*; fignifie haut & bas ou petit.

Co, le même que *Cau*. Voyez ce mot; d'ailleurs *O* & *Au* ne font qu'une différente ortographe.

Co pat conséquent le même que *Gau*. Voyez *Aru*.
Co en Chinois, gauche.
COA, postposition privative. Voyez *Artzucoa*.
COABREN, nuage. B.
COACHA, se cacher, se tapir. B. De *Coacha* par une crase très-facile on a fait *Cacha*, d'où est venu notre mot cacher. *Cachad* en Hébreu, cacher; *Cafcha*, grange, grenier à foin en Tartare Mogol & Calmoucq, & *Kafcha*, muraille; *Gachi*, cuir, peau en Arménien; *Chak* en Arabe, entourer, environner.
COACHAD, une cache. B.
COAD, COED, COAT, COET, HOAD, HOED, forêt, bois substance de l'arbre, arbres; les pluriers de ce nom sont pour *Coad*, *Coadon*, *Coageon*, *Coajon*; & pour *Coed*, *Coedau*, *Coeden*; les diminutifs sont *Coadic*, *Coedic* (& par parité de raison *Coatic*, *Coetic*) B. On a fait la crase en *Cod* & *Cot* ainsi que nous le voyons par *Scod*, buche en Breton, & *Coteret*, fagot de bois en François. On a inféré l'*h* lorsqu'on a préposé l'article, ou que ce mot s'est trouvé en composition ou en régime; ainsi on a dit *Ur Choad*, *Ur Choed*, *Ur Choet*, un bois. (& par la même raison, *Ur Chod*, *Ur Chot*,) *Chohh* en Hébreu, forêt; *Scot* en Hébreu, cèdre selon plusieurs, épine selon Théodotion, espèce d'arbre selon Saint Jérôme. Cette diversité me porte à croire que ce mot étoit dans cette Langue un nom générique qui signifioit bois, arbre en général. Ma conjecture se confirme par *Schotet*, diminutif de *Scot*, qui signifie bâton. *Chouhh* en Chaldéen, forêt; *Choub* en Syriaque, buisson; *Chou*, *Chu*, arbre en Chinois; *Gotha* en Chaldéen, arbre; *Goda* en Chaldéen, buisson; *Haud* en Arabe, du bois; *Oude* en Indien, arbre; *Cau* en Indien, du bois; *Cais*, *Cayou*, du bois en Malaye; *Chuchan* en Péruvien, espèce de bois très-léger, & *Quahu*, arbre; *Koi* en Egyptien, forêt; *Kaudex*, tronc en Grec. *Caudinum* dans les anciens Grammairiens Latins, lieu plein de troncs d'arbres & de buissons, & *Cotinus*, arbrisseau. *Schou* en Danois, forêt; *Houd* en Flamand, du bois. L'*s* & le *c* se mettant l'un pour l'autre, on a dit *Sot* ou *Saut* comme *Cot*; de là *Soto* en Espagnol; *Saltus* en Latin, forêt. Voyez *Coadenn*, *Coid*, *Coit*, *Scodenn*, *Tſgotati*, *Cad*, *Cat*.
COADENN, longue pièce de bois étroite à proportion, petit pont de bois. B.
COADIC, petit bois, petite forêt. B.
COADTAËR, homme qui travaille dans les bois, sabotier, bucheron, creuseur de jattes, d'écuelles. B.
COAEN, crême. B.
COAENT, le même que *Coant*. B.
COAERET. Voyez *Coeret*.
COAGA, bossuer la vaisselle. B.
COAGAT, croacer. B.
COAGEA, torrent. Ba. *Coh*, mauvaise, malfaisante; *Ag*, eau, ou *Co*, petite, de courte durée.
COAGEA, souricière. Ba. Voyez *Cagia*.
COAGRI, bossuer la vaisselle. B.
COAHEIN, consumer, diminuer jusqu'à un certain point à force de bouillir sur le feu, selon le Pere de Rostrenen; diminuer, devenir moindre, déchoir, périr, dépérir, selon Dom le Pelletier B. Voyez *Ankeler*.
COAJEL. *MILIN COAJEL*, moulin dont la roue qui est à l'eau tourne perpendiculairement & l'essieu horizontalement. B.

COAILH, caille. B. *Schaluim* en Hébreu; *Schaliv*, *Salva* en Chaldéen; *Salvi* en Arabe; *Quaglia* en Italien; *Quackel* en Flamand; *Quayle*, *Quale* en Anglois, *Caille* en François, caille. Je crois que la caille a pris son nom de sa graisse; & que *Coailh*, *Cailh*, *Cal*, *Calb* sont le même mot. Le plurier de *Coailh* est *Coailhet*, d'où est formé le verbe *Coailheta*, chasser aux cailles, chercher des cailles. On voit par notre mot François caille, qu'on a dit *Cailh* comme *Coailh*.
COAILHETA. Voyez *Coailh*.
COAILLADUR, coagulation, figement. B.
COAILLETT, figé. B. De là caillé dans notre Langue.
COAL, le même que *Goal*, bois. Voyez *Goalenn* & *Aru*.
COALENN, le même que *Goalenn*. Voyez *Aru*.
COAM, beau. I. Voyez *Coandt*.
COAN, le souper. B. Voyez *Cwynos*.
COANA, COANAFF, souper. B.
COANDT, joli, beau, espiégle, drôle. B.
COANDTAER, enjoliveur. B.
COANDTIZ, maîtresse par rapport à un amant. B.
COANIA, COANIAFF, souper. B.
COANOCHA, chercher avec trop d'empressement à manger. B. Voyez *Coan*.
COANSE, séant dans son lit. B.
COANT, beau, bienfait, agréable, joli. B.
COANTERI, beauté. B.
COANTICQ, écureuil. B.
COANTIG, belette. B.
COANTIG, gentil, agréable, joli, beau, belle. B.
COANTIS, beauté. B.
COANTIZ, beauté, gentillesse, plaisir. B.
COANTIZ, maîtresse par rapport à un amant. B.
COAR, cire. B. Voyez *Cwyr*.
COAR, lentement, à l'aise. B.
CƆAR, chanvre. B.
COARCA, espèce d'épervier. Ba.
COARD, vieillot. B. De *Coh*; *Ard* est donc diminutif.
COAREC, de cire, ciré. B.
COARELL, les semelles ou le dessous des souliers. B. De la carreler des souliers en notre Langue.
COAREN, pain de cire. B.
COARER, ciergier. B.
COARH, chanvre. B.
COARTT, honteux. B. De là notre mot *Couard*.
COASE, COASEZ, séant dans son lit. B.
COAT, forêt, bois, arbre; plurier *Coageon*, *Coajon*. B. Voyez *Coad*.
COAZA, le même que *Coabein*. B.
COAZRELL, femelle. B. Voyez *Coarell*.
COB, coup, frapant. G. *Cobir* en vieux François, meurtrir de coups. Le *p* & le *b* se mettant indifféremment l'un pour l'autre, on a dit *Cop* comme *Cob*. De là *Cop*, coup en vieux François, & *Copser*, cosser, prendre coup. *Copter* en François, fraper, battre, & *Coffir*, meurtrir de coups. De *Cop* est venu notre mot coup. *Kob*, maladie en Cophte. *Kub*, battant, frapant en Persan. *Cotton*, coup en Talenga.
COB, le même que *Cof*, *Cop*, *Cov*. Voyez *B*.
COB, le même que *Gob*, *Ob*, *Sob*. Voyez *Aru*.
COB, le même que *Cab*, *Cob*, *Cib*, *Cub*. Voyez *Bal*.
COB. Voyez *Cwppan*.
COB, couvrir. Voyez *Cubiculum*, *Cobbra*. *Chyba*, tente en Arabe; *Chubak* en Persan, parc.

COBAR.

COB.

COBAWNEIN, mettre en ban. B.
COBED, COBET, le même que Gobed. Voyez ce mot.
COBEL, le même que Howel. G.
COBH, victoire. I.
COBHAIR, secours, défense, protection, aide. I.
COBHARTACH, sauveur, défenseur. I.
COBHLAC, navire. I.
COBHRA, bouclier. I.
COBHTHACH, victorieux. I.
COBIADURUS. Voyez Cobius.
COBIO, fraper. G. Voyez Cob.
COBIUS, COBIADURUS, qui a de la mémoire. G. Cob le même que Cof.
COBLETTUS, A. M. gobelet; de Gobeled.
COBLYNNOD, lémures, fantôme hideux, loups garoux, lutin, spectre, esprit folet. G. Voyez Gobylin.
COBR, le même que Gobr, prix, recompense, salaire. Voyez Aru.
COBRANCIA, A. M. acquisition; de Cobr ou de Commeri, Combri, Cobri. Cobre en Auvergnac, acquisition; Cobrar en Espagnol, recouvrer. Recuperare Latin est formé de la particule itérative Re & du verbe inusité Cuperare, acquerir, qui vient de Cobr ou Copr. Voyez Cuperamentum, Cobranza.
COBRANZA, exaction. Ba. Voyez Cobrancia.
COBREA, cuivre. Ba. Voyez Copr.
COC, élevé. G. E. Kakka, colline en Groenlandois. Voyez Coc, tête, Coccia, Cwch. Cauca, de loin, & Caucana, loin en Finlandois.
COC, vaisseau, navire. C. I. Voyez Coket, Cawc. Coque en vieux François, vaisseau.
COC, COQ, le mâle de la poule; plurier Keghi, Kegher, Kehier. B. Voyez Cocq.
COC, cuire, échauffer, bruler, comme Cac. Voyez ce mot, Cochacu, Cog & Bal.
COC, tête. Voyez Coccwil. En Patois de Besançon on appelle la tête, Cosse; on y appelle aussi une courge, Cosse, par sa ressemblance avec la tête. Voyez Cocot, Cocotea; De Coc ou Cos est venu coussin, comme chevet de chef. Coster, Cotir en vieux François, heurter tête contre tête comme les moutons.
COC, le même que Cac, Cec, Cic, Cuc. Voyez Bal.
COC, le même que Goc, Oc, Soc. Voyez Aru.
COC, le même que Cog, Cos, Co. Voyez Aru.
COCA, bâteau, bâtelet, canot. I. Voyez Coc, Cawe.
COCAGIUM, A. M. le même que Chocagium.
COCAIGN, très-bien, très-bon, bien fait, fait comme il faut. B. De là le pays fabuleux de cocagne.
COCAIRE, cuisinier. I. Voyez Cog.
COCAIREAS, faire la cuisine. I.
COCAL, manteau, cape. I. Voyez Cochl.
COCAN, filet. I.
COCATRIX, basilic. B.
COCAZE, corrompre, souiller. Ba. Coechar en Espagnol, corrompre un Juge, un témoin.
COCC. Voyez Coch.
COCCAVA, A. G. trompette; de Coc, corne. On voit par Cwcwallt, ou Cocwallt que Coc a signifié corne; les premieres trompettes étoient des cornes.
COCCIA, A. M. sommet; de Coc.
COCCINUM, A. M. robe, manteau; de Cochl.
COCCOU, coucou. B. De là ce nom. Cuchum en

TOME I.

COC.

Arabe; Coco en Syriaque; Kakatha en Hébreu; Kokux en Grec; Cucullus, en Latin; Cucco en Italien; Cuclillo en Espagnol; Coucou en François; Kuckus en Allemand; Kockok, Coucou en Flamand; Cuckowe en Anglois; Kukovica en Esclavon; Kukavicza en Dalmatien; Kukulka en Polonois; Chucoviza en Croatien; Kukuk, Kakuk en Hongrois, soucou.
COCCULA, espèce de robe faite de peaux de bêtes, dont le poil étoit en déhors. I. Voyez Cochl, Cochal.
COCCWL, capuchon, capuce, ornement de la tête dont se servoient les femmes. G. Cwl ou Cul signifie couvrir: il faut donc que Coc ait signifié tête. Plusieurs de nos écrivains employent encore Cuculls pour capuchon. Voyez Coc.
COCDHUR, bouclier. I.
COCH ou CÔCH, roux, rousseau, rouge, rubicond, de couleur de pourpre, écarlate, jaune, jaunâtre. G. Kokkos en Grec; Coccus en Latin, vermillon, écarlate; Chocal, rouge en Hébreu; Coz ou Cuz en Syriaque, rougir de honte; Cuch, rouge, & Cuich, un peu rouge, rougeâtre en Albanois. Les Galates qui (au témoignage de Saint Jérôme) avoient le même langage que les Gaulois, avoient un petit arbrisseau nommé Coccus, des grains duquel se tiroit l'écarlate, laquelle couleur les Gallois & les Bretons nomment Coch. De Coch est venu Goch. Voyez Aru; & de là God, comme on le voit par Gaude, plante dont les teinturiers se servent pour teindre en jaune; & Gaudes qui en Franche-Comté signifie bouillie de farine de bled de Turquie, qui est jaune. Coquelicot est le pavot rouge. Gauch en Languedocien est le nom du souci qui est une fleur jaune; de Coch, cochenille. Voyez Cocq, Cok, & l'article suivant.
COCH, rouge. B.
COCH, le même que Coth. De même des dérivés ou semblables. I.
COCH, fiente, merde, excrément, crasse, écume des métaux. B. Voyez Cauch. On appelle à Besançon Coh un petit ver qui naît dans la fiente.
COCH, entaille, coche. B. De là ce dernier mot; on disoit Coiche en vieux François. Coch signifiant entaille, signifie par conséquent creux, sinuosité.
COCH, qui cache, qui couvre, qui enveloppe. Voyez Cochl, Cochal, Cochen. Cosse en Franc-Comtois, gousse; Cocolis, noix dans le Frioul. En langage d'enfans dans la Franche-Comté une noix s'appelle Caca, & un œuf Coco. Cockle en Anglois, coquille de poisson; Cok, écorce en Cophte.
COCH, le même que Cochenn. Voyez Dicochi, Dicochenna.
COCHA, A. M. souche. Voyez Ceoca.
COCHA, A. M. truye; de Coch, merde, comme cochon. Les Auvergnacs appellent une truye une coche.
COCHA, A. M. coche d'eau; le même que Cogo. De Cwch ou Coch, bâteau.
COCHAL, enveloppe. I. Voyez Cochen, Cochl.
COCHAL, filets. I.
COCHATU, cuire. Voyez Biscochatua & Coc.
COCHDDU, de couleur tannée, minime, enfumé, brun, brun roux, brun rouge. G.
COCHDER, rougeur. G.
COCHEA, chaise de poste, coche. Ba. Voyez Coich.

Coche en Espagnol & en Anglois ; *Coccio* en Italien ; *Coche* en François, coche ; *Kuchy* en Hongrois ; *Koteuy* en Polonois ; *Kotgi* en Turc, char, chariot ; & *Koci*, char, carroſſe ; *Coach* en Anglois, carroſſe ; *Kochie*, char, chaiſe en Stirien & Carniolois.

COCHEN, crême, croûte qui ſe forme ſur le ſel, ſur la terre, écorce, ſuperficie, ruche, enveloppe, taye, peau, pellicule, gouſſe, maillette, tache qui vient ſur la prunelle de l'œil. B. Voyez *Cochal*, *Cochl*.

COCHENA, couvrir la ſurface de quelque choſe. B.

COCHENN, le même que *Cochen*. B.

COCHENNECQ, raboteux. B.

COCHER, cocher. B. De là ce mot. Voyez *Cothea*, *Coich*.

COCHET, petit coq. B.

COCHI, devenir rouge, rougir quelque choſe, faire rouſſir, rendre roux, devenir de couleur de pourpre. G.

COCHI. Voyez *Couhi*.

COCHIA, A. M. cuiſine ; de *Cog*, *Coc*.

COCHIAD, eſpèce de poiſſon de mer, G. apparemment le rouget.

COCHIEN, excrément, craſſe, écume des métaux. B. C'eſt le même que *Coch*.

COCHION, rouge, de couleur de pourpre, rubicond, de couleur d'écarlate, roux, rouſſeau. G. Voyez *Coch*.

COCHION, la lie, la craſſe, le mare des choſes qui ſe fondent par la chaleur du feu, telles que ſont la cire, le ſuif, la réſine, &c. En Leon *Cochion* ſignifie "pareſſeux, lâche, indolent, négligent, ſans cœur & mépriſable. B. De là *Coyon* en notre Langue, lâche, ſans cœur, parce qu'on peut prononcer *Cohion* comme *Cochion*.

COCHION ; plurier de *Coch*. G.

COCHL, manteau, ſurtout, cape, capot, caſaque. G. Voyez *Cochal*.

COCHLEA, A. M. vaſe à boire ; de *Cawg* ou *Cawc*.

COCHLEAR, A. M. vaſe. Voyez *Cochlea*.

COCHLIW, d'un rouge éclatant, d'un rouge d'écarlate, paillet, de couleur d'œil de perdrix, de couleur de chair, gris de lin. G.

COCHLIWIOG, qui rougit. G.

COCHLOG, qui porte un manteau, un ſurtout, un manteau long, une cape, un capot, une caſaque. G.

COCHNI, rougeur. G.

COCHO, cuire. Voyez *Bizcochoa*, & *Coc*.

COCHO, A. M. le même que *Cogo*.

COCHOA, ver. Ba. On appelle à Beſançon *Coh*, une eſpèce de ver.

COCHOAC, ver à ſoye. Ba.

COCHOL, capuchon. G. Voyez *Coc*.

COCHOL, manteau. G. Voyez *Cochl*, *Cocal*.

COCHON, petit de bête ; plurier *Cochonet*. B.

COCHONEIN, faire des petits. B.

COCHONUS, A. M. couvercle ; de *Coch*.

COCHWEDD, combat, guerre. G.

COCHUY, *Cocut*, halles. B.

COCIA, A. M. le même que *Coſſa*.

COCIATOR, A. M. le même que *Cocio*.

COCINA, A. M. cuiſine. Voyez *Cog*, *Cocq*, & *Cegin*. On a dit *Cozine* en vieux François, *Cucina* en Italien.

COCINO, A. G. cuire ſouvent ; *Cocinarius*, *Cocinator*, cuiſinier ; de *Cog*, *Cocq*.

COCINULA, A. M. petit vaſe ; de *Cawg*, *Cawc*.

COCIO, A. M. coquin, fripon, gueux. On lit *Coquus* en ce ſens dans Plaute. De *Cocg*. Voyez ce mot.

COCISTRO, A. G. qui goûte ce qui s'apprête dans la cuiſine avant qu'on le mange. De *Cocq Stryff*, tentative, eſſai.

COCKA. On lit dans un ancien Hiſtorien de Pruſſe que ce mot eſt Théutonique, & qu'il ſignifie vaiſſeau. *Cwch* ou *Coch* en Gallois, vaiſſeau ; *Coket* en Breton, vaiſſeau.

COCKILLOC, coq. B. *Killoc*, qui a de grandes jambes : c'eſt une épithète ajoutée au nom.

COCOA, coq d'Inde. Ba. Voyez *Cocq*.

COCOL, ſaye, robe, manteau, cape. G. Voyez *Cocal*.

COCOT, couverture de tête de femme de village. Ba. Voyez *Coc* & *Hot*.

COCOTEA, l'occiput. Ba. *Cocote* en Eſpagnol. Voyez *Coc*.

COCQ, coq oiſeau. B. Je crois que le coq a pris ſon nom de ſa crête rouge. Voyez l'article ſuivant. *Coc* en ancien Saxon ; *Cock* en Anglois ; *Coq* en François ; *Koket* en Polonois ; *Kokon* en Luſacien ; *Kohaut* en Bohémien ; *Kakas* en Hongrois ; *Koket* en Styrien & en Carniolois ; *Kuckoi* en Finlandois ; *Choros* en Turc, coq.

COCQ, rouge, incarnadin, coq plante, graine de houx. B. Voyez *Coch*.

COCQ, cuiſinier. B. Voyez *Cog*. De *Cocq* ſont venus *Coquus* & *Coquo* Latins. *Coc* en terme de marine, le cuiſinier du vaiſſeau.

COCQ, robinet de fontaine ou de tonneau. B.

COCQLE, la cuillier du pot. B. De là *Cochlear* Latin.

COCQLOA, la cuillier du pot. B.

COCRINE, rond. I. Voyez *Crine*.

COCSETI, A. M. coquins, gueux. Voyez *Cocio*.

COCT, forêt. B. Il y a bien de l'apparence que ce mot a auſſi ſignifié bois, ſubſtance de l'arbre, parce que les termes Celtiques qui ſignifient forêt, ſignifient auſſi bois. Voyez *Coad*, *Coat*, *Den*, &c.

COCTARIUS, A. G. cuiſinier ; de *Cocq*.

COCTERIA, A. G. brûlure ; de *Cocq*.

COCTILE, A. M. charbon ; de *Cocq*.

COCTORIUS, A. M. chaudière à cuire le ſel ; de *Cocq*.

COCTURA, A. M. bouillon ; de *Cocq*.

COCTUS, A. M. cuiſinier ; de *Cocq*.

COCVAD, barque, nacelle, batelet, canot. I. Voyez *Coca*.

COCULA, A. M. le même que *Coccula*.

COCULA, A. G. bois ſec ; ou de *Coct*, bois ; ou de *Cocq*, parce que le bois ſec eſt propre à brûler.

COCULA, A. G. vaſes d'airain ; de *Cawg*, *Cawc*, vaſe.

COCULOCZ, coquelourde plante, anemone. B.

COCUMULA, A. G. cime ; de *Coc*, tête, faîte ; *Moel* ou *Muel*, montagne.

COCUPENDIUM, A. M. grande chaudière ; *Cawg*, *Cawc*, vaſe ; *Pen*, grand.

COCUS, dans une ancienne formule donnée par M. Baluze, me paroit ſignifier gueux, coquin. Voyez *Cocio*.

COCZ, coſſon ver. B. De là ce mot. *Cob* à Beſançon, eſpèce de ver. Voyez *Cothea*.

COCZ, dévidoir à rouet. B.

COCZADNEUD, écheveau. B.

COD, *Côd*, gaine, fourreau, étui, poche, ſac. G. *Codeo*, armoire en Mandingo ; *Cod* en Anglois, gouſſe de légume.

COD, le même que *Cawd*. G. De là *Cotis*, colere dans un ancien gloſſaire.

COD.

COD, part, partie. I.
COD, don, bienfait. I. Voyez Ced.
COD, victoire. I.
COD, le sein ; en Latin Sinus, le dedans des habits sur la poitrine, où l'on met quelque chose pour la cacher. B.
COD, le même que Cad, Ced, Cid, Cud. Voyez Bal.
COD, le même que Coz ; car Coz se disant en composition, Cod se doit dire au simple.
COD, le même que Cwdd, l'w se prononçant en o.
COD, le même que God, Od, Sod. Voyez Aru.
COD, crase de Coed, forêt, bois, substance de l'arbre. Voyez Ced & Coad. De Cod ou Cot vient Tricot, gros bâton ; Caudex, souche en Latin. Cudgell, bâton en Anglois ; Cud, bois ; Gell ou Gill, petit ; Kodse, massuë en Flamand.
COD. On voit par Codi, par Cud, qui est le même que Cod ; (voyez Bal) par Od, qui est le même que Cod; (voyez Aru) on voit, dis-je, par tous ces mots que Cod a signifié élevé, élévation, & par conséquent tete, source. Voyez Al, Ber, Pen, Coto, tas, monceau, tertre, élévation en Persan. Voyez Codaadh.
COD, ombre, masque. Voyez Ysgod.
COD, le même que Gand. Voyez ce mot. De là Coude, jointure.
COD-GROEN, bourse, malle. G.
CODA, part, partie. I
CODADH, montagne. I. Voyez Cod, Cods en Lorraine, montagne, côte. Voyez Coftez.
CODAL, assemblée, concile, couvent. I.
CODALT, dormant. I.
CODALTACH, dormant. I.
CODALTAS, assoupissement, engourdissement, paresseux, fainéant. I.
CODD, le même que Coddiant. G.
CODDED, le même que Cawdd. G.
CODDI, irriter, piquer, offenser, affliger, scandaliser. G. Il signifie aussi déplaire. Voyez Lladcoddi. On s'en sera servi pour aiguillonner, aiguiser, qui sont des sens fort analogues, d'où sera venu le mot Latin Cotis, pierre à aiguiser. Voyez Cos.
CODDI, le même que Cawdd. G.
CODDIANT, colere, indignation, offense, tort, dommage, affliction, scandale. G.
CODDIANT, le même que Cawdd. G.
CODDYN, cloaque, latrines. G. Ce mot est synonime à Gaudy, selon Davies. Gaudy est formé de Dy, habitation, lieu ; Gau, merde ; de Canch ou Gauch, qui signifie merde en Breton, & qui est le même mot que Cach Gallois ; ainsi Coch ou Cauch, Goch ou Gauch, merde en Gallois ; Dy ou Dyn, habitation, lieu.
CODEN, petit sac, poche. G.
CODENEA, faulx à émonder. Ba.
CODENN. Voyez Scodenn.
CODETA, champ, dit Festus Pompeius, où naissent des arbrisseaux qui ressemblent à des queuës de cheval. Il a pris, continue cet Auteur, le nom de Codeta de cette ressemblance. (Cauda en Latin, queuë) N'est-il pas plus naturel de dire que ce champ a pris son nom de Codet, petit bois, arbrisseau ? Voyez Cod, dont Codet est le diminutif. Voyez Caudinum.
CODEX, A. G. pierre ; de Codadh, car en Celtique les noms qui signifioient montagne, signifioient aussi rocher. Voyez Al, Ar, Ber, Pen, Sier, Men.

COE.

CODHBRADH, Sacrificateur, Prêtre. I.
CODI, lever, élever. G. Davies dit que c'est la crase de Cysodi, dont il a par conséquent toutes les significations. Voyez Codioh.
CODI, concubine. G.
CODIAD, action d'élever, de lever, naissance, lever, promotion, élévation aux charges ; Codiad Pris, enchére ; à la lettre, haussement de prix. G.
CODIOH, alouette, cochevis. B. Je crois que cet oiseau a pris ce nom de ce qu'il s'éleve beaucoup en l'air. Voyez Codi.
CODLA, sommeil, endormi. I.
CODLADH, sommeil, endormi. I.
CODLAINAN, pavot. I.
CODLUGHTIOCH, endormi, assoupi, engourdi I.
CODNA, col. C.
CODODH, couverture. Voyez Garbhchododh.
CODRA, A. M. coudrier ; Keihle ou Kedre en Gallois, coudrier : On a dit Kendre & Coudres en vieux François. Les Paysans de Franche-Comté disent encore l'un & l'autre.
CODRAMADH, égal, pareil. I.
CODROMAIDHTE, propre à, proportionné, conforme. I.
CODT, colle, pâte, chas de tisserand. B.
CODULTACH, endormi, assoupi, engourdi I.
CODURA, A. M. couture ; de Cydio ou Cudio ; de là notre mot François coudre.
CODURERIUS, A. M. couturier. Voyez Codura.
CODWM, chûte. G. De là Cado Latin, parce que les voyelles se substituent. Voyez Bal. Voyez Coeddabl, Coeddaff.
COED, forêt, arbres, bois, substance de l'arbre ; Coedydd, plurier. G. B. E. Voyez Coad, Coeden.
COED, GRAWN COED, raisin. G.
COEDAFR, chévre sauvage. G. Coed Gafr.
COEDAWL, de forêt. G.
COEDDABL, caduc. B. Voyez Codwm.
COEDDAFF, tomber. B. Voyez Codwm.
COEDEIN, boiser. B. Voyez Coed.
COEDEN, arbre au singulier ; de Coed. G. C'est un mot nouvellement fait, dit Davies, ce qu'il faut entendre quant à la terminaison en seulement ; car Coed se trouvant dans tous les dialectes du Celtique, & y ayant grand nombre de composés, est sûrement aussi ancien que cette Langue. Cette remarque de Davies nous montre donc uniquement que même au singulier on disoit autrefois Coed, arbre, ainsi qu'il est encore d'usage en Breton.
COEDFA, forêt, lieu planté d'arbres, bois. G.
COEDGRWYDR, qui erre dans les forêts. G.
COEDIAR, femelle du faisan. G. A la lettre, poule de bois.
COEDIC, petit bois. B.
COEDLWYN, lieu planté d'arbres, pepinière. G.
COEDOG, de forêt, plein de forêts, lieu planté d'arbres. G.
COEDOG, plein de bois. E.
COEDTA, faire du bois, couper du bois. G. Voyez Coadtaer.
COEDTIR, lieu planté d'arbres. G.
COEDTY, bucher, lieu où l'on garde le bois. G. Coed Ty.
COEDWIG, forêt, lieu planté d'arbres. G. Pléonasme Coed Wig ; de Gwig.
COEDWR, bucheron, garde de bois, qui a soin des arbres, qui les cultive, qui les plante. G.

COEFF, coëffe. B. De là ce mot. Cofia en Espagnol, écoëffe; Coife en Anglois, coëffe.

COEG, aveugle. G. Coec s'est dit comme Coeg. Voyez Aru; de là Cæcus Latin.

COEG, fol, sot, stupide, puant, vain, inutile, insipide, méchant, mauvais, déshonnête, vil, chose ou homme de néant, petit, chetif, méprisable, de bouffon, particule diminutive, à demi. G. Ce mot a souffert une crase. On a dit Cog ou Cu, comme il se voit par Cocio, Cocus en Latin; par Coquin en notre Langue, & Coquart, qui en vieux François signifie sot, stupide, imbécille. Pisog, fol, hébété, stupide en Cophte; Pi, article; Kig, fol en Arménien.

COEG-LATTAI, petit corrupteur de la jeunesse. G.

COEGBETH, rêverie, imagination, fantaisie, vision, bagatelles, vetilles, niaiseries, amusemens de rien, choses de peu d'importance, sornettes. G. En Patois de Besançon on appelle Cogbeth un diseur de rien.

COEGBETHAU, sotises, niaiseries, pauvretés, choses de rien. G.

COEGCAF, le plus bas, le plus méprisable, le dernier. G.

COEGCHWEDL, petite narration, petite fable, sornettes, bourdes, discours impertinens, paroles inutiles. G.

COEGDALL, qui a la vuë basse, foible, mauvaise, courte, chassieux, louche, borgne. G. A la lettre, démi-aveugle.

COEGDALLU, devenir ou être chassieux. G.

COEGDDIGRIFWCH', bouffonnerie, railleries insipides, froides plaisanteries, inclination à railler, facilité à railler, à dire des plaisanteries, des mots piquans, basseffe. G.

COEGDDYN, belître, fripon, coquin, maraud, fourbe, affronteur, qui sçait couvrir ses tours d'adresse, qui impose par ses ruses, qui mérite le fouet, les étrivières, méchant, vil, méprisable, petit homme, pauvre homme, homme de néant, homme de peu, homme méprisable. G. Coeg Dyn, homme.

COEGDELLI, vuë courte, chassie. G.

COEGEDD, folie, sotise, stupidité, bassesse, inutilité. G. Ce mot étant formé de Coeg, on peut lui en donner toutes les significations.

COEGEN, courtisane, mauvaise. G. Ce mot étant formé de Coeg, on peut lui en donner toutes les significations.

COEGFAWL, vaine gloire. G. Mawl, en composition Fawl.

COEGFOLACH, ostentation, faste, vanité. G.

COEGFRWNT, sale, plein d'ordures, obscène. G.

COEGFRYNTI, saleté, ordure, obscénité. G.

COEGI, s'affoiblir, perdre sa vivacité, s'engourdir, rendre vil. G. Ce mot étant formé de Coeg, on peut lui en donner toutes les significations.

COEGIAITH, contes, sotises, balivernes, discours vain, inutile. G.

COEGLWYBR, chemin incertain, peu battu, étroit, sentier. G.

COEGNI, bouffonnerie, folie, sotise, fatuité, stupidité, malice, méchanceté, bassesse, malhonnêteté. G.

COEGWAS, qui mérite le fouet, les étrivières. G.

COEGWESYN, goujat. G.

COEGWR, fourbe, affronteur, fripon, qui sçait couvrir ses tours d'adresse, qui impose par ses ruses. G.

COEGYN, méchant, qui ne vaut rien, fourbe, affronteur, fripon, qui sçait couvrir ses tours d'adresse, qui impose par ses ruses, qui mérite le fouet, les étrivières, belître, coquin, maraud, bouffon, plaisant de comédie. G. On a dit Coeqyn comme Coegyn; (voyez Aru) de là notre mot coquin.

COEH, éboulement, chûte. B. De là Choir.

COEHAL, ébouler, tomber. B.

COEHEIN, ébouler, tomber. B.

COEIN, le même que Cuc. Voyez Difque, Difqoein.

COEITA, sollicitude, anxiété, soin, affaire. Ba. Voyez Cuita.

COEL, sein. G. E.

COEL, le même que Cowel. G.

COEL, augure, présage, nouvelle, foi, créance. G. Aggellos en Grec, messager, porteur de nouvelle; Sell en Esclavon, messager.

COEL, fautivement pour Cost, dit Davies, la charge qu'on peut porter entre ses bras. Il n'y a point de faute à dire Coel pour Cost; l'un & l'autre a été usité, ainsi que nous le voyons par notre mot Patois Aicoela, qui signifie être écrasé de sa charge, de quelque manière qu'on la porte; d'où l'on voit encore que Coel n'a pas seulement signifié la charge que l'on porte entre ses bras, mais charge en général. Voyez Collus.

COEL ou KOEL, enceinte. B. Voyez Caell, Kael.

COELBREN, sort. G. Coel Bren ou Pren, bois.

COELCERTH, bucher, pile de bois sur laquelle on brûloit les morts. G.

COELCWYDD; de Coel, Cwyddo, dit Davies, sans l'expliquer. Le mot étant formé de Coel, Cwyddo, doit signifier déchoir de ce qu'on avoit cru, de ce qu'on avoit présagé. G.

COELE, taureau. B.

COELFAIN, bonne nouvelle. G. Coel, nouvelle; Fain en composition doit faire Main au simple.

COELIO, croire, se fier, prêter. G.

COELIWR, prêteur, créancier. G.

COEM, courbe, tortu, bossu. I.

COEMH, beau. I. Voyez Coemt.

COEMHAIN, COEMHEIN, COEMHAN, beau. I.

COEMHOC, beau. I.

COEMIN, le même que Caimin. I.

COEN, souper. B. De là Cæna Latin.

COEN, le même que Goen, Oen, Soen. Voyez Aru.

COENF, bosse, enflure. B. C'est le même que Coenv.

COENT, beau, joli, agréable, espiégle, drôle. B. De là en vieux François Coint, joli, beau, agréable, paré, poli, bien instruit, avisé, prudent, sage, subtil, rusé. Cointe, Choint, belle, jolie; Cointoier, parer; Cointisie, Cointie, beauté, habit mignon. Conche, parure, équipage; Encouché, équipé; Accointer, rendre joli & mignon; Accouciare en Italien, parer; Caunis, élégant, bien mis, beau en Finlandois.

COENTIG, COENTIC, le même que Coentig. B.

COENTIE, maîtresse par rapport à un amant. B.

COENTIE, gentillesse, plaisir. B. Voyez Coentie.

COENV, bosse, enflure, flétrissure. B.

COENVADENN, tumeur. B.

COENVER, enflure, qui enfle. B.

COENVET, hydropique. B.

COENVI, enfler, bouffir, enfler de maladie. B.

COER, Village, maison de campagne, métairie. B. C'est le même que Caer.

COER, Municipe, Ville libre. B. C'est le même que Caer.

COER, cire. B.
COER, COHER, bois, forêt, B. dans la vie de saint Gildas. Voyez Cor, Coed.
COER, le même que Caer. Voyez Bal. Cohiere en vieux Champenois, prison.
COER. Voyez Gwer.
COERA, COEREIN, cirer. B.
COERCUS; A. M. chêne. Voyez Core. Cohier en vieux François, espèce de chêne.
COERED, COERET, COUERET, COAERET, cendre qui a servi à faire la lessive. B. Charrée est le nom François de cette cendre.
COEROUR, ciergier. B.
COES, le même que Coet dans un dialecte du Gallois. G. Voyez Cohes.
COES, jambe, rein. G. Voyez Coesgam, Coesgoch, Coeshir. De Coes est venu notre mot cuisse. Coss dans la Langue des habitans du fleuve de saint Julien en Amérique, jambe ; Coss, jambe en Patagon.
COES-HIR, qui a de grandes jambes, de grands pieds. G.
COESARF, bottine, guêtre. G. Coes, jambe ; Arf, par conséquent arme défensive, couverture.
COESARFOE, botte. G. Voyez Coesarf.
COESED, blanc. G. Cowse en ancien Saxon, blanc.
COESGAM, qui a les jambes courbées ou tortues, qui a les pieds tordus, écarté, élargi, ouvert en marchant. G.
COESGOCH. Davies rend ce mot en Latin par Hamatopus Avis, oiseau qui a les pieds rouges ; Coes signifie donc aussi pied. Voyez encore Coesgam, Coes-Hir, Coise.
COESIG, petite jambe. G.
COESWIG, bottine, guêtre. G. Wisg de Gwisg, habillement.
COET, forêt, bois, substance de l'arbre, arbre. B. Voyez Coad, Coed, Coeta.
COETA, faire du bois, couper du bois pour sa provision. G.
COETAOUR, bucheron, boizelier ou boisselier. B.
COETBAWL, pieu. G. Bawl de Rawl.
COETGAE, parc, clos, enclos, enceinte, lieu fermé de hayes, champ. G. Cae.
COETH, purifié, travaillé avec soin, poli, perfectionné, fini, ingénieux, spirituel, fin, subtil. G.
COETHDER, le même que Ffraetheirian. G.
COETHI, purifier, polir, perfectionner, travailler quelque chose avec soin, agiter, battre souvent, faire quelque chose avec agitation en se tourmentant. B. De là Coti, Cotie.
COETHWR, celui qui bat, qui forge, qui travaille à quelque ouvrage. G.
COEVAIN, COEVAN, COEVOC, beau. I.
COEVENN, crême. B. Ce mot a signifié superficie, peau en général, ainsi qu'on le voit par Cohen, synonime de Coevenn & de Cochen.
COEVENNEIN, crêmer. B.
COEUFR, cuivre. B.
COEVR, cuivre. B.
COEZ. En comparant Coenv, Coezvi, il paroit que Coez a signifié enflé, gros.
COEZET, arrivé par hazard & subitement, par cas fortuit. B. Voyez Coueza.
COEZFUIFF, respirer, souffler. B.
COEZVI, enfler de maladie. B.
COF, mémoire, mémorial, marque de souvenir ; commentaire, glose, interprétation. G.
COF. Voyez Cwppan.
TOME I.

COF. On voit par Cau, Coff, Coffa, Coffr, que Cof a signifié fermé, fermer, cacher, couvrir. Kose, petite maison en Runique.
COF. On voit par Cof, Coffa, Coffr, Coff, que Cof & Coff ont signifié ce qui est creux, cave, propre à contenir quelque chose. C'est le même que Cov.
COF, le même que Caf, Cef, Cif, Cuf. Voyez Bal.
COF, le même que Gof, Of, Sof. Voyez Aru.
COF, le même que Cob, Cop, Cov. Voyez B.
COFA, COFEA, A. M. coëffe ; de Coeff, Cofia, Coffion.
COFAHAT, EN EM COFAHAT, se souvenir. B.
COFDY, lieu entouré de tablettes. B.
COFECZ, COFECZAT, confesser, avouer. B.
COFF, ventre ; Coff An Gar, le gras de la jambe. A la lettre, le ventre de la jambe. B.
COFF. Voyez Cof.
COFF. On voit par Coffion, Cooff, Copha, Cusa, Coppa, que Coff, Cop ont signifié tête. Ce sont les mêmes que Cap. Voyez Bal.
COFF AN DOUAR, les entrailles de la terre. B.
COFF AN GAR. Voyez Coff.
COFF BIHAN, estomac. B. A la lettre, petit ventre.
COFFA, souvenir, mémoire, mention, mémorial, marque de souvenir, rappeller à quelqu'un le souvenir. G.
COFFAAD, souvenir, mémoire. G.
COFFADIVRIAETH, mémoire, mémorial, marque de souvenir, ce qui fait souvenir, commentaire, glose, interprétation. G.
COFFAU, faire mention, reconnoître, rappeller à quelqu'un le souvenir. G.
COFFAWR, qui fait mention d'une chose. G.
COFFEC, celui qui a un gros ventre. B.
COFFERUM, COFERUM, COFFRUM, A. M. coffre ; de Coffr.
COFFESA, avouer, confesser. B.
COFFIGNON, chausson, selon le Pere de Rostrenen ; sorte de chaussure qui a la forme & la hauteur des brodequins, ne couvrant que le pied & le bas de la jambe jusqu'à la moitié, selon Dom le Pelletier, B.
COFFION, coëffe. B. On dit Coiffion en Patois de Besançon.
COFFR, coffre. G. B. Cofra, caisse, huche, pétrin en Irlandois. Coffer en Anglois ; Koffer en Allemand ; Koffer en Flamand ; Coffre en François, coffre, et Cafre en Espagnol, coffre, caisse.
COFFYAD, ventru, pansard. B.
COFI. Voyez Couhi.
COFIA, coëffe, voile. Ba. Voyez Coeff, Coffion.
COFIADUR, historien. G.
COFIADWR, historien, qui fait mention d'une chose, qui se souvient, qui a de la mémoire. G.
COFIADWRUS, le même que Cofiadwr. G.
COFIAIN, fréquentatif de Cofio, se ressouvenir souvent, fréquemment. G.
COFIANT, souvenir, mémoire. G.
COFIAWDR, qui se souvient, qui a de la mémoire, qui fait mention d'une chose. G.
COFINA, COFINIS, COFINUS, A. M. panier. Cophinus en Latin ; Coffin, Coussin en vieux François, panier ; de Kophinos en Grec ; & celui-ci de Coffr, Cof.
COFIO, se ressouvenir. G.
COFION, régles pour la mémoire artificielle. G.
COFIUS, le même que Cofiadwr. G.

O ooo

COFIWR, qui fait mention d'une chose, qui fait souvenir. G.

COFL, COFLAID, la charge qu'on peut porter entre ses bras. G. Kol, bras en Turc.

COFLEIDIAD, embrassade, embrassement, action d'embrasser. G.

COFLEIDIO, embrasser, tenir entre ses bras. G.

COFRA, caisse, huche, pétrin, coffre. I, Voyez Coffr.

COFRAD, coffre. I. C'est le même que Cofra.

COFRESTRAU, choses qui servoient à rappeller le souvenir. G.

COFRON, monticule. G. Bron, en composition Fron, montagne; Co, le même que Go, diminutif.

COFUS, qui se souvient. G.

COG, rouge. G. Voyez Coch.

COG, Côg, cuisinier, cabaretier. G. Cog est formé de Coc ou Co, qui aura signifié cuire, chauffer, chaud. Caud, chaleur, feu; Cawl, bouillie en Breton ; Cawl, bouillon , potage en Gallois; Cautem, échaudé en Breton ; Caud en Provençal; Chaud en François, chaud. Kaw, dans le dialecte éolique de la Langue Grecque, brûler; Coca en Langue de Congo, rôtir ; Coquo en Latin ; Cocere en Italien ; Cozer en Espagnol ; Kocken en Allemand & en Flamand, cuire ; Cocho en Espagnol, cuit ; Koken en Flamand, cuire ; Chu en Chinois, cuire, & Xu, chaleur. Coh en Hébreu, en Chaldéen, en Syriaque, brûlé ; Cuarita en Géorgien, chauffer. Kokke, vîte, promptement, avec feu dans le dialecte attique ; Coci, vîte, aller vîte, être prompt en Galibi. Cuoco en Italien ; Coquus en Latin ; Cozinero en Espagnol ; Koch en Allemand ; Cock en Flamand ; Kook en Anglois; Kuchats en Dalmatien ; Kuhar en Esclavon, en Dalmatien, en Carniolois, en Bohémien ; Kuharz en Polonois ; Coc en Albanois ; Coc en ancien Saxon, cuisinier. Voyez Cocq.

CÔG, coucou. G. Voyez Coq.

COG, diminutif, petit, à demi. Voyez Cogfran.

COG, le même que Coeg. Voyez ce mot.

COG, le même que Cag, Ceg, Cig, Cug. Voyez Bal.

COG, le même que Gog, Og, Seg. Voyez Aru.

COGADH, guerre, rébellion. I.

COGAIL, quenouille. G. B.

COGAL, yvraie. I.

COGAMHAIL, belliqueux, martial, militaire. I.

COGAMHUL, le même que Cogamhail. I.

COGAR, bourdonnement, murmure. I.

COGARADH, bourdonner, murmurer. I.

COGASTER, A. M. petit coq; de Cocq.

COGEIL, quenouille. G.

COGEILIAD, quenouillée. G.

COGENN, GOGEN, GOJEN, jeune taureau, bouvillon. B. Co, petit ; Egen, bœuf.

COGFRAN, corneille, petite corneille. G. Fran, en composition pour Bran, corbeau. Cog doit être un diminutif, puisque la corneille est plus petite que le corbeau ; c'est la crase de Coeg.

COGFRAN, geai. G.

COGHENAN, hupe oiseau. B.

COGHENNEC, alouette oiseau. B.

COGHIC, petit coq. B.

COGINA, A. M. vase; de Cawg.

COGINIAETH, art de faire la cuisine. G.

COGINIAETHU, faire la cuisine. G.

COGINIAETHWR, cuisinier. G. Voyez Cog.

COGLA, A. M. le même que Cochlea.

COGN, coin, angle. B.

COGNABO, A. G. pierre à fusil, pierre dont on tire du feu en la frapant ; de Cognal.

COGNAL, cogner, battre, fraper, blesser. B. De là cognée en notre Langue, de même que cogner.

COGNUS, A. M. coin, angle; de Cogn.

COGO, COGGO, KOGGE, GOGGA, COCA, COCCA, COCKA, COQUA, COCHA, COGHO, COCCO, COCHETUS, COTTA, A. M. espèce de vaisseau ; de Cwch ou Coch, bâteau en Gallois ; Koket, vaisseau, bâteau en Breton. On a dit en vieux François, Cochet, Coquet. Les Anglois disent Cogs. Voyez Koka, Coit.

COGOR, babil, bruit, babiller, faire du bruit. G. On a dit Cosor comme Cogor. Voyez Aru. De là notre mot causer, & l'Allemand Kosen.

COGTHACH, belliqueux, martial, militaire. I.

COGUAS, conscience. I.

COGUASACH, conscientieux, dévot. I.

COGUCZEN, nuage ou brouillard, petite pluie froide accompagnée de brouillard. B.

COGUENAN, hupe oiseau. B.

COGUENNEC, alouette. B.

COGUES, le mâle de la vieille poisson. B.

COGUIC, petit coq. B.

COGUILLEREAH, ricochet. B.

COGURNACH, bourdonnement, murmure. I.

COGWIN, pomme sauvage des plus petites. G.

COGWRN, article, jointure. G.

COGWRN MALWEN, écaille de tortue. G.

COGYDDIAETH, art de faire la cuisine. G.

COGYRN, coquille, écaille. C. Voyez Cogwrn Malwen.

COH, rouge. G. Voyez Coch. Coning, roux en Malaye ; Cuon en Chinois, rouge ponceau. Coh entre dans le mot Corallum Latin, Corail François.

COH, merde, &c. B. C. C'est le même que Coch. Voyez ce mot.

COH, faux. B.

COH, vieux, ancien. B. C'est le même que Cos, Coz : il en a par conséquent toutes les significations. Coja, vieillard en Persan ; Koje, Kogia, Kogialn, vieux, vieillard, ancien en Turc; Ko en Chinois, mûr, & Ku, ancien.

COH est le même que Coch. Voyez les deux premiers Coh & Cohen, le même que Cochen.

COH-DOUAR, terre en friche. B. Douar, terre.

COH-LAI, taureau. B.

COH-VOTES, couvert de guenilles. B.

COHAD, accès. B. Voyez Cohat qui est le même.

COHAILLEU, antiquailles. B.

COHAN, hibou. B.

COHAT, accès, accès de rage. B. Voyez Caonat.

COHEIN, vieillir, B.

COHEN, Sénateur. G. Voyez Coh.

COHEN, le même que Cochen. B. De là la Couenne, peau de cochon.

COHEN, Voyez Cowen.

COHER, laboureur, paysan, villageois ; plurier Coherien ; Coher-Nos, vuidangeur. B.

COHES, bois, forêt. B. dans la vie de S. Gildas.

COHICQ, vieillot. B.

COHLE, taureau. B.

COHMAT, vieillement. B.

COHNY, vieillesse, caducité. B.

COHOH, antérieur. B.

COHONY, vieillesse, caducité. B.

COHU, halles, cohuë. B. De là ce dernier mot.

COHUAE, A. M. halles ; de Cehu.

COHUY, halles, cohuë. B.

COI. COI.

COI, le même que *Cwi.* G.
COI, le même que *Cai*, *Cei*, *Cui.* Voyez *Bal.*
COI, le même que *Goi*, *Soi*, *Oi.* Voyez *Aru.*
COIBHREAS, bienféance. I.
COIBLEAR, mal-adroit, mauvais ouvrier. I.
COIBLEIR, favetier. I. *Cobler* en Anglois, favetier.
COIC'H, coche. B.
COICHER, cocher. B.
COID, forêt, bois, fubftance de l'arbre. G. C'eft le même que *Coed.* *Coill* en Irlandois, forêt; *Koi* en Égyptien, forêt; *Coi* en Tonquinois, tronc d'arbre, arbre, bois; *Qi* en Japonois; *Guida* en Arabe, forêt, bois. Voyez *Coad*, *Coet*, *Coit.*
COIDHEAN, mouraille. I.
COIG, cinq. I.
COIGCEILE, camarade, compagnon. I.
COIGCRIOCH, extérieur, étranger. I.
COIGE, région, Province. I.
COIGEADH, région, Province. I.
COIGEADHACH, né dans la Province. I.
COIGEAL, quenouille. I. Voyez *Cogail.*
COIGEOLADH, être avare. I.
COIGERIACH, étranger. I.
COIGERICH, pays étranger, région étrangère. I.
COIGEUL, quenouille. I.
COIGEUL, querelle, bruit. I.
COIGHT, fils, enfans. I.
COIGLE, compagnon. I.
COIGLEACHD, train, fuite. I.
COIGLIGHIM, accompagner, fuivre. I.
COIGN, angle, coin. B. De là ce dernier mot.
COIGN, long. Voyez *Cigoign.*
COIGNEC, angulaire. B.
COIGRIGH, borne, frontière. I.
COIGRIGHEAC, étranger. I.
COIGRTYEAK, étranger. I.
COIL, périr B. Voyez *Coll.*
COIL, le même que *Cail*, *Ceil*, *Cuil.* Voyez *Bal.*
COIL, le même que *Goil*, *Oil*, *Soil.* Voyez *Aru.*
COIL, forêt E. I. Voyez *Cal*, *Cel*, *Cil* qui font les mêmes. Il a auffi par conféquent fignifié bois, du bois comme ces mots. De là *Goillot*, gros bâton en Patois de Befançon. Voyez *Coill*, *Coilbhin.*
COILBHIN, tronc, tige. I.
COILEAR, collier. I. De là ce mot.
COILEIR, carrière. I.
COILEIRR, mine de métal. I.
COILEN, petit d'animal. I. Voyez *Colen*, *Qolen.*
COILIOC, augure. C. Voyez *Coel.*
COILIOCH, coq. I.
COILL, coudriers. G. Voyez *Coil.*
COILL, coudrier. I.
COILL, forêt, bois, fubftance de l'arbre. *A Geoill Diamhar*, de forêt, qui eft dans la forêt, qui demeure dans la forêt. I. Voyez *Coil.*
COILL, le même que *Cuill.* Voyez *Bal.*
COILL-CNO, lieu planté de noyers. I.
COILL-FIODH, forêt. I.
COILLEADH, cochon, porc, fauvage, qui demeure dans les forêts. I.
COILLMIN, petit cochon. I.
COILLTE, eunuque. I.
COILLTEACH, plein de bois. I.
COILTA, A. M. couette à lit; de *Cuilt.*
COILTE, bouvillon, génifle. I. Voyez *Cohte.*
COILTEAMHUIL, fauvage, qui demeure dans les bois, qui eft de bois. I. Voyez *Coill.*
COIMCHRIOSLACH, bornes, frontières du pays. I.

COIMEADH, garder, épargner; ufer d'épargne. I.
COIMH, particule augmentative en compofition, tant, fi fort. I.
COIMHCENGAL, joindre, ajouter, joindre à I.
COIMHCEANGAL, jonction, jointure, union, ligue. I.
COIMHCEANGLADH, couple, paire. I.
COIMHCHEART, proportionné, uni, ramaffé, preffé, ferré. I.
COIMHCHRIOSLACH, frontières, confins. I.
COIMHDHEAS, fortable, convenable, conforme I.
COIMHEACH, fauf, fûr, femblable. I.
COIMHEADH, tenir, garder, obferver, conferver, action de foutenir, de maintenir, d'affirmer, de garder. I.
COIMHEADHACH, garde, gardien, qui prend garde, prévoyant, prudent, avifé, retenu, réfervé, circonfpect, qui fe donne de garde. I.
COIMHEADHAIDHE, le même que *Coimheadhach.* I.
COIMHEADHAIM, garder, conferver, maintenir, affurer, foutenir. I.
COIMHEADHTA, maintenu, affuré, foutenu. I.
COIMHEADHUGHE, garde, gardien. I.
COIMHEARTHADH, confirmer, affurer. I.
COIMHEIGEAN, action de reftraindre. I.
COIMHEUD, garde fubftantif. I.
COIMHEUDUIGH, garde, gardien. I.
COIMHFEADAN, troupe. I.
COIMHFEASACH, d'ufage. I.
COIMHFIOR EOGUIDH, fimple foldat. I.
COIMHIDECHD, qui eft attentif à, ferviteur. I.
COIMHIGHTHEC, ajouté. I.
COIMHIONAN, uni, de niveau. I.
COIMHIONEDH, fociété. I.
COIMHISIOLL, plat, égal, uni, de niveau. I.
COIMHLIGHIM, joindre, unir. I.
COIMHLIN, multitude. I.
COIMHLIONAD, accomplir, achever, finir, exécuter, exécution. I.
COIMHLIONTA, plein, rempli, accompli, achevé, fini, ajufté, agencé, accommodé à. I.
COIMHLIONTAS, accompliffement. I.
COIMHNAIGHIM, habiter. I. Voyez *Com.*
COIMHNEAS, voifinage. I.
COIMHNEASAIM, approcher, être proche, être voifin. I.
COIMHNEASDA, voifinage. I.
COIMHNIGHIM, fe fouvenir. I.
COIMHREACHDIUN, engendrer. I.
COIMHREALTADH, conftellation. I.
COIMHREANAIM, divifer. I.
COIMHREIMNIGHIM, unir. I.
COIMHRIATAIN, conjonction, union. I.
COIMHSEASHAMH, équilibre. I.
COIMHTHIONOL, affemblée, congrégation, couvent, compagnie, troupe. I.
COIMHTHIONOLADH, affembler. I.
COIMIRCID, garde. I.
COIMPREADH, génération. I.
COIMPRIM, engendrer. I.
COIMSEACH, fini, borné, retenu, prudent, réfervé. I.
COIMSIOS, fini, borné. I.
COIMSIUGHADH, contenir, comprendre, renfermer, ménager. I.
COIN, feul. I.
COIN, chiens. I. Voyez *Con*, *Cun.*
COIN, coing fruit. B. De là ce mot.

COINATA, beau-frere, frere du mari. Ba.
COINBHILE, cornoiller. I.
COINDRIA, églantier. I.
COINE, femme, épouse. I.
COINEIRIOC, fol. C.
COINGNIOL, contrat, convention, obligation, article, condition, lien, état, situation. I.
COINHUEIM, tuméfier. B. Voyez *Coenv*.
COINICEAR, garenne. I. Voyez *Coinin*.
COININ, lapin. I. Voyez *Conicl*.
COINJOLLBAIDHE, maudit. I.
COINNE, vis-à-vis, opposé. I.
COINNEAL, chandelle. I.
COINNLEOIR, chandelier. I.
COINT, femme. I.
COINUS, A. M. coing; de *Coin*.
COINUS, A. M. coin dont on frape la monnoie; de *Cogn*.
COIPATU, verbe qui désigne le rôti dégouttant sa graisse, ou flambé de lard ardent qui tombe goutte à goutte. Ba. Voyez *Coipea*.
COIPEA, gras. Ba.
COIR, un, solitaire. I.
COIR paroit signifier lien. Voyez *Coirt*.
COIR, danse. G.
COIR en composition, faux. I.
COIR, parure. I.
COIR, faute, péché, crime, délit, information. I.
COIR, direct, droit, juste, équitable. I.
COIR, parent. B.
COIR, cire. B.
COIR, gueux qui court les foires, les apports. B.
COIRCE, avoine. I. Voyez *Ceirch*.
COIRE, chaudron. I.
COIREACH, faux, criminel, malfaiteur. I.
COIRHEOIR, accusateur. I.
COIRIGHE, orné, paré. I.
COIRIGHE, accusé. I.
COIRIGHEOIR, accusateur. I.
COIRIGHIM, pécher. I.
COIRIGHIM, satisfaire. I.
COIRICHTHE, méchant, criminel. I.
COIRIGTE, paré, orné. I.
COIRIM, orner, parer. I.
COIRIOCH, délinquant, félon, infidéle, perfide. I.
COIRIPIM, corrompre. I. De là *Corrumpo* Latin, duquel est venu corrompre François.
COIRIUGHADH, accuser, accusation, faire le procès à quelqu'un, censurer. I.
COIRIUGHADH, tremper. I.
COIRNEAL, angle, coin. I. Voyez *Corn*.
COIRP, vicieux, corrompu. I.
COIRPTHE, mortel, sujet à la mort, corrompu. I.
COIRT, qui lie, qui oblige. I.
COIRT CRAIN, écorce. I.
COIRTEACH, criminel, faux, corrompu. I.
COIS dans un dialecte du Gallois pour *Coit*, forêt. G.
COIS, près, auprès. I. Voyez *Cos*.
COISCEIM, pas, démarche, trace. I. Voyez *Coes*, *Coise*.
COISDE, carrosse. I.
COISE, pied, tronc, souche. I. Voyez *Coes*. Cois a aussi signifié jambe en Irlandois. Voyez *Coisvert*.
COISGCEIM, pas, démarche, trace. I.
COISCIM, cesser, se reposer, se taire, garder le silence. I.
COISGLIDH, diligent. I.
COISIDHE, page, domestique. I. Voyez *Coise*.
COISIGHEAS, action de marcher à pied. I.

COISIN, souche, tige, pied d'une plante. I.
COISINUS, COISSINUS, A. M. coussin; de *Coffyn*.
COISIR, vigile, fête, paroisse, famille. I.
COISREACH, vigile, fête, paroisse, famille. I.
COISREAGTHA, sacré. I.
COISTEOIR, cocher. I.
COISTLIGHE, sentier, chemin, route, voie. I.
COISVERT, botte. I. *Cois* le même que *Coes*, jambe; *Vert*, par conséquent défense, garde, couverture.
COIT, forêt, bois, substance de l'arbre. G. B. C'est le même que *Coit*. Voyez *Bal*. *Coito*, terme de charpentier qui désigne une grosse piéce de bois.
COIT, barque, petite barque. I.
COITADU, j'épouvante. Ba.
COITADUA, misérable, malheureux. Ba.
COITATERE, A. M. quitter; de *Quyta* ou *Qoyta*.
COITCHEADH, public, commun. I.
COITCHEANN, commun, ordinaire, fréquent, général, universel, usuel, vulgaire, le plus souvent, ordinairement. I.
COITCHEANNACHD, Communauté. I.
COITCHION, commun, ordinaire, fréquent, général, universel, usuel, vulgaire, le plus souvent, ordinairement. I.
COITE, canot, bâtelet. I.
COITHEORAN, borne, frontières, confins. I.
COITIT, poinçon, alêne. I.
COIVIDHEACH, étranger. I.
COIVNEASACH, prochain. I.
COK, barque, bâteau. C. Voyez *Coc*.
COK, rouge. B. Voyez *Coch*.
COKET, navire, barque, petit bâteau. B. Voyez *Cauc*, *Cwch*, *Koka*.
COKET, COYZIUM, A. M. mesure de grains, de *Cauc*, *Caucus*.
COL, col ou cou. G. B. De là *Collum* Latin; *Collo*, Italien; *Cuello*, Espagnol; *Col*, François Ce mot a aussi signifié gorge, gosier. Voyez *Colambea*. *Kolloi*, col en Tartare Mogol & Calmoucq; *Caula*, col en Finlandois.
COL, sommet, faîte, cime, pointe, aiguillon, le bord de quelque chose que ce soit où l'eau vient battre, pointu, aigu. G. *Col* en Écossois, tête, sommet; *Colg* en Irlandois, aiguillon, pointe, épée; *Koll*, colonne en ancien Suédois, & *Kulle*, tête, Roi, Général; *Kulle*, faîte de montagne en Persan, & en Turc; *Collo*, montagne en Persan, & *Collana*, chose excellente; *Koloh*, loin en Tartare Mogol & Calmoucq; *Tsolo*, dignité en Tartare Calmoucq. Voyez *Col*, tête, & *Col* le même que *Gol*. On se sert encore du mot de *Col*, pour désigner le sommet, la cime d'une montagne dans les Alpes & les Pirénées. On appelle *Cole* en Franche-Comté un bonnet, une couverture de la tête. *Colonel* en Breton & en notre Langue est le chef d'un Régiment; de *Col*, tête, chef. *Coluber* Latin est formé de *Col*, tête; *Uber*, élevée; *Coluber*, tête élevée, la couleuvre élève sa tête; *Tricola* en Lombard, qui a trois pointes; *Tri* trois. De *Col* ou *Cul* vient encore *Aculeus* Latin.
COL, paille. G. Voyez *Coloen*.
COL, tête, sommet. E. Voyez *Bal*, *Coll*.
COL, pli, courbure. E.
COL, perte. B. Voyez *Coll*.
COL, choux. B. Voyez *Caul*, *Colen*.
COL, sauvage. B.

COL.

COL, intérieur. Ba.
COL. Voyez Coll, pierre. &c. B.
COL, couverture, toit, couvrir. Voyez Colvan. Koldra en Polonois, Kulter en Allemand, couverture de lit. Voyez Colchia.
COL, pour Koel. Voyez Caer. Coliba, cabane en Hongrois.
COL. Voyez Colvax.
COL, bois. Voyez Goalenn.
COL, le même que Cal, Calh, Call, Cel, Cil, Cul, Cyl, Cyll. Voyez Bal. Kolobos en Grec, coupé, mutilé; Koleos en Grec, cachette, gaine, sac, vase; Culeus, sac en Latin; Hola, caverne en Islandois & en ancien Saxon; Scioll, charruë en Tartare du Thibet; Kol, division, partie en Turc; Scholon ou Cholon, maison de pierre en Tartare Mogol & Calmoucq, & Txolon, roc. Voyez Cuell.
COL, le même que Gol, Ol, Sol, Voyez Aru.
COL, échelle. Voyez Yfgol.
COL GARO, chardons. B.
COL YD, barbe ou pointes de l'épi de bled, épi de bled. G.
COLA, s'embourber. B. Colam, fosse, lagune, mare en Malaye.
COLA, base. Ba.
COLA, A. M. petit vase à passer une liqueur; de Cawel; les premiers couloirs étoient des petits vases d'ofier; De là Colus, Colo Latins. Et notre mot François, couler.
COLA, A. M. pressoir; de Gwallaw ou Coalaw.
COLACA, alose poisson. Ba.
COLACH, défendu. I.
COLACIUM, COLLOCIUM, A. M. grenier; de Colo, pailles, comme Soulier, grenier en Patois de Franche-Comté; de Soul, paille.
COLAM, enduire de plâtre. I.
COLAMBEA, gosier. Ba.
COLAN, charbon ardent. C.
COLAN, cœur. C. Voyez Calon.
COLAN, chair, cadavre, carcasse. I.
COLANAC, courageux. C.
COLARE, A. M. le même que Cola.
COLARE, A. M. couler. Voyez le second Cola.
COLARE, A. M. coller; de Coll.
COLARIUM, COLLARIUM, A. M. ornement du col; de Coler.
COLASPECOA, soufflet. Ba. Voyez Colebus.
COLB TACH, génisse. I.
COLBH, pieu, jambage, tige d'une plante. I. Voyez Col, bois.
COLBHA, sceptre. I.
COLBHAIM, pousser des branches, des jets, des rejettons. I.
COLCA, poule qui glousse. Ba. C'est la transposition de Clochat.
COLCHIA, A. M. courte-pointe, couverture piquée; de Golched, Colched. Les Espagnols disent Colcha.
COLCHOIMEA, petit oreiller. Ba.
COLCOA, giron, sein. Ba.
COLDRE, bourlet de bœuf. B.
COLE, cachette. B. C'est le même que Cel & Cil. Voyez Col.
COLE, COLÉ, taureau. B.
COLEBUS, A. M. coup; de Cobio.
COLEDD, cultiver. G. De là Colo Latin.
COLEN, petit de toutes les femelles à quatre pieds, excepté la vache, la truye & la chatte,
TOME I.

selon le Pere de Rostrenen; petit selon Dom le Pelletier; au pluriel Kelin. B.
COLEN; au pluriel Col, choux. B. Chola en Théuton; Cawl en ancien Saxon, chou.
COLENNA, faire des petits. B. Voyez Colen.
COLER, colere substantif & adjectif. B. Colera en Italien; Colere en François. Voyez Coltra.
COLER, collier. G. Kolar en Chaldéen, collier. Voyez Col.
COLERA, bile, colere. Ba. Voyez Coler.
COLERA, A. M. collier; de Coler.
COLEREIN, se courroucer. B.
COLERES, A. G. humeurs apparemment bilieuses; de Coler.
COLERIUM, A. M. collier; de Coler.
COLERUS, fougueux, colere. B.
COLETOA, collet d'habit. Ba Voyez Col, Coletum.
COLETRA, A. M. couloir; de Cola.
COLETUM, A. M. collet; de Coletoa.
COLETUS, A. M. petite colline, Coleto en Italien. Voyez Col & Collina.
COLFEN, rameau dans un dialecte du Gallois. G.
COLG, aiguillon, pointe, épée. I.
COLGADH, hérisser. I.
COLGUDE, chagrin, de mauvaise humeur. I.
COLH, coudrier. G. I. ce mot signifie aussi noyer. Voyez Coliwyn.
COLHAWC, de coudrier, plein de coudriers. G.
COLHO, épi. C.
COLI, coller. B. Voyez Caul.
COLI DE CALE DE, qui adorent Dieu. I. Voyez Culdei.
COLICA, A. M. espèce d'habillement, apparemment ainsi nommé de ce qu'il y avoit un collet. Voyez Col.
COLIFARIUS, A. G. bœuf qui laboure; de Col, bœuf, & Llafurio, labourer. Voyez Collifurio.
COLIFF, coller. B.
COLIN, le même que Colen, petit de toutes les femelles. &c. B.
COLINA, A. G. cuisine; de Caul.
COLINEIN, louveter. B. Voyez Colin.
COLIOG, pointu, hérissé. G. Voyez Colg, Colgadh.
COLIPILARIUS, A. G. qui ôte le poil, qui fait tomber le poil; de Coll, perte.
COLIUM, A. M. maison, habitation; de Col.
COLIWYN, lieu planté de noyers. G.
COLL, perte, dommage, ruine, destruction. G. B. Calluint, gâter, perdre, corrompre; Scol, crevasse, fente dans un mur, Scolligh, crever en Irlandois; Achol en Hébreu, consumer, perdre, gâter, Kolos en Grec, malformé; Couli en Persan, esclave; de Coll, Incolumis Latin; In, privatif, Kiole, Kul en Turc, esclave, serviteur; Kolak en Turc, estropier, mutiler, mutilé. On a dit Goll comme Coll. Voyez Aru. De là Golleprune, épithéte que les vignerons de Besançon donnent au vent du Nord, parce que lorsqu'il souffle dans le temps que les prunes fleurissent, il les perd. On dit aussi populairement Goller pour engloutir, Colle en vieux François, tourmente, tempête. Voyez Coll plus bas.
COLL, coudrier, noisetier. G. I.
COLL, le même que Coill. I.
COLL, col ou cou. B. Voyez Col.

COLL, colle. B. Une *Colo* en Languedoc est une troupe d'artisans ligués ensemble pour entreprendre quelque ouvrage de leur métier. On voit par là que *Coll* a signifié union, jonction en général. *Colla* en Italien; *Colle* en François; *Cola* en Espagnol, colle.

COLL, perdre, damner, avortement, fausse couche, perte, diminution. B. On voit par là que *Coll* a aussi signifié faux, fausseté. De là *Colte* en vieux François, mensonge.

COLL ou COL, pierre ou autre matière solide que l'on met sous le levier pour lui donner de la force afin qu'il leve un corps pesant. *Scol* ou *Col* signifie ce que l'on met sous la roue de la charrette pour l'arrêter dans une descente. B.

COLL, le même qu'*Oll*. Voyez *Arn*.

COLL BUGALE, avorter. B.

COLLA, perdre. B.

COLLA, A. G. colline. Voyez *Col* & *Collina*.

COLLA, A. G. sacrifice; de *Colla*, perdre, tuer.

COLLAD; au singulier *Colladen*, perte, diminution, avortement, fausse couche. B.

COLLAID, bouvillon, génisse, vache de deux ans. I.

COLLAIGH, dur, ferme. I.

COLLANA, A. M. collier; de *Coll*.

COLLARE, A. M. sortir du port, partir; de *Colli*, abandonner, quitter.

COLLARE, COLLARIUM, A. M. armure qui couvroit le col; de *Coll*.

COLLARETUS, A. M. ornement du col; de *Coll*.

COLLAT, le même que *Collad* B.

COLLATUM, A. M. espèce de boisson. Voyez *Caul*.

COLLATUM, COLLUM, A. M. sommet de montagne; de *Col*.

COLLATUS, A. M. collé; de *Coll*.

COLLCHAILL, bois de noisetiers. I. *Coll*, noisetier.

COLLCHNU, noisette. I.

COLLD, de *Colled* par une crase fort facile & fort commune. Voyez *Dont*.

COLLECTRA, A. M. espèce d'habillement. Voyez *Colica*.

COLLED, perte, dommage, ruine, destruction. G. B.

COLLED, préjudice, amende, peine pécuniaire. G.

COLLEDIC, petit avorton. B.

COLLEDIG, inutile, vain, frivole, qui ne mérite pas qu'on le garde, perdu. G.

COLLEDIGAETH, perte, ruine, destruction, damnation. G. B.

COLLEDIGHEZ, perte. B.

COLLEDION, perte, dommage. G.

COLLEDU, nuire, causer du dommage. G.

COLLEDUS, dommageable, qui fait périr. G.

COLLEDWR, celui qui fait perdre, destructeur, qui renverse, qui ruine. G.

COLLEMA, A. G. colle; de *Coll*.

COLLEN, coudrier. G. Voyez *Coll*.

COLLERETUM, A. M. ornement du col; de *Coll*.

COLLERIUM, COLLERIUS, A. M. collet ou collier; de *Coler*, de *Coll*.

COLLESTRUM, A. M. collet. *Collestro* en Italien; de *Coll*.

COLLET, perte. C.

COLLET, perdu, avorton, enfant né avant terme *Bugale Collet*, enfans perdus, enfans gâtés par trop de complaisance. B.

COLLETANUM, A. M. couloir, en Italien *Colatoio*; de *Cola*.

COLLETUS, A. M. collet; de *Coll*.

COLLEUM, A. G. vase de cuir de taureau; de *Cole*.

COLLEZ, avorton. B. C'est le même que *Collet*.

COLLFARN, condamné, damné. G. *Farn* en composition pour *Barn*, & *Coll*.

COLLI, perdre, être perdu, se perdre, périr, dépérir, s'abysmer, abandonner, quitter. G.

COLLI, perdre. B.

COLLIA, A. M. col ou défilé des montagnes, gorge de montagnes; de *Col*.

COLLIANT, perte. G.

COLLIDICQ, avorton, corruptible, périssable. B.

COLLIDIGUEZ, perte. B.

COLLIDY, collet. B. A la lettre, habitation du col.

COLLIFANA, A. G. brebis sacrées, c'est-à-dire destinées à être sacrifiées. Voyez *Colla*.

COLLIFURIA, A. G. le même que *Colifarius*.

COLLINA, colline. Ba. *Kavhhhlh*, colline en Arabe; *Hhhol* ou *Gel*, haut, colline en Hébreu; *Kolone*, colline en Grec; *Cao*, haut en Tonquinois; *Scholle* en Allemand, motte de terre; *Colle*, colline en Italien; *Collado*, *Collina* en Espagnol; *Colline* en François; *Couline* en Auvergnac & en Languedocien, colline. *Colla* chez les Visigoths signifioit colline. Voyez *Col*, *Colyn*, *Collina*, *Collinum*, *Collatum*, *Collum*.

COLLINA, A. M. colline; de *Collina*.

COLLINC, pointe, aiguillon. G. Voyez *Col*, *Colyn*.

COLLINUM dans Columelle, le même que *Collina*.

COLLISA PORTA, A. M. porte coulisse. On a dit en vieux François *Porte Coulcice*, *Porte Colaice*. Voyez le second *Cola*.

COLLONGIA, A. M. le même que *Colonia*. Voyez *Colonus*.

COLLOSUS, A. M. plein de collines. Voyez *Col*, *Colyn*.

COLLPRENN, qui perd, qui détruit le bois. B.

COLLSWYDD, qui perd son office. G.

COLLT pour *Collet*, par une crase très-facile & très-commune. Voyez *Dont*.

COLLUS, A. G. vase à boire; de *Col*, le même que *Cal*.

COLLUS, A. G. rave; ainsi nommée de sa forme ronde; *Cal*, *Col*, tout ce qui est rond. Voyez encore *Coloren*.

COLLUS, A. M. charge de vaisseau; en Italien *Collo*. Voyez *Coel*.

COLLWYN, coudraie, lieu planté de coudriers. G. *Llwyn*.

COLLWYN, lieu planté de noyers. G.

COLLYER, collet, collier. B. De là ce dernier mot.

COLM, nœud. B.

COLMA, nouer. B.

COLMAFF, nouer; *Digoulmaff*, dénouer. B.

COLMIA, A. G. tuiau avec son épi. Voyez *Col*, *Colo*.

COLO, paille; singulier *Coloen*, une paille, un ouvrage tissu de paille; *Coloen Gwenan*, couverture de ruche; *Coloen Ar-Bara*, espèce de corbeille faite de paille pour couvrir le pain sur la table ou ailleurs. B. *Kaulos* en Grec, tige d'herbe. *Colles* en François est un tissu de paille qui sert de but à ceux qui tirent à la flèche. On appelle *Couline*, dans le Pays d'Auge en Normandie, un bâton entouré de paille, que l'on allume, qui sert de brandon, avec lequel on fait le tour des arbres des vergers.

COLO. Voyez *Colonus*.
COLO, cachette. B. Voyez *Col*.
COLOBUS, A. M. coup ; de *Colpea*, *Colbea*.
COLOCA, j'affermis, j'appuye, je soutiens. Ba. Voyez *Coloma*.
COLOCAYA, borne. Ba.
COLOEN, pointe, aiguillon. B. Voyez *Colyn*.
COLOEN. Voyez *Colo*.
COLOENN, ruche. B.
COLOFN, colonne. G. Voyez *Coloma*.
COLOFNIG, petite colonne. G.
COLOM, pigeon. B. De là *Columba* Latin ; *Coulon* en vieux François, pigeon. Voyez *Colommen*.
COLOMA, appui, colonne. Ba. Voyez *Colofn*, *Colon*, *Coulcunen*. De là le *Columna* des Latins, le *Colonne* de notre Langue, le *Colomna* des Espagnols, *Colonna* des Italiens.
COLOMA, A. G. le même que *Colmia*.
COLOMER, colombier. B. *Colom*, pigeon ; *Er*, synonime de *Ty*. Voyez *Colommendy*.
COLOMERARIUM, A. M. colombier ; de *Colomer*.
COLOMMEN, pigeon, colombe. G. Voyez *Coloin*, *Colum*, *Columbunion*.
COLOMMENAIDD, de pigeon. G.
COLOMMENDY, colombier. G. *Ty*, en composition *Dy*. Voyez *Colomer*.
COLOMMENIG, petit pigeon. G.
COLOMMENWR, qui élève des pigeons, qui a soin des pigeons. G.
COLON, colonne, appui, support. G. Voyez *Coloma*.
COLON, tête, chef. Voyez *Colonellus*.
COLON. Voyez *Colonus*.
COLONANTIA. Voyez *Colonus*.
COLONATUS. Voyez *Colonus*.
COLONELLUS, A. M. Colonel ; de *Col*, *Colon*, tête, chef. Voyez *Coronellus*.
COLONELLUS, A. M. petite colonne, petit pilier ; en Italien *Colonella* ; de *Colon*.
COLONETA. Voyez *Colonus*.
COLONGIA. Voyez *Colonus*.
COLONIA. Voyez *Colonus*.
COLONICA. Voyez *Colonus*.
COLONUS, COLO, A. G. cultivateur ; de *Coledd*. De *Colo*, *Colonus*, sont venus *Colonia*, *Colongia*, *Colonica*, *Calonica*, *Colonicum*, *Colonitia*, *Colonantia* ; *Colonatus*, *Coloneta*, qui dans les anciens monumens signifient l'habitation du cultivateur ou colon, avec la quantité de terre qu'il cultivoit. On a appellé cette habitation du cultivateur en vieux François *Coulonge*, *Coulange*, *Colone*, d'où plusieurs lieux ont pris leurs noms. De *Colo*, venu de *Coledd*, cultiver, s'est formé *Colonia* chez les Latins, qui désignoit une troupe de citoyens, que l'on envoyoit pour habiter & cultiver une contrée.
COLOPHIA, A. G. (lisez *Colyphia*) est le même que *Colifarius*.
COLOPHON, COLOPHONIA, A. M. faîte, sommet ; de *Col* & de *Phen*, en composition pour *Pen*. C'est un pléonasme.
COLOPHUS, A. G. article ; de *Col*, union, jointure.
COLOREA, couleur. Ba. De là *Color* en Latin, *Couleur* en François. Voyez *Coluro*.

COLOREN, pomme de terre. B. Voyez *Clor*, *Cylor*.
COLOVENN, ruche. B.
COLP, pieu. G. Il signifie aussi pointu. Voyez *Yfgolp*.
COLPA, couper. B. De là ce mot. *Copeau*, *Copet*, couteau de boucher ; *Copulaud* en vieux François, coupette ; *Kopadion* en Grec ; *Copadium* en Latin, viande hâchée ; *Kopto* en Grec, couper ; *Copis*, espèce d'épée en ancien Persan ; *Koppna*, fendre ; *Kappua*, piquer ; *Kippua*, couper en Groenlandois ; *Caften* en Persan, fendre ; *Coppon de Lance* en vieux François, tronçon de lance.
COLPACH, bouvillon, génisse. I.
COLPEA, colonne. G. Voyez *Coloma*.
COLPEA, coup. Ba. De là ce mot. *Colpe* Espagnol ; *Colpo* Italien ; *Colp* en Anglois. Voyez *Colvaz*.
COLPINDACH, génisse qui ne porte pas encore. E. Voyez *Colpach*.
COLPO, A. M. morceau, piéce ; de *Colpa*.
COLPUS, A. M. coup ; de *Colpea*.
COLSCOUDE, COSCOUDE, néanmoins, pourtant, cependant, après tout, mais enfin. B. Cet adverbe, dit Dom le Pelletier, est composé de *Couls* & de *Goude*, & cela veut dire tant *après*, comme nos anciens disent tant y a, pour cependant, après tout.
COLTIS, A. M. le même que *Cortis*.
COLV, jambage. I.
COLVAN, moineau. B. Je crois ce mot formé de *Van* pour *Man*, se placer ; & de *Col*, qui aura signifié toit : les moineaux se placent sur le toit des maisons. *Col* signifie cacher, couvrir, faîte, toutes significations fort analogues à celle de couverture, toit. Voyez *Gol*, *Golven*.
COLVAZ, battoir pour laver. B. Voyez *Colpea*, *Coltea*.
COLUDD, COLUDDION, entrailles. G. *Choladon* en Grec.
COLUDDLLYS ; pouliot herbe. G. A la lettre, herbe des boyaux.
COLUDDYN, intestin, boyau ; plurier, *Coludd*. G.
COLVEN. Voyez *Golven*.
COLVENN, ruche. B.
COLVEZ, perte. B Voyez *Coll*.
COLUM, pigeon. I. Voyez *Colom*, *Columba*.
COLUM, A. G. faîte d'un Temple ; de *Col*.
COLUM, A. M. massue. Voyez *Colvaz*, *Coil*.
COLUM, COLA, COLATORIUM, COLTORIUM, A. M. couloir. Voyez *Cola*.
COLUMBA, colombe. Ba. Voyez *Colum*.
COLUMBEIN, ancolie. G.
COLUMBUNION, pigeon, colombe. I. Voyez *Colom*.
COLUN, le même que *Colyn* ; l'*y* se prononce en *n*.
COLUR, pigeon, colombe. I.
COLURBUNION, pigeon, colombe. I.
COLURINEN, coulevrée plante. B.
COLURNUS, A. G. de coudrier ; de *Coll*.
COLURO, colorer, chercher un prétexte. G. Voyez *Colorea*.
COLUS, A. G. couleur. Voyez *Coluro*.
COLWYN, petit chien ; au plurier, *Colwynion*, *Colwynod*. G. On voit par l'article suivant que *Colwyn* a signifié enfant, & très-vraisemblablement tout petit d'animal, puisque c'est le même que *Colem*.
COLWYNO, accoucher les femmes. G.
COLWYNWRAIG, accoucheuse, sage-femme. G.
COLYA, s'embourber. B.

COL.

COLYER, carcan, collier. B.

COLYN, pointe, aiguillon, sommet; *Colyn Dor*, le gond de la porte. G. Voyez *Col. Kulle*, *Kielle*, sommet en Turc.

COLYNNOG, couvert de pointes, de piquans, hérissé. G.

COLYPHIA. Voyez *Colophia*.

COM, selon Festus, particule qui dans le Celtique marque la société : C'est le même mot que *Cwm*. *Com*, *Con*, est une particule conjonctive en Hébreu, en Samaritain, en Syriaque, en Arabe, en Chaldéen, en Grec, en Latin, en Theuton, en Gallois, en Breton, en Basque, en François, en Espagnol, en Italien. *Cium* en Persan, avec *Koina*, s'unir en Lappon & en Finlandois ; *Kosmak* en Turc, joindre ; *Con* en Tonquinois, conjonction ; *Comasg*, mélange en Irlandois ; *Com*, *Con*, ensemble en Irlandois ; *Son Con* en Tonquinois, rivière qui se joint à une autre ; *Sau*, rivière ; *Conda*, Village de Nigritie, à la jonction du Joto & du Sénégal ; *Hum* en Chinois, eau qui se joint à une autre ; (l'*h* & le *c* se mettent l'un pour l'autre) *Kan* en Chinois, union, conjonction ; *Kand* en Persan ; *Gam* en Arabe, confluent, jonction de rivières. Voyez *Cand*, *Condadiseon*, *Gand*.

COM, domicile, Ville. G. *Chom*, demeure, habitation en Breton ; *Coma* en Égyptien, Village ; *Kum* en Arabe, demeurer, habitation ; *Kom* en Hébreu, demeurer, & *Makom*, *Kou*, habitation. *Komos* en Éthiopien, Village ; *Coné*, maison en Persan ; *Con*, lieu, habitation en Persan ; *Chon*, lieu, demeure en Tonquinois ; *Cum*, *Quon*, palais en Chinois ; *Chung* ou *Chum*, habitation en Chinois ; *Kuni*, habitation en Japonois ; *Sumi*, demeurer en Japonois, & *Sunijo*, habitation ; *Komma* en Hottentot, maison ; *Konac*, logis en Turc & en Esclavon ; *Komis*, Ville, Village en Cophte ; *Comnode* en Irlandois, demeure, habitation ; (c'est un pléonasme, *Com Nawd*) *Komak* en Turc, placer, & *Konak*, habitation, demeure, logement, logis, hospice ; *Konda*, Ville en Mandingo ; *Komora*, chambre en Stirien & en Carniolois ; *Contado* en Italien, Village ; *Komora* en Bohémien, en Lusatien, en Dalmatien, chambre ; *Kamora* ; chambre en Hongrois ; *Kamra*, chambre en Carniolois ; *Camara* en Espagnol ; *Camera* en Latin ; *Chambre* en François, chambre ; *Kome*, Village en Grec. Voyez *Chem*, *Combout*.

COM, beau, cher. I. Voyez *Chuem*, *Compés*.

COM, auge. B. Il paroit par ce mot & par *Cwmm*, *Comb*, vallée, que *Com* a signifié creux. *Kom* en Arabe, profondeur ; *Kometz* en Chaldéen, fosse.

COM, ensemble. Voyez *Combuaireadh*.

COM, superflu. Voyez *Combona*, *Commarca*.

COM, le même que *Cam*, *Cem*, *Cim*, *Cum*, *Cym*. Voyez *Bal*.

COM, le même que *Gom*, *Som*, *Om*. Voyez *Aru*.

COM, le même que *Comh* : l'*h* n'est qu'une aspiration.

COM, le même que *Camm*. Voyez *Cammedd*. *Com* en Tonquinois, bosse.

COM, le même que *Con*. Voyez *Dom*, *Don*.

COMA. Voyez *Cuma*.

COMADH, grandeur, taille. I.

COMAIRCIM, défendre. I.

COMAISGTHE, qui est mêlé. I.

COMAITHLE, aussi-bien, autant. I. De là notre mot comme.

COM.

COMANG, étroit, serré. I.

COMAOIN, faveur, plaisir, grace, bon office, protection, reconnoissance, gratitude, engagement, attachement, récompense. I.

COMAR, nez. I.

COMARC, part, partie, portion. I.

COMARCA, pays, Province. I.

COMARCA, terre. Ba.

COMARCTEOIR, protecteur. I.

COMARTAM, tuer. I.

COMAS, légume. I.

COMASA, habileté, capacité, pouvoir, vertu, force, influence. I.

COMASACH, efficace adjectif. I.

COMASG, mélange. I.

COMB, terrein plus bas, vallon, vallée. G. *Cumbu* en Basque & en Gascon, terrein en pente qui se termine en vallée. *Comb* en Langue de Cornouaille, situation basse ou vallée ; *Son*, descendre en Tartare du Thibet ; *Combe* en Patois du pays Romand, vallée peu rapide, penchant de montagne ; *Combe*, vallée en vieux François ; *Comba*, vallée dans les chartes du Lyonnois, du Limosin, de Bourgogne, de Savoye, de Languedoc, d'Arragon, de Navarre. *Kumbos* en Grec, enfoncement, lieu enfoncé, lieu creux ; de là *Kumbon* dans Hésychius, petit vase où l'on met du vinaigre ; de là *Kumbe* dans le même Auteur, nacelle, gondole, petite barque, & *Kumbion*, un vase à boire en forme de nacelle. *Comba*, vallon en Dauphinois & en Provençal ; *Combe*, vallée en Languedocien, en Limosin, en Auvergnac, en Patois d'Alsace & en Franc-Comtois ; *Comb*, *Comp* en ancien Saxon, vallée ; *Goma* en Arabe, vallée. Voyez *Comba*, *Combant*, *Com*, *Cumba*, *Cwm*. De *Comb* est venu le verbe Latin *Cumbo*, qui n'est plus usité que dans ses composés *Decumbo*, être à terre ; *Occumbo*, tomber à terre ; *Procumbo*, &c.

COMB, situation basse ou vallée. C.

COMB, le même que *Camb*. Voyez *Bal*. *Comba* en Espagnol, courbure.

COMBA, A. M. lieu en pente. Voyez *Combant*.

COMBANT, lieu en pente qui se termine en vallée, vallon, terrein bas entre deux hauteurs. Ce mot fait au singulier *Combanten*, *Conbanten*, *Coumbanten* ; au plurier, *Coumbantou*, *Conbanchou*, *Coubantennou*. B. Ce mot est un pléonasme composé de *Comb* & *Pant*, en composition *Bant* : l'un & l'autre signifient vallée.

COMBAT, bataille, combat. B. De là ce dernier mot.

COMBATIFF, combattre. B. *Combatte* en Anglois & en Espagnol, combat.

COMBELLI, A. M. diminutif de *Cembri*.

COMBEN, le même que *Quempen*. Voyez ce mot.

COMBENNIRE, A. G. être avec un autre dans un char. Voyez *Combennones*.

COMBENNONES, ceux qui sont dans le même char. Ce mot Gaulois nous a été conservé par Festus. Le P & le B se mettant l'un pour l'autre, on a aussi dit *Compennons*, ensuite *Companons*, *Compagnons*. On a par après étendu ce mot à signifier tous ceux avec lesquels on se trouvoit, dans quelque état que ce fût. De *Compagnon* sont venus compagnie, accompagner. On a dit en vieux François *Compain* pour compagnon. Voyez *Compagnon*. *Combennones* est formé de *Com* avec *Benna*. *Kompaan*, compagnon en Runique.

COMBER,

COM.

COMBER. En comparant les mots *Combri*, *Ancombra*, *Décombres*, *Combra*, *Kimper*, on voit que *Comber* ou *Combre* ont signifié embarras, obstacle, ce qui arrête, clôture, défense, fortification, fort, vaillant. Voyez *Combri*. *Scomer* en Hébreu, garder, défendre, protéger, munir.

COMBIN, le même que *Qempen*. Voyez ce mot.
COMBLESGATUS, A. M. comblé; de *Combli*.
COMBLI, combler. B. *Compol*, comble en Malaye.
COMBLUS, A. M. comble; de *Combli*.
COMBONA, A. M. borne. Voyez *Bonna*, *Com* superflu.
COMBOUT, maison ou pavillon qui consiste en une seule chambre ou cuisine avec un galetas. B.
COMBR, suaire dans lequel on ensevelit les morts. G.
COMBRA, A. M. digue par laquelle on resserre l'eau d'une rivière pour prendre du poisson. Voyez *Combri*.
COMBRE, le même que *Comber*. Voyez ce mot.
COMBRI, A. M. abatis d'arbres dans une forêt pour en fermer les routes, digue, écluse faite avec des arbres coupés. Voyez *Comber*, *Encombrer* en vieux François, fermer le chemin, mettre un obstacle; *Décombrer*, nettoyer le chemin, le rendre praticable, ôter ce qui empêchoit qu'on ne s'en servît; *Encombrement*, obstacle, empêchement. *Scommer* en Hébreux, garder. *Camar* en Hébreu a dû signifier arrêter, empêcher, détenir, puisque *Micomar* signifie filets, rets. *Camer* en Chaldéen, enfermer; *Comir* en Syriaque, homme qui forme des difficultés; *Kummer* en Allemand, décombres, arrêt, saisie, angoisses; *Kumber* en Anglois, embarrasser, incommoder; *Kommerliik* en Flamand, difficilement, mal-aisé, soigneux ¶ de *Kommer*, soin, souci, qui par conséquent a dû aussi signifier difficulté. On voit par là qu'on a dit *Commer* comme *Comber*. Les Italiens disent *Ingombrare*, encombrer; *Sgombrare*, *Disgombrare*, décombrer. *Incumbrare* a aussi signifié dans la basse Latinité hypothéquer, engager. *Descombra* en Languedocien, ôter le dessus d'une carrière pour trouver la bonne pierre. Voyez *Dascompra*, *Ancombr*.

COMBUAIREADH, mutinerie, sédition. I. *Buaireadh*, tumulte; *Com* ensemble.
COMEADACH, réservé, retenu. I.
COMFFORDD, consolation. G.
COMFFORDDIO, consoler, rétablir, restaurer, refaire, remettre en santé. G. De là conforter, reconforter.
COMFFORDDUS, consolable. G.
COMFFORDDWR, consolateur. G.
COMFFREI, grande consoude plante. G.
COMH, tant, si fort particule augmentative. I. Il a par conséquent signifié, haut, élevé.
COMH ARD, si haut. I.
COMH DHAOINEACH, si peuplé. I.
COMH MAITH, si bon. I.
COMH MOR, si grand. I.
COMHACHDAMHAIL, puissant. I.
COMHACHT, puissance, pouvoir. I.
COMHACMACH, circuit. I.
COMHAIDH, garde, gardien, récompense. I.
COMHAILLIM, porter. I.
COMHAILTIM, joindre, unir. I.
COMHAIN, associé. I.
COMHAIR, opposé, contre. I.
COMHAIRBHIM, nombrer, compter. I.

COM. 349

COMHAIRC, cri, clameur, huée. I.
COMHAIRCIM, crier. I.
COMHAIRIOMH, compte, calcul, supputation, compter, nombrer. I.
COMHAIRLE, conseil, avis, avertissement, monition, persuasion, exhortation, sollicitation, suffrage, consentement. I.
COMHAIRLEACH, conseiller, qui conseille. I.
COMHAIRLEACHT, rigidité. I.
COMHAIRLEADH, disputer, contester. I.
COMHAIRLECH, conseiller, qui conseille. I.
COMHAIRLIGHIM, persuader. I.
COMHAL, servante. I.
COMHAL, exécuter, achever, accomplir. I.
COMHAL, courageux. I.
COMHAM, défendre, protéger. I.
COMHANG, étroit. I.
COMHANNAN, semblable. I.
COMHAONTACH, Communauté ou Société. I.
COMHAONTACHD, concorde. I.
COMHAONTAD, qui est d'accord avec quelqu'un, qui vit en union, en concorde avec lui. I.
COMHARD, uni, de niveau. I.
COMHARLE, assemblée, synode. I.
COMHARSAN, voisin. I.
COMHARTA, marque, trace, impression, flétrissure, diffamation. I.
COMHARTHADH, marquer, être une marque de, signifier, dénoter, flétrir, diffamer, décrier. I.
COMHASA, autorité, seigneurie, jurisdiction, puissance, pouvoir, force, procuration. I.
COMBASACH, puissant. I.
COMHBRAOCH, confins, frontières de pays. I.
COMHBRAOCHACH, qui confine, qui est sur les confins. I.
COMHCHARNTA, accumulé. I.
COMHCHEANGAL, confédéré. I.
COMHCHOIGRIG, bornes, limites. I.
COMHCHOISIGE, compagnon. I.
COMACHOSMHUL, égal, pareil. I.
COMHCHRUN, orbiculaire, rond. I.
COMHDACH, défense. I.
COMHDHAIL, COMHDAL, assemblée, concile. I.
COMHDHUTHCHUSACH, compatriote, qui est de même pays. I.
COMHDLUTHA, concile. I.
COMHFASGAIM, embrasser. I.
COMHFHUIL, parenté, consanguinité. I.
COMHFOGAS, parent. I.
COMHFURBACH, qui possède une terre, une campagne avec un autre. I.
COMHGAILL, COMHGAOILL, parent, de la même famille. I.
COMHGAL, parenté, consanguinité. I.
COMHGAR, chemin, route, voie. I.
COMHGHAIR, acclamation, acclamation de joye, bourdonnement. I.
COMHGHAR, ornement, parure. I.
COMHGHAR, instrument. I.
COMHGHAR, près, auprès, commodité. I.
COMHGHARACH, convenable, propre à. I.
COMHGHIOL, état, condition. I.
COMHGUSACH, parent. I.
COMHLA, corne. I.
COMHLACH, simple soldat. I.
COMHLAIM, broyer, briser. I.
COMHLAN, duel, combat. I.
COMHLUADAR, COMHLUADUR, communication, société. I.

TOME I.

Q qqq

COMHLUADRADH, s'entremêler, se mêler. I.
COMHLUAITH, aussitôt que, dès que. I.
COMHNACHEADH, habitation. I.
COMHNASGUM, joindre l'un à l'autre, attacher, unir. I. Voyez Com & Nasg.
COMHNUDE, aise, plaisir, soulagement, repos, séjour. I.
COMHNUPHE, attendre. I.
COMHNUGHE, loger, repos, séjour, retardement, halte, suspension, arrêt. I.
COMHNUICH, habitant, manant, demeurant. I.
COMHNUIGHIM, habiter. I.
COMHOBAIR, coopération. I. Com, avec ; Obair, opération, action.
COMHOGLACH, conserviteur, convassal. I.
COMHPAN, associé, compagnon. I. Voyez Combennones.
COMURA, biere, cercueil. I.
COMHRAC, combat, choc, engagement. I.
COMHRACAIM, combattre, se choquer. I.
COMHRADH, dialogue, entretien, discours. I.
COMHRAIDHIM, parler, parler avec un autre. I.
COMHRANUDE, associé. I.
COMHROID, portion, part. I.
COMHRUC, combat, choc, combattre, se choquer. I.
COMHSRUTH, confluent. I.
COMHTHALHAM, joindre, unir. I.
COMHTROM, contrepoids, égal, pareil, uni, de niveau, quitte. I.
COMHTROMADH, égalité, égaler. I.
COMHUA, cousin. I.
COMHURTHA, coche, entaille, dentelure. I.
COMIATUS, A. M. congé ; en Italien Comiato ; de Congé, le g changé en i, & l'n en m, ce qui est fréquent. Voyez Commeatus.
COMICTIA, A. M. oppression ; de Comma.
COMIO. Voyez Ymgomia.
COMITARE, COMITIARI, A. G. parler avec quelqu'un. Voyez Comixius.
COMIXIUS, A. G. parleurs ; de Comps.
COMLA, porte. I.
COMLAIN, broyer, briser. I.
COMM, drap de laine. Milin Comm, moulin à drap, moulin à foulon. B.
COMMA, battre, fouler le drap. B.
COMMAIM, épouse. I.
COMMANANT, gage, loyer, salaire, récompense. B.
COMMANANTER, habitant de village, tenancier. B.
COMMANCZ, commencer. B. De là ce mot.
COMMANDEIN, ordonner, commander, recommender. B. De là ces deux derniers mots.
COMMANDER, commandeur. B.
COMMANDI, ordonner, commander, recommender. B.
COMMARCA, COMARCHA, COMMARCHIA, A. M. frontières ; de Marcha. On lit Comarque dans la coûtume du pays de Soule. Com superflu.
COMMEATUS, A. M. le même que Comiatus.
COMMENNANT, gage, salaire, loyer, récompense. B.
COMMENDARE, A. M. commander, ordonner, recommender, mettre en dépôt, prêter, donner en commendise, en commende ; Commenda, dépôt, prêt, société en commendite ou commendise ; Commende, manière de posséder un bénéfice ; de Commandi.

COMMENDATARIUS, A. M. celui qui commande, commendataire, garde de prison, géolier. Voyez Commendare.
COMMER, foulon, homme qui foule les draps, drapier. B.
COMMERCATIO, COMMERCIUM, A. M. commerce ; de Commerce.
COMMERCIUM, A. M. le même que Commarca.
COMMERCZ, correspondance, commerce. B. Voyez Merc.
COMMERI, & par abus Commeret, Kemmeret, prendre, recevoir. On a écrit autrefois Compret, Compri, Comperi, Quempri. B. De là Comparo en Latin ; Comparer en vieux François ; Comprare en Italien, acquerir, acheter. Voyez Cymmeryd, Cummeryd.
COMMINATORES, A. G. orfévre ; apparemment de Comma, battre.
COMMINISCENTIA, A. M. salaire, récompense ; de Commenant.
COMMODITE, commodité. B. Voyez Comhgar.
COMMODUM, COMODIUM, A. M. chambre, hospice, logement ; de Com.
COMMOLECQ, obscur, sombre, épais, opaque. B.
COMMOLL, nuage, nuée épaisse & noire, obscurité du ciel. Il signifie aussi obscurité en général. B. Voyez Cwmmwl.
COMMOTUM, COMOTUM dans les Ordonnances du Pays de Galles est la quatrième partie du cantrede : le cantrede contient cent Villages. G. Voyez Conhroid.
COMMOULEC, COMMOULOC, nébuleux, nuageux, obscur, sombre. B.
COMMOULL, le même que Commoll & Commolec. B.
COMMULCARE, A. G. fouler ; de Comma.
COMMUNICARSE, vivre familièrement, vivre en société. Ba. Voyez Com, communitez.
COMMUNITEZ, Communauté. B. Voyez Communicarse.
COMNODE, habitation, demeure. I.
COMNUDE, habiter, demeurer, séjourner, croupir, habitation, demeure. I.
COMODIUM. Voyez Commodum.
COMON, mais. I.
COMORADH, comparer, faire à l'envi, agir par émulation. I.
COMORTAS, émulation. I.
COMOTUM. Voyez Commotum.
COMPAËS, COMPAES, compas. B. Voyez Compas.
COMPAGNIA, A. M. compagnie ; en Italien Compagnia. Voyez Combennones.
COMPAIGNON, COMPAIGNUN, compagnon. B. Comhpan en Irlandois ; Kompan en Allemand ; Compagno en Italien ; Kompan en ancien Saxon ; Compe en Misnien ; Compaignon en vieux François, compagnon. Voyez Combennones.
COMPAIGNONEH, compagnie. B. Compana en Espagnol, compagnie ; & Companero, compagnon. Compainne en vieux François, compagne.
COMPANIES, COMPANIUM, A. M. compagnie. Voyez Combennones & Comhpan.
COMPANNACH, camarade, compagnon. I.
COMPARAGEIN, contrebalancer. B.
COMPARAICH, comparaison. B.
COMPARCUS, A. M. parc ; de Parcq ; Com superflu.
COMPARESON, comparaison. B.
COMPARI, comparoître. B.
COMPAS, compas. I. B. De là ce mot. Il signifie

encore en Irlandois, circuit, circonférence, contour. *Compas* en Espagnol, compas.
COMPASSARE, A. M. compasser, régler avec le compas; de *Compas*.
COMPASSUS, A. M. compas; de *Compas*.
COMPEN, le même que *Qempen*. Voyez ce mot.
COMPENDERE, A. G. travailler d'une manière convenable; de *Compen*.
COMPENSUS, COMPENSUM, A. M. paroit signifier entretien, colloque, assemblée pour parler; de *Comps*.
COMPERI. Voyez *Commeri*.
COMPES, uni, poli, ras. B. *Kompsos* en Grec, élégant, beau, poli, gracieux. Voyez *Com*.
COMPES, germain, germaine, frere ou sœur de pere & de mere; *Breudr Compes*, frere germain. B.
COMPESA, COMPESI, applanir, unir, polir. B.
COMPESENN, plaine. B.
COMPETI, compétent. B.
COMPIN, le même que *Qempen*. Voyez ce mot.
COMPLANTARE, COMPLANTUM, COMPLANCTUM, A. M. terre donnée pour y planter des vignes; de *Planta*.
COMPLIMAND, compliment. B. De là ce mot. Voyez *Comps*.
COMPLOD, complot, arrangement pris ensemble pour quelque chose. B. De là complot. Voyez *Complus*.
COMPLODER, brigueur, factieux, qui fait des complots. B.
COMPLUS, bande, troupe, société, cabale. I.
COMPOD, boussole, petit compas. B. Voyez *Compas*.
COMPOD, bulletin, remarques particulières mises par écrit, calcul. B.
COMPOES, uni, poli, ras. B.
COMPOESA, COMPOESI, applanir, unir, polir. B.
COMPONDU, composer, accommoder, terminer un procès, une querelle. Ba. Voyez *Composi*; de là *Compono* Latin.
COMPONDURA, union, concorde. Ba.
COMPOS, uni, ras, poli. B.
COMPOSI, composer. B. De là ce mot.
COMPOT, COMPUT, calendrier. B. De là le Latin *Compuus*, le François *Comput*.
COMPOTUM, A. M. paroit signifier plaine; de *Compos*.
COMPOTUS, COMPOSTUS, A. M. le même que *Computus*.
COMPRA. Voyez *Daz compra*.
COMPREN, contenir, renfermer, comprendre, concevoir. B. De là *Comprehendere* Latin; *Comprehendere* dans la basse Latinité, acquerir; *Comprendre* François.
COMPRESSARE, A. M. comprimer; de *Pressa*.
COMPRET. Voyez *Commeri*.
COMPREXIA, A. M. espace contenu, renfermé; de *Compren*.
COMPRI. Voyez *Commeri*.
COMPS, discours, parole, parler, discourir, car on le fait passer pour verbe, qui est régulièrement *Compsi* ou *Compsa*, mais peu en usage; le pluriel est *Compsou*, & le diminutif *Compsic*. B. De là conte, conter, raconter en notre Langue; de là compliment; *Comp de Compsf*, parole; *Llymhau*, polir; *Llymand*, polie. (On voit par là que *Llymhau*, de même que polir en notre Langue, se sont pris au figuré ainsi qu'au propre) *Kompsos* en Grec, grand parleur; & *Kompsco*, *Kompseuo*, parler élégamment; *Cam* en Chinois, parler. Voyez *Comuta*, *Condaira*.
COMPSEIN, parler. B.
COMPSOUR, parleur. B.
COMPTABILIS, COMPTATUS, A. M. compté; de *Comptein*.
COMPTARE, COMPTITARE, A. M. orner, parer. Voyez *Com*, *Coent*, *Comta*.
COMPTEIN ou CONTEIN, calculer. B.
COMPUTARE, A. M. raconter; de *Comps*.
COMPUTUS, A. G. dénombrement, fixation de nombre; de *Comptein*; de là aussi *Computo* Latin.
COMPUTUS, COMPOTUS, COMPOSTUS, A. M. comput. Voyez *Compot*.
COMPUTUS, A. M. conte, narration; de *Compts*.
COMRADA, camarade, compagnon. I. Voyez *Camarad*.
COMSANADH, habiter, demeurer, séjourner, croupir. I.
COMSANUDE, habitant. I.
COMTA, beau. I. Voyez *Coent*.
COMULT, racler, froter, grater. I.
COMUNDANZA, union, accord. Ba. Voyez *Com*, *Communicarse*.
COMUS, synonime de *Combasa*. I.
COMUSACH, capital, principal. I.
COMUTA, COMUTATU, j'avertis. *Comutatzea*, *Comutea*, mémoire, souvenir. Ba. Voyez *Comps*.
COMZEIN, parler. B.
CON, montagne, hauteur, élévation, élevé, excellent, premier, principal. G. Ce mot par conséquent marque le superlatif, le plus haut dégré, le faîte, le sommet. *Lucon*, grand en Basque; *Cuma* en Méxicain, Seigneur; *Cunatanda*, dessus, au-dessus en Langue de Congo; *Cum* en Chinois, Seigneur; *Kum* en Chinois, Grand; *Quum*, magnifique; *Quon*, mandarin; *Kiun*, Prince, préposé; *Cum*, célébrer, glorifier; *Cun*, commencement, principe, prendre racine, honorer; *Xun* ou *Cun*, addition en Chinois. *Con* en Tonquinois, colline, & *Cuon*, Préfet, préposé, Roi, homme en dignité. *Kon* en Tartare, hauteur escarpée; *Cohen* en Hébreu, Prêtre, Prince; en Chaldéen, Prêtre; en Syriaque, homme qui possède de grandes richesses, qui est dans l'abondance; *Cohen* en Éthiopien & en Arabe, Prêtre. *Kom* en Arabe, excellent, Seigneur, Prince; *Cuni*, grand en Persan; *Coumiyal*, montagne en Tamoulique; *Conda*, montagne en Talenga; *Con*, Dieu en Tartare du Thibet; *Kung*, tête en Mandingo; *Cunantanda*, *Munantada*, au-dessus, dessus en Langue de Congo. *Quenney*, arrogant, superbe, haut en Brésilien; *Gouno* en Javanois & à Malaca, montagne; *Cumao* en Tartare Mogol, montagne; *Chonos* en Grec, tertre, élévation. *Kong* en Danois; *Konig* en Allemand; *Konink* en ancien Saxon & en Flamand; *King* en Anglois, Roi; *Kons*, montagne en ancien Suédois; *Kongur*, Roi en Runique; *Connagas*, *Cuningas*, *Keung*, *Coing*, Roi en Finlandois, & *Condan*, dignité; *Conung*, Roi en Suédois. *Con* s'étoit conservé dans le vieux mot François *Paragon* ou *Parangon*, qui signifioit celui qui étoit au-dessus de ses pairs, le modèle des autres; *Par*, pair, égal; *Con*, en composition *Gon*, au-dessus, supérieur: Les Italiens disent *Paragone*, *Parangone*. *Con* s'est aussi pris au figuré. Voyez *Coned*, *Coniach*. Voyez *Can*, *Cen*.
CON, particule négative. I.

CON, opinion, dessein. I. *Conn* en Anglois, apprendre par mémoire.
CON, beau, cher. I.
CON, union, jonction; *Con Abhan*, jonction de rivières, confluent. I. Voyez *Com*. *Aconomé*. avec en Galibi; *Cun*, article, jointure du doigt, parent en Chinois; *Kount* en Arménien, troupe, tas; *Con* en Tonquinois, tas. De *Con*, union, jonction, sont venus les vieux mots François *Acointer*, être ami de quelqu'un, être souvent avec lui; *Acointance*, *Desacointer*.
CON, lapin; *Mirer An Con*, celui qui garde les lapins. B. De *Con*, lapin, on a dit en vieux François *Conard* pour sot, & *Conardie* pour sotise: le lapin est un animal fort simple. Voyez *Coniflo*.
CON, le même que *Chom*. B.
CON, le même que *Cam*. Voyez ce mot.
CON, rocher. Voyez *Ayannus* & *Conk*. *Kommoi*, pierre en Venéde, & *Oskiona*, mur.
CON, long, grand. Voyez *Cigoign* & le premier *Con*.
CON, vallée. Voyez *Cum*.
CON pour *Coant*. Voyez *Conptus* & *Com*. *Cuunda*, agréable en Langue de Congo. *Conche* en vieux François, ajustement; *en bonne Conche*, bien ajusté, bien équipé, bien paré; *mal en Conche*, mal ajusté, mal en ordre. *Concio* en Italien, accommodé.
CON, le même que *Can*, *Cen*, *Cin*, *Cun*, *Cwn*, *Cyn*. Voyez *Bal*. *Contji*, clos en Malaye; *Konoba*, cellier en Esclavon, & *Kondjer*, pot à vin. *Con* en Tonquinois, abondance; *Contia* en Espagnol, biens, moyens, somme d'argent; *Gund* en Theuton & en Vandale, combat, guerre; *Gunder*, *Gunther*, belliqueux.
CON, le même que *Gon*, *On*, *Son*. Voyez *Aru*. *Atconge*, bon en Irlandois.
CONA, A. M. caque; de *Con*.
CONA, A. G. gerbe; de *Con*, union, jonction, liaison.
CONA, A. G. pommes sauvages: c'est le même que *Corna*.
CONABLACH, cadavre. I. C.
CONABUS, A. G. bassin ou phiole d'airain; de *Con*.
CONACH, heureux, riche, bonheur. I.
CONACH; mortalité. I.
CONACH, non. I.
CONADACH, heureux, riche. I.
CONADH, bois, substance des arbres. I.
CONAIR, voie, chemin, ruë. I.
CONAIRDE, près. I.
CONARTHAD, contrat, convention, accord. I.
CONAS, cadavre. I. *Cun*, homme en Tartare Calmoucq.
CONATA, beau-frere, frere du mari. Ba.
CONBHAIGHIM, arrêter. I.
CONC ou CONK, le même que *Con*. Voyez *Aru*.
CONCA, peson. Ba.
CONCADA. Voyez *Concha*.
CONCAGATUS, A. M. foireux, breneux; de *Cach* ou *Cag*; *Con* superflu. On a dit en vieux François *Conchié*, *Cunchié*, *Cunciié* au même sens. On s'est encore servi de ce mot pour signifier sale, souillé en général. *Conchié de Sang*, pour souillé de sang. Voyez *Concheza*.
CONCEA, se marier. Ba.
CONCESS, imaginer, concevoir dans l'un & l'autre sens. B.
CONCELI, couteau. B.

CONCEO, synonime de *Concess*. B.
CONCERGIUS, A. M. garde d'une maison royale, d'un château, d'une forêt. Voyez *Confergius*. De là concierge.
CONCEV, synonime de *Concess*. B.
CONCEVUS, qui conçoit. B.
CONCH. Voyez *Asconch*.
CONCHA, CONQUA, A. M. conque, vase creux; de *Conk*.
CONCHA, A. M. espèce de vaisseau ou navire fait en forme de conque. Voyez l'article précédent.
CONCHA, A. M. espèce de mesure à bled. *Concada terra*, piéce de terre qu'on semoit avec cette mesure; de *Conk*.
CONCHA, A. M. la partie supérieure de l'Eglise faite en forme de *Conque* ou de coquille, sépulcre en forme de *Conque* ou de coquille. De *Conk*.
CONCHA, A. M. paroit être le synonime de *Comba*. L'analogie est grande entre un vase creux & une vallée; d'ailleurs *Con* ou *Conc* signifie vallée.
CONCHEN, conte, fable, historiette. B. Voyez *Comps*, *Cont*.
CONCHENNER, conteur. B.
CONCHEZA, fouiller, salir, gâter, corrompre, fripper. B. Voyez *Concagatus*. De là *Conchie* en vieux François, souillé, sali.
CONCICLA dans Apicius, gousse de la fève; *Concicula* dans Marcellus Empiricus, *Conchin* dans Martial. De *Con*, *Cic*, petite.
CONCIDA, A. M. clôture, enclos; de *Conc*.
CONCIENIA, A. G. amas de pluye, comme qui diroit ce qui contient l'eau; de *Conc Ien*, eau.
CONCLAN, comparaison. I.
CONCLAVE, A. G. habitation fermée. *Con*, habitation, *Clau* ou *Cle*, fermé.
CONCOEZ, gourme. B.
CONCOMBRESEN, concombre. B.
CONCORRA, croupion. Ba.
CONCULA, A. M. diminutif de *Concha*, mesure.
CONCULMA, A. G. bête dont le sang sert à teindre en pourpre; de *Conc*, coquille: cette bête est renfermée dans une coquille.
CONCUS, A. M. vase; de *Conc*.
CONCUS, A. M. coin; de *Cogn*, *Conc*.
COND, hauteur, élévation, tête, principal, bord. G. Voyez *Con* qui est le même, car dans le Celtique le *d* ou le *t* s'ajoûte indifféremment à la fin.
COND. Voyez *Cand*, embouchure, & *Gand* qui sont le même mot que *Cond*. *Suntu*, tas, monceau en Persan; *Sund* en Runique, détroit, endroit qui semble unir deux mers. De *Cond* est venu *Gond* dans notre Langue.
COND, le même que *Cand*, *Cend*, *Cind*, *Cund*. Voyez *Bal*.
COND, le même que *Gond*, *Ond*, *Sond*. Voyez *Aru*.
CONDADISCON ou CONDATISCON. L'Auteur de la vie de Saint Romain dit que les Gaulois avoient ainsi appellé l'endroit où est aujourd'hui placée la Ville de Saint Claude, à cause que deux rivières s'y joignent. *Cond* ou *Condad*, *Condat* par épenthése, est le même que *Cand* confluent. *Con* ou *Tscon*, signifie rocher. Saint Claude est situé auprès & sur un grand rocher, au pied duquel deux rivières s'unissent.
CONDAIRA, histoire, narration. Ba. Voyez *Comps*. *Contar* en Espagnol, conter, raconter.

CONDAMINA.

CONDAMINA, CONDOMINA, CONTAMINA, A. M. champ qui contenoit un espace de cent pieds, ou perches, ou arpens. Conda, le même que Canda, (Voyez Bal.) multiplier par cent; Mine, morceau, piéce. Voyez Candetum.

CONDARRA, restes, lie, feces, ordures. Ba. Voyez Sont.

CONDAUNI, condamner. B. Voyez Condemnio.

CONDEA, compagnon, Comte; Condesa, compagne, Comtesse. Ba. Voyez Com, Con.

CONDEMNIO, condamner. G. Voyez Condauni.

CONDI, A. G. verre, tasse; de Canda, Conda. Voyez Bal.

CONDICION, condition, état. B.

CONDIS, A. M. paroît être le même que Condit. Voyez Condita.

CONDITA, A. M. certain espace de terre, apparemment de cent arpens ou de cent perches; c'est le même que Candetum. Voyez Bal.

CONDIUM, A. M. espèce de mesure de liqueur; de Canda, Conda.

CONDOA, reste, lie, feces, ordures. Ba. Voyez Sont.

CONDOA, longues perches, planche. Ba.

CONDOLENN, gondole. B.

CONDOMA, CONDUMA, A. G. maison avec sa cour & les autres choses nécessaires. Dom, Dum; de Demi, habitation, maison; Con, ce qui est joint, ce qui est attaché.

CONDOMINA. Voyez Condamina.

CONDONARI, A. M. s'étendre. Con, Don pléonasme, ou Con superflu.

CONDONES, A. G. gladiateurs; de Contell ou Condell, coutelas, épée, par syncope Cond.

CONDT, Comte. B. Voyez Condea.

CONDUI, conduire, administrer. B. De là Conduco Latin, Conduire François.

CONDUM, A. G. conseil; de Condui.

CONDUMA Voyez Condoma.

CONDUMA ou CUMMA, A. G. maison élevée. Con, élevée, Dum, maison. (voyez Condoma) Cumma est la crase de Conduma.

CONDUOUR, conducteur, guide. B.

CONDURARIUS, A. M. couturier; de Gwnio, Cunio, Conio, coudre.

CONDUS, A. G. verre à boire, tasse, vase à boire; de Canda.

CONE, coin. I.

CONECTA, A. M. chasse de reliques; de Con.

CONED, orgueil. G. On voit par Con, qu'il a aussi signifié hauteur, élevation au propre.

CONELL, queuë: c'est le féminin de Conyn. G. Un substantif avoir un féminin, cela est digne de remarque. Voyez Cont.

CONELLUM, A. M. tonneau; de Con.

CONFESSARE, A. M. avouer, confesser, déclarer ses péchés. Voyez Cofecz.

CONFFORDDIAD, action de rétablir, de restaurer, de refaire, de remettre en santé. G. Voyez Confordd.

CONFFORDDIO, rendre heureux. G.

CONFIANZA, confiance. Ba.

CONFICCATUS, A. M. percé, transpercé; de Pico ou Phico; Con superflu.

CONFINUS, A. M. pour Cophinus. Voyez Cofinus.

CONFISER, confisseur. B.

CONFITA, confire. B.

CONFITER, confisseur. B.

TOME I.

CONFITUR, confitures. B.

CONFITURA, A. M. confitures. Voyez Confitur.

CONFIZA, confire. B.

CONFLUTA, confluent. Ba. Voyez Flu.

CONFONTI, abysmer. B.

CONFORDD, soulagement, aide, consolation. B. Voyez Confforddiad.

CONFORT, le même que Confordd. B. De là Confort en François.

CONFORTANCZ, le même que Confordd. B.

CONFORTARE, A. M. fortifier, affermir; de Confort.

CONFORTI, conforter. B.

CONFORZ, le même que Confordd. B.

CONFRA, A. M. repas commun; de Con, ensemble. Bara en composition Fara, par crase Fra, nourriture.

CONFRAGES, CONFRAGMENTUM, A. G. ensemble ridé, scabreux. De Con, ensemble, Brag, en composition Frag, brisé, rompu, inégal; ou de Brac, pointe, pointu.

CONG, le même que Conc, Cons, Con. Voyez Aru.

CONGAD, incommodité, embarras. I.

CONGANTOIR, qui aide, assistant. I.

CONGBHAIL, maison, métairie, habitation. I.

CONGEARE, A. M. congédier; de Congez.

CONGEARIUM, A. M. congé; de Congez.

CONGEDIA, CONGEDIUM, A. M. congé. Congediare, congédier; de Congez.

CONGELLUS, A. M. qui demeure dans la même chambre; de Con, ensemble, Gell ou Gell, chambre, habitation.

CONGEZ, congé. B. Voyez Congita.

CONGHBAIL, retenir, contenir, détenir, tenir, garder, observer. I.

CONGHBALACH, frugal, épargnant, ménager. I.

CONGITA, congé, permission. Ba. Voyez Congez.

CONGL, angle. G. Gonia en Grec.

CONGLEA, A. M. le même que Cochlea.

CONGLFAEN, pierre angulaire. G. Faen en composition pour Maen.

CONGNADH, concourir, avancer, travailler à finir une chose. I.

CONGNAIM, aider, assister. I.

CONGNAM, aide, assistance, secours, soulagement, adoucissement, avancement d'une chose. I.

CONGNAMH, profiter. I.

CONGOUL, cucule. B.

CONGREN, congre poisson. G. Voyez Congrioa.

CONGRIOA, congre poisson. Ba. Voyez Congren.

CONGVAIL, maison. I. C'est le même que Congbhail.

CONGUGADH, embarrasser, incommoder. I.

CONHOC. Voyez Conk.

CONI, le même que Goni. Voyez Aru.

CONI. Voyez Coniach.

CONI. A. G. les petits presens que l'on fait aux enfans, du bonbon. De Con, bon. Voyez Mama.

CONIA, A. G. le même que Cona, Corna, pommes sauvages.

CONIACH, un peu orgueilleux. G. Ach diminutif. Voyez Coned.

CONIADA, A. M. espèce de gâteau ou de pain fait avec du lait & des œufs. De Cwygn. On appelle Quigneux en Franche-Comté les pains pétris au lait & aux œufs que les parreins & marreines donnent à leurs filleuls ou filleules le jour de Noël. Depuis quelques années on a altéré cet usage à Besançon où les Quigneux ne font plus qu'un gros pain pétri à l'ordinaire. En Picardie on appelle *Cuignets*, & dans la Flandre Françoife *Queniaux* les pains pétris au lait & aux œufs que l'on donne aux enfans le jour de Noël.

CONIANT, le même que *Goniant*. Voyez *Aru*.

CONICL, lapin. B. *Connine*, lapin en Irlandois; *Cunning* ou *Coning*, lapins en Gallois; *Conil* ou *Conin*, lapin en vieux François; *Queni*, lapin en Patois de Franche-Comté; *Connys* en ancien Saxon, lapin; *Kouneli* en Grec vulgaire; *Cuniculus* en Latin; *Coniglio* en Italien; *Conejo* en Efpagnol; *Kuniglin* en Allemand; *Kunlein* en Suiffe; *Conyn* en Flamand; *Connii* ou *Cony* en Anglois; *Kunacz* en Dalmatien; *Kouniclos* en Grec, lapin. Voyez *Con*, *Conninc*.

CONIFFL, lapin. B. Voyez *Conicl*.

CONIFFLO, A. G. ftupide, fol; de *Coniffl*: le lapin eft un animal fort fimple.

CONIG, cinq. I.

CONILLOS, A. M. garenne; de *Conicl*, *Conil*, lapin.

CONINAE PELLES, A. M. peaux de lapins; de *Con*, *Conninc*.

CONIVUM, A. G. calice, vafe à boire; de *Con*.

CONK en ancien Breton, conque, grande coquille, baffin, vafe; *Conche* en Grec; *Concha* en Latin, en Italien & en Efpagnol; *Conche* en vieux François, conque.

CONK, CONVOC, CONHOC, piquer avec le marteau une pierre dure afin de lui donner la forme requife, pierre de moulin. B.

CONKA, A. M. partie d'une rivière, ainfi nommée parce que fon circuit ou contour repréfente une conque ou coquille; de *Conk*.

CONLACH, paille. I.

CONLAN, fon. I.

CONLANC, affemblée, concile. I.

CONNADH, forêt. I.

CONNAG, cadavre. C.

CONNAIGHILIC, prudent. I.

CONNAIRCIM, voir, regarder. I.

CONNAR, rage, faim enragée. B. Il fe prend auffi au figuré, ainfi qu'on le voit par *Connaret*, *Connari*.

CONNARET, implacable. B.

CONNARI, enrager, s'acharner. B.

CONNAUGT, le même que *Conach*. I.

CONNINC, lapin. I.

CONNSBOIDE, querelle, difpute, combat. I.

CONNSPOID, fynonime de *Conniboide*. I.

CONNTUIRISVE, Ville Royale, Ville du Roi. I.

CONNTUS, lifte, rolle. I. Voyez *Cont*.

CONODHAR, poule. I.

CONOI, le même que *Cnoi*. Voyez *Mangnell*.

CONPTUS, A. M. perfectionné, mis dans le point de perfection où il doit être; de *Coans*, *Coent*, *Comta*.

CONQEURI, conquérir. B.

CONQUA, CONQUADA, A. M. les mêmes que *Contha*, efpèce de vaiffeau, efpèce de mefure.

CONQUADRARE, A. M. combattre, s'oppofer, contrequarrer; de *Con*, *Cad* ou *Quad*.

CONQUEREMENTUM, A. M. acquifition, bien acquis; de *Conqueri*.

CONQUESTA, CONQUESTIO, A. M. conquête. Voyez *Conqueri*.

CONQUESTARE, A. M. conquérir. Voyez *Conqueri*.

CONRADH, contrat, convention, accord, marché, prix fait. I. De là *Contraho*, *Contractus* Latins, *Contrat* François. Voyez *Contrad*.

CONREATORES, A.M. courroyeurs ou conroyeurs, en vieux François *Couratiers*, *Conreeurs*; de *Courreza*.

CONREDIUM, CORREDIUM, CORREDA, CORREDUM, CORRODIUM, CONRAGIUM, CONREGIUM, CONREIUM, CORREIUM, COUREIUM, CORROGIUM, A. M. toutes fortes d'alimens, tout ce qu'on prépare pour la nourriture, feftin ordonné, prébende réglée. On difoit en vieux François *Coreede* pour feftin, repas préparé: & *Conreer*, *Conraer* fimplement; ou *Conreer*, *Conraer* le manger pour préparer un repas. On appelloit dans les Monaftéres *Conrafier* le Religieux qui étoit chargé de fournir des alimens à tous ceux de la maifon: fon Office fe nommoit *Corraferie*; de *Courreza* qui fignifie préparer; de là *Conroy*, *Coroy*, *Corée*, qui en vieux François fignifient toute forte de préparatifs, d'appareils, d'ordres, d'arrangemens. *Conroy*, *Conroit* en vieux François fignifie fuite, train, troupe, foin, projet, deffein, principal; & *Conreer*, *Conroyer*, foigner, avoir foin, arranger régler. J'ajoûte que *Courreza* ou *Conreza* eft formé de *Reiz*, qui fignifio ordre, appareil, arrangement. Voyez *Courreiz*, *Conreix*.

CONREIX, A. M. troupe, ainfi nommée de l'ordre qu'elle garde dans fes marches, fes campemens & fes batailles. Voyez *Conredium*.

CONRESATOR, A. M. le même que *Conreator*.

CONSAILH, affemblée, confeil. B. De là *Confilium* Latin, *Confeil* François. Voyez *Cunfli*, *Confeja*.

CONSBOIDH, captieux. I.

CONSEJA, confeil; *Confejatu*, confeiller, donner confeil. Ba. Voyez *Confailh*.

CONSERGIUS, A. M. concierge d'un château, garde de forêt. Voyez *Confervi*.

CONSERVER, confervateur. B.

CONSERVI, conferver. B.

CONSERVOUR, confervateur. B.

CONSIDERI, confidérer. B.

CONSIGNARE, A. M. configner, livrer, accorder; de *Confina*.

CONSILIARE, A. M. donner confeil; *Confiliari*, confulter, demander confeil; de *Confailh*.

CONSINA, configner. B.

CONSISTERIUM, A. G. haut rocher; *Con*, rocher.

CONSOLER, confolateur. B. Voyez *Confoli*.

CONSOLI, confoler. B. Voyez *Confueloa*.

CONSOMI, confumer. B.

CONSORCIA, CONSORTIA, A. M. fociété; de *Confort*.

CONSORD, fynonime de *Confort*. B.

CONSORT, affocié, confort, ajoint, aide, correfpondant. B. De là *Confors* Latin, *Confort* François.

CONSORTIARE, A. M. admettre en fociété, affocier; de *Confort*.

CONSOUACH, la pointe de bois qui entre dans le foc de la charruë, & le tient ferme. B. De *Con Souch*.

CONSTA, A.M. ruiffeau; de *Staer*, rivière; *Cyn* ou *Con*, diminutif.

CONSTAMENTUM, A.M. boutique, comptoir; de *Con*.

CONSTORIA, A. M. le même que *Cuftus*, *Confiangia*; de *Couft*.

CONSTUMA, COSTUMA, COUSTUMA, CUSTUMÆ, A. M. coûtume ; de *Cuſtum.*
CONSUEGRA, le pere du mari & le pere de la femme. Ba.
CONSUELDA, confoude plante. Ba.
CONSUELOA, confolation. Ba. Voyez *Confoli.*
CONSUMI, confumer. B. Il paroit par le mot ſuivant qu'il a auſſi ſignifié conſommer.
CONSUMEN, Confirmation Sacrement. B.
CONSURIAD, exorciſme, conjuration. G.
CONSURIO, conjurer. G.
CONT, tête, bord, extrémité. G. C'eſt le même que Cond & Con. Voyez *Cont* plus bas.
CONT, compte, dénombrement. B. Voyez *Connus*, *Contajatoſta.*
CONT, extrémité. Ba.
CONT, le même que *Gand.* Voyez ce mot.
CONT, le même que *Cant, Cent, Cint, Cunt.* Voyez *Bal.*
CONT, le même que *Gont, Ont, Sont.* Voyez *Aru.*
CONT, craſe de *Coent* ou *Coant* ; de là le ſurnom de conte ou comte ſi communs.
CONTA, compter. B. *Contador* en Eſpagnol, homme qui compte, & *Contar*, compter. *Conto*, compte en Italien ; *Count*, compter en Anglois.
CONTA, A. M. eſpèce de vaiſſeau. Voyez *Condus*, *Cand.*
CONTABAIRTH, doute, hazard. I.
CONTABARTEAC, aventure, riſque, hazard, douteux. I.
CONTADENN, compte. B. Voyez *Cont*, *Conta.*
CONTAE, Comté. I.
CONTAJAUSTEA, énumération, induction. Ba. Voyez *Conta.*
CONTALAGIUM, A. M. le même que *Cotalata.*
CONTAM, venin, poiſon, petite galle qui vient ſur le bord des levres ; amorce, ſelon le Pere de Roſtrenen. Un homme habile en Breton prétend que ce mot ne ſignifie que morſure, & particulièrement celle du loup, qui emporte le morceau ; & parce que les Payſans s'intéreſſent plus à celle du loup, qui eſt maligne & dangereuſe, ils donnent ce nom à la morſure d'un chien enragé, ou en danger de l'être par la morſure d'un autre qui l'eſt. Et véritablement quand les Payſans Bretons entendent dire qu'un chien eſt mordu par une bête ſoupçonnée de ce mal, ils demandent *Si Contamet Ew*, ſi la piéce eſt emportée ; c'eſt ce que nous diſons entamé. B. Voyez *Tam* & *Ankelber.*
CONTAMI, envenimer, empoiſonner. B. De là *Contamino* Latin.
CONTAMINA, CONTAMINIA, les mêmes que *Condamina.*
CONTANACZ, façon, cérémonie, contenance. B.
CONTANANCER, révérencieux. B.
CONTANANCZ, façon, cérémonie, contenance. B. De là ce dernier mot. Voyez *Contonos.*
CONTANTI, contenter. B.
CONTANTUS, A. M. compté ; de *Cont.*
CONTAQUID, à compte, computation. Ba. Voyez *Conta.*
CONTAR, doute, hazard. I.
CONTEEN, fiction, conte. B. De là ce mot.
CONTEGUYPEA, hypothéſe. Ba.
CONTELL, couteau ; *Contell-Laz* ; au ſingulier *Contell-Lazen*, couteau à tuer. (C'eſt notre coutelas) B.
CONTEMPLI, contempler. B.
CONTENT, content. B.

CONTENTARE, A. M. contenter. Voyez *Content.*
CONTENTI, contenter. B.
CONTENTUS, A. M. le même que *Contantus.*
CONTERA, l'extrémité du fourreau, l'extrémité de la gaîne. Ba. Voyez *Cont.*
CONTERANSIA, ſurnumeraire. Ba. Voyez *Conta.*
CONTEST, conteſtation. B. De là ce mot.
CONTESTARE, A. M. conteſter ; de *Conteſt.*
CONTESTUS, A. M. conteſtation, débat ; en vieux François *Conteſt* ; de *Conteſt.*
CONTI, conter, réciter. B.
CONTILLY, couteaux. B. C'eſt le pluriel de *Contell.*
CONTINUI, continuer. B.
CONTIQUA dans un ancien gloſſaire, amas d'eau. Un autre gloſſaire ajoûte, comme qui diroit ce qui contient les eaux ; *Con, Cont,* contenir ; *Iſc*, eau.
CONTIUS, A. G. qui a parlé ; de *Comps.*
CONTONOS, contenance, mine. I. Voyez *Contanancz.*
CONTORIUM, A. M. le même que *Condita.*
CONTRA, contre. Ba. Voyez *Controll.* De là *Contrà* Latin, *Contre* François. Voyez *Contrardha*, *Contreell.*
CONTRAARIGOA, diſſenſion, contrariété. Ba. Voyez *Contra.*
CONTRABEDARSA, qui ſert de remède à tous maux. Ba. *Contra*, contre ; *Bada*, *Beda*, tous ; *Arraſa*, mal.
CONTRACTA, CONTRACTUS, A. M. les mêmes que *Contrata.*
CONTRAD, contrat. B. Voyez *Conradh.*
CONTRADA, A. M. le même que *Contrata.*
CONTRAERA, malheur, infortune. Ba. Voyez *Contra.*
CONTRAGUILLEA, CONTRAEGUILLEA, adverſaire, corrupteur. Ba. *Contra*, contre ; *Eguillea*, agiſſant.
CONTRAGUINA, faux adultérin. Ba. De *Contra Eguin.*
CONTRAIFINDEA, oppoſition. Ba. Voyez *Contra.*
CONTRAIGN, contraindre. B. De là ce mot.
CONTRAMAISUA, amiral. Ba.
CONTRAPOZOIA, contre-poiſon. Ba. *Pozoia*, poiſon.
CONTRAQUIDA, complication, confuſion. Ba.
CONTRAQUILLA, carene ſupérieure. Ba.
CONTRARDHA, contraire, qui eſt en déſunion. I. Voyez *Contra.*
CONTRARDHAS, répugnance, diſproportion, inégalité. I.
CONTRARIOA, contraire. Ba. Voyez *Contra.*
CONTRASENA, mot du guet. Ba.
CONTRATA, CONTRADA, CONTREDA, A. M. région, contrée ; de *Cantred*, qui aura d'abord ſignifié une région où il y avoit cent habitations, enſuite région en général ; de là eſt venu notre mot *Contrée*, l'Anglois *Country*, l'Italien *Contrada.*
CONTREDA. Voyez *Contrata.*
CONTREEL, CONTRELL, contraire. B. Voyez *Contra.*
CONTREFETTI, contrefaire. B.
CONTREZARTEA, objection. Ba.
CONTRIBUI, contribuer. B.
CONTROLL, contraire, adverſaire. B. Voyez *Contra, Cythrawl.*
CONTROLLI, s'oppoſer, contrarier, réſiſter. B.
CONTRONN ; ſingulier *Contronnen*, pourrie par une vilaine maladie, ver qui s'engendre dans la

viande, dans le poisson ; *Contronni*, avoir de ces vers ; *Contronnet*, qui a de ces vers, qui les produit. B.

CONTRUADH, maigre. I.

CONTUA, narration. Ba. Voyez *Comps*, *Raconti*, *Condaira*.

CONTUA, raison, circonspection. Ba. Voyez *Con*, *Cont*.

CONTURNUS, COTURNUS, A. M. les mêmes que *Contorium*.

CONTUS, A. M. ajusté, arrangé ; de *Coant*, *Comta*.

CONTZA, angle, gond, vertèbre. Ba. Voyez *Con*.

CONVAIEIN, escorter, convoyer. B.

CONVEEN. Voyez *Caonveen*.

CONVENANT, gage, salaire, loyer, récompense. B.

CONVINNA, A. M. le même que *Covinus*.

CONVOCAR MILIN, piquer le moulin. B. Voyez *Conk*.

CONUS, A. M. coin, angle ; de *Cone*.

CONYN, aiguillon, pointe, piquant. G. *Konos* en Grec, pointe.

CONYN, petit jonc. C. C'est le diminutif de *Cawn*.

CONZEIN, parler. B.

COOL, rocher, pierre. I. Voyez *Cal*.

COORS, A. M. le même que *Cortis*.

COP, vase à boire. B. Voyez *Copa*, *Copan*, *Cwppan*.

COP, creuser. Voyez *Cwppan* & *Anap*.

COP, le même que *Gop*, *Op*, *Sop*. Voyez *Aru*. De là *Copieux*, railleur en vieux François.

COP, couvrir. Voyez *Cwfert*. *Kuppa* en Esclavon, tuile à couvrir le toit.

COP. Voyez *Cob*. *Coup* en François ; *Colpo* en Italien, coup.

COP, le même que *Cov*. Voyez *Cwppan*. *Chopher* en Hébreu ; *Kopac* en Bohémien ; *Kopacz* en Polonois & en Dalmatien ; *Kopazh* en Esclavon, fossoyeur ; *Kophinos* en Grec ; *Cophinus* en Latin, panier.

COP, le même que *Cof*. Voyez *B*.

COP, le même que *Cap*, *Cep*, *Cip*, *Cup*, *Cwp*. Voyez *Bal*.

COP. Voyez *Cophanus*.

COPA, mont pointu. G. Voyez *Coppa*.

COPA, cime d'un arbre. Ba. Voyez *Coppa*. *Copa* en Espagnol, le sommet de quelque chose ; *Coupe* en François, cime.

COPA, coupe, tasse, ventouse, réchaud. Ba. Voyez *Cop*.

COPA, A. M. le même que *Cupa*.

COPADEN, plein une coupe, tassée. B.

COPADIUM. Voyez *Colpa*.

COPAL. Voyez *Eglocopala*.

COPAN, coupe, tasse. I.

COPARE, A. M. lier, attacher ; de *Cwpl*, *Copl*.

COPAT ; singulier *Copaden*, plein une coupe, une tassée. B. De là notre expression, un coup de vin.

COPATOR, A. M. qui coupe les pièces de monnoie qui sont fausses ; de *Colpa*.

COPAZAIA, échanson, bouteiller. Ba.

COPECIA, COPICIA, A. M. bois taillis ; en Anglois *Coppis* ; de *Colpa*.

COPEIZ, COPPEIZ, A. M. bois taillis ; de *Colpa*.

COPET, le même que *Gopet*. Voyez *Aru*.

COPETA, faîte, sommet, le devant de la tête, le sinciput. Ba. Voyez *Coppa*.

COPHA, A. M. couverture de tête ; de *Cop*, tête. Voyez *Coeff*.

COPHANUS, A. M. panier. On voit par ce mot, par *Cophinus*, *Cofinus*, *Cop*, *Copa*, *Cuppa*, *Coffr*, que *Cop* a signifié toutes sortes de vases, tout ce qui est propre à contenir quelque chose. Ajoûtez que *Cop* est le même que *Cap*.

COPHIA, A. M. le même que *Copha*.

COPHINUS, A. M. panier, corbeille, coffre. Voyez *Cophanus*.

COPI, copie. G. De là ce mot. *Copia* en Italien.

COPIA, A. M. copie ; de *Copi*. Voyez *Coppiad*.

COPIADUM, A. M. le même que *Copadium*.

COPIARE, A. M. copier, transcrire ; de *Copia*.

COPINA, A. M. chopine. Voyez *Cophanus*.

COPIO, transcrire, copier. G. Voyez *Copya*.

COPISTA, A. M. copiste ; de *Copio*.

COPLA, A. M. paroit être quelque couverture de tête. Voyez *Copha*.

COPONAGIUM, A. M. droit de percevoir une coupe par mesure de grains. Voyez *Cupa*.

COPONUS. Voyez *Cupa*.

COPOUS, A. M. copeau ; de *Colpa*.

COPPA, cime, sommet, faîte, crête, pointe. G. *Coppa*, cime, sommet en Breton ; *Copa*, cime d'un arbre en Basque ; *Goph* en Hébreu, sommet, élévation ; *Kuba* en Phrygien, sommet ; *Kouh*, montagne, colline en Persan ; *Coppe* en ancien Saxon, cime, sommet ; *Kopf*, *Kuppe* en Allemand, cime, sommet ; *Koppel*, *Sop* en Flamand, sommet. *Coppe* en Anglois, crête ; *Kopec* en Bohémien, tertre, petite élévation, motte de terre ; *Kop*, dessus en Polonois ; *Kup*, dessus en Esclavon & en Polonois ; *Kupiti*, augmenter, mettre dessus en Polonois ; *Kup*, tas en Danois ; *Kup*, tas en Esclavon. *Cop*, hupe, crête de plume sur la tête des oiseaux en Anglois ; *Coba* en Espagnol ; *Gobbo* en Italien, bosse, tumeur ; *Conpeau* en François ; *Couplet* en vieux François, sommet ; *Capou*, ciel en Galibi. Voyez *Copa*.

COPPA, cime, sommet. B. Voyez l'article précédent.

COPPA. Voyez *Cap*. *Kop* en Flamand ; *Kopf* en Allemand, tête.

COPPA, A. M. tas ; *Coppare*, entasser. Voyez le premier *Coppa*.

COPPA, A. M. le même que *Cupa*.

COPPELLA, A. M. le même que *Cupella*.

COPPETELLA, A. M. petit vase à boire ; de *Cop*.

COPPIAD, copie. G. Voyez *Copia*.

COPPIRE DOMUM, A. M. mettre le couvert sur une maison ; de *Coppa*, faîte, dessus ; ou de *Cop*, couvrir.

COPPOG, qui a une crête, qui a une hupe, hupé. G.

COPPONAGIUM. Voyez *Cupa*.

COPPR, cuivre, oripeau. G. Voyez *Copur*, *Coevr*.

COPPULA, A. M. petite coupe ; de *Cop*.

COPPUS, A. M. tuile ; *Coppo* en Italien. Voyez *Coppire*.

COPPYN, araignée. G.

COPRA, cuivre. G. Voyez *Coppr*.

COPS, A. G. abondance ; de *Coppa* ou *Cop*, faîte, sommet, comble. De *Coppa* ou *Cop*, comble, est venu *Copia* Latin, & *Beaucoup* François.

COPS, A. G. coup à boire ; de *Cop*.

COPSUS, A. G. abondant ; de *Cops*.

COPTUMUM, A. M. coûtume. Voyez *Consuma*.

COPULA, A. M. couple ; en vieux François *Couplet* ; de *Cwpl*, *Copl*.

COPULA, A. M. pièce, morceau. Voyez *Colpa*.

COPULARIUS, A. G. lien dont on couple les chiens. Voyez le premier *Copula*.

COPUR,

COP.

COPUR, cuivre. I. *Copper*, cuivre en Anglois; *Koper*, cuivre en Flamand, & *Kupffer* en Allemand. Voyez *Coppr*.

COPUS VINI, A. M. un coup de vin; de *Cop*.

COPYA, imiter, copier. B. De là ce dernier mot. Voyez *Copio*, *Copiad*.

COQ, coq. B. De ce mot est venu *Coquart*, qui en vieux François signifie jaseur, parce que les coqs avec les poules font un bruit semblable à ceux qui caquetent. *Coquart* a encore signifié en vieux François un homme qui contre-carre, à cause que deux coqs ne peuvent vivre ensemble. De *Coq* se sont formés nos termes François coquet, coquette, coquetterie; de là est venu notre mot *Coquarde*. Sous Charles VI & sous les Rois ses successeurs, les gens de guerre portoient des plumes sur leurs bonnets; c'étoit ordinairement des plumes de coq, c'est pourquoi on donna à cet ornement le nom de *Coquarde* : Le nœud de ruban qui a pris la place de ces plumes, a pris le nom qu'on leur donnoit. Voyez *Cocq*.

COQ, coucou. B. Voyez *Coucou* & *Cog*.

COQIN, coquin. B. De là ce mot. Voyez *Coeg*.

COCUA, A. M. le même que *Coq*.

COQUE, coquillage, écaille de poissons testacées. B. De là nos mots coque, coquille, coquillage.

COQUEARIUM, A. M. cuiller; de *Cocqle*.

COQUELUCA, A. M. coqueluchon; de *Coc*, tête; *Lloches* ou *Lluches*, cachette.

COQUERIA, A. M. le même que *Coquearium*.

COQUIBUS, A. M. coqueluchon; de *Coc*, tête; *Bus*, couvrir.

COQUIN, pauvre, mendiant. B. Voyez *Coeg*.

COQUINA, A. M. alimens cuits; de *Cocq*.

COQUINA, A. M. cuisine; *Coquinave*, faire la cuisine; *Coquinula*, petite cuisine; *Coquinator*, cuisinier; de *Cocq*.

COQUINUS, A. M. coquin; de *Coquin*.

COQUUS, A. M. celui qui étoit préposé sur la cuisine du Roi : On nomme cet officier *Queu*, *Cuex*, *Queus*, *Queux*, ou *Grand Queux*; de *Cocq*.

COR, tête, (& par conséquent source. Voyez *Bal*, *Can*, *Cen*, *Con*) sommet de la tête, faîte, cime, sommet, sommet élevé ou promontoire, haut, élevé, élévation, tout ce qui est élevé. G. *Cor*, supérieur en Basque. Voyez *Cerroiſtzallta* & *Choroiſtu*. *Gor* ou *Cor*, élevé, élévation en Breton; *Curia*, Seigneur, maître en Langue de Congo; *Cuurila* marque l'élévation, l'éminence, la supériorité dans la même Langue. *Kora* en Hébreu, colline; *Kara* en Grec, cime, sommet, la partie la plus élevée de quelque chose; *Corekia*, haut en Finlandois; *Curaca*, Seigneur en Persan & en Langue de Chili; *Chœre* en Persan, comble, accumulation; *Ecore* dans le Dictionnaire de Pomey, rivage élevé & escarpé. Voyez *Gor* qui est le même mot, & *Corin*, *Coryn*.

COR, bélier. G.

COR, embouchure, confluent. G. De là *Cor* en notre Langue, canal, tuyau. *Chorab* en Persan, rigole d'eau; *Ab*, eau; *Kour*, être joint en Cophte; *Cior* en Tartare du Thibet, jonction.

COR, court, bref. G. De là *Curtus* Latin, *Court* François. *Cortar* en Espagnol; *Cowrte* en Langue de Guinée, retrancher, couper. Voyez *Corr*.

COR, nain. C.

COR, biére boisson. C. Voyez *Cwrw*.

COS, ride, pli, tortuosité, tors, tordu. I.

COR, fatiguer, lasser, harceler, harasser, tourmenter. I.

TOME I.

COR.

COR, légation, ambassade, députation, envoi. I.

COR, jet, action de jetter, coup; *Cor Sugach*, réjouissance; *Cor Olacain*, débauche. I.

COR, sûreté, sécurité, paix. I.

COR, nain, petit homme qui n'est plus en âge de croître; pluriel *Corei*, diminutif *Coric*; pluriel *Corighet*. *Cor* & *Coric* signifient fée en Léon, parce que le peuple croyoit que les fées étoient de petite taille. B. *Cor* en Hébreu, le petit d'une bête; *Koros* en Grec, petit garçon, & *Kore*, petite fille. Voyez *Corr* & l'article suivant. *Corc*, enfans en Irlandois.

COR; au pluriel *Corod*. G. Davies demande si ce n'est pas le même que *Corr*, petit. Je réponds qu'oui, parce que dans *Corbedw*, *Corderw*, *Cordref*, *Corgi*, on voit que *Cor* est mis pour petit. Voyez d'ailleurs *Cor*, court, bref; *Gher*, petit en Écossois.

COR, lentement, doucement. B.

COR, particule diminutive. Voyez *Cornant*.

COR, enclos, clos, fermé, habitation, demeure. Voyez *Corlan*, *Côr Tchen*, & par conséquent couverture, couvert, habillement. Voyez *Corellus*, *Coreph*, *Cas*; *Courreaux* en vieux François, barres & coulisses; *Choros* en Grec, lieu, demeure, champ, métairie; *Cerarei*, mur, forteresse en Tamoulique. Voyez *Cortis*.

COR, cuir, peau. Voyez *Corwg*, *Corwgl*; de là *Corium* Latin, *Cuir* François. *Cuori*, écorce, cuir en Lappon & en Finlandois; *Kur* en Allemand, cuir.

COR, le même que *Gor*, *Or*, *Sor*. Voyez *Aru*.

COR, le même que *Car*, *Cer*, *Cir*, *Cur*, *Cwr*, *Cyr*. Voyez *Bal*. De *Cor*, creux, est venu le mot *Scoralia*, qui dans nos anciens Auteurs signifie des cavernes fortifiées; *Cor*, *Scor*, creux, caverne; *Wal* ou *Oual*, rempart, fortification. De *Cor*, bois, est venu *Cor*, chêne dans les anciens monumens; *Corh*, poutre en Hébreu; *Koru*, forêt en Turc; *Cork* en Anglois; *Korcke* en Danois; *Gorck* en Theuton; *Corcho* en Espagnol, liége; *Curcu*, bois en Persan; *Cior*, petits bois, arbustes en Turc. Voyez *Core*.

COR, rouge, &c. Voyez *Geri*. De là *Coralium*; *Corail* en François, & *Corallis* en Latin, plante de la mer de couleur de vermillon.

COR, A. M. chêne. Voyez *Cor*, le même que *Car*.

COR, A. M. le milieu de quelque chose, la partie intérieure de quelque chose. Voyez *Corallum*. De là *Cor* Latin, *Cœur* François, parce que le cœur est au milieu. *Calon* en Breton signifie cœur & milieu.

COR. Voyez *Gwair*.

COR. Voyez *Cawr* qui est le même.

COR, terre. Voyez *Atcor*, *Corr*, *Cort*, *Corid*. *Chore* en Grec; *Chora* en Cophte, contrée, région, Province; *Kaar* en Arménien, contrée, pays.

COR, campagne, champ. Voyez *Cortref*, *Corrtref*.

COR. Je crois que ce mot a signifié course, impulsion, vîtesse, vîte. 1°. *Cor* signifie jet, action de jetter, coup. 2°. *Cor* est le même que *Cur*, impulsion. 3°. *Corwynt*, tourbillon, coup de vent; *Cored*, cataracte, chûte de rivière; *Cornant*, torrent; *Cwrs* ou *Cors*, *Cerynt*, *Carent*, course. 4°. *Coreoa*, messager, & *Corticaria*, courier en Basque.

CÔR, chœur. G. B.

CÔR TCHEN; TY TCHEN, BEUDY, étable à bœufs. G. On voit que *Cor* est synonime à *Ty*.

CORA, sûreté, sécurité, paix. I.

Ssss

CORA, dette. Ba.
CORACSE, courtine, rideau. I.
CORACULUM, A. M. canal; de *Cor*.
CORAGADH, netteté, propreté. I.
CORAGIUM, A. G. ce que l'on fait de grand cœur, avec ardeur; de *Couraich*, courage. On difoit en vieux François, & on dit encore en Franche-Comté faire avec *Courage* ce que l'on fait de grand cœur. On fe fert encore aujourd'hui en France du mot *Courage* pour infpirer de l'ardeur à un ouvrier.
CORAGIUM, A. G. danfe; *Corol*, danfe en Breton; *Chore* en Grec; *Chorea* en Latin, danfe.
CORAID, double, doublé. I.
CORAIL, corail. B.
CORAILHOU, inteftins des bêtes. B. On a dit *Corailles*, *Corée*, *Courée* en vieux François, & *Acorer*, arracher les entrailles; (*A* privatif) *Corata*, *Coratella* en Italien; de là notre mot *Curée*.
CORALIS, A. M. puftule, tumeur; de *Cor*, le même que *Gor*.
CORALLUM, A. G. la partie intérieure de quelque chofe: Nous difons encore le cœur d'un arbre. On voit par ce mot, & par *Corailhou*, que *Cor*, *Coral* ont fignifié la partie intérieure de quelque chofe, ce qui fe confirme par les anciens monumens, dans lefquels on trouve *Cor*, pour défigner le milieu de quelque chofe. De *Corallum* on a dit *Coraille* en vieux François, milieu.
CORALLUM, A. M. treillis; c'eft le même que *Carola*. Voyez *Bal*.
CORALTUS, A. G. le même que *Corauftus*.
CORAM, tourner. I.
CORAMARIUS, A. M. tanneur. Voyez *Coramen*.
CORAMEN, A. M. cuir; de *Cor*.
CORANDON, nain. B. Voyez *Cor*, *Cornandon*.
CORANSIA, couleur, teinture, encre. Ba.
CORANSITU, teindre. Ba.
CORARIUS, A. M. tanneur, corroyeur; de *Cor*, cuir.
CORASTUS, A. G. le même que *Corauftus*.
CORATA, A. M. inteftins. Voyez *Corailhou*.
CORATERIUS, A. M. courtier; de *Courater*.
CORATIUM, A. M. cuiraffe; de *Curas*. Les Italiens difent *Corraza*.
CORATZA, article du doigt. Ba.
CORAUL, le même que *Corol*, danfe, &c. B.
CORAULA, A. G. bouffon, plaifant; de *Corol*.
CORAULARE, A. G. fouler aux pieds, ébranler, fecouer; de *Corolli*, danfer, fauter.
CORAUSTUS, A. G. la ligne fupérieure de toutes fortes de figures; de *Cor*.
CORAWG, libéral, magnifique, fomptueux, bénin. G. Davies dit que c'eft de ce mot qu'eft formé *Anghawr*, avare; *An*, particule négative; *Ghawr*, en compofition pour *Cor*, syncope de *Corawg*. *Coireaux* en vieux François, bœufs gras.
CORAWG, navire. Voyez *Tfeoren*.
CORAYZ, quadragéfime, carême. B.
CORB, char, chariot. I.
CORBA, A. M. mefure de bled; de *Corbell*. Les Italiens difent encore *Corba*.
CORBAD, char, chariot, voiture. I.
CORBADA, A. M. le même que *Corvata*.
CORBECULA, A. M. diminutif de *Corba*.
CORBEDW, rivière de peu d'étenduë, ruiffeau. G. *Cor*, petit.
CORBEDWYN; plurier *Corbedw*, bouleau bas, bouleau peu élevé. G. *Cor*, petit.
CORBEL, faillie, avance. G. Voyez *Corbell*.

CORBELIA, A. M. corbeille; de *Corbell*.
CORBELL, arrêt, ce qui retient, prife, contenance d'un vafe, retenue, arçon, courbet partie d'un bât de mulet. B. De là corbeille en François; *Corbis*, *Corbita* en Latin; *Corbette*, *Courvette*, forte de vaiffeau en François.
CORBELL, terme d'architecture: c'eft ce que les maçons nomment *Corbeau*; plurier *Corbellou*, les pierres qui foutiennent le manteau de la cheminée. B. Voyez *Corbell*.
CORBELLA, A. M. corbeille; de *Corbell*.
CORBILLA, A. M. corbeille; de *Corbell*.
CORBINER, écornifleur, parafite. B.
CORBITA, A. M. vaiffeau de charge; de *Corb* ou *Corbell*. Voyez *Corbulo*.
CORBOIRE, charton, chartier. I.
CORBON, charbon dans le bled, caufé par le foleil paroiffant d'abord après une bruine. B.
CORBULO, A. G. porte-faix, crocheteur; de *Corb*, qu'on aura étendu à tout ce qui porte, qui transporte. Voyez *Corbita*.
CORBULUS, A. G. petite corbeille; de *Corbell*.
CORBUS, A. M. mefure de bled; de *Corbell*.
CORC, liége arbre. G. Comme le liége eft une efpèce de chêne, on aura pu transporter fon nom au chêne en général, d'où les Latins auront pu former leur *Quercus*. *Corchoa* en Bafque; *Corke* en Anglois; *Korcke* en Danois; *Gorck* en Theuton; *Korck* en Allemand; *Corck* en Flamand; *Korek* en Polonois; *Korkowe* en Bohémien; *Corcho* en Efpagnol, liége.
CORC ou CORK, quête; *Corca*, quêter, faire la quête, chercher l'aumône par les maifons; plurier & participe *Corget*. B.
CORC, enfans, fils. I.
CORCA, CORCAC, lieu marécageux. I.
CORCAIR, rouge. I. Voyez *Cor*.
CORCHA, le même que *Cortha*. De même des dérivés ou femblables. I.
CORCHAYCI, marécageux. I.
CORCHETA, crochet. Ba. C'eft la tranfpofition de *Croc*.
CORCHLAONADH, pente, penchant, biais. I.
CORCHOA, liége arbre. Ba. Voyez *Corc*.
CORCIZARE, A. M. fonner du cor. Voyez *Cor*, *Corn*.
CORCLAVIA. Voyez *Cordavia*.
CORD, corde. G. *Corda*, corde en Irlandois & en Bafque; *Corden* en Breton, corde; *Chorde* en Grec; *Corda* en Italien; *Cuerda* en Efpagnol; *Corde* en François; *Cord* en Anglois, corde. *Cordel* en Efpagnol, cordon, cordeau; *Coribe*, corde en Albanois; *Koorde* en Flamand, corde.
CORD, le même que *Cor*. Voyez *Cordd*, *Cortis*.
CORD, le même que *Card*, *Cerd*, *Cird*, *Curd*. Voyez *Bal*.
CORD, le même que *Gord*, *Ord*, *Sord*. Voyez *Aru*.
CORDA, corde. I. Ba. Voyez *Cord*.
CORDA, CORDIA, A. M. corde, certaine piéce de terre, ainfi nommée de ce qu'elle fe mefure avec une corde d'une certaine longueur. Nous difons par la même raifon une corde de bois, une perche de terre; de *Cord*.
CORDA, A. M. efpèce de tribut que l'on paye pour une certaine quantité de chofes mefurées avec une corde de certaine longueur. Voyez l'article précédent.
CORDA, A. M. corde; de *Cord*.
CORDAGIUM, A. M. cordage; de *Cord*.

CORDATA, A. M. certaine mesure de terre prise avec une corde ; de *Cord*.

CORDAVIA, CORCLAVIA, A. G. chambre intérieure ; de *Cor*, intérieure ; *Cell*, par crase *Cl*, habitation, chambre ; *Twy*, en composition *Dwy*, habitation, chambre. Voyez *Corde*.

CORDD, habitation, maison. Voyez *Gosgordd*, *Cosgordd* & *Cor*. *Cor* signifiant clos, enclos, clôture, enceinte, de même que maison, habitation, & étant le même que *Cordd*, comme on le voit par cet article, *Cordd* doit pareillement signifier clos, enclos, clôture, enceinte. *Cordd* signifie aussi pays, contrée. Voyez *Tsgorddion*, *Corah* en Phénicien ; *Curah* en Lybien ; *Chore* en Grec, pays, région : le *c* se change en *h*. *Horda* en Tartare, Royaume ; *Huor*, *Huort* sont des adverbes en Danois qui marquent le lieu où l'on va ; *Ort*, lieu en Allemand ; *Ghoren* en Hébreu, aire, sol. Voyez *Cor*, *Bro*, *Ach*. Voyez *Corde*.

CORDDI, faire le cri d'une buse. G. On dit que cet animal mettant son bec dans l'eau, & poussant ensuite son cri, fait autant de bruit qu'un bœuf qui meugle ; *Cor*, élevé, haut ; (voyez *Bann*) *Ddi* de *Dyar*, bruit.

CORDDION, les habitans d'un pays. Voyez *Tsgorddion*.

CORDDYN, gond. G.

CORDE, caché, secret. B.

CORDEA, sensation, sens ; *Cordea Galdua*, qui a les sens aliénés, qui est aliéné. Ba. Voyez *Cor*, cœur. Dans les anciennes Langues le mot qui désigne le cœur, signifioit aussi l'esprit, la pensée, le sentiment. *Leb* en Hébreu, cœur, le milieu de chaque chose, l'esprit, la pensée, le mouvement de l'ame, le sentiment, la sagesse, le conseil. *Calon* en Celtique, cœur, & *Call*, prudent, fin, rusé, habile ; *Cuerdo*, prudent, fin en Espagnol.

CORDEAREN GALTZEA, aliénation des sens. Ba.

CORDEBAGUETU BEZALA, surprendre, ravir d'admiration ; *Cordebaguetua*, qui a les sens aliénés ; *Cordebaguetua Bezala*, stupéfait, étonné, extasié, ravi en admiration ; *Cordebaguetzea*, aliénation des sens. Ba. Voyez *Cordea*.

CORDEEN, enfiler. B.

CORDEENNEIN, retordre. B.

CORDELA, petite corde. Ba. Voyez *Cord*, *El* diminutif.

CORDELIA, A. M. cordelle, petite corde ; de *Cordela*.

CORDELITA, A. M. ceint de corde ; de *Cord*.

CORDELLANUS, A. M. lié de corde ; de *Cord*.

CORDEN, corde. G. B. pluriel *Kerdin* en Breton. Voyez *Cord*.

CORDEN, instrument de musique à cordes. G.

CORDENNA, corder. B.

CORDENNER, cordier. B.

CORDERIA, A. M. corderie ; de *Cord*.

CORDERIUS, A. M. cordier ; de *Cord*.

CORDERW, chêne bas, chêne peu élevé. G. *Cor*, petit ; *Derw*, chêne.

CORDETARRA, sensible. Ba. Voyez *Cordea*.

CORDETUM, A. M. gros drap & de peu de prix, apparemment ainsi nommé de ce qu'on en voyoit la corde ; de *Cord*.

CORDEX, A. G. qui fait des cordes, ou qui joue d'un instrument à cordes. Voyez *Cord*, *Corden*.

CORDIA, A. M. concorde, accord ; de *Cordiad*.

CORDIAD, concorde, accord, convention. G. Voyez *Cordio*.

CORDICA, A. M. cordage ; de *Cord*.

CORDINA, CORDINES, A. M. Voyez *Cortis*.

CORDIO, convenir, quadrer, se rapporter, s'accorder, se bien accorder, faire une convention. G. De là accord, accorder, concorde.

CORDITOYA, épilepsie. Ba. Voyez *Cordea*.

CORDO, CORDONUS, A. M. cordon ; de *Cord*.

CORDOCA, fleau de balance, fût d'une colonne. Ba.

CORDOCHA, capuchon, capuce. Ba. De *Cor*, tête, *To*, en composition *Do*, couvrir.

CORDONUS, Voyez *Cordo*.

CORDREF, petite Ville, Village. G. *Cor*, petite ; *Tref*, en composition *Dref*, Ville.

CORDULA, A. M. petite corde, saucisse, parce qu'il ressemble à une petite corde ; de *Cord*.

CORDULATIO, A. M. certaine couture dans un habit ; peut-être que cette couture imitoit un cordon ou petite corde ; on en fait encore aujourd'hui dans ce goût là ; alors *Cordulatio* vient de *Cordula*. Si on ne veut pas recevoir cette conjecture, toute plausible qu'elle est, il faudra dériver *Cordulatio* de *Cordura*, l'*l* se mettant facilement pour l'*r*.

CORDULUM, A. M. petit cordon ; de *Cord*.

CORDUN, débiteur. Ba.

CORDURA, A. M. couture ; de *Cydio* ou *Cudio*, d'où en inférant l'*r* on aura fait *Curdio*, coudre.

CORDUS, A. G. du soir, qui vient tard. *Chwyr*, prononcez *Chojr*, & par crase *Chor*, soir, tardif. *Sero* en Latin signifie également soir & tard.

CORDWAL, cuir. G.

CORDYN, corde, corde de joncs, petite ficelle. G. Voyez *Cord*.

CORE, gouffre d'eau. I.

CORED, cataracte, nasse pour prendre les poissons. G.

COREEDE, A. M. le même que *Conradium*.

COREEN, fressure. B. *Corada* en Espagnol, fressure.

COREENN, lanière. B.

CORELLUS, A. M. espèce d'habillement ; de *Cor*.

COREN, navire. Voyez *Tsgoren*.

CORENES, presqu'isle. B. *Enés*, isle, *Cor*, presque.

COREPH, A. G. crâne ; de *Cor*, tête.

COREPH, A. G. ceinture que l'on met autour des reins ; de *Coreënn*.

COREPH, A. G. couvertures ; de *Cor*.

COREPH, A. G. campagnes ; de *Corr*.

CORETES, A. M. nasses à prendre du poisson ; de *Cored*.

COREV, bière boisson. C. Voyez *Cwrw*.

CORF, corps, tronc du corps. G. C. B. pluriel *Cyrf* en Gallois ; *Kerf*, *Corfou* en Breton ; *Corp* en Irlandois, corps. De là le Latin *Corpus* ; l'Italien *Corpo* ; l'Espagnol *Cuerpo* ; le François *Corps* ; l'Albanois *Corp*.

CORF, canne, roseau. Voyez *Corfle*, *Corftwyn*.

CORFAIS, côte partie du corps. G. De *Corf Ais*.

CORFECQ, corpulent. B.

CORFFLAN, cimetière, lieu de sépulture. G. *Corf Llan*.

CORFICINA, A. M. boucherie ; de *Corf*.

CORFICQ, petit corps. B.

CORFLE, lieu où il croit des cannes, des roseaux. G. *Lle*, lieu, & par conséquent *Corf*, canne, roseau. Voyez *Cors*.

CORFLWYN, lieu où il croit des cannes, des roseaux. G.

CORFOADUR, aife, plaifir, commodité. B.
CORFOADUR, corvée. B. De *Corf*, les corvées font des redevances corporelles.
CORFOI, avaler. B.
CORFQENN, corfet. B.
CORG, le même que *Carg*, *Cerg*, *Cirg*, *Curg*. Voyez *Bal*.
CORG, le même que *Gorg*, *Org*, *Sorg*. Voyez *Aru*.
CORGI, petit chien. G. *Cor*, *Ci*, en compofition *Gi*, chien.
CORGI, rivière de peu d'étenduë. G. *Cor*, petite; *Gi*, par conféquent rivière.
CORGO, A. M. fouche, tronc ; de *Corf*, par analogie *Gau* ou *Go*, bois.
CORHWYAD, cercelle oifeau de rivière. G. *Cor*, petit ; *Hwyad*, canard.
CORIA, lieu où l'on prend les augures, Ba.
CORIA, jaune. Voyez *Lucoria*.
CORIAR, perdrix. G. *Koriah* en Chaldéen ; *Kore* en Hébreu, perdrix.
CORIARE, A. M. couvrir une muraille de plâtre & y placer un petit toit ; de *Cor*.
CORIATOR, A. M. tanneur, corroyeur ; de *Cor*.
CORIATUS, A. M. lié ; de *Carrai*, courroye, *Corcënn*, lanière.
CORID, champ. I. Voyez *Cor*.
CORIETUM, A. M. efpèce d'habillement ; de *Cor*. Voyez encore *Corellus*.
CORILETUS, A. M. courtil, petit jardin ; de *Cor*, enclos ; *Llet* diminutif.
CORIMBATA, A. G. navire ; de *Coren* ou *Corin*.
CORIN, fommet, fommet de la tête, tout ce qui eft élevé, promontoire, pointe de terre, embouchure. G. Voyez *Cor* qui eft le même mot.
CORIN, le même que *Gorin*, *Orin*, *Sorin*. Voyez *Aru*.
CORINA, dans les chartres de Languedoc, couchant, occident ; de *Cornaucq*, *Corinauq*.
CORINEUS, A. G. tas de pierres ; de *Corin*.
CORIS, coris plante. B.
CORK. Voyez *Corc*.
CORKEN, habillement des payfannes de Cornouaille, lequel couvre feulement le corps & les bras depuis les épaules jufqu'à la ceinture. B. Voyez *Corfqenn* qui eft le même.
CORLAN, bélier. G. Voyez *Cor*.
CORLAN, étable. G. *Lan*, lieu, *Cor*, fermé.
CORLINUS, A. M. corlieu oifeau de rivière, de *Corllyn*.
CORLLYN, réfervoir d'eau où les oyes & les canards peuvent nager. G.
CORLUSK, eft, felon un homme habile en Breton, une efpèce de coquillage, qu'il croit être le *Murex* des Latins, parce qu'il a obfervé qu'il rend une liqueur rouge & pourprée. B. *Cor*, rouge ; *Llug*, eau, liqueur.
CORM, chére, régal, feftin. I.
CORM, le même que *Carm*, *Cerm*, *Cirm*, *Curm*. Voyez *Bal*.
CORM, le même que *Gorm*, *Orm*, *Sorm*. Voyez *Aru*.
CORMA, biére. Ce mot Gaulois nous a été confervé par Athenée. On lit dans quelques exemplaires *Dercoma*, mais c'eft une faute. La biére en Gallois fe nomme encore *Cwrw*, prononcez *Corw* ou *Corm* par la fubftitution réciproque de l'*m* & de l'*v*.
CORMEL, cormier. B. *Sorbus* en Latin ; *Sorbolero* en Italien ; *Serval* en Efpagnol ; *Sorbenboom* en Flamand ; (*Boom*, arbre) *Serviftree* en Anglois ; (*Tree*, arbre) cormier. Le *c* fe change en *s* & l'*m* en *b* : voilà pourquoi on a dû dire *Sorbel* comme *Cormel* ; de là vient qu'en notre Langue on appelle indifféremment *Sorbe* & *Corme* le fruit du cormier.
CORMELENN, cormier. B. Voyez *Cormel*, En épenthéfe.
CORN, corne, cor, trompette. G. C. B. *Cyrn* en Gallois ; *Kern* en Breton, cornes ; *Keren* ou *Kern* en Hébreu ; *Karn* en Arabe ; *Keras* en Grec ; *Cornu* en Latin ; *Corne* en François ; *Corno* en Italien ; *Cuerno* en Efpagnol ; *Horn* en Allemand, en Danois, (l'*h* fe met pour le *c*) en Anglois, en Suédois, en Iflandois, en ancien Saxon, corne. *Haurn* en Gothique ; *Horen* en Flamand, corne. Voyez *Kern*.
CORN, fommet, principal. G. Les Hébreux employent le mot de corne pour principal.
CORN, coupe, taffe. I.
CORN, coin, angle, pointe. B. Voyez *Cornal*. *Cornic* en vieux François, angle.
CORN, bref, court. B.
CORN, gorge, gofier. Voyez *Corn*, *Pori*, *Cornailhenn*.
CORN, écaille. Voyez *Corn*, *Malvenn*.
CORN. On voit par *Cornetenn* & *Cornor* que *Corn* a fignifié tête, comme *Cor*. Voyez l'article fuivant.
CORN. On voit par *Cornichen* & *Cornix* que *Corn* a fignifié bord, extrémité, fens analogues à tête. Voyez *Cont*.
CORN. On voit par *Coruna* & *Cornn* que *Corn* a fignifié Anfe, poignée. Voyez l'article fuivant.
CORN, le même que *Carn*, *Cern*, *Cirn*, *Curn*; *Cwrn*, *Cyrn*. Voyez *Bal*.
CORN. On voit par *Cornam*, *Cornchwigl*, *Corniccyll*, *Cornificatus*, *Cornighell*, *Corniguellat*, que *Corn* a fignifié tourner, pirouetter, courber.
CORN, le même que *Gorn*, *Orn*, *Sorn*. Voyez *Aru*.
CORN BREUANT. Davies indique ces deux mots comme un fynonime de *Breuant*. *Breuant* fignifie gofier. Voyez *Corn Pori*.
CORN BWCH, orobanche plante. G. A la lettre, corne de bouc.
CORN-CANN, rectangle. B.
CORN MALVENN, écaille de tortuë. G. *Malvenn*, tortuë.
CORN PORI, éfophage. G. *Pori*, paître, manger.
CORN Y CARW MOR CHRITMONT, fenouil marin, faxifrage, baffile ou bacile plante. G.
CORN Y CARW MYNYDD, orobanche plante. G. A la lettre, corne de cerf de montagne.
CORN YR HYDD, orobanche plante. G. A la lettre, corne de bouc.
CORN YR IWRCH, orobanche plante. G. A la lettre, corne de bouc.
CORNA, nom que les Gaulois donnoient à l'Argémone. Diofcoride nous a confervé ce terme.
CORNA, A. G. pommes fauvages, ainfi nommées de leur dureté. Voyez *Corn* le même que *Carn* & *Corni*.
CORNACHT, froment dans l'Ifle de Mona. *Korn* en Allemand ; *Koren* en Flamand, froment.
CORNADH, qui fléchit, qui ploye, qui plie, qui fait fléchir, qui fait plier, qui roule. I.
CORNAGIUM, A. M. droit que l'on payoit pour les bêtes à cornes ; de *Corn*.
CORNAILHENN, cornille oifeau. B. De là ce mot

COR.

CORNAILHENN, gorge, gofier, la trachée-artére. B. Voyez Corn.
CORNAL, angle. C. Voyez Corn.
CORNAL, bourdonner. B.
CORNALE, A. M. canton, diftrict, quartier de pays, certaine quantité de terres; de Cornel, angle, coin. Les Latins ont auffi dit Angulus Terra, angle, coin de terre, pour piéce de terre en général. Les Gafcons difent encore Cornau.
CORNALINENN, cornaliné. B.
CORNAM, fléchir, ployer, plier. I.
CORNAMUSA, A. M cornemufe. Cornamufa en Espagnol & en Italien; Cornemufe en François; de Qornemufen.
CORNANDON, CORNANDOUN, nain, pygmée, petit homme, fée au pays de Léon. (Voyez Cor) plurier Cornandonnet. B. Je crois ce mot formé par pléonafme de Cor, nain, & de Nan, nain. (Ce mot fe trouve dans le Basque Nanoa, nain: il a beaucoup d'analogie avec Nâm, qui en Breton fignifie retranchement, & avec Nar, qui en Gallois fignifie nain, l'n & l'r fe mettant l'une pour l'autre) Don eft le même que Den, homme. On peut voir dans la differtation du changement des lettres, & dans ce Dictionnaire, que les pléonafmes ne font pas rares dans le Celtique.
CORNANT, torrent, petit ruiffeau. G. De Cor, Nant.
CORNARDIZ, tour de foupleffe, embûches, felon le Pere de Roftrenen; embûches, felon le Pere Maunoir; fourberie, tromperie, trahifon, fourbe, trompeur, perfide, traître, felon Dom le Pelletier. B. Voyez Ankelher.
CORNARDUS, CONARDUS, A. M. facétieux, bouffon, plaifant; de Cornardiz.
CORNARE, A. M. corner, fouffler dans une corne pour rendre un fon; de Corn.
CORNARIUS, A. M. qui corne, qui fouffle dans une corne pour rendre un fon; de Cornare.
CORNARIUS, A. M. qui gardoit les cornes; de Corn.
CORNAUCQ, CORNAWEC, CORNAWOC, oueft vent d'occident. B.
CORNBIG, aiguille poiffon de mer. G. Corn, Pig.
CORNCHWIGL, vaneau oifeau. G.
CORNDROED, qui a les pieds de corne. G. Corn, Troed.
CORNEA, A. M. trompette; de Corn.
CORNEC, cornu, qui a des cornes, angulaire. B.
CORNECQ. MISAN CORNECQ, voile d'artimon. B.
CORNEL, angle. G.
CORNELL-BOTES, hauffe de foulier. B.
CORNELOG, qui a des angles. G.
CORNEREAH, bourdonner, action de bourdonner, de gronder. B.
CORNEREZ ER SCOHARN, tintement d'oreilles. B.
CORNERIA, CORNERIUM, A. M. angle. Les Gafcons difent Corniere; de Corn. De là le mot Cornier dans notre Langue, qui en terme d'Architecture fe dit des pilaftres qui font dans un angle; en termes de charpenterie fe dit d'un cantal de tuile ou de plomb qui eft le long d'un angle de deux toits ou bâtimens; en terme des eaux & forêts fe dit des gros arbres qui marquent les bornes des ventes & coupes de bois, lefquels arbres font d'ordinaire dans les angles des plans & figures que font les Arpenteurs de ces cou-
TOME I.

COR. 361

pes, & s'appellent ordinairement pieds Corniers.
CORNETA, A. M. efpèce de toque qui fe termine en corne; de Corn. On a dit en vieux François Corniar.
CORNETENN, cornette. B. De là ce mot. Cornet ou Cornette fignifioit en vieux François une couverture de tête pour homme, il ne défigne plus qu'une couverture de tête pour femme.
CORNETUM, A. M. angle; de Corn. On dit encore Cornet en ce fens dans notre Langue.
CORNETUM, A. G. endroit planté de cornouilliers; de Cornus Latin. Ce fruit a été ainfi appellé à caufe que fon noyau eft auffi dur que la corne. De Corn.
CORNHIRIET, ceux qui fonnent de la trompette, ceux qui donnent du cor. G.
CORNI, fe changer en corne, devenir dur comme de la corne. G.
CORNICARE, A. M. corner, parler à un fourd avec un cornet; de Corn.
CORNICCYLL, vaneau oifeau. G. Voyez Cornighell.
CORNICHEN, corniche. B. Il paroit par ce mot, & par Cornix, que Corn a fignifié bord, extrémité.
CORNICHET. Voyez Cornighet.
CORNICIUS, A. M. ouverture faite à une rivière pour faire couler une partie de fes eaux fur les prés, fur les champs; de Cor, Corn, canal; Ic, rivière.
CORNICQLES, hafe femelle du liévre. B.
CORNICULARE, A. M. donner du cor; de Corn.
CORNIFICATUS, A. M. courbé comme une corne; de Corn.
CORNIFICIUM OPUS, A. M. fait de corne; de Corn.
CORNIFLER, écornifleur. B. De là ce mot.
CORNIGHEL, toupie à jouer, fabot à jouer. B. De Corniguellat. On dit en haute Bretagne Cornichet pour Cornighel.
CORNIGHEL, vaneau oifeau. B. Voyez Corniccyll, Cornchwigl. Cet oifeau a pris fon nom de Corniguellat. Willugbi dans fon Ornithologie raconte que l'on dit que cet oifeau lorfqu'il voit quelqu'un, même fort éloigné de fon nid, jette de grands cris & vole en tournoyant tout autour.
CORNIGUELLADUR, tournoyement, tournoyement de tête. B.
CORNIGUELLAT, pirouetter, tournoyer. B.
CORNIN, frifure. I.
CORNIO, heutter comme font les béliers, bêliner. B.
CORNIOG, qui porte des cornes. G.
CORNIQUELLAT, faire tourner une toupie. B.
CORNIX, A. M. bord. Voyez Cornichen.
CORNOC, cornu, qui a des cornes, angulaire. B.
CORNOLIUM, A. M. cornouiller. Voyez Cornetum.
CORNOR, qui donne du cor. G.
CORNOR, Chef, Général, Commandant, Coryphée, le principal, guide, Roi des abeilles. G.
CORNOR T GWEUNYDD, vaneau oifeau. G.
CORNYW, efpèce qui porte des cornes. G.
CORNTA, ployé, plié, roulé. I.
CORNU, A. M. vafe à boire, cornet de berger, écritoire ou pot à encre, cornet pour verfer de la liqueur dans la bouche d'un malade, extrémité de l'habit qui fe termine en pointe ou en

T ttt

angle, angle d'Autel, bec ou pointe d'alambic, poignée d'épée; de *Corn*.
CORNUA, A. M. espèce de seau à anses; de *Corn*, anse.
CORNUTA, A. M. caisse ou coffre à anses; de *Corn*, anse.
CORNUTA, A. M. espèce de gâteau à angle; de *Corn*, angle. On les appelle *Cornnet* à Besançon; *Cornuda* en Limosin.
CORNUTERIUS, A. M. ouvrier en corne; de *Corn*.
CORNWYDD, ulcére, peste. G.
CORNWYDLYD, couvert d'ulcéres, pestiferé. G.
CORNYN, petite corne. G.
COROATA, CORROATA, CORROHATA, CORROADA, A. M. les mêmes que *Corvata*.
COROEA, COROYA, couronne. Ba, De *Cor*.
COROG, fagot, bourré. I.
COROIN, couronne. I. De *Cor*, tête. De là *Corona* Latin; *Couronne* François; *Corona* Italien & Espagnol; *Kron* Allemand; *Kroon* Flamand; *Chron* Théuton; *Crowne* Anglois; *Krune* Danois; *Kruna* Dalmatien; *Korunna* Bohémien; *Korona* Hongrois. Voyez *Coroea*, *Coron*, *Krooné*.
COROL, COROLL, danse, bal, danse publique, danse en rond. B. De là *Carole*, danse en vieux François; *Carola*, bal en Italien; *Caroll*, danse en Anglois.
COROLL, Voyez *Coroller*.
COROLL. Voyez *Corol*.
COROLLER, tanneur qui vend du cuir en détail. B. C'est le même que *Corollexr*.
COROLLER, danseur. B.
COROLLEZR, tanneur qui vend du cuir en détail. B.
COROLLI, danser, tenir un bal, une danse publique. B.
CORON, couronne, diadême. G. B. Voyez *Coroin*, *Coroea*.
CORON, chef, tête. Voyez *Coronal*.
CORONAL, colonel. B. *Cor* ou *Coron*, chef, tête. Voyez *Coronela*.
CORONAWG, couronné. G.
CORONBLETH, couronne. G.
CORONCQA, CORONCQAT, se baigner. B.
CORONCQEN, bain. B.
CORONELA, colonel, tribun militaire. Ba. Voyez *Coronal*. Le peuple dit encore *Coronel*. *Coronel* en Espagnol, colonel.
CORONELLUS, A. M. colonel; de *Coronela*.
CORONES, presqu'île. B. *Onés* le même qu'*Enés*. Voyez *Corenés*.
CORONI, couronner. G.
CORONIG, petite couronne. G.
CORONIX, A. M. corniche bordure de tableau; en Italien *Cornice*. Voyez *Cornix*.
CORONTAS, couronnement. I. Voyez *Coron*, *Coroin*.
COROTZ, aigu. Ba.
COROVATA, A. M. le même que *Corvata*.
COROYA. Voyez *Coroea*.
CORP, corps, cadavre, carcasse. I. Voyez *Corf*, *Corph*.
CORPH, corps. G. B. Voyez *Corp*, *Corf*.
CORPHAWL, corporel. G.
CORPHLAN, cimetière. G.
CORPHOG, corporel. G.
CORPHOL, corpulent. G.
CORPHOLAETH, corpulence, corsage, stature, taille, largeur, hauteur, épaisseur & constitution du corps. G.

CORPHOLAETHU, rassembler en un corps, prendre un corps. G.
CORPHOLDEB, corpulence. G.
CORPHORAWL, corporel. G.
CORPHORI, prendre un corps, incorporer, rassembler en un corps. G.
CORPHYN, petit corps. G.
CORPODICINA, A. M. le même que *Corsicina*.
CORPORARE, A. G. blesser, fraper; de *Corp* ou de *Cop*.
CORPORICIDA, A. M. boucher. Voyez *Corpodicina*.
CORQ, pauvre. B.
CORQENN, colletin. B.
CORQES, femme pauvre. C'est le féminin de *Corq*. B.
CORR, petit. G. B. *Corthy* en Irlandois, petit; *Cort* en Flamand; *Cors* en vieux François; *Court* en François moderne; *Curtus* en Latin; *Corto* en Italien & en Espagnol; *Kurtz* en Allemand; *Short*, prononcez *Chort*, en Anglois; *Kurta* en Hongrois, bref, court, petit; *Kort* en Flamand, court; *Ochor*, court en Tartare Mogol & Calmoucq; *Chord*, court, bref, menu, délié en Turc; *Choraz*, nain en Turc & en Persan; *Corang* moins en Malaye; *Makor* en Syriaque, petit, court d taille; *Couras* en Javanois & à Malaca, moins; *Koo*, petit garçon; *Ko*, petite fille en Hottentot. Voyez *Cor*.
CORR, nain. G. B.
CORR, araignée selon quelques Gallois. G.
CORR, nez, bec, groin, extrémité, fin. O *Chorraibh Ua Talmhan*, des extrémités de la terre. I.
CORR, nom commun à toutes les espèces de gruës oiseaux. I.
CORR, diminutif. B.
CORR, doucement, lentement. B.
CORR, campagne. Voyez *Corrdref*.
CORR, le même que *Cor*. Voyez le premier *Cor*.
CORR, A. M. le même que *Conradium*.
CORRA, longtemps, longue durée. Voyez *Bicicorra*, *Cor*.
CORRACH, qui meut, remuant, inquiet, capricieux. I.
CORRAFON, petit ruisseau. G. *Corr*, petite; *Afon*, rivière.
CORRAGHS, petit vaisseau couvert de cuir, barque couverte de cuir, petit vaisseau fait d'osier & couvert de cuir. I. C'est le même que *Corwg*.
CORRAIGHIM, mouvoir, remuer. I.
CORRALE, parc de brebis à l'air. Ba. *Corral*, coin en Espagnol. Voyez *Cor*.
CORRAN, crochet, agraffe, faux, maladie. I.
CORRANACH, CORRANTA, courbe, en faux, courbure. I.
CORRATERIA, A. M. tannerie; de *Cor*.
CORRATERIUS, A. M. courtier; de *Courater*.
CORRAZARIUS, A. M. faiseur de cuirasses; de *Curas* ou *Coras*.
CORRDDERWEN, petit chêne. G. *Corr*, petit.
CORRDHRONN, bosse, enflure, tumeur. I.
CORRDREF, maison de campagne. G. *Tref*, a composition *Dref*, maison, & par conséquent *Cor*, campagne. Voyez aussi *Coreph*, *Goror*. *Chore* en Grec, région.
CORREARIUS, CONREARIUS, CORRERIUS, COURRERIUS, A. M. procureur, celui qui fait les affaires de quelqu'un; de *Cor* le même que *Cûr*.

COR.   COR.   363

CORREDA, CORREDIUM, CORREDUM. Voyez *Conradium*.

CORREEN, courroie. B. Voyez *Corren*.

CORREGIUM. Voyez *Conradium*.

CORREN, courroie, espèce d'algue longue & large comme une courroie. B. Voyez *Carrai*.

CORREOA, messager. Ba.

CORREOUR, corroyeur. B. De là ce mot.

CORRÉS, naine. G. B.

CORREUM. Voyez *Conradium*.

CORREYEN, courroie. B.

CORRFANADL, le même qu'*Aurfanadl*. G. *Corr*, parce qu'il est plus petit que le genêt.

CORRFARCH, poulain, cheval de basse taille. G. *Farch* de *March*.

CORRFRYNN, petite colline. G. *Frynn* de *Brynn*.

CORRGHLAIS, héron. I.

CORRGHRIAN, vautour. I.

CORRHWYA, perdrix. G. Voyez *Coriar* qui est le synonime; *Hwya* signifie donc poule.

CORRIASGACH, grue oiseau. I.

CORRICARIA, courier. Ba. Voyez *Cor*, vîte, & *Cwr*.

CORRICQ, nain, fée. B. Voyez *Corr*, *Cor*; de *Corricq*, *Corricqet*; de là *Criquet*, de la *Criquette*, petite mesure.

CORRIDAN, pygmée, mirmidon. B.

CORRIDIUM, A. M. le même que *Conradium*, nourriture, aliment, repas.

CORRIGAN, CORRIGANT, nain, fée. B. Voyez *Corricq*.

CORRIGER, correcteur. B.

CORRIGIA, A. M. courroie, bandelette, ceinture, lanière, piéce de terre qu'on mesuroit avec une courroie; de *Carrai*; de là *Escourgée* en notre Langue; de là en vieux François *Corgie*, sangle; *Corgeon*, *Courgeon*, *Corion*, cordon, courroie.

CORRIZE, rougir. Ba. *Correrse*, rougir, avoir honte en Espagnol. Voyez *Cor*.

CORRLHA, las, fatigué. I.

CORRLLYN, mare. G.

CORRMHIAN, pensée, opinion, sentiment, envie. I.

CORRMHONAD, grue oiseau. I.

CORRO, petit. Voyez *Corrodyn*.

CORROATA, CORROADA, A. M. les mêmes que *Corvata*.

CORRODARIUS. Voyez *Conradium*.

CORRODIUM. Voyez *Conradium*.

CORRODYN, nain. G. *Dyn*, homme; *Corro*, par conséquent petit. Voyez *Corr*.

CORROEN LAEZ, crème, selon le Pere de Rostrenen; petite crème qui se forme sur le lait doux chauffé sur le feu, selon Dom le Pelletier. B. *Corroen*, diminutif de *Cor*, peau: Cette petite crème est comme une petite peau; *Laez*, lait.

CORROGATA, A. M. le même que *Corvata*.

CORROGIUM. Voyez *Conradium*.

CORROMPI, corrompre. B.

CORRONCA, se baigner. B. Voyez *Couer*.

CORROX, A. M. le même que *Conradium*, aliment, repas.

CORRUA, CORRUEA, CORRUCYA, CORRUWEIA, A. M. les mêmes que *Corroata*.

CORRUDHE, changement, incitation, sollicitation, irritation, inciter, solliciter, se trémousser, s'agiter, se remuer, inspiré. I.

CORRUGHADH, mouvement, mouvoir. I.

CORRUGHE, mouvement, impulsion, secousse, élancement, inspiration, provocation, mouvoir, provoquer. I.

CORRUIGHE, malade. I.

CORRUIGHEACH, qui meut, qui remue. I.

CORRUIGHEADH, injure. I.

CORRYN, nain, petit, court, bref. G. Voyez *Corr*.

CORS; singulier *Corsen*, jonc, roseau; pluriel *Cyrs* & *Ceirs*. G. *Cho* en Chinois, roseau.

CORS, lieu rempli de joncs, lieu où il croît des joncs, des cannes, des roseaux, marais; au pluriel *Corsydd*. G. *Couria* en Tartare, cabane de roseaux. Voyez *Corsen*, *Corseen*.

CORS; singulier *Corsen*, *Corseen*, roseau, jonc; pluriel *Corsou*, *Kers*. B.

CORS, corset. Voyez *Corsbros*.

CORS. Voyez *Cortis*.

CORSARE, A. M. faire le métier de corsaire, aller en course; *Corsare* en Italien; de *Courcer*.

CORSARIUS, A. M. pirate, corsaire; de *Courcer*.

CORSBROS, corset de jupe, corps de jupe pour les femmes. B. *Bros* signifie jupe; ainsi *Cors* signifie corset; de *Corf*, corps.

CORSEEN. Voyez *Cors*.

CORSEN, roseau, jonc, canne, chalumeau, tuyau; tuyau de bled, glayeul, tuyau d'herbe. B. Voyez *Cors*.

CORSERIA, A. M. chemin pratiqué dans les murailles d'une Ville, par lequel on court avec sûreté dans les endroits que les ennemis attaquent; en vieux François *Corsiere*; de *Cwrs*, prononcez *Cors*.

CORSERIUS, A. M. coursier ou cheval de bataille; de *Cwrs*, prononcez *Cors*.

CORSERIUS, A. M. le même que *Corseria*.

CORSETT, corset. B.

CORSETUS, A. M. corset; de *Corsett*.

CORSFRWYNEN, jonc, roseau. G. De *Cors*; *Brwynen* pléonasme.

CORSHWYAD, foulque, mouette poule d'eau. G.

CORSLWYN, lieu plein de roseaux.

CORSOC, de jonc, plein de joncs, marécageux. G.

CORSORIUM, A. M. le même que *Cursorium*.

CORSOU, les queſſoux d'une charrette. B.

CORSOYRUM, A. M. petite digue pour retenir l'eau, apparemment de roseaux & de terre glaise; de *Cors*.

CORSS, glayeul. B. Voyez *Corsen*.

CORT, corde. G. Voyez *Cord*.

CORT, champ. I.

CORTA, qui n'a point de force ou de courage, foible, abattu, découragé. I.

CORTAL, CORTALIS. Voyez *Cortis*.

CORTALINI. Voyez *Cortis*.

CORTANEUM, CORTARIUM. Voyez *Cortis*.

CORTAS, dette. I.

CORTESANI. Voyez *Cortis*.

CORTEZA, poli, civil, honnête. Ba. *Korta*, être affable en Finlandois. Voyez *Courtes*.

CORTEZIA, urbanité, politesse. Ba. De là courtois, courtoisie. Voyez *Courtes*.

CORTHA, las, fatigué, qui n'a point de force; point de courage, foible, abattu, découragé, ennuyé, dégoûté. I.

CORTHA, semence; *Scol Cortha*, qui seme la semence. I.

CORTHAIR, bordure ou frange d'un habit. I.

CORTHAS, qualité lassante ou ennuyante. I.

CORTHY, petit. I. Voyez *Cor*, *Curt*.

CORTIBALDUS, CORTIBALLUS, CUREBALLUS, CORTIBAUDUS, CURCINBALDUS, CURCEBOLDUS, A. M. courtibault, espèce de tunique ou d'habit court appellé encore aujourd'hui dans le Berri & dans le Limofin *Courtibaut* ; de *Courtibault*.

CORTICANUS, CORTICELLA, CORTIFER, CORTIGIUM, CORTILE. Voyez *Cortis*.

CORTINA, rideau, courtine. Ba. De là *Cortina* Latin, Italien, Espagnol ; *Courtine* François ; *Courtaine*, *Curtain* Anglois ; *Gordyne* Flamand, courtine, voile.

CORTINA, CORTINALE. Voyez *Cortis*.

CORTINARII. Voyez *Cortis*.

CORTIS, CURTIS, CORS, CURS, COHORTIS, CURTA, CURTUS, CORTIFER, CURTIFER, CULTIFER, CULTIUM, CURTIFICIUM, CORTAL, CORTALIS, CORTARIUM, CORTORIUM, CORTIGIUM, CURTILE, CURTILIS, CORTILE, CORTILIS, CORTILIUM, CURTILIO, CORTILLUM, CORTILLUS, COURTILLUM, CURTILLUS, CURTILLUM, CORTILAGIUM, CURTILAGIUM, CURTILIARIUM, CORTICANUS, CURTICANUS, CORTANEUM, A. M. parvis ruſtique entouré d'étables & d'autres bâtimens, métairie, grange, habitation propre à un granger, avec les terres qu'il cultive, manoir, habitation avec les terres, poſſeſſions & émolumens qui en dépendent. *Corticella*, *Curticula*, *Corticellio*, (d'où on a fait *Courcelle*, *Courcillon*) *Curticlis*, *Curticlus*, diminutifs de *Cortis*. *Curtarius*, celui qui poſſéde ou qui tient à ferme une *Cortis*. *Cortiſanus*, *Curtiſanus*, celui qui demeure dans une *Cortis*, celui qui en laboure les terres. *Curtile* a auſſi ſignifié un jardin fermé. On diſoit *Courtil* en notre Langue il n'y a pas longtemps, & il ſe dit encore dans les Provinces. *Curtilarius*, *Curticularius*, celui qui dans les Monaſtéres avoit ſoin de procurer les légumes néceſſaires, ſoit du jardin de la maiſon, ſoit d'ailleurs : On le nommoit en vieux François *Courtillier*, *Courtiller*, *Courtilleur*, & le jardin *Courtil*, *Courtilliere*.

CORTIS, CURTIS, CORTINALE, A. M. cour. *Cortina*, *Curtina*, petite cour ; *Cortinæ*, les courtines qui entourent une Ville, les courtines, draps, tapiſſeries, voiles dont on enferme un eſpace : On trouve auſſi *Courtinæ*, *Cordina*, *Curtina* dans ce dernier ſens. (Voyez *Cortina*) *Curticula*, parvis d'Égliſe ou de palais entouré de portiques.

CORTIS, CURTIS, A. M. tente du Prince ou du Général de l'armée ; *Cortinarii*, *Cortelini*, ceux qui gardoient cette tente.

CORTIS, CURTIS, A. M. palais, la cour, demeure du Prince, enceinte du palais. Ces termes ont été étendus à la famille & à la maiſon du Prince, à ceux qui ſuivent le Prince, aux courtiſans ; *Cortiſani*, *Cortiſiani*, *Curtiſani*, courtiſans, ceux qui demeurent à la cour, qui ſuivent la cour : On les a auſſi appellés *Curtilarii* ; en vieux François *Curtilliers*.

CORTIS dans toutes ces ſignifications vient de *Cordd* ou *Cort*, habitation, enclos, clos, clôture, enceinte. La racine de *Cordd* eſt *Cor*. *Koer* en Breton, logis, maiſon ; *Gouriza* dans la même Langue, enceindre, environner, entourer ; *Curt* en Irlandois, cour, parvis, & *Coirir*, maiſon ; *Gortea* en Baſque, cour, jardin, métairie, grange, la cour ; *Cortina*, courtine dans la même Langue, & *Chor*, maiſon ; *Corte* en Eſpagnol, cour, la cour ; *Cortijo* en Eſpagnol, cour, jardin, métairie ; *Cortitos* en Eſpagnol, métairie, & *Corral*, cour ; *Corte* en Italien, la cour, le Palais d'un Prince, & *Cortile*, cour ; *Cour* en François, cour, la cour d'un Prince, & *Courtil*, jardin ; *Courte* en Anglois, ſale, palais, cour du Prince ; *Koert* en Flamand, grange ; *Gurth* en Théuton, maiſon ; *Gorod*, *Gord* en Eſclavon, Ville ; *Korongo* en Hongrois, circuit, enceinte ; *Kereſma* en Hongrois ; *Karcſma* en Dalmatien, logis ; *Garter* en Carniolois, claye, barreaux, treillis ; *Kiortel*, tunique en Danois ; (Voyez *Cas*) *Kurta* en Turc, palais du Prince, cour de Souverain ; *Ziourd*, maiſon en Tartare de Tobolsk ; *Chor* en Arménien, autour ; *Cor* en Tartare du Thibet, circuit ; *Chor* en Turc, Village, & *Achor*, enclos, étable ; *Couria*, logemens, habitations en Tartare ; *Korb* en Hébreu, maiſon, & *Chores*, verger, enclos d'arbres ; *Curin* en Hébreu Rabbinique, métairie ; *Kor*, *Kuri*, Ville, Village en Syriaque ; *Kuria*, Ville en Chaldéen ; *Achor* en Perſan, enclos, étable, & *Kurh*, Village ; *Cura*, cellier en Japponois, & *Xiro*, château ; *Chortos* en Grec, enclos ; *Chore* en Grec, Village, & *Chorion*, métairie ; *Sourà*, maiſon en Galibi. Le *c* ſe change en *h* ou même s'omet. *Horda* en Tartare, la cour ; *Horde* en Tartare, habitation, & *Orda*, tente ; *Horda* en Mogol, château royal ; *Ordu*, camp en Arabe & en Turc ; *Ortu*, couvert, couverture en Turc, & *Ortmek*, couvrir ; *Ord*, caverne en Arménien ; *Horde*, *Hurde* en Théuton, enclos ; *Horde* en Flamand, enclos ; *Hurdle* en Anglois, enclos ; *Hirdle* en ancien Saxon, enclos, & *Heort*, maiſon ; *Hortus*, ſelon Sextus Pomponius, ſignifioit chez les anciens Latins une métairie, une maiſon de campagne ; *Hordel* en vieux François ſignifioit des clayes ; *Ort*, jardin en Auvergnac. Le nom de *Hord* a été étendu à ſignifier la troupe qui étoit renfermé dans le camp, dans l'habitation ; ainſi en Tartare *Horde* ſignifie une troupe de ce peuple, un Royaume, un état ; *Urdd* en Gallois, troupe. On appelle en Franche-Comté *Ourdon* une troupe de moiſſonneurs, de vendangeurs. *Zhor* en Dalmatien, aſſemblée. C'eſt ainſi que les Latins ont étendu la ſignification de *Cors* ou *Cohors*, & s'en ſont ſervis pour déſigner une troupe. Les mots Latins *Curia* dans tous ſes ſens, *Hortus*, jardin, *Horreum*, grenier, viennent de *Cor*, *Hor*.

CORTORIUM. Voyez *Cortis*.

CORTREF, maiſon de campagne, métairie. G.

ÇORTZI, huit. Ba.

CORV, le même que *Corn*. Voyez *Corvighella*, & *Corvoi*.

CORVA, CORVIS, A. M. champ appellé corvée, parce qu'il ſe laboure par corvées : cette façon de parler eſt encore en uſage. Voyez *Corvata*.

CORUA, chœur. Ba. Voyez *Côr*.

CORVADA, CORVAGIUM, A. M. les mêmes que *Corvatae*.

CORVATA, CORVATIS, CORVEIA, A.M. champ appellé corvée, parce qu'il ſe laboure par corvées. Voyez l'article ſuivant.

CORVATAE, CORVEIAE, COURBIAE, CURVATAE, CURVADA, CORVADA, CORVEDA, CURBADA, CROADA, CROATA, CORVEA, CORVEAMENTUM, CORVERIA, CORVIATA, A. M. corvée, corvées. *Corvagium*, *Corveagium*, corvée, droit d'exiger des corvées ; de *Corvoadur*, *Corv*.

CORVE, corvée. B. Voyez *Corvoadur*.

CORVEC, gourmand. B.

CORVEGUEIN, crapuler. B.

CORVEGUEREAH, crapule. B.

CORVEIA. Voyez *Corvata*.

CORVEIAE. Voyez *Corvatae*.

CORVELLAT, remuer ſouvent les jambes. B.

CORVENTEN

COR.

Corventen. Voyez *Courventen.*
Corvesarii, A. M. favetiers, en vieux François *Courvaifiers*, *Courvoifiers*; de *Cor*, cuir, *Vet*, en composition *Vez*, vieux.
Corvetenn, courvette vaisseau leger. B.
Corugacatha, bataille. I.
Corugha, réformation. I. De là *Corrige* Latin, *Corriger*, François.
Corughadh, orner, parer, embellir, friser, ornement; *Ag Corrughadh*, réparation, correction. I.
Corugio, A. G. enfant; de *Corr.*
Corviata. Voyez *Corvaiae.*
Corvighell. Voyez *Corvighella.*
Corvighella, se brouiller, se mêler à force de se contourner comme une corde neuve, qui n'est ni tendue, ni roulée, enforte qu'elle se double & forme comme des boucles; *Corvigheile*, tromperie, fraude; *Corvighellez*, tromperie, fraude; *Corvighelleza*, tromper. B. C'est le même que *Corniguellat*, l'*n* se changeant en *v*, & par conséquent *Corv* est le même que *Corn*.
Corvighellez. Voyez *Corvighella.*
Corvighelleza. Voyez *Corvighella.*
Corvilla, A. G. corbeille; de *Corboll*, *Corvell*.
Corvinium, A. M. le même que *Covinus*, l'*r* s'insère.
Corvis. Voyez *Corva.*
Corvoadur, corvée. B. De *Corf* ou *Corv*, corps; la corvée est un service, une charge corporelle.
Corvoadur, aise, plaisir, commodité, biens de fortune. B. De *Corf* ou *Corv*, corps.
Corvoi, avaler. B. De *Coro* le même que *Corn*, gosier, ésophage. Voyez *Corvighella.*
Coruscus, A. G. grand; de *Cor*.
Corwalch, espèce d'épervie. G.
Corwenten, tourbillon. B. Voyez *Corwynt.*
Corwf, biére boisson. C. Voyez *Cwrw*.
Corwg, *Corwgl*, barque de pêcheur couverte de cuir. G. Voyez *Cwrwgl* qui est le même que *Corwgl* & *Corraghs*.
Corwynt, tourbillon de vent. G. Voyez *Corwenten.*
Coryandren, coriandre. B.
Coryn, cime, sommet, tête. G. C'est le même que *Corin* & *Cor*, *Cora* en Hébreu, colline; *Kara* en Grec, le sommet, la cime, la partie la plus élevée de quelque chose.
Corynrwy, diadême. G.
Corzen, canne dont on fait les quenouilles. B. Voyez *Corfen.*
Cos, jambe, pied. I. Voyez *Coes*.
Cos, manche, étui. I.
Cos, ancien, vieux, âgé selon Dom le Pelletier, vieux, méchant selon le Pere de Rostrenen. On écrivoit *Coz* autrefois. En quelques endroits de Bretagne on prononce tout court *Cô*. Dans un vieux livre Breton on lit *Cos* nom substantif; singulier *Cofen* que les adjectifs n'ont point. B. *Caseus* en Sabin signifioit vieillard suivant Varron, c'est *Cos Cos* par répétition. *Cas* en Chaldéen, vieillir ; *Cos* en Gallois signifie domestique, valet, serviteur. On dit populairement qu'une chose va *Cosi*, *Cosi*, ou *Cousi*, *Cousi*, lorsqu'elle va petitement, foiblement, imparfaitement. On voit par ce que nous venons de dire que *Cos* en Celtique a signifié défectueux, imparfait, foible, petit, mauvais, méchant, vieux. Les Latins ont donné de même tous ces sens à leur *Antiquus*,

TOME I.

COS. 365

ainsi qu'il paroit par *Antique.* Voyez *Coh*, *Cohni*, *Cosni*, *Coit*, *Gau*, *Coz*, *Cozi*, *Cozni*.
Cos, le même qu'*Achos.* Voyez *Achaws.*
Cos, domestique, valet, serviteur. Voyez *Cosgordd.*
Cos, action de se grater. Voyez *Hunges*.
Cos, feu. Voyez *Gosgymmon*; de là *Coffer* en vieux François, irriter, courroucer.
Cos, tête. Voyez *Cosquestaglia.* *Cosse*, tête en Patois de Besançon.
Cos, le même que *Cot.* Voyez *S*.
Cos, le même que *Cas*, *Ces*, *Cis*, *Cus*, *Cws*, *Cys*. Voyez *Bai.*
Cos, le même que *Gos*, *Os*, *Sos.* Voyez *Aru.*
Cos-Leuhe, *Coz-Leuhe*, *Cos-Lue*, veau d'un an. B. *Cos*, *Coz*, vieux, *Leuhe*, *Lue*, veau. On lit dans un vieux livre Breton, *Coz-Leuhe* pour une injure ou mépris, & il est encore en usage en ce sens.
Cosach, quadrupède. I.
Cosan, entrée, passage, route, voie, chemin. I.
Cosantach, *Cosantoir*, le défendeur, l'accusé, le coupable. I. Voyez *Cosnam.*
Cosaracha, fers des pieds, entraves. I.
Cosbunn, racine. I.
Cosbwr, bourreau. G. C'est le même que *Cospwr*.
Cosc, épée. I.
Cosca, contusion, meurtrissure; *Coscata*, meurtri; *Coscatzallea*, qui donne des coups; *Coscatzea*, coup, contusion, meurtrissure. Ba. De là *Coquer* chez les Paysans fraper. Voyez *Chocat*, *Chiqein*.
Coscabaguea, GUISON COSCABAGUEA; ingenu, sincére. Ba. *Guifon*, homme.
Coscez & *Coscet.* Dans les anciennes chartes d'Angleterre, le premier de ces mots est pris pour chaumière, le second pour celui qui y demeure. On a dit *Cofel* pour chaumière en vieux François. *Coshe* chez les anciens Anglois, chaumière. De *Cos*, le même que *Cas*, le même que *Cwtt*, prononcez *Cott*, ou *Coss*.
Coschaorach, gigot. I. Voyez *Cos*.
Coscia, A. M. cuisse en Italien, *Coscia.* Voyez *Cos*.
Cosclusach, riche, de grand prix, couteux. I. Voyez *Cost*.
Coscolla, chêne verd. Ba. *Cofcoja* en Espagnol.
Coscor en Cornouaille, synonime de *Gosgordd*, Gallois. C.
Coscoude. Voyez *Colfconde.*
Cosdas, dépense. I. Voyez *Cost*, *Cosdus*, *Cust*.
Cosduna, *Cosdupena*, *Cosdupna*, A.M. coûtume. Voyez *Constuma*, *Custum*.
Cosdus, dépens, frais, tribut. I. Voyez *Cosdas*.
Cosfa, demangeaison, gravure. G. Voyez *Cos*, grater.
Cosg, obstacle, empêchement, obstruction, embarras, échec, perte, malheur, empêcher, embarrasser, boucher, arrêter, sevrer, défendre. I.
Cosgar, jeunes garçons. C.
Cosgar, victoire. I.
Cosgleue; singulier *Cofgleuzen*, vieux tronc d'arbre. B.
Cosgor, famille entière, pere, mere & enfans. B. Voyez le mot suivant.
Cosgordd, le domestique, les serviteurs, les valets de la maison. G. On dit indifféremment *Gofgordd* & *Cofgordd*. *Gordd* étant en composition, doit faire *Cordd* au simple & signifier maison, habitation. Voyez *Cor*.

V v v v

COSGRACH, destruction, ruine, massacre. I.
COSGRAIDHE, vainqueur. I.
COSHERY, tribut que l'on payoit au souverain, lorsqu'il voyageoit, pour subvenir à ses frais & à ceux de sa suite. I.
COSI, graver, tailler, entailler, cizeler, grater, frotter, faire une friction, demangeaison. G.
COSIADUR, Notaire, Greffier. G.
COSIN, coussin. I. Voyez Cossyn.
COSINUS, A. M. coussin; de Cossyn.
COSION, ôtage. B.
COSLE, le même que Cos-Lue. B. Voyez Cos-Leuhe.
COSLÉ, taureau. B.
COSLOM, qui est à pieds nuds. I.
COSLUACH, qui est vîte des pieds. I.
COSMHUIL, semblable. I.
COSMHUILEACHD, imitation. I.
COSMHUL, semblable, égal, pareil, apparent, vraisemblable, probable. I. De là notre Comme.
COSMHULADU, faire allusion. I.
COSMHULAS, apparence, allusion. I.
COSMHULOS, image. I.
COSNA, coussin, oreiller, matelas, lit. Ba Voyez Cossyn.
COSNADH, défense. I.
COSNAM, défendre, conserver, garder, protéger, appuyer, soutenir, protection, garde, défense, résistance, rempart, conservation, soutien, enceinte. I.
COSNI, caducité. B.
COSP, peine, punition, supplice. G.
COSPADURIAETH, punition, châtiment. G. épenthese de Cosp.
COSPAWL, pénal. G.
COSPEDIGAETH, châtiment, punition, supplice. G. épenthése de Cosp.
COSPER; singulier Cosperen, poire sauvage, quelques-uns disent Cotper, Cotperen. Un homme habile en Breton le formoit de Coat ou Cot, forêt, & Per, poire. En conservant Cosper qui est le plus commun, on le formera de Cos, mauvaise, Per, poire : les hauts Bretons nomment ces poires Goberan. B.
COSPI, châtier, punir, infliger une peine, affliger, venger. G.
COSPWR, bourreau, vengeur. G.
COSQOR, à petit bruit, doucement, sans bruit, & anciennement lentement. B.
COSQUELTALGUIA, sorte de bonnet ou de casque fait de peau de bête sauvage. Ba. Voyez Coch, Coccwl.
COSQUO, toute une Bourgeoisie. B.
COSQUOR, le même que Cosqor. B.
COSS, gousse. B. De là ce mot. La gousse en Patois de Franche-Comté se nomme Cosse.
COSS, dévidoir. B.
COSS; plurier Cosset, ver qui s'engendre dans le bled & le ronge, calandre, cosson, charançon; le singulier est Cossen. Il y a encore un ver qui ronge les pois qui a le même nom de Coss en Breton & de Cosson en François. B. On appelle en Patois de Besançon Cô un ver qui se forme dans les excrémens. Cossus ou Cossis en Latin, ver qui perce le bois.
COSS. Voyez Coscez.
COSS-TAUIM, jambe tortuë. I. Tauim prononcé pour Cauim.
COSSA, COSCA, COSCIA, COCIA, A. M. droit de mesurage; de Cauc ou Caus. Voyez Caucus.

COSSA, A. M. cuisse. Voyez Cos.
COSSAAT, écheveau. B.
COSSAE, A. M. gousses; de Coss.
COSSAENN, le même que le troisième Coss. B.
COSSALUM, A. M. armure de la cuisse. Voyez Cossa.
COSSATUS, A. M. qui demeure dans une chaumière; de Coss. Voyez Coscez.
COSSEN. Voyez Coss.
COSSERIUM, A. M. le même que Cossalum.
COSSI dans Festus, vers qui naissent dans le bois; & dans Végece, vers qui naissent dans les chevaux. De Coss.
COSSIGNERIUM, A. M. paroit être le même que Cosserium.
COSSINUS, A. M. coussin; de Cossyn.
COSSIO, A. M. cochon; de Cauch ou Caus.
COSSIS. Voyez Cossus.
COSSUS, COSSIS, A. M. ridé, froncé, courbé. Les anciens, dit Festus, appelloient les hommes naturellement ridés Cossi, à cause de leur ressemblance avec ce petit ver nommé Cosson. Festus se trompe, on les appelloit ainsi à cause de leur ressemblance avec les vieillards. Cos, ancien, vieux; & comme les vieillards sont ridés, Cos a été étendu à signifier ridé.
COSSYN, coussin. G. Cosin, Cusin en Irlandois; Cushion en Anglois; Cosna en Basque; Coussin en François; Cossino en Italien; Coxin en Espagnol; Kussen en Allemand, coussin.
COSSYN, fromage. G.
COST, dépens, dépense. G. Costus en Irlandois; dépens, frais; Costua en Basque, dépense; Coust en Breton, coût, prix de ce que l'on achète; Coût en François, prix de ce que l'on achete, dépens; Cost en Anglois; Kost en Allemand; Kost en Flamand; Costo en Italien; Costa en Espagnol; Keultseg en Hongrois, coût, dépense; Kosten en Allemand, prix; Costelic en Flamand; Koftlich en Allemand, de grand prix; Kostnadur, dépens, dépense en Islandois.
COST. Voyez Coslowci.
COSTA, côte maritime. Ba. De là Costa Maris dans les anciens monumens, côte de la mer. Coast Of The Sea en Anglois, côte de mer. Voyez Costen. De là Côte en notre Langue. Voyez Cotind, Costen.
COSTA, A. M. côte, pente de montagne; de Costez.
COSTA, A. M. côte; de Coslez.
COSTA, A. M. coût, dépense; de Cost.
COSTAGIUM, A. M. coût, dépense; de Cost.
COSTALARIUS, A. M. coutelas; de Coutell.
COSTAMAGA, comptoir, bureau d'impôts. Ba. Voyez Cost & Mag, maison, habitation. Voyez Cota, Cotiza.
COSTAMENTUM, A. M. le même que Costagium.
COSTAN, bouclier. C.
COSTARE, A. M. coûter; en Espagnol Costar; en Italien Costare; de Cost.
COSTAREZ, A. M. le même que Costrelli.
COSTARIUM, A. G. l'endroit des côtes; de Costez.
COSTARIUM, COSTERIUM, A. M. les mêmes que Costrelli.
COSTASAMHUL, cher, de grand prix. I. Voyez Cost.
COSTDUMA, A. M. le même que Costuma.
COSTEEN, côte. B.
COSTEN, côte. B.

COS.

COSTEN, bord, rivage. B. Voyez *Cofta. Cota*, rivage en Perfan.
COSTERA, A. M. côte de mer; de *Cofta*.
COSTEREZ, A. M. efpèce de mefure pour le vin; de *Coftrel*.
COSTERIUM, A. M. côté, partie d'un lieu; de *Coftez*.
COSTEZ, côte, côté, flanc, pente, penchant d'un lieu. B.
COSTEZA, incliner, pencher. B.
COSTEZEN, côte. B.
COSTEZET, penché, enclin. B.
COSTFAWR, qui coûte beaucoup, cher, précieux. G. de *Coft Fawr*.
COSTI, dépenfer. G. Voyez *Coft*.
COSTIERA MONTIS, A. M. côte, pente de montagne; de *Coftez*.
COSTILLATUS, CONSTILLATUS, A. M. qui a des côtes. De *Coften*.
COSTIO, coûter, donner. G.
COSTIS, A. M. côté; de *Coftez*.
COSTIS, A. M. grange, métairie, habitation ruftique. Voyez *Cofcez*.
COSTO, garder. Voyez *Coftowci*.
COSTOG, dogue, mâtin, gros & grand chien pour la garde. G. Voyez *Coftowci*.
COSTOG Y DOMM, herbe de fainte Barbe. G.
COSTOGAIDD, canin, cynique, de chien, inhumain, bizarre, fâcheux, capricieux, bourru, homme qui forme des difficultés fur tout. G.
COSTOMA, catarre, rhume. Ba.
COSTOMAGAREN ZAINA, qui leve les impôts. Ba. Voyez *Coftamaga*.
COSTOMATUA, qui a le rhume. Ba.
COSTOWCI, dogue, mâtin pour la garde. G. *Ci*, chien; *Coftow* ou *Coftog*, qui eft plus haut, fignifie donc garde, gardien, d'où les Latins ont fait leur *Cuftos; Cofto* par conféquent, garder. On voit par ce mot & par *Coftan*, bouclier, que *Coft* a fignifié garder, défendre, couvrir, cacher.
COSTREL, bouteille, outre, baril. G. On appelle *Cofte* en Franche-Comté, une mefure pour la vendange. *Cofta* en Syriaque; *Coft* en Arabe, mefure pour le vin.
COSTRELAID, demi baril. G.
COSTRELIG, bouteille, petit outre, petit baril. G.
COSTRELLI, A. M. vafes à mettre du vin; de *Coftrel*.
COSTRELIVR, porteur d'eau, de vin, ou de quelqu'autre liqueur dans un outre. G.
COSTUA, dépenfe. Ba. Voyez *Coft, Coftus*.
COSTUANDIA, grande dépenfe. Ba. *Coftua Andia*.
COSTUCIA, A. M. paroit fignifier dépenfe; de *Coftus*.
COSTULA, A. M. côte; de *Coften*.
COSTUMA, catarre, rhume. Ba.
COSTUMA, coûtume. Ba. Voyez *Cuftum*.
COSTUMA, A. M. coûtume; de *Coftuma*.
COSTUMATZEA, avoir le rhume ou le catarre. Ba.
COSTUMBRATUA, accoûtumé. Ba. Voyez *Coftuma*.
COSTUS, qui coûte beaucoup, fomptueux, magnifique. G.
COSTUS, dépens, frais. I. Voyez *Coft, Coftua*.
COSTUS, A. M. dépenfe; de *Coftus*.
COSTWYAD, châtiment, punition. G.
COSTWYO, mieux *Cyftwyo*, dit Davies, châtier, punir. G.
COSYN, fromage. G.

COT.

COT, bouillie de lait. B. Voyez *Caut*.
COT. On voit par *Cota, Cotarmur, Cots, Cwt*, prononcez *Cot, Cotan, Cotun*, que *Cot* a fignifié tout ce qui couvre, tout ce qui cache, tout ce qui met en fûreté, tout ce qui renferme, tout ce qui contient. *Cote* en ancien Saxon, chaumière, cachette, caverne; *Malcontha* en Chaldéen, verger; *Coto*, habitation en Finlandois, & *Coteri*, chaumière. *Cot, Cottage* en Anglois, habitation; *Coat* en Anglois, tunique; *Kot*, cuiraffe en Runique & en Iflandois; *Cuit* en Allemand; *Kithon* en Grec, habillement. *Coite, Cotelle* en vieux François, robe; *Accoutrer, Accoutrement* en vieux François: Encore aujourd'hui nous avons dans notre Langue les mots *Cote, Coteron, Cotillon* qui défignent des habillemens de femme. Haricot eft un legume à gouffe ou enveloppe. *Cot*, corbeille en Cophte; *Kotoo, Kotla*, chaudron en Efclavon.
COT, le même que *Cod*, élévation. Voyez ce mot.
COT, le même que *Cod*. De même des dérivés ou femblables. I.
COT. Le t & le d fe mettant l'un pour l'autre, on a dit *Cot* comme *Cod*, bois, ainfi qu'on le voit par *Tricot* & par *Coteret*, formé de *Cot*, bois, & *Ret*, petit. *Schot, Choter* en Hébreu, bâton, gaule, baguette; *Cot* en Tonquinois, arbre; *Otz* en Éthiopien, bois; *Cau* en Indien, bois; *Acote* en Efpagnol; *Scutica* en Latin & en Italien; *Schudt* en Lufatien, gaule, baguette, verge; *Holtz* en Allemand; *Hout* en Flamand, bois; *Ecot* en Patois de Suiffe, petites buches à mettre au feu.
COT, le même que *Cwt*, morceau, partie, parcelle, &c. puifque *Cot* eft la prononciation de *Cwt*.
COT, le même que *Gand*. Voyez ce mot.
COT, le même que *Cos*. Voyez *Cos, Coz, Coth*; ancien; d'ailleurs le *t* & l'*s* fe fubftituent mutuellement dans le Celtique. Voyez *S*.
COT, le même que *Got, Ot, Sot*. Voyez *Aru*.
COT, le même que *Cat, Cet, Cit, Cut, Cwt, Cyt*. Voyez *Bat*.
COT, le même que *Cod*. Voyez *D*.
COTA, tunique, habillement. I. Voyez *Cotta*.
COTA, courroie. Ba.
COTA, COTTA, COCTA, COTTIS, COTTUS, A. M. cotte, tunique. *Cota ad armandum*, cotte d'armes; de *Cota*. Voyez encore *Cotarmur*.
COTA, A. M. chaumière, chaumine, maifon de payfan; *Cotarius, Cottarius, Coterius, Cotfetus, Cotmanus*, celui qui demeure dans une habitation ruftique, appellée *Cot*; de *Cot*.
COTA, A. M. efpèce de navire; de *Cots*.
COTA, COTUS, A. M. la part, la quote part; de *Cwtta*, prononcez *Cotta*, part; & là dans notre Langue *Quote* & *Ecot*; de là dans quelques-unes de nos Coûtumes on appelle *tenir un héritage en Coterie*, le tenir en fociété. On a enfuite étendu ce mot à fignifier une fociété de gens qui fe fréquentent pour fe divertir. On a nommé en vieux François les affociés *Cotereaux*. Voyez *Cotizein*.
COTACELLI, A. M. le même que *Coterelli*.
COTAGIUM, A. M. métairie, habitation ruftique avec les terres qui en dépendent; de *Cota*.
COTAIGHIM, craindre. I.
COTALATA, A. M. auberge, ou droit de gîte; de *Cot*, habitation.
COTANT, content. B.
COTANUM, A. M. coing; ainfi appellé du coton qui le couvre. Voyez *Cotwm*.

COTANUS, A. M. coignaſſier. Voyez *Cotanum*.
COTARDIA, A. M. eſpèce de tunique commune aux hommes & aux femmes. On lit auſſi *Cotardita*. On diſoit en vieux François *une Cote Hardie*; de *Cota*, tunique; *Hardd*, belle. On voit dans nos anciens Chroniqueurs que la *Cote Hardie* étoit ún habillement de parure.
COTARELLI, A. M. le même que *Coterelli*; *Coſtereaux* en vieux François.
COTARIUS, A. M. Voyez *Cota*.
COTARMUR, cotte d'armes. G. On trouve *Cote-Armurs* dans les anciens monumens Anglois.
COTCHAIBH, en pièces, briſé. I.
COTCHANUIBH, en pièces, briſé. I.
COTRA, courroie. Ba.
COTELANDA, COTLANDA, COTLANDUM, COTHLANDA, COTSELDA, COTSETLANDA, A. M. les mêmes que *Cotagium*. Voyez *Cot*, *Coſcez* ou *Coicez*, & *Llan*, ſol, terre.
COTELLA, A. M. petite tunique; de *Cota*.
COTERELLI, COTARELLI, COTACELLI, A. M. eſpèce de brigands: Les uns dérivent leur nom des grands couteaux dont ils étoient armés, qu'on appelle *Cotterels* à Toulouſe; (voyez *Coutell*, *Cwiltr*.) d'autres diſent qu'ils furent appellés *Coterels* ou *Cotiers*, parce qu'ils s'étoient attroupés pour piller. Voyez *Cota*, *Coiur*.
COTERIUS. Voyez *Cota*.
COTEUS, A. G. colere adjectivement; de *Coddi* ou *Cotti*. *Kotos* en Grec, rancune.
COTH, ancien, vieux. C. B. Voyez *Coh*, *Cos*, *Coz*, *Cott*.
COTH, aliment, nourriture. I.
COTHAIGHIM, nourrir. I.
COTHAL, le même que *Cochal*. I.
COTHI, chier. Voyez *Tſgothi*.
COTHLANDA. Voyez *Cotelanda*.
COTHLON, proviſion de vivres pour un voyage. I.
COTHON, port creuſé à la main, ſelon Servius; de *Cot*.
COTHROM, plat, égal, uni, équitable, droit. I.
COTHUGHADH, pied, étaie, appui, ce qui ſoutient. I.
COTIA, A. M. côte de la mer. Voyez *Coſta*.
COTILLON, cotillon, jupon, friſon. B. De là le premier mot.
COTIS, A. G. colere ſubſtantif. Voyez *Coteus*.
COTIS, A. G. dignité du corps, port noble, port majeſtueux; de *Codi* ou *Coti*.
COTIS, cotiſation, contribution. B.
COTIZA, impôt, tribut. Ba. Voyez *Cota*, *Cotizzin*, *Cotiztatu*.
COTIZEIN, cotiſer; *Him Gotiſein*, ſe cotiſer. B. Voyez *Cotiſa*, *Cotiztatu*.
COTIZTATU, impoſer, lever un impôt, un tribut. Ba.
COTLANDA. Voyez *Cotelanda*.
COTMANUS. Voyez *Cota*.
COTO, COTONUM, A. M. coton. Voyez *Coton*.
COTON, coton. B. *Koton* en Grec; *Cotin* en Arabe, coton. Voyez *Cottwm*.
COTONCZ, coton. B.
COTONUM, A. M. coing. Voyez *Cotanum*.
COTPER. Voyez *Coſper*.
COTS, COTTS, bâteau fait d'un tronc de chêne creuſé. I.
COTSELANDA, COTSELDA. Voyez *Cotelanda*.
COTSETUS. Voyez *Cota*.
COTT, vieux, vieillard, ancien. G. Voyez *Coth*.
COTTA, tunique. C. Voyez *Cota*.

COTTA, A. M. tunique. Voyez l'article précédent.
COTTA, A. M. chaumière; de *Cot*.
COTTA, A. M. eſpèce de vaiſſeau. Voyez *Cots*, *Cot*.
COTTIS, A. M. tunique; de *Cotta*.
COTTONUS, A. M. coton; en Italien *Cottone*. Voyez *Coton*.
COTTUD, montagne. I. Voyez *Coſta*.
COTTWM, coton. G. Voyez *Coton*.
COTTYMMOG, cotoneux. G.
COTUCA, A. M. cotte. Voyez *Cota*.
COTULA, A. G. cuiſſe. Voyez *Cot*, le même que *Cos*.
COTULOSUS, A. M. pointu. Voyez *Coddi*, *Cot*.
COTUM, A. M. droit que l'on paye pour les marchandiſes que l'on a vendues; de *Cot*, le même que *Cwt*, part. Voyez *Cota*.
COTUN, bouclier. I. Voyez *Cot*.
COTUNUM, A. M. coton; de *Cottwm*.
COTUS, A. M. lieu fortifié, lieu ſûr, lieu gardé, garde de vergers, de champs, de vignes; de *Cot*.
COTZAT, pour, à cauſe. Ba.
COV, creux. G. C'eſt le même que *Cav*, *Cau*: il en a par conſéquent toutes les ſignifications. *Eſcou* en vieux François, foſſés; *Couroug*, caverne en Malaye; *Coughei*, caverne en Tamoulique; *Kowuk*, cave, creux en Turc; *Kopam*, creuſer, foſſoyer en Stirien & en Carniolois; *Covana*, creuſé en Patois de Franche-Comté.
COV, victoire. I.
COV. Voyez *Cwppan*.
COU eſt le même que *Cw*, parce que *W* ſe prenonce en *On*.
COU, le même que *Coff*. Voyez *Ancoueat*.
COU, le même que *Com*, vallée. Voyez *Combant*.
COU, le même que *Gou*, *Ou*, *Sou*. Voyez *Aru*.
COU, le même que *Cau*, *Ceu*, *Cou*. Voyez *Bal*. *Skow*, forêt en Danois, & *Skog* en Suédois. *Macou*, arbre en Talenga; *Azou*, bois en Langue de Madagaſcar.
COVA, A. M. creux, cave; de *Cov*.
COUABR, nuées, nuages; ſingulier *Couabren*. B.
COUABRUS, nuageux, nébuleux, couvert de nuages, ſombre. B.
COVADCHA, Dieu. I.
COVARC, bouſtarin. B.
COVAILH, le même que *Cavailh*. Voyez *Bal*.
COUAILHEIN, cailler. B. De là ce mot.
COVAL, ſervante. I.
COVALUS, A. G. fourbe, trompeur, paraſite, cauſeur, babillard, bavard, diſeur de riens, voleur, aſſaſſin; de *Covailh*; de là *Gouaille*, tromperie, menſonge en langage du peuple.
COUAN, port, havre, baye. I. Voyez *Cov*.
COUANNIA, ſouper. B.
COUANT, beau. B. Voyez *Coent*.
COUARAN, eſpèce de ſocques ou chauſſures de bois. E. Voyez *Cwaran*.
COUARCH, chanvre; *Couarchec*, champ ſemé de chanvre. B. Voyez *Cywarch*.
COUARDUS, A. M. couard; de *Couhard*.
COUARH, chanvre; *Couarhec*, champ ſemé de chanvre. B.
COUARN, oreille. Voyez *Tſgyſarn* & *Cov*.
COUBANT. Voyez *Combant*.
COUBL, paire, couple. B.
COUBLA, accoupler, coupler, unir. B.
COUBLADUR, accouplement. B.
COUBLER LEVRYOU, relieur de livres. B. De *Coubla*, unir.
COUBOUL, coin qui ſert à tenir ferme ce qui doit

COU.

doit l'être; & on le dit particulièrement des coins de bois que l'on fait entrer de force dans le centre d'une meule de moulin pour faire tenir ferme la barre qui la fait tourner. B. De *Coubla*.

C O U C, col. B.

C O U C H, couverture de ruche, soit peau, écorce, planche ou paille. B. Voyez *Cochen*, *Cwch*, *Gwenyn*.

C O U C H A N, gager, parier. B. De là coucher une somme sur une carte.

C O U C H I. Voyez *Conhi*.

C O U C H I E I N, C O U S S I, C O U S S I E I N, fouiller, tacher, encraffer, falir, gâter, corrompre, débaucher, fripper. B.

C O U C H I N, gaîne. B.

C O U C H I N, rolle, cheval ufé. B.

C O U C H I O U R, corrupteur. B.

C O U C O U, C O U C O U C Q, coucou. B. De là ce mot.

C O U C Y, falir. B.

C O U C Y E I N, falir. B.

C O U C Z I N, couffin. B. Voyez *Cofyn*.

C O U C Z Y, falir, fouiller, corrompre. B.

C O U C Z Y E I N, falir, fouiller, corrompre, gâter. B.

C O U C Z Y O U R, corrupteur. B.

C O U D. Voyez *Cod*, jonction, union.

C O U D, le même que *Cod*, bois. Voyez *Bal*.

C O U D D, cachette. B.

C O U D E D, joie. B.

C O U D E R C U M, A. M. communal : On dit encore *Couderc* dans le Velai; de *Coud*, enfemble, en commun ; *Er*, terre.

C O U D E T. Voyez *Caudet*.

C O U D R A, A. M. coudre, coudrier; de *Colh* ou *Couh*.

C O U D U R E R I U S, A. M. couturier; de *Cydio* ou *Cudio*.

C O V E, petit golfe, petite finuofité. G. Voyez *Cov*, *Couan*.

C O V E C, panfard. B.

C O V E C Z A T, confeffer, avouer. B.

C O V E E I N, tanner. B.

C O U E F F, coëffe. B.

C O U E H, chûte, tomber. B. C'eſt le même que *Couez*; ainfi il fignifie encore crouler, chanceler. On appelle en Lorraine le faut de la Mofelle, le *Couh* de la Mofelle ; de *Couch*.

C O U E H A N, tomber, échouer, parlant d'une entreprife. B.

C O U E H E I N, aboutir. B.

C O V E M O N, le même que *Goemon*. B.

C O U E N U A F F, enfler. B.

C O U E N V I, enfler. B.

C O U E R ou C O W E R, ruiffeau. B.

C O U E R ou C O W E R, payfan. B. *Chorites*, payfan en Grec.

C O U E R E T. Voyez *Coeret*.

C O U E S, chûte. B.

C O V E S A, tomber, cheoir. B.

C O V E S A, crouler, chanceler. B.

C O V E S A, confeffer, avouer. B.

C O U E T I S, défir, fouhait, concupifcence. B. Ce mot vient de *Chwaith* ou *Swaith*, goût, d'où eſt formé le terme François fouhait. Voyez *Hedt*, qui indique que *Chwaith* a auffi fignifié défir.

C O U E Z, coulevrée noire plante. B.

C O U E Z, leffive. B.

C O V E Z, chanceler, crouler. B.

C O V E Z, confeffer, avouer. B.

C O U E Z A, confeffer, avouer. B.

C O U E Z A, chanceler, crouler, tomber, cheoir. B.

C O U E Z A, tomber, échouer, parlant d'une entreprife, arriver fortuitement. B.

TOME I.

COU. 369

C O U E Z E N, écorce. B. Voyez *Cochen*.

C O U E Z E R E S, C O U E Z E U R E S, blanchiffeufe; buandière. B.

C O U E Z E R E S I C, & par abbrégé *Cowerefic*, hochequeuë oifeau ; autrement dit lavandière, parce qu'il eſt toujours au bord des rivières. B. Voyez *Cowez*.

C O U E Z I A, C O U E Z I A F F, faire la leffive. B.

C O U F. Voyez *Conn*.

C O U F A C, proche. I.

C O U F F, le même que *Coff*. Voyez *Ancouffhaad*.

C O U F F I D I, les conviés. B.

C O U F F R, coffre. B.

C O U F F R A O U R, coffretier. B. Voyez *Couffr*.

C O U F F Y E R, celui qui convie. B.

C O U F I G N O N, chaufson. B.

C O U F O N D, fondrière, terre molle & tremblante où l'on enfonce. B.

C O U F O N T I, abyfmer, enfoncer. B.

C O U F Y, invitation. B.

C O U G A A R M E L I N, battre le moulin. B.

C O U G A F F, abonder. B.

C O U G A N T, (je tranfcris Dom le Pelletier) fe trouve feulement dans la deſtruction de Jérufalem, (c'eſt un livre Breton) fans que j'aye pu fçavoir fa véritable fignification. Par exemple, *Tut Guyrion Autrounez*, *Cougant Dre Carentez*, gens de probité, Seigneurs; *Cougant*, par amitié. *Ha Me Rento Breman De Cougant An Tour*, & je vous rendrai tout préfentement la tour ; c'eſt le Commandant d'une place affiegée qui parle. Ce peut être le *Cougant* de Davies pour certainement, certain. Notre *Cougant* en ce fens eſt intelligible dans ces deux citations. B.

C O U G H, efpèce de corbeau qui a le bec & les pieds rouges. C. Voyez *Coch* qui eſt le même que *Cogh*.

C O U G O U L, cape felon le Pere de Roftrenen ; Dom le Pelletier explique ainfi ce terme : *Cougoul* fignifie un très-vil habillement dont les gens de la campagne fe couvrent la tête & le corps dans le temps de pluie, lorfqu'ils vont dehors. C'eſt le plus fouvent un fac de groffe toile, dont un coin du fond eſt enfoncé dans l'autre, ce qui étant lié autour du col, repréfente un capuchon. Il y en a un plus façonné de bon drap ou de groffe ferge, autrement dit *Carapouffe* & *Tapabord*, & en Breton *Carabouffen Bras*, qui couvre les épaules, & fert aux mariniers, aux voyageurs & autres. Une quatrième forte de *Cougoul* eſt une peau de loup dont fe couvrent les excommuniés, quand, felon les contes des vieilles, ils vont courir pendant la nuit. Cette peau de loup doit couvrir l'homme tout entier. B. Voyez *Cwewl*, *Cochl*, *Cucul*.

C O U G O U L E, coule. B. Voyez l'article précédent.

C O U H A N T. Voyez *Caougant*.

C O U H A R D, poltron, couard. B. De là ce dernier mot. *Coward* en Anglois, couard.

C O U H E N. Voyez *Cowen*.

C O U H I, C O U C H I, C O C H I, C O V I, C O P I; C O C H W I, halle, marché, cohuë. B.

C O U N I O N, couard, poltron, malotru, poliffon, qui a de pauvres habits. B. De là *Coion*, poltron.

C O V I. Voyez *Conbi*.

C O U I D, morceau. I.

C O U I D I L, deshonneur, tache, infamie. E. Voyez *Couilydh*.

C O U I F F E I N, coëffer. B. Voyez *Coëff*.

X xxx

COUIGN, coing. B. De là ce mot. *Quince* en Anglois ; *Kune* en Croatien ; *Kutni* en Bohémien, coing.

COUIGN, long, grand. Voyez *Cicouign*.

COUIHONEREH, poltronerie. B. Voyez *Couhion*.

COUILAN, roseau. C.

COUILEAN, houx. I.

COUILTRON, goudron, bitume. B.

COUILYDH, déshonneur, tache, infamie. B. Voyez *Couidil*.

COUIN, le même que *Gouin*. Voyez *Aru*.

COVINUS, espèce de char chez les Gaulois & les anciens Bretons. Tacite, Lucain, Pomponius Mela nous ont conservé ce mot. *Covinarius*, celui qui montoit ce char. De *Cowayn*.

COUJOULEU, hunier.

COUJOURN, dispos, alerte, personne bien ajustée, bien parée, propre. B.

COVIUM, A. G. vuide, vain ; de *Cov*.

COUIVR, cuivre. B. De là ce mot.

COUL, estomac, ventre, G.

COUL, le même que *Goul*, *Oul*, *Soul*. Voyez *Aru*.

COUL, le même que *Caul*. Voyez *Bal*. De là *Chou*.

COVLA, porte. I.

COULDRE, bourlet de bœuf. B.

COULDRI. Voyez *Coulmdi*.

COULE, taureau. B.

COULEDAFF, cailler, se cailler. B.

COULET, présure, ce qui sert à faire cailler le lait. B.

COULIN, lapin. B.

COULM, pigeon, colombe ; pluriel *Coulmet*. B. Voyez *Cwlm*.

COULM, nœud. B.

COULMA, nouer. B.

COULMDI, COULMDRI, & en abrégeant *Couldri*, colombier. B. De *Coulm*, & *Ti*, *Tri*, maison, logement.

COULMDRI. Voyez *Coulmdi*.

COULOMERR, fuie. B.

COULOUNEL, colonel. B. De *Col*, tête, chef.

COULOUNEN, colonne. B.

COULOURDREN, courge, calebasse. B.

COULS, saison, il est temps, il vaut, aussi bien, également bien. B.

COULTR, soc ou coutre. B. De là ce dernier mot. Voyez *Cwltr* qui est le même terme.

COUM, le même que *Com*, vallée. Voyez *Combant*.

COUMANAND, gage, salaire, récompense. B.

COUMANANTICQ, petite métairie. B.

COUMANCZ, commencer. B. De là mot.

COUMANDI, commander. B. De là ce mot.

COUMBAD, combat. B. De là ce mot.

COUMBAND, nœud de tuyau de bled, de roseau. B.

COUMBANT. Voyez *Combant*.

COUMERET, accepter, prendre. B.

COUMETI, commettre. B.

COUMIN, cumin. B.

COUMM, fouler des draps. *Coumm Milin*, moulin à foulon. B.

COUMOULENN, nuage. B.

COUMUN, commun, racaille. B.

COUN, chiens ; pluriel irrégulier de *Ci*, on le dit aussi au singulier. Voyez *Dourgoun*. B. *Kuon*, chien en Grec. Voyez *Cwn*.

COUN, trop. B. Voyez *Con*.

COUN, COUF, mémoire, souvenir. B.

COUN, le même que *Caun*. Voyez *Bal*.

COUNABREN, nuage. B.

COUNAYIM, habiter. I.

COUND, dénombrement, compte. B.

COUNDON. *Douar Coundon*, terre en friche. B.

COUNFABL, coupable. B.

COUNGEZ, congé. B. De là ce mot.

COUNHAT, se ressouvenir, sçavoir. B.

COUNICL, lapin ; pluriel *Couniclet*. Le P. Maunoir a mis *Couniclet*, lapereau. B. Voyez *Coniel*, *Cwning*.

COUNNAR, rage ; *Counnar-Red*, la rage blanche ; *Counnar-Vud*, la rage mue. B. *Vud* pour *Mud*.

COUNNARI, être enragé. B.

COUNT, conte. B. De là ce mot. *Account* en Anglois, conte, récit.

COUNT, compte. B. *Account* en Anglois, compte. Voyez *Conta*.

COUNTA, conter, raconter. B.

COUNTAM, petite gale sur le bord des levres. B.

COUNTANT, content. B.

COUNTELLEGUED, pousse-pieds, coquillage. B.

COUNTROLL, contraire, opposé. B.

COUNTROLLYA, être opposé. B.

COUNTROUNENN, mijaurée. B.

COUP, coupe. B. Voyez *Cwppan*.

COUPA, A. M. coupe ; de *Coup*.

COUPAPL, coupable. B. De là ce mot.

COUPÉEN, jatte. B.

COUPEROS, couperose. B.

COUPIATOR, A. M. coupeur ; de *Colpa*.

COUPL, couple. B. De là ce mot.

COUPLA, coupler, accoupler. B. De là *Couplet* : les couplets d'une chanson sont liés ensemble.

COUQUACIUM, A. M. couchage, les Picards disent *Couquage*. De *Cousqa*.

COUR, le même que *Cor*, *Corr*. Voyez *Scournich*.

COUR, presque. Voyez *Cour-Enés*.

COUR, eau. Voyez *Couroncqa*, *Chouer*, *Couer*.

COUR-ENÈS, presqu'isle. B. *Enés*, isle.

COURACH, barque, nacelle, batelet, canot. I. Voyez *Corraghs*.

COURAICH, courage. B. De là ce mot.

COURAILL, fressure, le cœur, le foye, la ratte, les poumons tous attachés ensemble ; pluriel *Couraillou*. Le P. Maunoir met *Couraillou*, entrailles, ce qui n'est pas du bon usage, dit Dom le Pelletier ; cependant le Pere de Rostrenen met aussi *Couraithou*, *Corailhou* au même sens. En quelques Provinces voisines de Bretagne on nomme les entrailles *Couraille* & *Curée*. B. Voyez *Corailhou*, *Cor* & *Ankelher*.

COURANTIA, A. M. le même que *Cobrancia*.

COURARE, A. M. pour *Cobrare*, acquerir. Voyez *Cobrancia*.

COURATAGIUM, A. M. emploi de courtier. B. De *Courater*.

COURATER, courtier. B.

COURAYENN, longe, courroie. B. De là ce dernier mot.

COURBIA. Voyez *Corvatae*.

COURCER, corsaire. B. De là ce mot. La racine est *Cwrs*. Voyez *Cursarii*.

COURC'HEMEN, commandement. B.

COURCHERR, autoir habillement de tête. B.

COUREHEN, peau. B. Voyez *Cwr*.

COUREHER, coëffe de deuil pour les femmes de la campagne. B.

COUREIUM. Voyez *Conradium.*

COUREM ou GOUREM, ourlet ou bordure coufuë & relevée fur l'étoffe. Un homme habile en Breton dérive ce mot de *Gorre*, deſſus, au deſſus ; ou de *Gor*, bord. B. *Cwr*, prononcez *Cor*, bord en Gallois.

COUREMEN ; ſingulier de *Courem*, un ourlet, &c. B.

COURETER, COURETOUR, courtier, maquignon. B. De là *courtier.*

COUREZA, conroyer, préparer. B. Voyez *Courrez.*

COURN, grondin poiſſon de mer qui par ſa couleur eſt rouget, & par ſa figure approche de celle du poiſſon que l'on appelle Dauphin, ayant la tête fort groſſe à proportion du corps qui eſt menu & ſans ventre qui paroiſſent. B. *Cour* le meme que *Cor*, rouge.

COURONCA, ſe baigner. B.

COURONENN, ver qui s'engendre dans la viande, dans le poiſſon ; femme pourrie par une vilaine maladie. B.

COUROTER, courtier, maquignon. B.

COUROUILH, verrou, targette B.

COURRATAGIUM, A. M. le meme que *Courratagium.*

COURRERIUS. Voyez *Correarius.*

COURRERIUS, A. M. courier ; de *Cwrs.*

COURREZ, conroy, terre glaiſe dont on garnit les fontaines, les canaux ; *Courée* compoſition : c'eſt ainſi que le Pere de Roſtrenen explique ce mot. Dom le Pelletier en parle ainſi : *Courrez*, argile, terre franche propre à mettre en œuvre : en haute Bretagne on la nomme *Courroy*, & dans la marine, c'eſt une compoſition qui ſert à la carene des navires, comme l'argile à un preſſoir ; à celui-ci pour retenir le vin, & à ceux-là pour empêcher l'eau d'entrer. B. Voyez *Conreatores, Courreza.*

COURREZA, conroyer, préparer, donner la dernière préparation à quelque choſe, ſelon le Pere de Roſtrenen ; & ſelon Dom le Pelletier, corroyer, préparer le cuir. B. La première de ces ſignifications étant générale, renferme l'autre.

COURREZER, conroyeur. B.

COURRICHER, couvre-chef. B.

COURRIGER, correcteur. B.

COURS, temps, ſaiſon, temps déterminé à quelque action, moment ; *Cours Ew l'idi*, il eſt temps de prier ; *E Cours*, à temps ; *A Courſaden*, de temps en temps. B. Voyez *Cwrs.*

COURS, habitude. Voyez *Diacourſein.*

COURT, cour de maiſon non fermée de murs. B.

COURTAGIUM, A. M. le même que *Courratagium.*

COURTÉS, courtois. B. De là ce mot. Voyez *Cortez.*

COURTESY, courtoiſie. B. Voyez *Cortezia.*

COURTIBAUTY, courtibault. B.

COURTILUM. Voyez *Cortis.*

COURTIN, rideau de lit. B.

COURTINA, A. M. rideau, courtine ; de *Courtin.*

COURTINENN, natte. B.

COURVENTENN ou CORVENTENN, ouragan, tourbillon. B. Voyez *Corwynt.*

COUS, A. G. prochain ; de *Cos*, le même que *Gos.*

COUSCOUDE, toutefois. B.

COUSEMEN, Confirmation Sacrement. B.

COUSIN, ladre vert, cordier en terme injurieux. B. Le petit peuple en Baſſe Bretagne croit que les cordiers qui ſont parmi eux ſont ladres.

COUSIO, A. M. le même que *Coſſio.*

COUSQ, ſommeil. B. Voyez *Cwſg.*

COUSQA, COUSQEIN, dormir, endormir, engourdir, repoſer. B. De là le François *coucher.*

COUSQED, ſommeil. B.

COUSQEDIC, COUSQEDUS, aſſoupiſſant. B.

COUSQER, dormeur. B.

COUSQET, dormir, coucher, atrabilaire. B.

COUSR, courſier, ſelon Dom le Pelletier. B.

COUSSI, COUSSIEIN. Voyez *Conchitein.*

COUSSINUS, A. M. couſſin ; de *Coſſyn.*

COUST, coût, prix de ce que l'on achete. B. Voyez *Coſt.*

COUST, détriment, préjudice. B. Voyez *Coſt.*

COUSTA, coûter. B.

COUSTAMENTUM, COUSTANCIA, A. M. coût, dépenſe ; de *Couſt.*

COUSTAT, doucement. B.

COUSTELE, COUSTLE, gageure. B.

COUSTORIA, A. M. cout ; de *Couſt.*

COUSTUM, A. M. coût ; de *Couſt.*

COUSTUMA, COUSTUMIA, COUSTUMATIO, A. M. coutume ; de *Cuſtum.*

COUSTUMAGII, A. M. ceux qui ſuivent la coûtume ; de *Cuſtum.*

COUSTYANCZ, conſcience. B.

COUT, foret. B. C'eſt le même que *Cot.*

COUTANTI, contenter. B.

COUTEIN, nombrer. B. Voyez *Contein.*

COUTELL, couteau. B. De là ce mot. On diſoit autrefois *Contel*, d'où ſont venus nos termes couteler, coutelier, coutelas ; de là *Couſtille*, eſpèce d'épée en vieux François. De *Coutille* ou *Couſtille* on a dit *Couſtiller*, *Couſtillier*, qui vraiſemblablement étoit un ſoldat qui ſe ſervoit d'une couſtille.

COUTELL, palourde, eſpèce de coquillage de mer. B.

COUTELLAS, glaive, coutelas. B. De là ce mot. Voyez *Countell.*

COUTHROM, COUTHRON, plain, uni, juſte, équitable I.

COUTILLON, cotillon. B. De là ce mot. Voyez *Cot.*

COPU, tan. B.

COVU, halles, cohuë. B.

COUVACHD, puiſſance. I.

COWARCH, chancre. G.

COWAT, pluie ſoudaine qui tombe avec impétuoſité. C. Voyez *Cahnat.*

COUVAYEIN, convoier. B.

COUWAYN, voiturer, être voituré. G. Voyez *Covinus.*

COWEL, le même que *Cobel.* G.

COWEN, ſuperficie de quelque liqueur qui ſe forme comme la créme ſur le lait. *Coevenn* en Vannetois, créme ; en Léon on prononce *Cohen* & *Conhen.* B. Voyez *Cochen, Coeven.*

COUVETIS, convoitiſe. B. De là ce mot. Voyez *Couetis.* On diſoit en vieux François *Convoitiſe.*

COWEZ, leſſive ; *Cowwza* ou *Cowezyaff*, faire la leſſive ; *Cowezer*, blanchiſſeur, celui qui fait la leſſive ; *Cowezeres*, blanchiſſeuſe, buandière. B.

COWEZERIC. Voyez *Couwrefic.*

COWIN, peſte, contagion. B.

COWIRANNUS CABALLUS, A. M. cheval qui a le farcin ; de *Cowin.*

COWRAIDD, giganteſque. G. Voyez *Cowrez.*

COWRAINT, liſez *Cywraint*, dit Davies. G. L'un & l'autre ſont bons. Voyez *Bal.*

COWRES, géante. G.
COWREZ, géant. G. Voyez Cawr.
COWS, corbeau qui a le bec & les pieds rouges. C. Voyez Cough qui est le même mot. Voyez Aru.
COWS, petit. Voyez Cowsleftr.
COWSE, selon Camden, signifie blanc en Langue de Cornouaille : Il traduit *Careg Cowse Cana Rupes*. Si ce Sçavant ne se trompe pas, *Cowse* a donc signifié blanc & rouge. Voyez *Cows*.
COWSLESTR, petit panier. G. *Llestr*, panier; *Cows*, par conséquent, petit.
COUVY, festin, invitation. B. De là le *Convivium* des Latins, l'*n* & l'*u* se mettant l'un pour l'autre. *Convis* en vieux François, festin, repas.
COWYDD, lisez *Cywydd*, dit Davies. G. L'un & l'autre sont bons. Voyez *Bal*.
COUVYER, celui qui convie, qui invite à un repas. B. De *Couvy*.
COWYLL, avantages qu'un mari fait à sa femme par contrat de mariage, sorte de vêtement de femme. G. *Couviver* en vieux François, flater.
COWYLLYN, diminutif de *Cowyll*. G.
COWYN, peste, contagion. G.
COVY, halles, cohuë. B.
COUY ou COWY, halles, cohuë. B.
COUY ou COWY, invitation. B. Voyez *Couvy*.
COUYOUR, celui qui convie, qui invite à un repas. B.
COUZOUQ, gorge, col. B.
COXALE, A. M. armure de jambe; de *Coxa*, qui vient de *Cos*.
COXIGARE, A. M. boiter; de *Coxa*, qui vient de *Cos*. Voyez *Coxus*.
COXUS, A. M. boiteux; de *Coxa*, qui vient de *Cos*.
COY, grotte, caverne, antre. G. E. Voyez *Cov*, qui est le même.
COYA, siége, chaise. Ba.
COYFIA, COYSYA, A. M. les mêmes que *Cuphia*.
COYRARIUS, A. M. corroyeur, tanneur; de *Correxa*.
COYSINUS, A. M. coussin; de *Cossyn*.
COYSQET, le même que *Cousqet*, parce qu'on écrit indifféremment *y* & *u* en Celtique; de là *Coy* en François; de là *Quies* en Latin.
COYZIUM. Voyez *Coket*.
COZ, ancien, mauvais, chétif, âpre, sauvage, marque l'imperfection, le défaut, le peu. B.
COZ-DOUAR-COZ, friche, terre en friche. B.
COZ-TAD, ancêtres. B.
COZ-TY, taudis. B.
COZ-VOUTÉS, couvert de guenilles. B.
COZARD, vieillot. B.
COZCA, CUZCA, fin, but, terme, borne. Ba.
COZI, dépérir. B.
COZICG, vieillot. B.
COZNY, caducité. B.
COZQAILHES, vieilleries, choses vieilles. B.
COZRELLER, corroyeur. B.
COZRIGUELLA, COZRIGUELLAT, tordre. B.
COZTAD, vieillard. B.
COZZO, A. M. espèce de robe; de *Cos*.
CRA, écarlate. Voyez *Gwis Gra*, *Cremoésy*, *Carmoasy*.
CRA, ail. Voyez *Cra 'R Gerddi* & *Craf*.
CRA, le même que *Cre*, *Cri*, *Cro*, *Cru*. Voyez *Bal*.
CRA, le même que *Gra*, *Ra*, *Sra*. Voyez *Aru*.
CRA 'R GERDDI, ail, mets fait avec de l'ail. G.
CRA 'R NADREDD, plante nommée en Latin *Maturalis Allium Ursinum*. G. Voyez *Craf T' Geisr*.

CRAANTARE, CRAANTUM. Voyez *Creantare*.
CRAB, crabe, cancre, reptile & coquillage de mer qui marche de côté. B. Cet article est pris de Dom le Pelletier. Voyez l'article *Craban* qui est le même mot, & qui est pris du Pere de Rostrenen. Dom le Pelletier met aussi *Craban*, griffe, grand ongle pointu & courbé. Quand on parle burlesquement, on dit *Mont Voar A Crabanou*, aller sur les griffes, sur les mains : Le cancre est nommé *Crab*, de ses griffes qui se courbent.
CRAB, le même que *Creb*, *Crib*, *Crob*, *Crub*, *Crwb*, *Cryb*. Voyez *Bal*.
CRAB, le même que *Craf*, *Crap*, *Crav*. Voyez B.
CRAB, le même que *Cram*. Voyez B.
CRABAN, vilain coquillage, serre, griffe, main ouverte & doigts écartés. B. Voyez *Crab* qui est le même mot. *Crabe* en François, espèce de cancre; *Krabbe* en Allemand & en Flamand, cancre; *Krebs* en Allemand; *Kreefs* en Flamand, écrevisse; *Krappen* en Allemand, prendre avec un croc; *Craf* en Anglois; *Agrape* en Picard, agraffe; *Krabben* en Allemand & en Flamand, grater. Voyez *Crebantare*, *Crafange*, *Crafu*.
CRABANA, prendre, ravir. B. *Greiffen*, *Greban* en Allemand; *Grafa* en Islandois; *Greipan* en Gothique; *Gripan* en ancien Saxon; *Grypen*, *Graven* en Flamand; *Gripe* en Anglois; *Graffue*, *Gribe* en Danois, prendre. Voyez *Crafat*, *Crab*, *Craban*.
CRABANECQ, qui a des griffes, qui a de grosses mains. B.
CRABAZ. Voyez *Gravaz*.
CRABEZTA, note, remarque. Ba. Voyez *Crabiczat*.
CRABHA, CRABHADH, dévotion. I.
CRABICZAT, CRABISSA, égratigner. B.
CRABOÇG, le même que *Craban*; plurier *Craboçcou*, ensorte que l'on dit *Mont Voar E Craboccou* comme *Mont Voar E Crabanon*. B. Voyez *Crab*.
CRABON, griffe. B. Voyez *Craban*.
CRABUILHAT, plein son sein. B.
CRAC, éminence. B. C'est le même que *Crech*. Voyez *Bal*. Voyez encore *Craca*, *Crach*.
CRAC, le même que *Crag*, *Cra*, *Cras*. Voyez *Aru*.
CRAC, le même que *Crec*, *Cric*, *Croc*, *Cruc*. Voyez *Bal*.
CRACA, croute, pustule. Ba. Voyez *Crac*, *Crachen*.
CRACENTES, CRAGENTES, A. G. grêles, menus; de *Cracq*.
CRAC'H, hauteur, petite colline. B. Voyez *Crac*.
CRACH EITHIN, arrête-bœuf ou bugronde herbe. G.
CRACHADH, le même que *Crathadh*. De même des dérivés ou semblables. I.
CRACHEN; plurier *Crach*, gale. G. Voyez *Craca*.
CRACHLYD, galeux, qui a la gale, la rogne. G.
CRACHWYAD, cercelle. G.
CRACQ, court, raccourci, bref, petit, aigu parlant de la voix, demi en terme de mépris, aigu en général, le taillant, bâtard, fils de bâtard. De là *Gracilis* en Latin; *Grêle* en François. *Agrelier* en vieux François, atténuer, exténuer, affoiblir, diminuer. De là *Criquet*, petit cheval, *Criquette*, petite mesure des liquides en Lorraine. De là *Craquer*, rendre un son aigu, & par métaphore faire trop de bruit de soi, se venter faussement, habler, mentir. *Kraken* en Allemand, craquer au propre & mentir. *Kraaken* en Flamand;

Crack

CRA.

Crak en Anglois, craquer, faire le bruit d'une chose qui se casse. De *Crac* est venu en notre Langue *Crecerelle*, & par crase *Cresselle*. En vieux François *Criquer*, faire un bruit comme celui que font les feuilles seches lorsqu'on marche dessus; *Criquement*, ce bruit; *Criqueter*, faire craquer ses doigts; *Crisser*, faire un bruit aigu & âpre comme les rouës mal ointes; *Cruissir*, se rompre, d'où sont venus le mot Languedocien s'*Escronissi*, & le terme Comtois *se Creti*, craqueter, faire du bruit en se rompant; *Craczą*, bruit en Basque, & *Crisqueta*, castagnettes.

CRACQ-HOUAD, CRACQ-HOUAT, cercelle. B. Voyez *Crachwyad*.

CRACQ-OZACH, hommasse, femme forte. B.

CRACZ, crasse. B. De là ce mot.

CRACZOUS, crasseux, malotru. B. De là crasseux.

CRACZOUSELL, salope, guenillon. B.

CRAD, le même que *Cred*, *Crid*, *Crod*, *Crud*. Voyez *Bal*.

CRAD, le même que *Grad*, *Rad*, *Srad*. Voyez *Aru*.

CRADD, le même que *Gradd*. Voyez *Aru*.

CRADELL, le même que *Gradell*. Voyez *Aru*.

CRADH, peine, angoisse. B.

CRADHAM, affliger, tourmenter. I.

CRADOC, aimable. G. C'est une crase de *Caradoc*.

CRAE, greve. B. C'est le même que *Croa*. Voyez ce mot.

CRAF, crampon. G.

CRAF, oignon. G. Il paroit par *Craf Y Geifr* & *Cra 'R Gerddi*, qu'il a aussi signifié ail.

CRAF, avare. C. C'est le sens métaphorique de l'article suivant.

CRAF, égratignure faite avec les ongles ou quelque pointe, prise, saisie; *Craf-Nados*, point d'éguille. B. Voyez l'article suivant, *Craf*, crampon; *Crab*, *Craff*, *Crasu*, *Crav*. *Graffinure* en Patois de Franche-Comté pour égratignure; *Egrasigner* en vieux François pour égratigner; *Graban* en Gothique, fouir, creuser, sillonner.

CRAF est le même que *Crap*, ainsi il en a toutes les significations. Je crois que l'un & l'autre ont encore signifié union, jonction, qui sont des sens fort analogues à prise, saisie. *Craf* signifie aussi main, ongle, griffe, lime, racloir, burin, ainsi qu'on le voit par les articles suivans. *Craf* est le même que *Crab*, l'*f* & le *b* se substituant mutuellement.

CRAF, le même que *Crif*, fort. Voyez *Bal*. *Krafft* en Allemand; *Kracht* en Flamand, force, vertu, vigueur, efficace. *Cras*, fort, dur en Malaye; *Krepes* en Esclavon, vertu, force d'agir; *Krepim*, fortifier en Stirien & en Carniolois

CRAF, le même que *Cref*, *Crif*, *Crof*, *Crus*. Voyez *Bal*.

CRAF, le même que *Graf*, *Raf*, *Sraf*. Voyez *Aru*.

CRAF, le meme que *Crab*, *Crap*, *Crav*. Voyez *B*.

CRAF Y GEIFR, plante nommée en Latin *Maturalis Allium Ursinum*. G.

CRAFA, égratigner. B. Voyez *Craf*, *Crafat*, *Crafu*.

CRAFA. Voyez *Crapa*.

CRAFACZ, coûture, point d'éguille. B.

CRAFACZ, civiere. B.

CRAFADUR, égratignure, prise, saisie. B. Voyez *Craf*.

CRAFANGAID, poignée. G.

CRAFANGC, ongle d'oiseau, patte d'écrevisse. G.

CRAFANGC Y FRAN, grenouillette. G.

CRAFANGC TR ARTH, ellébore noir, pommelé, branche ursine, acanthe. G.

CRA.

CRAFANGC TR CRYR, sardonia, espèce de grenouillette. G.

CRAFANGOG, qui a de grands ongles. G.

CRAFATT, grater. B. Il signifie aussi égratigner, prendre, saisir. Voyez *Crafa*, *Crafadur*, *Crafu*.

CRAFEDIG, limé, poli. G.

CRAFEL, frêne sauvage G.

CRAFELL, racloir, ratissoire. G.

CRAFELL TSGWYDD, les omoplates, petite espatule. G.

CRAFELLIG, espatule. G.

CRAFF ou CRÂFF, croc, crochet, harpon, grapin, agraffe, aigu, pointu, qui saisit fortement quelque chose, qui a la vuë perçante, fin, adroit, sage, avisé, circonspect. G. De là *Grappe*, *Grapper* en notre Langue *Krapp* en Allemand, croc, crochet; *Grapin* en François, petit croc; *Grupos* en Grec, nez crochu; *Craffi* en Anglois, adresse, ruse, artifice, finesse, art, métier. Voyez *Crab*, *Craban*.

CRAFF, point d'aiguille. B.

CRAFF, agraffe. B. *Craff* en Anglois, agraffe.

CRAFF, barque. Voyez *Ysgraff* & *Crav*.

CRAFFAN, vilain coquillage. B. C'est le même que *Craban*, dont il a par conséquent toutes les significations.

CRAFFDDYCHYMYGU, inventer, trouver. G.

CRAFFDER, attention, circonspection. G.

CRAFFEDRYCHIAD, regard, aspect, vuë. G.

CRAFFU, regarder de tous côtés, examiner avec soin; *Craffu A Golwg*, regarder fixement. G.

CRAFI, CRAFONES, A. M. Voyez *Cratones*.

CRAFIAD, action de racler, gravure. G.

CRAFIGNAT, égratigner. B.

CRAFINA, égratigner. B. On dit *Graisina* en Patois de Besançon.

CRAFINADEN, égratignure. B.

CRAFLECH, têt à racler. G. *Crasu*, racler; *Lech*, pierre.

CRAFLECH, synonime de *Crafell*. G.

CRAFU, grater, ratisser, racler, graver, tailler, entailler, cizeler, buriner. G. *Crawen*, *Schrabben* en Flamand; *Schrath* en Anglois; *Cratzen*, *Krabben* en Allemand; *Skrobie* en Polonois, grater. Voyez *Crafat*.

CRAFWR, qui racle, qui grave. G.

CRAFYN, oignon. G. C'est le même que *Craf* en Gallois.

CRAG, CRAGE, roc. G. *Crag*, pierre en Breton; *Cragge*, pierre, roc en Anglois; *Crak* en Syriaque, pierre; *Kruug* en Dalmatien, rocher. Voyez *Craig*.

CRAG, pierre. B.

CRAG, le même que *Creg*, *Crig*, *Crog*, *Crug*. Voyez *Bal*.

CRAG, le même que *Grag*, *Rag*, *Srag*. Voyez *Aru*.

CRAG, le même que *Crac*, *Cra*, *Cras*. Voyez *Aru*.

CRAGEN, coquille. G.

CRAGENTES. Voyez *Cracentes*.

CRAGG, grais. B. C'est une espèce de pierre.

CRAGH, le même que *Cradh*. De même des dérivés ou semblables. I.

CRAH, éminence, tertre, montée. B. *Gra* dans les Tables Eugubines marque le superlatif.

CRAH, le même que *Creb*, *Crib*, *Croh*, *Cruh*. Voyez *Bal*.

CRAHICQ, diminutif de *Crah*. B.

CRAHUINADEEN, coup de griffe. B.

CRAI, récent, qui est sans levain. G.
CRAI, trop fermenté, aigri ; *Bara Crai*, pain trop fermenté, aigre & mauvais. Quelques-uns veulent que ce soit du pain fait de bled échauffé dans le grenier, c'est-à-dire fermenté par l'humidité. B. Ce mot a un sens opposé dans le Gallois, ce qui ne surprendra pas ceux qui auront lu le second chapitre de la première partie de cet ouvrage.
CRAIC, pierre. G. C'est le même que *Crac*.
CRAIDHTE, affligé. I.
CRAIDHTEACH, affliction. I.
CRAIFF, miséricordieux. G.
CRAIG, pierre, roc, écueil, montagne. G. *Craig* en Écossois, pierre, roc ; *Craige*, roc dans la Langue des Isles Orcades. Voyez *Crag*. De *Craig* ou *Graig* est venu notre terme grais, pierre de grais. *Kaia* en Turc, roc.
CRAIG, pierre, roc. E. Voyez l'article précédent.
CRAIGNI, craindre. B. De là ce mot. Voyez *Crihant*.
CRAIGNOUS, CRAIGNUS, hargneux, rechigné, chagrin, de mauvaise humeur, d'humeur fâcheuse. B.
CRAIMHOR, gros, gras, corpulent. I.
CRAIN, adjectif de l'infinitif ; *Crain*, être à terre, se rouler par terre, succomber, être abattu, être jetté par terre. G. Ce mot a aussi signifié prosternement, action de se rouler par terre. Voyez *Amcrain* ; de *Cernuus* Latin. Voyez *Crainia*.
CRAIN, fillon I.
CRAINCH. Voyez *Crench*. *Chremma*, crachat en Grec.
CRAINCHER, cracheur. B.
CRAING, salive. B.
CRAINIA. Voyez *Crenia*.
CRAINIM, CREINIM, ronger. I.
CRAIONI, crayonner, crayon. B. De là ces mots.
CRAIPE, bosse, bossette. I. De là *Crêpe* en notre Langue, étoffe inégale.
CRAIR, ce que l'on touchoit avec la main lorsqu'on prêtoit serment. On appelloit ainsi les Reliques des Saints ; on appelloit ainsi tout ce qui étoit bien orné. G.
CRAISIN, petit corps. I. Voyez *Cras*.
CRAITE, diminué, étroit, serré. I.
CRAITH, cicatrice ; *Craith Ogyfarch*, cicatrice visible, comme si on disoit, ajoûte Davies, cicatrice qui salue tous ceux qui elle rencontre ; telle est une cicatrice au visage, à la main, au pied, poursuit cet Auteur. G.
CRAITH VNNOS, la même plante que *Ddeilen Ddu*. G.
CRAIZ. Voyez *Creiz*.
CRAKEN, CRAKIN, peau. I. Voyez *Crochen*.
CRAM, synonyme de *Cress*. Voyez *Crema*.
CRAM. Voyez *Crammen*.
CRAM, le même que *Crem*, *Crim*, *Crom*, *Crum*, *Crwm*, *Crym*. Voyez *Bal*.
CRAM, le même que *Gram*, *Ram*. Voyez *Aru*.
CRAM, le même que *Crav*. Voyez ce mot.
CRAM, le même que *Crab*, l'*m* & le *b* se mettant l'un pour l'autre. Voyez *B*.
CRAMACULUS, A. M. cremaillère ; de *Cramailher*.
CRAMAILHER, crémaillere. B. De là ce mot.
CRAMAMAILH, CRAMAMILLA, camomille. B.
CRAMAN, hanche. I.
CRAMANDI, pierre. Voyez *Had Y Gramandi*. *Kremen*, pierre en Esclavon. Voyez *Cramh*.

CRAMH, os, ossement ; *Cramh An Droma*, l'épine du dos. I.
CRAMMEN, croûte, chose qui en couvre une autre, gale. G. *Crammen* en Breton, crasse qui se forme sur le corps. *Crammen* ou *Cram* a dû encore signifier la crême, la graisse. Les Latins ont appellé la crême *Cremor* : Ils n'ont pas pris ce mot des Grecs, qui n'ont point de terme propre pour cela ; ils l'ont donc pris des Gaulois. D'ailleurs la crême couvrant le lait, on voit qu'elle doit être renfermée dans les significations de *Crammen*. *Crampoehen*, *Crampoesen*, *Cramwyth* désignent des mets gras ; *Boes* ou *Poes*, de *Boes*, aliment ; *Mwyth* de *Bwyth*, aliment ; *Cram*, par conséquent gras. Les Gaulois employoient le mot de crême au propre & au figuré ; j'en juge ainsi, parce que nous avons cet usage, & que nous ne l'avons pas pris des Latins, chez lesquels on ne le trouve point ; ainsi *Crammen*, *Cram* signifient en général ce qu'il y a de plus gras, ce qu'il y a de meilleur. *Cream*, crême en Anglois ; & *Cram*, farcir, engraisser.
CRAMMEN, crasse qui se forme sur le corps. B.
CRAMMENNOG, galeux, couvert d'ulcéres. G.
CRAMP, courbure. Voyez *Crampinell*, *Crampon*.
CRAMPA, nœud, crampe. I. *Cramp* en Anglois ; *Crampe* en François ; *Krampf* en Allemand ; *Kramp* en Flamand ; *Krampa* en Suédois, crampe, viennent de là.
CRAMPINELL, grapin, attrait. B. De là grapin.
CRAMPOEH, CRAMPOES ; singulier *Crampoehen*, *Crampoesen*, *Crampoesen*, crêpe mets, bignet, gauffre, sorte de gâteau large & mince. B. Voyez *Crammen*, *Crempog*, *Cramwyth*.
CRAMPON, agraffe, gachette, crampon. B. De là ce dernier mot. *Kramme* en Allemand ; *Krammi* en Flamand, crampon.
CRAMWYTH, bignet, gauffre, sorte de gâteau large & mince. G. Voyez *Crammen*.
CRAMYN, oignon. G.
CRAN, baye. I. Voyez *Cran*, entaillure, cran.
CRAN, arbre. I. Il signifie encore bois, comme on le voit par *Cran Mor*, *Crann*. *Kraghe*, tronc d'arbre en Danois.
CRAN, crin, coaire. B. Je ne trouve pas ce dernier terme dans le Dictionnaire François.
CRAN, entaillure, cran. B. De là ce dernier mot ; de là creneau. Voyez *Cran*, baye, & *Crain*, fillon.
CRAN, le même que *Gran*, *Ran*. Voyez *Aru*.
CRAN, le même que *Cren*, *Crin*, *Cron*, *Crun*, *Crwn*, *Cryn*. Voyez *Bal*.
CRAN. Voyez *Crancq*.
CRAN MOR, SAIL MOR, poutre. I.
CRANA, gruë. C. Voyez *Garan*. *Craen*, cran en ancien Saxon ; *Crane* en Anglois ; *Kraan* en Flamand ; *Kranch* en Suédois ; *Cranen* en Allemand ; *Cranoh* en Theuton, gruë.
CRANADH, action de tirer au sort. I.
CRANAG DIU, crapaud. C.
CRANAGHLACH, charpentier. I.
CRANAGIUM, A. M. droit que l'on paye pour se servir de la machine qu'on nomme gruë ; de *Crana*. Dans toutes les Langues cette machine a été appellée gruë, à cause de sa ressemblance avec le col de cet oiseau.
CRANAIDH, décrépit, vieillard. I.
CRANC. Voyez *Cancr*.
CRANCH, crachat, cracher. B. De là ces mots.
CRANCHA, cracher. B.
CRANCHUST, écorce d'arbre. I.

CRANCQ, cancre, écrevisse de mer. B. En comparant ce mot avec *Cran*, entaillure, *Cran*, baye, *Crennen*, rondeur, *Crwn*, tortuosité, on voit que *Cran* a signifié tortuosité, sinuosité.
CRANCQENN, écrevisse de mer. B. Voyez *Crancq*.
CRANEA, A. M. pour *Cranium*; de *Crenan*.
CRANFAISTEINE, sortilége, magie. I.
CRANGC, gangrene, cancer. G.
CRANN, arbre, bois substance de l'arbre. I.
CRANN, espèce de noix de terre, ou racine noueuse & entrelassée, que l'on dit être bonne pour guérir le panaris. On dit *Crann Douar*, noix de terre; *Crann Lann*, noix de lande, ce qui fait croire que c'est *Craoun*, noix, prononcé plus délicatement; *Digranna*, tirer de la terre ces sortes de racines; *Crann* signifie aussi la racine de fougére restée en terre après que la tige est coupée. Cette espèce de noix de terre qu'on nomme *Cran*, sont les mêmes que les pommes de terre qu'on appelle *Coloren*. Voyez ce mot. B. Cet article est tiré de Dom le Pelletier.
CRANN CRITEACH, tremble arbre. I.
CRANNCHOIR, sort, lot. I.
CRANNCOILL, coudrier, noisetier. I. De *Coll*.
CRANNOC, espèce de mesure à grains. I. On parle de cette mesure dans les anciens monumens, & elle est appellée en Latin de ce temps *Crannoca*, *Crannocus*.
CRANNSAOR, charpentier. I. C'est le synonime de *Cranaghlach*; *Aglach*, par conséquent ouvrier, comme *Saor*.
CRANNUALACH, oiseau de maçon. I.
CRANOUAGH, troupe de coquins. B.
CRANOUAGHR EAH, gargotage, repas sale, & viande mal apprêtée. B.
CRANT, fort, puissant. I. Voyez *Crean*.
CRANTANEUS, CRANTARE. Voyez *Creantare*.
CRAO, caverne, trou. B. Voyez *Crau*.
CRAO ou CRAW monosyllabe, étable ou crêche des cochons, brebis, chévres & tout autre menu bétail; pluriel *Cravier* ou *Crec'hier*, d'où est venu notre mot François créche. B. Voyez *Craon*, *Craw*, *Crou*, *Cren*.
CRAOBH, arbre, rameau, buisson. I.
CRAOBH SGAOILIM, répandre, disperser, provigner, multiplier, étendre. I.
CRAOBHAN, pousser hors comme des branches. I.
CRAOBHIN, buisson, arbrisseau, arbuste. I.
CRAOIDHTE, chaussé. I.
CRAOINE, obscurité. I.
CRAOISIN, glouton. I.
CRAON, pauvre, misérable. B.
CRAON, CRAOUN, & dans les vieux livres *CRAOUF*, des noix; singulier, *Craouen*. *Craouen-Liw*, noix de gale ou noix de teinture. B.
CRAON-NADOS, trou de l'éguille. B. *Nados*, éguille. Voyez *Crao*, *Cran*.
CRAOS, gloutonnerie. I.
CRAOSACH, glouton. I.
CRAOSAN, débauché, prodigue. I.
CRAOSFHOTHARGAIN, gargarisme. I.
CRAOSGLANADH, gargarisme. I.
CRAOSOIRE, débauché, prodigue. I.
CRAOSOL, yvresse, yvrognerie. I.
CRAOU, noix au pluriel. B. Voyez *Craon*.
CRAOU, trou. B. Voyez *Crao*.
CRACU, étable. B. Voyez *Crao*.
CRAOÜAT ou CRAOWAT, grater. B. Voyez *Crafat*, *Crafu*.
CRAOÜEN, amande, semence de tous les arbres à noyau, noix, noyer; pluriel *Craoun*. B.
CRAOUEN-NADOZ, trou d'éguille. B.
CRAOUEN-QELVEZ, aveline. B.
CRAOÜEN-VEVIN, aloyau. B. *Vevin* pour *Bevin*.
CRAOUFF. Voyez *Craon*.
CRAOUIDEN, gratin. B. Voyez *Craoüat*.
CRAOUN. Voyez *Craouen*, *Craon*.
CRAP, prise, saisie. G. Voyez *Crab*, *Crapaf*, *Crapin*, *Craf*. On voit par là qu'on a dit indifféremment *Crab*, *Craf*, *Crap*.
CRAP, le même que *Crep*, *Crip*, *Crop*, *Crup*, *Crwp*, *Cryp*. Voyez *Bal*.
CRAP, le même que *Grap*, *Rap*. Voyez *Aru*.
CRAP NA NARACH, œuf de serpent. E. *Narach*. serpent, *Na* marque du génitif.
CRAPA & CRAFA, grimper, harponner, accrocher, & parmi les mariniers mouiller l'ancre. *Grapat Ar Madou*, ravir les biens. B. Voyez *Craf*.
CRAPADH, diminuer, resserrer. I.
CRAPAF, ancre. B.
CRAPAHEN, crêpe mets. B. De là ce mot.
CRAPALL, le même que *Crapell*. Voyez *Bal*.
CRAPAT, ancrer. B.
CRAPAX, ancre. B. *Crapax*, ancre en Anglois. Voyez *Crapa*.
CRAPEIN, grimper. B. Voyez *Crap*.
CRAPELL AR MANE, croupe de montagne. B. *Crapell* doit signifier croupe en général, puisque *Crousell* son synonime se prend également pour croupe de cheval & croupe de montagne. *Crapell* étant le même que *Cribell*, signifie comme ce dernier mot cime, sommet, crete, faîte, le dessus, dessus, élevation. *Croppas* en ancien Saxon; *Crop* en Anglois; *Croupe* en François, cime, croupe de montagne.
CRAPIN, grapin. B. De là ce mot.
CRAPOLL, le même que *Crapell*. Voyez *Bal*.
CRAPPA, A. M. le même que *Crapinum*.
CRAPPEIN, accrocher, grimper. B. *Grapad* en Irlandois, grimper. Voyez *Crab*, *Craf*.
CRAPPELL ER MANE, croupe de montagne. B. Voyez *Crapell*.
CRAPTHA, étonné, ravi, saisi de passion. I.
CRAS, corps. I.
CRAS, roti, desséché par la chaleur du feu ou du soleil, sec, très-sec. B. Voyez l'article *Crâs*.
CRAS, le même que *Bras*. Voyez ce mot.
CRAS, le même que *Gras*, *Ras*. Voyez *Aru*.
CRAS, le même que *Cres*, *Cris*, *Cros*, *Crus*. Voyez *Bal*.
CRÁS, brûlé, aride, effronté, insolent, impudent, pétulant. G. *Krez*, feu de joie; *Kresziti*, étinceler; *Kressalto*, mèche, amorce qui prend feu en Stirien, & en Carniolois.
CRASA, rôtir, dessecher, sécher. B. *Crafag*, *Craseg*, s'en forment naturellement.
CRASAG. Voyez *Crafa*.
CRASAN, petit corps. I. Voyez *Cras*.
CRASAREN, fort amer, subtil. I.
CRASBOETH, rôti. G. *Cras Poeth* pléonasme.
CRASBOETHI, rôtir, fricasser, frire, brûler de tous côtés. G.
CRASDANT, corde séche. G. *Tant*.
CRASDER, aridité, sécheresse, impudence, effronterie, pétulance, G.
CRASFAEN, brique. G. A la lettre, pierre séchée par le feu.
CRASOA, qui reçoit des coups de pied, qui est foulé aux pieds. Ba. De là notre mot écraser. *Crush* en Anglois, écraser, froisser, briser.
CRASPISCIS, A. M. grand poisson. De *Cras* le

même que *Bras*, & de *Pyfg* ou *Pyſc*, poiſſon.

CRASSA, A. M. graiſſe; de *Cras* le même que *Bras*. Creſſonage en vieux François, droit d'engraiſſer un bœuf dans une prairie.

CRASSARI, A. M. enfler, groſſir; de *Cras*. Voyez *Bras*.

CRASSATUS, A. M. engraiſſé; de *Cras*. Voyez *Bras*.

CRASSEDO, A. M. groſſeur, épaiſſeur; de *Cras*. Voyez *Bras*.

CRASU, rôtir, brûler, ſécher activement & paſſivement. G.

CRASUNEL, le mare, la craſſe, les feces, comme la lie des graiſſes, cire & autres matières fondues & repoſées avant que d'être figées. On le dit même du reſte de la farine détrempée pour faire quelque ragoût. B.

CRASWYNT, verd de gris, rouille de cuivre d'airain. G.

CRAT. Voyez *Crad*.

CRAT, le même que *Gradd*. Voyez ce mot.

CRAT, le même que *Grat*, *Rat*. Voyez *Aru*.

CRAT, le même que *Cret*, *Crit*, *Crot*, *Crut*, *Crypt*, *Cryt*. Voyez *Bal*.

CRATA, A. M. le même que *Crates*, grille; de *Cratell*. De *Crata* eſt venu *Cretin* vieux mot François, qui ſignifioit panier.

CRATARE, A. M. grater; de *Crauat*.

CRATELL eſt le même que *Cradell*, le *t* & le *d* ſe mettant indifféremment l'un pour l'autre. Le *t* ſe perdant on a dit *Craell*, d'où eſt venu le vieux mot François *Creil*, claye. Voyez *Grata*.

CRATERA, A. M. corbeille, panier. Voyez *Crata*.

CRATH, le même que *Cradk*. I.

CRATHADH, ſecouſſe, ſecouer, mouvoir, remuer, danſer un enfant ſur ſes genoux, arroſer, arroſement. I.

CRATHAM, ſecouer, mouvoir, remuer. I.

CRATICEA, A. M. grille, treille, baluſtrade. Voyez *Crata*.

CRATICULA, A. M. petite treille. Voyez *Craticea*.

CRATIS, A. M. grille de Religieuſes. Voyez *Crata*.

CRATONES, CRAFONES, A. M. eſpèce de gâteaux faits avec du beurre; on les appelle à Paris ratons. De *Cras*, gras, graiſſe. Voyez *Bras*.

CRAV, roc. G. Ce mot étant le même que *Crag* (le *v* & le *g* ſe mettant l'un pour l'autre) il en a toutes les ſignifications. De là ſont venus en notre Langue gravier, gravois, greve. *Graver* en Anglois; *Graveis* en Flamand, gravier. Voyez *Grawell*.

CRAU, trou, creux. G. De là *Croupir* en François; *Crolis*, fondrières; *Crot*, foſſette, creux en terre; *Croulieres*, ornieres, fondrières en vieux François. *Krausha* en Carniolois; *Krewka* en Venéde; *Krugla* en Eſclavon, cruche; *Grovo*, foſſe en Venéde; *Groba*, foſſe en Gothique.

CRAU, ſang. G. De là *Cruor*, *Crudelis* Latins. *Krew* en Bohémien & en Polonois; *Kry* en Eſclavon; *Krae* en Luſacien; *Karw* par tranſpoſition en Dalmatien, ſang; *Grauſam* en Allemand; *Groulik* en Flamand, cruel. *Crau* eſt formé de *Cer*, rouge, *Au*, liqueur; *Cerau*, prononcez *Kerau*, par une craſe facile & commune *Krau*.

CRAU, étable. B.

CRAV, le même que *Crab*, *Craf*, *Crap*. Voyez B.

CRAV, le même que *Cram*, parce que l'*m* ſe met pour l'*v*. De *Cram* ou *Gram* eſt venu *Gremil* qui ſignifie une petite plante appellée ſemence pierreuſe; *Gram* en compoſition *Grem*, pierre; *Hil*, ſemence. Voyez *Cramand*.

CRAU, le même que *Crao*. Voyez *Crau Arf*, *Crao Arf*.

CRAU ARF, trou du manche dans les outils. G.

CRAU NODWYDD, trou d'aiguille. G.

CRAVACZ, civière, la fourche de la charruë. B.

CRAUADEN, gratin. B.

CRAVAN, vilain coquillage. B. C'eſt le même que *Craban*.

CRAVAT, grater. B. C'eſt le même que *Crafat*. De là *Grater* en François; *Grattaro* en Italien; *Cratare* dans la baſſe Latinité; *Kratzen* en Allemand; *Kraſſen* en Flamand, grater; *Krauwel*, ongle en Flamand; *Krauwen* en Flamand, grater; *Krauwagie*, gratelle, gale dans la même Langue.

CRAVEIN, fauſiler. B. Voyez *Crav* le même que *Craf*.

CRAVELL, ſarcloir. B.

CRAVER, A. G. raſoir; de *Crafu*, *Cravu*.

CRAPIGNAT, égratigner. B.

CRAVINAT, égratigner. B.

CRAUST, flegme, pituite. B.

CRAVU, le même que *Crafu*. Voyez *Crav* le même que *Craf*.

CRAW, étable. G.

CRAW, le même que *Carw*. Voyez ce mot.

CRAWA, pus. G.

CRAWEN, croûte. G. B. De là *Cren*, ſon en Franche-Comté, *Crenchon* en Patois d'Alſace. Le ſon eſt la gouſſe du bled. Voyez *Crechen*, *Crawennu*.

CRAWENNIAD, incruſtation. G.

CRAWENNIG, petite croûte. G.

CRAWENNOC, enduit, incruſté. G.

CRAWENNU, enduire, revêtir, incruſter, être incruſté. G.

CRAWENNWR, qui enduit, qui revêt, qui incruſte. G.

CRAWN, ulcére, pus, ſanie, ſuppuration, bouché, fermé, tamponné, entaſſé, amaſſé, accumulé, aſſemblé, ce qui eſt appaiſé, réprimé, tas fermé, bouché, obſtruction, obſtacle. G. De là *écran*.

CRAWNBOER, empyéme. G.

CRAWNLLYD, plein de pus. G.

CRAVWR, graveur; de *Cravn*. De là ce mot.

CRAYE, crêpe. B.

CRAZ, tertre, colline, élévation. B.

CRAZA, griller, chauffer trop. B. Voyez *Craſo*.

CRAZCA, bruit. Ba. Voyez *Cracq*.

CRAZENN, colline, tertre. B.

CRAZEREH, CRAZEREZ, deſſéchement exceſſif. B.

CRAZUNELL, petite galette, gâteau. B. De *Craza*.

CRE, quille d'un vaiſſeau. I.

CRE, limon, terre, fange, bouë, argile, terre graſſe. I. Voyez *Crey*, *Cro*.

CRÉ, CRÊF, ou CRÉM, & ſelon l'ancienne ortographe *Criff*, fort, robuſte, efficace, qui prévaut, qui dompte, vigoureux, rapide, épais, fécond, abondant, lieu fortifié, & comme adverbe fortement. B. De *Cré* eſt venu *Creber* Latin, épais, abondant, fréquent: ce mot eſt un pléonaſme formé de *Cré* & *Ber* ; de *Berius*, abondant. De *Cré* vient *Cretola*, qui en Patois de Franche-Comté ſignifie abondance, grande quantité. On dit dans la même Province *A Creb* pour fortement.

Kretos

CRE.

Kretos en Grec Eolien ; *Kratos* en Grec commun, puissance ; *Krataios* en Grec, fort ; *Cras* à Malaca, fort.

CRE, le même que *Gre*, cheval. Voyez *Aru*.
CRE, Voyez *Crenn*.
CRE, le même qu'*Achre*. Voyez ce mot.
CRE, le même que *Craff*. Voyez *Creu*.
CRE, le même que *Gre*, *Re*. Voyez *Aru*.
CRE, le même que *Crec*, *Creg*, *Cres*. Voyez *Aru*.
CRE, le même que *Cra*, *Cri*, *Cro*, *Cru*. Voyez *Bal*.
CREA, A. G. excrémens, ordures, d'où vient *Excreare* Latin. Les chasseurs appellent *Crotes* les excrémens du liévre, du chevreuil & du cerf. Voyez *Crawa*, *Crawn* & *Cré*. Remarquez que le terme de *Crote*, qui en François défigne de la bouë, signifie aussi excrémens.
CREA, A. G. chevre sauvage. C'est une crase de *Creigasr* ou *Creiasr*.
CREAAT, conforter, reprendre des forces, munir, fortifier. B.
CREACH, flot. I.
CREACH, capture, prise, vol, pillage, déprédation. I.
CREACH, haut, le haut, tertre, colline. *Creachig* diminutif. B. *Kruja*, haut en Esclavon. Voyez *Crab*, *Creeh*.
CREACHA, vol, pillage, déprédation. I.
CREACHADH, vol, larcin, voler, piller. I.
CREACHADOIR, larron, pillard. I.
CREACHAM, le même que *Creatham*. I.
CREACHD, blessure, playe, coup, maladie. I.
CREACHRAIM, imprimer des stigmates. I.
CREAD, création, race. G.
CREADH COGUAIS, remord de conscience. I.
CREADHACH, blessé. I.
CREADRADH, chariot. I.
CREADUR, CREADWR, créature. G.
CREAFOG, poussière. I.
CREAFOLL, très-fort. B.
CREAGACH, rocher, sommet. I. Voyez *Crag*.
CREAGH, le même que *Creadh*. De même des dérivés ou semblables. I.
CREAGHACH, endroit plein de rochers. I.
CREAGMUGAR, pleins de rochers, qui est de pierre, de roc. I.
CREAN, fort, robuste, vigoureux, viril, énergique, efficace, rapide, lieu fortifié. B. Voyez *Cré*.
CREANCZER, créancier. B.
CREANOUEREAU, gueuserie. B.
CREANTARE, CRAANTARE, CRANTARE, GRANTARE, A. M. cautionner, répondre pour quelqu'un. On a dit en vieux François *Creanter*, *Craanter*, *Granter*, *Creantum*, *Grantum*, caution ; *Crantaneus*, qui cautionne. Voyez *Cret*, *Goarant*.
CREANTES, A. M. le même que *Cragentes*.
CREAPADH, contraction. I. Voyez *Crepachu*.
CREARE, A. G. coudre ; de *Cri*, *Cre*, couture.
CREAS, ceinture. I.
CREAS, étroit, serré, *Creas Mhuir*, détroit de mer. I. Voyez *Cracq*.
CREAS, mettre, poser, remettre. I.
CREAS, A. G. sauvages ; de *Crei* ou de *Cris*.
CREASA, funeste. I.
CREASAM, orner. I.
CREASUGADH, ceignant. I.
CREASVIR, détroit. I. C'est le même que *Creas Mhuir*.
CREAT, terre. I.
CREATA, terrestre. I.

CRE. 377

CREATACH, claie, osier tissu. I.
CREATAR, sacré. I.
CREATH, le même que *Creach* ; de même des dérivés ou semblables. I.
CREATH, le même que *Creadh*. De même des dérivés ou semblables. I.
CREATHACH, tremblant. I.
CREATHADH, CREATHAM, trembler, faire trembler, chanceler, branler, tremblant. I.
CREATHNAIGHIM, trembler. I.
CREAWDR, créateur. G.
CREBACH, resserré, rétréci, accourci par l'aridité, par la corruption, par la pourriture. G.
CREBANTARE, A. M. paroit signifier couper ; de *Crabana*, que l'on voit par *Crasu*, qui est le même mot, avoir signifié couper.
CREBRO, A. G. la terre élevée entre deux sillons. *Creh*, haut, hauteur : *Bro*, terre.
CREBYCHIAD, contraction, accourcissement, rétrécissement. G.
CREBYCHU, accourcir, étrécir, être resserré, rétréci, accourci par l'aridité. G. Voyez *Crebach*.
CREC, le même que *Grec*, *Rec*. Voyez *Aru*.
CREC, le même que *Cré*, *Creg*, *Cres*. Voyez *Aru*.
CREC, le même que *Crac*, *Cric*, *Croc*, *Cruc*. Voyez *Bal*.
CRECA, CRECCA, A. M. petite baye, petit port ; nos matelots disent *Crique*, les Anglois *Creek*. De *Crec*, petit, on sous-entend baye, port. Voyez *Cracq*.
CRECCIAN, gloussser. G.
CRECH, crépuë, frisée. G. C'est le féminin de *Crych*.
CRECH, proie. I.
CRECH, haut, le haut, tertre, colline, montée, hauteur à monter, faîte, sommet ; plurier *Crechiou*. B. *Crech* en Gallois, haut. Voyez *Crechwen*. Le *ch* & l'*s* se mettant l'un pour l'autre, on a dit *Cres* comme *Crech* ; de là le mot François crête ; & par la substitution réciproque du *g* & du *c*, on a dit *Grête* en Patois de Franche-Comté, petite élévation.
CRECHE, A. M. cruche ; de *Crechen*.
CRECHEN, haut, le haut, tertre, colline, faîte, sommet. B. Voyez *Crech*.
CRECHEN, peau. B.
CRECHEN, Chrétien. B.
CRECHEN, le même que *Cregen*. Voyez *Aru*. De là cruche.
CRECHENNIG, diminutif de *Crechen*. B.
CRECHIG, diminutif de *Crech*. B.
CRECHIN, peau. I. Voyez l'article suivant.
CRECHIN, peaux, cuirs, écorces ; c'est le plurier de *Crechen* & *Crochen*. B. En Patois de Franche-Comté on appelle *Creuches* les coques d'œufs, de noix, de noisettes.
CRECHWEN, ris immodéré, éclat de rire. G. Davies dit que ce mot est composé de *Crech* & *Gwen*. Il explique *Gwen*, ris, & *Crech*, crépuë, frisée. Je ne vois pas comment ces deux termes peuvent former par leur union le sens en question. Ne vaudroit-il pas mieux dire que *Crech* signifie ici grand, haut, qui est le sens que ce mot a en Breton ? d'ailleurs le sens du mot demande qu'on donne ici à *Crech* cette signification.
CRECHWENNU, rire immodérément, rire avec de grands éclats. G.
CRECHWENNWR, ricaneur, qui rit beaucoup, qui fait de grands éclats de rire. G.
CRECQ, le même que *Cracq*. Voyez *Bal*.

TOME I. Z z z z

CRECZON, cresson. B. De là ce mot. *Kresse* en Allemand, cresson.
CRED, caution, assurance, garant, garantie, titres, contrats. B.
CRÈD, caution, garant. B.
CRÈD, fidélité, sûreté, foi, religion. G. De là crédit.
CRED, le même que *Crad*, *Crid*, *Crod*, *Crud*. Voyez *Bal*.
CRED, le même que *Gred*, *Red*. Voyez *Arn*.
CRED, le même que *Cret*. Voyez *D*.
CREDA, croire. B. De là *Credo* Latin. Voyez *Crèd*.
CREDA. Voyez *Crida*.
CREDADUN, crédule. G.
CREDADWY, croyable, vraisemblable. G.
CREDANS, armoire. B.
CREDDYF, le même que *Crefydd*. G. transposition.
CREDEDYN, fidéle, sûr. G.
CREDEDYN, CREDADYN, crédule. G.
CREDENDARIUS, A. M. homme fidéle, homme de confiance ; de *Credenn*.
CREDENN, créance, croyance, confiance. B. Voyez *Cred*.
CREDENSA, A. M. crédit, créance ; de *Credenn*.
CREDENTARE, A. M. promettre ; de *Crèd*, *Credenn* ; de là *Cranter* en vieux François, fiancer ; de là *Creand* ou *Crand* en vieux François, caution, sûreté, & *Creanter*, promettre ; de là *Créancier* en notre Langue, celui à qui l'on doit. Voyez *Creantare*.
CREDENTES, A. M. hommes à qui l'on peut se fier ; de *Credenn*.
CREDENTIA, A. M. buffet, table sur laquelle on place les verres & les bouteilles, petite table sur laquelle on place les vases d'Autel ; de *Credans*.
CREDENTIA, A. M. bail ; de *Credenn*.
CREDENTIA, A. M. parole donnée, sûreté, créance, credit, action de goûter un mets pour donner une entière confiance d'en manger ; *Credentiarius*, celui qui essayoit ainsi les mets ; de *Credenn*.
CREDI, croire, oser. B. Voyez *Credu* qui est le même.
CREDIBILES, A. M. le même que *Credentes*.
CREDICIO, A. M. crédit ; de *Credit*.
CREDICQ, crédule. B.
CREDIN, croire. B.
CREDIT, pouvoir, autorité, crédit. B.
CREDITARIA, A. G. fille de chambre, fille de confiance ; de *Credit*, *Cred*.
CREDITARIA, A. M. crédit ; de *Credit*.
CREDITARIUS, A. M. homme de confiance ; de *Credit*.
CREDITENSIA, A. M. crédit ; de *Credit*.
CREDITIO, A. M. crédit ; de *Credit*.
CREDITOR, A. M. curateur ; de *Credit*.
CREDITUS, A. M. le même que *Creditarius*.
CREDOUR, créancier. B.
CREDU, croire, se fier. G. B. Voyez *Credi* qui est le même.
CREDUNIAETH, CREDADUNIAETH, crédulité, assurance, confiance. G.
CREDUR, enfant. B. crase de *Creadur*.
CREDUS, crédule. B.
CREEDIGAETH, création. G.
CREEGUIN, coques, anses. B. De là *Egruger*.
CREEN. COET CREEN, peuplier noir, tremble. B.
CREENEIN, trembler. B.

CREENTATA PALEA, A. M. criblures de bled. On dit en Franche-Comté *Criantes*. Ce mot vient de *Criathar*. Voyez *Creentum*.
CREENTUM, A. M. le même que *Creentata Palea*.
CREF, fort. C. Voyez *Cré* qui est le même mot.
CREF, le même que *Craf*, *Crif*, *Crof*, *Cruf*. Voyez *Bal*.
CREF, le même que *Gref*, *Ref*. Voyez *Arn*.
CREF, le même que *Creb*, *Crep*, *Crev*. Voyez *B*.
CREFADUR, pie-mere ou dure-mere. G.
CREFAN, croûte. C. Voyez *Creuan*.
CREFENN, coûture, point d'éguille. B.
CREFF, le même que *Cré*, fort. &c. B.
CREFFHAT, conforter. B.
CREFFID, croyant, homme ferme dans la foi. G.
CREFFT, art, proprement méchanique. G.
CREFFT, occupation. B.
CREFFTWR, artisan. G.
CREFFTWRAIDD, fait avec art. G.
CREFFYN, bracelet que les femmes portoient au haut du bras. G.
CREFFYN diminutif de *Craff*, croc. G.
CREFL, fort. C. Voyez *Creff*.
CREFU, demander avec instance, demander. G. Le premier sens paroit être le plus propre. Voyez *Craff*.
CREFYDD, religion. G. Quelques Auteurs Gallois, que Davies improuve, disent *Creddyf* ; l'un & l'autre sont bons, les transpositions sont communes dans le Celtique.
CREFYDD-DY, monastére. G.
CREFYDDFRAWD, religieux. G.
CREFYDDGAR, religieux, religieuse, qui a de la religion. G.
CREFYDDOL, le même que *Crefyddgar*. G.
CREFYDDOLDEB, attaché à la religion. G.
CREFYDDU, jeûner par principe de religion. G.
CREFYDDUS, religieux, religieuse, saint, sainte. G.
CREFYDDWR, religieux, qui a de la religion. G.
CREG, le même que *Crag*, *Crig*, *Crog*, *Crug*, *Crwg*, *Cryg*. Voyez *Bal*.
CREG, le même que *Greg*, *Reg*. Voyez *Arn*.
CREGAT, coquille. B. Voyez *Crogen*.
CREGEN, vase de terre. G.
CREGENYDD, potier. G.
CREGHI, mordre, accrocher, saisir avec les mains, les dents ou quelque croc. B. Voyez *Crog*.
CREGIN, escargots. G. Voyez *Creeguin*.
CREGIN, ongles. B.
CREGLAIS, hurlement, cri lamentable, cri rauque, voix rauque. G. De *Cryg Lais*, dit Davies.
CREGUI, s'enflammer parlant du feu, mordre, se saisir, prendre parlant des arbres, colleter, accrocher. B.
CREGUIN-VRAS, conques, grandes coquilles. B.
CREGYN, doigts. G.
CREGYN MARCH, dartres vives de cheval. G.
CREH, haut, le haut, tertre, colline ; B. & par conséquent tête, chef, source comme tous les autres mots qui signifient élévation. Voyez *Bal*, *Ben*, *Cab*, *Cap*, &c. Dans les montagnes de Franche-Comté, on appelle *Creh* ou *Cret*, une colline. *Crotot* en Patois de Besançon est un tertre ; *Krai*, hauteur, cime, sommet en Esclavon ; *Crit*, colline en Esclavon ; *Cressa*, *Crista* dans les chartres, sommet de montagne ou de colline ; *Cresta* en Italien, cime de montagne ; *Crête* en Auvergnac, cime de montagne. Nous appellons encore *Crête* en notre Langue, la cime, le faîte de quelque chose. *Kreion* en Grec, sçavant ; *Krates* en Grec

vulgaire ; *Krail* en Efclavon ; *Krali* en Egyptien ; *Kral* en Turc, Roi. *Cro* dans les tables Eugubines marque le fuperlatif. *Great* en Anglois, grand; *Krutu* en Croatien, grandement, beaucoup ; *Greigneur* en vieux François, le plus grand. Voyez *Crech*, *Creath*, *Cré*.

CREH, le même que *Crah*, *Crih*, *Croh*, *Cruh*. Voyez *Bal*.
GREH, le même que *Greh*, *Reh*. Voyez *Aru*.
CREHEUSEN, tertre. B.
CREHIG, diminutif de *Creh*. B.
CREHYR, héron forte d'aigle qui a la queuë blanche. G.
CREI, le même que *Crai*, *Croi*, *Crui*. Voyez *Bal*.
CREI, le même que *Grei*, *Rei*. Voyez *Aru*.
CREI, fauvage. Voyez *Creigafr*.
CREIA, appeller. C. Voyez *Cri*.
CREICHE. EAN CREICHE, milan oifeau de proie. I.
CREICQ, fortin, petit fort. B. Voyez *Cré*.
CREIDUM, maladie, douleur, mal. I.
CREIDIOMH, foi, créance. I. Voyez *Credi*.
CREIDIOMHUN, foi, confiance, croire. I.
CREIFFIANT, miféricorde. G.
CREIFION, ordures qu'on emporte en raclant la peau, ce qu'on a enlevé en raclant, en ratiffant. G.
CREIG, endroit plein de rochers. I. Voyez *Crag*.
CREIG, le même que *Craig*, *Croig*, *Cruig*. Voyez *Bal*.
CREIGAFR, chamois, chevre fauvage. G. *Gafr*, chevre, *Crei* par conféquent fauvage.
CREIGIOG, pierreux, de pierre, de caillou, de rocher, plein de rochers, de pierres, de cailloux, raboteux, rude, inégal, fcabreux. G.
CREIGLE, lieu plein de rochers, de cailloux, lieu inégal, raboteux, plein de têtes de roc, écueil. G.
CREIH, milieu, fond. B.
CREIHUAT, conforter, raffermir. B.
CREIHUH, énergique. B.
CREIMIOCH, impotent, perclus de fes membres. I.
CREIN, branle, ébranlement, tremblement. B.
CREINEIN, branler, trembler. B.
CREINHUATT, corroborer. B.
CREINIM, ronger. I.
CREINNEIN, branler, trembler. B. Voyez *Crynn*.
CREINOSS, nord. B.
CREIRIO, déférer le ferment. G. Voyez *Crair*.
CREIRIVY, le même que *Crair*. G.
CREIS, milieu, entre. B.
CREIS, chemife. B.
CREISAMENTUM, A. M. accroiffement. Voyez *Crefqi*.
CREISENDARIUS, A. M. celui qui donne du bétail à retenue, fous condition d'en partager l'accroiffement ou les petits. Voyez *Creifamentum*.
CREISINEAMH, efcarre, cicatrice. I. Voyez *Creizen*.
CREISION, plurier de *Crás*. G.
CREISS, direct. B.
CREISTE, midi. B. De *Creis*, milieu.
CREITHIO, cicatrifer. G. Voyez *Craith*.
CREITHIOG, couvert de cicatrices. G.
CREIZ, CRAIZ, milieu, le milieu de quelque chofe que ce foit, qui eft au milieu ; *E Creiz*, au milieu : on dit mieux *Er Creiz* pour *En-Ar-Creiz*. Autrefois on écrivoit *Em-Gres*, (*Gres* pour *Cres*) pour dire avec moi ; à la lettre, en mon milieu, ou entre mes gens & [moi ; c'eft pour

En Ma Creiz : On dit également *Greiz* que *Creiz*. B. Cet article eft pris de Dom le Pelletier. Les Irlandois nomment le cœur *Cri*, parce qu'il eft au milieu du corps. De *Cres* eft venu *Gremium* Latin.
CREIZEN, cicatrice. B. Voyez *Creifineamh*.
CREIZENN, le centre, le milieu, la planche du milieu de la charrette. B.
CREIZTE, midi. B. Voyez *Creifte*.
CREL, le même que *Cral*, *Cril*, *Crol*, *Crul*. Voyez *Bal*.
CREL, le même que *Grel*, *Rel*. Voyez *Aru*.
CREM, fynonime de *Creft*. Voyez *Crema*.
CREM, créme. Voyez *Crempog*, *Crammen*.
CREM, le même que *Cram*, *Crim*, *Crom*, *Crum*, *Crwm*, *Crym*. Voyez *Bal*.
CREM, le même que *Cren*. Voyez ce mot. De là *Cremeur*, crainte en vieux François.
CREM, le même que *Grem*, *Rem*. Voyez *Aru*.
CRÉM, le même que *Cré*, fort, &c. B.
CREMA LACTIS, A. M. créme ; de *Crammen*. On voit en comparant *Crema*, *Cremenn*, *Crammen* avec *Creften*, *Creftenen*, *Crefta*, que *Crem*, *Cram* font fynonimes à *Creft*.
CREMALLERIA, A. M. crémaillère ; de *Cramailher*.
CREMENET, craffeux. B.
CREMENN, craffe, craffe de vifage. B. *Creine* en vieux François, farine groffière.
CREMENTUM, A. G. accroiffement, augmentation ; de *Crefco* Latin, qui eft formé de *Crefq*. Voyez ce mot.
CREMIA, A. M. cime, fommet de montagne ; de *Creh*.
CREMOESY, cramoifi. B.
CREMPOG, CREMPOGEN, bignet, gauffre ; gâteau large & mince. G. Voyez *Crampoch*.
CREMUM, A. M. créme. Voyez *Crema*.
CREN, étable. B.
CREN, branle, ébranlement, tremblement, friffon ou tremblement de froid, tremble arbre. B. Voyez *Crena*.
CREN, fort, robufte. B. En comparant ce mot avec *Crem*, on voit qu'on a dit indifféremment *Crem* & *Cren*.
CREN, rond, crâne. B. De *Cren*, rond, eft venu *Engraigné*, *Engrigne* en vieux François, environné.
CREN, le même que *Cran*, *Crin*, *Cron*, *Crun*, *Crwn*, *Cryn*. Voyez *Bal*.
CREN, le même que *Gren*, *Ren*. Voyez *Aru*.
CREN VAS, maffuë. B. *Vas* pour *Baz* ; *Cren*, fort.
CRENA, tremblement, trembler, friffonner, frémir. B. Voyez *Crynn*.
CRENAAT, affermir, fortifier. B.
CRENAFF, trembler, friffonner. B.
CRENAT, affermir, fortifier, renforcer. B.
CRENCH, CRAINCH, CRANCH, crachat, cracher. B.
CRENDER, rondeur. B.
CRENEGUELL, fondrière. B.
CRENELLUS, A. M. creneau ; de *Cren*, le même que *Cran*.
CRENER, trembleur. B.
CRENERES, tremble arbre. B. C'eft le féminin de *Crener*. Cet arbre eft ainfi nommé, parce que les feuilles tremblent.
CRENHA, fortifier. B.
CRENIA, CRENIAL, CRAINIA, fe rouler par terre comme font certaines bêtes : Il fe dit auffi des hommes. B. Voyez *Crain*.

CRENN, crâne. B. De là *Crennequin* en vieux François, espèce d'habillement de tête d'un homme à cheval ; *Crennequinier*, celui qui portoit cet habillement ; de là crâne en François moderne.

CRENN, court, courtaud, raccourci, gros, épais & fort, médiocre, rond, qui est de taille grosse, courte & ventrue ; *Crenn Lyen*, toile grosse, épaisse & forte ; *Roch Crenn*, grosse roche. B. Voyez *Crwnn*, *Cryn*, *Crine*.

CRENN HA QYGUS, dondon, gaguy. B.

CRENNA, accourcir, écourter, abbréger, arrondir. Ce mot signifie encore épaissir, devenir épais, serré, pressé : Les laboureurs disent d'une semence qui leve abondamment, *Crenna-At*, la semence pousse son germe en abondance. B.

CRENNAIGHTHI, épouvanté, effrayé. I. Voyez *Creu*.

CRENNARD, courtaud. B.

CRENNEIN, égruger. B.

CRENNER, rogneur, qui rogne, carreleur de souliers. B.

CRENNOUR, rogneur, qui rogne, écornifleur, chercheur de franches lippées. B.

CRENTER, rondeur. B.

CRENV, fort, robuste. B.

CRENVAA, fortifier. B.

CRENVAA, le plus fort, très-fort. B.

CRENVAAT, reprendre ses forces. B.

CRENVAZ, massue, bâton qui a une masse à un bout : Il signifie une quenouille avec sa quenouillée, par ressemblance à une masse. B. *Crenn Baz*.

CRENVIOU, forts, fortifications. B.

CRENVOCH, plus fort. B.

CREODHAR, barrière. I.

CREOF, CREUF, toison. B.

CREON, toison. B.

CREONVI, CREONVIA, les mêmes que *Crevi*. B.

CREP, crêpe mets. B. De là ce mot.

CREP, le même que *Creb*, *Cref*, *Crev*. Voyez B.

CREP, le même que *Crap*, *Crip*, *Crop*, *Crup*. Voyez *Bal*.

CREP, le même que *Grep*, *Rep*. Voyez *Aru*.

CREP, frisé, crépu, ridé. Voyez *Crepon*.

CREPA, A. M. voûte. Voyez *Cruban*.

CREPACHU, accourcir, étrécir. G.

CREPAHEN, crêpe mets. B.

CREPARE OCULUM, A. M. crever l'œil ; de *Crevein* ou *Crepein*. Voyez B. De là *Crepare* Italien.

CREPATIAE, A. M. crevasses. Voyez *Crepare*.

CREPATUS, A. M. rompu. Voyez *Crepare*.

CREPEDO, A. M. trou, fente. Voyez *Crepare*.

CREPERE, A. G. épaissir ; de *Crep*, le même que *Cräff*, épais.

CREPERUS, A. G. rude, âpre, scabreux ; de *Crep*, le même que *Creff*, fort.

CREPIDO, CREPITUDO, A. M. crevasse, fissure. Voyez *Crepare*.

CREPIUS, A. M. fréquemment ; de *Crep*, le même que *Creff*, épais, abondant.

CREPON, crépon, penard, décrépit. B. Le dernier sens est figuré ; il est pris de ce que les hommes fort vieux, les hommes décrépits sont ridés, car le crépon a tiré son nom de ses rides ou frisures. On dit parmi nous qu'un homme a les cheveux crépus, lorsqu'il a les cheveux naturellement frisés.

CREPPA & CREPPOG féminin, le même que *Creppach*. G.

CREPPACH, le même que *Crebach*. G.

CREQUIER en vieux François, prunier sauvage ; *Creque*, le fruit de cet arbre ; de *Cracq*, qui est une épithète qui marque ce qui n'est pas de la bonne espèce.

CRES. Voyez *Cret*. G.

CRES, habit, habillement, habit de toile, chemise, partie d'un habit, drap, quelque chose pour se couvrir le corps, milieu, & anciennement audacieux, entreprenant, hardi ; c'est ainsi que le Pere de Rostrenen explique ce mot ; Dom le Pelletier explique ce terme de cette sorte : *Crés* ou *Crez*, habillement fait de grosse toile en façon d'un grand juste-au-corps à l'usage des gens de gros travail & des pauvres ; c'est aussi une chemise de pareille toile ; c'est encore une mesure de cette toile, suffisante pour faire un de ces habillemens. Chez les marchands c'est la mesure de quatre aunes trois quarts, selon quelques-uns, & de cinq aunes selon les autres ; plurier *Crésiou* ou *Creiziou*. On lit dans le Gallois *Crys*, chemise, chemise de fille. Il y a lieu de croire que ce mot a signifié quelque habit de plus grand prix, puisque l'Auteur de la tragédie sur la destruction de Jérusalem fait offrir par Hérode à l'Empereur Tite, entr'autres présens, *Tregont Crés*, trente chemises : Ce pourroit être des chemises en général ; & comme cette Langue n'est plus bien parlée que par les villageois, ils ont restraint la signification de ce mot à leurs chemises de grosse toile. En Basse Cornouaille *Crés* se dit de toutes sortes d'habillemens faits de cette grosse toile, ce qui feroit croire que c'est le nom de celle qui est grosse & rude, & que ce seroit pour *Criz*, dur, cru & rude. B. Dès que, selon le Pere de Rostrenen, *Crés* signifie habillement, robe en général, Dom le Pelletier auroit pu s'appaiser sur la difficulté qu'il se propose au sujet du présent fait par Hérode à l'Empereur Tite. Il étoit fort en usage chez les Anciens de faire des présens de robe. (Voyez *Ankelher*) Je dois ajoûter que *Crés* est le même que *Cré*, fort, &c. Outre l'analogie qu'il y a entre fort, robuste, vigoureux & hardi, audacieux, entreprenant, l's s'ajoûte au mot sans le changer. Voyez *Aru*. *Kros*, manteau en Hottentot.

CRES, le même que *Crec'h*. Voyez *Ch*.

CRES, le même que *Cret*. Voyez *S*, & *Cret* Gallois.

CRES. Voyez *Crezeul*.

CRES. Voyez *Creiz*.

CRES, le même que *Gres*, *Res*, *Sres*. Voyez *Aru*.

CRES, le même que *Crec*, *Creg*, *Cre*. Voyez *Aru*.

CRES, le même que *Cras*, *Cris*, *Cros*, *Crus*. Voyez *Bal*.

CRESAMENTUM, A. M. accroissement. Voyez *Cresq*.

CRESAN, ceinture. I.

CRESAW, réception, conception, recevoir, concevoir. G.

CRESAWU, recevoir avec bonté. G.

CRESCENTIA, A. M. les fruits qui croissent dans un fonds, le fonds où ils croissent ; de *Cresqancz*. Voyez *Cresq*.

CRESPELLÆ, A. M. crêpes mets ; de *Crep*.

CRESQ, CRESQANCZ, crue, augmentation. E. De là *Cresco* Latin. Voyez *Crech*. Je crois qu'on a employé le mot de *Cresq* parmi les Gaulois pour marquer l'augmentation qu'une rivière recevoit par la jonction d'une autre. Je le pense ainsi pour les raisons suivantes. 1°. Ce sens est fort analogue à celui

celui de *Cresq.* 2°. Dans l'ancien Saxon *Crecca* ou *Grecca* signifie la jonction de deux rivières ; les Anglois disent *Creck.* Dans le Flamand, qui est à peu de chose près l'ancien Theuton, on trouve ce mot dans le même sens ; car *Kreke* en Zélandois signifie un torrent, un ruisseau, une rivière qui se jette dans un plus grand fleuve : Or l'ancien Saxon & le Theuton ont beaucoup d'affinité avec le Celtique. 3°. *Creghi* ou *Creki* (voyez *Croghet*, *Crog*, *Crok*.) a signifié saisir ; signification entièrement analogue à celle de joindre. On a appelé *Cretine* en vieux François une alluvion, un accroissement fait par la rivière.

CRESQADUR, croissance, aggrandissement. B.

CRESQEIN, croître, multiplier, devenir grand, grandir. B.

CRESQI, croître, multiplier, devenir grand, grandir. B.

CRESSA, A. M. sommet de montagne ; de *Cres*, le même que *Crech.*

CRESSAW chez une partie des Gallois, le même que *Crossawu.* G.

CRESSEMENTUM, A. M. le même que *Creissamentum.*

CRESSIMENTUM, A. M. dépendance ; de *Cressementum*, parce que les dépendances d'une chose en font une espèce d'accroissement.

CRESSO, A. M. cresson ; de *Creczon.*

CRESSONARIA, A. M. cressonnière ; de *Creczon.*

CREST, art. C.

CRESTA, A. M. faîte, sommet ; *Crestata*, qui a un sommet. *Crestata*, le même que *Crista.* Voyez *Crech.*

CRESTEN ; plurier *Crest*, crasse, ordure qui tombe de la tête, croûte. G. De là *Crusta* Latin. Voyez *Crestenen.*

CRESTENEN, CRESTENNENN, crème, petite peau qui se forme sur le lait, toute superficie qui se forme comme la crème, la glace qui commence à se former sur une eau tranquille. B. Voyez *Crestennog.*

CRESTENNOG, encroûté. G.

CRESTENNU, enduire, encroûter, amasser de l'ordure, de la crasse sur sa tête. G.

CRESTOG, encroûté, enduit. G.

CRET ou CRES, hardi, entreprenant. G.

CRET, ôtage, caution, & anciennement audacieux, hardi, entreprenant. B. *Kratus*, robuste ; *Kratos*, puissance, force ; *Krateo*, tenir fortement, saisir, prendre, tenir en Grec.

CRET, le même que *Gret*, *Ret*, *Sret.* Voyez *Aru.*

CRET, le même que *Crat*, *Crit*, *Crot*, *Crut.* Voyez *Bal.*

CRETA, CRETAT, oser, cautionner. B.

CRÊTH, crainte, peur, frisson. G.

CRETH, le même que *Crech.* I.

CRETH, le même qu'*Achreth.* Voyez ce mot.

CRETH, cri. Voyez *Disgreth.*

CRETHYLL, terme Gallois, est rendu en Latin par *Giruli*, que je ne trouve dans aucun Dictionnaire de cette Langue.

CRETTWY, crédit. G.

CRETURA, A. M. le même que *Creentata.*

CREU, créer. G. B.

CREU, le même que *Cresu.* G.

GREU, étable. B.

CREU, prélonge, cordage gros & long. B.

CREU, CREUS, creux. B. De là ce mot, *Grub* en Allemand ; *Gruba* en Polonois, fosse.

CREU. Voyez *Creuen.*

TOME I.

CREU, le même que *Creb*, *Cref*, *Crep.* Voyez *B.*

CREU, le même que *Crau*, *Crou.* Voyez *Bal.*

CREU, le même que *Greu*, *Reu*, *Sreu.* Voyez *Aru.*

CREUAN, crâne. G. *Kranion* en Grec. Voyez *Creuen.*

CREUDER, impétuosité. B.

CREUEIN, crever. B. De là ce mot, & *Crewis* en Anglois, fente, crevasse.

CREUEN, croûte de pain, croûte. B. Voyez *Crawen.* De là *Creu*, qui en Franche-Comté signifie le son qui est la peau ou l'enveloppe du bled moulu.

CREUENN, croûte de pain, croûte. B. Voyez *Crawen.*

CREUF. Voyez *Creof.*

CREUHENN, croûte de pain, croûte. B.

CREVI, CREONVI, CREONVIA, tondre. B.

CREULAWN, cruel, furieux, forcené, terrible. G. *Creu* de *Crau* ; *Llawn.*

CREULAWNDDRUD, très-cruel. G. *Drud*, par conséquent marque du superlatif. Voyez *Creulawn.*

CREULON, cruel, inhumain, horrible, affreux, tragique, funeste, mortel, tyrannique, rude, austère, sévère, fâcheux, importun, fatiguant, incommode. G. Voyez *Creulawn* qui est le même.

CREULONDER, cruauté, tyrannie, fureur, transport furieux, importunité, manière importune. G.

CREULONDIG, qui est en colere. G.

CREULONDRUD, cruel, féroce. G.

CREULONEDD, cruauté, rudesse, sévérité, rigueur, austérité. G.

CREULONI, être cruel, traiter avec cruauté, exercer sa fureur. G.

CREULYD, sanguin, sanglant, ensanglanté. G.

CREUN, qui a de la force. B. C'est le même que *Cren.*

CREUN, croûte de pain, croûte. B.

CREUNENN, croûte de pain, croûte. B.

CREUS, creux. B. C'est le même que *Creu.*

CREUSEUL, gresset ou creuset, lumière ou chandelle à veiller la nuit. B. On appelle *Creseu* en Franche-Comté une lampe à crochet dont on se sert pour veiller. Dans le Patois de Lyon & de Dauphiné un creuset se nomme un *Creu.* A Villedieu en Basse Normandie les fondeurs appellent un creuset un *Crison.* En vieux François *Creuseu* étoit un vase à mettre de l'huile pour la salade. *Creuseul* est formé d'*Eul*, huile, & *Creus*, creux, vase, vaisseau.

CREUTA, A. M. cruè ; de *Cresq.*

CREWET, A. M. burette : C'est un diminutif de *Creu*, qui étant le même que *Creus*, signifie pareillement creux, vase, vaisseau. Voyez *Creuseul.*

CREWIER, plurier de *Crau*, étable. B.

CREWYN, diminutif de *Crau*, étable. B.

CREUZEUL, le même que *Creuseul.* B.

CREY, craye. B. De là ce mot. On disoit *Croie* en vieux François.

CRESENEN, gratin. B.

CREYLON, sanguinolent, plein de sang. G. C'est le même que *Creulon.*

CREYR, le même que *Cryr.* G.

CREYRYN, mouche. G.

CREYZ, craye. B. Ce mot étant synonime de *Calch*, il doit aussi signifier chaux, comme ce dernier terme. D'ailleurs *Riz*, qui est le même que *Creyz*, (voyez *Aru*) signifie chaux.

CREZ, avare. B.

CREZEUL, le même que *Creuseul.* B.

CREZN, frisson, tremblement. B. C'est le même que *Cren.*

CREBNA, trembler. B.
CRI, cri, appel. G. B. Cri en François; Grido en Italien; Grito en Espagnol; Cry en Anglois; Krik en Bohémien; Krizh en Esclavon; Krzük en Polonois; Shrai, prononcez Chrai, en Carniolois; Krich en Stirien & en Carinthien; Chry en ancien Allemand; Kreide en Allemand moderne, cri; Schreyen en Allemand; Krayen en Flamand; Kreiden en Theuton, crier; Criden en Tartare, pleurer; Screyen en Flamand; Schreyen en Allemand; Graede en Danois, pleurer, se lamenter, jetter de grands cris; Cara, Cra en Hébreu, crier, appeller; Ceriah, Criah, cri, appel; de là Grimaud, qui crie beaucoup; Cri ou Gri; Maud, le même que Baud.
CRI, récent, sans levain, rude, qui n'est pas poli. G. En Languedoc on appelle Gril, la pousse nouvelle des arbres: On y dit que le bled Grille lorsqu'il germe, lorsqu'il commence à pousser.
CRI, barbare, dénaturé, farouche, barbarement. B.
CRI, cœur. E. I. Voyez Creiz.
CRI, cru. B.
CRI, pointe. Voyez Crib & Ochri.
CRI, le même que Cra, Cre, Cro, Cru. Voyez Bal.
CRI, le même que Gri, Ri, Sri. Voyez Aru.
CRIA, crier, appeller. B.
CRIACH, tremblant. I.
CRIADEN, cri, appel. B.
CRIADH, terre, argile, bouë. I.
CRIADHA, de terre, d'argile, de bouë. I.
CRIADHAIRE, paysan, laboureur. I.
CRIADHIURE, paysan, laboureur. I.
CRIADHLUCH, digue, môle, jettée, taupe. I.
CRIAFOL, sorte d'arbrisseau dont on se sert pour soutenir la vigne, cormier, frêne sauvage. G.
CRIAFOLBREN, peuplier. G.
CRIAFOLEN, cormier, peuplier. G.
CRIAFORA, A. M. cri pour exciter à courir sus, à saisir quelqu'un; de Cria Forh.
CRIAGH, le même que Criadh. De même des dérivés ou semblables.
CRIAGIUM, A. M. pour Griagium.
CRIAL, crier, croasser. B.
CRIARE, A. M. crier; Criaria, l'emploi des crieurs publics; de Cria.
CRIATH, le même que Criach. De même des dérivés ou semblables.
CRIATH, le même que Criadh. I.
CRIATHAR, crible. I. De là Crientes.
CRIATHRADH, cribler. I.
CRIB, sommet, faîte, cime, crête, pointe. G. C. Voyez l'article suivant. Grib en Lusatien, tertre.
CRIB, peigne. G. B. Criban, peigne, & Crubhgriffe, ongle en Irlandois. En comparant Crib avec Cribyn, qui est le même mot, avec Cribinio qui en est formé, on voit que Crib a signifié en général tout ce dont on se sert pour purifier, pour séparer ce qui est mauvais d'avec ce qui est bon. Cela paroit encore par le mot Latin Cribrum, & le François Crible, qui signifient un instrument à nettoyer le grain, à séparer la farine d'avec le son. Ce terme Cribrum est évidemment formé de Crib.
CRIB chez une partie des Gallois, rayon de miel. G.
CRIB, le même que Grip, Rip, Srip. Voyez Aru.
CRIB, le même que Crif, Crip, Criv. Voyez B.
CRIB, le même que Crab, Creb, Crob, Crub. Voyez Bal.
CRIB ADERYN, crête, hupe des oiseaux. G.
CRIB TY, toit. G. A la lettre, faîte de la maison.
CRIBA, peigner. B. Voyez Crib.
CRIBAN, crête, faîte. C.
CRIBAT, peigner. B.
CRIBAU, peigne. G.
CRIBAU chez une partie des Gallois, rayon de miel. G.
CRIBAU MAIR, épine blanche, tithymale. G.
CRIBAU 'R BLEIDDIAU, grande bardane. G. A la lettre, peigne de loup.
CRIBAU 'S FFRAID, bétoine. G.
CRIBDAIL, inclination à prendre, à voler, à rapiner. G. Voyez Crubh.
CRIBDEILIO, ravir, prendre de force. G.
CRIBDDEILIWR, pillard, ravisseur, voleur, qui extorque, qui ravage, qui fait le dégât, qui détruit. G.
CRIBDEILWR, le même que Cribddeiliwr. G.
CRIBDEILAW, couper, diviser. C.
CRIBDEILIAD, dégât, ravage, sac. G.
CRIBDEILIO, ravager, saccager, faire le dégât; amasser comme on peut, amasser de tous côtés avec peine. G.
CRIBDEILIWR, voleur, ravisseur. G.
CRIBDEILUS, qui emporte, ravisseur, ravissant. G.
CRIBDIL, vol, larcin, rapine, brigandage, pillage. G.
CRIBEDIG, peigné. G.
CRIBELL, crête de coq. G. Voyez l'article suivant.
CRIBELL, crête. B. Cribell, Criben, Cribyn, Criban sont les mêmes que Crib; Ell, En, Yn, An n'étant que de simples terminaisons. Cribelle en vieux François, crête.
CRIBELL AR-GHAR, le devant de la jambe. B.
CRIBELLATUS, A. M. criblé; de Crib.
CRIBEN, crête. B. Voyez Cribell.
CRIBEN AR-CHAR, le devant de la jambe. B.
CRIBENNEC, qui a une crête. B.
CRIBIN, seran outil avec lequel on peigne le lin, le chanvre; pluriel Cribinou, Cribina, serancer, peigner avec le seran. B. Voyez Cribinio, Cribyn.
CRIBINIAD, sarclage. G.
CRIBINIO, sarcler, herser, ratisser, peigner. G.
CRIBLUS, A. M. crible; de Crib.
CRIBO, peigner. G.
CRIBOD. Davies n'explique pas ce terme: Il paroit par la phrase qu'il cite qu'il signifie la place qu'occupe un rayon de miel. Voyez Crib.
CRIBOG, hupé, qui a une hupe, qui a une crête, qui se termine en pointe, aigu, pointu. G.
CRIBRARIUS, A. M. faiseur de cribles; de Crib.
CRIBYN, faîte, cime. G.
CRIAYN, peigne, rateau, sarcloir. G.
CRIBYN, seran. B.
CRICA, A. M. le même que Creca.
CRICCIED, grillon. G.
CRICH, pays, région, contrée. I.
CRICH, bord, fin. I.
CRICH, lieu couvert de buissons & de halliers. I.
CRICH, le même que Crith. De même des dérivés ou semblables. I.
CRICHAN, lieu couvert de buissons & de halliers I.
CRICHAN, Chrétien. B.
CRICHEN, Chrétien. B.
CRIDA, CRIDIA, CREDA, A. M. ban, cri public; de Cri.

CRI.   CRI. 383

CRIDA, CRIDAGIUM, A. M. droit que l'on paye pour ce qui se vend par criées, pour le vin que l'on fait crier ; de *Cri*.

CRIDAITT, cruauté, crudité. B.

CRIDARE, CRIDERE, A. M. crier publiquement ; de *Cri*.

CRIDH, le même que *Crith*. I.

CRIDI, croire. B. Voyez *Cred*, *Creda*.

CRIDIEN, le même que *Cridyen*. B.

CRIDIN, croire. B.

CRIDLEU, tremblement. B. Voyez *Crith*, *Cryd*.

CRIDYEN, le tremblement de la fièvre, le frisson, le froid de la fièvre. B. Voyez *Crith*, *Cryd*.

CRIEIN, crier, criailler. B. Voyez *Cry*.

CRIEN, ce qui reste de la bouillie attachée au vaisseau dans lequel on l'a fait cuire, le gratin. B. Voyez *Crign* & *Crigna*.

CRIENTA, A. M. le même que *Creentum*.

CRIER, crieur. B. Voyez *Cri*.

CRIERIA, A. M. cri ; de *Cri*.

CRIF, dur, sévère, rude, austère, fâcheux, désagréable. Voyez *Digrif*. De là *Noix Griffe* en Patois de Besançon, noix dont la coque est beaucoup plus dure que celle des autres.

CRIF, fort. Voyez *Crifhau*, & *Crif*, le même que *Cref*.

CRIF, le même que *Grif*, *Rif*, *Srif*. Voyez *Aru*.

CRIF, le même que *Crib*, *Crip*, *Criv*. Voyez *B*.

CRIF, le même que *Craf*, *Cref*, *Crof*, *Cruf*. Voyez *Bal*.

CRIFHAU, fortifier, munir. G.

CRIFINADEN, égratignure. B. Voyez *Crifina*.

CRIFINAT, égratigner. B. Voyez *Crafinat*.

CRIG, colline. G.

CRIG, tas, monceau. G.

CRIG, le même que *Crag*, *Creg*, *Crog*, *Crug*. Voyez *Bal*.

CRIG, le même que *Grig*, *Rig*, *Srig*. Voyez *Aru*.

CRIG, le même que *Cri*, *Cric*, *Cris*. Voyez *Aru*.

CRIGN, gobbe, attrape. B.

CRIGN, singulier *Crigneu*, le même que *Crien*. B. Voyez *Crigna*.

CRIGN-ASQORN, entremetteur de mariages. B.

CRIGNA, CRIGNAL, CRIGNAT, grater, ronger, grignoter. B. De là ce dernier mot.

CRIGNER, celui qui ronge, qui grignote. B.

CRIGNOUR, celui qui ronge, qui grignote. B.

CRIGNOUS, rechigner, être de mauvaise humeur. B. On dit en Patois de Besançon d'un homme fâché qu'il est *Grigne*.

CRIGNUS, corrosif. B. Voyez *Crigna*.

CRIGOUNVAT AN DENT, claquer les dents. B.

CRIH, le même que *Cris*. B.

CRIHANE, craindre. I.

CRIHANNEN, gratin. B. C'est le même que *Crien*.

CRILACH, bord. I.

CRILLIAS. BLEW CRILLIAS, boucle de cheveux. C. *Blew*, cheveux.

CRIM, crime. B.

CRIM, le même que *Crib*. Voyez *B*.

CRIM, le même que *Cram*, *Crem*, *Crom*, *Crum*, *Crym*. Voyez *Bal*.

CRIM, le même que *Grim*, *Grym*, *Rim*, *Rym*. Voyez *Aru*.

CRIMMELL, cime étendue en long. G. Ce mot est formé de *Crim* ou *Crimp*, cime, & *Pell*, étendue, longue. *Crimmell* pour *Crimpell*, parce que le *p* se change en *m* lorsqu'il la suit.

CRIMMOG, chevre sauvage. G. Voyez *Crimp Crimmog*.

CRIMMOG, la partie antérieure de la jambe, & métaphoriquement tout ce qui lui ressemble. G. Voyez les deux mots suivans.

CRIMP, la pointe de toutes choses. G. De là *Grimper*.

CRIMP CRIMMOG, pointe de la jambe. G.

CRIMP CRIMMOG, chevre sauvage. G. Voyez *Crimp*.

CRIMP GRIMMOG ou Y GRIMMOG, pointe de la jambe. G.

CRIMPREW, glace pointue. G. *Crimp*, pointe, *Rhew*, glace.

CRIN, sec, desséché, aride ; singulier *Crinen*, une chose sèche, un homme maigre & desséché, un arbre sec ; *Crina*, dessécher, rendre ou devenir sec & aride ; *Crinder*, sécheresse, aridité ; *Crin*, la cime sèche d'un arbre, c'est-à-dire toutes les menues branches mortes, d'où vient que l'on dit *Daftum* ; *Crin*, ramasser les broussailles. B. Voyez *Crin*, *Crion*. *Cring*, sec en Malaye. *Grigne* en quelques Provinces voisines de la Bretagne, croûte du pain.

CRIN, le même que *Grin*, *Rin*, *Srin*, *Scrin*. Voyez *Aru* & *S*.

CRIN, le même que *Cran*, *Cren*, *Cron*, *Crun*. Voyez *Bal*.

CRIN. Voyez *Crinoi*.

CRIN, aride & fragile à cause de son aridité. G. On voit par *Crinder* que ce mot a été pris métaphoriquement pour avare.

CRIN-ARSAIDH, fort ancien. I. *Arfaidh*, vieux, ancien. Voyez *Crine*.

CRINA. Voyez *Crin*.

CRINDER, aridité, avarice. G.

CRINDER. Voyez *Crina*.

CRINE, déchet, diminution, décadence, déclin, ruine. I.

CRINE, rond ; *Red Crine*, chose ronde ; *Coerine*, rond. I. Voyez *Crenn*.

CRINELLU, le même que *Crino*. G.

CRINEUM, A. M. écrin, coffret ; De *Crin*, le même que *Scrin*.

CRINLLYS, violette. G. On voit par ce terme & par *Crinlys*, que *Llys* a non seulement signifié herbe, mais encore fleur.

CRINLYS, pensée fleur. G. Voyez l'article précédent.

CRINO, sécher, verbe neutre. I.

CRINOI, amasser, entasser. G. Ce verbe est formé de *Crin* qui a dû par conséquent signifier tas, monceau.

CRINSYCH, aride, sec, brûlé par les rayons du soleil. G. *Crin*, *Sych* pléonasme.

CRINSYCHU, se sécher. G.

CRINTACH, un peu avare, avare. G.

CRINTACHRWYDD, avarice, avarice sordide, malhonnêteté, grossièreté. G.

CRINWAS, épargnant, avare. G.

CRIO, crier. G. B.

CRIOCH, expiration, fin, extrémité, accomplissement, perfection, catastrophe, période. I.

CRIOCH, nation, région. I.

CRIOCH, endroit couvert de buissons, taillis. I.

CRIOCH, le même que *Crioth*. De même des dérivés ou semblables. I.

CRIOCHADH, expirer, finir. I.

CRIOCHAN, endroit couvert de buissons, taillis. I.

CRIOCHNUGHAD, finir, achever, accomplir, décider. I.

CRIOCHNUGHE, CRIOCHNUGHTE, fini, achevé, accompli, ajusté, agencé, accommodé à. I.

CRIOLYN, baye ou bouquet d'arbre. G.
CRION, fané, féché. I. Voyez Crin.
CRION-MHIOL, punaife. I.
CRIONA, retenu, modéré, fobre, prudent, fage, prévoyant, adroit, induftrieux. I.
CRIONADH, fécher, fe flétrir, décliner. I.
CRIONAM, faner. I.
CRIONAS, prudence. I.
CRIONNA, fage, prudent, difcret, retenu. I.
CRIONNACHD, prudence. I.
CRIONNADH, frugal. I.
CRIOS, ceinture; *Crios Cloidhimh* baudrier. Dans un autre Dictionnaire *Crios*, baudrier. I.
CRIOSCOS, jarretière. I. De *Crios*, *Cos*.
CRIOSLACH, frontières, fins, limites, confins, extrémités d'un Pays. I.
CRIOSLAIGHIM, terminer, finir. I.
CRIOSLUIGHTHE, ceint. I. Voyez *Crios*.
CRIOSTAL, criftal. I.
CRIOSTHA, ceint. I. Voyez *Crios*.
CRIOTAMHAIL, terreftre, de terre. I.
CRIOTH, tremblement, qui tremble; *Crioth Talmhan*, tremblement de terre. I.
CRIOTH, le même que *Crioch*. De même des dérivés ou femblables. I.
CRIOTHANACH, tremblant. I.
CRIOTHRUAS, inconftance, legéreté. I.
CRIP, le même que *Grip*, *Rip*, *Srip*. Voyez *Aru*.
CRIP, le même que *Crib*, *Crif*, *Criv*. Voyez B.
CRIP, le même que *Crap*, *Crep*, *Crop*, *Crup*. Voyez *Bal*.
CRIPEEN, crête. B.
CRIPEN, crête. B.
CRIPIO, grater, graver, tailler, entailler, cizeler. G. Le *c* eft indifférent; de là vient qu'on dit en François *Raper* du tabac, & en Patois de Befançon *Ropa* pour grater.
CRIPON. (je tranfcris Dom le Pelletier) On ne peut guères exprimer ce mot ni en Latin ni en François. Le Pere Maunoir & le nouveau Dictionnaire rendent *Coz Cripon*, par vieux penard. Dans les amourettes du vieillard (c'eft un Livre Breton) fon valet le qualifie infolemment *Coz Cripon*, le blâmant de ce qu'il vouloit fe remarier à quatre-vingt ans. Au Pays de Leon on appelle ainfi un vieil avaricieux; *Cripon* eft donc pour avare. Il répondroit encore mieux à tenace, qui tient ce qu'il a, car je le crois fait de *Crapa*, gripper, prendre & tenir ferme avec les griffes.
CRIPONNEREAH, décrépitude. B.
CRIPPA, A. M. crêpe efpèce d'étoffe; de *Crip*, le même que *Crep*.
CRIPTURA, A. M. crevaffe. Voyez *Crepart*.
CRIS, ceinture. I. Voyez *Crios*, *Crifa*.
CRIS ou CRIZ, crud, dur, rude, âpre, cruel, inhumain, impitoyable. B. Voyez *Criz*.
CRIS ou CRIZ, accourciffement de voiles, froncis. B.
CRIS, le même que *Gris*, *Ris*, *Sris*. Voyez *Aru*.
CRIS, le même que *Cras*, *Cres*, *Cros*, *Crus*. Voyez *Bal*.
CRIS, le même que *Crich*. Voyez *Ch*.
CRIS, le même que *Cri*, *Cric*, *Crig*. Voyez *Aru*.
CRIS, le même que *Creiz*. Voyez *Crifen*.
CRISA, felon Dom le Pelletier, rider, fe rider, contracter des rides, retrouffer fes manches fur le bras, retrouffer fa robe à la ceinture; felon le Pere de Roftrenen, accourcir, aggraver, augmenter les peines. B. On voit par *Criffare* & *Criffarius* que *Crifa* a auffi fignifié adoucir, plier. Voyez *Srù*, ceinture.

CRISDER, crudité, dureté, cruauté. B.
CRISEIN, fe refrogner. B. C'eft le même que *Crifa*.
CRISELAC, gril à rôtir. Ba. Voyez *Cris*, le même que *Cras*.
CLISELEA, lampe. Ba. Voyez *Creufeul*.
CRISEN eft une efpèce de terrain laiffé fans travail entre la haye ou la muraille & les fillons. B.
CRISER, cheville de bois ou de fer qui fert à atteler les bœufs à la charruë. B.
CRISEUS, A. M. le même que *Grifeus*.
CRISIAL, CRISIALLT, criftal. G.
CRISIANT, criftal. G.
CRISINGAT, hennir. B.
CRISLACH, frontière. I.
CRISLION, nerf. I.
CRISONIUM, A. M. creffon; de *Creczon*.
CRISPA, A. M. pli; de *Crip*, le même que *Crep*; ou de *Cris*, froncis.
CRISPATIO, A. M. inflexion. Voyez *Crifpa*.
CRISPELLAE, A. M. le même que *Crefpellat*.
CRISPIN, aride. G.
CRISQI, multiplier, croître, devenir grand, grandir. B.
CRISQUETA, caftagnette. B. Voyez *Crac*.
CRISS, ceinture. I. Voyez *Crifa*.
CRISSARE, A. M. verbe qui marque l'inflexion; l'adouciffement de la voix dans la mufique. De *Crifa*.
CRISSARIUS, A. M. flateur, favori qui par fes flateries & par fes foupleffes gagne la faveur de quelqu'un. Voyez *Criffare*.
CRISSCADUR, augmentation, addition, commentaire. B.
CRISSCANZ, ampliation. B.
CRISSQEIN, ajoûter, augmenter. B.
CRISTA, A. M. montagne, colline, fommet, cime, faîte, pointe, crête, panache. Voyez *Crech*.
CRISTALL, criftal. B.
CRISTATUS, A. M. qui a un cafque. De *Crifta*; il y avoit ordinairement une panache fur le cafque, ou quelque petit ouvrage relevé.
CRISTEEN, CRISTEN, Chrétien. B.
CRISTEUS ALES, A. M. coq; de *Crifta*.
CRISTILIA, A. M. la pointe de la lance; de *Crifta*.
CRISTILLA, CRISTILLAT, hennir comme un cheval. On le dit auffi d'un homme qui rit avec éclat. B.
CRIT, dos, derrière. I.
CRIT, le même que *Grit*, *Rit*, *Srit*. Voyez *Aru*.
CRIT, le même que *Crat*, *Cret*, *Crot*, *Crut*. Voyez *Bal*.
CRIT, le même que *Crid*. Voyez D.
CRITH, tremblement. I.
CRITH, tremblant, qui tremble; *Crann-Crith*, tremble peuplier blanc. I.
CRITHAN, tremblant, qui tremble. I.
CRITHEACH, qui tremble, tremblant; *Crann Critheach*, tremble peuplier blanc. I.
CRITHEAGLA, terreur, horreur, chagrin. I.
CRITHEAGLACH, terrible, horrible, chagrinant. I.
CRITTIFF, ofer. B. Voyez *Crat*, *Creta*.
CRITUS, A. M. cri; de *Cri*.
CRIVTAN, renard. I.
CRIWR, crieur. G. B. Voyez *Cri*.
CRIZ, crud, dure, rude, cruel, féroce, impitoyable, inhumain, âpre d'humeur, âpre au goût. B. Voyez *Cris*.
CRIZ, accourciffement de voiles, froncis. B.

CRIZARE,

CRI.

CRISSER, A. G. monter un cheval qui ne va que par sauts & par bonds, dont l'allure est rude & fatiguante. De *Criz*.

CRIUDER, crudité, dureté, rudesse, âpreté, férocité, cruauté, inhumanité. B.

CRO, CROO, CROY, la somme que l'on payoit pour avoir tué un homme, amende. E. Apparemment de *Crau* ou *Cro* sang; ainsi ce mot aura d'abord signifié l'amende d'un homicide, ensuite amende en général.

CRO, hute, chaumière, cabane. I. Voyez *Crao*, caverne.

CRO, étable. I. Voyez *Crao*, étable.

CRO, pince, jable, serré, étroit. I. Voyez *Croc*.

CRO, le même que *Cra*, *Cre*, *Cri*, *Cru*. Voyez *Bal*. De *Cio*, bouë, est venu notre mot François *Crote* & *Crouliere*. *Crolaie*, marais en vieux François; *Cro* en Anglois, terre boueuse ou marécageuse, marais. Voyez *Croia*.

CRO, le même que *Gro*, *Ro*, *Sro*. Voyez *Aru*.

CRO-BROS, le même que *Cors-Bros*, corset de jupe, corps de jupe pour les femmes. B.

CROA, grève, rivage plat & sablonneux de la mer ou des rivières. B. C'est le même que *Crae*.

CROACA, A. M. le même que *Croada*.

CROADA. Voyez *Corvatae*.

CROAN, peau. C.

CROASELL, rein, hanche. B.

CROASELL, gerbier, tas de gerbes. B.

CROASELLA, mettre les gerbes en tas. B.

CROATA. Voyez *Corvatae*.

CROAZ, croix. B.

CROAZ-LES, reins, dos. B. Voyez *Croazlech*.

CROAZELL, croisée de fenêtre, la croix marquée naturellement sur le dos d'un âne ou d'un mulet, reins, hanches, dos. B.

CROAZENT, carrefour, mot à mot croix-chemin, *Croaz*, croix, *Hent*, chemin. B. Voyez *Croeshynt*.

CROAZIC, verveine plante. B.

CROAZLECH, le dos d'une bête de charge, particulièrement d'un cheval. B. Voyez *Croazell*.

CROC. TN GROC, terme pour jurer. G. Voyez les articles suivans.

CROC ou CROK, croc, crochet, harpon, main de fer, prise, accroche, morsure. B. De là nos mots croquer, escroc. Voyez *Crog* qui est le même mot que *Croc*.

CROC, fourche. Voyez *Crochen* & l'article précédent.

CROC, le même que *Crac*, *Crc*, *Cric*, *Cruc*. Voyez *Bal*.

CROC, le même que *Groc*, *Roc*, *Sroc*. Voyez *Aru*.

CROC, le même que *Cro*, *Crog*, *Cros*. Voyez *Aru*.

CROCA, bosse. Ba. Voyez *Croc* le même que *Cruc*, tumeur, élévation.

CROCA, A. M. crosse; de *Crocz*.

CROCAR, cercueil, biere. I.

CROCCIA, A. M. crosse; de *Crocz*.

CROCEA, A. M. crosse; de *Crocz*.

CROCEOLUS, A. M. crosse, potence; de *Crocz*. Voyez *Croceus*.

CROCEUS, A. M. le même que *Croceolus*.

CROCH, âcre, véhément, violent, impétueux, fort, violemment, impétueusement, fortement, d'une manière véhémente. G.

CROCH, colline. E. Voyez *Croch* le même que *Crech*, *Croc*, le même que *Cruc* & *Croca*.

CROCH, rouge. I. Voyez *Crau* & *Coch*.

CROCH, le même que *Crech*, *Crach*, *Crich*, *Cruch*. Voyez *Bal*.

TOME I.

CRO.

CROCH, le même que *Groch*, *Roch*, *Sroch*. Voyez *Aru*.

CROCH, le même que *Croc*. Voyez la dissertation sur le changement des Lettres au premier volume, & *Crac*.

CROCH, le même que *Cros*. Voyez *Ch*.

CROCH. Voyez *Garmain*.

CROCH-WAEDD, exclamation, cri. G.

CROCH-WAEDDI, s'écrier, crier à haute voix, faire une exclamation. G. Voyez *Gwaeddi*.

CROCH-WEIDDI, appeller souvent à haute voix, criailler, crier fort. G.

CROCHA, A. M. crochet; de *Croc*.

CROCHADH, pendre, duper, tromper. I. Voyez *Croc*.

CROCHAIRE, bourreau. I. Voyez *Crochadh*.

CROCHAN, pot de terre, marmite. G. *Croca* en ancien Saxon, marmite; *Krus* en Allemand; *Kroes* en Flamand; *Krus* en Sorabe; *Cruse* en Anglois; *Cruche* en François, cruche, pot de terre à boire; *Krosos* en Grec, bouteille, tasse de verre ou de terre; *Cruon*, *Crujon*, *Cruion* signifie en Poitou une cruche.

CROCHAN, cercueil, biere. I.

CROCHANLLESTR, marmite. G.

CROCHAR, le même que *Crothar*. I.

CROCHEN, peau, cuir, écorce, coque. *Crochen An Lagad*, paupière, mot à mot peau de l'œil. B. Voyez *Croechean*, *Crochon*, *Crogen*. En Patois de Besançon on appelle *Creuche* une coque de noix.

CROCHENEN, coque de semence de ver à soye, membrane. B.

CROCHENYDD, potier. G.

CROCHENYN, diminutif de *Crochan*. G.

CROCHETUM, A. M. croc, crochet; de *Croc*.

CROCHIA, A. M. crosse; de *Crocz*.

CROCHLAIS, qui rend un grand son, qui fait beaucoup de bruit, qui rend un son éclatant, résonnant, harmonieux, son de voix aigu, voix bonne, forte, brillante, haute, brillant du son, force du son, jeune garçon qui a une belle voix. G. *Lais*, voix, *Croch* par conséquent haut, grand. &c. Voyez *Croch* le même que *Crech* & *Croch-Waedd*.

CROCHLEF, cri. G. Voyez *Crochlais*.

CROCHLEFAIN, crier beaucoup & souvent. G. Voyez *Crochlef*.

CROCHLEISIO, mugir. G. Voyez *Crochlais*.

CROCHON, cuir. G. Voyez *Crochen*.

CROCHREN, petite fourche. G. Voyez *Croc* & *Cren*, petit.

CROCHUM, A. M. croc, crochet; de *Croc*.

CROCIA, A. M. crosse; de *Crocz*.

CROCIO, A. M. bœuf un peu vieux. Voyez *Croczed*.

CROCODILA, crocodile. B.

CROCQ, croc. B. Voyez *Croc*.

CROCQANT, terme odieux pour désigner un homme riche. B.

CROCUS, A. M. croc; de *Croc*.

CROCUS, A. M. boucle de cheveux; de *Croch* le même que *Crych*.

CROCZ, crosse. B. *Krucke* en Allemand; *Kruk* en Flamand; *Crutch* en Anglois; crosse, potence à marcher, béquille; *Cricce* en ancien Saxon, bâton pour se soutenir, crosse, bâton pastoral; *Kragg* en Gothique, bâton de voyage; *Kroka* en Suédois, courber; *Krck*, courbe, & *Krykia*, crosse, bâton pastoral; *Crocch* en Anglois se

B bbbb

courber, se plier; *Kroken* en Allemand & en Flamand, courber; *Kroget* en Danois, courbe, tortu. Voyez *Croc*, *Croczed*.

CROCZED, vieillot. B. De *Crocz* qui a signifié courbé ainsi qu'on le voit par ce mot, par *Croczain*, & par *Croc*; on a donc dit *Crocz*, *Croczed* pour vieillot, homme un peu vieux; on l'a ensuite étendu à signifier tout animal vieux. Voyez *Crocio*.

CROCZEIN, courber. B. Voyez *Crocz*.

CRODHA, brave, vaillant, hardi, généreux, beau. I.

CRODHAS, valeur, bravoure, courage, chevalerie, beauté. I.

CRODHOILGHIOS, anxiété, inquiétude, chagrin. I.

CROEBH, ruisseau, rameau. I.

CROEN, peau, cuir, écorce, croûte. G. B. Voyez *Chros* en Grec. Voyez *Croendro*.

CROEN pour BROEN, jonc. Voyez *Bola Croen*.

CROENDEW, qui a l'écorce dure, qui a la peau pleine de durillons. G. De *Croen* & *Tew*, qu'on voit par ce mot avoir aussi signifié dur.

CROENDEWEDD, cal, calus, durillon. G.

CROENDRO, qui prend telle forme qu'il veut, qui se métamorphose en diverses figures. G. C'est le *Versipellis* des Latins.

CROENEN, petite peau, petite croûte. G. C'est le diminutif de *Croen*.

CROENGALED, qui a l'écorce dure. G.

CROENI, se former en peau. G.

CROENYM, le même que *Croen*. Voyez *Croenymdro*.

CROENYMDRO, le même que *Croendro*. G.

CROENYN, petite peau, peau. G.

CROER, crible. B.

CROERA, cribler. B.

CROES, en travers, croix. G.

CROES. LLWYBR CROES, sentier, petit chemin étroit. G.

CROES FFORDD, chemin de traverse. G.

CROESAN, folâtre, badin, enjoué, qui dit des ordures, comédien, obscène, contraire à la pudeur. G. Voyez *Croesan-Air*.

CROESAN-AIR, mot piquant, raillerie, brocard, trait plaisant, parole obscène. G. *Air* de *Gair*.

CROESANAETH, bouffonnerie, plaisanterie, badinerie, bassesse, obscénité. G.

CROESANAIR, le meme que *Croesan-Air*. G.

CROESANGERDD, vers obscéne. G.

CROESANYDD, de bouffon. G.

CROESAW, congratulation, hospitalité. G.

CROESAW, congratuler, embrasser, recevoir quelqu'un avec bonté. G.

CROESAWUS, affable, agréable, humain, honnête, hospitalier. G.

CROESDRO, action de tordre, tortuosité, pli & repli. G.

CROESDROI, faire tourner, tordre. G.

CROESFFORDD, chemin de traverse, sentier, petit chemin étroit. G.

CROESHYNT, carrefour, place ou endroit où aboutissent plusieurs ruës. G. Voyez *Croazent*.

CROESI, faire le signe de la croix. G.

CROESSAN, fille, vierge. C.

CROESWEUWR, brodeur. G.

CROëZ, croix. B.

CROëZELL, rein. B.

CROëZR, crible. B.

CROFFERA, A. M. étable de cochons; de *Crao*, *Cro*.

CROFTUM, A. M. clos pour tenir des bêtes, il vient de l'ancien Saxon *Croft*, & celui-ci de *Cro*.

CROG, action d'accrocher, d'attacher en haut, de pendre, de se pendre, notre divin Sauveur crucifié. G.

CROG, croc, crochet, harpon, main de fer, prise, accroche, morsure, saisie, saisi, épris. B. *Crook*, *Croc*, crochet en Anglois. Voyez *Croc*.

CROG, le même que *Croc*, *Cro*, *Cros*. Voyez *Arn*.

CROG, le même que *Grog*, *Rog*, *Srog*. Voyez *Arn*.

CROG, le même que *Crag*, *Creg*, *Crig*, *Crug*. Voyez *Bal*.

CROGA, accrocher. B.

CROGAN, écaille C. Voyez *Crogen*.

CROGEC, qui est à croc, qui est à crochet, crochu. B.

CROGELL, qui pend. Voyez *Tsgrogell*.

CROGEN, coquille. G. C. B. Voyez *Crochen*, *Crogen-March*.

CROGEN, coque, coquille, coquillage, écaille d'huitre; plurier *Cregin*. B.

CROGEN-GRANGC, tortue. G.

CROGEN-MARCH, dartre vive de cheval. G.

CROGEN-PYSGODYN, ouïes, ou nageoires de poisson, G. parce que l'on prend les poissons par les ouïes.

CROGENNOG, encroûté, enduit. G.

CROGENWR, pecheur de poissons à coquille. G.

CROGER, qui accroche, accrocheur. B.

CROGERES, grateron plante. B. C'est le féminin de *Croger*.

CROGHA, le même que *Crodha*. De même des dérivés ou semblables. I.

CROGHEC, qui est à croc, à crochet, crochu. B.

CROGHER, qui accroche, accrocheur. B.

CROGHET, accroché, mordu, saisi, arrêté par les sergens ou par d'autres; *Crog*, *Crok*, saisis, arrête. B. Voyez *Croghi*, dont *Croghet* est le participe.

CROGHIDHOIR, bourreau, celui qui pend les criminels. G.

CROGI, crucifier, pendre, suspendre, accrocher. G.

CROGLATH, lacet, trébuchet, piége, perche propre à étendre quelque chose dessus. G.

CROGLATHU, seines, filets pour prendre du poisson. G.

CROGLITH, leçon de Jesus crucifié. G.

CROGN, cuir. G.

CROGPREN, potence, gibet. G. *Pren*, bois.

CROGUECQ, crochu. B.

CROGUEIN, se saisir, mordre, prendre, accrocher. B. Il a été aussi pris au figuré.

CROGUEN, coque, anse. B.

CROGUEN-ALCHUEZ, ferrure. B.

CROGUEN-AR-PENN, crâne. B.

CROGUEN-VRAS, conque, grande coquille. B.

CROGUENNAEC, testacée. B.

CROGUET, pris, saisi, épris, mordu, accroché. B.

CROGUS, âcre, piquant, mordicant. B.

CROGWEDD, gibet. G. *Gwedd*, bois.

CROGWR, bourreau, pendard, pendu. G.

CROGWYDD, gibet. G. *Gwydd*, bois.

CROGYN, qui mérite d'être pendu, qui mérite d'être mis en croix. G.

CROHAN, cuir. C. Voyez *Crohen*, *Croen*.

CROHENNE, couënne, peau de la tête de l'homme. B.

CROI, le même que *Groi*, *Roi*, *Sroi*. Voyez *Arn*.

CROI, le même que *Crai*, *Crei*, *Crui*. Voyez *Bal*.

CROIA, marais, E. Voyez *Cro*.

CRO.

CROICEAN, peau, cuir, pelleterie, toison; Croicean Crain, écorce. A la lettre, peau d'arbre. I. Voyez Crochen.
CROICHEAN, le même que Croicean. I.
CROICION, le même que Croicean I.
CROIDHA, fort. I. Voyez Crodha qui est le même.
CROIDHE, cœur. I.
CROIDHEACH, ambidextre. I.
CROIDHEAMHUL, de bon cœur adjectivement I.
CROIS SLIGHE, chemin de traverse. I.
CROITHI. KEANCROITHI, tête de tous les Dieux. I. Kean, tête.
CROM, courbe. G. I. Voyez Cromm, Cromadh.
CROM, sinuosité, enfoncure, golfe, port. E.
CROM, le même que Cist. G.
CROM, le même que Grom, Rom, Srom. Voyez Aru.
CROM, le même que Cram, Crem, Crim, Crum. Voyez Bal.
CROM. En comparant Crombil, Crumilus, Cruminare, Cruma, on voit que Crom ou Crum a signifié bourse, sac, ce qui enferme, ce qui cache, ce qui enveloppe, ce qui couvre.
CROMADH, plier, ployer, fléchir, courber, ramper, se traîner, se glisser, profonde soumission, révérence. I.
CROMAN, la hanche. I.
CROMBIL, gesier. G. Mil, en composition Bil, animal; Crom, sac, cachette, ce qui cache, ce qui renferme. Voyez Cruhuil, Crub; Mil, en composition Vil.
CROMGLWYD, voûte, arcade, toit fait en voûte, structure faite en voûte. G.
CROMM, tortu, qui a le dos voûté, penchant, qui va en pente. B.
CROMMADUR, cambrure. B.
CROMMEL, anse. B.
CROMMIGH, courber. I. Voyez Cromm.
CROMOLA. Voyez Crosmola.
CROMPOA, singe. Ba.
CROMWYTH, le même que Crimmog. G.
CRON, obscur, sombre au propre & au figuré. I.
CRON, le même que Crom. Voyez Dom, Don.
CRON, le même que Gron, Ron, Sron. Voyez Aru.
CRON, le même que Cran, Cren, Crin, Crun. Voyez Bal.
CRONAN, obscur, sombre au propre & au figuré. I.
CRONELL, CRONNELL, œuf de poisson. G. De Crwn, rond, comme qui diroit petit rond, ou Gronell, petit grain; de Grawn, grain. Davies.
CRONGLWYD, toit, plancher, plafond, lambris. G. C'est Cromglwyd, claye courbée, dit Davies. Suivant cette étymologie ce mot n'a d'abord signifié que toit; ensuite il a été étendu aux autres significations.
CRONIS, A. M. marque que l'on ne plaçoit qu'à la fin du livre; de Cronni, clorre, fermer.
CRONNELL, globe, boule, rond. G.
CRONNELLU, arrondir. G.
CRONNI, fermer, clorre, boucher, oppiler, tamponner, appaiser, arrêter, réprimer, verbe qui exprime l'état de l'eau dormante, entasser, amonceler, accumuler, assembler. G.
CRONNIAD, qui ferme, qui clot, qui bouche, qui oppile, qui tamponne, qui fait dormir l'eau, qui arrête, qui réprime, qui appaise, qui entasse, qui accumule, qui amoncele, qui assemble, action d'entasser, d'amasser. G.
CRONO, étroit, serré. G.
CROO. Voyez Cro.

CRO. 387

CROP, le même que Crom. Voyez Croppa, Crubuilh.
CROP, le même que Grop, Rop, Srop Voyez Aru.
CROP, le même que Crap, Crep, Crip, Crup. Voyez Bal.
CROPA, engourdir. B. De là croupir. Croupé en vieux François, épais.
CROPA, A. M. croupe de cheval; de Crapell. Groppiera en Italien; Grupera en Espagnol; Crupper en Anglois, croupière.
CROPARIA, CROPRIA, A. M. croupière. Voyez Cropa.
CROPAT, crochu. B.
CROPET, engourdi. B.
CROPIAN, ramper, se traîner. G. Krupen en Allemand; Cropan, Crypan en ancien Saxon; Kroppa en Theuton & en Islandois; Kruipen en Flamand; Krippa en Suédois; Creep en Anglois, ramper. De Cropian est venu Repo Latin: le c initial s'ôte insensiblement. Voyez Crop.
CROPIOUN, croupion. B.
CROPPA, ventricule, estomac, proprement des oiseaux. G. Croppa est le meme que Crom, Voyez Crombil, Cropian. Crop en Flamand, ventricule.
CROPPIAN, ramper, se traîner. G.
CROPRIA. Voyez Croparia.
CROQ, croc. B.
CROQ-CRICQ, cric. B.
CROQEIN, le même que Croquein. B.
CROQEN, coque, écaille, anse. B. Voyez Crochen.
CROQUA, A. M. crosse; de Crocx.
CROQUETUS, A. M. crochet, agrasse; de Croq.
CROS, bruit: Il se dit communément d'un grand bruit, & quelquefois des querelles & des reproches, d'où vient le verbe Crosa, quereller, faire grand bruit, dire de grosses paroles. B. Voyez Grwyth. On dit parmi le peuple à Besançon qu'on a une Greuse contre quelqu'un, pour dire qu'on a des reproches à lui faire.
CROS, traverse, de travers. I.
CROS, le même que Gros, Ros, Sros. Voyez Aru.
CROS, le même que Cras, Cres, Cris, Crus. Voyez Bal.
CROS, A. M. espèce d'armes anciennes qui avoient un croc ou crochet: Elles sont appellées Crocs dans Borel; de Croc.
CROS-ROD, chemin de traverse. I.
CROSA. Voyez Cros.
CROSA, A. M. creux, ravin; de Crau, Creus. Crose en Quercy, caverne.
CROSAIL, obstacle. I.
CROSANTA, chagrin, de mauvaise humeur, pervers, méchant. I.
CROSANTAS, disgrace, malheur. I.
CROSCA, bréche aux dents. Ba.
CROSCOA, vase de terre cuite, brique. Ba.
CROSDA, travers, mal-adroit, chagrin, de mauvaise humeur, bizarre I.
CROSDALTAS, bizarrerie. I. Voyez Crosda.
CROSMOLA, CROZMOLA, CROMOLA, CROSMOLAT, murmurer, faire un bruit sourd. B. De là Grommeler en François.
CROSNA, CRUSNA, CRUSINA, A. M. espèce de manteau ou de robe de peau; de Croen.
CROSS, croix. I.
CROSS, bâton courbé, crosse à jouer, houlette de berger. Crossa, jouer à la crosse. Cross signifie encore la tête d'une épingle. B.
CROSSA. Voyez Cross.

CROSSA, A. M. creux, ravin. Voyez Crosa.
CROSSA, A. M. crosse, bequille; de Crocz.
CROSSUM, A. M. creux, ravin. Voyez Crosa.
CROSTART, le même que Cwstart. G.
CROSULEC, qui est de travers. I.
CROSUM, A. M. creux, ravin. Voyez Crosa.
CROT, petit enfant. B.
CROT, le même que Grot, Rot, Srot. Voyez Aru.
CROT, le même que Crat, Cret, Crit, Crnt. Voyez Bal.
CROTA, nœud. I.
CROTA, A. M. rocher; de Crav.
CROTA, A. M. caverne, grote; en vieux François, Crote, Crouste; de Cran, Crosi, Crusi, Cron en ancien Saxon, caverne, habitation; Crote en Languedocien, caverne.
CROTA, A. M. endroit creusé dans une maison, endroit souterrein, cave; de Cran.
CROTACH, bossu. I.
CROTADH, secousse, secouer. I.
CROTALL, gousse de légume, amande d'un fruit. I.
CROTERIUM, A. M. creux. Voyez Crota.
CROTH, ventre. G. On voit par ce mot, par le suivant, par Crotach, par Crothell, que Croth a signifié en général tout ce qui est élevé. On appelle en Patois de Besançon un petit tertre un Crotot.
CROTH ESGAIR, le gras de la jambe. G.
CROTHADH, le même que Crochadh. I.
CROTHAG, concussion. I.
CROTHAR, char, chariot, voiture. I.
CROTHELL, volutes des chapiteaux, des colonnes. G. Ainsi appellées, parce qu'elles font bosse ou ventre, dit Davies.
CROTHIG, petit ventre. G.
CROTHOG, ventru, qui a un gros ventre. G.
CROTONUS, A. M. endroit creusé dans une maison, endroit souterrein, cave. Voyez Crota.
CROTTA, A. M. le même que Chrotta.
CROTUM, A. M. creux; de Crau.
CROU, sang. I.
CROV, main. I.
CROU, étable, & anciennement glace. B. Voyez Crao.
CROUA, CROUI, créer, former, donner l'être. B. Voyez Creu.
CROUADUR, créature, petit enfant. B.
CROUANOUAGH, gueusaille. B.
CROUCHEN, le même que Crochen. B.
CROUCQ, croix, gibet. B.
CROUEADUR, créature, enfant. B.
CROUEEDIGUIAH, établissement. B.
CROUEER, CROUER, Créateur. B.
CROUERA. Voyez Crouezra.
CROUEZR, crible. B.
CROUEZRA, on prononce Crouera, cribler. B.
CROUG, croix, gibet, potence. B. Voyez Crog, Croc.
CROUGA, pendre, suspendre. B. Voyez Crogi.
CROUHEEN, peau. B. Voyez Crohen.
CROUI. Voyez Croua.
CROUILH, CROUILL, verrou, targette; plurier Crouilhet, Crouillet. B. Crouillet, verrou dans le Maine & dans l'Anjou.
CROUM, courbe, courbé, crochu, penchant, qui est incliné B. Voyez Crwm. On a dit Croubé en vieux François: le b & l'm se mettent l'un pour l'autre.

CROUMA, courber, rendre ou devenir courbé. B. Voyez Crwm & Crommigh.
CROUMELL, anse. B. De Crwm, parce qu'une anse est ordinairement courbe.
CROUMET, courbé. B.
CROUPIER, croupière. B. Voyez Cropa.
CROUSELL, croupe de cheval; Crousell Ar Menez, croupe ou cime de montagne. B.
CROUTERIUM, A. M. clos; de Crou.
CROWDE, instrument de musique. G. C'est le même que Crwth.
CROWNI, suppurer, jetter du pus, se pourrir, pourrir. G.
CROWNLLD, suppuration, ulcération. G.
CROWNLLYD, qui suppure, qui est en apostume. G.
CROWNWAED, pus. G.
CROY. Voyez Cro.
CROYW, qui est sans levain, doux, récent, non salé: Il se dit aussi d'un son de voix clair, d'un langage clair, d'un langage pur. G.
CROYWBER, doux, très-doux. G. Au premier sens c'est un pléonasme; Crayw, doux; Per, en composition Ber, doux. Au second sens c'est une répétition qui équivaut au superlatif. Les Hébreux répétoient aussi le même mot par emphase, Isaïe 52. Retirez-vous, retirez-vous, sortez de Babylone.
CROYWDER, douceur, non sature. G.
CROYWI, s'adoucir, devenir doux. G.
CROYWLAIS, résonnant, harmonieux, jeune garçon qui a une belle voix. G.
CROYWLIF, qui coule avec douceur. G.
CROZA, A. M. le même que Crosa.
CROZAL, croasser, quereller, quereller à pleine tête. B. Voyez Cros.
CROZOLA, A. M. crosse, bequille; de Crocz.
CRU, sang. I. Voyez Crau, Cro. De là Cruor Latin.
CRU, le même que Gru, Ru, Sru. Voyez Aru.
CRU, le même que Cra, Cre, Cri, Cro. Voyez Bal.
CRUAC, montagne. I. Voyez Cruc.
CRUACH, montagne, meule ou meulon, tas, monceau, pile. I. Voyez Cruc, Crech.
CRUACHAN, montagne. I.
CRUACHD, pierre. I.
CRUAD, pierre. I.
CRUADH, dur, difficile. I.
CRUADHACH, d'acier, de fer, Bogha Cruadhac, arc d'acier. I.
CRUADHAIL, dureté, rigueur, austérité, sévérité, atrocité, difficulté, embarras, chance, hazard. I.
CRUADHALACH, dur, rigide, austére, sévère, cruel, difficile, chiche, avare. I.
CRUADHANALACH, asmatique. I. De Cruadh Analach.
CRUADHCHROIDHEACH, chiche, avare, mesquin. I.
CRUADHOIGE, détresse, tristesse. I.
CRUAGALACH, CRUAGALADH, dur, rigide. I.
CRUAGH, le même que Cruadh. De même des dérivés ou semblables. I.
CRUAGHADH, endurcissement, action de durcir. I.
CRUAIDH, acier, dur, roide, inflexible, ferme, fort, stable, solide, épargnant, ménager, frugal, difficile, beaucoup. I.
CRUAIDHCHEIST, énigme. I.
CRUAIDHTE, durci, endurci. I.
CRUAIGH, acier, dur, robuste, fort. I.
CRUAN, rouge. I. Voyez Cru.

CRUAS,

CRU.

CRUAS, dureté; *Foscruas*, chêne. I.
CRUATH, le même que *Cruach*. De même'des dérivés ou femblables I.
CRUATH, le même que *Cruadh*. I.
CRUATHAN, le même que *Cruachan*. I.
CRUB. Voyez *Crubüill*.
CRUB, le même que *Crum*. Voyez B. & *Cruban*.
CRUB, le même que *Grub*, *Rub*, *Srub*. Voyez *Aru*.
CRUB, le même que *Crab*, *Creb*, *Crib*, *Crob*. Voyez *Bal*.
CRUBAN, boſſu. G. C'eſt le même que *Crum*. Voyez B.
CRUBGHOIN, écluſe. I.
CRUBH, ongle, griffe, ferré, corne de cheval, corne de pied de bête. I. Voyez *Crub*, le même que *Crab*.
CRUBHA; plurier *Crob*, main, poing. I.
CRUBHASC, cramoiſi. I.
CRUBOG, liſiere d'étoffe. I.
CRUBÜILL, l'eſtomac, le ſein de l'homme, le jabot d'un oiſeau; *Crubuillat*, plein l'eſtomac, plein le jabot. B.Voyez *Crombil* & *Croppa*. Dans le Maine *Corjeuii* eſt l'eſtomac des bêtes. *Crub*, *Crop* étant les mêmes que *Crom*, ſignifient, comme ce mot, ce qui cache, ce qui couvre, cachette. De là *Krupto* en Grec.
CRUC, montagne. G. I. Voyez *Cruch*.
CRUC, colline, monticule, butte. G. C. Voyez *Cruch*.
CRUC, le même que *Gruc*, *Ruc*, *Sruc*. Voyez *Aru*.
CRUC, le même que *Crug*, *Cru*, *Crus*. Voyez *Aru*.
CRUC, le même que *Crac*, *Crec*, *Cric*, *Croc*. Voyez *Bal*.
CRUCA, croſſe, croc, crochet. I. Voyez *Croc*, *Crocz*.
CRUCA, A. M. crémaillère; de *Cruca*, crochet.
CRUCACH, comble. I.
CRUCADH, croſſe, croc, crochet, grapin, agraffe. I. Voyez *Cruca*.
CRUCAIL, accrocher. I.
CRUCCA, A. M. croſſe, bequille; de *Cruca*.
CRUCG, ſcorpion. B. Voyez *Crog*.
CRUCH, éminence. B. Voyez *Cruc*.
CRUCHIGLIA, CRUGIA, A. M. croſſe, potence; de *Cruca*.
CRUCIBOLUM, A. G. lumière de nuit, en vieux François *Croiſſol*; de *Creuſcul*. Les Italiens appellent un creuſet *Crucivolo*. Les Picards appellent *Cracet* une lampe de nuit.
CRUCICHIUM, A. M. carrefour, endroit où quatre ruës ſe croiſent; de l'Italien, *Crocichio*. Voyez *Croſſ*, *Crocs*.
CRUCICULA, A. M. croſſe, potence; de *Cruca*.
CRUCIENTATUS, A. G. ſouillé de ſang; de *Cru*.
CRUCIUM, A. G. vin qui n'eſt pas agréable, qui eſt trop dur, qui eſt âpre; de *Cruz* le même que *Criz*.
CRUD, guitarre. C. Voyez *Crowde*.
CRUD, berceau. B. *Grougrou*, grand panier en Galibi.
CRUDATH, baudrier, ceinturon, ceinture. I.
CRUDH, le même que *Cruadh*. I.
CRUEL, âpre, cruel. B. De là ce dernier mot. Voyez *Cruela*, *Cru*, *Cruadh*, *Cruadhalach*.
CRUELA, cruel. Ba. Voyez *Cruel*.
CRUETTUS, A. M. burette; de l'Angloiſ *Cruet*, celui-ci de *Creu*. Voyez *Crewet*.
CRUFELL. MILIN CRUFELL, moulin de nou-
TOME I.

CRU.

velle invention, dont la rouë à eau tourne horizontalement, & par conséquent l'eſſieu eſt perpendiculaire : en Bas Léon on prononce *Crughell*. B.
CRUG, montagne, colline, éminence; hauteur, tertre, tertre de roc, lieu élevé, monceau, tas, amas. G. Voyez *Crug*, *Crughell*.
CRUG, CRUGYN, amas de pierres ou de terre; petite butte, colline, tertre, & par métaphore apoſtume, froncle, abſcès, tumeur, bouton, bubon, puſtule. G.
CRUG; plurier *Crughet*, ſorte d'inſecte dit vulgairement en quelques Provinces petit ſcorpion, qui eſt une eſpèce d'eſcarbot, qui leve ſa queuë fourchuë lorſqu'on le touche, & que l'on croit être venimeux & dangereux par ſa piquure, ſur tout au bétail. B.
CRUG, le même que *Grug*; *Rug*, *Srug*. Voyez *Aru*.
CRUG, le même que *Cruc*, *Cru*; *Crus*. Voyez *Aru*.
CRUG, le même que *Crag*, *Creg*, *Crig*, *Crog*.Voyez *Bal*.
CRUGCYN, éminence, hauteur, tertre, lieu élevé. G.
CRUGDARDD, puſtule. G.
CRUGHAD BO, traire une vache. I.
CRUGHALACH, dur, difficile. I.
CRUCHELL, monceau, amas de terre ou d'autres choſes, butte, colline, petite éminence; *Crughell Atret*, monceau d'ordures, de balayures; *Crughell Merien*, fourmillière. B. Voyez *Crug*.
CRUGLWYTH, tas, amas, monceau, pile. G.
CRUGO, ſe former en tertre, ſe former en abſcès, chagriner fortement, tourmenter, tourmenter fort. G.
CRUGUED, ſcorpion. B.
CRUGUELL, monceau, amas de terre ou d'autres choſes. B. Voyez *Crughell*.
CRUGUELL, CRUGUELL MERIEN, fourmillière. B. Dans la première expreſſion on ſous-entend *Merien*. Voyez *Crughell* & l'article précédent.
CRUGYN, colline, éminence, hauteur, tertre, lieu élevé, petite tumeur. G. *Kruin* en Flamand, ſommet.
CRUGYNNOG, plein d'éminences, rempli de hauteurs, couvert de puſtules, qui a des taches de rouſſeur ſur le viſage. G.
CRUH, le même que *Cruch*, comme *Creh* eſt le même que *Crech*.
CRUIDEATA, dur, difficile. I.
CRUIDHEARG, rouge. I.
CRUIM, tonnerre. I.
CRUIMIM, tonner. I.
CRUIMTHER, Prêtre. I.
CRUIN, l'univers. I.
CRUINNE, univerſel. I.
CRUINNEADH, troupe. I.
CRUINNEGHADH, concile. I.
CRUINNIGHE, collection, aſſemblage. I.
CRUINNIGHIM, aſſembler, recueillir. I.
CRUISTIN, lampe. I.
CRUIT, dos. I.
CRUIT, lyre; *Cruitire*, qui joue de la lyre. I.Voyez *Crut*.
CRUITH, lyre. I.
CRUITH, forme, figure. I.
CRUITHIN-TUAITH, CRUITHNEACH, le Pays des Pictes. I. *Neach* étant ſynonime à *Tuaith*, ſignifie donc Pays, territoire, campagne.
CRUITHNEACHE, fromage. I.
CRUITHNIGH, Pictes peuple. I. On trouve dans
C cccc

le Dictionnaire Irlandois de Tolland *Nigh*, fille, il paroit par ce mot qu'il signifie aussi ;fils, enfant en général ; enforte que *Cruithnigh* signifie à la lettre les enfans des Pictes : c'est ainsi que les Hébreux disent les enfans des hommes pour les hommes.

CRUITIN, CRUITINEACH, courbe, bossu. I.

CRUGIN. Voyez *Crum*.

CRUM, courbe, courbé, en arc. I. Voyez *Crwm*, *Cromm*.

CRUM, le même que *Crub*. Voyez B.

CRUM, le même que *Grum*, *Rum*, *Srum*. Voyez *Aru*.

CRUM, le même que *Cram*, *Crem*, *Crim*, *Crom*. Voyez *Bal*.

CRUMA, A. G. bourse ; de *Crum*, le même que *Crom*. De là le *Crumena* des Latins.

CRUMAM, courber. I. Voyez *Crum*.

CRUMB, ver. I. De *Crum*, parce qu'il se courbe.

CRUMHUR, de sang, sanguin. I. Voyez *Cru*.

CRUMID, qualité par laquelle une chose est bossuë. I. Voyez *Crum*.

CRUMILUS, A. G. sac ; de *Crum*, le même que *Crom*. Voyez *Cruma*.

CRUMINA dans Plaute, sac ; de là le mot Latin *Cruminare*, qui signifie se vuider, parlant des animaux. Voyez *Cruma*.

CRUMINO, A. G. ruminer, remâcher ; ce qui se fait lorsque le bœuf tire ce qui est dans son estomac pour le mâcher de nouveau. De *Crum*, le même que *Crom*. Voyez *Crombil*.

CRUMMAIN, hanches. I. De *Crum*, parce que le corps se courbe par cette partie.

CRUMUSA. Voyez *Crusmusa*.

CRUN, monceau, amas. I.

CRUN, obscur, sombre au propre & au figuré. I.

CRUN, le même que *Grun*, *Run*, *Srun*. Voyez *Aru*.

CRUN, le même que *Crum*. Voyez *Dom*, *Don*.

CRUN, le même que *Cran*, *Cren*, *Crin*, *Cron*. Voyez *Bal*.

CRUNAN, obscur, sombre au propre & au figuré. I.

CRUNEACAN, amas, monceau. I.

CRUNEOLUS, adresse, direction. I.

CRUNIUGHAD, accumuler, amasser, entasser, amonceler, ramasser, recueillir, joindre ensemble, assembler, moissonner ; *Cruinighe* participe. I.

CRUNNAILT, amasser, trousser. I. Voyez *Crawn*.

CRUNTHEAS, froment. I.

CRUP, le même que *Crom*. Voyez *Croppa*, *Krubo* en Grec, couvrir.

CRUP, le même que *Crub*. Voyez B.

CRUP, le même que *Grup*, *Rup*, *Srup*. Voyez *Aru*.

CRUP, le même que *Crap*, *Crep*, *Crip*, *Crop*. Voyez *Bal*.

CRUPA, A. M. croupe de cheval. Voyez *Cropa*. *Crupe*, croupe en vieux François.

CRUPELLARIUS, tout couvert de fer. Ce terme Gaulois nous a été conservé par Tacite. Voyez *Crup*.

CRUPL, boiteux. G. *Kreupel* en Flamand, boiteux.

CRUPPA, CRUPPES, A. G. cable, corde ; de *Crup*, le même que *Crap*, saisir, tenir, lier.

CRUPPONUS, A. M. croupion ; de *Cropioun*.

CRUS GAOILEADH, flux de sang. I. *Gaoileadh*, flux.

CRUS, jambe. Voyez *Crysiaw*.

CRUS, le même que *Grus*, *Rus*, *Srus*. Voyez *Aru*.

CRUS, le même que *Cru*, *Cruc*, *Crug*. Voyez *Aru*.

CRUS, le même que *Cras*, *Cres*, *Cris*, *Cros*. Voyez *Bal*.

CRUSCIRE, A. M. craquer ; de *Crucq*, le même que *Cracq*.

CRUSELBA, lampe. Ba. Voyez *Creuzaul*.

CRUSELINUM, CRUSELLUS, A. M. creuset, vase à boire ; de *Creus*. Voyez *Creuseul*, *Crusgad*.

CRUSGAD, CRUSGIN, sorte de pot de terre. I.

CRUSGIN. Voyez *Crusgad*.

CRUSINA, CRUSNA. Voyez *Crosna*.

CRUSMUSA, CRUMUSA, murmurer, marmoter, parler tout bas entre ses dents ; on le dit aussi du gémissement sans cri que font les enfans que l'on menace de fouetter s'ils crient. B. Voyez *Crosmola*.

CRUSTACIA, A. G. petit vase ; de *Creus*. Voyez *Cruselinum*.

CRUSTENN, dosse. B.

CRUSTUM, CRUSTULUM, A. G. crouton, morceau de pain ; de *Crusta* Latin, & celui-ci de *Crwst*.

CRUSUL, A. M. le même que *Crucibolum*.

CRUT, guitarre. G. Voyez *Cruit*, *Crud*, *Crowde*.

CRUT, le même que *Grut*, *Rut*, *Srut*. Voyez *Aru*.

CRUT, le même que *Crat*, *Cret*, *Crit*, *Crot*. Voyez *Bal*.

CRUTA, A. M. caverne, habitation souterraine, nommée *Creute* en quelques endroits du Royaume ; de *Creu*.

CRUTH, forme, air, contenance. I.

CRUTHUGHA, preuve, épreuve, éprouver. I.

CRUTIGHTHE, créé. I.

CRUTIGHTHEOIR, créateur. I.

CRUTTIEGAN, nain chez les Écossois occidentaux.

CRW, cabane. C. Voyez *Crao*.

CRWB, le même que *Crwm*. Voyez B. De *Crwb* ; par une transposition commune dans le Celtique, *Cwrb*, d'où est venu *Courbe* François, *Curvus* Latin.

CRWB, le même que *Crab*. Voyez ce mot.

CRWB, le même que *Crob*, parce que *w* se prononce en *o*.

CRWBAN, bossu, écrevisse de mer. G.

CRWCCA, courbe, courbé. G.

CRWD, CWRD, squelete. G.

CRWM, convexe. G. Voyez *Crum* & le mot suivant.

CRWMM, courbe, courbé, recourbé, bossu. G. *Krom* en Flamand ; *Krum* en Theuton ; *Krumm* en Allemand, tortu, courbe, courbé, crochu, *Krummen* en Allemand, plier, & *Krumb*, courbe. *Crump*, *Crumped*, courbé en Anglois ; *Krumpast* en Carinthien, courbe ; *Crumb*, *Crump*, courbe, recourbé ; *Crompeht*, *Crymbig*, tortu, tortueux en ancien Saxon ; *Krumpast* en Esclavon, boiteux ; *Chromy* en Polonois & en Lusatien, boiteux. *Crwmm* étant synonyme de *Cam*, quant aux significations de courbe & boiteux, doit aussi lui être synonime quant aux autres sens, d'autant plus qu'ils sont analogues à ces deux là. De là *Crimen* Latin. Voyez *Crwnn*.

CRWN, le même que *Grwn*, *Rwn*. Voyez *Aru*.

CRWNN, rond, entier. G.

CRWNN, le même que *Crwmm*. Voyez *Dom*, *Don* ; de là *Accroné* en vieux François, courbe.

CRWST, croûte, chose qui en couvre une autre. G. De là *Crusta* Latin ; *Crouste* François ; *Kruste* Allemand.

CRWTH, petite corde d'instrument. G.

CRWTH, guitarre. E. Voyez *Crut*.

CRWY, le même que *Croyw*. Voyez *Crwybr*.

CRWYBR, rayon de miel, lie de miel. G. C'est le même que *Croywber*.

CRW.

CRWYDR, course çà & là, vie de vagabond. G.
CRWYDRAD, coureur, vagabond. G.
CRWYDRAID, le même que *Hudolion*. G.
CRWYDRAIDD, coureur, vagabond. G.
CRWYDRI, indigence. G. De *Crwydro*, parce que les pauvres ont coûtume de mener une vie errante & vagabonde.
CRWYDRO, aller çà & là, mener une vie de vagabond. G.
CRWYDRUS, vagabond, pauvre, indigent. G.
CRWYDRWR, coureur, vagabond. G.
CRWYN, peaux. G. C'est le pluriel de *Croen*.
CRWYNWR, tanneur, corroyeur, pelletier, fourreur. G.
CRWYS, le même que *Crocs*. G.
CRWYSEDD, dispute. G.
CRUX, A. M. crosse, potence ; de *Crocz*.
CRUYNE, couronne. B. Voyez *Krooné*.
CRY, cri. B. *Cry* en Anglois, cri. Voyez *Cri*.
CRY, impitoyable. B. Voyez *Cru*.
CRY, particule superflue. Voyez *Cyrbwyll*.
CRY, le même que *Cra*, *Cre*, *Cri*, *Cro*, *Cru*, *Crw*. Voyez *Bal*.
CRYADENN, cri. B. Voyez *Cry*.
CRYADH, bouë. I. On voit par le mot suivant qu'il a aussi signifié terre.
CRYADHAIR, laboureur. I.
CRYAT, instant, moment. B.
CRYB, le même que *Cryf*. G.
CRYBACH, le même que *Crebach*. G.
CRYBWYLL, raconter, faire mention, mention, mémoire. G. *Cry*, superflu. Voyez *Pwyllo*.
CRYBWYLLWR, qui fait mention d'une chose. G.
CRYBYCHU, le même que *Crebychu*. G.
CRYCH, bord. I.
CRYCH, particule diminutive. Voyez *Crychneitio*.
CRYCH, BLEW CRYCH, boucle de cheveux. G.
CRYCH, crépu, frisé. G. B. De là *Crispus* Latin.
CRYCH, ridé, couvert de poil. G.
CRYCHIAD, ride, pli. G.
CRYCHIADOG, séparé par pelotons. G.
CRYCHIAS, échauffé, ardent, bouillant. G. Voyez *Ias*.
CRYCHLAMMU, danser en trepignant, trepigner. G.
CRYCHNAID, danser en trepignant, saut que l'on fait en jettant sa tête courbée la première. G.
CRYCHNEIDIO, danser, sauter, sauter çà & là. G.
CRYCHNEITIO, danser en trepignant, trepigner, sauter, bondir, sautiller, faire de petits sauts. G. *Neidio* ou *Neitio*, sauter ; *Crych* est donc ici une particule diminutive. G.
CRYCUNI, ride, frisure. G.
CRYCHU, friser, être frisé, rider, plisser, froncer, faire froncer, faire des rides, être ridé. G.
CRYD, ébranler, tremblement, communément fièvre. G.
CRYD, horreur. G.
CRYDAN, petite fièvre. G.
CRYDD, cordonnier. G.
CRYDD-DY, boutique de cordonnier. G.
CRYDDANIAETH, métier de cordonnier. G.
CRYDDIAETH, métier de cordonnier. G.
CRYDR, armes d'un homme. G.
CRYDWST, le même que *Gridwst*. G.
CRYENEN, gratin. B.
CRYF, CRYF, fort, robuste, vigoureux, ferme, roux, rousseau. G. *Kriwda* en Bohémien, force, puissance. Voyez *Craf*.

CRY.

CRYFDER, force, vigueur, fermeté, violence, assurance. G.
CRYFGADR, fort, ferme, solide, robuste, plein de muscles, violent, qui porte la terreur, qui est à craindre. G.
CRYFHAAD, appui, soutien, vigueur. G.
CRYFHAU, donner de la vigueur, fortifier, se fortifier, devenir fort, se remettre, se rétablir, reprendre des forces, croître, augmenter, restaurer, rétablir, remettre en santé, lier, garroter. G.
CRYG, rauque, enroué. G.
CRYGI, CRYGNI, enrouement. G.
CRYGU, enrouer, être enroué. G.
CRYHYR, héron, sorte d'aigle qui a la queuë blanche, gruë oiseau. G.
CRYM, le même que *Grym*, *Rym*. Voyez *Aru*.
CRYMIAD, courbure, action de courber. G. Voyez *Crwmm*.
CRYMMAN, faulx, faucille. G.
CRYMMANAID, fait en forme de faulx. G.
CRYMMANWR, taillandier, qui fait des faulx. G.
CRYMMEDD, courbure, enfoncement, action de courber. G.
CRYMMENYN, faucille, serpe. G.
CRYMMU, courber, se courber. G.
CRYN, médiocre, petit. G. Il signifie aussi vil. Voyez *Crynwraid*.
CRYN, crainte, peur, horreur, tremblement, frisson. G. Voyez *Crihane*.
CRYNDDYN, petit garçon, homme de médiocre taille, petit. G.
CRYNDER, rondeur. G.
CRYNDOD, crainte, peur, tremblement. G.
CRYNEDIG, tremblant, qui fait trembler, qui cause de violens frissons. G.
CRYNEDIGAETH, horreur. G.
CRYNFA, tremblement, frisson, horreur. G.
CRYNPAICH, petit paquet de hardes. G. *Baich*.
CRYNPARCH, petit cheval, bidet. G.
CRYNGWD, petit sac. G.
CRYNHAU, arrondir. G.
CRYNHOI, arrondir. G.
CRYNN, rond. G.
CRYNNDER, rondeur. G.
CRYNNEDIG, qu'on peut ébranler, qu'on peut secouer. G.
CRYNNOGIN, cercle, rond. G.
CRYNNOI, arrondir. G.
CRYNNU, être rond. G.
CRYNO, rond, concis, serré, pressé, abbrégé, joli, mignon, poli, gracieux, agréable, abbréger, accourcir. G.
CRYNOAD, action d'arrondir. G.
CRYNODEB, abbrégé, épitome, épargne, ménage, économie, graces, agrément, politesses. G.
CRYNOG, sorte de mesure de grains. G.
CRYNOI, rassembler en un, ajuster, parer, orner, polir, accommoder, arranger proprement. G.
CRYNSACH, petit sac. G.
CRYNSYCHU, devenir aride. G.
CRYNU, trembler. G. B. On voit par *Cryn*, que *Crynu* a aussi signifié craindre, avoir peur.
CRYNU, ébranler, secouer. G.
CRYNWR, petit homme, homme de médiocre taille, un peu plus grand : Il signifie encore un homme ignoble & peu courageux. G.
CRYNWRAID, qui ne convient qu'à des gens de la lie du peuple, qu'à des personnes viles, qui dégénère, ignoble, rustique, grossier, peu généreux, opiniâtre, mutin. G.

CRYR, le même que *Cryhyr*. G.
CRYRGLASS, le même que *Cryr*. G.
CRYRGWIN, cigogne. G.
CRYS, vêtement que les Anciens portoient sur la chair, chemise. G. Voyez *Cres*.
CRYS, le même que *Brys*. Voyez *Crysiaw*.
CRYS, jambe. Voyez *Crysiaw*.
CRYS Y BRENIN, jusquiame ou hannebane, fève de loup. G.
CRYSAL, clystere. G.
CRYSBAIS, vêtement que les Anciens portoient sur la chair. G. Voyez *Crys*.
CRYSIAW, se hâter, selon Thomas Guillaume; partir, aller, selon David Powell. G. Ces deux significations sont analogues; ce mot les a toutes deux, ainsi qu'on s'en convaincra par ce qui suit. *Crysiaw* ou *Crusiaw* signifiant aller, partir, est formé de *Crys* ou *Crus*, qui aura apparemment signifié jambe, d'où les Latins auront pris leur *Crus*. *Crysiaw* est aussi le même que *Brysio*; (le *c* & le *b* se mettent l'un pour l'autre) & par conséquent *Crys*, le même que *Brys*.
CRYSTALA, cristal. B. Voyez *Cristal*.
CRYSTIO, encroûter, enduire. G. De *Crwst*.
CRYSTIOG, encroûté, enduit. G.
CRYSTYN, petite croûte. G.
CRYTHOR, joueur d'instrumens à cordes. G. Voyez *Crwth*.
CRYV-GLAS, feuillage. I.
CRYW, nasse, instrument d'osier propre à pêcher. G.
CRYWYN, étable. G. Voyez *Crao*.
CU, cher. G. *Cuzola*, aimable en Langue de Congo.
CU, chien. I. Voyez *Ci*.
CU, le même que *Gu*, *Su*, *U*. Voyez *Aru*.
CU, le même que *Cuc*, *Cug*, *Cus*, *Cuz*. Voyez *Aru*. *Cu*, par conséquent cachette.
CU, le même que *Ca*, *Ce*, *Ci*, *Co*, *Cw*, *Cy*. Voyez *Bal*.
CU-A-CA, espèce d'adverbe qui répond à notre *Ric-A-Ric*, c'est-à-dire au plus juste, précisément, tant pour le temps, que pour la manière de faire une action. Il est fort en usage sur les côtes maritimes de la Basse Cornouaille en Bretagne pour marquer le temps précis auquel on peut passer les grèves sans y trouver l'empêchement des marées; ainsi *Tremen Cu-A-Ca* est le passage justement à l'heure & au moment que la mer le permet. B.
CUA, sommet. Voyez *Cuagan*.
CUACH, coucou oiseau. I.
CUAD, le même que *Guad*. Voyez *Aru*.
CUAF, très-cher, intime. G. C'est le superlatif de *Cu*.
CUAGAN, sommet de la tête. I. *Gan* pour *Can*, tête; *Cua*, par conséquent sommet.
CUAGH, chair. I.
CUAILL, CUAILLE, pieu, bâton, gros bâton, massuë, barrière, ridelle. I. *Coule*, gros bâton en Anglois. *Keule* en Allemand, massuë; *Goillot* en Patois de Franche-Comté, gros bâton.
CUAIRIONTOGHADH, secousse. I.
CUAIRSGID, paquet, balle. I.
CUAIRSGIM, rouler. I.
CUAISIOMPOGADH, tour, détour, sinuosité. I.
CUAK, étroit. I.
CUAL, fagot. I.
CUALIN, bourrée. I.
CUALL, gaine, foureau. G. Voyez *Cul*, *Cuell*.
CUALLAIDHE, compagnon. I.
CUALLAIDHEACHD, société. I.

CUALLAS, assemblée. I.
CUAMHAR, gros, épais, gras. I.
CUAN, lieu qui est à l'abri, retraite, lieu de retraite, port, havre, baye, golfe, pointe de terre qui avance dans l'eau, pointe; *Cuanta* au pluriel, havres. I. Voyez *Cu*.
CUAN LOCHA GARMAN, nom Irlandois de la Ville de Wexford: il signifie havre de Lochgarman.
CUAN, mauvais. I. *Ku*, voleur en Tartare du Thibet.
CUANNA, montagne. I. Voyez *Can*.
CUAR, oblique. I. En Patois de Franche-Comté on dit *De Qar*, pour dire de côté, obliquement.
CUARDHUGADH, épier, regarder attentivement, faire une exacte recherche. I.
CUARTUGA, chercher. I.
CUAS, pluie. C.
CUAS, caverne, cave. I.
CUASACH, caverneux, profond. I.
CUASAN, fosse, creux. I.
CUB. Voyez *Cwppan*.
CUB, le même que *Gub*, *Sub*, *Ub*. Voyez *Aru*.
CUB, le même que *Cuf*, *Cup*, *Cuv*. Voyez *B*.
CUB, le même que *Cum*, ou *Cwm*. Voyez *B*.
CUB, le même que *Cab*, *Ceb*, *Cib*, *Cob*, *Cwb*, *Cyb*. Voyez *Bal*.
CUBA, A. M. cuve. Voyez *Cubelucha*, *Cupa*, *Cwppan*.
CUBA, A. M. lieu creusé sous terre. Voyez *Cube*. *Cuve*, caverne en Auvergnac; *Cuba* en Chaldéen, caverne, fosse.
CUBALUM, A. M. caverne. Voyez l'article précédent.
CUBARE, A. M. couver; de *Cwfert* ou *Cwbert*.
CUBE, bêche à fouir, à creuser la terre. I.
CUBE, séant, bienséant. I.
CUBEADH, être séant, bienséant. I.
CUBEAMHUL, compétent, propre, capable. I.
CUBELA, couloir, passoire. Ba.
CUBELA, A. M. petite cuve. Voyez *Cuba*.
CUBELLUM, A. M. tonneau; *Cubel* en Auvergnac, tonneau. Voyez *Cubelucha*.
CUBELUCHA, tonneau. Ba. Voyez *Cwppan*.
CUBERTORIUM, A. M. couvercle. Les Auvergnacs disent *Coubertoire*. De *Cwfert* ou *Cwbert*. Voyez *Cubhradh*.
CUBESELLUM, A. M. le même que *Cubertorium*.
CUBHAR, écume. I.
CUBHAS, arbre. I.
CUBHIOS, esprit, intelligence. I.
CUBHRADH, couvrir, cacher. I.
CUBHRADH, écumer verbe neutre. I.
CUBHRANACH, écumeux. I.
CUBHRIOCH, embarrasser, engager. I.
CUBI, confluent, pont. Ba. *Cubi*, confluent en Espagnol. Voyez *Cub*, le même que *Cwm*.
CUBIA, A. G. le même que *Cubila*.
CUBICULUM, A. M. chambre, lit, tombeau; de *Cub*, couvrir, cacher. (Voyez *Cwfert* ou *Cwbert*, *Cubor* & *Cubradh*.) De *Cub* sont venus les mots Latins *Cubile*, *Cubo*, *Cubiculum*. Voyez *Cusigl* qui est le même que *Cubicl*.
CUBILA, A. G. sortes de couples; de *Cwpl* ou *Cwbl*.
CUBILE, A. M. chambre. Voyez *Cubiculum*.
CUBILIA, A. G. garde-manger. Voyez *Cubiculum*.
CUBOR, grenier. Voyez *Ysgubor*.
CUBREACH, bande, liens, fers aux pieds. I.
CUBRECELLUM, A. M. couvercle. Voyez *Cubesellum*, *Cubiculum*.

CUBRIHUGHAD,

CUB.

CUBRIUGRAD, mettre les fers aux pieds. I.
CUC, ce qui cache, ce qui couvre. Voyez Cucc, Cucul.
CUC, le même que Guc, Suc, Uc. Voyez Aru.
CUC, le même que Cug, Cus, Cu. Voyez Aru.
CUC, le même que Cac, Cec, Cic, Coc, Cwc. Voyez Bal.
CUCALABA, coffre rond. Ba.
CUCC, terme formé pour marquer le bruit qu'on entend lorsqu'un homme boit. G.
CUCC, coque. Voyez Cuccwy.
CUCCWY, coque d'œuf. G. Wy, œuf; Cucc, par conséquent coque.
CUCCYN, article ou jointure des pieds ou des mains. G.
CUCENA, le droit, la justice, ce qui est juste. Ba.
CUCENEZCO, équité, droiture. Ba.
CUCH, orgueil, arrogance, hauteur, action de se refrogner, de se rider, front refrogné, front ridé. G.
CUCH, le même que Cuth. De même des dérivés ou semblables. I.
CUCH, le même que Guch, Such, Uch. Voyez Aru. On appelle en Patois de Franche-Comté le sommet, la cime, Cuchot, Quechot; & la tête Cuche. Raienchena dans le même Patois, c'est mettre du grain dans une mesure déja remplie, ensorte qu'il fasse un tas ou monceau au milieu de la mesure. Suche, colline en Albanois; Cou, montagne en Persan; Kuo en Chinois, surpasser, être au-dessus; Khu, montagne en Hottentot; Kouqne, Prince en Hottentot; Kaise, croître en Hottentot; Cuqutoca, parvenir en Langue de Congo, & Cussequessna, aigu. Voyez Cucuresta.
CUCH, le même que Cus. Voyez Ch.
CUCH, le même que Cah. Voyez la dissertation sur le changement des lettres.
CUCH, le même que Cach, Cech, Cich, Coch, Cwch. Voyez Bal.
CUCH, le même que Cuchen. Voyez Cuchic.
CUCHA, le même que Cutha. De même des dérivés ou semblables. I.
CUCHEL, le même que Guchel, Suchel, Uchel. Voyez Aru.
CUCHEN, c'est un peu de quelque chose, particule, petite partie; diminutif Cuchennic, très-peu, très-petite partie: Il se dit d'un toupet de cheveux; pluriel Cuchennou, la chevelure, ou ce qui reste de cheveux à un vieillard, qui sont ordinairement un toupet de chaque côté de la tête. Il se dit d'une moustache, d'un toupet de barbe sur le menton autrefois à la mode, d'un peu de laine en bouquet laissée sur une brebis. B. Voyez Cuchiad.
CUCHENN, poupée de lin, petit écheveau de fil, ou reste d'un écheveau, morceau; Cuchenn-Neud, flocon de fil. B.
CUCHENNIC. Voyez Cuchen.
CUCHIAD, contraction, resserrement, rétrécissement. G.
CUCHIC, le même que Cuchennic; B. & par conséquent Cuch, le même que Cuchen.
CUCHIO, se refrogner, se rider. G.
CUCHIOG, qui a un visage refrogné, qui se refrogne, qui fronce le sourcil, qui a le regard dédaigneux, orgueilleux, superbe, arrogant, qui a l'air sombre, qui a l'air hautain, qui a la mine dédaigneuse, qui a une sévérité arrogante, altier, présomptueux, sévère, cruel, barbare, farouche, qui a un regard affreux ou menaçant. G.

TOME I.

CUD.   393

CUCHIOWG pour Cuchiog. Voyez Cuchiowgrwydd.
CUCHIOWGRWYDD, rigueur, sévérité excessive, regard menaçant. G. Cuchiowg pour Cuchiog.
CUCHO, A. M. meulon de foin. Les paysans dans la Bresse disent Cuchon; de Cuch, élévation.
CUCIBOLDUS. Voyez Curcimbaldus.
CUCINA, A. G. cuisine. Voyez Cog ou Coc.
CUCIONES, A. M. cloportes ou clausporcs. Ces bêtes sont appellées Porcelliones dans Cœlius Aurelianus: On les nomme en Champagne Porcelots; & en Patois de Franche-Comté Pouchelots de saint Antoine. Cucio, cochon, porc. Voyez Cocha.
CUCTIO, A. M. le même que Cocio.
CUCTO, A. M. coton. Voyez Cottum, Cotoun.
CUCUA, coucou. Ba. Voyez Cwccw.
CUCUFA, CUCUFARIA, CUCUFATUS. Voyez Cuphia.
CUCUL, manteau. G. Je crois ce mot formé de Cuc, couvrir, & d'Ol ou Ul, tout. On dit encore en François Cucule, Coule. On a aussi dit Goule, Gule. Voyez Cougoul qui est le même que Cucul.
CUCULA, cime d'arbre ou d'herbe. Ba. Cogollo en Espagnol. Voyez Cuc, Cuch, Coc.
CUCULARE, A. M. verbe qui désigne le cri du coucou. Voyez Cucua.
CUCULLUS, CUCULLA, CUCULLIO, A. M. cucule, coule, cape qui couvroit la tête & tout le corps; de Cucul.
CUCUMA, A. M. souche, ou grosse pièce de bois; de Cocha. En Patois de Franche-Comté on appelle Cuche une souche.
CUCUMA, A. M. vase d'airain; de Canc ou Cuc.
CUCUMELLUM, CUCUMULA, A. M. petits vases d'airain: ce sont des diminutifs de Cucuma.
CUCUMER, concombre. G. Cucumer en Latin; Cucumber en Anglois; Concombre en François; Cucumern en Allemand; Concommer en Flamand; Cocomero en Italien; Cogombro en Espagnol; Kumara en Esclavon; Chumari en Croatien, concombre.
CUCURBITA, A. G. ventouse; de Canc ou Cuc.
CUCURESTA, crête. Ba. Voyez Cuc, Cuch.
CUCURISCA, sédiment, dépôt d'une liqueur. Ba.
CUCURITA, visière. Ba.
CUCURIZCA, je suis oisif. Ba.
CUCURMA, A. G. le même que le premier Cucuma.
CUCURUM, A. M. carquois; en Allemand Koker; de Canc ou Cuc.
CUCURUSTA, hupe sorte d'oiseau. Ba. Voyez Cucuresta.
CUCUSA, puce. Ba.
CUCUTIUM dans Trébellius Pollion, paroit signifier une espèce de cucule ou de cape. Voyez Cucul.
CUCUTSERIA, herbe qui fait mourir les puces. Ba. Voyez Cucusa.
CUD, sac. G.
CUD, part, portion, moitié; Cud Mor, quantité, beaucoup. I.
CUD, tête. I.
CUD, sommeil. Voyez Darguedi.
CUD, haye. Voyez Discuda.
CUD, habitation. Voyez Cudd, Cuddigl, Cwt.
CUD, coup. Voyez Cudurum.
CUD, le même que Cyd. Voyez Cyd, Cudo, Cudesa, Cu, aider en Chinois, & Su, aves.
CUD, le même que Cut. Voyez D.

Dddd

CUD, le même que Gud, Sud, Ud. Voyez Aru. Suddet en Turc, cour de Souverain.

CUD, le même que Cad, Ced, Cid, Cod, Cwd, Cyd. Voyez Bal.

CÛD, milan. G. Voyez Cut.

CUDA, cacher. Voyez Discuda, Cudd.

CUDA, combat. Voyez Bicuda. Cud, le même que Cad.

CUDA, A. M. fossé; de Cwdd.

CUDAB, amour, amitié, affection. G.

CUDAIM, tomber. I. De là Cado Latin. Voyez Cud, le même que Cad.

CUDAM, tomber, chûte. I.

CUDAMACH, fragile. I.

CUDARMAN, la populace. I.

CUDD, cachette, lieu secret, voile. G. Voyez Cwtt.

CUDD, part, portion, moitié. I. Voyez Cud, Cwtt, Cudon, Cwtta.

CUDD, le même que Gudd, Sudd, Udd. Voyez Aru.

CÛDD, action de cacher, caché. G.

CUDDFA, cache, cachette, lieu caché, cercueil, tombeau. G.

CUDDIAWG, caché. G.

CUDDIE, souper, repas du soir. I.

CUDDIEDIG, caché, masqué, qui n'est point à découvert, mystique. G.

CUDDIGL, chaumière, cabane, hute, loge, maisonnette, lit. G. de Cuddio, dit Davies.

CUDDIO, cacher. G. B. Catam en Arabe; Keutho en Grec, cacher.

CUDDIO, couvrir, voiler, protéger. G. De là Cutis, peau en Latin. Goudo en Patois de Besançon, cotillon.

CUDDIOG, caché, couvert, voilé. G.

CUDDYGL, le même que Cuddigl. G.

CUDEASA, compagnon, compagnie. I.

CUDEASADH, société, cabale. I.

CUDEASAN, accompagner. I.

CUDEB, étroite amitié. G. Voyez Cu.

CUDEN, inusité seul, dit Dom le Pelletier, mais Cuden-Neud est écheveau de fil. Le P. de Rostrenen met cependant Cuden seul pour écheveau de fil. B.

CUDENNECQ, esprit sombre, morne, taciturne, fournois. B.

CUDESA, associé. I. Voyez Cudeasadh.

CUDH, le même que Cuth. I.

CUDHIAT, cachette. B.

CUDHOG, choucas sorte de corneille. I.

CUDI, dormir. Voyez Dargudi.

CUDIUGADH, aider, assister, appuyer, épauler, soutenir, protéger, défendre, maintenir, fortifier, donner de nouvelles forces, concourir, profiter, être utile à, contribuer, aide, secours, contribution. I.

CUDO, casque. I.

CUDO, A. G. maréchal; de Cud, coup. De là Incus Latin, enclume grosse masse de fer sur laquelle on forge; de là Cudo Latin, forger, fabriquer; de là Cutio Latin, qui ne subsiste plus que dans ses composés, Percutio, Concutio.

CUDO, A. G. espèce de bonnet de peau avec son poil, ou bonnet de poil de bouc. Voyez Cud, le premier Cudo & Cudyn.

CUDON ou CUDDON, pigeons. G. Voyez l'article suivant. Cadones en Langue de Barbarie, pigeon ramier; Tudon en Italien.

CUDON, CUDONN, pigeon ramier; plurier Cudonet. B. Voyez l'article précédent.

CUDOU est un plurier qui signifie de petites façons, manières, caresses basses; Ober Cudou, faire sa cour avec bassesse. B.

CUDURUN, tonnerre. B. Dom le Pelletier ajoute que Cud doit avoir signifié coup, puisque l'on dit Cudurunou A So, il fait du tonnerre; à la lettre il y a des tonnerres; c'est-à-dire, plusieurs coups de tonnerre; c'est pourquoi il compose Cudurun de Cud, coup, & Curun, tonnerre. Cette étymologie est bien conforme au génie de la Langue Bretone, qui ôte le c ou le g initial en composition. Voyez Cudo.

CUDYLL, le même que Cidyll. G. C'est, dit Davies, un diminutif de Cûd.

CUDYN, boucle de cheveux, flocon, bourre, poil; on trouve aussi Crych Cudyn, boucle de cheveux. G.

CUDYNNOG, frisé. G.

CUEFR, cuivre. B.

CUEFFR, chèvres, boucs. B.

CUEH, travail, fatigue. B.

CUëHYAD, cachette. B.

CUELIONEN, mouche, moucheron. B. Voyez Cuil.

CUELL, suivant un Auteur Gallois, fol, insensé; Davies n'est pas de son sentiment, & prétend que ce mot est synonime à Cuall. G. Une signification n'exclut pas l'autre. Voyez Ankelher. En comparant Cuell, gaine, fourreau, avec nos mots cuiller & écuelle qui en sont évidemment formés, on voit que Cuell a signifié en général vase, vaisseau. Voyez Llestr. Aicula en Patois de Besançon est un vase fait d'une pièce de bois creusée.

CUELL, cache, cacher, couvrir. Voyez Forniguell. C'est le même que Cel.

CUELLIONEN, mouche, moucheron. B. Voyez Cuil.

CUELLOA, collet. Ba.

CUEN, coin. B. De là ce mot.

CUER. Voyez Cuerse.

CUERDA, corde. Ba. Voyez Cord.

CUERFE, le couvre-feu, le signal du coucher. B. Cuer, couvrir; Fe pour Fo, feu. Voyez Cuert.

CUERT, couvert, caché. G. De là couvert.

CUESIA, être marri. B.

CUETELLA, A. G. bignets faits avec de la pâte qu'on coupe en bandelettes; de Cuid ou Cuit.

CUEUFR, cuivre. B.

CUEVR, cuivre. B.

CUEUS, CUEUX, affliction, douleur. B.

CUEUX, affliction, douleur. B.

CUEZ, le même que Guez. Voyez Aru.

CUEZ, le même que Cuz. Voyez Disquez, Disquezi.

CUEZA, tomber. B.

CUF, le même que Cun, clement, &c. B.

CUF, le même que Cub, Cup, Cuv. Voyez B.

CUF, le même que Guf, Suf, Uf. Voyez Aru.

CUF, le même que Caf, Cef, Cif, Cof. Voyez Bal.

CUF. Voyez Cwppan.

CUF, le même que Cum. Voyez la dissertation sur le changement des lettres.

CUP TAT, bisayeul. B.

CUFDER, douceur. B. Voyez Cuf.

CUFFUNOUER, couvre-feu. B. De Cuf, le même que Cub, couvrir.

CUFIA, CUFFIA. Voyez Cuphia.

CUFIGL, lit. B.

CUFNEZ, douceur. B. Voyez Cuf.

CUFYDD, coude, coudée. G. Le b & l'f se met-

CUG.

tant l'un pour l'autre, de même que le *t* & le *d*, on a dit *Cubit* comme *Cufydd*; de là *Cubitus* Latin.
CUG, cinq. I.
CUGDEAG, quinze. I. De *Cug*, cinq, *Deag*, dix.
CUGE, Province. I.
CUGNUS, A. M. coin à fraper monnoie, coin à fendre du bois. Voyez *Cognal*.
CUGNUS, A. M. coin, angle; de *Cogn*.
CUH, cachette; *Cuh Heaul*, soleil couchant. B. *Cuadi*, caverne en Géorgien; *Cuori*, gousse en Finlandois.
CUH, le même que *Cuch*. Voyez la dissertation sur le changement des lettres.
CUHADELL, cachette. B. Voyez *Cuh*.
CUHEIN, dissimuler. B. Voyez *Cuh*.
CUHUR, sage, magicien. Ba.
CÜI, eau. G. *Xui* ou *Cui* en Chinois, eau. Voyez *Cujen*.
CUIBHREACH, lien. I.
CUID, CUIDD, part, partie, portion, morceau. I. Voyez *Cudd*.
CUIDARUN, cucule, capuce, capuchon. I. Voyez *Cud*.
CUIDEACHD, CUIDEACHDA, troupe, troupeau. I.
CUIDERE, A. M. servir; de *Cuih*. Voyez *Cuidheadh*.
CUIDHEADH, secours, aide. I.
CUIDHEAGHADH, secours, aide. I.
CUJEN, petit lait. B. Voyez *Cui*.
CUIGE, cinq. I.
CUIGEADH, cinquième. I.
CUIGN, CUIN, petit pain, gâteau, gâteau d'enfant, petite tourte de pain. B. On appelle en Franche-Comté *Quignen*, un pain qu'on envoie à un enfant qu'on a tenu sur les fonds à la Fête de Noël qui suit sa naissance. Voyez *Cuynn*.
CUIGNUS, A. M. coin à battre monnoie. Voyez *Cognal*, *Cuen*.
CUIH, travail, fatigue. B. On dit à Besançon d'un homme qui en courant la poste, ou en marchant beaucoup, s'est écorché entre les cuisses, qu'il est *Ecuit*. A *Cuite* en vieux François, signifioit à force. Voyez *Cuita*.
CUIL, mouche. I. Voyez *Cuelionen*, *Cuille*, qui étant le même que *Cuil*, ces deux mots signifient également mouche & aile.
CUIL, lit, chambre, cabinet, angle. I. Voyez *Cil*.
CUIL, le même que *Coel*, le même que *Cowel*. G.
CUILCEACH, robe, vêtement. I.
CUILCHADUR, clignement. B.
CUILCHAT, GUILGAT, cligner les yeux. B.
CUILDER, embonpoint. B. Voyez *Cuith*.
CUILEACH, de diverses couleurs. I.
CUILEAN, petit chien. I.
CUILEANN, houx arbrisseau. I.
CUILEASS, rosse, haridelle. I.
CÜILH, potelé, dodu, douillet, mol, doux au toucher. B. Ce mot a dû aussi signifier coupé, accourci, resserré, froncé. Voyez *Cuilha* & *Cuillte*, & par conséquent bref, court, petit.
CÜILHA, accourcir, resserrer, froncer. B.
CUILIG, habitation, cellier. I. Voyez *Cuil*.
CUILISHEAL, vil. I.
CUILL, coudrier. I.
CUILL, le même que *Cuell*. Voyez *Bal*.
CUILL DERO, hanneton. B. Comme qui diroit mouche d'arbre. On donne en Lorraine aux hannetons un nom qui a le même sens: on les appelle *Cancoilles*; *Can*, arbre; *Coill*, le même que *Cuill*, mouche. (Voyez *Bal*.) L'*r* & l'*ll* se

CUL.

substituant réciproquement, de *Cancoille* on a *Cancoirre*, qui est le terme par lequel en Franch Comté on désigne les hannetons. Ce dernier m est formé de *Han*, arbre, & *Tona*, détruire gâter. Voyez *Cuil*, *Chwil*.
CUILLA, A. M. espèce de vaisseau de passage, barque; de *Cuill*, le même que *Cuell*.
CUILLAN, aîle. C. Voyez *Cuille*.
CUILLAR, mine d'où l'on tire quelque métal. I.
CUILLE, habit noir. I. Voyez *Cwl*.
CUILLE, aîle. I.
CUILLTE, eunuque. I.
CUILSEAN, couverte ou matelas. I.
CUILSHEOMRA, chambre. I.
CUILT, lit, coite à lit, ou lit de plumes. I De là *Couelte*, *Coueltre*, *Couste*, *Coute* en vieux François; *Couette* en François moderne. Voy *Culcita*.
CUIM, pan d'étoffe, couverture. I.
CUIMHNE, monument, mémoire. I.
CUIMNE, protection. I.
CUIN, le même que *Gnin*. Voyez *Arn*.
CUINANG, fermé, étroit. I.
CUINAS, repos, silence. I.
CUING, pair, couple, joug. I.
CUINGIR, pair, couple. I.
CUININ, lapin. I. De là *Connin* en vieux François Voyez *Conicl*.
CUIRACZEN, cuirasse. B. Voyez *Curas*.
CUIRE, troupe. I.
CUIRI, échauffer. B. De là cuire.
CUIRIM, orner, mettre, planter. I.
CUIS, matière, chose, cas, évènement. I.
CUIS, travail, fatigue. B. De là *Cuisançon*, vieux mot François qui signifie danger, fâcherie, selon Borel. Voyez *Cuiscura*, *Cuita*.
CUISCURA, pusillanime. Ba.
CUISEAN, crime. I.
CUISLE, veine. I.
CUISNE, glace, gelée. I. Nos vignerons à Besançon appellent la gelée des vignes & des arbres *Cuison*.
CUISNIGHIM, geler, glacer. I.
CUISSELLUS, CUISSERIUS, A. M. cuissart de *Cuissia*.
CUISSIA, A. M. cuisse; de *Coes*.
CUISSINUS, A. M. coussin; de *Cossyn*.
CUISTA, CUISTUM, QUISTUM, A. M. tribut exigé des sujets; de *Cuith*, part, partie, portion.
CUIT, forêt. C. C'est le même que *Coit*. Voyez *Bal*.
CUIT répond à notre particule ou préposition *En*, en Latin *Inde*. Il *En* nous sert comme *Inde* aux Latins, lorsqu'il y a mouvement, séparation, participation, &c. mais les Bretons ne se servent de *Cuit* que lorsqu'ils disent, il s'en est allé, il s'en est venu. B. Voyez *Cuith*.
CUIT, le même qu'*Escuit*. Voyez ce mot.
CUIT, le même que *Cuid*. Voyez D.
CUITA, follicitude, anxiété, soin, affaire. Ba. *Cuita* en Espagnol. Voyez *Cuiz*.
CUITE, fosse, creux. I.
CUITH, séparation. G. Voyez *Cuit*.
CUITHBHEIRT, casque. I.
CUIZ, travail, fatigue. B. Voyez *Cuita*
CUL, serré, resserré, étroit, maigre, atténué de maigreur, qui n'a que la peau & les os. G. De là col ou détroit de montagne. *Coulere* signifie en Auvergnac un vallon serré entre des montagnes. *Calib* en Arabe, action de mettre à l'étroit, de ferrer.

CUL, courbure, pli. E. *Kullos*, courbure en Grec.
CUL, mouche; *Cul Nimheambul*, guêpe. I. De *Nimb*, poison.
CUL, garde, action de garder. I.
CUL, cul, le derrière, la partie postérieure. I. De là *Cul* en notre Langue. De là *Culot* en notre Langue, le plus petit des petits d'animaux, le dernier né & le dernier reçu dans une compagnie. On appelle *Coëlot* à Besançon le dernier venu d'une famille, le dernier né des petits d'animaux. *Kall* en Tartare, se tenir derrière; *Kul* en Turc; *Kouli* en Persan, esclave.
CUL, char. I.
CUL, le même que *Cuil*. Voyez *Cuil* & *Cul*, mouche.
CUL, derrière, arrière parlant aux chevaux attelés. B.
CUL, plume. Voyez *Culcita*.
CUL, dos. Voyez *Culam*.
CUL, cache. Voyez *Disculya*.
CUL, Voyez *Culchaint*.
CUL, le même que *Gul*, *Sul*, *Ul*. Voyez *Aru*.
CUL, le même que *Cal*, *Cel*, *Cil*, *Col*, *Cwl*, *Cyl*. Voyez *Bal*.
CULA, derrière, arrière parlant aux chevaux attelés, acculer, confiner, enfermer en certain lieu. B. De là *Culer* en termes de marine, reculer; de là acculer, reculer, cul-de-sac,
CULACZ, plastron, cuirasse. B. De *Cul*, couvrir.
CULAD, impétuosité, escapade, fantaisie, caprice. B. *Culacuma*, poursuivre en Langue de Congo.
CULADUS, bizarre, bourru, mutin. B.
CULAIDH, vêtement, appareil, ornement. I.
CULAIDHEACH, vêtement, appareil, ornement. I.
ÇULAIGH, vêtement, appareil, ornement. I. Il signifie aussi étoffe. Voyez *Garbhchulaigh*.
CULAITH, vêtement, appareil, ornement. I.
CULAM, renverser sur le dos. I. Voyez *Cul*.
CULANTAS, pudeur. I.
CULATZEN, qui fossoye. Ba. Voyez *Cul*.
CULE, artisan, ouvrier. I.
CULBHEALACH, avenuë, passage. I.
CULCHAINT, médisance, calomnie. I. De *Cain*, en composition *Chain*, discours; *Cul*, par conséquent mauvais, faux. Voyez *Culdorus*.
CULCHAITEOIR, médisant, qui parle en derrière. I.
CULCHOIMHEID, garde ou gardien. I.
CULCITA, CULCITRA, A. M. coite, ou lit de plumes. Pline insinue que le mot *Culcita* est Gaulois, en disant que la *Culcita* a été inventée dans les Gaules; il l'est en effet. En comparant *Cuille*, aîle, avec ce mot, avec *Cuils*, *Culciternum*, *Culcitrare*, *Cultara*, on voit que *Cul* a signifié plume; *Cuddigl* ou *Cuttigl*, en composition *Cyttigl*, lit.
CULCITERNUM, A. M. coussin. Comme les coites sont faites de deux toiles remplies de plumes, (voyez *Culcitrare*) on donna le nom de *Culciternum* par imitation au coussin, qui est un sac plein de plumes. Voyez *Culcita*, *Culcitrare*.
CULCITRARE, A. M. remplir de plumes. Voyez *Culciternum*.
CULDEA, A. G. talon; de *Cul*, derrière, partie postérieure: Le *d* s'ajoûte indifféremment à la fin du mot en Celtique.
CULDEI. Hector Boëtius Ecossois dit que dans l'ancienne Langue de son pays ce mot doit être rendu par ceux-ci, *Culsores Dei*, ceux qui adorent Dieu. E.

CULDER, maigreur. G. Voyez *Cul*.
CULDORUS, poterne ou fausse porte. I. *Dor*, porte; *Cul*, par conséquent fausse. Voyez *Culchaint*.
CULEATA, A. M. hache; de *Cul* ou *Cuill*; l'un & l'autre signifient couper.
CULFUM, A. G. golfe; en Italien *Colfe*; de *Cul*, courbure, sinuosité.
CULGHABAIL, adoption, adopter. I.
CULHAU, amaigrir, devenir maigre, atténuer, rendre maigre, faire devenir maigre, rendre plus étroit, plus serré, devenir plus étroit, plus serré. G.
CULHERIUM, A. M. cuiller. Voyez *Cuell*.
CULI, maigreur. G.
CULIARIS, A. M. le même que *Culherium*.
CULIERH, croupière. B.
CULINA, A. G. latrines; de *Cul*.
CULIOCH, morsure de puce. I.
CULIOMPODH, défection, désertion. I.
CULLA, A. M. coule habillement de religieux, en vieux François *Cole*; de *Cwl*.
CULLACH, porc entier; *Faidh Cullach*, sanglier. I.
CULLEA, A. M. anus, cul; de *Cul*.
CULLICOLUM, A. G. petit sac; de *Cul*; *Col* diminutif.
CULLIG, habit. I.
CULLIN, saint. I. *Cull* en Anglois, étrier, choisir.
CULLIOG, coq. C. Voyez *Ceiliog*.
CULLO, trou, fosse, caverne. Ba. Voyez *Cul*.
CULLODIDH, crier, faire du bruit, de l'éclat, du vacarme, censurer, gronder, murmurer. I. Voyez *Culloid*.
CULLOID, cri, bruit, éclat, vacarme, censure, gronderie. I.
CULMEN, A. M. chaume. Voyez *Colmia*.
CULMHASLUCHAD, médisance, calomnie. I.
CULMIONHGAD, abjuration. I.
CULMUS, A. M. chaume. Voyez *Colmia*.
CULNI, maigreur. G.
CULPA, A. M. le même que *Colpus*.
CULPA, faute. Ba. Voyez *Cwl*. De là *Culpa* Latin; *Coulpe* François.
CULPATURA, A. M. faute; de *Culpa*.
CULPATURA, A. M. coupure; de *Colpa*.
CULTAR, couteau. I. Voyez *Cwlltr*.
CULTELLA, A. M. bignets faits avec de la pâte qu'on coupe en bandelettes. Voyez *Cultellare*.
CULTELLARE, A. M. tailleder. Voyez *Cultar*.
CULTELLARIUS, A. M. qui fait des couteaux, qui porte un couteau, gaîne de couteau; de *Cultar*, *Cwlltr*.
CULTELLI, A. M. les grandes plumes des aîles des oiseaux. Nous les appellons encore aujourd'hui *Cousteaux*; *Cul*, plumes, *Tel*, grandes. Peut-être aussi leur a-t-on donné ce nom par leur ressemblance avec un couteau. Voyez *Cultellus*.
CULTELLINUS, A. M. petit couteau, canif. Voyez *Cwlltr*.
CULTELLUS, A. M. couteau, couteau de charruë; de *Cwlltr*.
CULTERA, A. M. coite ou lit de plume; de *Cuilt*.
CULTIFER. Voyez *Cortis*.
CULTELUM. Voyez *Cortis*.
CULTRA, CULTRUM, A. M. les mêmes que *Cultera*.
CULTRA, A. G. rasoir; de *Cwlltr*.
CULTURA, COSTURA, COTURA, COUTURA, COUSTURA, CUSTURA, A. M. champ labouré. *Culturare*, labourer, cultiver; *Cultiva terra*, terre cultivée. *Cultivare*, *Culterare*, *Cultellare*, cultiver, labourer; de *Cwlltr*.

CULUDE,

CULUDE, incertain, irrésolu. I.
CULVERTA, A. M. vil esclave, esclave du moindre prix. On a dit en vieux François *Cuvert*, *Cuivert*. On trouve *Culvertagium* dans les anciens monumens pour désigner l'état d'un tel esclave ; de *Cul*, dernier, plus bas. *Gwerth*, en composition *Werth*, prix, valeur.
CULULI, A. G. gobelets de terre ; de *Cul*, vase, *Lur*, terre ; on aura changé l'*r* en *l*. Voyez *Cultrum*.
CULWAG, languissant, sans vigueur. G. *Cul Wag*, de *Gwag*.
CULWAN, languissant, langoureux, maigre, qui n'a que la peau & les os, élancé. G. *Cul Wann*, de *Gwan*.
CULYA, cacher. G. B.
CUM, corps, tronc de l'animal. I.
CUM, le même que *Cub*. Voyez *B*.
CUM, le même que *Gun*, *Sum*, *Um*. Voyez *Arn*.
CUM, le même que *Cam*, *Cem*, *Cim*, *Com*, *Cwm*, *Cym*. Voyez *Bal*.
CUM, le même que *Cune*. Voyez *Dom*, *Don*.
CUMA, modéle. I.
CUMA, A. G. pommes sauvages. Grævius vouloit que l'on lût *Corna*, ainsi que porte un des manuscrits du glossaire d'où ce mot est tiré. Si ce Sçavant eût sçu la Langue Celtique, il eût vu que son manuscrit étoit fautif, & que bien loin d'être préférable à tous les autres, il devoit être corrigé par eux. *Cuma* vient de *Cumhais*, sauvage ; on a sous-entendu le substantif, ce qui est commun dans toutes les Langues : on dit en François *porter le noir*, *porter le brun*, pour porter un habit noir, un habit brun.
CUMA, COMA, A. M. le même que *Cumba*.
CUMADH, forme, figure, former, donner la forme, façonner, forger, inventer. I.
CUMADOIR, artisan, ouvrier, statuaire, inventeur. I.
CUMAILT, action d'essuyer. I.
CUMAISE, mélange. I.
CUMAISETE, mêlé. I.
CUMANACH, affection. I.
CUMB, le même que *Camb*. I.
CUMBA, COMBA, COMBUS, A. M. lieu penchant qui se termine en une vallée. Voyez *Comb*, *Combant*, *Cwm*, *Cumbu*.
CUMBOS, le même que *Cambos*. I.
CUMBRI, A. M. le même que *Combri*.
CUMBU, terrein en pente qui finit en vallée, lieu en pente, vallée. Ba. Voyez *Comb*.
CUMBUS, A. M. tombeau ; de *Cumbus* qui a signifié cave, creux ; ainsi qu'on le voit par *Subcumbus* son composé. Voyez *Com Auge* & *Comb*.
CUMDAC, garde. I.
CUMEA, petit chien. Ba.
CUMERA, A. G. vaisseau à mettre du bled ; de *Cum*, le même que *Com*.
CUMERUS, CUMES, A. G. de Ville ; de *Cum*, le même que *Com*.
CUMEX, A. M. écuelle creuse, en Flamand *Komme* ; de *Cum*, le même que *Com*.
CUMHA, mer. I.
CUMHA, affliction, douleur, angoisse. I.
CUMHAC, étroit, serré. I.
CUMHACH, CUMHACHD, CUMHACHT, puissance, pouvoir. I.
CUMHACHDACH, puissant ; *Cumhachduighe*, plus puissant. I.
CUMHAIDH, plainte, lamentation, pleurs, deuil. I.

CUMHAIN, CUMHAING, CUMHANG, étroit, serré, avare. I.
CUMHAINGE, peine, affliction, disette, disgrace, malheur, détresse. I.
CUMHAIS, sauvage. I.
CUMHAL, servante, ouvrière. I.
CUMHANG. Voyez *Cumhain*.
CUMHDACH, garde, garder, conserver, défendre, couvrir, tenir, observer, défense, couvercle, enceinte, clos, enclos, endroit fermé, asyle. I.
CUMHDUIGHIM, défendre, protéger. I.
CUMHGACH, disette, détresse, disgrace, malheur. I.
CUMHNE, CUMHNI, mémoire. I. Voyez *Con*.
CUMIN, cumin. B. Voyez *Cuminoa*.
CUMINOA, cumin. Ba. Voyez *Cumin*.
CUMMA. Voyez le second *Conduma*.
CUMON, amitié. I. Voyez *Cu*.
CUMTHA, beau, propre, bien mis. I. Voyez *Coent*.
CUMU, saule. Ba.
CUMUDOIREAS, fiction. I.
CUMULTE, oint participle. I.
CUMUN, commun. B.
CUMUS, puissance, empire, efficace, force, vigueur, capacité, habileté, procuration, charge d'agir, fluidité, volubilité. I.
CUMUSACH, puissant, fort, robuste, capable, propre, habile, expert, agile. I.
CUMUSQ, mélange, mêler, mélanger. I.
CUN, corps. I.
CUN, vallée étenduë, vallée, grand vallon, plaine entre des montagnes propre aux pâturages ; plurier *Cuniou*. Le Pere de Rostrenen, dit Dom le Pelletier que nous transcrivons ici, écrit *Gun* ; plurier *Guniou*. Après l'article on prononce *Ar-Chun*, & pour adoucir *Ar-Hun*, & par corruption *Ar-Hinn*. Davies, continue Dom le Pelletier, a mis seulement *Cunn*. *q*. Ce qui veut dire *Quære*, & il l'a trouvé sans en sçavoir la signification, car il écrit ailleurs *Gwaun Planities Montana*, plaine de montagnes, ou plaine élevée. B. Dom le Pelletier se trompe, le *q* de Davies ne signifie pas *Quære*, mais *Quasi*, comme ; *Cunn*, *q Cunnach*, c'est *Cunn* comme *Cunnach*, le même que *Cunnach*.
CUN, chiens ; c'est le plurier de *Ci*. B.
CUN, clément, affable, doux d'humeur, mol ; douillet, doux au toucher, poli, uni, lissé. B.
CUN, le même que *Gun*, *Sun*, *Un*. Voyez *Arn*.
CUN, le même que *Can*, *Cen*, *Cin*, *Con*, *Cwn*, *Cyn*. Voyez *Bal*.
CUN, le même que *Cum*. Voyez *Dom*, *Don*.
CÚN, premier, principal, capital, excellent ; Prince, Seigneur. G. De là *Kuning*, *Chuning* en Théuton ; *Koning* en Flamand ; *Konnung* en Suédois ; *Konning* en Danois ; *Konig* en Allemand ; *Kongur* en Islandois ; *Kyning*, *Kynig*, *Kyng* en ancien Saxon ; *King* en Anglois, Roi.
CÚN, très-bon. G. Voyez *Cun*, clément.
CUNA, qu'on voit avec peine. Ba.
CUNA, A. M. de *Cunn*, vase, vaisseau.
CUNACH, épithyme sorte d'herbe. I.
CUNACHDACU, puissant. I.
CUNACHDCHA, puissance. I.
CUNAD, le même que *Cad*. Voyez *Bugunad*.
CUNAGIUM, A. M. action de marquer au coin ; de *Cuen*, par crase *Cun*.
CUNAGIUM, A. M. garenne ; de *Cun*, le même que *Con*, lapin.

CUNAR, truie. G.
CUNATUS, A. M. marqué au coin. Voyez Cunagium.
CUNCIDA, A. M. le même que Concida.
CUNCTIO, A. M. le même que Cocio.
CUNCTUS, A. M. taffe, gobelet; de Cunn.
CUNDIFF, conduire. B.
CUNDUI, conduire, adminiſtrer; Cundu-Vat, ménager, économe, qui économiſe bien ſes revenus. B.
CUNDUS, A. M. taſſe, gobelet; de Cunn.
CUNE, angle. I.
CUNE, contre. I.
CUNEATA, A. M. coignée, hache. Voyez Cognal.
CUNEHAA, CUNHAA, rendre, être ou devenir doux, adoucir. &c. B. C'eſt le verbe formé de Cun.
CUNELA, A. G. Cunila dans Pline, ſarriette herbe odoriférante, apparemment ainſi nommée des lapins qui la mangent avec avidité. Conicl ou Conil, lapin.
CUNENEA, A. M. angle, coin; de Cune.
CUNEUS, A. M. angle, coin; de Cune.
CUNEUS, A. M. coin à fraper de la monnoie; de Cuen.
CUNEUS, A. M. pain blanc; de Cuign.
CUNEUS, A. M. coing fruit; de Coign.
CUNFF, doux d'humeur. B. C'eſt le même que Cun.
CUNGADH, fermer. I.
CUNGANTA, défenſeurs. I.
CUNGANTOIR, coadjuteur, aide. I.
CUNGHNAMH, défenſe. I.
CUNGIO, paire, couple. I.
CUNGNUS, A. M. coin, angle; de Cogn.
CUNHAAT, adoucir, appaiſer, calmer, être affable. B. Voyez Cunehaa.
CUNHUS, A. M. coin à fraper de la monnoie; de Cuen.
CUNIA, ſauter, gambader. B.
CUNIAD, Seigneur. G. C'eſt le même que Cun.
CUNIADA, A. M. le même que Cuneata.
CUNIAR, bouteille, fiole, outre, boccal, flacon, vaſe à mettre du vin, de l'eau, des liqueurs. G. C'eſt le même que Cunn.
CUNICULARIA, A. M. garenne; de Cuniculus, celui-ci de Conicl.
CUNICULARIS, A. M. qui chaſſe aux lapins Voyez Cunicularia.
CUNIGH, angle. I.
CUNIN, lapin. I. Voyez Connicl.
CUNIRE, A. M. marquer au coin; de Cuen.
CUNN, CUNNACH, bouteille, outre, phiole, bocal, flacon, vaſe à mettre du vin, de l'eau, des liqueurs. G. Cunneoig, vaſe en Irlandois; Condu en ancien Perſan; Kindi en Malaye, gobelet; Chum, marmite en Perſan; Konock, cruches en Tartare Mogol & Calmoucq; Kunk, canal, & Kin, gaine en Turc; Khinſu, pot en Langues de Congo & d'Angola. Kingu, pot en Jaloff; Chun, bâteau, barque en Stirien & en Carinthien. (Voyez Lleſtr) Cunn, antre, caverne, cavité en Théuton; Cun en Breton, vallée, endroit creux. Voyez Cuna, Cundus. De Cunn eſt venu le Latin Cunae.
CUNNACH. Voyez Cunn.
CUNNACH, mouſſe I.
CUNNAD, bois ſubſtance d'arbre. I.
CUNNALLT, armes. G.
CUNNAR, cochon. G.
CUNNEOIG, vaſe. I. Voyez Cunnog.

CUNNID, coin, angle. I.
CUNNICHE, ſûreté, aſſurance, ſalut. I.
CUNNOG, cruche, vaſe pour traire les vaches, vaſe. G. Voyez Cunn.
CUNO. Gildas rend ce mot Breton par lion.
CUNT, le même que Gnut, Sunt, Unt. Voyez Aru.
CUNT, le même que Cant, Cent, Cint, Cont. Voyez Bal.
CUNTINUI, continuer. I.
CUNTUS, compte, calcul, ſupputation. I. Voyez Conta.
CUNUCHA, ſe plaindre, gémir. B. Voyez Cwyn & Uchain.
CUNUDA, ſe plaindre à la manière des poules. B. Voyez Cunucha.
CUNVELEZ, débonnaireté. B. Voyez Cun.
CUNUFAN, noix. C.
CUNUGENN, injure. B.
CUP. Voyez Cupa.
CUP, le même que Cub, Cuf, Cuv. Voyez B.
CUP, le même que Cap, Cep, Cip, Cop. Voyez Bal.
CUPA, CUPPA, COPPA, A. M. vaſe à boire, coupe à boire, coupe meſure de grains, meſure d'huile, urne, tombeau, cuvier, cuve, eſpèce de vaiſſeau. En confrontant ces mots avec Cop, Copan, Cwppan, Cubelucha, on voit que Cop, Cup, Cub ont ſignifié vaſe en général, tout ce qui contient quelque choſe, même vaiſſeau, navire. (Voyez Lleſtr) Voyez Cupane.
CUPANE, écuelle. I.
CUPARIA, A. M. coupiers ou rameaux coupés; de Cup, le même que Cop.
CUPEDIUS, A. G. déſireux, paſſionné, qui ſouhaite, qui aime les morceaux délicats, & dédaigne les communs; de Cybydd ou Cupydd.
CUPELLA, A. M. petite cuve. Voyez Cupa.
CUPELLA, CUPELLUS, COPPELLA, A. M. vaſe à boire. Voyez Cupa. Kupellon en Grec dans Héſychius, eſpèce de vaſe à boire.
CUPELLA APUM, A. M. ruche d'abeilles. Voyez Cupa.
CUPERAMENTUM, A. M. le même que Covrantia.
CUPERIA, A. M. femme qui vend du ſel à la coupe. Voyez Cupa.
CUPERTORIUM, A. M. couverture; de Cwfert ou Cwpert.
CUPES, A. M. le même que Cupedius.
CUPHA, A. M. gobelet, taſſe. Voyez Cupa.
CUPHIA, A. G. couverture de tête, coëffe, mitre, tiare, bonnet, chapeau, chevêtre. On a dit auſſi Cuffia, Coffia, Cofia, Cofca, Coyffia, Coyſſia, Cucuſa, Cucutera, Cucuſatus, celui qui eſt couvert d'une cucuſa, Cucuſaria, celle qui vend ou fait des cucuſa. Cofa, Coifa Ferrea, Cophia, Copha, caſque; de Coeff, Cueff.
CUPIDA, miſéricorde, compaſſion. Ba.
CUPIDINEUS, CUPIDINOSUS, CUPIDIOSUS, A. M. avare; de Cybydd, Cupydd.
CUPILLUM, A. M. petit vaſe à boire. Voyez Cupa.
CUPLA, couple, paire. I. Couple en Anglois; Couple en François, couple. Voyez Cwpl.
CUPLA, A. M. couple, conjonction, union. Voyez l'article précédent.
CUPPATUS, A. M. fait en forme de coupe. Voyez Cupa.
CUPPES, A. M. le même que Cupedius.
CUPPULA, CUPULA, A. M. coupole. Voyez Cuppus.

CUP.

CUPPUS, A. M. toit fait en forme de coupe. Voyez *Cupa*.

CUPRESWYDEN, cyprès. G.

CUPRITSA, rouille de cuivre, verd de gris. Ba. Voyez *Copr.*

CUR, cher, aimé, ami. C. Voyez *Cu* & *Car.*

CUR, faire, injecter, jetter, renvoyer, mettre, poser, imposer; *Cur Foslonghpurt*, assiéger. I. Voyez *Curo*.

CUR, soin; *Tun-Cur*, soigner, avoir soin, cultiver. I. Voyez *Cùr*.

CUR, dit Dom le Pelletier, n'est plus usité que je sçache. Il se trouve dans mes anciennes écritures Bretonnes, comme pour dire une Cure, charge pastorale d'une Paroisse, & peut-etre pour le Pasteur même & pour le Pontife. B. Voyez l'article précédent.

ÇUR, bois. Ba. Voyez *Car*.

CUR, le même que *Gur*, *Sur*, *Ur*. Voyez *Aru*.

CUR, le même que *Car*, *Carr*, *Cer*, *Cir*, *Cor*, *Cwr*, *Cyr*. Voyez *Bal*. De là *Currus.*

CUR, ce qui couvre, ce qui cache. Voyez *Cwr*, *Curron* en Espagnol, besace; *Curfew* en Anglois, couvre-feu.

CUR, particule superflue. Voyez *Curlaw*.

CUR doit signifier maigre, puisque *Curio* signifie maigrir; *Cul* signifie maigre; *Cuthau*, maigrir.

CÛR, soin. G. B. *Cur*, soin en Irlandois; *Cur*, soin dans les Tables Eugubines; *Curaca*, Gouverneur en Perouan; *Car* en Gothique, soin. De *Cur* sont venus nos mots curer, écurer. En Anjou les laboureurs appellent *Curette* cet instrument dont ils se servent pour ôter la terre qui s'attache au soc de la charruë. De *Cur* sont venus les mots Latins *Cura*, *Curo*. Voyez *Cura*.

CÛR, action de battre, coup, impulsion, frapement de mains, dépense, frais, coût. G.

CURA, tenailles, davier. Voyez *Aguicura*, *Currica*.

CURA, A. M. action de curer, de nettoyer; en Italien *Curare*; de *Cùr*.

CURACH, corps. I.

CURACH, Seigneur. I. Voyez *Cur*.

CURACH, barque couverte de cuir. I. *Coragl* en Anglois. Voyez *Cwrwgl*.

CURACHARC, Seigneur. I. Epenthése de *Curach*.

CURACHARC, barque couverte de cuir. I. Epenthése de *Curach*.

CURAD, Curé. G. Voyez *Cùr*.

CURADIA, A. M. curatelle; de *Cùr*.

CURADIA, A. M. le meme que *Coredium*, *Conredium*.

CURADIAETH, 'emploi de Curé. G. Voyez *Curad*.

CURAGULUS, CURIOSUS, A. G. qui a soin; de *Cùr*.

CURAIDHE, soldat. I. Voyez *Cùr*, *Cur*, *Curo*.

CURAIGH, morion, pot en tête. I.

CURAIR, accuser. I.

CURAM, soin, souci, sollicitude, charge, emploi, devoir, obligation, commission. I.

CURAMACH, ardemment, avec feu, avec passion. I.

CURAN, cuir. G. Voyez *Cwr*.

CURAN, bottine, brodequin. G.

CURANDERIUS, A. M. qui a soin; de *Cùr*.

CURANOG, qui porte des brodequins, des bottines. G.

CURANTIA, A. M. le même que *Covrantia*.

CURARAGHAID, hâter, presser, dépêcher. I.

CURARE, A. M. rendre les derniers devoirs, donner hospice, curer, écurer, nettoyer; de *Cùr*.

CUR.

CURARGCUL, annuller, casser. I.

CURAS, cuirasse. G. *Coraza* en Italien; *Coraça* en Espagnol; *Cuirasse* en François; *Koratza* en Grec vulgaire; *Karaczina* en Polonois; *Curasse* en Anglois, cuirasse.

CURASSIA, A. M. cuirasse; de *Curas*.

CURATA, brave, courageux. I.

CURATA, A. M. droit sur les marchandises qui se vendent dans les foires, accordé à titre de protection & de garde données aux marchands; de *Cùr.*

CURATA, A. M. hospice accordé; de *Cùr.*

CURATA, A. M. fosse d'où l'on tire souvent les ordures, qu'on appelle *Curures* en François; de *Cùr.*

CURATA ECCLESIA, A. M. Église paroissiale; de *Cur.*

CURATELA, A. M. curatelle; de *Cùr.*

CURATERIA, A. M. métier de corroyeur. Voyez *Curearas.*

CURATERIUS, A. M. cordonnier; de *Curr.*

CURATOR, A. M. celui qui a soin de quelque chose; de *Cùr.*

CURATORICII EQUI, A. M. les chevaux destinés à ceux qui avoient soin des affaires, des biens de l'État; de *Cùr.*

CURATURA, CURRITA, A. M. les mêmes que le second *Curata.*

CURBADA. Voyez *Corvada.*

CURCAIS, cheveux. I.

CURCEBOLDUS. Voyez *Cortibaldus.*

CURCILLA, A. G. oppilation; réplétion; de *Curtio.*

CURCINBALDUS. Voyez *Cortibaldus.*

CURCIO, A. G. vipére; de *Curo*, blesser.

CURCUA, bosse. Ba.

CURCUBITA, ventouse. Ba.

CUREA, inclination, courbure. Ba. Voyez *Cwrrwm.*

CUREARAS. LEATHAR CUREARAS, conroyer les cuirs. I. *Leathar*, cuir.

CUREBALLUS. Voyez *Cortibaldus.*

CURELLUS, A. M. char; de *Cur*, le même que *Carr.*

CURELLUS, A. M. espèce de cuirasse. Voyez *Curas.*

CURENA, affût de canon. Ba.

CURETTA, A. M. cuirasse. Voyez *Curas.*

CURFA, action de battre, playe, contusion, meurtrissure. G. Voyez *Cùr*, *Curo.*

ÇURI, blanc. Ba. Voyez *Cwrsi.*

CURIA, A. M. métairie, cour, clos, cloître, la cour: C'est le même que *Cortis.*

CURIACA, A. M. cuirasse; de *Curas.*

CURIAD, maigreur G.

CURIAD, action de battre, de fraper. G.

CURIALIS, A. M. courtisan, courtois, doux; affable, poli, plaisant; de *Curia*. *Curialis* a d'abord signifié courtisan; & comme les courtisans sont polis, affables, ce mot aura été étendu à ces significations; de là *Curialitas*, courtoisie, politesse, plaisanterie.

CURIALTAS, curiosité. I. Voyez *Curis.*

CURIARIA, A. M. métairie; *Curiarius*, métayer. Voyez *Curia.*

CURIAW, être languissant. G.

CURIDH, cri, appel, invitation, inviter. I. Voyez *Cri.*

CURINCHOAC, amygdales. Ba.

CURIO, languir, devenir languissant, s'affoiblir, s'abatre, maigrir, devenir grêle ou menu, amaigrir, rendre maigre, dessécher, épuiser, flétrir. G.

CURIO, A. G. fang; de *Craw*, *Crau*.
CURIOSUS, A. G. plaifant, courtois, poli. Voyez *Curialis*.
CURIOSUS, A. M. qui a foin; de *Cûr*.
CURITA. Voyez *Curatura*.
CURITIS, A. M. pour *Curtis*.
CURIUS, précieufement. B.
CURIUS, curieux. B. Voyez *Curialias*.
CURLAW, pluie. G. *Law* pour *Glaw*, pluie; *Cur*, par conféquent fuperflu.
CURLEIS, afficher. I.
CURLIUN, corlis oifeau. I.
CURM, banquet, chére, feftin. I.
CURMEADH, faire un feftin. I.
CURMEN, KOURMI dans Diofcoride, biere. Voyez *Curmi*.
CURMI, boiffon faite avec de l'orge. I. C'eft la biere. Voyez *Cwrw* ou *Cwrm*.
CURN, CURNEN, tas, monceau, pyramide. G.
CURNENNU, arranger. G.
CURNIN, frifure, boucle. I.
CURO, fraper, battre, bleffer, pouffer, fraper des mains, fe fraper la poitrine par un mouvement de douleur. G. Voyez *Cur*. En Patois de Franche-Comté on dit *Aicourre* pour battre le grain. *Curi*, lance en Sabin; *Quiri*, plaie en Perfan; *Kara* en Arabe; *Kreuo* en Grec, pouffer.
CURO, foigner, avoir foin. G.
CURON, tonnerre. B.
CURP. TINEAS CURP, mal de ventre. I. *Tineas*, mal.
CURPEOIR, querelleur. I.
CURPIBURNIA, jante de rouë. Ba.
CURPILLA, rouë. Ba.
CURR, puits. I.
CURR, profondeur. I.
CURR, angle, extrémité. I.
CURR, cuir. Voyez *Currghalan*.
CURRACH, fondriere, marais, plaine. I.
CURRAIGH, marécageux. I.
CURRALE, A. M. cour. Voyez *Curia*.
CURRATERIUS, A. M. le même que *Corraterius*.
CURRAX, A. G. qui a coûtume de veiller; de *Cûr*.
CURRAX, A. M. coureur; de *Cwrs*.
CURRELLUS, A. M. char; de *Curr*, le même que *Carr*.
CURRERIUS, A. M. courier, fergent, huiffier; de *Cwrs*.
CURRERUS, A. M. fergent, huiffier. Voyez *Currerius*.
CURRGHALAN, CURSTABA, feau de cuir. I. En confrontant ces mots avec *Cwrwgl*, barque couverte de cuir, on voit que *Cur*, *Curr* fignifient cuir, & *Galan*, *Staba*, feau.
CURRICA, cifeaux, tenailles. Ba.
CURRISARE, A. M. aller en voiture; de *Cur*, le même que *Carr*.
CURRITA. Voyez *Curatura*.
CURRITORES, A. M. le même que *Coraterius*.
CURRITURA, A. M. le même que *Curatura*.
CURRO, poche de berger. Ba.
CURROEA, moineau. Ba.
CURRUMINOA, guêpe. Ba.
CURRUPIRE, A. G. courir fus; de *Cwrs*.
CURRUQUITU, doler, polir, applanir. Ba.
CURS, A. M. le même que *Cortis*.
CURSA, A. M. courfe; de *Cwrs*.
CURSABILIS MENSURA, CURSABILIS MONETA, A. M. mefure qui eft en ufage, monnoie qui a cours; de *Cwrs*.

CURSALIS, A. M. courier, courant; de *Cwrs*.
CURSARIA, A. M. le même que *Curforia*.
CURSARII, A. M. pirates, corfaires; de *Courcer*, dont la racine eft *Cwrs*. Nous difons encore aller en courfe.
CURSATOR, A. M. courtier; de *Cwrs*.
CURSERIA, A. M. paffage pratiqué dans les murs d'une Ville pour courir d'un endroit à l'autre dans un fiége; de *Cwrs*.
CURSETUS, A. M. le même que *Corfetus*.
CURSOR, A. M. meffager, coureur, avant-coureur, qui écrit en courant ou par notes, courtier, fergent, huiffier, courfier; de *Cwrs*.
CURSORIA, A. M. vaiffeau leger; en vieux François *Coural*; de *Cwrs*.
CURSTABA. Voyez *Currghalan*.
CURSUAS, s'abftenir. I.
CURSUS, A. M. courfe, lieu où l'on court, cours ou régle de conduite, régle d'agir; de *Cwrs*.
CURSUS, A. M. métairie. Voyez *Curs*.
CURT, tas, monceau, abondance, profufion. G. Voyez *Gurtiau*, *Curtio*, *Curtaleis*. On a dit *Cyrt* comme *Cwrt*; de là eft venu le mot Latin *Syrtes*, bancs de fable, amas de fable contre lefquels les vaiffeaux échouent.
CURT, cour, parvis. I.
CURT, LA CURT, cours du jour. I.
CURT, le même que *Gurt*, *Swt*, *Urt*. Voyez *Aru*.
CURT, le même que *Cart*, *Cert*, *Cirt*, *Cort*, *Cwrt*, *Cyrt*. Voyez *Bal*.
CURTA. Voyez *Cortis*.
CURTALEIS, ajoûté. I.
CURTALINUS, A. M. officier ou foldat de la cour. Voyez *Curtis*.
CURTARE, A. M. mutiler; de *Corr*, *Cort*, *Curt*.
CURTARIUS. Voyez *Cortis*.
CURTEIS, homme fort humble ou qui fait le chien couchant. I.
CURTEISEACH, civil, poli. I.
CURTEZA, cruel, inhumain. Ba. Voyez *Cur*; *Curo*.
CURTIAU, le même que *Gurtiau*. Voyez ce mot & *Aru*.
CURTIMARCHIA, A. M. borne, terme de ce qui appartient à la métairie; de *Curtis March*.
CURTIO, entaffer, accumuler, amaffer. G. Voyez *Curt*.
CURTIS. Voyez *Cortis*.
CURTISANUS. Voyez *Cortis*.
CURVADA. Voyez *Corvada*.
CURUADH, amandement. I.
CURUAIDH, empêchement, empêcher. I.
CURVALIS, A. M. le même que *Corvata*, corvée, quantité de terre qui fe laboure par corvées.
CURVATA. Voyez *Corvada*.
CURUCA, mieux CARRUGHA, A. M. carrache ou carraque, grand vaiffeau de charge; de *Carg* ou *Carq*. Voyez *Carrucha*, *Carraca*.
CURVIS, A. M. le même que *Cortis*.
CURULLUM, A. M. effuye-main; de *Cwrfillaw*.
CURUM, foin, fouci, exactitude, follicitude, amour, intrigue, garde, conduite, charge, emploi, devoir, obligation, commiffion. I. Voyez *Curam*, *Cur*, *Cûr*.
CURUN, couronne. B. De *Cur*, tête. Voyez *Corynrwy*.
CURUN, tonnerre. B.
CURUNI, couronner. B.
CURUS; fingulier *Curufen*, *Curzen*, anguille; plurier *Curufei*. B.

CURWR,

CUR.   CUT.

CURWR, qui forge, qui pile dans le mortier. G. Voyez Cur.

CUS, CUSAN, baiser nom. G. Kuff en Allemand; Cuffe en Flamand; Cuff en Théuton; Kufh en Esclavon & en Carniolois; Kyff, Kyfen en Danois; Kiffe en Anglois; Kufeez en Stirien & en Carniolois; Koff en Islandois; Kofl en Runique; Kiffning en Suédois; Coff, Kyffan en ancien Saxon, baiser nom; Kufuem en Stirien & en Carniolois; Kufati en Carinthien; Kofchiz en Lusatien; Cufai en Grec; Cuffen en Théuton, en Flamand & en Allemand; Kiffe en Anglois; Kyffa en Suédois; Kyffau en ancien Saxon; Kukjan en Gothique, baiser verbe. Voyez Cu.

CUS, étui, fourreau, boîte, caisse. I. Voyez Cas, Caff, qui sont les mêmes que Cus.

CUS, cause, raison, parti, dessein, résolution, propos. I. Voyez Caus.

CUS. Voyez Hws & Cas qui sont les mêmes. Cufia, caché en Hébreu; Cufa adverbe de lieu en Finlandois; Kucchia, maison, & Kucchiza, cabane en Esclavon.

CUS, le même que Cut. Voyez S.

CUS, le même que Gus, Sus, Us. Voyez Aru. Couse, rivière en Auvergnac.

CUS, le même que Cas, Ces, Cis, Cos, Cws, Cys. Voyez Bal.

CUS, le même que Cu, Cuc, Cuch, Cug. Voyez Aru & Ch.

CUSAL, courage. I.

CUSAN. Voyez Cus.

CUSANIAD, action de baiser. G.

CUSANU, baiser verbe. G.

CUSARE, A. M. coudre; de Cydio, Cudio, Cufio.

CUSBOIR, objet. I. Voyez Cus.

CUSCABEA, absence. Ba.

CUSCHA, A. M. tas, monceau; de Cuch. On dit en Patois de Franche-Comté, Cuchela, Acuchela, mettre en tas.

CUSCHINUS, CUSINUS, A. M. coussin. Voyez Cufin, Coffyn.

CUSCUMA, horreur, mal de cœur que cause la vuë d'une chose sale & vilaine. Ba.

CUSIN, coussin. I. Voyez Coffyn.

CUSIRE, CUSUERE, COSUERE, A. G. coudre. Voyez Cufare. De Cofuere est venu Confuere Latin.

CUSLE, veine. I.

CUSOR, A. G. qui bat; de Cudo, Cuzo.

CUSQUIA, coque d'œuf. Ba. Cafcara, côque en Espagnol.

CUSSINUM, CUSSINUS, CUSINUS, COSINUS, COYSINUS, CUZINUS, CUSSYM, A. M. coussin. Voyez Cufin, Coffyn.

CUSSIO, A. G. action de battre monnoie; de Cudo, Cuzo. Cuffala, travailler en Langue de Congo.

CUSSUS, A. M. frapé. Voyez Cuffio, Cufor.

CUSTAGIUM, CUSTAMENTUM, CUSTANCIA, A. M. coûts, frais, dépense; Cuflare, dépenser; de Cofl.

CUSTODIA, CUSTODIRE, CUSTOS en Latin, garde, garder; de Cofto ou Cuflo.

CUSTORIAE, COUSTORIAE, A. M. dépense, frais; de Cofl.

CUSTULARIA, A. M. coutellerie; de Coutell.

CUSTUM, habitude, coûtume. E. B. Coftume en Italien; Coûtume en François; Coftumbre en Espagnol, coûtume. Voyez les trois articles suivans. Ce mot est formé de Cos ou Cus, ancien.

CUSTUM, impôt. I. Apparemment ainsi nommé

TOME I.

de ce que c'est un tribut qu'on a coûtume de payer pour les besoins de l'état. Voyez l'article précédent.

CUSTUMA, A. M. coûtume; Cuflumare, s'accoûtumer; Cuflumarius, accoûtumé, habitué; de Cuflum.

CUSTUMATZEA, j'ai accoûtumé. Ba. Voyez Cuflum.

CUSTUMI, accoûtumer. B. Voyez Cuflum.

CUSTURARIUS, A. M. couturier; de Cydio, Cudio, Cutio.

CUSTUS, COSTUS, COUSTUM, CUSTAGIUM, COSTAGIUM, CONSTANGIUM, CONSTANGIA, COUSTANGIA, CUSTANCIA, CONSTAMENTUM, CONSTAMEN, COUSTAMENTUM, COSTAMENTUM, CUSTAMENTUM, CUSTUMENTUM, A. M. coût. Cuflare, coûter; de Cofl.

CUSTUS, A. M. bougette; de Cwd ou Cwt.

CUSUERE. Voyez Cufire.

CUSUL, conseil; Cufui Tom, conseil soudain. B.

CUSULA, parler bas, chucheter. B. Je crois que ce mot aura d'abord signifié donner conseil, parce qu'il paroit formé de Cufui : comme on parle bas quand on donne des conseils crainte d'être entendu de quelque autre que de la personne qui consulte, on aura étendu ce terme à signifier parler bas, ensuite il n'aura conservé que cette signification. Cufula peut aussi venir de Cuz, caché, secret. Voyez Cufuli.

CUSULER, chucheteur. B. Voyez Cufula.

CUSULI, conseiller, donner conseil. Il signifie aussi secret, puisque l'on dit Comps E Cufuli, parler à l'oreille en secret; Cufulia en ce sens est plus en usage. B. Voyez Cwnfli, Cnfula.

CUSULIA. Voyez Cufuli.

CUSULIAFF, consulter. B.

CUSULYER, instigateur, chucheteur. B.

CUSUS, A. M. le même que Coffus.

CUT, milan. G.

CUT, cour, enclos, enceinte; Cut Peski, bassecour, cour où l'on tient la volaille. G. Peski, nourrir. Voyez Cwtt.

CUT, garde, droit de garde. E. Voyez Cuftodia; Cutum.

CUT, le même que Cyd. Voyez ce mot.

CUT. On voit par Cut, cour, enclos, Cuta, Cutis, Cutt, Cwd, Cwtt, Cutea, que Cut a signifié en général ce qui cache, ce qui enveloppe, ce qui renferme. De là Cutis Latin, peau.

CUT, le même que Cud. Voyez D.

CUT, le même que Gut, Sut, Ut. Voyez Aru.

CUT, le même que Cat, Cet, Cit, Cot, Cwt, Cyt. Voyez Bal.

CUTA, CUTAFF, cacher anciennement en Breton. B.

CUTAL, honteux. I. Voyez Cuta.

CUTARIA, A. M. pour le second Curadia.

CUTEA, biere à porter les morts. Ba. Voyez Cut.

CUTEAL, séche poisson. I.

CUTELLUS, A. M. couteau; de Coutell.

CUTER, cacher anciennement en Breton. B.

CUTH, tête. I.

CUTHA, fureur. I.

CUTHAC, furieux, état d'un désespéré, fureur, furie, fougue, folie, rage, colere, indignation. I.

CUTHAÏG, furieux. I.

CUTHBHARR, casque. I.

CUTHDARAN, espèce de chapeau. I. De Cuth, tête, & de Daran, qui est apparemment le même que Daras, habitation, logement. Voyez Cafa.

CUTHIUGHADH, expier, reconcilier. I.

F ffff

CUTHRAEL, contraire, diable. G. Cwthr est une transposition de Cwrth, contre.
CUTIC, debout, ferme. Ba.
CUTICA, A. M. diminutif de Cutis.
CUTIOG, récompenser. I.
CUTIOMH, récompense. I.
CUTIS OLEARIA, A. M. vase à huile; de Cut.
CUTIUGHADH, reconnoissance, gratitude. I.
CUTSAIDEA, inceste. Ba.
CUTSARDEA, piquette boisson. Ba.
CUTSATEA, infection. Ba.
CUTT, chaumière, cabane, maisonnette, hute, loge, étable, cour, basse-cour, lieu où l'on engraisse des volailles; Cuttian au pluriel G. Voyez Cut, Cwtt.
CUTT GWYDDAU, endroit où l'on engraisse les oyes; Cutt Iair, basse-cour, endroit où l'on nourrit des poules; Cutt Moch, étable à cochons. G.
CUTTELLUS, A. M. couteau; de Coutell.
CUTTOGI, accourcir, étrécir. G. Voyez Cwtt.
CUTTYLL, diminutif de Cûd. G.
CUTUILL, cueillette; Cutuill, Cutuilli, cueillir, ramasser, mettre ensemble. B. Le t s'ôtant dans le Celtique, on a dit Cunill, d'où est venu notre mot cueillir. Voyez la dissertation sur le changement des lettres.
CUTUM, A. M. garde, droit pour la garde; de Cut.
CUTURRA, obligation. Ba. Voyez Cut.
CUTZATU, boire, manger. Ba. De là Gusto, Gustus Latins, car le g se met pour le c.
Cw, le même que Gw, Sw, W. Voyez Aru, Scw, pluie en Albanois; Cubia en Espagnol, lieu où il court beaucoup d'eau; Ko, eau en Langue de Chili; Koudouk, fontaine en Tartare Mogol & Calmoucq.
Cw, le même que Co & Con, puisque W se prononce O & On.
CUP, le même que Cun, clément, &c. B.
CUV. Voyez Cwppan.
CUVA, A. M. cuve. Voyez Cub, Cuba, Cwppan.
CUVA, A. M. endroit creux, soûterrein. Voyez Cub, Cuba.
CUVAIDH, lugubre. I.
CUVANG, étroit. I. Voyez Cwanog.
CWANOG, avare. G. Voyez Cuvang.
CWAR, quarré. Voyez Tsgwar; de là quarré.
CWARAN, soulier. G. Voyez Conaran.
CUVAT, lisser. B.
CWB. Voyez Cwm & B.
CWB. Voyez Cwbl.
CWBL, consommé, parfait, accompli, tout, entier, universel, continuel, qui se fait sans interruption; T Cwbl, tout-à-fait. G. Col en Hébreu; Cul en Arabe, tout; Kobbe en Javanois, tout.
CWBL, marque du superlatif. Voyez Ymddiriedgwbl & l'article précédent. Il désigne par conséquent le plus haut dégré d'élévation, le faîte, le comble. Voyez Coppa. De Cwbl, qui fait Cwml, (voyez B) sont venus Cumulus Latin, Comble François. Voyez Cwblhaad.
CWBL, le même que Cwpl. Voyez Coupla & B. Cobler en vieux François, accoupler.
CWBL, avec. Voyez Cwblenneinio & l'article précédent.
CWBL est le même que Cybhan; ainsi on a dit Cwb comme Cwbl.
CWBL-FODLON, qui fait volontiers, de bon cœur. G.

CWBLED, intégrité, universalité, généralité, totalité. G.
CWBLENNEINIO, froter avec, oindre avec. G.
CWBLHAAD, accomplissement, achievement, comble, consommation, perfection, action de fournir, exercice d'un emploi, acquit du devoir. G.
CWBLHAU, achever, finir, consommer, accomplir, remplir, rendre entier, faire en entier, fournir, donner. G.
CWBLHAWR, celui qui achève. G.
CWBLIACH, entièrement sain. G. Cwbl Iach.
CWBLIACHAU, guérir parfaitement. G.
CWCCW, coucou oiseau. G. De là ce mot, Voyez Cucua.
CWCCWLL, capuchon. G. De là Cucullus, Cuculus, Cucullio Latins; Cucule, Coqueluche, Coqueluchon François.
CWCCYLLOG, qui porte un capuchon. G.
CWCH, le même qu'Wch. Voyez Aru, Couh, Kuhi, montagne en Persan, & Kusar, levant. Kuck, le ciel en Tartare; Cao, haut en Chinois; Coc en Hongrois, orgueil, hauteur; Coc en Turc, haut, élevé, grand; Kyewh, élevé en Arménien; Coce, dessus, au-dessus en Brésilien; Kouqueeisa, regne, domination en Hottentot, & Kouqueense, Seigneur; Kouquée, Kouquere, Seigneurs. Voyez Cuch.
CWCH, couverture. Voyez Pengwch.
CWCH, le même que Swch. Voyez ce mot & Aru. Cuc en Chaldéen, fosse, caverne; Kuk en Arabe, trou, ouverture, creux.
CWCHG, barque, bâteau, chaloupe, esquif, felouque. Cwch Gwenyn, ruche d'abeilles. G. On voit par ce mot & par Cwch, couverture, que Cwcb ou Cwc a signifié généralement ce qui couvre, ce qui cache, ce qui enveloppe, ce qui renferme, ce qui contient. Kuk, Cus en Hébreu, coupe; Cus ou Cas en Arabe, coupe; Cuz en Chaldéen, coupe, seau; Cuz en Syriaque, tonneau; Kuko en Syriaque, vase, rucher; Kuki, seau, & Kukti, pot de terre, bouteille dans la même Langue. Voyez Cuz.
CWCWALLT, qui porte des cornes, celui ou celle qui sert à la débauche des femmes. G.
CWD, poche, petit sac, besace, bourse; Cwd Paill, buretel. G. Cudde en Anglois, ventricule; Ialku en Hébreu, besace; Chutani en Georgien, marmîte de terre. Voyez Cud, Cudd.
CWDD, fouir. G.
CWDSACH, petit sac de cuir, grande bourse. G.
CWE, Cwez, le tan des tanneurs. G.
CWEIR. DWR CWEIR, ceux qui habitent au bord de la mer, au bord de l'eau. G.
CWEN, le même que Gwen, Swen, Wen. Voyez Aru.
CWER, le même que Gwer, Swer, Wer. Voyez Aru.
CWERYL, querelle. G. De là ce mot.
CWERYLUS, sur quoi l'on est en dispute. G.
CWFAINT, couvent de Moines, Moines. G.
CWFERT, couvercle. G. Capporeth, couvercle en Hébreu.
CWFL, habillement, surtout, manteau, cape proprement des Moines. G. En Patois de Franche-Comté on appelle Cousses les gousses des légumes, les peaux des grains du raisin, par où l'on voit que Cwsl s'est pris pour tout ce qui couvre, tout ce qui cache, tout ce qui enveloppe, tout

ce qui renferme, tout ce qui contient. *Kubl*, manteau en Runique. Voyez l'article suivant & *Cuf.*
CWPL, coule de Religieux. B.
CWGN, éminence, élévation, hauteur, tumeur, bosse, nœud, article, nœud qui distingue d'espace en espace la tige des plantes. G.
CWGWN, nœud. G. C'est le même que *Cwgn*, ainsi il en a tous les sens.
CWH, cache, action de cacher, cacher. G.
CWI, eau, rivière. G. *Kuiy*, *Kuin*, puits en Turc; *Ciai*, ruisseau, rivière, & *Cih*, *Cigh*, rosée dans la même Langue; *Xui* en Chinois, eau; *Cyao*, arroser, & *Kiam*, lac dans la même Langue. Voyez *Swi*, *Gwi*, *Wi*, qui sont le même mot.
CWIC. Voyez *Gwig*.
CWIFR, cuivre. G. Voyez *Cuefr*.
CWIL, le même que *Gwil*, *Swil*, *Wil*. Voyez *Aru*.
CWILCEN, grenouille. C.
CWILIG, pudeur, honte. G.
CWILLIOGES, sorcière. C.
CWIN, le même que *Gwin*, *Swin*, *Win*. Voyez *Aru*.
CWIN, barque. Voyez *Tsgwin*.
CWIS. Voyez *Gwig*.
CWIS, le même que *Gwis*, *Swis*, *Wis*. Voyez *Aru*.
CWITTA, sans queue. G. Voyez *Cwtta* qui est le même.
CWL, capuce, capuchon, cucule, coqueluchon. G.
CWL, faute, péché. G. Il signifie aussi pechant. Voyez *Cyngwl*. *Kuo* en Chinois, faute; de *Cwl Culpa* Latin, *Coulpe* François.
CWL, maigre. C. Voyez *Cul.*
CWL, coule de Religieux. B. De là ce mot. Voyez *Cwsl.*
CWL, qui couvre, qui cache. Voyez *Cwlis.*
CWL, le même que *Gwl*, *Swl*, *Wl*. Voyez *Aru.*
CWLA, qui n'a point d'oreilles. G.
CWLAS, entrevoux de solives ou de poteaux de cloison, l'espace qui est entre deux solives ou poteaux d'une cloison. G.
CWLBREN, bâton qui servoit à battre les criminels, bâton. G.
CWLEN, bonnet fait de peaux. G. De là *Cole* en Patois de Franche-Comté, bonnet, car *Cwlen* se prononce *Colen*. *Culas*, casque en Hébreu de Rabbin.
CWLIEDIG, réprouvé, rejetté. G.
CWLIO, réprouver, improuver, rejetter, séparer les bons des mauvais. G.
CWLIS. OG CWLIS, cataracte, ou taye sur l'œil. G. On voit par *Cul* que *Cwl* signifie cacher, couvrir; *Cwlis*, qui cache, ce qui couvre, & qu'ainsi *Og* a signifié œil.
CWLL, bord. G.
CWLL, estomac. G. Voyez *Caul.*
CWLLDR, soc de charruë. G. *Culter* en Anglois; *Contre* en vieux François, soc de charruë.
CWLLT, couper. Voyez *Cwlltr.*
CWLLTR, couteau. G. En comparant ce mot avec *Capwllt*, on voit qu'il y a eu un verbe *Cwllt* qui a signifié couper. De *Cwlltr* est venu *Culter* Latin, *Koutaga*, couteau en Tartare Calmoucq & Mogol.
CWLM, nœud, lien; *Cwlm Y Coed*, liseron, pariétaire; *Cwlm Y Gwydd*, liseron, pariétaire. A la lettre, lien du bois, lien des arbres. G.
CWLWM, nœud, lien. G.
CWLWM, pigeon. G. Voyez *Colm.*
CWLWM. Y CWLWM GWYTHI, extension de nerfs. G.

CWLYN, le même que *Colyn*. G.
CWLYN T MEL, aigremoine. G.
CWM, étroite & profonde vallée. G. Voyez *Cwmm*. *Comang* en Irlandois, étroit, serré.
CWM. En comparant *Cwm*, *Cwmm* avec *Cwman*, *Cwmman*, on voit que *Cwm* ou *Cwmm* a signifié fond, profond, aller au fond, plonger. En comparant *Cwm* avec *Com*, qui est le même, avec *Con*, qui est le même que *Com*, (voyez *Dom*, *Don*) avec *Gon*, qui est le même que *Con*, (voyez *Aru* & *Goen*) on voit qu'on a dit *Con*, *Cwn*, *Gon*, *Gwn*, comme *Com* & *Cwm*. *Cim*, fosse, puits en Chinois; *Chim*, *Xin*, profond, & *Kiam*, descente dans la même Langue.
CWM, le même que *Gwm*, *Swm*, *Wm*. Voyez *Aru*.
CWM. On voit par *Cwbl*, *Cwpl*, qu'on a dit *Cwb* & *Cwp*, comme *Cwm*, avec, ensemble, conjonction, jonction, union. Cela se prouve encore par *Cwmmwd*, *Cymmer*. De *Cwm*, en ce sens, sont venus les termes Latins *Cum*, *Comes*, *Comitor*, *Simul*, *Gom*, particule conjonctive en Tonquinois; *Sum* en Chinois, accompagner, être avec, & *Cum*, tous, total, général.
CWMAD, recourbé. E. Voyez *Cum*, le même que *Cam.*
CWMAN, butor, buse, espèce de héron. G. C'est le synonime de *Buddai.*
CWMM, vallée, vallon, fonds environné de petites collines, plaine. G. *Kem*, vallée entre des montagnes en Tonquinois; *Quum*, campagnes en Brésilien. Voyez *Cumba.*
CWMM, le même que *Camm*. Voyez *Cammedd.*
CWMMAN, synonime de *Cerwyn*, selon Thomas Guillaume; selon d'autres, synonime de *Buddai*, butor, buse, &c. G.
CWMMWD, Province, pays, contrée, Village. G. Davies dit que c'est peut-être *Cymmod*, cohabitation; de *Cyd* & *Bod*. *Cwmmwd* signifie bien cohabitation, mais il ne vient pas de *Cyd* & *Bod*, mais de *Cwm*, ensemble, & *Mwd*; de *Mwth*, le même que *Bwth*, habitation.
CWMMWL, nuage. G. Voyez *Commoul.*
CWMMYLOG, nuageux. G.
CWMPAS, circuit, cercle. G. B. Voyez l'article suivant.
CWMPAS, compas. G. De là ce mot.
CWMPASCHWEDL, circonlocution. G.
CWMPASDADL, circonlocution. G.
CWMPASU, tourner, arrondir, compasser, tracer en rond, faire un cercle. G.
CWN, avec, ensemble, union, uni, attaché. G. Voyez *Con*, *Cum*, *Cwm.*
CWN, chiens; pluriel de *Ci*. G. On le met aussi au singulier. Voyez *Glafwellt Y Cwn*, *Coun.*
CWN, vallée. Voyez *Cwm*, *Cun*. *Koin* en Turc, sein, giron.
CWN, bon, excellent. Voyez *Afgwn.*
CWN, force, fort. Voyez *Efgwn*. *Con*; *Coon* en ancien Saxon, fort, hardi, courageux; *Chon*, *Choner* en Théuton, belliqueux; *Knoni*, *Chuoni*, hardi, belliqueux dans la même Langue.
CWN, armes défensives. Voyez *Cwnfallt.*
CWN, le même que *Con*; *W* se prononçant en *O.*
CWN. On voit par *Cwnnu*, que *Cwn* a signifié haut, élevé; d'ailleurs *Cwn* est le même que *Con* qui a cette signification.
CWNDID, chant. G.
CWNINGEN; pluriel *Cwning*, lapin. G. Voyez *Conicl.*

CWNNU, s'élever, paroître. G.
CWNSALLT, côte d'armes, ce qui se met sur les armes, hoqueton, cape, surtout de guerre. G. Sallt, le même que Galt, dessus; Cwn par conséquent armes défensives. Voyez Iacoun.
CWP. Voyez Cwm.
CWPL, conjonction, couple, paire. G. Coupl en François, couple, paire; Couple en Anglois, joindre; Kupno en Croatien; Sckupa en Dalmatien; Ukup en Esclavon, ensemble; Pikob en Cophte, duplicité, action de doubler; Pi article; Kuppel, Koppel en Allemand; Koppel en Flamand, couple.
CWPLAD, conjonction, accouplement. G.
CWPLAU, achever, accomplir, payer en entier. G.
CWPLEDIG, accouplé. G.
CWPLWS, conjonction, couple, lien, attache, joug. G.
CWPLYSAWL, conjonctif. G.
CWPLYSIAD, jonction, conjonction, assemblage, accouplement. G.
CWPLYSSU, accoupler, atteler, lier, attacher. G. Voyez Cwplyssu.
CWPLYSU, accoupler, joindre, assembler, combiner. G. Voyez Cwplyssu.
CWPPAN, phiole, calice, gobelet, coupe, vase à boire. G. Copan, coupe, tasse, & Cupane, écuelle en Irlandois; Coup, Cop, Coupen, coupe, vase à boire, & Coupeen, jatte en Breton; Copa, coupe, tasse, & Cubelucha, tonneau en Basque; Ghabiah en Hébreu, tasse; Cuba en Chaldéen, coupe, Cubo en Syriaque, coupe, seau; Cab en Arabe, coupe, vase à boire; Koup en Arménien, coupe, coquille; Kop en Tartare, coupe; Kopa en Turc, coupe; Kubba en Grec, dans Hesychius, vase à boire, & Kopsa, cruche; Scuphos en Grec; Scyphus en Latin, coupe, vase à boire; Kolpe en Grec, seau; Kapha en Lacédémonien, cuve, tine; Cupa en Latin, cuve, tine, barrique, tonneau, muid, sebile, coupe; Cuppa, tasse en Albanois; Kuppa en Esclavon, en Dalmatien, en Hongrois, coupe, tasse; Kupa en Styrien & en Carniolois, coupe; Kubeck en Polonois; Kupiza en Croatien; Kosslik en Bohémien, coupe; Kupa en Hongrois; Kuffa en Polonois, cuve, tine; Kube, Kuve dans la basse Saxe, cuve, cuvier; Kaponya en Hongrois, seau; Kubel en Allemand, seau, & Kusser, tonnelier; Kusse en Allemand, cuve, & Kopf, vase à boire; Kop en Flamand, coupe; Kuype, cuve, tine, & Cuyper, tonnelier en Flamand; Chopha en Théuton, coupe, vase à boire; Cupp en ancien Saxon, outre, vase à boire, pot; en Islandois Kopp, vase à boire; Cup en Anglois, coupe, tasse; Koupar, cuve, & Cooper, tonnelier en Anglois; Coupe en François, coupe, vase à boire; Coupolle, petite coupe, & Chopine, petit pot dans la même Langue; Cuve en François, cuve; Copa en Espagnol, coupe, vase à boire, verre, tasse; & Cuba, Cubo, cuve, tine, tonneau; Coppa en Italien, coupe, vase à boire. On voit par là que Cup, Cuf, Cub, Cuv, Cop, Cof, Cob, Cov, qui sont le même mot. (Voyez B. & Bal.) signifient en général vase, vaisseau, tout ce qui contient quelque chose, & même navire. Voyez Cupa. An, En, A, E, qui terminent quelquefois ces mots, sont des terminaisons indifférentes & qui ne sont point de l'essence du mot.
CWPPENYN, diminutif de Cwppan. G.
CWR, eau, rivière. G. Ichor en Grec, liqueur; Cor en Langue de Cornouaille, boisson, liqueur.

(Cwr se prononce Cor) Voyez Swr, qui est le même que Cwr. Voyez Aru.
CWR a signifié couvrir, couverture, habit, vètement. Voyez Cor, cuir, Curr, cuir, peau; Curas, Cwrsi, Cwrlid, Achwre. Cara, cuir, écorce en Persan; Hor, cuir en Hébreu. (Le c & l'h se mettent l'un pour l'autre) Goure, peau en Fouli; Xurao en Grec, écorcer; Kura en Bohémien; Kora en Dalmatien; Skoria, Korra en Esclavon; Korste en Flamand, croûte; Skora en Polonois & en Lusatien, cuir; Lecure, peau en Albanois; Corium en Latin; Cuir en François; Cuero en Espagnol, cuir, peau; Cortex en Latin; Scorza, Cortice en Italien; Ecorce en François; Corteza en Espagnol; Skoria en Esclavon; Kora en Dalmatien, en Polonois, en Stirien, en Carniolois, écorce; Scorzare en Italien; Descorrezar en Espagnol, écorcer. Voyez Cor, Cur, Curr, Gorr, Curan.
CWR, le même que Cor, canal. Voyez Cwrwm; d'ailleurs Cwr & Cor sont le même mot, parce que w se prononce en o. De Cwr ou Swr. (Voyez Aru) est venu Surean, nom d'un arbrisseau dont on fait des séringues.
CWR, impétuosité, impulsion. Voyez Ysgwr. De là Curro Latin. Voyez Cor.
CWR. Voyez Cwrsi Law.
CWRDD, le même que Cyhwrdd. G.
CWREL, corail. G.
CWRES, le même que Gwres. Voyez ce mot & Aru. De là Courroux en François; Corot en vieux langage, courroux, & Courcer, courroucer.
CWRF, biere, cervoise. G. Voyez Cwrm, Curmen, Curmi. Cwrf s'est pris aussi pour vin. Voyez Newyddgwrf.
CWREDY, taverne. G.
CWRFGELL, taverne. G.
CWRLID, couverture, voile, natte de paille ou de joncs. G.
CWRLIDAN, petite natte. G.
CWRLIDWR, qui fait des tapis. G. Cwrlid Wr.
CWRR, bord, côte, extrémité, fin. G. Ecore en François, côte de mer escarpée; Ciur, près, & Tsur, proximité en Tartare du Thibet.
CWRRIAN, tomber sur ses talons. G.
CWRRWM, courbure, enfoncement. G. Cornin en Irlandois, frisure; Curle en Anglois, friser.
CWRS, course, état de vie, ordre de conduite, régle d'agir. G. Ceu en Chinois, courir.
CWRSI, gorgerette, coëffure, coëffe de femme, voile, couvre-chef. G.
CWRSI LAW, essuye-main. G. En comparant ce mot avec Curi, blanc, & notre mot Ecurer, nettoyer, je crois que Cwr a signifié blanc, net, propre, d'autant plus que Glan, Caer, Cain, qui signifient blanc, signifient aussi beau, propre, net.
CWRTH, le même que Gwrth. Voyez Aru.
CWRW, CWRWF, CWRYF, biere, cervoise; pluriel Cyrsan. G. Corev, biere en Langue de Cornouaille; Kari, orge en Arménien. Voyez Cwrf.
CWRWGL, barque de pêcheur couverte de cuir. G. De Curr, cuir.
CWRYF. Voyez Cwrw.
CWS, cacher. G. Voyez Cuz. Escousé en vieux François, caché.
CWS, le même que Hws. Voyez la dissertation sur le changement des lettres.
CWSG, sommeil. G. Voyez Cousq.

CWSTARD,

CWSTARD, goufre, bignet. G.
CWSTART, pain fait avec du lait, pain fait avec du lait & des œufs. G. *Cuſtard* en vieux François, flan, sorte de tarte.
CWTHR, anus ou fondement, l'intestin, qu'on nomme *Rectum*. G.
CWTHR, sculpture, retaille, pièce, morceau, coupé. Voyez *Tſgwthr*. Voyez aussi *Cwtt*.
CWTT, (on prononce *Cot*, *Cout*) chaumine, chaumière, maisonnette, petit logement, habitation en général, comme il paroit par *Cwtt Moch*, étable de cochons. G. *Chut*, *Chot*, grange; *Cheder*, chambre; *Catan*, couvrir; (puisque *Cetoneth* signifie tunique) *Cothel*, muraille. *Catar*, enceindre, entourer en Hébreu; *Kot* en Syriaque, cacher, enfermer, & *Chuth*, environner, entourer. *Chech* en Arabe, environner, entourer de murs, garder, conserver, entourer, & *Catam*, cacher; *Katar* en Éthiopien, fermer, fortifier, & *Sacaty*, Village; *Pikot*, édifice en Cophte; (*Pi*, article) *Co*, palais en Chinois; *Kokf* en Japonois, habitation; *Cota*, forteresse, & *Gouticha*, chaumière en Talenga; *Cotta* en Malaye, château, forteresse, murailles, fortifications; *Cone*, maison en Persan; *Kad* en Pechluanique, maison; *Cotoche* dans la nouvelle Espagne, maison; *Coutara* en Caraïbe, clos de palissades; *Kude*, *Kudde*, habitation, maison, caverne en Turc, & *Kutu*, caisse; *Koite*, lit en Grec, & *Koitis*, cassette; *Kot*, petite métairie en Runique; *Cot*, *Cote* en ancien Saxon, cachette, retraite, maison, petite maison, caverne; *Kot*, petite métairie en Islandois; *Koto*, *Kaote* en Lappon & en Finlandois, maison, chaumière; *Cutingi* en Finlandois, fortification, rempart; *Kud*, chambre en Finlandois; *Catund*, Village en Albanois, & *Goutet*, Ville; *Coucht* en Esclavon, maison; *Cote*, *Cotage*, chaumière en Anglois; *Cote* en Anglois, étable; *Cot* en Flamand, retraite, chaumière, maison, caverne; *Coto* en Jargon Espagnol, hôpital; *Coto* en Espagnol, parc. (l'*h* & le *c* se mettent l'un pour l'autre. Voyez la dissertation sur le changement des lettres) *Hoda* en Albanois, chambre; *Hutte* en Flamand, en Allemand, en François, cabane, hute; *Huti* en Bohémien, tente, demeure; *Utta* en Carniolois, tente, demeure; *Hut* en Théuton & en Anglois, chaumière; *Hutten* dans les glosses d'Ison, chaumière, hute; *Haut* en Arménien, étable; *Hout*, *Othian*, *Othevan*, habitation, édifice dans la même Langue, & *Hetel*, fermer; *Uta*, maison en Persan; *Oda*, maison en Turc; *Otak*, *Otagh*, *Odagh*, tente plus grande dans la même Langue; *Huti* en Bohémien, hute; *Huth* en Hongrois, lieu; *Oſtati* en Esclavon; *Oʒtati* en Dalmatien, demeurer; *Caſute* en Flamand, cahute; *Outonomé*, habitans en Galibi; *Hute* en François, chaumière, cabane; *Cahute*, maisonnette en plusieurs Provinces, de même que *Cahuette* & *Cahutelle*. Les Anciens ont regardé les habillemens comme une espèce d'habitation, & leur en ont donné le nom; (voyez *Cap*, *Cas*) c'est pourquoi *Cwt* ou *Cot* a aussi signifié habillement, (voyez *Cot*, *Cota*) & il signifie encore aujourd'hui une pièce considérable de l'habillement d'une femme. On appelloit cette pièce *Cot* en vieux François, ainsi qu'on le voit par le mot *Surcot*. Nous appellons encore *Cotte-d'Armes* un habillement de guerrier. On a aussi dit *Cod*, *God*, *Coud*, *Goud* en ce sens; (voyez la dissertation sur le changement des lettres) car en Patois de Besançon on appelle une cotte ou jupe *Goudot*. De *Cotte* sont venus *Cotilion*, *Coteron*. Le *c* & l'ſſe mettant l'un pour l'autre, on a dit *Sout* comme *Cout*; de là le terme Franc-Comtois *Soute* pour abri, endroit où l'on est à couvert de la pluie; de là le mot François *Soutane*, & l'Italien *Sotana*, qui désigne un habit long qui couvre tout le corps; *An* est augmentatif. *Cotelle* en vieux François, petite veste; *Cetoneth*, tunique en Hébreu; *Ceton* en Chaldéen; *Cotino* en Syriaque; *Chiton* en Grec, tunique. *Acconter* en Anglois, parer, orner; *Cota*, cotte-d'armes en Espagnol. L'analogie du lit avec un petit logement a fait employer les mêmes termes pour signifier l'un & l'autre. *Bedd*, habitation, lit; *Cuil*, habitation, lit. *Lectus* Latin vient de *Lech* Celtique, lieu, habitation. *Cubile*, lit, & *Cubiculum*, chambre en Latin, viennent de la même racine. La racine de *Cwtt* en tous ces sens est *Cuddio* ou *Cuttio*, cacher, couvrir. Voyez *Cud*, *Cudd*, *Cut*, *Cuʒ*.

CWTT, morceau, parcelle. G. *Cutt* en Anglois, couper. Voyez *Cwttogi*.

CWTT, petit. Voyez *Cwttiar*, *Cwtta*.

CWTTA, court, bref, manquant de queue. G. *Zotha*, peu en Géorgien. De *Cwta* ou *Gwtta* est venu *Goute*, particule négative en notre Langue, comme le *Minimè* des Latins, qui signifie originairement très-petit, a signifié non. De *Cwtta* ou *Gwtta* est venu *Gutta*, qui en Latin signifie goutte, qui est la plus petite quantité d'eau. On a aussi employé *Cwtta* en Celtique pour marquer la vitesse, la promptitude, qui est la briéveté du temps que l'on met à faire quelque chose; car en Patois de Franche-Comté on dit *Couete* pour hâte, vîtesse; en Bourguignon *Couiie*. *Couyta* en Limousin & en Toulousain, hâter; *Coiter* en vieux François, presser, hâter, pousser, aiguillonner; d'ailleurs *Cwtta* est le même que *Swtta*, (voyez *Aru*) qui signifie soudain, subit, subitement, vite. *Kutah*, court, bref, & *Coutchac*, petit en Persan. *Cat* en Arabe, vitre adjectif; *Cohta*, sur le champ, d'abord en Finlandois; *Ceje*, courir en Hottentot. De *Cwtta* ou *Cytta* est venu *Citus* Latin.

CWTTIAR, perdrix. G. *Iar*, poule; *Cwtt*, petite. Voyez *Cwtta*, *Cwttig*, *Cwttogi*.

CWTTIG, petit. G.

CWTTOGI, accourcir, abbréger, ôter, retrancher, tronquer, couper par le bout. G.

CWTTOGIAD, accourcissement, rétrécissement, abbrégé, épitôme. G.

CWTTOGRWYDD, brièveté, petitesse. G.

CWTTWS, sort qui se tire, sort, partage. G.

CWTTYN ou **COTTYN**, sort court. G.

CUWCH, orgueil, arrogance, hauteur, action de se refrogner, de se rider, front refrogné, front ridé. G.

CUWCH, couverture. Voyez *Penguwch*.

CUWPPA, massue. G.

CWY, le même que *Gwy*, *Swy*, *Wy*. Voyez *Aru*. *Xui*, eau en Chinois.

CWY, **CWYD**, le même qu'*Yſgwyd*, écu, bouclier. Voyez *Matcwy* & *Yſgwyd*.

CWYBR, le même que *Crwybr*. G.

CWYD, chien. G.

CWYD, bouclier. Voyez *Yſgwyd*.

CWYD, le même que *Gwyd*. Voyez *Aru*.

CWYDD, épaule. Voyez *Yſgwydd*.

CWYDDO, enfler. G.

CWYDDO, tomber, choir. G. On l'a pris aussi

au figuré pour déchoir de ses espérances; car en Patois de Franche-Comté *Cudie* signifie être trompé dans ses espérances, faire une moindre récolte qu'on ne l'espéroit.

C W Y F, mouvement, action de se mouvoir. G.

C W Y L L, le même que *Gwyll*. Voyez *Aru.*

C W Y M P, chûte, ruine, destruction, renversement, mort ou trépas; *Cwymp Dwr*, cataracte ou chûte d'eau. G.

C W Y M P A D, chûte. G.

C W Y M P O, tomber. G. De là l'ancien mot Latin *Cumbo*, qui ne subsiste plus que dans ses composés; *Occumbo*, *Procumbo*, *Decumbo*.

C W Y M P O D, chûte, déclinaison, descente. G.

C W Y N, plainte, lamentation, action en Justice, procès, accusation. G. En Patois de Franche-Comté on dit qu'un enfant *Couyne* quand il crie, quand il pleure. Voyez *Cwynsan*.

C W Y N, C W Y N N U, communément *Cwnnu*, quelque part *Cywynnu*, se lever, éveiller. G. *Kum* en Hébreu, se lever.

C W Y N, le même que *Gwyn*, *Swyn*, *Wyn*. Voyez *Aru.*

C W Y N A L A E T H, affliction qui fait verser des larmes. G.

C W Y N F A N, plainte, gémissement, pleurs. G. B. Voyez *Cwyno*.

C W Y N F A N, se lamenter, se plaindre, pleurer, déplorer, gémir. G.

C W Y N F A N U S, qui gémit, gémissant, soupirant. G. B.

C W Y N F A N U S, qui répand des larmes, qui se plaint souvent, qui ne fait que se plaindre, plaintif, déplorable, lamentable, digne de larmes, lugubre, funeste. G.

C W Y N N, le même que *Gwynn*, *Swynn*, *Wynn*. Voyez *Aru.*

C W Y N O, se plaindre, gémir, accuser, demander justice, intenter un procès. G. B. *Kun* en Hébreu, se plaindre, se lamenter.

C W Y N O F A I N, plainte, lamentation, cris poussés dans l'affliction, pleurer, déplorer, plaindre, regretter, gémir, se lamenter, se plaindre. G.

C W Y N O S, le souper. G. De là *Caeno* Latin; de là *Ressiner* en vieux François, faire collation après le souper; *Re*, itératif.

C W Y N S Y L L T, espèce d'outil du maréchal. G.

C W Y N W R, demandeur en Justice. G.

C W Y R, cire. G. B. *Kir* en Arabe; *Kera* en Chaldéen; *Keros* en Grec; *Cera* en Latin; *Ciera* en Espagnol; *Cire* en François; *Cera* en Italien, cire.

C W Y R, peau, cuir. G. De là ce dernier mot.

C W Y R A I D, C W Y R A I D D, de cire, enduit de cire, couvert de cire. G.

C W Y R E N, cierge, lampe. G.

C W Y R I A D, enduit de cire. G.

C W Y R L L I W, de couleur de cire. G.

C W Y R O, cirer, enduire de cire. G.

C W Y R W R, marchand de cire. G.

C W Y R Y N, petit morceau de cire. G.

C W Y S, sillon, motte de terre. G. *Gus* en Hébreu, motte de terre.

C W Y S, dernier. G.

C W Y S O, sillonner. G. *Enkusein* en Grec; *Encyrer* en vieux François; *Inciser* en François d'aujourd'hui, inciser.

C W Y S W R, qui fait des sillons. G.

C W Y T H, le même que *Gwyth*, *Swyth*, *Wyth*. Voyez *Aru.*

C U Y, le même que *Guy*, *Suy*, *Uy*. Voyez *Aru.*

C U Y D, le coude. G. De là ce mot.

C U Y L A T O U R, curateur. B.

C U Y N N, gâteau. B.

C U Y T A T, éviter. B.

C U Z, forêt. C. Voyez *Cuz.*

C U Z, cache, cachette, cacher. B. *Kus* en Arabe, chaumière, petite maison, cellule; *Suyu*, enclos en Pérouan; *Kucza* en Polonois; *Kozha* en Esclavon; *Kaisha* en Carniolois, chaumière; *Cuse* en Auvergnac, caverne. En quelques Provinces voisines de la Bretagne *Cuter* est cacher; *Cut* au pays du Maine est un jeu d'enfans, dont l'un se cache pour se faire chercher par les autres. Voyez *Cwt*, *Cut*. Voyez aussi *Cus*, *Cudd*, *Cas*, qui sont les mêmes que *Cuz*. Voyez encore *Cuza*, *Cuzet*.

C U Z. E C U Z, derrière, en cachette. B.

C U Z H E A U L, occident. B. A la lettre, cache du soleil.

C U Z A, C U Z I, cacher. G. B.

C U Z E T, cacher, caché. B.

C U Z I A T, cache, cachette. B.

C U Z I N U S, A. M. le même que *Cussinus*.

C U Z Y A D, cache, cachette. B.

C U Z Y A D E L L, cache, cachette. B.

C Y, le même que *Gy*, *Gi*, *Sy*, *Si*, *Y*, *I*. Voyez *Aru*.

C Y, préposition explétive ou superflue. Voyez *Cytrwst*, *Cywrys*, *Cychwerthin*.

C Y, également, égal, aussi. Voyez *Cysre*, *Cyhyd*.

C Y, même. Voyez *Cystadl*, *Cywlad*.

C Y, ensemble, avec. Voyez *Cysodi*, *Cywleiddiadon*. *Ki*, joindre; *Cie*, réunir; *Ciu*, troupeau en Tartare du Thibet; *Ki*, être ensemble en Tartare Mogol & Calmoucq; *Cie* en Chinois, assembler.

C Y, synonime à *Cyd*. Voyez *Cywiw*.

C Y, synonime à *Cyf*. Voyez *Cywrdd*.

C Y, synonime à *Cyn*. Voyez *Cydrychiol*.

C Y B E L L E D A H Y N N Y, jusques là. G.

C Y B, particule conjonctive, conjonction, ensemble. G. C'est le même que *Cyf*.

C Y B B Y D I A E T H, avarice sordide. G. Voyez *Cybydd*.

C Y B D D A R, avide, désireux, avare. G.

C Y B H A N, entier. G. C'est le même que *Cwbl*.

C Y B H A N S O D H E D I C, composé. G.

C Y B H I A W N, union. G.

C Y B I E U A E T H, conjugaison. G. De *Cyb*, ensemble, *Ian*, en composition *Ieu*, joug.

C Y B O L I, polir. G.

C Y B O L L, terme universel, universel, général. G.

C Y B U R I U M, C I B U R E U M, A. M. les mêmes que *Ciborium*.

C Y B Y D D, désireux, avide, épargnant, avare. G. De là *Cupidus*, *Cupio*, *Cupiditas* Latins, parce qu'on a dit *Cypydd* ou *Cupydd* comme *Cybydd*.

C Y B Y D D - D O D, convoitise, avarice. G.

C Y B Y D D I A E T H, convoitise, avarice. G.

C Y B Y D D R A, cupidité. G.

C Y B Y D D U, désirer. G.

C Y B Y D H R A, desir. G.

C Y C H, le même que *Gwych*. Voyez *Cicum* & *Aru.*

C Y C H E D, courtine, rideau. G. De *Cwch*.

C Y C H U, mettre dans la ruche. G. De *Cwch*.

C Y C H W A R D D, rire. G. De *Cy* & *Chwerthin*, dit Davies. Il faut donc que *Cy* soit une préposition superflue, & *Chwardd* le synonime de *Chwerthin*. Voyez *Chwarddwr*.

C Y C H W E D A L, nouvelle. G.

C Y C H W E D L, le même que *Chwedl*. G.

CYC.

CYCHWINIAD, prélude, essai avant de commencer. G.
CYCHWIOR, meilleur, selon Thomas Guillaume; Davies dit qu'il se trompe, que ce mot signifie égal, pareil, semblable. G. Il faut conserver les deux sens. Voyez *Ankeler*.
CYCHWLIN, aigremoine plante. G.
CYCHWR, batelier, matelot. G. De *Cwch*.
CYCHWYFAN, mouvoir, mouvoir souvent. G.
CYCHWYN, synonime de *Cylchynu*. G.
CYCHWYN, mouvoir, commencer, entreprendre un voyage, un ouvrage, préluder, essayer, faire essai avant de commencer, entreprise, projet, lever verbe, lever nom; *Cychwyn Haul*, le lever du soleil. G. De *Cy Cwyn*, dit Davies.
CYCHWYNFA, apprentissage, commencement, origine, exorde, barrières d'où partoient ceux qui faisoient des courses de cheval. G.
CYCWYNIAD, commencement, origine, principe, exorde, action de commencer, initiation, entreprise, avancement, progrès, progression. G.
CYCHWYNNOL, mobile. G.
CYCLAS, A. M. habillement qui couvroit tout le corps à l'usage des deux sexes: on l'appelloit en vieux François *Ciglaton*, *Syglaton*, *Singlaton*, *Sigleton*, *Singleton*. On transporta aussi le nom de l'habit à l'étoffe dont on le faisoit; de *Cucul* ou *Cycyl*, *Cycl*.
CYD, union, jonction, lien, attache, couple, bien que, encore que, quoique, tant que, durant que, tandis que. G. L'y se prononce en *u*, ainsi on a dit *Cud*, *Cut* comme *Cyd*, *Cyt*. Voyez *Cutuill* & la dissertation sur le changement des lettres. *Hhuth* ou *Chuth* en Hébreu, fil, bandelette, petite corde; *Hhuth* ou *Chuth* en Chaldéen, coudre, fil; *Hhuth* ou *Chuth* en Syriaque, coudre. Voyez *Ci*, chaîne, *Hcud*, entraves.
CYD, auprès. Voyez *Cydgwynfan*, *Cydiol*.
CYD, particule superflue. Voyez *Cydne*.
CYD, contre. Voyez *Cydbwyo*.
CYD, fréquemment. Voyez *Helcyd*.
CYD, fort, beaucoup. Voyez *Cydgeulo*.
CŶD, conjonction, avec, puisque. G.
CYD pour CRHYD, aussi long, d'égale longueur. G.
CYD A HYNNY, jusques-là. G.
CYD AC, pendant, tandis. G.
CYD BAI, quoique, encore que, quand même. G.
CYD BOET, adverbe pour accorder. G.
CYD-DDYFODIAID, gens ramassés de divers endroits qui viennent s'habituer dans un pays. G.
CYD-DDYGWR, qui contribue, qui paye sa part. G.
CYDADAIL, construction. G.
CYDAFFEITHIOL, coupable ensemble. G.
CYDALAETHU, gémir avec. G.
CYDALW, convoquer, convocation. G. *Cyd Galw*, qui en composition perd le *g* initial.
CYDAMSEROL, contemporain. G.
CYDANNEDDU, demeurer avec. G.
CYDANNERCH, salut réciproque. G.
CYDARCH, compétiteur. G.
CYDARFFEDOG, co-tuteur. G.
CYDARM, cri de plusieurs ensemble. G. De *Cyd*, *Garm*.
CYDAROS, s'arrêter, rester, séjourner, demeurer, tarder. G.
CYDARWYDDOCCAU, signifier avec; *Cydarwyddocaad*, signification avec. G.
CYDAWR, cri de plusieurs ensemble, qui chante avec un autre. G. *Cyd Gawr*. Davies.

CYD.

CYDAWRI, faire des acclamations. G. Voyez *Cydawr*.
CYDAWR, où l'on mene paître ensemble, pâturage commun. G.
CYDBELLENU, amasser, assembler en rond. G. *Bellen* signifie donc rond. Voyez *Bal*.
CYDBESGI, mener paître ensemble. G. *Cyd Pesgi*.
CYDBLETHU, ourdir, faire un tissu. G. *Cyd Plethu*.
CYDBLYGU, plier, rouler ensemble. G. *Cyd Plygu*.
CYDBO, CYDBOET, particule adversative. G.
CYDBORFADIR, où l'on mene paître ensemble, pâturage commun. G. *Cyd Porfa Tir*.
CYDBORFAU, mener paître ensemble. G.
CYDBORTHI, mener paître ensemble. G.
CYDBRESWYLIO, demeurer, séjourner. G. *Preswylio*.
CYDBRIODORION TIR, cohéritiers. G.
CYDBWYO, battre contre. G. *Pwyo*, battre.
CYDBWYS, poids égal, contrepoids. G. *Pwys*.
CYDBWYSEDD, égalité en pesanteur. G.
CYDBYNCIO, chanter avec, être d'accord en jouant des instrumens ou en chantant. G.
CYDCAM, jouer, badiner, jeu, badinage. G.
CYDCERDD, symphonie. G.
CYDCHWARAE, se divertir avec un autre, divertissement avec un autre. G.
CYDCHWARAU, CYDCHWAREU, se jouer avec, badiner avec, folâtrer avec. G.
CYDCHWAREUR, compagnon, camarade. G.
CYDCHWEDL, dialogue. G.
CYDCHWEGRWN, le pere du mari, le pere de la femme. G.
CYDCHWERTHIN, rire avec d'autres. G.
CYDCNAWD, action de s'unir. G.
CYDDIOLCH, se réjouir avec quelqu'un du bien qui lui est arrivé. G.
CYDDIOLWCH, congratulation, conjouissance. G.
CYDDDWYN, pardonner. G.
CYDDDYFYN, convocation. G.
CYDDDYWEDYD, s'entretenir, conférer, converser. G.
CYDDEIRIOG, fou. G.
CYDDULLIO, donner la forme, faire prendre la figure. G.
CYDEIDDUNWYR, qui ont voué ensemble. G.
CYDEIRCHIAL, compétiteur. G.
CYDEISTEDD, s'asseoir, être assis auprès, assister. G.
CYDENWAU, synonimes. G.
CYDERCHI, le même que *Cydymgais*. G.
CYDERLYN, le même que *Cydymgais*. G.
CYDERLYNWR, compétiteur. G.
CYDETIFEDD, cohéritier. G.
CYDEWOG, coupable avec. G.
CYDFA, assemblée publique. G.
CYDFACH, certificateur de caution. G. *Mach*.
CYDFACHU, prendre à l'hameçon. G. *Bach*.
CYDFAETH, frere de lait. G. *Maeth*.
CYDFANTOL, de même poids. G. *Mantol*.
CYDFARCHNATTA, faire trafic ensemble. G. *Marchnatta*.
CYDFASNACH, faire trafic ensemble, société. G. *Masnach*.
CYDFAWL, louange de plusieurs. G. *Mawl*.
CYDFARW, mourir ensemble. G. *Marw*.
CYDFEDD, festin ou repas de plusieurs. G. *Medd*.
CIDFEITHRIN, chauffer avec. G. De *Meithrin*, qui a donc aussi signifié échauffer, & *Cyd*, avec.
CYDFERWI, s'échauffer, bouillir, faire cuire dans. G. *Berwi*.

CYDFFIN, voisin. G. *Ffin* par conséquent terre, terrein.
CYDFFOS, gouttière où l'eau de plusieurs toits s'assemble. G. *Ffos*.
CYDFFRWD, confluent. G. *Ffrwd*, coulant.
CYDFFURFIO, donner la forme, faire prendre la figure. G.
CYDFILWR, soldat de la même troupe. G. *Milwr*.
CYDFILWRIAETH, assistance dans la guerre, campagne qu'on a faite avec quelqu'un, temps qu'on a été au service avec lui. G.
CYDFILWYR, qui servent ensemble à la guerre. G.
CYDFLAGURO, germer ensemble, pousser ensemble. G. *Blaguro*.
CYDFLOED, cri de plusieurs ensemble. G. De *Bloed* qui doit signifier cri.
CYDFLOEDDIO, crier ensemble.
CYDFOD, être d'accord, correspondre, accord. G. *Cyd Bod*.
CYDFOLI, CYDFOLIANNU, louer en compagnie de plusieurs. G. *Moli*.
CYDFOLIANT, louange de plusieurs. G. *Moliant*.
CYDFORWYN, esclave au féminin. G. *Morwyn*.
CYDFRAD, conjuration, conspiration, complot. G.
CYDFRYDD, confluent. G. Voyez *Ffrwdd*.
CYDFRYDIAD, écoulement d'eaux qui vont se rendre en un même lieu par un conduit. G. De *Ffrwd*.
CYDFRYDIO, s'écouler, faire couler par plusieurs ruisseaux dans un même canal. G.
CYDFUCHED, état de gens qui vivent ensemble. G. *Buched*.
CYDFUCHEDDU, vivre ensemble. G.
CYDFURMUR, murmurer. G.
CYDFWRIAD, conjuration, conspiration, complot, embûches, embuscade. G. De *Bwriad*.
CYDFWRIADDU, conjurer, conspirer, comploter. G.
CYDFWYD, état de gens qui mangent ensemble. G. *Bwyd*.
CYDFYDDIAETH, société, association, liaison. G.
CYDFYNED, marcher ensemble. G. *Myned*.
CYDFYW, vivre ensemble. G. *Byw*.
CYDGANIATTAU, consentir à ce que veut un autre, lui accorder ce qu'il souhaite. G. *Caniattau*.
CYDGANU, chanter avec. G. *Canu*.
CYDGARENNYDD, parenté. G. *Carennydd*.
CYDGARWR, parent. G.
CYDGASGLIAD, assemblée. G.
CYDGASGLU, assembler. G. *Casglu*.
CYDGENEDL, qui est de même genre. G.
CYDGENEDLWYD, engendré, né ensemble. G.
CYDGERAINT, parens. G.
CYDGERDDED, accompagner, marcher avec. G.
CYDGERYDDU, châtier ensemble. G.
CYDGLULO, durcir fort. G. De *Centlo* qui par conséquent signifie non seulement cailler, mais encore durcir. *Cyd*, fort, beaucoup. De *Centlo* qui s'est dit comme *Ceulo* par la substitution réciproque du *g* & du *c*, est venu *Geln*, *Gelo* Latins ; de la gelée, geler en François.
CYDGLYMMIAD, liaison, attache. G.
CYDGLYMMU, lier, attacher, nouer ensemble. G.
CYDGODI, sortir, sourdre ensemble, porter ensemble. G.
CYDGORDIAD, accord. G.
CYDGORDIO, consentir, acquiescer, être d'accord, s'accorder bien. G.
CYDGORPHORI, incorporer, assembler en un même corps. G.

CYDGRYNHOI, entortiller. G. De *Crwnn*.
CYDGWYMPO, tomber ensemble. G.
CYDGWYNFAN, gémir avec, pleurer, se lamenter ensemble, pleurer auprès ou avec quelqu'un. G.
CYDGYCHWYN, se lever ensemble. G. *Cychwyn*.
CYDGYDIO, joindre, unir. G. *Cydio*.
CYDGYFARCH, salut réciproque. G.
CYDGYFARFOD, choc, abord. G.
CYDGYFODI, se lever ensemble. G.
CYDGYFRINACHWR, confident. G.
CYDGYMMEDROLEDD, égalité. G.
CYDGYMMERYD, concevoir, engendrer. G.
CYDGYMMYDOGAETH, voisinage. G.
CYDGYMMYSGU, mêler, mêler ensemble. G.
CYDGYNGOR, consultation. G.
CYDGYNNESU, s'échauffer, bouillir. G.
CYDGYRCHFU, choc. G.
CYDGYSCU, dormir avec. G.
CYDGYSSYLLTIAD, conjonction, liaison, union. G.
CYDGYSSYLLTU, insinuer, faire entrer. G.
CYDGYSTWYO, châtier ensemble. G.
CYDGYWAIN, porter, transporter ensemble. G.
CYDHEDEG, voler avec. G.
CYDIAD, assemblage, jonction, union, liaison, conjonction, couture, suture, action de s'unir, lien, attache, couple. G.
CYDIAU, apparié. G.
CYDIAWL, conjonctif. G.
CYDIAWN, juste. G.
CYDIEUO, accoupler. G.
CYDIEUOL, conjugal. G.
CYDIO, joindre, unir, coudre, coller, lier, se joindre, être joint. G.
CYDIOL, joignant, qui se touche, tenant G.
CYDLADD, convenir, quadrer, se rapporter juste, être convenable, chanter en accord, faire un concert. G.
CYDLADD. YN CYDLADD, accommodé, ajusté, assorti. G.
CYDLAETH, nourri d'un même lait. G.
CYDLAIS, consonance, accord de voix, symphonie, concert, accord de son, qui résonne, qui retentit, qui répond. G.
CYDLAMMU, assaillir. G.
CYDLAWENYCHIAD, congratulation, conjouissance. G.
CYDLAWENYCHU, se réjouir avec quelqu'un du bien qui lui est arrivé. G.
CYDLEF, cri de plusieurs ensemble. G.
CYDLEFAIN, crier plusieurs ensemble, faire des acclamations. G.
CYDLEFARU, s'entretenir, conférer, converser. G.
CYDLEISIAD, consonance. G.
CYDLEISIO, chanter en accord, chanter avec, être d'accord en chantant, résonner, retentir. G.
CYDLIF, confluent, assemblage de différentes eaux qui se réunissent pour couler ensemble. G.
CYDLIFEIRIO, faire un confluent. G.
CYDLIW, confluent. G. *Cyd*, union ; *Liw*, rivière.
CYDLW, conjuration, conspiration, complot. G.
CYDLUYDDIAETH, le même que *Cydfilwriaeth*. G.
CYDLUYDDWYR, qui servent ensemble à la guerre. G.
CYDLWYTHO, charger avec. G.
CYDLYNU, être joint, être lié. G. *Glynn*.
CYDMAN, compagnon. C. *Man*.
CYDMEITHAS, ordinairement *Cymdeithas*, société. G.

CYDMEITHGAR,

CYD.

CYDMEITHGAR, d'ami. G.
CYDNABOD, connoître, reconnoître, avouer, confesser, déclarer, connoissance, conciliation, accord. G.
CYDNABYDDIAD, action de reconnoître, de se rappeller, aveu, confession, déclaration. G.
CYDNABYDDIAETH, connoissance, notion, idée, reconnoissance, amitié, société. G.
CYDNATURIAETH, sympathie, convenance naturelle, inclination naturelle. G.
CYDNE, couleur. G. De *Gne*; *Cyd*, par conséquent superflu.
CYDNEIDIO, assaillir. G.
CYDNERTH, solide, ferme. G.
CYDNERTH. DYN CYDNERTH, chevalier, cavalier. G.
CYDNERTHU, fortifier. G.
CYDNESSAU, s'approcher ensemble. G.
CYDOCHAIN, gémir avec. G.
CYDODDEF, sympathie. G. *Goddef*.
CYDOED, de même âge. G.
CYDOES, CYDOESWR, de même âge, contemporain. G.
CYDOESI, être du même temps. G.
CYDOESWR. Voyez *Cydoes*.
CYDOFERIAD, écoulement d'eaux qui vont se rendre en un même lieu par un conduit. G.
CYDOFERU, s'écouler, faire couler plusieurs ruisseaux dans un même canal. G. *Gofern*.
CYDOL, continu, continuel. G.
CYDOLL, universel, général. G.
CYDORDDERCHWYR, rivaux. G.
CYDORSEDDU, être assis ou placé auprès. G. *Gorseddu*.
CYDORWEDD, coucher avec. G.
CYDOSOD, comparer. G. *Gosod*.
CYDOSSOD, amasser, assembler. G. *Gosod*.
CYDOWRI, crier plusieurs ensemble. G.
CYDPWYS, CYTPWYS, équilibre. G.
CYDRADD, égal, pareil, pair, de même dégré, de même rang G. *Gradd*.
CYDRAN, contribution. G. *Ran*.
CYDREDEG, courir ensemble, courir la bague, joûter. G.
CYDRODD, contribution. G.
CYDRODDI, contribuer, fournir, donner. G.
CYDRWYMMO, lier ensemble. G.
CYDRYCHIOL, CYNDRYCHIOL, présent. G. De *Drych*, vuë, dit Davies; *Cy*, par conséquent synonime de *Cyn*.
CYDRYDD, mis en liberté avec. G.
CYDRYFELWR, soldat d'une même troupe, camarade d'armée, compagnon d'armes. G.
CYDRYW, qui est de même espèce. G.
CYDSAIN, qui résonne, qui retentit avec, qui retentit, qui résonne avec accord. G.
CYDSEFYLL, s'arrêter, séjourner avec. G.
CYDSEINIAD, qui sonne avec. G.
CYDSEINIO, résonner, retentir. G.
CYDSEINIOG, qui résonne, qui retentit. G.
CYDSENGI, entremeler, entrelacer. G.
CYDSER, constellation. G.
CYDSIARAD, conférence, consultation, entre-vuë. G.
CYDSON, qui est d'accord, qui résonne, qui retentit avec accord, qui résonne, qui retentit avec. G.
CYDSTAD, le même que *Cystal*. G.
CYDSWPPER, qui se sert avec le souper. G.
CYDSWYDD, collégue. G.
TOME I.

CYD. 409

CYDSWYDD, compagnon. G.
CYDSWYDDOGAETH, assemblée de gens qui ont le même emploi. G.
CYDSYNIAD, accord, union de sentiment. G.
CYDSYNIO, consentir, acquiescer, correspondre. G.
CYDSYNIWR, qui est de même sentiment. G.
CYDSYNNIAD, consentement, suffrage, voix qu'on donne. G.
CYDSYNNIAWL, qui consent, qui est de même sentiment. G.
CYDSYNNIOL, le même que *Cydsynniawl*. G.
CYDSYRTHIO, tomber ensemble. G.
CYDTERFYN, frontières d'un pays, qui est frontière, qui est sur les confins. G.
CYDTERFYNOL, qui est frontière, qui confine, contigu. G.
CYDTEULEUEDD, état de gens qui vivent ensemble. G.
CYDTEWYCHU, s'épaissir. G.
CYDTIRIOG, du même pays. G.
CYDTRAMWY, fréquenter. G.
CYDTREFAD, action de demeurer avec quelqu'un. G.
CYDTREFTADOG, co-héritier. G.
CYDTREFU, demeurer avec quelqu'un. G.
CYDTREIGLO, fréquenter. G.
CYDTRETH, contribution. G.
CYDTRETHU, contribuer, fournir, donner. G.
CYDTRETHWR, mis au nombre des citoyens avec sa famille. G.
CYDTRIGO, demeurer avec quelqu'un. G.
CYDTROI, fréquenter. G.
CYDTWNG, conjuration, conspiration. G.
CYDTWYMMO, s'échauffer, bouillir. G.
CYDTYFU, germer, pousser ensemble, s'unir, s'assembler. G.
CYDTYLWYTH, de la même famille, de la même tribu. G.
CYDTYNGU, conjurer, jurer ensemble. G.
CYDTYRRIADD, action d'entasser, d'amasser, d'assembler. G.
CYDTYRRU, assembler, entasser, amasser, accumuler. G. *Twr*.
CYDWAED, parent. G. *Gwaed*.
CYDWAEDD, cri de plusieurs ensemble. G.
CYDWAEDDI, crier plusieurs ensemble, faire des acclamations. G.
CYDWAEDOLIAETH, parenté. G.
CYDWAITH, confection, composition. G.
CYDWAS, compagnon d'esclavage, de service. G.
CYDWASANAETH, servitude commune, esclavage commun. G.
CYDWASG, concert terme de dialectique. G.
CYDWEAD, tissure. G.
CYDWEDD, époux. G. *Cyd Gwed*.
CYDWEDDOG, apparié de tout genre. G.
CYDWEDDU, convenir ensemble. G. Voyez *Cydwedu*.
CYDWEDDU. YN CYDWEDDU, accommodé, ajusté, assorti. G.
CYDWEDU, CYDWEDY, s'assembler. C. Voyez *Cydweddu*.
CYDWEINIDOGES, esclave au féminin. G.
CYDWEITHIWR, qui travaille ensemble. G.
CYDWENU, rire avec d'autres. G.
CYDWEUEDIG, ourdi, tissu. G.
CYDWLAD, CYDWLADWR, du même pays. G. *Gwlad*.
CYDWLEDD, festin, grand repas, festin ou
Hhhh

repas de plusieurs, convive, convié. G. *Gwledd.*

CYDWLEDDA, manger ensemble, faire festin. G.

CYDWNI, coûture ensemble. G. *Gwni.*

CYDWNIO, coudre ensemble. G.

CYDWR, participant, qui a part, co-partageant, compagnon, qui tient une ferme à moitié, complice. G.

CYDWRESOGI, s'échauffer, bouillir. G. *Gwresogi.*

CYDWYBOD, rage, fureur, trouble d'esprit, folie. G.

CYDWYBOD, conscience. G. *Cyd Gwybed.*

CYDWYBODUS, conscientieux. G.

CYDWYLO, pleurer, se lamenter ensemble. G.

CYDWYLOFAIN, pleurer, se lamenter ensemble, gémir avec. G.

CYDWYS, convocation. G. *Gwys.*

CYDWYSIO, convoquer. G.

CYDWYSTL, certificateur de caution. G.

CYDYFED, boire ensemble. G.

CYDYFWR, compagnon de bouteille. G.

CYDYMANNERCH, salut réciproque. G.

CYDYMBAWR, mener paître ensemble, où l'on mene paître ensemble. G.

CYDYMBORTH, état de gens qui mangent ensemble, mener paître ensemble, où l'on mene paître ensemble. G.

CYDYMDAITH, qui voyage avec. G.

CYDYMDDIDAN, dialogue, entretien, s'entretenir. G.

CYDYMDRIN, assistance dans la guerre. G.

CYDYMEGNIO, tâcher, s'efforcer. G.

CYDYMEITHAS, accompagnement. G.

CYDYMGAIS, demander en même temps, poursuivre, briguer la même chose qu'un autre. G.

CYDYMGANLYN, accompagner. G.

CYDYMGELEDDWR, co-tuteur. G.

CYDYMGYNGHORI, consulter ensemble. G.

CYDYMLADD, assistance dans la guerre. G.

CYDYMMAETH, compagnon. G.

CYDYMMAITH, qui tient une ferme à moitié, compagnon; au pluriel *Cudymmeithion, Cydmeithion*; ordinairement *Cymdeithion.* G.

CYDYMMOETH, compagnon. G.

CYDYMORCHESTU, tâcher, s'efforcer, essayer. G.

CYDYMWANWR, combattant, athlete, gladiateur. G.

CYDYMWNEUTHURIAD, complot. G.

CYDYSGOL, condisciple. G.

CYDYSTLYS, collatéral. G.

CYDYSTYRIED, comparer. G.

CYF, conjonction. G. *Cifs* en Turc, union.

CYF, avec. G.

CYF, racine, tronc d'arbre. G.

CYF, si. Voyez *Cyfred.* E.

CYF, même. Voyez *Cyfaill.*

CYF, égal. Voyez *Cyflead.*

CYF, commencement. Voyez *Cyfddydd.*

CYF, ensemble, comme. Voyez *Cyfred.*

CYF, préposition explétive. Voyez *Cyfannedd, Cyfhogi, Cyfarwyre, Cyfamug.*

CYFA, entier, entièrement, solide, tout. G. Voyez *Cyfallwy.*

CYFADDAS, mûr. G.

CYFADDAS, apte, idoine, propre, commode, gracieux, agréable. G.

CYFADDASU, adapter, ajuster, accommoder, assortir, appliquer, mettre dessus. G.

CYFADDAW, passer un compromis. G.

CYFADDAWD, alliance. G.

CYFADDEDIAD, aveu, confession, déclaration. G.

CYFADDEF, avouer, confesser, déclarer, qui a avoué, connu. G.

CYFADDEF, celui & celle qui sert à la débauche des femmes. G.

CYFAFRDWYTH, composé d'*Afrdwyth.* G.

CYFAGOS, près, auprès, joignant tout contre, voisinage, voisin, proche, prochain, contigu, limitrophe, qui confine, qui est frontière, qui est sur les confins, qui doit bientôt arriver. G.

CYFAILL, ami, compagnon, complice. G. De *Cyf Ail*, comme qui diroit autre moi-même, *Alter Idem.* Davies.

CYFAILLT, ami, compagnon. G.

CYFAIR, arpent. G.

CYFAL, semblable. G.

CYFALHAN, rendre semblable. G.

CYFALHAU, représenter, copier, imiter, rendre semblable. G.

CYFALLE, époux, compagnon, égal. G.

CYFALLWY. Davies, qui n'explique pas ce mot, dit que l'on examine s'il ne vient point de *Cyfa*; la phrase qu'il rapporte où ce terme est employé, me paroit indiquer qu'il en vient, puisqu'il signifie fortement, solidement dans cette phrase. G.

CYFALTRACH-DDYN, allié. G.

CYFAMMOD, convention. G.

CYFAMMODI, stipuler, faire un traité, un accord, un marché, une convention. G.

CYFAMSER, temps, temps intermédiaire, temps commode, temps favorable. G.

CYFAMSEROL, qui vient au temps propre, qui vient dans la saison. G.

CYFAMUG, le même qu'*Amug.* G.

CYFAN, entier, entièrement, solide, ferme, salubre, stable, tout, parfait, achevé, qui est en bon état, à quoi l'on n'a pas touché, qui est en entier, joignant, qui touche, tenant. G.

CYFANBETH, chose indivisible, atome. G.

CYFANDER, solidité, fermeté. G.

CYFANDROED, qui a les pieds plats, qui a la corne du pied toute d'une piéce. G. *Troed.*

CYFANEDWR, habitant. G.

CYFANFODDI, composer. G.

CYFANGAN, accord en chantant, harmonie, mélodie, chant mélodieux. G. *Can.*

CYFANGWBL, entier, parfait, achevé, très-entier, très-accompli. G.

CYFANNEDD, le même qu'*Annedd*, domicile, habitation. G.

CYFANNEDD, continu, continuellement, sans intermission, entier, complet, auquel on ne peut rien ajoûter. G.

CYFANNEDDRWYD, familiarité, divertissement complet. G.

CYFANNEDOL, habitable. G.

CYFANNEDRWYDD, plaisir, contentement, satisfaction, agrément. G.

CYFANNEDU, habiter. G.

CYFANNEDWR, studieux de quelque chose, qui s'y applique assidument. G.

CYFANNU, affermir, rendre solide, devenir solide, synonime de *Cyfhau.* G.

CYFANRWYDD, intégrité. G.

CYFANSODDEDIG, lié, conjoint, composé. G.

CYFANSODDI, construire, composer, mettre ensemble. G.

CYFANSODDIAD, construction, composition, assemblage, enchaînure, enchaînement. G.

CYF. CYF. 411

CYFANSODDIG, composé, fait de diverses choses. G.
CYFAR, action de labourer ensemble. G. Aru, labourer. Cif ensemble, avec.
CYFAR, arpent. G.
CYFAR, près, auprès. Voyez Cyfarystlyr.
CYFAR, préposition explétive. Voyez Cyfarpar.
CYFAR, contre. Voyez Cyfarwyneb, Cyfer.
CYFAR, même, semblable. Voyez Cyfartal.
CYFARCH, inviter, adresser la parole à quelqu'un, être attentif, prendre garde, prière publique; Cyfarch Gwell, saluer, faire des souhaits en faveur de quelqu'un. G.
CYFARCHAFAEL, monter, action de monter, ascension, élévation; on prononce ordinairement Cyrchafael. G. Archafael signifie la même chose.
CYFARCHIAD, salut, bonjour qu'on souhaite. G.
CYFARCHWEL, prison, garde, action de soigner, conversation, entretien, habitation, demeure commune. G.
CYFARCHWYL, assurance, sûreté, caution, conservation, considération, égard, respect. G.
CYFARCHWYLIO, avoir soin avec, garder dans, observer, remarquer. G.
CYFARDWF, grande consoude. G.
CYFAREDD, magie, enchantement, reméde. G.
CYFAREDDWR, enchanteur. G.
CYFARF, armé ensemble. G. Cyf, ensemble; Arf, arme.
CYFARFOD, aller au devant, s'assembler, venir en un lieu, marcher ensemble, rencontre, assemblée, action de s'assembler. G.
CYFARFU, il a été à la rencontre. G.
CYFARIAETH, société, liaison, communication, action de labourer ensemble. G.
CYFARIAITH, parole, entretien. G. De Cyf Ariaith. Davies.
CYFARN, oreille. Voyez Ysgyfarn.
CYFAROS, voisin. G.
CYFAROS, attendre, demeurer, séjourner, tarder, s'arrêter, retard. G.
CYFARPAR, préparer, appareil. G. Par de Para, préparé, Cyfar par conséquent préposition explétive.
CYFARSENGI, opprimer, fouler, presser, comprimer, serrer, presser entre, réprimer, supprimer, retenir. G.
CYFARTAL, égal, semblable, pareil, constant, équitable. G. Je crois ce mot formé de Cyf, Cyfar même, & Tal qui paroit signifier ici grandeur, taille; car Tal en Gallois signifie grand; Tailh en Breton, stature, taille.
CYFARTALEDD, égalité. G.
CYFARTALFRYD, qui est d'un esprit toujours égal. G. Bryd.
CYFARTALU, égaler, rendre égal, comparer. G.
CYFARTALWCH, égalité, égalité en pouvoir, en force, en autorité, proportion. G.
CYFARTH, appeler, crier après ou contre, abboyer, abboyer fort, abboyer ensemble, hurler. G.
CYFARTHELID, égal, constant. G.
CYFARTHFA, abboi, jappement. G.
CYFARTHIAD, cri, glapissement, abboi, jappement. G.
CYFARTHWR, qui abboye comme un chien. G.
CYFARU, labourer ensemble. G.
CYFARWAR, qui est du même son. G.
CYFARWAS, dispute, démêlé, contestation, débat, combat. G.

CYFARWYD, expérience, habile en quelque chose, expert, prudent, instruit, enseigner. G.
CYFARWYDDIAD, direction, conduite, commandement, autorité de commandant. G.
CYFARWYDDO, diriger, rendre habile, conduire, guider, mener. G.
CYFARWYDDWR, conducteur, guide, directeur, qui instruit. G.
CYFARWYDDYD, habileté, expérience, science, érudition, doctrine. G.
CYFARWYNEB, vis-à-vis, contre. G. Wyneb, face, Cyfar, contre.
CYFARWYRE, louer, exalter, élever. G. Arwyre.
CYFARWYS, étrenne, don, présent, vivres, provisions de bouche, provision de ce qui est nécessaire pour le voyage. G.
CYFARWYSOG, celui à qui le Prince a donné une terre. G.
CYFARYSTLYS, collatéral, au côté, près du côté. G. Tstlys, côté, Cyfar par conséquent près.
CYFASTELU, faire un plancher. G. Astell.
CYFATCEN, proverbe. G.
CYFATHRACH, affinité, mariage, affin, allié. G.
CYFATHRACHWR, allié, qui est dans quelque dégré d'affinité, parent. G.
CYFATTAL, empêcher, retenir, réprimer, moderer. G. Attal.
CYFATTEB, répondre. G.
CYFATTEBAWL, relatif. G.
CYFATTEGU, appuyer, soutenir. G. Attegu.
CYFDDYDD, le point du jour. G. Dydd, jour.
CYFEBR, qui a des petits dans le ventre, cavale, ânesse, brebis pleines. G. Voyez Bru.
CYFEBRIAD, portée de jument. G. On voit par le mot suivant qu'il signifie également portée d'ânesse, de brebis. &c.
CYFEBRU, être pleine, concevoir; il se dit d'une jument, d'une ânesse, d'une brebis; il se dit aussi du cheval, de l'âne, du bélier qui les couvre. G. De Bru. On voit par ce mot qu'on a dit Ebru comme Bru.
CYFEBRWYD, portée, ventrée, petits des animaux. G.
CYFECHWYN, échange, emprunt. G.
CYFEDD, prendre ensemble un repas, repas pris ensemble. G. Cyf, ensemble; Ed signifie donc manger; de là Edo Latin.
CYFEDDACH, faire festin, prendre ensemble un repas, repas pris ensemble, festin ou repas de plusieurs. G.
CYFEDDACHWR, qui fait un festin, qui aime la table, qui fait souvent la débauche, buveur, compagnon de table, compagnon de bouteille. G.
CYFEDDACHWRAIG, femme du festin. G.
CYFEDLIW, reproche, blâme, escarmouche, reprocher, faire des reproches, imputer. G.
CYFEDMYG, le même qu'Edmyg. G.
CYFEDRYCH, regard, aspect. G. Edrych.
CYFEIAETH, CYFEIEDD, anxiété, inquiétude, peine d'esprit, besoin, indigence. G.
CYFEILIORNI, erreur. G.
CYFEILIORNUS, qui se trompe, qui se méprend. G.
CYFEILLACH, amitié, société, compagnie, communauté, présens mutuels que se font des amis ou des gens qui sont en société, qui ont quelque liaison ensemble. G.
CYFEILLACHU, associer, joindre, unir. G.
CYFEILLES, compagne, amie, maîtresse en bonne ou mauvaise part. G.

CYFEILLGAR, sociable, qui aime ses amis. G.
CYFEILLT, ami. G.
CYFEILORN, erreur. G.
CYFEILORNI, erreur, s'égarer, faire une faute. G.
CYFEILORNUS, fautif, plein de fautes. G.
CYFEIR, le même que *Cyser*. G.
CYFEIRIO, toucher au but, prendre terre, aborder, conduire, diriger, viser, se proposer, régler. G.
CYFEISOR, semblable, égal, pareil. G. *Eisor*.
CYFEISOR, entièrement semblable. G. *Cysa*.
CYFEISTEDD, siége, chaise, séance commune à plusieurs, anus. G. On voit par *Pencyseistedd* que ce mot a aussi signifié palais, demeure, habitation comme le Latin *Sedes*; *Cys* est superflu. Voyez *Eistedd*.
CYFEISTEDDIAD, charge d'assesseur. G.
CYFEISTEDDWR, qui est assis avec un autre. G.
CYFELIN, coude. G.
CYFENLLYN, ragoût, tout ce qu'on mange avec du pain. G.
CYFENW, surnom. G.
CYFENWAD, dénomination. G.
CYFENWI, surnommer, nommer, dénommer. G.
CYFER, arpent. G. B.
CYFER, vis-à-vis, contre. G.
CYFERBIN, vis-à-vis, contre. G.
CYFERBINIAD, opposition, action de placer quelque chose contre. G.
CYFERCHYDD, celui qui adresse la parole à quelqu'un, celui qui salue. G.
CYFERETRI, action de labourer ensemble. G. *Cys*, ensemble; *Aretri*, labourer par conséquent.
CYFERGYD, jet, action de jetter. G. *Ergyd*.
CYFERGYR, vis-à-vis, contre, choc, mêlée, attaque, combat. G. *Ergyr*.
CYFERIG, enceinte, qui porte un petit. G.
CYFERLYN, conséquence, suite. G.
CYFERTHI, CYFERTHY, beauté, bonne grace, bon air, bonne mine, agrément. G. *Cy*, préposition explétive; *Ferthi* de *Berthi*, pour *Berthedd*, beauté.
CYFERWYR, injustice, iniquité. G. *Cyser*, contre; *Wyr* de *Gwir*, droit, justice.
CYFERYW, il a été à la rencontre. G.
CYFESGAR, le même qu'*Esgar*. G.
CYFETHAWC, puissant. C.
CYFEWIN, celui dont les ongles sont entiers. G.
CYFF, tronc d'arbre. G. B. Voyez *Cypp*.
CYFF EINGION, billot sur lequel une enclume est posée. G.
CYFF GWENYN, ruche d'abeilles. G.
CYFF LYGOD, souricière. G.
CYFFAITH, la liqueur dont les mégissiers se servent pour passer leurs peaux. G.
CYFFBYSG, merlus ou merluche. G.
CYFFEITHIO, passer les peaux en mégie. G.
CYFFEITHIWR CRWYN, tanneur, corroyeur. G.
CYFFEL, collégue. G.
CYFFELYB, comme, de même, semblable, quel. G.
CYFFELYBAIR, allusion à un mot, jeu de paroles. G.
CYFFELYBIAD, comparaison. G.
CYFFELYBIAETH, comparaison, parallele, ressemblance, représentation, effigie. G.
CYFFELYBRWYDD, ressemblance, représentation, effigie, conformité. G.

CYFFELYBU, comparer, imiter, rendre semblable, ressemblance. G.
CYFFES, aveu, confession, déclaration, consentement. G.
CYFFESSU, avouer, confesser, déclarer. G.
CYFFIN, bornes, limites, confins, fin, terme, bout, extrémité, frontières; pluriel *Cyssineu*. G.
CYFFING, proche. G.
CYFFINI, agonie, dernière frayeur, transe, extrême saisissement, action de causer de la peine. G.
CYFFINYDD, terme, fin, frontières, confins, ceux qui sont sur les confins, contigu, qui confine. G.
CYFFIO, devenir roide, se dresser de frayeur, devenir pesant. G.
CYFFION, lacet, collet. G.
CYFFNESAF, voisin. G.
CYFFNIDEN, araignée. G.
CYFFODEN, concubine. G.
CYFFRE, CYFFREU, les mêmes qu'*Argyffreu*. G.
CYFFRED, comprendre, embrasser, contenir. G.
CYFFRED, ensemble, pareillement. G.
CYFFREDIN, général, universel, public, trivial, vulgaire, ordinaire, divulgué, commun, de tout genre, mêlé, confus, qui est pêle-mêle. G.
CYFFREDINIAD, communication, action de publier, de divulguer, confiscation, adjudication au fisc. G.
CYFFREDINO, communiquer, divulguer, publier, rendre public, adjuger au fisc. G.
CYFFREDINOL, général, universel, commun, de tout genre, G.
CYFFREDINOLDEB, communauté. G.
CYFFREDINRWYDD, universalité, totalité, généralité, infinité. G.
CYFFRO, bruit, trouble, tumulte, agitation, mouvement; *Da Cyffro*, biens-meubles. G. *Cys* paroit être une préposition superflue, parce que *Frouden* en Breton signifie mouvement.
CYFFROAD, agitation, mouvement, instigation, action d'irriter, de mettre en colere, attraits, appas, amorces, alléchemens. G. *Froad*, le même que *Cyffroad*. Voyez *Cyffro*.
CYFFRODD, motif, aiguillon, synonime de *Cyffroad*. G.
CYFFROEDIG, ému, excité, provoqué, mobile; *Da Cyffroedig At Anghyffroedig*, biens-meubles & immeubles. G.
CYFFROI, émouvoir, exciter, inciter, irriter, troubler, être troublé, mouvoir, être mû. G.
CYFFROUS, ému, mû, agité, qui n'a point de repos, inquiet, fâché, indigné, troublé, qui est dans le trouble, qui est en colere, irrité, tragique. G.
CYFFROWR, qui excite, qui anime, qui agace, instigateur, brouillon, séditieux, perturbateur. G.
CYFFRYD, CYFFRYDIAD, mouvement, émotion. G.
CYFFWRDD, le même que *Cyfwrdd*. G.
CYFFYLOG, bécasse. G. B.
CYFFYR, instrument, matière dont on fait quelque chose. G.
CYFFRDDIAD, attouchement, toucher. G.
CYFHAU, affermir, rendre solide, raffermir, rétablir, rendre solide ce qui est brisé, être affermi, se raffermir. G.
CYFHOGI, aiguiser. G. *Cys* superflu.
CYFIAITH, qui parle la même Langue, traduire en notre Langue. G.

CYFIAW,

CYF.

CYFIAW, égaler, égaliser. G.
CYFIAWN, juste, droit, équitable. G.
CYFIAWN, union. G.
CYFIAWNDER, justice, équité, droiture. G.
CYFIAWNHAU, justifier. G.
CYFIEITHIAD, interprétation. G.
CYFIEITHU, traduire, interpréter. G.
CYFIEITHYDD, traducteur, interpréte. G.
CYFIEUAD, accouplement, action de mettre deux bœufs sous le même joug. G.
CYFIEUAETH, conjugaison. G.
CYFIOWNDER, justice, équité, égalité. G.
CIFIOWNI, justifier, égaler, égaliser, rendre droit, niveler. G.
CYFLADD, convenable : Il se dit des choses qui conviennent entr'elles en tout : Il signifie aussi coupé, taillé, mis en morceaux. G.
CYFLADDIAD, analogie, proportion. G.
CYFLADDRWYDD, proportion. G.
CYFLADLEDD, égalité en pouvoir, en force, en autorité. G.
CYFLAFAN, carnage, massacre, meurtre, attentat, grand crime. G.
CYFLAFAREDD, entretien : Il se dit ordinairement de l'entretien qu'on a avec des personnes qui sont ennemies pour les réconcilier ensemble. G. Cyf Llasar.
CYFLAITH, composition, confection, mithridat reméde. G.
CYFLAWN, parfait, achevé, accompli, plein, entièrement plein, abondant, fécond, fertile. G. Lawn signifiant plein, Cyf est superflu pour ce sens ; & comme la signification de plein est entièrement analogue à celle d'abondant, fertile, on doit regarder Cyf de même comme superflu pour cette signification. Voyez Cyflawnder.
CYFLAWNAD, accomplissement, achevement, action de fournir. G.
CYFLAWNCHWEDL, conclusion, conséquence. G.
CYFLAWNDER, plénitude, abondance, fertilité. G.
CYFLAWNFFURF, perfection. G.
CYFLAWNGWBL, parfait, achevé, accompli, consommé. G.
CYFLAWNI, remplir, entièrement remplir, combler, achever, finir, exécuter, consommer. G.
CYFLAWNIAD, supplément. G.
CYFLAWNWEDD, parfait, achevé. G.
CYFLE, lieu, lieu commode, convenable. G. Lle, lieu.
CYFLEAD, assiette, situation, position, arrangement, action de placer. G.
CYFLEAD, aussi large, d'une largeur égale. G. Led, Lead, largeur ; Cyf, égal.
CYFLEDU, élargir, rendre de même largeur. G.
CYFLEGR, bombardes machines de guerre. G.
CYFLEHAU, placer. G.
CYFLENWI, remplir, combler, parfaire, suppléer. G.
CYFLEU, placer, placer dans un endroit convenable. G.
CYFLEUS, convenable, très-convenable, fort propre. G.
CYFLIW, de même couleur, reproche, blâme. G.
CYFLO, qui a des petits dans le ventre, vache pleine. G.
CYFLOAD, portée de vache, portée, ventrée, petits d'animaux. G.
CYFLOG, prix, salaire, récompense, tribut. G. Cyf. superflu.

TOME I.

CYF. 413

CYFLOGAWD, salaire, prix, récompense. G.
CYFLOGDDYN, mercenaire, homme à gages, manœuvre, manouvrier, homme de journée, tributaire, celui qui prend à gages. G.
CYFLOGI, louer, donner à loyer, louer un homme pour travailler. G.
CYFLOGIAD, action d'affermer, de donner à loyer, de donner à rente. G.
CYFLOGWR, celui qui prend à gages, entrepreneur. G.
CYFLOI, vache pleine : Il se dit aussi du taureau qui la couvre. G.
CYFLOWNAD, achevement, accomplissement, comble. G.
CYFLOWNDER, plénitude, ce qui remplit. G.
CYFLOWNI, fournir, donner, remplir, achever, accomplir, parfaire, faire entièrement. G.
CYFLOWNIAD, supplément. G.
CYFLUDD, empêcher, empêchement. G. Cyf, superflu ; Luddio, empêcher.
CYFLUN, conforme, qui a des graces, des agrémens. G.
CYFLUNIO, former, donner une forme, faire prendre la figure. G.
CYFLWG, manifeste, évident, entouré de lumière. G.
CYFLWR, état, condition, établissement, habitude, disposition, constitution, usage, coûtume. G.
CYFLWYD, prospérité. G. Cyf superflu.
CYFLWYN, ce qu'on offre, honoraire, présent. G.
CYFLWYNO, offrir, présenter. G.
CYFLUYDD, armée, compagnon d'armes. G.
CYFLYCHWYR, crépuscule du soir. G.
CYFLYED, convenance. G.
CYFLYM, rapide, vîte, prompt, diligent, aigu, sévére, rigide, pied leger, qui va vîte. G. De Llymm, aigu, âpre, violent, ardent, prompt, & Cyf, dit Davies. Cyf est ici superflu ; ainsi Llymm doit signifier tout ce que signifie Cyflym.
CYFLYMDER, vitesse. G.
CYFLYMMACH, plus vîte. G.
CYFLYMRED, propre à courir, à faire diligence. G.
CYFNERTH, CYFNERTHI, appui, soutien, fermeté, aide, secours, assurance, vigueur. G. Nerth.
CYFNERTHU, affermir, fortifier, appuyer. G.
CYFNERTHWR, celui qui aide, qui secourt. G.
CYFNESAFIAETH, voisinage, proximité. G.
CYFNESSAF, contigu, voisin, proche. G. Nesaf.
CYFNESSAFRWYDD, proximité. G.
CYFNEWID, changer, changement, échange, prix, commerce. G.
CYFNEWIDIAD, changement, variation, échange. G.
CYFNEWIDIAL, changer fréquemment, échange. G.
CYFNEWIDIO, changer, être changé. G.
CYFNEWIDIOL, changeant, muable, variable. G.
CYFNEWIDWRIAETH, changement, échange. G.
CYFNIFER, nombre pair, tout autant. Il est opposé au nombre impair. G. Cyf, pair, égal.
CYFNIFERAWG, qui est de nombre pair. G.
CYFNITHDER, cousine. G.
CYFNITHER, CYFNITHERW, CYFNITHDERW, cousine. G. B.
CYFNOD, temps assigné, réglé, fixation de temps. G. Nod.
CYFNODI, désigner, marquer. G.
CYFNOS, crépuscule, le soir, au soir, sur le soir. G.
CYFNOSANT, demeure, séjour. G.
CYFOCHR, qui a les côtés égaux. G.

CYFOCHRI, convenir, quadrer, se rapporter juste. G.
CYFOD, demeure, séjour. G. De *Cyf*; *Bod*, *Fod* en composition.
CYFODEDYN. *Da Cyfodedyn*, biens-meubles, biens qu'on peut enlever. G.
CYFODI, porter. G.
CYFODI, se lever, commencer à paroître, monter, élever, lever, exciter, pousser, aider, soulager, porter. G.
CYFODIST, concubine. G.
CYFODIAD, origine. G.
CYFOED, CYFOEDION, contemporain, de même temps, de même âge. G. *Cyfoed*.
CYFOELL, compagnon. G.
CYFOENEN, fautivement, pour *Ogfaenen*. G.
CYFOETH, richesses, autorité, domination, pouvoir, Souveraineté, Principauté, puissance, département, gouvernement, contrée, Province. G. De *Gweth* ou *Goeth*, richesses; le *g* se perdant en composition. *Cyf*, par conséquent superflu; ainsi *Gweth* doit avoir toutes les significations de *Cyfoeth*. *Cyfoeth* signifie aussi abondant. Voyez *Cyfoethogi*.
CYFOETH, domination. C.
CYFOETHOG, riche, opulent. G.
CYFOETHOGI, s'enrichir, devenir riche, enrichir, rendre opulent, être riche, augmenter, abonder. G.
CYFOETHOGRWYDD, richesses, opulence. G.
CYFOG, vomissement, envie de vomir, soulevement de cœur. G.
CYFOGI, vomir. G.
CYFOLWCH, louange par plusieurs. G. *Cyf Molwch*, *Folwch* en composition.
CYFOR, plein jusqu'au bord. G. *Or*, bord.
CYFORDY, nécessaire, ce qui est nécessaire. G.
CYFORIO, remplir jusqu'au bord, régorger, avoir trop grande abondance. G.
CYFORIOG, plein, rempli, plein jusqu'au bord. G.
CYFOSOD, amas de plusieurs choses. G. *Gosod*.
CYFR, chiffre. B.
CYFR, fort, beaucoup. Voyez *Cyfrdost*.
CYFR signifie à peu près le même que *Cyfa*. Voyez *Cyfrben*.
CYFR-GWBL, très-entier, très-accompli. G.
CYFRAGOD, embûches, embuscades, dresser des embûches, se mettre en embuscade. G.
CYFRAID, nécessité, obligation indispensable, nécessaire, ce qui est nécessaire; au pluriel *Cyfreiddiau*. G.
CYFRAIN, habile, expert. G.
CYFRAITH, Loi, Droit. G.
CYFRAN, part, portion. G. *Cyf*, superflu. Voyez *Ran*.
CYFRANGC, combat, bataille, choc. G.
CYFRANNA, consentir. G.
CYFRANNIAD, distribution, partage. G.
CYFRANNOG, participant, co-partageant, qui concerne les associés. G.
CYFRANNOGAETH, société. G.
CYFRANNOGI, communiquer, faire part, participer. G.
CYFRANNOGIAD, communication. G.
CYFRANNOGIAETH, société. G.
CYFRANNU, partager. G.
CYFRANNWR, qui partage. G.
CYFRBEN, complet, parfait. G. De *Cyfr* & *Pen*. *Cyfr* dans les composés paroît avoir à peu près la signification de *Cyfa*, plein, parfait, comme *Pan* & *Panto* en Grec dans les composés. Davies.

CYFRDAN, débat. G.
CYFRDELID. Davies dit qu'on voye si ce mot est le même que *Cyfarthelyd*, ou s'il est composé de *Telaid* adjectif, ensorte que ce soit une crase de *Cyfrdelaid*; l'un & l'autre me paroissent également conformes au génie du Gallois. G.
CYFRDO, entier, complet, achevé, parfait, orné, ajusté, paré. G.
CYFRDOST, fort âpre, fort âcre. G. *Tost*, âpre, âcre.
CYFRDRIST, fort triste. G. *Trist*.
CYFRDWY, fougère d'eau, polypode. G.
CYFRDWYTH, composé de *Twyth*. Davies n'explique ni l'un ni l'autre. Voyez *Twyth*. G.
CYFRE, CYFREF, tant, à la façon, à la manière, comme, autant, de même, aussi gros, aussi grand. G.
CYFRED, action de courir ensemble, course de plusieurs ensemble, course ensemble, courant aussi vite, aussi vîte à la course. G. *Cyf Red*.
CYFREDEG, concours, concourir, courir ensemble. Voyez *Ymgyfredeg*.
CYFREDIN. *T Cyfredin*, la populace. G.
CYFREF. Voyez *Cyfre*.
CYFREIDIOL, nécessaire, d'obligation. G.
CYFREION. Davies n'explique pas ce mot. Il paroit par la phrase qu'il cite qu'il signifie coureurs, piqueurs en termes de chasse. G.
CYFREITHIO, intenter un procès. G.
CYFREITHIOL, légal, juridique. G.
CYFREITHIWR, Jurisconsulte, qui étudie le Droit. G. De *Cyfraith*.
CYFREITHLAWN ou CYFREITHLON, juste, légitime, permis, licite, légal. G.
CYFRESTRAD, action de faire un tissu, d'entrelasser. G.
CYFRESTROG, tissu, entrelassé, tressé, brodé, embarrassé, embrouillé. G.
CYFRESTROG, de brodeur. G.
CYFRESTRU, faire un tissu, entrelasser, broder, embrouiller, embarrasser, entortiller. G.
CYFRESTWR, brodeur. G.
CYFREU paroît être le même qu'*Argyfreu*. G.
CYFREYNRWYDD, art. G.
CYFRGAIN, fort beau, entièrement beau, fort agréable. G. *Cain*.
CYFRGOLL, égarement, perte, perte entière, perte totale, perdu. G. *Coll*.
CYFRGOLLI, perdre, périr. G.
CYFRGOLLWR, destructeur, qui renverse, qui ruine. G.
CYFRGRWN, rond. G.
CYFRGRWN, rond & long, cylindrique. G.
CYFRGWBL, parfait, achevé. G.
CYFRIF, compte, calcul, comput, supputation, nombre, nombrer, calculer, compter, supputer, estime, estimer, prisée. G.
CYFRIFIAD, compte, calcul, énumération, dénombrement, action de compter. G.
CYFRIFOL, numéral, de compte, compté, honoré, qui est en grande estime. G.
CYFRIFYDD, calculateur, arithméticien. G.
CYFRIFYDDIAETH, l'arithmétique. G.
CYFRIFYDDION, joueurs de gobelets. G.
CYFRIN, confident, secret. G. *Rhin*.
CYFRINACH, le secret. G.
CYFRINACHOL, secret, caché, mystique. G.
CYFRINACHU, parler de choses secrettes. G.
CYFRINACHWR, secrétaire. G.
CYFRINGU, être entre, s'entremettre. G.

CYFRISOL, considérable, illustre, honoré. G.
CYFRITH, excuse, prétexte, idée, représentation à l'esprit, représentation, image. G.
CYFRIW, tel, pareil, de la même sorte, de la même espèce. G.
CYFRODFDD, tortillé, entortillé, entrelassé, G. De *Brodio* & *Cy*. Davies.
CYFRODEDDU, tordre. G.
CYFRODEDIG, synonime de *Cyfrodedd*. G.
CYFRODEDU, entortiller, entrelasser. G.
CYFROETH, Loi. G.
CYFRSANG, homicide. G.
CYFRWCH, entretien, aller à la rencontre, s'assembler en quelque lieu, rencontre, assemblée. G.
CYFRWNG, entre, au milieu; milieu, intervalle, interstice, distance qui est entre deux, distance, espace, arrivée entre, action de venir à la traverse, action de passer au travers, au milieu, entretemps. G.
CYFRWY, selle de cheval. G.
CYFRWYD, le même que *Rhwyd*. G.
CYFRWYDDO, prospérer, écarter les empêchemens. G.
CYFRWYM, liaison, connéxion, accouplement. G.
CYFRWYMO, lier, attacher, accoupler. G.
CYFRWYO, seller un cheval. G.
CYFRWYS, invitation pleine & totale, citation générale & universelle. G. *Cyfr Gwys*.
CYFRWYS, rusé, fin, matois, fourbe, fourbe achevé. G.
CYFRWYSDDADL, fourbe dans ses paroles. G.
CYFRWYSDDRWG, méchant, fourbe, fait avec artifice, avec adresse. G.
CYFRWYSDER, méchanceté, fourberie, tromperie, ruse, finesse, adresse, industrie, souplesse, subtilité, pénétration d'esprit. G.
CYFRWYSDRA, ruse, finesse, adresse, industrie, souplesse, fourberie. G.
CYFRWYSDRWG, fourbe, trompeur. G.
CYFRWYSEDD, finesse, ruse, adresse, artifice, invention, moyen pour faire réussir une chose, subtilité, surprise, espiéglerie, fourberie, tromperie, tour d'adresse, métier d'intriguant, de matois, de factoton. G.
CYFRWYSO, devenir fin, devenir plus rusé. G.
CYFRYNGDDOD, interjection, action d'inférer. G.
CYFRYNGIAD, interposition, parenthése, intervention, arrivée entre, action de venir à la traverse, action de passer au travers, au milieu, intercession, médiation. G.
CYFRYNGU, inférer, mettre entre, venir à la traverse, intervenir, intercéder. G. De *Cyfrwng*.
CYFRYNGWR, qui vient à la traverse, qui intervient, médiateur, arbitre, intercesseur, qui prie pour un autre. G.
CYFRYSEDD, discorde, dispute, débat. G.
CYFRYW, quel, de cette sorte. G.
CYFUN, qui s'accorde, qui vit en bonne intelligence, convenable, propre, proportionné, qui a du rapport. G.
CYFUN, petit, préposition superflue. Voyez *Cyfundam*.
CYFUNDAM, morceau, petite morsure. G. *Tam*, morceau, morsure, ainsi *Cyfun* signifie petit dans le second sens, & il est superflu au premier.
CYFUNDAWD, unité, union, concorde. G.
CYFUNDEB, unité, union, concorde. G.

CYFUNIAD, union, réunion. G.
CYFURDDAWR, honoré, homme du premier rang. G. *Cyf Urddas*.
CYFURDD, pair, égal, de rang égal, de même ordre, de même rang. G. *Cyf*, même, *Urdd*, ordre, rang.
CYFUS, A. M. écuelle, tasse. Voyez *Cwppan*, *Cupa*.
CYFWAG, espace, intervalle, éloignement d'un lieu à un autre. G.
CYFWCH, haut. G. *Cyf* superflu.
CYFWCH, hauteur. G. *Cyf* superflu.
CYFWLCH, convenable, commode, propre à, proportionné, égal en tout genre, continuel, continu, fort propre, fort convenable. G.
CYFWNG, séparation, interstice, coupure, milieu, intervalle, espace qui est entre deux. G. De *Cyf*; *Wng*, entre.
CYFWRDD, tact, attouchement, choc, conflit, combat, toucher, manier, atteindre, rencontrer, effleurer, toucher légèrement, passer tout auprès G.
CYFWYRAIN, s'élever, s'exciter, s'émouvoir, se soulever. se soulever ensemble. G. D'*Arwyre*, *Arwyrain*. Davies.
CYFYD. Voyez *Dychyfyd*. G.
CYFYL, près, auprès. G.
CYFYLCHIC. *LLEUAD GYFYLCHIG*, la lune ayant des cornes. G. De *Cyf* avec, & *Bwlch*. Davies.
CYFYLFIN, qui a un bec semblable. G. De *Cyf Gylfin*.
CYFYMLID, faire des reproches, contester, disputer, accuser, poursuivre, se battre. G.
CYFYMLYN, conséquence, suite. G.
CYFYMLIW, plainte, accusation, escarmouche, se plaindre, faire des plaintes. G.
CYFYNG, étroit, resserré, petit espace de temps ou de lieu, lieu étroit. G. *Cyf* superflu, *Ing*.
CYFYNGAU, petit espace de temps ou de lieu, lieu étroit. G.
CYFYNGDER, petit espace, lieu étroit, détroit, action de resserrer, d'étrécir, détresse, angoisse, transe, extrême saisissement, dernière frayeur, agonie. G.
CYFYNGFOR, détroit, bras de mer. G. *Mor*.
CYFYNGLEOEDD, petit espace de temps ou de lieu, lieu étroit. G.
CYFYNGU, accourcir, étrécir, resserrer. G.
CYFYRDYR, enfans des cousins. G.
CYFYS, vorace, glouton, gros mangeur. G. *Cyf Ysu*. Davies.
CYFYSCAR, le même que *Cyfesgar*; G. & par conséquent *Ysgar*, le même qu'*Esgar*, & *Ys* qu'*Es*.
CYGN, éminence, hauteur, élevation, bosse, tumeur. G. En Patois de Franche-Comté on appelle *Guigne* une bosse au front : le *g* & le *c* se mettent indifféremment l'un pour l'autre, & le *g* en Celtique se prononce comme *Gu*.
CYGN, cigne. B.
CYGNOG, plein d'éminences, rempli de hauteurs, noueux, plein de nœuds, mis par articles. G.
CYGWN, éminence, élevation, hauteur, bosse, tumeur, nœud, article, nœud qui distingue d'espace en espace la tige des plantes. G.
CYGYNTED AG, après que. G. Il est synonime d'*Er Cynted*.
CYH, le même que *Cyf*. Voyez *Cyhwng*.
CYHAFAL, semblable. G. *Cy* superflu.
CYHAFALHAU, par crase *Cyfalbau*, rendre semblable ; G. & par conséquent *Cyfal* comme *Cyhafal*;

CYHEDD, public. G.
CYHEFELYDD, pair, égal, semblable. G. Cyhasal.
CYHIDEZ, équinoxe. B.
CYHOEDD, public, divulgué, rendu public, publié, édit, ordonnance, encan, vente publique, vendre à l'encan. G.
CYHOEDD, publiquement. B.
CYHOEDDEDIG, divulgué, rendu public. G.
CYHOEDDI, publier, divulguer, rendre public, sonner de la trompette. G.
CYHOEDDIAD, déclaration, manifestation, publication, action de divulguer, de publier. G.
CYHOEDDWR, qui publie, dénonciateur, qui sonne de la trompette. G.
CYHUDDED, accusation, reproche, procès, action en justice. G.
CYHUDDIAD, accusation, action de divulguer. G.
CYHUDDO, accuser, dénoncer, poursuivre en justice, reprocher. G.
CYHUDDOL, accusé. G.
CYHUDDWR, dénonciateur, délateur, accusateur, qui poursuit en justice, calomniateur, médisant. G.
CYHWFAN, palpitation, palpiter, agiter, émouvoir. G.
CYHWFAN, manière ordinaire de prononcer Cychwysan. G.
CYHWNG, le même que Cyfwng. G.
CYHWRDD, tact, attouchement, atteindre, toucher, rencontrer. G. C'est le synonime de Cyfwrdd.
CYHWSSED, palpitation, palpiter. G.
CYHYD, autant de temps, pendant, aussi long, qui est d'une longueur égale, jusques. G. Cy pour Cyf, Hyd, longueur.
CYHYDEDD, longueur égale: on l'employe communément pour l'équinoxe; Cyfraith, Cyhydedd, lorsqu'on partage en égales parts le sujet du procès à vuë du droit des plaideurs. G.
CYHYDEDU, rendre d'égale longueur. G.
CYHYDEZ, équinoxe. B. Voyez Cyhidez.
CYHYDR, égal, semblable. G.
CYHYDREG, s'assembler en même lieu, se battre. G. De Cy Hydr. Davies.
CYHYDRU, comparer. G.
CYHYDU, rendre d'égale longueur. G.
CYHYR, muscle, la partie de viande qui n'est pas grasse. G.
CYHYRDDIAD, attouchement. G.
CYHYRGIG, l'état d'un homme charnu. G.
CYHYROG, plein de muscles. G.
CYHYRYN, morceau de viande qui n'est pas grasse. G.
CYIDHEAVADH, neuvième. I.
CYIN, doux. I.
CYIRLIS, étable de brebis. I.
CYL, mince, délié. G. I.
CYL, couper. G. De là sillon, sillage, siller. Kilig, épée en Turc. Voyez Cyllell.
CYL, forêt; de Gyl, tant par le changement réciproque du g en c & du c en g (Voyez Aru) que parce que Cil ou Kil en Ecossois signifie forêt; de là Sylva en Latin.
CYL, de Gyl, ténébres, ténébreux. Voyez Aru.
CYLACH, rejetton. I.
CYLAFAREDD, le même que Cyflafaredd. G.
CYLAFAREDDU, faire la paix, reconcilier. G.
CYLAFAREDDWR, pacificateur, arbitre, qui réconcilie. G.
CYLCH, autour, environ, circonférence, cercle, rond, cycle, en place, enchaînement, liaison des choses. G. Voyez l'article suivant.

CYLCH, cercle, cycle, lié avec de l'osier, certaine quantité de vignes. B. Voyez Gylch & l'article précédent.
CYLCH, marque le grand nombre. Voyez Essor At Gylch.
CYLCUDORRIAD, retranchement, rognure qu'on fait autour. G.
CYLCHDRO, tour, circuit, rond, cercle. G.
CYLCHDRO, entrelassement. G.
CYLCHED ou CYLCHEDD, circuit, circonférence, environnement, tour de lit, lit, matelas, tout ce qui sert à couvrir, tapisserie, courtine, rideau. G.
CYLCHEDLEN ou CYLCHEDLENN, courtine, rideau, tapisserie. G.
CYLCHGLAWD, creux, fossé fait tout autour. G.
CYLCHIAD, circonstance. G.
CYLCHIO, tourner. G.
CYLCHNU, faire une recherche. G.
CYLCHREDEG, courir autour. G.
CYLCHRWYDO, envelopper dans ses filets. G.
CYLCHSAF, circonstance. G.
CYLCHU, lier avec de l'osier, tourner autour, entourer, lier, garotter. G.
CYLCHWASGU, tordre, tourner avec effort. G.
CYLCHWAU, faire un tissu tout autour. G.
CYLCHWI, bouclier; ainsi appellé de sa forme circulaire. G.
CYLCHWYL, fête qui revient à son tour, anniversaire. G. Gwyl.
CYLCHWYRN, amygdales. G.
CYLCHYMADRODD, circonlocution. G.
CYLCHYN, tour, rond, circuit, cercle, autour, environs. G.
CYLCHYNIAD, tour, circuit, enceinte, embrassade, recherche. G.
CYLCHYNU, entourer, environner, ceindre, assiéger, entortiller, trousser, retrousser, aller à l'entour, faire cortége, ensemencer. G.
CYLCHYSSU, ronger tout au tour. G.
CYLIACH, coq. I. Voyez Ceiliog.
CYLION PARADWYS, mouches cantarides, à la lettre mouches de Paradis, ainsi nommées à cause de leur éclat. G. Voyez Cuil.
CYLIONEN, CYLIONYN; au plurier Cylion, mouche, moucheron. G. Voyez Cuil.
CYLL, noyers. G.
CYLL, coudriers; plurier de Collen. G.
CYLL, coudraie, lieu planté de coudriers. G.
CYLLA, estomach, ventricule. G.
CYLLAETH, douleur, tristesse, peine. G.
CYLLAGWST, mal de cœur ou d'estomach, douleur d'estomach. G.
CYLLAIG, cerf. G. On lit Cyllaig Cervus dans Lhuyd, apparemment pour Cervus.
CYLLELL, couteau, petite épée, poignard. G. Voyez Cyl.
CYLLELL GLUN, petite épée qu'on porte sur la cuisse. G. Clun.
CYLLELLAN, petit couteau. G.
CYLLELLBREN, spatule. G. à la lettre couteau de bois: les spatules étoient originairement de bois.
CYLLELLOD, playe, blessure. G.
CYLLELLOG, fait en forme de couteau. G.
CYLLELU, user du couteau. G. fraper avec une arme tranchante. Voyez Tmgyllelu.
CYLLELWR, coutelier. G.
CYLLELYN, scalpel. G.
CYLLESTR, caillou. G. Voyez Calestr.

CYLLESTRIG,

CYLLESTRIG, de caillou. G.
CYLLESTRIGAWL, de caillou, de pierre. G.
CYLLEUS, A. M. bouë. De *Clai* on a fait *Cillai.*
CYLLID, revenu, rente, cens, produit. G.
CYLLIDD, impôt. G.
CYLLIDOG, qui a beaucoup de rentes, qui a beaucoup de revenus. G.
CYLLIDWR, homme qui recueille les cens, les revenus. G.
CYLOR, raifort fauvage, rave fauvage. G.
CYLUS, coupable. G. De *Cwl.*
CYLYMMU, lier, attacher. G.
CYM, coube, tortu, boſſu. I.
CYM, avec, enſemble. Voyez *Cymmaethlu*, *Cymmun*, *Cymmar*; c'eſt le même que *Cwm*. *Gem*, aſſemblée en Turc; *Cym* en Chinois, paix, union; *Chimugay*, attacher en Galibi.
CYM, le même que *Cyf*, égal, également, auſſi. Voyez *Cymmhrydd.* G.
CYM, prépoſition explétive. Voyez *Cymmherfedd*, *Cymmrwyn.* G.
CYMBORIUM, A. M. le même que *Ciborium.*
CYMBRO, qui a pris ſon origine dans le pays, aborigéne, qui eſt ſans origine étrangère; pluriel *Cymbry.* G. Voyez *Cymro.*
CYMDEITHAS, amitié, ſociété, union entre aſſociés. G. Tranſpoſition de *Cydmeithas*.
CYMDEITHASU, aſſocier, joindre, unir. G.
CYMDEITHGAR, qui aime ſes amis, ſociable, qui reçoit volontiers les étrangers, qui concerne les alliés. G.
CYMDFITHWRAIG, compagne. G.
CYMEINTUN, CYMEINUN, univerſel, commun. G.
CYMER, prendre. G.
CYMERA, A. M. le même que *Cumera.*
CYMERAZ, recevoir. C.
CYMHARIAD, comparaiſon. G.
CYMHARU, comparer. G.
CYMHEDROL, modeſte, modéré, retenu, où l'on peut garder la modération. G.
CYMHEDROLI, tempérer, retenir, modérer. G.
CYMHENIAITH, éloquence, bien dire. G.
CYMHERFED, milieu. C.
CYMHESUROL, où l'on peut garder la modération. G.
CYMHWEDD, ſe jouer, badiner, plaiſanter, folâtrer, plaiſanterie, raillerie, mot pour rire. G.
CYML, enſemble, comme *Syml.* Voyez *Avu.*
CYMMAETHLU, famille. G. De *Cym Maeth Llu*, dit Davies. Il n'explique pas *Cym*, mais on voit par pluſieurs mots qu'il ſignifie avec; (c'eſt *Cwm*, en compoſition *Cym*) *Maeth*, Davies l'explique par nourriture; *Llu*, par armée. Il faut que ce dernier ne ſignifie pas ſeulement armée, mais encore troupe en général; ainſi *Cymmaethlu* ſera une troupe des hommes qui mange enſemble.
CYMMAIN, CYMMAINT, auſſi grand, tout autant. G. B. Davies dit que ce mot eſt formé de *Cyd*, avec, & *Maint*, grandeur. Il me paroit mieux de le former de *Cyf*, égal, même, & *Maint*; cette étymologie répond mieux au ſens du mot.
CYMMAINT, grandeur, comme, de même. G.
CYMMAL, nœud, article, jointure des os, liaiſon, jointure, l'eſpace qui eſt entre deux nœuds, ce qui eſt entre les jointures; *Cymmalan Llyſiau*, les nœuds qui ſont dans la tige des herbes. G.
CYMMALIAD, articulation. G.
CYMMALOG, noueux, plein de nœuds, plein de jointures, plein d'articles, mis par articles. G.

CYMMALU, joindre par articles, être joint par articles, articuler, prononcer diſtinctement. G.
CYMMALWST, goutte maladie. G.
CYMMAN. Davies demande ſi ce n'eſt pas le même que *Cyfan*? Je crois que non, appuyé ſur le mot qui ſuit dans ſon Dictionnaire, *Cymmanfa*, congrégation, ſynode, concile. *Cymman* paroit ſignifier un homme d'une aſſemblée, d'une ſociété; *Cym* eſt notre particule françoiſe *Con*; *Man*, homme, qui s'eſt conſervé dans le Breton; *Cymman*, homme d'une ſociété, confrere.
CYMMANBHA, le même que *Cymmanfa.* G.
CYMMANFA, aſſemblée, congrégation, ſynode, multitude, concile. G.
CYMMANFAU, aſſembler, accumuler, amonceler, amaſſer. G.
CYMMAR, pareil, ſemblable, habile à, propre à, capable, aſſocié, compagnon, époux, une paire, une couple, confluent. G.
CYMMARON, confluens. G. Voyez encore *Cymmerau.*
CYMMARUS, ſemblable, pareil. G.
CYMMAWS, de bonnes mœurs. G. *Cym* ſuperflu.
CYMMEDR, ſcience, connoiſſance, capacité, G. De *Cym Medru*; *Cym* ſuperflu.
CYMMEDR, le même qu'*Addas*. G.
CYMMEDROL, égal, tempéré, modéré, proportionné, convenable, retenu. G. *Cym Medr*.
CYMMEDROLDEB, égalité, égaliſation. G.
CYMMEDROLDER, proportion, modération, tempérance, ſymmétrie, convenance, juſteſſe, meſure, analogie, médiocrité, retenue, température, compléxion, conſtitution, tempérament. G.
CYMMEDROLEDD, proportion. G.
CYMMEDROLI, tempérer, modérer, ajuſter, adapter, proportionner, rendre convenable. G.
CYMMEDROLWR, entremetteur, intriguant, courtier. G.
CYMMELL, ſollicitation, violence, contrainte, pouſſer, pouſſer à quelque choſe, preſſer, inciter, engager, porter à, contraindre, arrêter, réprimer, aſſujettir, obliger. G.
CYMMELRHE, CYMMELRHI, trouble, affliction, tumulte, affaire. G. *Cym* ſuperflu; *Pelrhe*.
CYMMEN, ingénieux, ſpirituel, fin, ſubtil, adroit, habile, expert, diſcret, prudent, éloquent. G.
CYMMENDOETH, pénétrant, ſubtil, fin. G. *Doeth.*
CYMMER, confluent, union de rivières, jonction d'eaux. G. *Cym Mer.*
CYMMER, prendre. G. Voyez *Cymmera*, *Cymmeryd.*
CYMMERA, prendre. C. Voyez *Cymmer.*
CYMMERADWY, recevable, agréable, bien reçu, bien venu, eſtimé, approuvé. G.
CYMMERADWYAETH, eſtime. G.
CYMMERADWYO, recevoir, accepter, admettre, approuver, agréer. G.
CYMMERAU, confluens. G.
CYMMERAU, CYMMARON, humecter, frotter de quelque liqueur, oindre. G.
CYMMERE, confluens. G.
CYMMERIAD, action de prendre, de recevoir, entrepriſe, eſtime. Dans les vers il ſignifie la repriſe. G.
CYMMERWI, cuire, digérer, bouillir. G. *Berwi.*
CYMMERWR, celui qui prend à gages. G.
CYMMERYD, prendre, recevoir. G. B.

CYMMERYD, ôter, concevoir, comprendre. G.
CYMMESURO, tempérer, retenir, modérer, accommoder, ajuster, assortir. G.
CYMMESUROL, modéré, réglé, retenu, tempéré, modeste, médiocre. G.
CYMMESURWYD, retenue, modération, tempérance, mesure, justesse, proportion. G.
CYMMHARIAD, comparaison. G. Pariad.
CYMMHARIAÈTH, comparaison, paralléle. G.
CYMMHARU, joindre, unir, rendre pareils. G.
CYMMHARU, comparer. G.
CYMMHEDROL, égal, médiocre, modéré, tempéré, frugal, appaisé, calmé. G.
CYMMHELLIAD, impulsion, contrainte, action de contraindre, de subjuguer. G.
CYMMHELLWR, qui chasse, qui bannit. G.
CYMMHENAIR, apophtegme, sentence, bon mot. G.
CYMMHENDOD, éloquence. G.
CYMMHENNU, orner, polir, parer, ajuster; Proprement, polir un discours. G.
CYMMHERFEDD, centre, milieu. G. Cym superflu; Perfedd.
CYMMHES, médiocrité, ce qui suffit. G. Cym Mes, de Mesur.
CYMMHESSUR, égal. G.
CYMMHESUR, convenable, propre, assorti, digne, accommodé, ajusté. G.
CYMMHESURO, adapter, rendre propre, rendre convenable. G.
CYMMHESUROL, tempéré, modéré. G.
CYMMHESURWYDD, modération, médiocrité, ce qui suffit. G.
CYMMHIBAU, la trachée-artére, flûte. G. Cym superflu; Pibau.
CYMMHLEGYD, partie, participant. G. Cym Plegyd.
CYMMHLETH, tissure, entortillement, entrelassement, tissu, ourdi, entrelassé, entortillé. G. Cym Pletha.
CYMMHLETHU, ourdir, faire un tissu, entrelasser, entortiller. G.
CYMMHLEYIAD, tissure. G.
CYMMHLYGU, rouler ensemble, replier, recourber. G.
CYMMHWYO, battre contre, piler, broyer, briser. G. Pwyo.
CYMMHWYSDER, convenance, capacité pour une chose. G. Pwys. Voyez le mot suivant.
CYMMHWYSDRA, égalité en pesanteur & en hauteur, égalisation, médiocrité. G. Pwys.
CYMMHWYSIAD, contre-poids, ce qui met en égalité. G.
CYMMHWYSO, assortir, accommoder, ajuster. G.
CYMMINEDD, combat. G.
CYMMINU, laisser. G.
CYMMLAWD, agitation, vîtesse. G. Blawd.
CYMMOD, co-habitation. G. Cym Bod.
CYMMOD, réconciliation, concorde, être convenable. G. Cym Bodd.
CYMMODI, unir, concilier, pacifier, réconcilier, être réconcilié. G.
CYMMODLONEDD, concorde, union, réconciliation, pacification, l'art de concilier les esprits, de gagner les cœurs, égalité d'esprit. G. Cym Bodloni.
CYMMODLONI, réconcilier. G.
CYMMODLONWR, conciliateur, médiateur. G.
CYMMODWR, conciliateur, médiateur. G.
CYMMONI, composer, mêler ensemble, mettre ensemble. G. Je crois que Moni est ici mis en composition pour Poni.
CYMMORTH, aide, secours, contribution, droit d'aides, aider, secourir, s'employer avec soin. G. Porth.
CYMMORTH, garnison, garde. G.
CYMMRADWY, brisé, fracassé, détruit, renversé, corrompu, raboteux, rude, rompu, inégal. G. Bradwy, Bradw, Bradwyog.
CYMMRAIN, le même que Brain. G.
CYMMRAS, d'égale grosseur. G. Cym Bras.
CYMMRAW, le même que Brawychu; & par conséquent Braw, le même que Brawychu. G.
CYMMRAW, crainte, terreur, frayeur, trouble, épouvante. G. Cym superflu; Braw de Brawychu.
CYMMRHYDD, aussi beau, qui a une égale beauté. G. Prydd; Cym comme Cyf, égal.
CYMMWD, ciment, plâtre, mêlé de sable. G.
CYMMRWYN, tristesse, triste, deuil, pleurs, déplorable, lamentable. G. Brwyn.
CYMMRWYSG, le même que Brwysg dont il est formé. G.
CYMMRYD pour Cymmeryd. G.
CYMMUN, conjonction, communion. G. De Cym Un. Gemein, commun en Allemand.
CYMMUNDEB, union, société, association, communication, participation mutuelle. G.
CYMMUNO, communiquer. G.
CYMMWD, le même que Cwmmwd. G.
CYMMWEDD, le même que Camwedd. G.
CYMMWY, contusion, meurtrissure, peine, affliction, chagrin, infortune, misére. G. Pwyo, Cym superflu.
CYMMWYLL, faire mention, discourir. G. De Pwyll.
CYMMWYN. DAFAD GYMMWYN, brebis pleine. G. De Mwyn.
CYMMWYNAS, mérite. G.
CYMMWYNAS, bienfait, avantage, utilité, profit. G. Mwyn.
CYMMWYNASEDD, gratification. G.
CYMMWYNASGAR, bienfaisant, qui est fort doux, qui est fort bon. G.
CYMMWYNASGARWCH, inclination bienfaisante. G.
CYMMWYNASOL, avantageux, utile, profitable, commode. G.
CYMMWYO, affliger, faire peine, causer du chagrin, procurer quelque infortune. G.
CYMMWYS, de même poids, égal, propre, convenable, ajusté, qui a des graces, des agrémens, enclin, médiocre. G. Pwys.
CYMMWYS, mûr. G.
CYMMWYS YW, il est à propos. G.
CYMMWYSDER, poids égal, contrepoids. G.
CYMMWYSO, accommoder, apprêter, rendre propre à. G.
CYMMYDD, troisiéme personne singuliere du futur de l'indicatif, ou seconde personne de l'impératif, de Cymmodi. G.
CYMMYDOG, prochain, voisin, paroissien. G.
CYMMYDOGAETH, proximité, voisinage. G.
CYMMYDOGAIDD, du voisin, du voisinage. G.
CYMMYDOGAWL, de voisin, du voisinage. G.
CYMMYLU, couvrir de nuages, rendre le temps couvert, s'obscurcir, se couvrir de nuages, faire un temps sombre. G. Cwmmwl.
CYMMYN, legs. G. Il signifie aussi testament. Voyez Cymmynol, Cymmynwr.
CYMMYN-GYFF, banc. G. Cyff.

CYMMYNAD, coup de hache, qui frape de la hache. G.
CYMMYNAI, hache, doloire. G.
CYMMYNAWG, frapant de la hache. G.
CYMMYNNOL, teſtamentaire. G.
CYMMYNNU, léguer, donner un legs par teſtament, recommander, adjuger, accorder, livrer, doler, applanir, unir avec la doloire, fraper avec la hache, battre, fraper. G.
CYMMYNWR, teſtateur, qui légue, qui applanit avec la doloire, qui frape, qui bat. G.
CYMMYREDDUS, actif, agiſſant, honoré. G.
CYMMYRREDD, CYMMYRRED, CYMMYRRAETH, eſtime, honneur, dignité, droit qu'on a de recevoir des égards, arrogance, exigence de trop d'égards. G.
CYMMYRREDDUS, couvert de gloire, arrogant, orgueilleux, agréable, bien reçu, vu de bon œil. G.
CYMMYSG, mélange, confuſion, mélange enſemble, mêlé. G.
CYMMYSG-GI, engendré de deux eſpèces différentes. G. Ci, chien, ſe prend donc auſſi pour animal en général: les Latins ont pris de même Catulus pour tout petit d'animal.
CYMMYSG-ŶD, mélange de pluſieurs grains. G. Ŷd ſe prend donc pour toutes ſortes de grains.
CYMMYSGEDIG, mêlé, confus, qui eſt pêle-mêle, troublé, ému. G.
CYMMYSGIAD, mélange, compoſition, action de mêler, de compoſer. G.
CYMMYSGIAETH, action de joindre un mot étranger avec un terme propre de la Langue qu'on parle. G. Iaith.
CYMMYSGLIW, d'un roux obſcur, jaune obſcur. G.
CYMMYSGU, mêler enſemble, mettre parmi. G.
CYMMYSGU AG US, mêler de la paille dans du ciment, du mortier. G.
CYMMYSOGI, engendré d'animaux d'eſpèces différentes. G. Voyez Cymmyſg-Gi.
CYMRAWU, craindre beaucoup. G. Brawychu.
CYMRIW, le même que Briw. G.
CYMRIWO, broyer, piler, concaſſer, écraſer, moudre. G. Briwo.
CYMRO, les premiers habitans ou les naturels d'un pays. G. De Cyn Bro, dit Thomas Guillaume. Cymro, craſe de Cymbro.
CYMRODEDD, concorde, pacification, réconciliation. G. Voyez encore le mot ſuivant.
CYMRODEDDAF, celui qui eſt très-porté à pacifier, à réconcilier. G. Cymrodedd, pacification, réconciliation; Af, marque du ſuperlatif: le ſubſtantif devient ici adjectif. Les Hébreux diſent de même Paix pour pacifique, Sainteté des Saintetés pour Saints des Saints.
CYMRODEDDWR, arbitre, pacificateur. G.
CYMRODORION, ſynonime de Cymro. G.
CYMRWD CALCH, ciment ou mortier mêlé de paille. G.
CYMRWDCALCH, mortier fait avec de la chaux & du ſable. G.
CYMWED, badiner. G.
CYMWYLL, raconter, rapporter. G.
CYMYRREDUS, homme qui fait l'empreſſé. G.
CYN, ſens, intelligence. G. Voyez Cen, Cin, tête.
CYN, Roi, premier, plutôt, avant, auparavant, auſſi, petit, particule diminutive, attaché, uni, avec, avant que. G. Yn, avec en Arménien; Kin, diminutif en ancien Saxon. Quenillot en Patois de Beſançon, un homme qui s'occupe de petites choſes.
CYN, comme particule de comparaiſon. G. C.
CYN, en compoſition au commencement du mot enſemble, le premier, le plus excellent. C.
CYN, cigne. B.
CYN, beau. Voyez Cynnull.
CYN, aiſément. Voyez Cynnyrfol.
CYN, bois, arbre comme Gyn. Voyez Arn.
CYN, le même que Cwyn. Voyez ce mot.
CYN, enſemble. Voyez Cyngrair; & par conſéquent touchant, joignant.
CYN, commencement. Voyez Cynddydd.
CYN, ancien. Voyez Cynfyd.
CYN, premier, principal. Voyez Cynrhan, Cynwydd.
CYN, également. Voyez Cynddrwg.
CYN, prépoſition explétive. Voyez Cyncan.
CYN, morceau. G. De là Quignon de pain, parce que Cyn ſe prononce Qyn.
CYN, coin outil à fendre du bois. G. Konos en Grec, cone.
CYN BELLED, juſques-là. G.
CYN CERFIO, burin, cizelet, cizeau. G.
CYN-DDEWRED, particule de comparaiſon. G.
CYN HYN, depuis tel temps. G.
CYN HYNN, CYNN HYNNY, avant, auparavant. G.
CYN NAG, avant que. G.
CYN NEMMAWR, vîte, plus vîte, très-vîte. G.
CYNADL, le même que Cynnadl. G.
CYNANU, parler, parler à quelqu'un. G. Davies dit que Cynganu ſeroit peut-être mieux, par où il inſinue que Canu, d'où vient Ganu en compoſition, ne ſignifie pas ſeulement chanter, mais encore parler. Cyn, avec. Voyez Cynganu.
CYNAR, le même que Cunar. G.
CYNCAN, blanc. G. Can, blanc.
CYNCANU, être d'accord en chantant. G.
CYNDAN, dette. G.
CYNDDAIL, les premières feuilles. G.
CYNDDAREDD, fréneſie, rage, fureur, folie, manie. G.
CYNDDEIRIOG, maniaque, frénétique, enragé, furieux, barbare, ſauvage, farouche. G.
CYNDDEIRIOGAID, furieux. G.
CYNDDEIRIOGI, être cruel, rendre cruel, barbare, furieux, farouche, ſauvage, être en fureur, exercer ſa fureur, être plein de feu, d'ardeur, tempêter, s'emporter, être en furie, ſe mettre en furie, outrager, maltraiter, tourmenter. G.
CYNDDEIRIOGRWYDD, fureur, tranſport, furieux. G.
CYNDDELW, original, image, modéle, copie. G. Delw.
CYNDDRWG, également mauvais. G. Drwg, mauvais.
CYNDDRWS, parvis, balcon, galerie en ſaillie. G.
CYNDDRYGEDD, malice, diſcorde, haine. G.
CYNDELW, moule, modéle. G. C'eſt le même que Cynddelw.
CYNDRYCHIOL, préſent. G. De Drych, vuë. Ce mot eſt ſynonime à Cydrichiol; ou pour mieux dire ce dernier eſt une craſe de Cyndrichiol.
CYNDRYCHIOLI, rendre préſent, préſenter. G.
CYNDRYCHOLDER, préſence, G.
CYNDRYGEDD, malignité. G.
CYNDYN, CYNDYNN, obſtiné, opiniâtre, effronté, impudent, inſolent, audacieux, arrogant, préſomptueux, téméraire, qui a une haute opinion

de foi-même, pervers, entêté, réfractaire, mutin, qui résiste, bizarre, bourru, fantasque, de mauvaise humeur, difficile à contenter, farouche, cruel, barbare, implacable, qu'on ne peut adoucir ni fléchir, vite, leger. G. *Tynn.*

CYNDYNNIOG, le même que *Cyndynn.* G.

CYNDYNRWYDD, opiniâtreté, impudence, effronterie, entêtement, perverfité, méchanceté, malignité, infolence, obftination, état d'un homme bizarre, bourru, de mauvaife humeur, difficile à contenter. G.

CYNENID, né avec, de naiffance, qu'on apporte en naiffant, naturel. G. *Cyn,* avec. *Enid* de *Genid.*

CYNENID, aîné, aînée, qui a été produit le premier. G. *Cyn,* premier.

CYNFAI, péché originel. G. *Cyn Bai.*

CYNFARAN, force. G. *Baran.*

CYNFAS, groffe couverture de lit, couverture piquée, loudier. G.

CYNFERTHYR, premier martyr. G. *Merthyr.*

CYNFFON, queuë. G.

CYNFFON Y CABWLLT, valeriane plante. G.

CYNFFON Y GATH, typha ou maffe plante. G. *Cath,* à la lettre queuë de chat.

CYNFFON Y LLYGODEN, petite joubarbe. G. A la lettre queuë de fouris.

CYNFFONLONNI, flatter. G.

CYNFFONNOG, qui a une queuë. G.

CYNFFURF, original. G.

CYNFIGEN, envie, émulation, malignité. G.

CYNFIGENNU, envier, avoir de l'émulation. G.

CYNFIGENNUS, malin, envieux. G.

CYNFIGENNWR, jaloux, envieux. G.

CYNFIGENWR, jaloux, envieux, émule. G.

CYNFIL, CYNFYL, monftre. G. *Fil de Mil,* animal.

CYNFLAWD, prompt, avant le temps. G. *Blawd.*

CYNFLITH, vache qui a fon premier lait. G.

CYNFYD, ancien. G.

CYNFYD, ancien temps. G. *Byd,* temps; *Cyn,* ancien.

CYNFYD. OR CYNFYD, anciennement. G.

CYNG, CYNGA. Voyez *Gynghafog* G.

CYNGAF, bardane, petite bardane; *Cyngaf Mawr,* grande bardane. G. La bardane s'attache aux habits des paffans. Voyez *Gynghafog.*

CYNGAFU, embarraffer, engager. G.

CYNGAN, parole, langage, difcours. G. Voyez *Cynanu.*

CYNGANU, le même que *Cynann.* Il fignifie encore convenir, être propre, être utile. G.

CYNGAW, le même que *Cyngaf,* bardane, aparine, gratteron, petalite, *Perfonata.* G. Quelques-uns prononcent *Cynghar,* dit Davies, & dérivent ce mot de *Caru.*

CYNGERTH, entortillé, frifé, embarraffé, embrouillé, plein de détours. G. De *Cyn Certh.* Davies.

CYNGHAFOG, de bardane. G.

CYNGHAFU, faire un tiffu, entrelaffer. G.

CYNGHALLEN, parole, langage, difcours. G.

CYNGHANEDD, accord en chantant, concert, harmonie, fymphonie, accord de fon, nombre, cadence, proportion du mouvement, modulation, chant harmonieux. G.

CYNGHANEDDOL, harmonique, cadencé, qui a du nombre, qui a de la cadence, de fymphonie. G.

CYNGHANEDDU, chanter harmonieufement, chanter avec. G.

CYNGHANU, chanter avec. G.

CYNGHAUS, Procureur. G. Voyez le mot fuivant.

CYNGHAWS, caufe, procès, Avocat. G.

CYNGHAWSEDD, CYNGHAWSAETH, caufe, procès. G.

CYNGHELLAWR, le même que *Canghellawr.* G.

CYNGHEUSED, craquement, bruit que fait un meuble qu'on remue trop fort. G.

CYNGHEUSEDD, action de juger, jugement. G.

CYNGHEWSEDD, caufe, procès. G.

CYNGHLENNYDD, hépatique plante. G.

CYNGHLO, clos, clôture. G.

CYNGHLWM, concret terme de dialectique, liaifon, attache. G. De là *Cingulum* Latin. Voyez *Clwm.*

CYNGHLYMMU, entortiller, entrelaffer. G. *Clwm.*

CYNGHOR, confeil, affemblée de Sénateurs, concile, avis, confeil. G.

CYNGHORDIAD, concorde, convention. G.

CYNGHORDIO, s'accorder, correfpondre. G.

CYNGHORDIOL, qui eft de même fentiment. G.

CYNGHORDIWR, qui eft de même fentiment. G.

CYNGHORDY, lieu où s'affemble le Confeil, le Sénat. G.

CYNGHORFYNNU, envier, avoir de l'émulation. G.

CYNGHORFYNNUS, envieux. G.

CYNGHORFYNT, envie, émulation. G.

CYNGHORI, avertir, exhorter, corriger, châtier, confulter. G.

CYNGHORIAID, Sénat. G.

CYNGHORUS, qui donne confeil, perfuafif. G.

CYNGHORWR, qui avertit, Confeiller, Sénateur. G.

CYNGHYD, confin. G.

CYNGHYRCHOL, préfent, préfente. G.

CYNGIDIOL, lent, irréfolu, qui temporife, qui ufe de remife. G. Voyez *Cyngyd.*

CYNGLO, conféquence, conclufion. G. *Clo.*

CYNGLWYST, CYNGLWYSTL, gage. G.

CYNGLYN, lié, conjoint, accouplé, facile à s'unir, embarraffé, embrouillé. G.

CYNGOR, affemblée, fynode. G.

CYNGRABAD, félicité, bonne fortune. G.

CYNGRAFF, vifible. G.

CYNGRAIR, alliance, traité, contrat, convention, treve. G. *Cyn Creirio.*

CYNGREIRIAW, affocier, allier, confédérer. G.

CYNGREIRIO, jurer enfemble, conjurer. G.

CYNGRHAFFAWR, alliance, traité, contrat, convention, treve. G.

CYNGRHOESFFORDD, chemin fourchu, endroit où deux chemins aboutiffent. G. De *Croes Ffordd.*

CYNGROD, dévidoir, tournette. G.

CYNGRWN, rond. G. *Crwn.*

CYNGWASGU, comprimer, ferrer, preffer. G.

CYNGWEDDIAD, convenance. G.

CYNGWEDDO, affortiffant, convenable. G.

CYNGWEDDU, être convenable, fe rapporter, avoir de la convenance, de la conformité, demander en même temps, pourfuivre, briguer la même chofe qu'un autre. G.

CYNGWEDDUS, compétent. G.

CYNGWEINIANT, pénitence. G.

CYNGWL, premier péché, premier péchant. G. De *Cwl.*

CYNGWYSTL, gageure, pari, gage, promeffe, engagement de parole. G. *Gwyfl.*

CYNGWYSTLO, mettre en gage. G.

CYNGYD, retard, retardement. G. Il paroit formé de *Cyn; Gwidnedd,* lenteur.

CYNGYDIO,

CYNGYDIO, retarder. G.
CYNGYDIWR, lent, irrésolu, qui temporise, qui use de remise. G.
CYNGYR. Davies demande si c'est le pluriel de Cynghor ou Cyngor. Il paroit qu'oui, suivant l'analogie de la Langue. G.
CYNHAIG, chaleur de la chienne. G. Ce mot est formé de Cwn, en composition Cyn, chiens ; & d'Haig, qui doit signifier désirer avec violence. Hedi en vieux François signifioit souhait. (souhait a été formé de ce mot) Heg, agacement, irritation en Breton.
CYNHALIAD, action de soutenir. G.
CYNHALIAWDR, soutien. G.
CYNHALIO, appui, soutien. G.
CYNHARWCH, maturité. G.
CYNHAUAF, automne, moisson. G. Cyn, avant, Hauaf pour Gauaf, hyver.
CYNHAUAFA, moissonner. G.
CYNHAUAFU, recueillir la moisson. G.
CYNHAUAFWR, moissonneur. G.
CYNHAYAF, moisson. G.
CYNHEBRWNG, enterrement, funérailles. G.
CYNHEBYG, semblable. G.
CYNHEBYGU, ressemblance. G.
CYNHEICIA, être en chaleur parlant des chiennes. G.
CYNHEIGRWYDD, chaleur des chiennes. G.
CYNHEIGTRA GAST, chaleur de la chienne. G.
CYNHEILIAD, patron, protecteur, qui nourrit. G.
CYNHEILIAETH, action de soutenir, action de paître, de nourrir, action de prendre son repas, réfection, aliment, vivres, provision pour une année, ragoût, tout ce qu'on mange avec du pain, le vivre, la nourriture, subvention, fournitures. G.
CYNHEILIAID, figures auxquelles on fait supporter les saillies des corniches. G.
CYNHEILYDDIAETH, action de soutenir, soutien, appui. G.
CYNHELW, soutenir, supporter, appuyer, contenir. G.
CYNHELWY, soutien, appui. G.
CYNHENID, natif, originaire, né avec nous, premier né. G. Cyn, Henid pour Genid.
CYNHENNU, combattre. G.
CYNHENNUS, qui aime le combat, qui a de l'ardeur pour le combat, qui se plait à se battre, contentieux, propre pour la dispute, contrariant, contredisant. G.
CYNHENNWR, plaideur. G.
CYNHINIO, le même que Cinhinio. G.
CYNHWYNOL, naturel, d'origine, né avec, natif, originel, qui a été produit le premier. G.
CYNHYNNAN, charpie, morceaux, fragmens. G.
CYNHYRCHOL, présent. G.
CYNHYRCHOLDER, présence. G.
CYNHYSPYDD, femme, ou fonds devenu stérile, épuisé. G. Hysp.
CYNI, perpléxité, anxiété, inquiétude, transe, fâcheuses extrémités, extrême saisissement, dernière frayeur, agonie, défilé, lieu étroit. G.
CYNIO, planter un coin. G.
CYNIRED, fréquenter, aller voir souvent, aller souvent, être fréquemment, s'assembler, s'attrouper, fréquent usage. G.
CYNITUS, A. M. le même que Cenitus.
CYNIWEIR, être ordinairement, faire sa résidence, arrivée entre, action de venir à la traverse, de passer à travers, de passer au milieu. G.
CYNLLAETH, premier lait. G.
TOME I.

CYNLLEIDFA, troupe. G.
CYNLLUN, original, moule, modéle, exemplaire, copie, image. G. Cyn au premier sens premier, au second superflu.
CYNLLWYN, embuscade, embûches ; dresser des embûches, assiéger, poursuivre, accompagner. G.
CYNLLWYNIAD, siége, action d'assiéger. G.
CYNLLWYNION, embûches, embuscade. G.
CYNLLWYNWR, qui dresse des embûches, qui est en embuscade. G.
CYNLLYFAN, petite bride, collier pour les animaux, courroie, rênes de bride, longe, tout ce qui sert à retenir. G. Llyfan.
CYNLYN, le même que Canlin. G.
CYNN, le même que Cynnen. Voyez Acinari, Acinaticum. De là Quine, dispute en vieux François.
CYNNA, aussi bon. G. Cyn, également ; Da, Na, bon. Voyez le mot suivant & Naou.
CYNNADL, assemblée, entretien, discours entre plusieurs, conférence pour parler, abouchement, rencontre. G. De Cyn Dadl. Davies.
CYNNADLEDD, entretien. G. Voyez Cynnadl.
CYNNAL, soutenir, supporter, appuyer, contenir. G.
CYNNAR, mûr, qui est à temps. G.
CYNNARWCH, maturité, temps propre. G.
CYNNASEDD, salaire qui se donne manuellement. G. Davies n'explique pas ce terme, mais il paroit par la phrase qu'il rapporte, qu'il a ce sens.
CYNNATLU, s'assembler pour discourir, discourir ensemble. G. Voyez Cynnadl.
CYNNE, CYNNEU, allumer, être allumé, brûler, incendie, bûcher. G. De là Cinis Latin, Le c initial se perdant (Voyez Aru,) D'yne est venu Ignis Latin. Chnda, Chinta en Basque, étincelle. On a employé ce terme au figuré ainsi qu'il paroit par Quinte, Quinteux, & par Cynnen, Cynnes & Dignnen. Assimbei, chaud en Galibi ; Akkini, feu en Malabare ; Chim, échauffé en Cophte ; Syn, soleil en ancien Suédois, selon Rudbeck ; Ogeny, feu en Stirien & en Carniolois ; Cynné a aussi signifié rouge. Voyez Benboeth. Sinelles en vieux François Senelles, aujourd'hui les bacques du houx (qu'on appelle Coccinelli en Latin, de Coccus à cause de leur ressemblance à la graine d'écarlate, on a aussi appelé Senelles ou Cenelles le fruit de l'épine blanche à cause de sa ressemblance aux bacques du houx.
CYNNEDF, propriété, qualité, coûtume, génie, caractére, vertu. G. Dedf.
CYNNEFAWD, coûtume, usage, cérémonie. G.
CYNNEFIN, coûtume, usage. G.
CYNNEFIN, chez les anciens Cyntefin, usité, accoûtumé, familier. G.
CYNNEFINDER, coûtume. G.
CYNNEFINDRA, coûtume, usage, pratique, familiarité, exercice, exercice de la lutte. G.
CYNNEFINO, avoir coûtume, accoûtumer, s'accoûtumer, apprivoiser. G.
CYNNEFINOL, accoûtumé, usité, qui se fait tous les ans. G.
CYNNEFINWR, maître d'exercice, qui exerce. G.
CYNNEFOD, coûtume, manière, loi. G.
CYNNEFODIG, usité. G.
CYNNELW, le même que Cynhelw. G.
CYNNEN, débat, dispute, querelle, altercation, procès, combat. G. Il s'est aussi pris au propre pour pointe, piquant. Voyez Acinaticum.
CYNNENINFA, lieu où s'exerçoient les lutteurs. G.

L llll

CYNNENNUS, factieux. G.
CYNNES, chaud, tiéde. G. On voit par *Cynne* & *Anghynnes*, que *Cynnes* a signifié feu au propre & au figuré. Voyez *Berw*.
CYNNESSU, échauffer, être échauffé. G.
CYNNEU. Voyez *Cynne*. G.
CYNNEUDAN, toute matière qui prend feu aisément. G.
CYNNEW, le même que *Cynne*. G.
CYNNHALIWR, qui donne son suffrage, sa voix. G.
CYNNHARACH, plutôt, de meilleure heure. G.
CYNNHEBYG, égal, semblable, pareil. G. *Tebyg*.
CYNNHEBYGRWYDD, ressemblance. G.
CYNNHEBYGU, être semblable, rendre semblable. G.
CYNNHENNU, disputer, débattre, plaider, lutter, combattre. G.
CYNNHENNUS, querelleur, qui se plaît à contester, qui aime les disputes, les procès, séditieux, sur quoi l'on est en dispute, litigieux, contentieux. G.
CYNNHESRWYDD, chaleur, tiédeur. G.
CYNNHESU, échauffer, attiédir, s'échauffer, s'attiédir. G.
CYNNHEWI, se taire. G. *Cyn Tewi*. Davies.
CYNNHEWYDD, qui se tait, taciturne. G.
CYNNHILDEB, épargne, ménage, économie. G.
CYNNHIRFIAD, trouble, inquiétude. G.
CYNNHIRFU, agiter, remuer. G.
CYNNHORAWR, qui demeure le premier à la porte. G.
CYNNHORDY, parvis, maison située dans le parvis. G. *Cynnor Ty*.
CYNNHORTWY, aide, secours. G.
CYNNHORTWYO, aider, secourir. G.
CYNNHULL, assembler. G.
CYNNHWYSIAD, union, liaison, concours de choses qui se joignent, prise, saisissement, permission, abbrégé. G.
CYNNHWYSO, unir, joindre, assembler. G.
CYNNHYRCHU, être augmenté. G.
CYNNHYRFIAD, motif, aiguillon. G.
CYNNHYRFU, mouvoir, émouvoir, exciter, inciter, animer, troubler, exciter du tumulte, palpiter, assembler, faire venir. G.
CYNNHYRFUS, ému, mû, agité, inquiet, qui n'a point de repos, troublé. G.
CYNNHYRFWR, instigateur, qui excite, qui agace, qui cause le trouble, brouillon, séditieux, perturbateur. G.
CYNNI, oppression. G. Voyez *Cyni*, *Cynnisiad*.
CYNNIAFA, dîner verbe. *Cinio*, le dîner. G.
CYNNICHDAN, crier comme les enfans au berceau. G.
CYNNIF, le même que *Cyni*. G.
CYNNIFER, tant *en comptant*, en aussi grand nombre, combien, tôt. G.
CYNNIFIAD, CYNNIFIWR, oppresseur, qui réduit les autres à de fâcheuses extrémités, guerrier; *suivant d'autres*, fort. G.
CYNNIL, homme de bien ou ménager. B.
CYNNIL chez une partie des Gallois, épargnant, ménager, frugal; chez les autres, habile, qui sçait. G. Il faut que ce mot ait eu anciennement tous ces sens; une partie de la Nation aura conservé les uns, une autre les autres. Voyez *Cynnilda* & l'article précédent.
CYNNILDA, frugal, honnête, de bonnes mœurs. G.
CYNNILDAB, habileté, frugalité. G.
CYNNILDER, frugalité. G.

CYNNILO, être ménager pour s'enrichir. G.
CYNNILWCH, épargne, ménage, économie, frugalité. G.
CYNNIRED, fréquentation. G.
CYNNIWEIR, fréquenter, aller voir souvent, être fréquemment. G.
CYNNIWEIRFA, fréquent usage. G.
CYNNIWEIRIAD, action de passer & repasser devant. G.
CYNNOE, bucher; *Cynnoe Taull*, incendie. G. Voyez *Cynne*.
CYNNOG, CYNNOGN, principal débiteur. G.
CYNNOGNI, prier instamment, se rendre débiteur. G.
CYNNOL, le même que *Cynnal*. Voyez *Bal*. De là *Quinola* en vieux François, meneur de Dames.
CYNNOR, petite porte, vestibule. G. *Cyn Dor*.
CYNNOR; chez les Anciens *Cyntor*, jambage antérieur de la porte, qui reçoit la porte quand elle est fermée; selon d'autres; jambage postérieur où sont attachés les battans; selon d'autres, seuil de la porte, vuide, ouverture de la porte; selon d'autres, la paroi ou la premiere porte. Ce mot se dit par métaphore des premiers d'un État. G.
CYNNORTHWY, secours, aide, garnison, garde. G.
CYNNORTHWYO, aider, secourir, garder. G.
CYNNORTHWYOL, qui aide, qui secourt, auxiliaire, subsidiaire. G.
CYNNORTHWYWR, qui aide, qui donne du secours, soldat de garnison, homme placé pour la défense. G.
CYNNRHIGOLION GWLAD, le même que *Cymro*. G.
CYNNU, allumer, être allumé, brûler, incendie, bucher, commencer d'être, paroître au jour. G.
CYNNUD, bois à brûler. G. On dit *Qened* en Breton.
CYNNUDTY, bûcher, endroit où l'on garde le bois. G.
CYNNULL, beau temps; & par métaphore, occasion favorable. G.
CYNNULL, CYNNULLAW, assembler, rassembler, entasser. G.
CYNNULLDDADL, syllogisme. G.
CYNNULLEIDBHA, le même que *Cynnulleidfa*. G.
CYNNULLEIDFA, synode, assemblée, troupe, compagnie d'hommes, synagogue, assemblée religieuse des Juifs, lieu de cette assemblée, troupe d'animaux. G.
CYNNULLIAD, action d'assembler, de mettre ensemble. G.
CYNNUTTA, ramasser du bois pour brûler, couper du bois pour brûler. G.
CYNNUTTAI, CYNNUTTWR, bûcheron, qui fait du bois, goujat. G.
CYNNWLL, temps serein, beau temps; & par métaphore, occasion favorable. G.
CYNNWRF, CYNNWR, trouble, tumulte, mouvement, émotion, sédition, action d'irriter, de mettre en colere, passion, souffrance. G.
CYNNWYN, prémices, sacrifice. G.
CYNNWYS, embrasser, contenir, renfermer, admettre, recevoir, souffrir, supporter, permission, assemblé, joint, uni, arrêté, réprimé, pressé, beau, agencé, ajusté, accompli, réglé, rangé, retenu, modéré, continent. G. *Dwys*.
CYNNWYSO, serrer. G. *Dwyso*.
CYNNYDD, jeune. G. De *Cyn*.
CYNNYDD, augmentation, accroissement, profit, qualité, coûtume. G. *Gouñid*, profit en Breton.

CYN.

CYNNIDDIAETH, augmentation, accroissement. G.
CYNNYDDOED, jeuneſſe. G.
CYNNYDDU, être augmenté, croître, profiter, augmenter. G.
CYNNYDDWEST, robe d'enfant. G. Cynnydd, enfant, jeune; Gweſt, en compoſition Weſt, par conſéquent habit.
CYNNYG, tendre; étendre, allonger, tâcher, s'efforcer, attaquer, aſſaillir, porter un coup, montrer, faire voir, mettre devant les yeux, donner, offrir, fournir, démonſtration, montre. G.
CYNNYGN, ennemi, adverſaire. G.
CYNNYRCH, accroiſſement, augmentation, profit. G.
CYNNYRCHOL, préſent. G.
CYNNYRCHOLDEB, préſence. G.
CYNNYRCHOLI, rendre préſent, repréſenter. G.
CYNNYRCHU, produire, offrir. G.
CYNNYRDU, mouvoir. G.
CYNNYRFOL, qu'on peut aiſément remuer. G. Cyn doit ſignifier aiſément, & Tyrfol de Tyrfu, mobile. Voyez Cynwrf.
CYNNYSGAEDD, CYNNYSGAETH, dot. G.
CYNNYSGAEDDOL, doté, qui a, qui poſſéde, qui jouit, doué, orné. G.
CYNNYSGAEDDU, doter. G.
CYNOSOD, premier choc, combat. G.
CYNOSSOD, choc, conflit, combat. G. Voyez le mot précédent.
CYNRA, fortune. G.
CYNRABAD, félicité, bonheur, bonne fortune. G.
CYNRAIN, famille. G.
CYNRHAN, la première part, la principale part. G. Rhan, part; Cyn, par conſéquent premier, principal.
CYNRHAWNI, être vermoulu, être rongé des vers. G.
CYNRHONYN; pluriel Cynrhawn, ver qui carie les bois & qui s'engendre dans la chair. G. C'eſt notre ciron.
CYNRHWN, calandre, charançon inſecte qui ronge le bled. G.
CYNT, autrefois, anciennement, avant, auparavant, premier. G. B. Cien en Chinois, avant, auparavant, & Sien, premièrement; Kindiin, Préſident en Gothique. Voyez Cyn.
CYNT, plus vîte. G. C'eſt le comparatif irrégulier de Buan. Kin en Chinois, diligemment.
CYNTA, premier, commencement. G.
CYNTA, caché. I.
CYNTAF, premier, principal, primitif, qui eſt le premier dans ſon eſpèce, du premier ordre, qui eſt au bout, qui eſt à l'extrémité, très-vîte. G.
CYNTAFANEDIG, aîné, aîné. G.
CYNTAFANEDIGAETH, aîneſſe. G.
CYNTAV, premier, principal. G. C'eſt le même que Cyntaf.
CYNTED, très-vîte. G. C'eſt le même que Cyntaf.
CYNTEDD, parvis, veſtibule, place devant une maiſon. G. Cynt; Ad, en compoſition Ed; d'Adail.
CYNTEDDAN, diminutif de Cyntedd. G.
CYNTOR. Voyez Cynnor. G.
CYNTORF, premier corps de troupes. G. De Cyn Torf. Davies dit qu'on prononce Cynhorf.
CYNTREFAC, voiſin. C. De Cyn Tref.
CYNTUN, un ſommeil, ſommeil. G. Hun.
CYNUCHED, hauteur. G. Uched.
CYNWAN, de Cyn Gwan, dit Davies. Gwan,

CYR. 423

ſelon cet Auteur, ſignifie piquure, ponction, action de trouer, & Cyn, avant, coin. G.
CYNWE, toile. G. Gwe, toile.
CYNWYD, premier champ. G. Cyn, premier, & par conſéquent Wyd, champ; comme il eſt en compoſition, il doit faire Gwyd dans ſon état ſimple.
CYNWYDD, bois. G. Cyn ſuperflu; Gwydd.
CYNWYLEDD, modeſtie, modération, retenue. G.
CYNWYLL, prémices. G. Ce mot étant ſynonime de Cynwyn, il faut que Dwyll ſignifie la même choſe que Dwyn.
CYNWYN, prémices. G. Cyn, premier; Dwyn.
CYNWYRAIN, commencer d'être, paroître au jour, ſe lever. G.
CYNWYRE, commencement, orient, le lever des aſtres. G. Dwyre.
CYNYD, confins. G.
CYNYDD, qui a ſoin des chiens, chaſſeur. G. Cwn, en compoſition Cyn.
CYNYDDIAETH, ſoin des chiens. G.
CYNYS, le même qu'Ynys. Voyez Aru.
CYPHUS, A. M. le même que Cyfus.
CYPIACUS, A. M. Voyez Cippus.
CYPP, tronc. G. Ceap en Irlandois; Cepoas en Baſque.
CYPPUS, A. M. le même que Cippus.
CYPRESEN, cyprès. B.
CYR, le même que Cyhyr. G.
CYR, prépoſition explétive. Voyez Cyrbwyll.
CYRACH, étable de brebis. I.
CYRBWYLL, le même que Crybwyll. G. Cyr, Cry; prépoſitions explétives, puiſque Pwyll, en compoſition Bwyll, ſignifie la même choſe que Cyrbwyll & Crybwyll.
CYRBYCHU, accourcir, étrécir. G.
CYRCH, courſe, incurſion, irruption, expédition de guerre, attaque, inſulte, action de porter un coup, but, borne, projet, deſſein, demander. G. Voyez l'article ſuivant.
CYRCH, incurſion; & anciennement impétueux, vent impétueux, faucon. B. Ciercb, mouvement circulaire en Perſan. Voyez l'article précédent.
CYRCH, réputation, renommée. Voyez Diymgyrch.
CYRCHAFAEL, craſe de Cyfarchafael. G.
CYRCHFA, fréquent uſage, grand monde, foule, multitude, aſſemblée nombreuſe. G.
CYRCHU, attaquer, aſſaillir, fréquenter, aller voir ſouvent, être fréquemment, aller dans un endroit, mander, appeller, venir, amener. G.
CYRCHU AT, aller à, approcher. G.
CYRCHYNAWD, CYRCHYNFEIRDD, pluriels de Cerdd. G.
CYRCQ, incurſion; & anciennement impétueux; vent impétueux, faucon. B.
CYRFACH, étréci, accourci. G. De Bach.
CYRFDY, taverne. G. De Cwryf Ty.
CYRFDY, caverne. G.
CYRFGELL, caverne. G.
CYRFGELL, taverne. G. De Cwryf & Cell.
CYRFYDD, braſſeur de biére. G. De Cwryſ.
CYRFYLL, petit corps, tronc de corps, poitrine; eſtomac. G. Corf, en compoſition Cyrf; Il diminutif.
CYRHAEDDYD, obtenir, gagner, acquérir, prendre, ſe ſaiſir, rattraper, reprendre. G.
CYRIAWOL, le même que Criafol. G.
CYRNAID, dur, dur comme de la corne. G.
CYRNIAD, qui donne du cor. G. Corn.
CYRNIG, cornu, qui porte des cornes. G.

CYRRAED, CYRREDD, CYRRHAEDDYD, CYRRHAEDDED, CYRRHAEDDU, les mêmes qu'*Haeddu* dont ils sont formés. G. *Cyr*, préposition superflue.
CYRRAED, action d'étendre. G.
CYRRAEDBELL, qui s'étend fort loin, qui est d'une grande étendue. G.
CYRREIFIANT, le même que *Creissiant*. G.
CYRRIOG, qui a des angles, qui a de grands bords. G.
CYRRITH, ménager, épargnant, avare, qui ne fait point de dons. G.
CYRS, pluriel de *Cors*, jonc. G.
CYRWYDRO, être vagabond. G. Voyez *Crwydro*.
CYRTBWILL, raconter. G. Voyez *Crybwyll*.
CYRYN, frêne sauvage. E.
CYSBYDDWN pour CYDFYDDWN; de *Cy Ys Ryddwn*, dit Davies.
CYSGADWR, assoupi, endormi, qui ne fait que dormir, dormeur, léthargique, qui assoupit, qui endort, fainéant, négligent. G.
CYSGOD, ombre, chose qui effraye, épouvantail. G. *Sgeud*, ombre en Breton; *Skotos* en Grec.
CYSGODAIDD, qui se fait à l'ombre. G.
CYSGODFAWR, où il y a de l'ombre. G.
CYSGODI, couvrir d'ombre, ombrager, mettre à l'ombre, obscurcir. G.
CYSGODOG, ombragé, opaque, épais. G.
CYSGOG, mouvement. G.
CYSGOGI, mouvoir. G.
CYSGU, dormir. G. De *Cwsg*.
CYSSEBIN, le même que *Cyssefin*. G.
CYSSEFIN, premier, primitif, positif. G.
CYSSEFIN, premier. C.
CYSSEFINOL, premier, principal. G.
CYSSEFYLL, s'arrêter, séjourner, demeurer ferme. G.
CYSSEGR, sacré, consacré, sacristie, lieu où l'on cache les choses sacrées. G.
CYSSEGRDDWYN, qui porte les choses consacrées. G.
CYSSEGREDIG, sacré, consacré. G.
CYSSEGRFA, Chapelle. G.
CYSSEGRIAD, consécration, dédicace, action de consacrer. G.
CYSSEGLADRAD, vol d'une chose sacrée. G.
CYSSEGRLAN, sacré, saint. G.
CYSSEGRU, sacrer, consacrer, dédier. G.
CYSSEGRYSPEILWR, qui vole les choses sacrées. G.
CYSSEGYR, sacré. G. Voyez *Cyssegr*.
CYSSEINIAD, qui sonne avec. G.
CYSSELT, premier, primitif. G.
CYSSILIAD, réconciliation. G.
CYSSILIO, concilier, unir. G.
CYSSILIWR, conciliateur. G.
CYSSON, qui résonne, qui retentit, qui répond, qui retentit avec, de même son, d'accord, avec accord, qui est d'accord. G. *Cyd*, son.
CYSSONDEB, consonnance, accord, union, conjonction, liaison. G.
CYSSONGERDD, symphonie, accord de sons, concert. G.
CYSSONI, mettre de même son, accorder des voix, des instrumens. G.
CYSSONIAD, qui sonne avec. G.
CYSSUL, conseil, consulter. G.
CYSSUR, consolation, soutien, exhortation, encouragement, vigueur, force. G.

CYSSURO, consoler, remettre, exhorter, encourager. G.
CYSSURUS, qui est consolé, raffermi, de consolation. G.
CYSSURWR, consolateur. G.
CYSSWLLT, union, conjonction, jointure, liaison, assemblage, attache, couple, lien, joint. G.
CYSSWYN, consentement, alliance. G. De *Cyd*, *Synniaw*, sentir; on a donc dit *Swyn* comme *Syyn*.
CYSSYLLTEDIG, contigu, qui est frontière, qui est sur les confins, composé, fait de diverses choses, subjonctif. G.
CYSSYLTIAD, union, jonction, liaison, attache, couple, lien, assemblage, conjonction, ramas, jonction en un corps, couture, suture. G.
CYSSYLTOL, joignant, qui se touche, tenant. G.
CYSSYLTU, joindre, accoupler, atteler, assembler, coller. G.
CYSSYMAITH, le même que *Gossymaith*. G.
CYSSYMETH, mauvaise santé. G.
CYSSYNIO, favoriser. G.
CYSTADL, égal, aussi bon, équivalent, pareil. G. *Ystad*, état, condition.
CYSTADLAETH, comparaison. G.
CYSTADLEDD, égalité. G.
CYSTADLIAD, comparaison. G.
CYSTADLU, comparer, égaler, rendre égal, égaler en pouvoir, en forces, en autorité. G.
CYSTAL, égal, aussi bon, équivalent, pareil, comme, de même. G.
CYSTALDU, comparer. G.
CYSTEDLYDD, égal, équivalent. G.
CYSTEG, peine, misère, douleur, travail, affaire. G.
CYSTLWN, liaison, affinité, parenté, raison d'appartenir, communication, communion, échange, permutation, commerce. G.
CYSTLYNED, CYSTLINEDD, les mêmes que *Cystlwn*. G.
CYSTLYNU, avoir quelque liaison, quelque affinité, quelque parenté, appartenir, communiquer, échanger, commercer. G.
CYSTRAWEN, construction, arrangement, ordonnance, syntaxe, composition. G. De là *Construe*, *Struo* Latins.
CYSTUDD, affliction, misère, peine. G.
CYSTUDDIO, affliger, tourmenter, faire peine, sécher de langueur, se consumer. G.
CYSTWY, action de châtier. G.
CYSTWYO, châtier, punir, reprendre, censurer, blâmer, réprimander. G.
CYT, le même que *Cyd*. Voyez *Cytblann*, *Cytgam*, *Cytgam*, &c.
CYTBLANN, semé ensemble. G. *Cyt Plant*.
CYTBLETH, embarrassé, embrouillé. G. *Cy Pleth*.
CYTBWYS, CYTBWYSEDD, contre-poids, équilibre. G. *Cyt Pwyl*.
CYTGAM, combattre, se battre, se railler, se moquer, jouer, badiner, jeu, badinage, raillerie, moquerie, brocard. G. *Cyd Cam*, c'est le même que *Cydcam*.
CYTGAN, accord en chantant, accord de son, symphonie, concert. G. *Can*, *Cyt*.
CYTGAR, parent. G. *Car*.
CYTGASGL, choses ramassées, recueillies. G.
CYTGERDD, chanter en accord, accord en chantant, concert de voix, accord de son, harmonie, mélodie, symphonie, concert, cadence, nombre, proportion ou mouvement. G. *Cerdd*.
CYTGLO, clôture, conclusion, conséquence. G. *Clo*.

CYTGLWM.

CYTGLWM, liaison, attache. G.
CYTGLYMMU, lier ensemble. G.
CYTGNAWD, action de s'unir. G.
CYTHAWL, contre, contraire. G.
CYTHLWNG, jeune. G.
CYTHRAWL, contre, contraire, adversaire, le démon. G.
CYTHREULIAD, les démons. G.
CYTHREULIAID, les furies. G.
CYTHREULIG, démoniaque, de démon, de furie. G.
CYTHRU, sculpter, tailler, couper. Voyez *Ysgythru, Tsgwthr*.
CYTHRWBLIAD, action de causer de la peine. G.
CYTHRWD, horreur, angoisse, trouble. G.
CYTHRWDDEDIG, consterné, effrayé. G.
CYTHRWDDO, consterner, troubler, effrayer, être troublé, être ému, être fort effrayé, être dans l'angoisse, mettre dans l'angoisse. G.
CYTHRWFL, trouble, tumulte, mouvement. G. *Thrwfl* ou *Thrwbl* (Voyez *Cythryblu*) est le même que *Trubuilh* Breton, affliction, embarras; ainsi *Cy* est préposition explétive. *Trwbl* est le mot trouble que nous avons conservé dans notre Langue.
CYTHRYBLIAD, agitation. G.
CYTHRYBLIO, causer du trouble, troubler. G.
CYTHRYBLU, troubler, émouvoir. G.
CYTHRYBLUS, troublé. G.
CYTHRYFWL, mouvement, tumulte, trouble, inquiétude, agitation, bruit, action de troubler, d'agiter, de détourner quelqu'un de ce qu'il fait, état d'être troublé, d'être détourné, passion, souffrance. G.
CYTPWYS, équilibre, contre-poids. G.
CYTTAL, société, association, liaison, demeurer avec quelqu'un. G.
CYTTERFIN, voisin. G.
CYTTIAI, chaumière. G.
CYTTIR, terre commune à plusieurs. G. *Cyt Tir*.
CYTTIRIOG, co-possesseur d'une terre. G.
CYTTIROGION, ceux qui habitent les frontières. G.
CYTTIRPAWR, où l'on mene paître ensemble. G.
CYTTON, qui résonne, qui retentit, qui répond, accord de son, concert, symphonie. G. *Cyt Ton*.
CYTTONI, être d'accord en chantant, résonner, retentir avec accord. G.
CYTTRAS, parenté, famille. G. *Tras*.
CYTTREF, Ville commune, habitation commune, action de demeurer ensemble. G. *Tref*.
CYTTREFN, construction, ordonnance. G. *Trefn*.
CYTTREFTADOG, co-héritier. G. *Cyt Treftad*.
CYTTRIGIAS, action de demeurer avec quelqu'un. G. *Cyt Trigo*.
CYTTRIN, assistance dans la guerre. G. *Cyt Trin*.
CYTTRO, fréquentation, société. G.
CYTTRYM, le même que *Gyttrym*. G.
CYTTUN, unanime, d'accord. G. *Dunio Cyt*.
CYTTUNA, consentir. G.
CYTTUNDEB, accord, unanimité, convention, union. G.
CYTTUNO, consentir, correspondre, unir, joindre, terminer les procès par accord. G.
CYTTUNWR, qui fait un accord. G.
CYTTWF, épaississement formé par l'assemblage de plusieurs choses, épaissi, concret terme de dialectique. G.
CYTTWNG, conjuration, conspiration, complot. G.
CYTTY, action de demeurer ensemble, qui demeure ensemble, lieu où l'on demeure ensemble. G.
CYTTYAETH, état de ceux qui demeurent ensemble. G.
CYTTYNN, qui tire ensemble, qui est d'accord, unanime. G.
CYTTYNU, tirer ensemble, consentir, contracter. G.
CYTTYSEDD, société d'habitation. G.
CYTTYUNO, le même que *Cyttuno*. G.
CYTTYWIR, ceux avec qui l'on loge. G. *Cytty, Gwir*; pluriel de *Gwr*.
CYVARVAWT, confédéré, allié. G. *Arvain*.
CYVEITHAS, anciennement commerce, communication, société. G.
CYW, poulet. G.
CYW, synonime de *Cyf*. Voyez *Cywoed*. G.
CYW, préposition explétive. Voyez *Cywarfengi, Cywaddas*.
CYW, le même que *Syw*. Voyez *Arü*.
CYWADDAS, le même qu'*Addas*. G.
CYWAETH, richesses, abondance. G. *Cy* préposition superfluë; *Gaeth, Gwaeth*, biens, richesses, abondance.
CYWAETHL, procès. G. *Gwaethl*.
CYWAETHLU, contester, disputer, plaider. G.
CYWAETHOG, riche, opulent. G.
CYWAIN, voiturer, porter. G. *Siven* en Chinois, appui, étai.
CYWAIR, réparé, rétabli, en bon état, préparé, propre, poli, paré, ajusté, doux, complaisant, propreté. G.
CYWALA, semblable, égal. G.
CYWAN, le jour présent. G.
CYWANNEDDWR, habitant. G.
CYWARCH, CYWARCHEN, chanvre. G.
CYWARSANGIAD, suppression, rétention. G.
CYWARSENGI, dompter, réprimer. G. *Cyw* superflu. *Arsangi*.
CYWED, CYWEDD, le jour présent. G.
CYWEDD, collègue. C.
CYWEG, d'où *Gogyveg*. G.
CYWEIN, porter. G. De là *Civière*.
CYWEINIAD, mouvement que l'on sent lorsqu'on se fait porter. G.
CYWEINWR, qui voiture, qui porte, crocheteur, porte-faix. G.
CYWEIR, réparation, rétablissement, cure, guérison, préparation, appareil, assaisonnement, paré, ajusté, joli, mignon, agréable, bienfait. G. *Cyweir* doit être formé de *Gweir* ou *Gwair*, ainsi qu'on le voit par notre mot guérir, *Cy* superflu.
CYWEIRDABUS, en bon état, apprêté, préparé, paré. G.
CYWEIRDANT, corde de l'archet. G. *Tant*.
CYWEIRDEB, réparation, préparation, appareil, assaisonnement, parure, ajustement. G.
CYWEIRGORN, archet. G.
CYWEIRIAD, cure, guérison, action d'assaisonner, action d'arranger. G.
CYWEIRIO, rétablir, réparer, préparer, apprêter, assaisonner, parer, ajuster, accommoder, arranger proprement, munir, fortifier. G.
CYWEIRWYCH, très-bien mis. G. *Cyweir, Gwych*, deux mots synonimes pour marquer le superlatif.
CYWEITHAS, commerce, communication, société, humain, civil, bon, facile, affable, franc. G. De là *Civitas* chez les Latins qui signifioit un peuple uni par les mêmes loix, le même gouvernement, une Ville. *Ciudad* en Espagnol; *Citta*

en Italien, Cité, Ville ; *Kibit*, Ville en Tartare Calmoucq.

CYWEITHASRWYDD, union entre associés, civilité, politesse, humanité, facilité d'accès, franchise. G.

CYWEITHASWCH, affabilité, politesse, civilité, honnêteté. G.

CYWEITHYDD, compagnon, société, troupe, habile, artificieux. G.

CYWELAES, concubine. G.

CYWELY, qui couche ensemble. G. *Gwely*.

CYWEN, poulette. G.

CYWERAS, secours. C.

CYWERTHYDD, valeur, prix, compensation. G. *Gwerth*. *Cy* superflu.

CYWERTHYDDIO, estimer. G.

CYWESTACH, époux. G.

CYWETH, richesses. G. *Cy* superflu. *Gweth*.

CYWETHL, réprimande, reproche, querelle, procès. G. *Gwethl* crase de *Gwaethl*.

CYWETHOG, riche, opulent. G.

CYWILYDD, pudeur, honte, confusion, déshonneur, infamie, ignominie, opprobre, outrage, parole outrageante, rouge soit de pudeur soit de honte. G.

CYWILYDDGAR, qui a de la pudeur, de la retenuë, une honnête honte, pudique, honteux, qui a de la honte. G.

CYWILYDDIO, avoir de la pudeur, de la retenuë, une honnête honte, avoir honte, être honteux, rougir soit par pudeur soit par honte, rendre honteux, faire honte, déshonorer. G.

CYWILYDDUS, déshonnête, infame, obscéne, dont on doit avoir honte. G.

CYWIR, véritable, vrai, fidéle, droit, équitable. G. *Cy* superflu, *Gwir*, vrai, que nous voyons par ce mot avoir aussi signifié fidéle, droit, comme il le signifie dans le Breton.

CYWIR-AIR, étymologie. G. *Air*.

CYWIRDEB, fidélité. G.

CYWIRIAID, les fidéles. G.

CYWIRO, être fidéle à ses promesses, les accomplir, rectifier. G.

CYWIRSAIN, belle assonance. G. *Sain*.

CYWIW, condigne. G. *Gwiw*.

CYWLAD, de même païs, de même Ville. G. *Gwlad*.

CYWLEIDDIADON, compatriotes. G. C'est le plurier de *Cywlad*.

CYWODI, le même que *Cyfodi*. G.

CYWOED, le même que *Cyfoed*. G.

CYWOETH, richesses. G. Voyez *Cywaeth*.

CYWOETHOG, riche, opulent, excessif, grand. G.

CYWRAIN, habile, expert. G.

CYWRAINT, exact, qui est fait avec soin, habile, expert, adroit, prudent, poli, qui sçait vivre. G.

CYWRDD, le même que *Cyhwrdd*. G.

CYWREINDEB, habileté. G.

CYWREINGALL, habile, expert. G. pléonasme.

CYWREINIO, faire avec art, faire quelque chose parfaitement. G.

CYWREINRWYDD, CYWREINRYDD, science, habileté. G.

CYWREINWAITH, parfait, achevé. G.

CYWRENNIN paroit être le même que *Cywraint*, dit Davies. G.

CYWRYS, CYWRYSEDD, débat, dispute, procès, discorde. G. *Gwrys*.

CYWYD, CYWYDD, amitié, société, chanson, cantique, air, mode en musique, vers, vers de sept syllabes. G.

CYWYDD, CERDD CYWYDD, poëme funébre. G.

CYWYDDAID, chant. G.

CYWYDDIAETH, versification. G.

CYWYDDOL, versificateur, chantre. G.

CYWYDDOLIAETH, chant, cantique, musique, harmonie. G.

CYWYDDU, faire des vers, dicter des cantiques ou les composer. G.

CYWYDDWR, chantre, musicien, versificateur, poëte. G.

CYWYN, petit chien. G.

CYZAILH, ciseaux. B.

CZEFF, bizague outil. B.

 www.ingramcontent.com/pod-product-compliance
Lightning Source LLC
Chambersburg PA
CBHW070800020526
44116CB00030B/905